二十四史(附《清史稿》)

(第二卷)

中州古籍出版社

三国志

晋・陈 寿撰

三国志

陈寿 · 著

三国志目录

魏 书

卷一 魏书一
  武帝纪第一 …………………………………… 1
卷二 魏书二
  文帝纪第二 …………………………………… 13
卷三 魏书三
  明帝纪第三 …………………………………… 22
卷四 魏书四
  三少帝纪第四 ………………………………… 28
卷五 魏书五
  后妃纪第五 …………………………………… 37
卷六 魏书六
  董二袁刘传第六 ……………………………… 40
卷七 魏书七
  吕布(张邈)臧洪传第七 ……………………… 52
卷八 魏书八
  二公孙陶四张传第八 ………………………… 56
卷九 魏书九
  诸夏侯曹传第九 ……………………………… 63
卷十 魏书十
  荀彧荀攸贾诩传第十 ………………………… 73
卷十一 魏书十一
  袁张凉国田王邴管传第十一 ………………… 79
卷十二 魏书十二
  崔毛徐何邢鲍司马传第十二 ………………… 87
卷十三 魏书十三
  钟繇华歆王朗传第十三 ……………………… 93
卷十四 魏书十四
  程郭董刘蒋刘传第十四 ……………………… 100
卷十五 魏书十五
  刘司马梁张温贾传第十五 …………………… 109
卷十六 魏书十六
  任苏杜郑仓传第十六 ………………………… 115
卷十七 魏书十七
  张乐于张徐传第十七 ………………………… 122
卷十八 魏书十八
  二李臧文吕许典二庞阎传第十八 …………… 125
卷十九 魏书十九
  任城陈萧王传第十九 ………………………… 130
卷二十 魏书二十
  武文世王公传第二十 ………………………… 136
卷二十一 魏书二十一
  王卫二刘傅传第二十一 ……………………… 140

卷二十二 魏书二十二
  桓二陈徐卫卢传第二十二 …………………… 148
卷二十三 魏书二十三
  和常杨杜赵裴传第二十三 …………………… 153
卷二十四 魏书二十四
  韩崔高孙王传第二十四 ……………………… 158
卷二十五 魏书二十五
  辛毗杨阜高堂隆传第二十五 ………………… 163
卷二十六 魏书二十六
  满田牵郭传第二十六 ………………………… 168
卷二十七 魏书二十七
  徐胡二王传第二十七 ………………………… 172
卷二十八 魏书二十八
  王毌丘诸葛邓钟传第二十八 ………………… 176
卷二十九 魏书二十九
  方技传第二十九 ……………………………… 186
卷三十 魏书三十
  乌丸鲜卑东夷传第三十 ……………………… 194

蜀 书

卷三十一 蜀书一
  刘二牧传第一 ………………………………… 202
卷三十二 蜀书二
  先主传第二 …………………………………… 203
卷三十三 蜀书三
  后主传第三 …………………………………… 208
卷三十四 蜀书四
  二主妃子传第四 ……………………………… 211
卷三十五 蜀书五
  诸葛亮传第五 ………………………………… 212
卷三十六 蜀书六
  关张马黄赵传第六 …………………………… 218
卷三十七 蜀书七
  庞统法正传第七 ……………………………… 221
卷三十八 蜀书八
  许麋孙简伊秦传第八 ………………………… 223
卷三十九 蜀书九
  董刘马陈董吕传第九 ………………………… 227
卷四十 蜀书十
  刘彭廖李刘魏杨传第十 ……………………… 229
卷四十一 蜀书十一
  霍王向张杨费传第十一 ……………………… 233
卷四十二 蜀书十二
  杜周杜许孟来尹李谯郤传第十二 …………… 235

卷四十三　蜀书十三
　　黄李吕马王张传第十三……………240
卷四十四　蜀书十四
　　蒋琬费祎姜维传第十四……………243
卷四十五　蜀书十五
　　邓张宗杨传第十五…………………246

吴书

卷四十六　吴书一
　　孙破虏讨逆传第一…………………251
卷四十七　吴书二
　　吴主传第二…………………………256
卷四十八　吴书三
　　三嗣主传第三………………………265
卷四十九　吴书四
　　刘繇太史慈士燮传第四……………272
卷五十　吴书五
　　妃嫔传第五…………………………275
卷五十一　吴书六
　　宗室传第六…………………………277
卷五十二　吴书七
　　张顾诸葛步传第七…………………280
卷五十三　吴书八
　　张严程阚薛传第八…………………285
卷五十四　吴书九
　　周瑜鲁肃吕蒙传第九………………289
卷五十五　吴书十
　　程黄韩蒋周陈董甘凌徐潘丁传第十…294
卷五十六　吴书十一
　　朱治朱然吕范朱桓传第十一………298
卷五十七　吴书十二
　　虞陆张骆陆吾朱传第十二…………302
卷五十八　吴书十三
　　陆逊传第十三………………………307
卷五十九　吴书十四
　　吴主五子传第十四…………………312
卷六十　吴书十五
　　贺全吕周钟离传第十五……………315
卷六十一　吴书十六
　　潘濬陆凯传第十六…………………319
卷六十二　吴书十七
　　是仪胡综传第十七…………………322
卷六十三　吴书十八
　　吴范刘惇赵达传第十八……………324
卷六十四　吴书十九
　　诸葛滕二孙濮阳传第十九…………326
卷六十五　吴书二十
　　王楼贺韦华传第二十………………331

三 国 志

魏 书

卷一　　　　　武帝纪第一

太祖武皇帝，沛国谯人也，姓曹，讳操，字孟德，汉相国参之后[1]。桓帝世，曹腾为中常侍大长秋，封费亭侯[2]。养子嵩嗣，官至太尉，莫能审其生出本末[3]。嵩生太祖。

太祖少机警，有权数，而任侠放荡，不治行业，故世人未之奇也[4]；唯梁国桥玄、南阳何颙异焉。玄谓太祖曰："天下将乱，非命世之才不能济也，能安之者，其在君乎[5]！"年二十，举孝廉为郎，除洛阳北部尉，迁顿丘令[6]，征拜议郎[7]。

光和末，黄巾起。拜骑都尉，讨颍川贼。迁为济南相，国有十余县，长吏多阿附贵戚，赃污狼藉，于是奏免其八；禁断淫祀，奸宄逃窜，郡界肃然[8]。久之，征还为东郡太守；不就，称疾归乡里[9]。顷之，冀州刺史王芬、南阳许攸、沛国周旌等连结豪杰，谋废灵帝，立合肥侯，以告太祖。太祖拒之。芬等遂败[10]。金城边章、韩遂杀刺史郡守以叛，众十余万，天下骚动。征太祖为典军校尉。会灵帝崩，太子即位，太后临朝。大将军何进与袁绍谋诛宦官，太后不听。进乃召董卓，欲以胁太后[11]，卓未至而进见杀。卓到，废帝为弘农王而立献帝，京都大乱。卓表太祖为骁骑校尉，欲与计事。太祖乃变易姓名，间行东归[12]。出关，过中牟，为亭长所疑，执诣县，邑中或窃识之，为请得解[13]。卓遂杀太后及弘农王。太祖至陈留，散家财，合义兵，将以诛卓。冬十二月，始起兵于己吾[14]，是岁中平六年也。

初平元年春正月，后将军袁术、冀州牧韩馥[15]、豫州刺史孔伷[16]、兖州刺史刘岱[17]、河内太守王匡[18]、勃海太守袁绍、陈留太守张邈、东郡太守桥瑁[19]、山阳太守袁遗[20]、济北相鲍信[21]同时俱起兵，众各数万，推绍为盟主。太祖行奋武将军。二月，卓闻兵起，乃徙天子都长安。卓留屯洛阳，遂焚宫室。是时绍屯河内，邈、岱、瑁、遗屯酸枣，术屯南阳，伷屯颍川，馥在邺。卓兵强，绍等莫敢先进。太祖曰："举义兵以诛暴乱，大众已合，诸君何疑？向使董卓闻山东兵起，倚王室之重，据二周之险，东向以临天下，虽以无道行之，犹足为患；今焚烧宫室，劫迁天子，海内震动，不知所归，此天亡之时也。一战而天下定矣，不可失也。"遂引兵西，将据成皋。邈遣将卫兹分兵随太祖。到荥阳汴水，遇卓将徐荣，与战不利，士卒死伤甚多。太祖为流矢所中，所乘马被创，从弟洪以马与太祖，得夜遁去。荣见太祖所将兵少，力战尽日，谓酸枣未易攻也，亦引兵还。

太祖到酸枣，诸军兵十余万，日置酒高会，不图进取，太祖责让之，因为谋曰："诸君听吾计，使勃海引河内之众临孟津，酸枣诸将守成皋，据敖仓，塞轘辕、太谷，全制其险；使袁将军率南阳之军军丹、析，入武关，以震三辅：皆高垒深壁，勿与战，益为疑兵，示天下形势，以顺诛逆，可立定也。今兵以义动，持疑而不进，失天下之望，窃为诸君耻之！"邈等不能用。太祖兵少，乃与夏侯惇等诣扬州募兵，刺史陈温、丹杨太守周昕与兵四千余人。还到龙亢，士卒多叛[22]。至铚、建平，复收兵得千余人，进屯河内。刘岱与桥瑁相恶，岱杀瑁，以王肱领东郡太守。袁绍与韩馥谋立幽州牧刘虞为帝，太祖拒之[23]。绍又尝得一玉印，于太祖坐中举向其肘，太祖由是笑而恶焉[24]。

二年春，绍、馥遂立虞为帝，虞终不敢当。夏四月，卓还长安。秋七月，袁绍胁韩馥，取冀州。黑山贼于毒、白绕、眭固等[25]十余万众略魏郡、东郡，王肱不能御，太祖引兵入东郡，击白绕于濮阳，破之。袁绍因表太祖为东郡太守，治东武阳。

三年春，太祖军顿丘，毒等攻东武阳。太祖乃引兵西入山，攻毒等本屯[26]。毒闻之，弃武阳还。太祖要击眭固，又击匈奴於夫罗于内黄，皆大破之[27]。夏四月，司徒王允与吕布共杀卓。卓将李傕、郭汜等杀允攻布，布败，东出武关。傕等擅朝政。青州黄巾众百万入兖州，杀任城相郑遂，转入东平。刘岱欲击之，鲍信谏曰："今贼众百万，百姓皆震恐，士卒无斗志，不可敌也。观贼众群辈相随，军无辎重，唯以钞略为资，今不若畜士众之力，先为固守。彼欲战不得，攻又不能，其势必离散，后选精锐，据其要害，击之可破也。"岱不从,遂与战,果为所杀[28]。信乃与州吏万潜等至东郡迎太祖领兖州牧。遂进兵击黄巾于寿张东。信力战斗死,仅而破之[29]。购求信丧不得,众乃刻木如信形状,祭而哭焉。追黄巾至济北。乞降。冬,受降卒三十余万,男女百余万口,收其精锐者,号为青州兵。袁术与绍有隙,术求援于公孙瓒,瓒使刘备屯高唐,单经屯平原,陶谦屯发干,以逼绍。太祖与绍会击,皆破之。

四年春,军鄄城。荆州牧刘表断术粮道,术引军入陈留,屯封丘,黑山余贼及於夫罗等佐之。术使将刘详屯匡亭。太祖击详,术救之,与战,大破之。术退保封丘,遂围之,未合,术走襄邑,追到太寿,决渠水灌城。走宁陵,又追之,走九江。夏,太祖还军定陶。下邳阙宣聚众数千人,自称天子;徐州牧陶谦与共举兵,取泰山华、费,略任城。秋,太祖征陶谦,下十余城,谦守城不敢出。是岁,孙策受袁术使渡江,数年间遂有江东。

兴平元年春,太祖自徐州还。初,太祖父嵩去官后还谯,董卓之乱,避难琅邪,为陶谦所害,故太祖志在复仇东伐。[30]夏,使荀彧、程昱守鄄城,复征陶谦,拔五城,遂略地至东海。还过郯,谦将曹豹与刘备屯郯东,要太祖。太祖击破之,遂攻拔襄贲,所过多所残戮[31]。会张邈与陈宫叛迎吕布,郡县皆应。荀彧、程昱保鄄城,范、东阿二县固守,太祖乃引军还。布到,攻鄄城不能下,西屯濮阳。太祖曰:"布一旦得一州,不能据东平,断亢父、泰山之道乘险要我,而乃屯濮阳,吾知其无能为也。"遂进军攻之。布出兵战,先以骑犯青州兵。青州兵奔,太祖阵乱,驰突火出,堕马,烧左手掌。司马楼异扶太祖上马,遂引去[32]。未至营止,诸将未与太祖相见,皆怖。太祖乃自力劳军,令军中促为攻具,进,复攻之,与布相守百余日。蝗虫起,百姓大饿,布粮食亦尽,各引去。秋九月,太祖还鄄城。布到乘氏,为其县人李进所破,东屯山阳。于是绍使人说太祖,欲连和。太祖新失兖州,军食尽,将许之。程昱止太祖,太祖从之。冬十月,太祖至东阿。是岁谷一斛五十余万钱,人相食,乃罢吏兵新募者。陶谦死,刘备代之。

二年春,袭定陶。济阴太守吴资保南城,未拔,会吕布至,又击破之。夏,布将薛兰、李封屯巨野,太祖攻之,布救兰,兰败,布走,遂斩兰等。布复从东缗与陈宫将万余人来战,时太祖兵少,设伏,纵奇兵击,大破之[33]。布夜走,太祖复攻,拔定陶,分兵平诸县。布东奔刘备,张邈从布,使其弟超将家属保雍丘。秋八月,围雍丘。冬十月,天子拜太祖兖州牧。十二月,雍丘溃,超自杀,夷邈三族。邈诣袁术请救,为其众所杀,兖州平,遂东略陈地。是岁,长安乱,天子东迁,败于曹阳,渡河幸安邑。

建安元年春正月,太祖军临武平,袁术所置陈相袁嗣降。太祖将迎天子,诸将或疑,荀彧、程昱劝之。乃遣曹洪将兵西迎,卫将军董承与袁术将苌奴拒险,洪不得进。汝南、颍川黄巾何仪、刘辟、黄邵、何曼等,众各数万,初应袁术,又附孙坚。二月,太祖进军讨破之,斩辟、邵等,仪及其众皆降。天子拜太祖建德将军,夏六月,迁镇东将军,封费亭侯。秋七月,杨奉、韩暹以天子还洛阳[34],奉别屯梁。太祖遂至洛阳,卫京都,暹遁走。天子假太祖节钺,录尚书事[35]。洛阳残破,董昭等劝太祖都许。九月,车驾出轘辕而东,以太祖为大将军,封武平侯。自天子西迁,朝廷日乱,至是宗庙社稷制度始立[36]。天子之东也,奉自梁欲要之,不及。冬十月,公征奉,奉南奔袁术,遂攻其梁屯,拔之。于是袁绍为太尉,绍耻班在公下,不肯受。公乃固辞,以大将军让绍。天子拜公司空,行车骑将军。是岁用枣祗、韩浩等议,始兴屯田[37]。吕布袭刘备,取下邳。备来奔。程昱说公曰:"观刘备有雄才而甚得众心,终不为人下,不如早图之。"公曰:"方今收英雄时也,杀一人而失天下之心,不可。"张济自关中走南阳。济死,从子绣领其众。

二年春正月,公到宛。张绣降,既而悔之,复反。公与战,军败,为流矢所中,长子昂、弟子安民遇害[38]。公乃引兵还舞阴,绣将骑来抄,公击破之。绣奔穰,与刘表合。公谓诸将曰:"吾降张绣等,失不便取其质,以至于此。吾知所以败。诸卿观之,自今已后不复败矣。"遂还许[39]。袁术欲称帝于淮南,使人告吕布。布收其使,上其书。术怒,攻布,为布所破。秋九月,术侵陈,公东征之。术闻公自来,弃军走,留其将桥蕤、李丰、梁纲、乐就;公到,击破蕤等,皆斩之。术走渡淮,公还许。公之自舞阴还也,南阳、章陵诸县复叛为绣,公遣曹洪击之,不利,还屯叶,数为绣、表所侵。冬十一月,公自南征,至宛[40]。表将邓济据湖阳。攻拔之,生擒济,湖阳降。攻舞阴,下之。

三年春正月,公还许,初置军师祭酒。三月,公围张绣于穰。夏五月,刘表遣兵救绣,以绝军后[41]。公将引还,绣兵来追,公军不得进,连营稍前。公与荀彧书曰:"贼来追吾,虽日行数里,吾策之,到安众,破绣必矣。"到安众,绣与表兵合守险,公军前后受敌。公乃夜凿险为地道,悉过辎重,设奇兵。会明,贼谓公为遁也,悉军来追。乃纵奇兵步骑夹攻,大破之。秋七月,公还许。荀彧问公:"前以策贼必破,何也?"公曰:"虏遏吾归师,而与吾死地战,吾是以知胜矣。"吕布复为袁术使高顺攻刘备,公遣夏侯惇救之,不利。备为顺所败。九月,公东征之。冬十月,屠彭城,获其相侯谐。进至下邳,布自将骑逆击。大破之,获其骁将成廉。追至城下,布恐,欲降。陈宫等沮其计。求救于术,劝布出战,战又败,乃还固守,攻之不下。时公连战,士卒罢,欲还,用荀攸、郭嘉计,遂决泗、沂水以灌城。月余,布将宋宪、魏续等执陈宫,举城降,生禽布、宫,皆杀之。太山臧霸、孙观、吴敦、尹礼、昌豨各聚众。布之破刘备也,霸等悉从布。布败,获霸等,公厚纳待,遂割青、徐二州附于海以委焉,分琅邪、东海、北海为城阳、利城、昌虑郡。

初,公为兖州,以东平毕谌为别驾。张邈之叛也,邈劫谌母弟妻子;公谢遣之,曰:"卿老母在彼,可去。"谌顿首无二心,公嘉之,为之流涕。既出,遂亡归。及布破,谌生得,众为谌惧,公曰:"夫人孝于其亲者,岂不亦忠于君乎!吾所求也。"以为鲁相[42]。

四年春二月,公还至昌邑。张杨将杨丑杀杨,眭固又杀丑,以其众属袁绍,屯射犬。夏四月,进军临河,使史涣、曹仁渡河击之。固使杨故长史薛洪、河内太守缪尚留守,自将兵北迎绍求救,与涣、仁相遇犬城。交战,大破之,斩固。公遂济河,围射犬。洪、尚率众降,封为列侯,还军敖仓。以魏种为河内太守,属以河北事。初,公举种孝廉。兖州叛,公曰:"唯魏种且不弃孤也。"及闻种走,公怒曰:"种不南走越、北走胡,不置汝也!"既下射犬,生禽种,公曰:"唯其才也!"释其缚而用之。是时袁绍既并公孙瓒,兼四州之地,众十余万,将进军攻许。诸将以为不可敌,公曰:"吾知绍之为人,志大而智小,色厉而胆薄,忌克而少威,兵多而分画不明,将骄而政令不一,土地虽广,粮食虽丰,适足以为吾奉也。"秋八月,公进军黎阳,使臧霸等入青州破齐、北海、东安,留于禁屯河上。九月,公还许,分兵守官渡。冬十一月,张绣率众降,封列侯。十二月,公军官渡。袁术自败于陈,稍困,袁谭自青州遣迎之。术欲从下邳北过,公遣刘备、朱灵要之。会术病死。程昱、郭嘉闻公遣备,言于公曰:"刘备不可纵。"公悔,追之不及。备之未东也,阴与董承等谋反,至下邳,遂杀徐州刺史车冑,举兵屯沛。遣刘岱、王忠击之,不克[43]。庐江太守刘勋率众降,封为列侯。

五年春正月,董承等谋泄,皆伏诛。公将自东征备,诸将皆曰:"与公争天下者,袁绍也。今绍方来而弃之东,绍乘人后,若何?"公曰:"夫刘备,人杰也,今不击,必为后患[44]。袁绍虽有大志,而见事迟,必不动也。"郭嘉亦劝公,遂东击备,破之,生禽其将夏侯博。备走奔绍,获其妻子。备将关羽屯下邳,复进攻之,羽降。昌豨叛为备,又攻破之。公还官渡,绍卒不出。二月,绍遣郭图、淳于琼、颜良攻东郡太守刘延于白马,绍引兵至黎阳,将渡河。夏四月,公北救延。荀攸说公曰:"今兵少不敌,分其势乃可。公到延津,若将渡兵向其后者,绍必西应之,然后轻兵袭白马,掩其不备,颜良可禽也。"公从之。绍闻兵渡,即分兵西应之。公乃引军兼行趣白马,未至十余里,良大惊,来逆战。使张辽、关羽前登,击破,斩良。遂解白马围,徙其民,循河而西。绍于是渡河追公军,至延津南。公勒军驻营南阪下,使登垒望之,曰:"可五六百骑。"有顷,复白:"骑稍多,步兵不可胜数。"公曰:"勿复白。"乃令骑解鞍放马。是时,白马辎重就道。诸将以为敌骑多,不如还保营。荀攸曰:"此所以饵敌,如何去之!"绍骑将文丑与刘备将五六千骑前后至。诸将复白:"可上马。"公曰:"未也。"有顷,骑至稍多,或分趣辎重。公曰:"可矣。"乃皆上马。时骑不满六百,遂纵兵击,大破之,斩丑。良、丑皆绍名将也,再战,悉禽,绍军大震。公还军官渡,绍进保阳武,关羽亡归刘备。八月,绍连营稍前,依沙堆为屯,东西数十里。公亦分营与相当。合战不利[45]。时公兵不满万,伤者十二三[46]。绍复进临官渡,起土山地道。公亦于内作之,以相应。绍射营中,矢如雨下,行者皆蒙楯,众大惧。时公粮少,与荀彧书,议欲还许。彧以为:"绍悉众聚官渡,欲与公决胜败。公以至弱当至强,若不能制,必为所乘,是天下之大机也。且绍,布衣之雄耳,能聚人而不能用。夫以公之神武明哲而辅大顺,何向而不济!"公从之。孙策闻公与绍相持,乃谋袭许,未发,为刺客所杀。汝南降贼刘辟等叛应绍,略许下。绍使刘备助辟,公使曹仁击破之。备走,遂破辟屯。袁绍运谷车数千乘至,公用荀攸计,遣徐晃、史涣邀击,大破之,尽烧其车。公与绍相拒连月,虽比战斩将,然众少粮尽,士卒疲乏。公谓运者曰:"却十五日为汝破绍,不复劳汝矣。"冬十月,绍遣车运谷,使淳于琼等五人将兵万余人送之,宿绍营北四十里。绍谋臣许攸贪财,绍不能足,来奔,因说公击琼等。左右疑之,荀攸、贾诩劝公。公乃留曹洪守,自将步骑五千人夜往,会明至。琼等望见公兵少,出阵门外,公急击之,琼退保营,遂攻之。绍遣骑救琼。左右或言"贼骑稍近,请分兵拒之"。公怒曰:"贼在背后,乃白!"士卒皆殊死战,大破琼等,皆斩之[47]。绍初闻公之击琼,谓长子谭曰:"就彼大破琼等,吾攻拔其营,彼固无所归矣!"乃使张郃、高览攻曹洪。郃等闻琼破,遂来降。绍众大溃,绍及谭弃军走,渡河。追之不及,尽收其辎重图书珍宝,虏其众[48]。公收绍书中,得许下及军中人书,皆焚之[49]。冀州诸郡多举城邑降者。初,桓帝时有黄星见于楚、宋之分,辽东殷馗[50]善天文,言后五十岁当有真人起于梁、沛之间,其锋不可当。至是凡五十年,而公破绍,天下莫敌矣。

六年夏四月,扬兵河上,击绍仓亭军,破之。绍归,复收散卒,攻定诸叛郡县。九月,公还许。绍之未破也,使刘备略汝南,汝南贼共都等应之。遣蔡扬击都,不利,为都所破。公南征备。闻公自行,走奔刘表,都等皆散。

七年春正月,公军谯,令曰:"吾起义兵,为天下除暴乱。旧土人民,死丧略尽,国中终日行,不见所识,使吾凄怆伤怀。其举义兵已来将士绝无后者,求其亲戚以后之,授土田,官给耕牛,置学师以教之。为存者立庙,使祀其先人,魂而有灵,吾百年之后何恨哉!"遂至浚仪,治睢阳渠,遣使以太牢祀桥玄[51]。进军官渡。绍自军破后,发病呕血,夏五月死。小子尚代,谭自号车骑将军,屯黎阳。秋九月,公征之,连战。谭、尚数败退,固守。

八年春三月,攻其郭,乃出战,击,大破之,谭、尚夜遁。夏四月,进军邺。五月还许,留贾信屯黎阳。己酉,令曰:"《司马法》'将军死绥'[52],故赵括之母,乞不坐括。是古之将者,军破于外,而家受罪于内也。自命将征行,但赏功而不罚罪,非国典也。其令诸将出征,败军者抵罪,失利者免官爵[53]。"秋七月,令曰:"丧乱已来,十有五年,后生者不见仁义礼让之风,吾甚伤之。其令郡国各修文学,县满五百户置校官,选其乡之俊造而教学之,庶几先王之道不废,而有以益于天下。"八月,公征刘表,军西平。公之去邺而南也,谭、尚争冀州,谭为尚所败,走保平原。尚攻之急,谭遣辛毗乞降请救。诸将皆疑,荀攸劝公许之[54],公乃引军还。冬十月,到黎阳,为子整与谭结婚[55]。尚闻公北,乃释平原还邺。东平吕旷、吕翔叛尚,屯阳平,率其众降,封列侯[56]。

九年春正月,济河,遏淇水入白沟以通粮道。二月,尚复攻谭,留苏由、审配守邺。公进军到洹水,由降。既至,攻邺,为土山、地道。武安长尹楷屯毛城,通上党粮道。夏四月,留曹洪攻邺,公自将击楷,破之而还。尚将沮鹄守邯郸[57],又击拔之。易阳令韩范、涉长梁岐举县降,赐爵关内侯。五月,毁土山、地道,作围堑,决漳水灌城;城中饿死者过半。秋七月,尚还救邺,诸将皆以为"此归师,人自为战,不如避之。"公曰:"尚从大道来,当避之;若循西山来者,此成禽耳。"尚果循西山来,临滏水为营[58]。夜遣兵犯围,公逆击破走之,遂围其营。未合,尚惧,遣故豫州刺史阴夔及陈琳乞降,公不许,为围益急。尚夜遁,保祁山,追击之。其将马延、张𫖮等临阵降,众大溃,尚走中山。尽获其辎重,得尚印绶节钺,使尚降人示其家,城中崩沮。八月,审配兄子荣夜开所守城东门内兵。配逆战,败,生禽配,斩之,邺定。公临祀绍墓,哭之流涕。慰劳绍妻,还其家人宝物,赐杂缯絮,廪食之[59]。初,绍与公共起兵,绍问公曰:"若事不辑,则方面何所可据?"公曰:"足下意以为何如?"绍曰:"吾南据河,北阻燕、代,兼戎狄之众,南向以争天下,庶可以济乎?"公曰:"吾任天下之智力,以道御之,无所不可[60]。"九月,令曰:"河北罹袁氏之难,其令无出今年租赋!"重豪强兼并之法,百姓喜悦[61]。天子以公领冀州牧,公让还兖州。公之围邺也,谭略取甘陵、安平、渤海、河间。尚败,还中山,谭攻之,尚奔故安,遂并其众。公遗谭书,责以负约,与之绝婚,女还,然后进军。谭惧,拔平原,走保南皮。十二月,公入平原,略定诸县。

十年春正月,攻谭,破之,斩谭,诛其妻子。冀州平[62]。下令曰:"其与袁氏同恶者,与之更始。"令民不得复私仇,禁厚葬,皆一之于法。是月,袁熙大将焦触、张南等叛攻熙、尚,熙、尚奔三郡乌丸。触等举其县降,封为列侯。初讨谭时,民亡椎冰[63],令不得降。顷之,亡民有诣门首者,公谓曰:"听汝则违令,杀汝则诛首,归深自藏,无为吏所获。"民垂泣而去,后竟捕得。夏四月,黑山贼张燕率其众十余万降,封为列侯。故安赵犊、霍奴等杀幽州刺史、涿郡太守。三郡乌丸攻鲜于辅于犷平[64]。秋八月,公征之,斩犊等,乃渡潞河救犷平,乌丸奔走出塞。九月,令曰:"阿党比周,先圣所疾也。闻冀州俗,父子异部,更相毁誉。昔直不疑无兄,世人谓之盗嫂;第五伯鱼三娶孤女,谓之挝妇翁;王凤擅权,谷永比之申伯;王商忠议,张匡谓之左道:此皆以白为黑,欺天罔君者也。吾欲整齐风俗,四者不除,吾以为羞。"冬十月,公还邺。

初,袁绍以甥高干领并州牧,公之拔邺,干降,遂以为刺史。干闻公讨乌丸,乃以州叛,执上党太守,举兵守壶关口。遣乐进、李典击之,干还守壶关城。

十一年春正月,公征干。干闻之,乃留其别将守城,走入匈奴,求救于单于,单于不受。公围壶关三月,拔之。干遂走荆州,上洛都尉王琰捕斩之。秋八月,公东征海贼管承,至淳于,遣乐进、李典击破之,承走入海岛。割东海之襄贲、郯、戚以益琅邪,省昌虑郡[65]。三郡乌丸承天下乱,破幽州,略有汉民合十余万户。袁绍皆立其酋豪为单于,以家人子为己女,妻焉。辽西单于蹋顿尤强,为绍所厚,故尚兄弟归之,数入塞为害。公将征之,凿渠,自呼沲入泒水[66],名平虏渠;又从泃河口凿入潞河[67],名泉州渠,以通海。

十二年春二月,公自淳于还邺。丁酉令曰:"吾起义兵诛暴乱,于今十九年,所征必克,岂吾功哉?乃贤士大夫之力也。天下虽未悉定,吾当要与贤士大夫共定之;而专飨其劳,吾何以安焉!其促定功行封。"于是大封功臣二十余人,皆为列侯,其余各以次受封,及复死事之孤,轻重各有差[68]。将北征三郡乌丸,诸将皆曰:"袁尚,亡虏耳,夷狄贪而无亲,岂能为尚用?今深入征之,刘备必说刘表以袭许。万一为变,事不可悔。"惟郭嘉策表必不能任备,劝公行。夏五月,至无终。秋七月,大水,傍海道不通,田畴请为乡导,公从之。引军出卢龙塞,塞外道绝不通,乃堑山堙谷五百余里,经白檀,历平冈,涉鲜卑庭,东指柳城。未至二百里,虏乃知之。尚、熙与蹋顿、辽西单于楼班、右北平单于能臣抵之等将数万骑逆军。八月,登白狼山,卒与虏遇,众甚盛。公车重在后,被甲者少,左右皆惧。公登高,望虏阵不整,乃纵兵击之,使张辽为先锋,虏众大崩,斩蹋顿及名王已下,胡、汉降者二十余万口。辽东单于速仆丸及辽西、北平诸豪,弃其种人,与尚、熙奔辽东,众尚有数千骑。初,辽东太守公孙康恃远不服。及公破乌丸,或说公遂征之,尚兄弟可禽也。公曰:"吾方使康斩送尚、熙首,不烦兵矣。"九月,公引兵自柳城还[69],康即斩尚、熙及速仆丸等,传其首。诸将或问:"公还而康斩送尚、熙,何也?"公曰:"彼素畏尚等,吾急之则并力,缓之则自相图,其势然也。"十一月至易水,代郡乌丸行单于普富卢、上郡乌丸行单于那楼将其名王来贺。

十三年春正月,公还邺,作玄武池以肄舟师[70]。汉罢三公官,置丞相、御史大夫。夏六月,以公为丞相[71]。秋七月,公南征刘表。八月,表卒,其子琮代,屯襄阳,刘备屯樊。九月,公到新野,琮遂降,备走夏口。公进军江陵,下令荆州吏民,与之更始。乃论荆州服从之功,侯者十五人,以刘表大将文聘为江夏太守,使统本兵,引用荆州名士韩嵩、邓义等[72]。益州牧刘璋始受征役,遣兵给军。十二月,孙权为备攻合肥。公自江陵征备,至巴丘,遣张憙救合肥。权闻憙至,乃走。公至赤壁,与备战,不利。于是大疫,吏士多死者,乃引军还。备遂有荆州、江南诸郡[73]。

十四年春三月,军至谯,作轻舟,治水军。秋七月,自涡入淮,出肥水,军合肥。辛未令曰:"自顷已来,军数征行,或遇疫气,吏士死亡不归。家室怨旷,百姓流离,而仁者岂乐之哉?不得已也!其令死者家无基业不能自存者,县官勿绝廪,长吏存恤抚循,以称吾意。"置扬州郡县长吏,开芍陂屯田。十二月,军还谯。

十五年春,下令曰:"自古受命及中兴之君,曷尝不得贤人君子与之共治天下者乎!及其得贤也,曾不出闾巷,岂幸相遇哉?上之人不求之耳。今天下尚未定,此特求贤之急时也。'孟公绰为赵、魏老则优,不可以为滕、薛大夫'。若必廉士而后可用,则齐桓其何以霸世!今天下得无有被褐怀玉而钓于渭滨者乎?又得无盗嫂受金而未遇无知者乎?二三子其佐我明扬仄陋,唯才是举,吾得而用之。"冬,作铜雀台[74]。

十六年春正月[75],天子命公世子丕为五官中郎将,置官属,为丞相副。太原商曜等以大陵叛,遣夏侯渊、徐晃围破之。张鲁据汉中,三月,遣钟繇讨之。公使渊等出河东与繇会。是时关中诸将疑繇欲自袭,马超遂与韩遂、杨秋、李堪、成宜等叛。遣曹仁讨之。超等屯潼关,公敕诸将:"关西兵精悍,坚壁勿与战。"秋七月,公西征[76],与超等夹关而军。公急持之,而潜遣徐晃、朱灵等夜渡蒲阪津,据河西为营。公自潼关北渡,未济,超赴船急战。校尉丁斐因放牛马以饵贼,贼乱取牛马,公乃得渡[77],循河为甬道而南。贼退,拒渭口,公乃多设疑兵,潜以舟载兵入渭,为浮桥,夜,分兵结营于渭南。贼夜攻营,伏兵击破之。超等屯渭南,遣信求割河以西请和,公不许;九月,进军渡渭[78]。超等数挑战,又不许。固请割地,求送任子,公用贾诩计,伪许之。韩遂请与公相见,公与遂父同岁孝廉,又与遂同时侪辈,于是交马语移时,不及军事,但说京都旧故,拊手欢笑。既罢,超等问遂:"公何言?"遂曰:"无所言也。"超等疑之[79]。他日,公又与遂书,多所点窜,如遂改定者;超等愈疑遂。公乃与克日会战,先以轻兵挑之,战良久,乃纵虎骑夹击,大破之,斩成宜、李堪等。遂、超等走凉州,杨秋奔安定,关中平。诸将或问公曰:"初,贼守潼关,渭北道缺,不从河东击冯翊而反守潼关,引日而后北渡,何也?"公曰:"贼守潼关,吾若入河东,贼必引守诸津,则西河未可渡,吾故盛兵向潼关;贼悉众南守,西河之备虚,故二将得擅取西河;然后引军北渡,贼不能与吾争西河者,以有二将之军也。连车树栅,为甬道而南[80],既为不可胜,且以示弱。渡渭为坚垒,虏至不出,所以骄之也;故贼不为营垒而求割地。吾顺言许之,所以从其意,使自安而不为备,因畜士卒之力,一旦击之,所谓'疾雷不及掩耳',兵之变化,固非一道也。"始,贼每一部到,公辄有喜色。贼破之后,诸将问其故。公答曰:"关中长远,若贼各依险阻,征之,不一二年不可定也。今皆来集,其众虽多,莫相归服,军无适主,一举可灭,为功差易,吾是以喜。"冬十月,军自长安北征杨秋,围安定。秋降,复其爵位,使留抚其民人[81]。十二月,自安定还,留夏侯渊屯长安。

十七年春正月,公还邺。天子命公赞拜不名,入朝不趋,剑履上殿,如萧何故事。马超余众梁兴等屯蓝田,使夏侯渊击平之。割河内之荡阴、朝歌、林虑,东郡之卫国、顿丘、东武阳、发干,巨鹿之廮陶、曲周、南和,广平之任城,赵之襄国、邯郸、易阳以益魏郡。冬十月,公征孙权。

十八年春正月,进军濡须口,攻破权江西营,获权都督公孙阳,乃引军还。诏书并十四州,复为九州。夏四月,至邺。五月丙申,天子使御史大夫郗虑持节策命公为魏公[82]曰:

"朕以不德,少遭愍凶,越在西土,迁于唐、卫。当此之时,若缀旒然[83],宗庙乏祀,社稷无位;群凶觊觎,分裂诸夏,率土之民,朕无获焉,即我高祖之命将坠于地。朕用夙兴假寐,震悼于厥心,曰:'惟祖惟父,股肱先正[84],其孰能恤朕躬?'乃诱天衷,诞育丞相,保乂我皇家,弘济于艰难,朕实赖之。今将授君典礼,其敬听朕命。昔者董卓初兴国难,群臣释位以谋王室[85],君则摄进,首启戎行,此君之忠于本朝也。后及黄巾反易天常,侵我三州,延及平民。君又剪之以宁东夏,此又君之功也。韩暹、杨奉专用威命,君则致讨,克黜其难,遂迁许都,造我京畿,设官兆祀,不失旧物,天地鬼神于是获乂,此又君之功也。袁术僭逆,肆于淮南,慑惮君灵,用丕显谋,蕲阳之役,桥蕤授首,稜威南迈,术以陨溃,此又君之功也。回戈东征,吕布就戮,乘辕将返,张杨殂毙,睢固伏罪,张绣稽服,此又君之功也。袁绍逆乱天常,谋危社稷,凭恃其众,称兵内侮,当此之时,王师寡弱,天下寒心,莫有固志,君执大节,精贯白日,奋其武怒,运其神策,致届官渡,大歼丑类[86],俾我国家拯于危坠,此又君之功也。济师洪河,拓定四州,袁谭、高干,咸枭其首,海盗奔迸,黑山顺轨,此又君之功也。乌丸三种,崇乱二世,袁尚因之,逼据塞北,束马县车,一征而灭,此又君之功也。刘表背诞,不供贡职,王师首路,威风先逝,百城八郡,交臂屈膝,此又君之功也。马超、成宜,同恶相济,滨据河、潼,求逞所欲,殄之渭南,献馘万计,遂定边境,抚和戎狄,此又君之功也。鲜卑、丁零,重译而至,单于、白屋,请吏率职,此又君之功也。君有定天下之功,重之以明德,班叙海内,宣美风俗,旁施勤教,恤慎刑狱,吏无苛政,民无怀慝;敦崇帝族,表继绝世,旧德前功,罔不咸秩,虽伊尹格于皇天,周公光于四海,方之蔑如也。

"朕闻先王并建明德,胙之以土,分之以民,崇其宠章,备其礼物,所以藩卫王室,左右厥世也。其在周成,管、蔡不静,惩难念功,乃使邵康公赐齐太公履,东至于海,西至于河,南至于穆陵,北至于无棣,五侯九伯,实得征之,世祚太师,以表东海;爰及襄王,亦有楚人不供王职,又命晋文登为侯伯,锡以二辂、虎贲、钺、秬鬯、弓矢,大启南阳,世作盟主。故周室之不坏,繄二国是赖。今君称丕显德,明保朕躬,奉答天命,导扬弘烈,绥爰九域,莫不率俾[87],功高于伊、周,而赏卑于齐、晋,朕甚恧焉。朕以眇眇之身,托于兆民之上,永思厥艰,若涉渊冰,非君攸济,朕无任焉。今以冀州之河东、河内、魏郡、赵国、中山、常山、巨鹿、安平、甘陵、平原凡十郡,封君为魏公。锡君玄土,苴以白茅,爰契尔龟,用建冢社。昔在周室,毕公、毛公入为卿佐,周、邵师保出为二伯,外内之任,君实宜之。其以丞相领冀州牧如故。又加君九锡,其敬听朕命。以君经纬礼律,为民轨仪,使安职业,无或迁志,是用锡君大辂、戎辂各一,玄牡二驷。君劝分务本,稼人昏作[88],粟帛滞积,大业惟兴,是用锡君衮冕之服,赤舄副焉。君敦尚谦让,俾民兴行,少长有礼,上下咸和,是用锡君轩县之乐,六佾之舞。君冀宣风化,爰发四方,远人革面,华夏充实,是用锡君朱户以居。君研其明哲,思帝所难,官才任贤,群善必举,是用锡君纳陛以登。君秉国之钧,正色处中,纤毫之恶,靡不抑退,是用锡君虎贲之士三百人。君纠虔天刑,章厥有罪[89],犯关干纪,莫不诛殛,是用锡君铁钺各一。君龙骧虎视,旁眺八维,掩讨逆节,折冲四海,是用锡君彤弓一,彤矢百,玈弓十,玈矢千。君以温恭为基,孝友为德,明允笃诚,感于朕思,是用锡君秬鬯一卣,珪瓒副焉。魏国置丞相已下群卿百寮,皆如汉初诸侯王之制。往钦哉,敬服朕命!简恤尔众,时亮庶功,用终尔显德,对扬我高祖之休命[90]!"

秋七月,始建魏社稷宗庙。天子聘公三女为贵人,少者待年于国。[91]九月,作金虎台,凿渠引漳水入白沟以通河。冬十月,分魏郡为东西部,置都尉。十一月,初置尚书、侍中、六卿[92]。马超在汉阳,复因羌、胡为害,氐王千万叛应超,屯兴国,使夏侯渊讨之。

十九年春正月,始耕籍田。南安赵衢、汉阳尹奉等讨超,枭其妻子,超奔汉中。韩遂徙金城,入氐王千万部,率羌、胡万余骑与夏侯渊战,击,大破之,遂走西平。渊与诸将攻兴国,屠之。省安东、永阳郡。安定太守毋丘兴将之官,公戒之曰:"羌、胡欲与中国通,自当遣人来,慎勿遣人往。善人难得,必将教羌、胡妄有所请求,因欲以自利;不从便为失异俗意,从之则无益事。"兴至,遣校尉范陵至羌中,陵果教羌,使自请为属国都尉。公曰:"吾预知当尔,非圣也,但更事多耳[93]。"三月,天子使魏公位在诸侯王上,改授金玺、赤绂、远游冠[94]。秋七月,公征孙权[95]。初,陇西宋建自称河首平汉王,聚众枹罕,改元,置百官,三十余年。遣夏侯渊自兴国讨之。冬十月,屠枹罕,斩建,凉州平。公自合肥还。十一月,汉皇后伏氏坐昔与父故屯骑校尉完书,云帝以董承被诛怨恨公,辞甚丑恶,发闻,后废黜死,兄弟皆伏法[96]。十二月,公至孟津。天子命公置旄头,宫殿设钟虡。乙未,令曰:"夫有行之士未必能进取,进取之士未必有行也。陈平岂笃行,苏秦岂守信邪?而陈平定汉业,苏秦济弱燕。由此言之,士有偏短,庸可废乎!有司明思此义,则士无遗滞,官无废业矣。"又曰:"夫刑,百姓之命也,而军中典狱者或非其人,而任以三军死生之事,吾甚惧之。其选明达法理者,使持典刑。"于是置理曹掾属。

二十年春正月,天子立公中女为皇后。省云中、定襄、五原、朔方郡,郡置一县领其民,合以为新兴郡。三月,公西征张鲁,至陈仓,将自武都入氐,氐人塞道,先遣张郃、朱灵等攻破之。夏四月,公自陈仓以出散关,至河池。氐王窦茂众万余人,恃险不服。五月,公攻屠之。西平、金城诸将麹演、蒋石等共斩送韩遂首[97]。秋七月,公至阳平。张鲁使弟卫与将杨昂等据阳平关,横山筑城十余里,攻之不能拔,乃引军还。贼见大军退,其守备解散。公乃密遣解慓、高祚等乘险夜袭,大破之,斩其将杨任,进攻卫,卫等夜遁,鲁溃奔巴中。公军入南郑,尽得鲁府库珍宝[98]。巴、汉皆降。复汉宁郡为汉中;分汉中之安阳、西城为西城郡,置太守;分锡、上庸郡,置都尉。八月,孙权围合肥,张辽、李典击破之。九月,巴七姓夷王朴胡、賨邑侯杜濩举巴夷、賨民来附[99]。于是分巴郡,以胡为巴东太守,濩为巴西太守,皆封列侯。天子命公承制封拜诸侯守相[100]。冬十月,始置名号侯至五大夫,与旧列侯、关内侯凡六等,以赏军功[101]。十一月,鲁自巴中将其余众降。封鲁及五子皆为列侯。刘备袭刘璋,取益州,遂据巴中;遣张郃击之。十二月,公自南郑还,留夏侯渊屯汉中[102]。

二十一年春二月,公还邺[103]。三月壬寅,公亲耕籍田[104]。夏五月,天子进公爵为魏王[105]。代郡乌丸行单于普富卢与其侯王来朝。天子命王女为公主,食汤沐邑。秋七月,匈奴南单于呼厨泉将其名王来朝,待以客礼,遂留魏,使右贤王去卑监其国。八月,以大理钟繇为相国[106]。冬十月,治兵[107],遂征孙权,十一月至谯。

二十二年春正月,王军居巢。二月,进军屯江西郝溪。权在濡须口筑城拒守,遂逼攻之,权退走。三月,王引军还,留夏侯惇、曹仁、张辽等屯居巢。夏四月,天子命王设天子旌旗,出入称警跸。五月,作泮宫。六月,以军师华歆为御史大夫[108]。冬十月,天子命王冕十有二旒,乘金根车,驾六马,设五时副车,以五官中郎将丕为魏太子。刘备遣张飞、马超、吴兰等屯下辩;遣曹洪拒之。

二十三年春正月,汉太医令吉本与少府耿纪、司直韦晃等反,攻许,烧丞相长史王必营[109],必与颍川典农中郎将严匡讨斩之[110]。曹洪破吴兰,斩其将任夔等。三月,张飞、马超走汉中,阴平氐强端斩吴兰,传其首。夏四月,代郡、上谷乌丸无臣氐等叛,遣鄢陵侯彰讨破之[111]。六月,令曰:"古之葬者,必居瘠薄之地。其规西门豹祠西原上为寿陵,因高为基,不封不树。《周礼》冢人掌公墓之地,凡诸侯居左右以前,卿大夫居后,汉制亦谓之陪陵。其公卿大臣列将有功者,宜陪寿陵,其广为兆域,使足相容。"秋七月,治兵,遂西征刘备,九月,至长安。冬十月,宛守将侯音等反,执南阳太守,劫略吏民,保宛。初,曹仁讨关羽,屯樊城,是月使仁围宛。

二十四年春正月,仁屠宛,斩音[112]。夏侯渊与刘备战于阳平,为备所杀。三月,王自长安出斜谷,军遮要以临汉中,遂至阳平。备因险拒守[113]。夏五月,引军还长安。秋七月,以夫人卞氏为王后。遣于禁助曹仁击关羽。八月,汉水溢,灌禁军,军没,羽获禁,遂围仁。使徐晃救之。九月,相国钟繇坐西曹掾魏讽反免[114]。冬十月,军还洛阳[115]。孙权遣使上书,以讨关羽自效。王自洛阳南征羽,未至,晃攻羽,破之,羽走,仁围解。王军摩陂[116]。

二十五年春正月,至洛阳。权击斩羽,传其首。庚子,王崩于洛阳,年六十六[117]。遗令曰:"天下尚未安定,未得遵古也。葬毕,皆除服。其将兵屯戍者,皆不得离屯部。有司各率乃职。敛以时服,无藏金玉珍宝。"谥曰武王。二月丁卯,葬高陵[118]。

评曰:汉末,天下大乱,雄豪并起,而袁绍虎视四州,强盛莫敌。太祖运筹演谋,鞭挞宇内,揽申、商之法术,该韩、白之奇策,官方授材,各因其器,矫情任算,不念旧恶,终能总御皇机,克成洪业者,惟其明略最优也。抑可谓非常之人,超世之杰矣。

注:

[1] 《曹瞒传》曰:太祖一名吉利,小字阿瞒。王沈《魏书》曰:其先出于黄帝。当高阳世,陆终之子曰安,是为曹姓。周武王克殷,存先世之后,封曹侠于邾。春秋之世,与于盟会,逮至战国,为楚所灭。子孙分流,或家于沛。汉高祖之起,曹参以功封平阳侯,世袭爵士,绝而复绍,至今适嗣国于容城。

[2] 司马彪《续汉书》曰:腾父节,字元伟,素以仁厚称。邻人有亡豕者,与节豕相类,诣门认之,节不与争。后所亡豕自还其家。豕主人大惭,送所认豕,并辞谢节,节笑而受之。由是乡党贵叹焉。长子伯兴,次子仲兴,次子叔兴。腾字季兴,少除黄门从官。永宁元年,邓太后诏黄门令选中黄门从官年少温谨者配皇太子书,腾应其选。太子特亲爱腾,饮食赏赐与众有异。顺帝即位,为小黄门,迁至中常侍大长秋。在省闼三十

余年,历事四帝,未尝有过。好进达贤能,终无所毁伤。其所称荐,若陈留虞放、边韶、南阳延固、张温、弘农张奂、颍川堂溪典等,皆致位公卿,而不伐其善。蜀郡太守因计吏修敬于腾,益州刺史种嵩于函谷关搜得其笺,上太守,并奏腾内臣外交,所不当为,请免官治罪。帝曰:"笺自外来,腾书不出,非其罪也。"乃寝嵩奏。腾不以介意,常称叹嵩,以为嵩得事上之节。嵩后为司徒,语人曰:"今日为公,乃曹常侍恩也。"腾之行事,皆此类也。桓帝即位,以腾先帝旧臣,忠孝彰著,封费亭侯,加位特进。太和三年,追尊腾曰高皇帝。

〔3〕《续汉书》曰:嵩字巨高,质性敦慎,所在忠孝。为司隶校尉,灵帝擢拜大司农、大鸿胪,代崔烈为太尉。黄初元年,追尊嵩曰太皇帝。吴人作《曹瞒传》及郭颁《世语》并云:嵩,夏侯氏之子,夏侯惇之叔父。太祖于惇为从父兄弟。

〔4〕《曹瞒传》云:太祖少好飞鹰走狗,游荡无度,其叔父数言之于嵩。太祖患之,后逢叔父于路,乃阳败面喎口;叔父怪而问其故,太祖曰:"卒中恶风。"叔父以告嵩。嵩惊愕,呼太祖,太祖口貌如故。嵩问曰:"叔父言汝中风,已差乎?"太祖曰:"初不中风,但失爱于叔父,故见罔耳。"嵩乃疑焉。自后叔父有所告,嵩终不复信,太祖于是益得肆意矣。

〔5〕《魏书》曰:太尉桥玄,世名知人,睹太祖而异之,曰:"吾见天下名士多矣,未有若君者也!君善自持。吾老矣!愿以妻子为托。"由是声名益重。《续汉书》曰:玄字公祖,严明有才略,长于人物。张璠《汉纪》:玄历位中外,以刚断称,谦俭下士,不以王爵私亲。光和中为太尉,以久病策罢,拜太中大夫,卒,家贫乏产业,柩无所殡。当世以此称为名臣。《世语》曰:玄谓太祖曰:"君未有名,可交许子将。"太祖乃造子将,子将纳焉,由是知名。孙盛《异同杂语》云:太祖尝私入中常侍张让室,让觉之。乃舞手戟于庭,逾垣而出。才武绝人,莫之能害。博览群书,特好兵法,抄集诸家兵法,名曰《接要》。又注《孙武》十三篇,皆传于世。尝问许子将:"我何如人?"子将不答。固问之,子将曰:"子治世之能臣,乱世之奸雄。"太祖大笑。

〔6〕《曹瞒传》曰:太祖初入尉廨,缮治四门。造五色棒,县门左右各十余枚,有犯禁者,不避豪强,皆棒杀之。后数月,灵帝爱幸小黄门蹇硕叔父夜行,即杀之。京师敛迹,莫敢犯者。近习宠臣咸疾,然不能伤,于是共荐之,故迁为顿丘令。

〔7〕《魏书》曰:太祖从妹夫𬱖强侯宋奇被诛,从坐免官。后以能明古学,复征拜议郎。先是大将军窦武、太傅陈蕃谋诛阉官,反为所害。太祖上书陈武等正直而见陷害,奸邪盈朝,善人壅塞,其言甚切。灵帝不能用。是后诏书敕三府:举奏州县政理无效,民为作谣言者免罢。三公倾邪,皆希世见用,货赂并行。强者为怨,不见举奏,弱者守道,多被陷毁。太祖疾之。是岁以灾异博问得失,因此复上书切谏,说三公所举奏专回避贵戚之意。奏上,天子感痛,以示三府,责让之,诸以谣言征者皆拜议郎。是后政教日乱,豪猾益炽,多所摧毁。太祖知不可匡正,遂不复献言。

〔8〕《魏书》曰:长吏多取贪饕,依倚贵势,历前相不见举闻,太祖至,咸皆举免,小大震怖,奸宄遁逃,窜入他郡。政教大行,一郡清平。初,城阳景王刘章以有功于汉,故其国为立祠,青州诸郡转相仿效,济南尤盛,至六百余祠。贾人或假二千石舆服导从作倡乐,奢侈日甚,民坐贫穷,历世长吏无敢禁绝者。太祖到,皆毁坏祠屋,止绝官吏民不得祠祀。及至秉政,遂除奸邪鬼神之事,世之淫祀由此遂绝。

〔9〕《魏书》曰:于是权臣专朝,贵戚横恣。太祖不能违道取容,数数干忤,恐为家祸,遂乞留宿卫。拜议郎,常托疾病,辄告归

乡里;筑室城外,春夏习读书传,秋冬弋猎,以自娱乐。

〔10〕司马彪《九州春秋》曰:于是陈蕃子逸与术士平原襄楷会于芬坐,楷曰:"天文不利宦者,黄门、常侍(贵)真族灭矣。"逸喜。芬曰:"若然者,芬愿驱除。"于是与攸等谋废灵帝,欲北巡河间旧宅,芬等谋因此作难,上书言黑山贼攻劫郡县,求得起兵。会北方有赤气,东西竟天,太史上言"当有阴谋,不宜北行",帝乃止。敕芬罢兵,俄而征之。芬惧,自杀。《魏书》载太祖拒芬辞曰:"夫废立之事,天下之至不祥也。古人有权成败、计轻重而行之者,伊尹、霍光是也。伊尹怀至忠之诚,据宰臣之势,处官司之上,故进退废置,计从事立。及至霍光受托国之任,藉宗臣之位,内因太后秉政之重,外有群卿同欲之势,昌邑即位日浅,未有贵宠,朝乏谠臣,议出密近,故计行如转圜,事成如摧朽。今诸君徒见曩者之易,未睹当今之难。诸君自度,结众连党,何若七国?合肥之贵,孰若吴、楚?而造作非常,欲望必克,不亦危乎!"

〔11〕《魏书》曰:太祖闻而笑之曰:"阉竖之官,古今宜有,但世主不当假之权宠,使至于此。既治其罪,当诛元恶,一狱吏足矣,何必纷纷召外将乎?欲尽诛之,事必宣露,吾见其败也。"

〔12〕《魏书》:太祖以卓终必覆败,遂不就拜,逃归乡里。从数骑过故人成皋吕伯奢;伯奢不在,其子与宾客共劫太祖,取马及物,太祖手刃击杀数人。《世语》曰:太祖过伯奢。伯奢出行,五子皆在,备宾主礼。太祖自以背卓命,疑其图己,手剑夜杀八人而去。孙盛《杂记》:太祖闻其食器声,以为图己,遂夜杀之。既而凄怆曰:"宁我负人,毋人负我!"遂行。

〔13〕《世语》曰:中牟疑是亡人,见拘于县。时掾亦已被卓书,唯功曹心知是太祖,以世方乱,不宜拘天下雄俊,因白令释之。

〔14〕《世语》曰:陈留孝廉卫兹以家财资太祖,使起兵,众有五千人。

〔15〕《英雄记》曰:馥字文节,颍川人。为御史中丞。董卓举为冀州牧。于时冀州民人殷盛,兵粮优足。袁绍之在勃海,馥恐其兴兵,遣数部从事守之,不得动摇。东郡太守桥瑁诈作京师三公移书与州郡,陈卓罪恶,云当迫逼,无以自救,企望义兵,解国患难。馥得移,请诸从事问曰:"今当助袁氏邪,助董卓邪?"治中从事刘子惠曰:"今兴兵为国,何谓袁、董!"馥自知言短而有惭色。子惠复言:"兵者凶事,不可为首;今宜往视他州,有发动者,然后和之。冀州于他州不为弱,他人功未有在冀州之右者也。"馥然之。馥乃作书与绍,道卓之恶,听其举兵。

〔16〕《英雄记》曰:伷字公绪,陈留人。张璠《汉纪》载郑泰说卓云:"孔公绪能清谈高论,嘘枯吹生。"

〔17〕岱,刘繇之兄,事见《吴志》。

〔18〕《英雄记》曰:匡字公节,泰山人。轻财好施,以任侠闻。辟大将军何进府进行使,匡于徐州发强弩五百西诣京师。会进败,匡还乡里。起家,拜河内太守。谢承《后汉书》曰:匡少与蔡邕善。其年为卓军所败,走还泰山,收集劲勇得数千人,欲与张邈合。匡先杀执金吾胡母班。班亲属不胜愤怒,与太祖并势,共杀匡。

〔19〕《英雄记》曰:瑁字元伟,玄族子。先为兖州刺史,甚有威惠。

〔20〕遗字伯业,绍从兄。为长安令。河间张超尝荐遗于太尉朱俊,称遗"有冠世之懿,干时之量。其忠允亮直,固天所纵;若乃包罗载籍,管综百氏,登高能赋,睹物知名,求之今日,邈焉靡俦"。事在《超集》。《英雄记》曰:绍后用遗为扬州刺史,为袁术所败。太祖称"长大而能勤学者,惟吾与袁伯业

〔21〕信事见子勋传。耳。"语在文帝《典论》。

〔22〕《魏书》曰：兵谋叛，夜烧太祖帐，太祖手剑杀数十人，余皆披靡，乃得出营；其不叛者五百余人。

〔23〕《魏书》载太祖答绍曰："董卓之罪，暴于四海，吾等合大众、兴义兵而远近莫不响应，此以义动故也。今幼主微弱，制于奸臣，未有昌邑亡国之衅，而一旦改易，天下其孰安之？诸君北面，我自西向。"

〔24〕《魏书》曰：太祖大笑曰："吾不听汝也。"绍复使人说太祖曰："今袁公势盛兵强，二子已长，天下群英，孰逾于此？"太祖不应。由是益不直绍，图诛灭之。

〔25〕睢，申随反。

〔26〕《魏书》曰：诸将皆以为当还自救。太祖曰："孙膑救赵而攻魏，耿弇欲走西安攻临菑。使贼闻我西而还，武阳自解也；不还，我能败其本屯，虏不能拔武阳必矣。"遂乃行。

〔27〕《魏书》曰：於夫罗者，南单于子也。中平中，发匈奴兵，於夫罗率以助汉。会本国反，杀南单于，於夫罗遂将其众留中国。因天下挠乱，与西河白波贼合，破太原、河内，抄略诸郡为寇。

〔28〕《世语》曰：岱既死，陈宫谓太祖曰："州今无主，而王命断绝，宫请说州中，明府寻往牧之，资之以收天下，此霸王之业也。"宫说岱驾、治中曰："今天下分裂而州无主，曹东郡，命世之才也，若迎以牧州，必宁生民。"鲍信等亦谓之然。

〔29〕《魏书》曰：太祖将步骑千余人，行视战地，卒抵贼营，战不利，死者数百人，引还。贼寻前进。黄巾为贼久，数乘胜，兵皆精悍。太祖旧兵少，新兵不习练，举兵皆惧。太祖披甲婴胄，亲巡将士，明劝赏罚，众乃复奋，承间讨击，贼稍折退。贼乃移书太祖曰："昔在济南，毁坏神坛，其道乃与中黄太乙同，似若知道，今更迷惑。汉行已尽，黄家当立。天之大运，非君才力所能存也。"太祖见檄书，呵之，数开示降路，遂设奇伏，昼夜会战，战辄禽获，贼乃退走。

〔30〕《世语》曰：嵩在泰山华县。太祖令泰山太守应劭送家诣兖州，劭兵未至，陶谦密遣数千骑掩捕。嵩家以为劭迎，不设备。谦兵至，杀太祖弟德于门中。嵩惧，穿后垣，先出其妾，妾肥，不时得出，嵩逃于厕，与妾俱被害，阖门皆死。劭惧，弃官赴袁绍。后太祖定冀州，劭时已死。韦曜《吴书》曰：太祖迎嵩，辎重百余两。陶谦遣都尉张闿将骑二百卫送，闿于泰山华、费间杀嵩，取财物，因奔淮南。太祖归咎于陶谦，故伐之。

〔31〕孙盛曰：夫伐罪吊民，古之令轨，罪谦之由，而残其属部，过矣。

〔32〕袁晔《献帝春秋》：太祖围濮阳，濮阳大姓田氏为反间，太祖得入城。烧其东门，示无反意。及战，军败。布骑得太祖而不知是，问曰："曹操何在？"太祖曰："乘黄马走者是也。"布骑乃释太祖而追黄马者。门火犹盛，太祖突火而出。

〔33〕《魏书》曰：于是兵皆出取麦，在者不能千人，屯营不固。太祖乃令妇人守陴，悉兵拒之。屯西有大堤，其南树木幽深。布疑有伏，乃相谓曰："曹操多谲，勿入伏中。"引军屯南十余里。明日复来，太祖乃隐兵堤里，出半兵堤外。布益进，乃令轻兵挑战，既合，伏兵乃悉乘堤，步骑并进，大破之。获其鼓车，追至其营而还。

〔34〕《献帝春秋》曰：天子初至洛阳，幸城西故中常侍赵忠宅。使张扬缮治宫室，名殿曰扬安殿，八月，帝乃迁居。

〔35〕《献帝纪》曰：又领司隶校尉。

〔36〕张璠《汉纪》曰：初，天子败于曹阳，欲浮河东下。侍中太史

令王立曰："自去春太白犯镇星于牛斗，过天津，荧惑又逆行守北河，不可犯也。"由是天子遂不北渡河，将自轵关东出。立又谓宗正刘艾曰："前太白守天关，与荧惑会；金火交会，革命之象也。汉祚终矣，晋、魏必有兴者。"立后数言于帝曰："天命有去就，五行不常盛，代火者土也，承汉者魏也，能安天下者，曹姓也，唯委任曹氏而已。"公闻之，使人语立曰："知公忠于朝廷，然天道深远，幸勿多言。"

〔37〕《魏书》曰：自遭荒乱，率乏粮谷。诸军并起，无终岁之计，饥则寇略，饱则弃余，瓦解流离，无敌自破者不可胜数。袁绍之在河北，军人仰食桑椹。袁术在江、淮，取给蒲蠃。民人相食，州里萧条。公曰："夫定国之术，在于强兵足食，秦人以急农兼天下，孝武以屯田定西域，此先代之良式也。"是岁乃募民屯田许下，得谷百万斛。于是州郡例置田官，所在积谷。征伐四方，无运粮之劳，遂兼灭群贼，克平天下。

〔38〕《魏书》曰：公所乘马名绝影，为流矢所中，伤颊及足，并中公右臂。《世语》曰：昂不能骑，进马于公，故免，而昂遇害。

〔39〕《世语》曰：旧制，三公领兵入见，皆交戟叉颈而前。初，公讨张绣，入觐天子，时始复此制。公自此不复朝见。

〔40〕《魏书》曰：临清水，祠亡将士，歔欷流涕，众皆感恸。

〔41〕《献帝春秋》曰：袁绍叛卒诣公云："田丰使绍早袭许，若挟天子以令诸侯，四海可指麾而定。"公乃解绣围。

〔42〕《魏书》曰：袁绍宿与故太尉杨彪、大长秋梁绍、少府孔融有隙，欲使公以他过诛之。公曰："当今天下土崩瓦解，雄豪并起，辅相君长，人怀快快，各有自为之心，此上下相疑之秋也，虽以无嫌待之，犹惧未信；如有所除，则谁不自危？且夫起布衣，在尘垢之间，为庸人之所陵陷，可胜言乎！高祖赦雍齿之仇而群情以安，如何忘之？"绍以为公外托公义，内实离异，深怀怨望。臣松之以为杨彪亦曾为魏武所困，几至于死，孔融竟不免于诛灭，岂所谓"先行其言而后从之"哉！非知之难，其在行之，信矣。

〔43〕《献帝春秋》曰：备谓岱等曰："使汝百人来，其无如我何！曹公自来，未可知耳！"《魏武故事》：岱字公山，沛国人。以司空长史从征伐有功，封列侯。《魏略》曰：王忠，扶风人，少为亭长。三辅乱，忠饥乏啖人，随辈南向武关。值娄子伯为荆州遣迎北方客人，忠不欲去，因率等件击之，夺其兵，聚众千余人以归公。拜忠中郎将，从征讨。五官将知忠尝啖人，因从驾出行，令俳取冢间髑髅系著忠马鞍，以为欢笑。

〔44〕孙盛《魏氏春秋》云：答诸将曰："刘备，人杰也，将生忧寡人。"臣松之以为史之记言，既多润色，故前载所述有非实者矣，后之作者又生意改之，于失实也，不亦弥远乎！凡孙盛制书，多用《左氏》以易旧文，如此者非一。嗟乎，后之学者将何取信哉？且魏武方以天下励志，而用夫差分死之言，尤非其类。

〔45〕习凿齿《汉晋春秋》：许攸说绍曰："公无与操相攻也。急分诸军持之，而径从他道迎天子，则事立济矣。"绍不从，曰："吾要当先围取之。"攸怒。

〔46〕臣松之以为魏武初起兵，已有众五千，自后百战百胜，败者十二三而已矣。但一破黄巾，受降卒三十余万，余所吞并，不可悉纪；虽征战损伤，未应如此之少。夫结营相守，异于摧锋决战。本纪云："绍众十余万，屯营东西数十里。"魏太祖虽机变无方，略不世出，安有以数千之兵，而得逾时相抗者哉？以理而言，窃谓不然。绍为屯营十里，公能分营与相当，此兵不得甚少，一也。绍若有十倍之众，理应当悉力围守，使出入断绝，而公使徐晃等击其运车，公又自出击淳

于琼等,扬旌往还,曾无抵阂,明绍力不能制,是不得甚少,二也。诸书皆云公坑绍众八万,或云七万。夫八万人奔散,非八千人所能缚,而绍之大众皆拱手就戮,何缘力能制之?是不得甚少,三也。将记述者欲以少见奇,非其实录也。按《钟繇传》云:"公与绍相持,繇为司隶,送马二千余匹以给军。"本纪及《世语》并云:公时有骑六百余匹,繇马为安在哉?

[47]《曹瞒传》曰:公闻攸来,跣出迎之,抚掌笑曰:"子远,卿来,吾事济矣!"既入坐,谓公曰:"袁氏军盛,何以待之?今有几粮乎?"公曰:"尚可支一岁。"攸曰:"无是,更言之!"又曰:"可支半岁。"攸曰:"足下不欲破袁氏邪,何言之不实也!"公曰:"向言戏之耳。其实可一月,为之奈何?"攸曰:"公孤军独守,外无救援而粮谷已尽,此危急之日也。今袁氏辎重有万余乘,在故市、乌巢,屯军无严备;今以轻兵袭之,不意而至,燔其积聚,不过三日,袁氏自败也。"公大喜,乃选精锐步骑,皆用袁军旗帜,衔枚缚马口,夜从间道出,人抱束薪,所历道有问者,语之曰:"袁公恐曹操抄略后军,遣兵以益备。"闻者信以为然,皆自若。既至,围屯,大放火,营中惊乱。大破之,尽燔其粮谷宝货,斩督将眭元进、骑督韩莒子、吕威璜、赵睿等首,割得将军淳于仲简鼻,未死,杀士卒千余人,皆取首,牛马割唇舌,以示绍军。将士死伤睹惧。时有夜得仲简,将以诣麾下,公谓曰:"何如是?"仲简曰:"胜负自天,何用为问乎!"公意欲不杀。许攸曰:"明日鉴于镜,此益不忘人。"乃杀之。

[48]《献帝起居注》曰:公上言"大将军邺侯袁绍前与冀州牧韩馥立故大司马刘虞,刻作金玺,遣故任长毕瑜诣虞,为说议者之数。又绍与臣书云:'可都鄄城,当有所立。'擅铸金银印,孝廉计吏皆往诣绍。从弟济阴太守叙与绍书云:'今海内丧败,天意实在我家,神应有征,当在尊兄。南兄臣下欲使即位,南兄言,以年则北兄长,以位则北兄重。便欲送玺,会曹操断道。'绍宗族累世受国重恩,而凶逆无道,乃至于此。辄勒兵马,与战官渡,乘圣朝之威,得斩绍大将淳于琼等八人首,遂以破溃。绍与子谭轻身迸走。凡斩首七万余级,辎重财物巨亿。"

[49]《魏氏春秋》曰:公云:"当绍之强,孤犹不能自保,而况众人乎!"

[50] 尩,古逵字,见《三苍》。

[51] 褒赏令载公祀文曰:"故太尉桥公,诞敷明德,泛爱博容。国念明训,士思令谟。灵幽体翳,邈哉晞矣!吾以幼年,逮升堂室,特以顽鄙之姿,为大君子所纳。增荣益观,皆由奖助,犹仲尼称不如颜渊,李生之厚叹贾generation。士死知己,怀此无忘。又承从容约誓之言:'殂逝之后,路有经由,不以斗酒只鸡过相沃酹,车过三步,腹痛勿怪!'虽临时戏笑之言,非至亲之笃好,胡肯为此辞乎?匪谓灵忿,能诒己疾,怀旧惟顾,念之凄怆。奉命东征,屯次乡里,北望贵土,乃心陵墓。裁致薄奠,公其尚飨!"

[52]《魏书》云:绥,却也。有前一尺,无却一寸。

[53]《魏书》载庚申令曰:"议者或以军吏虽有功能,德行不足堪任郡国之选,所谓'可与适道,未可与权'。管仲曰:'使贤者食于能则上尊,斗士食于功则卒轻于死,二者设于国则天下治。'未闻无能之人,不斗之士,并受禄赏,而可以立功兴国者也。故明君不官无功之臣,不赏不战之士;治平尚德行,有事赏功能。论者之言,一似管虎皮也。"

[54]《魏书》曰:公云:"我攻吕布,表不为寇,官渡之役,不救袁绍,此自守之贼也,宜为后图。谭、尚狡猾,当乘其乱,纵谭

挟诈,不终束手,使我破尚,偏收其地,利自多矣。"乃许之。

[55] 臣松之案:绍死至此,过五月耳。谭虽出后其伯,不为绍服三年,而于再期之内以行吉礼,悖矣。魏武或以权宜与之约言;今云结婚,未必便以此年成礼。

[56]《魏书》曰:谭之围解,阴以将军印绶假旷。旷受印送之,公曰:"我固知谭之有小计也。欲使我攻尚,得以其间略民聚众,比尚之破,可得自强以乘我弊也。尚破我盛,何弊之乘乎?"

[57] 沮音菹,河朔间今犹有此姓。鹄,沮授子也。

[58]《曹瞒传》曰:遣候者数部前后参之,皆曰:"定从西道,已在邯郸。"公大喜,会诸将曰:"孤已得冀州,诸君知之乎?"皆曰:"不知。"公曰:"诸君方见不久也。"

[59] 孙盛云:昔者先王之为诔赏也,将以惩恶劝善,永彰鉴戒。绍因世艰危,遂怀逆谋,上议神器,下干国纪。荐社污宅,古之制也,而乃尽哀于逆臣之冢,加恩于饕餮之室,为政之道,于斯蹶矣。夫匿怨友人,前哲所耻,税骖旧馆,义无虚涕,苟道乖义绝,何哭之有!昔汉高失之于项氏,魏武遵谬于此举,岂非百虑之一失也。

[60]《傅子》曰:太祖又曰:"汤、武之王,岂同土哉?若以险固为资,则不能应机而变化也。"

[61]《魏书》载公令曰:"有国有家者,不患寡而患不均,不患贫而患不安。袁氏之治也,使豪强擅恣,亲戚兼并;下民贫弱,代出租赋,衒鬻家财,不足应命;审配宗族,至乃藏匿罪人,为通逃主。欲望百姓亲附,甲兵强盛,岂可得邪!其收田租亩四升,户出绢二匹、绵二斤而已,他不得擅兴发。郡国守相明检察之,无令强民有所隐藏,而弱民兼赋也。"

[62]《魏书》:公攻谭,且及日中不决。公乃自执桴鼓,士卒咸奋,应时破陷。

[63] 臣松之以为讨谭时,川渠水冻,使民椎冰以通船,民惮役而亡。

[64]《续汉书·郡国志》曰:犷平,县名,属渔阳郡。

[65]《魏书》载十月乙亥令曰:"夫治世御众,建立辅弼,诚在面从,《诗》称'听用我谋,庶无大悔',斯实君臣恳恳之求也。吾充重任,每惧失中,频年以来,不闻嘉谋,岂吾开延不勤之咎邪?自今以后,诸掾属治中、别驾,常以月各言其失,吾将览焉。"

[66] 孤,音孤。

[67] 洵,音句。

[68]《魏书》载公令曰:"昔赵奢、窦婴之为将也,受赐千金,一朝散之,故能济成大功,永世流声。吾读其文,未尝不慕其为人也。与诸将士大夫共从戎事,幸赖贤人不爱其谋,群士不遗其力,是以夷险平乱,而吾得窃大赏,户邑三万。追思窦婴散金之义,今分所受租与诸掾属及故戍于陈、蔡者,庶以畴答众劳,不擅大惠也。宜差死事之孤,以租谷及之。若年殷用足,租奉毕入,将大与众人悉共飨之。"

[69]《曹瞒传》曰:时寒且旱,二百里无复水,军又乏食,杀马数千匹以为粮,凿地入三十余丈乃得水。既还,科问前谏者,众莫知其故,人人皆惧。公皆厚赏之,曰:"孤前行,乘危以侥幸,虽得之,天所佐也,故不可以为常。诸君之谏,万安之计,是以相赏,后勿难言之。"

[70] 肄,以四反。《三苍》:"肄,习也。"

[71]《献帝起居注》曰:使太常徐璆即授印绶。御史大夫不领中丞,置长史一人。《先贤行状》曰:璆字孟玉,广陵人。少履清爽,立朝正色。历任城、汝南、东海三郡,所在化行。被征当还,为袁术所劫。术僭号,欲授以上公之位,璆终不为屈。术

〔72〕卫恒《四体书势序》曰：上谷王次仲善隶书，始为楷法。至灵帝好书，世多能者。而师宜官为最，甚矜其能，每书，辄削焚其札。梁鹄乃益为版而饮之酒，候其醉而窃其札，鹄卒以攻书至选部尚书。于是公欲以洛阳令，鹄以为北部尉。鹄后依刘表。及荆州平，公募求鹄，鹄惧，自缚诣门，署军假司马，使在秘书，以勒书自效。公尝悬著帐中，及以钉壁玩之，谓胜宜官。鹄字孟皇，安定人。魏宫殿题署，皆鹄书也。皇甫谧《逸士传》曰：汝南王俊，字子文，少为范滂、许章所识，与南阳岑晊善。公之为布衣，特爱俊；俊亦称公有治世之具。及袁绍与弟术丧母，归葬汝南，俊与公会之，会者三万人。公于外密语俊曰："天下将乱，为乱魁者必此二人也。欲济天下，为百姓请命，不先诛此二子，乱今作矣。"俊曰："如卿之言，济天下者，舍卿复谁？"相对而笑。俊为人静而内明，不应州郡、三府之命，公车征，不到。避地居武陵，归俊者百余家。帝之都许，复征为尚书，又不就。刘表见绍强，阴与绍通，俊谓表曰："曹公，天下之雄也，必能兴霸道，继桓、文之功者；今乃释近而就远，如有一朝之急，遥望漠北之救，不亦难乎！"表不从。俊年六十四，以寿终于武陵，公闻而哀伤。及平荆州，自临江吊丧，改葬于江陵，表为先贤也。

〔73〕《山阳公载记》曰：公船舰为备所烧，引军从华容道步归，遇泥泞，道不通，天又大风，悉使羸兵负草填之，骑乃得过。羸兵为人马所蹈藉，陷泥中，死者甚众。军既得出，公大喜，诸将问之，公曰："刘备，吾俦也。但得计少晚；向使早放火，吾徒无类矣。"备寻亦放火而无所及。孙盛《异同评》曰：按《吴志》，刘备先破公军，然后权攻合肥，而此记云权先攻合肥，后有赤壁之事。二者不同，《吴志》为是。

〔74〕《魏武故事》载公十二月己亥令曰："孤始举孝廉，年少，自以本非岩穴知名之士，恐为海内人之所见凡愚，欲为一郡守，好作政教，以建立名誉，使世士明知之，故在济南，始除残去秽，平心选举，违迕诸常侍。以为强豪所忿，恐致家祸，故以病还。去官之后，年纪尚少，顾视同岁中，年有五十，未名为老，内自图之，从此却去二十年，待天下清，乃与同岁中始举者等耳。故以四时归乡里，于谯东五十里筑精舍，欲秋夏读书，冬春射猎，求底下之地，欲以泥水自蔽，绝宾客往来之望，然不能得如意。后征为都尉，迁典军校尉，意遂更欲为国家讨贼立功，欲望封侯作征西将军，然后题墓道言'汉故征西将军曹侯之墓'，此其志也。而遭值董卓之难，兴举义兵。是时合兵能多耳，然常自损，不欲多之；所以然者，多兵意盛，与强敌争，倘更为祸始。故汴水之战数千，后还到扬州更募，亦复不过三千人，此其本志有限也。后领兖州，破降黄巾三十万众。又袁术僭号于九江，下皆称臣，名门曰建号门，衣被皆为天子之制，两妇预争为皇后。志计已定，人有劝术使遂即帝位，露布天下，答言'曹公尚在，未可也'。后孤讨禽其四将，获其人众，遂使术穷亡解沮，发病而死。及至袁绍据河北，兵势强盛，孤自度势，实不敌之，但计投死为国，以义灭身，足垂于后；幸而破绍，枭其二子。又刘表自以为宗室，包藏奸心，乍前乍却，以观世事，据有荆州，孤复定之，遂平天下。身为宰相，人臣之贵已极，意望已过矣。今孤言此，若为自大，欲人言尽，故无讳耳。设使国家无有孤，不知当几人称帝，几人称王。或者人见孤强盛，又性不信天命之事，恐私心相评，言有不逊之志，妄相忖度，每用耿耿。齐桓、晋文所以垂称至今日者，以其兵势广大，犹能奉事周室也。《论语》云'三分天下有其二，以服事殷，周之德可谓至德矣'，夫能以大事小也。昔乐毅走赵，赵王欲与之图燕，乐毅伏而垂泣，对曰：'臣事昭王，犹事大王；臣若获戾，放在他国，没世然后已，不忍谋赵之徒隶，况燕后嗣乎！'胡亥之杀蒙恬也，恬曰：'自吾先人及至子孙，积信于秦三世矣；今臣将兵三十余万，其势足以背叛，然自知必死而守义者，不敢先人之教以忘先王也。'孤每读此二人书，未尝不怆然流涕也。孤祖父以至孤身，皆当亲重之任，可谓见信者矣，以及子桓兄弟，过于三世矣。孤非徒对诸君说此也，常以语妻妾，皆令深知此意。孤谓之言：'顾我万年之后，汝曹皆当出嫁，欲令传道我心，使他人皆知之。'孤此言皆肝鬲之要也。所以勤勤恳恳叙心腹者，见周公有《金縢》之书以自明，恐人不信之故。然欲孤便尔委捐所典兵众以还执事，归就武平侯国，实不可也。何者？诚恐己离兵为人所祸也。既为子孙计，又己败则国家倾危，是以不得慕虚名而处实祸，此所不得为也。前朝恩封三子为侯，固辞不受，今更欲受之，非欲复以为荣，欲以为外援，为万安计。孤闻介推之避晋封，申胥之逃楚赏，未尝不舍书而叹，有以自省也。奉国威灵，仗钺征伐，推弱以克强，处小而禽大，意之所图，动无违事，心之所虑，何向不济？遂荡平天下，不辱主命，可谓天助汉室，非人力也。然封兼四县，食户三万，何德堪之！江湖未静，不可让位；至于邑土，可得而辞。今上还阳夏、柘、苦三县户二万，但食武平万户，且以分损谤议，少减孤之责也。

〔75〕《魏书》曰：庚辰，天子报：减户五千，分所让三县万五千封三子，植为平原侯，据为范阳侯，豹为饶阳侯，食邑各五千户。

〔76〕《魏书》曰：议者多言"关西兵强，习长矛，非精选前锋，则不可以当也"。公谓诸将曰："战在我，非在贼也。贼虽习长矛，将使不得以刺，诸君但观之耳。"

〔77〕《曹瞒传》：公将过河，前队适渡，超等奄至，公犹坐胡床不起。张郃等见事急，共引公入船。河水急，北渡，流四五里，超等骑追射之，矢下如雨。诸将见军败，不知公所在，皆惶惧，至见，乃悲喜，或流涕。公大笑曰："今日几为小贼所困乎！"

〔78〕《曹瞒传》曰：时公军每渡渭，辄为超骑所冲突，营不得立，地又多沙，不可筑垒。娄子伯说公曰："今天寒，可起沙为城，以水灌之，可一夜而成。"公从之，乃多作缣囊以运水，夜渡兵作城，比明，城立，由是公军尽得渡渭。或疑于时九月，水未应冻。臣松之按《魏书》：公军八月至潼关，闰月北渡河，则其年八月也，至此容可大寒邪！

〔79〕《魏书》曰：公后日复与遂等会语，诸将曰："公与虏交语，不宜轻脱，可为木行马以为防遏。"公然之。贼将见公，悉于马上拜，秦、胡观者，前后重沓，公笑谓诸曰："尔欲观曹公邪？亦犹人也，非有四目两口，但多智耳！"胡前后大观。又列铁骑五千为十重阵，精光耀日，贼益震惧。

〔80〕臣松之案：汉高祖二年，与楚战荥阳京、索之间，筑甬道属河以取敖仓粟。应劭曰："恐敌钞辎重，故筑垣墙如街巷也。"今魏武不筑垣墙，但连车树栅以扞两面。

〔81〕《魏略》曰：杨秋，黄初中迁讨寇将军，位特进，封临泾侯，以寿终。

〔82〕《续汉书》曰：虑字鸿豫，山阳高平人。少受业于郑玄，建安初为侍中。虞溥《江表传》曰：献帝尝特见虑及少府孔融，问融曰："鸿豫何所优长？"融曰："可与适道，未可与权。"虑举笏曰："融昔宰北海，政散民流，其权安在也！"遂与融互相

长短,以至不睦。公以书和解之。虑从光禄勋迁为大夫。

〔83〕《公羊传》曰:"君若赘旒然。"何休云:"赘犹缀也。旒,旂旒也。以旂譬者,言为下所执东西也。"

〔84〕《文侯之命》曰:"亦惟先正。"郑玄云:"先正,先臣,谓公卿大夫也。"

〔85〕《左氏传》曰:"诸侯释位以间王政。"服虔曰:"言诸侯释其私政而佐王室。"

〔86〕《诗》曰:"致天之届,于牧之野。"郑玄云:"届,极也。"《鸿范》曰:"鲧则殛死。"

〔87〕《盘庚》曰:"绥爱有众。"郑玄云:"爱,于也,安隐于其众也。"《君奭》曰:"海隅出日,罔不率俾。率,循也。俾,使也。四海之隅,日出所照,无不循度而可使也。"

〔88〕《盘庚》曰:"堕农自安,不昏作劳。"郑玄云:"昏,勉也。"

〔89〕"纠虔天刑"语出《国语》,韦昭注引:"纠,察也。虔,敬也。刑,法也。"

〔90〕后汉尚书左丞潘勖之辞也。勖字元茂,陈留中牟人。《魏书》载公令曰:"夫受九锡,广开土宇,周公其人也。汉之异姓八王者,与高祖俱攻布衣,创定王业,其功至大,吾何可比之?"前后三让。于是中军师陵树亭侯荀攸、前军师东武亭侯钟繇、左军师凉茂、右军师毛玠、平虏将军华乡侯刘勋、建武将军清苑侯刘若、伏波将军高安侯夏侯惇、扬武将军都亭侯王忠、奋威将军乐乡侯邓展、建忠将军昌乡亭侯鲜于辅、奋武将军安国亭侯程昱、太中大夫都乡侯贾诩、军师祭酒千秋亭侯董昭、都亭侯薛洪、南乡亭侯董蒙、关内侯王粲、傅巽、祭酒王选、袁涣、王朗、张承、任藩、杜袭、中护军国明亭侯曹洪、中领军万岁亭侯韩浩、晓骑将军安平亭侯曹仁、领护军将军王图、伏波司马陈矫、谢奂、袁霸等劝进曰:"自古三代,胙臣以土,受命中兴,封秩辅佐,皆以襃功显德,为国藩卫也。往者天下崩乱,群凶繁起,颠越跋扈之险,不可忍言。明公奋身出命以徇其难,诛二竖篡盗之逆,灭黄巾贼乱之类,殄夷首谋,芟拨荒秽,沐浴霜露二十余年,书契以来,未有若此功者。昔周公藩文、武之迹,受已成之业,高枕墨笔,拱挹群后,商、奄之勤,不过二年,吕望因三分有二之形,据八百诸侯之势,暂把旄钺,一时指麾,然皆大启土宇,跨州兼国。周公八子,并为侯伯,白牡骍刚,郊祀天地,典策备物,拟其王室,荣章宠盛如此之弘也。逮至汉兴,佐命之臣,张耳、吴芮,其功不薄,亦连城开地,南面称孤。此皆明君达主行之于上,贤臣圣宰受之于下,三代令典,汉帝明制。今公劳则周、吕逸,计功则张、吴微,论制则齐、鲁重,言地则长沙多;然则魏国之封,九锡之荣,况于旧赏,犹怀玉而被褐也。且列侯诸将,幸攀龙骥,得窃微劳,佩紫怀黄,盖以百数,亦缘因此传之万世,而明公独辞赏于上,将使下怀不安,上违圣朝欢心,下失冠带至望,忘辅弼之大业,信匹夫之细行,攸等所大惧也。"于是公敕外为章,但published魏郡。攸等复曰:"伏见魏国初封,圣朝发虑,稽谋群寮,然后策命;而明公久违上指,不即大礼。今既虔奉诏命,副顺众望,又欲辞多让少,让九受一,是犹汉朝之赏不行,而攸等之请未许也。昔齐、鲁之封,奄有东海,疆域并赋,四百万家,基隆业广,易以立功,故能成夷、戴之勋,立一匡之绩。今魏国虽有十郡之名,犹减于曲阜,计其户数,不能参半,以藩卫王室,立垣树屏,犹未足也。且圣上览亡秦无辅之祸,惩曩日震荡之艰,托建忠贤,废坠是为,愿明公恭承帝命,无或拒违。"公乃受命。《魏略》载公上书谢曰:"臣蒙先帝厚恩,致位郎署,受性疲怠,意望毕足,非敢希望高位,庶几显达。会董卓作乱,义当死难,故奋身出命,摧

锋率众,遂值千载之运,奉役日下。当二袁炎沸侵叛之际,陛下与臣寒心同忧,顾瞻京师,进受猛敌,常恐君臣俱陷虎口,诚不自意能全首领。赖祖宗灵祐,丑类夷灭,得使微臣窃名其间。陛下加恩,授以上相,封爵宠禄,丰大弘厚,生平之愿,实不望也。口与心计,幸且得罪,保持列侯,遗付子孙,自托圣世,永无忧责。不意陛下乃发盛意,开国备锡,以贶愚臣,地比齐、鲁,礼同藩王,非臣无功所宜膺据。归情上闻,不蒙听许,严诏切至,诚使臣心俯仰逼迫。伏自惟省,列在大臣,命制王室,身非己有,岂敢自私,遂其愚意,亦将黜退,令就初服。今奉疆土,备数藩翰,非敢远期,虑有后世;至于父子相誓终身,灰躯尽命,报塞厚恩。天威在颜,悚惧受诏。"

〔91〕缥、绢五万匹之邺纳聘,介者五人,皆以议郎行大夫事,副介一人。

〔92〕《魏氏春秋》曰:以荀攸为尚书令,凉茂为仆射,毛玠、崔琰、常林、徐奕、何夔为尚书,王粲、杜袭、卫觊、和洽为侍中。

〔93〕《献帝起居注》曰:使行太常事大司农安阳亭侯王邑与宗正刘艾,皆持节,介者五人,赍束帛驷马,及给事黄门侍郎、掖庭丞、中常侍二人,迎二贵人于魏公国。二月癸亥,又于魏公宗庙授二贵人印绶。甲子,诣魏公宫延秋门,迎贵人升车。魏遣郎中令、少府、博士、御府乘黄厩令、丞相掾属侍送贵人。癸酉,二贵人至浠仓中,遣侍中丹将冗从虎贲前后骆驿往迎之。乙亥,二贵人入宫,御史大夫、中二千石将大夫、议郎会殿中,魏国二卿及侍中、中郎人二,与汉公卿并升殿宴。

〔94〕《献帝起居注》曰:使左中郎将杨宣、亭侯裴茂持节,印授之。

〔95〕《九州春秋》曰:参军傅幹谏曰:"治天下之大具有二,文与武也;用武则先威,用文则先德,威德相济,而后王道备矣。往者天下大乱,上下失序,明公用武攘之,十平其九。今未承王命者,吴与蜀也,吴有长江之险,蜀有崇山之阻,难以威服,易以德怀。愚以为可且按甲寝兵,息军养士,分土定封,论功行赏,若此则内外之心固,有功者劝,而天下知institutions矣。然后渐兴学校,以导其善性而长其义节。公神武震于四海,若修文以济之,则普天之下,无思不服矣。今举十万之众,顿于长江之滨,若敌负固深藏,则士马不能逞其能,奇变无所用其权,大威有屈而敌心未能服矣。唯明公思虞舜舞干戚之义,全威养德,以道制胜。"公不从,军遂无功。幹字彦材,北地人,终于丞相仓曹属。有子曰玄。

〔96〕《曹瞒传》曰:公遣华歆勒兵入宫收后,后闭户匿壁中。歆坏户发壁,牵后出。帝时与御史大夫郗虑坐,后被发徒跣过,执帝手曰:"不能复相活邪?"帝曰:"我亦不自知命在何时也。"帝谓虑曰:"郗公,天下宁有是乎!"遂将后杀之,完及宗族死者数百人。

〔97〕《典略》曰:遂字文约,始与同郡边章俱著名西州。章为督军从事。遂奉计诣京师,何进宿闻其名,特与相见。遂说进使诛诸阉人,进不从,乃求归。会凉州宋扬、北宫玉等反,举章、遂为主,章寻病卒,遂为扬等所劫,不得已,遂阻兵为乱,积三十二年,至是乃死,年七十余矣。刘艾《灵帝纪》曰:章,一名允。

〔98〕《魏书》曰:军自武都山行千里,升降险阻,军人劳苦;公于是大飨,莫不忘其劳。

〔99〕孙盛曰:朴,音浮。濩,音户。

〔100〕孔衍《汉魏春秋》:天子以公典任于外,临事之赏,或宜速疾,乃命公得承制封拜诸侯守相,诏曰:"夫军之大事,

在兹赏罚,劝善惩恶,宜不旋时,故《司马法》曰'赏不逾日'者,欲民速睹为善之利也。昔在中兴,邓禹入关,承制拜军祭酒李文为河东太守,来歙又承制拜高峻为通路将军,察其本传,皆非先请,明临事刻印也,斯则世祖神明,权达损益,盖所用速示威怀而著鸿勋也。其《春秋》之义,大夫出疆,有专命之事,苟所以利社稷安国家而已。况君秉任二伯,师尹九有,允征夷夏,军行藩甸之外,失得在于斯须之间,停赏俟诏以滞世务,固非朕之所图也。自今已后,临事所甄,当加宠者,其便刻印章假授,咸使忠义得相奖励,勿有疑焉。"

〔101〕《魏书》曰:置名号侯爵十八级,关中侯爵十七级,皆金印紫绶;又置关内外侯十六级,铜印龟纽墨绶;五大夫十五级,铜印环纽,亦墨绶,皆不食租,与旧列侯关内侯凡六等。臣松之以为今之虚封盖自此始。

〔102〕是行也,侍中王粲作五言诗以美其事曰:"从军有苦乐,但问所从谁。所从神且武,安得久劳师?相公征关右,赫怒振天威,一举灭獯虏,再举服羌夷,西收边地贼,忽若俯拾遗。陈赏越山岳,酒肉逾川坻,军中多饶饫,人马皆溢肥,徒行兼乘还,空出有余资。拓土三千里,往反速如飞,歌舞入邺城,所愿获无违。"

〔103〕《魏书》曰:辛未,有司以太牢告至,策勋于庙,甲午始春祠,令曰:"议者以为祠庙上殿当解履。吾受锡命,带剑不解履上殿。今有事于庙而解履,是尊先公而替王命,敬父祖而简君主,故吾不敢解履上殿也。又临祭就洗,以手拟水而不盥。夫盥以洁为敬,未闻拟而不盥之礼,且'祭神如神在',故吾亲受水而盥也。又降神礼讫,下阶就幕而立,须奏乐毕复,似若不衎烈祖,迟祭不速讫也。故吾坐俟乐阕送神乃起也。受胙纳袖,以授侍中,此为敬恭不终实也。古者亲执祭事,故吾亲纳于袖,终抱而归也。仲尼曰'虽违众,吾从下',诚哉斯言也。"

〔104〕《魏书》曰:有司奏:"四时讲武于农隙。汉承秦制,三时不讲,唯十月都试,车马幸长水南门,会五营士为八阵进退,名曰乘之。今金革未偃,士民素习,自今已后,可无四时讲武,但以立秋择吉日大朝车骑,号曰治兵,上合礼名,下承汉制。"奏可。

〔105〕《献帝传》载诏曰:"自古帝王,虽号称相变,爵等不同,至乎褒崇元勋,建立功德,光启氏姓,延于子孙,庶姓之与亲,岂有殊焉。昔我圣祖受命,创业肇基,造我区夏,鉴古今之制,通爵等之差,尽封山川以立藩屏,使异姓亲疏,并列土地,据固而王,所以保乂天命,安固万嗣。历世承平,臣主无事。世祖中兴而时有难易,是以旷年数百,无异姓诸侯王之位。朕以不德,继序弘业,遭率土分崩,群凶纵毒,自西徂东,辛苦卑约。当此之际,唯恐溺入于难,以羞先帝之圣德。赖皇天之灵,俾君秉义奋身,震迅神武,捍朕于艰难,获保宗庙,华夏遗民,含气之伦,莫不蒙焉。君勤过稷、禹,忠侔伊、周,而掩之以谦让,守之以弥恭,是以往者初开魏国,锡君土宇,惧君之违命,虑君之固辞,故且怀志屈옳,封君为上公,欲以钦顺高义,须俟勋绩。韩遂、宋建,南结巴、蜀,群逆合从,图危社稷,君复命将,龙骧虎奋,枭其凶首,屠其窟栖。暨至西征,阳平之役,亲擐甲胄,深入险阻,斐夷蛮贼,珍其凶丑,荡定西陲,旌旆万里,声教远振,宁我区宇。盖唐、虞之盛,三后树功,文、武之兴,旦、奭作辅,二祖成业,英豪佐命;夫以圣哲之君,事之所任,犹锡土班瑞以报功臣,岂有如朕寡德,仗君以济,而赏典不丰,将何以答神祇慰万方者?今进君爵为魏王,使使持节行御史大夫、宗正刘艾奉策玺玄土之社,苴以白茅,金虎符第一至第五,竹使符第一至十。君其正王位,以丞相领冀州牧如故。其上魏公玺绶符册。敬服朕命,简恤尔众,克绥庶绩,以扬我祖宗之休命。"魏王上书三辞,诏三报不许。又手诏曰:"大圣以功德为高美,以忠和为典训,故创业垂名,使万世可希,行道执义,使力行可效,是以勋烈无穷,休光茂著。稷、契载元首之聪明,周、邵因文、武之智用,虽经营庶官,仰叹俯思,其对岂有若君者哉?朕惟古人之功,美之如彼,思君忠勤之绩,茂之如此,是以每将缕符析瑞,陈礼命册,癏瘵慨然,自忘守文之不德焉。今君重违朕命,固辞恳切,非所以称朕心而训后世也。其抑志挢节,勿复固辞。"《四体书势序》曰:梁鹄以公为北部尉。《曹瞒传》曰:为尚书右丞司马建公所举。及公为王,召建公到邺,与欢饮,谓建公曰:"孤今日可复作尉否?"建公曰:"昔举大王时,适可作尉耳。"王大笑。建公名防,司马宣王之父。臣松之案司马彪《序传》,建公不为丞,疑此不然,而王隐《晋书》云:"赵王篡位,欲尊祖为帝,博士马讥议称京兆府君昔举魏武帝为北部尉,贼不犯界。"如此则为有征。

〔106〕《魏书》曰:始置奉常、宗正官。

〔107〕《魏书》曰:王亲执金鼓以令进退。

〔108〕《魏书》曰:初置卫尉官。秋八月,令曰:"昔伊挚、傅说出于贱人,管仲,桓公贼也,皆用之以兴。萧何、曹参,县吏也,韩信、陈平负污辱之名,有见笑之耻,卒能成就王业,声著千载。吴起贪将,杀妻自信,散金求官,母死不归,然在魏,秦人不敢东向,在楚则三晋不敢南谋。今天下得无有至德之人放在民间,及果勇不顾,临敌力战;若文俗之吏,高才异质,或堪为将守;负污辱之名,见笑之行,或不仁不孝而有治国用兵之术:其各举所知,勿有所遗。"

〔109〕《魏武故事》载令曰:"领长史王必,是吾披荆棘时吏也。忠能勤事,心如铁石,国之良吏也。蹉跌久未辟之,舍骐骥而弗乘,焉遑遑而更求哉?故教辟之,已署所宜,便以领长史统事如故。"

〔110〕《三辅决录注》曰:时有京兆金祎字德祎,自以世为汉臣,自日磾讨莽何罗,忠诚显著,名节累叶。睹汉祚将移,谓可季兴,乃喟然发愤,遂与耿纪、韦晃、吉本、本子邈、邈弟穆等结谋。纪字季行,少有美名,为丞相掾,王甚敬异之,迁侍中,守少府。邈字文然,穆字思然,以祎慷慨有日磾之风,又与王必善,因以间之,若杀必,欲挟天子以攻魏,南援刘备。时关羽强盛,而王在邺,留必典兵督许中事。文然等率杂人及家僮千余人夜烧门攻必,祎遣人为内应,射必中肩。必不知攻者谁,以素与祎善,走投祎,夜唤德祎,祎家不知是必,谓为文然等,错应曰:"王长史已死乎?卿曹事立矣!"必乃更他路奔。或曰:必欲投祎,其帐下督谓必曰:"今日事竟知谁门而投乎?"扶必南城。会天明,必犹在,文然等众散,故败。后十余日,必竟以创死。《献帝春秋》曰:收纪、晃等,将斩之,纪呼魏王名曰:"恨不自生意,竟为群儿所误耳!"晃顿首搏颊,以至于死。《山阳公载记》曰:王闻王必死,盛怒,召汉百官诣邺,令救火者左,不救火者右。众人以为救火者必无罪,皆附左,王以为"不救火者非助乱,救火乃实贼也",皆杀之。

〔111〕《魏书》载王令曰:"去冬天降疫疠,民有凋伤,军兴于外,垦田损少,吾甚忧之。其令吏民男女:女年七十已上无夫子,若年十二已下无父母兄弟,及目无所见,手不能作,足不能行,而无妻子父兄产业者,廪食终身。幼者至十二止,贫穷不能自赡者,随口给贷。老耄须待养者,年九十已上,

复不事，家一人。"

〔112〕《曹瞒传》曰：是时南阳间苦繇役，音于是执太守东里衮，与吏民共反，与关羽连和。南阳功曹宗子卿往说音曰："足下顺民心，举大事，远近莫不望风；然执郡将，逆而无益，何不遣之？吾与子共戮力，比曹公军来，关羽兵必至矣。"音从之，即释遣太守。子卿因夜逾城亡出，遂与太守收余民围音，会曹仁军至，共灭之。

〔113〕《九州春秋》曰：时王欲还，出令曰"鸡肋"，官属不知所谓。主簿杨修便自严装，人惊问修："何以知之？"修曰："夫鸡肋，弃之如可惜，食之无所得，以比汉中，知王欲还也。"

〔114〕《世语》曰：讽字子京，沛人，有惑众才，倾动邺都，钟繇由是辟焉。大军未反，讽潜结徒党，又与长乐卫尉陈祎谋袭邺。未及期，祎惧，告之太子，诛讽，坐死者数十人。王昶《家诫》曰"济阴魏讽"，而此云"沛人"，未详。

〔115〕《曹瞒传》曰：王更修治北部尉廨，令过于旧。

〔116〕《魏略》曰：孙权上书称臣，称说天命。王以权书示外曰："是儿欲踞吾著炉火上邪！"侍中陈群、尚书桓阶奏曰："汉自安帝已来，政去公室，国统数绝，至于今者，唯有名号，尺土一民，皆非汉有，期运久已尽，历数久已终，非适今日也。是以桓、灵之间，诸家图纬者，皆言'汉行气尽，黄家当兴'。殿下应期，十分天下而有其九，以服事汉，群生注望，遐迩怨叹，是故孙权在远称臣，此天人之应也，异气齐声。臣愚以为虞，夏不以谦辞，殷、周不各诛放，畏天知命，无所与让也。"《魏氏春秋》曰：夏侯惇谓王曰："天下咸知汉祚已尽，异代方起。自古已来，能除民害为百姓所归者，即民主也。今殿下即戎三十余年，功德著于黎庶，为天下所依归，应天顺民，复何疑哉！"王曰："'施于有政，是亦为政'。若天命在吾，吾为周文王矣。"《曹瞒传》及《世语》并云桓阶劝王正位，夏侯惇以为宜先灭蜀，蜀亡则吴服，二方既定，然后遵舜、禹之轨，王从之。及王薨，惇追恨前言，发病卒。孙盛《评》曰：夏侯惇耻为汉官，求受魏印，桓阶方惇，有义直之节；考其传记，《世语》为妄矣。

〔117〕《世语》曰：太祖自汉中至洛阳，起建始殿，伐濯龙祠而树血出。《曹瞒传》曰：王使工苏越徙美梨，掘之，根伤尽出血。越白状，王躬自视而恶之，以为不祥，还遂寝疾。

〔118〕《魏书》曰：太祖自统御海内，芟夷群丑，其行军用师，大较依孙、吴之法，而因事设奇，谲敌制胜，变化如神。自作兵书十万余言，诸将征伐，皆以新书从事；临事又手为节度，从令者克捷，违教者负败。与虏对阵，意思安闲，如不欲战。然及至决机乘胜，气势盈溢，故每战必克，军无幸胜。知人善察，难眩以伪，拔于禁、乐进于行阵之间，取张辽、徐晃于亡虏之内，皆佐命立功，列为名将；其余拔出细微，登为牧守者，不可胜数。是以创造大业，文武并施，御军三十余年，手不舍书，昼则讲武策，夜则思经传，登高必赋，及造新诗，被之管弦，皆成乐章。才力绝人，手射飞鸟，躬禽猛兽，尝于南皮一日射雉获六十三头。及造作宫室，缮治器械，无为之法则，皆尽其意。雅性节俭，不好华丽，后宫衣不锦绣，侍御履不二采，帷帐屏风，坏则补纳，茵蓐取温，无有缘饰。攻城拔邑，得靡丽之物，则悉以赐有功，勋劳宜赏，不吝千金，无功望施，分毫不与，四方献御，与群下共之。常以送终之制，袭称之数，繁而无益，俗又过之，故预自制终亡衣服，四箧而已。《傅子》曰：太祖愍嫁娶之奢僭，公女适人，皆以皂帐，从婢不过十人。张华《博物志》曰：汉世，安平崔瑗、瑗子实、弘农张芝、芝弟昶并善草书，而太祖亚之。桓谭、蔡邕善音乐，冯翊山子道、王九真、

郭凯等善围棋，太祖皆与埒能。又好养性法，亦解方药，招引方术之士，庐江左慈、谯郡华佗、甘陵甘始、阳城郄俭无不毕至，又习啖野葛至一尺，亦得少多饮鸩酒。《傅子》曰：汉末王公，多委王服，以幅巾为雅，是以袁绍、崔钧之徒，虽为将帅，皆著缣巾。魏太祖以天下凶荒，资财乏匮，拟古皮弁，裁缣帛以为帢，合于简易随时之义，以色别其贵贱，于今施行，可谓军容，非国容也。《曹瞒传》曰：太祖为人佻易无威重，好音乐，倡优在侧，常以日达夕。被服轻绡，身自佩小鞶囊，以盛手巾细物，时或冠帢帽以见宾客。每与人谈论，戏弄言诵，尽无所隐，及欢悦大笑，至以头没杯案中，肴膳皆沾污巾帻，其轻易如此。然持法峻刻，诸将有计画胜出己者，随以法诛之，及故人旧怨，亦皆无余。其所刑杀，辄对之垂涕嗟痛之，终无所活。初，袁忠为沛相，尝欲以法治太祖，沛国桓邵亦轻之，及在兖州，陈留边让言议颇侵太祖，太祖杀让，族其家，忠、邵俱避难交州，太祖遣使就太守士燮尽族之。桓邵得出首，拜谢于庭中，太祖谓曰："跪可解死邪！"遂杀之。尝出军，行经麦中，令"士卒无败麦，犯者死"。骑士皆下马，持麦以相付，于是太祖马腾入麦中，敕主簿议罪；主簿对以《春秋》之义，罚不加于尊。太祖曰："制法而自犯之，何以帅下？然孤为军帅，不可自杀，请自刑。"因援剑割发以置地。又有幸姬常从寝，枕之卧，告之曰："须臾觉我。"姬见太祖卧安，未即寤，及自觉，棒杀之。常讨贼，廪谷不足，私谓主者曰："如何？"主者曰："可以小斛以足之。"太祖曰："善。"后军中言太祖欺众，太祖谓主者："特当借君死以厌众，不然事不解。"乃斩之，取首题徇曰："行小斛，盗官谷，斩之军门。"其酷虐变诈，皆此类也。

卷二　　文帝纪第二

文皇帝讳丕，字子桓，武帝太子也。中平四年冬，生于谯[1]。建安十六年，为五官中郎将、副丞相。二十二年，立为魏太子[2]。太祖崩，嗣位为丞相、魏王，[3]尊王后曰王太后，改建安二十五年为延康元年。

元年二月[4]壬戌，以大中大夫贾诩为太尉，御史大夫华歆为相国，大理王朗为御史大夫。置散骑常侍、侍郎各四人，其宦人为官者不得过诸署令；为金策著令，藏之石室。

初，汉熹平五年，黄龙见谯，光禄大夫桥玄问太史令单飏："此何祥也？"飏曰："其国后当有王者兴，不及五十年，亦当复见。天事恒象，此其应也。"内黄殷登默而记之。至四十五年，登尚在。三月，黄龙见谯，登闻之曰："单飏之言，其验兹乎[5]！"己卯，以前将军夏侯惇为大将军。濊貊、扶馀单于、焉耆、于阗王皆各遣使奉献[6]。夏四月丁巳，饶安县言白雉见[7]。庚午，大将军夏侯惇薨[8]。五月戊寅，天子命王追尊皇祖太尉曰太王，夫人丁氏曰太王后，封王子叡为武德侯[9]。是月，冯翊山贼郑甘、王照率众降，皆封列侯[10]。酒泉黄华、张掖张进等各执太守以叛。金城太守苏则讨进，斩之，华降[11]。六月辛亥，治兵于东郊[12]，庚午，遂南征[13]。

秋七月庚辰，令曰："轩辕有明台之议，放勋有衢室之问，皆所以广询于下也[14]。百官有司，其务以职尽规谏，将率陈军法，朝士明制度，牧守申政事，缙绅考六艺，吾将兼览焉。"孙权遣使奉献。蜀将孟达率众降。武都氐王杨仆率种人内附，居汉阳郡[15]。甲午，军次于谯，大飨六军及谯父老百姓于邑东[16]。八月，石邑县言凤皇集。冬十月癸卯，令曰："诸将征伐，士卒死亡者或未收敛，吾甚哀之；其告郡国给槥椟殡敛[17]，送致其家，官为设祭[18]。"丙午，行至曲蠡。汉帝以众望在魏，乃召群公卿士[19]，告祠高庙。使兼御史大夫张音持节奉玺绶禅位，册曰："咨尔魏王：昔者帝尧禅位于虞舜，舜亦以命禹，天命不于常，惟归有德。汉道陵迟，世失其序，降及朕躬，大乱兹昏，群凶肆逆，宇内颠覆。赖武王神武，拯兹难于四方，惟清区夏，以保绥我宗庙，岂予一人获乂，俾九服实受其赐。今王钦承前绪，光于乃德，恢文武之大业，昭尔考之弘烈。皇灵降瑞，人神告征，诞惟亮采，师锡朕命，佥曰尔度克协于虞舜，用率我唐典，敬逊尔位。于戏！天之历数在尔躬，允执其中，天禄永终；君其祗顺大礼，飨兹万国，以肃承天命[20]。"乃为坛于繁阳。庚午，王升坛即阼，百官陪位。事讫，降坛，视燎成礼而反。改延康为黄初，大赦[21]。

黄初元年十一月癸酉，以河内之山阳邑万户奉汉帝为山阳公，行汉正朔，以天子之礼郊祭，上书不称臣，京都有事于太庙，致胙；封公之四子为列侯。追尊皇祖太王曰太皇帝，考武王曰武皇帝，尊王太后曰皇太后。赐男子爵人一级，为父后及孝悌力田人二级。以汉诸侯王为崇德侯，列侯为关中侯。以颍阴之繁阳亭为繁昌县。封爵增位各有差。改相国为司徒，御史大夫为司空，奉常为太常，郎中令为光禄勋，大理为廷尉，大农为大司农。郡国县邑，多所改易。更授匈奴南单于呼厨泉魏玺绶，赐青盖车、乘舆、宝剑、玉玦。十二月，初营洛阳宫，戊午幸洛阳[22]。是岁，长水校尉戴陵谏不宜数行弋猎，帝大怒；陵减死罪一等。

二年春正月，郊祀天地、明堂。甲戌，校猎至原陵，遣使者以太牢祠汉世祖。乙亥，朝日于东郊[23]。初令郡国口满十万者，岁察孝廉一人；其有秀异，无拘户口。辛巳，分三公户邑，封子弟各一人为列侯。壬午，复颍川郡一年田租[24]。改许县为许昌县。以魏郡东部为阳平郡，西部为广平郡[25]。

诏曰："昔仲尼资大圣之才，怀帝王之器，当衰周之末，无受命之运，在鲁、卫之朝，教化乎洙、泗之上，栖栖焉，遑遑焉，欲屈己以存道，贬身以救世。于时王公终莫能用之，乃退考五代之礼，修素王之事，因鲁史而制《春秋》，就太师而正《雅》《颂》。俾千载之后，莫不宗其文以述作，仰其圣以成谋，咨！可谓命世之大圣，亿载之师表者也。遭天下大乱，百祀堕坏，旧居之庙，毁而不修，褒成之后，绝而莫继，阙里不闻讲颂之声，四时不睹蒸尝之位，斯岂所谓崇礼报功，盛德百世必祀者哉！其以议郎孔羡为宗圣侯，邑百户，奉孔子祀。"令鲁郡修起旧庙，置百户卒史以守卫之，又于其外广为室屋以居学者。春三月，加辽东太守公孙恭为车骑将军。初复五铢钱。夏四月，以车骑将军曹仁为大将军。五月，郑甘复叛，遣曹仁讨斩之。六月庚子，初祀五岳四渎，咸秩群祀[26]。丁卯，夫人甄氏卒。戊辰晦，日有食之，有司奏免太尉，诏曰："灾异之作，以谴元首，而归过股肱，岂禹、汤罪己之义乎？其令百官各虔厥职，后有天地之眚，勿复劾三公。"秋八月，孙权遣使奉章，并遣于禁等还。丁巳，使太常邢贞持节拜权为大将军，封吴王，加九锡。冬十月，授杨彪光禄大夫[27]。以谷贵，罢五铢钱[28]。己卯，以大将军曹仁为大司马。十二月，行东巡。是岁筑陵云台。

三年春正月丙寅朔，日有蚀之。庚午，行幸许昌宫。诏曰："今之计、考，古之贡士也；十室之邑，必有忠信，若限年然后取士，是吕尚、周晋不显于前世也。其令郡国所选，勿拘老幼；儒通经术，吏达文法，到皆试用。有司纠故不以实者[29]。"二月，鄯善、龟兹、于阗王各遣使奉献，诏曰："西戎即叙，氐、羌来王，《诗》、《书》美之。顷者西域外夷并款塞内附[30]，其遣使者抚劳之。"是后西域遂通，置戊己校尉。三月乙丑，立齐公叡为平原王，帝弟鄢陵公彰等十一人皆为王。初制封王之庶子为乡公，嗣王之庶子为亭侯，公之庶子为亭伯。甲戌，立皇子霖为河东王。甲午，行幸襄邑。夏四月戊申，立鄄城侯植为鄄城王。癸亥，行还许昌宫。五月，以荆、扬江表八郡为荆州，孙权领牧故也；荆州江北诸郡为郢州。闰月，孙权破刘备于夷陵。初，帝闻备兵东下，与权交战，树栅连营七百余里，谓群臣曰："备不晓兵，岂有七百里营可以拒敌者乎！'苞原隰险阻而为军者为敌所禽'，此兵忌也。孙权上事今至矣。"后七日，破备书到。秋七月，冀州大蝗，民饥，使尚书杜畿持节开仓廪以振之。八月，蜀大将黄权率众降[31]。九月甲午，诏曰："夫妇人与政，乱之本也。自今以后，群臣不得奏事太后，后族之家不得当辅政之任，又不得横受茅土之爵；以此诏传后世，若有背违，天下共诛之[32]。"庚子，立皇后郭氏。赐天下男子爵人二级。鳏寡笃癃及贫不能自存者赐谷。冬十月甲子，表首阳山东为寿陵，作终制曰："礼，国君即位为椑[33]，存不忘亡也。昔尧葬谷林，通树之，禹葬会稽，农不易亩[34]，故葬于山林，则合乎山林。封树之制，非上古也，吾无取焉。寿陵因山为体，无为封树，无立寝殿，造园邑，通神道。夫葬也者，藏也，欲人之不得见也。骨无痛痒之知，冢非栖神之宅，礼不墓祭，欲存亡之不黩也，为棺椁足以朽骨，衣衾足以朽肉而已。故吾营此丘墟不食之地，欲使易代之后不知其处。无施苇炭，无藏金银铜铁，一以瓦器，合古涂车、刍灵之义。棺但漆际会三过，饭含无以珠玉，无施珠襦玉匣，诸愚俗所为也。季孙以玙璠敛，孔子历级而救之，譬之暴骸中原。宋公厚葬，君子谓华元、乐莒不臣，以为弃君于恶。汉文帝之不发，霸陵无求也；光武之掘，原陵封树也。霸陵之完，功在释之；原陵之掘，罪在明帝。是释之忠以利君，明帝爱以害亲也。忠臣孝子，宜思仲尼、丘明、释之之言，鉴华元、乐莒、明帝之戒，存于所以安君定亲，使魂灵万载无危，斯则贤圣之忠孝矣。自古及今，未有不亡之国，亦无不掘之墓也。丧乱以来，汉氏诸陵无不发掘，至乃烧取玉匣金缕，骸骨并尽，是焚如之刑也，岂不重痛哉！祸由乎厚葬封树。'桑、霍为我戒'，不亦明乎？其皇后及贵人以下，不随王之国者，有终没皆葬涧西，前又以表其处矣。盖舜葬苍梧,二妃不从,延陵葬子,远在嬴、博,魂而有灵,无不之也,一涧之间,不足为远。若违今诏,妄有所变改造施,吾为戮尸地下,戮而重戮,死而重死。臣子为蔑死君父,不忠不孝,使死者有知,将不福汝。其以此诏藏之宗庙,副在尚书、秘书、三府。"是月,孙权复叛。复郢州为荆州。帝自许昌南征,诸军兵并进,权临江拒守。十一月辛丑,行幸宛。庚申晦,日有食之。是岁,穿灵芝池。

四年春正月,诏曰:"丧乱以来,兵革未戢,天下之人,互相残杀。今海内初定,敢有私复仇者皆族之。"筑南巡台于宛。三月丙申,行自宛还洛阳宫。癸卯,月犯心中央大星[35]。丁未,大司马曹仁薨。是月大疫。夏五月,有鹈鹕鸟集灵芝池,诏曰:"此诗人所谓污泽也。《曹诗》'刺恭公远君子而近小人',今岂有贤智之士处于下位乎?否则斯鸟何为而至?其博举天下俊德茂才、独行君子,以答曹人之刺[36]。"六月甲戌,任城王彰薨于京都。甲申,太尉贾诩薨。太白昼见。是月大雨,伊、洛溢流,杀人民,坏庐宅[37]。秋八月丁卯,以廷尉钟繇为太尉[38]。辛未,校猎于荥阳,遂东巡。论征孙权功,诸将已下进爵增户各有差。九月甲辰,行幸许昌宫[39]。

五年春正月,初令谋反大逆乃得相告,其余皆勿听治;敢妄相告,以其罪罪之。三月,行自许昌还洛阳宫。夏四月,立太学,制五经课试之法,置《春秋穀梁》博士。五月,有司以公卿朝朔望日,因奏疑事,听断大政,论辨得失。秋七月,行东巡。幸许昌宫。八月,为水军,亲御龙舟,循蔡、颍,浮淮,幸寿春。扬州界将吏士民,犯五岁刑已下,皆原除之。九月,遂至广陵,赦青、徐二州,改易诸将守。冬十月乙卯,太白昼见。行还许昌宫[40]。十一月庚寅,以冀州饥,遣使者开仓廪振之。戊申晦,日有食之。十二月,诏曰:"先王制礼,所以昭孝事祖,大则郊社,其次宗庙,三辰五行,名山大川,非此族也,不在祀典。叔世衰乱,崇信巫史,至乃宫殿之内,户牖之间,无不沃酹,甚矣其惑也。自今其敢设非祀之祭,巫祝之言,皆以执左道论,著于令典。"是岁穿天渊池。

六年春二月,遣使者循行许昌以东尽沛郡,问民所疾苦,贫者振贷之[41]。三月,行幸召陵,通讨虏渠。乙巳,还许昌宫。并州刺史梁习讨鲜卑轲比能,大破之。辛未,帝为舟师东征。五月戊申,幸谯。壬戌,荧惑入太微。六月,利成郡兵蔡方等以郡反,杀太守徐质。遣屯骑校尉任福、步兵校尉段昭与青州刺史讨平之;其见胁略及亡命者,皆赦其罪。秋七月,立皇子鉴为东武阳王。八月,帝遂以舟师自谯循涡入淮,从陆道幸徐。九月,筑东巡台。冬十月,行幸广陵故城,临江观兵,戎卒十余万,旌旗数百里[42]。是岁大寒,水道冰,舟不得入江,乃引还。十一月,东武阳王鉴薨。十二月,行自谯过梁,遣使以太牢祀故汉太尉桥玄。

七年春正月,将幸许昌,许昌城南门无故自崩,帝心恶之,遂不入。壬子,行还洛阳宫。三月,筑九华台。夏五月丙辰,帝疾笃,召中军大将军曹真、镇军大将军陈群、征东大将军曹休、抚军大将军司马宣王,并受遗诏辅嗣主。遣后宫淑媛、昭仪已下归其家。丁巳,帝崩于嘉福殿,时年四十[43]。六月戊寅,葬首阳陵。自殡及葬,皆以终制从事[44]。

初,帝好文学,以著述为务,自所勒成垂百篇。又使诸儒撰集经传,随类相从,凡千余篇,号曰《皇览》[45]。

评曰:文帝天资文藻,下笔成章,博闻强识,才艺兼该[46];若加之旷大之度,励以公平之诚,迈志存道,克广德心,则古之贤主,何远之有哉!

注:

[1]《魏书》曰:帝生时,有云气青色而圆如车盖当其上,终日,望气者以为至贵之征,非人臣之气。年八岁,能属文。有逸才,遂博贯古今经传诸子百家之书。善骑射,好击剑。举茂才,不行。《献帝起居注》曰:建安十三年,为司徒赵温所辟。太祖表"温辟臣子弟,选举故不以实"。使侍中守光禄勋郗虑持节奉策免温官。

[2]《魏略》曰:太祖不时立太子,太子自疑。是时有高元吕者,善相人,乃呼问之,对曰:"其贵乃不可言。"问:"寿几何?"元吕曰:"其寿至四十当有小苦,过是无忧也。"后无几而立为王太子,至四十而薨。

[3] 袁宏《汉纪》载汉帝诏曰:"魏太子丕:昔皇天授乃显考以翼我皇家,遂攘除群凶,拓定九州,弘功茂绩,光于宇宙,朕用垂拱负扆二十有余载。天不憗遗一老,永保余人,早世潜神,哀悼伤切。丕奕世宣明,宜秉文武,绍熙前绪。今使使持节御史大夫华歆奉策诏授丕丞相印绶、魏王玺绂,领冀州牧。方今外有遗虏,遐夷未宾,旗鼓犹在边境,干戈不得韬刃,斯乃播扬洪烈,立功垂名之秋也。岂得修谅暗之礼,究曾、闵之志哉?其敬服朕命,抑弭忧怀,旁祇厥绩,时亮庶功,以称朕意。于戏,可不勉与!"

[4]《魏书》载庚戌令曰:"关津所以通商旅,池苑所以御灾荒也;设禁重税,非所以便民。其除池籞之禁,轻关津之税,皆复什一。"辛亥,赐诸侯王将相已下大将粟万斛,帛千匹,金银各有差等。遣使者循行郡国,有违理掊克暴虐者,举其罪。

[5]《魏书》曰:王召见登,谓之曰:"昔者风闻楚丘之骝而敬事季友,邓晨信少公之言而自纳光武。登以笃老,服膺占术,记识天道,岂有是乎!"赐穀谷三百斛,遣归家。

[6]《魏书》曰:丙戌,令史官奏제重、黎、羲、和之职,钦若昊天,历象日月星辰以奉天时。臣松之案:《魏书》有是言而不闻其职也。丁亥令曰:"故尚书仆射毛玠、奉常王修、凉茂、郎中令袁涣、少府谢奂、万潜、中尉徐奕、国渊等,皆忠直在朝,履蹈仁义,并早即世,而子孙陵迟,恻然愍之,其皆拜子男为郎中。"

[7]《魏书》曰:赐饶安田租,勃海郡百户牛酒,大酺三日;太常以太牢祠宗庙。

[8]《魏书》曰:王素服幸鄴东城门发哀。孙盛曰:在礼,天子哭同姓于宗庙门之外。哭于城门,失其所也。

[9]《魏略》曰:以侍中郑称为武德侯傅,令曰:"龙渊、太阿出昆吾之金,和氏之璧由井里之田,奢之以砥砺,错之以他山,故能致连城之价,为命世之宝。学亦人之砥砺也。称笃学大儒,勉以经学辅侯,宜旦夕入侍,曜明其志。"

[10]《魏书》曰:初,郑甘、王照及卢水胡率其属来降,王得降书,以示朝曰:"前欲有令吾讨鲜卑者,吾不从而降;又有欲使吾及今秋讨卢水胡者,吾不听,今又降。昔魏武侯一谋而当,有自得之色,见讥李悝。吾今说此,非自是也,徒以为坐

而降之,其功大于动兵革也。"

〔11〕华后为兖州刺史,见《王凌传》。

〔12〕《魏书》曰:公卿相仪,王御华盖,视金鼓之节。

〔13〕《魏略》曰:王将出征,度支中郎将新平霍性上疏谏曰:"臣闻文王与纣之事,是时天下括囊无咎,凡百君子,莫肯用讯。今大王体则乾坤,广开四聪,使贤愚有建所规。伏惟先王功无与比,而能言之类,不称为德。故圣人'得百姓之欢心'。兵书曰'战,危事也'。是以六国力战,强秦承弊,幽王不争,周道用兴。愚谓大王且当委重本朝而守其雌,抗威虎卧,功业可成。而今创基,便复起兵,兵者凶器,必有凶扰,扰则思乱,乱出不意。臣谓此危,危于累卵。昔夏启隐神三年,《易》有'不远而复',《论》有'不惮改'。诚愿大王揆古察今,深谋远虑,与三事大夫算其长短。臣沐浴先王之遇,又初改政,复受重任,虽知言触龙鳞,阿谀近福,窃感所诵,危而不持。"奏通,帝怒,遣刺奸就考,竟杀之。既而悔之,追原不及。

〔14〕《管子》曰:黄帝立明台之议者,上观于兵也;尧有衢室之问者,下听于民也;舜有告善之旌,而主不蔽也;禹立建鼓于朝,而备诉讼也;汤有总街之廷,以观民非也;武王有灵台之囿,而贤者进也;此古圣帝明王所以有而勿失,得而勿忘也。

〔15〕《魏略》载王自手笔令曰:"日前遣使宣国威灵,而达即来。吾惟《春秋》褒仪父,即封拜送,使还领新城太守。近复有扶老携幼首向王化者。吾闻凤沙之民自缚其君以向农,幽国之众襁负其子而入丰、镐,斯岂驱略迫胁之所致哉?乃风化动其情而仁义感其衷,欢心奔使之然也。以此推之,西南万里无外,权、备将与谁守死乎?"

〔16〕《魏书》曰:设伎乐百戏,令曰:"先王皆乐其所生,礼不忘其本。谯,霸王之邦,真人本出,其复谯租税二年。"三老吏民上寿,日夕而罢。丙申,亲祠谯陵。孙盛曰:昔者先王之以孝治天下也,内节天性,外施四海,存尽其敬,亡极其哀,思慕谅暗,寄政冢宰,故曰"三年之丧,自天子达于庶人";夫然,故三之义惇,臣子之恩笃,雍熙之化隆,经国之道通,圣人之所以通天地,厚人伦,显至教,敦风俗,斯万世不易之典,百王服膺之制也。是故礼素冠,邾人著庶见之讥,宰予降期,仲尼发不仁之叹,子颓忘戚,君子以为乐祸,鲁侯易服,《春秋》知其不终,岂不以坠于痛之诚以乎,哀丧乐之大节者哉?故虽三季之末,七雄之弊,犹未有废缞斩于旬朔之间,释麻杖于反哭之日者也。逮于汉文,变易古制,人道之纪,一旦而废,缞绖夺于至尊,四海散其遏密,义感阙于群后,大化坠于君亲;虽心存敕约,虑在经纶,至于树德垂声,崇化变俗,固以道薄于当年,风颓于百代矣。且武王载主而牧野不阵,晋襄墨缞而三帅为俘,应务济功,服其焉害?魏王既遗汉制,替其大礼,处莫重之哀而设飨宴之乐,居贻厥之始而坠王化之基,及至受禅,显纳二女,忘其圣恤以诬先圣之典,天心丧矣,将何以终!是以知王龄之不遐,卜世之期促也。

〔17〕榇,音衬。

〔18〕《汉书》高祖八月令曰:"士卒从军死,为榇。"应劭曰:"榇,小棺也,今谓之椟。"应璩《百一诗》曰:"椟车在道路,征夫不得休。"陆机《大墓赋》曰:"观细木而闷迟,睹洪椟而念榇。"

〔19〕袁宏《汉纪》载汉帝诏曰:"朕在位三十有二载,遭天下荡覆,幸赖祖宗之灵,危而复存。然仰瞻天文,俯察民心,炎精之数既终,行运在乎曹氏。是以前王既树神武之绩,今王又光曜明德以应其期,是历数昭明,信可知矣。夫大道之行,天下为公,选贤与能,故唐尧不私于厥子,而名播于无穷。朕羡而慕焉,今其追踵尧典,禅位于魏王。"

〔20〕《献帝传》载禅代众事曰:"左中郎将李伏表魏王曰:'昔先王初建魏国,在境外者闻之未审,皆以为拜王。武都李庶、姜合羁旅汉中,谓臣曰:"必为魏公,未便王也。定天下者,魏公子桓,神之所命,当合符谶,以应天人之位。"臣以合辞语镇南将军张鲁,鲁亦问合"知书所出"?合曰:"孔子《玉版》也。天子历数,虽百世可知。"是后月余,有亡人来入,写得册文,卒如合辞。合长于内学,关知名。鲁虽有怀复之心,沈溺异道变化,不果痛合之言。后密与臣议策ущ,国人不协,或欲西通,鲁即怒曰:"宁为魏公奴,不为刘备上客也。"言发侧痛,诚有由然。合先迎王师,往黎病亡于邺。自臣在朝,每为所亲宣说此意,时未有宜,弗敢显言。殿下即位初年,祯祥众瑞,日月而至,有命自天,昭然著见。然圣德洞达,符验豫明,实乾坤挺元,万国作乎。臣每庆贺,欲言合验;事君尽礼,人以为谄,自抑而已。今洪泽被四表,灵恩格天地,海内翕习,殊方归服,兆应并集,以协休命,始终允减。臣不胜喜舞,谨具表通。"王令:"以示外。薄德之人,何能致此,未敢当也。斯诚先王至德通于神明,固非人力也。"魏王侍中刘廙、辛毗、刘晔、尚书令桓阶、尚书陈矫、陈群、给事黄门侍郎王毖、董遇等言:"臣伏读左中郎将李伏上事,考图纬之言,以效神明之应,稽之古代,未有不然者也。故尧称历数在躬,璇玑以明天道;周武未战而赤乌衔书;汉祖未兆而神母告符;孝宣厌微,字成木叶;光武布衣,名已勒谶。是天之所命以著圣哲,非有言语之声,芬芳之臭,可得而知也,徒县象以示人,征物以效意耳。自汉德之衰,渐染数世,桓、灵之末,皇极不建,暨于大乱,二十余年。天之不泯,诞生明圣,以济斯难,是以符谶先著,以彰至德。殿下践阼未期,而灵象变于上,群瑞应于下,四方不羁之民,归心向义,唯惧在后,虽典籍所须,未若今之盛也。臣妾远近,莫不凫藻。"王令曰:"犁牛之駮似虎,莠之幼似禾,事有似是而非者,今日是矣。睹斯言事,良重吾不德。"于是尚书仆射宣告官寮,使咸闻知。辛亥,太史丞许芝条魏代汉谶纬于魏王曰:"《易传》曰:'圣人受命而王,黄龙以戊己日见。'七月四日戊寅,黄龙见,此帝王受命之符瑞最著明者也。又曰:'初六,履霜,阴始凝也。'又有积虫大穴天子之宫,厥咎然,今蝗虫见,应之也。又曰:'圣人以德亲比天下,仁恩洽普,厥应麒麟以戊己日至,厥应圣人受命。'又曰:'圣人清净行中正,贤人福于民从命,厥应麒麟来。'《春秋汉含孳》曰:'汉以魏,魏以征。'《春秋玉版谶》曰:'代赤眉者魏公子。'《春秋佐助期》曰:'汉以许昌失天下。'故白马令李云上事:'许昌气见于当涂高,当涂高者当昌于许。'当涂高者,魏也;象魏者,两观阙是也,当道而高大者魏。今魏基昌于许,汉征绝于许,乃今效见,如李云之言,许昌相应也。《佐助期》又曰:'汉以蒙孙亡。'说者以蒙孙汉二十四帝,童蒙昏,以弱亡。或以杂文为蒙孙当失天下,以为汉帝非正嗣,少时为董侯,名不正,蒙乱之荒惑,其子孙以弱亡。《孝经中黄谶》曰:'日载东,绝火光。不横一,圣聪明。四百之外,易姓而王。天下归功,致太平,居八甲,共礼乐,正万民,嘉乐家和杂。'此魏王之姓讳,著见图谶。《易运期谶》曰:'言居东,西有午,两日并光日居下。其为主,反为辅。五八四十,黄气受,真人出。'言午,许字。两日,昌字。汉当以许亡,魏当以许昌。今际会之期在许,是其大效也。《易运期》

又曰:'鬼在山,禾女连,王天下。'臣闻帝王者,五行之精;易姓之符,代兴之会,以七百二十年为一轨。有德者过之,至于八百,无德者不及,至四百载。是以周家八百六十七年,夏家四百数十年,汉行夏正,迄今四百二十六岁。又高祖受命,数虽起乙未,然其兆征始于获麟。获麟以来七百余年,天之历数将以尽终。帝王之兴,不常一姓。太微中,黄帝坐常明,而赤帝坐常不见,以为黄家兴而赤家衰,凶亡之渐。自是以来四十余年,又荧惑失色不明十有余年。建安十年,彗星先除紫微,二十三年,复扫太微。新天子气见东南以来,二十三年,白虹贯日,月蚀荧惑,比年已亥、壬子、丙午日蚀,皆水灭火之象也。殿下即位,初践阼,德配天地,行合神明,恩泽盈溢,广被四表,格于上下。是以黄龙数见,凤皇仍翔,麒麟皆臻,白虎效仁,前后献见于郊甸;甘露醴泉,奇兽神物,众瑞并出。斯皆帝王受命易姓之符。昔黄帝受命,风后受《河图》;舜禹有天下,凤皇翔,洛出《书》;汤之王,白乌为符;文王为西伯,赤乌衔丹书;武王伐殷,白鱼升舟;高祖始起,白蛇为征。巨迹瑞应,皆为圣人兴。观汉前日之大灾,今兹之符瑞,察图谶之期运,揆河洛之所甄,未若今大魏之最美也。夫得岁星者,道始兴。昔武王伐殷,岁在鹑火,有周之分野也。高祖入秦,五星聚东井,有汉之分野也。今兹岁星在大梁,有魏之分野也。而天之瑞应,并集来臻,四方民附,襁负而至,兆民欣戴,咸乐嘉庆。《春秋大传》曰:'周公何以不之鲁。盖以为虽有继体守文之君,不害圣人受命而王。'周公反政,《尸子》以为孔子非之,以为周公不圣,不为兆民也。京房作《易传》曰:'凡为王者,恶者去之,弱者夺之。易姓改代,天命应常,人谋鬼谋,百姓与能。'伏惟殿下体尧、舜之盛明,膺七百之禅代,当汤、武之期运,值天命之移授,河洛所表,图谶所载,昭然明白,天下学士所共见也。臣职在史官,考符察征,图谶效见,际会之期,谨以上闻。"王令曰:"昔周文三分天下有其二,以服事殷,仲尼叹其至德;公旦履天子之籍,听天下之断,终然复子明辟,《书》美其人。吾虽德不及二圣,敢忘高山景行之义哉?若汉唐尧、舜、禹之迹,皆以圣质茂德处之,故能上和灵祇,下宁万姓,流称今日。今吾德至薄也,人至鄙也,遭遇际会,幸承先王余业,恩未被四海,泽未及天下,虽倾仓府以振魏国百姓,犹寒者未尽暖,饥者未尽饱,夙夜忧惧,弗敢遑宁,庶欲保全发齿,长守今日,以没于地,以全魏国,下见先王,以塞负荷之责。望狭志局,守此而已;虽屡蒙祥瑞,当之战惶,五色无主。若芝之言,岂所闻乎?心栗手悼,书不成字,辞不宣心,吾间作诗曰:'丧乱悠悠过纪,白骨纵横万里,哀哀下民靡恃,吾将佐时整理,复子明辟致仕。'庶欲守此辞以自终,卒不虚言也。宜宣示远近,使昭赤心。"于是侍中辛毗、刘晔、散骑常侍傅嘏、卫臻、尚书令桓阶、尚书陈矫、陈群、给事中博士骑都尉苏林、董巴等奏言:"伏见太史丞许芝上魏国受命之符;令书恳切,允执谦让,虽舜、禹、汤、文,义无以过。然古先哲王所以受天命而不辞者,诚急遵皇天之意,副兆民之望,弗得已也。且《易》曰:'观乎天文以察时变,观乎人文以化成天下。'曰:'天垂象,见吉凶,圣人则之;河出图,洛出书,圣人效之。'以为天文因人而变,至于河洛之书,著于《洪范》,则殷、周效而用之矣。斯言,诚帝王之明符,天道之大要也。是以由德应录者代兴于前,失道数尽者迭废于后,《传》讥苌弘欲支天之所坏,而说蔡墨'雷乘乾'之说,明神器之存亡,非人力所能建也。今汉室衰替,帝纲堕坠,天子之诏,歇灭无闻,皇天将舍旧而命新,百姓既去汉而为魏,昭然著明,可知也。先王拨乱平

世,将建洪基;至于殿下,以至德当历数之运,即位以来,天应人事,粲然大备,神灵图籍,兼仍往古,休征嘉兆,跨越前代;是芝所取《中黄》、《运期》姓讳之谶,斯文乃著于前世,与汉并见。由是言之,天命久矣,非殿下所得而拒之也。神明之意,候望禋享,兆民颙颙,咸注嘉愿,惟殿下览图籍之明文,急天下之公义,辄宣令外内,布告州郡,使知符命著明而殿下谦虚之意。"令曰:"下四方以明孤款心,是也。至于览余辞,岂余所谓哉?宁所堪哉?诸卿指论,未若孤自料之审也。夫虚谈谬称,鄙薄所弗当也。且闻比来东征,经郡县,历屯田,百姓面有饥色,衣或裋褐不完,罪皆在孤;是以上惭众瑞,下愧士民。由斯言之,德尚未堪偏王,何言帝者也!宜止息此议,无重吾不德,使逝之后,不愧后之君子。"癸丑,宣告群寮。督军御史中丞司马懿、侍御史郑浑、羊祕、鲍勋、武周等言:"令如左。伏读太史丞许芝上符命事,臣闻有唐世衰,天命在虞,虞氏世衰,天命在夏;然则天地之灵,历数之运,去就之理,惟德所在。故孔子曰:'凤鸟不至,河不出图,吾已矣夫!'今汉室衰,自安、和、灵、少、中、质以来,国统屡绝,桓、灵荒淫,禄去公室,此乃天命去就,非一朝一夕,其所由来久矣。殿下践阼,至德广被,格于上下,天人感应,符瑞并臻,考之旧史,未有若今日之盛。夫大人者,先天而天弗违,后天而奉天时,天时已至而犹谦让者,舜、禹不为也,故生民蒙救济之惠,群类受育长之施。今八方颙颙,大小注望,皇天乃眷,神人同谋,十分而九已委质,义过周文,所谓过恭也。臣妾上下,伏所不安。"令曰:"世之所不足者道义也,所有余者苟妄也;常人之性,贱所不足,贵所有余,故曰'不患无位,患所以立'。孤虽寡德,庶自免于常人之贵。夫'石可破而不可夺坚,丹可磨而不可夺赤'。丹石微物,尚保斯质,况吾托士人之末列,曾受教于君子哉?且于陵仲子以为富,柏成子高以为贵,鲍焦感子贡之言,弃其蔬而槁死,薪者讥季札失辞,皆委重而弗视。吾独何人?昔周武,大圣也,使叔旦盟胶鬲于四内,使召公约微子于共头,故伯夷、叔齐相与笑之曰:'昔神农氏之有天下,不以人之坏自成,不以人之卑自高。'以为周之伐殷为暴也。吾德非周武而义惭夷、齐,庶欲远苟妄之失道,立丹石之不夺,迈于陵之所富,蹈柏成之所贵,执鲍焦之贞志,遵薪者之清节。故曰:'三军可夺帅,匹夫不可夺志。'吾之斯志,岂可夺哉?"乙卯,册诏魏王禅代天下曰:"惟延康元年十月乙卯,皇帝曰,咨尔魏王:夫命运否泰,依德升降,三代卜年,著于《春秋》,是以天命不于常,帝王不一姓,由来尚矣,汉道陵迟,为日已久,安、顺已降,世失其序,冲、质短祚,三世无嗣,皇纲肇亏,帝典颓沮。暨于朕躬,天降之灾,遭氛厄运之会,值炎精幽昧之期。变兴辇毂,祸由陶唐。董卓乘衅,恶甚浇、豷,劫迁省御,火扑宫庙,遂使九州幅裂,强敌虎争,华夏鼎沸,蝮蛇塞路。当斯之时,尺土非复汉有,一夫岂复朕民?幸赖武王膺符运,奋扬神武,芟夷凶慝,清定区夏,保乂皇家。今王缵承前绪,至德光昭,御衡不迷,布德优远,声教被四海,仁风扇鬼区,是以四方效珍,人神响应,天之历数实在尔躬。昔虞舜有大功二十,而放勋禅以天下;大禹有疏导之绩,而重华禅以帝位。汉承尧运,有传圣之义,加顺灵祇,绍天明命,厘降二女,以嫔于魏。使使持节行御史大夫事太常音,奉皇帝玺绶,王其永君万国,敬御天威,允执其中,天禄永终,敬之哉!"于是尚书令桓阶等奏曰:"汉氏以天子位禅陛下,陛下以圣明之德,历数之序,承汉之禅,允当天心。夫天命弗可得辞,兆民之望弗可得违,臣请会列侯诸将、群臣陪隶,发玺书,顺天命,具礼仪列

奏。"令曰："当议孤终不当承之意而已。犹猎,还方有令。"尚书令等又奏："昔尧、舜禅于文祖,至汉氏,以师征受命,畏天之威,不敢怠遑,便即位行在所之地。今当受禅代之命,宜会百寮群司,六军之士,皆在行位,使咸睹天命。营中促狭,可于平敞之处设坛场,奉答休命。臣辄与侍中常侍会议礼仪,太史官择吉日讫,复奏。"令曰："吾殊不敢当之,外亦何豫事乎!"侍中刘廙、常侍卫臻等奏议曰："汉氏遵唐尧公天下之议,陛下以圣德膺历数之运,天人同忻,靡不得所,宜顺灵符,速践皇阼。问太史丞许芝,今十七日己未直成,可受禅命,辄治坛场之处,所当施行别奏。"令曰："属出见外,便设坛场,斯何谓乎?今当辞让不受诏也。但于帐前发玺书,威仪如常,且天寒,罢作坛士使归。"既发玺书,王令曰："当奉还玺绶为让章。吾岂奉此诏承此贶邪?昔尧让天下于许由、子州支甫,舜亦让于善卷、石户之农、北人无择,或退而耕颖之阳,或辞以幽忧之疾,或远入山林,莫知其处,或携子入海,终身不反,或以为辱,自投深渊;且颜阖恨太璞之不完,守知足之明分,王子搜乐丹穴之潜处,被熏而不出,柳下惠不以三公之贵易其介,曾参不以晋、楚之富易其仁。斯九士者,咸高节而尚义,轻富而贱贵,故书名千载,于今称焉。求仁得仁,仁岂在远?孤独何为不如哉?义有蹈东海而逝,不奉汉朝之诏也。亟为上章还玺绶,宣之天下,使咸闻焉。"己未,宣告群僚,下魏,又下天下。辅国将军清苑侯刘若等百二十人上书曰："伏读令书,深执克让,圣意恳恻,至诚外昭,臣等有所不安。何者?石户、北人,匹夫狂狷,行不合义,事不经见者,是以史迁谓之不然,诚非圣明所当希慕。且有虞不逆放勋之禅,夏禹亦无辞位之语,故传曰:'舜陟帝位,若固有之。'斯诚圣人知天命不可逆,历数弗可辞也。伏惟陛下应乾符运,至德광闻,升昭于天,是三灵降瑞,人神以和,休征杂沓,万国响应,虽欲勿用,将焉避?而固执谦虚,违天逆众,慕匹夫之微分,背上圣之所蹈,违经谶之明文,信百氏之穿凿,非所以奉答天命,光慰众望也。臣等昧死以请,辄整顿坛场,至吉日受命,如前奏,分别写令宣下。"王令曰："昔柏成子高辞夏禹而匿野,颜阖辞鲁币而远迹,夫以王者之重,诸侯之贵,而二子忽之,何则?其节高也。故烈士徇荣名,义夫高贞介,虽蔬食瓢饮,乐在其中。是以仲尼师王骀,而子产嘉申徒。今诸卿皆孤股肱腹心,足以明孤,而今咸若斯,则诸卿游于形骸之内,而孤求为形骸之外,其不相知,未足多怪。亟为上章还玺绶,勿复纷纷也。"辅国将军等一百二十人又奏曰："臣闻符命不虚见,众心弗可违,故孔子曰:'周公其为不圣乎?以天下让。是天地日月轻去万物也。'是以舜向天下,不拜而受命。今火德气尽,炎上数终,帝迁明德,祚隆大魏。符瑞昭晢,受命既固,光天之下,神人同应,虽有虞仪凤,成周跃鱼,方今之事,未足以喻。而陛下违天命以饰小行,逆人心以守私志,上忤皇穹眷命之旨,中忘圣人达节之数,下孤人臣翘首之望,非所以扬圣道之高衢,乘无穷之鸿勋也。臣等闻事君有献可替否之道,奉上有逆鳞固争之义,臣敢以死请。"令曰："太古圣王之治也,至德合乾坤,惠泽均造化,礼教优乎昆虫,仁恩洽乎草木,日月所照,戴天履地含气有生之类,靡不被陶清风,沐浴玄德,是以金革不起,苛慝不作,风雨应节,祯祥触类而见。今百姓寒者未暖,饥者未饱,鳏者未室,寡者未嫁,权、备尚存,未可舞以干戚,方将整以齐斧,戎役未息于外,士民未安于内,耳未闻康哉之歌,目未睹击壤之戏,婴儿未可托于高巢,余粮未可以宿于田亩;人事未备,至如此也。夜未曜景星,治未通真人,河未出龙马,山未出象车,蓂荚未植阶庭,萐莆未生庖厨,王母未献白环,渠搜未见珍裘;灵瑞未效,又如彼也。昔东户季子、容成、大庭、轩辕、赫胥之君,咸得以此就功名。今诸卿独不可少假孤精心竭虑,以和天人,以格至理,使彼众事备,群瑞效,然后安乃议此乎,何遽相愧相迫之如是也?速为让章,上还玺绶,无重吾不德也。"侍中刘廙等奏言："伏惟陛下以大圣之纯懿,当天命之历数,观天象则符瑞著明,考图纬则文义焕炳,察人事则四海齐心,稽前代则异世同归;而固拒禅命,未践尊位,圣意恳恻,臣敢不奉诏?辄具章遣使者。"奉令曰："秦伯三以天下让,人无得而称焉,仲尼叹其至德,孤独何人?"庚申,魏王上书曰："皇帝陛下:奉被今月乙卯玺书,伏听册命,五内惊震,精爽散越,不知所585。臣前上还相位,退守藩国,圣恩听许。臣虽无古人让德度身自定之志,保己存性,实其私愿。不瘼陛下猥损过谬之命,发不世之诏,以加无德之臣。且闻尧禅重华,举其克谐之德,舜授文命,采其齐圣之美,犹下咨四岳,上观璇玑。今臣德非虞、夏,行非二君,而承历数之咨,应选孚之命,内自揆抚,无德以称。且许由匹夫,犹拒帝位,善卷布衣,而逆虞诏。臣虽鄙蔽,敢忘守节以当大命,不胜至愿。谨拜章陈情,使行相国永寿少府粪土臣毛宗奏,并上玺绶。"辛酉,给事中博士苏林、董巴上表曰："天有十二次以为分野,王公之国,各有所属,周在鹑火,魏在大梁。岁星行十二次国,天子受命,诸侯以封。周文王始受命,岁在鹑火,至武王伐纣十三年,岁星复在鹑火,故《春秋传》曰:'武王伐纣,岁在鹑火;岁之所在,即我有周之分野也。'昔光和七年,岁在大梁,武王始受命,于时将讨黄巾。是岁改年为中平元年。建安元年,岁复在大梁,始拜大将军。十三年复在大梁,始拜丞相。今二十五年,岁复在大梁,陛下受命。此魏得岁与周文王受命相应。今年青龙在庚子,《诗·推度灾》曰:'庚者更也,子者滋也,圣命天下治。'又曰:'王者布德于子,治成于丑。'此言今年天更命圣人制治天下,布德于民也。魏以改制天下,与时协矣。颛顼受命,岁在豕韦,卫居其地,亦在豕韦,故《春秋传》曰:'卫,颛顼之墟也。'今十月斗之建,则颛顼受命之分也,始魏以十月受禅,此同符始祖受命之验也。魏之氏族,出自颛顼,与舜同祖,见于《春秋世家》。舜以土德承尧之火,今魏亦以土德承汉之火,于行运会于尧舜授受之次。臣闻天之去就,固有常分,圣人当之,昭然不疑,故尧捐骨肉而禅有虞,终无忿色,舜发陇亩而君天下,若固有之,其所受授,间不替漏。天下已传矣,所以急天命,天下不可一日无君。今汉期运已终,妖异绝已审,陛下受天之命,符瑞告徵,丁宁详悉,反复备至,虽言语相喻,无以代此。今既发诏书,玺绶未御,固执谦让,上逆天命,下违民望。臣谨案古之典籍,参以图纬,魏之行运及天道所在,即尊之验,在于今年此月,昭晰分明。唯陛下迁思易虑,以时即位,显告天帝而告天下,然后改正朔,易服色,正大号,天下幸甚。"令曰:"凡斯皆宣圣德,故曰:'苟非其人,道不虚行。'天瑞虽彰,须德而光,吾德薄之人,胡足以当?今让,冀见听许,外内咸使闻知。"壬戌,册诏言:"皇帝问魏王言:遣宗奉庚申书到,所称引,闻之。朕惟汉家世逾二十,年过四百,运周数终,行祚已讫,天心已移,兆民望绝,天之所废,有自来矣。今大命有所底止,神器当归圣德,违天不顺,逆众不祥。王其体有虞之盛德,应历数之嘉会,是以祯祥告符,图谶表录,神人同应,受命咸宜。朕畏上帝,致位于王;天不可违,众不可拒。且重华不逆尧命,大禹不辞舜位,若夫由、卷匹夫,不载圣籍,固非皇材帝器所当称慕。今使音

奉皇帝玺绶，王其陟帝位，无逆朕命，以祗奉天心焉。"于是尚书令桓阶等奏曰："今汉使音奉玺书到，臣等以为天命不可稽，神器不可渎。周武中流有白鱼之应，不待师期而大号已建，舜受大麓，桑荫未移而已陟帝位，皆所以祗承天命，若此之速也。故无固让之义，不以守节为贵，必道信于神灵，符合于天地而已。《易》曰：'其受命也响，无有远近幽深，遂知来物，非天下之至赜，其孰能与于此？'今陛下应期运之数，为皇天所子，而复稽滞于辞让，低回于大号，非所以则天地之道，副万国之望。臣等敢以死请，辄敕有司修治坛场，择吉日，受禅命，发玺绶。"令曰："冀三让，而不见听，何汲汲于斯乎？"甲子，魏王上书曰："奉今月壬戌玺书，重被圣命，伏听册告，肝胆战悸，不知所措。天下神器，禅代重事，故尧将禅舜，纳于大麓，舜之命禹，玄圭告功，烈风不迷，九州攸平，询事考言，然后乃命，而犹执谦让于德不嗣。况臣顽固，质非二圣，乃应天统，受终明诏？敢守微节，归志箕山，不胜大愿。谨拜表陈情，使并奉上玺绶。"侍中刘廙等奏曰："臣等闻圣帝不违时，明主不逆人，故《易》称通天下之志，断天下之疑。伏惟陛下体有虞之上圣，承土德之行运，当亢阳明夷之会，应汉氏祚终之数，合契皇极，同符两仪。是以圣瑞表征，天下同应，历运去就，深切著明，论之天命，无所与议，比之时宜，无所与争。故受命之期，时清日晏，曜灵施光，休气云蒸。是乃天道悦怿，民心欣戴，而仍见闭拒，于礼何居？且群生不可一日无主，神器不可以斯须无统，故臣有违君以成业，下有矫上以立事，臣等敢不重以死请。"王令曰："天下重器，王者正统，以圣德当之，犹有惧心，吾何人哉？且公卿未至乏主，斯岂小事，且宜以待固让之后，乃当更议其可耳。"丁卯，册诏魏王："天讫汉祚，辰象著明，朕祗天命，致位于王，仍陈历数于诏册，喻符运于翰墨，神器不可以辞拒，皇位不可以谦让，稽于天命，至于再三。且四海不可以一日旷主，万机不可以斯须乏统，故建大业者不拘小节，知天命者不系细物，是以舜受大业之命而无逊让之辞，圣人达节，不亦远乎！今使音奉皇帝玺绶，王其钦承，以答天下响应之望焉。"相国华歆、太尉贾诩、御史大夫王朗及九卿上言曰："臣等被召到，伏见太史丞许芝、左中郎将李伏所上图谶、符命，侍中刘廙等宣叙众心，人灵同谋。又汉朝知陛下圣化通于神明，圣德参于虞、夏，因瑞应之备至，听历数之所在，遂献玺绶，固让尊号。能言之伦，莫不抃舞，《河图》、《洛书》，天命瑞应，人事协于天时，民言协于天叙。而陛下性秉劳谦，体尚克让，明诏恳切，未肯听许，臣妾小人，莫不伊邑。臣等闻自古及今，有天下者不常在乎一姓；考以德势，则盛衰在乎强弱，论以终始，则废兴在乎期运。唐、虞历数，不在厥子而在舜、禹。舜、禹虽怀克让之意迫，群后执玉帛而朝之，兆民怀欣戴而归之，率土扬歌谣而咏之，故其守节之拘，不可得而常处，达节之权，不可得而久避；是以或逊位而不吝，或受禅而不辞，不吝者未必厌皇宠，不辞者未必渴帝祚，各迫天命而不得已。既禅之后，则唐氏之子为宾于有虞，虞氏之胄为客于夏代。然则禅代之义，非独受之者实应天福，授之者亦与有余庆焉。汉自章、和之后，世多变故，稍已陵迟，洎乎孝灵，不恒其心，虐贤害仁，聚敛无度，政在嬖竖，视民如仇，遂令天震怒，百姓从风如归；当时则四海鼎沸，既没则祸发宫庭，宠势并竭，帝室遂卑，若在帝舜之末节，犹择圣代而授之，荆人抱玉璞，犹思良工而刊之，况汉国既往，莫之能匡，推器移君，委之圣哲，固其宜也。汉朝委质，既愿禅礼之速定也，天祚率土，必将有主。主率土者，非陛下其孰能任之？

所谓论德无与为比，考功无推让矣。天命不可久稽，民望不可久违，臣等楼楼，不胜大愿。伏请陛下割损挹谦之志，修受禅之礼，副人神之意，慰外内之愿。"令曰："以德则孤不足，以时则戎虏未灭。若于群贤之灵，得保首领，终君魏国，于孤足矣。若孤者，胡足以辱四海？至乎天瑞人事，皆先王圣德遗庆，孤何有焉？是以未敢闻命。"己巳，魏王上书曰："臣闻舜有宾于四门之勋，乃受禅于陶唐，禹有存国七百之功，乃承禄于有虞。臣以蒙蔽，德非二圣，猥当天统，不敢闻命。敢屡抗疏，略陈私愿，庶章通紫庭，得全微节，情达宸极，永守本志。而音重复衔命，申制诏冠，臣实战惕，不发玺书，而音迫于严诏，不敢复命，愿陛下驰传骋驿，召音还台。不胜至诚，谨使宗奉书。"相国歆、太尉诩、御史大夫朗及九卿奏曰："臣等伏读诏书，於邑益甚。臣等闻《易》称圣人奉天时，《论语》云君子畏天命，天命有去就，然后帝者有禅代。是以唐之禅虞，命在尔躬，虞之顺唐，谓之受终，尧知天命去己，故不得不禅舜，舜知历数在躬，故不敢不受；不得不禅，天时也，不敢不受，畏天命也。汉朝虽承季末陵迟之余，犹务奉天命以则尧之道，是以愿禅帝位而归二女。而陛下正当大魏受命之初，抑虞、夏之达节，尚延陵之让退，而所枉者大，所直者小，所详者轻，所略者重，中人凡士犹为陛下陋之。没者有灵，则重华必忿愤于苍梧之神墓，大禹必郁悒于会稽之山阴，武王必不悦于高陵之玄宫矣。是以臣等敢以死请。且汉政在陶宫，禄去帝室七世矣。遂集矢石于其宫殿，而二京为之丘墟。当是之时，四海荡覆，天下分崩，武王亲衣甲而冠胄，沐雨而栉风，为民请命，则活万国，为世拨乱，则致升平，鸠民而立长，筑宫而置吏，元元无过，罔于前业，而始有造于华夏。陛下即位，光昭文德，以翊武功，勤恤民隐，视之如伤，惧者宁之，劳者息之，寒者以暖，饥者以充，远人以德复，寇敌以恩降，迈恩种德，光被四表，稽古笃睦，茂于放勋，网漏吞舟，弘乎周文。是以布政未期，人神并和，皇天则降甘露而臻四灵，后土则挺芝草而吐醴泉，虎豹鹿兔，皆素其色，雉鸠燕雀，亦白其羽，连理之木，同心之瓜，五采之鱼，珍祥瑞物，杂遝于其间者，无不毕备。古人有言：'微禹，吾其鱼乎！'微大魏，则臣等之白骨交横于旷野矣。伏省群臣外内前后章奏，所以陈叙陛下之符命者，莫不条河洛之图书，据天地之瑞应，因汉朝之款诚，宣万方之景附，可谓信矣著矣。三王无以及，五帝无以加。民命之悬于魏邦，民心之系于魏政，三十有余年矣。此乃千世时至之会，万载一遇之秋。达节广度，宜昭于斯际，拘牵小节，不施于此时。仰稽天命，罪在臣等。辄营坛场，具礼仪，择吉日，昭告昊天上帝，秩群神之礼，须祗祭毕，会群寮于朝堂，议年号、正朔、服色当施行，上。"复令曰："昔者大舜饭糗茹草，将终身焉，斯则孤之前志也。及至承尧禅，被珍裘，妻二女，若固有之，斯则顺天命也。群公卿士诚以天命不可拒，民望不可违，孤亦曷以辞焉？"庚午，册诏魏王曰："昔尧以配天之德，秉六合之重，犹睹历运之数，移于有虞，委让帝位，忽如遗迹。今天既讫我汉命，乃眷北顾，帝皇之业，实在大魏。朕守空名以窃古义，顾视前事，犹有惭德，而王逊让至于三四，朕用惧焉。夫不辞万乘之位者，知命达节之数也，虞、夏之君，处之不疑，故勋烈垂于万载，美名传于无穷。今遣守尚书令侍中觊喻，王其速陟帝位，以顺天人之心，副朕之大愿。"于是尚书令桓阶等奏曰："今汉氏之命已四至，而陛下前后固辞，臣等伏以为上帝之临圣德，期运之隆大魏，斯岂数载？《传》称周之有天下，非甲子之朝，殷之去帝位，非牧野之日。故《诗》序商汤，追本玄王之至，述姬周,上录后稷之生,是以受命既固,厥德不回。汉氏衰废,行次已绝,三辰垂其征,史官著其验,耆老记先古之占,百姓协歌谣之声。陛下应天受禅,当速即坛场,柴燎上帝,诚不宜久停神器,拒亿兆之愿。臣辄下太史令择元辰,今月二十九日,可登坛受命,请诏三公群卿,具条礼仪别奏。"令曰:"可。"

〔21〕《献帝传》曰:辛未,魏王登坛受禅,公卿、列侯、诸将、匈奴单于、四夷朝者数万人陪位,燎祭天地、五岳、四渎,曰:"皇帝臣丕敢用玄牡昭告于皇天皇后:汉历世二十有四,践年四百二十有六,四海困穷,王纲不立,五纬错行,灵祥并见,推术数者,虑之古道,咸以为天之历数,运终兹世,凡诸嘉祥民神之意,比昭有汉数终之极,魏家受命之符。汉主以神器宜授于臣,宪章有虞,致位于丕。丕震畏天命,虽休勿依。群公庶尹六事之人,外及将士,洎于蛮夷君长,佥曰:'天命不可以辞拒,神器不可以久旷,群臣不可以无主,万几不可以无统。'丕祗承皇象,敢不钦承。卜之守龟,兆有大横,筮之《易》,兆有革兆,谨择元日,与群寮登坛受帝玺绶,告类于尔大神。唯尔有神,尚飨永吉,兆民之望,祚于有魏世享。"遂制诏三公:"上古之始有君也,必崇恩化以美风俗,然百姓顺教而刑错厝焉。今朕承王之绪,其以延康元年为黄初元年,议改正朔,易服色,殊徽号,同律度量,承土行,大赦天下:自殊死以下,诸不当得赦,皆赦除之。"《魏氏春秋》曰:帝升坛礼毕,顾谓群臣曰:"舜、禹之事,吾知之矣。"干宝《搜神记》曰:宋大夫邢史子臣明于天道,周敬王之三十七年,景公问曰:"天道其何祥?"对曰:"后五十年五月丁亥,臣将死。死后五年五月丁卯,吴将亡。亡后五年,君将终。终后四百年,邾王天下。"俄而皆如其言。其云邾王天下者,谓魏之兴也。邾,曹姓,魏亦曹姓,皆邾之后。其年数则错,未知邢史失其数邪,将年代久远,注记者传而有谬也?

〔22〕臣松之案:诸书记是时帝居北宫,以建始殿知群臣,门曰承明,陈思王植诗曰"谒帝承明庐"是也。至明帝时,始于汉南宫崇德殿处起太极、昭阳诸殿。《魏书》曰:以夏数为得天,故即用夏正,而服色尚黄。《魏略》曰:诏以汉火行也,火忌水,故"洛"去"水"而加"隹"。魏于行次为土,土,水之牡也,水得土而乃流,土得水而柔,故除"隹"加"水",变"雒"为"洛"。

〔23〕臣松之以为:礼,天子以春分朝日,秋分夕月。寻此年正月郊祀,有月无日,乙亥朝日,则有日无月,盖文之脱也。案明帝朝日夕月,皆如礼文,故知此纪为脱者也。

〔24〕《魏书》载诏曰:"颍川,先帝所由起兵征伐也。官渡之役,四方瓦解,远近顾望,而此郡守义,丁壮荷戈,老弱负粮。昔汉祖以秦中为国本,光武恃河内为王基,今朕复于此登坛受禅,天以此郡翼成大魏。"

〔25〕《魏略》曰:改长安、谯、许昌、邺、洛阳为五都;立石表,西界宜阳,北循太行,东北界阳平,南循鲁阳,东界郯,为中都之地。令天下听内徙,复五年,后又增其复。

〔26〕《魏书》:甲辰,以京师宗庙未成,帝亲祀武皇帝于建始殿,躬执馈奠,如家人之礼。

〔27〕《魏书》曰:己亥,公卿朝朔旦,并引故汉太尉杨彪,待以客礼,诏曰:"夫先王制几杖之赐,所以宾礼黄耇褒崇元老也。昔光武、卓茂皆以淑德高年,受兹嘉锡。公故汉宰臣,乃祖已来,世著名节,年过七十,行不逾矩,可谓成人矣,所宜宠异以章旧德。其赐公延年杖及冯几;谒请之日,便使杖入,又可使着鹿皮冠。"彪辞让,不听。竟着布单衣、皮弁以见。《续汉书》曰:彪见汉祚将终,自以累世为三公,耻为魏臣,遂称足挛,不复行。积十余年,帝即王位,欲以为太尉,令近臣宣旨。彪辞曰:"尝以汉朝为三公,值世衰乱,不能立尺寸之益,若复为魏臣,于国之选,亦不为荣也。"帝不夺其意。黄初四年,诏拜光禄大夫,秩中二千石,朝见位次三公,如孔光故事。彪上章固让,帝不听,又为门施行马,致吏卒,以优崇之。年八十四,以六年薨。子修,事见《陈思王传》。

〔28〕《魏书》曰:十一月辛未,镇西将军曹真命众将及州郡兵讨破叛胡治元多、卢水、封赏等,斩首五万余级,获生口十万,羊一百一十一万口,牛八万,河西遂平。帝初闻胡决水灌显美,谓左右诸将曰:"昔隗嚣灌略阳,而光武因其疲敝,进兵灭之。今胡决水灌显美,其事正相似,破胡事今不久。"旬日,破胡告檄到,上大笑曰:"吾策之于帷幕之内,诸将奋击于万里之外,其相应若合符契。前后战克获虏,未有如此也。"

〔29〕《魏书》曰:癸亥,孙权上书,说:"刘备支党四万人,马二三千匹,出秭归,请往扫扑,以克捷为效。"帝报曰:"昔隗嚣之弊,祸发栒邑,子阳之禽,变起扞关,将军其元厉威武,勉蹈奇功,以称吾意。"

〔30〕应劭《汉书注》:款,叩也;皆叩塞门来服从。

〔31〕《魏书》曰:权及领荆郡太守史郭等三百一十八人,诣荆州刺史奉上所假印绶、棨戟、幢麾、牙门、鼓车。权等诣行在所,帝置酒设乐,引见承光殿。权、郭等人人前自陈,帝为论说军旅成败去就之分,诸将无不喜悦。赐权金帛、车马、衣裘、帷帐、妻妾,下及偏裨皆有差。拜权为侍中,镇南将军,封列侯,即日召使参乘,及封史郭等四十二人皆为列侯,为将军郎将百余人。

〔32〕孙盛曰:夫经国营治,必倚俊哲之辅,贤达令德,必居参乱之任。故虽周室之盛,有妇人与焉。然则坤道承天,南面罔二,三从之礼,谓之至顺,至于号令自天子出。奏事行政,非古义也。昔在申、吕,实匡有周。苟以天下为心,惟德是杖,则亲疏之授,至公一也,何至后族而必斥远之哉?二汉之季世,王道陵迟,故令外戚凭宠,职为乱阶。于此自时昏道丧,运祚将移,纵无王、吕之难,岂乏田、赵之祸乎?而后世观其若此,深怀酖毒之戒也。至于魏文,遂发一概之诏,可谓有识之爽言,非帝者之宏议。

〔33〕椑,音扶历反。臣松之按:礼,天子诸侯之棺,各有重数;棺之亲身者曰椑。

〔34〕《吕氏春秋》:尧葬于穀林,通树之;舜葬于纪,市廛不变其肆;禹葬会稽,不变人徒。

〔35〕《魏书》载丙午诏曰:"孙权残害民物,朕以寇不可长,故分命猛将三道并征。今征东诸军与权党吕范等水战,则斩首四万,获船万艘。大司马据守濡须,其所禽获亦以万数。中军、征南,攻围江陵,左将军张郃等舻舳直渡,击其郚渚,贼赴水溺死者数千人,又以地道攻城,城中外雀鼠不得出入,此几上肉耳!而贼中疠气疾病,夹江涂地,恐相染污。昔周武伐殷,旋师孟津,汉祖征隗嚣,还军高平,皆知天时而度贼情也。且成汤解三面之网,天下归仁。今开江陵之围,以缓成死之禽。且休力役,罢省繇戍,畜养士民,咸使安息。"

〔36〕《魏书》曰:辛酉,有司奏造二庙,立太皇帝庙,大长秋特进侯与高祖合祭,亲尽以次毁。特立武皇帝庙,四时享祀,为魏太祖,万载不毁也。

〔37〕《魏书》曰:七月乙未,大军当出,使太常以特牛一告祠于郊。臣松之案:魏郊祀奏中,尚书卢毓议祀厉殃事云:"具牺牲祭器,如前后出告郊之礼。"如此,则魏氏出师,皆告郊

〔38〕《魏书》曰：有司奏改汉氏宗庙安世乐曰正世乐，嘉至乐曰迎灵乐，武德乐曰武颂乐，昭容乐曰昭业乐，云翘舞曰凤翔舞，育命舞曰灵应舞，武德舞曰武颂舞，文始舞曰大韶舞，五行舞曰大武舞。

〔39〕《魏书》曰：十二月丙寅，赐山阳公夫人汤沐邑，公女曼为长乐郡公主，食邑各五百户。是夕，甘露降芳林园。臣松之案：芳林园即今华林园，齐王芳即位，改为华林。

〔40〕《魏书》载癸酉诏曰："近之不绥，何远之怀？今事多而民少，上下相弊以文法，百姓无所措其手足。昔太山之哭者，以为苛政甚于猛虎，吾悕儒者之风，服圣人之遗教，岂可以目玩其辞，行违其诫者哉？广议轻刑，以惠百姓。"

〔41〕《魏略》载诏："昔轩辕建四面之号，周武称'予有乱臣十人'，斯盖先圣所以体国君民，亮成天工，多贤为贵也。今内有公卿以镇京师，外设牧伯以监四方，至于元戎出征，则军中宜有柱石之贤帅，辎重所在，又宜有镇守之重臣，然后车驾可以周行天下，无内外之虑。吾今当征贼，欲守之积年，其以尚书令颍乡侯陈群为镇军大将军，尚书仆射西乡侯司马懿为抚军大将军。若吾临江授诸将方略，则抚军总诸许昌，督后诸军，录后台文书事，镇军随车驾，当董督众军，录行尚书事，皆假节鼓吹，给中军兵骑六百人。吾欲去江数里，筑宫室，往来其中，见贼可击之形，便出奇兵击之；若或未可，则当舒六军以游猎，飨赐军士。"

〔42〕《魏书》载帝于马上为诗曰："观兵临江水，水流何汤汤！戈矛成山林，玄甲耀日光。猛将怀暴怒，胆气正从横。谁云江水广？一苇可以航！不战屈敌虏，戢兵称贤良。古公宅岐邑，实始翦殷商。孟献营虎牢，郑人惧稽颡。充国务耕植，先零自破亡。兴农淮泗间，筑室都徐方。量宜运权略，六军咸悦康；岂如《东山诗》，悠悠多忧伤。"

〔43〕《魏书》曰：殡于崇华前殿。

〔44〕《魏氏春秋》曰：明帝将送葬，曹真、陈群、王朗等以暑热固谏，乃止。孙盛：夫窀穸之事，孝子之极痛也，人伦之道，于斯莫重。故天子七月而葬，同轨毕至。夫以义感之情，犹尽乎临隧之哀，况乎天性发中，敦礼者重之哉！魏氏之德，仍世不基矣。昔华元厚葬，君子以为弃君于恶，群等之谏，弃孰甚焉！鄄城侯植为诔曰："惟黄初七年五月七日，大行皇帝崩，呜呼哀哉！于时天震地骇，崩山陨霜，阳精薄景，五纬错行，百姓呼嗟，万国悲伤，若丧考妣，恩慕过唐，擗踊郊野，仰擗穹苍，金曰无辜，早世殒丧，呜呼哀哉！悲夫大行，忽焉光灭，永弃万国，云往雨绝。承问荒忽，悁悁哽咽，袖锋抽刃，叹自僵毙，追慕三良，甘心同穴。感惟南风，惟以郁滞，终于偕没，指景自誓。考诸先记，寻之哲言，生若浮寄，惟德可论；朝闻夕逝，孔志所存。皇虽一没，天禄永延，何以述德？表之素旐。何以咏功？宣之管弦。乃作诔曰：皓皓太素，两仪始分，中和产物，肇有人伦，爰暨三皇，实秉道真，降逮五帝，继以懿纯，三代制作，踵武立勋。季嗣不维，网漏于秦，崩乐灭学，儒坑礼焚，二世而夷，汉氏乃因，弗求古训，嬴政是遵，王纲帝典，阒尔无闻。末光幽昧，道究运迁，乾坤回历，简圣授贤，乃眷大行，属以黎元。龙飞启祚，合契上玄，正行定纪，改号革年，明明赫赫，受命于天。仁风偃物，德以礼宣。祥惟圣质，嶷在幼妍。庶几六典，学不过庭。潜心无罔，抗志冥冥。才秀藻朗，如玉之莹，听察无响，瞻睹未形。其刚如金，其贞如琼，如冰之洁，如砥之平。爵公无私，戮违无轻，心镜万几，揽照下情。思良股肱，嘉昔伊、吕，搜扬侧陋，举汤代禹。拔才岩穴，取士蓬户，唯德是纂，弗拘

祢祖。宅土之表，道义是图，弗营厥险，六合是虞。齐契共遵，下以纯民，恢拓规矩，克绍前人。科条品制，褒贬以因。乘殿之辂，行夏之辰。金根黄屋，翠葆龙鳞，绂冕崇丽，衡纮维新，尊肃礼容，瞩之若神。方牧妙举，钦于恤民，虎将荷节，镇彼四邻；朱旗所剿，九壤被震，畴克不若？孰敢不臣。县旌海表，万里无尘。鸟备凶绝，鸟窜江岷，权执涸鱼，干腊矫鳞，肃慎纳贡，越裳效珍，条支绝域，侍子内宾。德侔先皇，功俟太古。上灵降瑞，黄initial叔祐：河龙洛龟，凌波游下；平钩应绳，神鸾翔舞。数荚阶除，系风扇暑，皓兽素禽，飞走郊野；神钟宝鼎，形自旧土，云英甘露，瀸涂被宇，灵芝冒沼，朱华荫渚。回回凯风，祁祁甘雨，稼穑丰登，我稷我黍，家佩惠君，户蒙慈父。图致太和，浴德全义。将登介山，先皇作俪。镌石纪勋，兼录众瑞，方隆封禅，归功天地，宾礼百灵，勋命视规，望祭四岳，燎封奉祡，肃于南郊，宗祀上帝。三牲既供，夏禘秋尝，元侯佐祭，献璧奉璋。鸾舆幽蔼，龙旂太常，爰迄太庙，钟鼓锽锽，颂德咏功，八佾锵锵。皇祖既飨，烈考来享，神具醉止，降兹福祥。天地震荡，大行康之；三辰暗昧，大行光之；皇兹维维，大行纲之；神器莫统，大行当之；礼乐废弛，大行张之；仁义陆沈，大行扬之；潜龙隐凤，大行翔之；狭狄退康，大行匡之。在位七载，元功仍举，将永北之，绝迹三五，宜作物师，长为神主，寿终金石，等算东父，如何奄忽，摧身后土，俾我茕茕，靡瞻靡顾。嗟嗟皇穹，胡宁忍务？呜呼哀哉！明监吉凶，体远存亡，深垂典制，申之嗣皇。圣上虔奉，是顺是将，乃创玄宇，基为首阳，拟迹穀林，追尧慕唐，合山同陵，不树不疆，涂车刍灵，珠玉靡藏。百神警待，来宾幽堂，耕耘田兽，望魂之翔。于是，侯大隧之致功兮，练元辰之淑祯，潜华体于梓宫兮，冯正殿以居灵。顾望嗣之号眺兮，存临者之悲声，悼晏驾之既疾兮，感容车之速征。浮飞魂于轻霄兮，就黄垆以灭形，背三光之昭晰兮，归玄宅之冥冥。嗟一往之不反兮，痛阖闾之长扃。咨远臣之眇眇兮，感凶讳以怛惊，心孤绝而靡告兮，纷流涕而交颈。思惩荣以横奔兮，阅阒塞之峣峥，顾衰经以轻举兮，追关防之我婴。欲高飞而遥逝兮，惮天网之远经，遥脊骨于山足兮，报恩养于下庭。慨拊心而自悼兮，惧施重而命轻，嗟微躯之是效兮，甘九死而忘生，几命之役籍兮，先黄发而陨零，天盖高而察卑兮，冀神明之我听。独郁伊而莫诉兮，追顾景而怜形，奏斯文以写思兮，结翰墨以敷诚。呜呼哀哉！"

〔45〕《魏书》曰：帝初在东宫，疫疠大起，时人雕伤，帝深感叹，与素所敬者大理王朗书曰："生有七尺之形，死惟一棺之土，唯立德扬名，可以不朽，其次莫如著篇籍。疫疠数起，士人雕落，余独何人，能全其寿？"故论撰所著《典论》、诗赋，盖百余篇，集诸儒于肃城门内，讲论大义，侃侃无倦。常嘉汉文帝之为君，宽仁玄默，务欲以德化民，有贤圣之风。时文学诸儒，或以为孝文虽贤，其于聪明通达国体，不如贾谊。帝由是著《太宗论》曰："昔有苗不宾，重华舞以干戚，尉佗称帝，孝文抚以恩德，吴王不朝，锡之几杖以抚其意，而天下赖安。乃弘三章之教，恺悌之化，欲使曩时息之民，得阔步高谈，无危惧之心。若贾谊之才敏，筹画国政，特贤臣之器，管、晏之姿，岂若孝文大人之量哉？"三年之中，以孙权不服，复颁《太宗论》于天下，明示不愿征伐也。他日又从容言曰："顾我亦有所不取于汉文帝者三：杀薄昭、幸邓通、慎夫人衣不曳地，集上书囊为帐帷。"以为汉文俭而无法，舅后之家，但当养育以恩而不当假借以权，既触罪法，又不得不害其。其欲秉持中道，以为帝王仪表者如此。胡冲《吴

〔46〕《典论》帝《自叙》曰：初平之元，董卓杀主鸩后，荡覆王室。是时四海既困中平之政，兼恶卓之凶逆，家家思乱，人人自危。山东牧守，咸以《春秋》之义，"卫人讨州吁于濮"，言人人皆得讨贼。于是大兴义兵，名豪大侠，富室强族，飘扬云会，万里相起。兖、豫之师战于荥阳，河内之甲军于孟津。卓遂迁大驾，西都长安。而山东大者连郡国，中者婴城邑，小者聚阡陌，以还相吞灭。会黄巾盛于海、岳，山寇暴于并、冀，乘胜转攻，席卷而南，乡邑望烟而奔，城郭睹尘而溃，百姓死亡，暴骨如莽。余时年五岁，上以世方扰乱，教余学射，六岁而知射，又教余骑马，八岁而能骑射矣。以时之多故，每征，余常从。建安初，上南征荆州，至宛，张绣降。旬日而反，亡兄孝廉子修、从兄安民遇害。时余年十岁，乘马得脱。夫文武之道，各随时而用，生于中平之季，长于戎旅之间，是以少好弓马，于今不衰。逐禽辄十里，驰射常百步，日多体健，心每不厌。建安十年，始徙冀州，貃貊贡良弓，燕、代献名马。时岁之暮春，勾芒司节，和风扇物，弓燥手柔，草浅兽肥，与族兄子丹猎于邺西，终日手获獐鹿九，雉兔三十。后军南征次曲蠡，尚书令荀彧奉使犒军，见余谈论之末，或言："闻君善左右射，此实难能。"余言："执事未睹夫项发口纵，俯马蹄而仰月支也。"或喜笑曰："乃尔！"余言："埒有常径，的有常所，虽每发辄中，非至妙也。若驰平原，赴丰草，要狡兽，截轻禽，使弓不虚弯，所中必洞，斯则妙矣。"时军祭酒张京在坐，顾彧拊手曰："善"。余又学击剑，阅师多矣。四方之法各异，唯京师为善。桓、灵之间，有虎贲王越善斯术，称于京师。河南史阿言昔与越游，具得其法，余从阿学之精熟。尝与平虏将军刘勋、奋威将军邓展等共饮，宿闻展善有手臂，晓五兵，又称其能空手入白刃。余与论剑良久，谓言："将军法非也，余顾尝好之，又得善术。"因求与余对。时酒酣耳热，方食竿蔗，便以为杖，下殿数交，三中其臂，左右大笑。展意不平，求更为之。余言："吾法急属，难相中面，故齐臂耳。"展言："愿复一交。"余知其欲突以取交中也，因伪深进，展果寻前，余却脚䠯，正截其颡，坐中惊视。余还坐，笑曰："昔阳庆使淳于意去其故方，更授以秘术，今余亦愿邓将军捐弃故伎，更受要道也。"一坐尽欢。夫事不可自谓己长，余少晓持复，自谓无对。俗名双戟为坐铁室，镶楯为蔽木户。后从陈国袁敏学，以单攻复，每为若神，对家不知所出，先日若逢敏于狭路，直决耳！余于他戏弄之事少所喜，唯弹棋略尽其巧，少为之赋。昔京师先工有马合乡侯、东方安世、张公子，常恨不得与彼数子者对。上雅好诗书文籍，虽在军旅，手不释卷，每每定省从容，常言："人少好学则思专，长则善忘。长大而能勤学者，唯吾与袁伯业耳。"余是以少诵《诗》、《论》，及长而备历五经、四部、《史》、《汉》、诸子百家之言，靡不毕览。《博物志》曰：帝善弹棋，能用手巾角。时有一书生，又能低头以所冠著葛巾角撇棋。

笃，乃立为皇太子。丁巳，即皇帝位，大赦。尊皇太后曰太皇太后，皇后曰皇太后。诸臣封爵各有差[3]。癸未，追谥母甄夫人曰文昭皇后。壬辰，立皇弟蕤为阳平王。八月，孙权攻江夏郡，太守文聘坚守。朝议欲发兵救之，帝曰："权习水战，所以敢下船陆攻者，几掩不备也。今已与聘相持，夫攻守势倍，终不久也。"先时遣治书侍御史荀禹慰劳边方，禹到，于江夏发所经县兵及所从步骑千人乘山举火，权退走。辛巳，立皇子冏为清河王。吴将诸葛瑾、张霸等寇襄阳，抚军大将军司马宣王讨破之，斩霸，征东大将军曹休又破其别将于寻阳。论功行赏各有差。冬十月，清河王冏薨。十二月，以太尉钟繇为太傅，征东大将军曹休为大司马，中军大将军曹真为大将军，司徒华歆为太尉，司空王朗为司徒，镇军大将军陈群为司空，抚军大将军司马宣王为骠骑大将军。

太和元年春正月，郊祀武皇帝以配天，宗祀文皇帝于明堂以配上帝。分江夏南部，置江夏南部都尉。西平麹英反，杀临羌令、西都长，遣将军郝昭、鹿磐讨斩之。二月辛未，帝耕于籍田。辛巳，立文昭皇后寝庙于邺。丁亥，朝日于东郊。夏四月乙亥，行五铢钱。甲申，初营宗庙。秋八月，夕月于西郊。冬十月丙寅，治兵于东郊。焉耆王遣子入侍。十一月，立皇后毛氏。赐天下男子爵人二级，鳏寡孤独不能自存者赐谷。十二月，封后父毛嘉为列侯。新城太守孟达反，诏骠骑将军司马宣王讨之[4]。

二年春正月，宣王攻破新城，斩达，传其首[5]。分新城之上庸、武陵、巫县为上庸郡，锡县为锡郡。蜀大将诸葛亮寇边，天水、南安、安定三郡吏民叛应亮[6]。遣大将军曹真都督关右，并进兵。右将军张郃击亮于街亭，大破之。亮败走，三郡平。丁未，行幸长安[7]。夏四月丁酉，还洛阳宫[8]。赦系囚非死罪以下。乙巳，论讨亮功，封爵增邑各有差。五月，大旱。六月，诏曰："尊儒贵学，王教之本也。自顷儒官或非其人，将何以宣明圣道？其高选博士，才任侍中、常侍者。申敕郡国，贡士以经学为先。"秋九月，曹休率诸军至皖，与吴将陆议战于石亭，败绩。乙酉，立皇子穆为繁阳王。庚子，大司马曹休薨。冬十月，诏公卿近臣举良将各一人。十一月，司徒王朗薨。十二月，诸葛亮围陈仓，曹真遣将军费曜等拒之[9]。辽东太守公孙恭兄子渊，劫夺恭位，遂以渊领辽东太守。

三年夏四月，元城王礼薨。六月癸卯，繁阳王穆薨。戊申，追尊高祖大长秋曰高皇帝，夫人吴氏曰高皇后。秋七月，诏曰："礼，王后无嗣，择建支子以继大宗，则当纂正统而奉公义，何得复顾私亲哉！汉宣继昭帝后，加悼考以皇号；哀帝以外藩援立，而董宏等称引亡秦，惑误时朝，既尊恭皇，立庙京都，又宠藩妾，使比长信，叙昭穆于前殿，并四位于东宫，僭差无度，人神弗祐，而非罪师丹忠正之谏，用致丁、傅焚如之祸。自是之后，相踵行之。昔鲁文逆祀，罪由夏父；宋国非度，讥在华元。其令公卿有司，深以前世行事为戒，后嗣万一有由诸侯入奉大统，则当明为人后之义；敢为佞邪导谀时君，妄建非正之号以干正统，谓考为皇，称妣为后，则股肱大臣，诛之无赦。其书之金策，藏之宗庙，著于令典。"冬十月，改平望观曰听讼观。帝常言"狱

卷三　　　　　明帝纪第三

明皇帝讳叡，字元仲，文帝太子也。生而太祖爱之，常令在左右[1]。年十五，封武德侯，黄初二年为齐公，三年为平原王。以其母诛，故未建为嗣[2]。七年夏五月，帝病

者,天下之性命也",每断大狱,常幸观临听之。初,洛阳宗庙未成,神主在邺庙。十一月,庙始成,使太常韩暨持节迎高皇帝、太皇帝、武帝、文帝神主于邺。十二月已丑至,奉安神主于庙[10]。癸卯,大月氐王波调遣使奉献,以调为亲魏大月氐王。

四年春二月壬午,诏曰:"世之质文,随教而变。兵乱以来,经学废绝,后生进趣,不由典谟。岂训导未洽,将进用者不以德显乎?其郎吏学通一经,才任牧民,博士课试,擢其高第者,亟用;其浮华不务道本者,皆罢退之。"戊子,诏太傅三公:以文帝《典论》刻石,立于庙门之外。癸巳,以大将军曹真为大司马,骠骑将军司马宣王为大将军,辽东太守公孙渊为车骑将军。夏四月,太傅钟繇薨。六月戊子,太皇太后崩。丙申,省上庸郡。秋七月,武宣卞后祔葬于高陵。诏大司马曹真、大将军司马宣王伐蜀。八月辛巳,行东巡,遣使者以特牛祠中岳[11]。乙未,幸许昌宫。九月,大雨,伊、洛、河、汉水溢,诏真等班师。冬十月乙卯,行还洛阳宫。庚申,令:"罪非殊死,听赎各有差。"十一月,太白犯岁星。十二月辛未,改葬文昭甄后于朝阳陵。丙寅,诏公卿举贤良。

五年春正月,帝耕于籍田。三月,大司马曹真薨。诸葛亮寇天水,诏大将军司马宣王拒之。自去冬十月至此月不雨,辛巳,大雩。夏四月,鲜卑附义王轲比能率其种人及丁零大人儿禅诣幽州贡名马。复置护匈奴中郎将。秋七月丙子,以亮退走,封爵增位各有差[12]。乙酉,皇子殷生,大赦。八月,诏曰:"古者诸侯朝聘,所以敦睦亲亲协和万国也。先帝著令,不欲使诸王在京都者,谓幼主在位,母后摄政,防微以渐,关诸盛衰也。朕惟不见诸王十有二载,悠悠之怀,能不兴思!其令诸王及宗室公侯各将适子一人朝。后有少主、母后在宫者,自如先帝令,申明著于令。"冬十一月乙酉,月犯轩辕大星。戊戌晦,日有蚀之。十二月甲辰,月犯镇星。戊午,太尉华歆薨。

六年春二月,诏曰:"古之帝王,封建诸侯,所以藩屏王室也。《诗》不云乎:'怀德维宁,宗子维城。'秦、汉继周,或强或弱,俱失厥中。大魏创业,诸王开国,随时之宜,未有定制,非所以永为后法也。其改封诸侯王,皆以郡为国。"三月癸酉,行东巡,所过存问高年鳏寡孤独,赐谷帛。乙亥,月犯轩辕大星。夏四月壬寅,行幸许昌宫。甲子。初进新果于庙。五月,皇子殷薨,追封谥安平哀王。秋七月,以卫尉董昭为司徒。九月,行幸摩陂,治许昌宫,起景福、承光殿。冬十月,殄夷将军田豫帅众讨吴将周贺于成山,杀贺。十一月丙寅,太白昼见。有星孛于翼,近太微上将星。庚寅,陈思王植薨。十二月,行还许昌宫。

青龙元年春正月甲申,青龙见郏之摩陂井中。二月丁酉,幸摩陂观龙,于是改年;改摩陂为龙陂,赐男子爵人二级,鳏寡孤独无出今年租赋。三月甲子,诏公卿举贤良笃行之士各一人。夏五月壬申,诏祀故大将军夏侯惇、大司马曹仁、车骑将军程昱于太祖庙庭[13]。戊寅,北海王蕤薨。闰月庚寅朔,日有蚀之。丁酉,改封宗室女非诸王女皆为邑主。诏诸郡国山川不在祠典者勿祠。六月,洛阳宫鞠室灾。保塞鲜卑大人步度根与叛鲜卑大人轲比能私通,并

州刺史毕轨表,辄出军以外威比能,内镇步度根。帝省表曰:"步度根以为比能所诱,有自疑心。今轨出军,适使二部惊合为一,何所威镇乎?"促敕轨,以出军者慎勿越塞句注也。比诏书到,轨以进军屯阴馆,遣将军苏尚、董弼追鲜卑。比能遣子将千余骑迎步度根部落,与尚、弼相遇,战于楼烦,二将败没。步度根部落皆叛出塞,与比能合寇边。遣骁骑将军秦朗将中军讨之,虏乃走漠北。秋九月,安定保塞匈奴大人胡薄居姿职等叛,司马宣王遣将军胡遵等追讨,破降之。冬十月,步度根部落大人戴胡阿狼泥等诣并州降,朗引军还[14]。十二月,公孙渊斩送孙权所遣使张弥、许晏首,以渊为大司马乐浪公[15]。

二年春二月乙未,太白犯荧惑。癸酉,诏曰:"鞭作官刑,所以纠慢怠也,而顷多以无辜死。其减鞭杖之制,著于令。"三月庚寅,山阳公薨,帝素服发哀,遣使持节典护丧事。已酉,大赦。夏四月,大疫。崇华殿灾。丙寅,诏有司以太牢告祠文帝庙。追谥山阳公为汉孝献皇帝,葬以汉礼[16]。是月,诸葛亮出斜谷,屯渭南,司马宣王率诸军拒之。诏宣王:"但坚壁拒守以挫其锋,彼进不得志,退无与战,久停则粮尽,虏略无所获,则必走矣。走而追之,以逸代劳,全胜之道也[17]。"五月,太白昼见。孙权入居巢湖口,向合肥新城,又遣将陆议、孙韶各将万余人入淮、沔。六月,征东将军满宠进军拒之。宠欲拔新城守,致贼寿春,帝不听,曰:"昔汉光武遣兵县据略阳,终以破隗嚣,先帝东置合肥,南守襄阳,西固祁山,贼来辄破于三城之下者,地有所必争也。纵权攻新城,必不能拔。敕诸将坚守,吾将自往征之,比至,恐权走也。"秋七月壬寅,帝亲御龙舟东征,权攻新城,将军张颖等拒守力战,帝军未至数百里,权遁走,议、韶等亦退。群臣以为大将军方与诸葛亮相持未解,车驾可西幸长安。帝曰:"权走,亮胆破,大将军以制之,吾无忧矣。"遂进军幸寿春,录诸将功,封赏各有差。八月己未,大曜兵,飨六军,遣使者持节犒劳合肥、寿春诸军。辛巳,行还许昌宫。司马宣王与亮相持,连围积日,亮数挑战,宣王坚垒不应。会亮卒,其军退还。冬十月乙丑,月犯镇星及轩辕。戊寅,月犯太白,十一月,京都地震,从东南来,隐隐有声,摇动屋瓦。十二月,诏有司删定大辟,减死罪。

三年春正月戊子,以大将军司马宣王为太尉。已亥,复置朔方郡。京都大疫。丁巳,皇太后崩。乙亥,陨石于寿光县。三月庚寅,葬文德郭后,营陵于首阳陵涧西,如终制[18]。是时,大治洛阳宫,起昭阳、太极殿,筑总章观。百姓失农时,直臣杨阜、高堂隆等各数切谏,虽不能听,常优容之[19]。秋七月,洛阳崇华殿灾。八月庚午,立皇子芳为齐王,询为秦王。丁巳,行还洛阳宫。命有司复崇华,改名九龙殿。冬十月己酉,中山王衮薨。壬申,太白昼见。十一月丁酉,行幸许昌宫[20]。

四年春二月,太白复昼见,月犯太白,又犯轩辕一星,入太微而出。夏四月,置崇文观,征善属文者以充之。五月乙卯,司徒董昭薨。丁巳,肃慎氏献楛矢。六月壬申,诏曰:"有虞氏画象而民弗犯,周人刑错而不用。朕从百王之末,追望上世之风,邈乎何相去之远?法令滋章,犯者弥

多,刑罚愈众,而奸不可止。往者按大辟之条,多所蠲除,思济生民之命,此朕之至意也。而郡国蔽狱,一岁之中尚过数百,岂朕训导不醇,俾民轻罪,将苛法犹存,为之陷阱乎?有司其议狱缓死,务从宽简,及乞恩者,或辞未出而狱以报断,非所以究理尽情也。其令廷尉及天下狱官,诸有死罪具狱已定,非谋反及手杀人,亟语其亲治,有乞恩者,使与奏当文书俱上,朕将思所以全之。其布告天下,使明朕意。"秋七月,高句骊王宫斩送孙权使胡卫等首,诣幽州。甲寅,太白犯轩辕大星。冬十月己卯,行还洛阳宫。甲申,有星孛于大辰,乙酉,又孛于东方。十一月己亥,彗星见,犯宦者天纪星。十二月癸巳,司空陈群薨。乙未,行幸许昌宫。

景初元年春正月壬辰,山茌县言黄龙见[21]。于是有司奏,以为魏得地统,宜以建丑之月为正。三月,定历改年为孟夏四月[22]。服色尚黄,牺牲用白,戎事乘黑首白马,建大赤之旂,朝会建大白之旗[23]。改太和历曰景初历。其春夏秋冬孟仲季月虽与正岁不同,至于郊祀、迎气、祫祠、蒸尝、巡狩、蒐田、分至启闭、班宣时令、中气早晚、敬授民事,皆以正岁斗建为历数之序。五月己巳,行还洛阳宫。己丑,大赦。六月戊申,京都地震。己亥,以尚书令陈矫为司徒,尚书仆射卫臻为司空。丁未,分魏兴之魏阳、锡郡之安富、上庸为上庸郡。省锡郡,以锡县属魏兴郡。有司奏:武皇帝拨乱反正,为魏太祖,乐用武始之舞。文皇帝应天受命,为魏高祖,乐用咸熙之舞。帝制作兴治,为魏烈祖,乐用章武之舞。三祖之庙,万世不毁。其余四庙,亲尽迭毁,如周后稷、文、武庙祧之制[24]。秋七月丁卯,司徒陈矫薨。孙权遣将朱然等二万人围江夏郡,荆州刺史胡质等击之,然退走。初,权遣使浮海与高句骊通,欲袭辽东。遣幽州刺史毋丘俭率诸军及鲜卑、乌丸屯辽东南界,玺书征公孙渊。渊发兵反,俭进军讨之,会连雨十日,辽水大涨,诏俭引军还。右北平乌丸单于寇娄敦、辽西乌丸都督王护留等居辽东,率部众随俭内附。己卯,诏辽东将吏士民为渊所胁略不得降者,一切赦之。辛卯,太白昼见。渊自俭还,遂自立为燕王,置百官,称绍汉元年。诏青、兖、幽、冀四州大作海船。九月,冀、兖、徐、豫四州民遇水,遣侍御史循行没溺死亡及失财产者,在所开仓振救之。庚辰,皇后毛氏卒。冬十月丁未,月犯荧惑。癸丑,葬悼毛后于愍陵。乙卯,营洛阳南委粟山为圆丘[25]。十二月壬子冬至,始祀。丁巳,分襄阳临沮、宜城、旍阳、邔[26]四县,置襄阳南部都尉。己未,有司奏文昭皇后立庙京都。分襄阳郡之邔叶县属义阳郡[27]。

二年春正月,诏太尉司马宣王帅众讨辽东。[28]二月癸卯,以大中大夫韩暨为司徒。癸丑,月犯心距星,又犯心中央大星。夏四月庚子,司徒韩暨薨。壬寅,分沛国萧、相、竹邑、符离、蕲、铚、龙亢、山桑、洨、虹[29]十县为汝阴郡。宋县、陈郡苦县皆属谯郡。以沛、杼秋、公丘、彭城丰国、广戚,并五县为沛王国。庚戌,大赦。五月乙亥,月犯心距星,又犯中央大星[30]。六月,省渔阳郡之狐奴县,复置安乐县。秋八月,烧当羌芒中、注诣等叛,凉州刺史率诸郡攻讨,斩注诣首。癸丑,有彗星见张宿[31]。丙寅,司马宣王围

公孙渊于襄平,大破之。传渊首于京都,海东诸郡平。冬十一月,录讨渊功,太尉宣王以下增邑封爵各有差。初,帝议遣宣王讨渊,发卒四万人。议臣皆以为四万兵多,役费难供。帝曰:"四千里征伐,虽云用奇,亦当任力,不当稍计役费。"遂以四万人行。及宣王至辽东,霖雨不得时攻,群臣或以为渊未可卒破,宜诏宣王还。帝曰:"司马懿临危制变,擒渊可计日待也。"卒皆如所策。壬午,以司空卫臻为司徒,司隶校尉崔林为司空。闰月,月犯心中央大星。十二月乙丑,帝寝疾不豫。辛巳,立皇后。赐天下男子爵人二级,鳏寡孤独谷。以燕王宇为大将军,甲申免,以武卫将军曹爽代之[32]。初,青龙三年中,寿春农民妻自言为天神所下,命为登女,当营卫帝室,蠲邪纳福。饮人以水,及以洗疮,或多愈者。于是立馆后宫,下诏称扬,甚见优宠。及帝疾,饮水无验,于是杀焉。三年春正月丁亥,太尉宣王还至河内,帝驿马召到,引入卧内,执其手谓曰:"吾疾甚,以后事属君,君其与爽辅少子。吾得见君,无所恨!"宣王顿首流涕[33]。即日,帝崩于嘉福殿[34],时年三十六[35]。癸丑,葬高平陵[36]。

评曰:明帝沉毅断识,任心而行,盖有君人之至概焉。于时百姓雕弊,四海分崩,不先聿修显祖,阐拓洪基,而遽追秦皇、汉武,宫馆是营,格之远猷,其殆疾乎!

注:

〔1〕《魏书》曰:帝生数岁而有岐嶷之姿,武皇帝异之,曰:"我基于尔三世矣。"每朝宴会同与侍中近臣并列帷幄。好学多识,特留意于法理。

〔2〕《魏略》曰:文帝以郭后无子,诏使子养帝。帝以母不以道终,意甚不平。后不获已,乃敬事郭后,旦夕因长御问起居。郭后亦自以无子,遂加慈爱。文帝始以帝不悦,有意欲以他姬子京兆王为嗣,故久不拜太子。《魏末传》:帝常从文帝猎,见子母鹿。文帝射杀鹿母,使帝射鹿子,帝不从,曰:"陛下已杀其母,臣不忍复杀其子。"因涕泣。文帝即放弓箭,以此深奇之,而树立之意定。

〔3〕《世语》曰:帝与朝士素不接,即位之后,群下想闻风采。居数日,独见侍中刘晔,语尽日。众人侧听,晔既出,问:"何如?"晔曰:"秦始皇、汉孝武之俦,才具微不及耳。"

〔4〕《三辅决录》曰:伯郎,凉州人,名不令休。其注曰:伯郎姓孟,名他,扶风人。灵帝时,中常侍张让专朝政,让监奴典护家事。他仕不遂,乃尽以家财赂监奴,与共结亲,积年家业为之破尽。众奴皆惭,问他所欲,他曰:"欲得卿曹拜耳。"奴被恩久,皆许诺。时宾客求见让者,门下车常数百乘,或累日不得通。他最后到,众奴伺其至,皆迎车而拜,径将他车独入。众人悉惊,谓他与让善,争以珍物遗他。他得之,尽以赂让,让大喜。他又以蒲桃酒一斛遗让,即拜凉州刺史。他生达,少入蜀。其处蜀事迹在《刘封传》。《魏略》曰:达以延康元年率部曲四千余家归魏。文帝时初即王位,既宿知有达,闻其来,甚悦,令贵臣有识察者往观之,还曰:"将帅之才也。"或曰:"卿相之器也。"王益钦达。逆与达书曰:"近日有命,未足达旨,何者? 昔伊挚背商而归周,百里去虞而入秦,韩毅感鸤夷以蝉蜕,王遵识逆顺以去就,皆审废兴之符效,知成败之必然,故用青画其形容,良史载其功勋。闻卿姿度纯茂,器量优绝,当审能明时,收名传记。今者翻然濯鳞清流,甚相嘉乐,

虚心西望,依依若旧,下笔属辞,欢心从之。昔虞卿就赵,再见取相,陈平就汉,一觐参乘,孤今于卿,情过于往,故致所御马物以昭忠爱。"又曰:"今者海内清定,万里一统,三垂无边尘之警,中夏无狗吠之虞,以是弛冈阔禁,与世无疑,保官空虚,初无质任。卿来相就,当明孤意,慎勿令家人缤纷道路,以亲骇疏也。若卿欲来相见,且当先安部曲,有所保固,然后徐徐轻骑来东。达既至谯,进见闲雅,才辩过人,众莫不属目。又王近出,乘小辇,执达手,抚其背戏之曰:'卿得无为刘备刺客邪?'遂与同载。又加拜散骑常侍,领新城太守,委以西南之任。时众臣或以为待之太猥,又不宜委以方任。王闻之曰:'吾保其无他,亦譬以蒿箭射蒿中耳。'达既为文帝所宠,又与桓阶、夏侯尚亲善,及文帝崩,时阶、尚皆卒,达自以羁旅久在疆场,心自不安。诸葛亮闻之,阴欲诱达,数书招之,达与相报答。魏兴太守申仪与达有隙,密表达与蜀潜通,帝未之信也。司马宣王遣参军梁几察之,又劝其入朝。达惊惧,遂反。干宝《晋纪》曰:达入新城,登白马塞,叹曰:'刘封、申耽,据金城千里而失之乎!'"

〔5〕《魏略》曰:宣王诱达将李辅及达甥邓贤,贤等开门纳军。达被围旬有六日而败,枭其首于洛阳四达之衢。

〔6〕《魏书》曰:是时朝臣未知计所出,帝曰:"亮阻山为固,今者自来,既合兵书及人之术;且亮贪三郡,知进而不知退,今因此时,破亮必也。"乃部勒兵马步骑五万拒亮。

〔7〕《魏略》载帝露布天下并班告益州曰:"刘备背恩,自窜巴蜀。诸葛亮弃父母之国,阿残贼之党,神人被毒,恶积身灭。亮外慕立孤之名,而内贪专擅之实。刘升之兄弟守空城而已。亮又侮易益土,虐用其民,是以利狼、宕渠、高定、青羌莫不瓦解,为亮仇敌。而亮裂衣负薪,里尽毛弹,刖趾适屦,刻肌伤骨,反更称说,自以为能。行兵于井底,游步于牛蹄。自朕即位,三边无事,犹哀怜天下数遘兵革,且欲绥四海之者老,长后生之孤幼,先移风于礼乐,次讲武于农隙,置亮画外,未以为虞。而亮怀李熊愚勇之智,不思荆邯度德之戒,驱率吏民,盗利祁山。王师方振,胆破气夺,马谡、高祥,望旗奔破。虎臣逐北,蹈尸涉血,亮也小子,震惊朕师。猛锐踊跃,咸思长驱。朕惟率土莫非王臣,师之所处,荆棘生焉,不欲使千室之邑忠信贞良,与夫淫昏之党,共受涂炭。故先开示,以昭国诚,勉思变化,无滞乱邦。巴蜀将吏士民诸为亮所劫迫,公卿已下皆听束手。"

〔8〕《魏略》曰:是时讹言,云帝已崩,从驾群臣迎立雍丘王植。京师自卞太后群公尽惧。及帝还,皆私察颜色。卞太后悲喜,欲推始言者,帝曰:"天下皆言,将何所推?"

〔9〕《魏略》曰:先是,使将军郝昭筑陈仓城;会亮至,围昭,不能拔。昭字伯道,太原人,为人雄壮,少入军为部曲督,数有战功,为杂号将军,遂镇守河西十余年,民夷畏服。亮围陈仓,使昭乡人靳详于城外遥说之,昭于楼上应详曰:"魏家科法,卿所练也;我之为人,卿所知也。我受国恩多而门户重,卿无可言者,但有必死耳。卿还谢诸葛,便可攻也。"详以昭语告亮,亮又使详重说昭,言"人兵不敌,无为空自破灭"。昭谓详曰:"前言已定矣。我识卿耳,箭不识也。"详乃去。亮自以有众数万,而昭兵才千余人,又度东救未能便到,乃进兵攻昭,起云梯冲车以临城。昭于是以火箭逆射其云梯,梯然,梯上人皆烧死。昭又以绳连石磨压其冲车,冲车折。亮乃更为井阑百尺以射城中,以土瓦填堑,欲直攀城,昭又于内筑重墙。亮又为地突,欲踊出于城里,昭又于城内穿地横截之。昼夜相攻拒二十余日,亮无计,救至,引退。诏嘉昭善守,赐爵列侯。及还,帝引见慰劳之,顾谓中书令孙资曰:"卿乡里乃有尔曹快人,为将灼如此,朕复何忧乎?"仍欲大用之。会病亡,遗令戒其子凯曰:"吾为将,知将不可也。吾数发冢,取其木以为攻战具,又知厚葬无益于死者也。汝必敛以时服。且人生有处所耳。死复何在耶?今去本墓远,东西南北,在汝而已。"

〔10〕臣松之案:黄初四年,有司奏立二庙,太皇帝大长秋与文帝之高祖共一庙,特立武帝庙,百世不毁。今此无高祖神主,盖以亲尽毁也。此则魏初立亲庙,祀四室而已。至景初元年,始定七庙之制。孙盛曰:事亡犹存,祭如神在,迎迁神主。正斯宜矣。

〔11〕《魏书》曰:行过繁昌,使执金吾臧霸行太尉事,以特牛祠受禅坛。臣松之案:《汉纪》章帝元和三年,诏高邑县祠即位坛,五成陌,比腊祠门户。此虽前代已行故事,然为坛以祀天,而坛非神也,今无事于上帝,而致祀于虚坛,求之义典,未详所据。

〔12〕《魏书》曰:初,亮出,议者以为亮军无辎重,粮必不继,不击自破,无为劳兵;或欲自芟上邽左右生麦以夺贼食,帝皆不从。前后遣兵增宣王军,又敕使护麦。宣王与亮相持,赖得此麦以为军粮。

〔13〕《魏书》载诏:"昔先王之礼,于功臣则显其爵位,没则祭于大蒸,故汉氏功臣,祀于庙庭。大魏有功之臣功勋优著,终始休明者,其皆依礼祀之。"于是惇等配飨。

〔14〕《魏氏春秋》曰:朗字元明,新兴人。《献帝传》:朗父名宜禄,为吕布使诣袁术,术妻以汉宗室女。其前妻杜氏留下邳。布之被围,关羽屡请于太祖,求以杜氏为妻,太祖疑其有色,及城陷,太祖见之,乃自纳之。宜禄归降,以为铚长。及刘备走小沛,张飞随之,过谓宜禄曰:"人取汝妻,而为之长,乃蚩蚩若是邪!随我去乎?"宜禄从之数里,悔欲还,飞杀之。朗随母氏畜于公宫,太祖爱之,每坐席,谓宾客曰:"世有人爱假子如孤者乎?"《魏略》曰:朗游遨诸侯间,历武、文之世而无尤也。及明帝即位,授以内官,为骑骑将军、给事中,每车驾出入,朗常随从。时明帝喜发举,数有以轻微而致大辟者,朗终不能有所谏止,又未尝进一善人,帝亦以是亲爱;每顾问之,多呼其小字阿稣,数加赏赐,为起大第于京城中。四方虽知朗无能为益,犹以附近至尊,多赂遗之,富均公侯。《世语》曰:朗子秀,劲厉能直言,为晋武帝博士。《魏略》以朗与孔桂俱在《佞倖篇》。桂字叔林,天水人也。建安初,数为将军杨秋使诣太祖,太祖表拜骑都尉。桂性便辟,晓博奕、蹴鞠,故太祖爱之,每在左右,出入随从。桂察太祖意,喜乐之时,因言次曲有所陈,事多见从,数得赏赐,人多馈遗,桂由此侯服玉食。太祖既爱桂,五官将及诸侯亦皆亲之。其后桂见太祖久不立太子,而有意于临菑侯,因更亲附临菑侯而简于五官将,将衔指之。及太祖薨,文帝即王位,未及致其罪。黄初元年,随例转拜驸马都尉。而桂私受西域货赂,许以人事。事发,有诏按问,遂杀之。鱼豢曰:为上者不虚授,处下者不虚受,然后外无伐檀之叹,内无尸素之刺,雍熙之美著,太平之律显矣。而佞幸之徒,但姑息人主,至乃无德而荣,无功而禄,如是焉得不使中正日胧,倾邪滋多乎!以武皇帝之慎赏,明皇帝之持法,而犹有若此等人焉,而况下斯者乎?

〔15〕《世语》曰:并州刺史毕轨送汉故渡辽将军范明友鲜卑奴,年三百五十岁,言语饮食如常人。奴云:"霍显,光后小妻。明友妻,光前妻女。"《博物志》曰:时京邑有一人,失其姓名,食啖兼十许人,遂肥能不动。其父曾作远方长吏,官徙送彼县,令故义传供食;一二年中,一乡辄为之俭。《傅

子》曰：时太原发冢破棺，棺中有一生妇人，将出与语，生人也。送之京师，问其本事，不知也。视其冢上树木可三十岁，不知此妇人三十岁常生于地中邪？将一朝欻生，偶与发冢者会也？

〔16〕《献帝传》曰：帝变服，率群臣哭之，使使持节行司徒太常和洽吊祭，又使持节行大司空大司农崔林监护丧事。诏曰："盖五帝之事尚矣，仲尼盛称尧、舜巍巍荡荡之功者，以为禅代乃大圣之懿事也。山阳公深识天禄永终之运，禅位文皇帝以顺天命。先帝命公行汉正朔，郊天祀祖以天子之礼，言事不称臣，此舜事尧之义也。昔放勋殂落，四海如丧考妣，遏密八音，明丧葬之礼同于王者也。今有司奏丧礼比诸侯王，此岂古之遗制而先帝之至意哉？今谥公汉孝献皇帝。"使太尉具以一太牢告祠文帝庙，曰："叙闻夫礼也者，反本修古，不忘厥初，是以先代之君，尊尊亲亲，咸有尚焉。今山阳公寝疾弃国，有司建言丧纪之礼视诸侯王。叙惟山阳公昔知天命永终于己，深观历数允在圣躬，传祚禅位，尊我民主，斯乃陶唐懿德之事也。黄初受终，命公于国行汉正朔，郊天祀祖礼乐制度率乃汉旧，斯亦舜、禹明堂之义也。上考遂初，皇极攸建，允熙克让，莫朗于兹。盖子以继志嗣训为孝，臣以配命钦述为忠，故《诗》称'匪棘其犹，聿追来孝'，《书》曰'前人受命，兹不忘大功'。叙敢不奉承徽典，以昭皇考之神灵。今追谥山阳公曰孝献皇帝，册赠玺绂。命司徒、司空持节吊祭护丧，光禄、大鸿胪为副，将作大匠、复土将军营成陵墓，及置百官群吏，车旗服章丧葬礼仪，一如汉氏故事。丧葬所供群官之费，皆仰大司农。立其后嗣为山阳公，以通三统，永为魏宾。"于是赠册曰："呜呼，昔皇天降戾于汉，俾逆臣董卓，播厥凶虐，焚灭京都，劫迁大驾。于时六合云扰，奸雄熛起。帝自西京，徂唯求定，臻兹洛邑。畴咨圣贤，聿改乘辕，又迁许昌，武皇帝是依。岁在玄枵，皇师肇征，迄于鹑尾，十有八载，群寇殄殪，九域咸乂。惟帝念功，祚兹魏国，大启土宇。爰及文皇帝，齐圣广渊，仁声旁流，柔远能迩，殊俗向义，乾精承序，坤灵吐曜，稽极玉衡，允膺历数，度于轨议，克厌帝心。乃仰钦七政，俯察五典，弗采四岳之谋，不俟师锡之举，幽赞神明，承天禅位。祚逮朕躬，统承洪业。盖闻昔帝尧，元、恺既举，凶族未流，登舜百揆，然后百揆时序，内平外成，授位明堂，退终天禄，故能冠德百王，表功嵩岳。自往迄今，弥历七代，岁暨三千，而大运来复，庸命底绩，纂我民主，作建皇极。念重光，绍咸池。继韶夏，超群后之邈踪，邈商、周之惭德，可谓高朗令终，昭明洪烈之懿盛者矣。非夫汉、魏与天地合德，与四时合信，动和民神，格于上下，其孰能至于此乎？朕惟孝献享年不永，钦若顾命，考之典谟，恭述皇考先灵遗意，阐崇弘谥，奉成圣美，以章希世同符之隆，以传亿载不朽之荣。魂而有灵，嘉兹弘休。呜呼哀哉！"八月壬申，葬于山阳国，陵曰禅陵，置园邑。葬之日，帝制锡衰弁绖，哭之恸。适孙桂氏乡侯康，嗣立为山阳公。

〔17〕《魏氏春秋》曰：亮既屡遣使交书，又致巾帼妇人之饰，以怒宣王。宣王将出战，辛毗杖节奉诏，勒宣王及军吏已下，乃止。宣王见亮使，唯问其寝食及其事之烦简，不问戎事。使对曰："诸葛公夙兴夜寐，罚二十已上，皆亲览焉；所啖食不过数升。"宣王曰："亮体毙矣，其能久乎？"

〔18〕顾恺之《启蒙注》曰：魏时人有开周王冢者，得殉葬女子，经数日而有气，数月而能语，年可二十。送诣京师，郭太后爱养之。十余年，太后崩，哀思哭泣，一年余而死。

〔19〕《魏略》曰：是年起太极诸殿，筑总章观，高十余丈，建翔凤于其上，又于芳林园中起陂池，楫棹越歌；又于列殿之北，立八坊，诸才人以次序处其中，贵人夫人以上，转南附焉，其秩石拟百官之数。帝常游宴在内，乃选女子知书可付信者六人，以为女尚书，使典省外奏事，处当画可，自贵人以下至尚保，及给掖庭洒扫，习伎歌者，各有千数。通引谷水过九龙殿前，为玉井绮栏，蟾蜍含受，神龙吐出。使博士马钧作司南车，水转百戏。岁首建巨兽，鱼龙曼延，弄马倒骑，备如汉西京之制，筑阊阖诸门阙外罘罳。太子舍人张茂以吴、蜀数动，而帝盛兴宫室，留意于玩饰，赐与无度，帑藏空竭；又录夺士女前已嫁为吏民妻者，还以配士，既听以生口自赎，又简选其有姿色者，内之掖庭。乃上书谏曰："臣伏见诏书，诸士女嫁非士者，一切录夺，以配战士，斯诚权时之宜，然非大化之善者也。臣请论之。陛下，天之子也，百姓吏民，亦陛下之子也。礼，赐君子小人不同日，所以殊贵贱也。吏属君子，士为小人，今夺彼以与此，亦无异于夺兄之妻妻弟也，于父母之恩偏矣。又诏书听得以生口年纪、颜色与妻相当者自代，故富者则倾家尽产，贫者举假贷贳，贵买生口以赎其妻。县官以配士为名而实内之掖庭，其丑恶者乃出与士。得妇者未必有欢心，而失妻者必有忧色，或穷或愁，皆不得志。夫županu有天下而不取万姓之欢心者，鲜不危殆。且军师在外数千万人，一日之费非徒千金，举天下之赋以奉此役，犹将不给，况复有宫庭非员无录之女，椒房母后之家，赏赐横兴，内外交引，其费半军。昔汉武帝好神仙，信方士，掘地为海，封土为山，赖是时天下为一，莫敢与争者耳。自衰乱以来，四五十载，马不舍鞍，士不释甲，每一交战，血流丹野，创痍号痛之声，于今未已。犹强寇在疆，图危魏室。陛下不兢兢业业，念崇节约，思所以安下者，而乃奢靡是务，中尚方纯作玩弄之物，炫耀后园，建承露之盘，斯诚快耳目之观，然亦足以骋寇仇之心矣。惜乎，舍尧舜之节俭，而为汉武之侈事，臣窃于陛下不取也。愿陛下沛然下诏，万机之事有无益而有损者悉除去之。以所除无益之费，厚赐将士父母妻子之饥寒者，问民所疾而除其所恶，实仓廪，缮甲兵，恪恭以临天下。如是，吴贼面缚，蜀虏枭悬，不待诛而自服，太平之路可计日而待也。陛下可无劳神思于海表，军师高枕，战士备员。今群公皆结舌，而臣所以不敢不献瞽言者，臣昔上《要言》、散骑奏书，以《听谏篇》为善，诏曰'是也'，擢臣为太子舍人；且作书讯为人臣不能谏诤，今有可谏之事而臣不谏，此为作书虚妄而不能言。臣年五十，常恐至死无以报国，是以投躯没身，冒昧以闻，惟陛下裁察。"书通，上顾左右曰："张茂恃乡里故也。"以事付散骑而已。茂字彦林，沛人。

〔20〕《魏氏春秋》曰：是岁张掖郡删丹县金山玄川溢涌，宝石负图，状象灵龟，广一丈六尺，长一丈七尺一寸，围五丈八寸，立于川西。有石马七，其一仙人骑之，其一羁绊，其五有形而不善成。有玉匣关盖于前，上有玉字，玦二、璜一。麒麟在东，凤鸟在南，白虎在西，牺牛在北，马自中布列四面，色皆苍白。其南有五字，曰"上上三天王"；又曰"述大金，大讨曹，金但取之，金立中，大金马一匹在中，大吉开寿，此马甲寅述水。"凡"中"字六，"金"字十；又有若八卦及列宿字彗之象焉。《世语》曰：又有一鸡象。《搜神记》曰：初，汉元、成之世，先识之士有言曰：魏年有和，当有开石于西三千余里，系五马，文曰"大讨曹"。及魏之初兴也，张掖之柳谷，有开石焉，始见于建安，形成于黄初，文备于太和，周围七寻，中高一仞，苍质素章，龙马、麟鹿、凤凰、仙人之象，粲然咸著，此一事者，魏、晋代兴之符也。至晋泰始三年，张掖太守

〔21〕茌，音仕狸反。

〔22〕《魏书》曰：初，文皇帝即位，以受禅于汉，因循汉正朔弗改。帝在东宫著论，以为五帝三王虽同气共祖，礼不相袭，正朔自宜改变，以明受命之运。及即位，优游者久之，史官复言宜改，乃诏三公、特进、九卿、中郎将、大夫、博士、议郎、千石、六百石博议，议者或不同。帝据古典，甲子诏云："夫太极运三辰五星于上，元气转三统五行于下，登降周旋，终则又始。故仲尼作《春秋》，于三微之月，每月称王，以明三正迭相为首。今推三统之次，魏得地统，当以建丑之月为正月。考之群艺，厥义章矣。其改青龙五年三月为景初元年四月。"

〔23〕臣松之按：魏为土行，故服色尚黄。行殷之时，以建丑为正，故牺牲旄旗一用殷礼。《礼记》云："夏后氏尚黑，故戎事乘骊，牲用玄。殷人尚白，戎事乘翰，牲用白。周人尚赤，戎事乘䮾，牲用骍。"郑玄云："夏后氏以建寅为正，物生色黑。殷以建丑为正，物牙色白。周以建子为正，物萌色赤。翰，白色马也，《易》曰'白马翰如'。《周礼巾车职》"建大赤以朝"、"大白以即戎"，此则周以正色之旗以朝，先代之旗即戎。今魏用殷礼，变周之制，故建大白以朝，大赤即戎。

〔24〕孙盛曰：夫谥以表行，庙以存容，皆于既没然后著焉，所以原始要终，以示百世也。未有当年而逆制祖宗，未终而豫自尊显。昔华乐以厚敛致讥，周人以豫凶违礼，魏之群司，于是乎失正。

〔25〕《魏书》载诏曰："盖帝王受命，莫不恭承天地以章神明，尊祀世统以昭功德，故先代之典既崇，则禘郊祖宗之制备也。昔汉氏之初，承秦灭学之后，采摭残缺，以备郊祀，自甘泉后土、雍宫五畤，神祇兆位，多不见经，是以制度无常，一彼一此，四百余年，废无禘礼。古代之所更立者，遂有阙焉。曹氏系世，出自有虞氏，今祀圆丘，以始祖帝舜配，号圆丘曰皇皇帝天；方丘所祭曰皇皇后地，以舜妃伊氏配；天郊所祭曰皇天之神，以太祖武皇帝配；地郊所祭曰皇地之祇，以武宣后配；宗祀皇考高祖文皇帝于明堂，以配上帝。"至晋泰始二年，并圆丘、方丘二至之祀于南北郊。

〔26〕邟，音其己反。

〔27〕《魏略》曰：是岁，徙长安诸钟簴、骆驼、铜人、承露盘。盘折，铜人重不可致，留于霸城。大发铜铸作铜人二，号曰翁仲，列坐于司马门外。又铸黄龙、凤皇各一，龙高四丈，凤高三丈余，置内殿前。起土山于芳林园西北陬，使公卿群僚皆负土成山，树松竹杂木善草于其上，捕山禽杂兽置其中。《汉晋春秋》：帝徙盘，盘折，声闻数十里，金狄或泣，因留于霸城。《魏略》载司徒军议掾河东董寻上书谏曰："臣闻古之直士，尽言于国，不避死亡，故周昌比高祖于桀、纣，刘辅譬赵后于人婢。天生圣德，虽白刃沸汤，往而不顾也，诚为时主爱惜天下也。建安以来，野战死亡，或门殚户尽，虽有存者，遗孤老弱。若今宫室狭小，当广大之，犹宜随时，不妨农务，况乃作无益之物，黄龙、凤皇、九龙、承露盘，土山、渊池，此皆圣明之所不兴也，其功参倍于殿舍。三公九卿侍中尚书，天下至德，皆知非道而不敢言者，以陛下春秋方刚，心畏雷霆。今陛下既尊群臣，显以冠冕，被以文绣，载以华舆，所以异于小人；而使穿方举土，面目垢黑，沾体涂足，衣冠不鸟，毁国之光以崇无益，甚非谓也。孔子曰：'君使臣以礼，臣事君以忠。'无忠无礼，国何以立！故有君不君，臣不臣，上下不通，心怀郁结，使阴阳不和，灾害屡降，凶恶之徒，因间而起，谁当为陛下尽力事者乎？又谁当干万乘以死为戏乎？臣知言出必死，而臣自比于牛之一毛，生既无益，死亦何损！秉笔流涕，心与世辞。臣有八子，臣死之后，累陛下矣！"将奏，沐浴。既通，帝曰："董寻不畏死邪！"主者奏收寻，有诏勿问。后为贝丘令，清省得民心。

〔28〕干宝《晋纪》曰：帝问宣王："度渊将何计以待君？"宣王对曰："渊弃城预走，上计也；据辽水拒大军，其次也；坐守襄平，此为成禽耳。"帝曰："然则三者何出？"对曰："唯明智审量彼我，乃预有所割弃，此既非渊所及，又谓今往悬远，不能持久，必先拒辽水，后守也。"帝曰："往还几日？"对曰："往百日，攻百日，还以六十日为休息，如此，一年足矣。"《魏名臣奏》载散骑常侍何曾表曰："臣闻先王制法，必于全慎，故建元授任，则置偏偏，陈师命将，则立监贰，宣命遣使，则设介副，临敌交刃，则参御右，盖以尽谋思之功，防安危之变也。是以在险当难，则权足相济，阙омоcha不预，则手足相代，其为固防，至深至远。及至汉氏，亦循旧章。韩信伐赵，张耳为贰；马援讨越，刘隆副军。前世之迹，著在篇志。今懿奉辞诛罪，步骑数万，道路回阻，四千余里，虽假天威，有征无战，寇若潜遁，消散日月，命无常期，人非金石，远虑详备，诚宜有副。今北边诸将与懿所督，皆为僚属，名位不殊，素无定分，卒有变急，不相镇摄。存不忘亡，圣达所戒，宜选大臣名将威重宿著者，盛其礼秩，遣诣懿军，进同谋略，退为副佐。虽有万一不虞之灾，军主有储，则无患矣。"《毌丘俭志记》云，时以俭为宣王副也。

〔29〕浟，音胡交反。虹，音绛。

〔30〕《魏书》载戊子诏曰："昔汉高祖创业，光武中兴，谋除残暴，功昭四海，而坟陵崩扰，童儿牧竖践蹈其上，非大魏尊崇所承代之意也。其表高祖、光武陵四面百步，不得使民耕牧樵采。"

〔31〕《汉晋春秋》：史官言于帝曰："此周之分野也，洛邑恶之。"于是大修禳祷之术以厌焉。《魏书》：九月，蜀阴平太守廖惇反，攻守善羌侯宕蕈营。雍州刺史郭淮遣广魏太守王赟、南安太守游奕将兵讨惇。淮上书："赟、奕等分兵夹山东西，围落贼表，破在旦夕。"帝曰："兵势恶离。"促诏淮救奕；诸别营非要处者，还令据便地。诏敕未到，奕军为惇所破，赟为流矢所中死。

〔32〕《汉晋春秋》曰：帝以燕王宇为大将军，使与领军将军夏侯献、武卫将军曹爽、屯骑校尉曹肇、骁骑将军秦朗等共辅政。中书监刘放、令孙资久专权宠，为朗等素所不善，惧有后害，阴图间之，而宇常在帝侧，故未得有言。甲申，帝气微，宇下帐呼曹肇有所议，未还，而帝少间，惟曹爽独在。放知之，呼资与谋。资曰："不可动也。"放曰："俱入鼎镬，何不可之有？"乃突前见帝，垂泣曰："陛下气微，若有不讳，将以天下付谁？"帝曰："卿不闻用燕王耶？"放曰："陛下忘先帝诏敕，藩王不得辅政。且陛下方病，而曹肇、秦朗等便与才人侍疾者言戏。燕王拥兵南面，不听臣等入，此即竖刁、赵高也。今皇太子幼弱，未能统政，外有强暴之寇，内有劳怨

之民,陛下不远虑存亡,而近系恩旧。委祖宗之业,付二三凡士,寝疾数日,外内壅隔,社稷危殆,而己不知,此臣等所以痛心也。"帝得放言,大怒曰:"谁可任者?"放、资乃举爽代宇,又白"宜诏司马宣王使相参",帝从之。放、资出,曹肇入,泣涕固谏,帝使肇敕停。肇出户,放、资趋而входе,复说止帝,帝又从其言。放曰:"宜为手诏。"帝曰:"我困笃,不能。"放即上床,执帝手强作之,遂赍出,大言曰:"有诏免燕王宇等官,不得停省中。"于是字、肇、献、朗相与涕而归第。

[33]《魏略》曰:帝既从刘放计,召司马宣王,自力为诏,既封,顾呼宫中常所给使者曰:"辟邪来!汝持我此诏授太尉也。"辟邪驰去。先是,燕王为帝画计,以为关中事重,宜便道遣宣王从河内西还,事以施行。宣王得前诏,斯须复得后手笔,疑京师有变,乃驰到,入见帝。劳问讫,乃召齐、秦二王以示宣王,别指齐王谓宣王曰:"此是也,君谛视之,勿误也!"又教齐王令前抱宣王颈。《魏氏春秋》曰:"时太子芳年八岁,秦王九岁,在于御侧。帝执宣王手,目太子曰:'死乃复可忍,朕忍死待君,君其与爽辅此。'宣王曰:'陛下不见先帝属臣以陛下乎?'"

[34]《魏书》曰:殡于九龙前殿。

[35]臣松之按:魏武以建安九年八月定邺,文帝始纳甄后,明帝应十年生,计至此年正月,整三十四年耳。时改正朔,以故年十二月为今年正月,可强名三十五年,不得三十六也。

[36]《魏书》曰:帝容止可观,望之俨然。自在东宫,不交朝臣,不问政事,唯潜思书籍而已。即位之后,褒礼大臣,料简功能,真伪不得相贸,务绝浮华谮毁之端,行师动众,论决大事,谋臣将相,咸服帝之大略。性特强识,虽左右小臣官簿性行,名迹所履,及其父兄子弟,一经耳目,终不遗忘。含垢藏疾,容受直言,听吏民士庶上书,一月之中至数十百封,虽文辞鄙陋,犹览省究竟,意无厌倦。孙盛曰:闻之长老,魏明帝天姿秀出,立发垂地,口吃少言,而沉毅好断。初,诸公受遗辅导,帝皆以方任处之,政自己出。而优礼大臣,开容善直,虽犯颜极谏,无所摧戮,其君人之量如此之伟也。然不思建德垂风,不固维城之基,至使大权偏据,社稷无卫,悲夫!

卷四　　三少帝纪第四

齐王讳芳,字兰卿。明帝无子,养王及秦王询;宫省事秘,莫有知其所由来者[1]。青龙三年,立为齐王。景初三年正月丁亥朔,帝病甚,乃立为皇太子。是日,即皇帝位,大赦。尊皇后曰皇太后。大将军曹爽、太尉司马宣王辅政。诏曰:"朕以眇身,继承鸿业,茕茕在疚,靡所控告。大将军、太尉奉受末命,夹辅朕躬,司徒、司空、冢宰、元辅总率百寮,以宁社稷,其与群卿大夫勉励乃心,称朕意焉。诸所兴作宫室之役,皆以遗诏罢之。官奴婢六十已上,免为良人。"二月,西域重译献火浣布,诏大将军、太尉临试以示百寮[2]。丁丑诏曰:"太尉体道正直,尽忠三世,南擒孟达,西破蜀虏,东灭公孙渊,功盖海内。昔周成建保傅之官,近汉显宗崇宠邓禹,所以优隆隽乂,必有尊也。其以太尉为太傅,持节统兵都督诸军事如故。"三月,以征东将军满宠为太尉。夏六月,以辽东东沓县吏民渡海居齐郡界,以故纵城为新沓县以居徙民。秋七月,上始亲临朝,听公卿奏事。八月,大赦。冬十月,以镇南将军黄权为车骑将军。十二月,诏曰:"烈祖明皇帝以正月弃背天下,臣子永惟忌日之哀,其复用夏正;虽违先帝通三统之义,斯亦礼制所由变改也。又夏正于数为得天正,其以建寅之月为正始元年正月,以建丑月为后十二月。"

正始元年春二月乙丑,加侍中中书监刘放、侍中中书令孙资为左右光禄大夫。丙戌,以辽东汶、北丰县民流徙渡海,规齐郡之西安、临菑、昌国县界为新汶、南丰县,以居流民。自去冬十二月至此月不雨。丙寅,诏令狱官亟平冤枉,理出轻微;群公卿士谠言嘉谋,各悉乃心。夏四月,车骑将军黄权薨。秋七月,诏曰:"《易》称损上益下,节以制度,不伤财,不害民。方今百姓不足而御府多作金银杂物,将奚以为?今出黄金银物百五十种,千八百余斤,销冶以供军用。"八月,车驾巡省洛阳田秋稼,赐高年力田各有差。

二年春二月,帝初通《论语》,使太常以太牢祭孔子于辟雍,以颜渊配。夏五月,吴将朱然等围襄阳之樊城,太傅司马宣王率众拒之[3]。六月辛丑,退。己卯,以征东将军王凌为车骑将军。冬十二月,南安郡地震。

三年春正月,东平王徽薨。三月,太尉满宠薨。秋七月甲申,南安郡地震。乙酉,以领军将军蒋济为太尉。冬十二月,魏郡地震。

四年春正月,帝加元服,赐群臣各有差。夏四月乙卯,立皇后甄氏,大赦。五月朔,日有食之,既。秋七月,诏祀故大司马曹真、曹休、征南大将军夏侯尚、太常桓阶、司空陈群、太傅钟繇、车骑将军张郃、左将军徐晃、前将军张辽、右将军乐进、太尉华歆、司徒王朗、骠骑将军曹洪、征西将军夏侯渊、后将军朱灵、文聘、执金吾臧霸、破虏将军李典、立义将军庞德、武猛校尉典韦于太祖庙庭。冬十二月,倭国女王俾弥呼遣使奉献。

五年春二月,诏大将军曹爽率众征蜀。夏四月朔,日有蚀之。五月癸巳,讲《尚书》经通,使太常以太牢祀孔子于辟雍,以颜渊配;赐太傅、大将军及侍讲者各有差。丙午,大将军曹爽引军还。秋八月,秦王询薨。九月,鲜卑内附,置辽东属国,立昌黎县以居之。冬十一月癸卯,诏祀故尚书令荀攸于太祖庙庭[4]。己酉,复秦国为京兆郡。十二月,司空崔林薨。

六年春二月丁卯,南安郡地震。丙子,以骠骑将军赵俨为司空;夏六月,俨薨。八月丁卯,以太常高柔为司空。癸巳,以左光禄大夫刘放为骠骑将军,右光禄大夫孙资为卫将军。冬十一月,祫祭太祖庙,始祀前所论佐命臣二十一人。十二月辛亥,诏故司徒王朗所作《易传》,令学者得以课试。乙亥,诏曰:"明日大会群臣,其令太傅乘舆上殿。"

七年春二月,幽州刺史毌丘俭讨高句骊,夏五月,讨濊貊,皆破之。韩那奚等数十国各率种落降。秋八月戊申,诏曰:"属到市观见所斥卖官奴婢,年皆七十,或癃疾残病,所谓天民之穷者也。且官以其力竭而复鬻之,进退无谓,其悉遣为良民。若有不能自存者,郡县振给之[5]。"己酉,诏曰:"吾乃当以十九日亲祠,而昨出已见治道,得雨当复更治,徒弃功夫。每念百姓力少役多,夙夜存心。道路但当期于通利,闻乃挝搥老小,务崇修饰,疲困流离,以至哀叹,吾岂安乘此而行,致馨德于宗庙邪?自今已后,明申敕之。"冬十二月,讲《礼记》通,使太常以太牢祀孔子于辟雍,以颜渊配[6]。

八年春二月朔,日有蚀之。夏五月,分河东之汾北十县为平阳郡。秋七月,尚书何晏奏曰:"善为国者必先治其身,治其身者慎其所习。所习正则其身正,其身正则不令而行;所习不正则其身不正,其身不正则虽令不从。是故为人君者,所与游必择正人,所观览必察正象,放郑声而弗听,远佞人而弗近,然后邪心不生而正道可弘也。季末暗主,不知损益,斥远君子,引近小人,忠良疏远,便辟褻狎,乱生近昵,譬之社鼠;考其昏明,所积以然,故圣贤谆谆以为至虑。舜戒禹曰'邻哉邻哉',言慎所近也;周公戒成王曰:'其朋其朋,'言慎所与也。《书》云:'一人有庆,兆民赖之。'可自今以后,御幸式乾殿及游豫后园,皆大臣侍从,因从容晏会,兼省文书,询谋政事,讲论经义,为万世法。"冬十二月,散骑常侍谏议大夫孔乂奏曰:"礼,天子之宫,有斫砻之制,无朱丹之饰,宜循礼复古。今天下已平,君臣之分已明,陛下但当不懈于位,平公正之心,审赏罚以使之。可绝后园习骑乘马,出必御辇乘车,天下之福,臣子之愿也。"晏、乂咸因阙以进规谏。

九年春二月,卫将军中书令孙资,癸巳,骠骑将军中书监刘放,三月甲午,司徒卫臻,各逊位,以侯就第,位特进。四月,以司空高柔为司徒;光禄大夫徐邈为司空,固辞不受。秋九月,以车骑将军王凌为司空。冬十月,大风发屋折树。

嘉平元年春正月甲午,车驾谒高平陵[7]。太傅司马宣王奏免大将军曹爽,爽弟中领军羲、武卫将军训、散骑常侍彦官,以侯就第。戊戌,有司奏收黄门张当付廷尉,考实其辞,爽与谋不轨。又尚书丁谧、邓飏、何晏、司隶校尉毕轨、荆州刺史李胜、大司农桓范皆与爽通奸谋,夷三族。语在《爽传》。丙午,大赦。丁未,以太傅司马宣王为丞相,固让乃止[8]。夏四月乙丑,改年。丙子,太尉蒋济薨。冬十二月辛卯,以司空王凌为太尉。庚子,以司隶校尉孙礼为司空。

二年夏五月,以征西将军郭淮为车骑将军。冬十月,以特进孙资为骠骑将军。十一月,司空孙礼薨。十二月甲辰,东海王霖薨。乙未,征南将军王昶渡江,掩攻吴,破之。

三年春正月,荆州刺史王基、新城太守州泰攻吴,破之,降者数千口。二月,置南郡之夷陵县以居降附。三月,以尚书令司马孚为司空。四月甲申,以征南将军王昶为征南大将军。壬辰,大赦。丙午,闻太尉王凌谋废帝,立楚王彪,太傅司马宣王东征凌。五月甲寅,凌自杀。六月,彪赐死。秋七月壬戌,皇后甄氏崩。辛未,以司空司马孚为太尉。戊寅,太傅司马宣王薨,以卫将军司马景王为抚军大将军,录尚书事。乙未,葬怀甄后于太清陵。庚子,骠骑将军孙资薨。十一月,有司奏诸功臣应飨食于太祖庙者,更以官为次,太傅司马宣王功高爵尊,最在上。十二月,以光禄勋郑冲为司空。

四年春正月癸卯,以抚军大将军司马景王为大将军。二月,立皇后张氏,大赦。夏五月,鱼二,见于武库屋上[9]。冬十一月,诏征南大将军王昶、征东将军胡遵、镇南将军毌丘俭等征吴。十二月,吴大将军诸葛恪拒战,大破众军于东关。不利而还[10]。

五年夏四月,大赦。五月,吴太傅诸葛恪围合肥新城,诏太尉司马孚拒之[11]。秋七月,恪退还[12]。八月,诏曰:"故中郎西平郭修,砥节厉行,秉心不回,乃者蜀将姜维寇抄修郡,为所执略。往岁伪大将军费祎驱率群众,阴图窥窬,道经汉寿,请会众宾,修于广坐之中手刃击祎,勇过聂政,功逾介子,可谓杀身成仁,释生取义者矣。夫追加褒宠,所以表扬忠义,祚及后胤,所以奖劝将来。其追封修为长乐乡侯,食邑千户,谥曰威侯;子袭爵,加拜奉车都尉;赐银千饼,绢千匹,以光宠存亡,永垂来世焉[13]。自帝即位至于是岁,郡国县道多所置省,俄或还复,不胜纪。

六年春二月己丑,镇东将军毌丘俭上言:"昔诸葛恪围合肥新城,城中遣士刘整出围传消息,为贼所得,考问所传,语整曰:'诸葛公欲活汝,汝可具服。'整骂曰:'死狗,此何言也!我当必死为魏国鬼,不苟求活,逐汝去也。欲杀我者,便速杀之。'终无他辞。又遣士郑像出城传消息,或以语恪,恪遣马骑寻围迹索,得像还。四五人绁头面缚,将绕城表,敕语像,使大呼,言'大军已退洛,不如早降。'像不从其言,更大呼城中曰:'大军近在围外,壮士努力!'贼以刀筑其口,使不得言,像遂大呼,令城中闻知。整、像为兵,能守义执节,子弟宜有异养。"诏曰:"夫显爵所以褒元功,重赏所以宠烈士。整、像召募通使,越蹈重围,冒突白刃,轻身守信,不幸见获,抗节弥厉,扬六军之大势,安城守之惧心,临难不顾,毕志立命。昔解杨执楚,有陨无贰,齐路中大夫以死成命,方之整、像,所能不加。今追赐整、像爵关中侯,各除士名,使子袭爵,如部曲将死事科。"庚戌,中书令李丰与皇后父光禄大夫张缉等谋废易大臣,以太常夏侯玄为大将军。事觉,诸所连及者皆伏诛。辛亥,大赦。三月,废皇后张氏。夏四月,立皇后王氏,大赦。五月,封后父奉车都尉王夔为广明乡侯、光禄大夫,位特进,妻田氏为宣阳乡君。秋九月,大将军司马景王将谋废帝,以闻皇太后[14]。甲戌,太后令曰:"皇帝芳春秋已长,不亲万机,耽淫内宠,沈漫女德,日延倡优,纵其丑谑;迎六宫家人留止内房,毁人伦之叙,乱男女之节;恭孝日亏,悖傲滋甚,不可以承天绪,奉宗庙。使兼太尉高柔奉策,用一元大武告于宗庙,遣芳归藩于齐,以避皇位[15]。"是日迁居别宫,年二十三。使者持节送卫,营齐王宫于河内之重门,制度皆如藩国之礼[16]。丁丑,令曰:"东海王霖,高祖文皇帝之子。霖之诸子,与国至亲,高贵乡公髦有大成之量,其以为明皇帝嗣[17]。"

高贵乡公讳髦,字彦士,文帝孙,东海定王霖子也。正始五年,封郯县高贵乡公。少好学,夙成。齐王废,公卿议迎立公。十月己丑,公至于玄武馆,群臣奏请舍前殿,公以先帝旧处,避止西厢;群臣又请以法驾迎,公不听。庚寅,公入于洛阳,群臣迎拜西掖门南,公下舆将答拜,侯者请曰:"仪不拜。"公曰:"吾人臣也。"遂答拜。至止车门下舆,左右曰:"旧乘舆入。"公曰:"吾被皇太后征,未知所为。"遂步至太极东堂,见于太后。其日即皇帝位于太极前殿,百僚陪位者欣欣焉[18]。诏曰:"昔三祖神武圣德,应天受祚。齐王嗣位,肆行非度,颠覆厥德。皇太后深惟社稷之重,延纳宰辅之谋,用替厥位,集大命于余一人。以眇眇之身,托于王公之上,夙夜祗畏,惧不能嗣守祖宗之大训,恢中兴之弘业,战战兢兢,如临于谷。今群公卿士股肱之辅,四方征镇宣力之佐,皆积德累功,忠勤帝室;庶凭先祖先父有德之臣,左右小子,用保乂皇家,俾朕蒙暗,垂拱而治。盖闻人君之道,德厚侔天地,润泽施四海,先之以慈爱,示之以好恶,然后教化行于上,兆民听于下。朕虽不德,昧于大道,思与宇内共臻兹路。《书》不云乎:'安民则惠,黎民怀之'。"大赦,改元。减乘舆服御,后宫用度,及罢尚方御府百工技巧靡丽无益之物。

正元元年冬十月壬辰,遣侍中持节分适四方,观风俗,劳士民,察冤枉失职者。癸巳,假大将军司马景王黄钺,入朝不趋,奏事不名,剑履上殿。戊戌,黄龙见于邺井中。甲辰,命有司论废立定策之功,封爵、增邑、进位、班赐各有差。

二年春正月乙丑,镇东将军毌丘俭、扬州刺史文钦反。戊寅,大将军司马景王征之。癸未,车骑将军郭淮薨。闰月己亥,破钦于乐嘉。钦遁走,遂奔吴。甲辰,安风淮津都尉斩俭,传首京都[19]。壬子,复特赦淮南士民诸与俭、钦所诖误者。以镇南将军诸葛诞为镇东大将军。司马景王薨于许昌。二月丁巳,以卫将军司马文王为大将军,录尚书事。甲子,吴大将孙峻等众号十万至寿春,诸葛诞拒击破之,斩吴大将军留赞,献捷于京都。三月,立皇后卞氏,大赦。夏四月甲寅,封后父卞隆为列侯。甲戌,以征南大将军王昶为骠骑将军。秋七月,以征东大将军胡遵为卫将军,镇东大将军诸葛诞为征东大将军。八月辛亥,蜀大将军姜维寇狄道,雍州刺史王经与战洮西,经大败,还保狄道城。辛未,以长水校尉邓艾行安西将军,与征西将军陈泰并力拒维。戊辰,复遣太尉司马孚为后继。九月庚子,讲《尚书》业终,赐执经亲授者司空郑冲、侍中郑小同等各有差。甲辰,姜维退还。冬十月,诏曰:"朕以寡德,不能式遏寇虐,乃令蜀贼陆梁边陲。洮西之战,至取负败,将士死亡,计以千数,或没命战场,冤魂不反,或牵挈屝手,流离异域,吾深痛愍,为之悼心。其令所在郡典农及安、抚夷二护军各部大吏慰恤其门户,无差赋役一年;其力战死事者,皆如旧科,勿有所漏。"十一月甲午,以陇右四郡及金城连年受敌,或亡叛投贼,其亲戚留在本土者不安,皆特赦之。癸丑,诏曰:"往者洮西之战,将吏士民或临阵战亡,或沈溺洮水,骸骨不收,弃于原野,吾常痛之。其告征西、安西将军,各令部人于战处及水次钩求尸丧,收敛藏埋,以慰存亡。"

甘露元年春正月辛丑,青龙见轵县井中。乙巳,沛王林薨[20]。夏四月庚戌,赐大将军司马文王衮冕之服,赤舄副焉。丙辰,帝幸太学,问诸儒曰:"圣人幽赞神明,仰观俯察,始作八卦,后圣重之为六十四,立爻以极数,凡斯大义,罔有不备,而夏有《连山》,殷有《归藏》,周曰《周易》,《易》之书,其故何也?"《易》博士淳于俊对曰:"包羲因燧皇之图而制八卦,神农演之为六十四,黄帝、尧、舜通其变,三代随时,质文各繇其事。故《易》者,变易也;名曰《连山》,似山出内云气连天地也;《归藏》者,万事莫不归藏于其中也。"帝又曰:"若使包羲因燧皇而作《易》,孔子何以不云燧人氏没包羲氏作乎?"俊不能答。帝又问曰:"孔子作《彖》、《象》,郑玄作注,虽圣贤不同,其所释经义一也。今《彖》、《象》不与经文相连,而注连之,何也?"俊对曰:"郑玄合《彖》、《象》于经者,欲使学者寻省易了也。"帝曰:"若郑玄合之,于学诚便,则孔子曷为不合以了学者乎?"俊对曰:"孔子恐其与文王相乱,是以不合,此圣人以不合为谦。"帝曰:"若圣人以不合为谦,则郑玄何独不谦邪?"俊对曰:"古义弘深,圣问奥远,非臣所能详尽。"帝又问曰:"《系辞》云:'黄帝、尧、舜垂衣裳而天下治',此包羲、神农之世为无衣裳。但圣人化天下,何殊异尔邪?"俊对曰:"三皇之时,人寡而禽兽众,故取其羽皮而天下用足,及至黄帝,人众而禽兽寡,是以作为衣裳以济时变也。"帝又问:"乾为天,而复为金,为玉,为老马,与细物并邪?"俊对曰:"圣人取象,或远或近,近取诸物,远则天地。"

讲《易》毕,复命讲《尚书》。帝问曰:"郑玄云'稽古同天,言尧同于天也'。王肃云'尧顺考古道而行之'。二义不同,何者为是?"博士庾峻对曰:"先儒所执,各有乖异,臣不足以定之。然《洪范》称,'三人占,从二人之言'。贾、马及肃皆以为'顺考古道'。以《洪范》言之,肃义为长。"帝曰:"仲尼言'唯天为大,唯尧则之'。尧之大美,在乎则天,顺考古道,非其至也。今发篇开义以明圣德,而舍其大,更称其细,岂作者之意邪?"峻对曰:"臣奉遵师说,未喻大义,至于折中,裁之圣思。"次及四岳举鲧,帝又问曰:"夫大人者,与天地合其德,与日月合其明,思无不周,明无不照,今王肃云'尧意不能明鲧,是以试用。'如此,圣人之明有所未尽邪?"峻对曰:"虽圣人之弘,犹有所未尽,故禹曰'知人则哲,惟帝难之',然卒能改授圣贤,缉熙庶绩,亦所以成圣也。"帝曰:"夫有始有卒,其唯圣人。若不能始,何以为圣?其言'惟帝难之',然卒能改授,盖谓知人,圣人所难,非不尽之言也。《经》云:'知人则哲,能官人。'若尧疑鲧,试之九年,官人失叙,何得谓之圣哲?"峻对曰:"臣窃观经传,圣人行事不能无失,是以尧失之四凶,周公失之二叔,仲尼失之宰予。"帝曰:"尧之任鲧,九载无成,汩陈五行,民用昏垫。至于仲尼失之宰予,言行之间,轻重不同也。至于周公、管、蔡之事,亦《尚书》所载,皆博士所当通也。"峻对曰:"此皆先贤所疑,非臣寡见所能究论。"次及"有鳏在下曰虞舜",帝问曰:"当尧之时,洪水为害,四凶在朝,宜速登贤圣济斯民之时也。舜年在既立,圣德光明,而久不进用,何也?"峻对曰:"尧咨嗟求贤,欲逊己位,岳曰'否德忝帝位'。尧复使岳扬仄陋,然后荐舜。荐舜之本,实由于尧,此盖圣人欲尽众心也。"帝曰:"尧既闻舜而不登用,又时忠臣亦不进达,乃使岳扬仄陋而后荐举,非急于用圣恤民之谓也。"峻对曰:"非臣愚见所能逮及。"

于是复命讲《礼记》。帝问曰:"'太上立德,其次务施报'。为治何由而教化各异,皆修何政而能致于立德,施而不报乎?"博士马照对曰:"太上立德,谓三皇五帝之世以德化民,其次报施,谓三王之世以礼为治也。"帝曰:"二者致化薄厚不同,将主有优劣邪?时使之然乎?"照对曰:"诚由时有朴文,故化有薄厚也[21]。"五月,邺及上洛并言甘露降。夏六月丙午,改元为甘露。乙丑,青龙见元城县界井中。秋七月己卯,卫将军胡遵薨。癸未,安西将军邓艾大破蜀大将姜维于上邽,诏曰:"兵未极武,丑虏摧破,斩首获生,动以万计,自顷战克,无如此者。今遣使者犒赐将士,大会临飨,饮宴终日,称朕意焉。"八月庚午,命大将军司马文王加号大都督,奏事不名,假黄钺。癸酉,以太尉司马孚为太傅。九月,以司徒高柔为太尉。冬十月,以司空郑冲为司徒,尚书左仆射卢毓为司空。

二年春二月,青龙见温县井中。三月,司空卢毓薨。夏四月癸卯,诏曰:"玄菟郡高显县吏民反叛,长郑熙为贼所杀。民王简负担熙丧,晨夜星行,远致本州,忠节可嘉。其特拜简为忠义都尉,以旌殊行。"甲子,以征东大将军诸葛诞为司空。五月辛未,帝幸辟雍,会命群臣赋诗。侍中和迺、尚书陈骞等作诗稽留,有司奏免官,诏曰:"吾以暗昧,爱好文雅,广延诗赋,以知得失,而乃尔纷纭,良用反仄。其原迺等。主者宜敕自今以后,群臣皆当玩习古义,修明经典,称朕意焉。"乙亥,诸葛诞不就征,发兵反,杀扬州刺史乐綝。丙子,赦淮南将吏士民为诞所诖误者。丁丑,诏曰:"诸葛诞造为凶乱,荡覆扬州。昔黥布逆叛,汉祖亲戎,隗嚣违戾,光武西伐,及烈祖明皇帝躬征吴、蜀,皆所以奋扬赫斯,震耀威武也。今宜皇太后与朕暂共临戎,速定丑虏,时宁东夏。"己卯,诏曰:"诸葛诞造构凶乱,迫胁忠义,平寇将军临渭亭侯庞会、骑督偏将军路蕃,各将左右,斩门突出,忠壮勇烈,所宜加异。其进会爵乡侯,蕃封亭侯。"六月乙巳,诏:"吴使持节都督夏口诸军事镇军将军沙羡侯孙壹,贼之枝属,位为上将,畏天知命,深鉴祸福,翻然举众,远归大国,虽微子去殷,乐毅适燕,无以加之。其以壹为侍中车骑将军、假节、交州牧、吴侯,开府辟召仪同三司,依古侯伯八命之礼,袭冕赤舄,事从丰厚[22]。"甲子,诏曰:"今车驾驻项,大将军恭行天罚,前临淮浦。昔相国大司马征讨,皆与尚书偕行,今宜如旧。"乃以散骑常侍裴秀、给事黄门侍郎钟会咸与大将军俱行。秋八月,诏曰:"昔燕刺王谋反,韩谊等谏而死,汉朝显登其子。诸葛诞创造凶乱,主簿宣隆、部曲督秦絜秉节守义,临事固争,为诞所杀,所谓无比干之亲而受其戮者。其以隆、絜子为骑都尉,加以赠赐,光示远近,以殊忠义。"九月,大赦。冬十二月,吴大将全端、全怿等率众降。

三年春二月,大将军司马文王陷寿春城,斩诸葛诞。三月,诏曰:"古者克敌,收其尸以为京观,所以惩昏逆而章武功也。汉孝武元鼎中,改桐乡为闻喜,新乡为嘉,以著南越之亡。大将军亲总六戎,营据丘头,内夷群凶,外殄寇虏,功济兆民,声振四海。克敌之地,宜有令名,其改丘头为武丘,明以武平乱,后世不忘,亦观二邑之义也。"夏五月,命大将军司马文王为相国,封晋公,食邑八郡,加之九锡,文王前后九让乃止。六月丙子,诏曰:"昔南阳郡山贼扰攘,欲劫质故太守东里衮,功曹应余独身捍衮,遂免于难。余颠沛殒毙,杀身济君。其司徒,署余孙伦吏,使蒙伏节之报[23]。"辛卯,大论淮南之功,封爵行赏各有差。秋八月甲戌,以骠骑将军王昶为司空。丙寅,诏曰:"夫养老兴教,三代所以树风化垂不朽也,必有三老、五更以崇至敬,乞言纳诲,著在惇史,然后六合承流,下观而化。宜妙简德行,以充其选。关内侯王祥,履仁秉义,雅志淳固。关内侯郑小同,温恭孝友,帅礼不忒。其以祥为三老,小同为五更。"车驾亲率群司,躬行古礼焉[24]。是岁,青龙、黄龙仍见顿丘、冠军、阳夏县界井中。

四年春正月,黄龙二,见宁陵县界井中[25]。夏六月,司空王昶薨。秋七月,陈留王峻薨。冬十月丙寅,分新城郡,复置上庸郡。十一月癸卯,车骑将军孙壹为婢所杀。

五年春正月朔,日有蚀之。夏四月,诏有司率遵前命,复进大将军司马文王位为相国,封晋公,加九锡。五月己丑,高贵乡公卒,年二十[26]。皇太后令曰:"吾以不德,遭家不造,昔援立东海王子髦以为明帝嗣,见其好书疏文章,冀可成济,而情性暴戾,日月滋甚。吾数呵责,遂更忿恚,造作丑逆不道之言以诬谤吾,遂隔绝两宫。其所言道,不可忍听,非天地所覆载。吾即密有令语大将军,不可以奉宗庙,恐颠覆社稷,死无面目以见先帝。大将军以其尚幼,谓当改心为善,殷勤执据。而此儿忿戾,所行益甚,举弩遥射吾宫,祝当令中吾项,箭亲堕吾前。吾语大将军,不可不废之,前后数十。此儿具闻,自知罪重,便图为弑逆,赂遗吾左右人,令因吾服药,密行鸩毒,重相设计。事已觉露,直欲因际会举兵入西宫杀吾,出取大将军,呼侍中王沈、散骑常侍王业[27]、尚书王经,出怀中黄素诏示之,言今日便当施行。吾之危殆,过于累卵。吾老寡,岂复多惜余命邪?但伤先帝遗意不遂,社稷颠覆为痛耳。赖宗庙之灵,沈、业即驰语大将军,得先严警,而此儿便将左右出云龙门,雷战鼓,躬自拔刃,与左右杂卫士共入兵阵间,为前锋所害。此儿既悖逆不道,而又自陷大祸,重令吾悼心不可言。昔汉昌邑王以罪废为庶人,此儿亦宜以民礼葬之,当令内外咸知此儿所行。又尚书王经,凶逆无状,其收经及家属皆诣廷尉。"庚寅,太傅孚、大将军文王、太尉柔、司徒冲稽首言:"伏见中令,故高贵乡公悖逆不道,自陷大祸,依汉昌邑王罪废故事,以民礼葬。臣等备位,不能匡救祸乱,式遏奸逆,奉令震悚,肝心悼栗。《春秋》之义,王者无外,而书'襄王出居于郑',不能事母,故绝之于位也。今高贵乡公肆行不轨,几危社稷,自取倾覆,人神所绝,葬以民礼,诚当旧典。然臣等伏惟殿下仁慈积隆,虽昔大义,犹垂哀矜,臣等之心实有不忍,以为可加恩以王礼葬之。"太后从之[28]。使使持节行中护军中垒将军司马炎北迎常道乡公璜嗣明帝后。辛卯,群公奏太后曰:"殿下圣德光隆,宁济六合,而犹称令,与藩国同。请自今殿下令书,皆称诏制,如先代故事。"癸卯,大将军固让相国、晋公、九锡之宠。太后诏曰:"夫有功不隐,《周易》大义,成人之美,古贤所尚。今听所执,出表示外,以章公之谦光焉。"戊申,大将军文王上言:"高贵乡公率将从驾人兵,拔刃鸣金鼓向臣所止;惧兵刃相接,即敕将士不得有所伤害,违令以军法从事。骑督成倅弟太子舍人济,横入兵阵伤公,遂至陨命;辄收济行军法。臣闻人臣之节,有死无二,事上之义,不敢逃难。前者变故卒至,祸同发机,诚欲委身守死,唯命所裁。然惟本谋乃欲上危皇太后,倾覆宗庙。臣忝当大任,义在安国,惧虽身死,罪责弥重。欲遵伊、周之权,以安社稷之难,即骆驿申敕,不得迫近辇舆,而济遽入阵间,以致大变。哀怛痛恨,五内摧裂,不知何地可以陨坠?科律大逆无道,父母妻子同产皆斩。济凶戾悖逆,干国乱纪,罪不容诛。辄敕侍御史收济家属,付廷尉,结正其罪[29]。"太后诏曰:"夫五刑之罪,莫大于不孝。夫人有子不孝,尚告治之,此儿岂复成人主邪?吾妇人不达大义,以谓济不得便为大逆也。然大将军志意恳切,发言恻怆,故听如所奏。当班下远近,使知本末也[30]。"六月癸丑,诏曰:"古者人君之为名字,难犯而易讳。今常道乡公讳字甚难避,其朝臣博议改易,列奏。"

陈留王讳奂,字景明,武帝孙,燕王宇子也。甘露三年,封安次县常道乡公。高贵乡公卒,公卿议迎立公。六月甲寅,入于洛阳,见皇太后,是日即皇帝位于太极前殿,大赦,改年,赐民爵及谷帛各有差。

景元元年夏六月丙辰,进大将军司马文王位为相国,封晋公,增封二郡,并前满十,加九锡之礼,一如前诏;诸群从子弟,其未有侯者皆封亭侯,赐钱千万,帛万匹,文王固让,乃止。己未,故汉献帝夫人节薨,帝临于华林园,使使持节追谥夫人为献穆皇后。及葬,车服制度皆如汉氏故事。癸亥,以尚书右仆射王观为司空,冬十月,观薨。十一月,燕王上表贺冬至,称臣。诏曰:"古之王者,或有所不臣,王将宜依此义。表不称臣乎!又当为报。夫后大宗者,降其私亲,况所继者重邪!若便同之臣妾,亦情所未安。其皆依礼典当处,务尽其宜。"有司奏,以为"礼莫崇于尊祖,制莫大于正典。陛下稽德期运,抚临万国,绍大宗之重,隆三祖之基。伏惟燕王体尊戚属,正位藩服,躬秉虔肃,率蹈恭德以先万国;其于正典,阐济大顺,所不得制。圣朝诚宜崇以非常之制,奉以不臣之礼。臣等平议,以为燕王章表可听如旧式。中诏所施,或有好问,准之义类,则'燕觌之敬'也,可少顺圣敬,加崇仪称,示不敢斥,宜曰'皇帝敬问大王侍御'。至于制书,国之正典,朝廷所以辨章公制,宣昭轨仪于天下者也,宜循法,故曰'制诏燕王'。凡诏命、制书、奏事、上书诸称燕王者,可皆上平。其非宗庙助祭之事,皆不得称王名,奏事、上书、文书及吏民皆不得触王讳,以彰殊礼,加于群后。上遵王典尊祖之制,俯顺圣敬烝烝之心,二者不忒,礼实宜之,可普告施行。"十二月甲申,黄龙见华阴县井中。甲午,以司隶校尉王祥为司空。

二年夏五月朔,日有食之。秋七月,乐浪外夷韩、濊貊各率其属来朝贡。八月戊寅,赵王幹薨。甲寅,复命大将军进爵晋公,加位相国,备礼崇锡,一如前诏;又固辞,乃止。

三年春二月,青龙见于轵县井中。夏四月,辽东郡言肃慎国遣使重译入贡,献其国弓三十张,长三尺五寸,楛矢长一尺八寸,石砮三百枚,皮骨铁杂铠二十领,貂皮四百枚。冬十月,蜀大将姜维寇洮阳,镇西将军邓艾拒之,破维于侯和,维遁走。是岁,诏祀故军祭酒郭嘉于太祖庙庭。

四年春二月,复命大将军进爵赐一如前诏,又固辞,乃止。夏五月,诏曰:"蜀,蕞尔小国,土狭民寡,而姜维虐用其众,曾无废志;往岁破败之后,犹复耕种沓中,刻剥众羌,劳役无已,民不堪命。夫兼弱攻昧,武之善经,致人而不致于人,兵家之上略。蜀所恃赖,唯维而已,因其远离巢窟,用力为易,今使征西将军邓艾督帅诸军,趣甘松、沓中以罗取维,雍州刺史诸葛绪督诸军趣武都、高楼,首尾蹴讨。若擒维,便当东西并进,扫灭巴蜀也。"又命镇西将军钟会由骆谷伐蜀。秋九月,太尉高柔薨。冬十月丙寅,复命大将军进爵赐一如前诏。癸卯,立皇后卞氏。十一月,大赦。自邓艾、钟会率众伐蜀,所至辄克。是月,蜀主刘禅诣艾降,巴蜀皆平。十二月庚戌,以司徒郑冲为太保。壬子,分益州为梁州。癸丑,特赦益州士民,复除租赋之半五年。乙卯,以征西将军邓艾为太尉,镇西将军钟会为司徒。皇太后崩。

咸熙元年春正月壬戌,槛车征邓艾。甲子,行幸长安。壬申,使使者以璧币祀华山。是月,钟会反于蜀,为众所讨;邓艾亦见杀。二月辛卯,特赦诸在益土者。庚申,葬明元郭后。三月丁丑,以司空王祥为太尉,征北将军何曾为司徒,尚书左仆射荀𫖮为司空。己卯,进晋公爵为王,封十郡,并前二十[31]。丁亥,封刘禅为安乐公。夏五月庚申,相国晋王奏复五等爵。甲戌,改年。癸未,追命舞阳宣文侯为晋宣王,舞阳忠武侯为晋景王。六月,镇西将军卫瓘上雍州兵于成都县获璧玉印各一,印文似"成信"字,依周成王归禾之义,宣示百官,藏于相国府[32]。初,自平蜀之后,吴寇屯逼永安,遣荆、豫诸军掎角赴救。七月,贼皆遁退。八月庚寅,命中抚军司马炎副贰相国事,以同鲁公拜后之义。

癸巳,诏曰:"前逆臣钟会构造反乱,聚集征行将士,劫以兵威,始吐奸谋,发言桀逆,逼胁众人,皆使下议,仓卒之际,莫不惊愕。相国左司马夏侯和、骑士曹属朱抚时使在成都,中领军司马贾辅、郎中羊琇各参会军事;和、琇、抚皆抗节不挠,拒会凶言,临危不顾,词指正烈。辅语散将王起,说'会奸逆凶暴,欲尽杀将士',又云'相国已率三十万众西行讨会',欲以称张形势,感激众心。起出,辅言宣语诸军,遂使将士益怀奋励。宜加显宠,以彰忠义。其进和、辅爵为乡侯,琇、抚爵关内侯。起宣传辅言,告令将士,所宜赏异。其以起为部曲将。"癸卯,以卫将军司马望为骠骑将军。九月戊午,以中抚军司马炎为抚军大将军。

辛未,诏曰:"吴贼政刑暴虐,赋敛无极。孙休遣使邓句,敕交阯太守锁送其民,发以为兵。吴将吕兴因民心愤怒,乘王师平定巴蜀,即纠合豪杰,诛除句等,驱逐太守长吏,抚和吏民,以待国命。九真、日南郡闻兴去逆即顺,亦齐心响应,与兴协同。兴移书日南州郡,开示大计,兵临合浦,告以祸福;遣都尉唐谱等诣进乘县,因南中都督护军霍弋上表自陈。又交阯将吏各上表,言'兴创造事业,大小承命。郡有山寇,入连诸郡,惧其计异,各有携贰。权时之宜,以兴为督交阯诸军事、上大将军、定安县侯,乞赐褒奖,以慰边荒'。乃心款诚,形于辞旨。昔仪父朝鲁,《春秋》所美;窦融归汉,待以殊礼。今国威远震,抚怀六合,方包举殊裔,混一四表。兴首向王化,举众稽服,万里驰义,请吏帅职,宜加宠遇,崇其爵位。既使兴等怀忠感悦,远人闻之,必皆竞劝。其以兴为使持节、都督交州诸军事、南中大将军,封定安县侯,得以便宜从事,先行后上。"策命未至,兴为下人所杀。

冬十月丁亥,诏曰:"昔圣帝明王,静乱济世,保大定功,文武殊途,勋烈同归。是故或舞干戚以训不庭,或陈师旅以威暴慢。至于爱民全国,康惠庶类,必先修文教,示之轨仪,不得已然后用兵,此盛德之所同也。往者季汉分崩,九土颠覆,刘备、孙权乘间作祸。三祖绥宁中夏,日不暇给,遂使遗寇僭逆历世。幸赖宗庙威灵,宰辅忠武,爰发四方,拓定庸、蜀,役不淹时,一征而克。自顷江表衰弊,政刑荒暗,巴、汉平定,孤危无援,交、荆、扬、越,靡然向风。今交阯伪将吕兴已帅三郡,万里归命,武陵邑侯相严等纠合五县,请为臣妾,豫章庐陵山民举众叛吴,以助北将军为号。又孙休病死,主帅改易,国内乖违,人各有心,伪将施绩,贼之名臣,怀疑自猜,深见忌恶。众叛亲离,莫有固志,自古及今,未有亡征若此之甚。若六军震曜,南临江、汉,吴会之域必扶老携幼以迎王师,必然之理也。然兴动大众,犹有劳费,宜告喻威德,开示仁信,使知顺附和同之利。相国参军事徐绍、水曹掾孙彧,昔在寿春,并见虏获。绍本伪南陵督,才质开壮;彧,孙权支属,忠良见事。其遣绍南还,以彧为副,宣扬国命,告喻吴人,诸所示语,皆以事实,若其觉悟,不损征伐之计,盖庙胜长算,自古之道也。其以绍兼散骑常侍,加奉车都尉,封都亭侯;彧兼给事黄门侍郎,赐爵关内侯。绍等所赐妻及男女家人在此者,悉听自随,以明国恩,不必使述,以开广大信。"丙午,命抚军大将军新昌乡侯炎为晋世子。是岁,罢屯田官以均政役,诸典农皆为太守,都尉皆为令长。劝募蜀人能内移者,给廪二年,复除二十岁。安弥、福禄县各言嘉禾生。

二年春二月甲辰,朐䏰县获灵龟以献,归之于相国府。庚戌,以虎贲张修昔于成都驰马至诸营言钟会反逆,以至没身,赐修弟倚爵关内侯。夏四月,南深泽县言甘露降。吴遣使纪陟、弘璆请和。五月,诏曰:"相国晋王诞敷神虑,光被四海,震耀武功,则威盖殊荒,流风迈化,则旁洽无外,憋恤江表,务存济育,戢武崇仁,示以威德。文告所加,承风向慕,遣使纳献,以明委顺,方宝纤珍,欢以效意。而王谦让之至,一皆簿送,非所以慰副初附,从其款愿也。孙晧诸所献致,其皆还送,归之于王,以协古义。"王固辞,乃止。又命晋王冕十有二旒,建天子旌旗,出警入跸,乘金根车、六马,备五时副车,置旄头云罕,乐舞八佾,设钟虡宫县。进王妃为王后,世子为太子,王子、王女、王孙,爵命之号如旧仪。癸未,大赦。秋八月辛卯,相国晋王薨。壬辰,晋太子炎绍封袭位,总摄百揆,备物典册,一皆如前。是月,襄武县言有大人见,长三丈余,迹长三尺二寸,白发,着黄单衣,黄巾,柱杖,呼民王始语云:"今当太平。"

九月乙未,大赦。戊午,司徒何曾为晋丞相。癸亥,以骠骑将军司马望为司徒,征东大将军石苞为骠骑将军,征南大将军陈骞为车骑将军。乙亥,葬晋文王,闰月庚辰,康居、大宛献名马,归于相国府,以显怀万国致远之勋。十二月壬戌,天禄永终,历数在晋。诏群公卿士具仪设坛于南郊,使使者奉皇帝玺绶册,禅位于晋嗣王,如汉魏故事。甲子,使使者奉策。遂改次于金墉城,而终馆于邺,时年二十[33]。

评曰:古者以天下为公,唯贤是与。后代世位,立子以适;若适嗣不继,则宜取旁亲明德,若汉之文、宣者,斯不易之常准也。明帝既不能然,情系私爱,抚养婴孩,传以大器,托付不专,必参枝族,终于曹爽诛夷,齐王替位。高贵公才慧夙成,好问尚辞,盖亦文帝之风流也;然轻躁忿肆,自蹈大祸。陈留王恭已南面,宰辅统政,仰遵前式,揖让而禅,遂飨封大国,作宾于晋,比之山阳,班宠有加焉。

注:

〔1〕《魏氏春秋》曰:或云任城王楷子。

〔2〕《异物志》曰:斯调国有火州,在南海中。其上有野火,春夏自生,秋冬自死。有木生于其中而不消也。枝皮更活,秋冬火死则皆枯瘁。其俗常冬采其皮以为布,色小青黑;若尘垢污之,便投火中,则更鲜明也。《傅子》曰:汉桓帝时,大将军梁冀以火浣布为单衣,常大会宾客,冀阳争酒,失杯而污之,伪怒,解衣曰:"烧之。"布得火,炜晔赫然,如袭凡布,垢尽火灭,粲然洁白,若用灰水焉。《搜神记》曰:昆仑之墟,有炎火之山,山上有鸟兽草木,皆生于炎火之中,故有火浣布,非此山草木之皮枲,则此鸟兽之毛也。汉世西域旧献此布,中间久绝;至魏初,时人疑其无有。文帝以为火性酷烈,无含生之气,著之《典论》,明其不然之事,绝智者之听。及明帝立,诏三公曰:"先帝昔著《典论》,不朽之格言,其刊石于庙门之外及太学,与石经并,以永示来世。"至是西域使至而献火浣布焉,于是刊灭此论,而天下笑之。臣松之昔从征西至洛阳,历观旧物,见《典论》石在太学者尚存,而庙门外无之,问诸长老,云晋初受禅,即用魏庙,移此石于太学,非两处立也。窃谓此言为不然。又东方朔《神异经》曰:南荒之外有火山,长三十里,广五十里,其中皆生不烬之木,昼夜火烧,得暴风不猛,猛雨不灭。火中有鼠,重百斤,毛长二尺余,细如丝,可以作布。常居火中,色洞赤,时时出外而色白,以水逐而沃之即死,续其毛,织以为布。

〔3〕干宝《晋纪》曰:吴将全琮寇苟陂,朱然、孙伦五万人围樊城,诸葛瑾、步骘袭徂中。琮已破走而樊围急。宣王曰:"柤中民夷十万,隔在水南,流离无主,樊城被攻,历月不解,此危事也,请自讨之。"议者咸言:"贼远围樊城不可拔,挫于坚城之下,有自破之势,宜establishing策以御之。"宣王曰:"军志有之:将能而御,此为縻军;不能而任之,此为覆军。今疆埸骚动,民心疑惑,是社稷之大忧也。"六月,督诸军南征,车驾送津阳城门外。宣王以南方暑湿,不宜持久,使轻骑挑之,然不敢动。于是乃令诸军休息洗沐,简精锐,募先登,申号令,示必攻之势。然等闻之,乃夜遁。追至三州口,大杀获。

〔4〕臣松之以为故魏氏配飨不及荀彧,盖以其末年异议,又位非魏臣故也。至于升程昱而遗郭嘉,先钟繇而后荀攸,则未详厥趣也。徐佗谋逆而许褚心动,忠诚之至远同于日碑,且潼

关之危,非褚不济,褚之功烈有过典韦,今祀韦而不及褚,又所未达也。

〔5〕臣松之案:帝初即位,有诏"官奴婢六十以上免为良人"。既有此诏,则宜遂为永制。七八年间,而复货年七十者,且七十奴婢及癃疾残病,并非可售之物,而鬻之于市,此皆事之难解。

〔6〕习凿齿《汉晋春秋》曰:是年,吴将朱然入柤中,斩获数千;柤中民吏万余家渡沔。司马宣王谓曹爽曰:"若便令还,必复致寇,宜权留之。"爽曰:"今不修守沔南,留民沔北,非长策也。"宣王曰:"不然。凡物置之安地则安,危地则危,故兵书曰,成败,形也,安危,势也,形势御众之要,不可不审。设令贼二万人断沔水,三万人与沔南诸军相持,万人陆抄柤中,君将何以救之?"爽不听,卒令还。然后袭破之。袁淮言于爽曰:"吴楚之民脆弱寡能,英才大贤不出其土,比技量力,不足与中国相抗,然自上世以来常为中国患者,盖以江汉为池,舟楫为用,利则陆抄,不利则入水,攻之道远,中国之长技无所用之。孙权自十数年以来,大畋江北,缮治甲兵,精其守御,数出盗窃,敢远其水,陆次平土,此中国所愿闻也。夫用兵者,贵以饱待饥,以逸击劳,师不欲久,行不欲远,守少则固,力专则强。当今宜退湘、汉以南,退却避之。若贼能入居中央,来侵边境,则随其所短,中国之长技得用矣。若不敢来,则边境得安,无抄盗之忧矣。使我国富兵强,政修民一,陵其国不足为远役。今襄阳孤在汉南,贼循汉而上,则断而不通,一战而胜,则不攻不自服,故置之无益于国,亡之不足为辱。自江夏已东,淮南诸郡,三后已来,其所亡几何,以近贼疆界易抄掠之故哉! 若徙之淮北,远绝其间,则民人安乐,何鸣吠之惊乎?"遂不徙。

〔7〕孙盛《魏世谱》曰:高平陵在洛水南大石山,去洛城九十里。

〔8〕孔衍《汉魏春秋》曰:诏使太常王肃册命太傅为丞相,增邑万户,群臣奏事不得称名,如汉霍光故事。太傅上书辞让曰:"臣亲受顾命,忧深责重,凭赖天威,摧弊奸凶,赎罪为幸,功不足论。又三公之官,圣王所制,著之典礼。至于丞相,始自秦政。汉氏因之,无复变改。今三公之官皆备,横受宠臣,违越先典,革圣明之经,袭秦汉之路,虽在异人,臣所宜正,况当臣身而不固争,四方议者将谓臣何!"书十馀上,诏乃许之,复加九锡之礼。太傅又言:"太祖有大功大德,汉氏崇重,故加九锡,此乃历代异事,非后代之君臣所得议也。"又辞不受。

〔9〕《汉晋春秋》曰:初,孙权筑东兴堤以遏巢湖。后征淮南,坏不复修。是岁诸葛恪帅军更于堤左右结山挟筑两城,使全端、留略守之,引军而还。诸葛诞言于司马景王曰:"'致人而不致于人'者,此之谓也。今因其内侵,使文舒逼江陵,仲恭向武昌,以羁吴之上流,然后简精卒攻两城,比救至,可大获也。"景王从之。

〔10〕《汉晋春秋》曰:毌丘俭、王昶闻东军败,各烧屯走。朝议欲贬黜诸将,景王曰:"我不听公休,以至于此。此我过也,诸将何罪?"悉原之。时司马文王为监军,统诸军,唯削文王爵而已。是岁,雍州刺史陈泰求敕并州并力讨胡,景王从之。未集,而雁门、新兴二郡以为将远役,遂惊反。景王又谢朝士曰:"此我过也,非玄伯之责!"于是魏人愧悦,人思其报。习凿齿曰:司马大将军引二败以为己过,过消而业隆,可谓智矣。夫民忘其败,而下思其报,虽欲不康,其可得邪?若乃讳败推过,归咎万物,常执其功而隐其丧,上下离心,贤愚解体,是楚昭败而晋再兴也,谬之甚矣! 君人者,苟统斯理而以御យ,则朝无秕政,身无廉怨,行失而名扬,兵挫而战

胜,虽百败可也,况于再乎!

〔11〕《汉晋春秋》曰:是时姜维亦出围狄道。司马景王问虞松曰:"今东西有事,二方皆急,而诸将意沮,若之何?"松曰:"昔周亚夫坚壁昌邑而吴楚自败,事有似弱而强,或似强而弱,不可不察也。今恪悉其锐众,足以肆暴,而坐守新城,欲以致一战耳。若攻城不拔,请战不得,师老众疲,势将自走,诸将之不径进,乃公之利也。姜维有重兵而县军应恪,投食我麦,非深根之寇也。且谓我并力于东,西方必虚,是以径进。今若使关中诸军倍道急赴,出其不意,殆将走矣。"景王曰:"善!"乃使郭淮、陈泰悉关中之众,解狄道之围,敕毌丘俭等案兵自守,以新城委吴。姜维闻淮进兵,军食少,乃退屯陇西界。

〔12〕是时,张特守新城。《魏略》曰:特字子产,涿郡人。先时领牙门,给事镇东诸葛诞,诞不以为能也,欲遣还护军。会毌丘俭反,遂使特屯守合肥新城。及诸葛恪围城,特与将军乐方等三军众合有三千人,吏兵疾病及战死者过半,而恪起土山急攻,城将陷。特谓吴人曰:"今我无心复战也。然魏法,被攻过百日而救不至者,虽降,家不坐也;自受敌以来,已九十余日矣。此城中本有四千余人,而战死者过半,城虽陷,尚有半人不欲降,我当还为相语之,条名别善恶,明日早送名,且持我印绶去以为信。"乃投其印绶与之。吴人听其辞而不取印绶。不攻。顷之,特还,乃夜彻诸屋材栅,补其缺为二重。明日,谓吴人曰:"我但有斗死耳!"吴人大怒,进攻之,不能拔,遂引去。朝廷嘉之,加杂号将军,封列侯,又迁安丰太守。

〔13〕《魏氏春秋》曰:修字孝先,素有业行,著名西州。姜维劫之,修不为屈。刘禅以为左将军,修欲刺禅而不得亲近,每因庆贺,且拜且前,为禅左右所遏,事辄不克,故杀祎焉。臣松之以为古之舍生取义者,必有理存焉,或感恩怀德,投命无悔,或利害有机,奋发以应会,诏所称聂政、介子是也。事非斯类,则陷乎妄作矣。魏之与蜀,虽为敌国,非有赵襄灭智之仇,燕丹危亡之急;且刘禅凡下之主,费祎中才之相,二人存亡,固无关于兴丧。郭修在魏,西州之男子耳,始获于蜀,既不能抗节不辱,于魏又无食禄之责,不为时主所使,而无故规规然糜身于非所,义无所加,功无所立,可谓"折柳樊圃",其狂也且,此之谓也。

〔14〕《世语》及《魏氏春秋》并云:此秋,姜维寇陇右。时安东将军司马文王镇许昌,征还击维,至京师,帝于平乐观以临军过。中领军许允与左右小臣谋,因文王辞,杀之,勒其众以退大将军。已书诏于前。文王入,帝方食粟,优人云午等唱曰:"青头鸡,青头鸡。"青头鸡者,鸭也。帝惧不敢发。文王引兵入城,景王因是谋废帝。臣松之案《夏侯玄传》及《魏略》,许允此年春与李丰相连。丰既诛,即出允为镇北将军,未发,以放散官物收付廷尉,徙乐浪,追杀之。允此秋不得故为领军而建此谋。

〔15〕《魏书》曰:是日,景王承皇太后令,诏公卿中朝大臣会议,群臣失色。景王流涕曰:"皇太后令如是,诸君其若王室何!"咸曰:"昔伊尹放太甲以宁殷,霍光废昌邑以安汉,夫权定社稷以济四海,二代行之于古,明公当之于今,今日之事,亦唯公命。"景王曰:"诸君所以望师者重,师安所避之?"于是乃与群臣共为奏永宁宫曰:"守尚书令太尉长社侯臣孚、大将军武阳侯臣师、司徒万岁亭侯臣柔、司空文阳亭侯臣冲、行征西安东将军新城侯臣昭、光禄大夫关内侯臣邕、太常臣晏、卫尉昌邑侯臣伟、太仆臣夔、廷尉定陵侯臣毓、大鸿胪臣芝、大司农臣祥、少府臣袤、永宁卫尉臣桢、

永宁太仆臣阁、大长秋臣模、司隶校尉颍昌侯臣曾、河南尹兰陵侯臣肃、城门校尉臣虑、中护军永安亭侯臣望、武卫将军安寿亭侯臣演、中坚将军平原侯臣德、中垒将军昌武亭侯臣廙、屯骑校尉关内侯臣陔、步兵校尉临晋侯臣建、射声校尉安阳乡侯臣温、越骑校尉睢阳侯臣初、长水校尉关内侯臣超、侍中臣小同、臣颙、臣鄷、博平侯臣表、侍中中书监安阳亭侯臣诞、散骑常侍臣瑰、臣仪、关内侯臣芝、尚书仆射光禄大夫高乐亭侯臣毓、尚书关内侯臣观、臣嘏、长合乡侯臣亮、臣赞、臣骞、中书令臣康、御史中丞臣钤、博士臣范、臣峻等稽首言：臣等闻天子者，所以济育群生，永安万国，三祖勋烈，光被六合。皇帝即位，纂继洪业，春秋已长，未亲万机，耽淫内宠，沉漫女色，废捐讲学，弃辱儒士，日延小优郭怀、袁信等于建始芙蓉殿前裸袒游戏，使与保林女尚等为乱，亲将后宫瞻观。又于广望观上，使怀、信等于陵下作义阳妖妇，嬉亵过度，道路行人掩目，帝于观上以为宴笑。于陵云台中施帷，见九亲妇女，帝临宣曲观，呼怀、信使入帷共饮酒。怀、信等更行酒，妇女皆醉，戏侮无别。使保林李华、刘勋等与怀、信等戏，清商令令狐景呵华、勋曰：'诸女，上左右人，各有官位，何以得尔？'华、勋数谗毁景。帝常喜以弹弹人，以此遗景，弹景不避首目。景语帝曰：'先帝持门户急，今陛下日将妃后游戏无度，至乃共观倡优，裸祖为乱，不可令皇太后闻。景不爱死，为陛下计耳。'帝言：'我作天子，不得自在邪？太后何与我事！'使人烧铁灼景，身体皆烂。甄后崩后，帝欲立王贵人为皇后。太后更欲外求，帝恚语景曰：'魏家前后立皇后，皆从所爱耳，太后必违我意，知我当往不也？'后卒待张皇后疏薄。太后遭合阳君丧，帝日在后园，倡优音乐自若，不数往定省。清商丞庞熙谏帝：'皇太后至孝，今遭重忧，水浆不入口，陛下当数往宽慰，不可但在此作乐。'帝言：'我自尔，谁能奈我何？'皇太后还北宫，杀出美人及禹婉，帝恚望，语景曰：'太后横夺我所宠爱，此无复母子恩。'数往至故处啼哭，私使暴室厚殡棺，不令太后知也。每见九亲妇女有美色，或留以付清商。帝至后园竹间戏，或与从官携手并行。熙曰：'从官不宜与至尊相提挈。'帝怒，复以弹弹熙。日游后园，每有外文书入，帝不省，左右曰'出'，帝亦不索视。太后令帝常在式乾殿上讲学，不欲，使行来，帝佁去；太后来问，辄诈作为黄门答言'在'耳。景、熙等畏恐，不敢复止，更共谄媚。帝肆行昏淫，败人伦之叙，乱男女之节，恭孝弥颓，凶德浸盛。臣等忧惧倾覆天下，危坠社稷，虽杀身毙命不足以塞责。今帝不可以承天绪，臣请依汉霍光故事，收帝玺绶。帝本以齐王践祚，宜归藩于齐。使司徒臣柔持节，与有司以太牢告祠宗庙。臣谨昧死以闻。"奏可。

〔16〕《魏略》曰：景王将废帝，遣郭芝入白太后，太后与帝对坐。芝谓帝曰："大将军欲废陛下，立彭城王据。"帝乃起去。太后不悦。芝曰："太后有子不能教，今大将军意已成，又勒兵于外以备非常，但当顺旨，将复何言！"太后曰："我欲见大将军，口有所说。"芝曰："何可见邪？但当速取玺绶。"太后意折，乃遣傍侍御取玺绶著坐侧。芝出报景王，景王甚欢。又遣使者授齐王印绶，当出就西宫。帝受命，遂载王车，与太后别，垂涕，始从太极殿南出，群臣送者十数人，太尉司马孚悲不自胜，余多流涕。王出后，景王又使使者请玺绶。太后曰："彭城王，我之季叔也，今来立，我当何之！且明皇帝当绝嗣乎？吾以为高贵乡公者，文皇帝之长孙，明皇帝之弟子，于礼，小宗有后大宗之义，其详议之。"景王乃更召群臣，以皇太后令示之，乃定迎高贵乡公。是时太常已发二

日，待玺绶于温。事定，又请玺绶。太后令曰："我见高贵乡公，小时识之，明日我自欲以玺绶手授之。"

〔17〕《魏书》曰：景王复与群臣共奏永宁宫：“臣等闻人道亲亲故尊祖，尊祖故敬宗。礼，大宗无嗣，则择支子之贤者；为人后者，为之子也。东海定王子高贵乡公，文皇帝之孙，宜承正统，以嗣烈祖明皇帝后。率土有赖，万邦幸甚。臣请征公诣洛阳宫。”奏可。使中护军望、兼太常河南尹肃持节，与少府袤、尚书亮、侍中表等奉法驾，迎公于元城。《魏世谱》曰：晋受禅，封齐王为邵陵县公。年四十三，泰始十年薨，谥曰厉公。

〔18〕《魏氏春秋》曰：公神明爽俊，德音宣朗。罢朝，景王私曰："何如主也？"钟会对曰："才同陈思，武类太祖。"景王曰："若如卿言，社稷之福也。"

〔19〕《世语》曰：大将军奉天子征俭，至项，俭既破，天子先还。臣松之检诸书都无此事，至诸葛诞反，司马文王始挟太后及帝与俱行耳。故发诏引汉二祖及明帝亲征以为前比，知明帝已后始有此行也。案张璠、虞溥、郭颁皆晋之令史，璠、颁出为官长，溥，鄱阳内史。璠撰《后汉纪》，虽似未成，辞藻可观。溥著《江表传》，亦粗有条贯。惟撰《魏晋世语》，蹇乏全无宫商，最为鄙劣，以时有异事，故颇行于世。干宝、孙盛等多采其言以为《晋书》，其中虚错如此者，往往而有之。

〔20〕《魏氏春秋》曰：二月丙辰，帝宴群臣于太极东堂，与侍中荀顗、尚书崔赞、袁亮、钟毓、给事中中书令虞松等并讲述礼典，遂言帝王优劣之差。帝慕夏少康，因问顗等曰："有夏既衰，后相殆灭，少康收集夏众，复禹之绩，高祖拔起陇亩，驱帅豪俊，芟夷秦、项，包举宇内，斯二主可谓殊才异略，命世大贤者也。考其功德，谁宜为先？"顗等对曰："夫天下重器，王者天授，圣德应期，然后能受命创业。至于阶缘前绪，兴复旧绩，造之与因，难易不同。少康功德虽美，犹为中兴之君，与世祖同流可也。至如高祖，臣等以为优。"帝曰："自古帝王，功德言行，互有高下，未必创业者皆优，绍继者咸劣也。汤、武、高祖虽俱受命，贤圣之分，所觉县殊。少康、殷宗中兴之美，夏启、周成守文之盛，论德较实，方诸汉祖，吾见其优，未闻其劣；顾所遇之时殊，故所名之功异耳。少康生于灭亡之后，降为诸侯之隶，崎岖逃难，仅以身免，能布其德而兆其谋，卒灭过、戈，克复禹绩，祀夏配天，不失旧物，非至德弘仁，岂济斯勋？汉祖因土崩之势，仗一时之权，专任智力以成功业，行事动静，多违圣检；为人子则数危其亲，为人君则囚系贤相，为人父则不能卫子；身没之后，社稷几倾，若与少康易时而处，或未能复大禹之绩也。推此言之，宜高夏康而下汉祖矣。诸卿具论详之。"翌日丁巳，讲业既毕，顗、亮等议曰："三代建国，列土而治，当其衰弊，无土崩之势，可怀以德，难屈以力。逮至战国，强弱相兼，去道德而任智力。故秦之弊可以力争。少康布德，仁者之英也；高祖任力，智者之俊也。仁智不同，二帝殊矣。《诗》、《书》述殷中宗、高宗，皆列《大雅》，少康功美过于二宗，其为《大雅》明矣。少康为优，宜如诏旨。"赞、毓、松议曰："少康虽积德累仁，然上承大禹遗泽余庆，内有虞、仍之援，外有靡、艾之助，寒浞谗慝，不德于民，浇、豷无亲，外内弃之，以此有国，盖有所因。至于汉祖，起自布衣，率乌合之士，以成帝者之业。论德则少康优，课功则高祖多，语资则少康易，校时则高祖难。"帝曰："诸卿论少康因资，高祖创造，诚有之矣，然未知三代之世，任德济勋如彼之难，秦、项之际，任力成功如此之易。且太上立德，其次立功，汉祖功高，未若少康盛德之茂也。且夫仁者必有勇，诛暴必用武，少康武烈之

威,岂必降于高祖哉!但夏书沦亡,旧文残缺,故勖美阙而罔载,唯有伍员粗述大略,其言复禹之绩,不失旧物,祖述圣业,旧章不忒,自非大雅兼才,孰能与于此?向令坟、典具存,行事详备,亦岂有异同之论哉!"于是群臣咸悦服。中书令松进曰:"少康之事,去世久远,其文昧如,是以自古及今,议论之士莫有言者,德美隐而不宣。陛下既垂心远鉴,考详古昔,又发德音,赞明少康之美,使显于千载之上,宜录以成篇,永垂于后。"帝曰:"吾学不博,所昭浅狭,惧于所论,未获其宜。纵有可采,亿则屡中,又不足贵,无乃致笑后贤,彰吾暗昧乎!"于是侍郎钟会退论次焉。

〔21〕《帝集》载帝自叙始生祯祥曰:"昔帝王之生,或有祯祥,盖所以彰显神异也。惟于小子,支胤末流,谬为灵祇之所相祐也,岂敢自比于前哲,聊记录以示后世焉。其辞曰:惟正始三年九月辛未朔,二十五日乙未直成,予生。于时也,天气清明,日月辉光,爰有黄气,烟煴于堂,照曜室宅,其色煌煌。相而论之曰:未者是土,魏之行也;厥日直成,应嘉名也;烟煴之气,神之精也;无灾无害,蒙神灵也。齐王不吊,颠覆厥度,群公受予,绍继皇祚。以眇眇之身,质性顽固,未能涉道,而遵大路,临深履冰,涕泗忧惧。古人有云,惧则不亡。伊予小子,曷敢急荒;庶不忝尔,永奉烝尝。"傅畅《晋诸公赞》曰:帝常与中护军司马望、侍中王沈、散骑常侍裴秀、黄门侍郎钟会等讲宴于东堂,并属文论。名秀为儒林丈人,沈为文籍先生,望、会亦各有名号。帝性急,请召欲速。秀等在内职,到得及时;以望在外,特给追锋车、虎贲卒五人,每有集会,辄奔驰而至。

〔22〕臣松之以为壹畏逼归命,事无可嘉,格以古义,欲盖而名彰者也。当时之宜,未得远遵式典,固应量才受赏,足以酬其来情而已。至乃光锡八命,礼同台鼎,不亦过乎!于招携致远,又无取焉。何者?若使彼之将守,与时无嫌,终不悦于殊宠;坐生叛心,以叛而愧,孰勋甚焉?如其忧危将及,非奔不免,则必逃死苟存,无希荣利矣,然则高位厚禄何为者哉?魏初有孟达、黄权,在晋有孙秀、孙楷。达、权爵赏,比壹为轻;秀、楷礼秩,优异尤甚。及至吴平,而降黜数等,不承权舆,岂不缘于始失中乎?

〔23〕《楚国先贤传》:余字子正,天姿方毅,志尚仁义,建安二十三年为郡功曹。是时吴、蜀不宾,疆场多虞。宛将侯音扇动山民,保城以叛。余与太守东里衮当扰攘之际,进审得出。音即遣骑追逐,去城十里相及,贼便射衮,飞矢交流。余前以身当箭,被七创,因谓追贼曰:"侯音狂狡,造为凶逆,大军寻至,诛夷在近。谓卿曹本是善人,素无恶心,当思反善,何为受其指挥?我以身代君,以被重创,若身死君全,陨没无恨。"因仰天号哭泣涕,血泪俱下。贼果其义烈,释衮不害。贼去之后,余亦命绝。征南将军曹仁讨平音,表余行状,并修祭酹。太祖闻之,嗟叹良久,下荆州太守表门闾,赐谷千斛。衮后为于禁司马,见《魏略·游说传》。

〔24〕《汉晋春秋》曰:帝乞言于祥,祥对曰:"昔者明王礼乐既备,加之以忠诚,忠诚之发,形于言行。夫大人者,行动乎天地,天且弗违,况于人乎?"祥事见《吕虔传》。小同,郑玄孙也。《玄别传》曰:"玄有子,为孔融吏,举孝廉。融之被围,往赴,为贼所害。有遗腹子,以丁卯日生,故玄以丁卯岁生,故名曰小同。"《魏名臣奏》载太尉华歆奏曰:"臣闻励俗宣化,莫先于表善;班禄叙爵,莫美于显能。伏见故汉大司农北海郑玄,当时之学,名冠华夏,为世儒宗。文皇帝旌录先贤,拜玄嫡孙小同以为郎中,长假在家。小同年逾三十,

少有令质,学综六经,行著乡邑。海、岱之人莫不嘉其自然,美其气量。迹其所履,有质直不渝之性,然而恪恭静默,色养其亲,不治可见之美,不竞人间之名,斯诚清时所宜式叙,前后明诏所斟酌而求也。臣老病委顿,无益视听,谨具以闻。"《魏氏春秋》曰:小同诣司马文王,文王有密疏,未之屏也。如厕还,谓之:"卿见吾疏乎?"对曰:"否。"文王犹疑而鸩之,卒。郑玄注《文王世子》曰:"三老、五更各一人,皆年老更事致仕者也。"注《乐记》曰:"皆老人更知三德五事者也。"蔡邕《明堂论》云:"更应作叟。叟,长老之称,字与更相似,书者遂误以为更"。"嫂""字"女"傍"叟",今亦以为"更",以此验知应为"叟"也。臣松之以为邕谓"更"为"叟"诚为有似,而诸儒莫之从,未知孰是。

〔25〕《汉晋春秋》曰:是时龙仍见,咸以为吉祥。帝曰:"龙者,君德也,上不在天,下不在田,而数屈于井,非嘉兆也。"仍作《潜龙》之诗以自讽,司马文王见而恶之。

〔26〕《汉晋春秋》曰:帝见威权日去,不胜其忿。乃召侍中王沈、尚书王经、散骑常侍王业,谓曰:"司马昭之心,路人所知也。吾不能坐受废辱,今日当与卿等自出讨之。"王经曰:"昔鲁昭公不忍季氏,败走失国,为天下笑。今权在其门,为日久矣,朝廷四方皆为之致死,不顾逆顺之理,非一日也。且宿卫空阙,兵甲寡弱,陛下何所资用?而一旦如此,无乃欲除疾而更深之邪!祸败不测,宜见重详。"帝乃出怀中版令投地,曰:"行之决矣。正使死,何所惧?况不必死邪!"于是入白太后,沈、业奔走告文王,文王为之备。帝遂帅僮仆数百,鼓噪而出。文王弟屯骑校尉伷入,遇帝于东止车门,左右呵之,伷众奔走。中护军贾充又逆帝战于南阙下,帝自用剑。众欲退,太子舍人成济问充曰:"事急矣!当云何?"充曰:"畜养汝等,正谓今日。今日之事,无所问也。"济即前刺帝,刃出于背。文王闻,大惊,自投于地曰:"天下其谓我何!"太傅孚奔往,枕帝股而哭,哀甚,曰:"杀陛下者,臣之罪也。"臣松之以为习凿齿书,虽最后出,然述此事差有次第。故先载习语,以其余所言微异者次其后。《世语》曰:王沈、王业驰告文王,尚书王经以正直不出,因沈、业申意。《晋诸公赞》:沈、业将出,呼王经。经不从,曰:"吾子行矣!"干宝《晋纪》曰:成济问贾充曰:"事急矣。若之何?"充曰:"公畜养汝等,为今日之事也。夫何疑?"济曰:"然。"乃抽戈犯跸。《魏氏春秋》曰:戊子夜,帝将冗从仆射李昭、黄门从官焦伯等下陵云台,铠仗授兵,欲因际会,自出讨文王。会雨,有司奏却日,遂见王经等出黄素诏于怀曰:"是可忍也,孰不可忍也!今日便当决行此事。"入白太后,遂拔剑升辇,帅殿中宿卫苍头官僮击战鼓,出云龙门。贾充自外而入,帝师溃散,犹称天子,手剑奋击,众莫敢逼。充帅厉将士,骑督成倅弟成济以矛进,帝崩于师。时暴雨雷霆,晦冥。《魏末传》曰:贾充呼帐下督成济谓曰:"司马家事若败,汝等岂复有种乎?何不出击!"倅弟二人乃帅帐下人出,顾曰:"当杀邪?执邪?"充曰:"杀之。"兵交,帝曰:"放仗!"大将军士皆放仗。济兄弟因前刺帝,帝倒车下。

〔27〕《世言》曰:业,武陵人,后为晋中护军。

〔28〕《汉晋春秋》曰:丁卯,葬高贵乡公于洛阳西北三十里瀍涧之滨。下车数乘,不设旌旐,百姓相聚而观之,曰:"是前日所杀天子也。"或掩面而泣,悲不自胜。臣松之以为但下车数乘,不设旌旐,何以为王礼葬乎?斯盖恶之过言,所谓"不如是之甚"者。

〔29〕《魏氏春秋》:成济兄弟不即伏罪,袒而升屋,丑言悖慢;自下射之,乃殪。

〔30〕《世语》曰：初，青龙中，石苞馨铁于长安，得见司马宣王，宣王知焉。后擢为尚书郎，历青州刺史、镇东将军。甘露中入朝，当还，辞高贵乡公，留东尽日。文王遣人要令过。文王问苞："何淹留也？"苞曰："非常人也。"明日发至荥阳，数日而难作。

〔31〕《汉晋春秋》曰：晋公既进爵为王，太尉王祥、司徒何曾、司空荀𫖮并诣王。𫖮曰："相王尊重，何侯与一朝之臣皆已尽敬，今日便当相率而拜，无所疑也。"祥曰："相国位势诚为尊贵，然要是魏之宰相，吾等魏之三公；公、王相去，一阶而已，班列大同，安有天子三公可辄拜人者！损魏朝之望，亏晋王之德，君子爱人以礼，吾不为也。"及入，𫖮遂拜，而祥独长揖。王谓祥曰："今日然后知君见顾之重！"

〔32〕孙盛曰：昔公孙述自以起成都，号曰成。二玉之文，殆述所作也。

〔33〕《魏世谱》曰：封帝为陈留王。年五十八，太安元年崩，谥曰元皇帝。

卷五　　后妃纪第五

《易》称"男正位乎外，女正位乎内；男女正，天地之大义也"。古先哲王，莫不明后妃之制，顺天地之德，故二妃嫔妫，虞道克隆，任、姒配姬，周室用熙，废兴存亡，恒此之由。《春秋说》云天子十二女，诸侯九女，考之情理，不易之典也。而末世奢纵，肆其侈欲，至使男女怨旷，感动和气，惟色是崇，不本淑懿，故风教陵迟而大纲毁泯，岂不惜哉！呜呼，有国有家者，其可以永鉴矣！

汉制，帝祖母曰太皇太后，帝母曰皇太后，帝妃曰皇后，其余内官十有四等。魏因汉法，母后之号，皆如旧制，自夫人以下，世有增损。太祖建国，始命王后，其下五等：有夫人，有昭仪，有婕妤，有容华，有美人。文帝增贵嫔、淑媛、修容、顺成、良人。明帝增淑妃、昭华、修仪，除顺成官。太和中始复命夫人，登其位于淑妃之上。自夫人以下爵凡十二等：贵嫔、夫人，位次皇后，爵无所视；淑妃位视相国，爵比诸侯王；淑媛位视御史大夫，爵比县公；昭仪比县侯；昭华比乡侯；修容比亭侯；修仪比关内侯；婕妤视中二千石；容华视真二千石；美人视比二千石；良人视千石。

武宣卞皇后，琅邪开阳人，文帝母也。本倡家[1]，年二十，太祖于谯纳后为妾。后随太祖至洛。及董卓为乱，太祖微服东出避难。袁术传太祖凶问，时太祖左右至洛者皆欲归，后止之曰："曹君吉凶未可知，今日还家，明日若在，何面目复相见也？正使祸至共死，何苦！"遂从后言。太祖闻而善之。建安初，丁夫人废，遂以后为继室。诸子无母者，太祖皆令后养之[2]。文帝为太子，左右长御贺后曰："将军拜太子，天下莫不欢喜，后当倾府藏赏赐。"后曰："王自以丕年大，故用为嗣，我但当以免无教导之过为幸耳，亦何为当重赐遗乎！"长御还，具以语太祖。太祖悦曰："怒不变容，喜不失节，故是最为难。"

二十四年，拜为王后，策曰："夫人卞氏，抚养诸子，有母仪之德。今进位王后，太子诸侯陪位，群卿上寿，减国内死罪一等。"二十五年，太祖崩，文帝即王位，尊后曰王太后，及践阼，尊后曰皇太后，称永寿宫[3]。明帝即位，尊太后曰太皇太后。

黄初中，文帝欲追封太后父母，尚书陈群奏曰："陛下以圣德应运受命，创业革制，当永为后式。案典籍之文，无妇人分土命爵之制。在礼典，妇因夫爵。秦违古法，汉氏因之，非先王之令典也。"帝曰："此议是也，其勿施行，以作著诏下藏之台阁，永为后式。"至太和四年春，明帝乃追谥太后祖父广曰开阳恭侯，父远曰敬侯，祖母周若阳都君及敬侯夫人，皆赠印绶。其年五月，后崩。七月，合葬高陵。

初，太后弟秉，以功封都乡侯，黄初七年进封开阳侯，邑千二百户，为昭烈将军[4]。秉薨，子兰嗣。少有才学[5]，为奉车都尉、游击将军，加散骑常侍。兰薨，子晖嗣[6]。又分秉爵，封兰弟琳为列侯，官至步兵校尉。兰子隆女为高贵乡公皇后，隆以后父为光禄大夫，位特进，封睢阳乡侯，妻王为显阳乡君。追封隆前妻刘为顺阳乡君，后亲母故也。琳女又为陈留王皇后，时琳已没，封琳妻刘为广阳乡君。

文昭甄皇后，中山无极人，明帝母，汉太保甄邯后也，世吏二千石。父逸，上蔡令。后三岁失父[7]。后天下兵乱，加以饥馑，百姓皆卖金银珠玉宝物，时后家大有储谷，颇以买之。后年十余岁，白母曰："今世乱而多买宝物，匹夫无罪，怀璧为罪。又左右皆饥乏，不如以谷振给亲族邻里，广为恩惠也。"举家称善，即从后言[8]。

建安中，袁绍为中子熙纳之。熙出为幽州，后留养姑。及冀州平，文帝纳后于邺，有宠，生明帝及东乡公主[9]。延康元年正月，文帝即王位，六月，南征，后留邺。黄初元年十月，帝践阼。践阼之后，山阳公奉二女以嫔于魏，郭后、李、阴贵人并愈幸，后愈失意，有怨言。帝大怒，二年六月，遣使赐死，葬于邺[10]。

明帝即位，有司奏请追谥，使司空王朗持节奉策以太牢告祠于陵，又别立寝庙[11]。太和元年三月，以中山魏昌之安城乡户千，追封逸，谥曰敬侯；嫡孙像袭爵。四月，初营宗庙，掘地得玉玺，方一寸九分，其文曰"天子羡思慈亲"，明帝为之改容，以太牢告庙。又尝梦见后，于是差次舅氏亲疏高下，叙用各有差，赏赐累巨万；以像为虎贲中郎将。是月，后母薨，帝制缌服临丧，百僚陪位。四年十一月，以后旧陵庳下，使像兼太尉，持节诣邺，昭告后土，十二月，改葬朝阳陵。像还，迁散骑常侍。青龙二年春，追谥后兄俨曰安城乡穆侯。夏，吴贼寇扬州，以像为伏波将军，持节监诸将东征，还，复为射声校尉。三年薨，追赠卫将军，改封魏昌县，谥曰贞侯。子畅嗣。又封畅弟温、韡、艳皆为列侯。四年，改逸、俨本封皆曰魏昌侯，谥因故。封俨世妇刘为东乡君，又追封逸世妇张为安喜君。

景初元年夏，有司议定七庙。冬，又奏曰："盖帝王之兴，既有受命之君，又有圣妃协于神灵，然后克昌厥世，以成王业焉。昔高辛氏卜其四妃之子皆有天下，而帝挚、陶唐、商、周代兴。周人上推后稷,以配皇天,追述王初,本之姜嫄,特立宫庙,世世享尝,《周礼》所谓'奏夷则,歌中吕,舞大濩,以享先妣'者也。诗人颂之曰:'厥初生民,时维姜嫄'。言王化之本,生民所由。又曰:'閟宫有侐,实实枚枚,赫赫姜嫄,其德不回。'《诗》、《礼》所称姬宗之盛,其美如此。大魏期运,继于有虞,然崇弘帝道,三世弥隆,庙祧之数,实与周同。今武宣皇后,文德皇后各配无穷之祚,至于文昭皇后膺天灵符,诞育明圣,功济生民,德盈宇宙,开诸后嗣,乃道化之所兴也。寝庙特祀,亦姜嫄之閟宫也,而未著不毁之制,惧将功报德之义,万世或阙焉,非所以昭孝示后世也。文昭庙宜世世享祀奏乐,与祖庙同,永著不毁之典,以播圣善之风。"于是与七庙议并勒金策,藏之金匮。

帝思念舅氏不已,畅尚幼,景初末,以畅为射声校尉,加散骑常侍,又特为起大第,车驾亲自临之。又于其后园为像母起观庙,名其里曰渭阳里,以追思母氏也。嘉平三年正月,畅薨,追赠车骑将军,谥曰恭侯;子绍嗣。太和六年,明帝爱女淑薨,追封谥淑为平原懿公主,为之立庙。取后亡从孙黄与合葬,追封黄列侯,以夫人郭氏从弟德为之后,承甄氏姓,封德为平原侯,袭公主爵[12]。青龙中,又封后从兄子毅及像弟三人,皆为列侯。毅数上疏陈时政,官至越骑校尉。嘉平中,复封畅子二人为列侯。后兄俨孙女为齐王皇后,后父已没,封后母为广乐乡君。

文德郭皇后,安平广宗人也。祖世长吏[13]。后少而父永奇之曰:"此乃吾女中王也。"遂以女王为字。早失二亲,丧乱流离,没在铜鞮侯家。太祖为魏公时,得入东宫。后有智数,时时有所献纳。文帝定为嗣,后有谋焉。太子即王位,后为夫人,及践阼,为贵嫔。甄后之死,由后之宠也。黄初三年,将登后位,文帝欲立为后,中郎栈潜上疏曰:"在昔帝王之治天下,不惟外辅,亦有内助,治乱所由,盛衰从之。故西陵配黄,英娥降妫,并以贤明,流芳上世。桀奔南巢,祸阶末喜;纣以炮烙,怡悦妲己。是以圣哲慎立元妃,必取先代世族之家,择其令淑以统六宫,虔奉宗庙,阴教聿修。《易》曰:'家道正而天下定'由内及外,先王之令典也。《春秋》书宗人衅夏云,无以妾为夫人之礼。齐桓誓命于葵丘,亦曰'无以妾为妻'。今后宫嬖宠,常亚乘舆。若因爱登后,使贱人暴贵,臣恐后世下陵上替,开张非度,乱自上起也。"文帝不从,遂立为皇后[14]。

后早丧兄弟,以从兄表继永后,拜奉车都尉。后外亲刘斐与他国为婚。后闻之,敕曰:"诸亲戚嫁娶,自当与乡里门户匹敌者,不得因势强与他方人婚也。"后姊子孟武还乡里,求小妻,后止之。遂敕诸家曰:"今世妇女少,当配将士,不得因缘取以为妾也。宜各自慎,无为罚首[15]。"

五年,帝东征,后留许昌永始台,时霖雨百余日,城楼多坏,有司奏请移止。后曰:"昔楚昭王出游,贞姜留渐台,江水至,使者迎而无符,不去,卒没。今帝在远,吾幸未有是患,而便移止,奈何?"群臣莫敢复言。六年,帝东征吴,至广陵,后留谯宫。时表留宿卫,欲遏水取鱼。后曰:"水当通运漕,又少材木,奴客不在目前,当复私取官竹木作梁

遏。今奉车所不足者,岂鱼乎?"

明帝即位,尊后为皇太后,称永安宫。太和四年,诏封表安阳亭侯,又进爵乡侯,增邑,并前五百户,迁中垒将军。以表子详为骑都尉。其年,帝追谥太后父永为安阳乡敬侯,母董为都乡君。迁表昭德将军,加金紫,位特进,表第二子训为骑都尉。及孟武母卒,欲厚葬,起祠堂,太后止之曰:"自丧乱以来,坟墓无不发掘,皆由厚葬也;首阳陵可以为法。"青龙三年春,后崩于许昌,以终制营陵,三月庚寅,葬首阳陵西[16]。帝进表爵为观津侯,增邑五百,并前千户。迁详为驸马都尉。四年,追改封永为观津敬侯,世妇董为堂阳君。追封谥后兄浮为梁里亭戴侯,都为武城亭孝侯,成为新乐亭定侯,皆使使者奉策,祠以太牢。表薨,子详嗣,又分表爵封详弟述为列侯。详薨,子钊嗣。

明悼毛皇后,河内人也。黄初中,以选入东宫,明帝时为平原王,进御有宠,出入与同舆辇。及即帝位,以为贵嫔。太和元年,立为皇后。后父嘉,拜骑都尉,后弟曾,郎中。

初,明帝为王,始纳河内虞氏为妃,帝即位,虞氏不得立为后,太皇卞太后慰勉焉。虞氏曰:"曹氏自好立贱,未有能以义举者也。然后职内事,君听外政,其道相由而成;苟不能以善始,未有能令终者也。殆必由此亡国丧祀矣!"虞氏遂绌还邺宫。进嘉为奉车都尉,曾骑都尉,宠赐隆渥。顷之,封嘉博平乡侯,迁光禄大夫,曾驸马都尉。嘉本典虞车工,卒暴富贵,明帝令朝臣会其家饮宴,其容止举动甚蚩騃,语辄自谓"侯身",时人以为笑[17]。后又迁嘉位特进,曾迁散骑侍郎。青龙三年,嘉薨,追赠光禄大夫,改封安国侯,增邑五百,并前千户,谥曰节侯。四年,追封后母夏为野王君。帝之幸郭元后也,后爱宠日弛。景初元年,帝游后园,召才人以上曲宴极乐。元后曰"宜延皇后",帝弗许。乃禁左右,使不得宣。后知之,明日,帝见后,后曰:"昨日游宴北园,乐乎?"帝以左右泄之,所杀十余人。赐后死,然犹加谥,葬愍陵。迁曾散骑常侍,后徙为羽林虎贲中郎将、原武典农。

明元郭皇后,西平人也,世河右大族。黄初中,本郡反叛,遂没入宫。明帝即位,甚见爱幸,拜为夫人。叔父立为骑都尉,从父芝为虎贲中郎将。帝疾困,遂立为皇后。齐王即位,尊后为皇太后,称永宁宫。追封谥太后父满为西都定侯,以立子建绍其爵。封太后母杜为郃阳君。芝为散骑常侍、长水校尉[18],立,宣德将军,皆封列侯。建兄德,出养甄氏。德及建俱为镇护将军,皆封列侯,并掌宿卫。值三主幼弱,宰辅统政,与夺大事,皆先咨启于太后而后施行。毌丘俭、钟会等作乱,咸假其命而以为辞焉。景元四年十二月崩,五年二月,葬高平陵西[19]。

评曰:魏后妃之家,虽云富贵,未有若衰汉乘非其据,宰割朝政者也。鉴往易轨,于斯为美。追观陈群之议,栈潜之论,适足以为百王之规典,垂宪范乎后叶矣。

注：

〔1〕《魏书》曰：后以汉延熹三年十二月己巳生齐郡白亭，有黄气满室移日。父敬侯怪之，以问卜者王旦，旦曰："此吉祥也。"

〔2〕《魏略》曰：太祖始有丁夫人，又刘夫人生子修及清河长公主。刘早终，丁养子修。子修亡于穰，丁常言："将我儿杀之，都不复念！"遂哭泣无节。太祖忿之，遣归家，欲其意折。后太祖就见之，夫人方织，外人传云"公至"，夫人踞机如故。太祖到，抚其背曰："顾我，共载归乎！"夫人不顾，又不应。太祖却行，立于户外，复云："得无尚可邪！"遂不应，太祖曰："真诀矣。"遂与绝，欲其家嫁之，其家不敢。初，丁夫人既为嫡，加有子修，丁视后母子不足。后为继室，不念旧恶，因太祖出行，常四时使人馈遗，又私迎之，延以正坐而己下之，迎来送去，有如昔日。丁谢曰："废放之人，夫人何能常尔邪！"其后丁亡，后请太祖殡葬，许之，乃葬许城南。后太祖病困，自虑不起，叹曰："我前后行意，于心未曾有所负也。假令死而有灵，子修若问'我母所在'，我将何辞以答！"《魏书》曰：后性约俭，不尚华丽，无文绣珠玉，器皆皂漆。太祖常得名珰数具，命后自选一具，后取其中者，太祖问其故，对曰："取其上者为贪，取其下者为伪，故取其中者。"

〔3〕《魏书》曰：后以国用不足，减损御食，诸金银器物皆去之。东阿王植，太后少子，最爱之。后植犯法，为有司所奏，文帝令太后弟子奉车都尉兰护公卿议白太后，太后曰："不意此儿所作如是，汝还语帝，不可以我故坏国法。"及自见帝，不以为言。臣松之案：文帝梦磨钱，欲使文灭而更愈明，以问周宣。宣答曰："此陛下家事，虽意欲尔，而太后不听。"则太后用意，不得如此书所言也。《魏书》又曰：太后每随军征行，见高年白首，辄住车呼问，赐与绢帛，对之涕泣曰："恨父母不及我时也。"太后每见外亲，不假以颜色，常言"居处当务节俭，不当望赏赐，念自佚也。外舍当怪其谴之太簿，吾自有常度故也。吾事武帝四五十年，行俭日久，不能自变为奢，有犯科禁者，吾且能加罪一等耳，莫望钱米恩贷也。"帝为太后弟秉起第，第成，太后幸秉请诸家外亲，设下厨，无异膳。太后左右，菜食粟饭，无鱼肉。其俭如此。

〔4〕《魏略》曰：初，卞后弟秉，当建安时得为别部司马，后常对太祖怨言，太祖答言："但得与我作妇弟，不为多邪？"后又欲太祖给其钱帛，太祖又曰："但汝盗与，不为足邪？"故迄太祖世，秉官不移，财亦不益。

〔5〕《魏略》曰：兰献赋赞述太子德美，太子报之："赋者，言事类之所附也，颂者，美盛德之形容也，故作者不虚其辞，受者必当其实。兰此赋，岂吾实哉？昔吾丘寿王一陈宝鼎，何武等徒以歌颂，犹受金帛之赐；兰事虽不谅，义足嘉也。今赐牛一头。"由是遂见亲敬。

〔6〕《魏略》曰：明帝时，兰见外有二难，而帝留意于宫室，常因侍从，数切谏。帝虽不能从，犹纳其诚款。后兰苦酒消渴，时帝信巫女用水方，使人持水赐兰，兰不肯饮。诏问其意，兰言："治病自当以方药，何信于此？"帝为变色，而兰终不服。后兰渴稍甚，以至于亡。故时人见兰好直言，谓帝面折之而兰自杀，其实不然。

〔7〕《魏书》曰：逸妻常山张氏，生三男五女：长男豫，早终；次俨，举孝廉，大将军掾、曲梁长；次尧，举孝廉，长女姜，次脱，次道，次荣，次即后。后以汉光和五年十二月丁酉生。每寝寐，家中仿佛见如有人持玉衣覆其上者，常共怪之。逸薨，加号慕，内外益奇之。后相者刘良相后及诸子，良指后曰："此女贵乃不可言。"后自少至长，不好戏弄。年八岁，外有立骑马戏者，家人诸姊皆上阁观之，后独不行。诸姊怪问之，后答言："此岂女人之所观邪？"年九岁，喜书，视字辄识，数用诸兄笔砚，兄谓后言："汝当习女工。用书为学，当作女博士邪？"后答言："闻古者贤女，未有不学前世成败，以为己诫。不知书，何由见之？"

〔8〕《魏略》曰：后年十四，丧中兄俨，悲哀过制，事寡嫂谦敬，事处其劳，拊养俨子，慈爱甚笃。后母性严，待诸妇有常，后数谏母："兄不幸早终，嫂年少守节，顾留一子，以大义言之，待之当如妇，爱之宜如女。"母感后言流涕，便令后与嫂共止，寝息坐起常相随，恩爱益密。

〔9〕《魏略》曰：熙出在幽州，后留侍姑。及邺城破，绍妻及后共坐皇堂上。文帝入绍舍，见绍妻及后，后怖，以头伏姑膝上，绍妻两手自搏。文帝谓曰："刘夫人云何如此？令新妇举头！"姑乃捧后仰，文帝就视，见其颜色非凡，称叹之。太祖闻其意，遂为迎取。《世语》曰：太祖下邺，文帝先入袁尚府，有妇人被发垢面，垂涕立绍妻刘后，文帝问之，刘答"是熙妻"，顾揽发髻，以巾拭面，姿貌绝伦。既过，刘谓后"不忧死矣"！遂见纳，有宠。《魏书》曰：后宠愈隆而弥自挹损，后宫有宠者劝勉之，其无宠者慰诲之，每因闲宴，常劝帝，言"昔黄帝子孙蕃育，盖由妾媵众多，乃获斯祚耳。所愿广求淑媛，以丰继嗣。"帝心嘉焉。其后帝欲遣任氏，后请于帝曰："任既乡党名族，德、色，妾等不及也，如何遣之？"帝曰："任性狷急不婉顺，前后忿吾非一，是以遣之耳。"后流涕固请曰："妾受敬遇之恩，众人所知，必谓任之出，是妾之由。上惧有见私之讥，下受专宠之罪，愿重留置！"帝不听，遂出之。十六年七月，太祖征关中，武宣皇后从，留孟津，帝居守邺。时武宣皇后体小不安，后不得定省，忧怖，昼夜泣涕；左右骤以差问告，后犹不信，曰："夫人在家，故疾每动，辄历时，今疾便差，何速也？此欲慰我耳！"忧愈甚。后得武宣皇后还书，说疾已平复，后乃欢悦。十七年正月，大军还邺，后朝武宣皇后，望幄座悲喜，感动左右。武宣皇后见后如此，亦泣，且谓之曰：新妇谓吾前病如昔时困邪？吾时小小耳，十余日即差，不当视我颜色乎！"嗟叹曰："此真孝妇也。"二十一年，太祖东征，武宣皇后、文帝及明帝、东乡公主皆从，时后以病留邺。二十二年九月，大军还，武宣皇后左右侍御见后颜色丰盈，怪问之曰："后与二子别久，下流之情，不可为念，而后颜色更盛，何也？"后笑答之曰："叡等自随夫人，我当何忧！"后之贤明以礼自持如此。

〔10〕《魏书》曰：有司奏建长秋宫，帝玺书迎后，诣行在所，后上表曰："妾闻先代之兴，所以飨国久长，垂祚后嗣，无不由后妃焉。故必审选其人，以兴内教。今践阼之初，诚宜登进贤淑，统理六宫。妾自省愚陋，不任粢盛之事，加以寝疾，敢守微志。"玺书三至而后三让，言甚恳切。时盛暑，帝欲须秋凉乃更迎后。会后疾遂笃，夏六月丁卯，崩于邺。帝哀痛咨嗟，策赠皇后玺绶。臣松之以为《春秋》之义，内大恶讳，小恶不书。文帝之不立甄氏，及加杀害，事有明审。魏史若以为大恶邪，则宜隐而不言，若谓为小恶邪，则不应假为之辞，而崇饰虚文乃至于是，异乎所闻于旧史。推此而言，其称卞、甄诸后言行之善，皆难以实论。陈氏删落，良有以也。

〔11〕《魏书》载三公奏曰："盖孝敬之道，笃乎其亲，乃四海所以承化，天地所以明察，是谓生则致其养，殁则光其灵，诵述以尽其美，宣扬以显其名者也。今陛下以圣懿之德，绍承洪业，孝烝烝，通于神明，遭罹殷忧，每岁谦让。先帝迁神山陵，大礼既备，至于先后，未有显谥。伏惟先后恭让著于幽微，至行显于不言，化流邦国，德侔《二南》，故能膺神灵嘉祥，为大魏世妃。虽凤年登遐，万载之后，永播融烈，后妃之

功莫得而尚也。案谥法:'圣闻周达曰昭。德明有功曰昭。'昭者,光明之至,盛久而不昧者也。宜上尊谥曰文昭皇后。"是月,三公又奏曰:"自古周人始祖后稷,又特立庙以祀姜嫄。今文昭皇后之于万嗣,圣德至化,岂有量哉!夫以皇家世妃之尊,而克让允恭,固推庙位,神灵迁化,而无寝庙以承享祀,非所以报显德,昭孝敬也。稽之古制,宜依《周礼》,先妣别立寝庙。"并奏可之。

〔12〕孙盛曰:于礼,妇人既无封爵之典,况于孩末,而可建以大邑乎?德加异族,援继非类,匪功匪亲,而袭母爵,违情背典,于此为甚。陈群虽抗言,杨阜引事比并,然皆不能极陈先王之礼,明封建继嗣之义,忠至之辞,犹有阙乎!《诗》云:"赫赫师尹,民具尔瞻。"宰辅之职,其可略哉!《晋诸公赞》曰:德字彦孙,司马景王辅政,以女妻德。文王复以女继室,即京兆长公主。景、文二王欲自结于郭后,是以频繁为婚。德虽无才学,而恭谨谦顺。甄温字仲舒,与郭建及德等皆后族。以事宜见宠。咸熙初,封郭建为临渭县公,德广安县公,邑皆千八百户。温本国侯,进为辅国大将军,加侍中,领射声校尉,德镇军大将军。泰始元年,晋受禅,加建、德、温三人位特进。德为人贞素,加以世祖姊夫,是以遂贵当世。德暮年官更转为宗正,迁侍中。太康中,大司马齐王攸当之藩,德与左卫将军王济共谏请,时人嘉之。世祖以此望德,由此出德为大鸿胪,加侍中、光禄大夫。寻疾薨,赠中军大将军开府,侍中如故,谥恭公,子喜嗣。喜精粹有器美,历中书郎、右卫将军、侍中,位至辅国大将军,加散骑常侍。喜与国姻亲,而经赵王伦、齐王冏事故,能不豫际会,良由其才短,然亦以退静免之。

〔13〕《魏书》曰:父永,官至南郡太守,谥敬侯。母姓董氏,即堂阳君,生三男二女:长男浮,高唐令;次女昱;次即后;后弟都、弟戌。后以汉中平元年三月乙卯生,生而有异常。

〔14〕《魏书》曰:后上表谢曰:"妾无皇、英赞降之节,又非姜、任思齐之伦,诚不足以假充女盈之盛位,处中馈之重任。"后自在东宫,及即尊位,虽有异宠,心愈恭肃,供养永寿宫,以孝闻。是时柴贵人亦有宠,后教训奖导之。后宫诸贵人时有过失,常弥覆之,有谴让,辄为帝言其本末,帝或大有所怒,至为之顿首请罪,是以六宫无怨。性俭约,不好音乐,常慕汉明德马后之为人。

〔15〕《魏书》曰:后常敕戒表、武等曰:"汉氏椒房之家,少能自全者,皆由骄奢,可不慎乎!"

〔16〕《魏略》曰:明帝既嗣立,追痛甄后之薨,故太后以忧暴崩。甄后临没,以帝属李夫人。及太后崩,夫人乃说甄后见谮之祸,不获大敛,被发覆面,帝哀恨流涕,命殡葬太后,皆如甄后故事。《汉晋春秋》曰:初,甄后之诛,由郭后之宠,及殡,令被发覆面,以糠塞口,遂立郭后,使养明帝。帝知之,心常怀忿,数泣问甄后死状。郭后曰:"先帝自杀,何以责问我?且汝为人子,可追仇死父,为前母枉杀后母邪?"明帝怒,遂逼杀之,敕殡者使如甄后故事。《魏书》载哀策曰:维青龙三年三月壬申,皇太后梓宫启殡,将葬于首阳之西陵。哀子皇帝叡亲奉册哀,遂亲遣奠,叩心擗踊,号咷仰诉,痛灵魂之迁幸,悲容车之向路,背三光以潜翳,就黄垆而安厝。呜呼哀哉!昔二女妃虞,帝道以彰,三母嫔周,圣善弥光,既多受祉,享国延长。哀哀慈妣,兴化闱房,龙飞紫极,作合圣皇,不虞中年,暴罹灾殃。愍予小子,茕茕摧伤,魂虽永逝,定省曷望?呜呼哀哉!

〔17〕孙盛曰:古之王者,必求令淑以对扬至德,恢王化于《关雎》,致淳风于《麟趾》。及臻三季,并乱兹绪,义以情溺,位

由宠昏,贵贱无章,下陵上替,兴衰隆废,皆是物也。魏自武王,暨于烈祖,三后之升,起自幽贱,本既卑矣,何以长世?《诗》云:"缔兮绤兮,凄其以风。"其此之谓乎!

〔18〕《魏略》曰:诸郭之中,芝最壮直。先时自以他功封侯。

〔19〕《晋诸公赞》曰:建字叔始,有器局而强问,泰始中疾薨。子暇嗣,为给事中。

卷六　　　　董二袁刘传第六

董卓字仲颖,陇西临洮人也[1]。少好侠,尝游羌中,尽与诸豪帅相结。后归耕于野,而豪帅有来从之者,卓与俱还,杀耕牛与相宴乐。诸豪帅感其意,归相敛,得杂畜千余头以赠卓[2]。汉桓帝末,以六郡良家子为羽林郎。卓有才武,旅力少比,双带两鞬,左右驰射。为军司马,从中郎将张奂征并州有功,拜郎中,赐缣九千匹,卓悉以分与吏士。迁广武令,蜀郡北部都尉,西域戊己校尉,免。征拜并州刺史、河东太守[3],迁中郎将,讨黄巾,军败抵罪。韩遂等起凉州,复为中郎将,西拒遂。于望垣硖北,为羌、胡数万人所围,粮食乏绝。卓伪欲捕鱼,堰其还道当所渡水为池,使水淳满数十里,默从堰下过其军而决堰。比羌、胡闻知追逐,水已深,不得渡。时六军上陇西,五军败绩,卓独全众而还,屯住扶风。拜前将军,封斄乡侯,征为并州牧[4]。

灵帝崩,少帝即位。大将军何进与司隶校尉袁绍谋诛诸阉官,太后不从。进乃召卓使将兵诣京师,并密令上书曰:"中常侍张让等窃幸乘宠,浊乱海内。昔赵鞅兴晋阳之甲,以逐君侧之恶。臣辄鸣钟鼓如洛阳,即讨让等。"欲以胁迫太后。卓未至,进败[5]。中常侍段珪等劫帝走小平津,卓遂将其众迎帝于北芒,还宫[6]。时进弟车骑将军苗为进众所杀[7],进、苗部曲无所属,皆诣卓。卓又使吕布杀执金吾丁原,并其众,故京都兵权唯在卓[8]。

先是,进遣骑都尉太山鲍信所在募兵,适至,信谓绍曰:"卓拥强兵,有异志,今不早图,将为所制;及其初至疲劳,袭之可禽也。"绍畏卓,不敢发,信遂还乡里。于是以久不雨,策免司空刘弘而卓代之,俄迁太尉,假节钺虎贲。遂废帝为弘农王。寻又杀王及何太后。立灵帝少子陈留王,是为献帝[9]。卓迁相国,封郿侯,赞拜不名,剑履上殿,又封卓母为池阳君,置家令、丞。卓既率精兵来,适值帝室大乱,得专废立,据有武库甲兵,国家珍宝,威震天下。卓性残忍不仁,遂以严刑胁众,睚眦之隙必报,人不自保[10]。尝遣军到阳城,时适二月社,民各在其社下,悉就断其男子头,驾其车牛,载其妇女财物,所以断头系车辕轴,连轸而还洛,云攻贼大获,称万岁。入开阳城门,焚烧其头,以妇女与甲兵为婢妾。至于奸乱宫人公主。其凶逆如此。

初,卓信任尚书周毖,城门校尉伍琼等,用其所举韩馥、刘岱、孔伷、张咨、张邈等出宰州郡。而馥等至官,皆合兵将以讨卓。卓闻之,以为毖、琼等通情卖己,皆斩之[11]。

河内太守王匡,遣泰山兵屯河阳津,将以图卓。卓遣

疑兵若将于平阴渡者，潜遣锐众从小平北渡，绕击其后，大破之津北，死者略尽。卓以山东豪杰并起，恐惧不宁。初平元年二月，乃徙天子都长安。焚烧洛阳宫室，悉发掘陵墓，取宝物[12]。卓为西京，为太师，号曰尚父。乘青盖金华车，爪画两轓，时人号曰竿摩车[13]。卓弟旻为左将军，封鄠侯；兄子璜为侍中、中军校尉，典兵；宗族内外并列朝廷[14]。公卿见卓，谒拜车下，卓不为礼。召呼三台尚书以下自诣卓府启事[15]。筑郿坞，高与长安城埒，积谷为三十年储[16]，云："事成，雄据天下；不成，守此足以毕老。"尝至郿行坞，公卿已下祖道于横门外[17]。卓豫施帐幔饮，诱降北地反者数百人，于坐中先断其舌，或斩手足，或凿眼，或镬煮之，未死，偃转杯案间。会者皆战栗亡失匕箸，而卓饮食自若。太史望气，言当有大臣戮死者。故太尉张温时为卫尉，素不善卓，卓心怨之，因天有变，欲以塞咎，使人言温与袁术交关，遂笞杀之[18]。法令苛酷，爱憎淫刑，更相被诬，冤死者千数。百姓嗷嗷，道路以目[19]。悉椎破铜人、钟虡，及坏五铢钱。更铸为小钱，大五分，无文章，肉好无轮郭，不磨鑢。于是货轻而物贵，谷一斛至数十万。自是后钱货不行。

三年四月，司徒王允、尚书仆射士孙瑞，卓将吕布共谋诛卓。是时，天子有疾新愈，大会未央殿。布使同郡骑都尉李肃等将亲兵十余人伪著卫士服守掖门，布怀诏书。卓至，肃等格卓。卓惊呼："布所在？"布曰："有诏！"遂杀卓，夷三族。主簿田景前趋卓尸，布又杀之；凡所杀三人，余莫敢动[20]。长安士庶咸相庆贺，诸阿附卓者皆下狱死[21]。

初，卓女婿中郎将牛辅典兵别屯陕，分遣校尉李傕、郭汜、张济略陈留、颍川诸县。卓死，吕布使李肃至陕，欲以诏命诛辅。辅等逆与肃战，肃败走弘农，布诛肃[22]。其后辅营兵有夜叛出者，营中惊，辅以为皆叛，乃取金宝，独与素所厚友胡赤儿等五六人相随，逾城北渡河，赤儿等利其金宝，斩首送长安。

比傕等还，辅已败，众无所依，欲各散归。既无赦书，而闻长安中欲尽诛凉州人，忧恐不知所为。用贾诩策，遂将其众而西，所在收兵，比至长安，众十余万[23]，与卓故部曲樊稠、李蒙、王方等合围长安城。十日城陷，与布战城中，布败走。傕等放兵略长安老少，杀之悉尽，死者狼籍。诛杀卓者，尸王允于市[24]。葬卓于郿，大风暴雨震卓墓，水流入藏，漂其棺椁。傕为车骑将军、池阳侯，领司隶校尉、假节。汜为后将军、美阳侯。稠为右将军、万年侯。傕、汜、稠擅朝政[25]。济为骠骑将军、平阳侯，屯弘农。

是岁，韩遂、马腾等降，率众诣长安，以遂为镇西将军，遣还凉州；腾征西将军，屯郿。侍中马宇与谏议大夫种邵、左中郎将刘范等谋，欲使腾袭长安，己为内应，以诛傕等。腾引兵至长平观，宇等谋泄，出奔槐里。稠击腾，腾败走，还凉州；又攻槐里，宇等皆死。时三辅民尚数十万户，傕等放兵劫略，攻剽城邑，人民饥困，二年间相啖食略尽[26]。诸将争权，遂杀稠，并其众[27]。汜与傕转相疑，战斗长安中[28]。傕质天子于营，烧宫殿城门，略官寺，尽收乘舆服御物置其家[29]。傕使公卿诣汜请和，汜皆执之[30]。相攻击连月，死者万数[31]。

傕将杨奉与傕军吏宋果等谋杀傕，事泄，遂将兵叛傕。傕众叛，稍衰弱。张济自陕和解之，天子乃得出，至新丰、霸陵间[32]。郭汜复欲胁天子还都郿。天子奔奉营，击汜破之。汜走南山，奉及将军董承以天子还洛阳。傕、汜悔遣天子，复相与和，追及天子于弘农之曹阳。奉急招河东故白波帅韩暹、胡才、李乐等合，与傕、汜大战。奉兵败，傕等纵兵杀公卿百官，略宫人入弘农[33]。天子走陕，北渡河，失辎重，步行，唯皇后、贵人从，至大阳，止人家屋中[34]。奉、暹等遂以天子都安邑，御乘牛车。太尉杨彪、太仆韩融近臣从者十余人。以暹为征东、才为征西、乐征北将军，并与奉、承持政。遣融至弘农，与傕、汜等连和，还所略宫人公卿百官，及乘舆车马数乘。是时蝗虫起，岁旱无谷，从官食枣菜[35]。诸将不能相率，上下乱，粮食尽。奉、暹、承乃以天子还洛阳。出箕关，下轵道，张杨以食迎道路，拜大司马。语在《杨传》。天子入洛阳，宫室烧尽，街陌荒芜，百官披荆棘，依丘墙间。州郡各拥兵自为，莫有至者。饥穷稍甚，尚书郎以下，自出樵采，或饥死墙壁间。

太祖乃迎天子都许。暹、奉不能奉王法，各出奔寇徐、扬间，为刘备所杀[36]。董承从太祖岁余，诛。建安二年，遣谒者仆射裴茂率关西诸将诛傕，夷三族[37]。汜为其将五习所袭，死于郿。济饥饿，至南阳寇略，为穰人所杀，从子绣摄其众。才、乐留河东，才为怨家所杀，乐病死。遂、腾自还凉州，更相寇。后腾入为卫尉，子超领其部曲。十六年，超与关中诸将及遂等反，太祖征破之。语在《武纪》。遂奔金城，为其将所杀。超据汉阳，腾坐夷三族。赵衢等举义兵讨超，超走汉中从张鲁，后奔刘备，死于蜀。

袁绍字本初，汝南汝阳人也。高祖父安，为汉司徒。自安以下四世居三公位，由是势倾天下[38]。绍有姿貌威容，能折节下士，士多附之，太祖少与交焉。以大将军掾为侍御史[39]，稍迁中军校尉，至司隶。

灵帝崩，太后兄大将军何进与绍谋诛诸阉官[40]，太后不从。乃召董卓，欲以胁太后。常侍、黄门闻之，皆诣进谢，唯所错置。时绍劝进便可于此决之，至于再三，而进不许。令绍使洛阳方略武吏检司诸宦者。又令绍弟虎贲中郎将术选温厚虎贲二百人，当入禁中，代持兵黄门陛守门户。中常侍段珪等矫太后命，召进入议，遂杀之，宫中乱[41]。术将虎贲烧南宫嘉德殿青琐门，欲以迫出珪等。珪等不出，劫帝及帝弟陈留王走小平津。绍既斩宦者所署司隶校尉许相，遂勒兵捕诸阉人，无少长皆杀之。或有无须而误死者，至自发露形体而后得免。宦者或有行善自守而犹见及。其滥如此。死者二千余人。急追珪等，珪等悉赴河死。帝得还宫。

董卓呼绍，议欲废帝，立陈留王。是时绍叔父隗为太傅，绍伪许之，曰："此大事，出当与太傅议。"卓曰："刘氏种不足复遗。"绍不应，横刀长揖而去[42]。绍既出，遂亡奔冀州。侍中周毖、城门校尉伍琼、议郎何颙等，皆名士也，卓信之，而阴为绍，乃说卓曰："夫废立大事，非常人所及。绍不达大体，恐惧故出奔，非有他志也。今购之急，势必为变。袁氏树恩四世，门生故吏遍于天下，若收豪杰以聚徒众,英雄因之而起,则山东非公之有也。不如赦之,拜一郡守,则绍喜于免罪,必无患矣。"卓以为然,乃拜绍勃海太守。封邟乡侯。

绍遂以勃海起兵,将以诛卓。语在《武纪》。绍自号车骑将军,主盟,与冀州牧韩馥立幽州牧刘虞为帝,遣使奉章诣虞,虞不敢受。后馥军安平,为公孙瓒所败。瓒遂引兵入冀州,以讨卓为名,内欲袭馥。馥怀不自安[43]。会卓西入关,绍还军延津,因馥惶遽,使陈留高幹、颍川荀谌等说馥曰:"公孙瓒乘胜来向南,而诸郡应之。袁车骑引军东向,此其意不可知,窃为将军危之。"馥曰:"为之奈何?"谌曰:"公孙提燕、代之卒,其锋不可当。袁氏一时之杰,必不为将军下。夫冀州,天下之重资也,若两雄并力,兵交于城下,危亡可立而待也。夫袁氏,将军之旧,且同盟也,当今为将军计,莫若举冀州以让袁氏。袁绍得冀州,则瓒不能与之争,必厚德将军。冀州入于亲交,是将军有让贤之名,而身安于泰山也。愿将军勿疑!"馥素恇怯,因然其计。馥长史耿武、别驾闵纯、治中李历谏馥曰:"冀州虽鄙,带甲百万,谷支十年。袁绍孤客穷军,仰我鼻息,譬如婴儿在股掌之上,绝其哺乳,立可饿杀。奈何乃欲以州与之?"馥曰:"吾,袁氏故吏,且才不如本初,度德而让,古人所贵,诸君独何病焉!"从事赵浮、程奂请以兵拒之,馥又不听。乃让绍[44],绍遂领冀州牧。从事沮授[45]说绍曰:"将军弱冠登朝,则播名海内;值废立之际,则忠义奋发;单骑出奔,则董卓怀怖;济河而北,则勃海稽首。振一郡之卒,撮冀州之众,威震河朔,名重天下。虽黄巾猾乱,黑山跋扈,举军东向,则青州可定;还讨黑山,则张燕可灭;回众北首,则公孙必丧;震胁戎狄,则匈奴必从。横大河之北,合四州之地,收英雄之才,拥百万之众,迎大驾于西京,复宗庙于洛邑,号令天下,以讨未复,以此争锋,谁能敌之?比及数年,此功不难。"绍喜曰:"此吾心也。"即表授为监军、奋威将军[46]。卓遣执金吾胡母班、将作大匠吴修赍诏书喻绍,绍使河内太守王匡杀之[47]。卓闻绍得关东,乃悉诛绍宗族太傅隗等。当是时,豪侠多附绍,皆思为之报,州郡蜂起,莫不假其名。馥怀惧,从绍索去,往依张邈[48]。后绍遣使诣邈,有所计议,与邈耳语。馥在坐上,谓见图构,无何起至溷自杀[49]。

初,天子之立非绍意,及在河东,绍遣颍川郭图使焉。图还说绍迎天子都邺,绍不从[50]。会太祖迎天子都许,收河南地,关中皆附。绍悔,欲令太祖徙天子都鄄城以自密近,太祖拒之。天子以绍为太尉,转为大将军,封邺侯[51],绍让侯不受。顷之,击破瓒于易京,并其众[52]。出长子谭为青州,沮授谏绍:"必为祸始。"绍不听,曰:"孤欲令诸儿各据一州也[53]。"又以中子熙为幽州,甥高幹为并州。众数十万,以审配、逢纪统军事,田丰、荀谌、许攸为谋主,颜良、文丑为将率,简精卒十万,骑万匹,将攻许[54]。

先是,太祖遣刘备诣徐州拒袁术。术死,备杀刺史车胄,引军屯沛。绍遣骑佐之。太祖遣刘岱、王忠击之,不克。建安五年,太祖自东征备。田丰说绍袭太祖后,绍辞以子疾,不许。丰举杖击地曰:"夫遭难遇之机,而以婴儿之病失其会,惜哉!"太祖至,击破备;备奔绍[55]。

绍进军黎阳,遣颜良攻刘延于白马。沮授又谏绍:"良性促狭,虽骁勇,不可独任。"绍不听。太祖救延,与良战,破斩良[56]。绍渡河,壁延津南,使刘备、文丑挑战。太祖击破之,斩丑,再战,禽绍大将。绍军大震[57]。太祖还官渡。沮授又曰:"北兵数众而果劲不及南,南谷虚少而货财不及北;南利在于急战,北利在于缓搏。宜徐持久,旷以日月。"绍不从。连营稍前,逼官渡,合战,太祖军不利,复壁。绍为高橹,起土山,射营中,营中皆蒙楯,众大惧。太祖乃为发石车,击绍楼,皆破,绍众号曰霹雳车[58]。绍为地道,欲袭太祖营。太祖辄于内为长堑以拒之,又遣奇兵袭击绍运车,大破之,尽焚其谷。太祖与绍相持日久,百姓疲乏,多叛应绍,军食乏。会绍遣淳于琼等将兵万余人北迎运车,沮授说绍:"可遣将蒋奇别为支军于表,以断曹公之钞。"绍复不从。琼宿乌巢,去绍军四十里。太祖乃留曹洪守,自将步骑五千候夜潜往攻琼。绍遣骑救之,败走。破琼等,悉斩之。太祖还,未至营,绍将高览、张郃等率其众降。绍众大溃,绍与谭单骑退渡河。余众伪降,尽坑之[59]。沮授不及绍渡,为人所执,诣太祖[60],太祖厚待之。后谋还袁氏,见杀。

初,绍之南也。田丰说绍曰:"曹公善用兵,变化无方,众虽少,未可轻也,不如以久持之。将军据山河之固,拥四州之众,外结英雄,内修农战,然后简其精锐,分为奇兵,乘虚迭出,以扰河南,救右则击其左,救左则击其右,使敌疲于奔命,民不得安业;我未劳而彼已困,不及二年,可坐克也。今释庙胜之策,而决成败于一战,若不如志,悔无及也。"绍不从。丰恳谏,绍怒甚,以为沮众,械系之。绍军既败,或谓丰曰:"君必见重。"丰曰:"若军有利,吾必全,今军败,吾其死矣。"绍还,谓左右曰:"吾不用田丰言,果为所笑。"遂杀之[61]。绍外宽雅,有局度,忧喜不形于色,而内多忌害,皆此类也。冀州城邑多叛,绍复击定之。自军败后发病,七年,忧死。

绍爱少子尚,貌美,欲以为后而未显[62]。审配、逢纪与辛评、郭图争权,配、纪与尚比,评、图与谭比。众以谭长,欲立之。配等恐谭立而评等为己害,缘绍素意,乃奉尚代绍位。谭至,不得立,自号车骑将军。由是谭、尚有隙。太祖北征谭、尚。谭军黎阳,尚少与谭兵,而使逢纪从谭。谭求益兵,配等议不与。谭怒,杀纪[63]。太祖渡河攻谭,谭告急于尚。尚欲分兵益谭,恐谭遂夺其众,乃使审配守邺,自将兵助谭,与太祖相拒于黎阳。自九月至二月,大战城下,谭、尚败走,入城守。太祖将围之,乃夜遁。追至邺,收其麦,拔阴安,引军还许。太祖南征荆州,军至西平。谭、尚遂举兵相攻,谭败奔平原。尚攻之急,谭遣辛毗诣太祖请救。太祖乃还救谭,十月至黎阳[64]。尚闻太祖北,释平原还邺。其将吕旷、吕翔叛尚归太祖,谭复阴刻将军印假旷、翔。太祖知谭诈,与结婚以安之,乃引军还。尚使审配、苏由守邺,复攻谭平原。太祖进军将攻邺,到洹水,去邺五十里,由欲为内应,谋泄,与配战城中,败,出奔太祖。太祖遂进攻之,为地道,配亦于内作堑以当之。配将冯礼开突门,内太祖兵三百余人,配觉之,从城上以大石击突中栅门,栅门闭，入者皆没。太祖遂围之，为堑，周四十里，初令浅，示若可越。配望而笑之，不出争利。太祖一夜掘之，广深二丈，决漳水以灌之，自五月至八月，城中饥死者过半。尚闻邺急，将兵万余人还救之，依西山来，东至阳平亭，去邺十七里，临滏水，举火以示城中，城中亦举火相应。配出兵城北，欲与尚对决围。太祖逆击之，败还。尚亦破走，依曲漳为营，太祖遂围之。未合，尚惧，遣阴夔、陈琳乞降，不听。尚还走滥口，进复围之急，其将马延等临阵降，众大溃，尚奔中山。尽收其辎重，得尚印绶、节钺及衣物，以示其家，城中崩沮。配兄子荣守东门，夜开门内太祖兵，与配战城中，生禽配。配声气壮烈，终无挠辞，见者莫不叹息。遂斩之[65]。高幹以并州降，复以幹为刺史。

太祖之围邺也，谭略取甘陵、安平、渤海、河间，攻尚于中山。尚走故安从熙，谭悉收其众。太祖将讨之，谭乃拔平原，并南皮，自屯龙凑。十二月，太祖军其门，谭不出，夜遁奔南皮，临清河而屯，十年正月，攻拔之，斩谭及图等。熙、尚为其将焦触、张南所攻，奔辽西乌丸。触自号幽州刺史，驱率诸郡太守令长，背袁向曹，陈兵数万，杀白马盟，令曰："违命者斩！"众莫敢语，各以次歃。至别驾韩珩，曰："吾受袁公父子厚恩，今其破亡，智不能救，勇不能死，于义阙矣；若乃北面于曹氏，所弗能为也。"一坐为珩失色。触曰："夫兴大事，当立大义，事之济否，不待一人，可卒珩志，以励事君。"高幹叛，执上党太守，举兵守壶口关。遣乐进、李典击之，未拔。十一年，太祖征幹。幹乃留其将夏昭、邓升守城，自诣匈奴单于求救，不得，独与数骑亡，欲南奔荆州，上洛都尉捕斩之[66]。十二年，太祖至辽西击乌丸。尚、熙与乌丸逆军战，败走奔辽东，公孙康诱斩之，送其首[67]。太祖高韩珩节，屡辟不至，卒于家[68]。

袁术字公路，司空逢子，绍之从弟也。以侠气闻。举孝廉，除郎中，历职内外，后为折冲校尉、虎贲中郎将。董卓之将废帝，以术为后将军；术亦畏卓之祸，出奔南阳。会长沙太守孙坚杀南阳太守张咨，术得据其郡。南阳户口数百万，而术奢淫肆欲，征敛无度，百姓苦之。既与绍有隙，又与刘表不平，而北连公孙瓒；绍与瓒不和而南连刘表。其兄弟携贰，舍近交远如此[69]。引军入陈留。太祖与绍合击，大破术军。术以余众奔九江，杀扬州刺史陈温，领其州[70]。以张勋、桥蕤等为大将军。李傕入长安，欲结术为援，以术为左将军，封阳翟侯，假节，遣太傅马日磾因循行拜授。术夺日磾节，拘留不遣[71]。时沛相下邳陈珪，故太尉球弟子也。术与珪俱公族子孙，少共交游，书与珪曰："昔秦失其政，天下群雄争而取之，兼智勇者卒受其归。今世事纷扰，复有瓦解之势矣，诚英乂有为之时也。与足下旧交，岂肯左右之乎？若集大事，子实为吾心膂。"珪中子应时在下邳，术并胁质应，图必致珪。珪答书曰："昔秦末世，肆暴恣情，虐流天下，毒被生民，下不堪命，故遂土崩。今虽季世，未有亡秦苛虐之乱也。曹将军神武应期，兴复典刑，将拨平凶慝，清定海内，信有征矣。以足下当戮力同心，匡翼汉室，而阴谋不轨，以身试祸，岂不痛哉！若迷而知反，尚可以免。吾备旧知，故陈至情，虽逆于耳，

肉骨之惠也。欲吾营私阿附，有犯死不能也。"

兴平二年冬，天子败于曹阳。术会群下谓曰："今刘氏微弱，海内鼎沸。吾家四世公辅，百姓所归，欲应天顺民，于诸君意如何？"众莫敢对。主簿阎象进曰："昔周自后稷至于文王，积德累功，三分天下有其二，犹服事殷。明公虽奕世克昌，未若有周之盛，汉室虽微，未若殷纣之暴也。"术嘿然不悦。用河内张炯之符命，遂僭号[72]。以九江太守为淮南尹。置公卿，祠南北郊。荒侈滋甚，后宫数百皆服绮縠，余梁肉[73]，而士卒冻馁，江淮间空尽，人民相食。术前为吕布所破，后为太祖所败，奔其部曲雷薄、陈兰于灊山，复为所拒，忧惧不知所出。将归帝号于绍，欲至青州从袁谭，发病道死[74]。妻子依术故吏庐江太守刘勋，孙策破勋，复见收视。术女入孙权宫，子燿拜郎中，燿女又配于权子奋。

刘表字景升，山阳高平人也。少知名，号八俊[75]。长八尺余，姿貌甚伟。以大将军掾为北军中候。灵帝崩，代王叡为荆州刺史。是时山东兵起，表亦合兵军襄阳[76]。袁术之在南阳也，与孙坚合从，欲袭夺表州，使坚攻表。坚为流矢所中死，军败，术遂不能胜表。李傕、郭汜入长安，欲连表为援，乃以表为镇南将军、荆州牧，封成武侯，假节。天子都许，表虽遣使贡献，然北与袁绍相结。治中邓羲谏表，表不听[77]，羲辞疾而退，终表之世。张济引兵入荆州界，攻穰城，为流矢所中死。荆州官属皆贺，表曰："济以穷来，主人无礼，至于交锋，此非牧意，牧受吊，不受贺也。"使人纳其众；众闻之喜，遂服从。长沙太守张羡叛表[78]，表围之，连年不下。羡病死，长沙复立其子怿。表遂攻并怿，南收零、桂，北据汉川，地方数千里，带甲十余万[79]。

太祖与袁绍方相持于官渡，绍遣人求助，表许之而不至，亦不佐太祖，欲保江汉间，观天下变。从事中郎韩嵩、别驾刘先说表曰："豪杰并争，两雄相持，天下之重，在于将军。将军若欲有为，起乘其弊可也；若不然，固将择所从。将军拥十万之众，安坐而观望。夫见贤而不能助，请和而不得，此两怨必集于将军，将军不得中立矣。夫以曹公之明哲，天下贤俊皆归之，其势必举袁绍，然后称兵以向江汉，恐将军不能御也。故为将军计者，不若举州以附曹公，曹公必重德将军；长享福祚，垂之后嗣，此万全之策也。"表大将蒯越亦劝表，表狐疑，乃遣嵩诣太祖以观虚实。嵩还，深陈太祖威德，说表遣入质。表疑嵩反为太祖说，大怒，欲杀嵩，考杀随嵩行者，知嵩无他意，乃止[80]。表虽外貌儒雅，而心多疑忌，皆此类也。

刘备奔表，表厚待之，然不能用[81]。建安十三年，太祖征表，未至，表病死。

初，表及妻爱少子琮，欲以为后，而蔡瑁、张允为之支党，乃出长子琦为江夏太守，众遂奉琮为嗣。琦与琮遂为仇隙[82]。越、嵩及东曹掾傅巽等说琮归太祖，琮曰："今与诸君据全楚之地，守先君之业，以观天下，何为不可乎？"巽对曰："逆顺有大体，强弱有定势。以人臣而拒人主，逆也；以新造之楚而御国家，其势弗当也；以刘备而敌曹公，又弗当也。三者皆短，欲以抗王兵之锋，必亡之道也。将军

自料何与刘备？"琮曰："吾不若也。"巽曰："诚以刘备不足御曹公乎，则虽保楚之地，不足以自存也；诚以刘备足御曹公乎，则备不为将军下也。愿将军勿疑。"太祖军到襄阳，琮举州降。备走奔夏口[83]。

太祖以琮为青州刺史，封列侯[84]。蒯越等侯者十五人。越为光禄勋[85]；嵩，大鸿胪[86]；羲，侍中[87]；先尚书令；其余多至大官[88]。

评曰：董卓狼戾贼忍，暴虐不仁，自书契已来，殆未之有也[89]。袁术奢淫放肆，荣不终己，自取之也[90]。袁绍、刘表，咸有威容、器观，知名当世。表跨蹈汉南，绍鹰扬河朔，然皆外宽内忌，好谋无决，有才而不能用，闻善而不能纳，废嫡立庶，舍礼崇爱，至于后嗣颠蹶，社稷倾覆，非不幸也。昔项羽背范增之谋，以丧其王业；绍之杀田丰，乃甚于羽远矣！

注

〔1〕《英雄记》曰：卓父君雅，由微官为颍川纶氏尉。有三子：长子擢，字孟高，早卒；次即卓；卓弟旻字叔颍。

〔2〕《吴书》曰：郡召卓为吏，使监领盗贼。胡尝出钞，多虏民人，凉州刺史成就辟卓为从事，使领兵骑讨捕，大破之，斩获千计。并州刺史段颎荐卓公府，司徒袁隗辟为掾。

〔3〕《英雄记》曰：卓数讨羌、胡，前后百余战。

〔4〕《灵帝纪》曰：中平五年，征卓为少府，敕以营兵士属左将军皇甫嵩，诣行在所。卓上言："凉州扰乱，鲸鲵未灭，此臣奋发效命之秋。吏士踊跃，恋恩念报，各遮臣车，辞声恳恻，未能得即路也。辄且行前将军，尽心慰恤，效力行阵。"六年，以卓为并州牧，又敕以吏兵属皇甫嵩。卓复上言："臣掌兵十年，士卒大小，相狎弥久，恋臣畜养之恩，乐为国家奋一旦之命，乞将之州，效力边陲。"卓再违诏敕，会为何进所召。

〔5〕《续汉记》曰：进字遂高，南阳人，太后异母兄也。进本屠家子，父曰真。真死后，进以妹倚黄门得入掖庭，有宠，光和三年立为皇后，进由是贵幸。中平元年，黄巾起，拜进大将军。《典略》载卓表曰："臣伏惟天下所以有逆不止者，由黄门常侍张让等侮慢天常，操擅王命，父子兄弟并据州郡，一书出门，便获千金，京畿诸郡数百万膏腴美田皆属让等，至使怨气上蒸，妖贼蜂起。臣前奉诏讨於扶罗，将士饥乏，不肯渡河，皆言欲诣京师先诛阉竖以除民害，从台阁求乞资直。臣随慰抚，以至新安。臣闻扬汤止沸，不如灭火去薪，溃痈虽痛，胜于养肉，及溺呼船，悔之无及。"

〔6〕张璠《汉纪》曰：帝以八月庚午为诸黄门所劫，步出谷门，走至河上。诸黄门既投河死，时帝年十四，陈留王年九岁，兄弟独夜步行欲还宫，暗暝，逐萤火而行，数里，得民家以露车载送。辛未，公卿以下与卓共迎帝于北芒阪下。《献帝春秋》曰：先是童谣曰："侯非侯，王非王，千乘万骑走北芒。"卓时适至，屯显阳苑。闻帝当还，率众迎帝。《典略》曰：帝望见卓兵涕泣。群公谓卓曰："有诏却兵。"卓曰："公诸人为国大臣，不能匡正王室，至使国家播荡，何却兵之有！"遂俱入城。《献帝纪》曰：卓与帝语，语不可了。乃更与陈留王语，问祸乱由起，王答，自初至终，无所遗失。卓大喜，乃有废立意。《英雄记》曰：河南中部掾闵贡扶帝及陈留王上至雒舍止。帝独乘一马，陈留王与贡共乘一马，从雒舍南行。公卿百官奉迎于北芒阪下，故太尉崔烈在前导。卓将步骑数千迎，烈呵使避，

卓骂烈曰："昼夜三百里来，何云避，我不能断卿头邪？"前见帝曰："陛下令常侍小黄门作乱乃尔，以取祸败，为负不小邪？"又趋陈留王："我董卓也，从我抱来！"乃于贡抱中取王。《英雄记》：一本云王不就卓抱，卓与王并马而行也。

〔7〕《英雄记》云：苗，太后之同母兄，先嫁朱氏之子。进初曲将吴匡，素怨苗不与进同心，又疑其与宦官通谋，乃令军中曰："杀大将军者，车骑也。"遂引兵与卓弟旻共攻苗于朱爵阙下。

〔8〕《九州春秋》曰：卓初入洛阳，步骑不过三千。自嫌兵少不为远近所服，率四五日，辄夜遣兵出四城门，明日陈旌鼓而入，宣言云："西兵复入至洛中"。人不觉，谓卓兵不可胜数。

〔9〕《献帝纪》曰：卓谋废帝，会群臣于朝堂，议曰："大者天地，次者君臣，所以为治。今皇帝暗弱，不可以奉宗庙，为天下主。欲依伊尹、霍光故事，立陈留王，何如？"尚书卢植曰："案《尚书》太甲既立不明，伊尹放之桐宫。昌邑王立二十七日，罪过千余，故霍光废之。今上富于春秋，行未有失，非前事也。"卓怒，罢坐，欲诛植，侍中蔡邕劝之，得免。九月甲戌，卓复大会群臣曰："太后逼迫永乐太后，令以忧死，逆妇姑之礼，无孝顺之节。天子幼质，软弱不君。昔伊尹放太甲，霍光废昌邑，著在典籍，金以为善。今太后宜如太甲，皇帝宜如昌邑。陈留王仁孝，宜即皇帝祚。"《献帝起居注》载策曰："孝灵皇帝不究高宗眉寿之祚，早弃臣子。皇帝承绍，海内侧望，而帝天姿轻佻，威仪不恪，在丧慢惰，衰如故裳；凶德既彰，淫秽发闻，损辱神器，忝污宗庙。皇太后教无母仪，统政荒乱。永乐太后暴崩，众论惑焉。三纲之道，天地之纪，而乃有阙，罪之大者。陈留王协，圣德伟茂，规矩邈然，丰下兑上，有尧图之表；居丧哀戚，言不及邪；岐嶷之性，有周成之懿。休声美称，天下所闻，宜承洪业，为万世统，可以承宗庙。废皇帝为弘农王。皇太后还政。"尚书读册毕，群臣莫有言，尚书丁宫曰："天祸汉室，丧乱弘多。昔祭仲废忽立突，《春秋》大其权。今大臣量宜为社稷计，诚合天人，请称万岁。"卓以太后见废，故公卿以下不布服，会葬，素衣而已。

〔10〕《魏书》曰：卓所愿无极，语宾客曰："我相，贵无上也。"《英雄记》曰：卓欲震威，侍御史扰龙宗诣卓白事，不解剑，立挝杀之，京师震动。发何苗棺，出其尸，枝解节弃于道边。又收苗母舞阳君杀之，弃尸于苑枳落中，不复收敛。

〔11〕《英雄记》曰：愍字仲远，武威人。琼字德瑜，汝南人。谢承《后汉书》：伍孚字德瑜，少有大节，为郡门下书佐。其本邑长有罪，太守使孚出教，敕曹下督邮收之。孚不肯受教，伏地仰谏曰："君虽不君，臣不可不臣，明府奈何令孚受教，敕外收本邑长乎？更乞授他吏。"太守奇而听之。后大将军何进辟为东曹属，稍迁侍中、河南尹、越骑校尉。董卓作乱，百僚震栗。孚著小铠，于朝服里怀佩刀见卓，欲伺便刺杀之。语阕辞去，卓送至阁中，孚因出刀刺之。卓多力，退却不中，即收孚。卓曰："卿欲反邪？"孚大言曰："汝非吾君，吾非汝臣，何反之有？汝乱国篡主，罪盈恶大，今是吾死日，故诛奸贼耳，恨不车裂汝于市朝以谢天下。"遂杀孚。谢承记孚字及本郡，则与琼同，而致死事乃与孚异也，不知孚为琼之别名，为别有伍孚也？盖未详之。

〔12〕华峤《汉书》曰：卓欲迁都长安，召公卿以下大议。司徒杨彪曰："昔盘庚五迁，殷民胥怨，故作三篇以晓天下之民。今海内安稳，无故移都，恐百姓惊动，糜沸蚁聚为乱。"卓曰："关中肥饶，故秦得并吞六国。今徙西京，设令关东豪强敢有动者，以我强兵踧之，可使诣沧海。"彪曰："海内动之甚易，安之甚难。又长安宫室坏败，不可卒复。"卓曰："武帝时居杜

陵南山下,有成瓦窑数千处,引凉州材木东下以作宫室,为功不难。卓意不得,便作色曰:"公欲沮我计邪?边章、韩约有书来,欲令朝廷必徙都。若大兵东下,我不能相救,公便可与袁氏西行。"彪曰:"西方自彪道径也。顾未知天下何如耳!"议罢。卓敕司隶校尉宣璠以灾异劾奏,因策免彪。《续汉书》曰:太尉黄琬、司徒杨彪、司空荀爽俱诣卓,卓言:"昔高祖都关中,十一世后中兴,更都洛阳。从光武至今复十一世,案《石苞室谶》,宜复还都长安。"坐中皆惊愕,无敢应者。彪曰:"迁都改制,天下大事,皆当因民之心,随时之宜。昔盘庚五迁,殷民胥怨,故作三篇以晓之。往者王莽篡逆,变乱五常,更始赤眉之时,焚烧长安,残害百姓,民人流亡,百无一在。光武受命,更都洛邑。此其宜也。方今建立圣主,光隆汉祚,而无故捐宗庙,弃园陵,恐百姓惊愕,不解此意,必糜沸蚁聚以致扰乱。《石苞室谶》,妖邪之书,岂可信用?"卓作色曰:"杨公欲沮国家计邪?关东方乱,所在贼起。崤函险固,国之重防。又陇右取材,功夫不难。杜陵南山下有孝武故陶处,作砖瓦,一朝可办。宫室官府,盖何足言!百姓小民,何足与议!若有前却,我以大兵驱之,岂得自在!"百寮皆恐怖失色。琬谓卓曰:"此大事。杨公之语,得无重思?"卓罢坐,即日令司隶奏彪及琬,皆免官。大驾即西。卓部兵烧洛阳城外面百里。又自将兵烧南北宫及宗庙、府库、民家,城内扫地殄尽。又收诸富室,以罪恶没入其财物;无辜而死者,不可胜计。《献帝纪》曰:卓获山东兵,以猪膏涂布十余匹,用缠其身,然后燃之,先从足起。获袁绍豫州从事李延,煮杀之。卓所爱胡,恃宠放纵,为司隶校尉赵谦所杀。卓大怒曰:"我爱狗,尚不欲令人呵之,而况人乎!"乃召司隶都官挝杀之。

〔13〕《魏书》曰:言其逼天子也。《献帝纪》曰:卓既为太师,复欲称尚父,以问蔡邕。邕曰:"昔武王受命,太公为师,辅佐周室,以伐无道,是以天下尊之,称为尚父。今公之功德诚为巍巍,宜须关东悉定,车驾东还,然后议之。"乃止。京师地震,卓又问邕。邕对曰:"地动阴盛,大臣逾制之所致也。公乘青盖车,远近以为非宜。"卓从之,更乘金华皂盖车也。

〔14〕《英雄记》曰:卓侍妾怀抱中子,皆封侯,弄以金紫。孙女名白,时尚未笄,封为渭阳君。于郿城东起坛,纵广二丈余,高五六尺,使白乘轩金华青盖车,都尉、中郎将、刺史、二千石在郿者,各令乘轩簪笔,为白导从,之坛上,使兄子璜为使者授印绶。

〔15〕《山阳公载记》曰:初卓为前将军,皇甫嵩为左将军,俱征韩遂,不相下。后卓征为少府、并州牧,兵当属嵩,卓大怒。及为太师,嵩为御史中丞,拜于车下。卓问嵩:"义真服未乎?"嵩曰:"安知明公乃至于是!"卓曰:"鸿鹄固有远志,但燕雀自不知耳。"嵩曰:"昔与明公俱为鸿鹄,不意今日变为凤皇耳。"卓笑曰:"卿早服,今日可不拜也。"张璠《汉纪》曰:卓抵其手谓皇甫嵩曰:"义真怖未乎?"嵩对曰:"明公以德辅朝廷,大庆方至,何怖之有?若淫刑以逞,将天下皆惧,岂独嵩乎?"卓默然,遂与嵩和解。

〔16〕《英雄记》曰:郿去长安二百六十里。

〔17〕横音光。

〔18〕《傅子》曰:灵帝时榜门卖官,于是太尉段颎、司徒崔烈、太尉樊陵、司空张温之徒,皆以钱上千下五百万以买三公。颎数征伐有大功,烈有北州重名,温有杰才,陵能偶时,皆一时显士,犹以货取位,而况于刘嚣、唐珍、张颢之党乎!《风俗通》曰:司隶刘嚣,以党诸常侍,致位公辅。《续汉书》曰:唐珍,中常侍唐衡弟。张颢,中常侍张奉弟。

〔19〕《魏书》曰:卓使司隶校尉刘嚣籍吏民有为子不孝,为臣不忠,为吏不清,为弟不顺,有应此者皆身诛,财物没官。于是爱憎互起,民多冤死。

〔20〕《英雄记》曰:时有谣言曰:"千里草,何青青,十日卜,犹不生。"又作《董逃》之歌。又有道士书布为"吕"字以示卓,卓不知其为吕布也。卓当入会,陈列步骑,自营至宫,朝服导引行其中。马踬不前,卓心怪欲止,布劝使行,乃衷甲而入。卓既死,当时日月清净,微风不起。旻、璜等及宗族老弱悉在郿,皆还,为其群下所斫射。卓母年九十,走至坞门曰:"乞脱我死",即斩首。袁氏门生故吏,改殡诸袁死于郿者,敛聚董氏尸于其侧而焚之。暴卓尸于市。卓素肥,膏流浸地,草为之丹。守尸吏暝以为大炷,置卓脐中以为灯,光明达旦,如是积日。后卓故部曲收所烧者灰,以一棺棺之,葬于郿。卓坞中金有二三万斤,银八九万斤,珠玉锦绮奇玩杂物皆山崇阜积,不可知数。

〔21〕谢承《后汉书》曰:蔡邕在王允坐,闻卓死,有叹惜之音。允责邕曰:"卓,国之大贼,杀主残臣,天地所不祐,人神所同疾。君为王臣,世受汉恩。国主危难,曾不倒戈,卓受天诛,而更嗟痛乎?"便使收付廷尉。邕谢允曰:"虽不忠,犹识大义,古今安危,耳所厌闻,口所常玩,岂当背国而向卓乎?狂瞽之词,谬出患人,愿黥首为刑以继汉史。"公卿惜邕才,咸共谏允。允曰:"昔武帝不杀司马迁,使作谤书,流于后世。方今祚祚中衰,戎马在郊,不可令佞臣执笔在幼主左右,后令吾徒并受谤议。"遂杀邕。臣松之以为蔡邕虽为卓所亲任,情必不党。宁不知卓之奸凶,为天下所毒,闻其死亡,理无叹惜。纵复令然,不应反言于王允之坐。斯殆谢承之妄记耳。史迁纪传,博有奇功于斯世,而云王允谓孝武应早杀迁,此非识者之言。但迁为不隐武之失,直书其事耳,何谤之有乎?王允之忠正,可谓内省不疚者矣,既无惧于谤,且欲杀邕,以论邕应死与不,可岂虑其谤己而枉戮善人哉!此皆诬罔不通之甚者。张璠《汉纪》曰:初,蔡邕以言事见徙,名闻天下,义动志士。及还,内宠恶之。邕恐,乃亡命海滨,往来依太山羊氏,积十年。卓为太尉,辟为掾,以高第为侍御史治书,三日中遂至尚书。后迁巴东太守,卓上留拜侍中,至长安为左中郎将。卓重其才,厚遇之,每有朝廷事,常令邕具草。及将杀邕,时名士多为之言,允悔欲止,而邕已死。

〔22〕《魏书》曰:辅恇怯失守,不能自安。常把辟兵符,以铁锁致其旁,欲以自强。见客,先使相者相之,知有反气与不,又筮知吉凶,然后乃见之。中郎将董越来就辅,辅使筮之,得兑下离上,筮者曰:"火胜金,外谋内之卦也。"即时杀越。《献帝纪》云:筮人常为越所鞭,故因此以报之。

〔23〕《九州春秋》曰:催等在陕,皆恐怖,急拥兵自守。胡文才、杨整修皆凉州大人,而司徒王允素所不善也。及李催之叛,允乃呼文才、整修使东解释之,不假借以温颜,谓曰:"关东鼠子欲何为邪?卿往呼之。"于是二人往,实召兵而还。

〔24〕张璠《汉纪》曰:布兵败,驻马青琐门外,谓允曰:"公可以去。"允曰:"安国家,吾之上愿也,若不获,则奉身以死。朝廷幼主恃我而已,临难荀免,吾不为也。努力谢关东诸公,以国家为念。"催、汜入长安城,屯南宫掖门,杀太仆鲁馗、大鸿胪周奂、城门校尉崔烈、越骑校尉王颀。吏民死者不可胜数。司徒王允挟天子上宣平城门避兵,催等于城门下拜,伏地叩头。帝谓催等曰:"卿无作威福,而乃放兵纵横,欲何为乎?"催等曰:"董卓忠于陛下,而无故为吕布所杀。臣等为卓报仇,弗敢为逆也。请事竟,诣廷尉受罪。"允穷逼出见

傕，傕诛允及妻子宗族十余人。长安城中男女大小莫不流涕。允字子师，太原祁人也。少有大节，郭泰见而奇之，曰："王生一日千里，王佐之才也。"泰虽先达，遂与定交。三公并辟，历豫州刺史，辟荀爽、孔融为从事，迁河南尹、尚书令。及为司徒，其所以扶持王室，甚得大臣之节，自天子以下，皆倚赖焉。卓亦推信之，委以朝廷。华峤曰：夫士以正立，以谋济，以义成，若王允之推董卓而分其权，伺其间而弊其罪。当此之时，天下之难解矣，本之皆主于忠义也，故推卓不为失正，分权不为不义，伺间不为狙诈，是以谋济义成，而归于正也。

〔25〕《英雄记》曰：傕，北地人。汜，张掖人，一名多。

〔26〕《献帝纪》曰：是时新迁都，宫人多乏衣服，帝欲发御府缯以与之，李傕弗欲，曰："宫中有衣，胡为复作邪？"诏卖厩马百余匹，御府大司农出杂缯二万匹，与所买厩马直，赠公卿以下及贫民不能自存者。李傕曰："我邸阁储偫少"，乃悉载置其营。贾诩曰："此上意，不可拒。"傕不从之。

〔27〕《九州春秋》曰：马腾、韩遂之败，樊稠追至陈仓。遂语稠曰："天地反覆，未可知也。本所争者非私怨，王家事耳。与足下州里人，今且小违，要当大同，欲相与善语以别。邂逅万一不如意，后可复相见乎！"俱却骑前接马，交臂相加，共语良久而别。傕兄子利随稠，利还告傕："韩、樊交马语，不知所道，意爱甚密。"傕以是疑稠与韩遂私和而有异意。稠欲将兵东出本，从傕索益兵。因请稠会议，便于坐杀稠。

〔28〕《典略》曰：傕数设酒请汜，或留汜止宿。汜妻惧傕与汜婢妾而夺己爱，思有以离间。会傕送馈，妻乃以豉为药，汜将食，妻曰："食从外来，傥或有故！"遂摘药示之，"一栖不二雄，我固将军之信李公也。"他日傕复请汜，大醉。汜疑傕药之，绞粪汁饮之乃解。于是遂生嫌隙，而治兵相攻。

〔29〕《献帝起居注》曰：初，汜谋迎天子幸其营，夜有亡告傕者，傕使兄子暹将数千兵围宫，以车三乘迎天子。杨彪曰："自古帝王无在人臣家者。举事当合天下心，诸君作此，非是也。"暹曰："将军计定矣。"于是天子一乘，贵人伏氏一乘，贾诩、左灵一乘，其余皆步乘。是日，傕复移乘舆幸北坞，使校尉监坞门，内外隔绝。诸侍臣皆有饥色，时盛暑热，人尽寒心。帝求米五斛、牛骨五具以赐左右，傕曰："朝餔上饭，何用米为？"乃与腐牛骨，皆臭不可食。帝大怒，欲诘责之。侍中杨琦上封事曰："傕，边鄙之人，习于夷风，又自知所犯悖逆，常有怏怏之色，欲辅车驾幸黄白城，以纾其愤。臣愿陛下忍之，未可显其罪也。"帝纳之。初，傕屯黄白城，故谋欲徙之。傕以司徒赵温不与己同，乃内温坞中。温谓傕欲移乘舆，与傕书曰："公前托为董公报仇，然实陷王城，杀戮大臣，天下不可家见而户释也。今争睚眦之隙，以成千钧之仇，民在涂炭，各不聊生，曾不改寤，遂成祸乱。朝廷仍下明诏，欲令和解，诏命不行，恩泽日损，而复欲转乘舆于黄白城，此诚老夫所不解也。于《易》，一过为过，再为涉，三而弗改，灭其顶，凶。不如早共和解，引兵还也，上安万乘，下全生民，岂不幸甚！"傕大怒，欲遣人害温。其从弟应，温故掾也，谏之数日乃止。帝闻温与傕书，问侍中常洽曰："傕弗知臧否，温言太切，可为寒心。"对曰："李应已解之矣。"帝乃悦。

〔30〕华峤《汉书》曰：汜飨公卿，议欲攻傕。杨彪曰："群臣共斗，一人劫天子，一人质公卿，此可行乎？"汜怒，欲手刃之，中郎将杨密及左右多谏，汜乃归之。

〔31〕《献帝起居注》曰：傕性喜鬼怪左道之术，常有道人及女巫歌讴击鼓下神，祠祭六丁，符劾厌胜之具，无所不为。又于朝廷省门外，为董卓作神坐，数以牛羊祠之，讫，过省阁问起居，求入见。傕带二刀，手复与鞭合持一刃。侍中、侍郎见傕带仗，皆惶恐，亦带剑带刃，先入在帝侧。傕对帝，或言"明陛下"，或言"明帝"，为帝说郭汜无状，帝亦随其意答应之。傕喜，出言"明陛下真贤圣主"，意遂自信，自谓良得天子欢心也。虽然，犹不欲令近臣带剑在帝边，谓人言"此曹子将欲图我邪？而皆持刀也。"侍中李祯，傕州里，素与傕通，语傕"所以持刀者，军中不可不，此国家故事。"傕意乃解。天子以谒者仆射皇甫郦凉州旧姓，有专对之才，遣令和傕、汜。郦先诣汜，汜受诏命。诣傕，傕不肯。郦谓傕："我有讨吕布之功，辅政四年，三辅清静，天下所知也。郭多，盗马虏耳，何敢乃欲与吾等邪？必欲诛之。君为凉州人，观吾方略士众，足办多？多又劫质公卿，所为如是，而君苟欲利郭多，李傕有胆自知之。"郦答曰："昔有穷、后羿恃其善射，不思患难，以至于毙。近董公之强，明将军目所见，内有王公以为内主，外有董旻、承、璜以为鳞毒，吕布受恩而反图之，斯须之间，头县竿端，此有勇而无谋者。今将军身为上将，把钺仗节，子孙握权，宗族荷宠。国家好爵而皆据之。今郭多劫质公卿，将军胁至尊，谁为轻重邪？张济与郭多、杨定有谋，又为冠带所附。杨奉，白波帅耳，犹知将军所为非是，将虽拜宠，犹不肯尽力也。"傕不纳郦言，而呵之令出。郦出，诣省门，白傕不肯从诏，辞语不顺。侍中胡邈为傕所幸，呼传诏者令饰其辞。又谓郦曰："李将军于卿不薄，又皇甫公为太尉，李将军力也。"郦答曰："胡敬才，卿为国家常伯，辅弼之臣也，语言如此，宁可用邪？"邈曰："念卿失李将军意，恐不易耳！我与卿何事者？"郦言："我累世受恩，身又常在帏幄，君辱臣死，当坐国家，为李傕所杀，则天命也。"天子闻郦答语切，恐傕闻之，便敕遣郦。郦裁出营门，傕遣虎贲王昌呼之。昌知郦忠直，纵令去，还答傕言："追之不及。"天子使左中郎将李固持节拜傕为大司马，在三公之右。傕自以为得鬼神之力，乃厚赐诸巫。

〔32〕《献帝起居注》曰：初，天子出到宣平门，当度桥，汜兵数百人遮桥问"是天子邪"？车不得前。傕兵数百人皆持大戟在乘舆车左右，侍中刘艾大呼云："是天子也。"使侍中杨琦高举车帷。帝言诸兵："汝不却，何敢迫近至尊邪？"汜等兵乃却。既度桥，士众咸呼万岁。

〔33〕《献帝纪》曰：时尚书令士孙瑞为乱兵所害。《三辅决录注》曰：瑞字君荣，扶风人，世为学门。瑞少传家业，博达无所不通，仕历显位。卓既诛，迁大司农，为国三老。每三公缺，瑞常在选中。太尉周忠、皇甫嵩，司徒淳于嘉、赵温，司空杨彪、张喜等为公，皆辞拜让瑞。天子都许，追论瑞功，封子萌澹津亭侯。萌字文始，亦有才学，与王粲善。临当就国，粲作诗以赠萌，萌有答，在《粲集》中。

〔34〕《献帝纪》曰：初，议者欲令天子浮河东下，太尉杨彪曰："臣弘农人，从此已东，有三十六滩，非万乘所当从也。"刘艾曰："臣前为陕令，知其危险，有师犹有倾覆，况今无师，太尉谋是也。"乃止。及当北渡，使李乐先船。天子步行趋河岸，岸高不得下，董承与谋欲以马鞴相续以系帝腰。时中宫仆伏德扶中宫，一手持十匹绢，乃取德绢连续为辈。行军校尉尚弘多力，令弘居前负帝，乃得下登船。其余不得渡者甚众，复遣船收诸不得渡者，皆争攀船，船上人以刃栎断其指，舟中之指可掬。

〔35〕《魏书》曰：乘舆时居棘篱中，门户无关闭。天子与群臣会，兵士伏篱上观，互相镇压以为笑。诸将专权，或擅笞杀尚书。司隶校尉出入，民兵抵捍之。诸将或遣婢诣省阁，或自

赍酒肴过天子饮，侍中不通，喧呼骂詈，遂不能止。又竟表拜诸营壁民为部曲，求其礼遗。医师、走卒，皆为校尉，御史刻印不供，乃以锥画，示有文字，或不时得也。

〔36〕《英雄记》曰：备诱奉与相见，因于坐上执之。逼失奉势孤，时欲走还并州，为杼秋屯帅张宣邀杀。

〔37〕《典略》曰：傕头至，有诏高悬。

〔38〕华峤《汉书》曰：安字邵公，好学有威重。明帝时为楚郡太守，治楚王狱，所申理者四百余家，皆蒙全济，安遂为名臣。章帝时至司徒，生蜀郡太守京。京弟敞为司空。京子汤，太尉。汤四子：长子平，平弟成，左中郎将，并早卒；成弟逢，逢弟隗，皆为公。《魏书》曰：自安以下，皆博爱容众，无所拣择；宾客入其门，无贤愚皆得所欲，为天下所归。绍即逢之庶子，术异母兄也，出后成为子。《英雄记》曰：成字文开，壮健有部分，贵戚权豪自大将军梁冀以下皆与结好，言无不从。故京师为作谚曰："事不谐，问文开。"

〔39〕《英雄记》曰：绍生而父死，二公爱之。幼使为郎，弱冠除濮阳长，有清名。遭母丧，服竟，又追行父服，凡在冢庐六年。礼毕，隐居洛阳，不妄通宾客，非海内知名，不得相见。又好游侠，与张孟卓、何伯求、吴子卿、许子远、伍德瑜等皆为奔走之友。不应辟命。中常侍赵忠谓诸黄门曰："袁本初坐作声价，不应呼召而养死士，不知此儿欲何所为乎？"绍叔父隗闻之，责数绍曰："汝且破我家！"绍于是乃起应大将军之命。臣松之案：《魏书》云："绍，逢之庶子，出后伯父成。"如此记所言，则似实成所生。夫人追服所生，礼无其文，况于所后而可以行乎！二书未详孰是。

〔40〕《续汉书》曰："绍使客张津说进曰：'黄门、常侍秉权日久，又永乐太后与诸常侍专通财利，将军宜整顿天下，为海内除患。'进以为然，遂与绍结谋。

〔41〕《九州春秋》曰：初绍说进曰："黄门、常侍累世太盛，威服海内，前窦武欲诛之而反为所害，但坐言语漏泄，以五营士为兵故耳。五营士生长京师，服畏中人，而窦氏反用其锋，遂果叛走归黄门，是以自取破灭。今将军以元舅之尊，二府并领劲兵，其部曲将吏，皆英俊名士，乐尽死力，事在掌握，天赞其时也。今为天下诛除贪秽，功勋显著，垂名后世，虽周之申伯，何足道哉？及大行在前殿，将军以诏书领兵卫守，可勿入宫。"进纳其言，后更狐疑。绍惧进之改变，胁进曰："今交构已成，形势已露，将军复为何不早决？事留变生，后机祸至。"进不从，遂败。

〔42〕《献帝春秋》曰：卓欲废帝，谓绍曰："皇帝冲暗，非万乘之主。陈留王犹胜，今欲立之。人有少智，大或痴，亦知复何如，为当且尔？卿不见灵帝乎？念此令人愤毒！"绍曰："汉家君天下四百许年，恩泽深渥，兆民戴之来久。今帝虽幼冲，未有不善宣闻天下，公欲废嫡立庶，恐众不从公议也。"卓谓绍曰："竖子！天下事岂不决我？我今为之，谁敢不从！尔谓董卓刀为不利乎！"绍曰："天下健者，岂唯董公？"引佩刀横揖而出。臣松之以为绍于时与卓未构嫌隙，故卓与之合谋。若但以言议不同，便骂为竖子，而有推刃之心，及绍复答，屈强甚，卓又安能容忍而不加害乎？且如绍此言，进非亮正，退进诡逊，而显其竞爽之旨，以触哮阚之锋，有志功业者，理岂然哉！此语妄之甚矣。

〔43〕《英雄记》曰：逢纪说绍曰："将军举大事而仰人资给，不据一州，无以自全。"绍然之云："冀州兵强，吾士饥乏，设不能办，无所容立。"纪曰："可与公孙瓒相闻，导使来南，击取冀州。公孙必至而馥惧矣，因使说利害，为陈祸福，馥必逊让。于此之际，可据其位。"绍从其言而瓒果来。

〔44〕《九州春秋》曰：馥遣都督从事赵浮、程奂将强弩万张屯河阳。浮等闻馥欲以冀州与绍，自孟津驰东下。时绍尚在朝歌清水口，浮等从后来，船数百艘，众万余人，整兵鼓夜过绍营，绍甚恶之。浮到，谓馥曰："袁本初军无斗粮，各已离散，虽有张杨、於扶罗新附，未肯为用，不足敌也。小从事等请自以见兵拒之，旬日之间，必土崩瓦解。明将军但当开阖高枕，何忧何惧！"馥不从，乃避位，出居赵忠故舍。遣子赍冀州印绶于黎阳与绍。

〔45〕沮，音菹。

〔46〕《献帝纪》曰：沮授，广平人，少有大志，多权略。仕州别驾，举茂才，历二县令，又为韩馥别驾，表拜骑都尉。袁绍得冀州，又辟焉。《英雄记》曰：是时年号初平，绍字本初，自以为年与字合，必能克平祸乱。

〔47〕《汉末名士录》曰：班字季皮，太山人，少与山阳度尚、东平张邈等八人并轻财赴义，振拔人士，世谓之八厨。谢承《后汉书》曰：班，王匡之妹夫，董卓使班奉诏到河内，解释义兵。匡受袁绍旨，收班系狱，欲杀之以徇军。班与匡书云："自古以来，未有下土诸侯举兵向京师者也。《刘向传》曰'掷鼠忌器'，器犹忌之，况卓今处宫阙之内，以天子为藩屏，幼主在宫，如何可讨？仆与太傅马公、少府阴修俱受诏命。关东诸郡，虽实嫉卓，犹宜衔奉王命，不敢玷辱。而足下独囚仆于狱，欲以衅鼓，此悖暴无道之甚者也。仆与董卓有何亲戚，义岂同恶？而足下张虎狼之口，吐长蛇之毒，恚卓迁怒，何其酷哉！死，人之所难，然耻为狂夫所害。若亡者有灵，当诉足下于皇天。夫婚姻者祸福之机，今日著矣。囊为一体，今为血仇。亡人子二人，则君之甥，身没之后，慎勿令临尸骸也。"匡得书，抱其二子而泣。班遂死于狱。班尝见太山府君及河伯，事在《搜神记》，语多不载。

〔48〕《英雄记》曰：绍以河内朱汉为都官从事。汉先时为馥所不礼，内怀怨恨，且欲迎绍意，擅发城郭围守馥第，拔刃登屋。馥走上楼，收得馥大儿，槌折两脚，绍亦立收汉，杀之。馥犹忧怖，故报绍索去。

〔49〕《英雄记》曰：公孙瓒击青州黄巾贼，大破之，还屯广宗，改易守令，冀州长吏无不望风响应，开门受之。绍自往征瓒，合战于界桥南二十里。瓒步兵三万余人为方阵，骑为两翼，左右各五千余匹，白马义从为中坚，亦分作两校，左射右，右射左，旌旗铠甲，光照天地。绍令麹义以八百兵为先登，强弩千张夹承之，绍自以步兵数万结阵于后。义久在凉州，晓习羌斗，兵皆骁锐。瓒见其兵少，便放骑欲陵蹈之。义兵皆伏楯下不动，未至数十步，乃同时俱起，扬尘大叫，直前冲突，强弩雷发，所中必倒，临阵斩瓒所署冀州刺史严纲甲首千余级。瓒军败绩，步骑奔走，不复还营。义追至界桥；瓒殿兵还战桥上，义复破之，遂到瓒营，拔其牙门，营中余众皆复散走。绍在后，未到桥十数里，下马发鞍，见瓒已破，不为设备，惟帐下强弩数十张，大戟士百许人自随。瓒部迸骑二千余匹卒至，便围绍数重，弓矢雨下。别驾从事田丰扶绍欲却入空垣，绍以兜鍪扑地曰："大丈夫当前斗死，而入墙间，岂可得活乎？"强弩乃乱发，所杀伤众。瓒骑不知是绍，亦稍引却。会麹义来迎，乃散去。瓒每与虏战，常乘白马，追不虚发，数获戎捷，虏相告云"当避白马"。因虏所忌，简其白马数十匹，选骑射之士，号为白马义从；一日胡夷健者常乘白马，瓒有健骑数千，多乘白马，故以号焉。绍既破瓒，引兵南到薄落津，方与宾客诸将共会，闻魏郡兵反，与黑山贼于毒共覆邺城，遂杀太守栗成。贼十余部，众数万人，聚会邺中。坐上诸客有家在邺者，皆忧怖失色，或以啼泣，绍容

貌不变，自若也。贼陶升者，故内黄小吏也，有善心，独将部众逾西城入，闭守州门，不内他贼，以车载绍家及诸衣冠在州内者，身自扞卫，送到斥丘乃还。绍到，遂屯斥丘，以陶升为建义中郎将。乃引军入朝歌鹿场山苍岩谷讨于毒，围攻五日，破之，斩毒及长安所署冀州牧壶寿。遂寻山北行，薄击诸贼左髭丈八等，皆斩之。又击刘石、青牛角、黄龙、左校、郭大贤、李大目、于氐根等，皆屠其屯壁，奔走得脱，斩首数万级。绍复还屯邺。初平四年，天子使太傅马日磾、太仆赵岐和解关东。岐别诣河北，绍出迎于百里上，拜奉帝命。岐住绍营，移书告瓒。瓒遣使与绍书曰："赵太仆以周召之德，衔命来征，宣扬朝恩，示以和睦，旷若开云见日，何喜如之？昔贾复、寇恂亦争士卒，欲相危害，遇光武之宽，亲俱陛见，同舆共出，时人以为荣。自省边鄙，得与将军共同此福，此诚将军之眷，而瓒之幸也。"麹义后恃功而骄恣，绍乃杀之。

[50]《献帝传》云：沮授说绍曰："将军累叶辅弼，世济忠义。今朝廷播越，宗庙残坏，观诸州郡外托义兵，内图相灭，未有存主恤民者。且今州城粗定，宜迎大驾，安宫邺都，挟天子而令诸侯，畜士马以讨不庭，谁能御之！"绍悦，将从之。郭图、淳于琼曰："汉室陵迟，为日久矣，今欲兴之，不亦难乎！且今英雄据有州郡，众动万计，所谓秦失其鹿，先得者王。若迎天子以自近，动辄表闻，从之则权轻，违之则拒命，非计之善者也。"授曰："今迎朝廷，至义也，又于时宜大计也，若不早图，必有先人者也。夫权不失机，功在速捷，将军图之！"绍弗能用。案此书称沮授之计，则与本传违也。

[51]《献帝春秋》曰：绍耻班在太祖下，怒曰："曹操当死数矣，我辄救存之，今乃背恩，挟天子以令我乎！"太祖闻而以大将军让于绍。

[52]《典略》曰：自此绍贡御希慢，私使主簿耿苞密白曰："赤德衰尽，袁为黄胤，宜顺天意。"绍以苞密白事示军府将吏。议者咸以苞为妖妄宜诛，绍乃杀苞以自解。《九州春秋》曰：绍延征北海郑玄而不礼，赵融闻之曰："贤人者，君子之望也。不礼贤，是失君子之望也。夫有为之君，不敢失万民之欢心，况于君子乎？失君子之望，难以有为矣。"《英雄记》载太祖作《董卓歌》，辞云："德行不亏缺，变故自难常，郑康成行酒，伏地气绝，郭景图命尽于园桑。"如此之文，则玄无病而卒。余书不见，故载录之。

[53]《九州春秋》载授谏辞曰："世称一兔走衢，万人逐之，一人获之，贪者悉止，分定故也。且年均以贤，德均则卜，古之制也。愿上惟先代成败之戒，下思逐兔分定之义。"绍曰："孤欲令四儿各据一州，以观其能。"授出曰："祸其始此乎！"谭始至青州，为都督，未为刺史，后太祖拜为刺史。其土自河而西，盖不过平原而已。遂北排田楷，东攻孔融，曜兵海隅，是时百姓无主，欣戴之矣。然信用群小，好受近言，肆志奢淫，不知稼穑之艰难。华彦、孔顺皆奸佞小人也，信以为腹心；王修等备官而已。然能接待宾客，慕名敬士。使妇弟领兵在内，至令草窃。市井而外，虏掠田野，别使两将募兵下县，有略者见免，无者见取，贫弱者多，乃至于窜伏丘野之中，放兵捕索，如猎鸟兽。邑有万户者，著籍不盈数百，收赋纳税，参分不入一。招命贤士，不就；不趋赴军期，安居族党，亦不能罪也。

[54]《世语》曰：绍步卒五万，骑八千。孙盛评曰：案魏氏谓崔琰曰："昨案贵州户籍，可得三十万众。"由此推之，但冀州胜兵已如此，况兼幽、并及青州乎？绍之大举，必悉师而起，十万近之矣。《献帝传》曰：绍将南师，沮授、田丰谏曰："师出历

年，百姓疲弊，仓庾无积，赋役方殷，此国之深忧。宜先遣使献捷天子，务农逸民；若不得通，乃表曹氏隔我王路。然后进屯黎阳，渐营河南，益作舟船，缮治器械，分遣精骑，抄其边鄙，令彼不得安，我取其逸。三年之中，事可坐定也。"审配、郭图曰："兵书之法，十围五攻，敌则能战。今以明公之神武，跨河朔之强众，以伐曹氏，譬若覆手，今不时取，后难图也。"授曰："盖救乱诛暴，谓之义兵；恃众凭强，谓之骄兵。兵义无敌，骄者先灭。曹氏迎天子安宫许都，今举兵南向，于义则违。且庙胜之策，不在强弱，曹氏法令既行，士卒精练，非公孙瓒坐受围者也。今弃万安之术，而兴无名之兵，窃为公惧之！"图等曰："武王伐纣，不曰不义，况兵加曹氏而云无名！且公师武臣竭力，将士愤怒，人思自骋，而不及时早定大业，虑之失也。夫天与弗取，反受其咎，此越之所以霸，吴之所以亡也。监军之计，计在持牢，而非见时知机之变也。"绍从之。图等因是谮授"监统内外，威震三军，若其浸盛，何以制之？夫臣与主不同者昌，主与臣同者亡，此《黄石》之所忌也。且御众于外，不宜知内。"绍疑焉，乃分监军为三都督，使授及郭图、淳于琼各典一军，遂合而南。

[55]《魏氏春秋》载绍檄州郡文曰："盖闻明主图危以制变，忠臣虑难以立权。是以有非常之人，然后有非常之事；有非常之事，然后立非常之功。夫非常者，固非常人所拟也。曩者强秦弱主，赵高执柄，专制朝命，威福由己，终有望夷之祸，污辱至今。及臻吕后，禄、产专政，擅断万机，决事省禁，下陵上替，海内寒心。于是绛侯、朱虚兴兵奋怒，诛夷逆氏，尊立太宗，故能道化兴隆，光明显融，此则大臣立权之明表也。司空曹操，祖父腾，故中常侍，与左悺、徐璜并作妖孽，饕餮放横，伤化虐民。父嵩，乞匄携养，因赃假位，舆金辇璧，输货权门，窃盗鼎司，倾覆重器。操赘阉遗丑，本无令德，僄狡锋侠，好乱乐祸。幕府昔统鹰扬，扫夷凶逆。续遇董卓侵官暴国，于是提剑挥鼓，发命东夏。方收罗英雄，弃瑕录用，故遂与操参咨策略，谓其鹰犬之才，爪牙可任。至乃愚佻短虑，轻进易退，伤夷折衄，丧师徒。幕府辄复分兵命锐，修完补辑，表行东郡太守、兖州刺史，被以虎文，授以偏师，奖蹙威柄，冀获秦师一克之报。而操遂乘资跋扈，肆行酷烈，割剥元元，残贤害善。故九江太守边让，英才俊逸，天下知名，以直言正色，论不阿谄，身首被枭悬之戮，妻孥受灰灭之咎。自是士林愤痛，民怨弥重，一夫奋臂，举州同声，故躬破于徐方，地夺于吕布，彷徨东裔，蹈据无所。幕府唯强干弱枝之义，且不登叛人之党，故复援旌擐甲，席卷赴征，金鼓响震，布众奔沮，拯其死亡之患，复其方伯之任，是则幕府无德于兖土之民，而有大造于操也。后会銮驾东反，群虏乱政。时冀州方有北鄙之警，匪遑离局，故使从事中郎徐勋就发遣操，使缮修郊庙，翼卫幼主。而便放志专行，胁迁省禁，卑侮王官，败法乱纪，坐领三台，专制朝政，爵赏由心，刑戮在口，所爱光五宗，所恶灭三族，群谈者蒙显诛，腹议者蒙隐戮，道路以目，百寮钳口，尚书记朝会，公卿充员品而已。故太尉杨彪，历典二司，享国极位，操因睚眦，被以非辜，榜楚并兼，五毒俱至，触情放慝，不顾宪章。又议郎赵彦，忠谏直言，议有可纳，故圣朝含听，改容加锡，操欲迷夺时权，杜绝言路。擅收立杀，不俟报闻。又梁孝王，先帝母弟，坟陵尊显，松柏桑梓，犹宜恭肃，而操率将校吏士亲临发掘，破棺裸尸，略取金宝，至今圣朝流涕，士民伤怀。又署发丘中郎将、摸金校尉，所过堕突，无骸不露。身处三公之官，而行桀虏之态，玷国虐民，毒流人鬼。加其细政苛惨，科防互设，缯缴充蹊，坑阱塞路，举手挂网罗，动足蹈机陷，是以兖、豫有无聊之民，帝都有吁嗟之怨。历观古今书籍，所载贪残虐烈无道之臣，于操为甚。幕府方诘外

奸，未及整训，加意含覆，冀可弥缝。而操豺狼野心，潜包祸谋，乃欲挠折栋梁，孤弱汉室，除灭忠正，专为枭雄。往岁伐鼓北征，讨公孙瓒，强御桀逆，拒围一年。操因其未破，阴交书命，欲托助王师，以相掩袭，故引兵造河，方舟北济。会其行人发露，瓒亦枭夷，故使锋芒挫缩，厥图不果。屯据敖仓，阻河为固，乃欲以螳螂之斧，御隆车之隧。幕府奉汉威灵，折冲宇宙，长戟百万，胡骑千群，奋中黄、育、获之材，骋良弓劲弩之势，并州越太行，青州涉济、漯，大军泛黄河以角其前，荆州下宛、叶而犄其后，雷震虎步，并集虏庭，若举炎火以爇飞蓬，覆沧海而沃熛炭，有何不消灭者哉？当今汉道陵迟，纲弛纪绝。操以精兵七百，围守宫阙，外称陪卫，内以拘执，惧其篡逆之祸，因斯而作。乃忠臣肝脑涂地之秋，烈士立功之会也，可不勖哉！"此陈琳之辞。

〔56〕《献帝传》曰：绍临发，沮授会其宗族，散资财以之曰："夫势在则威无不加，势亡则不保一身，哀哉！"其弟宗曰："曹公士马不敌，君何惧焉！"授曰："以曹兖州之明略，又挟天子以为资，我虽克公孙，众实疲弊，而将骄主忲，军之破败，在此举也。杨雄有言，'六国蚩蚩，为嬴弱姬'，今之谓也。"

〔57〕《献帝传》曰：绍将济河，沮授谏曰："胜负变化，不可不详。今宜留屯延津，分兵官渡，若其克获，迎还不晚，设其有难，众弗可还。"绍弗从。授临济叹曰："上盈其志，下务其功，悠悠黄河，吾其不反乎！"遂以疾辞。绍恨之，乃省其所部兵属郭图。

〔58〕《魏氏春秋》曰：以古有矢石，又《传》言"旝动而鼓"，《说文》曰：旝，发石也"，于是造发石车。

〔59〕张璠《汉记》云：杀绍卒凡八万人。

〔60〕《献帝传》云：授大呼曰："授不降也，为军所执耳！"太祖与之有旧，逆725授曰："分野殊异，遂用圮绝，不图今日乃相禽也！"授对曰："冀州失策，以取奔北。授智力俱困，宜其见禽耳。"太祖曰："本初无谋，不用君计，今丧乱未纪，国家未定，当相与图之。"授曰："叔父、母、弟，悬命袁氏，若蒙公灵，速死为福。"太祖叹曰："孤早相得，天下不足虑。"

〔61〕《先贤行状》曰：丰字元皓，巨鹿人，或云勃海人。丰天姿瑰杰，权略多奇，少忿亲，居丧尽哀，日月虽过，笑不至矧。博览多识，名重州党。初辟太尉府，举茂才，迁侍御史。阉宦擅朝，英贤被害，丰乃弃官归家。袁绍起义，卑辞厚币以招致丰，丰以王室多难，志存匡救，乃应绍命，以为别驾。劝绍迎天子，绍不纳。绍后用丰谋，以平公孙瓒。逢纪惮丰亮直，数谮之于绍，绍遂忌丰。绍军之败也，土崩奔北，师徒略尽，军皆拊膺而泣曰："向令田丰在此，不至于是也。"绍谓逢纪曰："冀州人闻吾军败，皆当念吾，惟别驾前谏止吾，与众不同，吾亦惭见之。"纪复曰："丰闻将军之退，拊手大笑，喜其言之中也。"绍于是有害丰之意。初，太祖闻丰不从戎，喜曰："绍必败矣。"及绍奔遁，复曰："向使绍用田别驾计，尚未可知也。"孙盛曰：观田丰、沮授之谋，虽良、平何以过之？故存贵审才，臣尚量主；君用忠良，则伯王之业隆，臣奉暗后，则覆亡之祸至；存亡荣辱，常必由兹。丰知绍将败，败则己必死，甘冒虎口以尽忠规，烈士之于所事，虑不存己。夫诸侯之臣，义有去就，况丰与绍非纯臣乎！《诗》云"逝将去汝，适彼乐土"，言去乱邦，就有道可也。

〔62〕《典论》曰：谭长而惠，尚少而美。绍妻刘氏爱尚，数称其才，绍亦奇其貌，欲以为后，未显而绍死。刘氏性酷妒，绍死，僵尸未殡，宠妾五人，刘尽杀之。以为死者有知，当复见绍地下，乃髡头墨面以毁其形。尚又为尽杀死者之家。

〔63〕《英雄记》曰：纪字元图。初，绍去董卓出奔，与许攸及纪俱诣冀州，绍以纪聪达有计策，甚亲信之，与共举事。后审配任用，与纪不睦。或有谮配于绍，绍问纪，纪称"配天性烈直，古人之节，不宜疑之"。绍曰："君不恶之邪？"纪答曰："先日所争者私情，今所陈者国事。"绍善之，卒不废配。配由是更与纪为亲善。

〔64〕《魏氏春秋》载刘表遗谭书曰："天笃降害，祸难殷流，尊公殂殒，四海悼心。贤胤承统，遐迩属望，咸欲展布旅力，以投盟主，虽亡之日，犹存之年也。何寤青蝇飞于干旄，无极游于二垒，使股肱分为二体，背膂绝为异身！昔三王五伯，下及战国，父子相残，盖有之矣；然或欲以成王业，或欲以定霸功，或欲以显宗主，或欲以固冢嗣，未有弃亲即异，抚其本根，而能崇业济功，垂祚后世者也。若齐襄复九世之仇，士匄卒荀偃之事，是故《春秋》美其义，君子称其信。夫伯游之恨于齐，未若文公之忿曹；宣子之承业，未若君之继统也。且君子之违难不适仇国，岂可忘先君之怨，弃至亲之好，为万世之戒，遗同盟之耻哉！冀州不弟之傲，既已然矣，仁君当降志辱身，以匡国为务；虽见憎于夫人，未若郑庄之于姜氏，兄弟之嫌，未若重华之于象傲也。然庄公有大隧之乐，象受有鼻之封。愿弃捐前忿，远思旧义，复为母子昆弟如初。"又遗尚书曰："知变起辛、郭，祸结同生，追辕伯、实沈之踪，忘《棠棣》死丧之义，亲寻干戈，僵尸流血，闻之哽咽，虽存若亡。昔轩辕有涿鹿之战，周武有商、奄之师，皆所以翦除秽害而定王业，非强弱之争，喜怒之忿也。故虽灭亲不为尤，诛兄不伤义。今二君初承洪业，纂继前轨，进有国家倾危之虑，退有先公遗恨之负，唯国是康。何者？金木水火以刚柔相济，然后克得其和，能为民用。今青州天性峭急，迷于曲直。仁君度数弘广，绰然有余，当以大包小，以优容劣，先除曹操以卒先公之恨，事定之后，乃议曲直之计，不亦善乎！若留神远图，克己复礼，当振辔长驱，共奖王室，若迷而不反，违而无改，则胡夷将有诮让之言，况我同盟，复能戮力为君之役哉？此韩卢、东郭自困于前而遗田父之获者也。愤踊鹤望，冀闻和同之声。若其泰也，则袁族其与汉升降乎！如其否也，则同盟永无望矣。"谭、尚尽不从。《汉晋春秋》载审配献书于谭曰："《春秋》之义，国君死社稷，忠臣死王命。苟有图危宗庙，败乱国家，王纲典律，亲疏一也。是以周公垂泣而蔽管、蔡之狱，季友歔欷而行鸩叔之鸩。何则？义重人轻，事不得已也。昔卫灵公废蒯聩而立辄，蒯聩为不道，入戚以篡，卫师伐之。《春秋传》曰：'以石曼姑之义，为可以拒之。'是以蒯聩终获叛逆之罪，而曼姑永享忠臣之名。父子犹然，岂况兄弟乎！昔先公废绌将军以续贤兄，立我将军以为嫡嗣，上告祖灵，下书诸牒，先公谓将军为兄子，将军谓先公为叔父，海内远近，谁不备闻？且先公即世之日，我将军斩衰居庐，而将军斋于垩室，出入之分，于斯益明。是时凶臣逢纪，妄画蛇足，曲辞谄媚，交乱懿亲，将军奋赫然之怒，诛不旋时，我将军亦奉命承旨，加以淫刑。自是之后，痛疽破溃，骨肉无丝发之嫌，自疑之臣，皆保生全之福。故悉遣强朋，简命名将，料整器械，选造战士，殚府库之财，竭食土之实，其所以供奉将军，何求而不备？君臣相率，共卫旌麾，战为雁行，赋为币主，虽倾仓覆库，翦剥民物，上下欣戴，莫敢告劳。何则？推恋恋忠赤之情，尽家家肝脑之计，唇齿辅车，不相为赐，谓为将军心合意同，混齐一体，必当并威偶势，御寇宁家。何图凶险谗慝之人，造饰无端，诱导奸利，至今将军翻然改图，忘孝友之仁，听豺狼之谋，诬先公废立之言，违近者在丧之位，悖纪纲之理，不顾逆顺之节，横易冀州之主，欲当先公之

继。遂放兵抄掠,屠城杀吏,交尸盈原,裸民满野,或有髡鬀发肤,割截支体,冤魂痛于幽冥,创痍号于草棘。又乃图获邺城,许赐秦、胡,财物妇女,豫有分界。或闻告令吏士云:'孤虽有老母,辄使身体完具而已。'闻此言者,莫不惊愕失气,悼心挥涕,使太夫人忧袁愤懑于堂室,我州君臣士友假寐悲叹,无所措其手足;念欲静师拱默以听执事之图,则惧违《春秋》死命之节,贻太夫人不测之患,陨先公高世之业。且三军愤慨,人怀私怒,我将军辞不获已,以及馆陶之役。是时外为御难,内实乞罪,既不见赦,而屠辱,各二三其心,临阵叛戾。我将军进退无功,首尾受敌,引军奔避,不敢告辞。亦谓将军当少垂亲亲之仁,贶以缓追之惠,而乃寻踪蹑轨,无所逃命。困兽必斗,以干严行,而将军旅土崩瓦解,此非人力,乃天意也。是后又望将军改往修来,克己复礼,追孔怀如初之爱;而纵情肆怒,趣破家门,企踵鹤立,连结外仇,散锋放火,播增毒螯,烽烟相望,涉血千里,遗城厄民,引领悲悲,虽欲勿救,恶得已哉!故遂引军东辕,保正疆场,虽近郊垒,无侵境域,然望旌麾,能不永叹?配等备先公家臣,奉废立之命。而图等干国乱家,礼有常刑。故奋敌州之赋,以除将军之疾,若乃天启于心,早行其诛,则我将军匍匐悲号于将军股掌之上,配等亦祖躬布体以待斧钺之刑。若必不悛,有以国毙,图头不悬,军不旋踵。愿将军详度事宜,锡以环玦。"《典略》曰:谭得书怅然,登城而泣。既劫郭图,亦以兵锋累昵,遂战不解。

〔65〕《先贤行状》曰:配字正南,魏郡人,少忠烈慷慨,有不可犯之节。袁绍领冀州,委以腹心之任,以为治中别驾,并总幕府。初,谭之去,皆呼辛毗、郭图家得出,而辛评家独被收。及配兄子开城门内兵,时配在城东南角楼上,望见太祖兵入,忿辛、郭坏败冀州,乃遣人驰诣邺狱,指杀辛仲治家。是时,辛毗在军,闻讯不,驰走诣狱,欲解其兄家,兄家已死。是日生缚配,将诣帐下,辛毗等逆以马鞭击其头,骂之曰:"奴,汝今日真死矣!"配顾曰:"狗辈,正由汝曹破我冀州,恨不得杀汝也!且汝今日能杀生我邪?"有顷,公引见,谓配:"知谁开卿城门?"配曰:"不知也。"曰:"自卿子荣耳。"配曰:"小儿不足用乃至此!"公复谓曰:"曩者孤之行围,何弩之多也?"配曰:"恨其少耳!"公曰:"卿忠于袁氏父子,亦自不得不尔也。"有意欲活。配既无挠辞,而辛毗等号哭不已,乃杀之。初,冀州人张子谦先降,素与配不善,笑谓配曰:"正南,卿竟何如我?"配厉声曰:"汝为降虏,审配为忠臣,虽死,岂若汝生邪!"临刑时,叱持兵者令北向,曰:"我君在北。"乐资《山阳公载记》及袁晔《献帝春秋》并云太祖兵入城,审配战于门中,既败,逃于井中,于井获之。臣松之以为配一代之烈士,袁氏之死臣,岂当数穷之日,方逃身于井,此之难信,诚为易了。不知资、晔之徒竟为何人,未能识别然否,而轻弄翰墨,妄生异端,以行其书。如此之类,正足以诬罔视听,疑误后生矣。实史籍之罪人,达学之所不取者也。

〔66〕《典略》曰:上洛都尉王琰获高幹,以功封侯;其妻哭于室,以为琰富贵将更娶妾媵而夺己爱故也。

〔67〕《典略》曰:尚为人有勇力,欲夺取康众,与熙谋曰:"今到,康必相见,欲与兄手击之,有辽东犹可以自广也。"康亦心计曰:"今不取熙、尚,无以为说于国家。"乃先置其精勇于厩中,然后请熙、尚。熙、尚入,康伏兵出,皆缚,坐于冻地。尚寒,求席,熙曰:"头颅方行万里,何席之为!"遂斩首。谭,字显思。熙,字显奕。尚,字显甫。《吴书》曰:尚有弟名买,与尚俱走辽东。《曹瞒传》云:买,尚兄子。未详。

〔68〕《先贤行状》曰:珩字子佩,代郡人,清粹有雅量。少丧父母,奉养兄姊,宗族称孝悌焉。

〔69〕《吴书》曰:时议者以灵帝失道,使天下叛乱,少帝幼弱,为贼臣所立,又不识母氏所出。幽州牧刘虞宿有德望,绍等欲立之以安当时,使人报术。术观汉室衰陵,阴怀异志,故外托公义以拒绍。绍复与术书曰:"前与韩文节共建永世之道,欲海内见再兴之主。今西名有幼君,无血脉之属,公卿以下皆媚事卓,安可复信!但当使术往屯关要,皆已蹙死于西。东立圣君,太平立冀,如何有疑!又室家见戮,不念子胥,可复北面乎?违天不详,愿详思之。"术答曰:"圣主聪睿,有周成之质。贼卓因危乱之际,威服百寮,此乃汉家小厄之会。乱尚未厌,复欲兴之。乃云今主'无血脉之属',岂不诬乎!先人以来,奕世相承,忠义为先。太傅公仁慈惠隐,虽知贼卓必为祸害,以信徇义,不忍去也。门户灭绝,死亡流漫,幸蒙远近来相扶助,不因此时上讨国贼,下雪家耻,而图于此,非所闻也。又曰:'室家见戮,可复北面',此卓所为,岂国家哉?君命,天也,天不可仇,况非君命乎!楼楼赤心,志在灭卓,不识其他。"

〔70〕臣松之案:《英雄记》:"陈温字元悌,汝南人。先为扬州刺史,自病死。袁绍遣袁遗领州,败散,奔沛国,为兵所杀。袁术更用陈瑀为扬州。瑀字公玮,下邳人。瑀既领州,而术败于封丘,南向寿春,瑀拒术不纳。术退保阴陵,更合军攻瑀,瑀惧走归下邳。"如此,则温不为术所杀,与本传不同。

〔71〕《三辅决录注》曰:"日䃅字翁叔,马融之族子。少传融业,以才学进。与杨彪、卢植、蔡邕等典校中书,历位九卿,遂登台辅。《献帝春秋》曰:术从日䃅借节观之,因夺不还,备军中千余人,使促辟之。日䃅谓术曰:'卿家先世诸公,辟士云何,而言促,谓公府挈可劫得乎!'从术求去,而术留之不遣;既以失节屈辱,忧患而死。

〔72〕《典略》曰:术以袁姓出陈,陈,舜之后,以土承火,得应运之次。又见谶文云"代汉者,当涂高也。"自以名字当之,乃建号称仲氏。

〔73〕《九州春秋》曰:司隶冯方女,国色也,避乱扬州,术登城见而悦之,遂纳焉,甚爱幸。诸妇害其宠,语之曰:"将军贵人有志节。当时时涕泣忧愁,必长见敬重。"冯氏以为然,后见术辄垂涕,术以有心志,益爱之。诸妇人因共绞杀,悬之厕梁,术诚以为不得志而死,乃厚加殡敛。

〔74〕《魏书》曰:术归帝号于绍曰:"汉之失天下久矣,天子提挈,政在家门,豪雄角逐,分裂疆宇,此与周之末年七国分势无异,卒强者兼之耳。加袁氏受命当王,符瑞炳然。今君拥有四州,民户百万,以强则无与比大,论德则无与比高。曹操欲扶衰拯弱,安能续绝命救已灭乎?"绍阴然之。《吴书》曰:术既为雷薄等所拒,留住三日,士众绝粮,乃还至江亭,去寿春八十里。问厨下,尚有麦屑三十斛。时盛暑,欲得蜜浆,又无蜜。坐榻床上,叹息良久,乃大咤曰:"袁术至于此乎!"因顿伏床下,呕血斗余,遂死。

〔75〕张璠《汉纪》曰:表与同郡人张隐、薛郁、王访、宣靖、公绪恭、刘祗、田林为八交,或谓之八顾。《汉末名士录》云:表与汝南陈翔字仲麟、范滂字孟博、鲁国孔昱字世元、勃海苑康字仲真、山阳檀敷字文友、张俭字元节、南阳岑晊字公孝为八友。谢承《汉书》曰:表受学于同郡王畅。畅为南阳太守,行过乎俭。表时年十七,进谏曰:"奢不僭上,俭不逼下,盖中庸之道,是故蘧伯玉耻独为君子。府君若不师孔圣之明训,而慕夷齐之末操,无乃咬然自遗于世!"畅答曰:"以约失之者鲜矣'。且以矫俗也。"

〔76〕司马彪《战略》曰:刘表之初为荆州也,江南宗贼盛,袁术屯鲁阳,尽有南阳之众。吴人苏代领长沙太守,贝羽为华容长,各阻兵作乱。表初到,单马入宜城,而延中庐人蒯良、蒯越、襄阳人蔡瑁与谋。表曰:"宗贼甚盛,而众不附,袁术因之,祸今至矣!吾欲征兵,恐不集,其策安出?"良曰:"众不附者,仁不足也,附而不治者,义不足也;苟仁义之道行,百姓归之如水之趋下,何患所至之不从而问兴兵与策乎?"表顾问越,越曰:"治平者先仁义,治乱者先权谋。兵不在多,在得人也。袁术勇而无断,苏代、贝羽皆武人,不足虑。宗贼帅多贪暴,为下所患。越有所素养者,使示之以利,必以众来。君诛其无道,抚而用之。一州之人有乐存之心,闻君盛德,必襁负而至矣。兵集众附,南据江陵,北守襄阳,荆州八郡可传檄而定。术等虽至,无能为也。"表曰:"子柔之言,雍季之论也。异度之计,曰犯之谋也。"遂使越遣人诱宗贼,至者五十五人,皆斩之。袭取其众,或即授部曲。唯江夏贼张虎、陈生拥众据襄阳,表乃使越与庞季单骑往说降之,江南遂悉平。

〔77〕《汉晋春秋》曰:表答袭曰:"内不失贡职,外不背盟主,此天下之达义也。治中独何怪乎?"

〔78〕《英雄记》曰:张羡,南阳人。先作零陵、桂阳长,甚得江、湘间心,然性屈强不顺。表薄其为人,不甚礼也。羡由是怀恨,遂叛表焉。

〔79〕《英雄记》曰:州界群寇既尽,表乃开立学官,博求儒士,使綦毋闿、宋忠等撰《五经章句》,谓之《后定》。

〔80〕《傅子》曰:初表谓嵩曰:"今天下大乱,未知所定,曹公拥天子都许,君为我观其衅。"嵩对曰:"圣达节,次守节。嵩,守节者也。夫事君为君,君臣名定,以死守之;今策之委质,唯将军所命,虽赴汤蹈火,死无辞也。以嵩观之,曹公至明,必济天下。将军能上顺天子,下归曹公,必享百世之利,楚国实受其祐,使嵩可也。设计未定,嵩使京师,天子假嵩一官,则天子之臣,而将军之故吏耳。在君为君,则嵩守天子之命,义不得复为将军死也。唯将军重思,无负嵩。"表遂使之,果如所言,天子拜嵩侍中,迁零陵太守,还称朝廷、曹公之德。表以为怀贰,大会寮属数百人,陈兵见嵩,盛怒,持节将斩之,数曰:"韩嵩敢怀贰邪!"众皆恐,欲为嵩谢。嵩不动,谓表曰:"将军负嵩,嵩不负将军!"具陈前言。表怒不已,其妻蔡氏谏之曰:"韩嵩,楚国之望也;且其言直,诛之无辞也。"表乃弗诛而囚之。

〔81〕《汉晋春秋》曰:太祖之将征柳城,刘备说表使袭许,表不从。及太祖还,谓备曰:"不用君言,故失此大会也。"备曰:"今天下分裂,日寻干戈,事会之来,岂有终极乎?若能应之于后者,则此未足为恨也。"

〔82〕《典略》曰:表疾病,琦还省疾。琦性慈孝,瑁、允恐琦见表,父子相感,更有托后之意,谓曰:"将军命君抚临江夏,为国东藩,其任至重;今释众而来,必见谴怒,伤亲之欢心以增其疾,非孝敬也。"遂遏于户外,使不得见,琦流涕而去。

〔83〕《傅子》曰:巽字公悌,瑰伟博达,有知人鉴。辟公府,拜尚书郎,后客荆州,以说刘琮之功,赐爵关内侯。文帝时为侍中,太和中卒。巽在荆州,目庞统为半英雄,证裴潜终以清行显;统遂附刘备,见待次于诸葛亮,潜位至尚书令,并有名德。及在魏朝,魏讽以才闻,巽谓之必反,卒如其言。巽弟子嘏,别有传。《汉晋春秋》曰:王威说刘琮曰:"曹操得将军既降,刘备已走,必解弛无备,轻行单进,若给威奇兵数千,徼之于险,操可获也。获操则威振四海,坐而虎步,中夏虽广,可传檄而定,非徒收一胜之功,保守今日而已。此难遇之机,不可失也。"琮不纳。《搜神记》曰:建安初,荆州童谣曰:"八九年间始欲衰,至十三年无孑遗。"言自中平以来,荆州独全,及刘表为牧,民又丰乐,至建安八年九年当始衰。始衰者,谓刘表妻死,诸将并零落也,十三年无孑遗者,表当又死,因以丧破也。是时,华容有女子忽啼呼云:"荆州将有大丧。"言语过差,县以为妖言,系狱月余,忽于狱中哭曰:"刘荆州今日死。"华容去州数百里,即遣马吏验视,而刘表果死,县乃出之。续又歌吟曰:"不意李立为贵人。"后无几,太祖平荆州,以涿郡李立字建贤为荆州刺史。

〔84〕《魏武故事》载令曰:"楚有江、汉山川之险,后服先强,与秦争衡,荆州则其故地。刘镇南久用其民矣。身没之后,诸子鼎峙,虽终难全,犹可引出。青州刺史琮,心高志洁,智深虑广,轻荣重义,薄利厚德,蔑万里之业,忽三军之众,笃中正之体,敦令名之誉,上耀先君之遗尘,下图不朽之余祚;鲍永之弃并州,窦融之离五郡,未足以喻也。虽封列侯一州之位,犹恨此宠未副其人;而比有笺求还州。监史虽尊,秩禄未优。今听所执,表琮为谏议大夫,参同军事。"

〔85〕《傅子》曰:越,蒯通之后也,深中足智,魁杰有雄姿。大将军何进闻其名,辟为东曹掾。越劝进诛诸阉官,进犹豫不决。越知进必败,求出为汝阳令,佐刘表平定境内,表得以强大。诏书拜章陵太守,封樊亭侯。荆州平,太祖与荀彧书曰:"不喜得荆州,喜得蒯异度耳。"建安十九年卒。临终,与太祖书,托以门户。太祖报书曰:"死者反生,生者不愧。孤少所举,行之多矣。魂而有灵,亦将闻孤此言也。"

〔86〕《先贤行状》:嵩字德高,少好学,贫不改操。知世将乱,不应三公之命,与同好数人隐居于酈西山中。黄巾起,嵩避难南方,刘表逼以为别驾,转从事中郎。表郊祀天地,嵩正谏不从,渐见违忤。奉使到许,事在前注。荆州平,嵩疾病,就在所拜授大鸿胪印绶。

〔87〕羲,章陵人。

〔88〕《零陵先贤传》曰:先字孝宗,博学强记,尤好黄老言,明习汉家典故。为刘表别驾,奉章诣许,见太祖。时宾客并会,太祖问先:"刘牧如何郊天也?"先对曰:"刘牧托汉室肺腑,处牧伯之位,而遭王道未平,群凶塞路,抱玉帛而无所聘顾,修章表而不获达御,是以郊天祀地,昭告赤诚。"太祖曰:"群凶为谁?"先曰:"举目皆是。"太祖曰:"今孤有熊罴之士,步骑十万,奉辞伐罪,谁敢不服?"先曰:"汉道陵迟,群生憔悴,既无忠善之士,翼戴天子,绥宁海内,使万邦归德,而阻兵安忍,曰莫己若者,即蚩尤、智伯复见于今也。"太祖嘿然。拜先武陵太守。荆州平,先始为汉尚书,后为魏国尚书令。先甥同郡周不疑,字元直,零陵人。《先贤传》称不疑幼有异才,聪敏敏达,太祖欲以女妻之,不疑不敢当。太祖爱子仓舒,夙有才智,谓可与不疑为俦。及仓舒卒,太祖心忌不疑,欲除之。文帝谏以为不可,太祖曰:"此人非汝所能驾御也。"乃遣刺客杀之。挚虞《文章志》曰:不疑死时年十七,著《文论》四首。《世语》曰:表死后八十余年,至晋太康中,表冢见发。表及妻身形如生,芬香闻数里。

〔89〕《英雄记》曰:昔大人见临洮而铜人铸,临洮生卓而铜人毁;世有卓而大乱作,大乱作而卓身灭,抑有以也。

〔90〕臣松之以为桀、纣无道,秦、莽纵虐,皆多历年所,然后众恶乃著。董卓自窃权柄,至于陨毙,计其月日,未盈三周,而祸崇山岳,毒流四海。其残贼之性,实豺狼不若。"书契未有",斯言为当。但评既曰"贼忍",又云"不仁",贼忍、不仁,于辞为重。袁术无毫芒之功、纤介之善,而骄狂于时,妄自尊立,固义夫之所扼腕,人鬼之所同疾。虽复恭俭节用,而犹必覆

亡不暇，而评但云"奢淫不终"，未足见其大恶。

卷七　　吕布（张邈）臧洪传第七

吕布字奉先，五原郡九原人也。以骁武给并州。刺史丁原为骑都尉，屯河内，以布为主簿，大见亲待。灵帝崩，原将兵诣洛阳[1]。与何进谋诛诸黄门，拜执金吾。进败，董卓入京都，将为乱，欲杀原，并其兵众。卓以布见信于原，诱布令杀原。布斩原首诣卓，卓以布为骑都尉，甚爱信之，誓为父子。

布便弓马，膂力过人，号为飞将。稍迁至中郎将，封都亭侯。卓自以遇人无礼，恐人谋己，行止常以布自卫。然卓性刚而褊，忿不思难，尝小失意，拔手戟掷布。布拳捷避之[2]，为卓顾谢，卓意亦解。由是阴怨卓。卓常使布守中阁，布与卓侍婢私通，恐事发觉，心不自安。

先是，司徒王允以布州里壮健，厚接纳之。后布诣允，陈卓几见杀状。时允与仆射士孙瑞密谋诛卓，是以告布使为内应。布曰："奈如父子何！"允曰："君自姓吕，本非骨肉。今忧死不暇，何谓父子？"布遂许之，手刃刺卓。语在《卓传》。允以布为奋武将军，假节，仪比三司，进封温侯，共秉朝政。布自杀卓后，畏恶凉州人，凉州人皆怨。由是李傕等遂相结还攻长安城[3]。布不能拒，傕遂入长安。卓死后六旬，布亦败[4]。将数百骑出武关，欲诣袁术。

布自以杀卓为术报仇，欲以德之。术恶其反复，拒而不受。北诣袁绍，绍与布击张燕于常山。燕精兵万余，骑数千。布有良马曰赤兔[5]。常与其亲近成廉、魏越等陷锋突阵，遂破燕军。而求益兵众，将士抄掠，绍患忌之。布觉其意，从绍求去。绍恐还为己害，遣壮士夜掩杀布，不获。事露，布走河内[6]，与张杨合。绍令众追之，皆畏布，莫敢逼近者[7]。

张邈字孟卓，东平寿张人也。少以侠闻，振穷救急，倾家无爱，士多归之。太祖、袁绍皆与邈友。辟公府，以高第拜骑都尉，迁陈留太守。董卓之乱，太祖与邈首举义兵。汴水之战，邈遣卫兹将兵随太祖。袁绍既为盟主，有骄矜色，邈正议责绍。绍使太祖杀邈，太祖不听，责绍曰："孟卓，亲友也，是非当容之。今天下未定，不宜自相危也。"邈知之，益德太祖。太祖之征陶谦，敕家曰："我若不还，往依孟卓。"后还，见邈，垂泣相对。其亲如此。

吕布之舍袁绍从张杨也，过邈，临别，把手共誓。绍闻之，大恨。邈畏太祖终为绍击己也，心不自安。兴平元年，太祖复征谦，邈弟超，与太祖将陈宫、从事中郎许汜、王楷共谋叛太祖。宫说邈曰："今雄杰并起，天下分崩，君以千里之众，当四战之地，抚剑顾眄，亦足以为人豪，而反制于人，不以鄙乎！今州军东征，其处空虚，吕布壮士，善战无前，若权迎之，共牧兖州，观天下形势，俟时事之变通，此亦纵横之一时也。"邈从之。太祖初使宫将兵留屯东郡，遂以其众东迎布为兖州牧，据濮阳。郡县皆应，唯鄄城、东阿，范为太祖守。太祖引军还，与布战于濮阳，太祖军不利，相持百余日。是时岁旱、虫蝗、少谷，百姓相食，布东屯山阳。二年间，太祖乃尽复收诸城，击破布于巨野。布东奔刘备[8]。邈从布，留超将家属屯雍丘。太祖攻围数月，屠之，斩超及其家。邈诣袁术请救，未至，自为其兵所杀[9]。

备东击布，布袭取下邳，备还归布。布遣备屯小沛。自称徐州刺史[10]。术遣将纪灵等步骑三万攻备，备求救于布。布诸将谓布曰："将军常欲杀备，今可假手于术。"布曰："不然。术若破备，则北连太山诸将，吾为在术围中，不得不救也。"便严步兵千、骑二百，驰往赴备。灵等闻布至，皆敛兵不敢复攻。布于沛西南一里安屯，遣铃下请灵等，灵等亦请布共饮食。布谓灵等曰："玄德，布弟也。弟为诸君所困，故来救之。布性不喜合斗，但喜解斗耳。"布令门候于营门中举一只戟，布言："诸君观布射戟小支，一发中者诸军当解去，不中可留决斗。"布举弓射戟，正中小支。诸将皆惊，言"将军天威也"！明日复欢会，然后各罢。

术欲结布为援，乃为子索布女，布许之。术遣使韩胤以僭号议告布，并求迎妇。沛相陈珪恐术、布成婚，则徐、扬合纵，将为国难，于是往说布曰："曹公奉迎天子，辅赞国政，威灵命世，将征四海，将军宜与协同策谋，图太山之安。今与术结婚，受天下不义之名，必有累卵之危。"布亦怨术初不己受也，女已在涂，追还绝婚，械送韩胤，枭首许市。珪欲使子登诣太祖，布不肯遣。会使者至，拜布左将军。布大喜，即听登往，并令奉章谢恩[11]。登见太祖，因陈布勇而无计，轻于去就，宜早图之。太祖曰："布，狼子野心，诚难久养，非卿莫能究其情也。"即增珪秩中二千石，拜登广陵太守。临别，太祖执登手曰："东方之事，便以相付。"令登阴合部众以为内应。

始，布因登求徐州牧，登还，布怒，拔戟斫几曰："卿父劝吾协同曹公，绝婚公路；今吾所求无一获，而卿父子并显重，为卿所卖耳！卿为吾言，其说云何？"登不为动容，徐喻之曰："登见曹公言：'待将军譬如养虎，当饱其肉，不饱则将噬人。'公曰：'不如卿言也。譬如养鹰，饥则为用，饱则扬去。'其言如此。"布意乃解。

术怒，与韩暹、杨奉等连势，遣大将张勋攻布。布谓珪曰："今致术军，卿之由也，为之奈何？"珪曰："暹、奉与术，卒合之军耳，策谋不素定，不能相维持，子登策之，比之连鸡，势不俱栖，可解离也。"布用珪策，遣人说暹、奉，使与己并力共击术军，军资所有，悉许暹、奉。于是暹、奉从之，勋大破败[12]。

建安三年，布复叛为术，遣高顺攻刘备于沛，破之。太祖遣夏侯惇救备，为顺所败。太祖自征布，至其城下，遗布书，为陈祸福。布欲降，陈宫等自以负罪深，沮其计[13]。布遣人求救于术，自将千余骑出战，败走，还保城，不敢出[14]。术亦不能救。布虽骁猛，然无谋而多猜忌，不能制御其党，但信诸将。诸将各异意自疑，故每战多败。太祖堑围之三月，上下离心，其将侯成、宋宪、魏续缚陈宫，将其众降[15]。布与其麾下登白门楼。兵围急，乃下降。遂生缚布，布曰："缚太急，小缓之。"太祖曰："缚虎不得不急也。"布请曰："明公所患不过于布，今已服矣，天下不足忧。明公将步,令布将骑,则天下不足定也。"太祖有疑色。刘备进曰:"明公不见布之事丁建阳及董太师乎!"太祖领之。布因指备曰:"是儿最叵信者[16]。"于是缢杀布。布与宫、顺等皆枭首送许,然后葬之[17]。

太祖之禽宫也,问宫欲活老母及女不?宫曰:"宫闻孝治天下者不绝人之亲,仁施四海者不乏人之祀,老母在公,不在宫也。"太祖召养其母终其身,嫁其女[18]。

陈登者,字元龙,在广陵有威名。又掎角吕布有功,加伏波将军,年三十九卒。后许汜与刘备并在荆州牧刘表坐,表与备共论天下人,汜曰:"陈元龙湖海之士,豪气不除。"备谓表曰:"许君论是非?"表曰:"欲言非,此君为善士,不宜虚言;欲言是,元龙名重天下。"备问汜:"君言豪,宁有事邪?"汜曰:"昔遭乱过下邳,见元龙。元龙无客主之意,久不相与语,自上大床卧,使客卧下床。"备曰:"君有国士之名,今天下大乱,帝主失所,望君忧国忘家,有救世之意,而君求田问舍,言无可采,是元龙所讳也,何缘当与君语?如小人,欲卧百尺楼上,卧君于地,何但上下床之间邪?"表大笑。备因言曰:"若元龙文武胆志,当求之于古耳,造次难得比也[19]。"

臧洪字子源,广陵射阳人也。父旻,历匈奴中郎将、中山、太原太守,所在有名[20]。洪体貌魁梧,有异于人,举孝廉,为郎。时选三署郎以补县长;琅邪赵昱为莒长,东莱刘繇下邑长,东海王朗菑丘长,洪即丘长。灵帝末,弃官还家,太守张超请洪为功曹。

董卓杀帝,图危社稷,洪说超曰:"明府历世受恩,兄弟并据大郡,今王室将危,贼臣未灭,此诚天下义烈报恩效命之秋也。今郡境尚全,吏民殷富,若动枹鼓,可得二万人,以此诛除国贼,为天下倡先,义之大者也。"超然其言,与洪西至陈留,见兄邈计事。邈亦素有心,会于酸枣,邈谓超曰:"闻弟为郡守,政教威恩,不由己出,动任臧洪,洪者何人?"超曰:"洪才略智数优超,超甚爱之,海内奇士也。"邈即引见洪,与语大异之。致之于刘兖州公山、孔豫州公绪,皆与洪亲善。乃设坛场,方共盟誓,诸州郡更相让,莫敢当,咸共推洪。洪乃升坛操槃歃血而盟曰:"汉室不幸,皇纲失统,贼臣董卓乘衅纵害,祸加至尊,虐流百姓,大惧沦丧社稷,翦覆四海。兖州刺史岱、豫州刺史伷、陈留太守邈、东郡太守瑁、广陵太守超等,纠合义兵,并赴国难。凡我同盟,齐心戮力,以致臣节,殒首丧元,必无二志。有渝此盟,俾坠其命,无克遗育。皇天后土,祖宗明灵,实皆鉴之!"洪辞气慷慨,涕泣横下,闻其言者,虽卒伍厮养,莫不激扬,人思致节[21]。顷之,诸军莫适先进,而食尽众散。

超遣洪诣大司马刘虞谋,值公孙瓒之难,至河间,遇幽、冀二州交兵,使命不达。而袁绍见洪,又奇重之,与结分合好。会青州刺史焦和卒,绍使洪领青州以抚其众[22]。洪在州二年,群盗奔走。绍叹其能,徙为东郡太守,治东武阳。

太祖围张超于雍丘,超言:"唯恃臧洪,当来救吾。"众人以为袁、曹方睦,而洪为绍所表用,必不败好招祸,远来赴此。超曰:"子源,天下义士,终不背本者,但恐见禁制,不相及逮耳。"洪闻之,果徒跣号泣,并勒所领兵,又从绍请兵马,求欲救超,而绍终不听许。超遂族灭。洪由是怨绍,绝不与通。绍兴兵围之,历年不下。绍令洪邑人陈琳书与洪,喻以祸福,责以恩义。洪答曰:

隔阔相思,发于寤寐。幸相去步武之间耳,而以趣舍异规,不得相见,其为怆恨,可为心哉!前日不遗,比辱雅贶,述叙祸福,公私切至。所以不即奉答者,既学薄才钝,不足塞诘;亦以吾子携负侧室,息肩主人,家在东州,仇为仇敌。以是事人,虽披中情,堕肝胆,犹身疏有罪,言甘见怪,方首尾不救,何能恤人?且以子之才,穷该典籍,岂将暗于大道,不达余趣哉!然犹复云云者,仆以是知足下之言,信不由衷,将以救祸也。必欲算计长短,辩咨是非,是非之论,言满天下,陈之更不明,言之无所损。又言伤告绝之义,非吾所忍行也,是以捐弃纸笔,一无所答。亦冀遥忖其心,知其计定,不复渝变也。重获来命,援引古今,纷纭六纸,虽欲不言,得使已哉!

仆小人也,本因行役,寇窃大州,恩深分厚,宁乐今日自还接刃!每登城勒兵,望主人之旗鼓,感故友之周旋,抚弦搦矢,不觉流涕之覆面也。何者?自以辅佐主人,无以为悔。主人相接,过绝等伦。当受任之初,自谓究竟大事,共尊王室。岂悟天子不悦,本州见侵,郡将遘嚣里之厄,陈留克创兵之谋,谋计栖迟,丧忠孝之名,杖策携背,亏交友之分。揆此二者,与其不得已,丧忠孝之名与亏交友之道,轻重殊途,亲疏异画,故便收泪告绝。若使主人少垂故人,住者侧席,去者克己,不汲汲于离友,信刑戮以自辅,则仆抗季札之志,不为今日之战矣。何以效之?昔张景明亲登坛唶血,奉辞奔走,卒使韩牧让印,主人得地;然后但以拜章朝主,赐爵获传之故,旋时之间,不蒙观过之贷,而受夷灭之祸[23]。吕奉先讨卓来奔,请兵不获,告去何罪?复见斫刺,滨于死亡。刘子璜奉使逾时,辞不获命,畏威怀亲,以诈求归,可谓有志忠孝,无损霸道者也;然辄僵毙麾下,不蒙亏除[24]。仆虽不敏,又素不能原始见终,睹微知著,窃度主人之心,岂谓三子宜死,罚当刑中裁?实且欲一统山东,增兵讨仇,惧战士狐疑,无以沮劝,故抑废王命以崇承制,慕义者蒙荣,待放者被戮,此乃主人之利,非游士之愿也。故仆鉴戒前人,因穷死战。仆虽下愚,亦尝闻君子之言矣。此实非吾心也,乃主人招焉。凡吾所以背弃国民,用命此城者,正以君子之违,不适敌国故也。是以获罪主人,见攻逾时,而足下更引此义以为吾规,无乃辞同趣异,非吾子所为休戚者哉!

吾闻之也,义不背亲,忠不违君,故东宗本州以为亲援,中扶郡将以安社稷,一举二得以徼忠孝,何以为非?而足下欲使吾轻本破家,均君主人。主人之于我也,年为吾兄,分为笃友,道乖告去,以安君亲,可谓顺矣。若子之言,则包胥宜致命于伍员,不当号哭于秦庭矣。苟区区于攘患,不知言乖乎道理矣。足下或者见城围不解,救兵未至,感婚姻之义,惟平生之好,以屈节而苟生,胜守义而倾覆也。昔晏婴不降志于白刃,南史不曲笔以求生,故身著图象,名垂后世。况仆据金城之固,驱士民之力,散三年之畜,以为一年之资,匡困补乏,以悦天下,何图筑室反耕哉!但惧秋风扬尘,伯珪马首南向,张杨、飞燕,膂力作难,北鄙将告倒悬之急,股肱奏乞归之诚耳。主人当鉴我曹辈,反旆退师,治兵郯垣,何宜久辱盛怒,暴威于吾城下战?足下讥吾恃黑山以为救,独不念黄巾之合从邪!加飞燕之属悉以受王命矣。昔高祖取彭越于巨野,光武创基兆于绿林,卒能龙飞中兴,以成帝业,苟可辅主兴化,夫何嫌哉!况仆亲奉承玺书,与之从事。

行矣孔璋!足下徼利于境外,臧洪授命于君亲;吾子托身于盟主,臧洪策名于长安。子谓余身死而名灭,仆亦笑子生死而无闻焉,悲哉!本同而末离,努力努力,夫复何言!"

绍见洪书,知无降意,增兵急攻。城中粮谷以尽,外无强救,洪自度必不免,呼吏士谓曰:"袁氏无道,所图不轨,且不救洪郡将。洪于大义。不得不死,念诸君无事空与此祸!可先城未败,将妻子出。"将吏士民皆垂泣曰:"明府与袁氏本无怨隙,今为本朝郡将之故,自致残困,吏民何忍当舍明府去也!"初尚掘鼠煮筋角,后无可复食者。主簿启内厨米三斗,请中分稍以为糜粥,洪叹曰:"独食此何为!"使作薄粥,众分歠之,杀其爱妾以食将士。将士咸流涕,无能仰视者。男女七八千人相枕而死,莫有离叛。

城陷,绍生执洪。绍素亲洪,盛施帷幔,大会诸将见洪,谓曰:"臧洪,何相负若此!今日服未?"洪据地瞋目曰:"诸袁事汉,四世五公,可谓受恩。今王室衰弱,无扶翼之意,欲因际会,希冀非望,多杀忠良以立奸威。洪亲见呼张陈留为兄,则洪府君亦宜为弟,同共戮力,为国除害,何为拥众观人屠灭!惜洪力劣,不能推刃为天下报仇,何谓服乎!"绍本爱洪,意欲令屈服,原之;见洪辞切,知终不为己用,乃杀之[25]。洪邑人陈容少为书生,亲慕洪,随洪为东郡丞;城未败,洪遣出。绍令在坐,见洪当死,起谓绍曰:"将军举大事,欲为天下除暴,而专先诛忠义,岂合天意!臧洪发举为郡将,奈何杀之!"绍惭,左右使人牵出,谓曰:"汝非臧洪俦,空复尔为?"容顾曰:"夫仁义岂有常,蹈之则君子,背之则小人。今日宁与臧洪同日而死,不与将军同日而生!"复见杀。在绍坐者无不叹息,窃相谓曰:"如何一日杀二烈士!"先是,洪遣司马二人出,求救于吕布;比还,城已陷,皆赴敌死。

评曰:吕布有虓虎之勇,而无英奇之略,轻狡反覆,唯利是视。自古及今,未有若此不夷灭也。昔汉光武谬于庞萌,近魏太祖亦蔽于张邈。知人则哲,唯帝难之,信矣!陈登、臧洪并有雄气壮节,登降年凤陨,功业未遂,洪以兵弱敌强,烈志不立,惜哉!

注:

〔1〕《英雄记》曰:原字建阳。本出自寒家,为人粗略,有武勇,善骑射。为南县史,受使不辞难,有警急,追寇虏,辄在其前。裁知书,少有吏用。

〔2〕《诗》曰:无拳无勇,职为乱阶。"注:"拳,力也。"

〔3〕《英雄记》曰:郭汜在城北。布开城门,将兵就汜,言"且却兵,但身决胜负"。汜、布乃独共对战,布以矛刺中汜,汜后骑遂前救汜,汜、布遂各两罢。

〔4〕臣松之案《英雄记》曰:诸书,布以四月二十三日杀卓,六月一日败走,时又无闻,不及六旬。

〔5〕《曹瞒传》:时人语曰:"人中有吕布,马中有赤兔。"

〔6〕《英雄记》曰:布自以有功于袁氏,轻傲绍下诸将,以为擅相署置,不足贵也。布求还洛,绍假布领司隶校尉。外言当遣,内欲杀布。明日当发,绍遣甲士三十人,辞令送布。布使止于帐侧,伪使人于帐中鼓筝。绍兵卧,布无何出帐去,而兵不觉。夜半兵起,乱斫布床被,谓为已死。明日,绍讯问,知布尚在,乃闭城门,布遂引去。

〔7〕《英雄记》曰:杨及部曲诸将,皆受傕、汜购募,共图布。布闻之,谓杨曰:"布,卿州里也。卿杀布,于卿弱。不如卖布,可极得汜、傕爵宠。"杨于是外许汜、傕,内实保护布,汜、傕患之,更下大封语书,以布为颍川太守。

〔8〕《英雄记》曰:布见备,甚敬之,谓备曰:"我与卿同边地人也。布见关东起兵,欲诛董卓。布杀卓东出,关东诸将无安布者,皆欲杀布耳。"请备于帐中坐妇床上,令妇向拜,酌酒饮食,名备为弟。备见布语言无常,外然之而内不说。

〔9〕《献帝春秋》曰:袁术议称尊号,邈谓术曰:"汉据火德,绝而复扬,德泽丰流,诞生明公。公居轴处中,入则享于上席,出则为众目之所属,华、霍不能增其高,渊泉不能同其量,可谓巍巍荡荡,无与为当。何为舍此而欲称制?恐福不盈眦,祸将溢世。庄周之称郊祭牺牛,养饲经年,衣以文绣,宰执鸾刀,以入庙门,当此之时,求为孤犊不可得也!"按《本传》,邈诣术,未至而死。而此云谏称尊号,未详孰是。

〔10〕《英雄记》曰:布初入徐州,书与袁术。术报书曰:"昔董卓作乱,破坏王室,祸害术门户,术举兵关东,未能屠裂卓。将军诛卓,送其头首,为术扫灭仇耻,使术明目于当世,死生不愧,其功一也。昔金元休向兖州,甫诣封丘,为曹操逆所拒破,流离迸走,几至灭亡。将军破兖州,术明目于遐迩,其功二也。术生年已来,不闻天下有刘备,备乃举兵与术对战,术凭将军威灵,得以破备,其功三也。将军有三大功在术,术虽不敏,奉以生死。将军连年攻战,军粮苦少,今送米二十万斛,迎逢道路,非直此止,当骆驿复致,若兵器战具,它所少少,大小唯命。"布得书大喜,遂造下邳。《典略》曰:元休名尚,京兆人也。尚与同郡韦休甫、第五文休俱著名,号为三休。尚,献帝初为兖州刺史,东之郡,而太祖已临兖州。尚南依袁术。术僭号,欲以尚为太尉,不敢显言,私使人讽之,尚无屈意,术亦不敢强也。建安初,尚逃还,为术所害。其后金尚与太傅马日磾丧俱至京师,天子嘉尚忠烈,为之咨嗟,诏百官吊祭,拜主玮郎中,而日磾不与焉。《英雄记》曰:布水陆东下,军到下邳西四十里。备中郎将丹杨许耽夜遣司马章诳来诣布,言"张益德与下邳相曹豹共争,益德杀豹,城中大乱,不相信。丹杨兵有千人屯西白城门内,闻将军来东,大小踊跃,如复更生。将军来向城西门,丹杨军便开门内将军矣"。布遂夜进,晨到城下。天明,丹杨兵悉开门内布兵。布于门上坐,步骑放火,大破益德兵,获备妻子军资及部曲将吏士家口。建安元年六月夜半时,布将河内郝萌反,将兵入布所治下邳府,诣厅事阁外,同声大呼,

攻阁,阁坚不得入。布不知反者为谁,直牵妇,科头袒衣,相将从溷上排壁出,诣都督高顺营,直排顺门入。顺曰:"将军有所隐不?"布言"河内儿声"。顺曰"此郝萌也"。顺即严兵入府,弓弩并射萌众;萌众乱走,天明还故营。萌曹性反萌,与对战,萌刺伤性,性斫萌一臂。顺斫萌首,床舆性,送诣布。布问性,言"萌受袁术谋","谋者悉谁"?性言"陈宫同谋"。时宫在坐上,面赤,旁人悉觉之。布以宫大将,不问也。性言"萌常以此问,性言吕将军大将有神,不可击也,不意萌狂惑不止"。布谓性曰:"卿健儿也!"善养视之。创愈,使安抚萌故营,领其众。

〔11〕《英雄记》曰:初,天子在河东,有手笔版书召布来迎。布军无畜积,不能自致,遣使上书。朝廷以布为平东将军,封平陶侯。使人于山阳界亡失文字,太祖又手书厚加慰劳布,说起迎天子,当平定天下意,并诏书购公孙瓒、袁术、韩暹、杨奉等。布大喜,复遣使上书于天子:"臣本当迎大驾,知曹操忠孝,奉迎都许。臣前与操交兵,今操保傅陛下,臣为外将,欲以兵自随,恐有嫌疑,是以待罪徐州,进退未敢自宁。答太祖曰:"布获罪之人,分为诛首,手命慰劳,厚见褒奖。重见购捕袁术等诏书,布当以命为效。"太祖更遣奉车都尉王则为使者,赍诏书,又封平东将军印绶来拜布。太祖又手书与布曰:"山阳屯送将军所失大封,国家无好金,孤自取家好更相为作印,国家无紫绶,自取所带紫绶以籍心。将军所使先之。袁术称天子,将军止之,而使不通章。朝廷信将军,使复重上|以相明忠诚。"布乃遣登奉章谢恩,并以一好妇答太祖。

〔12〕《九州春秋》载布与暹、奉书曰:"二将军拔大驾来东,有元功于国,当书勋竹帛,万世不朽。今袁术造逆,当共诛讨,奈何与贼臣共伐布?布有杀董卓之功,与二将军俱为功臣,可因今共击破术,建功于天下,此时不可失也。"暹、奉得书,即回计从布。布进军,去勋等营百步,暹、奉兵同时并发,斩十将首,杀伤猛堕水死者不可胜记。《英雄记》曰:布后又与暹、奉二军向寿春,水陆并进,所过虏略。到钟离,大获而还。即渡淮北,留书与术曰:"足下恃军强盛,常言猛将武士,欲相吞灭,每抑止之耳!布虽无勇,虎步淮南,一时之间,足下鼠窜寿春,无出头者。猛将武士,为悉何在?足下喜为大言以诬天下,天下之人安可尽诬?古者兵交,使在其间,造策者非布先唱也。相去不远,可复相闻。"布渡毕,术自将步骑五千扬兵淮上,布骑皆于水北大哈笑之而还。时有东萧萧建为琅邪相,治莒,保城自守。布与建书:"天下举兵,本以诛董卓耳。布杀卓,东诣关东,欲求兵西迎大驾,光复洛京,诸家自还相攻,莫肯念国。布,五原人也,去徐州五千余里,乃在天西北角,不来共争天东南之地。莒与下邳相去不远,宜当共通。君如自遂以为郡郡作帝,县县自王也!昔乐毅攻齐,呼服下齐七十余城,唯莒、即墨二城不下,所以然者,中有田单故也。布虽非乐毅,君亦非田单,可取布书与智者详共议之。"建得书,即遣主簿赍笺上礼,贡良马五匹。建寻为臧霸所袭破,得建资实。布闻之,自将步骑向莒。高顺谏曰:"将军躬杀董卓,威震夷狄,端坐顾盼,远近自然畏服,不宜亲自出军;如或不捷,损名非小。"布不从。霸畏布引还抄暴,果登城拒守。布不能拔,引还下邳。霸后复与布和。

〔13〕《献帝春秋》曰:太祖军至彭城。陈宫谓布:"宜逆击之,以逸击劳,无不克也。"布曰:"不如待其来攻,蹙著泗水中。"及太祖军攻之急,布于白门楼上谓军士:"卿曹无相困,我当自首明公。"陈宫曰:"逆贼曹操,何等明公!今日降也,若

〔14〕《英雄记》曰:布遣许汜、王楷告急于术。术曰:"布不与我女,理自当败,何为复来相闻邪?"汜、楷曰:"明上今不救布,为自败耳!布破,明上亦破也。"术时僭号,故呼为明上。术乃严兵为布作声援。布恐术以女不至,故不遣兵救也,以绵缠女身,缚著马上,夜自送女出与术,与太祖守兵相触,格射不得过,复还城。布欲令陈宫、高顺守城,自将骑断太祖粮道。布妻谓曰:"将军自出断曹公粮道是也。宫、顺素不和,将军一出,宫、顺必不同心共城守也,如有蹉跌,将军当于何自立乎?愿将军谛计之,无为宫等所误也。妾昔在长安,已为将军所弃,赖得庞舒私藏妾身耳,今不须顾妾也。"布得妻言,愁闷不能自决。《魏氏春秋》:陈宫谓布曰:"曹公远来,势不能久。若将军以步骑出屯,为势于外,宫将余众闭守于内,若向将军,宫引兵而攻其背,若来攻城,将军为救于外。不过旬日,军食必尽,击之可破。"布然之。布妻曰:"昔曹氏待公台如赤子,犹舍而来。今将军厚公台不过于曹公,而欲委全城,捐妻子,孤军远出,若一旦有变,妾岂得为将军妻哉!"布乃止。

〔15〕《九州春秋》:初,布骑将侯成遣客牧马十五匹,客悉驱马去,向沛城,欲归刘备。成自将骑逐之,悉得马还。诸将合礼贺成,成酿五六斛酒,猎得十余头猪,未饮食,先持半猪五斗酒入诣布前,跪言:"间蒙将军恩,逐所失马,诸将来相贺,自酿少酒,猎得猪,未敢饮食,先奉上微意。"布大怒曰:"布禁酒,卿酿酒,诸将共饮食作兄弟,共谋杀布邪?"成大惧而去,弃所酿酒,还诸将礼。由是自疑,会太祖围下邳,成遂领兵降。

〔16〕《英雄记》曰:布谓太祖曰:"布待诸将厚也,诸将临急皆叛布耳。"太祖曰:"卿背妻,爱诸将妇,何以为厚?"布默然。《献帝春秋》曰:布问太祖:"明公何瘦?"太祖曰:"君何以识孤?"布曰:"昔在洛,会温氏园。"太祖曰:"然。孤忘之矣。所以瘦,恨不早相得故也。"布曰:"齐桓舍射钩,使管仲相;今使布竭股肱之力,为公前驱,可乎?"布缚急,谓刘备曰:"玄德,卿为坐客,我为执虏,不能一言以相宽邪?"太祖笑曰:"何不相语,而诉明使君乎?"意欲活之,命使宽缚。主簿王必趋进曰:"布,勍虏也。其众近在外,不可宽也。"太祖曰:"本欲相缓,主簿复不听,如之何?"

〔17〕《英雄记》曰:顺为人清白有威严,不饮酒,不受馈遗。所将七百余兵,号为千人,铠甲斗具皆精练齐整,每所攻击无不破者,名为陷阵营。顺每谏布,言:"凡破家亡国,非无忠臣明智者也,但患不见用耳。将军举动,不肯详思,辄喜言'误',误不可数也"。布知其忠,然不能用。布从郝萌反后,更疏顺。以魏续有外内之亲,悉夺顺所将以与续。及当攻战,故令顺将续所领兵,顺亦终无恨意。

〔18〕鱼氏《典略》:陈宫字公台,东郡人也。刚直烈壮,少与海内知名之士皆相连结。及天下乱,始随太祖,后自疑,乃从吕布,为布画策,布每不从其计。下邳败,军士执布及宫,太祖皆见之,与语平生,故布有求活之言。太祖谓宫曰:"公台,卿平常自谓智计有余,今竟如何?"宫顾指布曰:"但坐此人不从宫言,以至于此。若其见从,亦未必为禽也。"太祖笑曰:"今日之事当云何?"宫曰:"为臣不忠,为子不孝,死自分也。"太祖曰:"卿如是,奈卿老母何?"宫曰:"宫闻将以孝治天下者不害人之亲,老母之存否,在明公也。"太祖曰:"若卿妻子何?"宫曰:"宫闻将施仁政于天下者不绝人之祀,妻子之存否,亦在明公也。"太祖未复言。宫曰:"请出就戮,以明军法。"遂趋出,不可止。太祖泣而送之,宫不还顾。

〔19〕《先贤行状》曰:登忠亮高爽,沈深有大略,少有扶世济民之志。博览载籍,雅有文艺,旧典文章,莫不贯综。年二十五,举孝廉,除东阳长,养耆育孤,视民如伤。是时,世荒民饥,州牧陶谦表登为典农校尉,乃巡土田之宜,尽凿溉之利,粳稻丰积。奉使到许,太祖以登为广陵太守,令阴合众以图吕布。登在广陵,明审赏罚,威信宣布。海贼薛州之群万有余户,束手归命。未及期年,功化以就,百姓畏而爱之。登曰:"此可用矣。"太祖到下邳,登率郡兵为军先驱。时登诸弟在下邳城中,布乃质执登三弟,欲求和同。登执意不挠,进围日急。布刺奸张弘,惧为后累,夜将登三弟出就登。布既伏诛,登以功加拜伏波将军,甚得江、淮间欢心,于是有吞灭江南之志。孙策遣军攻登于匡琦城。贼初到,旌甲覆水,群下咸以今贼众十倍于郡兵,恐不能抗,可引军避之,与其空城。水人居陆,不能久处,必寻引去。登厉声曰:"吾受国命,来镇此土。昔马文渊之在斯位,能南平百越,北灭肃狄,吾既不能遏除凶慝,何逃寇之为邪!仗其出命以报国,仗义以整乱,天道乃顺,克之必矣。"乃闭门自守,示弱不与战,将士衔声,寂若无人。登乘城望形势,知其可击。乃申令将士,宿整兵器,昧爽,开南门,引军诣贼营,步骑抄其后。贼周章,方结阵,不得还船。登手执军鼓,纵兵激之,贼遂大破,皆弃船进走。登乘胜追奔,斩虏以万数。贼忿丧军,寻复大兴兵向登。登兵不敌,使使曹陈矫求救于太祖。登密去城十里治军营处所,令多取柴薪,两束一累,相去十步,纵横成行,令夜俱起火,火然其聚。城上称庆,若大军到。贼望火惊溃,登勒兵追奔,斩首万级。迁登为东城太守。广陵吏民佩其恩德,共拔郡随登,老弱襁负而追之。登晓语令还,曰:"太守在卿郡,频致吴寇,幸而克济。诸卿何患无令君乎?"孙权遂跨有江外。太祖每临大江而叹,恨不早用陈元龙计,而令封豕养其爪牙。文帝追美登功,拜登息肃为郎中。

〔20〕谢承《后汉书》曰:旻有干事才,达于从政,为汉良吏。初从徐州从事辟司徒府,除东奴令,冀州举尤异,迁扬州刺史、丹杨太守。是时边方有警,羌、胡出寇,三府举能,迁旻匈奴中郎将。讨贼有功,征拜议郎,还京师。见太尉袁逢,逢问其西域诸国土地、风俗、人物、种数。旻具答言西域本三十六国,后分为五十五,稍散至百余国;其国大小、道里远近,人数多少,风俗燥湿,山川、草木、鸟兽、异物各种,不与中国同者,悉口陈其状,手画地形。逢奇其才,叹息言:"虽班固作《西域传》,何以加此?"旻转拜长水校尉,终太原太守。

〔21〕臣松之案:于时此盟止有刘岱等五人而已。《魏氏春秋》横内刘表等数人,皆非事实。表保据江、汉,身未尝出境,何由得与洪同坛而盟乎?

〔22〕《九州春秋》曰:初平中,焦和为青州刺史。是时英雄并起,黄巾寇暴,州务及同盟,俱人京畿,不暇为民保障,引军逾河而西。未久而袁、曹二公与卓将战于荥阳,败绩。黄巾遂广,屠裂城邑。和不能御,然军士尚利,战士内众,而耳目侦逻不设,恐动之言妄至,望寇奔走,未尝交尘交旗鼓也。欲作陷冰丸沈河,令贼不得渡,祷祈群神,求用兵必利,著筮常陈于前,巫祝不去于侧;入见其清淡干云,出则浑乱,命不可知。州遂萧条,悉为丘墟也。

〔23〕臣松之案《英雄记》云"袁绍使张景明、郭公则、高元才等说韩馥,使让冀州。"然则馥之让位,景明亦有其功。其余之事未详。

〔24〕臣松之案:公孙瓒表列绍罪过云:"绍与故虎牙将军刘勋首共造兵,勋仍有效,而以小忿枉害于勋,绍罪七也。"疑此子璜也。

〔25〕徐众《三国评》曰:洪敦天下名义,救旧君之危,其恩足以感人情,义足以励薄俗。然袁亦知己亲友,致位州郡,虽非君臣,且实盟主,既受其命,义不应贰。袁、曹方睦,夹辅皇室,吕布反覆无义,志在逆乱,而邈、超擅立布为州牧,其于王法,乃一罪人也。曹公讨之,袁氏弗救,未为非理也。洪本不当就袁请兵,又不当还为怨仇。为洪计者,苟力所不足,可奔他国以求赴救,若谋力未展以待事机,则宜徐更观衅,效死于超。何必誓守穷城而无变通,身死殄民,功名不立,良可哀也!

卷八 二公孙陶四张传第八

公孙瓒字伯珪,辽西令支人也[1]。为郡门下书佐。有姿仪,大音声,侯太守器之,以女妻焉[2],遣诣涿郡卢植读经。后复为郡吏。刘太守坐事征诣廷尉,瓒为御车,身执徒养。及刘徙日南,瓒具米肉,于北芒上祭先人,举觞祝曰:"昔为人子,今为人臣,当诣日南。日南瘴气,或恐不还,与先人辞于此。"再拜慷慨而起,时见者莫不歔欷。刘道得赦还。瓒以孝廉为郎,除辽东属国长史。尝从数十骑出行塞,见鲜卑数百骑,瓒乃退入空亭中,约其从骑曰:"今不冲之,则死尽矣。"瓒乃自持矛,两头施刃,驰出刺胡,杀伤数十人,亦亡其从骑半,遂得免。鲜卑惩艾,后不敢复入塞。迁为涿令。光和中,凉州贼起,发幽州突骑三千人,假瓒都督行事传,使将之。军到蓟中,渔阳张纯诱辽西乌丸丘力居等叛,劫略蓟中,自号将军[3],略吏民攻右北平、辽西属国诸城,所至残破。瓒将所领,追讨纯等有功,迁骑都尉。属国乌丸贪至王率种人诣瓒降。迁中郎将,封都亭侯,进屯属国,与胡相攻击五六年。丘力居等抄略青、徐、幽、冀,四州被其害,瓒不能御。

朝议以宗正东海刘伯安既有德义,昔为幽州刺史,恩信流著,戎狄附之,若使镇抚,可不劳众而定,乃以刘虞为幽州牧[4]。虞到,遣使至胡中,告以利害,责使送纯首。丘力居等闻虞至,喜,各遣译自归。瓒害虞有功,乃阴使人徼杀胡使。胡知其情,间行诣虞。虞上罢诸屯兵,但留瓒将步骑万人屯右北平。纯乃弃妻子,逃入鲜卑,为其客王政所杀,送首诣虞。封政为列侯。虞以功即拜太尉,封襄贲侯[5]。会董卓至洛阳,迁虞大司马,瓒奋武将军,封蓟侯。

关东义兵起,卓遂劫帝西迁,征虞为太傅,道路隔塞,信命不得至。袁绍、韩馥议以为"少帝制于奸臣,天下无所归心。虞,宗室知名,民之望也"。遂推虞为帝,遣使诣虞,虞终不肯受。绍等复劝虞领尚书事,承制封拜,虞又不听,然犹与绍等连和[6]。虞子和为侍中,在长安。天子思东归,使和伪逃卓,潜由武关诣虞,令将兵来迎。和道经袁术,为说天子意。术利虞为援;留而不遣,许兵至俱西,令和为书与虞。虞得和书,乃遣数千骑诣和。瓒知术有异志,不欲遣兵,止虞,虞不可。瓒惧术闻而怨之,亦遣其从弟越将千骑诣术以自结,而阴教术执和,夺其兵。由是虞、瓒益有隙。和逃术来北,复为绍所留。

是时，术遣孙坚屯阳城拒卓，绍使周昂夺其处。术遣越与坚攻昂，不胜，越为流矢所中死。瓒怒曰："余弟死，祸起于绍。"遂出军屯磐河，将以报绍。绍惧，以所佩勃海太守印绶授瓒从弟范，遣之郡，欲以结援。范遂以勃海兵助瓒，破青、徐黄巾，兵益盛，进军界桥[7]。以严纲为冀州，田楷为青州，单经为兖州，置诸郡县。绍军广川，令将麹义先登与瓒战，生禽纲。瓒军败走勃海，与范俱还蓟，于大城东南筑小城，与虞相近，稍相恨望。

虞惧瓒为变，遂举兵袭瓒，虞为瓒所败，出奔居庸。瓒攻拔居庸，生获虞，执虞还蓟。会卓死，天子遣使者段训增虞邑，督六州；瓒迁前将军，封易侯。瓒诬虞欲称尊号，胁训斩虞[8]。瓒上训为幽州刺史。瓒遂骄矜，记过忘善，多所贼害[9]。虞从事渔阳鲜于辅、齐周、骑都尉鲜于银等，率州兵欲报瓒，以燕国阎柔素有恩信，共推柔为乌丸司马。柔招诱乌丸、鲜卑，得胡、汉数万人，与瓒所置渔阳太守邹丹战于潞北，大破之，斩丹。袁绍又遣麹义及虞子和，将兵与辅合击瓒。瓒军数败，乃走还易京固守[10]。为围堑十重，于堑里筑京，皆高五六丈，为楼其上；中堑为京，特高十丈，自居焉，积谷三百万斛[11]。瓒曰："昔谓天下事可指麾而定，今日视之，非我所决，不如休兵，力田畜谷。兵法，百楼不攻。今吾楼橹千重，食尽此谷，足知天下之事矣。"欲以此弊绍。绍遣将攻之，连年不能拔[12]。建安四年，绍悉军围之。瓒遣子求救于黑山贼，复欲自将突骑直出，傍西南山，拥黑山之众，陆梁冀州，横断绍后。长史关靖说瓒曰："今将军将士，皆已土崩瓦解，其所以能相守持者，顾恋其居处老小，以将军为主耳。将军坚守旷日，袁绍要当自退；自退之后，四方之众必复合也。若将军令舍之而去，军无镇重，易京之危，可立待也。将军失本，孤在草野，何所成邪！"瓒遂止不出[13]。救至，欲内外击绍。遣人与子书，克期兵至，举火为应[14]。绍候者得其书，如期举火。瓒以为救兵至，遂出欲战。绍设伏击，大破之，复还守。绍为地道，突坏其楼，稍至中京[15]。瓒自知必败，尽杀其妻子，乃自杀[16]。

鲜于辅将其众奉王命。以辅为建忠将军，督幽州六郡。太祖与袁绍相拒于官渡，阎柔遣使诣太祖受事，迁护乌丸校尉。而辅身诣太祖，拜左度辽将军，封亭侯，遣还镇抚本州[17]。太祖破南皮，柔将部曲及鲜卑献名马以奉军，从征三郡乌丸，以功得封关内侯[18]。辅亦率其众从。文帝践阼，拜辅虎牙将军，柔度辽将军，皆进封县侯，位特进。

陶谦字恭祖，丹阳人[19]。少好学，为诸生，仕州郡，举茂才，除卢令[20]，迁幽州刺史，征拜议郎，参车骑将军张温军事，西讨韩遂[21]。会徐州黄巾起，以谦为徐州刺史，击黄巾，破走之。董卓之乱，州郡起兵，天子都长安，四方断绝，谦遣使间行致贡献，迁安东将军、徐州牧，封溧阳侯。是时，徐州百姓殷盛，谷米丰赡，流民多归之。而谦背道任情：广陵太守琅邪赵昱，徐方名士也，以忠直见疏[22]，曹宏等，谗慝小人也，谦亲任之。刑政失和，良善多被其害，由是渐乱。下邳阙宣自称天子，谦初与合从寇抄，后遂杀宣，并其众。

初平四年，太祖征谦，攻拔十余城，至彭城大战。谦兵败走，死者万数，泗水为之不流。谦退守郯。太祖以粮少引军还[23]。兴平元年，复东征，略定琅邪、东海诸县。谦恐，欲走归丹阳。会张邈叛迎吕布，太祖还击布。是岁，谦病死[24]。

张杨字稚叔，云中人也。以武勇给并州，为武猛从事。灵帝末，天下乱，帝以所宠小黄门蹇硕为西园上军校尉，军京都，欲以御四方，征天下豪杰以为偏裨。太祖及袁绍等皆为校尉，属之[25]。并州刺史丁原遣杨将兵诣硕，为假司马。灵帝崩，硕为何进所杀。杨复为进所遣，归本州募兵，得千余人，因留上党，击山贼。进败，董卓作乱。杨遂以所将攻上党太守于壶关，不下，略诸县，众至数千人。山东兵起，欲诛卓。袁绍至河内，杨与绍合，复与匈奴单于於夫罗屯漳水。单于欲叛，绍、杨不从。单于执杨与俱去，绍使将麹义追击于邺南，破之。单于执杨至黎阳，攻破度辽将军耿祉军，众复振。卓以杨为建义将军、河内太守。天子之在河东，杨将兵至安邑，拜安国将军，封晋阳侯。杨欲迎天子还洛，诸将不听；杨还野王。建安元年，杨奉、董承、韩暹挟天子还旧京，粮乏。杨以粮迎道路，遂至洛阳。谓诸将曰："天子当与天下共之，幸有公卿大臣，杨当捍外难，何事京都？"遂还野王。即拜为大司马[26]。杨素与吕布善。太祖之围布，杨欲救之，不能。乃出兵东市，遥为之势。其将杨丑，杀杨以应太祖。杨将眭固杀丑，将其众，欲北合袁绍。太祖遣史涣邀击，破之于犬城，斩固，尽收其众也[27]。

公孙度字升济，本辽东襄平人也。度父延，避吏居玄菟，任度为郡吏。时玄菟太守公孙琙，子豹，年十八岁，早死。度少时名豹，又与琙子同年，琙见而亲爱之，遣就师学，为取妻。后举有道，除尚书郎，稍迁冀州刺史，以谣言免。同郡徐荣为董卓中郎将，荐度为辽东太守。度起玄菟小吏，为辽东郡所轻。先时，属国公孙昭守襄平令，召度子康为伍长。度到官，收昭，笞杀于襄平市。郡中名豪大姓田韶等宿遇无恩，皆以法诛，所夷灭百余家，郡中震慄。东伐高句骊，西击乌丸，威行海外。初平元年，度知中国扰攘，语所亲吏柳毅、阳仪等曰："汉祚将绝，当与诸卿图王耳[28]。"时襄平延里社生大石，长丈余，下有三小石为之足。或谓度曰："此汉宣帝冠石之祥，而里名与先君同。社主土地，明当有土地，而三公为辅也。"度益喜。故河内太守李敏，郡中知名，恶度所为，恐为所害，乃将家属入于海。度大怒，掘其父冢，剖棺焚尸，诛其宗族[29]。分辽东郡为辽西中辽郡，置太守。越海收东莱诸县，置营州刺史。自立为辽东侯、平州牧，追封父延为建义侯。立汉二祖庙，承制设坛墠于襄平城南，郊祀天地，藉田，治兵，乘鸾路，九旒，旄头、羽骑。太祖表度为武威将军，封永宁乡侯，度曰："我王辽东，何永宁也！"藏印绶武库。度死，子康嗣位，以永宁乡侯封弟恭。是岁建安九年也。

十二年，太祖征三郡乌丸，屠柳城。袁尚等奔辽东，康斩送尚首。语在《武纪》。封康襄平侯，拜左将军。康死，子晃、渊等皆小，众立恭为辽东太守。文帝践阼，遣使即拜恭为车骑将军、假节,封平郭侯;追赠康大司马。

初,恭病阴消为阉人,劣弱不能治国。太和二年,渊胁夺恭位。明帝即拜渊扬烈将军、辽东太守。渊遣使南通孙权,往来赂遗[30]。权遣使张弥、许晏等,赍金玉珍宝,立渊为燕王。渊亦恐权远不可恃,且贪货物,诱致其使,悉斩送弥、晏等首[31],明帝于是拜渊大司马,封乐浪公,持节、领郡如故[32]。使者至,渊设甲兵为军阵,出见使者,又数对国中宾客出恶言[33]。景初元年,乃遣幽州刺史毌丘俭等赍玺书征渊。渊遂发兵,逆于辽隧,与俭等战。俭等不利而还。渊遂自立为燕王,置百官有司。遣使者持节,假鲜卑单于玺,封拜边民,诱呼鲜卑,侵扰北方[34]。二年春,遣太尉司马宣王征渊。六月,军至辽东[35]。渊遣将军卑衍、杨祚等步骑数万屯辽隧,围堑二十余里。宣王军至,令衍逆战。宣王遣将军胡遵等击破之。宣王令军穿围,引兵东南向,而急东北,即趋襄平。衍等恐襄平无守,夜走。诸军进至首山,渊复遣衍等迎军殊死战。复击,大破之,遂进军造城下,为围堑。会霖雨三十余日,辽水暴涨,运船自辽口径至城下。雨霁,起土山、修橹,为发石连弩射城中。渊窘急。粮尽,人相食,死者甚多。将军杨祚等降。八月丙寅夜,大流星长数十丈,从首山东北坠襄平城东南。壬午,渊众溃,与其子修将数百骑突围东南走,大兵急击之,当流星所坠处,斩渊父子。城破,斩相国以下首级以千数,传渊首洛阳,辽东、带方、乐浪、玄菟悉平。

初,渊家数有怪,犬冠帻绛衣上屋,炊有小儿蒸死甑中。襄平北市生肉,长围各数尺,有头目口喙,无手足而动摇。占曰:"有形不成,有体无声,其国灭亡。"始度以中平六年据辽东,至渊三世,凡五十年而灭[36]。

张燕,常山真定人也,本姓褚。黄巾起,燕合聚少年为群盗,在山泽间转攻,还真定,众万余人。博陵张牛角亦起众,自号将兵从事,与燕合。燕推牛角为帅,俱攻廮陶。牛角为飞矢所中,被创且死,令众奉燕,告曰:"必以燕为帅。"牛角死,众奉燕,故改姓张。燕剽捍捷速过人,故军中号曰飞燕。其后人众寝广,常山、赵郡、中山、上党、河内诸山谷皆相通,其小帅孙轻、王当等,各以部众从燕,众至百万,号曰黑山。灵帝不能征,河北诸郡被其害。燕遣人至京都乞降,拜燕平难中郎将[37]。是后,董卓迁天子于长安,天下兵数起,燕遂以其众与豪杰相结。袁绍与公孙瓒争冀州,燕遣将杜长等助瓒,与绍战,为绍所败,人众稍散。太祖将定冀州,燕遣使求佐王师,拜平北将军;率众诣邺,封安国亭侯,邑五百户。燕薨,子方嗣。方薨,子融嗣[38]。

张绣,武威祖厉人,骠骑将军济族子也。边章、韩遂为乱凉州,金城麴胜袭杀祖厉长刘隽。绣为县吏,间伺杀胜,郡内义之。遂招合少年,为邑中豪杰。董卓败,济与李傕等击吕布,为卓报仇。语在《卓传》。绣随济,以军功稍迁至建忠将军,封宣威侯。济屯弘农,士卒饥饿,南攻穰,为流矢所中死。绣领其众,屯宛,与刘表合。太祖南征,军淯水,绣等举众降。太祖纳济妻,绣恨之。太祖闻其不悦,密有杀绣之计。计漏,绣掩袭太祖。太祖军败,二子没。绣还保

穰[39],太祖比年攻之,不克。太祖拒袁绍于官渡,绣从贾诩计,复以众降。语在《诩传》。绣至,太祖执其手,与欢宴,为子均娶绣女,拜扬武将军。官渡之役,绣力战有功,迁破羌将军。从破袁谭于南皮,复增邑,凡二千户。是时天下户口减耗,十裁一在,诸将封未有满千户者,而绣特多。从征乌丸于柳城,未至,薨,谥曰定侯[40]。子泉嗣,坐与魏讽谋反诛,国除。

张鲁字公祺,沛国丰人也。祖父陵,客蜀,学道鹄鸣山中,造作道书以惑百姓,从受道者出五斗米,故世号米贼。陵死,子衡行其道。衡死,鲁复行之。益州牧刘焉以鲁为督义司马,与别部司马张修将兵击汉中太守苏固,鲁遂袭修杀之,夺其众。焉死,子璋代立,以鲁不顺,尽杀鲁母家室。鲁遂据汉中,以鬼道教民,自号"师君"。其来学道者,初皆名"鬼卒"。受本道已信,号"祭酒"。各领部众,多者为治头大祭酒。皆教以诚信不欺诈,有病自首其过,大都与黄巾相似。诸祭酒皆作义舍,如今之亭传。又置义米肉,悬于义舍,行路者量腹取足;若过多,鬼道辄病之。犯法者,三原,然后乃行刑。不置长吏,皆以祭酒为治,民夷便乐之。雄据巴、汉垂三十年[41]。汉末,力不能征,遂就宠鲁为镇民中郎将,领汉宁太守,通贡献而已。民有地中得玉印者,群下欲尊鲁为汉宁王。鲁功曹巴西阎圃谏鲁曰:"汉川之民,户出十万,财富土沃,四面险固;上匡天子,则为桓、文,次及窦融,不失富贵。今承制署置,势足斩断,不烦于王。愿且不称,勿为祸先。"鲁从之。韩遂、马超之乱,关西民从子午谷奔之者数万家。

建安二十年,太祖乃自散关出武都征之,至阳平关。鲁欲举汉中降,其弟卫不肯,率众数万人拒关坚守。太祖攻破之,遂入蜀[42]。鲁闻阳平已陷,将稽颡,圃又曰:"今以迫往,功必轻;不如依杜濩赴朴胡相拒,然后委质,功必多。"于是乃奔南山入巴中。左右欲悉烧宝货仓库,鲁曰:"本欲归命国家,而意未达。今之走,避锐锋,非有恶意。宝货仓库,国家之有。"遂封藏而去。太祖入南郑,甚嘉之。又以鲁本有善意,遣人慰喻。鲁尽将家出,太祖逆拜鲁镇南将军,待以客礼,封阆中侯,邑万户。封鲁五子及阎圃等皆为列侯[43]。为子彭祖取鲁女。鲁薨,谥之曰原侯。子富嗣[44]。

评曰:公孙瓒保京,坐待夷灭。度残暴而不节,渊仍业以载凶,祗足覆其族也。陶谦昏乱而忧死,张杨授首于臣下,皆拥据州郡,曾匹夫之不若,固无可论者也。燕、绣、鲁舍群盗,列功臣,去危亡,保宗祀,则于彼为愈焉。

注:
[1] 令,音郎定反。支,音其儿反。
[2]《典略》曰:瓒性辩慧,每白事不肯稍入,常总说数曹事,无有忘误,太守奇其才。
[3]《九州春秋》曰:纯自号弥天将军、安定王。
[4]《吴书》曰:虞,东海恭王之后也。遭世衰乱,又与时主疏远,仕县为户曹吏。以能治身奉职,召为郡吏,以孝廉为郎,累迁

至幽州刺史，转甘陵相，甚得东土戎狄之心。后以疾归家，常降身隐约，与邑党州闾同乐共恤，等齐有无，不以名位自殊，乡曲咸共宗之。时乡曲有所诉讼，不以诣实，自投虞平之；虞以情理为之论判，皆大小敬从，不以为恨。尝有失牛者，骨体毛色，与虞牛相似，因以为是，虞便推与之。后主自得本牛，乃还谢罪。会甘陵复乱，吏民思旧治行，复以为甘陵相，甘陵大治。征拜尚书令、光禄勋，以公族有礼，更为宗正。《英雄记》曰：虞为博平令，治正推平，高尚纯朴，境内无盗贼，灾害不生。时邻县接壤，蝗虫为害，至博平界，飞过不入。《魏书》曰：虞在幽州，清静俭约，以礼义化民。灵帝时，南宫灾，吏迁补州郡者，皆责助治宫钱，或一千万，或二千万，富者以私财办，或发民钱以备，贫问清慎者，无以充调，或至自杀。灵帝知虞清贫，特不使出钱。

〔5〕《英雄记》曰：虞让太尉，因荐卫尉赵谟、益州牧刘焉、豫州牧黄琬、南阳太守羊续，并任为公。

〔6〕《九州春秋》曰：绍、馥使乐浪太守甘陵张岐资议诣虞，使即尊号。虞厉声呵岐曰："卿敢出此言乎！忠孝之道，既不能济。孤受国恩，天下扰乱，未能竭命以除国耻，望诸州郡烈义之士戮力西面，援迎幼主，而乃妄造逆谋，欲涂污忠臣邪！"《吴书》曰：馥以书与袁术，云帝非孝灵子，欲依绛、灌废少主，迎立代王故事，称虞功德治行，华夏无少二，当今公室枝属，皆莫能及。又云："昔光武去定王五世，以大司马领河北，耿弇、冯异劝即尊号，代代更始。今刘公是恭王枝别，其数亦五，以大司马领幽州牧，此其与光武同。"是时有四星会于箕尾，馥称《谶》云神人将在燕分。又言济阴男子王定得玉印，文曰"虞为天子"。又见两日出于代郡，谓虞当代立。绍又别书报术。是时术阴有不臣之心，不利国家有长主，外托公义以答拒之。绍亦使人私报虞，虞以国有正统，非人臣所宜言，固辞不许，乃欲图奔匈奴以自绝，绍等乃止。虞于是奉职修贡，愈益恭肃，诸外国羌、胡有所贡献，道路不通，皆为传送，致之京师。

〔7〕《典略》载瓒表绍罪状曰："臣闻皇、羲以来，始有君臣上下之事，张化以导民，刑罚以禁暴。今行车骑将军袁绍，托其先轨，寇窃人爵，既性暴乱，厌行淫秽。昔为司隶校尉，会值国家丧祸之际，太后摄政，何氏辅政，绍专为邪媚，不能举直，至令丁原焚烧孟津，招来董卓，造为乱根，绍罪一也。卓既入雒而主见质，绍不能权谲以济君父，而弃置节传，进窜逃亡，忝辱爵命，背上不忠，绍罪二也。绍为勃海太守，默选戎马，当攻董卓，不告父兄，至使太傅门户、太仆母子一旦而毙，不仁不孝，绍罪三也。绍既兴兵，涉历二年，不恤国难，广自封殖，乃多以资粮专为不急，割剥富室，收考责钱，百姓呼嗟，莫不痛怨，绍罪四也。韩馥之迫，窃其虚位，矫命诏恩，刻金印玉玺，每下文书，皂囊施检，文曰'诏书一封，邟乡侯印'。（邟，口浪反。）昔新室之乱，渐以即真，今绍所施，拟而方之，绍罪五也。绍令崔巨业候视星日，财货赂遗，与共饮食，克期会合，攻抄郡县，此岂大臣所当宜为？绍罪六也。绍与故虎牙都尉刘勋首共造兵，勋仍有效，又降伏张杨，而以小忿枉害于勋，信用谗慝，杀害有功，绍罪七也。绍又上故上谷太守高焉，故甘陵相姚贡，横责其钱，钱不备毕，二人并命，绍罪八也。《春秋》之义，子以母贵，绍母亲为婢使，绍实微贱，不可以为人后，以义不宜，乃据丰隆之重任，忝污土爵，损辱袁宗，绍罪九也。又长沙太守孙坚，前领豫州刺史，驱走董卓，扫除陵庙，其功最大，绍令周昂盗居其位，断绝其粮，令不得入，使坚不被诛，绍罪十也。臣又每得后将军袁术书，云绍非术类也。绍之罪戾，虽南山之竹不能载。昔姬周政弱，王道陵

迟，天子迁都，诸侯背叛，于是齐桓立柯亭之盟，晋文为践土之会，伐荆楚以致菁茅，诛曹、卫以彰无礼。臣虽阙茸，名非先贤，蒙被朝恩，当此重任，职在铁钺，奉辞伐罪，辄与诸州郡兵讨绍等。若事克捷，罪人斯得，庶续桓、文忠诚之效，攻战形状，前后续上。"遂举兵与绍对战，绍不胜。

〔8〕《魏氏春秋》曰：初，刘虞和辑戎狄，瓒以胡夷难御，当因不宾而讨之，今加财赏，必益轻汉，效一时之名，非久长深虑。故虞所赏赐，瓒辄抄夺。虞数请会，称疾不往。至是战败，虞欲讨之，告东曹掾右北平魏攸。攸曰："今天下引领，以公为归，谋臣爪牙，不可无也。瓒，文武才力足恃，虽有小恶，固宜容忍。"乃止。后一年，攸病死，虞遂与官属议，密令众袭瓒。瓒部曲放散在外，自惧败，掘东城门欲走。虞兵无部伍，不习战，又爱民屋，救令勿烧。故瓒得放火，因以精锐冲突，虞众大溃，奔居庸城。瓒攻及家属以还，杀害州府，衣冠善士殆尽。《典略》曰：瓒曝虞于市而祝曰："若应为天子者，天当降雨救之。"时盛暑热，竟日不雨，遂杀虞。《英雄记》曰：虞之见杀，故常山相孙瑾、掾张逸、张瓒等忠义奋发，相与就虞，骂瓒极口，然后同死。

〔9〕《英雄记》曰：瓒统内外，衣冠子弟有材秀者，必抑困使在穷苦之地。或问其故，答曰："今取衣冠家子弟及善士富贵之，皆自以为职当得之，不谢人善也。"所宠遇骄恣者，类多庸儿，若卜数师刘纬台、贩缯李移子、贾人乐何当等三人，与之定兄弟之誓，自号为伯，谓三人者为仲叔季，富皆巨亿，或取其女以配己子，常称古者曲周、灌婴之属以譬也。

〔10〕《英雄记》曰：先是有童谣曰："燕南垂，赵北际，中央不合大如砺，惟有此中可避世。"瓒以易当之，乃筑京固守。瓒别将有为敌所围，义不救之。其言曰："救一人，使后将恃救不力战；今不救此，后将当念在自勉。"是以袁绍始北击之时，瓒南界上别营自度守则不能固，又知必不见救，是以或自杀其将帅，或为绍兵所破，遂令绍军径至其门。臣松之以为童谣之言，无不皆验，至如此记，似若无征。谣言之作，盖令瓒终始保易，无事远略。而瓒因破黄巾之威，意志张远，遂置三州刺史，图灭袁氏，所以致败也。

〔11〕《英雄记》曰：瓒诸将家家各作高楼，楼以千计。瓒作铁门，居楼上，屏去左右，婢妾侍侧，汲上文书。

〔12〕《汉晋春秋》曰：袁绍与瓒书曰："孤与足下，既有前盟旧要，申之以讨乱之誓，爱过夷、叔，分著丹青，谓为旅力同仇，足踵齐、晋，故解印释绶，以北带南，分割膏腴，以奉执事，此非孤赤情之明验邪？岂寤足下弃烈士之高义，寻祸亡之险踪，辄而改虑，以好易怨，盗诗士马，犯暴豫州。始闻甲卒在南，亲临战阵，惧于飞矢进流，狂刃横集，以重足之祸，徒增孤之咎眚也，故为书恳侧，冀可改悔。而足下超然自逸，矜其威诈，谓天罔可吞，豪雄可灭，果令贵弟殒于锋刃之端。斯言犹在于耳，而足下曾不寻讨祸源，克心罪己，苟欲逞其无疆之怒，不顾逆顺之津，匿怨害民，骋于余躬。遂跃马控弦，处我疆土，毒遍生民，辜延白骨。孤辞不获已，以登界桥之役。是时足下兵气震霆，骏马电发，仆师徒惶合，机械不严，强弱殊科，众寡异论，假天之助，小战大克，遂陵蹋奔背，因垒馆谷，此非天威乘谴，福丰有礼之符表乎？足下志犹未厌，乃复纠合余烬，率我蜂贼，以焚燕勃海。孤又不获宁，用及龙河之帅。赢兵前诱，大军未济，而足下胆破众散，不鼓而败，兵众扰乱，君臣并奔。此又足下之为，非孤之咎也。自此以后，祸隙弥深，孤之师旅，不胜其忿，遂至积尸为京，头颅满野，愍彼无辜，未尝不慨然失涕也。后比得足下书，辞义婉约，有改往修来之言。仆既欣于旧好克复，

且愍兆民之不宁，每辄引师南驾，以顺简书。弗盈一时，而北边羽檄之文，未尝不至。孤是用痛心疾首，靡所错情。夫处三军之帅，当列将之任，宜令怒如严霜，喜如时雨，臧否好恶，坦然可观。而足下二三其德，强弱易谋，急则曲躬，缓则放逸，行无定端，言无质要，为壮士者固若此乎！既乃残杀老弱，幽土愤怨，众叛亲离，孑然无党。又乌丸、濊貊，皆足下同州，仆与之殊俗，各奋迅激怒，争为锋锐；又东西鲜卑，举踵来附。此非孤德之所能招，乃足下驱而致之也。夫当荒危之世，处干戈之险，内违同盟之誓，外失戎狄之心，兵兴州壤，祸发萧墙，将以定霸，不亦难乎！前以西山陆梁，出兵平讨，会魏义余烬，畏诛逃命，故遂住大军，分兵扑荡，此兵孤之前行，乃界桥搴旗拔垒先登制敌者也。始闻足下镌金纡紫，命以元帅，谓当因兹奋发，以报孟明之耻，是故战夫可与，竦望庭旆，怪望之光匿影，寂尔无闻，卒臻屠灭，相为惜之。夫有平天下之怒，希长世之功，权御师徒，带养戎马，叛者无讨，服者不收，威怀并丧，何以立名？今日京克复，天罔云补，罪人斯亡，忠于翼化，华夏俨然，望於穆之作，将戢干戈，放散牛马，足下独守区区之土，保军内之广，甘恶名以速朽，亡令德之久长？壮而筹之，非良策也。宜释憾除嫌，敦我旧好。若斯言之玷，皇天是闻。"瓒不答，而增修戎备。谓关靖曰："当今四方虎争，无有能坐吾城下相守经年者明矣。袁本初其若我何！"

〔13〕《英雄记》曰：关靖字士起，太原人。本酷吏也，谄而无大谋，特为瓒所信幸。

〔14〕《典略》：瓒遣行人文则赍书告子续曰："袁氏之攻，似若神鬼，鼓角鸣于地中，梯冲舞吾楼上。日穷月蹙，无所聊赖。汝当碎首于张燕，速致轻骑，到者当起烽火于北，吾自内出。不然，吾亡之后，天下虽广，汝欲求安足之地，其可得乎！"《献帝春秋》曰：瓒梦蓟城崩，知必败，乃遣间使与续书。绍候者得之，使陈琳更其书曰："盖闻在昔葵周之世，僵尸流血，以为不然，岂意今日身当其冲！"其余语与《典略》所载同。

〔15〕《英雄记》曰：袁绍部攻者掘地为道，穿穴其楼下，稍稍施木柱之，度足达半，便烧所施之柱，楼辄倾倒。

〔16〕《汉晋春秋》曰：关靖曰："吾闻君子陷人于危，必同其难，岂可独生乎！"乃策马赴绍军而死。绍悉送其首于许。

〔17〕《魏略》曰：辅与太祖在官渡。袁绍破走，太祖喜，顾谓辅曰："如前岁本初送公孙瓒头来，孤自视忽然耳，而今克之。此既天意，亦二三子之力。"

〔18〕《魏略》曰：太祖甚爱阎柔，每谓之曰："我视卿如子，亦欲卿视我如父也。"柔由此自托于五官将，如兄弟。

〔19〕《吴书》曰：谦父，故余姚长。谦少孤，始以不羁闻于县中。年十四犹缀帛为幡，乘竹马而戏，邑中儿童皆随之。故苍梧太守同县甘公出，遇之涂，见其容貌，异而呼之，住车与语，甚悦，因许妻以女。甘公夫人闻之，怒曰："妾闻陶家儿敖戏无度，如何以女许之？"公曰："彼有奇表，长必大成。"遂妻之。

〔20〕《吴书》曰：谦性刚直，有大节，少察孝廉，拜尚书郎，除舒令。郡守张磐，同郡先辈，与谦父友，意殊亲之，而谦耻为之屈。与众还城，因以公事进见，坐罢，磐常私还入，与谦饮宴，或拒不为留。常以舞属谦，谦不为起，固强之；及舞，又不转。磐曰："不当转邪？"谦曰："不可转，转则胜人。"由是不乐，卒以构隙。谦在官清白，无以纠举，祠丞星，有赢钱五百，欲以臧之。谦委官而去。

〔21〕《吴书》曰：会西羌寇边，皇甫嵩为征西将军，表请武将。召拜谦扬武都尉，与嵩征羌，大破之。后边章、韩遂为乱，司空张温衔命征讨，又请谦为参军事，接遇甚厚，而谦轻其行事，心怀不服。及军罢还，百寮高会，温属谦行酒，谦众辱温。温怒，徙谦于边。或说温曰："陶恭祖本以材略见重于公，一朝以醉饮过失，不蒙容贷，远弃不毛，厚德不终，四方人士安所归望！不如释憾除恨，克复初分，于以远闻德美。"温然其言，乃追还谦。谦至，或又谓谦曰：足下轻辱三公，罪自己作，今蒙释宥，德莫厚矣；宜降志卑辞以谢之。"谦曰："诺。"又谓温曰："陶恭祖今深自罪责，思在变革。谢天子礼毕，必诣公门。公宜见之，以慰其意。"时温于宫门见谦，谦仰曰："谦自谢朝廷，岂为公邪！"温曰："恭祖痴病尚未除邪？"遂为之置酒，待之如初。

〔22〕谢承《后汉书》曰：昱年十三，母尝病，经涉三月。昱憔悴消瘠，至目不交睫，握粟出卜，祈祷泣血，乡党称其孝。就处士东莞綦毋君受《公羊传》，兼该群业。至历年潜志，不窥园圃，亲疏希见其面。时入定省父母，须臾即还。高洁廉正，抱礼而立，清英俨恪，莫干其志，旌善以兴化，殚邪以矫俗。州郡请召，常称病不应。国相檀谟、陈遵并召，不起；或兴盛怒，终不回意。举孝廉，除莒长，宣扬五教，政为国表。会黄巾作乱，陆梁五郡，郡县发兵，以为先办。徐州刺史巴祗表功第一，当受迁赏，昱深以为耻，委官还家。徐州牧陶谦初辟别驾从事，辞疾逊谢。谦重令扬州从事会稽吴范宣旨，昱守意不移；欲威以刑罚，然后乃起。举茂才，迁广陵太守。贼笮融从临淮见谦讨入郡界，昱将兵拒战，败绩见害。

〔23〕《吴书》曰：曹公父于泰山被杀，归咎于谦。欲伐谦而畏其强，乃表令州郡一时罢兵。诏曰："今海内扰攘，州郡起兵，征夫劳瘁，寇难未弭，或将吏不良，因缘讨捕，侵侮黎民，离害者众；风声流闻，震荡城邑，丘墙惧于横暴，贞良化为群恶，此何异于抱薪救焚，扬汤止沸哉！今四民流移，托身他方，携白首于山野，弃稚子于沟壑，顾故乡而哀叹，向阡陌而流涕，饥厄困苦，亦曰甚矣。虽悔往者之迷谬，思奉教于今日，然兵连众结，锋镝布野，恐一朝解甲，夕见系虏，是以阻兵屯据，欲止而不敢散也。诏书到，其各罢遣甲士，还亲农桑，惟留常员吏以供军署，慰示远近，咸使闻知。"谦被诏，乃上书曰："臣闻怀远柔服，非德不集；克难平乱，非兵不济。是以涿鹿、阪泉、三苗之野有五帝之师，有虔、鬼方、商、奄四国有王者之伐，自古在昔，未有不扬威以弭乱，震武以止暴者。臣前初以黄巾乱治，乘策长驱，匪遑启处。虽宪章敕戒，奉宣威灵，敬行天诛，每伐辄克，然妖寇类众，殊不畏死，父兄殒殪，子弟群起，治屯连兵，至今为患。若承命解甲，弱国自虚，释武备以资乱，损宿威以益寇，今日兵罢，明日难必至，上忝朝廷宠授之本，下令群凶日月滋蔓，非所以强干弱枝遏恶止乱之务也。臣虽愚蔽，忠恕不昭，抱恩念报，所不忍行。辄勒部曲，申令警备。出奊强寇，惟力是视，入宣德泽，躬奉职事，冀效微劳，以赎罪愆。"又曰："华夏沸扰，于今未弭，包茅不入，职贡多阙，寐寤忧叹，无日敢宁。诚思贡献必至，荐羞交通，然后销锋解甲，臣之愿也。臣前调谷百万斛，已在水次，辄敕吴卫送。"曹公得谦上事，知不罢兵。乃进攻彭城，多杀人民。谦引兵击之，青州刺史田楷亦以兵救谦。公引军还。臣松之案：此时天子在长安，曹公尚未秉政。罢兵之诏，不得由曹氏出。

〔24〕《吴书》曰：谦死时，年六十三，张昭等为之哀辞曰："猗欤使君，君侯将军，膺秉懿德，允武允文，体足刚直，守以温仁。令舒及卢，遗爱于民，牧幽暨徐，甘棠是均。憘憘夷、貊，赖侯以清。蠢蠢妖寇，匪候不宁。唯帝念绩，爵命以章，既牧且侯，启土溧阳。遂升上将，受号安东，将平世难，社稷是崇。

降年不永,奄忽殂薨,丧覆失恃,民知困穷。曾不旬日,五郡溃崩,哀我人斯,将谁仰凭?迫思靡及,仰叫皇穹。呜呼哀哉!"谦二子:商、应,皆不仕。

〔25〕《灵帝纪》曰:以虎贲中郎将袁绍为中军校尉,屯骑校尉鲍鸿为下军校尉,议郎曹操为典军校尉,赵融、冯芳为助军校尉,夏牟、淳于琼为左右校尉。

〔26〕《英雄记》:杨性仁和,无威刑。下人谋反,发觉,对之涕泣,辄原不问。

〔27〕《典略》曰:固字白兔,既杀杨丑,军屯射犬。时有巫诚固曰:"将军字兔而此邑名犬,兔见犬,其势必惊,宜急移去。"固不从,遂战死。

〔28〕《魏书》曰:度语毅、仪:"《谶书》云:'孙登当为天子。'太守姓公孙,字升济,升即登也。"

〔29〕《晋阳秋》曰:敏子追求敏,出塞,越二十余年不娶。州里徐逸责之曰:"不孝莫大于无后,何可终身不娶乎!"乃娶妻,生子胤而遣妻,常如居丧之礼,不胜忧,数年而卒。胤生不识父母,及有识,蔬食哀戚亦如三年之丧。以祖父不知存亡,设主奉之。由是知名,仕至司徒。臣松之案:本传云敏将家人入海,而复与子相失,未详其故。

〔30〕《吴书》载渊表权曰:"臣伏惟遭天地反易,遇无妄之运;王路未夷,倾侧扰攘。自先人以来,历事汉、魏,阶缘际会,为国效劳,继世享任,得守藩表,犹知符命未有攸归。每感厚恩,频辱显收,退念人臣交不越境,是以固守所执,拒违前使。虽义无二信,敢忘大恩!陛下镇抚,长存小国,前后裴校尉、葛都尉到来,奉被敕诫,圣旨弥密,重纶累绳,幽明备著,所以申示之事,言提其耳。臣昼则吟吟,宵则发梦,终身诵之,志不知足。季末凶荒,乾坤否塞,兵革未戢,人民荡析。仰此天命将有眷顾,私从一隅永瞻云日。今魏家不能采录忠善,褒功臣之后,乃令诂讹得行其志,听幽州刺史、东莱太守诳误之言,猥兴州兵,图害臣郡。臣不负魏,而魏绝之。盖闻人臣有去就之分;田饶适齐,乐毅走赵,以不得事主,故保有道之君,陈平、耿况,亦睹时变,卒归于汉,勒名帝籍。伏惟陛下德不再出,时不世遇,是以楼楼怀慕自纳,望远视险,有如近易。诚愿神谟蚤定洪业,奋六师之势,收河、洛之地,为圣代宗。天下幸甚!"《魏略》曰:国家知渊两端,而恐辽东吏民为渊所误,故公文下辽东,因赦之曰:"告辽东,玄菟将校吏民:逆贼孙权遭遇乱阶,因其先人劫略州郡,遂成群凶,自擅江表。含垢藏疾,冀其可化,故割地王权,使南面称孤,位为上将,礼以九命。权亲叉手,北向稽颡。假人臣之宠,受人臣之荣,未有如权者也。狼子野心,告令难移,卒归反叛,背恩叛主,滔天逆神,乃敢僭号。恃江湖之险阻,王诛未加。比年已来,复远遣船,越渡大海,多持货物,诳诱边民。边民无知,与之交关。长吏以下,莫敢禁止。至使周贺浮舟百艘,沉滞津岸,贸迁有无。既不疑拒,贽以名马,又使宿舒随贺通好。十室之邑,犹有忠信,陷君于恶,《春秋》所书。今辽东、玄菟奉事国朝,纡青拖紫,以千百为数,戴缅垂缨,咸佩印绶,曾无匡正纳善之言。龟玉毁于椟,虎兕出于匣,是谁之过欤?国朝为子大夫羞之!昔狐突有言:'父教子贰,何以事君?策名委质,贰乃辟也。'今乃阿顺邪谋,胁从奸惑,岂独父兄之教不详,子弟之举习非而已哉!若苗秽害田,随风烈火,芝艾俱焚,安能白别乎?且又此事固然易见,不及鉴古成败,书传所载也。江南海北有万里之限,辽东君臣无怵惕之患,利则义所不利,贵则义所不贵,此为厌安乐之居,求危亡之祸,贱忠贞之节,重背叛之名。蛮、貊之长,犹知爱礼,以此事人,亦难为颜!且又宿舒

无罪,挤使入吴,奉不义之使,始与家诀,涕泣而行。及至贺死之日,覆众成山,舒虽脱死,魂魄离身。何所逼迫,乃至于此!今忠臣烈将,咸忿辽东反复携贰,皆欲乘桴浮海,期于肆意。朕为天下父母,加念天下新定,既不欲劳动干戈,远涉大川,费役如彼,又悼边陲遗余黎民,迷误如此,故遣郎中卫慎、邵瑁等且先奉诏示意。若股肱忠良,能效节、立信以辅时君,反邪就正以建大功,福莫大焉。倘恐自嫌,已为恶逆所见染污,不敢倡言,永怀伊戚。其诸与贼交通,皆赦除之,与之更始。"

〔31〕《魏略》载渊表曰:"臣前遣校尉宿舒、郎中令孙综,甘言厚礼,以诱吴贼。幸赖天道福助大魏,使此贼虏暗然迷惑,违戾群下,不从众谏,承信臣言,远遣船使,多将士卒,来致封拜。臣之所执,得如本志,虽忧罪衅,私怀幸甚。贼众本号万人,舒、综伺察,可七八千人,到沓津。伪使者张弥、许晏与中郎将万泰、校尉裴潜将吏兵四百余人,资文书命服什物,下到臣郡。泰、潜别赍多遗货物,欲因市马。军将贺达、虞咨领余众在船所。臣本欲须凉节乃取弥等,而弥等人兵众多,见臣不便承受吴命,意有猜疑。惧其先作,变态妄生,即进兵围取,斩弥、晏、泰、潜等首级。其吏从兵众,皆士伍小人,给使东西,不得自由,面缚乞降,不忍诛杀,辄听纳受,徙充边城。别遣将韩起等率将三军,驰行至沓。使校长史柳远设宾主礼诱请达、咨,三军潜伏以待其下,又驱群马货物,欲与交市。达、咨怀疑不下,使诸市买者五六百人下,欲交市。起等金鼓始发,锋矢乱发,斩首三百余级,被创赴水没溺者可二百余人,其散走山谷,来归降及藏窜饥饿死者,不在数中。得银印、铜印、兵器、资货,不可胜数。谨遣西曹掾公孙珩奉送贼权所假臣节、印绶、符策、九锡、什物,及弥等节、印绶、首级。"又曰:"宿舒、孙综前到吴,贼权问臣家内小大,舒、综对臣有三息;权别属亡弟。权敢奸巧,便擅拜命。谨封送印绶、符策。臣虽无昔人洗耳之风,惭为贼权污损所加,既行天诛,犹有余忿。"又曰:"臣父康,昔杀权使,结为仇隙。今乃谲欺,遣使诱致,令权倾心,虚国竭禄,远命上卿,宠授极位,震动南土,备尽礼数。又权待舒、综,契阔委曲,君臣上下,毕欢竭情。而令四使见杀,枭示万里,士众流离,屠戮津渚,惭耻泣涕,痛辱弥天。权之怨疾,将刻肌骨。若天衰其业,使至丧门,权将内伤愤激而死。若期运未讫,将播毒螫,必恐长蛇来为寇害。徐州诸屯及城阳诸郡,与相接近,如有船众后年向海门,得其消息,乞速告臣,使得备豫。"又曰:"臣门户受恩,实深实重,自臣承摄即事以来,连被荣宠,殊特无量,分当陨越,竭力致死。而臣狂愚,意计迷暗,不即禽贼,以至见疑。前章表所陈情趣事势,实但欲罢弊此贼,使困自绝,诚不敢背累世之恩,附僭盗之虏也。而后爱憎之人,缘事加诬,伪生节目,卒令明听疑于市虎,移恩改爱,兴动威怒,几至沉没,长为负忝。幸赖慈恩,犹垂三宥,使得补过,解除衷责。如天威远加,不见假借,早当糜碎,辱先废祀,何缘自明,建此微功。臣既喜于事捷,得自申展,悲于畴昔,至此变故,余悕踊跃,未敢便宁。唯陛下既崇春日生全之仁,除忿塞原,抑弭纤介,推今亮往,察臣本心,长令抱戴,衔分三泉。"又曰:"臣被服光荣,恩情未报,而以罪衅,自招谴怒,分当就戮,为众社戒。所以越典诡常,伪通于吴,诚自念穷迫,报效未立,而为天威督罚所加,长恐奄忽不得自洗。故敢自阙替废于一年,遣使诱吴,知其必来。权之求郡,积有年岁,初无倡答一言之应,今权得使,来必不疑,至此一举,果如所规,上卿大众,翕赫丰盛,财货赂遗,倾国极位,到岂禽取,流离死亡,千有余人,灭绝不

反。此诚暴猾贼之锋,摧矜夸之巧,昭示天下,破损其业,足以惭之矣。臣之偻偻念效于国,虽有非常之过,亦有非常之功,愿陛下原其逾阙之衍,采其毫毛之善,使得国恩,保全终始矣。"

〔32〕《魏名臣奏》载中领军夏侯献表曰:"公孙渊昔年敢违王命,废绝计贡者,实挟两端。既恃阻险,又怙孙权。故敢跋扈,恣睢海外。宿舒亲见贼权军众府库,知其弱少不足凭恃,是以决计斩贼之使。又高句丽、涉貊与渊为仇,并为寇抄。此外失吴援,内有胡寇,心知国家能从陆道,势不得不怀惶惧之心。因斯之时,宜遣使示以祸福。奉车都尉禚弘,武皇帝时始奉使命,开通道路。文皇帝即位,欲通使命,遣弘奉妻子还归乡里,赐其车、牛、绢百匹。弘以受恩,归死国朝,无有还意,乞留妻子,身奉使命。公孙康自称臣妾。以弘奉使称意,赐爵关内侯。弘性果烈,乃心于国,夙夜拳拳,念自竭效。冠族子孙,少好学问,博通书记,多所ж,口论速捷,辩而不俗,附依典诰,若出胸臆,加仕本郡,常在人右,彼方士人素所敬服。若当遣使,以为可使弘行。弘乃自旧土,习其国俗,为说利害,辩足以动其意,明足以见其事,才足以行之,辞足以见信。若其计从,虽郦生之降齐王,陆贾之说尉佗,亦无以远过也。欲进远路,不宜释骐骥;将已笃疾,不宜废扁鹊。愿察愚言也。"

〔33〕《吴书》曰:魏遣使者傅容、聂夔拜渊为乐浪公。渊讨吏从洛阳还,语渊曰:"使者左骏伯,使皆择勇力者,非凡人也。"渊由是疑怖。容、夔至,住学馆中。渊先以步骑围之,乃入受拜。容、夔大怖,由是还洛言状。

〔34〕《魏书》曰:渊知此变非独出俭,遂为备。遣使谢吴,自称燕王,求为与国。然犹令官属上书自直于魏曰:"大司马长史臣郭昕、参军臣柳浦等七百八十九人言:奉被今年七月己卯诏书,伏读恳切,精魄散越,不知身命所当投措!昕等伏自惟省,蝼蚁小丑,器非时用,遭值千载,被受公孙渊祖考以来光明之德,惠泽沾渥,滋润荣华,无寸尺之功,有负乘之累,遂蒙褒奖,登名天府,并以弩塞附龙托骥,纡青施紫,飞腾云梯,感恩惟报,死不择地。臣等闻明君在上,听政采言,人臣在下,得无隐情,是以因缘诉让,冒犯诉冤。郡在藩表,密迹不竭,平昔三州,转输费调,以供赏赐,岁用累亿,虚耗中国。然我跋扈,虔刘边陲,烽火相望,羽檄相建,城门昼闭,路无行人,州郡兵戈,奔散覆没。渊祖父度初来临郡,承受荒残,开日月之光,建神武之略,聚乌合之民,扫地为业,威震耀于殊俗,德泽被于群生。辽土之不坏,实度是赖。孔子曰:'微管仲,吾其被发左衽。'向不遭度,则郡早为丘墟,而民系于房廷矣。遗风余爱,永存不朽。度既薨殂,吏民感慕,欣戴子康,尊而奉之。康践统洪绪,克壮徽猷,文昭武烈,迈德种仁;乃心京辇,翼翼虔恭,佐国平乱,效绩纷纭,功隆事大,勋藏王府。度、康当值武皇帝休明之会,合策名之计,夹辅汉室,降身委质,卑以事魏。匪处小厌大,畏而服焉,乃慕托高风,仰伸盛懿也。武皇帝亦虚心纳受,待以不次,功无巨细,每见不忘。又命之曰:'海北土地,割以付君,世世子孙,实得有之。'皇天后土,实闻德音。臣庶小大,豫在下风,奉以周旋,不敢失坠。渊生有兰石之姿,少含恺悌之训,允文允武,忠惠且直;生民钦仰,莫弗怀爱。渊纂戎祖考,君临万民,为国以礼,淑化流行,独见先睹,罗结遐方,勤王之义,视险如夷,世载忠贞,不陨厥备。孙权慕义,不远万里,连年遣使,欲自结援,虽见绝杀,不念旧怨,纤纤往来,求成恩好。渊执节弥固,不为利回,守志匪石,确乎弥坚。犹惧丹心不见保明,乃卑辞厚币,诱致权使,枭截献馘,

以示无二。吴虽在远,水道通利,举帆便至,无所隔限。渊不顾敌仇之深,念存人臣之节,绝强吴之欢,昭事魏之心,灵祇明鉴,普天咸闻。陛下嘉美洪烈,懿兹武功,诞锡休命,宠亚齐、鲁,下及陪臣,普受介福。渊以天覆之恩,当卒终始,得竭股肱,永保禄位,不虞一旦,横被残酷。惟育养之厚,念积累之效,悲恩不遂,痛切见弃,举国号咷,拊膺泣血。夫三军所伐,蛮夷戎狄,骄逸不虔,于是致武,不闻义461反受诛讨。盖圣王之制,五服之域,有不供职,则修文德,而又不至,然后征伐。渊小心翼翼,恪恭于位,勤事奉上,可谓勉矣。尽忠竭节,还被患祸。《小弁》之作,《离骚》之兴,皆由此也。就或佞邪,盗言孔甘,犹当清览,憎而知善;谗巧似直,惑乱圣听,尚望文告,使知所由。若信有罪,当垂三宥;若不改寤,计功减罪,当在八议。而潜军伺袭,大兵奄至,舞戈长驱,冲击辽土。犬马恶死,况于人类!吏民昧死,挫辱王师。渊虽冤枉,方临危殆,犹恃圣恩,怅然重奔,冀必奸臣矫制,妄肆威虐,乃谓臣等曰:'汉安帝建光元年,辽东属国都尉庞奋,受三月乙未诏书,曰收幽州刺史冯焕、玄菟太守姚光。推案无乙未诏书,遣侍御史幽州收考奸臣矫制者。今刺史或儜谬承矫制乎?'臣等议:以为刺史兴兵,摇动天下,殆非矫制,必是诏命。渊乃俯仰叹息,自伤无罪。深惟土地所以养人,窃慕古公杖策之岐,乃欲投冠释绂,逝归林薮。臣等维持,誓之以死,屯守府门,不听所执。而七营虎士,五部蛮夷,各怀素饱,不谋同心,奋臂大呼,排门遁出。近郊农民,释其耨鎒,伐薪制梃,改案为橹,奔驰赴难,军旅行成,虽蹈汤火,死不顾生。渊虽见孤弃,怨而不怒,比遣敕军,勿得干犯,及手书告语,恳恻至诚。而吏士个悍,不可解散,期于毕命,投死无悔。渊惧吏士不从教令,乃驰骛,自往化解,仅乃止之。一饭之惠,匹夫所死,况渊累叶信结百姓,恩著民心。自先帝初兴,爱暨陛下,荣渊累世,丰功懿德,策名褒扬,辩著廊庙,胜衣举履,诵咏明文,以为口实。埋而掘之,古人所耻。小白、重耳,衰世诸侯,犹慕著信,以隆霸业。《诗》美文王作孚万邦,《论语》称仲尼去食存信;信之为德,固亦大矣,今吴、蜀共帝,鼎足而居,天下摇荡,无所统一,臣等每为陛下惧此危心。渊据金城之固,仗和睦之民,国殷兵强,可以横行。策名委质,守死善道,忠至义尽,为九州表。方今二敌窥窬,未知孰定,是之不戒,而渊是害。茹柔吐刚,非王者之道也。臣等虽鄙,诚窃耻之。若无天乎,臣一郡吉凶,尚未可知;若云有天,亦何惧焉!臣等顽仕于家者,二世则主之,三世则君之。臣等生于荒裔之土,出于圭窦之中,无大援于魏,世隶于公孙氏,报生与赐,在于死力。昔蒯通直言,汉祖赦其诛;郑詹辞顺,晋文原其死。臣等顽愚,不达大节,苟执一介,披露肝胆,言逆龙鳞,罪当万死。惟陛下恢崇抚育,亮其控告,使疏远之臣,永有保恃。"

〔35〕《汉晋春秋》曰:公孙渊自立,称绍汉元年。闻魏人将讨,复称臣于吴,乞兵北伐以自救。吴人欲戮其使,羊衜曰:"不可,是肆匹夫之怒而捐霸王之计也。不如因而厚之,遣奇兵潜往以要其成。若魏伐渊不克,而我军远赴,是恩结遐夷,义盖万里;若兵连不解,首尾离隔,则我虏其傍郡,驱略而归,亦足以致天之罚,报雪曩事矣。"权曰:"善。"乃勒兵大出。谓渊使曰:"请俟后问,当从简书,必与弟同休戚,共存亡,虽陨于中原,吾所甘心也。"又曰:"司马懿所向无前,深为弟忧也。"

〔36〕《魏略》曰:始渊兄晃为恭任子,在洛,闻渊劫夺恭位,谓渊终不可保,数自表闻,欲令国家讨渊。帝以渊已秉权,故因而抚之。及渊叛,遂以国法系晃。晃虽有前言,冀不坐,然内

〔37〕《九州春秋》曰：张角之反也，黑山、白波、黄龙、左校、牛角、五鹿、羝根、苦蝤、刘石、平汉、大洪、司隶、缘城、罗市、雷公、浮云、飞燕、白爵、杨凤、于毒等各起兵，大者二三万，小者不减数千。灵帝不能讨，乃遣使拜杨凤为黑山校尉，领诸山贼，得举孝廉计吏。后遂弥漫，不可复数。《典略》曰：黑山、黄巾诸帅，本非冠盖，自相号字，谓骑白马者为张白骑，谓轻捷者为张飞燕，谓声大者为张雷公，其饶须者则自称于羝根，其眼大者自称李大目。张璠《汉纪》云：又有左校、郭大贤、左髭丈八三部也。

〔38〕陆机《晋惠帝起居注》曰：门下通事令史张林，飞燕之曾孙。林与赵王伦为乱，未及周年，位至尚书令、卫将军，封郡公。寻为伦所杀。

〔39〕《傅子》曰：绣有所亲胡车儿，勇冠其军。太祖爱其骁健，手以金与之。绣闻而疑太祖欲因左右刺之，遂反。《吴书》曰：绣降，用贾诩计，乞徙军就高道，道出太祖屯中。绣又曰："车少而重，乞得使兵各被甲。"太祖信绣，皆听之。绣乃严兵入屯，掩太祖。太祖不备，故败。

〔40〕《魏略》曰：五官将数因请会，发怒曰："君杀吾兄，何忍持面视人邪！"绣心不自安，乃自杀。

〔41〕《典略》曰：熹平中，妖贼大起，三辅有骆曜。光和中，东方有张角，汉中有张修。骆曜教民缅匿法，角为太平道，修为五斗米道。太平道者，师持九节杖为符祝，教病人叩头思过，因以符水饮之，得病或日浅而愈者，则云此人信道，其或不愈，则云不信道。修法略与角同，加施静室，使病者处其中思过。又使人为奸令祭酒，祭酒主以《老子》五千文，使习，号为奸令。为鬼吏，主为病者请祷。请祷之法，书病人姓名，说服罪之意。作三通，其一上之天，著山上，其一埋之地，其一沉之水，谓之三官手书。使病家出米五斗以为常，故号曰五斗米师。实无益于治病，但为淫妄，然小人昏愚，竞共事之。后角被诛，修亦亡。及鲁在汉中，因其民信行修业，遂增饰之。教使作义舍，以米肉置其中以止行人；又教使自隐，有小过者，当治道百步，则罪除；又依《月令》，春夏禁杀；又禁酒。流移寄在其地者，不敢不奉。臣松之谓张修应是张衡，非《典略》之失，则传写之误。

〔42〕《魏名臣奏》载董昭表言："武皇帝承凉州从事及武都降人之辞，说张鲁易攻，阳平城下南北山相远，不可守也，信以为然。及往临履，不如所闻，乃叹曰：'他人商度，少如人意。'攻阳平山上诸屯，既不时拔，士卒伤夷者多。武皇帝意沮，便欲拔军截山而还，遣故大将军夏侯惇、将军许褚呼山上兵还。会前军未还，夜迷惑，误入贼营，贼便退散。侍中辛毗、刘晔等在后，语惇、褚，言'官兵已据得贼要屯，贼已散走'。犹不信。惇前自见，乃还白武皇帝，进兵定之，幸而克获。此近事，吏士所知。"又杨暨表言："武皇帝欲征张鲁，以十万之众，身亲临履，指授方略，因就民麦以为军粮。张卫之守，盖不足言。地险守易，虽有精兵虎将，势不能施。对兵三日，欲抽军还，言'作军三十年，一朝持与人，如何'！此计已定，天祚大魏，鲁守自坏，因以定之。"《世语》曰：鲁遣五官掾，弟卫横山筑阳平城以拒，王师不得进。鲁走巴中。军粮尽，太祖将还。西曹掾东郡郭谌曰："不可。鲁已降，留使既未反，卫虽不同，偏携可攻。悬军深入，以进必克，退必不免。"太祖疑之。夜有野麋数千突坏卫营，军大惊。夜，高祚等误与卫众遇，祚等多鸣鼓角会众。卫惧，以为大军见掩，遂降。

〔43〕臣松之以为张鲁虽有善心，要以败而后降，今乃宠以万户，五子皆封侯，过矣。习凿齿曰：鲁虽称王，而阎圃谏止之，今封圃为列侯。夫赏罚者，所以惩恶劝善也，苟其可以明轨训于物，无远近幽深矣。今阎圃谏鲁勿王，而太祖追封之，将来之人孰不思顺！塞其本源而末流自止，其此之谓与！若乃不明于此而重燋烂之功，丰爵厚赏止于死战之士，则民利于有乱，俗竟于杀伐，阻兵仗力，干戈不戢矣。太祖之此封，可谓知赏罚之本，虽汤武居之，无以加也。《魏略》曰：黄初中，增圃爵邑，在礼请中。后十余岁病死。《晋书》云：西戎司马阎缵，圃孙也。

〔44〕《魏略》曰：刘雄鸣者，蓝田人也。少以采药射猎为事，常居覆车山下，每晨夜，出行云雾中，以识道不迷，而时人因谓之能为云雾。郭、李之乱，人多就之。建安中，附属州郡，州郡表荐为小将。马超等反，不肯从，超破之。后诣太祖，太祖执其手谓之曰："孤方入关，梦得一神人，即卿也！"乃厚礼之，表拜为将军，遣令迎其部党，部党不欲降，遂劫以反，诸亡命皆往依之，有众数千人，据武关口上。太祖遣夏侯渊讨破之，雄鸣南奔汉中。汉中破，穷无所之，乃复出降。太祖捉其须曰："老贼，真得汝矣！"复其官，徙勃海。时又有程银、侯选、李堪，皆河东人也，兴平之乱，各有众千余家。建安十六年，并与马超合。超破死，堪临阵死。银、选南入汉中，汉中破，诣太祖降，皆复官爵。

卷九　　　　　诸夏侯曹传第九

夏侯惇字元让，沛国谯人，夏侯婴之后也。年十四，就师学，人有辱其师者，惇杀之，由是以烈气闻。太祖初起，惇常为裨将，从征伐。太祖行奋武将军，以惇为司马，别屯白马，迁折冲校尉，领东郡太守。太祖征陶谦，留惇守濮阳。张邈叛迎吕布，太祖家在鄄城，惇轻军往赴，适与布会，交战。布退还，遂入濮阳，袭惇军辎重。遣将伪降，共执持惇，责以宝货，惇军中震恐。惇将韩浩乃勒兵屯惇营门，召军吏诸将，皆案甲当部不得动，诸营乃定。遂诣惇所，叱持质者曰："汝等凶逆，乃敢执劫大将军，复欲望生邪！且吾受命讨贼，宁能以一将军之故，而纵汝乎？"因涕泣谓惇曰："当奈国法何！"促召兵击持质者。持质者惶遽叩头，言'我但欲乞资用去耳！'浩数责，皆斩之。惇既免，太祖闻之，谓浩曰："卿此可为万世法。"乃著令："自今已后有持质者，皆当并击，勿顾质。"由是劫质者遂绝[1]。

太祖自徐州还，惇从征吕布，为流矢所中，伤左目[2]。复领陈留、济阴太守，加建武将军，封高安乡侯。时大旱，蝗虫起，惇乃断太寿水作陂，身自负土，率将士劝种稻，民赖其利。转领河南尹。太祖平河北，为大将军后拒。邺破，迁伏波将军，领尹如故，使得以便宜从事，不拘科制。建安十二年，录惇前后功，增封邑千八百户，并前二千五百户。二十一年，从征孙权还，使都督二十六军，留居巢。赐伎乐名倡，令曰："魏绛以和戎之功，犹受金石之乐，况将军乎！"二十四年，太祖军于摩陂，召惇常与同载，特见亲重，出入卧内，诸将莫得比也。拜前将军[3]，督诸军还寿春，徙屯召陵。文帝即王位，拜惇大将军，数月薨。

惇虽在军旅，亲迎师受业。性清俭，有余财辄以分施，不足资之于官，不治产业。谥曰忠侯。子充嗣。帝追思惇功，欲使子孙毕侯，分惇邑千户，赐惇七子二孙爵皆关内侯。惇弟廉及子楙素自封列侯。初，太祖以女妻楙，即清河公主也。楙历位侍中、尚书、安西、镇东将军，假节[4]。充薨，子廙嗣。廙薨，子劭嗣[5]。

韩浩者，河内人。沛国史涣与浩俱以忠勇显。浩至中护军，涣至中领军，皆掌禁兵，封列侯[6]。

夏侯渊字妙才，惇族弟也。太祖居家，曾有县官事，渊代引重罪，太祖营救之，得免[7]。太祖起兵，以别部司马、骑都尉从，迁陈留、颍川太守。及与袁绍战于官渡，行督军校尉。绍破，使督兖、豫、徐州军粮；时军食少，渊传馈相继，军以复振。昌豨反，遣于禁击之，未拔，复遣渊与禁并力，遂击豨，降其十余屯，豨诣禁降。渊还，拜典军校尉[8]。济南、乐安黄巾徐和、司马俱等攻城，杀长吏，渊将泰山、齐、平原郡兵击，大破，斩和，平诸县，收其粮谷以给士卒。十四年，以渊为行领军。太祖征孙权还，使渊督诸将击庐江叛者雷绪，绪破，又行征西护军，督徐晃击太原贼，攻下二十余屯，斩贼帅商曜，屠其城。从征韩遂等，战于渭南。又督朱灵平隃糜、汧氐。与太祖会安定，降杨秋。

十七年，太祖乃还邺，以渊行护军将军，督朱灵、路招等屯长安，击破南山贼刘雄，降其众。围遂、超余党梁兴于鄠，拔之，斩兴，封博昌亭侯。马超围凉州刺史韦康于冀，渊救康，未到，康败。去冀二百余里，超来逆战，军不利。汧氐反，渊引军还。十九年，赵衢、尹奉等谋讨超，姜叙起兵卤城以应之。衢等谲说超，使出击叙，于后尽杀超妻子。超奔汉中，还围祁山。叙等急求救，诸将议者欲须太祖节度。渊曰："公在邺，反复四千里，比报，叙等必败，非救急也。"遂行，使张郃督步骑五千在前，从陈仓狭道入，渊自督粮在后。郃至渭水上，超将氐、羌数千逆郃。未战，超走，郃进军收超军器械。渊到，诸县皆已降。韩遂在显亲，渊欲袭取之，遂走。渊收遂军粮，追至略阳城，去遂二十余里，诸将欲攻，或言当攻兴国氐。渊以为遂兵精，兴国城固，攻不可卒拔，不如击长离诸羌。长离诸羌多在遂军，必归救其家。若舍羌独守则孤，救长离则官兵得与野战，可必虏也。渊乃留督将守辎重，轻兵步骑到长离，攻烧羌屯，斩获其众。诸羌在遂军者，各还种落。遂果救长离，与渊军对阵。诸将见遂众，恶之，欲结营作堑乃与战。渊曰："我转斗千里，今复作营堑，则士众罢弊，不可久。贼虽众，易与耳。"乃鼓之，大破遂军，得其旌麾，还略阳，进军围兴国。氐王千万逃奔马超，余众降。转击高平屠各，皆散走，收其粮谷牛马。乃假渊节。

初，枹罕宋建因凉州乱，自号河首平汉王。太祖使渊帅诸将讨建。渊至，围枹罕，月余拔之，斩建及所置丞相已下。渊别遣张郃等平河关，渡河入小湟中，河西诸羌尽降，陇右平。太祖下令曰："宋建造为乱逆三十余年，渊一举灭之，虎步关右，所向无前。仲尼有言：'吾与尔不如也。'"二十一年，增封三百户，并前八百户。还击武都氐羌下辩，收氐谷十余万斛。太祖西征张鲁，渊等将凉州诸将侯王已下，与太祖会休亭。太祖每见羌、胡，以渊畏之。会鲁降，汉中平，以渊行都护将军，督张郃、徐晃等平巴郡。太祖还邺，留渊守汉中，即拜渊征西将军。二十三年，刘备军阳平关，渊率诸将拒之，相守连年。二十四年正月，备夜烧围鹿角。渊使张郃护东围，自将轻兵护南围。备挑郃战，郃军不利。渊分所将兵半助郃，为备所袭，渊遂战死。谥曰愍侯。初，渊虽数战胜，太祖常戒曰："为将当有怯弱时，不可但恃勇也。将当以勇为本，行之以智计；但知任勇，一匹夫敌耳。"

渊妻，太祖内妹。长子衡，尚太祖弟海阳哀侯女，恩宠特隆。衡袭爵，转封安宁亭侯。黄初中，赐中子霸，太和中，赐霸四弟，爵皆关内侯。霸，正始中为讨蜀护军、右将军，进封博昌亭侯，素为曹爽所厚。闻爽诛，自疑，亡入蜀。以渊旧勋赦霸子，徙乐浪郡[9]。霸弟威，官至兖州刺史[10]。威弟惠，乐安太守[11]。惠弟和，河南尹[12]。衡薨，子绩嗣，为虎贲中郎将。绩薨，子褒嗣。

曹仁字子孝，太祖从弟也[13]。少好弓马弋猎。后豪杰并起，仁亦阴结少年，得千余人，周旋淮、泗之间，遂从太祖为别部司马，行厉锋校尉。太祖之破袁术，仁所斩获颇多。从征徐州，仁常督骑，为军前锋。别攻陶谦将吕由，破之，还与大军合彭城，大破谦军。从攻费、华、即墨、开阳，谦遣别将救诸县，仁以骑击破之。太祖征吕布，仁别攻句阳，拔之，生获布将刘何。太祖平黄巾，迎天子都许，仁数有功，拜广阳太守。太祖器其勇略，不使之郡，以议郎督骑。太祖征张绣，仁别徇旁县，虏其男女三千余人。太祖军还，为绣所追，军不利，士卒丧气，仁率厉将士甚奋，太祖壮之，遂破绣。

太祖与袁绍久相持于官渡，绍遣刘备徇隐强诸县，多举众应之。自许以南，吏民不安，太祖以为忧。仁曰："南方以大军方有目前急，其势不能相救，刘备以强兵临之，其背叛固宜也。备新将绍兵，未能得其用，击之可破也。"太祖善其言，遂使将骑击备，破走之，仁尽复收诸叛县而还。绍遣别将韩荀抄断西道，仁击荀于鸡洛山，大破之。由是绍不敢复分兵出。复与史涣等抄绍运车，烧其粮谷。河北既定，从围壶关。太祖令曰："城拔，皆坑之。"连月不下。仁言于太祖曰："围城必示之活门，所以开其生路也。今公告之必死，将人自为守。且城固而粮多，攻之则士卒伤，守之则引日久；今顿兵坚城之下，以攻必死之虏，非良计也。"太祖从之，城降。于是录仁前后功，封都亭侯。从平荆州，以仁行征南将军，留屯江陵，拒吴将周瑜。瑜将数万众来攻，前锋数千人始至，仁登城望之，乃募得三百人，遣部曲将牛金逆与挑战。贼多，金少，遂为所围。长史陈矫俱在城上，望见金等垂没，左右皆失色。仁意气奋怒甚，谓左右："取马来！"矫等共援持之。谓仁曰："贼众盛，不可当也。假使弃数百人何苦，而将军以身赴之！"仁不应，遂被甲上马，将其麾下壮士数十骑出城。去贼百余步，迫沟，矫等以为仁当住沟上，为金形势也，仁径渡沟直前，冲入贼围，金等乃得解。余众未尽出，仁复直还突之，拔出金兵，亡其数人，贼众乃退。矫等初见仁出，皆惧，及见仁还，乃叹曰："将军真天人也！"三军服其勇。太祖益壮之，转封安平亭侯。

太祖讨马超，以仁行安西将军，督诸将拒潼关，破超渭南。苏伯、田银反，以仁行骁骑将军，都督七军讨银等，破之。复以仁行征南将军，假节，屯樊，镇荆州。侯音以宛叛，略傍县众数千人，仁率诸军攻破音，斩其首，还屯樊，即拜征南将军。关羽攻樊，时汉水暴溢，于禁等七军皆没，禁降羽。仁人马数千人守城，城不没者数板。羽乘船临城，围数重，外内断绝，粮食欲尽，救兵不至。仁激厉将士，示以必死，将士感之皆无二。徐晃救至，水亦稍减，晃从外击羽，仁得溃围出，羽退走。

仁少时不修行检，及长为将，严整奉法令，常置科于左右，案以从事。鄢陵侯彰北征乌丸，文帝在东宫，为书戒彰曰："为将奉法，不当如征南邪！"及即王位，拜仁车骑将军，都督荆、扬、益州诸军事，进封陈侯，增邑二千，并前三千五百户。追赐仁父炽谥曰陈穆侯，置守冢十家。后召还屯宛。孙权遣将陈邵据襄阳，诏仁讨之。仁与徐晃攻破邵，遂入襄阳，使将军高迁等徙汉南附化民于汉北，文帝遣使即拜仁大将军。又诏仁移屯临颍，迁大司马，复督诸军据乌江，还屯合肥。黄初四年薨，谥曰忠侯[14]。子泰嗣，官至镇东将军，假节，转封宁陵侯。泰薨，子初嗣。又分封泰弟楷、范，皆为列侯，而牛金官至后将军。

仁弟纯[15]，初以议郎参司空军事，督虎豹骑从围南皮。袁谭出战，士卒多死。太祖欲缓之，纯曰："今千里蹈敌，进不能克，退必丧威；且悬师深入，难以持久。彼胜而骄，我败而惧，以惧敌骄，必可克也。"太祖善其言，遂急攻之，谭败。纯麾下骑斩谭首。及北征三郡，纯部骑获单于蹹顿。以前后功封高陵亭侯，邑三百户。从征荆州，追刘备于长坂，获其二女、辎重，收其散卒。进降江陵，从还谯。建安十五年薨。文帝即位，追谥曰威侯[16]。子演嗣，官至领军将军，正元中进封平乐乡侯。演薨，子亮嗣。

曹洪字子廉，太祖从弟也[17]。太祖起义兵讨董卓，至荥阳，为卓将徐荣所败。太祖失马，贼追甚急，洪下，以马授太祖，太祖辞让，洪曰："天下可无洪，不可无君。"遂步从到汴水，水深不得渡，洪循水得船，与太祖俱济，还奔谯。扬州刺史陈温素与洪善，洪将家兵千余人，就温募兵，得庐江上甲二千人，东到丹阳复得数千人，与太祖会龙亢。太祖征徐州，张邈举州叛迎吕布。时大饥荒，洪将兵在前，先据东平、范，聚粮谷以继军。太祖讨邈、布于濮阳，布破走，遂据东阿，转击济阴、山阳、中牟、阳武、京、密十余县，皆拔之。以前后功拜鹰扬校尉，迁扬武中郎将。天子都许，拜洪谏议大夫。别征刘表，破表别将于舞阳、阴叶、堵阳、博望，有功，迁厉锋将军，封国明亭侯。累从征伐，拜都护将军。文帝即位，为卫将军，迁骠骑将军，进封野王侯，益邑千户，并前二千一百户，位特进；后徙封都阳侯。

始，洪家富而性吝啬，文帝少时假求不称，常恨之，遂以舍客犯法，下狱当死。群臣并救莫能得。卞太后谓郭后曰："令曹洪今日死，吾明日敕帝废后矣。"于是泣涕屡请，乃得免官削爵土[18]。洪先帝功臣，时人多为觖望。明帝即位，拜后将军，更封乐城侯，邑千户，位特进，复拜骠骑将军。太和六年薨，谥曰恭侯。子馥嗣侯。初，太祖分洪户封子震列侯。洪族父瑜，修慎笃敬，官至卫将军，封列侯。

曹休字文烈，太祖族子也。天下乱，宗族各散去乡里。休年十余岁，丧父，独与一客担丧假葬，携将老母，渡江至吴[19]。以太祖举义兵，易姓名转至荆州，间行北归，见太祖。太祖谓左右曰："此吾家千里驹也。"使与文帝同止，见待如子。常从征伐，使领虎豹骑宿卫。刘备遣吴兰屯下辩，太祖遣曹洪征之，以休为骑都尉，参洪军事。太祖谓休曰："汝虽参军，其实帅也。"洪闻此令，亦委事于休。备遣张飞屯固山，欲断军后。众议狐疑，休曰："贼实断道者，当伏兵潜行。今乃先张声势，此其不能也。宜及其未集，促击兰，兰破则飞自走矣。"洪从之，进兵击兰，大破之，飞果走。太祖拔汉中诸军还长安，拜休中领军。文帝即王位，为领军将军，录前功，封东阳亭侯。夏侯惇薨，以休为镇南将军，假节，都督诸军事，车驾临送，上下下舆执手而别。孙权遣将屯历阳，休到，击破之，又别遣兵渡江，烧贼芜湖营数千家。迁征东将军，领扬州刺史，进封安阳乡侯[20]。帝征孙权，以休为征东大将军，假黄钺，督张辽等及诸州郡二十余军，击权大将吕范等于洞浦，破之。拜扬州牧。明帝即位，进封长平侯。吴将审德屯皖，休击破之，斩德首，吴将韩综、翟丹等前后率众诣休降。增邑四百，并前二千五百户，迁大司马，都督扬州如故。太和二年，帝为二道征吴，遣司马宣王从汉水下，休督诸军向寻阳。贼将伪降，休深入，战不利，退还宿石亭。军夜惊，士卒乱，弃甲兵辎重甚多。休上书谢罪，帝遣屯骑校尉杨暨慰谕，礼赐益隆。休因此痈发背薨，谥曰壮侯。子肇嗣[21]。肇有当世才度，为散骑常侍、屯骑校尉。明帝寝疾，方与燕王宇等属以后事。帝意寻变，诏肇以侯归第。正始中薨，追赠卫将军。子兴嗣。"初，文帝分休户三百封肇弟纂为列侯，后为殄吴将军，薨，追赠前将军[22]。

曹真字子丹，太祖族子也。太祖起兵，真父邵募徒众，为州郡所杀[23]。太祖哀真少孤，收养与诸子同，使与文帝共止。常猎，为虎所逐，顾射虎，应声而倒。太祖壮其鸷勇，使将虎豹骑。讨灵丘贼，拔之，封灵寿亭侯。以偏将军将兵击刘备别将于下辩，破之，拜中坚将军。从至长安，领中军。是时，夏侯渊没于阳平，太祖忧之。以真为征蜀护军，督徐晃等破刘备别将高详于阳平。太祖自至汉中，拔出诸军，使真至武都迎曹洪等还屯陈仓。文帝即王位，以真为镇西将军，假节，都督雍、凉州诸军事。录前后功，进封东乡侯。张进等反于酒泉，真遣费耀讨破之，斩进等。黄初三年还京都，以真为上军大将军，都督中外诸军事，假节钺。与夏侯尚等征孙权，击牛渚屯，破之。转拜中军大将军，加给事中。七年，文帝寝疾，真与陈群、司马宣王等受遗诏辅政。明帝即位，进封邵陵侯[24]，迁大将军。

诸葛亮围祁山，南安、天水、安定三郡反应亮。帝遣真督诸军军郿,遣张郃击亮将马谡,大破之。安定民杨条等略吏民保月支城,真进军围之。条谓其众曰:"大将军自来,吾愿早降耳。"遂自缚出。三郡皆平。真以亮惩于祁山,后出必从陈仓,乃使将军郝昭、王生守陈仓,治其城。明年春,亮果围陈仓,已有备而不能克。增邑,并前二千九百户。四年,朝洛阳,迁大司马,赐剑履上殿,入朝不趋。真以"蜀连出侵边境,宜遂伐之,数道并入,可大克也"。帝从其计。真当发西讨,帝亲临送。真以八月发长安,从子午道南入。司马宣王溯汉水,当会南郑。诸军或从斜谷道,或从武威入。会大霖雨三十余日,或栈道断绝,诏真还军。真少与宗人曹遵、乡人朱赞并事太祖。遵、赞早亡,真愍之,乞分所食邑封遵、赞子。诏曰:"大司马有叔向抚孤之仁,笃晏平久要之分。君子成人之美,听分真邑赐遵、赞子爵关内侯,各百户。"真每征行,与将士同劳苦,军赏不足,辄以家财班赐,士卒皆愿为用。真病还洛阳,帝自幸其第省疾。真薨,谥曰元侯。子爽嗣。帝追思真功,诏曰:"大司马蹈履忠节,佐命二祖,内不恃亲戚之宠,外不骄白屋之士,可谓能持盈守位,劳谦其德者也。其悉封真五子羲、训、则、彦、皑皆为列侯。"初,文帝分真邑二百户,封真弟彬为列侯。

爽字昭伯,少以宗室谨重,明帝在东宫,甚亲爱之。及即位,为散骑侍郎,累迁城门校尉,加散骑常侍,转武卫将军,宠待有殊。帝寝疾,乃引爽入卧内,拜大将军,假节钺,都督中外诸军事,录尚书事,与太尉司马宣王并受遗诏辅少主。明帝崩,齐王即位,加爽侍中,改封武安侯,邑万二千户,赐剑履上殿,入朝不趋,赞拜不名。丁谧画策,使爽白天子,发诏转宣王为太傅,外以名号尊之,内欲令尚书奏事,先来由己,得制其轻重也[25]。爽弟羲为中领军,训武卫将军,彦散骑常侍侍讲,其余诸弟,皆以列侯侍从,出入禁闼,贵宠莫盛焉。南阳何晏、邓飏、李胜、沛国丁谧、东平毕轨咸有声名,进趣于时,明帝以其浮华,皆抑黜之;及爽秉政,乃复进叙,任为腹心。飏等欲令爽立威名于天下,劝使伐蜀,爽从其言,宣王止之不能禁。正始五年,爽乃西至长安,大发卒六七万人,从骆谷入。是时,关中及氐、羌转输不能供,牛马骡驴多死,民夷号泣道路。入谷行数百里,贼因山为固,兵不得进。爽参军杨伟为爽陈形势,宜急还,不然将败[26]。飏与伟争于爽前,伟曰:"飏、胜将败国家事,可斩也。"爽不悦,乃引军还[27]。

初,爽以宣王年德并高,恒父事之,不敢专行。及晏等进用,咸共推戴,说爽以权重不宜委之于人。乃以晏、飏、谧为尚书,晏典选举,轨司隶校尉,胜河南尹,诸事希复由宣王。宣王遂称疾避爽[28]。晏等专政,共分割洛阳、野王典农部桑田数百顷,及坏汤沐地以为产业,承势窃取官物,因缘求欲州郡。有司望风,莫敢忤旨。晏等与廷尉卢毓素有不平,因毓吏微过,深文致毓法,使主者先收毓印绶,然后奏闻。其作威如此。爽饮食车服,拟于乘舆;尚方珍玩,充牣其家;妻妾盈后庭,又私取先帝才人七八人,及将吏、师工、鼓吹、良家子女三十三人,皆以为伎乐。诈作诏书,发才人五十七人送邺台,使先帝婕妤教习为伎。擅取太乐乐器、武库禁兵。作窟室,绮疏四周,数与晏等会其

中,纵酒作乐。羲深以为大忧,数谏止之。又著书三篇,陈骄淫盈溢之致祸败,辞旨甚切,不敢斥爽,托戒诸弟以示爽。爽知其为己发也,甚不悦。羲或时以谏喻不纳,涕泣而起。宣王密为之备。九年冬,李胜出为荆州刺史,往诣宣王。宣王称疾困笃,示以赢形。胜不能觉,谓之信然[29]。

十年正月,车驾朝高平陵,爽兄弟皆从[30]。宣王部勒兵马,先据武库,遂出屯洛水浮桥。奏爽曰:"爽昔从辽东还,先帝诏陛下、秦王及臣升御床,把臣臂,深以后事为念。臣言'二祖亦属臣以后事,此自陛下所见,无所忧苦,万一有不如意,臣当以死奉明诏'。黄门令董箕等,才人侍疾者,皆所闻知。今大将军爽背弃顾命,败乱国典,内则僭拟,外专威权。破坏诸营,尽据禁兵,群官要职,皆置所亲;殿中宿卫,历世旧人皆复斥出,欲置新人以树私计;根据槃牙,纵恣日甚。外既如此,又以黄门张当为都监,专共交关,看察至尊,候伺神器,离间二宫。伤害骨肉。天下汹汹,人怀危惧,陛下但为寄坐,岂得久安!此非先帝诏陛下及臣升御床之本意也。臣虽朽迈,敢忘往言?昔赵高极意,秦氏以灭;吕、霍早断,汉祚永世。此乃陛下之大鉴,臣受命之时也。太尉臣济、尚书令臣孚等,皆以爽为有无君之心,兄弟不宜典兵宿卫,奏永宁宫。皇太后令敕臣如奏施行。臣辄敕主者及黄门令罢爽、羲、训吏兵,以侯就第,不得逗留以稽车驾;敢有稽留,便以军法从事。臣辄力疾将兵屯洛水浮桥,伺察非常[31]。"爽得宣王奏事,不通,迫窘不知所为[32]。大司农沛国桓范闻兵起,不应太后召,矫诏开平昌门,拔取剑戟,略将门候,南奔爽。宣王知,曰:"范画策,爽必不能用范计。"范说爽使车驾幸许昌,招外兵。爽兄弟犹豫未决,范重谓羲曰:"当今日,卿门户求贫贱复可得乎?且匹夫持质一人,尚欲望活,今卿与天子相随,令于天下,谁敢不应者?"羲犹不能纳。侍中许允、尚书陈泰说爽,使早自归罪。爽于是遣允、泰诣宣王,归罪请死,乃通宣王奏事[33]。遂免爽兄弟,以侯还第[34]。

初,张当私以所择才人张、何等与爽。疑其有奸,收当治罪。当陈爽与晏等阴谋反逆,并先习兵,须三月中欲发,于是收晏等下狱。会公卿朝臣廷议,以为"《春秋》之义,'君亲无将,将而必诛'。爽以支属,世蒙殊宠,亲受先帝握手遗诏,托以天下,而包藏祸心,蔑弃顾命,乃与晏、飏及当等谋图神器,范党同罪人,皆为大逆不道"。于是收爽、羲、训、晏、飏、谧、轨、胜、范、当等,皆伏诛,夷三族[35]。嘉平中,绍功臣世,封真族孙熙为新昌亭侯,邑三百户,以奉真后[36]。

晏,何进孙也。母尹氏,为太祖夫人。晏长于宫省,又尚公主,少以才秀知名,好《老》、《庄》言,作《道德论》及诸文赋著述凡数十篇[37]。

夏侯尚字伯仁,渊从子也。文帝与之亲友[38]。太祖定冀州,尚为军司马,将骑从征伐,后为五官将文学。魏国初建,迁黄门侍郎。代郡胡叛,遣鄢陵侯彰征讨之,以尚参彰军事,定代地,还。太祖崩于洛阳,尚持节,奉梓宫还邺。并录前功,封平陵亭侯,拜散骑常侍,迁中领军。文帝践阼,更封平陵乡侯,迁征南将军,领荆州刺史,假节,都督南方

诸军事。尚奏:"刘备别军在上庸,山道险难,彼不我虞,若以奇兵潜行,出其不意,则独克之势也。"遂勒诸军击破上庸,平三郡九县,迁征南大将军。孙权虽称藩,尚益修攻讨之备,权后果有贰心。黄初三年,车驾幸宛,使尚率诸军与曹真共围江陵。权将诸葛瑾与尚军对江,瑾渡入江中诸,而分水军于江中。尚夜多持油船,将步骑万余人,于下流潜渡,攻瑾诸军,夹江烧其舟船,水陆并攻,破之。城未拔,会大疫,诏敕尚引诸军还。益封六百户,并前千九百户,假钺,进为牧。荆州残荒,外接蛮夷,而与吴阻汉水为境,旧民多居江南。尚自上庸通道,西行七百余里,山民蛮夷多服从者,五六年间,降附数千家。五年,徙封昌陵乡侯。尚有爱妾嬖幸,宠夺嫡室;嫡室,曹氏女也,故文帝遣人绞杀之。尚悲感,发病恍惚,既葬埋妾,不胜思见,复出视之。文帝闻而恚之曰:"杜袭之轻薄尚,良有以也。"然以旧臣,恩宠不衰。六年,尚疾笃,还京都,帝数临幸,执手涕泣。尚薨,谥曰悼侯[39]。子玄嗣。又分尚户三百,赐尚弟子奉爵关内侯。

玄字太初。少知名,弱冠为散骑、黄门侍郎。尝进见,与皇后弟毛曾并坐,玄耻之,不悦形之于色。明帝恨之,左迁为羽林监。正始初,曹爽辅政。玄,爽之姑子也。累迁散骑常侍、中护军[40]。太傅司马宣王问以时事,玄以为:"夫官才用人,国之柄也,故铨衡专于台阁,上之分也,孝行存乎闾巷,优劣任之乡人,下之叙也。夫欲清教审选,在明其分叙,不使相涉而已。何者?上过其分,则恐所由之不本,而干势驰骛之路开;下逾其叙,则恐天爵之外通,而机权之门多矣。夫天爵下通,是庶人议柄也,机权多门,是纷乱之原也。自州郡中正品度官才之来,有年载矣,缅缅纷纷,未闻整齐,岂非分叙参错,各失其要之所由哉!若令中正但考行伦辈,伦辈当行均,斯可官矣。何者?夫孝行著于家门,岂不忠恪于在官乎?仁恕称于九族,岂不达于为政乎?义断行于乡党,岂不堪于事任乎?三者之类,取于中正,虽不处其官名,斯任官可知矣。行事大小,比有高下,则所任之流,亦焕然明别矣。奚必使中正干铨衡之机于下,而执机柄者有所委仗于上,上下交侵,以生纷错哉?且台阁临下,考功校否,众职之属,各有官长,旦夕相考,莫究于此;闾阎之议,以意裁处,而使匠宰失位,众人驱骇,欲风俗清静,其可得乎?天台县远,众所绝意。所得至者,更在侧近,孰不修饰以要所求?所求有路,则修己家门者,已不如自达于乡党矣。自达乡党者,已不如自求之于州邦矣。苟开之有路,而患其饰真离本,虽复严责中正,督以刑罚,犹无益也。岂若使各帅其分,官长则各以其属能否献之台阁,台阁则据官长能否之第,参以乡闾德行之次,拟其伦比,勿使偏颇。中正则唯考其行迹,别其高下,审定辈类,勿使升降。台阁总之,如其所简或有参错,则其责负自在有司。官长所第,中正辈拟,比随次率而用,如其不称,责负在外。然则内外相参,得失有所,互相形检,孰能相饰?斯则人心定而事理得,庶可以静风俗而审官才矣。"又以为:"古之建官,所以济育群生,统理民物也,故为之君长以司牧之。司牧之主,欲一而专,一则官任定而上下

安,专则职业修而事不烦。夫事简业修,上下相安而不治者,未之有也。先王建万国,虽其详未可得而究,然分疆画界,各守土境,则非重累羁绊之体也。下考殷、周五等之叙,徒有小大贵贱之差,亦无君官臣民而有二统互相牵制者也。夫官统不一,则职业不修;职业不修,则事何得而简?事之不简,则民何得而静?民之不静,则邪恶并兴,而奸伪滋长矣。先王达其如此,故专其职司而一其统业。始自秦世,不师圣道,私以御职,奸以待下;惧宰官之不修,立监牧以董之,畏督监之容曲,设司察以纠之;宰牧相累,监察相司,人怀异心,上下殊务。汉承其绪,莫能匡改。魏室之隆,日不暇及,五等之典,虽难卒复,可粗立仪准以一治制。今之长吏,皆君吏民,横重以郡守,累以刺史。若郡所摄,唯在大较,则与州同,无为再重。宜省郡守,但任刺史;刺史职存则监察不废,郡吏万数,还亲农业,以省费用,丰财殖谷,一也。大县之才,皆堪郡守,是非之讼,每生意异,顺从则安,直己即争。夫和羹之美,在于合异,上下之益,在能相济,顺从乃安,此琴瑟一声也,荡而除之,则官省事简,二也。又干郡之吏,职监诸县,营护党亲,乡邑旧故,如有不副,而因公撋顿,民之困弊,咎生于此,若皆并合,则乱原自塞,三也。今承衰弊,民人雕落,贤才鲜少,任事者寡,郡县良吏,往往非一,郡受县成,其剧在下,而吏之上选,郡当先足,此为亲民之吏,专得底下,吏者民命,而常顽鄙,今如并之,吏多选清良者造职,大化宣流,民物获宁,四也。制使万户之县,名之郡守,五千以上,名之都尉,千户以下,令长如故,自长以上,考课迁用,转能升,所牧亦增,此进才效功之叙也,若经制一定,则官才有次,治功齐明,五也。若省郡守,县皆径达,事不拥隔,官无留滞,三代之风,虽未可必,简一之化,庶几可致,便民省费,在于此矣。"又以为:"文质之更用,犹四时之迭兴也,王者体天理物,必因弊而济通之,时弥质则文之以礼,时泰侈则救之以质。今承百王之末,秦汉余流,世俗弥文,宜大改之以易民望。今科制自公、列侯以下,位从大将军以上,皆得服绫锦、罗绮、纨素、金银饰镂之物,自是以下,杂彩之服,通于贱人,虽上下等级,各示有差,然朝臣之制,已得俟至尊矣,玄黄之采,已得通于下矣。欲使市不鬻华丽之色,商不通难得之货,工不作雕刻之物,不可得也。是故宜大理其本,准度古法,文质之宜,取其中则,以为礼度。车舆服章,皆从质朴,禁除末俗华丽之事,使干朝之家,有位之室,不复有锦绮之饰,无兼采之服,纤巧之物,自上以下,至于朴素之差,示有等级而已,勿使过一二之觉。若夫功德之赐,上恩所特加,皆表之有司,然后服用之。夫上之化下,犹风之靡草。朴素之教兴于本朝,则弥侈之心自消于下矣。"

宣王报书曰:"审官择人,除重官,改服制,皆大善。礼乡闾本行,朝廷考事,大指如所示。而中间一相承习,卒不能改。秦时无刺史,但有郡守长吏。汉家虽有刺史,奉六条而已,故刺史称传车,其吏言从事,居无常治,吏不成臣,其后转更为官司耳。昔贾谊亦患服制,汉文虽身服弋绨,犹不能使上下如意。恐此三事,当待贤能然后了耳。"玄又书曰:"汉文虽身衣弋绨,而不革正法度,内外有僭拟之

服,宠臣受无限之赐,由是观之,似指立在身之名,非笃齐治制之意也。今公侯命世作宰,追踪上古,将隆至治,抑末正本,若制定于上,则化行于众矣。夫当宜改之时,留殷勤之心,令发之日,下之应也犹响寻声耳,犹垂谦谦,曰'待贤能',此伊、周不正殷姬之典也。窃未喻焉。"

顷之,为征西将军,假节,都督雍、凉州诸军事[41]。与曹爽共兴骆谷之役,时人讥之。爽诛,征玄为大鸿胪,数年徙太常。玄以爽抑绌,内不得意。中书令李丰虽宿为大将军司马景王所亲待,然私心在玄,遂结皇后父光禄大夫张缉,谋欲以玄辅政。丰既内握权柄,子尚公主,又与缉俱冯翊人,故缉信之。丰阴令弟兖州刺史翼求入朝,欲使将兵入,并力起。会翼求朝,不听。嘉平六年二月,当拜贵人,丰等欲因御临轩,诸门有陛兵,诛大将军,以玄代之,以缉为骠骑将军。丰密语黄门监苏铄、永宁署令乐敦、冗从仆射刘贤等曰:"卿诸人居内,多有不法,大将军严毅,累以为言,张当可以为诫。"铄等皆许以从命。[42]大将军微闻其谋,请丰相见,丰不知而往,即杀之[43]。事下有司,收玄、缉、铄、敦、贤等送廷尉[44]。廷尉钟毓奏:"丰等谋迫胁至尊,擅诛冢宰,大逆无道,请论如法。"于是会公卿朝臣廷尉议,咸以为"丰等各受殊宠,典综机密,缉承外戚椒房之尊,玄备世臣,并居列位,而包藏祸心,构图凶逆,交关阉竖,授以奸计,畏惮天威,不敢显谋,乃欲要君胁上,肆其诈虐,谋诛良辅,擅相建立,将以倾覆京室,颠危社稷。毓所正皆如科律,报毓施行"。诏书:"齐长公主,先帝遗爱,原其三子死命。"于是丰、玄、缉、敦、贤等皆夷三族[45],其余亲属徙乐浪郡。玄格量弘济,临斩东市,颜色不变,举动自若,时年四十六[46]。正元中,绍功臣世,封尚从孙本为昌陵亭侯,邑三百户,以奉尚后。

初,中领军高阳许允与丰、玄亲善。先是有诈作尺一诏书,以玄为大将军,允为太尉,共录尚书事。有何人天未明乘马以诏版付允门吏,曰"有诏",因便驰走。允即投书烧之,不以开呈司马景王。后丰等事觉,徙允为镇北将军,假节,督河北诸军事。未发,以放散官物,收付廷尉,徙乐浪,道死[47]。清河王经亦与允俱称冀州名士。甘露中为尚书,坐高贵乡公事诛。始经为郡守,经母谓经曰:"汝田家子,今仕至二千石,物太过不祥,可以止矣。"经不能从,历二州刺史、司隶校尉,终以致败[48]。允友人同郡崔赞,亦尝以处世太盛戒允云[49]。

评曰:夏侯、曹氏,世为婚姻,故惇、渊、仁、洪、休、尚、真等并以亲旧肺腑贵重于时,左右勋业,咸有效劳。爽德薄位尊,沈溺盈溢,此固《大易》所蓍,道家所忌也。玄以规格局度,世称其名,然与曹爽中外缱绻,荣位如斯,曾未闻匡弼其非,援致良才。举兹以论,焉能免之乎!

注:
〔1〕孙盛曰:案《光武纪》,建武九年,盗劫阴贵人母弟,吏以不得拘质迫盗,盗遂杀之也。然则合击者,乃古制也。自安、顺已降,政教陵迟,劫质不避王公,而有司莫能遵奉国宪者,浩始复斩之,故魏武嘉焉。

〔2〕《魏略》曰:时夏侯渊与惇俱为将军,军中号惇为盲夏侯。惇恶之,每照镜恚怒,辄扑镜于地。

〔3〕《魏书》曰:时诸将皆受魏官号,惇独汉官,乃上疏自陈不当不臣之礼。太祖曰:"吾闻太上师臣,其次友臣。夫臣者,贵德之人也,区区之魏,而臣足以屈君乎?"惇固请,乃拜为前将军。

〔4〕《魏略》曰:楙字子林,惇中子也。文帝少与楙亲,及即位,以为安西将军、持节,承夏侯渊处都督关中。楙性无武略,而好治生。至太和二年,明帝西征,人有白楙者,遂召还为尚书。楙在西时,多畜伎妾,公主由此与楙不和。其后群弟不遵礼度,楙数切责,弟惧见治,乃共构楙以诽谤,令主奏之,有诏收楙。帝意欲杀之,以问长水校尉京兆段默,默以为'此必清河公主与楙不睦,出于谮构,冀不推实耳。且伏波与先帝有定天下之功,宜加三思'。帝意解,曰:"吾亦以为然。"乃发诏推问为公主作表者,果其群弟子臧、子江所构也。

〔5〕《晋阳秋》曰:泰始二年,高安乡侯夏侯佐卒,惇之孙也,嗣绝。诏曰:"惇,魏之元功,勋书竹帛。昔庭坚不祀,犹或悼之,况朕受禅于魏,而可以忘其功臣哉!宜择惇近属劭封之。"

〔6〕《魏书》曰:韩浩字元嗣。汉末起兵,县近山薮,多寇,浩聚徒众为县藩卫。太守王匡以为从事,将兵拒董卓于盟津。时浩舅杜阳为河阴令,卓执之,使招浩,浩不从。袁术闻而壮之,以为骑都尉。夏侯惇闻其名,请与相见,大奇之,使领兵从征伐。时大议损益,浩以为当急田。太祖善之,迁护军。太祖欲讨柳城,领军史涣以为道远深入,非完计也,欲与浩共谏。浩曰:"今兵势强盛,威加四海,战胜攻取,无不如志,不以此时遂除天下之患,将为后忧。且公神武,举无遗策,吾与君为中军主,不宜沮众。"遂从破柳城,改其官为中护军,置长史、司马。及讨张鲁,鲁降。议者以浩智略足以绥边,欲留使都督诸军镇汉中,太祖曰:"吾安可以无护军?"乃与俱还。其见亲任如此。及薨,太祖愍惜之。无子,以养子荣嗣。史涣字公刘。少任侠,有雄气。太祖初起,以客从,行中军校尉,从征伐,常监诸将,见亲信,转拜中领军。十四年薨,子静嗣。

〔7〕《魏略》曰:时兖、豫大乱,渊以饥乏,弃其幼子,而活亡弟孤女。

〔8〕《魏书》曰:渊为将,赴急疾,常出敌之不意,故军中为之语曰:"典军校尉夏侯渊,三日五百,六日一千。"

〔9〕《魏略》曰:霸字仲权。渊为蜀所害,故霸常切齿,欲有报蜀意。黄初中为偏将军。子午之役,霸召为前锋,进至兴势围,安营在曲谷中。蜀人望知其是霸也,指下兵攻之。霸手战鹿角间,赖救至,然后解。后为右将军,屯陇西,其养士和戎,并得其欢心。至正始中,代夏侯儒为征蜀护军,统属征西。时征西将军夏侯玄,于霸为从子,而玄于曹爽为外弟。及司马宣王诛曹爽,遂召玄,玄来东。霸闻曹爽被诛而玄又征,以为祸必转相及,心既内恐;又霸先与雍州刺史郭淮不和,而淮代玄为征西,霸尤不安,故遂奔蜀。南趣阴平而失道,入穷谷中,粮尽,杀马步行,足破,卧岩石下,使人求道,未知何之。蜀闻之,乃使人迎霸。初,建安五年,时霸从妹年十三四,在本郡,出行樵采,为张飞所得。飞知其良家女,遂以为妻,产息女,为刘禅皇后。故渊之初亡,飞妻请而葬之。及霸入蜀,禅与相见,释之曰:"卿父自遇害于行间耳,非我先人之手刃也。"指其儿子以示之曰:"此夏侯氏之甥也。"厚加爵宠。

〔10〕《世语》曰:威字季权,任侠。贵历荆、兖二州刺史。子骏,并州刺史。次庄,淮南太守。庄子湛,字孝若,以才博文章,为南阳相、散骑常侍。庄,晋景阳皇后姊夫也。由此一门侈盛于时。

〔11〕《文章叙录》曰：惠字稚权，幼以才学见称，善属奏议。历散骑黄门侍郎，与钟毓数有辩驳，事多见从。迁燕相、乐安太守。年三十七卒。

〔12〕《世语》曰：和字义权，清辩有才论。历河南尹、太常。渊第三子称，第五子荣。从孙湛为其序曰：“称字叔权。自孺子而以合聚童儿，为之渠帅，戏必为军旅战阵之事，有违者辄严以鞭捶，众莫敢逆。渊阴奇之，使读《项羽传》及兵书，不肯，曰：'能则自为耳，安能学人？'年十六，渊与之田，见奔虎，称驱马逐之，禁之不可，一箭而倒。名闻太祖，太祖把其手喜曰：'我得汝矣！'与文帝为布衣之交，每宴会，气陵一坐，辩士不能屈。世之高名者多从之游。年十八卒。弟荣，字幼权。幼聪惠，七岁能属文，诵书日千言，经目辄识之。文帝闻而请焉。宾客百余人，人一奏刺，悉书其乡邑名氏，世所谓爵里刺也，客示之，一寓其目，使之遍谈之，不谬一人。帝深奇之。汉中之败，荣年十三，左右提之走，不肯，曰：'君亲在难，焉所逃死！'乃奋剑而战，遂没阵。”

〔13〕《魏书》曰：仁祖褒，颍川太守。父炽，侍中、长水校尉。

〔14〕《魏书》曰：仁时年五十六。《傅子》曰：曹大司马之勇，贲、育弗加也。张辽其次焉。

〔15〕《英雄记》曰：纯字子和，年十四而丧父，与同产兄仁别居。承父业，富于财，僮仆人客以百数，纲纪督御，不失其理，乡里咸以为能。好学问，敬爱学士，学士多归焉，由是为远近所称。年十八，为黄门侍郎。二十，从太祖到襄邑募兵，遂常从征战。

〔16〕《魏书》曰：纯所督虎豹骑，皆天下骁锐，或从百人将补之，太祖难其帅，纯以选为督，抚循甚得人心。及卒，有司白选代，太祖曰："纯之比，何可复得！吾独不中督邪？"遂不选。

〔17〕《魏书》曰：洪伯父鼎为尚书令，任洪为蕲春长。

〔18〕《魏略》曰：文帝收洪，时曹真在左右，请之曰："今诛洪，洪必以真为谮也。"帝曰："我自治之，卿何豫也？"会卞太后责怒帝，言"梁、沛之间，非子廉无有今日"。诏乃释之。犹尚没入其财产。太后又以为言，后乃还之。初，太祖为司空时，以己率下，每岁发调，使本县平赀。于时谯令平赀财与公家等，太祖曰："我家赀那得如子廉耶！"文帝在东宫，尝从洪贷绢百匹，洪不称意。及洪犯法，自分必死，既得原，喜，上书请罪曰："臣少不由道，过入人伦，长窃非任，遂蒙含贷。性无检度知足之分，而有豺狼无厌之质，老悖倍贪，触突国网，罪迫三千，不在赦宥，当就辜诛，弃诸市朝，犹蒙天恩，骨肉更生。臣仰戴天日，愧负灵神，俯惟怨阙，惭愧怖悸，不能雄经以自裁割，谨涂颜阙廷，拜章陈情。"

〔19〕《魏书》曰：休祖父尝为吴郡太守。休于太守舍见壁上祖父画像，下榻拜涕泣，同坐者皆嘉叹焉。

〔20〕《魏书》曰：休丧母，至孝。帝使侍中夺丧服，使饮酒食肉，休受诏而形体益憔悴。讫归谯葬母，帝复遣越骑校尉薛乔奉诏节其忧哀，使归家治丧，一宿便葬，葬讫诣行在所。帝见，亲自宽慰之。其见爱重如此。

〔21〕《世语》曰：肇字长思。

〔22〕张隐《文士传》曰：肇孙撰，字颜远，少厉志操，博学有才藻。仕晋，辟公府，历洛阳令，有能名。大司马齐王冏辅政，撰与齐人左思俱为记室督。从中郎出为襄阳太守、征南司马。值天下乱，撰讨贼向吴，战败死。

〔23〕《魏略》曰：真本姓秦，养曹氏。或云其父伯南夙与太祖善。兴平末，袁术部党与太祖攻劫，太祖出，为寇所迫，走入秦氏，伯南开门受之。寇问太祖所在，答云："我是也。"遂害之。由此太祖思其功，故变其姓。《魏书》曰：邵以忠笃有才智，为太祖所亲信。初平中，太祖兴义兵，邵募徒众，从太祖周旋。时豫州刺史黄琬欲害太祖，太祖避之而邵独被害。

〔24〕臣松之案：真父名邵。封邵陵侯，若非史误，则事不可论。

〔25〕《魏书》：爽使弟羲为表曰："臣亡父真，奉事三朝，入备冢宰，出为上将。先帝以臣肺腑遗绪，奖饰拔擢，典兵禁省，进无忠恪积累之行，退无羔羊自公之节。先帝圣体不豫，臣虽奔走，侍疾尝药，曾无精诚翼日之应，猥与太尉懿俱受遗诏，且惭且惧，靡所告告。臣闻虞舜序贤，以稷、契为先，成汤褒功，以伊、吕为首，审选博举，优劣所厝，斯诚辅世长民之大经，录勋报功之令典，自古以来，未之或阙。今臣虚暗，位冠朝首，顾惟越次，中心愧惕，敢竭愚情，陈写至实。夫天下之达道者三，谓德、爵、齿也。懿本以高明中正，处上司之位，名足镇众，义足率下，一也。包怀大略，允文允武，仍立征伐之勋，遐迹归功，二也。万里旋旆，亲受遗诏，翼亮皇家，内外所向，三也。加之者艾，纪纲邦国，体练朝政；论德则过于吉甫、樊仲，课功则逾于方叔、召虎；凡此数者，懿实兼之。臣抱空名而处其右，天下之人将谓宗室见私，知进而不知退。陛下岐嶷，克明克类，如有以察臣之言，使以懿为太傅、大司马，上昭陛下进贤之明，中显懿身文武之实，下使愚臣免于谤消。"于是帝使中书监刘放、令孙资为诏曰："昔吴汉佐光武，有征定四方之功，为大司马，名称于今。太尉体履正直，功盖海内，先帝本以前后欲更其位者辄不弥久，是以迟迟不施行耳。今大将军荐太尉宜为大司马，既合先帝本旨，又放推让，进德尚勋，乃欲明贤良、辩等列，顺长少也。虽旦、奭之属，宗师吕望，念在引领以处其下，何以过哉！朕甚嘉焉。朕惟先帝固知君子乐天知命，纤芥细疑，不足为忌，当顾柏人、彭亡之文，故用低回，有意未遂耳。斯亦先帝敬重大臣，恩爱深厚之至也。昔成王建保傅之官，近汉显宗以邓禹为太傅，皆以优崇俊乂，必当尊也。其以太尉为太傅。"

〔26〕《世语》曰：伟字世英，冯翊人。明帝治宫室，伟谏曰："今作宫室，斩伐生民墓上松柏，毁坏碑兽石柱，及亡人，伤孝子心，不可以为后世之法则。"

〔27〕《汉晋春秋》曰：司马宣王谓夏侯玄曰："《春秋》责大德重，昔武皇帝再入汉中，几至大败，君所知也。今兴平路势至险，蜀已先据，若进不获战，退见徼绝，覆军必矣。将何以任其责！"玄惧，言于爽，引军退。费祎进兵据三岭以截爽，爽争崄苦战，仅乃得过。所发牛马运转者，死失略尽，羌、胡怨叹，而关右悉虚耗矣。

〔28〕初，宣王以爽魏之肺腑，每推先之，爽以宣王名重，亦引身卑下，当时称焉。丁谧、毕轨等既进用，数言于爽曰："宣王有大志而甚得民心，不可以推诚委之。"由是爽恒猜防焉。礼貌虽存，而诸所兴造，皆不复由宣王。宣王力不能争，且惧其祸，故避之。

〔29〕《魏末传》曰：爽等令胜辞宣王，并伺察焉。宣王见胜，胜自陈无他功劳，横蒙时恩，当为本州，诣阁拜辞，不悟加恩，得蒙引见。宣王令二婢侍边，持衣，衣落；复上指口，言渴求饮，婢进粥，宣王持杯饮粥，粥皆流出沾胸。胜愍然，为之涕泣，谓宣王："今主上尚幼，天下恃赖明公。然众情谓明公方旧风疾发，何意尊体乃尔！"宣王徐更宽言，才气息相属，说："年老沉疾，死在旦夕。君当屈并州，并州近胡，好善为之，恐不复相见，如何！"胜曰："当忝本州，非并州也。"宣王仍复阳为昏谬，曰："君方到并州，努力自爱！"错乱其辞，状如荒语。胜复曰："当忝荆州，非并州也。"宣王乃若微悟者，谓胜曰："懿年老，意荒忽，不解君言。今还为本州刺

史,盛德烈壮,好建功勋。今当与君别,自顾气力转微,后必不更会,因欲自力,设薄主人,生死共别。令师、昭兄弟结为友,不可相舍去,副懿区区之心。"因流涕哽咽。胜亦长叹,答曰:"辄当承教,须待敕命。"胜辞出,与爽等相见,说:"太傅语言错误,口不摄杯,指南为北。又云吾当作并州,吾答言当还为荆州,非并州也。徐徐与语,有识人时,乃知当还为荆州耳。又欲设主人祖送。不可舍去,宜须待之。"更向爽等垂泪云:"大傅患不可复济,令人怆然。"

〔30〕《世语》曰:爽兄弟先是数俱出游,桓范谓曰:"总万机,典禁兵,不宜并出,若有闭城门,谁复内入者?"爽曰:"谁敢尔邪!"由此不复并行。至是乃尽出也。

〔31〕《世语》曰:初,宣王勒兵从阙下趋武库,当爽门,人逼车住。爽妻刘怖,出至厅事,谓帐下守督曰:"公在外。今兵起,如何?"督曰:"夫人勿忧。"乃上门楼,引弩注箭欲发。将孙谦在后牵止之曰:"天下事未可知!"如此者三,宣王遂得过去。

〔32〕干宝《晋纪》:爽留车驾宿伊水南,伐木为鹿角,发屯甲兵数千人以为卫。《魏末传》:宣王语弟孚:"陛下在外,不可露宿。促送帐幔、太官食具诣行在所。"

〔33〕干宝《晋书》:桓范出赴爽,宣王谓蒋济曰:"智囊往矣。"济曰:"范则智矣,驽马恋栈豆,爽必不能用也。"《世语》曰:宣王使许允、陈泰解语爽,蒋济亦与书达宣王之旨,又使爽所信殿中校尉尹大目谓爽,唯免官而已,以洛水为誓。爽信之,罢兵。《魏氏春秋》曰:爽既罢兵,曰:"我不失作富家翁。"范哭曰:"曹子丹佳人,生汝兄弟,犊耳!何图今日坐汝等族灭矣!"

〔34〕《魏末传》曰:爽兄弟归家。敕洛阳县发民八百人,使尉部围爽第四角,角作高楼,令人在上望视爽兄弟举动。爽计穷愁闷,持弹到后园中,楼上人便唱言"故大将军东南行!"爽还厅事上,与兄弟共议,未知宣王意深浅,作书与宣王:"贱子爽哀惶恐怖,无状招祸,分受屠灭。前遣家人迎黎,于今未反,数日乏匮,当烦见饷,以继旦夕。"宣王得书大惊,即答书曰:"初不知乏粮,甚怀踧踖。令致米一百斛,并肉脯、盐豉、大豆。"寻送。爽兄弟不达变数,即便喜欢,自谓不死。

〔35〕《魏略》曰:邓飏字玄茂,邓禹后也。少得士名于京师。明帝时为尚书郎,除洛阳令,坐事免,拜中郎,又入兼中书郎。初,飏与李胜等为浮华友,及在中书,浮华事发,被斥出,遂不复用。正始初,乃出为颍川太守,转大将军长史,迁侍中、尚书。飏为人好货,前在内职,许臧艾授以显官,艾以父妾与飏,故京师为之语曰:"以官易妇邓玄茂。"每所荐达,多如此比。故何晏选举不得人,颇由飏之不公忠,遂同其罪,盖由交友非其才。丁谧,字彦靖。父斐,字文侯。初,斐随太祖,太祖以斐乡里,特饶爱之。斐性好货,数请求犯法,辄得原宥。为典军校尉,总摄内外,每所陈说,多见从也。建安末,从太祖征吴。斐随行,自以家牛羸困,乃私易官牛,为人所白,被收送狱,夺官。其后太祖问斐曰:"文侯,印绶所在?"斐亦知见戏,对曰:"以易饼耳。"太祖笑,顾谓左右曰:"东曹毛掾数白此家,欲令我重治,我非不知此人不清,良有以也。我之有斐,譬如人家有盗狗而善捕鼠,盗虽有小损,而完我囊贮。"遂复斐官,听用如初。后数岁,病亡。谧少不肯交游,但博观书传。为人沈毅,颇有才略。太和中,常居邺,借人空屋,居其中。而诸王亦欲借之,不知谧已得,直开门入。谧望见王,交脚卧而不起,而呼其奴客曰:"此何等人?促呵使去。"王怒其无礼,还具上言。明帝收谧,系邺狱,以其功臣子,原出。后帝闻其父风,召拜度支郎中。曹爽

宿与相亲,时爽为武卫将军,数为帝称其可大用。会帝崩,爽辅政,乃拔谧为散骑常侍,遂转尚书。谧为人外似疏略,而内多忌。其在台阁,有所弹驳,台中患之,事不得行。又其意轻贵,多所忽略,虽与何晏、邓飏等同位,而皆少之,唯以势屈于爽。爽亦敬之,言无不从。故于时谤书,谓"台中有三狗,二狗崖柴不可当,一狗凭默作疽囊。"三狗,谓何、邓、丁也。默者,爽小字也。其意言三狗皆欲啮人,而谧尤甚也。奏使郭太后出居别宫,及遣乐安王使北诣邺,又遣文钦令还淮南,皆谧之计。司马宣王由是特深恨之。毕轨,字昭先。父子礼,建安中为典农校尉。轨以才能,少有名声。明帝在东宫时,轨在文学中。黄初末,出为长史。明帝即位,入为黄门郎,子尚公主,居处殷富。迁并州刺史。其在并州,名为骄豪。时杂胡数为暴,害此民,轨辄出军击鲜卑轲比能,失利。中护军蒋济表曰:"毕轨前失,既往不咎,但恐是后难可以再。凡人材有长短,不可强成。轨文雅智察,自为美器。今失并州,换置他州,若入居显职,不毁其德,于国事实善。此安危之要,唯圣恩察之。"至正始中,入为中护军,转侍中、尚书,迁司隶校尉。素与曹爽善,每言于爽,多见之。李胜字公昭。父休字子朗,有智略。张鲁前为镇北将军,休为司马,家南郑。时汉中有甘露降,子朗见张鲁精兵数万人,有四塞之固,遂建自赤气久矣,黄家当兴,欲鲁号号,鲁不听。会鲁破,太祖以其劝鲁内附,赐爵关内侯,署散官骑从,诣邺。至黄初中,仕历上党、巨鹿二郡太守,后以年老还,拜议郎。胜少游京师,雅有才智,与曹爽善。明帝禁浮华,而人白胜堂有四窗八达,各有主名。用是被收;以其所连引者多,故得原,禁锢数岁。帝崩,曹爽辅政,胜为洛阳令。夏侯玄为征西将军,以胜为长史。玄亦宿与胜厚。骆谷之役,议从胜出,由是司马宣王不悦于胜。累迁荥阳太守、河南尹。胜前后所宰守,未尝不称职,为尹岁余,厅事前屠苏坏,令人更治之,小材一枚激堕,正挝受行吏石虎头,断之。后旬日,迁为荆州刺史,未及之官而败也。桓范字元则,世为冠族。建安末,入丞相府。延康中,为羽林左监。以有文学,与王象等典集《皇览》。明帝时为中领军、尚书,迁征虏将军、东中郎将,使持节都督青、徐诸军事,治下邳。与徐州刺史郑岐争屋,引节欲斩岐,为岐所奏,不直,坐免还。复为兖州刺史,怏怏不得意。又闻当转为冀州牧。是时冀州统属镇北,而镇北将军吕昭才实仕进,本在范后。范谓其妻仲长曰:"我宁作诸卿,向三公长跪耳,不能为吕子展屈也。"其妻曰:"君前在东,坐欲擅斩徐州刺史,众人谓某难为作下,今复羞为吕屈,是复难与作上也。"范忿其言触实,乃以刀环撞其腹。妻时怀孕,遂堕胎死。范亦竟称疾,不赴冀州。正始中拜大司农。范前在台阁,号为晓事,及为司农,又以清省称。范尝抄撮《汉书》中诸杂事,自以意斟酌之,名曰《世要论》。蒋济为太尉,尝与范会社下,群卿列坐有数人,范怀其所撰,欲以示济,谓济当虚心观之。范出其书以示左右,左右传之示济,济不肯视,范心恨之。因论他事,乃发怒谓济曰:"我祖薄德,公辈何似邪?"济性虽强毅,亦知范刚毅,睨而不应,各罢。范于沛郡,仕次在曹真后。于时曹爽辅政,以范乡里老宿,于九卿中特敬之,然不甚亲也。及宣王起兵,闭城门,以范晓事,乃指召之,欲使领中领军。范欲应召,而其子谏之,以为车驾在外,不如南出。范疑有顷,儿又促之。范欲去,而司农丞吏皆止范。范不从,乃突出至平昌城门,城门已闭。门候司蕃,故范举吏也,范呼之,举手中版以示之,矫曰:"有诏召我,卿促开门!"蕃欲求见诏书,范呵之,言:"卿非我故吏邪,何以敢尔?"乃开。范出城,顾谓蕃曰:"太傅

图逆,卿从我去!"蕃徒行不能及,遂避侧。范南见爽,劝爽兄弟以天子诣许昌,征四方以自辅。爽疑,羲又无言。范自谓羲曰:"事昭然,卿用读书何为邪!于今日卿等门户倒矣!"俱不言。范又谓羲曰:"卿别营近在阙南,洛阳典农治在城外,呼召如意。今诣许昌,不过中宿,许昌别库,足相被假;所忧当在谷食,而大司农印章在我身。"羲兄弟默然不从,中夜至五鼓,爽乃投刀于地,谓诣从驾群臣曰:"我度太傅意,亦不过欲令我兄弟向己也。我独有以不合于远近耳!"遂进谓帝:"陛下作诏免臣官,报皇太后令。"范知爽首免而已必失唱义也。范乃曰:"老子今兹坐卿兄弟族矣!"爽等既免,帝还宫,遂令范随从。到洛水浮桥北,望见宣王,下车叩头而无言。宣王呼范姓曰:"桓大夫何以尔邪!"车驾入宫,有诏范还复位。范诣阙拜章谢,待报。会司蕃诣鸿胪自首,具说范前临出所道。宣王乃忿然曰:"诬人以反,于法何应!"主者曰:"科律,反受其罪。"乃收范于阙下。时人持范甚急,范谓部官曰:"徐之,我亦义士耳。"遂送廷尉。《世语》曰:初,爽梦二虎衔雷公,雷公若二升椀,放著庭中。爽恶之,以问占者,灵台丞马训曰:"忧兵。"训退,告其妻曰:"爽将以兵亡,不出旬日。"《汉晋春秋》曰:安定皇甫谧以九年冬梦至洛阳,自庙出,见车骑甚众,以物呈庙云:"诛大将军曹爽。"寤而以告其邑人,邑人曰:"君欲作曹人之梦乎?朝无公孙强,如何!且爽兄弟典重兵,又权尚书事,谁敢谋之?"谧曰:"爽无叔振铎之请,苟失天机,则离矣,何恃之强?昔汉之阎显,倚母后之尊,权国威命,可谓至重矣,陶人十九人一旦尸之,况爽兄弟乎?"《世语》曰:初,爽出,司马鲁芝留在府,闻有事,将营骑斫津门出赴爽。爽诛,擢为御史中丞。及爽解印绶,将出,主簿杨综止之曰:"公挟主握权,舍此以至东市乎?"爽不从。有司奏综导爽反,宣王曰:"各为其主也。"宥之,以为尚书郎。芝字世英,扶风人也。以后仕进至特进光禄大夫。综字初伯,后为安东将军司马文王长史。臣松之案:夏侯湛为芝铭及干宝《晋纪》并云爽既诛,宣王即擢芝为并州刺史,以综为安东参军。与《世语》不同。

〔36〕干宝《晋纪》曰:蒋济以曹真之勋力,不宜绝祀,故以熙为后。济又病其言之失信于爽,发病卒。

〔37〕晏字平叔。《魏略》曰:太祖为司空时,纳晏母并收养晏,其时秦宜禄儿阿苏亦随母在公家,并见宠如公子。苏即朗也。苏性谨慎,而晏无所顾惮,服饰拟于太子,故文帝特憎之,每不呼其字,常谓之为"假子"。晏尚主,又好色,故黄初时无所事任。及明帝立,颇为冗官。至正始初,曲合于曹爽,亦以才能,故爽用为散骑侍郎,迁侍中、尚书。晏前以尚主得赐爵为列侯,又其母在内,晏性自喜,动静粉白不去手,行步顾影。晏为尚书,主选举,其宿与之有旧者,多被拔擢。《魏末传》:晏妇金乡公主,即晏同母妹。公主贤,谓其母沛王太妃曰:"晏为恶日甚,将何保乎?"母笑曰:"汝得无妒晏邪?"俄而晏死。有一男,年五六岁,宣王遣人录之。晏妇藏其子王宫中,向使者搏颊,乞以活之,使者具以白宣王。宣王亦愍晏妇有先见之言,心常嘉之;且为沛王故,特原不杀。《魏氏春秋》曰:初,夏侯玄、何晏等名盛于时,司马景王亦预焉。晏尝曰:"唯深也,故能通天下之志,夏侯泰初是也;唯几也,故能成天下之务,司马子元是也;惟神也,不疾而速,不行而至,吾闻其语,未见其人也。"盖欲以神况诸己也。初,宣王使晏与治爽等狱。晏穷治党与,冀以获宥。宣王曰:"凡有八族。"晏疏丁、邓等七姓。宣王曰:"未也。"晏穷急,乃曰:"岂谓晏乎!"宣王曰:"是也。"乃收晏。臣松之

案:《魏末传》云晏取其同母妹为妻,此搢绅所不忍言,虽楚王之妻嫂,不是甚已。设令此言出于旧史,犹将莫之或信,况底下之书乎!案《诸王公传》,沛王出自杜夫人所生。晏母姓尹,公主若与沛王同生,焉得言与晏同母乎?
皇甫谧《列女传》:爽从弟文叔,妻谯郡夏侯文宁之女,名令女。文叔早死,服阕,自以年少无子,恐家必嫁己,乃断发为信。其后,家果欲嫁之,令女闻,即复以刀截两耳,居止常依爽。及爽被诛,曹氏尽死。令女叔父上书与曹氏绝婚,强迎令女归。时文宁为梁相,怜其少,执义,又曹氏无遗类,冀其意沮,乃微使人讽之,令女叹且泣曰:"吾亦惟之,许之是也。"家以为信,防之少懈。令女于是窃入寝室,以刀断鼻,蒙被而卧。其母呼与语,不应,发被视之,血流满床席。举家惊惶,奔往视之,莫不酸鼻。或谓之曰:"人生世间,如轻尘栖弱草耳,何至辛苦乃尔!且夫家夷灭已尽,守此欲谁为哉?"令女曰:"闻仁者不以盛衰改节,义者不以存亡易心,曹氏前盛之时,尚欲保终,况今衰亡,何忍弃之!禽兽之行,吾岂为乎?"司马宣王闻而嘉之,听使乞子字养为曹氏后,名显于世。

〔38〕《魏书》曰:尚有筹画智略,文帝器之,与为布衣之交。

〔39〕《魏书》载诏曰:"尚自少侍从,尽诚竭节,虽云异姓,其犹骨肉,是以入为腹心,出当爪牙。智略深敏,谋谟过人,不幸早殒,命也奈何!赠征南大将军、昌陵侯印绶。"

〔40〕《世语》曰:玄世名知人,为中护军,拔用武官,参戟牙门,无非俊杰,多牧州典郡。立法垂教,于今皆为后式。

〔41〕《魏略》曰:玄既迁,司马景王代为护军。护军总统诸将,任主武官选举,前后当此官者,不能止货赂。故蒋济为护军时,有谣言"欲求牙门,当得千匹;百人督,五百匹"。宣王与济善,间以问济,济无以解之,因戏曰:"洛中市买,一钱不足则不行。"遂相对欢笑。玄代济,故不能止绝人事。及景王之代玄,整顿法令,人莫犯者。

〔42〕《魏书》曰:玄素贵,以爽故废黜,居常怏怏不得意。中书令李丰与玄及后父光禄大夫张缉阴谋为乱,缉与丰同郡,倾巧人也,以东莞太守召,为后家,亦不得意,故皆同谋。初,丰自以身处机密,息韬又以列侯给事中,尚齐长公主,有内外之重,心不自安。密谓韬曰:"玄既为海内重人,加以当大任,时方壮而永见废,又亲曹爽外弟,于大将军有嫌。吾得玄书,深以为忧。缉有才用,弃马大郡,还坐家巷。各不得志,欲使汝以密计告之。"缉尝寝创卧,丰遣韬省病,韬屏人语缉曰:"韬尚公主,父子在机近,大将军秉事,常恐不见明信,太常亦怀深忧。君侯虽有后父之尊,安危未可知,皆与韬家同患者也,韬父欲与君侯议之。"缉默然良久曰:"同舟之难,吾焉所逃?此大事,不捷则祸及宗族。"韬于是往报丰。密语黄门监苏铄等,苏铄等答丰:"惟君侯计。"丰言曰:"今拜贵人,诸营皆皆屯门。陛下临轩,因此便共迫胁,将群寮人兵,就诛大将军。卿等当共располaгать白此意。"铄等:"陛下倘不从人,奈何?"丰等曰:"事有权宜,临时若不信听,便当劫将去耳。那得不从?"铄等许诺。丰曰:"此族灭事,卿等密之。事成,卿等皆当封侯常侍也。"丰复密以告玄、缉。缉遣子邈与丰相结,同谋起事。《世语》曰:丰遣子韬以谋报玄,玄曰"宜详之耳",而不以告也。

〔43〕《世语》曰:大将军闻丰谋,舍人王羕请以命请丰:"丰若无备,情屈势迫,必来,若不来,羕一人足以制之;若知谋泄,必众挟轮,长戟日士,径入云龙门,挟天子登凌云台,台上有三千人仗,鸣鼓会众,如此,羕所不及也。"大将军乃遣羕以车迎之。丰见劫迫,随羕而至。《魏氏春秋》曰:大将军责

丰,丰知祸及,遂正色曰:"卿父子怀奸,将倾社稷,惜吾力劣,不能相禽灭耳!"大将军怒,使勇士以刀环筑丰腰,杀之。《魏略》曰:丰字安国,故卫尉李义子也。黄初中,以父任召随军。始为白衣时,年十七八,在邺下名为清白,识别人物,海内翕然,莫不注意。后随军在许昌,声称日隆。其父不愿其然,遂令闭门,敕使断客。初,明帝在东宫,丰在文学中。及即尊位,得吴降人,问"江东闻中国名士为谁?"降人云:"闻有李安国。"是时丰为黄门郎,明帝问左右:"安国所在?"左右以丰对。帝曰:"丰名乃被于吴越邪?"后转骑都尉,给事中。帝崩后,为永宁太仆,以名过其实,能用少也。正始中,迁侍中、尚书仆射。丰在台省,常多托疾,时台制,疾满百日当解禄,丰疾未满数十日,辄暂起,已复卧,如是数岁。初,丰子韬以选尚公主,丰虽外辞之,内不甚惮也。丰弟翼及伟,仕数年间,并历郡守。丰尝于人中显诫二弟,言"当用荣位为!"。及司马宣王久病,伟为二千石,荒于酒,乱新平、扶风二郡,而丰不召,众人以为恃宠。曹爽专政,丰依违二公间,无有适莫,故于时有谤书曰:"曹爽之势热如汤,太傅父子冷如浆,李丰兄弟如游光。"其意以为丰虽于外示清净,而内图事,有似于游光也。及宣王奏诛爽,住车阙下,与丰相闻,丰怖遽气索,足委地不能起。至嘉平四年宣王终后,中书令缺,大将军咨问朝臣:"谁可补者?"或指向丰。丰虽知此非显选,而自以连婚国家,思附至尊,因伏不辞,遂奏用之。丰为中书二岁,帝比每独召与语,不知所说。景王知其议已,请丰,丰不以实告,乃杀之。其事秘。丰前后仕历二朝,不以家计为意,仰俸廪而已。韬虽尚公主,丰常约敕不得有所侵取,时得赐钱帛,辄以外施亲族;及得赐宫人,多与子弟,而丰皆以与诸外甥。及死后,有司籍其家,家无余积。《魏氏春秋》曰:夜送丰尸付廷尉,廷尉钟毓不受,曰:"非法官所治也。"以其状启,且敕之,乃受。帝怒,将必丰死意,太后惧,呼帝入,乃止。遣收翼。《世语》曰:翼后妻,散骑常侍荀廙姊,谓翼曰:"中书事发,可及书未至赴吴,何为坐取死亡!左右可共同赴水火者谁?"翼思未答,妻曰:"君在大州,不知可与同死生者,去亦不免。"翼曰:"二儿小,吾不去。今但从坐,身死,二儿必免。"果如翼言。翼子斌,杨骏外甥也。晋惠帝初,为河南尹,与骏俱死,见《晋书》。

〔44〕《世语》曰:玄至廷尉,不肯下辞。廷尉钟毓自临治玄。玄正色责毓曰:"吾当何辞?卿为令史责人也,卿便为吾作。"毓以其名士,节高不可屈,而狱当竟,夜为作辞,令与事相附,流涕以示玄。毓视,颔之而已。毓弟会,年少于玄,玄不与交,是日毓坐狎玄,玄不受。孙盛《杂语》曰:玄在图圄,会因欲狎而友玄,玄正色曰:"钟君何相逼如此也!"

〔45〕《魏书》曰:丰子韬,以尚主,赐死狱中。

〔46〕《魏略》曰:玄自从西还,不交人事,不蓄华妍。《魏氏春秋》曰:初,夏侯霸将奔蜀,呼玄欲与之俱。玄曰:"吾岂苟存自客于寇虏乎?"遂还京师。太傅薨,许允谓玄曰:"无复忧矣。"玄叹曰:"士宗,卿何不见事乎?此人犹能以通家年少遇我,子元、子上不吾容也。"玄尝著《乐毅》、《张良》及《本无肉刑论》,辞旨通远,咸传于世。玄之执也,卫将军司马文王流涕请之,大将军曰:"卿忘会赵司空葬乎?"先是,司空赵俨薨,大将军兄弟会葬,宾客以百数,玄后至,众宾客咸越席而迎,大将军由是恶之。臣松之案:曹爽以正始五年伐蜀,时玄已为关中都督,至十年,爽诛灭后,方还洛耳。案《少帝纪》,司空赵俨以六年亡,玄则无由得会俨葬,若云玄入朝,纪、传又无其事。斯近妄不实。

〔47〕《魏略》曰:允字士宗,世冠族。父据,仕历典农校尉、郡守。允少与同郡崔赞俱发名于冀州,召入军。明帝时为尚书选曹郎,与陈国袁侃对,同坐职事,皆收送狱,诏旨严切,当有死者,正直者为重。允谓侃曰:"卿,功臣之子,法应八议,不忧死也。"侃亦知其指,乃以受重。允问竟复吏,出为郡守,稍迁为侍中、尚书、中领军。允闻李丰等被收,欲往见大将军,已出门,回遑不定,中道还取裤,丰等已收讫。大将军闻允前遽,怪之曰:"我自收丰等,不知士大夫何为忿忿乎?"是时朝臣遽者多耳,而众人咸以为意在允也。会镇北将军刘静卒,朝廷以允代静。又受节传,出止外舍。大将军与允书曰:"镇北虽少事,而都典一方,念足下震华鼓,建朱节,历本州,此所谓著绣昼行也。"允心甚悦,与台中相闻,欲易其鼓吹旌旗。其兄子素颇闻众人说允前见嫌意,戒允"但当趣耳,用是为邪"!允曰:"卿俗士不解,我以荣国耳,故求之。"帝以允当出,乃诏会群臣,群臣皆集,帝特引允以自近;允前为侍中,顾当与帝别,涕泣歔欷。会讫,罢出,诏咨允令去。会有司奏允前擅以厨钱谷乞诸俳及其官废,故遂收送廷尉,考问竟,(故)减死徙边。允以嘉平六年秋徙,妻子不得自随,行道未到,以其年冬死。《魏氏春秋》曰:允为吏部郎,选郡守。明帝疑其所非次,召入,将加罪。允妻阮氏跣出,谓曰:"明主可以理夺,难以情求。"允颔之而入。帝怒诘之,允对曰:"某郡太守虽限满文书先至,年限在后,某守虽后,日限在前。"帝前取事视之,乃释遣出。望其衣败,曰:"清吏也。"赐之。允之出为镇北,喜谓其妻:"吾知免矣!"妻曰:"祸见于此,何免之有?"允善相印,将拜,以印不善,使更刻之,如此者三,允曰:"印虽始成,而已被辱。"问送印者,果怀之而坠于厕。《相印书》曰:"相印法本出陈长文,长文以语韦仲将,印工杨利从仲将受法,以语许士宗。利以法术占吉凶,十可中八九。仲将问长文'从谁得法'?长文:'本出汉世,有《相印》、《相笏经》,又有《鹰经》、《牛经》、《马经》。印工宗养以法语程申伯,是故有一十二家相法传于世。'"允妻阮氏贤明而丑,允始见愕然,交礼毕,无复入意。妻遣婢视之,云"有客姓桓",妻曰:"是必桓范,将劝使入也。"既而范果劝之。允入,须臾便起,妻捉裾留之。允顾谓曰:"妇有四德,卿有其几?"妇曰:"新妇所乏唯容。士有百行,君有其几?"允曰:"皆备。"妇曰:"士有百行,以德为首,君好色不好德,何谓皆备?"允有惭色,知其非凡,遂雅相亲重。生二子:奇、猛,少有令闻。允后为景王所诛,门生走入告其妇,妇正在机,神色不变,曰:"早知尔耳。"门生欲藏其子,妇曰:"无预诸儿事。"后移居墓所,景王遣钟会看之,若才德能及父,当收。儿以语母,母答:"汝等虽佳,才具不多,率胸怀与会语,便自无忧,不须极哀,会止便止。又可多少问朝事。"儿从之。会反命,具以状对,卒免其祸,皆母之教也。虽会之识鉴,而输贤妇之智也。果庆及后嗣,追封子孙而已。《世语》曰:允二子:奇字子泰,猛字子豹,并有治理才学。晋元康中,奇为司隶校尉,猛幽州刺史。傅畅《晋诸公赞》曰:猛礼乐儒雅,当时最优。奇子遐,字思祖,以清尚称,位至侍中。猛子式,字仪祖,有才干,至濮阳内史、平原太守。

〔48〕《世语》曰:经字彦伟,初为江夏太守。大将军曹爽附绢二十匹令交市于吴,经不发书,弃官归。母问归状,经以实对。母以经典兵马而擅去,对送吏杖经五十,爽闻,不复罪。经为司隶校尉,辟河内向雄为都官从事,业之出,不申经意以及难。经刑于东市,雄哭之,感动一市。刑及经母,雍州故吏皇甫晏以家财收葬焉。《汉晋春秋》曰:经被收,辞母。母颜色不变,笑而应曰:"人谁不死?往所以不止汝者,恐不得其

〔49〕荀绰《冀州记》曰：赞子洪，字良伯，清恪有匪躬之志，为晋吏部尚书、大司农。

卷十　　荀彧荀攸贾诩传第十

荀彧字文若，颍川颍阴人也。祖父淑，字季和，郎陵令。当汉顺、桓之间，知名当世。有子八人，号曰八龙。彧父绲，济南相。叔父爽，司空[1]。彧年少时，南阳何颙异之，曰："王佐才也[2]。"永汉元年，举孝廉，拜守宫令。董卓之乱，求出补吏。除亢父令，遂弃官归，谓父老曰："颍川，四战之地也，天下有变，常为兵冲，宜亟去之，无久留。"乡人多怀土犹豫，会冀州牧同郡韩馥遣骑迎之，莫有随者，彧独将宗族至冀州。而袁绍已夺馥位，待彧以上宾之礼。彧弟谌及同郡辛评、郭图，皆为绍所任。彧度绍终不能成大事，时太祖为奋武将军，在东郡，初平二年，彧去绍从太祖。太祖大悦曰："吾之子房也。"以为司马，时年二十九。是时，董卓威陵天下，太祖以问彧。彧曰："卓暴虐已甚，必以乱终，无能为也。"卓遣李傕等出关东，所过虏略，至颍川、陈留而还。乡人留者多见杀略。明年，太祖领兖州牧，后为镇东将军，彧常以司马从。兴平元年，太祖征陶谦，任彧留事。会张邈、陈宫以兖州反，潜迎吕布。布既至，邈乃使刘翊告彧曰："吕将军来助曹使君击陶谦，宜亟供其军食。"众疑惑。彧知邈为乱，即勒兵设备，驰召东郡太守夏侯惇，而兖州诸城皆应布矣。时太祖悉军攻谦，留守兵少，而督将、大吏多为邈、宫通谋。惇至，其夜诛谋叛者数十人，众乃定。豫州刺史郭贡帅众数万来至城下，或言与吕布同谋，众甚惧。贡求见彧，彧将往。惇等曰："君，一州镇也，往必危，不可。"彧曰："贡与邈等，分非素结也，今来速，计必未定；及其未定说之，纵不为用，可使中立，若先疑之，彼将怒而成计。"贡见彧无惧意，谓鄄城未易攻，遂引兵去。又与程昱计，使说范、东阿，卒全三城，以待太祖。太祖自徐州还击布濮阳，布东走。二年夏，太祖军乘氏，大饥，人相食。

陶谦死，太祖欲遂取徐州，还乃定布。彧曰："昔高祖保关中，光武据河内，皆深根固本以制天下，进足以胜敌，退足以坚守，故虽有困败而终济大业。将军本以兖州首事，平山东之难，百姓无不归心悦服。且河、济，天下之要地也，今虽残坏，犹易以自保，是亦将军之关中、河内也，不可以不先定。今以破李封、薛兰，若分兵东击陈宫，宫必不敢西顾，以其间勒兵收熟麦，约食畜谷，一举而布可破也。破布，然后南结扬州，共讨袁术，以临淮、泗。若舍布而东，多留兵则不足用，少留兵则民皆保城，不得樵采。布乘虚寇暴，民心益危，唯鄄城、范、卫可全，其余非己之有，是无兖州也。若徐州不定，将军当安所归乎？且陶谦虽死，徐州未易亡也。彼惩往年之败，将惧而结亲，相为表里。今东

方皆以收麦，必坚壁清野以待将军，将军攻之不拔，略之无获，不出十日，则十万之众未战而自困耳[3]。前讨徐州，威罚实行[4]，其子弟念父兄之耻，必人自为守，无降心，就能破之，尚不可有也。夫事固有弃此取彼者，以大易小可也，以安易危可也，权一时之势，不患本之不固可也。今三者莫利，愿将军熟虑之。"太祖乃止。大收麦，复与布战，分兵平诸县。布败走，兖州遂平。

建安元年，太祖击破黄巾。汉献帝自河东还洛阳。太祖议奉迎都许，或以"山东未平，韩暹、杨奉新将天子到洛阳，北连张杨，未可卒制。"彧劝太祖曰："昔晋文纳周襄王而诸侯景从，高祖东伐为义帝缟素而天下归心。自天子播越，将军首唱义兵，徒以山东扰乱，未能远赴关右，然犹分遣将帅，蒙险通使，虽御难于外，乃心无不在王室，是将军匡天下之素志也。今车驾旋轸，东京榛芜，义士有存本之思，百姓感旧而增哀。诚因此时，奉主上以从民望，大顺也；秉至公以服雄杰，大略也；扶弘义以致英俊，大德也。天下虽有逆节，必不能为累，明矣。韩暹、杨奉其敢为害！若不时定，四方生心，后虽虑之，无及。"太祖遂至洛阳，奉迎天子都许。天子拜太祖大将军，进彧为汉侍中，守尚书令。常居中持重[5]，太祖虽征伐在外，军国事皆与彧筹焉[6]。太祖问彧："谁能代卿为我谋者？"彧言"荀攸、钟繇"。先是，彧言策谋士，进戏志才。志才卒，又进郭嘉。太祖以彧为知人，诸所进达皆称职，唯严象为扬州，韦康为凉州，后败亡[7]。

自太祖之迎天子也，袁绍内怀不服。绍既并河朔，天下畏其强。太祖方东忧吕布，南拒张绣，而绣败太祖军于宛。绍益骄，与太祖书，其辞悖慢。太祖大怒，出入动静变于常，众皆谓以失利于张绣故也。钟繇以问彧，彧曰："公之聪明，必不追咎往事，殆有他虑。"则太祖问之，太祖乃以绍书示彧，曰："今将讨不义，而力不敌，何如？"彧曰："古之成败者，诚有其才，虽弱必强，苟非其人，虽强易弱，刘、项之存亡，足以观矣。今与公争天下者，唯袁绍尔。绍貌外宽而内忌，任人而疑其心，公明达不拘，唯才所宜，此度胜也。绍迟重少决，失在后机。公能断大事，应变无方，此谋胜也。绍御军宽缓，法令不立，士卒虽众，其实难用，公法令既明，赏罚必行，士卒虽寡，皆争致死，此武胜也。绍凭世资，从容饰智，以收名誉，故士之寡能好问者多归之，公以至仁待人，推诚心不为虚美，行己谨俭，而与有功者无所吝惜，故天下忠正效实之士咸愿为用，此德胜也。夫以四胜辅天子，扶义征伐，谁敢不从？绍之强其何能为！"太祖悦。彧曰："不先取吕布，河北亦未易图也。"太祖曰："然。吾所惑者，又恐绍侵扰关中，乱羌、胡，南诱蜀汉，是我独以兖、豫抗天下六分之五也。为将奈何？"彧曰："关中将帅以十数，莫能相一，唯韩遂、马超最强。彼见山东方争，必各拥众自保。今若抚以恩德，遣使连和，相持虽不能久安，比公安定山东，足以不动。钟繇可属以西事。则公无忧矣。"

三年，太祖既破张绣，东禽吕布，定徐州，遂与袁绍相拒。孔融谓彧曰："绍地广兵强；田丰、许攸，智计之士也，为之谋；审配、逢纪，尽忠之臣也，任其事；颜良、文丑，勇

冠三军,统其兵:殆难克乎!"或曰:"绍兵虽多而法不整。田丰刚而犯上,许攸贪而不治。审配专而无谋,逢纪果而自用,此二人留知后事,若攸家犯其法,必不能纵也,不纵,攸必为变。颜良、文丑,一夫之勇耳,可一战而禽也。"五年,与绍连战。太祖保官渡,绍围之。太祖军粮方尽,书与彧,议欲还许以引绍。彧曰:"今军食虽少,未若楚、汉在荥阳、成皋间也。是时刘、项莫肯先退,先退者势屈也。公以十分居一之众,画地而守之,扼其喉而不得进,已半年矣。情见势竭,必将有变,此用奇之时,不可失也。"太祖乃住。遂以奇兵袭绍别屯,斩其将淳于琼等,绍退走。审配以许攸家不法,收其妻子,攸怒叛绍;颜良、文丑临阵授首;田丰以谏见诛:皆如彧所策。

六年,太祖就谷东平之安民,粮少,不足与河北相支,欲因绍新破,以其间击讨刘表。彧曰:"今绍败,其众离心,宜乘其困,遂定之;而背兖、豫,远师江、汉,若绍收其余烬,承虚以出人后,则公事去矣。"太祖复次于河上。绍病死。太祖渡河,击绍子谭、尚,而高干、郭援侵略河东,关右震动,钟繇帅马腾等击破之。语在《繇传》。八年,太祖录彧前后功,表封彧为万岁亭侯[8]。九年,太祖拔邺,领冀州牧。或说太祖"宜复古置九州,则冀州所制者广大,天下服矣。"太祖将从之,彧言曰:"若是,则冀州当得河东、冯翊、扶风、西河、幽、并之地,所夺者众。前日公破袁尚,禽审配,海内震骇,必人人自恐不得保其土地,守其兵众也;今使分属冀州,将皆动心。且人多说关右诸将以闭关之计;今闻此,以为必以次见夺。一旦生变,虽有善守者,转相胁为非,则袁尚得宽其死,而袁谭怀贰,刘表遂保江、汉之间,天下未易图也。愿公急引兵先定河北,然后修复旧京,南临荆州,责贡之不入,则天下咸知公意,人人自安。天下大定,乃议古制,此社稷长久之利也。"太祖遂寝九州议。是时荀攸常为谋主。彧兄衍以监军校尉守邺,都督河北事。太祖之征袁尚也,高干密遣兵谋袭邺,衍逆觉,尽诛之,以功封列侯[9]。太祖以女妻彧长子恽,后称安阳公主。彧及攸并贵重,皆谦冲节俭,禄赐散之宗族知旧,家无余财。十二年,复增彧邑千户,合二千户[10]。太祖将伐刘表,问彧策安出,彧曰:"今华夏已平,南土知困矣。可显出宛、叶而间行轻进,以掩其不意。"太祖遂行。会表病死,太祖直趋宛、叶如彧计,表子琮以州逆降。

十七年,董昭等谓太祖宜进爵国公,九锡备物,以彰殊勋,密以咨彧。彧以为太祖本兴义兵以匡朝宁国,秉忠贞之诚,守谦退之实;君子爱人以德,不宜如此。太祖由是心不能平。会征孙权,表请彧劳军于谯,因辄留彧,以侍中光禄大夫持节,参丞相军事。太祖军至濡须,彧疾留寿春,以忧薨,时年五十。谥曰敬侯。明年,太祖遂为魏公矣[11]。

子恽嗣侯,官至虎贲中郎将。初,文帝与平原侯植并有拟论,文帝曲礼事彧。及彧卒,恽又与植善,而与夏侯尚不穆,文帝深恨恽。恽早卒,子甝、霬[12],以外甥故犹宠待。恽弟俣,御史中丞,俣弟诜,大将军从事中郎,皆知名,早卒[13]。诜弟顗,咸熙中为司空[14]。恽子甝嗣,为散骑常侍,进爵广阳乡侯,年三十薨。子頵嗣[15]。霬官至中领军,

薨,谥曰贞侯,追赠骠骑将军。子恺嗣。霬妻,司马景王、文王之妹也,二王皆与亲善。咸熙中,开建五等,霬以著勋前朝,改封恺南顿子[16]。

荀攸字公达,彧从子也。祖父昙,广陵太守[17]。攸少孤。及昙卒,故吏张权求守昙墓。攸年十三,疑之,谓叔父衢曰:"此吏有非常之色,殆将有奸!"衢寤,乃推问,果杀人亡命。由是异之[18]。何进秉政,征海内名士攸等二十余人。攸到,拜黄门侍郎。董卓之乱,关东兵起,卓徙都长安。攸与议郎郑泰、何颙、侍中种辑、越骑校尉伍琼等谋曰:"董卓无道,甚于桀、纣,天下皆怨之,虽资强兵,实一匹夫耳。今直刺杀之以谢百姓,然后据殽、函,辅王命,以号令天下,此桓、文之举也。"事垂就而觉,收颙、攸系狱,颙忧惧自杀[19],攸言语饮食自若,会卓死,得免[20]。弃官归,复辟公府,举高第,迁任城相,不行。攸以蜀汉险固,人民殷盛,乃求为蜀郡太守,道绝不得至,驻荆州。

太祖迎天子都许,遗攸书曰:"方今天下大乱,智士劳心之时也,而顾观变蜀汉,不已久乎!"于是征攸为汝南太守,入为尚书。太祖素闻攸名,与语大悦,谓荀彧、钟繇曰:"公达,非常人也,吾得与之计事,天下当何忧哉!"以为军师。建安三年,从征张绣。攸言于太祖曰:"绣与刘表相恃为强,然绣以游军仰食于表,表不能供也,势必离。不如缓军以待之,可诱而致也;若急之,其势必相救。"太祖不从,遂进军之穰,与战。绣急,表果救之。军不利。太祖谓攸曰:"不用君言至是。"乃设奇兵复战,大破之。是岁,太祖自宛征吕布[21],至下邳,布败退固守,攻之不拔,连战,士卒疲,太祖欲还。攸与郭嘉说曰:"吕布勇而无谋,今三战皆北,其锐气衰矣。三军以将为主,主衰则军无奋意。夫陈宫有智而迟,今及布气之未复,宫谋之未定,进急攻之,布可拔也。"乃引沂、泗灌城,城溃,生禽布。后从救刘延于白马,攸画策斩颜良。语在《武纪》。太祖拔白马还,遣辎重循河而西。袁绍渡河追,卒与太祖遇。诸将皆恐,说太祖还保营,攸曰:"此所以禽敌,奈何去之!"太祖目攸而笑。遂以辎重饵贼,贼竞奔之,阵乱。乃纵步骑击,大破之,斩其骑将文丑,太祖遂与绍相拒于官渡。军食方尽,攸言于太祖曰:"绍运车旦暮至,其将韩莒锐而轻敌,击可破也[22]。"太祖曰:"谁可使?"攸曰:"徐晃可。"乃遣晃及史涣邀击,破走之,烧其辎重。会许攸来降,言绍遣淳于琼等将万余兵迎运粮,将骄卒惰,可要击也。众皆疑,唯攸与贾诩劝太祖。太祖乃留攸及曹洪守。太祖自将攻破之,尽斩琼等。绍将张郃、高览烧攻橹降,绍遂弃军走。郃之来,洪疑不敢受,攸谓洪曰:"郃计不用,怒而来,君何疑?"乃受之。

七年,从讨袁谭、尚于黎阳。明年,太祖方征刘表,谭、尚争冀州。谭遣辛毗乞降请救,太祖将许之,以问群下。群下多以为表强,宜先平之,谭、尚不足忧也。攸曰:"天下方有事,而刘表坐保江、汉之间,其无四方志可知矣。袁氏据四州之地,带甲数万,绍以宽厚得众,借使二子和睦以守其成业,则天下之难未息也。今兄弟遘恶,此势不两全。若有所并则力专,力专则难图也。及其乱而取之,天下定矣,此时不可失也。"太祖曰:"善。"乃许谭和亲,遂还击破尚

其后谭叛,从斩谭于南皮。冀州平,太祖表封攸曰:"军师荀攸,自初佐臣,无征不从,前后克敌,皆攸之谋也。"于是封陵树亭侯。十二年,下令大论功行封,太祖曰:"忠正密谋,抚宁内外,文若是也。公达其次也。"增邑四百,并前七百户[23],转为中军师。魏国初建,为尚书令。

攸深密有智防,自从太祖征伐,常谋谟帷幄,时人及子弟莫知其所言[24]。太祖每称曰:"公达外愚内智,外怯内勇,外弱内强,不伐善,无施劳,智可及,愚不可及,虽颜子、宁武不能过也。"文帝在东宫,太祖谓曰:"荀公达,人之师表也,汝当尽礼敬之。"攸曾病,世子问病,独拜床下,其见尊异如此。攸与钟繇善,繇言:"我每有所行,反复思惟,自谓无以易;以咨公达,辄复过人意。"公达前后凡画奇策十二,唯繇知之。繇撰集未就,会薨,故世不得尽闻也[25]。攸从征孙权,道薨。太祖言则流涕[26]。

长子缉,有攸风,早没。次子适嗣,无子,绝。黄初中,绍封攸孙彪为陵树亭侯,邑三百户,后转封丘阳亭侯。正始中,追谥攸曰敬侯。

贾诩字文和,武威姑臧人也。少时人莫知,唯汉阳阎忠异之,谓诩有良、平之奇[27]。察孝廉为郎,疾病去官,西还至汧,道遇叛氐,同行数十人皆为所执。诩曰:"我段公外孙也,汝别埋我,我家必厚赎之。"时太尉段颎,昔久为边将,威震西土,故诩假以惧氐。氐果不敢害,与盟而送之,其余悉死。诩实非段甥,权以济事,咸此类也。董卓之入洛阳,诩以太尉掾为平津都尉,迁讨虏校尉。卓婿中郎将牛辅屯陕,诩在辅军。卓败,辅又死,众恐惧,校尉李傕、郭汜、张济等欲解散,间行归乡里。诩曰:"闻长安中议欲尽诛凉州人,而诸君弃众单行,即一亭长能束君矣。不如率众而西,所在收兵,以攻长安,为董公报仇,幸而事济,奉国家以征天下,若不济,走未后也。"众以为然。傕乃西攻长安。语在《卓传》[28]。后诩为左冯翊,傕等欲以功侯之,诩曰:"此救命之计,何功之有!"固辞不受。又以为尚书仆射,诩曰:"尚书仆射,官之师长,天下所望,诩名不素重,非所以服人也。纵诩昧于荣利,奈国朝何!"乃更拜诩尚书,典选举,多所匡济,傕等亲而惮之[29]。会母丧去官,拜光禄大夫。傕、汜等斗长安中[30],傕复请诩为宣义将军[31]。傕等和,出天子,祐护大臣,诩有力焉[32]。天子既出,诩上还印绶。是时将军段煨屯华阴[33],与诩同郡,遂去傕托煨。诩素知名,为煨军所望。煨内恐其见夺,而外奉诩礼甚备,诩愈不自安。

张绣在南阳,诩阴结绣,绣遣人迎诩。诩将行,或谓诩曰:"煨待君厚矣,君安去之?"诩曰:"煨性多疑,有忌诩意,礼虽厚,不可恃,久将为所图。我去必喜,又望吾结大援于外,必厚吾妻子。绣无谋主,亦愿得诩,则家与身俱全矣。"诩遂往,绣执子孙礼,煨果善视其家。诩说绣与刘表连和[34]。太祖比征之,一朝引军退,绣自追之。诩谓绣曰:"不可追也,追必败。"绣不从,进兵交战,大败而还。诩谓绣曰:"促更追之,更战必胜。"绣谢曰:"不用公言,以至于此。今已败,奈何复追?"诩曰:"兵势有变,亟往必利。"绣信之,遂收散卒赴追,大战,果以胜还。问诩曰:"绣以精

兵追退军,而公曰必败,退以败卒击胜兵,而公曰必克。悉如公言,何其反而皆验也?"诩曰:"此易知耳。将军虽善用兵,非曹公敌也。军虽新退,曹公必自断后,追兵虽精,将既不敌,彼士亦锐,故知必败。曹公攻将军无失策,力未尽而退,必国内有故;已破将军,必轻军速进,纵留诸将断后,诸将虽勇,亦非将军敌,故虽用败兵而战必胜也。"绣乃服。是后,太祖拒袁绍于官渡,绍遣人招绣,并与诩书结援。绣欲许之,诩显于绣坐上谓绍使曰:"归谢袁本初,兄弟不能相容,而能容天下国士乎?"绣惊惧曰:"何至于此!"窃谓诩曰:"若此,当何归?"诩曰:"不如从曹公。"绣曰:"袁强曹弱,又与曹为仇,从之如何?"诩曰:"此乃所以宜从也。夫曹公奉天子以令天下,其宜从一也;绍强盛,我以少众从之,必不以我为重,曹公众弱,其得我必喜,其宜从二也;夫有霸王之志者,固将释私怨以明德于四海,其宜从三也。愿将军无疑!"绣从之,率众归太祖。太祖见之,喜,执诩手曰:"使我信重于天下者,子也。"表诩为执金吾,封都亭侯,迁冀州牧。冀州未平,留参司空军事。袁绍围太祖于官渡,太祖粮方尽,问诩计安出,诩曰:"公明胜绍,勇胜绍,用人胜绍,决机胜绍,有此四胜而半年不定者,但顾万全故也。必决其机,须臾可定也。"太祖曰:"善。"乃并兵出,围击绍三十余里营,破之。绍军大溃,河北平。太祖领冀州牧,徙诩为太中大夫。建安十三年,太祖破荆州,欲顺江东下。诩谏曰:"明公昔破袁氏,今收汉南,威名远著,军势既大;若乘旧楚之饶,以飨吏士,抚安百姓,使安土乐业,则可不劳众而江东稽服矣。"太祖不从,军遂无利[35]。太祖后与韩遂、马超战于渭南,超等索割地以和,并求任子。诩以为可伪许之。又问诩计策,诩曰:"离之而已。"太祖曰:"解。"一承用诩谋。语在《武纪》。卒破遂、超,诩本谋也。

是时,文帝为五官将,而临菑侯植才名方盛,各有党与,有夺宗之议。文帝使人问诩自固之术,诩曰:"愿将军恢崇德度,躬素士之业,朝夕孜孜,不违子道。如此而已。"文帝从之,深自砥砺。太祖又尝屏除左右问诩,诩嘿然不对。太祖曰:"与卿言而不答,何也?"诩曰:"属适有所思,故不即对耳。"太祖曰:"何思?"诩曰:"思袁本初、刘景升父子也。"太祖大笑,于是太子遂定。诩自以非太祖旧臣,而策谋深长,惧见猜嫌,阖门自守,退无私交,男女嫁娶,不结高门,天下之论智计者归之。

文帝即位,以诩为太尉[36],进爵魏寿乡侯,增邑三百,并前八百户。又分邑二百,封小子访为列侯。以长子穆为驸马都尉。帝问诩曰:"吾欲伐不从命以一天下,吴、蜀何先?"对曰:"攻取者先兵权,建本者尚德化。陛下应期受禅,抚临率土,若绥之以文德而俟其变,则平之不难矣。吴、蜀虽蕞尔小国,依阻山水,刘备有雄才,诸葛亮善治国,孙权识虚实,陆议见兵势,据险守要,泛舟江湖,皆难卒谋也。用兵之道,先胜后战,量敌论将,故举无遗策。臣窃料群臣,无备、权对,虽以天威临之,未见万全之势也。昔舜舞干戚而有苗服,臣以为当今宜先文后武。"文帝不纳。后兴江陵之役,士卒多死。诩年七十七,薨,谥曰肃侯。子穆嗣,历位郡守。穆薨,子模嗣[37]。

评曰：荀彧清秀通雅，有王佐之风，然机鉴先识，未能充其志也[38]。荀攸、贾诩，庶乎算无遗策，经达权变，其良、平之亚欤[39]！

注：

[1]《续汉书》曰：淑有高才，王畅、李膺皆以为师，为朗陵侯相，号称神君。张璠《汉纪》曰：淑博学有高行，与李固、李膺同志友善，拔李昭于小吏，友黄叔度于幼童。以贤良方正征，对策讥切梁氏，出补朗陵侯相，卒官。八子：俭、绲、靖、焘、诜、爽、肃、旉（音敷）。爽字慈明，幼好学，年十二，通《春秋》、《论语》，耽思经典，不应征命，积十数年。董卓秉政，复征爽，爽欲遁去，吏持之急，诏下郡，即拜平原相。行至苑陵，又追拜光禄勋。视事三日，策拜司空。爽起自布衣，九十五日而至三公。淑旧居西豪里，县令苑康曰昔高阳氏有才子八人，署其里为高阳里。靖字叔慈，亦有至德，名儿亚爽，隐居终身。皇甫谧《逸士传》：或问许子将，靖与爽孰贤？子将曰：″二人皆玉也，慈明外朗，叔慈内润。″

[2]《典略》曰：中常侍唐衡欲以女妻汝南傅公明，公明不要，转以与彧。父绲慕衡势，为彧娶之。彧为论者所讥。臣松之案：《汉纪》云唐衡以桓帝延熹七年死，计彧于时年始二岁，则彧婚衡之日，衡之没久矣。慕势之言不然也。臣松之又以为绲八龙之一，必非苟得者也，将有逼而然，何云慕势哉？昔郑忽以违august致讥，隽生以不拒崔见美，致讥在于失操，见美嘉其虑远，并无交召之害，故得全全其志耳。至于阁竖用事，四海屏气，左悺、唐衡，杀生在口。故于时谚云″左回天、唐独坐″，言威权莫二也。顺之则六亲以安，忤违则大祸立至；斯诚以存易亡，蒙耻期全之日。昔蒋诩姻于王氏，无损清高之操，绲之此婚，庸何伤乎！

[3] 臣松之以为于时徐州未平，兗州又叛，而云十万之众，虽是抑抗之言，要非寡弱之称。益知官渡之役，不得云″兵不满万″也。

[4]《曹瞒传》云：自京师遭董卓之乱，人民流移东出，多依彭城间。遇太祖，坑杀男女数万口于泗水，水为不流。陶谦帅其众军原，太祖不得进。引军从泗南攻取虑、睢陵、夏丘诸县，皆屠之；鸡犬亦尽，墟邑无复行人。

[5]《典略》曰：彧折节下士，坐不累席。其在台阁，不以私欲挠意。彧有群从一人，才行实薄，或谓彧：″以君当事，不可不以某为议郎邪？″彧笑曰：″官者所以表才也，若如来言，众人其谓我何邪？″其持心平正皆类此。

[6]《典略》曰：彧为人伟美。又《平原祢衡传》：衡字正平，建安初，自荆州北游许都，恃才傲逸，臧否过差，见不如己者不与语，人皆以是憎之。唯少府孔融高贵其才，上书荐之曰：″淑质贞亮，英才卓荦。初涉艺文，升堂睹奥，目所一见，辄诵于口，耳所暂闻，不忘于心。性与道合，思若有神。弘羊心计，安世默识，以衡准之，诚不足怪。″衡时年二十四。是时许都虽新建，尚饶人士，衡尝一刺怀之，字漫灭而无所适。或问之曰：″何不从陈长文、司马伯达乎？″衡曰：″卿欲使我从屠沽儿辈也！″又问曰：″当今许中，谁最可者？″衡曰：″大儿有孔文举，小儿有杨德祖。″又问：″曹公、荀令君、赵荡寇皆足盖世乎？″衡称曹公不甚多，又见荀有仪容，赵有腹托，因答曰：″文若可借而吊丧，稚长可使监厨请客。″其意以为荀但有貌，赵健啖肉也。于是众人皆切齿。衡知众不悦，将南还荆州。装束临发，众人为衡道之，先设供帐于城南，自共相诫曰：″衡数不逊，今因其后到，不以起报之。″及衡至，众人皆坐不起，衡乃号咷大哭。众人问其故，衡曰：″行尸柩之间，能不悲乎？″衡南见刘表，表甚礼之。将军黄祖屯夏口，祖子射与衡善，随到夏口。祖嘉其才，每在坐，席有异宾，介使与衡谈。后衡骄蹇，答祖言俳优饶言，祖以为骂己也，大怒。顾伍伯捉头出。左右遂扶以去，拉而杀之。臣松之以本传不称彧容貌，故载《典略》与《衡传》以见之。又潘勖为彧碑文，称彧″瑰姿奇表″。张衡《文士传》曰：孔融数荐衡于太祖，欲与相见，而衡疾恶之，意常愤懑。因狂疾不肯往，而数有言论。太祖闻其名，图欲辱之，乃录为鼓史。后至八月朝，大宴，宾客并会。时鼓史击鼓过，皆当脱其故服，易着新衣。次衡，衡击为渔阳参挝，容态不常，音节殊妙。坐上宾客听之，莫不慷慨。过不易衣，吏呵之，衡乃当太祖前，以次脱衣，裸身而立，徐徐乃着浑帽毕，复击鼓参挝，而颜色不作。太祖大笑，告四坐曰：″本欲辱衡，衡反辱孤。″至今有渔阳参挝，自衡造也。融深责数衡，并宣太祖意，欲令与太祖相见。衡许之，曰：″当为卿往。″至十月朝，融先见太祖，说″衡欲求见″。至日晏，衡着布单衣、疏巾，履坐太祖营门外，以杖捶地，数骂太祖。太祖敕外厩急具精马三匹，并骑二人，谓融曰：″祢衡竖子，乃敢尔！孤杀之无异于雀鼠，顾此人素有虚名，远近所闻，今日杀之，人将谓孤不能容。今送与刘表，视卞当何如？″乃令骑以衡置马上，两骑扶送至南阳。《傅子》曰：衡辩于言而克于论，见荆州牧刘表以所自结于表者甚至，表悦之，以为上宾。衡称表之美盈口，而论表左右不废绳墨。于是左右因形而谮之，曰：″衡称将军之仁，西伯不过也，唯以为不能断；终不济者，必由此也。″是言实指表智短，而非衡所言也。表不详察，遂疏衡而逐之。衡以交绝于刘表，智穷于黄祖，身死名灭，为天下笑者，谮之者有形也。

[7]《三辅决录注》曰：象字文则，京兆人。少聪博，有胆智。以督军御史中丞诣扬州讨袁术，会术病卒，因以为扬州刺史。建安五年，为孙策庐江太守李术所杀，时年三十八。象同郡赵岐作《三辅决录》，恐时人不尽其意，故隐其书，唯以示象。康字元将，亦京兆人。孔融与康父端书曰：″前日元将来，渊才亮茂，雅度弘毅，伟世之器也。昨日仲将又来，懿性贞实，文敏笃诚，保家之主也。不意双珠，近出老蚌，甚珍贵之。″端从凉州牧征为太仆，康代为凉州刺史，时人荣之。后为马超所围，坚守历时，救军不至，遂为超所杀。仲将名诞，见《刘邵传》

[8]《彧别传》载太祖表曰：″臣闻虑为功首，谋为赏本，野绩不越庙堂，战多不逾国勋。是故曲阜之锡，不后营丘，萧何之土，先于平阳。珍策重计，古今所尚。侍中守尚书令彧，积德累行，少长无悔，遭世纷扰，怀忠念治。臣自始举义兵。周游征伐，与彧戮力同心，左右王略，发言授策，无施不效。彧之功业，臣由以济，用披浮云，显光日月。陛下幸许，彧左右机近，忠恪祗顺，如履薄冰，研精极锐，以抚庶事。天下之定，彧之功也。宜享高爵，以彰元勋。″彧固辞无野战之劳，不通太祖表。太祖与彧书曰：″与君共事已来，立朝庭，君之相为匡弼，君之相为举人，君之相为建计，君之相为密谋，亦以多矣。夫功未必皆野战也，愿君勿让。″彧乃受。

[9]《荀氏家传》曰：衍字休若，或第三兄。或第四兄谌，字友若，事见《袁绍传》。陈群与孔融论汝、颍人物，群曰：″荀文若、公达、休若、友若、仲豫，当今并无对。″衍子绍，位至太仆。绍子融，字伯雅，与王弼、钟会俱知名，为洛阳令，参大将军军事，与弼、会论《易》、《老》义，传于世。谌子闳，字仲茂，为太子文学掾。时有甲乙疑论，闳与钟繇、王朗、袁涣议各不同。文帝与繇书曰：″袁、王国士，更为唇齿，荀闳劲悍，往来锐师，真

君侯之勍敌,左右之深忧也。"终黄门侍郎。闳从孙辉字景文,太子中庶子,亦知名。与贾充共定音律,又作《易集解》。仲豫名悦,朗陵长俭之少子,或从父兄也。张璠《汉纪》称悦清虚沉静,善于著述。建安初为秘书监、侍中,被诏删《汉书》作《汉纪》三十篇,因事以明臧否,致有典要;其书大行于世。

〔10〕《彧别传》曰:太祖又表曰:"昔袁绍侵入郊甸,战于官渡。时兵少粮尽,图欲还许,书与彧议,彧不听臣。建宜住之便,恢进讨之规,更起臣心,易其愚虑,遂摧大逆,覆取其众。此彧睹胜败之机,略不世出也。及绍破后,粮亦尽,以为河北未易图也,欲南讨刘表。彧复止臣,陈其得失,臣用反斾,遂吞凶族,克平四州。向使彧退于官渡,绍必鼓行而前,有倾覆之形,无克捷之势。后若南征,委弃兗、豫,利既难要,将失本据。彧之二策,以亡为存,以祸为福,谋殊功异,臣所不及也。是以先帝贵指踪之功,薄搏获之赏;古人尚帷幄之规,下攻拔之捷。前所赏录,未副彧魏魏之勋,乞重平议,畴其户邑。"彧深辞让,太祖报之曰:"君之策谋,非但所表二事。前已谦冲,欲慕鲁连先生乎?此圣人达节者所不贵也。昔介子推有言'窃人之财,犹谓之盗'。况君密谋安众,光显于孤者以百数乎!以二事相还而复辞之,何取谦亮之多邪!"太祖欲表彧为三公,彧使荀攸深让,至于十数,太祖乃止。

〔11〕《魏氏春秋》曰:太祖馈彧食,发之乃空器也,于是饮药而卒。咸熙二年,赠彧太尉。《彧别传》曰:彧自为尚书令,常以书陈事,临薨,皆焚毁之,故奇策密谋不得尽闻也。是时征役草创,制度多所兴复,彧尝言于太祖曰:"昔舜分命禹、稷、契、皋陶以揆庶绩,教化征伐,并时而用。及高祖之初,金革方殷,犹举民能善教训者,叔孙通习礼仪于戎旅之间,世祖有投戈讲艺、息马论道之事,君子无终食之间违仁。今公外定武功,内兴文学,使干戈戢睦,大道流行,国难方弭,六礼俱治,此姬旦宰周之所以速平也。既立德立功,而又兼立言,诚仲尼述作之意,显制度当时,扬名于后世,岂不盛哉!若须讨事毕而后制作,以稽治化,于事未敏。宜集天下大才通儒,考论六经,刊定传记,存古今之学,除其烦重,以一圣真,并隆礼学,渐敦教化,则王道两济。"彧从容与太祖论治道,如此之类甚众,太祖常嘉纳之。彧德行周备,非正道不用心,名重天下,莫不以为仪表,海内英俊咸宗焉。司马宣王常称:"书传远事,吾耳目所从闻见,逮百数十年间,贤人未有及荀令君者也。"前后所举者,命世大才,邦邑则荀攸、钟繇、陈群,海内则司马宣王,及引致当世知名郗虑、华歆、王朗、荀悦、杜袭、辛毗、赵俨之俦,终为卿相,以十数人。取士不以一揆,戏志才、郭嘉等有负俗之讥,杜畿简傲少文,皆以智策举之,终各显名。荀攸后为魏尚书令,亦推贤进士。太祖曰:"二荀令之论人,久而益信,吾没世不忘。"钟繇以为颜子既没,能备九德,不贰其过,唯荀彧然。或问繇曰:"君雅重荀君,比之颜子,自以不及,可得闻乎?"曰:"夫明君师臣,其次友之。以太祖之聪明,每有大事,常先谘之荀君,是则古师友之义也。吾等受命而行,犹或不尽,相去顾不远邪!"《献帝春秋》曰:董承之诛,伏后与父完书,言司空杀董承,帝方为报怨。完得书以示彧,彧恶之,久隐而不言。完以示妻弟樊普,普封以呈太祖,太祖阴为之备。彧后恐事觉,欲自发之,因求使至邺,劝太祖以女配帝。太祖曰:"今朝廷有伏后,吾女何得以配上,吾微功见录,位为宰相,岂复赖女宠乎!"彧曰:"伏后无子,性又凶邪,往常与父书,言辞丑恶,可因此废也。"太祖曰:"卿昔何不道之?"彧阳惊曰:"昔已尝为公言也。"太祖曰:"此岂小

事而吾忘之!"或又惊曰:"诚未语公邪!昔公在官渡与袁绍相持,恐内顾之念,故不言尔。"太祖曰:"官渡事后何以不言?"或无对,谢阙而已。太祖以此恨彧,而外含容之,故世莫得知。至董昭建立魏公之议,或意不同,欲言之于太祖。及赍玺书辎军,饮飨礼毕,或留问彧。太祖知彧欲言封事,揖而遣之,彧遂不得言。彧卒于寿春,寿春亡者告孙权,言太祖使彧杀伏后,彧不从,故自杀。权以露布于蜀,刘备闻之,曰:"老贼不死,祸乱未已。"臣松之案《献帝春秋》云彧欲发伏后事而求使至邺,而方诬太祖云"昔已尝言"。言既无征,回托以官渡之虞,俯仰之间,辞情顿屈,虽在庸人,犹不至此,何以玷累贤哲此!凡诸云云,皆出自郐俚,可谓以吾侪之言而厚诬君子者矣。袁晔虚罔之类,此最为甚也。

〔12〕顗,音翼。

〔13〕《荀氏家传》曰:恽字长倩,俣字叔倩,诜字曼倩,俣子寓,字景伯。《世语》曰:寓少与裴楷、王戎、杜默俱有名京邑,仕晋,位至尚书,名见显著。子羽嗣,位至尚书。

〔14〕《晋阳秋》曰:顗字景倩,幼与姊夫陈群所异。博学洽闻,意思慎密。司马宣王见顗,奇之,曰:"荀令君之子也。近见袁粲侃,亦曜卿之子也。"擢拜散骑侍郎。顗佐命魏室,位至太尉,封临淮康公。尝难钟会《《易》无互体》,见称于世。顗弟粲,字奉倩。何劭为粲传曰:粲字奉倩。粲兄并以儒术论议,而粲独好言道,常以"子贡称'夫子之言性与天道,不可得闻',然则六籍虽存,固圣人之糠秕。"粲兄俣难曰:"《易》亦云'圣人立象以尽意,系辞焉以尽言',则微言胡为不可得而闻见哉?"粲答曰:"盖理之微者,非物象之所举也。今称'立象以尽意',此非通于意外者也;'系辞焉以尽言',此非言乎系表者也。斯则象外之意,系表之言,固蕴而不出矣。"及当时能言者不能屈。又论父彧不如从兄攸。彧立德高整,轨仪以训物,而攸不治外形,慎密自居而已。粲以此言善攸,诸兄怒而不能回也。太和初,到京邑,与傅嘏谈,嘏善名理而粲尚玄远,宗致虽同,仓卒时或有格而不相得意。裴徽通彼我之怀,为二家骑驿,顷之,粲与嘏善。夏侯玄亦亲。常谓嘏、玄:"子等在世涂间,功名必胜我,但识劣我耳。"嘏难曰:"能盛功名者,识也。天下孰有本不足而末有余者邪?"粲曰:"功名者,志局之所奖也。然则志局自一物耳,固非识之所独济也。我以能使子等为贵,然未必齐子等所为也。"粲常以妇人者,才智不足论,自宜以色为主。骠骑将军曹洪女有美色,粲于是聘焉,容服帷帐甚丽,专房欢宴。历年后,妇病亡,未殡,傅嘏往喭粲,粲不哭而神伤。嘏问曰:"妇人才色并茂为难。子之娶也,遗才而好色。此自易遇,今何哀之甚?"粲曰:"佳人难再得!顾逝者不能有倾国之色,然未可谓之易遇。"痛悼不能已,岁余亦亡,时年二十九。粲简贵,不能与常人交接,所交皆一时俊杰。至葬夕,赴者裁十余人,皆同时知名士也,哭之,感恸路人。

〔15〕《荀氏家传》曰:顗字温伯,为羽林右监,早卒。顗子崧,字景猷。《晋阳秋》称崧少有志操,雅好文学,孝义甘爱,在朝恪勤,位至左右光禄大夫、开府仪同三司。崧子羡,字令则,清和有才。尚公主,少历显位,年二十八为北中郎将,徐、兗二州刺史,假节都督徐、兗、青三州诸军事。在任十年,遇疾解职,卒于家,追赠骠骑将军。羡孙伯子,今御史中丞也。

〔16〕《荀氏家传》曰:恺,晋武帝时为侍中。干宝《晋纪》曰:武帝使侍中荀顗、和峤俱至东宫,观察太子。顗还称太子德识进茂,而峤云圣质如初。孙盛曰:"遣荀勖",其余语则同。臣松之案和峤为侍中,荀顗亡没久矣。荀勖位亚台司,不与峤同班,无缘方称侍中。二书所云,皆为非也。考其时位,恺实当

之。恺位至征西大将军。恺兄儃，少府。弟悝，护军将军，追赠车骑大将军。

〔17〕《荀氏家传》曰：昙字元智。兄昱，字伯修。张璠《汉纪》称昱、昙并杰俊有殊才。昱与李膺、王畅、杜密等号为八俊，位至沛相。攸父彝，州从事。彝于或为从祖兄弟。

〔18〕《魏书》：攸年七八岁，衢曾醉，误伤攸耳，而攸出入游戏，常避护不欲令衢见。衢后闻之，乃惊其乃智如此。《荀氏家传》曰：衢子祈，字伯旗，与族父愔俱著名。祈与孔融论肉刑，愔与孔融论圣人优劣，并在《融集》。祈位至济阴太守；愔后征有道，至丞相祭酒。

〔19〕张璠《汉纪》曰：顒字伯求，少与郭泰、贾彪等游学洛阳，泰等与同风好。顒显名太学，于是中朝名臣太傅陈蕃、司隶李膺等皆深接之。及党事起，顒亦名在其中，乃变名姓亡匿汝南间，所至皆交结其豪杰。顒既奇太祖而知荀彧，袁绍慕之，与为奔走之友。是时天下士大夫多遇党难，顒常岁再三私入洛阳，从绍计议，为诸穷窘之士解释患祸，而袁术亦豪侠，与绍争名。顒未常造术，术恨之。《汉末名士录》曰：术尝于众坐数顒三罪，曰："王德弥先觉隽老，名德高亮，而伯求疏之，是一罪也。许子远凶淫之人，性行不纯，而伯求亲之，是二罪也。郭、贾寒窭，无他资业，而伯求肥马轻裘，光耀道路，是三罪也。"陶丘洪曰："王德弥大贤而短于济时，许子远不纯而赴难不惮濡足。伯求举善则以德弥为首，济难则以子远为宗。且伯求尝于虞伟高手刃复仇，义名奋发。其怨家积财巨万，文马百驷，而欲使伯求舍牛疲马，顿伏道路，此为披其胸而假仇敌之刃也。"术意犹不平。后与南阳宗承会于阙下，术发怒曰："何伯求，凶德也，吾当杀之。"承曰："何生英俊之士，足下善遇之，使延令名于天下。"术乃止。后党禁除解，辟司空府。每三府掾属会议，顒策谋有余，议者皆自以为不及。迁北军中候，董卓以为长史。后荀彧为尚书令，遣人迎叔父司空爽丧，使并置顒尸，而葬之于爽冢傍。

〔20〕《魏书》云卓使人说卓得免，与此不同。

〔21〕《魏书》：议者云"表、绣在后而远袭吕布，其危必也"。攸以为"表、绣新破，势不敢动。布骁猛，又恃袁术，若纵横淮、泗间，豪杰必应之。今乘其初叛，众心未一，往可破也"。太祖曰："善。"比行，布以败刘备，而臧霸等应之。

〔22〕臣松之案诸书，韩莫或作韩猛，或云韩若，未详孰是。

〔23〕《魏书》：太祖自柳城还，过攸舍，称述攸前后谋谟劳勋，曰："今天下事略已定矣，孤愿与贤士大夫共飨其劳。昔高祖使张子房自择邑三万户，今孤亦欲君自择所封焉。"

〔24〕《魏书》：攸姑子辛韬曾问攸说太祖取冀州时事。攸曰："佐治为袁谭乞降，王师自往平之，吾何知焉？"自是韬及内外莫敢复问军国事也。

〔25〕臣松之案：攸亡后十六年，钟繇乃卒，撰攸奇策，亦有何难？而年造八十，犹云未就，遂使攸从征机策之谋不传于世，惜哉！

〔26〕《魏书》曰：时建安十九年，攸年五十八。计其年大或六岁。《魏书》载太祖令曰："孤与荀公达周游二十余年，无毫毛可非者。"又曰："荀公达真贤人也，所谓'温良恭俭让以得之'。孔子称'晏平仲善与人交，久而敬之'，公达即其人也。"《傅子》曰：或问近世大贤君子，答曰："荀令君之仁，荀军师之智，斯可谓近世大贤君子矣。荀令君仁以立德，明以举贤，行无谄黩，谋能应机。孟轲称'五百年而有王者兴，其间必有命世者'，其荀令君乎！太祖称'荀令君之进善，不进不休，荀军师之去恶，不去不止'也。"

〔27〕《九州春秋》曰：中平元年，车骑将军皇甫嵩既破黄巾，威震天下。阎忠时罢信都令，说嵩曰："夫难得而易失者时也，时至而不旋踵者机也，故圣人顺时而动，智者必因机以发。今将军遭难得之运，蹈易解之机，而践运不抚，临机不发，将何以享大名乎？"嵩曰："何谓也？"忠曰："天道无亲，百姓与能，故有高人之功者，不受庸主之赏。今将军授钺于初春，收功于末冬，兵功若神，谋不再计，旬月之间，神兵电扫，攻坚易于折枯，摧敌甚于汤雪，七州席卷，屠三十六方，夷黄巾之师，除邪害之患，或封户刻石，南向以报德，威震本朝，风驰海外。是以群雄回首，百姓企踵，虽汤武之举，未有高于将军者。身建高人之功，北面以事庸主，将何以图安？"嵩曰："心不忘忠，何为不安？"忠曰："不然。昔韩信不忍一餐之遇，而弃分三之利，拒蒯通之忠，忽鼎峙之势，利剑已揣其喉，乃叹息而悔，所以见烹于儿女也。今主势弱于刘、项，将军权重于淮阴，叱咤足以兴雷电，赫然奋发，因危抵颓；崇恩以绥前附，振武以临后服，征冀方之士，动七州之众，羽檄先驰于前，大军震响于后，蹈迹漳河，饮马孟津，举天网以网京都，诛逆宦之罪，除群怨之积恨，解久危之倒悬。如此则攻守无坚城，不招必影从，虽儿童可使奋空拳以致力，女子可使其裳以用命，况厉智能之士，因迅风之势，则大功不足合，八方不足同也。功业已就，天下已顺，乃燎于上帝，告以天命，混齐六合，南面以制，移神器于己家，推亡汉以定祚，实神机之至决，风发之良时也。夫木朽不雕，世衰难佐，将军虽欲委忠难佐之朝，雕画朽败之木，犹逆坂而走丸，必不可也。方今权宦群居，同恶如市，上主不自由，诏命出左右。如有至聪不察，机事不先，必婴后梅，亦无及矣。"嵩不从，忠乃亡去。《英雄记》曰：凉州贼王国等起兵，共劫忠为主，统三十六部，号车骑将军。忠感慨发病而死。

〔28〕臣松之以为《传》称"仁人之言，其利溥哉"！然则不仁之言，理必反是。夫仁功难著，而乱源易成，是故有祸机一发而殃流百世者矣。当是时，元恶既枭，天地始开，致使厉阶重结，大梗殷流，邦国遭殄悴之哀，黎民婴屠剖之酷，岂不由贾诩片言乎？诩之罪也，一何大哉！自古丧乱，未有如此之甚。

〔29〕《献帝纪》曰：郭汜、樊稠与傕互相违戾，欲斗者数矣。诩辄以道责之，颇受诩言。《魏书》曰：诩典选举，多选旧名以为令仆，论者以此多诩。

〔30〕《献帝纪》曰：傕等与诩议迎天子置其营中，诩曰："不可。胁天子，非义也。"傕不听。张绣谓诩曰："此中不可久处，君胡不去？"诩曰："吾受国恩，义不可背。卿自行，我不能也。"

〔31〕《献帝纪》曰：傕时召羌、胡数千人，先以御物缯彩与之，又许以宫人妇女，欲令攻郭汜。羌、胡数来窥省门，曰："天子在中邪！李将军许我宫人美女，今皆安在？"帝患之，使诩为之方计。诩密呼羌、胡大帅饮食之，许以封爵重宝，于是皆引去。傕由此衰弱。

〔32〕《献帝纪》曰：天子既出，而李傕来追，王师败绩。司徒赵温、太常王伟、卫尉周忠、司隶荣邵皆为傕所嫌，欲杀之。诩谓傕："此皆天子大臣，卿奈何害之？"傕乃止。

〔33〕《典略》称煨在华阴时，修农事，不房略。天子东还，煨迎道贡遗周急。《献帝纪》曰：后以煨为大鸿胪光禄大夫，建安十四年，以寿终。

〔34〕《傅子》：诩南见刘表，表以客礼待之。诩曰："表，平世三公才也；不见事变，多疑无决，无能为也。"

〔35〕臣松之以为诩之此谋，未合当时之宜。于时韩、马之徒尚狼顾关右，魏武不得安坐邺都以威怀吴会，亦已明矣。彼荆州

者,孙、刘之所必争也。荆人服刘主之雄姿,惮孙权之武略,为日既久,诚非曹氏诸将所能抗御。故曹仁守江陵,败不旋踵,何抚安之得行,稽服之可期?将此既新平江、汉,威慑扬、越,资刘表水战之具,借荆楚楫棹之手,实震荡之良会,廓定之大机。不乘此取吴,将安俟哉?至于赤壁之败,盖有运数。实由疾疫大兴,以损凌厉之锋,凯风自南,用成焚如之势。天实为之,岂人事哉?然则魏武之东下,非失算也。诩之此规,为无当矣。魏武后克平张鲁,蜀中一日数十惊,刘备虽斩之而不能止,由不用刘晔之计,以失席卷之会,斤石既差,悔无所及,即欲此事之类也。世咸谓刘计为是,既愈见贾言之非也。

〔36〕《魏略》曰:文帝得诩之对太祖,故即位首登上司。《荀彧别传》,曰:晋司徒阙,武帝问其人于彧。答曰:"三公具瞻所归,不可用非其人。昔魏文帝以贾诩为三公,孙权笑之。"

〔37〕《世语》曰:模,晋惠帝时为散骑常侍、护军将军,模子胤,胤弟龛,从弟疋,皆至大官,并显于晋也。

〔38〕世之论者,多讥或协规魏氏,以倾汉祚;君臣易位,实或之由。虽晚节立异,无救运移;功既违义,识亦疚焉。陈氏此评,盖亦同乎世识。臣松之以为斯言之作,诚未得其远大者也。或岂不知魏武之志气,非衰汉之贞臣哉?良以于时王道既微,横流已极,雄豪虎视,人怀异心,不有拨乱之资,仗顺之略,则汉室之亡惚诸,黔首之类殄矣。夫欲翼赞光国,匡一匡屯运,非斯人之与而谁与哉?是故经纶急病,若救身首,用能动于岨中,至于大亨,苍生蒙舟航之接,刘宗延二纪之祚,岂非荀生之本图,仁恕之远致乎?及至霸业既隆,翦汉迹著,然后亡身殉节,以申素情,全大正于当年,布诚心于百代,可谓任重道远,志行义立。谓之未充,其殆诬欤!

〔39〕臣松之以为列传之体,以事类相从。张子房青云之士,诚非陈平之伦。然汉之谋臣,良、平而已。若不共列,则余无所附,故前史合之,盖其宜也。魏氏如诩之俦,其比幸多。诩不编程、郭之篇,而与二荀并列,失其类矣。且攸、诩之为人,其犹夜光之与蒸烛乎!其照虽均,质则异焉。今荀、贾之评,共同一称,尤失区别之宜也。

卷十一
袁张凉国田王邴管传第十一

袁涣字曜卿,陈郡扶乐人也。父滂,为汉司徒[1]。当时诸公子多越法度,而涣清静,举动必以礼。郡命为功曹,郡中奸吏皆自引去。后辟公府,举高第,迁侍御史。除谯令,不就。刘备之为豫州,举涣茂才。后避地江、淮间,为袁术所命。术每有所咨访,涣常正议,术不能抗,然敬之不敢不礼。顷之,吕布击术于阜陵,涣往从之,遂复为布所拘留。布初与刘备和亲,后离隙。布欲使涣作书詈辱备,涣不可,再三强之,不许。布大怒,以兵胁涣曰:"为之则生,不为则死。"涣颜色不变,笑而应之曰:"涣闻唯德可以辱人,不闻以骂。使彼固君子邪,且不耻将军之言;彼诚小人邪,将复将军之意,则辱在此不在于彼。且涣他日之事刘将军,犹今日之事将军也,如一旦去此,复骂将军,可乎?"布惭而止。布诛,涣得归太祖[2]。涣言曰:"夫兵者,凶器也,不得已而用之。鼓之以道德,征之以仁义,兼抚其民而除其害。夫然,故可与之死可与之生。自大乱以来十数年

矣,民之欲安,甚于倒悬,然而暴乱未息者,何也?意者政失其道欤!涣闻明君善于救世,故世乱则齐之以义,时伪则镇之以朴;世异事变,治国不同,不可不察也。夫制度损益,此古今之不必同者也。若夫兼爱天下而反之于正,虽以武平乱而济之以德,诚百王不易之道也。公明哲超世,古之所以得其民者,公既勤之矣,今之所以失其民者,公既戒之矣,海内赖公,得免于危亡之祸,然而民未知义,其惟公所以训之,则天下幸甚!"太祖深纳焉。拜为沛南部都尉。

是时新募民开屯田,民不乐,多逃亡。涣白太祖曰:"夫民安土重迁,不可卒变,易以顺行,难以逆动,宜顺其意,乐之者乃取,不欲者勿强。"太祖从之,百姓大悦。迁为梁相。涣每敕诸县:"务存鳏寡高年,表异孝子贞妇。常谈曰'世治则礼详,世乱则礼简',全在斟酌之间耳。方今虽扰攘,难以礼化,然在吾所以为之。"为政崇教训,恕思而后行,外温柔而内能断[3]。以病去官,百姓思之。后征为谏议大夫、丞相军祭酒。前后得赐甚多,皆散尽之,家无所储,终不问产业,乏则取之于人,不为皦察之行,然时人服其清。

魏国初建,为郎中令,行御史大夫事。涣言于太祖曰:"今天下大难已除,文武并用,长久之道也。以为可大收篇籍,明先圣之教,以易民视听,使海内斐然向风,则远人不服可以文德来之。"太祖善其言。时有传刘备死者,群臣皆贺;涣以尝为备举吏,独不贺。居官数年卒,太祖为之流涕,赐谷二千斛,一教"以太仓谷千斛赐郎中令之家",一教"以垣下谷千斛与曜卿家",外不解其意。教曰:"以太仓谷者,官法也;以垣下谷者,亲旧也。"又帝闻涣昔拒吕布之事,问涣从弟敏:"涣勇怯何如?"敏对曰:"涣貌似和柔,然其临大节,处危难,虽贲育不过也。"涣子侃,亦清粹闲素,有父风,历位郡守、尚书[4]。

初,涣从弟霸,公恪有功干,魏初为大司农,及同郡何夔并知名于时。而霸子亮,夔子曾,与侃复齐声友善。亮贞固有学行,疾何晏、邓飏等,著论以讥切之,位至河南尹、尚书[5]。霸弟徽,以儒素称。遭天下乱,避难交州。司徒辟,不至[6]。徽弟敏,有武艺而好水功,官至河堤谒者。

张范,字公仪,河内修武人也。祖父歆,为汉司徒。父延,为太尉。太傅袁隗欲以女妻范,范辞不受。性恬静乐道,忽于荣利,征命无所就。弟承,字公先,亦知名,以方正征,拜议郎,迁伊阙都尉。董卓作乱,承欲合徒众与天下共诛卓。承弟昭时为议郎,适从长安来,谓承曰:"今欲诛卓,众寡不敌,且起一朝之谋,战阡陌之民,士不素抚,兵不练习,难以成功。卓阻兵而无义,固不能久,不若择所归附,待时而动,然后可以如志。"承然之,乃解印绶间行归家,与范避地扬州。袁术备礼诏请,范称疾不往,术不强屈也。遣承与相见,术问曰:"昔周室陵迟,则有桓、文之霸;秦失其政,汉接而用之。今孤以土地之广,士民之众,欲徼福齐桓,拟迹高祖,何如?"承对曰:"在德不在强。夫能用德以同天下之欲,虽由匹夫之资,而举霸王之功,不足为难。若苟僭拟,干时而动,众之所弃,谁能兴之?"术不悦。是时,

太祖将征冀州,术复问曰:"今曹公欲以弊兵数千,敌十万之众,可谓不量力矣!子以为何如?"承乃曰:"汉德虽衰,天命未改,今曹公挟天子以令天下,虽敌百万之众可也。"术作色不怿,承去之。

太祖平冀州,遣使迎范。范以疾留彭城,遣承诣太祖,太祖表以为谏议大夫。范子陵及承子戬为山东贼所得,范直诣贼请二子,贼以陵还范。范谢曰:"诸君相还儿厚矣。夫人情虽爱其子,然吾怜戬之小,请以陵易之。"贼义其言,悉以还范。太祖自荆州还,范得见于陈,以为议郎,参丞相军事,甚见敬重。太祖征伐,常令范及邴原留,与世子居守。太祖谓文帝:"举动必谘此二人。"世子执子孙礼。救恤穷乏,家无所余,中外孤寡皆归焉。赠遗无所逆,亦终不用,及去,皆以还之。建安十七年卒。魏国初建,承以丞相参军祭酒领赵郡太守,政化大行。太祖将西征,征承参军事,至长安,病卒[7]。

凉茂字伯方,山阳昌邑人也。少好学,论议常据经典,以处是非。太祖辟为司空掾,举高第,补侍御史。时泰山多盗贼,以茂为泰山太守,旬月之间,襁负而至者千余家[8]。转为乐浪太守。公孙度在辽东,擅留茂,不遣之官,然茂终不为屈。度谓茂及诸将曰:"闻曹公远征,邺无守备,今吾欲以步卒三万,骑万匹,直指邺,谁能御之?"诸将皆曰:"然。"[9]又顾谓茂曰:"于君意何如?"茂答曰:"比者海内大乱,社稷将倾,将军拥十万之众,安坐而观成败,夫为人臣者,固若是邪!曹公忧国家之危败,愍百姓之苦毒,率义兵为天下诛残贼,功高而德广,可谓无二矣。以海内初定,民始安集,故未责将军之罪耳!而将军乃欲称兵西向,则存亡之效,不崇朝而决。将军其勉之!"诸将闻茂言,皆震动。良久,度曰:"凉君言是也。"后征还为魏郡太守、甘陵相,所在有绩。文帝为五官将,茂以选为长史,迁左军师。魏国初建,迁尚书仆射,后为中尉、奉常。文帝在东宫,茂复为太子太傅,甚见敬礼。卒官[10]。

国渊字子尼,乐安盖人也。师事郑玄[11]。后与邴原、管宁等避乱辽东[12]。既还旧土,太祖辟为司空掾属,每于公朝论议,常直言正色,退无私焉。太祖欲广置屯田,使渊典其事。渊屡陈损益,相土处民,计民置吏,明功课之法,五年中仓廪丰实,百姓竞劝乐业。太祖征关中,以渊为居府长史,统留事。田银、苏伯反河间,银等既破,后有余党,皆应伏法。渊以为非首恶,请不行刑。太祖从之,赖渊得生者千余人。破贼文书,旧以一为十,及渊上首级,如其实数。太祖问其故,渊曰:"夫征讨外寇,多其斩获之数者,欲以大武功,且示民听也。河间在封域之内,银等叛逆,虽克捷有功,渊窃耻之。"太祖大悦,迁魏郡太守。时有投书诽谤者,太祖疾之,欲必知其主。渊请留其本书,而不宣露。其书多引《二京赋》,渊敕功曹曰:"此郡既大,今在都辇,而少学问者。其简开解年少,欲遣就师。"功曹差三人,临遣引见,训以"所学未及,《二京赋》,博物之书也,世人忽略,少有其师,可求能读者从受之。"又密喻旨。旬日得能读者,遂往受业。吏因请使作笺,比方其书,与投书人同

手。收摄案问,具得情理。迁太仆。居列卿位,布衣蔬食,禄赐散之旧故宗族,恭俭自守,卒官[13]。

田畴字子泰,右北平无终人也。好读书,善击剑。初平元年,义兵起,董卓迁帝于长安。幽州牧刘虞叹曰:"贼臣作乱,朝廷播荡,四海俄然,莫有固志。身备宗室遗老,不得自同于众。今欲奉使展效臣节,安得不辱命之士乎?"众议咸曰:"田畴虽年少,多称其奇。"畴时年二十二矣。虞乃备礼请与相见,大悦之,遂署为从事,具其车骑。将行,畴曰:"今道路阻绝,寇虏纵横,称官奉使,为众所指名。愿以私行,期于得达而已。"虞从之。畴乃归,自选其家客与年少之勇壮慕从者二十骑俱往。虞自出祖而遣之[14]。既取道,畴乃更上西关,出塞,傍北山,直趣朔方,循间径去,遂至长安致命。诏拜骑都尉。畴以为天子方蒙尘未安,不可以荷佩荣宠,固辞不受。朝廷高其义。三府并辟,皆不就。得报,驰还,未至,虞已为公孙瓒所害。畴至,谒祭虞墓,陈发章表,哭泣而去。瓒闻之大怒,购求获畴,谓曰:"汝何自哭祭刘虞墓,而不送章报与我也?"畴答曰:"汉室衰颓,人怀异心,唯刘公不失忠节。章报所言,于将军未美,恐非所乐闻,故不进也。且将军方举大事以求所欲,既灭无罪之君,又仇守义之臣,诚行此事,则燕、赵之士将皆蹈东海而死耳,岂忍有从将军者乎!"瓒壮其对,释不诛也。拘之军下,禁其故人莫得与通。或说瓒曰:"田畴义士,君弗能礼,而又囚之,恐失众心。"瓒乃纵遣畴。

畴得北归,率举宗族他附从数百人,扫地而盟曰:"君仇不报,吾不可以立于世!"遂入徐无山中,营深险平敞地而居,躬耕以养父母。百姓归之,数年间至五千余家。畴谓其父老曰:"诸君不以畴不肖,远来相就。众成都邑,而莫相统一,恐非久安之道,愿推择其贤长者以为之主。"皆曰:"善。"同佥推畴。畴曰:"今来在此,非苟安而已,将图大事,复怨雪耻。窃恐未得其志,而轻薄之徒自相侵侮,偷快一时,无深计远虑。畴有愚计,愿与诸君共施之,可乎?"皆曰:"可。"畴乃为约束相杀伤、犯盗、诤讼之法,法重者至死,其次抵罪,二十余条。又制为婚姻嫁娶之礼,兴举学校讲授之业,班行其众,众皆便之,至道不拾遗。北边翕然服其威信,乌丸、鲜卑并各遣译使致贡遗,畴悉抚纳,令不为寇。袁绍数遣使招命,又即授将军印,因安辑所统,畴皆拒不当。绍死,其子尚又辟焉,畴终不行。

畴常忿乌丸昔多贼杀其郡冠盖,有欲讨之意而力未能。建安十二年,太祖北征乌丸,未至,先遣使辟畴,又命田豫喻指。畴戒其门下趣治严。门人谓曰:"昔袁公慕君,礼命五至,君义不屈;今曹公使一来而君若恐弗及者,何也?"畴笑而应之曰:"此非君所识也。"遂随使者到军,署司空户曹掾,引见诸议。明日出令曰:"田子泰非吾所宜吏者。"即举茂才,拜为蓨令,不之官,随军次无终。时方夏水雨,而滨海洿下,泞滞不通,虏亦遮守蹊要,军不得进。太祖患之,以问畴。畴曰:"此道,秋夏每常有水,浅不通车马,深不载舟船,为难久矣。旧北平郡治在平冈,道出卢龙,达于柳城;自建武以来,陷坏断绝,垂二百载,而尚有微径可从。今虏将以大军当由无终,不得进而退,懈弛无

备。若嘿回军,从卢龙口越白檀之险,出空虚之地,路近而便,掩其不备,蹋顿之首可不战而禽也。"太祖曰:"善。"乃引军还,而署大木表于水侧路傍曰:"方今暑夏,道路不通,且俟秋冬,乃复进军。"虏候骑见之,诚以为大军去也。太祖令畴将其众为乡导,上徐无山,出卢龙,历平冈,登白狼堆,去柳城二百余里,虏乃惊觉。单于身自临阵,太祖与交战,遂大斩获,追奔逐北,至柳城。军还入塞,论功行封,封畴亭侯,邑五百户[15]。畴自以始为居难,率众遁逃,志义不立,反以为利,非本意也,固让。太祖知其至心,许而不夺[16]。

辽东斩送袁尚首,令"三军敢有哭之者斩"。畴以尝为尚所辟,乃往吊祭。太祖亦不问[17]。畴尽将其家属及宗人三百余家居邺。太祖赐畴车马谷帛,皆散之宗族知旧。从征荆州还,太祖追念畴功殊美,恨前听畴之让,曰:"是成一人之志,而亏王法大制也。"于是乃复以前爵封畴[18]。畴上疏陈诚,以死自誓。太祖不听,欲引拜之,至于数四,终不受。有司劾畴狷介违道,苟立小节,宜免官加刑。太祖重其事,依违者久之。乃下世子及大臣博议,世子以畴同于子文辞禄,申胥逃赏,宜勿夺以优其节。尚书令荀彧、司隶校尉钟繇亦以为可听[19]。太祖犹欲侯之。畴素与夏侯惇善,太祖语惇曰:"且往以情喻之,自从君所言,无告吾意也。"惇就畴宿,如太祖所戒。畴揣知其指,不复发言。惇临去,乃拊畴背曰:"田君,主意殷勤,曾不能顾乎!"畴答曰:"是何言之过也!畴,负义逃窜之人耳,蒙恩全活,为幸多矣。岂可卖卢龙之塞,以易赏禄哉?纵国私畴,畴独不愧于心乎?将军雅知畴者,犹复如此,若必不得已,请愿效死刎首于前。"言未卒,涕泣横流。惇具答太祖。太祖喟然知不可屈,乃拜为议郎。年四十六卒。子又早死。文帝践阼,高畴德义,赐畴从孙续爵关内侯,以奉其嗣。

王修字叔治,北海营陵人也。年七岁丧母。母以社日亡,来岁邻里社,修感念母,哀甚。邻里闻之,为之罢社。年二十,游学南阳,止张奉舍。奉举家得疾病,无相视者,修亲隐恤之,病愈乃去。初平中,北海孔融召以为主簿,守高密令。高密孙氏素豪侠,人客数犯法。民有相劫者,贼入孙氏,吏不能执。修将吏民围之,孙氏拒守,吏民畏惮不敢近。修令吏民:"敢有不攻者,与同罪!"孙氏惧,乃出贼。由是豪强慑服。举孝廉,修让邴原,融不听[20]。时天下乱,遂不行。顷之,郡中有反者。修闻融有难,夜往奔融。贼初发,融谓左右曰:"能冒难来,唯王修耳!"言终而修至。复署功曹。时胶东多贼寇,复令修守胶东令。胶东人公沙卢宗强,自为营堑,不肯应发调。修独将数骑径入其门,斩卢兄弟,公沙氏惊愕莫敢动。修抚慰其余,由是寇少止。融每有难,修虽休归在家,无不至。融常赖修以免。

袁谭在青州,辟修为治中从事,别驾刘献数毁短修。后献以事当死,修理之,得免。时人益以此多焉。袁绍又辟修除即墨令,后复为谭别驾。绍死,谭、尚有隙。尚攻谭,谭军败,修率吏民往救谭。谭喜曰:"成吾军者,王别驾也。"谭之败,刘询起兵漯阴,诸城皆应。谭叹息曰:"今举州背叛,岂孤之德邪!"修曰:"东莱太守管统虽在海表,此人不反,必来。"后十余日,统果弃其妻子来赴谭,妻子为贼所杀,谭更以统为乐安太守。谭复欲攻尚,修谏曰:"兄弟还相攻击,是败亡之道也。"谭不悦,然知其忠节。后又问修:"计安出?"修曰:"夫兄弟者,左右手也。譬人将斗而断其右手,而曰'我必胜',若是者可乎?夫弃兄弟而不亲,天下其谁亲之!属有谗人,固将交斗其间,以求一朝之利,愿明使君塞耳勿听也。若斩佞臣数人,复相亲睦,以御四方,可以横行天下。"谭不听,遂与尚相攻击,请救于太祖。太祖既破冀州,谭又叛。太祖遂引军攻谭于南皮。修时运粮在乐安,闻谭急,将所领兵及诸从事数十人往赴谭。至高密,闻谭死,下马号哭曰:"无君焉归?"遂诣太祖,乞收葬谭尸。太祖欲观修意,默然不应。修复曰:"受袁氏厚恩,若得收敛谭尸,然后就戮,无所恨。"太祖嘉其义,听之[21]。以修为督军粮,还乐安。谭之破,诸城皆服,唯管统以乐安不从命。太祖命修取统首,修以统亡国之忠臣,因解其缚,使诣太祖。太祖悦而赦之。袁氏政宽,在职势者多蓄聚。太祖破邺,籍没审配等家财物赀以万数。及破南皮,阅修家,谷不满十斛,有书数百卷。太祖叹曰:"士不妄有名。"乃礼辟为司空掾,行司金中郎将,迁魏郡太守。为治,抑强扶弱,明赏罚,百姓称之[22]。魏国既建,为大司农郎中令。太祖议行肉刑,修以为时未可行,太祖采其议。徙为奉常。其后严才反,与其徒属数十人攻掖门。修闻变,召车马未至,便将官属步至宫门。太祖在铜爵台望见之,曰:"彼来者必王叔治也。"相国钟繇谓修:"旧京城有变,九卿各居其府。"修曰:"食其禄,焉避其难?居府虽旧,非赴难之义。"顷之,病卒官。子忠,官至东莱太守、散骑常侍。初,修识高柔于弱冠,异王基于幼童,终皆远至,世称其知人[23]。

邴原字根矩,北海朱虚人也。少与管宁俱以操尚称,州府辟命皆不就。黄巾起,原将家属入海,住郁洲山中。时孔融为北海相,举原有道。原以黄巾方盛,遂至辽东,与同郡刘政俱有勇略雄气。辽东太守公孙度畏恶欲之,尽收捕其家,政得脱。度告诸县:"敢有藏政者与同罪。"政窘急,往投原[24],原匿之月余,时东莱太史慈当归,原因以政付之。既而谓度曰:"将军前日欲杀刘政,以其为己害。今政已去,君之害岂不除哉!"度曰:"然。"原曰:"君之畏政者,以其有智也。今政已免,智将用矣,尚奚拘政之家?不若赦之,无重怨。"度乃出之。原又资送政家,皆得归故郡。原在辽东,一年中往归原居者数百家,游学之士、教授之声不绝。后得归,太祖辟为司空掾。原女早亡,时太祖爱子仓舒亦没,太祖欲求合葬,原辞曰:"合葬,非礼也。原之所以自容于明公,公之所以待原者,以能守训典而不易也。若听明公之命,则是凡庸也,明公焉以为哉?"太祖乃止,徙署丞相征事[25]。崔琰为东曹掾,记让曰:"征事邴原、议郎张范,皆秉德纯懿,志行忠方,清静足以厉俗,贞固足以干事,所谓龙翰凤翼,国之重宝。举而用之,不仁者远。"代凉茂为五官将长史,闭门自守,非公事不出。太祖征吴,原从行,卒[26]。

是后大鸿胪巨鹿张泰、河南尹扶风庞迪以清贤称[27],永宁太仆东郡张阁以简质闻[28]。

管宁字幼安,北海朱虚人也[29]。年十六丧父,中表愍其孤贫,咸共赠赙,悉辞不受,称财以送终。长八尺,美须眉。与平原华歆、同县邴原相友,俱游学于异国,并敬善陈仲弓。天下大乱,闻公孙度令行于海外,遂与原及平原王烈等至于辽东。度虚馆以候之。既往见度,乃庐于山谷。时避难者多居郡南,而宁居北,示无迁志,后渐来从之。太祖为司空,辟宁,度子康绝命不宣[30]。

王烈者,字彦方,于时名闻在原、宁之右,辞公孙度长史,商贾自秽。太祖命为丞相掾征事,未至,卒于海表[31]。

中国少安,客人皆还,唯宁晏然若将终焉。黄初四年,诏公卿举独行君子,司徒华歆荐宁。文帝即位,征宁,遂将家属浮海还郡,公孙恭送之南郊,加赠服物。自宁之东也,度、康、恭前后所资遗,皆受而藏诸。既已西渡,尽封还之[32]。诏以宁为大中大夫,固辞不受[33]。明帝即位,太尉华歆逊位让宁[34],遂下诏曰:"大中大夫管宁,耽怀道德,服膺六艺,清虚足以侔古,廉白可以当世。曩遭王道衰缺,浮海遁居,大魏受命,则褰负而至,斯盖应龙潜升之道,圣贤用舍之义。而黄初以来,征命屡下,每辄辞疾,拒违不至。岂朝廷之政与生殊趣,将安乐山林往而不能反乎?夫以姬公之圣,而考德不降,则鸣鸟弗闻[35]。以秦穆之贤,犹思询乎黄发。况朕寡德,曷能不愿闻道于子大夫哉!今以宁为光禄勋。礼有大伦,君臣之道,不可废也。望必速至,称朕意焉。"又诏青州刺史曰:"宁抱道怀真,潜翳海隅,比下征书,违命不至,盘桓利居,高尚其事。虽有素履幽人之贞,而失考父兹恭之义,使朕虚心引领历年,其何谓邪?徒欲怀安,必肆其志,不惟古人亦有翻然改节以隆斯民乎!日逝月除,时方已过,澡身浴德,将以曷为?仲尼有言:'吾非斯人之徒与而谁与哉!'其命别驾从事、郡丞掾,奉诏以礼发遣宁诣行在所,给安车、吏从、茵蓐、道上厨食,上道先奏。"宁称草莽臣上疏曰:"臣海滨孤微,罢农无伍,禄运幸厚。横蒙陛下纂承洪绪,德侔三皇,化溢有唐。久荷渥泽,积祀一纪,不能仰答陛下恩养之福。沈委笃痾,寝疾弥留,逋违臣隶颠倒之节,夙宵战怖,无地自厝。臣元年十一月被公车司马令所下州郡八月甲申诏书,征臣,更赐安车、衣被、茵蓐,以礼发遣。光宠并臻,优命屡至,征冀竦息,悼心失图。思自陈闻,申展愚情,而明诏抑割,不令稍修章表,是以郁滞,迄于今日。诚谓乾覆,恩有纪极,不意灵润,弥以隆赫。奉今年二月被州郡所下三年十二月辛酉诏书,重赐安车、衣服,别驾从事与郡功曹以礼发遣。又特被玺书,以臣为光禄勋,躬秉劳谦,引喻周、秦,损上益下。受诏之日,精魄飞散,靡所投死。臣重自省揆,德非园、绮而蒙安车之荣,功无窦融而蒙玺封之宠,茂税驾乎,荷栋梁之任,垂没之命,获九棘之位,惧有朱博鼓妖之眚[。]年疾日侵,有加无损,不任扶舆进路以塞元责。望慕阊阖,徘徊阙庭,谨拜章陈情,乞蒙哀省,抑恩听放,无令骸骨填于衢路。"自黄初至于青龙,征命相仍,常以八月赐牛酒。诏书问青州刺史程喜:"宁为守节高乎,审老疾尪顿邪?"喜上言:"宁有族人管贡为州吏,与宁邻比,臣常

使经营消息。贡说:'宁常著皂帽、布襦裤、布裙,随时单复,出入闺庭,能自任杖,不须扶持。四时祠祭,辄自力强,改加衣服,着絮巾,故在辽东所有白布单衣,亲荐馔馈,跪拜成礼。宁少而丧母,不识形象,常特加觞,泫然流涕。又居宅离水七八十步,夏时诣水中澡洒手足,窥于园圃。'臣揆宁前后辞让之意,独自以生长潜逸,耆艾智衰,是以栖迟,每执谦退。此宁志行所欲必全,不为守高[36]。

正始二年,太仆陶丘一、永宁卫尉孟观、侍中孙邕、中书侍郎王基荐宁曰:

"臣闻龙凤隐耀,应德而臻,明哲潜遁,俟时而动。是以鸾鷟鸣岐,周道隆兴,四皓为佐,汉帝用康。伏见太中大夫管宁,应二仪之中和,总九德之纯懿,含章素质,冰洁渊清,玄虚淡泊,与道逍遥。娱心黄老,游志六艺,升堂入室,究其阃奥,韬古今于胸怀,包道德之机要。中平之际,黄巾陆梁,华夏倾荡,王纲弛顿。遂避时难,乘桴越海,羁旅辽东三十余年。在乾之姤,匿景藏光,嘉遁养浩,韬韫儒墨,潜化傍流,畅于殊俗。"黄初四年,高祖文皇帝畴咨群公,思求俊义,故司徒华歆举宁应选,公车特征,振翼遐裔,翻然来翔。行遇屯厄,遭罹疾病,即拜太中大夫。烈祖明皇帝嘉美其德,登为光禄勋。宁疾弥留,未能进道。今宁旧疾已瘳,行年八十,志无衰倦。环堵筚门,偃息穷巷,饭鬻糊口,并日而食,吟咏《诗》、《书》,不改其乐。困而能通,遭难必济,经危蹈险,不易其节,金声玉色,久而弥彰。揆其终始,殆天所祚,当赞大魏,辅亮雍熙。衮职有阙,群下属望。昔高宗刻象,营求贤哲,周文启龟,以卜良佐。况宁前朝所表,名德已著,而久栖迟,未时引致,非所以奉遵明训,继成前志也。陛下践阼,纂承洪绪。圣敬日跻,超越周成。每发德音,动谘师傅。若继二祖招贤故典,宾礼俊迈,以广缉熙,济济之化,侔于前代。 宁清高恬泊,拟迹前轨,德行卓绝,海内无偶。历观前世王帛所命,申公、枚乘、周党、樊英之俦,测其渊源,览其清浊,未有厉俗独行若宁者也。诚宜束帛加璧,备礼征聘,仍授几杖,延登东序,敷陈坟素,坐而论道,上正璇玑,协和皇极,下阜群生,彝伦攸叙,必有可观,光益大化。若宁固执匪石,守志箕山,追迹洪崖,参踪巢、许。斯亦圣朝同符唐、虞,优贤扬历,垂声千载[37]。虽出处殊涂,俯仰异体,至于兴治美俗,其揆一也。

于是特具安车蒲轮,束帛加璧聘焉。会宁卒,时年八十四。拜子邈郎中,后为博士。初,宁妻先卒,知故劝更娶,宁曰:"每省曾子、王骏之言,意常嘉之,岂自遭之而违本心哉[38]?"

时巨鹿张臶,字子明,颍川胡昭,字孔明,亦养志不仕。臶少游太学,学兼内外,后归乡里。袁绍前后辟命,不应,移居上党。并州牧高幹表除乐平令,不就,徙遁常山,门徒且数百人,迁居任县。太祖为丞相,辟,不诣。太和中,诏求隐学之士能消灾复异者,郡累上臶,发遣,老病不行。广平太守卢毓到官三日,纲纪白承前致版谒臶。毓教

曰:"张先生所谓上不事天子,下不友诸侯者也。岂此版谒所可光饰哉!"但遣主簿奉书致羊酒之礼。青龙四年辛亥诏书:"张掖郡玄川溢涌,激波奋荡,宝石负图,状像灵龟,宅于川西,巍然磐峙,仓质素章,麟凤龙马,焕炳成形,文字告命,粲然著明。太史令高堂隆上言:'古皇圣帝所未尝蒙,实有魏之祯命,东序之世宝[39]。'事班天下。任令于绰连赍以问臶,臶密谓绰曰:"夫神以知来,不追己往,祯祥先见而后废兴从之。汉已久亡,魏已得之,何所追兴征祥乎!此石,当今之变异而将来之祯瑞也。"正始元年,戴鵀之鸟巢臶门阴,臶告门人曰:"夫戴鵀阳鸟,而巢门阴,此凶祥也。"乃援琴歌咏,作诗二篇,旬日而卒,时年一百五岁。是岁,广平太守王肃至官,教下县曰:"前在京都,闻张子明,来至问之,会其已亡,致痛惜之。此君笃学隐居,不与时竞,以道乐身。昔绛县老人屈在泥涂,赵孟升之,诸侯用睦。愍其耄勤好道而不蒙荣宠,书到,遣吏劳问其家,显题门户,务加殊异,以慰既往,以劝将来。"

胡昭始避地冀州,亦辞袁绍之命,遁还乡里。太祖为司空丞相,频加礼辟,昭往应命,既至,自陈一介野生,无军国之用,归诚求去。太祖曰:"人各有志,出处异趣,勉卒雅尚,义不相屈。"昭乃转居陆浑山中,躬耕乐道,以经籍自娱。闾里敬而爱之[40]。建安二十三年,陆浑长张固被书调丁夫,当给汉中。百姓恶惮远役,并怀扰扰。民孙狼等因兴兵杀县主簿,作为叛乱,县邑残破。固率将十余吏卒,依昭住止,招集遗民,安复社稷。狼等遂南附关羽。羽授印给兵,还为贼寇,到陆浑南长乐亭,自相约誓,言:"胡居士贤者也,一不得犯其部落。"一川赖昭,咸无忧惕。天下安辑,徙宅宜阳[41]。正始中,骠骑将军赵俨、尚书黄休、郭彝、散骑常侍荀顗、钟毓、太仆庾嶷[42]、弘农太守何桢等[43]递荐昭曰:"天真高洁,老而弥笃。玄虚静素,有夷、皓之节。宜蒙征命,以励风俗[44]。"至嘉平二年,公车特征,会卒,年八十九。拜子纂郎中。初,昭善史书,与钟繇、邯郸淳、卫觊、韦诞并有名,尺牍之迹,动见楷模焉[45]。

评曰:袁涣、邴原、张范躬履清蹈,进退以道[46],盖是贡禹、两龚之匹。凉茂、国渊亦其次也。张承名行亚范,可谓能弟矣。田畴抗节,王修忠贞,足以矫俗;管宁渊雅高尚,确然不拔;张臶、胡昭阖门守静,不营当世:故并录焉。

注:

[1]袁宏《汉纪》曰:滂字公熙,纯素寡欲,终不言人之短。当权宠之盛,或以同异致祸,滂独中立于朝,故爱憎不及焉。

[2]《袁氏世纪》曰:布之破也,陈群父子时亦在布之军,见太祖皆拜。涣独高揖不为礼,太祖甚严惮之。时太祖又给众官牛各数乘,使取布军中物,唯其所欲。众人皆重载,唯涣取书数百卷,赍粮而已。众人闻之,大惭。涣谓所亲曰:"脱我以行阵,令军发足以为行粮而已,不以此为我有。由是厉名也,大悔恨之。"太祖益以此重焉。

[3]《魏书》曰:谷熟长吕岐善朱渊、爰津,遣使行学还,召用之,与相见,出署渊师友祭酒,津决疑祭酒。渊等因各归家,不受署。岐大怒,将吏民收渊等,皆杖杀之,议者多非焉。涣教勿劾,主簿孙徽以为"渊等罪不足死,长吏无专杀之义,孔子称'唯器与名,不可以假人'。谓之师友而加大戮,刑名相伐,不可以训。"涣教曰:"主簿以不请为罪,此则然矣。谓渊等罪不足死,则非也。夫师友之名,古今有之。然有君之师友,有士大夫之师友。夫君置师友之官者,所以敬其臣也;有罪加于刑焉,国之法也。今不论其罪而讥之戮师友,斯失之矣。主簿取弟子戮师之名,而加君诛臣之实,非其类也。夫圣哲之治,观时而动,故不必循常,将有权也。间者世乱,民陵其上,虽尊君卑臣,犹或未也,而反长世之过,不亦谬乎!"遂不劾。

[4]《袁氏世纪》曰:涣有四子,侃、寓、奥、准。侃字公然,论议清当,柔而不犯,善与人交。在废兴之间,人之所趣务者,常谦退不为也。时人以是称之。历位黄门、选部郎,号为清平。稍迁至尚书,早卒。寓字宣厚,精辩有机理,好道家之言,少被病,未官而卒。奥字公荣,行足以厉俗,言约而理当,终于光禄勋。准字孝尼,忠信公正,不耻下问,唯恐人之不胜己。以世事多险,故常恬退而不敢求进。著书十余万言,论治世之务,为《易》、《周官》、《诗》传,及论五经滞义,圣人之微言,以传于世。此准之自序也。荀绰《九州记》称准有俊才,泰始中为给事中。袁氏子孙世有名位,贵达至今。

[5]《晋诸公赞》曰:亮子粲,字仪祖,文学博识,累为儒官,至尚书。

[6]袁宏《汉纪》曰:初,天下将乱,涣慨然叹曰:"汉室陵迟,乱无日矣。苟天下扰攘,逃将安之?若天未丧道,民以义存,唯强而有礼,可以庇身乎!"徽曰:"古人有言,'知机其神乎'!见机而作,君子所以元吉也。天理盛衰,汉其亡矣!夫有大功必有大事,此又君子之所深识,退藏于密者也。且兵革既兴,外患必众,徽将违迹山海,以求免身。"及乱作,各行其志。

[7]《魏书》曰:文帝即位,以范子参为郎中。承孙邵,晋中护军,与舅骏俱被诛。事见《晋书》。

[8]《博物记》曰:纚,织缕为之,广八寸,长尺二,以约小儿于背上,负之而行。

[9]臣松之案此传云公孙度闻曹公远征,邺无守备,则太祖定邺后也。案《度传》,度以建安九年卒,太祖亦以此年定邺,自后远征,唯有北征柳城耳。征柳城之年,度已不复在矣。

[10]《英雄记》曰:茂名在八友中。

[11]《玄别传》曰:渊始未知名,玄称之曰:"国子尼,美才也,吾观其人,必为国器。"

[12]《魏书》曰:渊笃学好古,在辽东,常讲学于山岩,士人多推慕之,由此知名。

[13]《魏书》曰:太祖以其子泰为郎。

[14]《先贤行状》曰:畴将行,引虞密与议。畴因说虞曰:"今帝主幼弱,奸臣擅命,表上须报,惧失事机。且公孙瓒阻兵安忍,不早图之,必有后悔。"虞不听。

[15]《先贤行状》载太祖表论畴功曰:"文雅优备,忠武又著,和于抚下,慎于事上,量时度理,进退合义。幽州始扰,胡、汉交萃,荡析离居,靡所依怀。畴率宗人避难于无终山,北拒卢龙,南守要害,清静约俭,耕而后食,人民化从,咸共资奉。及袁绍父子威力加于朔野,远结乌丸,与为首尾,前后召畴,终不陷挠。后忽奉命,军次易县,畴长驱自到,陈讨胡之势,犹广武之建燕策,薛公之度淮南。又使曲持臣露布,出诱胡众,汉民或因亡om,乌丸闻之震荡。王旅出塞,涂由山中九百余里,畴帅兵五百,启导山谷,遂灭乌丸,荡平塞表。畴文武有效,节义可嘉,诚应宠赏,以旌其美。"

〔16〕《魏书》载太祖令曰:"昔伯成弃国,夏后不夺,将欲使高尚之士,优贤之主,不止于一世也。其听畴所执。"

〔17〕臣松之以为田畴不应袁绍父子之命,以其非正也。故尽规魏祖,建卢龙之策。致使袁尚奔进,授道辽东,皆畴之由也。既以明其为贼,胡为复吊祭其骨乎?若已尝被辟命,义在其中,则不应为人设谋,使其至此也。畴此举止,良为进退无当,与王修哭袁谭,貌同而心异也。

〔18〕《先贤行状》载太祖令曰:"蓨令田畴,至节高尚,遭值州里戎夏交乱,引身深山,研精味道,百姓从之,以成都邑。袁贼之盛,命召不屈。慷慨守志,以徼真主。及孤奉诏征定河北,遂服幽都,将定朔寇,时加礼命。畴即受署,陈建攻朔蹊路所由,率尔山民,一时向化,开塞导送,供承使役,路近而便,令虏不意。斩蹹顿于白狼,遂长驱于柳城,畴有力焉。及军入塞,将图其功,表封亭侯,食邑五百,而畴恳恻,前后辞赏。出入三载,历年未易。此为成一人之高,甚违王典,失之多矣。宜从表封,无久留吾过。"

〔19〕《魏书》载世子议曰:"昔薳敖逃禄,传载其美,所以激浊世,励贪夫,贤于尸禄素餐之人也。故可得而小,不可得而毁。至于田畴,方斯远矣。免官加刑,于法为重。"《魏略》载教曰:"昔夷、齐弃爵而讥武王,可谓愚暗,孔子犹以为'求仁得仁'。畴之所守,虽不合道,但欲清高耳。使天下悉如畴志,即墨翟兼爱尚同之事,而老聃使民结绳之道也。外议虽善,为复使令司隶以决之。"《魏书》载荀彧议,以为"君子之道,或出或处,期于为善而已。故匹夫守志,圣人各因而成之"。钟繇以为"原思辞粟,仲尼不与,子路拒牛,谓之止善,虽可以激清励浊,犹不足多也。畴虽不合大义,有益推让之风,宜如世子议。"臣松之案《吕氏春秋》:"鲁国之法,鲁人有为臣妾于诸侯,有能赎之者取其金于府。子贡赎人而辞不受金,孔子曰:'赐失之矣。自今以来鲁人不赎矣。'子路拯溺者,其人拜之以牛,子路受之。孔子曰:'鲁人必拯溺矣。'"案此语不与繇所引者相应,未详为繇之事误邪,而事将别有所出耳?

〔20〕《融集》有融答修教曰:"原之贤也,吾已知之矣。昔高阳氏有才子八人,尧不能用,舜实举之。原可谓不患无位之士。以遗后贤,不亦可乎!"修重辞,融答曰:"掾清身洁己,历试诸难,谋而鲜过,惠训不倦。余嘉乃勋,应乃懿德,用升尔于王庭,其可辞乎!"

〔21〕《傅子》曰:太祖既诛袁谭,枭其首,令曰:"敢哭之者,戮及妻、子!"于是王叔治、田子泰相谓曰:"生受辟命,亡而不哭,非义也。畏死忘义,何以立世?"遂造其首而哭之,哀动三军。军正白行其戮,太祖曰:"义士也。"赦之。臣松之案《田畴传》,畴为袁尚所辟,不被谭命。《傅子》合而言之,有违事实。

〔22〕《魏略》曰:修为司金中郎将,陈黄白异议,因奏记曰:"修闻枳棘之林,无梁柱之质;涓流之水,无洪波之势。是以在职七年,忠谠不昭于时,功业不见于事,欣于所受,俯惭不报,未尝不长夜起坐,中饮释餐。何者?力少任重,不堪而惧也。谨贡所议如左。"太祖甚然之,乃与修书曰:"君澡身浴德,流声本州,忠能成绩,为世民谈,名实相副,过人甚远。孤心知君,至深至熟,非徒耳目而已也。察观先贤之论,多以盐铁之利,足赡军国之用。昔孤初立司金之官,念非屈君,余无可者。故与君教曰:'昔遏父陶正,民赖其器用,及子妫满,建侯于陈,近桑弘羊,位至三公。此君元龟之兆先告者也',是孤用君之本意也,或恐众人未晓此意。自是以来,在朝之士,每得一显选,常举君为首,及闻袁军师众贤之议,以为不宜越君。然孤执心将有所底,以军师之职,闲于司金,至于建功,重于军师。孤之精诚,足以达君;君之察孤,足以不疑。但恐旁人浅见,以蠡测海,为蛇画足,将言前后百选,辄不用之,而使此君沈滞冶官。张甲李乙,尚犹先之,此主人意待不之优之效也。孤惧有此空声冒实,淫蛙乱耳。假有斯事,亦庶钟期之不失听也;若其无也,过备何害?昔宣帝察少府萧望之才任宰相,故复出之,令为冯翊。从正卿往,似于左迁。上使侍中宣germ曰:'君守平原日浅,故复试君三辅,非有所闻也。'孤揆先主中宗之意,诚备此事。既君崇勋业以副孤意。公叔文子与君俱升,独何人哉!"后无几而迁魏郡太守。

〔23〕王隐《晋书》曰:修一子,名仪,字朱表,高亮雅直。司马文王为安东,仪为司马。东关之败,文王曰:"近日之事,谁任其咎?"仪曰:"责在军帅。"文王怒曰:"司马欲委罪于孤邪?"遂杀之。子裒,字伟元。少立操尚,非礼不动。身长八尺四寸,容貌绝异。痛父不以命终,绝世不仕。立屋墓侧,以教授为务。旦夕常至墓前拜,辄悲号断绝。墓前有一柏树,裒常所攀援,涕泣所著,树色与凡树不同。读《诗》至'哀哀父母,生我劳悴',未尝不反复流涕,泣下沾襟。家贫躬耕,计口而田,度身而蚕。诸生有密为裒刈麦者,裒遂弃之;自是莫敢复佐刈者。裒门人为本县所役,求裒为属,裒曰:"卿学不足以庇身,吾德薄不足以荫卿,属之何益?且吾不捉笔已四十年。"乃步担干饭,儿负盐豉,门徒从者千余人。安丘令以为见己,整衣出迎之门。裒乃下道至土牛,磬折而立。云:"门生为县所役,故来送别。"执手涕泣而去。令即放遣诸生,一县以为耻。同县管彦,少有才力,未知名,裒独以为当自达,常友爱之;男女各始生,共许为婚。彦早为西夷校尉。裒后更以女嫁人,彦弟馥问裒,裒曰:"吾薄志毕愿山薮自处,姊妹皆远,吉凶断绝,以此自誓。贤兄子葬父于帝都,此则洛阳之人也,岂吾欲婚之本指邪?"馥曰:"嫂,齐人也。当还临淄。"裒曰:"安有葬父河南,随母还齐!用意如此,何婚之有?"遂不婚。邴春者,根矩之后也。少立志操,寒苦自居,负笈游学,身不停家,乡邑翕然,以为能系其先也。裒以为春性险狭,慕名意多,终必不成,及后春果无学业,流离远外,有识以此归之。裒常以为人所行,其当归于善道,不可以己所能而责人所不能也。有致遗者,皆不受。及洛都倾覆,寇贼蜂起,裒宗亲悉欲移江东,裒恋坟垄。贼大盛,乃南达泰山郡。裒思土不肯去,贼害之。《汉晋春秋》曰:裒与济南刘兆字延世,俱不仕显名。裒以父为文王所滥杀,终身不应征聘,未尝西向坐,以示不臣于晋。《魏略·纯固传》以脂习、王修、庞淯、文聘、成公英、郭宪、单固七人为一传。其修、淯、聘三人各有传,成公英别见《张既传》,单固见《王凌传》,徐习、宪二人列于《修传》后也。脂习字元升,京兆人也。中平中仕郡,公府辟,举高第,除太医令。天子西迁及东诣许昌,习常随从。与少府孔融亲善。太祖为司空,威德日盛,而融故以旧意,书疏倨傲。习常责融,欲令改节,融不从。会融被诛,当时许中百官先与融亲善者,莫敢收恤,而习独往抚而哭之曰:"文举,卿舍我死,我当复与谁语者?"哀叹无已。太祖闻之,收习,欲理之,寻以其事直见原,徙东土桥下。习后见太祖,陈谢前愆。太祖呼其字曰:"元升,卿故慷慨!"因其居处,以新移徙,赐谷百斛。至黄初,诏欲用之,以其年老,然其敦旧,有栾布之节,赐拜中大夫。还家,年八十余卒。郭宪字幼简,西平人,为其郡右姓。建安中为郡功曹,州辟不就,以仁笃为一郡所归。至十七年,韩约失众,从羌中还,依宪。众人多欲取约以徼功,而

宪皆责怒之，言："人穷来归我，云何欲危之？"遂拥护厚遇之。其后约病死，而田乐、阳逵等就斩约头，当送。逵等欲条疏究名，宪不肯在名中，言"我尚不忍出图之，岂忍取死人以要功乎"？逵等乃止。时太祖方攻汉中，在武都，而逵等送约首到。太祖宿闻究名，及视条疏，怪不在中，以问逵等，逵具以情对。太祖叹其忠义，乃并表列与逵等并赐爵关内侯，由是名震陇右。黄初元年病亡。正始中，国家追嘉其事，复赐其子爵关内侯。

〔24〕《魏氏春秋》曰：政投原曰："穷鸟入怀。"原曰："安知斯怀之可入邪？"

〔25〕《献帝起居注》：建安十五年，初置征事二人，原与平原王烈俱以选补。

〔26〕《原别传》曰：原十一而丧父，家贫，早孤。邻有书舍，原过其旁而泣。师问曰："童子何悲？"原曰："孤者易伤，贫者易感。夫书者，必皆具有父兄者，一则羡其不孤，二则羡其得学，心中恻然而为涕零也。"师亦哀原之言而为之泣曰："欲书可耳！"答曰："无钱资。"师曰："童子苟有志，我徒相教，不求资也。"于是遂就书。一冬之间，诵《孝经》、《论语》。自在童龀之中，嶷然有异。及长，金玉其行。欲远游学，诣安丘孙崧。崧辞曰："君乡里郑君，君知之乎？"原答曰："然。"崧曰："郑君学览古今，博闻强识，钩深致远，诚学者之师模也。君乃舍之，蹑屣千里，所谓以郑为东家丘者也。君似不知，何以言之？"原曰："先生之说，诚可谓苦药良针矣；然犹未达仆之微趣也。人各有志，所规不同，故乃有登山而采玉者，有入海而采珠者，岂可谓登山者不知海之深，入海者不知山之高哉！君谓仆以郑为东家丘，君以仆为西家愚夫邪？"崧辞谢焉。又曰："兖、豫之士，吾多所识，未有若君者；当以书相分。"原重其意，难辞之，持书而别。原心以为求师启学，志高者通，非若交游待分而成也，书何为哉？乃藏书于家而行。原旧能饮酒，自行之后，八九年间，酒不向口。单步负笈，苦身持力，至陈留则师韩子助，颍川则宗陈仲弓，汝南则交范孟博，涿郡则亲卢子幹。临别，师友以原不饮酒，会米肉送原。原曰："本能饮酒，但以荒思废业，故断之耳。今当远别，因见贶饯，可一饮宴。"于是共坐饮酒，终日不醉。归以书还孙崧，辞不致书之意，后为郡所召，署功曹、主簿。时鲁国孔融在郡，教选计当任公卿之才，乃以郑玄为计掾，彭璆为计吏，原为计佐。融有所爱一人，常盛嗟叹之。后恚望，欲杀之，朝吏皆请。时其人亦在坐，叩头流血，而融意不解。原独不为请。融谓原曰："众皆请而君何独不？"原对曰："明府于某，本不薄也，常言岁终当举之，此所谓'吾一子'也。如是，朝吏受恩未有在某前者矣，而今乃欲杀之。明府爱之，则引而方之于子，憎之，则推之欲危其身。原愚，不知明府何爱之？何恶之？"融曰："某生于微门，吾成就其兄弟，拔擢而用之；某今孤负恩施。夫善则进之，恶则诛之，固主道也。往者应仲远为泰山太守，举一孝廉，旬月之间而杀之。夫君人者，厚薄何常之有！"原对曰："仲远举孝廉，杀之，其义焉在？夫孝廉，国之俊选也。举之若是，则杀之非也；若杀之是，则举之非也。《诗》云：'彼己之子，不遂其媾。'盖讥之也。《语》云'爱之欲其生，恶之欲其死。既欲其生，又欲其死，是惑也。'仲远之惑甚矣。明府奚取焉？"融乃大笑曰："吾直戏耳！"原又曰："君子于其言，出乎身，加乎民；言行，君子之枢机也。安有欲杀人而可以为戏者哉？"融无以答。是时汉朝陵迟，政以贿成，原乃将家人入郁洲山中。郡举有道，融书喻原曰："修仁保真，清虚守高，危邦不入，久潜乐土。王室多难，西迁镐京。圣朝劳谦，畴咨隽

父。我徂求定，策命恳恻。国之将陨，嫠不恤纬，家之将亡，缇萦跋涉，彼匹妇也，犹执此义。实望根矩，仁为己任，授手援溺，振民于难。乃或晏晏居息，莫我肯顾，谓之君子，固如此乎！根矩，根矩，可以来矣！"原遂之辽东。辽东多虎，原之邑落独无虎患。原尝行而得遗钱，拾以系树枝，此钱既不见取，而系钱者愈多。问其故，答者谓之神树。原恶其由己而成淫祀，乃辨之，于是里中遂敛其钱以为社供。后原欲归乡里，止于三山。孔融书曰："随会在秦，贾季在翟，咎仰靡所，叹息增怀。顷知来至，近在三山。《诗》不云乎，'来归自镐，我行永久'。今遣五官掾，奉问榜人舟楫之劳，祸福动静告慰。乱阶未已，阻兵之雄，若棋弈争枭。"原于是遂反还。积十余年，后乃遁至。南行已数日，而度甫觉。度知原之不可复追也，因曰："邴君所谓云中白鹤，非鹑鷃之网所能罗矣。又吾自遣之，勿复求出。"遂免危难。自反国土，原于是讲述礼乐，吟咏诗书，门徒数百，服道数十。时郑玄以博学洽闻，注解典籍，故儒雅之士集焉。原亦自以高远清白，颐志淡泊，口无择言，身无择行，故英伟之士向焉。是时海内清议，云青州有邴、郑之学。魏太祖为司空，辟原署东阁祭酒。太祖北伐三郡单于，还住昌国，燕士大夫。酒酣，太祖曰："孤反，邺守诸君必将来迎，今日明旦，度皆至矣。其不来者，独有邴祭酒耳！"言讫未久，而原先至。门下通谒，太祖大惊喜，揽履而出，远出迎原曰："贤者诚难测度！孤谓君将不能来，而远自屈，诚副饥虚之心。"谒讫而出，军中士大夫诣原者数百人。太祖怪而问之，时荀文若在坐，对曰："独可省问邴原耳！"太祖曰："此君乡重，乃亦倾士大夫心？"文若曰："此一世异人，士之精藻，公宜尽礼以待之。"太祖曰："固孤之宿心也。"自是之后，见敬益重。原虽在军历署，常以病疾，高枕里巷，终不当事，又希公见。河内张范，名公之子，其志行有与原符，甚相亲敬。令曰："邴原名高德大，清规邈世，魁然而峙，不为孤用。闻张子颇欲学之，吾恐造之者富，随之者贫也。"魏太子为五官中郎将，天下向慕，宾客如云，而原独守道持常，自非公事不妄举动。太祖微使人从容问之，原曰："吾闻国危不事冢宰，君去不奉世子，此典制也。"于是原转五官长史，令曰："子弱不才，惧其难正，贪欲相须，以匡励之。虽云利贷。能不恶恶！"太子宴会，众宾百数十人，太子建议曰："君父各有笃疾，有药一丸，可救一人，当救君邪，父邪？"众人纷纭，或父或君。时原在坐，不与此论。太子咨之于原，原悖然对曰："父也。"太子亦不复难之。

〔27〕荀绰《冀州记》："巨鹿张貔，字邵虎。祖父泰，字伯阳，有名于魏。父邈，字叔辽，辽东太守。著有《自然好学论》，在《嵇康集》。为人弘深有远识，恢恢然，使求之者莫之能测也。宦历二宫，元康初为城阳太守，未行而卒。

〔28〕杜恕著《家戒》称阁曰："张子台，视之似朴人，然其心中不知天地间何者为美，何者为好，敦然似如与阴阳合德者。作人如此，自可不富贵，然而患祸当何从而来？世有高亮如子台者，皆多力慕，体之不如也。"

〔29〕《傅子》曰：齐相管仲之后也。昔田氏有齐而管氏去之，或适鲁，或适楚。汉兴，有管少卿为燕令，始家朱虚，世有名节，九世而生宁。

〔30〕《傅子》曰：宁往见度，语惟经典，不及世事。还乃因山为庐，凿坯为室。越海避难者，皆来就之而居，旬月而成邑。遂讲《诗》、《书》，陈俎豆，饰威仪，明礼让，非学者无见也。由是度安其贤，民化其德。邴原性刚直，清议以格物，度已下心不安之。宁谓原曰："潜龙以不见成德，言非其时，皆招祸之

道也。"密遣令西还。度庶子、康代,居郡,外以将军、太守为号,而内实有王心,早已崇礼,欲官宁以自镇辅,而终莫敢发言,其敬惮如此。皇甫谧《高士传》:宁所居屯落,会井汲者,或男女杂错,或争井斗阋。宁患之,乃多买器,分置井傍,汲以待之,又不使知。来者得而怪之,问知宁所为,乃各相责,不复斗讼。邻有牛暴宁田者,宁为牵牛着凉处,自为饮食,过于牛主。牛主得牛,大惭,若犯严刑。是以左右无斗讼之声,礼让移于海表。

〔31〕《先贤行状》曰:烈通识达道,秉义不回。以颍川陈太丘为师,二子为友。时颍川荀慈明、贾伟节、李元礼、韩元长皆就陈君学,见烈器业过人,叹服所履,亦与相亲。由是英名著于海内。道成德立,还归旧庐,遂遭父丧,泣泪三年。遇岁饥馑,路有饿殍,烈乃分釜庾之储,以救邑里之命。是以宗族称孝,乡党归仁。以典籍娱心,育人为务,遂建学校,敦崇庠序。其诱人也,皆不因其性气,诲之以道,使之从善远恶。益者不自觉,而大化隆行,皆成宝器。门人出入,容止可观,时在市井,行步有异,人皆识之。州闾成风,咸竞为善。时国中有盗牛者,牛主得之。盗者曰:"我邂逅迷惑,从今已后将以为改过。子既已赦宥,幸无使王烈闻之。"人有以告烈者,烈以布一端遗之。或问:"此人既为盗,畏君闻之,反与之布,何也?"烈曰:"昔秦穆公,人盗其骏马食之,乃赐之酒。盗者不爱其死,以救穆公之难。今此盗人能悔其过,惧吾闻之,是知耻恶。知耻恶,则善心将生,故与布为善也。"间年之中,行路老父担重,人代担行数十里,欲至家,置而去,问姓名,不告。顷之,老父复行,失剑于路。有人行而遇之,欲置而去,惧后人得之,剑主于是永失,欲取而购募,或恐差错,遂守之。至暮,剑主还见之,前者代担人也。老父揽其袂,问曰:"子前者代吾担,不得姓名,今子复守吾剑于路,未有若子之仁,请子告吾姓名,吾将以告王烈。"乃语之而去。老父以告烈,烈曰:"世有仁人,吾未之见。"遂使人推之,乃昔时盗牛人也。烈叹曰:"韶乐九成,虞宾以和;人能有感,乃至于斯也!"遂使国人表其闾而异之。时人或讼曲直,将质于烈,或至涂而反,或望庐而还,皆自推以直,不敢使烈闻之。时国主皆亲骖乘适烈私馆,畴谘政令。察孝廉,三府并辟,皆不就。会董卓作乱,避地辽东,躬秉农器,编于四民,布衣蔬食,不改其乐。东域之人,奉之若君。时衰世弊,识真者少,朋党之人,互相谗谤。自避世在东国者,多为人所害,烈居之历年,未尝有患。使辽东强不凌弱,众不暴寡,商贾之人,市不二价。太祖屡征召,辽东为解而不遣。以建安二十三年寝疾,年七十八而终。

〔32〕《傅子》曰:是时康又已死,嫡子不立而立弟恭,恭懦弱,而康孽子渊有俊才。宁曰:"废嫡立庶,下有异心,乱之所由起也。"乃将家属乘海即受征。宁在辽东,积三十七年乃归,其后渊果袭夺恭位,叛国家而连吴,僭号称王,明帝使相国宣文侯征灭之。辽东之死者以万计,如宁所筹。宁之归也,海中遇暴风,船皆没,唯宁乘船自若。时夜晦冥,船人尽惑,莫知所泊。望见火光,辄趣之得岛,岛无居人,又不火燃,行人咸异焉,以为神光之祐也。皇甫谧曰:"积善之应也。"

〔33〕《傅子》曰:宁上书天子,且以疾辞,曰:"臣闻傅说既梦,以感殷后,吕尚启兆,以动周文,以通神之才悟于圣主,用能匡佐帝业,克成大勋。臣之器朽,实非其人。虽贪清时,释体蝉蜕。内省顽病,日薄西山。唯陛下听野人山薮之愿,使一老者得尽微命。"书奏,帝亲览焉。

〔34〕《傅子》曰:司空陈群又荐宁曰:"臣闻王者显善以消恶,故

〔35〕《尚书·君奭》曰:"奇造德不降,我则鸣鸟不闻,矧曰其有能格。"郑玄曰:"奇,老也。造,成也。《诗》云'小子有造。'老成德之人,不降志与我并在位,则鸣鸟之声不得闻,况乃曰有能德格于天者乎!言必无也。鸣鸟谓凤也。"

〔36〕《高士传》曰:管宁自越海及归,常坐一木榻,积五十余年,未尝箕股,其榻上当膝处皆穿。

〔37〕《今文尚书》曰"优贤扬历",谓扬其所历试。左思《魏都赋》曰"优贤著于扬历"也。

〔38〕《傅子》曰:宁以衰乱之时,世多妄变氏族者,违圣人之制,非礼命姓之意,故著《氏姓论》以原本世系,文多不载。每所居姻亲、知旧、邻里有困穷者,家储虽不盈担石,必分以赡救之。与人子言,教以孝;与人弟言,训以悌;言及人臣,诲以忠。貌甚恭,言甚顺,观其行,逡然若不可及,即之熙熙然,甚柔而温,因其事而导之于善,是以渐之者无不化焉。宁之亡,天下知与不知,闻之无不嗟叹。醇德之所感若此,不亦至乎!

〔39〕《尚书·顾命篇》曰:"大玉、夷玉、天球、《河图》在东序。"注曰:"《河图》,图出于河,帝王圣者之所受。"

〔40〕《高士传》曰:初,晋宣帝为布衣时,与昭有旧。同郡周生等谋害帝,昭闻而步陟险,邀生于崤、渑之间,止生,生不肯。昭泣与结诚,生感其义,乃止。昭因与斫柔树共盟而别。昭虽有阴德于帝,口终不言,人莫知之。信行著于乡党。建安十六年,百姓闻马超叛,避兵入山者千余家,饥乏,渐相劫略,昭常辞谕以解,是以寇难消息,众咸宗焉。故其所居部落中,三百里无相侵暴者。

〔41〕《高士传》曰:幽州刺史杜恕尝过昭所居庐之中,言事论理,辞意谦敬,恕甚重焉。太尉蒋济辟,不就。

〔42〕案《庾氏谱》:嶷字劭然,颍川人。子儒字玄默,晋尚书、阳翟子。嶷弟遁,字德先,太中大夫。遁胤嗣克昌,为世盛门。侍中峻、河南尹纯,皆遁之子,豫州牧长史颢,遁之孙,太尉文康公亮、司空冰皆遁之曾孙,贵达至今。

〔43〕《文士传》曰"桢字元幹,庐江人,有文学器干,容貌甚伟。历幽州刺史、廷尉,入晋为尚书光禄大夫。桢弇,后将军;晁,车骑将军;恽,豫州刺史;其余多至大官。自后累世昌阜,司空文穆公充,恽之孙也,贵达至今。

〔44〕《高士传》曰:朝廷以戎车未息,征命之事,且须后之,昭以故不即征。后颢、休复与庾嶷荐昭,有诏访于本州评议。侍中韦诞驳曰:"礼贤征士,王政之所重让,古者考行于乡。今颢等位皆常伯纳言,嶷为卿佐,以取信。附下罔上,忠臣之所不行也。昭宿德耆艾,遗逸山林,诚宜加异。"乃从诞议也。

〔45〕《傅子》曰:胡征君怡怡无不爱也,虽仆隶,必加礼焉。外同乎俗,内秉纯洁,心非其好,王公不能屈,年八十而不倦于书籍者,吾于胡征君见之矣。时有隐者焦先,河东人也。《魏略》:先字孝然。中平末,白波贼起。时先年二十余,与同郡侯武阳相随。武阳年小,有母,先与相扶接,避白波,东客扬州,取妇。建安初来西还,武阳诣大阳占户,先留陕界。至十六年,关中乱。先失家属,独窜于河渚间,食草饮水,无衣履。时大阳长朱南望见之,谓为亡士,欲遣船捕取。武阳语县:"此狂痴人耳!"遂注其籍。给廪,日五升。后有疫病,人多死者,县常使埋藏,童儿竖子皆轻易之。然其行不践邪

径,必循阡陌;及其捃拾,不取大穗;饥不苟食,寒不苟衣,结草以为裳,科头徒跣。每出,见妇人则隐翳,须去乃出。自作一瓜牛庐,净扫其中。营木为床,布草蓐其上。至天寒时,构火以自炙,呻吟独语。饥则出为人客作,饱食而已,不取其值。又出于道中,邂逅与人相遇,辄下道藏匿。或问其故,常言"草茅之人,与狐兔同群"。不肯妄语。太和、青龙中,尝持一杖南渡河水,辄独云未可也,由是人颇疑其不狂。至嘉平中,太守贾穆初之官,故过其庐。先见穆再拜。穆与语,不应,与食,不食。穆谓之曰:"国家使我来为卿作君,我食卿,卿不肯食,我与卿语,卿不应我,如是,我不中为卿作君,当去耳!"先乃曰:"宁有是邪?"遂不复语。其明年,大发卒将伐吴。有窃问先:"今讨吴何如?"先不肯应,而谬歌曰:"祝衄祝衄,非鱼非肉,更相追逐,本心为当杀牂羊,更杀其牂羒邪!"郡人不知其谓。会诸军败,好事者乃推其意,疑牂羊谓吴,牂羒谓魏,是后人金评之隐语也。议郎河东董经特嘉异节,与先非故人,乃奋有旧者,谓曰:"阿先阔乎!"先熟视而不言。经素知其昔受武阳恩,因复曰:"念武阳不邪?"先乃曰:"已报之矣。"经又复挑欲与语,遂不肯复应。后岁余病亡,时年八十九矣。《高士传》曰:世莫知其所出。或言生乎汉末,自陕居大阳,无父母兄弟妻子。见汉室衰,乃自绝不言。及魏受禅,常结草为庐於河之湄,独止其中。冬夏恒不著衣,卧不设席,又无草蓐,以身亲土,其体垢污皆如泥漆,五形尽露,不行人间。或数日一食,欲食则为人赁作,人以衣衣之,乃使限功受直,足得一食辄去,人欲多与,终不肯取,亦有数日不食时。行不由邪径,目不与女子逆视。口未尝言,虽有惊急,不与人语。遗以食物皆不受。河东太守杜恕尝以衣服迎见,而不与语。司马宣王闻而使安定太守董绥因事过视,又不肯语,经以为大贤。其后野火烧其庐,先因露寝。遭冬雪大至,先祖卧不移,人以为死,就视如故,不以为病,人莫能审其意。度年可百岁余乃卒。或问皇甫谧曰:"焦先何人?"曰:"吾不足以知之也。考之于表,可略而言矣。夫世之所常趣者荣味也,形之所不可释者衣裳也,身之所不可离者室宅也,口之所不能已者言语也,心之所不能绝者亲戚也。今焦先弃荣味,释衣服,离室宅,绝亲戚,闭口不言,旷然以天地为栋宇,暗然合于道之前,出群形之表,入玄寂之幽,一世之人不足以挂其意,四海之广不能以回其顾,妙乎与夫三皇之先者同矣。结绳已来,未及其至也,岂群言之所能仿佛,常心之所得测量哉!彼行人所不能行,堪人所不能堪,犯寒暑不以伤其性,居旷野不以恐其形,遭惊急不以迫其虑,离荣爱不以累其心,捐视听不以污其耳目,舍足于不损之地,居身于独立之处,延年历百,寿越期颐,虽上识不能尚也。自羲皇已来,一人而已矣!"《魏氏春秋》曰:故梁州刺史耿黼以先为仙人也,北地傅玄谓之"性同禽兽",并为之传,而莫能测之。《魏略》又载扈累及寒贫者。累字伯重,京兆人也。初平中,山东人有青牛先生者,字正方,客三辅。晓知星历、风角、鸟情。常青葙芜华。年似如五六十者,人或亲识之,谓其已百余岁矣。初,累年四十余,随正方游学,人谓其得其术。有妇,无子。建安十六年,三辅乱,又随正方南入汉中。汉中坏,正方入蜀,累与相失,随徙民诣邺,遭瘟疫丧其妇。至黄初元年,又徙诣洛阳,遂不复娶妇。独居道侧,以甑砖为障,施一厨床,食宿其中。昼日潜思,夜则仰视星宿,吟咏内书。人或问之,闭口不肯言。至嘉平中,年八九十,裁若四五十者。县官以其孤老,给廪日五升。五升不足食,颇行佣作以神粮,粮尽复出,与人不

取。食不求美,衣弊缊故,后一二年病亡。寒贫者,本姓石,字德林,安定人也。建安初,客三辅。是时长安有宿儒栾文博者,门徒数千,德林亦就学,始精《诗》《书》。后好内事,于众辈中最玄默。至十六年,关中乱,南入汉中。初不治产业,不畜妻孥,常读《老子》五千文及诸内书,昼夜吟咏。到二十五年,汉中破,随众还长安,遂始愚不复识人。食不求味,冬夏常衣弊布连结衣。体如无所胜,目如无所见。独居穷巷小屋,无亲里。人与之衣食,不肯取。郡县以其鳏穷,给廪日五升,食不足,颇行乞,乞不多受。人问其姓字,又不肯言,故因号之曰寒贫也。或素有与相知者,往存恤之,辄拜跪,人谓其不痴。车骑将军郭淮以意气呼之,问其所欲,亦不肯言。淮因与脯糒及衣,不取其衣,取其脯一胸,糒一升而止。臣松之案《魏略》云:焦先及杨沛,并作瓜牛庐,止其中。以为瓜当作蜗。蜗牛,螺虫之有角者也,俗或呼为黄犊。先等作圆舍,形如蜗牛蔽,故谓之蜗牛庐。《庄子》曰:"有国于蜗之左角者曰触氏,有国于右角者曰蛮氏,时相与争地而战,伏尸数万,逐北旬有五日而后反。"谓此物也。
〔46〕臣松之以为蹈犹履也,"躬履清蹈",近非言乎!

卷十二
崔毛徐何邢鲍司马传第十二

崔琰字季圭,清河东武城人也。少朴讷,好击剑,尚武事。年二十三,乡移为正,始感激,读《论语》、《韩诗》。至年二十九,乃结公孙方等就郑玄受学。学未期,徐州黄巾贼攻破北海,玄与门人到不其山避难。时谷粜县乏,玄罢谢诸生。琰既受遣,而寇盗充斥,西道不通。于是周旋青、徐、兖、豫之郊,东下寿春,南望江、湖。自去家四年乃归,以琴书自娱。大将军袁绍闻而辟之。时士卒横暴,掘发丘陇,琰谏曰:"昔孙卿有言:'士不素教,甲兵不利,虽汤武不能以战胜。'今道路暴骨,民未见德,宜敕郡县掩骼埋胔,示悁怛之爱,追文王之仁。"绍以为骑都尉。后绍治兵黎阳,次于延津,琰复谏曰:"天子在许,民望助顺,不如守境述职,以宁区宇。"绍不听,遂败于官渡。及绍卒,二子交争,争欲得琰。琰称疾固辞,由是获罪,幽于囹圄,赖阴夔、陈琳营救得免。太祖破袁氏,领冀州牧,辟琰为别驾从事,谓琰曰:"昨案户籍,可得三十万众,故为大州也。"琰对曰:"今天下分崩,九州幅裂,二袁兄弟亲寻干戈,冀方蒸庶暴骨原野。未闻王师仁声先路,存问风俗,救其涂炭,而校计甲兵,唯此为先,斯岂鄙州士女所望于明公哉!"太祖改容谢之。于时宾客皆伏失色。

太祖征并州,留琰傅文帝于邺。世子仍出田猎,变易服乘,志在驱逐。琰书谏曰:"盖闻盘于游田,《书》之所戒,鲁隐观鱼,《春秋》讥之,此周、孔之格言,二经之明义。殷鉴夏后,《诗》称不远,子卯不乐,《礼》以为忌,此又近者之得失,不可不深察也。袁族富强,公子宽放,盘游滋侈,义声不闻,哲人君子,俄有色斯之志,熊罴壮士,堕于吞噬之用,固所以拥徒百万,跨有河朔,无所容足也。今邦国珍瘁,惠康未洽,士女企踵,所思者德。况公亲御戎马,上下劳惨,世子宜遵大路,慎以行正,思经国之高略,内鉴近戒,外扬远节,深惟储副,以身为宝。而猥袭虞旅之贱服,

忽驰骛而陵险,志雉兔之小娱,忘社稷之为重,斯诚有识所以恻心也。唯世子燔翳捐褶,以塞众望,不令老臣获罪于天。"世子报曰:"昨奉嘉命,惠示雅数,欲使燔翳捐褶。翳已坏矣,褶亦去焉。后有此比,蒙复诲诸。"太祖为丞相,琰复为东西曹掾属征事。初授东曹时,教曰:"君有伯夷之风,史鱼之直,贪夫慕名而清,壮士尚称而厉,斯可以率时者已。故授东曹,往践厥职。"魏国初建,拜尚书。时未立太子,临菑侯植有才而爱。太祖狐疑,以函令密访于外。唯琰露板答曰:"盖闻《春秋》之义,立子以长,加五官将仁孝聪明,宜承正统。琰以死守之。"植,琰之兄女婿也。太祖贵其公亮,喟然叹息[1],迁中尉。

琰声姿高畅,眉目疏朗,须长四尺,甚有威重,朝士瞻望,而太祖亦敬惮焉[2]。琰尝荐巨鹿杨训,虽才好不足,而清贞守道,太祖即礼辟之。后太祖为魏王,训发表称赞功伐,褒述盛德。时人或笑训希世浮伪,谓琰为失所举。琰从训取表草视之,与训书曰:"省表,事佳耳!时乎时乎,会当有变时。"琰本意讥论者好谴呵而不寻情理也。有白琰此书傲世怨谤者,太祖怒曰:"谚言'生女耳','耳'非佳语。'会当有变时',意指不逊。"于是罚琰为徒隶,使人视之,辞色不挠。太祖令曰:"琰虽见刑,而通宾客,门若市人,对宾客虬须直视,若有所瞋。"遂赐琰死[3]。

始琰与司马朗善,晋宣王方壮,琰谓朗曰:"子之弟,聪哲明允,刚断英跱,殆非子之所及也[4]。"朗以为不然,而琰每秉此论。琰从弟林,少无名望,虽姻族犹多轻之,而琰常曰:"此所谓大器晚成者也,终必远至。"涿郡孙礼、卢毓始入军府,琰又名之曰:"孙疏亮亢烈,刚简能断,卢清警明理,百炼不消,皆公才也。"后林、礼、毓咸至鼎辅。及琰友人公孙方、宋阶早卒,琰抚其遗孤,恩若己子。其鉴识笃义,类皆如此[5]。

初,太祖性忌,有所不堪者,鲁国孔融[6]、南阳许攸[7]、娄圭,皆以恃旧不虔见诛[8]。而琰最为世所痛惜,至今冤之[9]。

毛玠字孝先,陈留平丘人也。少为县吏,以清公称。将避乱荆州,未至,闻刘表政令不明,遂往鲁阳。太祖临兖州,辟为治中从事。玠语太祖曰:"今天下分崩,国主迁移,生民废业,饥馑流亡,公家无经岁之储,百姓无安固之志,难以持久。今袁绍、刘表,虽士民众强,皆无经远之虑,未有树基建本者也。夫兵义者胜,守位以财,宜奉天子以令不臣,修耕植,畜军资,如此则霸王之业可成也。"太祖敬纳其言,转幕府功曹。

太祖为司空、丞相,玠尝为东曹掾,与崔琰并典选举。其所举用,皆清正之士,虽于时有盛名而行不由本者,终莫得进。务以俭率人,由是天下之士莫不以廉节自励,虽贵宠之臣,舆服不敢过度。太祖叹曰:"用人如此,使天下人自治,吾复何为哉!"文帝为五官将,亲自诣玠,属所亲眷。玠答曰:"老臣以能守职,幸得免戾,今所说人非迁次,是以不敢奉命。"大军还邺,议所省。玠请谒不行,时人惮之,咸欲省东曹。乃共白曰:"旧西曹为上,东曹为次,宜省东曹。"太祖知其情,令曰:"日出于东,月盛于东,凡人言方,亦复先东,何以省东曹?"遂省西曹。初,太祖平柳城,班所获器物,特以素屏风素冯几赐玠,曰:"君有古人之风,故赐君古人之服。"玠居显位,常布衣蔬食,抚育孤兄子甚笃,赏赐以振施贫族,家无所余。迁右军师。魏国初建,为尚书仆射,复典选举[10]。时太子未定,而临菑侯植有宠,玠密谏曰:"近者袁绍以嫡庶不分,覆宗灭国。废立大事,非所宜闻。"后群僚会,玠起更衣,太祖目指曰:"此古所谓国之司直,我之周昌也。"

崔琰既死,玠内不悦。后有白玠者:"出见黥面反者,其妻子没为官奴婢,玠言曰'使天不雨者盖此也'。"太祖大怒,收玠付狱。大理钟繇诘玠曰:"自古圣帝明王,罪及妻子。《书》云:'左不共左,右不共右,予则孥戮女。'司寇之职,男子入于罪隶,女子入于舂稾。汉律,罪人妻子没为奴婢,黥面。汉法所行黥墨之刑,存于古典。今真奴婢祖先有罪,虽历百世,犹有黥面供官,一以宽良民之命,二以宥并罪之辜。此何以负于神明之意,而当致旱?案典谋,急恒寒若,舒恒燠若,宽则亢阳,所以为旱。玠之吐言,以为宽邪,以为急邪?急当阴霖,何以反旱?成汤圣世,野无生草,周宣令主,旱魃为虐。亢旱以来,积三十年,归咎黥面,为相值不?卫人伐邢,师兴而雨,罪恶无征,何以应天?玠讥谤之言,流于下民,不悦之声,上闻圣听。玠之吐言,势不独语,时见黥面,凡为几人?黥面奴婢,所识知邪?何缘得见,对之叹言?时以语谁?见答云何?以何日月?于何处所?事已发露,不得隐欺,具以状对。"玠曰:"臣闻萧生缢死,困于石显,贾子放外,逐在绛、灌;白起赐剑于杜邮,晁错致诛于东市;伍员绝命于吴都;斯数子者,或妒其前,或害其后。臣垂龆执简,累勤取官,职在机近,人事所窜。属臣以私,无势不绝,语臣以冤,无细不理。人情淫利,为法所禁,法禁于利,势能害之。青蝇横生,为臣作谤,谤臣之人,势不在他。昔王叔、陈生争正王廷,宣子平理,命举其契,是非有宜,曲直有所,《春秋》嘉焉,是以书之。臣不言此,无有时、人。说臣此言,必有征要。乞蒙宣子之辨,而求王叔之对。若臣以曲闻,即刑之日,方之安驷之赠;赐剑之来,比之重赏之惠。谨以状对。"时桓阶、和洽进言救玠。玠遂免黜,卒于家[11]。太祖赐棺器钱帛,拜子机郎中。

徐奕字季才,东莞人也。避难江东,孙策礼命之。奕改姓名,微服还本郡。太祖为司空,辟为掾属,从西征马超。超破,军还。时关中新服,未甚安,留奕为丞相长史,镇抚西京,西京称其威信。转为雍州刺史,复还为东曹属。丁仪等见宠于时,并害之,而奕终不为动[12]。出为魏郡太守。太祖征孙权,徙为留府长史,谓奕曰:"君之忠亮,古人不过也,然微太严。昔西门豹佩韦以自缓,夫能以柔弱制刚强者,望之于君也。今使君统留事,孤无复还顾之忧也。"魏国既建,为尚书,复典选举,迁尚书令。太祖征汉中,魏讽等谋反,中尉杨俊左迁。太祖叹曰:"讽所以敢生乱心,以吾爪牙之臣无遏奸防谋者故也。安得如诸葛丰者使代俊乎!"桓阶曰:"徐奕其人也。"太祖乃以奕为中尉,手令曰:"昔楚有子玉,文公为之侧席而坐;汲黯在朝,淮南为之折谋。《诗》称'邦之司直',君之谓与!"在职数月,疾笃乞退，拜谏议大夫，卒[13]。

何夔字叔龙，陈郡阳夏人也。曾祖父熙，汉安帝时官至车骑将军[14]。夔幼丧父，与母兄居，以孝友称。长八尺三寸，容貌矜严[15]。避乱淮南。后袁术至寿春，辟之，夔不应，然遂为术所留。久之，术与桥蕤俱攻围蕲阳，蕲阳为太祖固守。术以夔彼郡人，欲胁令说蕲阳。夔谓术谋臣李业曰："昔柳下惠闻伐国之谋而有忧色，曰'吾闻伐国不问仁人，斯言何为至于我哉'？"遂遁匿灊山。术知夔终不为己用，乃止。术从兄山阳太守遗母（袁）夔，夔从姑也，是以虽恨夔而不加害。

建安二年，夔将还乡里，度术必急追，乃间行得免，明年到本郡。顷之，太祖辟为司空掾属。时有传袁术军乱者，太祖问夔曰："君以为信不？"夔对曰："天之所助者顺，人之所助者信。术无信顺之实，而望天人之助，此不可以得志于天下。夫失道之主，亲戚叛之，而况于左右乎！以夔观之，其乱必矣。"太祖曰："为国失贤则亡。君不为术所用；乱，不亦宜乎！"太祖性严，掾属公事，往往加杖；夔常畜毒药，誓死不辱，是以终不见及[16]。出为城父令[17]。迁长广太守。郡滨山海，黄巾未平，豪杰多背叛，袁谭就加以官位。长广县人管承，徒众三千余家，为寇害。议者欲举兵攻之，夔曰："承等非生而乐乱也，习于乱，不能自还，未被德教，故不知反善。今兵迫之急，彼恐夷灭，必并力战。攻之既未易拔，虽胜，必伤吏民。不如徐喻以恩德，使容自悔，可不烦兵而定。"乃遣郡丞黄珍往，为陈成败，承等皆请服。夔遣吏成弘领校尉，长广县丞等郊迎奉牛酒，诣郡。牟平贼从钱，众亦数千，夔率郡兵与张辽共讨定之。东牟人王营，众三千余家，胁昌阳县以为乱。夔遣吏王钦等，授以计略，使离散之。旬月皆平定。

是时太祖始制新科下州郡，又收租税绵绢。夔以郡初立，近以师旅之后，不可卒绳以法，乃上言曰："自丧乱已来，民人失所，今虽小安，然服教日浅。所下新科，皆以明罚敕法，齐一大化也。所领六县，疆域初定，加以饥馑，若一切齐以科禁，恐或有不从教者。有不从教者不得不诛，则非观民设教随时之意也。先王辨九服之赋以殊远近，制三典之刑以平治乱，愚以为此郡宜依远域新邦之典，其民间小事，使长吏临时随宜，上不背正法，下以顺百姓之心。比及三年，民安其业，然后齐之以法，则无所不至矣。"太祖从其言。征还，参丞相军事。海贼郭祖寇暴乐安、济南界，州郡苦之。太祖以夔前在长广有威信，拜乐安太守。到官数月，诸城悉平。入为丞相东曹掾。夔言于太祖曰："自军兴以来，制度草创，用人未详其本，是以各引其类，时忘道德。夔闻以贤制爵，则民慎德；以庸制禄，则民兴功。以为自今所用，必先核之乡闾，使长幼顺叙，无相逾越。显忠直之赏，明公实之报，则贤不肖之分，居然别矣。又可修保举故不以实之令，使有司别受其负。在朝之臣，时受教与曹并选者，各任其责。上以观朝臣之节，下以塞争竞之源，以督群下，以率万民，如是则天下幸甚。"太祖称善。魏国既建，拜尚书仆射[18]。文帝为太子，以凉茂为太傅，夔为少傅；特命二傅与尚书东曹并选太子诸侯官属。茂卒，

夔代茂。每月朔，太傅入见太子，太子正法服而礼焉；他日无会仪。夔迁太仆，太子欲与辞，宿戒供，夔无往意；乃与书请之，夔以国有常制，遂不往。其履正如此。然于节俭之世，最为豪汰。文帝践阼，封成阳亭侯，邑三百户。疾病，屡乞逊位。诏报曰："盖礼贤亲旧，帝王之常务也。以亲则君有辅弼之勋焉，以贤则君有醇固之茂焉。夫有阴德者必有阳报，今君疾虽未瘳，神明听之矣。君其即安，以顺朕意。"夔薨，谥曰靖侯。子曾嗣，咸熙中为司徒[19]。

邢颙，字子昂，河间鄚人也。举孝廉，司徒辟，皆不就。易姓字，适右北平，从田畴游。积五年，而太祖定冀州。颙谓畴曰："黄巾起来二十余年，海内鼎沸，百姓流离。今闻曹公法令严。民厌乱矣，乱极则平。请以身先。"遂装还乡里。田畴曰："邢颙，民之先觉也。"乃见太祖，求为乡导以克柳城。太祖辟颙为冀州从事，时人称之曰："德行堂堂邢子昂。"除广宗长，以故将丧弃官。有司举正，太祖曰："颙笃于旧君，有一致之节。勿问也。"更辟司空掾，除行唐令，劝民农桑，风化大行。入为丞相门下督，迁左冯翊，病，去官。是时，太祖诸子高选官属，令曰："侯家吏，宜得渊深法度如邢颙辈。"遂以为平原侯植家丞。颙防闲以礼，无所屈挠，由是不合。庶子刘桢书谏植曰："家丞邢颙，北土之彦，少秉高节，玄静澹泊，言少理多，真雅士也。桢诚不足同贯斯人，并列左右。而桢礼遇殊特，颙反疏简，私惧观者将谓君侯习近不肖，礼贤不足，采庶子之春华，忘家丞之秋实。为上招谤，其罪不小，以此反侧。"后参丞相军事，转东曹掾。初，太子未定，而临菑侯植有宠，丁仪等并赞翼其美。太祖问颙，颙对曰："以庶代宗，先世之戒也。愿殿下深重察之！"太祖识其意，后遂以为太子少傅，迁太傅。文帝践阼，为侍中、尚书仆射，赐爵关内侯，出为司隶校尉，徙太常。黄初四年薨。子友嗣[20]。

鲍勋字叔业，泰山平阳人也，汉司隶校尉鲍宣九世孙。宣后嗣有从上党徙泰山者，遂家焉。勋父信，灵帝时为骑都尉，大将军何进遣东募兵。后为济北相，协规太祖，身以遇害。语在《董卓传》、《武帝纪》[21]。建安十七年，太祖追录信功，表封勋兄邵新都亭侯[22]。辟勋丞相掾[23]。

二十二年，立太子，以勋为中庶子。徙黄门侍郎，出为魏郡西部都尉。太子郭夫人弟为曲周县吏，断盗官布，法应弃市。太祖时在谯，太子留邺，数手书为之请罪。勋不敢擅纵，具列上。勋前在东宫，守正不挠，太子固不能悦，及重此事，恚望滋甚。会郡界休兵有失期者，密敕中尉奏免勋官。久之，拜侍御史。延康元年，太祖崩，太子即王位，勋以驸马都尉兼侍中。

文帝受禅，勋每陈"今之所急，唯在军农，宽惠百姓。台榭苑囿，宜以为后"。文帝将出游猎，勋停车上疏曰："臣闻五帝三王，靡不明本立教，以孝治天下。陛下仁圣恻隐，有同古烈。臣冀当继踪前代，令万世可则也，如何在谅暗之中修驰骋之事乎！臣冒死以闻，唯陛下察焉。"帝手毁其表而竟行猎，中道顿息，问侍臣曰："猎之为乐，何如八音也？"侍中刘晔对曰："猎胜于乐。"勋抗辞曰："夫乐，上通

神明,下和人理,隆治致化,万邦咸乂。故移风易俗,莫善于乐。况猎,暴华盖于原野,伤生育之至理,栉风沐雨,不以时隙哉?昔鲁隐观渔于棠,《春秋》讥之。虽陛下以为务,愚臣所不愿也。"因奏:"刘晔佞谀不忠,阿顺陛下过戏之言。昔梁丘据取媚于遄台,晔之谓也。请有司议罪,以清皇朝。"帝怒作色,罢还,即出勋为右中郎将。

黄初四年,尚书令陈群、仆射司马宣王并举勋为宫正,宫正即御史中丞也。帝不得已而用之,百寮严惮,罔不肃然。六年秋,帝欲征吴,群臣大议,勋面谏曰:"王师屡征而未有所克者,盖以吴、蜀唇齿相依,凭阻山水,有难拔之势故也。往年龙舟飘荡,隔在南岸,圣躬蹈危,臣下破胆。此时宗庙几至倾覆,为百世之戒。今又劳兵袭远,日费千金,中国虚耗,令黠虏玩威,臣窃以为不可。"帝益忿之,左迁勋为治书执法。帝从寿春还,屯陈留界。太守孙邕见,出过勋。时营垒未成,但立标埒,邕邪行不从正道,军营令史刘曜欲推之,勋以堑垒未成,解止不举。大军还洛阳,曜有罪,勋奏绌遣,而曜密表勋私解邕事。诏曰:"勋指鹿作马,收付廷尉。"廷尉法议:"正刑五岁。"三官驳:"依律罚金二斤。"帝大怒曰:"勋无活分,而汝等敢纵之!收三官已下付刺奸,当令十鼠同穴。"太尉钟繇、司徒华歆、镇军大将军陈群、侍中辛毗、尚书卫臻、守廷尉高柔等并表"勋父信有功于太祖",求请勋罪。帝不许,遂诛勋。勋内行既修,廉而能施,死之日,家无余财。后二旬,文帝亦崩,莫不为勋叹恨。

司马芝字子华,河内温人也。少为书生,避乱荆州,于鲁阳山遇贼,同行者皆弃老弱走,芝独坐守老母。贼至,以刃临芝,芝叩头曰:"母老,唯在诸君!"贼曰:"此孝子也,杀之不义。"遂得免害,以鹿车推载母。居南方十余年,躬耕守节。

太祖平荆州,以芝为菅长。时天下草创,多不奉法。郡主簿刘节,旧族豪侠,宾客千余家,出为盗贼,入乱吏治。顷之,芝差节客王同等为兵,掾史据白:"节家前后未尝给徭,若至时藏匿,必为留负。"芝不听,与节书曰:"君为大宗,加股肱郡,而宾客每不与役,既众庶怨望,或流声上闻。今条同等为兵,幸时发遣。"兵已集郡,而节藏同等,因令督邮以军兴诡责县,县掾史穷困,乞代同行。芝乃驰檄济南,具陈节罪。太守郝光素敬信芝,即以节代同行,青州号芝"以郡主簿为兵"。迁广平令。征虏将军刘勋贵宠骄豪,又芝故郡将,宾客子弟在界数犯法。勋与芝书,不著名名,而多所属托,芝不报其书,一皆如法。后勋以不轨诛,交关者皆获罪,而芝以见称[24]。迁大理正。有盗官练置都厕上者,吏疑女工,收以付狱。芝曰:"夫刑罪之失,失在苛暴。今赃物先得而后讯其辞,若不胜掠,或至诬服。诬服之情,不可以折狱。且简而易从,大人之化也。不失有罪,庸世之治耳。今宥所疑,以隆易从之义,不亦可乎!"太祖从其议。历甘陵、沛、阳平太守,所在有绩。黄初中,入为河南尹,抑强扶弱,私请不行。会内官欲以事托芝,不敢言,因以妻伯父董昭。昭犹惮芝,不为通。芝为教与群下曰:"盖君能设教,不能使吏必不犯也。吏能犯教,而不能使君

必不闻也。夫设教而犯,君之劣也;犯教而闻,吏之祸也。君劣于上,吏祸于下,此政事所以不理也。可不各勉之哉!"于是下吏莫不自励。门下循行尝疑门干盗簪,干辞不符,曹执为狱。芝教曰:"凡物有相似而难分者,自非离娄,鲜能不惑。就其然矣,循行何忍重惜一簪轻伤同类乎!其寝勿问。"

明帝即位,赐爵关内侯。顷之,特进曹洪乳母当与临汾公主侍者共事无涧神[25],系狱。卞太后遣黄门诣府传令,芝不通,辄敕洛阳狱考竟,而上疏曰:"诸应死罪者,皆当先表须报。前制书禁绝淫祀以正风俗,今当等所犯妖刑,辞语始定,黄门吴达诣臣,传太皇太后令。臣不敢通,惧有救护,速闻圣听,若不得已,以垂宿留。由事不早竟,是臣之罪,是以冒犯常科,辄敕县考竟,擅行刑戮,伏须诛罚。"帝手报曰:"省表,明卿至心,欲奉诏书,以权行事,是也。此乃卿奉诏之意,何谢之有?后黄门复往,慎勿通也。"芝居官十一年,数议科条所不便者。其在公卿间,直道而行。会诸王来朝,与京都人交通,坐免。后为大司农。先是诸典农各部吏民,末作治生,以要利入。芝奏曰:"王者之治,崇本抑末,务农重谷。《王制》:'无三年之储,国非其国也。'《管子·区言》以积谷为急。方今二虏未灭,师旅不息,国家之要,惟在谷帛。武皇帝特开屯田之官,专以农桑为业。建安中,天下仓廪充实,百姓殷足。自黄初以来,听诸典农治生,各为部下之计,诚非国家大体所宜也。夫王者以海内为家,故《传》曰:'百姓不足,君谁与足!'富足之由,在于不失时而尽地力。今商旅所求,虽有加倍之显利,然于一统之计,已有不赀之损,不如垦田益一亩之收也。无农民之事田,自正月耕种,耘锄条桑,耕爆种麦,获刈筑场,十月乃毕。治廪系桥,运输租赋,除道理梁,墐涂室屋,以是终岁,无日不为农事也。今诸典农,各言'留者为行者宗田计,课其力,势不得不尔。不有所废,则当素有余力。'臣愚以为不宜复以商事杂乱,专以农桑为务,于国计为便。"明帝从之。每上官有所召问,常先见ακης史,为断其意故,教其所以答塞之状,皆如所度。芝性亮直,不矜廉隅。与宾客谈论,有不可意,便面折其短,退无异言。卒于官,家无余财,自魏迄今为河南尹者莫及芝。

芝亡,子岐嗣,从河南丞转廷尉正,迁陈留相。梁郡有系囚,多所连及,数岁不决。诏书徙狱于岐属县,县请豫治牢具。岐曰:"今囚有数十,既巧诈难róż,且已倦楚毒,其情易见。岂当复久处囹圄邪!"及囚至,诘之,皆莫敢匿诈,一朝决竟,遂超为廷尉。是时大将军爽专权,尚书何晏、邓飏等为之辅翼。南阳圭泰尝以言忤指,考系廷尉。飏讯狱,将致泰重刑。岐数飏曰:夫枢机大臣,王室之佐,既不能辅化成德,齐美古人,而乃肆其私忿,枉论无辜。使百姓危心,非此焉在?"飏于是惭怒而退。岐终恐久获罪,以疾去官。居家未期而卒,年三十五。子肇嗣[26]。

评曰:徐奕、何夔、邢颙贵尚峻厉,为世名人。毛玠清公素履,司马芝忠亮不倾,庶乎不吐刚茹柔。崔琰高格最优,鲍勋秉正无亏,而皆不免其身,惜哉!《大雅》贵"既明

且哲",《虞书》尚"直而能温",自非兼才,畴克备诸!

注:

〔1〕《世语》曰:植妻衣绣,太祖登台见之,以违制命,还家赐死。

〔2〕《先贤行状》曰:琰清忠高亮,雅识经远,推方直道,正色于朝。魏氏初载,委授铨衡,总齐清议,十有余年。文武群才,多所明拔,朝廷欲高,天下称平。

〔3〕《魏略》曰:人得琰书,以裹帻笼,行都道中。时有与琰宿不平者,遥见琰名著帻笼,从而视之,遂白。太祖以为琰腹诽心谤,乃收付狱,髡刑输徒。前所白琰者又复白之云:"琰为徒,虬须直视,心似不平。"时太祖亦以为然,遂欲杀之。乃使清公大吏往省琰,敕吏曰:"三日期消息。"琰不悟,后数日,吏故白琰平安。公忿然曰:"崔琰必欲使孤举刀锯乎!"吏以是教告琰,琰谢吏曰:"我殊不宜,不知公意至此也!"遂自杀。

〔4〕臣松之案:"跱"或作"特",窃谓"英特"为是也。

〔5〕《魏略》曰:明帝时,崔林尝与司空陈群共论冀州人士,称琰为首。群以"智不存身"贬之。林曰:"大丈夫为有邂逅耳,即如卿诸人,良足贵乎!"

〔6〕融字文举。《续汉书》曰:融,孔子二十世孙也。高祖父尚,巨鹿太守。父宙,太山都尉。融幼有异才。时河南尹李膺有重名,敕门下简通宾客,非当世名贤及通家子孙弗见也。融年十余岁,欲观其人,遂造膺门,语门者曰:"我,李君通家子孙也。"膺见融,问曰:"高明父祖,尝与仆周旋乎?"融曰:"然。先君孔子与君先人李老君,同德比义而相师友,则融与君累世通家也。"众坐奇之,佥曰:"异童子也。"太中大夫陈炜后至,同坐以告炜,炜曰:"人小时了了者,大亦未必奇也。"融答曰:"即如所言,君之幼时,岂实慧乎!"膺大笑,顾谓曰:"高明长大,必为伟器。"山阳张俭,以中正为中常侍侯览所忿疾,览为刊章下州郡捕俭。俭与融兄褒有旧,亡投褒。遇褒出,时融年十六,俭以其少,不告也。融知俭长者,有窘迫色,谓曰:"吾独不能为君主乎!"因留舍藏之。后事泄,国相以下密就掩捕,俭得脱走,登时收融及褒送狱。融曰:"保纳藏舍者融也,融当坐。"褒曰:"彼来求我,罪我之由,非弟之过,我当坐之。"兄弟争死,郡县疑不能决,乃上谳,诏书令褒坐焉。融由是名震远近,与平原陶丘洪、陈留边让,并以俊秀,为后进冠盖。融持论经理而不让条,而逸才宏辩过之。司徒、大将军辟,举高第,累迁北军中候、虎贲中郎将、北海相,时年三十八。承黄巾残破之后,修复城邑,崇学校,设庠序,举贤才,显儒士。以彭璆为方正,邴原为有道,王修为孝廉。告高密县为郑玄特立一乡,名为郑公乡。又国人无后,及四方游士有死亡者,皆为棺木而殡葬之。郡人甄子然孝行知名,早卒,融恨不及之,乃令配食县社。其礼贤如此。在郡六年,刘备表融领青州刺史。建安元年,征还为将作大匠,迁少府。每朝会访对,辄为议主,诸卿大夫寄名而已。司马彪《九州春秋》曰:融在北海,自以智能优赡,溢才命世,当时豪俊皆不能及。亦自许大志,且欲举军曜甲,与群贤要功,自于海岱结殖根本,不肯碌碌如平居郡守,事方伯、赴期会而已。然其所任用,好奇取异,皆轻剽之才。至于稽古之士,谬为恭敬,礼之虽备,不与论国事也。高密郑玄,称之郑公,执子孙礼。及高谈教令,盈溢官曹,辞气温雅,可玩而诵。论事考实,难可悉行。但能张磔网罗,其自理甚疏。租赋少稽,一朝杀五部督邮。奸民污吏,猾乱朝市,亦不能治。幽州精兵乱,至徐州,卒到城下,举国皆恐。融直出说之,令无异志。遂与别校谋夜击幽州,幽州军败,悉有其众。无几时,还复叛亡。黄巾将至,融大饮醇酒,躬自上马,御之涞水之上。寇令上部与融相拒,两翼径涉水,直到所治城。城溃,融不得入,转至南县,左右稍叛。连年倾覆,事无所济,遂不能保障四境,弃郡而去。后徙徐州,以北海相自còng青州刺史,治郡北陲。欲附山东,外接辽东,得戎马之利,建树根本,孤立一隅,不与共也。于时曹、袁、公孙共相首尾,战士不满数百,谷不至万斛。王子法、刘孔慈小辩小才,信为腹心。左丞祖、刘义逊清俊之士,备在坐席而已,言此民望,不可失也。丞祖劝融自托强国,融不听而杀之。义逊弃去。遂为袁谭所攻,自春至夏,城小寇众,流矢雨集。然融凭几安坐,读书论议自若。城坏众亡,身奔山东,室家为谭所虏。张璠《汉纪》曰:融在郡八年,仅以身免。帝初都许,融以为宜略依旧制,定王畿,正司隶所部为千里之封,乃引公卿上书言其义。是时天下草创,曹、袁之权未分,融所建明,不识时务。又天性气爽,颇推平生之意,狎侮太祖。太祖制酒禁,而融书啁之曰:"天有酒旗之星,地列酒泉之郡,人有旨酒之德,故尧不饮千钟,无以成其圣。且桀、纣以色亡国,今令不禁婚姻也。"太祖外虽宽容,而内不能平。御史大夫郗虑知旨,以法免融官。岁余,拜太中大夫。虽居家失势,而宾客日满其门,爱才乐酒。常叹曰:"坐上客常满,樽中酒不空,吾无忧矣。"虎贲士有貌似蔡邕者,融每酒酣,辄引与同坐,曰:"虽无老成人,尚有典刑。"其好士如此,《续汉书》曰:太尉杨彪与袁术婚姻,术僭号,太祖与彪有隙,因是执彪,将杀焉。融闻之,不及朝服,往见太祖曰:"杨公累世清德,四叶重光,《周书》'父子兄弟,罪不相及',况以袁氏之罪乎?《易》称'积善余庆',但欺人耳。"太祖曰:"国家之意也。"融曰:"假使成王欲杀召公,则周公可得言不知邪?今天下缨緌搢绅之士所以瞻仰明公者,以明公聪明仁智,辅相汉朝,举直措枉,致之雍熙耳。今横杀无辜,则海内观听,谁不解体?孔融鲁国男子,明日便当褰衣而去,不复朝矣。"太祖意解,遂出彪。《魏氏春秋》曰:袁绍之败也,融与太祖书曰:"武王伐纣,以妲己赐周公。"太祖以融学博,谓书传所纪。后见,问之,对曰:"以今度之,想其当然耳。"十三年,融对孙权使,有讪谤之言,坐弃市。二子年八岁,时方弈棋,融被收,端坐不起。左右曰:"而父见执,不起何也?"二子曰:'安有巢毁而卵不破者乎!"遂俱见杀。融有高名清才,世多哀之。太祖惧远近之议也,乃令曰:"太中大夫孔融既伏其罪矣,然世人多采其虚名,少于核实,见融浮艳,好作变异,眩其词荡,不复察其乱俗也。此州人说平原祢衡受传融论,以为父母与人无亲,譬若缻器,寄盛其中,又言若遭饥馑,而父不肖,宁赡活余人。融违天反道,败伦乱理,虽肆市朝,犹恨其晚,更以此事列上,宣示诸军将校掾属,皆使闻见。"《世语》曰:融二子,皆龆龀。融见收,顾谓二子:"何以不辞?"二子俱曰:"父尚如此,复何所辞!"以为必俱死也。臣松之以为《世语》云融二子不辞,知必俱死,犹差可安。如孙盛之言,诚所未譬。八岁小儿,能玄了祸福,聪明特达,卓然既远,则其忧乐之情,宜其有过成人,安有见父收执而曾无变容,弈棋不起,若在暇豫者乎?昔申生就命,言不忘父,不以己身将死而废念父之情也。父安犹尚若兹,而况于颠沛哉!盛以此为美谈,无乃贼夫人之子与!盖由好奇情多,而不知言之伤理。

〔7〕《魏略》曰:攸字子远,少与袁绍及太祖善。初平中绍在冀州,尝在坐ära言议。官渡之役,谏绍勿与太祖相攻,语在《绍传》。绍自以强盛,必欲极其兵势。攸知不可为谋,乃亡诣太祖。绍破走,及后得冀州,攸有功焉。攸自恃勋劳,时与太祖相戏,每在席,不自限齐,至呼太祖小字,曰:"某甲,卿不得我,不得冀州也。"太祖笑曰:"汝言是也。"然内嫌之。其后从

〔8〕《魏略》曰：娄圭字子伯，少与太祖有旧。初平中在荆州北界合众，后诣太祖。太祖以为大将，不使典兵，常在坐席言议。及河北平定，随在冀州。其后太祖从诸子出游，子伯时亦随从。子伯顾谓左右曰："此家父子，如今日为乐也。"人有白者，太祖以为有腹诽意，遂收治之。《吴书》曰：子伯少有猛志，尝叹息曰："男儿居世，会当得数万兵千匹骑著后耳！"侪辈笑之。后坐藏亡命，被系当死，得逾狱出，捕者追之急，子伯乃变衣服如助捕者，吏不能觉，遂以得免。会天下义兵起，子伯亦合众与刘表相依。后归曹公，遂为所用，军国大计常与焉。刘表亡，曹公向荆州。表子琮降，以节迎曹公，诸将皆疑诈，曹公以问子伯。子伯："天下扰攘，各贪王命以自重，今以节来，是必至诚。"曹公曰："大善。"遂进兵。宠秩子伯，家累千金，曰："娄子伯富乐于孤，但势不如孤耳！"从破马超等，子伯功为多。曹公常叹曰："子伯之计，孤不及也。"后与南郡习授同载，见曹公出，授曰："父子如此，何其快耶！"子伯曰："居世间，当自为之，而但观他人乎！"授乃白之，遂见诛。鱼豢曰：古人有言曰："得鸟者，罗之一目也，然张一目之罗，终不得鸟矣。鸟能远飞，远飞者，六翮之力也，然无众毛之助，则飞不远矣。"以此推之，大魏之作，虽有功臣，亦未必非兹辈胥附之由也。

〔9〕《世语》曰：琰兄孙谅，字士文，以简素称。仕晋为尚书、大鸿胪。荀绰《冀州记》云谅即琰之孙也。

〔10〕《先贤行状》曰：玠雅亮公正，在官清恪。其典选举，拔贞实，斥华伪，进逊行，抑阿党。诸宰官治民功绩不著而私财丰足者，皆免黜停废，久不选用。于时四海翕然，莫不励行。至乃长吏还者，垢面羸衣，常乘柴车。军吏入府，朝服徒行。人拟壶飧之洁，家象濯缨之操，贵者无秽欲之累，贱者绝奸货之求，吏洁于上，俗移乎下，民到于今称之。

〔11〕孙盛曰：魏武于是失政刑矣。《易》称"明折庶狱"，《传》有"举直措枉"，庶狱明则国无怨民，枉直当则民无不服，未有征青蝇之浮声，信浸润之谮诉，可以允釐四海，惟清缉熙者也。昔者汉高狱萧何，出复相之，玠之一责，永见摈放，二主度量，岂不殊哉！

〔12〕《魏书》曰：或谓奕："夫以史鱼之直，孰与蘧伯玉之智？丁仪方贵重，宜思所以下之。"奕："以公明圣，仪岂得久行其伪乎！且奸以事君者，吾所能御也，子宁以他规我！"《傅子》曰：武皇帝至明帝，崔琰、徐奕，一时清贤，皆以忠信显于魏朝，丁仪间之，徐奕失位而崔琰被诛。

〔13〕《魏书》曰：文帝每与朝臣会同，未尝不喑叹，思奕之为人。奕无子，诏以其族子统为郎，以奉奕后。

〔14〕华峤《汉书》曰：熙字孟孙，少有大志，不拘小节。身长八尺五寸，体貌魁梧，善为容仪。举孝廉，为谒者，赞拜殿中，音动左右。和帝伟之，历位司隶校尉、大司农。永初三年，南单于与乌丸俱反，以熙行车骑将军征之，累有功。乌丸请降，单于复称臣如旧。会熙暴疾卒。

〔15〕《魏书》曰：汉末阉宦用事，夔从父衡为尚书，有直言，由是在党中，诸兄弟皆禁锢。夔叹曰："天地闭，贤人隐。"故不应宰司之命。

〔16〕孙盛曰：夫君使臣以礼，臣事君以忠，是以上下休嘉，道光化洽。公府掾属，古之造士者，必擢众时俊，搜扬英逸，得其人则论道之任隆，非其才则覆𫗧之患至。苟有疵衅，刑黜可也。加其搒扑之罚，肃以小惩之戒，岂"导之以德，齐之以礼"之谓与！然士之出处，宜度德投趾。可不之节，亦审所蹈。故高尚之徒，抗心于青云之表，岂王侯之所能臣，名器之所羁继哉！自非此族，委身世涂，否泰荣辱，制之由时，故箕子安于孥戮，柳下夷于三黜，萧何、周勃亦在缧绁，夫岂不辱，君命故也。夔知时制，而甘其宠，挟药要君，以避微耻。《诗》云"唯此褊心"，何夔其有焉。放之，可也；宥之，非也。

〔17〕《魏书》曰：自刘备叛后，东南多变。太祖以陈群为酂令，夔为城父令，诸县皆用名士以镇抚之，其后吏民稍定。

〔18〕《魏书》曰：时丁仪兄弟方贵宠，仪与夔不合。尚书傅巽谓夔曰："仪不相好已甚，子友毛玠，玠等仪已害之矣。子宜少下之！"夔曰："为不义适足害其身，焉能害人？且怀奸佞之心，立于明朝，其得久乎！"夔终不屈志，仪后以凶伪败。

〔19〕干宝《晋纪》曰：曾字颖考。正元中为司隶校尉。时田丘俭孙女适刘氏，以孕系廷尉。女母荀，为武卫将军荀颐所表活，既免，辞诣廷尉，乞为官婢以赎女命。曾使主簿程咸为议，议曰："大魏承秦、汉之弊，未及革制。所以追戮已出之女，诚欲殄丑类之族也。若已产育，则成他家之母。于防则不足惩奸乱之源，于情则伤孝子之思，男不御罪于他族，而女独婴戮于二门，非所以哀矜女弱，均法制之大分也。臣以为在室之女，可从父母之刑，既醮之妇，使从夫家之戮。"朝廷从之，乃定律令。《晋诸公赞》曰：曾以高雅称，加性纯孝，位至太宰，封朗陵县公。年八十余薨，谥曰元公。子邵嗣。邵字敬祖，才识深博，有经国体仪。位亦至太宰，谥康公。子蕤嗣。邵庶兄遵，字思祖，有干能。少经清职，终于太仆。遵子绥，字伯蔚，亦以干事称。永嘉中为尚书，为司马越所杀。傅子称曾及荀颐曰："以文王之道事其亲者，其颍昌何侯乎！其荀侯乎！古称曾、闵，今曰荀、何。内尽其心以事其亲，外崇礼让以接天下。孝子，百世之宗；仁人，天下之令也。有能行仁孝之道者，君子之仪表矣。"

〔20〕《晋诸公赞》曰：颙曾孙乔，字曾伯。有体量局干，美于当世。历清职。元康中，与刘涣俱为尚书吏部郎，稍迁至司隶校尉。

〔21〕《魏书》曰：信父丹，官至少府侍中，世以儒雅显。信少有大节，宽厚爱人，沈毅有谋。大将军何进辟，拜骑都尉，遣归募兵，得千余人，还到成皋而进已遇害。信至京师，董卓亦始到。信知卓必为乱，劝袁绍袭卓，绍畏卓不敢发。语在《绍传》。信乃引军还乡里，收徒众二万，骑七百，辎重五千余乘。是岁，太祖始起兵于己吾，信与弟韬以兵应太祖。太祖与袁绍表信行破虏将军，韬裨将军。时绍众最盛，豪杰多向之。信独谓太祖曰："夫略不世出，能总英雄以拨乱反正者，君也。苟非其人，虽强必毙。君殆天之所启！"遂深自结纳，太祖亦亲异焉。汴水之败，信被创，韬在阵战亡。绍劫夺韩馥位，遂据冀州。信言于太祖曰："奸臣乘衅，荡覆王室，英雄奋节，天下响应者，义也。今绍为盟主，因权专利，将自生乱，是复有一卓也。若抑之，则力不能制，祗以遘难，又何能济？且可规大河之南，以待其变。"太祖善之。太祖为东郡太守，表信为济北相。会黄巾大众入界州，刘岱欲与战，信止之，岱不从，遂败。语在《武纪》。太祖以贼恃胜而骄，欲设奇兵挑击之于寿张。先与信出行战地，后步军未至，而卒与贼遇，遂接战。信殊死战，以救太祖，太祖仅得溃围出，信遂没，时年四十一。虽遭乱起兵，家本修儒，治身至俭，而厚养将士，居无余财，士以此归之。

〔22〕《魏书》曰：邵有父风，太祖嘉之，加拜骑都尉，使持节。邵薨，子融嗣。

〔23〕魏书曰：勋清白有高节，知名于世。

〔24〕《魏略》曰：勋字子台，琅邪人。中平末，为沛国建平长，与太祖有旧。后为庐江太守，为孙策所破，自归太祖，封列侯，遂从在散伍议中。勋为豫州刺史，病亡。兄子威，又代从政。勋自恃与太祖有宿，日骄慢，数犯法，又诽谤。为李申成所白，收治，并免威官。

〔25〕臣松之案：无涧，山名，在洛阳东北。

〔26〕肇，晋太康中为冀州刺史、尚书，见《百官名》。

卷十三　钟繇华歆王朗传第十三

钟繇字元常，颍川长社人也[1]。尝与族父瑜俱至洛阳，道遇相者，曰："此童有贵相，然当厄于水，努力慎之！"行未十里，度桥，马惊，堕水几死。瑜以相者言中，益贵繇，而供给资费，使得专学。举孝廉[2]。除尚书郎、阳陵令，以疾去。辟三府，为廷尉正、黄门侍郎。是时，汉帝在西京，李傕、郭汜等乱长安中，与关东断绝。太祖领兖州牧，始遣使上书[3]。傕、汜等以为"关东欲自立天子，今曹操虽有使命，非其至实"，议留太祖使，拒绝其意。繇说傕、汜等曰："方今英雄并起，各矫命专制，唯曹兖州乃心王室，而逆其忠款，非所以副将来之望也。"傕、汜等用繇言，厚加答报，由是太祖使命遂得通。太祖既数听荀彧之称繇，又闻其说傕、汜，益虚心。后傕胁天子，繇与尚书郎韩斌同策谋。天子得出长安，繇有力焉。拜御史中丞，迁侍中、尚书仆射，并录前功封东武亭侯。

时关中诸将马腾、韩遂等各拥强兵相与争。太祖方有事山东，以关右为忧。乃表繇以侍中守司隶校尉，持节督关中诸军，委之以后事，特使不拘科制。繇至长安，移书腾、遂等，为陈祸福，腾、遂各遣子入侍。太祖在官渡，与袁绍相持，繇送马二千余匹给军。太祖与繇书曰："得所送马，甚应其急。关右平定，朝廷无西顾之忧，足下之勋也。昔萧何镇守关中，足食成军，亦适当尔。"其后匈奴单于作乱平阳，繇帅诸军围之，未拔；而袁尚所置河东太守郭援到河东，众甚盛。诸将议欲释之去，繇曰："袁氏方强，援之来，关中阴与之通，所以未悉叛者，顾吾威名故耳。若弃而去，示之以弱，所在之民，谁非寇仇？纵吾欲归，其得至乎！此为未战先自败也。且援刚愎好胜，必易吾军，若渡汾为营，及其未济击之，可大克也。"张既说马腾会击援，腾遣子超将精兵逆之。援至，果轻渡汾，众止之，不从。济水未半，击，大破之[4]，斩援，降单于。语在《既传》。其后河东卫固作乱，与张晟、张琰及高幹等并为寇，繇又率诸将讨破之[5]。自天子西迁，洛阳人民单尽，繇徙关中民，又招纳亡叛以充之，数年间民户稍实，太祖征关中，得以为资，表繇为前军师。

魏国初建，为大理，迁相国。文帝在东宫，赐繇五熟釜，为之铭曰："于赫有魏，作汉藩辅。厥相惟钟，实干心膂。靖恭夙夜，匪遑安处。百寮师师，楷兹度矩。"[6]数年，坐西曹掾魏讽谋反，策罢就第[7]。文帝即王位，复为大理。及践阼，改为廷尉，进封崇高乡侯。迁太尉，转封平阳乡侯。时司徒华歆、司空王朗，并先世名臣。文帝罢朝，谓左右曰："此三公者，乃一代之伟人也，后世殆难继矣！"[8]明帝即位，进封定陵侯，增邑五百，并前千八百户，迁太傅。繇有膝疾，拜起不便。时华歆亦以高年疾病，朝见皆使载舆车，虎贲舁上殿就坐。是后三公有疾，遂以为故事。

初，太祖下令，使平议死刑可宫割者。繇以为"古之肉刑，更历圣人，宜复施行，以代死刑。"议者以为非悦民之道，遂寝。及文帝临飨群臣，诏谓"大理欲复肉刑，此诚圣王之法。公卿当善共议"。议未定，会有军事，复寝。太和中，繇上疏曰："大魏受命，继踪虞、夏。孝文革法，不合古道。先帝圣德，固天所纵，坟典之业，一以贯之。是以继世，仍发明诏，思复古刑，为一代法。连有军事，遂未施行。陛下远追二祖遗意，惜斩趾可以禁恶，恨入死之无辜，使明习律令，与群臣共议。出本当右趾而入大辟者，复行此刑。《书》云'皇帝清问下民，鳏寡有辞于苗。'此言尧当除蚩尤、有苗之刑，先审问于下民之有辞者也。若今蔽狱之时，讯问三槐、九棘、群吏、万民，使如孝景之令，其当弃市欲斩右趾者，许之；其黥、劓、左趾、宫刑者，自如孝文易以髡、笞。能有奸者，率年二十至四五十，虽斩其足，犹任生育。今天下人少于孝文之世，下计所全，岁三千人。张苍除肉刑，所杀岁以万计。臣欲复肉刑，岁生三千人。子贡问能济民可谓仁乎？子曰：'何事于仁，必也圣乎，尧、舜其犹病诸！'又曰：'仁远乎哉？我欲仁，斯仁至矣。'若诚行之，斯民永济。"书奏，诏曰："太傅学优才高，留心政事，又于刑理深远。此大事，公卿群僚善共平议。"司徒王朗议以为"繇欲轻减大辟之条，以增益刖刑之数，此即起偃为竖，化尸为人矣。然臣之愚，犹有未合微异之意。夫五刑之属，著在科律，自有减死一等之法，不死即减。施行已久，不待远假斧凿于彼肉刑，然后有罪次也。前世仁者，不忍肉刑之惨酷，是以废而不用。不用已来，历年数百。今复行之，恐所减之文未彰于万民之目，而肉刑之问已宣于寇仇之耳，非所以来远人也。今可按繇所欲轻之死罪，使减轻于髡、刖。嫌其轻者，可倍其居作之岁数。内有以生易死不訾之恩，外无以刖易钛骇耳之声。"议者百余人，与朗同者多。帝以吴、蜀未平，且寝[9]。

太和四年，繇薨。帝素服临吊，谥曰成侯[10]。子毓嗣。初，文帝分毓户邑，封繇弟演及子劭、孙豫列侯。

毓字稚叔。年十四为散骑侍郎，机捷谈笑，有父风。太和初，蜀相诸葛亮围祁山，明帝欲西征，毓上疏曰："夫策贵庙胜，功尚帷幄，不下殿堂之上，而决胜千里之外。车驾宜镇守中土，以为四方威势之援。今大军西征，虽有百倍之威，于关中之费，所损非一。且盛暑行师，诗人所重，实非至尊动轫之时也。"迁黄门侍郎。时大兴洛阳宫室，车驾便幸许昌，天下当朝正许昌。许昌逼狭，于城南以毡为殿，备设鱼龙曼延，民罢劳役。毓谏，以为"水旱不时，帑藏空虚，凡此之类，可须丰年。"又上"宜复关内开荒地，使民肆力于农。"事遂施行。正始中，为散骑常侍。大将军曹爽盛夏兴军伐蜀，蜀拒守，军不得进。爽方欲增兵，毓与书曰："窃以为庙胜之策，不临矢石；王者之兵，有征无战。诚以干戚可以服有苗，退舍足以纳原寇，不必纵吴汉于江关，骋韩信于井陉也。见可而进,知难而退,盖自古之政。惟公侯详之!"爽无功而还。后以失爽意,徙侍中,出为魏郡太守。爽既诛,入为御史中丞、侍中、廷尉。听君父已没,臣子得为理谤,及士为侯,其妻不复配嫁,毓所创也。

正元中,毌丘俭、文钦反,毓持节至扬、豫州颁行赦令,告谕士民,还为尚书。诸葛诞反,大将军司马文王议自诣寿春讨诞。会吴大将孙壹率众降,或以为"吴新有衅,必不能复出军。东兵已多,可须后问"。毓以为"夫论事料敌,当以己度人。今诞举淮南之地以与吴国,孙壹所率,口不至千,兵不过三百。吴之所失,盖为无几。若寿春之围未解,而吴国之内转安,未必其不出也。"大将军曰:"善。"遂将毓行[11]。淮南既平,为青州刺史,加后将军,迁都督徐州诸军事,假节,又转都督荆州。景元四年薨,追赠车骑将军,谥曰惠侯。子骏嗣。毓弟会,自有传。

华歆字子鱼,平原高唐人也。高唐为齐名都,衣冠无不游行市里。歆为吏,休沐出府,则归家阖门,议论持平,终不毁伤人[12]。同郡陶丘洪亦知名,自以明见过歆。时王芬与豪杰谋废灵帝,语在《武纪》[13]。芬阴呼歆、洪共定计,洪欲行,歆止之曰:"夫废立大事,伊、霍之所难。芬性疏而不武,此必无成,而祸将及族。子其无往!"洪从歆言而止。后芬果败,洪乃服。举孝廉,除郎中,病,去官。灵帝崩,何进辅政,征河南郑泰、颍川荀攸及歆等。歆到,为尚书郎。董卓迁天子长安,歆求出为下邽令,病不行,遂从蓝田至南阳[14]。时袁术在穰,留歆。歆说术使进军讨卓,术不能用。歆欲弃去,会天子使太傅马日䃅安集关东,日䃅辟歆为掾。东至徐州,诏即拜歆豫章太守,以为政清静不烦,吏民感而爱之[15]。孙策略地江东,歆知策善用兵,乃幅巾奉迎。策以其长者,待以上宾之礼[16]。后策死。太祖在官渡,表天子征歆。孙权欲不遣,歆谓权曰:"将军奉王命,始交好曹公,分义未固,使仆得为将军效心,岂不有益乎? 今空留仆,是为养无用之物,非将军之良计也。"权悦,乃遣歆。宾客旧人送之者千余人,赠遗数百金。歆皆无所拒,密各题识,至临去,悉聚诸物,谓诸宾客曰:"本无拒诸君之心,而所受遂多。念单车远行,将以怀璧为罪,愿宾客为之计。"众乃各留所赠,而服其德。

歆至,拜议郎,参司空军事,入为尚书,转侍中,代荀彧为尚书令。太祖征孙权,表歆为军师。魏国既建,为御史大夫。文帝即王位,拜相国,封安乐乡侯。及践阼,改为司徒[17]。歆素清贫,禄赐以振施亲戚故人,家无担石之储。公卿尝并赐没入生口,唯歆出而嫁之。帝叹息[18],下诏曰:"司徒,国之俊老,所与和阴阳理庶事也。今大官重膳,而司徒蔬食,甚无谓也。"特赐御衣,及为其妻子男女皆作衣服[19]。三府议:"举孝廉,本以德行,不复限以试经。"歆以为:"丧乱以来,六籍堕废,当务存立,以崇王道。夫制法者,所以经盛衰。今听孝廉不以经试,恐学业遂从此而废。若有秀异,可特征用。患于无其人,何患不得哉?"帝从其言。

黄初中,诏公卿举独行君子,歆举管宁,帝以安车征之。明帝即位,进封博平侯,增邑五百户,并前千三百户,转拜太尉[20]。歆称病乞退,让位于宁。帝不许。临当大会,乃遣散骑常侍缪袭奉诏喻指曰:"朕新莅庶事,一日万几,惧听断之不明。赖有德之臣,左右朕躬,而君屡以疾辞位。夫量主择君,不居其朝,委荣弃禄,不究其位,古人固有之矣,顾以为周公、伊尹则不然。洁身徇节,常人为之,不望之于君。君其力疾就会,以惠予一人。将立席几筵,命百官总己,以须君到,朕然后御坐。"又诏袭:"须歆必起,乃还。"歆不得已,乃起。

太和中,遣曹真从子午道伐蜀,车驾东幸许昌。歆上疏曰:"兵乱以来,过逾二纪。大魏承天受命,陛下以圣德当成、康之隆,宜弘一代之治,绍三王之迹。虽有二贼负险延命,苟圣化日跻,远人怀德,将襁负而至。夫兵不得已而用之,故戢而时动。臣诚愿陛下先留心于治道,以征伐为后事。且千里运粮,非用兵之利;越险深入,无独克之功。如闻今年征役,颇失农桑之业。为国者以民为基,民以衣食为本。使中国无饥寒之患,百姓无离土之心,则天下幸甚,二贼之衅,可坐而待也。臣备位宰相,老病日笃,犬马之命将尽,恐不复奉望銮盖,不敢不竭臣子之怀,唯陛下裁察!"帝报曰:"君深虑国计,朕甚嘉之。贼凭恃山川,二祖劳于前世,犹不克平,朕岂敢自多,谓必灭之哉!诸将以为不一探取,无由自弊,是以观兵以窥其衅。若天时未至,周武还师,乃前事之鉴,朕敬不忘所戒。"时秋大雨,诏真引军还。太和五年,歆薨,谥曰敬侯[21]。子表嗣。初,文帝分歆户邑,封弟缉列侯。表,咸熙中为尚书[22]。

王朗字景兴,东海郯人也。以通经,拜郎中,除菑丘长。师太尉杨赐,赐薨,弃官行服。举孝廉,辟公府,不应。徐州刺史陶谦察朗茂才。时汉帝在长安,关东兵起,朗为谦治中,与别驾赵昱等说谦曰:"《春秋》之义,求诸侯莫如勤王。今天子越在西京,宜遣使奉承王命。"谦乃遣昱奉章至长安。天子嘉其意,拜谦安东将军。以昱为广陵太守,朗会稽太守[23]。孙策渡江略地,朗功曹虞翻以为力不能拒,不如避之。朗自以身为汉吏,宜保城邑,遂举兵与策战,败绩,浮海至东冶。策又追击,大破之。朗乃诣策。策以朗儒雅,诘让而不害[24]。虽流移穷困,朝不谋夕,而收恤亲旧,分多割少,行义甚著。

太祖表征之,朗自曲阿展转江海,积年乃至[25]。拜谏议大夫,参司空军事[26]。魏国初建,以军祭酒领魏郡太守,迁少府、奉常、大理。务在宽恕,罪疑从轻。钟繇明察当法,俱以治狱见称[27]。

文帝即王位,迁御史大夫,封安陵亭侯。上疏劝育民省刑曰:"兵起已来三十余年,四海荡覆,万国殄瘁。赖先王芟除寇贼,扶育孤弱,遂今华夏复有纲纪。鸠集兆民,于兹魏土,使封鄙之内,鸡鸣狗吠,达于四境,蒸庶欣欣,喜遇升平。今远方之寇未宾,兵戎之役未息,诚令复除足以怀远人,良宰足以宣德泽,阡陌咸修,四民殷炽,必复过于曩时而富于平日矣。《易》称敕法,《书》著祥刑,一人有庆,兆民赖之,慎法狱之谓也。昔曹相国以狱市为寄,路温舒疾治狱之吏。夫治狱者得其情,则无冤死之囚;丁壮者得尽地力,则无饥馑之民;穷老者得仰食仓廪,则无馁饿之孖;嫁娶以时,则男女无怨旷之恨;胎养必全,则孕者无自伤之哀;新生必复,则孩者无不育之累;壮而后役,则幼者无离家之思;二毛不戎,则老者无顿伏之患。医药以疗其疾,宽徭以乐其业,威罚以抑其强,恩仁以济其弱,赈贷以赡其乏。十年之后,既笄者必盈巷。二十年之后,胜兵者必满野矣。”

及文帝践阼,改为司空,进封乐平乡侯[28]。时帝颇出游猎,或昏夜还宫。朗上疏曰:“夫帝王之居,外则饰周卫,内则重禁门,将行则设兵而后出幄,称警而后践墀,张弧而后登舆,清道而后奉引,遮列而后转毂,静室而后息驾,皆所以显至尊,务戒慎,垂法教也。近日车驾出临捕虎,日昃而行,及昏而返,违警跸之常法,非万乘之至慎也。”帝报曰:“览表,虽魏绛称虞箴以讽晋悼,相如陈猛兽以戒汉武,未足以喻。方今二寇未殄,将帅远征,故时入原野以习戎备。至于夜还之戒,已诏有司施行[29]。

初,建安末,孙权始遣使称藩,而与刘备交兵。诏议“当兴师与吴并取蜀不”?朗议曰:“天子之军,重于华、岱,诚宜坐曜天威,不动若山。假使权亲与蜀贼相持,搏战旷日,智均力敌,兵不速决,当须军兴以成其势者,然后宜选持重之将,承寇贼之要,相时而后动,择地而后行,一举可无余事。今权之师未动,则助吴之军无为先征。且雨水方盛,非行军动众之时。”帝纳其计。黄初中,鹈鹕集灵芝池,诏公卿举独行君子。朗荐光禄大夫杨彪,且称疾,让位于彪。帝乃为彪置吏卒,位次三公。诏曰:“朕求贤于君而未得,君乃翻然称疾,非徒不得贤,更开失贤之路,增玉铉之倾。无乃居其室出其言不善,见违于君子乎!君其勿有后辞。”朗乃起。

孙权欲遣子登入侍,不至。是时车驾徙许昌,大兴屯田,欲举军东征。朗上疏曰:“昔南越守善,婴齐入侍,遂为冢嗣,还君其国。康居骄黠,情不副辞,都护奏议以为宜遣侍子,以黜无礼。且吴濞之祸,萌于子入,隗嚣之叛,亦不顾子。往者闻权有遣子之言而未至,今六军戒严,臣恐舆人未畅圣旨,当谓国家愠于登之逋留,是以为之兴师。设师行而登乃至,则为所动者至大,所致者至细,犹未足以为庆。设其傲狠,殊无入志,惧彼舆论之未畅者,并怀伊邑。臣愚以为宜敕别征诸将,各明奉禁令,以慎守所部。外曜烈威,内广耕稼,使泊然若山,澹然若渊,势不可动,计不可测。”是时,帝以成军遂行,权子不至,车驾临江而还[30]。

明帝即位,进封兰陵侯,增邑五百,并前千二百户。使至邺省文昭皇后陵,见百姓或有不足。是时方营修宫室,朗上疏曰:“陛下即位已来,恩诏屡布,百姓万民莫不欣欣。臣顷奉使北行,往反道路,闻众徭役,其可得蠲除省减者甚多。愿陛下重留日昃之听,以计制寇。昔大禹将欲拯天下之大患,故乃先卑其宫室,俭其衣食,用能尽有九州,弼成五服。句践欲广其御儿之疆[31],馘夫差于姑苏,故亦约其身以及家,俭其家以施国,用能囊括五湖,席卷三江,取威中国,定霸华夏。汉之文、景亦欲恢弘祖业,增崇洪绪,故能割意于百金之台,昭俭于弋绨之服,内减太官而不受贡献,外省徭赋而务农桑,用能号称升平,几致刑错。孝武之所以能奋其军势,拓其外境,诚因祖考蓄积素足,故能遂成大功。霍去病,中才之将,犹以匈奴未灭,不治第宅。明恤远者略近,事外者简内。自汉之初及其中兴,皆于金革略寝之后,然后凤阙猥闶,德阳并起。今当建始之前足用列朝会,崇华之后足用序内官,华林、天渊足用展游宴,若且先成阊阖之象魏,使足用列远人之朝贡者,修城池,使足用绝逾越,成国险,其余一切,且须丰年。一以勤耕农为务,习戎备为事,则国无怨旷,户口滋息,民充兵强,而寇戎不宾,缉熙不作,未之有也。”转为司徒。

时屡失皇子,而后宫就馆者少,朗上疏曰:“昔周文十五而有武王,遂享十子之祚,以广诸姬之胤。武王既老而生成王,成王是以鲜于兄弟。此二王者,各树圣德,无以相过,比其子孙之祚,则不相如。盖生育有早晚,所产有众寡也。陛下既德祚兼彼二圣,春秋高于姬文育武之时矣,而子发未举于椒兰之奥房,藩王未繁于掖庭之众室。以成王为喻,虽未为晚,取譬伯邑,则不为夙。《周礼》六宫内官百二十人,而诸经常说,咸以十二为限,至于秦汉之末,或以千百为数矣。然虽弥猥,而就时于吉馆者或甚鲜,明‘百斯男’之本,诚在于一意,不但在于务广也。老臣慺慺,愿国家同祚于轩辕之五五,而未及周文之二五,用为伊邑。且少小常苦被褥泰温,泰温则不能便柔肤弱体,是以难可防护,而易用感慨。若常令少小之缊袍不至于甚厚,则必咸保金石之性,而比寿于南山矣。”帝报曰:“夫忠至者辞笃,爱重者言深。君既劳思虑,又手笔将顺,三复德音,欣然无量。朕继嗣未立,以为君忧,钦纳至言,思闻良规。”朗著《易》、《春秋》、《孝经》、《周官》传,奏议论记,咸传于世[32]。太和二年薨,谥曰成侯。子肃嗣。初,文帝分朗户邑,封一子列侯,朗乞封兄子详。

肃字子雍。年十八,从宋忠读《太玄》,而更为之解[33]。黄初中,为散骑、黄门侍郎。太和三年,拜散骑常侍。四年,大司马曹真征蜀,肃上疏曰:“前志有之,‘千里馈粮,士有饥色,樵苏后爨,师不宿饱’,此谓平涂之行军者也。又况于深入阻险,凿路而前,则其为劳必相百也。今又加之以霖雨,山坂峻滑,众逼而不展,粮县而难继,实行军者之大忌也。闻曹真发已逾月而行裁半谷,治道功夫,战士悉作。是贼偏得以逸而待劳,乃兵家之所惮也。言之前代,则武王伐纣,出关而复还;论之近事,则武、文征权,临江而不济。岂非所谓顺天知时,通于权变者哉!兆民知圣上以水雨艰剧之故,休而息之,后日有衅,乘而用之,则所谓‘悦以犯难,民忘其死’者矣。”于是遂罢。又上疏:“宜遵旧礼,为大臣发哀,荐果宗庙。”事皆施行。又上疏陈政本曰:“除无事之位,损不急之禄,止浮食之费,并从容之官;使官必有职,职任其事,事必受禄,禄代其耕,乃往古之常式,当今之所宜也。官寡而禄厚,则公家之费鲜,进仕之志劝。各展才力,莫相倚仗。敷奏以言,明试以功,能之与否,简在帝心。是以唐、虞之设官分职,申命公卿,各以其事,然后惟龙为纳言,犹今尚书也,以出内帝命而已。夏、殷不可得而详。《甘誓》曰‘六事之人’,明六卿亦典事者也。《周官》则备矣,五日视朝,公卿大夫并进,而司士辨其位焉。其《记》曰：'坐而论道，谓之王公；作而行之，谓之士大夫。'及汉之初，依拟前代，公卿皆亲以事升朝。故高祖躬追反走之周昌，武帝遥可奉奏之汲黯，宣帝使公卿五日一朝，成帝始置尚书五人。自是陵迟，朝礼遂阙。可复五日视朝之仪，使公卿尚书各以事进。废礼复兴，光宣圣绪，诚所谓名美而实厚者也。"青龙中，山阳公薨，汉主也。肃上疏曰："昔唐禅虞，虞禅夏，皆终三年之丧，然后践天子之尊。是以帝号无亏，君礼犹存。今山阳公承顺天命，允答民望，进禅大魏，退处宾位。公之奉魏，不敢不尽节。魏之待公，优崇而不臣。既至其薨，榇敛之制，舆徒之饰，皆同之于王者，是故远近归仁，以为盛美。且汉总帝皇之号，号曰皇帝。有别称帝，无别称皇，则皇是其差轻者也。故当高祖之时，土无二王，其父见在而使称皇，明非二王之嫌也。况今以赠终，可使称皇以配其谥。"明帝不从，使称帝，乃追谥曰汉孝献皇帝[34]。

后肃以常侍领秘书监，兼崇文观祭酒。景初间，宫室盛兴，民失农业，期信不敦，刑杀仓卒。肃上疏曰："大魏承百王之极，生民无几，干戈未戢，诚宜息民而惠之以安静遐迩之时也。夫务蓄积而息疲民，在于省徭役而勤稼穑。今宫室未就，功业未讫，运漕调发，转相供奉。是以丁夫疲于力作，农者离其南亩，种谷者寡，食谷者众，旧谷既没，新谷莫继。斯则有国之大患，而非备豫之长策也。今见作者三四万人，九龙可以安圣体，其内足以列六宫，显阳之殿，又向将毕，惟泰极以前，功夫尚大，方向盛寒，疾疢或作。诚愿陛下发德音，下明诏，深愍役夫之疲劳，厚矜兆民之不赡，取常食廪之士，非急要者之用，选其丁壮，择留万人，使一期而更之，咸知息代有日，则莫不悦以即事，劳而不怨矣。计一岁有三百六十万夫，亦不为少。当一岁成者，听且三年。分遣其余，使皆即农，无穷之计也。仓有溢粟，民有余力：以此兴功，何功不立？以此行化，何化不成？夫信之于民，国家大宝也。仲尼曰：'自古皆有死，民非信不立。'夫区区之晋国，微微之重耳，欲用其民，先示以信，是故原虽为降，顾信而归，用能一战而霸，于今见称。前车驾当幸洛阳，发民为营，有司命以营成而罢。既成，又利其功力，不以时遣。有司徒营其目前之利，不顾经国之体。臣愚以为自今以后，倘复使民，宜明其令，使必如期。若有事以次，宁复更发，无或失信。凡陛下临时之所行刑，皆有罪之吏，宜死之人也。然众庶不知，谓为仓卒。故愿陛下下之于吏而暴其罪。钧其死也，无使污于宫掖而为远近所疑。且人命至重，难生易杀，气绝而不续者也，是以圣贤重之。孟轲称杀一无辜以取天下，仁者不为也。汉时有犯跸惊乘舆马者，廷尉张释之奏使罚金，文帝怪其轻，而释之曰：'方其时，上使诛之则已。今下廷尉。廷尉，天下之平也，一倾之，天下用法皆为轻重，民安所措其手足？'臣以为大失其义，非忠臣所宜陈也。廷尉者，天子之吏也，犹不可以失平，而天子之身，反可以惑谬乎？斯重于为吏，而轻于为君，不忠之甚也。周公曰：'天子无戏言；言则史书之，工诵之，士称之。'言犹不戏，而况行之乎？故释之之言不可不察，周公之戒不可不法也。"又陈"诸鸟兽无用之物，而有刍谷人徒之费，皆可蠲除"。

帝尝问曰："汉桓帝时，白马令李云上书言：'帝者，谛也。是帝欲不谛。'当何得不死？"肃对曰："但为言失逆顺之节。原其本意，皆欲尽心，念存补国。且帝者之威，过于雷霆，杀一匹夫，无异蝼蚁。宽而宥之，可以示容受切言，广德宇于天下。故臣以为杀之未必为是也。"帝又问："司马迁以受刑之故，内怀隐切，著《史记》非贬孝武，令人切齿。"对曰："司马迁记事，不虚美，不隐恶。刘向、扬雄服其善叙事，有良史之才，谓之实录。汉武帝闻其述《史记》，取孝景及己本纪览之，于是大怒，削而投之。于今此两纪有录无书。后遭李陵事，遂下迁蚕室。此为隐切在孝武，而不在于史迁也。"

正始元年，出为广平太守。公事征还，拜议郎。顷之，为侍中，迁太常。时大将军曹爽专权，任用何晏、邓飏等。肃与太尉蒋济、司农桓范论及时政，肃正色曰："此辈即弘恭、石显之属，复称说邪！"爽闻之，戒何晏等曰："当共慎之！公卿已比诸君前世恶人矣。"坐宗庙事免。后为光禄勋。时有二鱼长尺，集于武库之屋，有司以为吉祥。肃曰："鱼生于渊而亢于屋，介鳞之物失其所也。边将其殆有弃甲之变乎？"其后果有东关之败。徙为河南尹。嘉平六年，持节兼太常，奉法驾，迎高贵乡公于元城。是岁，白气经天，大将军司马景王问肃其故，肃答曰："此蚩尤之旗也，东南其有乱乎？君若修己以安百姓，则天下乐安者归德，唱乱者先亡矣。"明年春，镇东将军毌丘俭、扬州刺史文钦反，景王谓肃曰："霍光感夏侯胜之言，始重儒学之士，良有以也。安国宁主，其术焉在？"肃曰："昔关羽率荆州之众，降于禁于汉滨，遂有北向争天下之志。后孙权袭取其将士家属，羽士众一旦瓦解。今淮南将士父母妻子皆在内州，但急往御卫，使不得前，必有关羽土崩之势矣。"景王从之，遂破俭、钦。后迁中领军，加散骑常侍，增邑三百，并前二千二百户。甘露元年薨，门生缞绖者以百数。追赠卫将军，谥曰景侯。子恽嗣。恽薨，无子，国绝。景元四年，封肃子恂为兰陵侯。咸熙中，开建五等，以肃著勋前朝，改封恂为承子[35]。

初，肃善贾、马之学，而不好郑氏，采会同异，为《尚书》、《诗》、《论语》、《三礼》、《左氏》解，及撰定父朗所作《易传》，皆列于学官。其所论驳朝廷典制、郊祀、宗庙、丧纪、轻重，凡百余篇。

时乐安孙叔然[36]，受学郑玄之门，人称东州大儒。征为秘书监，不就。肃集《圣证论》以讥短玄，叔然驳而释之，及作《周易》、《春秋例》、《毛诗》、《礼记》、《春秋三传》、《国语》、《尔雅》诸注，又著书十余篇。自魏初征士燉煌周生烈[37]，明帝时大司农弘农、董遇等，亦历注经传，颇传于世[38]。

评曰：钟繇开达理干，华歆清纯德素，王朗文博富赡，诚皆一时之俊伟也。魏氏初祚，肇登三司，盛矣夫！王肃亮直多闻，能析薪哉[39]！

注：

〔1〕《先贤行状》曰：钟皓字季明，温良笃慎，博学诗律，教授门生千有余人，为郡功曹。时太丘长陈实为西门亭长，皓深独敬异。实少皓十七岁，常礼待与同分义。会辟公府，临辞，太守问："谁可代君？"皓曰："明府欲必得其人，西门亭长可用。"实曰："钟君似不察人为己，不知何独ános我？"皓为司徒掾，公出，道路泥泞，导从恶其相洒，去公车绝远。公椎轼言："司徒今日为独行耳！"还府向阁，铃下不扶，令捉掾属，公奋手不顾。时举府掾属皆投劾出，皓为西曹掾，即开府门分布晓语已出者，曰："臣下不能得自直于君，若司隶举绳墨，以公失宰相之礼，又不胜任，诸君终身何所任邪？"掾属以故皆止。都官果移西曹掾，问空府去意，皓召都官吏，以见掾属名示之，乃止。前后九辟三府，迁224乡、林虑长，不之官。时郡中先辈为海内所归者，苍梧太守定陵陈稚叔、故黎阳令颍阴荀淑及皓。少府李膺常宗此三人，曰："荀君清识难尚，陈、钟至德可师。"膺之姑为皓兄之妻，生子觊，与膺年齐，并有令名。觊又好学慕古，有退让之行。为童幼时，膺祖太尉修言："觊似我家性，国有道不废，国无道免于刑戮者也。"复以膺妹妻之。觊辟州宰，未尝屈就。膺谓觊曰："孟轲以为人无好恶之心，非人也。弟于人何太无皂白邪！"觊尝以膺之言白皓，皓曰："元礼祖公在位，诸父并盛，韩公之甥，故偶然耳。国武子好招人过，以为怨本，今岂其时！保身全家，汝道是也。"觊早亡，膺虽荷功名，位至卿佐，而卒罹身世祸。皓年六十九，终于家。皓二子迪、敷，并以党锢不仕。繇则迪之孙。

〔2〕谢承《后汉书》曰：南阳阴修为颍川太守，以旌贤擢俊为务，举五官掾张仲方正，察功曹钟繇、主簿荀彧、主记掾张礼、贼曹掾杜祐、孝廉荀攸、计吏郭图为吏，以光朝廷。

〔3〕《世语》曰：太祖遣使从事王必要命天子。

〔4〕司马彪《战略》曰：袁尚遣高幹、郭援将兵数万人，与匈奴单于寇河东，遣使与马腾、韩遂等连和，腾等阴许之。傅幹说腾曰："古人有言'顺道者昌，逆德者亡'。曹公奉天子诛暴乱，法明国治，上下用命，有义必赏，无义必罚，可谓顺道矣。袁氏背王命，驱胡虏以陵中国，宽而多忌，仁而无断，兵虽强，实失天下心，可谓逆德矣。今将军既事有道，不尽其力，阴怀两端，欲以坐观成败，吾恐成败既定，奉辞责罪，将军先为诛首矣。"于是腾惧。幹曰："智者转祸为福。今曹公与袁氏相持，而高幹、郭援独制河东，曹公虽有万全之计，不能禁河东之不危也。将军诚能引兵讨援，内外击之，其势必举。是将军一举，断袁氏之臂，解一方之急，曹公必重德将军。将军功名，竹帛不能尽载也。唯将军审所择！"腾曰："敬从教。"于是遣子超将精兵万余人，并将遂等兵，与繇会击援等，大破之。

〔5〕《魏略》曰：诏征河东太守王邑。邑以天下未定，心不愿征，而吏民亦恋邑，郡掾卫固及中郎将范先等各诣繇求乞邑。而诏已拜杜畿为太守，畿已入界。繇不听先等，促邑交符。邑佩印绶，径从河北诣许自归。繇时治在洛阳，自以威禁不督司之法，乃上书自劾曰："臣前上言征镇北将军领河东太守安阳亭侯王邑巧辟治官，犯突科条，事当推劾，检实奸诈。被诏书当如所纠。以其归罪，故加宽赦。又臣上言吏民大小，各怀观望，谓邑当还，拒太守杜畿，心皆反悔，共迎畿之官。谨案文书，臣以空虚，被蒙拔擢，入充近侍，兼典机衡，忝膺重任，总统偏方。既无德政以惠民物，又无威刑以检不恪，至使эти违犯诏书，郡掾卫固诳迫吏民，讼诉之言，交驿道路，渐失王礼，不虔王命。今虽反悔，丑声流闻，咎皆由繇威刑不摄。臣又疾病，前后历年，气力日微，尸素重禄，旷废职任，罪明法

正。谨按侍中守司隶校尉东武亭侯钟繇，幸得蒙恩，以斗筲之才，仍见拔擢，显从近密，衔命督使。明知诏书深疾长吏政教宽弱，检下无刑，久病淹滞，众职荒顿，法令失张。邑虽违科，当以绳正法，既举文书，操律失理，至乂使邑远诣阙廷。黩忝使命，挫伤爪牙。而固迫迫吏民，拒censure连月，今虽反悔，犯顺失正，海内凶赫，罪一由繇威刑暗弱。又繇久病，不任所职，非繇大臣当所宜为。繇轻慢宪度，不畏诏令，不与国同心，为臣不忠，无所畏忌，大为不敬。不承用诏书，奉诏不谨。又聪明蔽塞，为下所欺，弱不胜任。数辄谨以劾，车征诣廷尉治繇罪，大鸿胪削爵土。臣久婴笃疾，涉夏盛剧，命悬呼吸，不任部曹。辄以文书付曹从事马适议，免冠徒跣，伏须罪诛。"诏不听。

〔6〕《魏略》曰：繇为相国，以五熟釜鼎范因太子铸之，釜成，太子与繇书："昔有黄三鼎，周之九宝，咸以一体使调一味，岂若斯釜五味时芳？盖鼎之烹饪，以飨上帝，以养圣贤，昭德祈福，莫斯之美。故非大人，莫之能造；故非斯德，莫宜盛德。今之嘉釜，有逾兹美。夫周之尸臣，宋之考父，卫之孔悝，晋之魏颗，彼四臣者，并以功德勒名钟鼎。今执事寅亮大魏，以隆圣化。堂堂之德，于斯为盛。诚太常之所宜铭，彝器之所宜勒。故作斯铭，勒之釜口，庶可赞扬洪美，垂之不朽。"臣松之案《汉书·郊祀志》，孝宣时，美阳得鼎，京兆尹张敞上议曰："按鼎有刻书曰：'王命尸臣：官此栒邑。（尸，主事之臣；栒，音荀，幽地。）赐尔鸾旂、鞶鑑珪戈。尸臣拜手稽首曰：敢对扬天子丕显休命！'此殆周之所以褒赐大臣，大臣子孙刻铭其先功，藏之于宫庙也。"考父铭见《左传》，孔悝铭在《礼记》，事显故不载。《国语》："昔克潞之役，秦来图败晋功，魏颗以其身退秦师于辅氏，亲止杜回，其勒铭于景钟，至于今不遗类也，其子孙不可不兴也。"太子所称四铭者也。《魏略》曰：后太祖征汉中，太子在孟津，闻繇有玉玦，欲得之而难公索，使临菑侯转因人说之，繇即送之。太子与繇书："夫玉以比德君子，见美诗人。晋之垂棘，鲁之玙璠，宋之结绿，楚之和璞，价越万金，贵重城国，有称畴昔，流声将来。是以垂棘出晋，虞、虢双禽，和璧入秦，相如抗节。窃见玉书，称美玉白若截肪，黑譬纯漆，赤拟鸡冠，黄侔蒸栗。闻斯语，未睹厥状。虽德非君子，义无诗人，高山景行，私所慕仰。然四宝邈焉已远，秦、汉未闻有良匹。是以求之旷年，未遇厥真，私愿不果，饥渴未副。近见南阳宗惠叔称君侯昔有美玦，闻之惊喜，笑与扞俱。当自白书，恐传言未审，是以令弟子建因荀仲茂转言鄙旨。乃不忽遗，厚见周称，邺骑既到，宝玦初至，捧跪发匣，烂然满目。猥以矇瞍之姿，得观希世之宝，不烦一介之使，不损连城之价，既有秦昭章台之观，而无蔺生诡夺之诳。嘉贶益腆，敢不钦承！"繇报书曰："昔忝近任，并得赐玦。尚方者老，颇识旧物。名其符采，必得处所。以为执事有珍此者，是以鄙之，用未奉贡。幸纡纡纡意，实以悦怿。在昔和氏，殷勤忠笃，而繇俟命，是怀愧耻。"

〔7〕《魏略》曰：孙权称臣，斩送关羽。太子报繇，繇答书曰："臣同郡故司空荀爽言：'人当道情，爱我者一何可爱！憎我者一何可憎！'顾念孙权，了更妩媚。"太子又书曰："得报，知喜南方。至于荀公之清谈，孙权之妩媚，执书嗢噱，不能离手。若权复黠，当折以汝南许劭月旦之评。权优游二国，俯仰荀、许，亦已足矣。"

〔8〕陆氏《异林》曰：繇尝数月不朝会，意性异常，或问其故，云："常有好妇来，美丽非凡。"问者曰："必是鬼物，可杀之。"妇人后往，不即前，止户外。繇问何以，曰："公有相杀意。"繇曰："无此。"乃勤勤呼之，乃入。繇意恨，有不忍之心，然犹斫

之,伤髀。妇人即出,以新绵拭血竟路。明日使人寻迹之,至一大冢,木中有好妇人,形体如生人,着白练衫,丹绣裲裆,伤左髀,以裲裆中绵拭血。叔父清河太守说如此。清河,陆云也。

〔9〕袁宏曰:夫民心乐全而不能常全,盖利用之物悬于外,而嗜欲之情动于内也。于是有进取贪竞之行,希求放肆之事。进取不已,则不能充其嗜欲,则苟且侥幸之所生也;希求无厌,不能惬其私欲,则奸伪忿怒之所兴也。先王知其如此,而欲救其弊,或先德化以陶其心;其心不化,然后加以刑辟。《书》曰:"百姓不亲,五品不逊。汝作司徒而敬敷五教。蛮夷猾夏,寇贼奸宄。汝作士,五刑有服。"然则德、刑之设,参而用之者也。三代相因,其义详焉。《周礼》:"使墨者守门,劓者守关,宫者守内,刖者守囿。"此肉刑之制可得而论者也。荀卿亦云:"杀人者死,伤人者刑,百王之所同,未有知其所由来者也。"夫杀人者死,而相杀者不已,是大辟可以惩未杀,不能使天下无杀也。伤人者刑,而害物者不息,是黥、劓可以惧未刑,不能使天下无刑也。故将欲止,莫若先以德化。夫罪过彰著,然后入于刑辟者,是将杀人者不必死,欲伤人者不必刑。纵而弗化,则陷于刑辟。故刑之所制,在于不可移之地。礼教则不然,明其善恶,所以潜劝其情,消之于未杀也;示之耻辱,所以内愧其心,治之于未刑也。故过微而不至于著,罪薄而不及于刑。终入罪辟者,非教化之所得也,故虽残一物之生,刑一人之体,是除天下之害,夫何伤哉!率斯道也,风化可以渐淳,刑罚可以渐少,其理然也?苟不能化其心,而专任刑罚,民失义方,动罹刑网,求世休和,焉可得哉?周之成、康,岂按三千之文而致刑错之美乎?盖德化渐渍,致斯有由也。汉初惩酷刑之弊,务宽厚之论,公卿大夫,相与耻言人过。文帝登朝,加以玄默。张武受赂,赐金以愧其心,吴王不朝,崇礼以训其失。是以吏民乐业,风流笃厚,断狱四百,几致刑措,岂非德刑兼用已然之效哉?世之欲言刑罚之用,不先德教之益,失之远矣。今大辟之罪,与古同制。免死已下,不过五岁,既释钳锁,复得齿于人伦。是以民无耻恶,数为奸盗,故刑徒多而乱不治也。苟教之所去,罚当其罪,一离刀锯,没身不齿,邻里且戒耻之,而况于乡党乎?而况朝廷乎?如此,则凤沙、赵高之傅,无施其恶尔。古者察其言,观其行,而善恶彰焉。然则君子之去刑辟,固已远矣。过误不幸,则八议之所宥也。若无卞和、史迁之冤,淫刑之所及也。苟失其道,或不免于大辟,而况肉刑哉!《汉书》:"斩右趾及杀人先自言告,吏坐受赇,守官物而即盗之,皆弃市。"此班固所谓当生而令死者也。今不忍刻截之惨,而安剿绝之悲,此最治体之所先,有国所宜改者也。

〔10〕《魏书》:有司议谥,以繇昔为廷尉,辨理刑狱,决嫌明疑,民无怨者,由于、张之在汉也。诏曰:"太傅功高德茂,位为师保,论行赐谥,常先依此,兼叙廷尉于、张之德耳。"乃策谥曰成侯。

〔11〕臣松之以为诸葛诞举淮南以与吴,孙壹率三百人以归魏,谓吴有衅,本非有理之言。毓之此议,盖何足称耳!

〔12〕《魏略》曰:歆与北海邴原、管宁俱游学,三人相善,时人号三人为"一龙",歆为龙头,原为龙腹,宁为龙尾。臣松之以为邴根矩之徽猷懿望,不必有愧华公,管幼安含德高蹈,又恐弗当为尾。《魏略》此言,未可以定其先后也。

〔13〕《魏书》称芬有大名于天下。

〔14〕华峤《谱叙》曰:歆少以高行显名,避西京之乱,与同志郑泰等六七人,间步出武关。道遇一丈夫独行,愿得俱,皆哀欲许之。歆独曰:"不可。今已在危险之中,祸福患害,又犹一

也。无故受人,不知其义。既以受之,若有进退,可中弃乎!"众不忍,卒与俱行。此丈夫中道堕井,皆欲弃之。歆曰:"已与俱矣,弃之不义。"相率共还出之,而后别去。众乃大义之。

〔15〕《魏略》曰:扬州刺史刘繇死,其众愿奉歆为主。歆以为因时擅命,非人臣之宜。众守之连月,卒谢遣之,不从。

〔16〕胡冲《吴历》曰:孙策击豫章,先遣虞翻说歆,歆答曰:"歆久在江表,常欲北归,孙会稽来,吾便去也。"翻还报策,策乃进军。歆葛巾迎策,策谓歆曰:"府君年德名望,远近所归;策年幼稚,宜修子弟之礼。"便向歆拜。华峤《谱叙》曰:孙策略有扬州,盛兵徇豫章,一郡大恐。官属请出郊迎,歆曰:"无然。"策稍进,望尘白发兵,歆不听。及策至,一府皆造阁,请出避之。乃笑曰:"今将自来,何遽避之?"有顷,门下白曰:"孙将军至。"请见,乃前与歆共坐,谈议良久,夜乃别去。义士闻之,皆长叹息而心自服也。策遂亲执子弟之礼,礼为上宾。是时四方贤士大夫避地江南者甚众,皆出其下,人人望风。每策大会,坐上莫敢先发言,歆时起更衣,则论议谨哗。歆能剧饮,至石余不乱,众人微察,常以其整衣冠为异,江南号之曰"华独坐"。虞溥《江表传》曰:孙策在椒丘,遣虞翻说歆。翻既去,歆请州曹刘壹入议。壹劝歆住城,遣櫂迎军。歆曰:"吾虽刘刺史所置,上用,犹是剖符吏也。今从卿计,恐死有余责矣。"壹曰:"王景兴既汉朝所用,且尔时会稽人众盛强,犹见原恕,明府何虑?"于是夜逆作檄,明旦出城,遣吏赍迎。策便进军,与歆相见,待以上宾,接以朋友之礼。孙盛曰:夫大雅之处世也,必先审隐显之期,以定出处之分,否则括囊以保其身,泰则行义以达其道。歆既无夷、皓韬邈之风,又失王臣匪躬之操,故挠心于邪儒之说,交臂于陵肆之徒,位夺于一竖,节堕于当时。昔许、蔡失位,不得列于诸侯;州公实来,鲁人以为贱耻。方之于歆,咎孰大焉!

〔17〕《魏书》曰:文帝受禅,歆登坛相仪,奉皇帝玺绶,以成受命之礼。华峤《谱叙》曰:文帝受禅,朝臣三公已下并受爵位;歆以形色忤时,徙为司徒,而不进爵。魏文帝久不怿,以问尚书令陈群曰:"我应天受禅,百辟群后,莫不人人悦喜,形于声色,而相国及公独有不怿者,何也?"群起离席长跪曰:"臣与相国曾臣汉朝,心虽悦喜,义形其色,亦惧陛下实应且憎。"帝大悦,遂重异之。

〔18〕孙盛曰:盛闻庆赏威刑,必宗于主,权宜宥恕,出自人君。子路私馈,仲尼毁其食器;田氏盗施,《春秋》著以为讥。斯褒贬之成言,已然之显义也。孥戮之家,国刑所肃;受赐之室,乾施所加,若在哀矜,理无偏宥。歆居股肱之任,同元首之重,则当公言皇朝,以彰天泽,而默受威赐,独为君子,既犯作福之嫌,又违必去之义,可谓匹夫之仁,蹈道则未也。《魏书》曰:歆性周密,举动详慎,常以为"人臣陈事,务以讽谏合道为贵,就有所言,不敢显露。"故其事多不见载。华峤《谱叙》曰:歆淡于财欲,前后宠赐,诸公莫及,然终不殖产业。陈群常叹曰:"若华公,可谓通而不泰,清而不介者矣。"《傅子》曰:"敢问今之君子?"曰:"袁郎中积德行俭,华太尉积德居顺,其智可及也,其清不可及也。事上以忠,济下以仁,晏婴、行父何以加诸?"

〔19〕《魏书》曰:又赐奴婢五十人。

〔20〕《列异传》:歆为诸生时,尝宿人门外。主人妇夜产。有顷,两吏诣门,便辟易却,相谓曰:"公在此。"踌躇良久,一吏曰:"籍当定,奈何得住?"乃前向歆拜,相将入。出行,共语曰:"当与几岁?"一人曰:"当三岁。"天明,歆去。后欲验

〔21〕《魏书》云：歆时年七十五。

〔22〕华峤《谱叙》曰：歆有三子。表字伟容，年二十余，为散骑侍郎。时同僚诸郎共平尚书事，年少，并兼厉锋气，要召名誉。尚书事至，或有不便，故遗漏不视，及传者诣者去，即入深文论驳。惟表不然，事来不有便，辄与尚书共论反其意，人者固执，不得已，然后共奏议。司空陈群等以此称之。仕晋，历太子少傅、太常。称疾致仕，拜光禄大夫。性清淡，常虑天下退理。司徒李胤、司隶王弘等常称之：“若此人者，不可得而贵，不可得而贱，不可得而亲，不可得而疏。”中子博，历三县内史，治有名迹。少子周，黄门侍郎、常山太守，博学有文思，中年遇疾，终于家。表有三子。长子廙，字长骏。《晋诸公赞》曰：廙有文翰，历位尚书令、太子少傅，追赠光禄大夫开府。峤叔廙骏，有才学，撰《后汉书》，世称为良史。为秘书监、尚书。澹字玄骏，最知名，为河南尹。廙三子。昆字敬伦，清粹有检，为尚书。荟字敬叔。《世语》称荟贵正。恒字敬则，以通理称。昆，尚书；荟，河南尹；恒，左光禄大夫开府。澹子轶，字彦夏。有当世才志，为江州刺史。

〔23〕《朗家传》曰：会稽旧祀秦始皇，刻木为像，与夏禹同庙。朗到官，以为无德之君，不应见祀，于是除之。居郡四年，惠爱在民。

〔24〕《献帝春秋》曰：孙策率军如闽、越讨朗。朗泛舟浮海，欲走交州，为虏所逼，遂诣军降。策令使者诘朗曰：“问逆贼故会稽太守王朗：朗受国恩当官，云何不惟报德，而阻兵安忍？大军征讨，幸免枭夷，不自扫屏，复聚党众，屯住郡境。远劳王诛，卒不悟顺。捕得云降，庶以欺诈，用全首领，得尔不具，以状对。”朗称禽兽，对使者曰：“朗以琐才，误窃朝私，受爵不让，以遘罪网。前见征讨，畏死苟免。因治人物，寄命须臾。又迫大兵，惶怖北引。从者疾患，死亡略尽。独与老母，共乘一榲。流矢始交，便弃榲就俘，稽颡自首于征役之中。朗惶惑不达，自称降房。缘前迷谬，被话惭惧。朗愚浅驽怯，畏威自惊。又无良介，不早自归。于破亡之中，然后委命下隶。身轻罪重，死有余患。申胆就辄，蹴足在绊，叱咤听声，东西惟命。”

〔25〕朗被征未至。孔融与朗书曰：“世路隔塞，情问断绝，感怀增思。前见章表，知寻汤武罪己之迹，自投东裔同鲧之罚，览省未周，涕陨潸然。主上宽仁，贵德者过之。曹公辅政，思贤并立。策书屡下，殷勤款至。知棹舟浮海，息驾广陵，不意黄熊突出羽渊也。谈笑有期，勉行自爱！”《汉晋春秋》曰：孙策之始得朗也，谴让之。使张昭私问朗，朗誓不屈，策忿而不敢害也，留置曲阿。建安三年，太祖表征朗，策遣之。太祖问曰：“孙策何以得至此邪？”朗曰：“策勇冠一世，有俊才大志。张子布，民之望也，北面而相之。周公瑾，江淮之杰，攘臂而为其将。谋而有成，所规不细，终为天下大贼，非徒狗盗而已。”

〔26〕《朗家传》曰：朗少与沛国名士刘阳交友。阳为莒令，年未三十而卒，故后世鲜闻。初，阳以汉室渐衰，知太祖有雄才，恐为汉累，意欲除之而事不会。及太祖贵，求其嗣子甚急。其子惶窘，走伏无所。阳旧虽多，莫敢藏者。朗乃纳受积年，及从会稽还，又数开解。太祖久而赦之，阳门户由是得全。

〔27〕《魏略》曰：太祖请同会，啁朗曰：“不能效君昔在会稽折粳米饭也。”朗仰而叹曰：“宜适难值！”太祖曰：“云何？”朗曰：“如朗昔者，未可折而折；如明公今日，可折而不折也。”太祖以孙权称臣遣贡咨朗，朗答曰：“孙权前笺，自诡躬讨房以补前衍，后疏称臣，以明无二，牙兽屈膝，言鸟告欢，明珠、南金，远珍必至。情见乎辞，效著手动，三江五湖，为治于魏，西吴东越，化为国民。鄢、郢既拔，荆门自开。席卷巴、蜀，形势已成。重机累庆，杂沓相随，承旨之日，抚掌击节。情之畜者，辞不能宜。”

〔28〕《魏名臣奏》载朗节省奏曰："诏问所宜损益，必谓东京之事也。若夫西京云阳、汾阴之大祭，千有五百之群，祀通天之台，入阿房之宫，斋必百日，养牺五载，牛则三千其重，玉则七千其器；文绮以饰重席，童女以蹈舞缀；酿酎必贯三时而后成，乐人必三千四百而后备；内宫美人数至近千，学官博士弟子七千余人；中厩则骒骃骇马六万余匹，外牧则牺养三万而马十之；执金吾从骑六百，走卒倍焉；太常行陵赤车千乘，大官赐官奴婢六千，长安城内治宫为政者三千，中二千石蔽罪断刑者二十有五狱。政充事猥，威以繁富，隆于三代，近过礼中。夫所以极奢者，大抵多受之于秦也。既违茧栗虔诚之本，扫伤简易之指，又失替质而损文，避泰而从约之趣。岂夫当今隆兴盛明之时，祖述尧舜之际，割奢务俭之政，除繁省之令，详刑慎罚之教，所宜希慕哉？及夫寝庙日一太牢之祀，郡国并立宗庙之法，丞相御史大夫官属吏从之数，若此之甚，既已屡改于哀、平之前，不行光武之后矣。谨按图牒所改奏，在天地及五帝、六宗、宗庙、社稷，既已因前代之兆域矣。夫天地则扫地而祭，其余则皆坛而堳之矣。明堂所以祀上帝，灵台所以观天文，辟雍所以修礼乐，太学所以集儒林，高禖所以祈休祥，又所以察时务，扬教化。稽古先民，开诞庆祚，旧时皆在国之阳，并高栋夏屋，足以肆㹃射，望云物。七郊虽尊祀尚质，犹皆有门宇便座，足以避风雨。可须车罢年丰，以渐修治。旧时虎贲、羽林、五营兵及卫士并合一，虽且万人，或商贾惰游子弟，或农野谨钝之人；虽有乘制之处，不讲戎阵，既不简练，又希实寇，虽名实不副，难以备急。有警而后募兵，军行而后运粮，或乃兵既久屯，而不务佃佣，不修器械，无有贮聚，一隅驰羽檄，则三面并荒扰，此亦汉氏近世之失而不可式者也。当今诸夏已安，而巴、蜀在画外。虽未得偃武而弢甲，放马而戢兵，宜因年之大丰，遂移军政于农事。吏士小大，并勤稼穑，止则成井里于广野，动则成校队于六军，省其暴徭，赡其衣食。《易》称‘悦以使民，民忘其劳；悦以犯难，民忘其死’，今之谓矣。粮蓄于食，勇蓄于势，虽坐曜烈威而众不动，画外之蛮，必复稽颡以求改往而效用矣。若畏威效用，不战而定，则贤于交兵而后威立，接刃而后功成远矣。若叛凶不革，遂迷不反，犹欲以其所虐用之民，待大魏投命报养之士，然后徐以前歌后舞乐征之众，临彼倒载执矢乐服之群，伐腐摧枯，未足以为喻。”

〔29〕《王朗集》载朗为大理时上"主簿赵郡张登，昔为本县主簿，值黑山贼围邺，登与县长王隽帅吏兵七十二人直往赴救，与贼交战，吏兵散走。隽殁见害，登手格一贼，以全隽命。又守长夏逸，为督邮所枉，登身受考掠，理逸之罪。义济二君，宜加显异。”太祖以所急者多，未遑擢叙。至黄初，朗又与太尉钟繇连名表闻，兼称登在职勤劳。诏曰：“登忠义彰著，在职功勤。名位虽卑，直亮宜显。赛膳近任，当得此吏。今以登为太官令。”

〔30〕《魏书》曰：车驾既还，诏三公曰：“三世为将，道家所忌。穷兵黩武，古有成戒。况连年水旱，士民损耗，而功作倍于前，劳役兼于昔，进不灭贼，退不和民。夫屋漏在上，知之在下，然迷而知反，失道不远，过而能改，谓之不过。今将休息，栖

备高山,沉权九渊,割除挨弃,投之画外。车驾当以今月中旬到谯,淮、汉众军亦各还反,不腊西归矣。"

〔31〕御兒,吴界边戍之地名。

〔32〕《魏略》曰:朗本名严,后改为朗。《魏书》曰:朗高才博雅,而性严整慷慨,多威仪,恭俭节约,自婚姻中表礼赞无所受。常讥世俗有好施之名,而不恤穷贱,故用财以周急为先。

〔33〕肃父朗与许靖书云:肃生于会稽。

〔34〕孙盛曰:化合神者曰皇,德合天者曰帝。是故三皇创号,五帝次之。然则皇之为称,妙于帝矣。肃谓为轻,不亦谬乎!臣松之以为上古谓皇皇后帝,次言三、五,先皇后帝,诚如盛言。然汉氏诸ος,虽尊父为皇,其实则贵而无位,高而无民,比之于帝,得不谓之轻乎!魏因汉礼,名号无改。孝献之崩,岂得远考古乎?肃之所云,盖就汉制而为言耳。谓之为谬,乃是讥汉,非难肃也。

〔35〕《世语》曰:恂字良夫,有通识,在朝忠正。历河南尹、侍中,所居有称。乃心存公,有匪躬之节。高令袁毅馈以骏马,知其贪财,不受。毅竟以黩货而败。建立二学,崇明五经,皆恂所建。卒时年四十余,赠车骑将军。肃女适司马文王,即文明皇后,生晋武帝、齐献王攸。《晋诸公赞》曰:恂兄弟八人。其达者,虔字恭祖,以功干见称,位至尚书。弟恺,字君夫,少有才力而无行检,与卫尉石崇友善,俱以豪侈竞于世,终于后将军。虔子康、隆,仕亦宦达,为后世所重。

〔36〕臣松之案叔然与晋武帝同名,故称其字。

〔37〕臣松之案此人姓周生,名烈。何晏《论语集解》有烈《义例》,余所著述,见晋武帝《中经簿》。

〔38〕《魏略》曰:遇字季直,性质讷而好学。兴平中,关中扰乱,与兄季中依将军段煨。采稆负贩,而常挟持经书,投闲习读。其兄笑之而遇不改。及建安初,王纲小设,郡举孝廉,稍迁黄门侍郎。是时,汉帝委政太祖,遇旦夕侍讲,为天子所爱信。至二十二年,许中百官矫制,遇虽不与谋,犹被录诣邺,转为冗散。常从太祖西征,道由孟津,过弘农王冢。太祖疑欲谒,顾问左右,左右莫对,遇乃越第进曰:"《春秋》之义,国君即位未逾年而卒,未成为君。弘农王即阼既浅,又为暴臣所制,降在藩国,不应谒。"太祖乃过。黄初中,出为郡守。明帝时,入为侍中、大司农。数年,病亡。初,遇善治《老子》,为《老子》作训注。又善《左氏传》,更为作朱墨别异。人有从学者,遇不肯教,而云"必当先读百遍"。言"读书百遍而义自见"。从学者云:"苦渴无日。"遇言"当以三余"。或问三余之意,遇言"冬者岁之余,夜者日之余,阴雨者时之余也"。由是诸生少从遇学,无传其朱墨者。《世语》曰:遇子绥,位至秘书监,亦有才学。齐王冏功臣董艾,即绥之子也。《魏略》以遇及贾洪、邯郸淳、薛夏、隗禧、苏林、乐详等七人为儒宗,其序曰:"从初平之元,至建安之末,天下分崩,人怀苟且,纲纪既衰,儒道尤甚。至黄初元年之后,新主乃复,始扫除太学之灰炭,补旧石碑之缺坏,备博士之员录,依汉甲乙以考课。申告州郡,有欲学者,皆遣诣太学。太学始开,有弟子数百人。至太和、青龙中,中外多事,人怀避就。虽性非解学,多求诣太学。太学诸生有千数,而诸博士率皆粗疏,无以教弟子。弟子本亦避役,竟无能习学,冬来春去,岁岁如是。又虽有精者,而台阁举格太高,加不念统其大义,而问字指墨法点注之间,百人同试,度者未十。是以志学之士,遂复陵迟,而末求浮虚者各竞逐也。正始中,有诏议圜丘,普延学士。是时郎官及司徒领吏二万余人,虽复分布,见在京师者尚且万人,而应书与议者略无几人。又是时朝堂公卿以下四百余人,其能操笔者未十人,多皆相从饱

食而退。嗟夫!学业沉陨,乃至于此。是以私心常区区贵乎数公者,各处荒乱之际,而能守志弥敦者也。"贾洪字叔业,京兆新丰人也。好学有才,而特精于《春秋左传》。建安初,仕郡,举计人,应州辟。时州中自参军事以下百余人,唯洪与冯翊、严苞文通才学最高。洪历守三县令,所在辄开除廨舍,亲授诸生。后马超反,超劫洪,将诣华阴,使作露布。洪不获已,为作之。司徒钟繇在东,识其文,曰:"此贾洪作也。"及超破走,太祖召洪署军谋掾。犹以其前为超作露布文,故不即叙。晚乃出为阴泉长。延康中,转为白马王相。善能谈戏。王彪亦雅好文学,常师宗之,过于三卿。数岁病亡,亡时年五十余,时人为之恨仕不至二千石。而严苞亦历守二县,黄初中,以高才入为秘书丞,数奏文赋,文帝异之。出为西平太守,卒官。薛夏字宣声,天水人也。博学有才。天水旧有姜、阎、任、赵四姓,常推于郡中,而夏为单家,不为降屈。四姓欲共治之,夏乃游逸,东诣京师。太祖宿闻其名,甚礼遇之。后四姓又使囚遥引夏,关移颍川,收捕系狱。时太祖已在冀州,闻夏为本郡所质,抚掌曰:"夏无罪也。汉阳儿辈直欲杀之耳!"乃告颍川使理出之,召署军谋掾。文帝又嘉其才,黄初中为秘书丞,帝每与夏推论书传,未尝不终日也。每呼之不名,而谓之薛君。夏居贫贱,帝又顾其衣薄,解所御服袍赐之。其后征东将军曹休来朝,时术方与夏有所咨论,而外启休到,帝引入。坐定,帝顾夏言之于休曰:"此君,秘书丞天水薛宣声也,宜共谈。"其见遇如此。寻读用之,会文帝崩。至太和中,尝以公事移兰台。兰台自以台也,而秘书署耳,谓夏为不得移也,推使当有坐者。夏报曰:"兰台为外台,秘书为内阁,台、阁,一也,何不相移之有?"兰台屈无以折。自是之后,遂以为常。后数岁病亡,其子无还天水。隗禧字子牙,京兆人也。世单家。少好学。初平中,三辅乱,禧南客荆州,不以荒扰,担负经书,每以采稆余日,则诵习之。太祖定荆州,召署军谋掾。黄初中,为谯王郎中。王宿闻其儒者,常虚心从学。禧亦敬恭以授王,由是大得赐遗。以病逆,拜郎中。年八十余,以老处家,就之学者甚多。禧既明经,又善星官,常仰瞻天文,叹息谓鱼豢曰:'天下兵戈尚犹未息,如之何?"豢又尝问《左氏传》,禧答曰:"欲知幽微莫若《易》,人伦之纪莫若《礼》,多识山川草木之名莫若《诗》,《左氏》直相斫书耳,不足精意也。"豢因从问《诗》,禧说齐、韩、鲁、毛四义,不复执文,有如讽诵。又撰作诸经解数十万言,未及缮写而得疾,后数岁病亡也。其邯郸淳事在《王粲传》,苏林事在《刘邵》、《高堂隆传》,乐详事在《杜畿传》。鱼豢曰:学之资于人也,其犹蓝之染于素乎!故虽仲尼,犹曰"吾非生而知之者",况凡品哉!且世人所以不贵学者,必见夫有"诵诗三百而不能专对于四方"故也。余以为是则下科矣,不当顾中庸以上,材质适725,而加之以文乎!今此数贤者,略余之所识也。检其事能,诚不多也。但以守学不辍,乃上为帝王所嘉,下为国家名儒,非由学乎!由是观之,学其胡可以已哉!

〔39〕刘实以为肃方于事上而好下佞已,此一反也;性嗜荣贵而不求苟合,此二反也;吝惜财物而治身不秽,此三反也。

卷十四 程郭董刘蒋刘传第十四

程昱字仲德,东郡东阿人也。长八尺三寸,美须髯。黄

巾起，县丞王度反应之，烧仓库。县令逾城走，吏民负老幼东奔渠丘山。昱使人侦视度，度等得空城不能守，出城西五六里止屯。昱谓县中大姓薛房等曰："今度等得城郭不能居，其势可知。此不过欲虏掠财物，非有坚甲利兵攻守之志也。何不相率还城而守之？且城高厚，多谷米，今若还求令，共坚守，度必不能久，攻可破也。"房等以为然。吏民不肯从，曰："贼在西，但有东耳。"昱谓房等："愚民不可计事。"乃密遣数骑举幡于东山上，令房等望见，大呼言"贼已至"，便下山趣城，吏民奔走随之，求得县令，遂共城守。度等来攻城，不能下，欲去。昱率吏民开城门急击之，度等破走。东阿由此得全。

初平中，兖州刺史刘岱辟昱，昱不应。是时岱与袁绍、公孙瓒和亲，绍令妻子居岱所，瓒亦遣从事范方将骑助岱。后绍与瓒有隙。瓒击破绍军，乃遣使语岱，令遣绍妻子，使与绍绝。别敕范方："若岱不遣绍家，将骑还。吾定绍，将加兵于岱。"岱议连日不决，别驾王彧白岱："程昱有谋，能断大事。"岱乃召见昱，问计，昱曰："若弃绍近援而求瓒远助，此假人于越以救溺子之说也。夫公孙瓒，非袁绍之敌也。今虽坏绍军，然终为绍所禽。夫趣一朝之权而不虑远计，将军终败。"岱从之。范方将其骑归，未至，瓒大为绍所破。岱表昱为骑都尉，昱辞以疾。

刘岱为黄巾所杀。太祖临兖州，辟昱。昱将行，其乡人谓曰："何前后之相背也！"昱笑而不应。太祖与语，说之，以昱守寿张令。太祖征徐州，使昱与荀彧留守鄄城。张邈等叛迎吕布，郡县响应，唯鄄城、范、东阿不动。布军降者，言陈宫欲自将兵取东阿，又使汜嶷取范，吏民皆恐。彧谓昱曰："今兖州反，唯有此三城。宫等以重兵临之，非有以深结其心，三城必动。君，民之望也，归而说之，殆可！"昱乃归，过范，说其令靳允曰："闻吕布执君母弟妻子，孝子诚不可为心！今天下大乱，英雄并起，必有命世，能息天下之乱者，此智者所详择也。得主者昌，失主者亡。陈宫叛迎吕布而百城皆应，似能有为，然以君观之，布何如人哉！夫布，粗中少亲，刚而无礼，匹夫之雄耳。宫等以势假合，不能相君也。兵虽众，终必无成。曹使君智略不世出，殆天所授！君必固范，我守东阿，则田单之功可立也。孰与违忠从恶而母子俱亡乎？唯君详虑之！"允流涕曰："不敢有二心。"时汜嶷已在县，允见嶷，伏兵刺杀之，归勒兵守[1]。昱又遣别骑绝仓亭津，陈宫至，不得渡。昱至东阿，东阿令枣祗已率厉吏民，拒城坚守。又兖州从事薛悌与昱协谋，卒完三城，以待太祖。太祖还，执昱手曰："微子之力，吾无所归矣。"乃表昱为东平相，屯范[2]。

太祖与吕布战于濮阳，数不利，蝗虫起，乃各引去。于是袁绍使人说太祖连和，欲使太祖迁家居邺。太祖新失兖州，军食尽，将许之。时昱使适还，引见，因言："窃闻将军欲遣家，与袁绍连和，诚有之乎？"太祖曰："然。"昱曰："意者将军殆临事而惧，不然何虑之不深也！夫袁绍据燕、赵之地，有并天下之心，而智不能济也。将军自度能为之下乎？将军以龙虎之威，可为韩、彭之事邪？今兖州虽残，尚有三城。能战之士，不下万人。以将军之神武，与文若、昱等，收而用之，霸王之业可成也。愿将军更虑之！"太祖乃止[3]。

天子都许，以昱为尚书。兖州尚未安集，复以昱为东中郎将，领济阴太守，都督兖州事。刘备失徐州，来归太祖。昱说太祖杀备，太祖不听。语在《武纪》。后又遣备至徐州要击袁术，昱与郭嘉说太祖曰："公前日不图备，昱等诚不及也。今借之以兵，必有异心。"太祖悔，追之不及。会术病死，备至徐州，遂杀车胄，举兵背太祖。顷之，昱迁振威将军。袁绍在黎阳，将南渡。时昱有七百兵守鄄城，太祖闻之，使人告昱，欲益二千兵。昱不肯，曰："袁绍拥十万众，自以所向无前。今见昱兵少，必轻易，不来攻。若益昱兵，过则不可不攻，攻之必克，徒两损其势。愿公无疑！"太祖从之。绍闻昱兵少，果不往。太祖谓贾诩曰："程昱之胆，过于贲、育。"昱收山泽亡命，得精兵数千人，乃引军与太祖会黎阳，讨袁谭、袁尚。谭、尚破走，拜昱奋武将军，封安国亭侯。太祖征荆州，刘备奔吴。论者以为孙权必杀备，昱料之曰："孙权新在位，未为海内所惮。曹公无敌于天下，初举荆州，威震江表，权虽有谋，不能独当也。刘备有英名，关羽、张飞皆万人敌也，权必资之以御我。难解势分，备资以成，又不可得而杀也。"权果多与备兵以御太祖。是后中夏渐平，太祖抚昱背曰："兖州之败，不用君言，吾何以至此？"宗人奉牛酒大会，昱曰："知足不辱，吾可以退矣。"乃自表归兵，阖门不出[4]。

昱性刚戾，与人多迕。人有告昱谋反，太祖赐待益厚。魏国既建，为卫尉，与中尉邢贞争威仪，免。文帝践阼，复为卫尉，进封安乡侯，增邑三百户，并前八百户。分封少子延及孙晓列侯。方欲以为公，会薨，帝为流涕，追赠车骑将军，谥曰肃侯[5]。子武嗣。武薨，子克嗣。克薨，子良嗣。

晓，嘉平中为黄门侍郎[6]。时校事放横，晓上疏曰："《周礼》云：'设官分职，以为民极。'《春秋传》曰：'天有十日，人有十等。'愚不得临贤，贱不得临贵。于是并建圣哲，树之风声。明试以功，九载考绩。各修厥业，思不出位。故栾书欲拯晋侯，其子不听；死人横于街路，邴吉不问。上不责非职之功，下不务分外之赏，吏无兼统之势，民无二事之役，斯诚为国要道，治乱所由也。远览典志，近观秦汉，虽官名改易，职司不同，至于崇上抑下，显分明例，其致一也。初无校事之官干与庶政者也。昔武皇帝大业草创，众官未备，而军旅勤苦，民心不安，乃有小罪，不可不察，故置校事，取其一切耳，然检御有方，不至纵恣也。此霸世之权宜，非帝王之正典。其后渐蒙见任，复为疾病，转相因仍，莫正其本。遂令上察宫庙，下摄众司，官无局业，职无分限，随意任情，唯心所适。法造于笔端，不依科诏；狱成于门下，不顾复讯。其选官属，以谨慎为粗疏，以谲词为贤能。其治事，以刻暴为公严，以循理为怯弱。外则托天威以为声势，内则聚群奸以为腹心。大臣耻与分势，含忍而不言，小人畏其锋芒，郁结而无告。至使尹模公于目下肆其奸慝；罪恶之著，行路皆知，纤恶之过，积年不闻。既非《周礼》设官之意，又非《春秋》十等之义也。今外有公卿将校总统诸署，内有侍中尚书综理万机，司隶校尉督察京辇，御史中丞董摄宫殿，皆高选贤才以充其职，申明科诏以督其违。若此诸贤犹不足任，校事小吏，益不可信。若此诸贤各思尽忠，校事区区，亦复无益。若更高选国士以为校事，则是中丞司隶重增一官耳。若如旧选，尹模之奸今复发矣。进退推算，无所用之。昔桑弘羊为汉求利，卜式以为独烹弘羊，天乃可雨。若使政治得失必感天地，臣恐水旱之灾，未必非校事之由也。曹恭公远君子，近小人，《国风》托以为刺。卫献公舍大臣，与小臣谋，定姜谓之有罪。纵令校事有益于国，以礼义言之，尚伤大臣之心，况奸回暴露，而复不罢，是究阙不补，迷而不返也。"于是遂罢校事官。晓迁汝南太守，年四十余薨[7]。

郭嘉字奉孝，颍川阳翟人也[8]。初，北见袁绍，谓绍谋臣辛评、郭图曰："夫智者审于量主，故百举百全而功名可立也。袁公徒欲效周公之下士，而未知用人之机。多端寡要，好谋无决，欲与共济天下大难，定霸王之业，难矣！"于是遂去之。先是时，颍川戏志才，筹画士也，太祖甚器之。早卒。太祖与荀彧书曰："自志才亡后，莫可与计事者。汝、颍固多奇士，谁可以继之？"彧荐嘉。召见，论天下事。太祖曰："使孤成大业者，必此人也。"嘉出，亦喜曰："真吾主也。"表为司空军祭酒[9]。

征吕布，三战破之，布退固守。时士卒疲倦，太祖欲引军还，嘉说太祖急攻之，遂禽布。语在《荀攸传》[10]。孙策转斗千里，尽有江东，闻太祖与袁绍相持于官渡，将渡江北袭许。众闻皆惧，嘉料之曰："策新并江东，所诛皆英豪雄杰能得人死力者也。然策轻而无备，虽有百万之众，无异于独行中原也。若刺客伏起，一人之敌耳。以吾观之，必死于匹夫之手。"策临江未济，果为许贡客所杀[11]。

从破袁绍，绍死，又从讨谭、尚于黎阳，连战数克。诸将欲乘胜遂攻之，嘉曰："袁绍爱此二子，莫嫡立也。有郭图、逢纪为之谋臣，必交斗其间，还相离也。急之则相持，缓之而后争心生。不如南向荆州若征刘表者，以待其变；变成而后击之，可一举定也。"太祖曰："善。"乃南征。军至西平，谭、尚果争冀州。谭为尚军所败，走保平原，遣辛毗乞降。太祖还救之，遂从定邺。又从攻谭于南皮，冀州平。封嘉洧阳亭侯[12]。

太祖将征袁尚及三郡乌丸，诸下多惧刘表使刘备袭许以讨太祖，嘉曰："公虽威震天下，胡恃其远，必不设备。因其无备，卒然击之，可破灭也。且袁绍有恩于民夷，而尚兄弟生存。今四州之民，徒以威附，德施未加，舍而南征，尚因乌丸之资，招其死主之臣，胡人一动，民夷俱应，以生蹋顿之心，成觊觎之计，恐青、冀非己之有也。表，坐谈客耳，自知才不足以御备，重任之则恐不能制，轻任之则备不为用，虽虚国远征，公无忧矣。"太祖遂行。至易，嘉言曰："兵贵神速。今千里袭人，辎重多，难以趣利，且彼闻之，必为备；不如留辎重，轻兵兼道以出，掩其不意。"太祖乃密出卢龙塞，直指单于庭。虏卒闻太祖至，惶怖合战。大破之，斩蹋顿及名王已下。尚与兄熙走辽东。

嘉深通有算略，达于事情。太祖曰："唯奉孝为能知孤意。"年三十八，自柳城还，疾笃，太祖问疾者交错。及薨，临其丧，哀甚，谓荀攸等曰："诸君年皆孤辈也，唯奉孝最少。天下事竟，欲以后事属之，而中年夭折，命也夫！"乃表曰："军祭酒郭嘉，自从征伐，十有一年。每有大议，临敌制变。臣策未决，嘉辄成之。平定天下，谋功为高。不幸短命，事业未终。追思嘉勋，实不可忘。可增邑八百户，并前千户[13]。"谥曰贞侯。子奕嗣[14]。后太祖征荆州还，于巴丘遇疾疫，烧船，叹曰："郭奉孝在，不使孤至此[15]。"初，陈群非嘉不治行检，数廷诉嘉，嘉意自若。太祖愈益重之，然以群能持正，亦悦焉[16]。奕为太子文学，早薨。子深嗣。深薨，子猎嗣[17]。

董昭字公仁，济阴定陶人也。举孝廉，除廮陶长、柏人令，袁绍以为参军事。绍逆公孙瓒于界桥，巨鹿太守李邵及郡冠盖以瓒兵强，皆欲属瓒。绍闻之，使昭领巨鹿。问："御以何术？"对曰："一人之微，不能消众谋，欲诱致其心，唱与同议，及得其情，乃当权以制之耳。计在临时，未可得言。"时郡右姓孙伉等数十人专为谋主，惊动吏民。昭至郡，伪作领檄告郡云："得贼罗候安平张吉辞，当攻巨鹿，贼故孝廉孙伉等为应，檄到收行军法，恶止其身，妻子勿坐。"昭案檄告令，皆即斩之。一郡惶恐，乃以次安慰，遂皆平集。事讫白绍，绍称善。会魏郡太守栗攀为兵所害，绍以昭领魏郡太守。时郡界大乱，贼以万数，遣使往来，交易市买。昭厚待之，因用为间，乘虚掩讨，辄大克破。二日之中，羽檄三至。昭弟访，在张邈军中。邈与绍有隙，绍受谗将致罪于昭。昭欲诣汉献帝，至河内，为张杨所留。因杨上还印绶，拜骑都尉。时太祖领兖州，遣使诣杨，欲令假涂西至长安，杨不听，昭说杨曰："袁、曹虽为一家，势不久群。曹今虽弱，然实天下之英雄也，当故结之。况今有缘，宜通其上事，并表荐之；若事有成，永为深分。"杨于是通太祖上事，表荐太祖。昭为太祖作书与长安诸将李傕、郭汜等，各随轻重致殷勤。杨亦遣使诣太祖。太祖遗杨犬马金帛，遂与西方往来。天子在安邑，昭从河内往，诏拜议郎。

建安元年，太祖定黄巾于许，遣使诣河东。会天子还洛阳，韩暹、杨奉、董承及杨各违戾不和。昭以奉兵马最强而少党援，作太祖书与奉曰："吾与将军闻名慕义，便推赤心。今将军拔万乘之艰难，反之旧都，翼佐之功，超世无畴，何其休哉！方今群凶猾夏，四海未宁，神器至重，事在维辅；必须众贤以清王轨，诚非一人所能独建。心腹四支，实相倚赖，一物不备，则有阙焉。将军当为内主，吾为外援。今吾有粮，将军有兵，有无相通，足以相济，死生契阔，相与共之。"奉得书喜悦，语诸将军曰："兖州诸军近在许耳，有兵有粮，国家所当依仰也。"遂共表太祖为镇东将军，袭父爵费亭侯，昭迁符节令。

太祖朝天子于洛阳，引昭并坐，问曰："今孤来此，当施何计？"昭曰："将军兴义兵以诛暴乱，入朝天子，辅翼王室，此五伯之功也。此下诸将，人殊意异，未必服从，今留匡弼，事势不便，惟有移驾幸许耳。然朝廷播越，新还旧京，远近跂望，冀一朝获安。今复徙驾，不厌众心。夫行非常之事，乃有非常之功，愿将军算其多者。"太祖曰："此孤本志也。杨奉近在梁耳，闻其兵精，得无为孤累乎？"昭曰："奉少党援，将独委质。镇东、费亭之事，皆奉所定，又闻书命申束,足以见信。宜时遣使厚遗答谢,以安其意。说'京都无粮,欲车驾暂幸鲁阳,鲁阳近许,转运稍易,可无县乏之忧'。奉为人勇而寡虑,必不见疑,比使往来,足以定计。奉何能为累!"太祖曰:"善。"即遣使诣奉。徙大驾至许。奉由是失望,与韩暹等到定陵抄暴。太祖不应,密往攻其梁营,降诛即定,奉、暹失众,东降袁术。三年,昭迁河南尹。时张杨为其将杨丑所杀,杨长史薛洪、河内太守缪尚城守待绍救。太祖令昭单身入城,告喻洪、尚等,即日举众降。以昭为冀州牧。太祖令刘备拒袁术,昭曰:"备勇而志大,关羽、张飞为之羽翼,恐备之心未可得论也!"太祖曰:"吾已许之矣。"备到下邳,杀徐州刺史车冑,反。太祖自征备,徙昭为徐州牧。袁绍遣将颜良攻东郡,又徙昭为魏郡太守,从讨良。良死后,进围邺城。袁绍同族春卿为魏郡太守,在城中,其父元长在扬州,太祖遣人迎之。昭书与春卿曰:"盖闻孝者不背亲以要利,仁者不忘君以徇私,志士不探乱以徼幸,智者不诡道以自危。足下大君,昔避内难,南游百越,非疏骨肉,乐彼吴会,智者深识,独以宜然。曹公愍其守志清恪,离群寡侣,故特遣使江东,或迎或送,令将至矣。就令足下处偏平之地,依德义之主,居有泰山之固,身为乔松之偶,以义言之,犹宜背彼向此,舍民趣父也。且邳仪父始与隐公盟,鲁人嘉之,而不书爵,然则王所未命,爵尊不成,《春秋》之义也。况足下今日之所托者乃危乱之国,所受者乃矫诬之命乎?苟不逞之与群,而厥父之不恤,不可以言孝。忘祖宗所居之本朝,安非正之奸职,难可以言忠。忠孝并替,难以言智。又足下昔日为曹公所礼辟,夫戚族人而疏所生,内所寓而外王室,怀邪禄而叛知己,远福祚而近危亡,弃明义而收大耻,不亦可惜哉!若能翻然易节,奉帝养父,委身曹公,忠孝不坠,荣名彰矣。宜深留计,早决良图。"邺既定,以昭为谏议大夫。后袁尚依乌丸蹋顿,太祖将征之。患军粮难致,凿平虏、泉州二渠入海通运,昭所建也。太祖表封千秋亭侯,转拜司空军祭酒。后昭建议:"宜修古建封五等。"太祖曰:"建设五等者,圣人也,又非人臣所制,吾何以堪之?"昭曰:"自古以来,人臣匡世,未有今日之功,有今日之功,未有久处人臣之势者也。今明公耻有惭德而未尽善,乐保名节而无大责,德美过于伊、周,此至德之所极也。然太甲、成王未必可遭,今民难化,甚于殷、周,处大臣之势,使人以大事疑己,诚不可不重虑也。明公虽迈威德,明法术,而不定其基,为万世计,犹未至也。定基之本,在地与人,宜稍建立,以自藩卫。明公忠节颖露,天威在颜,耿弇床下之言,朱英无妄之论,不得过耳。昭受恩非凡,不敢不陈。"[18]后太祖遂受魏公、魏王之号,皆昭所创。及关羽围曹仁于樊,孙权遣使辞曰"遣兵西上,欲掩取羽江陵、公安累重,羽失二城,必自奔走,樊军之围,不救自解。乞密不漏,令羽有备。"太祖诘群臣,群臣咸言宜当密。昭曰:"军事尚权,期于合宜。宜应权以密,而内露之。羽闻权上,若还自护,围则速解,便获其利。可使两贼相对衔持,坐待其弊。秘而不露,使权得志,非计之上。又,围中将吏不知有救,计粮怖惧,傥有他意,为难不小。露之为便。且羽为人强梁,自恃二城守固,必不速退。"太祖曰:"善。"即敕救将徐晃以权书射著围里及羽屯中,围里闻之,志气百倍。羽果犹豫。权军至,得其二城,羽乃破败。

文帝即王位,拜昭将作大匠。及践阼,迁大鸿胪,进封右乡侯。二年,分邑百户,赐昭弟访爵关内侯,徙昭为侍中。三年,征东大将军曹休临江在洞浦口,自表:"愿将锐卒虎步江南,因敌取资,事必克捷;若其无臣,不须为念。"帝恐休便渡江,驿马诏止。时昭侍侧,因曰:"窃见陛下有忧色,独以休济江故乎?今者渡江,人情所难,就休有此志,势不独行,当须诸将。臧霸等既富且贵,无复他望,但欲终其天年,保守禄祚而已,何肯乘危自投死地,以求侥幸?苟霸等不进,休意自沮。臣恐陛下虽有敕渡之诏,犹必沉吟,未便从命也。"是后无几,暴风吹贼船,悉诣休等营下,斩首获生,贼遂迸散。诏敕诸军促渡。军未时进,贼救船遂至。大驾幸宛,征南大将军夏侯尚等攻江陵,未拔。时江水浅狭,尚欲乘船将步骑入渚中安屯,作浮桥,南北往来,议者多以为城必可拔。昭上疏曰:"武皇帝智勇过人,而用兵畏敌,不敢轻之若此也。夫兵好进恶退,常然之数。平地无险,犹尚艰难,就当深入,还道宜利,兵有进退,不可如意。今屯渚中,至深也,浮桥而济,至危也,一道而行,至狭也。三者兵家所忌,而今行之。贼频攻桥,误有漏失,渚中精锐,非魏之有,将转化为吴矣。臣私戚之,忘寝与食,而议者怡然不以为忧,岂不惑哉!加江水向长,一旦暴增,何以防御?就不破贼,尚当自完;奈何乘危,不以为惧?事将危矣,惟陛下察之!"帝悟昭言,即诏尚等促出。贼两头并前,官兵一道引去,不时得泄,将军石建、高迁仅得自免。军出旬日,江水暴长。帝曰:"君论此事,何其审也!正使张、陈当之,何以复加!"五年,徙封成都乡侯,拜太常。其年,徙光禄大夫、给事中。从大驾东征,七年还,拜太仆。明帝即位,进爵乐平侯,邑千户,转卫尉。分邑百户,赐一子爵关内侯。

太和四年,行司徒事,六年,拜真。昭上疏陈末流之弊曰:"凡有天下者,莫不贵尚敦朴忠信之士,深疾虚伪不真之人者,以其毁教乱治,败俗伤化也。近魏讽则伏诛建安之末,曹伟则斩戮黄初之始。伏惟前后圣诏,深疾浮伪,欲以破散邪党,常用切齿;而执法之吏皆畏其权势,莫能纠摘,毁坏风俗,侵欲滋甚。窃见当今年少,不复以学问为本,专更以交游为业;国士不以孝悌清修为首,乃以趋势游利为先。合党连群,互相褒叹,以毁訾为罚戮,用党誉为爵赏,附己者则叹之盈言,不附者则为作瑕衅。至乃相谓'今世何忧不度邪,但求人道不勤,罗之不博耳;又何患其不知己矣,但当吞之以药而柔调耳'。又闻或有使奴客名作在职家人,冒之出入,往来禁奥,交通书疏,有所探问。凡此诸事,皆法之所不取,刑之所不赦,虽讽、伟之罪,无以加也。"帝于是发切诏,斥免诸葛诞、邓飏等。昭年八十一薨,谥曰定侯。子胄嗣。胄历位郡守、九卿。

刘晔字子扬,淮南成惠人[19],汉光武子阜陵王延后也。父普,母修,产涣及晔。涣九岁,晔七岁,而母病困。临终,戒涣、晔以普之侍人,有谄害之性,身"死之后,惧必乱家。汝长大能除之,则吾无恨矣。"晔年十三,谓兄涣曰:

"亡母之言，可以行矣。"涣曰："那可尔！"晔即入室杀侍者，径出拜墓。舍内大惊，白普。普怒，遣人追晔。晔还拜对曰："亡母顾命之言，敢受不请擅行之罚。"普心异之，遂不责也。汝南许劭名知人，避地扬州，称晔有佐世之才。

扬士多轻侠狡桀，有郑宝、张多、许乾之属，各拥部曲。宝最骁果，才力过人，一方所惮。欲驱略百姓越赴江表，以晔高族名人，欲强逼晔使唱导此谋。晔时年二十余，心内忧之，而未有缘。会太祖遣使诣州，有所案问。晔往见，为论事势，要将与归，驻止数日。宝果从数百人赍牛酒来候使，晔令家僮将其众坐中门外，为设酒饭；与宝于内宴饮。密勒健儿，令因行觞而斫宝。宝性不甘酒，视候甚明，觞者不敢发。晔因自引取佩刀斫杀宝，斩其首以令其军，云："曹公有令，敢有动者，与宝同罪。"众皆惊怖，走还营。营有督将精兵数千，惧其为乱，晔即乘宝马，将家僮数人，诣宝营门，呼其渠帅，喻以祸福，皆叩头开门内晔。晔抚慰安怀，咸悉悦服，推晔为主。晔睹汉室渐微，已为支属，不欲拥兵，遂委其部曲与庐江太守刘勋。勋怪其故，晔曰："宝无法制，其众素以抄略为利，仆宿无资，而整齐之，必怀怨难久，故相与耳。"时劲兵强于江、淮之间。孙策恶之，遣使卑辞厚币，以书说勋曰："上缭宗民，数欺下国，忿之有年矣。击之，路不便，愿因大国伐之。上缭甚实，得之可以富国，请出兵为外援。"勋信之，又得策珠宝、葛越，喜悦。外内尽贺，而晔独否。勋问其故，对曰："上缭虽小，城坚池深，攻难守易，不可旬日而举，则兵疲于外，而国内虚。策乘虚而袭我，则后不能独守。是将军进屈于敌，退无所归。若军必出，祸今至矣。"勋不从。兴兵伐上缭，策果袭其后。勋穷踧，遂奔太祖。

太祖至寿春，时庐江界有山贼陈策，众数万人，临险而守。先时遣偏将致诛，莫能禽克。太祖问群下可伐与不，咸云："山峻高而溪谷深隘，守易攻难；又无之不足为损，得之不足为益。"晔曰："策等小竖，因乱赴险，遂相依为强耳，非有爵命威信相伏也。往者偏将资轻，而中国未夷，故策敢据险以守。今天下略定，后服先诛。夫畏死趋赏，愚智所同，故广武君为韩信画策，谓其威名足以先声后实而服邻国也。岂况明公之德，东征西怨，先开赏募，大兵临之，令宣之日，军门启而虏自溃矣。"太祖笑曰："卿言近之！"遂遣猛将在前，大军在后，至则克策，如晔所度。太祖还，辟晔为司空仓曹掾[20]。

太祖征张鲁，转晔为主簿。既至汉中，山峻难登，军食颇乏。太祖曰："此妖妄之国耳，何能为有无？吾军少食，不如速还。"便自引归，令晔督后诸军，使以次出。晔策鲁可克，加粮道不继，虽出，军犹不能皆全，驰白太祖："不如致攻。"遂进兵，多出弩以射其营。鲁奔走，汉中遂平。晔进曰："明公以步卒五千，将诛董卓，北破袁绍，南征刘表，九州百郡，十并其八，威震天下，势慑海外。今举汉中，蜀人望风，破胆失守，推此而前，蜀可传檄而定。刘备，人杰也，有度而迟，得蜀日浅，蜀人未恃也。今破汉中，蜀人震恐，其势自倾。以公之神明，因其倾而压之，无不克也。若小缓之，诸葛亮明于治而为相，关羽、张飞勇冠三军而为将，蜀民既定，据险守要，则不可犯矣。今不取，必为后忧。"太祖不从[21]，大军遂还。晔自汉中还，为行军长史，兼领军。延康元年，蜀将孟达率众降。达有容止才观，文帝甚器爱之，使达为新城太守，加散骑常侍。晔以为"达有苟得之心，而恃才好术，必不能感恩怀义。新城与吴、蜀接连，若有变态，为国生患。"文帝竟不易，后达终于叛败[22]。

黄初元年，以晔为侍中，赐爵关内侯。诏问群臣令料刘备当为关羽出报吴不，众议咸云："蜀，小国耳，名将唯羽。羽死军破，国内忧惧，无缘复出。"晔独曰："蜀虽狭弱，而备之谋欲以威武自强，势必用众以示其有余。且羽与备，义为君臣，恩犹父子；羽死不能为兴军报敌，于终始之分不足。"后备果出兵击吴。吴悉国应之，而遣使称藩。朝臣皆贺，独晔曰："吴绝在江、汉之表，无内臣之心久矣。陛下虽齐德有虞，然丑虏之性，未有所感。因难求臣，必难信也。彼必外迫内困，然后发此使耳，可因其穷，袭而取之。夫一日纵敌，数世之患，不可不察也。"备军败退，吴礼敬转废，帝欲兴众伐之，晔以为"彼新得志，上下齐心，而阻带江湖，必难仓卒。"帝不听[23]。五年，幸广陵泗口，命荆、扬州诸军并进。会群臣，问："权当自来不？"咸曰："陛下亲征，权恐怖，必举国而应。又不敢以大众委之臣下，必自将而来。"晔曰："彼谓陛下欲以万乘之重牵已，而超越江湖者在于别将，必勒兵待事，未有进退也。"大驾停住积日，权果不至，帝乃旋师。云："卿策之是也。当念为吾灭二贼，不可但知其情而已。"

明帝即位，进爵东亭侯，邑三百户。诏曰："尊严祖考，所以崇孝表行也；追本敬始，所以笃教流化也。是以成汤、文、武，实造商、周，《诗》、《书》之义，追尊稷、契，歌颂有娀、姜嫄之事，明盛德之源流，受命所由兴也。自我魏室之承天序，既发迹于高皇、太皇帝，而功隆于武皇、文皇帝。至于高皇之父处士君，潜修德让，行动神明，斯乃乾坤所福飨，光灵所从来也。而精神幽远，号称罔记，非所谓崇孝重本也。其令公卿已下，会议号谥。"晔议曰："圣帝孝孙之欲褒崇先祖，诚无量已。然亲疏之数，远近之降，盖有礼纪，所以割断私情，克成公法，为万世式也。周王所以上祖后稷者，以其佐唐有功，名在祀典故也。至于汉氏之初，追谥之义，不过其父。上比周室，则大魏发迹自高皇始；下论汉氏，则追谥之礼不及其祖。此诚往代之成法，当今之明义也。陛下孝思中发，诚无已已，然君举必书，所以慎于礼制也。以为追尊之义，宜齐高皇而已。"尚书卫臻与晔议同，事遂施行。辽东太守公孙渊夺叔父位，擅自立，遣使表状，晔以为："公孙氏汉时所用，遂世官相承，水则由海，陆则阻山，故胡夷绝远难制；而世权日久，今若不诛，后必生患。若怀贰阻兵，然后致诛，于事为难。不如因其新立，有党有仇，先其不意，以兵临之，开设赏募，可不劳师而定也。"后渊竟反。晔在朝，略不交接时人。或问其故，晔答曰："魏室即阼尚新，智者知命，俗或未咸。仆在汉为支叶，于魏备腹心，寡偶少徒，于宜未失也。"太和六年，以疾拜太中大夫。有间，为大鸿胪，在位二年逊位，复为太中大夫，薨。谥曰景侯。子寓嗣[24]。少子陶，亦高才而薄行，官至平原太守[25]。

蒋济字子通，楚国平阿人也。仕郡计吏、州别驾。建安十三年，孙权率众围合肥。时大军征荆州，遇疾疫，唯遣将军张喜单将千骑，过领汝南兵以解围，颇复疾疫，济乃密白刺史，伪得喜书，云步骑四万已到雩娄，遣主簿迎喜，三部使赍书语城中守将，一部得入城，二部为贼所得。权信之，遽烧围走，城用得全。明年使于谯，太祖问济曰："昔孤与袁本初对官渡，徙燕、白马民，民不得走，贼亦不敢抄。今欲徙淮南民，何如？"济对曰："是时兵弱贼强，不徙必失之。自破袁绍，北拔柳城，南向江、汉，荆州交臂，威震天下，民无他志。然百姓怀土，实不乐徙，惧必不安。"太祖不从，而江、淮间十余万众，皆惊走吴。后济使诣邺，太祖迎见大笑曰："本但欲使避贼，乃更驱尽之。"拜济丹阳太守。大军南征还，以温恢为扬州刺史，济为别驾。令曰："季子为臣，吴宜有君。今君还州，吾无忧矣。"民有诬告济为谋叛主率者，太祖闻之，指前令与左将军于禁、沛相封仁等曰："蒋济宁有此事！有此事，吾不知人也。此必愚民乐乱，妄引之耳。促理出之。"辟为丞相主簿西曹属。令曰："舜举皋陶，不仁者远，臧否得中，望于贤属矣。"关羽围樊、襄阳。太祖以汉帝在许，近贼，欲徙都。司马宣王及济说太祖曰："于禁等为水所没，非战攻之失，于国家大计未足有损。刘备、孙权，外亲内疏，关羽得志，权必不愿也。可遣人劝蹑其后，许割江南以封权，则樊围自解。"太祖如其言。权闻之，即引兵西袭公安、江陵。羽遂见禽。

文帝即王位，转为相国长史。及践阼，出为东中郎将。济请留，诏曰："高祖歌曰'安得猛士守四方'！天下未宁，要须良臣以镇边境。如其无事，乃还鸣玉，未为后也。"济上《万机论》，帝善之。入为散骑常侍。时有诏，诏征南将军夏侯尚曰："卿腹心重将，特任使。恩施足死，惠爱可怀。作威作福，杀人活人。"尚以示济。济既至，帝问曰："卿所闻见天下风教何如？"济对曰："未有他善，但见亡国之语耳。"帝忿然作色而问其故，济具以答，因曰："夫'作威作福'，《书》之明诫。'天子无戏言'，古人所慎。惟陛下察之！"于是帝意解，遣追取前诏。黄初三年，与大司马曹仁征吴，济别袭羡溪。仁欲攻濡须洲中，济曰："贼据西岸，列船上流，而兵入洲中，是为自内地狱，危亡之道也。"仁不从，果败。仁薨，复以济为东中郎将，代领其兵。诏曰："卿兼资文武，志节慷慨，常有超越江湖吞吴会之志，故复授将率之任。"顷之，征为尚书，车驾幸广陵，济表水道难通，又上《三州论》以讽帝。帝不从，于是战船数千皆滞不得行。议者欲就留兵屯田，济以为："东近湖，北临淮，若水盛时，贼易为寇，不可安屯。"帝从之，车驾即发。还到精湖，水稍尽，尽留船付济。船本历适数百里中，济更凿地作四五道，蹴船令聚；豫作土豚遏断湖水，皆引后船，一时开遏入淮中。帝还洛阳，谓济曰："事不可不晓。吾前决谓分半烧船于山阳池中，卿于后致之，略与吾俱至谯。又每得所陈，实入吾意。自今讨贼计画，善思论之。"

明帝即位，赐爵关内侯。大司马曹休帅军向皖，济表以为："深入虎地，与权精兵对，而朱然等在上流，乘休后，臣未见其利也。"军至皖，吴出兵安陆，济又上疏曰："今贼示形于西，必欲并兵图东，宜急诏诸军往救之。"会休军败，尽弃器仗辎重退还。吴欲塞夹石，遇救兵至，是以官军得不没。迁为中护军。时中书监、令号为专任，济上疏曰："大臣太重者国危，左右太亲者身蔽，古之至戒也。往者大臣秉事，外内扇动。陛下卓然自览万机，莫不祗肃。夫大臣非不忠也，然威权在下，则众心慢上，势之常也。陛下既已察之于大臣，愿无忘于左右。左右忠正远虑，未必贤于大臣，至于便辟取合，或能工之。今外所言，辄云中书，虽使恭慎不敢外交，但有此名，犹惑世俗。况实握事要，日在目前，倪因疲倦之间有所割制，众臣见其能推移于事，即亦因时而向之。一有此端，因当内设自完，以此众语，私招所交，为之内援。若此，臧否毁誉，必有所兴，功负赏罚，必有所易，直道而上者或壅，曲附左右者反达。因微而入，缘形而出，意所狎信，不复猜觉。此宜圣智所当早闻，外以经意，则形际自见。或恐朝臣畏言不合而受左右之怨，莫适以闻。臣窃亮陛下潜神默思，公听并观，若事有未尽于理而物有未周于用，将改曲易调，远与黄、唐角功，近昭武、文之迹，岂近习而已哉！然人君犹不可悉天下事以适己明，当有所付。三官任一臣，非周公旦之忠，又非管夷吾之公，则有弄机败官之弊。当今柱石之士虽少，至于行称一州，智效一官，忠信竭命，各奉其职，可并驱策，不使圣明之朝有专吏之名也。"诏曰："夫骨鲠之臣，人主之所仗也。济才兼文武，服勤尽节，每军国大事，辄有奏议，忠诚奋发，吾甚壮之。"就迁为护军将军，加散骑常侍[26]。

景初中，外勤征役，内务宫室，怨旷者多，而年谷饥俭。济上疏曰："陛下方当恢崇前绪，光济遗业，诚未得高枕而治也。今虽有十二州，至于民数，不过汉时一大郡。二贼未诛，宿兵边陲，且耕且战，怨旷积年。宗庙宫室，百事草创，农桑者少，衣食者多，今其所急务，唯当息耗百姓，不至甚弊。弊邦之民，倘有水旱，百万之众，不为国用。凡使民必须农隙，不夺其时。夫欲大兴功之君，先料其民力而燠休之。勾践养胎以待用，昭王恤病以雪仇，故能以弱燕服强齐，羸越灭劲吴。今二敌不攻不灭，不事即侵，当身不除，百世之责也。以陛下圣明神武之略，舍其缓者，专心讨贼，臣以为无难矣。又欢娱之耽，害于精爽；神太用则竭，形太劳则弊。愿大简贤妙，足以充'百斯男'者，其冗散未齿，且悉分出，务在清静。"诏曰："微护军，吾弗闻斯言也[27]。"

齐王即位，徙为领军将军，进爵昌陵亭侯[28]。迁太尉。初，侍中高堂隆论郊祀事，以魏为舜后，推舜配天。济以为舜本姓妫，其苗曰田，非曹之先，著文以追诘隆[29]。是时，曹爽专政，丁谧、邓飏等轻改法度。会有日蚀变，诏群臣问其得失，济上疏曰："昔大舜佐治，戒在比周；周公辅政，慎于其朋；齐侯问灾，晏婴对以布惠；鲁君问异，臧孙答以缓役。应天塞变，乃实人事。今二贼未灭，将士暴露已数十年，男女怨旷，百姓贫苦。夫为国法度，惟命世大才，乃能张其纲维以垂于后，岂中下之吏所宜改易哉？终无益于治，适足伤民，望宜使文武之臣各守其职，率以清平，则和气祥瑞可感而致也。"以随太傅司马宣王屯洛水浮桥，诛曹爽等，进封都乡侯，邑七百户。济上疏曰："臣忝宠上司，而爽敢苞藏祸心，此臣之无任也。太傅奋独断之策,陛下明其忠节,罪人伏诛,社稷之福也。夫封宠庆赏,必加有功。今论谋则臣不先知,语战则非臣所率,而上失其制,下受其弊。臣备宰司,民所具瞻,诚恐冒赏之渐自此而兴,推让之风由此而废。"固辞,不许[30]。是岁薨,谥曰景侯[31]。子秀嗣。秀薨,子凯嗣。咸熙中,开建五等,以济著勋前朝,改封凯为下蔡子。

刘放字子弃,涿郡人,汉广阳顺王子西乡侯宏后也。历郡纲纪,举孝廉。遭世大乱,时渔阳王松据其土,放往依之。太祖克冀州,放说松曰:"往者董卓作逆,英雄并起,阻兵擅命,人自封殖,惟曹公能拔拯危乱,翼戴天子,奉辞伐罪,所向必克。以二袁之强,守则淮南冰消,战则官渡大败;乘胜席卷,将清河朔,威刑既合,大势已见。速至者渐福,后服者先亡,此乃不俟终日驰骛之时也。昔黥布弃南面之尊,仗剑归汉,诚识废兴之理,审去就之分也。将军宜投身委命,厚自结纳。"松然之。会太祖讨袁谭于南皮,以书招松,松举雍奴、泉州、安次以附之。放为松答太祖书,其文甚丽。太祖既善之。又闻其说,由是遂辟放。建安十年,与松俱至。太祖大悦,谓放曰:"昔班彪依窦融而有河西之功,今一何相似也!"乃以放参司空军事,历主簿、记室,出为郃阳、祋祤、赞令。

魏国既建,与太原孙资俱为秘书郎。先是,资亦历县令,参丞相军事[33]。文帝即位,放、资转为左右丞。数月,放徙为令。黄初初,改秘书为中书,以放为监,资为令,各加给事中。放赐爵关内侯,资为关中侯,遂掌机密。三年,放进爵魏寿亭侯,资关内侯。明帝即位,尤见宠任,同加散骑常侍;进放爵西乡侯,资乐阳亭侯[34]。太和末,吴遣将周贺浮海诣辽东,招诱公孙渊。帝欲邀讨之,朝议多为不可。惟资决行策,果大破之,进爵左乡侯[35]。放善为书檄,三祖诏命有所招喻,多放所为。青龙初,孙权与诸葛亮连和,欲俱出为寇。边候得权书,放乃改易其辞,往往换其本文而傅合之,与征东将军满宠,若欲归化,封以示亮。亮腾与吴大将步骘等,骘等以见权,权惧亮自疑,深自解说。是岁,俱加侍中、光禄大夫[36]。景初二年,辽东平定,以参谋之功,各进爵,封本县,放方城侯,资中都侯。

其年,帝寝疾,欲以燕王宇为大将军,及领军将军夏侯献、武卫将军曹爽、屯骑校尉曹肇、骁骑将军秦朗共辅政。宇性恭良,陈诚固辞。帝引见放、资,入卧内,问曰:"燕王正尔为?"放、资对曰:"燕王实自知不堪大任故耳。"帝曰:"曹爽可代宇不?"放、资因赞成。又深陈宜速召太尉司马宣王,以纲维皇室。帝纳其言,即以黄纸授放作诏。放、资既出,帝意复变,诏止宣王勿使来。寻更见放、资:"我自召太尉,而曹肇等反使吾止之,几败吾事!"命更为诏,帝独召爽与放、资俱受诏命,遂免宇、献、肇、朗官。太尉亦至,登床受诏,然后帝崩[37]。齐王即位,以放、资决定大谋,增邑三百,放并前千一百,资千户;封爱子一人亭侯,次子骑都尉,余子皆郎中。正始元年,更加放左光禄大夫,资右光禄大夫,金印紫绶,仪同三司。六年,放转骠骑,资卫将军,领监、令如故。七年,复封子一人亭侯,各年老逊位,以列侯朝朔望,位特进[38]。曹爽诛后,复以资为侍中,领中书令。嘉平二年,放薨,谥曰敬侯。子正嗣[39]。资复逊位归第,就拜骠骑将军,转侍中,特进如故。三年薨,谥曰贞侯。子宏嗣。

放才计优资,而自修不如也。放、资既善承顺主上,又未尝显言得失,抑辛毗而助王思,以是获讥于世。然时因群臣谏净,扶赞其义,并时密陈损益,不专导谀言云。及咸熙中,开建五等,以放、资著勋前朝,改封正方城子,宏离石子[40]。

评曰:程昱、郭嘉、董昭、刘晔、蒋济才策谋略,世之奇士;虽清治德业,殊于荀攸,而筹画所料,是其伦也。刘放文翰,孙资勤慎,并管喉舌,权闻当时,雅亮非体;是故讥诮之声,每过其实矣。

注:

[1]徐众《评》曰:允于曹公,未成君臣。母,至亲也,于义应去。昔王陵母为项羽所拘,母以高祖必得天下,因自杀以固陵志。明心无所系,然后可得成事人尽死之节。卫公子开方仕齐,积年不归,管仲以为不怀其亲,安能爱君,不可以为相。是以求忠臣必于孝子之门,允宜先救至亲。徐庶母为曹公所得,刘备乃遣庶归,欲以天下者恕人子之情也。曹公亦宜遣允。

[2]《魏书》曰:昱少时常梦上泰山,两手捧日。昱私异之,以语荀彧。及兖州反,赖昱得完三城。于是彧以昱梦白太祖。太祖曰:"卿当终为吾腹心。"昱本名立,太祖乃加其上"日",更名昱也。

[3]《魏略》载昱说太祖曰:"昔田横,齐之世族,兄弟三人更王,据千里之地,拥百万之众,与诸侯并南面称孤。既而高祖得天下,而横顾为降虏。当此之时,横岂可为心哉!"太祖:"然,此诚丈夫之至辱也。"昱曰:"昱愚,不识大旨,以为将军之志,不如田横。田横,齐一壮士耳,犹羞为高祖臣。今闻将军欲遣家往邺,将北面而事袁绍。夫以将军之聪明神武,而反不羞为袁绍之下,窃为将军耻之!"其后语与本传略同。

[4]《魏书》曰:太祖征马超,文帝留守,使昱参军事。田银、苏伯等反河间,遣将军贾信讨之。贼有千余人请降,议者皆以宜如旧法,昱曰:"诛降者,谓在扰攘之时,天下云起,故围而后降者不赦,以示威天下,开其利路,使不至于围也。今天下略定,且在邦域之中,此必降之贼,杀之无所威惧,非前日诛降之意。臣以为不可诛也;纵诛之,宜先启闻。"众议者:"军事有专,无请。"昱不答。文帝起入,特引见昱曰:"君有所不尽邪?"昱曰:"凡专命者,谓有临时之急,呼吸之间者耳。今此贼制在贾信之手,无朝夕之变,故老臣不愿举军行之也。"文帝曰:"君虑之善。"即白太祖,太祖果不诛。太祖还,闻之甚悦,谓昱曰:"君非徒明于军计,又善处人父子之间。"

[5]《魏书》曰:昱时年八十。《世语》曰:初,太祖乏食,昱略其县,供三日粮,颇杂以人脯,由是失朝望,故位不至公。

[6]《世语曰》:晓字季明,有通识。

[7]《晓别传》:晓大著文章多亡失,今之存者不能十分之一。

[8]《傅子》:嘉少有远量。汉末天下将乱。自弱冠匿名迹,密交结英俊,不与俗接,故时人多莫知,惟识达者奇之。年二十七,辟司徒府。

[9]《傅子》:太祖谓嘉曰:"本初拥冀州之众,青、并从之,地广兵强,而数为不逊。吾欲讨之,力不敌,如何?"对曰:"刘、项之不敌,公所知也。汉祖唯智胜;项羽虽强,终为所擒。嘉窃料之,绍有十败,公有十胜,虽兵强,无能为也。绍繁礼多仪,

公体任自然,此道胜一也。绍以逆动,公奉顺以率天下,此义胜二也。汉末政失于宽,绍以宽济宽,故不摄,公纠之以猛而上下知制,此治胜三也。绍外宽内忌,用人而疑之,所任唯亲戚子弟,公外易简而内机明,用人无疑,唯才所宜,不间远近,此度胜四也。绍多谋少决,失在后事,公策得辄行,应变无穷,此谋胜五也。绍因累世之资,高议揖让以收名誉,士之好言饰外者多归之,公以至心待人,推诚而行,不为虚美,以俭率下,与有功者无所吝,故天下忠正远见而有实者皆愿为用,此德胜六也。绍见人饥寒,恤念之形于颜色,其所不见,虑或不及也,所谓妇人之仁耳,公于目前小事,时有所忽,至于大事,与四海接,恩之所加,皆出其望,虽所不见,虑之所周,无不济也,此仁胜七也。绍大臣争权,谗言惑乱,公御下以道,浸润不行,此明胜八也。绍是非不可知,公所是进之以礼,所不是正之以法,此文胜九也。绍好为虚势,不知兵要,公以少克众,用兵如神,军人恃之,敌人畏之,此武胜十也。"太祖笑曰:"如卿所言,孤何德以堪之也!"嘉又曰:"绍方北击公孙瓒,可因其远征,东取吕布。不先取布,若绍为寇,布为之援,此深害也。"太祖曰:"然。"

〔10〕《傅子》曰:太祖欲引军还,嘉曰:"昔项籍七十余战,未尝败北,一朝失势而身死国亡者,恃勇无谋故也。今布每战辄破,气衰力尽,内外失守。布之威力不及项籍,而困败过之,若乘胜攻之,此成禽也。"太祖曰:"善。"《魏书》:刘备来奔,以为豫州牧。或谓太祖曰:"备有英雄志,今不早图,后必为患。"太祖以问嘉,嘉曰:"有是。然公提剑起义兵,为百姓除暴,推诚仗信以招俊杰,犹惧其未也。今备有英雄名,以穷归己而害之,是以害贤为名,则智士将自疑,回心择主,公谁与定天下?夫除一人之患,以沮四海之望,安危之机,不可不察!"太祖笑曰:"君得之矣。"《傅子》曰:初,刘备来降,太祖以客礼待之,使为豫州牧。嘉言于太祖曰:"备有雄才而甚得众心。张飞、关羽者,皆万人之敌也,为之死用。嘉观之,备终不为人下,其谋未可测也。古人有言:'一日纵敌,数世之患。'宜早为之所。"是时,太祖奉天子以令天下,方招怀英雄以明大信,未得从嘉谋。会太祖使备要击袁术,嘉与程昱俱驾而谏太祖曰:"放备,变作矣!"时备已去,遂举兵以叛。太祖恨不用嘉之言。案《魏书》所云,与《傅子》正反也。

〔11〕《傅子》曰:太祖欲速征刘备,议者惧军出,袁绍击其后,进不得战而退失所据。语在《武纪》。太祖疑,以问嘉。嘉劝太祖曰:"绍性迟而多疑,来必不速。备新起,众心未附,急击之必败。此存亡之机,不可失也。"太祖曰:"善。"遂东征备。备败奔绍,绍果不出。臣松之案《武纪》,决计征备,量绍不出,皆出自太祖。此云用嘉计,则为不同。又本传称料孙策轻佻,必死于匹夫之手,诚为明于见事。然自非上智,无以知其死在何年也。今正以袭许年死,此盖事之偶合。

〔12〕《傅子》曰:河北既平,太祖多辟召青、冀、幽、并知名之士,渐臣使之,以为省事掾属。皆嘉之谋也。

〔13〕《魏书》载太祖表曰:"臣闻褒忠宠贤,未必当身,念功惟绩,恩隆后嗣。是以楚宗孙叔,显封厥子;岑彭既没,爵及支庶。故军祭酒郭嘉,忠良渊淑,体通性达。每有大议,发言盈庭,执中处理,动无遗策。自在军旅,十有余年,行同骑乘,坐共幄席,东禽吕布,西取眭固,斩袁谭之首,朔平土之众,逾越险塞,荡定乌丸,震威辽东,以枭袁尚。虽假天威,易为指麾,至于临敌,发扬誓命,凶逆克殄,勋实由嘉。方将表显,短命早终。上为朝廷悼惜良臣,下自феь哀丧失奇佐。宜追增嘉封,并前千户,褒亡为存,厚往劝来也。"

〔14〕《魏书》称奕通达见理。奕字伯益,见王昶《家诫》。

〔15〕《傅子》曰:太祖又云:"哀哉奉孝!痛哉奉孝!惜哉奉孝!"

〔16〕《傅子》曰:太祖与荀彧书,追伤嘉曰:"郭奉孝年不满四十,相与周旋十一年,阻险艰难,皆共罹之。又以其通达,见世事无所凝滞,欲以后事属之,何意卒尔失之,悲痛伤心。今表增其子满千户,然何益亡者,追念之感深。且奉孝乃知孤者也;天下人相知者少,又以此痛惜。奈何奈何!"又与或书曰:"追惜奉孝,不能去心。其人见时事兵事,过绝于人。又人多畏病,南方有疫,常言'吾往南方,则不生还'。然与共论计,云当先定荆。此为不但见计之忠厚,必欲立功分,弃命定。事人心乃尔,何得使人忘之!"

〔17〕《世语》曰:嘉孙敞,字泰中,有才识,位散骑常侍。

〔18〕《献帝春秋》曰:昭与列侯诸将议,以丞相宜进爵国公,九锡备物,以彰殊勋;书与荀彧曰:"昔周旦、吕望,当姬氏之盛,因二圣之业,辅翼成王之幼,功勋若彼,犹受上爵,赐土开宇,末世田单,驱蔽齐之众,报殊燕之怨,收城七十,迎复襄王;襄王加赏于单,使东有掖邑之封,西有菑上之虞。前世录功,浓厚如此。今曹公遭海内倾覆,宗庙焚灭,躬擐甲胄,周旋征伐,栉风沐雨,且三十年,芟夷群凶,为百姓除害,使汉室复存,刘氏奉祀。方之曩者数公,若太山之与丘垤,岂同日而论乎?今徒与列将功臣,并侯一县,此岂天下所望哉!"

〔19〕惪,音德。

〔20〕《傅子》曰:"太祖征晔及蒋济、胡质等五人,皆扬州名士。每舍亭传,未曾不讲,所以见重:内论国邑先贤、御贼固守、行军进退之宜,外料敌之变化,彼我虚实、战争之术,夙夜不解。而晔独卧车中,终不一言。济怪而问之,晔答曰:"对明主非精神不接,精神可学而得乎?"及见太祖,太祖果问扬州先贤、贼之形势,四人争对,待次而言。再见如此,太祖每和悦,而晔终不一言。四人笑之。后一见太祖止无所复问,晔乃设远言以动太祖,太祖适知便止。若是者三。其旨趣以为远事宜征精神,独见以尽其机,不宜于狠坐说也。太祖已探见其心矣,坐罢,寻以四人为令,而授晔以心腹之任;每有疑事,辄以函问晔,至一夜数十耳。

〔21〕《傅子》曰:居七日,蜀降者说:"蜀中一日数十惊,备虽斩之而不能安也。"太祖延问晔曰:"今尚可击不?"晔曰:"今已小定,未可击也。"

〔22〕《傅子》曰:初,太祖时,魏讽有重名,自卿相以下皆倾心交之。其后孟达去刘备归文帝,论者多称有乐毅之量。晔一见讽、达而皆知必反,卒如其言。

〔23〕《傅子》曰:孙权遣使求降,帝以问晔。晔对曰:"权无故求降,必内有急。权前袭杀关羽,取荆州四郡,备怒,必大兴师伐之。外有强寇,众心不安,又恐中国承其衅而伐之,故委地求降,一以却中国之兵,二则假中国之援,以强其众而疑敌人。权善用兵,见策知变,其计必出于此。今天下三分,中国十其八。吴、蜀各保一州,阻山依水,有急相救,此小国之利也。今还自相攻,天亡之也。宜大兴师,径渡江袭其内。蜀攻其外,我袭其内,吴之亡不出旬月矣。吴亡则蜀孤。若割吴半,蜀固不能久存,况蜀得其外,我得其内乎!"帝曰:"人称臣降而伐之,疑天下欲来者心,必以为惧,其殆不可!孤何不且受吴降,而袭蜀之后乎?"对曰:"蜀远吴近,又闻中国伐之,便还军,不能止也。今备已怒,故兴兵击吴,闻我伐吴,知吴必亡,必喜而进与我争割吴地,必不改计抑怒救吴,必然之势也。"帝不听,遂受吴降,即拜权为吴王。晔又进曰:"不可。先帝征伐,天下兼其八,威震海内,陛下受禅

即真，德合天地，声暨四远，此实然之势，非卑臣颂言也。权虽有雄才，故汉骠骑将军、南昌侯耳，官轻势卑。士民有畏中国心，不可强逼以成所谋也。不得已受其降，可进其将军号，封十万户侯，不可即以为王也。夫王位，在其一阶耳，其礼秩服御相乱也。彼直为侯，江南士民未有君臣之义也。我信其伪降，就封殖之，荣其位号，定其君臣，是为虎傅翼也。权既受王位，却蜀兵之后，外尽礼事中国，使其国内皆闻之，内为无礼以怒陛下；陛下赫然发怒，兴兵讨之，乃徐告其民曰：'我委身事中国，不爱珍货重宝，随时贡献，不敢失臣礼也，无故伐我，必欲残我国家，俘我民人子女以为僮隶仆妾。'吴民无缘不信其言也。信其言而感怒，上下同心，战加十倍矣。"又不从。遂即拜权为吴王。权将陆议大败刘备，杀其兵八万余人，备仅以身免。权外礼愈卑，而内行不顺，果如晔言。

〔24〕《傅子》曰：晔事明皇帝，又大见亲重。帝将伐蜀，朝臣内外皆曰"不可"。晔入与帝议，因曰"可伐"；出与朝臣言，因曰"不可伐"。晔有胆智，言之皆有形。中领军杨暨，帝之亲臣，又重晔，持不可伐蜀之议最坚，每从内出，辄过晔，晔讲不可之意。后暨从驾行天渊池，帝论伐蜀事，暨引谏。帝曰："卿书生，焉知兵事！"暨谦谢曰："臣出自儒生之末，陛下过听，拔臣群萃之中，立之六军之上，臣有微心，不敢不尽言；臣言诚不足采，侍中刘晔先帝谋臣，常曰蜀不可伐。"帝曰："晔与吾言蜀可伐。"暨曰："晔可召质也。"诏召晔至，帝问晔，终不言。后独见，晔责帝曰："伐国，大谋也，臣得与闻大谋，常恐眯梦漏泄以益臣罪，焉敢向人言之？夫兵，诡道也，军事未发，不厌其密也。陛下显然露之，臣恐敌国已闻之矣。"于是帝谢之。晔见出，责暨曰："夫钓者中大鱼，则纵而随之，须可制而后牵，则无不得也。人主之威，岂徒大鱼而已！子诚直臣，然计不足采，不可不精思也。"暨亦谢之，晔能应变持两端如此。或恶晔于帝曰："晔不尽忠，善伺上意所趋而合之。陛下试与晔言，皆反意而问之，若皆与所问反者，是晔常与圣意合也；复每问皆同者，晔之情必无所逃矣。"帝如言以验之，果得其情，从此疏焉。晔遂发狂，出为大鸿胪，以忧死。谚曰"巧诈不如拙诚，"信矣。以晔之明智权计，若居之以德义，行之以忠信，古之上贤，何以加诸！独任才智，不与世士相经纬，内不推心事上，外困于俗，卒不能自安于天下，岂不惜哉！

〔25〕《王弼传》曰：淮南人刘陶，善论纵横，为当时所推。《傅子》曰：陶字季冶，善名称，有大辩。曹爽时为选部郎，邓飏之徒称之以为伊、吕。当此之时，其人意陵青云，谓玄曰："仲尼不圣。何以知其然？智者图king；天下群愚，如弄一丸于掌中，而不能得天下。"玄以其言大惑，不复详难也。谓之曰："天下之质，变无常也。今见卿perf矣！"爽之败，退居里舍，乃谢其言之过。干宝《晋纪》曰：毌丘俭之起也，大将军以问陶，陶答依违。大将军怒曰："卿平生与吾论天下事，至于今日而更不尽乎？"乃出为平原太守，又追杀之。

〔26〕司马彪《战略》曰：太和六年，明帝遣平州刺史田豫乘海渡，幽州刺史王雄陆道，并攻辽东。蒋济谏曰："凡非相吞之国，不侵叛之臣，不宜轻伐。伐之而不制，是驱使为贼。故曰'虎狼当路，不治狐狸'。先除大害，小害自己。今海表之地，累世委质，岁选计吏，不乏职贡，议者先之。正使一举便克，得其民不足益国，得其财不足为富，倘其不克，是为结怨失信也。"帝不听，豫行竟无成而还

〔27〕《汉晋春秋》曰：公孙渊闻魏将来讨，复称臣于孙权，乞兵自救。帝问济："孙权其救辽东乎？"济曰："彼知官备已固，利

不可得，深入则非力所能，浅入则劳而无获；权虽子弟在危，犹将不动，况异域之人，兼以往者之辱乎！今所以外扬此声者，诳其行人疑于我，我之不克，冀折后事耳也。然沓渚之间，去渊尚远，若大军相持，事不速决，则权之浅规，或轻兵掩袭，未可测也。"

〔28〕《列异传》曰：济为领军，其妇梦见亡儿涕泣曰："死生异路，我生时为卿相子孙，今在地下为泰山伍伯，憔悴困辱，不可复言。今太庙西讴士孙阿，今见召为泰山令，愿母为白侯，属阿令转我得乐处。"言讫，母忽然惊寤，明日以白济。济曰："梦为尔耳，不足怪也。"明日暮，复梦曰："我来迎新君，止在庙下。未发之顷，暂得来归。新君明日中当发，临发多事，不复得见，永辞于此。侯气强，难感悟，故自诉于母，愿重启侯，何惜不一试验之？"遂道阿之形状，言甚备悉。天明，母重启侯，"虽云梦不足怪，此何太适适！亦何惜不一验之？"济乃遣人诣太庙下，推问孙阿，果得，形状证验悉如儿言。济涕泣曰："几负吾儿！"于是乃见孙阿，具语其事。阿不惧当死，而喜得为泰山令，惟恐济言不信也。曰："若如节下言，阿之愿也。不知贤子欲得何职？"济曰："随地下乐者与之。"阿曰："辄当奉教。"乃厚赏之，言讫遣还。济欲速知其验，从领军门至庙下，十步安一人，以传呼消息。辰时传阿心痛，巳时传阿剧，日中传阿亡。济泣曰："虽哀吾儿之不幸，且喜亡者有知。"后月余，儿复来语母曰："已得转为录事矣。"

〔29〕臣松之案蒋济《立郊议》称《曹腾碑文》云"曹氏族出自邾"，《魏书》述曹氏胤绪亦如之。魏武作《家传》，自云曹叔振铎之后。故陈思王作《武帝诔》曰："於穆武皇，胄稷胤周。"此其不同者也。及至景初，明帝从高堂隆议，谓魏为舜后，后魏《禅晋文》，称"昔我皇祖有虞"，则其异弥甚。寻济难隆，及与尚书缪袭往反，并有理据，文多不载。济亦未能定氏族所出，但谓"魏非舜后而横祀非族，降黜太祖，不配正天，皆为缪妄。"然于时竟莫能正。济又难郑玄注《祭法》云"有虞以上尚德，禘郊祖宗，配用有德，自夏已下，稍用其姓氏"。济曰："夫虬龙神于獭，獭自祭其先，不祭虬龙也。骐驎白虎仁于豺，豺自祭其先，不祭骐虎也。如玄之说，有虞已上，豺獭之不若邪？臣以为祭法所云，见惑学者久矣，郑玄不考正其违而就通其义。"济豺獭之譬，虽似俳谐，然其义旨，有可求焉。

〔30〕孙盛曰：蒋济之辞邑，可谓不负心矣，语曰"不为利回，不为义疚"，蒋济其有焉。

〔31〕《世语》曰：初，济随司马宣王屯洛水浮桥，济书与曹爽，言宣王旨"惟免官而已"，爽遂诛灭。济病其言之失信，发病卒。

〔32〕祋，音都沽反。翃音诩。

〔33〕《资别传》曰：资字彦龙。幼而岐嶷，三岁丧二亲，长于兄嫂。讲业太学，博览传记，同郡王允一见而奇之。太祖为司空，又辟资。会兄为乡人所害，资手刃报仇，乃将家属避地河东，故遂不应命。寻复为本郡所命，以疾辞。友人河东贾逵谓资曰："足下抱逸群之才，值旧邦倾覆，主将殷勤，千里延颈，宜崇古贤桑梓之义。而久盘桓，拒违君命，斯犹曜和璧于秦王之庭，而塞以连城之价耳。窃为足下不取也！"资感其言，遂往应之。到署功曹，举计吏。尚书令荀彧见资，叹曰："北州丧乱已久，谓其贤智零落，今日乃复见孙计乎！"表留以为尚书郎。辞以家难，得还河东

〔34〕《资别传》曰：诸葛亮出在南郑，时议者以为可因大发兵，就讨之，帝意亦然，以问资。资曰："昔武皇帝征南郑，取张鲁

阳平之役，危而后济。又自往拔出夏侯渊军，数言'南郑直为天狱，中斜谷道为五百里石穴耳'，言其深险，喜出渊军之辞也。又武皇察圣于用兵，察蜀贼栖于山岩，视吴虏窜于江湖，皆挠而避之，不责将士之力，不争一朝之忿，诚所谓见胜而战，知难而退也。今若进军就南郑讨亮，道既险阻，计用精兵及转运镇守南方四州遏御水贼，凡用十五六万人，必当复更有所发兴。天下骚动，费力广大，此诚陛下所宜深虑。夫守战之力，力役参倍。但以今日见兵，分命大将据诸要险，威足以震摄强寇，镇静疆场，将士虎睡，百姓无事。数年之间，中国日盛，吴、蜀二虏必自罢弊。"帝由是止。时吴人彭绮又举义江南，议者以为因此伐之，必有所克。帝问资，资曰："鄱阳宗人前后数有举义者，众弱谋寡，旋辄乖散。昔文皇帝尝密论贼形势，言洞浦杀万人，得船千万，数日间船人复会；江陵被围历月，权裁以千数百兵住东门，而其土地无崩解者。是有法禁，上下相奉持之明验也。以此推绮，惧未能为权腹心大疾也。"绮果寻败亡。

〔35〕《魏氏春秋》曰：乌丸校尉田豫帅西部鲜卑泄归尼等出塞，讨轲比能、智郁筑鞬，破之，还至马邑故城，比能帅三万骑围豫。帝闻之，计未有所出，如中书省以问监、令。令孙资对曰："上谷太守阎志，柔弟也，为比能所归信。令驰诏使说比能，可不劳师而自解矣。"帝从之，比能果释豫而还。

〔36〕《资别传》曰：是时，孙权、诸葛亮号称剧贼，无岁不有军征。而帝总摄群下，内图御寇之计，外规庙胜之画，资管之。然自以受腹心，常让事于帝："动大众，举大事，宜与群下共之；既以示明，且于探求为广。"既朝臣会议，资奏当其是非，择其善者推成之，终不显己之德也。若众人有谮过及爱憎之说，辄复为请解，以塞潜润之端。如征东将军满宠、凉州刺史徐邈，并有谮毁之者，资皆叙陈其素行，使卒无纤介。宠、邈得保其功名者，资之力也。初，资在邦邑，名出同类之右。乡人司空掾孙田豫、梁相宗艳皆妒害之，而杨丰党附豫等，专为资构造谤端，怨隙甚重。资既不以为言，而终无恨意。豫等惭服，求释宿憾，结为婚姻。资谓之曰："吾无憾心，不知所释。此为卿自薄之，卿自厚之耳！"乃为长子宏取其女。及当显位，而田豫老疾在家。资遇之甚厚，又致子于本郡，以为孝廉。而杨丰后为尚方吏，帝以职事谴怒，欲致之法，资请活之。其不念旧恶如此。

〔37〕《世语》曰：放、资久典机任，献、肇心内不平。殿中有鸡栖树，二人相谓："此亦久矣，其能复几？"指谓放、资。放、资惧，入劝帝召宣王。帝作手诏，令send使辟邪至，以授宣王。宣王在汲，献等先诏令于轵关西还长安，辟邪又至，宣王疑有变，呼辟邪具问，乃乘追锋车驰至京师。帝问放、资："谁可与太尉对者？"放曰："曹爽。"帝曰："堪其事不？"爽在左右，流汗不能对。放蹑其足，耳之曰："臣以死奉社稷。"曹肇弟纂为大将军司马，燕王颇失指。肇出，纂见，惊曰："上不安，云何悉共出？宜还。"已暮，放、资宣诏宫门，不得复内肇等，罢燕王。肇明日至门，不得入，惧，诣廷尉，以职事失宜免。帝谓献曰："吾已差，便出。"献流涕而出，亦免。案《世语》所云树置先后，与本传不同。《资别传》曰：帝谓资曰："吾年稍长，又历观书传中，皆叹息无所不念。图万年后计，莫过使亲人广据职势，兵任又重。今射声校尉缺，久欲得亲人，谁可用者？"资曰："陛下思深虑远，诚非愚臣所及。书传所载，皆圣听所究，向使汉高不知平、勃能安刘氏，孝武不识金、霍付以事，殆不可言！文皇帝始召曹真还时，亲诏臣以重虑，及至晏驾，陛下即阼，犹有曹休外内之望，赖遭日月，御勒不倾，使各守分职，纤介不间。以此推之，亲臣贵戚，虽当

据势握兵，宜使轻重素定。若诸侯典兵，力均衡平，宠齐爱等，则不相为服；不相为服，则意有异同。今五营所领见兵，常不过数百，选授校尉，如此辈类，为有畴匹。至于重大之任，能有所维纲者，宜以圣恩简择，如平、勃、金、霍、刘章等一二人，渐殊其威重，使相镇固，于事为善。"帝曰："然。如卿言，当为吾远虑所图。今日可参平、勃、倅金、霍，双刘章者，其谁哉？"资曰："臣闻知人则哲，惟帝难之。唐虞之圣，凡所进用，明试以功。陈平初事汉祖，绛、灌等谤平有受金盗嫂之罪。周勃以吹箫引强，始事高祖，亦未知名也；高祖察其行迹，然后知可付以大事。霍光给事中二十余年，小心谨慎，乃见亲信。日䃅夷狄，以至孝质直，特见擢用，左右尚曰'妄得一胡儿而重贵之'。平、勃虽安汉嗣，其终，勃被反名，平劣自免于吕须之谮。上官桀、桑弘羊与霍光争权，几成祸乱。此诚知人之不易，为臣之难也。又所简择，当得陛下所亲，当得陛下所信，诚非愚臣之所能识别。"臣松之以为孙、刘于时号为专任，制断机密，政事无不综。资、放被托付之问，当安危所断，而更依违其对，无有适莫。受人亲任，理岂得然？案本传及诸书并云放、资称赞曹爽，劝召宣王，魏室之亡，祸基于此。资之别传，出自其家，欲以是言掩其大失，然恐负国之玷，终莫能磨也。

〔38〕《资别传》曰：大将军爽专事，多变易旧章，资叹曰："吾累世蒙宠，加以豫闻属托，今纵不能匡弼时事，可以坐受素餐之禄邪？"遂固称疾。九年二月，乃赐诏曰："君掌机密三十余年，经营庶事，勋著前朝。暨朕统位，动赖良谋。是以曩者增崇宠章，同之三事，外帅群官，内望谠言。属以年耆疾笃，上还印绶，前后累重，辞旨恳切。天地以大顺成德，君子以善恕成仁，重以职事，违夺君志，今听所执，赐钱百万，使兼光禄勋少府亲策诏君养疾于第。君其勉进医药，颐神和气，以永无疆之祚。置舍人官骑，加以日秩肴酒之膳焉。"

〔39〕臣松之案《头责子羽》曰：士卿刘许字文生，正之弟也。与张华六人，并称文辞可观，意思详序。晋惠帝世，许为越骑校尉。

〔40〕案《孙氏谱》：宏为南阳太守。宏子楚，字子荆。《晋阳秋》曰："楚乡人王济，豪俊公子也，为本州大中正。访问求楚品状，济曰：'此人非卿所能名也。'自状之曰：'天才英博，亮拔不群。'"楚位至讨房护军、冯翊太守。楚子洵，颍川太守。洵子盛，字安国，给事中，秘书监。盛从父绰彦，字兴公，廷尉正。楚及盛、绰，并有文藻，盛又善言名理，诸所论著，并传于世。

卷十五　刘司马梁张温贾传十五

刘馥字元颖，沛国相人也。避乱扬州，建安初，说袁术将戚寄、秦翊，使率众与俱诣太祖。太祖悦之，司徒辟为掾。后孙策所置庐江太守李述攻杀扬州刺史严象，庐江梅乾、雷绪、陈兰等聚众数万在江、淮间，郡县残破。太祖方有袁绍之难，谓馥可任以东南之事，遂表为扬州刺史。馥既受命，单马造合肥空城，建立州治，南怀绪等，皆安集之，贡献相继。数年中恩化大行，百姓乐其政，流民越江山而归者以万数。于是聚诸生，立学校，广屯田，兴治芍陂及茹陂、七门、吴塘诸堨以溉稻田，官民有畜。又高为城垒，多积木石，编作草苫数千万枚，益贮鱼膏数千斛，为战守

备。建安十三年卒。孙权率十万众攻围合肥城百余日,时天连雨,城欲崩,于是以苫蓑覆之,夜然脂照城外,视贼所作而为备,贼以破走。扬州士民益追思之,以为虽董安于之守晋阳,不能过也。及陂塘之利,至今为用。

馥子靖,黄初中从黄门侍郎迁庐江太守,诏曰:"卿父昔为彼州,今卿复据此郡,可谓克负荷者也。"转任河内,迁尚书,赐爵关内侯,出为河南尹。散骑常侍应璩书与靖曰:"入作纳言,出临京任。富民之术,日引月长。藩落高峻,绝穿窬之心。五种别出,远水火之灾。农器必具,无失时之阙。蚕麦有苦备之用,无雨湿之虞。封符指期,无流连之吏。鳏寡孤独,蒙廪振之实。加之以明擿幽微,重之以秉宪不挠;有司供承王命,百里垂拱仰办。虽昔赵、张、三王之治,未足以方也。"靖为政类如此。初虽如碎密,终于百姓便之,有馥遗风。母丧去官,后为大司农、卫尉,进封广陆亭侯,邑三百户。上疏陈儒训之本曰:"夫学者,治乱之轨仪,圣人之大教也。自黄初以来,崇立太学二十余年,而寡有成者,盖由博士选轻,诸生避役,高门子弟,耻非其伦,故无学者。虽有其名而无其人,虽设其教而无其功。宜高选博士,取行为人表,经任人师者,掌教国子。依遵古法,使二千石以上子孙,年从十五,皆入太学。明制黜陟荣辱之路,其经明行修者,则进之以崇德;荒教废业者,则退之以惩恶;举善而教,不能则劝,浮华交游,不禁自息矣。阐弘大化,以绥未宾;六合承风,远人来格。此圣人之教,致治之本也。"后迁镇北将军,假节,都督河北诸军事。靖以为"经常之大法,莫善于守防,使民夷有别"。遂开拓边守,屯据险要。又修广戾陵渠大堨,水溉灌蓟南北;三更种稻,边民利之。嘉平六年薨,追赠征北将军,进封建成乡侯,谥曰景侯。子熙嗣[1]。

司马朗字伯达,河内温人也[2]。九岁,人有道其父字者,朗曰:"慢人亲者,不敬其亲者也。"客谢之。十二,试经为童子郎,监试者以其身体壮大,疑朗匿年,劾问。朗曰:"朗之内外,累世长大,朗虽稚弱,无仰高之风,损年以求早成,非志所为也。"监试者异之。后关东兵起,故冀州刺史李邵家居野王,近山险,欲徙居温。朗谓邵曰:"唇齿之喻,岂唯虞、虢,温与野王即是也;今去彼而居此,是为避朝亡之期耳。且君,国人之望也,今寇未至而先徙,带山之县必摇,是摇动民之心而开奸宄之原也,窃为郡内忧之。"邵不从。边山之民果乱,内徙,或为寇抄。是时董卓迁天子都长安,卓因留洛阳。朗父防为治书御史,当徙西,以四方云扰,乃遣朗将家属还本县。或有告朗欲逃亡者,执以诣卓,卓谓朗曰:"卿与吾亡儿同岁,几大相负!"朗因曰:"明公以高世之德,遭阳九之会,清除群秽,广举贤士,此诚虚心垂虑,将兴大治也。威德以隆,功业以著,而兵难日起,州郡鼎沸,郊境之内,居不安业,捐弃居产,流亡藏窜,虽四关设禁,重加刑戮,犹不绝息,此朗之所以为邑也。愿明公监观往事,少加三思,即荣名并于日月,伊、周不足俦也。"卓曰:"吾亦悟之,卿言有意[3]!"

朗知卓必亡,恐见留,即散财物以赂遗卓用事者,求归乡里。到谓父老曰:"董卓悖逆,为天下所仇,此忠臣义士奋发之时也。郡与京都境壤相接,洛东有成皋,北界大河,天下兴义兵者若未得进,其势必停于此。此乃四分五裂战争之地,难以自安,不如及道路尚通,举宗东到黎阳。黎阳有营兵,赵威孙乡里旧婚,为监营谒者,统兵马,足以为主。若后有变,徐复观望未晚也。"父老恋旧,莫有从者,惟同县赵咨,将家属俱与朗往焉。后数月,关东诸州郡起兵,众数十万,皆集荥阳及河内。诸将不能相一,纵兵抄掠,民人死者且半。久之,关东兵散,太祖与吕布相持于濮阳,朗乃将家还温。时岁大饥,人相食,朗收恤宗族,教训诸弟,不为衰世解业。

年二十二,太祖辟为司空掾属,除成皋令,以病去,复为堂阳长。其治务宽惠,不行鞭杖,而民不犯禁。先时,民有徙充都内者,后县调当作船,徙民恐其不办,乃相率私还助之,其见爱如此。迁元城令,入为丞相主簿。朗以为:"天下土崩之势,由秦灭五等之制,而郡国无蒐狩习战之备故也。今虽五等未可复行,可令州郡并置兵,外备四夷,内威不轨,于策为长。"又以为:"宜复井田。往者以民各有累世之业,难中夺之,是以至今。今承大乱之后,民人分散,土业无主,皆为公田,宜及此时复之。"议虽未施行,然州郡领兵,朗本意也。迁兖州刺史,政化大行,百姓称之。虽在军旅,常粗衣恶食,俭以率下。雅好人伦典籍,乡人李觏等盛得名誉,朗常显贬下之;后觏等败,时人服焉。钟繇、王粲著论云:"非圣人不能致太平。"朗以为伊、颜之徒虽非圣人,使得数世相承,太平可致[4]。

建安二十二年,与夏侯惇、臧霸等征吴。到居巢,军士大疫,朗躬巡视,致医药。遇疾卒,时年四十七。遗命布衣幅巾,敛以时服,州人追思之[5]。明帝即位,封朗子遗昌武亭侯,邑百户。朗弟孚又以子望继朗后。遗薨,望子洪嗣[6]。

初,朗所与俱徙赵咨,官至太常,为世好士[7]。

梁习字子虞,陈郡柘人也,为郡纲纪。太祖为司空,辟召为漳长,累转乘氏、海西、下邳令,所在有治名。还为西曹令史,迁为属。并土新附,习以别部司马领并州刺史。时承高幹荒乱之余,胡狄在界,张雄跋扈,吏民亡叛,入其部落;兵家拥众,作为寇害,更相扇动,往往棋跱。习到官,诱谕招纳,皆礼召其豪右,稍稍荐举,使诣幕府;豪右已尽,乃次发诸丁强以为义从;又因大军出征,分请以为勇力。吏兵已去之后,稍移其家,前后送邺凡数万口;其不从命者,兴兵致讨,斩首千数,降附者万计。单于恭顺,名王稽颡,部曲服事供职,同于编户。边境肃清,百姓布野,勤劝农桑,令行禁止。贡达名士,咸显于世,语在《常林传》。太祖嘉之,赐爵关内侯,更拜为真。长老称咏,以为自所闻识,刺史未有及习者。建安十八年,州并属冀州,更拜议郎、西部都督从事,统属冀州,总故部曲。又使于上党取大材供邺宫室。习表置屯田都尉二人,领客六百夫,于道次耕种菽粟,以给人牛之费。后单于入侍,西北无虞,习之绩也[8]。文帝践阼,复置并州,复为刺史,进封申门亭侯,邑百户;政治常为天下最。太和二年,征拜大司农。习在州二十余年,而居处贫穷,无方面珍物,明帝异之,礼赐甚厚。

初,济阴王思与习俱为西曹令史。思因直日白事,失太祖指。太祖大怒,教召主者,将加重辟。时思近出,习代往对,已被收执矣,思乃驰还,自陈己罪,罪应受死。太祖叹习之不言,思之识分,曰:"何意吾军中有二义士乎[9]?"后同时擢为刺史,思领豫州。思亦能吏,然苛碎无大体,官至九卿,封列侯[10]。

张既字德容,冯翊高陵人也,年十六,为郡小吏[11]。后历右职,举孝廉,不行。太祖为司空,辟,未至,举茂才,除新丰令,治为三辅第一。袁尚拒太祖于黎阳,遣所置河东太守郭援、并州刺史高幹及匈奴单于取平阳,发使西与关中诸将合从。司隶校尉钟繇遣既说将军马腾等,既为言利害,腾等从之。腾遣子超将兵万余人,与繇会击幹、援,大破之,斩援首。幹及单于皆降。其后幹复举并州反。河内张晟众万余人无所属,寇殽、渑间,河东卫固、弘农张琰各起兵以应之。太祖以既为议郎,参繇军事,使西征诸将马腾等,皆引兵会击晟等,破之。斩琰、固首,幹奔荆州。封既武始亭侯。太祖将征荆州,而腾等分据关中。太祖复遣既喻腾等,令释部曲求还。腾已许之而更犹豫,既恐为变,乃移诸县促储偫,二千石郊迎。腾不得已,发东。太祖表腾为卫尉,子超为将军,统其众。后超反,既从太祖破超于华阴,西定关右。以既为京兆尹,招怀流民,兴复县邑,百姓怀之。魏国既建,为尚书,出为雍州刺史。太祖谓既曰"还君本州,可谓衣绣昼行矣。"从征张鲁,别以散关入讨叛氐,收其麦以给军食。鲁降,既说太祖拔汉中民数万户以实长安及三辅。其后与曹洪破吴兰于下辩,又与夏侯渊讨宋建,别攻临洮、狄道,平之。是时,太祖徙民以充河北,陇西、天水、南安民相恐动,扰扰不安,既假三郡人为将吏者休课,使治屋宅,作水碓,民心遂安。太祖将拔汉中守,恐刘备北取武都氐以逼关中,问既。既曰:"可劝使北出就谷以避贼,前至者厚其宠赏,则先者知利,后必慕之。"太祖从其策,乃自到汉中引出诸军,令既之武都,徙氐五万余落出居扶风、天水界[12]。

是时,武威颜俊、张掖和鸾、酒泉黄华、西平麹演等并举郡反,自号将军,更相攻击。俊遣使送母及子诣太祖为质,求助。太祖问既,既曰:"俊外假国威,内生傲悖,计定势足,后即反耳。今方事定蜀,且宜两存而斗之,犹卞庄子之刺虎,坐收其毙也。"太祖曰:"善。"岁余,鸾遂杀俊,武威王秘又杀鸾。是时不置凉州,自三辅拒西域,皆属雍州。文帝即王位,初置凉州,以安定太守邹岐为刺史。张掖张进执郡守举兵拒岐,黄华、麹演各逐故太守,举兵以应之。既进兵为护羌校尉苏则声势,故则得以有功。既进爵都乡侯。凉州卢水胡伊健妓妾、治元多等反,河西大扰。帝忧之,曰:"非既莫能安凉州。"乃召邹岐,以既代之。诏曰:"昔贾复请击郾贼,光武笑曰:'执金吾击郾,吾复何忧?'卿谋略过人,今则其时。以便宜从事,勿复先请。"遣护军夏侯儒、将军费曜等继其后。既至金城,欲渡河,诸将守以为"兵少道险,未可深入"。既曰:"道虽险,非井陉之隘,夷狄乌合,无左车之计,今武威危急,赴之宜速。"遂渡河。贼

七千余骑逆拒军于鹯阴口,既扬声军由鹯阴,乃潜由且次出至武威。胡以为神,引还显美。既已据武威,曜乃至,儒等犹未达。既劳赐将士,欲进军击胡。诸将皆言:"士卒疲倦,虏众气锐,难与争锋。"既曰:"今军无见粮,当因敌为资。若虏见兵合,退依深山,追之则道险穷饿,兵还则出候寇抄。如此,兵不得解,所谓'一日纵敌,患在数世'也。"遂前军显美。胡骑数千,因大风欲放火烧营,将士皆恐。既夜藏精卒三千人为伏,使参军成公英督千余骑挑战,敕使阳退。胡果争奔之,因发伏截其后,首尾进击,大破之,斩首获生以万数[13]。帝甚悦,诏曰:"卿逾河历险,以劳击逸,以寡胜众,功过南仲,勤逾吉甫。此勋非但破胡,乃永宁河右,使吾长无西顾之念矣"徙封西乡侯,增邑二百,并前四百户。

酒泉苏衡反,与羌豪邻戴及丁令胡万余骑攻边县。既与夏侯儒击破之,衡及邻戴等皆降。遂上疏请与儒治左城,筑障塞,置烽候、邸阁以备胡[14]。西羌恐,率众二万余落降。其后西平麹光等杀其郡守,诸将欲击之,既曰:"唯光等为造反,郡人未必悉同。若便以军临之,吏民羌胡必谓国家不别是非,更使皆相持着,此为虎傅翼也。光等欲以羌胡为援,今先使羌胡抄击,重其赏募,所虏获者皆以畀之。外沮其势,内离其交,必不战而定。"乃檄告谕诸羌:为光等所诖误者原之;能斩贼帅送首者当加封赏。于是光部党斩送光首,其余咸安堵如故。

既临二州十余年,政惠著闻,其所礼辟扶风庞延、天水杨阜、安定胡遵、酒泉庞淯、敦煌张恭、周生烈等,终皆有名位。[15]黄初四年薨。诏曰:"昔荀桓子立勋翟土,晋侯赏以千室之邑;冯异输力汉朝,光武封其二子。故凉州刺史张既,能容民蓄众,使群羌归土,可谓国之良臣,不幸薨陨,朕甚愍之,其赐小子翁归爵关内侯。"明帝即位,追谥曰肃侯。子缉嗣。缉以中书郎稍迁东莞太守。嘉平中,女为皇后,征拜光禄大夫,位特进,封妻向为安城乡君。缉与中书令李丰同谋,诛。语在《夏侯玄传》[16]。

温恢字曼基,太原祁人也。父恕,为涿郡太守,卒。恢年十五,送丧还归乡里,内足于财。恢曰:"世方乱,安以富为?"一朝尽散,振施宗族。州里高之,比之郇越。举孝廉,为廪丘长,鄢陵、广川令,彭城、鲁相,所在见称。入为丞相主簿,出为扬州刺史。太祖曰:"甚欲使卿在亲近,顾以为不如此州事大。故《书》云:'股肱良哉!庶事康哉!'得无当得蒋济为治中邪?"时济见为丹杨太守,乃遣济还州。又语张辽、乐进等曰:"扬州刺史晓达军事,动静与共咨议。"

建安二十四年,孙权攻合肥,是时诸州皆屯戍。恢谓兖州刺史裴潜曰:"此间虽有贼,不足忧,而畏征南方有变。今水生而子孝县军,无有远备。关羽骁锐,乘利而进,必将为患。"于是有樊城之事。诏书召潜及豫州刺史吕贡等:"潜等缓之。"恢密语潜曰:"此必襄阳之急欲赴之也。所以不为急会者,不欲惊动远众。一二日必有密书促卿进道,张辽等又将被召。辽等素知王意,后召前至,卿受其责矣!"潜受其言,置辎重,更为轻装速发,果被促令。辽等寻各见召,如恢所策。

文帝践阼,以恢为侍中,出为魏郡太守。数年,迁凉州刺史,持节领护羌校尉。道病卒,时年四十五。诏曰:"恢有柱石之质,服事先帝,功勤明著。及为朕执事,忠于王室,故授之以万里之任,任之以一方之事。如何不遂,吾甚愍之!"赐恢子生爵关内侯。生早卒,爵绝。恢卒后,汝南孟建为凉州刺史,有治名,官至征东将军[17]。

贾逵字梁道,河东襄陵人也。自为儿童,戏弄常设部伍,祖父习异之,曰:"汝大必为将率。"口授兵法数万言[18]。初为郡吏,守绛邑长。郭援之攻河东,所经城邑皆下,逵坚守,援攻之不拔,乃召单于并军急攻之。城将溃,绛父老与援要,不害逵。绛人既溃,援闻逵名,欲使为将,以兵劫之,逵不动。左右引逵使叩头,逵叱之曰:"安有国家长吏为贼叩头!"援怒,将斩之。绛吏民闻将杀逵,皆乘城呼曰:"负要杀我贤君,宁俱死耳!"左右义逵,多为请,遂得免[19]。初,逵过皮氏,曰:"争地先据者胜。"及围急,知不免,乃使人间行送印绶归郡,且曰"急据皮氏"。援既并绛众,将进兵。逵恐其先得皮氏,乃以他计疑援谋人祝奥,援由是留七日。郡从逵言,故得无败[20]。后举茂才,除渑池令。高幹之反,张琰将举兵以应之。逵不知其谋,往见琰。闻变起,欲还,恐见执,乃为琰画计,如与同谋者,琰信之。时县寄治蠡城,城堑不固,逵从琰求兵修城。诸欲为乱者皆不隐其谋,故逵得尽诛之。遂修城拒琰。琰败,逵以丧祖父去官,司徒辟为掾,以议郎参司隶军事。太祖征马超,至弘农,曰:"此西道之要。"以逵领弘农太守。召见计事,大悦之,谓左右曰:"使天下二千石悉如贾逵,吾何忧?"其后发兵,逵疑屯田都尉藏亡民。都尉自以不属郡,言语不顺。逵怒,收之,数以罪,折折脚,坐免。然太祖心善逵,以为丞相主簿[21]。太祖征刘备,先遣逵至斜谷观形势。道逢水衡,载囚人数十车,逵以军事急,辄竟重者一人,皆放其余。太祖善之,拜谏议大夫,与夏侯尚共掌军计。太祖崩洛阳,逵典丧事[22]。时鄢陵侯彰行越骑将军,从长安来赴,问逵:"先王玺绶所在?"逵正色曰:"太子在邺,国有储副。先王玺绶,非君侯所宜问也。"遂奉梓宫还邺。

文帝即王位,以邺县户数万在都下,多不法,乃以逵为邺令。月余,迁魏郡太守[23]。大军出征,复为丞相主簿祭酒。逵尝坐人为罪,王曰:"叔向犹十世宥之,况逵功德亲在其身乎?"从至黎阳津,渡者乱行,逵斩之,乃整。至谯,以逵为豫州刺史[24]。是时天下初复,州郡多不摄。逵曰:"州本以御史出监诸郡,以六条诏书察长吏二千石已下,故其状皆言严能鹰扬有督察之才,不言安静宽仁有恺悌之德也。今长吏慢法,盗贼公行,州知而不纠,天下复何取正乎?"兵曹从事受前刺史假,逵到官数月,乃还。考竟其二千石以下阿纵不如法者,皆举奏免之。帝曰:"逵真刺史矣。"布告天下,当以豫州为法。赐爵关内侯。州南与吴接,逵明斥候,缮甲兵,为守战之备,贼不敢犯。外修军旅,内治民事,遏鄢、汝,造新陂,又断山溜长溪水,造小弋阳陂,又通运渠二百余里,所谓贾侯渠者也。黄初中,与诸将并征吴,破吕范于洞浦,进封阳里亭侯,加建威将军。明帝即位,增邑二百户,并前四百户,时孙权在东

关,当豫州南,去江四百余里。每出兵为寇,辄西从江夏,东从庐江。国家征伐,亦由淮、沔。是时州军事在项,汝南、弋阳诸郡,守境而已。权无北方之虞,东西有急,并军相救,故常少败。逵以为宜开直道临江,若权自守,则二方无救;若二方无救,则东关可取。乃移屯潦口,陈攻取之计,帝善之。

吴将张婴、王崇率众降。太和二年,帝使逵督前将军满宠、东莞太守胡质等四军,从西阳直向东关,曹休从皖,司马宣王从江陵。逵至五将山,休更表贼有请降者,求深入应之。诏宣王驻军,逵东与休合进。逵度贼无东关之备,必并军于皖;休深入与贼战,必败。乃部署诸将,水陆并进,行二百里,得生贼,言休战败,权遣兵断夹石。诸将不知所出,或欲待后军。逵曰:"休兵败于外,路绝之内,进不能战,退不得还,安危之机,不及终日。贼以军无后继,故至此;今疾进,出其不意,此所谓先人以夺其心也,贼见吾兵必走。若待后军,贼已断险,虽多何益!"乃兼道进军,多设旗鼓为疑兵,贼见逵军,遂退。逵据夹石,以兵粮给休,休军乃振。初,逵与休不善。黄初中,文帝欲假逵节,休曰:"逵性刚,素侮易诸将,不可为督。"帝乃止。及夹石之败,微逵,休军几无救也[25]。会病笃,谓左右曰:"受国厚恩,恨不斩孙权以下见先帝。丧事一不得有所修作。"薨,谥曰肃侯[26]。子充嗣。豫州吏民追思之,为刻石立祠。青龙中,帝东征,乘辇入逵祠,诏曰:"昨过项,见贾逵碑像,念之怆然。古人有言,患名之不立,不患年之不长。逵存有忠勋,没而见思,可谓死而不朽者矣。其布告天下,以劝将来[27]。"充,咸熙中为中护军[28]。

评曰:自汉季以来,刺史总统诸郡,赋政于外,非若曩时司察之而已。太祖创基,迄终魏业,此皆其流称誉有名实者也。咸精达事机,威恩兼著,故能肃齐万里,见述于后也。

注:
[1]《晋阳秋》曰:刘弘字叔和,熙之弟也。弘与晋世祖同年,居同里,以旧恩屡登显位。自靖至弘,世不旷名,而有政事才。晋西朝之末,弘为车骑大将军开府,荆州刺史,假节都督荆、交、广州诸军事,封新城郡公。其在江、汉,值王室多难,得专命一方,尽其器能。推诚群下,励以公义,简刑狱,务农桑。每有兴发,手书郡国,丁宁款密,故莫不感悦,颠倒奔赴,咸曰:"得刘公一纸书,贤于十部从事也。"时帝在长安,命弘得选用宰守。征士武陵伍朝高尚其事,牙门将皮初有勋江汉,弘上朝为零陵太守,初为襄阳太守。诏书以襄阳显郡,初资名轻浅,以弘婿夏侯陟为襄阳。弘曰:"夫统天下者当与天下同心,治一国者当与一国推实。吾统荆州十郡,安得十女婿,然后为治哉!"表"陟姻亲,旧制不得相监临事,初勋宜见酬"。报听之,众益服其公当。广汉太守辛冉以天子蒙尘,四方云扰,进从横计于弘。弘怒斩之,时人莫不称善。《晋诸公赞》曰:于是天下虽乱,荆州安全。弘有刘景升保有江汉之志,不附太傅司马越。越甚衔之。会弘病卒。子璠,北中郎将。
[2]司马彪《序传》曰:朗祖父俊,字元异,博学好古,倜傥有大度。长八尺三寸,腰带十围,仪状魁岸,与众有异,乡党宗族咸景附焉。位至颍川太守。父防,字建公,性质直公方,虽闲

居宴处，威仪不忒。雅好《汉书》名臣列传，所讽诵者数十万言。少仕州郡，历官洛阳令、京兆尹，以年老转拜骑都尉。养志闾巷，阖门自守。诸子虽冠成人，不命日不敢进，不命日坐不敢坐，不指有所问不敢言，父子之间肃如也。年七十一，建安二十四年终。有子八人，朗最长。次即晋宣皇帝也。

〔3〕臣松之案朗此对，但为称述卓功德，末相箴诲而已。了不自申释，而卓便云"吾亦悟之，卿言有意"！客主之辞如为不相酬塞也。

〔4〕《魏书》曰：文帝善朗论，命秘书录其文。孙盛曰：繇既失之，朗亦未为得也。昔"汤举伊尹，而不仁者远矣"。《易》称"颜氏之子，其殆庶几乎！有不善未尝不知，知之未尝复行"。由此而言，圣人之与大贤，行藏道一，舒卷斯同，御世垂风，理无降异；升泰之美，岂俟积世驾？"善人为邦百年，亦可以胜残去杀"。又曰："不践迹，亦不入于室"。数世之论，其在斯乎！方之大贤，固有间矣。

〔5〕《魏书》曰：朗临卒，谓将士曰："刺史蒙国厚恩，督司万里，微功未效，而遭此疫疠，既不能自救，辜负国恩。身没之后，其布衣幅巾，敛以时服，勿违吾志也。"

〔6〕《晋诸公赞》曰：望字子初，孚之长子。有才识，早知名。咸熙中位至司徒，入晋封义阳王，迁太尉、大司马。时孚为太宰，父子居上公位，自代以来未之有也。洪字孔业，封河间王。

〔7〕咨字君初。子酆字子仲，晋骠骑将军，封东平陵公。并见《百官名》。

〔8〕《魏略》曰：鲜卑大人育延，常为州所畏，而一旦将其部落五千余骑诣习，求互市。习念不听则恐其怨，若听则恐州下，又恐为所略，于是许之往与会空城中交市。遂敕郡县，自将治中以下军往就之。市易未毕，市吏收缚一胡。延骑皆惊，上马弯弓围习数重，吏民惶怖不知所施。习乃徐呼市吏，问缚胡意，而胡实侵犯人。习乃使译呼延，延到，习责延曰："汝胡自犯法，吏不侵汝，汝何为使诸骑惊骇邪？"遂斩之，余胡破胆不敢动。是后无寇虏。至二十二年，太祖拔汉中，诸军还到长安，因留骑督太原乌丸王鲁昔，使屯池阳，以备卢水。昔有爱妻，住在晋阳。昔既思之，又恐遂不得归，乃以其部五百骑叛还并州，留其余骑置山谷间，而单骑独入晋阳，盗取其妻。已出城，州郡乃觉，吏民又畏昔善射，不敢追。习乃令从事张景，募鲜卑使逐昔。昔负其妻，重骑行迟，未及与其众合，而为鲜卑所射死。始太祖闻昔叛，恐其为乱于北边；会闻已杀之，大喜，以习前后有策略，封为关内侯。

〔9〕臣松之以为习与王思，同寮而已，亲非骨肉，义非刎颈，而以身代思，受不测之祸。以之为义，无乃乖先哲之雅旨乎！史迁云"死有重于太山，有轻于鸿毛"，故君子不为苟存，不为苟亡。若使思不引分，主不加恕，则所谓自经于沟渎而莫之知也。习之死义者，岂其然哉！

〔10〕《魏略·苛吏传》：思与薛悌、郤嘉俱从微起，官位略等。三人中，悌差挟儒术，所在名为闲省。嘉与思事行相似。文帝诏曰："薛悌驳史，王思、郤嘉纯吏也，各赐关内侯，以报其勤。"思为人虽烦碎，而晓练文书，敬贤礼士，倾davat形势，亦以是显名。正始中，为大司农，年老目暗，瞋怒无度，下吏数然不知何据。性少信，时有吏父病笃，近在外舍，自白求假。思疑其不实，发怒曰："世有思妇病母者。岂此谓乎！"遂不与假。吏父明日死，思无恨意。其刻薄类如此。思又性急，尝执笔作书，蝇集笔端，驱去复来，如是再三。思恚怒，自起逐蝇不能得，还取笔掷地，蹋坏之。时有丹阳施畏、鲁郡倪颛、南阳胡业亦为刺史、郡守，时人谓之苟暴。又有高阳刘类，历位宰守，苛慝尤甚，以善修人事，不废于世。嘉平中，

为弘农太守。吏二百余人，不与休假，专使为不急。过无轻重，辄捽其头，又乱杖挝之，牵出复入，如是数四。乃使人掘地求钱，所在市里，皆有孔穴。又外托简省，每出行，阳敕督邮不得使官属曲修礼敬，而阴识不来者，辄发怒中伤之。性又少信，每遣大吏出，辄使小吏随覆察之，白日常自于墙壁间窥闪，夜使干察诸曹，复以干不足信，又遣铃下及奴婢使转相检验。尝案行，宿止民家。民家二狗逐猪，猪惊走，头插栅间，号呼良久。类以为外之吏擅共饮食，不复征察，便使五百曳五官掾孙弱入，顿头责之。弱以实对，类自愧不详，因托问以他事。民吴昌，年垂百岁，闻类出行，当经过，谓其儿曰："扶我迎府君，我欲陈恩。"儿扶昌在道左，类望见，呵其儿曰："用是死人使来见我！"其视人无礼，皆此类也。旧俗，民谤官长者有三不肯，谓迁、免与死也。类在弘农，吏民患之，乃题其门曰："刘府君有三不肯。"类虽闻之，犹不能自改。其后安东将军司马文王西征，路经弘农，弘农人告类荒耄不任宰令，乃召入为五官中郎将。

〔11〕《魏略》曰：既世单家，富为人有容仪。少小工书疏，为郡门下小吏，而家富。自惟门寒，念无以自达，乃常畜好刀笔及版奏，伺诸大吏有乏者辄给与，以是见识焉。

〔12〕《三辅决录注》曰：既为儿童，郡功曹游殷察异之，引既过家，既敬诺。殷先归，敕家具设宾馔。及既至，殷妻笑曰："君其悖乎！张德容童昏小儿，何异客哉！"殷曰："卿勿怪，乃方伯之器也。"殷遂与既论霸王之略。飨讫，以子楚托之；既谦不受，殷固托。既以殷邦之宿望，难违其旨，乃许之。殷先与司隶校尉胡轸有隙，轸遂构杀殷。殷死月余，轸得疾患，自说，但言"伏罪，伏罪，游功曹将鬼来"。于是遂死。于时关中称曰："生有知人之明，死有贵神之灵。"子楚字仲允，为蒲阪令，太祖定关中时，汉兴郡缺，太祖以问既，既称楚才兼文武，遂以为汉兴太。后转陇西。《魏略》曰：楚为人慷慨，历位宰守，所在以恩德为治，不好刑杀。太和中，诸葛亮出陇右，吏民骚动。天水、南安太守各弃郡东下，楚独据陇西，召会吏民，谓之曰："太守无恩德。今蜀兵至，诸郡吏民皆应之，此亦诸卿富贵之秋也。太守本为国家守郡，义在必死，卿诸人便可取太守头持往。"吏民皆涕泪，言"死生当与明府同，无有二心"。楚复言："卿曹若不愿，我为卿画一计。今东二郡已去，必将寇来，但可共坚守。若国家救到，寇必去，是一郡守义，人人获爵宠也。若官救不到，蜀攻日急，尔乃取太守以降，未为晚也。"吏民遂城守，而南安果将蜀兵，就攻陇西。楚闻贼到，乃遣长史马颙出门设阵，而自于城上晓谓蜀师，言："卿能断陇，使东兵不上，一月之中，则陇西吏人不攻自服；卿若不能，虚自疲弊耳。"使颙鸣鼓击之，蜀人乃去。后十余日，诸军上陇，诸葛亮破走。南安、天水皆坐应亮诛灭，两郡守各获重刑，而楚以功封列侯，长史掾属皆赐拜。帝嘉其治，诏特听朝，引上殿。楚为人短小而大声，自为吏，初不朝觐，被诏登阶，不知仪式。帝令侍中赞引，呼："陇西太守前"，楚当言"唯"，而大应称"诺"。帝顾之而笑，遂劳勉之。罢会，自表乞留宿卫，拜驸马都尉。楚不学问，而性好游遨音乐。乃畜歌者、琵琶、筝、箫，每行来将以自随。所在樗蒲、投壶，欢欣自娱。数岁，复出为北地太守，年七十余卒。

〔13〕《魏略》曰：成公英，金城人也。中平末，随韩约为腹心。建安中，约从华阴破走，还湟中，部党散去，唯英独从。《典略》曰：韩遂在湟中，其婿阎行欲杀遂以降，夜使遂，不下。遂叹息曰："丈夫困厄，祸起婚姻乎！"谓英曰："今亲戚离叛，人众转少，当从羌中西南诣蜀耳。"英曰："兴军数十年，今虽

罢败,何有弃其门而依于人乎!"遂曰:"吾年老矣,子欲何施?"英曰:"曹公不能远来,独夏侯尔。夏侯之众,不足以追我,又不能久留;且息肩于羌中,以须其去。招呼故人,绥会羌、胡,犹可以有为也。"遂从其计,时随从者男女尚数千人。遂宿有恩于羌,羌卫护之。及夏侯渊还,使阎行留ípondo。乃合羌、胡数万将攻行,行适走,会遂死,英降太祖。太祖见英甚喜,以为军师,封列侯。从出行猎,有三鹿走过前,公命英射之,三发三中,皆应弦而倒。公抵掌谓之曰:"但韩文约可以尽节,而孤独不可乎?"英乃下马而跪曰:"不欺明公。假使英本主人在,实不来此也。"遂流涕哽咽。公嘉其敦旧,遂亲敬之。延康、黄初之际,河西有逆谋,诏遣英佐凉州平陇右,病卒。《魏略》:阎行,金城人也,后名艳,字彦明,少有健名,始为小将,随韩约。建安初,约与马腾相攻击。腾子超亦号为健。行尝刺超,矛折,因以折矛挝超项,几杀之。至十四年,为约所使诣太祖,太祖厚遇之,表拜犍为太守。行因请令其父入宿卫,宣太祖教云:"谢文约:卿始起兵时,自有所逼,我所具知。当早来,共匡辅国朝。"行因谓约曰:"行亦为将军兴军以来三十余年,民兵疲瘵,所处又狭,宜早自附。是以前在鄴,自启令老父诣京师,诚谓将军亦宜遣一子,以示丹赤。"约曰:"且可复观望数岁中!"后遂遣其子,与行父母东行。会约西讨张猛,留行守旧营,而马超等结反谋,举约为都督。及约还,超谓约曰:"前钟司隶任超使取将军,关东人不可复信也。今超弃父,将军亦当弃子,以超为子。"行谏之,不欲令与超合。约谓行曰"今诸将不谋而同,似有天数。"乃东诣华阴。及太祖与约交马语,行在其后,太祖望谓行曰:"当念作孝子。"及超等破走,行随约还金城。太祖闻行前意,故但诛约子孙在京师者。乃手书与行曰:"观文约所为,使人笑443。吾前后与之书,无所不说,如何可复忍!卿之谏议,自平安也。虽然,牢狱之中,非养亲之处,且又官家亦不能久为人养老也。"约闻行父独在,欲使并遇害,以一其心,乃强以少女妻行,行不获已。太祖果疑行。会约使行别领西平郡,遂勒其部曲,与约相攻击。行不胜,乃将家人东诣太祖。太祖表拜列侯。

〔14〕《魏略》曰:儒字俊林,夏侯尚从弟。初为鄢陵侯彰骁骑司马,□□为征南将军,都督荆、豫州。正始二年,朱然围樊城,城中守将乙修等求救甚急。儒进屯泛塞。以兵少不敢进,但作鼓吹,设导从,去然六七里,翱翔而止,使修等遥见之,数数如是。月余,及太傅到,乃俱进,然等走。时谓儒为怯,或以为晓以少疑众,得声救之宜。儒犹以此召还,为太仆。

〔15〕《魏略》曰:初,既为郡小吏,功曹徐英尝自鞭既三十。英字伯济,冯翊著姓,建安初为蒲阪令。英性刚爽,自见族氏胜既,于乡里名行在前,加以前辱既,虽知既贵显,终不肯求于既。既虽得志,亦不顾计本原,犹欲与英和。尝因醉欲亲狎英,英故抗喜不纳。英由此遂不复进用。故时人善既不挟旧怨,而壮英之不挠。

〔16〕《魏略》曰:缉字敬仲,太和中为温令,名有治能。会诸葛亮出,缉上便宜,诏以问中书令孙资,资以为有筹略,遂召拜骑都尉,遣参征蜀军。军罢,入为尚书郎,以称职为明帝所识。帝以为缉之才能,多所堪任,试呼相者相之。相者云:"不过二千石。"帝曰:"何材如是而正止二千石乎?"及在东莞,领兵数千人。缉性吝于财而矜于势,一旦以女征去郡,还坐里舍,悒悒踧忒。数为国家陈击吴、蜀形势,又尝对司马大将军料诸葛恪虽得胜于边土,见诛不久。大将军问其
故,缉云:"威震其主,功盖一国,欲不死,可得乎?"及恪从合肥还,吴果杀之。大将军闻恪死,谓众人曰:"诸葛恪多辈耳!近张敬仲县论恪,以为必见杀,今果然如此。敬仲之智为胜恪也。"缉与李丰通家,又居相侧近。丰时取急出,子韬往见之,有所容道。丰被收,事与缉连,遂收送廷尉,赐死狱中,其诸子皆并诛。缉孙殷,晋永兴中为梁州刺史,见《晋书》。

〔17〕《魏略》曰:建字公威,少与诸葛亮俱游学。亮后出祁山,答司马宣王书,使杜子绪宣意于公威也。

〔18〕《魏略》曰:逵世为著姓,少孤家贫,冬常无裤,过其妻兄柳孚宿,其明无何,著孚裤去,故时人谓之通健。

〔19〕《魏略》曰:援捕得逵,逵不肯拜,谓援曰:"王府君临郡积年,不知足下曷为者也?"援怒曰:"促斩之。"诸将覆护,遂囚于壶关,闭著土窖中,以车轮盖止,使人固守。方欲杀之,逵从窖中谓守者曰:"此间无健儿邪,而当使义士死此中乎?"时有祝公道者,与逵非故人,而适闻其言,怜其守正危厄,乃夜盗往引出,折械遣去,不语其姓名。

〔20〕《孙资别传》曰:资举河东计吏,到许,荐于相府:"逵在绛邑,帅历吏民,与贼郭援交战,力尽而败,为贼所俘,挺然直志,颜辞不屈;忠言闻于大众,烈节显于当时,虽古之直发据鼎,罔以加也。其才兼文武,诚时之利用。"《魏略》曰:郭援破后,逵乃知前出己者为祝公道。公道,河南人也。后坐他事,当伏法。逵救之,力不能解,为之改服焉。

〔21〕《魏略》曰:太祖欲征吴而大霖雨,三军多不愿行。太祖知其然,恐外有谏者,教曰:"今孤戒严,未知所之,有谏者死。"逵受教,谓其同寮三主簿曰:"今实不可出,而教如此,不可不谏也。"乃建谏草以示三人,三人不获已,皆署名,入白事。太祖怒,收逵等。当送狱,取造意者,逵即言"我造意",遂送诣狱。狱吏以逵主簿也,不即著械。谓狱吏曰:"促械我。尊者且疑我在近职,求缓于卿,今将遣人来察我。"逵著械适讫,而太祖果遣狱中人入狱视逵。既而教曰:"逵无恶意,原复其职。"始,逵为诸吏,略览大义,取其可用。最好《春秋左传》,及为牧守,常自课读之,月常一遍。逵前在弘农,与曲农校尉争公事,不得理,乃发愤生瘿,后所病稍大,自启愿欲令医割之。太祖惜逵忠,恐其不活,教"谢主簿,吾闻'十人割瘿九人死'"。逵犹行其意,而瘿愈大。逵本名衢,后改为逵。

〔22〕《魏略》曰:时太子在鄴,鄢陵侯未到,士民颇苦劳役,又有疾疠,于是军中骚动。群寮恐天下有变,欲不发丧。逵建议为不可秘,乃发哀,令内外皆入临,临讫,各安叙不得动。而青州军擅击鼓相引去。众人以为宜禁止之,不从者讨之。逵以为"方大丧在殡,嗣王未立,宜因而抚之"。乃为作长檄,告所在给其廪食。

〔23〕《魏略》曰:初,魏郡官属颇以公事期会有所急切,会闻逵当为郡,举府皆诣县门外。及迁书到,逵出门,而郡官属悉到门,谒逵于车下。逵抵掌曰:"诣治所,何宜如是!"

〔24〕《魏略》曰:逵为豫州。逵进曰:"臣守天门,出入六年,天门始开,而臣在外。唯殿下为兆民计,无违天人之望。"

〔25〕《魏略》曰:休怨逵进迟,乃呵责逵,遣使主者敕豫州刺史往拾弃仗。逵恃心直,谓休曰:"本为国家作豫州刺史,不来为拾弃仗也。"乃引军还。遂与休更相表奏,朝廷虽知逵直,犹以休为宗室任重,两无所非也。《魏书》云:休犹挟前意,欲以后期罪逵,逵终无言,时人益以此多逵。习凿齿曰:大贤人者,外身虚己,内以下物,嫌忌之名,何由而生乎?有嫌忌之名者,必与物为对,存胜负于己身也。若以其私憾败

国殄民，彼虽倾覆，于我何利？我苟无利，乘之曷为？于是称说，臧获之心耳。今忍弃其私忿而急彼之忧，冒难犯危而免之于害，使功显于明君，惠施于百姓，身登于君子之途，义愧于敌人之心，虽豺虎犹将不觉其复，而况于曹休乎？然则济彼之危，所以成我之胜，不计宿憾，所以服彼之心，公义既成，私利亦弘，可谓善争矣。在于未能忘胜之流，不由于此而能济胜者，未之有也。

〔26〕《魏书》曰：逊时年五十五。

〔27〕《魏略》曰：甘露二年，车驾东征，屯项，复入逊祠，下诏曰："逊没有遗爱，历世见祀。追闻风烈，朕甚嘉之。昔先帝东征，亦幸于此，亲发德音，褒扬逊美，徘徊之心，益有慨然！夫礼贤之义，或扫其茔墓，或修其门闾，所以崇敬也。其扫除祠堂，有穿漏者补治之。"

〔28〕《晋诸公赞》曰：充字公闾，甘露中为大将军长史。高贵乡公之难，司马文王赖充以免。为晋室元功之臣，位至太宰，封鲁公。谥曰武公。《魏略列传》以逊及李孚、杨沛三人为一卷，今列孚、沛二人继逊后耳。孚字子宪，巨鹿人也。兴平中，本郡人民饥困，孚为诸生，当种薤，欲以成计。有从索者，亦不与一茎，亦不自食，故时人谓能行意。后为吏。建安中，袁尚领冀州，以孚为主簿。后尚与其兄谭争斗，尚出军诣平原，留别驾审配守邺城，孚随尚行。会太祖围邺，尚还欲救邺。行未到，尚疑邺中守备少，复欲令配知外动止，与孚议所遣。孚答尚言："今使小人往，恐不足以知外内，且恐不能自达。孚请自往。"问孚："当何所得？"孚曰："闻邺围甚坚，多人则觉，以为直当将三骑足矣。"尚从其计。孚自选温信者三人，不语所之，皆敕使具脯粮，不得持兵仗，各给快马。遂辞尚来南，所在止亭传。及到梁淇，使从者斫问事杖三十枚，系著马边，自着平上帻，将三骑，投暮诣邺下。是时大将军虽有禁令，而刍牧者多，故孚因此夜到，以鼓一中，自称都督，历北围，循表而东，从东围表，又循围而南，步步呵责守围将士，随轻重行其罚。遂历太祖营前，径南过，从南围角西折，当章门，复责怒守围者，收缚之。因开其围，驰到城下，呼城上人，城上人以绳引，孚得入。配等见孚，悲喜，鼓噪称万岁。守围者以状闻，太祖笑曰："此非徒得入而已，方且复得出。"孚事讫欲还，而顾外围必急，不可复冒。谓己使命当速反，乃阴心计，请配曰："今城中谷少，无用老弱为也，不如驱出之以省谷也。"配从其计，乃复夜简别得数千人，皆使持白幡，从三门并出降。又使人人持火，孚乃无何将本所从作降人服，随辈夜出。时守围将士，闻城中悉降，火光照曜，但共观火，不复视围。孚出北门，遂从西北角突围得去。其明，太祖闻孚已得出，抵掌笑曰："果如吾言也。"孚比见尚，尚甚欢喜。会尚不能救邺，破走至中山，而袁谭又追击尚，尚走。孚与尚相失，遂诣谭，复为谭主簿，东还平原。太祖进攻谭，谭战死。孚还城，城中显必降，尚扰乱未安。孚权宜欲得见太祖，乃骑诣牙门，称冀州主簿李孚欲口白密事。太祖见之，孚叩头自谢。太祖问其所白，孚言"今城中强弱相陵，心皆不定，以为宜令新降为内所识信者宣传明教。"公谓孚曰："卿便还宣之。"孚跪请教，公曰："便以卿意宣也。"孚还入城，宣教"各安故业，不得相侵陵。"城中以安，乃还报命，公以孚为良足用也。会为所闻，裁署冗散。出守解长，名为严能。稍迁至司隶校尉，时年七十余矣，其于精断无衰，而术略不损于故。终于阳平太守。孚本姓冯，后改为李。杨沛字孔渠，冯翊万年人也。初平中，为公府令史，以牒除为新郑长。兴平末，人多饥穷，沛课民益畜干椹，收䝁豆，其阅具以补不足，如此积得千余斛，

藏在小仓。会太祖为兖州刺史，西迎天子，所将千余人皆无粮。过新郑，沛谒见，乃贵进干椹。太祖甚喜。及太祖辅政，迁沛为长社令。时曹洪宾客在县界，征调不肯如法，沛先挝折其脚，遂杀之。由此太祖以为能。累迁九江、东平、乐安太守，并有治迹。坐与督军争斗，髡刑五岁。输作未竟，会太祖出征在谯，闻黑下颇不奉科禁，乃发教："选邺令，当得严能如杨沛比。"故沛从徒中起为邺令。已拜，太祖见之，问曰："以何治邺？"沛曰："竭尽心力，奉宣科法。"太祖曰："善。"顾谓坐席曰："诸君，此可畏邪。"赐其生口十人，绢百匹，既欲以励之，且以报干椹也。沛辞去，未到邺，而军中豪右曹洪、刘勋等畏沛，各遣家驰骑告子弟，使各自检敕。沛为令数年，以功能转为护羌都尉。十六年，马超叛，大军西讨，沛随军，都督孟津渡事。太祖已南过，其余未毕，而中黄门前渡，忘持行轩，私北还取之，从吏求小船，欲独先渡。吏呵不肯，黄门与吏争言，沛问黄门："有疏邪？"黄门云："无疏。"沛怒曰："何知汝不欲逃邪？"遂使人捽其头，与杖欲捶之，而逸得去，衣帻皆裂坏，自诉于太祖。太祖曰："汝不死为幸矣。"由是声名益振。及关中破，代张既领京兆尹。黄初中，儒雅并进，而沛本以事能见用，遂以议卻冗散里巷。沛前后宰历城守，不以私计介意，又不肯以事贵人，故身退之后，家无余积。治疾于家，借舍从儿，无他奴婢。后占河南几阳亭部荒田二顷，起瓜牛庐，居止其中，其妻冻饿。沛病亡，乡人亲友及故吏民为殡葬也。

卷十六　　任苏杜郑仓传第十六

任峻字伯达，河南中牟人也。汉末扰乱，关东皆震。中牟令杨原愁恐，欲弃官走。峻说原曰："董卓首乱，天下莫不侧目，然而未有先发者，非无其心也，势未敢耳。明府若能唱之，必有和者。"原曰："为之奈何？"峻曰："今关东有十余县，能胜兵者不减万人，若权行河南尹事，总而用之，无不济矣。"原从其计，以峻为主簿。峻乃为原表行尹事，使诸县坚守，遂发兵。会太祖起关东，入中牟界，众不知所从，峻独与同郡张奋议，举郡以归太祖。峻又别收宗族及宾客家兵数百人，愿从太祖。太祖大悦，表峻为骑都尉，妻以从妹，甚见亲信。太祖每征伐，峻常居守以给军。是时岁饥旱，军食不足，羽林监颍川枣祗建置屯田，太祖以峻为典农中郎将，募百姓屯田于许下，得谷百万斛，郡国列置田官，数年中所在积粟，仓廪皆满。官渡之战，太祖使峻典军器粮运。贼数寇抄绝粮道，乃使千乘为一部，十道方行，为复阵以营卫之，贼不敢近。军国之饶，起于枣祗而成于峻[1]。太祖以峻功高，乃表封为都亭侯，邑三百户，迁长水校尉。峻宽厚有度而见事理，每有所陈，太祖多善之。于饥荒之际，收恤朋友孤遗，中外贫宗，周急继乏，信义见称。建安九年薨，太祖流涕者久之。子先嗣。先薨，无子，国除。文帝追录功臣，谥峻曰成侯。复以峻中子览为关内侯。

苏则字文师，扶风武功人也。少以学行闻，举孝廉茂才，辟公府，皆不就。起家为酒泉太守，转安定、武都[2]，所在有威名。太祖征张鲁，过其郡，见则悦之，使为军导。鲁

破,则绥定下辩诸氐,通河西道,徙为金城太守。是时丧乱之后,吏民流散饥穷,户口损耗,则抚循之甚勤。外招怀羌胡,得其牛羊,以养贫老。与民分粮而食,旬月之间,流民皆归,得数千家。乃明为禁令,有干犯者辄戮,其从教者必赏。亲自教民耕种,其岁大丰收,由是归附者日多。李越以陇西反,则率羌胡围越,越即请服。太祖崩,西平麹演叛,称护羌校尉。则勒兵讨之。演恐,乞降。文帝以其功,加则护羌校尉,赐爵关内侯[3]。

后演复结旁郡为乱,张掖张进执太守杜通,酒泉黄华不受太守辛机,进、华皆自称太守以应之。又武威三种胡并寇抄,道路断绝。武威太守毌丘兴告急于则。时雍、凉诸豪皆驱略羌胡以从进等,郡人咸以为进不可当。又将军郝昭、魏平先是各屯守金城,亦受诏不得西度。则乃见郡中大吏及昭等与羌豪帅谋曰:"今贼虽盛,然皆新合,或有胁从,未必同心;因衅击之,善恶必离,离而归我,我增而彼损矣。既获益众之实,且有倍气之势,率以进讨,破之必矣。若待大军,旷日持久,善人无归,必合于恶,善恶既合,势难卒离。虽有诏命,违而合权,专之可也。"于是昭等从之,乃发兵救武威,降其三种胡,与兴击进于张掖。演闻之,将步骑三千迎则,辞来助军,而实欲为变。则诱与相见,因斩之,出以徇军,其党皆散走。则遂与诸军围张掖,破之,斩进及其支党,众皆降。演军败,华惧,出所执乞降,河西平。乃还金城。进封都亭侯,邑三百户。

征拜侍中,与董昭同寮。昭尝枕则膝卧,则推下之,曰:"苏则之膝,非佞人之枕也。"初,则及临菑侯植闻魏氏代汉,皆发服悲哭,文帝闻植如此,而不闻则也。帝在洛阳,尝从容言曰:"吾应天受禅,而闻有哭者,何也?"则谓为见问,须髯悉张,欲正论以对。侍中傅巽掐[4]则曰:"不谓卿也。"于是乃止[5]。文帝问则曰:"前破酒泉、张掖,西域通使,敦煌献径寸大珠,可复求市益得不?"则对曰:"若陛下化洽中国,德流沙漠,即不求自至;求而得之,不足贵也。"帝默然。后则从行猎,槎桎拔,失鹿,帝大怒,踞胡床拔刀,悉收督吏,将斩之。则稽首曰:"臣闻古之圣王不以禽兽害人,今陛下方隆唐尧之化,而以猎戏多杀群吏,愚臣以为不可。敢以死请!"帝曰:"卿,直臣也。"遂皆赦之。然以此见惮。黄初四年,左迁东平相。未至,道病薨,谥曰刚侯。子怡嗣。怡薨,无子,弟愉袭封。愉,咸熙中为尚书[6]。

杜畿字伯侯,京兆杜陵人也[7]。少孤,继母苦之,以孝闻。年二十,为郡功曹,守郑县令。县囚系数百人,畿亲临狱,裁其轻重,尽决遣之,虽未悉当,郡中奇其年少而有大志也。举孝廉,除汉中府丞。会天下乱,遂弃官客荆州,建安中乃还。荀彧进之太祖[8]。太祖以畿为司空司直,迁护羌校尉,使持节,领西平太守[9]。

太祖既定河北,而高幹举并州反。时河东太守王邑被征,河东人卫固、范先外以请邑为名,而内实与幹通谋。太祖谓荀彧曰:"关西诸将,恃险与马,征必为乱。张晟寇殽、渑间,南通刘表,固等因之,吾恐其为害深。河东被山带河,四邻多变,当今天下之要地也。君为我举萧何、寇恂以镇之。"或曰:"杜畿其人也[10]。"于是追拜畿为河东太守。

固等使兵数千人绝陕津,畿至不得渡。太祖遣夏侯惇讨之,未至。或谓畿曰:"宜须大兵。"畿曰:"河东有三万户,非皆欲为乱也。今兵迫之急,欲为善者无主,必惧而听于固。固等势专,必以死战。讨之不胜,四邻应之,天下之变未息也;讨之而胜,是残一郡之民也。且固等未显杀王命,外以请故尹为名,必不害新君。吾单车直往,出其不意。固为人多计而无断,必伪доследtrap吾。吾得居郡一月,以计縻之,足矣。"遂诡道从郖津度[11]。范先欲杀畿以威众[12],且观畿去就,于门下斩杀主簿已下三十余人,畿举动自若。于是固曰:"杀之无损,徒有恶名;且制之在我。"遂奉之。畿谓卫固、范先曰:"卫、范,河东之望也,吾仰成而已。然君臣有定义,成败同之,大事当共平议。"以固为都督,行丞事,领功曹;将校吏兵三千余人,皆范先督之。固等喜,虽阳事畿,不以为意。固欲大发兵,畿患之,说固曰:"夫欲为非常之事,不可动众心。今大发兵,众必扰,不如徐以赀募兵。"固以为然,从之,遂为赀调发,数十日乃定,诸将贪多应募而少遣兵。又入喻固等曰:"人情顾家,诸将掾史,可分遣休息,急缓召之不难。"固等恶逆众心,又从之。于是善人在外,阴为己援;恶人分散,各还其家,则众轻矣。会白骑攻东垣,高幹入濩泽,上党诸县杀长吏,弘农执郡守,固密调兵未至。畿知诸附己也,因出,单将数十骑,赴张辟拒守,吏民多举城助畿者,比数十日,得四千余人。固等与幹、晟共攻畿,不下,略诸县,无所得。会大兵至,幹、晟败,固等伏诛,其余党与皆赦之,使复其居业。

是时天下郡县皆残破,河东最先定,少耗减。畿治之,崇宽惠,与民无为。民尝辞讼,有相告者,畿亲见为陈大义,遣令归谛思之,若意有所不尽,更来诣府。乡邑父老自相责怒曰:"有君如此,奈何不从其教?"自是少有辞讼。班下属县,举孝子、贞妇、顺孙,复其徭役,随时慰勉之。渐课民畜牸牛、草马,下逮鸡豚犬豕,皆有章程。百姓勤农,家家丰实。畿乃曰:"民富矣,不可不教也。"于是冬月修戎讲武,又开学官,亲自执经教授,郡中化之[13]。

韩遂、马超之叛也,弘农、冯翊多举县邑以应之。河东虽与贼接,民无异心。太祖西征至蒲坂,与贼夹渭为军,军食一仰河东。及贼破,余畜二十余万斛。太祖下令曰:"河东太守杜畿,孔子所谓'禹,吾无间然矣'。"增秩中二千石。"太祖征汉中,遣五千人运,运者自率勉曰:"人生有一死,不可负我府君。"终无一人逃亡,其得人心如此[14]。魏国既建,以畿为尚书。事平,更有令曰:"昔萧何定关中,寇恂平河内,卿有其功,间将授卿以纳言之职;顾念河东吾股肱郡,充实之所,足以制天下,故且烦卿卧镇之。"畿在河东十六年,常为天下最。

文帝即王位,赐爵关内侯,征为尚书。及践阼,进封丰乐亭侯,邑百户[15],守司隶校尉。帝征吴,以畿为尚书仆射,统留事。其后帝幸许昌,畿复居守。受诏作御楼船,于陶河试船,遇风没。帝为之流涕[16],诏曰:"昔冥勤其官而水死,稷勤百谷而山死[17]。故尚书仆射杜畿,于孟津试船,遂至覆没,忠之至也。朕甚愍焉。"追赠太仆,谥曰戴侯。子恕嗣[18]。

恕字务伯,太和中为散骑、黄门侍郎。[19]恕推诚以质,不治饰,少无名誉。及在朝,不结交援,专心向公。每政有得失,常引纲维以正言,于是侍中辛毗等器重之。时公卿以下大议损益,恕以为"古之刺史,奉宣六条,以清静为名,威风著称,今可勿令领兵,以专民事。"俄而镇北将军吕昭又领冀州[20],乃上疏曰:

"帝王之道,莫尚乎安民;安民之术,在于丰财。丰财者,务本而节用也。方今二贼未灭,戎车亟驾,此自熊虎之士展力之秋也。然搢绅之儒,横加荣慕,扼腕抗论,以孙、吴为首,州郡牧守,咸共忽恤民之术,修将率之事。农桑之民,竞干戈之业,不可谓务本。帑藏岁虚而制度岁广,民力岁衰而赋役岁兴,不可谓节用。今大魏奄有十州之地,而承丧乱之弊,计其户口不如往昔一州之民,然而二方僭逆,北虏未宾,三边遘难,绕天略匝;所以统一州之民,经营九州之地,其为艰难,譬策羸马以取道里,岂可不加意爱惜其力哉?以武皇帝之节俭,府藏充实,犹不能十州拥兵,郡且二十也。今荆、扬、青、徐、幽、并、雍、凉缘边诸州皆有兵矣,其所恃内充府库外制四夷者,惟兖、豫、司、冀而已。臣前以州郡典吏,则专心军功,不勤民事,宜别置将守,以尽治理之务;而陛下复以冀州宠秩吕昭。冀州户口最多,田多垦辟,又有桑枣之饶,国家征求之府,诚不当任以兵事也。若以北方当须镇守,自可专置大将以镇安之。计所置吏士之费,与兼官无觉。然昭于人才尚复易;中朝苟乏人,兼才者势不独多。以此推之,知国家以人择官,不为官择人也。官得其人,则政平讼理;政平故民富实,讼理故囹圄虚空。陛下践阼,天下断狱百数十人,岁岁增多,至五百余人矣。民不益多,法不益峻。以此推之,非政教陵迟,牧守不称之明效欤?往年牛死,通率天下十能损二;麦不半收,秋种未下。若二贼游魂于疆场,飞刍挽粟,千里不及,究此之术,岂在强兵乎?武士劲卒愈多,愈多愈病耳。夫天下犹人之一体,腹心充实,四支虽病,终无大患;今兖、豫、司、冀亦天下之腹心也。是以愚臣倰倰,实愿四州之牧守,独修务本之业,以堪四支之重。然孤论难持,犯欲难成,众怨难积,疑似难分,故累载不为明主所察。凡言此者,类皆疏贱;疏贱之言,实未易听。若使善策必出于亲贵,亲贵固不犯四难以求忠爱,此古今之所常患也。"

时又大议考课之制,以考内外众官。恕以为用不尽其人,虽才且无益,所存非所务,所务非世要。上疏曰:

"《书》称'明试以功,三考黜陟',诚帝王之盛制。使有能者当其官,有功者受其禄,譬犹乌获之举千钧,良、乐之选骥足也。虽历六代而考绩之法不著,关七圣而课试之文不垂,臣诚以为其法可粗依,其详难备举故也。语曰:'世有乱人而无乱法。'若使法可专任,则唐、虞可不须稷、契之佐,殷、周无贵伊、吕之辅矣。今奏考功者,陈周、汉之法为,缀京房之本旨,可谓明考课之要矣。于崇揖让之风,兴济济之治,臣以为未尽善也。其欲使州郡考士,必由四科,皆有事

效,然后察举,试辟公府,为亲民长吏,转以功次补郡守者,或就增秩赐爵,此最考课之急务。臣以为便当显其身,用其言,使具为课州郡之法,法具施行,立必信之赏,施必行之罚。至于公卿及内职大臣,亦当俱以其职考课之也。古之三公,坐而论道,内职大臣,纳言补阙,无善不纪,无过不举。且天下至大,万机至众,诚非一明所能遍照。故君为元首,臣作股肱,明其一体相须而成也。是以古人称廊庙之材,非一木之枝;帝王之业,非一士之略。由是言之,焉有大臣守职辨课可以致雍熙者哉!且布衣之交,犹有务信誓而蹈水火,感知己而披肝胆,徇声名而立节义者;况于束带立朝,致位卿相,所务者非特匹夫之信,所感者非徒知己之惠,所徇者岂声名而已乎!诸蒙宠禄受重任者,不徒欲举明主于唐、虞之上而已;身亦欲厕稷、契之列。是以古人不患于念治之心不尽,患于自任之意不足,此诚人主使之然也。唐、虞之君,委任稷、契、夔、龙而责成功,及其罪也,殛鲧而放四凶。今大臣亲奉明诏,给事目下,其有夙夜在公,恪勤特立,当官不挠贵势,执平不阿所私,危言危行以处朝廷者,自明主所察也。若尸禄以为高,拱默以为智,当官苟在于免负,立朝不忘于容身,洁行逊言以处朝廷者,亦明主所察也。诚使容身保位,无放退之辜,而尽节在公,抱见疑之势,公义不修而私议成俗,虽仲尼为谋,犹不能尽一才,又况于世俗之人乎!今之学者,师商、韩而上法术,竞以儒家为迂阔,不周世用,此最风俗之流弊,创业者之所致慎也。"

后考课竟不行[21]。

乐安廉昭以才能拔擢,颇好言事,恕上疏极谏曰:

"伏见尚书郎廉昭奏左丞曹璠以罚当关不依诏,坐判问。又云'诸当坐者别奏'。尚书令陈矫自奏不敢辞罚,亦不敢以重为恭,意至恳恻。臣窃愍然为朝廷惜之!夫圣人不择世而兴,不易民而治,然而生必有贤智之佐者,盖进之以道,率之以礼故也。古之帝王之所以能辅世长民者,莫不远得百姓之欢心,近尽群臣之智力。诚使今朝任职之臣皆天下之选,而不能尽其力,不可谓能使人;若非天下之选,亦不可谓能官人。陛下忧劳万机,或亲灯火,而庶事不康,刑禁日弛,岂非股肱不称之明效欤?原其所由,非独臣有不尽忠,亦主有不能使。百里奚愚于虞而智于秦,豫让苟容中行而著节智伯,斯则古人之明验矣。今臣言一朝皆不忠,是诬一朝也;然其事类,可推而得。陛下感帑藏之不充实,而军事未息,至乃断四时之赋衣,薄御府之私谷,帅由圣意,举németh称明,与闻政事密勿大臣,宁有恳恳忧此者乎?骑都尉王才、幸乐人孟思所为不法,振动京都,而其罪状发于小吏,公卿大臣初无一言。自陛下践阼以来,司隶校尉、御史中丞宁有举纲维以督奸究,使朝廷肃然者邪?若陛下以为今世无良才,朝廷乏贤佐,岂可追望稷、契之遐踪,坐待来世之俊乂乎!今之所谓贤者,尽有大官而享厚禄矣,然而奉上之节未立,向公之心不一者,委任之责不

专,而俗多忌讳故也。臣以为忠臣不必亲,亲臣不必忠。何者?以其居无嫌之地而事得自尽也。今有疏者毁人不实其所毁,而必曰私报所憎,誉人不实其所誉,而必曰私爱所亲,左右或因之进憎爱之说。非独毁誉有之,政事损益,亦皆有嫌。陛下当思所以阐广朝臣之心,笃厉有道之节,使之自同古人,望与竹帛耳。反使如廉昭者扰乱其间,臣惧大臣遂将容身保位,坐观得失,为来世戒也!

"昔周公戒鲁侯曰'无使大臣怨乎不以',不言贤愚,明皆当世用也。尧数舜之功,称去四凶,不言大小,有罪则去也。今者朝臣不自以为不能,以陛下为不任也;不自以为不智,以陛下为不问也。陛下何不遵周公之所以用,大舜之所以去?使侍中、尚书坐则侍帷幄,行则从华辇,亲对诏问,所陈必达,则群臣之行,能否皆可得而知;忠能者进,暗劣者退,谁敢依违而不自尽?以陛下之圣明,亲与群臣论议政事,使群臣人得自尽,人自以为亲,人思所以报,贤愚能否,在陛下之所用。以此治事,何事不办?以此建功,何功不成?每有军事,诏书常曰:'谁当忧此者邪?吾当自忧耳。'近诏又曰:'忧公忘私者必不然,但先公后私即自办也。'伏读明诏,乃知圣思究尽下情,然亦怪陛下不治其本而忧其末也。人之能否,实有本性,虽臣亦以为朝臣不尽称职也,明主之用人也,使能者不敢遗其力,而不能者不得处非其任。选举非其人,未必为有罪也;举朝共容非其人,乃为怪耳。陛下知其不尽力也而代之忧其职,知其不能也而教之治其事,岂徒主劳而臣逸哉?虽圣贤并世,终不能以此为治也。

"陛下又患台阁禁令之不密,人事请属之不绝,听伊尹作迎客出入之制,选司徒吏恶吏以守寺门;威禁由之,实未得为禁之本也。昔汉安帝时,少府窦嘉辟廷尉郭躬无罪之兄子,犹见举奏,章劾纷纷。近司隶校尉孔羡辟大将军狂悖之弟,而有司嘿尔,望风希指,甚于受属。选举不以实,人事之大者也[22]。嘉有亲戚之宠,躬非社稷重臣,犹尚如此,以今况古,陛下自不督使必行之罚以绝阿党之原耳。伊尹之制,与恶吏守门,非治世之具也。使臣之言少蒙察纳,何患于奸不削灭,而养若昭等乎!

"夫纠摘奸宄,忠事也,然而世憎小人行之者,以其不顾道理而苟求容进也。若陛下不复考其终始,必以违众忤世为奉公,密行白人为尽节,焉有通人大才而更不能为此邪?诚顾道理而弗为耳。使天下皆背道而趋利,则人主之所最病者,陛下将何乐焉,胡不绝其萌乎!夫先意承旨以求容美,率皆天下浅薄无行义者,其意务在于适人主之心而已,非欲治天下安百姓也。陛下何不试变业而示之,彼岂执其所守以违圣意哉?夫人臣得人主之心,安业也,处尊显之官,荣事也;食千钟之禄,厚实也。人臣虽愚,未有不乐此而喜干迕者也,迫于道,自强耳。诚以为陛下当怜而佑之,少委任焉,如何反录昭等倾侧之意,而忽若人者乎?今者外有伺隙之寇,内有贫旷之民,陛下当大计天下

之损益,政事之得失,诚不可以怠也。"

恕在朝八年,其论议亢直,皆此类也。

出为弘农太守,数岁转赵相[23],以疾去官[24]。起家为河东太守,岁余,迁淮北都督护军,复以疾去。恕所在,务存大体而已,其树惠爱,益得百姓欢心,不及于畿。顷之,拜御史中丞。恕在朝廷,以不得当世之和,故屡在外任。复出为幽州刺史,加建威将军,使持节,护乌丸校尉。时征北将军程喜屯蓟,尚书袁侃等戒恕曰:"程申伯处先帝之世,倾田国让于青州。足下今俱杖节,使共屯一城,宜深有以待之。"而恕不以为意。至官未期,有鲜卑大人儿,不由关塞,径将数十骑诣州,州斩所从来小子一人,无表言上,喜于是劾奏恕,下廷尉,当死。以父畿勤事水死,免为庶人,徙章武郡,是岁嘉平元年[25]。恕倜傥任意,而思不防患,终至此败。

初,恕从赵郡还,陈留阮武亦从清河太守征,俱自薄廷尉。谓恕曰:"相观才性可以由公道而持之不厉,器能可以处大官而求之不顺,才学可以述古今而志之不一,此所谓有其才而无其用。今向闲暇,可试潜思,成一家言。"在章武,遂著《体论》八篇[26]。又著《兴性论》一篇,盖兴于为己也。四年,卒于徙所。甘露二年,河东乐详年九十余,上书讼畿之遗绩,朝廷感焉。诏封恕子予预为丰乐亭侯,邑百户[27]。恕奏议论驳皆可观,掇其切世大事著于篇[28]。

郑浑字文公,河南开封人也。高祖父众,众父兴,皆为名儒[29]。浑兄泰,与荀攸等谋诛董卓,为扬州刺史,卒[30]。浑将泰小子袤避难淮南,袁术宾礼甚厚。浑知术必败。时华歆为豫章太守,素与泰善,浑乃渡江投歆。太祖闻其笃行,召为掾,复迁下蔡长、邵陵令。天下未定,民皆剽轻,不念产殖;其生子无以相活,率皆不举。浑所在夺其渔猎之具,课使耕桑,又兼开稻田,重去子之法。民初畏罪,后稍丰给,无不举赡;所育男女,多以郑为字。辟为丞相掾属,迁左冯翊。

时梁兴等略吏民五千余家为寇抄,诸县不能御,皆恐惧,寄治郡下。议者悉以为当移就险,浑曰:"兴等破散,窜在山阻。虽有随者,率胁从耳。今当广开降路,宣喻恩信。而保险自守,此示弱也。"乃聚敛吏民,治城郭,为守御之备。遂发民逐贼,明赏罚,与要誓,其所得获,十以七赏。百姓大悦,皆愿捕贼,多得妇女、财物。贼之失妻子者,皆还求降。浑责其得他妇女,然后还其妻子,于是转相寇盗,党与离散。又遣吏民有恩信者,分布山谷告喻,出者相继,乃使诸县长吏各还本治以安集之。兴等惧,将余众聚鄜城。太祖使夏侯渊就助郡击之,浑率吏民前登,斩兴及其支党。又贼靳富等,胁将夏阳长、邵陵令并其吏民入硙山,浑复讨击破富等,获二县长吏,将其所略还。及赵青龙者,杀左内史程休,浑闻,遣壮士就枭其首。前后归附四千余家,由是山贼皆平,民安产业。转为上党太守。

太祖征汉中,以浑为京兆尹。浑以百姓新集,为制移居之法,使兼复者与单轻者相伍,温信者与孤老为比,勤稼穑,明禁令,以发奸者。由是民安于农,而盗贼止息。及大军入汉中,运转军粮为最。又遣民田汉中,无逃亡者。太

祖益嘉之，复入为丞相掾。文帝即位，为侍御史，加驸马都尉，迁阳平、沛郡二太守。郡界下湿，患水涝，百姓饥乏。浑于萧、相二县界，兴陂遏，开稻田。郡人皆以为不便，浑曰："地势洿下，宜溉灌，终有鱼稻经久之利，此丰民之本也。"遂躬率吏民，兴立功夫，一冬间皆成。比年大收，顷亩岁增，租入倍常，民赖其利，刻石颂之，号曰郑陂。转为山阳、魏郡太守，其治放此。又以郡下百姓，苦乏材木，乃课树榆为篱，并益树五果；榆皆成藩，五果丰实。入魏郡界，村落齐整如一，民得财足用饶。明帝闻之，下诏称述，布告天下。迁将作大匠。浑清素在公，妻子不免于饥寒。及卒，以子崇为郎中[31]。

　　仓慈字孝仁，淮南人也。始为郡吏。建安中，太祖开募屯田于淮南，以慈为绥集都尉。黄初末，为长安令，清约有方，吏民畏而爱之。太和中，迁敦煌太守。郡在西陲，以丧乱隔绝，旷无太守二十岁，大姓雄张，遂以为俗。前太守尹奉等，循故而已，无所匡革。慈到，抑挫权右，抚恤贫羸，甚得其理。旧大族田地有余，而小民无立锥之土；慈皆随口割赋，稍稍使毕其本直。先是属城狱讼众猥，县不能决，多集治下；慈躬往省阅，料简轻重，自非殊死，但鞭杖遣之，一岁决刑曾不满十人。又常日西域杂胡欲来贡献，而诸豪族多逆断绝；既与贸迁，欺诈侮易，多不得分明。胡常怨望，慈皆劳之。欲诣洛者，为封过所，欲从郡还者，官为平取，辄于府见物与共交市，使吏民护送道路，由是民夷翕然称其德惠。数年卒官，吏民悲感如丧亲戚，图画其形，思其遗像。及西域诸胡闻慈死，悉共会聚于戊己校尉及长吏治下发哀，或有以刀画面，以明血诚，又为立祠，遥共祠之[32]。自太祖迄于咸熙，魏郡太守陈国吴瓘、清河太守乐安任燠、京兆太守济北颜斐、弘农太守太原令狐邵、济南相鲁国孔乂，或哀矜折狱，或推诚惠爱，或治身清白，或擿奸发伏，咸为良二千石[33]。

　　评曰：任峻始兴义兵，以归太祖，辟土殖谷，仓庾盈溢，庸绩致矣。苏则威以平乱，既政事之良，又矫矫刚直，风烈足称。杜畿宽猛克济，惠以康民。郑浑、仓慈，恤理有方。抑皆魏代之名守乎！恕屡陈时政，经论治体，盖有可观焉。

注：

〔1〕《魏武故事》载令曰："故陈留太守枣祗，天性忠能。始共举义兵，周旋征讨。后袁绍在冀州，亦贪祗，欲得之。祗深附托于孤，使领东阿令。吕布之乱，兖州皆叛，惟范、东阿完在，由祗以兵据城之力也。后大军粮乏，得东阿以继，祗之功也。及破黄巾定许，得贼资业，当兴立屯田，时议者皆言当计牛输谷，佃科以定。施行后，祗白以为僦牛输谷，大收不增谷，有水旱灾除，大不便。反复来说，孤犹以为当如故，大收不可复改易。祗犹执之，孤不知所从，使与荀令君议之。时故军祭酒侯声云：'科取官牛，为官田计。如祗议，于官便，于客不便。'声怀此云云，以疑令君。祗犹自信，据计画还白，执分田之术。孤然之，使为屯田都尉，施设田业。其时岁则大收，后遂因此大田，丰足军用，摧灭群逆，克定天下，以隆王室。祗兴其

功，不幸早没，追赠以郡，犹未副之。今重思之，祗宜受封，稽留至今，孤之过也。祗子处中，宜加封爵，以祀祗为不朽之事。"《文士传》：祗本姓棘，先人避难，易为枣。孙据，字道彦，晋冀州刺史。据子嵩，字子产，散骑常侍。并有才名，多所著述。嵩兄腆，字玄方，襄城太守，亦有文采。

〔2〕《魏书》曰：则刚直疾恶，常慕汲黯之为人。《魏略》曰：则世为著姓，兴平中，三辅乱，饥穷，避难北地。客安定，依富室师亮。亮待遇不足，则慨然叹曰："天下会安，当不久尔，必还为此郡守，折庸辈士也。"后与冯翊吉茂等隐于郡南太白山中，以书籍自娱。及为安定太守，而师亮等皆欲逃走。则闻之，豫使人解语，以礼报之。

〔3〕《魏名臣奏》载文帝令问雍州刺史张既曰："试守金城太守苏则，既有绥民平夷之功，间又出军西定湟中，为河西作声势，吾甚嘉之。则之功效，为可加爵邑未邪？封爵重事，故以问卿。密白意，且勿宣露也。"既答曰："金城郡，昔为韩遂所见屠剥，死丧流亡，或窜戎狄，或陷寇乱，户不满五百。则到官，内抚雕残，外鸠离散，今见户千余。又梁烧杂种羌昔与遂同恶，遂毙之后，越出障塞。则前后招怀，归就郡者三千余落，皆恤以威恩，为官效用。西平麴演等倡造邪谋，则寻出军，临其项领，演即归命送质，破绝贼粮。则既有恤民之效，又能和戎狄，尽忠效节。遭遇圣明，有功必录。若则加爵邑，诚足以劝忠臣，励风俗也。"

〔4〕拍，音苦洽反。

〔5〕《魏略》曰：旧仪，侍中亲省起居，故俗谓之执虎子。始同郡吉茂者，是时仕甫历县令，迁为冗官。茂见则，嘲之曰："仕进不止执虎子。"则笑曰："我诚不能效汝骞蹇驱鹿车驰也。"初，则在金城，闻汉帝禅位，以为崩也，乃发después；后闻其在，自以不审，意颇默然。临菑侯植自伤先先帝意，亦怨激而哭。其后文帝出游，追恨临菑，顾谓左右曰："人心不同，当我登大位之时，天下有哭者。"时从臣知帝此言有为而发也，而则以为己，欲下马谢。侍中傅巽目之，乃悟。孙盛曰：夫士不事其所非，不非其所事，趣舍出处，而岂徒哉！则既策名新朝，委质异代，而方怀二心生忿，欲奋爽灵，岂大雅君子去就之分哉？《诗》云："士也罔极，二三其德。"士之二三，犹丧妃偶，况人臣乎？

〔6〕愉字休豫，历位太常、光禄大夫，见《晋百官名》。山涛《启事》称愉忠笃有智意。臣松之案愉子绍，字世嗣，为吴王师。石崇妻，绍之女也。绍有诗在《金谷集》。绍弟慎，左卫将军。

〔7〕《傅子》曰：畿，汉御史大夫杜延年之后。延年父周，自南阳徙茂陵，延年徙杜陵，子孙世居焉。

〔8〕《傅子》曰：畿自荆州还，后至许，见侍中耿纪，语终夜。尚书令荀彧与纪比屋，夜闻畿言，异之，且遣人谓纪曰："有国士而不进，何以居位？"既见畿，知之如旧相识者，遂进畿于朝。

〔9〕《魏略》曰：畿少有大志。在荆州数岁，继母亡后，以三辅开通，负其丧归北归。道为贼所劫略，众人奔走，畿独不去，贼射之，畿请救曰："卿欲得财耳，今我无物，用射我何为邪？"贼乃止。畿到乡里，京兆尹张时，河东人也，与畿有旧，署为功曹。尝嫌其阔达，不助密意于诸事，言："此家疏诞，不中功曹也。"畿窃云："不中功曹，中河东守也。"

〔10〕《傅子》曰：或称畿勇足以当大难，智能应变，其可试之。

〔11〕郖，音豆。《魏略》曰：初，畿与卫固少相狎侮，固尝轻畿。畿尝与固博而争道，畿谓固曰："仲坚，我今作河东也。"固褰衣骂之。及畿之官，而固为郡功曹。张时故任京兆。畿迎司隶，与时会华阴，时、畿相见，于仪当各持版。时叹曰："昨日功曹，今为郡将军也！"

〔12〕《傅子》曰：先云："既欲为虎而恶食人肉，失所以为虎矣。今不杀，必为后患。"

〔13〕《魏略》曰：博士乐详，由畿而升。至今河东特多儒者，则畿之由矣。

〔14〕《杜氏新书》曰：平虏将军刘勋，为太祖所亲，贵震朝廷。尝从畿求大枣，畿拒以他故。后勋伏法，太祖得其书，叹曰："杜畿可谓'不媚于灶'者也。"称畿功美，以下州郡，曰："昔仲尼之于颜子，每言不能不叹，既情爱发中，又宜率马以骥。今吾亦冀众人仰高山，慕景行也。"

〔15〕《魏略》曰：初畿在郡，被书录寡妇。是时他郡或有已自相配嫁，依书皆录夺，啼哭道路。畿但取寡者，故所送少；及赵俨代畿而所送多。文帝问畿："前君所送何少，今何多也？"畿对曰："臣前所录皆亡者之妻，今俨送生人妇也。"帝及左右顾而失色。

〔16〕《魏氏春秋》曰：初，畿尝见童子谓之曰："司命使我召子。"畿固请之，童子曰："今将为君求相代者，君其慎勿言！"言卒，忽然不见。至此二十年矣，畿乃言之。其日而卒，时年六十二。

〔17〕 韦昭《国语注》称《毛诗传》曰："冥，契六世孙也，为夏水官，勤于其职而死于水。稷，周弃也，勤播百谷，死于黑水之山。"

〔18〕《傅子》曰：畿与太仆李恢、东安太守郭智有好。恢子丰交结英俊，以才智显于天下。智子冲有内实而无外观，州里弗称也。畿为尚书仆射，二人各修子孙礼见畿。既退，畿叹曰："孝懿无子；非徒无子，殆将无家。君谋不死乎，其子足继其业。"时人皆以畿为误，恢死后，丰为中书令，父子兄弟皆诛；冲为代郡太守，卒继父业；世乃服畿知人。《魏略》曰李丰父名义，与此不同，义盖恢之别名也。

〔19〕《杜氏新书》曰：恕少与冯翊李丰俱为父任，总角相善。及各成人，丰砥砺名行以要世誉，而恕诞节直意，与丰异趣。丰竟驰名一时，京师之士多为之游说。而当路者或以丰名过其实，而恕被褐怀玉也。由此为丰所不善。恕亦任其自然，不力行以合时。丰虽显仕朝廷，恕犹居家自若。明帝以恕大臣子，摆拜散骑侍郎，数月，转补黄门侍郎。

〔20〕《世语》曰：昭子子展，东平人。长子巽，字长悌，为相国掾，有宠于司马文王。次子安，字仲悌，与嵇康善，与康俱被诛。次子粹，字景悌，河南尹。粹子预，字季虞，御史中丞。

〔21〕《杜氏新书》曰：时李丰为常侍，黄门郎袁侃见转为吏部郎，荀俣出为东郡太守，三人皆恕之同班友善。

〔22〕臣松之案，大将军，司马宣王也。《晋书》云："宣王第五弟，名通，为司隶从事。"疑恕所云狂悖者，通子顺，封龙阳亭侯。晋初受禅，以不达天命，守节不移，削爵土，徙武威。

〔23〕《魏略》曰：恕在弘农，宽和有惠爱。及迁，以孟康代恕为弘农。康字公休，安平人。黄初中，以于郭后有外属，并受九亲赐拜，遂转为散骑侍郎。是时，散骑皆以高才英儒充其选，而康独коль妃媵杂在其间，故于时皆共轻之，号为阿九。康既才敏，因在冗官，博读书传，后遂有所弹驳，其文义雅切要，众人乃更加意。正始中，出为弘农，领典农校尉。康到官，清己奉职，嘉善而矜不能，省息狱讼，缘民所欲，因而利之。郡领吏二百余人，涉春遣休，常四分遣一。事无宿诺，时出案行，皆豫敕督邮平水，不得令属官遣人探候，修设曲敬。又不欲烦损吏民，常豫敕吏卒，行各持镰，所在自刈马草，不止亭传，露宿树下。又所从常不过十余人。郡带道路，其诸过宾客，自非公法无所给出；若知旧造之，自出于家。康之始拜，众人虽知其有志量，以其未尝宰牧，不保其能

也；而康恩泽治能乃尔，吏民称歌焉。嘉平末，徙勃海太守，征入为中书令，后转为监。

〔24〕《杜氏新书》曰：恕遂去师，营宜阳一泉坞，因其垒堑之固，小大家焉。明帝崩时，人多为恕言者。

〔25〕《杜氏新书》曰："喜欲恕折节谢己，讽司马宋权示之以微意。恕答权书曰："况示委曲。夫法天下事，以善意相待，无不致快也；以不善意相待，无不致嫌隙也。而议者言，凡人天性皆不善，不当待以善意，更堕其调中。仆得此辈，便欲归踏沧海乘桴耳，不能自谐在其间也。然以年五十二，不议废弃，颇亦遭明达君子亮其本心，若不见亮，使人剖心者地，正与数斤肉相似，何足有所明，故终不自解说。而程征功名宿著，在仆前甚多，有人出征北乎！若令下官事无大小，咨而后行，则非上司弹绳之意；若咨而不从，又非上下相顺之宜。故推一心，任一意。直而行之耳。杀胡之事，天下谓之是邪，是仆谐也，呼为非邪，仆自受之，无所怨咎。程征北明之亦善，不明之亦善，诸君子自共为其心耳，不在仆言也。"喜于是遂深文劾恕。

〔26〕《杜氏新书》曰：以为人伦之大纲，莫重于君臣；立身之基本，莫大于言行；安上理民，莫精于政法；胜残去杀，莫善于用兵。夫礼也者，万物之体也，万物皆得其体，无有不善，故谓之《体论》。

〔27〕《魏略》曰：乐详字文载。少好学，建安初，详闻公车司马令南郡谢该善《左氏传》，乃从南阳步涉诣许，从该问疑难诸要，今《左氏乐详问七十二事》，详所撰也。所问既了而归乡里，时杜畿为太守，亦甚好学，署详文学祭酒，使教后进，于是河东学业大兴。至黄初中，征拜博士。于时太学初立，有博士十余人，学多褊狭，又不熟悉，略不亲教，备员而已。惟详五业并授，其或难解，质而不解，详无愠色，以杖画地，牵譬引类，至忘寝食，以是独擅名于远近。详学既精悉，又推步三五，别受诏与太史典定律历。太和中，转拜骑都尉。详学优能少，故历三世，竟不出为宰守。至正始中，以年老罢归于舍，本国宗族归之，门徒数千人。

〔28〕《杜氏新书》曰：恕弟理，字务仲。少而机察精要，畿奇之，故名之曰理。年二十一而卒。宽，字务叔。清虚玄静，敏而好古。以名臣门户，少长京师，而笃志博学，绝于世务，其意欲探赜索隐，由此名显，当涂之士多交焉。举孝廉，除郎中。年四十二而卒。经传之义，多所论驳，皆草创未就，惟删集《礼记》及《春秋左氏传》解，今存于世。预字元凯，司马宣王女婿。王隐《晋书》称预智谋渊博，明于理乱，常称"德者非所以企及，立功立言，所庶几也"。大观群典，谓《公羊》、《谷梁》，诡辩之言，又非先儒说《左氏》未究丘明意，而横以二传乱之。乃错综微言，著《春秋左氏经传集解》，又参考众家，谓之《释例》，又作《盟会图》、《春秋长历》，备成一家之学，至老乃成。尚书郎挚虞甚重之，曰："左丘明本为《春秋》作传，而《左传》遂自孤行。《释例》本为传设，而所发明何但《左传》，故亦孤行。"预有大功名于晋室，位至征南大将军，开府，封当阳侯，食邑八千户。子锡，字世嘏，尚书左丞。《晋诸公赞》：嘏有器局。预从兄斌，字将，亦有才望，为黄门郎，为赵王伦所枉杀。嘏子乂，字洪治。少有令名，为丹阳丞，早卒。阮武者，亦拓落大才也。案《阮氏谱》：武父谌，字士信，征辟无所就，造《三礼图》传于世。《杜氏新书》曰：武字文业，阔达博通，渊雅之士。位止清河太守。武弟炳，字文，河南尹。精意医术，撰药方一部。炳子坦，字弘舒，晋太子少傅，平东将军。坦弟柯，字士度。荀绰《兖州记》：坦出绍伯父，亡，次兄当袭爵，父爱柯，言名传之，遂承封。时幼

〔29〕《续汉书》曰：兴宗少赣，谏议大夫。众子师，大司农。

〔30〕张璠《汉纪》曰：泰字公业。少有才略，多谋计，知天下将乱，阴交结豪杰。家富于财，有田四百顷，而食常不足，名闻山东。举孝廉，三府辟，公车征，皆不就。何进辅政，征用名士，以泰为尚书侍郎，加奉车都尉。进将诛黄门，欲召董卓为助，泰谓进曰："董卓强忍寡义，志欲无厌，若借之朝政，授之大事，将肆其心以危朝廷。以明公之威德，据阿衡之重任，秉意独断，诛除有罪，诚不待卓以为资援也。且事留变生，其鉴不远。"又为陈时之要务，进不能用，乃弃官去。谓颍川人荀攸曰："何公未易辅也。"进寻见害，卓果专权，废帝。关东义兵起，卓会议大发兵，群寮咸惮卓，莫敢忤旨。泰恐其强，益将难制，乃曰："夫治在德，不在兵也。"卓不悦曰："如此，兵无益邪？"众人莫不变容，为泰震栗。泰乃诡辞而对曰："非以无益，以山东不足加兵也。今山东议欲起兵，州郡相连，人众相动，非不能也。然中国自光武以来，无鸡鸣狗吠之警，百姓忘战日久；仲尼有言'不教民战，是谓弃之'，虽众不能为害，一也。明公出自西州，少为国卿，闲习军事，数践战场，名称当世，人怀慑服，二也。袁本初公卿子弟，生处京师，体长妇人；张孟卓东平长者，坐不窥堂；孔公绪能清谈高论，嘘枯吹生，无军帅之才，负霜露之勤，临锋履刃，决敌雌雄，皆非明公敌也，三也。察山东之士，力能跨马控弦，勇等孟贲，捷齐庆忌，信有聊城之守，策有良、平之谋；可任以偏师，责以成功，未闻有其人者，四也。就有其人，王爵不相加，妇姑位不定，各恃众怙力，将人人棋峙，以观成败，不肯同心共胆，率徒旅进，五也。关西诸郡，北接上党、太原、冯翊、扶风、安定。自顷以来，数与胡战，妇女载戟挟矛，弦弓负矢，况其悍夫？以此当山东忘战之民，譬驱群羊向虎狼，其胜可必，六也。且天下之权勇，今见在者不过并、凉、匈奴、屠各、湟中、义从、八种西羌，皆百姓素所畏服，而明公权以为爪牙，壮夫震慄，况小丑乎！七也。又明公之将帅，皆中表腹心，周旋日久，自三原、硖口以来，恩信著算，忠诚可远任，智谋可特使，以此山东解后之虚诞，实不相若，八也。夫战有三亡：以乱攻治者亡，以邪攻正者亡，以逆攻顺者亡。今明公秉国政平，讨夷凶宄，忠义克立；以三德待于三亡，奉辞伐罪，谁人敢御？九也。东州有郑康成，学该古今，儒生之所以集；北海邴根矩，清高直亮，群士之楷式。彼诸将若询其计画，案典校之强弱，燕、赵、齐、梁非不盛，终见灭于秦，吴、楚七国非不众，而不敢逾荥阳，况今德政之赫赫，股肱之邦良，欲造乱以徼不义者，必不相然赞，成其凶谋，十也。若十事少有可采，无事征兵以惊天下，使患役之民，相聚为非，弃德恃众，以轻威重。"卓乃悦，以泰为将军，统诸军击关东。或谓卓曰：'郑泰智略过人，而结谋山东，今资之士马，使就其党，切为明公惧。'卓收其兵马，留拜议郎。后又与王允谋共诛卓，泰脱身自武关走，东归。后将军袁术以为扬州刺史，未至官，道卒，时年四十一。

〔31〕《晋阳秋》曰：泰子袤，字林叔。泰与华歆、荀攸善。见袤曰："郑公业为不亡矣。"初为临菑侯文学，稍迁至光禄大夫。泰始七年，以袤为司空，固辞不受，终于家。子默，字思玄。《晋诸公赞》曰：默遵守家业，以笃素称，位至太常。默弟质、舒、诩，皆为卿。默弟球，清直有理识，尚书右仆射、领选。球弟豫，为尚书。

〔32〕《魏略》曰：天水王迁，承代慈，虽循其迹，不能也。金城赵基承迁后，复不如迁。至嘉平中，安定皇甫隆代其为太守。初，敦煌不甚晓田；常灌溉滀水，便极濡洽，然后乃耕。又不晓作耧犁、用水，及种，人牛功力既费，而收谷更少。隆到，教作耧犁，又教衍溉，岁终率计，其所省庸力过半，得谷加五。又敦煌俗，妇人作裙，挛缩如羊肠，用布一匹，隆乃禁改之，所省复不訾。故敦煌人以为隆刚断严毅不及于慈，至于勤恪爱惠，为下兴利，可以亚之。

〔33〕瓘、燠事行无所见。《魏略》曰：颜斐字文林。有才学。丞相召为太子洗马，黄初初转为黄门侍郎，后为京兆太守。始，京兆从马超破后，民人多不专于农殖，又历四二千石，取解目前，亦不为民作久远计。斐到官，乃令属县整阡陌，树桑果。是时民多无牛车。斐又课民以闲月取车材，使转相教匠作车。又课民无牛者，令畜猪狗，卖以买牛。始民以为烦，一二年间，家家有丁车、大牛。又起文学，听吏民欲读书者，复其小徭。又于府下起菜园，使吏役闲锄治。又课民当输租时，车牛各因便致薪两束，为冬寒冰炙笔砚。于是风化大行，吏不烦民，民不求吏。京兆与冯翊、扶风接界，二郡道路既秽塞，田畴又荒莱，人民饥冻，而京兆皆整顿开明，丰富常为雍州十郡最。斐又清己，仰奉而已，于是吏民恐其迁转也。至青龙中，司马宣王在长安立军市，而军中士大多侵侮县民，斐以白宣王。宣王乃发怒召军市候，便于斐前杖一百。时长安典农与斐共坐，以为斐宜谢，乃私推斐。斐不肯谢，良久乃曰："斐意观明公受分陕之任，乃欲一齐众庶，必非有所左右也。而典农窃见推筑，欲令斐谢，假令斐谢，是更为不得明公意也。"宣王遂严持吏士。自是之后，军营、郡县各得其分。后数岁，迁为平原太守，吏民啼泣遮道，车不得前，步步稽留，十余日乃出界，东行至崤而疾困。斐素心恋京兆，其家人从者见斐病甚，劝之，言："平原当自勉作健。"斐曰："我心不愿平原，汝曹等呼我，何不言京兆邪？"遂卒，还平原。京兆闻之，皆为流涕，为立碑，于今称颂之也。

令狐邵字孔叔。父仕汉，为乌丸校尉。建安初，袁氏在冀州，邵去本郡，家居邺。九年，暂出与武安毛城会。太祖破邺，遂围毛城。城破，执邵等辈十余人，皆当斩。太祖阅见之，疑其衣冠也，问其祖考，而识其父，乃解放，署军谋掾。仍历宰守，后徙丞相主簿，出为弘农太守。所在清如冰雪，妻子希至官省；举善而教，恕以待人，不好狱讼，与下无忌。是时，郡无知经者，乃历问诸史，有欲远行就师，辄假遣，令诣河东乐详学经，粗明乃还，因设文学。由是弘农学业转兴。至黄初初，征拜羽林郎，迁虎贲中郎将，三岁，病亡。始，邵族子愚，为白衣时，常有高志，众人谓愚必荣令狐氏，而邵独以为"愚性倜傥，不修德而愿大，必灭我宗"。愚闻邵言，其心不平。及邵为虎贲郎将，而愚仕进已多所更历，所在有名称。愚见邵，因从容言次，微激之曰："先时闻大人谓愚为不继，愚今竟云何邪？"邵熟视而不答也。然私谓其妻子曰："公治性度犹如故也。以吾观之，终当败灭。但不知我久当坐之不邪？将建汝曹耳！"邵没之后，十余年间，愚为兖州刺史，果与王凌谋废立，家属诛灭。邵子华，时为弘农郡丞，以属疏得不坐。案《孔氏谱》：孔乂字元俊，孔子之后。曾祖畴，字元矩，陈相。汉桓帝立老子庙于苦县之赖乡，画孔子像于壁；畴为陈相，立孔子碑于像前，今见存。乂父祖皆二千石，乂为散骑常侍，上疏规谏，语在《三少帝纪》。至大鸿胪。子恂字士信，晋平东将军、卫尉也。

卷十七　　张乐于张徐传第十七

张辽字文远，雁门马邑人也。本聂壹之后，以避怨变姓。少为郡吏。汉末，并州刺史丁原以辽武力过人，召为从事，使将兵诣京都。何进遣诣河北募兵，得千余人。还，进败，以兵属董卓。卓败，以兵属吕布，迁骑都尉。布为李傕所败，从布东奔徐州，领鲁相，时年二十八。太祖破吕布于下邳，辽将其众降，拜中郎将，赐爵关内侯。数有战功，迁裨将军。袁绍破，别遣辽定鲁国诸县。与夏侯渊围昌豨于东海，数月粮尽，议引军还，辽谓渊曰："数日已来，每行诸围，豨辄属目视辽。又其射矢更稀，此必豨计犹豫，故不力战。辽欲挑与语，傥可诱也？"乃谓豨曰："公有命，使辽传之。"豨果下与辽语，辽为说太祖神武，方以德怀四方，先附者受大赏。豨乃许降。辽遂单身上三公山，入豨家，拜妻子。豨欢喜，随诣太祖。太祖遣豨还，责辽曰："此非大将法也。"辽谢曰："以明公威信著于四海，辽奉圣旨，豨必不敢害故也。"从讨袁谭、袁尚于黎阳，有功，行中坚将军。从攻尚于邺，尚坚守不下。太祖还许，使辽与乐进拔阴安，徙其民河南。复从攻邺，邺破，辽别徇赵国、常山，招降缘山诸贼及黑山孙轻等。从攻袁谭，谭破，别将徇海滨，破辽东贼柳毅等。还邺，太祖自出迎辽，引共载，以辽为荡寇将军。复别击荆州，定江夏诸县，还屯临颍，封都亭侯。从征袁尚于柳城，卒与虏遇，辽劝太祖战，气甚奋，太祖壮之，自以所持麾授辽。遂击，大破之，斩单于蹋顿[1]。

时荆州未定，复遣辽屯长社。临发，军中有谋反者，夜惊乱起火，一军尽扰。辽谓左右曰："勿动。是不一营尽反，必有造变者，欲以动乱人耳。"乃令军中："其不反者安坐！"辽将亲兵数十人，中陈而立。有顷定，即得首谋者杀之。陈兰、梅成以氐六县叛，太祖遣于禁、臧霸等讨成，辽督张郃、牛盖等讨兰。成伪降禁，禁还。成遂将其众就兰，转入灊山。灊中有天柱山，高峻二十余里，道险狭，步径裁通，兰等壁其上，辽欲进。诸将曰："兵少道险，难用深入。"辽曰："此所谓一与一，勇者得前耳。"遂进到山下安营，攻之，斩兰、成首，尽虏其众。太祖论诸将功，曰："登天山，履峻险，以取兰、成，荡寇功也。"增邑，假节。

太祖既征孙权还，使辽与乐进、李典等将七千余人屯合肥。太祖征张鲁，教与护军薛悌，署函边曰："贼至乃发"。俄而权率十万众围合肥，乃共发教，教曰："若孙权至者，张、李将军出战，乐将军守，护军勿得与战。"诸将皆疑。辽曰："公远征在外，比救至，彼破我必矣。是以教指及其未合逆击之，折其盛势，以安众心，然后可守也。成败之机，在此一战，诸君何疑？"李典亦与辽同。于是辽夜募敢从之士，得八百人，椎牛飨将士，明日大战。平旦，辽被甲持戟，先登陷阵，杀数十人，斩二将，大呼自名，冲垒入，至权麾下。权大惊，众不知所为，走登高冢，以长戟自守。辽叱权下战，权不敢动，望见辽所将众少，乃聚围辽数重。辽左右麾围，直前急击，围开，辽将麾下数十人得出，余众号呼曰："将军弃我乎！"辽复还突围，拔出余众。权人马皆披靡，无敢当者。自旦战至日中，吴人夺气，还修守备，众心乃安，诸将咸服。权守合肥十余日，城不可拔，乃引退。辽率诸军追击，几复获权。太祖大壮辽，拜征东将军[2]。建安二十一年，太祖复征孙权，到合肥，循行辽战处，叹息者良久。乃增辽兵，多留诸军，徙屯居巢。

关羽围曹仁于樊，会权称藩，召辽及诸军悉还救仁。辽未至，徐晃已破关羽，仁围解。辽与太祖会摩陂。辽军至，太祖乘辇出劳之，还屯陈郡。文帝即王位，转前将军[3]。分封兄汎及一子列侯。孙权复叛，遣辽还屯合肥，进辽爵都乡侯。给辽母舆车，及兵马送辽家诣屯，敕辽母至，导从出迎。所督诸军将吏皆罗拜道侧，观者荣之。文帝践阼，封晋阳侯，增邑千户，并前二千六百户。黄初二年，辽朝洛阳宫，文帝引辽会建始殿，亲问破吴意状。帝叹息顾左右曰："此亦古之召虎也。"为起第舍，又特为辽母作殿，以辽所从破吴军应募步卒，皆为虎贲。孙权复称藩。辽还屯雍丘，得疾。帝遣侍中刘晔将太医视疾，虎贲问消息，道路相属。疾未瘳，帝迎辽就行在所，车驾亲临，执其手，赐以御衣，太官日送御食。疾小差，还屯。孙权复叛，帝遣辽乘舟，与曹休至海陵，临江。权甚惮焉，敕诸将："张辽虽病，不可当也，慎之！"是岁，辽与诸将破权将吕范。辽病遂笃，薨于江都。帝为流涕，谥曰刚侯。子虎嗣。六年，帝追念辽、典在合肥之功，诏曰："合肥之役，辽、典以步卒八百，破贼十万，自古用兵，未之有也。使贼至今夺气，可谓国之爪牙矣。其分辽、典邑各百户，赐一子爵关内侯。"虎为偏将军，薨。子统嗣。

乐进字文谦，阳平卫国人也。容貌短小，以胆烈从太祖，为帐下吏。遣还本郡募兵，得千余人，还为军假司马、陷陈都尉。从击吕布于濮阳，张超于雍丘，桥蕤于苦，皆先登有功，封广昌亭侯。从征张绣于安众，围吕布于下邳，破；别将击眭固于射犬，攻刘备于沛，皆破之，拜讨寇校尉。渡河攻获嘉，还，从击袁绍于官渡，力战，斩绍将淳于琼。从击谭、尚于黎阳，斩其大将严敬，行游击将军。别击黄巾，破之，定乐安郡。从围邺，邺定，从击袁谭于南皮，先登，入谭东门。谭败，别攻雍奴，破之。建安十一年，太祖表汉帝，称进及于禁、张辽曰："武力既弘，计略周备，质忠性一，守执节义，每临战攻，常为督率，奋强突固，无坚不陷，自援枹鼓，手不知倦。又遭值征，统御师旅，抚众则和，奉令无犯，当敌制决，靡有遗失。论功纪用，宜各显宠。"于是禁为虎威；进，折冲；辽，荡寇将军。

进别征高幹，从北道入上党，回出其后，幹等还守壶关，连战斩首。幹坚守未下，会太祖自征之，乃拔。太祖征管承，军淳于，遣进与李典击之。承破走，逃入海岛，海滨平。荆州未服，遣屯阳翟。后从平荆州，留屯襄阳，击关羽、苏非等，皆走之，南郡诸山谷蛮夷诣进降。又讨刘备临沮长杜普、旌阳长梁大，皆大破之。后从征孙权，假进节。太祖还，留进与张辽、李典屯合肥，增邑五百，并前凡千二百户。以进数有功，分五百户，封一子列侯；进迁右将军。建安二十三年薨，谥曰威侯。子綝嗣。綝果毅有父风，官至扬州刺史。诸葛诞反,掩袭杀綝,诏悼惜之,追赠卫尉,谥曰愍侯。子肇嗣。

于禁字文则,泰山巨平人也。黄巾起,鲍信招合徒众,禁附从焉。及太祖领兖州,禁与其党俱诣为都伯,属将军王朗。朗异之,荐禁才任大将军。太祖召见与语,拜军司马,使将兵诣徐州,攻广戚,拔之,拜陷陈都尉。从讨吕布于濮阳,别破布二营于城南,又将破高雅于须昌。从攻寿张、定陶、离狐,围张超于雍丘,皆拔之。从征黄巾刘辟、黄邵等,屯版梁,邵等夜袭太祖营,禁帅麾下击破之,斩邵等,尽降其众。迁平虏校尉。从围桥蕤于苦,斩蕤等四将。从至宛,降张绣。绣复叛,太祖与战不利,军败,还舞阴。是时军乱,各间行求太祖,禁独勒所将数百人,且战且引,虽有死伤不相离。虏追稍缓,禁徐整行队,鸣鼓而还。未至太祖所,道见十余人被创裸走,禁问其故,曰:"为青州兵所劫。"初,黄巾降,号青州兵,太祖宽之,故敢因缘为略。禁怒,令其众曰:"青州兵同属曹公,而还为贼乎!"乃讨之,数以罪。青州兵遽走诣太祖自诉。禁既至,先立营垒,不时谒太祖。或谓禁:"青州兵已诉君矣,宜促诣公辨之。"禁曰:"今贼在后,追至无时,不先为备,何以待敌?且公聪明,谮诉何缘!"徐凿堑安营讫,乃入谒,具陈其状。太祖悦,谓禁曰:"淯水之难,吾其急也,将军在乱能整,讨暴坚垒,有不可动之节,虽古名将,何以加之!"于是录禁前后功,封益寿亭侯。复从攻张绣于穰,禽吕布于下邳,别与史涣、曹仁攻眭固于射犬,破斩之。

太祖初征袁绍,绍兵盛,禁愿为先登。太祖壮之,乃选步骑二千人,使禁将,守延津以拒绍,太祖引军还官渡。刘备以徐州叛,太祖东征之。绍攻禁,禁坚守,绍不能拔。复与乐进等将步骑五千,击绍别营,从延津西南缘河至汲、获嘉二县,焚烧保聚三十余屯,斩首获生各数千,降绍将何茂、王摩等二十余人。太祖复使禁别将屯原武,击绍别营于杜氏津,破之。迁裨将军,后从还官渡。太祖与绍连营,起土山相对。绍射营中,士卒多死伤,军中惧。禁督守土山,力战,气益奋。绍破,迁偏将军。冀州平。昌豨复叛,遣禁征之,禁急进攻豨;豨与禁有旧,诣禁降。诸将皆以为豨已降,当送诣太祖,禁曰:"诸君不知公常令乎!围而后降者不赦。夫奉法行令,事上之节也。豨虽旧友,禁可失节乎!"自临与豨决,陨涕而斩之。是时太祖军淳于,闻而叹曰:"豨降不诣吾而归禁,岂非命耶!"益重禁。东海平,拜禁虎威将军。后与臧霸等攻梅成,张辽、张郃等讨陈兰。禁到,成举众三千余人降。既降复叛,其众奔兰。辽等与兰相持,军食少,禁运粮前后相属,辽遂斩兰、成。增邑二百户,并前千二百户。是时,禁与张辽、乐进、张郃、徐晃俱为名将,太祖每征伐,咸递行为军锋,还为后拒;而禁持军严整,得贼财物,无所私入,由是赏赐特重。然以法御下,不甚得士众心。太祖常恨朱灵,欲夺其营。以禁有威重,遣禁将数十骑,赍令书,径诣灵营夺其军,灵及其部众莫敢动;乃以灵为禁部下督,众皆震服,其见惮如此。迁左将军,假节钺,分邑五百户,封一子列侯。

建安二十四年,太祖在长安,使曹仁讨关羽于樊,又遣禁助仁。秋,大霖雨,汉水溢,平地水数丈,禁等七军皆没。禁与诸将登高望水,无所回避,羽乘大船就攻禁等,禁遂降,惟庞德不屈节而死。太祖闻之,哀叹者久之,曰:"吾知禁三十年,何意临危处难,反不及庞德邪!"会孙权禽羽,获其众,禁复在吴。文帝践阼,权称藩,遣禁还。帝引见禁,须发皓白,形容憔悴,泣涕顿首。帝慰谕以荀林父、孟明视故事,拜为安远将军。欲遣使吴,先令北诣邺谒高陵。帝使豫于陵屋画关羽战克、庞德愤怒、禁降服之状。禁见,惭恚发病薨。子圭嗣,封益寿亭侯。谥禁曰厉侯。

张郃字俊乂,河间鄚人也。汉末应募讨黄巾,为军司马,属韩馥。馥败,以兵归袁绍。绍以郃为校尉,使拒公孙瓒。瓒破,郃功多,迁宁国中郎将。太祖与袁绍相拒于官渡,绍遣将淳于琼等督运屯乌巢,太祖自将急击之。郃说绍曰:"曹公兵精,往必破琼等;琼等破,则将军事去矣,宜急引兵救之。"郭图曰:"郃计非也。不如攻其本营,势必还,此为不救而自解也。"郃曰:"曹公营固,攻之必不拔,若琼等见禽,吾属尽为虏矣。"绍但遣轻骑救琼,而以重兵攻太祖营,不能下。太祖果破琼等,绍军溃。图惭,又更谮郃曰:"郃快军败,出言不逊。"郃惧,乃归太祖。

太祖得郃甚喜,谓曰:"昔子胥不早寤,自使身危,岂若微子去殷、韩信归汉邪?"拜郃偏将军,封都亭侯。授以众,从攻邺,拔之。又从击袁谭于渤海,别将军围雍奴,大破之。后讨柳城,与张辽俱为军锋,以功迁平狄将军。别征东莱,讨管承,又与张辽讨陈兰、梅成等,破之。从破马超、韩遂于渭南。围安定,降杨秋。与夏侯渊讨鄜贼梁兴及武都氐;又破马超,平宋建。太祖征张鲁,先遣郃督诸军讨兴和氐王窦茂。太祖从散关入汉中,又先遣郃督步卒五千于前通路。至阳平,鲁降,太祖还,留郃与夏侯渊等守汉中,拒刘备。郃别督诸军降巴东、巴西二郡,徙其民于汉中。进军宕渠,为备将张飞所拒,引还南郑。拜荡寇将军。刘备屯阳平,郃屯广石。备以精卒万余,分为十部,夜急攻郃。郃率亲兵搏战,备不能克。其后备于走马谷烧都围,渊救火,从他道与备相遇,交战,短兵接刃。渊遂没,郃还阳平。当是时,新失元帅,恐为备所乘,三军皆失色。渊司马郭淮乃令众曰:"张将军,国家名将,刘备所惮;今日事急,非张将军不能安也。"遂推郃为军主。郃出,勒兵安陈,诸将皆受郃节度,众心乃定。太祖在长安,遣使假郃节。太祖遂自至汉中,刘备保高山不敢战。太祖乃引出汉中诸军,郃还屯陈仓。

文帝即王位,以郃为左将军,进爵都乡侯。及践阼,进封鄚侯。诏郃与曹真讨安定卢水胡及东羌,召郃与真并朝许宫,遣南与夏侯尚出江陵。郃别督诸军渡江,取洲上屯坞,明帝即位,遣南屯荆州,与司马宣王击孙权别将刘阿等,追至祁口,交战,破之。诸葛亮出祁山。加郃位特进,遣督诸军,拒亮将马谡于街亭。谡依阻南山,不下据城。郃绝其汲道,击,大破之。南安、天水、安定郡反应亮,郃皆破平之。诏曰:"贼亮以巴蜀之众,当虓虎之师。将军被坚执锐,所向克定,朕甚嘉之。益邑千户,并前四千三百户。"司马宣王治水军于荆州,欲顺沔入江伐吴,诏郃督关中诸军往受节度。至荆州，会冬水浅，大船不得行，乃还屯方城。诸葛亮复出，急攻陈仓，帝驿马召郃到京都。帝自幸河南城，置酒送郃，遣南北军士三万及分遣武卫、虎贲使卫郃，因问郃曰："迟将军到，亮得无已得陈仓乎！"郃知亮县军无谷，不能久攻，对曰："比臣未到，亮已走矣；屈指计亮粮不至十日。"郃晨夜进至南郑，亮退。诏郃还京都，拜征西车骑将军。

郃识变数，善处营阵，料战势地形，无不如计，自诸葛亮皆惮之。郃虽武将，而爱乐儒士，尝荐同乡卑湛经明行修，诏曰："昔祭遵为将，奏置五经大夫，居军中，与诸生雅歌投壶。今将军外勒戎旅，内存国朝。朕嘉将军之意，今擢湛为博士。"

诸葛亮复出祁山，诏郃督诸将西至略阳，亮还保祁山，郃追至木门，与亮军交战，飞矢中郃右膝，薨[9]，谥曰壮侯。子雄嗣。郃前后征伐有功，明帝分郃邑，封郃四子列侯。赐小子爵关内侯。

徐晃字公明，河东杨人也。为郡吏，从车骑将军杨奉讨贼有功，拜骑都尉。李傕、郭汜之乱长安也，晃说奉令与天子还洛阳，奉从其计。天子渡河至安邑，封晃都亭侯。及至洛阳，韩暹、董承日争斗，晃说奉令归太祖；奉欲从之，后悔。太祖讨奉于梁，晃遂归太祖。太祖授晃兵，使击卷[10]、原武贼，破之，拜裨将军。从征吕布，别降布将赵庶、李邹等。与史涣斩眭固于河内。从破刘备，又从破颜良，拔白马，进至延津，破文丑，拜偏将军。与曹洪击㶉强贼祝臂，破之，又与史涣击袁绍运车于故市，功最多，封都亭侯。太祖既围邺，破邯郸，易阳令韩范伪以城降而拒守，太祖遣晃攻之。晃至，飞矢城中，为陈成败。范悔，晃辄降之。既而言于太祖曰："二袁未破，诸城未下者倾耳而听，今日灭易阳，明日皆以死守，恐河北无定时也。愿公降易阳以示诸城，则莫不望风。"太祖善之。别讨毛城，设伏兵掩击，破三屯。从破袁谭于南皮，讨平原叛贼，克之。从征蹋顿，拜横野将军。从征荆州，别屯樊，讨中庐、临沮、宜城贼。又与满宠讨关羽于汉津，与曹仁击周瑜于江陵。十五年，讨太原反者，围大陵，拔之，斩贼帅商曜。韩遂、马超等反关右，遣晃屯汾阴以抚河东，赐牛酒，令上先人墓。太祖至潼关，恐不得渡，召问晃。晃曰："公盛兵于此，而贼不复别守蒲阪，知其无谋也。今假臣精兵渡蒲坂津[11]，为军先置，以截其里，贼可擒也。"太祖曰："善。"使晃以步骑四千人渡津。作堑栅未成，贼梁兴夜将步骑五千余人攻晃，晃击走之，太祖军得渡。遂破超等，使晃与夏侯渊平鄜麋、汧诸氏，与太祖会安定。太祖还邺，使晃与夏侯渊平鄜、夏阳余贼，斩梁兴，降三千余户。从征张鲁。别遣晃讨攻㭉、仇夷诸山氏，皆降之。迁平寇将军。解将军张顺围。击贼陈福等三十余屯，皆破之。

太祖还邺，留晃与夏侯渊拒刘备于阳平。备遣陈式等十余营绝马鸣阁道，晃别征破之，贼自投山谷，多死者。太祖闻之，甚喜，假晃节，令曰："此阁道，汉中之险要咽喉也。刘备欲断绝外内，以取汉中。将军一举，克夺贼计，善之善者也。"太祖遂自至阳平，引出汉中诸军。复遣晃助曹仁讨

关羽，屯宛。会汉水暴溢，于禁等没。羽围仁于樊，又围将军吕常于襄阳。晃所将多新卒，以羽难与争锋，遂前至阳陵陂屯。太祖复还，遣将军徐商、吕建等诣晃，令曰："须兵马集至，乃俱前。"贼屯偃城。晃到，诡道作都堑，示欲截其后，贼烧屯走。晃得偃城，两面连营，稍前，去贼围三丈所。未攻，太祖前后遣殷署、朱盖等凡十二营诣晃。贼围头有屯，又别屯四冢。晃扬声当攻围头屯，而密攻四冢。羽见四冢欲坏，自将步骑五千出战，晃击之，退走，遂追陷与俱入围，破之，或自投沔水死。太祖令曰："贼围堑鹿角十重，将军致战全胜，遂陷贼围，多斩首虏。吾用兵三十余年，及所闻古之善用兵者，未有长驱径入敌围者也。且樊、襄阳之在围，过于莒、即墨，将军之功，逾孙武、穰苴。"晃振旅还摩陂，太祖迎晃七里，置酒大会。太祖举卮酒劝晃，且劳之曰："全樊、襄阳，将军之功也。"时诸军皆集，士卒咸离阵观，而晃军营整齐，将士驻阵不动。太祖叹曰："徐将军可谓有周亚夫之风矣。"

文帝即王位，以晃为右将军，进封逯乡侯。及践阼，进封杨侯。与夏侯尚讨刘备于上庸，破之。以晃镇阳平，徙封阳平侯。明帝即位，拒吴将诸葛瑾于襄阳。增邑二百，并前三千一百户。病笃，遗令敛以时服。性俭约畏慎，将军常远斥候，先为不可胜，然后战，追奔争利，士不暇食。常叹曰："古人患不遭明君，今幸遇之，当以功自效，何用私誉为！"终不广交援。太和元年薨，谥曰壮侯。子盖嗣，盖薨，子霸嗣。明帝分晃户，封晃子孙二人列侯。

初，清河朱灵为袁绍将。太祖之征陶谦，绍使灵督三营助太祖，战有功。绍所遣诸将各罢归，灵曰："灵观人多矣，无若曹公者，此乃真明主也。今已遇，复何之？"遂留不去。所将士卒慕之，皆随灵留。灵后遂为好将，名亚晃等，至后将军，封高唐亭侯[12]。

评曰：太祖建兹武功，而时之良将，五子为先。于禁最号毅重，然弗克其终。张郃以巧变为称，乐进以骁果显名，而鉴其行事，未副所闻。或注记有遗漏，未如张辽、徐晃之备详也。

注：

[1]《傅子》曰：太祖将征柳城，辽谏曰："夫许，天下之会也。今天子在许，公远北征，若刘表遣刘备袭许，据之以号令四方，公之势去矣。"太祖策表必不能任卒，遂行也。

[2] 孙盛曰：夫兵固诡道，奇正相资，若乃命将出征，推毂委权，或赖率然之形，或凭犄角之势，群帅不和，则弃师之道也。至于合肥之守，县弱无援，专任勇者则好战生患，专任怯者则惧心难保。且彼众我寡，必怀贪惰；以致命之兵，击贪惰之卒，其势必胜；胜而后守，守则必固。是以魏武推选方员，参以同异，为之密教，节宣其用；事至而应，若合符契，妙矣夫！

[3]《魏书》曰：王赐辽帛千匹，谷万斛。

[4] 臣松之以为围而后降，法虽不赦，囚而送之，未为违命。禁曾不为旧交希冀万一，而肆其杀之心，以戾众人之议，所以卒为降虏，死加恶谥，宜哉。

[5]《魏书》载制曰："昔荀林父败绩于邲，孟明丧师于殽，秦、晋不替，使复其位。其后晋获狄土，秦霸西戎，区区小国，犹尚

〔6〕《汉晋春秋》曰：郃说绍曰："公虽连胜，然勿与曹公战也，密遣轻骑抄绝其南，则兵自败矣。"绍不从之。

〔7〕臣松之案《武纪》及《袁绍传》并云袁绍使张郃、高览攻太祖营，郃等闻淳于琼破，遂来降，绍众于是大溃。是则缘郃等降而后绍军坏也。至如此传，为绍军先溃，惧郭图之谮，然后归太祖，为参错不同矣。

〔8〕《魏略》曰：渊虽为都督，刘备惮郃而易渊。及杀渊，备曰："当得其魁，用此何为邪！"

〔9〕《魏略》曰：亮军退，司马宣王使郃追之，郃曰："军法，围城必开出路，归军勿追。"宣王不听。郃不得已，遂进。蜀军乘高布伏，弓弩乱发，矢中郃髀。

〔10〕卷，音墟权反。

〔11〕臣松之云：案晃于时未应称臣，传写者误也。

〔12〕《九州春秋》曰：初，清河季雍以鄃叛袁绍而降公孙瓒，瓒遣兵卫之。绍遣灵攻之。灵家在城中，瓒将灵母弟置城上，诱呼灵。灵望城涕泣曰："丈夫一出身与人，岂复顾家耶！"遂力战拔之，生擒雍，而灵家皆死。《魏书》曰：灵字文博。太祖既平冀州，遣兵将新兵五千人骑千匹守许南。太祖戒之曰："冀州新兵，数承宽缓，暂见齐整，意尚怏怏。卿名先有威严，善以道宽之，不然即有变。"灵至阳翟，中郎将程昂等果反，即斩昂，以状闻。太祖手书曰："兵中所以为危险者，外对敌国，内有奸谋不测之变。昔邓禹中分光武军西行，而有宗歆、冯愔之难，后将二十四贤还洛阳，禹岂以是减损哉？来书恳恻，多引咎过，未必尽然也。"文帝即位，封灵郃侯，增其户邑。诏曰："将军佐命先帝，典兵历年，威过方、邵，功逾绛、灌。图籍所美，何以加焉？朕受天命，帝有海内，元功之将，社稷之臣，皆朕所与同福共灰，传之无穷者也。今封隃侯。富贵不归故乡，如夜行衣绣。若平常所志，愿勿难言。"灵谢曰："高唐，宿所愿。"于是更封高唐侯，薨，谥曰威侯。子术嗣。

卷十八　二李臧文
　　吕许典二庞阎传第十八

李典字曼成，山阳巨野人也。典从父乾，有雄气，合宾客数千家在乘氏。初平中，以众随太祖，破黄巾于寿张，又从击袁术，征徐州。吕布之乱，太祖遣乾还乘氏，慰劳诸县。布别驾薛兰、治中李封招乾，欲俱叛，乾不听，遂杀乾。太祖使乾子整将乾兵，与诸将击兰、封。兰、封破，从平兖州诸县有功，稍迁青州刺史。整卒，典徙颍阴令，为中郎将，将整军[1]迁离狐太守。

时太祖与袁绍相拒官渡，典率宗族及部曲输谷帛供军。绍破，以典为裨将军，屯安民。太祖击谭、尚于黎阳，使典与程昱等以船运军粮。会尚遣魏郡太守高蕃将兵屯河上，绝水道，太祖敕典、昱："若船不得过，下从陆道。"典与诸将议曰："蕃军少甲而恃水，有懈怠之心，击之必克。军不内御；苟利国家，专之可也，宜亟击之。"昱亦以为然。遂北渡河，攻蕃，破之，水道得通。刘表使刘备北侵，至叶，太祖遣典从夏侯惇拒之。备一旦烧屯去，惇率诸军追击之，典曰："贼无故退，疑必有伏。南道窄狭，草木深，不可

也。"惇不听，与于禁追之，典留守。惇等果入贼伏里，战不利，典往救，备望见救至，乃散退。从围邺，邺定，与乐进围高幹于壶关，击管承于长广，皆破之。迁捕虏将军，封都亭侯。典宗族部曲三千余家，居乘氏，自请愿徙诣魏郡。太祖笑曰："卿欲慕耿纯邪？"典谢曰："典驽怯功微，而爵宠过厚，诚宜举宗陈力；加以征伐未息，宜实郊遂之内，以制四方，非慕纯也。"遂徙部曲宗族万三千余口居邺。太祖嘉之，迁破虏将军。与张辽、乐进屯合肥，孙权率众围之，辽欲奉教出战。进、典、辽皆素不睦，辽恐其不从，典慨然曰："此国家大事，顾君计何如耳，吾可以私憾而忘公义乎！"乃率众与辽破走权。增邑百户，并前三百户。

典好学问，贵儒雅，不与诸将争功。敬贤士大夫，恂恂若不及，军中称其长者。年三十六薨，子祯嗣。文帝践阼，追念合肥之功，增祯邑百户，赐典一子爵关内侯，邑百户；谥典曰愍侯。

李通字文达，江夏平春人也[2]。以侠闻于江、汝之间。与其郡人陈恭共起兵于朗陵，众多归之。时有周直者，众二千余家，与恭、通外和内违。通欲图杀直而恭难之。通知恭无断，乃独定策，与直克会，酒酣杀直。众人大扰，通率恭诛其党帅，尽并其营。后恭妻弟陈郃，杀恭而据其众。通攻破郃军，斩郃首以祭恭墓。又生禽黄巾大帅吴霸而降其属。遭岁大饥，通倾家振施，与士分糟糠，皆争为用，由是盗贼不敢犯。

建安初，通举众诣太祖于许。拜通振威中郎将，屯汝南西界。太祖讨张绣，刘表遣兵以助绣，太祖军不利。通将兵夜诣太祖，太祖得以复战，通为先登，大破绣军。拜裨将军，封建功侯。分汝南二县，以通为阳安都尉。通妻伯父犯法，朗陵长赵俨收治，致之大辟。是时杀生之柄，决于牧守，通妻子号泣以请其命。通曰："方与曹公戮力，义不以私废公。"嘉俨执宪不阿，与为亲交。太祖与袁绍相拒于官渡。绍遣使拜通征南将军，刘表亦阴招之，通皆拒焉。通亲戚部曲流涕曰："今孤危独守，以失大援，亡可立而待也，不如亟从绍。"通按剑以叱之曰："曹公明哲，必定天下。绍虽强盛，而任使无方，终为之虏耳。吾以死不贰。"即斩绍使，送印绶诣太祖。又击郡贼瞿恭、江宫、沈成等，皆破歼其众，送其首。遂定淮、汝之地。改封都亭侯，拜汝南太守。时贼张赤等五千余家聚桃山，通攻破之。刘备与周瑜围曹仁于江陵，别遣关羽绝北道。通率众击之，下马拔鹿角入围，且战且前，以迎仁军，勇冠诸将。通道得病薨，时年四十二。追增邑二百户，并前四百户。文帝践阼，谥曰刚侯。诏曰："昔袁绍之难，自许、蔡以南，人怀异心。通秉义不顾，使携贰率服，朕甚嘉之。不幸早薨，子基虽已袭爵，未足酬其庸勋。基兄绪，前屯樊城，又有功。世笃其劳，其以基为奉义中郎将，绪平虏中郎将，以宠异焉[3]。"

臧霸字宣高，泰山华人也。父戒，为县狱掾，据法不听太守欲所私杀。太守大怒，令收戒诣府，时送者百余人。霸年十八，将客数十人径于费西山中要夺之，送者莫敢动，因与父俱亡命东海，由是以勇壮闻。黄巾起，霸从陶谦击

破之,拜骑都尉。遂收兵于徐州,与孙观、吴敦、尹礼等并聚众,霸为帅,屯于开阳。太祖之讨吕布也,霸等将兵助布。既擒布,霸自匿。太祖募索得霸,见而悦之,使霸招吴敦、尹礼、孙观、观兄康等,皆诣太祖。太祖以霸为琅邪相,敦利城、礼东莞、观北海、康城阳太守,割青、徐二州,委之于霸。太祖之在兖州,以徐翕、毛晖为将。兖州乱,翕、晖皆叛,后兖州定,翕、晖亡命投霸。太祖语刘备,令语霸送二人首。霸谓备曰:"霸所以能自立者,以不为此也。霸受公生全之恩,不敢违命。然王霸之君可以义告,愿将军为之辞。"备以霸言白太祖,太祖叹息,谓霸曰:"此古人之事而君能行之,孤之愿也。"乃皆以翕、晖为郡守。时太祖方与袁绍相拒,而霸数以精兵入青州,故太祖得专事绍,不以东方为念。太祖破袁谭于南皮,霸等会贺。霸因求遣子弟及诸将父兄家属诣邺,太祖曰:"诸君忠孝,岂复在是!昔萧何遣子弟入侍,而高祖不拒,耿纯焚室舆榇以从,而光武不逆,吾将何以易之哉!"东州扰攘,霸等执义征暴,清定海岱,功莫大焉,皆封列侯。霸为都亭侯,加威虏将军。又与于禁讨昌豨,与夏侯渊讨黄巾余贼徐和等,有功,迁徐州刺史。沛国武周为下邳令,霸敬异周,身诣令舍。部从事谥诃不法,周得其罪,便收考竟,霸益以善周。从讨孙权,先登,再入巢湖,攻居巢,破之。张辽之讨陈兰,霸别遣至皖,讨吴将韩当,使权不得救兰。当遣兵逆霸,霸与战于逢龙,当复遣兵邀霸于夹石,与战破之,还屯舒。权遣数万人乘船屯舒口,分兵救兰,闻霸军在舒,遁还。霸夜追之,比明,行百余里,邀贼前后击之。贼窘急,不得上船,赴水者甚众。由是贼不得救兰,辽遂破之。霸从讨孙权于濡须口,与张辽为前锋,行遇霖雨,大军先及,水遂长,贼船稍进,将士皆不安。辽欲去,霸止之曰:"公明于利钝,宁肯捐吾等邪?"明日果有令。辽至,以语太祖。太祖善之,拜扬威将军,假节。后权乞降,太祖还,留霸与夏侯惇等屯居巢。

文帝即王位,迁镇东将军,进爵武安乡侯,都督青州诸军事。及践阼,进封开阳侯,徙封良成侯。与曹休讨吴贼,破吕范于洞浦,征为执金吾,位特进。每有军事,帝常咨访焉[4]。明帝即位,增邑五百,并前三千五百户。薨,谥曰威侯。子艾嗣[5]。艾官至青州刺史、少府。艾薨,谥曰恭侯。子权嗣。霸前后有功,封子三人列侯,赐一人爵关内侯[6]。而孙观亦至青州刺史,假节,从太祖讨孙权,战被创,薨。子毓嗣,亦至青州刺史[7]。

文聘字仲业,南阳宛人也,为刘表大将,使御北方。表死,其子琮立。太祖征荆州,琮举州降,呼聘欲与俱,聘曰:"聘不能全州,当待罪而已。"太祖济汉,聘乃诣太祖,太祖问曰:"来何迟邪?"聘曰:"先日不能辅弼刘荆州以奉国家,荆州虽没,常愿据守汉川,保全土境,生不负于孤弱、死无愧于地下,而计不得已,以至于此。实怀悲惭,无颜早见耳。"遂歔欷流涕。太祖为之怆然,曰:"仲业,卿真忠臣也。"厚礼待之。授聘兵,使与曹纯追讨刘备于长阪。太祖先定荆州,江夏与吴接,民心不安,乃以聘为江夏太守,使典北兵,委以边事,赐爵关内侯[8]。与乐进讨关羽于寻口,有功,进封延寿亭侯,加讨逆将军。又攻羽辎重于汉津,烧其船于荆城。文帝践阼,进爵长安乡侯,假节。与夏侯尚围江陵,使聘别屯沔口,止石梵,自当一队,御贼有功,迁后将军,封新野侯。孙权以五万众自围聘于石阳,甚急。聘坚守不动,权住二十余日乃解去。聘追击破之[9]。增邑五百户,并前千九百户。聘在江夏数十年,有威恩,名震敌国,贼不敢侵。分聘户邑封聘子岱为列侯,又赐聘从子厚爵关内侯。聘薨,谥曰壮侯。岱又先亡,聘养子休嗣。卒,子武嗣。嘉平中,谯郡桓禺为江夏太守,清俭有威惠,名亚于聘。

吕虔字子恪,任城人也。太祖在兖州,闻虔有胆策,以为从事,将家兵守湖陆。襄贲校尉杜松部民炅母等作乱,与昌豨通。太祖以虔代松。虔到,招诱炅母渠率及同恶数十人,赐酒食。简壮士伏其侧,虔察炅母等皆醉,使伏兵尽格杀之。抚其余众,群贼乃平。太祖以虔领泰山太守。郡接山海,世乱,闻民人多藏窜。袁绍所置中郎将郭祖、公孙犊等数十辈,保山为寇,百姓苦之。虔将家兵到郡,开恩信,祖等党属皆降服,诸山中亡匿者尽出,安土业。简其强者补战士,泰山由是遂有精兵,冠名州郡。济南黄巾徐和等,所在劫长吏,攻城邑。虔引兵与夏侯渊会击之,前后数十战,斩首获生数千人。太祖令督青州诸郡兵以讨东莱群贼李条等,有功。太祖令曰:"夫有其志,必成其事,盖烈士之所徇也。卿在郡以来,禽奸讨暴,百姓获安,躬蹈矢石,所征辄克。昔寇恂立名于汝、颍,耿弇建策于青、兖,古今一也。"举茂才,加骑都尉,典郡如故。虔在泰山十数年,甚有威惠。文帝即王位,加裨将军,封益寿亭侯,迁徐州刺史。加威虏将军。请琅邪王祥为别驾,民事一以委之,世多其能任贤[10]。讨利城叛贼,斩获有功。明帝即位,徙封万年亭侯,增邑二百,并前六百户。虔薨,子翻嗣。翻薨,子桂嗣。

许褚字仲康,谯国谯人也。长八尺余,腰大十围,容貌雄毅,勇力绝人。汉末,聚少年及宗族数千家,共坚壁以御寇。时汝南葛陂贼万余人攻褚壁,褚众少不敌,力战疲极。兵矢尽,乃令壁中男女,聚治石如杅斗者置四隅。褚飞石掷之,所值皆摧碎。贼不敢进。粮乏,伪与贼和。以牛与贼易食,贼来取牛,牛辄奔还。褚乃出阵前,一手逆曳牛尾,行百余步。贼众惊,遂不敢取牛而走。由是淮、汝、陈、梁间,闻皆畏惮之。

太祖徇淮、汝,褚以众归太祖。太祖见而壮之曰:"此吾樊哙也。"即日拜都尉,引入宿卫。诸从褚侠客,皆以为虎士。从征张绣,先登,斩首万计,迁校尉。从讨袁绍于官渡。时常从士徐他等谋为逆,以褚常侍左右,惮不敢发。伺褚休下日,他等怀刀入。褚至下舍心动,即还侍。他等不知,入帐见褚,大惊愕。他色变,褚觉之,即击杀他等。太祖益亲信之,出入同行,不离左右。从围邺,力战有功,赐爵关内侯。从讨韩遂、马超于潼关。太祖将北渡,临济河,先渡兵,独与褚及虎士百余人留南岸断后。超将步骑万余人,来奔太祖军,矢下如雨。褚白太祖,贼来多,今兵渡已尽,宜去,乃扶太祖上船。贼战急,军争济,船重欲没。褚斩攀船者,左手举马鞍蔽太祖。船工为流矢所中死,褚右手并溯船,仅乃得渡。是日,微褚几危。其后太祖与遂、超等单马会语,左右皆不得从,唯将褚。超负其力,阴欲前突太祖,素闻褚勇,疑从骑是褚。乃问太祖曰:"公有虎侯者安在?"太祖顾指褚,褚瞋目盼之。超不敢动,乃各罢。后数日会战,大破超等,褚身斩首级,迁武卫中郎将。武卫之号,自此始也。军中以褚力如虎而痴,故号曰虎痴。是以超问虎侯,至今天下称焉,皆谓其姓名也。

褚性谨慎奉法,质重少言。曹仁自荆州来朝谒,太祖未出,入与褚相见于殿外。仁呼褚入便坐语,褚曰:"王将出。"便还入殿,仁意恨之。或以责褚曰:"征南宗室重臣,降意呼君,君何故辞?"褚曰:"彼虽亲重,外藩也。褚备内臣,众谈足矣,入室何私乎?"太祖闻,愈爱待之,迁中坚将军。太祖崩,褚号泣呕血。文帝践阼,进封万岁亭侯,迁武卫将军,都督中军宿卫禁兵,甚亲近焉。初,褚所将为虎士者从征伐,太祖以为皆壮士也,同日拜为将,其后以功为将军封侯者数十人,都尉、校尉百余人,皆剑客也。明帝即位,进封牟乡侯,邑七百户,赐子爵一人关内侯。褚薨,谥曰壮侯。子仪嗣。褚兄定,亦以军功为振威将军,都督徼道虎贲。太和中,帝思褚忠孝,下诏褒赞,复赐褚子孙二人爵关内侯。仪为钟会所杀。泰始初,子综嗣。

典韦,陈留己吾人也。形貌魁梧,膂力过人,有志节任侠。襄邑刘氏与睢阳李永为仇,韦为报之。永故富春长,备卫甚谨。韦乘车载鸡酒,伪为候者,门开,怀匕首入杀永,并杀其妻,徐出,取车上刀戟,步去。永居近市,一市尽骇。追者数百,莫敢近。行四五里,遇其伴,转战得脱。由是为豪杰所识。初平中,张邈举义兵,韦为士,属司马赵宠。牙门旗长大,人莫能胜,韦一手建之,宠异其才力。后属夏侯惇,数斩首有功,拜司马。太祖讨吕布于濮阳。布有别屯在濮阳西四五十里,太祖夜袭,比明破之。未及还,会布救兵至,三面掉战。时布身自搏战,自旦至日昳数十合,相持急。太祖募陷阵,韦先占,将应募者数十人,皆重衣两铠,弃楯,但持长矛撩戟。时西面又急,韦进当之,贼弓弩乱发,矢至如雨,韦不视,谓等人曰:"虏来十步,乃白之。"等人曰:"十步矣。"又曰:"五步乃白。"等人惧,疾言:"虏至矣!"韦手持十余戟,大呼起,所抵无不应手倒者。布众退。会日暮,太祖乃得引去。拜韦都尉,引置左右,将亲兵数百人,常绕大帐。韦既壮武,其所将皆选卒,每战斗,常先登陷阵。迁为校尉。性忠至谨重,常昼立侍终日,夜宿帐左右,稀归私寝。好酒食,饮啖兼人,每赐食于前,大饮长歠,左右相属,数人益乃供,太祖壮之。韦好持大双戟与长刀等,军中为之语曰:"帐下壮士有典君,提一双戟八十斤。"

太祖征荆州,至宛,张绣迎降,太祖甚悦,延绣及其将帅,置酒高会。太祖行酒,韦持大斧立后,刃径尺,太祖所至之前,韦辄举斧目之。竟酒,绣及其将帅莫敢仰视。后十余日,绣反,袭太祖营,太祖出战不利,轻骑引去。韦战于门中,贼不得入。兵遂散从他门并入。时韦校尚有十余人,皆殊死战,无不一当十。贼前后至稍多,韦以长戟左右击之,一叉入,辄十余矛摧。左右死伤者略尽。韦被数十创,

短兵接战,贼前搏之。韦双挟两贼击杀之,余贼不敢前。韦复前突贼,杀数人,创重发,瞋目大骂而死。贼乃敢前,取其头,传观之,覆军就视其躯。太祖退住舞阴,闻韦死,为流涕,募间取其丧,亲自临哭,遣归葬襄邑,拜子满为郎中。车驾每过,常祠以中牢。太祖思韦,拜满为司马,引自近。文帝即王位,以满为都尉,赐爵关内侯。

庞德字令明,南安㺄道人也[11]。少为郡吏、州从事。初平中,从马腾击反羌叛氐,数有功,稍迁至校尉。建安中,太祖讨袁谭、尚于黎阳,谭遣郭援、高幹等略取河东,太祖使钟繇率关中诸将讨之。德随腾子超拒援、幹于平阳,德为军锋,进攻援、幹,大破之,亲斩援首[12]。拜中郎将,封都亭侯。后张白骑叛于弘农,德复随腾征之,破白骑于两殽间。每战,常陷陈却敌,勇冠腾军。后腾征为卫尉,德留属超。太祖破超于渭南,德随超亡入汉阳,保冀城。后复随超奔汉中,从张鲁。太祖定汉中,德随众降。太祖素闻其骁勇,拜立义将军,封关门亭侯,邑三百户。

侯音、卫开等以宛叛,德将所领与曹仁共攻拔宛,斩音、开,遂南屯樊,讨关羽。樊下诸将以德兄在汉中,颇疑之[13]。德常曰:"我受国恩,义在效死。我欲身自击羽。今年我不杀羽,羽当杀我。"后亲与羽交战,射羽中额。时德常乘白马,羽军谓之白马将军,皆惮之。仁使德屯樊北十里,会天霖雨十余日,汉水暴溢,樊下平地五六丈,德与诸将避水上堤。羽乘船攻之,以大船四面射堤上。德被甲持弓,箭不虚发。将军董衡、部曲将董超等欲降,德皆收斩之。自平旦力战至日过中,羽攻益急,矢尽,短兵接战。德谓督将成何曰:"吾闻良将不怯死以苟免,烈士不毁节以求生,今日,我死日也。"战益怒,气愈壮,而水浸盛,吏士皆降。德与麾下将一人,五伯二人,弯弓傅矢,乘小船欲还仁营。水盛船覆,失弓矢,独抱船覆水中,为羽所得,立而不跪。羽谓曰:"卿兄在汉中,我欲以卿为将,不早降何为?"德骂羽曰:"竖子,何谓降也!魏王带甲百万,威振天下。汝刘备庸才耳,岂能敌邪!我宁为国家鬼,不为贼将也。"遂为羽所杀。太祖闻而悲之,为之流涕,封其二子为列侯。文帝即王位,乃遣使就德墓赐谥,策曰:"昔先轸丧元,王蠋绝胫,陨身徇节,前代美之。惟侯式昭果毅,蹈难成名,声溢当时,义高在昔,寡人愍焉,谥曰壮侯。"又赐子会等四人爵关内侯,邑各百户。会烈勇有父风,官至中卫将军,封列侯[14]。

庞淯字子异,酒泉表氏人也。初以凉州从事守破羌长,会武威太守张猛反,杀刺史邯郸商,猛令曰:"敢有临商丧,死不赦。"淯闻之,弃官,昼夜奔走,号哭丧所讫,诣猛门,衷匕首,欲因见以杀猛。猛知其义士,敕遣不杀,由是以忠烈闻[15]。太守徐揖请为主簿。后郡人黄昂反,围城。淯弃妻子,夜逾城出围,告急于张掖、敦煌二郡,初疑未肯发兵,淯欲伏剑,二郡感其义,遂为兴兵。军未至而郡城邑已陷,揖死。淯乃收敛揖丧,送还本郡,行服三年乃还。太祖闻之,辟为掾属。文帝践阼,拜驸马都尉,迁西海太守,赐爵关内侯。后征拜中散大夫,薨。子曾嗣。

初,消外祖父赵安为同县李寿所杀,消兄弟三人同时病死,寿家喜。消母娥自伤父仇不报,乃帏车袖剑,白日刺寿于都亭前,讫,徐诣县,颜色不变,曰:"父仇已报,请受戮。"禄福长尹嘉解印绶纵娥,娥不肯去,遂强载还家。会赦得免,州郡叹贵,刊石表闾[16]。

阎温字伯俭,天水西城人也。以凉州别驾守上邽令。马超走奔上邽,郡人任养等举众迎之。温止之,不能禁,乃驰还州。超围州所治冀城甚急,州乃遣温密出,告急于夏侯渊。贼围数重,温夜从水中潜出。明日,贼见其迹,遣人追遮之,于显亲界得温,执以诣超。超解其缚,谓曰:"今成败可见,足下为孤城请救而执于人手,义何所施?若从吾言,反谓城中,'东方无救',此转祸为福之计也。不然,今为戮矣。"温伪许之,超乃载温诣城下。温向城大呼曰:"大军不过三日至,勉之!"城中皆泣,称万岁。超怒数之曰:"足下不为命计邪?"温不应。时超攻城久不下,故徐诱温,冀其改意。复谓温曰:"城中故人,有欲与吾同者不?"温又不应。遂切责之,温曰:"夫事君有死无贰,而卿乃欲令长者出不义之言,吾岂苟生者乎?"超遂杀之。

先是,河右扰乱,隔绝不通,敦煌太守马艾卒官,府又无丞。功曹张恭素有学行,郡人推行长史事,恩信甚著,乃遣子就东诣太祖,请太守。时酒泉黄华、张掖张进各据其郡,欲与恭艾并势。就至酒泉,为华所拘执,劫以白刃。就终不回,私与恭疏曰:"大人率厉敦煌,忠义显然,岂以就在困厄之中而替之哉?昔乐羊食子,李通覆家,经国之臣,宁怀妻孥邪?今大军垂至,但当促兵以掎之耳。愿不以下流之爱,使就有恨于黄壤也。"恭即遣从弟华攻酒泉沙头、乾齐二县。恭又连兵寻继华后,以为首尾之援。别遣铁骑二百,迎我官属,东缘酒泉北塞,径出张掖北河,逢迎太守尹奉。于是张进须黄华之助,华欲救进,西顾恭兵,恐急击其后,遂诣金城太守苏则降。就竟平安。奉得之官。黄初二年,下诏褒扬,赐恭爵关内侯,拜西域戊己校尉。数岁征还,将授以侍臣之位,而以子就代焉。恭至敦煌,固辞疾笃。太和中卒,赠执金吾,就后为金城太守,父子著称于西州[17]。

评曰:李典贵尚儒雅,义忘私隙,美矣。李通、臧霸、文聘、吕虔镇卫州郡,并著威惠。许褚、典韦折冲左右,抑亦汉之樊哙也。庞德授命叡敌,有周苛之节。庞消不惮伏剑,而诚感邻国。阎温向城大呼,齐解、路之烈焉。

注:
〔1〕《魏书》曰:典少好学,不乐兵事,乃就师读《春秋左氏传》,博观群书。太祖善之,故试以治民之政。
〔2〕《魏略》曰:通小字万亿。
〔3〕王隐《晋书》曰:绪子秉,字玄胄,有俊才,为时所贵,官至秦州刺史。秉尝答司马文王问,因以为《家诫》,曰:"昔侍坐于先帝,时有三长吏俱见。临辞出,上曰:'为官长当清,当慎,当勤,修此三者,何患不治乎?'并受诏。既出,上顾谓吾等曰:'相诫敕正当尔不?'侍坐众贤,莫不赞善。上又曰:'必不得已,于斯三者何先?'或对曰:'清固为本。'次复问吾,对曰:'清慎之道,相须而成,必不得已,慎乃为大。夫清者不必慎,慎者必自清,亦由仁者必有勇,勇者不必有仁,是以《易》称括囊无咎,藉用白茅,皆慎之至也。'上曰:'卿言得之耳。可举近世能慎者谁乎?'诸人各未知所对,吾乃举故太尉荀景倩、尚书董仲连、仆射王公仲并可谓之慎。上曰:'此诸人者,温恭朝夕,执事有恪,亦各其慎也。然天下之至慎,其惟阮嗣宗乎!吾每与之言,言及玄远,而未曾评论时事,臧否人物,真可谓至慎矣。'吾每思此言,亦足以为明诫。凡人行事,年少立身,不可不慎,勿轻论人,勿轻说事,如此则悔吝何由而生,患祸无从而至矣。"秉子重,字茂曾。少知名,历位吏部郎、平阳太守。《晋诸公赞》曰:重以清尚称。相国赵王伦以重望取为右司马。重以伦将为乱,辞疾不就。伦逼之不已,重遂不复自活,至于困笃,扶曳受拜,数日卒,赠散骑常侍。重二弟,尚字茂仲,矩字茂约,永嘉中并典郡,矩至江州刺史。重子式,字景则,官至侍中。
〔4〕《魏略》曰:霸一名奴寇。孙观名婴子。吴敦名黯奴。尹礼名卢儿。建安二十四年,霸遣别军在洛。会太祖崩,霸所部及青州兵,以为天下将乱,皆鸣鼓擅去。文帝即位,以曹休都督青、徐,霸谓休曰:"国家未肯听霸耳!若假霸步骑万人,必能横行江表。"休言之于帝,帝疑霸军前擅去,今意壮乃尔!遂东巡,因霸来朝而夺其兵。
〔5〕《魏书》曰:艾少以才理称,为黄门郎,历位郡守。
〔6〕霸一子舜,字太伯,晋散骑常侍,见《武帝百官名》。此《百官名》,不知谁所撰也,皆有题目,称舜"才颖条畅,识赞时宜"也。
〔7〕《魏书》曰:孙观字仲台,泰山人。与臧霸俱起,讨黄巾,拜骑都尉。太祖破吕布,使霸招观兄弟,皆厚遇之。与霸俱战伐,观常为先登,征定青、徐群贼,功次于霸,封吕都亭侯。康亦以功封列侯。与太祖会南皮,遣子弟入居邺,拜观偏将军,迁青州刺史。从征孙权于濡须口,假节。攻权,为流矢所中,伤左足,力战不顾,太祖劳之曰:"将军被创深重,而猛气益奋,不当为国爱身乎?"转振威将军。创甚,遂卒。
〔8〕孙盛曰:资父事君,忠孝道一。臧霸少有孝烈之称,文聘著垂涕之诚,是以魏武一面,委之以方之任,岂直壮武见知于仓卒之间哉!
〔9〕《魏略》曰:孙权尝自将数万众卒至。时大雨,城栅崩坏,人民散在田野,未及补治。聘闻权到,不知所施,乃思惟莫若潜默可以疑之。乃敕城中人使不得见,又自卧舍中不起。权果疑之,语其部党曰:"北方以此人忠臣也,故委以此郡,今我至而不动,此不有密图,必当有外救。"遂不敢攻而去。《魏略》此语,与本传反。
〔10〕孙盛《杂语》曰:祥字休徵。性至孝,后母庭虐。每欲危害祥,祥色养无怠。盛寒之月,后母曰:"吾恩食生鱼。"祥脱衣,将剖冰求之,少顷,坚冰解,下有鱼跃出,因奉以供,时人以为孝感之所致也。供养三十余年,母终乃仕,以淳诚贞粹见重于时。王隐《晋书》曰:祥始出仕,年过五十矣,稍迁至司隶校尉。高贵乡公入学,以祥为三老,迁司空、太尉。司马文王初为晋王,司空荀颙劝祥尽敬,祥不从。语在《三少帝纪》。晋武践阼,拜祥为太保,封睢陵公。泰始四年,年八十九薨。祥弟览,字玄通,光禄大夫。《晋诸公赞》称览率素有行。览子孙繁衍,颇有贤才相系,奕世之盛,古今少比焉。
〔11〕狟,音桓。
〔12〕《魏略》曰:德手斩一级,不知是援。战罢之后,众人皆言援死而不得其首。援,钟繇之甥。德晚后于鞬中出一头,繇见

〔13〕《魏略》曰:德从兄名柔,时在蜀。

〔14〕王隐《蜀记》曰:钟会平蜀,前后鼓吹,迎德尸丧还葬邺,冢中身首如生。臣松之案德死于樊城,文帝即位,又遣使至德墓所,则其尸丧不应在蜀。此王隐之虚说也。

〔15〕《魏略》曰:猛兵欲来缚涓,猛闻之,叹曰:"猛以杀刺史为罪。此人以至忠为名,如又杀之,何以劝一州履义之士邪!"遂使行服。《典略》曰:张猛字叔威,本敦煌人也。猛父奂,桓帝时仕历郡守、中郎将、太常,遂居华阴,终因葬焉。建安初,猛仕郡为功曹,是时河西四郡以去凉州治远,隔以河寇,上书求别置州。诏以陈留人邯郸商为雍州刺史,别典四郡。时武威太守缺,诏又以猛父昔在河西有威名,乃以猛补之。商、猛俱西。初,猛与商同岁,每相戏侮,乃共之官,行道更相责望。暨到,商欲诛猛。猛觉之,遂勒兵攻商。商治县与猛侧近,商闻兵至,恐怖登屋,呼猛字曰:"叔威。汝欲杀我耶? 然我死者有知,汝亦族矣。请和解,尚可乎?"猛因呼曰:"来。"商逾屋就猛,猛因责之,语毕,以商属督邮。督邮录商,闭置传舍。后商欲逃,事觉,遂杀之。是岁建安十四年也。至十五年,将军韩遂自上讨猛,猛发兵遣军东拒。其吏民畏遂,乃反巾攻猛。初奂为武威太守时,猛方在孕。母梦带奂印绶,登楼亦歌,且以告奂。奂讯占梦者,曰:"夫人方生男,后当复临此郡,其必死官乎!"及猛被攻,自知必死,曰:"使死者无知则已矣,若有知,岂使吾头东过华阴历先君之墓乎?"乃登楼自烧而死。

〔16〕皇甫谧《列女传》曰:酒泉烈女庞娥亲者,表氏庞子夏之妻,禄福赵君安之女也。君安为同县李寿所杀,娥亲有男弟三人,皆欲报仇,寿深以为备。会遭灾疫,三人皆死。寿闻大喜,请会宗族,共相庆贺,云:"赵氏强壮已尽,唯有女弱,何足复忧!"防备懈弛。娥亲子淯出行,闻寿此言,还以启娥亲,娥亲既素有报仇之心,及闻寿言,感激愈深,怆然陨涕曰:"李寿,汝莫喜也,终不活汝! 戴履天地,为吾门户,吾三子之差也。焉知娥亲不手刃杀汝,而自侥幸邪?"阴市名刀,挟长持短,昼夜哀酸,志在杀寿。寿为人凶豪,闻娥亲之言,更乘马带刀,乡人皆畏惮之。比邻有徐氏妇,忧娥亲不能制,恐遂见中害,每谏止之,曰:"李寿,男子也,凶恶有素,加今备卫在身。赵虽有猛烈之志,而强弱不敌。邂逅不制,则为重受祸于寿,绝灭门户,痛辱不轻也。愿详举动,为门户之计。"娥亲曰:"父母之仇,不同天地共日月者也。李寿不死,娥亲视息世间,活复何求! 今虽三弟早死,门户泯绝,而娥亲犹在,可假手于人哉! 若以卿心况我,则李寿不可得杀;论我之心,寿必为我所杀明矣。"夜数磨砺所持刀讫,扼腕切齿,悲涕长叹,家人及邻里咸共笑之。娥亲谓左右曰:"卿等笑我,直以我女弱不能杀寿故也。要当以寿颈血污此刀刃,令汝辈见之。"遂弃家事,乘鹿车伺寿。至光和二年二月上旬,以白日清时,于都亭之前,与寿相遇,便下车扣寿马,叱之。寿惊愕,回马欲走。娥亲奋刀砍之,并伤其马。马惊,奔挤道边沟中。娥亲寻复就地斫之,探中树兰,折所持刀。寿被创未死,娥亲因前欲取寿所佩刀杀寿,寿护刀瞋目大呼,跳梁而起。娥亲乃挺身奋手,以戟寿头,持诣都亭,持诣都亭,辞颜不变。时禄福长汉阳尹嘉不忍论娥亲,即解印绶去官,弛法纵之。娥亲曰:"仇塞身死,妾之明分也。治狱制刑,君之常典也。何敢贪生以枉官法?"乡人闻之,倾城奔往,观者如堵焉,莫不为之悲喜慷慨嗟叹也。守尉不敢公纵,阴语使去,以便宜自匿。娥亲抗声大言曰:"枉

法逃死,非妾本心。今仇人已雪,死则妾分,乞得归法以全国体。虽复万死,于娥亲毕足,不敢贪生为明廷负也。"尉故不听所执,娥亲复言曰:"匹妇虽微,犹知制命。杀人之罪,法所不纵。今既犯之,义无可逃。乞就刑戮,陨身朝市,肃明王法,娥亲之愿也。"辞气愈厉,面无惧色。尉知其难夺,强载还家。凉州刺史周洪、酒泉太守刘班等并共表上,称其烈义,刊石立碑,显其门闾。太常弘农张奂贵尚所履,以束帛二十端礼之。海内闻之者,莫不改容赞善,高大其义。故黄门侍郎安定梁宽追述娥亲,为其作传。玄晏先生以为父母之仇,不与共天地,盖男子之所为也。而娥亲以女弱之微,念父辱之酷痛,感仇党之凶言,奋剑仇颈,人马俱摧,塞亡父之怨魂,雪三弟之永恨,近古以来,未有之也。《诗》云"修我戈矛,与子同仇",娥亲之谓也。

〔17〕《世语》曰:就子敦,字087文,弘毅有干正,晋武帝世为广汉太守。王濬在益州,受中制募兵讨吴,无虎符,敦收濬从事列上。由此召敦还。帝责敦:"何不密启而便收从事?"敦曰:"蜀汉绝远,刘备尝用之。辄收,臣犹以为轻。"帝善之。官至匈奴中郎将。敦子固,字元安,有敦风,为黄门郎,早卒。敦,一本作勋。《魏略·勇侠传》载孙宾硕、祝公道、杨阿若、鲍出等四人,宾硕虽汉人,而鱼豢之魏书,盖以其人接魏,事义相类故也。论其行节,皆庞、阎之流。其祝公道一人,已见《贾逵传》。今列宾硕等三人于后。孙宾硕者,北海人也,家素贫。当汉桓帝时,常侍左悺、唐衡等权倾人主。延熹中,衡弟为京兆虎牙都尉,秩比二千石,而统属郡。衡弟初之官,不修敬于京兆尹,入门不持版,郡功曹赵息呵廊下曰:"虎牙仅如属城,何得放臂入府门?"保收其主簿。衡弟顾促取版,既入见尹,尹使修主人,敕外为市买。息又启言:"左悺子弟来为虎牙,非德选,不足为特酤买,宜随中舍菜食而已。"及其到官,遣吏奉笺谢尹,息又敕门,言"无常吏此无阴儿辈子弟邪,用其笺记为通乎?"晚乃通之,又不得即令报。衡弟皆知之,甚恚,欲讼诸赵。因书与衡,求为京兆尹,旬月之间,得为之。息自知前过,乃逃走。时息从父仲台,见为凉州刺史,于是衡为诏征仲台,遣归。遂诏中都官及郡部督邮,捕诸赵尺儿以上,及仲台皆杀之,有藏者与同罪。时息从父岐为皮氏长,闻有家祸,因从官舍逃,走之河间,变姓字,又转诣北海,着絮巾布袴,常于市中贩胡饼。宾硕时年二十余,乘犊车,将骑入市。观见岐,疑其非常人也。因问之曰:"自有饼邪,贩之邪?"岐曰:"贩之。"宾硕曰:"买几钱? 卖几钱?"岐曰:"买三十,卖亦三十。"宾硕曰:"视处士之望,非似卖饼者,殆有故!"乃开车后户,顾将两骑,令下马扶上之。时岐以为是唐氏耳目也,甚怖,面失色。宾硕闭车后户,下新襦,谓之曰:"视处士状貌,既非贩饼者,加今面色变动,即不有重怨,则当亡命。我北海孙宾硕也,阖门百口,又有百岁老母在堂,势能相庇与否,不相负,必语我以实。"岐乃具告。宾硕遂载被驱归。往车门外,先入白母言:"今日出,得死友在外,当来入拜。"乃出,延娥入,椎牛钟酒,快相娱乐,一二日,因载著别田舍,藏置复壁中。后数岁,唐衡及弟皆死,岐乃得出,还本郡。三府并辟,展转仕进,至郡守、刺史、太仆,而宾硕亦从此显名于东国,仕至豫州刺史。初平末,宾硕以东方饥荒,南客就荆州。至兴平中,赵岐以太仆持节使安慰天下,南诣荆州,乃复与宾硕相遇,相对流涕。岐为刘表陈其本末,由是益礼宾硕。倾之,宾硕病亡,岐在南,为行丧也。杨阿若后名丰,字伯阳,酒泉人。少游侠,常以报仇解怨为事,故时人为之号曰:"东市相斫杨阿若,西市相斫杨阿若。"至建安年中,太守徐揖诛郡中

强族黄氏。时黄昂得脱在外,乃以其家粟金数斛,募众得千余人以攻揖。揖城守。丰时在外,以昂为不义,乃告揖,揖妻子走诣张掖求救。会张掖又反,杀太守,而昂亦陷城杀揖,二郡合势。昂恚丰不与己同,乃重募杀丰,欲令张掖以麻系丰头,生致之。丰遂逃走。武威太守张猛假丰为都尉,使赍檄告酒泉,听丰为揖报仇。丰遂单骑入南羌中,合众得千余骑,从乐涫南山中出,指趋郡城。未到三十里,皆令骑下马,曳柴扬尘。酒泉郡人望见尘起,以为东大兵到,遂破散。昂独走出,羌捕득昂,丰谓昂曰:"卿前欲生系我须,今反为我所系,云何?"昂谢惭,丰遂杀之。时黄华在东,又还领郡。丰畏华,复走依敦煌。至黄初中,河西复ква,黄华降,丰乃还郡。郡举孝廉,州表其义勇,诏即拜驸马都尉。后二十余年,病亡。鲍出字文才,京兆新丰人也。少游侠。兴平中,三辅乱,出与老母兄弟五人家居本县,以饥饿,留其母守舍,相将行采蓬实,合得数升,使其二兄初、雅及其弟成持归,为母作食,独与小弟在后采蓬。初等到家,而啖人贼数十人已略其母,以绳贯其手掌,驱去。初等怖恐,不敢追逐。须臾,出从后到,知母为贼所略,欲追贼。兄弟皆云:"贼众,当如何?"出怒曰:"有母而使贼贯其手,将去煮啖,用活何为?"乃攘臂结衽独追之,行数里及贼。贼望见出,乃共布列待之。出到,回从一头斫贼四五人。贼走,复合聚围出,出跳越围斫之,又杀十余人。时贼分布,驱出母前去。贼连击出,不胜,乃走与前辈合。出复追击之,还见其母与比舍妪同贯相连,出遂复奋击贼。贼问出曰:"卿欲何得?"出责数贼,指其母以示之,贼乃解还出母。比舍妪独不解,遥望出求哀。出复斫贼,贼谓出曰:"已还卿母,何为不止?"出又指求哀妪:"此我嫂也。"贼复解还之。出得母还,遂相扶侍,客南阳。建安五年,关中始开,出来北归,而其母不能步行,兄弟欲共舆。出以舆车历山险危,不如负之安稳,乃以笼盛其母,独自负之。到乡里。乡里士大夫嘉其孝烈,欲荐州郡,郡辟召出,出曰:"田民不堪冠带。"至青龙中,每年百余岁乃终,出时年七十余,行丧如礼,于今年八九十,才若五六十者。鱼豢曰:"昔孔子叹颜回,以三月不违仁者,盖观其心耳,孰如孙、祝莱色于市里,颠倒于牢狱,据有实事哉?且夫濮阳周氏不敢匿迹,鲁之朱家不同情实,是何也?惧祸之及,且心不安也。而太史公犹贵其竟脱季布,岂若二贤,厥义多乎?今故远收孙、祝,而近录杨、鲍,既不欲其泯灭,且敦薄俗。至于鲍出,不染礼教,心痛意发,起于自然,迹虽在编户,与笃烈君子何以异乎?若夫杨阿若,少称任侠,长遂踔义,自西徂东,摧讨逆节,可谓勇而有仁者也。

卷十九　　任城陈萧王传第十九

任城威王彰,字子文。少善射御,膂力过人,手格猛兽,不避险阻。数从征伐,志意慷慨。太祖尝抑之曰:"汝不念读书慕圣道,而好乘汗马击剑,此一夫之用,何足贵也!"课彰读《诗》、《书》,彰谓左右曰:"丈夫一为卫、霍,将十万骑驰沙漠,驱戎狄,立功建号耳,何能作博士邪?"太祖尝问诸子所好,使各言其志。彰曰:"好为将。"太祖曰:"为将奈何?"对曰:"被坚执锐,临难不顾,为士卒先;赏必行,罚必信。"太祖大笑。建安二十一年,封鄢陵侯。二十三年,代郡乌丸反,以彰为北中郎将,行骁骑将军。临发,太祖戒彰曰:"居家为父子,受事为君臣,动以王法从事,尔其戒之!"彰北征,入涿郡界,叛胡数千骑卒至。时兵马未集,唯有步卒千人,骑数百匹。用田豫计,固守要隙,虏乃退散。彰追之,身自搏战,射胡骑,应弦而倒者前后相属。战过半日,彰铠中数箭,意气益厉,乘胜逐北,于桑乾[1],去代二百余里。长史诸将皆以为新涉远,士马疲顿,又受节度,不得过代,不可深进,违令轻敌。彰曰:"率师而行,唯利所在,何节度乎?胡走未远,追之必破。从令纵敌,非良将也。"遂上马,令军中:"后出者斩。"一日一夜与虏相及,击,大破之,斩首获生以千数。彰乃倍常科大赐将士,将士无不悦喜。时鲜卑大人轲比能将数万骑观望强弱,见彰力战,所向皆破,乃请服。北方悉平。时太祖在长安,召彰诣行在所。彰自代过邺,太子谓彰曰:"卿新有功,今西见上,宜勿自伐,应对常若不足者。"彰到,如太子言,归功诸将。太祖喜,持彰须曰:"黄须儿竟大奇也[2]!"

太祖东还,以彰行越骑将军,留长安。太祖至洛阳,得疾,驿召彰,未至,太祖崩[3]。文帝即王位,彰与诸侯就国[4]。诏曰:"先王之道,庸勋亲亲,并建母弟,开国承家,故能藩屏大宗,御侮厌难。彰前受命北伐,清定朔土,厥功茂焉。增邑五千,并前万户。"黄初二年,进爵为公。三年,立为任城王。四年,朝京都,疾薨于邸,谥曰威[5]。至葬,赐銮辂、龙旂,虎贲百人,如汉东平王故事。子楷嗣,徙封中牟。五年,改封任城县。太和六年,复改封任城国,食五县二千五百户。青龙三年,楷坐私遣官属诣中尚方作禁物,削县二千户。正始七年,徙封济南,三千户。正元、景元初,连增邑,凡四千四百户[6]。

陈思王植字子建。年十岁余,诵读《诗》、《论》及辞赋数十万言,善属文。太祖尝视其文,谓植曰:"汝倩人邪?"植跪曰:"言出为论,下笔成章,顾当面试,奈何倩人?"时邺铜爵台新成,太祖悉将诸子登台,使各为赋。植援笔立成,可观,太祖甚异之[7]。性简易,不治威仪。舆马服饰,不尚华丽。每进见难问,应声而对,特见宠爱。建安十六年,封平原侯。十九年,徙封临菑侯。太祖征孙权,使植留守邺,戒之曰:"吾昔为顿邱令,年二十三。思此时所行,无悔于今。今汝年亦二十三矣,可不勉与!"植既以才见异,而丁仪、丁廙、杨修等为之羽翼。太祖狐疑,几为太子者数矣。而植任性而行,不自雕励,饮酒不节。文帝御之以术,矫情自饰,宫人左右,并为之说,故遂定为嗣。二十二年,增植邑五千,并前万户。植尝乘车行驰道中,开司马门出。太祖大怒,公车令坐死。由是重诸侯科禁,而植宠日衰[8]。太祖既虑终始之变,以杨修颇有才策,而又袁氏之甥也,于是以罪诛修。植益内不自安[9]。二十四年,曹仁为关羽所围。太祖以植为南中郎将,行征虏将军,欲遣救仁,呼有所敕戒。植醉不能受命,于是悔而罢之[10]。

文帝即王位,诛丁仪、丁廙并其男口[11]。植与诸侯并就国。黄初二年,监国谒者灌均希指,奏"植醉酒悖慢,劫胁使者。"有司请治罪,帝以太后故,贬爵安乡侯[12]。其年改封鄄城侯。三年,立为鄄城王,邑二千五百户。四年,徙封雍丘王。其年,朝京都。上疏曰:

臣自抱衅归藩，刻肌刻骨，追思罪戾，昼分而食，夜分而寝。诚以天罔不可重离，圣恩难可再恃。窃感《相鼠》之篇，无礼遄死之义，形影相吊，五情愧赧。以罪弃生，则违古贤'夕改'之劝；忍过苟全，则犯诗人'胡颜'之讥。伏惟陛下德象天地，恩隆父母，施畅春风，泽如时雨。是以不别荆棘者，庆云之惠也；七子均养者，鳲鸠之仁也；舍罪责功者，明君之举也；矜愚爱能者，慈父之恩也。是以愚臣徘徊于恩泽而不能自弃者也。"前奉诏书，臣等绝朝，心离志绝，自分黄耇无复执珪之望。不图圣诏猥垂齿召，至止之日，驰心辇毂。僻处西馆，未奉阙廷，踊跃之怀，瞻望反仄。谨拜表献诗二篇，其辞曰：'於穆显考，时惟武皇，受命于天，宁济四方。朱旗所拂，九土披攘，玄化滂流，荒服来王。超商越周，与唐比踪。笃生我皇，奕世载聪，武则肃烈，文则时雍，受禅炎汉，临君万邦。万邦既化，率由旧则；广命懿亲，以藩王国。帝曰尔侯，君兹青土，奄有海滨，方周于鲁，车服有辉，旗章有叙，济济隽义，我弼我辅。伊予小子，恃宠骄盈，举挂时网，动乱国经。作藩作屏，先轨是堕，傲我皇使，犯我朝仪。国有典刑，我削我绌，将寘于理，元凶是率。明明天子，时笃同类，不忍我刑，暴之朝肆，违彼执宪，哀予小子。改封兖邑，于河之滨，股肱弗置，有君无臣，荒淫之阙，谁弼予身？茕茕仆夫，于彼冀方，嗟予小子，乃罹斯殃。赫赫天子，恩不遗物，冠我玄冕，要我朱绂。朱绂光大，使我荣华，剖符授玉，王爵是加。仰齿金玺，俯执圣策，皇恩过隆，祗承怵惕。咨我小子，顽凶是婴，逝惭陵墓，存愧阙廷。匪敢傲德，实恩是恃，威灵改加，足以没齿。昊天罔极，性命不图，常惧颠沛，抱罪黄垆。愿蒙矢石，建旗东岳，庶立豪氂，微功自赎。危躯授命，知足免戾，甘赴江、湘，奋戈吴、越。天启其衷，得会京畿，迟奉圣颜，如渴如饥。心之云慕，怆矣其悲，天高听卑，皇肯照微！'又曰：'肃承明诏，应会皇都，星陈夙驾，秣马脂车。命彼掌徒，肃我征旅，朝发鸾台，夕宿兰渚。芒芒原隰，祁祁士女，经彼公田，乐我稷黍。爰有樛木，重阴匪息，虽有糇粮，饥不遑食。望城不过，面邑匪游，仆夫警策，平路是由。玄驷蔼蔼，扬镳漱沫；流风翼衡，轻云承盖。涉涧之滨，缘山之隈，遵彼河浒，黄阪是阶。西济关谷，或降或升；騑骖倦路，载寝载兴。将朝圣皇，匪敢晏宁，弭节长骛，指日遄征。前驱举燧，后乘抗旌，轮不辍运，鸾无废声。爰暨帝室，税此西墉，嘉诏未赐，朝觐莫从。仰瞻城阈，俯惟阙廷，长怀永慕，忧心如酲。'"
帝嘉其辞义，优诏答勉之。[13]
六年，帝东征，还过雍丘，幸植宫，增户五百。太和元年，徙封浚仪。二年，复还雍丘。植常自愤怨，抱利器而无所施，上疏求自试曰：

"臣闻士之生世，入则事父，出则事君；事父尚于荣亲，事君贵于兴国。故慈父不能爱无益之子，仁君不能畜无用之臣。夫论德而授官者，成功之君也；量能而受爵者，毕命之臣也。故君无虚授，臣无虚受；虚授谓之谬举，虚受谓之尸禄，《诗》之'素餐'所由作也。昔二虢不辞两国之任，其德厚也；旦、奭不让燕、鲁之封，其功大也。今臣蒙国重恩，三世于今矣。正值陛下升平之际，沐浴圣泽，潜润德教，可谓厚幸矣。而窃位东藩，爵在上列，身被轻暖，口厌百味，目极华靡，耳倦丝竹者，爵重禄厚之所致也。退念古之授爵禄者，有异于此，皆以功勤济国，辅主惠民。今臣无德可述，无功可纪，若此终年无益国朝，将挂风人'彼其'之讥。是以上惭玄冕，俯愧朱绂。

"方今天下一统，九州晏如，而顾西有违命之蜀，东有不臣之吴，使边境未得脱甲，谋士未得高枕者，诚欲混同宇内以致太和也。故启灭有扈而夏功昭，成克商、奄而周德著。今陛下以圣明统世，将欲卒文、武之功，继成、康之隆，简贤授能，以方叔、召虎之臣镇御四境，为国爪牙者，可谓当矣。然而高鸟未挂于轻缴，渊鱼未悬于钩饵者，恐钓射之术或未尽也。昔耿弇不俟光武，亟击张步，言不以贼遗于君父。故车右伏剑于鸣毂，雍门刎首于齐境，若此二士，岂恶生而尚死哉？诚忿其慢主而陵君也[14]。夫君之宠臣，欲以除患兴利；臣之事君，必以杀身靖乱，以功报主也。昔贾谊弱冠，求试属国，请系单于之颈而制其命；终军以妙年使越，欲得长缨缨其王，羁致北阙。此二臣，岂好为夸主而耀世哉？志或郁结，欲逞其才力，输能于明君也。昔汉武为霍去病治第，辞曰：'匈奴未灭，臣无以家为！'夫忧国忘家，捐躯济难，忠臣之志也。今臣居外，非不厚也，而寝不安席，食不遑味者，伏以二方未克为念。

"伏见先武皇帝武臣宿将，年耆即世者有闻矣。虽贤不乏世，宿将旧卒，犹习战阵，窃不自量，志在效命，庶立毛发之功，以报所受之恩。若使陛下出不世之诏，效臣锥刀之用，使得西属大将军，当一校之队，若东属大司马，统偏舟之任，必乘危蹈险，骋舟奋骊，突刃触锋，为士卒先。虽未能禽权馘亮，庶将虏其雄率，歼其丑类，必效须臾之捷，以灭终身之愧，使名挂史笔，事列朝策。虽身分蜀境，首悬吴阙，犹生之年也。如微才弗试，没世无闻，徒荣其躯而丰其体，生无益于事，死无损于数，虚荷上位而忝重禄，禽息鸟视，终于白首，此徒圈牢之养物，非臣之所志也。流闻东军失备，师徒小衄，辍食弃餐，奋袂攘衽，抚剑东顾，而心已驰于吴会矣。

"臣昔从先武皇帝南极赤岸，东临沧海，西望玉门，北出玄塞，伏见所以行军用兵之势，可谓神妙矣。故兵者不可豫言，临难而制变者也。志欲自效于明时，立功于圣世。每览史籍，观古忠臣义士，出一朝之命，以徇国家之难，身虽屠裂，而功铭著于鼎钟，名称垂于竹帛，未尝不拊心而叹息也。臣闻明主使臣，不废有罪。故奔北败军之将用，秦、鲁以成其功[15]，绝缨盗马之臣赦，楚、赵以济其难[16]。臣窃感先帝早崩，威王弃世，臣独何人，以堪长久！常恐先朝露，填沟壑，坟土未干，而身名并灭。臣闻骐骥长鸣，则伯乐照其能;卢狗悲号,则韩国知其才。是以效之齐、楚之路,以逞千里之任;试之狡兔之捷,以验搏噬之用。今臣志狗马之微功,窃自惟度,终无伯乐、韩国之举,是以於邑而窃自痛者也。

"夫临博而企竦,闻乐而窃抃者,或有赏音而识道也。昔毛遂,赵之陪隶,犹假锥囊之喻,以寤主立功,何况巍巍大魏多士之朝,而无慷慨死难之臣乎!夫自衒自媒者,士女之丑行也。干时求进者,道家之明忌也。而臣敢陈闻于陛下者,诚与国分形同气,忧患共之者也。冀以尘雾之微补益山海,荧烛末光增辉日月,是以敢冒其丑而献其忠[17]。"

三年,徙封东阿。五年,复上疏求存问亲戚,因致其意曰:

"臣闻天称其高者,以无不覆;地称其广者,以无不载;日月称其明者,以无不照;江海称其大者,以无不容。故孔子曰:'大哉尧之为君!惟天为大,惟尧则之。'夫天德之于万物,可谓弘广矣。盖尧之为教,先亲后疏,自近及远。其《传》曰:'克明峻德,以亲九族;九族既睦,平章百姓。'及周之文王亦崇厥化,其《诗》曰:'刑于寡妻,至于兄弟,以御于家邦。'是以雍雍穆穆,风人咏之。昔周公吊管、蔡之不咸,广封懿亲以藩屏王室,《传》曰:'周之宗盟,异姓为后。'诚骨肉之恩爽而不离,亲亲之义实在敦固,未有义而后其君,仁而遗其亲者也。

"伏惟陛下资帝唐钦明之德,体文王翼翼之仁,惠洽椒房,恩昭九族,群后百寮,番休递上,执政不废于公朝,下情得展于私室,亲理之路通,庆吊之情展,诚可谓忍己治人,推惠施恩者矣。至于臣者,人道绝绪,禁锢明时,臣窃自伤也。不敢过望交气类,修人事,叙人伦。近且婚媾不通,兄弟乖绝,吉凶之问塞,庆吊之礼废,恩纪之违,甚于路人,隔阂之异,殊于胡越。今臣以一切之制,永无朝觐之望,至于注心皇极,结情紫闼,神明知之矣。然天实为之,谓之何哉!退惟诸王常有戚戚具尔之心,愿陛下沛然垂诏,使诸国庆问,四节得展,以叙骨肉之欢恩,全怡怡之笃义。妃妾之家,膏沐之遗,岁得再通,齐义于贵宗,等惠于百司。如此,则古人之所叹,风雅之所咏,复存于圣世矣。

"臣伏自惟省,无锥刀之用。及观陛下之所拔授,若以臣为异姓,窃自料度,不后于朝士矣。若得辞远游,戴武弁,解朱组,佩青绂,驸马、奉车,趣得一号,安宅京室,执鞭珥笔,出从华盖,入侍辇毂,承答圣问,拾遗左右,乃臣丹诚之至愿,不离于梦想者也。远慕《鹿鸣》君臣之宴,中咏《棠棣》匪他之诫,下思《伐木》友生之义,终怀《蓼莪》罔极之哀。每四节之会,块然独处,左右惟仆隶,所对惟妻子,高谈无所与陈,发义无所与展,未尝不闻乐而拊心,临觞而叹息也。臣伏以为犬马之诚不能动人,譬人之诚不能动天。崩城、陨霜,臣初信之,以臣心况,徒虚语耳。若葵藿之倾叶太阳,虽不为之回光,然向之者诚也。窃自比于葵藿,若降天地之施,垂三光之明者,实在陛下。

"臣闻《文子》曰:'不为福始,不为祸先。'今之否隔,友于同忧,而臣独倡言者,窃不愿于圣世使有不蒙施之物。有不蒙施之物,必有惨毒之怀,故《柏舟》有'天只'之怨,《谷风》有'弃予'之叹。故伊尹耻其君不为尧、舜,孟子曰:'不以舜之所以事尧事其君者,不敬其君者也。'臣之愚蔽,固非虞、伊;至于欲使陛下崇光被时雍之美,宣缉熙章明之德者,是臣慺慺之诚,窃所独守。实怀鹤立企伫之心,敢复陈闻者,冀陛下傥发天聪而垂神听也。"

诏报曰:"盖教化所由,各有隆弊,非皆善始而恶终也,事使之然。故夫忠厚仁及草木,则《行苇》之诗作;恩泽衰薄,不亲九族,则《角弓》之章刺。今令诸国兄弟,情理简怠,妃妾之家,膏沐疏略,朕纵不能敦而睦之,王援古喻义备悉矣,何言精诚不足以感通哉?夫明贵贱,崇亲亲,礼贤良,顺少长,国之纲纪,本无禁固诸国通问之诏也,矫枉过正,下吏惧谴,以至于此耳。已敕有司,如王所诉。"

植复上疏陈审举之义,曰:

"臣闻天地协气而万物生,君臣合德而庶政成,五帝之世非皆智,三季之末非皆愚,用与不用,知与不知也。既时有举贤之名,而无得贤之实,必各援其类而进矣。谚曰:'相门有相,将门有将。'夫相者,文德昭者也;将者,武功烈者也。文德昭,则可以匡国朝,致雍熙,稷、契、夔、龙是也;武功烈,则可以征不庭,威四夷,南仲、方叔是矣。昔伊尹之为媵臣,至贱也,吕尚之处屠钓,至陋也,及其见举于汤武、周文,诚道合志同,玄谟神通,岂复假近习之荐,因左右之介哉!书曰:'有不世之君,必能用不世之臣,用不世之臣;必能立不世之功。'殷周二王是矣。若夫龌龊近步,遵常守故,安足为陛下言哉!故阴阳不和,三光不畅,官旷无人,庶政不整者,三司之责也。疆场骚动,方隅内侵,没军丧众,干戈不息者,边将之忧也。岂可虚荷国宠而不称其任哉?故任益隆者负益重,位益高者责益深,《书》称'无旷庶官',《诗》有'职思其忧',此其义也。

"陛下体天真之淑圣,登神机以继统,冀闻'康哉'之歌,偃武行文之美。而数年以来,水旱不时,民困衣食,师徒之发,岁岁增调,加东有覆败之军,西有殪没之将,至使蚌蛤浮翔于淮、泗,鼷鼬谨哗于林木。臣每念之,未尝不辍食而挥餐,临觞而扼腕矣。昔汉文发代,疑朝有变,宋昌曰:'内有朱虚、东牟之亲,外有齐、楚、淮南、琅邪,此则磐石之宗,愿王勿疑。'臣伏惟陛下远览姬文二虢之援,中虑周成召、毕之辅,下存宋昌磐石之固。昔骐骥之于吴阪,可谓困矣,及其伯乐相之,孙邮御之,形体不劳而坐取千里。盖伯乐善御马,明君善御臣;伯乐驰千里,明君致太平;诚任贤使能之明效也。若朝司惟良,万机内理,武将行师,方难克弭。陛下可得雍容都城,何事劳动銮驾,暴露于边境哉?

"臣闻'羊质虎皮,见草则悦,见豺则战,忘其皮之虎也。'今置将不良,有似于此。故语曰:'患为之者不知,知之者不得为也。'昔乐毅奔赵,心不忘燕;廉颇在楚,思为赵将。臣生乎乱,长乎军,又数承教于武皇帝,伏见行师用兵之要,不必取孙、吴而暗与之合。窃揆之心,常愿得一奉朝觐,排金门,蹈玉陛,列有职之臣,赐须臾之间,使臣得一散所怀,摅舒蕴积,死不恨矣。

"被鸿胪所下发士息书,期会甚急。又闻豹尾已建,戎轩鹜驾,陛下将复劳玉躬,扰挂神思。臣诚竦息,不遑宁处。愿得策马执鞭,首当尘露,撮风后之奇,接孙、吴之要,追慕卜商起予左右,效命先驱,毕命轮毂,虽无大益,冀有小补。然天高听远,情不上通,徒独望青云而拊心,仰高天而叹息耳。屈平曰:'国有骥而不知乘,焉皇皇而更索!'昔管、蔡放诛,周、召作弼;叔鱼陷刑,叔向匡国。三监之衅,臣自当之;二南之辅,求必不远。华宗贵族,藩王之中,必有应斯举者。故《传》曰:'无周公之亲,不得行周公之事。'唯陛下少留意焉。

"近者汉氏广建藩王,丰则连城数十,约则飨食祖祭而已,未若姬周之树国,五等之品制也。若扶苏之谏始皇,淳于越之难周青臣,可谓知时变矣。夫能使天下倾耳注目者,当权者是矣。故谋能移主,威能慑下,豪右执政,不在亲戚。权之所在,虽疏必重;势之所去,虽亲必轻。盖取齐者田族,非吕宗也;分晋者赵、魏,非姬姓也。唯陛下察之。苟吉专其位,凶离其患者,异姓之臣也。欲国之安,祈家之贵,存共其荣,没同其祸者,公族之臣也。今反公族疏而异姓亲,臣窃惑焉。

"臣闻孟子曰:'君子穷则独善其身,达则兼善天下。'今臣与陛下践冰履炭,登山浮涧,寒温、燥湿、高下共之,岂得离陛下哉!不胜愤懑,拜表陈情。若有不合,乞且藏之书府,不便灭弃,臣死之后,事或可思。若有豪厘少挂圣意者,乞出之朝堂,使夫博古之士,纠臣表之不合义者。如是,则臣愿足矣。"
帝辄优文答报[18]。

其年冬,诏诸王朝六年正月。其二月,以陈四县封植为陈王,邑三千五百户。植每欲求别见独谈,论及时政,幸冀试用,终不能得。既还,怅然绝望。时法制,待藩国既自峻迫,僚属皆贾竖下才,兵人给其残老,大数不过二百人。又植以前过,事事复减半,十一年中而三徙都,常汲汲无欢,遂发疾薨,时年四十一[19]。遗令薄葬。以小子志,保家之主也,欲立之。初,植登鱼山,临东阿,喟然有终焉之心,遂营为墓。子志嗣,徙封济北王。景初中诏曰:"陈思王昔虽有过失,既克己慎行,以补前阙,且自少至终,篇籍不离于手,诚难能也。其收黄初中诸奏植罪状,公卿已下议尚书、秘书、中书三府、大鸿胪者皆削除之。撰录植前后所著赋颂诗铭杂论凡百余篇,副藏内外。"志累增邑,并前九百九十户[20]。

萧怀王熊,早薨。黄初二年追封谥萧怀公。太和三年,又追封爵为王。青龙二年,子哀王炳嗣,食邑二千五百户。六年薨,无子,国除。

评曰:任城武艺壮猛,有将领之气。陈思文才富艳,足以自通后叶,然不能克让远防,终致携隙。《传》曰"楚则失之矣,而齐亦未为得也",其此之谓欤[21]!

注:
〔1〕臣松之案桑乾县属代郡,今北房居之,号为索干之都。
〔2〕《魏略》曰:太祖在汉中,而刘备栖于山头,使刘封下挑战。太祖骂曰:"卖履舍儿,长使假子拒汝公乎!待呼我黄须来,令击之。"乃召彰。彰晨夜进道,西到长安而太祖已还,从汉中而归。彰须黄,故以呼之。
〔3〕《魏略》曰:彰至,谓临菑侯植曰:"先王召我者,欲立汝也。"植曰:"不可。不见袁氏兄弟乎!"
〔4〕《魏略》曰:太子嗣立,既葬,遣彰之国。始彰自以先王见任有功,冀因此遂见授用,闻当随例,意甚不悦,不待遣而去。时以鄢陵瘠薄,使治中牟。及帝受禅,因封为中牟王。是后大驾幸许昌,北州诸侯上下,皆畏彰之刚严;每过中牟,不敢不速。
〔5〕《魏氏春秋》曰:初,彰问玺绶,将有异志,故来朝不即得见。彰忿怒暴薨。
〔6〕楷,泰始初为崇化少府,见《百官名》。
〔7〕阴澹《魏纪》载植赋曰"从明后而嬉游兮,登层台以娱情。见太府之广开兮,观圣德之所营。建高门之嵯峨兮,浮双阙乎太清。立中天之华观兮,连飞阁乎西城。临漳水之长流兮,望园果之滋荣。仰春风之和穆兮,听百鸟之悲鸣。天云垣其既立兮,家愿得而获逞。扬仁化于宇内兮,尽肃恭于上京。惟桓文之为盛兮,岂足方乎圣明!休矣美矣!惠泽远扬。翼佐我皇家兮,宁彼四方。同天地之规量兮,齐日月之晖光。永贵尊而无极兮,等年寿于东王"云云。太祖深异之。
〔8〕《魏武故事》载令曰:"始者谓子建,儿中最可定大事。"又令曰:"自临菑侯植私出,开司马门至金门,令吾异目视此儿矣。"又令曰:"诸侯长史及帐下吏,知吾出辄为诸侯所属意否?从子建私开司马门来,吾都不复信诸侯也。恐吾适出,便复私出,故摄将行。不可恒使吾以谁为心腹也!"
〔9〕《典略》曰:杨修字德祖,太尉彪子也。谦恭才博。建安中,举孝廉,除郎中,丞相请署仓曹属、主簿。是时,军国多事,修总知外内,事皆称意。自魏太子已下,并争与交好。又是时临菑侯植以才捷爱幸,来意投修,数与修书,书曰:"数日不见,思子为劳,想同之也。仆少好辞赋,迄至于今二十有五年矣。然今世作者,可略而言也。昔仲宣独步于汉南,孔璋鹰扬于河朔,伟长擅名于青土,公幹振藻于海隅,德琏发迹于大魏,足下高视于上京。当此之时,人人自谓握灵蛇之珠,家家自谓抱荆山之玉也。吾王于是设天网以该之,顿八纮以掩之,今尽集兹国矣。然此数子,犹不能飞翰绝迹,一举千里也。以孔璋之才,不闲辞赋,而多自谓与司马长卿同风,譬画虎不成还为狗者也。前为书啁之,反作论盛道仆赞其文。夫钟期不失听,于今称之。吾亦不敢妄叹者,畏后之嗤余也。世人著述,不能无病。仆常好人讥弹其文;有不善者,应时改定。昔丁敬礼尝作小文,使仆润饰之,仆自以才不能过人,辞不为也。敬礼云:'卿何所疑难乎!文之佳丽,吾自得之。后世谁相知定吾文者邪?'吾尝叹此达言,以为美谈。昔尼父之文辞,与人通流;至于制《春秋》,游、夏之徒不能错一字。过此

而言不病者,吾未之见也。盖有南威之容,乃可以论于淑媛;有龙渊之利,乃可以议于割断。刘季绪才不逮于作者,而好诋呵文章,掎摭利病。昔田巴毁五帝,罪三王,訾五伯于稷下,一旦而服千人,鲁连一说,使终身杜口。刘生之辩未若田氏,今之仲连求之不难,可无叹息乎!人各有所好尚。兰茝荪蕙之芳,众人之所好,而海畔有逐臭之夫;《咸池》、《六英》之发,众人所乐,而墨翟有非之之论;岂可同哉!今往仆少小所著辞赋一通相与。夫街谈巷说,必有可采,击辕之歌,有应风雅,匹夫之思,未易轻弃也。辞赋小道,固未足以揄扬大义,彰示来世也。昔扬子云,先朝执戟之臣耳,犹称'壮夫不为'也;吾虽薄德,位为藩侯,犹庶几戮力上国,流惠下民,建永世之业,流金石之功,岂徒以翰墨为勋绩,辞颂为君子哉?若吾志不果,吾道不行,亦将采史官之实录,辩时俗之得失,定仁义之衷,成一家之言,虽未能藏之名山,将以传之同好,此要之白首,岂可以今日论乎!其言之不怍,恃惠子之知我也。明早相迎,书不尽怀!"修答曰:"不侍数日,若弥年载,岂独爱顾之隆,使系仰之情深邪!损辱来命,蔚矣其文。诵读反复,虽讽《风》、《雅》、《颂》,不复过也。若仲宣之擅江表,陈氏之跨冀域,徐、刘之显青、豫,应生之发魏国,斯皆然矣。至如修者,听采风声,仰德不暇,目周章于省览,何惶骇于高视哉?伏惟君侯,少长贵盛,体旦、发之质,有圣善之教。远近观者,徒谓能宣昭懿德,光赞大业而已,不谓复能兼览传记,留思文章。今乃含王超陈,度越数子;观者骇视而拭目,听者倾首而耸耳。非夫体通性达,受之自然,其谁能至于此乎?又尝亲见执事握牍持笔,有所造作,若成诵在心,借书于手,曾不斯须少留思虑。仲尼日月,无得逾焉。修之仰望,殆如此矣。是以对鹖而辞,作《暑赋》弥日而不献,见西施之容,归憎其貌者也;伏想执事不知其然,猥受顾赐,教使刊定。《春秋》之成,莫能损益。《吕氏》、《淮南》,字直千金;然而弟子钳口,市人拱手者,圣贤卓荦,固所以殊绝凡庸也。今之赋颂,古诗之流,不更孔公,风雅无别耳。修家子云,老不晓事,强著一书,悔其少作。若此,仲山、周旦之徒,则皆有愆乎!君侯忘圣贤之显迹,述鄙宗之过言,窃以为未之思也。若乃不忘经国之大美,流千载之英声,铭功景钟,书名竹帛,此自雅量素所蓄也,岂与文章相妨害哉?辄受所惠,窃备瞟睸诵歌而已。敢忘惠施,以忝庄氏!季绪琐琐,何足以云。"其相往来,如此甚数。植后以骄纵见疏,而植故连缀修不止,修亦不敢自绝。至二十四年秋,公以修前后漏泄言教,交关诸侯,乃收杀之。修临死,谓故人曰:"我固自以死之晚也。"其意以为坐曹植也。修死后百余日而太祖薨,太子立,遂有天下。初,修以所得王髦剑奉太子,太子常服之。及即尊位,在洛阳,从容出宫,追思修之过薄也,抚其剑,驻车顾左右曰:"此杨德祖昔所说王髦剑也。髦今焉在?"及召见之,赐髦谷帛。挚虞《文章志》曰:刘季绪名修,刘表子。官至东安太守。著诗、赋、颂六篇。臣松之案《吕氏春秋》曰:"人有臭者,其兄弟妻子皆莫能与居,其人自耻而居海上。海上人有悦其臭者,昼夜随之而不能去。"此植所云"逐臭之夫"也。田巴事出《鲁连子》,亦见《皇览》,文多故不载。《世语》曰:修年二十五,以名公子有才能,为太祖所器。与丁仪兄弟,皆欲以植为嗣。太子患之,以车载废簏,内朝歌长吴质与谋。修以白太祖,未及推验。太子惧,告质,质曰:"何患?明日复以簏受绢车内以惑之,修必复重白,重白必推,而无验,则彼受罪矣。"世子从之,修果白,而无人,太祖由是疑焉。修与贾逵、王凌并为主簿,而为植所友。每当就植,虑事有阙,忖度太祖意,豫作答教十余条,敕门下,教出以次答。教裁出,答已入,太祖怪其捷,推问始泄。

太祖遣太子及植各出邺城一门,密敕门不得出,以观其所为。太子至门,不得出而还。修先戒植:"若门不出侯,侯受王命,可斩守者。"植从之。故修遂以交构赐死。修子嚣。嚣子淮,皆知名于晋世。嚣,泰始初为典军将军,受心膂之任,早卒。淮字叔丘,惠帝末为冀州刺史。荀绰《冀州记》曰:淮见王纲不振,遂纵酒,不以官事为意,逍遥卒岁而已。成都王知淮不治,犹以其为名士,惜而不责,召以为军谋祭酒。府散停家,关东诸侯议欲以淮补三事,以示怀贤尚德之举。事未施行而卒。淮子峤字国彦,髦字士彦,并为后出之俊。淮与裴颜、乐广善,遣往见之。颜性弘方,爱峤之有高韵,谓淮曰:"峤当及卿,然髦小减也。"广性清淳,爱髦之有神检,谓淮曰:"峤自及卿,然髦尤精出。"淮叹曰:"我二儿之优劣,乃裴、乐之优劣也。"评者以为峤虽有高韵,而神检不逮,广言为得。傅畅云:"峤似淮而疏。"峤弟俊,字惠彦,最清出。峤、髦皆为二千石。俊,太傅掾。

〔10〕《魏氏春秋》曰:植将行,太子饮焉,逼而醉之。王召植,植不能受王命,故王怒也。

〔11〕《魏略》曰:丁仪字正礼,沛郡人也。父冲,宿与太祖亲善,时随乘舆。见国家未定,乃与太祖曰:"足下平生常喟然有匡佐之志,今其时矣。"是时张杨适河内,太祖舆其书,乃引军迎天子东诣许,以冲为司隶校尉。后数来诣诸将饮,酒美不能止,醉烂肠死。太祖以冲前见开导,常德之。闻仪为令士,虽未见,欲以爱女妻之,以问五官将。五官将曰:"女人观貌,而正礼目不便,诚恐爱女未必悦也。以为不如与伏波子楙。"太祖从。寻辟仪为掾,到与论议,嘉其才朗,曰:"丁掾,好士也,即使其两目盲,尚当与女,何况但眇?是吾儿误我。"时仪亦恨不得尚公主,而与临菑侯亲善,数称其奇才。太祖既有意欲立植,而仪又共赞之。及太子立,欲治仪罪,转仪为右刺奸掾,欲仪自裁而仪不能。乃对中领军夏侯尚叩头求哀,尚为涕泣而不能救。后遂因职事收付狱,杀之。廙字敬礼,仪之弟也。《文士传》曰:廙少有才姿,博学洽闻。初辟公府,建安中为黄门侍郎。廙尝从容谓太祖曰:"临菑侯天性仁孝,发于自然,而聪明智达,其殆庶几。至于博学渊识,文章绝伦。当今天下之贤才君子,不问少长,皆愿从其游而为之死,实天之所以钟福于大魏,而永授无穷之祚也。"欲以劝动太祖。太祖答曰:"植,吾爱之,安能若卿言!吾欲立之为嗣,何如?"廙曰:"此国家之所以兴衰,天下之所以存亡,非愚劣琐贱者所敢与及。廙闻知臣莫若于君,知子莫若于父。至于君不论明暗,父不问贤愚,而能知其臣子者何?盖由相知非一事一物,相忘非一旦一夕。况明公加之以圣哲,习之以人子。今发明达之命,吐永安之言,可谓上应天命,下合人心,得之于须臾,垂之于万世也。廙不避斧钺之诛,敢不尽言!"太祖深纳之。

〔12〕《魏书》载诏曰:"植,朕之同母弟。朕于天下无所不容,而况植乎?骨肉之亲,舍而不诛,其改封植。"

〔13〕《魏略》曰:初植未到关,自念有过,宜当谢帝。乃留其从官著关东,单将两三人微行,入见清河长公主,欲因自谢。而关吏以闻,帝使人逆之,不得见。太后以为自杀也,对帝泣。会植科头负鈇锧,徒跣诣阙下,帝及太后乃喜。及见之,帝犹严颜色,不与语,又不使冠帽。植伏地泣涕,太后为不乐。诏乃听复王服。《魏氏春秋》曰:是时待遇诸国法峻。任城暴薨,诸王既怀友于之痛。植与白马王彪还国,欲同路东归,以叙隔阔之思,而监国使者不听。植发愤告离而作诗曰:"谒帝承明庐,逝将归旧疆。清晨发皇邑,日夕过首阳。伊、洛旷且深,欲济川无梁。泛舟越洪涛,怨彼东路长。回顾

恋城阙,引领情内伤。大谷何寥廓,山树郁苍苍。霖雨泥我涂,流潦浩从横。中田绝无轨,改辙登高冈。修阪造云日,我马玄以黄。玄黄犹能进,我思郁以纡。郁郁将何念?亲爱在离居。本图相与偕,中更不克俱。鸱枭鸣衡轭,豺狼当路衢;苍蝇间白黑,谗巧反亲疏。欲还绝无蹊,揽辔止踟蹰。踟蹰亦何留,相思无终极。秋风发微凉,寒蝉鸣我侧。原野何萧条,白日忽西匿。孤兽走索群,衔草不遑食。感物伤我怀,抚心长叹息。叹息亦何为,天命与我违。奈何念同生,一往形不归!孤魂翔故城,灵柩寄京师。存者忽复过,亡没身自衰。人生处一世,忽若朝露晞。年在桑榆间,影响不能追。自顾非金石,咄咤令心悲。心悲动我神,弃置莫复陈。丈夫志四海,万里犹比邻。恩爱苟不亏,在远分日亲。何必同衾帱,然后展殷勤。仓卒骨肉情,能不怀苦辛?苦辛何虑思,天命信可疑。虚无求列仙,松子久吾欺。变故在斯须,百年谁能持?离别永无会,执手将何时?王其爱玉体,俱享黄发期。收涕即长涂,援笔从此辞。"

〔14〕刘向《说苑》曰:越甲至齐,雍门狄请死之。齐王曰:"鼓铎之声未闻,矢石未交,长兵未接,子何务死? 知为人臣之礼邪?"雍门狄对曰:"臣闻之,昔者王田于囿,左毂鸣,车右请死之,王曰:'子何为死?'车右曰:'为其鸣吾君也。'王曰:'左毂鸣者,此工师之罪也。子何事之有焉?'车右对曰:'吾不见工师之乘,而见其鸣吾君也。'遂刎颈而死。有是乎?"王曰:"有之。"雍门狄曰:"今越甲至,其鸣吾君,岂左毂之下哉? 车右可以死左毂,而臣独不可以死越甲邪?"遂刎颈而死。是日,越人引军而退七十里,曰:"齐王有臣。钧如雍门狄,疑使社稷不血食。"遂归。齐王葬雍门狄以上卿之礼。

〔15〕臣松之案:秦用败军之将,事显,故不注。鲁连与燕将书曰:"曹子为鲁将,三战三北而亡地五百里,向使曹子计不反顾,义不旋踵,刎颈而死,则亦不免为败军之将矣。曹子弃三北之耻,而退与鲁君计。桓公朝天子,会诸侯,曹子以一剑之任,披桓公之心于坛坫之上,颜色不变,辞气不悖。三战之所亡,一朝而复之。天下震动,诸侯惊骇,威加吴、越。"若此二士者,非不能成小廉而行小节也。

〔16〕臣松之案:楚庄掩缦之罪,事亦显,故不书。秦穆公有赦盗马事,赵则未闻。盖以秦亦越赵姓,故互文以避上"秦"字也。

〔17〕《魏略》曰:植虽上此表,犹疑不见用,故曰"夫人贵生者,非贵其养体好服,终竟年寿也,贵在其代天而理物也。夫爵禄者非虚张者也,有功德然后应之,当矣。无功而爵厚,无德而禄重,或人以为荣,而壮夫以为耻。故太上立德,其次立功,盖功德者所以垂名也。名者不灭,士之所利,故孔子有夕死之论,孟轲有舍生之义。彼一圣一贤,岂不愿久生哉? 志或有不展也。是用喟然求试,必立功也。呜呼! 言之未用,欲使后之君子知吾意者也。"

〔18〕《魏略》曰:是后大发士息,及取诸国士。植以近前诸国士息已见发,其遗孤稚弱,在者无几,而复被取,乃上书曰:"臣闻古者圣君,与日月齐其明,四时等其信,是以戮凶无重,赏善无轻,怒若惊霆,喜若时雨,恩不中绝,教无二司,以此临朝,则臣下知所死矣。受任在万里之外,审主之所授官,必己之所以投命,虽有构会之徒,泊然不以为惧也,盖君臣相信之明效也。昔章子为齐将,人有告之反者,威王曰:'不然。'左右曰:'王何以明之?'王曰:'闻章子改葬死母;彼尚不欺死父,顾当叛生君乎?'此君之信臣也。昔管仲亲射桓公,后幽囚从鲁槛车载,使少年挽而送齐。管仲知桓公之必用己,惧鲁之悔,谓少年曰:'吾为汝唱,汝为和,声和声,宜走。'于是管仲唱之,少年走而和之,日行数百里,宿昔而至。至则相齐,此臣之信君也。臣初受封,策书曰:'植受兹青社,封于东土,以屏翰皇家,为魏藩辅。'而所得兵五百十人,皆年在耳顺,或不逾矩,虎贲官骑及亲事凡二百余人。正复不老,皆使年壮,备有不虞,检校乘城,顾不足以自救,况皆复毫氂罢曳乎? 而名为魏东藩,使屏翰王室,臣窃自羞矣。就之诸国,国有士子,合不过五百人,伏以为三军益损,不复赖此。方外不定,必当须办者,臣愿将部曲倍道奔赴,夫妻负襁,子弟怀粮,蹈锋履刃,以徇国难,何但习业小儿哉! 愚诚以挥涕增河,鼷鼠饮海,于朝万无损益,于臣家计甚有废损。又臣士息前后三送,兼人已竭。惟尚有小儿,七八岁以上,十六七已还,三十余人。今部曲皆年耆,卧在床席,非糜不食,眼不能视,气息裁属者,凡三十七人;疲瘵风靡,疣盲聋聩者,二十三人。惟正须此小儿,大者可备宿卫,虽不足以御寇,粗可以警小盗;小者未堪大使,为可使耕锄耘草,驱护鸟雀。休候人则一事废,一日猎则众业散,不亲自经营则功不摄;常自躬亲,不委下吏而已。陛下圣仁,恩诏三至,士子给国,长不复发。明诏之下,有若皦日,保金石之恩,必明神之信,画然自固,如天如地。定习业者并复见送,睋若昼晦,怅然失图。伏以为陛下既爵臣百寮之右,居藩国之任,为置卿士,屋名为宫,冢名为陵,不使其危居独立,无异于凡庶。若柏成欣于野耕,子仲乐于灌园;蓬户茅牖,原宪之宅也,陋巷箪瓢,颜子之居也;臣才不见效用,常慨然执斯志焉。若陛下听臣悉还部曲,罢官属,省监官,使解绂释绶,追柏成、子仲之业,营颜渊、原宪之事,居家臧之庐,宅延陵之室。如此,虽进无成功,退可守,身死之日,犹松、乔也。然伏度国朝终未肯听臣之若是,固当羁绊于世纲,维系于禄位,怀屑屑之小忧,执无已之百念,安得荡然肆志,逍遥于宇宙之外哉? 此愿未从,陛下必欲崇亲亲,笃骨肉,润白骨而荣枯木者,惟108仁德以副前恩诏。"皆遂还之。

〔19〕植尝以琴瑟调歌,辞曰:"吁嗟此转蓬,居世何独然! 长去本根逝,夙夜无休闲。东西经七陌,南北越九阡,卒遇回风起,吹我入云间。自谓终天路,忽焉下沉渊。惊飙接我出,故归彼中田。当南而更北,谓东而反西,宕宕当何依,忽亡而复存。飘飘周八泽,连翩历五山,流转无恒处,谁知吾苦艰? 愿为中林草,秋随野火燔,糜灭岂不痛,愿与株荄连。"孙盛曰:异哉,魏氏之封建也! 不度先王之典,不思藩屏之术,违敦睦之风,背维城之义。汉初之封,或权佹人主,虽云不度,时势然也。魏氏诸侯,陋同匹夫,虽惩七国,矫枉过也。且魏之代汉,非积德之由,风泽既微,六合未一,而雕剪枝干,委权异族,势同瘣木,危若巢幕,不嗣忽诸,非天丧也。五等之制,万世不易之典。六代兴亡,曹囧论之详矣。

〔20〕《志别传》曰:志字允恭,好学有行治。晋武帝为中抚军,迎常道乡公于邺,志夜与帝相见,帝与语,从暮至旦,甚器之。及受禅,改封鄄城公。发诏以志为乐平太守,历章武、赵郡,迁散骑常侍、国子博士,后转博士祭酒。及齐王攸之藩,下礼官议崇锡之典,志叹曰:"安有如此之才,如此之亲,而不得树本助化而远出海隅者乎!"乃建议以谏,辞旨甚切。帝大怒,免志官,后复为散骑常侍。志遭母忧,居丧尽哀,因得疾病,喜怒失常,太康九年卒,谥曰定公。

〔21〕鱼豢曰:谚言"贫不学俭,卑不学恭",非人性分也,势使然耳。此实然之势,信不虚矣。假令太祖防遏植等,在于畴昔,此贤之心,何缘有窥望乎! 彰之挟恨,尚无所至;至于植者,

岂能兴难!乃令杨修以倚注遇害,丁仪以希意族灭,哀夫!余每览植之华采,思若有神,以此推之,太祖之动心,亦良有以也。

卷二十　　武文世王公传第二十

武皇帝二十五男:卞皇后生文皇帝、任城威王彰、陈思王植、萧怀王熊,刘夫人生丰愍王昂、相殇王铄,环夫人生邓哀王冲、彭城王据、燕王宇,杜夫人生沛穆王林、中山恭王衮,秦夫人生济阳怀王玹、陈留恭王峻,尹夫人生范阳闵王矩,王昭仪生赵王幹,孙姬生临邑殇公子上、楚王彪、刚殇公子勤,李姬生谷城殇公子乘、郿戴公子整、灵殇公子京,周姬生樊安公均,刘姬生广宗殇公子棘,宋姬生东平灵王徽,赵姬生乐陵王茂。

丰愍王昂字子修。弱冠举孝廉。随太祖南征,为张绣所害。无子。黄初二年追封,谥曰丰悼公。三年,以樊安公均子琬奉昂后,封中都公。其年徙封长子公。五年,追加昂号曰丰悼王。太和三年改昂谥曰愍王。嘉平六年,以琬袭昂爵为丰王。正元、景元中,累增邑,并前二千七百户。琬薨,谥曰恭王。子廉嗣。

相殇王铄,早薨,太和三年追封谥。青龙元年,子愍王潜嗣,其年薨。二年,子怀王偃嗣,邑二千五百户,四年薨。无子,国除。正元二年,以乐陵王茂子阳都乡公竦继铄后。

邓哀王冲字仓舒。少聪察岐嶷,生五六岁,智意所及,有若成人之智。时孙权曾致巨象,太祖欲知其斤重,访之群下,咸莫能出其理。冲曰:"置象大船之上,而刻其水痕所至,称物以载之,则校可知矣。"太祖大悦,即施行焉。时军国多事,用刑严重。太祖马鞍在库,而为鼠所啮,库吏惧必死,议欲面缚首罪,犹惧不免。冲谓曰:"待三日中,然后自归。"冲于是以刀穿单衣,如鼠啮者,谬为失意,貌有愁色。太祖问之,冲对曰:"世俗以为鼠啮衣者,其主不吉。今单衣见啮,是以忧戚。"太祖曰:"此妄言耳,无所苦也。"俄而库吏以啮鞍闻,太祖笑曰:"儿衣在侧,尚啮,况鞍悬柱乎?"一无所问。冲仁爱识达,皆此类也。凡应罪戮,而为冲微所辨理,赖以济宥者,前后数十[1]。太祖数对群臣称述,有欲传后意。年十三,建安十三年疾病,太祖亲为请命。及亡,哀甚。文帝宽喻太祖,太祖曰:"此我之不幸,而汝曹之幸也。[2]"言则流涕,为聘甄氏亡女与合葬,赠骑都尉印绶,命宛侯据子琮奉冲后。二十二年,封琮为邓侯。黄初二年,追赠谥冲曰邓哀侯,又追加号为公[3]。三年,进琮爵,徙封冠军公。四年,徙封己氏公。太和五年,加冲号曰邓哀王。景初元年,琮坐于中尚方作禁物,削户三百,贬爵为都乡侯。三年,复为己氏公。正始七年,转封平阳公。景初、正元、景元中,累增邑,并前千九百户。

彭城王据,建安十六年封范阳侯。二十二年,徙封宛侯。黄初二年,进爵为公。三年,为章陵王,其年徙封义阳。文帝以南方下湿,又以环太妃彭城人,徙封彭城。又徙封济阴。五年,诏曰:"先王建国,随时而制。汉祖增秦所置郡,至光武以天下损耗,并省郡县。以今比之,益不及焉。其改封诸王皆以县王。"据改封定陶县。太和六年,改封诸王,皆以郡为国,据复封彭城。景初元年,据坐私遣人诣中尚方作禁物,削县二千户[4]。三年,复所削户邑。正元、景元中累增邑,并前四千六百户。

燕王宇字彭祖。建安十六年,封都乡侯。二十二年,改封鲁阳侯。黄初二年,进爵为公。三年,为下邳王。五年,改封单父县。太和六年,改封燕王。明帝少与宇同止,常爱异之。及即位,宠赐与诸王殊。青龙三年,征入朝。景初元年,还邺。二年夏,复征诣京都。冬十二月,明帝疾笃,拜宇为大将军,属以后事。受署四日,宇深固让;帝意亦变,遂免宇官。三年夏,还邺。景初、正元、景元中,累增邑,并前五千五百户。常道乡公奂,宇之子,入继大宗。

沛穆王林,建安十六年封饶阳侯。二十二年,徙封谯。黄初二年,进爵为公。三年,为谯王。五年,改封谯县。七年,徙封鄄城。太和六年,改封沛。景初、正元、景元中,累增邑,并前四千七百户。林薨,子纬嗣[5]。

中山恭王衮,建安二十一年封平乡侯。少好学,年十余岁能属文。每读书,文学左右常恐以精力为病,数谏止之,然性所乐,不能废也。二十二年,徙封东乡侯,其年又改封赞侯。黄初二年,进爵为公,官属皆贺,衮曰:"夫生深宫之中,不知稼穑之艰难,多骄逸之失。诸贤既庆其休,宜辅其阙。"每兄弟游娱,衮独覃思经典。文学防辅相与言曰:"受诏察公举错,有过当奏,及有善,亦宜以闻,不可匿其美也。"遂共表称陈衮美。衮闻之,大惊惧,责让文学曰:"修身自守,常人之行耳,而诸君乃以上闻,是适所以增我负累也。且如有善,何患不闻,而遽共如是,是非益我者。"其戒慎如此。三年,为北海王。其年,黄龙见邺西漳水,衮上书赞颂。诏赐黄金十斤,诏曰:"昔唐叔归禾,东平献颂,斯皆骨肉赞美,以彰懿亲。王研精典古,耽味道真,文雅焕炳,朕甚嘉之。王其克慎明德,以终令闻。"四年,改封赞王。七年,徙封濮阳。太和二年就国,尚约俭,教敕妃妾纺绩织纴,习为家人之事。五年冬,入朝。六年,改封中山。

初,衮来朝,犯京都禁。青龙元年,有司奏衮。诏曰:"王素敬慎,邂逅至此,其以议亲之典议之。"有司固执。诏削县二,户七百五十[6]。衮忧惧,戒敕官属愈谨。帝嘉其意,二年,复所削县。三年秋,衮得疾病,诏遣太医视疾,殿中、虎贲赍手诏、赐珍膳相属,又遣太妃、沛王林并就省疾。衮疾困,敕令官属曰:"吾寡德忝宠,大命将尽。吾既好俭,而圣朝著终诰之制,为天下法。吾气绝之日,自殡及葬,务奉诏书。昔卫大夫蘧瑗葬濮阳,吾望其墓,常想其遗风,愿托贤灵以弊发齿,营吾兆域,必往从之。《礼》:男子不卒妇人之手。亟以时成东堂。"堂成,名之曰遂志之堂,舆疾往居之。又令世子曰："汝幼少，未闻义方，早为人君，但知乐，不知苦；不知苦，必将以骄奢为失也。接大臣，务以礼。虽非大臣，老者犹宜答拜。事兄以敬；恤弟以慈，兄弟有不良之行，当造膝谏之。谏之不从，流涕喻之；喻之不改，乃白其母。若犹不改，当以奏闻，并辞国土。与其守宠罹祸，不若贫贱全身也。此亦谓大罪恶耳，其微过细故，当掩覆之。嗟尔小子，慎修乃身，奉圣朝以忠贞，事太妃以孝敬。闺闱之内，奉令于太妃，阃阈之外，受教于沛王。无怠乃心，以慰予灵。"其薨，诏沛王林留讫葬，使大鸿胪持节典护丧事，宗正吊祭，赠赙甚厚。凡所著文章二万余言，才不及陈思王而好与之侔。子浮嗣。景初、正元、景元中，累增邑，并前三千四百户。

济阳怀王玹，建安十六年封西乡侯。早薨，无子。二十年，以沛王林子赞袭玹爵邑，早薨，无子。文帝复以赞弟壹绍玹后。黄初二年，改封济阳侯。四年，进爵为公。太和四年，追进玹爵，谥曰怀公。六年，又进号曰怀王，追谥赞曰西乡哀侯。壹薨，谥曰悼公。子恒嗣。景初、正元、景元中，累增邑，并前千九百户。

陈留恭王峻字子安，建安二十一年封郿侯。二十二年，徙封襄邑。黄初二年，进爵为公。三年，为陈留王。五年，改封襄邑县。太和六年，又封陈留。甘露四年薨。子澳嗣。景初、正元、景元中，累增邑，并前四千七百户。

范阳闵王矩，早薨，无子。建安二十二年，以樊安公均子敏奉矩后，封临晋侯。黄初三年追封谥矩为范阳闵公。五年，改封敏范阳王。七年，徙封句阳，太和六年，追进矩号曰范阳闵王，改封敏琅邪王。景初、正元、景元中，累增邑，并前三千四百户。敏薨，谥曰原王。子焜嗣。

赵王幹，建安二十年封高平亭侯。二十二年，徙封赖亭侯。其年改封弘农侯。黄初二年，进爵，徙封燕公[7]。三年，为河间王。五年，改封乐城县。七年，徙封巨鹿。太和六年，改封赵王。幹母有宠于太祖。及文帝为嗣，幹母有力。文帝临崩，有遗诏，是以明帝常加恩意。青龙二年，私通宾客，为有司所奏，赐幹玺书诫诲之，曰："《易》称'开国承家，小人勿用'，《诗》著'大车惟尘'之诫。自太祖受命创业，深睹治乱之源，鉴存亡之机，初封诸侯，训以恭慎之至言，辅以天下之端士，常称马援之遗诫，重诸侯宾客交通之禁，乃使与犯妖恶同。夫岂以此薄骨肉哉？徒欲使子弟无过失之愆，士民无伤害之悔耳。高祖践阼，祗慎万机，申著诸侯不朝之令。朕感诗人《常棣》之作，嘉《采菽》之义，亦缘诏文曰'若有诏得诣京都'，故命诸王以朝聘之礼。而楚、中山并犯交通之禁，赵宗、戴捷咸伏其辜。近东平王复使属官殴寿张吏，有司举奏，朕裁削县。今有司以曹纂、王乔等因九族时节，集会王家，或非其时，皆违禁防。朕惟王幼少有恭顺之素，加受先帝顾命，欲崇恩礼，延于后嗣，况近在王之身乎？且自非圣人，孰能无过？已诏有司宥王之失。古人有言：'戒慎乎其所不睹，恐惧乎其所弗闻，莫见乎隐，莫显乎微，故君子慎其独焉。'叔父兹率先圣之典，以纂乃先帝之遗命，战战兢兢，靖恭厥位，称朕意焉。"景初、正元、景元中，累增邑，并前五千户。

临邑殇公子上，早薨。太和五年，追封谥。无后。

楚王彪字朱虎，建安二十一年，封寿春侯。黄初二年，进爵，徙封汝阳公。三年，封弋阳王。其年徙封吴王。五年，改封寿春县。七年，徙封白马。太和五年冬，朝京都。六年，改封楚。初，彪来朝，犯禁，青龙元年，为有司所奏，诏削县三，户千五百。二年，大赦，复所削县。景初三年，增户五百，并前三千户。嘉平元年，兖州刺史令狐愚与太尉王凌谋迎彪都许昌。语在《凌传》。乃遣傅及侍御史就国案验，收治诸相连及者。廷尉请征彪治罪。于是依汉燕王旦故事，使兼廷尉大鸿胪持节赐彪玺书切责之，使自图焉[8]。彪乃自杀。妃及诸子皆免为庶人，徙平原。彪之官属以下及监国谒者，坐知情无辅导之义，皆伏诛。国除为淮南郡。正元元年诏曰："故楚王彪，背国附奸，身死嗣替，虽自取之，犹哀矜焉。夫含垢藏疾，亲亲之道也，其封彪世子嘉为常山真定王。"景元元年，增邑，并前二千五百户[9]。

刚殇公子勤，早薨。太和五年追封谥。无后。

谷城殇公子乘，早薨。太和五年追封谥。无后。

郿戴公子整，奉从叔父郎中绍后。建安二十二年，封郿侯。二十三年薨。无子。黄初二年追进爵，谥曰戴公。以彭城王据子范奉整后。三年，封平氏侯。四年，徙封成武。太和三年，进爵为公。青龙三年薨。谥曰悼公。无后。四年，诏以范弟东安乡公阐为郿公，奉整后。正元、景元中，累增邑，并前千八百户。

灵殇公子京，早薨。太和五年追封谥。无后。

樊安公均，奉叔父蓟恭公彬后。建安二十二年，封樊侯。二十四年薨。子抗嗣。黄初二年，追进公爵，谥曰安公。三年，徙封抗蓟公。四年，徙封屯留公。景初元年薨，谥曰定公。子谌嗣。景初、正元、景元中，累增邑，并前千九百户。

广宗殇公子棘，早薨。太和五年追封谥。无后。

东平灵王徽，奉叔父朗陵哀侯玉后。建安二十二年，封历城侯。黄初二年，进爵为公。三年，为庐江王。四年，徙封寿张王。五年，改封寿张县。太和六年，改封东平。青龙二年，徽使官属挝寿张县吏，为有司所奏。诏削县一，户五百。其年复所削县。正始三年薨。子翕嗣。景初、正元、景元中，累增邑，并前三千四百户[10]。

乐陵王茂，建安二十二年封万岁亭侯。二十三年，改封平舆侯。黄初三年，进爵，徙封乘氏公。七年，徙封中丘。茂性傲佷，少无宠于太祖。及文帝世，又独不王。太和元年，徙封聊城公，其年为王。诏曰："昔象之为虐至甚，而大舜犹侯之有庳。近汉氏淮南、阜陵，皆为乱臣逆子，而犹或及身而复国，或至子而锡土。有虞建之于上古，汉文、明、章行之乎前代，斯皆敦叙亲亲之厚义也。聊城公茂少不闲礼教，长不务善道。先帝以为古之立诸侯也，皆命贤者，故姬姓有未必侯者，是以独不王茂。太皇太后数以为言。如闻茂顷来少知悔昔之非，欲修善将来。君子与其进，不保其往也。今封茂为聊城王，以慰太皇太后下流之念。"六年，改封曲阳王。正始三年，东平灵王薨，茂称嗌痛，不肯发哀，居处出入自若。有司奏除国土，诏削县一，户五百。五年，徙封乐陵，诏以茂租奉少，诸子多，复所削户，又增户七百。嘉平、正元、景元中，累增邑，并前五千户。

文皇帝九男：甄氏皇后生明帝，李贵人生赞哀王协，潘淑媛生北海悼王蕤，朱淑媛生东武阳怀王鉴，仇昭仪生东海定王霖，徐姬生元城哀王礼，苏姬生邯郸怀王邕，张姬生清河悼王贡，宋姬生广平哀王俨。

赞哀王协，早薨。太和五年追封谥曰经殇公。青龙二年，更追改号谥。三年，子殇王寻嗣。景初三年，增户五百，并前三千户。正始九年薨。无子。国除。

北海悼王蕤，黄初七年，明帝即位，立为阳平县王。太和六年，改封北海。青龙元年薨。二年，以琅邪王子赞奉蕤后，封昌乡公。景初二年，立为饶安王。正始七年，徙封文安。正元、景元中，累增邑，并前三千五百户。

东武阳怀王鉴，黄初六年立。其年薨。青龙三年赐谥。无子。国除。

东海定王霖，黄初三年立为河东王。六年，改封馆陶县。明帝即位，以先帝遗意，爱宠霖异于诸国。而霖性粗暴，闺门之内，婢妾之间，多所残害。太和六年，改封东海。嘉平元年薨。子启嗣。景初、正元、景元中，累增邑，并前六千二百户。高贵乡公髦，霖之子也，入继大宗。

元城哀王礼，黄初二年封秦公，以京兆郡为国。三年，改为京兆王。六年，改封元城王。太和三年薨。五年，以任城王楷子悌嗣礼后。六年，改封梁王。景初、正元、景元中，累增邑，并前四千五百户。

邯郸怀王邕，黄初二年封淮南公，以九江郡为国。三年，进为淮南王。四年，改封陈。六年，改封邯郸。太和三年薨。五年，以任城王楷子温嗣邕后。六后，改封鲁阳。景初、正元、景元中，累增邑，并前四千四百户。

清河悼王贡，黄初三年封。四年薨。无子。国除。

广平哀王俨，黄初三年封。四年薨。无子。国除。

评曰：魏氏王公，既徒有国土之名，而无社稷之实，又禁防壅隔，同于囹圄；位号靡定，大小岁易；骨肉之恩乖，《常棣》之义废。为法之弊，一至于此乎[11]！

注：

[1]《魏书》曰：冲每见当刑者，辄探睹其冤枉之情而微理之。及勤劳之吏，以过误触罪，常为太祖陈说，宜宽宥之。辨察仁爱，与性俱生，容貌姿美，有殊于众，故特见宠异。臣松之以"容貌姿美"一类之言，而分以为三，亦叙属之一病也。

[2] 孙盛曰：《春秋》之义，立嫡以长不以贤。冲虽存也，犹不宜立；况其既没，而发斯言乎？《诗》云："无易由言。"魏武其易之也。

[3]《魏书》载策曰："惟黄初二年八月丙午，皇帝曰：咨尔邓哀侯冲，昔皇天钟美于尔躬，俾聪哲之才，成于弱年。当永享显祚，克成厥终。如何不禄，早世夭昏！朕承天序，享有四海，并建亲亲，以藩王室，惟尔不逮斯荣，且襄礼未备。追悼之怀，怆然攸伤。今迁葬于高陵，使使持节谒者仆射郎中陈承，追赐号曰邓公，祠以太牢。魂而有灵，休兹宠荣。呜呼哀哉！"《魏略》曰：文帝常言"家兄孝廉，自其分也。若使仓舒在，我亦无天下"。

[4]《魏书》载玺书曰："制诏彭城王：有司奏，王遣司马董和，赍珠玉来到京师中尚方，多作禁物，交通工官，出入逆置，逾侈非度，慢令违制，绳王以法。朕用憝之，不宁于心。王以懿亲之重，处藩辅之位，典籍日陈于前，勤诵不辍于侧。加雅素奉修，恭肃敬慎，务在蹈道，孜孜不衰，岂忘率意正身，考终厥行哉？若然小疵，或谬于细人，忽不觉悟，以斯为失耳。《书》云：'惟圣罔念作狂，惟狂克念作圣'古人垂诰，乃至于此，故君子心念无斯须远道焉。常虑所以累德者而去之，则德明矣；开心所以为塞者而通之，则心夷矣；慎行所以为尤者而修之，则行全矣；三者，王之所能备也。今诏有司宥王，削县二千户，以彰八柄与夺之法。昔羲、文作《易》，著休复之语，仲尼论行，既过能改。王其改行，茂昭斯义，率意无怠。"

[5] 案《嵇氏谱》：嵇康妻，林子之女也。

[6]《魏书》载玺书曰："制诏中山王：有司奏，王乃者来朝，犯交通京师之禁。朕惟亲亲之恩，用寝吏议。然法者，与天下共也，不可得废。今削王县二，户七百五十。夫克己复礼，圣人称仁，朝过夕改，君子与之。王其戒诸，无贰咎悔也。"

[7]《魏略》曰：幹一名良。良本陈妾子，良生而陈氏死，太祖令王夫人养之。良年五岁而太祖疾困，遗令语太子曰："此儿三岁亡母，五岁失父，以累汝也。"太子由是亲待，隆于诸弟。良年小，常呼文帝为阿翁，帝谓良曰："我，汝兄耳。"文帝每愍其如是，每为流涕。臣松之案：此传以母贵贱为次，不计兄弟之年，故楚王彪年虽大，传在幹后。寻《朱建平传》，知彪大幹二十岁。

[8] 孔衍《汉魏春秋》载玺书曰："夫先王行赏不遗仇雠，用戮不违亲戚，至公之义也。故周公流涕而决二叔之罪，孝武伤怀而断昭平之狱，古今常典也。惟王，国之至亲，作藩于外，不能祗奉王度，表率宗室，而谋于奸邪，乃与太尉王凌、兖州刺史令狐愚构通谋逆，图危社稷，有悖忒之心，无忠孝之意。宗庙有灵，其王何面目以见先帝？朕深痛王自陷罪辜，既得王情，深用忧然。有司奏王当就大理，朕惟公族甸师之义，不忍肆王市朝，故遣使者赐书。王自作孽，匪由于他，燕刺之事，

宜足以观。王其自图之!"

〔9〕臣松之案:嘉入晋,封高邑公。元康中与石崇俱为国子博士。嘉后为东莞太守,崇为征虏将军,监青、徐军事,屯于下邳,嘉以诗遗崇曰:"文武应时用,兼才在明哲。嗟嗟我石生,为国之俊杰。入侍于皇闱,出则登九列。威检肃青、徐,风发宣吴裔。畴昔谬同位,情乎过鲁、卫。分离逾十载,思远心增结。愿子鉴斯诚,寒暑不逾契。"崇答曰:"昔常接羽仪,俱游青云中,敦道训胄子,儒化涣以融,同声无异响,故使恩勋隆。岂惟敦初好,款分在令终。孔不陋九夷,老氏适西戎。逍遥沧海隅,可以保王躬。世事非所务,周公不足梦。玄寂令神王,是以守至冲。"王隐《晋书》载吏部郎李重启云:"魏氏宗室屈滞,每圣恩所存。东莞太守曹嘉,才干学义,不及志、翕,而良素修洁,性业逾之;又已历二郡。臣以为优先代之后,可以嘉为员外散骑侍郎。"

〔10〕臣松之案:翕入晋,封廪丘公。魏宗室之中,名次邺城公。至泰始二年,翕遣世子琨奉表来朝。诏曰:"翕秉德履道,魏宗之良。今琨远至,其假世子印绶,加骑都尉,赐服一具,钱十万,随才叙用。"翕撰《解寒食散方》,与皇甫谧所撰并行于世。

〔11〕《袁子》曰:魏兴,承大乱之后,民人损减,不可则以古始。于是封建侯王,皆使寄地空名,以卫其国。王国使有老兵百余人,以卫其国。虽有王侯之号,而乃侪于匹夫。县隔千里之外,无朝聘之仪,邻国无会同之制。诸侯游猎不得过三十里,又为设防辅监国之官以伺察之。王侯皆思为布衣而不能得。既违宗国藩屏之义,又亏亲戚骨肉之恩。《魏氏春秋》载宗室曹冏上书曰:"臣闻古之王者,必建同姓以明亲亲,必树异姓以明贤贤。故《传》曰'庸勋亲亲,昵近尊贤';《书》曰'克明俊德,以亲九族';《诗》云'怀德维宁,宗子维城'。由是观之,非贤无与兴功,非亲无与辅治。夫亲亲之道,专用则其渐也微弱;贤贤之道,偏任则其弊也劫夺。先圣知其然矣,故博求亲疏而并用之;近则有宗盟藩卫之固,远则有仁贤辅弼之助,盛则有与共其治,衰则有与守其土,安则有与享其福,危则有与同其祸。夫然,故能有其国家,保其社稷,历纪长久,本枝百世也。今魏尊尊之法虽明,亲亲之道未备。《诗》不云乎,'鹡鸰在原,兄弟急难'。以斯言之,明兄弟相救于丧乱之际,同心于忧祸之间,虽有阋墙之忿,不忘御侮之事。何则?忧患同也。今则不然,或任而不重,或释而不任,一旦疆场称警,关门反拒,股肱不扶,胸心无卫。臣窃惟此,寝不安席,思献丹诚,贡策朱阙。谨撰合所闻,叙论成败。论曰:昔夏、殷、周历世数十,而秦二世而亡。何则?三代之君,与天下共其民,故天下同其忧。秦王独制其民,故倾危而莫救。夫与民共其乐者,人必忧其忧;与民同其安者,人必拯其危。先王知独治之不能久也,故与人共治之;知独守之不能固也,故与人共守之。兼亲疏而两用,参同异而并建。是以轻重足以相镇,亲疏足以相卫,并兼路塞,逆节不生。及其衰也,桓、文帅礼,苞茅不贡,齐师伐楚;宋不城周,晋戮其宰。王纲弛而复张,诸侯傲而复肃。二霸之后,浸以陵迟。吴、楚凭江,负固方城,虽心希九鼎,而畏迫宗姬,奸情散于胸怀,逆谋消于唇吻。斯岂非信重亲戚,任用贤能,枝叶硕茂,本根赖之与?自此之后,转相攻伐,吴并于越,晋分为三,鲁灭于楚,郑兼于韩。暨于战国,诸姬微笑,惟燕、卫独存,然皆弱小,西迫强秦,南畏齐、楚,忧惧灭亡,匪遑相恤。至于王赧,降为庶人,犹枝干相持,得居虚位,海内无主,四十余年。秦据势胜之地,骋谲诈之术,征伐关东,蚕食九国,至于始皇,乃定天位。旷日若彼,用力若此,岂非深固根蒂不拔之道乎?《易》曰:'其亡其亡,系于苞桑。'周德其可谓当之矣。秦观周之弊,以为小弱见夺,于是废五等之爵,立郡县之官,弃礼乐之教,任苛刻之政;子弟无尺寸之封,功臣无立锥之地,内无宗子以自毗辅,外无诸侯以为藩卫,仁心不加于亲戚,惠泽不流于枝叶,譬犹芟刈股肱,独任胸腹,浮舟江海,捐弃楫棹,观者为之寒心,而始皇晏然自以为关中之固,金城千里,子孙帝王万世之业也,岂不悖哉!是时淳于越谏曰:'臣闻殷、周之王,封子弟功臣千有余城。今陛下君有海内而子弟为匹夫,卒有田常六卿之臣,而无辅弼,何以相救?事不师古而能长久者,非所闻也。'始皇听李斯偏说而绌其议,至于身死之日,无所寄付,委天下之重于凡夫之手,托废立之命于奸臣之徒,诛锄宗室。胡亥少习刻薄之教,长遵凶父之业,不能改制易法,宠任兄弟,而乃师谭申、商,谘谋赵高,自幽深宫,委政谗贼,身残望夷,求为黔首,岂可得哉?遂乃郡国离心,众庶溃叛,胜、广倡之于前,刘、项弊之于后。向使始皇纳淳于之策,抑李斯之论,割裂州国,分王子弟,封三代之后,报功臣之劳,士有常君,民有定主,枝叶相扶,首尾为用,虽使子孙有失道之行,时人无汤、武之贤,奸谋未发,而身已屠戮,何区区之陈、项而复得措其手足哉?故汉祖奋三尺之剑,驱乌集之众,五年之中,遂成帝业。自开辟以来,其兴立功勋,未有若汉祖之易也。夫伐深根者难为功,摧枯朽者易为力,理势然也。汉监秦之失,封殖子弟,及诸吕擅权,图危刘氏,而天下所以不倾动,百姓所以不易心者,徒以诸侯强大,盘石胶固,东牟、朱虚受命于内,齐、代、吴、楚作卫于外故也。向使高祖踵亡秦之法,忽先王之制,则天下已传,非刘氏有也。然高祖封建,地过古制,大者跨州兼郡,小者连城数十,上下无别,权侔京室,故有吴、楚七国之患。贾谊曰:'诸侯强盛,长乱起奸。夫欲天下之治安,莫若众建诸侯而少其力,令海内之势,若身之使臂,臂之使指,则下无背叛之心,上无诛伐之事。'文帝不从。至于孝景,猥用晁错之计,削黜诸侯,亲者怨恨,疏者震恐,吴、楚倡谋,五国从风。兆发高帝,衅钟文、景,由寖之过制,急之不渐故也。所谓末大必折,尾大难掉。尾同于体,犹或不从,况乎非体之尾,其可掉哉?武帝从主父之策,下推恩之令,自是之后,齐分为七,赵分为六,淮南三割,梁、代五分,遂以陵迟,子孙微弱,衣食租税,不预政事,或以酎金免削,或以无后国除。至于成帝,王氏擅朝。刘向谏曰:'臣闻公族者,国之枝叶;枝叶落则本根无所庇荫。方今同姓疏远,母党专政,排挤宗室,孤弱宗族,非所以保守社稷,安固国嗣也。'其言深切,多所称引,成帝虽悲伤叹息而不能用。至于哀、平,异姓秉权,假周公之事,而为田常之乱,高拱而窃天位,一朝而臣四海。汉宗室王侯,解印释绶,贡奉社稷,犹惧不得为臣妾,或乃为之符命,颂莽恩德,岂不哀哉!由斯言之,非宗子独忠孝于惠、文之间,而叛逆于哀、平之际也,徒权轻势弱,不能有定耳。赖光武皇帝挺不世之姿,禽王莽于已成,绍汉嗣于既绝,斯岂非宗子之力耶?而曾不监秦之失策,袭周之旧制,踵王国之法,而侥幸无疆之期。至于桓、灵,阉竖执衡,朝无死难之臣,外无同忧之国,君孤立于上,臣弄权于下,本末不能相御,身首不能相使。由是天下鼎沸,奸凶并争,宗庙焚为灰烬,宫室变为榛薮,居九州之地,而身无所安处,悲夫!魏太祖武皇帝躬圣明之资,兼神武之略,耻王纲之废绝,愍汉室之倾覆,龙飞谯、沛,凤翔兖、豫,扫除凶逆,剪灭鲸鲵,迎帝西京,定都颍邑,德动天地,义感人神。汉氏奉天,禅位大魏。大魏之兴,于今二十有四年矣,观五代之

存亡而不用其长策,睹前车之倾覆而不改于辙迹;子弟王空虚之地,君有不使之民,宗室窜于闾阎,不闻邦国之政,权均匹夫,势齐凡庶;内无深根不拔之固,外无盘石宗盟之助,非所以安社稷,为万世之业也。且今之州牧、郡守,古之方伯、诸侯,皆跨有千里之土,兼军武之任,或比国数人,或兄弟并据;而宗室子弟曾无一人闲厕其间,与相维持,非所以强干弱枝,备万一之虞也。今之用贤,或超为名都之主,或为偏师之帅,而宗室有文者必限小县之宰,有武者必置百人之上,使夫廉高之士,毕志于衡轭之内,才能之人,耻与非类为伍,非所以劝进贤能、襃异宗室之礼也。夫泉竭则流涸,根朽则叶枯;枝繁者荫根,条落者本孤。故语曰‘百足之虫,至死不僵’,以扶之者众也。此言虽小,可以譬大。且塘基不可仓卒而成,威名不可一朝而立,皆为之有渐,建之有素。譬之种树,久则深固其本根,茂盛其枝叶,若造次徙于山林之中,植于宫阙之下,虽壅之以黑坟,暖之以春日,犹不救于枯槁,而何暇繁育哉？夫树犹亲戚,土犹士民,建置不久,则轻下慢上,平居犹惧其离叛,危急将若之何？是以圣王安而不逸,以虑危也,存而设备,以惧亡也。故疾风卒至而无摧枝之忧,天下有变而无倾危之患矣。”冏,中常侍兄叔兴之后,少帝族祖也。是时天子幼稚,冏冀以此论感悟曹爽,爽不能纳。

卷二十一
王卫二刘傅传第二十一

王粲字仲宣,山阳高平人也。曾祖父龚,祖父畅,皆为汉三公[1]。父谦,为大将军何进长史。进以谦名公之胄,欲与为婚,见其二子,使择焉。谦弗许。以疾免,卒于家。

献帝西迁,粲徙长安,左中郎将蔡邕见而奇之。时邕才学显著,贵重朝廷,常车骑填巷,宾客盈坐。闻粲在门,倒屣迎之。粲至,年既幼弱,容状短小,一坐尽惊。邕曰:“此王公孙也,有异才,吾不如也。吾家书籍文章,尽当与之。”年十七,司徒辟,诏除黄门侍郎,以西京扰乱,皆不就。乃之荆州依刘表。表以粲貌寝而体弱通侻,不甚重也[2]。表卒。粲劝表子琮,令归太祖[3]。太祖辟为丞相掾,赐爵关内侯。太祖置酒汉滨,粲奉觞贺曰:“方今袁绍起河北,仗大众,志兼天下,然好贤而不能用,故奇士去之。刘表雍容荆楚,坐观时变,自以为西伯可规。士之避乱荆州者,皆海内之俊杰也;表不知所任,故国危而无辅。明公定冀州之日,下车即缮其甲卒,收其豪杰而用之,以横行天下;及平江、汉,引其贤俊而置之列位,使海内回心,望风而愿治,文武并用,英雄毕力,此三王之举也。”后迁军谋祭酒。魏国既建,拜侍中。博物多识,问无不对。时旧仪废弛,兴造制度,粲恒典之[4]。

初,粲与人共行,读道边碑,人问曰:“卿能谙诵乎？”曰:“能。”因使背而诵之,不失一字。观人围棋,局坏,粲为覆之。棋者不信,以帊盖局,使更以他局为之。用相比校,不误一道。其强记默识如此。性善算,作算术,略尽其理。善属文,举笔便成,无所改定,时人常以为宿构;然正复精意覃思,亦不能加也[5]。著诗、赋、论、议垂六十篇。建安二十一年,从征吴。二十二年春,道病卒,时年四十一。粲二子,为魏讽所引,诛。后绝[6]。

始文帝为五官将,及平原侯植皆好文学,粲与北海徐幹字伟长、广陵陈琳字孔璋、陈留阮瑀字元瑜、汝南应玚字德琏[7]、东平刘桢字公幹并见友善。

幹为司空军谋酒祭酒掾属,五官将文学[8]。

琳前为何进主簿。进欲诛诸宦官,太后不听,进乃召四方猛将,并使引兵向京城,欲以劫恐太后。琳谏进曰:“《易》称‘即鹿无虞’。谚有‘掩目捕雀’。夫微物尚不可欺以得志,况国之大事,其可以诈立乎？今将军总皇威,握兵要,龙骧虎步,高下在心;以此行事,无异于鼓洪炉以燎毛发。但当速发雷霆,行权立断,违经合道,天人顺之;而反释其利器,更征于他。大兵合聚,强者为雄,所谓倒持干戈,授人以柄;必不成功,只为乱阶。”进不纳其言,竟以取祸。琳避难冀州,袁绍使典文章。袁氏败,琳归太祖。太祖谓曰:“卿昔为本初移书,但可罪状孤而已,恶恶止其身,何乃上及父祖邪？”琳谢罪,太祖爱其才而不咎。

瑀少受学于蔡邕。建安中都护曹洪欲使掌书记,瑀终不为屈。太祖并以琳、瑀为司空军谋祭酒,管记室[9],军国书檄,多琳、瑀所作也[10]。琳徙门下督,瑀为仓曹掾属。

玚、桢各被太祖辟为丞相掾属。玚转为平原侯庶子,后为五官将文学[11]。桢以不敬被刑,刑竟署吏[12]。咸著文赋数十篇。

瑀以十七年卒。幹、琳、玚、桢二十二年卒。文帝书与元城令吴质曰:“昔年疾疫,亲故多离其灾,徐、陈、应、刘,一时俱逝。观古今文人,类不护细行,鲜能以名节自立。而伟长独怀文抱质,恬淡寡欲,有箕山之志,可谓彬彬君子矣。著《中论》二十余篇,辞义典雅,足传于后。德琏常斐然有述作意,其才学足以著书,美志不遂,良可痛惜!孔璋章表殊健,微为繁富。公幹有逸气,但未遒耳。元瑜书记翩翩,致足乐也。仲宣独自善于辞赋,惜其体弱,不起其文;至于所善,古人无以远过也。昔伯牙绝弦于钟期,仲尼复醢于子路,痛知音之难遇,伤门人之莫逮。诸子但为未及古人,自一时之俊也[13]。

自颍川邯郸淳[14]、繁钦[15]、陈留路粹[16]、沛国丁仪、丁廙、弘农杨修、河内荀纬等,亦有文采,而不在此七人之例[17]。

玚弟璩,璩子贞,咸以文章显。璩官至侍中。贞咸熙中参相国军事[18]。

瑀子籍,才藻艳逸,而倜傥放荡,行己寡欲,以庄周为模则。官至步兵校尉[19]。

时又有谯郡嵇康,文辞壮丽,好言老、庄,而尚奇任侠。至景元中,坐事诛[20]。

景初中,下邳桓威出自孤微,年十八而著《浑舆经》,依道以见意。从齐国门下书佐、司徒署吏,后为安成令。

吴质,济阴人,以文才为文帝所善,官至振威将军,假节都督河北诸军事,封列侯[21]。

卫觊字伯儒,河东安邑人也。少夙成,以才学称。太祖辟为司空掾属,除茂陵令、尚书郎。太祖征袁绍,而刘表为绍援,关中诸将又中立。益州牧刘璋与表有隙,觊以治书侍御史使益州,令璋下兵以缀表军。至长安,道路不通,觊不得进,遂留镇关中。时四方大有还民,关中诸将多引为部曲,觊书与荀彧曰:"关中膏腴之地,顷遭荒乱,人民流入荆州者十万余家,闻本土安宁,皆企望思归。而归者无以自业,诸将各竞招怀,以为部曲。郡县贫弱,不能与争,兵家遂强。一旦变动,必有后忧。夫盐,国之大宝也,自乱来散放,宜如旧置使者监卖,以其直益市犁牛。若有归民,以供给之。勤耕积粟,以丰殖关中。远民闻之,必日夜竞还。又使司隶校尉留治关中以为之主,则诸将日削,官民日盛,此强本弱敌之利也。"彧以白太祖。太祖从之,始遣谒者仆射监盐官,司隶校尉治弘农。关中服从,乃白召觊还,稍迁尚书[22]。魏国既建,拜侍中,与王粲并典制度。文帝即王位,徙为尚书。顷之,还汉朝为侍郎,劝赞禅代之义,为文诰之诏。文帝践阼,复为尚书,封阳吉亭侯。

明帝即位,进封闵乡侯,三百户[23]。觊奏曰:"九章之律,自古所传,断定刑罪,其意微妙。百里长吏,皆宜知律。刑法者,国家之所贵重,而私议之所轻贱,狱吏者,百姓之所悬命,而选用者之所卑下。王政之弊,未必不由此也。请置律博士,转相教授。"事遂施行。时百姓凋匮而役务方殷,觊上疏曰:"夫变情厉性,强所不能,人臣言之既不易,人主受之又艰难。且人之所乐者富贵显荣也,所恶者贫贱死亡也,然此四者,君上之所制也,君爱之则富贵显荣,君恶之则贫贱死亡;顺指者爱所由来,逆意者恶所从至也。故人臣皆争顺指而避逆意,非破家为国,杀身成君者,谁能犯颜色,触忌讳,建一言,开一说哉?陛下留意察之,则臣下之情可见矣。今议者多好悦耳,其言政治则比陛下于尧舜,其言征伐则比二虏于狸鼠。臣以为不然。昔汉文之时,诸侯强大,贾谊累息以为至危。况今四海之内,分而为三,群士陈力,各为其主。其来降者,未肯言舍邪就正,咸称迫于困急,是与六国分治,无以为异也。当今千里无烟,遗民困苦,陛下不善留意,将遂凋弊难可复振。礼,天子之器必有金玉之饰,饮食之肴必有八珍之味,至于凶荒,则彻膳降服。然则奢俭之节,必视世之丰约也。武皇帝之时,后宫食不过一肉,衣不用锦绣,茵蓐不缘饰,器物无丹漆,用能平定天下,遗福子孙。此皆陛下之所亲览也。当今之务,宜君臣上下,并用筹策,计校府库,量入为出。深思勾践滋民之术,由恐不及,而尚方所造金银之物,渐更增广,工役不辍,侈靡日崇,帑藏日竭。昔汉武信求神仙之道,谓当得云表之露以餐玉屑,故立仙掌以承高露。陛下通明,每所非笑。汉武有求于露,而由尚见非,陛下无求于露而空设之;不益于好而糜费功夫,诚皆圣虑所宜裁制也。"觊历汉、魏,时献忠言,率如此。

受诏典著作,又为《魏官仪》,凡所撰述数十篇。好古文、鸟篆、隶草,无所不善。建安末,尚书右丞河南潘勖[24],黄初时,散骑常侍河内王象,亦与觊并以文章显[25]。觊薨,谥曰敬侯。子瓘嗣。瓘咸熙中为镇西将军[26]。

刘廙字恭嗣,南阳安众人也。年十岁,戏于讲堂上,颍川司马德操拊其头曰:"孺子,孺子,'黄中通理',宁自知不?"廙兄望之,有名于世,荆州牧刘表辟为从事。而其友二人皆以谗毁,为表所诛,望之又以正谏不合,投传告归。廙谓望之曰:"赵杀鸣犊,仲尼回轮[27]。今兄既不能法柳下惠和光同尘于内,则宜模范蠡迁化于外。坐而自绝于时,殆不可也!"望之不从,寻复见害。廙惧,奔扬州[28],遂归太祖。太祖辟为丞相掾属,转五官将文学。文帝器之,命廙通草书。廙答书曰:"初以尊卑有逾,礼之常分也。是以贪守区区之节,不敢修草。必如严命,诚知劳谦之素,不贵殊异若彼之高,而惇白屋如斯之好,苟使郭隗不轻于燕,九九不忽于齐,乐毅自至,霸业已隆[29]。亏匹夫之节,成巍巍之美,虽愚不敏,何敢以辞?"魏国初建,为黄门侍郎。

太祖在长安,欲亲征蜀,廙上疏曰:"圣人不以智轻俗,王者不以人废ітый。故能成功于千载者,必以近察远,智周于独断者,不耻不下问,亦欲博采必尽于众也。且韦弦非能言之物,而圣贤引以自匡。臣才智暗浅,愿自比于韦弦。昔乐毅能以弱燕破大齐,而不能以轻兵定即墨者,夫自为计者虽弱必固,欲自溃者虽强必败也。自殿下起军以来,三十余年,敌无不破,强无不服。今以海内之兵,百胜之威,而孙权负险于吴,刘备不宾于蜀。夫夷狄之臣,不当冀州之卒,权、备之籍,不比袁绍之业,然本初以亡,而二寇未捷,非暗弱于今而智武于昔。斯自为计者,与欲自溃者异势耳。故文王伐崇,三驾不下,归而修德,然后服之。秦为诸侯,所征必服,及兼天下,东向称帝,匹夫大呼而社稷用隳。是力毙于外,而不恤民于内也。臣恐边寇非六国之敌,而世不乏才,土崩之势,此不可不察也。天下有重得,有重失:势可得而我勤之,此重得也;势不可得而我勤之,此重失也。于今之计,莫若料四方之险,择要害之处而守之,选天下之甲卒,随方面而岁更焉。殿下可高枕于广夏,潜思于治国;广农桑,事从节约,修之旬年,则国富民安矣。"太祖遂进前而报廙曰:"非但君当知臣,臣亦当知君。今欲使吾坐行西伯之德,恐非其人也。"

魏讽反,廙弟伟为讽所引,当相坐诛。太祖令曰:"叔向不坐弟虎,古之制也。"特原不问[30],徙署丞相仓曹属。廙上疏谢曰:"臣罪应倾宗,祸应覆族。遭乾坤之灵,值时来之运,扬汤止沸,使不焦烂;起烟于寒灰之上,生华于已枯之木。物不答施于天地,子不谢生于父母,可以死效,难用笔陈[31]。"廙著书数十篇,及与丁仪共论刑礼,皆传于世。文帝即王位,为侍中,赐爵关内侯。黄初二年卒[32]。无子。帝以弟子阜嗣[33]。

刘劭字孔才,广平邯郸人也。建安中,为计吏,诣许。太史上言:"正旦当日蚀。"劭时在尚书令荀彧所,坐者数十人,或云当废朝,或云宜却会。劭曰:"梓慎、裨灶,古之良史,犹占水火错失天时。《礼记》曰,诸侯旅见天子,及门不得终礼者四,日蚀在一。然则圣人垂制,不为变异豫废御史大夫郗虑辟劭,会虑免,拜太子舍人,迁秘书郎。黄初中,为尚书郎、散骑侍郎。受诏集五经群书,以类相从,作《皇览》。明帝即位,出为陈留太守,敦崇教化,百姓称之。征拜骑都尉,与议郎庾嶷、荀诜等定科令,作《新律》十八篇,著《律略论》。迁散骑常侍。时闻公孙渊受孙权燕王之号,议者欲留渊计吏,遣兵讨之。劭以为"昔袁尚兄弟归渊父康,康斩送其首,是渊先世之效忠也。又所闻虚实,未可审知。古者要荒未服,修德而不征,重劳民也。宜加宽贷,使有以自新。"后渊果斩送权使张弥等首。劭尝作《赵都赋》,明帝美之,诏劭作《许都》、《洛都赋》。时外兴军旅,内营宫室,劭作二赋,皆讽谏焉。

青龙中,吴围合肥,时东方吏士皆分休,征东将军满宠表请中军兵,并召休将士,须集击之。劭议以为"贼众新至,心专气锐。宠以少人自战其地,若便进击,不必能制。宠求待兵,未有所失也。以为可先遣步兵五千,精骑三千,军前发,扬声进道,震曜形势。骑到合肥,疏其行队,多其旌鼓,曜兵城下,引出贼后,拟其归路,要其粮道。贼闻大军来,骑断其后,必震怖遁走,不战自破贼矣。"帝从之。兵比至合肥,贼果退还。时诏书博求众贤。散骑侍郎夏侯惠荐劭曰:"伏见常侍刘劭,深忠笃思,体周于数,凡所错综,源流弘远,是以群才大小,咸取所同而斟酌焉。故性实之士服其平和良正,清静之人慕其玄虚退让,文学之士嘉其推步详密,法理之士明其分数精比,意思之士知其沈深笃固,文章之士爱其著论属辞,制度之士贵其化略较要,策谋之士赞其明思通微,凡此诸论,皆取适已所长而举其支流者也。臣数听其清谈,览其笃论,渐渍历年,服膺弥久,实为朝廷奇其器量。以为若此人者,宜辅翼机事,纳谋帏幄,当与国道俱隆,非世俗所常有也。惟陛下垂优游之听,使劭承清闲之欢,得自尽于前,则德音上通。辉耀日新矣"[35]。

景初中,受诏作《都官考课》。劭上疏曰:"百官考课,王政之大较,然而历代弗务,是以治典阙而未补,能否混而相蒙。陛下以上圣之宏略,愍王纲之驰颓,神虑内鉴,明诏外发。臣奉恩旷然,得以启矇,辄作《都官考课》七十二条,又作《说略》一篇。臣学寡识浅,诚不足以宣畅圣旨,著定典牒。"又以为宜制礼作乐,以移风俗,著《乐论》十四篇,事成未上。会明帝崩,不施行。正始中,执经讲学,赐爵关内侯。凡所撰述,《法论》、《人物志》之类百余篇。卒,追赠光禄勋。子琳嗣。

劭同时东海缪袭亦有才学,多所述叙,官至尚书、光禄勋[36]。

袭友人山阳仲长统,汉末为尚书郎,早卒。著《昌言》,词佳可观省[37]。

散骑常侍陈留苏林[38]、光禄大夫京兆韦诞[39]、乐安太守谯国夏侯惠[40]、陈郡太守任城孙该[41]、郎中令河东杜挚等亦著文赋,颇传于世[42]。

傅嘏字兰石,北地泥阳人,傅介子之后也。伯父巽,黄初中为侍中、尚书[43]。嘏弱冠知名[44],司空陈群辟为掾。时散骑常侍刘劭作考课法,事下三府。嘏难劭论曰:"盖闻帝制宏深,圣道奥远,苟非其才,则道不虚行,神而明之,存乎其人。暨乎王略亏颓而旷载罔缀,微言既没,六籍泯沽。何则?道弘致远而众才莫晞也。案劭考课论,虽欲寻前代黜陟之文,然其制度略以阙亡。礼之存者,惟有周典,外建侯伯,藩屏九服,内立列司,笃齐六职,土有恒贡,官有定则,百揆均任,四民殊业。故考绩可理而黜陟易通也。大魏继百王之末,承秦、汉之烈,制度之流,靡所修采。自建安以来,至于青龙,神武拨乱,肇基皇祚,扫除凶逆,芟夷遗寇,旌旗卷舒,日不暇给。及经邦治戎,权法并用,百官群司,军国通任,随时之宜,以应政机。以古施今,事杂义殊,难得而通也。所以然者,制宜经远,或不切近,法应时务,不足垂后。夫建官均职,清理民物,所以立本也;循名考实,纠励成规,所以治末也。本纲未举而造制未呈,国略不崇而考课是先,惧不足以料贤愚之分、精幽明之理也。昔先王之择才,必本行于州闾,讲道于庠序,行具而谓之贤,道修则谓之能。乡老献贤能于王,王拜受之,举其贤者,出使长之,科其能者,入使治之,此先王收才之义也。方今九州之民,爰及京城,未有六乡之举,其选才之职,专任吏部。案品状则实才未必当,任薄伐则德行未为叙,如此则殿最之课,未尽人才。述综王度,敷赞国式,体深义广,难得而详也。"

正始初,除尚书郎,迁黄门侍郎。时曹爽秉政,何晏为吏部尚书,嘏谓爽弟羲曰:"何平叔外静而内铦巧,好利,不念务本。吾恐必先惑子兄弟,仁人将远,而朝政废矣。"晏等遂与嘏不平,因微事以免嘏官。起家拜荥阳太守,不行。太傅司马宣王请为从事中郎。曹爽诛,为河南尹[45],迁尚书。嘏常以为"秦始罢侯置守,设官分职,不与古同。汉、魏因循,以至于今。然儒生学士,咸欲错综以三代之礼,礼弘致远,不应时务,事与制违,名实未附,故历代而不至于治者,盖由是也。欲大改定官制,依古正本,今遇帝室多难,未能革易"。

时论者议欲自伐吴,三征献策各不同。诏以访嘏,嘏对曰:"昔夫差陵齐胜晋,威行中国,终祸姑苏,齐闵兼土拓境,辟地千里,身蹈颠覆。有始不必善终,古之明效也。孙权自破关羽并荆州之后,志盈欲满,凶宄以极,是以宣文侯深建宏图大举之策。今权以死,托孤于诸葛恪。若矫权苛暴,蠲其虐政,民免酷烈,偷安新惠,外内齐虑,有同舟之惧,虽不能终自保完,犹足以延期挺命于深江之外矣。而议者或欲泛舟径济,横行江表,或欲四道并进,攻其城垒,或欲大佃疆场,观衅而动;诚皆取贼之常计也。然自治兵以来,出入三载,非掩袭之军也。贼之为寇,几六十年矣,君臣伪立,吉凶共患,又丧其元帅,上下忧危,设令列船津要,坚城据险,横行之计,其殆难捷。惟进军大佃,最差完牢。昔樊哙愿以十万之众,横行匈奴,季布面折其短。今欲越长江,涉虏庭,亦向时之喻也。未若明法练士,错计于全胜之地,振长策以御敌之余烬,斯必然之数也"[46]。后吴大将诸葛恪新破东关,乘胜扬声欲向青、徐,朝廷将为之备。嘏议以为"淮海非贼轻行之路,又昔孙权遣兵入海,漂浪沉溺,略无孑遗,恪岂敢倾根竭本,寄命洪流,以徼乾没乎[47]?恪不过遣偏率小将索习水军者,乘海溯淮,示动青、徐,恪自并兵为向淮南耳"。后恪果图新城,不克而归。

嘏常论才性同异,钟会集而论之[48],嘉平末,赐爵关内侯。高贵乡公即尊位,进封武乡亭侯。正元二年春,毌丘俭、文钦作乱。或以司马景王不宜自行,可遣太尉孚往,惟嘏及王肃劝之。景王遂行[49]。以嘏守尚书仆射,俱东。俭、钦破败,嘏有谋焉。及景王薨,嘏与司马文王径还洛阳,文王遂以辅政。语在《钟会传》[50]。会由是有自矜色,嘏戒之曰:"子志大其量,而勋业难为也,可不慎哉!"嘏以功进封阳乡侯,增邑六百户,并前千二百户。是岁薨,时年四十七,追赠太常,谥曰元侯[51]。子祗嗣。咸熙中开建五等,以嘏著勋前朝,改封祗泾原子[52]。

评曰:昔文帝、陈王以公子之尊,博好文采,同声相应,才士并出,惟粲等六人最见名目。而粲特处常伯之官,兴一代之制,然其冲虚德宇,未若徐幹之粹也。卫觊亦以多识典故,相时王之式。刘劭该览学籍,文质周洽。刘廙以清鉴著,傅嘏用才达显云[53]。

注:

[1] 张璠《汉纪》曰:龚字伯宗,有高名于天下。顺帝时为太尉。初,山阳太守薛勤丧妻不哭,将殡,临之曰:"幸不为夭,复何恨哉?"及龚妻卒,龚与诸子并杖行服,时人或两讥焉。畅字叔茂,名在八俊。灵帝时为司空,以水灾免,而李膺亦免归故郡,二人以直道不容于时。天下以畅、膺为高士,诸危言危行之徒皆推宗之,愿涉其流,惟恐不及。会连有灾异,而言事者皆言三公非其人,宜因其变,以畅、膺代之,则祯祥必至。由是宦竖深怨之。及膺诛死,而畅遂废,终于家。

[2] 臣松之曰:貌寝,谓貌负其实也。通侻者,简易也。

[3] 《文士传》载粲说琮曰:"仆有愚计,愿进之于将军,可乎?"琮曰:"吾所愿闻也。"粲曰:"天下大乱,豪杰并起,在仓卒之际,强弱未分,故人各各有心耳。当此之时,家家欲为帝王,人人欲为公侯。观古今之成败,能先见事机者,则恒受其福。今将军自度,何如曹公邪?"琮不能对。粲复曰:"如粲所闻,曹公故人杰也。雄略冠世,智谋出世,摧袁氏于官渡,驱孙权于江外,逐刘备于陇右,破乌丸于白登,其余枭夷荡定者,往往如神,不可胜计。今日之事,去就可知也。将军能听粲计,卷甲倒戈,应天顺命,以归曹公,曹公必重德将军。保己全宗,长享福祚,垂之后嗣,此万全之策也。粲遭乱流离,托命此州,蒙将军父子重顾,敢不尽言!"琮纳其言。臣松之案:孙权自此以前,尚与中国和同,未尝交兵,何云"驱权于江外"乎?魏武以十三年征荆州,刘备却后数年方入蜀,备身未尝涉于关、陇。而于征荆州之年,便云"逐备于陇右",既已乖错;又白登在平城,亦魏所不经,北征乌丸,与白登永不相豫。以此知张骘假伪之辞,而不觉其虚之自露也。凡鹜虚伪妄作,不可覆疏,如此类者,不可胜纪。

[4] 挚虞《决疑要注》曰:汉末丧乱,绝无玉佩。魏侍中王粲识旧佩,始复作之。今之玉佩,受法于粲。

[5] 《典略》曰:粲才既高,辩论应机。钟繇、王朗等虽各为魏卿相,至于朝廷奏议,皆阁笔不能措手。

[6] 《文章志》曰:太祖时征汉中,闻粲子死,叹曰:"孤若在,不使仲宣无后。"

[7] 玚,音徒哽反,一音畅。

[8] 《先贤行状》曰:幹清玄体道,六行修备,聪识洽闻,操翰成章,轻官忽禄,不耽世荣。建安中,太祖特加旌命,以疾休息。后除上艾长,又以疾不行。

[9] 《文士传》曰:太祖雅闻瑀名,辟之,不应,连见逼促,乃逃入山中。太祖使人焚山,得瑀,送至,召入。太祖时征长安,大延宾客,怒瑀不与语,使就技人列。瑀善解音,能鼓琴,遂抚弦而歌,因造歌曲曰:"奕奕天门开,大魏应期运。青盖巡九州,在东西人怨。士为知己死,女为悦者玩。恩义苟敷畅,他人焉能乱?"为曲既捷,音声殊妙,当时冠坐,太祖大悦。臣松之案鱼氏《典略》、挚虞《文章志》并云瑀建安初辞疾辟役,不为曹洪屈。得太祖召,即投杖而起。不得有逃入山中,焚之乃出之事。又《典略》载太祖初征荆州,使瑀作书与刘备,及征马超,又使瑀作书与韩遂,此二书今具存。至长安之前,遂等破走,太祖始以十六年得入关中。而张骘云得瑀时太祖在长安,此又乖戾。瑀以十七年卒,太祖十八年策为魏公,而云瑀歌舞辞称"大魏应期远",愈知其妄。又其辞云:"他人焉能乱",了不成语。瑀之吐属,必不如此。

[10] 《典略》曰:琳作诸书及檄,草成呈太祖。太祖先苦头风,是日疾发,卧读琳所作,翕然而起曰:"此愈我病。"数加厚赐。太祖尝使瑀作书与韩遂,时太祖适近出,瑀随从,因于马上具草,书成呈之。太祖揽笔欲有所定,而竟不能增损。

[11] 华峤《汉书》曰:玚祖父奉,字世叔。才敏善讽诵,故世称"应世叔读书,五行俱下"。著《后序》十余篇,为世儒者。延熹中,至司隶校尉。子劭字仲远,亦博学多识,尤好事。诸所撰述《风俗通》等,凡百余篇,辞言不典,世服其博闻。《续汉书》曰:劭又著《中汉辑叙》、《汉官仪》及《礼仪故事》,凡十一种,百三十六卷。朝廷制度,百官仪式,所以不亡者,由劭记之。官至泰山太守。劭弟珣,字季瑜,司空掾,即玚之父。

[12] 《文士传》曰:桢父名梁,字曼山,一名恭。少有清才,以文学见贵,终于野王令。文帝尝赐桢廓落带,桢后师死,欲借取以为像,因书嘲桢云:"夫物因人为贵。故在贱者之手,不御至尊之侧。今虽取之,勿嫌其不反也。"桢答曰:"桢闻荆山之璞,曜玒后之宝,隋侯之珠,烛众士之好;南垠之金,登窈窕之首;蹛貂之尾,缀侍臣之帻;此四宝者,伏朽石之下,潜污泥之中,而扬光千载之上,发彩畴昔之外,亦皆未能初自接于至尊也。夫尊者所服,卑者所修也;贵者所御,贱者所先也。故夏屋初成而大匠先立其下,嘉肴始熟而农夫先尝其粒。恨桢所带,无他妙饰,若实殊异,尚可纳也。"桢辞旨巧妙皆如是,由是特为诸公子所亲爱。其后太子尝请诸文学,酒酣坐欢,命夫人甄氏出拜。坐中众人咸伏,而桢独平视。太祖闻之,乃收桢,减死输作。

[13] 《典论》曰:今之文人,鲁国孔融、广陵陈琳、山阳王粲、北海徐幹、陈留阮瑀、汝南应玚、东平刘桢,斯七子者,于学无所遗,于辞无所假,咸自骋骥骐于千里,仰齐足而并驰。粲长于辞赋。幹时有逸气,然非粲匹也。如粲之《初征》、《登楼》、《槐赋》、《征思》,幹之《玄猿》、《漏卮》、《圆扇》、《橘赋》,虽张、蔡不过也,然于他文未能称是。琳、瑀之章表书记,今之俊也。应玚和而不壮;刘桢壮而不密。孔融体气高

妙,有过人者,然不能持论,理不胜辞。至于杂以嘲戏,及其所善,扬、班之俦也。

〔14〕《魏略》曰:淳一名竺,字子叔。博学有才章,又善《苍》、《雅》虫、篆、许氏字指。初平中,从三辅客荆州。荆州内附,太祖素闻其名,召与相见,甚敬异之。时五官将博延英儒,亦宿闻淳名,因启淳欲使在文学官属中。会临菑侯植亦求淳,太祖遣淳诣植。植初得淳甚喜,延入坐,不先与谈。时天暑热,植因呼常从取水自澡讫,傅粉。遂科头拍袒,胡舞五椎锻,跳丸击剑,诵俳优小说数千言讫,谓淳曰:"邯郸生何如邪?"于是乃更著衣帻,整仪容,与淳评说混元造化之端,品物区别之意,然后论羲皇以来贤圣名臣烈士优劣之差,次颂古今文章赋诔及当官政事宜所先后,又论用武行兵倚伏之势。乃命厨宰,酒炙交至,坐席默然,无与伉者。及暮,淳归,对其所知叹植之材,谓之"天人"。而于时世子未立。太祖俄有意于植,而淳屡称植材。由是五官将颇不悦。及黄初初,以淳为博士给事中。淳作《投壶赋》千余言奏之,文帝以为工,赐帛千匹。

〔15〕繁,音婆。《典略》曰:钦字休伯,以文才机辩,少得名于汝、颍。钦既长于书记,又善为诗赋。其所与太子书,记喉转意,率皆巧丽。为丞相主簿。建安二十三年卒。

〔16〕《典略》曰:粲字文蔚,少学于蔡邕。初平中,随车驾至三辅。建安初,以高才与京兆严像擢拜尚书郎。像以兼有文武,出为扬州刺史。粲后为军谋祭酒,与陈琳、阮瑀等典记室。及孔融有过,太祖使粲为奏,承指数致融罪,其大略言:"融昔在北海,见王室不宁,招合徒众,欲图不轨,言'我大圣之后也,而灭于宋。有天下者何必卯金刀?'"又云:"融为九列,不遵朝仪,秃巾微行,唐突宫掖。又与白衣祢衡言论放荡,衡与融更相赞扬。衡谓融曰:'仲尼不死也。'融答曰:'颜渊复生。'"凡说融诸如此辈,辞语甚多。融诛之后,人睹粲所作,无不嘉其才而畏其笔也。至十九年,粲转为秘书令,从大军至汉中,坐违禁贱请驴伏法。太子素与粲善,闻其死,为之叹惜。及即帝位,特用其子为长史。鱼豢曰:寻省往者,鲁连、邹阳之徒,援譬引类,以解缔结,诚彼时文辩之俊也。今览王、繁、阮、陈、路诸人前后文旨,亦何昔不若哉!其所以不论者,时世异耳。余又窃怪其不甚见用,以问大鸿胪卿韦仲将。仲将云:"仲宣伤于肥戆,休伯都无格检,元瑜病于体弱,孔璋实自粗疏,文蔚性颇忿鸷,如是彼为,非徒以脂烛自煎糜也。其不高踏,盖有由矣。然君子不责备于一人,譬之朱漆,虽无桢幹,其为光泽亦壮观也。"

〔17〕仪、廙、修事,并在《陈思王传》。荀勖《文章叙录》曰:纬字公高。少喜文学。建安中,召署军谋掾、魏太子庶子,稍迁至散骑常侍、越骑校尉。年四十二,黄初四年卒。

〔18〕《文章叙录》曰:璩字休琏,博学好属文,善为书记。文、明帝世,历官散骑常侍。齐王即位,稍迁侍中、大将军长史。曹爽秉政,多违法度,璩为诗以讽焉。其言虽颇谐俗,多切时要,世共传之。复为侍中,典著作。嘉平四年卒。追赠卫尉。贞字吉甫,少以才闻,能谈论。正始中,夏侯玄盛有名势,贞尝在玄坐作五言诗,玄嘉玩之。举高第,历显位。晋武帝为抚军大将军,以贞参军事。晋室践阼,迁太子中庶子、散骑常侍。又以儒学与太尉荀顗撰定新礼,事未施行。泰始五年卒。贞弟纯。纯子绍,永嘉中为黄门侍郎,为司马越所杀。纯弟秀。秀子詹,镇南大将军、江州刺史。

〔19〕籍字嗣宗。《魏氏春秋》曰:籍旷达不羁,不拘礼俗。性至孝,居丧虽不率常检,而毁几至灭性。兖州刺史王昶请与相见,终日不得与言,昶叹赏之,自以不能测也。太尉蒋济闻而辟之,后为尚书郎、曹爽参军,以疾归田里。岁余,爽诛,太傅及大将军乃以为从事中郎。后朝论以其名高,欲显崇之,籍以世多故,禄仕而已,闻步兵校尉缺,厨多美酒,营人善酿酒,求为校尉,遂纵酒昏酣,遗落世事。尝登广武,观楚、汉战处,乃曰:"时无英才,使竖子成名乎!"时率意独驾,不由径路,车迹所穷,辄恸哭而反。籍少时尝游苏门山,苏门山有隐者,莫知姓名,有竹实数斛、臼杵而已。籍从之,与谈太古无为之道,及论五帝三王之义,苏门生萧然曾不经听。籍乃对之长啸,清韵响亮,苏门生逌尔而笑。籍既降,苏门生亦啸,若鸾凤之音焉。至是,籍乃假苏门先生之论以寄所怀。其歌曰:"日没不周西,月出丹渊中,阳精蔽不见,阴光代为雄。亭亭在须臾,厌厌将复隆。富贵俯仰间,贫贱何必终。"又叹曰:"天地解兮六合开,星辰陨兮日月颓,我腾而上将何怀?"籍口不论人过,而自然高迈,故为礼法之士何曾等深所仇疾。大将军司马文王常保持之,卒以寿终。子浑字长成。《世语》曰:浑以闲谈寡欲,知名京邑。为太子庶子,早卒。

〔20〕康字叔夜。案《嵇氏谱》:康父昭,字子远,督军粮治书侍御史。兄喜,字公穆,晋扬州刺史、宗正。喜为康传曰:"家世儒学,少有俊才,旷迈不群,高亮任性,不修名誉,宽简有大量。学不师授,博洽多闻,长而好老、庄之业,恬静无欲。性好服食,尝采御上药。善属文论,弹琴咏诗,自足于怀抱之中。以为神仙者,禀之自然,非积学所致。至于导养得理,以尽性命,若安期、彭祖之伦,可以善求而得也;著《养生篇》。知自厚者所以丧其所生,其求益者必失其性,超然独达,遂放世事,纵意于尘埃之表。撰录上古以来圣贤、隐逸、遁心、遗名者,集为传赞,自混沌至于管宁,凡百一十有九人,盖求之于宇宙之内,而发乎千载之外者矣。故世人莫得而名焉。"虞预《晋书》曰:康本姓奚,会稽人。先自会稽迁于谯之铚县,改为嵇氏,取"稽"字之上,加"山"以为姓,盖以志其本也。一曰铚有嵇山,家于其侧,遂氏焉。《魏氏春秋》曰:康寓居河内之山阳县,与之游者,未尝见其喜愠之色。与陈留阮籍、河内山涛、河南向秀、籍兄子咸、琅邪王戎、沛人刘伶相与友善,游于竹林,号为七贤。钟会为大将军所昵,闻康名而造之。会,名公子,以才能贵达,乘肥衣轻,宾从如云。康方箕踞而锻,会至,不为之礼。康问会曰:"何所闻而来?何所见而去?"会曰:"有所闻而来,有所见而去。"会深衔之。大将军尝欲辟康。康既有绝世之言,又从子不善,避之河东,或云避世。及山涛为选曹郎,举康自代,康答书拒绝,因自说不堪流俗,而非薄汤、武。大将军闻而怒焉。初,康与东平吕昭子巽及巽弟安亲善。会巽淫安妻徐氏,而诬安不孝,囚之。安引康为证,康义不负心,保明其事,安亦至烈,有济世之力。钟会劝大将军因此除之,遂杀安及康。康临刑自若,援琴而鼓,既而叹曰:"雅音于是绝矣!"时人莫不哀之。初,康采药于汲郡共北山中,见隐者孙登。康欲与之言,登默然不对。逾时将去,康曰:"先生竟无言乎?"登乃曰:"子才多识寡,难乎免于今之世。"及遭吕安事,为诗自责云:"欲寡其过,谤议沸腾。性不伤物,频致怨憎。昔惭柳下,今愧孙登。内负宿心,外赧良朋。"康所著诸文论六七万言,皆为世所玩咏。《康别传》云:孙登谓康曰:"君性烈而才俊,其能免乎?"称康临终之言:"袁孝尼尝从吾学《广陵散》,吾每固之不与。《广陵散》于今绝矣!"与盛所记不同。又《晋阳秋》云:康见孙登,登对之长啸,逾时不言。康辞还,曰:"先生竟无言乎?"登曰:"惜哉!"此二书皆孙盛所述,而自为其殊异如此。《康集目录》曰:登字公和,不知何许

人,无家属,于汲县北山土窟中得之。夏则编草为裳,冬则被发自覆。好读《易》鼓琴,见者皆亲乐之。每所止家,辄给其衣服食饮,得无辞让。《世语》曰:毌丘俭反,康有力,且欲起兵应之,以问山涛,涛曰:"不可。"俭亦已败。臣松之案本传云康以景元中坐事诛,而干宝、孙盛、习凿齿诸人,皆云正元二年,司马文王反自乐嘉,杀嵇康、吕安。盖缘《世语》云康欲举兵应毌丘俭,故谓破俭便应杀康也。其实不然。山涛为选官,欲举康自代,康书告绝,事之明审者也。案《涛行状》,涛始以景元二年除吏部郎耳。景元与正元相觉七八年,以《涛行状》检之,如本传为审。又《钟会传》亦云会作司隶校尉时诛康;会作司隶,景元中也。干宝云吕安兄巽善于钟会,巽为相国掾,俱有宠于司马文王,故遂抵安罪。寻文王以景元四年钟、邓平蜀后,始授相国位;若巽为相国掾时陷安,焉得以破毌丘俭于年杀嵇、吕?此又干宝之疏谬,自相违伐也。康子绍,字延祖,少知名。山涛启以为秘书郎,称绍平简温敏,有文思,又晓音,当成济者。帝曰:"绍如此,便可以为丞,不足复为郎也。"遂历显位。《晋诸公赞》曰:绍与山涛子简、弘农杨准稚同好友善,而绍最有忠正之情。以侍中从惠帝北伐成都王,王师败绩,百官奔走,惟绍独以身扞卫,遂死于帝侧。故繁见褒崇,追赠太尉,谥曰忠穆公。

[21]《魏略》曰:质字季重,以才学通博,为五官将及诸侯所礼爱;质亦善处其兄弟之间,若前世楼君卿之游五侯矣。及河北平定,五官将为世子,质与刘桢等并在坐席。桢坐谴之际,质出为朝歌长,后迁元城令。其后大军西征,太子南在孟津小城,与质书曰:"季重无恙!途路虽局,官守有限,愿言之怀,良不可任。足下所治僻左,书问致简,益用增劳。每念昔日南皮之游,诚不可忘。既妙思六经,逍遥百氏,弹棋间设,终以博弈,高谈娱心,哀筝顺耳。驰骛北场,旅食南馆,浮甘瓜于清泉,沉朱李于寒水。皦日既没,继以朗月,同乘并载,以游后园,舆轮徐动,宾从无声,清风夜起,悲笳微吟,乐往哀来,凄然伤怀。余顾而言,兹乐难常,足下之徒,咸以为然。今果分别,各在一方。元瑜长逝,化为异物,每一念至,何时可言?方今蕤宾纪辰,景风扇物,天气和暖,众果具繁。时驾而游,北遵河曲,从者鸣笳以启路,文学托乘于后车,节同时异,物是人非,我劳如何!今遣骑到邺,故使枉道相过。行矣,自爱!"二十三年,太子又与质书曰:"岁月易得,别来行复四年。三年不见,《东山》犹叹其远,况乃过之,思何可支?虽书疏往反,未足解其劳结。昔年疾疫,亲故多离其灾,徐、陈、应、刘,一时俱逝,痛何可言邪!昔日游处,行则同舆,止则接席,何尝须臾相失!每至觞酌流行,丝竹并奏,酒酣耳热,仰而赋诗。当此之时,忽然不自知乐也。谓百年之分,长共相保,何图数年之间,零落略尽,言之伤心。顷撰其遗文,都为一集。观其姓名,已为鬼录,追思昔游,犹在心目,而此诸子化粪壤,可复道哉!观古今文人,类不护细行,鲜能以名节自立。而伟长独怀文抱质,恬淡寡欲,有箕山之志,可谓彬彬君子矣。著《中论》二十余篇,成一家之业,辞义典雅,足传于后,此子为不朽矣。德琏常斐然有述作意,才学足以著书,美志不遂,良可痛惜。间历观诸子之文,对之拔泪;既痛逝者,行自念也。孔璋章表殊健,微为繁富。公幹有逸气,但未道耳,其五言诗之善者,妙绝时人。元瑜书记翩翩,致足乐也。仲宣独自善于辞赋,惜其体弱,不足起其文,至于所善,古人无以远过也。昔伯牙绝弦于钟期,仲尼覆醢于子路,痛知音之难遇,伤门人之莫逮也。诸子但为未及古人,自一时之俊也,今之存者不复建矣。后生可畏,来者难诬,然吾与足下不及见也。行年已长大,所怀万端,时

时有所虑,至乃通夕不瞑。何时复类昔日!已成老翁,但未白头耳。光武言'年已三十,在军十年,所更非一','吾德虽不及,年与之齐。以犬羊之质,服虎豹之文,无众星之明,假日月之光,动见观瞻,何时易邪?恐永不复得为昔日游也。少壮真当努力,年一过往,何可攀援?古人思秉烛夜游,良有以也。顷何以自娱?颇复有所造述不?东望於邑,裁书叙心。"臣松之以本传虽略载太子此书,美辞多被删落,今悉取《魏略》所述以备其文。太子即王位,又与质书曰:"南皮之游,存者三人,烈祖龙飞,或将或侯。今惟吾子,栖迟下土,从我游处,独不及门。瓶罄罍耻,能无怀愧。路不云远,今复相闻。"初,曹真、曹休亦与质等俱在勃海游处,时休、真亦以宗亲并受爵封,出为列将,而质故为长史。王顾质有望,故称二人以慰之。始质为单家,少游贵戚间,盖不与乡里相沉浮。故虽已出官,本国犹不与之士名。及魏有天下,文帝征质,与车驾会洛阳。到,拜北中郎将,封列侯,使持节督幽、并诸军事,治信都。太和中,入朝,质自以不为本郡所饶,谓司徒董昭曰:"我欲溯乡里耳。"昭曰:"君且止,我年八十,不能老为君溺攒也。"《世语》曰:魏讽尝出征,世子及临菑侯植并送路间。植称述功德,发言有章,左右属目,王亦悦焉,世子怅然自失,吴质耳曰:"王当行,流涕可也。"及辞,世子泣而拜,王及左右咸欷歔,于是皆以植辞多华,而诚心不及也。《质别传》:帝尝召质及曹休欢会,命郭后出见质等。帝曰:"卿仰谛视之。"其至亲如此。质黄初五年朝京师,诏上将军及特进以下皆会质所,大官给供具。酒酣,质欲尽欢。时上将军曹真性肥,中领军朱铄性瘦,质召优,使说肥瘦。真负贵,耻见戏,怒谓质曰:"卿欲以部曲将遇我邪?"骠骑将军曹洪、轻车将军王忠言:"将军必欲使上将军肥健,即自宜为瘦。"真愈恚,拔刀瞋目,言:"俳敢轻脱,吾斩尔。"遂骂坐。质案剑曰:"曹子丹,汝非屠几上肉,吴质吞尔不摇喉,咀尔不摇牙,何敢恃势骄邪?"铄因起曰:"陛下使吾等来乐卿耳,乃至此邪!"质顾叱之曰:"朱铄,敢坏坐!"诸将军皆还坐。铄性急,愈恚。还拔剑斩地。遂便罢也。及文帝崩,质思慕作诗曰:"怆怆怀殷忧,殷忧不可居。徒倚不能坐,出入步踟蹰。念蒙圣主恩,荣豢与众殊。自谓永终身,志气甫当舒。何意中见弃,弃我归黄垆。茕茕靡所恃,泪下如连珠。随没无所益,身死名不书。慷慨自俛俛,庶几烈丈夫。"太和四年,入为侍中。时司空陈群录尚书事,帝初亲万机,质以辅弼大臣,安危之本,对帝盛称"骠骑将军司马懿,忠智足公,社稷之臣。陈群从容之士,非国相之才,处重任而不亲事"。帝甚纳之。明日,有切诏以督责群,而天下以司空不如长文,即群,言无实也。质其年夏卒。质先以怙威肆行,谥曰丑侯。质子应元当上书讼枉,至正元中乃改谥威侯。应字温舒,晋尚书。应子康,字子仲,知名于时,亦至大位。

[22]《魏书》曰:初,汉朝迁移,台阁旧事散乱。自都许之后,渐有纲纪,觊以古义多所正定。是时关西诸将,外虽怀附,内未可信。司隶校尉钟繇求以三千兵入关,外托讨张鲁,内以胁取质任。太祖使荀彧问觊,觊以为"西方诸将,皆竖夫屈起,无雄天下意,苟安乐目前而已。今国家厚加爵号,得其所志,非有大故,不忧为变也。宜为后图。若以兵入关中,当讨张鲁,鲁在深山,道径不通,彼必疑之;一相惊动,地险众强,殆难为虑!"或以觊议呈太祖。太祖初善之,而以繇自典其任,遂从繇议。兵始进而关右大叛,太祖自亲征,仅乃平之,死者万计。太祖悔不从觊议,由是益重觊。

[23] 阋,音闻。

〔24〕《文章志》曰：勖字元茂，初名芝，改名勖，后避讳。或曰勖献帝时为尚书郎，迁右丞。诏以勖前在二千石曹，才敏兼通，明习旧事，敕并领本职，数加特赐。二十年，迁东海相。未发，留拜尚书左丞。其年病卒，时年五十余。魏公九锡策命，勖所作也。勖子满，平原太守，亦以学行称。满子尼，字正叔。《尼别传》曰：尼少有清才，文辞温雅。初应州辟，后以父老归供养。居家十余年，父终，晚乃出仕。尼尝赠陆机诗，机答之，其四句曰："猗欤潘生，世笃其藻，仰仪前文，丕隆祖考。"位终太常。尼从父岳，字安仁。《岳传》曰：岳美姿容，夙以才颖发名。其所著述，清绮绝伦。为黄门侍郎，为孙秀所杀。尼、岳文翰，并见重于世。尼从子滔，字汤仲。《晋诸公赞》：滔以博学才量为名。永嘉末，为河南尹，遇害。

〔25〕王象事别见《杨俊传》

〔26〕《晋阳秋》曰：瓘字伯玉。清贞有名理，少为傅嘏所知。弱冠为尚书郎，遂历位内外，为晋尚书令、司空、太保。惠帝初辅政，为楚王玮所害。《世语》：瓘与扶风内史敦煌索靖并善草书。瓘子恒，字巨山，黄门侍郎。恒子玠，字叔宝，有盛名，为太子洗马，早卒。

〔27〕刘向《新序》曰：赵简子欲专天下，谓其相曰："赵有犊犨，晋有铎鸣，鲁有孔丘，吾杀三人者，天下可王也。"于是乃召犊犨、铎鸣而问政焉，已即杀之。使使者聘孔子于鲁，以胖牛肉迎于河上。使者谓船人曰："孔子即上船，中河必流而杀之。"孔子至，使者致命，进胖牛之肉。孔子仰天而叹曰："美哉水乎，洋洋乎，使丘不济乎此水者，命也夫！"子路趋而进曰："敢问何谓也？"曰："夫犊犨、铎鸣，晋国之贤大夫也，赵简子未得意之时，须尔后从政，及其得意也，杀之。黄龙不反于涸泽，凤凰不离其巢罗。故刳胎焚林，则麒麟不臻，覆巢破卵，则凤皇不翔，竭泽而渔，则龟龙不见。鸟兽之于不仁，犹知避之，况丘乎？故虎啸而谷风起，龙兴而景云见，击庭钟于外，而黄钟应于内。夫物类之相感，精神之相应，若响之应声，影之象形，故君子违伤其类者。今彼已杀吾类矣，何为之此乎？"于是遂回车不渡水而还。

〔28〕《廙别传》载廙道路为笺谢刘表曰："考妣过蒙分遇荣授之显，未有管、狐、桓、文之烈，孤德陨命，精诚不遂。兄望之见礼在昔，既无堂构昭前之绩，中规不密，用坠祸辟。斯乃明神弗祐，天降之灾。每念之负，哀号靡及。廙之愚浅，言行多违，惧有浸润三至之间。考妣之爱已衰，望之之责犹存，必伤天慈既往之分，门户殄灭，取笑明哲。是用进窜，永涉川路，即日到庐江寻阳。昔钟仪有南音之操，椒举有班荆之思，虽远犹迩，敢忘前施？"《傅子》曰：表既杀望之，荆州士人皆自危也。夫表之本心，于望之不轻也，以直进情，而谗言得入者，以无容直之度也。据全楚之地，不能以成功者，未必不由此也。夷、叔迨武王以成名，丁公顺高祖以受戮，二主之度远出。若不远其度，惟褊心是从，难乎以容民畜众矣。

〔29〕《战国策》曰：有以九九求见齐桓公，桓公不纳。其人曰："九九小术，而君纳之，况大于九九者乎？"于是桓公设庭燎之礼而见之。居无几，隰朋自远而至，齐遂以霸。

〔30〕《廙别传》曰：初，廙弟伟与讽善，廙戒之曰："夫交友之美，在于得贤，不可不详。而世之交者，不审择人，务合党众，违先圣人交友之义，此非厚己辅仁之谓也。吾观魏讽，不修德行，而专以鸠合为务，华而不实，此直挠世沽名者也。卿其慎之，勿复与通。"伟不从，故及于难。

〔31〕《廙别传》载廙表论治道曰："昔者周有乱臣十人，有妇人焉，九人而已，孔子称'才难，不其然乎'！明贤者难得也。况乱弊之后，百姓凋尽，士之存者盖亦无几。股肱大职，及州郡督司，边方重任，虽备其官，亦未得人也。此非选者之不用意，盖才匮使之然耳。况于长吏以下，群职小任，能皆简练备得其人也？其计莫如督之以法。不尔而数转易，往来不已，送迎之烦，不可胜计。转易之间，辄有奸巧，既于其事不省，而为政者亦以其不得久安之故，知惠益不得成于己，而苟且之可免于思，皆将不念尽心于恤民，而梦想于声誉，此非可以为政之本意也。今之所以为黜陟者，近颇以州郡之毁誉，听往来之浮言耳。亦皆得其事实而课其能否也。长吏之所以为佳者，奉法也，忧公也，恤民也。此三事者，或州郡有所不便，往来者有所不安。而长吏执之不已，于治虽得计，其声誉未为美；屈而从人，于治虽失计，其声誉必集也。长吏皆知黜陟之在于此也，亦何能不去本而就末哉？以为长吏宜使小久，足使自展。岁课之能，三年总计，乃加黜陟。课之皆当以事，不得依名。事者，皆以户口率其垦田之多少及盗贼发兴、民之亡叛者，为得负之计。如此行之，则无能之吏，修名无益；有能之人，无名无损。法之一行，虽无部司之监。奸誉妄毁，可得而尽。"事上，太祖甚善之。

〔32〕《廙别传》云：时年四十二。

〔33〕案《刘氏谱》：阜子伯陵，陈留太守。阜子乔，字仲彦。《晋阳秋》曰：乔有赞世志力。惠帝末，为豫州刺史。乔青胤丕显，贵盛至今。

〔34〕晋永和中，廷尉王彪之与扬州刺史殷浩书曰："太史上元日合朔，谈者或有疑应却会与不。昔建元元年，亦元日合朔，庾车骑等写刘孔才所论以示八座，于时朝议有谓孔才所论为不得礼议，荀令从之，是胜人之一失也。何者？《礼》云，诸侯旅见天子，入门不得终礼而废者四：太庙火，日蚀，后之丧，雨霑服失容。寻此四事之指，自谓诸侯虽已入门而卒暴有之，则不得终礼。非为先存其事而俾孝史官推术错谬，故不豫废朝礼也。夫三辰有灾，莫大日蚀，史官告谴，而无惧容，不修膳防之礼，而废消救之术，方大飨华夷，君臣相庆，岂是将处天灾罪己之谓？且检之事实，合朔之仪，至尊静躬殿堂，不听政事，冕服御坐门闱之制，与元会礼异。自不得兼行，则当权其事宜。合朔之礼，不轻于元会。元会有可却之准，合朔无可废之义。谓应依建元故事，却元会。"浩从之，竟却会。

〔35〕臣松之以为凡相称荐，率多溢美之辞，能不违中者或寡矣。惠之称勋云"玄虚退让"及"明思通微"，近于过也。

〔36〕《先贤行状》曰：缪斐字文雅。该览经传，事亲色养。征博士，六辟公府。汉帝在长安，公卿博举名儒。时斐任侍中，并无所就。即袭父也。《文章志》曰：袭字熙伯。辟御史大夫府，历事魏四世。正始六年，年六十卒。子悦字孔怿，晋光禄大夫。袭孙绍、播、征、胤等，并皆显达。

〔37〕袭撰统《昌言》表，称统字公理，少好学，博涉书记，赡于文辞。年二十余，游学青、徐、并、冀之间，与交者多异之。并州刺史高幹素贵有名，招致四方游士，多归焉。统过幹，幹善待遇之，访以世事。统谓幹曰："君有雄志而无雄才，好士而不能择人，所以为君深戒也。"幹雅自多，不纳统言。统去之，无几而幹败。并、冀之士，以是识统。大司农常林与统共在上党，为臣道统性倜傥，敢直言，不矜小节，每州郡命召，辄称疾不就。默语无常，时人或谓之狂。汉帝在许，尚书令荀彧领典枢机，好士爱奇，闻统名，启召以为尚书郎。后太祖军事，复还为郎。延康元年卒，时年四十余。统每论说古今世俗行事，发愤叹息，辄以为论，名曰《昌言》，凡二十四篇。

〔38〕《魏略》曰：林字孝友，博学，多通古今字指，凡诸书传文间危疑，林皆释之。建安中，为五官将文学，甚见礼待。黄初中，为博士给事中。文帝作《典论》所称苏林者是也。以老归第，国家每遣人就问之，数加赐遗。年八十余卒。

〔39〕《文章叙录》曰：诞字仲将，太仆端之子。有文才，善属辞章。建安中，为郡上计吏，特拜郎中，稍迁侍中、中书监，以光禄大夫逊位，年七十五卒于家。初，邯郸淳、卫觊及诞并善书，有名。觊孙恒撰《四体书势》，其序古文曰："自秦用篆书，焚烧先典，而古文绝矣。汉武帝时，鲁恭王坏孔子宅，得《尚书》、《春秋》、《论语》、《孝经》，时人已不复知有古文，谓之科斗书，汉世秘藏，希得见之。魏初传古文者，出于邯郸淳，敬侯写淳《尚书》，后以示淳，而淳不别。至正始中，立三字石经，转失淳法。因科斗之名，遂效其法。太康元年，汲县民盗发魏襄王冢，得策书十余万言。案敬侯所书，犹有仿佛。"敬侯谓觊也。其序篆书曰："秦时李斯号为工篆，诸山及铜人铭皆斯书也。汉建初中，扶风曹喜少异于斯而亦称善。邯郸淳师焉，略窥其妙。韦诞师淳而不及也。太和中，诞为武都太守，以能书留补侍中，魏氏宝器铭题皆诞书云。汉末又有蔡邕采斯、喜之法，为古今杂形，然精密简理不如淳也。"其序录隶书，已略见《武纪》。又曰："师宜官为大字，邯郸淳为小字。梁鹄谓淳得次仲法，然鹄之用笔尽其势矣。"其序草书曰："汉兴而有草书，不知作者姓名。至章帝时，齐相杜度号善作篇，后有崔瑗、崔实亦皆称工。杜氏结字甚安而书体微瘦，崔氏甚得笔势而结字小疏。弘农张伯英因而转精其巧。凡家之衣帛，必书而后练之，临池学书，池水尽墨。下笔必为楷则，号'匆匆不暇草'，寸纸不见遗，至今世人尤宝之，韦仲将谓之草圣。伯英弟文舒者，次伯英。又有姜孟颖、梁孔达、田彦和及韦仲将之徒，皆伯英弟子，有名于世，然殊不及文舒也。"

〔40〕惠，渊子。事在《渊传》。

〔41〕《文章叙录》曰：该字公达。强志好学。年二十，上计掾，召为郎中。著《魏书》。迁博士司徒右长史，复还入著作。景元二年卒官。

〔42〕《文章叙录》曰：挚字德鲁。初上《笳赋》，署司徒军谋吏。后举孝廉，除郎中，转补校书。挚与毌丘俭乡里相亲，故为诗与俭，求仙人药一丸，欲以感切俭求助也。其诗曰："骐骥马不试，婆娑槽枥间。壮士志不伸，坎坷多辛酸。伊挚为媵臣，吕望身操竿。夷吾困商贩，宁戚对牛叹。食其处监门，淮阴饥不餐。买臣老负薪，妻畔呼不还。释之宦十年，位不增故官。才非八子伦，而与式其患。无知不在此，袁盎未有言。被此笃病久，荣卫动不安，闻有韩众药，信来给一丸。"俭答曰："凤鸟翔京邑，哀鸣有所思。才为圣出世，德音何不怡！八子未遭遇，今者遭明时。胡康出垄亩，杨伟无根基，飞腾冲云天，奋迅协光熙。骏骥骨法异，伯乐观知之，但当养羽翮，鸿举必有期。体无纤微疾，安用问良医？联翩轻栖集，还为燕雀嗤。韩众药虽良，或更不能治。悠悠千里情，薄言答嘉诗。信心感诸中，中实不在辞。"挚竟不得迁，卒于秘书。《庐江何氏家传》：明帝时，有谯人胡康，年十五，以异才见送，又陈损益，求试剧县。诏特引见，众论翕然，号为神童。诏付秘书，使博览典籍。帝以问秘书丞何桢，"康才何如？"桢答曰："康虽有才，性质不端，必有负败。"后果以过见谴。臣松之案：魏朝自微而显者，不闻胡康，疑是孟康。康事见《杜恕传》。杨伟见《曹爽传》。

〔43〕《傅子》曰：嘏祖父睿，代郡太守。父充，黄门侍郎。

〔44〕《傅子》曰：是时何晏以材辩显于贵戚之间，邓飏好变通，合徒党，鬻声名于闾阎，而夏侯玄以贵臣子少有重名，为之宗主，求交于嘏，而不纳也。嘏友人荀粲，有清识远心，然犹怪之。谓嘏曰："夏侯泰初一时之杰，虚心交子，合则好成，不合则怨至。二贤不睦，非国之利，此蔺相如所以下廉颇也。"嘏答之曰："泰初志大其量，能合虚声而无实才。何平叔言远而情近，好辩而无诚，所谓利口覆邦国之人也。邓玄茂有为而无终，外要名利，内无关钥，贵同恶异，多言多衅，妒前无亲。以吾观此三人者皆败德之人，远之犹恐祸及，况昵之乎？。

〔45〕《傅子》曰：河南尹内掌帝都，外统京畿，兼古六乡六遂之士。其民异方杂居，多豪门大族，商贾胡貊，天下四（方）会，利之所聚，而奸之所生。前尹司马芝，举其纲而太简，次尹刘静，综其目而太密，后尹李胜，毁常法以收一时之声。嘏立司马氏之纲统，裁刘氏之纲目以经纬之，李氏所毁以渐补之。郡有七百吏，半是旧也。河南俗党五官掾曹典选职，皆授其本国人，无用异邦人者，嘏各举其良而对用之，官曹分职，而后以次考核之。其治以德教为本，然持法有恒，简而不可犯，见理识情，狱讼不加榎楚而得其实。不为小惠，有所荐达及大有益于民事，皆隐其端迹，若不由己出。故当时无赫赫之名，吏民久而后安之。

〔46〕司马彪《战略》载嘏此对，详于本传；今悉载之以尽其意。彪曰：嘉平四年四月，孙权死。征南大将军王昶、征东将军胡遵、镇南将军毌丘俭等表请征吴。朝廷以三征计异，诏访尚书傅嘏，嘏对曰："昔夫差胜齐陵晋，威行中国，不能以免姑苏之祸；齐闵辟土兼国，开地千里，不足以救颠覆之败：有始不必终，古事之明效也。孙权自破蜀兼平荆州之后，志盈欲满，罪尽忠良，诛及胤嗣，元凶已极。相国宣文侯先识取乱侮亡之义，深연宏图大举之策。今权已死，托孤于诸葛恪。若矫权苛暴，蠲其虐政，民免酷烈，偷安新惠，外内齐虑，有同舟之惧，虽不能终自保完，犹足以延期挺命于深江之表矣。昶等或欲泛舟径渡，横行江表，收民略地，因粮于寇；或欲四道并进，临之以武，诱间携贰，待其崩坏；或欲进军大佃，逼其项领，积谷观衅，相时而动；凡此三者，皆取贼之常计也。然施之当机，则功成名立，苟不应节，必贻后患。自治兵已来，出入三载，非掩袭之军也。贼丧元帅，利存退守，若撰饰舟檝，罗船津要，坚城清野，以防卒攻，横行之计，殆难施应。贼之为寇，几六十年，君臣伪立，吉凶同患，若恪蹴其弊，天去其疾，崩溃之应，不可卒待。今边壤之守，与贼相远，贼设罗落，又持重密，间谍不行，耳目无闻。夫军无耳目，校事未详，而举大众以临巨险，此为希幸徼功，先战而后求胜，非全军之长策也。唯有进军大佃，最差完牢。可诏昶、遵等择地险隘，审所错置，及令三方一时并守。夺其肥壤，使还耕瘠土，一也；兵出民表，寇抄不犯，二也；招怀近路，降附日至，三也；罗落远设，间构不来，四也；贼退其守，罗落必浅，佃作易为，五也；坐食积谷，士不远输，六也；衅隙时闻，讨袭速决，七也；凡此七者，军事之急务也。不据则贼擅便资，据之则利归于国，不可不察。夫屯垒相逼，形势已交，智勇得陈，巧拙得用，策之而知得失之计，角之而知有余不足，虏之情伪，将焉所逃？夫以小敌大，则役烦力竭，以贫敌富，则敛重财匮。故'敌逸能劳之，饱能饥之'，此之谓也。然后盛众厉兵以震之，参惠倍赏以招之，多方广似以疑之。由不虞之道，以间其戒，比及三年，左提右挈，虏必冰散瓦解，安受其弊，可坐算而得也。昔汉氏历世常患匈奴，朝臣谋士早朝晏罢，介胄之将则陈征伐，搢绅之徒咸言和亲，勇力之士思展搏噬。故樊哙愿以十万之众

横行匈奴,季布面折其短。李信求以二十万独举楚人,而果辱秦军。今诸将有陈越江陵险,独步房庭,即亦向时之类也。以陛下圣德,辅相忠贤,法明士练,错计于全胜之地,振长策以御之,房之崩溃,必然之数。故兵法曰:'屈人之兵,而非战也;拔人之城,而非攻也。'若释庙胜必然之理,而行万一不必全之路,诚愚臣之所虑也。故谓大佃而逼之计最长。"时不从昶言。其年十一月,诏昶等征吴。五年正月,诸葛恪拒战,大破众军于东关。

〔47〕《汉书·张汤传》曰:汤始为小吏,乾没,与长安富贾田甲、鱼翁叔之属交私。服虔说曰:"乾没,射成败也。"如淳曰:"得利为乾,失利为没。"臣松之以虔直以乾没为射成败,而不说乾没之义,于理犹为未畅。淳以得利为乾,又不可了。愚谓乾读宜为干燥之干。盖谓有所徼射,不计干燥之与沉没而为之。

〔48〕《傅子》曰:昶既达治好正,而有清理识要,好论才性,原本精微,鲜能及之。司隶校尉钟会年甚少,昶以明智交会。臣松之案:《傅子》前云昶与夏侯之必败,不与之交,而此云与钟会善。愚以为夏侯玄以名重致患,衅由外至;钟会以利动取败,祸自己出。然则夏侯之危兆难睹,而钟氏之败形易照也。昶若了夏侯之必危,而不见钟会之将败,则为识有所蔽,难以言通;若皆知其不终,而情有彼此,是为厚薄由于爱憎,奚豫于成败哉?以爱憎为厚薄,又亏于雅体矣。《傅子》此论,非所以益昶也。

〔49〕《汉晋春秋》曰:昶固劝景王行,景王未从。昶重言曰:"淮、楚兵劲,而俭等负力远斗,其锋未易当也。若诸将战有利钝,大势一失,则公事败矣。"是时景王新割目瘤,创甚,闻昶言,矍然而起曰:"我请舆疾而东。"

〔50〕《世语》曰:景王疾甚,以朝政授傅嘏,嘏不敢受。及薨,嘏秘不发丧,以景王命召文王于许昌,领公军焉。孙盛《评》曰:晋宣、景、文王之相魏也,权重相承,王业基矣。岂蒉尔傅嘏所宜间厕乎?《世语》所云,斯不然矣。

〔51〕《傅子》曰:初,李丰与嘏同州,少有显名,早历大官,内外称之,嘏又不善之。谓同志曰:"丰饰伪而多疑,矜小失而昧于权利,若处庸庸者可也,自任机事,遭明者必死。"丰后为中书令,与夏侯玄俱祸,卒如嘏言。嘏自少与冀州刺史裴徽、散骑常侍荀甝善,徽、甝早亡。又与镇北将军何曾、司空陈泰、尚书仆射荀顗、后将军钟毓并善,相与综朝事,俱为名臣。

〔52〕《晋诸公赞》曰:祗字子庄,嘏少子也。晋永嘉中至司空。祗子宣,字世弘。《世语》称宣以公正知名,位至御史中丞。宣弟畅,字世道,秘书丞,没在胡中,著《晋诸公赞》及《晋公卿礼秩故事》。

〔53〕臣松之以为傅嘏识量名辈,实当时高流。而此评但云"用才达显",既于题目为拙,又不足以见嘏之美也。

卷二十二
桓二陈徐卫卢传第二十二

桓阶字伯绪,长沙临湘人也[1]。仕郡功曹。太守孙坚举阶孝廉,除尚书郎。父丧还乡里。会坚击刘表战死。阶冒难诣表乞坚丧,表义而与之。后太祖与袁绍相拒于官渡,表举州以应绍。阶说其太守张羡曰:"夫举事而不本于义,未有不败者也。故齐桓率诸侯以尊周,晋文逐叔带以纳王。今袁氏反此,而刘牧应之,取祸之道也。明府必欲立功明义,全福远祸。不宜与之同也。"羡曰:"然则何向而可?"阶曰:"曹公虽弱,仗义而起,救朝廷之危,奉王命而讨有罪,孰敢不服?今若举四郡保三江以待其来,而为之内应,不亦可乎!"羡曰:"善。"乃举长沙及旁三郡以拒表,遣使诣太祖。太祖大悦。会绍与太祖连战,军未得南。而表急攻羡,羡病死。城陷,阶遂自匿。久之,刘表辟为从事祭酒,欲妻以妻妹蔡氏。阶自陈已结婚,拒而不受,因辞疾告退。

太祖定荆州,闻其为张羡谋也,异之,辟为丞相掾主簿,迁赵郡太守。魏国初建,为虎贲中郎将、侍中。时太子未定,而临菑侯植有宠。阶数陈文帝德优齿长,宜为储副,公规密谏,前后恳至[2]。又毛玠、徐奕以刚蹇少党,而为西曹掾丁仪所不善,仪屡言其短,赖阶左右以自保全。其将顺匡救,多此类也。迁尚书,典选举。曹仁为关羽所围,太祖遣徐晃救之,不解。太祖欲自南征,以问群下。群下皆谓:"王不亟行,今败矣。"阶独曰:"大王以仁等为足以料事势不也?"曰:"能。""大王恐二人遗力邪?"曰:"不。""然则何为自往?"曰:"吾恐虏众多,而晃等势不便耳。"阶曰:"今仁等处重围之中而守死无贰者,诚以大王远为之势也。夫居万死之地,必有死争之心;内怀死争,外有强救,大王案六军以示余力,何忧于败而欲自往?"太祖善其言,驻军于摩陂。贼遂退。

文帝践阼,迁尚书令,封高乡亭侯,加侍中。阶疾病,帝自临省,谓曰:"吾方托六尺之孤,寄天下之命于卿。勉之!"徙封安乐乡侯,邑六百户,又赐阶三子爵关内侯。祐以嗣子不封,病卒,又追赠关内侯。后阶疾笃,遣使者即拜太常,薨,帝为之流涕,谥曰贞侯。子嘉嗣。以阶弟纂为散骑侍郎,赐爵关内侯。嘉尚升迁亭公主,会嘉平中,以乐安太守与吴战于东关,军败,没,谥曰壮侯。子翊嗣[3]。

陈群字长文,颍川许昌人也。祖父实,父纪,叔父谌,皆有盛名[4]。群为儿时,实常奇异之,谓宗人父老曰:"此儿必兴吾宗。"鲁国孔融高才倨傲,年在纪、群之间,先与纪友,后与群交,更为纪拜,由是显名。刘备临豫州,辟群为别驾。时陶谦病死,徐州迎备,备欲往,群说备曰:"袁术尚强,今东,必与之争。吕布若袭将军之后,将军虽得徐州,事必无成。"备遂东,与袁术战。布果袭下邳,遣兵助术,大破备军,备恨不用群言。举茂才,除柘令,不行,随纪避难徐州。属吕布破,太祖辟群为司空西曹掾属。时有荐乐安王模、下邳周逵者,太祖辟之。群封还教,以为模、逵秽德,终必败,太祖不听。后模、逵皆坐奸宄诛,太祖以谢群。群荐广陵陈矫、丹阳戴乾,太祖皆用之。后吴人叛,忠义死难,矫遂为名臣,世以群为知人。除萧、赞、长平令,父卒去官。后以司徒掾举高第,为治书侍御史,转参丞相军事。魏国既建,迁为御史中丞。

时太祖议复肉刑。令曰:"安得通理君子达于古今者,使平斯事乎!昔陈鸿胪以为死刑有可加于仁恩者,正谓此也。御史中丞能申其父之论乎?"群对曰:"臣父纪以为汉除肉刑而增加笞,本兴仁恻而死者更众,所谓名轻而实重者也。名轻则易犯，实重则伤民。《书》曰：'惟敬五刑，以成三德。'《易》著劓、刖、灭趾之法，所以辅政助教，惩恶息杀也。且杀人偿死，合于古制；至于伤人，或残毁其体而裁剪毛发，非其理也。若用古刑，使淫者下蚕室，盗者刖其足，则永无淫放穿窬之奸矣。夫三千之属，虽未可悉复，若斯数者，时之所患，宜先施用。汉律所杀殊死之罪，仁所不及也，其余逮死者，可以刑杀。如此，则所刑之与所生足以相贸矣。今以笞死之法易不杀之刑，是重人支体而轻人躯命也。"时钟繇与群议同，王朗及议者多以为未可行。太祖深善繇、群言，以军事未罢，顾众议，故且寝。

群转为侍中，领丞相东西曹掾。在朝无适无莫，雅仗名义，不以非道假人。文帝在东宫，深敬器焉，待以交友之礼，常叹曰："自吾有回，门人日以亲。"及即王位，封群昌武亭侯，徙为尚书。制九品官人之法，群所建也。及践阼，迁尚书仆射，加侍中，徙尚书令，进爵颍乡侯。帝征孙权，至广陵，使群领中领军。帝还，假节，都督水军。还许昌，以群为镇军大将军，领中护军，录尚书事。帝寝疾，群与曹真、司马宣王等并受遗诏辅政。明帝即位，进封颍阴侯，增邑五百，并前千三百户，与征东大将军曹休、中军大将军曹真、抚军大将军司马宣王并开府。顷之，为司空，故录尚书事。

是时，帝初莅政，群上疏曰："《诗》称'仪刑文王，万邦作孚'；又曰：'刑于寡妻，至于兄弟，以御于家邦'。道自近始，而化洽于天下。自丧乱已来，干戈未戢，百姓不识王教之本，惧其陵迟已甚。陛下当盛魏之隆，荷二祖之业，天下想望至治，唯有以崇德布化、惠恤黎庶，则兆民幸甚。夫臣下雷同，是非相蔽，国之大患也。若不和睦则有仇党，有仇党则毁誉无端，毁誉无端则真伪失实，不可不深防备，有以绝其源流。"太和中，曹真表欲数道伐蜀，从斜谷入。群以为"太祖昔到阳平攻张鲁，多收豆麦以益军粮，鲁未下而食乏。今既无所因，且斜谷阻险，难以进退，转运必见抄截，多留兵守要，则损战士，不可不熟虑也。"帝从群议。真复表从子午道。群又陈其不便，并言军事用度之计。诏以群议下真，真据之遂行。会霖雨积日，群又以为宜诏真还，帝从之。

后皇女淑薨，追封谥平原懿公主。群上疏曰："长短有命，存亡有分。故圣人制礼，或抑或致，以求厥中。防墓有不修之俭，嬴、博有不归之魂。夫大人动合天地，垂之无穷，又大德不逾闲，动为师表故也。八岁下殇，礼所不备，况未期月，以成人礼送之，加为制服，举朝素衣，朝夕哭临，自古已来，未有此比。而又复自往视陵，亲临祖载。愿陛下抑割无益有损之事，但悉听群臣送葬，乞车驾不行，此万国之至望也。闻车驾欲幸摩陂，实到许昌，二宫上下，皆悉俱东，举动大小，莫不惊怪。或言欲以避衰，或言欲以便处移殿舍，或不知何故。臣以为吉凶有命，祸福由人，徙殿求安，亦无所益。若必当移避，缮治金墉城西宫，及孟津别宫，皆可权时分止。可无举宫暴露野次，废损盛节蚕农之要。又贼地闻之，以为大衰，加所烦费，不可计量。且吉士贤人，当盛衰，处安危，秉道信命，非徙其家以宁，乡邑从其风化，无恐惧之心。况乃帝王万国之主，静则天下安，动则天下扰；行止动静，岂可轻脱哉？"帝不听。

青龙中，营治宫室，百姓失农时。群上疏曰："禹承唐、虞之盛，犹卑宫室而恶衣服，况今丧乱之后，人民至少，比汉文、景之时，不过一大郡[5]。加边境有事，将士劳苦，若有水旱之患，国家之深忧也。且吴、蜀未灭，社稷不安。宜及其未动，讲武劝农，有以待之。今舍此急而先宫室，臣惧百姓遂困，将何以应敌？昔刘备自成都至白水，多作传舍，兴费人役，太祖知其疲民也。今中国劳力，亦吴、蜀之所愿。此安危之机也，惟陛下虑之。"帝答曰："王者宫室，亦宜并立。灭贼之后，但当罢守耳，岂可复兴役邪？是故君之职，萧何之大略也。"群曰："昔汉祖唯与项羽争天下，羽已灭。宫室烧焚，是以萧何建武库、太仓，皆是要急，然犹非其壮丽。今二虏未平，诚不宜与古同也[6]。夫人之所欲，莫不有辞，况乃天王，莫之敢违。前欲坏武库，谓不可不坏也；后欲置之，谓不可不置。若必作之，固非陛下辞言所屈；若少留神，卓然回意，亦非臣下之所及也。汉明帝欲起德阳殿，钟离意谏，即用其言，后乃复作之；殿成，谓群臣曰：'钟离尚书在，不得成此殿也。'夫王者岂惮一臣，盖为百姓也。今臣曾不能少凝圣听，不及意远矣。"帝于是有所减省。

初，太祖时，刘廙坐弟与魏讽谋反，当诛。群言之太祖，太祖曰："廙，名臣也，吾亦欲赦之。"乃复位。廙深德群，群曰："夫议刑为国，非为私也；且自明主之意，吾何知焉？"其弘博不伐，皆此类也。青龙四年薨，谥曰靖侯。子泰嗣。帝追思群功德，分群户邑，封一子列侯[7]。

泰字玄伯。青龙中，除散骑侍郎。正始中，徙游击将军，为并州刺史，加振威将军，使持节，护匈奴中郎将，怀柔夷民，甚有威惠。京邑贵人多寄宝货，因泰市匈奴婢，泰皆挂之于壁，不发其封，及征为尚书，悉以还之。嘉平初，代郭淮为雍州刺史，加奋威将军。蜀大将军姜维率众依麴山筑二城，使牙门将句安、李歆等守之，聚羌、胡质任等寇逼诸郡。征西将军郭淮与泰谋所以御之，泰曰："麴城虽固，去蜀险远，当须运粮。羌夷患维劳役，必未肯附，今围而取之，可不血刃而拔其城；虽其有救，山道阻险，非行兵之地也。"淮从泰计，使泰率讨蜀护军徐质、南安太守邓艾等进兵围之，断其运道及城外流水。安等挑战，不许，将士困窘，分粮聚雪以稽日月。维果来救，出自牛头山，与泰相对。泰曰："兵法贵在不战而屈人。今绝牛头，维无反道，则我之禽也。"敕诸军各坚垒勿与战，遣使白淮，欲自南渡白水，循水而东，使淮趣牛头，截其还路，可并取维，不惟安等而已。淮善其策，进率诸军军洮水。维惧，遁走，安等孤县，遂皆降。

淮薨，泰代为征西将军，假节都督雍、凉诸军事。后年，雍州刺史王经白泰，云姜维、夏侯霸欲三道向祁山、石营、金城，求进兵为翅，使凉州军至枹罕，讨蜀护军向祁山。泰量贼势终不能三道，且兵势恶分，凉州未宜越境，报经："审其定问，知所趣向，须东西势合乃进。"时维等将数万人至枹罕，趣狄道。泰敕经进屯狄道，须军到，乃规取之。泰进军陈仓。会经所统诸军于故关与贼战不利，经辄渡洮。泰以经不坚据狄道,必有他变,并遣五营在前,泰率诸军继之。经已与维战,大败,以万余人还保狄道城,余皆奔散。维乘胜围狄道。泰军上邽,分兵守要,晨夜进前。邓艾、胡奋、王秘亦到,即与艾、秘等分为三军,进到陇西。艾等以为"王经精卒破衄于西,贼众大盛,乘胜之兵既不可当,而将军以乌合之卒,继败军之后,将士失气,陇右倾荡。古人有言:'蝮蛇螫手,壮士解其腕。'《孙子》曰:'兵有所不击,地有所不守。'盖小有所失而大有所全故也。今陇右之害,过于蝮蛇,狄道之地,非徒不守之谓。姜维之兵,是所辟之锋。不如割险自保,观衅待弊,然后进救,此计之得者也"。泰曰:"姜维提轻兵深入,正欲与我争锋原野,求一战之利。王经当高壁深垒,挫其锐气。今乃与战,使贼得计,走破王经,封之狄道。若维以战克之威,进兵东向,据栎阳积谷之实,放兵收降,招纳羌、胡,东争关、陇,传檄四郡,此我之所恶也。而维以乘胜之兵,挫峻城之下,锐气之卒,屈力致命,攻守势殊,客主不同。兵书云'修橹轒辒,三月乃成,拒堙三月而后已。'诚非轻军远入,维之诡谋仓卒所办。悬军远侨,粮谷不继,是我速进破贼之时也,所谓疾雷不及掩耳,自然之势也。洮水带其表,维等在其内,今乘高居势,临其项领,不战必走。寇不可纵,围不可久,君等何言如此?"遂进军度高城岭,潜行,夜至狄道东南高山上,多举烽火,鸣鼓角。狄道城中将士见救者至,皆愤踊。维始谓官救未当须众集乃发,而卒闻已至,谓有奇变宿谋,上下震惧。自军之发陇西也,以山道深险,贼必设伏,泰诡从南道。维果三日施伏[8],定军潜行卒出其南,维乃缘山突至,泰与交战,维退还。凉州军从金城南至沃干阪。泰与经共密另,当共向其还路,维等闻之,遂遁,城中将士得出。经叹曰:"粮不至旬,向不应机,举城屠裂,覆丧一州矣。"泰慰劳将士,前后遣还,更差军守,并治城垒,还屯上邽。

初,泰闻经见围,以州将士素皆一心,加得保城,非维所能卒倾。表上进军晨夜速至到。众议以"经奔北,城不足自固,维若断凉州之道,兼四郡民夷,据关、陇之险,敢能没经军而屠陇右。宜须大兵四集,乃致讨计"。大将军司马文王曰:"昔诸葛亮常有此志,卒亦不能。事大谋远,非维所任也。且城非仓卒所拔,而粮少为急,征西速救,得上策矣。"泰每以一方有事,辄以虚声扰动天下,故希简白上事,驿书不过六百里。司马文王语荀顗曰:"玄伯沉勇能断,荷方伯之重,救将陷之城,而不求益兵,又希简上事,必能办贼故也。都督大将,不当尔邪!"

后征泰为尚书右仆射,典选举,加侍中光禄大夫。吴大将孙峻出淮、泗。以泰为镇军将军,假节都督淮北诸军事,诏徐州监军已下受泰节度。峻退,军还,转为左仆射。诸葛诞作乱寿春,司马文王率六军军丘头,泰总署行台。司马景王、文王皆与泰亲友,及沛国武陔亦与泰善。文王问陔曰:"玄伯何如其父司空也?"陔曰:"通雅博畅,能以天下声教为己任者,不如也;明统简至,立功立事,过之。"泰前后以功增邑二千六百户,赐子弟一人亭侯,二人关内侯。景元元年薨,追赠司空,谥曰穆侯[9]。子恂嗣。恂薨,无嗣。弟温绍封。咸熙中开建五等,以泰著勋前朝,改封温

为慎子[10]。

陈矫字季弼,广陵东阳人也。避乱江东及东城,辞孙策、袁术之命,还本郡。太守陈登请为功曹,使矫诣许,谓曰:"许下论议,待吾不足;足下相为观察,还以见诲。"矫还曰:"闻远近之论,颇谓明府骄而自矜。"登曰:"夫闺门雍穆,有德有行,吾敬陈元方兄弟;渊清玉洁,有礼有法,吾敬华子鱼;清修疾恶,有识有义,吾敬赵元达;博闻强记,奇逸卓荦,吾敬孔文举;雄姿杰出,有王霸之略,吾敬刘玄德。所敬如此,何骄之有!余子琐琐,亦焉足录哉?"登雅意如此,而深敬友矫。

郡为孙权所围于匡奇,登令矫求救于太祖。矫说太祖曰:"鄙郡虽小,形便之国也,若蒙救援,使为外藩,则吴人挫谋,徐方永安,武声远震,仁爱溥流,未从之国,望风景附;崇德养威,此王业也。"太祖奇矫,欲留之。矫辞曰:"本国倒悬,本奔走告急,纵无申胥之效,敢忘弘演之义乎[11]?"太祖乃遣赴救。吴军既退,登多设间伏,勒兵追奔,大破之。

太祖辟矫为司空掾属,除相令,征南长史,彭城、乐陵太守,魏郡西部都尉。曲周民父病,以牛祷,县结正弃市。矫曰:"此孝子也。"表赦之,迁魏郡太守。时系囚千数,至有历年。矫以为周有三典之制,汉约三章之法,今惜轻重之理,而忽久系之患,可谓谬矣。悉自览罪状,一时论决。大军东征,入为丞相长史。军还,复为魏郡,转西曹属。从征汉中,还为尚书。行前未邺,太祖崩洛阳,群臣拘常,以为太子即位,当须诏命。矫曰:"王薨于外,天下惶惧。太子宜割哀即位,以系远近之望。且又爱子在侧,彼此生变,则社稷危矣。"即具官备礼,一日皆办。明旦,以王后令,策太子即位,大赦荡然。文帝曰:"陈季弼临大节,明略过人,信一时之俊杰也。"帝既践阼,转署吏部,封高陵亭侯,迁尚书令。明帝即位,进爵东乡侯,邑六百户。车驾尝卒至尚书门,矫跪问帝曰:"陛下欲何之?"帝曰:"欲案行文书耳。"矫曰:"此自臣职分,非陛下所宜临也。若臣不称其职,则请就黜退。陛下宜还。"帝惭,回车而反。其亮直如此[12]。加侍中光禄大夫,迁司徒。景初元年薨,谥曰贞侯[13]。

子本嗣,历位郡守、九卿。所在操纲领,举大体,能使群下自尽。有统御之才,不亲小事;不读法律,而得廷尉之称优于司马岐等;精练文理。迁镇北将军,假节都督河北诸军事。薨,子粲嗣。本弟骞,咸熙中为车骑将军[14]。

初,矫为郡功曹,使过泰山。泰山太守东郡薛悌异之,结为亲友。戏谓矫曰:"以郡吏而交二千石。邻国君屈从陪臣游,不亦可乎!"悌后为魏郡及尚书令,皆承代矫云[15]。

徐宣字宝坚,广陵海西人也。避乱江东,又辞孙策之命,还本郡。与陈矫并为纲纪,二人齐名而私好不协,然俱见器于太守陈登,与登并心于太祖。海西、淮浦二县民作乱,都尉卫弥、令梁习夜奔宣家。密送免之。太祖遣督军扈质来讨贼,以兵少不进。宣潜见责之,示以形势,质乃进破贼。太祖辟为司空掾属,除东缗、发干令,迁齐郡太守,入

为门下督，从到寿春。会马超作乱，大军西征，太祖见官属曰："今当远征，而此方未定，以为后忧，宜得清公大德以镇统之。"乃以宣为左护军，留统诸军。还，为丞相东曹掾，出为魏郡太守。太祖崩洛阳，群僚入殿中发哀。或言易诸城守，用谯、沛人。宣厉声言："今者远近一统，人怀效节，何必谯、沛，而沮宿卫者心？"文帝闻曰："所谓社稷之臣也。"帝既践阼，为御史中丞，赐爵关内侯，徙城门校尉，旬月迁司隶校尉，转散骑常侍。从至广陵，六军乘舟，风浪暴起，帝船回倒，宣病在后，陵波而前，群寮莫先至者。帝壮之，迁尚书。

明帝即位，封津阳亭侯，邑二百户。中领军桓范荐宣曰："臣闻帝王用人，度世授才，争夺之时，以策略为先，分定之后，以忠义为首。故晋文行舅犯之计而赏雍季之言[16]，高祖用陈平之智而托后于周勃也。窃见尚书徐宣，体忠厚之行，秉直亮之性；清雅特立，不拘世俗，确然难动，有社稷之节，历位州郡，所在称职。今仆射缺，宣行掌后事，腹心任重，莫宜宣者。"帝遂以宣为左仆射，后加侍中光禄大夫。车驾幸许昌，总统留事。帝还，主者奏呈文书。诏曰："吾省与仆射何异？"竟不视。尚方令坐猥见考竟，宣上疏陈威刑大过，又谏作宫殿穷尽民力，帝皆手诏嘉纳。宣曰："七十有悬车之礼，今已六十八，可以去矣。"乃固辞疾逊位，帝终不许。青龙四年薨，遗令布衣疏巾，敛以时服。诏曰："宣体履至实，直内方外，历在三朝，公亮正色，有托孤寄命之节，可谓柱石臣也。常欲倚以台辅，未及登之，惜乎大命不永！其追赠车骑将军，葬如公礼。"谥曰贞侯。子钦嗣。

卫臻字公振，陈留襄邑人也。父兹，有大节，不应三公之辟。太祖之初至陈留，兹曰："平天下者，必此人也。"太祖亦异之，数诣兹议大事。从讨董卓，战于荥阳而卒。太祖每涉郡境，辄遣使祠焉[17]。夏侯惇为陈留太守，举臻计吏，命妇出宴，臻以"末世之俗，非礼之正"。惇怒，执臻，既而赦之。后为汉黄门侍郎。东郡朱越谋反，引臻。太祖令曰："孤与卿君同共举事，加钦令问。始闻越言，固自不信。及得荀令君书，具亮忠诚。"会奉诏命，聘贵人于魏，因表留臻参丞相军事。追录臻父旧勋，赐爵关内侯，转为户曹掾。文帝即王位，为散骑常侍。及践阼，封安国亭侯。时群臣并颂魏德，多抑损前朝。臻独明禅授之义，称扬汉美。帝数目臻曰："天下之珍，当与山阳共之。"迁尚书，转侍中、吏部尚书。帝幸广陵，行中领军，从。征东大将军曹休表得降贼辞"孙权已在濡须口"。臻曰："权恃长江，未敢抗衡，此必畏怖伪辞也。"考核降者，果守将诈所作也。

明帝即位，进封康乡侯，后转为右仆射，典选举如前，加侍中。中护军蒋济遗臻书："汉祖遇亡虏为上将，周武拔渔父为太师。布衣厮养，可登王公，何必守文，试而后用？"臻答曰："古人遗智慧而任度量，须考绩而加黜陟，今子同牧野于成、康，喻断蛇于文、景，好不经之举，开拔奇之津，将使天下驰骋而起矣。"诸葛亮寇天水。臻奏："宜遣奇兵入散关，绝其粮道。"乃以臻为征蜀将军，假节督诸军事，到长安，亮退。还，复职，加光禄大夫。是时，帝方隆意于殿舍，臻数切谏。及殿中监擅收兰台令史，臻奏案之。诏曰："殿舍不成，吾所留心，卿推之何？"臻上疏曰："古制侵官之法，非恶其勤事也，诚以所益者小，所堕者大也。臣每察校事，类皆如此，惧群司将遂越职，以至陵迟矣。"亮又出斜谷；征南上："朱然等军已到荆城。"臻曰："然，吴之骁将，必下从权，且为势以缀征南耳。权果召然入居巢，进攻合肥。帝欲自东征，臻曰："权外示应亮，内实观望。且合肥城固，不足为虑。车驾可无亲征，以省六军之费。"帝到寻阳而权竟退。

幽州刺史毌丘俭上疏曰："陛下即位已来，未有可书。吴、蜀恃险，未可卒平，聊可以此方无用之士克定辽东。"臻曰："俭所陈皆战国细术，非王者之事也。吴频岁称兵，寇乱边境，而犹案甲养士，未果寻致讨者，诚以百姓疲劳故也。且渊生长海表，相承三世，外抚戎夷，内修战射，而俭欲以偏军长驱，朝至夕卷，知其妄矣。"俭行，军遂不利。

臻迁为司空，徙司徒。正始中，进爵长垣侯，邑千户，封一子列侯。初，太祖久不立太子，而方奇贵临菑侯。丁仪等为之羽翼，劝臻自结，臻以大义拒之。及文帝即位，东海王霖有宠，帝问臻："平原侯何如？"臻称明德美而终不言。曹爽辅政，使夏侯玄宣指，欲引臻入守尚书令，及为弟求婚，皆不许。固乞逊位。诏曰："昔干木偃息，义扶强秦；留侯颐神，不忘楚事。谠言嘉谋，望不吝焉。"赐宅一区，位特进，秩如三司。薨，追赠太尉，谥曰敬侯。子烈嗣，咸熙中为光禄勋[18]。

卢毓字子家，涿郡涿人也。父植，有名于世[19]。毓十岁而孤，遇本州乱，二兄死难。当袁绍、公孙瓒交兵，幽、冀饥荒，养寡嫂孤兄子，以学行见称。文帝为五官将，召毓署门下贼曹。崔琰举为冀州主簿，时天下草创，多逋逃，故重士亡法，罪及妻子。亡士妻白等，始适夫家数日，未与夫相见，大理奏弃市。毓驳之曰："夫女子之情，以接见而恩生，成妇而义重。故《诗》云'未见君子，我心伤悲；亦既见止，我心则夷'。又《礼》'未庙见之妇而死，归葬女氏之党，以未成妇也'。今白等生有未见之悲，死有非妇之痛，而吏议欲肆之大辟，则若同牢合卺之后，罪何所加？且《记》曰'附从轻'，言附人之罪，以轻者为比也。又《书》云'与其杀不辜，宁失不经'，恐过重也。苟以白等皆受礼聘，已入门庭，刑之为可，杀之为重。"太祖曰："毓执之是也。又引经典有意，使孤叹息。"由是为丞相法曹议令史，转西曹议令史。

魏国既建，为吏部郎。文帝践阼，徙黄门侍郎，出为济阴相，梁、谯二郡太守。帝以谯旧乡，故大徙民充之，以为屯田。而谯土地硗瘠，百姓穷困，毓愍之，上表徙民于梁国就沃衍，失帝意。虽听毓所表，心犹恨之，遂左迁毓，使将徙民为睢阳典农校尉。毓心在利民，躬自亲视，择居美田，百姓赖之。迁安平、广平太守，所在有惠化。

青龙二年，入为侍中。先是，散骑常侍刘劭受诏定律，未就。毓上论古今科律之意，以为法宜一正，不宜有两端，使奸吏得容情。及侍中高堂隆数以宫室事切谏，帝不悦，毓进曰："臣闻君明则臣直，古之圣王恐不闻其过，故有敢谏之鼓。近臣尽规，此乃臣等所以不及隆。隆诸生，名为狂直,陛下宜容之。"在职三年,多所驳争。诏曰:"官人秩才,圣帝所难,必须良佐,进可替否。侍中毓禀性贞固,心平体正,可谓明试有功,不懈于位者也。其以毓为吏部尚书。"使毓自选代,曰:"得如卿者乃可。"毓举常侍郑冲,帝曰:"文和,吾自知之,更举吾所未闻者。"乃举阮武、孙邕,帝于是用邕。

前此诸葛诞、邓飏等驰名誉,有四聪八达之诮,帝疾之。时举中书郎,诏曰:"得其人与否,在卢生耳。选举莫取有名,名如画地作饼,不可啖也。"毓对曰:"名不足以致异人,而可以得常士。常士畏教慕善,然后有名,非所当疾也。愚臣既不足以识异人,又主者正以循名案常为职,但当有以验其后。故古者敷奏以言,明试以功。今考绩之法废,而以毁誉相进退,故真伪浑杂,虚实相蒙。"帝纳其言,即诏作考课法。会司徒缺,毓举处士管宁,帝不能用。更问其次,毓对曰:"敦笃至行,则太中大夫韩暨;亮直清方,则司隶校尉崔林;贞固纯粹,则太常常林。"帝乃用暨。毓于人及选举,先举性行,而后言才。黄门李丰尝以问毓,毓曰:"才所以为善也,故大才成大善,小才成小善。今称之有才而不能为善,是才不中器也。"丰等服其言。

齐王即位,赐爵关内侯。时曹爽秉权,将树其党,徙毓仆射,以侍中何晏代毓。顷之,出毓为廷尉,司隶毕轨又枉奏免官。众论多讼之,乃以毓为光禄勋。爽等见收,太傅司马宣王使毓行司隶校尉,治其狱。复为吏部尚书,加奉车都尉,封高乐亭侯,转为仆射,故典选举,加光禄大夫。高贵乡公即位,进封大梁乡侯。封一子亭侯。毌丘俭作乱,大将军司马景王出征,毓纲纪后事,加侍中。正元三年,疾病,逊位。迁为司空,固推骠骑将军王昶、光禄大夫王观、司隶校尉王祥。诏使使者即授印绶,进爵封容城侯,邑二千三百户。甘露二年薨,谥曰成侯。孙藩嗣。毓子钦、珽,咸熙中钦为尚书,珽泰山太守[20]。

评曰:桓阶识睹成败,才周当世。陈群动仗名义,有清流雅望。泰弘济简至,允克堂构矣。魏世事统台阁,重内轻外,故八座尚书,即古六卿之任也。陈、徐、卫、卢,久居斯位,矫、宣刚断骨鲠,臻、毓规鉴清理,咸不忝厥职云。

注:

〔1〕《魏书》曰:阶祖父超,父胜,皆历典州郡。胜为尚书,著名南方。

〔2〕《魏书》称阶谏曰:"今太子位冠群子,名昭海内,仁圣达节,天下莫不闻;而大王甫以植而问臣,臣诚惑之。"于是太祖知阶笃于守正,深益重焉。

〔3〕《世语》曰:阶孙陵,字元徽,有名于晋武帝世。至荥阳太守,卒。

〔4〕寔字仲弓,纪字元方,谌字季方。《魏书》曰:寔德冠当时,纪、谌并名重于世。寔为太丘长,遭党锢,隐居荆山,远近宗师之。灵帝崩,何进辅政,引用天下名士,征寔,欲以为参军,以老病,遂不屈节。谌为司空掾,早卒。纪历位平原相、侍中、大鸿胪,著书数十篇,世谓之《陈子》。寔之亡也,司空荀爽、太仆令韩融并制缞麻,执子孙礼。四方会者车数千乘,自太原郭泰等无不造门。《傅子》曰:寔亡,天下致吊,会其葬者三万

人,制缞麻者以百数。《先贤行状》曰:大将军何进遣属吊祠,谥曰文范先生。于时,实、纪高名并著,而谌又配之,世号曰三君。每宰府辟命,率皆同时,羔雁成群,丞掾交至。豫州百城皆图画实、纪、谌之形像。

〔5〕臣松之案:《汉书.地理志》云:元始二年,天下户口最盛,汝南郡为大郡,有三十余万户。则文、景之时不能如是多也。案《晋太康三年地记》,晋户有三百七十七万,吴、蜀户不能居半。以此言之,魏虽始承丧乱,方晋亦当无乃大殊。长文之言,于是为过。

〔6〕孙盛曰:"《周礼》,天子之宫,有斫砻之制。然质文之饰,与时推移"。汉承周、秦之弊,宜敦简约之化,而何崇饰宫室,示侈后嗣。此乃武帝千门万户所以大兴,岂无所增谓邪?况乃魏氏方有吴、蜀之难,四海罹涂炭之艰,而述萧何之过议,以为令轨,岂不惑于大道而昧得失之辨哉?使百代之君,眩于奢俭之中,何之由矣。《诗》云:"斯言之玷,不可为也。"其斯之谓乎!

〔7〕《魏书》曰:群前后数密陈得失,每上封事,辄削其草,时人及其子弟莫能知也。论者或讥群位拱默,正始中诏撰群臣上书,以为《名臣奏议》,朝士乃见群谏事,皆叹息焉。《袁子》曰:或云:"故少府杨阜岂非忠臣哉?见人主之非,则勃然怒而触之,与人言未尝不道也,岂非所谓'王臣謇謇,匪躬之故'者欤"!答曰:"然可谓直士,忠则吾不知也。夫仁者爱人,施于君谓之忠,施于亲谓之孝。忠孝者,其本一也。故仁爱之至者,君亲有过,谏而不入。求之反复,不得已而言,不忍宣也。今为人臣,见人主失道,直诋其非而播扬其恶,可谓直士,未为忠臣也。故司空陈群则不然,其谈论终日,未尝言人主之非;书数十上而外人不知。君子谓群于是乎长者矣。"

〔8〕臣松之案:此传云:"谓救兵当须众集,而卒闻已至,谓有奇变,上下震惧",此则救至出于不意。若不知救之,何故伏兵深险乃经三日乎?设伏相伺,非不知之谓。此皆语之不通也。

〔9〕干宝《晋纪》曰:高贵乡公之杀,司马文王会朝臣谋其故。太常陈泰不至,使其舅荀颉召之。颉至,告以可否。泰曰:"世之论者,以泰方于舅,今舅不如泰也。"子弟内外咸共逼之,垂涕而入。王待之曲室,谓曰:"玄伯,卿何以处我?"对曰:"诛贾充以谢天下。"文王曰:"为吾更思其次。"泰曰:"泰意惟有进于此,不知其次。"文王乃不更言。《魏氏春秋》曰:帝之崩也,太傅司马孚、尚书右仆射陈泰枕帝尸于股,号哭尽哀。时大将军入于禁中,泰见之悲恸,大将军亦对之泣,谓曰:"玄伯,其如我何?"泰曰:"独有斩贾充,少可以谢天下耳。"大将军久之曰:"卿更思其他。"泰曰:"岂可使泰复发后言。"遂呕血薨。臣松之案本传,泰不为太常,未详干宝所由知之。孙盛改易泰言,虽为小胜。然检盛言诸所改易,皆非异闻,率更自以意制,多不如旧。凡记言之体,当使若出其口。辞胜而违实,固君子所不取,况复不胜而徒长虚妄邪?案《博物记》曰:太丘长陈寔、寔子鸿胪纪、纪子司空群、群子泰四世,于汉、魏二朝并有重名,而其德渐渐小减。时人为其语曰:"公惭卿,卿惭长。"

〔10〕案《陈氏谱》:群之后,名位遂微。谌孙佐,官至青州刺史。佐弟坦,廷尉。佐子准,太尉,封广陵郡公。准弟戴、征及从弟堪,并至大位。准孙逵,字林道,有誉江左,为西中郎将,追赠卫将军。

〔11〕刘向《新序》曰:齐桓公求婚于卫,卫不与,而嫁于许。卫为狄所伐,桓公不救,至于国灭君死。懿公尸为狄人所食,惟有肝在。懿公有臣曰弘演,适使反,致命于肝曰:"君为其内,臣为其外。"乃剔腹内肝而死。齐桓公曰:"卫有臣若此

〔12〕《世语》曰：刘晔以先进见幸，因潜矫专权。矫惧，以问长子本，本不知所出。次子骞曰："主上明圣，大人大臣，今若不合，不过不作公耳。"后数日，帝见矫，矫又问二子，骞曰："陛下意解，故见大人也。"既入，尽日，帝曰："刘晔构君，朕有以迹君；朕心故已了。"以金五饼授之，矫辞。帝曰："岂以为小惠？君已知朕心，顾妻子未知故也。"帝忧社稷，问矫："司马公忠正，可谓社稷之臣乎？"矫曰："朝廷之望；社稷，未知也。"

〔13〕《魏氏春秋》曰：矫本刘氏子，出嗣舅氏而婚于本族。徐宣每非之，庭议其阙。太祖惜矫才量，欲拥全之，乃下令曰："丧乱已来，风教雕薄，谤议之言，难用褒贬。自建安五年已前，一切勿论。其以断前诽议者，以其罪罪之。"

〔14〕案《晋书》：骞字休渊，为晋佐命功臣，至太傅，封高平郡公。

〔15〕《世语》曰：悌字孝威。年二十二，以兖州从事为泰山太守。初，太祖定冀州。以悌及东平王国为左右长史，后至中领军，并悉忠贞练事，为世吏表。

〔16〕《吕氏春秋》曰：昔晋文公将与楚人战于城濮，召咎犯而问曰："楚众我寡，奈何而可？"咎犯对曰："臣闻繁礼之君，不足于文，繁战之君，不足于诈，君亦诈之而已。"文公以咎犯言告雍季，雍季曰："竭泽而渔，岂不得鱼，而明年无鱼。焚薮而田，岂不得兽，而明年无兽。诈伪之道，虽今偷可，后将无复，非长术也。"文公用咎犯之言，而败楚人于城濮。反而为赏，雍季在上。左右谏曰："城濮之功，咎犯之谋也。君用其言而后其身，或者不可乎！"文公曰："雍季之言，百代之利也，咎犯之言，一时之务也。焉有以一时之务，先百代之利乎？"

〔17〕《先贤行状》曰：兹字子许。不为激诡之行，不徇流俗之名；明虑渊深，规格宏远。为车骑将军何苗所辟，司徒杨彪并加辟命。董卓作乱，汉室倾荡，太祖到陈留，始与兹相见，遂同盟，讨兴武事。兹答曰："乱生久矣，非兵无以整之。"且言"兵之兴者，自今始矣"。深见废兴，首赞弘谋。合兵三千人，从太祖入荥阳，力战终日，失利，身殁。《郭林宗传》曰：兹弱冠与同郡郭文生俱ather盛德。林宗与二人共市，子许买物，随价雠直，文生訾呵，减价乃取。林宗曰："子许少欲，文生多情，此二人非徒兄弟，乃父子也。"后文生以秽货见损，兹以烈节垂名。

〔18〕臣松之案旧事及《傅咸集》，烈终于光禄勋。烈二弟京、楷，皆二千石。楷子权，字伯舆。晋大司马汝南王亮辅政，以权为尚书郎。傅咸与亮笺曰："卫伯舆贵妃兄子，诚有才章，应作台郎，然未得东宫官属。东宫官属，前患杨骏、亲理塞路，今有伯舆，复越某作郎。一犬吠形，群犬吠声，惧于群吠，遂至回听。"权作左思《吴都赋》叙及注，叙粗有文彩，至于为注，了无所发明，直为尘秽纸墨，不合传写也。

〔19〕《续汉书》曰：植字子幹。少事马融，与郑玄同门相友。植刚毅有大节，常怀然有济世之志，不苟合取容，不应州郡命召。建宁中，征博士，出补九江太守，以病去官。作《尚书章句》、《礼记解诂》。稍迁侍中、尚书。张角起，以植为北中郎将征角，失利抓犁。顷之，复以为尚书。张让劫少帝奔小平津，植手剑责数让等，让等皆放兵，垂泣谢罪，遂自杀。董卓议欲废帝，众莫敢对，植独正言，语在《卓传》。植以老病去位，隐居上谷军都山，初平三年卒。太祖北征柳城，过涿郡，令告太守曰："故北中郎将卢植，名著海内，学为儒宗，士之楷模，乃国之桢干也。昔武王入殷，封商容之闾，郑丧子产

而仲尼陨涕。孤到此州，嘉其余风。《春秋》之义，贤者之后，有异于人。敬遣丞掾修坟墓，并致薄醪，以彰厥德。"植有四子，毓最小。

〔20〕《世语》曰：钦字子若，珽字子笋。钦泰始中为尚书仆射，领选，咸宁四年卒，追赠卫将军，开府。虞预《晋书》曰：钦少居名位，不顾财利，清虚淡泊，勤修礼典。同郡张华，家单少孤，不为乡邑所知，惟钦贵异焉。钦子浮，字子云。《晋诸公赞》曰：张华博识多闻，无物不知。浮高朗经博，有美于华，起家太子舍人，病疮，截手，遂废。朝廷器重之，就家以为国子博士，迁祭酒。永平中为秘书监。珽及子皓、志并至尚书。志子湛，字子谅。温峤表称湛清伤有文思。《湛别传》曰：湛善著文章。洛阳倾覆，北投刘琨，琨以为司空从事中郎。琨败，湛归段末波。元帝之初，累召为散骑、中书侍郎，不得南赴。永和六年，卒于胡中，子孙过江。妖贼帅卢循，湛之曾孙。

卷二十三
和常杨杜赵裴传第二十三

和洽字阳士，汝南西平人也。举孝廉，大将军辟，皆不就。袁绍在冀州，遣使迎汝南士大夫。洽独以"冀州土平民强，英桀所利，四战之地。本初乘资，虽能强大，然雄豪四起，全未可必也。"荆州刘表无他远志，爱人乐士，土地险阻，山夷民弱，易依倚也。"遂与亲旧俱南从表，表以上宾待之。洽曰："所以不从本初，辟地也。昏世之主，不可黩近，久而帖危[1]，必有逸虑间其中者。"遂南度武陵。

太祖定荆州，辟为丞相掾属。时毛玠、崔琰并以忠清干事，其选用先尚俭节。洽言曰："天下大器，在位与人，不可以一节检也。俭素过中，自以处身则可，以此节格物，所失或多。今朝廷之议，吏有着新衣、乘好车者，谓之不清；长吏过营，形容不饰，衣裳敝坏者，谓之廉洁。至令士大夫故污辱其衣，藏其舆服；朝府大吏，或自擎壶餐以入官寺。夫立教观俗，贵处中庸，为可继也。今崇一概难堪之行以检殊涂，勉而为之，必有疲瘁。古之大教，务在通人情而已。凡激诡之行，则容隐伪矣[2]。"

魏国既建，为侍中。后有白毛玠谤毁太祖，太祖见近臣，怒甚。洽陈玠素行有本，求案实其事。罢朝，太祖令曰："今言事者白玠不但谤吾也，乃复为崔琰觖望。此损君臣恩义，妄为死友怨叹，殆不可忍也。昔萧、曹与高祖并起微贱，致功立勋。高祖每在屈笮，二相恭顺，臣道益彰，所以祚及后世也。和侍中比求实之，所以不听，欲重参之耳。"洽对曰："如言事者言，玠罪过深重，非天地所覆载。臣非敢曲理玠以枉大伦也，以玠出群吏之中，特见拔擢，显在首职，历年荷宠，刚直忠公，为众所惮，宜宠有此。然人情难保，要宜考核，两验其实。今圣恩垂含垢之仁，不忍致之于理，更使曲直之分不明，疑自近始。"太祖曰："所以不考，欲两全玠及言事者耳。"洽对曰："玠信有谤上之言，当肆之市朝；若玠无此，言事者加诬大臣以误主听。二者不加检核，臣窃不安。"太祖曰："方有军事，安可受人言便考之邪？狐射姑刺阳处父于朝，此为君之诫也。"

太祖克张鲁,洽陈便宜以时拔军徙民,可省置守之费。太祖未纳,其后竟徙民弃汉中。出为郎中令。文帝践阼,为光禄勋,封安城亭侯。明帝即位,进封西陵乡侯,邑二百户。

太和中,散骑常侍高堂隆奏:"时风不至,而有休废之气,必有司不勤职事以失天常也。"诏书谦虚引咎,博咨异同。洽以为"民稀耕少,浮食者多。国以民为本,民以谷为命。故废一时之农,则失育命之本。是以先王务蠲烦费,以专耕农。自春夏以来,民穷于役,农业有废,百姓嚣然,时风不至,未必不由此也。消复之术,莫大于节俭。太祖建立洪业,奉师徒之费,供军赏之用,吏士丰于资食,仓府衍于谷帛,由不饰无用之宫,绝浮华之费。方今之要,固在息省劳烦之役,损除他余之务,以为军戎之储。三边守御,宜在备豫。料贼虚实,蓄士养众,算庙胜之策,明攻取之谋,详询众庶以求厥中。若谋不素定,轻弱小敌,军人数举,举而无庸,所谓'悦武无震',古人之诫也。"

转为太常,清贫守约,至卖田宅以自给。明帝闻之,加赐谷帛,薨,谥曰简侯。子离嗣[3]。离弟迪,才爽开济,官至廷尉、吏部尚书[4]。

洽同郡许混者,许劭子也。清醇有鉴识,明帝时为尚书[5]。

常林字伯槐,河内温人也。年七岁,有父党造门,问林:"伯先在否,汝何不拜!"林曰:"虽当下客,临子字父,何拜之有?"于是咸共嘉之[6]。太守王匡起兵讨董卓,遣诸生于属县微伺吏民罪负,便收之,考责钱谷赎罪,稽迟则夷灭宗族,以崇威严。林叔父挝客,为诸生所白,匡怒收治。举宗惶怖,不知所责多少,惧系者不救。林往见匡同县胡母彪曰:"王府君以文武高才,临吾鄙郡。鄙郡表里山河,土广民殷,又多贤能,惟所择用。今主上幼冲,贼臣虎据,华夏震慄,雄才奋用之秋也。若欲诛天下之贼,扶王室之微,智者望风,应之若响,克乱在和,何征不捷,苟无恩德,任失其人,覆亡将至,何暇匡翼朝廷,崇立功名乎?君其藏之!"因说叔父见拘之意。彪即书责匡,匡原林叔父。林乃避地上党,耕种山阿。当时旱蝗,林独丰收,尽呼比邻,升斗分之。依故河间太守陈延壁。陈、冯二姓,旧族冠冕。张杨利其妇女,贪其资货。林率其宗族,为之策谋。见围六十余日,卒全堡壁。

并州刺史高幹表为骑都尉,林辞不受。后刺史梁习荐州界名士林及杨俊、王凌、王象、荀纬,太祖皆以为县长。林宰南和,治化有成,超迁博陵太守、幽州刺史,所在有绩。文帝为五官将,林为功曹。太祖西征,田银、苏伯反,幽、冀扇动。文帝欲亲自讨之,林曰:"昔忽博陵,又在幽州,贼之形势,可料度也。北方吏民,乐安厌乱,服化已久,守善者多。银、伯犬羊相聚,智小谋大,不能为害。方今大军在远,外有强敌,将军为天下之镇也,轻动远举,虽克不武。"文帝从之,遣将往伐,应时克灭。

出为平原太守、魏郡东部都尉,入为丞相东曹属。魏国既建,拜尚书。文帝践阼,迁少府,封乐阳亭侯[7],转大司农。明帝即位,进封高阳乡侯,徙光禄勋太常。晋宣王以林乡邑耆德,每为之拜。或谓林曰:"司马公贵重,君宜止之。"林曰:"司马公自欲敦长幼之叙,为后生之法。贵非吾之所畏,拜非吾之所制也。"言者踧踖而退[8]。时论以林节操清峻,欲致之公辅,而林遂称疾笃。拜光禄大夫。年八十三,薨,追赠骠骑将军,葬如公礼,谥曰贞侯。子峕嗣,为泰山太守,坐法诛。峕弟静绍封[9]。

杨俊字季才,河内获嘉人也。受学陈留边让,让器异之。俊以兵乱方起,而河内处四达之衢,必为战场,乃扶持老弱诣京、密山间,同行者百余家。俊振济贫乏,通共有无。宗族知故为人所略作奴仆者凡六家,俊皆倾财赎之。司马宣王年十六七,与俊相遇,俊曰:"此非常之人也。"又司马朗早有声名,其族兄芝,众未之知,惟俊言曰:"芝虽夙望不及朗,实理但有优耳。"俊转避地并州。本郡王象,少孤特,为人仆隶,年十七八,见使牧羊而私读书,因被笞楚。俊嘉其才质,即赎象著家,聘娶立屋,然后与别。

太祖除袭邑梁长,入为丞相掾属,举茂才,安陵令,迁南阳太守。宣德教,立学校,吏民称之。徙为征南军师。魏国既建,迁中尉。太祖征汉中,魏讽反于邺,俊自劾诣行在所。俊以身方罪免,笺辞太子。太子不悦,曰:"杨中尉便去,何太高远邪!"遂被书左迁平原太守。文帝践阼,复在南阳。时王象为散骑常侍,荐俊曰:"伏见南阳太守杨俊,秉纯粹之茂质,履忠肃之弘量,体仁足以育物,笃实足以动众,克长后进,惠训不倦,外宽内直,仁而有断。自初弹冠,所历垂化,再守南阳,恩德流著,殊邻异党,襁负而至。今境守清静,无所展其智能,宜还本朝,宣力毂辇,熙帝之载。"

俊自少及长,以人伦自任。同郡审固、陈留卫恂本皆出自兵伍,俊资拔奖致,咸作佳士;后固历位郡守,恂御史、县令,其明鉴行义,多此类也。初,临菑侯与俊善,太祖适嗣未定,密访群司。俊虽并论文帝、临菑才分所长,不适有所据当,然称临菑犹美,文帝常以恨之。黄初三年,车驾至宛,以市不丰乐,发怒收俊。尚书仆射司马宣王、常侍王象、荀纬请俊,叩头流血,帝不许。俊曰:"吾知罪矣。"遂自杀。众冤痛之[10]。

杜袭字子绪,颍川定陵人也。曾祖父安,祖父根,著名前世[11]。袭避乱荆州,刘表待以宾礼。同郡繁钦数见奇于表,袭喻之曰:"吾所以与子俱来者,徒欲龙蟠幽薮,待时风翔。岂谓刘牧当为拨乱之主而规长者委身哉?子若见能不已,非吾徒也。吾其与子绝矣!"钦慨然曰:"请敬受命。"袭遂南适长沙。

建安初,太祖迎天子都许。袭逃还乡里,太祖以为西鄂长。县滨南境,寇贼纵横。时长吏皆敛民保城郭,不得农业。野荒民困,仓庾空虚。袭自知恩结于民,乃遣老弱各分散就田业,留丁强备守,吏民欢悦。会荆州出步骑万人来攻城,袭乃悉召县吏民任拒守者五十余人,与之要誓。其亲戚在外欲自营护者,恣听遣出;皆叩头愿致死。于是身执矢石,率与戮力。吏民感恩,咸为用命。临阵斩数百级,而袭众死者三十余人,其余十八人尽被创,贼得入城。袭帅伤痍吏民决围得出,死丧略尽,而无反背者。遂收散民,徙至摩陂营,吏民慕而从之如归[12]。

司隶钟繇表拜议郎参军事。荀彧又荐袭,太祖以为丞相军祭酒。魏国既建,为侍中,与王粲、和洽并用。粲强识博闻,故太祖游观出入,多得骖乘,至其见敬不及洽、袭。袭尝独见,至于夜半。粲性躁竞,起坐曰:"不知公对杜袭道何等也?"洽笑答曰:"天下事岂有尽邪?卿昼侍可矣,悒悒于此,欲兼之乎!"后袭领丞相长史,随太祖到汉中讨张鲁。太祖还,拜袭驸马都尉,留督汉中军事。绥怀开导,百姓自乐出徙洛、邺者八万余口。夏侯渊为刘备所没,军丧元帅,将士失色。袭与张郃、郭淮纠摄诸军事,权宜以郃为督,以一众心,三军遂定。太祖东还,当选留府长史镇守长安,主者所选皆不当,太祖令曰:"释骐骥而不乘,焉皇皇而更索?"遂以袭为留府长史,驻关中。

时将军许攸拥部曲,不附太祖而有慢言。太祖大怒,先欲伐之。群臣多谏:"可招怀攸,共讨强敌。"太祖横刀于膝,作色不听。袭入欲谏,太祖逆谓之曰:"吾计已定,卿勿复言。"袭曰:"若殿下计是邪,臣方助殿下成之;若殿下计非邪,虽成宜改。殿下逆臣令勿言之,何待下之不阐乎?"太祖曰:"许攸慢吾,如何可置乎?"袭曰:"殿下谓许攸何如人邪?"太祖曰:"凡人也。"袭曰:"夫'惟贤知贤,惟圣知圣',凡人安能知非凡人邪?方今豺狼当路而狐狸是先,人将谓殿下避强攻弱,进不为勇,退不为仁。臣闻千钧之弩不为鼷鼠发机,万石之钟不以莛撞起音,今区区之许攸,何足以劳神武哉?"太祖曰:"善。"遂厚抚攸,攸即归服。时夏侯尚昵于太子,情好至密。袭谓尚非益友,不足殊待,以闻太祖。文帝初甚不悦,后乃追思。语在《尚传》。其柔而不犯,皆此类也。

文帝即王位,赐爵关内侯。及践阼,为督军粮御史,封武平亭侯,更为督军粮执法,入为尚书。明帝即位,进封平阳乡侯。诸葛亮出秦川,大将军曹真督诸军拒亮,徙袭为大将军军师,分邑百户赐兄基爵关内侯。真薨,司马宣王代之,袭复为军师,增邑三百,并前五百五十户。以疾征还,拜太中大夫。薨,追赠少府,谥曰定侯。子会嗣。

赵俨字伯然,颍川阳翟人也。避乱荆州,与杜袭、繁钦通财同计,合为一家。太祖始迎献帝都许,俨谓钦曰:"曹镇东应期命世,必能匡济华夏,吾知归矣。"建安二年,年二十七,遂扶持老弱诣太祖,太祖以俨为朗陵长。县多豪猾,无所畏忌。俨取其尤甚者,收缚案验,皆得死罪。俨既囚之,乃表府解放,自是威恩并著。时袁绍举兵南侵,遣使招诱豫州诸郡,诸郡多受其命。惟阳安郡不动,而都尉李通急录户调。俨见通曰:"方今天下未集,诸郡并叛,怀附者复收其绵绢,小人乐乱,能无遗恨!且远近多虞,不可不详也。"通曰:"绍与大将军相持甚急,左右郡县背叛乃尔。若绵绢不调送,观听者谓我顾望,有所须待也。"俨曰:"诚亦如君虑;然当权其轻重,小缓调,当为君释此患。"乃书与荀彧曰:"今阳安郡当送绵绢,道路艰阻,必致寇害。百姓困穷,邻城并叛,易用倾荡,一方安危之机也。且此郡人执守忠节,在险不贰。微善必赏,则为义者劝。善为国

者,藏之于民。以为国家宜垂慰抚,所敛绵绢,皆俾还之。"彧报曰:"辄白曹公,公文下郡,绵绢悉以还民。"上下欢喜,郡内遂安。

入为司空掾属主簿[13]。时于禁屯颍阴,乐进屯阳翟,张辽屯长社,诸将任气,多共不协。使俨并参三军,每事训喻,遂相亲睦。太祖征荆州,以俨领章陵太守,徙都督护军,护于禁、张辽、张郃、朱灵、李典、路招、冯楷七军。复为丞相主簿,迁扶风太守。太祖徙出故韩遂、马超等兵五千余人,使平难将军殷署等督领,以俨为关中护军,尽统诸军。羌虏数来寇害,俨率署等追到新平,大破之。屯田客吕并自称将军,聚党据陈仓,俨复率署等攻之,贼即破灭。

时被书差千二百兵往助汉中守,署督送之。行者卒与室家别,皆有忧色。署发后一日,俨虑其有变,乃自追至斜谷口,人人慰劳,又深戒署。还宿雍州刺史张既舍。署军复前四十里,兵果叛乱,未知署吉凶。而俨自随步骑百五十人,皆与叛者同部曲,或婚姻,得此问,各惊,被甲持兵,不复自安。俨欲还,既等以为"今本营党已扰乱,一身赴之无益,可须定问。"俨曰:"虽疑本营与叛者同谋,要当闻行者变,乃发。又有欲善不能自定,宜及犹豫,促抚宁之。且为之元帅,既不能安辑,身受祸难,命也。"遂去。行三十里止,放马息,尽呼所从人,喻以成败,慰励恳切。皆慷慨曰:"死生当随护军,不敢有二。"前到诸营,各召料简诸奸结叛者八百余人,散在原野,惟powerful其造谋魁率治之,余一不问。郡县所收送,皆放遣,乃即相率还降。俨密白:"宜遣将诣大营,请旧兵镇守关中。"太祖遣将军刘柱将二千人,当须到乃发遣,而事露,诸营大骇,不可安喻。俨谓诸将曰:"旧兵既少,东兵未到,是以诸营图为邪谋。若或成变,为难不测。因其狐疑,当令早决。"遂宣言当差留新兵之温厚者千人镇守关中,其余悉遣东。便见主者,内诸营兵名籍,案累重,立差别之。留者意定,与俨同心。其当去者亦不敢动,俨一日尽遣上道,因使所留千人,分布罗落之。东兵寻至,乃复胁喻,并徙千人,令相及共东,凡所全致二万余口[14]。

关羽围征南将军曹仁于樊。俨以议郎参仁军事南行,与平寇将军徐晃俱前。既到,羽围仁遂坚,余救未到。晃所督不足解围,而诸将呵责晃促救。俨谓诸将曰:"今贼围素固,水潦犹盛。我徒卒单少,而仁隔绝不得同力,此举适所以弊内外耳。当今不若前军逼围,遣谍通仁,使知外救,以励将士。计北军不过十日,尚足坚守。然后表里俱发,破贼必矣。如有缓救之戮,余为诸军当之。"诸将皆喜,便作地道,箭飞书与仁,消息数通,北军亦至,并势大战。羽军既退,舟船犹据沔水,襄阳隔绝不通,而孙权袭取羽辎重,羽闻之,即走南还。仁会诸议,咸曰:"今因羽危惧,必可追禽也。"俨曰:"权邀羽连兵之难,欲掩制其后,顾羽还救,恐我承其两疲,故顺辞求效,乘衅因变,以观利钝耳。今羽已孤迸,更宜存之以为权害。若深入追北,权则改虑于彼,将生患于我矣。王必以此为深虑。"仁乃解严,太祖闻羽走,恐诸将追之,果疾敕仁,如俨所策。

文帝即王位,为侍中。顷之,拜驸马都尉,领河东太守,典农中郎将。黄初三年,赐爵关内侯。孙权寇边,征东

大将军曹休统五州军御之,征俨为军师。权众退,军还,封宜土亭侯,转为度支中郎将,迁尚书。从征吴,到广陵,复留为征东军师。明帝即位,进封都乡侯,邑六百户,监荆州诸军事,假节。会疾,不行,复为尚书,出监豫州诸军事,转大司马军师,入为大司农。齐王即位,以俨监雍、凉诸军事,假节,转征蜀将军,又迁征西将军,都督雍、凉。正始四年,老疾求还,征为骠骑将军[15],迁司空。薨,谥曰穆侯。子亭嗣。初,俨与同郡辛毗、陈群、杜袭并知名,号曰辛、陈、杜、赵云。

裴潜字文行,河东闻喜人也[16]。避乱荆州,刘表待以宾礼。潜私谓所亲王粲、司马芝曰:"刘牧非霸王之才,乃欲西伯自处,其败无日矣。"遂南适长沙。太祖定荆州,以潜参丞相军事,出历三县令,入为仓曹属。太祖问潜曰:"卿前与刘备俱在荆州,卿以备才略何如?"潜曰:"使居中国,能乱人而不能为治也。若乘间守险,足以为一方主。"

时代郡大乱,以潜为代郡太守,乌丸王及其大人,凡三人,各自称单于,专制郡事。前太守莫能治正,太祖欲授潜精兵以镇讨之。潜辞曰:"代郡户口殷众,士马控弦,动有万数。单于自知放横日久,内不自安。今多将兵往,必惧而拒境,少将则不见惮。宜以计谋图之,不可以兵威迫也。"遂单车之郡。单于惊喜。潜抚之以静。单于以下脱帽稽颡,悉出前后所掠妇女、器械、财物。潜案诛郡中大吏与单于为表里者郝温、郭端等十余人,北边大震,百姓归心。在代三年,还为丞相理曹掾,太祖褒称治代之功,潜曰:"潜于百姓虽宽,于诸胡为峻。今计者必以潜为理过严,而事加宽惠;彼素骄恣,过宽必弛,既弛又将摄之以法,此讼争所由生也。以势料之,代必复叛。"于是太祖深悔还潜之速。后数十日,三单于反问至,乃遣鄢陵侯彰为骁骑将军征之。

潜出为沛国相,迁兖州刺史。太祖次摩陂,叹其军阵齐整,特加赏赐。文帝践阼,入为散骑常侍。出为魏郡、颍川典农中郎将,奏通贡举,比之郡国,由是农官进仕路泰。迁荆州刺史,赐爵关内侯。明帝即位,入为尚书。出为河南尹,转太尉军师、大司农,封清阳亭侯,邑二百户。入为尚书令,奏正分职,料简名实,出事使断官府者百五十余条。丧父去官,拜光禄大夫。正始五年薨,追赠太常,谥曰贞侯[17]。子秀嗣。遗令俭葬,墓中惟置一坐,瓦器数枚,其余一无所设。秀,咸熙中为尚书仆射[18]。

评曰:和洽清和干理,常林素业纯固,杨俊人伦行义,杜袭温粹识统,赵俨刚毅有度,裴潜平恒贞干,皆一世之美士也。至林能不系心于三司,以大夫告老,美矣哉!

注:
〔1〕臣松之案《汉书·文纪》曰:"阽于死亡,"《食货志》曰"阽危若是",注曰:"阽音盐,如屋檐,近边欲堕之意也。"一曰"临危曰阽"。
〔2〕孙盛曰:昔先王御世,观民设教,虽质文因时,损益代用,至于车服礼秩,贵贱等差,其归一揆。魏承汉乱,风俗侈泰,诚

宜仰思古制,训以约简,使奢不陵肆,俭足中礼,进无蚌蜍之刺,退免采莫之讥;如此则治道隆而颂声作矣。夫矫枉过正则巧伪滋生,不以克训下则民志险隘,非圣王所以陶化民物、闲邪存诚之道。和洽之言,于是允矣。
〔3〕阽,音檐。
〔4〕《晋诸公赞》曰:和峤字长舆,逌之子也。少知名,以雅重称。常慕其舅夏侯玄之为人,厚自封植,疑然不群。于黄门郎迁中书令,转尚书。愍怀太子初立,以峤为少保,加散骑常侍。家产丰富,拟于王公,而性至俭吝。峤同母弟郁,素无名,峤轻侮之,以此为损。卒于官,赠光禄大夫。郁以公强当世,致位尚书令。
〔5〕劭字子将。《汝南先贤传》曰:召陵谢子微,高才远识,见劭年十八时,乃叹息曰:"此则希世出众之伟人也。"劭始发明樊子昭于鬻帻之肆,出黄永贤于牧竖,召李淑才乡间之间,擢郭子瑜鞍马之吏,援杨孝祖,举和阳士,兹六贤者,皆当世之令器也。其余中流之士,或举之于淹滞,或显之乎童齿,莫不赖劭顾叹之荣,凡所拔育,显成令德者,不可弹记。其探擿伪行,抑损虚名,则周之史籍,无以尚也。劭宗人许相,沉没荣利,致位司徒。举宗莫不甸匐相门,承风而驱,官以贿成,惟劭不过其门。广陵徐玉来临汝南,闻劭高名,请为功曹。饕饕放流,洁士盈朝。袁绍公族好名,为濮阳长,弃官来还,有副车从骑,将入郡界,绍乃叹曰:"吾之舆服,岂可使许子见之乎?"遂单车而归。辟公府掾,拜鄢陵令,方正征,皆不就。避乱江南,所历之国,必翔而后集。终于豫章,时年四十六。有子曰混,显名魏世。"
〔6〕《魏略》曰:林少单贫。虽贫,自非手力,不取之于人。性好学,汉末为诸生,带经耕锄。其妻常自馈饷之,林虽在田野,其相敬如宾。
〔7〕《魏略》曰:林性既清白,当官又严。少府寺与鸿胪对门,时崔林为鸿胪。崔性阔达,不与林同,数数闻林挝吏声,不以为可,林夜挝吏,不胜痛,叫呼散散彻曙。明日,崔出门,与林车相遇,乃啁林曰:"闻卿为廷尉,尔邪?"林不觉,答曰:"不也。"崔曰:"卿不为廷尉,昨夜何故考囚乎!"林大惭,然不能自止。
〔8〕《魏略》曰:初,林少与司马京兆善。太傅每见林,辄欲跪。林止之曰:"公尊贵矣,止也!"司徒缺,太傅有意欲以林补之。案《魏略》此语,与本传反。臣松之以为林之为人,不畏权贵者也。论其然否,谓本传为是。
〔9〕案《晋书》,诸葛诞反,大将军东征,肯坐称疾,为司马文王所法。《魏略》以林及吉茂、沐并、时苗四人为《清介传》。吉茂字叔畅,冯翊池阳人也,世为著姓。好书,不耻恶衣恶食,而耻一物之不知。建安初,关中始平,茂与扶风苏则共入武功南山,隐处精思数岁。州举茂才,除临汾令,居官清静,吏民不忍欺。转为武德侯庶子。二十二年,坐其宗人吉本等起事被收。先是科禁内学及兵书,而茂皆有之,匿不送官。及其被收,不知当坐本等,顾谓其左右曰:"我坐王也。"会钟相证茂,本服第已绝,故得不坐。后以茂为武陵太守,不之官。转酂相,以国省,拜议郎。景初中病亡。自茂修行,从少至长,冬则被裘,夏则裋褐,行则步涉,食则菜藿,臣役妻子,室如悬磬。其或馈遗,一不肯受。虽不以此高人,亦心疾不义而贵且富者。先时国家始制九品,各使诸郡置署中正,差叙自公卿以下,至于郎吏,功德材行所任。茂同郡护羌校尉王琰,前数为郡守,不名为清白。而琰子嘉仕历诸县,亦复为通人。嘉时为散骑郎,冯翊郡移嘉中为中正。嘉叙茂虽在上第,而状甚下,云:"德优能少。"茂愠曰:"痛乎,我效汝父子冠帻劫人邪!"

初,茂同产兄黄,以十二年中从公府掾为长陵令。是时科禁长吏擅去官,而黄闻司徒赵温薨,自以为故吏,违科奔丧,为司隶钟繇所收,遂伏法。茂时为白衣,始有清名于三辅,以为兄坐追义而死,忽怒不肯买。至岁终,繇举茂。议者以茂必不就,及举既到而茂就之,故时人或以茂为畏繇,或以茂为冕士也。沐并字德信,河间人也。少孤苦,袁绍父子时,始为名吏。有志介,尝过姊,姊为杀鸡炊黍而不留也。然为人公果,不畏强御,丞相召署军谋掾。黄初中,为成皋令。校事刘肇出过县,遣人呼吏求,求索橘谷。是时蝗旱,官无有见。未办之间,肇人从入并之阁下,呴呼骂吏。并怒,因踹履抽刀而出,多从卒卒,欲收肇。肇觉知驱走,具以状闻。有诏:"肇为牧司爪牙吏,而并欲收缚,无所忌惮,自恃清名邪?"遂收欲杀。髡决矢死,刑竟复吏,由是放散十余年。至正始中,为三府长史。时吴使朱然、诸葛瑾攻樊城,遣船兵于岘山东斫材,群峒人兵作食,有先熟者呼已熟者,言:"共食来。"后熟者答言:"不也。"呼者曰:"汝欲作沐德信邪?"其名流布,播于异域如此。虽且华夏,不知者为前世人也。为长史八年,晚出为济阴太守,召还,拜议郎。年六十余,自虑身无常,豫作终制,戒其子以俭葬,曰:"告云、仪等:夫礼者,生民之始教,而百世之中庸也。故力行者则为君子,不务全终为小人,然非圣人莫能履其从容也。是以富贵者有骄奢之过,而贫贱者讥于固陋,于是养生送死,苟窃非礼。由斯观之,阳虎玙璠甚于暴骨,桓魋石椁,不如速朽。此言儒学拨乱反正、鸣鼓矫俗之大义也,未是夫穷理尽性、陶冶变化之实论也。若能原始要终,以天地为一区,万物为刍狗,该览玄通,求形景之宗,同祸福之素,一死生之命,吾有慕于道矣。夫道之为物,惟恍惟忽,寿为欺魄,夭为凫没,身沦有无,与神消息,含悦阴阳,甘梦太极。奚以棺椁为牢,衣裳为缠?尸系地下,长幽桎梏,岂不哀哉!昔庄周阔达,无所适莫;又杨王孙裸体,贵不久容耳。至夫末世,缘生怨死之徒,乃有含珠鳞柙,玉床象筵,杀人以徇,扩穴之内,锢以纻絮,藉以蜃炭,千载僵尸,托类神仙。于是大教陵迟,竞于厚葬,谓庄子为放荡,以王孙为戮尸,岂复识古有衣薪之鬼,而野有狐狸之膂乎哉?吾以材质滓浊,污于清流。昔蒙国恩,历试宰守,所在无效,代匠伤指,狼跋首尾,无以雪耻。如不可求,从吾所好。今年过耳顺,奄忽无常,苟得获没,即以吾身袭于王孙矣。上冀以赎市朝之逋罪,下以亲道化之灵祖。顾尔幼昏,未知臧否,若将逐俗,抑废吾志,私称从令,未必为孝;而犯魏颗听治之贤,尔为弃父之命,谁令矜之!使死而有知,吾将尸视。"至嘉平中,病甚。临困,又敕豫掘圹。戒"气绝,令二人举尸即圹,绝哭泣之声,止妇女之送,禁吊祭之宾,无设扢治粟米之奠。"又戒"后亡者不得入藏,不得封树。"妻子皆遵。时苗字德胄,钜鹿人也。少清白,为人疾恶。建安中,入丞相府。出为寿春令,令行风靡。扬州治在其县,时蒋济为治中。苗以初至往谒济,济素嗜酒,适会其醉,不能见苗。苗恚恨还,刻木为人,署曰"酒徒蒋济",置之墙下,旦夕射之。州郡虽知其所不恪,然以其履行过人,无若之何。又其始之官,乘薄軬(音饭)车,黄牸牛,布被囊。居官岁余,牛生一犊。及其去,留其犊,谓主簿曰:"令来时本无此犊,犊是淮南所生有也。"群吏曰:"六畜不识父,自当随母。"苗不听,时人皆以为激,然由此名闻天下。还为太官令,领其郡中正,定九品,人才不能宽,然纪人之短,虽在久远,衔之不置。如所忿蒋济者,仕进至太尉,济不以苗前毁己为嫌,苗亦称以济贵更屈意。为令数岁,不肃而治。迁典农中郎将。年七十余,以正始中病亡也。

〔10〕《世语》曰:俊二孙:览字公质,汝阴太守;猗字公彦,尚书;晋东海王越舅也。览子沈,字宣弘,散骑常侍。《魏略》曰:王象字羲伯。既为俊所拔擢,果有才志。建安中,与同郡荀纬等俱为魏太子所礼待。及王粲、陈琳、阮瑀、路粹等亡后,新出之中,惟象才最高。魏有天下,拜象散骑侍郎,迁为常侍,封列侯。受诏撰《皇览》,使象领秘书监。象从延康元年始撰集,数岁成,藏于秘府,合四十余部,部有数十篇,通合八百余万字。象既性器和厚,又文采温雅,用是京师归美,称为儒宗。车驾南巡,未到宛,有诏百官不得干豫郡县。及车驾到,而宛令不解诏旨,闭市门。帝闻之,忿然曰:"吾是寇邪!"乃收宛令及太守杨俊。诏问尚书:"汉明帝杀几二千石?"时像见诏文,知俊必不免。乃当帝前叩头,流血竟面,请俊减死一等。帝不答,欲释入禁中。象引衣,帝顾谓象曰:"我知杨俊与卿本末耳。今听卿,是无我也。卿宁无俊邪?无我邪?"象以帝言切,乃缩手。帝遂入,决俊法,然后乃出。象自恨不得济俊,遂发病死。

〔11〕《先贤行状》曰:安十岁,名称乡党。至十三,入太学,号曰神童。既名知人,清高绝俗。洛阳令周纡数候安,安常逃避不见。时贵戚慕安高行,多有与书者,辄不发,以虑后患,常凿壁藏书。后诸与书者果有大罪,推捕所与交通者,吏至门,安乃发箧出书,印封如故,当时皆嘉其虑远。三府并辟,公车特征,拜宛令。先是宛有报仇者,其令不忍致理,将与俱亡。县中豪强有告其处者,致捕得。安深疾恶之,到官治戮,肆之于市。惧有司绳弹,遂自免。后征拜巨郡太守,率身正下,以礼化俗。以病卒官,时报薄敛,器器不漆,子自将车。州郡贤之,表章坟墓。根举孝廉,除郎中。时和熹邓后临朝,外戚横恣,安帝长大,犹未归政。根乃与同时郎上书直谏,邓后怒,收根等伏诛。诛者皆绢囊盛,于殿上扑地。执法者以根德重事公,默语行事人,使不加力。诛讫,车载城外,根以扑轻得苏息,遂闭目不动摇。经三日,乃密起逃窜,为宜城山中酒家客,积十五年,酒家知其贤,常厚敬待。邓后崩,安帝谓根久死。以根等忠直,普下天下,录见诛者子孙。根乃自出,征诣公车,拜侍节令。或问根:"往日遭难,天下同类知故不少,何至自苦历年如此?"根答曰:"周旋人间,非绝迹之处。邂逅发露,祸及亲知,故不为也。"迁济阴太守,以德让为政,风移俗改。年七十八,以寿终,棺不加漆,敛以时服。长吏下车,常先诣安、根墓致祠。

〔12〕《九州春秋》曰:建安六年,刘表攻西鄂,西鄂长杜子绪帅县男女婴城而守。时南阳功曹柏孝长亦在城中,闻兵攻声,恐惧,入室闭户,牵被覆头。相攻半日,稍敢出面。其明,侧立而听。二日,往出户问消息。至四五日,乃更负楯亲斗,语子绪曰:"勇可习也。"

〔13〕《魏略》曰:太祖北拒袁绍,时远近无不私遗笺记通意于绍者。俨与领阳安太守李通同计,通亦欲遗俨。俨为陈绍必败意,通乃止。及绍破走,太祖使人搜阅绍记室,惟不见通书疏,阴知俨必为之计,乃曰:"此必赵伯然也。"臣松之案《魏武纪》:破绍后,得许下军中人书,皆焚之。若故使人搜阅,知其有无,则非所以安人情也。疑此语为不然。

〔14〕孙盛曰:盛闻为国以礼,民非信不立。周成不弃桐叶之言,晋文不违伐原之誓,故能隆刑措之道,建一匡之功。俨既诈留千人,使效心力,始权权也,宜以信终。兵威既集,而又逼徙。信义丧矣,何以临民?

〔15〕《魏略》曰:旧给四征有官厨财籍,迁转之际,无不因缘。而俨叉手上车,发到霸上,忘持其常所服药,雍州闻之,乃追送杂药材数箱。俨笑曰:"人言语殊不易,我偶问所服药耳,何用是为邪?"遂不取。

〔16〕《魏略》曰：潜世为著姓。父茂，仕灵帝时，历县令、郡守、尚书。建安初，以奉使率导关中诸将讨李傕有功，封列侯。潜少不修细行，由此为父所不礼。

〔17〕《魏略》曰：时远近皆云当为公，会病亡。始潜自感所生微贱，无舅氏，又为父所不礼，即折节仕进，虽多所更历，清省恪然。每之官，不将妻子。妻子贫乏，织蓈苴以自供。又潜为兖州时，尝作一胡床，及其去也，留以挂柱。又以父在京师，出入薄韈车；群弟之田庐，常步行；家人小大或并日而食；其家教上下相奉，事有似于石奋。其履检校度，自魏兴少能及者。潜为人才博，有雅要容，然但如此而已，终无所推进，故世归其洁而不宗其余。

〔18〕《文章叙录》曰：秀字季彦。弘雅博济，八岁能属文，遂知名。大将军曹爽辟。丧父服终，推财与兄弟。年二十五，迁黄门侍郎。爽诛，以故吏免。迁卫国相，累迁散骑常侍，尚书仆射令、光禄大夫。咸熙中，晋文王始建五等，命秀典为制度，封广川侯。晋室受禅，进左光禄大夫，改封巨鹿公，迁司空。著《易》及《乐》论，又画《地域图》十八篇，传行于世。《盟会图》及《典治官制》皆未成。年四十八，泰始七年薨，谥元公，配食宗庙。少子颁，字逸民，袭封。荀绰《冀州记》曰：颁为人弘雅有远识，博学稽古，履行高整，自少知名。历位太子中庶子、侍中、尚书。元康末，为尚书左仆射。赵王伦以其望重，畏而恶之，知其不与贾氏同心，犹被枉害。臣松之案陆机《惠帝起居注》称"颁雅有远量，当朝名士也"，又曰"民之望也"。颁理具渊博，赠于论难，著《崇有》《贵无》二论以矫虚诞之弊，文辞精富，为世名论。子嵩，字道文。荀绰称嵩有父祖风。为中书郎，早卒。颁从父弟邈，字景声，有隽才，为太傅司马越从事中郎，假节监中外营诸军事。潜少弟徽，字文季，冀州刺史。有高才远度，善言名玄妙。事见荀粲、傅嘏、王弼、管辂诸传。徽长子黎，字伯宗，一名演，游击将军。次康，字仲豫，太子左卫率。次楷，字叔则，侍中、中书令、光禄大夫、开府。次绰，字季舒，黄门侍郎，早卒，追赠长水校尉。康、楷、绰皆为名士，而楷才望最重。《晋诸公赞》曰：康有弘量，绰以明达为称，楷少与琅邪王戎俱以掾名发，钟会致之大将军司马文王曰："裴楷清通，王戎简要。"文王即辟为掾，进历显位。谢鲲《乐广传》，称楷隽朗有识具，当时独步。黎子苞，秦州刺史。康子纯，黄门侍郎。次盾，徐州刺史。次郃，有器望。晋元帝为安东将军，郃为长史，侍中王旷与司马越书曰："裴郃在此，虽不治事，然识量弘达，此下人士大敬附之。"次廓，中垒将军。楷子瓒，中书郎。次宪，豫州刺史。绰子遐，太傅主簿。瓒、遐并有盛名，早卒。《晋诸公赞》称宪有清识。《魏略·列传》以徐福、严干、李义、张既、游楚、梁习、赵俨、裴潜、韩宣、黄朗十人入卷，其既、习、俨、潜四人自有传，徐福事在《诸葛亮传》，游楚事在《张既传》，余韩等四人载之于后。严干字公仲，李义字孝懿，皆冯翊东县人也。冯翊东县旧无冠族，故二人并单家，其器性皆重厚。当中平末，同年二十余，干好击剑，义好办护丧事。冯翊甲族桓、田、吉、郭及故侪中郑文信等，颇以其各有器实，共纪识之。会三辅乱，人多流宕，而干、义不去，与诸知故相浮沉，采樵自活。建安初，关中始开。诏分冯翊西数县为左内史郡，治高陵；以东数县为本郡，治临晋。义于县当为西属，义谓干曰："西县儿曹，不可与争坐席，今当共作方床耳。"遂相附结，皆仕东郡为右职。司隶钟繇，不至。岁终，郡举干孝廉，义上计掾。义留京师，为平陵令，迁冗从仆射，遂历显职。逮魏封十郡，请以义为军祭酒，又为魏尚书左仆射。及文帝即位，拜谏议大夫、执金吾、卫尉，卒官。义子丰，

字宣国，见《夏侯玄传》。干以孝廉拜蒲阪令，病，去官。复举至孝，为公车司马、令。为州所请，诏拜议郎，还参州事。会以建策捕高幹，又追录前讨郭援功，封武乡侯，迁弘农太守。及马超反，幹郡近超，民人分散。超破，为汉阳太守。迁益州刺史，以道不通，黄初中，转为五官中郎将。明帝时，迁永安太仆，数岁卒。始李义以直道推诚于人，故于时陈群等与之齐好。虽无他材力，而终仕进不顿踬。幹从破乱之后，更折节学问，特善《春秋公羊》。司隶钟繇不好《公羊》而好《左氏》，谓《左氏》为太官，而谓《公羊》为卖饼家，故数与幹共辩析长短。繇为人机捷，善持论，而幹讷口，临时屈无以应。繇谓幹曰："公羊高竟为左丘明服矣。"幹曰："直故吏为明使君服耳，公羊未肯也。"韩宣字景然，勃海人也。为人短小。建安中，丞相召署军谋掾，冗散在邺。尝于邺出入宫，于东掖门内与临菑侯植相遇。时天新雨，地有泥潦。宣欲避之，阁潦不得去。乃以扇自障，住于道边。植嫌宣既不去，又不为礼，乃驻车，使其常从问宣何官，宣云："丞相军谋掾也。"植又问曰："应得唐突列侯否？"宣曰："《春秋》之义，王人虽微，列于诸侯之上，未闻宰士而为下士诸侯礼也。"植又曰："即如所言，为人父史，见其子应有礼否？"宣又曰："于礼，臣、子一例也，而宣年又长。"植知其枝柱难穷，乃释去，具为太子言，以为辩。黄初中，为尚书郎，尝以职事当受罚于殿前，已缚束，杖未行。文帝辇过，问："此为谁？"左右对曰："尚书郎勃海韩宣也。"帝追念前临菑侯所说，乃寤曰："是子建所道韩宣邪！"特原之，遂解其缚。时天大寒，宣前已当受杖，豫脱裤，缠綷面缚，及其原，綷腰不下，乃趋而去。帝目而送之，笑曰："此家有瞻谛之士也。"后出为清河、东郡太守。明帝时，为尚书、大鸿胪，数岁卒。宣前后官，在能否之间，然善以已恕人。始南阳韩暨以宿德在宣前为大鸿胪，暨为人贤，及宣在后亦称职，故鸿胪中为之语曰："大鸿胪，小鸿胪，前后治行暠相如！"案本志，宣名都不见，惟《魏略》有此传，而《世语》列于名臣之流。黄朗字文达，沛郡人也。为人弘通有性实。父为本县卒，朗感其如此，抗志游学，由是为方国及其郡士大夫所礼异。特与东平右姓王惠阳为硕交，惠阳亲拜朗母于床下。朗始仕黄初中，为长吏，迁长安令，会丧母不赴，复为魏令，迁襄城典农中郎将，涿郡太守。以明帝时疾病卒。始朗为君长，自以父故，常忌不呼幹下伍伯，而呼其姓字，至于忿怒，亦终不言。朗既仕至二千石，而惠阳亦历长安令、酒泉太守。故时人谓惠阳外似粗疏而内坚密，能不顾朗之本末，事朗母如己母，为通度也。鱼豢曰：世称"君子之德其犹龙乎"，盖以其善变也。昔长安市侩有刘仲始者，一为市吏所辱，乃感激，蹋其尺折之，遂行学问，经明行修，流名海内。后以有道征，不肯就，众人归其高。余以为前世偶有此耳，而今徐、严复参之，若皆非似龙之志也，其何能至于此哉？李推至道，张工庶主，韩见识异，黄能拔萃，各著根于石上，而垂阴乎千里，亦未易也。游翁慷慨，展布腹心，全躯保郡，见延帝王，又放陆生，优游宴处，亦一实也。梁、赵及裴，虽张、杨不足，至于检己，老而益明，亦难能也。

卷二十四

韩崔高孙王传第二十四

韩暨字公至，南阳堵阳人也[1]。同县豪右陈茂，谮暨

父兄,几至大辟。暨阳不以为言,庸赁积资,阴结死士,遂追呼寻禽茂,以首祭父墓,由是显名。举孝廉,司空辟,皆不就。乃变名姓,隐居避乱鲁阳山中。山民合党,欲行寇掠。暨散家财以供牛酒,请其渠帅,为陈安危。山民化之,终不为害。避衰乱命召,徙居山都之山。荆州牧刘表礼辟,遂遁逃,南居孱陵界,所在见敬爱,而表深恨之。暨惧,应命,除宜城长。

太祖平荆州,辟为丞相士曹属。后迁乐陵太守,徙监冶谒者。旧时冶作马排[2],每一熟石用马百匹;更作人排,又费功力,暨乃因长流为水排,计其利益,三倍于前。在职七年,器用充实。制书褒叹,就加司金都尉,班亚九卿。文帝践阼,封宜城亭侯。黄初七年,迁太常,进封南乡亭侯,邑二百户。时新都洛阳,制度未备,而宗庙主祏[3]皆在邺都。暨奏请迎四庙神主,建立洛阳庙,四时蒸尝,亲奉粢盛。崇明正礼,废去淫祀,多所匡正。在官八年,以疾逊位。景初二年春,诏曰:"太中大夫韩暨,澡身浴德,志节高洁,年逾八十,守道弥固,可谓纯笃,老而益劭者也。其以暨为司徒。"夏四月薨,遗令敛以时服,藏为土葬。谥曰恭侯[4]。子肇嗣。肇薨,子邦嗣[5]。

崔林字德儒,清河东武城人也。少时晚成,宗族莫知,惟从兄琰异之。太祖定冀州,召除邬长,贫无车马,单步之官。太祖征壶关,问长吏德政最者,并州刺史张陟以林对,于是擢为冀州主簿,徙署别驾、丞相掾属。魏国既建,稍迁御史中丞。

文帝践阼,拜尚书,出为幽州刺史。北中郎将吴质统河北军事,涿郡太守王雄谓林别驾曰:"吴中郎将,上所亲重,国之贵臣也。仗节统事,州郡莫不奉笺致敬,而崔使君初不与相闻。"若以边塞不修斩卿,使君宁能护卿邪?"别驾具以白林,林曰:"刺史视去此州如脱屣,宁当相累邪?此州与胡房接,宜镇之以静,扰之则动其逆心,特为国家生北顾忧,以此为寄。"在官一期,寇窃寝息[6];犹以不事上司,左迁河间太守,清论多为林怨也[7]。

迁大鸿胪。龟兹王遣侍子来朝,朝廷嘉其远至,褒赏其王甚厚。余国各遣子来朝,间使连属,林恐所遣或非真的,权取疏属贾胡,因通使命,利得印绶,而道路护送,所损滋多。劳所养之民,资无益之事,为夷狄所笑,此曩时之所患也。乃移书敦煌喻指,并录前世待遇诸国丰约故事,使有恒常。明帝即位,赐爵关内侯,转光禄勋、司隶校尉。属郡皆罢非法除过员吏。林为政推诚,简存大体,是以去后每辄见思。散骑常侍刘劭作《考课论》,制下百僚。林议曰:"案《周官》考课,其文备矣,自康王以下,遂以陵迟,此即考课之法存乎其人也。及汉之季,其失岂在乎佐吏之职不密哉?方今军旅,或猥或卒,备之以科条,申之以内外,增减无常,固难一矣。且万目不张举其纲,众毛不整振其领。皋陶仕虞,伊尹臣殷,不仁者远。五帝三王未必如一,而各以治乱。《易曰》:'易简,而天下之理得矣。'太祖随宜设辟,以遗来今,不患不法古也。以为今之制度,不为疏阔,惟在守一勿失而已。若朝臣能任仲山甫之重,式是百辟,则孰敢不肃?"

景初元年,司徒、司空并缺,散骑侍郎孟康荐林曰:"夫宰相者,天下之所瞻效,诚宜得秉忠履正本德仗义之士,足为海内师表者。窃见司隶校尉崔林,禀自然之正性,体高雅之弘量。论其所长以比古人,忠直不回则史鱼之俦,清俭守约则季文之匹也。牧守州郡,所在而治,及为外司,万里肃齐,诚台辅之妙器,衮职之良才也。"后年遂为司空,封安阳亭侯,邑六百户。三公封列侯,自林始也[8]。顷之,又进封安阳乡侯。鲁相上言:"汉旧立孔子庙,褒成侯岁时奉祠,辟雍行礼,必祭先师,王家出谷,春秋祭祀。今宗圣侯奉嗣,未有命祭之礼,宜给牲牢,长吏奉祀,尊为贵神。"制三府议,博士傅祗以《春秋传》言立在祀典,则孔子是也。宗圣适足继绝世,章盛德耳。至于显立言,崇明德,则宜如鲁相所上。林议以为"宗圣侯亦以王命祀,不为无命也。周武王封黄帝、尧、舜之后,及立三恪,禹、汤之世,不列于时,复特命他官祭也。今周公已上,达于三皇,忽焉不祀,而其礼经亦存其言。今独祀孔子者,以世近故也。以大夫之后,特受无疆之祀,礼过古帝,义逾汤、武,可谓崇明报德矣,无复重祀于非族也[9]。"

明帝又分林邑,封一子列侯。正始五年薨,谥曰孝侯。子述嗣[10]。

高柔字文惠,陈留圉人也。父靖,为蜀郡都尉[11]。柔留乡里,谓邑中曰:"今者英雄并起,陈留四战之地也。曹将军虽据兖州,本有四方之图,未得安坐守也。而张府君先得志于陈留,吾恐变乘间作也,欲与诸君避之。"众人皆以张邈与太祖善,柔又年少,不然其言。柔从兄幹,袁绍甥也[12],在河北呼柔,柔举宗从之。会靖卒于西州,时道路艰涩,兵寇纵横,柔冒艰险诣蜀迎丧,辛苦荼毒,无所不尝,三年乃还。

太祖平袁氏,以柔为菅长。县中素闻其名,奸吏数人,皆自引去。柔教曰:"昔邴吉临政,吏尝有非,犹尚容之。况此诸吏,吾未有失乎!其召复之。"咸还皆自励,咸为佳吏。高幹既降,顷之以并州叛。柔自归太祖,太祖欲因事诛之,以为刺奸令史;处法允当,狱无留滞,辟为丞相仓曹属[13]。太祖欲遣钟繇等讨张鲁,柔谏,以为"今猥遣大兵,西有韩遂、马超,谓为己举,将相扇动作逆,宜先招集三辅,三辅苟平,汉中可传檄而定也"。繇入关,遂、超等果反。

魏国初建,为尚书郎。转拜丞相理曹掾,令曰:"夫治定之化,以礼为首。拨乱之政,以刑为先。是以舜流四凶族,皋陶作士。汉祖除秦苛法,萧何定律。掾清识平当,明于宪典,勉恤之哉!"鼓吹宋金等在合肥亡逃。旧法,军征士亡,考竟其妻子。太祖患犹不息,更重其刑。金有母妻及二弟皆给官,主者奏尽杀之。柔启曰:"士卒亡军,诚在可疾,然窃闻其中时有悔者。愚谓乃宜贷其妻子,一可使贼中不信,二可使诱其还心。正如前科,固以绝其意望,而猥复重之,柔恐自今在军之士,见一人亡逃,诛将及己,亦且相随而走,不可复得杀也。此重刑非所以止亡,乃所以益走耳。"太祖曰:"善。"即止不杀金母、弟,蒙活者甚众。迁为颍川太守,复还为法曹掾。时置校事卢洪、赵达等,使察群下，柔谏曰："设官分职，各有所司。今置校事，既非居上信下之旨；又达等数以憎爱擅作威福，宜检治之。"太祖曰："卿知达等，恐不如吾也。要能刺举而辨众事，使贤人君子为之，则不能也。昔叔孙通用群盗，良有以也。"达等后奸利发，太祖杀之以谢柔。

文帝践阼，以柔为治书侍御史，赐爵关内侯，转加治书执法。民间数有诽谤妖言，帝疾之，有妖言辄杀。而赏告者。柔上疏曰："今妖言者必戮，告之者辄赏。既使过误无反善之路，又将开凶狡之群相诬罔之渐，诚非所以息奸省讼，缉熙治道也。昔周公作诰，称殷之祖宗，咸不顾小人之怨。在汉太宗，亦除妖言诽谤之令。臣愚以为宜除妖谤赏告之法，以隆天父养物之仁。"帝不即从，而相诬告者滋甚。帝乃下诏："敢以诽谤相告者，以所告者罪罪之。"于是遂绝。校事刘慈等，自黄初初数年之间，举吏民奸罪以万数，柔皆请惩虚实；其余小小挂法者，不过罚金。四年，迁为廷尉。魏初，三公无事，又希与朝政。柔上疏曰："天地以四时成功，元首以辅弼兴治；成汤仗阿衡之佐，文、武凭旦、望之力，逮至汉初，萧、曹之俦并以元勋代作心膂，此皆明王圣主任臣于上，贤相良辅股肱于下也。今公辅之臣，皆国之栋梁，民所具瞻，而置之三事，不使知政，遂各偃息养高，鲜有进纳，诚非朝廷崇用大臣之义、大臣献可替否之谓也。古者刑政有疑，辄议于槐棘之下。自今之后，朝有疑议及刑狱大事，宜数以咨访三公。三公朝朔望之日，又可特延入，讲论得失，博尽事情，庶有裨起天听，弘益大化。"帝嘉纳焉。帝以宿嫌，欲枉法诛治书执法鲍勋，而柔固执不从诏命。帝怒甚，遂召柔诣台；遣使者承指至廷尉考劾勋，勋死，乃遣柔还寺。

明帝即位，封柔延寿亭侯。时博士执经，柔上疏曰："臣闻遵道重学，圣人洪训；褒文崇儒，帝者明义。昔汉末陵迟，礼乐崩坏，雄战虎争，以战阵为务，遂使儒林之群，幽隐而不显。太祖初兴，愍其如此，在于拨乱之际，并使郡县立教学之官。高祖即位，遂阐其业，兴复辟雍，州立课试，于是天下之士，复闻庠序之教，亲俎豆之礼焉。陛下临政，允迪睿哲，敷弘大猷，光济先轨。虽夏启之承基，周成之继业，诚无以加也。然今博士皆经明行修，一国清选，而使迁除限不过长，惧非所以崇显儒术，帅励怠惰也。孔子称'举善而教，不能则劝'，故楚礼申公，学士锐精，汉隆卓茂，搢绅竞慕。臣以为博士者，道之渊薮，六艺所宗，宜随学行优劣，待以不次之位。敦崇道教，以劝学者，于化为弘。"帝纳之。后大兴殿舍，百姓劳役；广采众女，充盈后宫；后宫皇子连夭，继嗣未育。柔上疏曰："二虏狡猾，潜自讲肄，谋动干戈，未图束手；宜畜养将士，缮治甲兵，以逸待之。而顷兴造殿舍，上下劳扰；若使吴、蜀知人虚实，通谋并势，复俱送死，甚不易也。昔汉文惜十家之资，不营小台之娱；去病虑匈奴之害，不遑治第之事。况今所损者非惟百金之费，所忧者非徒北狄之患乎？可粗成见所营立，以充朝宴之仪。乞罢作者，使得就农。二方平定，复可徐兴。昔轩辕以二十五子，传祚弥远；周室以姬国四十，历年滋多。陛下聪达，穷理尽性，而顷皇子连多夭逝，熊罴之祥又未感应。群下之心，莫不怛惕。《周礼》，天子后妃以下百二十人，嫔嫱之仪，既以盛矣。窃闻后庭之数，或复过之，圣嗣不昌，殆能由此。臣愚以为可妙简淑媛，以备内宫之数，其余尽遣还家。且以育精养神，专静为宝。如此，则螽斯之征，可庶而致矣。"帝报曰："知卿忠允，乃心王室，辄克昌言；他复以闻。"

时猎法甚峻。宜阳典农刘龟窃于禁内射兔，其功曹张京诣校事言之。帝匿京名，收龟付狱。柔表请告者名，帝大怒曰："刘龟当死，乃敢猎吾禁地。送龟廷尉，廷尉便当考掠，何复请告者主名，吾岂妄收龟邪？"柔曰："廷尉，天下之平也，安得以至尊喜怒而毁法乎？"重复为奏，辞指深切。帝意寤，乃下京名。即还讯，各当其罪。时制，吏遭大丧者，百日后皆给役。有司徒吏解弘遭父丧，后有军事，受敕当行，以疾病为辞。诏怒曰："汝非曾、闵，何言毁邪？"促收考竟。柔见弘信甚羸劣，奏陈其事，宜加宽贷。帝乃诏曰："孝哉弘也！其原之。"

初，公孙渊兄晃，为叔父恭任内侍，先渊未反，数陈其变。及渊谋逆，帝不忍市斩，欲就狱杀之。柔上疏曰："《书》称'用罪伐厥死，用德彰厥善'，此王制之明典也。晃及妻子，叛逆之类，诚应枭悬，勿使遗育。而臣窃闻晃先数自归，陈渊祸萌，虽为凶族，原心可恕。夫仲尼亮司马牛之忧，祁奚明叔向之过，在昔之美义也。臣以为晃信有言，宜贷其死；苟自无言，便当市斩。今进不赦其命，退不彰其罪，闭著图圄，使自引分，四方观国，或疑此举也。"帝不听，竟遣使赍金屑饮晃及其妻子，赐以棺、衣，殡敛于宅[14]。

是时，杀禁地鹿者身死，财产没官，有能觉告者厚加赏赐。柔上疏曰："圣王之御世，莫不以广农为务，俭用为资。夫农广则谷积，用俭则财畜，畜财积谷而有忧患之虞者，未之有也。古者，一夫不耕，或为之饥；一妇不织，或为之寒。中间已来，百姓供给众役，亲田者既减，加顷复有猎禁，群鹿犯暴，残食生苗，处处为害，所伤不赀。民虽障防，力不能御。至如荥阳左右，周数百里，岁略不收，元元之命，实可矜伤。方今天下生财者甚少，而麋鹿之损者甚多。卒有兵戎之役，凶年之灾，将无以待也。惟陛下览先圣之所念，愍稼穑之艰难，宽放民间，使得捕鹿，遂除其禁，则众庶永济，莫不悦豫矣[15]。"

顷之，护军营士窦礼近出不还。营以为亡，表言逐捕，没其妻盈及男女为官奴婢。盈连至州府，称冤自讼，莫有省者。乃辞诣廷尉。柔问曰："汝何以知夫不亡？"盈垂泣对曰："夫少单特，养一老妪为母，事甚恭谨，又哀儿女，抚视不离，非是轻狡不顾室家者也。"柔重问曰："汝夫不与人有怨仇乎？"对曰："夫良善，与人无仇。"又曰："汝夫不与人交钱财乎？"对曰："尝出钱与同营士焦子文，求不得。"时子文适坐小事系狱，柔乃见子文，问所坐。言次，曰："汝颇曾举人钱不？"子文曰："自以单贫，初不敢举人钱物也。"柔察子文色动，遂曰："汝昔举窦礼钱，何言不邪？"子文怪知事露，应对不次。柔曰："汝已杀礼，便宜早服。"子文于是叩头，具首杀礼本末，埋葬处所。柔便遣吏卒承子文辞往掘礼，即得其尸。诏书复盈母子为平民。班下天下，以礼为戒。

在官二十三年，转为太常，旬日迁司空，后徙司徒。太傅司马宣王奏免曹爽，皇太后诏召柔假节行大将军事，据爽营。太傅谓柔曰："君为周勃矣。"爽诛，进封万岁乡侯。高贵乡公即位，进封安国侯，转为太尉。常道乡公即位，增邑，并前四千户，前后封二子亭侯。景元四年，年九十薨，谥曰元侯。孙浑嗣。咸熙中，开建五等，以柔等著勋前朝，改封浑昌陆子[16]。

孙礼字德达，涿郡容城人也。太祖平幽州，召为司空军谋掾。初丧乱时，礼与母相失，同郡马台求得礼母，礼推家财尽以与台。台后坐法当死，礼私导令逾狱自首，既而曰："臣无逃亡之义。"径诣刺奸主簿温恢。恢嘉之，具白太祖，各减死一等。后除河间郡丞，稍迁荥阳都尉。鲁山中贼数百人，保固险阻，为民作害；乃徙礼为鲁相。礼至官，出俸谷，发吏民，募首级，招纳降附，使还为间，应时平泰。历山阳、平原、平昌、琅邪太守。从大司马曹休征吴于夹石口，礼谏以为不可深入，不从而败。迁阳平太守，入为尚书。

明帝方修宫室，而节气不和，天下少谷。礼固争罢役，诏曰："敬纳谠言，促遣民作。"时李惠监作，复奏留一月，有所成讫，礼径至作所，不复重奏，称诏罢民，帝奇其意而不责。帝猎于大石山，虎趋乘舆，礼便投鞭下马，欲奋剑斫虎，诏令礼上马。明帝临崩之时，以曹爽为大将军，宜得良佐，于床下受遗诏，拜礼大将军长史，加散骑常侍。礼亮直不挠，爽弗便也，以为扬州刺史，加伏波将军，赐爵关内侯。吴大将全琮帅数万众来侵寇，时州兵休使，在者无几。礼躬勒卫兵御之，战于芍陂，自旦及暮，将士死伤过半。礼犯蹈白刃，马被数创，手秉枹鼓，奋不顾身，贼众乃退。诏书慰劳，赐绢七百匹。礼为死事者设祀哭临，哀号发心，皆以绢付亡者家，无以入身。

征拜少府，出为荆州刺史，迁冀州牧。太傅司马宣王谓礼曰："今清河、平原争界八年，更二刺史，靡能决之；虞、芮待文王而了，宜善令分明。"礼曰："讼者据墟墓为验，听者以先老为正，而老者不可加以榎楚，又墟墓或迁就高敞，或徙避仇雠。如今所闻，虽皋陶犹将为难。若欲使必也无讼，当以烈祖初封平原时图决之。何必推古问故，以益辞讼？昔成王以桐叶戏叔虞，周公便以封之。今图藏在天府，便可于坐上断也，岂待到州乎？"宣王曰："是也。当别下图。"礼到，案图宜属平原。而曹爽信清河言，下书云："图不可用，当参异同。"礼上疏曰："管仲霸者之佐，其器又小，犹能夺伯氏骈邑，使没齿无怨言。臣受牧伯之任，奉圣朝明图，验地著之界，界实以王翁河为限，而郤以马丹候为验，诈以鸣犊河为界。假虚讼诉，疑误台阁。窃闻众口铄金，浮石沉木，三人成市虎，慈母投其杼。今二郡争界八年，一朝决之者，缘有解书图画，可得寻案擿校也。平原在两河，向东上，其间有爵堤，爵堤在高唐西南，所争地在高唐西北，相去二十余里，可谓长叹息流涕者也。案解与图奏而郤不受诏。此臣软弱不胜其任，臣亦何颜尸禄素餐。"辄束带幅履，驾车待放。爽见礼奏，大怒。劾礼怨望，结刑五岁。在家期年，众人多以为言，除城门校尉。

时匈奴王刘靖部众强盛，而鲜卑数寇边，乃以礼为并州刺史，加振武将军，使持节，护匈奴中郎将。往见太傅司马宣王，有忿色而无言。宣王曰："卿得并州，少邪？恚理分界失分乎？今当远别，何不欢也！"礼曰："何明公言之乖细也！礼虽不德，岂以官位往事为意邪？本谓明公齐踪伊、吕，匡辅魏室，上报明帝之托，下建万世之勋。今社稷将危，天下凶凶，此礼之所以不悦也。"因涕泣横流。宣王曰："且止，忍不可忍。"爽诛后，入为司隶校尉，凡临七郡五州，皆有威信。迁司空，封大利亭侯，邑一百户。礼与卢毓同郡时辈，而情好不睦。为人虽互有长短，然名位略齐云。嘉平二年薨，谥曰景侯。孙元嗣。

王观字伟台，东郡廪丘人也。少孤贫励志，太祖召为丞相文学掾，出为高唐、阳泉、酂、任令，所在称治。文帝践阼，入为尚书郎、廷尉监，出为南阳、涿郡太守。涿北接鲜卑，数有寇盗，观令边民十家已上，屯居，筑京候。时或有不愿者，观乃假遣朝吏，使归助子弟，不与期会，但敕事讫各还。于是吏民相率不督自劝，旬日之中，一时俱成。守御有备，寇抄以息。明帝即位，下诏书使郡县条为剧、中、平者。主者欲言郡为中平，观教曰："此郡滨近外虏，数有寇害，云何不为剧邪？"主者曰："若郡为外剧，恐于明府有任子。"观曰："夫君者，所以为民也。今郡在外剧，则于役条当有降差。岂可为太守之私而负一郡之民乎？"遂言为外剧郡，后送任子诣邺。时观但有一子而又幼弱。其公心如此。观治身清素，帅下以俭，僚属承风，莫不自励。

明帝幸许昌，召观为治书侍御史，典行台狱。时多仓卒喜怒，而观不阿意顺指。太尉司马宣王请观为从事中郎，迁为尚书，出为河南尹，徙少府。大将军曹爽使材官张达斫家屋材，及诸私用之物，观闻知，皆录夺以没官。少府统三尚方御府内藏玩弄之宝，爽等放恣，多有干求，惮观守法，乃徙为太仆。司马宣王诛爽，使观行中领军，据爽弟羲营，赐爵关内侯，复为尚书，加驸马都尉。高贵乡公即位，封中乡亭侯。顷之，加光禄大夫，转为右仆射。常道乡公即位，进封阳乡侯，增邑千户，并前二千五百户。迁司空，固辞，不许，遣使即第拜授。就官数日，上送印绶，辄自舆归里舍。薨于家，遗令藏足容棺，不设明器，不封不树。谥曰肃侯。子悝嗣。咸熙中，开建五等，以观著勋前朝，改封悝胶东子。

评曰：韩暨处以静居行化，出以任职流称；崔林简朴知能；高柔明于法理；孙礼刚断伉厉，王观清劲贞白；咸克致公辅。及暨年过八十，起家就列；柔保官二十年，元老终位；比之徐邈、常林，于兹为疚矣。

注：

〔1〕《楚国先贤传》曰：暨，韩王信之后。祖术，河东太守。父纯，南郡太守。

〔2〕排，蒲拜反。为排以吹炭。

〔3〕祏，音石。《春秋传》曰：命我先人典司宗祏。注曰祏："宗庙所以藏主石室者。"

〔4〕《楚国先贤传》曰：暨临终遗言曰："夫俗奢者，示之以俭，俭则节之以礼。历见前代送终过制，失之甚矣。若尔曹宜听吾言，敛以时服，葬以土藏，穿毕便葬，送以瓦器，慎勿有增益。"又上疏曰："生有益于民，死犹不害于民。况臣备位台司，在职日浅，未能宣扬圣德以广益黎庶。寝疾弥篤，奄即幽冥。方今百姓农务，不宜劳役，乞不令洛阳吏民供设丧具。惧国典有常，使臣私愿不得展从，谨冒以闻，惟蒙哀许。"帝得表嗟叹，乃诏曰："故司徒韩暨，积德履行，忠以立朝，至于黄发，直亮不亏。既登三事，望获毗辅之助，如何奄忽，天命不永！曾未临没，易箦以礼；晏婴尚俭，遣车降制。今司徒知命，遗言恤民，必欲崇约，可谓善始令终者也。其丧礼所设，皆如故事，勿有所阙。特赐温明、秘器、衣一称、五时朝服、玉具剑佩。"

〔5〕《楚国先贤传》曰：邦字长林。少有才学。晋武帝时为野王令，有称绩。为新城太守，坐举野王故吏为新城计吏，武帝大怒，遂杀邦。暨次子繇，高阳太守。繇子洪，侍御史。洪子寿，字德贞。《晋诸公赞》曰：自暨已下，世济素业，寿能教勋家风，性尤忠厚。早历清职，惠帝践阼，为散骑常侍，迁守河南尹。病卒，赠骠骑将军。寿妻贾充女。充无后，以寿子谧为嗣，弱冠为秘书监、侍中，性骄佚而才出众。少子蔚，亦有器望，并为赵王伦所诛，韩氏遂灭。

〔6〕案《王氏谱》：雄字元伯，太保祥之宗也。《魏名臣奏》载安定太守孟达荐雄曰："臣闻明君以求贤为业，忠臣以进善为效，故《易》称'拔茅连茹'，《传》有'举尔所知'。臣不自量，窃慕其义。臣昔与人乏，谬充备郡职。时涿郡太守王雄为西部从事，与臣同僚。雄天性良固，果而有谋。历试三县，政成人和。及在近职，奉宣威恩，怀柔有术，清慎持法。臣往年出使，经过雄郡。自说特受陛下拔擢之恩，常励节精心，思救命为效。言辞激扬，情趣款恻。臣虽愚暗，不识真伪，以谓雄才兼资文武，忠烈之性，逾越伦辈。今涿郡领户三千，孤寡之家，参居其半，北有守兵藩卫之固，诚不足舒雄智力，展其勤干也。臣受恩深厚，无以报国，不胜偻偻浅见之情，谨冒陈闻。"诏曰："昔萧何荐韩信，邓禹进吴汉，惟贤知贤。雄有胆智技能文武之姿，吾宿知之。今便以参散骑之选，方使少在吾门下知指归，便大用之矣。天下之士，欲使豫先历散骑，然后出据州郡，是吾本意也。"雄后为幽州刺史。子浑，凉州刺史。次乂，平北将军。司徒安丰侯戎，浑之子。太尉武陵侯衍，荆州刺史澄，皆乂之子。

〔7〕《魏名臣奏》载侍中辛毗奏曰："昔桓阶为尚书令，以崔林非尚书才，迁以为河间太守。"与此传不同。

〔8〕臣松之以为汉封丞相邑，为荀悦所讥。魏封三公，其失同也。

〔9〕臣松之以为孟轲称宰我之辞曰："以予观夫子，贤于尧舜远矣。"又曰："生民以来，未有盛于孔子者也。"斯非通贤之格言，商较之定准乎！虽妙极则同，万圣犹一，然浮薄异时，质文殊用，或当时则荣，没则已焉，是以遗风所被，实有深浅。若乃经纬天人，立言垂制，百王莫之能违，彝伦资之以立，诚一人而已耳。周监二代，斯文为盛，然于六经之道，未能及其精致。加以圣贤不兴，旷年五百，道化陵夷，宪章殆灭，若使时无孔门，则周典几乎息矣。夫能光明先王之道，以成万世之功，齐天地之无穷，等日月之久照，岂不有逾于群圣哉？林曾无史迁洞想之诚，梅真慷慨之志，而守其蒙心以塞明义，可谓多见其不知量也。

〔10〕《晋诸公赞》曰：述弟随，晋尚书仆射。为人亮济。赵王伦篡位，随与其事。伦败，随亦废锢而卒。林孙玮，性率而疏，至太子右卫也。初，林识拔同郡王经于民伍之中，卒为名士，世以此称之。

〔11〕《陈留耆旧传》曰：靖高祖父固，不仕王莽世，为淮阳太守所害，以烈节垂名。固子慎，字孝甫。敦厚少学，有沉深之量。抚育孤兄子五人，恩义甚笃。琅邪相何英嘉其行履，以女妻焉。英即车骑将军熙之父也。慎历二县令、东莱太守。老病归家，草屋蓬户，瓮缶无储。其妻谓之曰："君累经宰守，积有年岁，何能不少为储畜以遗子孙乎？"慎曰：我以勤身清名为基，以二千石遗之，不亦可乎！"子式，至孝，常尽力供养。永初中，螟蝗为害，独不食式麦，圉令周畅以表州郡。太守杨舜举式孝子，让不行。后以孝廉为郎。次子昌，昌弟赐，并为刺史、郡守。式子弘，孝廉。弘生靖。

〔12〕谢承《后汉书》曰：幹字元才。才志弘邈，文武秀出。父躬，蜀郡太守。祖赐，司隶校尉。案《陈留耆旧传》及谢承书，幹应为柔父，非从兄也。未知何者为误。

〔13〕《魏氏春秋》曰：柔既处法平允，又夙夜匪懈，至拥膝抱文书而寝。太祖尝夜微出，观察诸吏，见柔，哀之，徐解裘覆柔而去。自是辟焉。

〔14〕孙盛曰：闻五帝无诰誓之文，三王无盟祝之事，然则盟誓之文，始自三季，质任之作，起于周微。夫贞夫之一，则天地可动，机心内萌，则鸥鸟不下。况信不足焉而祈物之必779，猜生于我而望彼之必怀，何异挟冰求温，抱炭希凉者哉？且夫要功之伦，陵肆之类，莫不背情任计，昧利忘亲，纵怀慈孝之爱，或虑倾身之祸。是以周、郑交恶，汉高请羹，隗嚣捐子，马超背父，其为酷忍如此之极也，安在其因质委诚，取任永固哉？世主若能远览先王闲邪之至道，近鉴狡庚徇利之凶心，胜之以解网之仁，致之以来苏之惠，耀之以雷霆之威，润之以时雨之施，则不恭可敛衽于一朝，黠哮可屈膝于象魏矣。何必拘厥亲以来其情，逼所爱以制其命乎？苟不能然，而仗夫计术，笼之以权数，检之以一切，虽览一室而庶征于四海，法生鄙局，冀或半之暂益。自不得不有不忍之刑，以遂孥戮之罚，亦犹渎盟出乎一人，而云俾坠其师，无克遗育之言耳。岂得复引四罪不及之典，司马牛获宥之义乎？假令任者皆不保其父兄，辄有二三之言，曲哀其意而悉活之，则长人子危亲自存之悖。子弟虽质，必无刑戮之忧，父兄虽迎，终无剿绝之虑。柔不究明此术非盛王之道，宜开张远义，蠲此近制，而陈法内之刑以申一人之命，可谓心存小善，非王者之体。古者杀人之中，又有仁焉。刑之于狱，未为失也。臣松之以为辨章事理，贵得当时之宜，无为虚唱大言而终归无用。浮诞之论，不切于实，犹若画魑魅之象，而颐于犬马之形也。质任之兴，非仿近世，况三方鼎峙，辽东偏远，羁其亲属以防未然，不为非矣。柔谓晃有先言之善，宜蒙原心之宥。而盛责柔不能开张远理，蠲此近制，不达此言竟为何谓？若云猜防为非，质任宜废，是谓应大明先王之道，不预任者生死也。晃之为任，历年已久，岂得于杀活之际，方论至理之本。是何异从棘既繁，事须判决，空论刑措之美，无闻当不之实哉？其为迂阔，亦已甚矣。汉高事穷追，权以济亲，而总之酷忍之科，既已大有所诬。且自古以来，未有子弟妄告父兄以图全身者，自存之悖，未之或闻。晃以兄告弟，而其事果验。谓晃应杀，将以遏防。若言之亦死，不言亦死，岂不杜归善之心，失正刑之中哉？若赵括之母，以先请获免，钟会之兄，以密言全子，古今此比，盖为不少。晃之前言，事同斯例，而独遇否闭，良可哀哉！

〔15〕《魏名臣奏》载柔上疏曰："臣深思陛下所以不早取此鹿者，诚欲使极蕃息，然后大取以为军国之用。然臣窃以为今鹿但有日耗，终无从得多也。何以知之？今禁地广轮且千余

里,臣下计无虑其中有虎大小六百头,狼有五百头,狐万头。使大虎一头三日食一鹿,一虎一岁百二十鹿,是为六百头虎一岁食七万二千头鹿。使十狼日共食一鹿,是为五百头狼一岁共食万八千头鹿。鹿子始生,未能善走,使十狐一日共食一子,比至健走,一月之间,是为万狐一月共食鹿子三万头也。大凡一岁所食十二万头。其雕鹗所害,臣置不计。以此推之,终无从得多,不如早取之为便也。"

〔16〕《晋诸公赞》曰:柔长子俊,大将军掾,次诞,历三州刺史、太仆。诞放率不伦,而决烈过人。次光,字宣茂,少习家业,明练法理。晋武帝世,为黄沙御史,与中丞同,迁守廷尉,后即真。兄诞与光异操,谓光小节,常轻侮之,而光事诞愈谨。终于尚书令。追赠司空。

卷二十五
辛毗杨阜高堂隆传第二十五

辛毗字佐治,颍川阳翟人也。其先建武中自陇西东迁,毗随兄评从袁绍。太祖为司空,辟毗,毗不得应命。及袁尚攻兄谭于平原,谭使毗诣太祖求和[1]。太祖将征荆州,次于西平。毗见太祖致谭意,太祖大悦。后数日,更欲先平荆州,使谭、尚自相弊。他日置酒,毗望太祖色,知有变,以语郭嘉。嘉白太祖,太祖谓毗曰:"谭可信?尚必可克不?"毗对曰:"明公无问信与诈也,直当论其势耳。袁氏本兄弟相伐,非谓他人能间其间,乃谓天下可定于己也。今一旦求救于明公,此可知也。显甫见显思困而不能取,此力竭也。兵革败于外,谋臣诛于内,兄弟谗阋,国分为二。连年战伐,而介胄生虮虱,加以旱蝗,饥馑并臻,国无困仓,行无裹粮,天灾应于上,人事困于下,民无愚智,皆知土崩瓦解,此乃天亡尚之时也。兵法称有石城汤池带甲百万而无粟者,不能守也。今往攻邺,尚不还救,即不能自守。还救,即谭踵其后。以明公之威,应困穷之敌,击疲弊之寇,无异迅风之振秋叶矣。天以袁尚与明公,明公不取而伐荆州。荆州丰乐,国未有衅。仲虺有言:'取乱侮亡。'方今二袁不务远略而内相图,可谓乱矣;居者无食,行者无粮,可谓亡矣。朝不谋夕,民人靡继,而不绥之,欲待他年;他年或登,又自知亡而改修厥德,失所以用兵之要矣。今因其请救而抚之,利莫大焉。且四方之寇,莫大于河北;河北平,则六军盛而天下震。"太祖曰:"善。"乃许谭平,次于黎阳。明年攻邺,克之,表毗为议郎。久之,太祖遣都护曹洪平下辩,使毗与曹休参之,令曰:"昔高祖贪财好色,而良、平匡其过失。今佐治、文烈忧不轻矣。"军还,为丞相长史。

文帝践阼,迁侍中,赐爵关内侯。时议改正朔。毗以魏氏遵舜、禹之统,应天顺民;至于汤、武,以战伐定天下,乃改正朔。孔子曰"行夏之时",《左氏传》曰"夏数为得天正",何必期于相反。帝善而从之。

帝欲徙冀州士家十万户实河南。时连蝗民饥,群司以为不可,而帝意甚盛。毗与朝臣俱求见,帝知其欲谏,作色以见之,皆莫敢言。毗曰:"陛下欲徙士家,其计安出?"帝曰:"卿谓我徙之非邪?"毗曰:"诚以为非也。"帝曰:"吾不

与卿共议也。"毗曰:"陛下不以臣不肖,置之左右,厕之谋议之官,安得不与臣议邪!臣所言非私也,乃社稷之虑也,安得怒臣!"帝不答,起入内;毗随而引其裾,帝遂奋衣不还,良久乃出,曰:"佐治,卿持我何太急邪?"毗曰:"今徙,既失民心,又无以食也。"帝遂徙其半。尝从帝射雉,帝曰:"射雉乐哉!"毗曰:"于陛下甚乐,而于群下甚苦。"帝默然,后遂为之稀出。

上军大将军曹真征朱然于江陵,毗行军师。还,封广平亭侯。帝欲大兴军征吴,毗谏曰:"吴、楚之民,险而难御,道隆后服,道洿先叛,自古患之,非徒今也。今陛下祚有海内,夫不宾者,其能久乎?昔尉佗称帝,子周僭号,历年未几,或臣或诛。何则,违逆之道不久全,而大德无所不服也。方今天下新定,土广民稀。夫庙算而后出军,犹临事而惧,况今庙算有阙而欲用之,臣诚未见其利也。先帝屡起锐师,临江而旋。今六军不增于故,而复循之,此未易也。今日之计,莫若修范蠡之养民,法管仲之寄政,则充国之屯田,明仲尼之怀远;十年之中,强壮未老,童龀胜战,兆民知义,将士思奋,然后用之,则役不再举矣。"帝曰:"如卿意,更当以虏遗子孙邪?"毗对曰:"昔周文王以纣遗武王,唯知时也。苟时未可,容得已乎!"帝竟伐吴,至江而还。

明帝即位,进封颍乡侯,邑三百户。时中书监刘放、令孙资见信于主,制断时政,大臣莫不交好,而毗不与往来。毗子敞谏曰:"今刘、孙用事,众皆影附,大人宜小降意,和光同尘;不然必有谤言。"毗正色曰:"主上虽未称聪明,不为暗劣。吾之立身,自有本末。就与刘、孙不平,不过令吾不作三公而已,何危害之有?焉有大丈夫欲为公而毁其高节者邪?"冗从仆射毕轨表言:"尚书仆射王思精勤旧吏,忠亮计略不如辛毗,毗宜代思。"帝以访放、资,放、资对曰:"陛下用思者,诚欲取其效力,不贵虚名也。毗实亮直,然性刚而专,圣虑所当深察也。"遂不用。出为卫尉。帝方修殿舍,百姓劳役,毗上疏曰:"窃闻诸葛亮讲武治兵,而孙权市马辽东,量其意指,似欲相左右。备豫不虞,古之善政,而今者宫室大兴,加连年谷麦不收。诗云:'民亦劳止,迄可小康,惠此中国,以绥四方。'唯陛下为社稷计。"帝报曰:"二虏未灭而治宫室,直谏者立名之时也。夫王者之都,当及民劳兼办,使后世无所复增,是萧何为汉规摹之略也。今卿为魏重臣,亦宜解其大归。"帝又欲平北芒,令于其上作台观,则见孟津。毗谏曰:"天地之性,高高下下,今而反之,既非其理;加以损费人功,民不堪役。且若九河盈溢,洪水为害,而丘陵皆夷,将何以御之?"帝乃止[2]。

青龙二年,诸葛亮率众出渭南。先是,大将军司马宣王数请与亮战,明帝终不听。是岁恐不能禁,乃以毗为大将军军师,使持节;六军皆肃,准毗节度,莫敢犯违[3]。亮卒,复还为卫尉。薨,谥曰肃侯。子敞嗣,咸熙中为河内太守[4]。

杨阜字义山,天水冀人也[5]。以州从事为牧韦端使诣许,拜安定长史。阜还,关右诸将问袁、曹胜败孰在,阜曰:"袁公宽而不断,好谋而少决;不断则无威,少决则失后

事,今虽强,终不能成大业。曹公有雄才远略,决机无疑,法一而兵精,能用度外之人,所任各尽其力,必能济大事者也。"长史非其好,遂去官。而端征为太仆,其子康代为刺史,辟阜为别驾。察孝廉,辟丞相府,州表留参军事。

马超之战败渭南也,走保诸戎。太祖追至安定,而苏伯反河间,将引军东还。阜时奉使,言于太祖曰:"超有信、布之勇,甚得羌、胡心,西州畏之。若大军还,不严为之备,陇上诸郡非国家之有也。太祖善之,而军还仓卒,为备不周。超率诸戎渠帅以击陇上郡县,陇上郡县皆应之,惟冀城奉州郡以固守。超尽兼陇右之众,而张鲁又遣大将杨昂以助之,凡万余人,攻城。阜率国士大夫及宗族子弟胜兵者千余人,使从弟岳于城上作偃月营,与超接战,自正月至八月拒守而救兵不至。州遣别驾阎温循水潜出求救,为超所杀,于是刺史、太守失色,始有降超之计。阜流涕谏曰:"阜等率父兄子弟以义相励,有死无二;田单之守,不固于此也。弃垂成之功,陷不义之名,阜以死守之。"遂号哭。刺史、太守卒遣人请和,开城门迎超。超入,拘岳于冀,使杨昂杀刺史、太守。阜内有报超之志,而未得其便。顷之,阜以丧妻求葬假。阜外兄姜叙屯历城。阜少长叙家,见叙母及叙,说前在冀中时事,歔欷悲甚。叙曰:"何为乃尔?"阜曰:"守城不能完,君亡不能死,亦何面目以视息于天下!马超背父叛君,虐杀州将,岂独阜之忧责,一州士大夫皆蒙其耻。君拥兵专制而无讨贼心,此赵盾所以书弑君也。超强而无义,多衅易图耳。"叙母慨然,敕叙从阜计。计定,外与乡人姜隐、赵昂、尹奉、姚琼、孔信、武都人李俊、王灵结谋,定讨超约,使从弟谟至冀语岳,并结安定梁宽、南安赵衢、庞恭等。约誓既明,十七年九月,与叙起兵于卤城。超闻阜等兵起,自将出。而衢、宽等解岳,闭冀城门,讨超妻子。超袭历城,得叙母。叙母骂之曰:"汝背父之逆子,杀君之桀贼,天地岂久容汝,而不早死,敢以面目视人乎!"超怒,杀之。阜与超战,身被五创,宗族昆弟死者七人。超遂南奔张鲁。

陇右平定,太祖封讨超之功,侯者十一人,赐阜爵关内侯。阜让曰:"阜等存无扞难之功,君亡无死节之效,于义当绌,于法当诛;超又不死,无宜苟荷爵禄。"太祖报曰:"君与群贤共建大功,西土之人以为美谈。子贡辞赏,仲尼谓之止善。君其剖心以顺国命。姜叙之母,劝叙早发,明智乃尔,虽杨敞之妻盖不过此。贤哉,贤哉!良史记录,必不坠于地矣[6]。"

太祖征汉中,以阜为益州刺史。还,拜金城太守,未发,转武都太守。郡滨羌汉,阜请依袭遂故事,安之而已。会刘备遣张飞、马超等从沮道趣下辩,而氐雷定等七部万余落反应之。太祖遣都护曹洪御超等,超等退还。洪置酒大会,令女倡着罗縠之衣,蹋鼓,一坐皆笑。阜厉声责洪曰:"男女之别,国之大节,何有于广坐之中裸女人形体!虽桀、纣之乱,不甚于此。"遂奋衣辞出。洪立罢女乐,请阜还坐,肃然惮焉。及刘备取汉中以逼下辩,太祖以武都孤远,欲移之,恐吏民恋土。阜威信素著,前后徙民、氐,使居京兆、扶风、天水界者万余户,徙郡小槐里,百姓褔负而随之。为政举大纲而已,下不忍欺也。文帝问侍中刘晔等:

"武都太守何如人也?"皆称阜有公辅之节。未及用,会帝崩。在郡十余年,征拜城门校尉。阜常见明帝著绣帽、被缥绫半袖,阜问帝曰:"此于礼何法服也?"帝默然不答,自是不法服不以见阜。

迁将作大匠。时初治宫室,发美女以充后庭,数出入弋猎。秋,大雨震电,多杀鸟雀。阜上疏曰:"臣闻明主在上,群下尽辞。尧、舜圣德,求非索谏;大禹勤功,务卑宫室;成汤遭旱,归咎责己;周文刑于寡妻,以御家邦;汉文躬行节俭,身衣弋绨;此皆能昭令问,贻厥孙谋者也。伏惟陛下奉武皇帝开拓之大业,守文皇帝克终之元绪,诚宜思齐往古圣贤之善治,总观季世放荡之恶政。所谓善治者,务俭约,重民力也;所谓恶政者,从心恣欲,触情而发也。惟陛下稽古世代之初所以明赫,及季世所以衰弱至于泯灭,近览汉末之变,足以动心诫惧矣。曩使桓、灵不废高祖之法,文、景之恭俭,太祖虽有神武,于何所施其能邪?而陛下何由处斯尊哉?今吴、蜀未定,军旅在外,愿陛下动则三思,虑而后行,重慎出入,以往鉴来,言之若轻,成败甚重。顷者天雨,又多卒暴,雷电非常至杀鸟雀。天地神明,以王者为子也,政有不当,则见灾谴。克己内讼,圣人所记。惟陛下虑患无形之外,慎萌纤微之初,法汉孝文出惠帝美人,令得自嫁;顷所调送小女,远闻不令,宜为后图。诸所缮治,务从约节。《书》曰:'九族既睦,协和万国。'事思厥宜,以从中道,精心计谋,省息费用。吴、蜀以定,尔乃上安下乐,九亲熙熙。如此以往,祖考心欢,尧、舜其犹病诸。今宜开大信于天下,以安众庶,以示远人。"时雍丘王植怨于不齿,藩国至亲,法禁峻密,故阜又陈九族之义焉。诏报曰:"间得密表,先陈往古明王圣主,以讽暗政,切至之辞,款诚笃实。退思补过,将顺匡救,备至悉矣。览思苦言,吾甚嘉之。"

后迁少府。是时大司马曹真伐蜀,遇雨不进。阜上疏曰:"昔文王有赤乌之符,而犹日昃不暇食;武王白鱼入舟,君臣变色。而动得吉瑞,犹尚忧惧,况有灾异而不战竦者哉？今吴、蜀未平,而天屡降变,陛下宜深有以专精应答,侧席而坐,思示远以德,绥迩以俭。间者诸军始进,便有天雨之患,稽阁山险,以积日矣。转运之劳,担负之苦,所费以多,若有不继,必违本图。《传》曰:'见可而进,知难而退,军之善政也。'徒使六军困于山谷之间,进无所略,退又不得,非主兵之道也。武王还师,殷卒以亡,知天期也。今年凶民饥,宜发明诏损膳减服,技巧珍玩之物,皆可罢之。昔邵信臣为少府于无事之世,而奏罢浮食;今者军用不足,益宜节度。"帝即召诸军还。后诏大议政治之不便于民者,阜议以为:"致治在于任贤,兴国在于务农。若舍贤而任所私,此忘治之甚者也。广开宫馆,高为台榭,以妨民务,此害农之甚者也。百工不敦其器,而竞作奇巧,以合上欲,此伤本之甚者也。孔子曰:'苛政甚于猛虎。'今守功文俗之吏,为政不通治体,苟好烦苛,此乱民之甚者也。当今之急,宜去四甚,并诏公卿郡国,举贤良方正敦朴之士而选用之,此亦求贤之一端也。"阜又上疏欲省宫人诸不见幸者,乃召御府吏问后宫人数。吏守旧令,对曰:"禁密,不得宣露。"阜怒,杖吏一百,数之曰:"国家不与九卿为密,反与小吏为密乎?"帝闻而愈敬惮阜。帝爱女淑,未期而夭,帝痛之甚,追封平原公主,立庙洛阳,葬于南陵。将自临送,阜上疏曰:"文皇帝、武宣皇后崩,陛下皆不送葬,所以重社稷、备不虞也。何至孩抱之赤子而可送葬也哉?"帝不从。

帝既新作许宫,又营洛阳宫殿观阁。阜上疏曰:"尧尚茅茨而万国安其居,禹卑宫室而天下乐其业;及至殷、周,或堂崇三尺,度以九筵耳。古之圣帝明王,未有极宫室之高丽以雕弊百姓之财力者也。桀作璇室、象廊,纣为倾宫、鹿台,以丧其社稷,楚灵以筑章华而身受其祸,秦始皇作阿房而殃及其子,天下叛之,二世而灭。夫不度万民之力,以从耳目之欲,未有不亡者也。陛下当以尧、舜、禹、汤、文、武为法则,夏桀、殷纣、楚灵、秦皇为深诫。高高在上,实监后德。慎守天位,以承祖考,巍巍大业,犹恐失之。不夙夜敬止,允恭恤民,而乃自暇自逸,惟宫台是侈是饰,必有颠覆危亡之祸。《易》曰:'丰其屋,蔀其家,窥其户,阒其无人。'王者以天下为家,言丰屋之祸,至于家无人也。方今二虏合从,谋危宗庙,十万之军,东西奔赴,边境无一日之娱;农夫废业,民有饥色。陛下不以是为忧,而营作宫室,无有已时。使国亡而臣可以独存,臣又不言也[7]。君作元首,臣为股肱,存亡一体,得失同之。《孝经》曰:'天子有争臣七人,虽无道不失其天下。'臣虽驽怯,敢忘争臣之义?言不切至,不足以感寤陛下。陛下不察臣言,恐皇祖烈考之祚,将坠于地。使臣身死有补万一,则死之日,犹生之年也。谨叩棺沐浴,伏俟重诛。"奏御,天子感其忠言,手笔诏答。每朝廷会议,阜常侃然以天下为己任。数谏争,不听,乃屡乞逊位,未许。会卒,家无余财。孙豹嗣。

高堂隆字升平,泰山平阳人,鲁高堂生后也。少为诸生,泰山太守薛悌命为督邮。郡督军与悌争论,名悌而呵之。隆按剑叱督军曰:"昔鲁定见侮,仲尼历阶;赵弹秦筝,相如进缶。临臣名君,义之所讨也。"督军失色,悌惊起止之。后去吏,避地济南。

建安十八年,太祖召为丞相军议掾,后为历城侯徽文学,转为相。徽遭太祖丧,不哀,反游猎驰骋,隆以义正谏,甚得辅导之节。黄初中,为堂阳长,以选为平原王傅。王即尊位,是为明帝。以隆为给事中、博士、驸马都尉。帝初践祚,群臣或以为宜飨会,隆曰:"唐、虞有遏密之哀,高宗有不言之思,是以至德雍熙,光于四海。"以为不宜为会,帝敬纳之。迁陈留太守,牧民酉牧,年七十余,有至行,举为计曹掾;帝嘉之,特除郎中以显焉。征隆为散骑常侍,赐爵关内侯[8]。

青龙中,大治殿舍,西取长安大钟。隆上疏曰:"昔周景王不仪刑文、武之明德,忽公旦之圣制,既铸大钱,又作大钟,单穆公谏而弗听,泠州鸠对而弗从,遂迷不反,周德以衰,良史记焉,以为永鉴。然今之小人,好说秦、汉之奢靡以荡圣心,求取亡国不度之器,劳役费损,以伤德政,非所以兴礼乐之和,保神明之休也。"是日,帝幸上方,隆与卞兰从。帝以隆表授兰,使难隆曰:"兴衰在政,乐何为也?化之不明,岂钟之罪?"隆曰:"夫礼乐者,为治之大本

也。故箫韶九成,凤皇来仪,雷鼓六变,天神以降,政是以平,刑是以错,和之至也。新声发响,商辛以陨,大钟既铸,周景以弊,存亡之机,恒由斯作,安在废兴之不阶也?君举必书,古之道也,作而不法,何以示后?圣王乐闻其阙,故有箴规之道;忠臣愿竭其节,故有匪躬之义也。"帝称善。迁侍中,犹领太史令。崇华殿灾,诏问隆:"此何咎?于礼,宁有祈禳之义乎?"隆对曰:"夫灾变之发,皆所以明教诫也,惟率礼修德,可以胜之。《易传》曰:'上不俭,下不节,孽火烧其室。'又曰:'君高其台,天火为灾。'此人君苟饰宫室,不知百姓空竭,故天应之以旱,火从高殿起也。上天降鉴,故谴告陛下;陛下宜增崇人道,以答天意。昔太戊有桑谷生于朝,武丁有雊雉登于鼎,皆闻灾恐惧,侧身修德,三年之后,远夷朝贡,故号曰中宗、高宗。此则前代之明鉴也。今案旧占,灾火之发,皆以台榭宫室为诫。然今宫室之所以充广者,实由宫人猥多之故。宜简择留其淑懿,如周之制,罢省其余。此则祖己之所以训高宗,高宗之所以享远号也。"诏问隆:"吾闻汉武帝时,柏梁灾,而大起宫殿以厌之,其义云何?"隆对曰:"臣闻《西京》:'柏梁既灾,越巫陈方,建章是经,以厌火祥。'乃夷越之巫所为,非圣贤之明训也。《五行志》曰:'柏梁灾,其后有江充巫蛊卫太子事。'如《志》之言,越巫建章无所厌也。孔子曰:'灾者修类应行,精祲相感,以戒人君。'是以圣主睹灾责躬,退而修德,以消复之。今宜罢散役民。宫室之制,务从约节,内足以待风雨,外足以讲礼仪。清扫所灾之处,不敢于此有所立作,蓂荚、嘉禾必生此地,以报陛下虔恭之德。岂可疲民之力,竭民之财!实非所以致符瑞而怀远人也。"帝遂复崇华殿,时郡国有九龙见,故改曰九龙殿。陵霄阙始构,有鹊巢其上,帝以问隆,对曰:"《诗》云'惟鹊有巢,惟鸠居之'。今兴宫室,起陵霄阙,而鹊巢之,此宫室未成而不得居之象也。天意若曰,宫室未成,将有他姓御之。斯乃上天之戒也。夫天道无亲,惟与善人,不可不深防,不可不深虑。夏、商之季,皆继体也,不钦承上天之明命,惟逸谄是从,废德适欲,故其亡也忽焉。太戊、武丁,睹灾竦惧,祗承天戒,故其兴也勃焉。今若休罢百役,俭以足用,增崇德政,动遵帝则,除普天之所患,兴兆民之所利,三王可四,五帝可六,岂惟殷宗转祸为福而已哉!臣备腹心,苟可以繁祉圣躬,安存社稷,臣虽灰身破族,犹生之年也。岂惮忤逆之灾,而令陛下不闻至言乎?"于是帝改容动色。

是岁,有星孛于大辰。隆上疏曰:"凡帝王徙都立邑,皆先定天地、社稷之位,敬恭以奉之。将营宫室,则宗庙为先,厩库为次,居室为后。今圜丘、方泽、南北郊、明堂、社稷,神位未定,宗庙之制又未如礼,而崇饰居室,士民失业。外人咸云'宫人之用,与兴戎军国之费,所尽略齐。'民不堪命,皆有怨怒。《书》曰:'天聪明自我民聪明,天明畏自我民明威',与人作颂,则向之五福,民怒呼嗟,则威以六极,言天之赏罚,随民言,顺民心也。是以临政务在安民为先,然后稽古之化,格于上下,自古及今,未尝不然也。夫采椽卑宫,唐、虞、大禹之所以垂皇风也;玉台琼室,夏癸、商辛之所以犯昊天也。今之宫室,实违礼度,乃更建立九龙,华饰过前。天彗章灼,始起于房心,犯帝坐而干紫

微,此乃皇天子爱陛下,是以发教戒之象,始卒皆于尊位,殷勤郑重,欲必觉寤陛下;斯乃慈父恳切之训,宜崇孝子祗耸之礼,以率先天下,以昭示后昆,不宜有忽,以重天怒。"

时军国多事,用法深重。隆上疏曰:

"夫拓迹垂统,必俟圣明,辅世匡治,亦须良佐,用能庶绩其凝而品物康乂也。夫移风易俗,宣明道化,使四表同风,回首面内,德教光熙,九服慕义,固非俗吏之所能也。今有司务纠刑书,不本大道,是以刑用而不措,俗弊而不敦。宜崇礼乐,班叙明堂,修三雍、大射、养老,营建郊庙,尊儒士,举逸民,表章制度,改正朔,易服色,布恺悌,尚俭素,然后备礼封禅,归功天地,使雅颂之声盈于六合,缉熙之化混于后嗣。斯盖至治之美事,不朽之贵业也。然九域之内,可揖让而治,尚何忧哉!不正其本而救其末,譬犹棼丝,非政理也。可命群公卿士通儒,造具其事,以为典式。"

隆又以为改正朔,易服色,殊徽号,异器械,自古帝王所以神明其政,变民耳目,故三春称王,明三统也。于是敷演旧章,奏而改焉。帝从其议,改青龙五年春三月为景初元年孟夏四月,服色尚黄,牺牲用白,从地正也。

迁光禄勋。帝愈增崇宫殿,雕饰观阁,凿太行之石英,采谷城之文石,起景阳山于芳林之园,建昭阳殿于太极之北,铸作黄龙凤皇奇伟之兽,饰金墉、陵云台、陵霄阙。百役繁兴,作者万数,公卿以下至于学生,莫不展力,帝乃躬自掘土以率之。而辽东不朝。悼皇后崩。天作淫雨,冀州水出,漂没民物。隆上疏切谏曰:

"盖'天地之大德曰生,圣人之大宝曰位,何以守位?曰仁,何以聚人?曰财'。然则士民者,乃国家之镇也;谷帛者,乃士民之命民也。谷帛非造化不育,非人力不成。是以帝耕以劝农,后桑以成服,所以昭事上帝,告虔报施也。昔在伊唐,世值阳九厄运之会,洪水滔天,使鲧治之,绩用不成,乃举文命,随山刊木,前后历年二十二载。灾眚之甚,莫过于彼,力役之兴,莫久于此,尧、舜君臣,南面而已。禹敷九州,庶士庸勋,各有等差,君子小人,物有服章。今无若时之急,而使公卿大夫并与厮徒共供事役,闻之四夷,非嘉声也,垂之竹帛,非令名也。是以有国有家者,近取诸身,远取诸物,妪煦养育,故称'恺悌君子,民之父母。'今上下劳役,疾病凶荒,耕稼者寡,饥馑荐臻,无以卒岁;宜加愍恤,以救其困。

"臣观在昔书籍所载,天人之际,未有不应也。是以古先哲王,畏上天之明命,循阴阳之逆顺,矜矜业业,惟恐有违。然后治道用兴,德与神符,灾异既发,惧而修政,未有不延期流祚者也。爰及末叶,暗君荒主,不崇先王之令轨,不纳正士之直言,以遂其情志,恬忽变戒,未有不寻践祸难,至于颠复者也。

"天道既著,请以人道论之。夫六情五性,同在于人,嗜欲廉贞,各居其一。及其动也,交争于心,欲强质弱,则纵滥不禁;精诚不制,则放溢无极。夫情之所在,非好则美,而美好之集,非人力不成,非谷帛不立。情苟无极,则人不堪其劳,物不充其求。劳求并至,将起祸乱。故不割情,无以相供。仲尼云:'人无远虑,必有近忧。'由此观之,礼义之制,非苟拘分,将以远害而兴治也。

"今吴、蜀二贼,非徒白地小虏、聚邑之寇,乃据险乘流,跨有士众,僭号称帝,欲与中国争衡。今若有人来告,权、禅并修德政,复履清俭,轻省租赋,不治玩好,动咨耆贤,事遵礼度。陛下闻之,岂不惕然恶其如此,以为难卒讨灭,而为国忧乎?若使告者曰,彼二贼并为无道,崇侈无度,役其士民,重其征赋,下不堪命,吁嗟日甚。陛下闻之,岂不勃然忿其困我无辜之民,而欲速加之诛,其次,岂不幸彼疲弊而取之不难乎?苟如此,则可易心而度,事义之数亦不远矣。

"且秦始皇不筑道德之基,而筑阿房之宫,不忧萧墙之变,而修长城之役。当其君臣为此计也,亦欲立万世之业,使子孙长有天下,岂意一朝匹夫大呼,而天下倾覆哉?故臣以为使先代之君知其所行必将至于败,则弗为之矣。是以亡国之主自谓不亡,然后至于亡;贤圣之君自谓将亡,然后至于不亡。昔汉文帝称为贤主,躬行约俭,惠下养民,而贾谊方之,以为天下倒悬,可为痛哭者一,可为流涕者二,可为长叹息者三。况今天下凋弊,民无儋石之储,国无终年之畜,外有强敌,六军暴边,内兴土功,州郡骚动,若有寇警,则臣惧版筑之士不能投命虎庭矣。

"又,将吏奉禄,稍见折减,方之于昔,五分居一;诸受休者又绝廪赐,不应输者今皆出半,此为官入兼多于旧,其所出与参少于昔。而度支经用,更每不足,牛肉小赋,前后相继。反而推之,凡此诸费,必有所在。且夫禄赐谷帛,人主所以惠养吏民而为之司命者也,若今有废,是夺其命矣。既得之而又失之,此生怨之府也。《周礼》,大府掌九赋之财,以给九式之用,入有其分,出有其所,不相干乘而用各足。各足之后,乃以式贡之余,供王玩好。又上用财,必考于司会[9]。今陛下所与共坐廊庙治天下者,非三司九列,则台阁近臣,皆腹心造膝,宜在无讳。若见丰省而不敢以告,从命奔走,惟恐不胜,是则具臣,非鲠辅也。昔李斯教秦二世曰:'为人主而不恣睢,命之曰天下桎梏。'二世用之,秦国以覆,斯亦灭族。是以史迁议其不正谏,而为世诫。"

书奏,帝览焉,谓中书监、令曰:"观隆此奏,使朕惧哉!隆疾笃,口占上疏曰:

"曾子有疾,孟敬子问之。曾子曰:'鸟之将死,其鸣也哀;人之将死,其言也善。'臣寝疾病,有增无损,常惧奄忽,忠款不昭。臣之丹诚,岂惟曾子,愿陛下少垂省览!涣然改往事之过谬,勃然兴来事之渊塞,使神人响应,殊方慕义,四灵效珍,玉衡曜精,则三王可迈,五帝可越,非徒继体守文而已也。

"臣常疾世主莫不思绍尧、舜、汤、武之治,而蹈踵桀、纣、幽、厉之迹,莫不嗤笑季世惑乱亡国之主,而不登践虞、夏、殷、周之轨。悲夫!以若所为,求若所致,犹缘木求鱼,煎水作冰,其不可得,明矣。寻观三代之有天下也,圣贤相承,历载数百,尺土莫非其有,一民莫非其臣,万国咸宁,九有有截;鹿台之金,巨桥之粟,无所用之,仍旧南面,夫何为哉!然癸、辛之徒,恃其旅力,知足以拒谏,才足以饰非,谄谀是尚,台观是崇,淫乐是好,倡优是说,作靡靡之乐,安濮上之音。上天不谲,眷然回顾,宗国为墟,下夷子隶,纣悬白旗,桀放鸣条;天子之尊,汤、武有之,岂伊人人,皆明王之胄也。且当六国之时,天下殷炽,秦既兼之,不修圣道,乃构阿房之宫,筑长城之守,矜夸中国,威服百蛮,天下震竦,道路以目;自谓本枝百叶,永垂洪晖,岂寤二世而灭,社稷崩圮哉?近汉孝武乘文、景之福,外攘夷狄,内兴宫殿,十余年间,天下嚣然。乃信越巫,慭天迁怒,起建章之宫,千门万户,卒致江充妖蛊之变,至于宫室乖离,父子相残,姎咎之毒,祸流数世。

"臣观黄初之际,天兆其戒,异类之鸟,育长燕巢,口爪胸赤,此魏室之大异也,宜防鹰扬之臣于萧墙之内。可选诸王,使君国典兵,往往棋跱镇抚皇畿,翼亮帝室。昔周之东迁,晋、郑是依,汉吕之乱,实赖朱虚,斯盖前代之明鉴。夫皇天无亲,惟德是辅。民咏德政,则延期过历,下有怨叹,掇录授能。由此观之,天下之天下,非独陛下之天下也。臣百疾所钟,气力稍微,辄自舆出,归还里舍,若遂沉沦,魂而有知,结草以报。"

诏曰:"生廉俾伯夷,直过史鱼,执心坚白,謇謇匪躬,如何微疾未除,退身里舍?昔邴吉以阴德,疾疹而延寿;贡禹以守节,疾笃而济愈。生其强饭专精以自持。"隆卒,遗令薄葬,敛以时服[10]。

初,太和中,中护军蒋济上疏曰"宜遵古封禅"。诏曰:"闻济斯言,使吾汗出流足。"事寝历岁,后遂修之,使隆撰其礼仪。帝闻隆没,叹息曰:"天不欲成吾事,高堂生舍我亡也。"子琛嗣爵。

始,景初中,帝以苏林、秦静等并老,恐无能传业者。乃诏曰:"昔先圣既没,而其遗言余教,著于六艺。六艺之文,礼又为急,弗可斯须离者也。末俗背本,所由来久。故闵子讥原伯之不学,荀卿丑秦世之坑儒,儒学既废,则风化恶由兴哉?方今宿生巨儒,并各年高,教训之道,孰为其继?昔伏生将老,汉文帝嗣以晁错,《穀梁》寡畴,宣帝承以十郎。其科郎吏高才解经义者三十人,从光禄勋隆、散骑常侍林、博士静,分受四经三礼,主者具为设课试之法。夏侯胜有言:'士病不明经术,经术苟明,其取青紫如俯拾地芥耳。'今学者有能究极经道,则爵禄荣宠,不期而至。可不勉哉!"数年,隆等皆卒,学者遂废。

初,任城栈潜,太祖世历县令[11],尝督守邺城。时文帝为太子,耽乐田猎,晨出夜还。潜谏曰:"王公设险以固其国,都城禁卫,用戒不虞。《大雅》云:'宗子维城,无俾城坏。'又曰:'犹之未远,是用大谏。'若逸于游田,晨出昏归,以一日从禽之娱,而忘无垠之衅,愚窃惑之。"太子不悦,然自后游出差简。黄初中,文帝将立郭贵嫔为皇后,潜上疏谏,语在《后妃传》。明帝时,众役并兴,戚属疏斥,潜上疏曰:"天生蒸民而树之君,所以覆焘群生,熙育兆庶,故方制四海匪为天子,裂土分疆匪为诸侯也。始自三皇,爰暨唐、虞,咸以博济加于天下,醇德以洽,黎元赖之。三王既微,降逮于汉,治日益少,丧乱弘多,自时厥后,亦罔克乂。太祖濬哲神武,芟除暴乱,克复王纲,以开帝业。文帝受天明命,廓恢皇基,践阼七载,每事未遑。陛下圣德,纂承洪绪,宜崇晏晏,与民休息。而方隅匪宁,征夫远戍,有事海外,悬旌万里,六军骚动,水陆转运,百姓舍业,日费千金。大兴殿舍,功作万计,徂来之松,刊山穷谷,怪石瑶玖,浮于河、淮,都圻之内,尽为甸服,当供稿秸铚粟之调,而为苑囿择禽之府,盛林莽之秽,丰鹿兔之薮;伤害农功,地繁茨棘,灾疫流行,民力大溃,上减和气,嘉禾不植。臣闻文王作丰,经始勿亟,百姓子来,不日而成。灵沼、灵囿,与民共之。今宫观崇侈,雕镂极妙,忘有虞之总期,思殷辛之琼室,禁地千里,举足投网,丽拟阿房,役百干溪,臣恐民力凋尽,下不堪命也。昔秦据殽函以制六合,自以德高三皇,功兼五帝,欲号谥至万叶,而二世颠覆,愿为黔首,由枝干既扤,本实先拔也。盖圣王之御世也,克明俊德,庸勋亲亲;俊乂在官,则功业可隆,亲亲显用,则安危同忧;深根固本,并为干翼,虽历盛衰,内外有辅。昔成王幼冲,未能莅政,周、吕、召、毕,并在左右;今既无卫侯、康叔之监,分陕所任,又非旦、奭。东宫未建,天下无副。愿陛下留心关塞,永保无极,则海内幸甚。"后为燕中尉,辞疾不就,卒。

评曰:辛毗、杨阜,刚亮公直,正谏匪躬,亚乎汲黯之高风焉。高堂隆学业修明,志在匡君,因变陈戒,发于恳诚,忠矣哉!及至必改正朔,俾魏祖虞,所谓意过其通者欤!

注:

[1]《英雄记》曰:谭,尚战于外门,谭军败奔北。郭图说谭曰:"今将军国小兵少,粮匮势弱,显甫之来,久则不敌。愚以为可呼曹公来击显甫。曹公至,必先攻邺,显甫还救。将军引兵而西,自邺以北皆可虏得。若显甫军破,其兵奔亡,又可敛取以拒曹公。曹公远涉侨而来,粮饷不继,必自逃去。比此之际,赵国以北皆我之有,亦足与曹公为对矣。不然,不谐。"谭始不纳,后遂从之。问图:"谁可使?"图答:"辛佐治可。"谭遂遣毗诣太祖。

[2]《魏略》曰:诸葛亮围祁山,不克,引退。张郃追之,为流矢所中死。帝惜郃,临朝而叹曰:"蜀未平而郃死,将若之何!"司空陈群曰:"郃诚良将,国所依也。"毗心以为郃虽可惜,然已死,不当内易主意,而示外以不大也。乃持群曰:"陈公,是何言欤!当建安之末,天下不可一日无武皇帝也,及委国祚,而文皇帝受命。黄初之世,亦谓不可无文皇帝也,及委弃天下,而陛下龙兴。今国内所少,岂张郃乎?"陈群曰:"亦诚如辛毗言。"帝笑曰:"陈公可谓善变矣。"臣松之以为拟人必于其伦,取譬宜引其类,故君子于其言,无所苟而已矣。毗欲弘广主意,当举若张辽之畴,安有于一将之死而可以祖宗为譬

哉?非所宜言,莫过于兹。进违其类,退似诏佞,佐治刚正之体,不宜有此。《魏略》既已难信,习氏又从而载之,窃谓斯人受诬不少。

〔3〕《魏略》曰:"宣王数数欲进攻,毗禁不听。宣王虽能行意,而每屈于毗。

〔4〕《世语》曰:敞字泰雍,官至卫尉。毗女宪英,适太常泰山羊耽,外孙夏侯湛为其传云:"宪英聪明有才鉴。初文帝与陈思王争为太子,既而文帝得立,抱毗颈而喜曰:'辛君知我喜不?'毗以告宪英,宪英叹曰:'太子代君主宗庙社稷者也。代君不可以不戚,主国不可以不惧,宜戚而喜,何以能久!魏其不昌乎!'弟敞为大将军曹爽参军。司马宣王将诛爽,因爽出,闭城门。大将军司马鲁芝将爽府兵,犯门斩关,出城门赴爽,来呼敞俱去。敞惧,问宪英曰:'天子在外,太傅闭城门,人云将不利国家,于事可得尔乎?'宪英曰:'天下有不可知,然以吾度之,太傅殆不得不尔!明皇帝临崩,把太傅臂,以事付之,此言犹在朝士之耳。且曹爽与太傅俱受寄托之任,而独专权势,行以骄奢,于王室不忠,于人道不直,此举不过以诛曹爽耳。'敞曰:'然则事就乎?'宪英曰:'得无殆就!爽之才非太傅之偶也。'敞曰:'然则敞可以无出乎?'宪英曰:'安可以不出?职守,人之大义也。凡人在难,犹或恤之;为人执鞭而弃其事,不祥,不可也。且为人死,为人任,亲昵之职也,从众而已。'敞遂出。宣王果诛爽。事定之后,敞叹曰:'吾不谋于姊,几不获于义。'逮钟会为镇西将军,宪英谓从子羊祜曰:'钟士季何故西出?'祜曰:'将以灭蜀也。'宪英曰:'会在事纵恣,非持久处下之道,吾畏其有他志也。'祜曰:'季母勿多言。'其后会请子琇为参军,宪英忧曰:'他日见钟会之出,吾为国忧之矣。今日难至吾家,此国之大事,必不得止也。'琇固请司马文王,文王不听。宪英语琇曰:'行矣,戒之!古之君子,入则致孝于亲,出则致节于国,在职思其所司,在义思其所立,不遗父母忧患而已。军旅之间,可以济者,其惟仁恕乎!汝其慎之!'琇竟以全身。宪英年至七十有九,泰始五年卒。"

〔5〕《魏略》曰:阜少与同郡尹奉次曾、赵昂伟章俱发名,伟章、次曾与阜俱在凉州从事。

〔6〕皇甫谧《列女传》曰:姜叙母者,天水姜伯奕之母也。建安中,马超攻冀,害凉州刺史韦康,州人凄然,莫不感愤。叙为抚夷将军,拥兵屯历。叙姑子杨阜,故为康从事,同等十余人,皆略属超,阴相结为康报仇,未有间。会阜妻死,辞超宁归西,因过至历,候叙母,说康被害及冀中之难,相对泣良久。姜叙举室感悲,叙母曰:"咄!伯奕,韦使君遇难,岂一州之耻,亦汝之负,岂独义山哉?汝无顾我,事淹变生。人谁不死?死国,忠义之大者。但当速发,我自为汝当之,不以余年累汝也。"因敕叙与阜参议,许诺,分人使语乡里尹奉、赵昂及安定梁宽等,令叙先举兵叛超,超怒,必来击叙,宽等因从后闭门。约誓以定,叙遂进兵卤,昂、奉守祁山。超闻,果自出击叙,宽等从后闭冀门,超失据。过卤,叙守卤。超因进至历,中见叙往,以为叙军还。又闻超已走奔汉中,故坞无备。及超入历,执叙母,母怒骂超。超被骂大怒,即杀叙母及其子,烧城而去。阜等以状闻,太祖甚嘉之,手令褒扬,语如本传。臣松之案:谧称阜为叙姑子,而本传云叙为阜外兄,与今名内外不同。谧又载赵昂妻曰:赵昂妻异者,故益州刺史天水赵伟璋妻,王氏女也。昂为羌道令,留异在西。会同郡梁双反,攻破西城,害异两男。异女英,年六岁,独与异在城中。异见两男已死,又恐为双所侵,引刀欲自刎,顾英而叹曰:"身死尔弃,当谁守哉?吾闻西施蒙不洁之服,则人掩鼻,况我貌

非西施乎?"乃以涝粪涅麻而被之,鲜食瘠形,自春至冬。双与州郡和,异竟以是免难。昂遣吏迎之,未至三十里,止谓英曰:"妇人无符信保傅,则不出房闱。昭姜沉流,伯姬待烧,每读其传,心壮其节。今吾遭乱不能死,将何以复见诸姑?所以偷生不死,惟怜汝耳。今官舍已近,吾去汝死矣。"遂饮毒药而绝。时适有解毒药良汤,撅口灌之,良久乃苏。建安中,昂转参军事,徙居冀。会马超攻冀,异躬著布韝,佐昂守备,又悉脱所佩环、黼黻以赏战士。及超攻急,城中饥困,刺史韦素仁,懿吏民伤残,欲与超和。昂谏不听,归以语异,异曰:"君有争臣,大夫有专利之义;专不为非也。焉知救兵不到关陇哉?当共勉卒高勋,全节致死,不可从也。"比昂还,康与超和。超遂背约诛康,又劫昂,质其嫡子月于南郑。欲要昂以为己用,然心未甚信。超妻杨闻阜节行,请与宴终日。异欲信昂于超以济其谋,谓杨曰:"昔管仲入齐,立九合之功;由余入秦,穆公成霸。方今社稷初定,治乱在于得人,凉州士马,乃可与中夏争锋,不可不详也。"杨深感之,以为忠于己,遂与异重相结托。昂所以得信于超,全功免祸者,异之力也。及昂与杨阜等结谋讨超,告昂曰:"吾谋如是,事必万全,当奈月何?"异厉声应曰:"忠义立于身,雪君父之大耻,丧元不足为重,况一子哉?夫项托、颜渊,岂复百年,贵义存耳。"昂曰:"善。"遂共闭门逐超,超奔汉中,从张鲁引兵还。异复与昂保祁山,为超所围,三十日救兵到,乃解。超卒杀异子月。凡自冀城之难,至于祁山,昂出九奇,异辄参焉。

〔7〕臣松之以为忠至之道,以亡己为理。是以匡救其恶,不为身计。而阜表云"使国亡而臣可以独存,臣又不言也",此则发愤为己,岂为国哉?斯言也,岂不伤烈烈之义,为一表之病乎!

〔8〕《魏略》曰:太史上汉历不及天时,因更推步弦望朔晦,为太和历。帝以隆学问优深,于天文又精,乃诏使隆与尚书郎杨伟、太史待诏骆禄参共推校。伟、禄是太史,隆故据旧历更胜劲奏,纷纭数岁,伟称禄得日蚀而月晦不尽,隆不得日蚀而月晦尽,诏从太史。隆所争虽不得,而远近犹知其精微也。

〔9〕会,音胎。

〔10〕习凿齿曰:高堂隆可谓忠臣矣。君侈每思谏其恶,将死不忘忧社稷,正辞动于昏主,明戒验于身后,謇谔足以励物,德音没而弥彰,可不谓忠且智乎!《诗》云:"听用我谋,庶无大悔。"又曰:"曾是莫听,大命以倾。"其高堂隆之谓也。

〔11〕潜字彦皇,见应璩《书林》。

卷二十六　满田牵郭传第二十六

满宠字伯宁,山阳昌邑人也。年十八,为郡督邮。时郡内李朔等各拥部曲,害于平民,太守使宠纠焉。朔等请罪,不复抄略。守高平令。县人张苞为郡督邮,贪秽受取,干乱吏政。宠因其来在传舍,率吏卒出收,诘责所犯,即日考竟,遂弃官归。

太祖临兖州,辟为从事。及为大将军,辟署西曹属,为许令。时曹洪宗室亲贵,有宾客在界,数犯法,宠收治之。洪书报宠,宠不听。洪白太祖,太祖召许主者。宠知将欲原,乃速杀之。太祖喜曰:"当事不当尔邪?"故太尉杨彪收付县狱,尚书令荀彧、少府孔融等并属宠:"但当受辞,勿加考掠。"宠一无所报,考讯如法。数日,求见太祖,言之

曰:"杨彪考讯无他辞语。当杀者宜先彰其罪,此人有名海内,若罪不明,必大失民望,窃为明公惜之。"太祖即日赦出彪。初,或、融闻考掠彪,皆怒,及因此得了,更善宠[1]。时袁绍盛于河朔,而汝南绍之本郡,门生宾客布在诸县,拥兵拒守。太祖忧之,以宠为汝南太守。宠募其服从者五百人,率攻下二十余壁,诱发未降渠帅,于坐上杀十余人,一时皆平。得户二万,兵二千人,令就田业。

建安十三年,从太祖征荆州。大军还,留宠行奋威将军,屯当阳。孙权数扰东陲,复召宠还为汝南太守,赐爵关内侯。关羽围襄阳,宠助征南将军曹仁屯樊城拒之,而左将军于禁等军以霖雨水长为羽所没。羽急攻樊城,樊城得水,往往崩坏,众皆失色。或谓仁曰:"今日之危,非力所支。可及羽围未合,乘轻船夜走,虽失城,尚可全身。"宠曰:"山水速疾,冀其不久。闻羽遣别将已在郏下,自许以南,百姓扰扰,羽所以不敢遂进者,恐吾军掎其后耳。今若遁去,洪河以南,非复国家有也;君宜待之。"仁曰:"善。"宠乃沉白马,与军人盟誓。会徐晃等救至,宠力战有功,羽遂退。进封安昌亭侯。文帝即王位,迁扬武将军。破吴于江陵有功,更拜伏波将军,屯新野。大军南征,到精湖,宠帅诸军在前,与贼隔水相对。宠敕诸将曰:"今夕风甚猛,贼必来烧军,宜为其备。"诸军皆警。夜半,贼果遣十部伏夜来烧,宠掩击破之,进封南乡侯。黄初三年,假宠节钺。五年,拜前将军。明帝即位,进封昌邑侯。太和二年,领豫州刺史。三年春,降人称吴大严,扬声欲诣江北猎,孙权欲自出。宠度其必袭西阳而为之备,权闻之,退还。秋,使曹休从庐江南入合肥,令宠向夏口,宠上疏曰:"曹休虽明果而希用兵,今所从道,背湖旁江,易进难退,此兵之洼地也。若入无强口,宜深为之备。"宠表未报,休遂深入。贼果从无强口断夹石,要休还路。休战不利,退走。会朱灵等从后来断道,与贼相遇。贼惊走,休军乃得还。是岁休薨,宠以前将军代都督扬州诸军事。汝南兵民恋慕,大小相率,奔随道路,不可禁止。护军表上,欲杀其为首者。诏使宠将亲兵千人自随,其余一无所问。四年,拜宠征东将军。其冬,孙权扬声欲至合肥,宠表召兖、豫诸军,皆集。贼寻退还,被诏罢兵。宠以为"今贼大举而还,非本意也,此必欲伪退以罢吾兵,而倒还乘虚,掩不备也。"表不罢兵。后十余日,权果更来,到合肥城,不克而还。其明年,吴将孙布遣人诣扬州求降,辞云:"道远不能自致,乞兵见迎。"刺史王凌腾布书,请兵马迎之。宠以为必诈,不与兵,而为凌作报书曰:"知识邪正,欲避祸就顺,去暴归道,甚相嘉尚。今欲遣兵相迎,然计兵少则不足相卫,多则事必远闻。且先密计以成本志,临时节度其宜。"宠会被书当入朝,敕留府长史:"若凌欲往迎,勿与兵也。"凌于后索兵不得,乃单遣一督将步骑七百人往迎之。布夜掩击,督将进走,死伤过半。初,宠与凌共事不平,凌支党毁宠疲老悖谬,故明帝召之。既至,体气康强,见而遣还[2]。宠屡表求留,诏报口:"昔廉颇强食,马援据鞍,今君未老而自谓已老,何与廉、马之相背邪?其思安边境,惠此中国。"

明年,吴将陆逊向庐江,论者以为宜速赴之。宠曰:"庐江虽小,将劲兵精,守则经时。又贼舍船二百里来,后尾空悬,尚欲诱致,今宜听其遂进,但恐走不可及耳。"整军趋杨宜口。贼闻大兵东下,即夜遁。时权岁有来计。青龙元年,宠上疏曰:"合肥城南临江湖,北远寿春,贼攻围之,得据水为势;官兵救之,当先破贼大辈,然后围乃得解。贼往甚易,而兵往救之甚难,宜移城内之兵,其西三十里,有奇险可依,更立城以固守,此为引贼平地而掎其归路,于计为便。"护军将军蒋济议以为:"既示天下以弱,且望贼烟火而坏城,此为未攻而自拔。一至于此,劫略无限,必以淮北为守。"帝未许。宠重表曰:"孙子言,兵者,诡道也。故能而示之以弱不能,骄之以利,示之以慑。此为形实不必相应也。又曰'善动敌者形之'。今贼未至而移城却内,此所谓形而诱之也。引贼远水,择利而动,举得于外,则福生于内矣。"尚书赵咨以宠策为长,诏遂报听。其年,权自出,欲围新城,以其远水,积二十日不敢下船。宠谓诸将曰:"权得吾移城,必于其众中有自大之言,今大举来欲要一切之功,虽不敢至,必当上岸耀兵以示有余。"乃潜遣步骑六千,伏肥城隐处以待之。权果上岸耀兵,宠伏军卒起击之,斩首数百,或有赴水死者。明年,权自将号十万,至合肥新城。宠驰往赴,募壮士数十人,折松为炬,灌以麻油,从上风放火,烧贼攻具,射杀权弟子孙泰。贼于是引退。三年春,权遣兵数千家佃于江北。至八月,宠以为田向收熟,男女布野,其屯卫兵去城远者数百里,可掩击也。遣长史督三军循江东下,摧破诸屯,焚烧谷物而还。诏美之,因以所获尽为将士赏。

景初二年,以宠年老征还,迁为太尉。宠不治产业,家无余财。诏曰:"君典兵在外,专心忧公,有行父、祭遵之风。"赐田十顷,谷五百斛,钱二十万,以明清忠俭约之节焉。宠前后增邑,凡九千六百户,封子孙二人亭侯。正始三年薨,谥曰景侯。子伟嗣。伟以格度知名,官至卫尉[3]。

田豫字国让,渔阳雍奴人也。刘备之奔公孙瓒也,豫时年少,自托于备,备甚奇之。备为豫州刺史,豫以母老求归,备涕泣与别,曰:"恨不与君共成大事也。"公孙瓒使豫守东州令,瓒将王门叛瓒,为袁绍将万余人来攻。众惧欲降。豫登城谓门曰:"卿为公孙所厚而去,意有所不得已也;今还作贼,乃知卿乱人耳。夫挈瓶之智,守不假器,吾既受之矣;何不急攻乎?"门惭而退。瓒虽知豫有权谋,而不能任也。瓒败而鲜于辅为国人所推,行太守事,素善豫,以为长史。时雄杰并起,辅莫知所从。豫谓辅曰:"终能定天下者,必曹氏也。宜速归命,无后祸期。"辅从其计,用受封宠。太祖召豫为丞相军谋掾,除颍阴、朗陵令,迁弋阳太守,所在有治。鄢陵侯彰征代郡,以豫为相。军次易北,虏伏骑击之,军人扰乱,莫知所为。豫因地形,回车结圜阵,弓弩持满于内,疑兵塞其隙。胡不能进,散去。追击,大破之,遂前平代,皆豫策也。迁南阳太守。先时,郡人侯音反,众数千人在山中为群盗,大为郡患。前太守收其党与五百余人,表奏皆当死。豫悉见诸系囚,慰谕,开其自新之路,一时破械遣之。诸囚皆叩头,愿自效,即相告语,群贼一朝解散,郡内清静。具以状上,太祖善之。

文帝初,北狄强盛,侵扰边塞,乃使豫持节护乌丸校尉,牵招、解儁并护鲜卑。自高柳以东,濊貊以西,鲜卑数十部,比能、弥加、素利割地统御,各有分界;乃共要誓,皆不得以马与中国市。豫以戎狄为一,非中国之利,乃先构离之,使自为仇敌,互相攻伐。素利违盟,出马千匹与官,为比能所攻,求救于豫。豫恐遂相兼并,为害滋深,宜救善讨恶,示信众狄。单将锐卒,深入虏庭,胡人众多,抄军前后,断截归路。豫乃进军。去虏十余里结屯营,多聚牛马粪然之,从他道引去。胡见烟火不绝,以为尚在,去,行数十里乃知之。追豫到马城,围之十重,豫密严,使司马建旌旗,鸣鼓吹,将步骑从南门出,胡人皆属目往赴之。豫将精锐自北门出,鼓噪而起,两头俱发,出虏不意,虏众散乱,皆弃弓马步走,追讨二十余里,僵尸蔽地。又乌丸王骨进桀黠不恭,豫因出塞案行,单将麾下百余骑入进部。进逆拜,遂使左右斩进,显其罪恶以令众。众皆怖慑不敢动,便以进弟代进。自是胡人破胆,威震沙漠。山贼高艾,众数千人,寇抄,为幽、冀害,豫诱使鲜卑素利部斩艾,传首京都。封豫长乐亭侯。为校尉九年,其御夷狄,恒摧抑兼并,乖散强猾。凡逋亡奸宄,为胡作计不利官者,豫皆构刺搅离,使凶邪之谋不遂,聚居之类不安。事业未究,而幽州刺史王雄支党欲令雄领乌丸校尉,毁豫乱边,为国生事。遂转豫为汝南太守,加殄夷将军。

太和末,公孙渊以辽东叛,帝欲征之而难其人,中领军杨暨举豫应选[4]。乃使豫以本官督青州诸军,假节,往讨之。会吴贼遣使与渊相结,帝以贼众多,又以渡海,诏豫使罢军。豫度贼船垂还,岁晚风急,必畏漂浪,东随无岸,当赴成山。成山无藏船之处,辄便循海,案行地形,及诸山岛,徼截险要,列兵屯守。自入成山,登汉武之观。贼还,果遇恶风,船皆触山沉没,波荡著岸,无所逃窜,尽虏其众。初,诸将皆笑于空地待贼,及贼破,竞欲与谋,求入海钩取浪船。豫惧穷虏死战,皆不听。初,豫以太守督青州,青州刺史程喜内怀不服,军事之际,多相违错。喜知帝宝爱明珠,乃密上:"豫虽有战功,而禁令宽弛,所得器仗珠金甚多,放散皆不纳官。"由是功不见列。

后孙权号十万众攻新城,征东将军满宠欲率诸军救之。豫曰:"贼悉众大举,非徒投射小利,欲质新城以致大军耳。宜听使攻城,挫其锐气,不当与争锋也。城不可拔,众必罢怠;罢怠然后击之,可大克也。若贼见计,必不攻城,势将自走。若便进兵,适入其计。又大军相向,当使难知,不当使自画也。"豫辄上状,天子从之。会贼遁走。后吴复来寇,豫往拒之,贼即退。诸军夜惊,云"贼复来!"豫卧不起,令众"敢动者斩"。有顷,竟无贼。

景初末,增邑三百,并前五百户。正始初,迁使持节护匈奴中郎将,加振威将军,领并州刺史。外胡闻其威名,相率来献。州界宁肃,百姓怀之。征为卫尉。屡乞逊位,太傅司马宣王以豫克壮,书喻未听。豫书答曰:"年过七十而以居位,譬犹钟鸣漏尽而夜行不休,是罪人也。"遂固称疾笃。拜太中大夫,食卿禄。年八十二薨。子彭祖嗣[5]。

豫清俭约素,赏赐皆散之将士。每胡、狄私遗,悉簿藏官,不入家;家常贫匮,虽殊类,咸高豫节[6]。嘉平六年,下诏褒扬,赐其家钱谷。语在《徐邈传》。

牵招字子经,安平观津人也。年十余岁,诣同县乐隐受学。后隐为车骑将军何苗长史,招随卒业。值京都乱,苗、隐见害,招俱与隐门生史路等触蹈锋刃,共殡敛隐尸,送丧还归。道遇寇抄,路等皆悉散走。贼欲斫棺取钉,招垂泪请赦。贼义之,乃释而去。由此显名。冀州牧袁绍辟为督军从事,兼领乌丸突骑。绍舍人犯令,招先斩乃白,绍奇其意而不见罪也。绍卒,又事绍子尚。建安九年,太祖围邺。尚遣招至上党,督致军粮。未还,尚破走,到中山。时尚外兄高幹为并州刺史,招以并州左有恒山之险,右有大河之固,带甲五万,北阻强胡,劝幹迎尚,并力观变。幹既不能,而阴欲害招。招闻之,间行而去,道隔不得追尚,遂东诣太祖。太祖领冀州,辟为从事。

太祖将讨袁谭,而柳城乌丸欲出骑助谭。太祖以招尝领乌丸,遣诣柳城。到,值峭王严,以五千骑当遣诣谭。又辽东太守公孙康自称平州牧,遣使韩忠赍单于印绶往假峭王。峭王大会群长,忠亦在坐。峭王问招:"昔袁公言受天子之命,假我为单于;今曹公复言当更白天子,假我真单于;辽东复持印绶来。如此,谁当为正?"招答曰:"昔袁公承制,得有所拜假;中间违错,天子命曹公代之,言当白天子,更假真单于,是也。辽东下郡,何得擅称拜假也?"忠曰:"我辽东在沧海之东,拥兵百万,又有扶余、濊貊之用;当今之势,强者为右,曹操独何得为是也?"招呵忠曰:"曹公允恭明哲,翼戴天子,伐叛柔服,宁静四海,汝君臣顽嚚,今恃险远,背违王命,欲擅拜假,侮弄神器,方当屠戮,何敢慢易咨毁大人?"便捉忠头顿筑,拔刀欲斩之。峭王惊怖,徒跣抱招,以救请忠,左右失色。招乃还坐,为峭王等说成败之效,祸福所归。皆下席跪伏,敬受敕教,便辞辽东之使,罢所严骑。

太祖灭谭于南皮,署招军谋掾,从讨乌丸,至柳城,拜护乌丸校尉。还邺,辽东送袁尚首,悬在马市,招睹之悲感,设祭头下。太祖义之,举为茂才。从平汉中,太祖还,留招为中护军。事罢,还邺,拜平虏校尉,将兵督青、徐州郡诸军事,击东莱贼,斩其渠率,东土宁静。

文帝践阼,拜使持节护鲜卑校尉,屯昌平。是时,边民流散山泽,又亡叛在鲜卑中者,处有千数。招广布恩信,招诱降附。建义中郎将公孙集等,率将部曲,咸各归命;使还本郡。又怀来鲜卑素利、弥加等十余万落,皆令款塞。大军欲征吴,召招还,至,值军罢,拜右中郎将,出为雁门太守。郡在边陲,虽有候望之备,而寇抄不断。招既教民战阵,又表复乌丸五百余家租调,使备鞍马,远遣侦候。虏每犯塞,勒兵逆击,来辄摧破,于是吏民胆气日锐,荒野无虞。又构间离散,使虏更相猜疑。鲜卑大人步度根,泄归泥等与轲比能为隙,将部落三万余家诣郡附塞。敕令还击比能,杀比能弟苴罗侯,及叛乌丸归义侯王同、王寄等,大结怨仇。是以招自出,率将归泥等讨比能于云中故郡,大破之。招通河西鲜卑附头等十余万家,缮治陉北故上馆城,置屯戍以镇内外,夷虏大小,莫不归心,诸叛亡虽亲戚不敢藏匿,咸悉收送。于是野居晏闭,寇贼静息。招乃简选有才识者,诣太学受业,还相授教,数年中庠序大兴。郡所治广武，井水咸苦，民皆担辇远汲流水，往返七里。招准望地势，因山陵之宜，凿原开渠，注水城内，民赖其益。

明帝即位，赐爵关内侯。太和二年，护乌丸校尉田豫出塞，为轲比能所围于故马邑城，移招求救。招即整勒兵马，欲赴救豫。并州以常宪禁招，招以为节将见围，不可拘于吏议，自表辄行。又并驰布羽檄，称陈形势，云"当西北掩取轲家，然后东行，会诛轲身"。檄到，豫军踊跃。又遗一通于轲躁要，轲即恐怖，种类离散。军到故平城，便皆溃走。比能复大合骑来，到故平州塞北。招潜行扑讨，大斩首级。招以蜀虏诸葛亮数出，而比能狡猾，能相交通，表为防备，议者以为县远，未之信也。会亮时在祁山，果遣使连结比能。比能至故北地石城，与相首尾。帝乃诏招，使从便宜讨之。时比能已还漠南，招与刺史毕轨议曰："胡虏迁徙无常。若劳师远追，则迟速不相及。若欲潜袭，则山溪艰险，资粮转运，难以密办。可使守新兴、雁门二牙门，出屯陉北，外以镇抚，内令兵田。储畜资粮，秋冬马肥，州郡兵合，乘衅征讨，计必全克。"未及施行，会病卒。招在郡十二年，威风远振。其治边之称，次于田豫，百姓追思之。而渔阳傅容在雁门有名绩，继招后，在辽东又有事功云。

招子嘉嗣。次子弘，亦猛毅有招风，以陇西太守随邓艾伐蜀有功，咸熙中为振威护军。嘉与晋司徒李胤同母，早卒[7]。

郭淮字伯济，太原阳曲人也[8]。建安中举孝廉，除平原府丞。文帝为五官将，召淮署为门下贼曹，转为丞相兵曹议令史，从征汉中。太祖在，留征西将军夏侯渊拒刘备，以淮为渊司马。渊与备战，淮时有疾不出。渊遇害，军中扰扰，淮收散卒，推荡寇将军张郃为军主，诸营乃定。其明日，备欲渡汉水来攻。诸将议众寡不敌，备便乘胜，欲依水为阵以拒之。淮曰："此示弱而不足挫敌，非算也。不如远水为阵，引而致之，半济而后击，备可破也。"既阵，备疑不渡，淮遂坚守，示无还心。以状闻，太祖善之，假郃节，复以淮为司马。文帝即王位，赐爵关内侯，转为镇西长史。又行征羌护军。护左将军张郃、冠军将军杨秋讨山贼郑甘、卢水叛胡，皆破平之。关中始定，民得安业。

黄初元年，奉使贺文帝践阼，而道路得疾，故计远近为稽留。及群臣欢会，帝正色责之曰："昔禹会诸侯于涂山，防风后至，便行大戮。今溥天同庆而卿最留迟，何也？"淮对曰："臣闻五帝先教，导民以德，夏后政衰，始用刑辟。今臣遭唐虞之世，是以自知免于防风之诛也。"帝悦之，擢领雍州刺史，封射阳亭侯，五年为真。安定羌大帅辟蹏反，讨破降之。每羌、胡来降，淮辄先使人推问其亲理，男女多少，年岁长幼；及见，一二知其款曲，讯问周至，咸称神明。

太和二年，蜀相诸葛亮出祁山，遣将军马谡至街亭，高详屯列柳城。张郃击谡，淮攻详营，皆破之。又破陇西名羌唐蹏于枹罕，加建威将军。五年，蜀出卤城。是时，陇右无谷，议欲关中大运，淮以威恩抚循羌、胡，家使出谷，平其输调，军食用足，转扬武将军。青龙二年，诸葛亮出斜谷，并田于兰坑。是时司马宣王屯渭南；淮策亮必争北原，宜先据之，议者多谓不然。淮曰："若亮跨渭登原，连兵北山，隔绝陇道，摇荡民、夷，此非国之利也。"宣王善之，淮遂屯北原。堑垒未成，蜀兵大至，淮逆击之。后数日，亮盛兵西行，诸将皆谓欲攻西围，淮独以为此见形于西，欲使官兵重应之，必攻阳遂耳。其夜果攻阳遂，有备不得上。

正始元年，蜀将姜维出陇西。淮遂进军，追至强中，维退，遂讨羌迷当等，按抚柔氏三千余落，拔徙以实关中。迁左将军。凉州休屠胡梁元碧等，率种落二千余家附雍州。淮奏请使居安定之高平，为民保障，其后因置西州都尉。转拜前将军，领州如故。

五年，夏侯玄伐蜀，淮督诸军为前锋。淮度势不利，辄拔军出，故不大败。还假淮节。八年，陇西、南安、金城、西平诸羌饿何、烧戈、伐同、蛾遮塞等相结叛乱，攻围城邑，南招蜀兵，凉州名胡治无戴复叛应之。讨蜀护军夏侯霸督诸军屯为翅。淮军始到狄道，议者佥谓宜先讨定枹罕，内平恶羌，外折贼谋。淮策维必来攻霸，遂入沨中，转南迎霸。维果攻为翅，会淮军适至，维遁退。进讨叛羌，斩饿何、烧戈，降服者万余落。九年，遮塞等屯河关、白土故城，据河拒军。淮见形上流，密于下渡兵据白土城，击，大破之。治无戴围武威，家属留在西海，淮进军趋西海，欲掩取其累重，会无戴折还，与战于龙夷之北，破走之。令居恶虏在石头山之西，当大道止，断绝王使。淮还过讨，大破之。姜维出石营，从强川，乃西迎治无戴，留阴平太守廖化于成重山筑城，敛破羌保质。淮欲分兵取之。诸将以维众西接强胡，化以据险，分军两持，兵势转弱，进不制维，退不拔化，非计也，不如合而俱西，及胡、蜀未接，绝其内外，此伐交之兵也。淮曰："今往取化，出贼不意，维必狼顾。比维自致，足以定化，且使维疲于奔命。兵不远西，而胡交自离，此一举而两全之策也。"乃别遣夏侯霸等追维于沓中，淮自率诸军就攻化等。维果驰还救化，皆如淮计。进封都乡侯。

嘉平元年，迁征西将军，都督雍、凉诸军事。是岁，与雍州刺史陈泰协策，降蜀牙门将句安等于翅上。二年，诏曰："昔汉川之役，几至倾覆，淮临危济难，功书王府。在关右三十余年，外征寇虏，内绥民夷。比岁以来，摧破廖化，禽夏侯安，功绩显著，朕甚嘉之。今以淮为车骑将军、仪同三司，持节、都督如故。"进封阳曲侯，邑凡二千七百八十户，分三百户，封一子亭侯[9]。正元二年薨，追赠大将军，谥曰贞侯。子统嗣。统官至荆州刺史，薨。子正嗣。咸熙中，开建五等，以淮著勋前朝，改封汾阳子[10]。

评曰："满宠立志刚毅，勇而有谋。田豫居身清白，规略明练。牵招秉义壮烈，威绩显著。郭淮方策精详，垂问秦、雍。而豫位止小州，招终于郡守，未尽其用也。

注：
[1] 臣松之以为杨公积德之门，身为名臣，纵有愆负，犹宜保祐，况淫刑所滥，而可加其楚掠乎？若理应考讯，苟、孔二贤岂其妄有相请属哉？宠以此为能，酷吏之用心耳。虽有后善，何解前虐？
[2]《世语》曰：王凌表宠年过耽酒，不可居方任。帝将召宠，给事

中郭谋曰:"宠为汝南太守、豫州刺史二十余年,有勋方岳。及镇淮南,吴人惮之。若不如所表,将为所窥。可令还朝,问以方事以察之。"帝从之。宠既至,进见,饮酒至一石不乱。帝慰劳之,遣还。

〔3〕《世语》曰:伟字公衡。伟子长武,有宠风,年二十四,为大将军掾。高贵乡公之难,以掾闻阊阖门,司马文王弟安阳亭侯幹欲入。幹妃,伟妹也。长武谓幹曰:"此门近,公且来,无有入者,可从东掖门。"幹遂从之。文王问幹何迟,幹言其故。参军王羡亦不得入,恨之。既而羡因王左右启曰:"满掾断门不内人,宜推劾。"寿春之役,伟从文王至许,以疾不进。子从,求还省疾,事定乃从归,由此内见恨。收长武考死杖下,伟免为庶人。时人冤之。伟弟之奋,晋元康中至尚书令、司隶校尉。宠、伟、长武、奋,皆长八尺。荀绰《冀州记》曰:奋性清平,有识检。《晋诸公赞》曰:奋体量通雅,有宠风也。

〔4〕臣松之案:暨宗休先,荥阳人,事见《刘晔传》。暨子肇,晋荆州刺史。山涛《启事》称肇有才能。肇子潭字道元,次歆字公嗣,潭子或字长文,次经字仲武,皆见《潘岳集》。

〔5〕《魏略》曰:豫罢官归,居魏县。会汝南遣接步诣征北,感豫宿恩,过拜之。豫为杀鸡炊黍,送诣至陌头,谓之曰:"罢老,苦汝来过。无能有益。若何?"健步慰其贫蒙,流涕而去,还为故吏民说之。汝南为具资数千匹,遣人饷豫,豫一不受。会病亡,戒其妻子曰:"葬我必于西门豹祠边。"妻子难之,言:"西门豹古之神人,那可葬于其边乎?"豫言:"豹所履行与我敌等耳,使死而有灵,必与我善。"妻子从之。汝南闻其死也,悲之,既为画像,又就为立碑铭。

〔6〕《魏略》曰:鲜卑素利等数来客见,多以牛马遗豫;豫转送官。胡人以为前所与豫物显露,不如持金。乃密怀金三十斤,谓豫曰:"愿避左右,我欲有所道。"豫与之,胡因跪曰:"我见公贫,故前后遗公牛马,公辄送官,今密以此上公,可以为家资。"豫张袖受之,答其厚意。胡去之后,皆悉付外,具以状闻。于是诏褒之曰:"昔魏绛开怀以纳戎赂,今卿举袖以受狄金,朕甚嘉焉。"乃即赐绢五百匹。豫得赐分以其半藏小府,后胡复来,以半与之。

〔7〕按《晋书》:弘后为扬州、凉州刺史,以果烈死事于边。嘉子秀,字成叔。荀绰《冀州记》曰:秀有隽才,性豪侠有气,弱冠得美名。于太康中为卫瓘、崔洪、石崇等所提携,以新安令博士为司空从事中郎。与帝舅黄门侍郎王恺素相轻侮。恺讽司隶荀恺,令都官诬奏秀夜在道中载高平国守士田兴妻。秀即表诉被诬陷之由,论恺秽行,文辞长厉。于时朝臣虽多证明,秀名誉由是而损。后张华请为长史,稍迁至尚书。河间王以秀为平北将军,假节,在冯翊遇害。世人玩其辞赋,惜其材干。

〔8〕按郭氏谱:淮祖全,大司农;父绲,雁门太守。

〔9〕《世语》曰:淮妻,王凌之妹。凌诛,妹当从坐,侍御史往收。督将及羌、胡渠帅数千人叩头请淮表留妻,淮不从。妻上道,莫不流涕,人人扼腕,欲劫留之。淮五子叩头流血请淮,淮不忍视,乃命左右追妻。于是追者数千骑,数日而还。淮以书白司马宣王曰:"五子哀母,不惜其身;若无母,是无五子;无五子,亦无淮也。今辄追还,若于法未通,当受罪于主者,觊展在近。"书至,宣王亦宥之。

〔10〕《晋诸公赞》曰:淮弟配,字仲南,有重名,位至城阳太守。裴秀、贾充皆配女婿。子展,字泰舒。有器度干用,历职著绩,终于太仆。次弟豫,字泰宁,相国参军,知名,早卒。女适王衍。配弟镇,字季南,谒者仆射。镇子奕,字泰业。山涛《启事》称奕高简有雅量,历位雍州刺史、尚书。

卷二十七　徐胡二王传第二十七

徐邈字景山,燕国蓟人也。太祖平河朔,召为丞相军谋掾,试守奉高令,入为东曹议令史。魏国初建,为尚书郎。时科禁酒,而邈私饮至于沉醉。校事赵达问以曹事,邈曰:"中圣人。"达白之太祖,太祖甚怒。度辽将军鲜于辅进曰:"平日醉客谓酒清者为圣人,浊者为贤人,邈性修慎,偶醉言耳。"竟坐得免刑。后领陇西太守,转为南安。文帝践阼,历谯相,平阳、安平太守,颍川典农中郎将,所在著称,赐爵关内侯。车驾幸许昌,问邈曰:"颇复中圣人不?"邈对曰:"昔子反毙于谷阳,御叔罚于饮酒,臣嗜同二子,不能自惩,时复中之。然宿瘤以丑见传,而臣以醉见识。"帝大笑,顾左右曰:"名不虚立。"迁抚军大将军军师。

明帝以凉州绝远,南接蜀寇,以邈为凉州刺史,使持节领护羌校尉。至,值诸葛亮出祁山,陇右三郡反,邈辄遣参军及金城太守等击南安贼,破之。河右少雨,常苦乏谷,邈上修武威、酒泉盐池以收虏谷,又广开水田,募贫民佃之,家家丰足,仓库盈溢。乃支度州界军用之余,以市金帛犬马,通供中国之费。以渐收敛民间私仗,藏之府库。然后率以仁义,立学明训,禁厚葬,断淫祀,进善黜恶,风化大行,百姓归心焉。西域流通,荒戎入贡,皆邈勋也。讨叛羌柯吾有功,封都亭侯,邑三百户,加建威将军。邈与羌、胡从事,不问小过;若犯大罪,先告部帅,使知,应死者乃斩以徇,是以信服畏威。赏赐皆散与将士,无入家者,妻子衣食不充;天子闻而嘉之,随时供给其家。弹邪绳枉,州界肃清。

正始元年,还为大司农。迁为司隶校尉,百寮敬惮之。公事去官。后为光禄大夫,数岁即拜司空,邈叹曰:"三公论道之官,无其人则缺,岂可以老病忝之哉?"遂固辞不受。嘉平元年,年七十八,以大夫薨于家,用公礼葬,谥穆侯。子武嗣。六年,朝廷追思清节之士,诏曰:"夫显贤表德,圣王所重;举善而教,仲尼所美。故司空徐邈、征东将军胡质、卫尉田豫皆服职前朝,历事四世,出统戎马,入赞庶政,忠清在公,忧国忘私,不营产业,身没之后,家无余财,朕甚嘉之。其赐邈等家谷二千斛,钱三十万,布告天下。"邈同郡韩观曼游,有鉴识器干,与邈齐名,而在孙礼、卢毓先,为豫州刺史,甚有治功,卒官[1]。卢钦著书,称邈曰:"徐公志高行洁,才博气猛。其施之也,高而不狷,洁而不介,博而守约,猛而能宽。圣人以清为难,而徐公之所易也。"或问钦:"徐公当武帝之时,人以为通,自在凉州及还京师,人以为介,何也?"钦答曰:"往者毛孝先、崔季珪用事,贵清素之士,于时皆变易车服以求名高,而徐公不改其常,故人以为通。比来天下奢靡,转相仿效,而徐公雅尚自若,不与俗同,故前日之通,乃今日之介也。是世人之无常,而徐公之有常也。"

胡质字文德,楚国寿春人也。少与蒋济、朱绩俱知名于江、淮间，仕州郡。蒋济为别驾，使见太祖。太祖问曰："胡通达，长者也，宁有子孙不？"济曰："有子曰质，规模大略不及于父，至于精良综事过之[2]。"太祖即召质为顿丘令。县民郭政通于从妹，杀其夫程他，郡吏冯谅系狱为证。政与妹皆耐掠隐抵，谅不胜痛，自诬，当反其罪。质至官，察其情色，更详其事，检验具服。入为丞相东曹议令史，州请为治中。将军张辽与其护军武周有隙。辽见刺史温恢求请质，质辞以疾。辽出谓质曰："仆委意于君，何以相辜如此？"质曰："古人之交也，取多知其不贪，奔北知其不怯，闻流言而不信，故可终也。武伯南身为雅士，往者将军称之不容于口，今以睚眦之恨，乃成嫌隙[3]。况质才薄，岂能终好？是以不愿也。"辽感言，复与周平[4]。

太祖辟为丞相属。黄初中，徙吏部郎，为常山太守，迁任东莞。士卢显为人所杀，质曰："此士无仇而有少妻，所以死乎！"悉见其比居年少，书吏李若见问而色动，遂穷诘情状。若即自首，罪人斯得。每军功赏赐，皆散之于众，无入家者。在郡九年，吏民便安，将士用命。迁荆州刺史，加振威将军，赐爵关内侯。吴大将朱然围樊城，质轻军赴之。议者皆以为贼盛不可迫，质曰："樊城卑下，兵少，故当进军为之外援；不然，危矣。"遂勒兵临围，城中乃安。迁征东将军，假节都督青、徐诸军事。广农积谷，有兼年之储，置东征台，且佃且守。又通渠诸郡，利舟楫，严设备以待敌。海边无事。

性沉实内察，不以其节检物，所在见思。嘉平二年薨，家无余财，惟有赐衣书箧而已。军师以闻，追进封阳陵亭侯，邑百户，谥曰贞侯。子威嗣。六年，诏书褒述质清行，赐其家钱谷。语在《徐邈传》。威，咸熙中官至徐州刺史[5]，有殊绩，历三郡守，所在有名。卒于安定。

王昶字文舒，太原晋阳人也[6]。少与同郡王凌俱知名。凌年长，昶兄事之。文帝在东宫，昶为太子文学，迁中庶子。文帝践阼，徙散骑侍郎，为洛阳典农。时都畿树木成林，昶斫开荒莱，勤劝百姓，垦田特多。迁兖州刺史。明帝即位，加扬烈将军，赐爵关内侯。昶虽在外任，心存朝廷，以为魏承秦、汉之弊，法制苛碎，不大厘改国典以准先王之风而望治化复兴，不可得也。乃著《治论》，略依古制而合于时务者二十余篇，又著《兵书》十余篇，言奇正之用[7]，青龙中奏之。

其为兄子及子作名字，皆依谦实，以见其意，故兄子默字处静，沈字处道，其子浑字玄冲，深字道冲，遂书戒之曰：

"夫人为子之道，莫大于宝身全行，以显父母。此三者人知其善，而或危身破家，陷于灭亡之祸者，何也？由所祖习非其道也。夫孝敬仁义，百行之首行之而立身之本也。孝敬则宗族安之，仁义则乡党重之，此行成于内，名著于外者也。人若不笃于至行，而背本逐末，以陷浮华焉，以成朋党焉；浮华则有虚伪之累，朋党则有彼此之患。此二者之戒，昭然著明，而循覆车滋众，逐末弥甚，皆由惑当时之誉，昧目前之利故也。夫富贵声名，人情所乐，而君子或得而不处，何也？恶不由其道耳。患人知进而不知退，知欲而不知足，故有困辱之累，悔吝之咎。语曰：'如不知足，则失所欲。'故知足之足常足矣。览往事之成败，察将来之吉凶，未有干名要利，欲而不厌，而能保世持家，永全福禄者也。欲使汝曹立身行己，遵儒者之教，履道家之言，故以玄默冲虚为名，欲使汝曹顾名思义，不敢违越也。古者盘杅有铭，几杖有诫，俯仰察焉，用无过行；况在己名，可不戒之哉！夫物速成则疾亡，晚就则善终。朝华之草，夕而零落；松柏之茂，隆寒不衰。是以大雅君子恶速成，戒阙党也。若范匄对秦客而武子击之，折其委笄，恶其掩人也[8]。夫人有善鲜不自伐，有能者寡不自矜；伐则掩人，矜则陵人。掩人者人亦掩之，陵人者人亦陵之。故三郄为戮于晋，王叔负罪于周，不惟矜善自伐好争之咎乎？故君子不自称，非以让人，恶其盖人也。夫能屈以为伸，让以为得，弱以为强，鲜不遂矣。夫毁誉，爱恶之原而祸福之机也，是以圣人慎之。孔子曰：'吾之于人，谁毁谁誉；如有所誉，必有所试。'又曰："子贡方人。赐也贤乎哉，我则不暇。"以圣人之德，犹尚如此，况庸庸之徒而轻毁誉哉？

"昔伏波将军马援戒其兄子，言：'闻人之恶，当如闻父母之名；耳可得而闻，口不可得而言也。'斯戒至矣[9]。人或毁己，当退而求之于身。若己有可毁之行，则彼言当矣；若己无可毁之行，则彼言妄矣。当则无怨于彼，妄则无害于身，又何反报焉？且闻人毁己而忿者，恶丑声之加人也，人报者滋甚，不如默而自修己也。谚曰：'救寒莫如重裘，止谤莫如自修。'斯言信矣。若与是非之士，凶险之人，近犹不可，况与对校乎？其害深矣。夫虚伪之人，言不根道，行不顾言，其为浮浅较可识别；而世人惑焉，犹不检之以言行也。近济阴魏讽、山阳曹伟皆以倾邪败没，荧惑当世，挟持奸慝，驱动后生。虽刑于铁钺，大为炯戒，然所污染，固以众矣。可不慎与[10]！

"若夫山林之士，夷、叔之伦，甘长饥于首阳，安赴火于绵山，虽可以激贪励俗，然圣人不可为，吾亦不愿也。今汝先人世有冠冕，惟仁义为名，守慎为称，孝悌于闺门，务学于师友。吾与时人从事，虽出处不同，然各有所取。颍川郭伯益，好尚通达，敏而有知。其为人弘旷不足，轻贵有余；得其人重之如山，不得其人忽之如草。吾以所知亲之昵之，不愿儿子为之[11]。北海徐伟长，不治名高，不求苟得，澹然自守，惟道是务。其有所是非，则托古人以见其意，当时无所褒贬。吾敬之重之，愿儿子师之。东平刘公幹，博学有高才，诚节有大意，然性行不均，少所拘忌，得失足以相补。吾爱之重之，不愿儿子慕之[12]。乐安任昭先，淳粹履道，内敏外恕，推逊恭让，处不避洿，怯而义勇，在朝忘身。吾友之善之，愿儿子遵之[13]。若引而伸之，触类而长之，汝其庶几举一隅耳。及其用财先九族，其施舍务周急，其出入存故老，其论议贵无贬，其进仕尚忠节，其取人务实道，其处世戒骄淫，其贫贱慎无戚,其进退念合宜,其行事加九思,如此而已。吾复何忧哉?"

青龙四年,诏"欲得有才智文章,谋虑渊深,料远若近,视昧而察,筹不虚运,策弗徒发,端一小心,清修密静,乾乾不解,志尚在公者,无限年齿,勿拘贵贱,卿校已上各举一人"。太尉司马宣王以昶应选。正始中,转在徐州,封武观亭侯,迁征南将军,假节都督荆、豫诸军事。昶以为国有常众,战无常胜;地有常险,守无常势。今屯宛,去襄阳三百余里,诸军散屯,船在宣池,有急不足相赴,乃表徙治新野,习水军于二州,广农垦殖,仓谷盈积。

嘉平初,太傅司马宣王既诛曹爽,乃奏博问大臣得失。昶陈治略五事:其一,欲崇道笃学,抑绝浮华,使国子入太学而修庠序;其二,欲用考试,考试犹准绳也,未有舍准绳而意正曲直,废黜陟而空论能否也;其三,欲令居官者久于其职,有治绩则就增位赐爵;其四,欲约官实禄,励以廉耻,不使与百姓争利;其五,欲绝侈靡,务崇节俭,令衣服有章,上下有叙,储谷畜帛,反民于朴。诏书褒赞。因使撰百官考课事,昶以为唐虞虽有黜陟之文,而考课之法不垂。周制冢宰之职,大计群吏之治而诛赏,又无校比之制。由此言之,圣主明于任贤,略举黜陟之体,以委达官之长,而总其统纪,故能否可得而知也。其大指如此。

二年,昶奏:"孙权流放良臣,嫡庶分争,可乘衅而制吴、蜀;白帝、夷陵之间,黔、巫、秭归、房陵皆在江北,民夷与新城郡接,可袭取也。"乃遣新城太守州泰袭巫、秭归、房陵,荆州刺史王基诣夷陵,昶诣江陵,两岸引竹絙为桥,渡水击之。贼奔南岸,凿七道并来攻。于是昶使积弩同时俱发,贼大将施绩夜遁入江陵城,追斩数百级。昶欲引致平地与合战,乃先遣五军案大道发还,使贼望见以喜之,以所获铠马甲首,驰环城以怒之,设伏兵以待之。绩果追军,与战,克之。绩遁走,斩其将钟离茂、许旻,收其甲首旗鼓珍宝器仗,振旅而还。王基、州泰皆有功。于是迁昶征南大将军,仪同三司,进封京陵侯。毌丘俭、文钦作乱,引兵拒俭、钦有功。封二子亭侯,关内侯,进位骠骑将军。诸葛诞反,昶据夹石以逼江陵,持施绩、全熙使不得东。诞既诛,诏曰:"昔孙膑佐赵,直凑大梁。西兵骤进,亦所以成东征之势也。"增邑千户,并前四千七百户,迁司空,持节、都督如故。甘露四年薨,谥曰穆侯。子浑嗣,咸熙中为越骑校尉[14]。

王基字伯舆,东莱曲城人也。少孤,与叔父翁居。翁抚养甚笃,基亦以孝称。年十七,郡召为吏,非其好也,遂去,入琅邪界游学。黄初中,察孝廉,除郎中。是时青土初定,刺史王凌特表请基为别驾,后召为秘书郎,凌复请还。顷之,司徒王朗辟基,凌不遣。朗书劾州曰:"凡家臣之良,则升于公辅,公臣之良,则入于王职,是故古者侯伯有贡士之礼。今州取宿卫之臣,留秘阁之吏,所希闻也。"凌犹不遣。凌流称青土,盖亦由其协和之辅也。大将军司马宣王辟基,未至,擢为中书侍郎。

明帝盛修宫室,百姓劳瘁。基上疏曰:"臣闻古人以水喻民,曰'水所以载舟,亦所以覆舟'。故在民上者,不可不戒惧。夫民逸则虑易,苦则思难,是以先王居之以约俭,俾不至于生患。昔颜渊云东野子之御,马力尽矣而求进不已,是以知其将败。今事役劳苦,男女离旷,愿陛下深察东野之弊,留意舟水之喻,息奔驷于未尽,节力役于未困。昔汉有天下,至孝文时唯有同姓诸侯,而贾谊忧之曰:'置火积薪之下而寝其上,因谓之安也。'今寇贼未殄,猛将拥兵,检之则无以应乱,久之则难以遗后,当盛明之世,不务以除患,若子孙不竞,社稷之忧也。使贾谊复起,必深切于曩时矣。"

散骑常侍王肃著诸经传解及论定朝仪,改易郑玄旧说,而基据持玄义,常与抗衡。迁安平太守,公事去官。大将军曹爽请为从事中郎,出为安丰太守。郡接吴寇,为政清严有威惠,明设防备,敌不敢犯。加讨寇将军。吴尝大发众集建业,扬声欲入攻扬州,刺史诸葛诞使基策之。基曰:"昔孙权再至合肥,一至江夏,其后全琮出庐江,朱然寇襄阳,皆无功而还。今陆逊等已死,而权年老,内无贤嗣,中无谋主。权自出则惧内衅卒起,癕疽发溃;遣将则旧将已尽,新将未信。此不过欲补定支党,还自保护耳。"后权竟不能出。时曹爽专柄,风化陵迟,基著《时要论》以切世事。以疾征还,起家为河南尹,未拜,爽伏诛,基尝为爽官属,随例罢。其年为尚书,出为荆州刺史,加扬烈将军,随征南王昶击吴。基别袭步协于夷陵,协闭门自守。基示以攻形,而实分兵取雄父邸阁,收米三十余万斛,虏安北将军谭正,纳降数千口。于是移其降民,置夷陵县。赐爵关内侯。基又表城上昶,徙江夏治之,以逼夏口,由是贼不敢轻越江。明制度,整军农,兼修学校,南方称之。时朝廷议欲伐吴,诏基量进趣之宜。基对曰:"夫兵动而无功,则威名折于外,财用穷于内,故必全而后用也。若不资通川聚粮水战之备,则虽积兵江内,无必渡之势矣。今江陵有沮、漳二水,溉灌膏腴之田以千数,安陆左右,陂池沃衍。若水陆并农,以实军资,然后引兵诣江陵、夷陵,分据夏口,顺沮、漳,资水浮谷而下。贼知官兵有经久之势,则拒天诛者意沮而向王化者益固。然后率合蛮夷以攻其内,精卒劲兵以讨其外,则夏口以上必拔,而江外之郡不守。如此,吴、蜀之交绝,交绝而吴禽矣。不然,兵出之利,未可必矣。"于是遂止。司马景王新统政,基书戒之曰:"天下至广,万机至猥,诚不可不矜矜业业,坐而待旦也。夫志正则众邪不生,心静则众事不躁,思虑审定则教令不烦,亲用忠良则远近协服。故知和远在身,定众在心。许允、傅嘏、袁侃、崔赞皆一时正士,有直质而无流心,可与同政事者也。"景王纳其言。

高贵乡公即尊位,进封常乐亭侯。毌丘俭、文钦作乱,以基为行监军,假节,统许昌军,适与景王会于许昌。景王曰:"君筹俭等何如?"基曰:"淮南之逆,非吏民思乱也,俭等诳胁迫惧,畏目下之戮,是以尚群聚耳。若大兵临逼,必土崩瓦解,俭、钦之首,不终朝而悬于军门矣。"景王曰:"善。"乃令基居军前。议者咸以俭、钦慓悍,难与争锋。诏基停驻。基以为:"俭等举兵足以深入,而久不进者,是其诈伪已露,众心疑沮也。今不张示威形以副民望,而停军高垒,有似畏懦,非用兵之势也。若或虏略民人,又州郡兵家为贼所得者,更怀离心;俭等所迫胁者,自顾罪重,不敢复还,此为错兵无用之地,而成奸宄之源。吴寇因之,则淮南非国家之有,谯、沛、汝、豫危而不安,此计之大失也。军宜速进据南顿,南顿有大邸阁,计足军人四十日粮。保坚城,因积谷,先人有夺人之心,此平贼之要也。"基屡请,乃听进据㶟水。既曰,复言曰:"兵闻拙速,未睹工迟之久。方今外有强寇,内有叛臣,若不时决,则事之深浅未可测也。议者多欲将军持重。将军持重是也,停军不进非也。持重非不行之谓也,进而不可犯耳。今据坚城,保壁垒,以积实资虏,县运军粮,甚非计也。"景王欲须诸军集到,犹尚未许。基曰:"将在军,君令有所不受。彼得则利,我得亦利,是谓争城,南顿是也。"遂辄进据南顿,俭等从项亦争欲往,发十余里,闻基先到,复还保项。时兖州刺史邓艾屯乐嘉,俭使文钦将兵袭艾。基知其势分,进兵逼项,俭众遂败。钦等已平,迁镇南将军,都督豫州诸军事,领豫州刺史,进封安乐乡侯。上疏求分户二百,赐叔父子乔爵关内侯,以报叔父拊育之德。有诏特听。

诸葛诞反,基以本官行镇东将军,都督扬、豫诸军事。时大军在项,以贼兵精,诏基敛军坚垒。基累启求进讨。会吴遣朱异来救诞,军于安城。基又被诏引诸军转据北山,基谓诸将曰:"今围垒转固,兵马向集,但当精修守备以待越逸,而更移兵守险,使贼放纵,虽有智者,不能善后矣。"遂守便宜,上疏曰:"今与贼家对敌,当不动如山。若迁移依险,人心摇荡,于势大损。诸军并据深沟高垒,众心皆定,不可倾动,此御兵之要也。"书奏,报听。大将军司马文王进屯丘头,分部围守,各有所统。基督城东城南二十六军,文王敕军吏入镇南部界,一不得有所遣。城中食尽,昼夜攻垒,基辄拒击,破之。寿春既拔,文王与基书曰:"初议者云云,求移者甚众,时未临履,亦谓宜然。将军深算利害,独秉固志,上违诏命,下拒众议,终至制贼禽贼,虽古人所述,不是过也。"文王欲遣诸将轻兵深入,招迎唐咨等子弟,因衅为荡覆吴之势。基谏曰:"昔诸葛恪乘东关之胜,竭江表之兵以围新城,城既不拔,而众死者太半。姜维因洮上之利,轻兵深入,粮饷不继,军覆上邽。夫大捷之后,上下轻敌,轻敌则虑难不深。今贼新败于外,又内患未弭,是其修备设虑之时也。且兵出逾年,人有归志,今俘馘十万,罪人斯得,自历代征伐,未有全兵独克如今之盛者也。武皇帝克袁绍于官渡,自以所获已多,不复追奔,惧挫威也。"文王乃止。以淮南初定,转基为征东将军,都督扬州诸军事,进封东武侯。其上疏固让,归功参佐,由是长史司马等七人皆侯。是岁,基母卒,诏秘其凶问,迎基父豹丧合葬洛阳,追赠豹北海太守。甘露四年,转为征南将军,都督荆州诸军事。常道乡公即尊位,增邑千户,并前五千七百户。前后封子二人亭侯、关内侯。

景元二年,襄阳太守表吴贼邓由等欲来归化,基被诏:"当因此震荡江表。"基疑其诈,驰驿陈状。且曰:"嘉平以来,累有内难,当今之务,在于镇安社稷,绥宁百姓,未宜动众以求外利。"文王报书曰:"凡处事者,多曲从顺,鲜能确然共尽理实。诚感忠爱,每见规示,辄敬依来指。"后由等竟不降[15]。

是岁基薨,追赠司空,谥曰景侯。子徽嗣,早卒。咸熙中,开建五等,以基著勋前朝,改封基孙廙,而以东武余邑赐一子爵关内侯。晋室践阼,下诏曰:"故司空王基既著德立勋,又治身清素,不营产业,久在重任,家无私积,可谓身没行显,足用励俗者也。其以奴婢二人赐其家。"

评曰:徐邈清尚弘通,胡质素业贞粹,王昶开济识度,王基学行坚白,皆掌统方任,垂称著绩。可谓国之良臣,时之彦士矣。

注:

〔1〕《魏名臣奏》载黄门侍郎杜恕表,称:"韩观、王昶,信有兼才,高官重任,不但三州。"

〔2〕案《胡氏谱》:通达名敏,以方正征。

〔3〕睚,五卖反,眦,士卖反。

〔4〕虞预《晋书》曰:周字伯南,沛国竹邑人。位至光禄大夫。子陔,字元夏。陔及二弟韶、茂,皆总角见称,并有器望,虽乡人诸父,未能觉其多少。时同郡刘公荣,名知人,尝造周。周谓曰:"卿有知人之明,欲使三儿见卿,卿为目高下,以效郭、许之听,可乎?"公荣乃自诣陔兄弟,与共言语,观其举动。出语周曰:"君三子皆国士也。元夏器量最优,有辅佐之风,展力仕宦,可为亚公。叔夏,季夏,不减常伯、纳言也。"陔少出仕宦,历职内外,泰始初为吏部尚书,迁左仆射、右光禄大夫,开府仪同三司,卒于官。陔以在魏已为大臣,本非佐命之数,怀逊让,不得已而居位,故在官职,无所荷任,夙夜思恭而已。终始全洁,当世以为美谈。韶历二宫、吏部郎。山涛《启事》称韶清白有诚,终于散骑常侍。茂至侍中、尚书。颍川荀恺,宣帝外孙,世祖姑子,自负贵威,要与茂交。茂拒而不答,由是见怒。元康元年,杨骏被诛。恺时为尚书仆射,以茂骏之姨弟,陷为骏党,遂枉无之,众咸冤痛。

〔5〕《晋阳秋》曰:威字伯虎。少有志尚,厉操清白。质之为荆州也,自京都省之。家贫,无车马童仆,威自驱驴单行,拜见父。停厩中十余日,告归。临辞,质赐其绢一匹,为道路粮。威跪曰:"大人清白,不审于何得此绢?"质曰:"是吾俸禄之余,故以为汝粮耳。"威受之,辞归。每至客舍,自放驴,取樵炊爨,食毕,复随旅进道,往还如是。质帐下都督,素不相识,先其将归,请假还家,阴赍装,百余里要之,因与为伴,每事佐助经营,又少进饮食,行数百里。威疑之,密诱问,乃知其都督也,因取向所赐绢答谢而遣之。后因他信具以白质。质杖其都督一百,除吏名。其父子清慎如此。于是名誉并闻,历位宰牧。晋武帝赐见,论边事,语及平生。帝叹其父清,谓威曰:"卿清孰与父清?"威对曰:"臣不如也。"帝曰:"以何为不如?"对曰:"臣父清恐人知,臣清恐人不知,是臣不如者远也。"官至前将军、青州刺史。太康元年卒,追赠镇东将军。威弟罴,字季象,征南将军;威子奕,字次孙,平东将军,并以洁行垂名。

〔6〕案《王氏谱》:昶伯父柔,字叔优,父泽,字季道。《郭林宗传》曰:叔优、季道幼少之时,闻郭林宗有知人之鉴,共往候之,请问才行所宜,以自处业。林宗笑曰:"卿二人皆二千石才也,虽然,叔优当以仕宦显,季道宜以经术进,若违才易务,亦不至也。"叔优等从其言。叔优至北中郎将,季道代郡太守。

〔7〕《孙子兵法》曰:兵以正合,以奇胜;奇正还相生,若循环之无端。

〔8〕《国语》曰:范文子暮退于朝,武子曰:"何暮也?"对曰:"有秦

客廋辞于朝,大夫莫之能对也,吾知三焉。"武子怒曰:"大夫非不能也,让父兄也。尔童子而三掩人于朝,吾不在,晋国亡无日也。"击之以杖,折其委笄。臣松之案:对秦客者,范燮也。此云范匄,盖误也。

〔9〕臣松之以为援之此诫,可谓切至之言,不刊之训也。凡道人过失,盖谓居室过愆,人未之知,则由己而发者也。若乃行事,得失已暴于世,因其善恶,即以为诫,方之于彼,则有愈焉。然援诚称龙伯高之美,言杜季良之恶,致使事彻时主,季良以败。言之伤人,孰大于此?与其所诫,自相违伐。

〔10〕《世语》曰:黄初中,孙权通章表。伟以白衣登江上,与权交书求赂,欲以交结京师,故诛之。

〔11〕伯益名奕,郭嘉之子。

〔12〕臣松之以为文舒复拟则文渊,显言人之失。魏讽、曹伟,事陷恶逆,著以为诫,差无尤也。至若郭伯益、刘公幹,虽其人皆往,善恶有定;然既交之于昔,不宜复毁之于今,而乃形于翰墨,永传后叶,于旧交则违久要之义,于子孙则扬人前世之恶。于夫鄙怀,深所不取。善乎东方之诫子也,以首阳为拙,柳下为工,寄旨古人,无伤当时。方之马、王,不亦远哉!

〔13〕昭先名嘏。《别传》曰:嘏,乐安博昌人。世为著姓,凤智性成,故乡人为之语曰:"蒋氏翁,任氏童。"父旒,字旂,以至行称。汉末,黄巾贼起,天下饥荒,人民相食。寇到博昌,闻旒姓字,乃相谓曰:"宿闻任子旂,天下贤人也。今虽作贼,那可入其乡邪!"遂相帅而去。由是声闻远近,州郡并招举孝廉,历蔑枣、祝阿令。嘏八岁丧母,号泣不绝声,自然之哀,同于成人,故幼以与性知称。年十四始学,讲不再问,三年中诵五经,皆究其义,兼包群言,无不综览;于时学者之神童。遂遇荒乱,家贫卖鱼,会官税鱼,鱼贵数倍,嘏取直如常。又与人共买生口,各雇八匹。后生口家来赎,时价直六十匹。共买者欲随时价取赎,嘏自取本价八匹。共买者惭,亦还取本价。比居者擅耕嘏地数十亩许之,人以语嘏,嘏曰:"我自以借之耳。"耕者闻之,惭谢还地。及邑中争讼,皆诣嘏质之,然后意厌。其子弟有不顺者,父兄窃数之曰:"汝所行,岂可令任君知邪!"其礼教所化,率皆如此。会太祖创业,召海内至德,嘏应其举,为临菑侯庶子、相国东曹属、尚书郎。文帝时,为黄门侍郎。每纳忠言,辄手书怀本,自在禁省,归书不封。帝嘉其淑慎,累迁东郡、赵郡、河东太守,所在化行,有遗风余教。嘏为人淳粹恺悌,虚己若不足,恭敬如有畏。其修身履义,皆沉默潜行,不显其美,故人少得称之。著书三十八篇,凡四万余言。嘏卒后,故吏东郡程威、赵国刘固、河东上官崇等,录其事行及所著书奏之。诏下秘书,以贯群言。

〔14〕案《晋书》:浑自越骑入晋,累居方任,平吴有功,封一子江陵侯,位至司徒。浑子济,字武子,有隽才令望,为河南尹、太仆。早卒,追赠骠骑将军。浑弟深,冀州刺史。深弟湛,字处冲,汝南太守。湛子承,字安期,东海内史。承子述,字怀祖,尚书令、卫将军。述子坦之,字文度,北中郎将,徐、兖二州刺史。昶诸子中,湛最有德誉,而承亦自为名士,述及坦之并显重于世,为时盛门云。自湛已下事,见《晋阳秋》也。

〔15〕司马彪《战略》载基此事,详于本传。曰:"景元二年春三月,襄阳太守胡烈表上'吴贼邓由、李光等同谋十八屯,欲来归化,遣将张吴、邓生,并送质任。克期欲令郡军临江迎拔。'大将军司马文王启闻。诏'征南将军王基部分诸军,使烈督万人径造沮水,荆州、义阳南屯宜城,承书凤发。若由等如期到者,便当因此震荡江表。'基疑贼诈降,诱致官兵,驰驿

止文王,说由等可疑之状,'且当清澄,未宜便举重兵深入应之。'又曰:'夷陵东道,当由车御,至赤岸乃得渡沮,西道当出箭溪口乃趣平土,皆山险狭,竹木丛蔚,卒有要害,弩马不陈。今者筋角弩弱,水潦方降,废盛农之务,徼难必之利,此事之危者也。昔子午之役,兵行数百里而值霖雨,桥阁破坏,后粮腐败,前军悬乏。姜维深入,不待辎重,士众饥饿,覆军上邽。文钦、唐咨,举吴重兵,昧利寿春,身没不反。此皆近事之鉴戒也。嘉平以来,累有内难。当今之宜,当镇安社稷,抚宁上下,力农务本,怀柔百姓,未宜动众以求外利也。得之未足为多,失之伤损威重。'文王累得基书,意疑。寻敕诸军已上道者,且权停住所在,须后节度。基又言于文王曰:'昔汉祖纳郦生之说,欲封六国,寤张良之谋而趣销印。基谋虑浅短,诚不及留侯,亦惧襄阳有食其之谬。'文王于是遂罢军严,后由等果不降。

卷二十八
王毌丘诸葛邓钟传第二十八

王凌字彦云,太原祁人也。叔父允,为汉司徒,诛董卓。卓将李傕、郭汜等为卓报仇,入长安,杀允,尽害其家。凌及兄晨,时年皆少,逾城得脱,亡命归乡里。凌举孝廉,为发干长[1]稍迁至中山太守。所在有治,太祖辟为丞相掾属。

文帝践阼,拜散骑常侍,出为兖州刺史,与张辽等至广陵讨权。临江,夜大风,吴将吕范等船漂至北岸。凌与诸将逆击,捕斩首虏,获舟船,有功,封宜城亭侯,加建武将军,转在青州。是时海滨乘丧乱之后,法度未整。凌布政施教,赏善罚恶,甚有纲纪,百姓称之,不容于口。后从曹休征吴,与贼遇于夹石,休军失利。凌力战决围,休得免难。仍徙为扬、豫州刺史,咸得军民之欢心。始至豫州,旌先贤之后,求未显之士,各有条教,意义甚美。初,凌与司马朗、贾逵友善,及临兖、豫,继其名迹。正始初,为征东将军,假节都督扬州诸军事。二年,吴大将全琮数万众寇芍陂,凌率诸军逆讨,与贼争塘,力战连日,贼退走。进封南乡侯,邑千三百五十户,迁车骑将军,仪同三司。

是时,凌外甥令狐愚以才能为兖州刺史,屯平阿。舅甥并典兵,专淮南之重。凌就迁为司空。司马宣王既诛曹爽,进凌为太尉,假节钺。凌、愚密协计,谓齐王不任天位,楚王彪长而才,欲迎立彪都许昌。嘉平元年九月,愚遣将张式至白马,与彪相闻往来。凌又遣舍人劳精诣洛阳,语子广。广言:"废立大事,勿以祸先[2]。"其十一月,愚复遣式诣彪,未还,会愚病死[3]。二年,荧惑守南斗,凌谓:"斗中有星,当有暴贵者[4]。"三年春,吴贼塞涂水。凌欲因此发,大严诸军,表求讨贼,诏报不听。凌阴谋滋甚,遣将军杨弘以废立事告兖州刺史黄华,华、弘连名以白太傅司马宣王。宣王将中军乘水道讨凌,先下赦赦凌罪,又将尚书广东,使为书喻凌,大军掩至百尺逼凌。凌自知势穷,乃乘船单出迎宣王,遣掾王彧谢罪,送印绶、节钺。军到丘头,凌面缚水次。宣王承诏遣主簿解缚反服,见凌,慰劳之,还印绶、节钺,遣步骑六百人送还京都。凌至项,饮药死[5]。

宣王遂至寿春。张式等皆自首,乃穷治其事。彪赐死,诸相连者悉夷三族[6]。朝议咸以为《春秋》之义,齐崔杼、郑归生皆加追戮,陈尸斫棺,载在方策。凌、愚罪宜如旧典。乃发凌、愚冢,剖棺,暴尸于所近市三日,烧其印绶、朝服,亲土埋之[7]。进弘、华爵为乡侯。广有志尚学行,死时年四十余[8]。

毌丘俭字仲恭,河东闻喜人也。父兴,黄初中为武威太守,伐叛柔服,开通河右,名次金城太守苏则。讨贼张进及讨叛胡有功,封高阳乡侯[9]。入为将作大匠。俭袭父爵,为平原侯文学。明帝即位,为尚书郎,迁羽林监。以东宫之旧,甚见亲待。出为洛阳典农。时取农民以治宫室,俭上疏曰:"臣愚以为天下所急除者二贼,所急务者衣食。诚使二贼不灭,士民饥冻,虽崇美宫室,犹无益也。"迁荆州刺史。

青龙中,帝图讨辽东,以俭有干策,徙为幽州刺史,加度辽将军,使持节,护乌丸校尉。率幽州诸军至襄平,屯辽隧。右北平乌丸单于寇娄敦、辽西乌丸都督率众王护留等,昔随袁尚奔辽东者,率众五千余人降。寇娄敦遣弟阿罗槃等诣阙朝贡,封其渠率二十余人为侯、王,赐舆马缯彩各有差。公孙渊逆与俭战,不利,引还。明年,帝遣太尉司马宣王统中军及俭等众数万讨渊,定辽东。俭以功进封安邑侯,食邑三千九百户。

正始中,俭以高句骊数侵叛,督诸军步骑万人出玄菟,从诸道讨之。句骊王宫将步骑二万人,进军沸流水上,大战梁口[10],宫连破走。俭遂束马悬车,以登丸都,屠句骊所都,斩获首虏以千数。句骊沛者名得来,数谏宫[11],宫不从其言。得来叹曰:"立见此地将生蓬蒿。"遂不食而死,举国贤之。俭令诸军不坏其墓,不伐其树,得其妻子,皆放遣之。宫单将妻子逃窜。俭引军还。六年,复征之,宫遂奔买沟。俭遣玄菟太守王颀追之[12],过沃沮千有余里,至肃慎氏南界,刻石纪功,刊丸都之山,铭不耐之城。诸所诛纳八千余口,论功受赏,侯者百余人。穿山溉灌,民赖其利。迁左将军,假节监豫州诸军事,领豫州刺史,转为镇南将军。诸葛诞战于东关,不利,乃令诞、俭对换。诞为镇南,都督豫州。俭为镇东,都督扬州。吴太傅诸葛恪围合肥新城,俭与文钦御之,太尉司马孚督中军东解围,恪退还。

初,俭与夏侯玄、李丰等厚善。扬州刺史前将军文钦,曹爽之邑人也,骁果粗猛,数有战功,好增虏获,以徼宠赏,多不见许,怨恨日甚。俭以计厚待钦,情好欢洽。钦亦感戴,投心无二。正元二年正月,有彗星数十丈,西北竟天,起于吴、楚之分。俭、钦喜,以为己祥。遂矫太后诏,罪状大将军司马景王,移诸郡国,举兵反。迫胁淮南将守诸别屯者,及吏民大小,皆入寿春城,为坛于城西,歃血称兵为盟,分老弱守城,俭、钦自将五六万众渡淮,西至项。俭坚守,钦在外为游兵[13]。

大将军统中外军讨之,别使诸葛诞督豫州诸军从安风津拟寿春,征东将军胡遵督青、徐诸军出于谯、宋之间,绝其归路。大将军屯汝阳,使监军王基督前锋诸军据南顿以待之。令诸军皆坚壁勿与战。俭、钦进不得斗,退恐寿春见袭,不得归,计穷不知所为。淮南将士,家皆在北,众心

沮散,降者相属,惟淮南新附农民为之用。大将军遣兖州刺史邓艾督泰山诸军万余人至乐嘉,示弱以诱之,大将军寻自洙至。钦不知,果夜来欲袭艾等,会明,见大军兵马盛,乃引还[14]。大将军纵骁骑追击,大破之,钦遁走。是日,俭闻钦战败,恐惧夜走,众溃。比至慎县,左右人兵稍弃俭去,俭独与小弟秀及孙重藏水边草中。安风津都尉部民张属就射杀俭,传首京都。属封侯。秀、重走入吴。将士诸为俭、钦所迫胁者,悉归降[15]。

俭子甸为治书侍御史,先时知俭谋将发,私出将家属逃走新安灵山上。别攻下之,夷俭三族[16]。钦亡入吴,吴以钦为都护、假节、镇北大将军、幽州牧、谯侯[17]。

诸葛诞字公休,琅邪阳都人,诸葛丰后也。初以尚书郎为荥阳令[18],入为吏部郎。人有所属托,辄显其言而承用之,后有当否,则公议其得失以为褒贬,自是群僚莫不慎其所举。累迁御史中丞、尚书,与夏侯玄、邓飏等相善,收名朝廷,京都翕然。言事者以诞、飏等修浮华,合虚誉,渐不可长。明帝恶之,免诞官[19]。会帝崩,正始初,玄等并在职。复以诞为御史中丞、尚书,出为扬州刺史,加昭武将军。

王凌之阴谋也,太傅司马宣王潜军东伐,以诞为镇东将军,假节都督扬州诸军事,封山阳亭侯。诸葛恪兴东关,遣诞督诸军讨之,与战,不利。还,徙为镇南将军。后毌丘俭、文钦反,遣使诣诞,招呼豫州士民。诞斩其使,露布天下,令知俭、钦凶逆。大将军司马景王东征,使诞督豫州诸军,渡安风津向寿春。俭、钦之破也,诞先至寿春。寿春中十余万口,闻俭、钦败,恐诛,悉破城门出,流进山泽,或散走入吴。以诞久在淮南,乃复以为镇东大将军、仪同三司、都督扬州。吴大将孙峻、吕据、留赞等闻淮南乱,会文钦往,乃帅众将钦径至寿春;时诞诸军已至,城不可攻,乃走。诞遣将军蒋班追击之,斩赞,传首,收其印节。进封高平侯,邑三千五百户,转为征东大将军。

诞既与玄、飏等至亲,又王凌、毌丘俭累见夷灭,惧不自安,倾帑藏振施以结众心,厚养亲附及扬州轻侠者数千人为死士[20]。甘露元年冬,吴贼欲向徐堨,计诞所督兵马足以待之,而复请十万众守寿春,又求临淮筑城以备寇,内欲保有淮南。朝廷微知诞有自疑心,以诞旧臣,欲入度之。二年五月,征为司空。诞被诏书,愈恐,遂反。召会诸将,自出攻扬州刺史乐綝,杀之[21]。敛淮南及淮北郡县屯田口十余万官兵,扬州新附胜兵者四五万人,聚谷足一年食,闭城自守。遣长史吴纲将小子靓至吴请救[22]。吴人大喜,遣将全怿、全端、唐咨、王祚等,率三万众,密与文钦俱来应诞。以诞为左都护、假节、大司徒、骠骑将军、青州牧、寿春侯。是时镇南将军王基始至,督诸军围寿春,未合。咨、钦等从城东北,因山乘险,得将其众突入城。

六月,车驾东征,至项。大将军司马文王督中外诸军二十六万众,临淮讨之。大将军屯丘头。使基及安东将军陈骞等四面合围,表里再重,堑垒甚峻。又使监军石苞、兖州刺史州泰等,简锐卒为游军,备外寇。钦等数出犯围,逆击走之。吴将朱异再以大众来迎诞等,渡黎浆水,泰等逆

与战,每摧其锋。孙㝩以异战不进,怒而杀之。城中食转少,外救不至,众无所恃。将军蒋班、焦彝,皆诞爪牙计事者也,弃诞,逾城自归大将军[23]。大将军乃使间人,以奇变说全怿等,怿等率众数千人开门来出。城中震惧,不知所为。

三年正月,诞、钦、咨等大为攻具,昼夜五六日攻南围,欲决围(而)〔汤〕出[25]。围上诸军,临高以发石车火箭逆烧破其攻具,弩矢及石雨下,死伤者蔽地,血流盈堑。复还入城,城内食转竭,降出者数万口。钦欲尽出北方人省食,与吴人坚守,诞不听,由是争恨。钦素与诞有隙,徒以计合,事急愈相疑。钦见诞计事,诞遂杀钦。钦子鸯及虎将兵在小城中,闻钦死。勒兵驰赴之,众不为用。鸯、虎单走,逾城出,自归大将军。军吏请诛之,大将军令曰:"钦之罪不容诛,其子固应当戮,然鸯、虎以穷归命,且城未拔,杀之是坚其心也。"乃赦鸯、虎,使将兵数百骑驰巡城,呼语城内云:"文钦之子犹不见杀,其余何惧?"表鸯、虎为将军,各赐爵关内侯。城内喜且扰,又日饥困,诞、咨等智力穷。大将军乃自临围,四面进兵,同时鼓噪登城,城内无敢动者。诞窘急,单乘马,将其麾下突小城门出。大将军司马胡奋部兵逆击,斩诞,传首,夷三族。诞麾下数百人,坐不降见斩,皆曰:"为诸葛公死,不恨。"其得人心如此[26]。唐咨、王祚及诸裨将皆面缚降,吴兵万众,器仗军实山积。

初围寿春,议者多欲急攻之,大将军以为:"城固而众多,攻之必力屈,若有外寇,表里受敌,此危道也。今三叛相聚于孤城之中,天其或者将使同就戮,吾当以全策縻之,可坐而制也。"诞以二年五月反,三年二月破灭。六军按甲,深沟高垒,而诞自困,竟不烦攻而克[27]。及破寿春,议者又以为淮南仍为叛逆,吴兵室家在江南,不可纵,宜悉坑之。大将军以为:"古之用兵,全国为上,戮其元恶而已。吴兵就得亡还,适可以示中国之弘耳。"一无所杀,分布三河近郡以安处之。

唐咨本利城人。黄初中,利城郡反,杀太守徐箕,推咨为主。文帝遣诸军讨破之,咨走入海,遂亡至吴,官至左将军,封侯,持节。诞、钦屠戮,咨亦生禽,三叛皆获,天下快焉[28]。拜咨安远将军,其余裨将咸假号位,吴众悦服。江东感之,皆不诛其家。其淮南将吏士民诸为诞所胁略者,惟诛其首逆,余皆赦之。听鸯、虎收敛钦丧,给其车牛,致葬旧墓[29]。

邓艾字士载,义阳棘阳人也。少孤,太祖破荆州,徙汝南,为农民养犊。年十二,随母至颍川,读故太丘长陈寔碑文,言"文为世范,行为士则",艾遂自名范,字士则。后宗族有与同者,故改焉。为都尉学士,以口吃,不得作干佐。为稻田守丛草吏。同郡吏父怜其家贫,资给甚厚,艾初不称谢。每见高山大泽,辄规度指画军营处所,时人多笑焉。后为典农纲纪,上计吏,因使见太尉司马宣王。宣王奇之,辟之为掾[28],迁尚书郎。

时欲广田畜谷,为灭贼资,使艾行陈、项已东至寿春。艾以为"田良水少,不足以尽地利,宜开河渠,可以引水浇灌,大积军粮,又通运漕之道"。乃著《济河论》以喻其指。

又以为"昔破黄巾,因为屯田,积谷于许都以制四方。今三隅已定,事在淮南,每大军征举,运兵过半,功费巨亿,以为大役。陈、蔡之间,土下田良,可省许昌左右诸稻田,并水东下。今淮北屯二万人,淮南三万人,十二分休,常有四万人,且田且守。水丰常收三倍于西,计除众费,岁完五百万斛以为军资。六七年间,可积三千万斛于淮上,此则十万之众五年食也。以此乘吴,无往而不克矣"。宣王善之,事皆施行。正始二年,乃开广漕渠,每东南有事,大军兴众,泛舟而下,达于江、淮,资食有储而无水害,艾所建也。

出参征西军事,迁南安太守。嘉平元年,与征西将军郭淮拒蜀偏将军姜维。维退,淮因西击羌。艾曰:"贼去未远,或能复还,宜分诸军以备不虞。"于是留艾屯白水北。三日,维遣廖化自白水南向艾结营。艾谓诸将曰:"维今卒还,吾军人少,法当来渡而不作桥。此维使化持吾,令不得还。维必自东袭取洮城。"洮城在水北,去艾屯六十里。艾即夜潜军径到,维果来渡,而艾先至据城,得以不败。赐爵关内侯,加讨寇将军,后迁城阳太守。

是时并州右贤王刘豹并为一部,艾上言曰:"戎狄兽心,不以义亲,强则侵暴,弱则内附,故周宣有猃狁之寇,汉祖有平城之困。每匈奴一盛,为前代重患。自单于在外,莫能牵制长卑。诱而致之,使来入侍。由是羌夷失统,合散无主。以单于在内,万里顺轨。今单于之尊日疏,外土之威寝重,则胡虏不可不深备也。闻刘豹部有叛胡,可因叛割为二国,以分其势。去卑功显前朝,而子不继业,宜加其子显号,使居雁门。离国弱寇,追录旧勋,此御边长计也。"又陈:"羌胡与民同处者,宜以渐出之,使居民表崇廉耻之教,塞奸宄之路。"大将军司马景王新辅政,多纳用焉。迁汝南太守,至则寻求昔所厚已吏父,久已死,遣吏祭之,重遗其母,举其子与计吏。艾所在,荒野开辟,军民并丰。

诸葛恪围合肥新城,不克,退归。艾言景王曰:"孙权已没,大臣未附,吴名宗大族,皆有部曲,阻兵仗势,足以建命。恪新秉国政,而内无其主,不念抚恤上下以立根基,竞于外事,虐用其民,悉国之众,顿于坚城,死者万数,载祸而归,此恪获罪之日也。昔子胥、吴起、商鞅、乐毅皆见任时君,主没而败。况恪才非四贤,而不虑大患,其亡可待也。"恪归,果见诛。迁兖州刺史,加振威将军。上言曰:"国之所急,惟农与战,国富则兵强,兵强则战胜。然农者,胜之本也。孔子曰:'足食足兵',食在兵前也。上无设爵之劝,则下无财畜之功。今使考绩之赏,在于积粟富民,则交游之路绝,浮华之原塞矣。"

高贵乡公即尊位,进封方城亭侯。毌丘俭作乱,遣健步赍书,欲疑惑大众,艾斩之,兼道进军,先趣乐嘉城,作浮桥。司马景王至,遂据之。文钦以后大军破败于城下,艾追之至丘头。钦奔吴。吴大将军孙峻等十万众,将渡江,镇东将军诸葛诞遣艾据肥阳,艾以与贼势相远,非要害之地,辄移屯附亭,遣泰山太守诸葛绪等于黎浆拒战,遂走之。其年征拜长水校尉。以破钦等功,进封方城乡侯,行安西将军。解雍州刺史王经围于狄道,姜维退驻钟提,乃以艾为安西将军,假节,领护东羌校尉。议者多以为维力已竭,未能更出。艾曰:"洮西之败,非小失也;破军杀将,仓廪空虚,百姓流离,几于危亡。今以策言之,彼有乘胜之势,我有虚弱之实,一也。彼上下相习,五兵犀利,我将易兵新,器杖未复,二也。彼以船行,吾以陆军,劳逸不同,三也。狄道、陇西、南安、祁山,各当有守,彼专为一,我分为四,四也。从南安、陇西,因食羌谷,若趣祁山,熟麦千顷,为之悬饵,五也。贼有黠数,其来必矣。"顷之,维果向祁山,闻艾已有备,乃回从董亭趣南安,艾据武城山以相持。维与艾争险,不克,其夜,渡渭东行,缘山趣上邽,艾与战于段谷,大破之。甘露元年诏曰:"逆贼姜维连年狡黠,民夷骚动,西土不宁。艾筹画有方,忠勇奋发,斩将十数,馘首千计;国威震于巴、蜀,武声扬于江、岷。今以艾为镇西将军、都督陇右诸军事,进封邓侯。分五百户封子忠为亭侯。"二年,拒姜维于长城,维退还。迁征西将军,前后增邑凡六千六百户。景元三年,又破维于侯和,维却保沓中。四年秋,诏诸军征蜀,大将军司马文王皆指授节度,使艾与维相缀连。雍州刺史诸葛绪要维,令不得归。艾遣天水太守王颀等直攻维营,陇西太守牵弘等邀其前,金城太守杨欣等诣甘松。维闻钟会诸军已入汉中,引退还。欣等追蹑于强川口,大战,维败走。闻雍州已塞道,屯桥头,从孔函谷入北道,欲出雍州后。诸葛绪闻之,却还三十里。维入北道三十余里,闻绪军却,寻还,从桥头过,绪趣截维,较一日不及。维遂东引,还守剑阁。钟会攻维未能克。艾上言:"今贼摧折,宜遂乘之,从阴平由邪径经汉德阳亭趣涪,出剑阁西百里,去成都三百余里,奇兵冲其腹心。剑阁之守必还赴涪,则会方轨而进;剑阁之军不还,则应涪之兵寡矣。军志有之曰:'攻其无备,出其不意。'今掩其空虚,破之必矣。"

冬十月,艾自阴平道行无人之地七百余里,凿山通道,造作桥阁。山高谷深,至为艰险,又粮运将匮,频于危殆。艾以毡自裹,推转而下。将士皆攀木缘崖,鱼贯而进。先登至江由,蜀守将马邈降。蜀卫将军诸葛瞻自涪还绵竹,列阵待艾。艾遣子惠唐亭侯忠等出其右,司马师纂等出其左。忠、纂战不利,并退还,曰:"贼未可击。"艾怒曰:"存亡之分,在此一举,何不可之有?"乃叱忠、等出,将斩之。忠、纂驰还更战,大破之,斩瞻及尚书张遵等首,进军到雒。刘禅遣使奉皇帝玺绶,为笺诣艾请降。艾至成都,禅率太子诸王及群臣六十余人面缚舆榇诣军门,艾执节解缚焚榇,受而宥之。检御将士,无所虏略,绥纳降附,使复旧业,蜀人称焉。辄依邓禹故事,承制拜禅行骠骑将军,太子奉车、诸王驸马都尉。蜀群司各随高下拜为王官,或领艾官属。以师纂领益州刺史,陇西太守牵弘等领蜀中诸郡。使于绵竹筑台以为京观,用彰战功。士卒死事者,皆与蜀兵同共埋藏。艾深自矜伐,谓蜀士大夫曰:"诸君赖遭某,故得有今日耳。如遇吴汉之徒,已殄灭矣。"又曰:"姜维自一时雄儿也,与某相值,故穷耳。"有识者笑之。

十二月,诏曰:"艾曜威奋武,深入虎庭,斩将搴旗,枭其鲸鲵,使僭号之主,稽首系颈,历世遘诛,一朝而平。兵不逾时,战不终日,云彻席卷,荡定巴蜀。虽白起破强楚,韩信克劲赵,吴汉禽子阳,亚夫灭七国,计功论美,不足比勋也。其以艾为太尉,增邑二万户,封子二人亭侯,各食邑千户[30]。"艾言司马文王曰:"兵有先声而后实者,今因平蜀之势以乘吴,吴人震恐,席卷之时也。然大举之后,将士疲劳,不可便用,且徐缓之;留陇右兵二万人,蜀兵二万人,煮盐兴冶,为军农要用,并作舟船,豫顺流之事,然后发使告以利害,吴必归化,可不征而定也。今宜厚刘禅以致孙休,安士民以来远人,若便送禅于京都,吴以为流徙,则于向化之心不劝。宜权停留,须来年秋冬,比尔吴亦足平。以为可封禅为扶风王,锡其资财,供其左右。郡有董卓坞,为之宫舍。爵其子为公侯,食郡内县,以显归命之宠。开广陵、城阳以待吴人,则畏威怀德,望风而从矣。"文王使监军卫瓘喻艾:"事当须报,不宜辄行。"艾重言曰:"衔命征行,奉指授之策,元恶既服;至于承制拜假,以安初附,谓合权宜。今蜀举众归命,地尽南海,东接吴会,宜早镇定。若待国命,往复道途,延引日月。《春秋》之义,大夫出疆,有可以安社稷,利国家,专之可也。今吴未宾,势与蜀连,不可拘常以失事机。兵法,进不求名,退不避罪,艾虽无古人之节,终不自嫌以损于国也。"钟会、胡烈、师纂等皆白艾所作悖逆,变衅以结。诏书槛车征艾[31]。

艾父子既囚,钟会至成都,先送艾,然后作乱。会已死,艾本营将士追出艾槛车,迎还。瓘遣田续等讨之,遇于绵竹西,斩之。子忠与艾俱死,余子在洛阳者悉诛,徙艾妻子及孙于西域[32]。

初,艾当伐蜀,梦坐山上而有流水,以问殄虏护军爰邵。邵曰:"按《易》卦,山上有水曰《蹇》。《蹇》繇曰:'《蹇》利西南,不利东北。'孔子曰:'《蹇》利西南,往有功也;不利东北,其道穷也。'往必克蜀,殆不还乎!"艾怃然不乐[33]。

泰始元年,晋室践阼,诏曰:"昔太尉王凌谋废齐王,而王竟不足以守位。征西将军邓艾,矜功失节,实应大辟。然被书之日,罢遣人众,束手受罪,比于求生遂为恶者,诚复不同。今大赦得还,若无子孙者听使立后,令祭祀不绝。"三年,议郎段灼上疏理艾曰:"艾心怀至忠而荷反逆之名,平定巴蜀而受夷灭之诛,臣窃悼之。惜哉,言艾之反也!艾性刚急,轻犯雅俗,不能协同朋类,故莫肯理之。臣敢言艾不反之状。昔姜维有断陇右之志,艾修治备守,积谷强兵。值岁凶旱,艾为区种,身被乌衣,手执耒耜,以率将士。上下相感,莫不尽力。艾持节守边,所统万数,而不难仆虏之劳,士民之役,非执节忠勤,孰能若此?故落门、段谷之战,以少击多,摧破强贼。先帝知其可任,委艾庙胜,授以长策。艾受命忘身,束马悬车,自投死地,勇气陵云,士众乘势,使刘禅君臣面缚,叉手屈膝。艾功名以成,当书之竹帛,传祚万世。七十老公,反欲何求!诚057养育之恩,心不自疑,矫命承制,权安社稷;虽违常科,有合古义,原心定罪,本在可论。钟会忌艾威名,构成其事。忠而受诛,信而见疑,头悬马市,诸子并斩,见之者垂泣,闻之者叹息。陛下龙兴,阐弘大度,释嫌忌,受诛之家,不拘叙用。昔秦民怜白起之无罪,吴人伤子胥之冤酷,皆为立祠。今天下民人为艾悼心痛恨,亦犹是也。臣以为艾身首分离,捐弃草土,宜收尸丧,还其田宅。以平蜀之功,绍封其孙,使阖棺定谥,死无余恨。赦冤魂于黄泉,收信义于后世,葬一人而天下慕其行,埋一魂而天下归其义,所为者寡而悦者众矣。"九年,诏曰:"艾有功勋,受罪不逃刑,而子孙为民隶,朕常愍之。其以嫡孙朗为郎中。"

艾在西时,修治障塞,筑起城坞。泰始中,羌虏大叛,频杀刺史,凉州道断。吏民安全者,皆保艾所筑坞焉[34]。

艾州里时辈南阳州泰,亦好立功业,善用兵,官至征虏将军,假节都督江南诸军事。景元二年薨,追赠卫将军,谥曰壮侯[35]。

钟会字士季,颍川长社人,太傅繇小子也。少敏惠夙成[36]。中护军蒋济著论,谓"观其眸子,足以知人"。会年五岁,繇遣见济,济甚异之,曰:"非常人也。"及壮,有才数技艺而博学,精练名理,以夜续昼,由是获声誉。正始中,以为秘书郎,迁尚书、中书侍郎[37]。高贵乡公即尊位,赐爵关内侯。

毌丘俭作乱,大将军司马景王东征,会从,典知密事。卫将军司马文王为大军后继。景王薨于许昌,文王总统六军,会谋谟帷幄。时中诏敕尚书傅嘏,以东南新定,权留卫将军屯许昌为内外之援,令嘏率诸军还。会与嘏谋,使嘏表上,辄与卫将军俱发,还到雒水南屯住。于是朝廷拜文王为大将军、辅政,会迁黄门侍郎,封东武亭侯,邑三百户。

甘露二年,征诸葛诞为司空,时会丧宁在家,策诞必不从命,驰白文王。文王以事已施行,不复追改[38]。及诞反,车驾住项,文王至寿春,会复从行。

初,吴大将全琮,孙权之婚亲重臣也,琮子怿、孙静、从子端、翩、缉等,皆将兵来救诞。怿兄子辉、仪留建业,与其家内争讼,携其母,将部曲数十家渡江,自归文王。会建策,密为辉、仪作书,使辉、仪所亲信赍入城告怿等,说吴中怒怿等不能拔寿春,欲尽诛诸将家,故逃来归命。怿等恐惧,遂将所领开东城门出降,皆蒙封宠,城中由是乖离。寿春之破,会谋居多,亲待日隆,时人谓之子房。军还,迁为太仆,固辞不就。以中郎在大将军府管记室事,为腹心之任。以讨诸葛诞功,进爵陈侯,屡让不受。诏曰:"会典综军事,参同计策,料敌制胜,有谋谟之勋,而推宠固让,辞指款实,前后累重,志不可夺。夫成功不处,古人所重,其听会所执,以成其美。"迁司隶校尉。虽在外司,时政损益,当世与夺,无不综典。嵇康等见诛,皆会谋也。

文王以蜀大将姜维屡扰边陲,料蜀国小民疲,资力单竭,欲大举图蜀。惟会亦以为蜀可取,豫共筹度地形,考论事势。景元三年冬,以会为镇西将军、假节都督关中诸军事。文王敕青、徐、兖、豫、荆、扬诸州,并使作船,又令唐咨作浮海大船,外为将伐吴者。四年秋,乃下诏使邓艾、诸葛绪各统诸军三万余人,艾趣甘松、沓中连缀维,绪趣武街、桥头绝维归路。会统十余万众,分从斜谷、骆谷入。先命牙门将许仪在前治道,会在后行,而桥穿,马足陷,于是斩仪。仪者,许褚之子,有功王室,犹不原贷。诸军闻之,莫不震竦。蜀令诸围皆不得战,退还汉、乐二城守。魏兴太守刘钦趣子午谷,诸军数道平行,至汉中。蜀监军王含守乐城,护军蒋斌守汉城,兵各五千。会使护军荀恺、前将军李辅各统万人,恺围汉城,辅围乐城。会径过,西出阳安口,遣人祭诸葛亮之墓。使护军胡烈等行前,攻破关城,得库藏积谷。姜维自沓中还,至阴平,合集士众,欲赴关城。未到,闻其已破,退趣白水,与蜀将张翼、廖化等合守剑阁拒会。会移檄蜀将吏士民曰:

"往者汉祚衰微,率土分崩,生民之命,几于泯灭。太祖武皇帝神武圣哲,拨乱反正,拯其将坠,造我区夏。高祖文皇帝应天顺民,受命践阼。烈祖明皇帝奕世重光,恢拓洪业。然江山之外,异政殊俗,率士齐民未蒙王化,此三祖所以顾怀遗恨也。今主上圣德钦明,绍隆前绪,宰辅忠肃明允,劬劳王室,布政垂惠而万邦协和,施德百蛮而肃慎致贡。悼彼巴蜀,独为匪民,愍此百姓,劳役未已。是以命授六师,龚行天罚,征西、雍州、镇西诸军,五道并进。古之行军,以仁为本,以义治之;王者之师,有征无战;故虞舜舞干戚而服有苗,周武有散财、发廪、表闾之义。今镇西奉辞衔命,摄统戎重,庶弘文告之训,以济元元之命,非欲穷武极战,以快一朝之政,故略陈安危之要,其敬听话言。

"益州先主以命世英才,兴兵朔野,困踬冀、徐之郊,制命绍、布之手,太祖拯而济之,与隆大好。中更背违,弃同即异,诸葛孔明仍规秦川,姜伯约屡出陇右,劳动我边境,侵扰我氐、羌,方国家多故,未遑修九伐之征也。今边境义清,方内无事,畜力待时,并兵一向,而巴蜀一州之众,分张守备,难以御天下之师。段谷、侯和沮伤之气,难以敌堂堂之阵。比年以来,曾无宁岁,征夫勤瘁,难以当子来之民。此皆诸贤所亲见也。蜀相壮见禽于秦,公孙述授首于汉,九州之险,是非一姓。此皆诸贤所备闻也。明者见危于无形,智者规祸于未萌,是以微子去商,长为周宾,陈平背项,立功于汉。岂晏安酖毒,怀禄而不变哉?今国朝隆天覆之恩,宰辅弘宽恕之德,先惠后诛,好生恶杀。往者吴将孙壹举众内附,位为上司,宠秩殊异。文钦、唐咨为国大害,叛主仇贼,还为戎首。咨困逼禽获,钦二子还降,皆将军、封侯;咨与闻国事。壹等穷踧归命,犹加盛宠,况巴蜀贤知见机而作者哉!诚能深鉴成败,邈然高踏,投迹微子之踪,错身陈平之轨,则福同古人,庆流来裔,百姓士民,安堵旧业,农不易亩,市不回肆,去累卵之危,就永安之福,岂不美与!若偷安旦夕,迷而不反,大兵一发,玉石皆碎,虽欲悔之,亦无及已。其详择利害,自求多福,各具宣布,咸使闻知。"

邓艾追姜维到阴平,简选精锐,欲从汉德阳入江由、左儋道诣绵竹,趣成都,与诸葛绪共行。绪以本受节度邀姜维,西行非本诏,遂进军前向白水,与会合。会遣将军田章等从剑阁西,径出江由。未至百里,章先破蜀伏兵三校,艾使章先登。遂长驱而前。会与绪军向剑阁,会欲专军势,密白绪畏懦不进,槛车征还。军悉属会[40],进攻剑阁,不克,引退,蜀军保险拒守。艾遂至绵竹,大战,斩诸葛瞻。维等闻瞻已破,率其众东入于巴。会乃进军至涪,遣胡烈、田续、庞会等追维。艾进军向成都,刘禅诣艾降,遣使敕维等令降于会。维至广汉郪县,令兵悉放器仗,送节传于胡烈,便从东道诣会降。会上言曰:"贼姜维、张翼、廖化、董厥等逃死遁走,欲趣成都。臣辄遣司马夏侯咸、护军胡烈等,径从剑阁,出新都、大渡截其前,参军爰彰、将军句安等蹑其后,参军皇甫闿、将军王买等从涪南出冲其腹,臣据涪县为东西势援。维等所统步骑四五万人,擐甲厉兵,塞川填谷,数百里中首尾相继,凭恃其众,方轨而西。臣敕咸、闿等令分兵据势,广张罗网,南杜走吴之道,西塞成都之路,北绝越逸之径,四面云集,首尾并进,蹊路断绝,走伏无地。臣又手书申喻,开示生路,群寇困逼,知命穷数尽,解甲投戈,面缚委质,印绶万数,资器山积。昔舜舞干戚,有苗自服;牧野之师,商旅倒戈;有征无战,帝王之盛业。全国为上,破国次之;全军为上,破军次之;用兵之令典。陛下圣德,俾踪前代,翼辅忠明,齐轨公旦,仁育群生,义征不谳,殊俗向化,无思不服,师不逾时,兵不血刃,万里同风,九州共贯。臣辄奉宣诏命,导扬恩化,复其社稷,安其闾伍,舍其赋调,弛其征役,训之德礼以移其风,示之轨仪以易其俗,百姓欣欣,人怀逸豫,后来其苏,义无以过。"于是禁检士众不得抄略,虚己诱纳,以接纳之群司,与维情好欢甚[41]。十二月诏曰:"会所向摧弊,前无强敌,缄制众城,网罗迸逸。蜀之豪帅,面缚归命,谋无遗策,举无废功。凡所降诛,动以万计,全胜独克,有征无战。拓平西夏,方隅清晏。其以会为司徒,进封县侯,增邑万户。封子二人亭侯,邑各千户。"

会内有异志,因邓艾承制专事,密白艾有反状[42],于是诏书槛车征艾。司马文王惧艾或不从命,敕会并进军成都,监军卫瓘在会前行,以文王手笔令宣喻艾军,艾军皆释仗,遂收艾入槛车。会所惮惟艾,艾既禽而会寻至,独统大众。威震西土。自谓功名盖世,不可复为人下,加猛将锐卒皆在己手,遂谋反。欲使姜维等皆将魏兵出斜谷,会自将大众随其后,既至长安,令骑士从陆道,步兵从水道顺流浮渭入河,以为五日可到孟津,与骑会洛阳,一旦天下可定也。会得文王书云:"恐邓艾或不就征,今遣中护军贾充将步骑万人径入斜谷,屯乐城,吾自将十万屯长安,相见在近。"会得书惊,呼所亲语之曰:"但取邓艾,相国知我能独办之;今来大重,必觉我异矣,便当速发。事成,可得天下;不成,退保蜀汉,不失作刘备也。我自淮南以来,画无遗策,四海所共知也。我欲持此安归乎!"会以五年正月十五日至,其明日,悉请护军、郡守、牙门骑督以上及蜀之故官,为太后发丧于蜀朝堂。矫太后遗诏,使会起兵废文王,皆班天坐上人,使下议讫,书版署置,更使所亲信代领诸军。所请群官,悉闭著益州诸曹屋中,城门宫门皆闭,严兵围守。会帐下督丘建本属胡烈,烈荐之文王,会请以自随,任爱之。建愍烈独坐,启会,使听内一亲兵出取饮食,诸牙门随例各内一人。烈给语亲兵及疏与其子曰:"丘建密说消息,会已作大坑,白棓[43]数千,欲悉呼外兵入,人赐白帕[44],拜为散将,以次棓杀坑中。"诸牙门亲兵亦咸说此语,一夜传相告,皆遍。或谓会:"可尽杀牙门骑督以上。"会犹豫未决。十八日中,烈兵与烈儿雷鼓出门,诸军兵不期皆鼓噪出,曾无督促之者,而争先赴城。时方给与姜维铠杖,白外有匈匈声,似失火,有顷,白兵走向

城。会惊,谓维曰:"兵来似欲作恶,当云何?"维曰:"但当击之耳。"会遣兵悉杀所闭诸牙门、郡守,内人共举机以柱门,兵斫门,不能破。斯须,门外倚梯登城,或烧城屋,蚁附乱进,矢下如雨,牙门、郡守各缘屋出,与其卒兵相得。姜维率会左右战,手杀五六人,众既格斩维,争赴杀会。会时年四十,将士死者数百人[45]。

初,艾为太尉,会为司徒,皆持节、都督诸军如故,咸未受命而毙。会兄毓,以四年冬薨,会竟未知问。会兄子邕,随会与俱死。会所养兄子毅及峻、辿[46]等下狱,当伏诛。司马文王表天子下诏曰:"峻等祖父繇,三祖之世,极位台司,佐命立勋,飨食庙庭。父毓,历职内外,干事有绩。昔楚思子文之治,不灭斗氏之祀。晋录成宣之忠,用存赵氏之后。以会、邕之罪,而绝繇、毓之类,吾有愍然!峻、辿兄弟特原,有官爵者如故。惟毅及邕息伏法。"或曰,毓曾密启司司马文王,言会挟术难保,不可专任,故宥峻等云[47]。

初,文王欲遣会伐蜀,西曹属邵悌求见曰:"今遣钟会率十余万众伐蜀,愚谓会单身无重任,不若使余人行。"文王笑曰:"我宁当复不知此耶?蜀为天下作患,使民不得安息,我今伐之如指掌耳,而众人皆言蜀不可伐。夫人心豫怯则智勇并竭,智勇并竭而强使之,适为敌禽耳。惟钟会与人意同,今遣会伐蜀,必可灭蜀。灭蜀之后,就如卿所虑,当何所能一办耶?凡败军之将不可以语勇,亡国之大夫不可与图存,心胆以破故也。若蜀以破,遗民震恐,不足与图事;中国将士各自思归,不肯与同也。若作恶,只自灭族耳。卿不须忧此,慎莫使人闻也。"及会白邓艾不轨,文王将西,悌复曰:"钟会所统,五六倍于邓艾,但可敕会取艾,不足自行。"文王曰:"卿忘前时所言邪,而更云可不须行乎?虽尔,此言不可宣也。我要自当以信义待人,但人不当负我,我岂可先人生心哉!近日贾护军问我,言'颇疑钟会不?'我答言:'如今遣卿行,宁可复疑卿邪?'贾亦无以易我语也。我到长安,则自了矣。"军至长安,会果已死。咸如所策[48]。

会尝论《易》无互体、才性同异。及会死后,于会家得书二十篇,名曰《道论》,而实刑名家也,其文似会。初,会弱冠与山阳王弼并知名。弼好论儒道,辞才逸辩,注《易》及《老子》,为尚书郎,年二十余卒[49]。

评曰:王凌风节格尚,毌丘俭才识拔干,诸葛诞严毅威重,钟会精练策数,咸以显名,致兹荣任,而皆心大志迂,不虑祸难,变如发机,宗族涂地,岂不谬惑邪!邓艾矫然强壮,立功立事,然暗于防患,咎败旋至,岂远知乎诸葛恪而不能近见,此盖古人所谓目论者也[50]。

注:

[1]《魏略》曰:凌为长,遇事,髡刑五岁,当道扫除。时太祖车过,问:"此何徒?"左右以状对。太祖曰:"此子师兄子也,所坐亦公耳。"于是主者选为骁骑主簿。

[2]《汉晋春秋》曰:凌、愚谋,以帝幼制于强臣,不堪为主,楚王彪长而才,欲迎立之,以兴曹氏。凌使人告广,广曰:"凡举大

事，应本人情。今曹爽以骄奢失民，何平叔虚而不治，丁、毕、桓、邓虽并有宿望，皆专竞于世。加变易朝典，政令数改，所存虽高而事不下接，民习于旧，众莫之从。故果势倾四海，声震天下，同日斩戮，名士减半，而百姓安之，莫或之哀，失民故也。今懿情虽难量，事未有逆，而擢用贤能，广树胜己，修先朝之政令，副众心之所求。爽之所以为恶者，彼莫不必改，夙夜匪懈，以恤民为先。父子兄弟，并握兵要，未易亡也。"凌不从。臣松之以为如此言之类，皆前史所不载，而〔犹〕〔独〕出习氏。且制言法体不似于昔，疑悉凿齿所自造者也。

〔3〕《魏书》曰：愚字公治，本名浚，黄初中，为和戎护军。乌丸校尉田豫讨胡有功，小违节度，愚以法绳之。帝怒，械系愚，免官治罪，诏曰："浚何愚！"遂以名之。正始中，为曹爽长史，后出为兖州刺史。《魏略》曰：愚闻楚王彪有智勇。初东郡有讹言云："白马河出妖马，夜过官牧边鸣呼，众马皆应，明日见其迹，大如斛，行数里，还入河中。"又有谣言："白马素羁西南驰，其谁乘者朱虎骑。"楚王小字朱虎，故愚与王凌阴谋立楚王。乃使人通意于王，言"使君谢王，天下事不可知，愿王自爱"！彪亦阴知其意，答言"谢使君，知厚意也。"

〔4〕《魏略》曰：凌闻东平民浩详知星，呼问详。详疑凌有所挟，欲悦其意，不言吴当有死丧，而言："淮南，楚分也，今吴、楚同占，当有王者兴。"故凌计遂定。

〔5〕《魏略》载凌与太傅书曰："卒闻神军密发，已在百尺，虽知命穷尽，迟于相见，身首分离，不以为恨，前后遣使，有书未得还报，企踵西望，无物为譬。昨遣书之后，便乘船来相迎，宿丘头，且发于浦口，奉被露布赦书，又得二十三日况，累纸诲示，闻命惊愕，五内失守，不知何地可以自处。仆久忝朝恩，历试无效，统御戎马，董齐东夏，事有阙废，中心犯义，罪在二百，妻子同悬，无所祷矣。不图圣恩天覆地载，横줄视息，复睹日月。亡甥令狐愚携惑群小之言，仆即时呵抑，使不得竟其语。既人已知，神明所鉴，夫非事无朋，卒至发露，如此枭夷之罪也。生我者父母，活我者子也。"又重曰："身陷刑罪，谬蒙赦宥。今遣掾送印绶，望必至，当如诏书自缚归命。太傅使人解其缚。凌既蒙赦，加怙旧好，不复自疑，径乘小船自趣太傅。太傅使人逆之，住船淮中，相去十余丈。凌知见外，乃遥谓太傅曰："卿直以折简召我，我当敢不至邪？而乃引军来乎？"太傅："以卿非肯接折简者故也。"凌："卿负我！"太傅："我宁负卿，不负国家。"遂使人送来西。凌自知罪重，试索棺钉，以观太傅意，太傅给之。凌行到项，夜呼掾属与决曰："行年八十，身名并灭，〔命〕邪！"遂自杀。干宝《晋纪》曰：凌到项，见贾逵祠在水侧，凌呼曰："贾梁道，王凌固忠于魏之社稷者，唯尔有神知之。"其年八月，太傅有疾，梦凌、逵为疠，甚恶之，遂薨。

〔6〕《魏略》载：山阳单固，字恭夏，为人有器实。正始中，兖州刺史令狐愚与father伯龙善，辟固，欲以为别驾。固不乐为州吏，辞以疾。愚礼意愈厚，固不欲应。固母夏侯氏谓固曰："使君与汝父久善，故命汝不止，汝亦当以仕进，自可往耳。"固不获已，遂住，与兼治中从事杨康并为愚腹心。后愚与王凌通谋，康、固皆知其计。会愚病，康应司徒召诣洛阳，固亦以疾解禄。康在京师露其事，太傅乃东取王凌。到寿春，固见太傅，太傅问曰："卿知其事为邪？"固对"不知"。太傅："且置近事。问卿，令狐愚乎？"固曰："无"。而杨康白事，事与固连。遂收捕固及家属，皆系廷尉，考实数十，固故云"无有"。太傅录杨康，与固对相诘。固辞穷，乃骂康曰："老庸，既负使君，又灭我族，顾汝当活邪！"辞定，事上，须报；廷尉以旧皆听得与其母妻子相见。固见其母，不仰视，其母知其惭也，字

谓之曰："恭夏，汝本自不欲应州郡也，我强故耳。汝为人吏，自当尔耳。此自门户衰，我无恨也。汝本意与我语。"固终不仰，又不语，以至于死。初，杨康自以白其事，冀得封拜，后以辞颇参错，亦并斩。临刑，俱出狱，固又骂康曰："老奴，汝死自分耳。若令死者有知，汝何面目以行地下也！

〔7〕干宝《晋纪》曰：兖州武吏东平马隆，托为愚家客，以私财更殡葬，行服三年，种植松柏。一州之士愧之。

〔8〕《魏氏春秋》曰：广字公渊。弟飞枭、金虎，并才武过人。太傅尝从容问蒋济，济曰："凌文武俱赡，当今无双。广等志力，有美于父耳。"退而悔之，告所亲曰："吾言，灭人门宗矣。"《魏末传》曰：凌少子字明山，最知名。善书，多技艺，人得书，皆以为法。走向太原，追军及之，时有飞鸟集桑树，随枝低叩，举弓射之即倒，追人乃止不复next。明山投亲家食，亲家告吏，乃就执之。

〔9〕《魏名臣奏》载雍州刺史张既表曰："河右遐远，丧乱弥久，武威当诸郡路道喉辖之要，加民夷杂处，数有兵难。领太守毌丘兴到官，内抚吏民，外怀羌、胡，卒使柔附，为官效用。黄华、张进初图逆乱，扇动左右，兴志气忠烈，临难不顾，为将校民夷陈说祸福，言则涕泣。于时男女万口，咸怀感激，形毁发乱，誓心致命。寻率精兵踧跖张掖，济拔领太守杜通、西海太守张睦。张掖番和、骊轩二县吏民及郡杂胡弃恶诣兴，兴皆安抚，使尽力田。兴每所历，尽竭心力，诚国之良吏。殿下即位，留心万机，苟有毫毛之善，必有赏录，臣伏缘圣旨，指陈其事。"

〔10〕梁，音渴。

〔11〕臣松之案《东夷传》：沛者，句骊国之官名。

〔12〕《世语》曰：顾字孔硕，东莱人。晋永嘉中大贼王弥，顾之孙。

〔13〕俭、钦等表曰："故相国懿，匡辅魏室，历事忠贞，故烈祖明皇帝授以寄托之任。懿戮力尽节，以宁华夏。又以齐王聪明，无有秽德，久心勤尽忠以辅上，不厌下赖。懿欲讨灭二虏，以安宇内，始分军粮，克时同举，未成而薨。今王以懿有辅文大功，故遂使师承懿业，委以大事。而师以盛年在职，无疾托病，束拥强兵，无有臣礼，朝臣非一，义士讥之，天下所闻，其罪一也。懿计取贼，多春军粮，克期有日。师为大臣，当除国难，又为人子，当卒父业。哀声未绝而便罢息，为臣不忠，为子不孝，其罪二也。贼频过东关，坐自起众，三征同进，丧众败绩，历年军实一旦而尽，致使贼来，天下骚动，死伤流离，其罪三也。贼举国悉众，号五十万，来向寿春，图诣洛阳，会太尉孚与臣等建计，于杜塞要险，不与争锋，还据新城。淮南将士，冲锋履刃，昼夜相守，勤瘁百日，死者涂地，自魏有军以来，为难苦甚，莫过于此。而师遂意自由，不论封赏，权势自在，无所领录，其罪四也。故中书令李丰等，以师无人臣节，欲议退之。师知而请丰，其夕拉杀，载尸埋棺。丰等为大臣，帝王腹心，擅加酷暴，死无罪名，师有无君之心，其罪五也。懿每叹说齐王自堪人主，君臣之义定。奉事以来十有五载，始欲归政，按行武库，诏问禁兵不得妄出。师自知奸慝，人神所不祐，矫废君主，加之以罪。孚，师之叔父，性甚仁孝，追诣齐王，悲不自胜。群臣皆怒，而师怀忍，不顾大义，其罪六也。又放光禄大夫张缉，无罪而诛，夷其妻子，并及母后，逼恐至尊，强催督遣，临时哀愕，莫不伤痛；而师称庆，反以欢喜，其罪七也。陛下践阼，聪明神武，事经圣心，欲崇节约，天下闻之，莫不欢庆；而师不自改悔，修复旧礼，而方征发募士，毁坏宫内，列侯自卫。陛下即阼，初不朝觐。陛下欲临幸师舍以省其疾，复拒不通，不奉法度，其罪八也。近者领军许允当为镇北，以

厨钱给赐,而师举奏加辟,虽云流徙,道路饿杀,天下闻之,莫不哀伤,其罪九也。三方之守,一朝阙废,多选精兵,以自营卫,五营领兵,阙而不补,多载器杖,充聚本营,天下所闻,人怀愤怨,讻言盈路,以疑海内,其罪十也。多休守兵,以占高第,以空虚四表,欲擅强势,以逞奸心,募取屯田,加其复赏,阻兵安忍,坏乱旧法。合聚诸藩王公以著邺,欲悉诛之,一旦举事废主。天不长恶,使自肿不成,其罪十一也。臣等先人皆随从太祖武皇帝征讨凶暴,获成大功,与高祖文皇帝即受汉禅,开国承家,犹尧、舜相传也。臣与安丰护军郑翼、庐江护军吕宣、太守张休、淮南太守丁尊、督守合肥护军王休等议,各以累世受恩,千载风尘,思尽躯命,以完全社稷安主为效。斯义苟立,虽焚妻子,吞炭漆身,死而不恨也。按师之罪,宜加大辟,以彰奸慝。《春秋》之义,一世为善,十世宥之。懿有大功,海内所书,依古典议,废师以侯就第。弟昭,忠肃宽明,乐善好士,有高世君子之度,忠诚为国,不与师同。臣等碎首所保,可以代师辅导圣躬。太尉孚,忠孝小心,所宜亲宠,授以保傅。护军散骑常侍望,忠公亲事,当官称能,奉卫乘舆,有宿卫之功,可为中领军。《春秋》之义,大义灭亲,故周公诛弟,石碏戮子,季友鸩兄,上为国计,下全宗族。飏鲧用禹,圣人明典,古今所称。乞陛下下臣等所奏,朝堂博议。臣言当道,使师逊位避贤者,罢兵去备,如三皇旧法,则天下协同。若师负势恃众不自退者,臣等将所领,昼夜兼行,惟命是授。臣等今日所奏,惟欲使大魏永存,使陛下得行君意,远绝亡之祸,百姓安全,六合一体,使忠臣义士,不愧于三皇五帝耳。臣恐兵起,天下扰乱,臣辄上事,移三征及州郡国典农,各安慰所部吏民,不得妄动,谨具以状闻。惟陛下爱养精神,明虑危害,以宁海内。师专权用势,赏罚自由,闻臣等举奏,必下诏禁绝本津,使驿书不通,擅发征调,有所收捕。此乃师诏,非陛下诏书,在所皆不得承用。臣等道远,惧文书不得皆通,辄临时赏罚,以便宜从事,须定表上也。

〔14〕《魏氏春秋》曰:钦中子俶,小名鸯。年尚幼,勇力绝人,谓钦曰:"及其未定,击之可破也。"于是分为二队,夜夹攻军。俶率壮士先至,大呼,大将军军中震扰。钦后期不应。会明,俶退,钦亦引还。《魏末传》曰:殿中人姓尹,字大目,小为曹氏家奴,常侍在帝侧,大将军将俱行。大目知大将军一日已突出,启云:"文钦本是明公腹心,但为人所误耳,又天子乡里。大目昔为文钦所信,乞得追解语之,令还与公复好。"大**将军听遣大目单身往,乘大马,被铠青,追文钦,遥相与**语。大目心实欲曹氏安,谬言:"君侯何苦不可复忍数日中也!"欲使钦解其旨。钦殊不悟,乃更厉声骂大目:"汝先帝家人,不念报恩,而反与司马师作逆,不顾上天,天不祐汝!"乃张弓傅矢欲射大目,大目涕泣曰:"世事败矣,善自努力也。"

〔15〕钦与郭淮书曰:"大将军昭伯与太傅〔伯〕俱受顾命,登床把臂,托付天下,此远近所知。后以势利,乃绝其祀,及其亲党,皆一时之俊,可为痛心,奈何奈何!公侯恃与大司马公恩亲分著,义贯金石,当此之时,想益毒痛,有不可堪也。王太尉嫌其专朝,潜欲举兵,事竟不捷,复受诛夷,害及楚王,想甚追恨。太傅既亡,然其子师继承父业,肆其虐暴,日月滋甚,放主杀后,残戮忠良,包藏祸心,遂至篡弑。此可忍也,孰不可忍?钦以名义大故,事君有节,忠愤内发,忘寝与食,无所各顾也。会毌丘子邦自与父书,腾说公侯,尽事主之义,欲奋白发,同符太公,惟须东吲,影响相应,闻问之日,能不慷慨!是以不顾妻孥之痛,即与毌丘镇东举义兵三

万余人,西趋京师,欲扶持王室,扫除奸逆。企踵西望,不得声问,鲁望高子,不足喻急。夫当仁不让,况救君之难,度道远艰,故不果期要耳。然同舟共济,安危势同,祸痛已连,非言饰所解,自公侯所明也。共事曹氏,积信魏朝,行道之人,皆所知见。然在朝之士,冒利偷生,烈士所耻,公侯所贱,贾竖所不忍为也,况当涂之士邪?军屯住项,小人以闰月十六日别进兵,就于乐嘉城讨师,师之徒众,寻闻崩溃,其所斩截,不复警原,但当长驱径至京师,而流言先至,毌丘不复详之,更谓小人为误,诸军便尔瓦解。毌丘还走,追寻释解,无所及。小人还项,幸遇王基等十二军追寻毌丘,进兵讨之,即时克破,所向全胜,要期后无继何?孤军梁昌,进退失所,还据寿春,寿春复走,狼狈踬阂,无复他计,惟以归命大吴,借兵乞食,继踵伍员耳。不若,仆隶如何快心!复君之仇,永使曹氏少享血食,此亦大国之所祐念也。想公侯不使程婴、杵臼擅名于前代,而使大魏独无鹰扬之士与?今大吴敦崇大义,深见愍悼。然仆于国大分连接,远同一势,日欲俱举,瓜分中国,不愿偏取以为己有。公侯必欲共忍帅胸怀,宜广大势,恐秦川之卒不可孤举。今者之计,宜屈己伸人,托命归汉,东西俱举,尔乃可克定师党耳。深思鄙言,若愚计可从,宜使汉军克制期要,使六合校考,与周、召同封,以托付儿孙。此亦非小事也,大丈夫字处其落落,是以远呈忠心,时望嘉应。"时郭淮已卒,钦未知,故有此书。《世语》曰:毌丘俭之诛,党与七百余人,传侍御史杜友治狱,惟举首事十人,余皆奏散。友字季子,东郡人,仕晋冀州刺史、河南尹。子默,字世宏,历史部郎,卫尉。

〔16〕《世语》曰:甸字子邦,有名京邑。齐王之废也,甸谓俭曰:"大人居方岳重任,国倾覆而晏然自守,将受四海之责。"俭然之。大将军恶其为人也,及俭起兵,问屈颜所在,云"不来,无能为也"。俭初起兵,遣子宗四人入吴。吴平,宗兄弟皆还中国。宗字子仁,有俭风,至零陵太守。宗子奥,巴东监军,益州刺史。习凿齿曰:毌丘俭感明帝之顾命,故为此役。君子谓毌丘俭事虽不成,可谓忠臣矣。夫竭节而赴义者我也,成之与败者时也,我苟无时,成何可必乎?忘我而不自必,乃所以为忠也。古人有言:"死者复生,生者不愧。"若毌丘俭,可谓能不愧也。

〔17〕钦降吴表曰:"禀命不幸,常隶魏国,雨绝于天。虽侧伏隅都,自知无路。司马师滔天作逆,废害二主,辛、癸、高、莽,恶不足喻。钦累世受恩,乌鸟之情,窃怀愤踊,在三之义,期于弊仆。前与毌丘俭、郭淮等俱举义矣,当共讨师,扫除凶孽,诚臣楼楼愚管所执。智虑浅薄,微节不骋,进无所依,悲痛切心。退悔不能扶兴本朝,抱愧俯仰,靡所自厝。冒缘古义,固有所归,庶假天威,得展万一,僵仆之日,亦所不恨。辄相率将,归命圣化,惭偷苟生,非辞所陈。谨上还所受魏使持节前将军、山桑侯印绶。临表惶惑,伏须罪诛。"《魏书》曰:钦字仲若,谯郡人。父稷,建安中为骑将,有勇力。钦少以名将子材武见称。魏讽反,钦坐与讽辞语相连,及下狱,掠答数百,当死,太祖以稷故赦之。太和中,为五营校督,出为牙门将。钦性刚暴无礼,所在倨傲陵上,不奉官法,辄见奏遣,明帝抑之。后复以为淮南牙门将,转为庐江太守、鹰扬将军。王凌秦钦舍残不宜抚边,求免官治罪,由是征还钦还。曹爽以钦乡里,厚养待之,不治钦事。复遣还庐江,加冠军将军,贵宠逾前。钦以故益骄,好自矜伐,以壮勇高人,颇得虚名于三军。曹爽诛后,进钦为前将军以安其心,后代诸葛诞为扬州刺史。自曹爽之诛,钦常内惧,与诸葛诞相恶,无所与谋。会诞去兵,毌丘俭往,乃阴共结谋。战败

〔18〕《魏氏春秋》曰：诞为郎，与仆射杜畿试船陶河，遭风覆没，诞亦俱溺。虎贲浮河救诞，诞曰："先救杜侯。"诞飘至岸，绝而复苏。

〔19〕《世语》曰：是时，当世俊士散骑常侍夏侯玄、尚书诸葛诞、邓飏之徒，共相题表，以玄、畴四人为四聪，诞、〔备〕〔辈〕八人为八达，中书监刘放子熙、孙资子密、吏部尚书卫臻子烈三人咸不及比，以父居势位，容之为三豫，凡十五人。帝以构长浮华，皆免官废锢。

〔20〕《魏书》曰：诞赏赐过度。有犯死罪者，亏制以活之。

〔21〕《世语》曰：司马文王既秉朝政，长史贾充以为宜遣参佐慰劳四征，于是遣充至寿春。充还启文王："诞再在扬州，有威名，民望所归。今征，必不来，祸小事浅；不征，事迟祸大。"乃以为司空。书至，诞曰："我作公当在王文舒后，今便为司空！不遣使者，健步赍书，使以兵付乐綝，此必綝所为。"乃将左右数百人至扬州，扬州人欲闭门，诞叱曰："卿非我故吏邪！"径入，綝逃上楼，就斩之。《魏末传》：贾充与诞相见，谈说时事，因谓诞曰："洛中诸贤，皆愿禅代，君所知也。君以为云何？"诞厉声曰："卿非贾豫州子？世受魏恩，如何负国，欲以魏室输人乎？非吾所忍闻。若洛中有难，吾当死之。"充默然。诞既被征，请诸牙门置酒大宴，呼牙门从兵，皆赐酒令醉，谓众曰："前作千人铠仗始成，欲以击贼，今当还洛，不复得用，欲暂出，将见人游戏，须臾还耳，诸君且止。"乃严鼓将士七百人出。乐綝闻之，闭州门。诞历南门宣言："当还洛邑，暂出游戏，扬州何为闭公见备？"前至东门，东门复闭，乃使兵缘城攻门，州人悉左，因风放火，焚其府库，遂杀綝。诞表曰："臣受国重任，统兵在东。扬州刺史乐綝专诈，说臣与吴交通，又言被诏代臣位，无状日久。臣奉国命，以死自立，终无异端。忿綝不忠，辄将步骑七百人，以今月六日讨綝，即日斩首，函头驿马传送。若圣朝明臣，臣即魏臣；不明臣，臣即吴臣。不胜发愤有日，谨拜表陈愚，悲感泣血，哽咽断绝，不知所如，乞朝廷察至诚。"臣松之以为《魏末传》所言，率皆鄙陋。疑诞表言曲，不至此也。

〔22〕《世语》曰：黄初末，吴人发长沙王吴芮冢，以其砖于临湘为孙坚立庙。芮容貌如生，衣服不朽。后豫发者见吴纲曰："君何类长沙王吴芮，但微短耳。"纲瞿然曰："是先祖也，君何由见之？"见者言所由，纲曰："更葬否？"答曰："即更葬矣。"自芮之卒年至纲发，四百余年，纲，芮之十六世孙矣。

〔23〕《汉晋春秋》曰：蒋班、焦彝言于诸葛诞曰："朱异等以大众来而不能进，孙綝杀异而归江东，外以发兵为名，而内实坐须成败，其归可见矣。今宜及众心尚固，士卒思用，并力决死，攻其一面，虽不能尽克，犹可有全者。"文钦曰："江东乘战胜之威久矣，未有难北方者也。况公今举十余万之众内附，而钦与全端等皆同居死地，父子兄弟尽在江表，就孙綝不欲，主上及其亲戚岂肯听乎？且中国无岁无事，军民并疲，今守我一年，势力已困，异图生心，变故将起，以往准今，可计日而望也。"班、彝固劝之，钦怒，而诞欲杀班。二人惧，且知诞之必败也，十一月，乃相携而降。

〔24〕《汉晋春秋》曰：文钦曰："蒋班、焦彝谓我不能出而走，全端、全怿又率众逆降，此敌不备之时也，可以战矣。"诞及唐咨等皆以为然，遂共悉众出攻。

〔25〕干宝《晋纪》曰：数百人拱手为列，每斩一人，辄降之，竟不变，至尽，时人比之田横。吴将于诠曰："大丈夫受命其主，以兵救人，既不能克，又束手于敌，吾弗取也。"乃免胄冒陈而死。

〔26〕干宝《晋纪》曰：初，寿春每岁雨潦，淮水溢，常淹城邑。故文王之筑围也，诞笑之曰："是固不攻而自败也。"及大军之攻，亢旱逾年。城既陷，是日大雨，围垒皆毁。诞子靓，字仲思，吴平还晋。靓子恢，字道明，位至尚书令，追赠左光禄大夫开府。

〔27〕《傅子》曰：宋建椎牛祷塞，终自焚灭。文钦日祠祭事天，斩于人手。诸葛诞夫妇聚会神巫，淫祀求福，伏尸淮南，举族诛夷。此天下所共见，足为明鉴也。

〔28〕习凿齿曰：自是天下畏威怀德矣。君子谓司马大将军于是役也，可谓能以德攻矣。夫建业者异道，各有所尚，而不能兼并也。故宣武之雄毙于不仁，存义之国丧于懦退。今一征而禽三叛，大虏吴众，席卷淮浦，俘馘十万，可谓壮矣。而未及安坐，〔丧〕王基之功；种惠吴人，结柔类之情；宠葬叛钦，忘畴昔之隙；不咎саy众，使扬土怀愧。功高而人乐其成，业广而敌怀其德，武昭既敷，文算又洽，推此道也，天下其孰能当之哉？〔赏〕王基，语在《基传》。鸯一名俶。《晋诸公赞》曰：俶后为将军，破凉州虏，名闻天下。太康中为东夷校尉、假节。当之职，入辞武帝，帝见而恶之，托以他事免俶官。东安公繇，诸葛诞外孙，欲杀俶，因诛杨骏，诬俶谋逆，遂夷三族。

〔29〕《世语》曰：邓艾少为襄城典农部民，与石苞皆年十二三。谒者阳翟郭玄信，武帝监军郭循、元奕之子。建安中，少府吉本起兵许都，玄信坐被刑在家，从典农司马求人御，以艾、苞与御，行十余里，与语，悦之，谓二人皆当远至为佐相。艾后为典农功曹，奉使诣宣王，由此见知，遂被拔擢。

〔30〕《袁子》曰：诸葛亮，重人也，而骤用蜀兵，此知小国弱民难以久存也。今国家一举而灭蜀，自征伐之功，未有如此之速者也。方邓艾以万人入江由之危险，钟会以二十万众留剑阁而不得进，三军之士已饥，艾虽战胜克使，使刘禅数日不降，则二将之军难以反矣。故功业如此之难也。国家前有寿春之役，后有灭蜀之劳，百姓贫而仓禀虚，故小国之虑，在于时立功以自存，大国之虑，在于既胜而力竭，成功之后，戒惧之时也。

〔31〕《魏氏春秋》曰：艾仰天叹曰："艾忠臣也，一至此乎！白起之酷，复见于今日矣。"

〔32〕《汉晋春秋》曰：初艾之下江由也，以续不进，欲斩，既而舍之。及瓘至续，谓曰："可以报江由之辱矣。"杜预言于众曰："伯玉其不免乎！身为名士，位望已高，既无德音，又不御以正，是小人而乘君子之器，将何以堪其责乎？"瓘闻之，不俟驾而谢。《世语》曰：师纂亦与艾俱死。纂性急少恩，死之日体无完皮。

〔33〕荀绰《冀州记》曰：邵起自干吏，位至卫尉。长子翰，河东太守。中子敞，大司农。少子倩，字君幼，宽厚有器局，勤于当世，历位冀州刺史、太子右卫率。翰子俞，字世都，清贵贞素，辩于论议，采公孙龙之辞以谈微理。少有能名，辟太尉府，稍历显位，至侍中、中书令，迁为监。臣松之案：《骞》家辞云"《骞》利西南，往得中也"，不云"有功"；下云"利见大人，往有功也"。

〔34〕《世语》曰：咸宁中，积射将军樊震为西戎牙门，得见辞，武帝问震所由进，震自陈曾为邓艾伐蜀时帐下将，帝遂寻问艾，震具申艾之忠，言之流涕。先是以艾孙朗为丹水令，由此迁为定陵令。次孙千秋有时望，光禄大夫王戎辟为掾。永

嘉中，朗为新都太守，未之官，在襄阳失火，朗及母妻子举室烧死，惟子韬子行得免。千秋先卒，二子亦烧死。

〔35〕《世语》曰：初，荆州刺史裴潜以泰为从事，司马宣王镇宛，潜数遣诣宣王，由此为宣王所知。及征孟达，泰又导军，遂辟泰。泰频丧考、妣、祖，九年居丧。宣王留缺待之，至，三十六日擢为新城太守。宣王为泰会，使尚书钟〔繇〕〔毓〕调泰："君释褐登宰府，三十六日拥麾盖，守兵马印，一何驶乎？"泰曰："诚有此。君，名公之子，少有文采，故守吏职；猕猴骑土牛，又何迟也！"众宾咸悦。后历兖、豫州刺史，所在有筹算绩效。

〔36〕会为其母传曰："夫人张氏，字昌蒲，太原兹氏人，太傅定陵成侯之命妇也。世长吏二千石。夫人少丧父母，充成侯家，修身正行，非礼不动，为上下所称述。贵妾孙氏，摄嫡专家，心害其贤，数逾毁，无所不至。孙氏辨博有智巧，言足以饰非成过，然竟不能伤也。及妊娠，愈更嫉妒，乃置药食中，夫人中食，觉而吐之，瞑眩者数日。或曰：'何不向公言之？'答曰：'嫡庶相害，破家危国，古今以为鉴诫。假如公信我，众谁能明其事？彼以心度我，谓我必言，固将先我；事由彼发，顾不快耶！'遂称疾不见。孙氏果谓成侯曰：'妾欲369得男，故饮以得男之药，反谓毒之！'成侯曰：'得男药佳事，暗于食中与人，非人情也。'遂讯侍者具服，孙氏由是得罪出。成侯问夫人何能不言，夫人言其故，成侯大惊，益贤之，恩宠愈隆。黄初六年，生会，恩宠愈隆。成侯既出孙氏，更纳正嫡贾氏。"臣松之案：钟繇于时老矣，而方纳正室。盖《礼》所云"宗子虽七十，无无主妇之义"也。《魏氏春秋》曰：会母见宠于繇，繇之出妻夫人。卞太后以为言，文帝诏繇复之。繇恚愤，将引鸩，弗获，餐椒致噤，帝乃止。

〔37〕《世语》曰：司马景王命中书令虞松作表，再呈辄不可意，命松更定。以经时，松思竭不能改，心存之，形于颜色。会察其有忧，问松，松以实答。会取视，为定五字。松悦服，以呈景王，王曰："不当尔邪，谁所定也？"松曰："钟会。向亦欲启之，会公见问，不敢饗其能。"王曰："如此，可大用，可令来。"会问松王所能，松曰："博学明识，无所不贯。"会乃绝宾客，精思十日，平旦入见，至鼓二乃出。出后，王独抚手叹息曰："此真王佐材也！"松字叔茂，陈留人，九江太守边让外孙。松颖冠有才，从司马宣王征辽东，宣王命作檄，及破贼，作露布。松从还，宣王辟为掾，时年二十四，迁中书郎，遂至太守。松子濬，字显弘，晋廷尉。臣松之以为钟会名公之子，声誉夙著，弱冠登朝，已历显位，景王为相，何容不悉？而于定虞松表然后乃蒙接引乎？设使先不相识，但见五字而便知可大用，虽圣人其犹诸诺，而况景王哉？

〔38〕会时遭所生母丧。其母传曰："夫人性矜严，明于教训，会虽童稚，勤见规海。年四岁授《孝经》，七岁诵《论语》，八岁诵《诗》，十岁诵《尚书》，十一诵《易》，十二诵《春秋左氏传》、《国语》，十三诵《周礼》、《礼记》，十四诵成侯《易记》，十五使入太学问四方奇文异训。谓会：'学猥则倦，倦则意怠，吾惧汝之意怠，故以渐训汝，可以独学矣。'雅好书籍，涉历众书，特好《易》、《老子》，每读《易》孔子说'鸣鹤在阴'、'劳谦君子'、'籍用白茅'、'不出户庭'之义，每使会反复读之，曰：'《易》三百余爻，仲尼特说此者，以谦恭慎密，枢机之发，行己至要，荣身所由故也，顺斯术已往，足为君子矣。'正始八年，会为尚书郎，夫人执会手而诲之曰：'汝弱冠见叙，人情不能不自足，则损在其中矣，勉思其戒！'时大将军曹爽专朝政，日纵酒沉醉，会兄侍中飽宴还，言其事。夫人曰：'乐则乐矣，然难久也。居上不骄，制节谨度，然

后乃无危溢之患。今奢僭若此，非长守富贵之道。'嘉平元年，车驾朝高平陵，会为中书郎，从行。相国宣文侯始举兵，众人恐惧，而夫人自若。中书令刘放、侍郎卫瓘、夏侯和等家皆怪问：'夫人一子，在危难之中，何能无忧？'答曰：'大将军奢僭无度，吾常疑其不安。太傅义不危国，必为大将军举耳。吾儿在帝侧何忧？闻且出兵无他重器，其势必不久战。'果如其言，一时称则。会历机密十余年，颇豫政谋。夫人谓曰：'昔范氏少子为赵简子设伐邾之计，事从民悦，可谓功矣。然其母以为乘伪作诈，末业鄙事，必不能久。其识本深远，非近人所言，吾常乐其为人。汝居心正，吾知免矣。但当修志以辅益时化，不忝先人耳。'常言'人谁能皆体自然，但力行不倦，抑亦其次。虽接鄙贱，必以言信。取与之间，分画分明。'或问：'此无乃小乎？'答曰：'君子之行，皆积小以致高大，若以小善为无益而弗为，此乃小人之事耳。希通慕大者，吾所不好。'自幼少，衣不过青绀，亲营家事，自知恭俭。然见思义，临财必让。会前后赐钱帛数百万计，悉送供公家之用，一无所取。年五十有九，甘露二年二月暴疾薨。比葬，天子有手诏，命大将军高都侯厚加赗赠，丧事无巨细，一皆供给。议者以为'公侯有夫人，有世妇，有妻，有妾，所谓外命妇也。依《春秋》成风、定姒之义，宜崇典礼，不得总称妾名'，于是称成侯命妇。殡葬之事，有取于古制，礼也。"

〔40〕按《百官名》：绪入晋为太常、崇礼卫尉。子冲，廷尉。荀绰《兖州记》：冲子诠，字德林，玫字仁band，并知名显达。诠，兖州刺史。玫，侍中、御史中丞。

〔41〕《世语》曰：夏侯霸奔蜀，蜀朝问"司马公如何德"？霸曰："自当作家门。""京师俊士？"曰："有钟士季，其人管朝政，吴、蜀之忧也。"《汉晋春秋》曰：初，夏侯霸降蜀，姜维问之曰："司马懿既得彼政，当复有征伐之志不？"霸曰："彼方营立家门，未遑外事。有钟士季者，其人虽少，终为吴、蜀之忧，然非非常之人亦不能用也。"后十五年而会果灭蜀。按习凿齿此言，非出他书，故采用《世语》而附益也。

〔42〕《世语》曰：会善效人书，于剑阁要艾章表白事，皆易其言，令辞指悖傲，多自矜伐。又毁文王报书，手作疑之也。

〔43〕椿，与棒同。

〔44〕帕，苦洽反。

〔45〕《晋诸公赞》：胡烈儿名渊，字世元，遵之孙也。遵，安定人，以才兼文武，累居藩镇，至车骑将军。子奋，字玄威，亦历方任。女为晋武帝贵人，有宠。太康中，以奋为尚书仆射，加镇军大将军、开府。弟广，字宣祖，少府。次烈，字玄武，秦州刺史。次岐，字玄嶷，并州刺史。广子喜，凉州刺史。渊小字鹞鹞，时年十八，既杀会救父，名震远近。后赵王伦篡位，三王兴义，伦使渊与张泓将兵御齐王，屡破齐军。会成都战克，渊乃归降伏法。

〔46〕讪，敕连反。

〔47〕《汉晋春秋》曰：文王嘉其忠亮，笑答毓曰："若如卿言，必不以及宗矣。"

〔48〕按《咸熙元年百官名》：邵悌字元伯，阳平人。《汉晋春秋》曰：文王闻钟会向曹向雄之收葬会也，召而责之曰："往者王经之死，卿哭于东市而我不问，今钟会自为叛逆而又辄收葬，若复相容，其如王法何！"雄曰："昔先王掩骼埋胔，仁流朽骨，当时岂先卜其功罪而后收葬哉？今王诛既加，于法已备，雄感义收葬，教亦无阙。法立于上，教弘于下，以此训物，雄曰可矣！何必使雄背死违生，以立于时。殿下仇对枯骨，捐之中野，百岁之后，为藏获所笑，岂仁贤所掩哉？"王

卷二十九　　方技传第二十九

悦，与宴谈而遣之。习凿齿曰：向伯茂可谓勇于蹈义也，哭王经而哀感市人，葬钟会而义动明主，彼皆忠烈奋劲，知死而往，非存生也。若使经、会处世，或身在急难，而有不赴者乎？故寻其奉死之心，可以见事生之情，览其忠贞之节，足以愧背义之士矣。王加礼而遣，可谓明达。

〔49〕弼字辅嗣。何劭为其传曰：弼幼而察慧，年十余，好《老氏》，通辩能言。父业，为尚书郎。时裴徽为吏部郎，弼未弱冠，往造焉。徽一见而异之，问弼曰："夫无者诚万物之所资也，然圣人莫肯致言，而老子申之无已者何？"弼曰："圣人体无，无又不可以训，故不说也。老子是有者也，故恒言〔无〕〔其〕所不足。"寻亦为傅嘏所知。于时何晏为吏部尚书，甚奇弼，叹之曰："仲尼称后生可畏，若斯人者，可与言天人之际乎？"正始中，黄门侍郎累缺。晏既用贾充、裴秀、朱整，又议用弼。时丁谧与晏争衡，致高邑王黎于曹爽，爽用黎。于是以弼补台郎。初除，觐爽，请间，爽为屏左右，而弼与论道，移时无所他及，爽以此嗤之。时爽专朝政，党与共相进用，弼通俊不治名高。寻黎无几时病亡，爽用王沈代黎，弼遂不得在门下，晏为之叹恨。弼在台既浅，事功亦雅非所长，益不留意焉。淮南人刘陶善论纵横，为当时所推。每与弼语，常屈弼。弼天才卓出，当其所得，莫能夺也。性和理，乐游宴，解音律，善投壶。其论道傅会文辞，不如何晏，自然有所拔得，多晏也。颇以所长笑人，故时为士君子所疾。弼与钟会善，会论议以校练为家，然每服弼之高致。何晏以为圣人无喜怒哀乐，其论甚精，钟会等述之。弼与不同，以为圣人茂于人者神明也，同于人者五情也，神明茂故能体冲和以通无，五情同故不能无哀乐以应物，然则圣人之情，应物而无累于物者也。今以其无累，便谓不复应物，失之多矣。弼注《易》，颍川人荀融难弼《大衍义》。弼答其意，白书以戏之曰："夫明足以寻极幽微，而不能去自然之性。颜子之量，孔父之所预在，然遇之不能不乐，丧之不能不哀。又常狭斯人，以为未能以情从理者也，而今乃知自然之不可革。足下之量，虽已定乎胸怀之内，然而隔逾旬朔，何其相思之多乎？故知尼父之于颜子，可无大过矣。"弼注《老子》，为之指略，致有理统。著《道略论》，注《易》，往往有高丽言。太原王济好谈，病《老》、《庄》，常云："见弼《易注》，所悟者多。"然弼为人浅而不识物情，初与王黎、荀融善，黎夺其黄门郎，于是恨黎，与融亦不终。正始十年，曹爽废，以公事免。其秋遇疠疾亡，时年二十四，无子，绝嗣。弼之卒也，晋景王闻之，嗟叹者累月，其为高识所惜如此。孙盛曰：《易》之为书，穷神知化，非天下之至精，其孰能与于此？世之注解，殆皆妄也。况弼以傅会之辨而欲笼统玄旨者乎？故其叙浮义则丽辞溢目，造阴阳则妙颐无间，至于六爻变化，群象所效，日时岁月，五气相推，弼皆摈落，多所不关。虽有可观者焉，恐将泥夫大道。《博物记》曰：初，王粲与族兄凯避地荆州，刘表欲以女妻粲，而嫌其形陋而周率，以凯有风貌，乃以妻凯。凯生业，业即刘表外孙也。蔡邕有书近万卷，末年载数车与粲，粲亡后，相国掾魏讽谋反，粲子与焉，既被诛，邕所与书悉入业。业字长绪，位至谒者仆射。子宏字正宗，司隶校尉。宏，弼之兄也。《魏氏春秋》曰：文帝既诛粲二子，以业嗣粲。

〔50〕《史记》曰：越王无疆与中国争强，当楚威王时，越北伐齐，齐威王使人说越云，越王不纳。齐使者曰："幸也，越之不亡也。吾不贵其用智之如目，目见毫毛而不自见其睫也。今王知晋之失计，不自知越之过，是目论也。"

卷二十九　　方技传第二十九

华佗字元化，沛国谯人也，一名旉[1]。游学徐土，兼通数经。沛相陈珪举孝廉，太尉黄琬辟，皆不就。晓养性之术，时人以为年且百岁而貌有壮容。又精方药，其疗疾，合汤不过数种，心解分剂，不复称量，煮熟便饮，语其节度，舍去辄愈。若当灸，不过一两处，每处不过七八壮，病亦应除。若当针，亦不过一两处，下针言"当引某许，若至，语人"。病者言"已到"，应便拔针，病亦行差。若病结积在内，针药所不能及，当须刳割者，便饮其麻沸散，须臾便如醉死无所知，因破取。病若在肠中，便断肠湔洗，缝腹膏摩，四五日差，不痛，人亦不自寤，一月之间，即平复矣。

故甘陵相夫人有娠六月，腹痛不安，佗视脉，曰："胎已死矣。"使人手摸知所在，在左则男，在右则女。人云"在左"，于是为汤下之，果下男形，即愈。

县吏尹世苦四支烦，口中干，不欲闻人声，小便不利。佗曰："试作热食，得汗则愈；不汗，后三日死。"即作热食而不汗出，佗曰："藏气已绝于内，当啼泣而绝。"果如佗言。

府吏兒寻、李延共止，俱头痛身热，所苦正同。佗曰："寻当下之，延当发汗。"或难其异，佗曰："寻外实，延内实，故治之宜殊。"即各与药，明旦并起。

盐渎严昕与数人共候佗，适至，佗谓昕曰："君身中佳否？"昕曰："自如常。"佗曰："君有急病见于面，莫多饮酒。"坐毕归，行数里，昕卒头眩堕车，人扶将还，载归家，中宿死。

故督邮顿子献得病已差，诣佗视脉，曰："尚虚，未得复，勿为劳事，御内即死。临死，当吐舌数寸。"其妻闻其病除，从百余里来省之，止宿交接，中间三日发病，一如佗言。

督邮徐毅得病，佗往省之。毅谓佗曰："昨使医曹吏刘租针胃管讫，便苦咳嗽，欲卧不安。"佗曰："刺不得胃管，误中肝也，食当日减，五日不救。"遂如佗言。

东阳陈叔山小男二岁得疾，下利常先啼，日以羸困。问佗，佗曰："其母怀躯，阳气内养，乳中虚冷，儿得母寒，故令不时愈。"佗与四物女宛丸，十日即除。

彭城夫人夜之厕，虿螫其手，呻呼无赖。佗令温汤近热，渍手其中，卒可得寐，但旁人数为易汤，汤令暖之，其旦即愈。

军吏梅平得病，除名还家，家居广陵，未至二百里，止亲人舍。有顷，佗偶至主人许，主人令佗视平，佗谓平曰："君早见我，可不至此。今疾已结，促去可得与家相见，五日卒。"应时归，如佗所刻。

佗行道，见一人病咽塞，嗜食而不得下，家人车载欲往就医，佗闻其呻吟，驻车往视，语之曰："向来道边有卖饼家蒜齑大酢，从取三升饮之，病自当去。"即如佗言，立吐蛇一枚，悬车边，欲造佗。佗尚未还，小儿戏门前，逆见，自相谓曰："似逢我公，车边病是也。"疾者前入坐，见佗北壁悬此蛇辈约以十数。

又有一郡守病，佗以为其人盛怒则差，乃多受其货而不加治，无何弃去，留书骂之。郡守果大怒，令人追捉杀佗。郡守子知之，属使勿逐。守瞋恚既甚，吐黑血数升而愈。

又有一士大夫不快，佗云："君病深，当破腹取。然君寿亦不过十年，病不能杀君，忍病十岁，寿俱当尽，不足故自刳裂。"士大夫不耐痛痒，必欲除之。佗遂下手，所患寻差，十年竟死。

广陵太守陈登得病，胸中烦懑，面赤不食。佗脉之曰："府君胃中有虫数升，欲成内疽，食腥物所为也。"即作汤二升，先服一升，斯须尽服之。食顷，吐出三升许虫，赤头皆动，半身是生鱼脍也，所苦便愈。佗曰："此病后三期当发，遇良医乃可济救。"依期果发动，时佗不在，如言而死。

太祖闻而召佗，佗常在左右，太祖苦头风，每发，心乱目眩，佗针鬲，随手而差[2]。

李将军妻病甚，呼佗视脉，曰："伤娠而胎不去。"将军言："〔闻〕[间]实伤娠，胎已去矣。"佗曰："案脉，胎未去也。"将军以为不然。佗舍去，妇稍小差。百余日复动，更呼佗，佗曰："此脉故事有胎。前当生两儿，一儿先出，血出甚多，后儿不及生。母不自觉，旁人亦不寤，不复迎，遂不得生。胎死，血脉不复归，必燥著母脊，故使多脊痛。今当与汤，并针一处，此死胎必出。"汤针既加，妇痛急如欲生者。佗曰："此死胎久枯，不能自出，宜使人探之。"果得一死男，手足完具，色黑，长可尺所。

佗之绝技，凡此类也。然本作士人，以医见业，意常自悔，后太祖亲理，得病笃重，使佗专视。佗曰："此近难济，恒事攻治，可延岁月。"佗久远家思归，因曰："当得家书方，欲暂还耳。"到家，辞以妻病，数乞期不反。太祖累书呼，又敕郡县发遣。佗恃能厌食事，犹不上道。太祖大怒，使人往检：若妻信病，赐小豆四十斛，宽假限日；若其虚诈，便收送之。于是传付许狱，考验首服。荀彧请曰："佗术实工，人命所悬，宜含宥之。"太祖曰："不忧，天下当无此鼠辈邪？"遂考竟佗。佗临死，出一卷书与狱吏，曰："此可以活人。"吏畏法不受，佗亦不强，索火烧之。佗死后，太祖头风未除。太祖曰："佗能愈此。小人养吾病，欲以自重，然吾不杀此子，亦终当不为我断此根原耳。"及后爱子仓舒病困，太祖叹曰："吾悔杀华佗，令此儿强死也。"

初，军吏李成苦咳嗽，昼夜不〔痛〕[寐]，时吐脓血，以问佗。佗言："君病肠痈，咳之所吐，非从肺来也。与君散两钱，当吐二升余脓血讫，快自养，一月可小起，好自将爱，一年便健。十八岁当一小发，服此散，亦行复差。若不得此药，故当死。"复与两钱散。成得药，去五六岁，亲中人有病如成者，谓成曰："卿今强健，我欲死，何忍无急去药以待不祥[3]？先持贷我，我差，为卿从华佗更索。"成与之。已故到谯，适值佗见收匆匆，不忍从求。后十八岁，成病竟发，无药可服，以至于死[4]。

广陵吴普、彭城樊阿皆从佗学。普依准佗治，多所全济。佗语普曰："人体欲得劳动，但不当使极尔。动摇则谷

气得消，血脉流通，病不得生，譬犹户枢不朽是也。是以古之仙者为导引之事，熊〔颈〕[经]鸱顾，引挽腰体，动诸关节，以求难老。吾有一术，名五禽之戏，一曰虎，二曰鹿，三曰熊，四曰猿，五曰鸟，亦以除疾，并利蹄足，以当导引。体中不快，起作一禽之戏，沾濡汗出，因上著粉，身体轻便，腹中欲食。"普施行之，年九十余，耳目聪明，齿牙完坚。阿善针术。凡医咸言背及胸藏之间不可妄针，针之不过四分，而阿针背入一二寸，巨阙胸藏针下五六寸，而病辄皆瘳。阿从佗求可服食益于人者，佗授以漆叶青粘散。漆叶屑一升，青粘屑十四两，以是为率，言久服去三虫，利五藏，轻体，使人头不白。阿从其言，寿百余岁。漆叶处所而有，青粘生于丰、沛、彭城及朝歌云[5]。

杜夔字公良，河南人也。以知音为雅乐郎，中平五年，疾去官。州、郡、司徒礼辟，以世乱奔荆州。荆州牧刘表令与孟曜为汉主合雅乐，乐备，表欲庭观之，夔谏曰："今将军号(不)为天子合乐，而庭作之，无乃不可乎！"表纳其言而止。后表子琮降太祖，太祖以夔为军谋祭酒，参太乐事，因令创制雅乐。

夔善钟律，聪思过人，丝竹八音，靡所不能，惟歌舞非所长。时散郎邓静、尹齐善咏雅乐，歌师尹胡能歌宗庙郊祀之曲，舞师冯肃、服养晓知先代诸舞，夔总统研精，远考诸经，近采故事，教习讲肄，备作乐器，绍复先代古乐，皆自夔始也。

黄初中，为太乐令、协律都尉。汉铸(钟)[铜]工柴玉巧有意思，形器之中，多所造作，亦为时贵人见知。夔令玉铸铜钟，其声均清浊多不如法，数毁改作。玉甚厌之。谓夔清浊任意，颇拒捍夔。夔、玉更相白于太祖，太祖取所铸钟，杂错更试，然知夔为精而玉之妄也，于是罪玉及诸子，皆为养马士。文帝爱待玉，又尝令夔与(左愿)[左骁]等于宾客之中吹笙鼓琴，夔有难色，由是帝意不悦。后因他事击夔，使骁等就学，夔自谓所习者雅，仕宦有本，意犹不满，遂黜免以卒。

弟子河南邵登、张泰、桑馥，各至太乐丞，下邳陈颃司律中郎将。自左延年等虽妙于音，咸善郑声，其好古存正莫及夔[6]。

朱建平，沛国人也。善相术，于闾巷之间，效验非一。太祖为魏公，闻之，召为郎。文帝为五官将，坐上会客三十余人，文帝问己年寿，又令遍相众宾。建平曰："将军当寿八十，至四十时当有小厄，愿谨护之。"谓夏侯威曰："君四十九位为州牧，而当有厄，厄若得过，可年至七十，致位公辅。"谓应璩曰："君六十二位为常伯，而当有厄，先此一年，当独见一白狗，而旁人不见也。"谓曹彪曰："君据藩国，至五十七当厄于兵，宜善防之。"

初，颍川荀攸、钟繇相与亲善。攸先亡，子幼。繇经纪其门户，欲嫁其妾，与人书曰："吾与公达曾共使朱建平相，建平曰：'荀君虽少，然当以后事付钟君。'吾时啁之曰：'惟当嫁卿阿骛耳。'何意此子竟早陨没，戏言遂验乎！今欲嫁阿骛，使得善处。追思建平之妙，虽唐举、许负何以

复加也!"

文帝黄初七年，年四十，病困，谓左右曰："建平所言八十，谓昼夜也，吾其决矣。"顷之，果崩。夏侯威为兖州刺史，年四十九，十二月上旬得疾，念建平之言，自分必死，豫作遗令及送丧之备，咸使素办。至下旬转差，垂以平复。三十日日昃，请纪纲大吏设酒，曰："吾所苦渐平，明日鸡鸣，年便五十，建平之戒，真必过矣。"威罢客之后，合瞑疾动，夜半遂卒。璩六十一为侍中，直省内，欻见白狗，问之众人，悉无见者。于是数聚会，并急游观田里，饮宴自娱，过期一年，六十三卒。曹彪封楚王，年五十七，坐与王凌通谋，赐死。凡说此辈，无不如言，不能具详，故粗记数事。惟相司空王昶、征北将军程喜、中领军王肃有蹉跌云。肃年六十二，疾笃，众医并以为不愈。肃夫人问以遗言，肃云："建平相我逾七十，位至三公，今皆未也，将何虑乎！"而肃竟卒。

建平又善相马。文帝将出，取马外入，建平道遇之，语曰："此马之相，今日死矣。"帝将乘马，马恶衣香，惊啮文帝膝，帝大怒，即便杀之。建平黄初中卒。

周宣字孔和，乐安人也。为郡吏。太守杨沛梦人曰："八月一日曹公当至，必与君杖，饮以药酒。"使宣占之。是时黄巾贼起，宣对曰："夫杖起弱者，药治人病，八月一日，贼必除灭。"至期，贼果破。后东平刘桢梦蛇生四足，穴居门中，使宣占之，宣曰："此为国梦，非君家之事也。当杀女子而作贼者。"顷之，女贼郑、姜遂俱夷讨，以蛇女子之祥，足非蛇之所宜故也。

文帝问宣曰："吾梦殿屋两瓦堕地，化为双鸳鸯，此何谓也？"宣对曰："后宫当有暴死者。"帝曰："吾诈卿耳！"宣对曰："夫梦者意耳，苟以形言，便占吉凶。"言未毕，而黄门令奏宫人相杀。无几，帝复问曰："我昨夜梦青气自地属天。"宣对曰："天下当有贵女子冤死。"是时，帝已遣使赐甄后玺书，闻宣言而悔之，遣人追使者不及。帝复问曰："吾梦摩钱文，欲令灭而更愈明，此何谓邪？"宣怅然不对。帝重问之，宣曰："此自陛下家事，虽意欲尔而太后不听，是以文欲灭而明耳。"时帝欲治弟植之罪，逼于太后，但加贬爵。以宣为中郎，属太史。

尝有问宣曰："吾昨夜梦见刍狗，其占何也？"宣答曰："君欲得美食耳！"有顷，出行，果遇丰膳。后又问宣曰："昨夜复梦见刍狗，何也？"宣曰："君欲堕车折脚，宜戒慎之。"顷之，果如宣言。后又问宣："昨夜复梦见刍狗，何也？"宣曰："君家欲失火，当善护之。"俄遂火起。语宣曰："前后三时，皆不梦。聊试君耳，何以皆验邪？"宣对曰："此神灵动君使言，故与真梦无异也。"又问宣曰："三梦刍狗而其占不同，何也？"宣言："刍狗者，祭神之物，故君始梦，当得饮食也。祭祀既讫，则刍狗为车所轹，故中梦当堕车折脚也。刍狗既车轹之后，必载以为樵，故后梦忧失火也。"宣之叙梦，凡此类也。十中八九，世以比建平之相矣。其余效故不次列。明帝末卒。

管辂字公明，平原人也。容貌粗丑，无威仪而嗜酒，饮食言戏，不择非类，故人多爱之而不敬也[7]。

父为利漕，利漕民郭恩兄弟三人，皆得躄疾，使辂筮其所由。辂曰："卦中有君本墓，墓中有女鬼，非君伯母，当叔母也。昔饥荒之世，当有利其数升米者，排著井中，嗡嗡有声，推一大石，下破其头，孤魂冤痛，自诉于天。"于是恩涕泣服罪[8]。

广平刘奉林妇病困，已买棺器。时正月也，使辂占，曰："命在八月辛卯日日中之时。"林谓必不然，而妇渐差，至秋发动，一如辂言[9]。

辂往见安平太守王基，基令作卦，辂曰："当有贱妇人，生一男儿，堕地便走入灶中死。又床上当有一大蛇衔笔，小大共视，须臾去之也。又乌来入室中，与燕共斗，燕死，乌去。有此三怪。"基大惊，问其吉凶。辂曰："直官舍久远，魑魅魍魉为怪耳。儿生便走，非能自走，直宋无忌之妖将其入灶。大蛇衔笔，直老书佐耳。乌与燕斗，直老铃耳。今卦中见象而不见其凶，知非妖咎之征，自无所忧也。"后卒无患[10]。

时信都令家妇女惊恐，更互疾病，使辂筮之。辂曰："君北堂西头，有两死男子，一男持矛，一男持弓箭，头在壁内，脚在壁外。持矛者主刺头，故头重痛不得举也。持弓箭者主射胸腹，故心中悬痛不得饮食也。昼则浮游，夜来病人，故使惊恐也。"于是掘徙骸骨，家中皆愈[11]。

清河王经去官还家，辂与相见。经曰："近有一怪，大不喜之，欲烦作卦。"卦成，辂曰："爻吉，不为怪也。君夜在堂户前，有一流光如燕爵者，入君怀中，殷殷有声，内神不安，解衣彷徉，招呼妇人，觅索余光。"经大笑曰："实如君言。"辂曰："吉，迁官之征也，其应行至。"顷之，经为江夏太守[12]。

辂又至郭恩家，有飞鸠来在梁头，鸣甚悲。辂曰："当有老公从东方来，携豚一头，酒一壶。主人虽喜，当有小故。"明日果有客，如所占。恩使客节酒、戒肉、慎火，而射鸡作食，箭从树间激中数岁女子手，流血惊怖[13]。

辂至安德令刘长仁家，有鸣鹊来在阁屋上，其声甚急。辂曰："鹊言东北有妇昨杀夫，牵引西家人夫离娄，候不过日在虞渊之际，告者至矣。"到时，果有东北同伍民来告邻妇手杀其夫，诈言"西家人与夫有嫌，来杀我婿"[14]。辂至列人典农王弘直许，有飘风高三尺余，从申上来，在庭中幢幢回转，息以复起，良久乃止。直以问辂，辂曰："东方当有马吏至，恐父哭子，如何！"明日胶东吏到，直子果亡。直问其故，辂曰："其日乙卯，则长子之候也。木落于申，斗建申，申破寅，死丧之候也。日加午而风发，则马之候也。离为文章，则吏之候也。申未为虎，虎为大人，则父之候也。"有雄雉飞来，登直内铃柱头，直大以不安，令辂作卦，辂曰："到五月必迁。"时三月也，至期，直果为勃海太守[15]。

馆陶令诸葛原迁新兴太守，辂往祖饯之，宾客并会。原自起取燕卵、蜂窠、蜘蛛著器中，使射覆。卦成，辂曰："第一物，含气须变，依乎宇堂，雄雌以形，翅翼舒张，此燕卵也。第二物，家室倒悬，门户众多，藏精育毒，得秋乃化，此蜂窠也。第三物，縠觫长足，吐丝成罗，寻网求食，利在昏夜,此蜘蛛也。"举坐惊喜[16]。

辂族兄孝国,居在斥丘,辂往从之,与二客会。客去后,辂谓孝国曰:"此二人天庭及口耳之间同有凶气,异变俱起,双魂无宅[17],流魂于海,骨归于家,少许时当并死也。"复数十日,二人饮酒醉,夜共载车,牛惊下道入漳河中,皆即溺死也。

当此之时,辂之邻里,外户不闭,无相偷窃者。清河太守华表,召辂为文学掾。安平赵孔曜荐辂于冀州刺史裴徽曰:"辂雅性宽大,与世无忌,仰观天文则同妙甘公、石申,俯览《周易》则齐思季主。今明使君方垂神幽薮,留精九皋,辂宜蒙阴和之应,得为羽仪之时。"徽于是辟为文学从事,引与相见,大善友之。徙部巨鹿,迁治中别驾。

初应州召,与弟季儒共载,至武城西,自卦吉凶,语儒云:"当在故城中见三狸,尔者乃显。"前到河西故城角,正见三狸共踞城侧,兄弟并喜。正始九年举秀才[18]。

十二月二十八日,吏部尚书何晏请之,邓飏在晏许。晏谓辂曰:"闻君著爻神妙,试为作一卦,知位当至三公不?"又问:"连梦见青蝇数十头,来在鼻上,驱之不肯去,有何意故?"辂曰:"夫飞鸮,天下〔贱〕〔贼〕鸟,及其林食椹,则怀我好音,况辂心非草木,敢不尽忠?昔元、凯之弼重华,宣惠慈和,周公之翼成王,坐而待旦,故能流光六合,万国咸宁。此乃履道休应,非卜筮之所明也。今君侯位重山岳,势若雷电,而怀德者鲜,畏威者众,殆非小心翼翼多福之仁。又鼻者艮,此天中之山[19],高而不危,所以长守贵也。今青蝇臭恶,而集之焉。位峻者颠,轻豪者亡,不可不思害盈之数,盛衰之期。是故山在地中曰谦,雷在天上曰壮;谦则裒多益寡,壮则非礼不履。未有损己而不光大,行非而不伤败。愿君侯上追文王六爻之旨,下思尼父象象之义,然后三公可决,青蝇可驱也。"飏曰:"此老生之常谭。"辂答曰:"夫老生者见不生,常谭者见不谭。"晏曰:"过岁更当相见[20]。"辂还邑舍,具以此言语舅氏,舅氏责辂言太切至。辂曰:"与死人语,何所畏邪?"舅大怒,谓辂狂悖。岁朝,西北大风,尘埃蔽天,十余日,闻晏、飏皆诛,然后舅氏乃服[21]。

始辂过魏郡太守钟毓,共论《易》义,辂因言"卜可知君生死之日"。毓使筮其生月日,如言无蹉跌。毓大愕然,曰:"君可畏也。死以付天,不以付君。"遂不复筮。毓问辂:"天下当太平否?"辂曰:"方今四九天飞,利见大人,神武升建,王道文明,何忧不平?"毓未解辂言,无几,曹爽等诛,乃觉寤云[22]。

平原太守刘邠取印囊及山鸡毛著器中,使筮。辂曰:"内方外圆,五色成文,含宝守信,出则有章,此印囊也。高岳岩岩,有鸟朱身,羽翼玄黄,鸣不失晨,此山鸡毛也。"邠曰:"此郡官舍,连有变怪,使人恐怖,其理何由?"辂曰:"或因汉末之乱,兵马扰攘,军尸流血,污染丘山,故因昏夕,多有怪形也。明府道德高妙,自天祐之,愿安百禄,以光休宠[23]。"

清河令徐季龙使人行猎,令辂筮其所得。辂曰:"当获小兽,复非食禽,虽有爪牙,微而不强,虽有文章,蔚而不明,非虎非雉,其名曰狸。"猎人暮归,果如辂言。季龙取十

三种物,著大箧中,使辂射。云:"器中藉藉有十三种物。"先说鸡子,后道蚕蛹,遂一一名之,惟以梳为枇耳[24]。

辂随军西行,过(毌丘俭)〔毌丘兴〕墓下,倚树哀吟,精神不乐。人问其故,辂曰:"林木虽茂,无形可久;碑诔虽美,无后可守。玄武藏头,苍龙无足,白虎衔尸,朱雀悲哭,四危以备,法当灭族。不过二载,其应至矣。"卒如其言。后得休,过清河倪太守。时天旱,倪问辂雨期,辂曰:"今夕当雨。"是日旸燥,昼无形似,府丞及令在坐,咸谓不然。到鼓一中,星月皆没,风云并起,竟成快雨。于是倪盛修主人礼,共为欢乐[25]。

正元二年,弟辰谓辂曰:"大将军待君意厚,冀当富贵乎?"辂长叹曰:"吾自知有分直耳,然天与我才明,不与我年寿,恐四十七八间,不见女嫁儿娶妇也。若得免此,欲作洛阳令,可使路不拾遗,枹鼓不鸣。但恐至太山治鬼,不得治生人,如何!"辰问其故,辂曰:"吾额上无生骨,眼中无守精,鼻无梁柱,脚无天根,背无三甲,腹无三壬,此皆不寿之验。又吾本命在寅,加月食夜生。天有常数,不可得讳,但人不知耳。吾前后相当死者过百人。略无错也。"是岁八月,为少府丞。明年二月卒,年四十八[26]。

评曰:华佗之医诊,杜夔之声乐,朱建平之相术,周宣之相梦,管辂之术筮,诚皆玄妙之殊巧,非常之绝技矣。昔史迁著扁鹊、仓公、日者之传,所以广异闻而表奇事也。故存录云尔。

注:

〔1〕臣松之案:古"敷"与"専"相似,写书者多不能别。寻佗字元化,其名宜为旉也。

〔2〕《佗别传》曰:有人病两脚躄,不能行,舆诣佗,佗望见云:"已饱针灸服药矣。"不复须看脉,便使解衣,点背数十处,相去或一寸,或五寸,纵邪不相当。言:"灸此各十壮,灸创愈即行。"后灸处夹脊一寸上下,行端直均调如引绳也。

〔3〕臣松之案:古语以藏为去。

〔4〕《佗别传》曰:人有在青龙中见山阳太守广陵刘景宗,景宗说中平日数见华佗,其治病(手)〔乎〕脉之候,其验若神。琅邪刘勋为河内太守,有女几二十,左脚膝里上有疮,痒而不痛,疮愈数十日复发,如此七八年,迎佗使视,佗曰:"是易治之。当得稻糠黄色犬一头,好马二匹。"以绳系犬颈,使走马牵犬,马极辄易,计马走三十余里,犬不能行,复令步人拖曳,计向五十里。乃以药饮女,女即安卧不知人。因取大刀断犬腹近后脚之前,以所断之处向疮,令去二三寸停之,须臾,有若蛇者从疮中而出,便以铁椎横贯蛇头。蛇在皮中动摇良久,须臾不动,乃牵出,长三尺所,纯是蛇,但有眼处而无童子。以膏散敷疮中,七日愈。又有人苦头眩,头不能举,目不能视,积年。佗使悉解衣倒悬,令头去地一二寸,濡布拭身体,令周匝,候视诸脉,尽出五色。佗令弟子数人以铍刀决脉,五色血尽,视赤血,乃下,以膏摩被覆,汗自出周匝,伇以亭厉大豆散,立愈。又有妇人长病经年,世谓寒热注病者。冬十一月中,佗令坐石槽中,平旦用寒水汲灌,云"当满百"。始七八灌,会战欲死,灌者惧,欲止。佗令满数。将至八十灌,热气乃蒸出,嚣嚣高二三尺。满百灌,佗乃使燃火温床,厚覆,良久汗洽出,著粉,汗燥便愈。又有人病腹中半

切痛，十馀日中，鬓眉堕落。佗曰："是脾半腐，可剖腹养治也。"使饮药令卧，破腹就视，脾果半腐坏。以刀断之，刮去恶肉，以膏傅疮，饮之以药，百日平复。

〔5〕《佗别传》曰：青粘者，一名地节，一名黄芝，主理五藏，益精气。本出于迷入山者，见仙人服之，以告佗。佗以为佳，辄语阿，阿又秘之，近者人见阿之寿而气力强盛，怪之，遂责阿所服，因醉乱误道。法一施，人多服者，皆有大验。文帝《典论》论郤俭等事曰："颍川郤俭能辟谷，饵伏苓。甘陵甘始亦善行气，老有少容。庐江左慈知补导之术。并为军吏。初，俭之至，市伏苓价暴数倍。议郎安平李覃学其辟谷，餐伏苓，饮寒水，中泄利，殆至陨命。后始来，众人无不鸱视狼顾，呼吸吐纳。军谋祭酒弘农董芬为之过差，气闭不通，良久乃苏，左慈到，又竟受其补导之术，至寺人严峻，往从问受。阉竖真无事于斯术也，人之逐声，乃至于是。光和中，北海王和平亦好道术，自以当仙。济南孙邕少事之，从至京师。会和平病死，邕因葬之东陶，有书百余卷，药数囊，悉以送之。后弟子夏荣言其尸解。邕至恨不取其宝书仙药。刘向惑于《鸿宝》之说，君游眩于子政之言，古今愚谬，岂唯一人哉。"东阿王作《辩道论》曰："世有方士，吾王悉所招致，甘陵有甘始、庐江有左慈，阳城有郤俭。始能行气导引，慈晓房中之术，俭善辟谷，悉号三百岁。卒所以集于魏国者，诚恐斯人之徒，接奸宄以欺众，行妖慝以惑民，岂复欲观神仙于瀛洲，求安期于海岛，释金辂而履云舆，弃六骥而美飞龙哉？自家王与太子及余兄弟咸以为调笑，不信之矣。然始知上遇之有恒，奉不过于员吏，赏不加于无功，海岛难得而游，六駮难得而佩，终不敢进虚诞之言，出非常之语。余尝试郤俭绝谷百日，躬与之寝处，行步起居自若也。夫人不食七日则死，而俭乃尔。然不必益寿，可以疗疾而不惮饥馑焉。左慈善修房内之术，差可终命，然自非有志至精，莫能行也。甘始者，老而有少容，自诸术士咸共归之。然始辞繁真实，颇有怪言。余常辟左右，独与之谈，问其所行，温颜以诱之，美辞以导之，始语余：'吾本师姓韩字世雄，尝与师于南海作金，前后数四，投数万斤金于海。'又言：'诸梁时，西域胡来献香罽、腰带、割玉刀，时悔不取也。'又言：'车师之国。儿生，擘背出脾，欲其食少而弩行也。'又言：'取鲤鱼五寸一双，合其一（煮）〔着〕药，俱投沸膏中，有药者奋尾鼓鳃，游行沉浮，有若处渊，其一者已熟而可啖。'余常问：'言（率）〔宁〕可试不？'言：'是药去此逾万里，当出塞；始不自行不能得也。'言不尽于此，颇难悉记，故粗举其巨怪者。始若遭秦始皇、汉武帝，则复为徐市、栾大之徒matter。"

〔6〕时有扶风马钧，巧思绝世。傅玄序之曰："马先生，天下之名巧也，少而游豫，不自知其为巧也。当此之时，言不及巧，焉可以言知乎？为博士，居贫，乃思绫机之变，不言而世人知其巧矣。旧绫机五十综者五十蹑。六十综者六十蹑，先生患其丧功费日，乃皆易以十二蹑。其奇文异变，因感而作者，犹自然之成形，阴阳之无穷，此轮扁之对不可以言言者，又焉可以言校也。先生为给事中，与常侍高堂隆、骁骑将军秦朗争论于朝，言及指南车，二子谓古无指南车，记言之虚也，先生曰：'古有之，未之思耳，夫何远之有！'二子哂之曰：'先生名钧字德衡，钧者器之模，而衡者所以定物之轻重；轻重无准而莫不模哉！'先生曰：'虚争空言，不如试之易效也。'于是二子遂以白明帝，诏先生作之，而指南车成。此一异也，又不可以言者也，从是天下服其巧矣。居京都，城内有地，可以为园，患无水以灌之，乃作翻车，令童儿转之，而灌水自覆，更入更出，其巧百倍于常。此二异也。其后人有上百戏者，能设

而不能动也。帝以问先生：'可动否？'对曰：'可动。'帝：'其巧可益否？'对曰：'可益。'受诏作之。以大木雕构，使其形若轮，平地施之，潜以水发焉。设为女乐舞象，至令木人击鼓吹箫；作山岳，使木人跳丸掷剑，缘絙倒立，出入自在；百官行署，舂磨斗鸡，变巧百端。此三异也。先生见诸葛亮连弩，曰：'巧则巧矣，未尽善也。'言作之可令加五倍。又患发石车，敌人之于楼边悬湿牛皮，中之则堕，石不能连属而至。欲作一轮，悬大石数十，以机鼓轮为常，则以断悬石飞击敌城，使首尾电至。尝试以车轮悬瓴甓数十，飞之数百步矣。有裴子者，上国之士也，精通见理，闻而哂之。乃难先生，先生口屈不对。裴子自以为难得其要，言之不已。傅子谓裴子曰：'子所长者言也，所短者巧也。马氏所长者巧也，所短者言也。以子所长，击彼所短，则不得不屈。以子所短，难彼所长，则必有所不解者矣。夫巧，天下之微事也，有所不解而难之不已，其相击刺，必已远矣。心乖于内，口屈于外，此马氏所以不对也。'傅子见安乡侯，言及裴子之论，安乡侯又与裴子同。傅子曰：'圣人具体备物，取人不以一揆也；有以神取之者，有以言取之者，有以事取之者。有以神取之者，不言而诚心先达，德行颜渊之伦是也。以言取之者，以变辩是非，言语宰我、子贡是也。以事取之者，若政事冉有、季路，文学子游、子夏。虽圣人之明尽物，如有所用，必有所试，然则试冉、季以政，试游、夏以学矣。游、夏犹然，况自此而降者乎！何者？悬言物理，不可以言尽也，施之于事，言之难尽而试之易知也。今若马氏所欲作者，国之精器，军之要用也。费十寻之木，劳二人之力，不经时而是非定。难试易验之事而轻以言抑人异能，此犹以己智任天下之事，不易其道以御难尽之物，此所以多废也。马氏所作，因变而得是，则初所言者不皆是矣。其不皆是，因不用之，是不世之巧无由出也。夫同情者相妒，同事者相害，中人所不能免也。故君子不以人害人，必以考试为衡石。废衡石而不用，此美玉所以见诬为石，荆和所以抱璞而哭之也。'于是安乡侯悟，遂言之武安侯，武安侯忽之，不果试也。此既易试之事，又马氏巧名已定，犹忽而不察，况幽深之才，无名之璞乎？后之君子其鉴之哉！马先生之巧，虽古公输般、墨翟、王尔，近汉世张平子，不能过也。公输般、墨翟皆见用于时，乃有益于世。平子虽为侍中，马先生虽给事省中，俱不典工官，巧无益于世。用人不当其才，闻贤不试以事，良可恨也。"裴子者，裴秀。安乡侯者，曹羲。武安侯者，曹爽。

〔7〕《辂别传》曰：辂年八九岁，便喜仰视星辰，得人辄问其名，夜不肯寐。父母常禁之，犹不可止。自言："我年虽小，然眼中喜视天文。"常云："家鸡野鹄，犹尚知时，况于人乎？"与邻比儿共戏土壤中，辄画地作天文及日月星辰。每答言说事，语皆不常，宿学耆人不能折之，皆知其当有大异之才。及成人，果明《周易》，仰观、风角、占、相之道，无不精微。体性宽大，多所含受；憎己不仇，爱己不褒，每欲以德报怨。常谓："忠孝信义，人之根本，不可不厚。廉介细直，士之浮饰，不足为务也。"自言："知我者稀，则我贵矣，安能断江、汉之流，为激石之清？乐与季主论道，不欲与渔父同舟，此吾志也。"其事父母孝，笃兄弟，顺爱士友，皆仁和发中，终无所阙。臧否之士，晚亦服焉。父为琅邪即丘长，时年十五，来至官舍读书。始读《诗》、《论语》及《易本》，便开渊布笔，辞义斐然。于时黉上有远方及国内诸生四百余人，皆服其才也。琅邪太守单子春雅有材度，闻辂一黉之俊，欲得见，辂父即遣辂造之。大会宾客百余人，坐上有能言之士，辂问子春："府君名士，加有雄贵之姿，辂既年少，胆未坚刚，若欲相观，惧失精神，请先饮三

升清酒，然后言之。"子春大喜，便酌三升清酒，独使饮之。酒尽之后，问子春：“今欲与辂为对者，若府君四座之士邪？”子春曰：“吾欲自与卿旗鼓相当。”辂言：“始读《诗》、《论》、《易》本，学问微浅，未能上引圣人之道，陈秦、汉之事，但欲论金木水火土鬼神之情耳。”子春言：“此最难者，而卿以为易邪？”于是唱大论之端，遂经于阴阳，文采葩流，枝叶横生，少引圣籍，多发天然。子春与众士互共攻劫，论难锋起，而辂人人答对，言皆有余。至日向暮，酒食不行。子春语众人曰：“此年少盛有才器，听其言论，正似司马犬子游猎之赋，何其磊落雄壮，英герой以茂，必能明天文地理变化之数，不徒有言也。”于是发声徐州，号之神童。

〔8〕《辂别传》曰：利漕民郭恩，字义博，有才学，善《周易》、《春秋》，又能仰观。辂就义博读《易》，数十日中，意便开发，言难逾师。于此分蓍下卦，用思精妙，占筮上诸家疾病死亡贫富衰衰，初无差错，莫不惊怪，谓之神人也。又从义博学仰观，三十日中通夜不卧，语义博：“君但相待墟落处耳，至于推运会，论灾异，自当出吾天分。”学未一年，义博反从辂问《易》及天文要义。义博每听辂语，未尝不惟几慷慨。自言“登闻君至论之时，忘我笃疾，明暗之不相逮，何其远也”！义博设主人，独请辂，具告苦衷，自说：“兄弟三人俱得躄疾，不知何故？试相为作卦，知其所由。若有咎殃者，天道赦人，当为吾祈福于神明，勿有所爱。兄弟便行，此为更生。”辂便作卦，思之未详。会日夕，因留宿，至中夜，语义博曰：“吾以此得之。”既言其事，义博悲涕沾衣，曰：“皇汉之末，实有斯事。君不名主，讳也。我不得言，礼也。兄弟躄来三十余载，脚如棘子，不可复治，但愿不及子孙耳。”辂言“火形不绝，水形无余，不及后也”。

〔9〕《辂别传》曰：鲍子春为列人令，有明思才理，与辂相见，曰：“闻君为刘奉林卜妇死亡日，何其详妙！试与论其意义。”辂论爻象之旨，说变化之义，若规圆矩方，无不合也。子春自言：“吾少好谭《易》，又喜分蓍，可谓盲者欲视白黑，聋者欲听清浊，苦而无功也。听君语后，自视体中，真为愦愦者也。"

〔10〕《辂别传》曰：基与辂共论《易》，数日中，大以为喜乐，语辂言：“俱相闻善卜，定共清论，君一时异才，当上竹帛也。”辂为基出卦，知其无咎，因谓基曰：“昔殷高宗之鼎，非雉所鸲，殷之阶庭，非木所andere，而野鸟一鸲，武丁为高宗，桑谷暂生，太戊以兴。焉知三事不为吉祥？愿府君安身养德，从容光大，勿以知神奸污紊天真。”

〔11〕《辂别传》曰：王基即遣信都令迁掘其室中，入地八尺，果得二棺，一棺中有矛，一棺中有角弓及箭，箭久远，木皆消烂，但有铁及角完耳。及徙骸骨，去城一十竹里埋之，无复疾病。基曰：“吾少好读《易》，玩之已久，不谓神明之数，其妙如此。”便从辂学《易》，推论天文。辂每开变化之象，演吉凶之兆，未尝不纤微委曲，尽其精神。基曰：“始闻君言，如何可得，终以皆乱，此自天授，非人力也。”于是藏《周易》，绝思虑，不复学卜筮之事。辂乡里〔乃太原〕刘太常问辂：“君往者为王府君论怪，云老书佐为蛇，老铃下为乌，此本皆人，何化之微贱乎？为见于爻象，出君意乎？”辂言：“苟非性与天道，何由背爻象而任胸心之乎？夫万物之化，无有常形，人之变异，无有常体，或大为小，或小为大，固无优劣。大万物之化，一例之道也。是以夏鲧，天子之父，赵王如意，汉祖之子，而鲧为黄熊，如意为苍狗，斯亦至尊之位而为黔喙之类也。况蛇者协辰巳之位，乌者栖太阳之精，此乃腾黑之明象，白日之流景，况书佐、铃下，各以微躯化为蛇、乌，不亦过乎！”

〔12〕《辂别传》曰：经欲使辂卜，而有疑难之言。辂笑而答之曰：“君侯州里达人，何言之鄙！昔司马季主有言，夫卜者必法天地，象四时，顺仁义。伏羲作八卦，周文王三百八十四爻，而天下治。病者或以愈，且死或以生，患或以免，事或以成，嫁女娶妻或以生长，岂直数千钱哉？以此推之，急务也。苟道之明，圣贤不让，况吾小人，敢以为难！”彦纬敛手谢辂："前言戏之耳。”于是辂为作卦，其言皆验。经每论辂，以为得龙云之精，能养和通幽者，非徒合会之才也。

〔13〕《辂别传》曰：义博从辂学鸟鸣之候，辂言“君虽好道，天才既少，又不解音律，恐难以为师也”。辂为说八风之变，五音之数，以律吕为众鸟之商，六甲为时日之端，反覆谱曲，出入无穷。义博静然沉思，驰精数日，卒无所得。义博言：“才不出位，难以追征于此。”遂止。

〔14〕《辂别传》曰：勃海刘长仁有辩材，初虽闻辂能晓鸟鸣，后每见难辂曰：“夫生民之音曰言，鸟兽之声曰鸣，故言者则有知之贵灵，鸣者则无知之贱名，何由以鸟鸣为语，乱神明之所异乎？孔子言'吾不与鸟兽同群'，明其贱也。”辂答曰：“夫天虽有大象而不能言，故运星精于上，流神明于下，验风云以表异，役鸟兽以通灵。表异者必有浮沉之候，通灵者必有宫商之应，是以宋襄失德，六鹢而退，伯姬将焚，鸟唱其灾，四国未火，融风已发，赤鸟夹日，殃在荆楚。此乃上天之所使，自然之明符。考之律吕则音声有本，求之人事则吉凶不失。昔在秦祖，以功受封，葛卢听音，著在《春秋》，斯皆典谟之实，非圣贤之虚名也。商之将兴，由一燕卵也。文王受命，丹乌衔书，此乃圣人之灵祥，周室之休祚，何贱之有乎？夫鸟鸣之听，精在鹩火，妙在八神，自非斯伦，犹子路之于死生也。”长仁言：“君辞虽茂，华而不实，未敢之信。”须臾有鸣鹊之验，长仁乃服。

〔15〕《辂别传》曰：辂又言：“夫风以时动，交以象应，时者神之驱使，象者时之形表，一时其道，不足为难。”王弘直亦大学问，有道术，皆不能精。问辂："风之推变，乃可尔乎？”辂言：“此但风之毛发，何足为异？若夫列宿不守，众神乱行，八风横起，怒气电飞，山崩石飞，树木摧倾，扬尘万里，仰不见天，鸟兽藏匿，兆民骇惊，于是使梓慎之徒，登高台，望风气，分灾异，刻期日，然后知神思遐翩，灵风可惧。”

〔16〕《辂别传》曰：诸葛原字景春，亦学士。好卜筮，数与辂共射覆，不能穷也。景春与辂有荣辱之分，因辂饯之，大有高谭之客。诸人多闻其善卜、仰观，不知有大异之才，于是先与辂共论圣人著作之原，又叙五帝、三王受命之符。辂解景春微旨，遂开张战地，示以不固，藏匿孤虚，以待来攻。景春奔北，军师摧衄，自言“吾睹卿旌旗，城池已坏也”。其欲战之士，于此鸣鼓角，举云梯，弓弩大起，牙旗雨集。然后登城曜威，开门受敌，上论五帝如江如汉，下论三王，如翻如翰；其英者若春华之俱发，其攻者若秋风之落叶。听者眩惑，不达其义，言者收声，莫不心服，虽白起之坑赵卒，项羽之塞濉水，无以尚之。于时客皆欲面缚衔璧，求束手于军鼓之下。辂犹总干山立，未便许之。至明日，离别之际，然后有腹心始终一时海内俊士八九人矣。蔡元才在朋友中最有清才，在众人中言："本闻卿作狗，何意为龙？”辂言：“潜阳未变，非卿所知，焉有狗耳得闻龙声乎！”景春言：“今与远别，后会何期？且复共一射覆。”辂占既皆中。景春大笑，“卿为我论此卦意，纾我心怀”。辂为开爻散理，分赋形象，言征辞合，妙不可述。景春及众客莫不言“听后论之美，胜于射覆之乐”。景春与辂别，戒以二事，言：“卿性乐酒，量虽温克，然不可保，宁当节之。卿有水镜之才，所见者妙，仰观虽神，

〔17〕《辂别传》曰:辂又曰:"厚味腊毒,天精幽夕,坎为棺椁,兑为丧车。"

〔18〕《辂别传》曰:辂为华清河所召,为北黉文学,一时士友无不叹慕。安平赵孔曜,明敏有识具,与辂有管、鲍之分,故从发干来,就郡黉上与辂相见,言:"卿腹中汪汪,故时死人半,今生人无双,当去俗腾飞,翱翔昊苍,云何在此?闻卿消息,使吾食不甘味也。冀州裴使君才理清明,能释玄虚,每论《易》及老、庄之道,未尝不注精于严、瞿之徒也。又眷吾意重,能相明信者。今当故往,为卿陈感虎开石之诚。"辂言:"吾非四渊之龙,安能使白日昼阴?卿若能动东风,兴朝云,吾志所不让也。"于是遂至冀州见裴使君。使君言:"君颜色何以消减于故邪?"孔曜言:"体中无药石之疾,然見清河郡内有一骐骥,拘縶后厩历年,去王良、伯乐百八十里,不得骋天骨,起风尘,以此憔悴耳。"使君言:"骐骥今何在也?"孔曜言:"平原管辂字公明,年三十六,雅性宽大,与世无忌,可谓士雄。仰观天文则能同妙甘公、石申,俯察《周易》则能思齐季主,游步道术,开神无穷,可谓士英。抱荆山之璞,怀夜光之宝,而为清河郡所录北黉文学,可为痛心疾首也。使君方欲流精九皋,垂神幽薮,欲令明主不独治,逸才不久滞,高风遐被,莫不草靡,宜使辂特蒙阴和之应,得及羽仪之时,必能翼宣隆化,扬声九围也。"裴使君闻言,则慷慨曰:"何乃尔邪!虽在大州,未见异才可用释人郁闷者,思还京师,得共论道耳,况草间自有清妙之才乎?如此便相为取之,莫使骐骥更为凡马,荆山反成凡石。"即檄召辂为文学从事。一相见,清言终日,不觉罢倦。天时大热,移床在庭前树下,乃至鸡向晨,然后出。再相见,便转为巨鹿从事。三见,转治中。四见,转为别驾。至十月,举为秀才。辂辞裴使君,使君言:"(丁)〔何〕、邓二尚书,有经国才略,于物理〔无〕不精也。何尚书神明精微,言皆巧妙,巧妙之志,殆破秋毫,君当慎之!自言不解《易》九事,必以相问。比至洛,宜善精其理也。"辂言:"何者巧妙,以攻难之才,游形之表,未入于神。夫入神者,当步天元,推阴阳,探玄虚,极幽明,然后览道无穷,未暇细言。若欲差次老、庄而参爻、象,爱微辩而兴浮藻,可谓射侯之巧,非能破秋毫之妙也。若九事皆至义者,不足劳思也。若阴阳者,精之久也。辂去之后,岁朝当有时刑大风,风必摧破树木。若发于乾者,必有天威,不足共清谭者。"

〔19〕臣松之案:相书谓鼻之所在为天中。鼻有山象,故曰"天中之山"也。

〔20〕《辂别传》曰:辂为何晏所请,果共论《易》九事,九事皆明。晏曰:"君论阴阳,此世无双。"时邓飏与晏共坐,飏言:"君见谓善《易》,而语初不及《易》中辞义,何故也?"辂寻声答之曰:"夫善《易》者不论《易》也。"晏含笑而赞之"可谓要言不烦也。"因请辂为卦。辂既称引鉴戒,晏谢之曰:"知几其神乎,古人以为难;交疏而吐其诚,今人以为难。今君一面而尽二难之道,可谓明德惟馨。《诗》不云乎,'中心藏之,何日忘之'!"

〔21〕《辂别传》曰:舅夏大夫问辂:"前何、邓之日,为已有凶气未也?"辂言:"与祸人共会,然后知神明交错;与吉人相近,又知圣贤求精之妙。夫邓之行步,则筋不束骨,脉不制肉,起立倾倚,若无手足,谓之鬼躁。何之视候,则魂不守宅,血不华色,精爽烟浮,容若槁木,谓之鬼幽。故鬼躁者为风所收,鬼幽者为火所烧,自然之符,不可以藏也。"辂后因得休,裴使君问:"何平叔一代才名,其实何如?"辂言:"其才若盆盎之水,所见者清,所不见者浊。神在广博,志不务学,弗能成才。欲以盆盎之水,求一山之形,形不可得,则智由此惑。故说老、庄则巧而多华,说《易》生义则美而多伪;华则道浮,伪则神虚;得上才则浅而流绝,得中才则游精而独出,辂以为少功之才也。"裴使君曰:"诚如来论。吾数与平叔共说老、庄及《易》,常觉其辞妙于理,不能折之。又时人吸习,皆归服之焉,益令不了。相见得清言,然后灼灼耳。"

〔22〕《辂别传》云:魏郡太守钟毓,清逸有才,难辂《易》二十余事,自以为难之至精也。辂寻声投响,言无留滞,分张交象,义皆殊妙。毓即谢辂。辂卜知毓生月日,毓愕然曰:"圣人运神通化,连result事物,何聪明乃尔!"辂言:"幽明同化,死生一道,悠悠太极,终而复始。文王损命,不以为忧,仲尼曳杖,不以为惧,绪烦著筮,宜尽其意。"毓曰:"生者好事,死者恶事,哀乐之分,吾所不能齐,且以付天,不以付君也。"石苞为邺典农,与辂相见,问曰:"闻君乡里瞿文耀能隐形,其事可信乎?"辂言:"此但阴阳蔽匿之数,苟得其数,则四岳可藏,河海可逃。况以七尺之形,游变化之内,散云雾以幽身,布金水以灭迹,术足数成,不足为难。"苞曰:"欲闻其妙,君且善论其数也。"辂言:"夫物不精不为神,数不妙不为术,故精者神之所合,妙者智之所遇,合之几微,可以性通,难以言论。是故鲁班不能说其手,离朱不能说其目。非言之难,孔子言'书不尽言',言之细也。'言不尽意',意之微也,斯皆神妙之谓也。请举其大体以验之。夫白日登天,运景万里,无物不照,及其入地,一炭之光,不可见也。三五盈月,清耀烛夜,可以远望,及其在昼,明不如镜。今逃日月者必阴阳之数,阴阳之数通于万类,鸟兽犹化,况于人乎!夫得数者妙,得神者灵,非徒生者有验,死亦有征。是以杜伯乘火气以流精,彭生托水变以立形。是故生者能出亦能入,死者能显亦能幽,此物之精气,化之游魂,人鬼相感,数使之然也。"苞曰:"目见阴阳之理,不过于君,君何以不隐?"辂曰:"夫陵虚之鸟,爱其清高,不愿江、汉之鱼;渊沼之鱼,乐其濡湿,不易腾风之鸟:由性异而分不同也。仆自欲正身以明道,直以亲义,见数不以为异,知术不以为奇,夙夜研几,孳孳温故,而素隐行怪,未暇斯务也。"

〔23〕《辂别传》曰:故郡将刘邠字令元,清和有思理,好《易》而不能精。与辂相见,意甚喜欢,自说注《易》向讫也。辂言:"今明府欲劳不世之神,经纬大道,诚富美之秋。然辂以为注《易》之急,急于水火;水火之难,登时之验,《易》之清浊,延于万代,不可不先定其神而后垂明思也。自上古至今,听采圣论,未有《易》之一分,《易》安可注也!辂不解古之圣人,何以定乾位于西北,坤位于西南。夫乾坤者天地之象,然天地至大,为神明君父,覆载万物,生长无首,何以安处二位与六卦同列?乾之象象曰:'大哉乾元,万物资始,乃统天。'夫统者,属也,尊莫大焉,何由有别位也?"邠依《易系词》,诸为之理以为注,不得其要。辂寻声下难,事皆穷析。曰:"夫乾坤者,易之祖宗,变化之根源,今明府论清浊者有疑,疑则无神,恐非注《易》之符也。"辂于此为论八卦之道及爻象之精,大论开辟,众化相连。邠所解者,皆以为妙,所不解者,皆以为神。自说:"欲注《易》八年,用思勤苦,历载靡宁,定相得之论,此才不及《易》,不爱久劳,喜承雅言,如此则为高枕偃息矣。"欲从辂学射覆,辂言:"今明府以虚神于《易》,亦宜绝思于灵蓍。灵蓍者,二仪之阴数,阴阳之幽契,施之于道则定天下吉凶,用之于术则收天下毫纤。纤微,未

可以为《易》也。"邠曰:"以为术者《易》之近数,欲求其端耳。若如来论,何事于斯?"留辂五日,不遣恤官,但共清谭。邠自言:"数与何平叔论《易》及老、庄之道,至于精神遐流,与他周旋,清若金水,郁若山林,非君侣也。"邠又曰:"此郡官舍,连年变怪,变怪多形,使人怖恐,君似当达此数者,其理何由也?"辂言:"此郡所以名平原者,本有原,山无木石,与地自然;含阴不能吐云,含阳不能激风,阴阳虽弱,犹有微神;微神不真,多聚凶奸,以类相求,魍魉成群。或因汉末兵马扰攘,军尸流血,污染丘岳,强魂相感,变化无常,故因昏夕之时,多有怪形。昔夏禹文明,不怪于黄龙,周武信时,不惑于暴风,今明府道德高妙,神不惧妖,自天祐之,吉无不利,愿安百禄,以光休宠也。"邠曰:"听雅论为近其理,每有变怪,辄闻鼓角声音,或见弓剑形象。夫以土山之精,伯有之魂,实能合会,干犯明灵也。"邠问辂:"《易》言刚健笃实,辉光日新,斯为同不也?"辂言:"不同之名,朝旦为辉,日中为光。"《晋诸公赞》曰邠本名炎,犯晋太子讳,改为邠。位至太子仆。子粹,字纯嘏,侍中。次宏,字终嘏,太常。次汉,字仲嘏,光禄大夫。汉清冲有贵识,名亚乐广。宏子咸,徐州刺史。次耽,晋陵内史。耽子恢,字真长,尹丹阳,为中兴名士也。

〔24〕《辂别传》曰:清河令徐季龙,字开明,有才机。与辂相见,共论龙动则景云起,虎啸则谷风至,以为火星者龙,参星者虎,火出则龙应,参出则风到,此乃阴阳之感化,非龙虎之所致也。辂言:"夫论难当先审其本,然后求其理,理失则机谬,机谬则荣辱之主。若以参星为虎,则谷风更为寒霜之风,寒霜之风非东风之名。是以龙者阳精,以潜为阴,幽灵上通,和气感神,二物相扶,故能兴云。夫虎者,阴精而居于阳,依木长啸,动于巽林,二气相感,故能运风。若磁石之取铁,不见其神而金自来,有征应以相感也。况龙有潜飞之化,虎有文明之变,招云招风,何足为疑?"季龙言:"夫龙之在洞,不过一井之底,虎之悲啸,不过百步之中,形气浅弱,所通者近,何能测景云而起东风?"辂言:"君不见阳燧在掌握之中,形不出手,乃上引太阳之火,下引太阴之水,嘘吸之间,烟景以集。苟精气相感,悬象应乎二燧。苟不相感,则二女同居,志不相得。自然之道,无有远近。"季龙言:"世有军事,则感鸡雉先鸣,其道何由?复有他占,惟在鸡雉而已?"辂言:"贵人有事,其应在天,在天则日月星辰也。兵动民忧,其应在物,在物则山林鸟兽也。夫鸡金者兵之精,雉者离之鸟,兽者武之神,故太白扬辉则鸡鸣,荧惑流行则雉惊,各感数而动。又兵之神道,布在六甲,六甲推移,其占无常。是以晋枢牛吼,果有西军,鸿嘉石鼓,鸣则有兵,不专近在于鸡雉也。"季龙言:"鲁昭公八年,有石言于晋,师旷以为作事不时,怨藬动于民,则有非言之物而言,于理为合不?"辂言:"晋平奢泰,崇饰宫室,斩伐林木,残破金石,民力既尽,怨及山泽,神痛人感,二精并作,金石同气,则兑为口舌,口舌之妖,动于灵石。传曰'轻百姓,饰城郭,则金不从革',此之谓也。"季龙钦嘉,留经数日。辂占猎既验,季龙言:"君虽神妙,但不多藏物事,何能皆得之?"辂言:"吾与天地参神,蓍龟通灵,抱日月而游杳冥,极变化而览未然,况兹近物,能蔽聪明?"季龙大笑,"君既不谦,又念穷在近矣。"辂言:"君尚未识谦言,焉能论道?夫天地者则乾坤之卦,蓍龟者则卜筮之数,日月者离坎之象,变化者阴阳之交,杳冥者神化之源,未然者则幽冥之先,此皆《周易》之纪纲,何仆之不谦?"季龙于是取十三种物,欲以穷之,辂射之皆中。季龙乃叹曰:"作者之谓圣,述者之

明,岂此之谓乎!"

〔25〕《辂别传》曰:辂与倪清河相见,既刻雨期,倪犹未信。辂曰:"夫造化之所以为神,不疾而速,不行而至。十六日壬子,直满,毕星中已有水气,水气之发,动于卯辰,此必至之应也。又天昨檄召五星,宣布星符,刺下东井,告命南箕,使召雷公、电父、风伯、雨师,群岳吐阴,众川激精,云汉垂泽,蛟龙含灵,烨烨朱电,吐咀杳冥,殷殷雷声,嘘吸雨灵,习习谷风,六合皆同,咳唾之间,品物流形。天有常期,道有自然,不足为难也。"倪曰:"谭高信寡,相为忧之。"于是便留辂,往请府丞及清河令。若夜雨者当为哦二百斤牸肉,若不雨当住十日。辂曰:"念念费损!"至日向暮,了无云气,众人并嗤辂。辂言:"树上已有少女微风,树间又有阴鸟和鸣。又少男风起,众鸟和翔,其应至矣。"须臾,果有艮风鸣鸟。日未入,东南有山云楼起。黄昏之后,雷声动天。到鼓一中,星月皆没,风云并兴,玄气四合,大雨河倾。倪调辂言:"误中耳。不为神也。"辂曰:"误中与天期,不亦工乎!"

〔26〕《辂别传》曰:既有明才,遭朱阳之运,于时名势赫奕,若火猛风疾。当涂之士,莫不枝柯附连。宾客如云,无多少皆为设食。宾无贵贱,候之以礼。京城纷纷,非徒以其名势而已,然亦怀其德焉。向不天命,辂之荣华,非世所测也。弟辰尝欲从辂学卜及仰观事,辂言:"卿不可教耳。夫卜非至精不能见其数,非至妙不能睹其道,《孝经》、《诗》、《论》,足为三公,无用知之也。"于是遂止。子弟无能传其术者。辰叙曰:"夫晋、魏之士,见辂道术神妙,占候无错,以为有隐书及象甲之数。辰每观书传,惟有《易林》、《风角》、及《鸟鸣》、《仰观星书》三十余卷,世所共有。然辂独在少府官舍,无家人子弟随之,其亡没之际,好奇丧者,盗辂书,惟余《易林》、《风角》及《鸟鸣书》还写。夫术数有百数十家,其书有数千卷,书不少也。然而世鲜名人,皆由无才,不由无书也。裴冀州、何、邓二尚书及乡里刘太常、颍川兄弟,以辂禀受天才,明阴阳之道,吉凶之情,一得其源,遂涉其流,亦不为难,常归服也。辂自言:'与此五君共语,使人精神清发,昏不暇寐。自此以下,殆白日欲寝矣。'又自言:'当世无所愿,欲得与鲁梓慎、郑神灶、晋卜偃、宋子韦、楚廿公、魏石申共登灵台,披神图,步三光,明灾异,运蓍龟,决狐疑,无所复恨也。'辰不以暗浅,得因孔怀之亲,数与辂有所咨论。至于辨人物,析臧否,说近义,弹曲直,拙而不工也。若敷皇、羲之典,扬文、孔之辞,周流五曜,经纬三度,口满声溢,微言风集,若仰眺飞鸿,漂漂分景没,若俯临深溪,杳杳兮精绝,逼以攻难,而失其端,欲受学求道,寻以迷昏,无不扼腕椎指,追响长叹也。昔京房虽善卜及风律之占,卒不免祸,而辂自год四十八当亡,可谓明哲相殊。又京房目见遘逄之党,耳听青蝇之声,面谏不从,而犹道路纷纭。辂处魏、晋之际,藏智于朴,卷舒有时,妙不见求,愚不见遗,可谓知几相邀也。京房上不量万乘之主,下不避佞谄之徒,欲以天文、洪范利国利身,困不能用,卒陷大刑,可谓枯龟之余智,膏烛之末景,岂不哀哉!世人多以辂畴之京房,辰不敢许也。至于仰察星辰,俯定吉凶,远期不失年岁,近期不失日月,辰以甘、石之妙不先也。射覆名物,见术流速,东方朔不过也。观骨形而审贵贱,览形色而知生死,许负、唐举不超也。若夫疏风气而探微候,听鸟鸣而识神机,亦一代之奇也。向使辂官达,为宰相大臣,膏腴流于明世,华藻列乎竹帛,使幽验皆举,秘宫不遗,千载之后,有道者必信而贵之,无道者必疑而怪之;信者以妙过真,夫妙与神合者,得神则无所惑也。恨辂才长命短,道贵时贱,亲贤遐潜,不宣于良史,而为

鄱弟所见追述,既自暗浊,又从来久远,所载卜占事,虽不识本卦,捃拾残余,十得二焉。至于仰观灵曜,说魏、晋兴衰,及五运浮沉,兵革灾异,十不收一。无源何以成河?无根何以垂荣?虽秋菊可采,不及春英,临文慷慨,伏用哀惭。将来君子,幸以高明求其义焉。往孟荆州为列人典农,尝问亡兄:'昔东方朔射覆得何卦,正如守宫、蜥蜴二物者?'亡兄于此为安卦生象,辞喻交错,微义豪起,变化相推,会于辰巳,分别龙蛇,各使有理。言绝之后,孟荆州长叹息曰:'吾闻君论,精神腾跃,殆欲飞散,何其汪汪乃至于斯邪!'"臣松之案:辰所称乡里刘太常者,谓刘实也。辰撰辂传,实则为太常,颖川阳实弟智也。实、智并以儒学为名,无能言之。《世语》称实博辩,犹不足以并裴、何之流也。又案辂自说,云"本命在寅",则建安十五年生也。至正始九年,应三十九,而传云三十六,以正元三年卒,应四十七,传云四十八,皆为不相应也。近有阎缵伯者,名缵,该微通物,有良史风。为天下补缀遗脱,敢以所闻列于篇左。皆从受之于大人先哲,足以取信者,冀免虚诬之讥云尔。尝受辰传所说刘太常者曰:"辂始见闻,由于为邻妇卜亡牛,云'当在西面穷墙中,悬头上向'。教妇人令视诸丘冢中,果得牛,妇人因以为藏己牛,告官案验,乃知卜术知,故裴冀州遂闻焉也。"又云:"(路中)〔洛中〕小人失妻者,辂为卜,教使明旦于东阳城门中伺担豚人牵与共斗。具如其言,豚逸走,即共追之。豚入人舍,突破主人瓮,妇从瓮中出。"刘侯云甚多此类,辰所载才十一二耳。刘侯云:"辰,孝廉才也。"中书令史纪玄龙,辂乡里人,云:"辂在田舍,尝候远邻,主人患数失火。辂卜,教使明日于南陌上伺,'当有一角巾诸生,驾黑牛故车,必引留,为设宾主,此能消之'。即从辂戒。诸生有急求去,不听,遂留当宿,意大不安,以为图己。主人罢入,生乃把刀出门,倚两薪积间,侧立假寐。炊有一小物直来过前,如兽,手中持火,以口吹之。生惊,举刀斫,正断要,视之则狐。自此主人不复有灾。"前长广太守陈承祐口受城门校尉华长骏语云:"昔我父为清河太守时,召辂作卜,骏与少小,后以乡里,遂加恩意,常与同载周旋,具知其事。云诸要验,三倍于传。辰既短才,又年悬小,又多在田舍,故益不详。辰仕宦至州主簿,郡从事,太康之初物故。"骏又云:"辂卜亦不悉中,十得七八,骏问其故,辂云:'理无差错,来卜者或言不足以宜事实,故使尔。'华城门夫人者,魏故司空涿郡卢公女也,得疾,连年不差。华家时居西城下南缅里中,三既在其东南。辂卜:'当有师从东方来,自言能治,便听使之,必得其力。'后无何,有南征厩驺,当充甲卒,来诣卢公,占能治女郎。公即表请留之,专使其子将诣华氏疗疾,初用散药,后复用丸治,寻有效,即奏除驺名,以补太医。"又云:"随辂父在利漕时,有治下屯民捕鹿者,其晨行还,见毛血,人取鹿处来诣厩告辂,辂为卦语云:'此有盗者,是汝宅巷中第三家也。汝径往门前,伺无人时,取一瓦子,密发其碓屋东头第七椽,以瓦著下,不过明日食时,自送还汝。'其夜,盗者父病头痛,壮热烦疼,然亦来诣辂。辂为发祟,盗者具服。辂令担皮肉藏还著故处,病当自愈。乃密教鹿主往取。又语使复往如前,举椽弃瓦。盗父亦差。又都尉治内史有失物者,辂使明晨于寺门外看,'当逢一人,使指天画地,举手四向,自当得之'。暮果获于故处矣。"

卷三十　乌丸鲜卑东夷传第三十

《书》载"蛮夷猾夏",《诗》称"狁孔炽",久矣其为中国患也。秦、汉以来,匈奴久为边害。孝武虽外事四夷,东平两越、朝鲜,西讨贰师、大宛,开邛笮、夜郎之道,然皆在荒服之外,不能中国轻重。而匈奴最逼于诸夏,胡骑南侵则三边受敌,是以屡遣卫、霍之将,深入北伐,穷追单于,夺其饶衍之地。后遂保塞称藩,世以衰弱。建安中,呼厨泉南单于入朝,遂留内侍,使右贤王抚其国,而匈奴折节,过于汉旧。然乌丸、鲜卑稍更强盛,亦因汉末之乱,中国多事,不遑外讨,故得擅(汉)〔漠〕南之地,寇暴城邑,杀略人民,北边仍受其困。会袁绍兼河北,乃抚有三郡乌丸,宠其名王而收其精骑。其后尚、熙又逃于蹋顿。蹋顿又骁武,边长老皆比之冒顿,恃其阻远,敢受亡命,以雄百蛮。太祖潜师北伐,出其不意,一战而定之,夷狄慑服,威振朔土。遂引乌丸之众服从征讨,而边民得用安息。后鲜卑大人轲比能复制御群狄,尽收匈奴故地,自云中、五原以东抵辽水,皆为鲜卑庭。数犯塞寇边,幽、并苦之。田豫有马城之围,毕轨有陉北之败。青龙中,帝乃听王雄,遣剑客刺之。然后种落离散,互相侵伐,强者远遁,弱者请服。由是边陲差安,(汉)〔漠〕南少事,虽时颇抄盗,不能复相扇动矣。乌丸、鲜卑即古所谓东胡也。其习俗、前事,撰汉记者已录而载之矣。故但举汉末魏初以来,以备四夷之变云[1]。

汉末,辽西乌丸大人丘力居,众五千余落,上谷乌丸大人难楼,众九千余落,各称王,而辽东属国乌丸大人苏仆延,众千余落,自称峭王,右北平乌丸大人乌延,众八百余落,自称汗鲁王,皆有计策勇健。中山太守张纯叛入丘力居众中,自号弥天安定王,为三郡乌丸元帅,寇略青、徐、幽、冀四州,杀略吏民。灵帝末,以刘虞为幽州牧,募胡斩纯首,北州乃定。后丘力居死,子楼班年小,从子蹋顿有武略,代立,总摄三王部,众皆从其教令。袁绍与公孙瓒连战不决,蹋顿遣使诣绍求和亲,助绍击瓒,破之。绍矫制赐蹋顿、(难)峭王、汗鲁王印绶,皆以为单于[2]。

后楼班大,峭王率其部众奉楼班为单于,蹋顿为王,然蹋顿多画计策。广阳阎柔,少没乌丸、鲜卑中,为其种所归信。柔乃因鲜卑众,杀乌丸校尉邢举代之,绍因宠慰以安北边。后袁尚败奔蹋顿,凭其势,复图冀州。会太祖平河北,柔帅鲜卑、乌丸归附,遂因以柔为校尉,犹持汉使节,治广宁如旧。建安十一年,太祖自征蹋顿于柳城,潜军诡道,未至百余里,虏乃觉。尚与蹋顿将众逆战于凡城,兵甚盛。太祖登高望虏阵,(柳)〔抑〕军未进,观其小动,乃击破其众,临阵斩蹋顿首,死者被野。速附丸、楼班、乌延走辽东,辽东悉斩,传送其首。其余遗迸皆降。及幽州、并州柔所统乌丸万余落,悉徙其族居中国,帅从其侯王大人种众与征伐。由是三郡乌丸为天下名骑[3]。

鲜卑[4]步度根既立,众稍衰弱,中兄扶罗韩亦别拥众数万为大人。建安中,太祖定幽州,步度根与轲比能等因乌丸校尉阎柔上贡献。后代郡乌丸能臣氏等叛,求属扶罗韩,扶罗韩将万余骑迎之。到桑乾、氏等议,以为扶罗韩部威禁宽缓,恐不见济,更遣人呼轲比能。比能即将万余骑到,当共盟誓。比能便于会上杀扶罗韩,扶罗韩子泄归泥及部众悉属比能。比能自以杀归泥父,特又善遇之。步度根由是怨比能。文帝践阼,田豫为乌丸校尉,持节并护鲜卑,屯昌平。步度根遣使献马,帝拜为王。后数与轲比能更相攻击,步度根部众稍寡弱,将其众万余落保太原、雁门郡。步度根乃使人招呼泄归泥曰:"汝父为比能所杀,不念报仇,反属怨家。今虽厚待汝,是欲杀汝计也。不如还我,我与汝是骨肉至亲,岂与仇等?"由是归泥将其部落逃归步度根,比能追之弗及。至黄初五年,步度根诣阙贡献,厚加赏赐,是后一心守边,不为寇害,而轲比能众遂强盛。明帝即位,务欲绥和戎狄,以息征伐,羁縻两部而已。至青龙元年,比能诱步度根深结和亲,于是步度根将泄归泥及部众悉保比能,寇抄并州,杀略吏民。帝遣骁骑将军秦朗征之,归泥叛比能,将其部众降,拜归义王,赐幢麾、曲盖、鼓吹,居并州如故。步度根为比能所杀。

轲比能本小种鲜卑,以勇健,断法平端,不贪财物,众推以为大人。部落近塞,自袁绍据河北,中国人多亡叛归之,教作兵器铠楯,颇学文字。故其勒御部众,拟则中国,出入弋猎,建立旌麾,以鼓节为进退。建安中,因阎柔上贡献。太祖西征关中,田银反河间,比能将三千余骑随柔击破银。后代郡乌丸反,比能复助为寇害,太祖以鄢陵侯彰为骁骑将军,北征,大破之。比能走出塞,后复通贡献。延康初,比能遣使献马,文帝亦立比能为附义王。黄初二年,比能出诸魏人在鲜卑者五百余家,还居代郡。明年,比能帅部落大人小子代郡乌丸修武卢等三千余骑,驱牛马七万余口交市,遣魏人千余家居上谷。后与东部鲜卑大人素利及步度根三部争斗,更相攻击。田豫和合,使不得相侵。五年,比能复击素利,豫帅轻骑径进掎其后。比能使别小帅琐奴拒豫,豫进讨,破走之,由是怀贰。乃与辅国将军鲜于辅书曰:"夷狄不识文字,故校尉阎柔保我于天子。我与素利为仇,往年攻击之,而田校尉助素利。我临阵使琐奴往,闻使君来,即便引军退。步度根数数抄盗,又杀我弟,而诬我以抄盗。我夷狄虽不知礼义,兄弟子孙受天子印绶,牛马尚知美水草,况我有人心邪!将军当保明我于天子。"辅得书以闻,帝复使豫招纳安慰。比能众遂强盛,控弦十余万骑。每抄略得财物,均平分付,一决目前,终无所私,故得众死力,余部大人皆敬惮之,然犹未能及檀石槐也。

太和二年,豫遣译夏舍诣比能女婿郁筑鞬部,舍为鞬所杀。其秋,豫将西部鲜卑蒲头、泄归泥出塞讨郁筑鞬,大破之。还至马城,比能自将三万骑围豫七日。上谷太守阎志,柔之弟也,素为鲜卑所信。志往解喻,即解围去。后幽州刺史王雄并领校尉,抚以恩信。比能数款塞,诣州奉贡献。至青龙元年,比能诱纳步度根,使叛并州,与结和亲,自勒万骑迎其累重于陉北。并州刺史毕轨遣将军苏尚、董弼等击之,比能遣子将骑与尚等会战于楼烦,临阵害尚、弼。至三年中,雄遣勇士韩龙刺杀比能,更立其弟。

素利、弥加、厥机皆为大人,在辽西、右北平、渔阳塞外,道远初不为边患,然其种众多于比能。建安中,因阎柔上贡献,通市,太祖皆表宠以为王。厥机死,又立其子沙末汗为亲汉王。延康初,又各遣使献马。文帝立素利、弥加为归义王。素利与比能更相攻击。太和二年,素利死。子小,以弟成律归为王,代摄其众。

《书》称"东渐于海,西被于流沙"。其九服之制,可得而言也。然荒域之外,重译而至,非足迹车轨所及,未有知其国俗殊方者也。自虞暨周,西戎有白环之献,东夷有肃慎之贡,皆旷世而至,其遐远也如此。及汉氏遣张骞使西域,穷河源,经历诸国,遂置都护以总领之,然后西域之事具存,故史官得详载焉。魏兴,西域虽不能尽至,其大国龟兹、于窴、康居、乌孙、疏勒、月氏、鄯善、车师之属,无岁不奉朝贡,略如汉氏故事。而公孙渊仍父祖三世有辽东,天子为其绝域,委以海外之事,遂隔断东夷,不得通于诸夏。景初中,大兴师旅,诛渊,又潜军浮海,收乐浪、带方之郡,而后海表谧然,东夷屈服。其后高句丽背叛,又遣偏师致讨,穷追极远,逾乌丸、骨都,过沃沮,践肃慎之庭,东临大海。长老说有异面之人,近日之所出,遂周观诸国,采其法俗,小大区别,各有名号,可得详纪。虽夷狄之邦,而俎豆之象存。中国失礼,求之四夷,犹信。故撰次其国,列其同异,以接前史之所未备焉。

夫余在长城之北,去玄菟千里,南与高句丽,东与挹娄,西与鲜卑接,北有弱水,方可二千里。户八万,其民土著,有宫室、仓库、牢狱。多山陵、广泽,于东夷之域最平敞。土地宜五谷,不生五果。其人粗大,性强勇谨厚,不寇抄。国有君王,皆以六畜名官,有马加、牛加、猪加、狗加、大使、大使者、使者。邑落有豪民,名下户皆为奴仆。诸加别主四出,道大者主数千家,小者数百家。食饮皆用俎豆。会同、拜爵、洗爵,揖让升降。以殷正月祭天,国中大会,连日饮食歌舞,名曰迎鼓,于是时断刑狱,解囚徒。在国衣尚白,白布大袂,袍、裤,履革鞜。出国则尚缯绣锦罽,大人加狐狸、狖白、黑貂之裘,以金银饰帽。译人传辞,皆跪,手据地窃语。用刑严急,杀人者死,没其家人为奴婢。窃盗一责十二。男女淫,妇人妒,皆杀之。尤憎妒,已杀,尸之国南山上,至腐烂。女家欲得,输牛马乃与之。兄死妻嫂,与匈奴同俗。其国善养牲,出名马、赤玉、貂狖、美珠。珠大者如酸枣。以弓矢刀矛为兵,家家自有铠仗。国之耆老自说古之亡人。作城栅皆员,有似牢狱。行道昼夜无老幼皆歌,通日声不绝。有军事亦祭天,杀牛观蹄以占吉凶,蹄解者为凶,合者为吉。有敌,诸加自战,下户俱担粮饮食之。其死,夏月皆用冰。杀人徇葬,多者百数。厚葬,有椁无棺[5]。

夫余本属玄菟。汉末,公孙度雄张海东,威服外夷,夫余王尉仇台更属辽东。时句丽、鲜卑强,度以夫余在二虏之间,妻以宗女。尉仇台死,简位居立。无嫡子,有孽子麻余。位居死,诸加共立麻余。牛加兄子名位居,为大使,轻财善施,国人附之,岁岁遣使诣京都贡献。正始中,幽州刺史毌丘俭讨句丽,遣玄菟太守王颀诣夫余,位居遣大加郊迎,供军粮。季父牛加有二心,位居杀季父父子,籍没财物,遣使簿敛送官。旧夫余俗,水旱不调,五谷不熟,辄归咎于王,或言当易,或言当杀。麻余死,其子依虑年六岁,立以为王。汉时,夫余王葬用玉匣,常豫以付玄菟郡,王死则迎取以葬。公孙渊伏诛,玄菟库犹有玉匣一具。今夫余库有玉璧、珪、瓒数代之物,传世以为宝,耆老言先代之所赐也[6]。其印文言"濊王之印",国有故城名濊城,盖本濊貊之地,而夫余王其中,自谓"亡人",抑有(拟)〔以〕也。[7]

　　高句丽在辽东之东千里,南与朝鲜、濊貊,东与沃沮,北与夫余接。都于丸都之下,方可二千里,户三万。多大山深谷,无原泽。随山谷以为居,食涧水。无良田,虽力佃作,不足以实口腹。其俗节食,好治宫室,于所居之左右立大屋,祭鬼神,又祀灵星、社稷。其人性凶急,喜寇抄。其国有王,其官有相加、对卢、沛者、古雏加、主簿、优台丞、使者、皂衣先人,尊卑各有等级。东夷旧语以为夫余别种,言语诸事,多与夫余同,其性气、衣服有异。本有五族,有涓奴部、绝奴部、顺奴部、灌奴部、桂娄部。本涓奴部为王,稍微弱,今桂娄部代之。汉时赐鼓吹技人,常从玄菟郡受朝服、衣帻,高句丽令主其名籍。后稍骄恣,不复诣郡,于东界筑小城,置朝服衣帻其中,岁时来取之,今胡犹名此城为帻沟溇。沟溇者,句丽名城也。其置官,有对卢则不置沛者,有沛者则不置对卢。王之宗族,其大加皆称古雏加。涓奴部本国主,今虽不为王,适统大人,得称古雏加,亦得立宗庙,祠灵星、社稷。绝奴部世与王婚,加古雏之号。诸大加亦自置使者。皂衣先人,名皆达于王,如卿大夫之家臣,会同坐起,不得与王家使者、皂衣先人同列。其国中大家不佃作,坐食者万余口,下户远担米粮鱼盐供给之。其民喜歌舞,国中邑落,暮夜男女群聚,相就歌戏。无大仓库,家家自有小仓,名之为桴京。其人洁清自喜,善藏酿。跪拜申一脚,与夫余异,行步皆走。以十月祭天,国中大会,名曰东盟。其公会,衣服皆锦绣金银以自饰。大加、主簿头著帻,如帻而无余,其小加著折风,形如弁。其国东有大穴,名隧穴,十月国中大会,迎隧神还于国东上祭之,置木隧于神坐。无牢狱,有罪诸加评议,便杀之,没入妻子为奴婢。其俗作婚姻,言语已定,女家作小屋于大屋后,名婿屋,婿暮至女家户外,自名跪拜,乞得就女宿,如是者再三,女父母乃听使就小屋中宿,傍顿钱帛,至生子已长大,乃将妇归家。其俗淫。男女已嫁娶,便稍作送终之衣。厚葬,金银财币,尽于送死,积石为封,列种松柏。其马皆小,便登山。国人(有)〔尚〕气力,习战斗,沃沮、东濊皆属焉。又有小水貊。句丽作国,依大水而居,西安平县北有小水,南流入海,句丽别种依小水作国,因名之为小水貊,出好弓,所谓貊弓是也。

　　王莽初发高句丽兵以伐胡,不欲行,强迫遣之,皆亡出塞为寇盗。辽西大尹田谭追击之,为所杀。州郡县归咎于句丽侯驺,严尤奏言:"貊人犯法,罪不起于驺,且宜安慰,今猥被之大罪,恐其遂反。"莽不听,诏尤击之。尤诱期句丽侯驺至而斩之,传送其首诣长安。莽大悦,布告天下,更名高句丽为下句丽。当此时为侯国,汉光武帝八年,高句丽王遣使朝贡,始见称王。

　　至殇、安之间,句丽王宫数寇辽东,更属玄菟。辽东太守蔡风、玄菟太守姚光以宫为二郡害,兴师伐之。宫诈降请和,二郡不进。宫密遣军攻玄菟,焚烧候城,入辽隧,杀吏民。后宫复犯辽东,蔡风轻将吏士追讨之,军败没。

　　宫死,子伯固立。顺、桓之间,复犯辽东。寇新安、居乡,又攻西安平,于道上杀带方令,略得乐浪太守妻子。灵帝建宁二年,玄菟太守耿临讨之,斩首虏数百级,伯固降,属辽东。(嘉)〔熹〕平中,伯固乞属玄菟。公孙度之雄海东也,伯固遣大加优居、主簿然人等助度击富山贼,破之。伯固死,有二子,长子拔奇,小子伊夷模。拔奇不肖,国人便共立伊夷模为王。自伯固时,数寇辽东,又受亡胡五百余家。建安中,公孙康出军击之,破其国,焚烧邑落。拔奇怨为兄而不得立,与涓奴加各将下户三万余口诣康降,还住沸流水。降胡亦叛伊夷模,伊夷模更作新国,今日所在是也。拔奇遂往辽东,有子留句丽国,今古雏加驳位居是也。其后复击玄菟,玄菟与辽东合击,大破之。

　　伊夷模无子,淫灌奴部,生子名位宫。伊夷模死,立以为王,今句丽王宫是也。其曾祖名宫,生能开目视,其国人恶之,及长大,果凶虐,数寇抄,国见残破。今王生堕地,亦能开目视人,句丽呼相似为位,似其祖,故名之为位宫。位宫有力勇,便鞍马,善猎射。景初二年,太尉司马宣王率众讨公孙渊,宫遣主簿大加将数千人助军。正始三年,宫寇西安平,其五年,为幽州刺史毌丘俭所破。语在《俭传》。

　　东沃沮在高句丽盖马大山之东,滨大海而居。其地形东北狭,西南长,可千里,北与挹娄、夫余,南与濊貊接。户五千,无大君王,世世邑落,各有长帅。其言语与句丽大同,时时小异。汉初,燕亡人卫满王朝鲜,时沃沮皆属焉。汉武帝元封二年,伐朝鲜,杀满孙右渠,分其地为四郡,以沃沮城为玄菟郡。后为夷貊所侵,徙郡句丽西北,今所谓玄菟故府是也。沃沮还属乐浪。汉以土地广远,在单单大领之东,分置东部都尉,治不耐城,别主领东七县,时沃沮亦皆为县。汉(光)〔建〕武六年,省边郡,都尉由此罢。其后皆以其县中渠帅为县侯,不耐、华丽、沃沮诸县皆为侯国。夷狄更相攻伐,唯不耐濊侯至今犹置功曹、主簿诸曹,皆濊民作之。沃沮诸邑落渠帅,皆自称三老,则故县国之制也。国小,迫于大国之间,遂臣属句丽。句丽复置其中大人为使者,使相主领,又使大加统责其租税,貊布、鱼、盐、海中食物,千里担负致之,又送其美女以为婢妾,遇之如奴仆。

　　其土地肥美,背山向海,宜五谷,善田种。人性质直强勇,少牛马,便持矛步战。食饮居处,衣服礼节,有似句丽[8]。其葬作大木椁,长十余丈,开一头作户。新死者皆假埋之,才使覆形,皮肉尽,乃取骨置椁中。举家皆共一椁,刻木如生形,随死者为数。又有瓦𨫒,置米其中,编悬之于椁户边。

　　毌丘俭讨句丽,句丽王宫奔沃沮,遂进师击之。沃沮邑落皆破之,斩获首虏三千余级,宫奔北沃沮。北沃沮一名置沟娄,去南沃沮八百余里,其俗南北皆同,与挹娄接。挹娄喜乘船寇抄,北沃沮畏之,夏月恒在山岩深穴中为守备,冬月冰冻,船道不通,乃下居村落。王颀别遣追讨宫,尽其东界。问其耆老:"海东复有人不?"耆老言国人尝乘船捕鱼,遭风见吹数十日,东得一岛,上有人,言语不相晓,其俗常以七月取童女沉海。又言有一国亦在海中,纯女无男。又说得一布衣,从海中浮出,其身如中(国)人衣,其两袖长三丈。又得一破船,随波出在海岸边,有一人项中复有面,生得之,与语不相通,不食而死。其域皆在沃沮东大海中。

挹娄在夫余东北千余里,滨大海,南与北沃沮接,未知其北所极。其土地多山险。其人形似夫馀,言语不与夫余、句丽同。有五谷、牛、马、麻布。人多勇力,无大君长。邑落各有大人。处山林之间,常穴居,大家深九梯,以多为好。土气寒,剧于夫余。其俗好养猪,食其肉,衣其皮。冬以猪膏涂身,厚数分,以御风寒。夏则裸袒,以尺布隐其前后,以蔽形体。其人不洁,作溷在中央,人围其表居。其弓长四尺,力如弩,矢用楛,长尺八寸,青石为镞,古之肃慎氏之国也。善射,射人皆入(因)〔目〕。矢施毒,人中皆死。出赤玉、好貂,今所谓挹娄貂是也。自汉已来,臣属夫余,夫余责其租赋重,以黄初中叛之。夫余数伐之,其人众虽少,所在山险,邻国人畏其弓矢,卒不能服也。其国便乘船寇盗,邻国患之。东夷饮食类皆用俎豆,唯挹娄不,法俗最无纲纪也。

濊南与辰韩,北与高句丽、沃沮接,东穷大海,今朝鲜之东皆其地也。户二万。昔箕子既适朝鲜,作八条之教以教之,无门户之闭而民不为盗。其后四十余世,朝鲜侯(淮)〔准〕僭号称王。陈胜等起,天下叛秦,燕、齐、赵民避地朝鲜数万口。燕人卫满,魋结夷服,复来王之。汉武帝伐灭朝鲜,分其地为四郡。自是之后,胡、汉稍别。无大君长,自汉已来,其官有侯、邑君、三老,统主下户。其耆老旧自谓与句丽同种。其人性愿悫,少嗜欲,有廉耻,不请(句丽)〔句〕。言语法俗大抵与句丽同,衣服有异。男女衣皆著曲领,男子系银花广数寸以为饰。自单单大山领以西属乐浪,自领以东七县,都尉主之,皆以濊为民。后省都尉,封其渠帅为侯,今不耐濊皆其种也。汉末更属句丽。其俗重山川,山川各有部分,不得妄相涉入。同姓不婚。多忌讳,疾病死亡辄捐弃旧宅,更作新居。有麻布,蚕桑作绵。晓候星宿,豫知年岁丰约。不以珠玉为宝。常用十月节祭天,昼夜饮酒歌舞,名之为舞天。又祭虎以为神。其邑落相侵犯,辄相罚责生口牛马,名之为责祸。杀人者偿死。少寇盗。作矛长三丈,或数人共持之,能步战。乐浪檀弓出其地。其海出班鱼皮,土地饶文豹,又出果下马,汉桓时献之[9]。

正始六年,乐浪太守刘茂、带方太守弓遵以领东濊属句丽,兴师伐之,不耐侯等举邑降。其八年,诣阙朝贡,诏更拜不耐濊王。居处杂在民间,四时诣郡朝谒。二郡有军征赋调,供给役使,遇之如民。

韩在带方之南,东西以海为限,南与倭接,方可四千里。有三种,一曰马韩,二曰辰韩,三曰弁韩。辰韩者,古之辰国也。马韩在西。其民土著,种植,知蚕桑,作绵布。各有长帅,大者自名为臣智,其次为邑借,散在山海间,无城郭。有爰襄国、牟水国、桑外国、小石索国、大石索国、优休牟涿国、臣渍沽国、伯济国、速卢不斯国、日华国、古诞者国、古离国、怒蓝国、月支国、咨离牟卢国、素谓乾国、古爰国、莫卢国、卑离国、占离卑国、臣衅国、支侵国、狗卢国、卑弥国、监奚卑离国、古蒲国、致利鞠国、冉路国、儿林国、驷卢国、内卑离国、感奚国、万卢国、辟卑离国、臼斯乌旦国、一离国、不弥国、支半国、狗素国、捷卢国、牟卢卑离国、臣苏涂国、莫卢国、古腊国、临素半国、臣云新国、如来卑离国、楚山涂卑离国、一难国、狗奚国、不云国、不斯濆邪国、爰池国、乾马国、楚离国,凡五十余国。大国万余家,小国数千家,总十余万户。辰王治月支国。臣智或加优呼臣云遣支报安邪跟支渍臣离儿不例拘邪秦支廉之号。其官有魏率善、邑君、归义侯、中郎将、都尉、伯长。

侯准既僭号称王,为燕亡人卫满所攻夺[10],将其左右宫人走入海,居韩地,自号韩王[11]。其后绝灭,今韩人犹有奉其祭祀者。汉时属乐浪郡,四时朝谒[12]。

桓、灵之末,韩濊强盛,郡县不能制,民多流入韩国。建安中,公孙康分屯有县以南荒地为带方郡,遣公孙模、张敞等收集遗民,兴兵伐韩濊,旧民稍出,是后倭、韩遂属带方。景初中,明帝密遣带方太守刘昕、乐浪太守鲜于嗣越海定二郡,诸韩国臣智加赐邑君印绶,其次与邑长。其俗好衣帻,下户诣郡朝谒,皆假衣帻,自服印绶衣帻千有余人。部从事吴林以乐浪本统韩国,分割辰韩八国以与乐浪,吏译转有异同,臣智激韩忿,攻带方郡崎离营。时太守弓遵、乐浪太守刘茂兴兵伐之,遵战死,二郡遂灭韩。

其俗少纲纪,国邑虽有主帅,邑落杂居,不能善相制御。无跪拜之礼。居处作草屋土室,形如冢,其户在上,举家共在中,无长幼男女之别。其葬有椁无棺,不知乘牛马,牛马尽于送死。以璎珠为财宝,或以缀衣为饰,或以悬颈垂耳,不以金银锦绣为珍。其人性强勇,魁头露纻,如炅兵,衣布袍,足履革蹻蹋。其国中有所为及官家使筑城郭,诸年少勇健者,皆凿脊皮,以大绳贯之,又以丈许木锸之,通日嚾呼作力,不以为痛,既以劝作,且以为健。常以五月下种讫,祭鬼神,群聚歌舞,饮酒昼夜无休。其舞,数十人俱起相随,踏地低昂,手足相应,节奏有似铎舞。十月农功毕,亦复如之。信鬼神,国邑各立一人主祭天神,名之天君。又诸国各有别邑,名之为苏涂。立大木,悬铃鼓,事鬼神。诸亡逃至其中,皆不还之,好作贼。其立苏涂之义,有似浮屠,而所行善恶有异。其北方近郡诸国差晓礼俗,其远处直如囚徒奴婢相聚。无他珍宝。禽兽草木略与中国同。出大栗,大如梨。又出细尾鸡,其尾皆长五尺余。其男子时时有文身,又有州胡在马韩之西海中大岛上,其人差短小,言语不与韩同,皆髡头如鲜卑,但衣韦,好养牛及猪。其衣有上无下,略如裸势。乘船往来,市买韩中。

辰韩在马韩之东,其耆老传世,自言古之亡人避秦役来适韩国,马韩割其东界地与之。有城栅。其言语不与马韩同,名国为邦,弓为弧,贼为寇,行酒为行觞。相呼皆为徒,有似秦人,非但燕、齐之名物也。名乐浪人为阿残;东方人名我为阿,谓乐浪人本其残余人。今有名之为秦韩者。始有六国,稍分为十二国。

弁辰亦十二国,又有诸小别邑,各有渠帅,大者名臣智,其次有险侧,次有樊涉,次有杀奚,次有邑借。有已柢国、不斯国、弁辰弥离弥冻国、弁辰接涂国、勤耆国、难弥离弥冻国、弁辰古资弥冻国、弁辰古淳是国、冉奚国、弁〔辰〕(马延国)、半路国(弁军弥国)、弁辰乐奴国、军弥国、弁辰弥乌邪马国、如湛国、弁辰甘路国、户路国、州鲜国、马延国、弁辰狗邪国、弁辰走漕马国、弁辰安邪国、弁辰渎卢国、斯卢国、优由国、弁、辰韩合二十四国,大国四五千家,小国六七百家,总四五万户。其十二国属辰王。辰王常用马韩人作之,世世相继。辰王不得自立为王[13]。土地肥美,宜种五谷及稻,晓蚕桑,作缣布,乘驾牛马。嫁娶礼俗,男女有别。以大鸟羽送死,其意欲使死者飞扬[14]。国出铁,韩、濊、倭皆从取之。诸市买皆用铁,如中国用钱,又以供给二郡。俗喜歌舞饮酒。有瑟,其形似筑,弹之亦有音曲。儿生,便以石厌其头,欲其褊。今辰韩人皆褊头。男女近倭,亦文身。便步战,兵仗与马韩同。其俗,行者相逢,皆住让路。

弁辰与辰韩杂居,亦有城郭。衣服居处与辰韩同。言语法俗相似,祠祭鬼神有异,施灶皆在户西。其渎卢国与倭接界。十二国亦有王,其人形皆大。衣服洁清,长发。亦作广幅细布。法俗特严峻。

倭人在带方东南大海之中,依山岛为国邑。旧百余国,汉时有朝见者,今使译所通三十国。从郡至倭,循海岸水行,历韩国,乍南乍东,到其北岸狗邪韩国,七千余里,始渡一海,千余里至对马国。其大官曰卑狗,副曰卑奴母离。所居绝岛,方可四百余里,土地山险,多深林,道路如禽鹿径。有千余户,无良田,食海物自活,乘船南北市籴。又南渡一海千余里,名曰瀚海,至(一大国)〔一支国〕,官亦曰卑狗,副曰卑奴母离。方可三百里,多竹木丛林,有三千许家,差有田地,耕田犹不足食,亦南北市籴。又渡一海,千余里至末卢国,有四千余户,滨山海居,草木茂盛,行不见前人,好捕鱼鳆,水无深浅,皆沉没取之。东南陆行五百里,到伊都国,官曰尔支,副曰泄谟觚、柄渠觚。有千余户,世有王,皆统属女王国,郡使往来常所驻。东南至奴国百里,官曰兕马觚,副曰卑奴母离,有二万余户。东行至不弥国百里,官曰多模,副曰卑奴母离,有千余家。南至投马国,水行二十日,官曰弥弥,副曰弥弥那利,可五万余户。南至(邪马壹国)〔邪马台国〕,女王之所都,水行十日,陆行一月。官有伊支马,次曰弥马升,次曰弥马获支,次曰奴佳鞮,可七万余户。自女王国以北,其户数道里可得略载,其余旁国远绝,不可得详。次有斯马国,次有已百支国,次有伊邪国,次有都支国,次有弥奴国,次有好古都国,次有不呼国,次有姐奴国,次有对苏国,次有苏奴国,次有呼邑国,次有华奴苏奴国,次有鬼国,次有为吾国,次有鬼奴国,次有邪马国,次有躬臣国,次有巴利国,次有支惟国,次有乌奴国,次有奴国,此女王境界所尽。其南有狗奴国,男子为王,其官有狗古智卑狗,不属女王。自郡至女王国万二千余里。

男子无大小皆黥面文身。自古以来,其使诣中国,皆自称大夫。夏后少康之子封于会稽,断发文身以避蛟龙之害。今倭水人好沉没捕鱼蛤,文身亦以厌大鱼水禽,后稍以为饰。诸国文身各异,或左或右,或大或小,尊卑有差。计其道里,当在会稽、东冶之东。其风俗不淫,男子皆露紒,以木绵招头。其衣横幅,但结束相连,略无缝。妇人被发屈紒,作衣如单被,穿其中央,贯头衣之。种禾稻、纻麻,蚕桑、缉绩,出细纻、缣绵。其地无牛马虎豹羊鹊。兵用矛、楯、木弓。木弓短下长上,竹箭或铁镞或骨镞,所有无与儋耳、朱崖同。倭地温暖,冬夏食生菜,皆徒跣。有屋室,父母兄弟卧息异处,以朱丹涂其身体,如中国用粉也。食饮用笾豆,手食。其死,有棺无椁,封土作冢。始死停丧十余日,当时不食肉,丧主哭泣,他人就歌舞饮酒。已葬,举家诣水中澡浴,以如练沐。其行来渡海诣中国,恒使一人不梳头、不去虮虱、衣服垢污、不食肉、不近妇人,如丧人,名之为持衰。若行者吉善,共顾其生口财物;若有疾病,遭暴害,便欲杀之,谓其持衰不谨。出真珠、青玉。其山有丹,其木有柟、杼、豫樟、楺枥、投橿、乌号、枫香,其竹篠簳、桃支。有姜、桔、椒、蘘荷,不知以为滋味。有猕猴、黑雉。其俗举事行来,有所云为,辄灼骨而卜,以占吉凶,先告所卜,其辞如令龟法,视火坼占兆。其会同坐起,父子男女无别,人性嗜酒[15]。见大人所敬,但搏手以当跪拜。其人寿考,或百年,或八九十年。其俗,国大人皆四五妇,下户或二三妇。妇人不淫,不妒忌。不盗窃,少诤讼。其犯法,轻者没其妻子,重者灭其门户,及宗族尊卑,各有差序,足相臣服。收租赋。有邸阁,国国有市,交易有无,使大倭监之。自女王国以北,特置一大率,检察诸国,诸国畏惮之。常治伊都国,于国中有如刺史。王遣使诣京都、带方郡、诸韩国,及郡使倭国,皆临津搜露,传送文书赐遗之物诣女王,不得差错。下户与大人相逢道路,逡巡入草。传辞说事,或蹲或跪,两手据地,为之恭敬。对应声曰噫,比如然诺。

其国本亦以男子为王,住七八十年,倭国乱,相攻伐历年,乃共立一女子为王,名曰卑弥呼,事鬼道,能惑众,年已长大,无夫婿,有男弟佐治国。自为王以来,少有见者。以婢千人自侍,唯有男子一人给饮食,传辞出入。居处宫室楼观,城栅严设,常有人持兵守卫。

女王国东渡海千余里,复有国,皆倭种。又有侏儒国在其南,人长三四尺,去女王四千余里。又有裸国、黑齿国复在其东南,船行一年可至。参问倭地,绝在海中洲岛之上,或绝或连,周旋可五千余里。

景初二年六月,倭女王遣大夫难升米等诣郡,求诣天子朝献,太守刘夏遣吏将送诣京都。其年十二月,诏书报倭女王曰:"制诏亲魏倭王卑弥呼:带方太守刘夏遣使送汝大夫难升米、次使都市牛利奉汝所献男生口四人,女生口六人,班布二匹二丈,以到。汝所在逾远,乃遣使贡献,是汝之忠孝,我甚哀汝。今以汝为亲魏倭王,假金印紫绶,装封付带方太守假授汝。其绥抚种人,勉为孝顺。汝来使难升米、牛利涉远,道路勤劳,今以难升米为率善中郎将,牛利为率善校尉,假银印青绶,引见劳赐遣还。今以绛地交龙锦五匹[16]、绛地绉粟罽十张、蒨绛五十匹、绀青五十匹,答汝所献贡直。又特赐汝绀地句文锦三匹、细班华罽五张、白绢五十匹、金八两、五尺刀二口、铜镜百枚、真珠、铅丹各五十斤,皆装封付难升米、牛利还到录受。悉可以示汝国中人,使知国家哀汝,故郑重赐汝好物也。"

正始元年,太守弓遵遣建中校尉梯俊等奉诏书印绶诣倭国,拜假倭王,并赍诏赐金、帛、锦罽、刀、镜、采物,倭王因使上表答谢恩诏。其四年,倭王复遣使大夫伊声耆、掖邪狗等八人,上献生口、倭锦、绛青缣、绵衣、帛布、丹木、狲、短弓矢。掖邪狗等壹拜率善中郎将印绶。其六年,诏赐倭难升米黄幢,付郡假授。其八年,太守王颀到官。倭女王卑弥呼与狗奴国男王卑弥弓呼素不和,遣倭载斯、乌越等诣郡说相攻击状。遣塞曹掾史张政等因赍诏书、黄幢,拜假难升米为檄告喻之。卑弥呼以死,大作冢,径百余步,徇葬者奴婢百余人。更立男王,国中不服,更相诛杀,当时杀千余人。复立卑弥呼宗女壹与,年十三为王,国中遂定。政等以檄告喻壹与,壹与遣倭大夫率善中郎将掖邪狗等二十人送政等还,因诣台,献上男女生口三十人,贡白珠五千孔,青大句珠二枚,异文杂锦二十匹。

评曰:《史》、《汉》著朝鲜、两越,东京撰录西羌。魏世匈奴遂衰,更有乌丸、鲜卑,爰及东夷,使译时通,记述随事,岂常也哉[17]!

注:

〔1〕《魏书》曰:乌丸者,东胡也。汉初,匈奴冒顿灭其国,余类保乌丸山,因以为号焉。俗善骑射,随水草放牧,以穹庐为宅,皆东向。日弋猎禽兽,食肉饮酪,以毛毳为衣。贵少贱老,其性悍骜,怒则杀父兄,而终不害其母,以母有族类,父兄以己为种,无复报者故也。常推募勇健能理决斗讼相侵犯者为大人,邑落各有小帅,不世继也。数百千落自为一部,大人有所呼,刻木为信,邑落传行,无文字,而部众莫敢违犯。氏姓无常,以大人健者名字为姓。大人已下,各自畜牧治产,不相徭役。其嫁娶皆先私通,略将女去,或半岁百日,然后遣媒人送马牛羊以为聘娶之礼。婿随妻归,见妻家无尊卑,旦起皆拜,而不自拜其父母。为妻家仆奴二年,妻家乃厚遣送女,居处财物,一出妻家。故其俗从妇人计,至战斗时,乃自决之。父子男女,相对蹲踞,悉髡头以为轻便。妇人至嫁时乃养发,分为髻,著句决,饰以金碧,犹中国有冠步摇也。父兄死,妻后母(执)〔报〕嫂;若无(执)〔报〕嫂者,则己子以亲之次妻伯叔父,死则归其故夫。俗识鸟兽孕乳,时以四节,耕种常用布谷鸣为候。地宜青穄、东墙,东墙似蓬草,实如葵子,至十月熟。能作白酒,而不知作曲糵。米常仰中国。大人能作弓矢鞍勒,锻金铁为兵器,能刺韦作文绣,织缕毡毼。有病,知以艾灸,或烧石自熨,烧地卧上,或随痛病处,以刀决脉出血,及祝天地山川之神,无针药。贵兵死,敛尸有棺,始死则哭,葬则歌舞相送。肥养犬,以采绳婴牵,并取亡者所乘马、衣物,生时服饰,皆烧以送之。特属累犬,使护死者神灵归乎赤山。赤山在辽东西北数千里,如中国人以死之魂神归泰山也。至葬日,夜聚亲旧员坐,牵犬马历位,或歌哭者,掷肉与之,使二人口颂咒文,使死者魂神径至,历险阻,勿令横鬼遮护,达其赤山,然后杀犬马、衣物烧之。敬鬼神,祠天地日月星辰山川,及先人有健名者,亦同祠以牛羊,祠毕皆烧之。饮食必先祭。其约法,违大人言死,盗不止死。其相残杀,令部落自相报,相报不止,诣大人平之,有罪者出其牛羊以赎死命,乃止。自杀其父兄无罪。其亡叛为大人所捕者,诸邑落不肯受,皆逐使至雍狂地。地无山,有沙漠、流

水、草木,多蝮蛇,在丁令之西南,乌孙之东北,以穷困之。自其先为匈奴所破之后,人众孤弱,为匈奴臣服,常岁输牛马羊,过时不具,辄虏其妻子。至匈奴壹衍鞮单于时,乌丸转强,发掘匈奴单于冢,将以报冒顿所破之耻。壹衍鞮单于大怒,发二万骑以击乌丸。大将军霍光闻之,遣度辽将军范明友将三万骑出辽东追击匈奴。比明友兵至,匈奴已引去。乌丸新被匈奴兵,乘其衰弊,遂进击乌丸,斩首六千余级,获三王首还。后数复犯塞,明友辄征破之。至王莽末,并与匈奴为寇。光武定天下,遣伏波将军马援将三千骑,从五原关出塞征之,无利,而杀马千余匹。乌丸遂盛,抄击匈奴,匈奴转徙千里,漠南地空。建武二十五年,乌丸大人郝旦等九千人率众诣阙,封其渠帅为侯王者八十余人,使居塞内,布列辽东属国、辽西、右北平、渔阳、广阳、上谷、代郡、雁门、太原、朔方诸郡界,招来种人,给其衣食,置校尉以领护,遂为汉侦备,击匈奴、鲜卑。至永平中,渔阳乌丸大人钦志贲帅种人叛,鲜卑还为寇害,辽东太守祭肜募种志贲,遂破其众。至安帝时,渔阳、右北平、雁门乌丸率众王无何等复与鲜卑合,抄略代郡、上谷、涿郡、五原,乃以大司农何熙行车骑将军,左右羽林五营士,发缘边七郡黎阳营兵合二万人击之。匈奴降,鲜卑、乌丸各还塞外。是后,乌丸稍复亲附,拜其大人戎末廆为都尉。至顺帝时,戎末廆率将王侯咄归、去延等从乌丸校尉耿晔出塞击鲜卑有功,还皆拜为率众王,赐束帛。

〔2〕《英雄记》曰:绍遣使即拜乌丸三王为单于,皆安车、华盖、羽旄、黄屋、左纛。版文曰:"使持节大将军督幽、青、并领冀州牧(阮乡侯)〔邟乡侯〕绍,承制诏辽东属国率众王顺下,乌丸辽西率众王蹋顿、右北平率众王汗卢:维乃祖邈义迁善,款塞内附,北捍獯狁,东拒涉貊,世守北陲,为百姓保障,虽时侵犯王略,命籴徂征厥罪,率不旋时,悔愆变改,方之外夷,最(又)〔为〕聪惠者也。始有千夫长、百夫长以统领,用能悉乃心,克有勋力于国家,稍受王侯之命。自我王室多故,公孙瓒作难,残夷厥土之君,以侮天慢主,是以四海之内,并执干戈以卫社稷。三王奋气裔土,忿奸忧国,控弦与汉兵为表里,诚甚忠孝,朝所嘉焉。然而虎兕长蛇,相随塞路,王官爵命,否而无闻。夫有勋不赏,俾勤者怠。今遣行谒者杨林,赍单于玺绶车服,以对尔劳。其各绥静部落,教以谨慎,无使凶作悉。世复尔祀位,长为百蛮长。厥有咎有不臧者,泯于尔禄,而丧于乃庸,可不勉乎!乌桓单于都护部众,左右单于受其节度,他如故事。"

〔3〕《魏略》曰:景初元年秋,遣幽州刺史毌丘俭率众军讨辽东。右北平乌丸单于寇娄敦、辽西乌丸都督率众王护留(叶)〔等〕,昔随袁尚奔(辽西)〔辽东〕,闻俭军至,率众五千余人降。寇娄敦遣弟(阿罗奖)〔阿罗槃〕等诣阙朝贡,封其渠帅三十余为王,赐舆马缯采各有差。

〔4〕《魏书》曰:鲜卑亦东胡之余也,别保鲜卑山,因号焉。其言语习俗与乌丸同。其地东接辽水,西当西城。常以季春大会,作乐水上,嫁女娶妇,髡头饮宴。其兽异于中国者,野马、羱羊、端牛。端牛角为弓,世谓之角端者也。又有貂、豽、鼲子,皮毛柔蠕,故天下以为名裘。鲜卑自为冒顿所破,远窜辽东塞外,不与余国争衡,未有名通于汉,而由自与乌丸相接。至光武时,南北单于更相攻伐,匈奴损耗,而鲜卑遂盛。建武三十年,鲜卑大人於仇贲率种人诣阙朝贡,封於仇贲为王。永平中,祭肜为辽东太守,诱赂鲜卑,使斩叛乌丸钦志贲等首,于是鲜卑自燉煌、酒泉以东部落大人,皆诣辽东受赏赐,青、徐二州给钱,岁二亿七千万以为常。和帝时,鲜卑大都护校

尉庞帅部众从乌丸校尉任尚击叛者，封校尉庞为率众王。殇帝延平中，鲜卑乃大入塞，杀渔阳太守张显。安帝时，鲜卑大人燕荔阳入朝，汉赐鲜卑王印绶，赤车参驾，止乌丸校尉所治下。通胡市，筑南北两部质宫，受邑落质者〔百〕二十部。是后或反或降，或与匈奴、乌丸相攻击。安帝末，发缘边步骑二万余人，屯列冲要。后鲜卑八九千骑穿代郡及马城塞入害长吏，汉度辽将军邓遵、中郎将马续出塞追破之。鲜卑大人乌伦、其至鞬等七千余人诣遵降，封乌伦为王，其至鞬为侯，赐采帛。遵去后，其至鞬复反，围乌丸校尉于马城，度辽将军耿夔及幽州刺史救解之。其至鞬遂盛，控弦数万骑，数道入塞，趣五原（宁貊）〔曼栢〕，攻匈奴南单于，杀左奥鞬日逐王。顺帝时，复入塞，杀代郡太守。汉遣黎阳营兵屯中山，缘边郡兵屯塞下，调五营弩帅令教战射，南单于将步骑万余人助汉击却之。后乌丸校尉耿晔率众王出塞击鲜卑，多斩首虏，于是鲜卑三万余落诣辽东降。匈奴及北单于遁逃后，余种十余万落，诣辽东杂处，皆自号鲜卑兵。投鹿侯从匈奴军三年，其妻在家，有子。投鹿侯归，怪欲杀之。妻言："尝昼行闻雷震，仰天视而雹入其口，因吞之，遂妊身，十月而产，此子必有奇异，且长之。"投鹿侯固不信。妻乃语家，令收养焉，号檀石槐，长大勇健，智略绝众。年十四五，异部大人卜贲邑抄取其外家牛羊，檀石槐策骑追击，所向无前，悉还得所亡。由是部落畏服，施法禁，（平）曲直，莫敢犯者，遂推以为大人。檀石槐既立，乃于庭于高柳北三百余里弹汗山啜仇水上，东西部大人皆归焉。兵马甚盛，南抄汉边，北拒丁令，东却夫余，西击乌孙，尽据匈奴故地，东西万二千余里，南北七千余里，网罗山川、水泽、盐池甚广。汉患之，桓帝时使匈奴中郎将张奂征之，不克。乃更遣使者赍印绶，即封檀石槐为王，欲与和亲。檀石槐拒不肯受，寇抄滋甚。乃分其地为中东西三部。从右北平以东至辽、（辽）〔涉〕貊为东部，二十余邑，其大人曰弥加、阙机、素利、槐头。从右北平以西至上谷为中部，十余邑，其大人曰柯最、阙居、慕容等，为大帅。从上谷以西至燉煌，西接乌孙为西部，二十余邑，其大人曰置鞬落罗、日律推演、宴荔游等，皆为大帅，而制属檀石槐。至灵帝时，大抄略幽、并二州。缘边诸郡，无岁不被其毒。（嘉）〔熹〕平六年，遣护乌丸校尉夏育破鲜卑中郎将田晏、匈奴中郎将臧旻与南单于出雁门塞，三道并进，径二千余里征之。檀石槐帅部众逆击，旻等败走，兵马还者什一而已。鲜卑众日多，田畜射猎，不足给食。后檀石槐乃案行乌侯秦水，广袤数百里，湾不流，中有鱼而不能得。闻汙人善捕鱼，于是檀石槐东击汙国，得千余家，徙置乌侯秦水上，使捕鱼以助粮。至于今，乌侯秦水上有汙人数百户。檀石槐年四十五死，子和连代立。和连材力不及父，而贪淫，断法不平，众叛者半，灵帝末年数为寇抄，攻北地，北地庶人善弩射者射中和连，和连即死。其子骞曼小，兄子魁头代立。魁头既立，后骞曼长大，与魁头争国，众遂离散。魁头死，弟步度根代立。自檀石槐死后，诸大人遂世相袭也。

〔5〕《魏略》曰：其俗停丧五月，以久为荣。其祭亡者，有生熟。丧主不欲速，而他人强之，常净引，以此为节。其居丧，男女皆纯白，妇人着布面衣，去环珮，大体与中国相仿佛也。

〔6〕《魏略》曰：其国殷富，自先世以来，未尝破坏。

〔7〕《魏略》曰：旧志又言，昔北方有高离之国者，其王者侍婢有身，王欲杀之，婢云："有气如鸡子来下，我故有身。"后生子，王捐之于溷中，猪以喙嘘之，徙置马闲，马以气嘘之，不死。王疑以为天子也，乃令其母收畜之，名曰东明，常令牧马。东明善射，王恐夺其国也，欲杀之。东明走，南至施掩水，以弓击水，鱼鳖浮为桥，东明得度，鱼鳖乃解散，追兵不得渡。东明因都王夫余之地。

〔8〕《魏略》曰：其嫁娶之法，女年十岁，已相设许。婿家迎之，长养以为妇。至成人，更还女家。女家责钱，钱毕，乃复还婿。

〔9〕臣松之案：果下马高三尺，乘之可于果树下行，故谓之果下。见《博物志》、《魏都赋》。

〔10〕《魏略》曰：昔箕子之后朝鲜侯，见周衰，燕自尊为王，欲东略地，朝鲜侯亦自称为王，欲兴兵逆击燕以尊周室。其大夫礼谏之，乃止。使礼西说燕，燕止之，不攻。后子孙稍骄虐，燕乃遣将秦开攻其西方，取地二千余里，至满潘汗为界，朝鲜遂弱。及秦并天下，使蒙恬筑长城，到辽东。时朝鲜王否立，畏秦袭之，略服属秦，不肯朝会。否死，其子准立。二十余年而陈、项起，天下乱，燕、齐、赵民愁苦，稍稍往准，准乃置之于西方。及汉以卢绾为燕王，朝鲜与燕界于浿水。及绾反，入匈奴，燕人卫满亡命，为胡服，东度浿水，诣准降，说准求居西界，（故）〔收〕中国亡命为朝鲜藩屏。准信宠之，拜为博士，赐以圭，封之百里，令守西边。满诱亡党，众稍多，乃诈遣人告准，言汉兵十道至，求入宿卫，遂还攻准。准与满战，不敌也。

〔11〕《魏略》曰：其子及亲留在国者，因冒姓韩氏。准王海中，不与朝鲜相往来。

〔12〕《魏略》曰：初，右渠未破时，朝鲜相历溪卿以谏右渠不用，东之辰国，时民随出居者二千余户，亦与朝鲜贡蕃不相往来。至王莽地皇时，廉斯鑡为辰韩右渠帅，闻乐浪土地美，人民饶乐，亡欲来降。出其邑落，见田中驱雀男子一人，其语非韩人。问之，男子曰："我等汉人，名户来。我等辈千五百人伐材木，为韩所击得，皆断发为奴，积三年矣。"鑡曰："我当降汉乐浪，汝欲去不？"户来曰："可。"鑡因将户来（来）出诣含资县，县言郡，郡即以鑡为译，从芩中乘大船入辰韩，逆取户来降伴辈，尚得千人，其五百人已死。鑡时晓谓辰韩："汝还五百人。若不者，乐浪当遣万兵乘船来击汝。"辰韩曰："五百人已死，我当出赎直耳。"乃出辰韩万五千人，弁韩布万五千匹，鑡收取直还。郡表鑡功义，赐冠帻、田宅，子孙数世，至安帝延光四年时，故受复除。

〔13〕《魏略》曰：明其为流移之人，故为马韩所制。

〔14〕《魏略》曰：其国作屋，横累木为之，有似牢狱也。

〔15〕《魏略》曰：其俗不知正岁四节，但计春耕秋收为年纪。

〔16〕臣松之以为地应为绨，汉文帝著皂衣谓之弋绨是也。此字不体，非魏朝之失，则传写者误也。

〔17〕《魏略·西戎传》曰：氐人有王，所从来久矣。自汉开益州，置武都郡，排其种人，分窜山谷间，或在福禄，或在汧、陇左右。其种非一，称槃瓠之后，或号青氐，或号白氐，或号蚺氐，此盖虫之类而处中国，人即其服色而名之也。其自相号曰盍稚，各有王侯，多受中国封拜。近去建安中，兴国氐王阿贵、（白项）〔百项〕氐王千万各有部落万余，至十六年，从马超为乱。超破之后，阿贵为夏侯渊所攻灭，千万西南入蜀，其部落不能去，皆降。国家分徙其前后两端者，置扶风美阳，今之安夷、抚夷二部护军所典是也。其（太）〔本〕守善，分留天水、南安界，今之（广平魏郡）〔广魏郡〕所守是也。其俗，语不与中国同，及羌杂胡同，各自有姓，姓如中国之姓矣。其衣服尚青绛。俗能织布，善田种，畜养豕牛马驴骡。其妇人嫁时著衽露，其缘饰之制有似羌，衽露有似中国袍。皆编发。多知中国语，由与中国错居故也。其自还种落间，则自氐语。其嫁娶有似于羌，此盖乃昔所谓西戎在于街、冀、豲道者也。今虽都统于郡国，然故自有王侯在其虚

落间。又故武都地阴平街左右,亦有万余落。赀虏,本匈奴也,匈奴名奴婢为赀。始建武时,匈奴衰,分去,其奴婢亡匿在金城、武威、酒泉北、黑水西、河东西,畜牧逐水草,抄盗凉州,部落稍多,有数万,不与东部鲜卑同也。其种非一,有大胡,有丁令,或颇有羌杂处,由本亡奴婢故也。当汉、魏之际,其大人有檀柘,死后,其枝大人南近在广魏、令居界,有秃瑰来数反,为凉州所杀。今有劝提,或降来,或遁去,常为西州道路患也。

敦煌西域之南山中,从婼羌西至葱领数千里,有月氏余种葱茈羌、白马、黄牛羌,各有酋豪,北与诸国接,不知其道里广狭。传闻黄牛羌各有种类,孕身六月生,南与白马羌邻。西域诸国,汉初开其道,时有三十六,后分为五十余。从建武以来,更相吞灭,于今有二十道。从敦煌玉门关入西域,前有二道,今有三道。从玉门关南出,经婼羌转西,越葱领,经县度,入大月氏,为南道。从玉门关西出,发都护井,回三陇沙北头,经居卢仓,从沙西井转西北,过龙堆,到故楼兰,转西诣龟兹,至葱领,为中道。从玉门关西北出,经横坑,辟三陇沙及龙堆,出五船北,到车师界戊己校尉所治高昌,转西与中道合龟兹,为新道。凡西域所出,有前史已具详,今故略说。南道西行,(且志国)〔且末国〕、小宛国、精绝国、楼兰国皆并属鄯善也。戎卢国、扞弥国、渠勒国、(穴山国)〔皮山国〕皆并属于寘。罽宾国、大夏国、高附国、天竺国皆并属大月氏。临兒国,《浮屠经》云其国王生浮屠,浮屠,太子也。父曰屑头邪,母云莫邪。浮屠身服色黄,发青如青丝,乳青毛,蛉赤如铜。始莫邪梦白象而孕,及生,从母(左)〔右〕胁出,生而有结,堕地能行七步。此国在天竺城中。天竺又有神人,名沙律。昔汉哀帝元寿元年,博士弟子景卢受大月氏王使伊存口受《浮屠经》曰复立者其人也。《浮屠》所载临蒲塞、桑门、伯闻、疏问、白疏间、比丘、晨门,皆弟子号也。《浮屠》所载与中国《老子经》相出入,盖以为老子西出关,过西域,之天竺,教胡〔为〕。浮屠,属弟子别号,合有二十九,不能详载,故略之如此。车离国一名礼惟特,一名沛隶王,在天竺东南三千余里,其地卑湿暑热。其王治沙奇城,有别城数十,人民怯弱,月氏、天竺击之。其地东西南北数千里,人民男女皆长一丈八尺,乘象、橐驼以战,今月氏役税之。盘越国一名汉越王,在天竺东南,与益部相近,其人小与中国人等,蜀人贾似至焉。南道而西极转东南尽矣。中道西行尉梨国、危须国、山王国皆并属焉耆,姑墨国、温宿国、尉头国皆并属龟兹。桢中国、莎车国、竭石国、渠沙国、西夜国、依耐国、满犁国、亿若国、榆令国、捐毒国、休修国、琴国皆并属疏勒。自是以西,大宛、安息、条支、乌弋。乌弋一名排特,此四国次在西,本国也,无增损。前世谬以为条支在大秦西,今其实在东。前世又谬以为强于安息,今更役属之,号为安息西界。前世又谬以为弱水在条支西,今弱水在大秦西。前世又谬以为从条支西行二百余日,近日所入,今从大秦西近日所入。

大秦国一号犁靬,在安息、条支西大海之西,从安息界安谷城乘船,直截海西,遇风利二月到,风迟或一岁,无风或三岁。其国在海西,故俗谓之海西。有河出其国,西又有大海。海西有迟散城,从国下直北到乌丹城,西南又渡一河,乘船一日乃过。西南又渡一河,一日乃过。凡有大都三,却从安谷城陆道直北行之海北。复直西行之海西,复直南行经之乌迟散城,渡一河,乘船一日乃过。周回绕海,凡当渡大海六日乃到其国。国有小城邑合四百余,东西南北数千里。其王治滨侧河海,以石为城郭。其土地有松、柏、槐、梓、竹、苇、杨柳、胡桐、百草。民俗,田种五谷,畜乘有马、骡、驴、骆驼。桑蚕。俗多奇幻,口中出火,自缚自解,跳十二丸巧妙。其国无常主,国中有灾异,辄更立贤人以为王,而生放其故王,王亦不敢怨。其俗,人长大平正,似中国人而胡服。自云本中国一别也,常欲通使于中国,而安息图其利,不能得过。其俗能胡书。其制度,公私宫室为重屋,旌旗击鼓,白盖小车,邮驿亭置如中国。从安息绕海北到其国,人民相属,十里一亭,三十里一置,终无盗贼。但有猛虎、狮子为害,行道不群则不得过。其国置小王数十,其王所治城周回百余里,有官曹文书。王有五宫,一宫间相去十里,其王平旦之一宫听事,至日暮一宿,明日复至一宫,五日一周。置三十六将,每议事,一将不至则不议也。王出行,常使从人持一韦囊自随,有白言者,受其辞投囊中,还宫乃省为决理。以水晶作宫柱及器物。作弓矢。其别枝封小国,曰泽散王,曰驴分王,曰且兰王,曰贤督王,曰汜复王,曰於罗王,其余小王国甚多,不能一一详之也。国出细绨,作金银钱,金钱一当银钱十。有织成细布,言用水羊毳,名曰海西布。此国六畜皆出水,或云非独用羊毛也,亦用木皮或野茧丝作,织成氍毹、氀毼、罽帐之属皆好,其色又鲜于海东诸国所作也。又常利得中国丝,解以为胡绫,故数与安息诸国交市于海中。海水苦不可食,故往来者希到其国中。山出九色次玉石,一曰青,二曰赤,三曰黄,四曰白,五曰黑,六曰绿、七曰紫,八曰红,九曰绀。今伊吾山中有九色石,即其类。阳嘉三年时,疏勒王臣槃献海西青石、金带各一。又今《西域旧图》云罽宾、条支诸国出琦石,即次玉石也。大秦多金、银、铜、铁、铅、锡、神龟、白马、朱鬛、骇鸡犀、瑇瑁、玄熊、赤螭、辟毒鼠、大贝、车渠、玛瑙、南金、翠爵、羽翮、象牙、符采玉、明月珠、夜光珠、真白珠、虎珀、珊瑚、赤白黑绿黄青绀缥红紫十种流离、璆琳、琅玕、水精、玫瑰、雄黄、雌黄、碧、五色玉、黄白黑绿紫红绛绀金黄缥留黄十种氍毹、五色氀毼、五色九色首下氍毹、金缕绣、杂色绫、金涂布、绯持布、发陆布、绯持渠布、火浣布、阿罗得布、巴则布、度代布、温宿布、五色桃布、绛地金织帐、五色斗帐、一微木、二苏合、狄提、迷迷、兜纳、白附子、薰陆、郁金、芸胶、薰草木十二种香。大秦道既从海北陆通,又循海而南,与交趾七郡外夷比,又有水道通益州、永昌,故永昌出异物。前世但论有水道,不知有陆道,今其略如此,其民人户数不能备详也。自葱领西,此国最大,置诸小王甚多,故录其大者矣。泽散王属大秦,其治在海中央,北至驴分,水行半岁,风疾时一月到,最与安息安谷城相近,西南诣大秦都不知里数。驴分王属大秦,其治去大秦都二千里。从驴分城西之大秦渡海,飞桥长二百三十里,渡海道西南行,绕海直西行。且兰王属大秦。从思陶国直南渡河,乃直西行之且兰三千里。道出河南,乃西行,从且兰复直西行之汜复国六百里。南道会汜复,乃西南之贤督国。且兰、汜复直南,乃有积石,积石南乃有大海,出珊瑚、真珠。且兰、汜复、斯宾阿蛮北有一山,东西行。大秦、海西东各有一山,皆南北行。贤督王属大秦,其治东北去汜复六百里。汜复王属大秦,其治东北去於罗三百四十里渡海也。於罗属大秦,其治在汜复东北,渡河,从於罗东北又渡河,斯罗东北又渡河。斯罗国属安息,与大秦接也。大秦西有海水,海水西有河水,河水西南北行有大山,西有赤水,赤水西有白玉山,白玉山有西王母,西王母西有修流沙,流沙西有大夏国、坚沙国、属繇国、月氏国,四国西有黑水,所传闻西之极矣。北新道西行,至东且弥国、西且弥国、单桓国、毕陆国、蒲陆国、乌贪国,皆并属车师后部王。王治于赖城,魏赐其王壹多杂守魏侍中,号大都尉,受魏王印。转西北则乌孙、康居,本国无增损也。北乌伊别国在康居北,又有柳国,又有岩国,又有奄蔡国一名阿兰,皆与康居同俗。西与大秦,东南与康居接。其国多名貂,畜牧逐水草,临大泽,故时羁属康居,今不属也。(呼得国)〔呼偈国〕在葱岭北,乌孙西北,康居东北,胜兵万余人,随畜牧,出好马,有貂。坚昆国在康居西北,胜兵三万人,随畜牧,亦多貂,有好马。丁令国在康居北,胜兵六万人,随畜牧,出名鼠皮、白昆子、青昆子皮。此上三国,坚昆中央,俱去匈奴单于庭安习水七千里,南去车师六国五千里,西南去康居界三千里,西去康居王治八千里。或以为此丁令即匈奴北丁令也,而北丁令在乌孙西,似其种别也。又匈奴北有浑窳国,有屈射国,有丁令国,有隔昆国,有新梨国,明北海之南自复有丁令,非此乌孙之西丁令也。乌孙长老言北丁令有马胫国,其人音声似雁鹜,从膝以上身头,人也,膝以下生毛,马胫马蹄,不骑马而走疾马,其为人勇健敢战诸国甚远。短人国在康居西北,男女皆长三尺,人众甚多,去奄、蔡诸国甚远。康居长老传闻常有商〔旅行北方〕,迷惑失道而至斯国,中甚多真珠、夜光、明月珠,见者不知名此国号,言以意商〔度〕此国,去康居可万余里。鱼豢议曰:俗以为营廷之鱼不知江海之大,浮游之物不知四时之气,是何也?以其所在者小与其生之短也。余今泛览外夷大秦诸国,犹尚旷若发蒙矣,况夫邹衍之所推出,《大易》、《太玄》之所测度乎!徒限处牛蹄之涔,又无彭祖之年,无缘托景风以迅游,载蹇裳以遐观,但劳眺乎三辰,而飞思乎八荒耳。

蜀　书

卷三十一　　　　刘二牧传第一

刘焉字君郎,江夏竟陵人也,汉鲁恭王之后裔,章帝元和中徙封竟陵,支庶家焉。焉少仕州郡,以宗室拜中郎,后以师祝公丧去官[1]。居阳城山,积学教授,举贤良方正,辟司徒府,历雒阳令、冀州刺史、南阳太守、宗正、太常。焉睹灵帝政治衰缺,王室多故,乃建议言:"刺史、太守,货赂为官,割剥百姓,以致离叛。可选清名重臣以为牧伯,镇安方夏。"焉内求交阯牧,欲避世难。议未即行,侍中广汉董扶私谓焉曰:"京师将乱,益州分野有天子气。"焉闻扶言,意更在益州。会益州刺史郤俭赋敛烦扰,谣言远闻[2],而并州杀刺史张壹,凉州杀刺史耿鄙,焉谋得施。出为监军使者,领益州牧,封阳城侯,当收俭治罪[3];扶亦求为蜀郡西部属国都尉,及太仓令(会)巴西赵韪去官,俱随焉[4]。

是时(凉)〔益〕州逆贼马相、赵祗等于绵竹县自号黄巾,合聚疲役之民,一二日中得数千人,先杀绵竹令李升,吏民翕集,合万余人,便前破雒县,攻益州杀俭,又到蜀郡、犍为,旬月之间,破坏三郡。相自称天子,众以万数。州从事贾龙(素)〔家〕领〔家〕兵数百人在犍为东界,摄敛吏民,得千余人,攻相等,数日破走,州界清静。龙乃选吏卒迎焉。焉徙治绵竹,抚纳离叛,务行宽惠,阴图异计。张鲁母始以

鬼道,又有少容,常往来焉家,故焉遣鲁为督义司马,住汉中,断绝谷阁,杀害汉使。焉上书言米贼断道,不得复通,又托他事杀州中豪强王咸、李权等十余人,以立威刑[5]。犍为太守任岐及贾龙由此反攻焉,焉击杀岐、龙[6]。

焉意渐盛,造作乘舆车具千余乘。荆州牧刘表表上焉有似子夏在西河疑圣人之论。时焉子范为左中郎将,诞治书御史,璋为奉车都尉,皆从献帝在长安[7],惟(小)〔叔〕子别部司马瑁素随焉。献帝使璋晓谕焉,焉留璋不遣[8]。时征西将军马腾屯郿而反,焉及范与腾通谋,引兵袭长安。范谋泄,奔槐里,腾败,退还凉州,范应时见杀,于是收诞行刑[9]。议郎河南庞羲与焉通家,乃募将焉诸孙入蜀。时焉被天火烧城,车具荡尽,延及民家。焉徙治成都,既痛其子,又感祅灾,兴平元年,痈疽发背而卒。州大吏赵韪等贪璋温仁,共上璋为益州刺史,诏书因以为监军使者,领益州牧,以韪为征东中郎将,率众击刘表[10]。

璋,字季玉,既袭焉位,而张鲁稍骄恣,不承顺璋,璋杀鲁母及弟,遂为仇敌。璋累遣庞羲等攻鲁,〔数为〕所破。鲁部曲多在巴西,故以羲为巴西太守,领兵御鲁[11]。后羲与璋情好携隙,赵韪称兵内向,众散见杀,皆由璋明断少而外言入故也[12]。璋闻曹公征荆州,已定汉中,遣河内阴溥致敬于曹公。加璋振威将军,兄瑁平寇将军。瑁狂疾物故[13]。璋复遣别驾从事蜀郡张肃送叟兵三百人并杂御物于曹公,曹公拜肃为广汉太守。璋复遣别驾张松诣曹公,曹公时已定荆州,走先主,不复存录松,松以此怨。会曹公军不利于赤壁,兼以疫死。松还,疵毁曹公,劝璋自绝[14],因说璋曰:"刘豫州,使君之肺腑,可与交通。"璋皆然之,遣法正连好先主,寻又令正及孟达送兵数千助先主守御,正遂还。后松复说璋曰:"今州中诸将庞羲、李异等皆恃功骄豪,欲有外意,不得豫州,则敌攻其外,民攻其内,必败之道也。"璋又从之,遣法正请先主。璋主簿黄权陈其利害,从事广汉王累自倒县于州门以谏,璋一无所纳,敕在所供奉先主,先主入境如归。先主至江州北,由垫江水诣涪[15],去成都三百六十里,是岁建安十六年也。璋率步骑三万余人,车乘帐幔,精光曜日,往就与会;先主所将将士,更相之适,欢饮百余日。璋资给先主,使讨张鲁,然后分别[16]。

明年,先主至葭萌,还兵南向,所在皆克。十九年,进围成都数十日,城中尚有精兵三万人,谷帛支一年,吏民咸欲死战。璋言:"父子在州二十余年,无恩德以加百姓。百姓攻战三年,肌膏草野者,以璋故也,何心能安!"遂开城出降,群下莫不流涕。先主迁璋于南郡公安,尽归其财物及故佩振威将军印绶。孙权杀关羽,取荆州,以璋为益州牧,驻秭归。璋卒,南中豪率雍闿据益郡反,附于吴。权复以璋子阐为益州刺史,处交、益界首。丞相诸葛亮平南土,阐还吴,为御史中丞[17]。初,璋长子循妻,庞羲女也。先主定蜀,羲为左将军司马,璋时从羲启留循,先主以为奉车中郎将。是以璋二子之后,分在吴、蜀。

评曰：昔魏豹闻许负之言则纳薄姬于室[18]，刘歆见图谶之文则名字改易，终于不免其身，而庆钟二主。此则神明不可虚要，天命不可妄冀，必然之验也。而刘焉闻董扶之辞则心存益土，听相者之言则求婚吴氏，遂造舆服，图窃神器，其惑甚矣。璋才非人雄，而据土乱世，负乘致寇，自然之理，其见夺取，非不幸也。[19]

注：

[1] 臣松之案：祝公，司徒祝恬也。
[2] 俭部正祖也。
[3] 《续汉书》曰：是时用刘虞为幽州，刘焉为益州，刘表为荆州，贾琮为冀州。虞等皆海内清名之士，或以列卿尚书以选为牧伯，各以本秩居任。旧典：传车参驾，施赤为帷裳。臣松之按：灵帝崩后，义军起，孙坚杀荆州刺史王叡，然后刘表为荆州，不与焉同时也。《汉灵帝纪》曰：帝引见焉，宣示方略，加以赏赐，敕焉为益州刺史。前刺史刘隽、郤俭皆贪残放滥，取受狼藉，元元无聊，呼嗟充野，焉到便收摄行法，以示万姓，勿令漏露，使痈疽决溃，为国生梗。焉受命而行，以道路不通，住荆州东界。
[4] 陈寿《益部耆旧传》：董扶字茂安。少从师学，兼通数经，善欧阳《尚书》，又事聘士杨厚，究极图谶。遂至京师，游览太学，还家讲授，弟子自远而至。永康元年，日有蚀之，诏举贤良方正之士，策问得失。左冯翊赵谦等举扶，扶以病不诣，遥于长安上封事，遂称疾归家。前后宰府十辟，公车三征，再举贤良方正、博士、有道皆不就，名称尤重。大将军何进表荐扶曰："资游、夏之德，述孔氏之风，内怀焦、董消复之术。方今并、凉骚扰，西戎蠢扰，宜敕公车特召，待以异礼，咨谋奇策。"于是灵帝征扶，即拜侍中。在朝称为儒宗，甚见器重。求为蜀郡属国都尉。扶出一岁而灵帝崩，天下大乱。后去官，年八十二卒于家。始扶发辞抗论，益部少双，故号曰(致止)[至止]，言人莫能当，所至而谈止也。后丞相诸葛亮问秦宓以扶所长，宓曰："董扶褒秋毫之善，贬纤芥之恶。"
[5] 《益部耆旧杂记》曰：李权字伯豫，为临邛长。子福。见犍为杨戏《辅臣赞》。
[6] 《英雄记》曰：刘焉起兵，不与天下讨董卓，保州自守。犍为太守任岐自称将军，与从事陈超举兵击焉，焉击破之。董卓使司徒赵谦将兵向州，说校尉贾龙，使引兵击焉，焉出青羌与战，故能破杀。岐、龙等皆蜀郡人。
[7] 《英雄记》曰：范(闻)父焉为益州牧，董卓所征，皆不至。收范兄弟三人，锁械于郿坞，以阴狱以系之。
[8] 《典略》曰：时璋为奉车都尉，在京师。焉托疾召璋，璋自表焉，璋遂留璋不还。
[9] 《英雄记》曰：范从长安亡之马腾营，从焉求兵。焉使校尉孙肇将兵往助之，败于长安。
[10] 《英雄记》曰：焉死，子璋代为刺史。会长安拜颍川扈瑁为刺史，入汉中。荆州别驾刘阖，璋将沈弥、娄发、甘宁反，击璋不胜，走入荆州。璋使赵韪进攻荆州，屯朐䏰。上䏰，下如振反。
[11] 《英雄记》曰：庞羲与璋有旧，又免璋诸子于难，故璋厚德羲，以羲为巴西太守，遂专权势。
[12] 《英雄记》曰：先是，南阳、三辅人流入益州数万家，收以为兵，名曰东州兵。璋性宽柔，无威略，东州人侵暴旧民，璋不能禁，政令多阙，益州颇怨。赵韪素得人心，璋委任之。韪因民怨谋叛，乃厚赂荆州请和，阴结州中大冓，与俱俱兵，还

击璋。蜀郡、广汉、犍为皆应韪。璋驰入成都城守，东州人畏(威)[韪]，咸同心并力助璋，皆殊死战，遂破反者，进攻韪于江州。韪将庞乐、李异反杀韪军，斩韪。《汉献帝春秋》曰：汉朝闻益州乱，遣五官中郎将牛亶为益州刺史；征璋为卿，不至。
[13] 臣松之案：魏台访"物故"之义，高堂隆答曰："闻之先师：物，无也；故，事也；言无复所能于事也。"
[14] 《汉晋春秋》曰：张松见曹公，曹公方自矜伐，不存录松。松归，乃劝璋自绝。习凿齿曰：昔齐桓一矜其功而叛者九国，曹操暂自骄伐而天下三分，皆勤于数十年之内而弃于俯仰之顷，岂不惜乎！是以君子劳谦日昃，虑以下人，功高而居之以让，势尊而守之以卑。情近于物，故虽贵而人不厌其重；德洽群生，故业广而天下愈欣其庆。夫然，故能有其富贵，保其功业，隆显当时，传福百世，何骄矜之有哉！君子是以知曹操之不能遂兼天下者也。
[15] 垫，音徒协反。涪，音浮。
[16] 《吴书》曰：璋以米二十万斛，骑千匹，车千乘，缯絮锦帛，以资送刘备。
[17] 《吴书》曰：阐一名纬，为人恭恪，轻财爱义，有仁让之风，后疾终于家。
[18] 孔衍《汉魏春秋》曰：许负，河内温县之妇人，汉高祖封为明雌亭侯。臣松之以为今东人呼母为负，衍以许负为妇人，如为有似，然汉高祖时封皆列侯，未有乡亭之爵，疑此封为不然。
[19] 张璠曰：刘璋愚弱而守善言，斯亦宋襄公、徐偃王之徒，未为无道之主也。张松、法正，虽君臣之义不正，然固以委名附质，进不显陈事势，若韩嵩、(刘光)[刘先]之说刘表，退不告绝奔亡，若陈平、韩信之去项羽，而两端携贰，为谋不忠，罪之次也。

卷三十二　　　　先主传第二

先主姓刘，讳备，字玄德，涿郡涿县人，汉景帝子中山靖王胜之后也。胜子贞，元狩六年封涿县陆城亭侯，坐酎金失侯，因家焉[1]。先主祖雄，父弘，世仕州郡。雄举孝廉，官至东郡范令。

先主少孤，与母贩履织席为业。舍东南角篱上有桑树生高五丈余，遥望见童童如小车盖，往来者皆怪此树非凡，或谓当出贵人[2]。先主少时，与宗中诸小儿于树下戏，言："吾必当乘此羽葆盖车。"叔父子敬谓曰："汝勿妄语，灭吾门也！"年十五，母使行学，与同宗刘德然、辽西公孙瓒俱事故九江太守同郡卢植。德然父元起常资给先主，与德然等。元起妻曰："各自一家，何能常尔邪！"起曰："吾宗中有此儿，非常人也。"而瓒深与先主相友。瓒年长，先主以兄事之。先主不甚乐读书，喜狗马、音乐、美衣服。身长七尺五寸，垂手下膝，顾自见其耳。少语言，善下人，喜怒不形于色。好交结豪侠，年少争附之。中山大商张世平、苏双等资累千金，贩马周旋于涿郡，见而异之，乃多与之金财。先主由是得用合徒众。

灵帝末，黄巾起，州郡各举义兵，先主率其属从校尉邹靖讨黄巾贼有功，除安喜尉[3]。督邮以公事到县，先主

求谒,不通,直入缚督邮,杖二百,解绶系其颈着马枊[4],弃官亡命[5]。顷之,大将军何进遣都尉毌丘毅诣丹杨募兵,先主与俱行,至下邳遇贼,力战有功,除为下密丞。复去官。后为高唐尉,迁为令[6]。为贼所破,往奔中郎将公孙瓒,瓒表为别部司马,使与青州刺史田楷以拒冀州牧袁绍。数有战功,试守平原令,后领平原相。郡民刘平素轻先主,耻为之下,使客刺之。客不忍刺,语之而去。其得人心如此[7]。

袁绍攻公孙瓒,先主与田楷东屯齐。曹公征徐州,徐州牧陶谦遣使告急于田楷,楷与先主俱救之。时先主自有兵千余人及幽州乌丸杂胡骑,又略得饥民数千人。既到,谦以丹杨兵四千益先主,先主遂去楷归谦。谦表先主为豫州刺史,屯小沛。谦病笃,谓别驾麋竺曰:"非刘备不能安此州也。"谦死,竺率州人迎先主,先主未敢当。下邳陈登谓先主曰:"今汉室陵迟,海内倾覆,立功立事,在于今日。(彼)〔鄹〕州殷富,户口百万,欲屈使君抚临州事。"先主曰:"袁公路近在寿春,此君四世五公,海内所归,君可以州与之。"登曰:"公路骄豪,非治乱之主。今欲为使君合步骑十万,上可以匡主济民,成五霸之业,下可以割地守境,书功于竹帛。若使君不见听许,登亦未敢听使君也。"北海相孔融谓先主曰:"袁公路岂忧国忘家者邪?冢中枯骨,何足介意。今日之事,百姓与能,天与不取,悔不可追。"先主遂领徐州[8]。袁术来攻先主,先主拒之于盱眙、淮阴。曹公表先主为镇东将军,封宜城亭侯,是岁建安元年也。先主与术相持经月,吕布乘虚袭下邳。下邳守将曹豹反,间迎布。布虏先主妻子,先主转军海西[9]。杨奉、韩暹寇徐、扬间,先主邀击,尽斩之。先主求和于吕布,布还其妻子。先主遣关羽守下邳。

先主还小沛[10],复合兵得万余人。吕布恶之,自出兵攻先主,先主败走归曹公。曹公厚遇之,以为豫州牧。将至沛收散卒,给其军粮,益与兵使东击布。布遣高顺攻之,曹公遣夏侯惇往,不能救,为顺所败,复虏先主妻子送布。曹公自出东征[11],助先主围布于下邳,生禽布。先主复得妻子,从曹公还许。表先主为左将军,礼之愈重,出则同舆,坐则同席。袁术欲经徐州北就袁绍,曹公遣先主督朱灵、路招要击术。未至,术病死。

先主未出时,献帝舅车骑将军董承[12]辞受帝衣带中密诏,当诛曹公。先主未发。是时曹公从容谓先主曰:"今天下英雄,唯使君与操耳。本初之徒,不足数也。"先主方食,失匕箸[13]。遂与承及长水校尉种辑、将军吴子兰、王子服等同谋。会见使,未发。事觉,承等皆伏诛[14]。

先主据下邳。灵等还,先主乃杀徐州刺史车胄,留关羽守下邳,而身还小沛[15]。东海昌霸反,郡县多叛曹公为先主,众数万人,遣孙乾与袁绍连和,曹公遣刘岱、王忠击之,不克。五年,曹公东征先主,先主败绩[16]。曹公尽收其众,虏先主妻子,并禽关羽以归。

先主走青州。青州刺史袁谭,先主故茂才也,将步骑迎先主。先主随谭到平原,谭驰使白绍。绍将道路奉迎,身去邺二百里,与先主相见[17]。驻月余日,所失亡士卒稍稍来集。曹公与袁绍相拒于官渡,汝南黄巾刘辟等叛曹公应绍。绍遣先主将兵与辟等略许下。关羽亡归先主。曹公遣曹仁将兵击先主,先主还绍军,阴欲离绍,乃说绍南连荆州牧刘表。绍遣先主将本兵复至汝南,与贼龚都等合,众数千人。曹公遣蔡阳击之,为先主所杀。

曹公既破绍,自南击先主。先主遣麋竺、孙乾与刘表相闻,表自郊迎,以上宾礼待之,益其兵,使屯新野。荆州豪杰归先主者日益多,表疑其心,阴御之[18]。使拒夏侯惇、于禁等于博望。久之,先主设伏兵,一旦自烧屯伪遁,惇等追之,为伏兵所破。

十二年,曹公北征乌丸,先主说表袭许,表不能用[19]。曹公南征表,会表卒[20],子琮代立,遣使请降。先主屯樊,不知曹公卒至,至宛乃闻之,遂将其众去。过襄阳,诸葛亮说先主攻琮,荆州可有。先主曰:"吾不忍也[21]。"乃驻马呼琮,琮惧不能起。琮左右及荆州人多归先主[22]。比到当阳,众十余万,辎重数千两,日行十余里,别遣关羽乘船数百艘,使会江陵。或谓先主曰:"宜速行保江陵,今虽拥大众,被甲者少,若曹公兵至,何以拒之?"先主曰:"夫济大事必以人为本,今人归吾,吾何忍弃去[23]!"

曹公以江陵有军实,恐先主据之,乃释辎重,轻军到襄阳。闻先主已过,曹公将精骑五千急追之,一日一夜行三百余里,及于当阳之长坂。先主弃妻子,与诸葛亮、张飞、赵云等数十骑走,曹公大获其人众辎重。先主斜趋汉津,适与羽船会,得济沔,遇表长子江夏太守琦众万余人,与俱到夏口。先主遣诸葛亮自结于孙权[24],权遣周瑜、程普等水军数万,与先主并力[25],与曹公战于赤壁,大破之,焚其舟船。先主与吴军水陆并进,追到南郡,时又疾疫,北军多死,曹公引归[26]。

先主表琦为荆州刺史,又南征四郡。武陵太守金旋、长沙太守韩玄、桂阳太守赵范、零陵太守刘度皆降[27]。庐江雷绪率部曲数万口稽颡。琦病死,群下推先主为荆州牧,治公安。权稍畏之,进妹固好。先主至京见权,绸缪恩纪[28]。权遣使云欲共取蜀,或以为宜报许之,吴终不能越荆有蜀,蜀地可为己有。荆州主簿殷观进曰:"若为吴先驱,进未能克敌,退为吴所乘,即事去矣。今但可然赞其伐蜀,而自说新据诸郡,未可兴动,吴必不敢越我而独取蜀。如此进退之计,可以收吴、蜀之利。"先主从之,权果辍计。迁观为别驾从事[29]。

十六年,益州牧刘璋遥闻曹公将遣钟繇等向汉中讨张鲁,内怀恐惧。别驾从事蜀郡张松说璋曰:"曹公兵强无敌于天下,若因张鲁之资以取蜀土,谁能御之者乎?"璋曰:"吾固忧之而未有计。"松曰:"刘豫州,使君之宗室而曹公之深仇也,善用兵,若使之讨鲁,鲁必破。鲁破,则益州强,曹公虽来,无能为也。"璋然之,遣法正将四千人迎先主,前后赂遗以巨亿计。正因陈益州可取之策[30]。先主留诸葛亮、关羽等据荆州,将步卒数万人入益州。至涪,璋自出迎,相见甚欢。张松令法正白先主,及谋臣庞统进说,便可于会所袭璋。先主曰:"此大事也,不可仓卒。"璋推先主行大司马,领司隶校尉;先主亦推璋行镇西大将军,领益州牧。璋增先主兵,使击张鲁,又令督白水军。先主并军三万余人,车甲器械资货甚盛。是岁,璋还成都。先主北到葭萌，未即讨鲁，厚树恩德，以收众心。

明年，曹公征孙权，权呼先主自救。先主遣使告璋曰："曹公征吴，吴忧危急。孙氏与孤本为唇齿，又乐进在青泥与关羽相拒，今不往救羽，进必大克，转侵州界，其忧有甚于鲁。鲁自守之贼，不足虑也。"乃从求借万兵及资（宝）〔实〕，欲以东行。璋但许兵四千，其余皆给半[31]。张松书与先主及法正曰："今大事垂可立，如何释此去乎！"松兄广汉太守肃，惧祸逮己，白璋发其谋。于是璋收斩松，嫌隙始构矣[32]。璋敕关戍诸将文书勿复关通先主。先主大怒，召璋白水军督杨怀，责以无礼，斩之。乃使黄忠、卓膺勒兵向璋。先主径至关中，质诸将并士卒妻子，引兵与忠、膺等进到涪，据其城。璋遣刘璝、冷苞、张任、邓贤等拒先主于涪[33]，皆破败，退保绵竹。璋复遣李严督绵竹诸军，严率众降先主。先主军益强，分遣诸将平下属县，诸葛亮、张飞、赵云等将兵溯流定白帝、江州、江阳，惟关羽留镇荆州。先主进军围雒；时璋子循守城，被攻且一年。

十九年夏，雒城破[34]，进围成都数十日，璋出降[35]。蜀中殷盛丰乐，先主置酒大飨士卒，取蜀城中金银分赐将士，还其谷帛。先主复领益州牧，诸葛亮为股肱，法正为谋主，关羽、张飞、马超为爪牙，许靖、麋竺、简雍为宾友。及董和、黄权、李严等本璋之所授用也，吴壹、费观等又璋之婚亲也，彭羕又璋之所排摈也，刘巴者宿昔之所忌恨也，皆处之显任，尽其器能。有志之士，无不竞劝。

二十年，孙权以先主已得益州，使使报欲得荆州。先主言："须得凉州，当以荆州相与。"权忿之，乃遣吕蒙袭夺长沙、零陵、桂阳三郡。先主引兵五万下公安，令关羽入益阳。是岁，曹公定汉中，张鲁遁走巴西。先主闻之，与权连和，分荆州、江夏、长沙、桂阳东属，南郡、零陵、武陵西属，引军还江州。遣黄权将迎张鲁，张鲁已降曹公。曹公使夏侯渊、张郃屯汉中，数数犯巴界。先主令张飞进兵宕渠，与郃等战于瓦口，破郃等，〔郃〕收兵还南郑。先主亦还成都。

二十三年，先主率诸将进兵汉中，分遣将军吴兰、雷铜等入武都，皆为曹公军所没。先主次于阳平关，与渊、郃等相拒。

二十四年春，自阳平南渡沔水，缘山稍前，于定军山势作营。渊将兵来争其地。先主命黄忠乘高鼓噪攻之，大破（郃）渊军，斩渊及曹公所署益州刺史赵颙等。曹公自长安举众南征。先主遥策之曰："曹公虽来，无能为也，我必有汉川矣。"及曹公至，先主敛众拒险，终不交锋，积月不拔，亡者日多。夏，曹公果引军还，先主遂有汉中。遣刘封、孟达、李平等攻申耽于上庸。

秋，群下上先主为汉中王，表于汉帝："平西将军都亭侯臣马超、左将军（领）长史〔领〕镇军将军臣许靖、营司马臣庞羲、议曹从事中郎军议中郎将臣射援[36]、军师将军臣诸葛亮、荡寇将军汉寿亭侯臣关羽、征虏将军新亭侯臣张飞、征西将军臣黄忠、镇远将军臣赖恭、扬武将军臣法正、兴业将军臣李严等一百二十人上言：昔唐尧至圣而四凶在朝，周成仁贤而四国作难，高后称制而诸吕窃命，孝昭幼冲而上官逆谋，皆冯世宠，藉履国权，穷凶极

乱，社稷几危。非大舜、周公、朱虚、博陆，则不能流放禽讨，安危定倾。伏惟陛下挺姿圣德，统理万邦，而遭厄运不造之艰。董卓首难，荡覆京畿，曹操阶祸，窃执天衡；皇后太子，鸩杀见害，剥乱天下，残毁民物。久令陛下蒙尘忧厄，幽处虚邑。人神无主，遏绝王命，厌昧皇极，欲盗神器。左将军领司隶校尉豫、荆、益三州牧宜城亭侯备，受朝爵秩，念在输力，以殉国难。睹其机兆，赫然愤发，与车骑将军董承同谋诛操，将安国家，克宁旧都。会承机事不密，令操游魂得遂长恶，残泯海内。臣等每惧王室大有阎乐之祸，小有定安之变[37]，夙夜惴惴，战栗累息。昔在《虞书》，敦序九族，周监二代，封建同姓，《诗》著其义，历载长久。汉兴之初，割裂疆土，尊王子弟，是以卒折诸吕之难，而成太宗之基。臣等以备肺腑枝叶，宗子藩翰，心存国家，念在弭乱。自操破于汉中，海内英雄望风蚁附，而爵号不显，九锡未加，非所以镇卫社稷，光昭万世也。奉辞在外，礼命断绝。昔河西太守梁统等值汉中兴，限于山河，位同权均，不能相率，咸推窦融以为元帅，卒立效绩，摧破隗嚣。今社稷之难，急于陇、蜀，操外吞天下，内残群寮，朝廷有萧墙之危，而御侮未建，可为寒心。臣等辄依旧典，封备汉中王，拜大司马，董齐六军，纠合同盟，扫灭凶逆。以汉中、巴、蜀、广汉、犍为为国，所署置依汉初诸侯王故典。夫权宜之制，苟利社稷，专之可也。然后功成事立，臣等退伏矫罪，虽死无恨。"遂于沔阳设坛场，陈兵列众，群臣陪位，读奏讫，御王冠于先主。

先主上言汉帝曰："臣以具臣之才，荷上将之任，董督三军，奉辞于外，不得扫除寇难，靖匡王室，久使陛下圣教陵迟，六合之内，否而未泰，惟忧反侧，疢如疾首。曩者董卓造为乱阶，自是之后，群凶纵横，残剥海内。赖陛下圣德威灵，人神同应，或忠义奋讨，或上天降罚，暴逆并殪，以渐冰消。惟独曹操，久未枭除，侵擅国权，恣心极乱。臣昔与车骑将军董承图谋讨操，机事不密，承见陷害，臣播越失据，忠义不果。遂使操穷凶极逆，主后戮杀，皇子鸩害。虽纠合同盟，念在奋力，懦弱不武，历年未效。常恐殒没，孤负国恩，寤寐永叹，夕惕若厉。今臣群寮以为在昔《虞书》敦叙九族，庶明励翼[38]，五帝损益，此道不废。周监二代，并建诸姬，实赖晋、郑夹辅之福。高祖龙兴，尊王子弟，大启九国，卒斩诸吕，以安大宗。今操恶直丑正，实繁有徒，包藏祸心，篡盗已显。既宗室微弱，帝族无位，斟酌古式，依假权宜，上臣大司马汉中王。臣伏自三省，受国厚恩，荷任一方，陈力未效，所获已过，不宜复忝高位以重罪谤。群寮见逼，迫臣以义。臣退惟寇贼不枭，国难未已，宗庙倾危，社稷将坠，成臣忧责碎首之负。若社稷之难，以宁靖圣朝，虽赴水火，所不得辞，敢虑常宜，以防后悔。辄顺众议，拜受印玺，以崇国威。仰惟爵号，位高宠厚，俯思报效，忧深责重，惊怖累息，如临于谷。尽力输诚，奖厉六师，率齐群义，应天顺时，扑讨凶逆，以宁社稷，以报万分。谨拜章因驿上还所假左将军、宜城亭侯印绶。"于是还治成都。拔魏延为都督，镇汉中[39]。时关羽攻曹公将曹仁，禽于禁于樊。俄而孙权袭杀羽，取荆州。

二十五年，魏文帝称尊号，改年曰黄初。或传闻汉帝

见害，先主乃发丧制服，追谥曰孝愍皇帝。是后在所并言众瑞，日月相属，故议郎阳泉侯刘豹、青衣侯向举、偏将军张裔、黄权、大司马属殷纯、益州别驾从事赵莋、治中从事杨洪、从事祭酒何宗、议曹从事杜琼、劝学从事张爽、尹默、谯周等上言："臣闻《河图》、《洛书》，五经谶、纬，孔子所甄，验应自远。谨案《洛书甄曜度》曰：'赤三日德昌，九世会备，合为帝际。'《洛书宝号命》曰：'天度帝道备称皇，以统握契，百成不败。'《洛书录运期》曰：'九侯七杰争命民炊骸，道路籍籍履人头，谁使主者玄且来。'《孝经钩命决录》曰：'帝三建九会备。'臣父群未亡时，言西南数有黄气，直立数丈，见来积年，时时有景云祥风，从璇玑下来应之，此为异瑞。又二十二年中，数有气如旗，从西竟东，中天而行，《图》、《书》曰'必有天子出其方'。加是年太白、荧惑、填星，常从岁星相追。近汉初兴，五星从岁星谋；岁星主义，汉位在西，义之上方，故汉法常以岁星候人主。当有圣主起于此州，以致中兴。时许帝尚存，故群下不敢漏言。顷者荧惑复追岁星，见在胃昴毕；昴毕为天纲，《经》曰'帝星处之，众邪消亡'。圣讳豫睹，推揆期验，符合数至，若此非一。臣闻圣人先天而天不违，后天而奉天时，故应际而生，与神合契。愿大王应天顺民，速即洪业，以宁海内。"

太傅许靖、安汉将军糜竺、军师将军诸葛亮、太常赖恭、光禄勋（黄权）〔黄柱〕、少府王谋等上言："曹丕篡弑，湮灭汉室，窃据神器，劫迫忠良，酷烈无道。人鬼忿毒，咸思刘氏。今上无天子，海内惶惶，靡所式仰。群下前后上书者八百余人，咸称述符瑞，图、谶明征。间黄龙见武阳赤水，九日乃去。《孝经·援神契》曰'德至渊泉则黄龙见'，龙者，君之象也。《易》乾九五'飞龙在天'，大王当龙升，登帝位也。又前关羽围樊、襄阳，襄阳男子张嘉、王休献玉玺，玺潜汉水，伏于渊泉，晖景烛耀，灵光彻天。夫汉者，高祖本所起定天下之国号也，大王袭先帝轨迹，亦兴于汉中也。今天子玉玺神光先见，玺出襄阳，汉水之末，明大王承其下流，授与大王以天子之位，瑞命符应，非人力所致。昔周有乌鱼之瑞，咸曰休哉。二祖受命，《图》、《书》先著，以为征验。今上天告祥，群儒英俊，并进《河》、《洛》，孔子谶、记，咸悉具至。伏惟大王出自孝景皇帝中山靖王之胄，本支百世，乾祇降祚，圣姿硕茂，神武在躬，仁覆积德，爱人好士，是以四方归心焉。考省《灵图》，启发谶、纬，神明之表，名讳昭著。宜即帝位，以纂二祖，绍嗣昭穆，天下幸甚。臣等谨与博士许慈、议郎孟光，建立礼仪，择令辰，上尊号。"即皇帝位于成都武担之南[40]。为文曰："惟建安二十六年四月丙午，皇帝备敢用玄牡，昭告皇天上帝后土神祇：汉有天下，历数无疆。曩者王莽篡盗，光武皇帝震怒致诛，社稷复存。今曹操阻兵安忍，戮杀主后，滔天泯夏，罔顾天显。操子丕，载其凶逆，窃居神器，群臣将士以为社稷堕废，备宜修之，嗣武二祖，龚行天罚。备惟否德，惧忝帝位。询于庶民，外及蛮夷君长，佥曰'天命不可以不答，祖业不可以久替，四海不可以无主'。率土式望，在备一人。备畏天明命，又惧汉阼将湮于地，谨择元日，与百寮登坛，受皇帝玺绶。修燔瘗，告类于天神，惟神飨祚于汉家，永绥四海[41]！"

章武元年夏四月，大赦，改年。以诸葛亮为丞相，许靖为司徒。置百官，立宗庙，祫祭高皇帝以下[42]。五月，立皇后吴氏，子禅为皇太子。六月，以子永为鲁王，理为梁王。车骑将军张飞为其左右所害。初，先主忿孙权之袭关羽，将东征，秋七月，遂帅诸军伐吴。孙权遣书请和，先主盛怒不许，吴将陆议、李异、刘阿等屯巫、秭归；将军吴班、冯习自巫攻破异等，军次秭归，武陵五溪蛮夷遣使请兵。

二年春正月，先主军还秭归，将军吴班、陈式水军屯夷陵，夹江东西岸。二月，先主自秭归率诸将进军，缘山截岭，于夷道猇亭[43]驻营，自佷山[44]通武陵，遣侍中马良安慰五溪蛮夷，咸相率响应。镇北将军黄权督江北诸军，与吴军相拒于夷陵道。夏六月，黄气见自秭归十余里中，广数十丈。后十余日，陆议大破先主军于猇亭，将军冯习、张南等皆没。先主自猇亭还秭归，收合离散兵，遂弃船舫，由步道还鱼复，改鱼复县曰永安。吴遣将军李异、刘阿等踵蹑先主军，屯驻南山。秋八月，收兵还巫。司徒许靖卒。冬十月，诏丞相亮营南北郊于成都。孙权闻先主住白帝，甚惧，遣使请和。先主许之，遣太中大夫宗玮报命。冬十二月，汉嘉太守黄元闻先主疾不豫，举兵拒守。

三年春二月，丞相亮自成都到永安。三月，黄元进兵攻临邛县。遣将军陈曶[45]讨元，元军败，顺流下江，为其亲兵所缚，生致成都，斩之。先主病笃，托孤于丞相亮，尚书令李严为副。夏四月癸巳，先主殂于永安宫，时年六十三。[46]

亮上言于后主曰："伏惟大行皇帝迈仁树德，覆焘无疆，昊天不吊，寝疾弥留，今月二十四日奄忽升遐，臣妾号咷，若丧考妣。乃顾遗诏，事惟大宗，动容损益；百寮发哀，满三日除服，到葬期复如礼；其郡国太守、相、都尉、县令长，三日便除服。臣亮亲受敕戒，震畏神灵，不敢有违。臣请宣下奉行。"五月，梓宫自永安还成都，谥曰昭烈皇帝。秋，八月，葬惠陵[47]。

评曰：先主之弘毅宽厚，知人待士，盖有高祖之风，英雄之器焉。及其举国托孤于诸葛亮，而心神无贰，诚君臣之至公，古今之盛轨也。机权干略，不逮魏武，是以基宇亦狭。然折而不挠，终不为下者，抑揆彼之量必不容己，非唯竞利，且以避害云尔。

注：

〔1〕《典略》曰：备本临邑侯枝属也。

〔2〕《汉晋春秋》曰：涿人李定云："此家必出贵人。"

〔3〕《典略》曰：平原刘子平知备有武勇，时张纯反叛，青州被诏，遣从事将兵讨纯，过平原，子平荐备于从事，遂与相随，遇贼于野，备中创阳死，贼去后，故人以车载之，得免。后以军功，为中山安喜尉。

〔4〕柳，五葬反。

〔5〕《典略》曰：其后州郡被诏书，其有军功为长吏者，当沙汰之，备疑在遣中。督邮至县，当遣备，备素知之。闻督邮在传舍，备欲求见督邮，督邮称疾不肯见备，备恨之，因还治，将吏卒更诣传舍，突入门，言"我被府君密教收督邮"。遂就床缚之，将出到界，自解其绶以系督邮颈，缚之著树，鞭杖百余下，欲

〔6〕《英雄记》云：灵帝末年，备尝在京师，后与曹公俱还沛国，募召合众。会灵帝崩，天下大乱，备亦起军从讨董卓。

〔7〕《魏书》曰：刘平结客刺备，备不知而待客甚厚，客以状语之而去。是时人民饥馑，屯聚钞暴。备外御寇难，内丰财施，士之下者，必与同席而坐，同簋而食，无所简择。众多归焉。

〔8〕《献帝春秋》曰：陈登等遣使诣袁绍曰："天降灾沴，祸臻鄙州，州将殂殒，生民无主，恐惧奸雄一旦承衅，以贻盟主日昃之忧，辄共奉故平原相刘备府君以为宗主，永使百姓知有依归。方今寇难纵横，不遑释甲，谨遣下吏奔告于执事。"绍答曰："刘玄德弘雅有信义，今徐州乐戴之，诚副所望也。"

〔9〕《英雄记》曰：备留张飞守下邳，引兵与袁术战于淮阴石亭，更有胜负。陶谦故将曹豹在下邳，张飞欲杀之。豹众坚营自守，使人招吕布。布取下邳，张飞败走。备闻之，引兵还，比至下邳，兵溃。收散卒东取广陵，与袁术战，又败。

〔10〕《英雄记》曰：备军在广陵，饥饿困踧，吏士大小自相啖食，穷饿侵逼，欲还小沛，遂使吏请降布。布令备还州，并势击术。具刺史车胄童仆，发遣曹妻子部曲家属于泗水上，祖道相乐。《魏书》曰：诸将谓布曰："备数反复难养，宜早图之。"布不听，以状语备。备心不安而求自托，使人说布，求屯小沛，布乃遣。

〔11〕《英雄记》曰：建安三年春，布使人赍金欲诣河内买马，为备兵所抄。布由是遣中郎将高顺、北地太守张辽等攻备。九月，遂破沛城，备单身走，获其妻息。十月，曹公自征布，备于梁国界中与曹公相遇，遂随公俱东征。

〔12〕臣松之案：董承，汉灵帝母董太后之侄，于献帝为丈人。盖古无丈人之名，故谓之舅也。

〔13〕《华阳国志》云：于时正当雷震，备因谓操曰："圣人云'迅雷风烈必变'，良有以也。一震之威，乃可至于此也！"

〔14〕《献帝起居注》曰：承等与备谋未发，而备出。承谓服曰："郭多有数百兵，坏李傕数万人，但足下与吾同耳！昔子不韦之门，须子楚而后高，今吾与子由是也。"服曰："惶惧不敢当，且兵又少。"承曰："举事讫，得曹公成兵，顾不足邪？"服曰："今京师岂有所任乎？"承曰："长水校尉种辑、议郎吴硕是我腹心办事者。"遂定计。

〔15〕胡冲《吴历》曰：曹公数遣亲近觇诸将有宾客酒食者，辄因事害之。备时闭门，将人种芜菁，曹公使人窥门。既去，备谓张飞、关羽曰："吾岂种菜者乎？曹公必有疑意，不可复留。"其夜开后栅，与飞等轻骑去，所得赐遗衣服，悉封留之，乃往小沛收合兵众。臣松之案：魏武帝遣先主诸将要击袁术，郭嘉等并谏，魏武不从，其事显然，非因种菜逃而去。如胡冲所云，何乖僻之甚乎！

〔16〕《魏书》曰：是时，公方有急于官渡，乃分留诸将屯官渡，自勒精兵征备。备初谓公与大敌连，不得东，而候骑卒至，言曹公自来。备大惊，然犹未信。自将数十骑出望公军，见麾旌，便弃众而走。

〔17〕《魏书》曰：备归绍，绍父子倾心敬重。

〔18〕《九州春秋》曰：备住荆州数年，尝于表坐起至厕，见髀里肉生，慨然流涕。还坐，表怪问备，备曰："吾常身不离鞍，髀肉皆消。今不复骑，髀里肉生。日月若驰，老将至矣，而功业不建，是以悲耳。"《世语》曰：备屯樊城，刘表礼焉，惮其为人，不甚信用。曾请备宴会，蒯越、蔡瑁欲因会取备，备觉之，伪如厕，潜遁出。所乘马名的卢，骑的卢走，堕襄阳城西檀溪水中，溺不得出。备急曰："的卢：今日厄矣，可努力！"的卢乃一踊三丈，遂得过，乘桴渡河，中流而追者至，以表意谢

之，曰："何去之速乎！"孙盛曰：此不然之言。备时羁旅，客主势殊，若有此变，岂敢晏然终表之世而无衅故乎？此皆世俗妄说，非实事也。

〔19〕《汉晋春秋》曰：曹公自柳城还，表谓备曰："不用君言，故为失此大会。"备曰："今天下分裂，日寻干戈，事会之来，岂有终极乎？若能应之于后者，则此未足为恨也。"

〔20〕《英雄记》曰：表病，上备领荆州刺史。《魏书》曰：表病笃，托国于备，顾谓曰："我儿不才，而诸将并零落，我死之后，卿便摄荆州。"备曰："诸子自贤，君其忧病。"或劝备宜从表言，备曰："此人待我厚，今从其言，人必以我为薄，所不忍也。"臣松之以为表夫妻爱琮，舍嫡立庶，情计久定，无缘临终举荆州以授备，此亦不然之言。

〔21〕孔衍《汉魏春秋》曰：刘琮乞降，不敢告备。备亦不知，久之乃觉，遣所亲问琮。琮令宋忠诣备宣旨。是时曹公在宛，备乃大惊骇，谓忠曰："卿诸人作事如此，不早相语，今祸至方告我，不亦太剧乎！"引刀向忠曰："今断卿头，不足以解忿，亦耻大丈夫临别复杀卿辈！"遣忠去，乃呼部曲议。或劝备劫将琮及荆州吏士径南到江陵，备答曰："刘荆州临亡托我以孤遗，背信自济，吾所不为，死何面目以见刘荆州乎！"

〔22〕《典略》曰：备过辞表墓，遂涕泣而去。

〔23〕习凿齿曰：先主虽颠沛险难而信义愈明，势逼事危而言不失道。追景升之顾，则情感三军；恋赴义之士，则甘与同败。观其所以结物情者，岂徒投醪抚寒含蓼问疾而已哉！其终济大业，不亦宜乎！

〔24〕《江表传》曰：孙权遣鲁肃吊刘表二子，并令与备相结。肃未至而曹公已济汉津。肃故进前，与备相遇于当阳。因宣权旨，论天下事势，致殷勤之意。且问备曰："豫州今欲何至？"备曰："与苍梧太守（吴臣）〔吴巨〕有旧，欲往投之。"肃曰："孙讨虏聪明仁惠，敬贤礼士，江表英豪，咸归附之，已据有六郡，兵精粮多，足以立事。今为君计，莫若遣腹心使自结于东，崇连和之好，共济世业，而云欲投（吴臣）〔吴巨〕，（臣）〔巨〕是凡人，偏在远郡，行将为人所并，岂足托乎？"备大喜，进住鄂县，即遣诸葛亮随肃诣孙权，结同盟誓。

〔25〕《江表传》曰：备从鲁肃计，进住鄂县之樊口。诸葛亮诣吴未还，备闻曹公军下，恐惧，日遣逻吏于水次候望权军。吏望见瑜船，驰往白备，备曰："何以知（之）非青徐军邪？"吏对曰："以船知之。"备遣人慰劳之。瑜曰："有军任，不可得委署，倘能屈威，诚副其所望。"备谓关羽、张飞曰："彼欲致我，我自结托于东而不往，非同盟之意也。"乃乘单舸往见瑜，问曰："今拒曹公，深为得计。战卒有几？"瑜曰："三万人。"备曰："恨少。"瑜曰："此自足用，豫州但观瑜破之。"备欲呼鲁肃等共会语，瑜曰："受命不得妄委署，若欲见子敬，可别过之。"又孔明俱来，不过三两日到也。"备虽深愧异瑜，而心未许之能必破北军也。故差池在后，将二千人与羽、飞俱，未肯系瑜，盖为进退之计也。孙盛：刘备雄才，处必亡之地，告急于吴，而获奔助，无缘复顾望江渚而怀异计。《江表传》之言，当是吴人欲专美之辞。

〔26〕《江表传》曰：周瑜为南郡太守，分南岸地以给备。备别立营于油江口，改名为公安。刘表吏士见从北军，多叛来投备。备以瑜所给地少，不足以安民，（后）〔复〕从权借荆州数郡。

〔27〕《三辅决录注》曰：金旋字元机，京兆人，历位黄门郎、汉阳太守，征郎议郎，迁中郎将，领武陵太守，为备所攻劫死。子祎，事见《魏武本纪》。

〔28〕《山阳公载记》曰：备还，谓左右曰："孙车骑长上短下，其难为下，吾不可以再见之。"乃昼夜兼行。臣松之案：《魏书》载

〔29〕《献帝春秋》曰：孙权欲与备共取蜀，遣使报备曰："米贼张鲁居王巴、汉，为曹操耳目，规图益州。刘璋不武，不能自守。若操得蜀，则荆州危矣。今欲先攻璋，进讨张鲁，首尾相连，一统吴、楚，虽有十操，无所忧也。"备欲自图蜀，拒答不听，曰："益州民富强，土地险阻，刘璋虽弱，足以自守。张鲁虚伪，未必尽忠于操。今暴师于蜀、汉，转运于万里，欲使战克攻取，举不失利，此吴起不能定其规，孙武不能善其事也。曹操虽有无君之心，而有奉主之名，议者见操失利于赤壁，谓其力屈，无复远志也。今操三分天下已有其二，将欲饮马于沧海，观兵于吴会，何肯守此坐须老乎？今同盟无故自相攻伐，借枢于操，使敌承其隙，非长计也。"权不听，遣孙瑜率水军住夏口。备不听军过，谓瑜曰："汝欲取蜀，吾当被发入山，不失信于天下也。"使关羽屯江陵，张飞屯秭归，诸葛亮据南郡，备自住孱陵。权知备意，因召瑜还。

〔30〕《吴书》曰：备前见张松，后得法正，皆厚以恩意接纳，尽其殷勤之欢。因问蜀中阔狭，兵器府库人马众寡，及诸要害道里远近，松等具言之，又画地图山川处所，由是尽知益州虚实也。

〔31〕《魏书》曰：备因激怒其众曰："吾为益州征强敌，师徒勤瘁，不遑宁居；今积帑藏之财而吝于赏功，望士大夫为出死力战，其可得乎！"

〔32〕《益部耆旧杂记》曰：张肃有威仪，容貌甚伟。松为人短小，放荡不治节操，然识达精果，有才干。刘璋遣诣曹公，曹公不甚礼。公主簿杨修深器之，白公辟松，公不纳。修以公所撰兵书示松，松宴饮之间一看便暗诵。修以此益异之。

〔33〕《益部耆旧杂记》曰：张任，蜀郡人，家世寒门，少有胆勇，有志节，仕州为从事。

〔34〕《益部耆旧杂记》曰：刘璋遣张任、刘璝率精兵拒捍先主于涪，为先主所破，退与璋子循守雒城。任勒兵出于雁桥，战复败。禽任。先主闻任之忠勇，令军降之，任厉声曰："老臣终不复事二主矣。"乃杀之。先主叹惜焉。

〔35〕《傅子》曰：初，刘备袭蜀，丞相掾赵戬曰："刘备其不济乎？拙于用兵，每战则败，奔亡不暇，何图人？蜀虽小区，险固四塞，独守之国，难卒并也。"征士傅干曰："刘备宽仁有度，能得人死力。诸葛亮达治知变，正而有谋，而为之相；张飞、关羽勇而有义，皆万人之敌，而为之将。此三人者，皆人杰也。以备之略，三杰佐之，何为不济也？"《典略》曰：赵戬，字叔茂，京兆长陵人也。质而好学，言称《诗》、《书》，爱恤于人，不论疏密。辟公府，入为尚书选部郎。董卓欲以所私并充台阁，戬拒不听。卓怒，召戬欲杀之，观者皆为戬惧，而戬自若。及见卓，引辞正色，陈说是非，卓虽凶戾，屈而谢之，迁平陵令。故得王允被害，莫敢近者，戬弃官收ófelse之。三辅乱，戬客荆州，刘表以为宾客。曹公平荆州，执戬手曰："何相见之晚也！"遂辟为掾。后为五官将司马、相国钟繇长史，年六十余卒。

〔36〕《三辅决录注》曰：援字文雄，扶风人也。其先本姓谢，与北地诸谢同族。始祖谢服为将军出征，天子以谢服非令名，改为射，子孙氏焉。兄坚，字文固，少有美行，辟公府，为黄门侍郎。献帝之初，三辅饥乱，坚为官，与弟援南入蜀依刘璋，璋以坚为长史。刘备代璋，以坚为广汉、蜀郡太守。援亦少有名行，太尉皇甫嵩贤其才而以女妻之，丞相诸葛亮以援为祭酒，迁从事中郎，卒官。

〔37〕赵高使阎乐杀二世。王莽废孺子以为定安公。

〔38〕郑玄《注》曰：庶，众也；励，作也；叙，次序也。序九族而亲之，以众明作羽翼之臣也。

〔39〕《典略》曰：备于是起馆舍，筑亭障，从成都至白水关，四百余区。

〔40〕《蜀本纪》曰：武都有丈夫化为女子，颜色美好，盖山精也。蜀王娶以为妻，不习水土，疾病欲归国，蜀王留之，无几物故。蜀王发卒之武都担土，于成都郭中葬，盖地数亩，高十丈，号曰武担也。臣松之案：武担，山名，在成都西北，盖乾位在西北，故就之以即阼。

〔41〕《魏书》曰：备闻曹公薨，遣掾韩冉奉书吊，并致赙赠之礼。文帝恶其因丧求好，敕荆州刺史斩冉，绝使命。《典略》曰：备遣军谋掾韩冉赍书吊，并贡锦布。冉称疾，住上庸。上庸致其书，适会受终，有诏报答以引致之。备得报书，遂称制。

〔42〕臣松之以为先主虽云出自孝景，而世数悠远，昭穆难明，既绍汉祚，不知以何帝为元祖以立亲庙。于时英贤作辅，儒生在官，宗庙制度，必有宪章，而载记阙略，良可恨哉！

〔43〕虢，许交反。

〔44〕伥，音恒。

〔45〕智，音笏。

〔46〕《诸葛亮集》载先主遗诏敕后主曰："朕初疾但下痢耳，后转杂他病，殆不自济。人五十不称夭，年已六十有余，何所复恨，不复自伤，但以卿兄弟为念。射君到，说丞相叹卿智量，甚大增修，过于所望，审能如此，吾复何忧！勉之，勉之！勿以恶小而为之，勿以善小而不为。惟贤惟德，能服于人。汝父德薄，勿效之。可读《汉书》、《礼记》，闲暇历观诸子及《六韬》、《商君书》，益人意智。闻丞相为写《申》、《韩》、《管子》、《六韬》一通已毕，未送，道亡，可更求闻达。"临终时，呼鲁王与语："吾亡之后，汝兄弟父事丞相，令卿与丞相共事而已。"

〔47〕葛洪《神仙传》曰：仙人李意其，蜀人也。传世见之，云是汉文帝时人。先主欲伐吴，遣人迎意其。意其到，先主礼敬之，问以吉凶。意其不答而求纸笔，画作兵马器仗数十纸已，便一一以手裂坏之，又画作一大人，掘地埋之，便径去。先主大不喜。而自出军征吴，大败还，忿耻发病死，众人乃知其意。其画作大人而埋之者，即是言先主死意。

卷三十三　　后主传第三

后主讳禅，字公嗣，先主子也。建安二十四年，先主为汉中王，立为王太子。及即尊号，册曰："惟章武元年五月辛巳，皇帝若曰：太子禅，朕遭汉运艰难，贼臣篡盗，社稷无主，格人群正，以天明命，朕继大统。今以禅为皇太子，以承宗庙，祇肃社稷。使使持节丞相亮授印绶，敬听师傅，行一物而三善皆得焉，可不勉与[1]！"三年夏四月，先主殂于永安宫。五月，后主袭位于成都，时年十七。尊皇后曰皇太后。大赦，改元。是岁魏黄初四年也[2]。

建兴元年夏，牂牁太守朱褒拥郡反[3]。先是，益州郡有大姓雍闿反，流太守张裔于吴，据郡不宾，越嶲夷王高定亦背叛。是岁，立皇后张氏。遣尚书郎邓芝固好于吴，吴王孙权与蜀和亲使聘，是岁通好。

二年春，务农殖谷，闭关息民。

三年春三月，丞相亮南征四郡，四郡皆平。改益州郡为建宁郡，分建宁、永昌郡为云南郡，又分建宁、牂牁为兴古郡。十二月，亮还成都。

四年春，都护李严自永安还住江州，筑大城[4]。

五年春，丞相亮出屯汉中，营沔北阳平石马[5]。

六年春，亮出攻祁山，不克。冬，复出散关，围陈仓，粮尽退。魏将王双率军追亮，亮与战，破之，斩双，还汉中。

七年春，亮遣陈式攻武都、阴平，遂克定二郡。冬，亮徙府营于南山下原上，筑汉、乐二城。是岁，孙权称帝，与蜀约盟，共交分天下。

八年秋，魏使司马懿由西城，张郃由子午，曹真由斜谷[6]，欲攻汉中。丞相亮待之于城固、赤坂，大雨道绝，真等皆还。是岁，魏延破魏雍州刺史郭淮于阳溪。徙鲁王永为甘陵王，梁王理为安平王，皆以鲁、梁在吴分界故也。

九年春二月，亮复出军围祁山，始以木牛运。魏司马懿、张郃救祁山。夏六月，亮粮尽退军，郃追至青封，与亮交战，被箭死。秋八月，都护李平废徙梓潼郡[7]。

十年，亮休士劝农于黄沙，作流马木牛毕，教兵讲武。

十一年冬，亮使诸军运米，集于斜谷口，治斜谷邸阁。是岁，南夷刘胄反，将军马忠破平之。

十二年春二月，亮由斜谷出，始以流马运。秋八月，亮卒于渭滨。征西大将军魏延与丞相长史杨仪争权不和，举兵相攻，延败走；斩延首，仪率诸军还成都。大赦。以左将军吴壹为车骑将军，假节督汉中。以丞相留府长史蒋琬为尚书令，总统国事。

十三年春正月，中军师杨仪废徙汉嘉郡。夏四月，进蒋琬位为大将军。

十四年夏四月，后主至湔[8]，登观坂，看汶水之流，旬日还成都。徙武都氐王苻健及氐民四百余户于广都。

十五年夏六月，皇后张氏薨。

延熙元年春正月，立皇后张氏。大赦，改元。立子璿为太子，子瑶为安定王。冬十一月，大将军蒋琬出屯汉中。

二年春三月，进蒋琬位为大司马。

三年春，使越巂太守张嶷平定越巂郡。

四年冬十月，尚书令费祎至汉中，与蒋琬咨论事计，岁尽还。

五年春正月，监军姜维督偏军，自汉中还屯涪县。

六年冬十月，大司马蒋琬自汉中还，住涪。十一月，大赦。以尚书令费祎为大将军。

七年闰月，魏大将军曹爽、夏侯玄等向汉中，镇北大将军王平拒兴势围，大将军费祎督诸军往赴救，魏军退。夏四月，安平王理卒。秋九月，祎还成都。

八年秋八月，皇太后薨。十二月，大将军费祎至汉中，行围守。

九年夏六月，费祎还成都。秋，大赦。冬十一月，大司马蒋琬卒[9]。

十年，凉州胡王白虎文、治无戴等率众降，卫将军姜维迎逆安抚，居之于繁县。是岁，汶山平康夷反，维往讨，破平之。

十一年夏五月，大将军费祎出屯汉中。秋，涪陵属国民夷反，车骑将军邓芝往讨，皆破平之。

十二年春正月，魏诛大将军曹爽等，右将军夏侯霸来降。夏四月，大赦。秋，卫将军姜维出攻雍州，不克而还。将军句安、李韶降魏。

十三年，姜维复出西平，不克而还。

十四年夏，大将军费祎还成都。冬，复北驻汉寿。大赦。

十五年，吴王孙权薨。立子琮为西河王。

十六年春正月，大将军费祎为魏降人郭循所杀于汉寿。夏四月，卫将军姜维复率众围南安，不克而还。

十七年春正月，姜维还成都。大赦。夏六月，维复率众出陇西。冬，拔狄道、（间）〔河关〕、临洮三县民，居于绵竹、繁县。

十八年春，姜维还成都。夏，复率诸军出狄道，与魏雍州刺史王经战于洮西，大破之。经退保狄道城，维却住钟题。

十九年春，进姜维位为大将军，督戎马，与镇西将军胡济期会上邽，济失誓不至。秋八月，维为魏大将军邓艾所破于上邽。维退军还成都。是岁，立子瓒为新平王。大赦。

二十年，闻魏大将军诸葛诞据寿春以叛，姜维复率众出骆谷，至芒水。是岁大赦。

景耀元年，姜维还成都。史官言景星见，于是大赦，改年。宦人黄皓始专政。吴大将军孙綝废其主亮，立琅邪王休。

二年夏六月，立子谌为北地王，恂为新兴王，虔为上党王。

三年秋九月，追谥故将军关羽、张飞、马超、庞统、黄忠。

四年春三月，追谥故将军赵云。冬十月，大赦。

五年春正月，西河王琮卒。是岁，姜维复率众出侯和，为邓艾所破，还住沓中。

六年夏，魏大兴徒众，命征西将军邓艾、镇西将军钟会、雍州刺史诸葛绪数道并攻。于是遣左右车骑将军张翼、廖化、辅国大将军董厥等拒之。大赦。改元为炎兴。冬，邓艾破卫将军诸葛瞻于绵竹。用光禄大夫谯周策，降于艾，奉书曰："限分江、汉，遇值深远，阶缘蜀土，斗绝一隅，干运犯冒，渐苒历载，遂与京畿攸隔万里。每惟黄初中，文皇帝命虎牙将军鲜于辅，宣温密之诏，申三好之恩，开示门户，大义炳然，而否德暗弱，窃贪遗绪，俯仰累纪，未率大教。天威既震，人鬼归能之数，怖骇王师，神武所次，敢不革面，顺以从命！辄敕群帅投戈释甲，官府帑藏一无所毁。百姓布野，余粮栖亩，以俟后来之惠，全元元之命。伏惟大魏布德施化，宰辅伊、周，含覆藏疾。谨遣私署侍中张绍、光禄大夫谯周、驸马都尉邓良奉赍印绶，请命告诚，敬输忠款，存亡敕赐，惟所裁之。舆榇在近，不复缕陈。"是日，北地王谌伤国之亡，先杀妻子，次以自杀[10]。绍、良与艾相遇于雒县。艾得书，大喜，即报书[11]，遣绍、良先还。艾至城北，后主舆榇自缚，诣军垒门。艾解缚焚榇，延请相见[12]。因承制拜后主为骠骑将军。诸围守悉被后主敕，然后降下。艾使后主止其故宫，身往造焉。资严未发，明年春正月，艾见收。钟会自涪至成都作乱。会既死，蜀中军众钞略，死丧狼藉，数日乃安集。

后主举家东迁，既至洛阳，策命之曰："惟景元五年三月丁亥，皇帝临轩，使太常嘉命刘禅为安乐县公。於戏，其进听朕命！盖统天载物，以咸宁为大，光宅天下，以时雍为盛。故孕育群生者，君人之道也，乃顺承天者，坤元之义也。上下交畅，然后万物协和，庶类获乂。乃者汉氏失统，六合震扰。我太祖承运龙兴，弘济八极，是用应天顺民，抚有区夏。于时乃考因群杰虎争，九服不静，乘间阻远，保据庸蜀，遂使西隅殊封，方外壅隔。自是以来，干戈不戢，元元之民，不得保安其性，几将五纪。朕永惟祖考遗志，思在绥缉四海，率土同轨，故爰整六师，耀威梁、益。公恢崇德度，深秉大正，不禅屈身委质，以爱民全国为贵，降心回虑，应机豹变，履信思顺，以享左右无疆之休，岂不远欤！朕嘉与君公长飨显禄，用考咨前训，开国胙土，率遵旧典，锡兹玄牡，苴以白茅，永为魏藩辅，往钦哉！公其祗服朕命，克广德心，以终乃显烈。"食邑万户，赐绢万匹，奴婢百人，他物称是。子孙为三都尉封侯者五十余人。尚书令樊建、侍中张绍、光禄大夫谯周、秘书令郤正、殿中督张通并封列侯[13]。公泰始七年薨于洛阳[14]。

评曰：后主任贤相则为循理之君，惑阉竖则为昏暗之后，传曰"素丝无常，唯所染之"，信矣哉！礼，国君继体，逾年改元，而章武之三年，则革称建兴，考之古义，体理为违。又国不置史，注记无官，是以行事多遗，灾异靡书。诸葛亮虽达于为政，凡此之类，犹有未周焉。然经载十二而年名不易，军旅屡兴而赦不妄下，不亦卓乎！自亮没后，兹制渐亏，优劣著矣[15]。

注：

〔1〕《礼记》曰：行一物而三善者，惟世子而已，其齿于学之谓也。郑玄曰：物犹事也。

〔2〕《魏略》曰：初备在小沛，不意曹公卒至，遑遽弃家属，后奔荆州。禅时年数岁，窜匿，随人西入汉中，为人所卖。及建安十六年，关中破乱，扶风人刘括避乱入汉中，买得禅，问知其良家子，遂养为子，与娶妇，生一子。初禅与备相失时，识其父字玄德。比舍人有姓简者，及备得益州而简为将军，备遣简到汉中，舍都邸。禅乃诣简，简相检讯，事皆符验。简喜，以语张鲁，鲁（乃）〔为〕洗沐送诣益州，备乃立以为太子。初备以诸葛亮为太子太傅，及禅立，以亮为丞相，委以诸事，谓亮曰："政由葛氏，祭则寡人。"亮亦以禅未闲于政，遂总内外。臣松之案：《二主妃子传》曰"后主生于荆州"，《后主传》云"初即帝位，年十七"，则建安十二年生也。十三年败于长坂，备弃妻子走，《赵云传》曰"云身抱弱子以兔"，即后主也。如此，备与禅未尝相失也。又诸葛亮以禅立之明年领益州牧，其年与主簿杜微书曰"朝廷今年十八"，与禅传相应，理当非虚。而鱼豢云备败于小沛，禅时年始生，及奔荆州，能识其父字玄德，计当五六岁。备败于小沛时，建安五年也，至禅初立，首尾二十四年，禅ь过三十矣。以事相验，理不得然。此则《魏略》之妄说，乃至二百余言，异也！又案诸书记及《诸葛亮集》，亮亦不为太子太傅。

〔3〕《魏氏春秋》曰：初，益州从事常房行部，闻褒将有异志，收其主簿案问，杀之。褒怒，攻杀房，诬以谋反。诸葛亮诛房诸子，徙其四弟于越巂，欲以安之。褒犹不悛改，遂以郡叛应雍闿。臣松之案：以为房为褒所诬，执政所宜澄察，安有杀不辜以悦奸慝？斯殆妄矣！

〔4〕今巴郡故城是。

〔5〕《诸葛亮集》载禅三月下诏曰："朕闻天地之道，福仁而祸淫，善积者昌，恶积者丧，古今常数也。是以汤、武修德而王，桀、纣极暴而亡。曩者汉祚中微，网漏凶慝，董卓造难，震荡京畿。曹操阶祸，窃执天衡，残剥海内，怀无君之心。子丕孤竖，敢寻斧阶，盗据神器，更姓改物，世济其凶。当此之时，皇极幽昧，天下无主，则我帝命陨越于下。昭烈皇帝体明睿之德，光演武文，应乾坤之运，出身平难，经营四方，人鬼同谋，百姓与能。兆民欣戴。奉顺符谶，建位易号，丕承天序，补弊兴衰，存复祖业，诞膺皇纲，不坠于地。万国未定，早世遐殂。朕以幼冲，继统鸿基，未习保傅之训，而婴祖宗之重。六合壅否，社稷不建，永惟所计，念在匡救，光载前绪，未有攸济，朕甚惧焉。是以夙兴夜寐，不敢自逸，每惟菲薄以益国用，劝分务穑以阜民财，方任能以参所听，断私降意以养将士。欲奋剑长驱，指讨凶逆，朱旗未举，而夏颠丧，斯所谓不燃我薪而自焚也。残类余丑，又支天祸，恣睢河、洛，阻兵未弭。诸葛丞相弘毅忠壮，忘身忧国，先帝托以天下，以勖朕躬。今授之以旄钺之重，付之以专命之权，统领步骑二十万众，董督元戎，龚行天罚，除患宁乱，克复旧都，在此行也。昔项籍总一强众，跨州兼土，所务者大，然卒败垓下，死于东城，宗族（如焚）〔焚如〕，为笑千载，皆以不义，陵上虐下故也。今贼效尤，天人所怨，奉时宜速，庶凭炎精祖宗威灵相助之福，所向必克。吴王孙权同恤灾患，潜军合谋，掎角其后。凉州诸国王各遣月支、康居胡侯支富、康植等二十余人诣受节度，大军北出，便欲率将兵马，奋戈先驱。天命既集，人事又至，师贞势并，必无敌矣。夫王者之兵，有征无战，尊而且义，莫敢抗也，故鸣条之役，军不血刃，牧野之师，商人倒戈。今旍麾首路，其所经至，亦不欲穷兵极武。有能弃邪从正，箪食壶浆以迎王师者，国有常典，封宠大小，各有品限。及魏之宗族、支叶、中外，有能规利害、审逆顺之数，来诣降者，皆原除之。昔辅果绝亲于智氏，而蒙全宗之福；微子去殷，项伯归汉，皆受茅土之庆。此前世之明验也。若其迷沉不反，将助乱人，不式王命，戮及妻孥，罔有攸赦。广宣恩威，贷其元帅，吊其残民，他如诏书律令，丞相其露布天下，使称朕意焉。"

〔6〕斜，余奢反。

〔7〕《汉晋春秋》曰：冬十月，江阳至江州有鸟从江南飞渡江北，不能达。堕水死者以千数。

〔8〕臣松之案：湔，县名也，属蜀郡，音剪。

〔9〕《魏略》曰：琬卒，禅乃自摄国事。

〔10〕《汉晋春秋》曰：后主将从谯周之策，北地王谌怒曰："若理穷力屈，祸败必及，便当父子君臣背城一战，同死社稷，以见先帝可也。"后主不纳，遂送玺绶。是日，谌哭于昭烈之庙，先杀妻子，而后自杀，左右无不为涕泣者。

〔11〕王隐《蜀记》曰：艾报书云："王纲失道，群英并起，龙战虎争，终归真主，此盖天命去就之道也。自古圣帝，爱逮汉、魏，受命而王者，莫不在乎中土。河出《图》，洛出《书》，圣人则之，以兴洪业，其不由此，未有不颠覆者也。隗嚣凭陇而亡，公孙述据蜀而灭，此皆前世覆车之鉴也。圣上明哲，宰相忠贤，将比隆黄轩，侔功往代。衔命来征，思闻嘉响，果烦来使，告以

德音,此非人事,岂天启哉!昔微子归周,实为上宾,君子豹变,义存《大易》,来辞谦冲,以礼舆榇,皆前哲归命之典也。全国为上,破国次之,自非通明智达,何以见王者之义乎!"禅又遣太常张峻、益州别驾汝超受节度,遣太仆蒋显有命敕姜维。又遣尚书郎李虎送士民簿,领户二十八万,男女口九十四万,带甲将士十万二千,吏四万人,米四十余万斛,金银各二千斤,锦绮彩绢各二十万匹,余物称此。

〔12〕《晋诸公赞》曰:刘禅乘骡车诣艾,不具亡国之礼。

〔13〕《汉晋春秋》曰:司马文王与禅宴,为之作故蜀技,旁人皆为之感怆,而禅喜笑自若。王谓贾充曰:"人之无情,乃可至于是乎!虽使诸葛亮在,不能辅之久全,而况姜维邪?"充曰:"不如是,殿下何由并之。"他日,王问禅曰:"颇思蜀否?"禅曰:"此间乐,不思蜀。"郤正闻之,求见禅曰:"若王后问,宜泣而答曰'先人坟墓远在陇、蜀,乃心西悲,无日不思',因闭其目。"会王复问,对如前,王曰:"何乃似郤正语邪!"禅惊视曰:"诚如尊命。"左右皆笑。

〔14〕《蜀记》云:谥曰思公,子恂嗣。

〔15〕《华阳国志》曰:丞相亮时,有言"公惜赦"者,亮答云:"治世以大德,不以小惠,故匡衡、吴汉不愿为赦。先帝亦言:'吾周旋陈元方、郑康成间,每见启告,治乱之道悉矣,曾不语赦也。若刘景升、季玉父子,岁岁赦宥,何益于治!'"臣松之以为"赦不妄下",诚为可称,至于"年名不易",犹所未达。案建武、建安之号,皆久而不改,未闻前史以为美谈。"经载十二",盖何足云?岂别有他意,求之未至乎!亮殁后,延熙之号,数盈二十,"兹制渐亏",事又不然也。

卷三十四　　二主妃子传第四

先主甘皇后,沛人也。先主临豫州,住小沛,纳以为妾。先主数丧嫡室,常摄内事。随先主于荆州,产后主。值曹公军至,追及先主于当阳长坂,于时困逼,弃后及后主,赖赵云保护,得免于难。后卒,葬于南郡。章武二年,追谥皇思夫人,迁葬于蜀,未至而先主殂陨。丞相亮上言:"皇思夫人履行修仁,淑慎其身。大行皇帝昔在上将,嫔妃作合,载育圣躬,大命不融。大行皇帝存时,笃义垂恩,念皇思夫人神柩在远飘飖,特遣使者奉迎。会大行皇帝崩,今皇思夫人神柩以到,又梓宫在道,园陵将成,安厝有期。臣辄与太常臣赖恭等议:《礼记》曰:'立爱自亲始,教民孝也;立敬自长始,教民顺也。'不忘其亲,所由生也。《春秋》之义,母以子贵。昔高皇帝追尊太上昭灵夫人为昭灵皇后,孝和皇帝改葬其母梁贵人,尊号曰恭怀皇后,孝愍皇帝亦改葬其母王夫人,尊号曰灵怀皇后。今皇思夫人宜有尊号,以慰寒泉之思,辄与恭等案谥法,宜曰昭烈皇后。《诗》曰:'谷则异室,死则同穴(1)。'故昭烈皇后宜与大行皇帝合葬,臣请太尉告宗庙,布露天下,具礼仪别奏。"制曰可。

先主穆皇后,陈留人也。兄吴壹,少孤,壹父素与刘焉有旧,是以举家随焉入蜀。焉有异志,而闻善相者相后当大贵。焉时将子瑁自随,遂以瑁纳后。瑁死,后寡居。先主既定益州,而孙夫人还吴(2),群下劝先主聘后。先主疑与瑁同族,法正进曰:"论其亲疏,何与晋文之于子圉乎?"于是纳后为夫人(3)。建安二十四年,立为汉中王后。章武元年夏五月,策曰:"朕承天命,奉至尊,临万国。今以后为皇后,遣使持节丞相亮授玺绶,承宗庙,母天下,皇后其敬之哉!"建兴元年五月,后主即位,尊后为皇太后,称长乐宫。壹官至车骑将军,封县侯。延熙八年,后薨,合葬惠陵(4)。

后主敬哀皇后,车骑将军张飞长女也。章武元年,纳为太子妃。建兴元年,立为皇后。十五年薨,葬南陵。

后主张皇后,前后敬哀之妹也。建兴十五年,入为贵人。延熙元年春正月,策曰:"朕统承大业,君临天下,奉郊庙社稷。今以贵人为皇后,使行丞相事左将军(向)朗持节授玺绶。勉修中馈,恪肃禋祀,皇后其敬之哉!"咸熙元年,随后主迁于洛阳(5)。

刘永字公寿,先主子,后主庶弟也。章武元年六月,使司徒靖立永为鲁王,策曰:"小子永,受兹青土。朕承天序,继统大业,遵修稽古,建尔国家,封于东土,奄有龟蒙,世为藩辅。呜呼,恭朕之诏!惟彼鲁邦,一变适道,风化行焉。人之好德,世兹懿美。王其秉心率礼,绥尔士民,是飨是宜,其戒之哉!"建兴八年,改封为甘陵王。初,永憎宦人黄皓,皓既信任用事,潜构永于后主,后主稍疏外永,至不得朝见者十余年。咸熙元年,永东迁洛阳,拜奉车都尉,封为乡侯。

刘理字奉孝,亦后主庶弟也,与永异母。章武元年六月,使司徒靖立理为梁王,策曰:"小子理,朕统承汉序。祗顺天命,遵修典秩,建尔于东,为汉藩辅。惟彼梁土,畿甸之邦,民狎教化,易导以礼。往悉乃心,怀保黎庶,以永尔国,王其敬之哉!"建兴八年,改封理为安平王。延熙七年卒,谥曰悼王。子哀王胤嗣,十九年卒。子殇王承嗣,二十年卒。景耀四年诏曰:"安平王,先帝所命。三世早夭,国嗣颓绝,朕用伤悼。其以武邑侯辑袭王位。"辑,理子也,咸熙元年,东迁洛阳,拜奉车都尉,封乡侯。

后主太子璿,字文衡。母王贵人,本敬哀张皇后侍人也。延熙元年正月策曰:"在昔帝王,继体立嗣,副贰国统,古今常道。今以璿为皇太子,昭显祖宗之威,命使行丞相事左将军朗持节授印绶。其勉修茂质,祗达道义,咨询典礼,敬友师傅,斟酌众善,翼成尔德,可不务修以自勖哉!"时年十五。景耀六年冬,蜀亡。咸熙元年正月,钟会作乱于成都,璿为乱兵所杀(6)。

评曰:《易》称有夫妇然后有父子,夫人伦之始,恩纪之隆,莫尚于此矣。是故纪录,以究一国之体焉。

注:
〔1〕《礼》云:上古无合葬,中古后因时方有。
〔2〕《汉晋春秋》云:先主入益州,吴遣迎孙夫人。夫人欲将太子归吴,诸葛亮使赵云勒兵断江留太子,乃得止。

〔3〕习凿齿曰:夫婚姻,人伦之始,王化之本,匹夫犹不可以无礼,而况人君乎?晋文废礼行权,以济其业,故子犯曰:有求于人,必先从之,将夺其国,何有于妻。非无故而违礼教者也。今先主无权事之逼,而引前失以为譬,非导其君以尧、舜之道者。先主从之,过矣。

〔4〕孙盛《蜀世谱》曰:壹孙乔,没李雄中三十年,不为雄屈也。

〔5〕《汉晋春秋》曰:魏以蜀宫人赐诸将之无妻者,李昭仪曰:"我不能二三屈辱。"乃自杀。

〔6〕孙盛《蜀世谱》曰:瑶弟瑶、琮、瓒、谌、恂、璩六人。蜀败,谌自杀,余皆内徙。值永嘉大乱,子孙绝灭。唯永孙玄奔蜀,李雄伪署安乐公以嗣禅后。永和三年讨李势,盛参戎行,见玄于成都也。

卷三十五　　　诸葛亮传第五

诸葛亮字孔明,琅邪阳都人也。汉司隶校尉诸葛丰后也。父珪,字君贡,汉末为太山郡丞。亮早孤,从父玄为袁术所署豫章太守,玄将亮及亮弟均之官。会汉朝更选朱皓代玄。玄素与荆州牧刘表有旧,往依之〔1〕。玄卒,亮躬耕陇亩,好为《梁父吟》〔2〕。身长八尺,每自比于管仲、乐毅,时人莫之许也。惟博陵崔州平、颍川徐庶元直与亮友善,谓为信然〔3〕。

时先主屯新野。徐庶见先主,先主器之,谓先主曰:"诸葛孔明者,卧龙也,将军岂愿见之乎〔4〕?"先主曰:"君与俱来。"庶曰:"此人可就见,不可屈致也。将军宜枉驾顾之。"由是先主遂诣亮,凡三往,乃见。因屏人曰:"汉室倾颓,奸臣窃命,主上蒙尘。孤不度德量力,欲信大义于天下,而智术浅短,遂用猖獗,至于今日。然志犹未已,君谓计将安出?"亮答曰:"自董卓已来,豪杰并起,跨州连郡者不可胜数。曹操比于袁绍,则名微而众寡,然操遂能克绍,以弱为强者,非惟天时,抑亦人谋也。今操已拥百万之众,挟天子而令诸侯,此诚不可与争锋。孙权据有江东,已历三世,国险而民附,贤能为之用,此可以为援而不可图也。荆州北据汉、沔,利尽南海,东连吴会,西通巴、蜀,此用武之国,而其主不能守,此殆天所以资将军,将军岂有意乎?益州险塞,沃野千里,天府之土,高祖因之以成帝业。刘璋暗弱,张鲁在北,民殷国富而不知存恤,智能之士思得明君。将军既帝室之胄,信义著于四海,总揽英雄,思贤如渴,若跨有荆、益,保其岩阻,西和诸戎,南抚夷越,外结好孙权,内修政理;天下有变,则命一上将将荆州之军以向宛、洛,将军身率益州之众以出于秦川,百姓孰敢不箪食壶浆以迎将军者乎?诚如是,则霸业可成,汉室可兴矣。"先主曰:"善!"于是与亮情好日密。关羽、张飞等不悦,先主解之曰:"孤之有孔明,犹鱼之有水也。愿诸君勿复言。"羽、飞乃止〔5〕。

刘表长子琦,亦深器亮。表受后妻之言,爱少子琮,不悦于琦。琦每欲与亮谋自安之术,亮辄拒塞,未与处画。琦乃将亮游观后园,共上高楼,饮宴之间,令人去梯,因谓亮曰:"今日上不至天,下不至地,言出子口,入于吾耳,可以言未?"亮答曰:"君不见申生在内而危,重耳在外而安

乎?"琦意感悟,阴规出计。会黄祖死,得出,遂为江夏太守。俄而表卒,琮闻曹公来征,遣使请降。先主在樊闻之,率其众南行,亮与徐庶并从,为曹公所追破,获庶母。庶辞先主而指其心曰:"本欲与将军共图王霸之业者,以此方寸之地也。今已失老母,方寸乱矣,无益于事,请从此别。"遂诣曹公〔6〕。

先主至于夏口,亮曰:"事急矣,请奉命求救于孙将军。"时权拥军在柴桑,观望成败,亮说权曰:"海内大乱,将军起兵据有江东,刘豫州亦收众汉南,与曹操并争天下。今操芟夷大难,略已平矣,遂破荆州,威震四海。英雄无所用武,故豫州遁逃至此。将军量力而处之:若能以吴、越之众与中国抗衡,不如早与之绝;若不能当,何不案兵束甲,北面而事之!今将军外托服从之名,而内怀犹豫之计,事急而不断,祸至无日矣!"权曰:"苟如君言,刘豫州何不遂事之乎?"亮曰:"田横,齐之壮士耳,犹守义不辱,况刘豫州王室之胄,英才盖世,众士仰慕,若水之归海,若事之不济,此乃天也,安能复为之下乎!"权勃然曰:"吾不能举全吴之地,十万之众,受制于人。吾计决矣!非刘豫州莫可以当曹操者,然豫州新败之后,安能抗此难乎?"亮曰:"豫州军虽败于长阪,今战士还者及关羽水军精甲万人,刘琦合江夏战士亦不下万人。曹操之众,远来疲弊,闻追豫州,轻骑一日一夜行三百余里,此所谓'强弩之末,势不能穿鲁缟'者也。故兵法忌之,曰'必蹶上将军'。且北方之人,不习水战;又荆州之民附操者,逼兵势耳,非心服也。今将军诚能命猛将统兵数万,与豫州协规同力,破操军必矣。操军破,必北还,如此则荆、吴之势强,鼎足之形成矣。成败之机,在于今日。"权大悦,即遣周瑜、程普、鲁肃等水军三万,随亮诣先主,并力拒曹公〔7〕。曹公败于赤壁,引军归邺。先主遂收江南,以亮为军师中郎将,使督零陵、桂阳、长沙三郡,调其赋税,以充军实〔8〕。

建安十六年,益州牧刘璋遣法正迎先主,使击张鲁。亮与关羽镇荆州。先主自葭萌还攻璋,亮与张飞、赵云等率众溯江,分定郡县,与先主共围成都。成都平,以亮为军师将军,署左将军府事。先主外出,亮常镇守成都,足食足兵。二十六年,群下劝先主称尊号,先主未许,亮说曰:"昔吴汉、耿弇等初劝世祖即帝位,世祖辞让,前后数四,耿纯进言曰:'天下英雄喁喁,冀有所望。如不从议者,士大夫各归求主,无为从公也。'世祖感纯言深至,遂然诺之。今曹氏篡汉,天下无主,大王刘氏苗族,绍世而起,今即帝位,乃其宜也。士大夫随大王久勤苦者,亦欲望尺寸之功如纯言耳。"先主于是即帝位,策亮为丞相曰:"朕遭家不造,奉承大统,兢兢业业,不敢康宁,思靖百姓,惧未能绥。於戏!丞相亮其悉朕意,无怠辅朕之阙,助宣重光,以照明天下,君其勖哉!"亮以丞相录尚书事,假节。张飞卒后,领司隶校尉〔9〕。

章武三年春,先主于永安病笃,召亮于成都,属以后事,谓亮曰:"君才十倍曹丕,必能安国,终定大事。若嗣子可辅,辅之;如其不才,君可自取。"亮涕泣曰:"臣敢竭股肱之力,效忠贞之节,继之以死!"先主又为诏敕后主曰:"汝与丞相从事,事之如父〔10〕。"建兴元年,封亮武乡侯,

开府治事。顷之,又领益州牧。政事无巨细,咸决于亮。南中诸郡,并皆叛乱,亮以新遭大丧,故未便加兵,且遣使聘吴,因结和亲,遂为与国[11]。

三年春,亮率众南征[12],其秋悉平。军资所出,国以富饶[13],乃治戎讲武,以俟大举。五年,率诸军北驻汉中,临发,上疏曰:

"先帝创业未半而中道崩殂,今天下三分,益州疲弊,此诚危急存亡之秋也。然侍卫之臣不懈于内,忠志之士忘身于外者,盖追先帝之殊遇,欲报之于陛下也。诚宜开张圣听,以光先帝遗德,恢弘志士之气,不宜妄自菲薄,引喻失义,以塞忠谏之路也。宫中府中,俱为一体,陟罚臧否,不宜异同。若有作奸犯科及为忠善者,宜付有司论其刑赏,以昭陛下平明之理,不宜偏私,使内外异法也。侍中、侍郎郭攸之、费祎、董允等,此皆良实,志虑忠纯,是以先帝简拔以遗陛下。愚以为宫中之事,事无大小,悉以咨之,然后施行,必能裨补阙漏,有所广益。将军向宠,性行淑均,晓畅军事,试用于昔日,先帝称之曰能,是以众议举宠为督。愚以为营中之事,悉以咨之,必能使行阵和睦,优劣得所。亲贤臣,远小人,此先汉所以兴隆也;亲小人,远贤臣,此后汉所以倾颓也。先帝在时,每与臣论此事,未尝不叹息痛恨于桓、灵也。侍中、尚书、长史、参军,此悉贞良死节之臣,愿陛下亲之信之,则汉室之隆,可计日而待也。

"臣本布衣,躬耕于南阳,苟全性命于乱世,不求闻达于诸侯。先帝不以臣卑鄙,猥自枉屈,三顾臣于草庐之中,咨臣以当世之事,由是感激,遂许先帝以驱驰。后值倾覆,受任于败军之际,奉命于危难之间,尔来二十有一年矣[14]。先帝知臣谨慎,故临崩寄臣以大事也。受命以来,夙夜忧叹,恐托付不效,以伤先帝之明,故五月渡泸,深入不毛[15]。今南方已定,兵甲已足,当奖率三军,北定中原,庶竭驽钝,攘除奸凶,兴复汉室,还于旧都。此臣所以报先帝而忠陛下之职分也。

"至于斟酌损益,进尽忠言,则攸之、祎、允之任也。愿陛下托臣以讨贼兴复之效,不效,则治臣之罪,以告先帝之灵。〔若无兴德之言,则〕责攸之、祎、允等之慢,以彰其咎。陛下亦宜自谋,以咨诹善道,察纳雅言,深追先帝遗诏。臣不胜受恩感激,今当远离,临表涕零,不知所言。"

遂行,屯于沔阳[16]。

六年春,扬声由斜谷道取郿,使赵云、邓芝为疑军,据箕谷,魏大将军曹真举众拒之。亮身率诸军攻祁山,戎阵整齐,赏罚肃而号令明,南安、天水、安定三郡叛魏应亮,关中响震[17]。魏明帝西镇长安,命张郃拒亮,亮使马谡督诸军在前,与郃战于街亭。谡违亮节度,举动失宜,大为郃所破,亮拔西县千余家,还于汉中[18]。戮谡以谢众。上疏曰:"臣以弱才,叨窃非据,亲秉旄钺以厉三军,不能训章明法,临事而惧,至有街亭违命之阙,箕谷不戒之失,咎皆在臣授任无方。臣明不知人,恤事多暗,《春秋》责帅,臣职

是当。请自贬三等,以督厥咎。"于是以亮为右将军,行丞相事,所总统如前[19]。

冬,亮复出散关,围陈仓,曹真拒之,亮粮尽而还。魏将王双率骑追亮,亮与战,破之,斩双。七年,亮遣陈式攻武都、阴平。魏雍州刺史郭淮率众欲击式,亮自出至建威,淮退还,遂平二郡。诏策亮曰:"街亭之役,咎由马谡,而君引愆,深自贬抑,重违君意,听顺所守。前年耀师,馘斩王双;今岁爰征,郭淮遁走;降集氐、羌,兴复二郡,威镇凶暴,功勋显然。方今天下骚扰,元恶未枭,君受大任,干国之重,而久自挹损,非所以光扬洪烈矣。今复君丞相,君其勿辞[20]。"

九年,亮复出祁山,以木牛运[21],粮尽退军,与魏将张郃交战,射杀郃[22]。十二年春,亮悉大众由斜谷出,以流马运,据武功五丈原,与司马宣王对于渭南。亮每患粮不继,使己志不申,是以分兵屯田,为久驻之基。耕者杂于渭滨居民之间,而百姓安堵,军无私焉[23]。相持百余日。其年八月,亮疾病,卒于军,时年五十四[24]。及军退,宣王案行其营垒处所,曰:"天下奇才也[25]!"

亮遗命葬汉中定军山,因山为坟,冢足容棺,敛以时服,不须器物。诏策曰:"惟君体资文武,明睿笃诚,受遗托孤,匡辅朕躬,继绝兴微,志存靖乱;爰整六师,无岁不征,神武赫然,威震八荒,将建殊功于季汉,参伊、周之巨勋。如何不吊,事临垂克,遘疾陨丧!朕用伤悼,肝心若裂。夫崇德序功,纪行命谥,所以光昭将来,刊载不朽。令使使持节左中郎将杜琼,赠君丞相武乡侯印绶,谥君为忠武侯。魂而有灵,嘉兹宠荣。呜呼哀哉!呜呼哀哉!"

初,亮自表后主曰:"成都有桑八百株,薄田十五顷,子弟衣食,自有余饶。至于臣在外任,无别调度,随身衣食,悉仰于官,不别治生,以长尺寸。若臣死之日,不使内有余帛,外有赢财,以负陛下。"及卒,如其所言。

亮性长于巧思,损益连弩,木牛流马,皆出其意;推演兵法,作八阵图,咸得其要云[26]。亮言教书奏多可观,别为一集。

景耀六年春,诏为亮立庙于沔阳[27]。秋,魏征西将军钟会征蜀,至汉川,祭亮之庙,令军士不得于亮墓所左右刍牧樵采。亮弟均,官至长水校尉。亮子瞻,嗣爵[28]。

诸葛氏集目录:开府作牧第一　权制第二　南征第三　北出第四　计算第五　训厉第六　综核上第七　综核下第八　杂言上第九　杂言下第十　贵和第十一　兵要第十二　传运第十三　与孙权书第十四　与诸葛瑾书第十五　与孟达书第十六　废李平第十七　法检上第十八　法检下第十九　科令上第二十　科令下第二十一　军令上第二十二　军令中第二十三　军令下第二十四

右二十四篇,凡十万四千一百一十二字。

臣寿等言:臣前在著作郎,侍中领中书监济北侯臣荀勖、中书令关内侯臣和峤奏,使臣定故蜀丞相诸葛亮故事。亮毗佐危国,负阻不宾,然犹存录其言,恥善有遗,诚是大晋光明至德,泽被无疆,自古以来,未之有伦也。辄删除复重,随类相从,凡为二十四篇,篇名如右。

亮少有逸群之才，英霸之器，身才八尺，容貌甚伟，时人异焉。遭汉末扰乱，随叔父玄避难荆州，躬耕于野，不求闻达。时左将军刘备以亮有殊量，乃三顾亮于草庐之中；亮深谓备雄姿杰出，遂解带写诚，厚相结纳。及魏武帝南征荆州，刘琮举州委质，而备失势众寡，无立锥之地。亮时年二十七，乃建奇策，身使孙权，求援吴会。权既宿服仰备，又睹亮奇雅，甚敬重之，即遣兵三万人以助备。备得用与武帝交战，大破其军，乘胜克捷，江南悉平。后备又西取益州。益州既定，以亮为军师将军。备称尊号，拜亮为丞相，录尚书事。及备殂没，嗣子幼弱，事无巨细，亮皆专之。于是外连东吴，内平南越，立法施度，整理戎旅，工械技巧，物究其极，科教严明，赏罚必信，无恶不惩，无善不显，至于吏不容奸，人怀自厉，道不拾遗，强不侵弱，风化肃然也。

当此之时，亮之素志，进欲龙骧虎视，苞括四海，退欲跨陵边疆，震荡宇内。又自以为无身之日，则未有能蹈涉中原、抗衡上国者，是以用兵不戢，屡耀其武。然亮才，于治戎为长，奇谋为短，理民之干，优于将略。而所与对敌，或值人杰，加众寡不侔，攻守异体，故虽连年动众，未能有克。昔萧何荐韩信，管仲举王子城父，皆忖己之长，未能兼有故也。亮之器能政理，抑亦管、萧之亚匹也，而时之名将无城父、韩信，故使功业陵迟，大义不及邪？盖天命有归，不可以智力争也。

青龙二年春，亮帅众出武功，分兵屯田，为久驻之基。其秋病卒，黎庶追思，以为口实。至今梁、益之民，咨述亮者，言犹在耳，虽《甘棠》之咏召公，郑人之歌子产，无以远譬也。孟轲有云："以逸道使民，虽劳不怨；以生道杀人，虽死不忿。"信矣！论者或怪亮文彩不艳，而过于丁宁周至。臣愚以为咎繇大贤也，周公圣人也，考之《尚书》，咎繇之谟略而雅，周公之诰烦而悉。何则？咎繇与舜、禹共谈，周公与群下矢誓也。亮所与言，尽众人凡士，故其文指不得及远也。然其声教遗言，皆经事综物，公诚之心，形于文墨，足以知其人之意理，而有补于当世。

伏惟陛下迈踪古圣，荡然无忌，故虽敌国诽谤之言，咸肆其辞而无所革讳，所以明大通之道也。谨录写上诣著作。臣寿诚惶诚恐，顿首顿首，死罪死罪。泰始十年二月一日癸巳，平阳侯相臣陈寿上。

乔字伯松，亮兄瑾之第二子也，本字仲慎。与兄元逊俱有名于时，论者以为乔才不及兄，而性业过之。初，亮未有子，求乔为嗣，瑾启孙权遣乔来西，亮以乔为己嫡子，故易其字焉。拜为驸马都尉，随亮至汉中[29]。年二十五，建兴（元）[六]年卒。子攀，官至行护军、翊武将军，亦早卒。诸葛恪见诛于吴，子孙皆尽，而亮自有胄裔，故攀还复为瑾后。

瞻字思远。建兴十二年，亮出武功，与兄瑾书曰："瞻今已八岁，聪慧可爱，嫌其早成，恐不为重器耳。"年十七，尚公主，拜骑都尉。其明年为羽林中郎将，屡迁射声校尉、侍中、尚书仆射，加军师将军。瞻工书画，强识念，蜀人追思亮，咸爱其才敏。每朝廷有一善政佳事，虽非瞻所建倡，百姓皆传相告曰："葛侯之所为也。"是以美声溢誉，有过其实。景耀四年，为行都护、卫将军，与辅国大将军南乡侯董厥并平尚书事。六年冬，魏征西将军邓艾伐蜀，自阴平由景谷道旁入。瞻督诸军至涪停住，前锋破，退还，住绵竹。艾遣书诱瞻曰："若降者，必表为琅邪王。"瞻怒，斩艾使。遂战，大败。临阵死，时年三十七。众皆离散，艾长驱至成都。瞻长子尚，与瞻俱没[30]。次子京及攀子显等，咸熙元年内移河东[31]。

董厥者，丞相亮时为府令史，亮称之曰："董令史，良士也。吾每与之言，思慎宜适。"徙为主簿。亮卒后，稍迁至尚书仆射，代陈祗为尚书令，迁大将军，平台事，而义阳樊建代焉[32]。延熙（二）十四年，以校尉使吴，值孙权病笃，不自见建。权问诸葛恪曰："樊建何如宗预耶？"恪对曰："才识不及预，而雅性过之。"后为侍中，守中书令。自瞻、厥、建统事，姜维常征伐在外，宦人黄皓窃弄机柄，咸共将护，无能匡矫[33]，然建特不与皓和好往来。蜀破之明年春，厥、建俱诣京都，同为相国参军，其秋并兼散骑常侍，使蜀慰劳[34]。

评曰：诸葛亮之为相国也，抚百姓，示仪轨，约官职，从权制，开诚心，布公道。尽忠益时者虽仇必赏，犯法怠慢者虽亲必罚，服罪输情者虽重必释，游辞巧饰者虽轻必戮；善无微而不赏，恶无纤而不贬；庶事精练，物理其本，循名责实，虚伪不齿；终于邦域之内，咸畏而爱之，刑政虽峻而无怨者，以其用心平而劝戒明也。可谓识治之良才，管、萧之亚匹矣。然连年动众，未能成功，盖应变将略，非其所长欤[35]！

注：

[1]《献帝春秋》曰：初，豫章太守周术病卒，刘表上诸葛玄为豫章太守，治南昌。汉朝闻周术死，遣朱皓代玄。皓从扬州刺史刘繇求兵击玄，玄退屯西城，皓入南昌。建安二年正月，西城民反，杀玄，送首诣繇。此书所云，与本传不同。

[2]《汉晋春秋》曰：亮家于南阳之邓县，在襄阳城西二十里，号曰隆中。

[3] 按《崔氏谱》：州平，太尉烈子，均之弟也。《魏略》曰：亮在荆州，以建安初与颍川石广元、徐元直、汝南孟公威等俱游学，三人务于精熟，而亮独观其大略。每晨夜从容，常抱膝长啸，而谓三人曰："卿诸人仕进可至刺史郡守也。"三人问其所至，亮但笑而不言。后公威思乡里，欲北归，亮谓之曰："中国饶士大夫，遨游何必故乡邪！"臣松之以为《魏略》此言，谓诸葛亮为公威计者可也，若谓兼为己言，可谓未达其心矣。老氏称"知人者智，自知者明"，凡在贤达之流，固必兼而有焉。以诸葛亮之鉴识，岂不能自审其分乎？夫其高吟俟时，情见乎言，志气所存，既已定于其始矣。若使游步中华，骋其龙光，岂夫多士所能沉翳哉！委质魏氏，展其器能，诚非陈文、司马仲达所能颉颃，而况于余哉！苟不患功业不就，道之不行，虽志恢宇宙而终不北向者，盖以权御已移，汉祚将倾，方将翊赞宗杰，以兴微继绝克复为己任故也。岂其区区利在

〔4〕《襄阳记》曰：刘备访世事于司马德操。德操曰："儒生俗士，岂识时务？识时务者在乎俊杰。此间自有伏龙、凤雏。"备问为谁，曰："诸葛孔明、庞士元也。"

〔5〕《魏略》曰：刘备屯于樊城。是时曹公方定河北，亮知荆州次当受敌，而刘表性缓，不晓军事。亮乃北行见备，备与亮非旧，又以其年少，以诸生意待之。坐集既毕，众宾皆去，而亮独留，备亦不问其所欲言。备性好结毦，时适有人以髦牛尾与备者，备因手自结之。亮乃进曰："明将军当复有远志，但结毦而已邪！"备知亮非常人也，乃投毦而答曰："是何言与！我聊以忘忧耳。"亮遂言曰："将军度刘镇南孰与曹公邪？"备曰："不及。"亮又曰："将军自度何如也？"备曰："亦不如。"曰："今皆不及，而将军之众不过数千人，以此待敌，得无非计乎！"备曰："我亦愁之，当若之何？"亮曰："今荆州非少人也，而著籍者寡，平居发调，则人心不悦；可语镇南，令国中凡有游户，皆使自实，因录以益众可也。"备从其计，故众遂强。备由此知亮有英略，乃以上客礼之。《九州春秋》所言亦如之。臣松之以为亮表云："先帝不以臣卑鄙，猥自枉屈，三顾臣于草庐之中，咨臣以当世之事"，则非亮先诣备，明矣。虽闻见异辞，各生彼此，然乖背至是，亦良可怪。

〔6〕《魏略》曰：庶先名福，本单家子，少好任侠击剑。中平末，尝为人报仇，白垩突面，被发而走，为吏所得，问其姓名，闭口不言，吏乃于车上立柱维磔之，击鼓以令于市廛，莫敢识者，而其党伍共篡解之，得脱。于是感激，弃其刀戟，更疏巾单衣，折节学问。始诣精舍，诸生闻其前作贼，不肯与共止。福乃卑躬早起，常独扫除，动静先意，听习经业，义理精熟。遂与同郡石韬相亲爱。初平中，中州兵起，乃与韬南客荆州，到，又与诸葛亮特相善。及荆州内附，福与韬俱北来。至黄初中，韬仕历郡守、典农校尉，福至右中郎将、御史中丞。逮大和中，诸葛亮出陇右，闻元直、广元仕财如此，叹曰："魏殊多士邪！何彼二人不见用乎？"庶后数年病卒，有碑在彭城，今犹存焉。

〔7〕《袁子》曰：张子布荐亮于孙权，亮不肯留。人问其故，曰："孙将军可谓人主，然观其度，能贤亮而不能尽亮，吾是以不留。"臣松之以为袁孝尼著文立论，甚重诸葛之为人，至如此言则失之殊远。观亮君臣相遇，可谓希世一时，终始之分，谁能间之？宁有中违断金，甫怀择主，设使权尽其量，便当翻然去就乎？葛生行己岂其然哉！关羽为曹公所获，遇之甚厚，可谓能尽其用矣，犹义不背本，曾谓孔明之不若云长乎！

〔8〕《零陵先贤传》云：亮时住临烝。

〔9〕《蜀记》曰：晋初扶风王骏镇关中，司马高平刘宝、长史荥阳桓隰诸官属士大夫共论诸葛亮，于时谭者多讥亮托身非所，劳困蜀民，力小谋大，不能度德量力。金城郭冲以为亮权智英略，有逾管、晏，功业未济，论者惑焉，条亮五事隐没不闻于世者，宝等亦不能复难。扶风王慨然善冲之言。臣松之以为亮之异美，诚自愿闻，然冲所说，实皆可疑，谨随事难之如左：其一事曰：亮刑法峻急，刻剥百姓，自君子小人咸怀怨叹。法正谏曰："昔高祖入关，约法三章，秦民知德，今君假借威力，跨据一州，初有其国，未垂惠抚；且客主之义，宜相降下，愿缓刑弛禁，以慰其望。"亮答曰："君知其一，未知其二。秦以无道，政苛民怨，匹夫大呼，天下土崩，高祖因之，可以弘济。刘璋暗弱，自焉已来有累世之恩，文法羁縻，互相承奉，德政不举，威刑不肃。蜀土人士，专权自恣，君臣之道，渐以陵替；宠之以位，位极则贱，顺之以恩，恩竭则慢。所以致

弊，实由于此。吾今威之以法，法行则知恩，限之以爵，爵加则知荣，荣恩并济，上下有节。为治之要，于斯而著。"难曰：案法正在刘主前死，今称法正谏，则刘主在也。诸葛职为股肱，事归元首，刘主之世，亮又未领益州，庆赏刑政，不出于己。寻冲所述亮答，专自有其能，有违人臣自处之宜。以亮谦顺之体，殆必不然。又云亮刑法峻急，刻剥百姓，未闻善政以刻剥为称。其二事曰：曹公遣刺客见刘备，方得交接，开论伐魏形势，甚合计议。稍欲亲近，刺者尚未得便会，既而亮入，魏客神色失措。亮因而察之，亦知非常人。须臾，客如厕，备谓亮曰："向得奇士，足以助君补益。"亮问所在，备曰："起者其人也。"亮徐叹曰："观客色动而神惧，视低而忤数，奸形外漏，邪心内藏，必曹氏刺客也。"追之，已越墙而走。难曰：凡为刺客，皆暴虎冯河，死而无悔者也。刘主有知人之鉴，而惑于此客，则此客必一时之奇士。又语诸葛云"足以助君补益"，则亦诸葛之流亚也。凡如诸葛之俦，鲜有为人作刺客者矣，时主亦当惜其器用，必不投之死地也。且此人不死，要应显达为魏，竟是谁乎？何其寂蔑而无闻！

〔10〕孙盛曰：夫杖道扶义，体存信顺，然后能匡主济功，终定大业。语曰："弈者举棋不定，犹不胜其偶。"况量君之才否而二三其节，可以摧服强邻算括四海者乎？备之命亮，乱孰甚焉！世或有谓备欲以固委付之诚，且以一蜀人之志。君子曰：不然；苟所寄忠贤，则不须若斯之诲，如非其人，不宜启篡逆之涂。是以古之顾命，必贻话言；诡伪之辞，非托孤之谓，幸值刘禅暗弱，无猜险之性，诸葛威略，足以检卫异端，故使异同之心无由自起耳。不然，殆生疑隙不逞之衅。谓之为权，不亦惑哉！

〔11〕《亮集》曰：是岁，魏司徒华歆、司空王朗、尚书令陈群、太史令许芝、谒者仆射诸葛璋各有书与亮，陈天命人事，欲使举国称藩。亮遂不报书，作《正议》曰："昔在项羽，起不由德，虽处华夏，秉帝王之势，卒就汤镬，为后永戒。魏不审鉴，今次之矣；免身为幸，戒在子孙。而二三子各以耆艾之齿，承伪指而进书，有若崇、竦称莽之功，亦将逼于元祸苟免者邪！昔世祖之创迹旧基，奋赢卒数千，摧莽强旅四十余万于昆阳之郊。夫据道讨淫，不在众寡。及至孟德，以其谲胜之力，举数十万之师，救张郃于阳平，势穷虑悔，仅能自脱，辱其锋锐之众，遂丧汉中之地，深知神器不可妄获，旋还未至，感毒而死。子桓淫逸，继之以篡。纵使二三子多逞苏、张诡靡之说，奉进玺兜滔天之辞，欲以诬毁唐帝，讽解禹、稷，所谓徒丧文藻烦劳翰墨者矣。夫大人君子之所不为也。又《军诫》曰：'万人必死，横行天下。'昔轩辕氏整卒数万，制四方，定海内，况以数万之众，据正道而临有罪，可得干拟者哉！"

〔12〕诏赐亮金钺钺一具，曲盖一，前后羽葆、鼓吹各一部，虎贲六十人。事在《亮集》。

〔13〕《汉晋春秋》曰：亮至南中，所在战捷。闻孟获者，为夷、汉并所服，募生致之。既得，使观于营阵之间，问曰："此军何如？"获对曰："向者不知虚实，故败。今蒙赐观看营阵，若只如此，即定易胜耳。"亮笑，纵使更战，七纵七禽，而亮犹遣获，获止不去，曰："公，天威也，南人不复反矣。"遂至滇池。南中平，皆即其渠率而用之。或以谏亮，亮曰："若留外人，则当留兵，兵留则无所食，一易也；加夷新伤破，父兄死丧，留外人而无兵者，必成祸患，二易也；又夷累有废杀之罪，自嫌衅重，若留外人，终不相信，三易也；今吾欲使不留兵，不运粮，而纲纪粗定，夷、汉粗安故耳。"

〔14〕臣松之按：刘备以建安十三年败，遭亮使吴，亮以建兴五年

抗表北伐,自倾覆至此整二十年。然则备始与亮相遇,在败军之前一年时也。

〔15〕《汉书·地理志》曰:泸惟水出牂牁郡句町县。

〔16〕郭冲三事曰:亮屯于阳平,遣魏延诸军并兵东下,亮惟留万人守城。晋宣帝率二十万众拒亮,而与延军错道,径至前,当亮六十里所,侦候白宣帝说亮在城中兵少力弱。亮亦知宣帝垂至,已与相逼,欲赴延军,相去又远,回迹反追,势不相及,将士失色,莫知其计。亮意气自若,敕军中皆卧旗息鼓,不得妄出庵幔,又令大开四城门,扫地却洒。宣帝常谓亮持重,而猥见势弱,疑其有伏兵,于是引军北趣山。明日食时,亮谓参佐拊手大笑曰:"司马懿必谓吾怯,将有强伏,循山走矣。"候逻还白,如亮所言。宣帝后知,深以为恨。难曰:案阳平在汉中。亮初屯阳平,宣帝尚为荆州都督,镇宛城,至曹真死后,始与亮于关中相抗御耳。魏尝遣宣帝自宛由西城伐蜀,值霖雨,不果。此之前后,无复有于阳平交兵事。就如冲言,宣帝既举二十万众,已知亮兵少力弱,若疑其有伏兵,正可设防持重,何至便走乎?案《魏延传》云:"延每随亮出,辄欲请精兵万人,与亮异道会于潼关,亮制而不许。延常谓亮为怯,叹已才用之不尽也。"亮尚不以延为万人别统,岂得如冲言,顿使将重兵在前,而以轻弱自守乎?且冲与扶风王言,显彰宣帝之短,对子毁父,理所不容,而云"扶风王慨然善冲之言",故知此书举引皆虚。

〔17〕《魏略》曰:始,国家以蜀中惟有刘备。备既死,数岁寂然无声,是以略无备预;而卒闻亮出,朝野恐惧,陇右、祁山尤甚,故三郡同时应亮。

〔18〕郭冲四事曰:亮出祁山,陇西、南安二郡应时降,围天水,拔冀城,虏姜维,驱略士女数千人还蜀。人皆贺亮,亮颜色愀然有戚容,谢曰:"普天之下,莫非汉民,国家威力未举,使百姓困于豺狼之吻。一夫有死,皆亮之罪,以此相贺,能不为愧。"于是蜀人咸知亮有吞魏之志,非惟拓境而已。难曰:亮有吞魏之志久矣,不始于此众人方知也,且于时师出无成,伤缺而反者众,三郡归降而不能有。姜维,天水之匹夫耳,获之则于魏何损?拔西县千家,不补街亭所丧,以何为功,而蜀人相贺乎?

〔19〕《汉晋春秋》曰:或劝亮更发兵者,亮曰:"大军在祁山、箕谷,皆多于贼,而不能破贼为贼所破者,则此病不在兵少也,在一人耳。今欲减兵省将,明罚思过,校变通之道于将来;若不能然者,虽兵多何益!自今已后,诸有忠虑于国,但勤攻吾之阙,则事可定,贼可死,功可跷足而待矣。"于是考微劳,甄烈壮,引咎责躬,布所失于天下,厉兵讲武,以为后图,戎士简练,民忘其败矣。亮闻孙权破曹休,魏兵东下,关中虚弱。十一月,上言曰:"先帝虑汉、贼不两立,王业不偏安,故托臣以讨贼也。以先帝之明,量臣之才,故知臣伐贼才弱敌强也;然不伐贼,王业亦亡,惟坐待亡,孰与伐之?是故托臣而弗疑也。臣受命之日,寝不安席,食不甘味,思惟北征,宜先入南,故五月渡泸,深入不毛,并日而食。臣非不自惜也,顾王业不得偏全于蜀都,故冒危难以奉先帝之遗意也,而议者谓为非计。今贼适疲于西,又务于东,兵法乘劳,此进趋之时也。谨陈其事如左:高帝明并日月,谋臣渊深,然涉险被创,危然后安。今陛下未及高帝,谋臣不如良、平,而欲以长计取胜,坐定天下,此臣之未解一也。刘繇、王朗各据州郡,论安言计,动引圣人,群疑满腹,众难塞胸,今岁不战,明年不征,使孙策坐大,遂并江东,此臣之未解二也。曹操智计殊绝于人,其用兵也,仿佛孙、吴,然困于南阳,险于乌巢,危于祁连,逼于黎阳,几败北山,殆死潼关,然后伪定一时耳,况臣才弱,而欲以不危而定之,此臣之未解三也。曹操五攻昌霸不下,四越巢湖不成,任用李服而李服图之,委夏侯而夏侯败亡,先帝每称操为能,犹有此失,况臣驽下,何能必胜?此臣之未解四也。自臣到汉中,中间期年耳,然丧赵云、阳群、马玉、阎芝、丁立、白寿、刘郃、邓铜等及曲长屯将七十余人,突将、无前。賨、叟、青羌、散骑、武骑一千余人,此皆数十年之内所纠合四方之精锐,非一州之所有,若复数年,则损三分之二也,当何以图敌?此臣之未解五也。今民穷兵疲,而事不可息,事不可息,则住与行劳费正等,而不及虚图之,欲以一州之地,与贼持久,此臣之未解六也。夫难平者,事也。昔先帝败军于楚,当此时,曹操拊手,谓天下已定。然后先帝东连吴、越,西取巴、蜀,举兵北征,夏侯授首,此操之失计而汉事将成也。然后吴更违盟,关羽毁败,秭归蹉跌,曹丕称帝。凡事如是,难可逆见。臣鞠躬尽力,死而后已,至于成败利钝,非臣之明所能逆睹也。"于是有散关之役。此表,《亮集》所无,出张俨《默记》。

〔20〕《汉晋春秋》曰:是岁,孙权称尊号,其群臣以并尊二帝来告。议者咸以为交之无益,而名体弗顺,宜显明正义,绝其盟好。亮曰:"权有僭逆之心久矣,国家所以略其衅情者,求掎角之援也。今若加显绝,仇我必深,便当移兵东(戍)〔伐〕,与之角力,须并其土,乃议中原。彼贤才尚多,将相缉穆,未可一朝定也。顿兵相持,坐而须老,使北贼得计,非算之上者。昔孝文卑辞匈奴,先帝优与吴盟,皆应权通变,弘思远益,非匹夫之为忿者也。今议者咸以权利在鼎足,不能并力,且志望以满,无上岸之情,推此,皆似是而非也。何者?其智力不侔,故限江自保;权之不能越江,犹魏贼之不能渡汉,非力有余而利不取也。若大军致讨,彼高当分裂其地以为后规,下当略民广境,示武于内,非端坐者也。若就其不动而睦于我,我之北伐,无东顾之忧,河南之众不得尽西,此之为利,亦已深矣。权僭之罪,未宜明也。"乃遣卫尉陈震庆权正号。

〔21〕《汉晋春秋》曰:亮围祁山,招鲜卑轲比能,比能等至故北地石城以应亮。于是魏大司马曹真有疾,司马宣王自荆州入朝,魏明帝曰:"西方事重,非君莫可付者。"乃使西屯长安,督张郃、费曜、戴陵、郭淮等。宣王使曜、陵留精兵四千守上邽,余众悉出,西救祁山。郃欲分兵驻雍、郿,宣王曰:"料前军能独当之,将军言是也;若不能当而分为前后,此楚之三军所以为黥布禽也。"遂进。亮分兵留攻,自逆宣王于上邽。郭淮、费曜等徼亮,亮破之,因大芟刈其麦,与宣王遇于上邽之东,敛兵依险,军不得交,亮引而还。宣王寻亮至于卤城。张郃曰:"彼远来逆我,请战不得,谓我利在不战,欲以长计制之也。且祁山知大军已在近,人情自固,可止屯于此,分为奇兵,示出其后,不宜进前而不敢逼,坐失民望也。今亮县军食少,亦行去矣。"宣王不从,故寻亮。既至,又登山掘营,不肯战。贾栩、魏平数请战,因曰:"公畏蜀如虎,奈天下笑何!"宣王病之。诸将咸请战。五月辛巳,乃使张郃攻无当监何平于南围,自案中道向亮。亮使魏延、高翔、吴班赴拒,大破之,获甲首三千级,玄铠五千领,角弩三千一百张,宣王还保营。

〔22〕郭冲五事曰:魏明帝自征蜀,幸长安,遣宣王督张郃诸军,雍、凉劲卒三十余万,潜军密进,规向剑阁。亮时在祁山,旌旗利器,守在险要,十二更下,在者八万。时魏军始陈,幡适交,参佐咸以贼众强盛,非力不制,宜权停下兵一月,以并声势。亮曰:"吾统武行师,以大信为本,得原失信,古人所惜;去者束装以待期,妻子鹤望而计日,虽临征难,义所

不废。"皆催遣令去,于是去者感悦,愿留一战,住者愤踊,思致死命。相谓曰:"诸葛公之恩,死犹不报也,"临战之日,莫不拔刃争先,以一当十。杀张郃,却宣王,一战大克,此信之由也。难曰:臣松之案:亮前出祁山,魏明帝身至长安耳,此年不复自来。且亮大军在关、陇,魏人何由得越径向剑阁?亮既在战场,本无久住之规,而方休兵还魏,皆非经通之言。孙盛、习凿齿搜求异同,罔有所遗,而并不载冲言,知其乖剌多矣。

〔23〕《汉晋春秋》曰:亮自至,数挑战,宣王亦表固请战。使卫尉辛毗持节以制之。姜维谓亮曰:"辛佐治仗节而到,贼不复出矣。"亮曰:"彼本无战情,所以固请战者,以示武于其众耳。将在军,君命有所不受,苟能制吾,岂千里而请战邪!"《魏氏春秋》曰:亮使至,问其寝食及其事之烦简,不问戎事。使对曰:"诸葛公夙兴夜寐,罚二十以上,皆亲擥焉;所啖食不至数升。"宣王曰:"亮将死矣。"

〔24〕《魏书》曰:亮粮尽势穷,忧恚呕血,一夕烧营遁走,入谷,道发病卒。《汉晋春秋》曰:亮卒于郭氏坞。《晋阳秋》曰:有星赤而芒角,自东北西南流,投于亮营,三投再还,往大还小。俄而亮卒。臣松之以为亮在渭滨,魏人蹑迹,胜负之形,未可测量,而云呕血,盖因亮自亡而自夸大也。夫以孔明之略,岂为仲达呕血乎?及至刘琨丧师,与晋元帝笺亦云"亮军败呕血,"此则引虚记以为言也。其云入谷而卒,缘蜀人入谷发表故也。

〔25〕《汉晋春秋》曰:杨仪等整军而出,百姓奔告宣王,宣王追焉。姜维令仪反旗鸣鼓,若将向宣王者,宣王乃退,不敢逼。于是仪结阵而去,入谷然后发丧。宣王之退也,百姓为之谚曰:"死诸葛走生仲达。"或以告宣王,宣王曰:"吾能料生,不便料死也。"

〔26〕《魏氏春秋》曰:亮作八务、七戒、六恐、五惧,皆有条章,以训厉臣子。又损益连弩,谓之元戎,以铁为矢,矢长八寸,一弩十矢俱发。《亮集》载作木牛流马法曰:木牛者,方腹曲头,一脚四足,头入领中,舌著于腹。载多而行少,宜可大用,不可小使;特行者数十里,群行者二十里也。曲者为牛头,双者为牛脚,横者为牛领,转者为牛足,覆者为牛背,方者为牛腹,垂者为牛舌,曲者为牛肋,刻者为牛齿,立者为牛角,细者为牛鞅,摄者为牛鞦轴〔勒〕,牛(仰)〔御〕双辕,人行六尺,牛行四步。载一岁粮,日行二十里,而人不大劳。流马尺寸之数,肋长三尺五寸,广三寸,厚二寸二分,左右同。前轴孔分墨去头四寸,径中二寸。前脚孔分墨(二寸),去前轴孔四寸五分,〔长一寸五分〕,广一寸。前杠孔去前脚孔分墨二寸七分,孔长二寸,广一寸。后轴孔去前〔孔〕分墨一尺五(分)〔寸〕,大小与前同。后脚孔分墨去后轴孔三寸五分,大小与前同。后杠孔去后脚孔分墨二寸七分,后载克去后杠孔分墨四寸五分。前杠长一尺八寸,广二寸,厚一寸五分。后杠与等。版方囊二枚,〔版〕厚八分,长二尺七寸,高一尺六寸五分,广一尺六寸,每枚受米二斛三斗。从上杠孔去肋下七寸,前后同。上杠孔去下杠孔分墨一尺三寸,孔长一寸五分,广七寸,八孔同。前后四脚,广二寸,厚一寸五分。形制如象,靬长四寸,径面四寸三分。孔径中三脚杠,长二尺一寸,广一寸分五,厚一寸四分,(同杠耳)〔杠同前〕。

〔27〕《襄阳记》曰:亮初亡,所在各求为立庙,朝议以礼秩不听,百姓遂因时节私祭之于道陌上。言事者或以为可听立庙于成都者,后主不从。步兵校尉习隆、中书郎向充等共上表曰:"臣闻周人怀召伯之德,甘棠为之不伐;越王思范蠡之功,铸金以存其像。自汉兴以来,小善小德而图形立庙者多

矣。况亮德范遐迩,勋盖季世,王室之不坏,实斯人是赖,而蒸尝止于私门,庙像阙而莫立,使百姓巷祭,戎夷野祀,非所以存德念功,述追在昔者也。今若尽顺民心,则渎而无典,建之京师,又逼宗庙,此圣怀所以惟疑也。臣愚以为宜因近其墓,立之于沔阳,使所亲属以时赐祭,凡其臣故吏欲奉祠者,皆限至庙。断其私祀,以崇正礼。"于是始从之。

〔28〕《襄阳记》曰:黄承彦者,高爽开列,为沔南名士,谓诸葛孔明曰:"闻君择妇;身有丑女,黄头黑色,而才堪相配。"孔明许,即载送之。时人以为笑乐,乡里为之谚曰:"莫作孔明择妇,正得阿承丑女。"

〔29〕亮与兄瑾书:"乔本当还成都,今诸将子弟皆传运。思惟宜同荣辱。今使乔督五六百兵,与诸子弟传于谷中。"书在《亮集》。

〔30〕干宝曰:瞻虽智不足以扶危,勇不足以拒敌,而能外不负国,内不改父之志,忠孝存焉。《华阳国志》:尚叹曰:"父子荷国重恩,不早斩黄皓,以致倾败,用生何为!"乃驰赴魏军而死。

〔31〕案《诸葛氏谱》云:京字行宗。《晋泰始起居注》载诏曰:"诸葛亮在蜀,尽其心力,其子瞻临难而死义,天下之善一也。"其孙京,随才署吏,后为郿令。尚书仆射山涛《启事》曰:"郿令诸葛京,祖父亮,遇汉乱分离,父子在蜀,虽不达天命,要为尽心所事。京治郿自复有称,臣以为宜以补东宫舍人,以明事人之理,副梁、益之论。"京位至江州刺史。

〔32〕案《晋百官表》:董厥字龚袭,亦武阳人。建字长元。

〔33〕孙盛《异同记》曰:瞻、厥等以维好战无功,国内疲弊,宜表后主,召还以为益州刺史,夺其兵权;蜀长老犹有瞻表以阎宇代维故事。晋永和三年,蜀史常璩说蜀长老云:"陈寿尝为瞻吏,为瞻所辱,故因此事归恶黄皓,而云瞻不能匡矫也。"

〔34〕《汉晋春秋》:樊建为给事中,晋武帝问诸葛亮之治国,建对曰:"闻恶必改,而不矜过,赏罚之信,足感神明。"帝曰:"善哉!使我得此人以自辅,岂有今日之劳乎!"建稽首曰:"臣窃闻天下之论,皆谓邓艾见枉,陛下知而不理,此岂冯唐之所谓'虽得颇、牧而不能用'者乎!"帝笑曰:"吾方欲明之,卿言起我意。"于是发诏治艾焉。

〔35〕《袁子》曰:或问:诸葛亮何如人也?袁子曰:张飞、关羽与刘备俱起,爪牙腹心之臣,而武人也。晚得诸葛亮,因以为佐相,而群臣悦服,刘备信之,亮亦重故也。及其受六尺之孤,摄一国之政,事凡庸之君,专权而不失礼,行君事而国人不疑,如此即以为君臣百姓之心欣戴之矣。行法严而国人悦服,用民尽其力而下不怨。及其兵出入如宾,行不寇,刍荛者不猎,如在国中。其用兵也,止如山,进退如风,兵出之日,天下震动,而人心不忧。亮死至今数十年,国人歌思,如周人之思召公也,孔子曰"雍也可使南面",诸葛亮有焉。又问:诸葛亮始出陇右,南安、天水、安定三郡人反应之,若亮速进,则三郡非中国之有也,而亮徐行不进,既而官兵上陇,三郡复,亮无尺寸之功,失此机,何也?袁子曰:蜀兵轻(锐)〔脱〕,良将少,亮始出,未知中国强弱,是以疑而尝之;且大会者不求近功,所以不进也。曰:何以知其疑也?袁子曰:初出迟重,屯营重复,后转降未进兵欲战,亮勇而能斗,三郡反而不速应,此其疑征也。曰:何以知其勇而能斗也?袁子曰:亮之在街亭也,前军大破,亮屯去数里,不救;官兵相接,又徐行,此其勇也。亮之行军,安静而坚重;安静则易动,坚重则可以进退。亮法令明,赏信,士卒用命,赴险而不顾,此所以能斗也。曰:亮率数万之众,其所兴造,若数十万之功,是其奇也。所至营垒、井灶、圊溷、藩篱、障塞皆

应绳墨,一月之行,去之如始至,劳费而徒为饰好,何也?袁子曰:蜀人轻脱,亮故坚用之。曰:何以知其然也?袁子曰:亮治实而不治色,志大而所欲远,非求近速者也。曰:亮好治官府,次舍、桥梁、道路,此是急务,何也?袁子曰:小国贤才少,故欲其尊严也。亮之治蜀,田畴辟,仓廪实,器械利,蓄积饶,朝会不华,路无醉人。夫本立故末治,有余力而后及小事,此所以劝其功也。曰:子之论诸葛亮,则有证也。以亮之才而少其功,何也?袁子曰:亮,持本者也,其于应变,则非所长也,故不敢用其短。曰:然则吾子美之,何也?袁子曰:此固贤者之远矣,安可以备体责之。夫能知所短而不用,此贤者之大也;知所短则知所长矣。夫前识与言而不中,亮之所不用也,此吾之所谓可也。 吴大鸿胪张俨作《默记》,其《述佐篇》论亮与司马宣王书曰:汉朝倾覆,天下崩坏,豪杰之士,竞希神器。魏氏跨中土,刘氏据益州,并称兵海内,为世霸主。诸葛、司马二相,遭值际会,托身明主,或收功于蜀汉,或册名于伊、洛。丕、备既没,后嗣继统,各受保阿之任,辅翼幼主,不负然诺之诚,亦一国之宗臣,霸王之贤佐也。历前世以观近事,二相优劣,可得而详也。孔明起巴、蜀之地,蹈一州之土,方之大国,其战士人民,盖有九分之一也,而以贡贽大吴,抗对北敌,至使耕战有伍,刑法整齐,提步卒数万,长驱祁山,慨然有饮马河、洛之志。仲达据天下十倍之地,仗兼并之众,据牢城,拥精锐,无禽敌之意,务自保全而已,使彼孔明自来自去。若此人不亡,终其志意,连年运思,刻日兴谋,则凉、雍不解甲,中国不释鞍,胜负之势,亦已决矣。昔子产治郑,诸侯不敢加兵,蜀相其近之矣。方之司马,不亦优乎!或曰:兵者凶器,战者危事也,有国者不务保安境内,绥静百姓,而好开辟土地,征伐天下,未为得计也。诸葛丞相诚有匡佐之才,然处孤绝之地,战士不满五万,自可闭关守险,君臣无事。空劳师旅,无岁不征,未能进咫尺之地,开帝王之基,而使国内受其荒残,西土苦其役调。魏司马懿才用兵众,未易可轻,量敌而进,兵家所慎;若丞相必有以策之,则未见坦然之勋,若无策以裁之,则非明哲之谓,海内归向之意也。余窃疑焉,请闻其说。答曰:盖闻汤以七十里、文王以百里之地而有天下,皆用征伐而定之。揖让而登王位者,惟舜、禹而已。今蜀、魏为敌战之国,势不俱王,自操、备时,强弱县殊,而备犹出兵阳平,禽夏侯渊。羽围襄阳,将降曹仁,生获于禁,当时北边大小忧惧,孟德身出南阳,乐进、徐晃等为救,围不即解,故蒋子通言彼时有徙许渡河之计,会国家袭取南郡,羽乃解军。玄德与操,智力多少,士众众寡,用兵行军之道,不可同年而语,犹能暂以取胜,是时又无大吴犄角之势也。今仲达之才,减于孔明,当时之势,异于曩日,玄德尚与抗衡,孔明何以不可出军而图敌邪?昔乐毅以弱燕之众,兼从五国之兵,长驱强齐,下七十余城。今蜀汉之卒,不少燕军,君臣之接,信于乐毅,加以国家为唇齿之援,东西相应,首尾如蛇,形势重大,不比于五国之兵也,何惮于彼而不可哉?夫兵以奇胜,制敌以智,土地广狭,人马多少,未可偏恃也。余观彼治国之体,当时既肃整,遗教在后,及其辞意恳切,陈进取之图,忠谋謇謇,义形于主,虽古之管、晏,何以加之乎?《蜀记》曰:晋永兴中,镇南将军刘弘至隆中,观亮故宅,立碣表闾,命太傅掾犍为李兴为文曰:"天子命我,于沔之阳,听鼓声而永思,庶先哲之遗光,登隆山以远望,轼诸葛之故乡。盖神物应机,大器无方,通人靡滞,大德不常。故谷风发而驺虞啸,云雷升而潜鳞骧;挚解褐于三聘,尼得招于寨裳,管豹变于受命,贡感激以回庄,异徐生之摘宝,

释卧龙于深藏,伟刘氏之倾盖,嘉吾子之周行。夫有知己之主,则令竭命之良,固所以三分我汉鼎,跨带我边荒,抗衡我北面,驰骋我魏疆者也。英哉吾子,独含天灵。岂神之祇,岂人之精?何思之深,何德之清!异世通梦,恨不同生。推子八陈,不在孙、吴,木牛之奇,则非极模,神弩之功,一何微妙!千井齐甃,又何秘要!昔在颠、夭,有名无迹。孰若吾俦,良筹妙画?臧文既没,以言见称,又未若子,言行并征。夷吾反坫,乐毅不终,奚比于尔,明哲守冲。临终受寄,让过许由,负扆荐事,民言不流。刑中于郑,教美于鲁,蜀民知耻,河、渭安堵。匪皋则伊,宁彼管、晏,岂惟圣宣,慷慨屡叹!昔尔之隐,卜惟此宅,仁智所处,能无规廓。日居月诸,时殒其夕,谁能不殁,贵有遗格。惟子之勋,移风来世,咏歌余典,懦夫将厉。遐哉邈矣,厥规卓矣,凡若吾子,难可究已。畴昔之乖,万里殊涂;今我来思,觌尔故墟。汉高归魂于丰、沛,太公五世而反周,想罔两以仿佛,冀影响之有余。魂而有灵,岂其识诸!"王隐《晋书》云:李兴,密之子;一名安。

卷三十六　　关张马黄赵传第六

关羽字云长,本字长生,河东解人也。亡命奔涿郡。先主于乡里合徒众,而羽与张飞为之御侮。先主为平原相,以羽、飞为别部司马,分统部曲。先主与二人寝则同床,恩若兄弟。而稠人广坐,侍立终日,随先主周旋,不避艰险[1]。先主之袭杀徐州刺史车胄,使羽守下邳城,行太守事[2],而身还小沛。

建安五年,曹公东征,先主奔袁绍。曹公禽羽以归,拜为偏将军,礼之甚厚。绍遣大将(军)颜良攻东郡太守刘延于白马,曹公使张辽及羽为先锋击之。羽望见良麾盖,策马刺良于万众之中,斩其首还,绍诸将莫能当者,遂解白马围。曹公即表封羽为汉寿亭侯。初,曹公壮羽为人,而察其心神无久留之意,谓张辽曰:"卿试以情问之。"既而辽以问羽,羽叹曰:"吾极知曹公待我厚,然吾受刘将军厚恩,誓以共死,不可背之。吾终不留,吾要当立效以报曹公乃去。"辽以羽言报曹公,曹公义之[3]。及羽杀颜良,曹公知其必去,重加赏赐。羽尽封其所赐,拜书告辞,而奔先主于袁军。左右欲追之,曹公曰:"彼各为其主,勿追也[4]。"

从先主就刘表。表卒,曹公定荆州,先主自樊将南渡江,别遣羽乘船数百艘会江陵。曹公追至当阳长阪,先主斜趣汉津,适与羽船相值,共至夏口[5]。孙权遣兵佐先主拒曹公,曹公引军退归。先主收江南诸郡,乃封拜元勋,以羽为襄阳太守、荡寇将军,驻江北。先主西定益州,拜羽董督荆州事。羽闻马超来降,旧非故人,羽书与诸葛亮,问"超人才可谁比类"?亮知羽护前,乃答之曰:"孟起兼资文武,雄烈过人,一世之杰,黥、彭之徒,当与益德并驱争先,犹未及髯之绝伦逸群也。"羽美须髯,故亮谓之髯。羽省书大悦,以示宾客。

羽尝为流矢所中,贯其左臂,后创虽愈,每至阴雨,骨常疼痛,医曰:"矢镞有毒,毒入于骨,当破臂作创,刮骨去毒,然后此患乃除耳。"羽便伸臂令医劈之。时羽适请诸将

饮食相对,臂血流离,盈于盘器,而羽割炙引酒,言笑自若。

二十四年,先主为汉中王,拜羽为前将军,假节钺。是岁,羽率众攻曹仁于樊。曹公遣于禁助仁。秋,大霖雨,汉水泛溢,禁所督七军皆没。禁降羽,羽又斩将军庞德。梁郏、陆浑群盗或遥受羽印号,为之支党,羽威震华夏。曹公议徙许都以避其锐,司马宣王、蒋济以为关羽得志,孙权必不愿也。可遣人劝权蹑其后,许割江南以封权,则樊围自解。曹公从之。先是,权遣使为子索羽女,羽骂辱其使,不许婚,权大怒[6]。又南郡太守麋芳在江陵,将军(傅)士仁屯公安,素皆嫌羽(自)轻己,羽之出军,芳、仁供给军资,不悉相救,羽言"还当治之",芳、仁咸怀惧不安。于是权阴诱芳、仁,芳、仁使人迎权。而曹公遣徐晃救曹仁[7],羽不能克,引军退还。权已据江陵,尽虏羽士众妻子,羽军遂散。权遣将逆击羽,斩羽及子平于临沮[8]。

追谥羽曰壮缪侯[9]。子兴嗣。兴字安国,少有令问,丞相诸葛亮深器异之。弱冠为侍中、中监军,数岁卒。子统嗣,尚公主,官至虎贲中郎将。卒,无子,以兴庶子彝续封[10]。

张飞字益德,涿郡人也,少与关羽俱事先主。羽年长数岁,飞兄事之。先主从曹公破吕布,随还许,曹公拜飞为中郎将。先主背曹公依袁绍、刘表。表卒,曹公入荆州,先主奔江南。曹公追之,一日一夜,及于当阳之长阪。先主闻曹公卒至,弃妻子走,使飞将二十骑拒后。飞据水断桥,瞋目横矛曰:"身是张益德也,可来共决死!"敌皆无敢近者,故遂得免。先主既定江南,以飞为宜都太守、征虏将军,封新亭侯,后转在南郡。先主入益州,还攻刘璋,飞与诸葛亮等溯流而上,分定郡县。至江州,破璋将巴郡太守严颜,生获颜。飞呵颜曰:"大军至,何以不降而敢拒战?"颜答曰:"卿等无状,侵夺我州,我州但有断头将军,无有降将军也。"飞怒,令左右牵去斫头,颜色不变,曰:"斫头便斫头,何为怒邪!"飞壮而释之,引为宾客[11]。飞所过战克,与先主会于成都。益州既平,赐诸葛亮、法正、飞及关羽金各五百斤,银千斤,钱五千万,锦千匹,其余颁赐各有差,以飞领巴西太守。

曹公破张鲁,留夏侯渊、张郃守汉川。郃别督诸军下巴西,欲徙其民于汉中,进军宕渠、蒙头、荡石,与飞相拒五十余日。飞率精卒万余人,从他道邀郃军交战,山道迮狭,前后不得相救,飞遂破郃。郃弃马缘山,独与麾下十余人从间道退,引军还南郑,巴土获安。先主为汉中王,拜飞为右将军,假节。章武元年,迁车骑将军,领司隶校尉,进封西乡侯,策曰:"朕承天序,嗣奉洪业,除残靖乱,未燭厥理。今寇虏作害,民被荼毒,思汉之士,延颈鹤望。朕用恒然,坐不安席,食不甘味,整军诰誓,将行天罚。以君忠毅,侔踪召、虎,名宣遐迩,故特显命,高墉进爵,兼司于京。其诞将天威,柔服以德,伐叛以刑,称朕意焉。《诗》不云乎,'匪疚匪棘,王国来极。肇敏戎功,用锡尔祉'。可不勉欤!"

初,飞雄壮威猛,亚于关羽,魏谋臣程昱等咸称羽、飞万人之敌也。羽善待卒伍而骄于士大夫,飞爱敬君子而不恤小人。先主常戒之曰:"卿刑杀既过差,又日鞭挝健儿,而令在左右,此取祸之道也。"飞犹不悛。先主伐吴,飞当率兵万人,自阆中会江州。临发,其帐下将张达、范强杀飞,持其首,顺流而奔孙权。飞营都督表报先主,先主闻飞都督之有表也,曰:"噫!飞死矣。"追谥飞曰桓侯。长子苞,早夭。次子绍嗣,官至侍中、尚书仆射。苞子遵为尚书,随诸葛瞻于绵竹,与邓艾战,死。

马超字孟起,右扶风茂陵人也。父腾,灵帝末与边章、韩遂等俱起事于西州。初平三年,遂、腾率众诣长安。汉朝以遂为镇西将军,遣还金城,腾为征西将军,遣屯郿。后腾袭长安,败走,退还凉州。司隶校尉钟繇镇关中,移书遂、腾,为陈祸福。腾遣超随繇讨郭援、高幹于平阳,超将庞德亲斩援首。后腾与韩遂不和,求还京畿。于是征为卫尉,以超为偏将军,封都亭侯,领腾部曲[12]。

超既统众,遂与韩遂合从,及杨秋、李堪、成宜等相结,进军至潼关。曹公与遂、超单马会语,超负其多力,阴欲突前捉曹公。曹公左右将许褚瞋目盼之,超乃不敢动。曹公用贾诩谋,离间超、遂,更相猜疑,军以大败[13]。超走保诸戎,曹公追至安定,会北方有事,引军东还。杨阜说曹公曰:"超有信、布之勇,甚得羌、胡心。若大军还,不严为其备,陇上诸郡非国家之有也。"超果率诸戎以击陇上郡县,陇上郡县皆应之,杀凉州刺史韦康,据冀城,有其众。超自称征西将军,领并州牧,督凉州军事。康故吏民杨阜、姜叙、梁宽、赵衢等,合谋击超。阜、叙起于卤城,超出攻之,不能下;宽、衢闭冀城门,超不得入。进退狼狈,乃奔汉中依张鲁。鲁不足与计事,内怀於邑,闻先主围刘璋于成都,密书请降[14]。

先主遣人迎超,超将兵径到城下。城中震怖,璋即稽首[15],以超为平西将军,督临沮,因为前都亭侯[16]。先主为汉中王,拜超为左将军,假节。章武元年,迁骠骑将军,领凉州牧,进封斄乡侯,策曰:"朕以不德,获继至尊,奉承宗庙。曹操父子,世载其罪,朕用惨怛,疢如疾首。海内怨愤,归正反本,暨于氐、羌率服,獯鬻慕义。以君信著北土,威武并昭,是以委任授君,抗飓扰虎,兼董万里,求民之瘼。其明宣朝化,怀保远迩,肃慎赏罚,以笃汉祜,以对于天下。"二年卒,时年四十七。临没上疏曰:"臣门宗二百余口,为孟德所诛略尽,惟有从弟岱,当为微宗血食之继,深托陛下,余无复言。"追谥超曰威侯,子承嗣。岱位至平北将军,进爵陈仓侯。超女配安平王理[17]。

黄忠字汉升,南阳人也。荆州牧刘表以为中郎将,与表从子磐共守长沙攸县。及曹公克荆州,假行裨将军,仍就故任,统属长沙太守韩玄。先主南定诸郡,忠遂委质,随从入蜀。自葭萌受任,还攻刘璋,忠常先登陷阵,勇毅冠三军。益州既定,拜为讨虏将军。建安二十四年,于汉中定军山击夏侯渊。渊众甚精,忠推锋必进,劝率士卒,金鼓振天,欢声动谷,一战斩渊,渊军大败。迁征西将军。是岁,先主为汉中王,欲用忠为后将军,诸葛亮说先主曰:"忠之名望,素非关、马之伦也,而今便令同列。马、张在近,亲见其功,尚可喻指;关遥闻之,恐必不悦,得无不可乎!"先主曰："吾自当解之。"遂与羽等齐位，赐爵关内侯。明年卒，追谥刚侯。子叙，早没，无后。

赵云字子龙，常山真定人也。本属公孙瓒，瓒遣先主为田楷拒袁绍，云遂随从，为先主主骑[18]。及先主为曹公所追于当阳长阪，弃妻子南走，云身抱弱子，即后主也，保护甘夫人，即后主母也，皆得免难。迁为牙门将军。先主入蜀，云留荆州[19]。

先主自葭萌还攻刘璋，召诸葛亮。亮率云与张飞等俱溯江西上，平定郡县。至江州，分遣云从外水上江阳，与亮会于成都。成都既定，以云为翊军将军[20]。建兴元年，为中护军、征南将军，封永昌亭侯，迁镇东将军。五年，随诸葛亮驻汉中。明年，亮出军，扬声由斜谷道，曹真遣大众当之。亮令云与邓芝往拒，而身攻祁山。云、芝兵弱敌强，失利于箕谷，然敛众固守，不至大败。军退，贬为镇军将军[21]。

七年卒，追谥顺平侯。

初，先主时，惟法正见谥；后主时，诸葛亮功德盖世，蒋琬、费祎荷国之重，亦见谥，陈祗宠待，特加殊奖，夏侯霸远来归国，故复得谥；于是关羽、张飞、马超、庞统、黄忠及云乃追谥，时论以为荣[22]。云子统嗣，官至虎贲中郎，督行领军。次子广，牙门将，随姜维沓中，临阵战死。

评曰：关羽、张飞皆称万人之敌，为世虎臣。羽报效曹公，飞义释颜严，并有国士之风。然羽刚而自矜，飞暴而无恩，以短取败，理数之常也。马超阻戎负勇，以覆其族，惜哉！能因穷致泰，不犹愈乎！黄忠、赵云强挚壮猛，并作爪牙，其灌、滕之徒欤？

注：

[1]《蜀记》曰：曹公与刘备围吕布于下邳，关羽启公，布使秦宜禄行求救，乞娶其妻，公许之。临破，又屡启于公。公疑其有异色，先遣迎看，因自留之，羽心不自安。此与《魏氏春秋》所说无异也。

[2]《魏书》云：以羽领徐州。

[3]《傅子》曰：辽欲白太祖，恐太祖杀羽，不白，非事君之道，乃叹曰："公，君父也；羽，兄弟耳。"遂白之。太祖曰："事君不忘其本，天下义士也。度何时能去？"辽曰："羽受公恩，必立效报公而后去也。"

[4]臣松之以为曹公知羽不留而心嘉其志，去不遣追以成其义，自非有王霸之度，孰能至于此乎！斯实曹公之休美。

[5]《蜀记》曰：初，刘备在许，与曹公共猎。猎中，众散，羽劝备杀公，备不从。及在夏口，飘飖江渚，羽怒曰："往日猎中，若从羽言，可无今日之困。"备曰："是时亦为国家惜之耳；若天道辅正，安知此不为福邪！"臣松之以为备后与董承等结谋，但事泄不克谐耳；若为国家惜公，其如言何！羽若果有此劝而备不肯从者，将以曹公腹心亲戚，实繁有徒，事不宿构，非造次所行；曹虽可杀，势必不免，故以计止之，何惜之有！既往之事，故托为雅言耳。

[6]《典略》曰：羽围樊，权遣使求助之，敕使莫速进，又遣主簿先致命于羽。羽忿其淹迟，又自己得于禁等，乃骂曰："貉子敢尔，如使樊城拔，吾不能灭汝邪！"权闻之，知其轻己，伪手书以谢羽，许以自往。　臣松之以为荆、吴虽外睦，而内相猜

防，故权之袭羽，潜师密发。按《吕蒙传》云："伏精兵于䑽艖之中，使白衣摇橹，作商贾服。"以此言之，羽不求助于权，权必不语羽当往也。若许相援助，何故匿其形迹乎？

[7]《蜀记》云：羽与晃宿相爱，遥共语，但说平生，不及军事。须臾，晃下马宣令："得关云长头，赏金千斤。"羽惊怖，谓晃曰："大兄，是何言邪！"晃曰："此国之事耳。"

[8]《蜀记》曰：权遣将军击羽，获羽及子平。权欲活羽以敌刘、曹，左右曰："狼子不可养，后必为害。曹公不即除之，自取大患，乃议徙都。今岂可生！"乃斩之。臣松之按《吴书》：孙权遣将潘璋逆断羽走路，羽至即斩，且临沮去江陵二三百里，岂容不时杀羽，方议其生死乎？又云"权欲活羽以敌刘、曹"，此之不然，可以绝智者之口。《吴历》曰：权送羽首于曹公，以诸侯礼葬其尸骸。

[9]《蜀记》曰：羽初出军围樊，梦猪啮其足，语子平曰："吾今年衰矣，然不得还！"《江表传》曰：羽好《左氏传》，讽诵略皆上口。

[10]《蜀记》曰：庞德子会，随钟、邓伐蜀，蜀破，尽灭关氏家。

[11]《华阳国志》曰：初，先主入蜀，至巴郡，颜怖心叹曰："此所谓独坐穷山，放虎自卫也！"

[12]《典略》曰：腾字寿成，马援后也。桓帝时，其父子硕，尝为天水兰干尉。后失官，因留陇西，与羌错居。家贫无妻，遂娶羌女，生腾。腾少贫无产业，常从彰山中斫材木，负贩诣城市，以自供给。腾为人长八尺余，身体洪大，面鼻雄异，而性贤厚，人多敬之。灵帝末，凉州刺史耿鄙任奸吏，民王国等及氐、羌反叛。州郡募发民中有勇力者，欲讨之，腾在募中。州郡异之，署为军从事，典领部众。讨贼有功，拜军司马，后以功迁偏将军，又迁征西将军，常屯沂、陇之间。初平中，拜征东将军。是时，西州少谷，腾自表军人多乏，求就谷于池阳，遂移屯长平岸头。而将军王承等恐腾为己害，乃攻腾营。时腾近出无备，遂破走，西上。会三辅乱，不复来东，而与镇西将军韩遂结为异姓兄弟，始甚相亲，后转以部曲相侵入，更为仇敌。腾攻遂，遂走，合众还攻腾，杀腾妻子，连兵不解。建安之初，国家纲纪殆弛，乃使司隶校尉钟繇、凉州牧韦端和解。征腾还屯槐里，转拜为前将军，假节，封槐里侯。北备胡寇，东备白骑，待士进贤，矜救民命，三辅甚安爱之。十(五)[三]年，征为卫尉，腾自见年老，遂入宿卫。初，曹公为丞相，辟腾长子超，不就。超后为司隶校尉督军从事，讨韦援，为飞矢所中，乃以囊囊其足而战，破斩援首。诏拜徐州刺史，后拜谏议大夫。及腾之入，因诏拜为偏将军，使领腾营。又拜超弟休奉车都尉，休弟铁骑都尉，徙其家属皆诣邺，惟超独留。

[13]《山阳公载记》：初，曹公军在蒲坂，欲西渡，超谓韩遂曰："宜于渭北拒之，不过二十日，河东谷尽，彼必走矣。"遂曰："可听令渡，蹙于河中，顾不快耶！"超计不得施。曹公闻之曰："马儿不死，吾无葬地也。"

[14]《典略》：建安十六年，超与关中诸侯侯选、程银、李堪、张横、梁兴、成宜、马玩、杨秋、韩遂等，凡十部，俱反，其众十万，同据河、潼，建列营连。是岁，曹公西征，与超等战于河、渭之交，超败走。超至安定，遂奔凉州。诏ści灭超家属。超复败于陇上。后奔汉中，张鲁以为都讲祭酒，欲妻之以女，或谏鲁曰："有人若此不爱其亲，焉能爱人？"鲁乃止。初，超未反时，其小妇弟种留三辅，及超败，种先入汉中。正旦，种上寿于超，超搥胸吐血曰："阖门百口，一旦同命，今二人相贺邪？"后数从鲁求兵，欲北取凉州，鲁遣往，无利。又鲁将杨白等(欲)[数]害其能，超遂从武都逃入氐中，转奔往蜀。

是岁建安十九年也。

〔15〕《典略》曰：备闻超至，喜曰："我得益州矣。"乃使人止超，而潜以兵资之。超到，令引军屯城北，超至未一旬而成都溃。

〔16〕《山阳公载记》曰：超因见备待之厚，与备言，常呼备字，关羽怒，请杀之。备曰："人穷来归我，卿等怒，以呼我字故而杀之，何以示于天下也！"张飞曰："如是，当示之以礼。"明日大会，请超入，羽、飞并杖刀立直，超顾坐席，不见羽、飞，见其直也，乃大惊，遂一不复呼备字。明日叹曰："我今乃知其所以败。为呼人主字，几为关羽、张飞所杀。"自后乃尊事备。臣松之按以为超以穷归备，受其爵位，何容傲慢而呼备字？且备之入蜀，留关羽镇荆州，羽未尝在益土也。故羽闻马超归降，以书问诸葛亮"超人才可谁比类"，不得如书所云。羽焉得与张飞立直乎？凡人行事，皆谓其可也，知其不可，则不行之矣。超若果呼备字，亦谓于理宜尔也。就令羽请杀超，超不应闻，但见二子立直，何由便知以呼字之故，云"几为关、张所杀"乎？言不经理，深可忿疾也。袁晔、乐资等诸所记载，秽杂虚谬，若此之类，殆不可胜言也。

〔17〕《典略》曰：初超之入蜀，其庶妻董及子秋，留依张鲁。鲁败，曹公得之，以董赐阎圃，以秋付鲁，鲁自手杀之。

〔18〕《云别传》曰：云身长八尺，姿颜雄伟，为本郡所举，将义从吏兵诣公孙瓒。时袁绍称冀州牧，瓒深忧州人之从绍也，善云来附，嘲云曰："闻贵州人皆愿袁氏，君何独回心，迷而能反乎？"云答曰："天下汹汹，未知孰是，民有倒悬之厄，鄙州论议，从仁政所在，不为忽袁公私明将军也。"遂与瓒征讨。时先主亦依托瓒，每接纳云，云得深自结托。云以兄丧，辞瓒暂归，先主知其不反，捉手而别，云辞曰："终不背德也。"先主就袁绍，云见于邺。先主与云同床眠卧，密遣云合募得数百人，皆称刘左将军部曲，绍不能知。遂随先主至荆州。

〔19〕《云别传》曰：初，先主之败，有人言云已北去者，先主以手戟擿之曰："子龙不弃我走也。"顷之，云至。从平江南，以为偏将军，领桂阳太守，代赵范。范寡嫂曰樊氏，有国色，范欲以配云。云辞曰："相与同姓，卿兄犹我兄。"固辞不许。时有人劝云纳之，云曰："范迫降耳，心未可测；天下女不少。"遂不取。范果逃走，云无纤介。先是，与夏侯惇战于博望，生获夏侯兰。兰是云乡里人，少小相知，云白先主活之。荐兰明于法律，以为军正。云不用自近，其慎虑类如此。先主入益州，云领留营司马。此时先主孙夫人以权妹骄豪，多将吴吏兵，纵横不法。先主以云严重，必能整齐，特任掌内事。权闻备西征，大遣舟船迎妹，而夫人内欲将后主还吴，云与张飞勒兵截江，乃得后主还。

〔20〕《云别传》曰：益州既定，时议欲以成都中屋舍及城外园地桑田分赐诸将。云驳之曰："霍去病以匈奴未灭，无用家为，今国贼非但匈奴，未可求安也。须天下都定，各反桑梓，归耕本土，乃其宜耳。益州人民，初罹兵革，田宅皆可归还，今可使安居复业，然后可役调，得其欢心。"先主即从之。夏侯渊败，曹公争汉中地，运米北山下，数千万囊。黄忠以为可取，云兵随忠取米。忠过期不还，云将数十骑轻行出围，迎视忠等。值曹公扬兵大出，云为公前锋所击，方战，其众见逼，遂前突其阵，且斗且却。公军散，已复合，云陷敌，还趣围。将张著被创，云复驰马还营迎著。公军追至围，此时沔阳长张翼在云围内，翼欲闭门拒守，而云入营，更大开门，偃旗息鼓。公军疑云有伏兵，引去。云雷鼓震天，惟以戎弩于后射公军，公军惊骇，自相蹂践，堕汉水中死者甚多。先主明旦自来至云营围视昨战处，曰："子龙一身都是胆也。"作乐饮宴至暝，军中号云为虎威将军。孙权袭荆州，先主大

怒，欲讨权。云谏曰："国贼是曹操，非孙权也，且先灭魏，则吴自服。操身虽毙，子丕篡盗，当因众心，早图关中，居河、渭上流以讨凶逆，关东义士必裹粮策马以迎王师。不应置魏，先与吴战；兵势一交，不得卒解也。"先主不听，遂东征，留云督江州。先主失利于秭归，云进兵至永安，吴军已退。

〔21〕《云别传》曰：亮曰："街亭军退，兵将不复相录，箕谷军退，兵将初不相失，何故？"芝答曰："云身自断后，军资什物，略无所弃，兵将无缘相失。"云有军资余绢，亮使分赐将士，云曰："军事无利，何为有赐？其物请悉入赤岸府库，须十月为冬赐。"亮大善之。

〔22〕《云别传》载后主诏曰："云昔从先帝，功绩既著。朕以幼冲，涉涂艰难，赖恃忠顺，济于危险。夫谥所以叙元勋也，外议云宜谥。"大将军姜维等议，以为云昔从先帝，劳绩既著，经营天下，遵奉法度，功效可书。当阳之役，义贯金石。忠以卫上，君念其赏；礼以厚下，臣忘其死。死者有知，足以不朽；生者感恩，足以殒身。谨按谥法，柔贤慈惠曰顺，执事有班曰平，克定祸乱曰平，应谥云曰顺平侯。

卷三十七　　庞统法正传第七

庞统字士元，襄阳人也。少时朴钝，未有识者。颍川司马徽清雅有知人鉴，统弱冠往见徽，徽采桑于树上，坐统在树下，共语自昼至夜。徽甚异之，称统当为南州士之冠冕，由是渐显[1]。后郡命为功曹。性好人伦，勤于长养。每所称述，多过其才，时人怪而问之，统答曰："当今天下大乱，雅道陵迟，善人少而恶人多。方欲兴风俗，长道业，不美其谭即声名不足慕企，不足慕企而为善者少矣。今拔十失五，犹得其半，而可以崇迈世教，使有志者自励，不亦可乎？"吴将周瑜助先主取荆州，因领南郡太守。瑜卒，统送丧至吴，吴人多闻其名。及当西还，并会昌门，陆绩、顾劭、全琮皆往。统曰："陆子可谓驽马有逸足之力，顾子可谓驽牛能负重致远也[2]。"谓全琮曰："卿好施慕名，有似汝南樊子昭[3]。虽智力不多，亦一时之佳也。"绩、劭谓统曰："使天下太平，当与卿共料四海之士。"深与统相结而还。

先主领荆州，统以从事守耒阳令，在县不治，免官。吴将鲁肃遗先主书曰："庞士元非百里才也，使处治中、别驾之任，始当展其骥足耳。"诸葛亮亦言之于先主，先主见与善谭，大器之，以为治中从事[4]。亲待亚于诸葛亮，遂与亮并为军师中郎将[5]。亮留镇荆州。统随从入蜀。

益州牧刘璋与先主会涪，统进策曰："今因此会，便可执之，则将军无用兵之劳而坐定一州也。"先主曰："初入他国，恩信未著，此不可也。"璋既还成都，先主当为璋北征汉中，统复说曰："阴选精兵，昼夜兼道，径袭成都；璋既不武，又素无预备，大军卒至，一举便定，此上计也。杨怀、高沛，璋之名将，各仗强兵，据守关头，闻素有笺谏璋，使发遣将军还荆州。将军未至，遣与相闻，说荆州有急，欲还救之，并使装束，外作归形；此二子既服将军英名，又喜将军之去，计必乘轻骑来见，将军因此执之，进取其兵，乃向成都，此中计也。退还白帝，连引荆州，徐还图之，此下计也。若沉吟不去，将致大困，不可久矣。"先主然其中计，即

斩怀、沛，还向成都，所过辄克。于涪大会，置酒作乐，谓统曰："今日之会，可谓乐矣。"统曰："伐人之国而以为欢，非仁者之兵也。"先主醉，怒曰："武王伐纣，前歌后舞，非仁者邪？卿言不当，宜速起出！"于是统逡巡引退。先主寻悔，请还。统复故位，初不顾谢，饮食自若。先主谓曰："向者之论，阿谁为失？"统对曰："君臣俱失。"先主大笑，宴乐如初[6]。

进围雒县，统率众攻城，为流矢所中，卒，时年三十六。先主痛惜，言则流涕。拜统父议郎，迁谏议大夫，诸葛亮亲为之拜。追赐统爵关内侯，谥曰靖侯。统子宏，字巨师，刚简有臧否，轻傲尚书令陈祗，为祗所抑，卒于涪陵太守。统弟林，以荆州治中从事参镇北将军黄权征吴，值军败，随权入魏，魏封列侯，至巨鹿太守[7]。

法正字孝直，(右)扶风郿人也。祖父真，有清节高名[8]。建安初，天下饥荒，正与同郡孟达俱入蜀依刘璋，久之，为新都令，后召署军议校尉。既不任用，又为其州邑俱侨客者所谤无行，志意不得。益州别驾张松与璋相善，忖璋不足与有为，常窃叹息。松于荆州见曹公还，劝璋绝曹公而自结先主。璋曰："谁可使者？"松乃举正，正辞让，不得已而往。正既还，为松称说先主有雄略，密谋协规，愿共戴奉，而未有缘。后因璋闻曹公欲遣将征张鲁之有惧心也，松遂说璋宜迎先主，使之讨鲁，复令正衔命。正既宣旨，阴献策于先主曰："以明将军之英才，乘刘牧之懦弱。张松，州之股肱，以响应于内；然后资益州之殷富，冯天府之险阻，以此成业，犹反掌也。"先主然之，溯江而西，与璋会涪。北至葭萌，南还取璋。

郑度说璋曰[9]："左将军县军袭我，兵不满万，士众未附，野谷是资，军无辎重。其计莫若尽驱巴西、梓潼民内涪水以西，其仓廪野谷，一皆烧除，高垒深沟，静以待之。彼至，请战，勿许，久无所资，不过百日，必将自走。走而击之，则必禽耳。"先主闻而恶之，以问正。正曰："终不能用，无可忧也。"璋果如正言，谓其群下曰："吾闻拒敌以安民，未闻动民以避敌也。"于是黜度，不用其计。及军围雒城，正笺与璋曰："正受性无术，盟好违损，惧左右不明本末，必并归咎，蒙耻没身，辱及执事，是以捐身于外，不敢反命。恐圣听秽恶其声，故中间不有笺敬，顾念宿遇，瞻望悢悢。然惟前后披露腹心，自从始初以至于终，实不藏情，有所不尽，但愚暗策薄，精诚不感，以致于此耳。今国事已危，祸害在速，虽捐放于外，言足憎尤，犹贪极所怀，以尽余忠。明将军本心，正之所知也，实为区区不欲失左将军之意，而卒至于是者，左右不达英雄从事之道，谓可违信黩誓，而以意气相致，日月相迁，趋求顺耳悦目，随阿遂指，不图远虑为国深计故也。事变既成，又不量强弱之势，以为左将军县远之众，粮谷无储，欲得以多击少，旷日相持。而从关至此，所历辄破，离宫别屯，日自零落。雒下虽有万兵，皆坏阵之卒，破军之将，若欲争一旦之战，则兵将势力，实不相当。(各)〔若〕欲远期计粮者，今此营守已固，谷米已积，而明将军土地日削，百姓日困，敌对遂多，所供远旷。愚意计之，谓必先竭，将不复以持久也。空尔相

守，犹不相堪，今张益德数万之众，已定巴东，入犍为界，分平资中、德阳，三道并侵，将何以御之？本为明将军计者，必谓此军县远无粮，馈运不及，兵少无继。今荆州道通，众数十倍，加孙车骑遣弟及李异、甘宁等为其后继。若争客主之势，以土地相胜者，今此全有巴东，广汉、犍为，过半已定，巴西一郡，复非明将军之有也。计益州所仰惟蜀，蜀亦破坏；三分亡二，吏民疲困，思为乱者十户而八；若敌远则百姓不能堪役，敌近则一旦易主矣。广汉诸县，是明比也。又鱼复与关头实为益州福祸之门，今二门悉开，坚城皆下，诸军并破，兵将俱尽，而敌家数道并进，已入心腹，坐守都、雒，存亡之势，昭然可见。斯乃大略，其外较耳，其余屈曲，难以辞极也。以正下愚，犹知此事不可复成，况明将军左右明智用谋之士，岂当不见此数哉？且夕偷幸，求容取媚，不虑远图，莫肯尽心献良计耳。若事穷势迫，将各索生，求济门户，展转反复，与今计异，不为明将军尽死难也，而尊门犹当受其忧。正虽获不忠之谤，然心自谓不负圣德，顾惟分义，实窃痛心。左将军从本举来，旧心依依，实无薄意。愚以为可图变化，以保尊门。"

十九年，进围成都，璋蜀郡太守许靖将逾城降，事觉，不果。璋以危亡在近，故不诛靖。璋既稽服，先主以此薄靖不用也。正说曰："天下有获虚誉而无其实者，许靖是也。然今主公始创大业，天下之人不可户说，靖之浮称，播流四海，若其不礼，天下之人以是谓主公为贱贤也。宜加敬重，以眩远近，追昔燕王之待郭隗。"先主于是乃厚待靖[10]。以正为蜀郡太守、扬武将军，外统都畿，内为谋主。一餐之德，睚眦之怨，无不报复，擅杀毁伤己者数人。或谓诸葛亮曰："法正于蜀郡太纵横，将军宜启主公，抑其威福。"亮答曰："主公之在公安也，北畏曹公之强，东惮孙权之逼，近则惧孙夫人生变于肘腋之下；当斯之时，进退狼跋，法孝直为之辅翼，令翻然翱翔，不可复制，如何禁止法正使不得行其意邪！"初，孙权以妹妻先主，妹才捷刚猛，有诸兄之风，侍婢百余人，皆亲执刀侍立，先主每入，衷心常凛凛；亮又知先主雅爱信正，故言如此[11]。

二十二年，正说先主曰："曹操一举而降张鲁，定汉中，不因此势以图巴、蜀，而留夏侯渊、张郃屯守，身遽北还，此非其智不逮而力不足也，必将内有忧逼故耳。今策渊、郃才略，不胜国之将帅，举众往讨，则必可克之。克之〔之〕日，广农积谷，观衅伺隙，上可以倾覆寇敌，尊奖王室，中可以蚕食雍、凉，广拓境土，下可以固守要害，为持久之计。此盖天以与我，时不可失也。"先主善其策，乃率诸将进兵汉中，正亦从行。二十四年，先主自阳平南渡沔水，缘山稍前，于定军(兴)〔山〕势作营。渊将兵来争其地。正曰："可击矣。"先主命黄忠乘高鼓噪攻之，大破渊军，渊等授首。曹公西征，闻正之策，曰："吾故知玄德不办有此，必为人所教也[12]。"

先主立为汉中王，以正为尚书令、护军将军。明年卒，时年四十五。先主为之流涕者累日。谥曰翼侯。赐子邈爵关内侯，官至奉车都尉、汉阳太守。诸葛亮与正，虽好尚不同，以公义相取。亮每奇正智术。先主既即尊号，将东征孙权以复关羽之耻，群臣多谏，一不从。章武二年，大军败

绩,还住白帝。亮叹曰:"法孝直若在,则能制主上令不东行;就复东行,必不倾危矣[13]。"

评曰:庞统雅好人流,经学思谋,于时荆、楚谓之高俊。法正著见成败,有奇画策算,然不以德素称也。拟之魏臣,统其荀彧之仲叔,正其程、郭之俦俪邪?

注:

〔1〕《襄阳记》曰:诸葛孔明为卧龙,庞士元为凤雏,司马德操为水镜,皆庞德公语也。德公,襄阳人。孔明每至其家,独拜床下,德公初不令止。德操尝造德公,值其渡沔,上祀先人墓,德操径入其室,呼德公妻子,使速作黍,"徐元直向云有客当来就我与庞公谭。"其妻子皆罗列拜于堂下,奔走供设。须臾,德公还,直入相就,不知何者是客也。德操年小德公十岁,兄事之,呼作庞公,故世人遂谓庞公是德公名,非也。德公子山民,亦有令名,娶诸葛孔明小姊,为魏黄门吏部郎,早卒。子涣,字世文,晋太康中为襄阳太守。统,德公从子也,少未有识者,惟德公重之,年十八,使往见德操。德操与语,既而叹曰:"德公诚知人,此实盛德也。"

〔2〕张勃《吴录》曰:或问统曰:"如所目,陆子为胜乎?"统曰:"驽马虽精,所致一人耳。驽牛一日行三十里,所致岂一人之重哉!"勃就统宿,语,因问:"卿名知人,吾与卿孰愈?"统曰:"陶冶世俗,甄综人物,吾不及卿;论帝王之秘策,揽倚伏之要最,吾似有一日之长。"勃安其言而亲之。

〔3〕蒋济《万机论》云许文将襃贬不平,以拔樊子昭而抑许文休。刘晔曰:"子昭拔自贾竖,年至耳顺,退能守静,进能不苟。"济答曰:"子昭诚自长幼完洁,然观其齿牙,树颊胲,吐唇吻,自非文休敌也。"胲,音改。

〔4〕《江表传》曰:先主与统从容宴语,问曰:"卿为周公瑾功曹,孤到吴,闻此人密有白事,劝仲谋相留,有之乎? 在君为君,卿其无隐。"统对曰:"有之。"备叹息曰:"孤时危急,当有所求,故不得不往,殆不免周瑜之手!天下智谋之士,所见略同耳。时孔明谏孤莫行,其意独笃,亦虑此也。孤以仲谋所防在北,当赖孤为援,故决意不疑。此诚出于险涂,非万全之计也。"

〔5〕《九州春秋》曰:统说备曰:"荆州荒残,人物殚尽,东有吴孙,北有曹氏,鼎足之计,难以得志。今益州国富民强,户口百万,四部兵马,宝货无求于外,今可权借以定大事。"备曰:"今指与吾为水火者,曹操也,操以急,吾以宽;操以暴,吾以仁;操以谲,吾以忠;每与操反,事乃可成耳。今以小故而失信义于天下者,吾所不取也。"统曰:"权变之时,固非一道所能定也。兼弱攻昧,五伯之事。逆取顺守,报之以义,事定之后,封以大国,何负于信?今日不取,终为人利耳。"备遂行。

〔6〕习凿齿曰:夫霸王者,必体仁义以为本,仗信顺以为宗,一物不具,则其道乖矣。今刘备弃乎彰土,权以济业,负信违情,德义俱愆,虽功由是隆,宜大伤其败,譬断手全躯,何乐之有?庞统惧斯言之泄宣,知其君之必悟,故众中冒其失,而不修常谦之道,矫然太当,尽其謇谔之风。夫上失则能正,是有臣也,纳胜而无执,是处理也;有臣则陛隆堂高,从理则群策毕举;一言而三善兼明,暂谏而义彰百代,可谓达乎大体矣。若惜其小失而废其大益,矜此过言,自绝远说,能成业济务者,未之有也。臣松之以为谋袭刘璋,计虽出于统,然违义成功,本由于诡道,心既内疚,欢情向愀,故闻备所言,不觉率尔而对也。备酣宴失时,事同乐祸,自比武王,曾无愧色,此备有非而统无失,其云"君臣俱失",盖分谤之言耳。习氏所论,虽大旨无乖,然推演之辞,近为流宕也。

〔7〕《襄阳记》:林妇,同郡习祯妹。祯事在杨戏《辅臣赞》。曹公之破荆州,林妇与林分隔,守养幼女十有余年,后林随黄权降魏,始复集聚。魏文帝闻而贤,赐床帐衣服,以显其义节。

〔8〕《三辅决录注》曰:真字高卿,少明《五经》,兼通谶纬,学无常师,名有高才。常幅巾见扶风守,守曰:"哀公虽不肖,犹臣仲尼;柳下惠不去父母之邦,欲相屈为功曹,何如?"真曰:"以明府见待有礼,故四时朝觐,若欲吏使之,真将在北山之北南山之南矣。"扶风守遂不敢以为吏。初,真年未弱冠,父在南郡,步往候父,已欲去,父留之待正旦,使观朝吏会。会者数百人,真于窗中窥其与父语。毕,问真"孰贤"?真曰:"曹掾胡广有公鄉之量。"其后广果历九卿三公之位,世以服真之知人。前后征辟,皆不就,友人郭正等美之,号曰玄德先生。年八十九,中平五年卒。正父衍,字季谋,司徒掾、延尉左监。

〔9〕《华阳国志》曰:度,广汉人,为州从事。

〔10〕孙盛曰:夫礼贤崇德,为邦之要道,封墓式闾,先王之令轨,故必以体行英邈,高义盖世,然后可以延视四海,振服群黎。苟非其人,道不虚行。靖处室则友于不穆,出身则受(任)[位]非所,语信则夷险易心,论识则殆为兽首,安在其可宠先而有以感致者乎? 若只浮虚是崇,偷薄斯荣,则秉直仗义之士,将何以礼之? 正务眩惑之术,违贵尚之风,譬之郭隗,非其伦矣。臣松之以为郭隗非但,犹以权计豪宠,况文休名声夙著,天下谓之英伟,虽末年有瑕,而事不彰彻,若不加礼,何以释远近之惑乎? 法正于靖方隗,未为不当,而盛以封墓式闾为难,何其迂哉! 然则燕昭亦非,岂唯刘翁? 至于友于不穆,失由子将,寻蒋济之论,知非文休之尤。盛又讥其受位非所,将谓仕于董卓。卓初秉政,显擢贤俊,受其策爵者森然皆是。文休为选官,在卓未至之前,后迁中丞,不为超越。以此为贬,则苟爽、陈纪之俦皆应摈弃于世矣。

〔11〕孙盛曰:夫威福自下,亡家害国之道,刑纵于宠,毁政乱理之源,安可以功臣而极其陵肆,嬖幸而藉其国柄者哉? 故颍颢虽勤,不免违命之刑,杨干虽亲,犹加乱行之戮,夫岂不爱,王宪故也。诸葛氏之言,于是乎失政刑矣。

〔12〕臣松之以为蜀与汉中,其由唇齿也。刘主之智,岂不及此? 将计略未展,正先发之耳。夫听用嘉谋以成功业,霸王之主,谁不皆然? 魏武以为人所教,亦岂劣哉! 此盖耻恨之余辞,非测实之当言也。

〔13〕先主与曹公争,势有不便,宜退,而先主大怒不肯退,无敢谏者。矢下如雨。正乃往当先主前,先主云:"孝直避箭。"正曰:"明公亲当矢石,况小人乎!"先主乃曰:"孝直,吾与汝俱去。"遂退。

卷三十八　许麋孙简伊秦传第八

许靖字文休,汝南平舆人。少与从弟劭俱知名,并有人伦臧否之称,而私情不协。劭为郡功曹,排摈靖不得齿叙,以马磨自给。颍川刘翊为汝南太守,乃举靖计吏,察孝廉,除尚书郎,典选举。灵帝崩,董卓秉政,以汉阳周毖为吏部尚书,与靖共谋议,进退天下之士,沙汰秽浊,显拔幽滞。进用颍川荀爽、韩融、陈纪等为公、卿、郡守,拜尚书韩馥为冀州牧,侍中刘岱为兖州刺史,颍川张咨为南阳太守,陈留孔伷为豫州刺史,东郡张邈为陈留太守,而迁靖巴郡太守,不就,补御史中丞。馥等到官,各举兵还向京都,欲以诛卓。卓怒毖曰:"诸君言当拔用善士,卓从诸君计,不欲违天下人心。而诸君所用人,至官之日,还来相图,卓何用相负!"叱毖令出,于外斩之。靖从兄陈相炜,又与伷合规,靖惧诛,奔伷[1]。伷卒,依扬州刺史陈祎。祎死,吴郡都尉许贡、会稽太守王朗素与靖有旧,故往保焉。靖收恤亲里,经纪振赡,出于仁厚。

孙策东渡江,皆走交州以避其难,靖身坐岸边,先载附从,疏亲悉发,乃从后去,当时见者无不叹息。既至交阯,交阯太守士燮厚加敬待。陈国袁徽以寄寓交州,徽与尚书令荀彧书曰:"许文休英才伟士,智略足以计事。自流宕已来,与群士相随,每有患急,常先人后己,与九族中外同其饥寒。其纪纲同类,仁恕恻隐,皆有效事,不能复一二陈之耳。"巨鹿张翔[2]衔王命使交部,乘势募靖,欲与誓要,靖拒而不许。靖与曹公书曰:"世路戎夷,祸乱遂合,驽怯偷生,自窜蛮貊,成阔十年,吉凶礼废。昔在会稽,得所贻书,辞旨款密,久要不忘。迫于袁术方命圮族,扇动群逆,津涂四塞,虽县心北风,欲行靡由。正礼师退,术兵进前,会稽倾覆,景兴失据,三江五湖,皆为虏庭。临时困厄,无所控告。便与袁沛、邓子孝等浮涉沧海,南至交州。经历东瓯、闽、越之国,行经万里,不见汉地,漂薄风波,绝粮茹草,饥殍荐臻,死者大半。既济南海,与领守兒孝德相见,知足下忠义奋发,整饬元戎,西迎大驾,巡省中岳。承此休问,且悲且憙,即与袁沛及徐元贤复共严装,欲北上荆州。会苍梧诸县夷、越蜂起,州府倾覆,道路阻绝,元贤被害,老弱并杀。靖寻循渚岸五千余里,复遇疾疠,伯母陨命,并及群从,自诸妻子,一时略尽。复相扶侍,前到此郡,计为兵害及病亡者,十遗一二。生民之艰,辛苦之甚,岂可具陈哉[3]!惧卒颠仆,永为亡虏,忧瘁惨惨,忘寝与食。欲附奉朝贡使,自获济通,归死阙庭,而荆州水陆无津,交部驿使断绝。欲上益州,复有峻防,故官长吏,一不得入。前令交阯太守士威彦,深相分托于益州兄弟,又靖亦自与书,辛苦恳恻,而复寂寞,未有报应。虽仰瞻光灵,延颈企踵,何由假翼自致哉?

"知圣主允明,显授足下专征之任,凡诸逆节,多所诛讨,想力竞者一心,顺从者同规矣。又张子云昔在京师,志匡王室,今虽临荒域,不得参与本朝,亦国家之藩镇,足下之外援也[4]。若荆、楚平和,王泽南至,足下忽有声命于子云,勤见保属,令得假途由荆州出,不然,当复相绍介于益州兄弟,使相纳受。倘天假其年,人缓其祸,得归死国家,解逋逃之负,泯躯九泉,将复何恨!若时有险易,事有利钝,人命无常,陨没不达者,则永衔罪责,入于裔土矣。

"昔营邱翼周,杖钺专征,博陆佐汉,虎贲警跸[5]。今日足下扶危持倾,为国柱石,秉师望之任,兼霍光之重,五侯九伯,制御在手,自古及今,人臣之尊未有及足下者也。

夫爵高者忧深,禄厚者责重。足下据爵高之任,当责重之地,言出于口,即为赏罚,意之所存,便为祸福。行之得道,即社稷用宁;行之失道,即四方散乱。国家安危,在于足下;百姓之命,县于执事。自华及夷,颙颙注望。足下任此,岂可不远览载籍废兴之由,荣辱之机,弃忘旧恶,宽和群司,审量五材,为官择人?苟得其人,虽仇必举;苟非其人,虽亲不授。以宁社稷,以济下民,事立功成,则系音于管弦,勒勋于金石,愿君勉之!为国自重,为民自爱。"翔恨靖之不自纳,搜索靖所寄书疏,尽投之于水。

后刘璋遂使使招靖,靖来入蜀。璋以靖为巴郡、广汉太守。南阳宋仲子于荆州与蜀郡太守王商书曰:"文休倜傥瑰玮,有当世之具,足下当以为指南[6]。"建安十六年,转在蜀郡[7]。十九年,先主克蜀,以靖为左将军长史。先主为汉中王,靖为太傅。及即尊号,策靖曰:"朕获奉洪业,君临万国,夙宵惶惶,惧不能绥。百姓不亲,五品不逊,汝作司徒,其敬敷五教,在宽。君其勖哉!秉德无怠,称朕意焉。"

靖虽年逾七十,爱乐人物,诱纳后进,清谈不倦。丞相诸葛亮皆为之拜。章武二年卒。子钦,先靖夭没。钦子游,景耀中为尚书。始靖兄事颍川陈纪,与陈郡袁涣、平原华歆、东海王朗等亲善,歆、朗及纪子群,魏初为公辅大臣,咸与靖书,申陈旧好,情义款至,文多故不载[8]。

麋竺字子仲,东海朐人也。祖世货殖,僮客万人,赀产巨亿[9]。后徐州牧陶谦辟为别驾从事。谦卒,竺奉谦遗命,迎先主于小沛。建安元年,吕布乘先主之出拒袁术,袭下邳,虏先主妻子。先主转军广陵海西,竺于是进妹于先主为夫人,奴客二千,金银货币以助军资;于时困匮,赖此复振。后曹公表竺领嬴郡太守[10],竺弟芳为彭城相,皆去官,随先主周旋。先主将适荆州,遣竺先与刘表相闻,以竺为左将军从事中郎。益州既平,拜为安汉将军,班在军师将军之右。竺雍容敦雅,而干翮非所长。是以待之以上宾之礼,未尝有所统御。然赏赐优宠,无与为比。

芳为南郡太守,与关羽共事,而私好携贰,叛迎孙权,羽因覆败。竺面缚请罪,先主慰谕以兄弟罪不相及,崇待如初。竺惭恚发病,岁余卒。子威,官至虎贲中郎将。威子照,虎骑监。自竺至照,皆便弓马,善射御云。

孙乾字公祐,北海人也。先主领徐州,辟为从事[11]。后随从周旋。先主之背曹公,遣乾自结袁绍,将适荆州,乾又与麋竺俱使刘表,皆如意指。后表与袁尚书,说其兄弟分争之变,曰:"每与刘左将军、孙公祐共论此事,未尝不痛心入骨,相为悲伤也。"其见重如此。先主定益州,乾自从事中郎为秉忠将军,见礼次麋竺,与简雍同等。顷之,卒。

简雍字宪和,涿郡人也。少与先主有旧,随从周旋。先主至荆州,雍与麋竺、孙乾同为从事中郎,常为谈客,往来使命。先主入益州,刘璋见雍,甚爱之。后先主围成都,遣雍往说璋,璋遂与雍同舆而载,出城归命。先主拜雍为昭德将军。优游风议,性简傲跌宕,在先主坐席,犹箕踞倾倚,威仪不肃,自纵适;诸葛亮已下则独擅一榻,项枕卧语,无所为屈。时天旱禁酒,酿者有刑。吏于人家索得酿具,论者欲令与作酒者同罚。雍与先主游观,见一男(女)〔子〕行道,谓先主曰:"彼人欲行淫,何以不缚?"先主曰:"卿何以知之?"雍对曰:"彼有其具,与欲酿者同。"先主大笑,而原欲酿者。雍之滑稽,皆此类也[12]。

伊籍字机伯,山阳人。少依邑人镇南将军刘表。先主之在荆州,籍常往来自托。表卒,遂随先主南渡江,从入益州。益州既定,以籍为左将军从事中郎,见待亚于简雍、孙乾等。遣东使于吴,孙权闻其才辩,欲逆折以辞。籍适入拜,权曰:"劳事无道之君乎?"籍即对曰:"一拜一起,未足为劳。"籍之机捷,类皆如此,权甚异之。后迁昭文将军,与诸葛亮、法正、刘巴、李严共造《蜀科》;《蜀科》之制,由此五人焉。

秦宓字子敕,广汉绵竹人也。少有才学,州郡辟命,辄称疾不往。奏记州牧刘焉,荐儒士任定祖曰:"昔百里、蹇叔以耆艾而定策,甘罗、子奇以童冠而立功,故《书》美黄发,而《易》称颜渊,固知选士用能,不拘长幼,明矣。乃者以来,海内察举,率多英俊而遗旧齿,众论不齐,异同相半,此乃承平之翔步,非乱世之急务也。夫欲救危抚乱,修己以安人,则宜卓荦超伦,与时殊趣,震惊邻国,骇动四方,上当天心,下合人意;天人既和,内省不疚,虽遭凶乱,何忧何惧!昔楚叶公好龙,神龙下之,好伪彻天,何况于真?今处士任安,仁义直道,流名四远,如令见察,则一州斯服。昔汤举伊尹,不仁者远,何武贡二龚,双名竹帛,故贪寻常之高而忽万仞之嵩,乐面前之饰而忘天下之誉,斯诚往古之所重慎也。甫欲凿石索玉,剖蚌求珠,今乃随、和炳然,有如皎日,复何疑哉!诚知昼不操烛,日有余光,但愚情区区,贪陈所见[13]。"

刘璋时,宓同郡王商为治中从事,与宓书曰:"贫贱困苦,亦何时可以终身!卞和衔玉以耀世,宜一来,与州尊相见。"宓答书曰:"昔尧优许由,非不弘也,洗其两耳;楚聘庄周,非不广也,执竿不顾。《易》曰'确乎其不可拔',夫何衔之有?且以国君之贤,子为良辅,不以是时建萧、张之策,未足为智也。仆得曝背乎陇亩之中,诵颜氏之箪瓢,咏原宪之蓬户,时翱翔于林泽,与沮、溺之等俦,听玄猿之悲吟,察鹤鸣于九皋,安身为乐,无忧为福,处空虚之名,居不灵之龟,知我者希,则我贵矣。斯乃仆得志之秋也,何困苦之戚焉!"后商为严君平、李弘立祠,宓与书曰:"疾病伏匿,甫知足下为严、李立祠,可谓厚党勤类者也。观严文章,冠冒天下,由、夷逸操,山岳不移,使扬子不叹,固自昭明。如李仲元不遭《法言》,令名亦沦,其无虎豹之文故也,可谓攀龙附凤者矣。如扬子云潜心著述,有补于世,泥蟠不滓,行参圣师,于今海内,谈咏厥辞。邦有斯人,以耀四远,怪子替兹,不立祠堂。蜀本无学士,文翁遣相如东授七经,还教吏民,于是蜀学比于齐、鲁。故《地里志》曰:'文翁倡其教,相如为之师。'汉家得士,盛于其世;仲舒之徒,不

达封禅,相如制其礼。夫能制礼造乐,移风易俗,非礼所秩有益于世者乎!虽有王孙之累,犹孔子大齐桓之霸,公羊贤叔术之让。仆亦善长卿之化,宜立祠堂,速定其铭。"

先是,李权从宓借《战国策》,宓曰:"战国从横,用之何为?"权曰:"仲尼、严平,会聚众书,以成《春秋》、《指归》之文,故海以合流为大,君子以博识为弘。"宓报曰:"书非史记周图,仲尼不采;道非虚无自然,严平不演。海以受淤,岁一荡清;君子博识,非礼不视。今战国反复仪、秦之术,杀人自生,亡人自存,经之所疾。故孔子发愤作《春秋》,大乎居正,复制《孝经》,广陈德行。杜渐防萌,预有所抑,是以老氏绝祸于未萌,岂不信邪!成汤大圣,睹野鱼而有猎逐之失,定公贤者,见女乐而弃朝事[14]。若此辈类,焉可胜陈。道家法曰:'不见所欲,使心不乱。'是故天地贞观,日月贞明;其直如矢,君子所履。《洪范》记灾,发于言貌,何战国之谲权乎哉!"

或谓宓曰:"足下欲自比于巢、许、四皓,何故扬文藻见瓌颖乎?"宓答曰:"仆文不能尽言,言不能尽意,何文藻之有扬乎!昔孔子三见哀公,言成七卷,事盖有不可嘿嘿也[15]。接舆行且歌,论家以光篇;渔父咏沧浪,贤者以耀章。此二人者,非有欲于时者也。夫虎生而文炳,凤生而五色,岂以五采自饰画哉!天性自然也。盖《河》、《洛》由文兴,六经由文起,君子懿文德,采藻其何伤!以仆之愚,犹耻革子成之误,况贤于己者乎[16]!"

先主既定益州,广汉太守夏侯纂请宓为师友祭酒,领五官掾,称曰仲父。宓称疾,卧在第舍,纂将功曹古朴、主簿王普,厨膳即宓第宴谈,宓卧如故。纂问朴曰:"至于贵州养生之具,实绝余州矣,不知士人何如余州也?"朴对曰:"乃自先汉以来,其爵位者或不如余州耳,至于著作为世师式,不负于余州也。严君平见黄、老作《指归》,扬雄见《易》作《太玄》,见《论语》作《法言》,司马相如为武帝制封禅之文,于今天下所共闻也。"纂曰:"仲父何如?"宓以簿击颊[17],曰:"愿明府勿以仲父之言假于小草,民请为明府陈其本纪。蜀有汶阜之山,江出其腹,帝以会昌,神以建福。故能沃野千里[18]。淮、济四渎,江为其首,此其一也。禹生石纽,今之汶山郡是也[19]。昔尧遭洪水,鲧所不治,禹疏江决河,东注于海,为民除害,生民已来功莫先者,此其二也。天帝布治房心,决政参伐,参伐则益州分野,三皇乘祇车出谷口,今之斜谷是也[20]。此便鄙州之阡陌,明府以雅意论之,何若于天下乎?"于是纂逡巡无以复答。

益州辟宓为从事祭酒。先主既称尊号,将东征吴,宓陈天时必无其利,坐下狱幽闭,然后贷出。建兴二年,丞相亮领益州牧,选宓迎来为别驾,寻拜左中郎将、长水校尉。吴遣使张温来聘,百官皆往饯焉。众人皆集而宓未往,亮累遣使促之,温曰:"彼何人也?"亮曰:"益州学士也。"及至,温问曰:"君学乎?"宓曰:"五尺童子皆学,何必小人!"温复问曰:"天有头乎?"宓曰:"有之。"温曰:"在何方也?"宓曰:"在西方。《诗》曰'乃眷西顾。'以此推之,头在西方。"温曰:"天有耳乎?"宓曰:"天处高而听卑,《诗》云:'鹤鸣于九皋,声闻于天。'若其无耳,何以听之?"温曰:"天有足乎?"宓曰:"有。《诗》云:'天步艰难,之子不犹。'若其无

足，何以步之？"温曰："天有姓乎？"宓曰："有。"温曰："何姓？"宓曰："姓刘。"温曰："何以知之？"答曰："天子姓刘，故以此知之。"温曰："日生于东乎？"宓曰："虽生于东而没于西。"答问如响，应声而出，于是温大敬服。宓之文辩，皆此类也。迁大司农，四年卒。初宓见帝系之文，五帝皆同一族，宓辨其不然之本。又论皇帝王霸〈叁〉〔参〕龙之说，甚有通理，谯允南少时数往咨访，纪录其言于《春秋然否论》，文多故不载。

评曰：许靖夙有名誉，既以笃厚为称，又以人物为意，虽事举动，未悉允当，蒋济以为"大较廊庙器"也[21]。麋竺、孙乾、简雍、伊籍，皆雍容风议，见礼于世。秦宓始慕肥遁之高，而无若愚之实。然专对有余，文藻壮美，可谓一时之才士矣。

注：

[1]《蜀记》云：靖后自表曰："党贼求生，情所不忍；守官自危，死不成义。窃念古人当难诡常，权以济其道。"

[2]《万机论》云：翔字元凤。

[3] 臣松之以为孔子称"贤者避世，其次避地"，盖贵其识见安危，去就得所也。许靖羁客会稽，闻阖之士，孙策之来，于靖何为？而乃泛万里之海，入疫疠之乡，致使尊弱涂炭，百罹备经，可谓自贻矣。谋臣若斯，难以言哉。孰若安时处顺，端拱吴、越，与张昭、张纮之俦同保元吉者哉？

[4] 子云名津，南阳人，为交州刺史。见《吴志》。

[5]《汉书·霍光传》曰："光出都肄郎羽林，道上称警跸。"未详虎贲所出也。

[6]《益州耆旧传》曰：商字文表，广汉人，以才学称，声问著于州里。刘璋辟为治中从事。是时王涂隔绝，州之牧伯拥七国之诸侯也，而璋懦弱多疑，不能党信大臣。商奏记谏璋，璋颇感悟。初，韩遂与马腾作乱关中，数与璋父嵩有交通信，至腾子超复与璋相闻，有连蜀之意。商谓璋曰："超勇而不仁，见得不思义，不可以为唇齿。《老子》曰：'国之利器，不可以示人。'今之益部，土美民丰，宝物所出，斯乃狡夫所欲倾覆，超等所以西望也。若引而近之，则由养虎，将自遗患矣。"璋从其言，乃拒绝之。荆州牧刘表及儒者宋忠咸闻其名，遗书与商叙致殷勤。许靖号为臧否，至蜀，见商而称之曰："设使商生于华夏，虽王景兴无以加也。"璋以商为蜀郡太守。成都禽坚有至孝之行，商表其墓，追赠孝廉。又与严君平、李弘立祠作铭，以旌先贤。修学广农，百姓便之。在郡十载，卒于官，许靖代之。

[7]《山阳公载记》曰：建安十七年，汉立皇子熙为济阴王，懿为山阳王，敦为东海王。靖闻之曰："'将欲歙之，必固张之；将欲取之。必固与之'。其孟德之谓乎！"

[8]《魏略》：王朗与文休书曰："文休足下：消息平安，甚善，甚善。岂意脱别三十余年而无相见之缘乎！诗人比一日之别于岁月，岂况悠悠历累纪之年者哉！自与子别，若没而复浮，若绝而复连者数矣。而今而后，居升平之京师，攀附于飞龙之圣主；侪辈略尽，幸得与足下并为遗种之叟，而相去数千里，加有遭蹇之隔，时闻消息于风声，托925情于思想，眇眇异处，与异世无以异也。往者随军到荆州，见邓孝、桓元将，粗闻足下动静，云夫子既在益州，执职领郡，德素规矩，老而不堕。是时侍宿武皇帝于江陵刘景升听事之上，共道足下于通夜，拳拳饥渴，诚无已也。自天子在东宫，及即位之后，每会群贤，论天下髦俊之见在者，岂独人尽易为英，士鲜易取最，故乃猥以原壤之朽质，感夫子之情听；每叙足下，以为谋首，岂其注意，乃复过于前世。《书》曰'人惟求旧'，《易》称'同声相应，同气相求'，刘将军之与大魏，兼而两之，总比二义。前世避逅，以同为睽，非武皇帝之旨，顷者蹉跌，其泰而否，亦非足下之意也。深思《书》、《易》之义，利结分于宿好，故遣降者送吴所献致名马、貂、罽，得因无嫌。道初开通，展叙旧情，以达музвопрос问。久阔情愫，非夫笔墨所能写陈，亦想足下同兹志念。今者，亲生男女凡有几人？年并几何？仆连失一男一女，今有二男：大儿名肃，年二十九，生于会稽，小儿裁岁余。临书怆恨，有怀缅然。"又曰："过闻'受终于文祖'之言于《尚书》。又闻'历数在躬，允执其中'之文于《论语》。岂自意得于老耄之齿，正值天命受于圣主之会，亲见三让之弘辞，观众瑞之总集，睹升堂穆穆之盛礼，瞻燔燎熅曜之青烟；于时忽自以为处唐、虞之运，际于紫微之天庭也。徒慨不得携子之手，共列于(世)〔廿〕有二子之数，以听有唐'钦哉'之命也。子虽在裔土，想亦极目而回望，侧耳而退听，延颈而鹤立也。昔汝南陈公初拜，不依故常，让上卿于李元礼。以此推之，吾宜退身以避子位也。苟得避子以窃让名，然后(绶)〔缓〕带委质，游谈于平、勃之间，与子共陈往时避地之艰辛，乐酒酣豪，高谈大噱，亦足遗忧而忘老。捉笔陈情，随以喜笑。"又曰："前夏有书而未达，今重有书，而并致前问。皇帝既深悼刘将军之早世，又愍其孤之不易，中惜使足下孔明等士人气类之徒，遂沉溺于羌夷异domain之间，永与华夏乖绝，而无朝聘中国之期缘，瞻晞故土桑梓之望也，故复运慈念而劳仁心，重下明诏以发德音，申敕朗等，使重为书与足下等。以足下聪明，揆殷勤之圣意，亦足悟海岱之所常在，知百川之所注矣。昔伊尹去夏而就殷，陈平去楚而归汉，犹曜德于阿衡，著功于宰相。若足下能弼人之遗孤，定人之犹豫，去非常之伪号，事受命之大魏，客主兼不世之荣名，上下蒙不朽之常耀，功与事并，声与勋著，考(其)绩效，足以超越伊、吕矣。既承诏(直)〔旨〕，且服旧之情，是以不言足下之所能，陈足下之所见，则无以宣明诏命，弘光大之恩，叙宿昔梦想之思。若天启众心，子导朕意，诚此意有携手之期。若险路未夷，子谋不从，则惧声问或否，复面何由！前后二书，言每及斯，希不切然有动于怀。足下周游江湖，以暨南海，历观夷俗，可谓遍矣；想子之心，结思华夏，可谓深矣。为身择居，犹愿中土；为主择(居)安，岂可以不系于京师，而持疑于荒裔乎？详思愚言，速示还报也。"

[9]《搜神记》曰：竺尝从洛归，未达家数十里，路傍见一妇人，从竺求寄载。行可数里，妇谢去，谓竺曰："我天使也，当往烧东海麋竺家，感君见载，故以相语。"竺因私请之，妇曰："不可得不烧。如此，君可驰去，我当缓行，日中火当发。"竺乃还家，遽出财物，日中而火大发。

[10]《曹公集》载公表曰："泰山郡界广远，旧多轻悍，权时之宜，可分五县为赢郡，拣选清贤以为守将。偏将军麋竺，素履忠贞，文武昭烈，请以竺领赢郡太守，抚慰吏民。"

[11]《郑玄传》云：玄领乾于州。乾被辟命，玄所举也。

[12] 或曰：雍本姓耿，幽州人语谓耿为简，遂随音变之。

[13]《益部耆旧传》曰：安，广汉人。少事聘士杨厚，究极图籍，游览京师，还家讲授，与董扶俱以学行齐声。郡请功曹，州辟治中别驾，终不久居。举孝廉茂才，太尉载辟，除博士，公车征，皆称疾不就。州牧刘焉表荐安秉精道度，厉节高邈，揆其器量，国之元宝，宜处弼疑之辅，以消非常之咎。玄纁之礼，所宜招命。王涂隔塞，遂无聘命。年七十九，建安七年

卒,门人慕仰,为立碑铭。后丞相亮问秦宓以安所长,宓曰:"记人之善,忘人之过。"

〔14〕臣松之案:书传鲁定公无善可称。宓谓之贤者,浅学所未达也。

〔15〕刘向《七略》曰:孔子三见哀公,作《三朝记》七篇,今在《大戴礼》。臣松之案:《中经部》有《孔子三朝》八卷,一卷目录,余者所谓七篇。

〔16〕臣松之案:今《论语》作棘子成。子成曰:"君子质而已矣,何以文为!"屈于子贡之言,故谓之误也。

〔17〕簿,手版也。

〔18〕《河图括地象》曰:岷山之地,上为东井络,帝以会昌,神以建福,上为天井。左思《蜀都赋》曰:远则岷山之精,上为井络,天地运期而会昌,景福(胗)〔肸〕蚃而兴作。

〔19〕《帝王世纪》曰:鲧纳有莘氏女曰志,是为修己。上山行,见流星贯昴,梦接意感,又吞神珠,臆圮胸坼,而生禹于石纽。谯周《蜀本纪》曰:禹本汶山广柔县人也,生于石纽,其地名刳儿坪,见《世帝纪》。

〔20〕《蜀记》曰:三皇乘祇车出谷口。未详宓所由知为斜谷也。

〔21〕《万机论》论许子将曰:许文休者,大较廊庙器也,而子将贬之。若实不贵之,是不明也;诚令知之,盖善人也。

卷三十九 董刘马陈董吕传第九

董和字幼宰,南郡枝江人也,其先本巴郡江州人。汉末,和率宗族西迁,益州牧刘璋以为牛鞞[1]、江原长、成都令。蜀土富实,时俗奢侈,货殖之家,侯服玉食,婚姻葬送,倾家竭产。和躬率以俭,恶衣蔬食,防遏逾僭,为之轨制,所在皆移风变善,畏而不犯。然县界豪强惮和严法,说璋转和为巴东属国都尉。吏民老弱相携乞留和者数千人,璋听留二年,还迁益州太守,其清约如前。与蛮夷从事,务推诚心,南土爱而信之。

先主定蜀,征和为掌军中郎将,与军师将军诸葛亮并署左将军大司马府事,献可替否,共为欢交。自和居官食禄,外牧殊域,内干机衡,二十余年,死之日家无儋石之财。亮后为丞相,教与群下曰:"夫参署者,集众思广忠益也。若远小嫌,难相违覆,旷阙损矣。违覆而得中,犹弃弊蹻而获珠玉。然人心苦不能尽,惟徐元直处兹不惑,又董幼宰参署七年,事有不至,至于十反,来相启告。苟能慕元直之十一,幼宰之殷勤,有忠于国,则亮可少过矣。"又曰:"昔初交州平,屡闻得失,后交元直,勤见启诲,前参事于幼宰,每言则尽,后从事于伟度,数有谏止;虽姿性鄙暗,不能悉纳,然与此四子终始好合,亦足以明其不疑于直言也。"其追思和如此[2]。

刘巴字子初,零陵烝阳人也。少知名[3],荆州牧刘表连辟,及举茂才,皆不就。表卒,曹公征荆州。先主奔江南,荆、楚群士从之如云,而巴北诣曹公。曹公辟为掾,使招纳长沙、零陵、桂阳[4]。会先主略有三郡,巴不得反使,遂远适交阯[5],先主深以为恨。

巴复从交阯至蜀[6]。俄而先主定益州,巴辞谢罪负,先主不责[7]。而诸葛孔明数称荐之,先主辟为左将军西曹掾[8]。建安二十四年,先主为汉中王,巴为尚书,后代法正为尚书令。躬履清俭,不治产业,又自以归附非素,惧见猜嫌,恭默守静,退无私交,非公事不言[9]。先主称尊号,昭告于皇天上帝后土神祇,凡诸文诰策命,皆巴所作也。章武二年卒。卒后,魏尚书仆射陈群与丞相诸葛亮书,问巴消息,称曰刘君子初,甚敬重焉[10]。

马良字季常,襄阳宜城人也。兄弟五人,并有才名,乡里为之谚曰:"马氏五常,白眉最良。"良眉中有白毛,故以称之。先主领荆州,辟为从事。及先主入蜀,诸葛亮亦从后往,良留荆州,与亮书曰:"闻雒城已拔,此天祚也。尊兄应期赞世,配业光国,魄兆见矣[11]。夫变用雅虑,审贵垂明,于以简才,宜适其时。若乃和光悦远,迈德天壤,使时闲于听,世服于道,齐高妙之音,正郑、卫之声,并利于事,无相夺伦,此乃管弦之至,牙、旷之调也。虽非钟期,敢不击节!"先主辟良为左将军掾。

后遣使吴,良谓亮曰:"今衔国命,协穆二家,幸为良介于孙将军。"亮曰:"君试自为文。"良即为草曰:"寡君遣掾马良通聘继好,以绍昆吾、豕韦之勋。其人吉士,荆楚之令,鲜于造次之华,而有克终之美,愿降心存纳,以慰将命。"权敬待之。

先主称尊号,以良为侍中。及东征吴,遣良入武陵招纳五溪蛮夷,蛮夷渠帅皆受印号,咸如意指。会先主败绩于夷陵,良亦遇害。先主拜良子秉为骑都尉。

良弟谡,字幼常,以荆州从事随先主入蜀,除绵竹、成都令,越巂太守。才器过人,好论军计,丞相诸葛亮深加器异,先主临薨,谓亮曰:"马谡言过其实,不可大用,君其察之!"亮犹谓不然,以谡为参军,每引见谈论,自昼达夜[12]。

建兴六年,亮出军向祁山,时有宿将魏延、吴壹等,论者皆言以为宜令为先锋,而亮违众拔谡,统大众在前,与魏将张郃战于街亭,为郃所破,士卒离散。亮进无所据,退军还汉中。谡下狱物故,亮为之流涕。良死时年三十六,谡年三十九[13]。

陈震字孝起,南阳人也。先主领荆州牧,辟为从事,部诸郡,随先主入蜀。蜀既定,为蜀郡北部都尉,因易郡名,为汶山太守,转在犍为。建兴三年,入拜尚书,迁尚书令,奉命使吴。七年,孙权称尊号,以震为卫尉,贺权践阼,诸葛亮与兄瑾书曰:"孝起忠纯之性,老而益笃,及其赞述东西,欢乐和合,有可贵者。"震入吴界,移关候曰:"东之与西,驿使往来,冠盖相望,申盟初好,日新其事。东尊应保圣祚,告燎受符,剖判土宇,天下响应,各有所归。于此时也,以同心讨贼,则何寇不灭哉!西朝君臣,引领欣赖。震以不才,得充下使,奉聘叙好,践界踊跃,入则如归。献子适鲁,犯其山讳,《春秋》讥之。望必启告,使行人睦焉。即日张旍诰众,各自约誓。顺流漂疾,国典异制,惧或有违,幸必斟诲,示其所宜。"震到武昌,孙权与震升坛歃盟,交分天下:以徐、豫、幽、青属吴,并、凉、冀、兖属蜀,其司州之土,以函谷关为界。震还,封城阳亭侯。九年,都护李平坐诬罔废;诸葛亮与长史蒋琬、侍中董允书曰:"孝起前临至吴,为吾说正方腹中有鳞甲,乡党以为不可近。吾以为鳞甲者但不当犯之耳,不图复有苏、张之事出于不意。可使孝起知之。"十三年,震卒。子济嗣。

董允字休昭,掌军中郎将和之子也。先主立太子,允以选为舍人,徙洗马。后主袭位,迁黄门侍郎。丞相亮将北征,住汉中,虑后主富于春秋,朱紫难别,以允秉心公亮,欲任以宫省之事。上疏曰:"侍中郭攸之、费祎、侍郎董允等,先帝简拔以遗陛下,至于斟酌规益,进尽忠言,则其任也。愚以为宫中之事,事无大小,悉以咨之,必能裨补阙漏,有所广益。若无兴德之言,则戮允等以彰其慢。"亮寻请祎为参军,允迁为侍中,领虎贲中郎将,统宿卫亲兵。攸之性素和顺,备员而已⑫。献纳之任,允皆专之矣。允处事为防制,甚尽匡救之理。后主常欲采择以充后宫,允以为古者天子后妃之数不过十二,今嫔嫱已具,不宜增益,终执不听。后主益严惮之。尚书令蒋琬领益州刺史,上疏以让费祎及允,又表"允内侍历年,翼赞王室,宜赐爵土以褒勋劳。"允固辞不受。后主渐长大,爱宦人黄皓。皓便辟佞慧,欲自容入。允常上则正色匡主,下则数责于皓。皓畏允,不敢为非。终允之世,皓位不过黄门丞。

允尝与尚书令费祎、中典军胡济等共期游宴,严驾已办,而郎中襄阳董恢诣允修敬。恢年少官微,见允停出,逡巡求去,允不许,曰:"本所以出者,欲与同好游谈也,今君已自屈,方展阔积,舍此之谈,就彼之宴,非所谓也。"乃命解骖,祎等罢驾不行。其守正下士,凡此类也⑬。延熙六年,加辅国将军。七年,以侍中守尚书令,为大将军费祎副贰。九年,卒⑭。

陈祗代允为侍中,与黄皓互相表里,皓始预政事。祗死后,皓从黄门令为中常侍、奉车都尉,操弄威柄,终至覆国。蜀人无不追思允。及邓艾至蜀,闻皓奸险,收闭,将杀之,而皓厚赂艾左右,得免。

祗字奉宗,汝南人,许靖兄之外孙也。少孤,长于靖家。弱冠知名,稍迁至选曹郎,矜厉有威容。多技艺,挟数术,费祎甚异之,故超继允内侍。吕乂卒,祗又以侍中守尚书令,加镇军将军,大将军姜维虽班在祗上,常率众在外,希亲朝政。祗上承主指,下接阉竖,深见信爱,权重于维。景耀元年卒,后主痛惜,发言流涕,乃下诏曰:"祗统职一纪,柔嘉惟则,干肃有章,和义利物,庶绩允明。命不融远,朕用悼焉。夫存有令问,则亡加美谥,谥曰忠侯。"赐子粲爵关内侯,拔次子裕为黄门侍郎。自祗之有宠,后主追怨允日深,谓为自轻,由祗媚兹一人,皓构间浸润故耳。允孙宏,晋巴西太守⑪。

吕乂字季阳,南阳人也。父常,送故将军刘焉入蜀,值王路隔塞,遂不得还。乂少孤,好读书鼓琴。初,先主定益州,置盐府校尉,较盐铁之利,后校尉王连请乂及南阳杜祺、南乡刘干等并为典曹都尉。乂迁新都、绵竹令,乃心隐恤,百姓称之,为一州诸城之首。迁巴西太守。丞相诸葛亮连年出军,调发诸郡,多不相救,乂募取兵五千人诣亮,慰喻检制,无逃窜者。徙为汉中太守,兼领督农,供继军粮。亮卒,累迁广汉、蜀郡太守。蜀郡一都之会,户口众多,又亮卒之后,士伍亡命,更相重冒,奸巧非一。乂到官,为之防禁,开喻劝导,数年之中,漏脱自出者万余口。后入为尚书,代董允为尚书令,众事无留,门下无停宾。乂历职内外,治身俭约,谦靖少言,为政简而不烦,号为清能;然持法刻深,好用文俗吏,故居大官,名声损于郡县。延熙十四卒。子辰,景耀中为成都令。辰弟雅,谒者。雅清厉有文才,著《格论》十五篇。

杜祺历郡守、监军、大将军司马,刘幹官至巴西太守,皆与乂亲善,亦有当时之称,而俭素守法,不及于乂。

评曰:董和蹈羔羊之素,刘巴履清尚之节,马良贞实,称为令士,陈震忠恪,老而益笃,董允匡主,义形于色,皆蜀臣之良矣。吕乂临郡则垂称,处朝则被损,亦黄、薛之流亚矣。

注:
〔1〕鞞,音牌。
〔2〕伟度者,姓胡,名济,义阳人。为亮主簿,有忠荩之效,故见褒述。亮卒,为中典军,统诸军,封成阳亭侯,迁中监军、前将军,督汉中,假节领兖州刺史,至右骠骑将军。济弟博,历长水校尉、尚书。
〔3〕《零陵先贤传》曰:巴祖父曜,苍梧太守。父祥,江夏太守、荡寇将军。时孙坚举兵讨董卓,以南阳太守张咨不给军粮,杀之。祥与同心,南阳士民由此怨祥,举兵攻之,与战,败亡。刘表亦素不善祥,拘已,欲杀之,数遣祥故所亲信人密诈谓巴曰:"刘牧欲relief危害,可相随逃之。"如此再三,巴辄不应。具以报表,表乃不杀巴。年十八,郡署户曹史、主记、主簿。刘先欲遣周不疑就巴学,巴答曰:"昔游荆北,时涉师门,记问之学,不足纪名,内无杨朱守静之术,外无墨翟务时之风,犹天之南箕,虚而不用。赐书乃欲令贤甥摧鸾凤之艳,游燕雀之宇,将何以启明之哉? 愧于'有若无,实若虚',何以堪之!"
〔4〕《零陵先贤传》曰:曹公败于乌林,还北时,欲遣桓阶,阶辞不如巴。巴谓曹公曰:"刘备据荆州,不可也。"公曰:"备如我图,孤以六军继之也。"
〔5〕《零陵先贤传》云:巴往零陵,事不成,欲游交州,道还京师。时诸葛亮在临烝,巴与亮书曰:"乘危历险,到值思义之民,自与之众,承天之心,顺物之性,非余身谋所能动动。若道穷数尽,将托命于沧海,不复顾荆州矣。"亮追谓曰:"刘公雄才盖世,据有荆土,莫不归德,天人去就,已可知矣。足下欲何之?"巴曰:"受命而来,不成当还,此其宜也。足下何言邪!"
〔6〕《零陵先贤传》曰:巴入交阯,更姓为张。与交阯太守士燮计议不合,乃由牂牁道去,为益州郡所拘留,太守欲杀之,主簿曰:"此非常人,不可杀也。"主簿请自送至州,见益州牧刘璋,璋父焉昔为巴父祥所举孝廉,见巴惊喜,每大事辄以咨访。臣松之案:刘焉在汉灵帝时已经宗正太常,出为益州牧,祥始以孙坚作长沙时为江夏太守,不得举焉为孝廉,明也。
〔7〕《零陵先贤传》曰:璋遣法正迎刘备,巴谏曰:"备,雄人也,入必为害,不可内也。"既入,巴复谏曰:"若使备讨张鲁,是放虎于山林也。"璋不听。巴闭门称疾。备攻成都,令军中曰:"其有害巴者,诛及三族。"及得巴,甚喜。
〔8〕《零陵先贤传》曰:张飞尝就巴宿,巴不与语,飞遂忿恚。诸葛

亮谓巴曰："张飞虽实武人，敬慕足下。主公今方收合文武，以定大事；足下虽天素高亮，宜少降意也。"巴曰："大丈夫处世，当交四海英雄，如何与兵子共语乎？"备闻之，怒曰："孤欲定天下，而子初专乱。其欲还北，假道于此，岂欲成孤事邪？"备又曰："子初才智绝人，如孤，可任用之，非孤者难独任也。"亮亦曰："运筹策于帷幄之中，吾不如子初远矣！若提枹鼓，会军门，使百姓喜勇，当与人议之耳。"初攻刘璋，备与士众约："若事定，府库百物，孤无预焉。"及拔成都，士众皆舍干戈，赴诸藏竞取宝物。军用不足，备甚忧之。巴曰："易耳，但当铸直百钱，平诸物价，令吏为官市。"备从之，数月之间，府库充实。

〔9〕《零陵贤先传》曰：是时中夏人情未一，闻备在蜀，四方延颈。而备锐意欲即真，巴以为如此示天下不广，且欲缓之。与主簿雍茂谏备，备以他事杀茂，由是远人不复至矣。

〔10〕《零陵先贤传》曰：辅吴将军张昭尝对孙权论巴褊厄，不当拒张飞太甚。权曰："若令子初随世沉浮，容悦玄德，交非其人，何足称为高士乎？"

〔11〕臣松之以为良盖与亮结为兄弟，或相与有亲；亮年长，良故呼亮为尊兄耳。

〔12〕《襄阳记》曰：建兴三年，亮征南中，谡送之数十里。亮曰："虽共谋之历年，今可更惠良规。"谡对曰："南中恃其险远，不服久矣，虽今日破之，明日复反耳。今公方倾国北伐以事强贼。彼知官势内虚，其叛亦速。若殄尽遗类以除后患，既非仁者之情，且又不可仓卒也。夫用兵之道，攻心为上，攻城为下，心战为上，兵战为下，愿公服其心而已。"亮纳其策，赦孟获以服南方。故终亮之世，南方不敢复反。

〔13〕《襄阳记》曰：谡临终与亮书曰："明公视谡犹子，谡视明公犹父，愿深惟殛鲧兴禹之义，使平生之交不亏于此，谡虽死无恨于黄壤也。"于时十万之众为之垂涕。亮自临祭，待其遗孤若平生。蒋琬后诣汉中，谓亮曰："昔楚杀得臣，然后文公喜可知也。天下未定而戮智计之士，岂不惜乎！"亮流涕曰："孙武所以能制胜于天下者，用法明也。是以杨干乱法，魏绛戮其仆。四海分裂，兵交方始，若复废法，何用讨贼邪！"习凿齿曰：诸葛亮之不能兼上国也，岂不宜哉！夫晋人规林父之后济，故废法而收功；楚成暗谬臣之益，故杀之以重败。今蜀僻陋一方，才少上国，而杀其俊杰，退收驽下之用，明法胜才，不师三败之道，将以成业，不亦难乎！且先主诫谡之不可大用，岂不谓其非才也？亮受诫而不获奉承，明谡之难废也。为天下宰匠，欲大收物之力，而不量才节任，随器付业；知之大过，则违明主之诫，裁之失中，即杀有益之人，难乎其可与言智者也。

〔14〕《楚国先贤传》曰：攸之，南阳人，以器业知名于时。

〔15〕《襄阳记》曰：董恢字休绪，襄阳人。入蜀，以宣信中郎副费祎使吴。孙权尝大醉问祎曰："杨仪、魏延，牧竖小人也。虽尝有鸣吠之益于时务，然既已任之，势不得轻，若一朝无诸葛亮，必为祸乱矣。诸君愦愦，曾不知防虑于此，岂所谓贻厥孙谋乎？"祎愕然四顾视，不能即答。恢目祎曰："可速言仪、延之不协起于私忿耳，而无黥、韩难御之心也。今方扫除强贼，混一区夏，功以才成，业由才广，若舍此不任，防其后患，是犹备有风波而逆废舟楫，非长计也。"权大笑乐。诸葛亮闻之，以为知言。还未满三日，辟为丞相府属，迁巴郡太守。臣松之案：《汉晋春秋》亦载此语，不云董恢所教，辞亦小异，此二书俱出习氏而不同若此。本传云"恢年少官微，"若已为丞相府属，出作巴郡，则官不微矣。以此疑习氏之言为不审也。

〔16〕《华阳国志》曰：时蜀人以诸葛亮、蒋琬、费祎及允为四相，一号四英也。

〔17〕臣松之以为陈群子泰，陆逊子抗，传皆以子系父，不别载姓，及王肃、杜恕、张承、顾劭之流，莫不皆然，惟董允独否，未详其意。当以允名位优重，事迹逾父故邪？夏侯玄、陈表并有骍角之美，而亦如泰者，《魏书》总名此卷云《诸夏侯曹传》，故不复稍加品藻。陈武与表俱至偏将军，以位不相过故也。

卷四十　刘彭廖李刘魏杨传第十

刘封者，本罗侯寇氏之子，长沙刘氏之甥也。先主至荆州，以未有继嗣，养封为子。及先主入蜀，自葭萌还攻刘璋，时封年二十余，有武艺，气力过人，将兵俱与诸葛亮、张飞等溯流西上，所在战克。益州既定，以封为副军中郎将。

初，刘璋遣扶风孟达副法正，各将兵二千人，使迎先主，先主因令达并领其众，留屯江陵。蜀平后，以达为宜都太守。建安二十四年，命达从秭归北攻房陵，房陵太守蒯祺为达兵所害。达将进攻上庸，先主阴恐达难独任，乃遣封自汉中乘沔水下统达军，与达会上庸。上庸太守申耽举众降，遣妻子及宗族诣成都。先主加耽征北将军，领上庸太守、员乡侯如故，以耽弟仪为建信将军、西城太守，迁封为副军将军。自关羽围樊城、襄阳，连呼封、达，令发兵自助。封、达辞以山郡初附，未可动摇，不承羽命。会羽覆败，先主恨之。又封与达忿争不和，封寻夺达鼓吹。达既惧罪，又忿恚封，遂表辞先主，率所领降魏[1]。魏文帝善达之姿才容观，以为散骑常侍、建武将军，封平阳亭侯。合房陵、上庸、西城三郡为新都郡，以达领新城太守。遣征南将军夏侯尚、右将军徐晃与达共袭封。达与封书曰："古人有言：'疏不间亲，新不加旧'。此谓上明下直，逸愆不行也。若乃权君讇主，贤父慈亲，犹有忠臣踣功以罹祸，孝子抱仁以陷难，种、商、白起、孝己、伯奇，皆其类也。其所以然，非骨肉好离，亲亲乐患也。或有恩移爱易，亦有谗间其间，虽忠臣不能移之于君，孝子不能变之于父者，势利所加，改亲为仇，况非亲亲乎！故申生、卫伋、御寇、楚建禀受形之气，当嗣立之正，而犹如此。今足下与汉中王，道路之人耳，亲非骨血而据势权，义非君臣而处上位，征则有偏任之威，居则有副军之号，远近所闻也。自立阿斗为太子已来，有识之人相为寒心。如使申生从子舆之言，必为太伯；卫伋听其弟之谋，无彰父之讥也。且小白出奔，入而为霸；重耳逾垣，卒以克复。自古有之，非独今也。

"夫智贵免祸，明尚夙达，仆揆汉中王虑定于内，疑生于外矣；虑定则心固，疑生则心惧，乱祸之兴作，未尝不由废立之间也。私怨人情，不能不见，恐左右必有以间于汉中王矣。然则疑成怨闻，其发若践机耳。今足下在远，尚可假息一时；若大军遂进，足下失据而还，窃相为危之。昔微子去殷，智果别族，违难背祸，犹皆如斯[2]。今足下弃父母而为人后，非礼也；知祸将至而留之，非智也；见正不从而疑之，非义也。自号为丈夫，为此三者，何所贵乎？以足下之才，弃身来东，继嗣罗侯，不为背亲；北面事君，以正纲纪,不为弃旧也;怒不致乱,以免危亡,不为徒行也。加陛下新受禅命,虚心侧席,以德怀远,若足下翻然内向,非但与仆为伦,受三百户封,继统罗国而已,当更剖符大邦,为始封之君。陛下大军,金鼓以震,当转都宛、邓,若二敌不平,军无还期。足下宜因此时早定良计。《易》有'利见大人',《诗》有'自求多福',行矣。今足下勉之,无使狐突闭门不出。"封不从达言。

申仪叛封,封破走还成都。申耽降魏,魏假怀耽集将军,徙居南阳,仪魏兴太守,封员乡侯,屯洵口[3]。封既至,先主责封之侵陵达,又不救羽。诸葛亮虑封刚猛,易世之后终难制御,劝先主因此除之。于是赐封死,使自裁。封叹曰:"恨不用孟子度之言!"先主为之流涕。达本字子敬,避先主叔父敬,改之[4]。

彭羕字永年,广汉人。身长八尺,容貌甚伟。姿性骄傲,多所轻忽,惟敬同郡秦子敕,荐之于太守许靖曰:"昔高宗梦傅说,周文求吕尚,爰及汉祖,纳食其于布衣,此乃帝王之所以倡业垂统,缉熙厥功也。今明府稽古皇极,允执神灵,体公刘之德,行勿翦之惠,《清庙》之作于是乎始,褒贬之义于是乎兴,然而六翮未之备也。伏见处士绵竹秦宓,膺山甫之德,履隽生之直,枕石漱流,吟咏缊袍,偃息于仁义之途,恬淡于浩然之域,高概节行,守真不亏,虽古人潜逿,蔑以加旃。若明府能招致此人,必有忠说落落之誉,丰功厚利,建迹立勋,然后纪功于王府,飞声于来世,不亦美哉!"羕仕州不过书佐,后又为众人所谤毁于州牧刘璋,璋髡钳羕为徒隶。会先主入蜀,溯流北行。羕欲纳说先主,乃往见庞统。统与羕非故人,又适有宾客,羕径上统床卧,谓统曰:"须客罢当与卿善谈。"统客既罢,往就羕坐,羕又先责统食,然后共语,因留信宿,至于经日。统大善之,而法正宿自知羕,遂并致之先主。先主亦以为奇,数令羕宣传军事,指授诸将,奉使称意,识遇日加。成都既定,先主领益州牧,拔羕为治中从事,羕起徒步,一朝处州人之上,形色嚣然,自矜得遇滋甚。诸葛亮虽外接待羕,而内不能善,屡密言先主,羕心大志广,难可保安。先主既敬信亮,加察羕行事,意以稍疏,左迁羕为江阳太守。

羕闻当远出,私情不悦,往诣马超。超问羕曰:"卿才具秀拔,主公相待至重,谓卿当与孔明、孝直诸人齐足并驱,宁当外授小郡,失人本望乎?"羕曰:"老革荒悖,可复道邪[5]!"又谓超曰:"卿为其外,我为其内,天下不足定也。"超羁旅归国,常怀危惧,闻羕言大惊,默然不答。羕退,具表羕辞,于是收羕付有司。

羕于狱中与诸葛亮书曰:"仆昔有事于诸侯,以为曹操暴虐,孙权无道,振威暗弱,其惟主公有霸王之器,可与兴业致治,故乃翻然有轻举之志。会公来西,仆因法孝直自衒鬻,庞统斟酌其间,遂得诣公于葭萌,指掌而谭,论治世之务,讲霸王之义,建取益州之策,公亦宿虑明定,即相然赞,遂举事焉。仆于故州不免凡庸,忧于罪罔,得遭风云激矢之中,求君得君,志行名显,从布衣之中擢为国士,盗窃茂才。分子之厚,谁复过此[6]。羕一朝狂悖,自求菹醢,为不忠不义之鬼乎!先民有言,左手据天下之图,右手刎咽喉,愚夫不为也。况仆颇别菽麦者哉!所以有怨望意者,不自度量,苟以为首兴事业,而有投江阳之论,不解主公之意,意卒感激,颇以被酒,侻失'老'语。此仆之下愚薄虑所致,主公实未老也。且夫立业,岂在老少,西伯九十,宁有衰志,负我慈父,罪有百死。至于内外之言,欲使孟起立功北州,戮力主公,共讨曹操耳,宁敢有他志邪?孟起说之是也,但不分别其间,痛人心耳。昔每与庞统共相誓约,庶托足下末踪,尽心于主公之业,追名古人,载勋竹帛。统不幸而死,仆败以取祸。自我堕之,将复谁怨!足下,当世伊、吕也,宜善与主公计事,济其大猷。天明地察,神祇有灵,复何言哉!贵使足下明仆本心耳。行矣努力,自爱,自爱!"羕竟诛死,时年三十七。

廖立字公渊[7],武陵临沅人。先主领荆州牧,辟为从事,年未三十,擢为长沙太守。先主入蜀,诸葛亮镇荆土,孙权遣使通好于亮,因问士人皆谁相经纬者,亮答曰:"庞统、廖立,楚之良才,当赞兴世业者也。"建安二十年,权遣吕蒙奄袭南三郡,立脱身走,自归先主。先主素识待之,不深责也,以为巴郡太守。二十四年,先主为汉中王,征立为侍中。后主袭位,徙长水校尉。

立本意,自谓才名宜为诸葛亮之贰,而更游散在李严等下,常怏怏。后丞相掾李邵、蒋琬至,立计曰:"军当远出,卿诸人好谛其事。昔先帝不取汉中,走与吴人争南三郡,卒以三郡与吴人,徒劳役吏士,无益而还。既亡汉中,使夏侯渊、张郃深入于巴,几丧一州。后至汉中,使关侯身死无子遗,上庸覆败,徒失一方。是羽怙恃勇名,作军无法,直以意突耳,故前后数丧师众也。如向朗、文恭,凡俗之人耳。恭作治中无纪纲;朗昔奉马良兄弟,谓为圣人,今作长史,素能合道。中郎郭演长,从人者耳,不足与经大事,而作侍中。今弱世也,欲任此三人,为不然也。王连流俗,苟作掊克,使百姓疲弊,以致今日。"邵、琬具白其言于诸葛亮。亮表立曰:"长水校尉廖立,坐自贵大,臧否群士,公言国家不任贤达而任俗吏,又言万人率者皆小子也;诽谤先帝,疵毁众臣。人有言国家兵众简练,部伍分明者,立举头视屋,愤咤作色曰:'何足言!'凡如是者不可胜数。羊之乱群,犹能为害,况立托在大位,中人以下识真伪邪[8]?"于是废立为民,徙汶山郡。立躬率妻子耕殖自守,闻诸葛亮卒,垂泣叹曰:"吾终为左衽矣!"后监军姜维率偏军经汶山,诣立,称立意气不衰,言论自若。立遂终徙所。妻子还蜀。

李严字正方,南阳人也。少为郡职吏,以才干称。荆州牧刘表使历诸郡县。曹公入荆州时,严宰秭归,遂西诣蜀,刘璋以为成都令,复有能名。建安十八年,署严为护军,拒先主于绵竹。严率众降先主,先主拜严裨将军。成都既定,为犍为太守、兴业将军。二十三年,盗贼马秦、高胜等起事于郪[9],合聚部伍数万人,到资中县。时先主在汉中,严不更发兵,但率将郡士五千人讨之,斩秦、胜等首。枝党星散,悉复民籍。又越嶲夷率高定遣军围新道县,严驰往赴救,贼皆破走。加辅汉将军,领郡如故。章武二年,先主征严诣永安宫,拜尚书令。三年,先主疾病,严与诸葛亮并受遗诏辅少主；以严为中都护，统内外军事，留镇永安。建兴元年，封都乡侯，假节，加光禄勋。四年，转为前将军。以诸葛亮欲出军汉中，严当知后事，移屯江州，留护军陈到驻永安，皆统属严。严与孟达书曰："吾与孔明俱受寄托，忧深责重，思得良伴。"亮亦与达书曰："部分如流，趋舍罔滞，正方性也。"其见贵重如此[10]。八年，迁骠骑将军。以曹真欲三道向汉川，亮命严将二万人赴汉中。亮表严子丰为江州都督督军，典严后事。亮以明年当出军，命严以中都护署府事。严改名为平。

九年春，亮军祁山，平催督运事。秋夏之际，值天霖雨，运粮不继，平遣参军狐忠、督军成藩喻指，呼亮来还；亮承以退军。平闻军退，乃更阳惊，说"军粮饶足，何以便归"！欲以解己不办之责，显亮不进之愆也。又表后主，说"军伪退，欲以诱贼与战"。亮具出其前后手笔书疏本末，平违错章灼。平辞穷情竭，首谢罪负。于是亮表平曰："自先帝崩后，平所在治家，尚为小惠，安身求名，无忧国之事。臣当北出，欲得平兵以镇汉中，平穷难纵横，无有来意，而求以五郡为巴州刺史。去年臣欲西征，欲令平主督汉中，平说司马懿等开府辟召。臣知平情，欲因行之际逼臣取利也，是以表平子丰督主江州，隆崇其遇，以取一时之务。平至之日，都委诸事，群臣上下皆怪臣待平之厚也。正以大事未定，汉室倾危，伐平之短，莫若褒之。然谓平情在于荣利而已，不意平心颠倒乃尔。若事稽留，将致祸败，是臣不敏，言多增咎[11]。"乃废平为民，徙梓潼郡[12]。十二年，平闻亮卒，发病死。平常冀亮当自补复，策后人不能，故以激愤也[13]。丰官至朱提太守[14]。

刘琰字威硕，鲁国人也。先主在豫州，辟为从事，以其宗姓，有风流，善谈论，厚亲待之，遂随从周旋，常为宾客。先主定益州，以琰为固陵太守。后主立，封都乡侯，班位每亚李严，为卫尉中军师后将军，迁车骑将军，然不豫国政，但领兵千余，随丞相亮讽议而已。车服饮食，号为侈靡，侍婢数十，皆能为声乐，又悉教诵读《鲁灵光殿赋》。建兴十年，与前军师魏延不和，言语虚诞，亮责让之。琰与亮笺谢曰："琰禀性空虚，本薄操行，加有酒荒之病，自先帝以来，纷纭之论，殆将倾覆。颇蒙明公本其一心在国，原其身中秽垢，扶持全济，致其禄位，以至今日。间者迷醉，言有违错，慈恩含忍，不致之于理，使得全完，保育性命。虽必克己责躬，改过投死，以誓神灵；无所用命，则靡寄颜。"于是亮遣琰还成都，官位如故。

琰失志慌惚。十二年正月，琰妻胡氏入贺太后，太后令特留胡氏，经月乃出。胡氏有美色，琰疑其与后主有私，呼卒五百挝胡，至以履搏面，而后弃遣。胡具以告言琰，琰坐下狱。有司议曰："卒非挝妻之人，面非受履之地。"琰竟弃市。自是大臣妻母朝庆遂绝。

魏延字文长，义阳人也。以部曲随先主入蜀，数有战功，迁牙门将军。先主为汉中王，迁治成都，当得重将以镇汉川，众论以为必在张飞，飞亦以心自许。先主乃拔延为督汉中镇远将军，领汉中太守，一军尽惊。先主大会群臣，问延曰："今委卿以重任，卿居之欲云何？"延对曰："若曹操举天下而来，请为大王拒之；偏将十万之众至，请为大王吞之。"先主称善，众咸壮其言。先主践尊号，进拜镇北将军。建兴元年，封都亭侯。五年，诸葛亮驻汉中，更以延为督前部，领丞相司马、凉州刺史。八年，使延西入羌中，魏后将军费瑶、雍州刺史郭淮与延战于阳溪，延大破淮等，迁为前军师、征西大将军，假节，进封南郑侯。

延每随亮出，辄欲请兵万人，与亮异道会于潼关，如韩信故事，亮制而不许。延常谓亮为怯，叹恨己才用之不尽[15]。延既善养士卒，勇猛过人，又性矜高，当时皆避下之。唯杨仪不假借延，延以为至忿，有如水火。十二年，亮出北谷口，延为前锋。出亮营十里，延梦头上生角，以问占梦赵直，直诈延曰："夫麒麟有角而不用，此不战而贼欲自破之象也。"退而告人曰："角之为字，刀下用也；头上用刀，其凶甚矣。"

秋，亮病困，密与长史杨仪、司马费祎、护军姜维等作身殁之后退军节度，令延断后，姜维次之；若延或不从命，军便自发。亮适卒，秘不发丧，仪令祎往揣延意指。延曰："丞相虽亡，吾自见在。府亲官属便可将丧还葬，吾自当率诸军击贼，云何以一人死废天下之事邪？且魏延何人，当为杨仪所部勒，作断后将乎！"因与祎共作行留部分，令祎手书与己连名，告下诸将。祎绐延曰："当为君还解杨长史，长史文吏，稀更军事，必不违命也。"祎出门，驰马而去，延寻悔，追之已不及矣。延遣人觇仪等，遂使欲案亮成规，诸营相次引军还。延大怒，攒仪未发，率所领径先南归，所过烧绝阁道。延、仪各相表叛逆，一日之中，羽檄交至。后主以问侍中董允、留府长史蒋琬，琬、允咸保仪疑延。仪等槎山通道，昼夜兼行，亦继延后。延先至，据南谷口，遣兵逆击仪等，仪等令何平在前御延。平叱延先登曰："公亡，身尚未寒，汝辈何敢乃尔！"延士众知曲在延，莫为用命，军皆散。延独与其子数人逃亡，奔汉中。仪遣马岱追斩之，致首于仪，仪起自踏之，曰："庸奴！复能作恶不？"遂夷延三族。初，蒋琬率宿卫诸营赴难北行，行数十里，延死问至，乃旋。原延意不北降魏而南还者，但欲除杀仪等。平日诸将素不同，冀时论必当以代亮。本指如此。不便背叛[16]。

杨仪字威公，襄阳人也。建安中，为荆州刺史傅群主簿，背群而诣襄阳太守关羽。羽命为功曹，遣奉使西诣先主。先主与语论军国计策，政治得失，大悦之，因辟为左将军兵曹掾。及先主为汉中王，拔仪为尚书。先主称尊号，东征吴，仪与尚书令刘巴不睦，左迁遥署弘农太守。建兴三年，丞相亮以为参军，署府事，将南行。五年，随亮汉中。八年，迁长史，加绥军将军。亮数出军，仪常规画分部，筹度粮谷，不稽思虑，斯须便了。军戎节度，取办于仪。亮深惜仪之才干，凭魏延之骁勇，常恨二人之不平，不忍有所偏废也。十二年，随亮出屯谷口。亮卒于敌场。仪既领军还，又诛讨延，自以为功勋至大，宜当代亮秉政，呼都尉赵正以《周易》筮之，卦得《家人》，默然不悦。而亮平生密指，以仪性狷狭，意在蒋琬，琬遂为尚书令、益州刺史。仪至，拜为中军师，无所统领，从容而已。

初，仪为先主尚书，琬为尚书郎，后虽俱为丞相参军长史，仪每从行，当其劳剧，自为年宦先琬，才能逾之，于是怨愤形于声色，叹咤之音发于五内。时人畏其言语不节，莫敢从也，惟后军师费祎往慰省之。仪对祎恨望，前后云云，又语祎曰："往者丞相亡没之际，吾若举军以就魏氏，处世宁当落度如此邪！令人追悔不可复及。"祎密表其言。十三年，废仪为民，徙汉嘉郡。仪至徙所，复上书诽谤，辞指激切，遂下郡收仪。仪自杀，其妻子还蜀[17]。

评曰：刘封处嫌疑之地，而思防不足以自卫。彭羕、廖立以才拔进，李严以干局达，魏延以勇略任，李杨以当官显，刘琰旧仕，并咸贵重。览其举措，迹其规矩，招祸取咎，无不自己也。

注：

〔1〕《魏略》载达辞先主表曰："伏惟殿下将建伊、吕之业，追桓、文之功，大事草创，假势吴、楚，是以有为之士深睹归趣。臣委质已来，愆戾山积，臣犹自知，况于君乎！今王朝以兴，英俊鳞集，臣内无辅佐之器，外无将领之才，列次功臣，诚自愧也。臣闻范蠡识微，浮于五湖，咎犯谢罪，逡巡于河上。夫际会之间，请命乞身。何则？欲洁去就之分也。况臣卑鄙，无尺寸功巨勋，自系于时，窃慕前贤，早思远耻。昔申生至孝见疑于亲，子胥至忠见诛于君，蒙恬拓境而被大刑，乐毅破齐而遭逸佞，臣每读其书，未尝不慷慨流涕，而亲当其事，益以伤绝。何者？荆州覆败，大臣失节，百无一还。惟臣寻事，自致房陵、上庸，而复乞身，自放于外。伏想殿下圣恩感悟，愍臣之心，悼臣之举。臣诚小人，不能始终，知而为之，敢谓非罪！臣闻交绝无恶声，去臣无怨辞，臣过奉教于君子，愿君王勉之也。"

〔2〕《国语》曰：智宣子将以瑶为后，智果曰："不如宵也。"宣子曰："宵也佷。"对曰："宵也佷在面，瑶之贤于人者五，其不建者一也。美鬓长大则贤，射御足力则贤，技艺毕给则贤，巧文辩惠则贤，强毅果敢则贤，如是而甚不仁，以五者贤陵人，而不仁行之，其谁能待之！若果立瑶也，智宗必灭。"不听。智果别族于太史氏为辅氏。及智氏亡，惟辅果在焉。

〔3〕《魏略》曰：申仪兄名耽，字义举。初在西平、上庸间聚众数千家，后与张鲁通，又遣使诣曹公，曹公加其号为将军，因使领上庸都尉。至建安末，为蜀所攻，以其郡四属也。黄初中，仪复来还。诏即以兄故号加仪，因拜魏兴太守，封列侯。太和中，仪与孟达不和，数上言达有贰心于蜀，及达反，仪绝蜀道，使救不到。达死后，仪诣宛见司马宣王，宣王劝使来朝。仪至京师，诏转拜仪楼船将军，在礼请中。

〔4〕封子林为牙门将，咸熙元年内移河东。达子兴为议督军，是岁徙还扶风。

〔5〕扬雄《方言》曰：恓、鳃、乾、都、耆、革、老也。郭璞注曰：皆老者皮毛枯瘁之形也。臣松之以为皮去毛曰革。古者以革为兵，故语称兵革，革犹兵也。羕骂备为老革，犹言老兵也。

〔6〕臣松之以"分子之厚"者，羕言刘主分儿子厚恩，施之于己，故其书后语云："负我慈父，罪有百死"也。

〔7〕廖，音理救反。

〔8〕《亮集》有亮表曰："立奉先帝无忠孝之心，守长沙则开门就敌，领巴郡则有暗昧阘茸事，随大将军则诽谤讥诃，侍梓宫则挟刃断人头于梓宫之侧。陛下即位之后，普增职号，立随比为将军，面语臣曰：'我何宜在诸将军中！不表我为卿，上当在五校！'臣答：'将军者，随大比耳。至于卿者，正方亦未为卿也。且宜处五校。'自是之后，怏怏怀恨。"诏曰："三苗乱政，有虞流宥，廖立狂惑，朕不忍刑，亟徙不毛之地。"

〔9〕鬷音淒。

〔10〕《诸葛亮集》有严与亮书，劝亮宜受九锡，进爵称王。亮答书曰："吾与足下相知久矣，可不复相解！足下方诲以光国，戒之以勿拘之道，是以未得默已。吾本东方下士，误用于先帝，位极人臣，禄赐百亿，今讨贼未效，知己未答，而方宠齐、晋，坐自贵大，非其义也。若灭魏斩叡，帝还故居，与诸子并升，虽十命可受，况于九邪！"

〔11〕亮公文上尚书曰："平为大臣，受恩过量，不思忠报，横造无端，危耻不辨，迷罔上下，论狱弃科，导人为奸，情狭志狂，若无天地。自度奸露，嫌心遂生，闻军临至，西向托疾还沮、漳，军临至沮，复还江阳，平参军狐忠勤谏乃止。今篡贼未灭，社稷多难，国事惟和，可以克捷，不可苞含，以危大业。辄与行中军师车骑将军都乡侯臣刘琰，使持节前军师征西大将军领凉州刺史南郑侯臣魏延、前将军都亭侯臣袁綝、左将军领荆州刺史高阳乡侯臣吴壹、督前部右将军玄乡侯臣高翔、督后部后将军安乐亭侯臣吴班、领长史绥军将军臣杨仪、督左部行中监军扬武将军邓芝、行前监军征南将军臣刘巴、行中护军偏将军臣费祎、行前护军偏将军汉成亭侯臣许允、行左护军笃信中郎将臣丁咸、行右护军偏将军臣刘敏、行护军征南将军当阳亭侯臣姜维、行中典军讨虏将军臣上官雝、行中参军昭武中郎将臣胡济、行参军建义将军臣阎晏、行参军偏将军臣爨习、行参军裨将军臣杜义、行参军武略中郎将臣杜祺、行参军绥戎都尉臣盛勃、领从事中郎武略中郎将臣樊岐等议，辄解平任，免官禄、节传、印绶、符策、削其爵土。"

〔12〕诸葛亮又与平子丰教曰："吾与君父子戮力以奖汉室，此神明所闻，非但人知之也。表都典汉中，委君于东关者，不与人议也。谓至心感动，终始可保，何图中乖乎！昔楚卿屡绌，亦乃克复，思道则福，应自然之数也。愿宽慰朱护，勤追前阙。今虽解任，形业失故，奴婢宾客百数十人，君以中郎参军居府，方之气类，犹为上家。若都护思负一意，君与公琰推心从事者，否可复通，逝可复还也。详思斯戒，明吾用心，临书长叹，涕泣而已。"

〔13〕习凿齿曰："昔管仲夺伯氏骈邑三百，没齿而无怨言，圣人以为难。诸葛亮之使廖立垂泣，李平致死，岂徒无怨言而已哉！夫水至平而邪者取法，镜至明而丑者无怨，水镜之所以能穷物而无怨者，以其无私也。水镜无私，犹以免谤，况大人君子怀乐生之心，流矜恕之德，法行而不可不用，刑加乎自犯之罪，爵之而非私，诛之而不怒，天下有不服者乎！诸葛亮于是可谓能用刑矣，自秦、汉以来未之有也。"

〔14〕苏林《汉书音义》曰：朱音铢；提音如北方人名匕曰提也。

〔15〕《魏略》曰：夏侯楙为安西将军，镇长安。亮于南郑与群下计议，延曰："闻夏侯楙少，主婿也，怯而无谋。今假延精兵五千，负粮五千，直从褒中出，循秦岭而东，当子午而北，不过十日可到长安。楙闻延奄至，必乘船逃走。长安中惟有御史、京兆太守耳，横门邸阁与散民之谷足周食也。比东方相合聚，尚二十许日，而公从斜谷来，必足以达。如此，则一举而咸阳以西可定矣。"亮以为此县危，不如安从坦道，可以平取陇右，十全必克而无虞，故不用延计。

〔16〕《魏略》曰：诸葛亮病，谓延等云："我之死后，但谨自守，慎勿复来也。"令延摄行己事，密持丧去。延遂匿之，行至褒口，乃发丧。亮长史杨仪宿与延不和，见延摄行军事，惧为所害，乃张言延欲举众北附，遂率其众攻延。延本无此心，

不战军走,追而杀之。臣松之以为此盖敌国传闻之言,不得与本传争审。

〔17〕《楚国先贤传》云:仪兄虑,字威方。少有德行,为江南冠冕。州郡礼召,诸公辟请,皆不能屈。年十七,夭,乡人号曰德行杨君。

卷四十一
霍王向张杨费传第十一

霍峻字仲邈,南郡枝江人也。兄笃于乡里合部曲数百人。笃卒,荆州牧刘表令峻摄其众。表卒,峻率众归先主,先主以峻为中郎将。先主自葭萌南还袭刘璋,留峻守葭萌城。张鲁遣将杨帛诱峻,求共守城,峻曰:"小人头可得,城不可得。"帛乃退去。后璋将扶禁、向存等帅万余人由阆水上,攻围峻,且一年,不能下。峻城中兵才数百人,伺其怠隙,选精锐出击,大破之,即斩存首。先主定蜀,嘉峻之功,乃分广汉为梓潼郡,以峻为梓潼太守、裨将军。在官三年,年四十卒,还葬成都。先主甚悼惜,乃诏诸葛亮曰:"峻既佳士,加有功于国,欲行酹。"遂亲率群僚临会吊祭,因留宿墓上,当时荣之。

子弋,字绍先,先主末年为太子舍人。后主践阼,除谒者。丞相诸葛亮北驻汉中,请为记室,使与子乔共周旋游处。亮卒,为黄门侍郎。后主立太子璿,以弋为中庶子。璿好骑射,出入无度,弋援引古义,尽言规谏,甚得切磋之体。后为参军、庲降屯副贰都督,又转护军,统事如前。时永昌郡夷獠恃险不宾,数为寇害,乃以弋领永昌太守,率偏军讨之,遂斩其豪帅,破坏邑落,郡界宁静。迁监军、翊军将军,领建宁太守,还统南郡事。景耀六年,进为安南将军。是岁,蜀并于魏。弋与巴东领军襄阳罗宪各保全一方,举以内附,咸因仍前任,宠待有加[1]。

王连字文仪,南阳人也。刘璋时入蜀,为梓潼令。先主起事葭萌,进军来南,连闭城不降,先主义之,不强逼也。及成都既平,以连为什邡令,转在广都,所居有绩。迁司盐校尉,较盐铁之利,利入甚多,有裨国用,于是简取良才以为官属,若吕乂、杜祺、刘幹等,终皆至大官,自连所拔也。迁蜀郡太守、兴业将军,领盐府如故。建兴元年,拜屯骑校尉,领丞相长史,封平阳亭侯。时南方诸郡不宾,诸葛亮将自征之,连谏以为"此不毛之地,疫疠之乡,不宜以一国之望,冒险而行"。亮虑诸将才不及己,意欲必往,而连言辄恳至,故停留者久之。会连卒。子山嗣,官至江阳太守。

向朗字巨达,襄阳宜城人也[2]。荆州牧刘表以为临沮长。表卒,归先主。先主定江南,使朗督秭归、夷道、巫山、夷陵四县军民事。蜀既平,以朗为巴西太守,顷之转任牂牁,又徙房陵。后主践阼,为步兵校尉,代王连领丞相长史。丞相亮南征,朗留统后事。五年,随亮汉中。朗素与马谡善,谡逃亡,朗知情不举,亮恨之,免官还成都。数年,为光禄勋,亮卒后徙左将军,追论旧功,封显明亭侯,位特

进。初,朗少时虽涉猎文学,然不治素检,以吏能见称。自去长史,优游无事垂三十年[3],乃更潜心典籍,孜孜不倦。年逾八十,犹手自校书,刊定谬误,积聚篇卷,于时最多。开门接宾,诱纳后进,但讲论古义,不干时事,以是见称。上自执政,下及童冠,皆敬重焉。延熙十年卒[4]。子条嗣,景耀中为御史中丞[5]。

朗兄子宠,先主时为牙门将。秭归之败,宠营特完。建兴元年封都亭侯,后为中部督,典宿卫兵。诸葛亮当北行,表与后主曰:"将军向宠,性行淑均,晓畅军事,试用于昔,先帝称之曰能,是以众论举宠为督。愚以为营中之事,悉以咨之,必能使行阵和睦,优劣得所也。"迁中领军。延熙三年,征汉嘉蛮夷,遇害。宠弟充,历射声校尉、尚书[6]。

张裔字君嗣,蜀郡成都人也。治《公羊春秋》,博涉《史》、《汉》。汝南许文休入蜀,谓裔干理敏捷,是中夏钟元常之伦也。刘璋时,举孝廉,为鱼复长,还州署从事,领帐下司马。张飞自荆州由垫江入,璋授裔兵,拒张飞于德阳陌下,军败,还成都。为璋奉使诣先主,先主许以礼其君而安其人也,裔还,城门乃开。先主以裔为巴郡太守,还为司金中郎将,典作农战之器。先是,益州郡杀太守正昂,耆率雍闿恩信著于南土,使命周旋,远通孙权。乃以裔为益州太守,径往至郡。闿遂趑趄不宾,假鬼教曰:"张府君如瓠壶,外虽泽而内实粗,不足杀,令缚与吴。"于是遂送裔于权。

会先主薨,诸葛亮遣邓芝使吴,亮令芝言次可从权请裔。裔自至吴数年,流徙伏匿,权未之知也,故许芝遣裔。裔临发,权乃引见。问裔曰:"蜀卓氏寡女,亡奔司马相如,贵土风俗何以乃尔乎?"裔对曰:"愚以为卓氏之寡女,犹贤于买臣之妻。"权又谓裔曰:"君还,必用事西朝,终不作田父于闾里也,将何以报我?"裔对曰:"裔负罪而归,将委命有司。若蒙侥幸得全首领,五十八已前父母之年也。自此已后大王之赐也。"权言笑欢悦,有器裔之色。裔出阁,深悔不能阳愚,即便就船,倍道兼行。权果追之,裔已入永安界数十里,追者不能及。

既至蜀,丞相亮以为参军,署府事,又领益州治中从事。亮出驻汉中,裔以射声校尉领留府长史,常称曰:"公赏不遗远,罚不阿近,爵不可以无功取,刑不可以贵势免,此贤愚之所以佥忘其身者也。"其明年,北诣亮谘事,送者数百,车乘盈路,裔还书与所亲曰:"近者涉道,昼夜接宾,不得宁息,人自敬丞相长史,男子张君嗣附之,疲倦欲死。"其谈啁流速,皆此类也[7]。少与犍为杨恭友善,恭早死,遗孤未数岁,裔迎留,与分屋而居,事恭母如母。恭之子息长大,为之娶妇,买田宅产业,使立门户。抚恤故旧,振赡衰宗,行义甚至。加辅汉将军,领长史如故。建兴八年卒。子毣嗣[8],历三郡守、监军。毣弟郁,太子中庶子。

杨洪字季休,犍为武阳人也。刘璋时历部诸郡。先主定蜀,太守李严命为功曹。严欲徙部治舍,洪固谏不听,遂辞功曹,请退。严欲荐洪于州,为蜀部从事。先主争汉中,急书发兵,军师将军诸葛亮以问洪,洪曰:"汉中则益州咽喉,存亡之机会,若无汉中则无蜀矣,此家门之祸也。方今

之事，男子当战，女子当运，发兵何疑？"时蜀郡太守法正从先主北行，亮于是表洪领蜀郡太守，众事皆办，遂使即真。顷之，转为益州治中从事。

先主既称尊号，征吴不克，还住永安。汉嘉太守黄元素为诸葛亮所不善，闻先主疾病，惧有后患，举郡反，烧临邛城。时亮东行省疾，成都单虚，是以元益无所惮。洪即启太子，遣其亲兵，使将军陈曶、郑绰讨元。众议以为元若不能围成都，当由越巂据南中，洪曰："元素信凶暴，无他恩信，何能办此？不过乘水东下，冀主上平安，面缚归死；如其有异，奔吴求活耳。敕曶、绰但于南安峡口遮，即便得矣。"曶、绰承洪言，果生获元。洪建兴元年赐爵关内侯，复为蜀郡太守、忠节将军，后为越骑校尉，领郡如故。

五年，丞相亮北住汉中，欲用张裔为留府长史，问洪何如？洪对曰："裔天姿明察，长于治剧，才诚堪之，然性不公平，恐不可专任，不如留向朗。朗情伪差少，裔随从目下，效其器能，于事两善。"初，裔少与洪亲善。裔流放在吴，洪临裔郡，裔子郁给郡吏，微过受罚，不特原假。裔后还闻之，深以为恨，与洪情好有损。及洪见亮出，至裔许，具说所言。裔答洪曰："公留我了矣，明府不能止。"时人或疑洪意自欲作长史，或疑洪知裔自嫌，不愿裔处要职，典后事也。后裔与司盐校尉岑述不和，至于忿恨。亮与裔书曰："君昔在陌下，营坏，吾之用心，食不知味；后流进南海，相为悲叹，寝不安席；及其来还，委付大任，同奖王室，自以为与君古之石交也。石交之道，举仇以相益，割骨肉以相明，犹不相谢也，况吾但委意于元俭，而君不能忍邪？"论者由是明洪无私。

洪少不好学问，而忠清款亮，忧公如家，事继母至孝。六年卒官。始洪为李严功曹，严未去至犍为而洪已为蜀郡。洪迎门下书佐何祗，有才策功干，举郡吏，数年为广汉太守，时洪亦尚在蜀郡。是以西土咸服诸葛亮能尽时人之器用也[9]。

费诗字公举，犍为南安人也。刘璋时为绵竹令，先主攻绵竹时，诗先举城降。成都既定，先主领益州牧，以诗为督军从事，出为牂牁太守，还为州前部司马。先主为汉中王，遣诗拜关羽为前将军，羽闻黄忠为后将军，羽怒曰："大丈夫终不与老兵同列！"不肯受拜。诗谓羽曰："夫立王业者，所用非一。昔萧、曹与高祖少小亲旧，而陈、韩亡命后至，论其班列，韩最居上，未闻萧、曹以此为怨。今汉王以一时之功隆崇于汉升，然意之轻重，宁当与君侯齐乎！且王与君侯譬犹一体，同休等戚，祸福共之，愚为君侯不宜计官号之高下、爵禄之多少为意也。仆一介之使，衔命之人，君侯不受拜，如是便还，但相为惜此举动，恐有后悔耳！"羽大感悟，遽即受拜。

后群臣议欲推汉中王称尊号，诗上疏曰："殿下以曹操父子逼主篡位，故乃羁旅万里，纠合士众，将以讨贼。今大敌未克，而先自立，恐人心疑惑。昔高祖与楚约，先破秦者王。及屠咸阳，获子婴，犹怀推让；况今殿下未出门庭，便欲自立邪！愚臣诚不为殿下取也。"由是忤指，左迁部永昌从事[10]。建兴三年，随诸葛亮南行，归至汉阳县，降人李鸿来诣亮，亮见鸿，时蒋琬与诗在坐。鸿曰："间过孟达许，适见王冲从南来，言往者达之去就，明公切齿，欲诛达妻子，赖先主不听耳。达曰：'诸葛亮见顾有本末，终不尔也。'尽不信冲言，委仰明公，无复已已。"亮谓琬、诗曰："还都当有书与子度相闻。"诗进曰："孟达小子，昔事振威不忠，后又背叛先主，反复之人，何足与书邪！"亮默然不答。亮欲诱达以为外援，竟与达书曰："往年南征，岁末乃还，适与李鸿会于汉阳，承知消息，慨然永叹，以存足下平素之志，岂徒空托名荣，贵为乖离乎！呜呼孟子，斯实刘封侵陵足下，以伤先主待士之义。又鸿道王冲造作虚语，云足下量度吾心，不受冲说。寻表明之言，追平生之好，依依东望，故遣有书。"达得亮书，数相交通，辞欲叛魏。魏遣司马宣王征之，即斩灭达。亮亦以达无款诚之心，故不救助也。蒋琬秉政，以诗为谏议大夫，卒于家。

王冲者，广汉人也。为牙门将，统属江州督李严。为严所疾，惧罪降魏。魏以冲为乐陵太守[11]。

评曰：霍峻孤城不倾，王连固节不移，向朗好学不倦，张裔肤敏应机，杨洪乃心忠公，费诗率意而言，皆有可纪焉。以先主之广济，诸葛之准绳，诗吐直言，犹ло陵迟，况庸后乎哉！

注：

[1]《汉晋春秋》曰：霍弋闻魏军来，弋欲赴成都，后主以备敌既定，不听。及成都不守，弋素服号哭，大临三日。诸家咸劝宜速降，弋曰："今道路隔塞，未详主之安危，大故去就，不可苟也。若主上与魏和，见遇以礼，则保境而降，不晚也。若万一危辱，吾拼以死拒之，何论迟速邪！"得后主东迁之问，始率六郡将守上表曰："臣闻人生于三，事之如一，惟难所在，则致其命。今臣国败主附，守死无所，是以委质，不敢有贰。"晋文王善之，又拜南中都督，委以本任。后遣将兵救援吕兴，平交阯、日南、九真三郡，功封列侯，进号崇赏焉。弋孙彪，晋越嶲太守。《襄阳记》曰：罗宪字令则。父蒙，避乱于蜀，官至广汉太守。宪少以才学知名，年十三能属文。后主立太子，为太子舍人，迁庶子、尚书吏部郎，以宣信校尉再" 使于吴，吴人美焉。时黄皓预政，众多附之，宪独不与同，皓恚，左迁巴东太守，时右大将军阎宇都督巴东，为领军，后主拜宪为宇副贰。魏之伐蜀，召宇西还，留宪二千人，令宪守永安城。寻成都败，城中扰动，江边长吏皆弃城走，宪斩称成都乱者一人，百姓乃定。得后主委质问至，乃帅所统临于都亭三日。吴闻蜀败，起吴西上，外托救援，内欲袭宪。宪曰："本朝倾覆，吴为唇齿，不恤我难而徼其利，背盟违约。且汉已亡，吴何得久，宁能为吴降虏乎！"保城缮甲，告誓将士，厉以节义，莫不用命。吴闻钟、邓败，百城无主，有兼幷之志，而巴东固守，兵不得过，使步协率众而西。宪临江拒射，不能御，遣参军杨宗突围北出，告急安东将军陈骞，又送文武印绶、任子诣晋王。协攻城，宪出与战，大破其军。孙休怒，复遣陆抗等帅众三万人增宪之围。被攻凡六月日而救援不到，城中疾病大半。或说宪奔走之计，宪曰："夫为人主，百姓所仰，危不能安，急而弃之，君子不为也，毕命于此矣。"陈骞言于晋王，遣荆州刺史胡烈救宪，抗等引退。晋王即委前任，拜宪凌江将军，封万年亭侯。会武陵四县举众叛吴，以宪为武陵太守、巴东监军。泰始元年改封西鄂县侯。宪遣妻子居洛阳，武帝以子袭为给事中。三年冬，入朝，进位冠军将军、假节。四年三月，从帝宴于华林园，诏问蜀大臣子弟，后问先辈宜时叙用者，宪荐

蜀郡常忌、杜轸、寿良、巴西陈寿、南郡高轨、南阳吕雅、许国、江夏费恭、琅邪诸葛京、汝南陈裕，即皆叙用，咸显于世。宪还，袭取吴之巫城，因上伐吴之策。宪方亮严正，待士不倦，轻财好施，不治产业。六年薨，赠安南将军，谥曰烈侯。子袭，以凌江将军领部曲，早卒，追赠广汉太守。袭之徽，顺阳内史，永嘉五年为王如所杀。此作"献"，名与本传不同，未详孰是也。

〔2〕《襄阳记》曰：朗少师事司马德操，与徐元直、韩德高、庞士元皆亲善。

〔3〕臣松之案：朗坐马谡免长史，则建兴六年中也。朗至延熙十年卒，整二十年耳，此云"三十"，字之误也。

〔4〕《襄阳记》曰：朗遗言戒子曰："《传》称'师克在和不在众'，此言天地和则万物生，君臣和则国家平，九族和则动得所求，静得所安，是以圣人守和，以存以亡者。吾，楚国之小子耳，而早丧所天，为二兄所诱养，使其性行不随禄利以堕。今但贫耳；贫非人患，惟和为贵，汝其勉之！"

〔5〕《襄阳记》曰：条字文豹，亦博学多识，入晋为江阳太守、南中军司马。

〔6〕《襄阳记》曰：魏咸熙元年六月，镇西将军卫瓘至于成都，得璧玉印各一枚，文似"成信"字，魏人宣示百官，藏于相国府。充闻之："吾闻谯周之言：'先帝讳备，其训具也，后主讳禅，其训授也，如言灯已具矣，当授于人也。'今中抚军名炎，而汉年极于炎兴，瑞出成都，而藏之于相国府，此殆天意也。"是岁，拜充为梓潼太守，明年十二月而晋武帝即尊位，炎兴于是乎征焉。孙盛曰：昔公孙述自以起成都，号曰成氏，二玉之文，殆述所作乎！

〔7〕臣松之以为谈嘲贵于机捷，书疏可容留意。今因书疏之巧，以著谈嘲之速，非其理也。

〔8〕罞音忙角反，见《字林》，曰："罞，思貌也。"

〔9〕《益部耆旧传杂记》曰：每朝会，祗次洪坐。嘲祗曰："君马何驶？"祗曰："故吏马不敢驶，但明府未splitted鞭耳。"众传之以为笑。祗字君肃，少寒贫，为人宽厚通济，体甚壮大，又能饮食，好声色，不持俭约，故时人少贵之者。尝梦井中生桑，以问占梦赵直，直曰："桑非井中之物，会当移植；然桑字四十下八，君寿恐不过此。"祗笑言"得此足矣"。初仕郡，后为督军从事。时诸葛亮以法峻密，阴闻祗游戏放纵，不勤所职，尝奄往录狱。众人咸为祗惧。祗密闻之，夜张灯火见囚，读诸解状。诸葛晨往，祗悉已暗诵，答对解释，无所凝滞，亮甚异之。出补成都令，时郫县令缺，以祗兼二县。二县户口猥多，切近都治，饶诸奸秽，每比人，常眠睡，值其觉问，辄得奸诈，众咸畏祗之发摘，或以为有术，无敢欺者。使人投算，祗听其读而心计之，不差升合，其精如此。汶山夷不安，以祗为汶山太守，民夷服信。迁广汉。后夷反叛，辞"令得前何府君，乃能安我耳"！时难复屈祗，拔祗族人为之，汶山复安。转祗为犍为。年四十八卒，如直所言。后有广汉王离，字伯元，亦以才干显。为督军从事，推法平当，稍迁，代祗为犍为太守，治有美绩，虽聪明不及祗，而文采过之也。

〔10〕习凿齿曰：夫创本之君，须大定而后正己，篡统之主，俟速建以系众心，是故惠公朝虏而子圉夕立，更始尚存而光武举号，大岂忘主覆利，社稷之故也。今先主纠合义兵，将以讨贼。贼强祸大，主没国丧，二祖之庙，绝而不祀，苟非亲贤，孰能绍此？嗣祖配天，非咸阳之譬，杖正讨逆，何推让之有？于时此时也，不知速尊有德以奉大统，使民欣反正，世睹旧物，杖顺者齐心，附逆者同惧，可谓暗惑矣。其丑降也宜哉！臣松之以为凿齿论议，惟此议最善。

〔11〕孙盛《蜀世谱》曰：诗子立，晋散骑常侍。自后益州诸费有名位者，多是诗之后也。

卷四十二　杜周杜许孟来尹李谯郤传第十二

　　杜微字国辅，梓潼涪人也。少受学于广汉任安。刘璋辟为从事，以疾去官。及先主定蜀，微常称聋，闭门不出。建兴二年，丞相亮领益州牧，选迎皆妙简旧德，以秦宓为别驾，五梁为功曹，微为主簿。微固辞，舆而致之。既致，亮引见微，微自陈谢。亮以微不闻人语，于坐上与书曰："服闻德行，饥渴历时，清浊异流，无缘咨觏。王元泰、李伯仁、王文仪、杨季休、丁君幹、李永南兄弟、文仲宝等，每叹高志，未见如旧。猥以空虚，统领贵州，德薄任重，惨惨忧虑。朝廷主公今年始十八，天姿仁敏，爱德下士。天下之人思慕汉室，欲与君因天顺民，辅此明主，以隆季兴之功，著勋于竹帛也。以谓贤愚不相为谋，故自割绝，守劳而已，不图自屈也。"微自乞老病求归，亮又与书答曰："曹丕篡弑，自立为帝，是犹土龙刍狗之有名也。欲与群贤因其邪伪，以正道灭之。怪君未有相诲，便欲求还于山野。又丕大兴劳役，以向吴、楚。今因丕多务，且以闭境勤农，育养民物，并治甲兵，以待其挫，然后伐之，可使兵不战民不劳而天下定也。君但当以德辅时耳，不责君军事，何为汲汲欲求去乎！"其敬微如此。拜为谏议大夫，以从其志。

　　五梁者，字德山，犍为南安人也，以儒学节操称。从议郎迁谏议大夫、五官中郎将。

　　周群字仲直，巴西阆中人也。父舒，字叔布，少学术于广汉杨厚，名亚董扶、任安。数被征，终不诣。时人有问："《春秋谶》曰'代汉者当涂高'，此何谓也？"舒曰："当涂高者，魏也。"乡党学者私传其语。群少受学于舒，专心候业。于庭中作小楼，家富多奴，常令奴更直于楼上视天灾，才见一气，即白群，群自上楼观之，不避晨夜。故凡有气候，无不见之者，是以所言多中。州牧刘璋辟以为师友从事[1]。先主定蜀，署儒林校尉。先主欲与曹公争汉中，问群，群对曰："当得其地，不得其民也。若出偏军，必不利，当戒慎之！"时州后部司马蜀郡张裕亦晓占候，而天才过群[2]，谏先主曰："不可争汉中，军必不利。"先主竟不用裕言，果得地而不得民。遣将军吴兰、雷铜等入武都，皆没不还，悉如群言。于是举群茂才。

　　裕又私语人曰："岁在庚子，天下当易代，刘氏祚尽矣。主公得益州，九年之后，寅卯之间当失之。"人密白其言。初，先主与刘璋会涪，时裕为璋从事，侍坐。其人饶须，先主嘲之曰："昔吾居涿县，特多毛姓，东西南北皆诸毛也，涿令称曰'诸毛绕涿居乎'！"裕即答曰："昔有作上党潞长，迁为涿令者，去官还家，时人与书，欲署潞则失涿，欲署涿则失潞，乃署曰'潞涿君'。"先主无须，故裕以此及之。先主常衔其不逊，加忿其漏言，乃显裕谏争汉中不验，下狱，将诛之。诸葛亮表请其罪，先主答曰："芳兰生门，不得不锄。"裕遂弃市。后魏氏之立,先主之薨,皆如裕所刻。又晓相术,每举镜视面,自知刑死,未尝不扑之于地也。

群卒,子巨颇传其术。

杜琼字伯瑜,蜀郡成都人也。少受学于任安,精究安术。刘璋时辟为从事。先主定益州,领牧,以琼为议曹从事。后主践阼,拜谏议大夫,迁左中郎将、大鸿胪、太常。为人静默少言,阖门自守,不与世事。蒋琬、费祎等皆器重之。虽学业入深,初不视天文有所论说。后进通儒谯周常问其意,琼答曰:"欲明此术甚难,须当身视,识其形色,不可信人也。晨夜苦剧,然后知之,复忧漏泄,不如不知,是以不复视也。"周因问曰:"昔周徵君以为当涂高者魏也,其义何也?"琼答曰:"魏,阙名也,当涂而高,圣人取类而言耳。"又问周曰:"宁复有所怪邪?"周曰:"未达也。"琼又曰:"古者名官职不言曹;始自汉已来,名官尽言曹,吏言属曹,卒言侍曹,此殆天意也。"琼年八十余,延熙十三年卒。著《韩诗章句》十余万言,不教诸子,内学无传业者。周缘琼言,乃触类而长之曰:"《春秋传》著秦穆侯名太子曰仇,弟曰成师。师服曰:'异哉君之名子也,嘉耦曰妃,怨耦曰仇,今君名太子曰仇,弟曰成师,始兆乱矣,兄其替乎?'其后果如服言。及汉灵帝名二子曰史侯、董侯,既立为帝,后皆免为诸侯,与师服言相似也。先主讳备,其训具也,后主讳禅,其训授也,如言刘已具矣,当授与人也;意者甚于穆侯、灵帝之名子也。"后宦人黄皓弄权于内,景耀五年,宫中大树无故自折,周深忧之,无所与言,乃书柱曰:"众而大,期之会,具而授,若何复?"言曹者众也,魏者大也,众而大,天下其当会也,具而授,如何复有立者乎? 蜀既亡,咸以周言为验。周曰:"此虽己所推寻,然有所因,由杜君之辞而广之耳,殊无神思独至之异也。"

许慈字仁笃,南阳人也。师事刘熙,善郑氏学,治《易》、《尚书》、《三礼》、《毛诗》、《论语》。建安中,与许靖等俱自交州入蜀。时又有魏郡胡潜,字公兴,不知其所以在益土。潜虽学不沾洽,然卓荦强识,祖宗制度之仪,丧纪五服之数,皆指掌画地,举手可采。先主定蜀,承丧乱历纪,学业衰废,乃鸠合典籍,沙汰众学,慈、潜并为博士,与孟光、来敏等典掌旧文。值庶事草创,动多疑议,慈、潜更相克伐,谤讟忿争,形于声色;书籍有无,不相通借,时寻楚挞,以相震挠[3]。其矜己妒彼,乃至于此。先主愍其若斯,群僚大会,使倡家假为二子之容,效其讼阋之状,酒酣乐作,以为嬉戏,初以辞义相难,终以刀杖相屈,用感切之。潜先没,慈后主世稍迁至大长秋,卒[4]。子勋传其业,复为博士。

孟光字孝裕,河南洛阳人,汉太尉孟郁之族[5]。灵帝末为讲部吏。献帝迁都长安,遂逃入蜀,刘焉父子待以客礼。博物识古,无书不览,尤锐意三史,长于汉家旧典。好《公羊春秋》而讥呵《左氏》,每与来敏争此二义,光常诎诮谨咋[6]。先主定益州,拜为议郎,与许慈等并掌制度。后主践阼,为符节令、屯骑校尉、长乐少府,迁为司农。延熙九年秋,大赦,光于众中责大将军费祎曰:"夫赦者,偏枯之物,非明世所宜有也。衰弊穷极,必不得已,然后乃可权而行之耳。今主上仁贤,百僚称职,有何旦夕之危,倒悬之急,而数施非常之恩,以惠奸宄之恶乎?又鹰隼始击,而更原宥有罪,上犯天时,下违人理。老夫耄朽,不达治体,窃谓斯法难以经久,岂具瞻之高美所望于明德哉!"祎但顾谢踧踖而已。光之指摘痛痒,多如是类。故执政重臣,心不能悦,爵位不登;每直言无所回避,为代所嫌。太常广汉镡承[7]、光禄勋河东裴儁等,年资皆在光后,而登据上列,处光之右,盖以此也[8]。

后进文士秘书郎郤正数从光谘访,光问正太子所习读并其情性好尚,正答曰:"奉亲虔恭,夙夜匪懈,有古世子之风;接待群僚,举动出于仁恕。"光曰:"如君所道,皆家户所有耳;吾今所问,欲知其权略智调何如也。"正曰:"世子之道,在于承志竭欢,既不得妄有所施为,且智调藏于胸怀,权略应时而发,此之有无,焉可豫设也?"光解正慎宜,不为放谈,乃曰:"吾好直言,无所回避,每弹射利病,为世人所讥嫌;省君意亦不甚好吾言,然语有次。今天下未定,智意为先,智意虽有自然,然亦可力强致也。此储君读书,宁当效吾等竭力博识以待访问,如博士探策讲以求爵位邪!当务其急者。"正深谓光言为然。后光坐事免官,年九十余卒。

来敏字敬达,义阳新野人,来歙之后也。父艳,为汉司空[9]。汉末大乱,敏随姊奔荆州,姊夫黄琬是刘璋祖母之侄,故璋遣迎琬妻,敏遂俱与姊入蜀,常为璋宾客。涉猎书籍,善《左氏春秋》,尤精于《仓》、《雅》训诂,好是正文字。先主定益州,署敏典学校尉,及立太子,以为家令。后主践阼,为虎贲中郎将。丞相亮住汉中,请为军祭酒、辅军将军,坐事去职[10]。亮卒后,还成都为大长秋,又免,后累迁为光禄大夫,复坐过黜。前后数贬削,皆以语言不节,举动违常也。时孟光亦以枢机不慎,议论干时,然犹愈于敏,俱以其耆宿学士见礼于世。而敏荆楚名族,东宫旧臣,特加优待,是故废而复起。后以敏为执慎将军,欲令以官重自警戒也。年九十七,景耀中卒。子忠,亦博览经学,有敏风,与尚书向充等并能协赞大将军姜维。维善之,以为参军。

尹默字思潜,梓潼涪人也。益部多贵今文而不崇章句,默知其不博,乃远游荆州,从司马德操、宋仲子等受古学。皆通诸经史,又专精于《左氏春秋》,自刘歆条例,郑众、贾逵父子、陈元、服虔注说,咸略诵述,不复按本。先主定益州,领牧,以为劝学从事。及立太子,以默为仆,以《左氏传》授后主。后主践阼,拜谏议大夫。丞相亮住汉中,请为军祭酒。亮卒,还成都,拜太中大夫,卒。子宗传其业,为博士[11]。

李譔字钦仲,梓潼涪人也。父仁,字德贤,与同县尹默俱游荆州,从司马徽、宋忠等学。譔具传其业,又从默讲论义理,五经、诸子,无不该览,加博好技艺,算术、卜数、医药、弓弩、机械之巧,皆致思焉。始为州书佐、尚书令史。延熙元年,后主立太子,以譔为庶子,迁为仆。转中散大夫、右中郎将，犹侍太子。太子爱其多知，甚悦之。然体轻脱，好戏啁，故世不能重也。著古《易》、《尚书》、《毛诗》、《三礼》、《左氏传》、《太玄指归》，皆依准贾、马，异于郑玄。与王氏殊隔，初不见其所述，而意归多同。景耀中卒。时又有汉中陈术，字申伯，亦博学多闻，著《释问》七篇、《益部耆旧传》及《志》，位历三郡太守。

谯周字允南，巴西西充国人也。父岎，字荣始，治《尚书》，兼通诸经及图、纬。州郡辟请，皆不应，州就假师友从事。周幼孤，与母兄同居。既长，耽古笃学，家贫未尝问产业，诵读典籍，欣然独笑，以忘寝食。研精《六经》，尤善书札。颇晓天文，而不以留意；诸子文章非心所存，不悉遍视也。身长八尺，体貌素朴，性推诚不饰，无造次辩论之才，然潜识内敏。

建兴中，丞相亮领益州牧，命周为劝学从事[12]。亮卒于敌庭，周在家闻问，即便奔赴，寻有诏书禁断，惟周以速行得达。大将军蒋琬领刺史，徙为典学从事，总州之学者。后立太子，以周为仆，转家令。时后主颇出游观，增广声乐。周上疏谏曰："昔王莽之败，豪杰并起，跨州据郡，欲弄神器，于是贤才智士思望所归，未必以其势之广狭，惟其德之薄厚也。是故时更始、公孙述及诸有大众者多已广大，然莫不快情恣欲，怠于为善，游猎饮食，不恤民物。世祖初入河北，冯异等劝之曰：'当行人所不能为'，遂理冤狱，节俭饮食，动遵法度，故北州歌叹，声布四远。于是邓禹自南阳追之，吴汉、寇恂未识世祖，遥闻德行，遂以权计举渔阳、上谷突骑迎于广阿。其余望风慕德者邳彤、耿纯、刘植之徒，至于舆病赍棺，缒负而至者，不可胜数，故能以弱为强，屠王郎、吞铜马、折赤眉而成帝业也。及在洛阳，尝欲小出，车驾已御，铫期谏曰：'天下未宁，臣诚不愿陛下细行数出'，即时还车。及征隗嚣，颍川盗起，世祖还洛阳，但遣寇恂往，恂曰：'颍川以陛下远征，故奸猾起叛，未知陛下还，恐不时降；陛下自临颍川，贼必即降。'遂至颍川，竟如恂言。故非急务，欲小出不敢，至于急务，欲自安不为，故帝者之欲善也如此！故《传》曰'百姓不徙附'，诚以德先之也。今汉遭厄运，天下三分，雄哲之士思望之时也。陛下天姿至孝，丧逾三年，言及陨涕，虽曾、闵不过也。敬贤任才，使之尽力，有逾成、康。故国内和一，大小戮力，臣所不能陈。然臣不胜大愿，愿复广人所不能者。夫挽大重者，其用力苦不众，拔大艰者，其善术苦不广，且承事宗庙者，非徒求其福祐，所以率民尊上也。至于四时之祀，或有不临，池苑之观，或有仍出，臣之愚滞，私不自安。夫忧责在身者，不暇尽乐，先帝之志，堂构未成，诚非尽乐之时。愿省减乐官、后宫所增造，但奉修先帝所施，下为子孙节俭之教。"徙为中散大夫，犹侍太子。

于时军旅数出，百姓凋瘁，周与尚书令陈祗论其利害，退而书之，谓之《仇国论》。其辞曰："因余之国小，而肇建之国大，并争于世而为仇敌。因余之国有高贤卿者，问于伏愚子曰：'今国事未定，上下劳心，往古之事，能以弱胜强者，其术何如？'伏愚子曰：'吾闻之，处大无患者恒多慢，处小有忧者恒思善；多慢则生乱，思善则生治，理之常也。故周文养民，以少取多，勾践恤众，以弱毙强，此其术也。'贤卿曰：'曩者项强汉弱，相与战争，无日宁息，然项羽与汉约分鸿沟为界，各欲归息民；张良以为民志既定，则难动也。寻帅追羽，终毙项氏，岂必由文王之事乎？肇建之国方有疾疢，我因其隙，陷其边陲，觊增其疾而毙之也。'伏愚子曰：'当殷、周之际，王侯世尊，君臣久固，民习所专；深根者难拔，据固者难迁。当此之时，虽汉祖安能杖剑鞭马而取天下乎？当秦罢侯置守之后，民疲秦役，天下土崩，或岁改主，或月易公，鸟惊兽骇，莫知所从，于是豪强并争，虎裂狼分，疾搏者获多，迟后者见吞。今我与肇建皆传国易世矣，既非秦末鼎沸之时，实有六国并据之势，故可为文王，难为汉祖。夫民疲劳则骚扰之兆生，上慢下暴则瓦解之形起。谚曰："射幸数跌，不如审发。"是故智者不为小利移目，不为意似改步，时可而后动，数合而后举，故汤、武之师不再战而克，诚重民劳而度时审也。如遂极武黩征，土崩势生，不幸遇难，虽有智者将不能谋之矣。若乃奇变纵横，出入无间，冲波截辙，超谷越山，不由舟楫不济盟津者，我愚子也。实所不及。'"

后迁光禄大夫，位亚九列。周虽不与政事，以儒行见礼，时访大议，辄据经以对，而后生好事者亦咨问所疑焉。

景耀六年冬，魏大将军邓艾克江由，长驱而前。而蜀本谓敌不便至，不作城守调度，及闻艾已入阴平，百姓扰扰，皆迸山野，不可禁制。后主使群臣会议，计无所出。或以为蜀之与吴，本为和国，宜可奔吴；或以为南中七郡，阻险斗绝，易以自守，宜可奔南。惟周以为："自古以来，无寄他国为天子者也，今若入吴，固当臣服。且政理不殊，则大能吞小，此数之自然也。由此言之，则魏能并(«吴，吴不能并魏明矣。等为小称臣，孰与为大？再辱之耻，何与一辱？且若欲奔南，则当早为之计，然后可果；今大敌以近，祸败将及，群小之心，无一可保，恐发足之日，其变不测，何至南之有乎！"群臣或难周曰："今艾以不远，恐不受降，如之何？"周曰："方今东吴未宾，事势不得不受，受之后，不得不礼。若陛下降魏，魏不裂土以封陛下者，周请身诣京都，以古义争之。"众人无以易周之理。

后主犹疑于入南，周上疏曰："或说陛下以北兵深入，有欲适南之计，臣愚以为不安。何者？南方远夷之地，平常无所供为，犹数反叛，自丞相亮南征，兵势逼之，穷乃率从。是后供出官赋，取以给兵，以为愁怨，此患国之人也。今以穷迫，欲往依恃，恐必复反叛，一也。北兵之来，非但取蜀而已，若奔南方，必因人势衰，及时赴讨，二也。若至南方，外当拒敌，内供服御，费用张广，他无所取，耗损诸夷必甚，甚必速叛，三也。昔王郎以邯郸僭号，时世祖在信都，畏逼于郎，欲弃还关中，邳彤谏曰：'明公西还，则邯郸城民不肯捐父母，背城主，而千里送公，其亡叛可必也。'世祖从之，遂破邯郸。今北兵至，陛下南行，诚恐邳彤之言复信于今，四也。愿陛下早为之图，可获爵土；若遂适南，势穷乃服，其祸必深。《易》曰：'亢之为言，知得而不知丧，知存而不知亡；知得失存亡而不失其正者，其惟圣人乎！'言圣人知命而不苟必也。故尧、舜以子不善，知天有授，而求授人；子虽不肖，祸尚未萌，而迎授于人，况祸以至乎！

故微子以殷王之昆,面缚衔璧而归武王,岂所乐哉,不得已也。"于是遂从周策。刘氏无虞,一邦蒙赖,周之谋也[13]。

时晋文王为魏相国,以周有全国之功,封阳城亭侯。又下书辟周,周发至汉中,困疾不进。咸熙二年夏,巴郡文立从洛阳还蜀,过见周。周语次,因书版示立曰:"典午忽兮,月酉没兮。"典午者谓司马也,月酉者谓八月也,至八月而文王果崩[14]。晋室践阼,累下诏所在发遣周。周遂舆疾诣洛,泰始三年至,以疾不起,就拜骑都尉,周乃自陈无功而封,求还爵土,皆不听许。

五年,予尝为本郡中正,清定事讫,求休还家,往与周别。周语予曰:"昔孔子七十二、刘向、扬雄七十一而没,今吾年过七十,庶慕孔子遗风,可与刘、扬同轨,恐不出后岁,必便长逝,不复相见矣。"疑周以术知之,假此而言也。六年秋,为散骑常侍,疾笃不拜,至冬卒[15]。凡所著述,撰定《法训》、《五经论》、《古史考》之属百余篇[16]。周三子,熙、贤、同。少子同颇好周业,亦以忠笃质素为行,举孝廉,除锡令、东宫洗马,召不就[17]。

郤正字令先,河南偃师人也。祖父俭,灵帝末为益州刺史,为盗贼所杀。会天下大乱,故正父揖因留蜀。揖为将军孟达营都督,随达降魏,为中书令史。正本名纂。少以父死母嫁,单茕只立,而安贫好学,博览坟籍。弱冠能属文,入为秘书吏,转为令史,迁郎,至令。性淡于荣利,而尤耽意文章,自司马、王、扬、班、傅、张、蔡之俦遗文篇赋,及当世美书善论,益部有者,则钻凿推求,略皆寓目。自在内职,与宦人黄皓比屋周旋,经三十年。皓从微至贵,操弄威权,正既不为皓所爱,亦不为皓所憎,是以官不过六百石,而免于忧患。

依则先儒,假文见意,号曰《释讥》,其文继于崔骃《达旨》。其辞曰:"或有讥余者曰:'闻之前记,夫事与时并,名与功偕,然则名之与事,前哲之急务也。是故创制作范,匪时不立,流称垂名,匪功不记,名必须功而方显,事亦俟时以行止,身没名灭,君子所耻。是以达人研道,探赜索微,观天运之符表,考人事之盛衰,辩者驰说,智者应机,谋夫演略,武士奋威,云合雾集,风激电飞,量时揆宜,用取世资,小屈大申,存公忽私,虽尺枉而寻直,终扬光以发辉。今三方鼎峙,九有未乂,悠悠四海,婴丁祸败,嗟道义之沉塞,愍生民之颠沛,此诚圣贤拯救之秋,烈士树功之会也。吾子以高朗之才,珪璋之质,兼览博窥,留心道术,无远不致,无幽不悉;挺身取命,干兹奥秘,踌躇紫闼,喉舌是执,九考不移,有入无出[18],究古今之真伪,计时务之得失。虽时献一策,偶进一言,释彼官责,慰此素飧,固未能输竭忠款,尽沥胸肝,排入立直,惠彼黎元,俾吾徒草莱并有闻焉也。盍亦绥衡缓辔,回轨易涂,舆安驾肆,思马斯徂,审厉揭以投济,要夷庚之赫怆,播秋兰以芳世,副吾徒之披图,不亦盛与!'余闻而叹曰:'呜呼,有若云乎邪! 夫人心不同,实若其面,子虽光丽,既美且艳,管窥筐举,守厥所见,未可以言八纮之形埒,信万事之精练也。'"或人率尔仰而扬衡曰:"是何言与! 是何言与!"

余应之曰:"虞帝以面从为戒,孔圣以悦己为尤,若子之言,良我所思,将为吾子论而释之。昔在鸿荒,濛昧肇初,三皇应箓,五帝承符,爰暨夏、商,前典攸书。姬衰道缺,霸者翼扶,嬴氏惨虐,吞嚼八区,于是从横云起,狙诈如星,奇邪蜂动,智故萌生;或饰真以仇伪,或挟邪以干荣,或诡道以要上,或鬻技以自矜;背正崇邪,弃直就佞,忠无定分,义无常经。故轨法穷而匮作,斯义败而奸成,吕门大而宗灭,韩辩立而身刑。夫何故哉?利回其心,宠耀其目,赫赫龙章,铄铄车服,偷幸苟得,如反如仄,淫邪荒迷,恣睢自极,和鸾未调而身在辕侧,庭宁未践而栋折榱覆。天收其精,地缩其泽,人吊其躬,鬼芟其额。初升高冈,终陨幽壑,朝含荣润,夕为枯魄。是以贤人君子,深图远虑,畏彼咎庆,超然高举,宁曳尾于涂中,秽浊世之休誉。彼岂轻主慢民,而忽于时务哉?盖《易》著行止之戒,《诗》有靖恭之叹,乃神之听之而道使之然也。

自我大汉,应天顺民,政治之隆,皓若阳春,俯宪坤典,仰式乾文,播皇泽以熙世,扬茂化之酝醇,君臣履度,各守厥真;上垂询纳之弘,下有匡救之责,士无虚华之宠,民有一行之迹,粲乎亹亹,尚此忠益。然而道有隆窳,物有兴废,有声有寂,有光有翳。朱阳否于素秋,玄阴抑于孟春,羲和逝而望舒系,运气匮而耀灵陈。冲、质不永,桓、灵坠败,英雄云布,豪杰盖世,家挟殊议,人怀异计,故从横者欻披其胸,狙诈者暂吐其舌也。

今天纲已缀,德树西邻,丕显祖之宏规,縻好爵于士人,兴五教于训俗,丰九德以济民,肃明祀以礿祭,几皇道以辅真。虽峙者未一,伪者未分,圣人垂戒,盖均无贫;故君臣协美于朝,黎庶欣戴于野,动若重规,静若叠矩。济济伟彦,元凯之伦也,有过必知,颜子之仁也,侃侃庶政,冉、季之治也,鹰扬鸷腾,伊、望之事也;总群俊之上略,含薛氏之三计,敷张、陈之秘策,故力征以勤世,援华英而不遑,岂暇修枯籜于榛秽哉!

然吾不才,在朝累纪,托身所天,心焉是恃。乐沧海之广深,叹嵩岳之高峙,闻仲尼之赞商,感乡校之益己,彼平仲之和羹,亦进可而替否;故矇冒瞽说,时有攸献,譬道人之有采于市闾,游童之吟咏乎疆畔,庶以增广福祥,输力规谏。若其合也,则以暗协明,进应灵符;如其违也,自我常分,退守已愚。进退任数,不矫不诬,循性乐天,夫何恨诸?此其所以既入不出,而词若无者也。狭屈氏之常醒,浊渔父之必醉,溷柳季之卑辱,褊夷、叔之高忮。合不以得,违不以失,得不克诎,失不惨悴;不乐前以顾轩,不就后以虑轾,不騖誉以干泽,不辞怨以忌绌。何贵之释? 何贱之恤? 何方之排? 何直之入? 九考不移,固其所执也。

方今朝士山积,髦俊成群,犹鳞介之潜乎巨海,毛羽之集乎邓林,游禽逝不为之鲜,浮鲔臻不为之殷。且阳灵幽于唐叶,阴精应于商时,阳盱请而洪灾息,桑林祷而甘泽滋[19]。行止有道,启塞有期。我师遗训,不怨不尤,委命恭己,我又何辞?辞穷路单,将反初节,综坟典之流芳,寻孔氏之遗艺,缀微辞以存道,宪先轨而投制,魋叔胖之优游,美疏氏之遐逝,收止足以言归,泛皓然以容裔,欣环堵以恬娱,免咎悔于斯世,顾兹心之未泰,惧末涂之泥滞,仍求激而增愤,肆中怀以告誓。昔九方考精于至贵,秦牙沉思于殊形[20];薛烛察宝以飞誉[21],瓠梁托弦以流声[22],齐隶拊髀以济文[23];楚客潜寇以保荆[24];雍门援琴而挟说[25],韩哀秉辔而驰名[26];卢敖翱翔乎玄阙,若士竦身于云清[27]。余实不能齐技于数子,故乃静然守己而自宁。"

景耀六年,后主从谯周之计,遣使请降于邓艾,其书正所造也。明年正月,钟会作乱成都,后主东迁洛阳,时扰攘仓卒,蜀之大臣无翼从者,惟正及殿中督汝南张通,舍妻子单身随侍。后主赖正相导宜适,举动无阙,乃慨然叹息,恨知正之晚。时论嘉之。赐爵关内侯。泰始中,除安阳令,迁巴西太守。泰始八年诏曰:"正昔在成都,颠沛守义,不违忠节,及见受用,尽心干事,有治理之绩,其以正为巴西太守。"咸宁四年卒。凡所著述诗论赋之属,垂百篇。

评曰:杜微修身隐静,不役当世,庶几夷、皓之概。周群占天有征,杜琼沉默慎密,诸生之纯也。许、孟、来、李,博涉多闻,尹默精于《左氏》,虽不以德业为称,信皆一时之学士。谯周词理渊通,为世硕儒,有董、扬之规,郤正文辞灿烂,有张、蔡之风,加其行止,君子有取焉。二子处晋事少,在蜀事多,故著于篇[28]。

注:

[1] 《续汉书》曰:建安七年,越嶲有男子化为女人,时群言哀帝时亦有此,将易代之祥也。至二十五年,献帝果封于山阳。十二年十月,有星孛于鹑尾,荆州分野,群以为荆州牧将死而失土。明年秋,刘表卒,曹公平荆州。十七年十二月,星孛于五诸侯,群以为西方专据土地者皆将失土。是时,刘璋据益州,张鲁据汉中,韩遂据凉州,宋建据枹罕。明年冬,曹公遣偏将击凉州,十九年,获宋建,韩遂逃于羌中,被杀。其年秋,璋失益州。二十年秋,曹公攻汉中,张鲁降。

[2] 裕字南和。

[3] 挠,虚晚反。

[4] 孙盛曰:蜀少人士,故慈、潜等并见载述。

[5] 《续汉书》曰:郁,中常侍孟贲之弟。

[6] 悦,音奴反反。咋,音祖格反。

[7] 《华阳国志》:承子公文,历郡守、少府。

[8] 傅畅《裴氏家记》曰:儁字奉先,魏尚书令潜弟也。儁姊夫为蜀中长史,儁送之,时年十余岁,遂遭汉末大乱,不复得还。既长知名,为蜀所推重也。子越,字令绪,为蜀督军。蜀破,迁还洛阳,拜议郎。

[9] 华峤《后汉书》曰:艳好学下士,开馆养徒众。少历显位,灵帝时位至司空。

[10] 《亮集》有教曰:"将军来敏对上官显言'新人何价功德而夺我荣资与之邪?诸人共憎,我故如是?'敏年老狂悖,生此怨言。昔成都初定,议者以为来敏乱群,先主以新定之际,故遂含容,无所礼用。后刘子初选以为太子家令,先帝不悦而不忍拒也。后主上即位,吾暗于知人,遂复擢为将军祭酒,违议者之审见,背先师所疏外,自谓能以敦厉薄俗,帅之以义。今既不能,表退职,使闭门思愆。

[11] 宋仲子后在魏,《魏略》曰:其子与魏讽谋反,伏诛。魏太子答王朗书曰:"昔石厚与州吁游,父碏知其乱;韩子昵田苏,穆子知其好仁。故君子游必有方,居必就士,诚有以也。嗟乎!宋忠无石子先识之明,老罹此祸。今虽欲愿行灭亲之诛,立纯臣之节,尚可得邪!"

[12] 《蜀记》曰:周初见亮,左右皆笑。既出,有司请推笑者,亮曰:"孤尚不能忍,况左右乎!"

[13] 孙绰评曰:谯周说后主降魏,可乎?曰:自为天子而乞降请命,何耻之深乎!夫为社稷死则死之,为社稷亡则亡之,先君正魏之篡,不与同天矣。推过于其父,俯首而事仇,可谓苟存,岂大居正之道哉! 孙盛曰:《春秋》之义,国君死社稷,卿大夫死位,况天子而可辱于人乎!周谓万乘之君偷生苟免,亡礼希利,要冀微荣,惑矣。且以事势言之,理有未尽。何者?禅虽庸主,实无桀、纣之酷,战虽屡北,未有土崩之乱,纵不能君臣固守,背城借一,自可退次东鄙以思后图。是时罗宪以重兵据白帝,霍弋以强卒镇夜郎。蜀土险狭,山水峻隔,绝嶮激湍,非步卒所涉。若悉取舟楫,保据江州,征兵南中,乞师东国,如此则姜、廖五将自然云从,吴之三师承命电赴,何投寄之无所而虑于必亡邪?魏师之来,寨国大举,欲追则舟楫靡资,欲留则师老多虞。且屈伸有会,情势代起,徐因思奋之民,以攻骄惰之卒,此越王所以败阖闾,田单所以摧骑劫也,何为匆匆遽自囚虏,下坚壁于敌人,致矸石之至恨哉?葛生有云:"事之不济则已耳,安能复为之下!"壮哉斯言,可以立懦夫之志矣。观古燕、齐、荆、越之败,或国覆主灭,或鱼悬鸟窜,终能建功立事,康复社稷,岂曰天助,抑亦人谋也。向使怀苟存之计,纳谯周之言,何邦基之能构,令名之可获哉?禅既暗主,周实驽臣,方之申包、田单、范蠡、大夫种,不亦远乎!

[14] 《华阳国志》曰:文立字广休,少治《毛诗》、《三礼》,兼通群书。刺史费祎命为从事,入为尚书郎,复辟书大将军东曹掾,稍迁尚书。蜀并于魏,梁州建,首为别驾从事,举秀才。晋泰始二年,拜济阴太守,迁太子中庶子。立上言:"故蜀大官及尽忠死事者子孙,虽仕郡国,或有不才,同之齐民为剧;又诸葛亮、蒋琬、费祎等子孙流徙中畿,各宜量才叙用,以慰巴、蜀之心,倾吴人之望。"事皆施行。转散骑常侍,献可替否,多所补纳。稍迁卫尉,中朝服其贤雅,为时名卿。咸宁末卒。立章奏诗赋论颂凡数十篇。

[15] 《晋阳秋》载诏曰:"朕甚悼之,赐朝服一具,衣一袭,钱十五万。"周息熙上言,周临终属熙曰:"久抱疾,未曾朝见,若国恩赐朝服衣物者,勿以加身。当还旧墓,道险行难,豫作轻棺。殡殓已毕,上还所赐。"诏还衣服。给棺直。

[16] 《益部耆旧传》:益州刺史董荣图画周像于州学,命从事李通颂之曰:"抑抑谯侯,好古述儒,宝道怀真,鉴世盈虚,雅名美迹,终始是书。我后钦贤,无言不誉,攀诸前哲,丹青是图。嗟尔来叶,鉴兹显模。"

[17] 周长子熙。熙子秀,字彦远。《晋阳秋》曰:秀性清静,不交于世,知将大乱,豫绝人事,从兄弟及诸姿里不与相见。州郡辟命,及李雄盗蜀,安车征秀,又雄叔父骧、骧子寿辟命,皆不应。常蹑鹿皮,躬耕山薮。永和三年,安西将军桓温平蜀,表荐秀曰:"臣闻大朴既亏,则高尚之标显;道丧时昏,则忠贞之义彰。故有洗耳投渊以振玄邈之风,亦有秉心矫迹以惇在三之节。是以上代之君,莫不崇重斯轨,所以笃俗训民,静一流竞。伏惟大晋应符御世,运无常通,时有屯蹇,神州丘墟,三方圮裂,《兔罝》绝响于中林,《白驹》无闻于空谷,斯有识之所悼心,大雅之所叹息者也。陛下圣德嗣兴,方恢天绪。臣昔奉役,有事西土,鲸鲵既县,思宣大化。访诸故老,搜扬潜逸,庶武罗于羿、浞之墟,想王蠋于亡齐之境。窃闻巴西谯秀,植操贞固,抱德肥遁,扬清渭波。于时皇极遘道消之会,群黎蹈颠沛之艰,中华有顾瞻之哀,幽谷无迁乔之望;凶命屡招,奸威仍逼,身寄虎吻,危同朝露,而能抗

节玉立,誓不降辱,杜门绝迹,不面伪庭,进免龚胜亡身之祸,退无薛方诡对之讥;虽园、绮之栖商、洛,管宁之默辽海,方之于秀,殆无以过。于今西土,以为美谈。夫旌德礼贤,化道之所先,崇表殊节,圣哲之上务。方今六合未康,豺狼当路,遗黎偷薄,义声弗闻,益宜振起此义之徒,以敦流遁之弊。若秀蒙蒲帛之征,足以镇静颓风,轨训器俗;幽遐仰流,九服知化矣。"及萧敬叛乱,避难宕渠川中,乡人宗族冯依者以百数。秀年八十,众人以其笃老,欲代之负担,秀拒曰:"各有老弱,当先营救。吾气力自足堪此,不以垂朽之年累诸君也。"后十余年,卒于家。

〔18〕《尚书》曰:三载考绩,三考黜陟幽明。九考则二十七年。

〔19〕《淮南子》曰:禹为水,以身请于阳盱之河,汤苦旱,以身祷于桑林之际,圣人之忧民,如此其明也。《吕氏春秋》:昔殷汤克夏桀而天下大旱,三年不收,汤乃以身祷于桑林曰:"余一人有罪,无及万方,万方有罪,在余一人,无以一人之不敏,使上帝鬼神伤民之命。"汤于是剪其发,攦其爪,自以为牺牲,用祈福于上帝。民乃甚悦。雨乃大至。

〔20〕《淮南子》曰:秦穆公谓伯乐曰:"子之年长矣,子姓有可使求马者乎?"对曰:"良马,可以形容筋骨相也。相天下之马者,若灭若没,若失若亡,其一若此马者,绝尘却辙。臣之子皆下才也,可告以良马而不可告以天下之马。天下之马,臣有所与共儋缠采薪九方堙,此其相马,非臣之下也,请见之。"穆公见之,使之求马,三月而反,报曰:"已得马矣,在于沙丘。"穆公曰:"何马也?"对曰:"牝而黄。"使人往取之,牡而骊。穆公不悦,召伯乐而问之曰:"败矣,子之所使求马者也!毛物牝牡尚弗能知,又何马之能知?"伯乐喟然太息曰:"一至此乎!是乃其所以千万臣而无数者也。若堙之所观者天机也,得其精而忘其粗,在其内而忘其外,见其所见,不见其所不见,视其所视而遗其所不视,若彼之所相者,乃有贵乎马者。"马至,而果天下之马也。《淮南子》又曰:伯乐、寒风、秦牙、葛青,所相各异,其知马一也。盖九方观其精,秦牙察其形。

〔21〕《越绝书》曰:昔越王句践有宝剑五枚,闻于天下。客有能相剑者名薛烛,王召而问之:"吾有宝剑五,请以示子。"乃取豪曹、巨阙,薛烛曰:"皆非也。"又取纯钩、湛卢,烛曰:"观其剑钞,烂烂如列宿之行,观其光,浑浑如水之将溢于塘,观其文,涣涣如冰将释,此所谓纯钩邪?"王曰:"是也。"王曰:"客有直之者,有市之乡三,骏马千匹,千户之都二,可乎?"薛烛曰:"不可。当造此剑之时,赤堇之山破而出锡,若邪之溪涸而出铜,雨师洒洒,雷公击鼓,太一下观,天精下之,欧冶乃因天之精,悉其伎巧,一曰纯钩,二曰湛卢。今赤堇之山已合,若邪之溪深而不测,欧冶子已死,虽倾城量金,珠玉竭河,独不得此一物,有市之乡三,骏马千匹,千户之都二,亦何足言与!"

〔22〕《淮南子》曰:瓠巴鼓瑟而鳣鱼听之。又曰:瓠梁之歌可随也,而以歌者不可为也。

〔23〕臣松之曰:按此谓孟尝君田文下坐客,能作鸡鸣以济其厄者也。凡作鸡鸣,必先拊髀,以效鸡之拊翼也。

〔24〕《淮南子》曰:楚将子发好求技道之士。楚有善为偷者,往见曰:"闻君求技道之士,臣偷也,愿以技备一卒。"子发闻之,衣不及带,冠不暇正,出见而礼之。左右谏曰:"偷者,天下之盗也,何为礼之?"君曰:"此非左右之所得与。"后无几何,齐兴兵伐楚。子发将师以当之,兵三却。楚贤大夫皆尽其计而悉破之,齐师愈强。于是卒偷进请曰:"臣有薄技,愿为君行之。"君曰:"诺。"偷即夜出,解齐将军之畴帐,而献

子发。子发使人归之。曰:"卒有出采薪者,得将军之帐,使归于执事。"明日又复往取枕,子发又使归之,明日又复往取簪,子发又使归之。齐师闻之大骇,将军与军吏谋曰:"今日不去,楚军恐取吾头矣!"即旋师而去。

〔25〕桓谭《新论》曰:雍门周以琴见,孟尝君曰:"先生鼓琴,亦能令文悲乎?"对曰:"臣之所能令悲者,先贵而后贱,昔富而今贫,摈压穷巷,不交四邻;不若身材高妙,怀质抱真,逢逸罹谤,怨结而不得信;不若交欢而结爱,无怨而生离,远赴绝国,无相见期;不若幼无父母,壮无妻儿,出以野泽为邻,入用埵穴为家,困于朝夕,无所假贷。若此人者,但闻飞鸟之号,秋风鸣条,则伤心矣,臣一为之援琴而长太息,未有不凄恻而涕泣者也。今若足下,居则广厦高堂,连阃洞房,下罗帷,来清风,倡优在前,诣谀侍侧,扬激楚,舞郑妾,流声以娱耳,练色以淫目;水戏则舫龙舟,建羽旗,鼓钓乎不测之渊;野游则登平原,弛广囿,强弩下高鸟,勇士格猛兽;置酒娱乐,沈醉忘归。方此之时,视天地曾不若一指,虽有善鼓琴,未能动足下也。"孟尝君曰:"固然!"雍门周曰:"然臣窃为足下有所常悲。夫角帝而困秦者井,连五国而伐楚者又井也。天下未尝无事,不从即衡;从成则楚王,衡成则秦帝。夫以秦、楚之强而报怨薛,犹磨萧斧而伐朝菌也,有识之士,莫不为足下寒心。天道不常盛,寒暑更进退,千秋万岁之后,宗庙必不血食。高台既已倾,曲池又已平,坟墓生荆棘,狐狸穴其中,游儿牧竖踯躅其足而歌其上曰:'孟尝君之尊贵,亦犹若是乎!'"于是孟尝君喟然太息,涕泪承睫而未下。雍门周引琴而鼓之,徐动宫徵,叩角羽,终而成曲,孟尝君遂欷歔而就之曰:"先生鼓琴,令文立若亡国之人也。"

〔26〕《吕氏春秋》曰:韩哀作御。王褒《圣主得贤臣颂》曰:及至驾啮膝,参乘旦,王良执靶,韩哀附舆,纵驰骋骛,忽如景靡,过都越国,蹶如历块,追奔电,逐遗风,周流八极,万里一息,何其辽哉!人马相得也。

〔27〕《淮南子》曰:卢敖游乎北海,经乎太阴,入乎玄阙,至于蒙毂之上,见一士焉,深目而玄准,庆颈而鸢肩,丰上而杀下,轩轩然方迎风而舞,顾见卢敖慢然下其臂,遁逃乎碑下。卢敖俯而视之,方卷龟壳而食合梨。卢敖乃与之语曰:"惟敖为背群离党,穷观于六合之外者,非敖而已乎!敖幼而好游,长不喻解,周行四极,惟北阴之不窥,今卒睹夫子于是,子殆可与敖为交乎?"若士者龅然而笑曰:"嘻乎!子中州民,宁肯而远至此? 此犹光乎日月而戴列星,阴阳之所行,四时之所生,此其比夫不名之地,犹突奥也。若我南游乎罔罝之野,北息于沈墨之乡,西穷冥冥之党,东贯鸿濛之光,此其下无地而上无天,听焉无闻,视焉则冥,此其外犹有沈沈之泛,其余一举而千万里,吾犹未能之在。今子游始至于此,乃语穷观,岂不亦远哉!然子处矣,吾与汗漫期于九垓之上,吾不可以久。"若士举臂而竦身,遂入云中。卢敖仰而视之,弗见乃止,曰:"吾比夫子也,犹黄鹄之与壤虫,终日行不离咫尺,自以为远,不亦悲哉!"

〔28〕张璠以为谯周所陈降魏之策,盖素料刘禅懦弱,心无害戾,故得行也。如遇忿肆之人,虽无他算,忿矜殉鄙耻,或发怒妄诛,以立一时之威,快其斯须之意者,此亦夷灭之祸云。

卷四十三
黄李吕马王张传第十三

黄权字公衡,巴西阆中人也。少为郡吏,州牧刘璋召

为主簿。时别驾张松建议，宜迎先主，使伐张鲁。权谏曰："左将军有骁名，今请到，欲以部曲遇之，则不满其心，欲以宾客礼待，则一国不容二君。若客有泰山之安，则主有累卵之危。可但闭境，以待河清。"璋不听，竟遣使迎先主，出权为广汉长。及先主袭取益州，将帅分下郡县，郡县望风景附，权闭城坚守，须刘璋稽服，乃诣降先主。先主假权偏将军[1]。及曹公破张鲁，鲁走入巴中，权进曰："若失汉中，则三巴不振，此为割蜀之股臂也。"于是先主以权为护军，率诸将迎鲁。鲁已还南郑，北降曹公，然卒破杜濩、朴胡，杀夏侯渊，据汉中，皆权本谋也。

先主为汉中王，犹领益州牧，以权为治中从事。及称尊号，将东伐吴，权谏曰："吴人悍战，又水军顺流，进易退难，臣请为先驱以尝寇，陛下宜为后镇。"先主不从，以权为镇北将军，督江北军以防魏师；先主自在江南。及吴将军陆议乘流断围，南军败绩，先主引退。而道隔绝，权不得还，故率将所领降于魏。有司执法，白收权妻子。先主曰："孤负黄权，权不负孤也。"待之如初[2]。

魏文帝谓权曰："君舍逆效顺，欲追踪陈、韩邪？"权对曰："臣过受刘主殊遇，降吴不可，还蜀无路，是以归命。且败军之将，免死为幸，何古人之可慕也！"文帝善之，拜为镇南将军，封育阳侯，加侍中，使之陪乘。蜀降人或云诛权妻子，权知其虚言，未便发丧[3]。后得审问，果如所言。及先主薨问至，魏群臣咸贺而权独否。文帝察权有局量，欲试惊之，遣左右诏权，未至之间，累催相属，马使奔驰，交错于道，官属侍从莫不碎魄，而权举止颜色自若。后领益州刺史，徙占河南。大将军司马宣王深器之，问权曰："蜀中有卿辈几人？"权笑而答曰："不图明公见顾之重也！"宣王与诸葛亮书曰："黄公衡，快士也，每坐起叹述足下，不去口实。"景初三年，蜀延熙二年，权迁车骑将军，仪同三司[4]。明年卒，谥曰景侯。子邕嗣。邕无子，绝。

权留蜀子崇，为尚书郎，随卫将军诸葛瞻拒邓艾。到涪县，瞻盘桓未进，崇屡劝瞻宜速行据险，无令敌得入平地。瞻犹与未纳，崇至于流涕。会艾长驱而前，瞻却战至绵竹，崇帅厉军士，期于必死，临阵见杀。

李恢字德昂，建宁俞元人也。仕郡督邮，姑夫爨习为建伶令，有违犯之事，恢坐习免官。太守董和以习方土大姓，寝而不许[5]。后贡恢于州，涉道未至，闻先主自葭萌还攻刘璋。恢知璋之必败、先主必成，乃托名马使，北诣先主，遇于绵竹。先主嘉之，从至雒城，遣恢至汉中交好马超，超遂从命。成都既定，先主领益州牧，以恢为功曹书佐、主簿。后为亡虏所诬，引恢谋反，有司执送，先主明其不然，更迁恢为别驾从事。章武元年，庲降都督邓方卒，先主问恢："谁可代者？"恢对曰："人之才能，各有长短，故孔子曰'其使人也器之'。且夫明主在上，则臣下尽情，是以先零之役，赵充国曰'莫若老臣'。臣窃不自量，惟陛下察之。"先主笑曰："孤之本意，亦已在卿矣。"遂以恢为庲降都督，使持节领交州刺史，住平夷县[6]。

先主薨，高定恣睢于越巂，雍闿跋扈于建宁，朱褒反叛于牂牁。丞相亮南征，先由越巂，而恢案道向建宁。诸县大相纠合，围恢军于昆明。时恢众少敌倍，又未得亮声息，绐谓南人曰："官军粮尽，欲规退还，吾中间久斥乡里，乃今得旋，不能复北，欲还与汝等同计谋，故以诚相告。"南人信之，故围守怠缓。于是恢出击，大破之，追奔逐北，南至槃江，东接牂牁，与亮声势相连。南土平定，恢军功居多，封汉兴亭侯，加安汉将军。后军还，南夷复叛，杀害守将。恢身往扑讨，锄尽恶类，徙其豪帅于成都，赋出叟、濮耕牛战马金银犀革，充继军资，于时费用不乏。

建兴七年，以交州属吴，解恢刺史。更领建宁太守，以还居本郡。徙居汉中，九年卒。子遗嗣。恢弟子球，羽林右部督，随诸葛瞻拒邓艾，临阵授命，死于绵竹。

吕凯字季平，永昌不韦人也[7]。仕郡五官掾、功曹。时雍闿等闻先主薨于永安，骄黠滋甚。都护李严与闿书六纸，解喻利害，闿但答一纸曰："盖闻天无二日，土无二王，今天下鼎立，正朔有三，是以远人惶惑，不知所归也。"其桀慢如此。闿又降于吴，吴遥署闿为永昌太守。永昌既在益州郡之西，道路壅塞，与蜀隔绝，而郡太守改易，凯与府丞蜀郡王伉帅厉吏民，闭境拒闿。闿数移檄永昌，称说云云。凯答檄曰："天降丧乱，奸雄乘衅，天下切齿，万国悲悼，臣妾大小，莫不思竭筋力，肝脑涂地，以除国难。伏惟将军世受汉恩，以为当躬聚党众，率先启行，上以报国家，下不负先人，书功竹帛，遗名千载。何期臣仆吴越，背本就末乎？昔舜勤民事，陨于苍梧，书籍嘉之，流声无穷。崩于江浦，何足可悲！文、武受命，成王乃平。先帝龙兴，海内望风，宰臣聪睿，自天降康。而将军不睹盛衰之纪，成败之符，譬如野火在原，蹈履河冰，火灭冰泮，将何所依附？曩者将军先君雍侯，造怨而封，窦融知兴，归志世祖，皆流名后叶，世歌其美。今诸葛丞相英才挺出，深睹未萌，受遗托孤，翊赞季兴，与众无忌，录功忘瑕。将军若能翻然改图，易迹更步，古人不难追，鄙土何足宰哉！盖闻楚国不恭，齐桓是责，夫差僭号，晋人不长，况臣于非主，谁肯归之邪？窃惟古义，臣无越境之交，是以前后有来无往。重承告示，发愤忘食，故略陈所怀，惟将军察焉。"凯威恩内著，为郡中所信，故能全其节。

及丞相亮南征讨闿，既发在道，而闿已为高定部曲所杀。亮至南，上表曰："永昌郡吏吕凯、府丞王伉等，执忠绝域，十有余年，雍闿、高定逼其东北，而凯等守义不与交通。臣不意永昌风俗敦直乃尔！"以凯为云南太守，封阳迁亭侯。会为叛夷所害，子祥嗣。而王伉亦封亭侯，为永昌太守[8]。

马忠字德信，巴西阆中人也。少养外家，姓狐，名笃，后乃复姓，改名忠。为郡吏，建安末举孝廉，除汉昌长。先主东征，败绩猇亭，巴西太守阎芝发诸县兵五千人以补遗阙，遣忠送往。先主已还永安，见忠与语，谓尚书令刘巴曰："虽亡黄权，复得狐笃，此为世不乏贤也。"建兴元年，丞相亮开府，以忠为门下督。三年，亮入南，拜忠牂牁太守。郡丞朱褒反。叛乱之后，忠抚育恤理，甚有威惠。八年，召为丞相参军，副长史蒋琬署留府事。又领州治中从事。明年，亮出祁山，忠诣亮所，经营戎事。军还，督将军张嶷等讨汶山郡叛羌。十一年，南夷豪帅刘胄反，扰乱诸郡。征庲降都督张翼还，以忠代翼。忠遂斩胄，平南土。加忠监军、奋威将军，封博阳亭侯。初，建宁郡杀太守正昂，缚太守张裔于吴，故都督常驻平夷县。至忠，乃移治味县，处民夷之间。又越嶲郡亦久失土地，忠率将太守张嶷开复旧郡，由此就加安南将军，进封彭乡亭侯。延熙五年还朝，因至汉中，见大司马蒋琬，宣传诏旨，加拜镇南大将军。七年春，大将军费祎北御魏敌，留忠成都，平尚书事。祎还，忠乃归南。十二年卒，子脩嗣[9]。

忠为人宽济有度量，但诙啁大笑，忿怒不形于色。然处事能断，威恩并立，是以蛮夷畏而爱之。及卒，莫不自致丧庭，流涕尽哀，为之立庙祀，迄今犹在。

张表，时名士，清望逾忠。阎宇，宿有功干，于事精勤。继踵在忠后，其威风称绩，皆不及忠[10]。

王平字子均，巴西宕渠人也。本养外家何氏，后复姓王。随杜濩、朴胡诣洛阳，假校尉，从曹公征汉中，因降先主，拜牙门将、裨将军。建兴六年，属参军马谡先锋。谡舍水上山，举措烦扰，平连规谏谡，谡不能用，大败于街亭。众尽星散，惟平所领千人鸣鼓自持，魏将张郃疑其伏兵，不往逼也。于是平徐徐收合诸营遗迸，率将士而还。丞相亮既诛马谡及将军张休、李盛，夺将军黄袭等兵，平特见崇显，加拜参军，统五部兼当营事，进位讨寇将军，封亭侯。九年，亮围祁山，平别守南围。魏大将军司马宣王攻亮，张郃攻平，平坚守不动，郃不能克。十二年，亮卒于武功，军退还，魏延作乱，一战而败，平之功也。迁后典军、安汉将军，副车骑将军吴壹住汉中，又领汉中太守。十五年，进封安汉侯，代壹督汉中。延熙元年，大将军蒋琬住沔阳，平更为前护军，署琬府事。六年，琬还住涪，拜平前监军、镇北大将军，统汉中。

七年春，魏大将军曹爽率步骑十余万向汉川，前锋已在骆谷。时汉中守兵不满三万，诸将大惊。或曰："今力不足以拒敌，听当固守汉、乐二城，遇贼令入，比尔间，涪军足得救关。"平曰："不然。汉中去涪垂千里。贼若得关，便为祸也。今宜先遣刘护军、杜参军据兴势，平为后拒；若贼分向黄金，平率千人下自临之，比尔间，涪军行至，此计之上也。"惟护军刘敏与平意同，即便施行。涪诸军及大将军费祎自成都相继而至，魏军退还，如平本策。是时，邓芝在东，马忠在南，平在北境，咸著名迹。

平生长戎旅，手不能书，其所识不过十字，而口授作书，皆有意理。使人读《史》、《汉》诸纪传，听之，备知其大义，往往论说不失其指。遵履法度，言不戏谑，从朝至夕，端坐彻日，恒无武将之体，然性狭侵疑，为人自轻，以此为损焉。十一年卒，子训嗣。

初，平同郡汉昌句扶忠勇宽厚[11]，数有战功，功名爵位亚平，官至左将军，封宕渠侯[12]。

张嶷字伯岐，巴郡南充国人也[13]。弱冠为县功曹。先主定蜀之际，山寇攻县，县长捐家逃亡，嶷冒白刃，携负夫人，夫人得免。由是显名，州召为从事。时郡内士人龚禄、姚伷位二千石，当世有声名，皆与嶷友善。建兴五年，丞相亮北住汉中，广汉绵竹山贼张慕等钞盗军资，劫略吏民，嶷以都尉将兵讨之。嶷度其鸟散，难以战禽，乃诈与和亲，克期置酒。酒酣，嶷身率左右，因斩慕等五十余级，渠帅悉殄。寻其余类，旬日清泰。后得疾病困笃，家素贫匮，广汉太守蜀郡何祗，名为通厚，嶷宿与疏阔，乃自舆诣祗，托以治疾。祗倾财医疗，数年除愈。其党道信义皆此类也。拜为牙门将，属马忠，北讨汶山叛羌，南平四郡蛮夷，辄有筹画战克之功[14]。十四年，武都氐王苻健请降，遣将军张尉往迎，过期不到，大将军蒋琬深以为念。嶷平之曰："苻健求附款至，必无他变，素闻健弟狡黠，又夷狄不能同功，将有乖离，是以稽留耳。"数日，问至，健弟果将四百户就魏，独健来从。

初，越嶲郡自丞相亮讨高定之后，叟夷数反，杀太守龚禄、焦璜，是后太守不敢之郡，只住安上县，去郡八百余里，其郡徒有名而已。时论欲复旧郡，除嶷为越嶲太守，嶷将所领往之郡，诱以恩信，蛮夷皆服，颇来降附。北徼捉马最骁劲，不承节度，嶷乃往讨，生缚其帅魏狼，又解纵告喻，使招怀余类。表拜狼为邑侯，种落三千余户皆安土供职。诸种闻之，多渐降服，嶷以功赐爵关内侯。苏祁邑君冬逢、逢弟隗渠等，已降复反。嶷诛逢。逢妻，旄牛王女，嶷以计原之。而渠逃入西徼。渠刚猛捷悍，为诸种深所畏惮，遣所亲二人诈降嶷，实取消息。嶷觉之，许以重赏，使为反间，二人遂合谋杀渠。渠死，诸种皆安。又斯都耆帅李求承，昔手杀龚禄，嶷求募捕得，数其宿恶而诛之。始嶷以郡郛宇颓坏，更筑小坞。在官三年，徙还故郡，缮治城郭，夷种男女莫不致力。定莋、台登、卑水三县去郡三百余里，旧出盐铁及漆，而夷徼久自固食。嶷率所领夺取，署长吏焉。嶷之到定莋，定莋率豪狼岑，槃木王舅，甚为蛮夷所信任，忿嶷自侵，不自来诣。嶷使壮士数十直往收致，挞而杀之，持尸还种，厚加赏赐，喻以狼岑之恶，且曰："无得妄动，动即珍矣！"种类咸面缚谢过。嶷杀牛飨宴，重申恩信，遂获盐铁，器用周瞻。汉嘉郡界旄牛夷种类四千余户，其率狼路欲为姑婿冬逢报怨，遣叔父离将逢众相度形势。嶷逆遣亲近赍牛酒劳赐，又令离逢妻宣畅意旨。离既受赐，并见其姊，姊弟欢悦，悉率所领来诣嶷，嶷厚加赏待，遣还。旄牛由是辄不为患。郡有旧道，经旄牛中至成都，既平且近；自旄牛绝道，已百余年，更由安上，既险且远。嶷遣左右赍货币赐路，重令路姑喻意，路乃率兄弟妻子悉诣嶷，嶷与盟誓，开通旧道，千里肃清，复古亭驿。奏封路为旄牛眗毗王，遣使将路朝贡。后主于是加嶷抚戎将军，领郡如故。

嶷初见费祎为大将军，恣性泛爱，待信新附太过，嶷书戒之曰："昔岑彭率师，来歙杖节，咸见害于刺客。今明将军位尊权重，宜鉴前事，少以为警。"后祎果为魏降人郭脩所害。吴太傅诸葛恪以初破魏军，大兴兵众以图攻取。侍中诸葛瞻，丞相亮之子，恪从弟也，嶷与书曰："东主初崩，帝实幼弱，太傅受寄托之重，亦何容易！亲以周公之才，犹有管、蔡流言之变，霍光受任，亦有燕、盖、上官逆乱之谋，赖成、昭之明，以免斯难耳。昔每闻东主杀生赏罚，不任下人，又今以垂没之命，卒召太傅，属以后事，诚实可虑。加吴、楚剽急，乃昔所记，而太傅离少主，履敌庭，恐非良计长算之术也。虽云东家纲纪肃然，上下辑睦，百有一失，非明者之虑邪？揆古则今，今则古也，自非郎君进忠言于太傅，谁复有尽言者也！旋军广农，务行德惠，数年之中，东西并举，实为不晚，愿深采察。"恪竟以此夷族。嶷识见多如是类。

在郡十五年，邦域安穆。屡乞求还，乃征诣成都。民夷恋慕，扶毂泣涕，过旄牛邑，邑君襁负来迎，及追寻至蜀郡界，其督相率随嶷朝贡者百余人。嶷至，拜荡寇将军，慷慨壮烈，士人咸多贵之，然放荡少礼，人亦以此讥焉[15]，是岁延熙十七年也。魏狄道长李简密书请降，卫将军姜维率嶷等因简之资以出陇西[16]。既到狄道，简悉率城中吏民出迎军。军前与魏将徐质交锋，嶷临阵陨身，然其所杀伤亦过倍。既亡，封长子瑛西乡侯，次子护雄袭爵。南土越嶲民夷闻嶷死，无不悲泣，为嶷立庙，四时水旱辄祀之[17]。

评曰：黄权弘雅思量，李恢公亮志业，吕凯守节不回，马忠扰而能毅[18]，王平忠勇而严整，张嶷识断明果，咸以所长，显名发迹，遇其时也。

注：

[1] 徐众《评》曰：权既忠谏于主，又闭城拒守，得事君之礼。武王下车，封比干之墓，表商容之闾，所以大显忠贤之士，而明示所贵之旨。先生假权将军，善矣，然犹薄少，未足彰忠义之高节，而大劝为善者之心。

[2] 臣松之以为汉武用虚罔之言，灭李陵之家，刘主拒宪司所执，宥黄权之室，二主得失县邈远矣。《诗》云"乐只君子，保艾胧尔后"，其刘主之谓也。

[3] 《汉魏春秋》曰：文帝诏令发表，权答曰："臣与刘、葛推诚相信，明臣本志。疑惑未实，请须后问。"

[4] 《蜀记》曰：魏明帝问权："天下鼎立，当以何地为正？"权对曰："当以天文为正。往者荧惑守心而文皇帝崩，吴、蜀二主平安，此其征也。"

[5] 《华阳国志》曰：习后官至领军。

[6] 臣松之讯之蜀人，云庲降地名，去蜀二千余里，时未有宁州，号为南中，立此职以总摄之。晋泰始中，始分为宁州。

[7] 孙盛《蜀世谱》曰：初，秦徙吕不韦子弟宗族于蜀汉。汉武帝时，开西南夷，置郡县，徙吕氏以充之，因曰不韦县。

[8] 《蜀世谱》曰：吕祥后与南夷校尉，祥子及孙世为永昌太守，李雄破宁州，诸吕不肯附，举郡固守。王伉等亦守正节。

[9] 恢弟恢。恢子义，晋建宁太守。

[10] 《益部耆旧传》曰：张表，肃子也。《华阳国志》云：表，张松子，未详。阎宇字文平，南郡人也。

[11] 句，古候反。

[12] 《华阳国志》曰：后张翼、廖化并为大将军，时人语曰："前有王、句，后有张、廖。"

[13] 《益部耆旧传》曰：嶷出自孤微，而少有通壮之节。

[14] 《益部耆旧传》曰：嶷受兵马三百人，随马忠讨叛羌。嶷别督数营在先，至他里。邑所有高峻，嶷山立上四五里。羌于要厄作石门，于门上施床，积石于其上，过者下石椎击之，无不糜烂。嶷度不可得攻，乃使译告晓之曰："汝汶山诸种反叛，伤害良善，天子命将讨灭恶类。汝等若稽颡过军，资给粮费，福禄永隆，其报百倍。若终不从，大兵致诛，雷击电下，虽追悔之，亦无及也。"耆帅得命，即出诣嶷，给粮过军。

军前讨余种，余种闻他里已下，悉恐怖失所，或迎军出降，或奔窜山谷，放兵攻击，军以克捷。后南夷刘胄又反，以马忠为督庲降讨胄，嶷复属焉，战斗常冠军首，遂斩胄。平南事讫，牂牁、兴古獠种复反，忠令嶷领诸营往讨，嶷内招降得二千人，悉传诣汉中。

[15] 《益部耆旧传》曰：时车骑将军夏侯霸谓嶷曰："虽与足下疏阔，然托心如旧，宜明此意。"嶷答曰："仆未知子，子未知我，大道在彼，何云托心乎！愿三年之后徐陈斯言。"有识之士以为美谈。

[16] 《益部耆旧传》曰：嶷风湿固疾，至都浸笃，扶杖然后能起。李简请降，众议狐疑，而嶷曰必然。姜维之出，时论以嶷初还，股疾不能在行中，由是嶷自乞肆力中原，致身敌庭。临发，辞后主曰："臣当值圣明，受恩过量，加以疾病在身，常恐一朝陨没，辜负荣遇。天不违愿，得豫戎事。若凉州克定，臣为藩表守将；若有未捷，杀身以报。"后主慨然为之流涕。

[17] 《益部耆旧传》曰：余观张嶷仪貌辞令，不能骇人，而其策略足以入算，果烈足以立威，为臣有忠诚之节，处类有亮直之风，而动必顾典，后主深崇之。虽古之英士，何以远逾哉！《蜀世谱》：嶷孙奕，晋梁州刺史。

[18] 《尚书》：扰而毅。郑玄注曰：扰，驯也。致果曰毅。

卷四十四
蒋琬费祎姜维传第十四

蒋琬字公琰，零陵湘乡人也。弱冠与外弟泉陵刘敏俱知名。琬以州书佐随先主入蜀，除广都长。先主尝因游观奄至广都，见琬众事不理，时又沉醉，先主大怒，将加罪戮。军师将军诸葛亮请曰："蒋琬，社稷之器，非百里之才也。其为政以安民为本，不以修饰为先，愿主公重加察之。"先主雅敬亮，乃不加罪，仓卒但免官而已。琬见推之后，夜梦有一牛头在门前，流血滂沱，意甚恶之，呼问占梦赵直。直曰："夫见血者，事分明也。牛角及鼻，'公'字之象，君位必当至公，大吉之征也。"顷之，为什邡令。先主为汉中王，琬入为尚书郎。建兴元年，丞相亮开府，辟琬为东曹掾。举茂才，琬固让刘邕、阴化、庞延、廖淳，亮教答曰："思惟背亲舍德，以殄百姓，众人既不隐于心，实又使远近不解其义，是以君宜显其功举，以明此选之清重也。"迁为参军。五年，亮住汉中，琬与长史张裔统留府事。八年，代裔为长史，加抚军将军。亮数外出，琬常足食足兵以相供给。亮每言："公琰托志忠雅，当与吾共赞王业者也。"密表后主曰："臣若不幸，后事宜以付琬。"亮卒，以琬为尚书令，俄而加行都护，假节，领益州刺史，迁大将军，录尚书事，封安阳亭侯。时新丧元帅，远近危悚。琬出类拔萃，处群僚之右，既无戚容，又无喜色，神守举止，有如平日，由是众望渐服。延熙元年，诏琬曰："寇难未弭，曹叡骄凶，辽东三郡苦其暴虐，遂相纠结，与之离隔。叡大兴众役，还相攻伐。曩秦之亡，胜、广首难，今有此变，斯乃天时。君其治严，总帅诸军屯住汉中，须吴举动，东西掎角，以乘其衅。"又命琬开府，明年就加为大司马。

东曹掾杨戏素性简略，琬与言论，时不应答。或欲构戏于琬曰："公与戏语而不见应，戏之慢上，不亦甚乎！"琬曰:"人心不同,各如其面;面从后言,古人之所诫也。戏欲赞吾是耶,则非其本心,欲反吾言,则显吾之非,是以默然,是戏之快也。"又督农杨敏曾毁琬曰:"作事愦愦,诚非及前人。"或以白琬,主者请推治敏,琬曰:"吾实不如前人,无可推也。"主者重据听不推,则乞问其愦愦之状。琬曰:"苟其不如,则事不当理,事不当理,则愦愦矣。复何问邪?"后敏坐事系狱,众人犹惧其必死,琬心无适莫,得免重罪。其好恶存道,皆此类也。

琬以为昔诸葛亮数窥秦川,道险运艰,竟不能克,不若乘水东下。乃多作舟船,欲由汉、沔袭魏兴、上庸。会旧疾连动,未时得行。而众论咸谓如不克捷,还路甚难,非长策也。于是遣尚书令费祎、中监军姜维等喻指。琬承命上疏曰:"芟秽弭难,臣职是掌。自臣奉辞汉中,已经六年,臣既暗弱,加婴疾疢,规方无成,夙夜忧惨。今魏跨带九州,根蒂滋蔓,平除未易。若东西并力,首尾犄角,虽未能速得如志,且当分裂蚕食,先摧其支党。然吴期二三,连不克果,俯仰惟艰,实忘寝食。辄与费祎等议,以凉州胡塞之要,进退有资,贼之所惜;且羌、胡万心思汉如渴,又昔偏军入羌,郭淮破走,算其长短,以为事首,宜以姜维为凉州刺史。若维征行,衔持河右,臣当帅军为维镇继。今涪水陆四通,惟急是应,若东北有虞,赴之不难。"由是琬遂还住涪。疾转增剧,至九年卒,谥曰恭。

子斌嗣,为绥武将军、汉城护军。魏大将军钟会至汉城,与斌书曰:"巴蜀贤智文武之士多矣,至于足下、诸葛思远,譬诸草木,吾气类也。桑梓之敬,古今所敦。西到,欲奉瞻尊大君公侯墓,当洒扫坟茔,奉祠致敬。愿告其所在!"斌答书曰:"知惟臭味意眷之隆,雅托通流,未拒来谓也。亡考昔遭疾疢,亡于涪县,卜云其吉,遂安厝之。知君西迈,乃欲屈驾修敬坟墓。视予犹父,颜子之仁也,闻命感怆,以增情思。"会得斌书报,嘉叹意义,及至涪,如其书云。

后主既降邓艾,斌诣会于涪,待以交友之礼。会至成都,为乱兵所杀。斌弟显,为太子仆,会亦爱其才学,与斌同时死。

刘敏,左护军、扬威将军,与镇北大将军王平俱镇汉中。魏遣大将军曹爽袭蜀,时议者或谓但可守城,不出拒敌,必自引退。敏以男女布野,农谷栖亩,若听敌入,则大事去矣。遂帅所领与平据兴势,多张旗帜,弥亘百余里。会大将军费祎从成都至,魏军即退,敏以功封云亭侯。

费祎字文伟,江夏鄳人也[1]。少孤,依族父伯仁。伯仁姑,益州牧刘璋之母也。璋遣使迎仁,仁将祎游学入蜀。会先主定蜀,祎遂留益土,与汝南许叔龙、南郡董允齐名。时许靖丧子,允与祎欲共会其葬所。允白父和请车,和遣开后鹿车给之。允有难载之色,祎便从前先上。及至丧所,诸葛亮及诸贵人悉集,车乘甚鲜,允犹神色未泰,而祎晏然自若。持车人还,和问之,知其如此,乃谓允曰:"吾常疑汝于文伟优劣未别也,而今而后,吾意了矣。"

先主立太子,祎与允俱为舍人,迁庶子。后主践位,为黄门侍郎。丞相亮南征还,群寮于数十里逢迎,年位多在祎右,而亮特命祎同载,由是众人莫不易观。亮以初从南归,以祎为昭信校尉使吴。孙权性既滑稽,嘲啁无方,诸葛恪、羊道等才博果辩,论难锋至,祎辞顺义笃,据理以答,终不能屈[2]。权甚器之,谓祎曰:"君天下淑德,必当股肱蜀朝,恐不能数来也[3]。"还,迁为侍中。亮北住汉中,请祎为参军。以奉使称旨,频烦至吴。建兴八年,转为中护军,后又为司马。值军师魏延与长史杨仪相憎恶,每至并坐争论,延或举刃拟仪,仪泣涕横集。祎常入坐其间,谏喻分别,终亮之世,各尽延、仪之用者,祎匡救之力也。亮卒,祎为后军师。顷之,代蒋琬为尚书令[4]。琬自汉中还涪,祎迁大将军,录尚书事。

延熙七年,魏军次于兴势,假祎节,率众往御之。光禄大夫来敏至祎许别,求共围棋。于时羽檄交驰,人马擐甲,严驾已讫,祎与敏留意对戏,色无厌倦。敏曰:"向聊观试君耳!君信可人,必能办贼者也。"祎至,敌遂退,封成乡侯[5]。琬固让州职,祎复领益州刺史。祎当国功名,略与琬比[6]。十一年,出住汉中。自琬及祎,虽自身在外,庆赏刑威,皆遥先咨断,然后乃行,其推任如此。后十四年夏,还成都,成都望气者云新邑无宰相位,故冬复北屯汉寿。延熙十五年,命祎开府。十六年岁首大会,魏降人郭循在坐。祎欢饮沉醉,为循手刃所害,谥曰敬侯。子承嗣,为黄门侍郎。承弟恭,尚公主[7]。祎长女配太子璿为妃。

姜维字伯约,天水冀人也。少孤,与母居。好郑氏学[8]。仕郡上计掾,州辟为从事。以父囧昔为郡功曹,值羌、戎叛乱,身卫郡将,没于战场,赐维官中郎,参本郡军事。建兴六年,丞相诸葛亮军向祁山,时天水太守适出案行,维及功曹梁绪、主簿尹赏、主记梁虔等从行。太守闻蜀军垂至而诸县响应,疑维等皆有异心,于是夜亡保上邽。维等觉太守去,追迟,至城门,城门已闭,不纳。维等相率还冀,冀亦不入维。维等乃俱诣诸葛亮。会马谡败于街亭,亮拔将西县千余家及维等还,故维遂与母相失[9]。亮辟维为仓曹掾,加奉义将军,封当阳亭侯,时年二十七。亮与留府长史张裔、参军蒋琬书曰:"姜伯约忠勤时事,思虑精密,考其所有,永南、季常诸人不如也。其人凉州上士也。"又曰:"须先教中虎步兵五六千人。姜伯约甚敏于军事,既有胆义,深解兵意。此人心存汉室,而才兼于人,毕教军事,当遣诣宫,觐见主上[10]。"后迁中监军、征西将军。

十二年,亮卒,维还成都,为右监军、辅汉将军,统诸军,进封平襄侯。延熙元年,随大将军蒋琬住汉中。琬既迁大司马,以维为司马,数率偏军西入。六年,迁镇西大将军,领凉州刺史。十年,迁卫将军,与大将军费祎共录尚书事。是岁,汶山平康夷反,维率众讨定之。又出陇西、南安、金城界,与魏大将军郭淮、夏侯霸等战于洮西。胡王治无戴等举部落降,维将还安处之。十二年,假维节,复出西平,不克而还。维自以练西方风俗,兼负其才武,欲诱诸羌、胡以为羽翼,谓自陇以西可断而有也。每欲兴军大举,费祎常裁制不从,与其兵不过万人[11]。

十六年春,祎卒。夏,维率数万人出石营,经董亭,围南安,魏雍州刺史陈泰解围至洛门,维粮尽退还。明年,加督中外军事。复出陇西,守狄道长李简举城降。进围襄武,与魏将徐质交锋,斩首破敌,魏军败退。维乘胜多所降下,拔河关、狄道、临洮三县民还。后十八年,复与车骑将军夏侯霸等俱出狄道,大破魏雍州刺史王经于洮西,经众死者数万人。经退保狄道城,维围之。魏征西将军陈泰进兵解围,维却住钟题。

十九年春,就迁维为大将军。更整勒戎马,与镇西大将军胡济期会上邽,济失誓不至,故维为魏大将邓艾所破于段谷,星散流离,死者甚众。众庶由是怨讟,而陇已西亦骚动不宁,维谢过引负,求自贬削。为后将军,行大将军事。

二十年,魏征东大将军诸葛诞反于淮南,分关中兵东下。维欲乘虚向秦川,复率数万人出骆谷,径至沈岭。时长城积谷甚多而守兵乃少,闻维方到,众皆惶惧。魏大将军司马望拒之,邓艾亦自陇右,皆军于长城。维前住芒水,皆倚山为营。望、艾傍渭坚围,维数下挑战,望、艾不应。景耀元年,维闻诞破败,乃还成都。复拜大将军。

初,先主留魏延镇汉中,皆实兵诸围以御外敌,敌若来攻,使不得入。及兴势之役,王平捍拒曹爽,皆承此制。维建议,以为错守诸围,虽合《周易》"重门"之义,然适可御敌,不获大利。不若使闻敌至,诸围皆敛兵聚谷,退就汉、乐二城,使敌不得入平,且重关镇守以捍之。有事之日,令游军并进以伺其虚。敌攻关不克,野无散谷,千里县粮,自然疲乏。引退之日,然后诸城并出,与游军并力搏之,此殄敌之术也。于是令督汉中胡济却住汉寿,监军王含守乐城,护军蒋斌守汉城,又于西安、建威、武卫、石门、武城、建昌、临远皆立围守。

五年,维率众出汉、侯和,为邓艾所破,还住沓中。维本羁旅托国,累年攻战,功绩不立,而宦官黄皓等弄权于内,右大将军阎宇与皓协比,而皓阴欲废维树宇。维亦疑之,故自危惧,不复还成都[12]。六年,维表后主:"闻钟会治兵关中,欲规进取,宜并遣张翼、廖化督诸军分护阳安关口、阴平桥头以防未然。"皓征信鬼巫,谓敌终不自致,启后主寝其事,而群臣不知。及钟会将向骆谷,邓艾将入沓中,然后乃遣右车骑廖化诣沓中为维援,左车骑张翼、辅国大将军董厥等诣阳安关口以为诸围外助。比至阴平,闻魏将诸葛绪向建威,故住待之。月余,维为邓艾所摧,还住阴平。钟会攻围汉、乐二城,遣别将进攻关口,蒋舒开城出降,傅佥格斗而死[13]。会攻乐城,不能克,闻关口已下,长驱而前。翼、厥甫至汉寿,维、化亦舍阴平而退,适与翼、厥合,皆退保剑阁以拒会。会与维书曰:"公侯以文武之德,怀迈世之略,功济巴、汉,声畅华夏,远近莫不归名。每惟畴昔,尝同大化,吴札、郑乔,能喻斯好。"维不答书,列营守险。会不能克,粮运县远,将议还归。

而邓艾自阴平由景谷道傍入,遂破诸葛瞻于绵竹。后主请降于艾,艾前据成都。维等初闻瞻破,或闻后主欲固守成都,或闻欲东入吴,或闻欲南入建宁,于是引军由广汉、郪道以审虚实。寻被后主敕令,乃投戈放甲,诣会于涪军前,将士咸怒,拔刀斫石[14]。

会厚待维等,皆权还其印号节盖。会与维出则同舆,坐则同席,谓长史杜预曰:"以伯约比中土名士,公休、太初不能胜也[15]。"会既构邓艾,艾槛车征,因将维等诣成

都,自称益州牧以叛[16]。欲授维兵五万人,使为前驱。魏将士愤发,杀会及维,维妻子皆伏诛[17]。

郤正著论论维曰:"姜伯约据上将之重,处群臣之右,宅舍弊薄,资财无余,侧室无妾媵之亵,后庭无声乐之娱,衣服取供,舆马取备,饮食节制,不奢不约,官给费用,随手消尽;察其所以然者,非以激贪厉浊,抑情自割也,直谓如是为足,不在多求。凡人之谈,常誉成毁败,扶高抑下,咸以姜维投厝无所,身死宗灭,以是贬削,不复料擿,异乎《春秋》褒贬之义矣。如姜维之乐学不倦,清素节约,自一时之仪表也[18]。"

维昔所俱至蜀,梁绪官至大鸿胪,尹赏执金吾,梁虔大长秋,皆先蜀亡没。

评曰:蒋琬方整有威重,费祎宽济而博爱,咸承诸葛之成规,因循而不革,是以边境无虞,邦家和一,然犹未尽治小之宜,居静之理也[19]。姜维粗有文武,志立功名,而玩众黩旅,明断不周,终致陨毙。《老子》有云:"治大国者犹烹小鲜。"况于区区蕞尔,而可屡扰乎哉?

注:

〔1〕郪,音盲。

〔2〕《祎别传》曰:孙权每别酌好酒以饮祎,视其已醉,然后问以国事,并论当世之务,辞难累至。祎辄辞以醉,退而撰次所问,事事条答,无所遗失。

〔3〕《祎别传》曰:权乃以手中常所执宝刀赠之,祎答曰:"臣以不才,何以堪明命?然刀所以讨不庭、禁暴乱者也,但愿大王勉建功业,同奖汉室,臣虽暗弱,终不负东顾。"

〔4〕《祎别传》曰:于时军国多事,公务烦猥,祎识悟过人,每省读书记,举目暂视,已究其意旨,其速数倍于人,终亦不忘。常以朝晡听事,其间接纳宾客,饮食嬉戏,加之博弈,每尽人之欢,事亦不废。董允代祎为尚书令,欲斅祎之所行,旬日之中,事多愆滞。允乃叹曰:"人才力相县若此其远,此非吾之所及也。听事终日,犹有不暇尔。"

〔5〕殷基《通语》曰:司马懿诛曹爽,祎设甲乙论平其是非。甲以为曹爽兄弟凡品庸人,苟以宗子枝属,得蒙顾命之任,而骄奢僭逸,交非其人,私树朋党,谋以乱国。懿奋诛讨,一朝殄尽,此所以称其任,副士民之望也。乙以为懿感曹仲付己不一,岂爽与相干?事势不专,以此阴成疵瑕。初无忠告侃尔之训,一朝屠戮,捍其不意,岂大人经国笃本之事乎?若爽信有谋主之心,大逆已构,而发兵之日,更以芳委爽兄弟。懿父子从后闭门举兵,蹙而向芳,必不悉宁,忠臣为君深虑之谓乎?以此推之,爽无大恶明矣。若懿以爽奢僭,废之刑之可也,灭其尺口,被以不义,绝子丹血食,及何晏子魏之亲甥,亦与同戮,为僭滥不当矣。

〔6〕《祎别传》曰:祎雅性谦素,家不积财。儿子皆令布衣素食,出入不从车骑,无异凡人。

〔7〕《祎别传》曰:恭为尚书郎,显名当世,早卒。

〔8〕《傅子》曰:维为人好立功名,阴养死士,不修布衣之业。

〔9〕《魏略》曰:天水太守马遵将维及诸官属随雍州刺史郭淮偶自西至洛门案行,会闻亮已到祁山,淮顾遵曰:"是欲不善!"遂驱东还上邽。遵念所治冀县界乎西偏,又恐吏民乐乱,遂亦随淮去。时维谓遵曰:"明府当还冀。"遵谓维等曰:"卿诸人回复信,皆贼也。"各自行。维亦无如遵何,而家在冀,遂与

郡吏上官子脩等还冀。冀中吏民见维等大喜,便推令见亮。二人不获已,乃共诣亮。亮见,大悦。未及遣迎冀中人,会亮前锋为张郃、费繇等所破,遂将维等却缩。维不得还,遂入蜀。诸军攻冀,皆得维母妻子,亦以维本无去意,故不没其家,但系保官以延之。此语与本传不同。

〔10〕孙盛《杂记》曰:初,姜维诣亮,与母相失,复得母书,令求当归。维曰:"良田百顷,不在一亩,但有远志,不在当归也。"

〔11〕《汉晋春秋》曰:费祎谓维曰:"吾等不如丞相亦已远矣;丞相犹不能定中夏,况吾等乎!且不如保国治民,敬守社稷,如其功业,以俟能者,无以为希冀徼幸而决成败于一举。若不如志,悔之无及。"

〔12〕《华阳国志》曰:维恶黄皓恣擅,启后主欲杀之。后主曰:皓趋走小臣耳,往董允等齿,吾常恨之,君何足介意!"维见皓枝附叶连,惧于失言,逊辞而出。后主敕皓诣维陈谢。维说皓求沓中种麦,以避内逼耳。

〔13〕《汉晋春秋》曰:蒋舒将出降,乃诡谓傅佥曰:"今贼至不击而闭城自守,非良图也。"佥曰:"受命保城,惟全为功,今违命出战,若丧师负国,死无益矣。"舒曰:"子以保城获全为功,我以出战克敌为功,请各行其志。"遂率众出。金谓其战也,至阴平,以降胡烈。烈乘虚袭城,金格斗而死,魏人义之。《蜀记》:蒋舒为武兴督,在事无称。蜀命人代之,因留舒助汉中守。舒恨,故开城出降。

〔14〕干宝《晋纪》云:会谓维曰:"来何迟乎?"维正色流涕曰:"今日见此为速矣!"会甚奇之。

〔15〕《世语》曰:时蜀官属皆天下英俊,无出维右。

〔16〕《汉晋春秋》曰:会阴怀异图,维见而知其心,谓可构成扰乱以ραποκ复也,乃诡说会曰:"闻君自淮南已来,算无遗策,晋道克昌,皆君之力。今复定蜀,威德振世,民高其功,主畏其谋,欲以此安归乎!夫韩信不背汉于扰攘,以见疑于既平,大夫种不从范蠡于五湖,卒伏剑而妄死,彼岂愚主愚臣哉?利害使之然也。今君大功既立,大德已著,何不法陶朱公泛舟绝迹,全功保身,登峨嵋之岭,而从赤松游乎?"会曰:"君言远矣,我不能行,且为今之道,或未尽于此也。"维曰:"其他则君智力之所能,无烦于老夫矣。"由是情好欢甚。
《华阳国志》曰:维教会诛北来诸将,既死,徐欲杀会,尽坑魏兵,还复蜀祚,密书与后主曰:"愿陛下忍数日之辱,臣欲使社稷危而复安,日月幽而复明。"
孙盛《晋阳秋》曰:盛以永和初从安西将军平阳,见诸故老,及姜维既之后密与刘禅表疏,说欲伪服事钟会,因杀之以复蜀土,会事不捷,遂至泯灭,蜀人于今伤之。盛以为古人云,非所困而困焉必辱,非所据而据焉身必危,既辱且危,死其将至,其姜维之谓乎!邓艾之入江由,士众鲜少,维进不能奋节绵竹之下,退不能总帅五将,拥卫蜀主,思后图之计,而乃反覆于逆顺之间,希违情于难冀之会,以衰弱之国,而屡观兵于三秦,已灭之邦,冀理外之奇举,不亦暗哉!臣松之以为盛之讥维,又不为当。于时钟会大众既造剑阁,维与诸将列营守险,会不得进,已议还计,全蜀之功,几乎立矣。但邓艾诡道傍入,出于其后,诸葛瞻既败,成都自溃。维若回军救内,则会乘其背。当时之势,焉得两济?而责维不能奋节绵竹,拥卫蜀主,非其理也。会欲尽坑魏将以举大事,授维重兵,使为前驱。若令魏将皆死,兵事在维手,杀会复蜀,不为难矣。夫功成理外,然后为奇,不可以事有差牙,而抑谓构不然。设使田单之计邂逅不会,复可谓之愚暗哉!

〔17〕《世语》曰:维死时见剖,胆如升大。

〔18〕孙盛曰:异哉邓氏之论也!夫士虽百行,操业万殊,至于忠孝义节,百行之冠冕也。姜维策名魏室,而外奔蜀朝,违君徇利,不可谓忠;捐亲苟免,不可谓孝;害加旧邦,不可谓义;败不死难,不可谓节;且德政未敷而疲民以逞,居御侮之任而致敌丧守,于夫智勇,莫可云也;凡斯六者,维无一焉。实有魏之逋臣,亡国之乱相,而云人之仪表,斯亦惑矣。纵维好书而微自藻洁,岂异夫盗者分财之义,而程、郑降阶之善也?臣之之以为邵正此论,取其可称,不谓维始终行事皆可准则也。所云"一时仪表",止在好学与俭素耳。本传及《魏略》皆云维本无叛心,以急逼归蜀。盛相讥贬,惟可责其背母。余既出苦,又非所以难邵正也。

〔19〕臣松之以为蒋、费为相,克遵192一,未尝徇功妄动,有所亏衰。外却骆谷之师,内保宁缉之实,治小之宜,居静之理,何以过于此哉!今讥其未尽而不著其事,故使览者不知所谓也。

〔20〕干宝曰:姜维为蜀相,国亡主辱弗之死,而死于钟会之乱,惜哉!非死之难,处死之难也。是以古之烈士,见危授命,投节如归,非不爱死也,固知命之不长而惧不得其所也。

卷四十五　　邓张宗杨传第十五

邓芝字伯苗,义阳新野人,汉司徒禹之后也。汉末入蜀,未见知待。时益州从事张裕善相,芝往从之,裕谓芝曰:"君年过七十,位至大将军,封侯。"芝闻巴西太守庞羲好士,往依焉。先主定益州,芝为郫邸阁督。先主出至郫,与语,大奇之,擢为郫令,迁广汉太守。所在清严有治绩,入为尚书。

先主薨于永安。先是,吴王孙权请和,先主累遣宋玮、费祎等与相报答。丞相诸葛亮深虑权闻先主殂陨,恐有异计,未知所如。芝见亮曰:"今主上幼弱,初在位,宜遣大使重申吴好。"亮答之曰:"吾思之久矣,未得其人耳,今日始得之。"芝问:"其人为谁?"亮曰:"即使君也。"乃遣芝修好于权。权果狐疑,不时见芝,芝乃自表请见权曰:"臣今来亦欲为吴,非但为蜀也。"权乃见之,语芝曰:"孤诚愿与蜀和亲,然恐蜀主幼弱,国小势逼,为魏所乘,不自保全,以此犹豫耳。"芝对曰:"吴、蜀二国四州之地,大王命世之英,诸葛亮亦一时之杰也。蜀有重险之固,吴有三江之阻,合此二长,共为唇齿,进可并兼天下,退可鼎足而立,此理之自然也。大王今若委质于魏,魏必上望大王之入朝,下求太子之内侍,若不从命,则奉辞伐叛,蜀必顺流见可而进,如此,江南之地非复大王之有也。"权默然良久曰:"君言是也。"遂自绝魏,与蜀连和,遣张温报聘于蜀。蜀复令芝重往,权谓芝曰:"若天下太平,二主分治,不亦乐乎!"芝对曰:"夫天无二日,土无二王,如并魏之后,大王未深识天命者也,君各茂其德,臣各尽其忠,将提枹鼓,则战争方始耳。"权大笑曰:"君之诚款,乃当尔邪!"权与亮书曰:"丁厷掞张[1],阴化不尽,和合二国,唯有邓芝。"及亮北住汉中,以芝为中监军、扬武将军。亮卒,迁前军师、前将军,领兖州刺史,封阳武亭侯,顷之,为督江州。权数与芝相闻,馈遗优渥。延熙六年,就迁为车骑将军,后假节。十一年,涪陵国人杀都尉反叛,芝率军征讨,即枭其渠帅,百姓安堵[2]。十四年卒。

芝为将军二十余年，赏罚明断，善恤卒伍。身之衣食资仰于官，不苟素俭，然终不治私产，妻子不免饥寒，死之日家无余财。性刚简，不饰意气，不得士类之和。于是人少所敬贵，唯器异姜维云。子良，袭爵，景耀中为尚书左选郎，晋朝广汉太守。

张翼字伯恭，犍为武阳人也。高祖父司空浩，曾祖父广陵太守纲，皆有名迹[3]。先主定益州，领牧，翼为书佐。建安末，举孝廉，为江阳长，徙涪陵令，迁梓潼太守，累迁至广汉、蜀郡太守。建兴九年，为庲降都督、绥南中郎将。翼性持法严，不得殊俗之欢心。会率刘胄背叛作乱，翼举兵讨胄。胄未破，会被征当还，群下咸以为宜便驰骑即罪，翼曰："不然。吾以蛮夷蠢动，不称职故还耳，然代人未至，吾方临战场，当运粮积谷，为灭贼之资，岂可以黜退之故而废公家之务乎？"于是统摄不懈，代到乃发。马忠因其成基以破殄胄，丞相亮闻而善之。亮出武功，以翼为前军都督，领扶风太守。亮卒，拜前领军，追论讨刘胄功，赐爵关内侯。延熙元年，入为尚书，稍迁督建威，假节，进封都亭侯，征西大将军。

十八年，与卫将军姜维俱还成都。维议复出军，唯翼廷争，以为国小民劳，不宜黩武。维不听，将翼等行，进翼位镇南大将军。维至狄道，大破魏雍州刺史王经，经众死于洮水者以万计。翼曰："可止矣，不宜复进，进或毁此大功。"维大怒，曰："为蛇画足！"维竟围经于狄道城，不能克。自翼建异论，维心与翼不善，然常牵率同行，翼亦不得已而往。景耀二年，迁左车骑将军，领冀州刺史。六年，与维咸在剑阁，共诣降钟会于涪。明年正月，随会至成都，为乱兵所杀[4]。

宗预字德艳，南阳安众人也。建安中，随张飞入蜀。建兴初，丞相亮以为主簿，迁参军、右中郎将。及亮卒，吴虑魏或承衰取蜀，增巴丘守兵万人，一欲以为救援，二欲以事分割也。蜀闻之，亦益永安之守，以防非常。预将命使吴，孙权问预曰："东之与西，譬犹一家，而闻西更增白帝之守，何也？"预对曰："臣以为东益巴丘之戍，西增白帝之守，皆事势宜然，俱不足以相问也。"权大笑，嘉其抗直，甚爱待之，见敬亚于邓芝、费祎。迁为侍中，徙尚书。延熙十年，为屯骑校尉。时车骑将军邓芝自江州还，来朝，谓预曰："礼，六十不服戎，而卿甫受兵，何也？"预答曰："卿七十不还兵，我六十何为不受邪[5]？"芝性骄傲，自大将军费祎等皆避下之，而预独不为屈。预复东聘吴，孙权捉预手，涕泣而别曰："君每衔命结二国之好。今君年长，孤亦衰老，恐不复相见！"遗预大珠一斛[6]，乃还。迁后将军，督永安。就拜征西大将军，赐爵关内侯。景耀元年，以疾征还成都。后为镇军大将军，领兖州刺史。时都护诸葛瞻初统朝事，廖化过预，欲与预共诣瞻许。预曰："吾等年逾七十，所窃已过，但少一死耳，何求于年少辈而屑屑造门邪？"遂不往。

廖化字元俭，本名淳，襄阳人也。为前将军关羽主簿，羽败，属吴。思归先主，乃诈死，时人谓为信然，因携持老母昼夜西行。会先主东征，遇于秭归，先主大悦，以化为宜都太守。先主薨，为丞相参军，后为督广武，稍迁至右车骑将军，假节，领并州刺史，封中乡侯，以果烈称。官位与张翼齐，而在宗预之右[7]。

咸熙元年春，化、预俱内徙洛阳，道病卒。

杨戏字文然，犍为武阳人也。少与巴西程祁公弘、巴郡杨汰季儒、蜀郡张表伯达并知名。戏每推祁以为冠首，丞相亮深识之。戏年二十余，从州书佐为督军从事，职典刑狱，论法决疑，号为平当，府辟为属主簿。亮卒，为尚书右选部郎，刺史蒋琬请为治中从事。琬以大将军开府，又辟为东曹掾，迁南中郎参军，副贰庲降都督，领建宁太守。以疾征还成都，拜护军、监军，出领梓潼太守，入为射声校尉，所在清约不烦。延熙二十年，随大将军姜维出军至芒水。戏素心不服维，酒后言笑，每有傲弄之辞。维外宽内忌，意不能堪，军还，有司承旨奏戏，免为庶人。后景耀四年卒。

戏性虽简惰省略，未尝以甘言加人、过情接物，书符指事，希有盈纸；然笃于旧故，居诚存厚。与巴西韩俨、黎韬童幼相econ厚，后俨癞疾废顿，韬无行见捐，戏经纪振恤，恩好如初。又时人谓谯周无当世才，少归敬者，唯戏重之，尝称曰："吾等后世，终自不如此长儿也。"有识以此贵戏。

张表有威仪风观，始名位与戏齐，后至尚书、督庲降、后将军，先戏没。祁、汰各早死[8]。

戏以延熙四年著《季汉辅臣赞》，其所颂述，今多载于《蜀书》，是以记之于左。自此之后卒者，则不追谥，故或有应见称纪而不在乎篇者也。其戏之所赞而今不作传者，余皆注疏本末于其辞下，可以粗知其仿佛云尔。

昔文王歌德，武王歌兴，夫命世之主，树身行道，非唯一时，亦由开基植绪，光于来世者也。自我中汉之末，王纲弃柄，雄豪并起，役殷难结，生人涂地。于是世主感而虑之，初自燕、代则仁声洽著，行自齐、鲁则英风播流，寄业荆、郢则臣主归心，顾援吴、越则贤愚赖风，奋威巴、蜀则万里肃震，厉师庸、汉则元寇敛迹，故能承高祖之始兆，复皇汉之宗祀也。然而奸凶怼险，天征未加，犹孟津之翔师，复须战于鸣条也。天禄有终，奄忽不豫。虽摄归一统，万国合从者，当时俊乂扶携翼戴，明德之所怀致也，盖济济有可观焉。遂乃并述休风，动于后听。其辞曰：

皇帝遗植，爰滋八方，别自中山，灵精是钟，顺期挺生，杰起龙骧。始于燕、代，伯豫君荆，吴、越凭赖，望风请盟，挟巴跨蜀，庸汉以并。乾坤复秩，宗祀惟宁，蹑基履迹，播德芳声。华夏思美，西伯其音，开庆来世，历载攸兴——赞昭烈皇帝

忠武英高，献策江滨，攀吴连蜀，权我世真。受遗阿衡，整武齐文，敷陈德教，理物移风，贤愚竞心，金忘其身。诞静邦内，四裔以绥，屡临敌庭，实耀其威，研精大国，恨于未夷——赞诸葛丞相

司徒清风，是咨是臧，识爱人伦，孔音锵锵。——赞许司徒

关、张赳赳，出身匡世，扶翼携上，雄壮虎烈。潘屏左

右,翻飞电发,济于艰难,赞主洪业,俾迹韩、耿,齐声双德。交待无礼,并致奸愍,悼惟轻虑,陨身匡国——赞关云长、张益德

骠骑奋起,连横合从,首事三秦,保据河、潼。宗计于朝,或异或同,敌以乘衅,家破军亡。乖道反德,托凤攀龙——赞马孟起

翼侯良谋,料世兴衰,委质于主,是训是谘,暂思经算,睹事知机——赞法孝直

军师美至,雅气晔晔,致命明主,忠情发臆,惟此义宗,亡身报德——赞庞士元

将军敦壮,摧锋登难,立功立事,于时之干——赞黄汉升

掌军清节,亢然恒常,说言惟司,民思其纲——赞董幼宰

安远强志,允休允烈,轻财果壮,当难不惑,以少御多,殊方保业。——赞邓孔山

孔山名方,南郡人也。以荆州从事随先主入蜀。蜀既定,为犍为属国都尉,因易郡名,为朱提太守,选为安远将军、庲降都督,住南昌县。章武二年卒。失其行事,故不为传。

扬威折衽,歊歊文武,当官理任,衎衎辩举,图殖财施,有义有叙——赞费宾伯。

宾伯名观,江夏鄳人也。刘璋母,观之族姑,璋又以女妻观。观建安十八年参李严军,拒先主于绵竹,与严俱降。先主既定益州,拜为裨将军,后为巴郡太守、江州都督,建兴元年封都亭侯,加振威将军。观为人善于交接。都护李严性自矜高,护军辅匡等年位与严相次,而严不与亲亵;观年少严二十余岁,而与严通狎如时辈云。年三十七卒。失其行事,故不为传。

屯骑主旧,固节不移,既就初命,尽心世规,军资所恃,是辨是裨——赞王文仪

尚书清尚,敕行整身,抗志存义,味览典文,倚其高风,好俟古人——赞刘子初

安汉雍容,或婚或宾,见礼当时,是谓循臣——赞糜子仲

少府修慎,鸿胪明真,谏议隐行,儒林天文,宣班大化,或首或林——赞王元泰、何彦英、杜辅国、周仲直

王元泰名谋,汉嘉人也。有容止操行。刘璋时,为巴郡太守,还为州治中从事。先主定益州,领牧,以为别驾。先主为汉中王,用荆楚宿士零陵赖恭为太常,南阳黄柱为光禄勋,谋为少府;建兴初,赐爵关内侯,后代赖恭为太常。恭、柱、谋皆失其行事,故不为传。恭子厷,为丞相西曹令史,随诸葛亮于汉中,早夭,亮甚惜之,与留府长史参军张裔、蒋琬书曰:"令史失赖厷,掾属丧杨颙,为朝中损益多矣。"颙亦荆州人也。后大将军蒋琬问张休曰:"汉嘉前辈有王元泰,今谁继者?"休对曰:"至于元泰,州里无继,况鄙郡乎!"其见重如此。[9]

何彦英名宗,蜀郡郫人也。事广汉任安学,精究安术,与杜琼同师而名问过之。刘璋时,为犍为太守。

先主定益州,领牧,辟为从事祭酒。后援引图、谶,劝先主即尊号。践阼之后,迁为大鸿胪。建兴中卒。失其行事,故不为传。子双,字汉偶。滑稽谈笑,有淳于髡、东方朔之风。为双柏长。早卒。

车骑高劲,惟其泛爱,以弱制强,不陷危坠——赞吴子远。

子远名壹,陈留人也。随刘焉入蜀。刘璋时,为中郎将,将兵拒先主于涪,诣降。先主定益州,以壹为护军、讨逆将军,纳壹妹为夫人。章武元年,为关中都督。建兴八年,与魏延入南安界,破魏将费瑶,徙亭侯,进封高阳乡侯,迁左将军。十二年,丞相亮卒,以壹督汉中,车骑将军,假节,领雍州刺史,进封济阳侯。十五年卒。失其行事,故不为传。壹族弟班,字元雄,大将军何进官属吴匡之子也。以豪侠称,官位常与壹相亚。先主时,为领军。后主世,稍迁至骠骑将军,假节,封绵竹侯。

安汉宰南,奋击旧乡,翦除芜秽,惟刑以张,广迁蛮濮,国用用强——赞李德昂

辅汉惟聪,既机且惠,因言远思,切问近对,赞时休美,和我业世——赞张君嗣

镇北敏思,筹画有方,导师禳秽,遂事成章。偏任东隅,末命不祥,哀悲本志,放流殊疆——赞黄公衡

越骑惟忠,厉志自祗,职于内外,念公忘私——赞杨季休

征南厚重,征西忠克,统时选士,猛将之烈——赞赵子龙、陈叔至

叔至名到,汝南人也。自豫州随先主,名位常亚赵云,俱以忠勇称。建兴初,官至永安都督、征西将军,封亭侯。

镇南粗强,监军尚笃。并豫戎任,任自封裔——赞辅元弼、刘南和

辅元弼名匡,襄阳人也。随先主入蜀。益州既定,为巴郡太守。建兴中,徙镇南,为右将军,封中乡侯。刘南和名邕,义阳人也。随先主入蜀。益州既定,为江阳太守。建兴中,稍迁至监军、后将军,赐爵关内侯,卒。子式嗣。少子武,有文,与樊建齐名,官亦至尚书。

司农性才,敷述允章,藻丽辞理,斐斐有光——赞秦子敕

正方受遗,豫闻后纲,不陈不金,造此异端,斥逐当时,任业以丧——赞李正方

文长刚粗,临难受命,折冲外御,镇保国境。不协不和,忘节言乱,疾终惜始,实惟厥性。——赞魏文长

威公狷狭,取异众人;闲则及理,逼则伤侵,舍顺入凶,《大易》之云——赞杨威公

季常良实,文经勤类,士元言规,处仁闻计,孔休、文祥,或才或臧,播播述志,楚之兰芳——赞马季常、卫文经、韩士元、张处仁、殷孔休、习文祥

文经、士元,皆失其名实、行事、郡县。处仁本名存,南阳人也。以荆州从事随先主入蜀,南次至雒,以为广汉太守。存素不服庞统,统中矢卒,先主发言嘉

叹,存曰:"统虽尽忠可惜,然违大雅之义。"先主怒曰:"统杀身成仁,更为非也?"免存官。顷之,病卒。失其行事,故不为传。

孔休名观,为荆州主簿、别驾从事,见《先主传》。失其郡县。文祥名祯,襄阳人也。随先主入蜀,历雒、郫令,广汉太守。失其行事。子忠,官至尚书郎[11]。

国山休风,永南耽思,盛衡、承伯,言藏言时;孙德果锐,伟南笃常;德绪、义强,志壮气刚。济济修business,蜀之芬香——赞王国山、李永南、马盛衡、马承伯、李孙德、李伟南、龚德绪、王义强

国山名甫,广汉郪人也。好人流言议。刘璋时,为州书佐。先主定蜀后,为绵竹令,还为荆州议曹从事。随先主征吴,军败于秭归,遇害。子祐,有父风,官至尚书右选郎。

永南名邵,广汉郪人也。先主定蜀后,为州书佐、部从事。建兴元年,丞相亮辟为西曹掾。亮南征,留邵为治中从事,是岁卒[11]。

盛衡名勋,承伯名齐,皆巴西阆中人也。勋,刘璋时为州书佐,先主定蜀,辟为左将军属,后转州别驾从事,卒。齐为太守张飞功曹。飞贡之先主,为尚书郎。建兴中,从事丞相掾,迁广汉太守,复为参军。亮卒,为尚书。勋、齐皆以干才自显见,归信于州党,不如姚伷。伷字子绪,亦阆中人。先主定益州后,为功曹书佐。建兴元年,为广汉太守。丞相亮北驻汉中,辟为掾。并进文武之士,亮称曰:"忠益者莫大于进人,进人者各务其所尚;今姚掾并存刚柔,以广文武之用,可谓博雅矣,愿诸掾各希此事,以属其望。"迁为参军。亮卒,稍迁为尚书仆射。时人服其真诚笃粹。延熙五年卒,在赞之后。

孙德名福,梓潼涪人也。先主定益州后,为书佐、西充国长、成都令。建兴元年,徙巴西太守,为江州督、扬威将军,入为尚书仆射,封平阳亭侯。延熙初,大将军蒋琬出征汉中,福以前监军领司马,卒[12]。

伟南名朝,永南兄。郡功曹,举孝廉,临邛令,入为别驾从事。随先主东征吴,章武二年卒于永安[13]。

德绪名禄,巴西安汉人也。先主定益州,为郡从事、牙门将。建兴三年,为越巂太守,随丞相亮南征,为蛮夷所害,时年三十一。弟衡,景耀中为领军。义强名士,广汉郪人,国山兄也。从先主入蜀后,举孝廉,为符节长,迁牙门将,出为宕渠太守,徙在犍为。会丞相亮南征,转为益州太守,将南行为蛮夷所害。

休元轻寇,损时致害,文进奋身,同此颠沛,患生一人,至于弘大。——赞冯休元、张文进

休元名习,南郡人。随先主入蜀。先主东征吴,习为领军,统诸军,大败于猇亭。

文进名南,亦自荆州随先主入蜀,领军从先主征吴,与习俱死。时又有义阳傅肜,先主退军,断后拒战,兵人死尽,吴将语肜令降,肜骂曰:"吴狗!何有汉将军降者!"遂战死。拜子佥为左中郎,后为关中都督,景耀六年,又临危授命。论者嘉其父子奕世忠义[14]。

江阳刚烈,立节明君,兵合遇寇,不屈其身,单夫只役,陨命于军——赞程季然

季然名畿,巴西阆中人也。刘璋时为汉昌长。县有賨人,种类刚猛,昔以高祖以定关中。巴西太守庞羲以天下扰乱,郡宜有武卫,颇招合部曲。有谮于璋,说羲欲叛者,璋阴疑之。羲闻,甚惧,将谋自守,遣畿子郁宣旨,索兵自助。畿报曰:"郡合部曲,本不为叛,虽有交构,要在尽诚;若必以惧,遂怀异志,非畿之所闻。"并敕郁曰:"我受州恩,当为州牧尽节。汝为郡吏,当为太守效力,不得以吾故有异志也。"羲使人告畿曰:"尔子在郡,不从太守,家将及祸!"畿曰:"昔乐羊为将,饮子之羹,非父子无恩,大义然也。今虽复羹子,吾必饮之。"羲知畿必不为己,厚陈谢于璋以致无咎。璋闻之,迁畿江阳太守。先主领益州牧,辟为从事祭酒。后随先主征吴,遇大军败绩,溯江而还,或告之曰:"后追已至,解船轻去,乃可以免。"畿曰:"吾在军,未曾为敌走,况从天子而见危哉!"追人遂及畿船,畿身执戟战,敌船有覆者。众大至,共击之,乃死。

公弘后生,卓尔奇精,夭命二十,悼恨未呈——赞程公弘

公弘,名祁,季然之子也。

古之奔臣,礼有来逼,怨兴司官,不顾大德。靡有匡救,倍成奔北,自绝于人,作笑二国——赞糜芳、士仁、郝普、潘濬

糜芳字子方,东海人也,为南郡太守,士仁字君义,广阳人也,为将军,住公安,统属关羽,与羽有隙,叛迎孙权。郝普字子太,义阳人。先主自荆州入蜀,以普为零陵太守。为吴将吕蒙所谲,开城诣蒙。潘濬字承明,武陵人也。先主入蜀,以为荆州治中,典留州事,亦与关羽不穆。孙权袭羽,遂入吴。普至廷尉,濬至太常,封侯[15]。

评曰:邓芝坚贞简亮,临官忘家,张翼亢姜维之锐,宗预御孙权之严,咸有可称。杨戏商略,意在不群,然智度有短,殆罹世难云。

注:

〔1〕 掞,音夷念反,或作艳。臣松之案《汉书·礼乐志》曰"长离前掞光耀明"。左思《蜀都赋》"摛藻掞天庭"。孙权盖谓丁厷之言多浮艳也。

〔2〕《华阳国志》曰:芝征涪陵,见玄猿缘山。芝性好弩,手自射猿,中之。猿拔其箭,卷木叶塞其创。芝曰:"嘻,吾违物之性,其将死矣!"一曰:芝见猿抱子在树上,引弩射之,中猿母,其子为拔箭,以木叶塞创。芝乃叹息,投弩水中,自知当死。

〔3〕《益部耆旧传》曰:浩字叔明,治律,《春秋》,游学京师,与广汉镡粲、汉中李郃、蜀郡张霸共结为友善。大将军邓骘辟浩,稍迁尚书仆射,出为彭城相,荐隐士闾丘邈等,征拜廷尉。延光三年,安帝议废太子,唯浩与太常桓焉、太仆来历议以为不可。顺帝初立,拜浩司空,年八十三卒。

《续汉书》曰:纲字文纪,少以三公子经明行修举孝廉,不就;司徒辟,以高第为侍御史。汉安元年,拜光禄大夫,与侍中杜乔等八人同日受诏,持节分出,案行天下贪廉,墨绶

有罪便收，刺史、二千石以驿表闻，威惠清忠，名振郡国，号曰八俊。是时，大将军梁冀侵扰百姓，乔等七人皆奉命四出，唯纲独埋车轮于洛阳都亭不去，曰："豺狼当路，安问狐狸！"遂上书曰："大将军梁冀，河南尹不疑，蒙外戚之援，荷国厚恩，以苞苴之姿，安居阿保，不能敷扬五教，翼赞日月，而专为封豕长蛇，肆其贪饕，甘心好货，纵恣无厌，多树谄谀以害忠良，诚天威所不赦，大辟所宜加也。谨条其无君之心十五事于左，皆忠臣之所切齿也。"书奏御，京师震悚。时冀妹为皇后，内宠方盛。冀兄弟权重于人主，顺帝虽以纲言不诬，然无心治冀。冀深恨纲。会广陵贼张婴等众数万人杀刺史、二千石，冀欲陷纲，乃讽尚书以纲为广陵太守；若不为婴所杀，则欲以法中之。前太守往，辄多请兵，及纲受拜，诏问："当得兵马几何？"纲对曰："无用兵马。"遂轻车之官，径诣婴垒门，示以祸福。婴大惊惧，走欲闭门。纲又于门外罢遣吏兵，留所亲者十余人，以书语其长老素为婴所信者，请与相见，问以本变，因示以诏恩，使还请婴。婴见纲意诚，即出见纲。纲延置上坐，问其疾苦，礼毕，乃谓之曰："前后二千石，多非其人，杜塞国恩，肆其求利。乡郡远，天子不能朝夕闻也，故民人相聚以避害。二千石信有罪矣；为之者乃非义也。忠臣不欺君以自荣，孝子不损父以求福，天子圣仁，欲文德以来之，故使太守来，思以爵禄相荣，不愿以刑中。今诚转祸为福之时也；若闻义不服，天子赫然发怒，大兵云合，岂不危乎！宜深计其利害。"婴闻，泣曰："荒裔愚人，数为二千石所侵枉，不堪其困，故遂相聚偷生。明府仁及草木，乃婴等更生之泽，但恐投兵之日，不免孥戮耳。"纲曰："岂其然乎！要之以天地，誓之以日月，方当相显以爵位，何祸之有乎？"婴曰："苟赦其罪，得全首领以就农亩，则抱戴没齿，爵位非所望也。"婴虽为大贼，起于狂暴，自以为必死，及得纲言，旷然开明，乃辞还营。明日，遂将所部万余人，与妻子面缚诣降。纲悉释缚慰纳，谓婴曰："卿诸人一旦解散，方垂荡然，当条名上之，必受封赏。"婴曰："乞归故业，不愿以秽名污明时也。"纲以其至诚，乃各从其意，亲为安处居宅。子弟欲为吏者，随才任职，欲为民者，劝以农桑，田业并丰，南州晏然。论功，纲当封，为冀所遏绝，故不得侯。天子美其功，征欲用之。婴等上书乞留，在郡二岁，建康元年，病卒官，时年三十六。婴等三百余人，皆衰杖送纲丧至武邱，葬讫，为起冢立祠，四时奉祭，思慕如丧考妣。天子追念不已，下诏褒扬，除一子为郎。

〔4〕《华阳国志》曰：翼子微，笃志好学，官至广汉太守。

〔5〕臣松之以为芝以年辆预，是不自顾。然预之此答，触人所忌。载之记牒，近为烦文。

〔6〕《吴历》曰：预临别，谓孙权曰："蜀土僻小，虽云邻国，东西相赖，吴不可无蜀，蜀不可无吴，君臣凭恃，唯陛下重垂神虑。"又自说："年老多病，恐不复得奉圣颜。"孙盛曰：夫帝王之保，唯道与义，道义既建，虽小可大，殷、周是也。苟任诈力，虽强必败，秦、项是也。况乎居偏鄙之城，恃山水之固，而欲连横万里，永相资赖哉？昔九国建合从之计，而秦人卒并六合；嚣、述营辅车之谋，而光武终兼陇、蜀。夫以九国之强，陇、汉之大，莫能相救，坐观屠覆。何者？道德之基不固，而强弱之心难一故也。而云"吴不可无蜀，蜀不可无吴"，岂不诬哉！

〔7〕《汉晋春秋》曰：景耀五年，姜维率众出狄道，廖化曰："'兵不戢，必自焚'，伯约之谓也。智不出敌，而力少于寇，用之无厌，何以能立？诗云'不自我先，不自我后'，今日之事也。"

〔8〕戏同县后进有李密者，字令伯。《华阳国志》曰：密祖父光，朱提太守。父早亡。母何氏，更适人。密见养于祖母。治《春秋左氏传》，博览多所通涉，机警辩捷。事祖母以孝闻，其侍疾则泣涕侧息，日夜不解带，膳饮汤药，必自口尝。本郡礼命，不应，州辟从事、尚书郎，大将军主簿，太子洗马，奉使聘吴。吴主问蜀马多少，对曰："官用有余，人间自足。"吴主与群臣泛论道义，谓"宁为人弟"。密曰："愿为人兄矣。"吴主曰："何以为兄？"密曰："为兄供养之日长。"吴主及群臣皆称善。蜀平后，征西将军邓艾闻其名，请为主簿，及书招，欲与相见，皆不往。以祖母年老，心在色养。晋武帝立太子，征为太子洗马，诏书累下，郡县逼遣，于是密上书曰："臣以险衅，夙遭闵凶，生孩六月，慈父见背，行年四岁，舅夺母志。祖母刘，愍臣孤弱，躬亲抚养。臣少多疾病，九岁不行，零丁孤苦，至于成立。既无伯叔，终鲜兄弟，门衰祚薄，晚有儿息。外无期功强近之亲，内无应门五尺之童，茕茕孑立，形影相吊。而刘早婴疾病，常在床蓐，臣侍汤药，未曾废离。逮奉圣朝，沐浴清化，前太守逵察臣孝廉，后刺史荣举臣秀才，臣以供养无主，辞不赴命。诏书特下，拜臣郎中，寻蒙国恩，除臣洗马，猥以微贱，当侍东宫，非臣陨首所能上报。臣具表闻，辞不就职。诏书切峻，责臣逋慢，郡县逼迫，催臣上道，州司临门，急于星火。臣欲奉诏奔驰，则刘病日笃，苟顺私情，则告诉不许，臣之进退，实为狼狈。伏惟圣朝以孝治天下，凡在故老，犹蒙矜愍，况臣孤苦，特为尤甚。且臣少仕伪朝，历职郎署，本图宦达，不矜名节。今臣亡国贱俘，至微至陋，猥蒙拔擢，宠命优渥，岂敢盘桓，有所希冀？但以刘日薄西山，气息奄奄，人命危浅，朝不虑夕。臣无祖母，无以至今日，祖母无臣，亦无以终余年，母孙二人，更相为命，是以区区不敢废远。臣今年四十有四，祖母刘今年九十有六，是臣尽节于陛下之日长，报养刘之日短也。乌鸟私情，愿乞终养。臣之辛苦，非徒蜀之人士及二州牧伯所见明知，皇天后土，实所共鉴。愿陛下矜愍愚诚，听臣微志，庶刘侥幸，保卒余年。臣生当陨首，死当结草，臣不胜犬马怖惧之情！"武帝览表曰："密不空有名也。"嘉其诚款，赐奴婢二人，下郡县供养其祖母奉膳。及祖母卒，服终，从尚书郎为河内温县令，政化严明。中山诸王每过温县，必责求供给，温吏民患之。及密至，中山王过县，欲求刍荛薪蒸，密笺引高祖过沛，宾礼老幼，桑梓之供，一无烦扰，"伏惟明王孝思惟则，动则先戒，本国望风，式歌且舞，诛求之碎，所未闻命。"自后诸王过，不敢有烦。陇西王司马子舒深敬友密，而贵势之家惮其公直。密去官，为州大中正，性方直，不曲意势位。后失荀勖、张华指，左迁汉中太守，诸王多以为冤。一年去官，年六十四卒。著《述理论》十篇，安东将军胡熊与皇甫士安并善之。

〔9〕《襄阳记》曰：杨颙字子昭，杨仪宗人也。入蜀，为巴郡太守，丞相诸葛亮主簿。亮尝自校簿书，颙直入谏曰："为治有体，上下不可相侵，请为明公以作家譬之。今有人使奴执耕稼，婢典炊爨，鸡主司晨，犬主吠盗，牛负重载，马涉远路，私业无旷，所求皆足，雍容高枕，饮食而已，忽一旦尽欲以身亲其役，不复付任，劳其体力，为此碎务，形疲神困，终无一成。岂其智之不如奴婢鸡狗哉？失为家主之法也。是故古人称'坐而论道谓之三公，作而行之谓之士大夫。'故邴吉不问横道死人而忧牛喘，陈平不肯知钱谷之数，云'自有主者'。彼诚达于位分之体也。今明公为治，乃躬自校簿书，流汗竟日，不亦劳乎！"亮谢之。后为东曹属，典选举。颙死，亮垂泣三日。

〔10〕《襄阳记》曰：习祯有风流，善谈论，名亚庞统，而在马良之右。子忠，亦有名。忠子隆，为步兵校尉，掌校秘书。

〔11〕《华阳国志》曰：邵兄邈，字汉南，刘璋时为牛鞞长。先主牧为从事，正旦命行酒，得进见，让先主曰："振威以将军宗室肺腑，委以讨贼，元功未效，先寇而灭，邈以将军之取

鄳州，甚为不宜也。"先主曰："知其不宜，何以不助之？"邈曰："匪不敢也，力不足耳。"有司将杀之，诸葛亮为请，得免。久之，为犍为太守、丞相参军、安汉将军。建兴六年，亮西征，邈谡在前败绩，亮将杀之，邈谏以"秦赦孟明，用伯西戎，楚诛子玉，二世不竞"，失亮意，还шение。十二年，亮卒，后主素服发哀三日，邈上疏曰："吕禄、霍禹未必怀反叛之心，孝宣不好为杀臣之君，直以臣惧其逼，主畏其威，故奸萌生。亮身杖强兵，狼顾虎视，五大不在边，臣常危之。今亮殒殁，盖宗族得全，西戎静息，大小为庆。"后主怒，下狱诛之。

〔12〕《益部耆旧杂记》曰：诸葛亮于武功病笃，后主遣福省侍，遂因咨以国家大计。福往具宣圣旨，听亮所言，至别去数日，忽驰思未尽其意，遂却骑驰还见亮。亮语福曰："孤知君还意。近日言语，虽弥日，有所不尽，更来一决耳。君所问者，公琰其宜也。"福谢："前实失不咨请公，如公百年后，谁可任大事者？故辄还耳。乞复请：蒋琬之后，谁可任者？"亮曰："文伟可以继。"又复问其次，亮不答。福还，奉使称旨。福为人精识果锐，敏于从政。子骧，字叔龙，亦有名，官至尚书郎、广汉太守。

〔13〕《益部耆旧杂记》曰：朝又有一弟，早亡，各有才望，时人号之李氏三龙。《华阳国志》曰：群下上先主为汉中王，其文，朝所造也。臣松之案《耆旧》所记，以朝、邵及早亡者为三龙，邈之狂直，不得在此数。

〔14〕《蜀记》载晋武帝诏曰："蜀将军傅佥，前在关城，身拒官军，致死不顾。佥父彤，复为刘备战死。天下之善一也，岂由彼此以为异？"佥息著，募，皆没入奚官，免为庶人。

〔15〕《益部耆旧杂记》载王嗣、常播、卫继三人，皆刘氏王蜀时人，故录于篇。王嗣字承宗，犍为资中人也。其先，延熙世以功德显著。举孝廉，稍迁西安围督、汶山太守，加安远将军。绥集羌、胡，咸悉归服，诸种素桀恶者皆来首降，嗣待以恩信，时北境得以宁静。大将军姜维每出北征，羌、胡出马牛羊毡毦及义谷裨军粮，国赖其资。迁镇军，故领郡。后从维北征，为流矢所伤，数月卒。戎夷会葬，赠送数千人，号呼涕泣。嗣为人美厚笃义，众所爱信。嗣子及孙，羌、胡见之如骨肉，或结兄弟，恩至于此。常播字文平，蜀郡江原人也。播仕县主簿、功曹。县长广都朱游，建兴十五年被上官诬劾以逋没官谷，当论重罪。播诣狱讼争，身受数千杖，肌肤刻烂，毒痛惨毒，更历三狱，幽闭二年有余。每考掠，吏先验问，播不答，言"但念行罚，无所多问"！辞终不挠，事遂分明。长免刑戮。时唯主簿杨玩亦证明其事，与播辞同。众咸嘉播忘身为君，节义抗烈。举孝廉，除郪长，年五十余卒。书于《旧德传》，后县令颍川赵敦图其像，赞颂之。卫继字子业，汉嘉严道人也。兄弟五人。继父为县功曹。继儿时，与兄弟随父游戏庭寺中，县长蜀郡成都张君无子，数命功曹呼其子省弄，甚怜爱之。张因言宴之间，语功曹欲乞继，功曹即许之，遂养为子。继敏达夙成，学识通博，进仕州郡，历职清显。而其余兄弟四人，各无堪世者，父恒言己之将衰，张明府将盛也。时法禁以异姓为后，故复为卫氏。屡迁拜奉车都尉、大尚书，忠笃信厚，为众所敬。钟会之乱，遇害成都。

吴 书

卷四十六　孙破虏讨逆传第一

孙坚字文台，吴郡富春人，盖孙武之后也[1]。少为县吏。年十七，与父共载船至钱唐，会海贼胡玉等从匏里上掠取贾人财物，方于岸上分之，行旅皆住，船不敢进。坚谓父曰："此贼可击，请讨之。"父曰："非尔所图也。"坚行操刀上岸，以手东西指麾，若分部人兵以罗遮贼状。贼望见，以为官兵捕之，即委财物散走。坚追，斩得一级以还；父大惊。由是显闻，府召署假尉。会稽妖贼许昌起于句章，自称阳明皇帝[2]，与其子韶扇动诸县，众以万数。坚以郡司马募召精勇，得千余人，与州郡合讨破之。是岁，熹平元年也。刺史臧旻列上功状，诏书除坚盐渎丞，数岁徙盱眙丞，又徙下邳丞[3]。

中平元年，黄巾贼帅张角起于魏郡，托有神灵，遣八使以善道教化天下，而潜相连结，自称黄天泰平。三月甲子，三十六方一旦俱发，天下响应，燔烧郡县，杀害长吏[4]。汉遣车骑将军皇甫嵩、中郎将朱儁将兵讨击之。儁表请坚为佐军司马，乡里少年随在下邳者皆愿从。坚又募诸商旅及淮、泗精兵，合千许人，与儁并力奋击，所向无前[5]。汝、颍贼困迫，走保宛城。坚身当一面，登城先入，众乃蚁附，遂大破之。儁具以状闻上，拜坚别部司马[6]。

边章、韩遂作乱凉州，中郎将董卓拒讨无功。中平三年，遣司空张温行车骑将军，西讨章等。温表请坚与参军事，屯长安。温以诏书召卓，卓久乃诣温。温责让卓，卓应对不顺。坚时在坐，前耳语谓温曰："卓不怖罪而鸱张大语，宜以召不时至，陈军法斩之。"温曰："卓素著威名于陇蜀之间，今日杀之，西行无依。"坚曰："明公亲率王兵，威震天下，何赖于卓？观卓所言，不假明公，轻上无礼，一罪也。章、遂跋扈经年，当以时进讨，而卓云未可，沮军疑众，二罪也。卓受任无功，应召稽留，而轩昂自高，三罪也。古之名将，仗钺临众，未有不断斩以示威者也，是以穰苴斩庄贾，魏绛戮杨干。今明公垂意于卓，不即加诛，亏损威刑，于是在矣。"温不忍发举，乃曰："君且还，卓将疑人。"坚因起出。章、遂闻大兵向至，党众离散，皆乞降。军还，议者以军未临敌，不斩功赏，然闻坚数卓三罪，劝温斩之，无不叹息。拜议郎。时长沙贼区星自称将军，众万余人，攻围城邑，乃以坚为长沙太守。到郡，亲率将士，施设方略，旬月之间，克破星等[7]。周朝、郭石亦帅徒众起于零、桂，与星相应。遂越境寻讨，三郡肃然。汉朝录前功，封坚乌程侯[8]。

灵帝崩，卓擅朝政，横恣京城。诸州郡并兴义兵，欲以讨卓[9]。坚亦举兵。荆州刺史王叡素遇坚无礼，坚过杀之[10]。比至南阳，众数万人。南阳太守张咨闻军至，晏然自若[11]。坚以牛酒礼咨，咨明日亦答诣坚。酒酣，长沙主簿入白坚："前移南阳，而道路不治，军资不具，请收主簿推问意故。"咨大惧欲去，兵陈四周不得出。有顷，主簿复入白坚："南阳太守稽停义兵，使贼不时讨，请收出案军法从事。"便牵咨于军门斩之。郡中震慄，无求不获[12]。前到鲁阳，与袁术相见。术表坚行破虏将军，领豫州刺史。遂治兵于鲁阳城。当进军讨卓，遣长史公仇称将兵从事还州督促军粮。施帐幔于城东门外，祖道送称，官属并会。卓遣步骑数万人逆坚，轻骑数十先到。坚方行酒谈笑，敕部曲整顿行陈，无得妄动。后骑渐益，坚徐罢坐，导引入城，乃谓左右曰:"向坚所以不即起者,恐兵相蹈藉,诸君不得入耳。"卓兵见坚士众甚整,不敢攻城,乃引还[13]。坚移屯梁东,大为卓军所攻,坚与数十骑溃围而出。坚常著赤罽帻,乃脱帻令亲近将祖茂著之。卓骑争逐茂,故坚从间道得免。茂困迫,下马,以帻冠冢间烧柱,因伏草中。卓骑望见,围绕数重,定近觉是柱,乃去。坚复相收兵,合战于阳人,大破卓军,枭其都督华雄等。是时,或间坚于术,术怀疑,不运军粮[14]。阳人去鲁阳百余里,坚夜驰见术,画地计校,曰:"所以出身不顾,上为国家讨贼,下慰将军家门之私仇。坚与卓非有骨肉之怨也,而将军受谮润之言,还相嫌疑[15]!"术踧踖,即调发军粮。坚还屯。卓惮坚猛壮,乃遣将军李傕等来求和亲,令坚列疏子弟任刺史、郡守者,许表用之。坚曰:"卓逆天无道,荡覆王室,今不夷汝三族,悬示四海,则吾死不瞑目,岂将与乃和亲邪?"复进军大谷,拒雒九十里[16]。卓寻徙都西入关,焚烧雒邑。坚乃前入至雒,修诸陵,平塞卓所发掘[17]。讫,引军还,住鲁阳[18]。

初平三年,术使坚征荆州,击刘表。表遣黄祖逆于樊、邓之间。坚击破之,追渡汉水,遂围襄阳,单马行岘山,为祖军士所射杀[19]。兄子贲,帅将士众就术,术复表贲为豫州刺史。

坚四子:策、权、翊、匡。权既称尊号,谥坚曰武烈皇帝[20]。

策字伯符。坚初兴义兵,策将母徙居舒,与周瑜相友,收合士大夫,江、淮间人咸向之[21]。坚薨,还葬曲阿。已乃渡江居江都[22]。

徐州牧陶谦深忌策。策舅吴景,时为丹阳太守,策乃载母徙曲阿,与吕范、孙河俱就景,因缘召募得数百人。兴平元年,从袁术。术甚奇之,以坚部曲还策[23]。太傅马日磾杖节安集关东,在寿春以礼辟策,表拜怀义校尉,术大将乔蕤、张勋皆倾心敬焉。术常叹曰:"使术有子如孙郎,死复何恨!"策骑士有罪,逃入术营,隐于内厩。策指使人就斩之,讫,诣术谢。术曰:"兵人好叛,当共疾之,何为谢也?"由是军中益畏惮之。术初许策为九江太守,已而更用丹阳陈纪。后术欲攻徐州,从庐江太守陆康求米三万斛。康不与,术大怒。策昔曾诣康,康不见,使主簿接之。策常衔恨。术遣策攻康,谓曰:"前错用陈纪,每恨本意不遂。今若得康,庐江真卿有也。"策攻康,拔之,术复用其故吏刘勋为太守,策益失望。先是,刘繇为扬州刺史,州旧治寿春。寿春,术已据之,繇乃渡江治曲阿。时吴景尚在丹阳,策从兄贲又为丹阳都尉,繇至,皆迫逐之。景、贲退舍历阳。繇遣樊能、于麋东屯横江津,张英屯当利口,以拒术。术自用故吏琅邪惠衢为扬州刺史,更以景为督军中郎将,与贲共将兵击英等,连年不克。策乃说术,乞助景等平定江东[24]。术表策为折冲校尉,行殄寇将军,兵财千余,骑数十匹,宾客愿从者数百人。比至历阳,众五六千。策母先自曲阿徙于历阳,策又徙母阜陵,渡江转斗,所向皆破,莫敢当其锋,而军令整肃,百姓怀之[25]。

策为人,美姿颜,好笑语,性阔达听受,善于用人,是以士民见者,莫不尽心,乐为致死。刘繇弃军遁逃,诸郡守皆捐城郭奔走[26]。吴人严白虎等众各万余人,处处屯聚。吴景等欲先击破虎等,乃至会稽。策曰:"虎等群盗,非有大志,此成禽耳。"遂引兵渡浙江,据会稽,屠东冶,乃攻破虎等[27]。尽更置长吏,策自领会稽太守,复以吴景为丹阳太守,以孙贲为豫章太守,分豫章为庐陵郡,以贲弟辅为庐陵太守,丹阳朱治为吴郡太守。彭城张昭、广陵张纮、秦松、陈端等为谋主[28]。时袁术僭号,策以书责而绝之[29]。曹公表策为讨逆将军,封为吴侯[30]。后术死,长史杨弘、大将张勋等将其众欲就策,庐江太守刘勋要击,悉虏之,收其珍宝以归。策闻之,伪与勋好盟。勋新得术众,时豫章上缭宗民万余家在江东,策劝勋攻取之。勋既行,策轻军晨夜袭拔庐江,勋众尽降,勋独与麾下数百人自归曹公[31]。是时袁绍方强,而策并江东,曹公力未能逞,且欲抚之[32]。乃以弟女配策小弟匡,又为子章取贲女,皆礼辟策弟权、翊,又命扬州刺史严象举权茂才。

建安五年,曹公与袁绍相拒于官渡,策阴欲袭许,迎汉帝[33],密治兵,部署诸将。未发,会为故吴郡太守许贡客所杀。先是,策杀贡,贡小子与客亡匿江边。策单骑出,卒与客遇,客击伤策[34]。创甚,请张昭等谓曰:"中国方乱,夫以吴、越之众,三江之固,足以观成败。公等善相吾弟!"呼权佩以印绶,谓曰:"举江东之众,决机于两陈之间,与天下争衡,卿不如我;举贤任能,各尽其心,以保江东,我不如卿。"至夜卒,时年二十六[35]。

权称尊号,追谥策曰长沙桓王,封子绍为吴侯,后改封上虞侯。绍卒,子奉嗣。孙皓时,讹言谓奉当立,诛死。

评曰:孙坚勇挚刚毅,孤微发迹,导温戮卓,山陵杜塞,有忠壮之烈。策英气杰济,猛锐冠世,览奇取异,志陵中夏。然皆轻佻果躁,陨身致败。且割据江东,策之基兆也,而权尊崇未至,子止侯爵,于义俭矣[36]。

注:

[1]《吴书》曰:坚世仕吴,家于富春,葬于城东。冢上数有光怪,云气五色,上属于天,曼延数里。众皆往观视。父老相谓曰:"是非凡气,孙氏其兴矣!"及母怀妊坚,梦肠出绕吴昌门,寤而惧之,以告邻母。邻母曰:"安知非吉征也。"坚生,容貌不凡,性阔达,好奇节。

[2]《灵帝纪》曰:昌以其父为越王也。

[3]《江表传》曰:坚历佐三县,所在有称,吏民亲附。乡里知旧,好事少年,往来者常数百人,坚接抚待养,有若子弟焉。

[4]《献帝春秋》曰:角称天公将军,角弟宝称地公将军,宝弟梁称人公将军。

[5]《吴书》曰:坚乘胜深入,于西华失利。坚被创堕马,卧草中。军众分散,不知坚所在。坚所骑骢马驰还营,踣地呼鸣,将士随马于草中得坚。坚还营十数日,创少愈,乃复出战。

[6]《续汉书》:俊字公伟,会稽人,少好学,为郡功曹,察孝廉,举进士。汉朝以讨黄巾功拜车骑将军,累迁河南尹。董卓见俊,外甚亲纳,而心忌之,俊亦阴备焉。关东兵起,卓议移都,俊辄止卓。卓虽惮俊,然贪其名重,乃表拜太仆以自副。俊被召不肯受拜,因进言:"国不宜迁,必孤天下望,成山东之衅,臣不见其可也。"有司诘:"召君受拜而君拒之,不问徙事而君陈之,何也?"俊曰:"副相国,非臣所堪也。迁都非计,臣

之所急也。辞所不堪，进臣所急，臣之所宜也。"有司曰："迁都之事，初无此计也。就有，未露，何所受闻？"俊曰："相国董卓为臣说之，臣闻之于相国。"有司不能屈，朝廷称服焉。后为太尉。李傕、郭汜相攻，劫质天子公卿，俊性刚，即发病而卒。

〔7〕《魏书》曰：坚到郡，郡中震服，任用良吏。敕吏曰："谨遇良善，治官曹文书，必循治，以盗贼付太守。"

〔8〕《吴录》曰：是时庐江太守陆康从子作宜春长，为贼所攻，遣使求救于坚。坚整严救之。主簿进谏，坚答曰："太守无文德，以征伐为功，越界攻讨，以全异国。以此获罪，何愧海内乎？"乃进兵往救，贼闻而走。

〔9〕《江表传》曰：坚闻之，拊膺叹曰："张公昔从吾言，朝廷今无此难也。"

〔10〕案《王氏谱》，叡字通耀，晋太保祥伯父也。《吴录》曰：叡先与坚共击零、桂贼，以坚武官，言颇轻之。及叡举兵欲讨卓，素与武陵太守曹寅不相能，扬言当先杀寅，寅惧，诈作案行使者光禄大夫温毅檄，移坚，说叡罪过，令收行刑讫，以状上。坚即承檄勒兵袭叡。叡闻兵至，登楼望之，遣问欲何为，坚前部答曰："兵久战劳苦，所得赏，不足以为衣服，诣使君更乞资直耳。"叡曰："刺史岂有所吝？"便开库藏，使自入视之，知有所遗也。兵进及楼下，叡见坚，惊曰："兵自求赏，孙府君何以在其中？"坚曰："被使者檄诛君。"叡曰："我何罪？"坚曰："坐无所知。"叡穷迫，刮金饮之而死。

〔11〕《英雄记》曰：咨字子议，颍川人，亦知名。《献帝春秋》曰：袁术表坚假中郎将。坚到南阳，移檄太守请军粮。咨以问纲纪，纲纪曰："坚邻郡二千石，不应调发。"咨遂不与。

〔12〕《吴历》：初坚至南阳，咨既不给军粮，又不肯见坚。坚欲进兵，恐有后患，乃诈得疾，举军震惶，迎呼巫医，祷祀山川。遣所亲人说咨，言病困，欲以兵付咨。咨闻之，心利其兵，即将步骑五六百人诣营省坚，坚卧与相见。无何，卒然而起，按剑骂咨，遂执斩之。此语与本传不同。

〔13〕《英雄记》曰：初坚讨董卓，到梁县之阳人。卓亦遣兵步骑五千迎之，陈郡太守胡轸为大督护，吕布为骑督，其余步骑将校都督者甚众。轸字文才，性急，预宣言曰："今此行也，要当斩一青绶，乃整齐耳。"诸将闻而恶之。军到广成，去阳人城数十里。日暮，士马疲极，当止宿，又本受卓节度宿广成，秣马饮食，以夜进兵，投晓攻城。诸将恶惮轸，欲贼败其事，布等宣言"阳人城中贼已走，当追寻之；不然失之矣"，便夜进军。城中宜备甚设，不可掩袭。于是吏士饥渴，人马甚疲，且夜至，又无堑垒。释甲休息，而布又宣言相惊，云"城中贼出来"。军众扰乱奔走，皆弃甲，失鞍马。行十余里，定无贼，会天明，便还，拾取兵器，欲进攻城。城守已固，穿堑已深，轸等不能攻而还。

〔14〕《江表传》曰：或谓术曰："坚若得洛，不可复制，此为除狼而得虎也。"故术疑之。

〔15〕《江表传》载坚语云："大勋垂捷而军粮不继，此吴起所以叹泣于西河，乐毅所以遗恨于垂成也。愿将军深思之。"

〔16〕《山阳公载记》曰：卓谓长史刘艾曰："关东军败数矣，皆畏孤，无能为也。惟孙坚小戇，颇能用人，当语诸将，使知忌之。孤昔与周慎西征，慎围边、韩于金城，孤语张温，求引所将兵为慎作后驻。温不听。孤时上言其形势，知慎必不克。台今有本末。事未报，温又使慎讨先零羌，以西方为一时荡定。孤皆知其不然而不得止，遂行，留别部司马刘靖将步骑四千屯安定，以为声势。叛羌便还，欲截归大道，孤小击辄开，畏安定有兵故也。房谓安定当数万人，不知但靖也。

时又上章言状，而孙坚随周慎行，谓慎求将万兵造金城，使慎以二万作后驻，边、韩城中无宿谷，当于外运，畏慎大兵，不敢轻与坚战，而坚兵足以断其道，儿曹用以还羌谷中，凉州或能定也。温既不能用孤，慎又不用坚，自攻金城，坏其外垣，驰使语温，自以克在旦夕，温时亦自以计中也。而渡辽儿果断葵园，慎弃辎重走，果如孤策。台以此封慎都乡侯。坚以佐军司马，所见与人同，自为可耳。"艾曰："坚虽时见计，故自不如李傕、郭汜。闻在美阳亭北，将千骑步与虏合，殆死，亡失印绶，此不为能也。"卓曰："坚乌合义从，兵不如傕精，且战有利钝。但当论山东大势，终无所至耳。"艾曰："山东儿驱略百姓，以作寇逆，其锋不如人，坚甲利兵强弩之用又不如人，亦安得久？"卓曰："然，但杀二袁、刘表、孙坚，天下自服从孤耳。"

〔17〕《江表传》曰：旧京空虚，数百里中无烟火。坚前入城，惆怅流涕。《吴书》曰：坚入洛，扫除汉宗庙，祠以太牢。坚军城南甄官井上，旦有五色气，举军惊怪，莫有敢汲。坚令人入井，探得汉传国玺，文曰："受命于天，既寿永昌"，方圆四寸，上纽交五龙，上一角缺。初，黄门张让等作乱，劫天子出奔，左右分散，掌玺者以投井中。《山阳公载记》曰：袁术将僭号，闻坚得传国玺，乃拘坚夫人而夺之。《江表传》曰：案《汉献帝起居注》云"天子从河上还，得六玉玺于阁上"，又太康之初孙晧送金玺六枚，无有玉，明其伪也。虞喜《志林》：天子六玺者，文曰"皇帝之玺"、"皇帝行玺"、"皇帝信玺"、"天子之玺"、"天子行玺"、"天子信玺"。此六玺所封事异，故文字不同。《献帝起居注》云"从河上还，得六玉玺于阁上"，此之谓也。传国玺者，乃汉高祖所佩秦皇帝玺，世世传受，号曰传国玺。案传国玺不在六玺之数，安得总其说乎？应氏《汉官》、皇甫《世纪》，其论六玺，文义皆符。汉宫传国玺，文曰"受命于天，既寿且康"。"且康"与"永昌"，二字为错，未知两家何者为得。金玉之精，率有光气，加以神器秘宝，辉耀益彰，盖一代之奇观，将来之异闻，而以不解之故，强谓之伪，不亦诬乎！陈寿于《破虏传》亦除此说，俱惑《起居注》，不知六玺殊名，与传国为七者也。吴时无能刻玉，故天子以金为玺。玺虽以金，于文不异。吴降而送玺者送天子六玺，曩所得玉玺，乃古人遗印，不可施用。天子之玺，今以无有为难，不通其义者耳。臣松之以为孙坚于兴义之中最有忠烈之称，若得汉神器而潜匿不言，此为阴怀异志，岂所谓忠臣乎？吴贤欲以为国华，而不知损坚之令德。如其果然，以传子孙，纵非六玺之数，要非常人所畜，孙晧之降，亦不得但送六玺而宝藏传国也。受命于天，奚取于归命之堂，若如喜言，则此玺今尚在孙门。匹夫怀璧，犹且有罪，而况斯物哉！

〔18〕《吴录》曰：是时关东州郡，务相兼并以自强大。袁绍遣会稽周㬂为豫州刺史，来袭取州。坚慨然叹曰："同举义兵，将救社稷。逆贼垂破而各若此，吾当谁与戮力乎！"言发涕下。㬂字仁明，周昕之弟也。《会稽典录》曰：初曹公兴义兵，遣人要㬂，㬂即收合兵众，得二千人，从公征伐，以为军师。后与坚争豫州，屡战失利。会次兄九江太守昂为袁术所攻，㬂往助之。军败，还乡里，为许贡所害。

〔19〕《典略》曰：坚悉其众攻表，表闭门，夜遣将黄祖潜出发兵。祖将兵欲还，坚逆与战。祖败走，窜岘山中。坚乘胜夜追祖，祖部兵从竹木间暗射坚。杀之。《吴录》曰：坚时年三十七。《英雄记》曰：坚以初平四年正月七日死。又云：刘表将吕公将兵缘山向坚，坚轻骑寻山讨公。公兵下石，中坚头，应时脑出物故。其不同如此也。

〔20〕《吴录》曰：尊坚庙曰始祖，墓曰高陵。《志林》曰：坚有五子：策、权、翊、匡，吴氏所生；少子朗，庶生也，一名仁。

〔21〕《江表传》曰：坚为朱俊所表，为佐军，留家著寿春。策年十余岁，已交结知名，声誉发闻。有周瑜者，与策同年，亦英达夙成，闻策声问，自舒来造焉。便推结好，义同断金，劝策徙居舒，策从之。

〔22〕《魏书》曰："策当嗣侯，让与弟匡。"

〔23〕《吴历》曰：初策在江都时，张纮有母丧。策数诣纮，咨以世务，曰："方今汉祚中微，天下扰攘，英雄俊杰各拥众营私，未有能扶危济乱者也。先君与袁氏共破董卓，功业未遂，卒为黄祖所害。策虽暗稚，窃有微志，欲从袁扬州求先君余兵，就舅氏于丹阳，收合流散，东据吴会，报仇雪耻，为朝廷外藩。君以为何如？"纮答曰："既素空劣，方居衰绖之中，无以奉赞盛略。"策曰："君高名播越，远近怀归。今日事计，决之于君，何得不纾虑启告，副其高山之望？若微志得展，血仇得报，此乃君之勋力，策心所望也。"因涕泣横流，颜色不变。纮见策忠壮内发，辞令慷慨，感其志言，乃答曰："昔周道陵迟，齐、晋并兴；王室已宁，诸侯贡职。今君绍先侯之轨，有骁武之名，若投丹阳，收兵吴会，则荆、扬可一，仇敌可报。据长江，奋威德，诛除群秽，匡辅汉室，功业侔于桓、文，岂徒外藩而已哉？方今世乱多难，若功成事立，当与同好俱南济也。"策曰："一与君同符合契，有永固之分，今便行矣，以老母弱弟委付于君，策无复回顾之忧。"《江表传》曰：策径到寿春见袁术，涕泣而言曰："亡父昔从长沙入讨董卓，与明使君会于南阳，同盟结好，不幸遇难，勋业不终。策感惟先人旧恩，欲自凭结，愿明使君垂察其诚。"术甚贵异之，然未肯还其父兵。术谓策曰："孤始用贵舅为丹阳太守，贤从伯阳为都尉，彼精兵之地，可还依召募。"策遂诣丹阳依舅，得数百人，而为泾县大帅祖郎所袭，几至危殆。于是复往见术，术以坚余兵千余人还策。

〔24〕《江表传》曰：策说术云："家有旧恩在东，愿助舅讨横江，横江拔，因投本土召募，可得三万兵，以佐明使君匡济汉室。"术知其恨，而以刘繇据曲阿，王朗在会稽，谓策未必能定，故许之。

〔25〕《江表传》曰：策渡江攻繇牛渚营，尽得邸阁粮谷、战具，是岁兴平二年也。时彭城相薛礼、下邳相笮融依繇为盟主，礼据秣陵城，融屯县南。策先攻融，融出兵交战，斩首五百余级，融即闭门不敢动。因渡江攻礼，礼突走，而樊能、于麋等复合众袭夺牛渚屯。策闻之，还袭破能等，获男女万余人。复下攻融，为流矢所中，伤股，不能乘马，因自舆还牛渚营。或叛告融曰："孙郎被箭已死。"融大喜，即遣将于兹乡策。策遣步骑数百挑战，设伏于后，贼出击之，锋刃未接而伪走，贼追入伏中，乃大破之，斩首千余级。策因ále到融营下，令左右大呼曰："孙郎竟云何？"贼于是惊怖夜遁。融闻策尚在，更深沟高垒，缮治守备。策以融所屯地势险固，乃舍去，攻破繇别将于海陵，转攻湖孰、江乘，皆下之。

〔26〕《江表传》曰：策时年少，虽有位号，而士民皆呼为孙郎。百姓闻孙郎至，皆失魂魄；长吏委城郭，窜伏山草。及至，军士奉令，不敢虏略，鸡犬菜茹，一无所犯，民乃大悦，竞以牛酒诣军。刘繇既走，策入曲阿劳赐将士，遣将陈宝诣阜陵迎母及弟。发布令，告诸县："其刘繇、笮融等故乡部曲来降首者，一无所问；乐从军者，一身行，复除门户；不乐者，勿强也。"旬日之间，四面云集，得见兵二万余人，马千余匹，威震江东，形势转盛。

〔27〕《吴录》曰：时有乌程邹他、钱铜及前合浦太守嘉兴王晟等，各聚众万余或数千。引兵扑讨，皆攻破之。策母吴氏曰："晟与汝父有升堂见妻之分，今其诸子兄弟皆已枭夷，独余一老翁，何足复惮乎？"乃舍之，余咸族诛。策自讨虎，虎高垒坚守，使其弟舆请和。许之。舆请独与策会面约。既会，策引白刃削席，舆体动，策笑曰："闻卿能坐跃，剿捷不常，聊戏卿耳！"舆曰："我见刃乃然。"策知其无能也，乃以手戟投之，立死。舆有勇力，虎众闻其死也，甚惧。进攻破之。虎奔余杭，投许昭于屋中。程普请击昭，策曰："许昭有义于旧君，有诚于故友，此丈夫之志也。"乃舍之。臣松之案：许昭有义于旧君，谓济盛宪也，事见后注。有诚于故友，则受严白虎也。

〔28〕《江表传》曰：策遣奉正都尉刘由、五官掾高承奉章诣许，拜献方物。

〔29〕《吴录》载使张纮为书曰："盖上天垂司过之星，圣王建敢谏之鼓，设非谬之备，急箴阙之言，何哉？凡有所长，必有所短也。去冬传有大计，无不悚惧，旋供备贡献，万夫解惑。顷闻建议，复欲追遵前图，即事之期，便有定月。益使怃然，想是流妄；设其必尔，民何望乎？曩日之举义兵也，天下之士所以响应者，董卓擅废置，害太后、弘农王，略乱宫人，发掘园陵，暴逆至此，故诸州郡雄豪闻声喜义。神武外振，卓遂内死。元恶既毙，幼主东顾，俾保傅宣命，欲令诸军振旅，然河北通谋黑山，曹操放毒东徐，刘表称乱南荆，公孙瓒炽然北幽，刘繇决力江浒，刘羡争盟淮隅，是以未获承命櫜弓戢戈也。今备、繇既破，操荼饥馁，谓当与天下共谋，以诛丑类。舍而不图，有自取之志，非海内所望，一也。昔成汤伐桀，称有夏多罪；武王伐纣，曰殷有罪罚重哉。此二王者，虽有圣德，宜当君世；如使不遭其时，亦无由兴矣。幼主非有恶于天下，徒以春秋尚少，胁于强臣，若无过而夺之，惧未合于汤、武之事，二也。卓虽狂狡，至废主自与，亦犹未也，而天下闻其桀虐，攘臂同心而疾之，以中土希战之兵，当边地劲悍之虏，所以斯须游魂也。今四方之人，皆玩敌而便战斗矣，可得而胜者，以彼乱而我治，彼逆而我顺也。见当世之纷若，欲大举以临之，适足趣祸，三也。天下神器，不可虚干，必须天赞与人力也。殷汤有白鸠之祥，周武有赤乌之瑞，汉高有星聚之符，世祖有神光之征，皆民困悴于桀、纣之政，毒苦于秦、莽之役，故能芟去无道，致就其志。今天下非患于幼主，未见受命之应验，而欲一旦卒然登即尊号，未之或有，四也。天子之贵，四海之富，谁不欲焉？义不可，势不得耳。陈胜、项籍、王莽、公孙述之徒，皆南面称孤，莫之能济。帝王之位，不可横冀，五也。幼主岐嶷，若除其逼，去其鲠，必成中兴之业。夫致主于周成之盛，自受旦、奭之美，此诚所望于尊明也。纵使幼主有他改异，犹望指宗室之谱属，论近亲之贤良，以绍刘statement宗，以固汉京。皆所以书功金石，图形丹青，流庆无穷，垂声管弦。舍而不为，为其难事，想明明之素，必所不忍，六也。五世为相，权之重，势之盛，天下莫得而比焉。忠贞者必日宜夙夜惟惟，所以扶国家之踬顿，念社稷之危殆，以奉祖考之志，以报汉室之恩。其忽履道之节而强进取之欲者，将曰天下之人非家吏则门生也，孰不从我？四方之敌非吾匹则吾役也，谁能违我？盖乘累世之势，起而取之哉？二者殊数，不可不详察，七也。所贵于圣哲者，以其审于机宜，慎于举措。若难图之事，难保之势，以激群敌之气，以生众人之心，公义既不可，私计又不利，明哲不处，八也。世人多惑于图纬而牵非类，比合文字以悦所事，苟以阿上惑众，终有后悔者，自往迄今，未尝无之，不可不深择而熟思，九也。九者，尊明所见之余耳，庶备

起予,补所遗忘。忠言逆耳,幸留神听!"《典略》云张昭之辞。臣松之以为张昭虽名重,然不如兹之文也,此书以兹所作。

〔30〕《江表传》曰:建安二年夏,汉朝遣议郎王誧奉戊辰诏书曰:"董卓逆乱,凶国害民。先将军坚念在平讨,雅意未遂,厥美著闻。策遵善道,求福不回。今以策为骑都尉,袭爵乌程侯,领会稽太守。"又诏敕曰:"故左将军袁术不顾朝恩,坐创凶逆,造合虚伪,欲因兵乱,诡诈百姓,称闻其言以为不然。定得使持节平东将军领徐州牧温侯布上术所造惑众妖妄,知术鸱枭之性,遂其无道,修治王宫,署昌公卿,郊天祀地,残民害物,为祸深酷。布前后上策乃心本朝,欲还讨术,为国效节,乞加显异。夫悬赏钦功,惟勤是与,故便宠授,承袭前邑,重以大郡,荣耀兼至,是策输力竭命之秋也。其亟与布及行吴郡太守安东将军陈瑀戮力一心,同时赴讨。"策自以统领兵马,但以骑都尉领郡为轻,欲得将军号,乃使人讽诵,讽便承制假策明汉将军。是时,陈瑀屯海西,策奉诏治严,当与布、瑀参同形势。行到钱塘,瑀阴图袭策,遣都尉万演等密渡江,使持印传三十余纽与贼丹阳、宣城、泾、陵阳、始安、黟、歙诸险县大帅祖郎、焦已及吴郡乌程严白虎等,使为内应,伺策军发,欲攻取诸郡。策觉之,遣吕范、徐逸攻瑀于海西,大破瑀,获其吏士妻子四千人。《山阳公载记》曰:瑀单骑走冀州,自归袁绍,绍以为故安都尉。《吴录》载策上表谢曰:"臣以固陋,孤特边陲。陛下广播高泽,不遗细节,以臣袭爵,兼典名郡。仰荣顾宠,所不克堪。兴平二年十二月二十日,于吴郡曲阿得袁术所呈表,以臣行殄寇将军;至被诏书,乃知伴擅。虽辄捐废,犹用悚栗。臣年十七,丧失所怙,惧有不任堂构之鄙,以忝析薪之戒,诚无去病十八建功,世祖列将弱冠佐命。臣初领兵,年未弱冠,虽驽懦不武,然思竭微命。唯术狂惑,为恶深重。臣凭威灵,奉辞伐罪,庶必献捷,以报所授。"臣松之案:本传云孙坚以初平三年卒,策以建安五年卒,策死时年二十六,计坚之亡,策应十八,而此表云十七,则为不符。张璠《汉纪》及《吴历》并以坚初平二年死,此为是而本传误也。《江表传》曰:建安三年,策又遣使贡方物,倍于元年所献。其年,制书转拜讨逆将军,改封吴侯。

〔31〕《江表传》曰:策被诏敕,与司空曹公、卫将军董承、益州牧刘璋等并力讨袁术、刘表。军严未进,会术死,术从弟胤、女婿黄猗等畏惧曹公,不敢守寿春,乃共舁术棺柩,扶其妻子及部曲男女,就刘勋于皖城。勋粮食少,无以相振,乃遣从弟偕告籴于豫章太守华歆,歆郡素少谷,遣吏将偕就海昏上缭,使诸宗帅共出三万斛米以与偕。偕往历月,才得数千斛。偕乃报勋,具说形状,使勋来袭取之。勋得偕书,使潜军到海昏邑下。宗帅知之,空壁逃匿,勋了无所得。时策西讨黄祖,行及石城,闻勋轻身诣海昏,便分遣从兄贲、辅率八千人于彭泽待勋,自与周瑜率二万人步袭皖城,即克之,得术百工及鼓吹部曲三万余人,并术、勋妻子。表用汝南李术为庐江太守,给兵三千人以守皖,皆徙所得人东诣吴。贲、辅又于彭泽破勋。勋走入楚江,从寻阳步上到置马亭,闻策等已克皖,乃投西塞。至沂,筑垒自守,告急于刘表,求救于黄祖。祖遣太子射船军五千人助勋。策复就攻,大破勋。勋与偕北归曹公,射亦遁走。策收得勋兵二千余人,船千艘,遂前进夏口攻黄祖。时刘表遣从子虎、南阳韩晞将长矛五千,来为黄祖先锋。策与战,大破之。《吴录》载策表曰:"臣讨黄祖,以十二月八日到祖所屯沙羡县。刘表遣将助祖,并来趣臣。臣以十一日平旦部所领江夏太守行建威中郎将周瑜、领桂阳太守行征虏中郎将吕范、领零陵太守行荡寇中郎将程普、行奉业校尉孙权、行先登校尉韩当、行武锋校尉黄盖等同时俱进。身跨马擽陈,手击急鼓,以齐战势。吏士奋激,踊跃百倍,心精意果,各竞用命。越渡重堑,迅疾若飞,火放上风,兵激烟下,弓弩并发,流矢雨集,日加辰时,祖乃溃烂。锋刃所截,焱火所焚,前无生寇,惟挺进走。获其妻息男女七人,斩虎、韩晞已下二万余级,其赴水溺者一万余口,船六千余艘,财物山积。虽表未禽,祖宿狡374,为表腹心,出作爪牙,表之鸱张,以祖气息,而祖家属部曲,扫地无余,表孤特之虏,成鬼行尸。诚皆圣朝神武远扇,臣讨有罪,得效微勤。

〔32〕《吴历》曰:曹公闻策平定江南,意甚难之,常呼"猘儿难与争锋也"。

〔33〕《吴录》曰:时有高岱者,隐于余姚,策命出使会稽丞陆昭逆之,策虚已候焉。闻其善《左传》,乃自玩读,欲与论讲。或谓之曰:"高岱以将军但英武而已,无文学之才,若与论《传》而或云不知者,则某言符矣。"又谓岱曰:"孙将军为人,恶胜己者,若每问,当言不知,乃合意耳。如皆辨义,此必危殆。"岱以为然,乃与论《传》,或答不知。策果怒,以为轻己,乃囚之。知交及时人皆露坐为请。策登楼,望见数里中填满。策恶其收众心,遂杀之。岱字孔文,吴郡人也,受性聪达,轻财贵义。其友士拔奇,取于未显,所友八人,皆世之英伟也。太守盛宪以为上计,举孝廉。许贡来领郡,岱将宪避难于许昭家,求救于陶谦。谦未即救,岱憔悴泣血,水浆不入口。谦感其忠壮,有申包胥之义,许为出军,以书与贡。岱得谦书以还,而贡已囚其母。吴人大小皆为危辣,以贡宿忿,往必见害。岱言在君则为君,且母在牢狱,期于当往,若得入见,事自当解。遂通书自白,贡即与相见。才辞敏捷,好自陈谢。贡登时出其母。岱将见贡,语友人张允、沈昭令豫具船,以贡必悔,当追逐之。出便将母乘船易道而逃。贡须臾遣人追之,令追者若及于船,江上便杀之,已过则止。使与岱错道,遂免。被诛时,年三十余。《江表传》曰:时有道士琅邪于吉,先寓居东方,往来吴会,立精舍,烧香读道书,制作符水以治病,吴会人多事之。策尝于郡城门楼上,集会诸将宾客,吉乃盛服杖小函,漆画之,名为仙人铧,趋度门下。诸将宾客三分之二下楼迎拜之,掌宾者禁呵不能止。策即令收。诸事之者,悉使妇女入见策母,请救之。母谓策曰:"于先生亦助军作福,医护将士,不可杀之。"策曰:"此子妖妄,能幻惑众心,远使诸将不复相顾君臣之礼,尽委策下楼拜之,不可不除也。"诸将复连名通白事陈乞之,策曰:"昔南阳张津为交州刺史,舍前圣典训,废汉家法律,尝著绛帕头,鼓琴烧香,读邪俗道书,云以助化,卒为南夷所杀。此甚无益,诸君但未悟耳。今此子已在鬼箓,勿复费纸笔也。"即催斩之,悬首于市。诸事之者,尚不谓其死而云尸解焉,复祭祀求福。《志林》曰:初顺帝时,琅邪宫崇诣阙上师于吉所得神书于曲阳泉水上,白素朱界号《太平青领道》,凡百余卷。顺帝至建安中,五六十岁,于吉是时近百年,年在耄悼,礼不加刑。又天子巡狩,问百年者,就而见之,敬齿以亲爱,圣王之至教也。吉罪不及死,而暴加酷刑,是乃谬诛,非所以为美也。喜推考桓王之薨,建安五年四月四日,是时曹、袁相攻,未有胜负。案夏侯元让与石威则书,袁绍破后也。书云:"授孙贲以长沙,业张津以零、桂。"此为桓王于前亡,张津于后死,不得相让,譬言津之死意矣。臣松之案:太康八年,广州大中正王范上《交广二州春秋》,建安六年,张津犹为交州牧。《江表传》之虚如《志林》所云。《搜神记》曰:

策欲渡江袭许,与吉俱行。时大旱,所在焦历。策催诸将士使速引船,或身自早出督切,见将吏多在吉许,策因此激怒,言:"我为不如于吉邪,而先趋务之?"便使收吉。至,呵问之曰:"天旱不雨,道涂艰涩,不时得过,故自早出,而卿不同忧戚,安坐船中作鬼物态,败吾部伍,今当相除。"令人缚置地上暴之,使请雨,若能感天日中雨者,当原赦,不尔行诛。俄而云气上蒸,肤寸合之,比至日中,大雨总至,溪涧盈溢。将士喜悦,以为吉必见原,并往庆慰,策遂杀之。将士哀惜,共藏其尸。天夜忽更兴云覆之,明旦往视,不知所在。案《江表传》、《搜神记》于吉事不同,未详孰是。

〔34〕《江表传》曰:广陵太守陈登治射阳,登即玮之从兄子也。策前西征,登阴复遣间使,以印绶与严白虎余党,图为后害,以报玮见破之辱。策归,复讨登。军到丹徒,须待运粮。策性好猎,将步骑数出。策驱驰逐鹿,所乘马精骏,从骑绝不能及。初,吴郡太守许贡上表于汉帝:"孙策骁雄,与项籍相似,宜加贵宠,召还京邑。若被诏,不得不还;若放于外,必作世患。"策候吏得贡表,以示策。策请贡相见,以责让贡。贡辞无表,策即令武士绞杀之。贡奴客潜民间,欲为贡报仇。猎日,卒有三人即贡客也。策问:"尔等何人?"答云:"是韩当兵,在此射鹿耳。"策曰:"当兵吾皆识之,未尝见汝等。"因射一人,应弦而倒。余二人怖急,便举弓射策,中颊。后骑寻至,皆刺杀之。《九州春秋》曰:策闻曹公北征柳城,悉起江南之众,自号大司马,将北袭许,恃其勇,行不设备,故及于难。孙盛《异同评》曰:凡此数书,各有所失。孙策虽威行江外,略有六郡,然黄祖乘其上流,陈登间其心腹,且深险强宗,未尽归复,曹、袁虎争,势倾山海,策岂暇远师汝、颍,而迁帝于吴、越哉?斯盖庸人之所鉴见,况策达于事势者乎?又案袁绍以建安五年至黎阳,而策以四月遇害,而《志》云策闻曹公与绍相拒于官渡,谬矣。伐登之言,为有证也。又《江表传》说策悉识韩当军士,疑此为诈,便射杀一人。夫三军将士或有新附,策为大将,何能悉识?以所不识,便射杀,非其论也。又策见杀在五年,柳城之役在十二年,《九州春秋》乖错尤甚矣。臣松之案:《傅子》亦云曹公征柳城,将袭许。记述若斯,何其疏矣!然孙盛所讥,未为悉是。黄祖始被策破,魂气未反,且刘表君臣本无兼并之志,虽在上流,何办规拟吴会?策之此举,理应先图陈登,但举兵所在,不止登而已。于时强宗骁帅,祖郎、严虎之徒,禽灭已尽,所余山越,盖何足惧?然则策之所规,未可谓之不暇也。若使策志获从,大权在手,淮、泗之间,所在皆可都,何必毕志江外,其当迁帝于扬、越哉?案《魏武纪》,武帝以建安四年已出屯官渡,乃策未死之前,久与袁绍交兵,则《国志》所云不为谬也。许贡客,无闻之小人,而能感识恩遇,临义忘生。卒然奋发,有侔古烈矣。《诗》云:"君子有徽猷,小人与属。"贡客其有焉。

〔35〕《吴历》曰:策既被创,医言"可治,当好自将护,百日勿动"。策引镜自照,谓左右曰:"面如此,尚可复建功立事乎?"椎几大奋,创皆分裂,其夜卒。《搜神记》曰:策既杀于吉,每独坐,仿佛见吉在左右,意深恶之,颇有失常。后治创方差,而引镜自照,见吉在镜中,顾而弗见,如是再三,因扑镜大叫,创皆崩裂,须臾而死。

〔36〕孙盛曰:孙氏兄弟皆明略绝群。创基立事,策之由也,且临终之日,顾命委权。夫意气之间,犹有刎颈,况天伦之笃爱,豪达之英鉴,岂各名号于既往,违本情之至实哉?抑将远思虚盈之数,而慎其名器者乎?夫正本定名,为国之大防;杜绝疑贰,消衅之良谟。是故鲁隐矜义,终致羽父之祸;宋宣

怀仁,卒有殇公之哀。皆心存小善,而不达经纶之图;求誉当年,而不思贻厥之谋。可谓轻千乘之国,蹈道则未也。孙氏因扰攘之际,得奋其纵横之志,业非积德之基,邦无磐石之固,势一则禄祚可终,情乖则祸乱尘起,安可不防微于未兆,虑难于将来?壮哉!策为首事之君,而吴开国之主,将相在列,皆其旧também,而嗣子弱劣,析薪弗荷,奉之则鲁桓、田冷之难作,崇之则与夷、子冯之祸兴。是以正名定本,使贵贱殊邈,然后国无陵肆之责,后嗣罔猜忌之嫌,群情绝异端之论,不逞杜觊觎之心;于情虽违,于事虽俭,至于括囊远图,永保维城,可谓为之于其未有,治之于其未乱者也。陈氏之评,其未达乎!

卷四十七　　吴主传第二

孙权字仲谋。兄策既定诸郡,时权年十五,以为阳羡长[1]。郡察孝廉,州举茂才,行奉义校尉。汉以策远修职贡,遣使者刘琬加锡命。琬语人曰:"吾观孙氏兄弟虽各才秀明达,然皆禄祚不终,惟中弟孝廉,形貌奇伟,骨体不恒,有大贵之表,年又最寿,尔试识之。"

建安四年,从策征庐江太守刘勋。勋破,进讨黄祖于沙羡。

五年,策薨,以事授权,权哭未及息。策长史张昭谓权曰:"孝廉,此宁哭时邪?且周公立法而伯禽不师,非欲违父,时不得行也[2]。况今奸宄竞逐,豺狼满道,乃欲哀亲戚,顾礼制,是犹开门而揖盗,未可以为仁也。"乃改易权服,扶令上马,使出巡军。是时惟有会稽、吴郡、丹阳、豫章、庐陵,然深险之地犹未尽从,而天下英豪布在州郡,宾旅寄寓之士以安危去就为意,未有君臣之固。张昭、周瑜等谓权可与共成大业,故委心而服事焉。曹公表权为讨虏将军,领会稽太守,屯吴,使丞之郡行文书事。待张昭以师傅之礼,而周瑜、程普、吕范等为将率。招延俊秀,聘求名士,鲁肃、诸葛瑾等始为宾客。分部诸将,镇抚山越,讨不从命[3]。

七年,权母吴氏薨。

八年,权西伐黄祖,破其舟军,惟城未克,而山寇复动。还过豫章,使吕范平鄱阳,程普讨乐安,太史慈领海昏,韩当、周泰、吕蒙等为剧县令长。

九年,权弟丹杨太守翊为左右所害,以从兄瑜代翊[4]。

十年,权使贺齐讨上饶,分为建平县。

十二年,西征黄祖,虏其人民而还。

十三年春,权复征黄祖,祖先遣舟兵拒军,都尉吕蒙破其前锋,而凌统、董袭等尽锐攻之,遂屠其城。祖挺身亡走,骑士冯则追枭其首,虏其男女数万口。是岁,使贺齐讨黟、歙[5],分歙为始新、新定[6]、犁阳、休阳县[7],以六县为新都郡。荆州牧刘表死,鲁肃乞奉命吊表二子,且以观变。肃未到,而曹公已临其境,表子琮举众以降。刘备欲南济江,肃与相见,因传权旨,为陈成败。备进住夏口,使诸葛亮诣权,权遣周瑜、程普等行。是时曹公新得表众,形势甚

盛,诸议者皆望风畏惧,多劝权迎之[8]。惟瑜、肃执拒之议,意与权同。瑜、普为左右督,各领万人,与备俱进,遇于赤壁,大破曹公军。公烧其余船引退,士卒饥疫,死者大半。备、瑜等复逐至南郡,曹公遂北还,留曹仁、徐晃于江陵,使乐进守襄阳。时甘宁在夷陵,为仁党所围,用吕蒙计,留凌统以拒仁,以其半救宁,军以胜反。权自率众围合肥,使张昭攻九江之当涂。昭兵不利,权攻城逾月不能下。曹公自荆州还,遣张喜将骑赴合肥。未至,权退。

十四年,瑜、仁相守岁余,所杀伤甚众。仁委城走。权以瑜为南郡太守。刘备表权行车骑将军,领徐州牧。备领荆州牧,屯公安。

十五年,分豫章为鄱阳郡;分长沙为汉昌郡,以鲁肃为太守,屯陆口。

十六年,权徙治秣陵。明年,城石头,改秣陵为建业。闻曹公将来侵,作濡须坞。

十八年正月,曹公攻濡须,权与相拒月余。曹公望权军,叹其齐肃,乃退[9]。初,曹公恐江滨郡县为权所略,征令内移。民转相惊,自庐江、九江、蕲春、广陵户十余万皆东渡江,江西遂虚,合肥以南惟有皖城。

十九年五月,权征皖城。闰月,克之,获庐江太守朱光及参军董和,男女数万口。是岁刘备定蜀。权以备已得益州,令诸葛瑾从求荆州诸郡。备不许,曰:"吾方图凉州,凉州定,乃尽以荆州与吴耳。"权曰:"此假而不反,而欲以虚辞引岁。"遂置南三郡长吏,关羽尽逐之。权大怒,乃遣吕蒙督鲜于丹、徐忠、孙规等兵二万取长沙、零陵、桂阳三郡,使鲁肃以万人屯巴丘[10]以御关羽。权住陆口,为诸军节度。蒙到,二郡皆服,惟零陵太守郝普不下。会备到公安,使关羽将三万兵至益阳,权乃召蒙等使还助肃。蒙使人诱普,普降,尽得三郡将守,因引军还,与孙皎、潘璋并鲁肃兵并进,拒羽于益阳。未战,会曹公入汉中,备惧失益州,使使求和。权令诸葛瑾报,更寻盟好,遂分荆州、长沙、江夏、桂阳以东属权,南郡、零陵、武陵以西属备。备归,而曹公已还。权反自陆口,遂征合肥。合肥未下,撤军还。兵皆就路,权与凌统、甘宁等在津北为魏将张辽所袭,统等以死扞权,权乘骏马越津桥得去[11]。

二十一年冬,曹公次于居巢,遂攻濡须。

二十二年春,权令都尉徐详诣曹公请降,公报使修好,誓重结婚。

二十三年十月,权将如吴,亲乘马射虎于庱亭[12]。马为虎所伤,权投以双戟,虎却废,常从张世击以戈,获之。

二十四年,关羽围曹仁于襄阳,曹遣左将军于禁救之。会汉水暴起,羽以舟兵尽虏禁等步骑三万送江陵,惟城未拔。权内惮羽,外欲以为己功,笺与曹公,乞以讨羽自效。曹公且欲使羽与权相持以斗之,驿传权书,使曹仁以弩射示羽。羽犹豫不能去。闰月,权征羽,先遣吕蒙袭公安,获将军士仁。蒙到南郡,南郡太守糜芳以城降。蒙据江陵,抚其老弱,释于禁之囚。陆逊别取宜都,获秭归、枝江、夷道,还屯夷陵,守峡口以备蜀。关羽还当阳,西保麦城。权使诱之。羽伪降,立幡旗为象人于城上,因遁走,兵皆解散,尚十余骑。权先使朱然、潘璋断其径路。十二月,璋司

马马忠获羽及其子平、都督赵累等于章乡,遂定荆州,是岁大疫,尽除荆州民租税。曹公表权为骠骑将军,假节领荆州牧,封南昌侯。权遣校尉梁寓奉贡于汉,及令王惇市马,又遣朱光等归[13]。

二十五年春正月,曹公薨,太子丕代为丞相魏王,改年为延康。秋,魏将梅敷使张俭求见抚纳。南阳阴、鄼、筑阳[14]、山都、中庐五县民五千家来附。冬,魏嗣王称尊号,改元为黄初。二年四月,刘备称帝于蜀[15]。权自公安都鄂,改名武昌,以武昌、下雉、寻阳、阳新、柴桑、沙羡六县为武昌郡。五月,建业言甘露降。八月,城武昌,下令诸将曰:"夫存不忘亡,安必虑危,古之善教。昔隽不疑汉之名臣,于安平之世而刀剑不离于身,盖君子之于武备,不可以已。况今处身疆畔,豺狼交接,而可轻忽不思变难哉?顷闻诸将出入,各尚谦约,不从人兵,甚非备虑爱身之谓。夫保己遗名,以安君亲,孰与危辱?宜深警戒,务崇其大,副孤意焉。"自魏文帝践阼,权使命称藩,及遣于禁等还。十一月,策命权曰:"盖圣王之法,以德设爵,以功制禄;劳大者禄厚,德盛者礼丰。故叔旦有夹辅之勋,太公有鹰扬之功,并启土宇,并受备物,所以表章元功,殊异贤哲也。近汉高祖受命之初,分裂膏腴以王八姓,斯则前世之懿事,后王之元龟也。朕以不德,承运革命,君临万国,秉统天机,思齐先代,坐而待旦。惟君天资忠亮,命世作佐,深睹历数,达见废兴,远遣行人,浮于潜汉[16]。望风影附,抗疏称藩,兼纳纤缔南方之贡,普遣诸来还本朝,忠肃内发,款诚外昭,信著金石,义盖山河,朕甚嘉焉。今封君为吴王,使使持节太常高平侯贞,授君玺绶策书、金虎符第一至第五、左竹使符第一至第十,以大将军使持节督交州,领荆州牧事,锡君青土,苴以白茅,对扬朕命,以尹东夏。其上故骠骑将军南昌侯印绶符策。今又加君九锡,其敬听后命。以君绥安东南,纲纪江外,民夷安业,无或携贰,是用锡君大辂、戎辂各一、玄牡二驷。君务财劝农,仓库盈积,是用锡君衮冕之服,赤舄副焉。君化民以德,礼教兴行,是用锡君轩县之乐。君宣导休风,怀柔百越,是用锡君朱户以居。君运其才谋,官方任贤,是用锡君纳陛以登。君忠勇并奋,清除奸慝,是用锡君虎贲之士百人。君振威陵迈,宣力荆南,枭灭凶丑,罪人斯得,是用锡君铁钺各一。君文和于内,武信于外,是用锡君彤弓一、彤矢百、玈弓十、玈矢千。君以忠肃为基,恭勤为德,是用锡君秬鬯一卣,圭瓒副焉。钦哉!敬敷训典,以服朕命,以勖相我国家,永终尔显烈[17]。"是岁,刘备帅军来伐,至巫山、秭归,使使诱导武陵蛮夷,假与印传,许以封赏。于是诸县及五溪民皆反为蜀。权以陆逊为督,督朱然、潘璋等以拒之。遣都尉赵咨使魏。魏帝问曰:"吴王何等主也?"咨对曰:"聪明仁智,雄略之主也。"帝问其状,咨曰:"纳鲁肃于凡品,是其聪也;拔吕蒙于行阵,是其明也;获于禁而不害,是其仁也;取荆州而兵不血刃,是其智也;据三州而虎视于天下,是其雄也;屈身陛下,是其略也[18]。"帝欲封权子登,权以登年幼,上书辞封,重遣西曹掾沈珩陈谢,并献方物[19]。立登为王太子[20]。

黄武元年春正月,陆逊部将军宋谦等攻蜀五屯,皆破

之,斩其将。三月,鄱阳言黄龙见。蜀军分据险地,前后五十余营,逊随轻重以兵应拒,自正月至闰月,大破之,临阵所斩及投兵降首数万人。刘备奔走,仅以身免[21]。

初,权外托事魏,而诚心不款。魏欲遣侍中辛毗、尚书桓阶往与盟誓,并征任子,权辞让不受。秋九月,魏乃命曹休、张辽、臧霸出洞口,曹仁出濡须,曹真、夏侯尚、张郃、徐晃围南郡。权遣吕范等督五军,以舟军拒休等,诸葛瑾、潘璋、杨粲救南郡,朱桓以濡须督拒仁。时扬、越蛮夷多未平集,内难未弭,故权卑辞上书,求自改厉,"若罪在难除,必不见置,当奉还土地民人,乞寄命交州,以终余年。"文帝报曰:"君生于扰攘之际,本有纵横之志,降身奉国,以享兹祚。自君策名已来,贡献盈路。讨备之功,国朝仰成。埋而掘之,古人之所耻[22]。朕之与君,大义已定,岂乐劳师远临江汉?廊庙之议,王者所不得专;三公上君过失,皆有本末。朕以不明,虽有曾母投杼之疑,犹冀言者不信,以为国福。故先遣使者犒劳,又遣尚书、侍中践修前言,以定任子。君遂设辞,不欲使进,议者怪之[23]。又前都尉浩周劝君遣子,乃实朝臣交谋,以此卜君,君果有辞,外引隗嚣遣子不终,内喻窦融守忠而已。世殊时异,人各有心。浩周之还,口陈指麾,益令议者发明众嫌,终始之本,无所据杖,故遂俯仰从群臣议。今省上事,款诚深至,心用慨然,凄怆动容。即日下诏,敕诸军但深沟高垒,不得妄进。若君必效忠节,以解疑议,登身朝到,夕召兵还。此言之诚,有如大江[24]!"权遂改年,临江拒守。冬十一月,大风,范等兵溺死者数千,余军还江南。曹休使臧霸以轻船五百、敢死万人袭攻徐陵,烧攻城车,杀略数千人。将军全琮、徐盛追斩魏将尹卢,杀获数百。十二月,权使太中大夫郑泉聘刘备于白帝,始复通也[25]。然犹与魏文帝相往来,至后年乃绝。是岁改夷陵为西陵。

二年春正月,曹真分军据江陵中州。是月,城江夏山。改四分,用乾象历[26]。三月,曹仁遣将军常雕等,以兵五千,乘油船,晨渡濡须中州。仁子泰因引军急攻朱桓,桓兵拒之,遣将军严圭等击破雕等。是月,魏军皆退。夏四月,权群臣劝即尊号,权不许[27]。刘备薨于白帝[28]。五月,曲阿言甘露降。先是戏口守将晋宗杀将王直,以众叛如魏,魏以为蕲春太守,数犯边境。六月,权令将军贺齐督糜芳、刘邵等袭蕲春,邵等生虏宗。冬十一月,蜀使中郎将邓芝来聘[29]。

三年夏,遣辅义中郎将张温聘于蜀。秋八月,赦死罪。九月,魏文帝出广陵,望大江,曰"彼有人焉,未可图也",乃还[30]。

四年夏五月,丞相孙邵卒[31]。六月,以太常顾雍为丞相[32]。皖口言木连理。冬十二月,鄱阳贼彭绮自称将军,攻没诸县,众数万人。是岁地连震[33]。

五年春,令曰:"军兴日久,民离农畔,父子夫妇,不能相恤,孤甚愍之。今北虏缩窜,方外无事,其下州郡,有以宽息。"是时陆逊以所在少谷,表令诸将增广农亩。权报曰:"甚善。今孤父子亲自受田,车中八牛以为四耦,虽未及古人,亦欲与众均等其劳也。"秋七月,权闻魏文帝崩,征江夏,围石阳,不克而还。苍梧言凤凰见。分三郡恶地十县置东安郡[34],以全琮为太守,平讨山越。冬十月,陆逊陈便宜,劝以施德缓刑,宽赋息调。又云:"忠谠之言,不能极陈,求容小臣,数以利闻。"权报曰:"夫法令之设,欲以遏恶防邪,儆戒未然也,焉得不有刑罚以威小人乎?此为先令后诛,不欲使有犯者耳。君以为太重者,孤亦何利其然,但不得已而为之耳。今承来意,当重咨谋,务从其可。且近臣有尽规之谏,亲戚有补察之箴,所以匡君正主明忠信也。《书》载'予违汝弼,汝无面从',孤岂不乐忠言以自裨补邪?而云'不敢极陈',何得为忠谠哉?若小臣之中,有可纳用者,宁得以人废言而不采择乎?但谄媚取容,虽暗亦所明识也。至于发调者,徒以天下未定,事以众济。若徒守江东,修崇宽政,兵自足用,复用多为?顾坐自守可陋耳。若不豫调,恐临时未可便用也。又孤与君分义特异,荣戚实同,来表云不敢随众容身苟免,此实甘心所望于君也。"于是令有司尽写科条,使郎中褚逢赍以就逊及诸葛瑾,意所不安,令损益之。是岁,分交州置广州,俄复旧[35]。

六年春正月,诸将获彭绮。闰月,韩当子综以其众降魏。

七年春三月,封子虑为建昌侯。罢东安郡。夏五月,鄱阳太守周鲂伪叛,诱魏将曹休。秋八月,权至皖口,使将军陆逊督诸将大破休于石亭。大司马吕范卒。是岁,改合浦为珠官郡[36]。

黄龙元年春,公卿百司皆劝权正尊号。夏四月,夏口、武昌并言黄龙、凤凰见。丙申,南郊即皇帝位[37],是日大赦,改年,追尊父破虏将军坚为武烈皇帝,母吴氏为武烈皇后,兄讨逆将军策为长沙桓王。吴王太子登为皇太子。将吏皆进爵加赏。初,兴平中,吴中童谣曰:"黄金车,班兰耳,闿昌门,出天子[38]。"五月,使校尉张刚、管笃之辽东。六月,蜀遣卫尉陈震庆权践位。权乃参分天下,豫、青、徐、幽属吴,兖、冀、并、凉属蜀。其司州之土,以函谷关为界,造为盟曰:"天降丧乱,皇纲失叙,逆臣乘衅,劫夺国柄,始于董卓,终于曹操,穷凶极恶,以覆四海,至令九州幅裂,普天无统,民神痛怨,靡所戻止。及操子丕,桀逆遗丑,荐作奸回,偷取天位。而叡么么,寻丕凶迹,阻兵盗土,未伏厥诛。昔共工乱象而高辛行师,三苗干度而虞舜征焉。今日灭叡,禽其徒党,非汉与吴,将复谁任?夫讨恶剪暴,必声其罪,宜先分裂,夺其土地,使士民之心,各知所归。是以《春秋》晋侯伐卫,先分其田以畀宋人,斯其义也。且古建大事,必先盟誓,故《周礼》有司盟之官,《尚书》有告誓之文,汉之与吴,虽信由中,然分土裂境,宜有盟约。诸葛丞相德威远著,翼戴本国,典戎在外,信感阴阳,诚动天地,重复结盟,广诚约誓,使东西士民咸共闻知。故立坛杀牲,昭告神明,再歃加书,副之天府。天高听下,灵威棐谌,司慎司盟,群神群祀,莫不临之。自今日汉、吴既盟之后,戮力一心,同讨魏贼,救危恤患,分灾共庆,好恶齐之,无或携贰。若有害汉,则吴伐之;若有害吴,则汉伐之。各守分土,无相侵犯。传之后叶,克终若始。凡百之约,皆如载书,信言不艳,实居于好。有渝此盟,创祸先乱,违贰不协,慆慢天命,明神上帝是讨是督,山川百神是纠是殛,俾坠其师,无克祚国。于尔大神,其明鉴之!"秋九月,权迁都建业,因故府不改馆,征上大将军陆逊辅太子登,掌武昌留事。

二年春正月,魏作合肥新城。诏立都讲祭酒,以教学诸子。遣将军卫温、诸葛直将甲士万人浮海求夷洲及亶洲。亶洲在海中,长老传言秦始皇帝遣方士徐福将童男童女数千人入海,求蓬莱神山及仙药,止此洲不还。世相承有数万家,其上人民,时有至会稽货布,会稽东县人海行,亦有遭风流移至亶洲者。所在绝远,卒不可得至,但得夷洲数千人还。

三年春二月,遣太常潘濬率众五万讨武陵蛮夷。卫温、诸葛直皆以违诏无功,下狱诛。夏,有野蚕成茧,大如卵。由拳野稻自生,改为禾兴县。中郎将孙布诈降以诱魏将王凌,凌以军迎布。冬十月,权以大兵潜伏于阜陵俟之,凌觉而走。会稽南始平言嘉禾生。十二月丁卯,大赦,改明年元也。

嘉禾元年春正月,建昌侯虑卒。三月,遣将军周贺、校尉裴潜乘海之辽东。秋九月,魏将田豫要击,斩贺于成山。冬十月,魏辽东太守公孙渊遣校尉宿舒、阆中令孙综称藩于权,并献貂马。权大悦,加渊爵位[39]。

二年春正月,诏曰:"朕以不德,肇受元命,凤夜兢兢,不遑假寝。思平世难,救济黎庶,上答神祇,下慰民望。是以眷眷,勤求俊杰,将与戮力,共定海内。苟在同心,与之偕老。今使持节督幽州领青州牧辽东太守燕王,久胁贼虏,隔在一方,虽乃心于国,其路靡缘。今因天命,远遣二使,款诚显露,章表殷勤,朕之得此,何喜如之!虽汤遇伊尹,周获吕望,世祖未定而得河右,方之今日,岂复是过?普天一统,于是定矣。《书》不云乎,'一人有庆,兆民赖之'。其大赦天下,与之更始,其明下州郡,咸使闻知。特下燕国,奉宣诏恩,令普天率土备闻斯庆。"三月,遣舒、综还,使太常张弥、执金吾许晏、将军贺达等将兵万人,金宝珍货,九锡备物,乘海授渊[40]。举朝大臣,自丞相雍已下皆谏,以为渊未可信,而宠待太厚,但可遣吏兵数百护送舒、综,权终不听[41]。渊果斩弥等,送其首于魏,没其兵资。权大怒,欲自征渊[42],尚书仆射薛综等切谏乃止。是岁,权向合肥新城,遣将军全琮征六安,皆不克还[43]。

三年春正月,诏曰:"兵久不辍,民困于役,岁或不登。其宽诸逋,勿复督课。"夏五月,权遣陆逊、诸葛瑾等屯江夏、沔口,孙韶、张承等向广陵、淮阳,权率大众围合肥新城。是时蜀相诸葛亮出武功,权谓魏明帝不能远出,而遣兵助司马宣王拒亮,自率水军东征。未至寿春,权退还,孙韶亦罢。秋八月,以诸葛恪为丹阳太守,讨山越。九月朔,陨霜伤谷。冬十一月,太常潘濬平武陵蛮夷,事毕,还武昌。诏复曲阿为云阳,丹徒为武进。庐陵贼李桓、罗厉等为乱。

四年夏,遣吕岱讨桓等。秋七月,有雹。魏使以马求易珠玑、翡翠、玳瑁,权曰:"此皆孤所不用,而可得马,何苦而不听其交易?"

五年春,铸大钱,一当五百。诏使吏民输铜,计铜畀直。设盗铸之科。三月,武昌言甘露降于礼宾殿。辅吴将军张昭卒。中郎将吾粲获李桓,将军唐咨获罗厉等。自十月不雨,至于夏。冬十月,彗星见于东方。鄱阳贼彭旦等为乱。

六年春正月,诏曰:"夫三年之丧,天下之达制,人情之极痛也;贤者割哀以从礼,不肖者勉而致之。世治道泰,上下无事,君子不夺人情,故三年不逮孝子之门。至于有事,则杀礼以从宜,要经而处事。故圣人制法,有礼无时则不行。遭丧不奔非古也,盖随时之宜,以义断恩也。前故设科,长吏在官,当须交代,而故犯之,虽随纠坐,犹已废旷。方事之殷,国家多难,凡在官司,宜各尽节,先公后私,而不恭承,甚非谓也。中外群僚,其更平议,务令得中,详为节度。"顾谭议,以为"奔丧立科,轻则不足以禁孝子之情,重则本非应死之罪,虽严刑益设,违夺必少。若偶有犯者,加其刑则恩所不忍,有减则法废不行。愚以为长吏在远,苟不告语,势不得知。比选代之间,若有传者,必加大辟,则长吏无废职之负,孝子无犯重之刑。"将军胡综议,以为"丧纪之礼,虽有典制,苟非其时,所不得行。方今戎事军国异容,而长吏遭丧,知有科禁,公敢干突,苟念闻忧不奔之耻,不计为臣犯禁之罪,此由科防本轻所致。忠节在国,孝道立家,出身为臣,焉得兼之?故为忠臣不得为孝子。宜定科文,示以大辟,若故违犯,有罪无赦。以杀止杀,行之一人,其后必绝。"丞相雍奏从大辟。其后吴令孟宗丧母奔赴,已而自拘于武昌以听刑。陆逊陈其素行,因为之请,权乃减宗一等,后不得以为比,因此遂绝。二月,陆逊讨彭旦等,其年,皆破之。冬十月,遣卫将军全琮袭六安,不克。诸葛恪平山越事毕,北屯庐江。

赤乌元年春,铸当千大钱。夏,吕岱讨庐陵贼,毕,还陆口。秋八月,武昌言麒麟见。有司奏言麒麟者太平之应,宜改年号。诏曰:"间者赤乌集于殿前,朕所亲见,若神灵以为嘉祥者,改年宜以赤乌为元。"群臣奏曰:"昔武王伐纣,有赤乌之祥,君臣观之,遂有天下,圣人书策载述最详者,以为近事既嘉,亲见又明也。"于是改年。步夫人卒,追赠皇后。初,权信任校事吕壹,壹性苛惨,用法深刻。太子登数谏,权不纳,大臣由是莫敢言。后壹奸罪发露伏诛,权引咎责躬,乃使中书郎袁礼告谢诸大将,因问时事所当损益。礼还,复有诏责数诸葛瑾、步骘、朱然、吕岱等曰:"袁礼还,云与子瑜、子山、义封、定公相见,并以时事当有所先后,各自以不掌民事,不肯便有所陈,悉推之伯言、承明。伯言、承明见礼,泣涕恳恻,辞旨辛苦,至乃怀执危怖,有不自安之心。闻此怅然,深自刻怪。何者?夫惟圣人能无过行,明者能自见耳。人之举措,何能悉中,独当已有以伤拒众意,忽不自觉,故诸君有嫌难耳;不尔,何缘乃至于此乎?自孤兴军五十年,所役赋百皆出于民。天下未定,孳类犹存,士民勤苦,诚所贯知。然劳百姓,事不得已耳。与诸君从事,自少至长,发有二色,以谓表里足以明露,公私分计,足用相保。尽言直谏,所望诸君,拾遗补阙,孤亦望之。昔卫武公年过志壮,勤求辅弼,每独叹责[44]。且布衣韦带,相与交结,分成好合,尚污垢不异。今日诸君与孤从事,虽君臣义存,犹谓骨肉不复是过。荣福喜戚,相与共之。忠不匿情,智无遗计,事统是非,诸君岂得从容而已哉！同船济水，将谁与易？齐桓诸侯之霸者耳，有善管子未尝不叹，有过未尝不谏，谏而不得，终谏不止。今孤自省无桓公之德，而诸君谏净未出于口，仍执嫌难。以此言之，孤于齐桓良优，未知诸君于管子何如耳？久不相见，因事当笑。共定大业，整齐天下，当复有谁？凡百事要所当损益，乐闻异计，匡所不逮。"

二年春[45]三月，遣使者羊道、郑胄、将军孙怡之辽东，击魏守将张持、高虑等，虏得男女[46]。零陵言甘露降。夏五月，城沙羡。冬十月，将军蒋秘南讨夷贼。秘所领都督廖式杀临贺太守严纲等，自称平南将军，与弟潜共攻零陵、桂阳，及摇动交州、苍梧、郁林诸郡，众数万人。遣将军吕岱、唐咨讨之，岁余皆破。

三年春正月，诏曰："盖君非民不立，民非谷不生。顷者以来，民多征役，岁又水旱，年谷有损。而吏或不良，侵夺民时，以致饥困。自今以来，督农郡守，其谨察非法，当农桑时，以役事扰民者，举正以闻。"夏四月，大赦，诏诸郡县治城郭，起谯楼，穿堑发渠，以备盗贼。冬十一月，民饥，诏开仓廪以赈贫穷。

四年春正月，大雪，平地深三尺，鸟兽死者大半。夏四月，遣卫将军全琮略淮南，决芍陂，烧安城邸阁，收其民。威北将军诸葛恪攻六安。琮与魏将王凌战于芍陂，中郎将秦晃等十余人战死。车骑将军朱然围樊，大将军诸葛瑾取柤中[47]。五月，太子登卒。是月，魏太傅司马宣王救樊。六月，军还。闰月，大将军瑾卒。秋八月，陆逊城邾。

五年春正月，立子和为太子，大赦，改禾兴为嘉兴。百官奏立皇后及四王，诏曰："今天下未定，民物劳瘁，且有功或未录，饥寒者尚未恤，猥割土壤以丰子弟，崇爵位以宠妃妾，孤甚不取。其释此方议。"三月，海盐县言黄龙见。夏四月，禁进献御，减太官膳。秋七月，遣将军聂友、校尉陆凯以兵三万讨珠崖、儋耳。是岁大疫，有司又奏立后及诸王。八月，立子霸为鲁王。

六年春正月，新都言白虎见。诸葛恪征六安，破魏将谢顺营，收其民人。冬十一月，丞相顾雍卒。十二月，扶南王范旃遣使献乐人及方物。是岁，司马宣王率军入舒，诸葛恪自皖迁于柴桑。

七年春正月，以上大将军陆逊为丞相。秋，宛陵言嘉禾生。是岁，步骘、朱然等各上疏云："自蜀还者，咸言欲背盟与魏交通，多作舟船，缮治城郭。又蒋琬守汉中，闻司马懿南向，不出兵乘虚以掎角之，反委汉中，还近成都。事已彰灼，无所复疑，宜为之备。"权揆其不然，曰："吾待蜀不薄，聘享盟誓，无所负之，何以致此？又司马懿前来入舒，旬日便退，蜀在万里，何知缓急而便出兵乎？昔魏欲入汉川，此间始严，亦未举动，会闻魏还而止，蜀宁可复以此有疑邪？又人家治国，舟船城郭，何得不护？今此间治军，宁复欲以御蜀邪？人言苦不可信，朕为诸君破家保之。"蜀竟自无谋，如权所筹[48]。

八年春二月，丞相陆逊卒。夏，雷霆犯宫门柱，又击南津大桥楹。茶陵县鸿水溢出，流漂居民二百余家。秋七月，将军马茂等图逆，夷三族[49]。八月，大赦。遣校尉陈勋将屯田及作士三万人凿句容中道，自小其至云阳西城，通会

市，作邸阁。

九年春二月，车骑将军朱然征魏柤中，斩获千余。夏四月，武昌言甘露降。秋九月，以骠骑将军步骘为丞相，车骑将军朱然为左大司马，卫将军全琮为右大司马，镇南将军吕岱为上大将军，威北将军诸葛恪为大将军[50]。

十年春正月，右大司马全琮卒[51]。二月，权适南宫。三月，改作太初宫，诸王及州郡皆义作[52]。夏五月，丞相步骘卒。冬十月，赦死罪。

十一年春正月，朱然城江陵。二月，地仍震[53]。三月，宫成。夏四月，雨雹，云阳言黄龙见。五月，鄱阳言白虎仁[54]。诏曰："古者圣王积行累善，修身行道，以有天下，故符瑞应之，所以表德也。朕以不明，何以臻兹？《书》云'虽休勿休'，公卿百司，其勉修所职，以匡不逮。"

十二年春三月，左大司马朱然卒。四月，有两乌衔鹊堕东馆。丙寅，骠骑将军朱据领丞相，燎鹊以祭[55]。

十三年夏五月，日至，荧惑入南斗，秋七月，犯魁第二星而东。八月，丹阳、句容及故鄣、宁国诸山崩，鸿水溢。诏原遣责，给贷种食。废太子和，处故鄣。鲁王霸赐死。冬十月，魏将文钦伪叛以诱朱异，权遣吕据就异以迎钦。异持重，钦不敢进。十一月，立子亮为太子。遣军十万，作堂邑涂塘以淹北道。十二月，魏大将军王昶围南郡，荆州刺史王基攻西陵。遣将军戴烈、陆凯往拒之，皆引还[56]。是岁，神人授书，告以改年、立后。

太元元年夏五月，立皇后潘氏，大赦，改年。初临海罗阳县有神，自称王表[57]。周旋民间，语言饮食，与人无异，然不见其形。又有一婢，名纺绩。是月，遣中书郎李崇赍辅国将军罗阳王印绶迎表。表随崇俱出，与崇及所在郡守令长谈论，崇等无以易。所历山川，辄遣婢与其神相闻。秋七月，崇与表至，权于苍龙门外为立第舍，数使近臣赍酒食往。表说水旱小事，往往有验[58]。秋八月朔，大风，江海涌溢，平地深八尺，吴高陵松柏斯拔，郡城南门飞落。冬十一月，大赦。权祭南郊还，寝疾[59]。十二月，驿征大将军恪，拜为太子太傅。诏省徭役，减征赋，除民所患苦。

二年春正月，立故太子和为南阳王，居长沙；子奋为齐王，居武昌；子休为琅邪王，居虎林。二月，大赦，改元为神凤。皇后潘氏薨。诸将吏数诣王表请福，表亡去。夏四月，权薨，时年七十一，谥曰大皇帝。秋七月，葬蒋陵[60]。

评曰：孙权屈身忍辱，任才尚计，有勾践之奇，英人之杰矣。故能自擅江表，成鼎峙之业。然性多嫌忌，果于杀戮，暨臻末年，弥以滋甚。至于谗说殄行，胤嗣废毙[61]，岂所谓贻厥孙谋以燕翼子者哉？其后叶陵迟，遂致覆国，未必不由此也[62]。

注：

[1]《江表传》曰：坚为下邳丞时，权生，方颐大口，目有精光，坚异之，以为有贵象。及坚亡，策起事江东，权常随从。性度弘朗，仁而多断，好侠养士，始有知名，侔于父兄矣。每参同计谋，策其奇之，自以为不及也。每请会宾客，常顾权曰："此诸君，汝之将也。"

[2] 臣松之按《礼记·曾子问》子夏曰："三年之丧，金革之事无

避也者,礼与? 初有司与?"孔子曰:"吾闻诸老聘曰,昔者鲁公伯禽有为为之也。"郑玄注曰:"周人卒哭而致事。时有徐戎作难,伯禽卒哭而征之,急王事也。"昭所云"伯禽不师",盖谓此也。

〔3〕《江表传》曰:初策表用李术为庐江太守,策亡之后,术不肯事权,而多纳其亡叛。权移书求索,术报曰:"有德见归,无德见叛,不应复还。"权大怒,乃以状白曹公:"严刺史昔为公所用,又是州举将,而李术凶恶,轻犯汉制,残害州司,肆其无道,宜速诛灭,以惩丑类。今欲讨之,进为国朝扫除鲸鲵,退为举将报塞怨仇,此天下达义,夙夜所甘心。术必惧诛,复诡说求救。明公所居,阿衡之任,海内所瞻,愿敕执事,勿复听受。"是岁举兵攻术于皖城。术闭门自守,求救于曹公。曹公不救。粮食乏尽,妇女或丸泥而吞之。遂屠其城,枭术首,徙其部曲三万余人。

〔4〕《吴录》曰:是时权大会官僚,沈友有所是非,令人扶出,谓曰:"人言卿欲反。"友知不得脱,乃曰:"主上在许,有无君之心者,可谓非反乎?"遂杀之。友字子正,吴郡人。年十一,华歆行风俗,见而异之,因呼曰:"沈郎,可登车语乎?"友逡巡却曰:"君子讲好,会宴以礼,今仁义陵迟,王道渐坏,先生衔命,将以神补先王之教,整齐风俗,而轻损威仪,犹负薪救火,无乃更崇其炽乎?"歆惭而已。"自桓、灵以来,虽多英彦,未有幼童若此者。弱冠博学,多所贯综,善属文辞。兼好武事,注《孙子兵法》。又辩于口,每所至,众人皆默然,莫与为对,咸言其笔之妙,舌之妙,刀之妙,三者皆过绝于人。权以礼聘,既至,论王霸之略,当时之务,权敛容敬焉。陈荆州宜并之计,纳之。正色立朝,清议峻历,为庸臣所谮,诬以谋反。权亦以终不为己用,故害之,时年二十九。

〔5〕黟,音伊。歙,音摄。

〔6〕《吴录》曰:晋改新定为遂定。

〔7〕《吴录》曰:晋改休阳为海宁。

〔8〕《江表传》载曹公与权书:"近者奉辞伐罪,旄麾南指,刘琮束手。今治水军八十万众,方与将军会猎于吴。"权得书以示群臣,莫不向震失色。

〔9〕《吴历》曰:曹公出濡须,作油船,夜渡洲上。权以水军围取,得三千余人,其没溺者亦数千人。权数挑战,公坚守不出。权乃自来,乘轻船,从濡须口入公军。诸将皆以为是挑战者,欲击之。公曰:"此必孙权欲身见吾军部伍也。"敕军中皆精严,弓弩不得妄发。权行五六里,回还作鼓吹。公见舟船器仗军伍整肃,喟然叹曰:"生子当如孙仲谋,刘景升儿子若豚犬耳!"权为笺与曹公,说:"春水方生,公宜速去。"别纸言:"足下不死,孤不得安。"曹公语诸将曰:"孙权不欺孤。"乃撤军还。《魏略》曰:权乘大船来观军,公使弓弩乱发,箭著其船,船偏将覆,权因回船,复以一面受箭,箭均船平,乃还。

〔10〕巴丘今曰陵。

〔11〕《献帝春秋》曰:张辽问吴降人:"向有紫髯将军,长上短下,便马善射,是谁?"降人答曰:"是孙会稽。"辽与乐进相遇,言不早知,急追自得,举军叹恨。《江表传》曰:权乘骏马上津桥,桥南已见撤,丈余无版。谷利在马后,使权持鞍缓控,利于后著鞭,以助马势,遂得超度。权既得免,即拜利都亭侯。谷利者,本左右给使也,以谨直为亲近监,性忠果亮烈,言不苟且,权爱信之。

〔12〕虨,音摭陵反。

〔13〕《魏略》曰:梁寓字孔儒,吴人也。权遣寓观望曹公,曹公因以为掾,寻遣还南。

〔14〕筑,音逐。

〔15〕《魏略》曰:权闻魏文帝受禅而刘备称帝,乃呼问知星者,己分野中星气何如,遂有僭意。而以位次尚少,无以威众,又欲先卑而后踞之,为卑则可以假宠,后踞则必讨,致讨然后可以怒众,众怒然后可以自大,故隐绝蜀而事事魏。

〔16〕《禹贡》:沱、潜既道,注曰:"水自江出为沱,汉为潜。"

〔17〕《江表传》:权群臣议,以为宜称上将军九州伯,不应受魏封。权曰:"九州伯,于古未闻也。昔沛公亦受项羽拜为汉王,此盖时宜尔,复何损邪?"遂受之。孙盛曰:"昔伯夷、叔齐不屈有周,鲁仲连不为秦民。夫以匹夫之志,犹义不辱,况列国之君三分天下,而可二三其节,或臣或否乎? 余观吴、蜀,咸称奉汉,至于汉代,莫能固秉臣节,君子是以知其不能克昌厥后,卒见吞于大国。向使权从群臣之议,终身称汉将,岂不义悲六合,仁感百世哉!"

〔18〕《吴书》:咨字德度,南阳人,博闻多识,应对辩捷,权为吴王,擢中大夫,使魏。魏文帝善之,嘲咨曰:"吴王颇知学乎?"咨曰:"吴王浮江万艘,带甲百万,任贤使能,志存经略,虽有余闲,博览书传历史,藉采奇异,不效书生寻章摘句而已。"帝曰:"吴可征不?"咨对曰:"大国有征伐之兵,小国有御御之固。"又曰:"吴难魏不?"咨曰:"带甲百万,江、汉为池,何难之有?"又曰:"如大夫者几人?"咨曰:"聪明特达者八九十人,如臣之比,车载斗量,不可胜数。"咨频载使北,魏人敬异。权闻而嘉之,拜骑都尉。咨言于权曰:"观北方终不能守盟,今日之计,朝延承汉四百之际,应东南之运,宜改年号,正服色,以应天顺民。"权纳之。

〔19〕《吴书》:珩字仲山,吴郡人,少综经艺,尤善《春秋》内、外传。权以珩有智谋,能专对,乃使至魏。魏文帝问曰:"吴嫌魏东向乎?"珩曰:"不嫌。"曰:"何以?"曰:"信待旧盟,言归于好,是以不嫌。若魏渝盟,自有豫备。"又问:"闻太子当来,宁然乎?"珩曰:"臣在东朝,朝不坐,宴不与,若此之议,无所闻也。"文帝善之,乃引前自近,谈语终日,珩随事响应,无所屈服。珩还言曰:"臣密参侍中刘晔,数为贼设奸计,终不久悫。臣闻兵家旧论,不恃敌之不我犯,恃我之不可犯,今为朝廷忠之。且当省他役,惟务农桑以广军资;修缮舟车,增作战具,令皆兼盈;抚养兵民,使各得其所;揽延英俊,奖励战士,则天下可图矣。"以奉使有称,封永安乡侯,官至少府。

〔20〕《江表传》:是岁魏文帝遣使求雀头香、大贝、明珠、象牙、犀角、玳瑁、孔雀、翡翠、斗鸭、长鸣鸡。群臣奏曰:"荆、扬二州,贡有常典,魏所求珍玩之物非礼也,宜勿与。"权曰:"昔惠施尊齐为王,客难之曰:'公之学去尊,今王齐,何其倒也?'惠子曰:'有人于此,欲击其爱子之头,而石可以代之,子头所重而石所轻,以轻代重,何为不可乎?'方有事于西北,江表元元,恃主为命,非我爱子邪?彼所求者,于我瓦石耳,孤何惜乎? 彼在谅闇之中,而所求若此,宁可与言礼哉!"皆具以与之。

〔21〕《吴历》:权以使聘魏,具上破备获印绶及首级、所得土地,并表将吏功勤宜加爵赏之意。文帝使使,致鼲子裘、明光铠、騑马,又以素书所作《典论》及诗赋与权。《魏书》载诏答曰:"老虏边窜,越险深入,旷日持久,内迫疲弊,外困智力,故见身于鸡头,分兵拟西股,其计不过谓可转足前迹以摇动江东。根未著地,摧折其支,虽未剖全五脏,使身首分离,其所降诛,亦足使房部众凶惧。昔吴汉先烧荆门,后发夷陵,而子阳无所逃其死;来歙始袭略阳,文叔喜之,而知隗嚣无所施其巧。今讨此虏,正似其事,将军勉建方略,务全独克。"

〔22〕《国语》曰：狸埋之，狸掘之，是以无成功。

〔23〕《魏略》载魏三公奏曰："臣闻枝大者披心，尾大者不掉，有国有家之所慎也。昔汉承秦弊，天下新定，大国之王，臣节未尽，以萧、张之谋不备录之，至使六王前后反叛，已而伐之，戎车不辍。又文、景守成，忘战戢役，骄纵吴、楚，养虺成蛇，既为社稷大忧，盖前事之不忘，后事之师也。吴王孙权，幼竖小子，无尺寸之功，遭遇兵乱，因父兄之绪，少蒙翼卵煦伏之恩，长含鸱枭反逆之性，背弃天施，罪恶积大。复与关羽更相觊伺，逐利见便，挟为卑辞。先帝知权好以求用，时以于禁败于水灾，等当讨羽，因以委权。先帝委裘下席，权不尽心，诚在恻怛，欲因大丧，寡将王室，希托董桃传先帝令，乘未得报讯，擅取襄阳，及见驱逐，乃更折节。邪辟之态，巧言如流，虽重驿累使，发遣禁等，内包隙罅顾望之奸，外欲缓诛，支仰蜀贼。圣朝含弘，既加不忍，优而赦之，欲更始。狠乃割地王之，使南面称孤，兼官累位，礼备九命，名马玊驷，以收其势，光宠显赫，古今无二。权为犬羊之姿，横被虎豹之文，不思靖力致死之节，以报无量不世之恩。臣每觇所下权前后章表，又以愚意采察权旨，自以阻带江湖，负固不服，狃伏累世，诈伪成功，上有尉佗、英布之计，下诵伍被屈强之辞，终非不侵不叛之臣。以为晁错不发削弱王侯之谋，则七国同衡，祸久而大，郦通不决袭历下之策，则田横自虑，罪深变重。臣谨考之《周礼》九伐之法，平权凶恶，逆节萌生，见罪十五。昔九黎乱德，黄帝加诛；项羽甲十，汉祖不舍。权所犯罪衅明白，非仁恩所养，宇宙所容。臣请免权官，鸿胪削爵土，捕治罪。敢有不从，移兵进讨，以明国典好恶之常，以静三州元元之苦。"其十五条，文多不载。

〔24〕《魏略》曰：浩周字孔异，上党人。建安中仕为萧令，至徐州刺史。后领护于禁军，军没，为关羽所得。权袭羽，并得周，甚礼之。及文帝即王位，权乃遣周，为笺魏王曰："昔讨关羽，获于将军，即白先王，当发遣之。此乃奉款之心，不言而发。先王未深留意，而谓权中间复有异图，愚情楼楼，用未果决。遂值先王委离国祚，殿下承统，下情始通。公私契阔，未获备举，是令本誓未即昭显。梁寓传命，委曲周至，深知殿下以至意望。权之赤心，不敢有他，愿垂明恕，保权所执。谨遣浩周、东里衮，至情至实，皆周等所具。"又曰："权本性空薄，文武不昭，昔承父兄成军之绪，得为先王所见奖饰，遂因国恩，抚绥东土。而中间寡虑，庶事不明，畏威忘德，以取重戾。先王恩仁，不忍遐弃，既释其宿罪，且明用信。虽致命房陵，枭获关羽，功效浅薄，未报万一。事业未究，先王即世。殿下践阼，威仁流沮，私惧情愿未蒙昭察。梁寓来到，具知殿下不遂疏远，必欲抚录，追本先绪。权之此心，欣然踊跃，心开目明，不胜其庆。权世受宠遇，分义深笃，今日之事，永执一心，惟察楼楼，重垂合覆。"又曰："先王以权推诚已验，军当引还，故除合肥之守，著南北之信，令权长娑不复后顾。近得守将周泰、全琮等自事，过月六日，有马步七百，径到横江，又督将马和复将四百人进到居巢，琮等闻有兵马渡江，视之，为兵马所击，临时交锋，大相杀伤。卒得此问，情用恐惧。权实在远，不豫闻知，约敕无素，敢谢其罪。又闻张征东、朱横海今复还合肥，先王盟要，由来未久，且权自度未获罪衅，不审力者何以发起，牵军远次？事业未讫，甫当为国讨除贼备，重闻斯问，深使失图。凡远人所恃，在于明信，愿殿下克卒前分，开示坦然，使权暗命，得卒本规。凡所愿言，周等所当传也。"初东里衮为于禁军司马，前与周俱没，又俱还到，有诏皆见之。帝问周等，周以为权必臣服，而东里衮谓其必不服。帝悦周言，以为有以知之。

〔25〕《江表传》：权云："近得玄德书，已深引咎，求复旧好。前所以名西为蜀者，以汉帝尚存故耳，今已废，自可名为汉中王也。"《吴书》曰：郑泉字文渊，陈郡人。博学有奇志，而性嗜酒，其闲居每曰："愿得美酒满五百斛船，以四时甘脆置两头，反复没饮之，倦即住而啖肴膳。酒有斗升减，随即益之，不亦快乎！"权以为郎中。尝与之言："卿好于众中面谏，或失礼敬，宁畏龙鳞乎？"对曰："臣闻君明臣直，今值朝廷上下无讳，实恃洪恩，不畏龙鳞。"后侍宴，权乃怖之，使提出付有司促治罪。泉临出屡顾，权呼还，笑曰："卿言不畏龙鳞，何以临出而顾乎？"对曰："实恃恩覆，知无死忧，至当出阁，感惟威灵，不能不顾耳。"使蜀，刘备问曰："吴王何以不答吾书，得无以吾正名不宜乎？"泉曰："曹操父子陵轹汉室，终夺其位。殿下既为宗室，有维城之责，不荷戈执殳为海内率先，而于是自名，未合天下之议，是以寡君未复书耳。"备甚惭恧。泉临卒，谓同类曰："必葬我陶家之侧，庶百岁之后化而成土，幸见取为酒壶，实获我心矣。"

〔26〕《江表传》曰：权推五德之运，以为土行用未祖辰腊。《志林》曰：土行以辰腊，得其数矣。土盛于戌，而未祖，其义非也。土生于未，故未为坤初。是以《月令》：建未之月，祀黄精于郊，祖用其盛。今祖用其始，岂应运乎？

〔27〕《江表传》曰：权辞让冯熙曰："汉家埋替，不能存救，亦何心而竞乎？"群臣称天命符瑞，固重以请。权未之许，而谓将相曰："往年孤以玄德方向西鄙，故先命陆逊选众以待之。闻北部分，欲以助孤，孤内嫌其有挟，若不受其拜，是相折辱而趣其速发，便当与西俱至，二处受敌，于孤为剧，故自抑按，就其封王。低屈之趣，诸君似未之尽，今故以此相解耳。"

〔28〕《吴书》曰：权建立信都尉冯熙聘于蜀，吊备丧也。熙字子柔，颍川人，冯异之后也。权之为车骑，熙历东曹掾，使蜀

还,为中大夫。后使于魏,文帝问曰:"吴王若欲修宿好,宜当厉兵江关,县於巴蜀,而闻复遣修好,必有变故。"熙曰:"臣闻西使直报ןן,且以观衅,非有谋也。"又曰:"闻吴国比年灾旱,人物凋损,以大夫之明,观之何如?"熙对曰:"吴王体量聪明,善于任使,赋政施役,每事必咨,教养宾旅,亲贤爱士,赏不择怨仇,而罚必加有罪,臣下皆感恩怀惧,惟忠与义。带甲百万,谷帛如山,稻田沃野,民无饥岁,所谓金城汤池,强富之国也。以臣观之,轻重之分,未可量也。"帝不悦,以陈群与熙同郡,使群诱之,咏以重利。熙不为回。送至摩陂,欲困苦之,后又召还,未至,熙惧见迫不从,必危身辱命,乃引刀自刺。御者觉之,不得死。权闻之,垂涕曰:"此与苏武何异?"竟死于魏。

〔29〕《吴历》曰:蜀致马二百匹,锦千端,及方物。自是之后,聘使往来以为常。吴亦致方土所出,以答其厚意焉。

〔30〕干宝《晋纪》曰:魏文帝之在广陵,吴人大骇,乃临江为疑城,自石头至于江乘,车以木桢,衣以苇席,加采饰焉,一夕而成。魏人自江西望,甚惮之,遂退军。权令赵达算之,曰:"曹丕走矣,虽然,吴衰庚子岁。"权曰:"几何?"达屈指而计之,曰:"五十八年。"权曰:"今日之忧,不暇及远,此子孙事也。"《吴录》曰:是岁蜀主又遣邓芝来聘,重结盟好。权谓芝曰:"山民作乱,江边守兵多撤,虑曹丕乘空弄态,而反求和,议者以为内有不暇,幸来求和,于我有利,宜当与通,以自辨定。恐西州不能明孤赤心,用致嫌疑。孤土地边外,闲隙万端,而长江巨海,皆当防守。丕观衅而动,惟不见便,宁得忘此,复有他图。"

〔31〕《吴录》曰:邵字长绪,北海人,长八尺。为孔融功曹,融称曰:"廊庙才也"。从刘繇于江东。及权统事,数陈便宜,以为应纳贡聘,权即从之。拜庐江太守,迁车骑长史。黄武初为丞相,威远将军,封阳羡侯。张温、暨艳奏其事,邵辞让请罪,权释令复职,年六十三卒。《志林》曰:吴之创基,邵为首相,史无其传,窃常怪之。尝问刘声叔。声叔,博览君子也,云:"推其名位,自应立传。顼峻、丁孚时已有注记,此云与张惠恕不能。后韦氏作史,盖惠恕之党,故不见书。"

〔32〕《吴书》曰:以尚书令陈化为太常。化字元耀,汝南人,博览众书,气干刚毅,长七尺九寸,雅有威容。为郎中令使魏,魏文帝因酒酣,嘲问曰:"吴、魏峙立,谁将平一海内者乎?"化对曰:"《易》称帝出乎震,加闻先哲知命,旧说紫盖黄旗,运在东南。"帝曰:"昔文王以西伯王天下。岂复在东乎?"化曰:"周之初基,太伯在东,是以文王能兴于西。"帝笑,无以难,心奇其辞。使毕当还,礼送甚厚。权以化奉命光国,拜犍为太守,置官属。顷之,迁太常,兼尚书令。正色立朝,敕子弟废田业,绝治产,仰官廪禄,不与百姓争利。妻早亡,化以古事为鉴,乃不复娶。权闻而贵之,以其年壮,敕宗正妻以宗室女,化固辞以疾,权不违其志。年出七十,乃上疏乞骸骨,遂爱居章安,卒于家。长子炽,字公熙,少有志操,能计算。卫将军全琮表称炽任大将军,赴召,道卒。

〔33〕《吴录》曰:是冬魏文帝至广陵,临江观兵,兵有十余万,旌旗弥数百里,有渡江之志。权严设固守。时大寒冰,舟不得入江。帝见波涛汹涌,叹曰:"嗟乎!固天所以隔南北也!"遂归。孙韶又遣将高寿等率敢死之士五百人于径路夜要之,帝大惊,寿等获副车羽盖以还。

〔34〕《吴录》曰:郡治富春也。

〔35〕《江表传》曰:权于武昌新装大船,名为长安,试泛之钓台圻。时风大盛,谷利令舵工取樊口。权曰:"当张头取罗州。"利拔刀向舵工曰:"不取樊口者斩。"工即转舵入樊口,风遂

猛不可行,乃还。权曰:"阿利畏水何怯也?"利跪曰:"大王万乘之主,轻于不测之渊,戏于猛浪之中,船楼装高,邂逅颠危,奈社稷何?是以利辄敢以死争。"权于是贵重之,自此后不复名也,常呼曰谷。

〔36〕《江表传》曰:是岁将军翟丹叛如魏。权恐诸将畏罪而亡,乃下令曰:"自今诸将有重罪三,然后议。"

〔37〕《吴书》载权告天文曰:"皇帝臣权敢用玄牡昭告于皇皇后帝:汉享国二十有四世,历年四百三十有四,行气数终,禄祚运尽,普天弛绝,率土分崩。孽臣曹丕遂夺神器,丕子叡继世作慝,淫名乱制。权生于东南,遭值期运,承乾秉戎,志在平世,奉辞行罚,举足为民。群臣将相,州郡百城,执事之人,咸以为天意已去于汉,汉氏已绝祀于天,皇帝位虚,郊祀无主。休征嘉瑞,前后杂沓,历数在躬,不得不受。权畏天命,不敢不从,谨择元日,登坛燎祭,即皇帝位。惟尔有神飨之,左右有吴,永终天禄。"

〔38〕昌门,吴西郡门,夫差所作。

〔39〕《江表传》曰:是冬,群臣以权未郊祀,奏议曰:"顷者嘉瑞屡臻,远国慕义,天意人事,前后备集,宜修郊祀,以承天意。"权曰:"郊祀当于土中,今非其所,于何施此?"重奏曰:"普天之下,莫非王土;王者以天下为家。昔周文、武郊于酆、镐,非必土中。"权曰:"武王伐纣,即阼于镐京,而郊其所也。文王未为天子,立郊于酆,见何经典?"复奏曰:"伏见《汉书·郊祀志》,匡衡奏徙甘泉河东,郊于长安,言文王郊于酆。"权曰:"文王性谦让,处诸侯之位,明未郊也。经传无明文,匡衡俗儒意说,非典籍正义,不可用也。"《志林》曰:吴王纠驳郊祀之奏,追贬匡衡,谓之俗儒。凡在见者,莫不慨然以为统尽物理,达于事宜。于稽之典籍,乃更不通。毛氏之说云:"尧见天因邰而生后稷,故国之于邰,命使事天。"故《诗》曰:"后稷肇祀,庶无罪悔,以迄于今。"言自后稷以来皆得祭天,犹鲁人郊祀也。是以《棫朴》之作,有积燎之薪。文王郊酆,经有明文,匡衡岂俗,而枉之哉?文王虽未为天子,然三分天下而有其二,伐崇戡黎,祖伊奔告。天既弃殷,乃眷西顾,太伯三让,以有天下。文王为王,于义何疑?然则匡衡之奏,有所未尽。按世宗立甘泉、汾阴之祠,皆出方士之言,非据经典者也。方士以甘泉、汾阴黄帝祭天地之处,故孝武因之,遂立二畤。汉治长安,而甘泉在北,谓就乾位,而衡云"武帝居甘泉,祭于南宫",此既误矣。祭汾阴在水之胐,呼为泽中,而衡云"东之少阳",失其本意。此自吴事,于传无非,恨无辨正之辞,故矫之云。胐,音谁,见《汉书音义》。

〔40〕《江表传》载权诏曰:"故魏使持节车骑将军辽东太守平乐侯:天地失序,皇极不建,元恶大憝,作害于民,海内分崩,群生堙灭,虽周余黎民,靡有孑遗,方之今日,乱有甚焉。朕受历数,君临万国,夙夜战战,念在弭难,若涉渊水,罔知攸济。是以把旄仗钺,剪除凶虐,自东徂西,糜遑宁处,苟力所及,民无灾害。虽贼虏遗种,未伏斧诛,犹系囚枯木,待时而毙。惟将军天姿特达,兼包文武,观时睹变,审于去就,逾越险阻,显致赤心,肇建大计,为天下先,元勋巨绩,侔于古人。虽昔窦融背弃陇右,卒占河西,以定光武,休名美实,岂复过之?钦嘉雅尚,朕实欣之。自古圣帝明王,建化垂统,以爵褒德,以禄报功;功大者禄厚,德盛者礼崇。故周公有夹辅之劳,太师有鹰扬之功,并启土宇,兼受备物。今将军规万年之计,建不世之略,绝僭逆之虏,顺天人之肃,济成洪业,功无与比,齐鲁之事,奚足言哉!《诗》不云乎,'无言不雠,无德不报'。今以幽、青二州十七郡百七十县,封君为燕

王,使持节守太常张弥授君玺绶策书、金虎符第一至第五、竹使符第一至第十。锡君玄土,苴以白茅,爰契尔龟,用锡冢社。方有戎事,典统兵马,以大将军曲盖麾幢,督幽州、青州牧辽东太守如故。加君九锡,其敬听后命。以君三世相承,保绥一方,宁集四郡,训及异俗,民夷安业,无或携贰,是用锡君大辂、戎辂、玄牡二驷。君务在劝农,啬人成功,仓库盈积,官民俱丰,是用锡君衮冕之服,赤舄副焉。君正化以德,敬下以礼,敦义崇谦,内外咸和,是用锡君轩县之乐。君宜导休风,怀保边远,远人回面,莫不影附,是用锡君朱户以居。君运其才略,官方任贤,显直错枉,群善必举,是用锡君虎贲之士百人。君戎马整齐,威震遐方,纠虔天刑,彤厥有罪,是用锡君铁钺各一。君文和于内,武信于外,禽讨逆节,折冲掩难,是用锡君彤弓一、彤矢百、玈弓十、玈矢千。君忠勤有效,温恭为德,明允笃诚,感于朕心,是用锡君秬鬯一卣,珪瓒副焉。钦哉!敬兹训典,寅亮天工,相我国家,永终尔休。"

〔41〕臣松之以为权愎谏违众,信渊意了,非有攻伐之规,重复之虑。宣达锡命,乃用万人,是何不爱其民,昏虐之甚乎?此役也,非惟暗塞,实为无道。

〔42〕《江表传》载权怒曰:"朕年六十,世事难易,靡所不尝,近为鼠子所前却,令人气涌如山。不自截鼠子头以掷于海,无颜复临万国。就令颠沛,不以为恨。"

〔43〕《吴书》曰:初,张弥、许晏等俱到襄平,官属从者四百许人。渊欲图弥、晏,先分其人众,置辽东诸县,以中使秦旦、张群、杜德、黄疆等及吏兵六十人,置玄菟郡。玄菟郡在辽东北,相去二百里,太守王赞领户二百,兼重可三四百人。旦等皆舍于民家,仰其饮食。积四十许日,旦与疆等议曰:"吾人远辱国命,自弃于此,与死亡何异?今观此郡,形势甚弱。若一旦同心,焚烧城郭,杀其长吏,为国报耻,然后伏死,足以无恨。孰与偷生苟活长为囚虏乎?"疆等然之。于是阴相约结,当用八月十九日夜发。其日中时,为部中张松所告,赞便会士众闭城门。旦、群、德、疆等皆逾城得走。时群病疽创著膝,不及辈旅,德常扶接与俱,崎岖山谷。行六七百里,创益困,不复能前,卧草中,相守悲泣。群曰:"吾不幸创甚,死亡无日,卿诸人宜速进道,冀有所达。空相守,俱死于穷谷之中,何益也?"德曰:"万里流离,死生共之,不忍相委。"于是推旦、疆使前,德独留守群,捕菜果食之。旦、疆别数日,得达句骊,因宣诏于句骊王宫及其主簿,诏言有赐为辽东所攻夺。宫等大喜,即受诏,命使人随旦还迎群、德。其年,宫遣皂衣二十五人送旦等还,奉表称臣,贡貂皮千枚,鹖鸡皮十具。旦等见权,悲喜不能自胜。权义之,皆拜校尉。间一年,遣使者谢宏、中书陈恂拜宫为单于,加赐衣物珍宝。恂等到安平口,先遣校尉陈奉前见宫,而宫受魏幽州刺史讽旨,令以吴使自效。奉闻之,倒还。宫遣主簿笮咨、带固等出安平,与宏相见。宏即缚得三十余人质之,宫于是谢罪,上马数百匹。宏乃遣咨、固奉诏书赐物归于宫。是时宏船小,载马八十匹而还。

〔44〕《江表传》:权又云:"天下无粹白之狐,而有粹白之裘,众之所积也。夫能以驳致纯,不惟积乎?故能用众力,则无敌于天下矣;能用众智,则无畏于圣人矣。"

〔45〕《江表传》载权正月诏曰:"郎吏者,宿卫之臣,古之命士也。间者所用颇非其人。自今选三署皆依四科,不得以虚辞相饰。"

〔46〕《文士传》曰:胄字敬先,沛国人。父札,才学博达,为骠骑将军,以札为从事中郎,与张昭、孙邵共定朝仪。胄其少子,有文武姿局,少知名,举贤良,稍迁建安太守。吕壹宾客于郡犯法,胄收付狱,考竟。壹怀恨,后密谮胄。权大怒,召胄还。潘濬、陈表并为请,得释。后拜宣信校尉,往救公孙渊,已为魏所破,还迁执金吾。子丰,字曼季,有文学操行,与陆云善,与云诗相往反。司空张华辟,未就,卒。臣松之闻孙怡者,东州人,非权之宗也。

〔47〕《汉晋春秋》曰:零陵太守殷礼言于权曰:"今天弃曹氏,丧诛累见,虎争之际而幼童莅事。陛下身当御戎,取乱侮亡,宜涤荆、扬之地,举强羸之数,使强者执戟,羸者转运,西命益州军于陇右,授诸葛瑾、朱然大众,指事襄阳,陆逊、朱桓别征寿春,大驾入淮阳,历青、徐。襄阳、寿春困于受敌,长安以西务对蜀军,许、洛之众势必分离,犄角瓦解,民必内应,将帅对向,或失便宜;一军败绩,则三军离心,便当秣马脂车,陵蹈城邑,乘胜逐北,以定华夏。若不悉军动众,循前轻举,则不足大用,易于屡退。民疲威消,时往力竭。非出兵之策也。"权弗能用之。

〔48〕《江表传》载权诏曰:"督将亡叛而杀其妻子,是使妻去夫,子弃父,甚伤义教,自今勿杀也。"

〔49〕《吴历》曰:茂本淮南钟离长,而为王凌所失,叛归吴,吴以为征西将军、九江太守、外部督,封侯,领千兵。权数出苑中,与公卿诸将射。茂与兼符令朱贞、无难督虞钦、牙门将朱志等合计,伺权在苑中,公卿诸在门入内,令贞持节称诏,悉收缚之;茂引兵入苑击权,分据宫中及石头坞,遣人报魏。事觉,皆族。

〔50〕《江表传》曰:是岁,权诏曰:"谢宏往日陈铸大钱,云以广货,故听之。今闻民意不以为便,其省息之,铸为器物,官无复出也。私家有者,敕以输藏,计其直,勿有所枉也。"

〔51〕《江表传》曰:是岁权遣诸葛壹伪叛以诱诸葛诞,诞以步骑一万迎壹于高山。权出涂中,遂到高山,潜军以待之。诞觉而退。

〔52〕《江表传》载权诏曰:"建业宫乃朕从京来所作将军府寺耳,材柱率细,皆以腐朽,常恐损坏。今未复西,可徙武昌宫材瓦,更缮治之。"有司奏言曰:"武昌宫已二十八岁,恐不堪用,宜下所在通更伐致。"权曰:"大禹以卑宫为美,今军事未已,所在多赋,若更通伐,妨损农桑。徙武昌材瓦,自可用也。"

〔53〕《江表传》载权诏曰:"朕以寡德,过奉先祀,莅事不聪,获谴灵祇,夙夜袛戒,若不终日。群僚其各厉精,思朕过失,勿有所讳。"

〔54〕《瑞应图》曰:白虎仁者,王者不暴虐,则仁虎不害也。

〔55〕《吴录》曰:六月戊戌,宝鼎出临平湖。八月癸丑,白鸠见于章安。

〔56〕庚阐《扬都赋》注曰:烽火以炬置孤山头,皆缘江相望,或百里,或五十、三十里,寇至则举以相告,一夕可行万里。孙权时合暮举火于西陵,鼓三竟,达吴郡南沙。

〔57〕《吴录》曰:罗阳今安固县。

〔58〕孙盛曰:盛闻国将兴,听于民,国将亡,听于神。权年老志衰,谗臣在侧,废嫡立庶,以妾为妻,可谓多凉德矣。而伪设符命,求福妖邪,将亡之兆,不亦显乎!

〔59〕《吴录》曰:权得风疾。

〔60〕《傅子》曰:孙策为人明果独断,勇盖天下,以父坚战死,少而合其兵将以报仇,转斗千里,尽有江南之地,诛其名豪,威行邻国。及权继其业,有张子布以为腹心,有陆议、诸葛瑾、步骘以为股肱,有吕范、朱然以为爪牙,分任授职,乘间伺隙,兵不妄动,故战少败而江南安。

〔61〕马融注《尚书》曰：殄，绝也，绝君子之行。

〔62〕臣松之以为孙权横废无罪之子，虽为兆乱，然国之倾覆，自由暴皓。若权不废和，皓为世適，终至灭亡，有何异哉？此则丧国由于昏虐，不在于废黜也。设使亮保国祚，休不早死，则皓不得立。皓不得立，则吴不亡矣。

卷四十八　　三嗣主传第三

孙亮字子明，权少子也。权春秋高，而亮最少，故尤留意。姊全公主尝谮太子和子母，心不自安，因倚权意，欲豫自结，数称述全尚女，劝为亮纳。赤乌十三年，和废，权遂立亮为太子，以全氏为妃。

太元元年夏，亮母潘氏立为皇后。冬，权寝疾，征大将军诸葛恪为太子太傅，会稽太守滕胤为太常，并受诏辅太子。明年四月，权薨，太子即尊号，大赦，改元。是岁于魏嘉平四年也。

建兴元年闰月，以恪为帝太傅，胤为卫将军领尚书事，上大将军吕岱为大司马。诸文武在位皆进爵班赏，冗官加等。冬十月，太傅恪率军遏巢湖[1]，城东兴，使将军全端守西城，都尉留略守东城。十二月朔丙申，大风雷电，魏使将军诸葛诞、胡遵等步骑七万围东兴，将军王昶攻南郡，毌丘俭向武昌。甲寅，恪以大兵赴敌。戊午，兵及东兴，交战，大破魏军，杀将军韩综、桓嘉等。是月，雷雨，天灾武昌端门，改作端门，又灾内殿[2]。二年春正月丙寅，立皇后全氏，大赦。庚午，王昶等皆退。二月，军还自东兴，大行封赏。三月，恪率军伐魏。夏四月，围新城，大疫，兵卒死者大半。秋八月，恪引军还。冬十月，大飨。武卫将军孙峻伏兵杀恪于殿堂。大赦。以峻为丞相，封富春侯。十一月，有大鸟五见于春申，改明年元。

五凤元年夏，大水。秋，吴侯英谋杀峻，觉，英自杀。冬十一月，星茀于斗、牛[3]。

二年春正月，魏镇东大将军毌丘俭、前将军文钦以淮南之众西入，战于乐嘉。闰月壬辰，峻及骠骑将军吕据、左将军留赞率兵袭寿春，军及东兴，闻钦等败。壬寅，兵进于橐皋，钦诣峻降，淮南余众数万口来奔。魏诸葛诞入寿春，峻引军还。二月，及魏将军曹珍遇于高亭，交战，珍败绩。留赞为诞别将蒋班所败于菰陂，赞及将军孙楞、蒋脩等遇害。三月，使镇南将军朱异袭安丰，不克。秋七月，将军孙仪、张怡、林恂等谋杀峻，发觉，仪自杀，恂等伏辜。阳羡离里山大石自立。使卫尉冯朝城广陵，拜将军吴穰为广陵太守，留略为东海太守。是岁大旱。十二月，作太庙。以冯朝为监军使者，督徐州诸军事。民饥，军士怨畔。

太平元年春[4]，二月朔，建业火。峻用征北大将军文钦计，将征魏。八月，先遣钦及骠骑将军吕据、车骑将军刘纂、镇南将军朱异、前将军唐咨军自江都入淮、泗。九月丁亥，峻卒，以从弟偏将军綝为侍中、武卫将军，领中外诸军事，召还据等。据闻綝代峻，大怒。己丑，大司马吕岱卒。壬辰，太白犯南斗。据、钦、咨等表荐卫将军滕胤为丞相，綝不听。癸卯，更以胤为大司马，代吕岱驻武昌。据引兵还，欲讨綝。綝遣使以诏书告喻钦、咨等，使取据。冬十月丁未，遣孙宪及丁奉、施宽等以舟兵逆据于江都，遣将军刘丞督步骑攻胤。胤兵败夷灭。己酉，大赦，改年。辛亥，获吕据于新州。十一月，以綝为大将军、假节，封永宁侯。孙宪与将军王惇谋杀綝，事觉，綝杀惇，迫宪令自杀。十二月，使五官中郎将刁玄告乱于蜀。

二年春二月甲寅，大雨震电。乙卯，雪大寒。以长沙东部为湘东郡，西部为衡阳郡，会稽东部为临海郡，豫章东部为临川郡。夏四月，亮临正殿，大赦，始亲政事。綝所表奏，多见难问，又科兵子弟年十八已下十五已上，得三千余人，选大将子弟年少有勇力者为之将帅。亮曰："吾立此军，欲与之俱长。"日于苑中习焉[5]。

五月，魏征东大将军诸葛诞以淮南之众保寿春城，遣将军朱成称臣上疏，又遣子靓、长史吴纲诸牙门子弟为质。六月，使文钦、唐咨、全端等步骑三万救诞。朱异自虎林率众袭夏口，夏口督孙壹奔魏。秋七月，綝率兵救寿春，次于镬里，朱异至自夏口，綝使异为前部督，与丁奉等将介士五万解围。八月，会稽南部反，杀都尉。鄱阳、新都民为乱，廷尉丁密、步兵校尉郑胄、将军钟离牧率军讨之。朱异以军士乏食引还，綝大怒，九月朔己巳，杀异于镬里。辛未，綝自镬里还建业。甲申，大赦。十一月，全绪子祎、仪以其母奔魏。十二月，全端、怿等自寿春城诣司马文王。

三年春正月，诸葛诞杀文钦。三月，司马文王克寿春，诞及左右战死，将吏已下皆降。秋七月，封故齐王奋为章安侯。诏州郡伐宫材。自八月，沉阴不雨四十余日。亮以綝专恣，与太常全尚、将军刘丞谋诛綝。九月戊午，綝以兵取尚，遣弟恩攻杀丞于苍龙门外，召大臣会宫门，黜亮为会稽王，时年十六。

孙休字子烈，权第六子。年十三，从中书郎射慈、郎中盛冲受学。太元二年正月，封琅邪王，居虎林。四月，权薨，休弟亮承统，诸葛恪秉政，不欲诸王在滨江兵马之地，徙休于丹阳郡。太守李衡数以事侵休，休上书乞徙他郡，诏徙会稽。居数岁，梦乘龙上天，顾不见尾，觉而异之。孙亮废，己未，孙綝使宗正孙楷与中书郎董朝迎休。休初闻问，意疑，楷、朝具述綝等所以奉迎本意，留一日二夜，遂发。十月戊寅，行至曲阿，有老公干休叩头曰："事久变生，天下喁喁，愿陛下速行。"休善之，是日进及布塞亭。武卫将军恩行丞相事，率百僚以乘舆法驾迎于永昌亭，筑宫，以武帐为便殿，设御座。己卯，休至，望便殿止住，使孙楷先见恩。楷还，休乘辇进，群臣再拜称臣。休升便殿，谦不即御坐，止东厢。户曹尚书前即阶下赞奏，丞相奉玺符。休三让，群臣三请。休曰："将相诸侯咸推寡人，寡人敢不承受玺符。"群臣以次奉引，休就乘舆，百官陪位，綝以兵千人迎于半野，拜于道侧，休下车答拜。即日，御正殿，大赦，改元。是岁，于魏甘露三年也。

永安元年冬十月壬午，诏曰："夫褒德赏功，古今通义。其以大将军綝为丞相、荆州牧，增食五县。武卫将军恩为御史大夫、卫将军、中军督,封县侯。威远将军据为右将军,县侯。偏将军干杂号将军,亭侯。长水校尉张布辅导勤劳,以布为辅义将军,封永康侯。董朝亲迎,封为乡侯。"又诏曰:"丹杨太守李衡,以往事之嫌,自拘有司。夫射钩斩祛,在君为君,遣衡还郡,勿令自疑[6]。"己丑,封孙皓为乌程侯,皓弟德钱唐侯,谦永安侯[7]。

十一月甲寅,风四转五复,蒙雾连日,綝一门五侯皆典禁兵,权倾人主,有所陈述,敬而不违,于是益恣。休恐其有变,数加赏赐。丙申,诏曰:"大将军忠款内发,首建大计以安社稷,卿士内外,咸赞其议,并有勋劳。昔霍光定计,百僚同心,无复是过。亟案前日与议定策告庙人名,依故事应加爵位者,促施行之。"戊戌,诏曰:"大将军掌中外诸军事,事统烦多,其加卫将军御史大夫恩侍中,与大将军分省诸事。"壬子,诏曰:"诸吏家有五人三人兼重为役,父兄在都,子弟给郡县吏,既出限米,军出又从,至于家事无经护者,朕甚愍之。其有五人三人为役,听其父兄所欲留,为留一人,除其米限,军出不从。"又曰:"诸将吏奉迎陪位在永昌亭者,皆加位一级。"顷之,休闻綝逆谋,阴与张布图计。十二月戊辰腊,百僚朝贺,公卿升殿,诏武士缚綝,即日伏诛。已巳,诏以左将军张布讨奸臣,加布为中军督,封布弟惇为都亭侯,给兵三百人,惇弟恂为校尉。诏曰:"古者建国,教学为先,所以道世治性,为时养器也。自建兴以来,时事多故,吏民颇以目前趋务,去本就末,不循古道。夫所尚不惇,则伤化败俗。其案古置学官,立五经博士,核取应选,加其宠禄,科见吏之中及将吏子弟有志好者,各令就业。一岁课试,差其品第,加以位赏。使见之者乐其荣,闻之者羡其誉。以敦王化,以隆风俗。"

二年春正月,震电。三月,备九卿官,诏曰:"朕以不德,托于王公之上,夙夜战战,忘寝与食。今欲偃武修文,以崇大化。推此之道,当由士民之赡,必须农桑。《管子》有言:'仓廪实,知礼节;衣食足,知荣辱。'夫一夫不耕,有受其饥,一妇不织,有受其寒;饥寒并至而民不为非者,未之有也。自顷年已来,州郡吏民及诸营兵,多违此业,皆浮船长江,贾作上下,良田渐废,见谷日少,欲求大定,岂可得哉?亦由租入过重,农人利薄,使之然乎!今欲广开田业,轻其赋税,差科强羸,课其田亩,务令优均,官私得所,使家给户赡,足相供养,则爱身重命,不犯科法,然后刑罚不用,风俗可整。以群僚之忠贤,若尽心于时,虽太古盛化,未可卒致,汉文升平,庶几可及。及之则臣主俱荣,不及则损削侵辱,何可从容俯仰而已?诸卿尚书,可共咨095,务取便佳。田桑已至,不可后时。事定施行,称朕意焉。"

三年春三月,西陵言赤乌见。秋,用都尉严密议,作浦里塘。会稽郡谣言王亮当还为天子,而亮宫人告亮使巫祷祠,有恶言。有司以闻,黜为候官侯,遣之国。道自杀,卫送者伏罪[8]。以会稽南部为建安郡,分宜都置建平郡[9]。

四年夏五月,大雨,水泉涌溢。秋八月,遣光禄大夫周奕、石伟巡行风俗,察将吏清浊,民所疾苦,为黜陟之诏[10]。九月,布山言白龙见。是岁,安吴民陈焦死,埋之,六日更生,穿土中出。

五年春二月,白虎门北楼灾。秋七月,始新言黄龙见。

八月壬午,大雨震电,水泉涌溢。乙酉,立皇后朱氏。戊子,立子𩅦为太子,大赦[11]。冬十月,以卫将军濮阳兴为丞相,廷尉丁密、光禄勋孟宗为左右御史大夫。休以丞相兴及左将军张布有旧恩,委之以事,布典宫省,兴关军国。休锐意于典籍,欲毕览百家之言,尤好射雉,春夏之间常晨出夜还,唯此时舍书。休欲与博士祭酒韦曜、博士盛冲讲论道艺,曜、冲素皆切直,布恐入侍,发其阴失,令己不得专,因妄饰说以拒遏之。休答曰:"孤之涉学,群书略遍,所见不少也;其明君暗主,奸臣贼子,古今贤愚成败之事,无不览也。今曜等入,但欲与论讲书耳,不为从曜等始更受学也。纵复如此,亦何所损?君特当以曜等恐道臣下奸变之事,以此不欲令入耳。如此之事,孤已自备之,不须曜等然后乃解。此都无所损,君意特有所忌故耳。"布得诏陈谢,重自序述,又言惧妨政事。休答曰:"书籍之事,患人不好,好之无伤也。此无所为非,而君以为不宜,是以孤有所及耳。政务学业,其流各异,不相妨也。不图君今日在事,更行此于孤也,良所不取。"布拜表叩头,休答曰:"聊相开悟耳,何至叩头乎!如君之忠诚,远近所知。往者所以相感,今日之巍巍也。《诗》云:'靡不有初,鲜克有终。'终之实难,君其终之。"初休为王时,布为左右将督,素见信爱,及至践阼,厚加宠待,专擅国势,多行无礼。自嫌瑕短,惧曜、冲言之,故尤患忌。休虽解此旨,心不能悦,更恐其疑惧,竟如布意,废其讲业,不复使冲等入。是岁使察战到交阯调孔爵、大猪[12]。

六年夏四月,泉陵言黄龙见。五月,交阯郡吏吕兴等反,杀太守孙谞。谞先是科郡上手工千余人送建业,而察战至,恐复见取,故兴等因此扇动兵民,招诱诸夷也。冬十月,蜀以魏见伐来告。癸未,建业石头小城火,烧西南百八十丈。甲申,使大将军丁奉督诸军向魏寿春,将军留平别诣施绩于南郡,议兵所向,将军丁封、孙异如沔中,皆救蜀。蜀主刘禅降魏问至,然后罢。吕兴既杀孙谞,使使如魏,请太守及兵。丞相兴建取屯田万人以为兵。分武陵为天门郡[13]。

七年春正月,大赦。二月,镇军将军陆抗、抚军将军步协、征西将军留平、建平太守盛曼,率众围蜀巴东守将罗宪。夏四月,魏将新附督王稚浮海入句章,略长吏赀财及男女二百余口。将军孙越徼得一船,获三十人。秋七月,海贼破海盐,杀司盐校尉骆秀。使中书郎刘川发兵庐陵。豫章民张节等为乱,众万余人。魏使将军胡烈步骑二万侵西陵,以救罗宪,陆抗等引军退。复分交州置广州。壬午,大赦。癸未,休薨[14],时年三十,谥曰景皇帝[15]。

孙皓字元宗,权孙,和子也,一名彭祖,字皓宗,孙休立,封皓为乌程侯,遣就国。西湖民景养相皓当大贵,皓阴喜而不敢泄。休薨,是时蜀初亡,而交阯携叛,国内震惧,贪得长君。左典军万彧昔为乌程令,与皓相善,称皓才识明断,是长沙桓王之俦也,又加之好学,奉遵法度,屡言之于丞相濮阳兴、左将军张布。兴、布说休妃太后朱,欲以皓为嗣。朱曰:"我寡妇人,安知社稷之虑,苟吴国无陨,宗庙有赖可矣。"于是遂迎立皓,时年二十三。改元,大赦。是岁,于魏咸熙元年也。

元兴元年八月,以上大将军施绩、大将军丁奉为左右大司马,张布为骠骑将军,加侍中,诸增位班赏,一皆如旧。九月,贬太后为景皇后,追谥父和曰文皇帝,尊母何为太后。十月,封休太子𩅦为豫章王,次子汝南王,次子梁王,次子陈王,立皇后滕氏[16]。皓既得志,粗暴骄盈,多忌讳,好酒色,大小失望。兴、布窃悔之。或以潜皓,十一月,诛兴、布。十二月,孙休葬定陵。封后父滕牧为高密侯[17],舅何洪等三人皆列侯。是岁,魏置交阯太守之郡。晋文帝为魏相国,遣昔吴寿春城降将徐绍、孙彧衔命赍书,陈事势利害,以申喻皓[18]。

甘露元年三月,皓遣使随绍、彧报书曰:"知以高世之才,处宰辅之任,渐导之功,勤亦至矣。孤以不德,阶承统绪,思与贤良共济世道,而以壅隔未有所缘,嘉意允著,深用依依。今遣光禄大夫纪陟、五官中郎将弘璆宣明至怀[19]。"绍行到濡须,召还杀之,徙其家属建安,始有白绍称美中国者故也。夏四月,蒋陵言甘露降,于是改年大赦。秋七月,皓逼杀景后朱氏,亡不在正殿,于苑中小屋治丧,众知其非疾病,莫不痛切。又送休四子于吴小城,寻复追杀大者二人。九月,从西陵督步阐表,徙都武昌,御史大夫丁固、右将军诸葛靓镇建业。陟、璆至洛,遇晋文帝崩,十一月,乃遣还。皓至武昌,又大赦。以零陵南部为始安郡,桂阳南部为始兴郡。十二月,晋受禅。

宝鼎元年正月,遣大鸿胪张俨、五官中郎将丁忠吊祭晋文帝。及还,俨道病死[20]。忠说皓曰:"北方守战之具不设,弋阳可袭而取。"皓访群臣,镇西大将军陆凯曰:"夫兵不得已而用之耳,且三国鼎立已来,更相侵伐,无岁宁居。今强敌新并巴蜀,有兼土之实,而遣使求亲,欲息兵役,不可谓其求援于我。今敌形势方强,而欲徼幸求胜,未见其利也。"车骑将军刘纂曰:"天生五才,谁能去兵?谲诈相雄,有自来矣。若其有阙,庸可弃乎?宜遣间谍,以观其势。"皓阴纳纂言,且以蜀新平,故不行,然遂自绝。八月,所在言得大鼎,于是改年,大赦。以陆凯为左丞相,常侍万彧为右丞相。冬十月,永安山贼施但等聚众数千人[21],劫皓庶弟永安侯谦出乌程,取孙和陵上鼓吹曲盖。比至建业,众万余人。丁固、诸葛靓逆之于牛屯,大战,但等败走。获谦,谦自杀[22]。分会稽为东阳郡,分吴、丹阳为吴兴郡[23]。以零陵北部为邵陵郡。十二月,皓还都建业,卫将军滕牧留镇武昌。

二年春,大赦。右丞相万彧上镇巴丘。夏六月,起显明宫[24],冬十二月,皓移居之。是岁,分豫章、庐陵、长沙为安成郡。

三年春二月,以左右御史大夫丁固、孟仁为司徒、司空[25]。秋九月,皓出东关,丁奉至合肥。是岁,遣交州刺史刘俊、前部督脩则等入击交阯,为晋将毛炅等所破,皆死,兵散还合浦。

建衡元年春正月,立子瑾为太子,及淮阳、东平王。冬十月,改年,大赦。十一月,左丞相陆凯卒。遣监军虞汜、威南将军薛珝、苍梧太守陶璜由荆州,监军李勖、督军徐存从建安海道,皆就合浦击交阯。

二年春,万彧还建业。李勖以建安道不通利,杀导将冯斐,引军还。三月,天火烧万余家,死者七百人。夏四月,左大司马施绩卒。殿中列将何定曰:"少府李勖枉杀冯斐,擅彻军退还。"勖及徐存家属皆伏诛。秋九月,何定将兵五千人上夏口猎。都督孙秀奔晋。是岁大赦。

三年春正月晦,皓举大众出华里,皓母及妃妾皆行,东观令华覈等固争,乃还[26]。是岁,汜、璆破交阯,禽杀晋所置守将,九真、日南皆还属[27]。大赦,分交阯为新昌郡。诸将破扶严,置武平郡。以武昌督范慎为太尉。右大司马丁奉、司空孟仁卒[28]。西苑言凤凰集,改明年元。

凤皇元年秋八月,征西陵督步阐。阐不应,据城降晋。遣乐乡都督陆抗取阐,阐众悉降。阐及同计数十人皆夷三族。大赦。是岁右丞相万彧被谴忧死,徙其子弟于庐陵[29]。何定奸秽发闻,伏诛。皓以其恶似张布,追改定名为布[30]。

二年春三月,以陆抗为大司马。司徒丁固卒。秋九月,改封淮阳为鲁、东平为齐,又封陈留、章陵等九王,凡十一王,王给三千兵。大赦。皓爱妾或使人至市劫夺百姓财物,司市中郎将陈声,素皓幸臣也。恃皓宠遇,绳之以法。妾以诉皓,皓大怒,假他事烧锯断声头,投其身于四望之下。是岁,太尉范慎卒。

三年,会稽妖言章安侯奋当为天子。临海太守奚熙与会稽太守郭诞书,非论国政。诞但白熙书,不白妖言,送付建安作船[31]。遣三郡督何植收熙,熙发兵自卫,断绝海道。熙部曲杀熙,送首建业,夷三族。秋七月,遣使者二十五人分至州郡,料出亡叛。大司马陆抗卒。自改年及是岁,连大疫。分郁林为桂林郡。

天册元年,吴郡言掘地得银,长一尺,广三分,刻上有年月字,于是大赦,改年。

天玺元年,吴郡言临平湖自汉末草秽壅塞,今更开通。长老相传:此湖塞,天下乱,此湖开,天下平。又于湖边得石函,中有小石,青白色,长四寸,广二寸余,刻上作皇帝字,于是改年,大赦。会稽太守车浚、湘东太守张咏不出算缗,就在所斩之,徇首诸郡[32]。秋八月,京下督孙楷降晋。鄱阳言历阳山石文理成字,凡二十,云"楚九州渚,吴九州都,扬州士,作天子,四世治,太平始[33]。"又吴兴阳羡山有空石,长十余丈,名曰石室,在所表为大瑞。乃遣兼司徒董朝、兼太常周处至阳羡县,封禅国山。改明年元,大赦,以协石文。

天纪元年夏,夏口督孙慎出江夏、汝南,烧略居民。初,驺子张俶多所谮白,累迁为司直中郎将,封侯,甚见宠爱,是岁奸情发闻,伏诛[34]。

二年秋七月,立成纪、宣威等十一王,王给三千兵,大赦。

三年夏,郭马反。马本合浦太守脩允部曲督。允转桂林太守,疾病,住广州,先遣马将五百兵至郡安抚诸夷。允死,兵当分给,马等累世旧军,不乐离别。皓时又科实广州户口,马与部曲将何典、王族、吴述、殷兴等因此恐动兵民,合聚人众,攻杀广州督虞授。马自号都督交、广二州诸军事、安南将军,兴广州刺史,述南海太守。典攻苍梧,族攻始兴[35]。八月，以军师张悌为丞相，牛渚都督何植为司徒。执金吾滕循为司空，未拜，转镇南将军，假节领广州牧，率万人从东道讨马，与族遇于始兴，未得前。马杀南海太守刘略，逐广州刺史徐旗。晧又遣徐陵督陶濬将七千人从西道，命交州牧陶璜部伍所领及合浦、郁林诸郡兵，当与东西军共击马。有鬼目菜生工人黄耇家，依缘枣树，长丈余，茎广四寸，厚三分。又有买菜生工人吴平家，高四尺，厚三分，如枇杷形，上广尺八寸，下茎广五寸，两边生叶绿色。东观案图，名鬼目作芝草，买菜作平虑草，遂以耇为侍芝郎，平为平虑郎，皆银印青绶。冬，晋命镇东大将军司马伷向涂中，安东将军王浑、扬州刺史周浚向牛渚，建威将军王戎向武昌，平南将军胡奋向夏口，镇南将军杜预向江陵，龙骧将军王濬、广武将军唐彬浮江东下，太尉贾充为大都督，量宜处要，尽军势之中。陶濬至武昌，闻北军大出，停驻不前。

初，晧每宴会群臣，无不咸令沉醉。置黄门郎十人，特不与酒，侍立终日，为司过之吏。宴罢之后，各奏其阙失，迕视之咎，谬言之愆，罔有不举。大者即加威刑，小者辄以为罪。后宫数千，而采择无已。又激水入宫，宫人有不合意者，辄杀流之。或剥人之面，或凿人之眼。岑昏险谀贵幸，致位九列，好兴功役，众所患苦。是以上下离心，莫为晧尽力，盖积恶已极，不复堪命故也[36]。

四年春，立中山、代等十一王，大赦。濬、彬所至，则土崩瓦解，靡有御者。预又斩江陵督伍延，浑复斩丞相张悌、丹阳太守沈莹等，所在战克[37]。

三月丙寅，殿中亲近数百人叩头请晧杀岑昏，晧惶愦从之[38]。戊辰，陶濬从武昌还，即引见，问水军消息，对曰："蜀船皆小，今得二万兵，乘大船战，自足击之。"于是合众，授濬节钺。明日当发，其夜众悉逃走。而王濬顺流将至，司马伷、王浑皆临近境。晧用光禄勋薛莹、中书令胡冲等计，分遣使奉书于濬、伷、浑曰："昔汉室失统，九州分裂，先人因时，略有江南，遂分阻山川，与魏乖隔。今大晋龙兴，德覆四海。暗劣偷安，未喻天命。至于今者，猥烦六军，衡盖路次，远临江渚，举国震惶，假息漏刻。敢缘天朝含弘光大，谨遣私署太常张夔等奉所佩印绶，委质请命，惟垂信纳，以济元元[39]。"

壬申，王濬最先到，于是受晧之降，解缚焚榇，延请相见[40]。伷以晧致印绶于己，遣使送晧。晧举家西迁，以太康元年五月丁亥集于京邑。四月甲申，诏曰："孙晧穷迫归降，前诏待之以不死，今晧垂至，意犹愍之，其赐号为归命侯。进给衣服车乘，田三十顷，岁给谷五千斛，钱五十万，绢五百匹，绵五百斤。"晧太子瑾拜中郎，诸子为王者，拜郎中[41]。五年，晧死于洛阳[42]。

评曰：孙亮童孺而无贤辅，其替位不终，必然之势也。休以旧爱宿恩，任用兴、布，不能拔进良才，改弦易张，虽志善好学，何益救乱乎？又使既废之亮不得其死，友于之义薄矣。晧之淫刑所滥，陨毙流黜者，盖不可胜数。是以群下人人惴恐，皆日日以冀，朝不谋夕。其荧惑、巫祝，交致祥瑞，以为至急。昔舜、禹躬稼，至圣之德，犹或矢誓众臣，

予违女弼，或拜昌言，常若不及。况晧凶顽，肆行残暴，忠谏者诛，谀谄者进，虐用其民，穷淫极侈，宜腰首分离，以谢百姓。既蒙不死之诏，复加归命之宠，岂非旷荡之恩，过厚之泽也哉[43]！

注：

[1] 巢，音祖乇反。

[2] 臣松之案：孙权赤乌十年，诏徙武昌宫材瓦，以缮治建康宫，而此犹有端门内殿。《吴录》云：诸葛恪有迁都意，更起武昌宫。今所灾者恪所新作。

[3] 《江表传》曰：是岁交阯稗草化为稻。

[4] 《吴历》曰：正月，为权立庙，称太祖庙。

[5] 《吴历》曰：亮数出中书视孙权旧事。问左右侍臣："先帝数有特制，今大将军问事，但令我书'可'邪！"亮后出西苑，方食生梅，使黄门至中藏取蜜渍梅。蜜中有鼠矢，召问藏吏，藏吏叩头。亮问吏曰："黄门从汝求蜜邪？"吏曰："向求，实不敢与。"黄门不服，侍中刁玄、张邠曰："黄门、藏吏辞语不同，请付狱推尽。"亮曰："此易知耳。令破鼠矢，矢里燥。亮大笑谓玄、邠："若矢先在蜜中，中外当俱湿，今外湿里燥，必是黄门所为。"黄门首服，左右莫不惊悚。《江表传》曰：亮使黄门以银碗并盖就中藏吏取交州所献甘蔗饧。黄门先恨藏吏，以鼠矢投饧中，启言藏吏不谨。亮呼更持饧器入，问曰："此器既盖之，且有掩覆，无缘有此，黄门将有恨于汝邪？"吏叩头曰："尝从某求宫中莞席，宫席有数，不敢与。"亮曰："必是此也。"复问黄门，具首伏。即于目前加髡鞭，斥付外署。臣松之以为鼠矢新者，亦表里皆湿。黄门取新矢则无以得其奸也，缘遇燥矢，故成亮之慧。然犹谓《吴历》此言，不如《江表传》为实也。

[6] 《襄阳记》曰：衡字叔平，本襄阳卒家子也，汉末入吴为武昌庶民。闻羊道有人物之鉴，往干之，道曰："多事之世，尚书剧曹郎才也。"是时校事吕壹操弄权柄，大臣畏逼，莫有敢言，道曰："非李衡无能困之者。"遂共荐为郎。权引见，衡口陈壹奸短数千言，权有愧色。数月，壹被诛，而衡大见显擢。后常为诸葛恪司马，干കpanics。恪被诛，求为丹阳太守。时孙休在郡治，衡数以法绳之。妻习氏每谏衡，衡不从。会休立，衡忧惧，谓妻曰："不用卿言，以至于此。"遂欲奔魏。妻曰："不可。君本庶民耳，先帝相拔过重，既数作无礼，而复逆自猜嫌，逃叛求活，以此北归，何面见中国人乎？"衡曰："计何所出？"妻曰："琅邪王素好善慕名，方欲自显于天下，终不以私嫌杀君明矣。可自囚诣狱，表列前失，显求受罪。如此，乃当逆见优饶，非但直活而已。"衡从之，果得无患，又加威远将军，授以棨戟。衡每欲治家，妻辄不听，后密遣客十人于武陵龙阳氾洲上作宅，种甘橘千株。临死，敕儿曰："汝母恶我治家，故穷如是。然吾州里有千头木奴，不责汝衣食，岁上一匹绢，亦可足用耳。"衡亡后二十余日，儿以白母，母曰："此当是种甘橘也，汝家失十户客来七八年，必汝父遣为宅。汝父恒称太史公言，'江陵千树橘，当封君家'。吾答：'且人患无德义，不患不富，若贵而能贫，方好耳，用此何为！'"吴末，衡甘橘成，岁得绢数千匹，家道殷足。晋咸康中，其宅址枯树犹在。

[7] 《江表传》曰：群臣奏立皇后、太子，诏曰："朕以寡德，奉承洪业，莅事日浅，恩泽未敷，加后妃之号，嗣子之位，非所也。"有司又固请，休谦虚不许。

[8] 《吴录》：或云休鸩杀之。至晋太康中，吴故少府丹杨戴顒迎亮丧，葬之赖乡。

[9] 《吴历》曰：是岁得大鼎于建德县。

〔10〕《楚国先贤传》曰：石伟字公操，南郡人。少好学，修节不怠，介然独立，有不可夺之志。举茂才、贤良方正，皆不就。孙休即位，特征伟，累迁至光禄勋。及晧即位，朝政昏乱，伟乃辞老耄痼疾乞归，就拜光禄大夫。吴平，建威将军王戎亲诣伟。太康二年，诏曰："吴故光禄大夫石伟，秉志清白，皓首不渝，虽处危乱，廉节可纪。年已过迈，不堪远涉，其以伟为议郎，加二千石秩，以终厥世。"伟遂阳狂及盲，不受晋爵。年八十三，太熙元年卒。

〔11〕《吴录》载休诏曰："人之有名，以相纪别，长为作字，惮其名耳。礼，名子欲令难犯易避，五十称伯仲，古或一字。今人竞作好名好字，又令相配，所行不副，此譬字伯明者也。孤尝哂之。或师友父兄所作，或自己为：师友尚可，父兄犹非，自为最不谦。孤今为四男作名字，太子名𩅦，𩅦音如湖水湾澳之湾，字莔，莔音如迄今之迄；次子名𩃙，𩃙音如觥觥之觥，字𦐉，𦐉音如玄磝首之磝；次子名壾，壾音如草莽之莽，字昷，昷音如举物之举；次子名㷏，㷏音如褒衣下宽大之褒，字𤍑，𤍑音如有所拥持之拥。此都不与世所用者同，故抄旧文会合作之。夫色八体损益，因事而生，今造此名字，既不相配，又字但一，庶易弃避，其告天下，使咸闻知。"臣松之以为传称"名以制义，义以出礼，礼以体政，政以治民。是以政成而民听，易则生乱。"斯言之作，岂虚也哉！休欲令难犯，何患无名，而乃造无况之字，制不典之音，违明诰于前修，垂嗤毁于后代，不亦异乎！是以坟土未干而妻子夷灭。师服之言，于是乎征矣。

〔12〕臣松之按：察战吴官名号，今扬都有察战巷。

〔13〕《吴历》曰：是岁青龙见于长沙，白燕见于慈湖，赤雀见于豫章。

〔14〕《江表传》曰：休寝疾，口不能言，乃手书呼丞相濮阳兴入，令子𩅦出拜之。休把兴臂，而指𩅦以托之。

〔15〕葛洪《抱朴子》曰：吴景帝时，戍将于广陵掘诸冢，取版以治城，所坏甚多。复发一大冢，内有重阁，户扇皆枢转可开闭，四周为徼道通车，其高可以乘马。又铸铜人数十枚，长五尺，皆大冠朱衣，执剑列侍灵座，皆刻金人背后石壁，言殿中将军，或言侍郎、常侍。似公主之冢。破其棺，棺中有人，发已斑白，衣冠鲜明，面体如生人。棺中云母厚尺许，以白玉璧三十枚藉尸。兵人辇共举出死人，以倚冢壁。有一玉长一尺许，形似冬瓜，从死人怀中透出堕地。两耳及鼻孔中，皆有黄金如枣许大，此则骸骨有假物而不朽之效也。

〔16〕《江表传》曰：晧初立，发优诏，恤士民，开仓廪，振贫乏，科出宫女以配无妻，禽兽扰于苑者皆放之。当时翕然称为明主。

〔17〕《吴历》曰：牧本名密，避丁密，改名牧，丁密避牧，改名为固。

〔18〕《汉晋春秋》载晋文王与晧书："圣人称有君臣然后有上下礼义，是故大必字小，小必事大，然后上下安服，群生获所。逮至末涂，纯德既毁，飙民之命，以争强于天下，违礼顺之至理，则仁者弗由也。方今主上圣明，覆焘无外，佽备位宰辅，属当国重。惟华夏乖殊，方隅圮裂，六十余载，金革亟动，无年不战，暴骸丧元，困悴罔定，每用悼心，坐以待旦。将欲止戈兴仁，为百姓请命，故分命偏师，平定蜀汉，役未经年，全军独克。于时猛将谋夫，朝臣庶士，咸以奉天时之宜，就既征之军，藉吞敌之势，宜遂回旗东指，以临吴境。舟师泛江，顺流而下，陆军南辕，取径四郡，兼成都之械，漕巴汉之粟，然后中军整旅，三方云会，未及浃辰，可使江表底平，南夏顺轨。然国朝深惟伐蜀之举，虽有静难之功，亦悼蜀民独罹其害，战于绵竹者，自元帅以下并受斩戮，伏尸蔽地，血流丹野。一之于前，犹追恨不忍，况重之于后乎？是故旋师按甲，思与南邦共含百姓之命。夫料力忖势，度资量险，远考古昔废兴之理，近鉴西蜀安危之效，隆德保祚，去危即顺，屈己以宁四海者，仁哲之高致也；履危偷安，陨德覆祚，而不称于后世者，非智者之所居也。今朝廷遣徐绍、孙彧献书喻怀，若书御于前，必少留意，回虑革算，结欢弭兵，共为一家，惠矜吴会，施及中土，岂不泰哉！此昭心之大愿也，敢不承受。若不获命，则普天率土，期于大同，虽重干戈，固不获已也。"

〔19〕《江表传》曰：晧书两头言白，称名言而不著姓。《吴录》曰：陟字子上，丹阳人，初为中书郎，孙峻使诘南阳王和，令其引分。陟密使令正辞自理，峻怒。陟惧，闭门不出。孙休时，父亮为尚书令，而陟为中书令，每朝会，诏以屏风隔其座。出为豫章太守。干宝《晋纪》：陟、璆奉使入魏，入境而问讳，入国而问俗。寿春将王布示之马射，既而问之曰："吴之君子亦能斯乎？"陟曰："此军人骑士肄业所及，士大夫君子未有为之者矣。"布大惭。既至，魏帝见之，使侯者问："来时吴王何如？"陟对曰："来时吴帝临轩，百寮陪位，御膳无恙。"晋文王飨之，百寮毕会，使侯者告曰："某者安乐公也，某者匈奴单于也。"陟曰："西主失土，为君王所礼，位同三代，莫不感义，匈奴边塞难羁之国，君王怀之，亲在坐席，此诚威恩远著。"又问："吴之戍备几何？"对曰："自西陵以至江都，五千七百里。"又问："道里甚远，难以坚固？"对曰："疆界虽远，而其险要必争之地，不过数四，犹人虽有八尺之躯靡不受患，其护风寒亦数处耳。"文王善之，厚为之礼。臣松之以为人有八尺之体靡不受患，防护风寒岂唯数处？取譬若此，未足称能。若曰譬如金城万雉，所急防者四门而已。方陟此对，不犹愈乎！《吴录》曰：晧以诸父与和相连及者，家属皆徙东冶，唯陟以有密旨，特封子孚都亭侯。孚弟瞻，字思远，入仕晋骠骑将军。弘璆，曲阿人，弘咨之孙，权外甥也。璆后至中书令、太子少傅。

〔20〕《吴录》曰：俨字子节，吴人也。弱冠知名，历显位，以博闻多识，拜大鸿胪。使于晋，晧谓俨曰："今南北通好，以君为有出境之才，故相屈行。"对曰："皇皇者华，蒙其荣耀，无古人延誉之美，磨厉锋锷，思不辱命。"既至，车骑将军贾充、尚书令裴秀、侍中荀勖等欲傲以所不知而不能屈。尚书仆射羊祜、尚书何桢并结缡带之好。

〔21〕《吴录》曰：永安今武康县也。

〔22〕《汉晋春秋》曰：初望气者云"荆州有王气破扬州而建业宫不利"，故晧徙武昌，遣使者发民掘荆州界大臣名冢冢与山冈连者以厌之。既闻但反，自以为徙土得计也。使愿百人鼓噪入建业，杀但妻子，云天子使荆州兵来破扬州贼，以厌前气。

〔23〕晧诏曰："古者分土建国，所以褒赏贤能，广树藩屏。秦毁五等为三十六郡，汉室初兴，闾立乃至百里，因事制宜，盖无常数也。今吴郡阳羡、永安、余杭、临水及丹阳故鄣、安吉、原乡、于潜诸县，地势水流之便，悉注乌程，既宜立郡以镇山越，且以藩卫明陵，奉承大祭，不亦可乎！其亟分此九县为吴兴郡，治乌程。"

〔24〕《太康三年地记》曰：吴有太初宫，方三百丈，权所起也。昭明宫方五百丈，晧所作也。避晋讳，故曰显明。《吴历》云：显明在太初之东。《江表传》曰：晧营新宫，二千石以下皆自入山督摄伐木。又破坏诸营，大开苑囿，起土山楼观，穷极伎巧，功役之费以亿万计。陆凯固谏，不从。

〔25〕《吴录》曰：初，固为尚书，梦松树生其腹上，谓人曰："松字十八公也，后十八岁，吾其为公乎！"卒如梦焉。

〔26〕《江表传》曰：初丹阳刁玄使蜀，得司马徽与刘廙论运命历数事。玄诈增其文以诳国人曰："黄旗紫盖见于东南，终有天下者，荆、扬之君乎！"又得中国降人，言寿春下有童谣曰："吴天子当上"。皓闻之，喜曰："此天命也。"即载其母妻子及后宫数千人，从牛渚陆道西上，云青盖入洛阳，以顺天命。行遇大雪，道涂陷坏，兵士披甲持仗，百人共引一车，寒冻殆死。兵人不堪，皆曰："若遇敌便当倒戈耳。"皓闻之，乃还。

〔27〕《汉晋春秋》曰：初霍弋遣杨稷、毛炅等戍，与之誓曰："若贼围城，未百日而降者，家属诛；若过百日而城没者，刺史受其罪。"稷等日未满而粮尽，乞降于璜。璜不许，而给粮使守。吴人并谏，璜曰："霍弋已死，无能来者，可须其粮尽，然后乃受，使彼来无罪，而我取有义，内训吾民，外怀邻国，不亦可乎！"稷、炅粮尽，救不至，乃纳之。《华阳国志》：稷，犍为人。炅，建宁人。稷等城中食乏，死亡者半，将军王约反降，吴人得入城，获稷、炅，皆囚之。孙皓使送稷下都，稷至合浦，呕血死。晋追赠交州刺史。初，毛炅与吴军战，杀前部督脩则。陶璜等以炅壮勇，欲赦之。而则子允钼求杀炅，炅亦不为璜屈，璜等怒，面缚炅诘之，曰："晋贼！"炅厉声曰："吴狗，何等为贼？"吴人生剖其腹，允割其心肝，骂曰："庸复作贼乎？"炅犹骂不止，曰："尚欲斩汝孙皓，汝父何死狗也！"乃斩之。晋武帝闻而哀矜，即诏使炅长子袭爵，余三子皆关内侯。此与《汉晋春秋》所说不同。

〔28〕《吴录》曰：仁字恭武，江夏人也，本名宗，避皓字，易焉。少从南阳李肃学。其母为作㡌褥大被，或问其故，母曰："小儿无德致客，学者多贫，故为广被，庶可得与气类接也。"其读书夙夜不懈，肃奇之，曰："卿宰相器也。"初为骠骑将军朱据军吏，将母在营。既不得志，又夜雨屋漏，因起涕泣，以谢其母，母曰："但当勉之，何足泣也？"据亦稍知之，除为监池司马。自能结网，手以捕鱼，作鲊寄母，母因以还之，曰："汝为鱼官，而以鲊寄我，非避嫌也。"迁吴令。时皆不得将之官，每得时物，来以寄母，常不先食。及闻母亡，犯禁委官，语在权传。特为减死一等，复使为官，盖优之也。《楚国先贤传》曰：宗母嗜笋，冬节将至。时笋尚未生，宗入竹林哀叹，而笋为之出，得以供母，皆以为至孝之所致感。累迁光禄勋，遂至公矣。

〔29〕《江表传》曰：初皓游华里，或与丁奉、留平密谋曰："此行不急，若至华里不归，社稷事重，不得不自还。"此语颇泄。皓闻知，以或等旧臣，且以计忍而阴衔之。后因会，以毒酒饮或，传酒人私减之。又饮留平，平觉之，服他药以解，得不死。或自杀。平忧懑，月余亦死。

〔30〕《江表传》曰：定，汝南人，本孙权给使也，后出补吴。定佞邪僭媚，自表先帝旧人，求还内侍，皓以为楼下都督，典知酤籴事，专为威福。而皓信任，委以众事。定为子求少府李勖女，不许。定挟忿潜勖于皓，皓尺口诛之，焚其尸。定又使诸将各上好犬，皆千里远求，一犬至直数十匹。御犬率具缨，直钱一万。一犬一兵，养以捕兔供厨。所获无几。吴人皆归罪于定，而皓以为忠勤，赐爵列侯。《吴历》曰：中书郎奚熙谮宛陵令贺惠。惠，劭弟也。遣使者徐粲讯治，熙又谮粲顾护不即决断。皓遣使就宛陵斩粲，收惠付狱。会赦得免。

〔31〕《会稽邵氏家传》曰：邵畴字温伯，时为诞功曹。诞被收，惶遽无以自明。畴进曰："畴今自在，畴之事，明府何忧？"遂诣吏自列，云不白妖言，事由于己，非府君罪。吏上畴辞，皓怒犹盛。畴虑诞卒不免，遂自杀以证之。临亡，置辞曰："畴生长边陲，不闲教道，得门资，厕身本郡，逾越侪类，位极朝右，不能赞扬盛化，养之以福。今妖讹横兴，干国乱纪，畴以嚅唶之语，本非事实，虽家诵人咏，不足为虑。天下重器，而匹夫横议，疾其丑声，不忍闻见，欲含垢藏疾，不彰之翰笔，镇躁归静，使之自息。愚心勤勤，每执斯旨，故诞屈其所是，默以见从。此之为怨，实由于畴。谨不敢逃死，归罪有司，唯乞天鉴，特垂清察。"吏收畴丧，得辞以闻，皓乃免诞大刑，送付建安作船。畴亡时，年四十。皓嘉畴节义，诏郡县图形庙堂。

〔32〕《江表传》曰：浚在公清忠，值郡荒476，民无资粮，表求振贷。皓谓浚欲树私恩，遣人枭首。又尚书熊睦见皓酷虐，微有所谏。皓使人以刀环撞杀之，身无完肌。

〔33〕《江表传》曰：历阳县有石山临水，高百丈，其三十丈所，有七穿骈罗，穿中色黄赤，不与本体相似，俗相传谓之石印。又云，石印封发，天下当太平。下有祠屋，巫祝言石印神有三郎。时历阳长表上言石印发，皓遣使以太牢祭历山。巫言，石印三郎说"天下方太平"。使者作高梯，上看印文，诈以朱书石作二十字，还以启皓。皓大喜曰："吴当为九州作都，渚乎？从大皇帝逮孤四世尔，太平之主，非孤复谁？"重遣使，以印绶拜三郎为王，又刻石立铭，襃赞灵德，以答休祥。

〔34〕《江表传》曰：假父，会稽山阴县卒也，知假不良，上表云："若今假为司直，有罪乞不从坐。"皓许之。假表立弹曲二十人，专纠司不法，于是爱恶相攻，互相谤告。弹言承言，收系囹圄，听讼失理，狱以贿成。人民穷困，无所措手足。假奢淫无厌，取小妻三十余人，擅杀无辜，众奸并发，父子俱见车裂。

〔35〕《汉晋春秋》曰：先是，吴有说谶者曰："吴之败，兵起南裔，亡吴者公孙也。"皓闻之，文武职位至于卒伍有姓公孙者，皆徙于广州，不令停江边。及闻马反，大惧曰："此天亡也。"

〔36〕吴平后，晋侍中庾峻等问皓侍中李仁曰："闻吴主披人面，刖人足，有诸乎？"仁曰："以告者过耳。君子恶居下流，天下之恶皆归焉。盖此事也，若信有之，亦不足怪。昔唐、虞五刑，三代七辟，肉刑之制，未为酷虐。皓为一国之主，秉杀生之柄，罪人陷法，加之以惩，何足多罪！夫尧诛者不能无怨，受桀赏者不能无慕，此人情也。"又问曰："云归命侯乃恶人横睛逆视，皆凿其眼，有诸乎？"仁曰："亦无此事，传之者谬耳。《曲礼》曰视天子由袷以下，视诸侯由颐以下，视大夫由衡，视士则平面，得游目五步之内，视上于衡则傲，下于带则忧，旁则邪。以礼视瞻，高下不可不慎，况人君乎哉！视人君相在，是乃礼所谓傲慢，傲慢则无礼，无礼则不臣，不臣则犯罪，犯罪则陷不测矣。正使然，将有何失？"凡仁所答，峻等皆善之，文多不悉载。

〔37〕干宝《晋纪》曰：吴丞相军师张悌、护军孙震、丹阳太守沈莹帅众三万济江，围成阳都尉张乔于杨荷桥，众才七千，闭栅自守，举白接降。吴副军师诸葛靓欲屠之，悌曰："强敌在前，不宜先事其小；且杀降不祥。"靓曰："此等以救兵未至而力少，故且伪降以缓我，非来伏也。因其无战心而尽坑之，可以成三军之气。若舍之而前，必为后患。"悌不从，抚之而进。与讨吴护军张翰、扬州刺史周浚成阵相对。沈莹领丹阳锐卒刀楯五千，号曰青巾兵，前后屡陷坚阵，于是以驰淮南军，三冲不动。退引乱，薛胜、蒋班因其乱而乘之，吴军以次土崩，将帅不能止，张乔又出其后，大败吴军于版桥，获悌、震、莹等。《襄阳记》曰：悌字巨先，襄阳人，少有名理，

孙休时为屯骑校尉。魏伐蜀，吴人问悌曰："司马氏得政以来，大难屡作，智力虽丰，而百姓未服也。今又竭其资力，远征巴蜀，兵劳民疲而不知恤，败于不暇，何以能济？昔夫差伐齐，非不克胜，所以危亡，不忧其本也，况彼之争地乎！"悌曰："不然。曹操虽功盖中夏，威震四海，崇诈杖术，征伐无已，民畏其威，而不怀其德也。丕、叡承之，继以惨虐，内兴宫室，外惧雄豪，东西驰驱，无岁获安，彼之失民，为日久矣。司马懿父子，自握其柄，累有大功，除其烦苛而布其平惠，为之谋主而救其疾，民心归之，亦已久矣。故淮南三叛而腹心不扰，曹髦之死，四方不动，摧坚敌如折枯，荡异同如反掌，任贤使能，各尽其心，非智勇兼人，孰能如之？其威武张矣，本根固矣，群情服矣，奸计立矣。今蜀阉宦专朝，国无政令，而玩戏黩武，民劳卒弊，竞于外利，不修守备。彼强弱不同，智算亦胜，因危而伐。殆其克乎！若其不克，不过无功，终无退北之忧，覆军之虑矣，何为不可哉？昔楚剑利而秦昭惧，孟明用而晋人忧，彼之得志，故我之大患也。"吴人笑其言，而蜀果降于魏。晋来伐吴，晧使悌督沈莹、诸葛靓率众三万渡江逆之。至牛渚，沈莹曰："晋治水军于蜀久矣，今倾国大举，万里齐力，必悉益州之众浮江而下。我上流诸军，无有戒备，名将皆死，幼少当任，恐边江诸城，尽莫能御也。晋之水军，必至于此矣！宜畜众力，待来一战。若胜之日，江西自清，上方虽坏，可还取之。今渡江逆贼，胜不可保，若或摧丧，则大事去矣。"悌曰："吴之将亡，贤愚所知，非今日也。吾恐蜀兵来至此，众心必骇惧，不可复整。今宜渡江，可用决战力争。若其败丧，则同死社稷，无所复恨。若其克胜，则北敌奔走，兵势万倍，便当乘威南上，逆之中道，不忧不破也。若如子计，恐行散尽，相与坐待敌到，君臣俱降，无复一人死难者，不亦辱乎！"遂渡江战，吴军大败。诸葛靓与五六百人退走，使过迎悌，悌不肯去，靓自往牵之，谓曰："巨先，天下存亡有大数，岂卿一人所知，何故故自取死为？"悌垂涕曰："仲思，今日是我死日也。且我作儿童时，便为卿家丞相所拔，常恐不得其死，负名贤知顾。今以身徇社稷，复何遁邪？莫牵曳之如是。"靓流涕放之，去百余步，已见为晋军所杀。《吴录》曰：悌少知名，及处大任，希合时趣，将护左右，清论讥之。《搜神记》曰：临海松阳人柳荣从悌至杨府，荣病死船中二日，时军已上岸，无有埋之者，忽然大呼，言"人缚军师！人缚军师！"声激扬，遂活。人问之，荣曰："上天北斗门下卒见人缚张悌，意中大愕，不觉大呼言'何以缚张军师。'门下人怒荣，叱逐使去。荣便去，怖惧，口余声发扬耳。"其日，悌战死。荣至晋元帝时犹在。

〔38〕干宝《晋纪》曰：晧殿中亲近数百人叩头请晧曰："北军日近，而兵不举刃，陛下将如之何？"晧曰："何故？"对曰："坐岑昏。"晧独言："若尔，当以奴谢百姓。"众因曰："唯！"遂并起收昏。晧骆驿追止，已屠之也。

〔39〕《江表传》载晧将败，与舅何植书曰："昔大皇帝以神武之略，奋三千之卒，割据江南，席卷交、广，开拓洪基，欲祚之万世。至孤末德，嗣守成绪，不能怀集黎元，多为咎衅，以违天度。暗昧之变，反谓之祥，致使南蛮逆乱，征讨未克。闻晋大众，远来临江，庶竭劳瘁，众皆摧退，而张悌不反，丧军之半。孤甚愧怅，于今无聊。得陶濬表云武昌以西，并复不守。不守者，非粮不足，非城不固，兵将背战耳。兵之背战，岂怨兵邪？孤之罪也。天文异变于上，士民愤叹于下，观此事势，危如累卵，吴祚终讫，何其局哉！天匪亡吴，孤所招也。瞑目黄壤，当复何颜见四帝乎！公其勖勉奇谟，飞笔以闻。"晧又遗群臣书曰："孤以不德，忝继先轨。处位历年，政教凶勃，遂令百姓久困涂炭，至使一朝归命有道，社稷倾覆，宗庙无主，惭愧山积，没有余辜。自惟空薄，过偷尊号，才瑣质秽，任重王公，故《周易》有折鼎之诫，诗人有彼其之讥。自居宫屋，仍抱笃疾，计有不足，思虑失中，多所荒替，边侧小人，因生酷虐，虐吏横流，忠顺被害。暗昧不觉，寻其壅蔽，孤负诸君，事已难图，溉水不可收也。今大晋平治四海，劳心务于擢贤，诚是英俊展节之秋也。管仲极仇，桓公用之，良、平去楚，入为汉臣，舍乱就理，非不忠也。莫以移національ改朔，用损厥志。嘉勖休尚，爱敬动静。夫复何言，投笔而已！"

〔40〕《晋阳秋》曰：濬收其图籍，领州四，郡四十三，县三百一十三，户五十二万三千，吏三万二千，兵二十三万，男女口二百三十万，米谷二百八十万斛，舟船五千余艘，后宫五千余人。

〔41〕《搜神记》曰：吴以草创之国，信不坚固，边戍守将，皆质其妻子，名曰保质。童子少年，以类相与嬉游者，日有十数。永安二年三月，有一异儿，长四尺余，年可六七岁，衣青衣，来从群儿戏，诸儿莫之识也。皆问曰："尔谁家小儿，今日忽来？"答曰："见尔群来乐，故来耳。"详而视之，眼有光芒，爓爓外射。诸儿畏之，重问其故。儿乃答曰："尔恶我乎？我非人也，乃荧惑星也。将有告尔：三公锄，司马如。"诸儿大惊，或走告大人，大人驰往观之，儿曰："舍尔去乎！"竦身而跃，即以化矣。仰而视之，若引一匹练以登天。大人来者，犹及见焉。飘飘渐高，有顷而没。时吴政峻急，莫敢宣也。后五年而简亡，六年而蜀兴，至是而吴灭，司马如矣。干宝《晋纪》曰：王濬治船于蜀，吾彦取其流柿以呈孙晧，曰："晋必有攻吴之计，宜增建平兵。建平不下，终不敢渡江。"晧弗从。陆抗之克步阐，晧意张大，乃使尚广筮并天下，遇《同人》之《颐》，对曰："吉。庚子岁，青盖当入洛阳。"故晧不修其政，而信其言。是岁也实在庚子。

〔42〕《吴录》曰：晧以四年十二月死，时年四十二，葬河南县界。

〔43〕孙盛曰：夫古之立君，所以司牧黔黎，故必仰协乾坤，覆焘万物；若乃淫虐是纵，酷被群元，则天殃之，剿绝其祚，夺其南面之尊，加其独夫之戮。是故汤、武抗钺，不犯不顺之讥；汉高奋剑，而无失节之议。何者？诚四海之酷仇，而人神之所摈故也。况晧罪为逋寇，虐过辛、癸，枭首素旂，犹不足以谢冤魂，洿室荐社，未足以纪暴迹，而乃优以它命，宠锡仍加，岂龚行天罚，伐罪吊民之义乎？是以知僭逆之不惩，而凶酷之莫戒。《诗》云："取彼潜人，投畀豺虎。"聊潜犹然，矧僭虐乎？且神旗电扫，兵临伪窟，理穷势迫，然后请命，不赦之罪既彰，三驱之义又塞，极之权道，亦无取焉。

陆机著《辨亡论》，言吴之所以亡，其上篇曰："昔汉氏失御，奸臣窃命，祸基京畿，毒遍宇内，皇纲弛素，王室遂卑。于是群雄蜂骇，义兵四合，吴武烈皇帝慷慨下国，电发荆南，权略纷纭，志勇伯世。威棱则夷羿震荡，兵交则丑虏授馘，遂扫清宗祊，蒸湮皇祖。于时云兴之将带州，飙起之师跨邑，哮阚之群风驱，熊黑之族雾集，虽兵以义合，同盟戮力，然皆包藏祸心，阻兵怙乱，或师无谋律，丧威稔寇，忠规武节，未有若此其著也。武烈既没，长沙桓王逸才命世，弱冠秀发，招揽遗老，与之述业。神兵东驱，奋寡犯众，攻无坚城之将，战无交锋之虏。诛叛柔服而江外厎定，饬法修师而威德翕赫，宾礼名贤而张昭为之雄，交御豪俊而周瑜为之杰。彼二君子，皆弘敏而多奇，雅达而聪哲，故同方者以类附，等契者以气集，而江东盖多士矣。将北伐诸华，诛锄干纪，旋皇舆于夷庚，反帝座于紫闼，挟天子以令诸侯，清天步而归旧物。戎车既次，群凶侧目，大业未就，中世而陨。用集我大皇帝,以奇踪袭于逸轨,叡心发乎令图,从政咨于故实,播宪稽乎遗风,而加之以笃固,申之以节俭,畴咨俊茂,好谋善断,束帛旅于丘园,旌命交于涂巷。故豪彦寻声而响臻,志士希光而影骛,异人辐辏,猛士如林。于是张昭以师傅,周瑜、陆公、鲁肃、吕蒙之畴入为腹心,出作股肱,甘宁、凌统、程普、贺齐、朱桓、朱然之徒奋其威,韩当、潘璋、黄盖、蒋钦、周泰之属宣其力;风雅则诸葛瑾、张承、步骘以声名光国,政事则顾雍、潘濬、吕范、吕岱以器任干职,奇伟则虞翻、陆绩、张温、张惇以讽议举正,奉使则赵咨、沈珩以敏达延誉,术数则吴范、赵达以机祥协德,董袭、陈武杀身以卫主,骆统、刘基强谏以补过,谋无遗算,举不失策。故遂割据山川,跨制荆、吴,而与天下争衡矣。魏氏尝藉战胜之威,率百万之师,浮邓塞之舟,下汉阴之众,羽楫万计,龙跃顺流,锐骑千旅,虎步原隰,谋臣盈室,武将连衡,喟然有吞江浒之志,一宇宙之气。而周瑜驱我偏师,黜之赤壁,丧旗乱辙,仅而获免,收迹远遁。汉王亦冯帝王之号,率巴、汉之民,乘危骋变,结金千里,志报关羽之败,图收湘西之地。而我陆公亦挫之西陵,覆师败绩,困而后济,绝命永安。续以濡须之寇,临川摧锐,蓬笼之战,孑轮不反。由是二邦之将,丧气挫锋,势衄财匮,而吴藐然坐乘其弊,故魏人请好,汉氏乞盟,遂跻天号,鼎峙而立。西屠庸蜀之郊,北裂淮汉之涘,东苞百越之地,南掊群蛮之表。于是讲八代之礼,搜百王之乐,告类上帝,拱揖群后。虎臣毅卒,循江而守,长戟劲铩,望飙而奋。庶尹尽规于上,四民展业于下,化协殊裔,风衍遐圻。乃俾十行人,抚巡外域,巨象逸骏,扰于外闲,明珠玮玉,辉于内府,珍瑰难迹而至,奇玩应响而赴,辎轩骋于南荒,冲辎息于朔野,齐民免干戈之患,戎马无晨服之虞,而帝业固矣。大皇既殁,幼主莅朝,奸回肆虐。景皇聿兴,虔修遗宪,政无大阙,守文之良主也。降及归命之初,曲刑未灭,故老犹存。大司马陆公以文武熙朝,左丞相陆凯以謇谔尽规,而施绩、范慎以威重显,丁奉、钟离斐以武毅称,孟宗、丁固之徒为公卿,楼玄、贺劭之属掌机事,元首虽病,股肱犹良。爰及末叶,群公既丧,然后黔首有瓦解之志,皇家有土崩之衅,历命应化而微,王师蹴运而发,卒散于陈,民奔于邑,城池无藩篱之固,山川无沟阜之势,非有工输云梯之械,智伯灌激之害,楚子筑室之围,燕人济西之队,军未浃辰而社稷夷矣。虽忠臣孤愤,烈士死节,将奚救哉!夫曹、刘之将非一世之选,向时之师无襄日之众,战守之道抑有前符,险阻之利俄然未改,而成败贸理,古今诡趣,何哉?彼此之化殊,授任之才异也。"

其下篇曰:"昔三方之王也,魏人据中夏,汉氏有岷、益,吴制荆、扬而奄交、广。曹氏虽功济诸华,虐ých深矣,其民怨矣。刘翁因险饰智,功已薄矣,其俗陋矣。吴桓王基之以武,太祖成之以德,聪明睿达,懿度深远矣。其求贤如不及,恤民如稚子,接士尽盛德之容,亲仁罄丹府之爱。拔吕蒙于戎行,识潘濬于系虏。推诚信士,不恤人之我欺;量能授器,不患权之我逼。执鞭鞠躬,以重陆公之威;悉委武卫,以济周瑜之师。卑宫菲食,以丰功臣之赏;披怀虚己,以纳谟士之算。故鲁肃一面而自托,士燮蒙放而效命。高张公之德而省游田之娱,贤诸葛之言而割情欲之欢,感陆公之规而除刑政之烦,奇刘基之议而作三爵之誓,屏气踢踏以伺子明之疾,分滋损甘以育凌统之孤,登坛慷慨归鲁肃之功,削投恶言信子瑜之节。是以忠臣竞尽其谋,志士咸得肆力,洪规远略,固不厌夫区区者也。故百官苟合,庶务未遑。初都建业,群臣请备礼秩,天子辞而不许,曰:'天下其谓朕何!'宫室舆服,盖慊如也。爰及中叶,天人之分既定,百度之缺粗修,虽酝酿懿纲,未齿乎上代,抑其体国经民之具,亦足以为政矣。地方几万里,带甲将百万,其野沃,其民练,其财丰,其器利,东负沧海,西阻险塞,长江制其区宇,峻山带其封域,国家之利,未见有弘于兹者矣。借使中才守之以道,善人御之有术,敦率遗宪,勤民谨政,循定策,守常险,则可以长世永年,未有危亡之患。或曰,吴、蜀唇齿之国,蜀灭则吴亡,理则然矣。夫蜀盖藩援之与国,而非吴人之存亡也。何则? 其郊境之接,重山积险,陆无长毂之径;川厄流迅,水有惊波之艰。虽有锐师百万,启行不过千夫,轴舻千里,前驱不过百舰,故刘氏之伐,陆公喻之长蛇,其势然也。昔蜀之初亡,朝臣异谋,或欲积石以险其流,或欲机械以御其变。天子总群议而咨之大司马陆公,陆公以四渎天地之所以节宣其气,固无可遏之理,而机械则彼我之所共,彼若弃长技以就所屈,即荆、扬而争舟楫之用,是天赞我也,将谨守峡口以待禽耳,凭保城以延强寇,重赍币以诱群蛮。逮步阐之乱,凭寇冯城,云翔电发,悬旌江介,筑垒遵渚,襟带要害,以止吴人之西,而巴汉舟师,沿江东下。陆公以偏师三万,北据东坑,深沟高垒,案甲养威。反旁踊迹待戮,而不敢北窥生路,强寇败绩肯疽,丧师大半,分命锐师五千,西御水军,东西同捷,献俘万计。信兹贤人之谋,岂欺我哉!自是烽燧罕警,封域寡虞。陆公没而潜谋兆,吴衅深而六师骇。夫太康之役,众未盛乎襄日之师,广州之乱,祸有愈乎向时之难,而邦家颠覆,宗庙为墟。呜呼!'人之云亡,邦国殄瘁',不其然与!《易》曰'汤武革命顺乎天',《玄》曰'乱不极则治不形',言帝王之因天时也。古人有言,曰'天时不如地利',《易》曰'王侯设险以守其国',言为国之恃险也。又曰'地利不如人和','在德不在险',言守险之由人也。吴之兴也,参而由焉,孙卿所谓合其参者也。及其亡也,恃险而已,又孙卿所谓舍其参者也。夫四州之氓非无众也,大江之南非乏俊也,山川之险易守也,劲利之器易用也,先政之业易循也,功不兴而祸遘者何哉?所以用之者失也。故先王达经国之长规,审存亡之至数,恭己以安百姓,敦惠以致人和,宽冲以诱俊乂之谋,慈和以结士民之爱。是以其安也,则黎元与之同庆;及其危也,则兆庶与之共患。安与众同庆,则其危不可得也;危与下共患,则其难不足恤也。夫然,故能保其社稷而固其土宇,麦秀无悲殷之思,黍离无愍周之感矣。"

卷四十九

刘繇太史慈士燮传第四

刘繇字正礼,东莱牟平人也。齐孝王少子封牟平侯,子孙家焉。繇伯父宠,为汉太尉[1]。繇兄岱,字公山,历位侍中,兖州刺史[2]。

繇年十九,从父韪为贼所劫质,繇篡取以归,由是显名。举孝廉,为郎中,除下邑长。时郡守以贵戚托之,遂弃官去。州辟部济南,济南相中常侍子,贪秽不循,繇奏免之。平原陶丘洪荐繇,欲令举茂才。刺史曰:"前年举公山,奈何复举正礼乎?"洪曰:"若明使君用公山于前,擢正礼于后,所谓御二龙于长涂,骋骐骥于千里,不亦可乎!"会辟司空掾,除侍御史,不就。避乱淮浦,诏书以为扬州刺史。时袁术在淮南,繇畏惮,不敢之州。欲南渡江,吴景、孙贲迎置曲阿。术图为僭逆，攻没诸郡县。繇遣樊能、张英屯江边以拒之，以景、贲术所授用，乃迫逐使去。于是术乃自置扬州刺史，与景、贲并力攻英、能等。岁余不下。汉命加繇为牧，振武将军，众数万人。孙策东渡，破英、能等。繇奔丹徒[3]，遂溯江南保豫章，驻彭泽。笮融先至[4]，杀太守朱皓[5]，入居郡中。繇进讨融，为融所破，更复招合属县，攻破融。融败走入山，为民所杀。繇寻病卒，时年四十二。

笮融者，丹阳人，初聚众数百，往依徐州牧陶谦，谦使督广陵、彭城运漕，遂放纵擅杀，坐断三郡委输以自入。乃大起浮图祠，以铜为人，黄金涂身，衣以锦采，垂铜槃九重，下为重楼阁道，可容三千馀人，悉课读佛经，令界内及旁郡人有好佛者听受道，复其他役以招致之，由此远近前后至者五千馀人户。每浴佛，多设酒饭，布席于路，经数十里，民人来观及就食且万人，费以巨亿计。曹公攻陶谦，徐土骚动，融将男女万口，马三千匹，走广陵，广陵太守赵昱待以宾礼。先是，彭城相薛礼为陶谦所逼，屯秣陵。融利广陵之众，因酒酣杀昱，放兵大略，因载而去。过杀礼，然后杀皓。

后策西伐江夏，还过豫章，收载繇丧，善遇其家。王朗遗策书曰："刘正礼昔初临州，未能自达。实赖尊门为之先后，用能济江成治，有所处定。践境之礼，感分结意，情在终始。后以袁氏之嫌，稍更乖刺。更以同盟，还为仇敌，原其本心，实非所乐。康宁之后，常愿渝平更成，复践宿好。一尔分离，款意不昭，奄然殂陨，可为伤恨！知敦以厉薄，德以报怨，收骨育孤，哀亡愍存，捐既往之猜，保六尺之托，诚深恩重分，美名厚实也。昔鲁人虽有齐怨，不废丧纪，《春秋》善之，谓之得礼，诚良史之所宜藉，乡校之所叹闻。正礼元子，致有志操，想必有以殊异。威盛刑行，施之以恩，不亦优哉！"

繇长子基，字敬舆，年十四，居繇丧尽礼，故吏馈饷，皆无所受[6]。姿容美好，孙权爱敬之。权为骠骑将军，辟东曹掾，拜辅义校尉、建忠中郎将。权为吴王，迁大农。权尝宴饮，骑都尉虞翻醉酒犯忤，权欲杀之，威怒甚盛，由基谏争，翻以得免。权大暑时，尝于船中宴饮，于船楼上值雷雨，权以盖自覆，又命覆基，余人不得也。其见待如此。徙郎中令。权称尊号，改为光禄勋，分平尚书事。年四十九卒。后权为子霸纳基女，赐第一区，四时宠赐，与全、张比。基二弟，铄、尚，皆骑都尉。

太史慈字子义，东莱黄人也。少好学，仕郡奏曹史。会郡与州有隙，曲直未分，以先闻者为善。时州章已去，郡守恐后之，求可使者。慈年二十一，以选行，晨夜取道，到洛阳，诣公车门，见州吏始欲求通。慈问曰："君欲通章耶？"吏曰："然。"问："章安在？"曰："车上。"慈曰："章题署得无误耶？取来视之。"吏殊不知其东莱人也，因为取章。慈已先怀刀，便截败之。吏踊跃大呼，言"人坏我章"！慈将至车间，与语曰："向使君不以章相与，吾亦无因得败之，是为吉凶祸福等耳，吾不独受此罪。岂若默然俱出去，可以存易亡，无事俱就刑辟。"吏言："君为郡败吾章，已得如意，欲复亡为？"慈答曰："初受郡遣，但来视章通与未耳。吾用意太过，乃相败章。今还，亦恐以此见谴怒，故俱欲去尔。"吏然慈言，即日俱去。慈既与出城，因遁还通郡章。州家闻之，更遣吏通章，有司以格章之故不复见理，州受其短。由是知名，而为州家所疾。恐复其祸，乃避之辽东。

北海相孔融闻而奇之，数遣人讯问其母，并致饷遗。时融以黄巾寇暴，出屯都昌，为贼管亥所围。慈从辽东还，母谓慈曰："汝与孔北海未尝相见，至汝行后，赡恤殷勤，过于故旧，今为贼所围，汝宜赴之。"慈留三日，单步径至都昌。时围尚未密，夜伺间隙，得入见融，因求兵出斫贼。融不听，欲待外救，未有至者，而围日逼。融欲告急平原相刘备，城中人无由得出，慈自请求行。融曰："今贼围甚密，众人皆言不可，卿意虽壮，无乃实难乎？"慈对曰："昔府君倾意于老母，老母感遇，遣慈赴府君之急，固以慈有可取，而来必有益也。今众人言不可，慈亦言不可，岂府君爱顾之义，老母遣慈之意耶？事已急矣，愿府君无疑。"融乃然之。于是严行蓐食，须明，便带鞬摄弓上马，将两骑自随，各作一的持之，开门直出。外围下左右人并惊骇，兵马互出。慈引马至城下堑内，植所持的各一，出射之，射之毕，径入门。明晨复如此，围下人或起或卧，慈复植的，射之毕，复入门。明晨复出如此，无复起者，于是下鞭马直突围中驰去。比贼觉知，慈行已过，又射杀数人，皆应弦而倒，故无敢追者。遂到平原，说备曰："慈，东莱之鄙人也，与孔北海亲非骨肉，比非乡党，特以名志相好，有分灾共患之义。今管亥暴乱，北海被围，孤穷无援，危在旦夕。以君有仁义之名，能救人之急，故北海区区，延颈仰仗，使慈冒白刃，突重围，从万死之中自托于君，惟君所以存之。"备敛容答曰："孔北海知世间有刘备邪！"即遣精兵三千人随慈。贼闻兵至，解围散走。融既得济，益奇贵慈，曰："卿吾之少友也。"事毕，还启其母，母曰："我喜汝有以报孔北海也。"

扬州刺史刘繇与慈同郡，慈自辽东还，未与相见，暂渡江到曲阿见繇，未去，会孙策至。或劝繇可以慈为大将，繇曰："我若用子义，许子将不当笑我邪？"但使慈侦视轻重。时独与一骑卒遇策。策从骑十三，皆韩当、宋谦、黄盖辈也。慈便前斗，正与策对。策刺慈马，而揽得慈项上手戟，慈亦得策兜鍪。会两家兵骑并各来赴，于是解散。

慈当与繇俱奔豫章，而遁于芜湖，亡入山中，称丹阳太守。是时，策已平定宣城以东，惟泾以西六县未服。慈因进住泾县，立屯府，大为山越所附。策躬自攻讨，遂见囚执。策即解缚，捉其手曰："宁识神亭时邪？若卿尔时得我云何？"慈曰："未可量也。"策大笑曰："今日之事，当与卿共之[7]。"即署门下督，还吴授兵，拜折冲中郎将。后刘繇亡于豫章，士众万余人未有所附，策命慈往抚安焉[8]。左右皆曰："慈必北去不还。"策曰："子义舍我，当复与谁？"饯送昌门，把腕别曰："何时能还？"答曰："不过六十日。"果如期而反[9]。

刘表从子磐，骁勇，数为寇于艾、西安诸县。策于是分海昏、建昌左右六县，以慈为建昌都尉，治海昏，并督诸将拒磐。磐绝迹不复为寇。

慈长七尺七寸，美须髯，猿臂善射，弦不虚发。尝从策讨麻保贼，贼于屯里缘楼上行詈，以手持楼棼，慈引弓射之，矢贯手著棼，围外万人莫不称善。其妙如此。曹公闻其名，遗慈书，以箧封之，发省无所道，而但贮当归。孙权统事，以慈能制磐，遂委南方之事。年四十一，建安十一年卒[10]。子享，官至越骑校尉[11]。

士燮字威彦，苍梧广信人也。其先本鲁国汶阳人，至王莽之乱，避地交州。六世至燮父赐，桓帝时为日南太守。燮少游学京师，事颍川刘子奇，治《左氏春秋》。察孝廉，补尚书郎，公事免官。父赐丧阕后，举茂才，除巫令，迁交阯太守。

弟壹，初为郡督邮。刺史丁宫征还京都，壹侍送勤恪，宫感之，临别谓曰："刺史若待罪三事，当相辟也。"后宫为司徒，辟壹。比至，宫已免，黄琬代为司徒，甚礼遇壹。董卓作乱，壹亡归乡里[12]。交州刺史朱符为夷贼所杀，州郡扰乱。燮乃表壹领合浦太守，次弟徐闻令䵋领九真太守[13]，䵋弟武，领南海太守。

燮体器宽厚，谦虚下士，中国士人往依避难者以百数。耽玩《春秋》，为之注解。陈国袁徽与尚书令荀彧书曰："交阯士府君既学问优博，又达于从政，处大乱之中，保全一郡，二十余年疆场无事，民不失业，羁旅之徒，皆蒙其庆，虽窦融保河西，曷以加之？官事小阕，辄玩习书传，《春秋左氏传》尤简练精微，吾数以咨问《传》中诸疑，皆有师说，意思甚密。又《尚书》兼通古今，大义详备，闻京师古今之学，是非忿争，今欲条《左氏》、《尚书》长义上之。"其见称如此。

燮兄弟并为列郡，雄长一州，偏在万里，威尊无上。出入鸣钟磬，备具威仪，笳箫鼓吹，车骑满道，胡人夹毂焚烧香者常有数十。妻妾乘辎辇，子弟从兵骑，当时贵重，震服百蛮，尉他不足逾也[14]。武先病没。

朱符死后，汉遣张津为交州刺史，津后又为其将区景所杀，而荆州牧刘表遣零陵赖恭代津。是时苍梧太守史璜死，表又遣吴巨代之，与恭俱至。汉闻张津死，赐燮玺书曰："交州绝域，南带江海，上恩不宣，下义壅隔，知逆贼刘表又遣赖恭窥看南土，今以燮为绥南中郎将，董督七郡，领交阯太守如故。"后燮遣吏张旻奉贡诣京都，是时天下丧乱，道路断绝，而燮不废贡职，特复下诏拜安远将军，封龙度亭侯。后巨与恭相失，举兵逐恭，恭走还零陵。建安十五年，孙权遣步骘为交州刺史。骘到，燮率兄弟奉承节度。而吴巨怀异心，骘斩之。权加燮为左将军。建安末年，燮遣子廞入质，权以为武昌太守，燮、壹诸子在南者，皆拜中郎将。燮又诱导益州豪姓雍闿等，率郡人民使遥东附，权益嘉之，迁卫将军，封龙编侯，弟壹偏将军，都乡侯。燮每遣使诣权，致杂香细葛，辄以千数，明珠、大贝、流离、翡翠、玳瑁、犀、象之珍，奇物异果，蕉、邪、龙眼之属，无岁不至。壹时贡马凡数百匹。权辄为书，厚加宠赐，以答慰之。燮在郡四十余岁，黄武五年，年九十卒。

权以交阯县远，乃分合浦以北为广州，吕岱为刺史；交阯以南为交州，戴良为刺史。又遣陈时代燮为交阯太守。岱留南海，良与时俱前行到合浦，而燮子徽自署交阯太守，发宗兵拒良，良留合浦。交阯桓邻，燮举吏也，叩头谏徽使迎良，徽怒，笞杀邻。邻兄治子发又合宗兵击徽，徽闭门城守，治等攻之数月不能下，乃约和亲，各罢兵还。而吕岱被诏诛徽，自广州将兵昼夜驰入，过合浦，与良俱前。壹子中郎将匡与岱有旧，岱署匡师友从事，先移书交阯，告谕祸福，又遣匡见徽，说令服罪，虽失郡守，保无他忧。岱寻匡后至，徽兄祗，弟干、颂等六人肉袒奉迎。岱谢令复服，前至郡下。明旦早施帐幔，请徽兄弟以次入，宾客满坐。岱起，拥节读诏书，数徽罪过，左右因反缚以出，即皆伏诛，传首诣武昌[15]。壹、䵋、匡后出，权原其罪，及燮质子廞，皆免为庶人。数岁，壹、䵋坐法诛。廞病卒，无子，妻寡居，诏在所月给俸米，赐钱四十万。

评曰：刘繇藻厉名行，好尚臧否，至于扰攘之时，据万里之土，非其长也。太史慈信义笃烈，有古人之分。士燮作守南越，优游终世，至子不慎，自贻凶咎，盖庸才玩富贵而恃阻险，使之然也。

注：

[1]《续汉书》曰：繇祖父本，师受经传，博学群书，号为通儒。举贤良方正。为胊长，卒官。宠字祖荣，受父业，以经明行修，举孝廉，光禄察四行，除东平陵令。视事数年，以母病弃官，百姓士民攀舆拒轮，充塞道路，车不得前，乃止亭，轻服潜遁，归修供养。后辟大将军府，稍迁会稽太守，正身率下，郡中大治。征入为将作大匠。山阴县民去治数十里有若邪中在山谷间，五六老翁年皆七八十，闻宠迁，相率共送宠，人赍百钱。宠见，劳来曰："父老何乃自苦远来！"皆对曰："山谷鄙老，生未尝至郡县。他时吏发求不去，民间或夜不绝狗吠，竟夕民不得安。自明府下车以来，狗不夜吠，吏稀至民间，年老遭值圣化，今闻当见弃去，故戮力来送。"宠谢之，为选受一大钱，故会稽号宠为取一钱太守。其清如是。宠前后历二郡，八居九列，四登三事。家不藏贿，无重宝器，恒非饮食，薄衣服，弊车羸马，号为窭陋。三去相位，辄归本土。往来京师，常下道脱骖过，人莫知焉。宠尝欲止亭，亭吏止之曰："整顿传舍，以待刘公，不可使止。"宠因过去。其廉俭皆此类也。以老病卒于家。

[2]《续汉书》曰：繇父舆，一名方，山阳太守。岱、繇皆有俊才。《英雄记》称岱孝悌仁恕，以虚己受人。

[3] 袁宏《汉纪》曰：刘繇将奔会稽，许子将曰："会稽富实，策之所贪，且穷在海隅，不可往也。不如豫章，北连豫壤，西接荆州。若收合吏民，遣使贡献，与曹兖州相闻，虽有袁公路隔在其间，其人犲狼，不能久也。足下受王命，孟德、景升必相救济。"繇从之。

[4] 笮，音壮力反。

[5]《献帝春秋》曰：是岁，繇屯彭泽，又使融助晧讨刘表所用太守诸葛玄。许子将谓繇曰："笮融出军，不顾名义者也。朱文明善推诚以信人，宜使密防之。"融到，果诈杀晧，代领郡事。

[6]《吴书》曰：基遭多难，婴丁困苦，潜处味道，不以为戚。与群弟居，常夜卧早起，妻妾希见其面。诸弟敬惮，事之犹父。不妄交游，门无杂宾。

[7]《吴历》云：慈于神亭战败，为策所执。策素闻其名，即解缚请见，咨问进取之术。慈答曰："破军之将，不足与论事。"策曰："昔韩信定计于广武，今策决疑于仁者，君何辞焉？"慈曰：

"州军新破,士卒离心,若倪分散,难复合聚;欲出宣恩安集,恐不合尊意。"策长跪答曰:"诚本心所望也。明日中,望君来还。"诸将皆疑,策曰:"太史子义,青州名士,以信义为先。终不欺孤。"明日,大请诸将,豫设酒食,立竿视影。日中而慈至,策大悦,常与参论诸军事。臣松之案:《吴历》云慈于神亭战败,为策所得,与本传大异,疑为谬误。《江表传》曰:策谓慈曰:"闻卿昔为太守劫州章,赴文举,请诣玄德,皆以烈义,天下智士也,但所托未得其人耳。射钩斩祛,古人不嫌。孤是卿知己,勿忧不如意也。"出教曰:"龙欲腾骧,先阶尺木者也。"

〔8〕《江表传》曰:策谓慈曰:"刘牧往责吾为袁术攻庐江,其意颇狠,理恕不足。何者?先君手下兵数千人,尽在公路许。孤志在立事,不得不屈意于公路,求索故兵,再往不得千余人耳。仍令孤攻庐江,尔时事势,不得不为行。但其后不遵臣节,自弃作邪僭事,谏之不从。丈夫义交,苟有大故,不得不离,孤交求公路及绝之本末如此。今刘繇丧亡,恨不及其时与共辩争。今子在豫章,不知华子鱼待遇何如,其故部曲复依随之否?卿则州人,昔又从事,宁能往视其儿子,并宣孤意于其部曲?部曲乐来者便与俱来,不乐来者且安慰之。并观察子鱼所为牧御方规何似,视庐陵、鄱阳人民亲附之否?卿手下兵,宜将多少,自由意。"慈对曰:"慈有不赦之罪。将军量同桓、文,待遇过望。古人报生以死,期于尽节,没而后已。今并息兵,兵不宜多,将数十人,自足以往还也。"

〔9〕《江表传》曰:策初遣慈也,议者纷纭,谓慈未可信,或云与华子鱼州里,恐留彼为筹策,或疑慈西托黄祖,假路还北,多言遣之非计。策曰:"诸君语皆非也,孤断之详矣。太史子义虽气勇有胆烈,然非纵横之人。其心有士谟,志经道义,贵重然诺,一以意许知己,死亡不相负,诸君勿复忧也。"慈从豫章还,议者乃始服。慈谓策曰:"华子鱼良德也,然非筹略才,无他方规,自守而已。又丹阳僮芝自擅庐陵,诈言被诏书为太守。鄱阳民帅别立宗部,阻兵守界,不受子鱼所遣长吏,言'我以别立郡,须汉遣真太守来。当迎之耳'。子鱼不但不能诸庐陵、鄱阳,近自海昏有上缭壁,有五六千家相结聚作宗伍,帷输租布于郡耳,发召一人遂不可得,子鱼亦睹视之而已。"策拊掌大笑,乃有兼并之志矣。顷之,遂定豫章。

〔10〕《吴书》曰:慈临亡,叹息曰:"丈夫生世,当带七尺之剑,以升天子之阶。今所志未从,奈何而死乎!"权甚悼惜之。

〔11〕《吴书》曰:享字元复,历尚书、吴郡太守。

〔12〕《吴书》曰:瑰与卓相害,而壹尽心于瑰,甚有声称。卓恶之,乃署教曰:"司徒掾士壹,不得除用。"故历年不迁。会卓入关,壹乃亡归。

〔13〕䎑,音于郦反,见《字林》。

〔14〕葛洪《神仙传》曰:爕尝病死,已三日,仙人董奉以一丸药与服,以水含之。捧其头摇消之。食顷,即开目动手,颜色渐复,半日能起坐,四日复能语,遂复常。奉字君异,候官人也。

〔15〕孙盛曰:"夫柔远能迩,莫善于信;保大定功,莫善于义。故齐桓创基,德彰于柯会;晋文始伯,义显于伐原。故能九合一匡,世主夏盟,令问长世,贻范百王。吕岱朋友士匡,使通信誓,徽兄弟肉袒,推心委命,岱因灭之,以要功利,君子是以知孙权之不能远略,而吕氏之诈不延者矣。

卷五十　　妃嫔传第五

孙破虏吴夫人,吴主权母也。本吴人,徙钱唐,早失父母,与弟景居。孙坚闻其才貌,欲娶之。吴氏亲戚嫌坚轻狡,将拒焉,坚甚以惭恨。夫人谓亲戚曰:"何爱一女以取祸乎?如有不遇,命也。"于是遂许为婚,生四男一女[1]。

景常随坚征伐有功,拜骑都尉。袁术上景领丹阳太守,讨故太守周昕,遂据其郡。孙策与孙河、吕范依景,合众共讨泾县山贼祖郎,郎败走。会景为刘繇所迫,复北依术,术以为督军中郎将,与孙贲共讨樊能、于麋于横江,又击笮融、薛礼于秣陵。时策被创牛渚,降贼复反,景攻讨,尽禽之。从讨刘繇,繇奔豫章,策遣景、贲到寿春报术。术方与刘备争徐州,以景为广陵太守。术后僭号,策以书喻术,术不纳,便绝江津,不与通,使人告景。景即便委郡东归,策复以景为丹阳太守。汉遣议郎王诵[2]衔命南行,表景为扬武将军,领郡如故。

及权少年统业,夫人助治军国,甚有补益[3]。建安七年,临薨,引见张昭等,属以后事,合葬高陵[4]。

八年,景卒官,子奋授兵为将,封新亭侯,卒[5]。子安嗣,安坐党鲁王霸死。奋弟祺嗣[6],封都亭侯,卒。子纂嗣。纂妻即滕胤女也,胤被诛,并遇害。

吴主权谢夫人,会稽山阴人也。父煚,汉尚书郎、徐令[7]。权母吴,为权聘以为妃,爱幸有宠。后权纳姑孙徐氏,欲令谢下之,谢不肯,由是失志,早卒。后十余年,弟承拜五官郎中,稍迁长沙东部都尉、武陵太守,撰《后汉书》百余卷[8]。

吴主权徐夫人,吴郡富春人也。祖父真,与权父坚相亲,坚以妹妻真,生琨。琨少仕州郡,汉末扰乱,去吏,随坚征伐有功,拜偏将军。坚薨,随孙策讨樊能、于麋等于横江,击张英于当利口,而船少,欲驻军更求。琨母时在军中,谓琨曰:"恐州家多发水军来逆人,则不利矣,如何可驻邪?宜伐芦苇以为泭[9],佐船渡军。"琨具启策,策即行之,众悉俱济,遂破英,击走笮融、刘繇,事业克定。策表琨领丹阳太守,会吴景委广陵来东,复为丹阳守[10]。琨以督军中郎将领兵,从破庐江太守李术,封广德侯,迁平虏将军。后从讨黄祖,中流矢卒。

琨生夫人,初适同郡陆尚。尚卒,权为讨虏将军在吴,聘以为妃,使母养子登。后权迁移,以夫人妒忌,废处吴,积十余年。权为吴王及即尊号,登为太子,群臣请立夫人为后,权意在步氏,卒不许。后以疾卒。兄矫,嗣父琨侯,讨平山越,拜偏将军,先夫人卒,无子。弟祚袭封,亦以战功至芜湖督、平魏将军。

吴主权步夫人,临淮淮阴人也,与丞相骘同族。汉末,其母携将徙庐江,庐江为孙策所破,皆东渡江,以美丽得幸于权,宠冠后庭。生二女,长曰鲁班,字大虎,前配周瑜子循,后配全琮;少曰鲁育,字小虎,前配朱据,后配刘纂[11]。

夫人性不妒忌,多所推进,故久见爱待。权为王及帝,意欲以为后,而群臣议在徐氏,权依违者十余年,然宫内皆称皇后,亲戚上疏称中宫。及薨,臣下缘权指,请追正名号,乃赠印绶,策命曰:"惟赤乌元年闰月戊子,皇帝曰:呜呼皇后,惟后佐命,共承天地。虔恭夙夜,与朕均劳。内教修整,礼义不忒。宽容慈惠,有淑懿之德。民臣县望,远近归心。朕以世难未夷,大统未一,缘后雅志,每怀谦损。是以于时未授名号,亦必谓后降年有永,永与朕躬对扬天休。不瘳奄忽,大命近止。朕恨本意不早昭显,伤后殂逝,不终天禄。愍悼之至,痛于厥心。今使使持节丞相醴陵侯雍奉策授号,配食先后。魂而有灵,嘉其宠荣。呜呼哀哉!"葬于蒋陵。

吴主权王夫人,琅邪人也[12]。夫人以选入宫,黄武中得幸,生和,宠次步氏。步氏薨后,和立为太子,权将立夫人为后,而全公主素憎夫人,稍稍谮毁。及权寝疾,言有喜色,由是权深责怒,以忧死。和子晧立,追尊夫人曰大懿皇后,封三弟皆列侯。

吴主权王夫人,南阳人也,以选入宫,嘉禾中得幸,生休。及和为太子,和母贵重,诸姬有宠者,皆出居外。夫人出公安,卒。因葬焉。休即位,遣使追尊曰敬怀皇后,改葬敬陵。王氏无后,封同母弟文雍为亭侯。

吴主权潘夫人,会稽句章人也。父为吏,坐法死。夫人与姊俱输织室,权见而异之,召充后宫。得幸有娠,梦有似龙头授已者,已以蔽膝受之,遂生亮。赤乌十三年,亮立为太子,请出嫁夫人之姊,权听许之。明年,立夫人为皇后。性险妒容媚,自始至卒,谮害袁夫人等甚众[13]。权不豫,夫人使问中书令孙弘吕后专制故事。侍疾疲劳,因以羸疾,诸宫人伺其昏卧,共缢杀之,托言中恶。后事泄,坐死者六七人。权寻薨,合葬蒋陵。孙亮即位,以夫人姊婿谭绍为骑都尉,授兵。亮废,绍与家属送本郡庐陵。

孙亮全夫人,全尚女也。从祖母公主爱之,每进见辄与俱。及潘夫人母子有宠,全主自以与孙和母有隙,乃劝权为潘氏男亮纳夫人,亮遂以嗣。夫人立为皇后,以尚为城门校尉,封都亭侯,代滕胤为太常、卫将军,进封永平侯,录尚书事。时全氏侯有五人,并典兵马,其余为侍郎、骑都尉,宿卫左右,自吴兴,外戚贵盛莫及。及魏大将诸葛诞以寿春来附,而全怿、全端、全祎、全仪等并因此际降魏,全熙谋泄见杀,由是诸全衰弱。会孙綝废亮为会稽王,后又黜为候官侯,夫人随之国,居候官,尚将家属徙零陵,道见杀[14]。

孙休朱夫人,朱据女,休姊公主所生也[15]。赤乌末,权为休纳以为妃。休为琅邪王,随居丹阳。建兴中,孙峻专政,公族皆患之。全尚妻即峻姊,故惟全主祐之。初,孙和为太子时,全主谮害王夫人,欲废太子,立鲁王,朱主不听,由是有隙。五凤中,孙仪谋杀峻,事觉被诛。全主因言朱主与仪同谋,峻枉杀朱主。休惧,遣夫人还建业,执手泣别。既至,峻遣还休。太平中,孙亮知朱主为全主所害,问朱主死意,全主惧曰:"我实不知,皆据二子熊、损所白。"亮杀熊、损。损妻是峻妹也,孙綝益忌亮,遂废亮,立休。

永安五年,立夫人为皇后。休卒,群臣尊夫人为皇太后。孙晧即位月余,贬为景皇后,称安定宫。甘露元年七月,见逼薨,合葬定陵[16]。

孙和何姬,丹阳句容人也。父遂,本骑士。孙权尝游幸诸营,而姬观于道中,权望见异之,命宦者召入,以赐子和。生男,权喜,名之曰彭祖,即晧也。太子和既废,后为南阳王,居长沙。孙亮即位,孙峻辅政。峻素媚事全主,全主与和母有隙,遂劝峻徙和居新都,遣使赐死,嫡妃张氏亦自杀。何姬曰:"若皆从死,谁当养孤?"遂拊育晧及其三弟。晧即位,尊和为昭献皇帝[17],何姬为昭献皇后,称升平宫,月余,进为皇太后。封弟洪永平侯,蒋溧阳侯,植宣城侯。洪卒,子邈嗣,为武陵监军,为晋所杀。植官至大司徒。吴末昏乱,何氏骄僭,子弟横放,百姓患之。故民讹言"晧久死,立者何氏子"云[18]。

孙晧滕夫人,故太常胤之族女也。胤夷灭,夫人父牧,以疏远徙边郡。孙休即位,大赦,得还,以牧为五官中郎。晧既封乌程侯,聘牧女为妃。晧即位,立为皇后,封牧高密侯,拜卫将军,录尚书事。后朝士以牧尊戚,颇推令谏争。而夫人宠渐衰,晧滋不悦,晧母何恒左右之。又太史言,于运历,后不可易,晧信巫觋,故得不废,常供养升平宫。牧见遣居苍梧郡,虽爵位不夺,其实窜也,遂道路忧死。长秋官僚,备员而已,受朝贺表疏如故。而晧内诸宠姬,佩皇后玺绂者多矣[19]。天纪四年,随晧迁于洛阳。

评曰:《易》称"正家而天下定"。《诗》云"刑于寡妻,至于兄弟,以御于家邦"。诚哉,是言也! 远观齐桓,近察孙权,皆有识士之明,杰人之志,而嫡庶不分,闱庭错乱,遗笑古今,殃流后嗣。由是论之,惟以道义为心、平一为主者,然后克免斯累邪!

注:

〔1〕《搜神记》曰:初,夫人孕而梦月入其怀,既而生策。及权在孕,又梦日入其怀,以告坚曰:"昔妊策,梦月入我怀,今也又梦日入我怀,何也?"坚曰:"日月者阴阳之精,极贵之象,吾子孙其兴乎!"

〔2〕谐,音普。

〔3〕《会稽典录》曰:策功曹魏腾,以迕意见谴,将杀之,士大夫忧恐,计无所出。夫人乃倚大井而谓策曰:"汝新造江南,其事未集,方当优贤礼士,舍过录功。魏功曹在公尽规,汝今日杀之,则明日人皆叛汝。吾不忍见祸之及,当先投此井中耳。"策大惊,遽释腾。夫人智略权谲,类皆如此。

〔4〕《志林》曰:按会贡举簿,建安十二年到十三年阙,无举者,云"府君"遭忧,此则吴后以十二年薨也。八年、九年皆有贡举,斯甚分明。

〔5〕《吴书》曰:权征荆州,拜奋吴郡都督,以镇东方。

〔6〕《吴书》:祺与张温、顾谭友善,权令关平辞讼事。

〔7〕裴子承撰《后汉书》,称裴幼以仁孝为行,明达有令才。裴弟贞,履蹈法度,笃学尚义,举孝廉,建昌长,卒官。

〔8〕《会稽典录》:承字伟平,博学洽闻,尝所知见,终身不忘,子崇扬威将军,崇弟勖吴郡太守,并知名。

〔9〕泭,音敷。郭璞注方言曰:"泭,水中箄也。"

〔10〕《江表传》曰：初，袁术遣从弟胤为丹阳，策令琨讨而代之。会景还，以景前任丹阳，宽仁绥众，吏民所思，而琨手下兵多，策嫌其太重，且方攻伐，宜得琨众，乃复用景，召琨还矣。

〔11〕《吴历》曰：纂先尚权中女，早卒，故又以小虎为继室。

〔12〕《吴书》曰：夫人父名卢九。

〔13〕《吴录》曰：袁夫人者，袁术女也。有节行而无子，权数以诸姬子与养之，辄不育。及步夫人薨，权欲立之。夫人自以无子，固辞不受。

〔14〕《吴录》曰：亮妻惠解有容色，居候官，吴平乃归，永宁中卒。

〔15〕臣松之以为休妻其甥，事同汉惠。荀悦讥之已当，故不复广言。

〔16〕《搜神记》曰：孙峻杀朱主，埋于石子冈。归命即位，将欲改葬之。冢墓相亚，不可识别，而宫人颇识主亡时所著衣服，乃使两巫各住一处以伺其灵，使察监之。不得相近。久时，二人俱白：见一女人年可三十余，上著青锦束头，紫白袷裳，丹绨丝履，从石子冈上半冈，而以手抑膝长太息，小住须臾，进一冢上便住，徘徊良久，奄然不见。二人之言，不谋而同。于是开冢，衣服如之。

〔17〕《吴录》曰：晧初尊和为昭献皇帝，俄改曰文皇帝。

〔18〕《江表传》曰：晧以张布女为美人，有宠，晧问曰："汝父所在？"答曰："贼以杀。"晧大怒，棒杀之。后思其颜色，使巧工刻木作美人形象，恒置座侧。问左右："布复有女否？"答曰："布大女适故卫尉冯朝子纯。"即夺纯妻入宫，大有宠，拜为左夫人，昼夜与夫人房宴，不听朝政。使尚方以金作华燧、步摇、假髻以千数，令宫人著以相扑，朝成夕败，辄出更作，工匠因缘偷盗，府藏为空。会夫人死，晧哀愍思念，葬于苑中，大作冢。使工匠刻柏作木人，内冢中以为兵卫，以金银珍玩之物送葬，不可称计。已葬之后，晧治丧于内，半年不出。国人见葬太奢丽，皆谓晧已死，所葬者是也。晧舅子何都颜状似晧，云都代立。临海太守奚熙信讹言，举兵欲还秣陵诛都，都叔父植时为备海督，击杀熙，夷三族，讹言乃息，而人心犹疑。

〔19〕《江表传》曰：晧又使黄门备行州郡，科取将吏家女。其二千石大臣之女，皆当岁岁言名，年十五六一简阅，简阅不中，乃得出嫁。后宫千数，而采择无已。

卷五十一　　宗室传第六

孙静字幼台，坚季弟也。坚始举事，静纠合乡曲及宗室五六百人以为保障，众咸附焉。策破刘繇，定诸县，进攻会稽，遣人请静，静将家属与策会于钱唐。是时太守王朗拒策于固陵，策数渡水战，不能克。静说策曰："朗负阻城守，难可卒拔。查渎南去此数十里[1]，而道之要径也，宜从彼据其内，所谓攻其无备、出其不意者也。吾当自帅众为军前队，破之必矣。"策曰："善。"乃诈令军中曰："顷连雨水浊，兵饮之多腹痛，令促具罂缶数百口澄水。"至昏暮，罗以燃火诳朗，便分军夜投查渎道，袭高迁屯[2]。朗大惊，遣故丹阳太守周昕等帅兵前战。策破昕等，斩之，遂定会稽[3]。表拜静为奋武校尉，欲授之重任，静恋坟墓宗族，不乐出仕，求留镇守。策从之。权统事，就迁昭义中郎将，终

于家。有五子：暠、瑜、皎、奂、谦。暠三子：绰、超、恭。超为偏将军。恭生峻。绰生綝。

瑜字仲异，以恭义校尉始领兵众。是时宾客诸将多江西人，瑜虚心绥抚，得其欢心。建安九年，领丹阳太守，为众所附，至万余人。加绥远将军。十一年，与周瑜共讨麻、保二屯，破之。后从权拒曹公于濡须，权欲交战，瑜说权持重，权不从，军果无功。迁奋威将军。领郡如故，自溧阳徙屯牛渚。瑜以永安人饶助为襄安长，无锡人颜连为居巢长，使招纳庐江二郡，各得降附。济阴人马普笃学好古，瑜厚礼之，使二府将吏子弟数百人就受业，遂立学官，临飨讲肄。是时诸将皆以军务为事，而瑜好乐坟典，诵声不绝。年三十九，建安二十年卒。瑜五子：弥、熙、耀、曼、纮。曼至将军，封侯。

孙皎字叔朗，始拜护军校尉，领众二千余人。是时曹公数出濡须，皎每赴拒，号为精锐。迁都护、征虏将军，代程普督夏口。黄盖及兄瑜卒，又并其军。赐沙羡、云杜、南新市、竟陵为奉邑，自置长吏。轻财能施，善于交结，与诸葛瑾至厚，委庐江刘靖以得失，江夏李允以事计，广陵吴硕、河南张梁以军旅，而倾心亲待，莫不自尽。皎尝遣兵候获魏边将吏美女以进皎，皎更其衣服送还之，下令曰："今所诛者曹氏，其百姓何罪？自今以往，不得击其老弱。"由是江淮间多归附者。尝以小故与甘宁忿争，或以谏宁，宁曰："臣子一例，征虏虽公子，何可专行侮人邪！吾值明主，但当输效力命，以报所天，诚不能随俗屈曲矣。"权闻之，以书让皎曰："自吾与北方为敌，中间十年，初时相持年小，今者且三十矣。孔子言'三十而立'，非但谓五经也。授卿以精兵，委卿以大任，都护诸将于千里之外，欲使如楚任昭奚恤，扬威于北境，非徒相使逞私志而已。近闻卿与甘兴霸饮，因酒发作，侵陵其人，其人求属吕蒙督中。此人虽粗豪，有不如人意时，然其较略大丈夫也。吾亲之者，非私之也。吾亲爱之，卿疏憎之；卿所为每与吾违，其可久乎？夫居敬而行简，可以临民；爱人多容，可以得众。二者尚不能知，安可董督在远，御寇济难乎？卿行长大，特受重任，上有远方瞻望之视，下有部曲朝夕从事，何可恣意有盛怒邪？人谁无过，贵其能改，宜追前愆，深自咎责。今故烦诸葛子瑜重宣吾意。临书摧怆，心悲泪下。"皎得书，上疏陈谢，遂与宁结厚。后吕蒙当袭南郡，权欲令皎与蒙为左右部大督，蒙说权曰："若至尊以征虏能，宜用之；以蒙能，宜用蒙。昔周瑜、程普为左右部督，共攻江陵，虽事决于瑜，普自恃久将，且俱是督，遂共不睦，几败国事，此目前之戒也。"权寤，谢蒙曰："以卿为大督，命皎为后继。"禽关羽，定荆州，皎有力焉。建安二十四年卒。权追录其功，封子胤为丹阳侯。胤卒，无子。弟晞嗣，领兵，有罪自杀，国除。弟咨、弥、仪皆将军，封侯。咨羽林督，仪无难督。咨为滕胤所杀，仪为孙峻所害。

孙奂字季明。兄皎既卒，代统其众，以扬武中郎将领江夏太守。在事一年，遵皎旧迹，礼刘靖、李允、吴硕、张梁

及江夏间举等,并纳其善。奂讷于造次而敏于当官,军民称之。黄武五年,权攻石阳,奂以地主,使所部将军鲜于丹帅五千人先断淮道,自帅吴硕、张梁五千人为军前锋,降高城,得三将。大军引还,权诏使在前住,驾过其军,见奂军阵整齐,权叹曰:"初吾忧其迟钝,今治军,诸将少能及者,吾无忧矣。"拜扬威将军,封沙羡侯。吴硕、张梁皆裨将军,赐爵关内侯[4]。奂亦爱乐儒生,复命部曲子弟就业,后仕进朝廷者数十人。年四十,嘉禾三年卒。子承嗣,以昭武中郎将代统兵,领郡。赤乌六年卒,无子,封承庶弟壹奉奂后,袭业为将。孙峻之诛诸葛恪也,壹与全熙、施绩攻恪弟公安督融,融自杀。壹从镇南迁镇军,假节督夏口。及孙綝诛滕胤、吕据,据、胤皆壹之妹夫也,壹弟封又知胤、据谋,自杀。綝遣朱异潜袭壹。异至武昌,壹知其攻己,率部曲千余口过将胤妻奔魏。魏以壹为车骑将军,仪同三司,封吴侯,以故主芳贵人邢氏妻之。邢美色妒忌,下不堪命,遂共杀壹及邢氏。壹入魏三年死。

孙贲字伯阳。父羌字圣台,坚同产兄也。贲早失二亲,弟辅婴孩,贲自瞻育,友爱甚笃。为郡督邮、守长。坚于长沙举义兵,贲去吏从征伐。坚薨,贲摄帅余众,扶送灵柩。后袁术徙寿春,贲又依之。术从兄绍用会稽周昂为九江太守,绍与术不协,术遣贲攻破昂于阴陵。术表贲领豫州刺史,转丹阳都尉,行征虏将军,讨平山越。为扬州刺史刘繇所迫逐,因将士众还住历阳。顷之,术复使贲与吴景共击樊能、张英等,未能拔。及策东渡,助贲、景破英、能等,遂进击刘繇。繇走豫章。策遣贲、景还寿春报术,值术僭号,署置百官,除贲九江太守。贲不就,弃妻孥还江南[5]。时策已平吴、会二郡,贲与策征庐江太守刘勋、江夏太守黄祖,军旋,闻繇病死,过定豫章,上贲领太守[6],后封都亭侯。建安十三年,使者刘隐奉诏拜贲为征虏将军,领郡如故。在官十一年卒。子邻嗣。

邻年九岁,代领豫章,进封都乡侯[7]。在郡垂二十年,讨平叛贼,政绩修理。召还武昌,为绕帐督。时太常潘濬掌荆州事,重安长陈留舒燮有罪下狱,濬尝失燮,欲置之于法。论者多为有言,濬犹不释。邻谓濬曰:"舒伯膺兄弟争死,海内义之。以为美谈,仲膺又有奉国旧意。今君杀其子弟,若天下一统,青盖北巡,中州士人必问仲膺继嗣,答者云潘承明杀燮,于事何如?"濬意即解,燮用得济[8]。邻迁夏口沔中督、威远将军,所居任职。赤乌十二年卒。子苗嗣。苗弟旅及叔父安、熙、绩,皆历列位[9]。

孙辅字国仪,贲弟也,以扬武校尉佐孙策平三郡。策讨丹阳七县,使辅西屯历阳以拒袁术,并招诱余民,鸠合遗散。又从策讨陵阳,生得祖郎等[10]。策西袭庐江太守刘勋,辅随从,身先士卒,有功。策立辅为庐陵太守,抚定属城,分置长吏。迁平南将军,假节领交州刺史。遣使与曹公相闻,事觉,权幽系之[11]。数岁卒。子兴、昭、伟、昕,皆历列位。

孙翊字叔弼,权弟也,骁悍果烈,有兄策风。太守朱治举孝廉,司空辟[12]。建安八年,以偏将军领丹阳太守,时年二十。后卒,为左右边鸿所杀,鸿亦即诛[13]。

子松为射声校尉、都乡侯[14]。黄龙三年卒。蜀丞相诸葛亮与兄瑾书曰:"既受东朝厚遇,依依于子弟。又子乔良器,为之恻怆。见其所与亮器物,感用流涕。"其悼松如此,由亮养子乔咨述故云。

孙匡字季佐,翊弟也。举孝廉茂才,未试用,卒,时年二十余[15]。子泰,曹氏之甥也,为长水校尉。嘉禾三年,从权围新城,中流矢死。泰子秀为前将军、夏口督。秀公室至亲,握兵在外,皓意不能平。建衡二年,皓遣何定将五千人至夏口猎。先是,民间金言秀当见图,而定远猎,秀遂惊,夜将妻子亲兵数百人奔晋。晋以秀为骠骑将军,仪同三司,封会稽公[16]。

孙韶字公礼。伯父河,字伯海,本姓俞氏,亦吴人也。孙策爱之,赐姓为孙,列之属籍[17]。后为将军,屯京城。

初,孙权杀吴郡太守盛宪[18],宪故孝廉妫览、戴员亡匿山中,孙翊为丹阳,皆礼致之。览为大都督督兵,员为郡丞。及翊遇害,河驰赴宛陵,责怒览、员,以不能全权,令使奸变得施。二人议曰:"伯海与将军疏远,而责我乃耳。讨虏若来,吾属无遗矣。"遂杀河,使人北迎扬州刺史刘馥,令住历阳,以丹阳应之。会翊帐下徐元、孙高、傅婴等杀览、员[19]。

韶年十七,收河余众,缮治京城,起楼橹,修器备以御敌。权闻乱,从椒丘还,过定丹阳,引军归吴。夜至京城下营,试攻惊之,兵皆乘城传檄备警,讙声动地,颇射外人,权使晓喻乃止。明日见韶,甚器之,即拜承烈校尉,统河部曲,食曲阿、丹徒二县,自置长吏,一如河旧。后为广陵太守、偏将军。权为吴王,迁扬威将军,封建德侯。权称尊号,为镇北将军。韶为边将数十年,善养士卒,得其死力。常以警疆场远斥候为务,先知动静而为之备,故鲜有负败。青、徐、汝、沛颇来归附,淮南滨江屯候皆撤兵远徙,徐、泗、江、淮之地,不居者各数百里。自权西征,还都武昌,韶不进见者十余年。权还建业,乃得朝觐。权问青、徐诸屯要害,远近人马众寡,魏将帅姓名,尽具识之,所问咸对。身长八尺,仪貌都雅。权欢悦曰:"吾久不见公礼,不图进益乃尔。"加领幽州牧、假节。赤乌四年卒。子越嗣,至右将军。越兄楷武卫大将军、临成侯,代越为京下督。楷弟异至领军将军,奕宗正卿,恢武陵太守。天玺元年,征楷为宫下镇骠骑将军。初永安贼施但等劫皓弟谦,袭建业,或白楷二端不即赴讨者,皓数遣诘楷。楷常惶怖,而卒被召,遂将妻子亲兵数百人归晋,晋以为车骑将军,封丹阳侯[20]。

孙桓字叔武,河之子也[21]。年二十五,拜安东中郎将,与陆逊共拒刘备。备军众甚盛,弥山盈谷,桓投刀奋命,与逊戮力,备遂败走。桓斩上夔道,截其径要。备逾山越险,仅乃得免,忿恚叹曰:"吾昔至京城,桓尚小儿,而今迫孤乃至此也!"桓以功拜建武将军,封丹徒侯,下督牛渚,作横江坞,会卒[22]。

评曰：夫亲亲恩义，古今之常。宗子维城，诗人所称。况此诸孙，或赞兴初基，或镇据边陲，克堪厥任，不忝其荣者乎！故详著云。

注：

〔1〕查，音祖加反。

〔2〕臣松之案：今永兴县有高迁桥。

〔3〕《会稽典录》曰：昕字大明。少游京师，师事太傅陈蕃，博览群书，明于风角，善推灾异。辟太尉府，举高第，稍迁丹阳太守。曹公起义兵，昕前后遣兵万余人助公征伐。袁术之在淮南也，昕恶其淫虐，绝不与通。《献帝春秋》曰：袁术遣吴景攻昕，未拔，景乃募百姓："敢从周昕者，死不赦！"昕曰："我则不德，百姓何罪？"遂散兵，还本郡。

〔4〕《江表传》曰：初权在武昌，欲还都建业，而虑水道溯流二千里，一旦有警，不相赴也，以此怀疑。及至夏口，于坞中大会百官议之。诏曰："诸贵吏勿拘位任，其有计者，为国言之。"诸将或陈宜立栅邸夏口，或言宜重设铁锁者，权皆以为非计。时梁为小将，未有知名，乃越席而进曰："臣闻香饵引泉鱼，重币购勇士，今宜明树赏罚之信，遣将入沔，与敌争利，形势既成，彼不敢干。使武昌有精兵万人，付智略者任将，常使严整。一旦有警，应声相赴。作甘吴城，轻舰数千，诸所宜用，皆使备具。如此开门延敌，敌自不来矣。"权以梁计为最得，即超增梁位。后稍以功进至沔中督。

〔5〕《江表传》曰：袁术以吴景守广陵，策族兄贲亦为术所用，作汝南太守，而令贲为将军，领兵在寿春。策与景为书曰："今征江东，未知二三君意云何耳？"景即弃守归，贲因而后免。香以道远独不得还。《吴书》曰：香字文阳，父孺，字仲孺，坚再从弟也，仕郡主簿功曹。香从坚征伐有功，拜郎中。后为袁术驱驰，加征南将军，死于寿春。

〔6〕《江表传》曰：时丹阳僮芝自署庐陵太守，策留贲弟辅领兵住南昌，策谓贲曰："兄今据豫章，是扼僮芝咽喉而守其门户矣。但可伺其形便，因令国仪杖兵而进，使公瑾为作势援，一举可定也。"后贲闻芝病，即如策计。周瑜到巴丘，辅遂得进据庐陵。

〔7〕《吴书》曰：邻字公达，雅性精敏，幼有令誉。

〔8〕《博物志》曰：仲膺名邵。初，伯膺亲友为人所杀，仲膺为报怨。事觉，兄弟争死，皆得免。袁术时，邵为阜陵长。亦见《江表传》。

〔9〕《吴历》曰：邻又有子曰述，为武昌督，平荆州事。震，无难督。诸，城门校尉。歆，乐乡督。震后御晋军，与张悌俱死。贲曾孙惠，字德施。《惠别传》曰：惠好学有才，晋永宁元年，赴齐王冏义，以功封晋兴侯，辟大司马贼曹属。冏骄矜僭侈，天下失望。惠献言于冏，讽以五难、四不可，劝令委让万机，归藩青岱，辞甚深切。冏不能纳，顷之果败。成都王颖召为大将军参军。是时颖将有事于长沙，以陆机为前锋都督。惠与机乡里亲厚，忧其致祸，谓之曰："子盍让都督于王粹乎？"机曰："将谓吾避贼首鼠，更速其害。"机寻被戮，二弟云、耽亦见杀，惠甚伤恨之。永兴元年，乘舆幸邺，司空东海王越治兵下邳，惠以书干越，诡其姓名，自称南岳逸叟秦秘，勉以勤王匡世之略，辞义甚美。越省其书，榜题道衢，招求其人。惠乃出见，越即以为记室参军，专掌文疏，豫参谋议。每造书檄，越或驿马催之，应命立成，皆有辞旨。累迁显职，后为广武将军、安丰内史。年四十七卒。惠文翰凡数十首。

〔10〕《江表传》曰：策既平定江东，逐袁胤。袁术深怨策，乃阴遣间使赍印绶与丹杨宗帅陵阳祖郎等，使激动山越，大合众，图共攻策。策自率将士讨郎，生获之。策谓郎曰："尔昔袭击孤，斫孤马鞍，今创军立事，除弃宿恨，惟取能用，与天下通耳。非但汝，汝莫恐怖。"郎叩头谢罪。即破械，赐衣服，署门下贼曹。及军还，郎与太史慈俱在前导军，人以为荣。

〔11〕《典略》曰：辅恐权不能保守江东，因权出行东冶，乃遣人赍书呼曹公。行人以告，权乃还，伪若不知，与张昭共见辅，权谓辅曰："兄厌乐邪，何为呼他人？"辅云无是。权因投书与昭，昭示辅，辅惭无辞。乃悉斩辅亲近，分其部曲，徙辅置东。

〔12〕《典略》曰：翊名俨，性似策。策临卒，张昭等谓策当以兵属俨，而策委权，佩以印绶。

〔13〕《吴历》载翊妻徐节行，宜与妫览等事相次，故列于后《孙韶传》中。

〔14〕《吴录》曰：松善与人交，轻财好施。镇巴丘，数容陆逊以得失。尝有小过，逊面责松，松意色不平，逊观其少释，谓曰："君过听不以某鄙，数见访及，是以承来意进尽言，便变色，何也？"松笑曰："属亦自忿行事有此，岂有望邪！"

〔15〕《江表传》曰：曹休出洞口，吕范率军御之。时匡为定武中郎将，违营令放火，烧损茅芒，以乏军用，范即启送匡还吴。权别其族为丁氏，禁锢终身。臣松之案本传："匡未试用卒，时年二十余。"而《江表传》云吕范在洞口，匡为定武中郎将。既为定武，非为未试用，且孙坚以初平二年卒，洞口之役在黄初三年，坚卒至此合三十一年，匡时若尚在，本传不得云卒时年二十余也。此盖权别生弟朗，《江表传》误以为匡也。朗之名位见《三朝录》及虞喜《志林》也。

〔16〕《江表传》曰：晧大怒，追改秀姓曰厉。干宝《晋纪》：秀在晋朝，初闻晧降，群臣毕贺，秀称疾不与，南向流涕曰："昔讨逆弱冠以一校尉创业，今后主举江南而弃之，宗庙山陵，于此为墟。悠悠苍天，此何人哉！"朝廷美之。《晋诸公赞》曰：吴平，降为伏波将军，开府如故。永宁中卒，追赠骠骑，开府。子俭，字仲节，给事中。

〔17〕《吴书》曰：河，坚族子也，出后姑俞氏，后复姓为孙。河质性忠直，讷言敏行，有气干，能服勤。少从坚征讨，常为前驱，后领左右兵，典知内事，待以腹心之任。又从策平定吴、会，从权讨李术，术破，拜威寇中郎将，领庐江太守。

〔18〕《会稽典录》：宪字孝章，器量雅伟，举孝廉，补尚书郎，稍迁吴郡太守，以疾去官。孙策平定吴、会，诛其英豪，宪素有高名，策深忌之。初，宪与少府孔融善，融忧其不免祸，乃与曹公书："岁月不居，时节如流，五十之年，忽焉已至。公为始满，融又过二，海内知识，零落殆尽，惟会稽盛孝章尚存。其人困于孙氏，妻孥湮没，单孑独立，孤危愁苦，若使忧能伤人，此子不得复永年矣。"《春秋传》曰：'诸侯有相灭亡者，桓公不能救，则桓公耻之。'今孝章实丈夫之雄也，天下谭士依以扬声，而身不免于幽执，命不期于旦夕，是吾祖不当复论损益之友，而朱穆所以绝交论也。公诚能驰一介之使，加咫尺之书，则孝章可致，友道可弘也。今之少年，喜谤前辈，或能讥平（皮柄反）孝章。孝章要为有天下大名，九牧之民所共称叹。燕君市骏马之骨，非欲以骋道里，乃当以招绝足也。惟公匡复汉室，宗社将绝，又能正之，正之之术，实须得贤。珠玉无胫而自至者，以人好之也，况贤者之有足乎？昭王筑台以尊郭隗，隗虽小才，而逢大遇，竟能发明主之至心，故乐毅自魏往，剧辛自赵往，邹衍自齐往。向使郭隗倒县而王不解，临溺而王不拯，则士亦将高翔远引，莫肯北首燕路者矣。凡所称引，自公所知，而有云者，欲公崇笃斯义

也，因表不悉。"由是征为骑都尉。制命未至，果为权所害。子匡奔魏，位至征东司马。

[19]《吴历》曰：妫览、戴员亲近边洪等，数为翊所困，常欲叛逆，因吴主出征，遂其奸计。时诸县令长并会见翊，翊以妻徐氏颇晓卜，翊语徐："吾明日欲为长吏作主人，卿试卜之。"徐言："卦不能佳，可须异日。"诩以长吏来久，宜速遣，乃大请宾客。翊出入常持刀，尔时有酒色，空手送客，洪从后斫翊，郡中扰乱，无救翊者，遂为洪所杀，进走入山。徐氏购募追捕，中宿乃得，览、员归罪杀洪。诸将皆知览、员所为，而力不能讨。览入居军府中，悉取翊嫔妾及左右侍御，欲复取徐。恐逆之见害，乃绐之曰："乞须晦日设祭除服。"时月垂竟，览听须祭毕。徐潜使所亲信语翊亲近旧将孙高、傅婴等，说："览已房略婢妾，今又欲见逼，所以外许之者，欲安其意以免祸耳。欲立微计，愿二君哀救。"高、婴涕泣答言："受府君恩遇，所以不即死难者，以死无益，欲思惟善计，事计未立，未敢启大耳，今日之事，实夙夜所怀也。"乃密呼翊时侍养者二十余人，以偷意语之，共誓誓，合谋。到晦日，设祭，徐氏哭泣尽哀毕，乃除服，薰香沐浴，更于他室，安施帏帐，言笑欢悦，示无戚容。大小凄怆，怪其如此。览密觇视，无复疑意。徐呼高、婴与诸婢罗住户内，使人报览，说已除凶即吉，惟府君敕命。览盛意入，徐出户迎。适得一拜，徐便大呼："二君可起！"高、婴俱出，共得杀览，余人即就外杀员。夫人乃还绖绖，奉览、员首以祭翊墓。举军震骇，以为神异。吴主续至，悉族诛览、员余党，擢高、婴为牙门，其余皆加赐金帛，殊其门户。

[20]《晋诸公赞》曰：吴平，降为渡辽将军，永安元年卒。《吴录》曰：楷处事严整不如孙秀，而人间知名，过也。

[21]《吴书》曰：河有四子。长助，曲阿长。次谊，海盐长。并早卒。次桓，仪容端正，器朴聪明，博学强记，能论议应对，权常称为宗室颜渊，擢为武卫都尉。从讨关羽于华容，诱羽余党，得五千人，牛马器械甚众。

[22]《吴书》曰：桓弟俊，字叔英，性度恢弘，才经文武，为定武中郎将，屯戍薄落，赤乌十三年卒。长子建袭爵，平房将军。少子慎，镇南将军。慎子丞，字显世。《文士传》曰：丞好学，有文章，作《萤火赋》行于世。为黄门侍郎，与顾荣俱为侍臣。归命世中侍多得罪尤，惟荣、丞独获全。常使二人记事，丞答顾问，乃下诏曰："自今已后，用侍郎皆当如今宗室丞、顾荣畴也。"吴平赴洛，为范阳涿令，甚有称绩。永安中，陆机为成都王大都督，请丞为司马，与机俱被害。

卷五十二　　张顾诸葛步传第七

张昭字子布，彭城人也。少好学，善隶书，从白侯子安受《左氏春秋》，博览众书，与琅邪赵昱、东海王朗俱发名友善。弱冠察孝廉，不就，与朗论旧君讳事，州里才士陈琳等皆称善之[1]。刺史陶谦举茂才，不应，谦以为轻己，遂见拘执。昱倾身营救，方以得免。汉末大乱，徐方士民多避难扬土，昭皆南渡江。孙策创业，命昭为长史、抚军中郎将，升堂拜母，如比肩之旧，文武之事，一以委昭[2]。昭每得北方士大夫书疏，专归美于昭，昭欲嘿而不宣则惧有私，宣之则恐非宜，进退不安。策闻之，欢笑曰："昔管仲相齐，一则仲父，二则仲父，而桓公为霸者宗。今子布贤，我能用之，其功名独不在我乎！"

策临亡，以弟权托昭，昭率群僚立而辅之[3]。上表汉室，下移属城，中外将校，各令奉职。权悲感未视事，昭谓权曰："夫为人后者，贵能负荷先轨，克昌堂构，以成勋业也。方今天下鼎沸，群盗满山，孝廉何得寝伏哀戚，肆匹夫之情哉？"乃身自扶权上马，陈兵而出，然后众心知有所归。昭复为权长史，授任如前[4]。后刘备表权行车骑将军，昭为军师。权每田猎，常乘马射虎，虎尝突前攀持马鞍。昭变色而前曰："将军何有当尔？夫为人君者，谓能驾御英雄，驱使群贤，岂谓驰逐于原野，校勇于猛兽者乎？如有一旦之患，奈天下笑何？"权谢昭曰："年少虑事不远，以此惭君。"然犹不能已，乃作射虎车，为方目，间不置盖，一人为御，自于中射之。时有逸群之兽，辄复犯车，而权每手击以为乐。昭虽谏争，常笑而不答。魏黄初二年，遣使者邢贞拜权为吴王。贞入门，不下车。昭谓贞曰："夫礼无不敬，故法无不行。而君敢自尊大，岂以江南寡弱，无方寸之刃故乎！"贞即遽下车。拜昭为绥远将军，封由拳侯[5]。权于武昌，临钓台，饮酒大醉。权使人以水洒群臣曰："今日酣饮，惟醉堕台中，乃当止耳。"昭正色不言，出外车中坐。权遣人呼昭还，谓曰："为共作乐耳，公何为怒乎？"昭对曰："昔纣为糟丘酒池长夜之饮，当时亦以为乐，不以为恶也。"权默然，有惭色，遂罢酒。初，权当置丞相，众议归昭。权曰："方今多事，职统者责重，非所以优之也。"后孙邵卒，百寮复举昭，权曰："孤岂为子布有爱乎？领丞相事烦，而此公性刚，所言不从，怨咎将兴，非所以益之也。"乃用顾雍。

权既称尊号，昭以老病，上还官位及所统领[6]。更拜辅吴将军，班亚三司，改封娄侯，食邑万户。在里宅无事，乃著《春秋左氏传》解及《论语》注。权尝问卫尉严畯："宁念小时所暗书不？"畯因诵《孝经》"仲尼居"。昭曰："严畯鄙生，臣请为陛下诵之。"乃诵"君子之事上"，咸以昭为知所诵。昭每朝见，辞气壮厉，义形于色，曾以直言逆旨，中不进见。后蜀使来，称蜀德美，而群臣莫拒，权叹曰："使张公在坐，彼不折则废，安复自夸乎？"明日，遣中使劳问，因请见昭。昭避席谢，权跪止之。昭坐定，仰曰："昔太后、桓王不以老臣属陛下，而以陛下属老臣，是以思尽臣节，以报厚恩，使泯没之后，有可称述，而意虑浅短，违逆盛旨，自分幽沦，长弃沟壑，不图复蒙引见，得奉帷幄。然臣愚心所以事国，志在忠益，毕命而已。若乃变心易虑，以偷荣取容，此臣所不能也。"权辞谢焉。

权以公孙渊称藩，遣张弥、许晏至辽东拜渊为燕王，昭谏曰："渊背魏惧讨，远来求援，非本志也。若渊改图，欲自明于魏，两使不反，不亦取笑于天下乎？"权与相反复，昭意弥切。权不能堪，案刀而怒曰："吴国士人入宫则拜孤，出宫则拜君，孤之敬君，亦为至矣，而数于众中折孤，孤尝恐失计。"昭熟视权曰："臣虽知言不用，每竭愚忠者，诚以太后临崩，呼老臣于床下，遗诏顾命之言故在耳。"因涕泣横流。权掷刀致地，与昭对泣。然卒遣弥、晏往。昭忿言之不用，称疾不朝。权恨之，土塞其门，昭又于内以土封之。渊果杀弥、晏。权数慰谢昭，昭固不起，权因出过其门呼昭，昭辞疾笃。权烧其门，欲以恐之，昭更闭户。权使人灭火，住门良久，昭诸子共扶昭起，权载以还宫，深自克责。昭不得已，然后朝会[7]。

昭容貌矜严，有威风，权常曰："孤与张公言，不敢妄也。"举邦惮之。年八十一，嘉禾五年卒。遗令幅巾素棺，敛以时服。权素服临吊，谥曰文侯[8]。长子承已自封侯，少子休袭爵。

昭弟子奋年二十，造作攻城大攻车，为步骘所荐。昭不愿曰："汝年尚少，何为自委于军旅乎？"奋对曰："昔童汪死难，子奇治阿，奋实不才耳，于年不为少也。"遂领兵为将军，连有功效，至半州都督，封乐乡亭侯。

承字仲嗣，少以才学知名，与诸葛瑾、步骘、严畯相友善。权为骠骑将军，辟西曹掾，出为长沙西部都尉。讨平山寇，得精兵万五千人。后为濡须都督、奋威将军，封都乡侯，领部曲五千人。承为人壮毅忠说，能甄识人物，拔彭城蔡款、南阳谢景于孤微童幼，后并为国士，款至卫尉，景豫章太守[9]。

又诸葛恪年少时，众人奇其英才，承言"终败诸葛氏者，元逊也"。勤于长进，笃于物类，凡在庶几之流，无不造门。年六十七，赤乌七年卒，谥曰定侯。子震嗣。初，承丧妻，昭欲为索诸葛瑾女，承以相与有好，难之，权闻而劝焉，遂为婿[10]。生女，权为子和纳之。权数令和修敬于承，执子婿之礼。震诸葛恪诛时亦死。

休字叔嗣，弱冠与诸葛恪、顾谭等俱为太子登僚友，以《汉书》授登[11]。从中庶子转为右弼都尉。权常游猎，迨暮乃归，休上疏谏戒，权大善之，以示于昭。及登卒后，为侍中，拜羽林都督、平三典军事，迁扬武将军。为鲁王霸友党所谮，与顾谭、承俱以芍陂论功事，休、承与典军陈恂通情，诈增其伐，并徙交州。中书令孙弘佞伪险诐，休素所忿[12]，弘因是谮诉，下诏书赐休死，时年四十一。

顾雍字元叹，吴郡吴人也[13]。蔡伯喈从朔方还，尝避怨于吴，雍从学琴书[14]。州郡表荐，弱冠为合肥长，后转在娄、曲阿、上虞，皆有治迹。孙权领会稽太守，不之郡，以雍为丞，行太守事。讨除寇贼，郡界宁静，吏民归服。数年，入为左司马。权为吴王，累迁大理、奉常，领尚书令，封阳遂乡侯。拜侯还寺，而家人不知，后闻乃惊。

黄武四年，迎母于吴。既至，权临贺之，亲拜其母于庭，公卿大臣毕会，后太子又往庆焉。雍为人不饮酒，寡言语，举动时当。权尝叹曰："顾君不言，言必有中。"至饮宴欢乐之际，左右恐失酒失而雍必见之，是以不敢肆情。权亦曰："顾公在坐，使人不乐。"其见惮如此。是岁，改为太常，进封醴陵侯，代孙邵为丞相，平尚书事。其所选用文武将吏各随能所任，心无适莫。时访逮民间，及政职所宜，辄密以闻。若见纳用，则归之于上，不用，终不宣泄。权以此重之。然丁公朝有所陈，辞色虽顺而所执者正。权尝咨问得失，张昭因陈听采闻，颇以法令太稠，刑罚微重，宜有所蠲损。权默然，顾问雍曰："君以为何如？"雍对曰："臣之所闻，亦如昭所陈。"于是权乃议狱轻刑[15]。久之，吕壹、秦博为中书，典校诸官府及州郡文书。壹等因此渐作威福，遂造作榷酤障管之利，举罪纠奸，纤介必闻，重以深案丑诬，毁短大臣，排陷无辜，雍等皆见举白，用被谴让。后壹奸罪发露，收系廷尉。雍往断狱，壹以囚见，雍和颜色，问其辞状，临出，又谓壹曰："君意得无欲有所道？"壹叩头无言。时尚书郎怀叙面詈辱壹，雍责叙曰："官有正法，何至于此[16]！"

雍为相十九年，年七十六，赤乌六年卒。初疾微时，权令医赵泉视之，拜其少子济为骑都尉。雍闻，悲曰："泉善别死生，吾必不起，故上欲及吾目见济拜也。"权素服临吊，谥曰肃侯。长子邵早卒，次子裕有笃疾，少子济嗣，无后，绝。永安元年，诏曰："故丞相雍，至德忠贤，辅国以礼，而侯统废绝，朕甚愍之。其以雍次子裕袭爵为醴陵侯，以明著旧勋[17]。"

邵字孝则，博览书传，好乐人伦。少与舅陆绩齐名，而陆逊、张敦、卜静等皆亚焉[18]。自州郡庶几及四方人士，往来相见，或言议而去，或结厚而别，风声流闻，远近称之。权妻以策女，年二十七，起家为豫章太守。下车祀先贤徐孺子之墓，优待其后；禁其淫祀非礼之祭者。小吏资质佳者，辄令就学，择其先进，擢置右职，举善以教，风化大行。初，钱唐丁谓出于役伍，阳羡张秉生于庶民，乌程吴粲、云阳殷礼起乎微贱，邵皆拔而友之，为立声誉。秉遭大丧，亲为制服结绖。邵当之豫章，发在近路，值change疾病，时送者百数，邵辞宾客曰："张仲节有疾，苦不能来别，恨不见之，暂还与诀，诸君少时相待。"其留心下士，惟善所在，皆此类也。谓至典军中郎，秉云阳太守，礼零陵太守[19]，粲太子少傅。世以邵为知人。在郡五年，卒官，子谭、承云。

谭字子默，弱冠与诸葛恪等为太子四友，从中庶子转辅正都尉[20]。赤乌中，代恪为左节度[21]。每省簿书，未尝下筹，徒屈指心计，尽发疑谬，下吏以此服之。加奉车都尉。薛综为选曹尚书，固让谭曰："谭心精体密，贯道达微，才照人物，德允众望，诚非愚臣所可越先。"后遂代综。祖父雍卒数月，拜太常，代雍平尚书事。是时鲁王霸有盛宠，与太子和齐衡，谭上疏曰："臣闻有国有家者，必明嫡庶之端，异尊卑之礼，使高下有差，阶级逾邈，如此则骨肉之恩生，觊觎之望绝。昔贾谊陈治安之计，论诸侯之势，以为势重，虽亲必有逆节之累，势轻，虽疏必有保全之祚。故淮南亲弟，不终飨国，失之于势重也；吴芮疏臣，传祚长沙，得之于势轻也。昔汉文帝使慎夫人与皇后同席，袁盎退夫人之座，帝有怒色，及盎辨上下之仪，陈人彘之戒，帝既悦怿，夫人亦悟。今臣所陈，非有所偏，诚欲以安太子而便鲁王也。"由是霸与谭有隙。时长公主婿卫将军全琮子寄为霸宾客，寄素倾邪，谭所不纳。先是，谭弟承与张休俱北征寿春，全琮时为大都督，与魏将王凌战于芍陂，军不利，**魏兵乘胜陷没五营将秦晃军，休、承奋击之，遂驻魏师**。时琮群子绪、端亦并为将，因敌既住，乃进击之，凌军用退。时论功行赏，以为驻敌之功大，退敌之功小，休、承并为杂号将军，绪、端偏裨而已。寄父子益恨，共构会谭[22]。谭坐徙交州，幽而发愤，著《新言》二十篇。其《知难篇》盖以自悼伤也。见流二年，年四十二，卒于交阯。

承字子直，嘉禾中与舅陆瑁俱以礼征。权赐丞相雍书曰："贵孙子直，令问休休，至与相见，过于所闻，为君嘉之。"拜骑都尉，领羽林兵。后为吴郡西部都尉，与诸葛恪等共平山越，别得精兵八千人，还屯军章阬，拜昭义中郎将，入为侍中。芍陂之役，拜奋威将军，出领京下督。数年，与兄谭、张休等俱徙交州，年三十七卒。

诸葛瑾字子瑜，琅邪阳都人也[23]。汉末避乱江东。值孙策卒，孙权姊婿曲阿弘咨见而异之，荐之于权，与鲁肃等并见宾待，后为权长史，转中司马。建安二十年，权遣瑾使蜀通好刘备，与其弟亮俱公会相见，退无私面。

与权谈说谏喻，未尝切愕，微见风彩，粗陈指归，如有未合，则舍而及他，徐复托事造端，以物类相求，于是权意往往而释。吴郡太守朱治，权举将也，权曾有以望之，而素加敬，难自诘让，忿忿不解。瑾揣知其故，而不敢显陈，乃乞以意私自问，遂于权前为书，泛论物理，因以己心遥往忖度之。毕，以呈权，权喜，笑曰："孤意解矣。颜氏之德，使人加亲，岂谓此耶？"权又怪校尉殷模，罪至不测。群下多为之言，权怒益甚，与相反复，惟瑾默然，权曰："子瑜何独不言？"瑾避席曰："瑾与殷模等遭本州倾覆，生类殄尽。弃坟墓，携老弱，披草莱，归圣化，在流隶之中，蒙生成之福，不能躬相督厉，陈答万一，至令模孤负恩惠，自陷罪戾。臣谢过不暇，诚不敢有言。"权闻之怆然，乃曰："特为君赦之。"

后从讨关羽，封宣城侯，以绥南将军代吕蒙领南郡太守，住公安。刘备东伐吴，吴王求和，瑾与备笺曰："奄闻旗鼓来至白帝，或恐议臣以吴王侵取此州，危害关羽，怨深祸大，不宜答和，此用心于小，未留意于大者也。试为陛下论其轻重，及其大小。陛下若抑威损忿，暂省瑾言者，计可立决，不复咨之于群后也。陛下以关羽之亲何如先帝？荆州大小孰与海内？俱应仇疾，谁当先后？若审此数，易于反掌。[24]"时或言瑾别遣亲人与备相闻，权曰："孤与子瑜有死生不易之誓，子瑜之不负孤，犹孤之不负子瑜也[25]。"黄武元年，迁左将军，督公安，假节，封宛陵侯[26]。

虞翻以狂直流徙，惟瑾屡为之说。翻与所亲书曰："诸葛敦仁，则天活物，比蒙清论，有以保分。恶积罪深，见忌殷重，虽有祁老之救，德无羊舌，解释难冀也。"

瑾为人有容貌思度，于时服其弘雅，权亦重之，大事咨访。又别咨瑾曰："近得伯言表，以为曹丕已死，毒乱之民，当望旌瓦解，而更静然。闻皆选用忠良，宽刑罚，布恩惠，薄赋省役，以悦民心，其患更深于操时。孤以为不然。操之所行，其惟杀伐小为过差，及离间人骨肉，以为酷耳。至于御将，自古少有。丕之于操，万不及也。今叡之不如丕，犹丕不如操也。其所以务崇小惠，必以其父新死，自度衰微，恐困苦之民一朝崩沮，故强屈曲以求民心，欲以自安住耳，宁是兴隆之渐邪！闻任陈长文、曹子丹辈，或文人诸生，或宗室戚臣，宁能御雄才虎将以制天下乎？夫威柄不专，则其事乖错，如昔张耳、陈馀，非不敦睦，至于秉势，
自还相贼，乃事理使然也。又长文之徒，昔所以能守善者，以操笮其头，畏操威严，故竭心尽意，不敢为非耳。逮丕继业，年已长大，承操之后，以恩情加之，用能感义。今叡幼弱，随人东西，此曹等辈，必当因此弄巧行态，阿党比周，各助所附。如此之日，奸谗并起，更相陷怼，转成嫌贰。自尔已往，群下争利，主幼不御，其为败也焉得久乎？所以知其然者，自古至今，安有四五人把持刑柄，而不离刺转相蹄啮者也！强当陵弱，弱当求援，此乱亡之道也。子瑜，卿但侧耳听之，伯言常长于计校，恐此一事小短也[27]。"

权称尊号，拜大将军、左都护，领豫州牧。及吕壹诛，权又有诏切磋瑾等，语在《权传》。瑾辄因事以答，辞顺理正。瑾子恪，名盛当世，权深器异之。然瑾常嫌之，谓非保家之子，每以忧戚[28]。赤乌四年，年六十八卒，遗命令素棺敛以时服，事从省约。恪已自封侯，故弟融袭爵，摄兵业驻公安[29]，部曲吏士亲附之。疆外无事。秋冬则射猎讲武，春夏则延宾高会，休史假卒，或不远千里而造焉。每会辄历问宾客，各言其能，乃合榻促席，量敌对讲，或有博弈，或有撝捕，投壶弓弹，部别类分，于是甘果继进，清酒徐行，融周流观览，终日不倦。融父兄质素，虽在军旅，身无采饰；而融锦罽文绣，独为奢绮。孙权薨，徙奋威将军。后恪征淮南，假融节，令引军入沔，以击西兵，恪既诛，遣无难督施宽就将军施绩、孙壹、全熙等取融。融卒闻兵士至，惶惧犹豫，不能决计，兵到围城，饮药而死，三子皆伏诛[30]。

步骘字子山，临淮淮阴人也[31]。世乱，避难江东，单身穷困，与广陵卫旌同年相善，俱以种瓜自给，昼勤四体，夜诵经传[32]。会稽焦征羌，郡之豪族[33]，人客放纵。骘与旌求食其地，惧为所侵，乃共修刺，奉瓜以献征羌。征羌方在内卧，驻之移时，旌欲委去，骘止之曰："本所以来，畏其强也；而今舍去，欲以为高，只结怨耳。"良久，征羌开牖见之，身隐几坐帐中，设席致地，坐骘、旌于牖外，旌愈耻之，骘辞色自若。征羌作食，身享大案，肴膳重沓，以小盘饭与骘、旌，惟菜茹而已。旌不能食，骘极饭致饱乃辞出。旌怒骘曰："何能忍此？"骘曰："吾等贫贱，是以主人以贫贱遇之，固其宜也，当何所耻[34]？"

孙权为讨虏将军，召骘为主记[35]，除海盐长，还辟车骑将军东曹掾[36]。建安十五年，出领鄱阳太守。岁中，徙交州刺史、立武中郎将，领武射吏千人，便道南行。明年，追拜使持节、征南中郎将。刘表所置苍梧太守吴巨阴怀异心，外附内违。骘降意怀诱，请与相见，因斩徇之，威声大震。士燮兄弟，相率供命，南土之宾，自此始也。益州大姓雍闿等杀易所署太守正昂，与燮相闻，求欲内附。骘因承制遣使宣恩抚纳，由是加拜平戎将军，封广信侯。

延康元年，权遣吕岱代骘，骘将交州义士万人出长沙。会刘备东下，武陵蛮夷蠢动，权遂命骘上益阳。备既败绩，而零、桂诸郡犹相惊扰，处处阻兵，骘周旋征讨，皆平之。黄武二年，迁右将军、左护军，改封临湘侯。五年，假节，徙屯沤口。

权称尊号，拜骠骑将军，领冀州牧。是岁，都督西陵，代陆逊抚二境，顷以冀州在蜀分，解牧职。时权太子登驻

武昌，爱人好善，与骘书曰："夫贤人君子，所以兴隆大化，佐理时务者也。受性暗蔽，不达道数，虽实区区欲尽心于明德，归分于君子，至于远近士人，先后之宜，犹或缅焉，未之能详。《传》曰：'爱之能勿劳乎？忠焉能勿诲乎？'斯其义也，岂非所望于君子哉！"骘于是条于时事业在荆州界者，诸葛瑾、陆逊、朱然、程普、潘濬、斐玄、夏侯承、卫旌、李肃[37]、周条、石干十一人，甄别行状，因上疏奖劝曰："臣闻人君不亲小事，百官有司各任其职。故舜命九贤，则无所用心，弹五弦之琴，咏南风之诗，不下堂庙而天下治也。齐桓用管仲，被发载车，齐国既治，又致匡合，近汉高祖揽三杰以兴帝业，西楚失雄俊以丧成功。汲黯在朝，淮南寝谋；郅都守边，匈奴窜迹。故贤人所在，折冲万里，信国家之利器，崇替之所由也。方今王化未被于汉北，河、洛之滨尚有僭逆之丑，诚擘英雄拔俊任贤之时也。愿明太子重以经意，则天下幸甚。"

后中书吕壹典校文书，多所纠举，骘上疏曰："伏闻诸典校擿抉细微，吹毛求瑕，重案深诬，辄欲陷人以成威福，无罪无辜，横受大刑，是以使民踢天踏地，谁不哀栗？昔之狱官，惟贤是任，故皋陶作士，吕侯赎刑，张、于廷尉，民无冤枉，休泰之祚，实由此兴。今之小臣，动与古异，狱以贿成，轻忽人命，归咎于上，为国速怨。夫一人吁嗟，王道为亏，甚可仇疾。明德慎罚，哲人惟刑，书传所美。自今蔽狱，都下则宜咨顾雍，武昌则陆逊、潘濬，平心专意，务在得情，骘党神明，受罪何恨？"又曰："天子父天母地，故宫室百官，动法列宿。若施政令，钦顺时宜，官得其人，则阴阳和平，七曜循度。至于今日，官寮多阙，虽有大臣，复不信任，如此天地焉得无变？故频年枯旱，亢阳之应也。又嘉禾六年五月十四日，赤乌二年正月一日及二十七日，地皆震动。地阴类，臣之象，阴气盛故动，臣下专政之故也。夫天地见异，所以警悟人主，可不深思其意哉！"又曰："丞相顾雍、上大将军陆逊、太常潘濬，忧深责重，志在竭诚，夙夜兢兢，寝食不宁，念欲安国利民，建久长之计，可谓心膂股肱，社稷之臣矣。宜各委任，不使他官监其所司，责其成效，课其负殿。此三臣者，思虑不到则已，岂敢专擅威福欺负所天乎？"又曰："赏以显善，设刑以威奸，任贤而使能，审明于法术，则何功而不成，何事而不辨，何听而不闻，何视而不睹哉？若今郡守百里，皆各得其人，共相经纬，如是，庶政岂不康哉！窃闻诸县并有备吏，吏多民烦，俗之弊也。但小人因缘衔命，不务奉公而作威福，无益视听，更为民害，愚以为可一切罢省。"权亦觉悟，遂448吕壹。骘前后荐达屈滞，救解患难，书数十上。权虽不能悉纳，然时采其言，多蒙济赖[38]。

赤乌九年，代陆逊为丞相，犹诲育门生，手不释书，被服居处有如儒生。然门内妻妾服饰奢绮，颇以此见讥。在西陵二十年，邻敌敬其威信。性宽弘得众，喜怒不形于声色，而外内肃然。

十年卒，子协嗣，统骘所领，加抚军将军。协卒，子玑嗣侯。协弟阐，继业为西陵督，加昭武将军，封西亭侯。凤皇元年，召为绕帐督。阐累世在西陵，卒被征命，自以失职，又惧有谗祸，于是据城降晋。遣玑与弟璿诣洛阳为任，晋以阐为都督西陵诸军事、卫将军，仪同三司，加侍中，假节领交州牧，封宜都公。玑监江陵诸军事、左将军，加散骑常侍，领庐陵太守，改封江陵侯；璿给事中、宣威将军，封都乡侯。命车骑将军羊祜、荆州刺史杨肇往赴救阐。孙皓使陆抗西行，祜等遁退。抗陷城，斩阐等，步氏泯灭，惟璿绍祀。

颍川周昭著书称步骘及严畯等曰："古今贤士大夫所以失名丧身倾家害国者，其由非一也。然要其大归，总其常患，四者而已，急论议一也，争名势二也，重朋党三也，务欲速四也。急论议则伤人，争名势则败友，重朋党则蔽主，务欲速则失德，此四者不除，未有能全也，当世君子能不然者，亦有之矣，岂独古人乎！然论其绝异，未若顾豫章、诸葛使君、步丞相、严卫尉、张奋威之美也。《论语》言'夫子恂恂然善诱人'，又曰'成人之美，不成人之恶'，豫章有之矣。'望之俨然，即之也温，听其言也厉'，使君体之矣。'恭而安，威而不猛'，丞相履之矣。学不求禄，心无苟得，卫尉、奋威蹈之矣。此五君者，虽德实有差，轻重不同，至于趣舍大检，不犯四者，俱一揆也，昔丁谓出于孤家，吾粲由于牧竖，豫章扬其善，以并陆、全之列，是以人无幽滞而风俗厚焉。使君、丞相、卫尉三君，昔以布衣俱相友善，诸论者因各叙其优劣。初，先卫尉，次丞相，而后有使君也；其后并事明主，经营世务，出处之才有不同，先后之名须反其初，此世常人所决勤薄也。至于三君分好，卒无亏损，岂非古人交哉！又鲁横江昔杖万兵，屯据陆口，当世之美业也，能与不能！孰不愿焉？而横江既亡，卫尉应其选，自以才非将帅，深辞固让，终于不就。后徙九列，迁典八座，荣不足以自曜，禄不足以自奉。至于二君，皆位为上将，穷富极贵。卫尉既无求欲，二君又不称荐，各守所志，保其名好。孔子曰：'君子矜而不争，群而不党。'斯有风矣。又奋威之名，亦三君之次也，为一方之成，受上将之任，与使君、丞相不异也。然历国事，论功劳，实有先后，故爵位之荣殊焉。而奋威将处此，决能明其部分，心无失道之欲，事无充诎之求，每升朝堂，循礼而动，辞气謇謇，罔不惟忠，叔嗣虽亲贵，言忧其败，蔡文至虽疏贱，谈称其贤。女配太子，受礼若吊，慊忾之趋，惟笃人物，成败得失，皆如所虑，可谓守道见机，好古之士也。若乃经国家，当军旅，于驰骛之际，立霸王之功，此五者未为过人。至其纯粹履道，求不苟得，升降当世，保全名行，邈然绝俗，实有所师。故粗论其事，以示后之君子。"周昭者字恭远，与韦曜、薛莹、华覈并述《吴书》，后为中书郎，坐事下狱，覈表救之，孙休不听，遂伏法云。

评曰：张昭受遗辅佐，功勋克举，忠謇方直，动不为己；而以严见惮，以高见外，既不处宰相，又不登师保，从容间巷，养老而已，以此明权之不及策也。顾雍依杖素业，而将之智局，故能究极荣位。诸葛瑾、步骘并以德度规检见器当世，张承、顾邵虚心长者，好尚人物，周昭之论，称之甚美，故详录焉。谭献纳在公，有忠贞之节。休、承修志，咸庶为善。爱恶相攻，流播南裔，哀哉！

注：

〔1〕时汝南主簿应劭议宜为旧君讳，论者皆互有异同，事在《风俗通》。昭著论曰："客有见大国之议，士君子之论，云起元建武已来，旧君名讳五十六人，以为后生不得协也。取乎经论，譬诸行事，义高辞丽，甚可嘉羡。愚意褊浅，窃有疑焉。盖乾坤剖分，万物定形，肇有父子君臣之经。故圣人顺天之性，制礼尚敬，在三之义，君实食之，在丧之哀，君亲临之，厚莫重焉，恩莫大焉，诚臣子所景仰，万夫所天恃，焉得而同之哉？然亲亲有衰，尊尊有杀，故《礼》服上不尽高祖，下不尽玄孙。又《传》记四世而缌麻，服之穷也；五世祖免，降杀同姓也；六世而亲属竭矣。又《曲礼》有不建事之义则不讳，不讳者，盖名之谓，属绝之义，不拘于协，况乃古君五十六哉！邾子会盟，季友来归，不称其名，咸书字者，是时鲁人嘉之也。何解臣子为君父讳乎？周穆王讳满，至定王时有王孙满者，其为大夫，是臣协君也。又厉王讳胡，及庄王之子名胡，其比众多。夫类事建议，经有明据，传有征案，然后进攻退守，万无奔北，垂示百世，永无铬失。今应劭虽上尊旧君之名，而下无所断齐，犹归之疑云。《曲礼》之篇，疑事无质，观省上下，阙义自证，文辞可为，倡而不法，将来何观？言声一放，犹拾沈也，过辞在前，悔其何追！"

〔2〕《吴书》曰：策得昭甚悦，谓曰："吾方有事四方，以士人贤者上，吾子不得轻矣。"乃上为校尉，待以师友之礼。

〔3〕《吴历》曰：策谓昭曰："若仲谋不任事者，君便自取之。正复不克捷，缓步西归，亦无所虑。"

〔4〕《吴书》曰：是时天下分裂，擅命者众。孙策莅事日浅，恩泽未洽，一旦倾陨，士民狼狈，颇有同异。乃昭辅权，绥抚百姓，诸侯宾旅寄寓之士，得用自安。权每出征，留昭镇守，领幕府事。后黄巾贼起，昭讨平之。权征合肥，命昭别讨匡琦，又督领诸将，攻破豫章贼率周凤等于南城。自此希复将帅，常在左右，为谋谟臣。权以昭旧臣，待遇尤重。

〔5〕《吴录》曰：昭与孙绍、滕胤、郑礼等，采周、汉，撰定朝仪。

〔6〕《江表传》曰：权既即尊位，请会百官，归功周瑜。昭举笏欲褒赞功德，未及言，权曰："如张公之计，今已乞食矣。"昭大惭，伏地流汗。昭忠謇直言，有大臣风，权敬重之，然所以不相照者，盖以昔驳周瑜、鲁肃等议为非也。臣松之以为张昭劝迎曹公，所存岂不远乎？夫其扬休正色，委质孙氏，诚以厄运初遘，涂炭方始，自策及权，才略足辅，是以尽城匡弼，以成其业，上藩汉室，下保民物，鼎峙之计，本非其志也。曹公仗顺而起，功以义立，冀以清一诸华，拓平荆郢，大定之机，在于此会，若使昭议获从，则六合为一，岂有兵连祸结，遂为战国之弊哉！虽无功于孙氏，有大当于天下矣。昔窦融归汉，与国升降；张鲁降魏，赏延于世。况权举全吴，望风顺服，宠灵之厚，其可测量哉！然则昭为人谋，岂不忠且正乎！

〔7〕习凿齿曰：张昭于是乎不臣矣！夫臣人者，三谏不从则奉身而退，身苟不绝，何忿怨之有？且秦穆违谏，卒霸西戎，晋文暂怒，终成大业。遗誓以悔过录用，孤偃无怨绝之辞，君臣节泰，上下俱荣。今权悔往之非而求昭，后益回虑降心，夜夜体悔，是其善也。昭为人臣，不度权得道，匡其后失，凤夜匪懈，以延来誉，乃追咎不用，归罪于君，闭户拒命，坐待焚灭，岂不悖哉！

〔8〕《典略》曰：余曩闻刘荆州尝自作书欲与孙伯符，以示祢正平，正平蚩上，言："如是为欲使孙策帐下儿读之邪，将使张子布见乎？"如正平言，以为子布之才高乎？虽然，犹自蕴藉典雅，不可谓之无笔迹也。加闻吴中称谓之仲父，如此，其人信一时之良干，恨其不于嵩岳等资，而乃播殖于会稽。

〔9〕《吴录》曰：款字文德，历位内外，以清贞显于当世。后以卫尉领中书令，封留侯。二子，条、机。条孙晧时位至尚书令、太子太傅。机为临川太守。谢景事在《孙登传》。

〔10〕臣松之案：承与诸葛瑾同以赤乌中卒，计承年小瑾四岁耳。

〔11〕《吴书》曰：休进授，指摘文义，分别事物，并有章条。每升堂宴饮，酒酣乐作，登辄降意与同欢乐。休为人解达，登甚爱之，常在左右。

〔12〕《吴录》云：弘，会稽人也。

〔13〕《吴录》曰：雍曾祖父奉，字季鸿，颍川太守。

〔14〕《江表传》曰：雍从伯喈学，专一清静，敏而易教。伯喈贵异之，谓曰："卿必成致，今以吾名与卿。"故雍与伯喈同名，由此也。《吴录》曰：雍字元叹，言为蔡雍之所叹，因以为字焉。

〔15〕《江表传》曰：权常令中书郎诣雍，有所咨访。若合雍意，事可施行，即与相反复，究而论之，为设酒食。如不合意，雍正色改容，默然不言，无所施设，即退告。权曰："顾公欢悦，是事合宜也；其不言者，是事未平也，孤当重思之。"其见敬信如此。江边诸将，各欲立功自效，多陈便宜，有所掩袭。权以访雍，雍曰："臣闻兵法戒于小利，此等所陈，欲邀功名而为其身，非为国也，陛下宜禁制。苟不足以耀威损敌，所不宜听也。"权从之。军国得失，行事可不，自非面见，口未尝言之。

〔16〕《江表传》曰：权嫁从女，女顾氏甥，故请雍父子及孙谭，谭时为选曹尚书，任仕贵重。是日，权极欢。谭醉酒，三起舞，舞不知止。雍内怒之。明日，召谭，诃责之曰："君王以含垢为德，臣下以恭谨为节。昔萧何、吴汉并有大功，何每见高帝，似不能言；汉奉光武，亦信恪勤。汝之于国，宁有汗马之劳，可书之事耶？但阶门户之资，遂见宠任耳，何有舞不复知止？虽为酒后，亦由恃恩忘敬，谦虚不足。损吾家者必尔也。"因背向壁卧，谭立过一时，乃见遣。徐众《评》：雍不以吕壹见毁之故，而和颜悦色，诚长者矣。然开引其意，问所欲道，此非也。壹奸险乱法，毁伤忠贤，吴国寒心，自太子登、陆逊以下，切谏不能得，是以潘濬欲因会手刃之，以除国患，疾恶忠主，义形于色，而今乃发起令言。若壹称枉邪，不申理，则非录狱本旨；若承辞而奏之，吴主倘以敬丞相所言，而复原宥，伯言、承明不当悲慨焉！怀叙本无私恨，无所为嫌，故訾辱之，疾恶壹耳，恶不仁者，其为仁也。季武子死，曾点倚其门而歌；子皙创发，子产催令自裁。以此言之，雍不当责怀叙也。

〔17〕《吴录》曰：裕一名穆，终宜都太守。裕子荣。《晋书》：荣字彦先，为东南名士，仕吴为黄门郎，在晋历显位。元帝初镇江东，以荣为军司马，礼遇甚重。卒，表赠侍中、骠骑将军，仪同三司。荣兄子禺，字孟著，少有名望，为散骑侍郎，早卒。《吴书》曰：雍母弟徽，字子叹，少游学，有唇吻。孙权统事，闻徽有才辩，召署主簿。尝近出行，见营军将一男子至市行刑，问之何单，云盗百钱，徽语使使。须臾，驰诣阙陈启："方今畜养士众以图北虏，而此兵丁壮健儿，且所盗少，愚乞哀原。"权许而嘉。转东曹掾。或传雪公欲东，权谓徽曰："卿孤腹心，今使孟德怀异意，莫足使揣之，卿为吾行。"拜辅义都尉，到北与曹公相见。公具问境内消息，徽应对婉顺，因说江东大丰，山薮宿恶，皆慕化为善，义出作兵。公笑曰："孤与孙将军一结婚姻，共辅汉室，义如一家，君何为道此？"徽曰："正以明公与主将义固磐石，休戚共之，必欲知江表消息，是以及耳。"公厚待遣还。权问"定云何？"徽曰："敌国隐情，卒难探察，然徽潜听，方与袁谭交争，未有他意。"乃拜徽巴东太守，欲大用之，会卒。子裕，字季则，少知

名,位至镇东将军。雍族人悌,字子通,以孝悌廉正闻于乡党,年十五为郡吏,除郎中,稍迁偏将军。权末年,嫡庶不分,悌数与骠骑将军朱据共陈祸福,言辞切直,朝廷惮之。待妻有礼,常夜入晨出,希见其面。尝寇笃,妻出省之,悌命左右扶起,冠帻加袭,起对,趣令妻还,其贞洁不渎如此。悌父向历四县令,年老致仕,悌每得父书,常洒扫,整衣服,更设几筵,舒书其上,拜跪读之,每句应诺,毕,复再拜。若父有疾耗之问之,则临书垂涕,声语哽咽。父以寿终,悌饮浆不入口五日。权为作布衣一袭,皆摩絮著之,强令悌释服。悌虽以公议自割,犹以不见父丧,常画壁作棺柩象,设神座于下,每对之哭泣,服未阕而卒。悌四子:彦、礼、谦、秘。秘,晋交州刺史。秘子众,尚书仆射。

〔18〕《吴录》曰:敦字叔方,静字玄风,并吴郡人。敦德量渊懿,清虚淡泊,又善文辞。孙权为车骑将军,辟西曹掾,转主簿,出补海昏令,甚有惠化,年三十二卒。卜静终于剡令。

〔19〕礼子基作《通语》曰:礼字德嗣,弱不好弄,潜识过人。少为郡吏,年十九,守吴县丞。孙权为王,召除郎中。后与张温俱使蜀,诸葛亮甚叹之。稍迁至零陵太守,卒官。《文士传》曰:礼子基,无难督,以才学知名,著《通语》数十篇。有三子。巨字元大,有才器,初为吴偏将军,统家部曲,城夏口,吴平后,为苍梧太守。少子祐,字庆元,吴郡太守。

〔20〕陆机为谭传曰:宣太子正位东宫,天子方ளன之义,妙简俊彦,讲学左右。时四方之杰毕集,太傅诸葛恪以雄奇盖众,而谭以清识绝伦,独见推重。自太尉范慎、谢景、羊衜之徒,皆以秀称其名,而悉在谭下。

〔21〕《吴书》曰:谭初践官府,上疏陈事,权辍食称善,以为过于徐详。雅性高亮,不修意气,或以此望之。然权鉴其能,待见甚隆,数蒙赏赐,特见召请。

〔22〕《吴录》曰:全琮父子屡言芍陂之役为典军陈恂诈增张休、顾承之功,而休、承与恂通情。休坐系狱,权为谭故,沉吟不决,欲令谭谢而释之。及大会,以问谭,谭不谢,而曰:"陛下,谗言其兴乎!"《江表传》曰:有司奏谭诬罔大不敬,罪应大辟。权以雍故,不致法,皆徙之。

〔23〕《吴书》曰:其先葛氏,本琅邪诸县人,后徙阳都。阳都先有姓葛者,时人谓之诸葛,因以为氏。瑾少游京师,治《毛诗》、《尚书》、《左氏春秋》。遭母忧,居丧至孝,事继母恭谨,甚得人子之道。《风俗通》曰:葛婴为陈涉将军,有功而诛,孝文帝追录,封其孙诸县侯,因并氏焉。此与《吴书》所说不同。

〔24〕臣松之云:以为刘后以庸蜀为关河,荆楚为维翰,关羽扬兵沔、汉,志陵上国,虽匡主定霸,功未可必,要为威声远震,有其经略。孙权潜包祸心,助魏除害,是为剪宗子勤王之师,纾曹公移都之计,拯汉之规,于兹而止。义旗所指,宜其在孙氏矣。瑾以大义责备,答之何患无辞;且备、肃相与,有若四体,股肱横亍,愤痛已深,岂此奢阔之书所能回驻哉!载之于篇,实为辞章之费。

〔25〕《江表传》曰:瑾之在南郡,人有密谗瑾者。此语颇流闻于外,陆逊表保明瑾无此,宜以散其意。权报曰:"子瑜与孤从事积年,恩如骨肉,深相明究,其为人非道不行,非义不言。玄德昔遣孔明至吴,孤尝语子瑜曰:'卿与孔明同产,且弟随兄,于义为顺,何以不留孔明?孔明若留从卿者,孤当以书解玄德,意自随人耳。'子瑜答孤言:'弟亮以失身于人,委质定分,义无二心。弟之不留,犹瑾之不往也。'其言足贯神明。今岂当有此乎?孤前得妄语文疏,即封示子瑜,并手笔与子瑜,即得其报,论天下君臣大节一定之分。孤与子瑜,可谓神交,非外言所间也。知卿意至,辄封来表,以示子

瑜,使知卿意。"

〔26〕《吴录》曰:曹真、夏侯尚等围朱然于江陵,又分据中州,瑾以大兵为之救援。瑾性弘缓,推道理,任计画,无应卒倚伏之术,兵久不解,权以此望之。及春水生,潘璋等作水城于上流,瑾进攻浮桥,真等退走。虽无大勋,亦以全师保境为功。

〔27〕臣松之以为魏明帝一时明主,政自己出,孙权此论,竟为无征,而史载之者,将以主幼国疑,威柄不一,乱亡之形,有如权言,宜其存录以为鉴戒。或当以虽失之于明帝,而事著于齐王,齐王之世,可不谓验乎!不敢显斥,抑足表之微辞。

〔28〕《吴书》曰:初,瑾为大将军,而弟亮为蜀丞相,二子恪、融皆典戎马,督领将帅,族子诞又显名于魏,一门三方为冠盖,天下荣之。瑾才略虽不及弟,而德行尤纯。妻死不改娶,有所爱妾,生子不举,其笃慎皆如此。

〔29〕《吴书》曰:融字叔长,生于宠贵,少而骄乐,学为章句,博而不精,性宽容,多技艺,数以巾褐奉朝请,后拜骑都尉。赤乌中,诸郡出部伍,新都都尉陈表、吴郡都尉顾承各率所领人会佃毗陵,男女各数万口。表病死,权以融代表,后代父瑾领摄。

〔30〕《江表传》曰:先是,公安有灵龟鸣,童谣曰:"白龟鸣,龟背平,南郡城中可长生,守死不义无成。"及恪被诛,融果刮金印龟,服之而死。

〔31〕《吴书》曰:晋有大夫杨食采于步,后有步叔,与七十子师事仲尼。秦汉之际有为将军者,以功封淮阴侯,骘其后也。

〔32〕《吴书》曰:骘博研道艺,靡不贯览,性宽雅沉深,能降志辱身。

〔33〕《吴录》曰:征羌名矫,尝为征羌令。

〔34〕《吴录》曰:卫旌字子旗,官至尚书。

〔35〕《吴书》曰:岁余,骘以疾免,与琅邪诸葛瑾、彭城严畯俱游吴中,并著声名,为当时英俊。

〔36〕《吴书》曰:权为徐州牧,以骘为治中从事,举茂才。

〔37〕《吴书》曰:肃字伟恭,南阳人。少不才闻,善论议,臧否得中,甄奇录异,荐述后进,题目品藻,曲有条贯,众人以此服之。权擢以为选曹尚书,选举号为得才。求出补吏,为桂阳太守,吏民悦服。征为卿。会卒,知与不知,并痛惜焉。

〔38〕《吴录》云:骘表言曰:"北降人王潜等说,北相部伍,图以东向,多作布囊,欲以盛沙塞江,以大向荆州。夫备不豫设,难以应卒,宜为之防。"权曰:"此曹衰弱,何能有图?必不敢来。若不如孤言,当以牛千头,为君作主人。"后有吕范、诸葛恪为说骘所言,云:"每读步骘表,辄失笑。此江与开辟俱生,宁有可以沙囊塞理也!"

卷五十三　　张严程阚薛传第八

张纮字子纲,广陵人。少游学京都[1],还本郡,举茂才,公府辟,皆不就[2],避难江东。孙策创业,遂委质焉。表为正议校尉[3],从讨丹阳。策身临行阵,纮谏曰:"夫主将乃筹谟之所自出,三军之所系命也,不宜轻脱,自敌小寇。愿麾下重天授之姿,副四海之望,无令国内上下危惧。"

建安四年,策遣纮奉章至许宫,留为侍御史。少府孔融等皆与亲善[4]。曹公闻策薨,欲因丧伐吴。纮谏,以为乘人之丧,既非古义,若其不克,成仇弃好,不如因而厚之。

曹公从其言，即表权为讨虏将军，领会稽太守，曹公欲令纮辅权内附，出纮为会稽东部都尉[5]。

后权以纮为长史，从征合肥[6]。权率轻骑将往突敌，纮谏曰："夫兵者凶器，战者危事也。今麾下恃盛壮之气，忽强暴之虏，三军之众，莫不寒心，虽斩将搴旗，威震敌场，此乃偏将之任，非主将之宜也。愿抑贲、育之勇，怀霸王之计。"权纳纮言而止。既还，明年将复出军，纮又谏曰："自古帝王受命之君，虽有皇灵佐于上，文德播于下，亦赖武功以昭其勋。然而贵于时动，乃后为威耳。今麾下值四百之厄，有扶危之功，宜且隐息师徒，广开播殖，任贤使能，务崇宽惠。顺天命以行诛，可不劳而定也。"于是遂止不行。纮建计宜出都秣陵，权从之[7]。令还吴迎家，道病卒。临困，授子靖留笺曰："自古有国有家者，咸欲修德政以比隆盛世，至于其治，多不馨香。非无忠臣贤佐，暗于治体也，由主不胜其情，弗能用耳。夫人情惮难而趋易，好同而恶异，与治道相反。《传》曰'从善如登，从恶如崩'，言善之难也。人君承奕世之基，据自然之势，操八柄之威，甘易同之欢[8]，无假取于人；而忠臣挟难进之术，吐逆耳之言，其不合也，不亦宜乎！离则有衅，巧辩缘间，眩于小忠，恋于恩爱，贤愚杂错，长幼失叙，其所由来，情乱之也。故明君悟之，求贤如饥渴，受谏而不厌，抑情损欲，以义割恩，上无偏谬之授，下无希冀之望。宜加三思，含垢藏疾，以成仁覆之大。"时年六十卒，权省书流涕。

纮著诗赋铭诔十余篇[9]。子玄，官至南郡太守、尚书[10]。玄子尚[11]，孙皓时为侍郎，以言语辩捷见知，擢为侍中、中书令。皓使尚鼓琴，尚对曰："素不能。"敕使学之。后宴言次说琴之精妙，尚因道"晋平公使师旷作清角，旷言吾君德薄，不足以听之"。皓意谓尚以斯喻己，不悦。后积他事下狱，皆追以此为诘[12]，送建安作船。久之，又就加诛。

初，纮同郡秦松字文表，陈端字子正，并与纮见待于孙策，参与谋谟。各早卒。

严畯字曼才，彭城人也。少耽学，善《诗》《书》、三《礼》，又好《说文》。避乱江东，与诸葛瑾、步骘齐名友善。性质直纯厚，其于人物，忠告善道，志存补益。张昭进之于孙权，权以为骑都尉、从事中郎。及横江将军鲁肃卒，权以畯代肃，督兵万人，镇据陆口。众人咸为畯喜，畯前后固辞："朴素书生，不闲军事，非才而据，咎悔必至。"发言慷慨，至于流涕[13]，权乃听焉。世嘉其能以实让。权为吴王，及称尊号，畯尝为卫尉，使至蜀，蜀相诸葛亮深善之。不畜禄赐，皆散之亲戚知故，家常不充。广陵刘颖与畯有旧，颖精学家巷，权闻征之，以疾不就。其弟略为零陵太守，卒官，颖往赴丧，权知其诈病，急驿收录。畯亦驰语颖，使还谢权。权怒废畯，而颖得免罪。久之，以畯为尚书令，后卒[14]。

畯著《孝经传》《潮水论》，又与裴玄、张承论管仲、季路，皆传于世。

玄字彦黄，下邳人也，亦有学行，官至太中大夫。问子钦齐桓、晋文、夷、惠四人优劣，钦答所见，与玄相所复，各有文理。钦与太子登游处，登称其翰采。

程秉字德枢，汝南南顿人也。逮事郑玄，后避乱交州，与刘熙考论大义，遂博通五经。士燮命为长史。权闻其名儒，以礼征；秉既到，拜太子太傅。黄武四年，权为太子登聘周瑜女，秉守太常，迎妃于吴，权亲幸秉船，深见优礼。既还，秉从容进说登曰："婚姻人伦之始，王教之基，是以圣王重之，所以率先众庶，风化天下，故《诗》美《关雎》，以为称首。愿太子尊礼教于闺房，存《周南》之所咏，则道化隆于上，颂声作于下矣。"登笑曰："将顺其美，匡救其恶，诚所赖于傅君也。"病卒官。著《周易摘》、《尚书驳》、《论语弼》，凡三万余言。秉为傅时，率更令河南徵崇亦笃学立行云[15]。

阚泽字德润，会稽山阴人也。家世农夫，至泽好学，居贫无资，常为人佣书，以供纸、笔，所写既毕，诵读亦遍。追师论讲，究览群籍，兼通历数，由是显名。察孝廉，除钱唐长，迁郴令。孙权为骠骑将军，辟补西曹掾，及称尊号，以泽为尚书。嘉禾中，为中书令，加侍中。赤乌五年，拜太子太傅，领中书如故。

泽以经传文多，难得尽用，乃斟酌诸家，刊约《礼》文及诸注说以授二宫，为制行出入及见宾仪。又著《乾象历注》以正时日。每朝廷大议，经典所疑，辄咨访之。以儒学勤劳，封都乡侯。性谦恭笃慎，宫府小吏，呼召对问，皆为抗礼。人有非短，口未尝及，容貌似不足者，然所闻少穷。权尝问："书传篇赋，何者为美？"泽欲讽喻以明治乱，因对贾谊《过秦论》最善，权览读焉。初，以吕壹奸罪发闻，有司穷治，奏以大辟，或以为宜加焚裂，用彰元恶。权以访泽，泽曰："盛明之世，不宜复有此刑。"权从之。又诸官司有所患疾，欲增重科防，以检御臣下，泽每曰"宜依礼、律"，其和而有正，皆此类也[16]。六年冬卒，权痛惜感悼，食不进者数日。

泽州里先辈丹杨唐固亦修身积学，称为儒者，著《国语》、《公羊》、《谷梁传》注，讲授常数十人。权为吴王，拜固议郎，自陆逊、张温、骆统等皆拜之。黄武四年为尚书仆射，卒[17]。

薛综字敬文，沛郡竹邑人也[18]。少依族人避地交州，从刘熙学。士燮既附孙权，召综为五官中郎将，除合浦、交阯太守。时交土始开，刺史吕岱率师讨伐，综与俱行，越海南征，及到九真。事毕还都，守谒者仆射。西使张奉于权前列尚书阚泽姓名以嘲泽，泽不能答。综下行酒，因劝酒曰："蜀者何也？有犬为独，无犬为蜀，横目苟身，虫入其腹[19]。"奉曰："不当复列君吴邪？"综应声曰："无口为天，有口为吴，君临万邦，天子之都。"于是众坐喜笑，而奉无以对。其枢机敏捷，皆此类也[20]。

吕岱从交州召出，综惧继岱者非其人，上疏曰："昔帝舜南巡，卒于苍梧。秦置桂林、南海、象郡，然则四国之内属也，有自来矣。赵佗起番禺，怀服百越之君，珠官之南是也。汉武帝诛吕嘉，开九郡，设交阯刺史以镇监之。山川长远,习俗不齐,言语同异,重译乃通,民如禽兽,长幼无别,椎结徒跣,贯头左衽,长吏之设,虽有若无。自斯以来,颇徙中国罪人杂居其间,稍使学书,粗知言语,使驿往来,观见礼化。及后锡光为交阯,任延为九真太守,乃教其耕犁,使之冠履;为设媒官,始知聘娶;建立学校,导之经义。由此已降,四百馀年,颇有似类。自臣昔客始至之时,珠崖除州县嫁娶,皆须八月引户,人民集会之时,男女自相可适,乃为夫妻,父母不能止。交阯糜泠、九真都庞二县,皆兄死弟妻其嫂,世以此为俗,长吏恣听,不能禁制。日南郡男女倮体,不以为羞。由此言之,可谓虫豸,有覥面目耳。然而土广人众,阻险毒害,易以为乱,难使从治。县官羁縻,示令威服,田户之租赋,裁取供办,贵致远珍名珠、香药、象牙、犀角、玳瑁、珊瑚、琉璃、鹦鹉、翡翠、孔雀奇物,充备宝玩,不必仰其赋入,以益中国也。然在九甸之外,长吏之选,类不精核。汉时法宽,多自放恣,故数反违法。珠崖之废,起于长吏睹其好发,髡取为髲。及臣所见,南海黄盖为日南太守,下车以供设不丰,挝杀主簿,仍见驱逐。九真太守儋萌为妻父周京作主人,并请大吏,酒酣作乐,功曹番歆起舞属京,京不肯起,歆犹迫强,萌忿杖歆,亡于郡内。歆弟苗帅众攻府,毒矢射萌,萌至物故。交阯太守士燮遣兵致讨,卒不能克。又故刺吏会稽朱符,多以乡人虞褒、刘彦之徒分作长史,侵虐百姓,强赋于民,黄鱼一枚收稻一斛,百姓怨叛,山贼并出,攻州突郡。符走入海,流离丧亡。次得南阳张津,与荆州牧刘表为隙,兵弱敌强,岁岁兴军,诸将厌患,去留自在。津小检摄,威武不足,为所陵侮,遂至杀没。后得零陵赖恭,先辈仁谨,不晓时事,表又遣长沙吴巨为苍梧太守。巨武夫轻悍,不为恭所服。辄相怨恨,逐出恭,求步骘。是时津故将夷廖、钱博之徒尚多,骘以次锄治,纲纪适定,会仍召出。吕岱既至,有士氏之变。越军南征,平讨之日,改置长吏,章明王纲,威加万里,大小承风。由此言之,绥边抚裔,实有其人。牧伯之任,既宜清能,荒流之表,祸福尤甚。今交州虽名粗定,尚有高凉宿贼;其南海、苍梧、郁林、珠官四郡界未绥,依作寇盗,专为亡叛逋逃之薮。若岱不复南,新刺史宜得精密,检摄八郡,方略智计,能稍稍以渐治高凉者,假其威宠,借之形势,责其成效,庶几可补复。如但中人,近守常法,无奇数异术者,则群恶日滋,久远成害。故国之安危,在于所任,不可不察也。窃惧朝廷忽轻其选,故敢竭愚情,以广圣思。"

黄龙三年,建昌侯虑为镇军大将军,屯半州,以综为长史,外掌众事,内授书籍。虑卒,入守贼曹尚书,迁尚书仆射。时公孙渊降而复叛,权盛怒,欲自亲征。综上疏谏曰:"夫帝王者,万国之元首,天下之所系命也。是以居则重门击柝以戒不虞,行则清道案节以养威严。盖所以存万安之福,镇四海之心。昔孔子疾时,托乘桴浮海之语,季由斯喜,拒以无所取才。汉元帝欲御楼船,薛广德请刎颈以血染车。何则?水火之险至危,非帝王所宜涉也。谚曰:'千金之子,坐不垂堂。'况万乘之尊乎?今辽东戎貊小国,无城池之固、备御之术,器械铢钝,犬羊无政,往必禽克,诚如明诏。然其方土寒埆,谷稼不殖,民习鞍马,转徙无

常,卒闻大军之至,自度不敌,鸟惊兽骇,长驱奔窜,一人匹马,不可得见,虽获空地,守之无益,此不可一也。加又洪流滉瀁,有成山之难,海行无常,风波难免,倏忽之间,人船异势。虽有尧、舜之德,智无所施,贲、育之勇,力不得设,此不可二也。加以郁雾冥其上,咸水蒸其下,善生流肿,转相洿染,凡行海者,稀无斯患,此不可三也。天生神圣,显以符瑞,当乘平丧乱,康此民物;嘉祥日集,海内垂定,逆虏凶虐,灭亡在近。中国一平,辽东自毙,但当拱手以待耳。今乃违必然之图,寻至危之阻,忽九州之固,肆一朝之忿,既非社稷之重计,又开辟以来所未尝有,斯诚群僚所以倾身侧息,食不甘味,寝不安席者也。惟陛下抑雷霆之威、忍赫斯之怒,遵乘桥之安、远履冰之险,则臣子赖祉,天下幸甚。"时群臣多谏,权遂不行。

正月乙未,权敕综祝祖不得用常文,综承诏,卒造文义,信辞粲烂。权曰:"复为两头,使满三也。"综复再祝,辞令皆新,众咸称善。赤乌三年,徙选曹尚书。五年,为太子少傅,领选职如故[21]。六年春,卒。凡所著诗赋难论数万言,名曰《私载》,又定《五宗图述》、《二京解》,皆传于世。

子瑁,官至威南将军,征交阯还,道病死[22]。瑁弟莹,字道言,初为秘府中书郎,孙休即位,为散骑中常侍。数年,以病去官。孙晧初,为左执法,迁选曹尚书,及立太子,又领少傅。建衡三年,晧追叹莹父综遗文,且命莹继作。莹献诗曰:

"惟臣之先,昔仕于汉。奕世绵绵,颇涉台观。暨臣父综,遭时之难。

卯金失御,邦家毁乱。适兹乐土,庶存子遗。天启其心,东南是归。

厥初流隶,困于蛮垂。大皇开基,恩德远施。特蒙招命,拯擢泥污。

释放巾褐,受职剖符。作守合浦,在海之隅。迁入京辇,遂升机枢。

枯瘁更荣,绝统复纪。自微而显,非愿之始。亦惟宠遇,心存足止。

重值文皇,建号东宫。乃作少傅,光华益隆。明明圣嗣,至德谦崇。

礼遇兼加,惟渥惟丰。哀哀先臣,念竭其忠。洪恩未报,委世以终。

嗟臣蔑贱,惟昆及弟。幸生幸育,托综遗体。过庭既训,顽蔽难启。

堂构弗克,志存耦耕。岂悟圣朝,仁泽流盈。追录先臣,愍其无成。

是济是拔,被以殊荣。瑁忝千里,受命南征。旌旗备物,金革扬声。

及臣斯陋,实暗实微。既显前轨,人物之机。复傅东宫,继世荷辉。

才不逮先,是忝是违。乾德博好,文雅是贵。追悼亡臣,冀存遗类。

如何愚胤,曾无仿佛!瞻彼旧宠,顾此顽虚。孰能忍愧,臣实与居。

夙夜反侧,克心自论。父子兄弟,累世蒙恩。死惟

结草,生誓杀身。
虽则灰陨,无报万分。"

是岁,何定建议凿圣溪以通江淮,晧令莹督万人往,遂以多盘石难施功,罢还,出为武昌左部督。后定被诛,晧追圣溪事,下莹狱,徙广州。右国史华覈上疏曰:"臣闻五帝三王皆立史官,叙录功美,垂之无穷。汉时司马迁、班固,咸命世大才,所撰精妙,与六经俱传。大吴受命,建国南土。大皇帝末年,命太史令丁孚、郎中项峻始撰《吴书》。孚、峻俱非史才,其所撰作,不足纪录。至少帝时,更差韦曜、周昭、薛莹、梁广及臣五人,访求往事,所共撰立,备有本末。昭、广先亡,曜负恩蹈罪,莹出为将,复以过徙,其书遂委滞,迄今未撰奏。臣愚浅才劣,适可为莹等记注而已,若使撰合,必袭孚、峻之迹,惧坠大皇帝之元功,损当世之盛美。莹涉学既博,文章尤妙,同寮之中,莹为冠首。今者见吏,虽多经学,记述之才,如莹者少,是以偻偻为国惜之。实欲使卒垂成之功,编于前史之末。奏上之后,退填沟壑,无所复恨。"晧遂召莹还,为左国史。顷之,遂曹尚书同郡缪祎以执意不移,为群小所疾,左迁衡阳太守。既拜,又追以职事见诘责,拜表陈谢。因过诣莹,莹为人所白,云祎不惧罪,多将宾客会聚莹许。乃收祎下狱,徙桂阳,莹还广州。未至,召莹还,复职。是时法政多谬,举措烦苛,莹每上便宜,陈缓刑简役,以济育百姓,事或施行。迁光禄勋。天纪四年,晋军征晧,晧奉书于司马伷、王浑、王濬请降,其文,莹所造也。莹既至洛阳,特先见叙,为散骑常侍,答问处当,皆在条理[23]。太康三年卒。著书八篇,名曰《新议》[24]。

评曰:张纮文理意正,为世令器,孙策待之亚于张昭,诚有以也。严、程、阚生,一时儒林之士。至峻辞荣济旧,不亦长者乎!薛综学识规纳,为吴良臣。及莹纂踵,允有先风,然于暴酷之朝,屡登显列,君子殆诸。

注:

[1]《吴书》曰:"纮入太学,事博士韩宗,治京氏《易》、欧阳《尚书》,又于外黄从濮阳闿受《韩诗》及《礼记》、《左氏春秋》。

[2]《吴书》曰:"大将军何进、太尉朱儁、司空荀爽三府辟为掾,皆称疾不就。

[3]《吴书》曰:纮与张昭并与参谋,常令一人居守,一人从征讨。后吕布袭取徐州,因为之牧,不欲令纮与策从事。追举茂才,移书发纮。纮心恶布,耻为之屈。策亦重惜纮,欲以自辅。答记不遣,曰:"海产明珠,所在为宝,楚虽有才,晋实用之。英伟君子,所游见珍,何必本州哉?"

[4]《吴书》曰:纮至,与在朝公卿及知旧述策材略绝异,平定三郡,风行草偃,加以忠敬款诚,乃心王室。时曹公为司空,欲加恩厚,以悦远人,至乃优文褒崇,改号加封,辟纮为掾,举高第、补侍御史,后以纮为九江太守。纮心恋旧恩,思还反命,以疾固辞。

[5]《吴书》曰:权初承统,春秋方富,太夫人以方外多难,深怀忧劳,数有优令辞谢,付属以辅助之义。纮辄拜笺答谢,思惟补察。每有异事密计及章表书记,与四方交结,常令纮与张昭草创撰作,纮以破房有破走董卓、扶持汉室之勋;讨逆平定江外,建立大业,宜有纪颂以昭公义。既成,呈权,权省读悲感,曰:"君真识孤家门阀阅也。"乃遣纮之部。或以纮本受北

任,嫌其志趣不止于此,权不以介意。初,琅邪赵昱为广陵太守,察纮孝廉,昱后为笮融所杀,纮甚伤恨,而力不能讨,昱门户绝灭,及纮在东部,遣主簿至琅邪设祭,并求亲戚为之后,以书属琅邪相臧宣,宣以赵宗中五岁男奉昱祀,权闻而嘉之,及讨江夏,以东部少事,命纮居守,遥领州职。孔融遗纮书曰:"闻大将西征,足下留镇。不有居者,谁守社稷?深固折冲,亦大勋也,无乃李广之气,仓发益怒,乐一当单于,以尽余愤乎?南北并定,世将无事,孙叔投戈,绛、灌班豆,亦在今日,但用离析,无缘会面为愁叹耳!道直途清,相见岂复难哉?"权以纮有镇守之劳,欲论功加赏。纮厚自挹损,不敢蒙宠,权不夺其志,每从容侍燕,微言密指,常有以规讽。《江表传》曰:初,权于群臣多呼其字,惟呼张昭曰张公,纮曰东部,所以重二人也。

[6]《吴书》曰:合肥城久不拔,纮进计曰:"古之围城,开其一面,以疑众心。今围之甚密,攻之又急,诚惧并命戮力。死战之寇,固难卒拔,及救未至,可小宽之,以观其变。"议者不同。会救骑至,数至围下,驰骋挑战。

[7]《江表传》曰:纮谓权曰:"秣陵,楚威王所置,名为金陵。地势冈阜连石头,访问故老,云昔秦始皇东巡会稽经此县,望气者云金陵地形有王者都邑之气,故掘断连冈,改名秣陵。今处所具存,地有其气,天之所命,宜为都邑。"权善其议,未能从也。后刘备之东,宿于秣陵,周观地形,亦劝权都之。权曰:"智者意同。"遂都焉。《献帝春秋》云:刘备至京,谓孙权曰:"吴去此数百里,即有警急,赴救为难,将军无意屯京乎?"权曰:"秣陵有小江百馀里,可以安大船,吾方理水军,当移据之。"备曰:"芜湖近濡须,亦佳也。"权曰:"吾欲图徐州,宜近下也。"臣松之以为秣陵之与芜湖,道里所校无几,于北侵利便,亦有何异?而云欲窥徐州,贪秣陵近下,非其理也。诸书皆云刘备劝都秣陵,而此独云权自欲都之,又为虚错。

[8]《周礼》太宰职曰:以八柄诏王驭群臣。一曰爵,以驭其贵。二曰禄,以驭其富。三曰予,以驭其幸。四曰置,以驭其行。五曰生,以驭其福。六曰夺,以驭其贫。七曰废,以驭其罪。八曰诛,以驭其过。

[9]《吴书》曰:纮见楠榴枕,爱其文,为作赋。陈琳在北见之,以示人曰:"此吾乡里张子纲所作也。"后纮见陈琳作《武库赋》《应机论》,与琳书深叹美之。琳答曰:"自仆在河北,与天下隔,此间率少于文章,易为雄伯,故使仆受此过差之谭,非其实也。今景兴在此,足下与子布在彼,所谓小巫见大巫,神气尽矣。"纮既好文学,又善楷篆,与孔融书,自书。融遗纮书曰:"前劳手笔,多篆书。每举篇见字,欣然独笑,如复睹其人也。"

[10]《江表传》曰:玄清介有高行,而才不及纮。

[11]《江表传》称尚有俊才。

[12]环氏《吴纪》曰:晧尝问:"《诗》云'汎彼柏舟',惟柏中舟乎?"尚对曰:"《诗》言'桧楫松舟',则松亦中舟也。"又问:"鸟之大者惟鹤,小者惟雀乎?"尚对曰:"大者有秃鹫,小者有鹪鹩。"晧性忌胜己,而尚谈论每出其表,积以致恨。后问:"孤饮酒以方谁?"尚对曰:"陛下有百觚之量。"晧云:"尚知孔丘之不王,以孤方之!"因此发怒收尚。尚书岑昏率公卿已下百余人,诣宫叩头请,尚罪得减死。

[13]《志林》:权又试畯骑,上马堕鞍。

[14]《吴书》曰:畯时年七十八,二子凯、爽。凯官至升平少府。

[15]《吴录》曰:崇字子和,治《易》、《春秋左氏传》,兼善内术。本姓李,遭乱更姓,遂隐于会稽,躬耕以求其志。好尚者从学,所教不过数人辄止,欲令其业必有成也。所交结如丞相步

〔16〕《吴录》曰：虞翻称泽曰："阚生矫杰，盖蜀之扬雄。"又曰："阚子儒术德行，亦今之仲舒也。"初，魏文帝即位，权尝从容问群臣曰："曹丕以盛年即位，恐孤不能及之，诸卿以为何如？"群臣未对，泽曰："不及十年，丕其没矣，大王勿忧也。"权曰："何以知之？"泽曰："以字言之，不十为丕，此其数也。"文帝果七年而崩。臣松之计孙权年大文帝五岁，其为长幼也微矣。

〔17〕《吴录》曰：固字子正，卒时年七十余矣。

〔18〕《吴录》曰：其先齐孟尝君封于薛。秦灭六国，而失其祀，子孙分散。汉祖定天下，过齐，求孟尝后，得其孙陵、国二人，欲复其封。陵、国兄弟相推，莫适受，乃去之竹邑，因家焉，故遂氏薛。自国至综，世典州郡，为著姓。综少明经，善属文，有秀才。

〔19〕臣松之见诸书本"苟身"或作"句身"，以为既云"横目"，则宜曰"句身"。

〔20〕《江表传》曰：费祎聘于吴，陛见，公卿侍臣皆在坐。酒酣，祎与诸葛恪相对嘲难，言及吴、蜀。祎问曰："蜀字云何？"恪曰："有水者浊，无水者蜀。横目苟身，虫入其腹。"祎复问："吴字云何？"恪曰："无口者天，有口者吴，下临沧海，天子帝都。"与本传不同。

〔21〕《吴书》曰：后权赐综紫绶缨囊，综陈让紫色非所宜服，权曰："太子年少，涉道日浅，君当博之以文，约之以礼，茅土之封，非君而谁？"是时综以名儒居师傅之位，仍兼选举，甚为优重。

〔22〕《汉晋春秋》曰：孙休时，珝为五官中郎将，遣至蜀求马。及还，休问蜀政得失，对曰："主暗而不知其过，臣下容身以求免罪，入其朝不闻正言，经其野民皆菜色。臣闻燕雀处堂，子母相乐，自以为安也，突决栋焚，而燕雀怡然不知祸之将及，其是之谓乎！"

〔23〕干宝《晋纪》曰：武帝从容问莹曰："孙晧之所以亡者何也？"莹对曰："归命侯晧之君吴也，昵近小人，刑罚妄加，大臣大将，无所亲信，人人忧恐，各不自保，危亡之衅，实由于此。"帝遂问吴士存亡者之贤愚，莹各以状对。

〔24〕王隐《晋书》曰：莹子兼，字令长，清素有器字，资望故亚如上国，不似吴人。历位二宫丞相长史。元帝践阼，累迁丹阳尹、尚书，又为太子少傅。自综至兼，三世傅东宫。

卷五十四　周瑜鲁肃吕蒙传第九

周瑜字公瑾，庐江舒人也。从祖父景，景子忠，皆为汉太尉[1]。父异，洛阳令。

瑜长壮有姿貌。初，孙坚兴义兵讨董卓，徙家于舒。坚子策与瑜同年，独相友善。瑜推道南大宅以舍策，升堂拜母，有无通共。瑜从父尚为丹阳太守，瑜往省之。会策将东渡，到历阳，驰书报瑜，瑜将兵迎策。策大喜曰："吾得卿，谐也。"遂从攻横江、当利，皆拔之。乃渡江击秣陵，破笮融、薛礼，转下湖孰、江乘，进入曲阿，刘繇奔走，而策之众已数万矣。因谓瑜曰："吾以此众取吴会平山越已足。卿还镇丹阳。"瑜还。顷之，袁术遣从弟胤代尚为太守，而瑜与尚俱还寿春。术欲以瑜为将，瑜观术终无所成，故求为居巢长，欲假涂东归，术听之。遂自居巢还吴。是岁，建安三年也。策亲自迎瑜，授建威中郎将，即与兵二千人，骑五十匹[2]。瑜时年二十四，吴中皆呼为周郎。以瑜恩信著于庐江，出备牛渚，后领春谷长。顷之，策欲取荆州，以瑜为中护军，领江夏太守，从攻皖，拔之。时得桥公两女，皆国色也。策自纳大桥，瑜纳小桥[3]。复进寻阳，破刘勋，讨江夏，还定豫章、庐陵，留镇巴丘[4]。

五年，策薨，权统事。瑜将兵赴丧，遂留吴，以中护军与长史张昭共掌众事[5]。十一年，督孙瑜等讨麻、保二屯，枭其渠帅，囚俘万余口，还备宫亭。江夏太守黄祖遣将邓龙将兵数千人入柴桑，瑜追讨击，生虏龙送吴。十三年春，权讨江夏，瑜为前部大督。

其年九月，曹公入荆州，刘琮举众降，曹公得其水军，船步兵数十万，将士闻之皆恐。权延见群下，问以计策。议者咸曰："曹公豺虎也，然托名汉相，挟天子以征四方，动以朝廷为辞，今日拒之，事更不顺。且将军大势可以拒操者，长江也。今操得荆州，奄有其地，刘表治水军，蒙冲斗舰，乃以千数，操悉浮以沿江，兼有步兵，水陆俱下，此为长江之险，已与我共之矣。而势力众寡，又不可论。愚谓大计不如迎之。"瑜曰："不然。操虽托名汉相，其实汉贼也。将军以神武雄才，兼仗父兄之烈，割据江东，地方数千里，兵精足用，英雄乐业，尚当横行天下，为汉家除残去秽。况操自送死，而可迎之耶？请为将军筹之：今使北土已安，操无内忧，能旷日持久，来争疆场，又能与我校胜负于船楫间乎？今北土既未平安，加马超、韩遂尚在关西，为操后患。且舍鞍马，仗舟楫，与吴越争衡，本非中国所长，又今盛寒，马无藁草，驱中国士众远涉江湖之间，不习水土，必生疾病。此数四者，用兵之患也，而操皆冒行之。将军禽操，宜在今日。瑜请得精兵三万人，进住夏口，保为将军破之。"权曰："老贼欲废汉自立久矣，徒忌二袁、吕布、刘表与孤耳。今数雄已灭，惟孤尚存，孤与老贼，势不两立。君言当击，甚与孤合，此天以君授孤也[6]。"

时刘备为曹公所破，欲引南渡江，与鲁肃遇于当阳，遂共图计，因进住夏口，遣诸葛亮诣权。权遂遣瑜及程普等与备并力逆曹公，遇于赤壁。时曹公军众已有疾病，初一交战，公军败退，引次江北。瑜等在南岸。瑜部将黄盖曰："今寇众我寡，难与持久。然观操军船舰首尾相接，可烧而走也。"乃取蒙冲斗舰数十艘，实以薪草，膏油灌其中，裹以帷幕，上建牙旗，先书报曹公，欺以欲降[7]。又豫备走舸，各系大船后，因引次俱前。曹公军吏士皆延颈观望，指言盖降。盖放诸船，同时发火。时风盛猛，悉延烧岸上营落。顷之，烟炎张天，人马烧溺死者甚众，军遂败退，还保南郡[8]。备与瑜等复共追。曹公留曹仁等守江陵城，径自北归。瑜与程普又进南郡，与仁相对，各隔大江。兵未交锋[9]，瑜即遣甘宁前据夷陵。仁分兵骑别攻围宁。宁告急于瑜，瑜用吕蒙计，留凌统以守其后，身与蒙上救宁。宁围既解，乃渡屯北岸，克期大战。瑜亲跨马擽阵，会流矢中右胁，疮甚，便还。后仁闻瑜卧未起，勒兵就阵。瑜乃自兴，案行军营，激扬吏士，仁由是遂退。

权拜瑜偏将军，领南郡太守。以下隽、汉昌、刘阳、州陵为奉邑，屯据江陵。刘备以左将军领荆州牧，治公安。备诣京见权，瑜上疏曰："刘备以枭雄之姿，而有关羽、张飞熊虎之将，必非久屈为人用者。愚谓大计宜徙备置吴，盛为筑宫室，多其美女玩好，以娱其耳目，分此二人，各置一方，使如瑜者得挟与攻战，大事可定也。今猥割土地以资业之，聚此三人，俱在疆场，恐蛟龙得云雨，终非池中物也。"权以曹公在北方，当广揽英雄，又恐备难卒制，故不纳。

是时刘璋为益州牧，外有张鲁寇侵，瑜乃诣京见权曰："今曹操新折衄，方忧在腹心，未能与将军连兵相事也。乞与奋威俱进取蜀，得蜀而并张鲁，因留奋威固守其地，好与马超结援。瑜还与将军据襄阳以蹙操，北方可图也。"权许之。瑜还江陵，为行装，而道于巴丘病卒[10]，时年三十六。权素服举哀，感恸左右。丧当还吴，又迎之芜湖，众事费度，一为供给。后著令曰："故将军周瑜、程普，其有人客，皆不得问。"初瑜见友于策，太妃又使权以兄奉之。是时权位为将军，诸将宾客为礼尚简，而瑜独先尽敬，便执臣节。性度恢廓，大率为得人，惟与程普不睦[11]。

瑜少精意于音乐，虽三爵之后，其有阙误，瑜必知之，知之必顾，故时人谣曰："曲有误，周郎顾。"

瑜两男一女。女配太子登。男循尚公主，拜骑都尉，有瑜风，早卒。循弟胤，初拜兴业都尉，妻以宗女，授兵千人，屯公安。黄龙元年，封都乡侯，后以罪徙庐陵郡。赤乌二年，诸葛瑾、步骘连名上疏曰："故将军周瑜子胤，昔蒙粉饰，受封为将，不能养之以福，思立功效，至纵情欲，招速罪辟。臣窃以瑜昔见宠任，入作心膂，出为爪牙，衔命出征，身当矢石，尽节用命，视死如归，故能摧曹操于乌林，走曹仁于郢都，扬国威德，华夏是震，蠢尔蛮荆，莫不宾服，虽周之方叔，汉之信、布，诚无以尚此。夫折冲扦难之臣，自古帝王莫不贵重，故汉高帝封爵之誓曰'使黄河如带，太山如砺，国以永存，爰及苗裔'；申以丹书，重以盟诅，藏于宗庙，传于无穷，欲使功臣之后，世世相踵，非徒子孙，乃关苗裔，报德明功，勤勤恳恳，如此之至，欲以劝戒后人，用命之臣，死而无悔。况于瑜身没而未久，而其子胤降为匹夫，益可悼伤。窃惟陛下钦明稽古，隆于兴继，为胤归诉，乞句余罪，还兵复爵，使失旦之鸡，复得一鸣；抱罪之臣，展其后效。"权答曰："腹心旧勋，与孤协事，公瑾有之，诚所不忘。昔胤年少，初无功劳，横受精兵，爵以侯将，盖念公瑾以及于胤也。而胤恃此，酗淫自恣，前后告喻，曾无悛改。孤于公瑾，义犹二君，乐胤成就，岂有已哉？迫胤罪恶，未宜便还，且欲苦之，使自知耳。今二君勤勤援引汉高河山之誓，孤用恧然。虽德非其畴，犹欲庶几，事亦如尔，故未顺旨。以公瑾之子，而二君在中间，苟使能改，亦可患乎！"瑾、骘表比上，朱然及全琮亦俱陈乞，权乃许之。会胤病死。

瑜兄子峻，亦以瑜元功为偏将军，领吏士千人。峻卒，全琮表峻子护为将。权曰："昔走曹操，拓有荆州，皆是公瑾，常不忘之。初闻峻亡，仍欲用护，闻护性行危险，用之适为作祸，故便止之。孤念公瑾，岂有已乎？"

鲁肃字子敬，临淮东城人也。生而失父，与祖母居。家富于财，性好施与。尔时天下已乱，肃不治家事，大散财货，摽卖田地，以赈穷弊结士为务，甚得乡邑欢心。

周瑜为居巢长，将数百人故过候肃，并求资粮。肃家有两囷米，各三千斛，肃乃指一囷与周瑜，瑜益知其奇也，遂相亲结，定侨、札之分。袁术闻其名，就署东城长。肃见术无纲纪，不足与立事，乃携老弱将轻侠少年百余人，南到居巢就瑜。瑜之东渡，因与同行[12]，留家曲阿。会祖母亡。还葬东城。

刘子扬与肃友善，遗肃书曰："方今天下豪杰并起，吾子姿才，尤宜今日。急还迎老母，无事滞于东城。近郑宝者，今在巢湖，拥众万余，处地肥饶，庐江间人多依就之，况吾徒乎？观其形势，又可博集，时不可失，足下速之。"肃答然其计。葬毕还曲阿，欲北行。会瑜已徙肃母到吴，肃具以状语瑜。时孙策已薨，权尚住吴，瑜谓肃曰："昔马援答光武云'当今之世，非但君择臣，臣亦择君'。今主人亲贤贵士，纳奇录异，且吾闻先哲秘论，承运代刘氏者，必兴于东南，推步事势，当其历数，终构帝基，以协天符，是烈士攀龙附凤驰骛之秋。吾方达此，足下不须以子扬之言介意也。"肃从其言。瑜因荐肃才宜佐时，当广求其比，以成功业，不可令去也。

权即见肃，与语甚悦。众宾罢退，肃亦辞出，乃独引肃还，合榻对饮。因密议曰："今汉室倾危，四方云扰，孤承父兄余业，思有桓文之功。君既惠顾，何以佐之？"肃对曰："昔高帝区区欲尊事义帝而不获者，以项羽为害也。今之曹操，犹昔项羽，将军何由得为桓文乎？肃窃料之，汉室不可复兴，曹操不可卒除。为将军计，惟有鼎足江东，以观天下之衅。规模如此，亦自无嫌。何者？北方诚多务也。因其多务，剿除黄祖，进伐刘表，竟长江所极，据而有之，然后建号帝王以图天下，此高帝之业也。"权曰："今尽力一方，冀以辅汉耳。此言非所及也。"张昭非肃谦下不足，颇訾毁之，云肃年少粗疏，未可用。权不以介意，益贵重之，赐肃母衣服帏帐，居处杂物，富拟其旧。刘表死，肃进说曰："夫荆楚与国邻接，水流顺北，外带江汉，内阻山陵，有金城之固，沃野万里，士民殷富，若据而有之。此帝王之资也。今表新亡，二子素不辑睦，军中诸将，各有彼此。加刘备天下枭雄，与操有隙，寄寓于表，表恶其能而不能用也。若备与彼协心，上下齐同，则宜抚安，与结盟好；如有离违，宜别图之，以济大事。肃请得奉命吊表二子，并慰劳其军中用事者，及说备使抚表众，同心一意，共治曹操，备必喜而从命。如其克谐，天下可定也。今不速往，恐为操所先。"权即遣肃行。到夏口，闻曹公已向荆州，晨夜兼道。比至南郡，而表子琮已降曹公，备惶遽奔走，欲南渡江。肃径迎之，到当阳长阪，与备会，宣腾权旨，及陈江东强固，劝备与权并力。备甚欢悦。时诸葛亮与备随旋，肃谓亮曰"我子瑜友也"，即共定交。备遂到夏口，遣亮使权，肃亦反命[13]。

会权得曹公欲东之问，与诸将议，皆劝权迎之，而肃独不言。权起更衣，肃追于宇下，权知其意，执肃手曰："卿欲何言?"肃对曰:"向察众人之议,专欲误将军,不足与图大事。今肃可迎操耳,如将军,不可也。何以言之?今肃迎操,操当以肃还付乡党,品其名位,犹不失下曹从事,乘犊车,从吏卒,交游士林,累官故不失州郡也。将军迎操,欲安所归?愿早定大计,莫用众人之议也。"权叹息曰:"此诸人持议,甚失孤望;今卿廓开大计,正与孤同,此天以卿赐我也[14]。"

时周瑜受使至鄱阳,肃劝追召瑜还。遂任瑜以行事,以肃为赞军校尉,助画方略。曹公破走,肃即先还,权大请诸将迎肃。肃将入阁拜,权起礼之,因谓曰:"子敬,孤持鞍下马相迎,足以显卿未?"肃趋进曰:"未也。"众人闻之,无不愕然。就坐,徐举鞭言曰:"愿至尊威德加乎四海,总括九州,克成帝业,更以安车软轮征肃,始当显耳。"权抚掌欢笑。后备诣京见权,求都督荆州,惟肃劝权借之,共拒曹公[15]。曹公闻权以土地业备,方作书,落笔于地。

周瑜病困,上疏曰:"当今天下,方有事役,是瑜乃心夙夜所忧,愿至尊先虑未然,然后康乐。今既与曹操为敌,刘备近在公安,边境密迩,百姓未附,宜得良将以镇抚之。鲁肃智略足任,乞以代瑜。瑜陨踣之日,所怀尽矣[16]。"即拜肃奋武校尉,代瑜领兵。瑜士众四千余人,奉邑四县,皆属焉。令程普领南郡太守。肃初住江陵,后下屯陆口,威恩大行,众增万余人,拜汉昌太守、偏将军。十九年,从权破皖城,转横江将军。

先是,益州牧刘璋纲维颓弛,周瑜、甘宁并劝权取蜀,权以咨备,备内欲自规,乃伪报曰:"备与璋托为宗室,冀凭英灵,以匡汉朝。今璋得罪左右,备独竦惧,非所敢闻,愿加宽贷。若不获请,备当放发归于山林。"后备西图璋,留关羽守,权曰:"猾虏乃敢挟诈!"及羽与肃邻界,数生狐疑,疆场纷错,肃常以欢好抚之。备既定益州,权求长沙、零、桂,备不承旨,权遣吕蒙率众进取。备闻,自还公安,遣羽争三郡。肃住益阳,与羽相拒。肃邀羽相见,各驻兵马百步上,但诸将军单刀俱会。肃因责数羽曰:"国家区区本以土地借卿家者,卿家军败远来,无以为资故也。今已得益州,既无奉还之意,但求三郡,又不从命。"语未究竟,坐有一人曰:"夫土地者,惟德所在耳,何常之有!"肃厉声呵之,辞色甚切。羽操刀起谓曰:"此自国家事,是人何知!"目使之去[17]。备遂割湘水为界,于是罢军。

肃年四十六,建安二十二年卒。权为举哀,又临其葬,诸葛亮亦为发哀[18]。权称尊号,临坛,顾谓公卿曰:"昔鲁子敬尝道此,可谓明于事势矣。"

肃遗腹子淑既壮,濡须督张承谓终当到至。永安中,为昭武将军、都亭侯、武昌督。建衡中,假节,迁夏口督。所在严整,有方干。凤皇三年卒。子睦袭爵,领兵马。

吕蒙字子明,汝南富陂人也。少南渡,依姊夫邓当。当为孙策将,数讨山越。蒙年十五六,窃随当击贼,当顾见大惊,呵叱不能禁止。归以告蒙母,母恚欲罚之,蒙曰:"贫贱难可居,脱误有功,富贵可致。且不探虎穴,安得虎子?"母哀而舍之。时当职吏以蒙年小轻之,曰:"彼竖子何能为?此欲以肉喂虎耳。"他日与蒙会,又蚩辱之。蒙大怒,引刀杀吏,出走,逃邑子郑长家。出因校尉袁雄自首,承间为言,策召见奇之,引置左右。数岁,邓当死,张昭荐蒙代当,拜别部司马。权统事,料诸小将兵少而用薄者,欲并合之。蒙阴赊贳,为兵作绛衣行縢,及简日,陈列赫然,兵人练习,权见之大悦,增其兵。从讨丹阳,所向有功,拜平北都尉,领广德长。

从征黄祖,祖令都督陈就逆以水军出战。蒙勒前锋,亲枭就首,将士乘胜,进攻其城。祖闻就死,委城走,兵追禽之。权曰:"事之克,由陈就先获也。"以蒙为横野中郎将,赐钱千万。是岁,又与周瑜、程普等西破曹公于乌林,围曹仁于南郡。益州将袭肃举军来附,瑜表以肃兵益蒙,蒙盛称肃有胆用,且慕化远来,于义宜益不宜夺也。权善其言,还肃兵。瑜使甘宁前据夷陵,曹仁分众攻宁,宁困急,使使请救。诸将以兵少不足分,蒙谓瑜、普曰:"留凌公绩,蒙与君行,解围释急,势亦不久,蒙保公绩能十日守也。"又说瑜分遣三百人柴断险道,贼走可得其马。瑜从之。军到夷陵,即日交战,所杀过半。敌夜遁去,行遇柴道,骑皆舍马步走。兵追蹙击,获马三百匹,方船载还。于是将士形势自倍,乃渡江立屯,与相攻击,曹仁退走,遂据南郡,抚定荆州。还,拜偏将军,领寻阳令。

鲁肃代周瑜,当之陆口,过蒙屯下。肃意尚轻蒙,或说肃曰:"吕将军功名日显,不可以故意待也,君宜顾之。"遂往诣蒙。酒酣,蒙问肃曰:"君受重任,与关羽为邻,将何计略以备不虞?"肃造次应曰:"临时施宜。"蒙曰:"今东西虽为一家,而关羽实熊虎也。计安可不豫定?"因为肃画五策。肃于是越席就之,拊其背曰:"吕子明,吾不知卿才略所及乃至于此也。"遂拜蒙母,结友而别[19]。

时蒙与成当、宋定、徐顾屯次比近,三将死,子弟幼弱,权悉以兵并蒙。蒙固辞,陈启顾等皆勤劳国事,子弟虽小,不可废也。书三上,权乃听。蒙于是又为择师,使辅导之,其操心率如此。

魏使庐江谢奇为蕲春典农,屯皖田乡,数为边寇。蒙使人诱之,不从,则伺隙袭击,奇遂缩退,其部伍孙子才、宋豪等,皆携负老弱,诣蒙降。后从权拒曹公于濡须,数进奇计,又劝权夹水口立坞,所以备御甚精[20],曹公不能下而退。

曹公遣朱光为庐江太守,屯皖,大开稻田,又令间人招诱鄱阳贼帅,使作内应。蒙曰:"皖田肥美,若一收熟,彼众必增,如是数岁,操态见矣,宜早除之。"乃具陈其状。于是权亲征皖,引见诸将,问以计策[21]。蒙乃荐甘宁为升城督,督攻在前,蒙以精锐继之。侵晨进攻,蒙手执枹鼓,士卒皆腾踊自升,食时破之。既而张辽至夹石,闻城已拔,乃退。权嘉其功,即拜庐江太守,所得人马皆分与之,别赐寻阳屯田六百户,官属三十人。蒙还寻阳,未期而庐陵贼起,诸将击之不能禽,权曰:"鸷鸟累百,不如一鹗。"复令蒙讨之。蒙至,诛其首恶,余皆释放,复为平民。

是时刘备令关羽镇守,专有荆土,权命蒙西取长沙、零、桂三郡。蒙移书二郡,望风归服,惟零陵太守郝普城守不降。而备自蜀亲至公安,遣羽争三郡。权时住陆口,使鲁肃将万人屯益阳拒羽,而飞书召蒙,使舍零陵,急还助肃。

初,蒙既定长沙,当之零陵,过酃,载南阳邓玄之,玄之者郝普之旧也,欲令诱普。及被书当还,蒙秘之,夜召诸将,授以方略,晨当攻城,顾谓玄之曰:"郝子太闻世间有忠义事,亦欲为之,而不知时也。左将军在汉中,为夏侯渊所围。关羽在南郡,今至尊身自临之。近者破樊本屯,救酃,逆为孙规所破。此皆目前之事,君所亲见也。彼方首尾倒悬,救死不给,岂有余力复营此哉?今吾士卒精锐,人思致命,至尊遣兵,相继于道。今子太以旦夕之命,待不可望之救,犹牛蹄中鱼,冀赖江汉,其不可恃亦明矣。若子太必能一士卒之心,保孤城之守,尚能稽延旦夕,以待所归者,可也。今吾计力度虑,而以攻此,曾不移日,而城必破,城破之后,身死何益于事,而令百岁老母,戴白受诛,岂不痛哉?度此家不得外闻,谓援可恃,故至于此耳。君可见之,为陈祸福。"玄之见普,具宣蒙意,普惧而听之。玄之先出报蒙:"普寻后当至。"蒙豫敕四将,各选百人,普出,便入守城门。须臾普出,蒙迎执其手,与俱下船。语毕,出书示之,因拊手大笑。普见书,知各在公安而羽在益阳,惭恨入地。蒙留孙皎,委以后事,即日引军赴益阳。刘备请盟,权乃归普等,割湘水,以零陵还之。以寻阳、阳新为蒙奉邑。师还,遂征合肥,既撤兵,为张辽等所袭,蒙与凌统以死扞卫。后曹公又大出濡须,权以蒙为督,据前所立坞,置强弩万张于其上,以拒曹公。曹公前锋屯未就,蒙攻破之,曹公引退。拜蒙左护军、虎威将军。

鲁肃卒,蒙西屯陆口,肃军人马万余尽以属蒙。又拜汉昌太守,食下隽、刘阳、汉昌、州陵。与关羽分土接境,知羽骁雄,有并兼心,且居国上流,其势难久。初,鲁肃等以为曹公尚存,祸难始构,宜相辅协,与之同仇,不可失也,蒙乃密陈计策曰:"令征虏守南郡,潘璋住白帝,蒋钦将游兵万人循江上下,应敌所在,蒙为国家前据襄阳,如此,何忧于操,何赖于羽?且羽君臣矜其诈力,所在反覆,不可以腹心待也。今羽所以未便东向者,以至尊圣明,蒙等尚存也。今不于强壮时图之,一旦僵仆,欲复陈力,其可得邪?"权深纳其策,又卿复与论取徐州意,蒙对曰:"今操远在河北,新破诸袁,抚集幽、冀,未暇东顾。徐土守兵,闻不足言,往自可克。然地势陆通,骁骑所骋,至尊今日得徐州,操后旬必来争,虽以七八万人守之,犹当怀忧。不如取羽,全据长江,形势益张。"权尤以此言为当。及蒙代肃,初至陆口,外倍修恩厚,与羽结好。

后羽讨樊,留兵将备公安、南郡。蒙上疏曰:"羽讨樊而多留备兵,必恐蒙图其后故也。蒙常有病,乞分士众还建业,以治疾为名。羽闻之,必撤备兵,尽赴襄阳。大军浮江,昼夜驰上,袭其空虚,则南郡可下,而羽可擒也。"遂称病笃,权乃露檄召蒙还,阴与图计。羽果信之,稍撤兵以赴樊。魏使于禁救樊,羽尽擒禁等,人马数万,托以粮乏,擅取湘关米。权闻之,遂行,先遣蒙在前。蒙至寻阳,尽伏其精兵䑹𦩘中,使白衣摇橹,作商贾人服,昼夜兼行,至羽所置江边屯候,尽收缚之,是故羽不闻知。遂到南郡,士仁、麋芳皆降[22]。蒙入据城,尽得羽及将士家属,皆抚慰,约令军中不得干历人家,有所求取。蒙麾下士,是汝南人,取民家一笠,以覆官铠,官铠虽公,蒙犹以为犯军令,不可以

乡里故而废法,遂垂涕斩之。于是军中震栗,道不拾遗。蒙旦暮使亲近存恤耆老,问所不足,疾病者给医药,饥寒者赐衣粮。羽府藏财宝,皆封闭以待权至。羽还,在道路,数使人与蒙相闻,蒙辄厚遇其使,周游城中,家家致问,或手书示信。羽人还,私相参讯,咸知家门无恙,见待过于平时,故羽吏士无斗心。会权寻至,羽自知孤穷,乃走麦城,西至漳乡,众皆委羽而降。权使朱然、潘璋断其径路,即父子俱获,荆州遂定。

以蒙为南郡太守,封孱陵侯[23],赐钱一亿,黄金五百斤。蒙固辞金钱,权不许。封爵未下,会蒙疾发,权时在公安,迎置内殿,所以治护者万方,募封内有能愈蒙疾者,赐千金。时有针加,权为之惨戚,欲数见其颜色,又恐劳动,常穿壁瞻之,见小能下食则喜,顾左右言笑,不然则咄唶,夜不能寐。病中瘳,为下赦令,群臣毕贺。后更增笃,权自临视,命道士于星辰下为之请命。年四十二,遂卒于内殿。时权哀痛甚,为之降损。蒙未死时,所得金宝诸赐尽付府藏,敕主者命绝之日皆上还,丧事务约。权闻之,益以悲感。

蒙少不修书传,每陈大事,常口占为笺疏。常以部曲事为江夏太守蔡遗所白,蒙无恨意。及豫章太守顾邵卒,权问所用,蒙因荐遗奉职佳吏,权笑曰:"君欲为祁奚邪?"于是用之。甘宁粗暴好杀,既常失蒙意,又时违权令,权怒之,蒙辄陈请:"天下未定,斗将如宁难得,宜容忍之。"权遂厚宁,卒得其用。

蒙子霸袭爵,与守冢三百家,复田五十顷。霸卒,兄琮袭侯。琮卒,弟睦嗣。

孙权与陆逊论周瑜、鲁肃及蒙曰:"公瑾雄烈,胆略兼人,遂破孟德,开拓荆州,邈焉难继,君今继之。公瑾昔要子敬来东,致达于孤,孤与宴语,便及大略帝王之业,此一快也。后孟德因获刘琮之势,张言方率数十万众水步俱下。孤普请诸将,咨问所宜,无适先对,至子布、文表,俱言宜遣使修檄迎之,子敬即驳言不可,劝孤急呼公瑾,付任以众,逆而击之。此二快也。且其决计策意,出张、苏远矣。后虽劝吾借玄德地,是其一短,不足以损其二长也。周公不求备于一人,故孤忘其短而贵其长,常以比方邓禹也。又子明少时,孤谓不辞剧易,果敢有胆而已。及身长大,学问开益,筹略奇至,可以次于公瑾,但言议英发不及之耳。图取关羽,胜于子敬。子敬答孤书云:'帝王之起,皆有驱除,羽不足忌。'此子敬内不能办,外为大言耳,孤亦恕之,不苟责也。然其作军屯营,不失令行禁止,部界无废负,路无拾遗,其法亦美也。"

评曰:曹公乘汉相之资,挟天子而扫群桀,新荡荆城,仗威东夏,于时议者莫不疑贰。周瑜、鲁肃建独断之明,出众人之表,实奇才也。吕蒙勇而有谋,断识军计,谲郝普,禽关羽,最其妙者。初虽轻果妄杀,终于克己,有国士之量,岂徒武将而已乎!孙权之论,优劣允当,故载录焉。

注:
[1] 谢承《后汉书》曰:景字仲向,少以廉能见称,以明学察孝廉,

〔1〕辟公府。后为豫州刺史,辟汝南陈蕃为别驾,颍川李膺、荀绲、杜密、沛国朱寓为从事,皆天下英俊之士。稍迁至尚书令,遂登太尉。张璠《汉纪》曰:景父荣,章、和世为尚书令。初景历位牧守,好善爱士,每岁举孝廉,延请入,上后堂,与家人宴会,如此者数四。及赠送既备,又选用其子弟,常称曰:"移臣作子,于政何有?"先是,司徒韩缜为河内太守,在公无私,所举一辞而已,后亦不及其门户,曰:"我举若可矣,不令恩偏称一家也。"当时论者,或两讥焉。

〔2〕《江表传》曰:策又给瑜鼓吹,为治馆舍,赠赐莫与为比。策令曰:"周公瑾英俊异才,与孤有总角之好,骨肉之分。如前在丹阳,发众及船粮以济大事,论德酬功,此未足以报者也。"

〔3〕《江表传》曰:策从容戏瑜曰:"桥公二女虽流离,得吾二人作婿,亦足为欢。"

〔4〕臣松之案:孙策于时始得豫章、庐陵,尚未能得定江夏。瑜之所镇,应在今巴丘县也,与后所卒巴丘处不同。

〔5〕《江表传》曰:"曹公新破袁绍,兵威日盛,建安七年,下书责权质任子。权召群臣会议,张昭、秦松等犹豫不能决,权意不欲遣质,乃独将瑜诣母前定议,瑜曰:"昔楚国初封于荆山之侧,不满百里之地,继嗣贤能,广土开境,立基于郢,遂据荆扬,至于南海,传业延祚,九百余年。今将军承父兄余资,兼六郡之众,兵精粮多,将士用命,铸山为铜,煮海为盐,境内富饶,人不思乱,泛舟举帆,朝发夕到,士风劲勇,所向无敌,有何逼迫而欲送质?质一入,不得不与曹氏相首尾,与相首尾,则命召不得不往,便见制于人也。极不过一侯印,仆从十余人,车数乘,马数匹,岂与南面称孤同哉?不如勿遣,徐观其变。若曹氏能率义以正天下,将军事之未晚。若图为暴乱,兵犹火也,不戢将自焚。将军韬勇抗威,以待天命,何送质之有!"权母曰:"公瑾议是也。公瑾与伯符同年,小一月耳,我视之如子也,汝其兄事之。"遂不送质。

〔6〕《江表传》曰:"权拔刀斫前奏案曰:'诸将吏敢复有言当迎操者,与此案同!'及会罢之夜,瑜请见曰:"诸人徒见操书,言水步八十万,而各恐慑,不复料其虚实,便开此议,甚无谓也。今以实校之,彼所将中国人,不过十五六万,且军已久疲,所得表众,亦极七八万耳,尚怀狐疑。夫以疲病之卒,御狐疑之众,众数虽多,甚未足畏。得精兵五万,自足制之,愿将军勿虑。"权抚背曰:"公瑾,卿言至此,甚合孤心。子布、文表诸人,各顾妻子,挟持私虑,深失所望,独卿与子敬与孤同耳,此天以卿二人赞孤也。五万兵难卒合,已选三万人,船粮战具俱办,卿与子敬、程公便在前发,孤当续发人众,多载资粮,为卿后援。卿能办之者诚快,邂逅不如意,便还就孤,孤当与孟德决之。"臣松之以为建计拒曹公,实始鲁肃。于时周瑜使鄱阳,肃劝权呼瑜,瑜使鄱阳还,但与肃暗同,故能共成大勋。本传直云,权延见群下,问以计策,瑜摆拨众人之议,独言抗拒之计,了不云肃先有谋,殆为攘肃之善也。

〔7〕《江表传》载盖书曰:"盖受孙氏厚恩,常为将帅,见遇不薄。然顾天下事有大势,用江东六郡山越之人,以当中国百万之众,寡众不敌,海内所共见也。东方将吏,无有愚智,皆知其不可,惟周瑜、鲁肃偏怀浅戆,意未解耳。今日归命,是其实计。瑜所督领,自易摧破。交锋之日,盖为前部,当因事变化,效命在近。"曹公特见行人,密问之,口敕曰:"但恐汝诈耳。盖若信实,当授爵赏,超于前后也。"

〔8〕《江表传》曰:"至战日,盖先取轻利舰十舫,载燥荻枯柴积其中,灌以鱼膏,赤幔覆之,建旌龙幡于舰上。时东南风急,因以十舰最著前,中江举帆,盖举火白诸校,使众兵齐声大叫曰:'降焉!'操军人皆出营立观。去北军二里余,同时发

火,火烈风猛,往船如箭,飞埃绝烂,烧尽北船,延及岸边营柴。瑜等率轻锐寻继其后,雷鼓大进,北军大坏,曹公退走。

〔9〕《吴录》曰:备谓瑜云:"仁守江陵城,城中粮多,足为疾害。使张益德将千人随卿,卿分二千人追我,相为从夏水入截仁后,仁闻吾入必走。"瑜以二千人益之。

〔10〕臣松之案,瑜欲取蜀,还江陵治严,所卒之处,应在今之巴陵,与前所镇巴丘,名同处异也。

〔11〕《江表传》:普颇以年长,数陵侮瑜。瑜折节容下,终不与校。普后自敬服而亲重之,乃告人曰:"与周公瑾交,若饮醇醪,不觉自醉。"时人以其谦让服人如此。初曹公闻瑜年少有美才,谓可游说动也,乃密下扬州,遣九江蒋干往见瑜。干有仪容,以才辩见称,独步江、淮之间,莫与为对。乃布衣葛巾,自托私行诣瑜。瑜出迎之,立谓干曰:"子翼良苦,远涉江湖为曹氏作说客耶?"干曰:"吾与足下州里,中间别隔,遥闻芳烈,故来叙阔,并观雅规,而云说客,无乃逆诈乎?"瑜曰:"吾虽不及夔、旷,闻弦赏音,足知雅曲也。"因延干入,为设酒食。毕,遣之曰:"适吾有密事,且出就馆,事了,别自相请。"后三日,瑜请干与周观营中,行视仓库军资器仗讫,还宴饮,示之侍者服饰珍玩之物,因谓干曰:"丈夫处世,遇知己之主,外托君臣之义,内结骨肉之恩,言行计从,祸福共之,假使苏秦更生,郦叟复出,犹抚其背而折其辞,岂足下幼生所能移乎?"干但笑,终无所言。干还,称瑜雅量高致,非言辞所间。中州之士,亦以此多之。刘备之自京还也,权乘飞云大船,与张昭、秦松、鲁肃等十余人共追送之,大宴会叙别。昭、肃等既出,权独与备留语,因言次,叹瑜曰:"公瑾文武筹略,万人之英,顾其器量广大,恐不久为人臣耳。"瑜之破魏军也,曹公曰:"孤不羞走。"后书与权曰:"赤壁之役,值有疾病,孤烧船自退,横使周瑜虚获此名。"瑜威声远著,故曹公、刘备咸欲疑谮之。及卒,权流涕曰:"公瑾有王佐之资,今忽短命,孤何赖哉!"后权称尊号,谓公卿曰:"孤非周公瑾,不帝矣。"

〔12〕《吴书》:"肃体貌魁奇,少有壮节,好为奇计。天下将乱,乃学击剑骑射,招聚少年,给其衣食,往南山中射猎,阴相部勒,讲武习兵。父老咸曰:"鲁氏世衰,乃生此狂儿!"后雄杰并起,中州扰乱,肃乃命其属曰:"中国失纲,寇贼横暴,淮、泗间非遗种之地,吾闻江东沃野万里,民富兵强,可以避害,宁肯相随俱至乐土,以观时变乎?"其属皆从命。乃使细弱在前,强壮在后,男女三百余人行。州追骑至,肃等徐行,勒兵持满,谓之曰:"卿等丈夫,当解大数。今日天下兵乱,有功弗赏,不追无罚,何为相逼乎?"又自植盾,引弓射之,矢皆洞贯。骑既嘉肃言,且度不能制,乃相率而还。肃渡江往见策,策亦雅奇之。

〔13〕臣松之案:刘备与权并力,共拒中国,皆肃之本谋。又语诸葛亮曰"我子瑜友也",则亮已亟闻斯言矣。而《蜀书亮传》曰:"亮以连横之略说权,权乃大喜。"如似此计始出于亮。若二国史官,各记所闻,竞述称扬本国容美,各取其功。今此二书,同出一人,而舛互若此,非载述之体也。

〔14〕《魏书》及《九州春秋》曰:曹公征荆州,孙权大惧,鲁肃实欲劝权拒曹公,乃激说权曰:"彼曹公者,实严敌也,新并袁绍,兵马甚精,乘战胜之威,伐丧乱之国,克可必也。不如遣兵助之,且送军家诣邺;不然,将危。"权大怒,欲斩肃,肃因曰:"今事已急,即有他图,何不遣兵助刘备,而欲斩我乎?"权然之,乃遣周瑜助备。孙盛曰:《吴书》及《江表传》,鲁肃一见孙权便说拒曹公而论帝王之略,刘表之死也,又请使观变,无缘方复激说劝迎曹公也。又是时劝迎者众,而

云独欲斩肃,非其论也。

〔15〕《汉晋春秋》曰:吕范劝留备,肃曰:"不可。将军虽神武命世,然曹公威力实重,初临荆州,恩信未洽,宜以借备,使抚安之。多操之敌,而自为树党,计之上也。"权即从之。

〔16〕《江表传》载:初瑜疾困,与权笺曰:"瑜以凡才,昔受讬逆殊特之遇,委以腹心,遂荷荣任,统御兵马,志执鞭驱,自效戎行。规定巴蜀,次取襄阳,凭赖威灵,谓若在握。至以不谨,道遇暴疾,昨自医疗,日加无损。人生有死,修短命矣,诚不足惜,但恨微志未展,不复奉教命耳。方今曹公在北,疆场未静,刘备寄寓,有似养虎,天下之事,未知终始,此朝士旰食之秋,至尊垂虑之日也。鲁肃忠烈,临事不苟,可以代瑜。人之将死,其言也善,倘或可采,瑜死不朽矣。"案此笺与本传所载,意旨虽同,其辞乖异耳。

〔17〕《吴书》曰:肃欲与羽会语,诸将疑恐有变,议不可往。肃曰:"今日之事,宜相开譬。刘备负国,是非未决,羽亦何敢重欲干命!"乃趋就羽。羽曰:"乌林之役,左将军身在行间,寝不脱介,戮力破魏,岂得徒劳无一块壤,而足下来欲收地邪?"肃曰:"不然。始与豫州观于长阪,豫州之众不当一校,计穷虑极,志势摧弱,图欲远窜,望不及此。主上矜愍豫州之身无有处所,不爱土地士人之力,使有所庇荫以济其患,而豫州私独饰情,愆德隳好。今已借手于西州矣,又欲翦并荆州之土,斯盖凡夫所不忍行,而况整领人物之主乎!肃闻贪而弃义,必为祸阶。吾子属当重任,曾不能明道处分,以义辅时,而负恃弱众以图力争,师曲为老,将何获济?"羽无以答。

〔18〕《吴书》曰:肃为人方严,寡于玩饰,内外节俭,不务俗好。治军整顿,禁令必行,虽在军阵,手不释卷。又善谈论,能属文辞,思度弘远,有过人之明。周瑜之后,肃为之冠。

〔19〕《江表传》曰:初,权谓蒙及蒋钦曰:"卿今并当涂掌事,宜学问以自开益。"蒙曰:"在军中常苦多务,恐不容复读书。"权曰:"孤岂欲卿治经为博士邪?但当令涉猎见往事耳。卿言多务,孰若孤?孤少时历《诗》、《书》、《礼记》、《左传》、《国语》,惟不读《易》。至统事以来,省三史、诸家兵书,自以为大有所益。如卿二人,意性朗悟,学必得之,宁当不为乎?宜急读《孙子》、《六韬》、《左传》、《国语》及三史。孔子言'终日不食,终夜不寝以思,无益,不如学也'。光武当兵马之务,手不释卷。孟德亦自谓老而好学。卿何独不自勉勖邪?"蒙始就学,笃志不倦,其所览见,旧儒不胜。后鲁肃上代周瑜,过蒙言议,常欲受屈。肃拊蒙背曰:"吾谓大弟但有武略耳,至于今者,学识英博,非复吴下阿蒙。"蒙曰:"士别三日,即更刮目相待。大兄今论,何一称穰侯乎?兄今代公瑾,既难为继,且与关羽为邻。斯人长而好学,读《左传》略皆上口,梗亮有雄气,然性颇自负,好陵人。今与为对,当有单复以乡待之。"密与肃陈三策,肃敬受之,秘而不宣。权常叹曰:"人长而进益,如吕蒙、蒋钦,盖不可及也。富贵荣显,更能折节好学,耽悦书传,轻财尚义,所行可迹,并作国士,不亦休乎!"

〔20〕《吴录》曰:权欲作坞,诸将皆曰:"上岸击贼,洗足入船,何用坞为?"吕蒙曰:"兵有利钝,战无百胜,如有邂逅,敌步骑蹙人,不暇及水,其得入船乎?"权曰:"善。"遂作之。

〔21〕《吴书》曰:诸将皆劝作土山,添攻具,蒙趋进曰:"治攻具及土山,必历日乃成,城备既修,外救必至,不可图也。且乘雨水以入,若留经日,水必向尽,还道艰难,蒙窃危之。今观此城,不能甚固,以三军锐气,四面并攻,不移时可拔,及水以归,全胜之道也。"权从之。

〔22〕《吴书》曰:将军士仁在公安拒守,蒙令虞翻说之。翻至城门,谓守者曰:"吾欲与汝将军语。"仁不肯相见。乃为书曰:"明者防祸于未萌,智者图患于将来,知得知失,可与为人,知存知亡,足别吉凶。大军之行,斥候不及施,烽火不及举,此非天命,必有内应。将军不先见时,时至又不应之,独守萦带之城而不降,死战则毁宗灭祀,为天下讥笑。吕虎威欲径到南郡,断绝陆道,生路一塞,案其地形,将军为在箕舌上耳,奔走不得免,降则失义,窃为将军不安,幸熟思焉。"仁得书,流涕而降。翻谓蒙曰:"此谲兵也,当将仁行,留兵备城。"遂收仁至南郡。南郡太守麋芳城守,蒙以仁示之,遂降。《吴录》曰:初,南郡城中失火,颇焚烧军器。羽以责芳,芳内畏惧。权闻而诱之,芳潜相和。及蒙攻之,乃以牛酒出降。

〔23〕《江表传》曰:权于公安大会,吕蒙以疾辞,权笑曰:"禽羽之功,子明谋也,今大功已捷,庆赏未行,岂邑邑邪?"乃增给步骑鼓吹,敕选虎威将军官属,并南郡、庐江二郡威仪。拜毕还营,兵马导从,前后鼓吹,光耀于路。

卷五十五　程黄韩蒋周陈董甘淩徐潘丁传第十

程普字德谋,右北平土垠人也。初为州郡吏,有容貌计略,善于应对。从孙坚征伐,讨黄巾于宛、邓,破董卓于阳人,攻城野战,身被创夷。

坚薨,复随孙策在淮南,从攻庐江,拔之,还俱东渡。策到横江、当利,破张英、于糜等,转下秣陵、湖孰、句容、曲阿,普皆有功,增兵二千,骑五十匹。进破乌程、石木、波门、陵传、余杭,普功为多。策入会稽,以普为吴郡都尉,治钱唐。后徙丹阳都尉,居石城。复讨宣城、泾、安吴、陵阳、春谷诸贼,皆破之。策尝攻祖郎,大为所围,普与一骑共蔽扞策,驱马疾呼,以矛突贼,贼披,策因随出。后拜荡寇中郎将,领零陵太守,从讨刘勋于寻阳,进攻黄祖于沙羡,还镇石城。

策薨,与张昭等共辅孙权,遂周旋三郡,平讨不服。又从征江夏,还过豫章,别讨乐安。乐安平定,代太史慈备海昏,与周瑜为左右督,破曹公于乌林,又进攻南郡,走曹仁。拜裨将军,领江夏太守,治沙羡,食四县。

先出诸将,普最年长,时人皆呼程公。性好施与,喜士大夫。周瑜卒,代领南郡太守。权分荆州与刘备,普复还领江夏,迁荡寇将军,卒[1]。权称尊号,追论普功,封子咨为亭侯。

黄盖字公覆,零陵泉陵人也[2]。初为郡吏,察孝廉,辟公府。孙坚举义兵,盖从之。坚南破山贼,北走董卓,拜盖别部司马。坚薨,盖随策及权,擐甲周旋,蹈刃屠城。诸山越不宾,有寇难之县,辄用盖为守长。石城县吏,特难检御,盖乃署两掾,分主诸曹。教曰:"令长不德,徒以武功为官,不以文吏为称。今贼寇未平,有军旅之务,一以文书委付两掾,当检摄诸曹,纠摘谬误。两掾所署,事入诺出,若有奸欺,终不加以鞭杖,宜各尽心,无为众先。"初皆怖威,夙夜恭职。久之,吏以盖不视文书,渐容人事。盖亦嫌外懈息,时有所省,各得两掾不奉法数事。乃悉请诸掾吏,赐酒食,因出事诘问。两掾辞屈,皆叩头谢罪。盖曰:"前已相敕,终不以鞭杖相加,非相欺也。"遂杀之。县中震栗。后转春穀长,寻阳令。凡守九县,所在平定。迁丹阳都尉,抑强扶弱,山越怀附。

盖姿貌严毅,善于养众,每所征讨,士卒皆争为先。建安中,随周瑜拒曹公于赤壁,建策火攻,语在《瑜传》[3]。拜武锋中郎将。武陵蛮夷反乱,攻守城邑,乃以盖领太守。时郡兵才五百人,自以不敌,因开城门,贼半入,乃击之,斩首数百,馀皆奔走,尽归邑落。诛讨魁帅,附从者赦之。自春讫夏,寇乱尽平,诸幽邃巴、醴、由、诞邑侯君长,皆改操易节,奉礼请见,郡境遂清。后长沙益阳县为山贼所攻,盖又平讨,加偏将军,病卒于官。

盖当官决断,事无留滞,国人思之[4]。及权践阼,追论其功,赐子柄爵关内侯。

韩当字义公,辽西令支人也[5]。以便弓马,有膂力,幸于孙坚,从征伐周旋,数犯危难,陷敌擒虏,为别部司马[6]。及孙策东渡,从讨三郡,迁先登校尉,授兵二千,骑五十匹。从征刘勋,破黄祖,还讨鄱阳,领乐安长,山越畏服。后以中郎将与周瑜等拒破曹公,又与吕蒙袭取南郡,迁偏将军,领永昌太守。宜都之役,与陆逊、朱然等共攻蜀军于涿乡,大破之。徙威烈将军,封都亭侯。曹真攻南郡,当保东南。在外为帅,厉将士同心固守,又敬望督司,奉遵法令,权善之。黄武二年,封石城侯,迁昭武将军,领冠军太守,后又加都督之号。将敢死及解烦兵万人,讨丹阳贼,破之。会病卒,子综袭侯领兵。其年,权征石阳,以综有忧,使守武昌,而综淫乱不轨。权虽以父故不问,综内怀惧[7],载父丧,将母家属部曲男女数千人奔魏。魏以为将军,封广阳侯。数犯边境,杀害人民,权常切齿。东兴之役,综为前锋,军败身死,诸葛恪斩送其首,以白权庙。

蒋钦字公奕,九江寿春人也。孙策之袭袁术,钦随从给事。及策东渡,拜别部司马,授兵。与策周旋,平定三郡,又从定豫章。调授葛阳尉,历三县长,讨平盗贼,迁西部都尉。会稽冶贼吕合、秦狼等为乱,钦将兵讨击,遂禽合、狼,五县平定,徙讨越中郎将,以经拘、昭阳为奉邑。贺齐讨黟贼,钦督万兵,与齐并力,黟贼平定。从征合肥,魏将张辽袭权于津北,钦力战有功,迁荡寇将军,领濡须督。后召还都,拜右护军,典领辞讼。权尝入其堂内,母疏帐缥被,妻妾布裙。权叹其在贵守约,即敕御府为母作锦被,改易帷帐,妻妾衣服悉皆锦绣。

初,钦屯宣城,尝讨豫章贼。芜湖令徐盛收钦屯吏,表斩之,权以钦在远不许,盛由是自嫌于钦。曹公出濡须,钦与吕蒙持诸军节度。盛常畏钦因事害己,而钦每称其善。盛既服德,论者美焉[8]。

权讨关羽,钦督水军入沔,还,道病卒。权素服举哀,以芜湖民二百户、田二百顷,给钦妻子。子壹封宣城侯,领兵拒刘备有功,还赴南郡,与魏交战,临阵卒。壹无子,弟休领兵,后有罪失业。

周泰字幼平,九江下蔡人也。与蒋钦随孙策为左右,服事恭敬,数战有功。策入会稽,署别部司马,授兵。权爱其为人,请以自给。策讨六县山贼,权住宣城,使士自卫,不能千人,意尚忽略,不治围落,而山贼数千人卒至。权始得上马,而贼锋刃已交于左右,或斫中马鞍,众莫能自定。惟泰奋激,投身卫权,胆气倍人,左右由泰并能就战。贼既解散,身被十二创,良久乃苏。是日无泰,权几危殆。策深德之,补春谷长。后从攻皖,及讨江夏,还过豫章,复补宜春长,所在皆食其征赋。

从讨黄祖有功,后与周瑜、程普拒曹公于赤壁,攻曹仁于南郡。荆州平定,将兵屯岑。曹公出濡须,泰复赴击,曹公退,留督濡须,拜平房将军。时朱然、徐盛等皆在所部,并不伏也,权特为案行至濡须坞,因会诸将,大为酣乐,权自行酒到泰前,命泰解衣,权手自指其创痕,问以所起。泰辄记昔战斗处以对,毕,使复服,欢宴极夜,其明日,遣使者授以御盖[9]。于是盛等乃伏。后权破关羽,欲进图蜀,拜泰汉中太守、奋威将军,封陵阳侯。黄武中卒。

子邵以骑都尉领军。曹仁出濡须战有功,又从攻破曹休,进位裨将军,黄龙二年卒。弟承领兵袭侯。

陈武字子烈,庐江松滋人。孙策在寿春,武往修谒,时年十八,长七尺七寸,因从渡江征讨,有功,拜别部司马。策破刘勋,多得庐江人,料其精锐,乃以武为督,所向无前。及权统事,转督五校。仁厚好施,乡里远方客多依托之。尤为权所亲爱,数至其家。累有功劳,进位偏将军。建安二十年,从击合肥,奋命战死。权哀之,自临其葬[10]。

子脩有武风,年十九,权召见奖厉,拜别部司马,授兵五百人。时诸新兵多有逃叛,而脩抚循得意,不失一人。权奇之,拜为校尉。建安末,追录功臣后,封脩都亭侯,为解烦督。黄龙元年卒。

弟表,字文奥,武庶子也,少知名,与诸葛恪、顾谭、张休等并侍东宫,皆共亲友,尚书暨艳亦与表善,后艳遇罪,时人咸自营护,信厚言薄,表独不然,士以此重之。从太子中庶子拜翼正都尉。兄脩亡后,表母不肯事脩母,表谓其母曰:"兄不幸早亡,表统家事,当奉嫡母。母若能为表屈情承顺嫡母者,是至愿也;若母不能,直当出别居耳。"表于大义公正如此。由是二母感寤雍穆。表以父死敌场,求用为将,领兵五百人。表欲得战士之力,倾意接待,士皆爱附,乐为用命。时有盗官物者,疑无难士施明。明素壮悍,收考极毒,惟死无辞,廷尉以闻。权以表能得健儿之心,诏以明付表,使自以意求其情实。表便破械沐浴,易其衣服,厚设酒食,欢以诱之。明乃首服,具列支党。表以状闻。权奇之,欲全其名,特为赦明,诛戮其党。迁表为无难右部督,封都亭侯,以继旧爵。表皆陈让,乞以传脩子延,权不许。嘉禾三年,诸葛恪领丹阳太守,讨平山越,以表领新安都尉,与恪参势。初,表所受赐复人得二百家,在会稽新安县。表简视其人,皆堪好兵,乃上疏陈让,乞以还官,充足精锐。诏曰:"先将军有功于国,国家以此报之,卿何得辞焉?"表乃称曰:"今除国贼,报父之仇,以人为本。空枉此劲锐以为僮仆,非表志也。"皆辄料取以充部伍。所在以闻,权甚嘉之。下郡县,料正户羸民以补其处。表在官三年,广开降纳,得兵万馀人。事捷当出,会鄱阳民吴遽等为乱,攻没城郭,属县摇动,表便越界赴讨,遽以破败,遂降。陆逊拜表偏将军,进封都乡侯,北屯章阬。年三十四卒。家财尽于养士,死之日,妻子露立,太子登为起屋宅。子敷年十七,拜别部司马,授兵四百人。敷卒,脩子延复为司马代敷。延弟永,将军,封侯。始施明感表,自变行为善,遂成健将,致位将军。

董袭字元代,会稽馀姚人,长八尺,武力过人[11]。孙策入郡,袭迎于高迁亭,策见而伟之,到署门下贼曹。时山阴宿贼黄龙罗、周勃聚党数千人,策自出讨,袭身斩罗、勃首,还拜别部司马,授兵数千,迁扬武都尉。从策攻皖,又讨刘勋于寻阳,伐黄祖于江夏。策薨,权年少,初统事,太妃忧之,引见张昭及袭等,问江东可保安不,袭对曰:"江东地势,有山川之固,而讨逆明府,恩德在民。讨虏承基,大小用命,张昭秉众事,袭等为爪牙,此地利人和之时也,万无所忧。"众皆壮其言。鄱阳贼彭虎等众数万人,袭与凌统、步骘、蒋钦各别分讨。袭所向辄破,虎等望见旌旗,便散走,旬日尽平,拜威越校尉,迁偏将军。

建安十三年,权讨黄祖,祖横两蒙冲挟守沔口,以栟闾大绁系石为矴,上有千人,以弩交射,飞矢雨下,军不得前。袭与凌统俱为前部,各将敢死百人,人被两铠,乘大舸船,突入蒙冲里。袭身以刀断两绁,蒙冲乃横流,大兵遂进。祖便开门走,兵追斩之。明日大会,权举觞属袭曰:"今日之会,断绁之功也。"曹公出濡须,袭从权赴之,使袭督五楼船住濡须口。夜卒暴风,五楼船倾覆,左右散走舸,乞使袭出。袭怒曰:"受将军任,在此备贼,何等委去也,敢复言此者斩!"于是莫敢干。其夜船败,袭死。权改服临殡,供给甚厚。

甘宁字兴霸,巴郡临江人也[12]。少有气力,好游侠,招合轻薄少年,为之渠帅。群聚相随,挟持弓弩,负毦带铃,民闻铃声,即知是宁[13]。人与相逢,及属城长吏,接待隆厚者乃与交欢,不尔,即放所将夺其资货,于长吏界中有所贼害,作其发负,至二十馀年。止不攻劫,颇读诸子,乃往依刘表,因居南阳,不见进用,后转托黄祖,祖又以凡人畜之[14]。

于是归吴。周瑜、吕蒙皆共荐达,孙权加异,同于旧臣。宁陈计曰:"今汉祚日微,曹操弥憍,终为篡盗。南荆之地,山陵形便,江川流通,诚是国之西势也。宁已观刘表,虑既不远,儿子又劣,非能承业传基者也。至尊当早规之,不可后操图之。图之之计,宜先取黄祖。祖今年老,昏耄已甚,财谷并乏,左右欺弄,务于货利,侵求吏士,吏士心怨,舟船战具,顿废不修,怠于耕农,军无法伍。至尊今往,其破可必。一破祖军,鼓行而西,西据楚关,大势弥广,即可渐规巴、蜀。"权深纳之。张昭时在坐,难曰:"吴下业业,若军果行,恐必致乱。"宁谓昭曰:"国家以萧何之任付君,君居守而忧乱,奚以希慕古人乎?"权举酒属宁曰:"兴

霸,今年行讨,如此酒矣,决以付卿。卿但当勉建方略,令必克祖,则卿之功,何嫌张长史之言乎!"权遂西,果禽祖,尽获其士众。遂授宁兵,屯当口[15]。

后随周瑜拒破曹公于乌林。攻曹仁于南郡,未拔,宁建计先径进取夷陵,往即得其城,因入守之。时手下有数百兵,并所新得,仅满千人。曹仁乃令五六千人围宁。宁受攻累日,敌设高楼,雨射城中,士众皆惧,惟宁谈笑自若。遣使报瑜,瑜用吕蒙计,帅诸将解围。后随鲁肃镇益阳,拒关羽。羽号有三万人,自择选锐士五千人,投县上流十馀里浅濑,云欲夜涉渡。肃与诸将议,宁时有三百兵,乃曰:"可复以五百人益吾,吾往对之,保羽闻吾咳唾,不敢涉水,涉水即是吾禽。"肃便选千兵益宁,宁乃夜往。羽闻之,住不渡,而结柴营,今遂名此处为关羽濑。权嘉宁功,拜西陵太守,领阳新、下雉两县。后从攻皖,为升城督。宁手持练,身缘城,为吏士先,卒破获朱光。计功,吕蒙为最,宁次之,拜折冲将军。

后曹公出濡须,宁为前部督,受敕出斫敌前营。权特赐米酒众肴,宁乃料赐手下百馀人食。食毕,宁先以银碗酌酒,自饮两碗,乃酌与其都督。都督伏,不肯时持。宁引白削置膝上,呵谓之曰:"卿见知于至尊,孰与甘宁?甘宁尚不惜死,卿何以独惜死乎?"都督见宁色厉,即起拜持酒,通彼兵各一银碗。至更二时,衔枚出斫敌。敌惊动,遂退。宁益贵重,增兵二千人[16]。

宁虽粗猛好杀,然开爽有计略,轻财敬士,能厚养健儿,健儿亦乐为用命。建安二十年,从攻合肥,会疫疾,军旅皆已引出,唯车下虎士千余人,并吕蒙、蒋钦、凌统及宁,从权逍遥津北。张辽觇望知之,即将步骑奄至。宁引弓射敌,与统等死战。宁厉声问鼓吹何以不作,壮气毅然,权尤嘉之[17]。

宁厨下儿曾有过,走投吕蒙。蒙恐宁杀之,故不即还。后宁赍礼礼蒙母,临当与升堂,乃出厨下儿还宁。宁许蒙不杀。斯须还船,缚置桑树,自挽弓射杀之。毕,敕船人更增舸缆,解衣卧船中。蒙大怒,击鼓会兵,欲就船攻宁。宁闻之,故卧不起。蒙母徒跣出谏蒙曰:"至尊待汝如骨肉,属汝以大事,何有以私怒而欲攻杀甘宁?宁死之日,纵至尊不问,汝是为臣下非法。"蒙素至孝,闻母言,即豁然意释,自至宁船,笑呼之曰:"兴霸,老母待卿食,急上!"宁涕泣歔欷曰:"负卿。"与蒙俱还见母,欢宴竟日。

宁卒,权痛惜之。子瑰,以罪徙会稽,无几死。

凌统字公绩,吴郡馀杭人也。父操,轻侠有胆气,孙策初兴,每从征伐,常冠军履锋。守永平长,平治山越,奸猾敛手,迁破贼校尉。及权统军,从讨江夏。入夏口,先登,破其前锋,轻舟独进,中流矢死。

统年十五,左右多称述者,权亦以操死国事,拜统别部司马,行破贼都尉,使摄父兵。后从击山贼,权破保屯先还,馀麻屯万人,统与督张异等留围之,克日当攻。先期,统与督陈勤会饮酒,勤刚勇任气,因督祭酒,陵轹一坐,举罚不以其道。统疾其侮慢,面折不为用。勤怒詈统,及其父操,统流涕不答,众因罢出。勤乘酒凶悖,又于道路

辱统。统不忍,引刀斫勤,数日乃死。及当攻屯,统曰:"非死无以谢罪。"乃率厉士卒,身当矢石,所攻一面,应时披坏,诸将乘胜,遂大破之。还,自拘于军正。权壮其果毅,使得以功赎罪。

后权复征江夏,统为前锋,与所厚健儿数十人共乘一船,常去大兵数十里。行入右江,斩黄祖将张硕,尽复船人。还以白权,引军兼道,水陆并集。时吕蒙败其水军,而统先搏其城,于是大获。权以统为承烈都尉,与周瑜等拒破曹公于乌林,遂攻曹仁,迁为校尉。虽在军旅,亲贤接士,轻财重义,有国士之风。又从破皖,拜荡寇中郎将,领沛相。与吕蒙等西取三郡,反自益阳,从往合肥,为右部督。时权彻军,前部已发,魏将张辽等奄至津北。权使追还前兵,兵去已远,势不相及,统率亲近三百人陷围,扶扞权出。敌已毁桥,桥之属者两版,权策马驱驰,统复还战,左右尽死,身亦被创,所杀数十人,度权已免,乃还。桥败路绝,统被甲潜行。权既御船,见之惊喜。统痛亲近无反者,悲不自胜。权引袂拭之,谓曰:"公绩,亡者已矣,苟使卿在,何患无人[18]?"拜偏将军,倍给本兵。时有荐同郡盛暹于权者,以为梗概大节有过于统,权曰:"且令如统足矣。"后召暹夜至,时统已卧,闻之,摄衣出门,执其手以入。其爱善不害如此。

统以山中人尚多壮悍,可以威恩诱也,权令东占且讨之,命敕属城,凡统所求,皆先给后闻。统素爱士,士亦慕焉。得精兵万余人,过本县,步入寺门,见长吏怀三版,恭敬尽礼,亲旧故人,恩意益隆。事毕当出,会病卒,时年四十九。权闻之,拊床起坐,哀不能自止,数日减膳,言及流涕,使张承为作铭诔。

二子烈、封,年各数岁,权内养于宫,爱待与诸子同,宾客进见,呼示之曰:"此吾虎子也。"及八九岁,令葛光教之读书,十日一令乘马,追录统功,封烈亭侯,还其故兵。后烈有罪免,封复袭爵领兵[19]。

徐盛字文向,琅邪莒人也。遭乱,客居吴,以勇气闻。孙权统事,以为别部司马,授兵五百人,守柴桑长,拒黄祖。祖子射,尝率数千人下攻盛。盛时吏士不满二百,与相拒击,伤射吏士千余人。已乃开门出战,大破之。射遂绝迹不复为寇。权以为校尉、芜湖令。复讨临成南阿山贼有功,徙中郎将,督校兵。曹公出濡须,从权御之。魏尝大出横江,盛与诸将俱赴讨。时乘蒙冲,遇迅风,船落敌岸下,诸将恐惧,未有出者,盛独将兵,上突斫敌,敌披退走,有所伤杀,风止便还,权大壮之。及权为魏称藩,魏使邢贞拜权为吴王。权出都亭候贞,贞有骄色,张昭既怒,而盛忿愤,顾谓同列曰:"盛等不能奋身出命,为国家并许、洛,吞巴蜀,而令吾君与贞盟,不亦辱乎!"因涕泣横流。贞闻之,谓其旅曰:"江东将相如此,非久下人者也。"

后迁建武将军,封都亭侯,领庐江太守,赐临成县为奉邑。刘备次西陵,盛攻取诸屯,所向有功。曹休出洞口,盛与吕范、全琮渡江拒守。遭大风,船人多丧,盛收余兵,与休夹江。休使兵将就船攻盛,盛以少御多,敌不能克,各引军退。迁安东将军,封芜湖侯。

后魏文帝大出,有渡江之志,盛建计从建业筑围,作薄落,围上设假楼,江中浮船。诸将以为无益,盛不听,固立之。文帝到广陵,望围愕然,弥漫数百里,而江水盛长,便引军退。诸将乃伏[20]。

黄武中卒。子楷,袭爵领兵。

潘璋字文珪,东郡发干人也。孙权为阳羡长,始往随权。性博荡嗜酒,居贫,好赊酤,债家至门,辄言后豪富相还。权奇爱之,因使召募,得百余人,遂以为将。讨山贼有功,署别部司马。后为吴大市刺奸,盗贼断绝,由是知名,迁豫章西安长。刘表在荆州,民数被寇,自璋在事,寇不入境。比县建昌起为贼乱,转领建昌,加武猛校尉,讨治恶民,旬月尽平,召合遗散,得八百人,将还建业。合肥之役,张辽奄至,诸将不备,陈武斗死,宋谦、徐盛皆披走,璋身次在后,便驰进,横马斩谦、盛兵走者二人,兵皆还战。权甚壮之,拜偏将军,遂领百校,屯半州。权征关羽,璋与朱然断羽走道,到临沮,住夹石。璋部下司马马忠禽羽,并羽子平、都督赵累等。权即分宜都巫、秭归二县为固陵郡,拜璋为太守、振威将军,封溧阳侯。甘宁卒,又并其军。刘备出夷陵,璋与陆逊并力拒之。璋部下斩备护军冯习等,所杀伤甚众,拜平北将军、襄阳太守。

魏将夏侯尚等围南郡,分前部三万人作浮桥,渡百里洲上,诸葛瑾、杨粲并会兵赴救,未知所出,而魏兵日渡不绝。璋曰:"魏势始盛,江水又浅,未可与战。"便将所领,到魏上流五十里,伐苇数百万束,缚作大筏,欲顺流放火,烧败浮桥。作筏适毕,伺水长当下,尚便引退。权称尊号,拜右将军。

璋为人粗猛,禁令肃然,好立功业,所领兵马不过数千,而其所在常如万人,征伐止顿,便立军市,他军所无,皆仰取足。然性奢泰,末年弥甚,服物僭拟。吏兵富者,或杀取其财物,数不奉法。监司举奏,权惜其功而辄原不问。嘉禾三年卒。子平,以无行徙会稽。璋妻居建业,赐田宅,复客五十家。

丁奉字承渊,庐江安丰人也。少以骁勇为小将,属甘宁、陆逊、潘璋等。数随征伐,战斗常冠军。每斩将搴旗,身被创夷。稍迁偏将军。孙亮即位,为冠军将军,封都亭侯。

魏遣诸葛诞、胡遵等攻东兴,诸葛恪率军拒之。诸将皆曰:"敌闻太傅自来,上岸必遁走。"奉独曰:"不然。彼动其境内,悉许、洛兵大举而来,必有成规,岂虚还哉!无恃敌之不至,恃吾有以胜之。"及恪上岸,奉与将军唐咨、吕据、留赞等,俱从山西上。奉曰:"今诸军行迟,若敌据便地,则难与争锋矣。"乃辟诸军使下道,帅麾下三千人径进。时北风,奉举帆二日至,遂据徐塘。天寒雪,敌诸将置酒高会,奉见其前部兵少,相谓曰:"取封侯爵赏,正在今日!"乃使兵解铠著胄,持短兵。敌人从而笑焉,不为设备。奉纵兵斫之,大破敌前屯。会据等至,魏军遂溃。迁灭寇将军,进封都乡侯。魏将文钦来降,以奉为虎威将军,从孙峻至寿春迎之,与敌追军战于高亭。奉跨马持矛,突入其阵中,斩首数百,获其军器。进封安丰侯。

太平二年，魏大将军诸葛诞据寿春来降，魏人围之。遣朱异、唐咨等往救，复使奉与黎斐解围。奉为先登，屯于黎浆，力战有功，拜左将军。孙休即位，与张布谋，欲诛孙綝，布曰："丁奉虽不能吏书，而计略过人，能断大事。"休召奉告曰："綝秉国威，将行不轨，欲与将军诛之。"奉曰："丞相兄弟友党甚盛，恐人心不同，不可卒制，可因腊会，有陛下兵以诛之也。"休纳其计，因会请綝，奉与张布目左右斩之。迁大将军，加左右都护。永安三年，假节领徐州牧。六年，魏伐蜀，奉率诸军向寿春，为救蜀之势。蜀亡，军还。

休薨，奉与丞相濮阳兴等从万彧之言，共迎立孙晧，迁右大司马、左军师。宝鼎三年，晧命奉与诸葛靓攻合肥。奉与晋大将石苞书，构而间之，苞以征还。建衡元年，奉复帅众治徐塘，因攻晋谷阳。谷阳民知之，引去，奉无所获。晧怒，斩奉导军。三年，卒。奉贵而有功，渐以骄矜，或有毁之者，晧追以前出军事，徙奉家于临川。奉弟封，官至后将军，先奉死。

评曰：凡此诸将，皆江表之虎臣，孙氏之所厚待也。以潘璋之不修，权能忘过记功，其保据东南，宜哉！陈表将家支庶，而与胄子名人比翼齐衡，拔萃出类，不亦美乎！

注：

[1]《吴书》曰：普杀叛者数百人，皆使投火，即日病疠，百余日卒。
[2]《吴书》曰：故南阳太守黄子廉之后也，枝叶分离，自祖迁于零陵，遂家焉。盖少孤，婴丁凶难，辛苦备尝，然有壮志，虽处贫贱，不自同于凡庸，常以负薪余闲，学书疏，讲兵事。
[3]《吴书》曰：赤壁之役，盖为流矢所中，时寒堕水，为吴军人所得，不知其盖也，置厕床中，盖自强以一声呼韩当，当闻之，曰："此公覆声也。"向之垂涕，解易其衣，遂以得生。
[4]《吴书》曰：又图画盖形，四时祠祭。
[5]令，音郎定反。支，音巨兒反。
[6]《吴书》曰：当勤苦有功，以军旅陪隶，分于英豪，故爵位不加。终于坚世，为别部司马。
[7]《吴书》曰：综欲叛，恐左右不从，因讽使劫略，示欲饶之，转相放效，为行旅大患。后因诈言被诏，以部曲为寇盗见诘让，云："将吏以下，当并收治，"又言恐罪自及。左右因曰："惟当去耳。"遂共图计，以当葬父，尽呼亲戚姑姊，悉以嫁将吏，所幸婢妾，皆赐与亲近，杀牛饮酒歃血，与共盟誓。
[8]《江表传》曰：权谓钦曰："盛前白卿，卿今举盛，欲慕祁奚邪？"钦对曰："臣闻公举不挟私怨，盛忠而勤强，有胆略器用，好万人督也。今大事未定，臣当助国求才，岂敢挟私恨以蔽贤乎！"权嘉之。
[9]《江表传》曰：权把其臂，因流涕交连，字之曰："幼平，卿为孤兄弟战如熊虎，不惜躯命，被创数十，肤如刻画，孤亦何心不待卿以骨肉之恩，委卿以兵马之重！卿吴之功臣，孤当与卿同荣辱，等休戚。幼平意快为之，勿以寒门自退也。"即敕以其常所用御帻青缣盖赐之。坐罢，住驾，使泰以兵导从出，鸣鼓角作鼓吹。
[10]《江表传》曰：权命以其爱妾殉葬，复客二百家。孙盛曰：昔三良从穆，秦师以之不征，魏妾既出，杜回之僵仆。祸福之报，如此之效也。权杖计任功，以生从死，世祚之促，不亦宜乎！

[11]谢承《后汉书》称袭志节慷慨，武毅英烈。
[12]《吴书》曰：宁本南阳人，其客于巴郡。宁为吏举计掾，补蜀郡丞，顷之，弃官归家。
[13]《吴书》曰：宁轻侠杀人，藏舍亡命，闻于郡中。其出入，步则陈车骑，水则连轻舟，侍从被文绣，所如光道路，住止常以缯锦维舟，去或割弃，以示奢也。
[14]《吴书》曰：宁将僮客八百人就刘表。表儒人，不习军事。时诸英豪各各起兵，宁观表事势终必无成，恐一朝土崩，并受其祸，欲东入吴。黄祖在夏口，军不得过，乃留依祖，祖三年不礼之。权讨祖，祖军败奔走，追兵急，宁以善射，将兵在后，射杀校尉凌操。祖既得免，军罢还营，待宁如初。初都督苏飞数荐宁，祖不用，令人化诱其客，客稍亡。宁欲去，恐不获免，独忧闷不知所出，飞知其意，乃要宁，为之置酒，谓曰："吾荐子者数矣，主不能用。日月逾迈，人生几何，宜自远图，庶遇知己。"宁良久乃曰："虽有其志，未知所由。"飞曰："吾欲白子为邾长，于是去就，孰与临阪转丸乎？"宁曰："幸甚。"飞白祖，听宁之邾。招怀亡客并义从者，得数百人。
[15]《吴书》曰：初，权破祖，先作两函，欲以盛祖与苏飞首。飞令人告急于宁，宁曰："飞若不言，吾岂忘之？"权为诸将置酒，宁下席叩头，血涕交流，为权言："飞畴昔旧恩，宁不值飞，固已捐骸于沟壑，不得致命于麾下。今飞罪自夷戮，特从将军乞其首领。"权感其言，谓曰："今为君致之，若走去何？"宁曰："飞免分裂之祸，受更生之恩，逐之尚必不走，岂当图亡哉！若尔，宁头当代入函。"权乃赦之。
[16]《江表传》曰："曹公出濡须，号步骑四十万，临江饮马。权率众七万应之，使宁领三千人为前部督。权密敕宁，使夜入魏军，宁乃选手下健儿百余人，径诣曹公营下，使拔鹿角，逾垒入营，斩得数十级。北军惊骇鼓噪，举火如星，宁已还入营，作鼓吹，称万岁。因夜见权，权喜曰："足以惊骇老子否？聊以观卿胆耳。"即赐绢千匹，刀百口。权曰："孟德有张辽，孤有兴霸，足相敌也。"停住月余，北军便退。
[17]《吴书》曰：凌统怨宁杀其父操，宁常备统，不与相见。权亦命统不得仇之。尝于吕蒙舍会，酒酣，统乃以刀舞。宁起曰："宁能双戟舞。"蒙曰："宁虽能，未若蒙之巧也。"因操刀持盾，以身分之。后权知统意，因令宁将兵，遂徙屯于半州。
[18]《吴书》曰：统创甚，权遂留统于舟，尽易其衣服。其创赖得卓氏良药，故得不死。
[19]孙盛曰：观孙权之养士也，倾心竭思，以求其死力，泣周泰之夷，殉陈武之妾，请吕蒙之命，育凌统之孤，卑曲苦志，如此之勤也。是故虽令德无闻，仁泽罔splendour著，而能屈强荆、吴，僭拟华夏，抑有由也。然霸王之道，期于大者远者，是以先王建德义之基，恢信顺之宇，制ающ德之纲，明贵贱之叙，易简而其亲可久，体全而其功可大，岂委琐近务，邀利于当年哉？《语》曰："虽小道，必有可观者焉，致远恐泥"，其是之谓乎！
[20]干宝《晋纪》所云疑狱，已注《孙权传》。《魏氏春秋》云：文帝叹曰："魏虽有武骑千群，无所用也。"

卷五十六

朱治朱然吕范朱桓传第十一

朱治字君理，丹阳故鄣人也。初为县吏，后察孝廉，州辟从事，随孙坚征伐。中平五年，拜司马，从讨长沙、零、桂等三郡贼周朝、苏马等，有功，坚表治行都尉。从破董卓于阳人，入洛阳。表治行督军校尉，特将步骑，东助徐州牧陶谦讨黄巾。

会坚薨，治扶翼策，依就袁术。后知术政德不立，乃劝策还平江东。时太傅马日磾在寿春，辟治为掾，迁吴郡都尉。是时吴景已在丹阳，而策为术攻庐江，于是刘繇恐为袁、孙所并，遂构嫌隙。而策家门尽在州下，治乃使人于曲阿迎太妃及权兄弟，所以供奉辅护，甚有恩纪。治从钱唐欲进到吴，吴郡太守许贡拒之于由拳，治与战，大破之。贡南就山贼严白虎，治遂入郡，领太守事。策既走刘繇，东定会稽。

权年十五，治举为孝廉。后策薨，治与张昭等共尊奉权。建安七年，权表治为吴郡太守，行扶义将军，割娄、由拳、无锡、毗陵为奉邑，置长吏。征讨夷越，佐定东南，禽截黄巾余类陈败、万秉等。黄武元年，封毗陵侯，领郡如故。二年，拜安国将军，金印紫绶，徙封故鄣。权历位上将，及为吴王，治每进见，权常亲迎，执版交拜，飨宴赠赐，恩敬特隆，至从行吏，皆传奉贽私觌，其见异如此。

初，权弟翊，性峭急，喜怒快意，治数责数，谕以道义。权从兄豫章太守贲，女为曹公子妇，及曹公破荆州，威震南土，贲畏惧，欲遣子入质。治闻之，求往见贲，为陈安危[1]，贲由此遂止。

权常叹治忧勤王事。性俭约，虽在富贵，车服惟供事。权优异之，自令督军御史典属城文书，治领四县租税而已。然公族子弟及吴四姓多出仕郡，郡吏常以千数，治率数年一遣诣王府，所遣数百人，每岁时献御，权答报过厚。是时丹阳深地，颇有奸叛，亦以年向老，思恋土风，自表屯故鄣，镇抚山越。诸父老故人，莫不诣门，治皆引进，与共饮宴，乡党以为荣。在故鄣岁余，还吴。黄武三年卒，在郡三十一年，年六十九。

子才，素为校尉领兵，既嗣父爵，迁偏将军[2]，才弟纪，权以策女妻之，亦以校尉领兵。纪弟纬、万岁，皆早夭。才子琬，袭爵为将，至镇西将军。

朱然字义封，治姊子也，本姓施氏。初治未有子，然年十三，乃启策乞以为嗣。策命丹阳郡以羊酒召然，然到吴，策优以礼贺。

然尝与权同学书，结恩爱。至权统事，以然为余姚长，时年十九。后迁山阴令，加折冲校尉，督五县。权奇其能，分丹阳为临川郡，然为太守[3]，授兵二千人。会山贼盛起，然平讨，旬月而定。曹公出濡须，然备大坞及三关屯，拜偏将军。建安二十四年，从讨关羽，别与潘璋到临沮禽羽，迁昭武将军，封西安乡侯。虎威将军吕蒙病笃，权问曰："卿如不起，谁可代者？"蒙对曰："朱然胆守有余，愚以为可任。"蒙卒，权假然节，镇江陵。黄武元年，刘备举兵攻宜都，然督五千人与陆逊并力拒备。然别攻破备前锋，断其后道，备遂破走。拜征北将军，封永安侯。

魏遣曹真、夏侯尚、张郃等攻江陵，魏文帝自住宛，为其势援，连屯围城。权遣将军孙盛督万人备州上，立围坞为然外救。郃渡兵攻盛，盛不能拒，即时却退，郃据州上围守，然中外断绝。权遣潘璋、杨粲等解围而围不解。时然城中兵多肿病，堪战者裁五千人。真等起土山，凿地道，立楼橹临城，弓矢雨注，将士皆失色，然晏如而无恐意，方厉吏士，伺间隙攻破两屯。魏攻围然凡六月日，未退。江陵令姚泰领兵备城北门，见外兵盛，城中人少，谷食欲尽，因与敌交通，谋为内应。垂发，事觉，然戮泰。尚等不能克，乃撤攻退还。由是然名震于敌国，改封当阳侯。

六年，权自率众攻石阳，及至旋师，潘璋断后。夜出错乱，敌追击璋，璋不能禁。然即还住拒敌，使前船得引极远，徐乃后发。黄龙元年，拜车骑将军、右护军，领兖州牧。顷之，以兖州在蜀分，解牧职。

嘉禾三年，权与蜀克期大举，权自向新城，然与全琮各受斧钺，为左右督。会吏士疾病，故未攻而退。

赤乌五年，征柤中[4]。魏将蒲忠、胡质各将数千人，忠要遮险隘，图断然后，质为忠继援。时然所督兵将先四出，闻问不暇收合，便将帐下见兵八百人逆掩。忠战不利，质等皆退[5]。

九年，复征柤中，魏将李兴等闻然深入，率步骑六千断然后道，然夜出逆之，军以胜反。先是，归义马茂怀奸，觉诛，权深忿之。然临行上疏曰："马茂小子，敢负恩养。臣今奉天威，事蒙克捷，欲令所获，震耀远近，方舟塞江，使足可观，以解上下之忿。惟陛下识臣先言，责臣后效。"权时抑表不出。然既献捷，群臣上贺，权乃举酒作乐，而出然表曰："此家前初有表，孤以为难必，今果如其言，可谓明于见事也。"遣使拜然为左大司马、右军师。

然长不盈七尺，气候分明。内行修洁，其所文采，惟施军器，余皆质素，终日钦钦。常在战场，临急胆定，尤过绝人，虽世无事，每朝夕严鼓，兵在营者，咸行装就队，以此玩敌，使不知所备，故出辄有功。诸葛瑾子融、步骘子协，虽各袭任，权特复使然总为大督。又陆逊亦卒，功臣名将存者惟然，莫与比隆。寝疾二年，后渐增笃，权昼为减膳，夜为不寐，中使医药口食之物，相望于道。然每遣使表疾病消息，权辄召见，口自问讯，入赐酒食，出送布帛。自创业功臣疾病，权意之所钟，吕蒙、凌统最重，然其次矣。年六十八，赤乌十二年卒，权素服举哀，为之感恸。子绩嗣。

绩字公绪，以父任为郎，后拜建忠都尉。叔父才卒，绩领其兵，随太常潘濬讨五溪，以胆力称。迁偏将军、营下督，领盗贼事，持法不倾。鲁王霸注意交绩，尝至其廨，就之坐，欲与结好，绩下地住立，辞而不当。然卒，绩袭业，拜平魏将军，乐乡督。明年，魏征南将军王昶率众攻江陵城，不克而退。绩与奋威将军诸葛融书曰："昶远来疲困，马无所食，力屈而走，此天助也。今追之力少，可引兵相继，吾欲破之于前，足下乘之于后，岂一人之功哉，宜同断金之义。"融答许绩。绩便引兵及昶到纪南，纪南去城三十里，绩先战胜而融不进，绩后失利，权深责绩，盛责怒融。融兄大将军恪贵重，故融得不废。初绩与恪、融不平，及此事变，为隙益甚。建兴元年，迁镇东将军。二年春，恪向新城，要绩并力，而留置半州，使融兼其任。冬，恪、融被害，绩复还乐乡，假节。太平二年，拜骠骑将军。孙綝秉政，大臣疑貳，绩恐吴必扰乱，而中国乘衅，乃密书结蜀，使为并兼之虑。蜀遣右将军阎宇将兵五千，增白帝守，以须绩之后命。永安初，迁上大将军、都护自巴丘上迄西陵。元兴元年，就拜左大司马。初，然为治行丧竟，乞复本姓，权不许，绩以五凤中表还为施氏，建衡二年卒。

吕范字子衡，汝南细阳人也。少为县吏，有容观姿貌。邑人刘氏，家富女美，范求之。女母嫌，欲勿与，刘氏曰："观吕子衡，宁当久贫者邪？"遂与之婚。后避乱寿春，孙策见而异之，范遂自委昵，将私客百人归策。时太妃在江都，策遣范迎之。徐州牧陶谦谓范为袁氏觇候，讽县掠考范，范亲客健儿篡取以归。时唯范与孙河常从策，跋涉辛苦，危难不避，策亦亲戚待之，每与升堂，饮宴于太妃前。后从策攻破庐江，还俱东渡，到横江、当利，破张英、于麋，下小丹阳、湖孰，领湖孰相。策定秣陵、曲阿，收笮融、刘繇余众，增范兵二千，骑五十匹。后领宛陵令，讨破丹阳贼，还吴，迁都督[6]。

是时下邳陈瑀自号吴郡太守，住海西，与强族严白虎交通。策自将讨虎，别遣范与徐逸攻瑀于海西，枭其大将陈牧[7]。又从攻祖郎于陵阳、太史慈于勇里。七县平定，拜征虏中郎将，征江夏，还平鄱阳。

策薨，奔丧于吴。后权复征江夏，范与张昭留守。曹公至赤壁，与周瑜等俱拒破之，拜裨将军，领彭泽太守，以鼓泽、柴桑、历阳为奉邑。刘备诣京见权，范密请留备。后迁平南将军，屯柴桑。

权讨关羽，过范馆，谓曰："昔早从卿言，无此劳也。今当上取之，卿为我守建业。"权破羽还，都武昌，拜范建威将军，封宛陵侯，领丹阳太守，治建业，督扶州以下至海，转以溧阳、怀安、宁国为奉邑。曹休、张辽、臧霸等来伐，范督徐盛、全琮、孙韶等，以舟师拒休等于洞口。迁前将军，假节，改封南昌侯。时遭大风，船人覆溺，死者数千，还军，拜扬州牧。

性好威仪，州民如陆逊、全琮及贵公子，皆修敬虔肃，不敢轻脱。其居处服饰，于时奢靡，然勤事奉法，故权悦其忠，不怪其侈[8]。初策使范典主财计，权时年少，私从有求，范必关白，不敢专许，当时以此见望。权守阳羡长，有所私用，策或料覆，功曹周谷辄为傅著簿书，使无谴问。权临时悦之，及后统事，以范忠诚，厚见信任，以谷能欺更簿书，不用也。

黄武七年，范迁大司马，印绶未下，疾卒。权素服举哀，遣使者追赠印绶。及还都建业，权过范墓呼曰："子衡！"言及流涕，祀以太牢[9]。

范长子先卒，次子据嗣。据字世议，以父任为郎，后范寝疾，拜副军校尉，佐领军事。范卒，迁安军中郎将。数讨山贼，诸深恶剧地，所击皆破。随太常潘濬讨五溪，复有功。朱然攻樊，据与朱异破城外围，还拜偏将军，入补马闲右部督，迁越骑校尉。太元元年，大风，江水溢流，渐淹城门，权使视水，独见据使人取大船以备害。权嘉之，拜荡魏将军。权寝疾，以据为太子右部督。太子即位，拜右将军。魏出东兴，据赴讨有功。明年，孙峻杀诸葛恪，迁为骠骑将军，平西宫事。五凤二年，假节，与峻等袭寿春，还遇魏将曹珍，破之于高亭。太平元年，帅师侵魏，未及淮，闻孙峻死，以从弟綝自代，据大怒，引军还，欲废綝。綝闻之，使中书奉诏，诏文钦、刘纂、唐咨等使取据，又遣从兄宪以都下兵逆据于江都。左右劝据降魏，据曰："耻为叛臣。"遂自杀。夷三族。

朱桓字休穆，吴郡吴人也。孙权为将军，桓给事幕府，除余姚长。往遇疫疠，谷食荒贵，桓分部良吏，隐亲医药，飧粥相继，士民感戴之。迁荡寇校尉，授兵二千人，使部伍吴、会二郡，鸠合遗散，期年之间，得万余人。后丹阳、鄱阳山贼蜂起，攻没城郭，杀略长吏，处处屯聚。桓督领诸将，周旋赴讨，应皆平定。稍迁裨将军，封新城亭侯。

后代周泰为濡须督。黄武元年，魏使大司马曹仁步骑数万向濡须，仁欲以兵袭取州上，伪先扬声欲东攻羡溪，桓分兵将赴羡溪，既发，卒得仁进军拒濡须七十里间。桓遣使追还羡溪兵，兵未到而仁奄至。时桓手下及所部兵，在者五千人，诸将业业，各有惧心，桓喻之曰："凡两军交对，胜负在将，不在众寡。诸君闻曹仁用兵行师，孰与桓邪？兵法所以称客倍而主人半者，谓俱在平原，无城池之守，又谓士众勇怯齐等故耳。今仁既非智勇，加其士卒甚怯，又千里步涉，人马疲困，桓与诸军，共据高城，南临大江，北背山陵，以逸待劳，为主制客，此百战百胜之势也。虽曹丕自来，尚不足忧，况仁等邪！"桓因偃旗鼓，外示虚弱，以诱致仁。仁果遣其子泰攻濡须城，分遣将军常雕督诸葛虔、王双等，乘油船别袭中洲。中洲者，部曲妻子所在也。仁自将万人留橐皋，复为泰等后拒。桓部将攻取油船，或别击雕等，桓身自拒泰，烧营而退，遂枭雕，生虏双，送武昌，临阵斩溺，死者千余。权嘉桓功，封嘉兴侯，迁奋武将军，领彭城相。

黄武七年，鄱阳太守周鲂谲诱魏大司马曹休，休将步骑十万至皖城以迎鲂。时陆逊为元帅，全琮与桓为左右督，各督三万人击休。休知见欺，当引军还，自负众盛，邀于一战。桓进计曰："休本以亲戚见任，非智勇名将也。今战必败，败必走，走当由夹石、挂车，此两道皆险厄，若以万兵柴路，则彼众可尽，而休可生虏，臣请将所部以断之。若蒙天威，得以休自效，便可乘胜长驱，进取寿春，割有淮南，以规许、洛，此万世一时，不可失也。"权先与陆逊议，逊以为不可，故计不施行。

黄龙元年，拜桓前将军，领青州牧，假节。嘉禾六年，魏庐江主簿吕习请大兵自迎，欲开门为应。桓与卫将军全琮俱以师迎，既至，事露，军当引还。城外有溪水，去城一里所，广三十余丈，深者八九尺，浅者半之，诸军勒兵渡去，桓自断后。时庐江太守李膺整严兵骑，欲须诸军半渡，因迫击之。及见桓节盖在后，卒不敢出，其见惮如此。

是时全琮为督，权又令偏将军胡综宣传诏命，参与军事。琮以军出无获，议欲部分诸将，有所掩袭。桓素气高，耻见部伍，乃往见琮，问行意，感激发怒，与琮校计。琮欲自解，因曰："上自令胡综为督，综意以为宜尔。"桓愈恚恨，乃使人呼综。综至军门，桓出迎之，顾谓左右曰："我纵手,汝等各自去。"有一人旁出,语综使还。桓出,不见综,知左右所为,因斫杀之。桓佐军进谏,刺杀佐军,遂托狂发,诣建业治病。权惜其功能,故不罪[10]。使子异摄领部曲,令医视护,数月复遣还中洲。权自出祖送,谓曰:"今寇虏尚存,王涂未一,孤当与君定天下,欲令君督五万人专当一面,以图进取,想君疾未复发也。"桓曰:"天授陛下圣姿,当君临四海,猥重任臣,以除奸逆,臣疾当自愈[11]。"桓性护前,耻为人下,每临敌交战,节度不得自由,辄嗔恚愤激。然轻财贵义,兼以强识,与人一面,数十年不忘,部曲万口,妻子尽识之。爱养吏士,赡护六亲,俸禄产业,皆与共分。及桓疾困,举营忧戚。年六十二,赤乌元年卒。吏士男女,无不号慕。又家无余财,权赐盐五千斛以周丧事。子异嗣。

异字季文,以父任除郎[12],后拜骑都尉,代桓领兵。赤乌四年,随朱然攻魏樊城,建计破其外围,还拜偏将军。魏庐江太守文钦营住六安,多设屯寨,置诸道要,以招诱亡叛,为边寇害。异乃身率其手下二千人,掩破钦七屯,斩首数百,迁扬武将军。权与论攻战,辞不称意。权谓异从父骠骑将军据曰:"本知季文胆定,见之复过所闻。"十三年,文钦诈降,密书与异,欲令自迎。异表呈钦书,因陈其伪,不可便迎。权诏曰:"方今北土未一,钦云欲归命,宜且迎之。若嫌其有谲者,但当设计网以罗之,盛重兵以防之耳。"乃遣吕据督二万人,与异并力,至北界,钦不降。建兴元年,迁镇南将军。是岁魏遣胡遵、诸葛诞等出东兴,异督水军攻浮梁,坏之,魏军大破[13]。太平二年,假节,为大都督,救寿春围,不解。还军,为孙綝所枉害[14]。

评曰:朱治、吕范以旧臣任用,朱然、朱桓以勇烈著闻,吕据、朱异、施绩咸有将领之才,克绍堂构。若范、桓之越隘,得以吉终,至于据、异无此之尤而反罹殃者,所遇之时殊也。

注:
[1]《江表传》载治说贲曰:"破虏将军昔率义兵入讨董卓,声冠中夏,义士壮之。讨逆继世,廓定六郡,特以君侯骨肉至亲,器为时生,故表汉朝,剖符大郡,兼建将校,仍关综两府,荣冠宗室,为远近所瞻。加讨虏聪明神武,继承洪业,揽结英雄,周济世务,军众日盛,事业日隆,虽昔萧王之在河北,无以加也,必克成王基,应运东南。故刘玄德远布腹心,求见拯救,此天下所共知也。前在东,闻道路之言,云将军有异趣,良用怃然。今曹公阻兵,倾覆汉室,幼帝流离,百姓元元未知所归。而中国萧条,或百里无烟,城邑空虚,道殣相望,士叹于外,妇怨乎室,加以师旅,因之饥馑,以此料之,岂能越长江与我争利哉! 将军当斯时也,而欲背骨肉之亲,违万安之计,割同气之肤,啖虎狼之口,为一女子,改虑易图,失机毫厘,差以千里,岂不惜哉!"
[2]《吴书》曰:才字君业,为人精敏,善骑射,权异之,常侍从游戏。少以父任为武卫校尉,领兵随从征伐,屡有功捷。本郡议者以才少处荣贵,未留意于乡党,才乃叹曰:"我初为将,谓跨马蹈敌,当身冠锋,以扬名,不知乡党复追迹其举措乎!"于是更折节为恭,留意于宾客,轻财尚义,施不望报,又学兵法,名声始闻于远近。会疾卒。

[3]臣松之案:此郡寻罢,非今临川郡。
[4]《襄阳记》:柤音如租税之租。柤中在上黄界,去襄阳一百五十里。魏时夷王梅敷兄弟三人部曲万余家屯此,分布在中庐宜城西山鄢、沔二谷中,土地平敞,宜桑麻,有水陆良田,沔南之膏腴沃壤,谓之柤中。
[5]孙氏《异同评》曰:《魏书》及《江表传》云然以景初元年、正始二年再出为寇,所破胡质、蒲忠在景初元年。《魏志》承《魏书》,依违不说质等为然所破,而直云然退耳。《吴志》说赤乌五年,于魏为正始三年,魏将蒲忠与朱然战,忠不利,质等皆退。按《魏少帝纪》及《孙权传》,是岁并无事,当是陈寿误以吴嘉禾六年为赤乌五年耳。
[6]《江表传》:策从容独与范棋,范曰:"今将军事业日大,士众日盛,范在远,闻纲纪犹不有整者,范愿暂领都督,佐将军部分之。"策曰:"子衡,卿既士大夫,加手下已有大众,立功于外,岂宜复知小职,知军中细碎事乎!"范曰:"不然。今舍本土而托将者,非为妻子也,欲济世务。犹同舟涉海,一事不牢,即俱受其败。此亦范计,非但将军也。"策笑,无以答。范出,更释裤,著裤褶,执鞭,诣阁下启事,自称领都督,策乃授传,委以众事。由是军中肃睦,威禁大行。
[7]《九州春秋》曰:初平三年,扬州刺史陈祎死,袁术使瑀领扬州牧。后术为曹公所败于封丘,南人叛瑀,瑀拒之。术走阴陵,好辞下瑀,瑀不知权,而又怯,不即攻术。术于淮北集兵向寿春。瑀惧,使其弟公ören请和于术。术执之而进,瑀走下邳。
[8]《江表传》:人有白范与贺齐奢丽夸纵,服饰僭拟王者,权曰:"昔管仲逾礼,桓公优而容之,无损于霸。今子衡、公苗,身无夷吾之失,但其器械精好,舟车严整耳,此适足作军容,何损于治哉?"告者乃不敢复言。
[9]《江表传》:初,权迁都建业,大会将相文武,时谓严畯曰:"孤昔叹鲁子敬比邓禹,吕子衡方吴汉,闻诸人未平此论,今定云何?"畯退席曰:"臣未解指趣,谓肃、范受饶,褒叹过实。"权曰:"昔邓仲华初见光武,光武受更始使,抚河北,行大司马事耳,未有帝王志也。禹劝之以复汉业,是禹开初议之端矣。子敬英爽有殊略,孤始与一语,便及大计,与禹相似,故比之。吕子衡忠笃诚直,性虽好奢,然以忧公为先,不足为损,避袁术自归于兄,兄作大将,别领部曲,故他兄事,乞为都督,办护修整,加之恪勤,与吴汉相类,故方之。皆有指趣,非孤私之也。"畯乃服。
[10]孙盛曰:《书》云:"臣无作威作福,作威作福,则凶于而家,害于而国。"桓之贼忍,殆虎狼也,人君且犹不可,况将相乎? 语曰:"得一夫而失一国。"纵罪亏刑,失孰大焉!
[11]《吴录》:桓奉觞曰:"臣当远去,愿一捋陛下须,无所复恨。"权冯几前席,桓进前捋须曰:"臣今日真可谓捋虎须也。"权大笑。
[12]《文士传》:张惇子纯与张俨及异俱童少,往见骠骑将军朱据。据闻三人才名,欲试之,告曰:"老鄙相闻,饥渴甚矣。夫蹇裳以迅骤为功,鹰隼以轻疾为妙,其为吾各赋一物,然后乃坐。"俨赋犬曰:"守则有威,出则有获,韩卢、宋鹊,书名竹帛。"纯赋席曰:"席以冬设,簟为夏施,揖让而坐,君子攸宜。"异赋弩曰:"南岳之干,钟山之铜,应机命中,获隼高墉。"三人各随其所见而赋之,皆成而后坐,据大欢悦。
[13]《吴书》曰:异又随诸葛恪围新城,城既不拔,异等皆言宜速还豫章,袭石头城,不过数日可拔。恪以书晓异,异投书于地曰:"不用我计,而用偍儿言!"恪大怒,立夺其兵,遂废还建业。

[14]《吴书》曰：綝要异相见，将往，恐陆抗止之，异曰："子通，家人耳，当何所疑乎！"遂往。綝使力人于坐上取之。异曰："我吴国忠臣，有何罪乎？"乃拉杀之。

卷五十七
虞陆张骆陆吾朱传第十二

虞翻字仲翔，会稽余姚人也[1]，太守王朗命为功曹。孙策征会稽，翻时遭父丧，衰经诣府门，朗欲就之，翻乃脱衰入见，劝朗避策。朗不能用。拒战败绩，亡走浮海。翻追随营护，到东部候官，候官长闭城不受，翻往说之，然后见纳[2]。朗谓翻曰："卿有老母，可以还矣[3]。"翻既归，策复命为功曹，待以交友之礼，身诣翻第[4]。

策好驰骋游猎，翻谏曰："明府用乌集之众，驱散附之士，皆得其死力，虽汉高帝不及也。至于轻出微行，从官不暇严，吏卒常苦之。夫君人者不重则不威，故白龙鱼服，困于豫且，白蛇自放，刘季害之，愿少留意。"策曰："君言是也。然时有所思，端坐悒悒，有神谟草创之计，是以行耳[5]。"

翻出为富春长。策薨，诸长吏并欲出赴丧，翻曰："恐邻县山民或有奸变，远委城郭，必致不虞。"因留制服行丧。诸县皆效之，咸以安宁[6]。后翻州举茂才，汉召为侍御史，曹公为司空辟，皆不就[7]。

翻与少府孔融书，并示以所著《易注》。融答书曰："闻延陵之理乐，睹吾子之治《易》，乃知东南之美者，非徒会稽之竹箭也。又观象云物，察应寒温，原其祸福，与神合契，可谓探赜穷通者也。"会稽东部都尉张纮又与融书曰："虞仲翔前颇为论者所侵，美宝为质，雕摩益光，不足以损。"

孙权以为骑都尉。翻数犯颜谏争，权不能悦，又性不协俗，多见谤毁，坐徙丹阳泾县。吕蒙图取关羽，称疾还建业，以翻兼知医术，请以自随，亦欲因此令翻得释也。后蒙举军西上，南郡太守麋芳开城出降，蒙未据郡城而作乐沙上，翻谓蒙曰："今区区一心者麋将军也，城中之人岂可尽信，何不急入城持其管龠乎？"蒙即从之。时城中有伏计，赖翻谋不行。关羽既败，权使翻筮之，得《兑》下《坎》上，《节》，五爻变之《临》，翻曰："不出二日，必当断头。"果如翻言。权曰："卿不及伏羲，可与东方朔为比矣。"

魏将于禁为羽所获，系在城中，权至释之，请与相见。他日，权乘马出，引禁并行，翻呵禁曰："尔降虏，何敢与吾君齐马首乎！"欲抗鞭击禁，权呵止之。后权于楼船会群臣饮，禁闻乐流涕，翻又曰："汝欲以伪求免邪？"权怅然不平[8]。

权既为吴王，欢宴之末，自起行酒，翻伏地阳醉，不持；权去，翻起坐。权于是大怒，手剑欲击之，侍坐者莫不惶遽，惟大司农刘基起抱权谏曰："大王以三爵之后手杀善士，虽翻有罪，天下孰知之？且大王以能容贤畜众，故海内望风，今一朝弃之，可乎？"权曰："曹孟德尚杀孔文举，孤于虞翻何有哉！"基曰："孟德轻害士人，天下非之。大王

躬行德义，欲与尧、舜比隆，何得自喻于彼乎？"翻由是得免。权因敕左右："自今酒后言杀，皆不得杀。"

翻尝乘船行，与麋芳相逢，芳船上人多欲令翻自避，先驱曰："避将军船！"翻厉声曰："失忠与信，何以事君？倾人二城，而称将军，可乎？"芳阖户不应而遽避之。后翻乘车行，又经芳营门，吏闭门，车不得过。翻复怒曰："当闭反开，当开反闭，岂得事宜邪？"芳闻之，有惭色。

翻性疏直，数有酒失。权与张昭论及神仙，翻指昭曰："彼皆死人，而语神仙，世岂有仙人邪！"权积怒非一，遂徙翻交州。虽处罪放，而讲学不倦，门徒常数百人[9]。又为《老子》、《论语》、《国语》训注，皆传于世[10]。

初，山阴丁览，太末徐陵，或在县吏之中，或众所未识，翻一见之，便与友善，终咸显名[11]。

在南十余年，年七十卒[12]。归葬旧墓，妻子得还[13]。

翻有十一子，第四子汜最知名，永安初，从选曹郎为散骑中常侍，后为监军使者，讨扶严，病卒[14]。汜弟忠，宜都太守[15]；耸，越骑校尉，累迁廷尉，湘东、河间太守[16]；昺，廷尉，尚书，济阴太守[17]。

陆绩字公纪，吴郡吴人也。父康，汉末为庐江太守[18]。绩年六岁，于九江见袁术。术出橘，绩怀三枚，去，拜辞堕地，术谓曰："陆郎作宾客而怀橘乎？"绩跪答曰："欲归遗母。"术大奇之。孙策在吴，张昭、张纮、秦松为上宾，共论四海未泰，须当用武治而平之，绩年少末坐，遥大声言曰："昔管夷吾相齐桓公，九合诸侯，一匡天下，不用兵车。孔子曰：'远人不服，则修文德以来之。'今论者不务道德怀取之术，而惟尚武，绩虽童蒙，窃所未安也。"昭等异焉。

绩容貌雄壮，博学多识，星历算数无不该览。虞翻旧齿名盛，庞统荆州令士，年亦差长，皆与绩友善。孙权统事，辟为奏曹掾，以直道见惮，出为郁林太守，加偏将军，给兵二千人。绩既有蹙疾，又意存儒雅，非其志也。虽有军事，著述不废，作《浑天图》，注《易》释《玄》，皆传于世。豫自知亡日，乃为辞曰："有汉志士吴郡陆绩，幼敦《诗》、《书》，长玩《礼》、《易》，受命南征，遘疾逼厄，遭命不永，呜呼悲隔！"又曰："从今已去，六十年之外，车同轨，书同文，恨不及见也。"年三十二卒。长子宏，会稽南部都尉，次子叡，长水校尉[19]。

张温字惠恕，吴郡吴人也。父允，以轻财重士，名显州郡，为孙权东曹掾，卒。温少修节操，容貌奇伟。权闻之，以问公卿曰："温当今与谁为比？"大(司)农刘基曰："可与全琮为辈。"太常顾雍曰："基未详其为人也。温当今无辈。"权曰："如是，张允不死也。"征到延见，文辞占对，观者倾竦，权改容加礼。罢出，张昭执其手曰："老夫托意，君宜明之。"拜议郎、选曹尚书，徙太子太傅，甚见信重。

时年三十二，以辅义中郎将使蜀。权谓温曰："卿不宜远出，恐诸葛孔明不知吾所以与曹氏通意，故屈卿行。若山越都除，便欲大构于丕。行人之义，受命不受辞也。"温对曰："臣入无腹心之规，出无专对之用，惧无张老延誉之功，又无子产陈事之效。然诸葛亮达见计数，必知神虑屈

申之宜,加受朝廷天覆之惠,推亮之心,必无疑贰。"温至蜀,诣阙拜章曰:"昔高宗以谅暗昌殷祚于再兴,成王以幼冲隆周德于太平,功冒溥天,声贯罔极。今陛下以聪明之姿,等契往古,总百揆于良佐,参列精之炳耀,遐迩望风,莫不欣赖。吴国勤任旅力,清澄江浒,愿与有道平一宇内,委心协规,有如河水,军事凶烦,使役乏少,是以忍鄙倍之羞,使下臣温通致情好。陛下敦崇礼义,未便耻忽。臣自远境,及即近郊,频蒙劳来,恩诏辄加,以荣自惧,悚怛若惊。谨奉所赍函书一封。"蜀甚贵其才。还,顷之,使入豫章部伍出兵,事业未究。

权既阴衔温称美蜀政,又嫌其声名太盛,众庶炫惑,恐终不为己用,思有以中伤之,会暨艳事起,遂因此发举。艳字子休,亦吴郡人也,温引致之,以为选曹郎,至尚书。艳性狷厉,好为清议,见时郎署混浊淆杂,多非其人,欲臧否区别,贤愚异贯。弹射百僚,核选三署,率皆贬高就下,降损数等,其守故者十未能一,其居位贪鄙,志节污卑者,皆以为军吏,置营府以处之。而怨愤之声积,浸润之谮行矣。竞言艳及选曹郎徐彪[20],专用私情,爱憎不由公理。艳、彪皆坐自杀。温宿与艳、彪同意,数交书疏,闻问往还,即罪温。权幽之有司,下令曰:"昔令召张温,虚己待之,既至显授,有过启臣,何图凶丑专挟异心! 昔暨艳父兄,附于恶逆,寡人无忌,故进而任之,欲观艳何如。察其中间,形态果见。而温与之结连死生,艳所进退,皆温所为头角,更相表里,共为腹背,非温之党,即就疵瑕,为之生论。又前任温董督三郡,指拔吏客及残余兵,时恐有事,欲令速归,故授棨戟,奖以威柄。乃便到豫章,表讨宿恶,寡人信受其言,特以绕帐、帐下、解烦兵五千人付之。后闻曹丕自出淮、泗,故豫敕温有急便出,而温悉内诸将,布于深山,被命不至。赖丕自退,不然,已往岂可深计。又殷礼者,本占候召,而温先与乞将到蜀,扇扬异国,为之谈论。又礼之还,当亲本职,而令守尚书户曹郎,如此署置,在温而已。又温语贾原:'当荐卿作御史。'语蒋康:'当用卿代贾原。'专赖贾国恩,为己形势。揆其奸心,无所不为。不忍暴于市朝,今斥还本郡,以给斯吏。呜呼温也,免罪为幸!"

将军骆统表理温曰:"伏惟殿下,天生明德,神启圣心,招髦秀于四方,置俊乂于宫朝。多士既受普笃之恩,张温又蒙最隆之施。而温自招ragged,孤负荣遇,念其如此,诚可悲疚。然臣周旋之间,为国观听,深知其状,故密陈其理。温实心无他情,事无逆迹,但年纪幼少,镇重尚浅,而戴赫烈之宠,体卓伟之才,亢臧否之谭,效褒贬之议。于是务势者妒其宠,争名者嫉其才,玄默者非其谭,瑕衅者讳其议,此臣下所当详辨,明朝所当究察。昔贾谊,至忠之臣也,汉文,大明之君也,然而绛、灌一言,贾谊远退。何者? 疾之者深,潜之者巧也。然而误闻于天下,失彰于后世,故孔子曰'为君难,为臣不易'也。温虽智非从横,武非虓虎,然其弘雅之素,英秀之德,文章之采,论议之辩,卓跞冠群,炜晔曜世,世人未有及之者也。故论温才即可惜,言罪则可恕。若忍威烈以赦盛德,宥贤才以敦大业,固明朝之休光,四方之丽观也。国家之于暨艳,信不内之忌族,等之平民,是故先见用于朱治,次见举于众人,中见任于温,宜以初用于朱治,次见举于众人,中见任于温,

明朝,亦见交于温也。君臣之义,义之最重,朋友之交,交之最轻者也。国家不嫌于艳为最重之义,是以温亦不嫌与艳为最轻之交也。时世宠之于上,温窃亲之于下也。夫宿恶之民,放逸山险,则为劲寇,将置平土,则为健兵,故温念在欲取宿恶,以除劲寇之害,而增健兵之锐也。但自错落,功不副言。然计其送兵,以比许晏,数之多少,温不减之,用之强赢,温不下之,至于迟速,温不后之,故得及秋冬之月,赴有警之期,不敢忘恩而遗力也。温之到蜀,共誉殷礼,虽臣无境外之交,亦有可原也。境外之交,谓无君命而私相从,非国事而阴相闻者也,若以命行,既修君好,因叙己情,亦使臣之道也。故孔子使邻国,则有私觌之礼,季子聘诸夏,亦有燕谭之义。古人有言,欲知其君,观其所使,见其下之明明,知其上之赫赫。温若誉礼,能使彼叹之,诚所以昭我臣之多良,明使之得其人,显国美于异境,扬君命于他邦。是以晋赵文子之盟于宋也,称随会于屈建;楚王孙圉之使于晋也,誉左史于赵鞅。亦向他国之辅,而叹本邦之臣,经传美之以光国,而不讥之以外交也。王靖内不忧时,外不趋事,温弹之不私,推之不假,于是与靖遂为大怨,此其尽节之明验也。靖兵众之势,干任之用,皆胜于贾原、蒋康,温尚不容私以安于靖,岂敢卖恩以协原、康邪? 又原在职不勤,当事不堪,温数对以丑色,弹以急声;若其诚欲卖恩作乱,则亦不必贪原也。凡此数者,校之于事既不合,参之于众亦不验。臣窃念人君虽有圣哲之姿,非常之智,然以一人之身,御兆民之众,从增宫之内,瞰四国之外,照群下之情,求万机之理,犹未易周也,固当听察群下之言,以广聪明之烈。今者人非温既殷勤,臣是温又契阔,辞则俱巧,意则俱至,各自言欲为国,谁其言欲为私,仓卒之间,犹难别白。然以殿下之聪睿,察讲论之曲直,若潜神留思,纤粗研核,情何嫌而不宣,事何昧而不昭哉? 温非亲臣,臣非爱温者也。昔之君子,皆抑私忿,以增君明。彼独行之于前,臣耻废之于后,故遂发宿怀于今日,纳愚言于圣德,实尽心于明朝,非有念于温身也。"权终不纳。

后六年,温病卒。二弟祗、白,亦有才名,与温俱废[21]。

骆统字公绪,会稽乌伤人也。父俊,官至陈相,为袁术所害[22]。统母改适,为华歆小妻,统时八岁,遂与亲客归会稽。其母送之,拜辞上车,面而不顾,其母泣涕于后。御者曰:"夫人犹在也。"统曰:"不欲增母思,故不顾耳。"事嫡母甚谨。时饥荒,乡里及远方客多有困乏,统为之饮食衰少。其姊仁爱有行,寡归无子,见统甚哀之,数问其故。统曰:"士大夫糟糠不足,我何心独饱!"姊曰:"诚如是,何不告我,而自苦若此?"乃自以私粟与统,又以告母,母亦贤之,遂使分施,由是显名。

孙权以将军领会稽太守,统年二十,试为乌程相,民户过万,咸叹其惠理。权嘉之,召为功曹,行骑都尉,妻以从兄辅女。统志在补察,苟所闻见,夕不待旦。常劝权以尊贤接士,勤求损益,飨赐之日,可人人别进,问其燥湿,加以密意,诱谕使言,察其志趣,令皆感恩戴义,怀欲报之心。权纳用焉。出为建忠中郎将,领武射吏三千人。及凌

统死,复领其兵。是时征役繁数,重以疫疠,民户损耗,统上疏曰:"臣闻君国者,以据疆土为强富,制威福为尊贵,曜德义为荣显,永世胤为丰祚。然财须民生,强赖民力,威恃民势,福由民殖,德俟民茂,义以民行,六者既备,然后应天受祚,保族宜邦。《书》曰:'众非后无能胥以宁,后非众无以辟四方'。推是言之,则民以君安,君以民济,不易之道也。今强敌未殄,海内未乂,三军有无已之役,江境有不释之备,征赋调数,由来积纪,加以殃疫死丧之灾,郡县荒虚,田畴芜旷,听闻属城,民户浸寡,又多残老,少有丁夫,闻此之日,心若焚燎。思寻所由,小民无知,既有安土重迁之性,且又前后出为兵者,生则困苦无有温饱,死则委弃骸骨不反,是以尤用恋本畏远,同之于死。每有征发,赢谨居家重累者先见输送。小有财货,倾居行赂,不顾穷尽。轻剽者则迸入险阻,党就群恶。百姓虚竭,嗷然愁扰,愁扰则不营业,不营业则致穷困,致穷困则不乐生,故口腹急,则奸心动而携叛多也。又闻民间,非居处小能自供,生产儿子,多不起养,屯田贫兵,亦多弃子。天则生之,而父母杀之,既惧干逆和气,感动阴阳。且惟殿下开基建国,乃无穷之业也,强邻大敌非造次所灭,疆场常守非期月之成,而兵民减耗,后生不育,非所以历远年,致成功也。夫国之有民,犹水之有舟,停则以安,扰则以危,愚而不可欺,弱而不可胜,是以圣王重焉,祸福由之,故与民消息,观时制政。方今长吏亲民之职,惟以办具为能,取过目前之急,少复以恩惠为治,副称殿下天覆之仁,勤恤之德者。官民政俗,日以凋弊,渐以陵迟,势不可久。夫治疾及其未笃,除患贵其未深。愿殿下少以万机余闲,留神思省,补复荒虚,深图远计,育残余之民,阜人财之用,参曜三光,等崇天地。臣统之大愿,足以死而不朽矣。"权感统言,深加意焉。

以随陆逊破蜀军于宜都,迁偏将军。黄武初,曹仁攻濡须,使别将常雕等袭中洲,统与严圭共拒破之,封新阳亭侯,后为濡须督。数陈便宜,前后书数十上,所言皆善,文多故不悉载。尤以占募在民间长恶败俗,生离叛之心,急宜绝置,权与相反覆,终遂行之。年三十六,黄武七年卒。

陆瑁字子璋,丞相逊弟也。少好学笃义。陈国陈融、陈留濮阳逸、沛郡蒋纂、广陵袁迪等,皆单贫有志,就瑁游处[23],瑁割少分甘,与同丰约。及同郡徐原,爰居会稽,素不相识,临死遗书,托以孤弱,瑁为起立坟墓,收导其子。又瑁从父绩早亡,二男一女,皆数岁以还,瑁迎摄养,至长乃别。州郡辟举,皆不就。

时尚书暨艳盛明臧否,差断三署,颇扬人暗昧之失,以显其谪。瑁与书曰:"夫圣人嘉善矜愚,忘过记功,以成美化。加今王业始建,将一大统,此乃汉高弃瑕录用之时也,若令善恶异流,贵汝颍月旦之评,诚可以厉俗明教,然恐未易行也。宜远模仲尼之泛爱,中则郭泰之弘济,近有益于大道也。"艳不能行,卒以致败。

嘉禾元年,公车征瑁,拜议郎、选曹尚书。孙权忿公孙渊之巧诈反覆,欲亲征之,瑁上疏谏曰:"臣闻圣王之御远夷,羁縻而已,不常保有,故古者制地,谓之荒服,言慌忽无常,不可保也。今渊东夷小丑,屏在海隅,虽托人面,与禽兽无异。国家所为不爱货宝远以加之者,非嘉其德义也,诚欲诱纳愚弄,以规其马耳。渊之骄黠,恃远负命,此乃荒貊常态,岂足深怪?昔汉诸帝亦尝锐意以事外夷,驰使散货,充满西域,虽时有恭从,然其使人见害,财货并没,不可胜数。今陛下不忍悁悁之忿,欲越巨海,身践其土,君臣愚议,窃谓不安。何者?北寇与国,壤地连接,苟有间隙,应机而至。夫所以越海求马,曲意于渊者,为赴目前之急,除腹心之疾也;而更弃本追末,捐近治远,忿以改规,激以动众,斯乃猾虏所愿闻,非大吴之至计也。又兵家之术,以功役相疲,劳逸相待,得失之间,所觉辄多。且沓渚去渊,道里尚远,今到其岸,兵势三分,使强者进取,次当守船,又次运粮,行人虽多,难得悉用;加以单步负粮,经远深入,贼地多马,邀截无常。若渊狙诈,与北未绝,动众之日,唇齿相济。若实子然无所凭赖,其畏怖远迸,或难卒灭。使天诛稽于朔野,山虏承间而起,恐非万安之长虑也。"权未许。

瑁重上疏曰:"夫兵革者,固前代所以诛暴乱,威四夷也,然其役皆在奸雄已除,天下无事,从容庙堂之上,以余议议之耳。至于中夏鼎沸,九域盘互之时,率须深根固本,爱力惜费,务自将养,以待邻敌之阙,未有正于此时舍近治远,以疲军旅者也。昔尉佗叛逆,僭号称帝,于时天下乂安,百姓殷阜,带甲之数,粮食之积,可谓多矣,然汉文犹以远征不易,重兴师旅,告喻而已。今凶桀未殄,疆场犹警,虽蚩尤、鬼方之乱,故当以缓急差之,未宜以渊为先。愿陛下抑威任计,暂宁六师,潜神嘿规,以为后图,天下幸甚。"权再览瑁书,嘉其理端切,遂不行。

初,瑁同郡闻人敏见待国邑,优于宗脩,惟瑁以为不然,后果如其言。

赤乌二年,瑁卒。子喜亦涉文籍,好人伦,孙晧时为选曹尚书[24]。

吾粲字孔休,吴郡乌程人也[25]。孙河为县长,粲为小吏,河深奇之。河后为将军,得自选长吏,表粲为曲阿丞,迁为长史,治有名迹。虽起孤微,与同郡陆逊、卜静等比肩齐声矣。孙权为车骑将军,召为主簿,出为山阴令,还为参军校尉。

黄武元年,与吕范、贺齐等俱以舟师拒魏将曹休于洞口。值天大风,诸船缆维断绝,漂没著岸,为魏军所获,或覆没沉溺,其大船尚存者,水中生人皆攀缘号呼,他吏士恐船倾没,皆以戈矛撞击不受。粲与黄渊独令船人以承取之,左右以为船重必败,粲曰:"船败,当俱死耳!人穷,奈何弃之?"粲、渊所活者百余人。

还,迁会稽太守,召处士谢谭为功曹,谭以疾不诣,粲教曰:"夫应龙以屈伸为神,凤皇以嘉鸣为贵,何必隐形于天外,潜鳞于重渊者哉?"粲募合人众,拜昭义中郎将,与吕岱讨平山越,入为屯骑校尉、少府,迁太子太傅。遭二宫之变,抗言执正,明嫡庶之分,欲使鲁王霸出驻夏口,遣杨竺不得令在都邑,又数以消息语陆逊,逊时驻武昌,连表谏争。由此为霸、竺等所谮害，下狱诛。

朱据字子范，吴郡吴人也，有姿貌膂力，又能论难。黄武初，征拜五官郎中，补侍御史。是时选曹尚书暨艳，疾贪污在位，欲沙汰之。据以为天下未定，宜以功覆过，弃瑕取用，举清厉浊，足以沮劝，若一时贬黜，惧有后咎。艳不听，卒败。

权咨嗟将率，发愤叹息，追思吕蒙、张温，以为据才兼文武，可以继之，自是拜建义校尉，领兵屯湖孰。黄龙元年，权迁都建业，征据尚公主，拜左将军，封云阳侯。谦虚接士，轻财好施，禄赐虽丰而常不足用。嘉禾中，始铸大钱，一当五百。后据部曲应受三万缗，工王遂诈而受之，典校吕壹疑据实取，考问主者，死于杖下，据哀其无辜，厚棺敛之。壹又表据吏为据隐，故厚其殡。权数责问据，据无以自明，藉草待罪。数月，典军吏刘助觉，言王遂所取，权大感寤，曰："朱据见枉，况吏民乎？"乃穷治壹罪，赏助百万。

赤乌九年，迁骠骑将军。遭二宫构争，据拥护太子，言则恳至，义形于色，守之以死[26]，遂左迁新都郡丞。未到，中书令孙弘谮润据，因权寝疾，弘为诏书追赐死，时年五十七。孙亮时，二子熊、损各复领兵，为全公主所谮，皆死。永安中，追录前功，以熊子宣袭爵云阳侯，尚公主。孙晧时，宣至骠骑将军。

评曰：虞翻古之狂直，固难免乎末世，然权不能容，非旷宇也。陆绩之于扬《玄》，是仲尼之左丘明，老聃之严周矣；以瑚琏之器，而作守南越，不亦贼夫人欤！张温才藻俊茂，而智防未备，用致艰患。骆统抗明大义，辞切理至，值权方闭不开。陆瑁笃义规谏，君子有称焉。吾粲、朱据遭罹屯蹇，以正丧身，悲夫！

注

〔1〕《吴书》曰：翻少好学，有高气。年十二，客有候其兄者，不过翻，翻追与书曰："仆闻虎魄不取腐芥，磁石不受曲针，过而不存，不亦宜乎！"客得书奇之，由是见称。

〔2〕《吴书》曰：翻始欲送朗到广陵，朗感王方记事，言"疾来邀我，南岳相求"，故遂南行。既至候官，又欲投交州，翻谏曰："此妄语耳，交州无南岳，安所投乎？"乃止。

〔3〕《翻别传》曰：朗使翻见豫章太守华歆，图起义兵。翻未之豫章，闻孙策向会稽，翻乃还。会遭父丧，以臣使有节，不敢还家，星行追朗至候官。朗遣翻还，然后奔丧。而传云孙策之来，翻衰经诣府门，劝朗避箭，则为大异。

〔4〕《江表传》曰：策书谓翻曰："今日之事，当与卿共之，勿谓孙策作吴郡吏相待也。"

〔5〕《吴书》曰：策讨山越，斩其渠帅，悉令左右分行逐贼，独骑与翻相得山中，翻问："左右安在？"策曰："悉行逐贼。"翻曰："危事也！"令策下马："此草深，卒有惊急，马不及紫策，但牵之，执弓矢以步。翻能用矛，请在前行。"得平地，劝策乘马。策曰："卿无马奈何？"答曰："翻能步行，日可二百里，自征讨以来，吏卒无及翻者，明府试跃马，翻能疏步随之。"行大道，得一鼓吹，策取角自鸣之，部曲识声，小大皆出，遂从周旋，平定三郡。《江表传》：策讨黄祖，旋军欲过取豫章，特请翻语曰："华子鱼自有名字，然非吾敌也。加闻其战具甚少，若不开门让城，金鼓一震，不得无所伤害，卿便在前具宣孤意。"翻即奉命辞行，径到郡，请被褥葛巾与歆相见，谓歆曰："君自料名声之在海内，孰与郡郡故王府君？"歆曰："不及也。"翻曰："豫章资粮多少？器仗精否？士民勇果孰与鄙郡？"又曰："不如也。"翻曰："讨逆将军智略超世，用兵如神，前走刘扬州，君所亲见，南定鄙郡，亦君所闻也。今欲守孤城，自料资粮，已知不足，不早为之计，悔无及也。今大军已次椒丘，仆便还去，明日日中迎檄不至，与君辞矣。"翻既去，歆明旦出城，遣吏迎策。策既定豫章，引军还吴，飨赐将士，计功行赏，谓翻曰："孤昔再至寿春，见马日䃅，及与中州士大夫会，语我东方人多耳，但恨学问不博，议语之间，有所不及耳。孤意犹谓未耳。卿博学洽闻，故前欲令卿一诣许，交见朝士，以折中国妄语儿。卿不愿行，便使子纲；恐子纲不能结儿辈舌也。"翻曰："翻是明府家宝，而示人人，人倘留之，则去明府良佐，故前不行耳。"策笑曰："然。"因曰："孤有征讨事，未得还府，卿复以功曹为吾萧何，守会稽耳。"后三日，便遣翻还郡。臣松之以为王、华二公于扰攘之时，抗猛锐之锋，俱非所能。歆之名德，实高于朗，而《江表传》述葛说华，云"海内名声，孰与于王"，此言非也。然王公拒战，华逆请服，实由孙策初起，名微众寡，故王能举兵，岂试胜哉？策后威力转盛，势不可敌，华力量而止，非用仲翔之说也。若使易地而居，亦坐战王服耳。按《吴历》载翻谓歆曰："窃闻明府与王府君齐名中州，海内所宗，虽在东垂，常怀瞻仰。"歆答曰："孤不如王会稽。"翻复问："不审豫章精兵，何如会稽？"对曰："大不如也。"翻曰："明府言不如王会稽，谦光之谭耳；精兵不如会稽，实如尊教。"因述孙策才略殊异，用兵之奇，歆乃答当去。翻出，歆遣吏迎策。二说有不同，此说为胜也。

〔6〕《吴书》：策薨，权统事。定武中郎将暠，策之从兄也，屯乌程，整帅吏士，欲取会稽。会稽闻之，使民守城，以俟嗣主之命，因令人告谕暠。《会稽典录》载翻说暠曰："讨逆明府，不竟天年。今摄事统众，宜在孝廉，翻已与一郡吏士婴城固守，必欲出一旦之命，为孝廉除害，惟执事图之。"于是暠退。臣松之案：此二书所说暠亡之时，翻犹为功曹，与本传不同。

〔7〕《吴书》曰：翻闻曹公辟，曰："盗跖欲以余财污良家耶？"遂拒不受。

〔8〕《吴书》曰：后权与魏和，欲遣禁还归北，翻复谏曰："禁败数万众，身为降虏，又不能死。北习军政，得禁必不如所规。还之虽无所损，犹为放盗，不如斩以令三军，示为人臣有二心者。"权不听。群臣送禁，翻谓禁曰："卿勿谓吴无人，吾谋适不用耳。"禁虽为翻所恶，然犹盛叹翻，魏文帝常为翻设虚坐。

〔9〕《翻别传》曰：权即尊号，翻因上书曰："陛下膺明圣之德，体舜、禹之孝，历运当期，顺天济物。奉承策命，翻独抃舞。罪弃两绝，拜贺无阶，仰瞻宸极，且喜且悲。臣伏自刻省，命轻雀鼠，性辱毫厘，罪恶莫大，不容于诛，昊天罔极，全宥九载，退当念戮，频受生活，复偷视息。臣年耳顺，思咎忧愦，形容枯悴，发白齿落，虽未能死，目悼终没。不见宫阙百官之富，不睹皇舆金轩之饰，仰观巍巍众民之谣，傍听钟鼓佩然之乐，永陨海隅，弃骸绝域，不胜悲慕，逸豫大庆，悦以忘罪。"

〔10〕《翻别传》曰：翻初立《易注》，奏上曰："臣闻六经之始，莫大阴阳，是以伏羲仰天县象，而建八卦，观变动六爻为六十四，以通神明，以类万物。臣高祖父故零陵太守光，少治孟氏《易》，曾祖父故平舆令成，缵述其业，至臣祖父凤为之最密。臣亡考故日南太守歆，受本于凤，最有旧书，世传其业，

至臣五世。前人通讲,多玩章句,虽有秘说,于经疏阔。臣生遇世乱,长于军旅,习经于枹鼓之间,讲论于戎马之上,蒙先师之说,依经立注。又臣郡吏陈桃梦臣与道士相遇,放发被鹿裘,布《易》六爻,挠其三以饮臣,臣乞尽吞之。道士言《易》道在天,三爻足矣。岂臣受命,应当知经!所览诸家解不离流俗,义有不当实,辄悉改定,以就其正。孔子曰:'乾元用九而天下治。'圣人南面,盖取诸离,斯诚天子所宜协阴阳致麟凤之道矣。谨正书副上,惟不罪戾。"翻又奏曰:"经之大者,莫过于《易》。自汉初以来,海内英才,其读《易》者,解之率少。至孝灵之际,颍川荀谞号为知《易》,臣得其注,有愈俗儒,至所说西南得朋,东北丧朋,颠倒反逆,了不可知。孔子叹《易》曰:'知变化之道者,其知神之所为乎!'以美大衍四象之作,而上为章首,尤可怪笑。又南郡太守马融,名有俊才,其所解释,复不及谞。孔子曰:'可与共学,未可与适道',岂不其然!若乃北海郑玄,南阳宋忠,虽各立注,忠小差玄,而皆未得其门,难以示世。"又奏郑玄解《尚书》违失事目:"臣闻周公制礼以辨上下,孔子曰:'有君臣然后有上下,有上下然后礼义有所错',是故尊君卑臣,礼之大司也。伏见故征士北海郑玄所注《尚书》,以'顾命'康王执瑁,古'冃'似'同',从误作'同',既不觉定,复训为杯,谓之酒杯。成王疾困凭几,洮頮为濯,以为澣衣成事,'洮'字虚更作'濯',以从其非;又古大篆'丣'字读当为'柳',古'柳'、'丣'同字,而以为昧;'分北三苗','北'古'别'字,又训北,言北犹别也。若此之类,诚可怪也。玉人职曰天子执瑁以朝诸侯,谓之酒杯;天子颒面,谓之澣衣;古篆'丣'字,反以为昧。甚违不知盖阙之义。于此数事,误莫大焉,宜命学官定此三事。且马融训注亦以为同者大同天下之义,今经益'金'就作'铜'字,诂训言天子副玺,虽皆不得,犹愈于玄。然此不定,臣没之后,而奋乎百世,虽世有知者,怀谦莫或奏正。又玄所注五经,违义犹甚者百六十七事,不正不行乎学校,传乎将来,臣窃耻之。"翻放弃南方,云"自恨疏节,骨体不媚,犯上获罪,当长没海隅,生无可与语,死以青蝇为吊客,使天下一人知己者,足以不恨。"以典籍自慰,依《易》设象,以占吉凶。又以宋氏解玄颇有缪错,更为立法,并著《明杨》、《释宋》以理其滞。臣松之案:翻云"古大篆'丣'字读当言'柳',古'柳'、'丣'同字",窃谓翻言为然。故"刘"、"留"、"聊"、"柳"同用此字,以从声故也,与日辰"卯"字字同音异。然《汉书·王莽传》论卯金刀,故以为日辰之"卯",今未能详正。然世多乱名,故翻所说云。荀谞,荀爽之别名。

〔11〕《会稽典录》曰:"览字孝连,八岁而孤,家又单微,清身立行,用意不苟,推财从弟,以义让称。仕郡至功曹,守始平长。为人精微洁净,门无杂宾。孙权深贵待之,未及擢用,会病卒,甚见痛惜,殊其门户。览子固,字子贱,本名密,避滕密,改作固。固在襁褓中,阚泽见而异之,曰:'此儿后必致公辅。'固少丧父,独与母居,家贫守约,色养致敬,族弟孤弱,与同寒温。翻与固同僚书曰:'丁子贱塞渊好德,堂构克举,野无遗薪,斯之为懿,其美优矣。令德之后,惟此君嘉耳。'历显位,孙休时固为左御史大夫,孙皓即位,迁司徒。皓悖虐,固与陆凯、孟宗同心忧国,年七十六卒。子弥,字钦远,仕晋,为梁州刺史。孙潭,光禄大夫。徐陵字元大,历三县长,所在著称,迁零陵太守。时朝廷俟以列卿之位,故翻书曰:'元大受上卿之遇,叔向在晋,未若于今。'其见重如此。陵卒,僮客土田或见侵夺,骆统为陵家讼之,求与丁览、卜清等为比,权许焉。陵子平,字伯先,童龀知名,翻甚爱

之,屡称叹焉。诸葛恪为丹阳太守,讨山越,以平威重思虑,可与效力,请平为丞,稍迁武昌左部督,倾心接物,士卒皆为尽力,初,平为恪从事,意甚薄,及恪辅政,待平益疏。恪被害,子建亡匿,为平部曲所得,平使遣去,别为他军所获。平两妇旧宗,敬奉情过乎厚。其行义敦笃,皆此类也。

〔12〕《吴书》曰:翻虽在徙弃,心不忘国,常忧五溪宜讨,以辽东海绝,听人使来属,尚不足取,今去人财以求马,既非国利,又恐无获。欲谏不敢,作表以示吕岱,岱不报,为爱憎所白,复徙苍梧猛陵。《江表传》曰:后权遣将士至辽东,于海中遭风,多所没失,权悔之,乃令曰:"昔赵简子称诸君之唯唯,不如周舍之谔谔。虞翻亮直,善于尽言,国之周舍也。前使翻在此,此役不成。"促下问交州,翻若尚存者,给其人船,发遣还都;若已亡者,送丧还本郡,使儿子仕宦。会翻已终。

〔13〕《会稽典录》曰:孙亮时,有山阴朱育,少好奇字,凡所特达,依体象类,造作异字千名以上。仕郡门下书佐。太守濮阳兴正旦宴见掾吏,言次,问:"太守昔闻朱颖川问士于郑召公,韩吴郡问士于刘圣博,王景兴问士于虞仲翔,尝见郑、刘二答,而未睹仲翔对也,钦闻国贤,思赌盛美有日矣,书佐宁识之乎?"育对曰:"往过习之。昔初平末年,王府君以渊妙之才,超迁临郡,思贤嘉善,乐采名俊,问功曹虞翻曰:'闻玉出昆山,珠生南海,远方异域,各生珍宝。且曾闻士人叹美贵邦旧多英俊,徒以远于京畿,含香未越耳,功曹雅好博古,宁识其人邪?'翻对曰:'夫会稽上应牵牛之宿,下当少阳之位,东渐巨海,西通五湖,南畅无垠,北渚浙江,南山攸居,实为州镇,昔禹会群臣,因以命之。山有金木鸟兽之殷,水有鱼盐珠蚌之饶,海岳精液,善生俊异,是以忠臣继踵,孝子连闾,下及贤女,靡不育焉。'王府君笑曰:'地势然矣,士女之名可悉闻乎?'翻对曰:'不敢及远,略言其近者耳。往者孝子句章董黯,尽心色养,丧致其哀,单身林野,鸟兽归怀,怨亲之辱,白日报仇,海内闻名,昭然光著。太中大夫山阴陈嚣,渔则化盗,居则比邻,感侵退藩,遂成义里,摄养车姬,行足厉俗,自扬子云等上书荐之,槃然传世。太尉山阴郑公,清亮质直,不畏强御。鲁相山阴钟离意,禀殊特之姿,孝家忠朝,宰县相国,所在遗惠,故取养有君子之谟,鲁国有丹书之信。及陈宫、费齐皆上契天心,功becomes治状,记在汉籍。有道山阴徐晔,征士上虞王充,各洪才渊懿,学究道源,著书垂藻,骆驿百篇,释经传之宿疑,解当世之槃结,或上穷阴阳之奥秘,下摅人情之归极。交阯刺史上虞綦毋俊,拔济一郡,让爵土之封。决曹掾上虞孟英,三世死义。主簿句章梁宏,功曹史余姚驷勋,主簿句章郑云,皆敦终始之义,引罪免居。门下督贼曹余姚伍隆,鄮〔莫候反〕主簿任光,章安小吏黄他,身当白刃,济君于难。扬州从事句章王修,委身授命,垂声来世。河内太守上虞魏少英,遭世屯蹇,忘家忧国,列在八俊,为世彦英。尚书乌伤杨乔,桓帝妻以公主,辞疾不纳。近故太尉上虞朱公,天资聪亮,钦明神武,策无失谟,征无遗虑,是以天下义兵,思以为首。上虞女子曹娥,父溺江流,投水而死,立石碑纪,炳然著显。'王府君曰:'是既然矣,颍川有巢、许之逸轨,吴有太伯之三让,贵郡虽士人纷纭,于此足矣。'翻对曰:'故先言其近者耳,若乃引上世之事,及抗节之士,亦有其人。昔越王翳让位,逃于巫山之穴,越人薰而出之,斯非太伯之俦邪?且太伯外来之君,非其土地也。若以外来言之,则大禹亦巡于此而葬之矣。鄞大里黄公,洁己暴秦之世,高祖即阼,不能一致,惠帝恭让,出则济难。征士余姚严遵,王莽数聘,抗节不行,光武中兴,然后俯就,矫手不拜,志陵云日。皆著于传籍,较然彰

明,岂如巢、许,流俗遗谭,不见经传者哉?'王府君笑曰:'善哉话言也!贤矣,非君不著。太守未之前闻也。'"濮阳府君曰:"御史郑云,既闻其人,亚斯已下,书佐宁识之乎?"育曰:"瞻仰景行,敢不识之?近者太守上虞陈业,洁身清行,志怀霜雪,贞亮之信,同操柳下,遭汉中微,委官弃禄,遁迹黟歙,以求其志,高邈妙综,天下所闻,故桓文林遗之尺牍之书,比竟三高。其聪明大略,忠直謇谔,则御史余姚虞翻、偏将军乌伤骆统。其渊懿纯德,则太子少傅山阴阚泽,学通行茂,作帝师儒。其雄姿武毅,立功于世,则后将军贺齐,勋成绩著。其探极秘术,言合神明,则太史令上虞吴范。其文章之士,立言粲盛,则御史中丞句章任奕,鄱阳太守章安虞翔,各驰文檄,晔若春荣。处士郧、卢叙,弟犯公宪,自杀乞代。吴宁斯敦、山阴郧庚,上虞樊正,咸代父死罪。其女则松阳柳朱,永宁翟素,或一醮守节,丧身不顾,或遭寇劫贼,死不亏行。皆近世之事,尚在耳目。""皆海内之英也。吾闻秦始皇二十五年,以吴越地为会稽郡,治吴。汉封诸侯王,以何年复为郡,而分治于此?"育对曰:"刘贾为荆王,贾为英布所杀,又以刘濞为吴王。景帝四年,濞反诛,乃复为郡,治于吴。元鼎五年,除东越,因以其地为治,并属于此,而立东部都尉,后徙章安。阳朔元年,又徙治鄞,或有寇害,复徙句章。到永建四年,刘府君上书,浙江之北,以为吴郡,会稽还治山阴。自永建四年岁在己巳,以至今年,积百二十九岁。"府君称善。是岁,吴之太平三年,岁在丁丑。育后仕朝,常在台阁,为东观令,遥拜清河太守,加位侍中,摧刺占对,文艺多通。

〔14〕《会稽典录》曰:氾字世洪,生南海,年十六,父卒,还乡里。孙綝废幼主,迎立琅邪王休。休未至,綝欲入宫,图为不轨,召百官会议,皆惶怖失色,徒唯唯而已。氾对曰:"明公为国伊、周,处将相之位,擅废立之威,将上安宗庙,下惠百姓,大小踊跃,自以伊、霍复见。今迎王未至,而欲入宫,如是,群下摇荡,众听疑惑,非所以永终忠孝,扬名后世也。"綝不怿,竟立休。休初即位,氾与贺邵、王蕃、薛莹俱为散骑中常侍。以讨扶严功拜交州刺史、冠军将军、余姚侯,寻卒。

〔15〕《会稽典录》曰:忠字世方,翻第五子。贞固干事,好识人物,造吴郡陆机于童齓之年,称上虞魏迁于无名之初,终皆远致,为著闻之士。交同县王岐于孤宦之族,仕进先至宜都太守,忠乃代之。晋征吴,忠与夷道监陆晏、晏弟中夏督景坚守不下,城溃被害。忠子谭,字思奥。《晋阳秋》称谭清贞有检操,外如退弱,内坚正有胆干。仕晋,历位内外,终于卫将军,追赠侍中、左光禄大夫,开府仪同三司。

〔16〕《会稽典录》曰:耸字世龙,翻第六子也。清虚无欲,进退以礼,在吴历清官,入晋,除河间相,王素闻耸名,厚敬礼之。耸抽引人物,务在幽隐孤陋之中。时王岐难耸,以高士所达,必合秀异,耸书与族子察曰:"世之取士,曾不招未齿于丘园,索良才于总猥,所誉依已成,所毁依已败,此吾所以叹息也。"耸疾俗丧祭无度,弟昺卒,祭以少牢,酒饭而已,当时族党并遵之。

〔17〕《会稽典录》曰:昺字世文,翻第八子也。少有倜傥之志,仕吴黄门郎,以捷对见异,超拜尚书、侍中。晋军来伐,遣昺持节都督武昌已上诸军事,昺先上还节盖印绶,然后归顺。在济阴,抑强扶弱,甚着威风。

〔18〕谢承《后汉书》曰:康字季宁,少惇孝悌,勤修操行,太守李肃察孝廉。肃后坐事伏法,康敛尸送丧还颍川,行服,礼终,举茂才,历三郡太守,所在称治,后拜庐江太守。

〔19〕续于郁林所生女,名曰郁生,适张温弟白。《姚信集》有表称之曰:"臣闻唐、虞之政,举善而教,旌德擢异,三王所先,是以忠臣烈士,显名国朝,淑妇贞女,表迹家间。盖所以阐崇化业,广殖清风,使苟有令性,幽明俱著,苟怀懿姿,士女同荣。故王蠋建寒松之节而齐王表其里,义姑立殊绝之操而鲁侯高其门。臣窃见故郁林太守陆绩女子郁生,少履贞特之行,幼立匪石之节,年始十三,适同郡张白。侍庙三月,妇礼未卒,白遭罹家祸,迁死异郡。郁生抗声昭节,义形于色,冠盖交横,誓而不许,奉白姊妹嶮峨之中,蹈履水火,志怀霜雪,义心固于金石,体信贯于神明,送终以礼,邦士慕则。臣闻昭德以行,显行以爵,苟非名爵,则劝善不严,故士之有谏,鲁人志其勇,杞妇见书,齐人哀其哭。乞蒙圣朝斟酌前训,上开天聪,下垂坤厚,褒郁生以义姑之号,以厉两鬓之节,则皇风穆畅,士女改视矣。"

〔20〕《吴录》:彪字仲虞,广陵人也。

〔21〕《会稽典录》曰:余姚虞俊叹曰:"张惠恕才多智少,华而不实,怨之所聚,有覆家之祸,吾见其兆矣。"诸葛亮闻俊忧温,意未之信,及温放黜,亮乃叹俊之有先见。亮初闻温败,未知其故,思之数日曰:"吾已得之矣,其人于清浊太明,善恶太分。"臣松之以为庄周云"名者公器也,不可以多取",张温之废,岂其取名之多乎!多之为弊,古贤既知之矣。是以远见之士,退藏于密,不使名浮于德,不以华伤实,既不能被褐韫宝,挫廉逃誉,使才映一世,声盖人上,冲用之道,庸可暂替!温则反之,能无败乎?权既疾温名盛,而骆统方骤言其美,至云"卓跞冠群,炜晔曜世,世人未有及之者也"。斯何异燎之方盛,又扐膏以炽之哉!《文士传》曰:温姊妹三人皆有节行,为温事,已嫁者皆见录夺。其中妹先适顾承,官以许嫁丁氏,成婚有日,遂饮药而死。吴朝嘉叹,乡人图画,为之赞颂云。

〔22〕谢承《后汉书》曰:俊字孝远,有文武才干,少为郡吏,察孝廉,补尚书郎,擢拜陈相。值衰术僭号,兄弟忿争,天下鼎沸,群贼并起。陈与比界,奸憸四布,俊厉威武,保疆境,贼不敢犯。养济百姓,灾害不生,岁获丰稔。后术军众饥困,就俊求粮,俊疾恶术,初不应答。术怒,密使人杀俊。

〔23〕迪孙晔,字思光,作《献帝春秋》,云迪与张纮等俱过江,迪父绥为太傅掾,张超之讨董卓,以绥领广陵事。

〔24〕《吴录》曰:喜字文仲,瑁第二子也,入晋为散骑常侍。瑁孙晔,字士光,至车骑将军、仪同三司。晔弟玩,字士瑶。《晋阳秋》称玩器量淹雅,位至司空,追赠太尉。

〔25〕《吴录》曰:粲生数岁,孤城妪见之,谓其母曰:"是儿有卿相之骨。"

〔26〕殷基《通语》载据争曰:"臣闻太子国之本根,雅性仁孝,天下归心,今卒责之,将有一朝之虑。昔晋献用骊姬而申生不存,汉武信江充而戾太子冤死。臣窃惧太子不堪其忧,虽立思子之宫,无所复及矣。"

卷五十八　　陆逊传第十三

陆逊字伯言,吴郡吴人也。本名议,世江东大族[1]。逊少孤,随从祖庐江太守康在官。袁术与康有隙,将攻康,康遣逊及亲戚还吴。逊年长于康子绩数岁,为之纲纪门户。孙权为将军,逊年二十一,始仕幕府,历东西曹令史,出为海昌屯田都尉,并领县事[2]。县连年亢旱,逊开仓谷以振贫民,劝督农桑,百姓蒙赖。时吴、会稽、丹阳多有伏匿,逊陈便宜,乞与募焉。会稽山贼大帅潘临,旧为所在毒害,历年不禽。逊以手下召兵,讨治深险,所向皆服,部曲已有二千余人。鄱阳贼帅尤突作乱,复往讨之,拜定威校尉,军屯利浦。

权以兄策女配逊,数访世务,逊建议曰:"方今英雄棋峙,豺狼窥望,克敌宁乱,非众不济。而山寇旧恶,依阻深地。夫腹心未平,难以图远,可大部伍,取其精锐。"权纳其策,以为帐下右部督。会丹阳贼帅费栈受曹公印绶,扇动山越,为作内应,权遣逊讨栈。栈支党多而往兵少,逊乃益施牙幢,分布鼓角,夜潜山谷间,鼓噪而前,应时破散。遂部伍东三郡,强者为兵,羸者补户,得精卒数万人,宿恶荡除,所过肃清,还屯芜湖。

会稽太守淳于式表逊枉取民人,愁扰所在。逊后诣都,言次,称式佳吏,权曰:"式白君而君荐之,何也?"逊对曰:"式意欲养民,是以白逊。若逊复毁式以乱圣听,不可长也。"权曰:"此诚长者之事,顾人不能为耳。"

吕蒙称疾诣建业,逊往见之,谓曰:"关羽接境,如何远下,后不当可忧也?"蒙曰:"诚如来言,然我病笃。"逊曰:"羽矜其骁气,陵轹于人。始有大功,意骄志逸,但务北进,未嫌于我,兼始闻病,必益无备。今出其不意,自可禽制。下见至尊,宜好为计。"蒙曰:"羽素勇猛,既难为敌,且已据荆州,恩信大行,兼始有功,胆势益盛,未易图也。"蒙至都,权问:"谁可代卿者?"蒙对曰:"陆逊意思深长,才堪负重,观其规虑,终可大任。而未有远名,非羽所忌,无复是过。若用之,当令外自韬隐,内察形便,然后可克。"权乃召逊,拜偏将军右部督,代蒙。逊至陆口,书与羽曰:"前承观衅而动,以律行师,小举大克,一何巍巍!敌国败绩,利在同盟,闻庆拊节,想遂席卷,共奖王纲。近以不敏,受任来西,延慕光尘,思禀良规。"又曰:"于禁等见获,遐迩欣叹,以为将军之勋足以长世,虽昔晋文城濮之师,淮阴拔赵之略,蔑以尚兹。闻徐晃等步骑驻旌,窥望麾葆。操猾虏也,忿不思难,恐潜增众,以逞其心。虽云师老,犹有骁悍。且战捷之后,常苦轻敌,古人杖术,军胜弥警,愿将军广为方计,以全独克。仆书生疏迟,忝所不堪,喜邻威德,乐自倾尽,虽未合策,犹可怀也。倘明注仰,有以察之。"羽览逊书,有谦下自托之意,意大安,无复所嫌。逊具启形状,陈其可禽之要。权乃潜军而上,使逊与吕蒙为前部,至即克公安、南郡。逊径进,领宜都太守,拜抚边将军,封华亭侯。备宜都太守樊友委郡走,诸城长吏及蛮夷君长皆降。逊请金银铜印,以假授初附。是岁建安二十四年十一月也。

逊遣将军李异、谢旌等将三千人,攻蜀将詹晏、陈凤。异将水军,旌将步兵,断绝险要,即破晏等,生降得凤。又攻房陵太守邓辅、南乡太守郭睦,大破之。秭归大姓文布、邓凯等合夷兵数千人,首尾西方。逊复部旌讨破布、凯。布、凯脱走,蜀以为将。逊令人诱之,布帅众还降。前后斩获招纳,凡数万计。权以逊为右护军、镇西将军,进封娄侯[3]。

时荆州士人新还,仕进或未得所,逊上疏曰:"昔汉高受命,招延英异,光武中兴,群俊毕至,苟可以熙隆道教者,未必远近。今荆州始定,人物未达,臣愚楼楼,乞普加覆载抽拔之恩,令并获自进,然后四海延颈,思归大化。"权敬纳其言。

黄武元年,刘备率大众来向西界,权命逊为大都督、假节,督朱然、潘璋、宋谦、韩当、徐盛、鲜于丹、孙桓等五万人拒之。备从巫峡、建平连围至夷陵界,立数十屯,以金锦爵赏诱动诸夷,使将军冯习为大督,张南为前部,辅匡、赵融、廖淳、傅彤等各为别督,先遣吴班将数千人于平地立营,欲以挑战。诸将皆欲击之,逊曰:"此必有谲,且观之[4]。"备知其计不可,乃引伏兵八千,从谷中出。逊曰:"所以不听诸君击班者,揣之必有巧故也。"逊上疏曰:"夷陵要害,国之关限,虽为易得,亦复易失。失之非徒损一郡之地,荆州可忧。今日争之,当令必谐。备干天常,不守窟穴而敢自送,臣虽不材,凭奉威灵,以顺讨逆,破坏在近。寻备前后行军,多败少成,推此论之,不足为戚。臣初嫌之水陆俱进,今反舍船就步,处处结营。察其布置,必无他变。伏愿至尊高枕,不以为念也。"诸将并曰:"攻备当在初,今乃令入五六百里,相衔持经七八月,其诸要害皆以固守,击之必无利矣。"逊曰:"备是猾虏,更尝事多,其军始集,思虑精专,未可干也。今住已久,不得我便,兵疲意沮,计不复生,犄角此寇,正在今日。"乃先攻一营,不利。诸将皆曰:"空杀兵耳。"逊曰:"吾已晓破之之术。"乃敕各持一把茅,以火攻,拔之。一尔势成,通率诸军同时俱攻,斩张南、冯习及胡王沙摩柯等首,破其四十余营。备将杜路、刘宁等穷逼请降。备升马鞍山,陈兵自绕。逊督促诸军四面蹙之,土崩瓦解,死者万数。备因夜遁,驿人自担烧铙铠断后,仅得入白帝城。其舟船器械,水步军资,一时略尽,尸骸漂流,塞江而下。备大惭恚,曰:"吾乃为逊所折辱,岂非天邪?"

初,孙桓别讨备前锋于夷道,为备所围,求救于逊。逊曰:"未可。"诸将曰:"孙安东公族,见围已困,奈何不救?"逊曰:"安东得士众心,城牢粮足,无可忧也。待吾计展,欲不救安东,安东自解。"及方略大施,备果奔溃。桓后见逊曰:"前实怨不见救,定至今日,乃知调度自有方耳。"当御备时,诸将军或是孙策时旧将,或公室贵戚,各自矜恃,不相听从。逊案剑曰:"刘备天下知名,曹操所惮,今在境界,此强对也。诸君并荷国恩,当相辑睦,共剪此虏,上报所受,而不相顺,非所谓也。仆虽书生,受命主上。国家所以屈诸君使相承望者,以仆有尺寸可称,能忍辱负重故也。各在其事,岂复得辞!军令有常,不可犯矣。"及至破备,计多出逊,诸将乃服。权闻之,曰:"君何以初不启诸将违节度者邪?"逊对曰:"受恩深重,任过其才。又此诸将或任腹心,或堪爪牙,或是功臣,皆国家所当与共克定大事者。臣虽驽懦,窃慕相如、寇恂相下之义,以济国事。"权大笑称善,加拜逊辅国将军,领荆州牧,即改封江陵侯。

又备既住白帝,徐盛、潘璋、宋谦等各竞表言备必可禽,乞复攻之。权以问逊,逊与朱然、骆统以为"曹丕大合士众,外托助国讨备,内实有奸心,谨决计辄还"。无几,魏军果出,三方受敌也[5]。

备寻病亡,子禅袭位,诸葛亮秉政,与权连和。时事所宜,权辄令逊语亮,并刻权印,以置逊所。权每与禅、亮书,常过示逊,轻重可否,有所不安,便令改定,以印封行之。

七年,权使鄱阳太守周鲂谲魏大司马曹休,休果举众入皖,乃召逊假黄钺,为大都督,逆休[6]。休既觉知,耻见欺诱,自恃兵马精多,遂交战。逊自为中部,令朱桓、全琮为左右翼,三道俱进,果冲休伏兵,因驱走之,追亡逐北,径至夹石,斩获万余,牛马骡驴车乘万辆,军资器械略尽。休还,疽发背死。诸军振旅过武昌,权令左右以御盖覆逊,入出殿门,凡所赐逊,皆御物上珍,于时莫与为比。遣还西陵。

黄龙元年,拜上大将军、右都护。是岁,权东巡建业,留太子、皇子及尚书九官,征逊辅太子,并掌荆州及豫章三郡事,董督军国。时建昌侯虑于堂前作斗鸭栏,颇施小巧,逊正色曰:"君侯宜勤览经典以自新益,用此何为?"虑即时毁彻之。射声校尉松于公子中最亲,戏兵不整,逊对之髡其职吏。南阳谢景善刘廙先刑后礼之论,逊呵景曰:"礼之长于刑久矣,廙以细辩而诡先圣之教,皆非也。君今侍东宫,宜遵仁义以彰德音,若彼之谈,不须讲也。"

逊虽身在外,乃心于国,上疏陈时事曰:"臣以为科法严峻,下犯者多。顷年以来,将吏罹罪,虽不慎可责,然天下未一,当图进取,小宜恩贷,以安下情。且世务日兴,良能为先,自非奸秽入身,难忍之过,乞复显用,展其力效。此乃圣王忘过记功,以成王业。昔汉高舍陈平之愆,用其奇略,终建勋祚,功垂千载。夫峻法严刑,非帝王之隆业,有罚无恕,非怀远之弘规也。"

权欲遣偏师取夷州及朱崖,皆以咨逊,逊上疏曰:"臣愚以为四海未定,当须民力,以济时务。今兵兴历年,见众损减,陛下忧劳圣虑,忘寝与食,将远规夷州,以定大事,臣反覆思惟,未见其利,万里袭取,风波难测,民易水土,必致疾疫,今驱见众,经涉不毛,欲益更损,欲利反害。又珠崖绝险,民犹禽兽,得其民不足济事,无其兵不足亏众,今江东见众,自足图事,但当畜力而后动耳。昔桓王创基,兵不一旅,而开大业,陛下承运,拓定江表。臣闻治乱讨逆,须兵为威,农桑衣食,民之本业;而干戈未戢,民有饥寒。臣愚以为宜育养士民,宽其租赋,众克在和,义以劝勇,则河渭可平,九有一统矣。"权遂征夷州,得不补失。

及公孙渊背盟,权欲往征,逊上疏曰:"渊凭险恃固,拘留大使,名马不献,实可愤忿。蛮夷猾夏,未染王化,鸟窜荒裔,拒逆王师。至令陛下爱赫斯怒,欲劳万乘泛轻越海,不虑其危而涉不测。方今天下云扰,群雄虎争,英豪踊跃,张声大视,陛下以神武之姿,诞膺期运,破操乌林,败备西陵,禽羽荆州;斯三虏者,当世雄杰,皆摧其锋。圣化所绥,万里草偃,方荡平华夏,总一大猷。今不忍小忿,而发雷霆之怒,违垂堂之戒,轻万乘之重,此臣之所惑也。臣闻志行万里者,不中道而辍足;图四海者,匪怀细以害大。强寇在境,荒服未庭,陛下乘桴远征,必致窥窬,戚至而忧,悔之无及。若使大事时捷,则渊不讨自服;今乃远惜辽东众之与马,奈何独欲捐江东万安之本业而不惜乎?乞息六师,以威大虏,早定中夏,垂耀将来。"权用纳焉。

嘉禾五年,权北征,使逊与诸葛瑾攻襄阳,逊遣亲人韩扁赍表奉报,还,遇敌于沔中,钞逻得扁。瑾闻之甚惧,书与逊云:"大驾已旋,贼得韩扁,具知吾阔狭。且水干,宜当急去。"逊未答,方催人种葑豆,与诸将弈棋射戏如常。瑾曰:"伯言多智略,其当有以。"自来见逊,逊曰:"贼知大驾已旋,无所复戚,得专力于吾。又已守要害之处,兵将意动,且当自定以安之,施设变术,然后出耳。今便示退,贼当谓吾怖,仍来相蹙,必败之势也。"乃密与瑾立计,令瑾督舟船,逊悉上兵马,以向襄阳城。敌素惮逊,遽还赴城。瑾便引船出,逊徐整部伍,张拓声势,步趋船,敌不敢干。军到白围,托言住猎,潜遣将军周峻、张梁等击江夏新市、安陆、石阳,石阳市盛,峻等奄至,人皆捐物入城。城门噎不得关,敌乃自斫杀己民,然后得阖。斩首获生,凡千余人[7]。其所生得,皆加营护,不令兵士干扰侵侮。将家属来者,使就料视。若亡其妻子者,即给衣粮,厚加慰劳,发遣令还,或有感慕相携而归者。邻境怀之[8],江夏功曹赵濯、弋阳备将裴生及夷王梅颐等,并帅支党来附逊。逊倾财帛,周赡经恤。

又魏江夏太守逯式[9]兼领兵马,颇作边害,而与北旧将文聘子休宿不协。逊闻其然,即假作答式书云:"得报恳恻,知与休久结嫌隙,势不两存,欲来归附,辄以密呈来书表闻,撰众相迎。宜潜速严,更期定期。"以书置界上,式兵得书以见式,式惶惧,遂自送妻子还洛。由是吏士不复亲附,遂以免罢[10]。

六年,中郎将周祗乞于鄱阳召募,事下问逊。逊以为此郡民易动难安,不可与召,恐致贼寇。而祗固陈取之,郡民吴遽等果作贼杀祗,攻没诸县,豫章、庐陵宿恶民并应遽为寇。逊自闻,辄讨即破,遽等相率降。逊料得精兵八千余人,三郡平。时中书典校吕壹,窃弄权柄,擅作威福,逊与太常潘濬同心忧之,言至流涕。后权诛壹,深以自责,语在权传。时谢渊、谢厷等各陈便宜,欲兴利改作[11],以事下逊。逊议曰:"国以民为本,强由民力,财由民出。夫民殷国弱,民瘠国强者,未之有也。故为国者,得民则治,失之则乱,若不受利,而令尽用立政,亦为难也。是以《诗》叹'宜民宜人,受禄于天'。乞垂圣恩,宁济百姓,数年之间,国用少丰,然后更图。"

赤乌七年,代顾雍为丞相,诏曰:"朕以不德,应期践运,王涂未一,奸宄充路,夙夜战惧,不遑宁豫。惟君天资聪睿,明德显融,统任上将,匡国弭难。夫有超世之功者,必应光大之宠;怀文武之才者,必荷社稷之重。昔伊尹隆汤,吕尚翼周,内外之任,君实兼之。今以君为丞相,使使持节守太常傅常授印绶。君其茂昭明德,修乃懿绩,敬服王命,绥靖四方。於乎!总司三事,以训群寮,可不敬欤,君其勖之!其州牧都护领武昌事如故。"

先是,二宫并阙,中外职司,多遣子弟给侍。全琮报逊,逊以为子弟苟有才,不忧不用,不宜私出以要荣利,若其不佳,终为取祸。且闻二宫势敌,必有彼此,此古人之厚忌也。琮子寄,果阿附鲁王,轻为交构。逊书与琮曰:"卿不师日磾,而宿留阿寄,终为足下门户致祸矣。"琮既不纳,更以致隙。及太子有不安之议,逊上疏陈:"太子正统,宜有磐石之固,鲁王蕃臣,当使宠秩有差,彼此得所,上下获安。谨叩头流血以闻。"书三四上,及求诣都,欲口论适庶之分,以匡得失。既不听许,而逊外生顾谭、顾承、姚信,并以亲附太子,枉见流徙。太子太傅吾粲坐数与逊交书,下狱死。权累遣中使责让逊,逊愤恚致卒,时年六十三,家无余财。

初,暨艳造营府之论,逊谏戒之,以为必祸。又谓诸葛恪曰:"在我前者,吾必奉之同升;在我下者,则扶持之。今观君气陵其上,意蔑乎下,非安德之基也。"又广陵杨竺少获声名,而逊谓之终败,劝竺兄穆令与别族。其先睹如此。长子延早夭,次子抗袭爵。孙休时,追谥逊曰昭侯。

抗字幼节,孙策外孙也。逊卒时,年二十,拜建武校尉,领逊众五千人,送葬东还,诣都谢恩。孙权以杨竺所白逊二十事问抗,禁绝宾客,中使临诘,抗无所顾问,事事条答,权意渐解。

赤乌九年,迁立节中郎将,与诸葛恪换屯柴桑。抗临去,皆更缮完城围,葺其墙屋,居庐桑果,不得妄败。恪入屯,俨然若新,而恪柴桑故屯,颇有毁坏,深以为惭。太元元年,就都治病。病差当还,权涕泣与别,谓曰:"吾前听用谗言,与汝父大义不笃,以此负汝。前后所问,一焚灭之,莫令人见也。"建兴元年,拜奋威将军。太平二年,魏将诸葛诞举寿春降,拜抗为柴桑督,赴寿春,破魏牙门将偏将军,迁征北将军。永安二年,拜镇军将军,都督西陵,自关羽至白帝。三年,假节。孙皓即位,加镇军大将军,领益州牧。建衡二年,大司马施绩卒,拜抗都督信陵、西陵、夷道、乐乡、公安诸军事,治乐乡。

抗闻都下政令多阙,忧深虑远,乃上疏曰:"臣闻德均则众者胜寡,力侔则安者制危,盖六国所以兼并于强秦,西楚所以北面于汉高也。今敌跨制九服,非徒关右之地,割据九州,岂但鸿沟以西而已。国家外无连国之援,内非西楚之强,庶政陵迟,黎民未乂,而议者所恃,徒以长川峻山,限带封域,此乃守国之末事,非智者之所先也。臣每远惟战国存亡之符,近览刘氏倾覆之衅,考之典籍,验之行事,中夜抚枕,临餐忘食。昔匈奴未灭,去病辞馆;汉道未纯,贾生哀泣。况臣王室之出,世荷光宠,身名否泰,与国同戚,死生契阔,义无苟且,夙夜忧怛,念至情惨。夫事君之义犯而勿欺,人臣之节匪躬是殉,谨陈时宜十七条如左。"十七条失本,故不载。

时何定弄权,阉官预政,抗上疏曰:"臣闻开国承家,小人勿用,靖谮庸回,唐书攸戒,是以雅人所以怨刺,仲尼所以叹息。春秋已来,爰及秦、汉,倾覆之衅,未有不由斯者也。小人不明理道,所见既浅,虽使竭情尽节,犹不足任,况其奸心素笃,而憎爱移易哉?苟患失之,无所不至。今委以聪明之任,假以专制之威,而冀雍熙之声作,肃清之化立,不可得也。方今见吏,殊才虽少,然或冠冕之胄,少渐道教,或清苦自立,资能足用,自可随才授职,抑黜群小,然后俗化可清,庶政无秽也。"

凤皇元年,西陵督步阐据城以叛,遣使降晋。抗闻之,日部分诸军,令将军左奕、吾彦、蔡贡等径赴西陵,敕军营更筑严围,自赤溪至故市,内以围阐,外以御寇,昼夜催切,如敌以至,众甚苦之。诸将咸谏曰:"今及三军之锐,亟以攻阐,比晋救至,阐必可拔。何事于围,而以弊士民之力乎?"抗曰:"此城处势既固,粮谷又足,且所缮修备御之具,皆抗所宿规。今反身攻之,既非可卒克,且北救必至,至而无备,表里受难,何以御之?"诸将咸欲格阐,抗每不许。宜都太守雷谭言至恳切,抗欲服众,听令一攻。攻果无利,围备始合。晋车骑将军羊祜率师向江陵,诸将咸以抗不宜上,抗曰:"江陵城固兵足,无所忧也。假令敌没江陵,必不能守,所损者小。如使西陵槃结,则南山群夷皆当扰动,则所忧虑,难可而言也。吾宁弃江陵而赴西陵,况江陵牢固乎?"初,江陵平衍,道路通利,抗敕江陵督张咸作大堰遏水,渐溃平中,以绝寇叛。祜欲因所遏水,浮船运粮,扬声将破堰以通步军。抗闻,使咸亟破之。诸将皆惑,屡谏不听。祜至当阳,闻堰败,乃改船以车运,大费损功力。晋巴东监军徐胤率水军诣建平,荆州刺史杨肇至西陵。抗令张咸固守其城;公安督孙遵巡南岸御祜;水军督留虑、镇西将军朱琬拒胤;身率三军,凭围对肇。将军朱乔、营都督俞赞亡诣肇。抗曰:"赞军中旧吏,知吾虚实者,吾常虑夷兵素不简练,若敌攻围,必先此处。"即夜易夷,皆以旧将充之。明日,肇果攻故夷兵处,抗命旋军击之,矢石雨下,肇众伤死者相属。肇至经月,计屈夜遁。抗欲追之,而虑阐畜力项领,伺视间隙,兵不足分,于是但鸣鼓戒众,若将追者。肇众凶惧,悉解甲挺走,抗使轻兵蹑之,肇大破败,祜等皆引军还。抗遂陷西陵城,诛夷阐族及其大将吏,自此以下,所请赦者数万口。修治围om,东还乐乡,貌无矜色,谦冲如常,故得将士欢心[12]。加拜都护。闻武昌左部督薛莹征下狱,抗上疏曰:"夫俊乂者,国之良宝,社稷之贵资,庶政所以伦叙,四门所以穆清也。故大司农楼玄、散骑中常侍王蕃、少府李勖,皆当世秀颖,一时显器,既蒙初宠,从容列位,而并旋受诛殄,或圮族替祀,或投弃荒裔。盖《周礼》有赦贤之辟,《春秋》有宥善之义。《书》曰:'与其杀不辜,宁失不经。'而蕃等罪名未定,大辟以加,心经忠义,身被极刑,岂不痛哉!且已死之刑,固无所识,至乃焚烁流漂,弃之水滨,惧非先王之正典,或甫侯之所戒也。是以百姓哀耸,士民同戚。蕃、勖永已,悔亦靡及,诚望陛下赦召玄出,而顷闻薛莹卒见逮录。莹父综言先帝,傅弼文皇,及莹承基,内房名行,今之所坐,罪在可宥。臣惧有司未详其事,如复诛戮,益失民望,乞垂天恩,原赦莹罪,哀矜庶狱,清澄刑网,则天下幸甚。"

时师旅仍动,百姓疲弊,抗上疏曰:"臣闻《易》贵随时,《传》美观衅,故有夏多罪而殷汤有师;纣作淫虐而周武授钺。苟无其时,玉台有忧伤之虑;孟津有反旆之军。今不务富国强兵,力农畜谷,使文武之才效展其用,百揆之署无旷厥职,明黜陟以历庶尹,审刑赏以示劝沮,训诸司以德,而抚百姓以仁,然后顺天乘运,席卷宇内,而听诸将徇名,穷兵黩武,动费万计,士卒凋瘁,寇不为衰,而我已大病矣!今争帝王之资,而昧十百之利,此人臣之奸便,非国家之良策也。昔齐、鲁三战,鲁人再克而亡不旋踵。何则?大小之势异也。况今师所克获,不补所丧哉?且阻兵无众,古之明鉴,诚宜暂息进取小规,以畜士民之力,观衅伺隙,庶无悔吝。"

二年春,就拜大司马、荆州牧。三年夏,疾病,上疏曰:"西陵、建平,国之蕃表,既处下流,受敌二境。若敌泛舟顺流,舳舻千里,星奔电迈,俄然行至,非可恃援他部以救倒县也。此乃社稷安危之机,非徒封疆侵陵小害也。臣父逊昔在西垂陈言,以为西陵国之西门,虽云易守,亦复易失。若有不守,非但失一郡,则荆州非吴有也。如其有虞,当倾国争之。臣往在西陵,得涉逊迹,前乞精兵三万,而主者循常,未肯差赴。自步阐以后,益更损耗。今臣所统千里,受敌四处,外御强对,内怀百蛮,而上下见兵财有数万,羸弊日久,难以待变。臣愚以为诸王幼冲,未统国事,可且立傅相,辅导贤姿,无用兵马,以妨要务。又黄门竖宦,开立占募,兵民怨役,逋逃入占。乞特诏简阅,一切料出,以补疆场受敌常处,使臣所部足满八万,省息众务,信其赏罚,虽韩、白复生,无所展巧。若兵不增,此制不改,而欲克谐大事,此臣之所深戚也。若臣死之后,乞以西方为属。愿陛下思览臣言,则臣死且不朽。"秋遂卒。

子晏嗣。晏及弟景、玄、机、云,分领抗兵。晏为裨将军、夷道监。天纪四年,晋师伐吴,龙骧将军王濬顺流东下,所至辄克,终如抗虑。景字士仁,以尚公主拜骑都尉,封毗陵侯,既领抗兵,拜偏将军、中夏督,澡身好学,著书数十篇也。[13]二月壬戌,晏为王濬军所杀。癸亥,景亦遇害,时年三十一。景妻,孙皓嫡妹,与景俱张承外孙也。[14]

评曰:刘备天下称雄,一世所惮,陆逊春秋方壮,威名未著,摧而克之,罔不如志。予既奇逊之谋略,又叹权之识才,所以济大事也。及逊忠诚恳至,忧国亡身,庶几社稷之臣矣。抗贞亮筹干,咸有父风,奕世载美,具体而微,可谓克构者哉!

注:

[1]《陆氏世颂》曰:逊祖纡,字叔盘,敏淑有思学,守城门校尉,父骏,字季才,淳懿信厚,为邦族所怀,官至九江都尉。
[2]《陆氏祠堂像赞》曰:海昌,今盐官县也。
[3]《吴书》曰:权嘉逊功德,欲殊显之,虽为上将军、列侯,犹欲令历本州举命,乃使扬州牧吕范就辟别驾从事,举茂才。
[4]《吴书》曰:诸将并欲迎击备,逊以为不可,曰:"备举军东下,锐气始盛,且乘高守险,难可卒攻,攻之纵下,犹难尽克,若有不利,损我大势,非小故也。今但且奖厉将士,广施方略,以观其变。若此间是平原旷野,当恐有颠沛交驰之忧,今缘山行军,势不得展,自当罢于木石之间,徐制其弊耳。"诸将不解,以为逊畏之,各怀愤恨。
[5]《吴录》曰:刘备闻魏军大出,书与逊云:"贼今已在江陵,吾将复东,将军谓其能然不?"逊答曰:"但恐军新破,创痍未复,始求通亲,且当自补,未暇穷兵耳,若不惟算,欲复以倾覆之余,远送以来者,无所逃命。"
[6]陆机为《逊铭》曰:魏大司马曹休侵我北鄙,乃假公黄钺,统御六师及中军禁卫而摄王事,主上执鞭,百司屈膝。《吴录》曰:假逊黄钺。吴王亲执鞭以见之。
[7]臣松之以为逊忠孙权以退,魏得专力于己,既能张拓形势,

使敌不敢犯,方舟顺流,无复怵惕矣,何为复潜遣诸将,奄袭小县,致令市人骇奔,自相伤害?俘馘千人,未足损魏,徒使无辜之民横罹荼酷,与诸葛渭滨之师,何其殊哉!用兵之道既违,失律之凶宜应,其祚无三世,及孙而灭,岂此之余殃哉!
[8]臣松之以为此无异残林覆巢而全其遗鷇,曲惠小仁,何补大虐?
[9]逯,音录。
[10]臣松之以为边将为害,盖其常事,使逯式得罪,代者亦复如之,自非狡焉思肆,将成大患,何足亏损雅虑,尚为小诈哉?以斯为美,又所不取。
[11]《会稽典录》曰:谢渊字休德,少修德操,躬秉耒耜,既无戚容,又不易虑,由是知名。举孝廉,稍迁至建武将军,虽在戎旅,犹垂意人物。骆统子名秀,被门庭之谤,众论狐疑,莫能证明。渊闻之叹息曰:"公绪早夭,同盟所哀。闻其子志行明辩,而被暗昧之谤,望遂夫子烈哉高断,而各怀迟疑,非所望也。"秀卒见明,无复瑕玷,终为显士,渊之力也。《吴历》称云,谢尐才辩有计术。
[12]《晋阳秋》曰:抗与羊祜推侨、札之好。抗尝遗祜酒,祜饮之不疑。抗有疾,祜馈之药,抗亦推心服之。于时以为华元、子反复见于今。《汉晋春秋》曰:羊祜既归,增修德信,以怀吴人。陆抗每告其边戍曰:"彼专为德,我专为暴,是不战而自服也。各保分界,无求细益而已。"于是吴、晋之间,余粮栖亩而不犯,牛马逸而入境,可宣告而取也。沔上猎,吴获晋人先伤者,皆送而相还。抗尝疾,求药于祜,祜以成合与之,曰:"此上药也,近始自作,未及服,以君疾急,故相致。"抗得而服之,诸将或谏,抗不答。孙皓闻二境交和,以诘于抗,抗曰:"夫一邑一乡,不可以无信义之人,而况大国乎?臣不如是,正足以彰其德耳,于祜无伤也。"或以祜、抗为失臣节,两讥之。习凿齿曰:夫理胜者天下之所保,信顺者万人之所宗,虽大猷既丧,义声久沦,狙诈驰于当涂,权略周乎急务,负力从横之人,臧获牧竖之智,未有不凭此以创功,舍兹而独立者也。是故晋文退舍,而原城请命;穆子围鼓,训之以力;治夫献策,而费人斯归;乐毅缓攻,而风烈长流。观其所以服物制胜者,岂徒威力相诈而已哉!自今三家鼎足四十有余年矣,吴人不能越淮、沔而取中国,中国不能陵长江以争吴者,力均而智侔,道不足以相倾也。夫残彼而利我,未若利我而无残;振武以惧物,未若德广而民怀。匹夫犹不可以力服,而况一国乎?力服犹不如以德来,而况不制乎?是以羊祜恢大同之略,思五兵之则,齐民人,均其施泽,振义网以罗强吴,明兼爱以革暴俗,易生民之视听,驰不战乎江表。故能德音悦畅,而襁负云集,殊邻异域,义让交弘,自吴之遇敌,未有若此者也。抗见国小主暴,而晋德弥昌,人积兼己之善,而己无固本之规,百姓怀严敌之德,阖境有弃主之虑,思所以镇定民心,缉宁外内,奋其危弱,抗权上国者,莫若亲斯道,以俟其胜。使敌德廉加吾,而此善流闻,归重邦国,弘明远风,折冲于枕席之上,校胜于帷幄之内,倾敌而不以甲兵之力,保国而不浚沟池之固,信义感于寇仇,丹怀体于先日。岂没狙诈以危贤,殉己身之私名,贪外物之重我,暗服之而不备者哉!由是论之,苟守局而保疆,一卒之所能;协数以相危,小人之近事;积诈以防物,臧获之余忠;威胜以求安,明哲之所贱。贤人君子所以拯世垂范,舍此而取彼者,其道良弘故也。
[13]《文士传》:陆景母张承女,诸葛恪外孙。恪诛,景母坐见黜。景少为祖母所育养,及祖母亡,景为之心丧三年。

〔14〕景弟机,字士衡,云字士龙。《机云别传》曰:晋太康末,俱入洛,造司空张华,华一见而奇之,曰:"代吴之役,利在获二俊。"遂为之延誉,荐之诸公,太傅杨骏辟机为祭酒,转太子洗马、尚书著作郎。云为吴王郎中令,出宰浚仪,甚有惠政,吏民怀之,生为立祠。后并历显位。机天才绮练,文藻之美,独冠于时。云亦善属文,清新不及机,而口辩持论过之。于时朝廷多故,机、云并自结于成都王颖。颖用机为平原相,云清河内史。寻转云右司马,甚见委任。无几而与长沙王构隙,遂举兵攻洛,以机行后将军,督王粹、牵秀等诸军二十万,士龙著《南征赋》以美其事。机吴人,羁旅单宦,顿居群士之右,多不厌服。机屡战失利,死散过半。初,宦人孟玖,颖所嬖幸,乘宠豫权,云数言其短,颖不能纳,玖又从而毁之。是役也,玖弟超亦领众配机,不奉军令。机绳之以法,超宣言曰陆机将反。及牵秀等潜机于颖,以为持两端之内,颖信之,遣收机,并收云及弟耽,并伏法。机兄弟既江南之秀,云亦著名诸夏,并以无罪夷灭,天下痛惜之。机文章为世所重,云所著亦传于世。初,抗之克步阐也,诛及婴孩,识道者尤之曰:"后世必受其殃!"及机之诛,三族无遗。孙惠与朱诞书曰:"马援择君,凡人所闻,不意三陆相携暴朝,杀身伤名,可为悼叹。"事亦并在《晋书》。

卷五十九　　吴主五子传第十四

孙登字子高,权长子也。魏黄初二年,以权为吴王,拜登东中郎将,封万户侯,登辞疾不受。是岁,立登为太子,选置师傅,铨简秀士,以为宾友,于是诸葛恪、张休、顾谭、陈表等以选入,侍讲诗书,出从骑射。权欲登读《汉书》,习知近代之事,以张昭有师法,重烦劳之,乃令休从昭受读,还以授登。登待接寮属,略用布衣之礼,与恪、休、谭等或同舆而载,或共帐而寐。太傅张温言于权曰:"夫中庶子官最亲密,切问近对,宜用隽德。"于是用表等为中庶子。后又以庶子礼拘,复令整巾侍坐。黄龙元年,权称尊号,立为皇太子,以恪为左辅,休右弼,谭为辅正,表为翼正都尉,是为四友,而谢景、范慎、刁玄、羊衜等皆为宾客[1]。于是东宫号为多士[2]。

权迁都建业,征上大将军陆逊辅登镇武昌,领宫府留事。登或射猎,当由径道,常远避良田,不践苗稼,至所顿息,又择空闲之地,其不欲烦民如此。尝乘马出,有弹丸过,左右求之。有一人操弩佩丸,咸以为是,辞对不服,从者欲捶之,登不听,使求过丸,比之非类,乃见释。又失盛水金马盂,觉其主,左右所为,不忍致罚,呼责数之,长遣归家,敕亲近勿言。后弟虑卒,权为之降损,登昼夜兼行,到赖乡,自闻,即时召见。见权悲泣,因谏曰:"虑寝疾不起,此乃命也。方今朔土未一,四海喁喁,天戴陛下,而以下流之念,减损太官肴馔,过于礼制,臣窃忧惶。"权纳其言,为之加膳。住十余日,欲遣西还,深自陈乞,以久离定省,子道有阙,又陈陆逊忠勤,无所顾忧,权遂留焉。嘉乐三年,权征新城,使登居守,总知留事。时年谷不丰,颇有盗贼,乃表定科令,所以防御,甚得止奸之要。

初,登所生庶贱,徐夫人少有母养之恩,后徐氏以妒废处吴,而步夫人最宠。步氏有赐,登不敢辞,拜受而已。徐氏使至,所赐衣服,必沐浴服之。登将拜太子,辞曰:"本立而道生,欲立太子,宜先立后。"权曰:"卿母安在?"对曰:"在吴。"权默然[3]。

立凡二十一年,年三十三卒。临终,上疏曰:"臣以无状,婴抱笃疾,自省微劣,惧卒陨毙。臣不自惜,念当委离供养,埋捐后土,长不复奉望宫省,朝觐日月,生无益于国,死贻陛下重戚,以此为哽结耳。臣闻死生有命,长短自天,周晋、颜回有上智之才,而尚夭折,况臣愚陋,年过其寿,生为国嗣,没享荣祚,于臣已多,亦何悲恨哉!方今大事未定,逋寇未讨,万国喁喁,系命陛下,危者望安,乱者仰治。愿陛下弃忘臣身,割下流之恩,修黄老之术,笃养神光,加羞珍膳,广开神明之虑,以定无穷之业,则率土幸赖,臣死无恨也。皇子和仁孝聪哲,德行清茂,宜早建置,以系民望。诸葛恪才略博达,器任佐时。张休、顾谭、谢景,皆通敏有识断,入宜委腹心,出可为爪牙。范慎、华融矫矫壮节,有国士之风。羊衜辩捷,有专对之材。刁玄优弘,志履道真。裴钦博记,翰采足用。蒋脩、虞翻,志节分明。凡此诸臣,或宜廊庙,或任将帅,皆练时事,明习法令,守信固义,有不可夺之志。此皆陛下日月所照,选置臣宫,得与从事,备知情素,敢以陈闻。臣重惟当今方外多虞,师旅未休,当厉六军,以图进取。军以人为众,众以财为宝,窃闻郡县颇有荒残,民物凋弊,奸乱萌生,是以法令繁滋,刑辟重切。臣闻为政听民,律令与时推移,诚宜与将相大臣详择时宜,博采众议,宽刑轻赋,均息力役,以顺民望。陆逊忠勤于时,出身忧国,謇謇在公,有匪躬之节。诸葛瑾、步骘、朱然、全琮、朱据、吕岱、吾粲、阚泽、严畯、张承、孙怡忠于为国,通达治体。可令陈上便宜,蠲除苛烦,爱养士马,抚循百姓。五年之外,十年之内,远者归复,近者尽力,兵不血刃,而大事可定也。臣闻'鸟之将死其鸣也哀,人之将死其言也善',故子囊临终,遗言戒时,君子以为忠,岂况臣登,其能已乎?愿陛下留意听采,臣虽死之日,犹生之年也。"既绝而后书闻,权益以摧感,言则陨涕。是岁,赤乌四年也。谢景时为豫章太守,不胜哀情,弃官奔赴,拜表自劾。权曰:"君与太子从事,异于他吏。"使中使慰劳,听复本职,发遣还郡。谥登曰宣太子[4]。

子璠、希,皆早卒,次子英,封吴侯。五凤元年,英以大将军孙峻擅权,谋诛峻,事觉自杀,国除[5]。

谢景者字叔发,南阳宛人。在郡有治迹,吏民称之,以为前有顾劭,其次即景。数年卒官。

孙虑字子智,登弟也。少敏惠有才艺,权器爱之。黄武七年,封建昌侯。后二年,丞相雍等奏虑性聪体达,所尚日新,比方近汉,宜进爵称王,权未许。久之,尚书仆射存上疏曰:"帝王之兴,莫不褒崇至亲,以光群后,故鲁卫于周,宠冠诸侯,高帝五王,封列于汉,所以藩屏本朝,为国镇卫。建昌侯虑禀性聪敏,才兼文武,于古典制,宜正名号。陛下谦光,未肯如旧,群寮大小,咸用于邑。方今奸寇恣睢,金鼓未弭,腹心爪牙,惟亲与贤。辄与丞相雍等议,咸以虑宜为镇军大将军,授任偏方,以光大业。"权乃许之,于是假节开府,治半州[6]。虑以皇子之尊,富于春秋,远近嫌其不能留意。及至临事,遵奉法度,敬纳师友,过于众望。年二十,嘉禾元年卒。无子,国除。

孙和字子孝,虑弟也。少以母王有宠见爱,年十四,为置宫卫,使中书令阚泽教以书艺。好学下士,甚见称述。赤乌五年,立为太子,时年十九。阚泽为太傅,薛综为少傅,而蔡颖、张纯、封俌、严维等皆从容侍从[7]。

是时有司颇以条书问事,和以为奸妄之人,将因事错意,以生祸心,不可长也,表宜绝之。又都督刘宝白庶子丁晏,晏亦白宝,和谓晏曰:"文武在事,当能几人,因隙构薄,图相危害,岂有福哉?"遂两释之,使之从厚。常言:"当世士人宜讲修术学,校习射御,以周世务,而但交游博弈以妨事业,非进取之谓。"后群寮侍宴,言及博弈,以为"妨事费日而无益于用,劳精损思而终无所成,非所以进德修业,积累功绪者也。且志士爱日惜力,君子慕其大者,高山景行,耻非其次。夫以天地长久,而人居其间,有白驹过隙之喻,年齿一暮,荣华不再。凡所患者,在于人情所不能绝,诚能绝无益之欲以奉德义之涂,弃不急之务以修功业之基,其于名行,岂不善哉?夫人情犹不能无嬉娱,嬉娱之好,亦在于饮宴琴书射御之间,何必博弈然后为欢!"乃命侍坐者八人,各著论以矫之。于是中庶子韦曜退而论奏,和以示宾客。时蔡颖好弈,直事在署者颇敩焉,故以此讽之。

是后王夫人与全公主有隙。权尝寝疾,和祠祭于庙,和妃叔父张休居近庙,邀和过所居。全公主使人视,因言太子不在庙中,专就妃家计议,又言王夫人见上寝疾,有喜色。权由是发怒,夫人忧死,而和宠稍损,惧于废黜。鲁王霸觊觎滋甚,陆逊、吾粲、顾谭等数陈嫡庶之义,理不可夺,全寄、杨竺为鲁王霸支党,谮诉日兴,粲遂下狱诛,谭徙交州。权沉吟者历年[8],后遂幽闭和。于是骠骑将军朱据、尚书仆射屈晃率诸将吏泥头自缚,连日诣阙请和。权登白爵观见,甚恶之,敕据、晃等"无事忿忿"!权欲废和立亮,无难督陈正、五营督陈象上书,称引晋献公杀申生,立奚齐,晋国扰乱,又据、晃固谏不止。权大怒,族诛正、象,据、晃牵入殿,杖一百[9],竟徙和于故鄣,群司坐谏诛放者十数。众咸冤之[10]。

太元二年正月,封和为南阳王,遣之长沙[11]。四月,权薨,诸葛恪秉政。恪即和妃张之舅也。妃使黄门陈迁之建业上疏中宫,并致问于恪。临去,恪谓迁曰:"为我达妃,期当使胜他人。"此言颇泄。又恪有徙都意,使治武昌宫,民间或言欲迎和。及恪被诛,孙峻因此夺和玺绶,徙新都,又遣使者赐死。和与妃张辞别,张曰:"吉凶当相随,终不独生活也。"亦自杀,举邦伤焉。

孙休立,封和子皓为乌程侯,自新都之本国。休薨,皓即阼,其年追谥父和曰文皇帝,改葬明陵,置园邑二百家,令、丞奉守。后年正月,又分吴郡、丹阳九县为吴兴郡,治乌程,置太守,四时奉祠。有司奏言,宜立庙京邑。宝鼎二年七月,使守大匠薛珝营立寝堂,号曰清庙。十二月,遣守丞相孟仁、太常姚信等备官僚中军步骑二千人,以灵舆法驾,东迎神于明陵。皓引见仁,亲拜送于庭[12]。灵舆当至,使丞相陆凯奉三牲祭于近郊,皓于金城外露宿。明日,望拜于东门之外。其翌日,拜庙荐祭,歔欷悲感。比七日三祭,倡技昼夜娱乐。有司奏言"祭不欲数,数则黩,宜以礼断情",然后止[13]。

孙霸字子威,和弟也。和为太子,霸为鲁王,宠爱崇特,与和无殊。顷之,和、霸不穆之声闻于权耳,权禁断往来,假以精学。督军使者羊衜上疏曰:"臣闻古之有天下者,皆先显别嫡庶,封建子弟,所以尊重祖宗,为国藩表也。二宫拜授,海内称宜,斯乃大吴兴隆之基。顷闻二宫并绝宾客,远近悚然,大小失望。窃从下风,听采众论,咸谓二宫智达英茂,自正名建号,于今三年,德行内著,美称外昭,西北二隅,久所服闻。谓陛下当副顺遐迩所以归德,勤命二宾延四远,使异国闻声,思为臣妾。今既未垂意于此,而发明诏,省夺备卫,抑绝宾客,使四方礼敬,不复得通,虽实陛下敦尚古义,欲令二宫专志于学,不复顾虑观听小宜,期于温故博物而已,然非臣下倾企喁喁之至愿也。或谓二宫不遵典式,此臣所以寝息不宁。就如所嫌,犹宜补察,密加斟酌,不使远近得容异言。臣惧积疑成谤,久将宣流,而西北二隅,去国不远,异同之语,易以闻达。闻达之日,声论当兴,将谓二宫有不顺之愆,不审陛下何以解之?若无以解异国,则亦无以释境内。境内守疑,异国兴谤,非所以育巍巍,镇社稷也。愿陛下早发优诏,使二宫周旋礼命如初,则天清地晏,万国幸甚矣。"时全寄、吴安、孙奇、杨竺等阴共附霸,图危太子。谮毁既行,太子以败,霸亦赐死。流竺尸于江,兄穆以数谏戒竺,得免大辟,犹徙南州。霸赐死后,又诛寄、安、奇等,咸以党霸构和故也。

霸二子,基、壹。五凤中,封基为吴侯,壹宛陵侯。基侍孙亮在内,太平二年,盗乘御马,收付狱。亮问侍中刁玄曰:"盗乘御马罪云何?"玄对曰:"科应死。然鲁王早终,惟陛下哀原之。"亮曰:"法者,天下所共,何得阿以亲亲故邪?当思惟可以释此者,奈何以情相迫乎?"玄曰:"旧赦有大小,或天下,亦有千里、五百里赦,随意所及。"亮曰:"解人不当尔邪!"乃赦宫中,基以得免。孙皓即位,追和、霸旧隙,削基、壹爵土,与祖母谢姬俱徙会稽乌伤县。

孙奋字子扬,霸弟也,母曰仲姬。太元二年,立为齐王,居武昌。权薨,太傅诸葛恪不欲诸王处江滨兵马之地,徙奋于豫章。奋怒,不从命,又数越法度。恪上笺谏曰:"帝王之尊,与天同位,是以家天下,臣父兄,四海之内,皆为臣妾。仇雠有善,不得不举,亲戚有恶,不得不诛,所以承天理物,先国后身,盖圣人立制,百代不易之道也。昔汉初兴,多王子弟,至于太强,辄为不轨,上则几危社稷,下则骨肉相残,其后惩戒,以为大讳。自光武以来,诸王有制,惟得自娱于宫内,不得临民,干与政事,其与交通,皆有重禁,遂以全安,各保福祚。此则前世得失之验也。近袁绍、刘表各有国土,土地非狭,人众非弱,以适庶不分,遂灭其宗祀。此乃天下愚智所共嗟痛。大行皇帝览古戒今,防芽遏萌,虑于千载。是以寝疾之日,分遣诸王,各早就国,诏策殷勤，科禁严峻，其所戒敕，无所不至，诚欲上安宗庙，下全诸王，使百世相承，无凶国害家之悔也。大王宜上惟太伯顺父之志，中念河间献王、东海王强恭敬之节，下当存抑骄恣荒乱以为警戒。而闻顷至武昌以来，多违诏敕，不拘制度，擅发诸将兵治护宫室。又左右常从有罪过者，当以表闻，公付有司，而擅私杀，事不明白。大司马吕岱亲受先帝诏敕，辅导大王，既不承用其言，令怀忧怖。华锜先帝近臣，忠良正直，其所陈道，当纳用之，而闻怒锜，有收缚之语。又中书杨融，亲受诏敕，所当恭肃，云'正自不听禁，当如我何'？闻此之日，大小惊怪，莫不寒心。里语曰：'明镜所以照形，古事所以知今。'大王宜深以鲁王为戒，改易其行，战战兢兢，尽敬朝廷，如此则无求不得。若弃忘先帝法教，怀轻慢之心，臣下宁负大王，不敢负先帝遗诏，宁为大王所怨疾，岂敢忘尊主之威，而令诏敕不行于藩臣邪？此古今正义，大王所照知也。夫福来有由，祸来有渐，渐生不忧，将不可悔。向使鲁王早纳忠直之言，怀惊惧之虑，享祚无穷，岂有灭亡之祸哉？夫良药苦口，惟疾者能甘之。忠言逆耳，惟达者能受之。今者恪等慺慺欲为大王除危殆于萌芽，广福庆之基原，是以不自知言至，愿蒙三思。"

奋得笺惧，遂移南昌，游猎弥甚，官属不堪命。及恪诛，奋下住芜湖，欲至建业观变。傅相谢慈等谏奋，奋杀之[14]。坐废为庶人，徙章安县。太平三年，封为章安侯[15]。

建衡二年，孙晧夫人王氏卒。晧哀念过甚，朝夕哭临，数月不出，由是民间或谓晧死，讹言奋与上虞侯奉当有立者。奋母仲姬墓在豫章，豫章太守张俊疑其或然，扫除坟茔。晧闻之，车裂俊，夷三族，诛奋及其五子，国除[16]。

评曰：孙登居心所存，足为茂美之德。虑、和并有好善之姿，规自砥砺，或短命早终，或不得其死，哀哉！霸以庶干适，奋不遵轨度，固取危亡之道也。然奋之诛夷，横遇飞祸矣。

注：

〔1〕衖，音道。

〔2〕《吴录》曰：慎字孝敬，广陵人，竭忠知己之君，缠绵三益之友，时人荣之。著论二十篇。名曰《矫非》。后为侍中，出补武昌左部督，治军整顿。孙晧移都，甚惮之，诏曰："慎勋德俱茂，朕所敬凭，宜登上公，以副众望。"以为太尉。慎自恨久为将，遂托老耄。军士恋之，举营士之陨涕。凤凰三年卒，子耀嗣。玄，丹阳人。衖，南阳人。《吴书》曰：衖初为中庶子，年二十。时廷尉监隐蕃交结豪杰，自卫将军全琮等皆倾心敬待，惟衖及宣诏郎豫章杨迪拒绝不与通，时人怪之。而蕃后叛逆，众乃服之。《江表传》曰：登侍侍中胡综作《宾友目》曰："英才卓越，超逾伦匹，则诸葛恪。精识时机，达幽究微，则顾谭。凝辨宏达，言能释结，则谢景。究学甄微，游夏同科，则范慎。"衖乃私驳综曰：元逊才而疏，子嘿精而狠，叔发辩而浮，孝敬深而狭。"所言皆有指趣。而衖卒以此言咎，不为恪等所亲。后四人皆败，吴人谓衖之言有征。位至桂阳太守，卒。

〔3〕《吴书》曰：弟和有宠于权，登亲敬，待之如兄，常有欲让之

心。

〔4〕《吴书》曰：初葬句容，置园邑，奉守如法。后三年改葬蒋陵。

〔5〕《吴历》：孙和以无罪见杀，众庶皆怀愤叹，前司马桓虑因此招合将吏，欲共杀峻立英，事觉，皆见杀，英实不知。

〔6〕《吴书》载权诏曰："期运抚乱，凶邪肆虐，威罚有序，干戈不戢。以虑气志休懿，武略凤昭，必能为国佐定大业，故授以上将之位，显以殊特之荣，宠以兵马之势，委以偏方之任。外欲威震敌疆，厌难万里，内欲镇抚远近，慰恤将士，诚虑建功立事竭命之秋也。虑其内修文德，外经武训，持盈若冲，则满而不溢。敬慎乃心，无忝所受。

〔7〕《吴书》曰：和少岐嶷有智意，故权尤爱幸，常在左右，衣服礼秩雕玩珍异之赐，诸子莫得比焉。好文学，善骑射，承师涉学，精识聪敏，尊敬师傅，爱好人物。颖等每见进贺，和常降意，欢以待之。讲校经义，综察是非，及访咨朝臣，能以知优劣，各有条贯。后诸葛壹伪叛以诱魏将诸葛诞，权潜军待之。和以权暴露外次，又战者凶事，常忧劳憔悴，不复会同饮食，数上谏，戒令持重，务在全胜，权还，然后敢安。张纯字元基，敦之子。《吴录》曰：纯少厉操行，学博才秀，切问捷对，容止可观。拜郎中，补广德令，治有异绩，擢为太子辅义都尉。

〔8〕殷基《通语》曰：初权既立和为太子，而封霸为鲁王，初拜犹同宫室，礼秩未分。群公之议，以为太子、国王上下有序，礼秩宜异，于是分宫别僚，而隙端开矣。自侍御宾客造为二端，仇党疑贰，滋延大臣，丞相陆逊、大将军诸葛恪、太常顾谭、骠骑将军朱据、会稽太守滕胤、大都督施绩、尚书丁密等奉礼而行，宗事太子；骠骑将军步骘、镇南将军吕岱、大司马全琮、左将军吕据、中书令孙弘等附党王，中外官僚将军大臣举国中分。权患之，谓侍中孙峻曰："子弟不睦，臣下分部，将有袁氏之败，为天下笑。一人立者，安得不乱？"于是有改嗣之规矣。臣松之以为袁绍、刘表谓尚、琮为贤，本有传后之意，异于孙权既以立和而复宠霸，坐生乱阶，自构家祸，方之袁、刘，昏悖甚矣。步骘以德度著称，为吴良臣，而阿附于霸，事同杨竺，何哉？和既正位，适庶分定，就使义德不殊，犹将义不党庶，况霸实无闻，而和为令嗣乎？夫邪僻之人，岂其体皆无善，但一为不善，众美皆亡矣。骘若果有此事，则其余不足观矣！吕岱、全琮之徒，盖所不足论耳。

〔9〕《吴历》曰：晃入，口谏曰："太子仁明，显闻四海。今三方鼎跱，实不宜摇动太子，以生众心。愿陛下少垂圣虑，老臣虽死，犹生之年。"叩头流血，辞气不挠。权不纳晃言，斥还田里。孙晧即位，诏曰："故仆射屈晃，志匡社稷，忠谏亡身。封晃子绪为东阳亭侯，弟干、恭为立义都尉。"绪后亦至尚书仆射。晃，汝南人，见胡冲《答问》。《吴书》曰：张纯亦尽言极谏，权幽之，遂弃市。

〔10〕《吴书》曰：权寝疾，意颇感寤，欲征和还之，全公主及孙峻、孙弘等固争之，乃止。

〔11〕《吴书》曰：和之长沙，行过芜湖，有鹊巢于帆樯，故官寮闻之皆忧惨，以为樯木倾危，非久安之象。或言《鹊巢》之诗有'积行累功以致爵位'之言，今王至德茂行，复受国土，倘神灵以此告寤人意乎？"

〔12〕《吴书》曰：比仁还，中使手诏，日夜相继，奉问神灵起居动止。巫觋言见和被服，颜色如平日，晧悲喜涕泪，悉召公卿尚书诣阙门下受赐。

〔13〕《吴历》曰：和四子：晧、德、谦、俊。孙休即位，封德钱唐侯，谦永安侯，俊拜骑都尉。晧在武昌，吴兴施但因民之不堪命，聚万余人，劫谦，将至秣陵，欲立之。未至三十里住，择

吉日,但遣使以谦命诏丁固、诸葛靓。靓即斩其使。但遂前到九里,固、靓出击,大破之。但兵裸身无铠甲,临阵皆披散。谦独坐车中,遂生获之。固不敢杀,以状告皓,皓鸩之。母子皆死。俊,张承外孙,聪明辩惠,为远近所称,皓又杀之。

〔14〕慈字孝宗,彭城人,见《礼论》,撰《丧服图》及《变除》行于世。

〔15〕《江表传》载亮诏曰:"齐王奋前坐杀吏,废为庶人,连有赦令,独不见原,纵未宜复王,何以不侯?又诸孙兄弟作将,列在江渚,孤有兄独尔云何?"有司奏可,就拜为侯。

〔16〕《江表传》曰:豫章吏十人乞代俊死,皓不听。奋以此见疑,本在章安,徙还吴城禁锢,使男女不得通婚,或年三十四十不得嫁娶。奋上表乞自比禽兽,使男女自相配偶。皓大怒,遣察战赍药赐奋,奋不受药,叩头千下,曰:"老臣自将儿子治生求活,无豫国事,乞丐余年。"皓不听,父子皆饮药死。臣松之按:建衡二年至奋之死,孙皓即位尚犹未久。若奋未被疑之前,儿女年二十左右,至奋死时,不得年三十四十也。若先已长大,自失时未婚娶,则不由皓之禁锢矣。此虽欲增皓之恶,然非实理。

卷六十 贺全吕周钟离传第十五

贺齐字公苗,会稽山阴人也[1]。少为郡吏,守剡长。县吏斯从轻侠为奸,齐欲治之,主簿谏曰:"从,县大族,山越所附,今日治之,明日寇至。"齐闻大怒,便立斩从。从族党遂相纠合,众千余人,举兵攻县。齐率吏民,开城门突击,大破之,威震山越。后太末、丰浦民反,转守太末长,诛恶养善,期月尽平。

建安元年,孙策临郡,察齐孝廉。时王朗奔东冶,侯官长商升为朗起兵。策遣永宁长韩晏领南部都尉,将兵讨升,以齐为永宁长,晏为升所败,齐又代晏领都尉事。升畏齐威名,遣使乞盟。齐因告喻,为陈祸福,升遂送上印绶,出舍求降。贼帅张雅、詹强等不愿升降。反共杀升,雅称无上将军,强称会稽太守。贼盛兵少,未足以讨,齐住军息兵。雅与女婿何雄争势两乖,齐令越人因事交构,遂致疑隙,阻兵相图。齐乃进讨,一战大破雅,强党震惧,率众出降。侯官既平,而建安、汉兴、南平复乱,齐进兵建安,立都尉府,是岁八年也。郡发属县五千兵,各使本县长将之,皆受齐节度。贼洪明、洪进、苑御、吴免、华当等五人,率各万户,连屯汉兴,吴五[2]六千户别屯大潭,邹临六千户别屯盖竹,同出馀汗[3]。军讨汉兴,经馀汗。齐以为贼众兵少,深入无继,恐为所断,令松阳长丁蕃留备馀汗。蕃本与齐邻城,耻见部伍,辞不肯留。齐乃斩蕃,于是军中震栗,无不用命,遂分兵留备,进讨明等,连大破之。临陈斩明,其免、当、进、御皆降。转击盖竹,军向大潭,二将又降。凡讨治斩首六千级,名帅尽擒,复立县邑,料出兵万人,拜为平东校尉。十年,转讨上饶,分以为建平县。

十三年,迁威武中郎将,讨丹阳黟、歙。时武强、叶乡、东阳、丰浦四乡先降,齐表言以叶乡为始新县。而歙贼帅金奇万户屯安勒山,毛甘万户屯乌聊山,黟帅陈仆、祖山等二万户屯林历山。林历山四面壁立,高数十丈,径路危狭,不容刀楯,贼临高下石,不可得攻。军住经日,将吏患之。齐身出周行,观视形便,阴募轻捷士,为作铁弋,密于隐险贼所不备处,以弋拓堑,为缘道,夜令潜上,乃多悬布以援下人,得上百数人,四面流布,俱鸣鼓角,齐勒兵待之。贼夜闻鼓声四合。谓大军悉已得上,惊惧惑乱,不知所为,守路备险者,皆走还依众,大军因是得上,大破仆等,其余皆降,凡斩首七千[4]。齐复表分歙为新定、黎阳、休阳。并黟、歙凡六县,权遂割为新都郡,齐为太守,立府于始新,加偏将军。

十六年,吴郡余杭民郎稚合宗起贼,复数千人,齐出讨之,即复破稚,表言分余杭为临水县[5]。被命诣所在,及当还郡,权出祖道,作乐舞象[6]。赐齐耕牛骏马,罢坐住驾,使齐就车。齐辞不敢,权使左右扶齐上车,令导卒兵骑,如在郡仪。权望之笑曰:"人当努力,非积行累勤,此不可得。"去百余步乃旋。

十八年,豫章东部民彭材、李玉、王海等起为贼乱,众万余人。齐讨平之,诛其首恶,余皆降服。拣其精健为兵,次为县户。迁奋武将军。

二十年,从权征合肥。时城中出战,徐盛被创失矛,齐引兵拒击,得盛所失[7]。

二十一年,鄱阳民尤突受曹公印绶,化民为贼,陵阳、始安、泾县皆与突相应。齐与陆逊讨破突,斩首数千,余党震服,丹阳三县皆降,料得精兵八千人。拜安东将军,封山阴侯,出镇江上,督扶州以上至皖。

黄武初,魏使曹休来伐,齐以道远后至,因住新市为拒。会洞口诸军遭风流溺,所亡中分,将士失色,赖齐未济,偏军独全,诸将倚以为势。齐性奢绮,尤好军事,兵甲器械极为精好,所乘船雕刻丹镂,青盖绛襜,干橹戈矛,葩瓜文画,弓弩矢箭,咸取上材,蒙冲斗舰之属,望之若山。休等惮之,遂引军还。迁后将军,假节,领徐州牧。

初,晋宗为戏口将,以众叛如魏,还为蕲春太守,图袭安乐,取其保质。权以为耻忿,因军罢召,六月盛夏,出其不意,诏齐督麋芳、鲜于丹等袭蕲春,遂生虏宗。后四年卒,子达及弟景皆有令名,为佳将[8]。

全琮字子璜,吴郡钱唐人也。父柔,汉灵帝时举孝廉,补尚书郎右丞,董卓之乱,弃官归,州辟别驾从事,诏书就拜会稽东部都尉。孙策到吴,柔举兵先附,策表柔为丹阳都尉。孙权为车骑将军,以柔为长史,徙桂阳太守。柔尝使琮赍米数千斛到吴,有所市易。琮至,皆散用,空船而还。柔大怒,琮顿首曰:"愚以所市非急,而士大夫方有倒悬之患,故便振赡,不及启报。"柔更以奇之[9]。是时中州士人避乱而南,依琮居者以百数,琮倾家给济,与共有无,遂显名远近。后权以为奋威校尉,授兵数千人,使讨山越。因开募召,得精兵万余人,出屯牛渚,稍迁偏将军。

建安二十四年,刘备将关羽围樊、襄阳,琮上疏陈羽可讨之计,权时已与吕蒙阴议袭之,恐事泄,故寝琮表不答。及禽羽,权置酒公安,顾谓琮曰:"君前陈此,孤虽不相答,今日之捷,抑亦君之功也。"于是封阳华亭侯。

黄武元年，魏以舟军大出洞口，权使吕范督诸将拒之，军营相望。敌数以轻船抄击，琮常带甲仗兵，伺候不休。顷之，敌数千人出江中，琮击破之，枭其将军尹卢。迁琮绥南将军，进封钱唐侯。四年，假节领九江太守。

七年，权到皖，使琮与辅国将军陆逊击曹休，破之于石亭。是时丹阳、吴、会山民复为寇贼，攻没属县，权分三郡险地为东安郡，琮领太守[10]。至，明赏罚，招诱降附，数年中，得万余人。权召琮还牛渚，罢东安郡[11]。黄龙元年，迁卫将军，左护军、徐州牧[12]，尚公主。

嘉禾二年，督步骑五万征六安，六安民皆散走，诸将欲分兵捕之。琮曰："夫乘危侥倖，举不百全者，非国家大体也。今分兵捕民，得失相半，岂可谓全哉？纵有所获，犹不足以弱敌而副国望。如或邂逅，亏损非小，与其获罪，琮宁以身受之，不敢徼功以负国也。"

赤乌九年，迁右大司马、左军师。为人恭顺，善于承颜纳规，言辞未尝切迕。初，权将围珠崖及夷州，皆先问琮，琮曰："以圣朝之威，何向而不克？然殊方异域，隔绝障海，水土气毒，自古有之，兵入民出，必生疾病，转相污染，往者惧不能反，所获何可多致？犹亏江岸之兵，以冀万一之利，愚臣犹所不安。"权不听。军行经岁，士众疾疫死者十有八九，权深悔之。后言次及之，琮对曰："当是时，群臣有不谏者，臣以为不忠。"

琮既亲重，宗族子弟并蒙宠贵，赐累千金，然犹谦虚接士，貌无骄色。十二年卒，子怿嗣。后袭业领兵，救诸葛诞于寿春，出城先降，魏以为平东将军，封临湘侯。怿兄子祎、仪、静等亦降魏，皆历郡守、列侯[13]。

吕岱字定公，广陵海陵人也，为郡县吏，避乱南渡。孙权统事，岱诣幕府，出守吴丞。权亲断诸县仓库及囚系，长丞皆见责，岱处法应问，甚称权意，召署录事，出补余姚长，召募精健，得千余人。会稽东冶五县贼吕合、秦狼等为乱，权以岱为督军校尉，与将军蒋钦等将兵讨之，遂禽合、狼，五县平定，拜昭信中郎将[14]。

建安二十年，督孙茂等十将从取长沙三郡。又安成、攸、永新、茶陵四县吏共入阴山城，合众拒岱，岱攻围，即降，三郡克定。权留岱镇长沙。安成长吴砀及中郎将袁龙等首尾关羽，复为反乱。砀据攸县，龙在醴陵。权遣横江将军鲁肃攻攸，砀得突走。岱攻醴陵，遂擒斩龙，迁庐陵太守。

延康元年，代步骘为交州刺史。到州，高凉贼帅钱博乞降，岱因承制，以博为高凉西部都尉。又郁林夷贼攻围郡县，岱讨，破之。是时桂阳、浈阳贼王金合众于南海界上，首乱为害，权又诏岱讨之，生缚金，传送诣都，斩首，获生凡万余人。迁安南将军，假节，封都乡侯。

交阯太守士燮卒，权以燮子徽为安远将军，领九真太守，以校尉陈时代燮。岱表分海南三郡为交州，以将军戴良为刺史，海东四郡为广州，岱自为刺史。遣良与时南入，而徽不承命，举兵戍海口以拒良等。岱于是上疏请讨徽罪，督兵三千人晨夜浮海。或谓岱曰："徽藉累世之恩，为一州所附，未易轻也。"岱曰："今徽虽怀逆计，未虑吾之卒至，若我潜军轻举，掩其无备，破之必也。稽留不速，使得生心，婴城固守，七郡百蛮，云合响应，虽有智者，谁能图之？"遂行，过合浦，与良俱进。徽闻岱至，果大震怖，不知所出，即率兄弟六人肉袒迎岱。岱皆斩送其首，徽大将甘醴、桓治等率吏民攻岱，岱奋击大破之，进封番禺侯。于是除广州，复为交州如故。岱既定交州，复进讨九真，斩获以万数。又遣从事南宣国化，暨徼外扶南、林邑、堂明诸王，各遣使奉贡。权嘉其功，进拜镇南将军。

黄龙三年，以南土清定，召岱还屯长沙沤口[15]。会武陵蛮夷蠢动，岱与太常潘濬共讨定之。嘉禾三年，权令岱领潘璋士众，屯陆口，后徙蒲圻。四年，庐陵贼李桓、路合、会稽东冶贼随春、南海贼罗厉等一时并起。权复诏岱督刘纂、唐咨等分部讨击，春即时首降，岱拜春偏将军，使领其众，遂为列将，桓、厉等皆见斩获，传首诣都。权诏岱曰："厉负险作乱，自致枭首；桓凶狡反覆，已降复叛。前后讨伐，历年不禽，非君规略，谁能枭之？忠武之节，于是益著。元恶既除，大小震慑，其余细类，扫地族矣。自今已去，国家永无南顾之虞，三郡晏然，无惕之惊，又得恶民以供赋役，重用叹息。赏不逾月，国之常典，制度所宜，君其裁之。"

潘濬卒，岱代濬领荆州文书，与陆逊并在武昌，故督蒲圻。顷之，廖式作乱，攻围城邑，零陵、苍梧、郁林诸郡骚扰，岱自表辄行，星夜兼路。权遣使追拜岱交州牧，及遣诸将唐咨等络绎相继，攻讨一年破之，斩式及遣诸所伪署临贺太守费杨等，并其支党，郡县悉平，复还武昌。

时年已八十，然体素精勤，躬亲王事。奋威将军张承与岱书曰："昔旦奭翼周，《二南》作歌，今则足下与陆子也。忠勤相先，劳谦相让，功以权成，化与道合，君子叹其德，小人悦其美。加以文书鞅掌，宾客终日，罢不舍事，劳不言倦，又知上马辄自超乘，不由跨蹑，如此足下过廉颇也，何其事事快也。《周易》有之，礼言恭，德言盛，足下何有尽此美耶！"及陆逊卒，诸葛恪代逊，权乃分武昌为两部，岱督右部，自武昌上至蒲圻。上大将军，拜子凯副军校尉，监兵蒲圻。孙亮即位，拜大司马。

岱清身奉公，所在可述。初在交州，历年不饷家，妻子饥乏。权闻之叹息，以让群臣曰："吕岱出身万里，为国勤事，家门内困，而孤不早知。股肱耳目，其责安在？"于是加赐钱米布绢，岁有常限。

始，岱亲近吴郡徐原，慷慨有才志，岱知其可成，赐巾帻，与共言论，后遂荐拔，官至侍御史。原性忠壮，好直言，岱时有得失，原辄谏诤，又公论之，人或以告岱，岱叹曰："是我所以贵德渊者也。"及原死，岱哭之甚哀，曰："德渊，吕岱之益友，今不幸，岱复于何闻过？"谈者美之。

太平元年，年九十六卒，子凯嗣。遗令殡以素棺，疏巾布褠，葬送之制，务从俭约，凯皆奉行之。

周鲂字子鱼，吴郡阳羡人也。少好学，举孝廉，为宁国长，转在怀安。钱唐大帅彭式等蚁聚为寇，以鲂为钱唐侯相，旬月之间，斩式首及其支党，迁丹阳西部都尉。黄武中，鄱阳大帅彭绮作乱，攻没属城，乃以鲂为鄱阳太守，与胡综戮力攻讨,遂生禽绮,送诣武昌,加昭义校尉。被命密求山中旧族名帅为北敌所闻知者,令谲挑魏大司马扬州牧曹休。鲂答,恐民帅小丑不足仗任,事或漏泄,不能致休,乞遣亲人赍笺七条以诱休:

其一曰:"鲂以千载侥幸,得备州民,远隔江川,敬恪未显,瞻望云景,天实为之。精诚微薄,名位不昭,虽怀焦渴,曷缘见明?狐死首丘,人情恋本,而逼所制,奉规礼违。每独矫首西顾,未尝不瘠瘵劳叹,展转反侧也。今因隙穴之际,得陈宿昔之志,非神启之,岂能致此!不胜翘企,万里托命。谨遣亲人董岑、邵南等托叛奉笺。时事变故,列于别纸,惟明公君侯垂日月之光,照远民之趣,永令归命者有所戴赖。"

其二曰:"鲂远在边隅,江汜分绝,恩泽教化,未蒙抚及,而于山谷之间,遥陈所怀,惧以大义未见信纳。夫物有感激,计因变生,古今同揆。鲂仕东典郡,始愿已获,铭心立报,永矣无贰。岂图顷者中被横谴,祸在漏刻,危于投卵,进有离合去就之宜,退有诬罔枉死之咎,虽志行轻微,存没一节,顾非其所,能不怅然!敢缘古人,因知所归,拳拳输情,陈露肝膈。乞降春天之润,哀拯其急,不复猜疑,绝其委命。事之宣泄,受罪不测,一则伤慈损计,二则杜绝向化者心,惟明使君远览前世,矜而愍之,留神所质,速赐秘报。鲂当候望举动,俟须向应。"

其三曰:"鲂所代故太守广陵王靖,往者亦以郡民为变,以见谴责,靖勤自陈释,而终不解,因立密计,欲北归命,不幸事露,诛及婴孩。鲂既目见靖事,且观东主一所非薄,嫡不复厚,虽或暂舍,终见剪除。今又令鲂领郡者,是欲责后效,必杀鲂之趣也。虽尚视息,忧惕焦灼,未知驱命,竟在何时。人居世间,犹白驹过隙,而常抱危怖,其可言乎!惟当陈愚,重自披尽,惧以卑贱,未能采纳。愿明使君少垂详察,忖度其言。今此郡民,虽外名降首,而故在山草,看伺空隙,欲复为乱,为乱之日,鲂命讫矣。东主顷者潜部分诸将,图欲北进。吕范、孙韶等入淮,全琮、朱桓趋合肥,诸葛瑾、步骘、朱然到襄阳,陆议、潘璋等讨梅敷。东主中营自掩石阳,别遣从弟孙奂治安陆城,修立邸阁,辇赍运粮,以为军储,又命诸葛亮进指关西,江边诸将无复在者,才留三千所兵守武昌耳。若明使君以万兵从皖南首江渚,鲂便从此率厉吏民,以为内应。此方诸郡,前后举事,垂成而败者,由无外援使其然耳;若北军临境,传檄属城,思咏之民,谁不企踵?愿明使君上观天时,下察人事,中参蓍龟,则足昭往言之不虚也。"

其四曰:"所遣董岑、邵南少长家门,亲之信之,有如儿子,是以特令赍笺,托叛为辞,目语心计,不宣唇齿,骨肉至亲,无有知者。又已敕之,到州当言往降,欲北叛来者得传之也。鲂建此计,任之于天,若其济也,则有生全之福;邂逅泄漏,则受夷灭之祸。常中夜仰天,告誓星辰。精诚之微,岂能上感,然事急孤穷,惟天是诉耳。遣使之日,载生载死,形存气亡,魄爽恍惚。私恐使君未深保明,岑、南二人可留其一,以为后信。一赍教达,教达故当言悔叛还首。东主有常科,悔叛还者,皆自原罪。如是彼此俱塞,永无端原。县命西望,涕笔俱下。"

其五曰:"鄱阳之民,实多愚劲,帅之赴役,未即应人,倡之为变,闻声响抃。今虽降首,盘节未解,山栖草藏,乱心犹存,而今东主图兴大众,举国悉出,江边空旷,屯坞虚损,惟有诸刺奸耳。若因是际而骚动此民,一旦可得便会,然要恃外援,表里机牙,不尔以往,无所成也。今使君若从皖道进住江上,鲂当从南岸历口为应。若未径到江岸,可住百里上,令此间民知北军在彼,即自善也。此间民非苦饥寒而甘兵寇,苦于征讨,乐得北属,但穷困举事,不时见应,寻受其祸耳。如使石阳及青、徐诸军首尾相衔,牵缀往兵,使不得速退者,则善之善也。鲂生在江、淮,长于时事,见其便利,百举百捷,时不再来,敢布腹心。"

其六曰:"东主致恨前者不拔石阳,今此后举,大合新兵,并使潘濬发夷民,人数甚多,闻豫设科条,当以新赢兵置前,好兵在后,攻城之日,云欲以赢兵填堑,使即时破,虽未能然,是事大趣也。私恐石阳城小,不能久留往兵,明使君速垂救济,诚宜疾密。王靖之变,其鉴不远。今鲂归命,非复在天,正在明使君耳。若见救以往,则功可必成,如见救不时,则与靖等同祸。前彭绮时,闻旌麾在逢龙,此郡民大小欢喜,并思立效。若留一月日间,事当大成,恨去电速,东得增众专力讨绮,绮始败耳。愿使君深察此言。"

其七曰:"今举大事,自非爵号无以劝之,乞请将军、侯印各五十纽,郎将印百纽,校尉、都尉印各二百纽,得以假授诸魁帅,奖厉其志,并乞请幢麾数十,以为表帜,使山兵吏民目瞻见之,知去就之分已决,承引所救画定。又彼此降叛,日月有人,阔狭之间,辄得闻知。今之大事,事宜神密,若省鲂笺,乞加隐秘。伏知智度有常,防虑深远,鲂怀忧震灼,启事蒸仍,乞未罪怪。"

鲂因别为密表曰:"方北有逋寇,固阻河洛,久稽王诛,自擅朔土,臣曾不能吐奇举锐,上以光赞洪化,下以输展万一,忧心如捣,假寐忘寝。圣朝天覆,含臣无效,猥发优命,敕臣以前诱致贼休,恨不如计。今于郡界求山谷魁帅为北贼所闻知者,令与北通。臣伏思惟,喜怖交集,窃恐此人不可卒得,假使得之,惧不可信,不如令臣谲休,于计为便。此臣得以经年之冀愿,逢值千载之一会,辄自督竭,竭尽顽蔽,撰立笺草以诳诱休者,如别纸。臣知无古人单复之术,加卒奉大略,怂蒙狼狈,惧以轻愚,忝负特施,豫怀忧灼。臣闻唐尧先天而天弗违,博询刍荛,以成盛勋。朝廷神谟,欲必致休于步度之中,灵赞圣规,休必自送,使六军囊括,虏无孑遗,威风电迈,天下幸甚。谨拜表以闻,并呈笺草,惧于浅局,追用悚陨。"被报施行。休果信鲂,帅步骑十万,辎重满道,径来入皖。鲂亦合众,随陆逊横截休,休幅裂瓦解,斩获万计。

鲂初建密计时,频有郎官奉诏诘问诸事,鲂乃诣部郡门下,因下发谢,故休闻之,不复疑心。事捷军旋,权大会诸将欢宴,酒酣,谓鲂曰:"君下发载义,成孤大事,君之功名,当书之竹帛。"加裨将军,赐爵关内侯[16]。

贼帅董嗣负阻劫钞,豫章、临川并受其害[17]。吾粲、唐咨尝以三千兵攻守,连月不能拔。鲂表乞罢兵,得以便宜从事。鲂遣间谍,授以方策,诱狙杀嗣。嗣弟怖惧,诣武昌降于陆逊,乞出平地,自改为善,由是数郡无复忧惕。

鲂在郡十三年卒，赏善罚恶，威恩并行。子处，亦有文武材干，天纪中为东观令、无难督[18]。

钟离牧字子干，会稽山阴人，汉鲁相意七世孙也[19]。少爱居永兴，躬自垦田，种稻二十余亩。临熟，县民有识认之，牧曰："本以田荒，故垦之耳。"遂以稻与县人。县长闻之，召民系狱，欲绳以法，牧为之请。长曰："君慕承宫，自行义事[20]，仆为民主，当以法率下，何得寝公宪而从君邪？"牧曰："此是郡界，缘君意顾，故来暂住。今以少稻而杀此民，何心复留？"遂出装，还山阴，长自往止之，为释系民。民惭惧，率妻子春所取稻得六十斛米，送还牧，牧闭门不受。民输置道旁，莫有取者。牧由此发名[21]。

赤乌五年，从郎中补太子辅义都尉，迁南海太守[22]。还为丞相长史，转司直，迁中书令。会建安、鄱阳、新都三郡山民作乱，出牧为监军使者，讨平之。贼帅黄乱、常俱等出其部伍，以充兵役。封秦亭侯，拜越骑校尉。

永安六年，蜀并于魏，武陵五溪夷与蜀接界，时论惧其叛乱，乃以牧为平魏将军，领武陵太守，往之郡。魏遣汉葭县长郭纯试守武陵太守，率涪陵民入蜀迁陵界，屯于赤沙，诱致诸夷邑君，或起应纯，又进攻酉阳县，郡中震惧。牧问朝吏曰："西蜀倾覆，边境见侵，何以御之？"皆对曰："今二县山险，诸夷阻兵，不可以军惊扰，惊扰则诸夷盘结。宜以渐安，可遣恩信宣教慰劳。"牧曰："不然。外境内侵，诳诱人民，当及其根柢未深而扑取之，此救火贵速之势也。"敕外趣严，掾史沮议者便行军法。抚夷将军高尚说牧曰："昔潘太常督兵五万，然后以讨五溪夷耳。又是时刘氏连和，诸夷率化，今既无往日之援，而郭纯已据迁陵，而明府以三千兵深入，尚未见其利也。"牧曰："非常之事，何得循旧？"即率所领，晨夜进道，缘山险行，垂二千里，从塞上，斩恶民怀异心者魁帅百余人及其支党凡千余级，纯等散，五溪平。迁公安督、扬武将军，封都乡侯，徙濡须督[23]。复以前将军假节，领武陵太守。卒官。家无余财，士民思之。子袆嗣，代领兵[24]。

评曰：山越好为叛乱，难安易动，是以孙权不遑外御，卑词魏氏。凡此诸臣，皆克宁内难，绥静邦域者也。吕岱清恪在公；周鲂谲略多奇；钟离牧蹈长者之规；全琮有当世之才，贵重于时，然不检奸子，获讥毁名云。

注：

[1]虞预《晋书》曰：贺氏本姓庆氏。齐伯纯之后，儒学有重名，汉安帝时为侍中、江夏太守，去官，与江夏黄琼、广汉杨厚俱公车征。避安帝父孝德皇帝讳，改为贺氏。齐父辅，永宁长。

[2]姓吴名五。

[3]汧，音干。

[4]《抱朴子》曰：昔吴遣贺将军讨山贼，贼中有善禁者，每当交战，官军刀剑不得拔，弓弩射矢皆还自向，辄致不利。贺将军长情有思，乃曰："吾闻金有刃者可禁，虫有毒者可禁，无刃之物，无毒之虫，则不可禁。彼必是能禁吾兵者也，必不能禁无刃物矣。"乃多作劲木白椎，选有力精卒五千人为先登，尽捉椎。彼山贼恃其有善禁者，了不严备。于是官军以白椎

击之，彼禁者果不复行，所击杀者万计。

[5]《吴录》曰：晋改为临安。

[6]《吴书》曰：权谓齐曰："今定天下，都中国，使殊俗贡珍，狡兽率舞，非君谁与？"齐曰："殿下以神武应期，廓开王业，臣幸遭际会，得驱驰风尘之下，佐助末行，效鹰犬之用，臣之愿也，若殊俗贡珍，狡兽率舞，宜在圣德，非臣所能。"

[7]《江表传》曰：权征合肥还，为张辽所掩袭于津北，几至危殆。齐时率三千兵在津南迎权。权既入大船，会诸将饮宴，齐下席涕泣而言曰："至尊人主，常当持重。今日之事，几至祸败，群下震怖，若无天地，愿以此为终身诫。"权自前收其泪曰："大惭！谨以克心，非但书诸绅也。"

[8]《会稽典录》曰：景为灭贼校尉，御众严而有恩，兵器精饰，为当时冠绝，早卒。达颇任气，多所犯往，故虽有征战之劳，而爵位不至，然轻财贵义，胆烈过人。子质，位至虎牙将军。景子邵，别有传。

[9]徐众《评》曰：《礼》，子事父无私财，又不敢私施，所以避尊上也。弃命专财而以邀爵，未尽父子之礼。臣松之以为子路问"闻斯行诸"？子曰："有父兄在"。琮辄散父财，诚非子道，然士类色命，忧在朝夕，权其轻重，以先人急，斯亦冯谖市义、汲黯振救之类，全谓邀名，或负其心。

[10]《吴录》曰：琮时治富春。

[11]《江表传》曰：琮还，经过钱唐，修祭坟墓，麾幢节盖，曜于旧里，请会邑人平生知旧、宗族六亲，施散惠与，千有余万，本土以为荣。

[12]《吴书》曰：初，琮为将甚勇决，当敌临难，奋不顾身。及作督帅，养威持重，每御军，常任计策，不营小利。《江表传》曰：权使子登出征，已出军，次于安乐，群臣莫敢谏。琮密表曰："古来太子未尝偏征也，故从曰抚军，守曰监国。今太子东出，非古制也，臣窃忧疑。"权即从之，命登旋军，议者咸以为琮有大臣之节也。

[13]《吴书》曰：琮长子绪，幼知名，奉朝请，出授兵，稍迁扬武将军、牛渚督。孙亮即位，迁镇北将军。东关之役，绪与丁奉建议引兵先出，以破魏军。封一子亭侯，年四十四卒，次子寄，坐阿党鲁王霸赐死。小子吴，孙权外孙，封都乡侯。

[14]《吴书》曰：建安十六年，岱督都将尹异等，以兵二千人西诱汉中贼帅张鲁于汉兴褒城，鲁嫌疑断道，事计不立，权遂召岱还。

[15]王隐《交广记》曰：吴后复置广州，以南阳滕脩为刺史。或语脩虾须长一丈，脩不信，其人后故至东海，取虾须长四丈四尺，封以示脩，脩乃服之。

[16]徐众《评》曰：夫人臣立功效节，虽非一涂，然各有分也。为将执桴鼓，则有必死之义，志守则有不假器之义，死必得所，义在不苟。鲂为郡守，职在治民，非君所命，自占诱敌，虺剔发肤，以徇功名，虽事济受爵，非君子所美。

[17]臣松之案：孙亮太平二年始立临川郡，是时未有临川。

[18]虞预《晋书》曰：处入晋，为御史中丞，多所弹纠，不避强御。齐万年反，以处为建威将军，西征，众寡不敌，处临阵慷慨，奋不顾命，遂死于战场，追赠平西将军。处子玘、札，皆有才力，中兴之初，并见宠任。其诸子侄悉处列位，为扬土豪右。而札凶淫放恣，为百姓所苦。泰宁中，王敦诛之，灭其族。

[19]《会稽典录》曰：牧父绪，楼船都尉，兄骃，上计吏，少与同郡谢赞、吴郡顾谭齐名。牧童龀时号为迟讷，骃常谓人曰："牧必胜我，不可轻也。"时人皆以为不然。

[20]《续汉书》曰：宫字少子，琅邪人，尝在蒙阴山中耕种禾黍，临熟，人就认之，宫便推与而去，由是发名，位至左中郎将，

〔21〕徐众《评》曰:牧蹈长者之规。问者曰:"如牧所行,犯而不校,又从而教之,直而不有,又还而不受,可不谓之仁让乎哉?"答曰:"异乎吾所闻。原宪之问于孔子曰:'克伐怨欲不行焉,可以为仁乎?'孔子曰:'可以为难矣,仁则吾不知也。''恶不仁者,其为仁矣。'今小民不展四体,而认人之稻,不仁甚矣,而牧推而与之,又救其罪,斯为让非其义,所救非人,非所谓恶不仁者。苟不恶不仁,安得为仁哉!苍梧浇婆妻而美,让于其兄;尾生笃信,水至不去而死;直躬好直,证父攘羊;申鸣奉法,尽忠于君而执其父。忠信直让,此四行者,圣贤之所贵也。然不贵苍梧之让,非让道也;不取尾生之信,非信所也;不许直躬之直,非直体也;不嘉申鸣之忠,非忠意也。今牧犯而不校,还而不取,可以为难矣,未得为仁让也。夫圣人以德报德,以直报怨,而牧欲以德报怨,非也。必不得已,二者何从? 吾从孔子也。"

〔22〕《会稽典录》曰:高凉贼率仍弩等破略百姓,残害吏民,牧越界扑讨,旬日降服。又揭阳县贼率曾夏等众数千人,历十余年,以侯爵杂缯千匹,下书购募,绝不可得,牧遣使慰譬,登皆首服,自改为良民。始兴太守羊衜与太常滕胤书曰:"钟离子干吾昔知之不熟,定见其在南海,威恩部伍,智勇分明,加操行清纯,有古人之风。"其见贵如此。在郡四年,以疾去职。

〔23〕《会稽典录》曰:牧之在濡须,深以进取可图,而不敢陈其策,与侍中东observing朱育宴,慨然叹息。育谓牧恨于策爵未副,因谓牧曰:"朝廷诸君,以际会坐取高官,亭侯功无与比,不肯在人下,见顾者犹以於邑,况于侯也!"牧笑而答曰:"卿之所言,未获我心也。马援有言,人以功多而赏薄,吾功不足录,而见宠已过当,岂以为恨?国家不深相知,而见害朝人,是以默默不敢有所陈。若其不然,当建进取之计,以报所受之恩,不徒自守而已,愤叹以此也。"育复曰:"国家已自知侯,以侯之才,无为不成。愚谓自可陈所怀。"牧曰:"武安君谓秦王云:'非成业难,得贤难;非得贤难,用之难;非用之难,任之难。'知武安君欲为秦王并兼六国,恐授事而不见任,故先陈此言,秦王既许而不能,卒陨将成之业,赐剑杜邮。今国家知吾,不如秦王之知武安,而害吾者有过范雎。大皇帝时,陆丞相讨鄱阳,以二千人授吾,潘太常讨武陵,吾又有三千人,而朝廷下议,弃吾于彼,使江诸督,不复发兵相继。蒙国威灵自济,今日何为常。向使吾不料时度宜,苟有所陈,至见委以事,不足兵势,终有败绩之患,何无不成之有?"

〔24〕《会稽典录》曰:牧次子盛,亦履恭让,为尚书郎。弟衜领兵为将,拜偏将军,戍西陵,与监军使者唐盛论地形势,谓宜城、信陵为建平援,若不先城,敌将先入。盛以施绩、留平、智略名将,屡经于彼,无云当城之者,不然徇计。后半年,晋果遣将修信陵城。晋军平吴,衜领水军督,临阵战死。

卷六十一　潘濬陆凯传第十六

潘濬字承明,武陵汉寿人也。弱冠从宋仲子受学[1]。年未三十,荆州牧刘表辟为部江夏从事。时沙羡长赃秽不修,濬按杀之,一郡震竦。后为湘乡令,治甚有名。刘备领荆州,以濬为治中从事。备入蜀,典留州事。孙权杀关羽,并荆土,拜濬辅军中郎将,授以兵[2]。迁奋威将军,封常迁亭侯[3]。权称尊号,拜为少府,进封刘阳侯[4],迁太常。五溪蛮夷叛乱盘结,权假濬节,督诸军讨之。信赏必行,法不可干,斩首获生,盖以万数,自是群蛮衰弱,一方宁静[5]。

先是,濬与陆逊俱驻武昌,共掌留事,还复故。时校事吕壹操弄威柄,奏按丞相顾雍、左将军朱据等,皆见禁止。黄门侍郎谢厷语次问壹:"顾公事何如?"壹答:"不能佳。"厷又问:"若此公免退,谁当代之?"壹未答厷,厷曰:"得无潘太常得之乎?"壹良久曰:"君语近之也。"厷谓曰:"潘太常常切齿于君,但道远无因耳。今日代顾公,恐明日便击君矣。"壹大惧,遂解散雍事。濬求朝,诣建业,欲尽辞极谏。至,闻太子登已数言之而不见从,濬乃大请百寮,欲因会手刃杀壹,以身当之,为国除患。壹密闻知,称疾不行。濬每进见,无不陈壹之奸险也。由此壹宠渐衰,后遂诛戮。权引咎责躬,因消让大臣,语在《权传》。

赤乌二年,濬卒,子翥嗣。濬女配建昌侯孙虑[6]。

陆凯字敬风,吴郡吴人,丞相逊族子也。黄武初为永兴、诸暨长,所在有治迹,拜建武都尉,领兵。虽统军众,手不释书。好《太玄》,论演其意,以筮辄验。赤乌中,除儋耳太守,讨朱崖,斩获有功,迁为建武校尉。五凤二年,讨山贼陈毖于零陵,斩毖克捷,拜巴丘督、偏将军,封都乡侯,转为武昌右部督。与诸将共赴寿春,还,累迁荡魏、绥远将军。孙休即位,拜征北将军,假节领豫州牧。孙晧立,迁镇西大将军,都督巴丘,领荆州牧,进封嘉兴侯。孙晧与晋平,使者丁忠自北还,说晧弋阳可袭,凯谏止,语在《晧传》。宝鼎元年,迁左丞相。

晧性不好人视己,群臣侍见,皆莫敢迕。凯说晧曰:"夫君臣无不相识之道,若卒有不虞,不知所赴。"晧听凯自视。

晧徙都武昌,扬土百姓溯流供给,以为患苦,又政事多谬,黎元穷匮。凯上疏曰:

臣闻有道之君,以乐乐民;无道之君,以乐乐身。乐民者,其乐弥长;乐身者,不久而亡。夫民者,国之根也,诚宜重其食,爱其命。民安则君安,民乐则君乐。自顷年以来,君威伤于桀、纣,君明暗于奸雄,君惠闭于群孽。无灾而民命尽,无为而国财空,辜无罪,赏无功,使君有谬误之愆,天为作妖。而诸公卿媚上以求爱,困民以求饶,导君于不义,败政于淫俗,臣窃为痛心。今邻国交好,四边无事,当务息役养士,实其廪库,以待天时。而更倾动天心,骚扰万姓,使民不安,大小呼嗟,此非保国养民之术也。

臣闻吉凶在天,犹影之在形,响之在声也,形动则影动,形止则影止,此分数乃有所系,非在口之所进退也。昔秦所以亡天下者,但坐赏轻而罚重,政刑错乱,民力尽于奢侈,目眩于美色,志浊于财宝,邪臣在位,贤哲隐藏,百姓业业,天下苦之,是以遂有覆巢破卵之忧。汉所以强者,躬行诚信,听谏纳贤,惠及负薪,躬请岩穴,广采博察,以成其谋。此往事之明证也。近者汉之衰末,三家鼎立,曹失纲纪,晋有其政。

又益州危险,兵多精强,闭门固守,可保万世,而刘氏与夺乖错,赏罚失所,君恣意于奢侈,民力竭于不急,是以为晋所伐,君臣见虏。此目前之明验也。

臣暗于大理,文不及义,智慧浅劣,无复冀望,窃为陛下惜天下耳。臣谨奏耳目所闻见,百姓所为烦苛,刑政所为错乱,愿陛下息大功,损百役,务宽荡,忽苛政。又武昌土地,实危险而瘠确,非王都安国养民之处,船泊则沉漂,陵居则峻危,且童谣曰:'宁饮建业水,不食武昌鱼;宁还建业死,不止武昌居。'臣闻翼星为变,荧惑作妖,童谣之言,生于天心,乃以安居而比死,足明天意,知民所苦也。

臣闻国无三年之储,谓之非国,而今无一年之畜,此臣下之责也。而诸公卿位处人上,禄延子孙,曾无致命之节,匡救之术,苟进小利于君,以求容媚,荼毒百姓,不为君计也。自从孙弘造义兵以来,耕种既废,所在无复输入,而分一家父子异役,廪食日张,畜积日耗,民有离散之怨,国有露根之渐,而莫之恤也。民力困穷,鬻卖儿子,调赋相仍,日以疲极,所在长吏,不加隐括,加有监官,既不爱民,务行威势,所在骚扰,更为烦苛,民苦二端,财力再耗,此为无益而有损也。愿陛下一息此辈,矜哀孤弱,以镇抚百姓之心。此犹鱼鳖得免毒螫之渊,鸟兽得离罗网之纲,四方之民襁负而至矣。如此,民可得保,先王之国存焉。

臣闻五音令人耳不聪,五色令人目不明,此无益于政,有损于事者也。自昔先帝时,后宫列女,及诸织络,数不满百,米有畜积,货财有馀。先帝崩后,幼、景在位,更改奢侈,不蹈先迹。伏闻织络及诸徒坐,乃有千数,计其所长,不足为国财,然坐食官廪,岁岁相承,此为无益,愿陛下料出赋嫁,给与无妻者。如此,上应天心,下合地意,天下幸甚。

臣闻殷汤取士于商贾,齐桓取士于车辕,周武取士于负薪,大汉取士于奴仆。明王圣主取士以贤,不拘卑贱,故其功德洋溢,名流竹素,非求颜色而取好服、捷口、容悦者也。臣伏见当今内宠之臣,位非其人,任非其量,不能辅国匡时,群党相扶,害忠隐贤。愿陛下简文武之臣,各勤其官,州牧督将,蕃镇方外,公卿尚书,务修仁化,上助陛下,下拯黎民,各尽其忠,拾遗万一,则康哉之歌作,刑错之理清。愿陛下留神思臣愚言。

时殿上列将何定佞巧便僻,贵幸任事,凯面责定曰:"卿见前后事主不忠,倾乱国政,宁有得以寿终者邪!何以专为佞邪,秽尘天听?宜自改厉。不然,方见卿有不测之祸矣。"定大恨凯,思中伤之,凯终不以为意,乃心公家,义形于色,表疏皆指事不饰,忠恳内发。

建衡元年,疾病,晧遣中书令董朝问所欲言,凯陈:"何定不可任用,宜授外任,不宜委以国事。奚熙小吏,建起浦里田,欲复严密故迹,亦不可听。姚信、楼玄、贺邵、张悌、郭逴、薛莹、滕脩及族弟喜、抗,或清白忠勤,或姿才卓茂,皆社稷之桢干,国家之良辅,愿陛下重留神思,访以时务,各尽其忠,拾遗万一。"遂卒,时年七十二。

子祎,初为黄门侍郎,出领部曲,拜偏将军。凯亡后,入为太子中庶子。右国史华覈表荐祎曰:"祎体质方刚,器干强固,董率之才,鲁肃不过。及被召当下,径还赴都,道由武昌,曾不回顾,器械军资,一无所取,在戎果毅,临财有节。夫夏口,贼之冲要,宜选名将以镇戍之,臣窃思惟,莫善于祎。"

初,晧常衔凯数犯颜忤旨,加何定谮构非一,既以重臣,难绳以法,又陆抗时为大将在疆场,故以计容忍。抗卒后,竟徙凯家于建安。

或曰宝鼎元年十二月,凯与大司马丁奉、御史大夫丁固谋,因晧谒庙,欲废晧立孙休子。时左将军留平领兵先驱,故密语平,平拒而不许,誓以不泄,是以所图不果。太史郎陈苗奏晧久阴不雨,风气回逆,将有阴谋,晧深警惧云[7]。

予连从荆、扬来者得凯所谏晧二十事,博问吴人,多云不闻凯有此表。又按其文殊甚切直,恐非晧之所能容忍也。或以为凯藏之箧笥,未敢宣行,病困,晧遣董朝省问欲言,因以付之。虚实难明,故不著于篇,然爱其指摘晧事,足为后戒,故抄列于《凯传》左云。

晧遣亲近赵钦口诏报凯前表曰:"孤动必遵先帝,有何不平?君所谏非也。又建业宫不利,故避之,而西宫室宇摧朽,须谋移都,何以不可徙乎?"凯上疏曰:

臣窃见陛下执政以来,阴阳不调,五星失晷,职司不忠,奸党相扶,是陛下不遵先帝之所致[8]。夫王者之兴,受之于天,修之由德,岂在宫乎?而陛下不咨之公辅,便盛意驱驰,六军流离悲惧,逆犯天地,天地以灾,童歌其谣。纵令陛下一身得安,百姓愁劳,何以用治?此不遵先帝一也。

臣闻有国以贤为本,夏杀龙逢,殷获伊挚,斯前世之明效,今日之师表也。中常侍王蕃黄中通理,处朝忠謇,斯社稷之重镇,大吴之龙逢也,而陛下忿其苦辞,恶其直对,枭之殿堂,尸骸暴弃。邦内伤心,有识悲悼,咸以吴国夫差复存。先帝亲贤,陛下反之,是陛下不遵先帝二也。

臣闻宰相国之柱也,不可不强,是故汉有萧、曹之佐,先帝有顾、步之相。而万彧琐才凡庸之质,昔从家隶,超步紫闼,于彧已丰,于器已溢,而陛下爱其细介,不访大趣,荣以尊辅,越尚旧臣。贤良愤惋,智士赫咤,是不遵先帝三也。

先帝爱民过于婴孩,民无妻者以妾妻之,见单衣者以帛给之,枯骨不收而取埋之,而陛下反之,是不遵先帝四也。

昔桀、纣灭由妖妇,幽、厉乱在嬖妾,先帝鉴之,以为身戒,故左右不置淫邪之色,后房无旷积之女。今中宫万数,不备嫔嫱,外多鳏夫,女吟于中。风雨逆度,正由此起,是不遵先帝五也。

先帝忧劳万机,犹惧有失。陛下临阼以来,游戏后宫,眩惑妇女,乃令庶事多旷,下吏容奸,是不遵先帝六也。

先帝笃尚朴素,服不纯丽,宫无高台,物不雕饰,故国富民充,奸盗不作。而陛下征调州郡,竭民财力,土被玄黄,宫有朱紫,是不遵先帝七也。

先帝外仗顾、陆、朱、张,内近胡综、薛综,是以庶绩雍熙,邦内清肃。今者外非其任,内非其人,陈声、曹辅,斗筲小吏,先帝之所弃,而陛下幸之,是不遵先帝八也。

先帝每宴见群臣,抑损醇酖,臣下终日无失慢之尤,百寮庶尹,并展所陈。而陛下拘以视瞻之敬,惧以不尽之酒。夫酒以成礼,过则败德,此无异商辛长夜之饮也,是不遵先帝九也。

昔汉之桓、灵,亲近宦竖,大失民心。今高通、詹廉、羊度、黄门小人,而陛下赏以重爵,权以战兵。若江渚有难,烽燧互起,则度等之武不能御侮明也,是不遵先帝十也。

今宫女旷积,而黄门复走州郡,条牒民女,有钱则舍,无钱则取,怨呼道路,母子死诀,是不遵先帝十一也。

先帝在时,亦养诸王太子,若取乳母,其夫复役,赐与钱财,给其资粮,时遣归来,视其弱息。今则不然,夫妇生离,夫故作役,儿从后死,家为空户,是不遵先帝十二也。

先帝叹曰:'国以民为本,民以食为天,衣其次也,三者,孤存之于心。'今则不然,农桑并废,是不遵先帝十三也。

先帝简士,不拘卑贱,任之乡间,效之于事,举者不虚,受者不妄。今则不然,浮华者登,朋党者进,是不遵先帝十四也。

先帝战士,不给他役,使春惟知农,秋惟收稻,江渚有事,责其死效。今之战士,供给众役,廪赐不赡,是不遵先帝十五也。

夫赏以劝功,罚以禁邪,赏罚不中,则士民散失。今江边将士,死不见哀,劳不见赏,是不遵先帝十六也。

今在所监司,已为烦猥,兼有内使,扰乱其中,一民十吏,何以堪命?昔景帝时,交阯反乱,实由兹起,是为遵景帝之阙,不遵先帝十七也。

夫校事,吏民之仇也。先帝末年,虽有吕壹、钱钦,寻皆诛夷,以谢百姓。今复张立校曹,纵吏言事,是不遵先帝十八也。

先帝时,居官者咸久于其位,然后考绩黜陟。今州县职司,或苛政无几,便征召迁转,迎新送旧,纷纭道路,伤财害民,于是为甚,是不遵先帝十九也。

先帝每察竟解之奏,常留心推按,是以狱无冤囚,死者吞声。今则违之,是不遵先帝二十也。

若臣言可录,藏之盟府;如其虚妄,治臣之罪。愿陛下留意[9]。

胤字敬宗,凯弟也。始为御史、尚书选曹郎,太子和闻其名,待以殊礼。会全奇、杨竺等阿附鲁王霸,与和分争,阴相谮构,胤坐收下狱,楚毒备至,终无他辞[10]。

后为衡阳督军都尉。赤乌十一年,交阯九真夷贼攻没城邑,交部骚动。以胤为交州刺史、安南校尉。胤入南界,喻以恩信,务崇招纳,高凉渠帅黄吴等支党三千余家皆出降。引军而南,重宣至诚,遗以财币。贼帅百余人,民五万余家,深幽不羁,莫不稽颡,交域清泰。就加安南将军。复讨苍梧建陵贼,破之,前后出兵八千余人,以充军用。

永安元年,征为西陵督,封都亭侯,后转在虎林。中书丞华覈表荐胤曰:"胤天姿聪朗,才通行洁,昔历选曹,遗迹可纪。还在交州,奉宣朝恩,流民归附,海隅肃清。苍梧、南海,岁有暴风瘴气之害,风则折木,飞沙转石,气则雾郁,飞鸟不经,自胤至州,风气绝息,商旅平行,民无疾疫,田稼丰稔。州治临海,海流秋咸,胤又畜水,民得甘食。惠风横被,化感人神,遂凭天威,招合遗散。至被诏书当出,民感其恩,以忘恋土,负老携幼,甘心景从,众无携贰,不烦兵卫。自诸将吐众,皆胁之以威,未有如胤结以恩信者也。衔命在州,十有余年,宾带殊俗,宝玩所生,而内无粉黛附珠之妾,家无文甲犀象之珍,方之今臣,实难多得。宜在辇毂,股肱王室,以赞唐虞康哉之颂。江边任轻,不尽其才,虎林选督,堪之者众。若召还都,宠以上司,则天工毕修,庶绩咸熙矣。"

胤卒,子式嗣,为柴桑督、扬武将军。天策元年,与从兄祎俱徙建安。天纪二年,召还建业,复将军、侯。

评曰:潘浚公清割断,陆凯忠壮质直,皆节概梗梗,有大丈夫格业,胤身洁事济,著称南土,可谓良牧矣。

注:

[1]《吴书》曰:浚为人聪察,对问有机理,山阳王粲见而贵异之。由是知名,为郡功曹。

[2]《江表传》曰:权克荆州,将吏悉皆归附,而浚独称疾不见。权遣人以床就家舆致之,浚伏面著席不起,涕泣交横,哀咽不能自胜。权慰劳与语,呼其字曰:"承明,昔观丁父,鄀俘也,武王以为军帅;彭仲爽,申俘也,文王以为令尹。此二人,卿荆国之先贤也,初虽见囚,后皆擢用,为楚名臣。卿独不然,未肯降意,将以孤异古人之量耶?"使亲近以手巾拭其面,浚起下地拜谢。即以为治中,荆州诸军事一以咨之。武陵部从事樊伷诱导诸夷,图以武陵属刘备,外白差督督万人往讨之。权不听,特召问浚,浚答:"以五千兵往,足可以擒伷。"权曰:"卿何以轻之?"浚曰:"伷是南阳旧姓,颇能弄笔吻,而实无辩论之才。臣所以知之者,伷昔尝为州人设馔,比至日中,食不可得,而十余自起,此欲侏儒观一节之验也。"权大笑而纳其言,即遣浚将五千往,果斩平之。

[3]《吴书》曰:芮玄卒,浚并领玄众,屯夏口。玄字文表,丹阳人。父祉,字宣嗣,从孙坚征伐有功,坚荐祉为九江太守,后转吴郡,所在有声。玄兄良,字文鸾,随孙策平定江东,策以为会稽东部都尉,卒,玄领良兵,拜奋武中郎将,以功封溧阳侯。权为子登拣择淑媛,群臣咸称玄父祉兄良并以德义文武显名三世,故遂聘玄女为妃焉。黄武五年卒,权甚愍惜之。

[4]《江表传》曰:权数射雉,浚谏权,权曰:"相与别后,时时暂出耳,不得如往日这时也。"浚曰:"天下未定,万机务多,射雉非急,弦绝括破,皆能为害,乞特为臣故置之。"浚出,见雉翳故在,乃手自撤坏之。权由是自绝,不复射雉。

〔5〕《吴书》曰：骠骑将军步骘屯沤口，求召募诸郡以增兵。权以问潜，潜曰："豪将在民间，耗乱为害，加骘有名势，在所所媚，不可听也。"权从之。中郎将豫章徐宗，有名士也，尝至京师，与孔融交结，然儒生诞节，部曲宽纵，不奉节度，为众作殿，潜遂斩之。其奉法不惮私议，皆此类也。归义隐蕃，以口辩为豪杰所善，潜子翥亦与周旋，馈饷之。潜闻大怒，疏责翥曰："吾受国厚恩，志报以命，尔辈在都，当念恭顺，崇贤慕善，何故与降虏交，以粮饷之？在远闻此，心震面热，惆怅累旬。疏到，急就往使杖一百，促责所饷。"当时人咸怪潜，而蕃果图叛诛夷，众乃归服。《江表传》曰：时潜兄零陵蒋琬为蜀大将军，或有间潜于武陵太守卫旌者，云潜遣密使与琬相闻，欲有自托之计。旌以启权，权曰："承明不为此也。"即封旌表以示于潜，而召旌还，免官。

〔6〕《吴书》曰：翥字文龙，拜骑都尉，后代领兵，早卒。翥弟秘，权以姊陈氏女妻之，调湘乡令。《襄阳记》曰：襄阳习温为荆州大公平。大公平，今之州都。秘过辞于温，问曰："先君昔日君侯当为州里议主，今果如其言，不审州里谁当复相代者？"温曰："无过于君也。"后秘为尚书仆射，代温为公平，甚得州里之誉。

〔7〕《吴录》曰：旧拜庙，选兼大将军领三千兵为卫，凯欲因此兵以图之，令选曹白用丁奉。晧偶不欲，曰："更选。"凯令执据，虽暂兼，然宜得其人。晧曰："用留平。"凯令其子祎以谋语平。平素与丁奉有隙，祎未及得宣凯旨，平谓祎曰："闻野猪入丁奉营，此凶征也。"有喜色。祎乃不敢言，还，因具启凯，故辍止。

〔8〕《江表传》载凯此表曰："臣拜受明诏，心与气结。陛下何心之难悟，意不聪之甚也！"

〔9〕《江表传》曰：晧所行弥暴，凯知其亡，上表曰："臣闻恶不可积，过不可长；积恶长过，丧乱之源也。是以古人惧不闻非，故设进善之旌，立敢谏之鼓。武公九十，思闻警戒，《诗》美其德，士悦其行。臣察陛下无思警戒之义，而有积恶之渐，臣深忧之，此祸兆见矣。故略陈其要，写尽愚怀。陛下宜克己复礼，述修前德，不可捐弃臣言，而放奢意。意奢情至，吏日欺民；民离则上不信下，下当疑上，骨肉相克，公子相奔。臣虽愚，暗于天命，以心审之，败不过二十稔也。臣常忿亡国之人夏桀、殷纣，亦不可使后人复念陛下也。臣受国恩，奉朝三世，复以余年，值遇陛下，不能循俗与众沉浮。若比干、伍员，以忠见戮，以正见疑，自谓毕足，无所余恨，灰身泉壤，无负先帝。愿陛下九思，社稷存焉。"初，晧始起宫，凯上表谏不听，凯重上表曰："臣闻宫功当起，凤夜反侧，是以频频上事，往往留中，不见省报，於邑叹息，企想应罢。昨食时，被诏曰：'君欲谏，诚是大趣，然未合郡意，如何？此宫殿不利，宜当避之，乃可以妨劳役，长坐不利宫乎？父之不安，子亦何倚？'臣拜纸诏，伏读一周，不觉气结于胸，而涕泣雨集也。臣年已六十九，荣禄已重，于臣过望，复何所冀？所以勤勤数进苦言者，臣伏念大皇帝创基立业，劳苦勤至，白发生于鬓肤，黄耇被于甲胄。天下始静，晏驾早崩，自含息之类，能言之伦，无不歔欷，如丧考妣。幼主嗣统，柄在臣下，军有连征之费，民有凋残之损。贼臣干政，公家空竭。今强敌未涂，西州倾覆，孤罢之民，宜当畜养，广力肆业，以备有虞。且始徙都，属有军征，战士流离，州郡骚扰，而大功复起，征召四方，斯非保国致治之渐也。臣闻为人主者，襄灾以德，除咎以义。故汤遭大旱，身祷桑林，荧惑守心，宋景退殿，是以旱魃销亡，妖星移舍。今宫室之不利，但当克己复礼，笃汤、宋之至道，愍黎庶之困苦，何忧宫之不安，灾之不销乎？陛下不务修德，而务

筑宫室，若德之不修，行之不贵，虽殷辛之瑶台，秦皇之阿房，何止而不丧身覆国，宗庙作墟乎？夫兴土功，高台榭，既致水旱，民又多疾，其不疑也。为父长安，使子无倚，此乃子离于父，臣离于陛下之象也。臣子一离，虽念克骨，茅茨不剪，复何益焉？是以大皇帝居于南宫，自谓过于阿房。故先谋大臣，以为宫室宜厚，备卫非常，大皇帝曰：'逆房游魂，当爱育百姓，何聊趣于不急？'然臣下恳恻，由不获已，故裁调近郡，苟副众心，比当就功，犹豫三年。当此之时，寇畎慢威，不犯我境，师徒奔北，且西阻岷、汉，南州无事，尚犹中让，未肯筑宫，况陛下危侧之世，又无大皇帝之德，可不虑哉？愿陛下留意，臣不虚言。"

〔10〕《吴录》曰：太子自惧黜废，而鲁王觊觎益甚。权时见杨竺，辟左右而论霸之才，竺深述霸有文武英姿，宜为嫡嗣，于是权乃许立焉。有给使伏于床下，具闻之，以告太子。胤当至武昌，往辞太子。太子不见，而微服至其车上，与共密议，欲令陆逊表谏。既而逊有极谏，权疑竺泄之，竺辞不服。权使竺出寻其由，竺白顷惟胤西行，必其所道。又遣问逊何由知之，逊言胤所述。召胤考问，胤以太子隐约之。"杨竺向臣道之。"遂共为狱。竺不胜痛毒，服是所道。初权疑竺泄之，及服，以为果然，乃斩竺。

卷六十二　　是仪胡综传第十七

是仪字子羽，北海营陵人也。本姓氏，初为县吏，后仕郡。郡相孔融嘲仪，言"氏"字"民"无上，可改为"是"，乃遂改焉[1]。后依刘繇，避乱江东。繇军败，仪徙会稽。

孙权承摄大业，优文征仪。到见亲任，专典机密，拜骑都尉。吕蒙图袭关羽，权以问仪，仪善其计，劝权听之。从讨羽，拜忠义校尉。仪陈谢，权令曰："孤虽非赵简子，卿安得不自屈为周舍邪？"既定荆州，都武昌，拜裨将军，后封都亭侯，守侍中。欲复授兵，仪自以非材，固辞不受。黄武中，遣仪之皖就将军刘邵，欲诱致曹休。休到，大破之，迁偏将军，入阙省尚书事，外总平诸官，兼领辞讼，又令教诸公子书学。

大驾东迁，太子登留镇武昌，使仪辅太子。太子敬之，事先咨询，然后施行。进封都乡侯。后从太子还建业，复拜侍中、中执法，平诸官事，领辞讼如旧。典校郎吕壹诬白故江夏太守刁嘉谤讪国政，权怒，收嘉系狱，悉验问。时同坐人皆怖畏壹，并言闻之，仪独云无闻。于是见穷诘累日，诏旨转厉，群臣为之屏息。仪对曰："今刀锯已在臣颈，臣何敢为嘉隐讳，自取夷灭，为不忠之鬼！顾以闻知当有本末。"据实答问，辞不倾移。权遂舍之，嘉亦得免[2]。

蜀相诸葛亮卒，权垂心西州，遣仪使蜀申固盟好。奉使称意，后拜尚书仆射。

南、鲁二宫初立，仪以本职领鲁王傅。仪嫌二宫相近切，乃上疏曰："臣窃以鲁王天挺懿德，兼资文武，当今之宜，宜镇四方，为国藩辅。宣扬德美，广耀威灵，乃国家之良规，海内所瞻望。但臣言辞鄙野，不能究尽其意。愚以二宫宜有降杀，正上下之序，明教化之本。"书三四上。为傅尽忠，动辄规谏；事上勤，与人恭。

不治产业，不受施惠，为屋舍财足自容。邻家有起大宅者，权出望见，问起大室者谁，左右对曰："似是仪家也。"权曰："仪俭，必非也。"问果他家。其见知信如此。服不精细，食不重膳，拯赡贫困，家无储畜。权闻之，幸仪舍，求视蔬饭，亲尝之，对之叹息，即增俸赐，益田宅。仪累辞让，以恩为戚。时时有所进达，未尝言人之短。权常责仪以不言事，无所非，仪对曰："圣主在上，臣下守职，惧于不称，实不敢以愚管之言，上干天听。"事国数十年，未尝有过。吕壹历白将相大臣，或一人以罪闻者数四，独无以白仪。权叹曰："使人尽如是仪，当安用科法为？"

及寝疾，遗令素棺，敛以时服，务从省约，年八十一卒。

胡综字伟则，汝南固始人也。少孤，母将避难江东。孙策领会稽太守，综年十四，为门下循行，留吴与孙权共读书。策薨，权为讨虏将军，以综为金曹从事，从讨黄祖，拜鄂长。权为车骑将军，都京，召综还，为书部，与是仪、徐详俱典军国密事。刘备下白帝，权以见兵少，使综料诸县，得六千人，立解烦两部，详领左部，综领右部督。吴将晋宗叛归魏，魏以宗为蕲春太守，去江数百里，数为寇害。权使综与贺齐轻行掩袭，生虏得宗，加建武中郎将。魏拜权为吴王，封综、仪、详皆为亭侯。

黄武八年夏，黄龙见夏口，于是权称尊号，因瑞改元。又作黄龙大牙，常在中军，诸军进退，视其所向，命综作赋曰：

乾坤肇立，三才是生，狼弧垂象，实惟兵精。圣人观法，是效是营，始作器械，爰求厥成。黄、农创代，拓定皇基，上顺天心，下息民灾。高辛诛共，舜征有苗，启有甘师，汤有鸣条。周之牧野，汉之垓下，靡不由兵，克定厥绪。明明大昊，实天生德，神武是经，惟皇之极。乃自在昔，黄、虞是祖，越历五代，继世在下。应期受命，发迹南土，将恢大繇，革我区夏。乃律天时，制为神军，取象太一，五将三门；疾则如电，迟则如云，进止有度，约而不烦。四灵既布，黄龙处中，周制日月，实曰太常，桀然特立，六军所望。仙人在上，鉴观四方，神实使之，为国休祥。军欲转向，黄龙先移，金鼓不鸣，寂然变施，暗谟若神，可谓秘奇。在昔周室，赤乌衔书，今也大吴，黄龙吐符。合契河洛，动与道俱，天赞人和，金曰惟休。

蜀闻权践阼，遣使重申前好，综为盟文，文义甚美，语在《权传》。

权下都建业，详、综并为侍中，进封乡侯，兼左、右领军。时魏降人或云魏都督河北振威将军吴质颇见猜疑，综乃伪为质作降文三条：

其一曰："天纲弛绝，四海分崩，群生憔悴，士人播越，兵寇所加，邑无居民，风尘烟火，往往而处，自三代以来，大乱之极，未有若今时者也。臣质志薄，处时无方，系于土壤，不能翻飞，遂为曹氏执事戎役，远处河朔，天衢隔绝，虽望风慕义，思托大命，愧无因缘，得展其志。每往来者，窃听风化，伏知陛下齐德乾坤，同明日月，神武之姿，受之

自然，敷演皇极，流化万里，自江以南，户受覆焘。英雄俊杰，上达之士，莫不心歌腹咏，乐在归附者也。今年六月末，奉闻吉日，龙兴践阼，恢弘大繇，整理天纲，将使遗民，睹见定主。昔武王伐殷，殷民倒戈，高祖诛项，四面楚歌。方之今日，未足以喻。臣质不胜昊天至愿，谨遣所亲同郡黄定恭行奉表，及托降叛，间关求达，其欲所陈，载列于左。"

其二曰："昔伊尹去夏入商，陈平委楚归汉，书功竹帛，遗名后世，世主不谓之背诞者，以为知天命也。臣昔为曹氏所见交接，外托君臣，内如骨肉，恩义绸缪，有合无离，遂受偏方之任，总河北之军。当此之时，志望高大，永与曹氏同死俱生，惟恐功之不建，事之不成耳。及曹氏之亡，后嗣继立，幼冲统政，逸言弥兴。同侪者以势相害，异趣者得间其言，而臣受性简略，素不下人，视彼数子，意实迫之，此亦臣之过也。遂为邪议所见构会，招致猜疑，诬臣欲叛。虽识真者保明其心，世乱谗胜，余嫌犹在，常惧一旦横受无辜，忧心孔疚，如履冰炭。昔乐毅为燕昭王立功于齐，惠王即位，疑夺其任，遂去燕之赵，休烈不亏。彼岂欲二三其德，盖畏功名不建，而惧祸之将及也。昔遣魏郡周光以贾贩为名，托叛南诣，宣达密计。时以仓卒，未敢便有章表，使光口传而已。以为天下大归可见，天意所在，非吴复谁？此方之民，思为臣妾，延颈举踵，惟恐兵来之迟耳。若使圣恩少加信纳，当以河北承望王师，欵心赤实，天日是鉴。而光去经年，不闻咳唾，未审此意竟得达不？瞻望长叹，日月以几，鲁望高子，何足以喻！又臣今日见待稍薄，苍蝇之声，绵绵不绝，必受此祸，迟速事耳。臣私度陛下未垂明慰者，必以臣质贯穿仁义之道，不行若此之事，谓光所传，多虚少实，或谓此中有他消息，不知臣质构逆见疑，恐受大害也。且臣质若有罪之日，自当奔赴鼎镬，束身待罪，此盖人臣之宜也。今日无罪，横见潜毁，将有商鞅、白起之祸。寻惟事势，去亦宜也。死而弗义，不去何为！乐毅之出，吴起之走，君子伤其不遇，未有非之者也。愿陛下推古况今，不疑怪于臣质也。又念人臣获罪，当如伍员奉己自效，不当侥幸因事为利。然今与古，厥势不同，南北悠远，江湖隔绝，自不举事，何得济免！是以忘志士之节，而思立功之义也。且臣质又以曹氏之嗣，非天命所在，政弱刑乱，柄夺于臣，诸将专威于外，各自为政，莫或同心，士卒衰耗，帑藏空虚，纲纪毁废，上下并昏，想前后数得降叛，具闻此问。兼弱攻昧，宜应天时，此实陛下进取之秋，是以区区敢献其计。今若内失淮、泗，据有下邳，荆、扬二州，闻声响场，臣从河北席卷而南，形势一连，根牙永固。关西之兵系于所卫，青、徐二州不敢彻守，许、洛余兵众不满万，谁能来东与陛下争者？此诚千载一会之期，可不深思而熟计乎！且臣所在，既自多马，加以羌、胡常以三四月中美草时，驱马来出，隐度今者，可得三千余匹。陛下出军，当投此时，多将骑士来就马寻。此皆先定所一二知。凡两军不能相究虚实，今此间实羸，易可克定，陛下举动，应者必多。上定洪业，使普天一统，下令臣质建非常之功，此乃也。若不见纳，此亦天也。愿陛下思之，不复多陈。"

其三曰："昔许子远舍袁就曹，规画计较，应见纳受，

遂破袁军,以定曹业。向使曹氏不信子远,怀疑犹豫,不决于心,则今天下袁氏有也。愿陛下思之。间闻界上将阎浮、赵楫欲归大化,唱和不速,以取破亡。今臣款款,远授其命,若复怀疑,不时举动,令臣孤绝,受此厚祸,即恐天下雄夫烈士欲立功者,不敢复托命陛下矣。愿陛下思之。皇天后土,实闻其言。"此文既流行,而质已入为侍中矣。

二年,青州人隐蕃归吴,上书曰:"臣闻纣为无道,微子先出;高祖宽明,陈平先入。臣年二十二,委弃封域,归命有道,赖蒙天灵,得自全致。臣至止有日,而主者同之降人,未见精别,使臣微言妙旨,不得上达。於邑三叹,曷惟其已。谨诣阙拜章,乞蒙引见。"权即召入。蕃谢答问,及陈时务,甚有辞观。综时侍坐,权问何如,综对曰:"蕃上书,大语有似东方朔,巧捷诡辩有似祢衡,而才皆不及。"权又问可堪何官,综对曰:"未可以治民,且试以都辇小职。"权以蕃盛论刑狱,用为廷尉监。左将军朱据、廷尉郝普称蕃有王佐之才,普尤与之亲善,常怨叹其屈。后蕃谋叛,事觉伏诛[3],普见责自杀。据禁止,历时乃解。拜综偏将军,兼左执法,领辞讼。辽东之事,辅吴将军张昭以谏权言辞切至,权亦大怒,其和协彼此,使之无隙,综有力焉。

性嗜酒,酒后欢呼极意,或推引杯觞,搏击左右。权爱其才,弗之责也。

凡自权统事,诸文诰策命,邻国书符,略皆综之所造也。初以内外多事,特立科,长吏遭丧,皆不得去,而数有犯者。权患之,使朝臣下议。综议以为宜定科文,示以大辟,行之一人,其后必绝。遂用综言,由是奔丧乃断。

赤乌六年卒,子冲嗣。冲平和有文干,天纪中为中书令[4]。

徐详者字子明,吴郡乌程人也,先综死。

评曰:是仪、徐详、胡综,皆孙权之时干兴事业者也。仪清恪贞素,详数通使命,综文采才用,各见信任,譬之广夏,其榱椽之佐乎!

注:

[1] 徐众《评》曰:古之建姓,或以所生,或以官号,或以祖名,皆有义体,以明氏族。故曰胙之以土而命之氏,此先王之典也,所以明本重始,彰示功德,子孙不忘也。今离文析字,横生忌讳,使仪易姓,忘本诬祖,不亦谬哉!教人易姓,从人改族,融既失之,仪又不得也。

[2] 徐众《评》曰:是仪以羁旅异方,客仕吴朝,值谗邪珍行,当严毅之威,命县漏刻,祸急危机,不雷同以害人,不苟免以伤义,可谓忠勇公正之士,虽祁奚之免叔向,庆忌之济朱云,何以尚之? 忠不诬君,勇不慑容,公不存私,正不党邪,资此四德,加之以文敏,崇之以谦约,履之以和顺,保傅二宫,存身爱名,不亦宜乎!

[3] 《吴录》曰:蕃有口才,魏明帝使诈叛如吴,令求作廷尉职,重案大臣以离间之。既为廷尉监,众人以据、普与蕃亲善,常车马云集,宾客盈堂。及至事觉,蕃亡走,捕得,拷问党与,蕃无所言。吴主使将入,谓曰:"何乃以肌肉为人受毒乎?"蕃曰:"孙君,丈夫图事,岂有无伴! 烈士死,不足相牵耳。"遂闭口

而死。《吴历》曰:权问普:"卿前盛称蕃,又为之怨望朝廷,使蕃反叛,皆卿之由。"

[4] 《吴录》曰:冲后仕晋尚书郎、吴郡太守。

卷六十三
吴范刘惇赵达传第十八

吴范字文则,会稽上虞人也。以治历数,知风气,闻于郡中。举有道,诣京都,世乱不行。会孙权起于东南,范委身服事,每有灾祥,辄推数言状,其术多效,遂以显名。

初,权在吴,欲讨黄祖,范曰:"今兹少利,不如明年。明年戊子,荆州刘表亦身死国亡。"权遂征祖,卒不能克。明年,军出,行及寻阳,范见风气,因诣船贺,催兵急行,至即破祖,祖得夜亡。权恐失之,范曰:"未远,必生禽祖。"至五更中,果得之。刘表竟死,荆州分割。及壬辰岁,范又白言:"岁在甲午,刘备当得益州。"后吕岱从蜀还,遇之白帝,说备部众离落,死亡且半,事必不克。权以难范,范曰:"臣所言者天道也,而岱所见者人事耳。"备卒得蜀。

权与吕蒙谋袭关羽,议之近臣,多曰不可。权以问范,范曰:"得之。"后羽在麦城,使使请降。权问范曰:"竟当降否?"范曰:"彼有走气,言降诈耳。"权使潘璋邀其径路,觇候者还,白羽已去。范曰:"虽去不免。"问其期,曰:"明日日中。"权立表下漏以待之。及中不至,权问其故,范曰:"时尚未正中也。"顷之,有风动帷,范拊手曰:"羽至矣。"须臾,外称万岁,传言得羽。后权与魏为好,范曰:"以风气言之,彼以貌来,其实有谋,宜为之备。"刘备盛兵西陵,范曰:"后当和亲。"终皆如言。其占验明审如此。权以范为骑都尉,领太史令,数从访问,欲知其决,范秘惜其术,不以至要语权。权由是恨之[1]。

初,权为将军时,范尝白言"江南有王气,亥子之间有大福庆。"权曰:"若终如言,以君为侯。"及立为吴王,范时侍宴,曰:"昔在吴中,尝言此事,大王识之邪?"权曰:"有之。"因呼左右,以侯绶带范。范知权欲以厌当前言。辄手推不受。及后论功行封,以范为都亭侯。诏临当出,权愍其爱道于己也,削除其名。

范为人刚直,颇好自称,然与亲故交接有终始。素与魏滕同邑相善。滕尝有罪,权责怒甚严,敢有谏者死,范谓滕曰:"与汝偕死。"滕曰:"死而无益,何用死为?"范曰:"安能虑此,坐观汝邪!"乃髡头自缚诣门下,使铃下以闻。铃下不敢,曰:"必死,不敢白。"范曰:"汝有子邪?"曰:"有"。曰:"使汝为吴范死,子以属我。"铃下曰:"诺。"乃排阁入。言未卒,权大怒,欲便投以戟,逡巡走出,范因突入,叩头流血,言与涕并。良久,权意释,乃免滕。滕见范谢曰:"父母能生长我,不能免我于死。丈夫相知,如汝足矣,何用多为[2]!"

黄武五年,范病卒。长子先死,少子尚幼,于是业绝。权追思之,募三州有能举知术数如吴范、赵达者,封千户侯,卒无所得[3]。

刘惇字子仁，平原人也。遭乱避地，客游庐陵，事孙辅。以明天官风占数显于南土。每有水旱寇贼，皆先时处期，无不中者。辅异焉，以为军师，军中咸敬事之，号曰神明。建安中，孙权在豫章，时有星变，以问惇，惇曰："灾在丹阳。"权曰："何如？"曰："客胜主人，到某日当得闻。"是时边鸿作乱，卒如惇言。惇于诸术皆晓，尤明太乙，皆能推演其事，穷尽要妙，著书百余篇，名儒刁玄称以为奇。惇亦宝爱其术，不以告人，故世莫得而明也。

赵达，河南人也。少从汉侍中单甫受学，用思精密，谓东南有王者气，可以避难，故脱身渡江。治九宫一算之术，究其微旨，是以能应机立成，对问若神，至计飞蝗，射隐伏，无不中效。或难达曰："飞者固不可校，谁知其然，此殆妄耳。"达使其人取小豆数斗，播之席上，立处其数，验覆果信。尝过故舍，知故为之具食。食毕，谓曰："仓卒乏酒，又无嘉肴，无以叙意，如何？"达因取盘中只箸，再三从横之，乃言："卿东壁下有美酒一斛，又有鹿肉三斤，何以辞无？"时坐有他宾，内得主人情，主人惭曰："以卿善射有无，欲相试耳，竟效如此。"遂出酒酣饮。又有书简上作千万数，著空仓中封之，令达算之。达处如数，云："但有名无实。"其精微若是。达宝惜其术，自阚泽、殷礼皆名儒善士，亲屈节就学，达秘而不告。太史丞公孙滕少师事达，勤苦累年，达许教之者有年数矣，临当喻语而辄复止。滕他日赍酒具，候颜色，拜跪而请，达曰："吾先人得此术，欲图为帝王师，至仕来三世，不过太史郎，诚不欲复传之。且此术微妙，头乘尾除，一算之法，父子不相语。然以子笃好不倦，今真以相授矣。"饮酒数行，达起取素书两卷，大如手指，达曰："当写读此，则自解也。吾久废，不复省之，今欲思论一过，数日当以相与。"滕如期往，至乃阳求索书，惊言失之，云："女婿昨来，必是渠所窃。"遂从此绝。

初，孙权行师征伐，每令达有所推步，皆如其言。权问其法，达终不语，由此见薄，禄位不至[4]。

达常笑谓诸星气风术者曰："当曰算帷幕、不出户牖以知天道，而反昼夜暴露以望气祥，不亦难乎！"闲居无为，引算自校，乃叹曰："吾算讫尽某年月日，其终矣。"达妻数见达效，闻而哭泣。达欲弭妻意，乃更步算，言："向者谬误耳，尚未也。"后如期死。权闻达有书，求之不得，乃录问其女，及发棺无所得，法术绝焉[5]。

评曰：三子各于其术精矣，其用思妙矣，然君子等役心神，宜于大者远者，是以有识之士，舍彼而取此也[6]。

注：

[1]《吴录》曰：范独心计，所以见重者术，术亡则身弃矣，故终不言。

[2]《会稽典录》曰：滕字周林，祖父河内太守朗，字少英，列在八俊。滕性刚直，行不苟合，虽遭困逼，终不回挠。初亦连策，几殆，赖太妃救得免，语见《妃嫔传》。历阳羡、鄮陵、山阴三县令，鄱阳太守。

[3]《吴录》曰：范先知其死日，谓权曰："陛下某日当丧军师。"权曰："吾无军师，焉得丧之？"范曰："陛下出军临敌，须臣言而后行，臣乃陛下之军师也。"至其日果卒。臣松之案，范死时，权未称帝，此云陛下，非也。

[4]《吴书》曰：初，权即尊号，令达算作天子之后当复几年，达曰："高祖建元十二年，陛下倍之。"权大喜，左右称万岁。果如达言。

[5]《吴录》曰：皇象字休明，广陵江都人。幼工书。时有张子并、陈梁甫能书。甫恨逋，并恨峻，象斟酌其间。甚得其妙，中国善书者不能及也。严武字子卿，卫尉畯再从子也，围棋莫与为辈。宋寿占梦，十不失一。曹不兴善画，权使画屏风，误落笔点素，因就以作蝇。既进御，权以为生蝇，举手弹之。孤城郑妪能相人，及范、惇、达八人，世皆称妙，谓之八绝云。《晋阳秋》曰：吴有葛衡字思真，明达天官，能为机巧，作浑天，使地居于中，以机动之，天转而地止，以上应晷度。

[6]孙盛曰：夫玄览未然，逆鉴来事，虽神灶、梓慎其犹病诸，况术之下此者乎？《吴史》书达知东南当有王气，故轻举济江。魏承汉绪，受命中禩，达不能豫睹兆萌，而流窜吴越。又不知吝术之鄙，见薄于时，安在其能逆睹天道而审帝王之符瑞哉？昔圣王观天地之文，以画八卦之象，故蓍蕴成于著策，变化形乎六爻，是以三《易》虽殊，卦蹂理一，安有回转一筹，可以钩深测隐，意对逆占，而能遂知来物者乎？流俗好异，妄设神奇，不幸之中，仲尼所弃，是以君子志其大者，无所取诸。臣松之以为盛云，"君子志其大者，无所取诸"，故评家之旨，非新声也。其余所讥，则皆为非理，自中原酷乱，至于建安，数十年间，生民殆尽，比至小康，皆百死之余耳。江左虽有兵革，不能如中国之甚也，焉知达不算其安危，知祸有多少，利在东南，以全其身乎？而责不知魏氏将兴，流播吴越，在京房之畴，犹不能自免刑戮，况达但以秘术见薄，在悔吝之间乎！古知之道术，盖非一方，探赜之功，岂惟六爻？苟得其要，则可以易而知之矣。回转一筹，胡足怪哉？达之推算，穷其要妙以知幽测隐，何愧于古！而以裨、梓限之，谓达为妄，非笃论也。《抱朴子》曰：时有葛仙公者，每饮酒醉，常入人家门前陂水中卧，竟日乃出。曾从吴主别，到洲中，还遇大风，百官船多没，仙公船亦沉沦，吴主甚怅恨。明日使人钩求公船，而登高以望焉。久之，见公步出水上来，衣履不沾，而有酒色。既见而言曰："臣昨侍从，而伍子胥见请，暂过设酒，忽忽不得，即委之。"又有姚光者，有火木。吴主身临试之，积荻数千束，使光坐其上，又以数千束荻裹之，因猛风而燔之。荻了尽，谓光当以化为烬，而光端坐灰中，振衣而起，把一卷书。吴主取其书视之，不能解也。又曰：吴景帝有疾，求觋视者，得一人。景帝欲试之，乃杀鹅而埋于苑中，架小屋，施床几，以妇人履履服物著其上，乃使觋视之。告曰："若能说此冢中鬼妇人形状者，当加赏而即信矣。"竟日尽夕无言，帝推问之急，乃曰："实不见有鬼，但见一头白鹅立墓上，所以不即白之，疑是鬼神变化作此相，当候其真形而定，无复移易，不知何故，不敢不以实上闻。"景帝乃厚赐之。然则鹅变亦有鬼也。葛洪《神仙传》：仙人介象，字元则，会稽人，有诸方术。吴主闻之，征象到武昌，甚敬贵之，称为介君，为起宅，以御帐给之，赐遗前后累千金，从象学蔽形之术。试还后宫，及出殿门，莫有见者。又使象作变化，种瓜菜百果，皆立生可食。吴主共论鲙鱼何者最美，象曰："鲻鱼为上。"吴主曰："论近道鱼耳，此出海中，安可得邪？"象曰："可得耳。"乃令人于殿庭中作方坎，汲水满之，并求钩。象起饵之，垂纶于坎中。须臾，果得鲻鱼。吴主惊喜。问象曰："可食不？"象曰："故为陛下取以作生鲙，安敢取不可食之物！"乃使厨下切之。吴主曰："闻蜀使来，得蜀姜作齑甚好，恨尔时无此。"象曰："蜀姜岂不易得，愿差所

使者,并付直。"吴主指左右一人,以钱五十付之。象书一符,以著青竹杖中,使行人闭目骑杖,杖止,便买姜讫,复闭目。此人承其言骑杖,须臾止,已至成都,不知是何处,问人,人言是蜀市中,乃买姜。于时吴使张温先在蜀,既于市中相识,甚惊,便作书寄其家。此人买姜毕,捉书负姜,骑杖闭目,须臾已还到吴,厨下切鲙适了。臣松之以葛洪所记,近为惑众,其书文颇行世,故撮取数事,载之篇末也。神仙之术,讵可测量,臣之臆断,以为惑众,所谓夏虫不知冷冰耳。

卷六十四
诸葛滕二孙濮阳传第十九

诸葛恪字元逊,瑾长子也。少知名[1]。弱冠拜骑都尉,与顾谭、张休等侍太子登讲论道艺,并为宾友。从中庶子转为左辅都尉。

恪父瑾面长似驴,孙权大会群臣,使人牵一驴入,长检其面,题曰诸葛子瑜。恪跪曰:"乞请笔益两字。"因听与笔,恪续其下曰"之驴"。举座欢笑,乃以驴赐恪。他日复见,权问恪曰:"卿父与叔父孰贤?"对曰:"臣父为优。"权问其故,对曰:"臣父知所事,叔父不知,是以为优。"权又大噱。命恪行酒,至张昭前,昭先有酒色,不肯饮,曰:"此非养老之礼也。"权曰:"卿其能令张公辞屈,乃当饮之耳。"恪难昭曰:"昔师尚父九十,秉旄仗钺,犹未告老。今军旅之事,将军在后,酒食之事,将军在先,何谓不养老也?"昭卒无辞,遂以尽爵。后蜀使至,群臣并会,权谓使曰:"此诸葛恪雅好骑乘,还告丞相,为致好马。"恪因下谢,权曰:"马未至而谢何也?"恪对曰:"夫蜀者陛下之外厩,今有恩诏,马必至也,安敢不谢?"恪之才捷,皆此类也[2]。权甚异之,欲试以事,令守节度。节度掌军粮谷,文书繁猥,非其好也[3]。

恪以丹阳山险,民多果劲,虽前发兵,徒得外县平民而已,其余深远,莫能禽尽,屡自求乞为官出之,三年可得甲士四万。众议咸以"丹阳地势险阻,与吴郡、会稽、新都、鄱阳四郡邻接,周旋数千里,山谷万重,其幽邃民人,未尝入城邑,对长吏,皆仗兵野逸,白首于林莽。逋亡宿恶,咸共逃窜。山出铜铁,自铸甲兵。俗好武习战,高尚气力,升山赴险,抵突丛棘,若鱼之走渊,猨狖之腾木也。时观间隙,出为寇盗,每致兵征伐,寻其窟藏,其战则蜂至,败则鸟窜,自前世以来,不能羁也"。皆以为难。恪父瑾闻之,亦以事终不逮,叹曰:"恪不大兴吾家,将大赤吾族也。"恪盛陈其必捷。权拜恪抚越将军,领丹阳太守,授棨戟武骑三百。拜毕,命恪备威仪,作鼓吹,导引归家,时年三十二。

恪到府,乃移书四郡属城长吏,令各保其疆界,明立部伍,其从化平民,悉令屯居。乃分内诸将,罗兵幽阻,但缮藩篱,不与交锋,候其谷稼将熟,辄纵兵芟刈,使无遗种。旧谷既尽,新田不收,平民屯居,略无所入,于是山民饥穷,渐出降首。恪乃复敕下曰:"山民去恶从化,皆当抚慰,徙出外县,不得嫌疑,有所执拘。"臼阳长胡伉得降民周遗,遗旧恶民,困迫暂出,内图叛逆,伉缚送诸府。恪以伉违教,遂斩以徇,以状表上。民闻伉坐执人被戮,知官惟

欲出之而已,于是老幼相携而出,岁期,人数皆如本规。恪自领万人,余分给诸将。

权嘉其功,遣尚书仆射薛综劳军,综先移恪等曰:"山越恃阻,不宾历世,缓则首鼠,急则狼顾。皇帝赫然,命将西征,神策内授,武师外震。兵不染锷,甲不沾汗。元恶既枭,种党归义,荡涤山薮,献戎十万。野无遗寇,邑罔残奸。既扫凶慝,又充军用。藜蓧稂莠,化为善草。魑魅魍魉,更成虎士。虽实国家威灵之所加,亦信元帅临履之所致也。虽《诗》美执讯,《易》嘉折首,周之方、召,汉之卫、霍,岂足以谈?功轶古人,勋超前世。主上欢然,遥用叹息。感《四牡》之遗典,思饮至之旧章。故遣中台近官,迎致犒赐,以旌茂功,以慰劬劳。"拜恪威北将军,封都乡侯。恪乞率众佃庐江、皖口,因轻兵袭舒,掩得其民而还。复远遣斥候,观相径要,欲图寿春,权以为不可。

赤乌中,魏司马宣王谋欲攻恪,权方发兵应之,望气者以为不利,于是徙恪屯于柴桑。与丞相陆逊书曰:"杨敬叔传述清论,以为方今人物凋尽,守德业者不能复几,宜相左右,更为辅车,上熙国事,下相珍惜。又疾世俗好相谤毁,使已成之器,中有损累;将进之徒,意不欢笑。闻此喟然,诚独击节。愚以为君子不求备于一人,自孔氏门徒大数三千,其见异者七十二人,至于子张、子路、子贡等七十之徒,亚圣之德,然犹各有所短,师辟由喭,赐不受命,岂况下此而无所阙乎?且仲尼不以数子之不备而引以为友,不以人所短弃其所长也。加以当今取士,宜宽于往古,何者?时务从横,而善人单少,国家职司,常苦不充。苟令性不邪恶,志在陈力,便可奖就,骋其所任。若于小小宜适,私行不足,皆宜阔略,不足缕责。且士诚不可纤论苛克,苛克则彼贤圣犹将不全,况其出入者邪?故曰以道望人则难,以人望人则易,贤愚可知。自汉末以来,中国士大夫如许子将辈,所以更相谤讪,或至于祸,原其本起,非为大仇,惟坐己不能尽如礼,而责人专以正义。夫己不如礼,则人不服。责人以正义,则人不堪。内不服其行,外不堪其责,则不得不相怨。相怨一生,则小人得容其间。得容其间,则三至之言,浸润之谮,纷错交至,虽使至明至亲者处之,犹难以自定,况已为隙,且未能明者乎?是故张、陈至于血刃,萧、朱不终其好,本由于此而已。夫不舍小过,纤微相责,久乃至于家户为怨,一国无复全行之士也。"恪知逊以此嫌已,故遂广其理而赞其旨也。会逊卒,恪迁大将军,假节,驻武昌,代逊领荆州事。

久之,权不豫,而太子少,乃征恪以大将军领太子太傅,中书令孙弘领少傅。权疾困,召恪、弘及太常滕胤、将军吕据、侍中孙峻,属以后事[4]。

翌日,权薨。弘素与恪不平,惧为恪所治,秘权死问,欲矫诏除恪。峻以告恪,恪请弘咨事,于坐中诛之,乃发丧制服。与弟公安督融书曰:"今月十六日乙未,大行皇帝委弃万国,群下大小,莫不伤悼。至吾父子兄弟,并受殊恩,非徒凡庸之隶,是以悲恸,肝心圮裂。皇太子以丁酉践尊号,哀喜交并,不知所措。吾身受顾命,辅相幼主,窃自揆度,才非博陆而受姬公负图之托,惧忝丞相辅汉之效,恐损先帝委付之明,是以忧惭惶惶,所虑万端。且民恶其上,

动见瞻观,何时易哉?今以顽钝之姿,处保傅之位,艰多智寡,任重谋浅,谁为唇齿?近汉之世,燕、盖交遘,有上官之变,以身值此,何敢怡豫邪?又弟所在,与贼犬牙相错,当于今时整顿军具,率厉将士,警备过常,念出万死,无顾一生,以报朝廷,无忝尔先。又诸将备守各有境界,犹恐贼犯闻讳,恣睢窥窃。边邑诸曹,已别下约敕,所部督将,不得妄委所戍,径来奔赴。虽怀怆怛不忍之心,公义夺私,伯禽服戎,若苟违戾,非徒小故。以亲正疏,古人明戒也。"恪更拜太傅。于是罢视听,息校官,原逋责,除关税,事崇恩泽,众莫不悦。恪每出入,百姓延颈,思见其状。

初,权黄龙元年迁都建业,二年筑东兴堤遏湖水。后征淮南,败,以内船,由是废不复修。恪以建兴元年十月会众于东兴,更作大堤,左右结山侠筑两城,各留千人,使全端、留略守之,引军而还。魏以吴军入其疆土,耻于受侮,命大将胡遵、诸葛诞等率众七万,欲攻围两坞,图坏堤遏。恪兴军四万,晨夜赴救。遵等敕其诸军作浮桥度,陈于堤上,分兵攻两城。城在高峻,不可卒拔。恪遣将军留赞、吕据、唐咨、丁奉为前部。时天寒雪,魏诸将会饮,见赞等兵少,而解置铠甲,不持矛戟,但兜鍪刀楯,倮身缘遏,大笑之,不即严兵。兵得上,便鼓噪乱斫。魏军惊扰散走,争渡浮桥,桥坏绝,自投于水,更相蹈藉。乐安太守桓嘉等同时并没,死者数万。故叛将韩综为魏前军督,亦斩之。获车乘牛马驴骡各数千,资器山积,振旅而归。进封恪阳都侯,加荆、扬州牧,督中外诸军事,赐金一百斤,马二百匹,缯布各万匹。

恪遂有轻敌之心,以十二月战克,明年春,复欲出军[5]。诸大臣以为数出罢劳,同辞谏恪,恪不听。中散大夫蒋延或以固争,扶出。

恪乃著论谕众意曰:"夫天无二日,土无二王,王者不务兼并天下而欲垂祚后世,古今未之有也。昔战国之时,诸侯自恃兵强地广,互有救援,谓此足以传世,人莫能危。恣情从怀,惮于劳苦,使秦渐得自大,遂以并之,此既然矣。近者刘景升在荆州,有众十万,财谷如山,不及曹操尚微,与之力竞,坐观其强大,吞灭诸袁。北方都定之后,操率三十万众来向荆州,当时虽有智者,不能复为画计,于是景升儿子,交臂请降,遂为囚虏。凡敌国欲相吞,即仇雠欲相除也。有仇而长之,祸不在己,则在后人,不可不为远虑也。昔伍子胥曰:'越十年生聚,十年教训,二十年之外,吴其为沼乎!'夫差自恃强大,闻此邈然,是以诛子胥而无备越之心,至于临败悔之,岂有及乎?越小于吴,尚为吴祸,况其强大者乎?昔秦但得西耳,以并吞六国,今贼皆得秦、赵、韩、魏、燕、齐九州之地,地悉戎马之乡,士林之薮。今以魏比古之秦,土地数倍;以吴与蜀比古六国,不能半之。然今所以能敌之,但以操时兵众于今适尽,而后生者未悉长大,正是贼衰少未盛之时,加司马懿先诛王淩,续自陨毙,其子幼弱,而专彼大任,虽有智计之士,未得施用。当今伐之,是其厄会。圣人急于趋时,诚谓今日。若顺众人之情,怀偷安之计,以为长江之险可以传世,不论魏之终始,而以今日遂轻其后,此吾所以长叹息者也。自古以来,务在产育,今者贼民岁月繁滋,但以尚小,未可得用耳。若复十数年后,其众必倍于今,而国家劲兵之地,皆已空尽,唯有此见众可以定事。若不早用之,端坐使老,复十数年,略当损半,而见子弟数不足言。若贼众一倍,而我兵损半,虽复使伊、管图之,未可如何。今不达远虑者,必以此言为迂。夫祸难未至而豫忧也,此固众人之所迂也。及至难至,然后顿颡,虽有智者,又不能图。此乃古今所病,非独一时。昔吴始以伍员为迂,故难至而不可救。刘景升不能虑十年之后,故无以诒其子孙。今恪无具臣之才,而受大吴萧、霍之任,智与众同,思不经远,若不及今日为国斥境,俯仰年老,而仇敌更强,欲刎颈谢责,宁有补邪?今闻众人或以百姓尚贫,欲务闲息,此不知虑其大危而爱其小勤者也。昔汉祖幸已自有三秦之地,何不闭关守险以自娱乐,空出攻楚,身被创痍,介胄生虮虱,将士厌困苦,岂甘锋刃而忘安宁哉?虑于长久不得两存者耳!每览荆邯说公孙述以进取之图,近见家叔父表陈与贼争竞之计,未尝不喟然叹息也。夙夜反侧,所虑如此,故聊疏愚言,以达二三君子之末。若一朝陨殁,志画不立,贵令来世知我所忧,可思于后。"众皆以恪此论欲必为之辞,然莫敢复难。

丹阳太守聂友素与恪善,书谏恪曰:"大行皇帝本有遏东关之计,计未施行。今公辅赞大业,成先帝之志,寇远自送,将士凭赖威德,出身用命,一旦有非常之功,岂非宗庙神灵社稷之福邪!宜且案兵养锐,观衅而动。今乘此势欲复大出,天时未可。而苟任盛意,私心以为不安。"恪题论后,为书答友曰:"足下虽有自然之理,然未见大数。熟省此论,可以开悟矣。"于是违众出军,大发州郡二十万众,百姓骚动,始失人心。

恪意欲曜威淮南,驱略民人,而诸将或难之曰:"今引军深入,疆场之民,必相率远遁,恐兵劳而功少,不如止围新城。新城困,救必至,至而图之,乃可大获。"恪从其计,回军还围新城。攻守连月,城不拔。士卒疲劳,因暑饮水,泄下、流肿,病者大半,死伤涂地。诸营吏日白病者多,恪以为诈,欲斩之,自是莫敢言。恪内惟失计,而耻城不下,忿形于色。将军朱异有所是非,恪怒,立夺其兵。都尉蔡林数陈军计,恪不能用,策马奔魏。魏知战士罢病,乃进救兵。恪引军而去。士卒伤病,流曳道路,或顿仆坑壑,或见略获,存亡忿痛,大小呼嗟。而恪晏然自若。出住江渚一月,图起田于浔阳,诏召相衔,徐乃旋师。由此众庶失望,而怨黩兴矣。秋八月军还,陈兵导从,归入府馆。即召中书令孙嘿,厉声谓曰:"卿等何敢妄作诏?"嘿惶惧辞出,因病还家。恪征行之后,曹所奏署令长职司,一罢更选,愈治威严,多所罪责,当进见者无不竦息。又改易宿卫,用其亲近;复敕兵严,欲向青、徐。

孙峻因民之多怨,众之所嫌,构恪欲为变,与亮谋,置酒请恪。恪将见之夜,精爽扰动,通夕不寐。明将盥漱,闻水腥臭,侍者授衣,衣服亦臭。恪怪其故,易衣易水,其臭如初,意惆怅不悦。严毕趋出,犬衔引其衣,恪曰:"犬不欲我行乎?"还坐,顷刻乃复起,犬又衔其衣,恪令从者逐犬,遂升车。

初,恪将征淮南,有孝子着缞衣入其阁中,从者白之,令外诘问,孝子曰:"不自觉入。"时中外守备,亦悉不见,众皆异之。出行之后,所坐厅事屋栋中折。自新城出住东兴,有白虹见其船;还拜蒋陵,白虹复绕其车。及将见,驻车宫门,峻已伏兵于帷中,恐恪不时入,事泄,自出见恪曰:"使君若尊体不安,自可须后,峻当具白主上。"欲以尝知恪。恪答曰:"当自力入。"散骑常侍张约、朱恩等密书与恪曰:"今日张设非常,疑有他故。"恪省书而去。未出路门,逢太常滕胤,恪曰:"卒腹痛,不任入。"胤不知峻阴计,谓恪曰:"君自行旋未见,今上置酒请君,君已至门,宜当力进。"恪踌躇而还,剑履上殿,谢亮,还坐。设酒,恪疑未饮,峻因曰:"使君病未善平,当有常服药酒,自可取之。"恪意乃安,别饮所赍酒[6]。酒数行,亮还内。峻起如厕,解长衣,著短服,出曰:"有诏收诸葛恪[7]!"恪惊起,拔剑未得,而峻刀交下。张约从旁斫峻,裁伤左手,峻应手斫约,断右臂。武卫之士皆趋上殿,峻云:"所取者恪也,今已死。"悉令复刃,乃除地更饮[8]。

先是,童谣曰:"诸葛恪,芦苇单衣篾钩落,于何相求成子阁。"成子阁者,反语石子冈也。建业南有长陵,名曰石子冈,葬者依焉。钩落者,校饰革带,世谓之钩络带。恪果以苇席裹其身而篾束其腰,投之于此冈[9]。

恪长子绰,骑都尉,以交关鲁王事,权遣付恪,令更教诲,恪鸩杀之。中子竦,长水校尉。少子建,步兵校尉。闻恪诛,车载其母而走。峻遣骑督刘承追斩竦于白都。建得渡江,欲北走魏,行数十里,为追兵所逮。恪外甥都乡侯张震及常侍朱恩等,皆夷三族。

初,竦数谏恪,恪不从,常忧惧祸。及亡,临淮臧均表乞收葬恪曰:"臣闻震雷电激,不崇一朝,大风冲发,希有极日,然犹继以云雨,因以润物,是则天地之威,不可经旬浃辰;帝王之怒,不宜讫情尽意。臣以狂愚,不知忌讳,敢冒破灭之罪,以邀风雨之会。伏念故太傅诸葛恪得承祖考风流之烈,伯叔诸父遭汉祚尽,九州鼎立,分托三方,并履忠勤,熙隆世业。爰及于恪,生长王国,陶育圣化,致名英伟,服事累纪,祸心未萌,先帝委以伊、周之任,属以万机之事。恪素性刚愎,矜己陵人,不能敬守神器,穆静邦内,兴功暴师,未期三出,虚耗士民,空竭府藏,专擅国宪,废易由意,假刑劫众,大小屏息。侍中武卫将军都乡侯俱受先帝嘱寄之诏,见其奸虐,日月滋甚,将恐荡摇宇宙,倾危社稷,奋其威怒,精贯昊天,计虑先于神明,智勇百于荆、聂,躬持白刃,枭恪殿堂,勋超朱虚,功越东牟。国之元害,一朝大除,驰首徇示,六军喜踊,日月增光,风尘不动,斯实宗庙之神灵,天人之同验也。今恪父子三首,悬市积日,观者数万,詈声成风。国之大刑,无所不震,长老孩幼,无不毕见。人情之于品物,乐极则哀生,见恪贵盛,世莫与贰,身处台辅,中间历年,今之诛夷,无异禽兽,观讫情反,能不憯然!且已死之人,与土壤同域,凿掘斫刺,无所复加。愿圣朝稽则乾坤,怒不极旬,使其乡邑若故更吏民。收以士伍之服,惠以三寸之棺。昔项籍受殡葬之施,韩信获收敛之恩,斯则汉高发神明之誉也。惟陛下敦三皇之仁,垂哀矜之心,使国泽加于辜戮之骸,复受不已之恩,于以扬声遐方,沮劝天下,岂不弘哉!昔栾布矫命彭越,臣窃恨之,不先请主上,而专名以肆情,其得不诛,实为幸耳。今臣不敢章宣愚情以露天恩,谨伏手书,冒昧陈闻,乞圣朝哀察。"于是亮、峻听恪故吏敛葬,遂求之于石子冈[10]。

始恪退军还,聂友知其将败,书与滕胤曰:"当人强盛,河山可拔,一朝赢缩,人情万端,言之悲叹。"恪诛后,孙峻忌友,欲以为郁林太守,友发病忧死。友字文悌,豫章人也[11]。

滕胤字承嗣,北海剧人也。伯父耽,父胄,与刘繇州里通家,以世扰乱,渡江依繇。孙权为车骑将军,拜耽右司马,以宽厚称,早卒,无嗣。胄善属文,权待以宾礼,军国书疏,常令损益润色之,亦不幸短命。权为吴王,追录旧恩,封胤都亭侯。少有节操,美容仪[12]。弱冠尚公主。年三十,起家为丹阳太守,徙吴郡、会稽,所在见称[13]。

太元元年,权寝疾,诣都,留为太常,与诸葛恪等俱受遗诏辅政。孙亮即位,加卫将军。

恪将悉众伐魏,胤谏恪曰:"君以丧代之际,受伊、霍之托,入安本朝,出摧强敌,名声振于海内,天下莫不震动,万姓之心,冀得蒙君而息。今猥以劳役之后,兴师出征,民疲力屈,远主有备。若攻城不克,野略无获,是前劳而招后责也。不如案甲息师,观隙而动。且兵者大事,事以众济,从苟不悦,君独安乎?"恪曰:"诸云不可者,皆不见计算,怀居苟安者也,而子复以为然,吾何望焉?夫以曹芳暗劣,而政在私门,彼之臣民,固有离心,今吾因国家之资,藉战胜之威,则何往而不克哉!"以胤为都下督,掌统留事。胤白日接宾客,夜省文书,或通晓不寐[14]。

孙峻字子远,孙坚弟静之曾孙也。静生暠。暠生恭,为散骑侍郎。恭生峻。少便弓马,精果胆决。孙权末,徙武卫都尉,为侍中。权临薨,受遗辅政,领武卫将军,故典宿卫,封都乡侯。既诛诸葛恪,迁丞相大将军,督中外诸军事,假节,进封富春侯。滕胤以恪子竦妻父辞位,峻曰:"鲧、禹罪不相及,滕侯何为?"峻、胤虽内不沾洽,而外相包容,进胤爵高密侯,共事如前[15]。

峻素无重名,骄矜险害,多所刑杀,百姓嚣然。又奸乱宫人,与公主鲁班私通。五凤元年,吴侯英谋杀峻,英事泄死。

二年,魏将毌丘俭、文钦以众叛,与魏人战于乐嘉,峻帅骠骑将军吕据、左将军留赞袭寿春,会钦败降,军还[16]。是岁,蜀使来聘,将军孙仪、张怡、林恂等欲因会杀峻。事泄,仪等自杀,死者数十人,并及公主鲁育。

峻欲城广陵,朝臣知其不可城,而畏之莫敢言。唯滕胤谏止,不从,而功竟不就。其明年,文钦说峻征魏,峻使钦与吕据、车骑将军刘纂、镇南将军朱异、前将军唐咨自江都入淮、泗,以图青、徐。峻与胤至石头,因饯之,领从者百许人入据营。据御军齐整,峻恶之,称心痛去,遂梦为诸葛恪所击,恐惧发病死,时年三十八,以后事付綝。

孙綝字子通,与峻同祖。綝父绰为安民都尉。綝始为偏将军,及峻死,为侍中武卫将军,领中外诸军事,代知朝政。吕据闻之大恐，与诸督将连名，共表荐滕胤为丞相，綝更以胤为大司马，代吕岱驻武昌。据引兵还，使人报胤，欲共废綝。綝闻之，遣从兄虑将兵逆据于江都，使中使敕文钦、刘纂、唐咨等合众击据，遣侍中左将军华融、中书丞丁晏告胤取据，并喻胤宜速去意。胤自以祸及，因留融、晏，勒兵自卫，召典军杨崇、将军孙咨，告以綝为乱，迫融等使有书难綝。綝不听，表言胤反，许将军刘丞以封爵，使率兵骑急攻杀胤。胤以劫融等，使诈诏发兵。融等不从，胤皆杀之[17]。胤颜色不变，谈笑若常。或劝胤引兵至苍龙门，"将士见公出，必皆委綝就公"。时夜已半，胤恃与据期，又难举兵向宫，乃约令部曲，说吕侯以在近道，故皆为胤尽死，无离散者。时大风，比晓，据不至。綝兵大会，遂杀胤及将士数十人，夷胤三族[18]。

綝迁大将军，假节，封永宁侯，负贵倨傲，多行无礼。初，峻从弟宪与诛诸葛恪之谋，峻厚之，至右将军、无难督，授节盖，平九官事。綝遇虑薄于峻时，虑怒，与将军王惇谋杀綝。綝杀惇，虑服药死。

魏大将军诸葛诞举寿春叛，保城请降。吴遣文钦、唐咨、全端、全怿等帅三万人救之。魏镇南将军王基围诞，钦等突围入城。魏悉中外军二十余万增诞之围。朱异帅三万人屯安丰城，为文钦势。魏兖州刺史州泰拒异于阳渊，异败退，为泰所追，死伤二千人。綝于是大发卒出屯镬里，复遣异率将军丁奉、黎斐等五万人攻魏，留辎重于都陆。异屯黎浆，遣将军任度、张震等募勇敢六千人，于屯西六里为浮桥，夜渡，筑偃月垒。为魏监军石苞及州泰所破，军却退就高。异复作车箱围趣五木城。苞、泰攻异，异败归，而魏太山太守胡烈以奇兵五千诡道袭都陆，尽焚异资粮。綝授兵三万人使异死战，异不从，綝斩之于镬里，而遣弟恩救，会诞败引还。綝既不能拔出诞，而丧败士众，自戮名将，莫不怨之。

綝以孙亮始亲政事，多所难问，甚惧。还建业，称疾不朝，筑室于朱雀桥南，使弟威远将军据入苍龙宿卫，弟武卫将军恩、偏将军干、长水校尉阐分屯诸营，欲以专朝自固。亮内嫌綝，乃推鲁育见杀本末，责怒虎林督朱熊、熊弟外部督朱损不匡正孙峻，乃令丁奉杀熊于虎林，杀损于建业。綝入谏不从，亮遂与公主鲁班、太常全尚、将军刘承议诛綝。亮妃，綝从姊女也，以其谋告綝。綝率众夜袭全尚，遣弟恩杀刘承于苍龙门外，遂围宫⑲。使光禄勋孟宗告庙废亮，召群司议曰："少帝荒病昏乱，不可以处大位，承宗庙，以告先帝废之。诸君若有不同者，下异议。"皆震怖，曰："唯将军令。"綝遣中书郎李崇夺亮玺绶，以亮罪状班告远近。尚书桓彝不肯署名，綝怒杀之[20]。

典军施正劝綝征立琅邪王休，綝从之，遣宗正楷奉书于休曰："綝以薄才，见授大任，不能辅导陛下。顷月以来，多所造立，亲近刘承，悦于美色，发吏民妇女，料其好者，留于宫内，取兵子弟十八已下三千余人，习之苑中，连日续夜，大小呼嗟，败坏藏中矛戟五千余枚，以作戏具。朱据先帝旧臣，子男熊、损皆承父之基，以忠义自立，昔杀小主，自是大主所创，帝不复精其本末，便杀熊、损，谏不见用，诸下莫不侧息。帝于宫中作小船三百余艘，成以金银，

师工昼夜不息。太常全尚，累世受恩，不能督诸宗亲，而全端等委城就魏。尚位过重，曾无一言以谏陛下，而与敌往来，使传国消息，惧必倾危社稷。推案旧典，运集大王，辄以今月二十七日擒尚斩承。以帝为会稽王，遣楷奉迎。百寮喁喁，立住道侧。"

綝遣将军孙耽送亮之国，徙尚于零陵，迁公主于豫章。綝意弥溢，侮慢民神，遂烧大桥头伍子胥庙，又坏浮屠祠，斩道人。休既即位，称草莽臣，诣阙上书曰："臣伏自省，才非干国，因缘肺腑，位极人臣，伤锦败驾，罪负彰露，寻愆惟阙，夙夜忧惧。臣闻天命靡谌，必就有德，是以幽、厉失度，周宣中兴，陛下圣德，纂承大统，宜得良辅，以协雍熙，虽尧之盛，犹求稷契之佐，以协明圣之德。古人有言：'陈力就列，不能者止。'臣虽自展竭，无益庶政，谨上印绶节钺，退还田里，以避贤路。"休引见慰喻。又下诏曰："朕以不德，守藩于外，值兹际会，群公卿士，暨于朕躬，以奉宗庙。朕用怃然，若涉渊冰。大将军忠计内发，扶危定倾，康宁社稷，功勋赫然。昔汉孝宣践阼，霍光尊显，褒德赏功，古今之通义也。其以大将军为丞相、荆州牧，食五县。"恩为御史大夫、卫将军，据右将军，皆县侯。干杂号将军、亭侯。阐亦封亭侯。綝一门五侯，皆典禁兵，权倾人主，自吴国朝臣未尝有也。

綝奉牛酒诣休，休不受。赍诣左将军张布，酒酣，出怨言曰："初废少主时，多劝吾自为之者。吾以陛下贤明，故迎之。帝非我不立，今上礼见拒，是与凡臣无异，当复改图耳。"布以言闻休，休衔之，恐其有变，数加赏赐，又复加恩侍中，与綝分省文书。或有告綝怀怨侮上欲图反者，休执以付綝，綝杀之，由是愈惧，因孟宗求出屯武昌，休许焉，尽敕所督中营精兵万余人，皆令装载，所取武库兵器，咸令给与[21]。将军魏邈说休曰"綝居外必有变"，武卫士施朔又告"綝欲反有征"。休密问张布，布与丁奉谋于会杀綝。

永安元年十二月丁卯，建业中谣言明会有变，綝闻之，不悦。夜大风发木扬沙，綝益恐。戊辰腊会，綝称疾。休强起之，使者十余辈，綝不得已，将入，众止焉。綝曰："国家屡有命，不可辞。可豫整兵，令府内起火，因是可得速还。"遂入，寻而火起，綝求出，休曰："外兵自多，不足烦丞相也。"綝起离席，奉、布目左右缚之。綝叩首曰："愿徙交州。"休曰："卿何以不徙滕胤、吕据？"綝复曰："愿没为官奴。"休曰："何不以胤、据为奴乎！"遂斩之。以綝首令其众曰："诸与綝同谋皆赦。"放仗者五千人。阐乘船欲北降，追杀之。夷三族。发孙峻棺，取其印绶，斫其木而埋之，以杀鲁育等故也。

綝死时年二十八。休耻与峻、綝同族，特除其属籍，称之曰故峻、故綝云。休又下诏曰："诸葛恪、滕胤、吕据盖以无罪为峻、綝兄弟所见残害，可为痛心，促皆改葬，各为祭奠。其罹恪等事见远徙者，一切召还。"

濮阳兴字子元，陈留人也。父逸，汉末避乱江东，官至长沙太守[22]。兴少有士名，孙权时除上虞令，稍迁至尚书左曹，以五官中郎将使蜀，还为会稽太守。时琅邪王休居

会稽,兴深与相结。及休即位,征兴为太常卫将军、平军国事,封外黄侯。永安三年,都尉严密建丹阳湖田,作浦里塘。诏百官会议,咸以为用功多而田不保成,唯兴以为可成。遂会诸兵民就作,功佣之费不可胜数,士卒死亡,或自贼杀,百姓大怨之。

兴迁为丞相,与休宠臣左将军张布共相表里,邦内失望。七年七月,休薨。左典军万彧素与乌程侯孙晧善,乃劝兴、布,于是兴、布废休適子而迎立晧。晧既践阼,加兴侍郎,领青州牧。俄彧谮兴、布追悔前事。十一月朔入朝,晧因收兴、布,徙广州,道追杀之,夷三族。

评曰:诸葛恪才气干略,邦人所称,然骄且吝,周公无观,况在于恪?矜己陵人,能无败乎!若躬行所与陆逊及弟融之书,则悔吝不至,何尤祸之有哉?滕胤厉修士操,遵蹈规矩,而孙峻之时犹保其贵,必危之理也。峻、綝凶竖盈溢,固无足论者。濮阳兴身居宰辅,虑不经国,协张布之邪,纳万彧之说,诛夷其宜矣。

注:

〔1〕《江表传》曰:恪少有才名,发藻岐嶷,辩论应机,莫与为对。权见而奇之,谓瑾曰:"蓝田生玉,真不虚也。"《吴录》曰:恪长七尺六寸,少须眉,折頞广额,大口高声。

〔2〕《恪别传》曰:权尝飨蜀使费祎,先逆敕群臣:"使至,伏食勿起。"祎至,权为辍食,而群下不起。祎啁之曰:"凤凰来翔,骐驎吐哺,驴骡无知,伏食如故。"恪答曰:"爰植梧桐,以待凤皇,有何燕雀,自称来翔?何不弹射,使还故乡!"祎停食餠,索笔作麦赋,恪亦请笔作磨赋,咸称善焉。"顷以自娱,而更肥泽?"恪对曰:"臣闻富润屋,德润身,臣非敢自娱,修己而已。"又问:"卿何如滕胤?"恪答曰:"登阶蹑履,臣不如胤,回筹转策,胤不如臣。"恪尝献权马,先𠛬其耳。范慎时在坐,嘲恪:"马虽大畜,禀气于天,今残其耳,岂不伤仁?"恪答曰:"母之于女,恩爱至矣,穿耳附珠,何伤于仁?"太子尝嘲恪:"诸葛元逊可食马矢。"恪曰:"愿太子食鸡卵。"权曰:"人令卿食马矢,卿使人食鸡卵何也?"恪曰:"所出同耳。"权大笑。《江表传》曰:曾有白头鸟集殿前,权曰:"此何鸟也?"恪曰:"白头翁也。"张昭自以坐中最老,疑恪以鸟戏之,因曰:"恪欺陛下,未尝闻鸟名白头翁者,试使恪复求白头母。"恪曰:"鸟名鹦母,未必有对,试使辅吴复求鹦父。"昭不能答,坐中皆欢笑。

〔3〕《江表传》曰:权为吴王,初置节度官,使典掌军粮,非汉制也。初用侍中偏将军徐详,详死,将用恪。诸葛亮闻恪代详,书与陆逊曰:"家兄年老,而恪性疏,今使典主粮谷,粮谷军之要最,仆虽在远,窃用不安。足下特为启至尊转之。"逊以白权,即转恪领兵。

〔4〕《吴书》:权寝疾,议所付托。时朝臣咸皆注意于恪,而孙峻表恪器任辅政,可付大事。权嫌恪刚很自用,峻以当今朝臣皆莫及,遂固保之,乃征恪。后引恪等卧内,受遗床下,权诏曰:"吾疾困矣,恐不复相见,诸事一以相委。"恪歔欷流涕曰:"臣等皆受厚恩,当以死奉诏,愿陛下安精神,损思虑,无以外事为念。"权诏有司诸事一统于恪,惟杀生大事然后以闻。为治第馆,设陪卫。群官百司拜揖之仪,各有品叙。诸法令有不便者,条列以闻,权辄听之。中外禽然,人怀欢欣。

〔5〕《汉晋春秋》曰:恪使司马李衡往蜀说姜维,令同举,曰:"古人有言,圣人不能为时,时至亦不可失也。今敌政在私门,外内猜隔,兵挫于外,而民怨于内,自曹操以来,彼之亡形未有如今者也。若大举伐之,使吴攻其东,汉入其西,彼救西则东虚,重东则西轻,以练实之军,乘虚轻之敌,破之必矣。"维从之。

〔6〕《吴历》:张约、朱恩密疏告恪,恪以示滕胤,胤劝恪还,恪曰:"竖子何能为邪!但恐因酒食中人耳。"乃以药酒入。孙盛《评》:恪与胤亲厚,约等疏言,非常大事,势应示胤,共谋安危。然恪性强梁,加素侮峻,自不信,故入,岂胤微劝,便为之冒祸乎?《吴历》为长。

〔7〕《吴录》:峻提刀称诏收恪,亮起立曰:"非我所为!非我所为!"乳母引亮还入。《吴历》云:峻先引亮入,然后出称诏。与本传同。臣松之以为峻欲称诏,宜如本传及《吴历》,不得如《吴录》所言。

〔8〕《搜神记》曰:恪入,已被杀,其妻在室,语使婢曰:"汝何故血臭?"婢曰:"不也。"有顷愈剧,又问婢:"汝眼目视瞻,何以不常?"婢蹙然起跃,头至于栋,攘臂切齿而言曰:"诸葛公乃为孙峻所杀!"于是大小知恪死矣,而吏寻至。《志林》曰:初权병위,召恪辅政。临去,大司马吕岱戒之:"世方多难,子每事必十思。"恪答曰:"昔季文子三思而后行,夫子曰'再思可矣',今君令恪十思,明恪之劣也。"岱无以答,当时咸谓之失言。虞喜曰:夫托以天下至重也,以人臣行主政至难也,兼二至而管万机,能胜之者鲜矣。自非采纳群谋,询于刍荛,虚己受人,恒若不足,则功名不成,勋绩莫著。况吕侯国之元耉,智度经远,甫以十思戒之,而便以示劣见拒,此元逊之疏,乃机神不俱者也。若因十思之义,广咨当世之务,闻善速于雷动,从谏急于风移,岂得陨首堂堂,死凶竖之刃?世人奇其英才造次可观,而哂吕侯无对为陋,不思安危终始之虑,是乐春藻之繁华,而忘秋实之甘口也。昔魏人伐蜀,蜀人御之,精严垂处,六军云扰,士马摆甲,羽檄交驰,费祎时为元帅,荷国任重,而与来敏围棋,意无厌倦。敏临别谓祎:"君必能办贼者也!"言其明略内定,貌无忧色,况宝宁以为君子临事而惧,好谋而成者。且захи虽尔之国,而方向大敌,所规所图,惟守与战,何可矜己有余,晏然无虑。斯乃性之宽简,不防细微,卒为降人郭脩所害,岂非兆见于彼而祸成于此哉?往闻长宁之甄文伟,今睹元逊之逆吕侯,二事体同,故并而载之,可以镜诫于后,永为世鉴。

〔9〕《吴录》曰:恪时年五十一。

〔10〕《江表传》曰:朝臣有乞为恪立碑以铭其勋绩者,博士盛冲以为不应。孙休曰:"盛夏出军,士卒伤损,无尺寸之功,不可谓能;受托孤之任,死于竖子之手,不可谓智。冲议为是。"遂寝。

〔11〕《吴录》曰:友有唇吻,少为县吏。虞翻徙交州,县令使发送之,翻与语而奇焉,为书与豫章太守谢斐,令以为功曹。郡时见有功曹,斐见之,问曰:"县吏聂友,可堪何职?"对曰:"此人县间小吏耳,犹可堪曹佐。"斐曰:"论者以为宜作功曹,君其避之。"乃用为功曹。使至都,诸葛恪友之。时人谓顾子嘿、子直,其间无所复容,恪欲以友居其间,由是知名。后为将,讨儋耳,还拜丹阳太守,年五十三卒。

〔12〕《吴书》:胤年十二,而孤单茕立,能治身厉行。为人白皙,威仪可观。每正朝朝贺修勤,在位大臣见者,无不叹赏。

〔13〕《吴书》:胤上表陈及时宜,及民间优劣,多所匡弼。权以胤故,增重公主之赐,屡加存问。胤每听辞讼,断狱法,察言观色,务尽情理。人有穷冤悲苦之言,对之流涕。

〔14〕《吴书》曰:胤宠任弥高,接士愈勤,表奏书疏,皆自经意,不

〔15〕《吴录》曰：群臣上奏，共推峻为太尉，议胤为司徒。时有媚峻者，以为大统宜在公族，若滕胤为亚公，声名素重，众心所附，不可贰也。乃表以峻为丞相，又不置御史大夫，士人皆失望矣。

〔16〕《吴书》曰：留赞字正明，会稽长山人。少为郡吏，与黄巾贼帅吴桓战，手斩得桓。赞一足被创，遂屈不伸。然性烈，好读兵书及三史，每览古良将战攻之势，辄对书独叹，因呼同亲谓曰："今天下扰乱，英豪并起，历观前世，富贵非有常人，而我屈蹇在闾巷之间，存亡无以异。今欲割吾足，幸不死而足申，几复见用，死则已矣。"亲戚皆难之。有间，赞乃以刀自割其筋，血流滂沱，气绝良久。家人惊怖，亦以既尔，遂引申其足。足申创愈，以得蹉步。凌统闻之，请与相见，甚奇之，乃表荐赞，遂被试用。累有战功，稍迁屯骑校尉，时事得失，每常规谏，好直言不阿旨，以此惮之。诸葛恪征东兴，赞为前部，合战先陷阵，大败魏师，迁左将军。孙峻征淮南，授赞节，拜左护军。未至寿春，道路病发，峻令赞将车重先还，魏将蒋班以步骑四千追赞。赞病困，不能整阵，知必败，乃解曲盖印绶付弟子以归，曰："吾自为将，破敌搴旗，未尝负败。今病困兵羸，众寡不敌，汝速去矣，俱死无益于国，适所以快敌耳。"弟子不肯受，拔刀欲斫之，乃去。初，赞为将，临敌虽必先披发叫天，因抗音而歌，左右应之，毕乃进战，战无不克。及败，叹曰："吾战有常术，今病困若此，固命也！"遂被害，时年七十三，众庶痛惜焉。二子略、平，并为大将。

〔17〕《文士传》曰：华融字德蕤，广陵江都人。祖父避乱，居山阴蕊山下。时皇象亦寓居山阴，吴郡张温来就象学，欲得舍。或告温曰："蕊山下有华德蕤者，虽年少，美有令志，可舍也。"温遂止融家，朝夕谈讲。俄而温为选部尚书，乃擢融为太子庶子，遂知名显达。融子谞，黄门郎，与融并见害。次子谭，以才辩称，晋秘书监。

〔18〕臣松之以为孙綝虽凶虐，与滕胤宿无嫌隙，胤若且顺綝意，出镇武昌，岂徒免当时之祸，仍将永保元吉，而犯机触害，自取夷灭，悲夫！

〔19〕《江表传》曰：亮召全尚息黄门侍郎纪密谋，曰："孙綝专势，轻小于孤。孤前敕之使速上岸，为唐咨等作援，而留湖中，不上岸一步。又委罪朱异，擅杀功臣，不先表闻。筑第桥南，不复朝见。此为自在，无复所畏。不可久忍，今规取之。卿父作中军都督，使密严整士马，孤当自出临桥，帅宿卫虎骑，左右无难一时围之。作版诏敕綝所领皆解散，不得举手，正尔自得之。卿去，但使密耳。卿宣诏语卿父，勿令卿母知之，女人既不晓大事，且綝同堂姊，邂逅泄漏，误孤非小也。"纪承诏，以告尚，尚无远虑，以语纪母。母使人密语綝。綝夜发严兵废亮，比明，兵已围宫。亮大怒，上马，带鞬执弓欲出，曰："孤大皇帝之嫡子，在位已五年，谁敢不从者！"侍中近臣及乳母共牵攀止之，乃不得出，叹咤二日不食，骂其妻曰："尔父愦愦，败我大事！"又呼纪，纪曰："臣父奉诏不谨，负上，无面目复见。"因自杀。孙盛曰："亮传"称亮少聪惠，势当先与纪谋，不先令妻知也。《江表传》说漏泄有由，于事为详矣。

〔20〕《汉晋春秋》曰：彝，魏尚书令阶之弟。《吴录》曰：晋武帝问薛莹吴之名臣，莹对称彝有忠贞之节。

〔21〕《吴历》曰：綝求中书两郎，典校荆州诸军事，主者奏中书不应外出，休特听之，其所请求，一皆与之。

〔22〕逸事见《陆瑁传》。

卷六十五　王楼贺韦华传第二十

王蕃字永元，庐江人也。博览多闻，兼通术艺。始为尚书郎，去官。孙休即位，与贺邵、薛莹、虞汜俱为散骑中常侍，皆加驸马都尉。时论清之。遣使至蜀，蜀人称焉，还为夏口监军。孙晧初，复入为常侍，与万彧同官。或与晧有旧，俗士挟侵，谓蕃自轻。又中书丞陈声，晧之嬖臣，数谮毁蕃。蕃体气高亮，不能承颜顺指，时或迕意，积以见责。

甘露二年，丁忠使晋还，晧大会群臣，蕃沉醉顿伏，晧疑而不悦，舆蕃出外。顷之请还，酒亦不解。蕃性有威严，行止自若，晧大怒，呵左右于殿下斩之。卫将军滕牧、征西将军留平请，不能得[1]。

丞相陆凯上疏曰："常侍王蕃黄中通理，知天知物，处朝忠蹇，斯社稷之重镇，大吴之龙逢也。昔者景皇，纳言左右，景皇钦嘉，叹为异伦。而陛下忿其苦辞，恶其直对，枭之殿堂，尸骸暴яд，邦内伤心，有识悲悼。"其痛蕃如此。蕃死时年三十九，晧徙蕃家属广州。二弟著、延皆作佳器，郭马起事，不为马用，见害。

楼玄字承先，沛郡蕲人也。孙休时为监农御史。孙晧即位，与王蕃、郭逴、万彧俱为散骑中常侍，出为会稽太守，入为大司农。旧禁中主者自用亲近人作之，或陈亲密近职，宜用好人，晧乃敕有司，求忠清之士，以应其选，遂用玄为宫下镇禁中候，主殿中事。玄从九卿持刀侍卫，正身率众，奉法而行，应对切直，数迕晧意，渐见责怒。后人诬白玄与贺邵相逢，驻共耳语大笑，谤讪政事，遂被诏诘责，送付广州。

东观令华覈上疏曰："臣窃以治国之体，其犹治家。主田野者，皆宜良信。又宜得一人总其条目，为作维纲，众事乃理。《论语》曰：'无为而治者其舜也与！恭己正南面而已。'言所任得其人，故优游而自逸也。今海内未定，天下多事，事无大小，皆当关闻，动经御坐，劳损圣虑。陛下既垂意博古，综极艺文，加勤心好道，随节致气，宜得闲静以展神思，呼禽清淳，与天同极。臣夙夜思惟，诸吏之中，任干之事，足委仗者，无胜于楼玄。玄清忠奉公，冠冕当世，众服其操，无与争先。夫清者则心平意直，忠者惟正道而履之，如玄之性，终始可保，乞陛下赦玄前愆，使得自新，擢之宰司，责其后效，使为官择人，随才授任，则舜之恭己，近亦可得。"晧疾玄名声，复徙玄及子据，付交阯将张奕，使以战自效，阴别敕奕令杀之。据到交阯，病死。玄一身随奕讨贼，持刀步涉，见奕辄拜，奕未忍杀。会奕暴卒，玄殡敛奕，于器中见敕书，还便自杀[2]。

贺邵字兴伯，会稽山阴人也[3]。孙休即位，从中郎为散骑中常侍，出为吴郡太守。孙晧时，入为左典军，迁中书令，领太子太傅。

晧凶暴骄矜，政事日弊。邵上疏谏曰：

古之圣王,所以潜处重闱之内而知万里之情,垂拱衽席之上,明照八极之际者,任贤之功也。陛下以至德淑姿,统承皇业,宜率身履道,恭奉神器,旌贤表善,以康庶政。自顷年以来,朝列纷错,真伪相贸,上下空任,文武旷位,外无山岳之镇,内无拾遗之臣;佞谀之徒附翼天飞,干弄朝威,盗窃荣利,而忠良排坠,信臣被害。是以正士摧方,而庸臣苟媚,先意承旨,各希时趣,人执反理之评,士吐诡道之论,遂使清流变浊,忠臣结舌。陛下处九天之上,隐百重之室,言出风靡,令行景从,亲洽宠媚之臣,日闻顺意之辞,将谓此辈实贤,而天下已平也。臣心所不安,敢不以闻。

臣闻兴国之君乐闻其过,荒乱之主乐闻其誉。闻其过者过日消而福臻,闻其誉者誉日损而祸至。是以古之人君,揖让以进贤,虚己以求过,譬天位乘奔,以虎尾为警戒。至于陛下,严刑法以禁直辞,黜善士以逆谏臣,眩耀毁誉之实,沉沦近习之言。昔高宗思佐,梦寐得贤,而陛下求之如忘,忽之如遗。故常侍王蕃忠恪在公,才任辅弼,以醉酒之间加之大戮。近鸿胪葛奚,先帝旧臣,偶有逆迕,昏醉之言耳,三爵之后,礼所不讳,陛下猥发雷霆,谓之轻慢,饮之醇酒,中毒陨命。自是之后,海内悼心,朝臣失图,仕者以退为幸,居者以出为福,诚非所以保光洪绪,熙隆道化也。

又何定本趋走小人,仆隶之下,身无锱铢之行,能无鹰犬之用,而陛下爱其佞媚,假其威柄,使定恃宠放恣,自擅威福,口正国议,手弄天机,上亏日月之明,下塞君子之路。夫小人求入,必进奸利,定间妄兴事役,发江边戍兵以驱麋鹿,结营山岭,芟夷林莽,殚其九野之兽,聚于重围之内,上无益时之分,下有损耗之费。而兵士疲于运送,人力竭于驱逐,老弱饥冻,大小怨叹。臣窃观天变,自比年以来阴阳错谬,四时逆节,日食地震,中夏陨霜,参之典籍,皆阴气陵阳,小人弄势之所致也。臣尝览书传,验诸行事,灾祥之应,所为寒栗。昔高宗思己以消鼎雉之异,宋景崇德以退荧惑之变,愿陛下上惧皇天谴告之消,下追二君攘灾之道,远览前代任贤之功,近寤今日谬授之失,清澄朝位,旌叙俊乂,放退佞邪,抑夺奸势,如是之辈,一勿复用,广延淹滞,容受直辞,祗承乾指,敬奉先业,则大化光敷,天人望塞也。

《传》曰:"国之兴也,视民如赤子;其亡也,以民为草芥。"陛下昔韬神光,潜德东夏,以圣哲茂姿,龙飞应天,四海延颈,八方拭目,以成康之化必隆于旦夕也。自登位以来,法禁转苛,赋调益繁;中官内竖,分布州郡,横兴事役,竞造奸利,百姓罹杼轴之困,黎民罢无已之求,老幼饥寒,家户菜色,而所在长吏,迫畏罪负,严法峻刑,苦民求办。是以人力不堪,家户离散,呼嗟之声,感伤和气。又江边戍兵,远当以拓土广境,近当以守界备难,宜特优育,以待有事,而征发赋调,烟至云集,衣不全裋褐,食不赡朝夕,出当锋镝之难,入抱无聊之戚。是以父子相弃,叛者成行。愿陛下宽赋除烦,振恤穷乏,省诸不急,荡禁约法,则海内乐业,大化普洽。夫民者国之本,食者民之命也,今国无一年之储,家无经月之畜,而后宫之中坐食者万有余人。内有离旷之怨,外有损耗之费,使库廪空于无用,士民饥于糟糠。

又北敌注目,伺国盛衰,陛下不恃己之威德,而怙敌之不来,忽四海之困穷,而轻虏之不为难,诚非长策庙胜之要也。昔大皇帝勤身苦体,创基南夏,割据江山,拓土万里,虽承天赞,实由人力。余庆遗祚,至于陛下,陛下宜勉崇德器,以光前烈,爱民养士,保全先轨,何可忽祖之功勤,轻难得之大业,忘天下之不振,替兴衰之巨变哉?臣闻否泰无常,吉凶由人,长江之限不可久恃,苟我不守,一苇可航也。昔秦建皇帝之号,据殽函之阻,德化不修,法政苛酷,毒流生民,忠臣杜口,是以一夫大呼,社稷倾覆。近刘氏据三关之险,守重山之固,可谓金城石室,万世之业,任授失贤,一朝丧没,君臣系颈,共为羁仆。此当世之明鉴,目前之炯戒也。愿陛下远考前事,近览世变,丰基强本,割情从道,则成康之治兴,而圣祖之祚隆矣。

书奏,晧深恨之。邵奉公贞正,亲近所惮。乃共潜邵与楼玄谤毁国事,俱被诘责。玄见送南州,邵原复职。后邵中恶风,口不能言,去职数月,晧疑其托疾,收付酒藏,掠考千所,邵卒无一语,竟见杀害,家属徙临海。并下诏诛玄子孙,是岁天册元年也,邵年四十九[4]。

韦曜字弘嗣,吴郡云阳人也[5]。少好学,能属文,从丞相掾,除西安令,还为尚书郎,迁太子中庶子。

时蔡颖亦在东宫,性好博弈,太子和以为无益,命曜论之。其辞曰:

盖闻君子耻当年而功不立,疾没世而名不称,故曰"学如不及,犹恐失之"。是以古之志士,悼年齿之流迈而惧名称之不立也,故勉精厉操,晨兴夜寐,不遑宁息,经之以岁月,累之以日力,若宁越之勤,董生之笃,渐渍德义之渊,栖迟道艺之域。且以西伯之圣,姬公之才,犹有日昃待旦之劳,故能隆兴周道,垂名亿载,况在臣庶,而可以已乎?历观古今立功名之士,皆有累积殊异之迹,劳身苦体,契阔勤思,平居不堕其业,穷困不易其素,是以卜式立志于耕牧,而黄霸受道于囹圄,终有荣显之福,以成不朽之名。故山甫勤于夙夜,而吴汉不离公门,岂有游惰哉?

今世之人多不务经术,好玩博弈,废事弃业,忘寝与食,穷日尽明,继以脂烛。当其临局交争,雌雄未决,专精锐意,心劳体倦,人事旷而不修,宾旅阙而不接,虽有太牢之馔,《韶》《夏》之乐,不暇存也。至或赌及衣物,徙棋易行,廉耻之意弛,而忿戾之色发,然其所志不出一枰之上,所务不过方罫之间,胜敌无封爵之赏,获地无兼土之实。技非六艺,用非经国;立身不阶其术,征选者不由其道。求之于战阵,则非孙、吴之伦也;考之于道艺,则非孔氏之门也;以变诈为务,则非忠信之士也；以劫杀为名，则非仁者之意也；而空妨日废业，终无补益。是何异设木而击之，置石而投之哉！且君子之居室也勤身以致养，其在朝也竭命以纳忠，临事且犹旰食，而何博弈之足耽？夫然，故孝友之行立，贞纯之名彰也。

方今大吴受命，海内未平，圣朝乾乾，务在得人，勇略之士则受熊虎之任，儒雅之徒则处龙凤之署，百行兼苞，文武并鹜，博选良才，旌简髦俊，设程试之科，垂金爵之赏，诚千载之嘉会，百世之良遇也。当世之士，宜勉思至道，爱功惜力，以佐明时，使名书史籍，勋在盟府，乃君子之上务，当今之先急也。

夫一木之枰孰与方国之封？枯棋三百孰与万人之将？衮龙之服，金石之乐，足以兼棋局而贸博弈矣。假令世士移博弈之力而用之于诗书，是有颜、闵之志也；用之于智计，是有良、平之思也；用之于资货，是有猗顿之富也；用之于射御，是有将帅之备也。如此则功名立而鄙贱远矣。

和废后，为黄门侍郎。孙亮即位，诸葛恪辅政，表曜为太史令，撰《吴书》，华覈、薛莹等皆与参同。孙休践阼，为中书郎、博士祭酒。命曜依刘向故事，校定众书。又欲延曜侍讲，而左将军张布近习宠幸，事行多玷，惮曜侍讲儒士，又性精确，惧以古今警戒休意，固争不可。休深恨布，语在《休传》。然曜竟止不入。

孙皓即位，封高陵亭侯，迁中书仆射，职省，为侍中，常领左国史。时所在承指数言瑞应。皓以问曜，曜答曰："此人家筐箧中物耳。"又皓欲为父作纪，曜执以和不登帝位，宜名为传。如是者非一，渐见责怒。曜益忧惧，自陈衰老，求去侍、史二官，乞欲成所造书，以从业别有所付，皓终不听。时有疾病，医药监护，持之愈急。

皓每飨宴，无不竟日，坐席无能否率以七升为限，虽不悉入口，皆浇灌取尽。曜素饮酒不过三升，初见礼异时，常为裁减，或密赐荼荈以当酒，至于宠衰，更见逼强，辄以为罪。又于酒后使侍臣难折公卿。以嘲弄侵克发摘私短以为欢。时有愆过，或误犯皓讳，辄见收缚，至于诛戮。曜以为外相毁伤，内长尤恨，使不济济，非佳事也，故但示难问经义言论而已。皓以为不承用诏命，意不忠尽，遂积前后嫌忿，收曜付狱，是岁凤皇二年也。曜因狱吏上辞曰："囚荷恩见哀，无与为比，曾无芒氂有以上报，孤辱恩宠，自陷极罪。念当灰灭，长弃黄泉，愚情楼楼，窃有所怀，贪令上闻。囚昔见世间有古历注，其所记载既多虚无，在书籍者亦复错谬。囚寻按传记，考合异同，采摭耳目所及，以作《洞纪》，起自庖牺，至于秦、汉，凡为三卷，当起黄武以来，别作一卷，事尚未成。又见刘熙所作《释名》，信多佳者，然物类众多，难得详究，故时有得失，而爵位之事，又有非是。愚以官爵，今之所急，不宜乖误。囚自忘至微，又作《官职训》及《辩释名》各一卷，欲表上之。新写始毕，会以无状，幽囚待命，泯没之日，恨不上闻，谨以先死列状，乞上言秘府，于外料取，呈内以闻。追惧浅蔽，不合天听，抱怖雀息，乞垂哀省。"

曜冀以此求免，而皓更怪其书之垢，故又以诘曜。曜对曰："囚撰此书，实欲表上，惧有误谬，数数省读，不觉点污。被问寒战，形气呐吃。谨追辞叩头五百下，两手自搏。"而华覈连上疏救曜曰："曜运值千载，特蒙哀识，以其儒学，得与史官，貂蝉内侍，承答天问，圣朝仁笃，慎终追远，迎神之际，垂涕敕曜。曜愚惑不达，不能敷宣陛下大舜之美，而拘系史官，使圣趣不叙，至行不彰，实曜愚蔽当死之罪。然臣楼楼，见曜自少勤学，虽老不倦，探综典籍，温故知新，及意所经识古今行事，外吏之中少过曜者。昔李陵为汉将，军败不还而降匈奴，司马迁不加疾恶，为陵游说，汉武帝以迁有良史之才，欲使毕成所撰，忍不加诛，书卒成立，垂之无穷。今曜在吴，亦汉之史迁也。伏见前后符瑞彰著，神指天应，继出累见，一统之期，庶不复久。事平之后，当观时设制，三王不相因礼，五帝不相沿乐，质文殊涂，损益异体，宜得曜辈依准古义，有所改立。汉氏承秦，则有叔孙通定一代之仪，曜之才学亦汉通之次也。又《吴书》虽已有头角，叙赞未述。昔班固作《汉书》，文辞典雅，后刘珍、刘毅等作《汉记》，远不及固，叙传尤劣。今《吴书》当垂千载，编次诸史，后之才士论次善恶，非得良才如曜者，实不可使阙不朽之书。如臣顽蔽，诚非其人。曜年已七十，余数无几，乞赦其一等之罪，为终身徒，使成书业，永足传示，垂之百世。谨通进表，叩头百下。"皓不许，遂诛曜，徙其家零陵。子隆，亦有文学也。

华覈字永先，吴郡武进人也。始为上虞尉、典农都尉，以文学入为秘府郎，迁中书丞。蜀为魏所并，覈诣宫门发表曰：

间闻贼众蚁聚向西境，西境艰险，谓当无虞。定闻陆抗表至，成都不守，臣主播越，社稷倾覆。昔卫为翟所灭而桓公存之，今道里长远，不可救振，失委附之土，弃贡献之国，臣以草芥，窃怀不宁。陛下圣仁，恩泽远抚，卒闻如此，必垂哀悼。臣不胜忡怅之情，谨拜表以闻。

孙皓即位，封徐陵亭侯。宝鼎二年，皓更营新宫，制度弘广，饰以珠玉，所费甚多。是时盛夏兴工，农守并废，覈上疏谏曰：

臣闻汉文之世，九州晏然，秦民喜去惨毒之苛政，归刘氏之宽仁，省役约法，与之更始，分王子弟以藩汉室，当此之时，皆以为泰山之安，无穷之基也。至于贾谊，独以为可痛哭及流涕者三，可为长叹息者六，乃曰当今之势何异抱火于积薪之下而寝其上，火未及然而谓之安。其后变乱，皆如其言。臣虽下愚，不识大伦，窃以曩时之事，揆今之势。

谊曰复数年间，诸王方刚，汉之傅相称疾罢归，欲以此为治，虽尧、舜不能安。今大敌据九州之地，有大半之众，习攻战之余术，乘戎马之旧势，欲与中国争相吞之计，其犹楚汉势不两立，非徒汉之诸王淮南、济北而已。谊之所欲痛哭，比今为缓，抱火卧薪之喻，于今为急。大皇帝览前代之如彼，察今势之如此，故广开农桑之业，积不訾之储，恤民重役，务养战士，是以大小感恩，各思竭命。期运未至，早弃万国。自是之后,强臣专政,上诡天时,下违众议,忘安存之本,邀一时之利,数兴军旅,倾竭府藏,兵劳民困,无时获安。今之存者乃创夷之遗众,哀苦之余民耳。遂使军资空匮,仓廪不实,布帛之赐,寒暑不周,重以失业,家户不赡。而北积谷养民,专心向东,无复他警。蜀为西藩,土地险固,加承先主统御之术,谓其守御足以长久,不图一朝奄至倾覆!唇亡齿寒,古人所惧。交州诸郡,国之南土,交阯、九真二郡已没,日南孤危,存亡难保,合浦以北,民皆摇动,因连避役,多有离叛,而备戍减少,威镇转轻,常恐呼吸复有变故。昔海房窥窬东县,多得离民,地习海行,狃于往年,钞盗无日,今胸背有嫌,首尾多难,乃国朝之厄会也。诚宜住建立之役,先备豫之计,勉垦殖之业,为饥乏之救。惟恐农时将过,东作向晚,有事之日,整严未办。若舍此急,尽力功作,卒有风尘不虞之变,当委版筑之役,应烽燧之急,驱怨苦之众,赴白刃之难,此乃大敌所因为资也。如但固守,旷日持久,则军粮必乏,不待接刃,而战士已困矣。

昔太戊之时,桑谷生庭,惧而修德,怪消殷兴。荧惑守心,宋以为灾,景公下从瞽史之言,而荧惑退舍,景公延年。夫修德于身而感异类,言发于口而通神明,臣以愚蔽,误忝近署,不能翼宣仁泽以感灵祇,仰惭俯愧,无所投处。退伏思惟,荧惑桑谷之异,天示二主,至如他余锱介之妖,近是门庭小神所为,验之天地,无有他变,而征祥符瑞前后屡臻,明珠既觌,白雀继见,万亿之祚,实灵所挺,以九域为宅,天下为家,不与编户之民转徙同也。又今之宫室,先帝所营,卜土立基,非为不祥。又杨市土地与宫连接,若大功毕竟,舆驾迁住,门行之神,皆当转移,犹恐长久未必胜旧。屡迁不可,留则有嫌,此乃愚臣所以夙夜为忧灼也。臣省《月令》,季夏之月,不可以兴土功,不可以会诸侯,不可以起兵动众,举大事必有大殃。今虽诸侯不会,诸侯之军与会无异。六月戊己,土行正壬,既不可犯,加又农月,时不可失。昔鲁隐公夏城中丘,《春秋》书之,垂为后戒。今筑宫为长世之洪基,而犯天地之大禁,袭《春秋》之所书,废敬授之上务,臣以愚管,窃所未安。

又恐所召离民,或有不至,讨之则废役兴事,不讨则日月滋蔓。若悉并到,大众聚会,希无疾病。且人心安则念善,苦则怨叛。江南精兵,北土所难,欲以十卒当东一人。天下未定,深可忧惜。如此宫成,死叛五千,则北军之众更增五万,若到万人,则倍益十千,病者有死亡之损,叛者传不善之语,此乃大敌所以欢喜也。今当角力中原,以定强弱,正于际会,彼益我损,加以劳困,此乃雄夫智士所以深忧。

臣闻先王治国无三年之储,曰国非其国,安宁之世戒备如此,况敌强大而忽农忘畜。今虽颇种殖,间者大水沉没,其余存者当须耘获,而长吏怖期,上方诸郡,身涉山林,尽力伐材,废农弃务,士民妻孥羸小,垦殖又薄,若有水旱则永无所获。州郡见米,当待有事,冗食之众,仰官供济。若上下空乏,运漕不供,而北敌犯疆,使周、召更生,良、平复出,不能为陛下计明矣。臣闻君明者臣忠,主圣者臣直,是以楼楼,昧犯天威,乞垂哀省。

书奏,皓不纳。后迁东观令,领右国史,覈上疏辞让,皓答曰:"得表,以东观儒林之府,当讲校文艺,处定疑难,汉时皆名学硕儒乃任其职,乞更选英贤。闻之。以卿研精坟典,博览多闻,可谓悦礼乐敦诗书者也。当飞翰骋藻,光赞时事,以越杨、班、张、蔡之畴,怪乃谦光,厚自菲薄,宜勉修所职,以迈先贤,勿复纷纷。"

时仓廪无储,世俗滋侈,覈上疏曰:"今寇虏充斥,征伐未已,居无积年之储,出无应敌之畜,此乃有国者所宜深忧也。夫财谷所生,皆出于民,趋时务农,国之上急。而都下诸官,所掌别异,各自下调,不计民力,辄与近期。长吏畏罪,昼夜催民,委舍佃事,遑赴会日,定送到都,或蕴积不用,而徒使百姓消力失时。到秋收月,督其限入,夺其播殖之时,而责其今年之税,如有逋悬,则籍没财物,故家户贫困,衣食不足。宜暂息众役,专心农桑,古人称一夫不耕,或受其饥,一女不织,或受其寒,是以先王治国,惟农是务。军兴以来,已向百载,农人废南亩之务,女工停机杼之业。推此揆之,则蔬食而长饥,薄衣而履冰者,固不少矣。臣闻主之所求于民者二,民之所望于主者三。二谓求其为己劳也,求其为己死也。三谓饥者能食之,劳者能息之,有功者能赏之。民以致其二事而主失其三望者,则怨心生而功不建。今帑藏不实,民劳役猥,主之二求已备,民之三望未报。且饥者不待美馔而后饱,寒者不俟狐貉而后温,为味者口之奇,文绣者身之饰也。今事多而役繁,民贫而俗奢,百工作无用之器,妇人为绮靡之饰,不勤麻枲,并绣文黼黻,转相仿效,耻独无有。兵民之家,犹复逐俗,内无担石之储,而出有绫绮之服,至于富贾商贩之家,重以金银,奢恣尤甚。天下未平,百姓不赡,宜一生民之原,丰谷帛之业,而弃功于浮华之巧,妨日于侈靡之事,上无尊卑等级之差,下有耗财物力之损。今吏士之家,少无子女,多者三四,少者一二,通令户有一女,十万家则十万人,人织绩一岁一束,则十万束矣。使四疆之内同心戮力,数年之间,布帛必积。恣民五色,惟所服用,但禁绮绣无益之饰。且美貌者不待华采以崇好,艳姿者不待文绮以致爱,五采之饰,足以丽矣。若极粉黛,穷盛服,未必无丑妇;废华采,去文绣,未必无美人也。若实如论,有之无益废之无损者,何爱而不暂禁以充府藏之急乎?此救乏之上务,富国之本业也,使管、晏复生,无以易此。汉之文、景,承平继统,天下已定,四方无虞,犹以雕文之妨农事,锦绣之害女红,开富国之利,杜饥寒之本。况今六合分乖,豺狼充路,兵不离疆,甲不解带,而可以不广生财之原,充府藏之积哉?"

皓以覈年老,敕令草表,覈不敢。又敕作草文,停立待之。覈为文曰:"咨覈小臣,草芥凡庸。遭眷值圣,受恩特隆。越从朽壤,蝉蜕朝中。熙光紫闼,青璩是凭。忝抱清露,沐浴凯风。效无丝氂,负337山崇。滋润含垢,恩贷累重。秽质被荣,局命得融。欲报罔极,委之皇穹。圣恩雨注,哀弃其尤。狠命草对,润被下愚。不敢违敕,惧速罪诛。冒承诏命,魂逝形留。"

曭前后陈便宜,及贡荐良能,解释罪过,书百余上,皆有补益,文多不悉载。天册元年以微谴免,数岁卒。

曜、曭所论事章疏,咸传于世也。

评曰:薛莹称王蕃器量绰异,弘博多通;楼玄清白节操,才理条畅;贺邵厉志高洁,机理清要;韦曜笃学好古,博见群籍,有记述之才。胡冲以为玄、邵、蕃一时清妙,略无优劣。必不得已,玄宜在先,邵当次之。华曭文赋之才,有过于曜,而典诰不及也。予观曭数献良规,期于自尽,庶几忠臣矣。然此数子,处无妄之世而有名位,强死其理,得免为幸耳。

注:

〔1〕《江表传》曰:晧用巫史之言,谓建业宫不利,乃西巡武昌,仍有迁都之意,恐群臣不从,乃大请会,赐将吏。问蕃"'射不主皮,为力不同科',其义云何?"蕃思惟未答,即于殿上斩蕃。出登来山,使亲近将挪蕃首,作虎跳狼争咋啮之,头皆碎坏,欲以示威,使众不敢犯也。此与本传不同。《吴录》曰:晧每于会,因酒酣,辄令侍臣嘲谑公卿,以为笑乐。万彧既为左丞相,蕃嘲彧曰:"鱼潜于渊,出水则沫。何则? 物有本性,不可横处非分也。或出自溪谷,羊质虎皮,虚受光赫之宠,跨越九之位,犬马犹能识养,将何以报厚施乎?"或曰:"唐虞之朝无谬举之才,造父之门无驽骞之质,蕃上诬明选,下讪桢干,何伤于日月,适多见其不知量耳。"臣松之按本传云丁忠使晋还,晧为大会,于会中杀蕃,检忠从北还在此年之春,或时尚未为丞相,至秋乃为相耳。《吴录》所言为乖互不同。

〔2〕《江表传》曰:晧遣将张奕追赐玄鸩,奕以玄贤者,不忍即宣诏致药,玄阴知之,谓奕曰:"当早告玄,玄何惜邪?"即服药死。臣松之以玄之清高,必不以安危易操,无缘骤稟张奕,以亏其节。且祸机既发,岂百拜所免?《江表传》所言,于理为长。

〔3〕《吴书》曰:邵,贺齐之孙,景之子。

〔4〕邵子循,字彦先。虞预《晋书》曰:循丁家祸,流放海滨,吴平,还乡里。节操高厉,童龀不群,言行举动,必以礼让。好学博闻,尤善《三礼》。举秀才,除阳羡、武康令。顾荣、陆机、陆云表荐循曰:"伏见吴兴武康令贺循德量邃茂,才鉴清远,服膺道素,风操凝峻,历践三城,刑政肃穆,守职下县,编名凡萃,出自新邦,朝无知己,恪居遐外,志不自营,年时俟忽,而逸无阶绪,实州党愚智所为怅然。臣等并以凡才,累授饰进,被服恩泽,忝豫朝末,知良士后时,而守局无言,惧有蔽贤之咎,是以不胜愚管,谨冒死表闻。"久之,召为太子舍人。石冰破扬州,循亦合众,事平,杜门不出。陈敏作乱,以循为丹阳内史,循称疾固辞,敏不敢逼。于时江东豪右无不受敏爵位,惟循与同郡朱诞不挂贼网。后除吴国内史,不就。元皇帝为镇东将军,请循为军司马,帝为晋王,以循为中书令,固让不受,转太常,领太子太傅。时朝廷初建,动有疑议,宗庙制度皆循所定,朝野咨询,为一时儒宗。年六十,太兴二年卒。追赠司空,谥曰穆。循诸所著论,并传于世。子隰,临海太守。

〔5〕曜本名昭,史为晋讳,改之。

上三国志注表

臣松之言:臣闻智周则万理自宾,鉴远则物无遗照。虽尽性穷微,深不可识,至于绪馀所寄,则必接乎粗迹。是以体备之量,犹曰好察迩言。畜德之厚,在于多识往行。伏惟陛下道该渊极,神超妙物,晖光日新,郁哉弥盛。虽一贯坟典,怡心玄赜,犹复降怀近代,博观兴废。将以总括前踪,贻诲来世。

臣前被诏,使采三国异同以注陈寿《国志》。寿书铨叙可观,事多审正。诚游览之苑囿,近世之嘉史。然失在于略,时有所脱漏。臣奉旨寻详,务在周悉。上搜旧闻,傍摭遗逸。按三国虽历年不远,而事关汉、晋。首尾所涉,出入百载。注记纷错,每多舛互。其寿所不载,事宜存录者,则罔不毕取以补其阙。或同说一事而辞有乖杂,或出事本异,疑不能判,并皆抄内以备异闻。若乃纰谬显然,言不附理,则随违矫正以惩其妄。其时事当否及寿之小失,颇以愚意有所论辩。自就撰集,已垂期月。写校始讫,谨封上呈。

窃惟缋事以众色成文,蜜蜂以兼采为味,故能使绚素有章,甘逾本质。臣实顽乏,顾惭二物。虽自罄励,分绝藻缋,既谢淮南食时之敏,又微狂简斐然之作。淹留无成,只秽翰墨,不足以上酬圣旨,少塞愆责。愧惧之深,若坠渊谷。谨拜表以闻,随用流汗。臣松之诚惶诚恐顿首顿首死罪谨言。

元嘉六年七月二十四日,中书侍郎西乡侯臣裴松之上。

晋 书

唐·房玄龄等撰

许 浑

唐·罗时进 选注

晋书目录

卷一　帝纪第一	
高祖宣帝懿 …… 1	
卷二　帝纪第二	
世宗景帝师 …… 5	
太祖文帝昭 …… 6	
卷三　帝纪第三	
世祖武帝炎 …… 9	
卷四　帝纪第四	
孝惠帝衷 …… 15	
卷五　帝纪第五	
孝怀帝炽 …… 18	
孝愍帝邺 …… 20	
卷六　帝纪第六	
中宗元帝睿 …… 22	
肃宗明帝绍 …… 25	
卷七　帝纪第七	
显宗成帝衍 …… 27	
康帝岳 …… 29	
卷八　帝纪第八	
孝宗穆帝聃 …… 30	
哀帝丕 …… 32	
废帝海西公奕 …… 33	
卷九　帝纪第九	
太宗简文帝昱 …… 34	
孝武帝曜 …… 35	
卷十　帝纪第十	
安帝德宗 …… 38	
恭帝德文 …… 41	
卷十一　志第一	
天文上 …… 41	
卷十二　志第二	
天文中 …… 49	
卷十三　志第三	
天文下 …… 58	
卷十四　志第四	
地理上 …… 67	
卷十五　志第五	
地理下 …… 75	
卷十六　志第六	
律历上 …… 79	
卷十七　志第七	
律历中 …… 83	
卷十八　志第八	
律历下 …… 90	

卷十九　志第九
　礼上 …… 98
卷二十　志第十
　礼中 …… 105
卷二十一　志第十一
　礼下 …… 112
卷二十二　志第十二
　乐上 …… 117
卷二十三　志第十三
　乐下 …… 121
卷二十四　志第十四
　职官 …… 126
卷二十五　志第十五
　舆服 …… 132
卷二十六　志第十六
　食货 …… 137
卷二十七　志第十七
　五行上 …… 141
卷二十八　志第十八
　五行中 …… 148
卷二十九　志第十九
　五行下 …… 156
卷三十　志第二十
　刑法 …… 164
卷三十一　列传第一
　后妃上
　　宣穆张皇后 …… 171
　　景怀夏侯皇后 …… 171
　　景献羊皇后 …… 171
　　文明王皇后 …… 171
　　武元杨皇后 …… 172
　　武悼杨皇后 …… 172
　　　左贵嫔 …… 173
　　　胡贵嫔 …… 174
　　　诸葛夫人 …… 174
　　惠贾皇后 …… 174
　　惠羊皇后 …… 175
　　　谢夫人 …… 175
　　怀王皇太后 …… 175
　　元夏侯太妃 …… 175
卷三十二　列传第二
　后妃下
　　元敬虞皇后 …… 176
　　荀豫章君 …… 176

明穆庾皇后	176
成恭杜皇后	176
章周太妃	176
康献褚皇后	176
穆章何皇后	177
哀靖王皇后	177
废帝孝庾皇后	177
简文宣郑太后	177
简文顺王皇后	178
孝武文李太后	178
孝武定王皇后	178
安德陈太后	178
安僖王皇后	178
恭思褚皇后	178
卷三十三　列传第三	
王祥	179
弟览	179
郑冲	180
何曾	180
子劭　遵	181
石苞	182
子崇	183
欧阳建	184
孙铄	184
卷三十四　列传第四	
羊祜	184
杜预	187
子锡	188
卷三十五　列传第五	
陈骞	189
子舆	189
裴秀	189
子頠	190
秀从弟楷	191
楷子宪	192
卷三十六　列传第六	
卫瓘	193
子恒	194
孙璪　玠	195
张华	196
子祎　韪	197
刘卞	197
卷三十七　列传第七	
宗室	
安平献王孚	199
子邕	199
邕弟义阳成王望	199
望子河间平王洪	200
洪子威	200
洪弟随穆王整	200

整弟竟陵王楙	200
望弟太原成王辅	200
辅弟翼	200
翼弟下邳献王晃	200
晃弟太原烈王瑰	201
瑰弟高阳元王珪	201
珪弟常山孝王衡	201
衡弟沛顺王景	201
彭城穆王权	201
曾孙纮	201
纮子俊	201
高密文献王泰	201
子孝王略	201
略兄新蔡武哀王腾	202
腾子庄王确	202
略弟南阳王模	202
模子保	202
范阳康王绥	202
子虓	202
济南惠王遂	203
曾孙勋	203
谯刚王逊	203
子闵王承	203
承子烈王无忌	204
无忌子敬王恬	204
恬子忠王尚之	204
尚之弟恢之　休之　允之	205
韩延之	205
恬弟愔	205
高阳王睦	205
任城景王陵	205
弟顺	206
西河缪王斌	206
卷三十八　列传第八	
宣五王　文六王	
平原王幹	206
琅邪王伷	206
子觐　澹　繇　漼	206
清惠亭侯京	207
扶风王骏	207
子畅　歆	207
梁王肜	208
齐王攸	208
子蕤　赞　寔	209
城阳王兆	210
辽东王定国	210
广汉王广德	210
乐安王鉴	210
乐平王延祚	210
卷三十九　列传第九	

王沈 …… 210	廙弟峤 …… 235
子浚 …… 211	石鉴 …… 236
荀顗 …… 212	温羡 …… 236
荀勖 …… 212	**卷四十五　列传第十五**
子藩 …… 213	刘毅 …… 236
藩子邃　闿 …… 214	子暾 …… 238
藩弟组 …… 214	程卫 …… 239
组子奕 …… 214	和峤 …… 239
冯紞 …… 214	武陔 …… 239
卷四十　列传第十	任恺 …… 239
贾充 …… 215	崔洪 …… 240
孙谧 …… 216	郭奕 …… 240
充弟混 …… 217	侯史光 …… 240
族子模 …… 217	何攀 …… 240
郭彰 …… 217	**卷四十六　列传第十六**
杨骏 …… 217	刘颂 …… 241
弟珧　济 …… 218	李重 …… 245
卷四十一　列传第十一	**卷四十七　列传第十七**
魏舒 …… 219	傅玄 …… 246
李憙 …… 219	子咸 …… 247
刘寔 …… 220	咸从父弟祗 …… 249
弟智 …… 222	**卷四十八　列传第十八**
高光 …… 222	向雄 …… 250
卷四十二　列传第十二	段灼 …… 250
王浑 …… 222	阎缵 …… 253
子济 …… 223	**卷四十九　列传第十九**
王濬 …… 223	阮籍 …… 255
唐彬 …… 226	兄子咸 …… 256
卷四十三　列传第十三	咸子瞻 …… 256
山涛 …… 226	瞻弟孚 …… 256
子简 …… 228	从子修 …… 257
简子遐 …… 228	族弟放 …… 257
王戎 …… 228	放弟裕 …… 257
从弟衍 …… 229	嵇康 …… 257
衍弟澄 …… 230	向秀 …… 259
郭舒 …… 231	刘伶 …… 259
乐广 …… 231	谢鲲 …… 259
卷四十四　列传第十四	胡毋辅之 …… 260
郑袤 …… 232	子谦之 …… 260
子默 …… 232	毕卓 …… 260
默子球 …… 233	王尼 …… 260
李胤 …… 233	羊曼 …… 260
卢钦 …… 233	弟聃 …… 261
子浮 …… 233	光逸 …… 261
弟珽 …… 233	**卷五十　列传第二十**
珽子志 …… 233	曹志 …… 261
志子湛 …… 234	庾峻 …… 262
华表 …… 234	子珉　珉弟敳 …… 262
子廙 …… 234	郭象 …… 263
廙子恒 …… 235	庾纯 …… 263

子勇	264
秦秀	264

卷五十一 列传第二十一

皇甫谧	265
子方回	267
挚虞	268
束皙	269
王接	271

卷五十二 列传第二十二

郤诜	272
阮种	273
华谭	274
袁甫	275

卷五十三 列传第二十三

愍怀太子遹	275
子彧 臧 尚	277

卷五十四 列传第二十四

陆机	277
孙拯	281
陆云	281
弟耽	282
从父兄喜	282

卷五十五 列传第二十五

夏侯湛	282
弟淳	284
淳子承	284
潘岳	284
从子尼	286
张载	288
弟协	289
协弟亢	290

卷五十六 列传第二十六

江统	291
子彪 惇	293
孙楚	293
子众 洎 纂	294
纂子统 绰	294

卷五十七 列传第二十七

罗宪	295
兄子尚	295
滕修	296
马隆	296
胡奋	296
陶璜	296
吾彦	297
张光	298
赵诱	298

卷五十八 列传第二十八

周处	299
子玘	299
玘子勰	300
玘弟札	300
札兄子莚	301
周访	301
子抚	302
抚子楚	302
楚子琼	302
琼子虓	302
抚弟光	302
光子仲孙	302

卷五十九 列传第二十九

汝南文成王亮	303
子粹 矩	304
矩子祐	304
羕	304
宗	304
熙	304
楚隐王玮	304
赵王伦	305
齐王冏	307
郑方	308
长沙王乂	308
成都王颖	309
河间王颙	310
东海孝献王越	310

卷六十 列传第三十

解系	312
弟结	312
结弟育	312
孙旂	312
孟观	312
牵秀	312
缪播	313
从弟胤	313
皇甫重	313
张辅	313
李含	314
张方	314
阎鼎	315
索靖	315
子綝	316
贾疋	316

卷六十一 列传第三十一

周浚	317
子嵩 谟	317
从父弟馥	318
成公简	318
苟晞	318
华轶	320
刘乔	320

孙耽……321	彝子逯……355
耽子柳……321	戴若思……355
卷六十二 列传第三十二	弟邈……356
刘琨……321	周顗……356
子群……324	子闵……357
琨兄舆……324	**卷七十 列传第四十**
舆子演……324	应詹……357
祖逖……324	甘卓……358
兄纳……325	邓骞……359
卷六十三 列传第三十三	卞壸……359
邵续……326	从父兄敦……361
李矩……327	刘超……361
段匹磾……327	钟雅……362
魏浚……328	**卷七十一 列传第四十一**
族子该……328	孙惠……362
郭默……328	熊远……363
卷六十四 列传第三十四	王鉴……364
武十三王……329	陈頵……365
元四王……330	高崧……365
简文三子……332	**卷七十二 列传第四十二**
卷六十五 列传第三十五	郭璞……366
王导……334	葛洪……369
子悦 恬 洽 协 劭 荟……336	**卷七十三 列传第四十三**
洽子珣 珉……336	庾亮……369
劭子谧……337	子彬 羲 龢……372
卷六十六 列传第三十六	弟怿 冰 条 翼……372
刘弘……338	**卷七十四 列传第四十四**
陶侃……339	桓彝……374
子洪 瞻 夏 琦 旗 斌 称 范 岱……341	子云……375
兄子臻……342	云弟豁……375
臻弟舆……342	豁子石虔……375
卷六十七 列传第三十七	虔子振……375
温峤……342	虔弟石秀等……376
郗鉴……345	豁弟秘……376
子愔……346	秘弟冲……376
愔子超……346	冲子嗣……377
愔弟昙……347	嗣子胤……377
昙子恢……347	嗣弟谦……377
鉴叔父隆……347	谦弟修……378
卷六十八 列传第三十八	徐宁……378
顾荣……348	**卷七十五 列传第四十五**
纪瞻……349	王湛……378
贺循……351	子承……378
杨方……352	承子述……379
薛兼……352	述子坦之 祎之……379
卷六十九 列传第三十九	坦之子恺 愉 国宝 忱……381
刘隗……353	愉子绥……381
孙波……354	承族子峤……381
刁协……354	袁悦之……382
子彝……355	祖台之……382

荀崧	382
子蕤 羨	383
范汪	383
子宁	384
叔坚	385
刘惔	385
张凭	385
韩伯	386

卷七十六 列传第四十六
王舒	386
子允之	387
王廙	387
弟彬	388
彬子彪之	388
王棱	389
虞潭	389
孙啸父	390
兄子骙	390
顾众	390
张闿	390

卷七十七 列传第四十七
陆晔	391
弟玩	392
玩子纳	392
何充	392
褚翜	393
蔡谟	393
诸葛恢	395
殷浩	395
顾悦之	396
蔡裔	397

卷七十八 列传第四十八
孔愉	397
子汪 安国	397
弟祗	398
从子坦 严	398
从弟群	399
群子沉	399
丁潭	399
张茂	400
陶回	400

卷七十九 列传第四十九
谢尚	400
谢安	401
子琰	402
琰子混	403
安兄奕	403
奕子玄	403
安弟万	404
万弟石	404
石兄子朗	405
朗弟子邈	405

卷八十 列传第五十
王羲之	405
子玄之 凝之 徽之	407
徽之子桢之	408
徽之弟操之 献之	408
许迈	408

卷八十一 列传第五十一
王逊	409
蔡豹	409
羊鉴	409
刘胤	409
桓宣	410
族子伊	410
朱伺	411
毛宝	412
子穆之 安之	412
孙璩	412
宗人德祖	413
刘遐	413
邓嶽	413
子遐	414
朱序	414

卷八十二 列传第五十二
陈寿	414
王长文	415
虞溥	415
司马彪	415
王隐	415
虞预	416
孙盛	417
干宝	417
邓粲	417
谢沈	417
习凿齿	418
徐广	419

卷八十三 列传第五十三
顾和	419
袁瑰	420
子乔	420
乔孙崧	421
瑰弟猷	421
从祖准	421
准孙耽	421
耽子质	421
质子湛 豹	421
江逌	421
从弟灌	422
灌子绩	422

车胤	422	王豹	448
殷顗	423	刘沈	449
王雅	423	麹允	449

卷八十四　列传第五十四
- 王恭 423
- 庾楷 424
- 刘牢之 424
  - 子敬宣 425
- 殷仲堪 425
- 杨佺期 427

卷八十五　列传第五十五
- 刘毅 428
  - 兄迈 429
- 诸葛长民 429
- 何无忌 430
- 檀凭之 430
- 魏咏之 431

卷八十六　列传第五十六
- 张轨 431
  - 子寔 432
  - 寔弟茂 433
  - 寔子骏 434
  - 骏子重华 434
  - 华子耀灵 437
  - 灵伯父祚 437
  - 灵弟玄靓 437
  - 靓叔天锡 438

卷八十七　列传第五十七
- 凉武昭王李玄盛 .. 438
  - 子士业 441

卷八十八　列传第五十八
孝友
- 李密 442
- 盛彦 443
- 夏方 443
- 王裒 443
- 许孜 443
- 庾衮 444
- 孙晷 444
- 颜含 445
- 刘殷 445
- 王延 446
- 王谈 446
- 桑虞 446
- 何琦 446
- 吴逵 446

卷八十九　列传第五十九
忠义
- 嵇绍 447
  - 从子含 448

- 焦嵩 449
- 贾浑 449
- 王育 449
- 韦忠 450
- 辛勉 450
- 刘敏元 450
- 周该 450
- 桓雄 450
- 韩阶 450
- 周崎 450
- 易雄 450
- 乐道融 451
- 虞悝 451
- 沈劲 451
- 吉挹 451
- 王谅 451
- 宋矩 452
- 车济 452
- 丁穆 452
- 辛恭靖 452
- 罗企生 452
- 张祎 452

卷九十　列传第六十
良吏
- 鲁芝 453
- 胡威 453
- 杜轸 453
- 窦允 454
- 王宏 454
- 曹摅 454
- 潘京 454
- 范晷 454
- 丁绍 455
- 乔智明 455
- 邓攸 455
- 吴隐之 455

卷九十一　列传第六十一
儒林
- 范平 456
- 文立 457
- 陈邵 457
- 虞喜 457
- 刘兆 457
- 氾毓 457
- 徐苗 457
- 崔游 458
- 范隆 458

杜夷	458
董景道	458
续咸	458
徐邈	458
孔衍	459
范宣	459
韦謏	459
范弘之	460
王欢	461

卷九十二 列传第六十二
文苑

应贞	461
成公绥	461
左思	462
赵至	463
邹湛	463
枣据	464
褚陶	464
王沉	464
张翰	464
庾阐	464
曹毗	465
李充	465
袁宏	466
伏滔	468
罗含	468
顾恺之	469
郭澄之	469

卷九十三 列传第六十三
外戚

羊琇	470
王恂	470
弟虔 恺	470
杨文宗	470
羊玄之	470
虞豫	470
子胤	470
庾琛	471
杜乂	471
褚裒	471
何准	471
子澄	471
王濛	471
子修	472
王遐	472
王蕴	472
褚爽	472

卷九十四 列传第六十四
隐逸

孙登	473
董京	473
夏统	473
朱冲	474
范粲	474
子乔	474
鲁胜	474
董养	475
霍原	475
郭琦	475
伍朝	475
鲁褒	475
氾腾	475
任旭	475
郭文	476
龚壮	476
孟陋	476
韩绩	476
谯秀	476
翟汤	476
子庄	477
郭翻	477
辛谧	477
刘驎之	477
索袭	477
杨轲	477
公孙凤	478
公孙永	478
张忠	478
石垣	478
宋纤	478
郭荷	478
郭瑀	478
祈嘉	479
瞿硎先生	479
谢敷	479
戴逵	479
龚玄之	479
陶淡	480
陶潜	480

卷九十五 列传第六十五
艺术

陈训	481
戴洋	481
韩友	483
淳于智	483
步熊	483
杜不愆	483
严卿	483
隗炤	483
卜珝	484

鲍靓	484
吴猛	484
幸灵	484
佛图澄	484
麻襦	486
单道开	486
黄泓	486
索纨	486
孟钦	487
王嘉	487
僧涉	487
郭黁	487
鸠摩罗什	487
昙霍	488
台产	488

卷九十六　列传第六十六
列女

羊耽妻辛氏	489
杜有道妻严氏	489
王浑妻钟氏	489
郑袤妻曹氏	490
愍怀太子妃王氏	490
郑休妻石氏	490
陶侃母湛氏	490
贾浑妻宗氏	490
梁纬妻辛氏	490
许延妻杜氏	490
虞潭母孙氏	490
周顗母李氏	490
张茂妻陆氏	490
尹虞二女	490
荀崧小女灌	490
王凝之妻谢氏	491
刘臻妻陈氏	491
皮京妻龙氏	491
孟昶妻周氏	491
何无忌母刘氏	491
刘聪妻刘氏	491
王广女	491
陕妇人	491
靳康女	492
韦逞母宋氏	492
张天锡妾阎氏薛氏	492
苻坚妾张氏	492
窦滔妻苏氏	492
苻登妻毛氏	492
慕容垂妻段氏	492
段丰妻慕容氏	492
吕纂妻杨氏	492
李玄盛后尹氏	493

卷九十七　列传第六十七
四夷

东夷	493
夫余国	493
马韩	494
辰韩	494
肃慎氏	494
倭人	494
裨离等十国	494
西戎	494
吐谷浑	494
焉耆国	495
龟兹国	496
大宛国	496
康居国	496
大秦国	496
南蛮	496
林邑	496
扶南	496
北狄	496
匈奴	496

卷九十八　列传第六十八
叛逆

王敦	497
沈充	501
桓温	501
孟嘉	504

卷九十九　列传第六十九

桓玄	504
卞范之	508
殷仲文	508

卷一百　列传第七十

王弥	509
张昌	510
陈敏	510
王如	511
杜曾	511
杜弢	512
王机	512
祖约	513
苏峻	513
孙恩	514
卢循	515
谯纵	515
载记序	516

卷一百一　载记第一
前赵

刘元海	516
子和	518
刘宣	518

卷一百二　载记第二
　前赵
　　刘聪……519
　　　子粲……523
　　陈元达……524
卷一百三　载记第三
　前赵
　　刘曜……524
卷一百四　载记第四
　后赵
　　石勒上……529
卷一百五　载记第五
　后赵
　　石勒下……534
　　　子弘……538
　　张宾……539
卷一百六　载记第六
　后赵
　　石季龙上……539
卷一百七　载记第七
　后赵
　　石季龙下……543
　　　子世　遵　鉴……545
　　冉闵……546
卷一百八　载记第八
　前燕
　　慕容廆……548
　　裴嶷……550
　　高瞻……550
卷一百九　载记第九
　前燕
　　慕容皝……550
　　慕容翰……552
　　阳裕……553
卷一百十　载记第十
　前燕
　　慕容儁……553
　　韩恒……556
　　李产……556
　　产子绩……556
卷一百十一　载记第十一
　前燕
　　慕容暐……557
　　慕容恪……559
　　阳鹜……560
　　皇甫真……560
卷一百十二　载记第十二
　前秦
　　苻洪……560
　　苻健……561
　　苻生……562
　　苻雄……563
　　王堕……563
卷一百十三　载记第十三
　前秦
　　苻坚上……564
卷一百十四　载记第十四
　前秦
　　苻坚下……569
　　王猛……574
　　苻融……575
　　苻朗……575
卷一百十五　载记第十五
　前秦
　　苻丕……575
　　苻登……577
　　索泮……578
　　徐嵩……579
卷一百十六　载记第十六
　后秦
　　姚弋仲……579
　　姚襄……580
　　姚苌……580
卷一百十七　载记第十七
　后秦
　　姚兴上……582
卷一百十八　载记第十八
　后秦
　　姚兴下……585
　　尹纬……588
卷一百十九　载记第十九
　后秦
　　姚泓……589
卷一百二十　载记第二十
　后蜀
　　李特……592
　　李流……593
　　　李庠……594
卷一百二十一　载记第二十一
　后蜀
　　李雄……594
　　李班……595
　　李期……596
　　李寿……596
　　李势……597
卷一百二十二　载记第二十二
　后凉
　　吕光……597
　　吕纂……600
　　吕隆……601

卷一百二十三　载记第十三	秃发乌孤·················· 614
后燕	秃发利鹿孤················ 615
慕容垂·················· 602	秃发傉檀·················· 615
卷一百二十四　载记二十四	卷一百二十七　载记第二十七
后燕	南燕
慕容宝·················· 605	慕容德·················· 618
慕容盛·················· 606	卷一百二十八　载记第二十八
慕容熙·················· 608	南燕
慕容云·················· 608	慕容超·················· 621
卷一百二十五　载记第二十五	慕容钟················ 623
西秦乞伏　北燕冯	封孚·················· 623
乞伏国仁················ 609	卷一百二十九　载记第二十九
乞伏乾归················ 610	北凉
乞伏炽磐················ 611	沮渠蒙逊················ 623
冯跋···················· 612	卷一百三十　载记第三十
冯素弗················ 614	夏
卷一百二十六　载记第二十六	赫连勃勃················ 626
南凉	

晋　书

卷一　　　　　　帝纪第一

宣　帝

宣皇帝讳懿，字仲达，河内温县孝敬里人，姓司马氏。其先出自帝高阳之子重黎，为夏官祝融，历唐、虞、夏、商，世序其职。及周，以夏官为司马。其后程柏休父，周宣王时，以世官克平徐方，锡以官族，因而为氏。楚汉间，司马卬为赵将，与诸侯伐秦。秦亡，立为殷王，都河内。汉以其地为郡，子孙遂家焉。自卬八世，生征西将军钧，字叔平。钧生豫章太守量，字公度。量生颍川太守俊，字元异。俊生京兆尹防，字建公。帝即防之第二子也。少有奇节，聪明多大略，博学洽闻，伏膺儒教。汉末大乱，常慨然有忧天下心。南阳太守同郡杨俊名知人，见帝，未弱冠，以为非常之器。尚书清河崔琰与帝兄朗善，亦谓朗曰："君弟聪亮明允，刚断英特，非子所及也。"

汉建安六年，郡举上计掾。魏武帝为司空，闻而辟之。帝知汉运方微，不欲屈节曹氏，辞以风痹，不能起居。魏武使人夜往密刺之，帝坚卧不动。及魏武为丞相，又辟为文学掾，敕行者曰："若复盘桓，便收之。"帝惧而就职。于是，使与太子游处，迁黄门侍郎，转议郎、丞相东曹属，寻转主簿。从讨张鲁，言于魏武曰："刘备以诈力虏刘璋，蜀人未附而远争江陵，此机不可失也。今若曜威汉中，益州震动，进兵临之，势必瓦解。因此之势，易为功力。圣人不能违时，亦不失时矣。"魏武曰："人苦无足，既得陇右，复欲得蜀！"言竟不从。既而从讨孙权，破之。军还，权遣使乞降，上表称臣，陈说天命。魏武帝曰："此儿欲踞吾著炉炭上邪！"答曰："汉运垂终，殿下十分天下而有其九，以服事之。权之称臣，天人之意也。虞、夏、殷、周不以谦让者，畏天知命也。"

魏国既建，迁太子中庶子。每与大谋，辄有奇策，为太子所信重，与陈群、吴质、朱乐号曰四友。迁为军司马，言于魏武曰："昔箕子陈谋，以食为首。今天下不耕者盖二十余万，非经国远筹也。虽戎甲未卷，自宜且耕且守。"魏武纳之，于是务农积谷，国用丰赡。帝又言荆州刺史胡修粗暴，南乡太守傅方骄奢，并不可居边。魏武不之察。及蜀将羽围曹仁于樊，于禁等七军皆没，修、方果降羽，而仁围甚急焉。是时汉帝都许昌，魏武以为近贼，欲徙河北。帝谏曰："禁等为水所没，非战守之所失，于国家大计未有所损，而便迁都，既示敌以弱，又淮沔之人大不安矣。孙权、刘备，外亲内疏，羽之得意，权所不愿也。可喻权所，令掎其后，则樊围自解。"魏武从之。权果遣将吕蒙西袭公安，拔之，羽遂为蒙所获。

魏武以荆州遗黎及屯田在颍川者逼近南寇，皆欲徙之。帝曰："荆楚轻脱，易动难安。关羽新破，诸为恶者藏窜观望。今徙其善者，既伤其意，将令去者不敢复还。"从之。其后诸亡者悉复业。及魏武薨于洛阳，朝野危惧。帝纲纪丧事，内外肃然。乃奉梓宫还邺。

魏文帝即位，封河津亭侯，转丞相长史。会孙权帅兵西过，朝议以樊、襄阳无谷，不可以御寇。时曹仁镇襄阳，请召仁还宛。帝曰："孙权新破关羽，此其欲自结之时也，必不敢为患。襄阳水陆之冲，御寇要害，不可弃也。"言竟不从。仁遂焚弃二城，权果不为寇，魏文悔之。及魏受汉禅，以帝为尚书。顷之，转督军、御史中丞，封安国乡侯。

黄初二年，督军官罢，迁侍中、尚书右仆射。

五年，天子南巡，观兵吴疆。帝留镇许昌，改封向乡侯，转抚军、假节，领兵五千，加给事中、录尚书事。帝固辞。天子曰："吾于庶事，以夜继昼，无须臾宁息。此非以为荣，乃分忧耳。"

六年，天子复大兴舟师征吴，复命帝居守，内镇百姓，外供军资。临行，诏曰："吾深以后事为念，故以委卿。曹参虽有战功，而萧何为重。使吾无西顾之忧，不亦可乎！"天子自广陵还洛阳，诏帝曰："吾东，抚军当总西事；吾西，抚军当总东事。"于是帝留镇许昌。及天子疾笃，帝与曹真、陈群等见于崇华殿之南堂，并受顾命辅政。诏太子曰："有间此三公者,慎勿疑之。"明帝即位,改封舞阳侯。及孙权围江夏,遣其将诸葛瑾、张霸并攻襄阳,帝督诸军讨权,走之。进击,败瑾,斩霸,并首级千余。迁骠骑将军。

太和元年六月,天子诏帝屯于宛,加督荆、豫二州诸军事。初,蜀将孟达之降也,魏朝遇之甚厚。帝以达言行倾巧,不可任,骤谏,不见听,乃以达领新城太守,封侯,假节。达于是连吴固蜀,潜图中国。蜀相诸葛亮恶其反覆,又虑其为患。达与魏兴太守申仪有隙,亮欲促其事,乃遣郭模诈降,过仪,因漏泄其谋。达闻其谋漏泄,将举兵。帝恐达速发,以书喻之曰:"将军昔弃刘备,托身国家,国家委将军以疆埸之任,任将军以图蜀之事,可谓心贯白日。蜀人愚智,莫不切齿于将军。诸葛亮欲相破,惟苦无路耳。模之所言,非小事也,亮岂轻之而令宣露,此殆易知耳。"达得书大喜,犹与不决。帝乃潜军进讨。诸将言达与二贼交构,宜观望而后动。帝曰:"达无信义,此其相疑之时也,当及其未定促决之。"乃倍道兼行,八日到其城下。吴蜀各遣其将向西城安桥、木阑塞以救达,帝分诸将距之。初,达与亮书曰:"宛去洛八百里,去吾一千二百里,闻吾举事,当表上天子,比相反覆,一月间也,则吾城已固,诸军足办。则吾所在深险,司马公必不自来;诸将来,吾无患矣。"及兵到,达又告亮曰:"吾举事,八日而兵至城下,何其神速也!"上庸城三面阻水,达于城外为木栅以自固。帝渡水,破其栅,直造城下。八道攻之,旬有六日,达甥邓贤、将李辅等开门出降。斩达,传首京师。俘获万余人,振旅还于宛。乃劝农桑,禁浮费,南土悦附焉。初,申仪久在魏兴,专威疆埸,辄承制刻印,多所假授。达既诛,有自疑心。时诸郡守以帝新克捷,奉礼求贺,皆听。帝使人讽仪,仪至,问承制状,执之,归于京师。又徙孟达余众七千余家于幽州。蜀将姚静、郑他等帅其属七千余人来降。时边郡新附,多无户名,魏朝欲加隐实。属帝朝于京师,天子访之于帝。帝对曰:"贼以密网束下,故下弃之。宜弘以大纲,则自然安乐。"又问二虏宜讨,何者为先?对曰:"吴以中国不习水战,故敢散居东关。凡攻敌,必扼其喉而撞其心。夏口、东关,贼之心喉。若为陆军以向皖城,引权东下,为水战军向夏口,乘其虚而击之,此神兵从天而坠,破之必矣。"天子并然之,复命屯于宛。

四年,迁大将军,加大都督、假黄钺,与曹真伐蜀。帝自西城斫山开道,水陆并进,溯沔而上,至于朐䏰,拔其新丰县。军次丹口,遇雨,班师。明年,诸葛亮寇天水,围将军贾嗣、魏平于祁山。天子曰:"西方有事,非君莫可付者。"乃使帝西屯长安,都督雍、梁二州诸军事,统车骑将军张郃、后将军费曜、征蜀护军戴凌、雍州刺史郭淮等讨亮。张郃劝帝分军往雍、郿为后镇,帝曰:"料前军独能当之者,将军言是也。若不能当,而分为前后,楚之三军所以为黥布禽也。"遂进军隃麋。亮闻大军且至,乃自帅众将芟上邽之麦。诸将皆惧,帝曰:"亮虑多决少,必安营自固,然后芟麦。吾得二日兼行足矣。"于是卷甲晨夜赴之。亮望尘而遁。帝曰:"吾倍道疲劳,此晓兵者

之所贪也。亮不敢据渭水,此易与耳。"进次汉阳,与亮相遇,帝列阵以待之。使将牛金轻骑饵之,兵才接而亮退,追至祁山。亮屯卤城,据南北二山,断水为重围。帝攻拔其围,亮宵遁。追击,破之,俘斩万计。天子使使者劳军,增封邑。时军师杜袭、督军薛悌皆言,明年麦熟,亮必为寇,陇右无谷,宜及冬豫运。帝曰:"亮再出祁山,一攻陈仓,挫衄而反。纵其后出,不复攻城,当求野战,必在陇东,不在西也。亮每以粮少为恨,归必积谷,以吾料之,非三稔不能动矣。"于是表徙冀州农夫佃上邽,兴京兆、天水、南安监冶。

青龙元年,穿成国渠,筑临晋陂,溉田数千顷,国以充实。

二年,亮又率众十余万出斜谷,垒于郿之渭水南原。天子忧之,遣征蜀护军秦朗督步骑二万,受帝节度。诸将欲住渭北以待之,帝曰:"百姓积聚皆在渭南,此必争之地也。"遂引军而济,背水为垒。因谓诸将曰:"亮若勇者,当出武功依山而东,若西上五丈原,则诸军无事矣。"亮果上原,将北渡渭,帝遣将周当屯阳遂以饵之。数日,亮不动。帝曰:"亮欲争原而不向阳遂,此意可知也。"遣将军胡遵、雍州刺史郭淮共备阳遂,与亮会于积石,临原而战,亮不得进,还于五丈原。会有长星坠亮之垒,帝知其必败,遣奇兵掎亮之后,斩五百余级,获生口千余,降者六百余人。时朝廷以亮侨军远寇,利在急战,每命帝持重,以候其变。亮数挑战,帝不出,因遗帝巾帼妇人之饰。帝怒,表请决战,天子不许,乃遣骨鲠臣卫尉辛毗杖节为军师以制之。后亮复来挑战,帝将出兵以应之,毗杖节立军门,帝乃止。初,蜀将姜维闻毗来,谓亮曰:"辛毗杖节而至,贼不复出矣。"亮曰:"彼本无战心,所以固请者,以示武于其众耳。将在军,君命有所不受,苟能制吾,岂千里而请战邪!"帝弟孚书问军事,帝复书曰:"亮志大而不见机,多谋而少决,好兵而无权,虽提卒十万,已堕吾画中,破之必矣。"与之对垒百余日,会亮病卒,诸将烧营遁走,百姓奔告,帝出兵追之。亮长史杨仪反旗鸣鼓,若将距帝者。帝以穷寇不之逼,于是杨仪结阵而去。经日,乃行其营垒,观其遗事,获其图书、粮谷甚众。帝审其必死,曰:"天下奇才也。"辛毗以为尚未可知。帝曰:"军家所重,军书密计、兵马粮谷,今皆弃之,岂有人捐其五藏而可以生乎?宜急追之。"关中多蒺藜,帝使军士二千人著软材平底木屐前行,蒺藜悉著屐,然后马步俱进。追到赤岸,乃知亮死。审问,时百姓为之谚曰:"死诸葛走生仲达。"帝闻而笑曰:"吾便料生,不便料死故也。"先是,亮使至,帝问曰:"诸葛公起居何如,食可几米?"对曰:"三四升。"次问政事,曰:"二十罚已上皆自省览。"帝既而告人曰:"诸葛孔明其能久乎!"竟如其言。亮部将杨仪、魏延争权,仪斩延,并其众。帝欲乘隙而进,有诏不许。

三年,迁太尉,累增封邑。蜀将马岱入寇,帝遣将军牛金击走之,斩千余级。武都氏王苻双、强端帅其属六千余人来降。关东饥,帝运长安粟五百万斛于京师。

四年,获白鹿,献之。天子曰:"昔周公旦辅成王,有

素雉之贡。今君受陕西之任,有白鹿之献,岂非忠诚协符,千载同契,俾乂邦家,以永厥休邪!"及辽东太守公孙文懿反,征帝诣京师。天子曰:"此不足以劳君,事欲必克,故以相烦耳。君度其行何计?"对曰:"弃城预走,上计也。据辽水以距大军,次计也。坐守襄平,此成擒耳。"天子曰:"其计将安出?"对曰:"惟明者能深度彼己,豫有所弃,此非其所及也。今悬军远征,将谓不能持久,必先距辽水而后守,此中下计也。"天子曰:"往还几时?"对曰:"往百日,还百日,攻百日,以六十日为休息,一年足矣。"是时大修宫室,加之以军旅,百姓饥弊。帝将即戎,乃谏曰:"昔周公营洛邑,萧何造未央,今宫室未备,臣之责也。然自河以北,百姓困穷,外内有役,势不并兴,宜假绝内务,以救时急。"

景初二年,帅牛金、胡遵等步骑四万发自京都。车驾送出西明门。诏弟孚、子师送过温,赐以谷帛牛酒,敕郡守典农以下皆往会焉。见父老故旧,宴饮累日。帝叹息,怅然有感,为歌曰:"天地开辟,日月重光。遭遇际会,毕力遐方。将扫群秽,还过故乡。肃清万里,总齐八荒。告成归老,待罪舞阳。"遂进师,经孤竹,越碣石,次于辽水。文懿果遣步骑数万,阻辽隧,坚壁而守,南北六七十里,以距帝。帝盛兵多张旗帜,出其南,贼尽锐赴之。乃泛舟潜济以出其北,与贼营相逼,沈舟焚梁,傍辽水作长围,弃贼而向襄平。诸将言曰:"不攻贼而作围,非所以示众也。"帝曰:"贼坚营高垒,欲以老吾兵也。攻之,正入其计,此王邑所以耻过昆阳也。古人曰,敌虽高垒,不得不与我战者,攻其所必救也。贼大众在此,则巢窟虚矣。我直指襄平,则人怀内惧,惧而求战,破之必矣。"遂整阵而过。贼见兵出其后,果邀之。帝谓诸将曰:"所以不攻其营,正欲致此,不可失也。"乃纵兵逆击,大破之,三战皆捷。贼保襄平,进军围之。初,文懿闻魏师之出也,请救于孙权。权亦出兵遥为之声援,遗文懿书曰:"司马公善用兵,变化若神,所向无前,深为弟忧之。"会霖潦,大水,平地数尺,三军恐,欲移营。帝令军中敢有言徙者斩。都督令史张静犯令,斩之,军中乃定。贼恃水,樵牧自若。诸将欲取之,皆不听。司马陈圭曰:"昔攻上庸,八部并进,昼夜不息,故能一旬之半,拔坚城,斩孟达。今者远来而更安缓,愚窃惑焉。"帝曰:"孟达众少而食支一年,吾将士四倍于达而粮不淹月,以一月图一年,安可不速?以四击一,正令半解,犹当为之。是以不计死伤,与粮竞也。今贼众我寡,贼饥我饱,水雨乃尔,功力不设,虽当促之,亦何所为。自发京师,不忧贼攻,但恐贼走。今贼粮垂尽,而围落未合,掠其牛马,抄其樵采,此故驱之走也。夫兵者诡道,善因事变。贼凭众恃雨,故虽饥困,未肯束手,当示无能以安之。取小利以惊之,非计也。"朝廷闻师遇雨,咸请召还。天子曰:"司马公临危制变,计日擒之矣。"既而雨止,遂合围。起土山地道,楯橹钩橦,发矢石雨下,昼夜攻之。时有长星,色白,有芒鬣,自襄平城西南流于东北,坠于梁水,城中震慴。文懿大惧,乃使其所署相国王建、御史大夫柳甫乞降,请解围而缚。不许,执建等,皆斩之。檄告文懿曰:"昔楚郑列国,而郑

伯犹肉袒牵羊而迎之。孤为王人,位则上公,而建等欲孤解围退舍,岂楚郑之谓邪!二人老耄,必传言失旨,已相为斩之。若意有未已,可更遣年少有明决者来。"文懿复遣侍中卫演乞克日送任。帝谓演曰:"军事大要有五,能战当战,不能战当守,不能守当走,余二事惟有降与死耳。汝不肯面缚,此为决就死也,不须送任。"文懿攻南围突出,帝纵兵击败之,斩于梁水之上星坠之所。既入城,立两标以别新旧焉。男子年十五已上七千余人皆杀之,以为京观。伪公卿已下皆伏诛,戮其将军毕盛等二千余人。收户四万,口三十余万。初,文懿篡其叔父恭位而囚之。及将反,将军纶直、贾范等苦谏,文懿皆杀之。帝乃释恭之囚,封直等之墓,显其遗嗣。令曰:"古之伐国,诛其鲸鲵而已,诸为文懿所诖误者,皆原之。中国人欲还旧乡,恣听之。"时有兵士寒冻,乞襦,帝弗之与。或曰:"幸多故襦,可以赐之。"帝曰:"襦者官物,人臣无私施也。"乃奏军人年六十已上者罢遣千余人,将吏从军死亡者致丧还家。遂班师。天子遣使者劳军于蓟,增封食昆阳,并前二县。初,帝至襄平,梦天子枕其膝,曰:"视吾面。"俯视有异于常,心恶之。先是,诏帝便道镇关中;及次白屋,有诏召帝,三日之间,诏书五至。手诏曰:"间侧息望到,到便直排阁入,视吾面。"帝大遽,乃乘追锋车昼夜兼行,自白屋四百余里,一宿而至。引入嘉福殿卧内,升御床。帝流涕问疾,天子执帝手,目齐王曰:"以后事相托。死乃复可忍,吾忍死待君,得相见,无所复恨矣。"与大将军曹爽并受遗诏辅少主。及齐王即帝位,迁侍中、持节、都督中外诸军、录尚书事,与爽各统兵三千人,共执朝政,更直殿中,乘舆入殿。爽欲使尚书奏事先由己,乃言于天子,徙帝为大司马。朝议以为前后大司马累薨于位,乃以帝为太傅。入殿不趋,赞拜不名,剑履上殿,如汉萧何故事。嫁娶丧葬取给于官,以世子师为散骑常侍,子弟三人为列侯,四人为骑都尉。帝固让子弟官不受。

魏正始元年春正月,东倭重译纳贡,焉耆、危须诸国,弱水以南,鲜卑名王,皆遣使来献。天子归美宰辅,又增帝封邑。初,魏明帝好修宫室,制度靡丽,百姓苦之。帝自辽东还,役者犹万余人,雕玩之物动以千计。至是皆奏罢之,节用务农,天下欣赖焉。

二年夏五月,吴将全琮寇芍陂,朱然、孙伦围樊城,诸葛瑾、步骘掠柤中,帝请自讨之。议者咸言,贼远来围樊,不可卒拔。挫于坚城之下,有自破之势,宜长策以御之。帝曰:"边城受敌而安坐庙堂,疆场骚动,众心疑惑,是社稷之大忧也。"六月,乃督诸军南征,车驾送出津阳门。帝以南方暑湿,不宜持久,使轻骑挑之,然不敢动。于是休战士,简精锐,募勇登,申号令,示必攻之势。吴军夜遁走,追至三州口,斩获万余人,收其舟船军资而还。天子遣侍中常侍劳军于宛。秋七月,增封食郾、临颍,并前四县,邑万户,子弟十一人皆为列侯。帝勋德日盛,而谦恭愈甚。以太常常林乡邑旧齿,见之每拜。恒戒子弟曰:"盛满者道家之所忌,四时犹有推移,吾何德以堪之。损之又损之,庶可以免乎?"

三年春,天子追封,谥皇考京兆尹为舞阳成侯。三月,

奏穿广漕渠，引河入汴，溉东南诸陂，始大佃于淮北。先是，吴遣将诸葛恪屯皖，边鄙苦之，帝欲自击恪。议者多以贼据坚城，积谷，欲引致官兵，今悬军远攻，其救必至，进退不易，未见其便。帝曰："贼之所长者水也，今攻其城，以观其变。若用其所长，弃城奔走，此为庙胜也。若敢固守，湖水冬浅，船不得行，势必弃水相救，由其所短，亦吾利也。"

四年秋九月，帝督诸军击诸葛恪，车驾送出津阳门。军次于舒，恪焚烧积聚，弃城而遁。帝以灭贼之要，在于积谷，乃大兴屯守，广开淮阳、百尺二渠，又修诸陂于颍之南北，万余顷。自是淮北仓庾相望，寿阳至于京师，农官屯兵连属焉。

五年春正月，帝至自淮南，天子使持节劳军。尚书邓扬、李胜等欲令曹爽建立功名，劝使伐蜀。帝止之，不可，爽果无功而还。

六年秋八月，曹爽毁中垒中坚营，以兵属其弟中领军羲，帝以先帝旧制禁之不可。冬十二月，天子诏帝朝会乘舆升殿。

七年春正月，吴寇柤中，夷夏万余家避寇北渡沔。帝以沔南近贼，若百姓奔还，必复致寇，宜权留之。曹爽曰："今不能修守沔南而留百姓，非长策也。"帝曰："不然。凡物致之安地则安。危地则危。故兵书曰'成败，形也；安危，势也'。形势，御众之要，不可以不审。设令贼以二万人断沔水，三万人与沔南诸军相持，万人陆梁柤中，将何以救之？"爽不从，卒令还南。贼果袭破柤中，所失万计。

八年夏四月，夫人张氏薨。曹爽用何晏、邓扬、丁谧之谋，迁太后于永宁宫，专擅朝政，兄弟并典禁兵，多树亲党，屡改制度。帝不能禁，于是与爽有隙。五月，帝称疾不与政事。时人为之谣曰："何、邓、丁，乱京城。"

九年春三月，黄门张当私出掖庭才人石英等十一人，与曹爽为伎人。爽、晏谓帝疾笃，遂有无君之心，与当密谋，图危社稷，期有日矣。帝亦潜为之备，爽之徒属亦颇疑帝。会河南尹李胜将莅荆州，来候帝。帝诈疾笃，使两婢侍，持衣衣落，指口言渴，婢进粥，帝不持杯饮，粥皆流出霑胸。胜曰："众情谓明公旧风发动，何意尊体乃尔！"帝使声气才属，说"年老枕疾，死在旦夕。君当屈并州，并州近胡，善为之备。恐不复相见，以子师、昭兄弟为托。"胜曰："当还忝本州，非并州。"帝乃错乱其辞曰："君方到并州。"胜复曰："当忝荆州。"帝曰："年老意荒，不解君言。今还为本州，盛德壮烈，好建功勋！"胜退告爽曰："司马公尸居余气，形神已离，不足虑矣。"他日，又言曰："太傅不可复济，令人怆然。"故爽等不复设备。

嘉平元年春正月甲午，天子谒高平陵，爽兄弟皆从。是日，太白袭月。帝于是奏永宁太后，废爽兄弟。时景帝为中护军，将兵屯司马门。帝列阵阙下，经爽门。爽帐下督严世上楼，引弩将射帝，孙谦止之曰："事未可知。"三注三止，皆引其肘不得发。大司农桓范出赴爽，蒋济言于帝曰："智囊往矣。"帝曰："爽与范内疏而智不及，驽马恋栈豆，必不能用也。"于是假司徒高柔节，行大将军事，

领爽营，谓柔曰："君为周勃矣。"命太仆王观行中领军，摄羲营。帝亲师太尉蒋济等勒兵出迎天子，屯于洛水浮桥，上奏："先帝诏陛下、秦王及臣升于御床，握臣臂曰'深以后事为念'。今大将军爽背弃顾命，败乱国典，内则僭拟，外专威权。群官要职，皆置所亲；宿卫旧人，并见斥黜。根据盘牙，纵恣日甚。又以黄门张当为都监，专共交关，伺候神器。天下汹汹，人怀危惧。陛下便为寄坐，岂得久安？此非先帝诏陛下及臣升御床之本意也。臣虽朽迈，敢忘前言。昔赵高极意，秦是以亡；吕霍早断，汉祚永延。此乃陛下之殷鉴，臣授命之秋也。公卿群臣皆以爽有无君之心，兄弟不宜典兵宿卫；奏皇太后，皇太后敕如奏施行。臣辄敕主者及黄门令罢爽、羲，训吏兵各以本官侯就第，若稽留车驾，以军法从事。臣辄力疾将兵诣洛水浮桥，伺察非常。"爽不通奏，留车驾宿伊水南，伐树为鹿角，发屯兵数千人以守。桓范果劝爽奉天子幸许昌，移檄征天下兵。爽不能用，而夜遣侍中许允、尚书陈泰诣帝，观望风旨。帝数其过失，事止免官。泰还以报爽劝之通奏。帝又遣爽所信殿中校尉尹大目谕爽，指洛水为誓，爽意信之。桓范等援引古今，谏说万端，终不能从。乃曰："司马公正当欲夺吾权耳。吾得以侯还第，不失为富家翁。"范拊膺曰："坐卿，灭吾族矣！"遂通帝奏。既而有司劾黄门张当，并发爽与何晏等反事，乃收爽兄弟及其党与何晏、丁谧、邓扬、毕轨、李胜、桓范等诛之。蒋济曰："曹真之勋，不可以不祀。"帝不听。初，爽司马鲁芝、主簿杨综斩关奔爽。及爽之将归罪也，芝、综泣谏曰："公居伊周之任，挟天子，杖天威，孰敢不从？舍此而欲就东市，岂不痛哉！"有司奏收芝、综科罪，帝赦之，曰："以劝事君者。"二月，天子以帝为丞相，增封颍川之繁昌、鄢陵、新汲、父城，并前八县，邑二万户，奏事不名。固让丞相。冬十二月，加九锡之礼，朝会不拜。固让九锡。

二年春正月，天子命帝立庙于洛阳，置左右长史，增掾属、舍人满十人，岁举掾属任御史、秀才各一人，增官骑百人，鼓吹十四人，封子肜平乐亭侯，伦安乐亭侯。帝以久疾不任朝请，每有大事，天子亲幸第以谘访焉。兖州刺史令狐愚、太尉王凌贰于帝，谋立楚王彪。

三年春正月，王凌诈言吴人塞涂水，请发兵以讨之。帝潜知其计，不听。夏四月，帝自帅中军，泛舟沿流，九日而到甘城。凌计无所出，乃迎于武丘，面缚水次，曰："凌若有罪，公当折简召凌，何苦自来邪！"帝曰："以君非折简之客故耳。"即以凌归于京师。道经贾逵庙，凌呼曰："贾梁道！王凌是大魏之忠臣，惟尔有神知之。"至项，仰鸩而死。收其余党，皆夷三族，并杀彪。悉录魏诸王公置于邺，命有司监察，不得交关。天子遣侍中韦诞持节劳军于五池。帝至自甘城，天子又使兼大鸿胪、太仆庾嶷持节，策命帝为相国，封安平郡公，孙及兄子各一人为列侯，前后食邑五万户，侯者十九人。固让相国、郡公不受。六月，帝寝疾，梦贾逵、王凌为祟，甚恶之。秋八月戊寅，崩于京师，时年七十三。天子素服临吊，丧葬威仪依汉霍光故事，追赠相国、郡公。弟孚表陈先志，辞郡公及韫辌车。九月庚申，葬于河阴，谥曰文贞，后改谥文宣。先是，

预作终制，于首阳山为土藏，不坟不树；作顾命三篇，敛以时服，不设明器，后终者不得合葬。一如遗命。晋国初建，追尊曰宣王。武帝受禅，上尊号曰宣皇帝，陵曰高原，庙称高祖。

帝内忌而外宽，猜忌多权变。魏武察帝有雄豪志，闻有狼顾相。欲验之。乃召使前行，令反顾，面正向后而身不动。又尝梦三马同食一槽，甚恶焉。因谓太子丕曰："司马懿非人臣也，必预汝家事。"太子素与帝善，每相全佑，故免。帝于是勤于吏职，夜以忘寝，至于刍牧之间，悉皆临履，由是魏武意遂安。及平公孙文懿，大行杀戮。诛曹爽之际，支党皆夷及三族，男女无少长，姑姊妹女子之适人者皆杀之，既而竟迁魏鼎云。明帝时，王导侍坐。帝问前世所以得天下，导乃陈帝创业之始，用文帝末高贵乡公事。明帝以面覆床曰："若如公言，晋祚复安得长远！"迹其猜忍，盖有符于狼顾也。

制曰：夫天地之大，黎元为本。邦国之贵，元首为先。治乱无常，兴亡有运。是故五帝之上，居万乘以为忧；三王已来，处其忧而为乐。竞智力，争利害，大小相吞，强弱相袭。逮乎魏室，三方鼎峙，干戈不息，氛雾交兴。宣皇以天挺之姿，应期佐命，文以缵治，武以棱威。用人如在己，求贤若不及；情深阻而莫测，性宽绰而能容，和光同尘，与时舒卷，戢鳞潜翼，思属风云。饰忠于已诈之心，延安于将危之命。观其雄略内断，英猷外决，殄公孙于百日，擒孟达于盈旬，自以兵动若神，谋无再计矣。既而拥众西举，与诸葛相持。抑其甲兵，本无斗志，遗其巾帼，方发愤心。杖节当门，雄图顿屈，请战千里，诈欲示威。且秦蜀之人，勇懦非敌，夷险之路，劳逸不同，以此争功，其利可见。而返闭军固垒，莫敢争锋，生怯实而未前，死疑虚而犹遁，良将之道，失在斯乎！文帝之世，辅翼权重，许昌同萧何之委，崇华甚霍光之寄。当谓竭诚尽节，伊傅可齐。及明帝将终，栋梁是属，受遗二主，佐命三朝，既承忍死之托，曾无殉生之报。天子在外，内起甲兵，陵土未乾，遽相诛戮，贞臣之体，宁若此乎！尽善之方，以斯为惑。夫征讨之策，岂东智而西愚？辅佐之心，何前忠而后乱？故晋明掩面，耻欺伪以成功；石勒肆言，笑奸回以定业。古人有云："积善三年，知之者少，为恶一日，闻于天下。"可不谓然乎！虽自隐过当年，而终见嗤后代。亦犹窃钟掩耳，以众人为不闻，锐意盗金，谓市中为莫睹。故知贪于近者则遗远，溺于利者则伤名，若不损己以益人，则当祸人而福己。顺理而举易为力，背时而动难为功。况以未成之晋基，逼有余之魏祚？虽复道格区宇，德被苍生，而天未启时，宝位犹阻，非可以智竞，不可以力争，虽则庆流后昆，而身终于北面矣。

卷二　　　　　　　帝纪第二

景 帝　文 帝

景皇帝讳师，字子元，宣帝长子也。雅有风彩，沈毅多大略。少流美誉，与夏侯玄、何晏齐名。晏常称曰："惟几也能成天下之务，司马子元是也。"魏景初中，拜散骑常侍，累迁中护军。为选用之法，举不越功，吏无私焉。宣穆皇后崩，居丧以至孝闻。宣帝之将诛曹爽，深谋秘策，独与帝潜画，文帝弗之知也。将发夕乃告之，既而使人觇之，帝寝如常，而文帝不能安席。晨会兵司马门，镇静内外，置阵甚整。宣帝曰："此子竟可也。"初，帝阴养死士三千，散在人间，至是一朝而集，众莫知所出也。事平，以功封长平乡侯，食邑千户，寻加卫将军。及宣帝薨，议者咸云"伊尹既卒，伊陟嗣事"，天子命帝以抚军大将军辅政。魏嘉平四年春正月，迁大将军，加侍中，持节、都督中外诸军、录尚书事。命百官举贤才，明少长，恤穷独，理废滞。诸葛诞、毌丘俭、王昶、陈泰、胡遵都督四方，王基、州泰、邓艾、石苞典州郡，卢毓、李丰裳选举，傅嘏、虞松参计谋，钟会、夏侯玄、王肃、陈本、孟康、赵酆、张缉预朝议，四海倾注，朝野肃然。或有请改易制度者，帝曰："'不识不知，顺帝之则'，诗人之美也。三祖典制，所宜遵奉；自非军事，不得妄有改革。"

五年夏五月，吴太傅诸葛恪围新城，朝议虑其分兵以寇淮泗，欲戍诸水口。帝曰："诸葛恪新得政于吴，欲徼一时之利，并兵合肥，以冀万一，不暇复为青徐患也。且水口非一，多戍则用兵众，少戍则不足以御寇。"恪果并力合肥，卒如所度。帝于是使镇东将军毌丘俭、扬州刺史文钦等距之。俭、钦请战，帝曰："恪卷甲深入，投兵死地，其锋未易当。且新城小而固，攻之未可拔。"遂命诸将高垒以弊之。相持数月，恪攻城力屈，死伤太半。帝乃敕钦督锐卒趋合榆，要其归路，俭帅诸将以为后继。恪惧而遁，钦逆击，大破之，斩首万余级。

正元元年春正月，天子与中书令李丰、后父光禄大夫张缉、黄门监苏铄、永宁署令乐敦、冗从仆射刘宝贤等谋以太常夏侯玄代帝辅政。帝密知之，使舍人王羨以车迎丰。丰见迫，随羨而至，帝数之。丰知祸及，因肆恶言。帝怒，遣勇士以刀镮筑杀之。逮捕玄、缉等，皆夷三族。三月，乃讽天子废皇后张氏，因下诏曰："奸臣李丰等靖潜庸回，阴构凶慝。大将军纠虔天刑，致之诛辟。周勃之克吕氏，霍光之擒上官，曷以过之。其增邑九千户，并前四万。"帝让不受。天子以玄、缉之诛，深不自安。而帝亦虑难作，潜谋废立，乃密讽魏永宁太后。秋九月甲戌，太后下令曰："皇帝春秋已长，不亲万机，耽淫内宠，沈嫚女德，日近倡优，纵其丑虐，迎六宫家人留止内房，毁人伦之叙，乱男女之节。又为群小所迫，将危社稷，不可承奉宗庙。"帝召群臣会议，流涕曰："太后令如是，诸君其如王室何？"咸曰："伊尹放太甲以宁殷，霍光废昌邑以安汉，权定社稷，以清四海。二代行之于古，明公当之于今，今日之事，惟命是从。"帝曰："诸君见望者重，安敢避之？"乃与群公卿士共奏太后曰："臣闻天子者，所以济育群生，永安万国。皇帝春秋已长，未亲万机，日使小优郭怀、袁信等于广望观下作辽东妖妇，道路行人莫不掩目。清商令令狐景谏帝，帝烧铁炙之。太后遭合阳君丧，帝嬉乐自若。清商丞庞熙谏帝，帝弗听。太后还北宫，杀张美人，帝甚悲望。熙谏，帝怒，复以弹弹熙。每文书入，帝不省视。太后令帝在式乾殿讲学，帝又不从。不可以承天序。臣请依汉霍光故事，收皇帝玺绶，以齐王归藩。"奏可，于是有司以太牢策告宗庙，王就乘舆副车，群臣从至西掖门。帝泣曰："先臣受历世殊遇，先帝临崩，托以遗诏。臣复忝重任，不能献可替否。群公卿士，远翟旧典，为社稷深计，宁负圣躬，使宗庙血食。"于是使使者持节卫送，舍河内之重门，诛郭怀、袁信等。是日，与群臣议所立。帝曰："方今宇宙未清，二虏争衡，四海之主，惟在贤哲。彭城王据，太祖之子，以贤，则仁圣明允；以年，则皇室之长。天位至重，不得其才，不足以宁济六合。"乃兴群公奏太后。太后以彭城王先帝诸父，于昭穆之序为不次，则烈祖之世永无承嗣。东海定王，明帝之弟，欲立其子高贵乡公髦。帝固争不获，乃从太后令，遣使迎高贵乡公于元城而立之，改元曰正元。天子受玺惰，举趾高，帝闻而忧之。及将大会，帝训于天子曰："夫圣王重始，正本敬初，古人所慎也。明当大会，万众瞻穆穆之容，公卿听玉振之音。诗云：'示人不佻，是则是效。'易曰：'出其言善，则千里之外应之'。虽礼仪周备，犹宜加之以祗恪，以副四海颙颙式仰。"癸巳，天子诏曰："朕闻创业之君，必须股肱之臣；守文之主，亦赖匡佐之辅。是故文武以吕召彰受命之功，宣王倚山甫享中兴之业。大将军世载明德，应期作辅。遭天降险，帝室多难，齐王荏政，不迪率典。公履义执忠，以宁区夏，式是百辟，总齐庶事。内摧寇虐，外静奸宄，日昃忧勤，劬劳夙夜。德声光于上下，勋烈施于四方。深惟大议，首建明策，权定社稷，援立朕躬，宗庙获安，亿兆庆赖。伊挚之保乂殷邦，公旦之绥宁周室，蔑以尚焉。朕甚嘉之。夫德茂者位尊，庸大者禄厚，古今之通义也。其登位相国，增邑九千，并前四万户；进号大都督、假黄钺，入朝不趋，奏事不名，剑履上殿；赐钱五百万，帛五千匹，以彰元勋。"帝固辞相国。又上书训于天子曰："荆山之璞虽美，不琢不成其宝；颜冉之才虽茂，不学不弘其量。仲尼有云：'予非生而知之者，好古敏以求之者也。'仰观黄轩五代之主，莫不有所禀则，颛顼受学于绿图，高辛问道于柏招。逮至周成，旦望作辅，故能离经辩志，安道乐业。夫然，故君道明于上，兆庶顺于下。刑措之隆，实由于此。宜遵先王下问之义，使讲诵之业屡闻于听，典谟之言日陈于侧也。"时天子颇修华饰，帝又谏曰："履端初政，宜崇玄朴。"并敬纳焉。十一月，有白气经天。

二年春正月，有彗星见于吴楚之分，西北竟天。镇东大将军毌丘俭、扬州刺史文钦举兵作乱，矫太后令移檄郡国，为坛盟于西门之外，各遣子四人质于吴以请救。二月，俭、钦帅众六万，渡淮而西。帝会公卿谋征讨计，朝议多谓可遣诸将击之，王肃及尚书傅嘏、中书侍郎钟会劝帝自行。戊午，帝统中军步骑十余万以征之。倍道兼行，召三方兵，大会于陈许之郊。甲申，次于隐桥，俭将史招、李绩相次来降。俭、钦移入项城，帝遣荆州刺史王基进据南顿以逼俭。帝深壁高垒，以待东军之集。诸将请进军攻其城，帝曰："诸君得其一，未知其二。淮南将士本无反志。且俭、钦欲蹈纵横之迹，习仪秦之说，谓远近必应。而事起之日，淮北不从，史招、李绩前后瓦解。内乖外叛，自知必败，困兽思斗，速战更合其志。虽云必克，伤人亦多。且俭等欺诳将士，诡变万端，小与持久，诈情自露，此不战而克之也。"乃遣诸葛诞督豫州诸军自安风向寿春，征东将军胡遵督青、徐诸军出谯宋之间，绝其归路。帝屯汝阳，遣兖州刺史邓艾督太山诸军进屯乐嘉，示弱以诱之。钦进军将攻艾，帝潜军衔枚，轻造乐嘉，与钦相遇。钦子鸯，年十八，勇冠三军，谓钦曰："及其未定，请登城鼓噪，击之可破也。"既谋而行，三噪而钦不能应，鸯退，相与引而东。帝谓诸将曰："钦走矣。"命发锐军以追之。诸将皆曰："钦旧将，鸯少而锐，引军内入，未有失利，必不走也。"帝曰："一鼓作气，再而衰，三而竭。鸯三鼓，钦不应，其势已屈，不走何待？"钦将遁，鸯曰："不先折其势，不得去也。"乃与骁骑十余人摧锋陷阵，所向皆披靡，遂引去。帝遣左长史司马琏督骁骑八千翼而追之，使将军乐綝等步兵继其后。比至沙阳，频陷钦阵，弩矢雨下，钦蒙盾而驰。大破其军，众皆投戈而降，钦父子与麾下走保项。俭闻钦败，弃众宵遁淮南。安风津都尉追俭，斩之，传首京都。钦遂奔吴，淮南平。

初，帝目有瘤疾，使医割之。鸯之来攻也，惊而目出。惧六军之恐，蒙之以被，痛甚，啮被败而左右莫知焉。闰月疾笃，使文帝总统诸军。辛亥，崩于许昌，时年四十八。二月，帝之丧至自许昌，天子素服临吊，诏曰："公有济世宁国之勋，克定祸乱之功，重之以死王事，宜加殊礼。其令公卿议制。"有司议以为忠安社稷，功济宇内，宜依霍光故事，追加大司马之号以冠大将军，增邑五万户，谥曰武公。文帝表让曰："臣亡父不敢受丞相相国九命之礼，亡兄不敢受相国之位，诚以太祖常所阶历也。今谥与二祖同，必所祗惧。昔萧何、张良、霍光咸有匡佐之功，何谥文终，良谥文成，光谥宣成。必以文武为谥，请依何等就加。"诏许之，谥曰忠武。晋国既建，追尊曰景王。武帝受禅，上尊号曰景皇帝，陵曰峻平，庙称世宗。

文皇帝讳昭，字子上，景帝之母弟也。魏景初二年，封新城乡侯。正始初，为洛阳典农中郎将。值魏明奢侈之后，帝蠲除苛碎，不夺农时，百姓大悦。转散骑常侍。大将军曹爽之伐蜀也，以帝为征蜀将军，副夏侯玄出骆谷，次于兴势。蜀将王林夜袭帝营，帝坚卧不动。林退，帝谓玄曰："费祎以据险距守，进不获战，攻之不可，宜亟旋军，以为后图。"爽等引旋，祎果驰兵趣三岭，争险乃得过。遂还，拜议郎。及诛曹爽，帅众卫二宫，以功增邑千户。蜀将姜维之寇陇右也，征西将军郭淮自长安距之。进帝位安西将军、持节，屯关中，为诸军节度。淮攻维别将句安于麹，久而不决。帝乃进据长城，南趣骆谷以疑之。维惧，退保南郑，安军绝援，帅众来降。转安东将军、持节，镇许昌。及大军讨王凌，帝督淮北诸军事，帅会于项。增邑三百户，假金印紫绶。寻进号都督，统征东将军胡遵、镇东将军诸葛诞伐吴，战于东关。二军败绩，坐失侯。蜀将姜维又寇陇右，扬声欲攻狄道。以帝行征西将军，次长安。雍州刺史陈泰欲先贼据狄道，帝曰："姜维攻羌，收其质任，聚谷作邸阁讫，而复转行至此，正欲了塞外诸羌，为后年之资耳。若实向狄道，安肯宣露，令外人知？今扬声言出，此欲归也。"维果烧营而去。会新平羌胡叛，帝击破之，遂耀兵灵州，北虏震詟，叛者悉降。以功复封新城乡侯。高贵乡公之立也，以参定策，进封高都侯，增封二千户。毌丘俭、文钦之乱，大军东征，帝兼中领军，留镇洛阳。及景帝疾笃，帝自京都省疾，拜卫将军。景帝崩，天子命帝镇许昌，尚书傅嘏帅六军还京师。帝用嘏及钟会策，自帅军而还。至洛阳，进位大将军加侍中，都督中外诸军、录尚书事，辅政，剑履上殿。帝固辞不受。

甘露元年春正月，加大都督，奏事不名。夏六月，进封高都公，地方七百里，加之九锡，假斧钺，进号大都督，剑履上殿。又固辞不受。秋八月庚申，加假黄钺，增封三县。

二年夏五月辛未，镇东大将军诸葛诞杀扬州刺史乐綝，以淮南作乱，遣子靚为质于吴以请救。议者请速伐之，帝曰："诞以毌丘俭轻疾倾覆，今必外连吴寇，此为变大而迟。吾当与四方同力，以全胜制之。"乃表曰："昔黥布叛逆，汉祖亲征；隗嚣违戾，光武西伐；烈祖明皇帝乘舆仍出：皆所以奋扬赫斯，震耀威武也。陛下宜暂临戎，使将士得凭天威。今诸军可五十万，以众击寡，蔑不克矣。"秋七月，奉天子及皇太后东征，征兵青、徐、荆、豫，分取关中游军，皆会淮北。师次于项，假廷尉何桢节，使淮南，宣慰将士，申明逆顺，示以诛赏。甲戌，帝进军丘头。吴使文钦、唐咨、全端、全怿等三万余人来救诞，诸将逆击，不能御。将军李广临敌不进，泰山太守常时称疾不出，并斩之以徇。八月，吴将朱异帅兵三万人，留辎重于都陆，轻兵至黎浆。监军石苞、兖州刺史州泰御之，异退。泰山太守胡烈以奇兵袭都陆，焚其粮运。苞、泰复进击异，大破之。异之余卒馁甚，食葛叶而遁，吴人杀异。帝曰："异不得至寿春，非其罪也，而吴人杀之，适以谢寿春而坚诞意，使我犹望救耳。若其不尔，彼当突围，决一旦之命。或谓大军不能久，省食减口，冀有他变。料贼之情，不出此三者。今当多方以乱之，备其越逸，此胜计也。"因命合围，分遣羸疾就谷淮北，禀军士大豆，人三升。钦闻之，果喜。帝愈赢形以示之，多纵反间，扬言吴救方至。诞等益宽恣食，俄而城中乏粮。石苞、王基并请攻之，帝曰："诞之逆谋，非一朝一夕也，聚粮完守，外结吴人，自谓足据淮南。钦既同恶相济，必不便走。今若急攻之，损游军之力。外寇卒至，表里受敌，此危道也。

今三叛相聚于孤城之中，天其或者将使同戮。吾当以长策縻之，但坚守三面。若贼陆道而来，军粮必少，吾以游兵轻骑绝其转输，可不战而破外贼。外贼破，钦等必成擒矣。"全怿母，孙权女也，得罪于吴，全端兄子祎及仪奉其母来奔。仪兄静时在寿春，用钟会计，作祎、仪书以谲静。静兄弟五人帅其众来降，城中大骇。

三年春正月壬寅，诞、钦等出攻长围，诸军逆击，走之。初，诞、钦内不相协，及至穷蹙，转相疑贰。会钦计事与诞忤，诞手刃杀钦。钦子鸯攻诞，不克，逾城降。以为将军，封侯，使鸯巡城而呼。帝见城上持弓者不发，谓诸君曰："可攻矣！"二月乙酉，攻而拔之，斩诞，夷三族。吴将唐咨、孙弥、徐韶等帅其属皆降，表加爵位，禀其饥疾。或言吴兵必不为用，请坑之。帝曰："就令亡还，适见中国之弘耳。"于是徙之三河。夏四月，归于京师，魏帝命改丘头曰武丘，以旌武功。五月，天子以并州之太原上党西河乐平新兴雁门、司州之河东平阳八郡，地方七百里，封帝为晋公，加九锡，进位相国，晋国置官司焉。九让，乃止。于是增邑万户，食三县，诸子之无爵者皆封列侯。秋七月，奏录先世名臣元功大勋之子了，随才叙用。

四年夏六月，分荆州置二都督，王基镇新野，州泰镇襄阳。使石苞都督扬州，陈骞都督豫州，钟毓都督徐州，宋钧监青州诸军事。

景元元年夏四月，天子复命帝爵秩如前，又让不受。天子既以帝三世宰辅，政非己出，情不能安，又虑废辱，将临轩召百僚而行废黜。五月戊子夜，使冗从仆射李昭等发甲于陵云台，召侍中王沈、散骑常侍王业、尚书王经，出怀中黄素诏示之，戒严俟旦。沈、业驰告于帝，帝召护军贾充等为之备。天子知事泄，帅左右攻相府，称有所讨，敢有动者族诛。相府兵将止不敢战，贾充叱诸将曰："公畜养汝辈，正为今日耳！"太子舍人成济抽戈犯跸，刺之，刃出于背，天子崩于车中。帝召百僚谋其故，仆射陈泰不至。帝遣其舅荀𫖮舆致之，延于曲室，谓曰："玄伯，天下其如我何？"泰曰："惟腰斩贾充，微以谢天下。"帝曰："卿更思其次。"泰曰："但见其上。不见其次。"于是归罪成济而斩之。太后令曰："昔汉昌邑王以罪废为庶人，此儿亦宜以庶人礼葬之，使内外咸知其所行也。"杀尚书王经，贰于我也。庚寅，帝奏曰："故高贵乡公帅从驾人兵，拔刃鸣鼓向臣所，臣惧兵刃相接，即敕将士不得有所伤害，违令者以军法从事。骑督成倅弟太子舍人济入兵阵，伤公至陨。臣闻人臣之节，有死无贰，事上之义，不敢逃难。前者变故卒至，祸同发机，诚欲委身守死，惟命所裁。然惟本谋，乃欲上危皇太后，倾覆宗庙。臣忝当元辅，义在安国，即骆驿申敕，不得迫近舆辇。而济妄入阵间，以致大变，哀怛痛恨，五内摧裂。济干国乱纪，罪不容诛，辄收济家属，付廷尉。"太后从之，夷济三族。与公卿议，立燕王宇之子常道乡公璜为帝。六月，改元。丙辰，天子进帝为相国，封晋公，增十郡，加九锡如初，群从子弟未侯者封亭侯，赐钱千万，帛万匹。固让，乃止。冬十一月，吴吉阳督萧慎以书诣镇东将军石苞伪降，求迎。帝知其诈也，使苞外示迎之，而内为之备。

二年秋八月甲寅，天子使太尉高柔授帝相国印绶，司空郑冲致晋公茅土九锡，固辞。

三年夏四月，肃慎来献楛矢、石砮、弓甲、貂皮等，天子命归于大将军府。

四年春二月丁丑，天子复命帝如前，又固让。三月，诏大将军府增置司马一人，从事中郎二人，舍人十人。夏，帝将伐蜀，乃谋众曰："自定寿春已来，息役六年，治兵缮甲，以拟二虏。略计取吴，作战船，通水道，当用千余万功，此十万人百数十日事也。又南土下湿，必生疾疫。今宜先取蜀，三年之后，在巴蜀顺流之势，水陆并进，此灭虞定虢，吞韩并魏之势也。计蜀战士九万，居守成都及备他郡不下四万，然则余众不过五万。今绊姜维于沓中，使不得东顾，直指骆谷，出其空虚之地，以袭汉中。彼若婴城守险，兵势必散，首尾离绝。举大众以屠城，散锐卒以略野，剑阁不暇守险，关头不能自存。以刘禅之暗，而边城外破，士女内震，其亡可知也。"征西将军邓艾以为未有衅，屡陈异议。帝患之，使主簿师纂为艾司马以喻之，艾乃奉命。于是征四方之兵十八万，使邓艾自狄道攻姜维于沓中，雍州刺史诸葛绪自祁山军于武街，绝维归路，镇西将军钟会帅前将军李辅、征蜀护军胡烈等自骆谷袭汉中。秋八月，军发洛阳，大赍将士，陈师誓众。将军邓敦谓蜀未可讨，帝斩以徇。九月，又使天水太守王颀攻维营，陇西太守牵弘邀其前，金城太守杨颀趣甘松。钟会分为二队，入自斜谷，使李辅围王含于乐城，又使步将易恺攻蒋斌于汉城。会直指阳安，护军胡烈攻陷关城。姜维闻之，引还，王颀追败维于强川。维与张翼、廖化合军守剑阁，钟会攻之。冬十月，天子以诸侯献捷交至，乃申前命曰：

朕以寡德，获承天序，嗣我祖宗之洪烈。遭家多难，不明于训。曩者奸逆屡兴，方寇内侮，大惧沦丧四海，以堕三祖之弘业。惟公经德履哲，明允广深，迪宣武文，世作保傅，以辅父皇家。栉风沐雨，周旋征伐，劬劳王室，二十有余载。毗翼前人，乃断大政，克厌不端，维安社稷。暨俭、钦之乱，公绥援有众，分命兴师，统纪有方，用缉宁淮浦。其后巴蜀屡侵，西土不靖，公奇画指授，制胜千里。是以段谷之战，乘衅大捷，斩将搴旗，效首万计。孙峻猾夏，致寇徐方，戎车首路，威灵先迈，黄钺未启，鲸鲵窜迹。孙壹构隙，自相疑阻，幽鉴远照，奇策洞微，远人归命，作藩南夏，爰授锐卒，毕力戎行。暨诸葛诞，滔天作逆，称兵扬楚，钦、咨逋罪，同恶相济，帅其蠢贼，以入寿春，凭阻淮山，敢距王命。公躬摄甲胄，龚行在罚，玄谋庙算，遵养时晦。奇兵震击，而朱异摧破；神变应机，而全琮稽服；取乱攻昧，而高墉不守。兼九伐之弘略，究五兵之正度，用能战不穷武，而大敌歼溃；旗不再麾，而元憝授首。收勍吴之隽臣，系亡命之逋虏。交臂屈膝，委命下吏，俘馘十万积尸成京。雪宗庙之滞耻，拯兆庶之艰难。扫平区域，信威吴会，遂戢干戈，靖我疆土，天地鬼神，罔不获乂。乃者王室之难，变起萧墙，赖公之灵，弘济艰险。宗庙危而获安，社稷坠而复宁。忠格皇天，功济六合，

是用畴咨古训，稽诸典籍，命公崇位相国，加于群后，启土参墟，封以晋域。所以方轨齐鲁，翰屏帝室。而公远蹈谦损，深履冲让，固辞策命，至于八九。朕重违让德，抑礼亏制，以彰公志，于今四载。上阙在昔建侯之典，下违兆庶具瞻之望。

惟公严虔王度，阐济大猷，敦尚纯朴，省繇节用，务穑劝分，九野康乂。耆耋荷崇养之德，鳏寡蒙矜恤之施，仁风兴于中夏，流泽布于遐荒。是以东夷西戎，南蛮北狄，狂狡贪悍，世为寇雠者，皆感义怀惠，款塞内附，或委命纳贡，或求置官司。九服之外，绝域之氓，旷世所希至者，咸浮海来享，鼓舞王德，前后至者八百七十余万口。海隅幽裔，无思不服；虽西旅远贡，越裳九译，义无以逾。维翼朕躬，下匡万国，思靖殊方，宁济八极。以庸蜀未宾，蛮荆作猾，潜谋独断，整军经武。简练将帅，授以成策，始践贼境，应时摧陷。狂狡奔北，首尾震溃，禽其戎帅，屠其城邑。巴汉震叠，江源云彻，地平天成，诚在斯举。公有济六合之勋，加以茂德，实总百揆，允厘庶政。敦五品以崇仁，恢六典以敷训。而靖恭夙夜，劳谦昧旦，虽尚父之左右文武，周公之勤劳王家，罔以加焉。

昔先王选建明德，光启诸侯，体国经野，方制五等。所以藩翼王畿，垂祚百世也。故齐鲁之封，于周为弘，山川土田，邦畿七百，官司典策，制殊群后。惠襄之难，桓文以翼戴之劳，犹受锡命之礼，咸用光畴大德，作范于后。惟公功迈于前烈，而赏阙于旧式，百辟于邑，人神同恨焉，岂可以公谦冲而久淹弘典哉？今以并州之太原上党西河乐平新兴雁门、司州之河东平阳弘农、雍州之冯翊凡十郡，南至于华，北至于陉，东至于壶口，西逾于河，提封之数，方七百里，皆晋之故壤，唐叔受之，世作盟主，实纪纲诸夏，用率旧职。爰胙兹土，封公为晋公。命使持节、兼司徒、司隶校尉陔即授印绶策书，金兽符第一至第五，竹使符第一至第十。锡兹玄土，苴以白茅，建尔国家，以永藩魏室。

昔在周召，并以公侯，入作保傅。其在近代，郑侯萧何，实以相国，光尹汉朝。随时之制，礼亦宜之。今进公位为相国，加绿綟绶。又加公九锡，其敬听后命。以公思弘大猷，崇正典礼，仪刑作范，旁训四方，是用锡公大辂、戎辂各一，玄牡二驷。公道和阴阳，敬授人时，啬夫反本，农殖维丰，是用锡公衮冕之服，赤舄副焉。公光敷显德，惠下以和，敬信思顺，庶尹允谐，是用锡公轩悬之乐、六佾之舞。公镇靖宇宙，翼播声教，海外怀服，荒裔款附，殊方驭义，诸夏顺轨，是用锡公朱户以居。公简资材材，营求俊逸，爰升多士，置彼周行，是用锡公纳陛以登。公严恭寅畏，底平四国，式遏寇虐，苟厉不作，是用锡公武贲之士三百人。公明慎用刑，简恤大中，章厥天威，以纠不虔，是用锡公鈇钺各一。公爰整六军，典司征伐，犯命凌正，乃维诛殛，是用锡公彤弓一、彤矢百，旅弓十、旅矢千。公飨祀蒸蒸，孝思维则，笃诚之至，通

于神明，是用锡公秬鬯一卣，圭瓒副焉。晋国置官司以下，率由旧式。

往钦哉！祗服朕命，弘敷训典，光泽庶方，永终尔明德，丕显余一人之休命。

公卿将校皆诣府喻旨，帝以礼辞让。司空郑冲率群官劝进曰："伏见嘉命显至，窃闻明公固让，冲等眷眷，实有愚心。以为圣王作制，百代同风，褒德赏功，有自来矣。昔伊尹，有莘氏之媵臣耳，一佐成汤，遂荷阿衡之号。周公藉已成之势，据既安之业，光宅曲阜，奄有龟蒙。吕尚，磻溪之渔者也，一朝指麾，乃封营丘。自是以来，功薄而赏厚者，不可胜数，然贤哲之士，犹以为美谈。况自先相国以来，世有明德，翼辅魏室，以绥天下，朝无秕政，人无谤言。前者明公西征灵州，北临沙漠，榆中以西，望风震服，羌戎来驰，回首内向，东诛叛逆，全军独克。禽阃阆之将，虏轻锐之卒以万万计，威加南海，名慑三越，宇内康宁，苛慝不作。是以时俗畏怀，东夷献舞。故圣上览乃昔以来礼典旧章，开国光宅，显兹太原。明公宜承奉圣旨，受兹介福，允当天人。元功盛勋，光光如彼；国土嘉祚，巍巍如此。内外协同，靡愆靡违。由斯征伐，则可朝服济江，扫除吴会，西塞江源，望祀岷山。回戈弭节，以麾天下，远无不服，迩无不肃。令大魏之德，光于唐虞；明公盛勋，超于桓文。然后临沧海而谢支伯，登箕山而揖许由，岂不盛乎！至公至平，谁与为邻，何必勤勤小让也哉。"帝乃受命。十一月，邓艾帅万余人自阴平逾绝险至江由，破蜀将诸葛瞻于绵竹，斩瞻，传首。进军雒县，刘禅降。天子命晋公以相国总百揆，于是上节传，去侍中、大都督、录尚书之号焉。表邓艾为太尉，钟会为司徒。会潜谋叛逆，因密使谮艾。

咸熙元年春正月，槛车征艾。乙丑，帝奉天子西征，次于长安。是时魏诸王侯悉在邺城，命从事中郎山涛行军司事，镇于邺，遣护军贾充持节、督诸军，据汉中。钟会遂反于蜀，监军卫瓘、右将军胡烈攻会，斩之。初，会之伐蜀也，西曹属邵悌言于帝曰："钟会难信，不可令行。"帝笑曰："取蜀如指掌，而众人皆言不可，唯会与吾意同。灭蜀之后，中国将士，人自思归，蜀之遗黎，犹怀震恐，纵有异志，无能为也。"卒如所量。丙辰，帝至自长安。三月己卯，进帝爵为王，增封并前二十郡。夏五月癸未，天子追加舞阳宣文侯为晋宣王，舞阳忠武侯为晋景王。秋七月，帝奏司空荀𫖮定礼仪，中护军贾充正法律，尚书仆射裴秀议官制，太保郑冲总而裁焉。始建五等爵。冬十月丁亥，奏遣吴人相国参军徐劭、散骑常侍水曹属胡彧使吴，喻孙皓以平蜀之事，致马锦等物，以示威怀。丙午，天子命中抚军新昌乡侯炎为晋世子。

二年春二月甲辰，胊䏰县献灵龟，归于相府。夏四月，孙皓使纪陟来聘，且献方物。五月，天子命帝冕十有二旒，建天子旌旗，出警入跸，乘金根车，驾六马，备五时副车，置旄头云罕，乐舞八佾，设钟虡宫悬，位在燕王上。进王妃为王后，世子为太子，王女王孙爵命之号皆如帝者之仪。诸禁网烦苛及法式不便于时者，帝皆奏除之。晋国置御史大夫、侍中、常侍、尚书、中领军、卫将军官。

秋八月辛卯，帝崩于露寝，时年五十五。九月癸酉，葬崇阳陵，谥曰文王。武帝受禅，追尊号曰文皇帝，庙称太祖。

史臣曰：世宗以睿略创基，太祖以雄才成务。事殷之迹空存，覆商之志弥远，三分天下，功业在焉。及逾剑销氛，浮淮静乱，桐宫胥怨，或所不堪。若乃体以名臣，格之端揆，周公流连于此岁，魏武得意于兹日。轩悬之乐，大启南阳，师挚之图，于焉北面。壮矣哉，包举天人者也！为帝之主，不亦难乎。

赞曰：世宗继文，邦权未分。三千之士，其从如云。世祖无外，灵关静氛。反虽讨贼，终为弑君。

卷三　　帝纪第三

武　帝

武皇帝讳炎，字安世，文帝长子也。宽惠仁厚，沈深有度量。魏嘉平中，封北平亭侯，历给事中、奉车都尉、中垒将军，加散骑常侍，累迁中护军、假节。迎常道乡公于东武阳，迁中抚军，进封新昌乡侯。及晋国建，立为世子，拜抚军大将军，开府、副贰相国。初，文帝以景帝既宣帝之嫡，早世无后，以帝弟攸为嗣，特加爱异，自谓摄居相位，百年之后，大业宜归攸。每曰："此景王之天下也，吾何与焉。"将议立世子，属意于攸。何曾等固争曰："中抚军聪明神武，有超世之才。发委地，手过膝，此非人臣之相也。"由是遂定。

咸熙二年五月，立为晋王太子。八月辛卯，文帝崩，太子嗣相国、晋王位。下令宽刑宥罪，抚众息役，国内行服三日。是月，长人见于襄武，长三丈，告县人王始曰："今当太平。"九月戊午，以魏司徒何曾为丞相，镇南将军王沈为御史大夫，中护军贾充为卫将军，议郎裴秀为尚书令、光禄大夫，皆开府。十一月，初置四护军，以统城外诸军。乙未，令诸郡中正以六条举淹滞：一曰忠恪匪躬，二曰孝敬尽礼，三曰友于兄弟，四曰洁身劳谦，五曰信义可复，六曰学以为己。是时晋德既洽，四海宅心。于是天子知历数有在，乃使太保郑冲奉策曰："咨尔晋王：我皇祖有虞氏诞膺灵运，受终于陶唐，亦以命于有夏。惟三后陟配于天，而咸用光敷圣德。自兹厥后，天又辑大命于汉。火德既衰，乃眷命我高祖。方轨虞夏四代之明显，我不敢知。惟王乃祖乃父，服膺明哲，辅亮我皇家，勋德光于四海。格尔上下神祇，罔不克顺，地平天成，万邦以乂。应受上帝之命，协皇极之中。肆予一人，祗承天序，以敬授尔位，历数实在尔躬。允执其中，天禄永终。於戏！王其钦顺天命。率循训典，底绥四国，用保天休，无替我二皇之弘烈。"帝初以礼让，魏朝公卿何曾、王沈等固请，乃从之。

泰始元年冬十二月丙寅,设坛于南郊,百僚在位及匈奴南单于四夷会者数万人,柴燎告类于上帝曰:"皇帝臣炎敢用玄牡明告于皇皇后帝:魏帝稽协皇运,绍天明命以命炎。昔者唐尧,熙隆大道,禅位虞舜,舜又以禅禹,迈德垂训,多历年载。暨汉德既衰,太祖武皇帝拨乱济时,扶翼刘氏,又用受命于汉。粤在魏室,仍世多故,几于颠坠,实赖有晋匡拯之德,用获保厥肆祀,弘济于艰难,此则晋之有大造于魏也。诞惟四方,罔不祗顺,郭清梁岷,包怀扬越,八纮同轨,祥瑞屡臻,天人协应,无思不服。肆于宪章三后,用集大命于兹。炎维德不嗣,辞不获命。于是群公卿士,百辟庶僚,黎献陪隶,暨于百蛮君长,金曰:'皇天鉴下,求人之瘼,既有成命,固非克让之所得距违。天序不可以无统,人神不可以旷主。'炎虔奉皇运。寅畏天威,敬简元辰,升坛受禅,告类上帝,永答众望。"礼毕,即洛阳宫幸太极前殿,诏曰:"昔朕皇祖宣王,圣哲钦明,诞应期运,熙帝之载,肇启洪基。伯考景王,履道宣猷,缉熙诸夏。至于皇考文王,睿哲光远,允协灵祗,应天顺时,受兹明命。仁济于宇宙,功格于上下。肆魏氏弘鉴于古训,仪刑于唐虞,畴咨群后,爰辑大命于朕身。予一人畏天之命,用不敢违。惟朕寡德,负荷洪烈,托于王公之上,以君临四海,惴惴惟惧,罔知所济。惟尔股肱爪牙之佐,文武不贰之臣,乃祖乃父,实左右我先王,光隆我大业。思与万国,共享休祚。"于是大赦,改元。赐天下爵,人五级。鳏寡孤独不能自存者谷,人五斛。复天下租赋及关市之税一年,逋债宿负皆勿收。除旧嫌,解禁锢,亡官失爵者悉复之。丁卯,遣太仆刘原告于太庙。封魏帝为陈留王,邑万户,居于邺宫;魏氏诸王皆为县侯。追尊宣王为宣皇帝,景王为景皇帝,文王为文皇帝,宣王妃张氏为宣穆皇后。尊太妃王氏曰皇太后,宫曰崇化。封皇叔祖父孚为安平王,皇叔父干为平原王,亮为扶风王,伷为东莞王,骏为汝阴王,肜为梁王,伦为琅邪王,皇弟攸为齐王,鉴为乐安王,几为燕王,皇从伯父望为义阳王,皇从叔父辅为渤海王,晃为下邳王,瑰为太原王,圭为高阳王,衡为常山王,子文为沛王,泰为陇西王,权为彭城王,绥为范阳王,遂为济南王,逊为谯王,睦为中山王,凌为北海王,斌为陈王,皇从父兄洪为河间王,皇从父弟楙为东平王。以骠骑将军石苞为大司马,封乐陵公,车骑将军陈骞为高平公,卫将军贾充为车骑将军、鲁公,尚书令裴秀为巨鹿公,侍中荀勖为济北公,太保郑冲为太傅、寿光公,太尉王祥为太保、睢陵公,丞相何曾为太尉、郎陵公,御史大夫王沈为骠骑将军、博陵公,司空荀顗为临淮公,镇北大将军卫瓘为菑阳公。其余增封进爵各有差,文武普增位二等。改景初历为太始历,腊以酉,社以丑。戊辰,下诏大弘俭约,出御府珠玉玩好之物,颁赐王公以下各在差。置中军将军,以统宿卫七军。己巳,诏陈留王载天子旌旗,备五时副车,行魏正朔,郊祀天地,礼乐制度皆如魏旧,上书不称臣。赐山阳公刘康、安乐公刘禅子弟一人为附马都尉。乙亥,以安平王孚为太宰、假黄钺、大都督中外诸军事。诏曰:"昔王凌谋废齐王,而王竟不足以守位。邓艾虽矜功失节,然束手受罪。今大赦其

家,还使立后。兴灭继绝,约法省刑。除魏氏宗室禁锢。诸将吏遭三年丧者,遣宁终丧。百姓复其徭役。罢部曲将长吏以下质任。省郡国御调,禁乐府靡丽百戏之伎及雕文游畋之具。开直言之路,置谏官以掌之。"是月,凤皇六、青龙三、白龙二、麒麟各一见于郡国。

二年春正月丙戌,遣兼侍中侯史光等持节四方,循省风俗,除禳祝之不在祀典者。丁亥,有司请建七庙,帝重其役,不许。庚寅,罢鸡鸣鼓。辛丑,尊景皇帝夫人羊氏曰景皇后,宫曰弘训。丙午,立皇后杨氏。二月,除汉宗室禁锢。己未,常山王衡薨。诏曰:"五等之封,皆录旧勋。本为县侯者传封次子为亭侯,乡侯为关内侯,亭侯为关中侯,皆食本户十分之一。"丁丑,郊祀宣皇帝以配天,宗祀文皇帝于明堂以配上帝。庚午,诏曰:"古者百官,官箴王阙。然保氏特以谏诤为职,今之侍中、常侍实处此位。择其能正色弼违匡救不逮者,以兼此选。"三月戊戌,吴人来吊祭,有司奏为答诏。帝曰:"昔汉文、光武怀抚尉佗、公孙述,皆未正君臣之仪,所以羁縻未宾也。皓遣使之始,未知国庆,但以书答之。"夏五月戊辰,诏曰:"陈留王操尚谦冲,每事辄表,非所以优崇之也。主者喻意,非大事皆使王官表上之。"壬子,骠骑将军博陵公王沈卒。六月壬申,济南王遂薨。秋七月辛巳,营太庙,致荆山之木,采华山之石;铸铜柱十二,涂以黄金,镂以百物,缀以明珠。戊戌,谯王逊薨。丙午晦,日有蚀之。八月丙辰,省右将军官。初,帝虽从汉魏之制,既葬除服。而深衣素冠,降席撤膳,哀敬如丧者。戊辰,有司奏改服进膳,不许,遂礼终而后复吉。及太后之丧,亦如之。九月乙未,散骑常侍皇甫陶、傅玄领谏官,上书谏诤,有司奏请寝之。诏曰:"凡关言人主,人臣所至难,而苦不能听纳,自古忠臣直士之所慷慨也。每陈事出付主者,多从深刻,乃云恩贷当由主上,是何言乎?其详评议。"戊戌,有司奏:"大晋继三皇之踪,蹈舜禹之迹,应天顺时,受禅有魏,宜一用前代正朔服色,皆如虞遵唐故事。"奏可。冬十月丙午朔,日有蚀之。丁未,诏曰:"昔舜葬苍梧,农不易亩;禹葬成纪,市不改肆。上惟祖考清简之旨,所徙陵十里内居人,动为烦扰,一切停之。"十一月己卯,倭人来献方物。并圜丘、方丘于南、北郊,二至之祀合于二郊。罢山阳公国督军,除其禁制。己丑,追尊景帝夫人夏侯氏为景怀皇后。辛卯,迁祖祢神主于太庙。十二月,罢农官为郡县。是岁,凤皇六、青龙十、黄龙九、麒麟各一见于郡国。

三年春正月癸丑,白龙二见于弘农渑池。丁卯,立皇子衷为皇太子。诏曰:"朕以不德,托于四海之上,兢兢祗畏,惧无以康济寓内,思与天下式明王度,正本清源,于置胤树嫡,非所先务。又近世每建太子,宽宥施惠之事,间不获已,顺从王公卿士之议耳。方今世运垂平,将陈之以德义,示之以好恶,使百姓阙多幸之虑,笃终始之行,曲惠小仁,故无取焉。咸使知闻。"三月戊寅,初令二千石得终三年丧。丁未,昼昏。罢武卫将军官。以李憙为太子太傅。太山石崩。夏四月戊午,张掖太守焦胜上言,氐池县大柳谷口有玄石一所,白画成文,实大晋之休祥,图之以献。诏以制币告于太庙,藏之天府。秋八月,罢都护

将军，以其五署还光禄勋。九月甲申，诏曰："古者以德诏爵，以庸制禄，虽下士犹食上农，外足以奉公忘私，内足以养亲施惠。今在位者禄不代耕，非所以崇化之本也。其议增吏俸。"赐王公以下帛各有差。以太尉何曾为太保，义阳王望为太尉，司空荀颛为司徒。冬十月，听士卒遭父母丧者，非在疆场，皆得奔赴。十二月，徙宗圣侯孔震为奉圣亭侯。山阳公刘康来朝。禁星气谶纬之学。

四年春正月辛未，以尚书令裴秀为司空。丙戌，律令成，封爵赐帛各有差。有星孛于轸。丁亥，帝耕于藉田。戊子，诏曰："古设象刑而众不犯，今虽参夷而奸不绝，何德刑相去之远哉！先帝深愍黎元，哀矜庶狱，乃命群后，考正典刑。朕守遗业，永惟保父皇基，思与万国以无为为政。方今阳春养物，东作始兴，朕亲率王公卿士耕藉田千亩。又律令既就，班之天下，将以简法务本，惠育海内。宜宽有罪，使得自新，其大赦天下。长吏、郡丞、长史各赐马一匹。"二月庚子，增置山阳公国相、郎中令、陵令、杂工宰人、鼓吹车马各有差。罢中军将军，置北军中候官。甲寅，以东海刘俭有至行，拜为郎。以中军将军羊祜为尚书左仆射，东莞王伷为尚书右仆射。三月戊子，皇太后王氏崩。夏四月戊戌，太保、睢陵公王祥薨。己亥，祔葬文明皇后王氏于崇阳陵。罢振威、扬威护军官，置左右积弩将军。六月甲申朔，诏曰："郡国守相，三载一巡行属县，必以春，此古者所以述职宣风展义也。见长吏，观风俗，协礼律，考度量，存问耆老，亲见百年。录囚徒，理冤枉，详察政刑得失，知百姓所患苦。无有远近，便若朕亲临之。敦喻五教，劝务农功，勉励学者，思勤正典，无为百家庸末，致远必泥。士庶有好学笃道，孝弟忠信，清白异行者，举而进之；有不孝敬于父母，不长悌于族党，悖礼弃常，不率法令者，纠而罪之。田畴辟，生业修，礼教设，禁令行，则长吏之能也。人穷匮，农事荒，奸盗起刑，狱烦，下陵上替，礼义不兴，斯长吏之否也。若长吏在官公廉，虑不及私，正色直节，不饰名誉者，及身行贪秽，苟黩求容，公节不立，而私门日富者，并谨察之。扬清激浊，举善弹违，此朕所以垂拱总纲，责成于良二千石也。於戏戒哉！"秋七月，太山石崩，众星西流。戊午，遣使者侯史光循行天下。己卯，谒崇阳陵。九月，青、徐、兖、豫四州大水，伊洛溢，合于河，开仓以振之。诏曰："虽诏有所欲，及奏得可而于事不便者，皆不可隐情。"冬十月，吴将施绩入江夏，万郁寇襄阳。遣太尉义阳王望屯龙陂。荆州刺史胡烈击败郁。吴将顾容寇郁林，太守毛炅大破之，斩其交州刺史刘俊、将军修则。十一月，吴将丁奉等出芍陂，安东将军汝阴王骏与义阳王望击走之。己未，诏王公卿尹及郡国守相，举贤良方正直言之士。十二月，班五条诏书于郡国：一曰正身，二曰勤百姓，三曰抚孤寡，四曰敦本息末，五曰去人事。庚寅，帝临听讼观，录廷尉洛阳狱囚，亲平决焉。扶南、林邑各遣使来献。

五年春正月癸巳，申戒郡国计吏守相令长，务尽地利，禁游食商贩。丙申，帝临听讼观录囚徒，多所原遣。青龙二见于荥阳。二月，以雍州陇右五郡及凉州之金城、梁州之阴平置秦州。辛巳，白龙二见于赵国。青、徐、兖、三州水，遣使振恤之。壬寅，以尚书左仆射羊祜都督荆州诸军事，征东大将军卫瓘都督青州诸军事，东莞王伷为镇东大将军都督徐州诸军事。丁亥，诏曰："古者岁书群吏之能否，三年而诛赏之。诸令史前后，但简遗疏劣，而无有劝进，非黜陟之谓也。其条勤能有称尤异者，岁以为常。吾将议其功劳。"己未，诏蜀相诸葛亮孙京随才署吏。夏四月，地震。五月辛卯朔，凤凰见于赵国。曲赦交趾、九真、日南五岁刑。六月，鄩冢官督郭廙上疏陈五事以谏，言甚切直，擢为屯留令，西平人曲路伐登闻彭，言多妖谤，有司奏弃市。帝曰："朕之过也。"舍而不问。罢镇军将军，复置左右将军官。秋七月，延群公，询谠言。九月，有星孛于紫宫。冬十月丙子，以汲郡太守王宏有政绩，赐谷千斛。十一月，追封谥皇弟兆为城阳哀王，以皇子景度嗣。十二月，诏州郡举勇猛秀异之才。

六年春正月丁亥朔，帝临轩，不设乐。吴将丁奉入涡口，扬州刺史牵弘击走之。三月，赦五岁刑已下。夏四月，白龙二见于东莞。五月，立寿安亭侯承为南宫王。六月戊午，秦州刺史胡烈击叛虏于万斛堆，力战，死之。诏遣尚书石鉴行安西将军、都督秦州诸军事，与奋威护军田章讨之。秋七月丁酉，复陇右五郡遇寇害者租赋，不能自存者禀贷之。乙巳，城阳王景度薨。诏曰："自泰始以来，大事皆撰录秘书，写副。后有其事，辄宜缀集以为常。"丁未，以汝阴王骏为镇西大将军、都督雍凉二州诸军事。九月，大宛献汗血马，焉耆来贡方物。冬十一月，幸辟雍，行乡饮酒之礼，赐太常博士、学生帛牛酒各有差。立皇子柬为汝南王。十二月，吴夏口督、前将军孙秀帅众来奔，拜骠骑将军、开府仪同三司，封会稽公。戊辰，复置镇军官。

七年春正月丙子，皇太子冠，赐王公以下帛各有差。匈奴帅刘猛叛出塞。二月，孙皓帅众趋寿阳，遣大司马望屯淮北以距之。三月，丙戌，司空、巨鹿公裴秀薨。癸巳，以中护军王业为尚书左仆射，高阳王珪为尚书右仆射。孙秀部将何崇帅众五千人来降。夏四月，九真太守董元为吴将虞汜所攻，军败，死之。北地胡寇金城，凉州刺史牵弘讨之。群虏内叛，围弘于青山，弘军败，死之。五月，立皇子宪为城阳王。雍、凉、秦三州饥，赦其境内殊死以下。闰月，大雩，太官减膳。诏交趾三郡、南中诸郡无出今年户调。六月，诏公卿以下举将帅各一人。辛丑，大司马义阳王望薨。大雨霖，伊、洛、河溢，流居人四千余家，杀三百余人，有诏振贷给棺。秋七月癸酉，以车骑将军贾充为都督秦、凉二州诸军事。吴将陶璜等围交趾，太守杨稷与郁林太守毛炅及日南等三郡降于吴。八月丙戌，以征东大将军卫瓘为征北大将军、都督幽州诸军事。丙申，城阳王宪薨。分益州之南中四郡置宁州，曲赦四郡殊死已下。冬十月丁丑，日有蚀之。十一月丁巳，卫公姬署薨。十二月，大雪。罢中领军，并北军中候。以光禄大夫郑袤为司空。

八年春正月，监军何桢讨匈奴刘猛，累破之，左部帅李恪杀猛而降。癸亥，帝耕于藉田。二月乙亥，禁雕文绮组非法之物。壬辰，太宰、安平王孚薨。诏内外群官举任边郡者各三人。帝与右将军皇甫陶论事，陶与帝争言，散骑常侍郑徽表请罪之。帝曰："谠言謇谔，所望于左右也。人主常以阿媚为患，岂以争臣为损哉！徽越职妄奏，岂朕之意。"遂免徽官。夏四月，置后将军，以备四军。六月，益州牙门张弘诬其刺史皇甫晏反，杀之，传首京师。弘坐伏诛，夷三族。壬辰，大赦。丙申，诏复陇右四郡遇寇害者田租。秋七月，以车骑将军贾充为司空。九月，吴西陵督步阐来降，拜卫将军、开府仪同三司，封宜都公。吴将陆抗攻阐，遣车骑将军羊祜帅众出江陵，荆州刺史杨肇迎阐于西陵，巴东监军徐胤击建平以救阐。冬十月辛未朔，日有蚀之。十二月，肇攻抗，不克而还。阐城陷，为抗所禽。

九年春正月辛酉，司空、密陵侯郑袤薨。二月癸巳，司徒、乐陵公石苞薨。立安平亭侯隆为安平王。三月，立皇子祗为东海王。夏四月戊辰朔，日有蚀之。五月，旱。以太保何曾领司徒。六月乙未，东海王祗薨。秋七月丁酉朔，日有蚀之。吴将鲁淑围弋阳，征虏将军王浑击败之。罢五官左右中郎将、弘训太仆、卫尉、大长秋等官。鲜卑寇广宁，杀略五千人。诏聘公卿以下子女以备六宫，采择未毕，权禁断婚姻。冬十月辛巳，制女年十七父母不嫁者，使长吏配之。十一月丁亥，临宣武大阅诸军，甲辰乃罢。

十年春正月辛亥，帝耕于藉田。闰月癸酉，太傅、寿光公郑冲薨。己卯，高阳王珪薨。庚辰，太原王瓌薨。丁亥，诏曰："嫡庶之别，所以辨上下，明贵贱。而近世以来，多皆内宠，登妃后之职，乱尊卑之序。自今以后，皆不得登用妾媵以为嫡正。"二月，分幽州五郡置平州。三月癸亥，日有蚀之。夏四月己未，太尉、临淮公荀顗薨。六月癸巳，临听讼观录囚徒，多所原遣。是夏，大蝗。秋七月丙寅，皇后杨氏崩。壬午，吴平虏将军孟泰、偏将军王嗣等帅众降。八月，凉州虏寇金城诸郡，镇西将军、汝阴王骏讨之，斩其帅乞文泥等。戊申，葬元皇后于峻阳陵。九月癸亥，以大将军陈骞为大尉。攻拔吴枳里城，获吴立信校尉庄祐。吴将孙遵、李承帅众寇江夏，大守嵇喜击破之。立河桥于富平津。冬十一月，立城东七里涧石桥。庚午，帝临宣武观，大阅诸军。十二月，有星孛于轸。置藉田令。立太原王子缉为高阳王。吴威北将军严聪、扬威将军严整、偏将军朱买来降。是岁，凿陕南山，决河，东注洛，以通运漕。

咸宁元年春正月戊午朔，大赦，改元。二月，以将士应已娶者多，家有五女者给复。辛酉，以故邺令夏谋有清称，赐谷百斛。以奉禄薄，赐公卿以下帛有差。叛虏树机能送质请降。夏五月，下邳、广陵大风，拔木，坏庐舍。六月，鲜卑力微遣子来献。吴人寇江夏。西域戊己校尉马循讨叛鲜卑，破之，斩其渠帅。戊申，置太子詹事官。秋七月甲申晦，日有蚀之。郡国螟。八月壬寅，沛王子文薨。以故太傅郑冲、太尉荀顗、司徒石苞、司空裴秀、骠骑将军王沈、安平献王孚等及太保何曾、司空贾充、太尉陈骞、中书监荀勖、平南将军羊祜、齐王攸等皆列于铭飨。九月甲子，青州螟，徐州大水。冬十月乙酉，常山王敦薨。癸巳，彭城王权薨。十一月癸亥，大阅于宜武观，至于己巳。十二月丁亥，追尊宣帝庙曰高祖，景帝曰世宗，文帝曰太祖。是月大疫，洛阳死者大半。封裴颀为钜鹿公。

二年春正月，以疾疫废朝。赐诸散吏至于士卒丝各有差。二月丙戌，河间王洪薨。甲午，赦五岁刑以下。东夷八国归化。并州虏犯塞，监并州诸军事胡奋击破之。初，燉煌太守尹璩卒，州以燉煌令梁澄领太守事。议郎令狐丰废澄，自领郡事。丰死，弟宏代之。至是，凉州刺史杨欣斩宏，传首洛阳。先是，帝不豫，及瘳，群臣上寿。诏曰："每念顷遇疫气死亡，为之怆然。岂以一身之休息，忘百姓之艰邪？诸上礼者皆绝之。"夏五月，镇西大将军、汝阴王骏讨北胡，斩其渠帅吐敦。立国子学。庚午，大雩。六月癸丑，荐荔支于太庙。甲戌，有星孛于氐。自春旱，至于是月始雨。吴夏口督孙楷帅众来降，以为车骑将军，封丹阳侯。白龙二见于新兴井中。秋七月，有星孛于大角。吴临平湖自汉末壅塞，至是自开。父老相传云："此湖塞，天下乱；此湖开，天下平。"癸丑，安平王隆薨。东夷十七国内附。河南、魏郡暴水，杀百余人，诏给棺。鲜卑阿罗多等寇边，西域戊己校尉马循讨之，斩首四千余级，获生九千余人，于是来降。八月庚辰，河东、平阳地震。己亥，以太保何曾为太傅，太尉陈骞为大司马，司空贾充为太尉，镇军大将军齐王攸为司空。有星孛于太微，九月又孛于翼。丁未，起太仓于城东，常平仓于东西市。闰月，荆州五郡水，流四千余家。冬十月，以汝阴王骏为征西大将军，平南将军羊祜为征南大将军。丁卯，立皇后杨氏，大赦，赐王公以下及于鳏寡各有差。十一月，白龙二见于梁国。十二月，征处士安定皇甫谧为太子中庶子，封后父镇军将军杨骏为临晋侯。是月，以平州刺史傅祇、前广平太守孟桓清白有闻，诏赐帛二百匹，桓百匹。

三年春正月丙子朔，日有蚀之。立皇子裕为始平王，安平穆王隆弟敦为安平王。诏曰："宗室戚属，国之枝叶，欲令奉率德义，为天下式。然处富贵而能慎行者寡，召穆公纠合兄弟而赋《棠棣》之诗，此姬氏所以本枝百世也。今以卫将军、扶风王亮为宗师，所当施行，皆咨之于宗师也。"庚寅，始平王裕薨。有星孛于西方。使征北大将军卫瓘讨鲜卑力微。三月，平虏护军文淑讨叛虏树机能等，破之。有星孛于胃。乙未，帝将射雉，虑损麦苗而止。夏五月戊子，吴将邵凯、夏祥帅众七千余人来降。六月，益、梁八郡水，杀三百余人，没邸阁别仓。秋七月，以都督豫州诸军事王浑为都督扬州诸军事。中山王睦以罪废为丹水侯。八月癸亥，徙扶风王亮为汝南王，东莞王伷为琅邪王，汝阴王骏为扶风王，琅邪王伦为赵王，渤海王辅为太原王，太原王颙为河间王，北海王陵为任城王，陈王斌为西河王，汝南王柬为南阳王，济南王耽为中山王，河间王威为章武王。立皇子玮为始平王，允为濮阳王，该为新都王，遐为清河王，钜平侯羊祜为南城侯。以汝南王亮为镇南大将军。大风拔树，暴寒且冰，郡国五陨霜，伤谷。九月戊子，以左将军胡奋为都督江北诸军事。兖、豫、徐、青、荆、益、梁七州大水，伤秋稼，诏振给之。立齐王子蕤为辽东王，赞为广汉王。冬十一月丙戌，帝临宣武观大阅，至于壬辰。十二月，吴将孙慎入江夏、汝南，略千余家而去。是岁，西北杂虏及鲜卑、匈奴、五溪蛮夷、东夷三国前后十余辈，各帅种人部落内附。

四年春正月庚午朔，日有蚀之。三月甲申，尚书左仆射卢钦卒。辛酉，以尚书右仆射山涛为尚书左仆射。东夷六国来献。夏四月，蚩尤旗见于东井。六月丁未，阴平、广武地震，甲子又震。凉州刺史杨欣与虏若罗拔能等战于武威，败绩，死之。弘训皇后羊氏崩。秋七月己丑，祔葬景献皇后羊氏于峻平陵。庚寅，高阳王绖薨。癸巳，范阳王绥薨。荆、扬郡国二十皆大水。九月，以大傅何曾为太宰。辛巳，以尚书令李胤为司徒。冬十月，以征北大将军卫瓘为尚书令。扬州刺史应绰伐吴皖城，斩首五千级，焚谷米百八十万斛。十一月辛巳，太医司马程据献雉头裘，帝以奇技异服典礼所禁，焚之于殿前。甲申，敕内外敢有犯者罪之。吴昭武将军刘翻、厉武将军祖始来降。辛卯，以尚书杜预都督荆州诸军事。征南大将军羊祜卒。十二月乙未，西河王斌薨。丁未，太宰郎陵公何曾薨。是岁，东夷九国内附。

五年春正月，虏帅树机能攻陷凉州。乙丑，使讨虏护军武威太守马隆击之。二月甲午，白麟见于平原。三月，匈奴都督拔弈虚帅部落归化。乙亥，以百姓饥馑，减御膳之半。有星孛于柳。夏四月，又孛于女御。大赦，降除部曲督以下质任。丁亥，郡国八雨雹，伤秋稼，坏百姓庐舍。秋七月，有星孛于紫宫。九月甲午，麟于河南。冬十月戊寅，匈奴余渠都督独雍等帅部落归化。汲郡人不准掘魏襄王冢，得竹简小篆古书十余万言，藏于秘府。十一月，大举伐吴，遣镇军将军、琅邪王伷出涂中，安东将军王浑出江西，建威将军王戎出武昌，平南将军胡奋出夏口，镇南大将军杜预出江陵，龙骧将军王浚、广武将军唐彬率巴蜀之卒浮江而下，东西凡二十余万。以太尉贾充为大都督，行冠军将军杨济为副，总统众军。十二月，马隆击叛虏树机能，大破，斩之，凉州平。肃慎来献楛矢石砮。

太康元年春正月己丑朔，五色气冠日。癸丑，王浑克吴寻阳赖乡诸城，获吴武威将军周兴。二月戊午，王浚、唐彬等克丹阳城。庚申，又克西陵，杀西陵都督、镇军将军留宪，征南将军成璩，西陵监郑广。壬戌，浚又克夷道乐乡城，杀夷道监陆晏、水军都督陆景。甲戌，杜预克江陵，斩吴江陵督王延；平南将军胡奋克江安。于是诸军并进，乐乡、荆门诸戍相次来降。乙亥，以浚为都督益、梁二州诸军事，复下诏曰：“浚、彬东下，扫除巴丘，与胡奋、王戎共平夏口、武昌，顺流长鹜，直造秣陵，与奋、戎审量其宜。杜预当镇静零、桂，怀辑衡阳。大兵既过，荆州南境固当传檄而定，预当分万人给浚，七千给彬。夏口既平，奋宜以七千人给浚；武昌既了，戎当以六千人增彬。太尉充移屯项，总督诸方。”浚进破夏口、武昌，遂泛舟东下，所至皆平。王浑、周浚与吴丞相张悌战于版桥，大败之，斩悌及其将孙震、沈莹，传首洛阳。孙皓穷蹙请降，送玺绶于琅邪王伷。三月壬申，王浚以舟师至于建邺之石头，孙皓大惧，面缚舆榇，降于军门。浚杖节解缚焚榇，送于京都。收其图籍，得州四，郡四十三，县三百一十三，户五十二万三千，吏三万三千，兵二十三万，男女口二百三十万。其牧守下皆因吴所置，除其苛政，示之简易，吴人大悦。乙酉大赦，改元，大酺五日，恤孤老困穷。夏四月，河东、高平雨雹，伤秋稼。遣兼侍中张侧、黄门侍郎朱震分使扬越，尉其初附。白麟见于顿丘。三河、魏郡、弘农雨雹，伤宿麦。五月辛亥，封孙皓为归命侯，拜其太子为中郎，诸子为郎中。吴之旧望，随才擢叙。孙氏大将战亡之家徙于寿阳，将吏渡江复十年，百姓及百工复二十年。丙寅，帝临轩大会，引皓升殿，群臣咸称万岁。丁卯，荐鄘渌酒于太庙。郡国六雹，伤秋稼。庚午，诏诸士卒年六十以上罢归于家。庚辰，以王浚为辅国大将军、襄阳侯，杜预当阳侯，王戎安丰侯，唐彬上庸侯，贾充、琅邪王伷以下增封。于是论功行封，赐公卿以下帛各有差。六月丁丑，初置翊军校尉官。封丹水侯睦为高阳王。甲申，东夷十国归化。秋七月，牂柯成泥寇西平、浩亹，杀督将以下三百余人。东夷二十国朝献。庚寅，以尚书魏舒为尚书右仆射。八月，车师前部遣子入侍。己未，封皇弟延祚为乐平王。白龙三见于永昌。九月，群臣以天下一统，屡请封禅，帝谦让弗许。冬十月丁巳，除五女复。十二月戊辰，广汉王赞薨。

二年春二月，淮南、丹阳地震。三月丙申，安平王敦薨。赐王公以下吴生口各有差。诏选孙皓妓妾五千人入宫。东夷五国朝献。夏六月，东夷五国内附。郡国十六雨雹，大风拔树，坏百姓庐舍。江夏、泰山水，流居人三百余家。秋七月，上党又暴风雨雹，伤秋稼。八月，有星孛于张。冬十月，鲜卑慕容廆寇昌黎。十一月壬寅，大司马陈骞薨。有星孛于轩辕。鲜卑寇辽西，平州刺史鲜于婴讨破之。

三年春正月丁丑，罢秦州，并雍州。甲午，以尚书张华都督幽州诸军事。三月，安北将军严询败鲜卑慕容廆于昌黎，杀伤数万人。夏四月庚午，太尉、鲁公贾充薨。闰月丙子，司徒、广陆侯李胤薨。癸丑，白龙二见于济南。秋八月，罢平州、宁州刺史三年一入奏事。九月，东夷二十九国归化，献其方物。吴故将莞恭、帛奉举兵反，攻害建邺令，遂围扬州，徐州刺史嵇喜讨平之。冬十二月甲申，以司空齐王攸为大司马、督青州诸军事，镇东大将军、琅邪王伷为抚军大将军，汝南王亮为太尉，光禄大夫山涛为司徒，尚书令卫瓘为司空。丙申，诏四方水旱甚者无出田租。

四年春正月甲申，以尚书右仆射魏舒为尚书左仆射，下邳王晃为尚书右仆射。戊午，司徒山涛薨。二月己丑，立长乐亭侯寔为北海王。三月辛丑朔，日有蚀之。癸丑，大司马齐王攸薨。夏四月，任城王陵薨。五月己亥，大将军、琅邪王伷薨。徙辽东王蕤为东莱王。六月，增九卿礼秩。羿柯獠二千余落内属。秋七月壬子，以尚书右仆射、下邳王晃为都督青州诸军事。丙寅，兖州大水，复田租。八月，鄯善国遣子人侍，假其归义侯。以陇西王泰为尚书右仆射。冬十一月戊午，新都王该薨。以尚书左仆射魏舒为司徒。十二月庚午，大阅于宣武观。是岁，河南及荆州、扬州大水。

五年春正月己亥，青龙二见于武库井中。二月丙寅，立南宫王子祜为长乐王。壬辰，地震。夏四月，任城、鲁国池水赤如血。五月丙午，宣帝庙梁折。六月，初置黄沙狱。秋七月戊申，皇子恢薨。任城、梁国、中山雨雹，伤秋稼。减天下户课三分之一。九月，南安大风折木。郡国五大水，陨霜，伤秋稼。冬十一月甲辰，太原王辅薨。十二月庚午，大赦。林邑、大秦国各遣使来献。闰月，镇南大将军、当阳侯杜预卒。

六年春正月庚申朔，以比岁不登，免租贷宿负。戊辰，以征南大将军王浑为尚书左仆射，尚书褚䂮都督扬州诸军事，扬济都督荆州诸军事。三月，郡国六陨霜，伤桑麦。夏四月，扶南等十国来献，参离四千余落内附。郡国四旱，十大水，坏百姓庐舍。秋七月，巴西地震。八月丙戌朔，日有蚀之。减百姓绵绢三分之一。白龙见于京兆。以镇军大将军王浚为抚军大将军。九月丙子，山阳公刘康薨。冬十月，南安山崩，水出。南阳郡获两足兽。龟兹、焉耆国遣子入侍。十二月甲申，大阅于宣武观，旬日而罢。庚寅，抚军大将军、襄阳侯王浚卒。

七年春正月甲寅朔，日有蚀之。乙卯，诏曰："比年灾异屡发，日蚀三朝，地震山崩，邦之不臧，实在朕躬。公卿大臣各上封事，极言其故，勿有所讳。"夏五月，郡国十三旱。鲜卑慕容廆寇辽东。秋七月，朱提山崩，犍为地震。八月，东夷十一国内附。京兆地震。九月戊寅，骠骑将军、扶风王骏薨。郡国八大水。冬十一月壬子，以陇西王泰都督关中诸军事。十二月，遣侍御史巡遭水诸郡。出后宫才人、妓女以下三百七十人归于家。始制大臣听终丧三年。己亥，河阴雨赤雪二顷。是岁，扶南等二十一国、马韩等十一国遣使来献。

八年春正月戊申朔，日有蚀之。太庙殿陷。三月乙丑，临商观震。夏四月，齐国、天水陨霜，伤麦。六月，鲁国大风，拔树木，坏百姓庐舍。郡国八大水。秋七月，前殿地陷，深数丈，中有破船。八月，东夷二国内附。九月，改营太庙。冬十月，南康平固县吏李丰反，聚众攻郡县，自号将军。十一月，海安令萧辅聚众反。十二月，吴兴人蒋迪聚党反，围乌羡县，州郡捕讨，皆伏诛。南夷扶南、西域康居国各遣使来献。是岁，郡国五地震。

九年春正月壬申朔，日有蚀之。诏曰："兴化之本，由政平讼理也。二千石长吏不能勤恤人隐，而轻挟私故，兴长刑狱，又多贪浊，烦挠百姓。其敕刺史二千石纠其秽浊，举其公清，有司议其黜陟。令内外群官举清能，拔寒素。"江东四郡地震。二月，尚书右仆射、阳夏侯胡奋卒，以尚书朱整为尚书右仆射。三月丁丑，皇后亲桑于西郊，赐帛各有差。壬辰，初并二社为一。夏四月，江南郡国八地震；陇西陨霜，伤宿麦。五月，义阳王奇有罪，黜为三纵亭侯。诏内外群官举守令之才。六月庚子朔，日有蚀之。徙章武王威为义阳王。郡国三十二大旱，伤麦。秋八月壬子，星陨如雨。诏郡国五岁刑以下决遣，无留庶狱。九月，东夷七国诣校尉内附。郡国二十四螟。冬十二月癸卯，立河间平王洪子英为章武王。戊申，青龙、黄龙各一见于鲁国。

十年夏四月，以京兆太守刘霄、阳平太守梁柳有政绩，各赐谷千斛。郡国八陨霜。太庙成。乙巳，迁神主于新庙，帝迎于道左，遂祫祭。大赦，文武增位一等，作庙者二等。丁未，尚书右仆射、广兴侯朱整卒。癸丑，崇圣殿灾。五月，鲜卑慕容廆来降，东夷十一国内附。六月庚子，山阳公刘瑾薨。复置二社。冬十月壬子，徙南宫王承为武邑王。十一月丙辰，守尚书令、左光禄大夫荀勖卒。帝疾瘳，赐王公以下帛有差。含章殿鞠室火。甲申，以汝南王亮为大司马、大都督、假黄钺。改封南阳王柬为秦王，始平王玮为楚王，濮阳王允为淮南王，并假节之国，各统方州军事。立皇子乂为长沙王，颖为成都王，晏为吴王，炽为豫章王，演为代王，皇孙遹为广陵王。立濮阳王子迪为汉王，始平王子仪为毗陵王，汝南王次子羕为西阳公。徙扶风王畅为顺阳王，畅弟歆为新野公，琅邪王觐弟澹为东武公，繇为东安公，漼为广陵公，卷为东莞公。改诸王国相为内史。十二月庚寅，太庙梁折。是岁，东夷绝远三十余国、西南夷二十余国来献。壬戌，虏奚轲男女十万口来降。

太熙元年春正月辛酉朔，改元。乙巳，以尚书左仆射王浑为司徒，司空卫瓘为太保。二月辛丑，东夷七国朝贡。琅邪王觐薨。三月甲子，以右光禄大夫石鉴为司空。夏四月辛丑，以侍中车骑将军杨骏为太尉、都督中外诸军、录尚书事。己酉，帝崩于含章殿，时年五十五，葬峻阳陵，庙号世祖。

帝宇量弘厚，造次必于仁恕；容纳谠正，未尝失色于人；明达善谋，能断大事，故得抚宁万国，绥静四方。承魏氏奢侈革弊之后，百姓思古之遗风，乃厉以恭俭，敦以寡欲。有司尝奏御牛青丝纼断，诏以青麻代之。临朝宽裕，法度有恒。高阳许允既为文帝所杀，允子奇为太常丞。帝将有事于太庙，朝议以奇受害之门，不欲接近左右，请出为长史。帝乃追述允夙望，称奇之才，擢为祠部郎，时论称其夷旷。平吴之后，天下乂安，遂怠于政术，耽于游宴，宠爱后党，亲贵当权，旧臣不得专任，彝章紊废，请谒行矣。爰至未年，知惠帝弗克负荷，然恃皇孙聪睿，故无废立之心。复虑非贾后所生，终致危败，遂与腹心共图后事。说者纷然，久而不定，竟用王佑之谋，遣太子母弟秦王柬都督关中，楚王玮、淮南王允并镇守要害，以强帝室。又恐杨氏之逼，复以佑为北军中候，以典禁兵。既而寝疾弥留，至于大渐，佐命元勋，皆已先没，群臣惶惑，计无所从。会帝小差，有诏以汝南王亮辅政，又欲令朝士之有名望年少者数人佐之，杨骏秘而不宣。帝复寻至迷乱，杨后辄为诏以骏辅政，促亮进发。帝寻小间，问汝南王来未，意欲见之，有所付托。左右答言未至，帝遂困笃。中朝之乱，实始于斯矣。

制曰：武皇承基，诞膺天命，握图御宇，敷化导民，以佚代劳。以治易乱。绝缣绝之贡，去雕琢之饰，制奢俗以变俭约，止浇风而反淳朴。雅好直言，留心采擢，刘毅、裴楷以质直见容，嵇绍、许奇虽仇雠不弃。仁以御物，宽而得众，宏略大度，有帝王之量焉。于是民和俗静，家给人足，聿修武用，思启封疆。决神算于深衷，断雄图于议表。马隆西伐，王浚南征，师不延时，獯虏削迹，兵无血刃，扬越为墟。通上代之不通，服前王之未服。祯祥显应，风教肃清，天人之功成矣，霸王之业大矣。虽登封之礼，让而不为，骄泰之心，因斯而起。见土地之广，谓万弃而无虞；睹天下之安，谓千年而永治。不知处以思狭，则广可长广；居治而忘危，则治无常治。加之建立非所，委寄失才，志欲就于升平，行先迎于祸乱。是犹将适越者指沙漠以遵途，欲登山者涉舟航而觅路，所趣逾远，所尚转难，南北倍殊，高下相反，求其至也，不亦难乎！况以新集易动之基，而久安难拔之虑，故贾充凶竖，怀奸志以拥权，杨骏豺狼，苞祸心以专辅。及乎宫车晚出，谅闇未周，藩翰变亲以成疏，连兵竞灭其本；栋梁回忠而起伪，拥众各举其威。曾未数年，网纪大乱，海内版荡，宗庙播迁。帝道王猷，反居文身之俗；神州赤县，翻成被发之乡。弃所大以资人，掩其小而自托，为天下笑，其故何哉？良由失慎于前，所以贻患于后。且知子者贤父，知臣者明君；子不肖则家亡，臣不忠则国乱；国乱不可以安也，家亡不可以全也。是以君子防其始，圣人闲其端。而世祖惑荀勖之奸谋，迷王浑之伪策，心屡移于众口，事不定于己图。元海当除而不除，卒令扰乱区夏；惠帝可废而不废，终使倾覆洪基。夫全一人者德之轻，拯天下者功之重，弃一子者忍之小，安社稷者孝之大；况乎资三世而成业，延二孽以丧之，所谓取轻德而舍重功，畏小忍而忘大孝。圣贤之道，岂若斯乎！虽则善始于初，而乖令终于末，所以殷勤史策，不能无慷慨焉。

卷四　　帝纪第四

惠　帝

孝惠皇帝讳衷，字正度，武帝第二子也。泰始三年，立为皇太子，时年九岁。太熙元年四月己酉，武帝崩。是日，皇太子即皇帝位，大赦，改元为永熙。尊皇后杨氏曰皇太后，立妃贾氏为皇后。夏五月辛未，葬武皇帝于峻阳陵。丙子。增天下位一等，预丧事者二等，复租调一年，二千石已上皆封关中侯。以太尉杨骏为太傅，辅政。秋八月壬午，立广陵王遹为皇太子，以中书监何劭为太子太师，吏部尚书王戎为太子太傅，卫将军杨济为太子太保。遣南中郎将石崇、射声校尉胡奕、长水校尉赵俊、扬烈将军赵欢将屯兵四出。冬十月辛酉，以司空石鉴为太尉，前镇西将军、陇西王泰为司空。

永平元年春正月乙酉朔，临朝，不设乐。诏曰："朕夙遭不造，淹恤在疚。赖祖宗遗灵，宰辅忠贤，得以眇身托于群后之上，昧于大道，不明于训，战战兢兢，夕惕若厉。乃者哀迷之际，三事股肱，惟社稷之重，率遵翼室之典，犹欲长奉先皇之制，是以有永熙之号。然日月逾迈，已涉新年，开元易纪，礼之旧章。其改永熙二年为永平元年。"又诏子弟及郡官并不得谒陵。丙午，皇太子冠，丁

未，见于太庙。二月甲寅，赐王公已下帛各有差。癸酉，镇南将军楚王玮、镇东将军淮南王允来朝。戊寅，复置秘书监官。三月辛卯，诛太傅杨骏，骏弟卫将军珧、太子太保济，中护军张劭，散骑常侍段广、杨邈，左将军刘预，河同尹杨斌，中书令符俊，东夷校尉文淑，尚书武茂，皆夷三族。壬辰，大赦，改元。贾后矫诏废皇太后为庶人，徙于金墉城，告于天地宗庙。诛太后母庞氏。壬寅，征大司马、汝南王亮为太宰，与太保卫瓘辅政。以秦王柬为大将军，东平王楙为抚军大将军，镇南将军、楚王玮为卫将军，领北军中候，下邳王晃为尚书令，东安公繇为尚书左仆射，进封东安王。督将侯者千八十一人。庚戌，免东安王繇及东平王楙，繇徙带方。夏四月癸亥，以征东将军、梁王肜为征西大将军、都督关西诸军事，太子少傅阮垣为平东将军、监青徐二州诸军事。己巳，以太子太傅王戎为尚书右仆射。五月甲戌，毗陵王轨薨。壬午，除天下户调绵绢，赐孝悌、高年、鳏寡、力田者帛，人三匹。六月，贾后矫诏使楚王玮杀太宰、汝南王亮，太保、菑阳公卫瓘。乙丑，以玮擅害亮、瓘，杀之。曲赦洛阳。以广陵王师刘寔为太子太保，司空、陇西王泰录尚书事。秋七月，分扬州、荆州十郡为江州。八月庚申，以赵王伦为征东将军、都督徐兖二州诸军事；河间王颙为北中郎将，镇邺；太子太师何劭为都督豫州诸军事，镇许昌。徙长沙王乂为常山王。己巳，进西阳公羕爵为王。辛未，立陇西世子越为东海王。九月甲午，大将军、秦王柬薨。辛丑，徵征西大将军、梁王肜为卫将军、录尚书事，以赵王伦为征西大将军、都督雍梁二州诸军事。冬十二月辛酉，京师地震。是岁，东夷十七国、南夷二十四部并诣校尉内附。

二年春二月己酉，贾后弑皇太后于金墉城。秋八月壬子，大赦。九月乙酉，中山王耽薨。冬十一月，大疫。是岁，沛国雨雹，伤麦。

三年夏四月，荥阳雨雹。六月，弘农郡雨雹，深三尺。冬十月，太原王泓薨。

四年春正月丁酉朔，侍中、太尉、安昌公石鉴薨。夏五月，蜀郡山移，淮南寿春洪水出，山崩地陷，坏城府及百姓庐舍。匈奴郝散反，攻上党，杀长吏。六月，寿春地大震，死者二十余家。上庸郡山崩，杀二十余人。秋八月，郝散帅众降，冯翊都尉杀之。上谷居庸、上庸并地陷裂，水泉涌出，人有死者。大饥。九月丙辰，赦诸州之遭地灾者。甲午，枉矢东北竟天。是岁，京师及郡国八地震。

五年夏四月，彗星见于西方，孛于奎，至轩辕。六月，金城地震。东海雨雹，深五寸。秋七月，下邳暴风，坏庐舍。九月，雁门、新兴、太原、上党大风，伤禾稼。冬十月，武库火，焚累代之宝。十二月丙戌，新作武库，大调兵器。丹杨雨雹。有石生于京师宜年里。是岁，荆、扬、兖、豫、青、徐等六州大水，诏遣御史巡行振贷。

六年春正月，大赦。司空、下邳王晃薨。以中书监张华为司空，太尉、陇西王泰为尚书令，卫将军、梁王肜为太子太保。丁丑，地震。三月，东海陨霜，伤桑麦。彭城吕县有流血，东西百余步。夏四月，大风。五月，荆、扬二州大水。匈奴郝散弟度元帅冯翊、北地马兰羌、卢水胡

反,攻北地,太守张损死之。冯翊太守欧阳建与度元战,建败绩。徵征西大将军、赵王伦为车骑将军,以太子太保、梁王肜为征西大将军、都督雍梁二州诸军事,镇关中。秋八月,雍州刺史解系又为度元所破。秦雍氐、羌悉叛,推氐帅齐万年僭号称帝,围泾阳。冬十月乙未,曲赦雍、凉二州。十一月丙子,遣安西将军夏侯骏、建威将军周处等讨万年,梁王肜屯好畤。关中饥,大疫。

七年春正月癸丑,周处及齐万年战于六陌,王师败绩,处死之。夏五月,鲁国雨雹。秋七月,雍、梁州疫。大旱,陨霜,杀秋稼。关中饥,米斛万钱。诏骨肉相卖者不禁。丁丑,司徒、京陵公王浑薨。九月,以尚书右仆射王戎为司徒,太子太师何劭为尚书左仆射。

八年春正月丙辰,地震。诏发仓廪,振雍州饥人。三月壬戌,大赦。夏五月,郊禖石破为二。秋九月,荆、豫、扬、徐、冀等五州大水。雍州有年。

九年春正月,左积弩将军孟观伐氐,战于中亭,大破之,获齐万年。徵征西大将军、梁王肜录尚书事。以北中郎将、河间王颙为镇西将军,镇关中;成都王颖为镇北大将军,镇邺。夏四月,邺人张承基等妖言署置,聚党数千。郡县逮捕,皆伏诛。六月戊戌,太尉、陇西王泰薨。秋八月,以尚书裴頠为尚书仆射。冬十一月甲子朔,日有蚀之。京师大风,发屋折木。十二月壬戌,废皇太子遹为庶人,及其三子幽于金墉城,杀太子母谢氏。

永康元年春正月癸亥朔,大赦,改元。己卯,日有蚀之。丙子,皇孙霖卒。二月丁酉,大风,飞沙拔木。三月,尉氏雨血,妖星见于南方。癸未,贾后矫诏害庶人遹于许昌。夏四月辛卯,日有蚀之。癸巳,梁王肜、赵王伦矫诏废贾后为庶人,司空张华、尚书仆射裴頠皆遇害,侍中贾谧及党与数十人皆伏诛。甲午,伦矫诏大赦,自为相国、都督中外诸军,如宣文辅魏故事,追复故皇太子位。丁酉,以梁王肜为太宰,左光禄大夫何劭为司徒,右光禄大夫刘寔为司空,淮南王允为骠骑将军。己亥,赵王伦矫诏害贾庶人于金墉城。五月己巳,立皇孙臧为皇太孙,尚为襄阳王。六月壬寅,葬怀愍太子于显平陵。抚军将军、清河王遐薨。癸卯,震崇阳陵标。秋八月,淮南王允举兵讨赵王伦,不克,允及其二子秦王郁、汉王迪皆遇害。曲赦洛阳。平东将军、彭城王植薨。改封吴王晏为宾徒县王。以齐王冏为平东将军,镇许昌;光禄大夫陈准为太尉、录尚书事。九月,改司徒为丞相,以梁王肜为之。冬十月,黄雾四塞。十一月戊午,大风飞沙石,六日乃止。甲子,立皇后羊氏,大赦,大酺三日。十二月,彗星见于东方。益州刺史赵廞与洛阳流人李庠害成都内史耿胜,犍为太守李密、汶山太守霍固、西夷校尉陈总,据成都反。

永宁元年春正月乙丑,赵王伦篡帝位。丙寅,迁帝于金墉城,号曰太上皇,改金墉曰永昌宫。废皇太孙臧为濮阳王。五星经天,纵横无常。癸酉,伦害濮阳王臧。洛阳流人李特杀赵廞,传首京师。三月,平东将军、齐王冏起兵以讨伦,传檄州郡,屯于阳翟。征北大将军、成都王颖,征西大将军、河间王颙,常山王乂,豫州刺史李毅,兖州刺史王彦,南中朗将、新野公歆,皆举兵应之,众数十万。

伦遣其将闾和出伊阙,张泓、孙辅出堮坂以距冏,孙会、士猗、许超出黄桥以距颖。及颖将赵骧、石超战于溴水,会等大败,弃军走。闰月丙戌朔,日有蚀之。夏四月,岁星昼见。冏将何勖等出张泓于阳翟,大破之,斩孙辅等。辛酉,左卫将军王舆与尚书、淮陵王漼勒兵入宫,禽伦党孙秀、孙会、许超、士猗、骆休等,皆斩之。逐伦归第,即日乘舆反正。群臣顿首谢罪,帝曰:"非诸卿之过也。"癸亥,诏曰:"朕以不德,纂承皇统,远不能光济大业,靖绥四方;近不能开明刑威,式遏奸宄,至使逆臣孙秀敢肆凶虐,窥间王室,遂奉赵王伦饕据天位。镇东大将军、齐王冏,征北大将军、成都王颖,征西大将军、河间王颙,并以明德茂亲,忠规允著,首建大策,匡救国难。尚书淮共立大谋,左卫将军王舆与群公卿士,协同谋略,亲勒本营,斩秀及其二子。前赵王伦为秀所误,与其子等已诣金墉迎朕幽宫,旋轸间阖。岂在予一人独飨其庆,宗庙社稷实有赖焉。"于是大赦,改元,鳏寡赐谷五斛,大酺五日。诛赵王伦、义阳王威、九门侯质等及伦之党与。五月,立襄阳王尚为皇太孙。六月戊辰,大赦,增吏位二等。复封宾徒王晏为吴王。庚午,东莱王蕤、左卫将军王舆谋废齐王冏,事泄,蕤废为庶人,舆伏诛,夷三族。甲戌,以齐王冏为大司马、都督中外诸军事,成都王颖为大将军、录尚书事,河间王颙为太尉。罢丞相,复置司徒官。已卯,以梁王肜为太宰,领司徒。封齐王冏功臣葛旟牟平公,路季小黄公,卫毅平阳公,刘真安乡公,韩泰封丘公。秋七月甲午,立吴王晏子为汉王,复封常山王乂为长沙王。八月,大赦。戊辰,原徙边者。益州刺史罗尚讨羌,破之,已巳,徙南平王祥为宜都王。下邳王韡薨。以东平王楙为平东将军、都督徐州诸军事。九月,追复东安王繇复其爵。丁丑,封楚王玮子范为襄阳王。冬十月,流人李特反于蜀。十二月,司空何劭薨。封齐王冏子冰为乐安王,英为济阳王,超为淮南王。是岁,郡国十二旱,六蝗。

太安元年春正月庚子,安东将军、谯王随薨。三月癸卯,赦司、冀、兖、豫四州。皇太孙尚薨。夏四月,彗星昼见。五月乙酉,侍中、太宰、领司徒、梁王肜薨。以右光禄大夫刘寔为太傅。太尉、河间王颙遣将衙博击李特于蜀,为特所败。特遂陷梓潼、巴西,害广汉太守张微,自号大将军。癸卯,以清河王遐子覃为皇太子,赐鳏寡帛,大酺五日。以齐王冏为太师,东海王越为司空。秋七月,兖、豫、徐、冀等四州大水。冬十月,地震。十二月丁卯,河间王颙表齐王冏窥伺神器,有无君之心,与成都王颖、新野王歆、范阳王虓同会洛阳,请废冏还第。长沙王乂奉乘舆屯宫东车门,攻冏,杀之,幽其诸子于金墉城,废冏弟北海王寔。大赦,改元。以长沙王乂为太尉、都督中外诸军事。封东莱王蕤子照为齐王。

二年春正月甲子朔,赦五岁刑。三月,李特攻陷益州。荆州刺史宋岱击特,斩之,传首京师。夏四月,特子雄复据益州。五月,义阳蛮张昌举兵反,以山都人丘沈为主,改姓刘氏,伪号汉,建元神凤,攻破郡县,南阳太守刘彬、平南将军羊尹,镇南大将军、新野王歆并遇害。六月,遣荆州刺史刘弘等讨张昌于方城,王师败绩。秋七月,中书令卞粹、侍中冯荪、河南尹李含等贰于长沙王乂，乂疑而害之。张昌陷江南诸郡，武陵太守贾隆、零陵太守孔紘、豫章太守阎济、武昌太守刘根皆遇害。昌别帅石冰寇扬州，刺史陈徽与战，大败，诸郡尽没。临淮人封云举兵应之，自阜陵寇徐州。八月，河间王颙、成都王颖举兵讨长沙王乂，帝以乂为大都督，帅军御之。庚申，刘弘及张昌战于清水，斩之。颙遣其将张方，颖遣其将陆机、牵秀、石超等来逼京师。乙丑，帝幸十三里桥，遣将军皇甫商距方于宜阳。己巳，帝旋军于宣武。庚午，舍于石楼。天中裂，无云而雷。九月丁丑，帝次于河桥。壬午，皇甫商为张方所败。甲申，帝军于芒山。丁亥，幸偃师。辛卯，舍于豆田。癸巳，尚书右仆射、兴晋侯羊玄之卒。帝旋于城东。丙申，进军缑氏，击牵秀，走之。大赦。张方入京城，烧清明、开阳二门，死者万计。石超逼乘舆于缑氏。冬十月壬寅，帝旋于宫。石超焚缑氏，服御无遗。丁未，破牵秀、范阳王虓于东阳门外。戊申，破陆机于建春门，石超走，斩其大将贾崇等十六人，悬首铜驼街。张方退屯十三里桥。十一月辛巳，星昼陨，声如雷。师王攻方垒，不利。方决千金堨，水碓皆涸。乃发王公奴婢手春给兵廪，一品已下不从征者，男子十三以上皆从役。又发奴助兵，号为四部司马。公私穷蹙，米石万钱。诏命所至，一城而已。壬寅夜，赤气竟天，隐隐有声。丙辰，地震。癸亥，东海王越执长沙王乂，幽于金墉城，寻为张方所害。甲子，大赦。丙寅，扬州秀才周玘、前南平内史王矩、前吴兴内史顾秘起义军以讨石冰。冰退，自临淮趣寿阳。征东将军刘准遣广陵度支陈敏击冰。李雄自郫城攻益州刺史罗尚，尚委城而遁，雄尽有成都之地。封鲜卑段勿尘为辽西公。

永兴元年春正月丙午，尚书令乐广卒。成都王颖自邺讽于帝，乃大赦，改元为永安。帝逼于河间王颙，密诏雍州刺史刘沈、秦州刺史皇甫重以讨之。沈举兵攻长安，为颙所败。张方大掠洛中，还长安。于是军中大馁，人相食。以成都王颖为丞相。颖遣从事中郎盛夔等以兵五万屯十二城门，殿中宿所忌者，颖皆杀之，以三部兵代宿卫。二月乙酉，废皇后羊氏，幽于金墉城，黜皇太子覃复为清河王。三月，陈敏攻石冰，斩之，扬、徐二州平。河间王颙表请立成都王颖为太弟。戊申，诏曰："朕以不德，纂承鸿绪，于兹十有五载。祸乱滔天，奸逆仍起，至乃幽废重宫，宗庙圮绝。成都王颖温仁惠和，克平暴乱。其以颖为皇太弟、都督中外诸军事，承相如故。"大赦，赐鳏寡高年帛三匹，大酺五日。丙辰，盗窃太庙服器。以太尉颙为太宰，太傅刘寔为太尉。六月，新作三城门。秋七月丙申朔，右卫将军陈昣以诏召百僚入殿中，因勒兵讨成都王颖。戊戌，大赦，复皇后羊氏及皇太子覃。己亥，司徒王戎、东海王越、高密王简、平昌公模、吴王晏、豫章王炽、襄阳王范、右仆射荀藩等奉帝北征，至安阳，众十余万，颖遣其将石超距战。己未，六军败绩于荡阴，矢及乘舆，百官分散，侍中嵇绍死之。帝伤颊，中三矢，亡六玺。帝遂幸超军，馁甚，超进水，左右奉秋桃。超遣弟熙奉帝之邺，颖帅群官迎谒道左。帝下舆涕泣，其夕幸于颖军。颖府有九锡之仪，陈留王送貂蝉文衣鹖尾，明日，乃备法

驾幸于邺，唯豫章王炽、司徒王戎、仆射荀藩从。庚申，大赦，改元为建武。八月戊辰，颖杀东安王繇。张方复入洛阳，废皇后羊氏及皇太子覃。匈奴左贤王刘元海反于离石，自号大单于。安北将军王浚遣乌丸骑攻成都王颖于邺，大败之。颖舆帝单车走洛阳，服御分散，仓卒上下无赍，侍中黄门被囊中赍私钱三千，诏贷用。所在买饭以供，宫人止食于道中客舍。宫人有持升余粃米饭及燥蒜盐豉以进帝，帝啖之。御中黄门布被。次获嘉，市粗米饭，盛以瓦盆，帝啖两盂。有老父献蒸鸡，帝受之。至温，将谒陵，帝丧履，纳从者之履，下拜流涕，左右皆歔欷。及济河，张方帅骑三千，以阳燧青盖车奉迎。方拜谒，帝躬止之。辛巳，大赦，赏从者各有差。冬十一月乙未，方请帝谒庙，因劫帝幸长安。方以所乘车入殿中，帝驰避后园竹中。方逼帝升车，左右中黄门鼓吹十二人步从，唯中书监卢志侍侧。方以帝幸其垒，帝令方具车载宫人宝物，军人因妻略后宫，分争府藏。魏晋以来之积，扫地无遗矣。行次新安，寒甚，帝堕马伤足，尚书高光进面衣，帝嘉之。河间王颙帅官属步骑三万，迎于霸上。颙前拜谒，帝下车止之。以征西府为宫。唯仆射荀藩、司隶刘暾、太常郑球、河南尹周馥与其遗官在洛阳，为留台，承制行事，号为东西台焉。丙午，留台大赦，改元复为永安。辛丑，复皇后羊氏。李雄僭号成都王，刘元海僭号汉王。十二月丁亥，诏曰："天祸晋邦，冢嗣莫继。成都王颖自在储贰，政绩亏损，四海失望，不可承重，其以王还第。豫章王炽先帝爱子，令闻日新，四海注意，今以为皇太弟，以隆我晋邦。以司空越为太傅，与太宰颙夹辅朕躬。司徒王戎参录朝政，光禄大夫王衍为尚书左仆射。安南将军虓、安北将军浚、平北将军腾各守本镇。高密王简为镇南将军，领司隶校尉，权镇洛阳；东中郎将模为宁北将军、都督冀州，镇于邺；镇南大将军刘弘领荆州，以镇南土。周馥、缪胤各还本部，百官皆复职。齐王冏前应还第，长沙王乂轻陷重刑，封其子绍为乐平县王，以奉其嗣。自顷戎车屡征，劳费人力，供御之物皆减三分之二，户调田租三分减一。蠲除苛政，爱人务本。清通之后，当还东京。"大赦，改元。以河间王颙都督中外诸军事。

二年春正月甲午朔，帝在长安。夏四月，诏封乐平王绍为齐王。丙子，张方废皇后羊氏。六月甲子，侍中、司徒、安丰侯王戎薨。陇西太守韩稚攻秦州刺史张辅，杀之。李雄僭即帝位，国号蜀。秋七月甲午，尚书诸曹火，烧崇礼闼。东海王越严兵徐方，将西迎大驾。成都王颖部将公师藩等聚众攻陷郡县，害阳平太守李志、汲郡太守张延等，转攻邺，平昌公模遣将军赵骧击破之。八月辛丑，大赦。骠骑将军、范阳王虓逐冀州刺史李义。扬州刺史曹武杀丹阳太守朱建。李雄遣其将李骧寇汉安。车骑大将军刘弘逐平南将军、彭城王释于宛。九月庚寅朔，公师藩又害平原太守王景、清河太守冯熊。庚子，豫州刺史刘乔攻范阳王虓于许昌，败之。壬子，以成都王颖为镇军大将军、都督河北诸军事，镇邺。河间王颙遣将军吕郎屯洛阳。冬十月丙子，诏曰："得豫州刺史刘乔檄，称颍川太守刘舆迫胁骠骑将军虓，距逆诏令，造构凶逆，擅劫郡县，合聚

兵众，擅用荀晞为兖州，断截王命。镇南大将军、荆州刺史刘弘，平南将军、彭城王释等，其各勒所统，径会许昌，与乔并力。今遣右将军张方为大都督，统精卒十万，建武将军吕郎、广武将军骞貙、建威将军刁默等为军前锋，共会许昌，除舆兄弟。”丁丑，使前车骑将军石超、北中郎将王阐讨舆等。赤气见于北方，东西竟天。有星孛于北斗。平昌公模遣将军宋胄等屯河桥。十一月，立节将军周权诈被檄，自称平西将军，复皇后羊氏。洛阳令何乔攻权，杀之，复废皇后。十二月，吕朗等东屯荥阳，成都王颖进据洛阳，张方、刘弘等并桉兵不能御。范阳王虓济自官渡，拔荥阳，斩石超，袭许昌，破刘乔于萧，乔奔南阳。右将军陈敏举兵反，自号楚公，矫称被中诏，从沔汉奉迎天子；逐扬州刺史刘机、丹杨太守王旷；遣弟恢南略江州，刺史应邈奔弋阳。

光熙元年春正月戊子朔，日有蚀之。帝在长安。河间王颙闻刘乔破，大惧，遂杀张方，请和于东海王越，越不听。宋胄等破颖将楼裒，进逼洛阳，颖奔长安。甲子，越遣其将祁弘、宋胄、司马纂等迎帝。三月，东莱惤令刘柏根反，自称惤公，袭临淄，高密王简奔聊城。王浚遣将讨柏根，斩之。夏四月己巳，东海王越屯于温。颙遣弘农太守彭随、北地太守刁默距祁弘等于湖。五月，枉矢西南流。范阳国地燃，可以爨。壬辰，祁弘等与刁默战，默大败，颙、颖走南山，奔于宛。弘等所部鲜卑大掠长安，杀二万余人。是日，日光四散，赤如血。甲午又如之。己亥，弘等奉帝还洛阳，帝乘牛车，行宫藉草，公卿跋涉。戊申，骠骑、范阳王虓杀司隶校尉刑乔。己酉，盗取太庙金匮及策文各四。六月丙辰朔，至自长安，升旧殿，哀感流涕。谒于太庙。复皇后羊氏。辛未，大赦，改元。秋七月乙酉朔，日有蚀之。太庙吏贾苞盗太庙灵衣及剑，伏诛。八月，以太傅、东海王越录尚书，骠骑将军、范阳王虓为司空。九月，顿丘太守冯嵩执成都王颖，送之于邺。进东嬴公腾爵为车燕王，平昌公模为南阳王。冬十月，司空、范阳王虓薨。虓长史刘舆害成都王颖。十一月庚午，帝崩于显阳殿，时年四十八，葬太阳陵。

帝之为太子也，朝廷咸知不堪政事，武帝亦疑焉。尝悉召东宫官属，使以尚书事令太子决之，帝不能对。贾妃遣左右代对，多引古义。给事张泓曰："太子不学，陛下所知，今宜以事断，不可引书。"妃从之。泓乃具草，令帝书之。武帝览而大悦，太子遂安。及居大位，政出群下，纲纪大坏，货赂公行，势位之家，以贵陵物，忠贤路绝，谗邪得志，更相荐举，天下谓之互市焉。高平王沈作《释时论》，南阳鲁褒作《钱神论》，庐江杜嵩作《任子春秋》，皆疾时之作也。帝又尝在华林园，闻虾蟆声，谓左右曰："此鸣者为官乎，私乎？"或对曰："在官地为官，在私地为私。"及天下荒乱，百姓饿死，帝曰："何不食肉糜？"其蒙蔽皆此类也。后因食饼中毒而崩，或云司马越之鸩。

史臣曰：不才之子，则天称大，权非帝出，政迩宵人。褒姒共叔带并兴，襄后与犬戎俱运。昔者，丹朱不肖，赧王逃责，相彼凶德，事关休咎，方乎土梗，以坠其情。溽暑之气将阑，淫蛙之音罕记，乃彰蚩笑，用符颠陨。岂通才俊彦犹形于前代，增淫助虐独擅于当今者欤？物号忠良，于兹拔本，人称袄孽，自此疏源。长乐不祥，承华非命，生灵版荡，社稷丘墟。古者败国亡身，分镳共轸，不有乱常，则多庸暗。岂明神丧其精魄，武皇不知其子也！

赞曰：惠皇居尊，临朝听言。厥体斯昧，其情则昏。高台望子，长夜奚冤。金墉毁冕，荡阴释胄，及尔皆亡，滔天来遘。

卷五　帝纪第五

孝怀帝　孝愍帝

孝怀皇帝讳炽，字丰度，武帝第二十五子也。太熙元年，封豫章郡王。属孝惠之时，宗室构祸，帝冲素自守，门绝宾游，不交世事，专玩史籍，有誉于时。初拜散骑常侍，及赵王伦纂，见收。伦败，为射声校尉。累迁车骑大将军、都督青州诸军事。未之镇。永兴元年，改授镇北大将军、都督邺城守诸军事。十二月丁亥，立为皇太弟。帝以清河王覃本太子也，惧不敢当。典书令庐陵修肃曰："二相经营王室，志宁社稷，储贰之重，宜归时望，亲贤之举，非大王而谁？清河幼弱，未允众心，是以既升东宫，复赞藩国。今乘舆播越，二宫久旷，常恐氐羌饮马于泾川，蚁众控弦于霸水。宜及吉辰，时登储副，上翼大驾，早宁东京，下允黔首喁喁之望。"帝曰："卿，吾之宋昌也。"乃从之。

光熙元年十一月庚午，孝惠帝崩。羊皇后以于太弟为嫂，不得为太后，催清河王覃入，已至尚书阁，侍中华混等急召太弟。癸酉，即皇帝位，大赦，尊皇后羊氏为惠皇后，居弘训宫，追尊所生太妃王氏为皇太后，立妃梁氏为皇后。十二月壬午朔，日有蚀之。己亥，封彭城王植子融为乐城县王。南阳王模杀河间王颙于雍谷。辛丑，以中书监温羡为司徒，尚书左仆射王衍为司空。己酉，葬孝惠皇帝于太阳陵。李雄别帅李离寇梁州。

永嘉元年春正月癸丑朔，大赦，改元，除三族刑。以太傅、东海王越辅政，杀御史中丞诸葛玫。二月辛巳，东莱人王弥起兵反，寇青、徐二州，长广太守宋罢、东牟太守庞伉并遇害。三月己未朔，平东将军周馥斩送陈敏首。丁卯，改葬武悼杨皇后。庚午，立豫章王诠为皇太子。辛未，大赦。庚辰，东海王越出镇许昌。以征东将军、高密王简为征南大将军、都督荆州诸军事，镇襄阳；改封安北将军、东燕王腾为新蔡王、都督司冀二州诸军事，镇邺；以征南将军、南阳王模为征西大将军、都督秦雍梁益四州诸军事，镇长安。并州诸郡为刘元海所陷，刺史刘琨独保晋阳。夏五月，马牧帅汲桑聚众反，败魏郡太守冯嵩，遂陷邺城，害新蔡王腾。烧邺宫，火旬日不灭。又杀前幽州刺史石鲜于乐陵，入掠平原，山阳公刘秋遇害。洛阳步广里地陷，有二鹅出，色苍者冲天，白者不能飞。建宁郡夷攻陷宁州，死者三千余人。秋七月己酉朔，东海王越进屯官渡，以讨汲桑。己未，以平东将军、琅邪王睿为安东将军、都督扬州江南诸军事，假节，镇建邺。八月己卯朔，抚军将军苟晞败汲桑于邺。甲辰，曲赦幽、并、司、冀、兖、豫六州。分荆州、江州八郡为湘州。九月戊申，苟晞又破汲桑，陷其九垒。辛亥，有大星如日，小者如斗，自西方流于东北，天尽赤，俄有声如雷。始修千金堨于许昌以通运。冬十一月戊申朔，日有蚀之。甲寅，以尚书右仆射和郁为征北将军，镇邺。十二月戊寅，并州人田兰、薄盛等斩汲桑于乐陵。甲午，以前太傅刘寔为太尉。庚子，以光禄大夫、延陵公高光为尚书令。东海王越矫诏囚清河王覃于金墉城。癸卯，越自为丞相。以抚军将军苟晞为征东大将军。

二年春正月丙子朔，日有蚀之，日有蚀之。丁未，大赦。二月辛卯，清河王覃为东海王越所害。庚子，石勒寇常山，安北将军王浚讨破之。三月，东海王越镇鄄城。刘元海侵汲郡，略有顿丘、河内之地。王弥寇青、徐、兖、豫四州。夏四月丁亥，入许昌，诸郡守将皆奔走。五月甲子，弥遂寇洛阳，司徒王衍帅众御之，弥退走。秋七月甲辰，刘元海寇平阳，太守宋抽奔京师，河东太守路述力战，死之。八月丁亥，东海王越自鄄城迁屯于濮阳。九月，石勒寇赵郡，征北将军和郁自邺奔于卫国。冬十月甲戌，刘元海僭帝号于平阳，仍称汉。十一月乙巳，尚书令高光卒；丁卯，以太子少傅荀藩为尚书令。己酉，石勒寇邺，魏郡太守王粹战败，死之。十二月辛未朔，大赦。立长沙王乂子硕为长沙王，鲜为临淮王。

三年春正月甲午，彭城王释薨。三月戊申，征南大将军、高密王简薨。以尚书左仆射山简为征南将军、都尉荆湘交广等四州诸军事，司隶校尉刘暾为尚书左仆射。丁巳，东海王越归京师。乙丑，勒兵入宫，于帝侧收近臣中书令缪播、帝舅王延等十余人，并害之。丙寅，曲赦河南郡。丁卯，太尉刘寔请老，以司徒王衍为太尉。东海王越领司徒。刘元海寇黎阳，遣车骑将军王堪击之，王师败绩于延津，死者三万余人。大旱，江、汉、河、洛皆竭，可涉。夏四月，左积弩将军朱诞叛奔于刘元海。石勒攻陷冀州郡县百余壁。秋七月戊辰，当阳地裂三所，各广三丈，长三百余步。辛未，平阳人刘芒荡自称汉后，诳诱羌戎，僭帝号于马兰山。支胡五斗叟、郝索聚众数千为乱，屯新丰，与芒荡合党。刘元海遣子聪及王弥寇上党，围壶关。并州刺史刘琨使兵救之，为聪所败。淮南内史王旷、将军施融、曹超及聪战，又败，超、融死之。上党太守庞淳以郡降贼。九月丙寅，刘聪围浚仪，遣平北将军曹武讨之。丁丑，王师败绩。东海王越入保许城。聪至西明门，越御之，战于宣阳门外，大破之。石勒寇常山，安北将军王浚使鲜卑骑救之，大破勒于飞龙山。征西大将军、南阳王模使其将淳于定破刘芒荡、五斗叟，并斩之。使车骑将军王堪、平北将军曹武讨聪，王师败绩，堪奔还京师。李雄别帅罗羡以梓潼归顺。刘聪攻洛阳西明门，不克。宜都夷道山崩，荆、湘二州地震。冬十一月，石勒陷长乐，安北

将军王斌遇害。因屠黎阳。乞活帅李恽、薄盛等帅众救京师，聪退走。恽等又破王弥于新汲。十二月乙亥，夜有白气如带，自地升天，南北各二丈。

四年春正月乙丑朔，大赦。二月，石勒袭鄄城，兖州刺史袁孚战败，为其部下所害。勒又袭白马，车骑将军王堪死之。李雄将文硕杀雄大将军李国，以巴西归顺。戊午，吴兴人钱璯反，自称平西将军。三月，丞相仓曹属周玘帅乡人讨璯，斩之。夏四月，大水。将军祁弘破刘元海将刘灵曜于广宗。李雄陷梓潼。兖州地震。五月，石勒寇汲郡，执太守胡宠，遂南济河，荥阳太守裴纯奔建邺。大风折木。地震。幽、并、司、冀、秦、雍等六州大蝗，食草木，牛马毛皆尽。六月，刘元海死，其子和嗣伪位，和弟聪杀和而自立。秋七月，刘聪从弟曜及其将石勒围怀，诏征虏将军宋抽救之，为曜所败，抽死之。九月，河内人乐仰执太守裴整叛，降于石勒。徐州监军王隆自下邳弃军奔于周馥。雍州人王如举兵反于宛，杀邮令长，自号大将军、司雍二州牧，大掠汉沔，新平人庞寔、冯翊人严嶷、京兆人侯脱等各起兵应之。征南将军山简、荆州刺史王澄、南中郎将杜蕤并遣兵援京师，及如战于宛，诸军皆大败；王澄独以众进至沶口，众溃而归。冬十月辛卯，昼昏，至于庚子。大星西南坠，有声。壬寅，石勒围仓垣，陈留内史王赞击败之，勒走河北。壬子，以骠骑将军王浚为司空，平北将军刘琨为平北大将军。京师饥。东海王越羽檄征天下兵，帝谓使者曰："为我语诸征镇，若今日，尚可救，后则无逮矣。"时莫有至者。石勒陷襄城，太守崔旷遇害，遂至宛。王浚遣鲜卑文鸯帅骑救之，勒退。浚又遣别将王申始讨勒于汶石津，大破之。十一月甲戌，东海王越帅众出许昌，以行台自随。宫省无复守卫，荒馑日甚，殿内死人交横，府寺营署并掘堑自守，盗贼公行，桴鼓之音不绝。越军次项，自领豫州牧，以太尉王衍为军司。丁丑，流氐隗伯等袭宜都，太守嵇曦奔建邺。王申攻刘曜、王弥于瓶垒，破之。镇东将军周馥表迎大驾迁都寿阳，越使裴硕讨馥，为馥所败，走保东城，请救于琅邪王睿。襄阳大疫，死者三千余人。加凉州刺史张轨安西将军。十二月，征东大将军苟晞攻王弥别帅曹嶷，破之。乙酉，平阳人李洪帅流人入定陵作乱。

五年春正月，帝密诏苟晞讨东海王越。壬申，晞为曹嶷所破。乙未，越遣从事中郎将杨瑁、徐州刺史裴盾共击晞。癸酉，石勒入江夏，太守杨珉奔于武昌。乙亥，李雄攻陷涪城，梓潼太守谯登遇害。湘州流人杜弢据长沙反。戊寅，安东将军、琅邪王睿使将军甘卓攻镇东将军周馥于寿春，馥众溃。庚辰，太保、平原王干薨。二月，石勒寇汝南，汝南王祐奔建邺。三月戊午，诏下东海王越罪状，告方镇讨之。以征东大将军苟晞为大将军。丙子，东海王越薨。四月戊子，石勒追东海王越丧，及于东郡，将军钱端战死，军溃，太尉王衍、吏部尚书刘望、廷尉诸葛铨、尚书郑豫、武陵王澹等皆遇害，王公已下死者十余万人。东海世子毗及宗室四十八王寻又没于石勒。贼王桑、冷道陷徐州，刺史裴盾遇害，桑遂陷淮北，至于历阳。五月，益州流人汝班、梁州流人蹇抚作乱于湘州，房刺史苟眺，南

破零、桂诸郡,东掠武昌,安城太守郭察、劭陵太守郑融、衡阳内史滕育并遇害。进司空王浚为大司马,征西大将军、南阳王模为太尉,太子太傅傅祇为司徒,尚书令荀藩为司空,安东将军、琅邪王睿为镇东大将军。东海王越之出也,使河南尹潘滔居守。大将军苟晞表迁都仓垣,帝将从之,诸大臣畏滔,不敢奉诏,且宫中及黄门恋资财,不欲出。至是饥甚,人相食,百官流亡者十八九。帝召群臣会议,将行而警卫不备。帝抚手叹曰:"如何会无车舆!"乃使司徒傅祇出诣河阴,修舟楫,为水行之备。朝士数人导从,帝步出西掖门。至铜驼街,为盗所掠,不得进而还。六月癸未,刘曜、王弥、石勒同寇洛川,王师频为贼所败,死者甚众。庚寅,司空荀藩、光禄大夫荀组奔辕辕,太子左率温几夜开广莫门奔小平津。丁酉,刘曜、王弥入京师。帝开华林园门,出河阴藕池,欲幸长安,为曜等所追及。曜等遂焚烧宫庙,逼辱妃后,吴王晏、竟陵王楙、尚书左仆射和郁、右仆射曹馥、尚书闾丘冲、袁粲、王绲、河南尹刘默等皆遇害,百官士庶死者三万余人。帝蒙尘于平阳,刘聪以帝为会稽公。荀藩移檄州镇,以琅邪王为盟主。豫章王端东奔苟晞,晞立为皇太子,自领尚书令,具置官属,保梁国之蒙县。百姓饥俭,米斛万余价。秋七月,大司马王浚承制假立太子,置百官,署征镇。石勒寇谷阳,沛王滋战败遇害。八月,刘聪使子粲攻陷长安,太尉、征西将军、南阳王模遇害,长安遗人四千余家奔汉中。九月癸亥,石勒袭蒙夏,至于蒙县,大将军苟晞、豫章王端并没于贼。冬十月,勒寇豫州,诸军至江而还。十一月,猗卢寇太原,平北将军刘琨不能制,徙五县百姓于新兴,以其地居之。

六年春正月,帝在平阳。刘聪寇太原。故镇南府牙门将胡亢聚众寇荆土,自号楚公。二月壬子,日有蚀之。癸丑,镇东大将军、琅邪王睿上尚书,檄四方以讨石勒。大司马王浚移檄天下,称被中诏承制,以荀藩为太尉。汝阳王熙为石勒所害。夏四月丙寅,征南将军山简卒。秋七月,岁星、荧惑、太白聚于牛斗。石勒寇冀州。刘粲寇晋阳,平北将军刘琨遣部将郝诜帅众御粲,诜败绩,死之,太原太守高乔以晋阳降粲。八月庚戌,刘琨奔于常山。辛亥,阴平都尉董冲逐太守王鉴,以郡叛降于李雄。乙亥,刘琨乞师于猗卢,表卢为代公。九月己卯,猗卢使子利孙赴琨,不得进。辛巳,前雍州刺史贾疋讨刘粲于三辅,走之,关中小定,乃与卫将军梁芬、京兆太守梁综共奉秦王邺为皇太子于长安。冬十月,猗卢自将六万骑次于盆城。十一月甲午,刘粲遁走,刘琨收其遗众,保于阳曲。是岁大疫。

七年春正月,刘聪大会,使帝著青衣行酒。侍中庾珉号哭,聪恶之。丁未,帝遇弑,崩于平阳,时年三十。

帝初诞,有嘉禾生于豫章之南昌。先是望气者云"豫章有天子气",其后竟以豫章王为皇太弟。在东宫,恂恂谦损,接引朝士,讲论书籍。及即位,始遵旧制,临太极殿,使尚书郎读时令,又于东堂听政。至于宴会,辄与群官论众务,考经籍。黄门侍郎傅宣叹曰:"今日复见武帝之世矣!"秘书监荀崧又常谓人曰:"怀帝天姿清劭,少著英猷,若遭承平,足为守文佳主。而继惠帝扰乱之后,东海专政,无幽厉之衅,而有流亡之祸。"

孝愍皇帝讳邺,字彦旗,武帝孙,吴孝王晏之子也。出继后伯父秦献王柬,袭封秦王。永嘉二年,拜散骑常侍、抚军将军。及洛阳倾覆,避难于荥阳密县,与舅荀藩、荀组相遇,自密南趋许颍。豫州刺史阎鼎与前抚军长史王毗、司徒长史刘畴、中书郎李昕及藩、组等同谋奉帝归于长安,而畴等中涂复叛,鼎追杀之,藩、组仅而获免。鼎遂挟帝乘牛车,自宛趣武关,频遇山贼,士卒亡散,次于蓝田。鼎告雍州刺史贾疋,疋遣逻遣州兵卫之,达于长安,又使辅国将军梁综助守之。时有玉龟出霸水,神马鸣城南焉。六年九月辛巳,奉秦王为皇太子,登坛告类,建宗庙社稷,大赦。加位征西大将军,以秦州刺史、南阳王保为大司马。贾疋讨贼张连,遇害,众推始平太守麴允领雍州刺史,为盟主,承制选置。

建兴元年夏四月丙午,奉怀帝崩问,举哀成礼。壬申,即皇帝位,大赦,改元。以卫将军梁芬为司徒,雍州刺史麴允为使持节、领军将军、录尚书事,京兆大守索綝为尚书右仆射。石勒攻龙骧将军李恽于上白,恽败,死之。五月壬辰,以镇东大将军、琅邪王睿为侍中、左丞相、大都督陕东诸军事,大司马、南阳王保为右丞相、大都督陕西诸军事。又诏二王曰:"夫阳九百六之灾,虽在盛世,犹或遘之。朕以幼冲,纂承洪绪,庶凭祖宗之灵,群公义士之力,荡灭凶寇,拯拔幽宫,瞻望未达,肝心分裂。昔周邵分陕,姬氏以隆;平王东迁,晋郑为辅。今左右丞相茂德齐圣,国之昵属,当恃二公,扫除鲸鲵,奉迎梓宫,克复中兴。令幽、并两州勒卒三十万,直造平阳。右丞相宜帅秦、凉、梁、雍武旅三十万,径诣长安。左丞相帅所领精兵二十万,径造洛阳。分遣前锋,为幽并后驻。赴同大限,克成元勋。"又诏琅邪王曰:"朕以冲昧,纂承洪绪,未能枭夷凶逆,奉迎梓宫,枕戈烦寤,肝心抽裂。前得魏浚表,知公帅先三军,已据寿春,传檄诸侯,协齐威势,想今渐进,已达洛阳。凉州刺史张轨,乃心王室,连旗万里,已到汧陇;梁州刺史张光,亦遣巴汉之卒,屯在骆谷;秦川骁勇,其会如林。间遣使适还,具知平阳定问,云幽并隆盛,余胡衰破,然犹恃险,当须大举。未知公今所到,是以息兵秣马,未便进军。今为已至何许,当来旨,便乘舆自出,会除中原也。公宜思弘谋猷,勋济远略,使山陵旋反,四海有赖。故遣殿中都尉刘蜀、苏马等具宣朕意。公茂德昵属,宣隆东夏,恢融六合,非公而谁!但洛都陵庙,不可空旷,公宜镇抚,以绥山东。右丞相当入辅弼,追踪周邵,以隆中兴也。"六月,石勒害兖州刺史田徽。是时,山东郡邑相继陷于勒。秋八月癸亥,刘蜀等达于扬州。改建邺为建康,改邺为临漳。杜弢寇武昌,焚烧城邑。弢别将王真袭沔阳,荆州刺史周顗奔于健康。九月,司空荀藩薨于荥阳。刘聪寇河南,河南尹张髦死之。冬十月,荆州刺史陶侃讨杜弢党杜曾于石城,为曾所败。己巳,大雨雹。庚午,大雪。十一月,流人杨武攻陷梁州。十二月,河东地震,雨肉。

二年春正月己巳朔,黑雾著人如墨,连夜,五日乃止。

辛未，辰时日陨于地。又有三日相承，出于西方而东行。丁丑，大赦。杨武大略汉中，遂奔李雄。二月壬寅，以司空王浚为大司马，卫将军荀组为司空，凉州刺史张轨为太尉，封西平郡公，并州刺史刘琨为大将军。三月癸酉，石勒陷幽州，杀侍中、大司马、幽州牧、博陵公王浚，焚烧城邑，害万余人。杜弢别帅王真袭荆州刺史陶侃于林鄣，侃奔湓中。夏四月甲辰，地震。五月壬辰，太尉、领护羌校尉、凉州刺史、西平公张轨薨。六月，刘曜、赵冉寇新丰诸县，安东将军索綝讨之。秋七月，曜、冉等又逼京都，领军将军麹允击破之，冉中流矢而死。九月，北中郎将刘演克顿丘，斩石勒所署太守邵攀。丙戌，麟见襄平。单于代公猗卢遣使献马。蒲子马生人。

三年春正月，盗杀晋昌太守赵佩。吴兴人徐馥害太守袁琇。以侍中宋哲为平东将军。屯华阴。二月丙子，进左丞相、琅邪王睿为大都督、督中外诸军事，右丞相、南阳王保为相国，司空荀组为太尉，大将军刘琨为司空。进封代公猗卢为代王。荆州刺史陶侃破王真于巴陵。杜弢别将杜弘、张彦与临川内史谢摛战于海昏，摛败绩，死之。三月，豫率内史周访击杜弘，走之，斩张彦于陈。夏四月，大赦。五月，刘聪寇并州。六月，盗发汉霸、杜二陵及薄太后陵，太后面如生，得金玉彩帛不可胜记。时以朝廷草创，服章多阙，敕收其余，以实内府。丁卯，地震。辛巳，大赦。敕雍州掩骼埋胔，修复陵墓，有犯者诛及三族。秋七月，石勒陷濮阳，害太守韩弘。刘聪寇上党，刘琨遣将救之。八月癸亥，战于襄垣，王师败绩。荆州刺史陶侃攻杜弢，弢败走，道死，湘州平。九月，刘曜寇北地，命领军将军麹允讨之。冬十月，允攻青白城。以豫州牧、征东将军索綝为尚书仆射、都督宫城诸军事。刘聪陷冯翊，太守梁肃奔万年。十二月，凉州刺史张寔送皇帝行玺一纽。盗杀安定太守赵班。

四年春三月，代王猗卢薨，其众归于刘琨。夏四月丁丑，刘曜寇上郡，太守籍韦率其众奔于南郑。凉州刺史张寔遣步骑五千来赴京都。石勒陷廪丘，北中郎将刘演出奔。五月，平夷太守雷照害南广太守孟桓，帅二郡三千余家叛降于李雄。六月丁巳朔，日有蚀之。大蝗。秋七月，刘曜攻北地，麹允帅步骑三万救之。王师不战而溃，北地太守麹昌奔于京师。曜进至泾阳，渭北诸城悉溃，建威将军鲁克、散骑常侍梁纬、少府皇甫阳等皆死之。八月，刘曜逼京师，内外断绝，镇西将军焦嵩、平东将军宋哲、始平太守竺恢等同赴国难，麹允与公卿守长安小城以自固，散骑常侍华辑监京兆、冯翊、弘农、上洛四郡兵东屯霸上，镇军将军胡崧帅城西诸郡兵屯遮马桥，并不敢进。冬十月，京师饥甚，米斗金二两，人相食，死者太半。太仓有曲数饼，麹允屑为粥以供帝，至是复尽。帝泣谓允曰："今穷厄如此，外无救援，死于社稷，是朕事也。然念将士暴离斯酷，今欲因城未陷为羞死之事，庶令黎元免屠烂之苦。行矣遗书，朕意决矣。"十一月乙末，使侍中宋敞送笺于曜，帝乘羊车，肉袒衔璧，舆榇出降。群臣号泣攀车，执帝之手，帝亦悲不自胜。御史中丞吉朗自杀。曜焚榇受璧，使宋敞奉帝还宫。初，有童谣曰："天子何在豆田中。"时王浚在幽州，以豆有藿，杀隐士霍原以应之。及帝如曜营，营实在城东豆田壁。辛丑，帝蒙尘于平阳，麹允及群官并从。刘聪假帝光禄大夫、怀安侯。壬寅，聪临殿，帝稽首于前，麹允伏地恸哭，因自杀。尚书梁允、侍中梁浚、散骑常侍严敦、左丞臧振、黄门侍郎任播、张伟、杜曼及诸郡守并为曜所害，华辑奔南山。石勒围乐平，司空刘琨遣兵援之，为勒所败，乐平太守韩据出奔。司空长史李弘以并州叛降于勒。十二月甲申朔，日有蚀之。己未，刘琨奔蓟，依段匹磾。

五年春正月，帝在平阳。庚子，虹霓弥天，三日并照。平东将军宋哲奔江左。李雄使其将李恭、罗寅寇巴东。二月，刘聪使其将刘畅攻荥阳，太守李矩击破之。三月，琅邪王睿承制改元，称晋王于建康。夏五月丙子，日有蚀之。秋七月，大暑，司、冀、青、雍等四州螽蝗。石勒亦竞取百姓禾，时人谓之"胡蝗"。八月，刘聪使赵固袭卫将军华荟于定颍，遂害之。冬十月丙子，日有蚀之。刘聪出猎，令帝行车骑将军，戎服执戟为导，百姓聚而观之，故老或歔欷流涕，聪闻而恶之。聪后因大会，使帝行酒洗爵，反而更衣，又使帝执盖，晋臣在坐者多失声而泣，尚书郎辛宾抱帝恸哭，为聪所害。十二月戊戌，帝遇弑，崩于平阳，时年十八。

帝之继皇统也，属永嘉之乱，天下崩离，长安城中户不盈百，墙宇颓毁，蒿棘成林。朝廷无车马章服，唯桑版署号而已。众唯一旅，公私有车四乘，器械多阙，运馈不继。巨猾滔天，帝京危急，诸侯无释位之志，征镇阙勤王之举，故君臣窘迫，以至杀辱云。

史臣曰：昔炎晖杪暮，英雄多假于宗室。金德韬华，颠沛共推于怀愍。樊阳寂寥，兵车靡ój，岂力不足而情有余乎？喋喋遗萌，苟存其主，譬彼诗人，爱其棠树。夫有非常之事，而无非常之功，详观发迹，用非天启，是以舆棺齿剑，可得而言焉。于时五岳三涂，并皆沦寇，龙州、牛首，故以立君。股肱非挑战之秋，刘石有滔天之势，疗饥中断，婴戈外绝，两京沦狄，无驾徂戎。周王陨首于骊峰，卫公亡肝于淇上，思为一郡，其可得乎！干宝有言曰：

昔高祖宣皇帝以雄才硕量，应时而仕，值魏太祖创基之初，筹画军国，嘉谋屡中，遂服舆轸，驱驰三世。性深阻有若城府，而能宽绰以容纳；行任数以御物，而知人善采拔。故贤愚咸怀，大小毕力。尔乃取邓艾于农隙，引州泰于行役，委以文武，各善其事。故能西禽孟达，东举公孙，内夷曹爽，外袭王凌。神略独断，征伐四克，维新群后，大权在己。于是百姓与能，大象始构。世宗承基，太祖继业，玄风乱内，钦诞寇外，潜谋虽密，而在机必兆，淮浦再扰，而许洛不震。咸黜异图，用融前烈。然后推毂钟邓，长驱庸蜀，三关电埽，而刘禅入臣，天符人事，于是信矣。始当非常之礼，终受备物之锡。至于世祖，遂享皇极。仁以厚下，俭以足用，和而不驰，宽而能断，故民咏维新，四海悦劝矣。聿修祖宗之志，思辑战国之苦。腹心不同，公卿异议，而独纳羊祜之策，杖王杜之决，役不二时,江湘来同。掩唐虞之旧域,班正朔于八荒,天下书同文,车同轨,牛马被野,余粮委亩,故于时有"天下无穷人"之谚。虽太平未洽,亦足以明吏奉其法,民乐其生矣。武皇既崩,山陵未乾,而杨骏被诛,母后废黜。寻以二公、楚王之变,宗子无维城之助,师尹无具瞻之贵,至乃易天子以太上之号,而有免官之谣。民不见德,惟乱是闻,朝为伊周,夕成桀跖,善恶陷于成败,毁誉胁于世利,内外混淆,庶官失才,名实反错,天纲解纽。国政迭移于乱人,禁兵外散于四方,方岳无钧石之镇,关门无结草之固。李辰、石冰倾之于荆杨,元海、王弥挠之于青冀,戎羯称制,二帝失尊,何哉?树立失权,托付非才,四维不张,而苟且之政多也。

夫作法于治,其弊犹乱;作法于乱,谁能救之!彼元海者,离石之将兵都尉;王弥者,青州之散吏也。盖皆弓马之士,驱走之人,非有吴先主、诸葛孔明之能也;新起之寇,乌合之众,非吴蜀之敌也;脱末为兵,裂裳为旗,非战国之器也;自下逆上,非邻国之势也。然而扰天下如驱群羊,举二都如拾遗芥,将相王侯连颈以受戮,后嫔妃主房辱于戎卒,岂不哀哉!天下,大器也;群生,重畜也。爱恶相攻,利害相夺,其势常也。若积水于防,燎火于原,未尝暂静也。器大者,不可以小道治;势重者,不可以争竞扰。古先哲王知其然也,是以捍其大患,御其大灾。百姓皆知上德之生己,而不谓浚己以生也,是以感而应之,悦而归之,如晨风之郁北林,龙鱼之趣薮泽也。然后设礼文以理之,断刑罚以威之,谨好恶以示之,审祸福以喻之,求明察以官之,尊慈爱以固之。故众知向方,皆乐其生而哀其死,悦其教而安其俗;君子勤礼,小人尽力,廉耻笃于家闾,邪辟消于胸怀。故其民有见危以授命,而不求生以害义,又况可奋臂大呼,聚之以干纪作乱乎!基广则难倾,根深则难拔,理节则不乱,胶结则不迁,是以昔之有天下者之所以长久也。夫岂无僻主,赖道德典刑以维持之也。

昔周之兴也,后稷生于姜嫄,而天命昭显,文武之功起于后稷。至于公刘,遭夏人之乱,去邰之幽,身服厥劳。至于太王,为戎翟所逼,而不忍百姓之命,杖策而去之。故从之如归市,一年成邑,二年成都,三年五倍其初。至于王季,能貊其德音;至于文王,而维新其命。由此观之,周家世积忠厚,仁及草木,内隆九族,外尊事黄耇,以成其福禄者也。而其妃后躬行四教,尊敬师傅,服澣濯之衣,修烦辱之事,化天下以成妇道。是以汉滨之女,守洁白之志,中林之士,有纯一之德,始于忧勤,终于逸乐。以三圣之知,伐独夫之纣,犹正其名教,曰逆取顺守。及周公遭变,陈后稷先公风化之所由,致王业之艰难者,则皆农夫女工衣食之事也。故自后稷之始基靖民,十五王而文始平之,十六王而武始居之,十八王而康克安之。故其积基树本,经纬礼俗,节理人情,恤隐民事,如此之缠绵也。今晋之兴也,功烈于百王,事捷于三代。

宜景遭多难之时,诛庶孽以便事,不及修公刘、太王之仁也。受遗辅政,屡遇废置,故齐王不明,不获思庸于亳;高贵冲人,不得复子明辟也。二祖逼禅代之期,不暇待参分八百之会也。是其创基立本,异于先代者也。加以朝寡纯德之人,乡乏不贰之老,风俗淫僻,耻尚失所,学者以老庄为宗而黜《六经》,谈者以虚荡为辨而贱名检,行身者以放浊为通而狭节信,进仕者以苟得为贵而鄙居正,当官者以望空为高而笑勤恪。是以刘颂屡言治道,傅咸每纠邪正,皆谓之俗吏;其倚杖虚旷,依阿无心者皆名重海内。若夫文王日昃不暇食,仲山甫夙夜匪懈者,盖共嗤黜以为灰尘矣。由是毁誉乱于善恶之实,情愿奔于货欲之涂。选者为人择官,官者为身择利,而执钧当轴之士,身兼官以十数。大极其尊,小录其要,而世族贵戚之子弟,陵迈超越,不拘资次。悠悠风尘,皆奔竞之士,列官千百,无让贤之举。子真著崇让而莫之省,子雅制九班而不得用。其妇女,庄栉织纴皆取成于婢仆,未尝知女工丝枲之业,中馈酒食之事也。先时而婚,任情而动,故皆不耻淫泆之过,不拘妒忌之恶,父兄不之罪也,天下莫之非也,又况责之闻四教于古,修贞顺于今,以辅佐君子者哉!礼法刑政于此大坏,如水斯积而决其提防,如火斯畜而离其薪燎也。国之将亡,未必先颠,其此之谓乎!故观阮籍之行,而觉礼教崩驰之所由也。察庚纯、贾充之争,而见师尹之多僻;考平吴之功,而知将帅之不让。思郭钦之谋,而寤戎狄之有衅;览傅玄、刘毅之言,而得百官之邪;核傅咸之奏、《钱神》之论,而睹宠赂之彰。民风国势如此,虽以中庸之主治之,辛有必见之于祭祀,季札必得之于声乐,范燮必为之请死,贾谊必为之痛哭,又况我惠帝以放荡之德临之哉!怀帝承乱得位,羁于强臣,愍帝奔播之后,徒厕其虚名,天下之政既去,非命世之雄才,不能取之矣!淳耀之烈未渝,故大命重集于中宗皇帝。

赞曰:怀佩玉玺,愍居黄屋。鳌坠三山,鲸吞九服,獯入金商,穹居未央。圜颅尽仆,方趾咸僵。大夫反首,徙我平阳。主忧臣哭,于何不臧!

卷六　　　帝纪第六

元　帝　明　帝

元皇帝讳睿,字景文,宣帝曾孙,琅邪恭王觐之子也。咸宁二年生于洛阳,有神光之异,一室尽明,所藉藁如始刈。及长,白豪生于日角之左,隆准龙颜,目有精曜,顾眄炜如也。年十五,嗣位琅邪王。幼有令闻。及惠皇之际,王室多故,帝每恭俭退让,以免于祸。沈敏有度量,不显灼然之迹,故时人未之识焉。惟侍中嵇绍异之,谓人曰:

"琅邪王毛骨非常,殆非人臣之相也。"元康二年,拜员外散骑常侍。累迁左将军,从讨成都王颖。荡阴之败也,叔父东安王繇为颖所害。帝惧祸及,将出奔。其夜月正明,而禁卫严警,帝无由得去,甚窘迫。有顷,云雾晦冥,雷雨暴至,徽者皆驰,因得潜出。颖先令诸关无得出贵人,帝既至河阳,为津吏所止。从者宋典后来,以策鞭帝马而笑曰:"舍长!官禁贵人,汝亦被拘邪!"吏乃听过。至洛阳,迎太妃俱归国。东海王越之收兵下邳也,假帝辅国将军。寻加平东将军、监徐州诸军事,镇下邳。俄迁安东将军、都督扬州诸军事。越西迎大驾,留帝居守。永嘉初,用王导计,始镇建邺,以顾荣为军司马,贺循为参佐,王敦、王导、周顗、刁协并为腹心股肱,宾礼名贤,存问风俗,江东归心焉。属太妃薨于国,自表奔丧,葬毕,还镇,增封宣城郡二万户,加镇东大将军、开府仪同三司。受越命,讨征东将军周馥,走之。及怀帝蒙尘于平阳,司空荀藩等移檄天下,推帝为盟主。江州刺史华轶不从,使豫章内史周广、前江州刺史卫展讨之。愍帝即位,加左丞相。岁余,进位丞相、大都督中外诸军事。遣诸将分定江东,斩叛者孙弼于宣城,平杜弢于湘州,承制赦荆扬。及西都不守,帝出师露次,躬擐甲胄,移檄四方,征天下之兵,克日进讨。于时有玉册见于临安,白玉麒麟神玺出于江宁,其文曰"长寿万年",日有重晕,皆以为中兴之象焉。

建武元年春二月辛巳,平东将军宋哲至,宣愍帝诏曰:"遭运迍否,皇纲不振。朕以寡德,奉承洪绪,不能祈天永命,绍隆中兴,至使凶戎敢帅犬羊,逼迫京辇。朕今幽塞穷域,忧虑万端,恐一旦崩溃。卿指诏丞相,具宣朕意,使摄万机,时据旧都,修复陵庙,以雪大耻。"三月,帝素服出次,举哀三日。西阳王羕及群僚参佐、州征牧守等上尊号,帝不许。羕等以死固请,至于再三。帝慨然流涕曰:"孤,罪人也,惟有蹈节死义,以雪天下之耻,庶贤铁钺之诛。吾本琅邪王,诸贤见逼不已!"乃呼私奴命驾,将反国。群臣乃不敢逼,请依魏晋故事为晋王,许之。辛卯,即王位,大赦,改元。其杀祖父母、父母,及刘聪、石勒,不从此令。诸参军拜奉车都尉,掾属驸马都尉。辟掾属百余人,时人谓之"百六掾"。乃备百官,立宗庙社稷于建康。时四方竞上符瑞,帝曰:"孤负四海之责,未能思愆,何徵祥之有?"丙辰,立世子绍为晋王太子。以抚军大将军、西阳王羕为太保,征南大将军、汉安侯王敦为大将军,右将军王导都督中外诸军事、骠骑将军,左长史刁协为尚书左仆射。封王子宣城公裒琅邪王。六月丙寅,司空、并州刺史、广武侯刘琨,幽州刺史、左贤王、渤海公段匹䃅,领护乌丸校尉、镇北将军刘翰,单于、广宁公段辰,辽西公段眷,冀州刺史、祝阿子劭续,青州刺史、广饶侯曹嶷,兖州刺史、定襄侯刘演,东夷校尉崔毖,鲜卑大都督慕容廆等一百八十人上书劝进,曰:

臣闻天生蒸民,树之以君,所以对越天地,司牧黎元。圣帝明王监其若此,知天地不可以乏飨,故屈其身以奉之;知蒸黎不可以无主,故不得已而临之。社稷时难,则威藩定其倾;郊庙或替,则宗哲纂其祀。

是以弘振遐风,式固万世,三五以降,靡不由之。伏惟高祖宣皇帝肇基景命,世祖武皇帝遂造区夏,三叶重光,四圣继轨,惠泽侔于有虞,卜世过于周氏。自元康以来,艰难繁兴,永嘉之际,氛厉弥昏,宸极失御,登遐丑裔,国家之危,有若缀旒。赖先后之德、宗庙之灵,皇帝嗣建,旧物克甄。诞授钦明,服膺聪哲,玉质幼彰,金声凤振。冢宰摄其纲,百辟辅其政,四海想中兴之美,群生怀来苏之望。不图天不悔祸,大灾荐臻,国未忘难,寇害寻兴。逆胡刘曜,纵逸西都,敢肆犬羊,陵虐天邑。臣奉表使还,乃承西朝以去年十一月不守,主上幽劫,复沈虏庭,神器流离,再辱荒逆。臣每览史籍,观之前载,厄运之极,古今未有。苟在食土之毛,含血之类,莫不叩心绝气,行号巷哭。况臣等荷宠三世,位厕鼎司,闻问震惶,精爽飞越,且惊且愧,五情无主,举哀朔垂,上下泣血。

臣闻昏明迭用,否泰相济,天命无改,历数有归。或多难以固邦国,或殷忧以启圣明。是以齐有无知之祸,而小白为五伯之长;晋有骊姬之难,而重耳以主诸侯之盟。社稷靡安,必将有以扶其危;黔首几绝,必将有以继其绪。伏惟陛下,玄德通于神明,圣姿合于两仪,应命世之期,绍千载之运。符瑞之表,天人有征;中兴之兆,图谶垂典。自京畿陨丧,九服崩离,天下嚣然,无所归怀,虽有夏之遘夷羿,宗姬之离犬戎,蔑以过之。陛下抚征江左,奄有旧吴,柔服以德,伐叛以刑,抗明威以摄不类,杖大顺以号宇内。纯化既敷,则率土宅心;义风既畅,则遐方企踵。百揆时叙于上,四门穆穆于下。昔少康之隆,夏训以为美谈;宣王中兴,周诗以为休咏。况茂勋格于皇天,清晖光于四海,苍生颙然,莫不欣戴,声教所加,愿为臣妾者哉!且宣皇之胤,惟有陛下,意兆攸归,曾无与二。天祚大晋,必将有主,主晋祀者,非陛下而谁!是以迩无异言,远无异望,讴歌者无不吟讽徽猷,狱讼者无不思于圣德。天地之际既交,华夷之情允洽。一角之兽,连理之木,以为休征者,盖有百数。冠带之伦,要荒之众,不谋同辞者,动以万计。是以臣等敢考天地之心,因函夏之趣,昧死上尊号。愿陛下存舜禹至公之情,狭由巢抗矫之节;以社稷为务,不以小行为先;以黔首为忧,不以克让为事;上尉宗庙乃顾之怀,下释普天倾首之勤。则所谓生繁华于枯荑,育丰肌于朽骨,神人获安,无不幸甚。

臣闻尊位不可久虚,万机不可久旷。虚之一日,则尊位以殆;旷之浃辰,则万机以乱。方今踵百王之季,当阳九之会,狡寇窥窬,伺国瑕隙,黎元波荡,无所系心,安可废而不恤哉?陛下虽欲逡巡,其若宗庙何?其若百姓何?昔者惠公虏秦,晋国震骇,吕郤之谋,欲立子围,外以绝敌人之志,内以固阇境之情。故曰"丧君有君,群臣辑睦,好我者劝,恶我者惧。"前事之不忘,后代之元龟也。陛下明并日月,无幽不烛,深谋远猷,出自胸怀。不胜犬马忧国之情,迟睹人神开泰之路,是以陈其乃诚,布之执事。臣等忝于方任，久在遐外，不得陪列阙庭，与睹盛礼，踊跃之怀，南望罔极。

帝优令答之。语在琨传。

石勒将石季龙围谯城，平西将军祖逖击走之。己巳，帝传檄天下曰："逆贼石勒，肆虐河朔，遭诛历载，游魂纵逸。复遣凶党石季龙犬羊之众，越河南渡，纵其鸩毒。平西将军祖逖帅众讨击，应时溃散。今遣车骑将军、琅邪王裒等九军，锐卒三万，水陆四道，径造贼场，受逖节度。有能枭季龙首者，赏绢三千匹，金五十斤，封县侯，食邑二千户。又贼党能枭送季龙首，封赏亦同之。"七月，散骑侍郎朱嵩、尚书郎顾球卒，帝痛之，将为举哀。有司奏，旧尚书郎不在举哀之例。帝曰："衰乱之弊，特相痛悼。"于是遂举哀，哭之甚恸。丁未，梁王悝薨。以太尉荀组为司徒。弛山泽之禁。八月甲午，封梁王世子翘为梁王。荆州刺史第五猗为贼帅杜曾所推，遂与曾反。九月戊寅，王敦使武昌太守赵诱、襄阳太守朱轨、陵江将军黄峻讨猗，为其将杜曾所败，诱等皆死。石勒害京兆太守华谭。梁州刺史周访讨杜曾，大破之。十月丁未，琅邪王裒薨。十一月甲子，封汝南王子弼为新蔡王。丁卯，以司空刘琨为太尉。置史官，立太学。是岁，扬州大旱。

太兴元年春正月戊申朔，临朝，悬而不乐。三月癸丑，愍帝崩问至，帝斩缞居庐。丙辰，百僚上尊号。令曰："孤以不德，当厄运之极，臣节未立，匡救未举，夙夜所以忘寝食也。今宗庙废绝，亿兆无系，群官庶尹，咸勉之以大政，亦何敢辞，辄敬从所执。"是日，即皇帝位。诏曰："昔我高祖宣皇帝，诞应期运，廓开王基。景、文皇帝，奕世重光，缉熙诸夏。爰暨世祖，应天顺时，受兹明命。功格天地，仁济宇宙。昊天不融，降此鞠凶，怀帝短世，越去王都。天祸荐臻，大行皇帝崩殂，社稷无奉。肆群后三司六事之人，畴咨庶尹，至于华戎，致茸大命于朕躬。予一人畏天之威，用弗敢违。遂登坛南狱，受终文祖，焚柴颁瑞，告类上帝。惟朕寡德，缵我洪绪，若涉大川，罔知攸济。惟尔股肱爪牙之佐，文武熊罴之臣，用能弼宁晋室，辅余一人。思与万国，共同休庆。"于是大赦，改元，文武增位二等。庚午，立王太子绍为皇太子。壬申，诏曰："昔之为政者，动人以行不以言，应天以实不以文，故我清静而人自正。其次听言观行，明试以功。其有政绩可述，刑狱得中，人无怨讼，久而日新，及当官软弱，茹柔吐刚，行身秽浊，修饰时誉者，各以名闻。令在事之人，仰鉴前烈，同心戮力，深思所以宽众息役，惠益百姓，无废朕命。远近礼赞，一切断之。"夏四月丁丑朔，日有食之。加大将军王敦江州牧，进骠骑将军王导开府仪同三司。戊寅，初禁招魂葬。乙酉，西平地震。五月癸丑，使持节、侍中、都督、太尉、并州刺史、广武侯刘琨为段匹䃅所害。六月，旱，帝亲雩。改丹阳内史为丹阳尹。甲申，以尚书左仆射刁协为尚书令，平南将军、曲陵公荀崧为尚书左仆射。庚寅，以荥阳太守李矩为都督司州诸军事、司州刺史。戊戌，封皇子晞为武陵王。初置谏鼓谤木。秋七月戊申，诏曰："王室多故，奸凶肆暴，皇纲驰坠，颠覆大猷。朕以不德，统承洪绪，夙夜忧危，思损其弊。二千石令长当祗奉旧宪，正身明法，抑齐豪强，存恤孤独，隐实户口，劝课农桑。州牧刺史当互相检察，不得顾私亏公。长吏有志在奉公而不见进用者，有贪惏秽浊而以财势自安者，若有不举，当受故纵蔽善之罪，有而不知，当受暗塞之责。各明慎奉行。"刘聪死，其子粲嗣伪位。八月，冀、徐、青三州蝗。靳准弑刘粲，自号汉王。冬十月癸未，加广州刺史陶侃平南将军。刘曜僭即皇帝位于赤壁。十一月乙卯，日夜出，高三丈，中有赤青珥。新蔡王弼薨。加大将军王敦荆州牧。庚申，诏曰："朕以寡德，篡承洪绪，上不能调和阴阳，下不能济育群生，灾异屡兴，咎徵仍见。壬子、乙卯，雷震暴雨，盖天灾谴戒，所以彰朕之不德也。群公卿士，其各上封事，具陈得失，无有所讳，将亲览焉。"新作听讼观。故阳侯孙皓子璠谋反，伏诛。十二月，刘聪故将王腾、马忠等诛靳准，送传国玺于刘曜。武昌地震。丁丑，封显义亭侯焕为琅邪王。己卯，琅邪王焕薨。癸巳，诏曰："汉高经大梁，美无忌之贤；齐师入鲁，修柳下惠之墓。其吴之高德名贤或未旌录者，具条列以闻。"江东三郡饥，遣使振给之。彭城内史周抚杀沛国内史周默以反。

二年春正月丁卯，崇阳陵毁，帝素服哭三日；使冠军将军梁堪、守太常马龟等修复山陵。迎梓宫于平阳，不克而还。二月，太山太守徐龛斩周抚，传首京师。夏四月，龙骧将军陈川以浚仪叛。降于石勒。太山太守徐龛以郡叛，自号兖州刺史，寇济岱。秦州刺史陈安叛，降于刘曜。五月癸丑，太阳陵毁，帝素服哭三日。徐杨及江西诸郡蝗。吴郡大饥。平北将军祖逖及石勒将石季龙战于浚仪，王师败绩。壬戌，诏曰："天下凋弊，加以灾荒，百姓困穷，国用并匮，吴郡饥人死者百数。天生蒸黎而树之以君，选建明哲以左右之，当深思以救其弊。昔吴起为楚悼王明法审令，捐不急之官，除废公族疏远，以附益将士，而国富兵强。况今日之弊，百姓凋困邪！当去非急之务，非军事所须者皆省之。"甲子，梁州刺史周访及杜曾战于武当，斩之，禽第五猗。六月丙子，加周访安南将军。罢御府及诸郡丞，置博士员五人。己亥，加太常贺循开府仪同三司。秋七月乙丑，太常贺循卒。八月，肃慎献楛矢石砮。徐龛寇东莞，遣太子左卫率羊鉴行征虏将军，统徐州刺史蔡豹讨之。冬十月，平北将军祖逖使督护陈超袭石勒将桃豹，超败，没于阵。十一月戊寅，石勒僭即王位，国号赵。十二月乙亥，大赦，诏百官各上封事，并省众役。鲜卑慕容廆袭辽东，东夷校尉、平州刺史崔毖奔高句骊。是岁，南阳王保称晋王于祁山。三吴大饥。

三年春正月丁酉朔，晋王保为刘曜所逼，迁于桑城。二月辛未，石勒将石季龙寇厌次，平北将军、冀州刺史邵续击之，续败，没于阵。三月，慕容廆奉送玉玺三纽。闰月，以尚书周顗为尚书仆射。夏四月壬辰，枉矢流于翼轸。五月丙寅，孝怀帝太子诠遇害于平阳，帝三日哭。庚寅，地震。是月，晋王保为其将张春所害。刘曜使陈安攻春，灭之，安因叛曜。石勒将徐龛帅众来降。六月，大水。丁酉，盗杀西中郎将、护羌校尉、凉州刺史、西平公张寔，寔弟茂嗣，领平西将军、凉州刺史。秋七月丁亥，诏曰：

"先公武王、先考恭王临君琅邪四十余年,惠泽加于百姓,遗爱结于人情。朕应天符,创基江表,兆庶宅心,禔负子来。琅邪国人在此者近有千户,今立为怀德县,统丹阳郡。昔汉高祖以沛为汤沐邑,光武亦复南顿,优复之科一依汉氏故事。"祖逖部将卫策大破石勒别军于汴水。加逖为镇西将军。八月戊午,尊敬王后虞氏为敬皇后。辛酉,迁神主于太庙。辛未,梁州刺史、安南将军周访卒。皇太子释奠于太学。以湘州刺史甘卓为安南将军、梁州刺史。九月,徐龛又叛,降于石勒。冬十月丙辰,徐州刺史蔡豹以畏懦伏诛。王敦杀武陵内史向硕。

四年春二月,徐龛又帅众来降。鲜卑末波奉送皇帝信玺。庚戌,告于太庙,乃受之。癸亥,日斗。三月,置周易、仪礼、公羊博士。癸酉,以平东将军曹嶷为安东将军。夏四月辛亥,帝亲览庶狱。石勒攻厌次,陷之。抚军将军、幽州刺史段匹磾没于勒。五月,旱。庚申,诏曰:"昔汉二祖及魏武皆免良人,武帝时,凉州覆败,诸为奴婢亦皆复籍,此累代成规也。其免中州良人遭难为扬州诸郡僮客者,以备征役。"秋七月,大水。甲戌,以尚书戴若思为征西将军、都督司兖豫并冀雍六州诸军事、司州刺史,镇合肥;丹阳尹刘隗为镇北将军、都督青徐幽平四州诸军事、青州刺史,镇淮阴。壬午,以骠骑将军王导为司空。八月,常山崩。九月壬寅,镇西将军、豫州刺史祖逖卒。冬十月壬午,以逖弟侍中约为平西将军、豫州刺史。十二月,以慕容廆为持节、都督幽平二州东夷诸军事、平州牧,封辽东郡公。

永昌元年正月乙卯,大赦,改元。戊辰,大将军王敦举兵于武昌,以诛刘隗为名,龙骧将军沈充帅众应之。三月,徵征西将军戴若思、镇北将军刘隗还京都。以司空王导为前锋大都督,以戴若思为骠骑将军,丹阳诸将皆加军号。加仆射周顗尚书左仆射,领军王邃尚书右仆射。以太子右卫率周筵行冠军将军,统兵三千讨沈充。甲午,封皇子昱为琅邪王。刘隗军于金城,右将军周札守石头,帝亲被甲徇六师于郊外。遣平南将军陶侃领江州,安南将军甘卓领荆州,各帅所统以蹑敦后。四月,敦前锋攻石头,周札开城门应之,奋威将军侯礼死之。敦据石头,戴若思、刘隗帅众攻之,王导、周顗、郭逸、虞潭等三道出战,六军败绩。尚书令刁协奔于江乘,为贼所害。镇北将军刘隗奔于石勒。帝遣使谓敦曰:"公若不忘本朝,于此息兵,则天下尚可共安也。如其不然,腾当归于琅邪,以避贤路。"辛未,大赦。敦乃自为丞相、都督中外诸军、录尚书事,封武昌郡公,邑万户。丙子,骠骑将军、秣陵侯戴若思、尚书左仆射、护军将军、武城侯周顗为敦所害。敦将沈充陷吴国,魏乂陷湘州,吴国内史张茂,湘州刺史、谯王承并遇害。五月壬申,敦以太保、西阳王羕为太宰,加司空王导尚书令。乙亥,镇南大将军甘卓为襄阳太守周虑所害。蜀贼张龙寇巴东,建平太守柳纯击走之。石勒遣骑寇河南。六月,旱。秋七月,王敦自加兖州刺史郗鉴为安北将军。石勒将石季龙攻陷太山,执守将徐龛。兖州刺史郗鉴自邹山退守合肥。八月,敦以其见含为卫将军,自领宁、益二州都督。琅邪太守孙默叛,降于石勒。冬十月,大疫,死者十二三。己丑,都督荆梁二州诸军事、平南将军、荆州刺史、武陵侯王廙卒。辛卯,以下邳内史王邃为征北将军、都督青徐幽平四州诸军事,镇淮阴。新昌太守梁硕起兵反。京师大雾,黑气蔽天,日月无光。石勒攻陷襄城、城父,遂围谯,破祖约别军,约退据寿春。十一月,以司徒荀组为太尉。己酉,太尉荀组薨。罢司徒,并丞相。闰月己丑,帝崩于内殿,时年四十七,葬建平陵,庙号中宗。

帝性简俭冲素,容纳直言,虚己待物。初镇江东,颇以酒废事,王导深以为言,帝命酌,引觞覆之,于此遂绝。有司尝奏太极殿广室施绛帐,帝曰:"汉文集上书皁囊为帷。"遂令冬施青布,夏施青绫帷帐。将拜贵人,有司请市雀钗,帝以烦费不许。所幸郑夫人衣无文彩。从母弟王廙为母立屋过制,流涕止之。然晋室遭纷,皇舆播越,天命未改,人谋叶赞。元戎屡动,不出江畿,经略区区,仅全吴楚。终于下陵上辱,忧愤告谢。恭俭之德虽充,雄武之量不足。始秦时望气者云"五百年后金陵有天子气",故始皇东游以厌之,改其地曰秣陵,堑北山以绝其势。及孙权之称号。自谓当之。孙盛以为始皇建于孙氏四百三十七载,考其历数,犹为未及;元帝之渡江也,乃五百二十六年,真人之应在于此矣。咸宁初,风吹太社树折,社中有青气,占者以为东莞有帝者之祥。由是徙封东莞王于琅邪,即武王也。及吴之亡,王濬实先至建邺,而皓之降款,远归玺于琅邪。天意人事,又符中兴之兆。太安之际,童谣云:"五马浮渡江,一马化为龙。"及永嘉中,岁、镇、荧惑、太白聚斗、牛之间,识者以为吴越之地当兴王者。是岁,王室沦覆,帝与西阳、汝南、南顿、彭城五王获济,而帝竟登大位焉。初,玄石图有"牛继马后",故宣帝深忌牛氏,遂为二榼,共一口,以贮酒焉,帝先饮佳者,而以毒酒鸩其将牛金。而恭王妃夏侯氏竟通小吏牛氏而生元帝,亦有符云。

史臣曰:晋氏不虞,自中流外,五胡扛鼎,七庙隳尊,滔天方驾,则民怀其旧德者矣。昔光武以数郡加名,元皇以一州临极,岂武宣余化犹畅于琅邪,文景垂仁传芳于南顿,所谓后乎天时,先诸人事者也。驰章献号,高盖成阴,星斗呈祥,金陵表庆。陶士行拥三州之旅,郢外以安;王茂弘为分陕之计,江东可立。或高旌未拂,而退心斯偃,回首朝阳,仰希乾栋,帝犹六让不居,七辞而不免也。布帐绿帷,详刑简化,抑扬前轨,光启中兴。古首私家不蓄甲兵,大臣不为威福,王之常制,以训股肱。中宗失驭强臣,自亡齐斧,两京胡羯,风埃相望。虽复六月之驾无闻,而鸿雁之歌方远,享国无几,哀哉!

明皇帝讳绍,字道畿,元皇帝长子也。幼而聪哲,为元帝所宠异。年数岁,尝坐置膝前,属长安使来,因问帝曰:"汝谓日与长安孰远?"对曰:"长安近。不闻人从日边来,居然可知也。"元帝异之。明日,宴群僚,又问之。对曰:"日近。"元帝失色,曰:"何乃异间者之言乎?"对曰:"举目则见日,不见长安。"由是益奇之。

建兴初,拜东中郎将,镇广陵。元帝为晋王,立为晋王太子。及帝即尊号，立为皇太子。性至孝，有文武才略，钦贤爱客，雅好文辞。当时名臣，自王导、庾亮、温峤、桓彝、阮放等，咸见亲待。尝论圣人真假之意，导等不能屈。又习武艺，善抚将士。于时东朝济济，远近属心焉。及王敦之乱，六军败绩，帝欲帅将士决战，升车将出，中庶子温峤固谏，抽剑斩鞅，乃止。敦素以帝神武明略，朝野之所钦信，欲诬以不孝而废焉。大会百官而问温峤曰："皇太子以何德称？"声色俱厉，必欲使有言。峤对曰："钩深致远，盖非浅局所量。以礼观之，可称为孝矣。"众皆以为信然，敦谋遂止。

永昌元年闰月己丑，元帝崩。庚寅，太子即皇帝位，大赦，尊所生荀氏为建安郡君。

太宁元年春正月癸巳，黄雾四塞，京师火。李雄使其将李骧、任回寇台登，将军司马玖死之。越巂太守李钊、汉嘉太守王载以郡叛，降于骧。二月，葬元帝于建平陵，帝徒跣至于陵所。以特进华恒为骠骑将军、都督石头水陆军事。乙丑，黄雾四塞。丙寅，陨霜。壬申，又陨霜，杀谷。三月戊寅朔，改元，临轩，停飨宴之礼，悬而不乐。丙戌，陨霜，杀草。饶安、东光、安陵三县灾，烧七千余家，死者万五千人。石勒攻陷下邳，徐州刺史卞敦退保盱眙。王敦献皇帝信玺一纽。敦将谋篡逆，讽朝廷徵己，帝乃手诏徵之。夏四月，敦下屯于湖，转司空王导为司徒，自领扬州牧。巴东监军柳纯为敦所害。以尚书陈眕为都督幽平二州诸军事、幽州刺史。五月，京师大水。李骧等寇宁州，刺史王逊遣将姚岳距战于堂狼，大破之。梁硕攻陷交州，刺史王谅死之。六月壬子，立皇后庾氏。平南将军陶侃遣参军高宝攻梁硕，斩之，传首京师。进侃位征南大将军、开府仪同三司。秋七月丙子朔，震太极殿柱。是月，刘曜攻陈安于陇城，灭之。八月，以安北将军郗鉴为尚书令。石勒将石季龙攻青州，刺史曹嶷遇害。冬十一月，王敦以其兄征南大将军含为征东大将军、都督扬州江西诸军事。以军事饥乏，调刺史以下米各有差。

二年春正月丁丑，帝临朝，停飨宴之礼，悬而不乐。庚辰，赦五岁刑以下。术人李脱造妖书惑众，斩于建康市。石勒将石季龙寇兖州，刺史刘遐自彭城退保泗口。三月，刘曜将康平寇魏兴，及南阳。夏五月，王敦矫诏拜其子应为武卫将军，兄含为骠骑大将军。帝所亲信常从督公乘雄、冉曾并为敦所害。六月，敦将举兵内向，帝密知之，乃乘巴滇骏马微行，至于湖，阴察敦营垒而出。有军士疑帝非常人。又敦正昼寝，梦日环其城，惊起曰："此必黄须鲜卑奴来也。"帝母荀氏，燕代人，帝状类外氏，须黄，敦故谓帝云。于是使五骑物色追帝。帝亦驰去，马有遗粪，辄以水灌之。见逆旅卖食妪，以七宝鞭与之，曰："后有骑来，可以此示也。"俄而追者至，问妪。妪曰："去已远矣。"因以鞭示之。五骑传玩，稽留遂久，又见马粪冷，以为信远而止不追。帝仅而获免。丁卯，加司徒王导大都督、假节，领扬州刺史，以丹阳尹温峤为中垒将军，与右将军卞敦守石头，以光禄勋应詹为护军将军、假节，督朱雀桥南诸军事，以尚书令郗鉴行卫将军、都督从驾诸军事，以中书监庾亮领左卫将军，以尚书卞壸行中军将军。征平北将军、徐州刺史王邃，平西将军、豫州刺史祖约，北中郎将、兖州刺史刘遐，奋武将军、临淮太守苏峻，奋威将军、广陵太守陶瞻等还卫京师。帝次于中堂。秋七月壬申朔，敦遣其兄含及钱凤、周抚、邓岳等水陆五万，至于南岸。温峤移屯水北，烧朱雀桁，以挫其锋。帝躬率六军，出次南皇堂。至癸酉夜，募壮士，遣将军段秀、中军司马曹浑、左卫参军陈嵩、钟寅等甲卒千人渡水，掩其未备。平旦，战于越城，大破之，斩其前锋将何康。王敦愤惋而死。前宗正虞潭起义师于会稽。沈充帅万余人来会含等，庚辰，筑垒于陵口。丁亥，刘遐、苏峻等帅精卒万人以至，帝夜见，劳之，赐将士各有差。义兴人周蹇杀敦所署太守刘芳，平西将军祖约逐敦所署淮南太守任台于寿春。乙未，贼众济水，护军将军应詹帅建威将军赵胤等距战，不利。贼至宣阳门，北中郎将刘遐、苏峻等自南塘横击，大破之。刘遐又破沈充于青溪。丙申，贼烧营宵遁。丁酉，帝还宫，大赦，惟敦党不原。于是分遣诸将追其党与，悉平之。封司徒王导为始兴郡公，邑三千户，赐绢九千匹；丹阳尹温峤建宁县公，尚书卞壸建兴公，中书监庾亮永昌县公，北中郎将刘遐泉陵县公，奋武将军苏峻邵陵县公，邑各一千八百户，绢各五千四百匹；尚书令郗鉴高平县侯，护军将军应詹观阳县侯，邑各千六百户，绢各四千八百匹；建威将军赵胤湘南县侯，右将军卞敦益阳县侯，邑各千六百户，绢各三千二百匹。其余封赏各有差。冬十月，以司徒王导为太保、领司徒，太宰、西阳王羕领太尉，应詹为平南将军、都督江州诸军事、江州刺史，刘遐为监淮北诸军事、徐州刺史，庾亮为护军将军。诏王敦群从一无所问。是时，石勒将石生屯洛阳，豫州刺史祖约退保寿阳。十二月壬子，帝谒建平陵，从大祥之礼。梁水太守爨亮、益州太守李逖以兴古叛，降于李雄。沈充故将顾飏反于武康，攻烧城邑，州县讨斩之。

三年春二月戊辰，复三族刑，惟不及妇人。三月，幽州刺史段末波卒，以弟牙嗣。戊辰，立皇子衍为皇太子，大赦，增文武位二等，大酺三日，赐鳏寡孤独帛，人二匹。癸巳，征处士临海任旭、会稽虞喜并为博士。夏四月，诏曰："大事初定，其命惟新。其令太宰、司徒已下，诣都坐参议政道，诸所因革，务尽事中。"又诏曰："餐直言，引亮正，想群贤达吾此怀矣。予违汝弼，尧舜之相君臣也。吾虽虚暗，庶不距逆耳之谈。稷契之任，君居之矣。望共勖之。"己亥，雨雹。石勒将石良寇兖州，刺史檀赟力战，死之。将军李矩等并众溃而归，石勒尽陷司、兖、豫三州之地。五月，以征南大将军陶侃为征西大将军、都督荆湘雍梁四州诸军事、荆州刺史，王舒为安南将军、都督广州诸军事、广州刺史。六月，石勒将石季龙攻刘曜将刘岳于新安，陷之。以广州刺史王舒为都督湘州诸军事、湘州刺史，湘州刺史刘顗为平越中郎将、都督广州诸军事、广州刺史。大旱，自正月不雨，至于是月。秋七月辛未，以尚书令郗鉴为车骑将军、都督青兖二州诸军事、假节，镇广陵，领军将军卞壸为尚书令。诏曰："三恪二王，世代之所重；兴灭继绝，政道之所先。又宗室哲王有功勋于大晋受命之际者，佐命功臣，硕德名贤，三祖所与共维大业，咸开国胙土、誓同山河者，而并废绝，禋祀不传，甚用怀伤。主者其祥议诸应立后者以闻。"又诏曰："郊祀天地，帝王之重事。自中兴以来，惟南郊，未曾北郊，四时五郊之礼都不复设，五岳、四渎、名山、大川载在祀典应望秩者，悉废而未举。主者其依旧详处。"八月，诏曰："昔周武克殷，封比干之墓；汉高过赵，录乐毅之后，追显既往，以劝将来也。吴时将相名贤之胄，有能纂修家训，又忠孝仁义，静己守真，不闻于时者，州郡中正亟以名闻，勿有所遗。"闰月，以尚书左仆射荀崧为光禄大夫、录尚书事，尚书邓攸为尚书左仆射。壬午，帝不豫，召太宰、西阳王羕，司徒王导，尚书令卞壶，车骑将军郗鉴，护军将军庾亮，领军将军陆晔，丹阳尹温峤并受遗诏，辅太子。丁亥，诏曰："自古有死，贤圣所同，寿夭穷达，归于一概，亦何足特痛哉！朕枕疾已久，常虑忽然。仰惟祖宗洪基，不能克终堂构，大耻未雪，百姓涂炭，所以有慨耳。不幸之日，敛以时服，一遵先度，务从简约，劳众崇饰，皆勿为也。衍以幼弱，猥当大重，当赖忠贤，训而成之。昔周公匡辅成王，霍氏拥育孝昭，义行前典，功冠二代，岂非宗臣之道乎？凡此公卿，时之望也。敬听顾命，任托付之重，同心断金，以谋王室。诸方岳征镇，刺史将守，皆朕扞城，推毂于外，虽事有内外，其致一也。故不有行者，谁扞牧圉？譬若唇齿，表里相资。宜戮力一心，若合符契，思美焉之美，以缉事为期。百辟卿士，其总己以听于冢宰，保祐冲幼，弘济艰难，永令祖宗之灵，宁于九天之上，则朕没于地下，无恨黄泉。"戊子，帝崩于东堂，年二十七，葬武平陵，庙号肃祖。

帝聪明有机断，尤精物理。于时兵凶岁饥，死疫过半，虚弊既甚，事极艰虞。属王敦挟震主之威，将移神器。帝骋驱遵养，以弱制强，潜谋独断，廓清大祲。改授荆、湘等四州，以分上流之势，拨乱反正，强本弱枝。虽享国日浅，而规模弘远矣。

史臣曰：维扬作宇，凭带洪流，楚江恒战，方城对敌，不得不推诚将相，以总戎麾。楼船万计，兵倍王室，处其利而无心者，周公其人也。威权外假，嫌隙内兴，彼有顺流之师，此无强藩之援。商逢九乱，尧止八音，明皇负图，属在兹日。运龙韬于掌握，起天旆于江靡，燎其余烬，有若秋原。去缞绖而践戎场，斩鲸鲵而拜园阙。镇削邦权，州分江汉，覆车不践，贻厥孙谋。其后七十余年，终罹敬道之害。或曰："兴亡在运，非止上流。"岂创制不殊，而弘之者异也。

赞曰：倾天起害，猛兽呈灾。琅邪之子，仁义归来。龚行赵璧，命笺荆台。云瞻北晦，江望南开。晋阳御敌，河西全壤。胡寇虽艰，灵心弗爽。三方驰骛，百蛮从响。宝命还昌，金辉载明。明后岐嶷，军书接要。莽首晨悬，董脐昏燎。厥德不回，余风可劭。

卷七　　　　帝纪第七

成　帝　康　帝

成皇帝讳衍，字世根，明帝长子也。太宁三年三月戊辰，立为皇太子。闰月戊子，明帝崩。己丑，太子即皇帝位，大赦，增文武位二等，赐鳏寡孤老帛，人二匹，尊皇后庾氏为皇太后。秋九月癸卯，皇太后临朝称制。司徒王导录尚书事，与中书令庾亮参辅朝政。以抚军将军、南顿王宗为骠骑将军，领军将军、汝南王祐为卫将军。辛丑，葬明帝于武平陵。冬十一月癸巳朔，日有蚀之。广陵相曹浑有罪，下狱死。

咸和元年春二月丁亥，大赦，改元，大酺五日，赐鳏寡孤老米，二人斛，京师百里内复一年。夏四月，石勒遣其将石生寇汝南，汝南人执内史祖济以叛。甲子，尚书左仆射邓攸卒。五月，大水。六月癸亥，使持节、散骑常侍、监淮北诸军事、北中郎将、徐州刺史、泉陵公刘遐卒。癸酉，以车骑将军郗鉴领徐州刺史，征虏将军郭默为北中郎将、假节、监淮北诸军。刘遐部曲李龙、史迭奉遐子肇代遐位以距默，临淮太守刘矫击破之，斩龙，传首京师。秋七月癸丑，使持节、都督江州诸军事、江州刺史、平南将军、观阳伯应詹卒。八月，以给事中、前将军、丹阳尹温峤为平南将军、假节、都督、江州刺史。九月，旱。李雄将张龙寇涪陵，执太守谢俊。冬十月，封魏武帝玄孙曹励为陈留王，以绍魏。丙寅，卫将军、汝南王祐薨。己巳，封皇弟岳为吴王。车骑将军、南顿王宗有罪，伏诛，贬其族为马氏。免太宰、西阳王羕，降为弋阳县王。庚辰，赦百里内五岁以下刑。是月，刘曜将黄秀、帛成寇酂，平北将军魏该帅众奔襄阳。十一月壬子，大阅于南郊。改定王侯国秩，九分食一。石勒将石聪攻寿阳，不克，遂侵逡遒、阜陵。加司徒王导大司马、假黄钺、都督中外征讨诸军事以御之。历阳太守苏峻遣其将韩晃讨石聪，走之。时大旱，自六月不雨，至于是月。十二月，济岷太守刘闿杀下邳内史夏侯嘉，叛降石勒。梁王翘薨。

二年春正月，宁州秀才庞遗起义兵，攻李雄将任回、李谦等，雄遣其将罗恒、费黑救之。宁州刺史尹奉遣裨将姚岳、朱提太守杨术援遗，战于台登，岳等败绩，术死之。三月，益州地震。夏四月，旱。己未，豫章地震。五月甲申朔，日有蚀之。丙戌，加豫州刺史祖约为镇西将军。戊子，京师大水。冬十月，刘曜使其子胤侵枹罕，遂略河南地。十一月，豫州刺史祖约、历阳太守苏峻等反。十二月辛亥，苏峻使其将韩晃入姑孰，屠于湖。壬子，彭城王雄、章武王休叛，奔峻。庚申，京师戒严。假护军将军庾亮节为征讨都督，以右卫将军赵胤为冠军将军、历阳太守，使与左将军司马流帅师距峻，战于慈湖，流败，死之。假骁骑将军钟雅节，帅舟军，与赵胤为前锋，以距峻。丙寅，徙封琅邪王昱为会稽王,吴王岳为琅邪王。辛未,宣城内史桓彝及峻战于芜湖,彝军败绩。军骑将军郗鉴遣广陵相刘矩帅师赴京师。

三年春正月,平南将军温峤帅师救京师,次于寻阳,遣督护王愆期、西阳太守邓岳、鄱阳太守纪睦为前锋。征西大将军陶侃遣督护龚登受峤节度。钟雅、赵胤等次慈湖,王愆期、邓岳等次直渎。丁未,峻济自横江,登牛渚。二月庚戌,峻至于蒋山。假领军将军卞壶节,帅六军,及峻战于西陵,王师败绩。丙辰,峻攻青溪栅,因风纵火,王师又大败。尚书令、领军将军卞壶,丹阳尹羊曼,黄门侍郎周导,庐江太守陶瞻并遇害,死者数千人。庾亮又败于宣阳门内,遂携其诸弟与郭默、赵胤奔寻阳。于是司徒王导、右光禄大夫陆晔、荀崧等卫帝于太极殿,太常孔愉守宗庙。贼乘胜麾戈接于帝座,突入太后后宫,左右侍人皆见掠夺。是时太官唯有烧余米数石,以供御膳。百姓号泣,响震都邑。丁巳,峻矫诏大赦,又以祖约为侍中、太尉、尚书令,自为骠骑将军、录尚书事。吴郡太守庾冰奔于会稽。三月丙子,皇太后庾氏崩。夏四月,石勒攻宛,南阳太守王国叛,降于勒。壬申,葬明穆皇后于武平陵。五月乙未,峻逼迁天子于石头,帝哀泣升车,宫中恸哭。峻以仓屋为宫,遣管商、张瑾、弘徽寇晋陵,韩晃寇义兴。吴兴太守虞潭与庾冰、王舒等起义兵于三吴。丙午,征西大将军陶侃、平南将军温峤、护军将军庾亮、平北将军魏该舟军四万,次于蔡洲。六月,韩晃攻宣城,内史桓彝力战,死之。壬辰,平北将军、雍州刺史魏该卒于师。庐江太守毛宝攻贼将合肥戍,拔之。秋七月,祖约为石勒将石聪所攻,众溃,奔于历阳。石勒将石季龙攻刘曜于蒲坂。八月,曜及石季龙战于高候,季龙败绩,曜遂围石生于洛阳。九月戊申,司徒王导奔于白石。庚午,陶侃使督护杨谦攻峻于石头。温峤、庾亮阵于白石,竟陵太守李阳距贼南偏。峻轻骑出战,坠马,斩之,众遂大溃。贼党更立峻弟逸为帅。前交州刺史张琏据始兴反,进攻广州,镇南司马曾禩等击破之。冬十月,李雄将张龙寇涪陵,太守赵弼没于贼。十二月乙未,石勒败刘曜于洛阳,获之。是岁,石勒将石季龙攻氐帅蒲洪于陇山,降之。

四年春正月,帝在石头,贼将匡术以苑城归顺,百官赴焉。侍中钟雅、右卫将军刘超谋奉帝出,为贼所害。戊辰,冠军将军赵胤遣将甘苗讨祖约于历阳,败之,约奔于石勒,其将牵腾帅众降。峻子硕攻台城,又焚太极东堂、秘阁,皆尽。城中大饥,米斗万钱。二月,大雨霖。丙戌,诸军攻石头。李阳与苏逸战于柤浦,阳军败。建威长史滕含以锐卒击之,逸等大败。含奉帝御于温峤舟,群臣顿首号泣请罪。弋阳王羕有罪,伏诛。丁亥,大赦。时兵火之后,宫阙灰烬,以建平园为宫。甲午,苏逸以万余人自延陵湖将入吴兴。乙未,将军王允之及逸战于溧阳,获之。壬寅,以湘州并荆州。刘曜太子熙与其大司马刘胤帅百官奔于上邽,关中大乱。三月壬子,以征西大将军陶侃为太尉,封长沙郡公;车骑将军郗鉴为司空,封南昌县公;平南将军温峤为骠骑将军、开府仪同三司,封始安郡公。其余封拜各有差。庚午,以右光禄大夫陆晔为卫将军、开府仪同三司,复封高密王纮为彭城王。以护军将军庾亮为平西将军、都督扬州之宣城江西诸军事、假节,领豫州刺史,镇芜湖。夏四月乙未,骠骑将军、始安公温峤卒。秋七月,有星孛于西北。会稽、吴兴、宣城、丹阳大水。诏复遭贼郡县租税三年。八月,刘曜将刘胤等帅众寇石生,次于雍。九月,石勒将石季龙击胤,斩之,进屠上邽,尽灭刘氏,坑其党三千余人。冬十月,庐山崩。十二月壬辰,右将军郭默害平南将军、江州刺史刘胤,太尉陶侃帅众讨默。是岁,天裂西北。

五年春正月己亥,大赦。癸亥,诏除诸军任子。二月,以尚书陆玩为尚书左仆射,孔愉为右仆射。夏五月,旱,且饥疫。乙卯,太尉陶侃擒郭默于寻阳,斩之。石勒将刘徵寇南沙,都尉许儒遇害,进入海虞。六月癸巳,初税田,亩三升。秋八月,石勒僭即皇帝位,使其将郭敬寇襄阳。南中郎将周抚退归武昌,中州流人悉降于勒。郭敬遂寇襄阳,屯于樊城。九月,造新宫,始缮苑城。甲辰,徙乐成王钦为河间王,封彭城王纮子浚为高密王。冬十月丁丑,幸司徒王导第,置酒大会。李雄将李寿寇巴东、建平,监军毌丘奥、太守杨谦退归宜都。十二月,张骏称臣于石勒。

六年春正月癸巳,刘徵复寇娄县,遂掠武进。乙未,进司空郗鉴都督吴国诸军事。戊午,以运漕不继,发王公已下千余丁,各运米六斛。二月乙丑,以幽州刺史、大单于段辽为骠骑将军。三月壬戌朔,日有蚀之。癸未,诏举贤良直言之士。夏四月,旱。六月丙申,复故河间王颙爵位,封彭城王植子融为乐成王,章武王混子珍为章武王。秋七月,李雄将李寿侵阴平,武都氐帅杨难敌降之。八月庚子,以左仆射陆玩为尚书令。

七年春正月辛未,大赦。三月,西中郎将赵胤、司徒中郎匡术攻石勒马头坞,克之。勒将韩雍寇南沙及海虞。夏四月,勒将郭敬陷襄阳。五月,大水。秋七月丙辰,诏诸养兽之属,损费者多,一切除之。太尉陶侃遣子平西参军斌与南中郎将桓宣攻石勒将郭敬,破之,克樊城。竟陵太守李阳拔新野、襄阳,因而戍之。冬十一月壬子朔,进太尉陶侃为大将军。诏举贤良。十二月庚戌,帝迁于新宫。

八年春正月辛亥朔,诏曰:"昔犬贼纵暴,宫室焚荡,元恶虽翦,未暇营筑。有司屡陈,朝会逼狭,遂作斯宫,子来之劳,不日而成。既获临御,大飨群后,九宾充诞,百官象物。知君子勤礼,小人尽力矣。思蠲密纲,咸同斯惠,其赦五岁刑以下。"令诸郡举力人能举千五百斤以上者。丙寅,李雄将李寿陷宁州,刺史尹奉及建宁太守霍彪并降之。癸酉,以张骏为镇西大将军。丙子,石勒遣使致赂,诏焚之。夏四月,诏封故新蔡王弼弟邈为新蔡王。以束帛征处士寻阳翟汤、会稽虞喜。五月,有星陨于肥乡。麒麟、驺虞见于辽东。乙未,车骑将军、辽东公慕容廆卒,子皝嗣位。六月甲辰,抚军将军王舒卒。秋七月戊辰,石勒死,子弘嗣伪位,其将石聪以谯来降。冬十月,石弘将石生起兵于关中,称秦州刺史,遣使来降。石弘将石季龙攻石朗于洛阳,因进击石生,俱灭之。十二月,石生故部将郭权遣使请降。

九年春正月,陨石于凉州二。以郭权为镇西将军、雍州刺史。二月丁卯,加镇西大将军张骏为大将军。三月丁酉,会稽地震。夏四月,石弘将石季龙使石斌攻郭权于鄜,陷之。六月,李雄死,其兄子班嗣伪位。乙卯,太尉、长沙公陶侃薨。大旱,诏太官撤膳;省刑,恤孤寡,贬费节用。辛未,加平西将军庾亮都督江、荆、豫、益、梁、雍六州诸军事。秋八月,大雩。自五月不雨,至于是月。九月戊寅,散骑常侍、卫将军、江陵公陆晔卒。冬十月,李雄子期弑李班而自立,班弟玝与其将焦仓、罗凯等并来降。十一月,石季龙弑石弘,自立为天王。十二月丁卯,以东海王冲为车骑将军,琅邪王岳为骠骑将军。兰陵人朱纵斩石季龙将郭祥,以彭城来降。

咸康元年春正月庚午朔,帝加元服,大赦,改元,增文武位一等,大酺三日,赐鳏寡孤独不能自存者米,人五斛。二月甲子,帝亲释奠。扬州诸郡饥,遣使振给。三月乙酉,幸司徒府。夏四月癸卯,石季龙寇历阳,加司徒王导大司马、假黄钺、都督征讨诸军事,以御之。癸丑,帝观兵于广莫门,分命诸将,遣将军刘仕救历阳,平西将军赵胤屯慈湖,龙骧将军路永戍牛渚,建武将军王允之戍芜湖。司空郗鉴使广陵相陈光帅众卫京师,贼退向襄阳。戊午,解严。石季龙将石遇陷中庐,南中郎将王国退保襄阳。秋八月,长沙、武陵大水。束帛徵处士翟汤、郭翻。冬十月乙未朔,日有蚀之。是岁,大旱,会稽余姚尤甚,米斗五百价,人相卖。

二年春正月辛巳,彗星见于奎。以吴国内史虞潭为卫将军。二月,算军用税米,空悬五十余万石,尚书谢褒以下免官。辛亥,立皇后杜氏,大赦,增文武位一等。庚申,高句骊遣使贡方物。三月,旱,诏太官减膳,免所旱郡县繇役。戊寅,大雩。夏四月丁巳,皇后见于太庙。雨雹。秋七月,扬州会稽饥,开仓振给。冬十月,广州刺史邓岳遣督护王随击夜郎,新昌太守陶协击兴古,并克之。诏曰:"历观先代,莫不褒崇明祀,宾礼三恪。故杞宋启土,光于周典;宗姬侯卫,垂美汉册。自顷丧乱,庶邦殄悴,周汉之后,绝而莫继。其祥求卫公、山阳公近属,有履行修明,可以继承其祀者,依旧典施行。"新作朱雀浮桁。十一月,遣建威将军司马勋安集汉中,为李期将李寿所败。

三年春正月辛卯,立太学。夏六月,旱。冬十一月丁卯,慕容皝自立为燕王。

四年春二月,石季龙帅众七万,击段辽于辽西,辽奔于平岗。夏四月,李寿弑李期,僭即伪位,国号汉。石季龙为慕容皝所败,癸丑,加皝征北大将军。五月乙未,以司徒王导为太傅、都督中外诸军事,司空郗鉴为太尉,征西将军庾亮为司空。六月,改司徒为丞相,以太傅王导为之。秋八月丙午,分宁州置安州。

五年春正月辛丑,大赦。三月乙丑,广州刺史邓岳伐蜀,建宁人孟彦执李寿将霍彪以降。夏四月辛未,征西将军庾亮遣参军赵松击巴郡、江阳,获石季龙将李闳、黄桓等。秋七月庚申,使持节、侍中、丞相、领扬州刺史、始兴公王导薨。辛酉,以护军将军何充录尚书事。八月壬午,复改丞相为司徒。辛酉,太尉、南昌公郗鉴薨。九月,石季龙将夔安、李农陷沔南,张貉陷邾城,因寇江夏、义阳,

征虏将军毛宝、西阳太守樊俊、义阳太守郑进并死之。夔安等进围石城,竟陵太守李阳距战,破之,斩首五千余级。安乃退,遂略汉东,拥七千余家迁于幽冀。冬十二月丙戌,以骠骑将军、琅邪王岳为司徒。李寿使李奕寇巴东,守将劳杨战败,死之。

六年春正月庚子,使持节、都督江豫益梁雍交广七州诸军事、司空、都亭侯庾亮薨。辛亥,以左光禄大夫陆玩为司空。二月,慕容皝及石季龙将石成战于辽西,败之,献捷于京师。庚辰,有星孛于太微。三月丁卯,大赦。以车骑将军、东海王冲为骠骑将军。李寿陷丹川,守将孟彦、刘齐、李秋皆死之。秋七月乙卯,初依中兴故事,朔望听政于东堂。冬十月,林邑献驯象。十一月癸卯,复琅邪,比汉丰沛。

七年春二月甲子朔,日有蚀之,己卯,慕容皝遣使求假燕王章玺,许之。三月戊戌,杜皇后崩。夏四月丁卯,葬恭皇后于兴平陵。实编户,王公已下皆正土断白籍。秋八月辛酉,骠骑将军、东海王冲薨。九月,罢太仆官。冬十二月癸酉,司空、兴平伯陆玩薨。除乐府杂伎。罢安州。

八年春正月己未朔,日有蚀之。乙丑,大赦。三月,初以武悼杨皇后配飨武帝庙。夏六月庚寅,帝不豫,诏曰:"朕以眇年,获嗣洪绪,托于王公之上,于兹十有八年。未能阐融政道,蔓除逋祲,夙夜战兢,匪遑宁处。今遘疾殆不兴,是用震悼于厥心。千龄眇眇,未堪艰难。司徒、琅邪王岳,亲则母弟,体则仁长,君人之风,允塞时望。肆尔王公卿士,其辅之!以祇奉祖宗明祀,协和内外,允执其中。呜呼,敬之哉!无坠祖宗之显命。"壬辰,引武陵王晞、会稽王昱、中书监庾冰、中书令何充、尚书令诸葛恢并受顾命。癸巳,帝崩于西堂,时年二十二,葬兴平陵,庙号显宗。

帝少而聪敏,有成人之量。南顿王宗之诛也,帝不之知,及苏峻平,问庾亮曰:"常日白头公何在?"亮对以谋反伏诛,帝泣谓亮曰:"舅言人作贼,便杀之,人言舅作贼,复若何?"亮惧,变色。庾怿尝送酒于江州刺史王允之,允之与犬,犬毙,惧而表之。帝怒曰:"大舅已乱天下,小舅复欲尔邪?"怿闻,饮药而死。然少为舅氏所制,不亲庶政。及长,颇留心万机,务在简约,常欲于后园作射堂,计用四十金,以劳费乃止。雄武之度,虽有愧于前王;恭俭之德,足追踪于往烈矣。

康皇帝讳岳,字世同,成帝母弟也。咸和元年封吴王,二年徙封琅邪王;九年拜散骑常侍,加骠骑将军,咸康五年迁侍中、司徒。八年六月庚寅,成帝不豫,诏以琅邪王为嗣。癸巳,成帝崩。甲午,即皇帝位,大赦。诸屯戍文武及二千石官长,不得辄离所局而来奔赴。己亥,封成帝子丕为琅邪王,奕为东海王。时帝谅阴不言,委政于庾冰、何充。秋七月丙辰,葬成皇帝于兴平陵。帝亲奉奠于西阶,既发引,徒行至阊阖门,升素舆,至于陵所。己未,以中书令何充为骠骑将军。八月辛丑,彭城王纮薨。以江州刺史王允之为卫将军。九月,诏琅邪国及府史进位各有差。冬十月甲午,卫将军王允之卒。十二月,增文武位二等。

壬子,立皇后褚氏。

建元元年春正月,改元,振恤鳏寡孤独。三月,以中书监庾冰为车骑将军。夏四月,益州刺史周抚、西阳太守曹据伐李寿,败其将恒于江阳。五月,旱。六月壬午,又以束帛征处士寻阳翟汤、会稽虞喜。有司奏,成帝崩一周,请改素服,御进膳如旧。壬寅,诏曰:"礼之降杀,因时而寝兴,诚无常矣。至于君亲相准,名教之重,莫之改也。权制之作,盖出近代,虽曰适事,实弊薄之始。先王崇之,后世犹息,而况因循,又从轻降,义弗可矣。"石季龙帅众伐慕容皝,皝大败之。秋七月,石季龙将戴开帅众来降。丁巳,诏曰:"慕容皝摧殄羯寇,乃云死没八万余人,将是其天亡之始也。中原之事,宜加筹量。且戴开已帅部党归顺,宜见慰劳。其遣使诣安西、骠骑,咨谋诸军事。"以辅国将军、琅邪内史桓温为前锋小督、假节,帅众入临淮,安西将军庾翼为征讨大都督,迁镇襄阳。庚申,晋陵、吴郡灾。八月,李寿死,子势嗣伪位。石季龙使其将刘宁攻陷狄道。冬十月辛巳,以车骑将军庾冰都督江司雍益梁六州诸军事、江州刺史,以骠骑将军何充为中书监、都督扬豫二州诸军事、扬州刺史、录尚书事,辅政。以琅邪内史桓温都督青徐兖三州诸军事、徐州刺史,褚裒为卫将军、领中书令。十一月已巳,大赦。十二月,石季龙侵张骏,骏使其将军谢艾拒之,大战于河西,季龙败绩。十二月,高句骊遣使朝献。

二年春正月,张骏遣其将和驎、谢艾讨南羌于阗和,大破之。二月,慕容皝及鲜卑帅宇文归战于昌黎,归众大败,奔于漠北。四月,张骏将张瓘败石季龙将王擢于三交城。秋八月丙子,进安西将军庾翼为征西将军。庚辰,持节、都督司雍梁三州诸军事、梁州刺史、平北将军、竟陵公桓宣卒。丁巳,以卫将军褚裒为特进、都督徐兖二州诸军事、兖州刺史,镇金城。九月,巴东太守杨谦击李势将申阳,走之,获其将乐高。丙申,立皇子聃为皇太子。戊戌,帝崩于式乾殿。时年二十三,葬崇平陵。

初,成帝有疾,中书令庾冰自以舅氏当朝,权侔人主,恐异世之后,戚属将疏,乃言国有强敌,宜立长君,遂以帝为嗣。制度年号,再兴中朝,因改元曰建元。或谓冰曰:"郭璞谶云'立始之际丘山倾',立者,建也;始者,元也;丘山,讳也。"冰瞿然,既而叹曰:"如有吉凶,岂改易所能救乎?"至是果验云。

史臣曰:肆虐滔天,岂伊朝夕。若乃详刑不怨,庶情犹仰,又可以见逆顺之机焉。成帝因削弱之资,守江淮之地,政出渭阳,声乖威服。凶徒既纵,神器贴危,京华元敖之资,宫室类咸阳之火。桀犬吠尧。封狐嗣乱,方诸后羿,曷若斯之甚也。反我皇驾,不有晋文之师,系于苞桑,且赖陶公之力。古之侯服,不幸臣家,天子宣游,则避宫北面,闻诸遗策,用为恒范。显宗于王导之门,敛衣前拜,岂鲁公受玉之卑乎!帝亦克俭于躬,庶能激扬流弊者也。

赞曰:惟皇凤表,余舅为毗。勤于致寇,拙于行师。火及君屋,兵缠帝帷。石头之驾,海内含悲。康后天资,居哀礼缛。坠典方兴,降龄奚促。

卷八　　　　　帝纪第八

穆　帝　　哀　帝　　海西公

穆皇帝讳聃,字彭子,康帝子也。建元二年九月丙申,立为皇太子。戊戌,康帝崩。己亥,太子即皇帝位,时年二岁。大赦,尊皇后为皇太后。壬寅,皇太后临朝摄政。冬十月乙丑,葬康皇帝于崇平陵。十一月庚辰,车骑将军庾冰卒。

永和元年春正月甲戌朔,皇太后设白纱帷于太极殿,抱帝临轩。改元。甲申,进镇军将军、武陵王晞为镇军大将军、开府仪同三司,以镇军将军顾众为尚书右仆射。夏四月壬戌,诏会稽王昱录尚书六条事。五月戊寅,大雩。尚书令、金紫光禄大夫、建安伯诸葛恢卒。六月癸亥,地震。秋七月庚午,持节、都尉江荆司梁雍益宁七州诸军事、江州刺史、征西将军、都亭侯庾翼卒。翼部将于瓒、戴羲等杀冠军将军曹据,举兵反,安西司马朱焘讨平之。八月,豫州刺史路永叛奔于石季龙。庚辰,以辅国将军、徐州刺史桓温为安西将军、持节、都督荆司雍益梁宁六州诸军事、领护南蛮校尉、荆州刺史。石季龙将路永屯于寿春。九月丙申,皇太后诏曰:"今百姓劳弊,其共思详所以振恤之宜。及岁常调非军国要急者,并宜停之。"冬十二月,李势将爨頠来奔。凉州牧张骏伐焉耆,降之。

二年春正月丙寅,大赦。己卯,使持节、侍中、都督扬州诸军事、扬州刺史、骠骑将军、录尚书事、都乡侯何充卒。二月癸丑,以左光禄大夫蔡谟领司徒,录尚书六条事、抚军大将军、会稽王昱及谟并辅政。三月丙子,以前司徒左长史殷浩为建武将军、扬州刺史。夏四月己酉朔,日有蚀之。五月丙戌,凉州牧张骏卒,子重华嗣。六月。石季龙将王擢袭武街,执张重华护军胡宣。又使麻秋、孙伏都伐金城,太守张冲降之。重华使谢艾击秋,败之。秋七月,以兖州刺史褚裒为征北大将军,开府仪同三司。冬十月,地震。十一月辛未,安西将军桓温帅征虏将军周抚,辅国将军、谯王无忌,建武将军袁乔伐蜀,拜表辄行。十二月,枉矢自东南流于西北,其长竟天。

三年春正月乙卯,桓温攻成都,克之。丁亥,李势降,益州平。林邑范文攻陷日南,害太守夏侯览,以尸祭天。夏四月,地震。蜀人邓定、隗文举兵反,桓温又击破之,使益州刺史周抚镇彭模。丁巳,邓定、隗文复入据成都,征虏将军杨谦弃涪城,退保德阳。五月戊申,进慕容皝为安北将军。石季龙又使其将石宁、麻秋等伐凉州,次于曲柳。张重华使将军牛旋御之,退守枹罕。六月辛酉,大赦。秋七月,范文复陷日南,害督护刘雄。隗文立范贲为帝。八月戊午,张重华使谢艾进击麻秋,大败之。九月,地震。冬十月乙丑,假凉州刺史张重华大都督陇右关中诸军事、护羌校尉、大将军,武都氐王杨初为征南将军、雍州刺史、平羌校尉、仇池公，并假节。十二月，振威护军萧敬文害征房将军杨谦，攻涪城，陷之。遂取巴西，通于汉中。

四年夏四月，范文寇九德，多所杀害。五月，大水。秋八月，进安西将军桓温为征西大将军、开府仪同三司，封临贺郡公；西中郎将谢尚为安西将军。九月丙申，慕容皝死，子隽嗣伪位。冬十月己未，地震。石季龙使其将苻健寇竟陵。十二月，豫章人黄韬自号孝神皇帝，聚众数千，寇临川，太守庾恮讨平之。

五年春正月辛巳朔，大赦。庚寅，地震。石季龙僭即皇帝位于邺。二月，征北大将军褚裒使前将军王龛北伐，获石季龙将支重。夏四月，益州刺史周抚、龙骧将军朱焘击范贲，获之，益州平。封周抚为建城公。假慕容隽大将军、幽平二州牧、大单于、燕王。征西大将军桓温遣督军滕畯讨范文，为文所败。石季龙死，子世嗣伪位。五月，石遵废世而自立。六月，桓温屯安陆，遣诸将讨河北。石遵扬州刺史王浃以寿阳来降。秋七月，褚裒进次彭城，遣部将王龛、李迈及石遵将李农战于代陂，王师败绩，王龛为农所执，李迈死之。八月，褚裒退屯广陵，西中郎将陈逵焚寿春而遁。梁州刺史司马勋功石遵长城戍，仇池公杨初袭西城，皆破之。冬十月，石遵将石遇攻宛，陷之，执南阳太守郭启。司马勋进次悬钩，石季龙故将麻秋距之，勋退还梁州。十一月丙辰，石鉴弑石遵而自立。十二月己酉，使持节、都督徐兖二州诸军事、徐州刺史、征北大将军、开府仪同三司、都乡侯褚裒卒。以建武将军、吴国内史荀羡为使持节、监徐兖二州诸军事、北中郎将、徐州刺史。

六年春正月，帝临朝，以褚裒丧故，悬而不乐。闰月，冉闵弑石鉴，僭称天王，国号魏。鉴弟祗僭帝号于襄国。丁丑，彗星见于亢。己丑，加中军将军殷浩督扬豫徐兖青五州诸军事、假节。氐帅苻洪遣使来降，以为氐王，封广川郡公。假洪子健节，监河北诸军事、右将军，封襄国县公。三月，石季龙故将麻秋鸩杀苻洪于枋头。夏五月，大水。庐江太守袁真攻合肥，克之。六月，石祗遣其弟琨攻冉闵将王泰于邯郸，琨师败绩。秋八月，辅国将军、谯王无忌薨。苻健帅众入关。冬十一月，冉闵围襄国。十二月，免司徒蔡谟为庶人。是岁，大疫。

七年春正月丁酉，日有蚀之。辛丑，鲜卑段龛以青州来降。苻健僭称王，国号秦。二月戊寅，以段龛为镇北将军，封齐公。石祗大败冉闵于襄国。夏四月，梁州刺史司马勋出步骑三万，自汉中入秦川，与苻健战于五丈原，王师败绩。加尚书令顾和开府仪同三司。刘显杀石祗。五月，祗兖州刺史刘启自鄄城来奔。秋七月，尚书令、左光禄大夫、开府仪同三司顾和卒。甲辰，涛水入石头，溺死者数百人。八月，冉闵豫州牧张遇以许昌来降，拜镇西将军。九月，峻阳、太阳二陵崩。甲辰，帝素服临于太极殿三日，遣兼太常赵拔修复山陵。冬十月，雷雨，震电。十一月，石祗将姚弋仲、冉闵将魏脱各遣使来降，以弋仲为车骑将军、大单于，封高陵郡公；弋仲子襄为平北将军、都督并州诸军事、并州刺史、平乡县公；脱为安北将军、监冀州诸军事、冀州刺史。十二月辛未，征西大将军桓温帅众北伐，次于武昌而止。时石季龙故将周成屯廪丘，高昌屯野王，乐立屯许昌，李历屯卫国，皆相次来降。

八年春正月辛卯，日有蚀之。刘显僭帝号于襄国，冉闵击破，杀之。苻健僭帝号于长安。二月，峻平、崇阳二陵崩。戊辰，帝临三日，遣殿中都尉王惠如洛阳，以卫五陵。镇西将军张遇反于许昌，使其党上官恩据洛阳，乐弘攻督护戴施于仓垣。三月，使北中郎荀羡镇淮阴。苻健别帅侵顺阳，太守薛珍击破之。夏四月，冉闵为慕容隽所灭。隽僭帝号于中山，称燕。安西将军谢尚帅姚襄与张遇战于许昌之诫桥，王师败绩。苻健使其弟雄遇逼，虏之。秋七月，大雩。石季龙故将王擢遣使请降，拜征西将军、秦州刺史。丁酉，以镇军大将军、武陵王晞为太宰，抚军大将军、会稽王昱为司徒，征西大将军桓温为太尉。八月，平西将军周抚讨萧敬文于涪城，斩之。冉闵子智以邺降，督护戴施获其传国玺，送之，文曰"受天之命，皇帝寿昌"，百僚毕贺。九月，冉智为其将马愿所执，降于慕容恪。中军将军殷浩帅师北伐，次泗口，遣河南太守戴施据石门，荥阳太守刘遂戍仓垣。冬十月，秦州刺史王擢为苻健所逼，奔于凉州。

九年春正月乙卯朔，大赦。张重华使王擢与苻健将苻雄战，擢师败绩。丙寅，皇太后与帝同拜建平陵。三月，旱。交州刺史阮敷讨林邑范佛于日南，破其五十余垒。夏四月，以安西将军谢尚为尚书仆射。五月，大疫。张重华复使王擢袭秦州，取之。仇池公杨初为苻雄所败。秋七月丁酉，地震，有声如雷。八月，遣兼太尉、河间王钦修复五陵。冬十月，中军将军殷浩进次山桑，使平北将军姚襄为前锋，襄叛，反击浩，浩弃辎重，退保谯城。丁未，凉州牧张重华卒，子耀灵嗣。是月，张祚弑耀灵而自称凉州牧。十一月，殷浩使部将刘启、王彬之讨姚襄，复为襄所败，襄遂进据芍陂。十二月，加尚书仆射谢尚为都督豫、扬、江西诸军事，领豫州刺史，镇历阳。

十年春正月己酉朔，帝临朝，以五陵未复，悬而不乐。凉州牧张祚僭帝位。冉闵降将周成举兵反，自宛陵袭洛阳。辛酉，河南太守戴施奔鲔渚。丁卯，地震，有声如雷。二月己丑，太尉、征西将军桓温帅师伐关中。废扬州刺史殷浩为庶人，以前会稽内史王述为扬州刺史。夏四月己亥，温及苻健子苌战于蓝田，大败之。五月，江西乞活郭敞等执陈留内史刘仕而叛，京师震骇，以吏部尚书周闵为中军将军，屯于中堂，豫州刺史谢尚自历阳还卫京师。六月，苻健将苻雄悉众及桓温战于白鹿原，王师败绩。秋九月辛酉，桓温粮尽，引还。

十一年春正月甲辰，侍中、汝南王统薨。平羌校尉、仇池公杨初为其部将梁式所害，初子国嗣位，因拜镇北将军、秦州刺史。齐公段龛袭慕容隽将荣国于郎山，败之。夏四月壬申，陨霜。乙酉，地震。姚襄帅冠寇外黄，冠军将军高季大破之。五月丁未，地又震。六月，苻健死，其子生嗣伪位。秋七月，宋混、张瓘弑张祚，而立耀灵弟玄靓为大将军、凉州牧，遣使来降。以吏部尚书周闵为尚书左仆射，领军将军王彪之为尚书右仆射。冬十月，进豫州刺史谢尚督并冀幽三州诸军事、镇西将军，镇马头。十二月,慕容恪帅众寇广固。壬戌,上党人冯鸯自称太守,背苻生遣使来降。

十二年春正月丁卯,帝临朝,以皇太后母丧,悬而不乐。镇北将军段龛及慕容恪战于广固,大败之,恪退据安平。二月辛丑,帝讲《孝经》。三月,姚襄入于许昌,以太尉桓温为征讨大都督以讨之。秋八月己亥,桓温及姚襄战于伊水,大败之,襄走平阳,徙其余众三千余家于江汉之间,执周成而归。使扬武将军毛穆之,督护陈午、辅国将军、河南太守戴施镇洛阳。冬十月癸巳朔,日有蚀之。慕容恪攻段龛于广固,使北中郎将荀羡帅师次于琅邪以救之。十一月,遣兼司空、散骑常侍车灌,龙骧将军袁真等持节如洛阳,修五陵。十二月庚戌,以有事于五陵,告于太庙,帝及群臣皆服缌,于太极殿临三日。是岁,仇池公杨国为其从父俊所杀,俊自立。

升平元年春正月壬戌朔,帝加元服,告天太庙,始亲万机。大赦,改元,增文武位一等。皇太后居崇德宫。丁丑,陨石于槐里一。是月,镇北将军、齐公段龛为慕容恪所陷,遇害。扶南竺旃檀献驯象,诏曰:"昔先帝以殊方异兽或为人患,禁之。今及其未至,可令还本土。"三月,帝讲《孝经》。壬申,亲释奠于中堂。夏五月庚午,镇西将军谢尚卒。苻生将苻眉、苻坚击姚襄,战于三原,斩之。六月,苻坚杀苻生而自立。以军司谢奕为使持节、都督、安西将军、豫州刺史。秋七月,苻坚将张平以并州降,遂以为并州刺史。八月丁未,立皇后何氏,大赦,赐孝悌鳏寡米,人五斛,逋租宿债皆勿收,大酺三日。冬十月,皇后见于太庙。十一月,雷。十二月,以太常王彪之为尚书左仆射。

二年春正月,司徒、会稽王昱稽首归政,帝不许。三月,慕容隽陷冀州诸郡,诏安西将军谢奕、北中郎将荀羡北伐。三月,钦飞督王饶献鸩鸟,帝怒,鞭之二百,使殿中御史焚其鸟于四达之衢。夏五月,大水。有星孛于天船。六月,并州刺史张平为苻坚所逼,帅众三千奔于平阳,坚追败之。慕容恪进据上党,冠军将军冯鸯以众叛归慕容隽,隽尽陷河北之地。秋八月,安西将军谢奕卒。壬申,以吴兴太守谢万为西中郎将、持节、监司豫冀并四州诸军事、豫州刺史。以散骑常侍郗昙为北中郎将、持节、都督徐兖青冀幽五州诸军事、徐兖二州刺史,镇下邳。冬十月乙丑,陈留王曹劢薨。十一月庚子,雷。辛酉,地震。十二月,北中郎将荀羡及慕容隽战于山茌,王师败绩。

三年春三月甲辰,诏以比年出军,粮运不继,王公已下十三户借一人一年助运。秋七月,平北将军高昌为慕容隽所逼,自白马奔于荥阳。冬十月慕容隽寇东阿,遣西中郎将谢万次下蔡,北中郎将郗昙次高平以击之,王师败绩。十一月戊子,进扬州刺史王述为卫将军。十二月,又以中军将军、琅邪王丕为骠骑将军,东海王奕为车骑将军。封武陵王晞子璇为梁王。交州刺史温放之帅兵讨林邑参黎、耽潦,并降。

四年春正月,仇池公杨俊卒,子世嗣。丙戌,慕容隽死,子暐嗣伪位。二月,凤皇将九雏见于丰城。秋七月,以军役繁兴,省用撤膳。八月辛丑朔,日有蚀之,既。冬十月,天狗流于西南。十一月,封太尉桓温为南郡公,温弟冲为丰城县公,子济为临贺郡公。凤皇复见丰城,众鸟随之。

五年春正月戊戌,大赦,赐鳏寡孤独不能自存者,人米五斛。北中郎将、都督徐兖青冀幽五州诸军事、徐兖二州刺史郗昙卒。二月,以镇军将军范汪为都督徐兖青冀幽五州诸军事、安北将军,徐兖二州刺史。平南将军、广州刺史、阳夏侯滕含卒。夏四月,大水。太尉桓温镇宛,使其弟豁将兵取许昌。凤皇见于沔北。

五月丁巳,帝崩于显阳殿,时年十九。葬永平陵,庙号孝宗。

哀皇帝讳丕,字千龄,成帝长子也。咸康八年,封为琅邪王。永和元年拜散骑常侍,十二年加中军将军,升平三年除骠骑将军。五年五月丁巳,穆帝崩。皇太后令曰:"帝奄不救疾,胤嗣未建。琅邪王丕,中兴正统,明德懋亲。昔在咸康,属当储贰。以年在幼冲,未堪国难,故显宗高让。今义望情地,莫与为比,其以王奉大统。"于是百官备法驾,迎于琅邪第。庚申,即皇帝位,大赦。壬戌,诏曰:"朕获承明命,入纂大统。顾惟先王宗庙,蒸尝无主,太妃丧庭,廓然靡寄,悲痛感摧,五内抽割。宗国之尊,情礼兼隆,胤嗣之重,义无与二。东海王奕,戚属亲近,宜奉本统,其以奕为琅邪王。"秋七月戊午,葬穆皇帝于永平陵。慕容恪攻陷野王,守将吕护退保荥阳。八月己卯夜,天裂,广数丈,有声如雷。九月戊申,立皇后王氏。穆帝皇后何氏称永安宫。吕护叛奔于慕容暐。冬十月,安北将军范汪有罪废为庶人。十一月丙辰,诏曰:"显宗成皇帝顾命,以时事多艰,弘高世之风,树德博重,以隆社稷。而国故不已,康穆早世,胤祚不融。朕以寡德,复承先绪,感惟永慕,悲育兼摧。夫昭穆之义,固宜本之天属。继体承基,古今常道。宜上嗣显宗,以修本统。"十二月,加凉州刺史张玄靓为大都督陇右诸军事、护羌校尉、西平公。

隆和元年春正月壬子,大赦,改元。甲寅,减田税,亩收二升。是月,慕容暐将吕护、傅末波攻陷小垒,以逼洛阳。二月辛未,以辅国将军、吴国内史庾希为北中郎将、徐兖二州刺史,镇下邳;前锋监军、龙骧将军袁真为西中郎将、监豫司并冀四州诸军事、豫州刺史,镇汝南,并假节。丙子,尊所生周氏为皇太妃。三月甲寅朔,日有蚀之。夏四月,旱。诏出轻系,振困乏。丁丑,梁州地震,浩亹山崩。吕护复寇洛阳。乙酉,辅国将军、河南太守戴施奔于宛。五月丁巳,遣北中郎将庾希、竟陵太守邓遐以舟师救洛阳。秋七月,吕护等退守小平津。进琅邪王奕为侍中、骠骑大将军、开府。邓遐进屯新城,庾希部将何谦及慕容暐将刘则战于檀丘,破之。八月,西中郎将袁真进次汝南,运米五万斛以馈洛阳。冬十月,赐贫乏者米,人五斛。章武王珍薨。十二月戊午朔,日有蚀之。诏曰:"戎旅路次,未得轻简赋役。玄象失度,亢旱为患,岂政事未洽,将有板筑、渭滨之士邪!其搜扬隐滞,蠲除苛碎,详议法令,咸从损耎。"庾希自下邳退镇山阳,袁真自汝南退镇寿阳。

兴宁元年春二月己亥，大赦，改元。三月壬寅，皇太妃薨于琅邪第。癸卯，帝奔丧，诏司徒、会稽王昱总内外众务。夏四月，慕容暐寇荥阳，太守刘远奔鲁阳。甲戌，扬州地震，湖渎溢。五月，加征西大将军桓温侍中、大司马、都督中外诸军事、录尚书事、假黄钺。复以西中郎将袁真都司、冀、并三州诸军事，北中郎将瘦希都督青州诸军事。癸卯，慕容暐陷密城，荥阳太守刘远奔于江陵。秋七月，张天锡弑凉州刺史、西平公张玄靓，自称大将军、护羌校尉、凉州牧、西平公。丁酉，葬章皇太妃。八月，有星孛于角亢，入天市。九月壬戌，大司马桓温帅众北伐。癸亥，以皇子生，大赦。冬十月甲申，立陈留王世子恢为王。十一月，姚襄故将张骏杀江州督护赵毗，焚武昌，略府藏以叛，江州刺史桓冲讨斩之。是岁，慕容暐将慕容尘攻陈留太守袁披于长平。汝南太守朱斌承虚袭许昌，克之。

二年春二月庚寅，江陵地震。慕容暐将慕容评袭许昌，颍川太守李福死之。评遂侵汝南，太守朱斌遁于寿阳。又进围陈郡，太守朱辅婴城固守。桓温遣江夏相刘岵击退之。改左军将军为游击将军，罢右军、前军、后军将军五校三将官。癸卯，帝亲耕藉田。三月庚戌朔，大阅户人，严法禁，称为庚戌制。辛未，帝不豫。帝雅好黄老，断谷，饵长生药，服食过多，遂中毒，不识万机，崇德太后复临朝摄政。夏四月甲申，慕容暐遣其将李洪侵许昌，王师败绩于悬瓠，朱斌奔于淮南，朱辅退保彭城。桓温遣西中郎将袁真、江夏相刘岵等凿阳仪道以通运，温帅舟师次于合肥，慕容尘army屯许昌。五月，迁陈人于陆以避之。戊辰，以扬州刺史王述为尚书令、卫将军。以桓温为扬州牧、录尚书事。壬申，遣使喻温入相，温不从。秋七月丁卯，复征温入朝。八月，温至赭圻，遂城而居之。苻坚帅侵河南，慕容暐寇洛阳。九月，冠军将军陈祐留长史沈劲守洛阳，帅众奔新城。

三年春正月庚申，皇后王氏崩。二月乙未，以右将军桓豁监荆州扬州之义城雍州之京兆诸军事，领南蛮校尉、荆州刺史；桓冲监江州荆州之江夏随郡豫州之汝南西阳新蔡颍川六郡诸军事、南中郎将、江州刺史，领南蛮校尉，并假节。

丙申，帝崩于西堂，时年二十五。葬安平陵。

废帝讳奕，字延龄，哀帝之母弟也。咸康八年封为东海王。永和八年拜散骑常侍，寻加镇军将军；升平四年拜车骑将军。五年，改封琅邪王。隆和初，转侍中、骠骑大将军、开府仪同三司。兴宁三年二月丙申，哀帝崩，无嗣。丁酉，皇太后诏曰："帝遂不救厥疾，艰祸仍臻，遗绪泯然，哀恸切心。琅邪王奕，明德茂亲，属当储嗣，宜奉祖宗，纂承大统。便速正大礼，以宁人神。"于是百官奉迎于琅邪第。是日，即皇帝位，大赦。三月壬申，葬哀皇帝于安平陵。癸酉，散骑常侍、河间王钦薨。丙子，慕容暐将慕容恪陷洛阳，宁朔将军竺瑶奔于襄阳，冠军长史、扬武将军沈劲死之。夏六月戊子，使持节、都督益宁二州诸

军事、镇西将军、益州刺史、建城公周抚卒。秋七月，匈奴左贤王卫辰、右贤王曹谷帅众二万侵苻坚杏城。己酉，改封会稽王昱为琅邪王。壬子，立皇后庾氏。封琅邪王昱子昌明为会稽王。冬十月，梁州刺史司马勋反，自称成都王。十一月，帅众入剑阁，攻涪，西夷校尉毌丘暐弃城而遁。乙卯，围益州刺史周楚于成都，桓温遣江夏相朱序救之。十二月戊戌，以会稽内史王彪之为尚书仆射。

太和元年春二月己丑，以凉州刺史张天锡为大将军、都督陇右关中诸军事、西平郡公。丙申，以宣城内史桓秘为持节、监梁益二州征讨诸军事。三月辛亥，新蔡王邈薨。荆州刺史桓豁遣督护桓罴攻南郑，魏兴人毕钦举兵以应罴。夏四月，旱。五月戊寅，皇后庾氏崩。朱序攻司马勋于成都，众溃，执勋，斩之。秋七月癸酉，葬孝皇后于敬平陵。九月甲午，曲赦梁、益二州。冬十月辛丑，苻坚将王猛、杨安攻南乡，荆州刺史桓豁救之，师次新野而猛、安退。以会稽王昱为丞相。十二月，南阳人赵弘、赵忆等据宛城反，太守桓澹走保新野。慕容暐将慕容厉陷鲁郡、高平。

二年春正月，北中郎将庾希有罪，走入于海。夏四月，慕容暐将慕容尘寇竟陵，太守罗崇击破之。苻坚将王猛寇凉州，张天锡距之，猛师败绩。五月，右将军桓豁击赵忆，走之，进获慕容暐将赵槃，送于京师。秋九月，以会稽内史郗愔为都督徐兖青幽四州诸军事、平北将军、徐州刺史。冬十月乙巳，彭城王玄薨。

三年春三月丁巳朔，日有蚀之。癸亥，大赦。夏四月癸巳，雨雹，大风折木。秋八月壬寅，尚书令、卫将军、蓝田侯王述卒。

四年夏四月庚戌，大司马桓温帅众伐慕容暐。秋七月辛卯，暐将慕容垂帅众距温，温击败之。九月戊寅，桓温裨将邓遐、朱序遇暐将傅末波于林渚，又大破之。戊子，温至枋头。丙申，以粮运不继，焚舟而归。辛丑，慕容垂追败温后军于襄邑。冬十月，大星西流，有声如雷。己巳，温收散卒，屯于山阳。豫州刺史袁真以寿阳叛。十一月辛丑，桓温自山阳及会稽王昱会于涂中，将谋后举。十二月，遂城广陵而居之。

五年春正月己亥，袁真子爱之害梁国内史朱宪、汝南内史朱斌。二月癸酉，袁真死，陈郡太守朱辅立真子瑾嗣事，求救于慕容暐。夏四月辛未，桓温部将竺瑶破瑾于武丘。秋七月癸酉朔，日有蚀之。八月癸丑，桓温击袁瑾于寿阳，败之。九月，苻坚将猛伐慕容暐，陷其上党。广汉妖贼李弘与益州妖贼李金根聚众反，弘自称圣王，众万余人，梓潼太守周虓讨平之。冬十月，王猛大破慕容暐将慕容评于潞川。十一月，猛克邺，获慕容暐，尽有其地。

六年春正月，苻坚遣将王鉴来援袁瑾，将军桓伊逆击，大破之。丁亥，桓温克寿阳，斩袁瑾。三月壬辰，监益宁二州诸军事、冠军将军、益州刺史、建城公周楚卒。夏四月戊午，大赦，赐穷独米，人五斛。苻坚将苻雅伐仇池，仇池公杨纂降之。六月，京都及丹阳、晋陵、吴郡、吴兴、临海并大水。秋八月，以前宁州刺史周仕孙为假节、

监益梁二州诸军事、益州刺史。冬十月壬子，高密王俊薨。十一月癸卯，桓温自广陵屯于白石。丁未，诣阙，因图废立，诬帝在藩夙有痿疾，嬖人相龙、计好、朱灵宝等参侍内寝，而二美人田氏、孟氏生三男，长欲封树，时人惑之，温因讽太后以伊霍之举。己酉，集百官于朝堂，宣崇德太后令曰："王室艰难，穆、哀短祚，国嗣不育储宫靡立。琅邪王奕亲则母弟，故以入纂大位。不图德之不建，乃至于斯。昏浊溃乱，动违礼度。有此三孽，莫知谁子。人伦道丧，丑声遐布。既不可以奉守社稷，敬承宗庙，且昏孽并大，便欲建树储藩。诬罔祖宗，倾移皇基，是而可忍，孰不可怀！今废奕为东海王，以王还第，供卫之仪，皆如汉朝昌邑故事。但未亡人不幸，罹此百忧，感念存没，心焉如割。社稷大计，义不获已。临纸悲塞，如何可言。"于是百官入太极前殿，即日桓温使散骑侍郎刘享收帝玺绶。帝著白帢单衣，步下西堂，乘犊车出神兽门。群臣拜辞，莫不歔欷。侍御史、殿中监将兵百人卫送东海第。

初，桓温有不臣之心，欲先立功河朔，以收时望。及枋头之败，威名顿挫，逐潜谋废立，以长威权。然惮帝守道，恐招时议。以宫闱重闷，床笫易诬，乃言帝为阉，遂行废辱。初，帝平生每以为虑，尝召术人扈谦筮之，卦成，答曰："晋室有盘石之固，陛下有出宫之象。"竟如其言。

咸安二年正月，降封帝为海西县公。四月，徙居吴县，敕吴国内史刁彝防卫，又遣御史顾允监察之。十一月，妖贼卢悚遣弟子殿中监许龙晨到其门，称太后密诏，奉迎兴复。帝初欲从之，纳保母谏而止。龙曰："大事将捷，焉用儿女子言乎？"帝曰："我得罪于此，幸蒙宽宥，岂敢妄动哉！且太后有诏，便应官属来，何独使汝也？汝必为乱。"因叱左右缚之，龙惧而走。帝知天命不可再，深虑横祸，乃杜塞聪明，无思无虑，终日酣畅，耽于内宠，有子不育，庶保天年。时人怜之，为作歌焉。朝廷以帝安于屈辱，不复为虞。太元十一年十月甲申，薨于吴，时年四十五。

史臣曰：孝宗因缲抱之姿，用母氏之化，中外无事，十有余年。以武安之才，启之疆场；以文王之风，被乎江汉，则孔子所谓吾无间然矣。哀皇宽惠，可以为君，而鸿祀禳天，用尘其德。东海违许龙之驾，屈放命之臣，所谓柔弱胜刚强，得尽于天年者也。

赞曰：委裘称化，大孝为宗，遵彼圣善，成兹允恭。西旌玉垒，北旆金墉。迁殿旧夔，莫不来从。哀后宽仁，惟灵既集。海西多故，时灾见及。彼异阿衡，我非昌邑。

卷九　　帝纪第九

简文帝　孝武帝

简文皇帝讳昱，字道万，元帝之少子也。幼而岐嶷，为元帝所爱。郭璞见而谓人曰："兴晋祚者，必此人也。"及长，清虚寡欲，尤善玄言。永昌元年，元帝诏曰："先公武王、先考恭王君临琅邪。继世相承，国嗣未立，烝尝靡主，朕常悼心。子昱仁明有智度，可以虔奉宗庙，以慰罔极之恩。其封昱为琅邪王，食会稽、宣城如旧。"咸和元年，所生郑夫人薨。帝时年七岁，号慕泣血，固请服重。成帝哀而许之，故徙封会稽王，拜散骑常侍。九年，迁右将军，加侍中。咸康六年，进抚军将军，领秘书监。建元元年夏五月癸丑，康帝诏曰："太常职奉天地，兼掌宗庙，其为任也，可谓重矣。是以古今选建，未尝不妙简时望，兼之儒雅。会稽王叔履尚清虚，志道无倦，优游上列，讽议朝肆。其领太常本官如故。"永和元年，崇德太后临朝，进位抚军大将军、录尚书六条事。二年，骠骑何充卒，崇德太后诏帝专总万机。八年，进位司徒，固让不拜。穆帝始冠，帝稽首归政，不许。废帝即位，以琅邪王绝嗣，复徙封琅邪，而封王子昌明为会稽王。帝固让，故虽封琅邪而不去会稽之号。太和元年，进位丞相、录尚书事，入朝不趋，赞拜不名，剑履上殿，给羽葆鼓吹班剑六十人，又固让。及废帝废，皇太后诏曰："丞相、录尚书、会稽王体自中宗，明德劭令，英秀玄虚，神栖事外。以其瞻允塞，故阿衡三世。道化宣流，人望攸归，为日已久。宜从天人之心，以统皇极。主者明依旧典，以时施行。"于是大司马桓温率百官进太极前殿，具乘舆法驾，奉迎帝于会稽邸，于朝堂变服，著平巾帻单衣，东向拜受玺绶。

咸安元年冬十一月己酉，即皇帝位。桓温出次中堂，令兵屯卫。乙卯，温奏废太宰、武陵王晞及子综。诏魏郡太守毛安之帅所领宿卫殿内，改元为咸安。庚戌，使兼太尉周颐告于太庙。辛亥，桓温遣弟秘逼新蔡王晃诣西堂，自列与太宰、武陵王晞等谋反。帝对之流涕，温皆收付廷尉。癸丑，杀东海二子及其母。初，帝以冲虚简贵，历宰三世，温素所敬惮。及初即位，温乃撰辞欲自陈述，帝引见，对之悲泣，温惧不能言。至是，有司承其旨，奏诛武陵王晞，帝不许。温固执至于再三，帝手诏报曰："若晋祚灵长，公便宜奉行前诏。如其大运去矣，请避贤路。"温览之，流汗变色，不复敢言。乙卯，废晞及其三子，徙于新安。丙辰，放新蔡王晃于衡阳。戊午，诏曰："王室多故，穆哀早世，皇胤夙迁，神器无主。东海王以母弟近属，入纂大统，嗣位经年，昏暗乱常，人伦亏丧，大祸将及，则我祖宗之灵靡知所托。皇太后深惧皇基，时定大计。大司马因顺天人，协同神略，亲帅群后，恭承明命。云雾既除，皇极载清，乃顾朕躬，仰承弘绪。虽伊尹之宁殷朝，博陆之安汉室，无以尚也。朕以寡德，猥居元首，实惧眇然，不克负荷，战战兢兢，罔知攸济。思与兆庶更始，其大赦天下，大酺五日，增文武位二等，孝顺忠贞鳏寡孤独米人五斛。"己未，赐温军三万人，人布一匹，米一斛。庚申，加大司马桓温为丞相，不受。辛酉，温旋自白石，因镇姑孰。以冠军将军毛武生都督荆州之沔中、扬州之义城诸军事。十二月戊子，诏以京都有经年之储，权停一年之运。庚寅，废东海王奕为海西公，食邑四千户。辛卯，初荐酃渌酒于太庙。

二年春正月辛丑，百济、林邑王各遣使贡方物。二月，苻坚伐慕容桓于辽东，灭之。三月丁酉，诏曰："朕居阿衡三世，不能济彼时雍，乃至海西失德，殆倾皇祚。赖祖宗灵祇之德，皇太后淑体应期，藩辅忠贤，百官戮力，用能荡氛务于昊苍，耀晨辉于宇宙。遂以眇身，托于王公之上，思赖群贤，以弼其阙。夫敦本息末，抑绝华竞，使清浊异流，能否殊贯，官无秕政，士无谤讟，不有惩劝，则德礼焉施？且强寇未殄，劳役未息，自非军国戎祀之要，其华饰烦费之用皆省。夫肥遁穷谷之贤，滑泥扬波之士，虽抗志玄霄，潜默幽岫，贪屈高尚之道，以隆协赞之美，孰与自足山水，栖迟丘壑，徇匹夫之洁，而忘兼济之大邪？古人不借贤于曩代，朕所以虚想于今日。内外百官，各勤所司，使善无不达，恶无不闻，令诗人无素餐之刺，而吾获虚心之求焉。"癸丑，诏曰："吾承祖宗洪基，而昧于政道，惧不能允厘天工，克隆先业，夕惕惟忧，若涉泉冰。赖宰辅忠德，道济伊望，群后竭诚，协契断金，内外尽匡翼之规，文武致匪躬之节，冀因斯道，终克弘济。每念干戈未戢，公私疲悴，藩镇有疆理之务，征戍怀东山之勤，或白首戎阵，忠劳未叙，或行役弥久，担石靡储，何尝不昧旦晨兴，夜分忘寝。虽未能抚而巡之，且欲达其此心。可遣大使诣大司马，并问方伯，逮于边戍，宜诏大飨，求其所安。又筹量赐给，悉令周普。"乙卯，诏曰："往事故之后，百度未充，群僚常俸，并皆寡约，盖随时之义也。然退食在朝，而禄不代耕，非经通之制。今资储渐丰，可筹量增俸。"骀虞见豫章。夏四月，徙海西公于吴县西柴里。追贬庾后曰夫人。六月，遣使拜百济王余句为镇东将军，领乐浪太守。戊子，前护军将军庾希举兵反，自海陵入京口，晋陵太守卞眈奔于曲阿。秋七月壬辰，桓温遣东海内史周少孙讨希，擒之，斩于建康市。己未，立会稽王昌明为皇太子，皇子道子为琅邪王，领会稽内史。是日，帝崩于东堂，时年五十三。葬高平陵，庙号太宗。遗诏以桓温辅政，依诸葛亮、王导故事。

帝少有风仪，善容止，留心典籍，不以居处为意，凝尘满席，湛如也。尝与桓温及武陵王晞同载游版桥，温遽令鸣鼓吹角，车驰卒奔，欲观其所为。晞大恐，求下车，而帝安然无惧色，温由此惮服。温既仗文武之任，屡建大功，加以废立，威振内外。帝虽处尊位，拱默守道而已，常惧废黜。先是，荧惑入太微，寻而海西废。及帝登阼，荧惑又入太微，帝甚恶焉。时中书郎郗超在直，帝乃引入，谓曰："命之修短，本所不计，故当无复近日事邪！"超曰："大司马臣温方内固社稷，外恢经略，非常之事，臣以百口保之。"及超请急省其父，帝谓之曰："致意尊公，家国之事，遂至于此！由吾不能以道匡卫，愧叹之深，言何能喻。"因咏庾阐诗云"志士痛朝危，忠臣哀主辱"，遂泣下沾襟。帝虽神识恬畅，而无济世大略，故谢安称为惠帝之流，清谈差胜耳。沙门支道林尝言"会吾有远体而无远神"。谢灵运迹其行事，亦以为赧献之辈云。

孝武皇帝讳曜，字昌明，简文帝第三子也。兴宁三年七月甲申，初封会稽王。咸安二年秋七月己未，立为皇太子。是日，简文帝崩，太子即皇帝位。诏曰："朕以不造，奄丁闵凶，号天扣地。靡知所诉。藐然幼冲，眇若缀旒，深惟社稷之重，大惧不克负荷。仰凭祖宗之灵，积德之祀。先帝淳风玄化，遗咏在民。宰辅英贤，勋隆德盛。顾命之托，实赖匡训。群后率职，百僚勤政。冀孤弱之躬有寄，皇极之基不坠。先恩遗惠，播于四海，思弘余润，以康黎庶。其大赦天下，与民更始。"九月甲寅，追尊皇妣会稽王妃曰顺皇后。冬十月丁卯，葬简文皇帝于高平陵。十一月甲午，妖贼卢悚晨入殿庭，游击将军毛安之等讨擒之。是岁，三吴大旱，人多饿死，诏所在振给。苻坚陷仇池，执秦州刺史杨世。

宁康元年春正月己丑朔，改元。二月，大司马桓温来朝。三月癸丑，诏除丹阳竹格等四桁税。夏五月，旱。秋七月己亥，使持节、侍中、都督中外诸军事、丞相、录尚书、大司马、扬州牧、平北将军、徐兖二州刺史、南郡公桓温薨。庚戌，进右将军桓豁为征西将军。以江州刺史桓冲为中军将军、都督扬豫江三州诸军事、扬州刺史，镇姑孰。八月壬子，崇德太后临朝摄政。九月，苻坚将杨安寇成都。丙申，以尚书仆射王彪之为尚书令，吏部尚书谢安为尚书仆射，吴国内史刁彝为北中郎将、徐兖二州刺史，镇广陵。复置光禄勋、大司农、少府官。冬十月，西平公张天锡贡方物。十一月，苻坚将杨安陷梓潼及梁、益二州，刺史周仲孙帅骑五千南遁。

二年春正月癸未朔，大赦。追封谥故会稽世子郁为临川献王。己酉，北中郎将、徐兖二州刺史刁彝卒。二月癸丑，以丹阳尹王坦之为北中郎将、徐兖二州刺史。丁巳，有星孛于女虚。三月丙戌，彗星见于氐。夏四月壬戌，皇太后诏曰："顷玄象忒度，上天表异，仰观斯变，震惧于怀。夫因变致休，自古之道，朕敢不克意复心，以思厥中？又三吴奥壤，股肱望郡，而水旱并臻，百姓失业，夙夜惟忧，不能忘怀，宜时拯恤，救其雕困。三吴义兴、晋陵及会稽遭水之县尤甚者，全除一年租布，其次听除半年，受振贷者即以赐之。"五月，蜀人张育自号蜀王，帅众围成都，遣使称藩。秋七月，凉州地震，山崩。苻坚将邓羌攻张育，灭之。八月，以长秋将建，权停婚姻。九月丁丑，有星孛于天市。冬十一月己酉，天门蛮贼攻郡，太守王匪死之，征西将军桓豁遣师讨平之。长城人钱步射、钱弘等作乱，吴兴太守朱序讨平之。癸酉，镇远将军桓石虔破苻坚将姚苌于垫江。

三年春正月辛亥，大赦。夏五月丙午，北中郎将、徐兖二州刺史、蓝田侯王坦之卒。甲寅，以中军将军、扬州刺史桓冲为镇北将军、徐州刺史，镇京徒，尚书仆射谢安领扬州刺史。秋八月癸巳，立皇后王氏，大赦，加文武位一等。九月，帝讲《孝经》。冬十月癸酉朔，日有蚀之。十二月癸未，神兽门灾。甲申，皇太后诏曰："顷日蚀告变，水旱不适，虽克己思救，未尽其方。其赐百姓穷者米，人五斛。"癸巳，帝释奠于中堂，祠孔子，以颜回配。

太元元年春正月壬寅朔，帝加元服，见于太庙。皇太后归政。甲辰，大赦，改元。丙午，帝始临朝。以征西将军桓豁为征西大将军，领军将军郗愔为镇军大将军，中军将军桓冲为车骑将军，加尚书仆射谢安中书监、录尚书事。甲子，谒建平等四陵。夏五月癸丑，地震。甲寅，诏曰："顷者上天垂监，谴告屡彰，朕有惧焉，震悸于心。思所以议狱缓死，赦过宥罪，庶因大变，与之更始。"于是大赦，增文武位各一等。六月，封河间王钦子范之为章武王。秋七月，苻坚将苟苌陷凉州，虏刺史张天锡，尽有其地。乙巳，除度田收租之制，公王以下口税米三斛，蠲在役之身。冬十月，移淮北流人于淮南。十一月己巳朔，日有蚀之。诏太官撤膳。十二月，苻坚使其将苻洛攻代，执代王涉翼犍。

二年春正月，继绝世，绍功臣。三月，以兖州刺史朱序为南中郎将、梁州刺史、监沔中诸军，镇襄阳。闰月壬午，地震。甲申，暴风，折木发屋。夏四月己酉，雨雹。五月丁丑，地震。六月己巳，暴风，扬沙石。林邑贡方物。秋七月乙卯，老人星见。八月壬辰，四骑将军桓冲来朝。丁未，以尚书仆射谢安为司徒。丙辰，使持节、都督荆梁宁益交广六州诸军事、荆州刺史、征西大将军桓豁卒。冬十月辛丑，以车骑将军桓冲都督荆江梁益宁交广七州诸军事、领护南蛮校尉、荆州刺史，尚书王蕴为徐州刺史、督江南晋陵诸军，征西司马谢玄为兖州刺史、广陵相、监江北诸军。壬寅，散骑常侍、左光禄大夫、尚书令王彪之卒。十二月庚寅，以尚书王劭为尚书仆射。

三年春二月乙巳，作新宫，帝移居会稽王邸。三月乙丑，雷雨，暴风，发屋折木。夏五月庚午，陈留王曹恢薨。六月，大水。秋七月辛巳，帝入新宫。乙酉，老人星见南方。

四年春正月辛酉，大赦，郡县遭水旱者减租税。丙子，谒建平等七陵。二月戊午，苻坚使其子丕攻陷襄阳，执南中郎将朱序。又陷顺阳。三月，大疫。壬戌，诏曰："狡寇纵逸，藩守倾没，疆场之虞，事兼平日。其内外众官，各悉心戮力，以康庶事。又年谷不登，百姓多匮。其诏御所供，事从俭约，九亲供给，众官廪俸，权可减半。凡诸役费，自非军国事要，皆宜停省，以周时务。"癸未，使右将军毛武生师师伐蜀。夏四月，苻坚将韦钟陷魏兴，太守吉挹死之。五月，苻坚将句难、彭超陷盱眙、高密内史毛璪之为贼所执。六月，大旱。戊子，征虏将军谢玄及超、难战于君川，大破之。秋八月丁亥，以左将军王蕴为尚书仆射。乙未，暴风，扬沙石。九月，盗杀安太守傅湛。冬十二月己酉朔，日有蚀之。

五年春正月乙巳，谒崇平陵。夏四月，大旱。癸酉，大赦五岁刑以下。五月，大水。以司徒谢安为卫将军、仪同三司。六月甲寅，震含章殿四柱，并杀内侍二人。甲子，以比岁荒俭，大赦，自太元三年已前逋租宿债皆蠲除之，其鳏寡穷独孤老不能自存者，人赐米五斛。丁卯，以骠骑将军、琅邪王道子为司徒。秋九月癸未，皇后王氏崩。冬十月，九真太守李逊据交州反。十一月乙酉，葬定皇后于隆平陵。

六年春正月，帝初奉佛法，立精舍于殿内，引诸沙门以居之。丁酉，以尚书谢石为尚书仆射。初置督运御史官。夏六月庚子朔，日有蚀之。扬、荆、江三州大水。己巳，改制度，减烦费，损吏士员七百人。秋七月丙子，赦五岁刑已下。甲午，交阯太守杜瑗斩李逊，交州平。大饥。冬十一月己亥，以镇军大将军郗愔为司空。会稽人檀元之反，自号安东将军，镇军参军谢嵩之讨平之。十二月甲辰，苻坚遣其襄阳太守阎震寇竟陵，襄阳太守桓石虔讨擒之。

七年春三月，林邑范熊遣使献方物。秋八月癸卯，大赦。九月，东夷五国遣使来贡方物。苻坚将都贵焚烧沔北田谷，略襄阳百姓而去。冬十月丙子，雷。

八年春二月癸未，黄雾四塞。三月，始兴、南康、庐陵大水，平地五丈。丁巳，大赦。夏五月，辅国将军杨亮伐蜀，拔五城，擒苻坚将魏光。秋七月，鹰扬将军郭铨及苻坚将张蚝战于武当，大败之。八月，苻坚帅众渡淮，遣征讨都督谢石、冠军将军谢玄、辅国将军谢琰、西中郎将桓伊等距之。九月，诏司徒、琅邪王道子录尚书六条事。冬十月，苻坚弟融陷寿春。乙亥，诸将及苻坚战于肥水，大破之，俘斩数万计，获坚舆辇及云母车。十一月庚申，诏卫将军谢安劳旋师于金城。壬子，立陈留王世子灵诞为陈留王。十二月庚午，以寇难初平，大赦。以中军将军谢石为尚书令。开酒禁。始增百姓税米，口五石。前句町王翟辽背苻坚，举兵于河南，慕容垂自邺与辽合，遂攻坚子晖于洛阳。仇池公杨世奔还陇右，遣使称藩。

九年春正月庚子，封武陵王孙宝为临川王。戊午，立新宁王晞子遵为新宁王。辛亥，谒建平等四陵。龙骧将军刘牢之克谯城。车骑将军桓冲部将郭宝伐新城、魏兴、上庸三郡，降之。二月辛巳，使持节、都督荆江梁宁益交广七州诸军事、车骑将军、荆州刺史桓冲卒。慕容垂自洛阳与翟辽攻苻坚子丕于邺。三月，以卫将军谢安为太保。苻坚北地长史慕容泓、平阳太守慕容冲并起兵背坚。夏四月己卯，增置太学生百人。封张天锡为西平公。使竟陵太守赵统伐襄阳，克之。苻坚将姚苌背坚，起兵于北地，自立为王，国号秦。六月癸丑朔，崇德皇太后褚氏崩。慕容泓为其叔父冲所杀，冲自称皇太弟。秋七月戊戌，遣兼司空、高密王纯之修谒洛阳五陵。己酉，葬康献皇后于崇平陵。百济遣使来贡方物。苻坚及慕容冲战于郑西，坚师败绩。八月戊寅，司空郗愔薨。九月辛卯，前锋都督谢玄攻苻坚将兖州刺史张崇于鄄城，克之。甲午，加太保谢安大都督扬、江、荆、司、豫、徐、兖、青、冀、幽、并、梁、益、雍、凉十五州诸军事。冬十月辛亥朔，日有蚀之。丁巳，河间王昙之薨。乙丑，以玄象乖度，大赦。庚午，立前新蔡王晃弟崇为新蔡王。苻坚青州刺史苻朗帅众来降。十二月，苻坚将吕光称制于河右，自号酒泉公。慕容冲僭即皇帝位于阿房。

十年春正月甲午，谒诸陵。二月，立国学。蜀郡太守任权斩苻坚益州刺史李平，益州平。三月，荥阳人郑燮以郡来降。苻坚国乱，使使奉表请迎。龙骧将军刘牢之及慕容垂战于黎阳，王师败绩。夏四月丙辰，刘牢之与沛郡太守周次及垂战于五桥泽，王师又败绩。壬戌，太保谢安帅众救苻坚。五月，大水。苻坚留太子宏守长安，奔于五将山。六月，宏来降，慕容冲入长安。秋七月，苻丕自枋头西走，龙骧将军檀玄追之，为丕所败。旱，饥。丁巳，老人星见。八月甲午，大赦。丁酉，使持节、侍中、中书监、大都督十五州诸军事、卫将军、太保谢安薨。庚子，以琅邪王道子为都督中外诸军事。是月，姚苌杀苻坚而僭即皇帝位。九月，吕光据姑臧，自称凉州刺史。苻丕僭即皇帝位于晋阳。冬十月丁亥，论淮肥之功，追封谢安庐陵郡公，封谢石南康公，谢玄康乐公，谢琰望蔡公，桓伊永修公，自余封拜各有差。是岁，乞伏国仁自称大单于、秦河二州牧。

十一年春正月辛未，慕容垂僭即皇帝位于中山。壬午，翟辽袭黎阳，执太守滕恬之。乙酉，谒诸陵。慕容冲将许木末杀慕容冲于长安。三月，大赦。太山太守张愿以郡叛，降于翟辽。夏四月，以百济王世子余晖为使持节、都督、镇东将军、百济王。代王拓拔圭始改称魏。癸巳，以尚书仆射陆纳为尚书左仆射，谯王恬为尚书右仆射。六月己卯，地震。庚寅，以前辅国将军杨亮为西戎校尉、雍州刺史，镇卫山陵。秋八月庚午，封孔靖之为奉圣亭侯，奉宣尼祀。丁亥，安平王遐之薨。翟辽寇谯，龙骧将军朱序击走之。冬十月，慕容垂破苻丕于河东，丕走东垣，扬威将军冯该击斩之，传首京都。甲申，海西公奕薨。十一月，苻丕将苻登僭即皇帝位于陇东。

十二年春正月乙巳，以豫州刺史朱序为青、兖二州刺史，镇淮阴。丁未，大赦。壬子，暴风，发屋折木。戊午，慕容垂寇河东，济北太守温详奔彭城。翟辽遣子钊寇陈、颍，朱序击走之。夏四月戊辰，尊夫人李氏为皇太妃。己丑，雨雹。高平人翟畅执太守徐含远，以郡降于翟辽。六月癸卯，束帛聘处士戴逵、袭玄之。秋八月辛巳，立皇子德宗为皇太子，大赦，增文武位二等，大酺五日，赐百官布帛各有差。九月戊午，复新宁王遵为武陵王，立梁王瑾子和为梁王。冬十一月，松滋太守王遐之讨翟辽于洛口，败之。

十三年夏四月戊午，以青兖二州刺史朱序为持节、都督雍梁河中九郡诸军事、雍州刺史，谯王恬之为镇北将军、青兖二州刺史。夏六月，旱。乞伏国仁死，弟乾归嗣伪位，僭号河南王。秋七月，翟辽将翟发寇洛阳，河南太守郭给距破之。冬十二月戊子，涛水入石头，毁大桁，杀人。乙未，大风，昼晦，延贤堂灾。丙申，鬻斯则百堂、客馆、骠骑库皆灾。己亥，加尚书令谢石卫将军、开府仪同三司。庚子，尚书令、卫将军、开府仪同三司谢石薨。

十四年春正月癸亥，诏淮南所获俘虏付诸作部者一皆散遣，男女自相配匹，赐百日廪，其沿线为军赏者悉赎出之，以襄阳、淮南饶沃地各立一县以居之。彭城妖贼刘黎僭称皇帝于皇丘，龙骧将军刘牢之讨平之。二月，扶南献方物。吕光僭号三河王。夏四月甲辰，彭城王弘之薨。翟辽寇荥阳，执太守张卓。六月壬寅，使持节、都督荆益宁三州诸军事、荆州刺史桓石虔卒。秋七月甲寅，宣阳门四柱灾。八月，姚苌袭破苻登，获其伪后毛氏。丁亥，汝南王羲薨。九月庚午，以尚书左仆射陆纳为尚书令。冬十二月乙巳，雨，木冰。

十五年春正月乙亥，镇北将军、谯王恬之薨。龙骧将军刘牢之及翟辽、张愿战于太山，王师败绩。征虏将军朱序破慕容永于太行。二月辛巳，以中书令王恭为都督青兖幽并冀五州诸军事、前将军、青兖二州刺史。三月己酉朔，地震。戊辰，大赦。秋七月丁巳，有星孛于北河。八月，永嘉人李耽举兵反，太守刘怀之讨平之。己丑，京师地震。有星孛于北斗，犯紫微。沔中诸郡及兖州大水。龙骧将军朱序攻翟辽于滑台，大败之，张愿来降。九月丁未，以吴郡太守王珣为尚书仆射。冬十二月己未，地震。

十六年春正月庚申，改筑太庙。夏六月，慕容永寇河南，太守杨佺期击破之。己未，章武王范之薨。秋九月癸未，以尚书右仆射王珣为尚书左仆射，以太子詹事谢琰为尚书右仆射。新庙成。冬十一月，姚苌败苻登于安定。

十七年春正月己巳朔，大赦，除逋租宿债。夏四月，齐国内史蒋喆杀乐安太守辟闾浑。据青州反，北平原太守辟闾浑讨平之。五月丁卯朔，日有蚀之。六月癸卯，京师地震。甲寅，涛水入石头，毁大桁。永嘉郡潮水涌起，近海四县人多死者。乙卯，大风，折木。戊午，梁王龢薨。慕容垂袭翟钊于黎阳，败之，钊奔于慕容永。秋七月丁丑，太白昼见。八月，新作东宫。冬十月丁酉，太白昼见。辛亥，都督荆益宁三州诸军事、荆州刺史王忱卒。十一月癸酉，以黄门郎殷仲堪为都督荆益宁三州诸军事、荆州刺史。庚寅，徙封琅邪王道子为会稽王，封皇子德文为琅邪王。十二月己未，地震。是岁，自秋不雨，至于冬。

十八年春正月癸亥朔，地震。二月乙未，地又震。三月，翟钊寇河南。夏六月己亥，始兴、南康、庐陵大水，深五丈。秋七月，旱。闰月，妖贼司马徽聚党于马头山，刘牢之遣部将讨平之。九月丙戌，龙骧将军杨佺期击氐帅杨佛嵩于潼谷，败之。冬十月，姚苌死，子兴嗣伪位。

十九年夏六月壬子，追尊会稽王太妃郑氏为简文宣太后。秋七月，荆、徐二州大水，伤秋稼，遣使振恤之。八月己巳，尊皇太妃李氏为皇太后，宫曰崇训。慕容垂击慕容永于长子，斩之。冬十月，慕容垂遣其子恶奴寇廪丘，东平太守韦简及垂尹国战于平陆，简死之。是岁，苻登为姚兴所杀，登太子崇奔于湟中，僭称皇帝。

二十年春二月，作宣太后庙。甲寅，散骑常侍、光禄大夫、开府仪同三司、尚书令令陆纳卒。三月庚辰朔，日有蚀之。夏六月，荆、徐二州大水。十一月，魏王拓拔圭击慕容垂子宝于袭谷，败之。

二十一年春正月，造清暑殿。三月，慕容垂攻平城，拔之。夏，新作永安宫。丁亥，雨雹。慕容垂死，子宝嗣伪位。五月甲子，以望蔡公谢琰为尚书左仆射。大水。六月，吕光僭即天王位。秋九月庚申，帝崩于清暑殿，时年三十五。葬隆平陵。

帝幼称聪悟。简文之崩也，时年十岁，至晡不临，左右进谏，答曰："哀至则哭，何常之有？"谢安尝叹以为精理不减先帝。既威权已出，雅有人主之量。既而溺于酒色，殆为长夜之饮。末年长星见，帝心甚恶之，于华林园举酒祝之曰："长星，劝汝一杯酒，自古何有万岁天子邪！"太白连年昼见，地震水旱为变者相属。醒日既少，而傍无正人，竟不能改焉。时张贵人有宠，年几三十，帝戏之曰："汝以年当废矣。"贵人潜怒，向夕，帝醉，遂暴崩。时道子昏惑，元显专权，竟不推其罪人。初，简文帝见谶云：

"晋祚尽昌明。"及帝之在孕也,李太后梦神人谓之曰:"汝生男,以'昌明'为字。"及产,东方始明,因以为名焉。简文帝后悟,乃流涕。及为清暑殿,有识者以为"清暑"反为"楚"声,哀楚之征也。俄而帝崩,晋祚自此倾矣。

史臣曰:前史称"不有废也,吾何以兴",若乃天挺惟神,光膺嗣位,迈油云而骧首,济沈川而能跃。少康一旅之众,所以阐帝图;成汤七十之基,所以兴王业。静河海于既泄,补穹圆于已紊;事异于斯,则弗由也。简皇以虚白之姿,在屯如之会,政由桓氏,祭则寡人。太宗晏驾,宁康纂业,天诱其衷,奸臣自陨。于时西逾剑岫而跨灵山,北振长河而临清洛,荆吴战旅,啸叱成云;名贤间出,旧德斯在:谢安可以镇雅俗,彪之足以正纪纲,桓冲之尽夜王家,谢玄之善断军事。于时上天乃眷,强氏自泯。五尽童子,振袂临江,思所以挂旆天山,封泥函谷;而条纲弗垂,威恩罕树,道子荒乎朝政,国宝汇以小人,拜授之荣,初非天旨,鬻刑之货,自走权门,毒赋年滋,愁民岁广。是以闻人、许荣驰书诣阙,烈宗知其抗直,而恶闻逆耳,肆一醉于崇朝,飞千觞于长夜。虽复"昌明"表梦,安听神言?而金行颓弛,抑亦人事,语曰"大国之政未陵夷,小邦之乱已倾覆"也。属苻坚百六之秋,弃肥水之众,帝号为"武",不亦优哉!

赞曰:君若缀旒,道非交泰。简皇凝寂,不贻伊害。孝武登朝,奸雄自消。燕之击路,郑叔分镳。倡临帝席,酒劝天妖。金风不竞,人事先凋。

卷十　　　　　帝纪第十

安帝　恭帝

安皇帝讳德宗,字德宗,孝武帝长子也。太元十二年八月辛巳,立为皇太子。二十一年九月庚申,孝武帝崩。辛酉,太子即皇帝位,大赦。癸亥,以司徒、会稽王道子为太傅,摄政。冬十月甲申,葬孝武皇帝于隆平陵。大雪。

隆安元年春正月己亥朔,帝加元服,改元,增文武位一等。太傅、会稽王道子稽首归政。以尚书右仆射王珣为尚书令,领军将军王国宝为尚书左仆射。二月,吕光将秃发乌孤自称大都督、大单于,国号南凉。击光将窦苟于金昌,大破之。甲寅,尊皇太后李氏为皇太后。戊午,立皇后王氏。三月,吕光子纂为乞伏乾归所败。光建康太守段业自号凉州牧。慕容宝败魏师于蓟。夏四月甲戌,兖州刺史王恭、豫州刺史庾楷举兵,以讨尚书左仆射王国宝、建威将军王绪为名。甲申,杀国宝及绪以悦于恭,恭乃罢兵。戊子,大赦。五月,前司徒长史王廞以吴郡反,王恭讨平之。慕容宝将慕容详僭即皇帝位于中山,宝奔黄龙。秋八月,吕光为其仆射杨轨、散骑常侍郭麐所攻,光子纂击走之。九月,慕容宝将慕容麟斩慕容祥于中山,因僭即皇帝位。冬十月,慕容麟为魏师所败。

二年春三月,龙舟二灾。夏五月,兰汗弑慕容宝而自称大将军、昌黎王。秋七月,慕容宝子盛斩兰汗,僭称长乐王,摄天子位。兖州刺史王恭、豫州刺史庾楷、荆州刺史殷仲堪、广州刺史桓玄、南蛮校尉杨佺期等举兵反。八月,江州刺史王愉奔于临川。丙子,宁朔将军邓启方及慕容德将慕容法战于管城,王师败绩。丙戌,慕容盛僭即皇帝位于黄龙。桓玄大败王师于白石。九月辛卯,加太傅、会稽王道子黄钺。遣征虏将军会稽王世子元显、前将军王珣、右将军谢琰讨桓玄等。己亥,破庾楷于牛渚。丙午,会稽王道子屯中堂,元显守石头。己酉,前将军王珣守北郊,右将军谢琰备宣阳门。辅国将军刘牢之次新亭,使子敬宣击败恭,恭奔曲阿长塘湖,湖尉收送京师,斩之。于是遣太常殷茂喻仲堪及玄,玄等走于寻阳。冬十月,新野言驺虞见。丙子,大赦。壬午,仲堪等盟于寻阳,推桓玄为盟主。十一月,以琅邪王德文为卫将军、开府仪同三司,领军将军王雅为尚书左仆射。十二月己丑,魏王珪即尊位,年号天兴。京兆人韦礼帅襄阳流人叛,降于姚兴。己酉,前新安太守杜炯反于京口,会稽王世子元显讨斩之。秃发乌孤自称武威王。

三年春正月辛酉,封宗室蕴为淮陵王。二月甲辰,河间王国镇薨。林邑范胡达陷日南、九真,遂寇交址,太守杜瑗讨破之。段业自称凉王。仇池公杨盛遣使称藩,献方物。三月己卯,追尊所生陈夫人为德皇太后。夏四月乙未,加尚书令王珣卫将军,以会稽王世子元显为扬州刺史。六月戊子,以琅邪王德文为司徒。慕容德陷青州,害龙骧将军辟闾浑,遂僭即皇帝位于广固。秋八月,秃发乌孤死,其弟利鹿孤嗣伪位。冬十月,姚兴陷洛阳,执河南太守辛恭靖。十一月甲寅,妖贼孙恩陷会稽,内史王凝之死之,吴国内史桓谦、临海太守新蔡王崇、义兴太守魏隐并委官而遁,吴兴太守谢邈、永嘉太守司马逸皆遇害。遣卫将军谢琰、辅国将军刘牢之逆击,走之。十二月,桓玄袭江陵,荆州刺史殷仲堪、南蛮校尉杨佺期并遇害。吕光立其太子绍为天王,自号太上皇。是日,光死,吕纂弑绍而自立。是岁,荆州大水,平地三丈。

四年春正月乙亥,大赦。二月己丑,有星孛于奎娄,进至紫微。三月,彗星见于太微。夏四月,地震。孙恩寇浃口。五月丙寅,散骑常侍、卫将军、东亭侯王珣卒。己卯,会稽内史谢琰为孙恩所败,死之。恩转寇临海。六月庚辰朔,日有蚀之。旱。辅国司马刘裕破恩于南山。恩将卢循陷广陵,死者三千余人。以琅邪王师何澄为尚书左仆射。秋七月壬子,太皇太后李氏崩。丁卯,大赦。是月,姚兴伐乞伏乾归,降之。八月丁亥,尚书右仆射王雅卒。壬寅,葬定太后于修平陵。九月癸丑,地震。冬十一月,宁朔将军高雅之及孙恩战于余姚,王师败绩。以扬州刺史元显为后将军、开府仪同三司、都督扬豫徐兖青幽冀并荆江司雍梁益交广十六州诸军事,前将军刘牢之为镇北将军,封元显子彦璋为东海王。十二月戊寅,有星孛于天市。是岁,河右诸郡奉凉武昭王李玄盛为秦凉二州牧、凉公,年号庚子。

五年春二月丙子,孙恩复寇浃口。吕超杀吕纂,以其兄隆僭即伪位。三月甲寅,众星西流,历太微。夏五月,孙恩寇吴国,内史袁山松死之。沮渠蒙逊杀段业,自号大都督、北凉州牧。六月甲戌,孙恩至丹徒。乙亥,内外戒严,百官入居于省。冠军将军高素、右卫将军张崇之守石头,辅国将军刘袭栅断淮口,丹阳尹司马恢之戍南岸,冠军将军桓谦、辅国将军司马允之、游击将军毛邃备白石,左卫将军王嘏、领军将军孔安国屯中皇堂。征豫州刺史、谯王尚之卫京师。宁朔将军高雅之击孙恩于广陵之郁洲,为贼所执。秋七月,段玑杀慕容盛,盛叔父熙尽诛段氏,因僭称尊号。九月,吕隆降于姚兴。冬十月,姚兴帅侵魏,大败而旋。是岁,饥,禁酒。

元兴元年春正月庚午朔,大赦,改元。以后将军元显为骠骑大将军、征讨大都督,镇北将军刘牢之为元显前锋,前将军、谯王尚之为后部,以讨桓玄。二月丙午,帝戎服饯元显于西池。丁巳,遣兼侍中、齐王柔之以驺虞幡宣告荆、江二州。丁卯,桓玄败王师于姑孰,谯王尚之、齐王柔之并死之。以右将军吴隐之为都督交广二州诸军事、广州刺史。三月己巳,刘牢之叛降于桓玄。辛未,王师败绩于新亭,骠骑大将军、会稽王世子元显,东海王彦璋,冠军将军毛泰,游击将军毛邃并遇害。壬申,桓玄自为侍中、丞相、录尚书事,以桓谦为尚书仆射,迁太傅、会稽王道子于安城。玄俄又自称太尉、扬州牧,总百揆,以琅邪王德文为太宰。临海太守辛景击孙恩,斩之。是月,秃发利鹿孤死,弟辱檀嗣伪位。秋七月乙亥,新蔡王崇为其奴所害。八月庚子,尚书下舍灾。冬十月,冀州刺史刘轨叛奔于慕容德。十二月庚申,会稽王道子为桓玄所害。曲赦广陵、彭城大逆以下。

二年春二月辛丑,建威将军刘裕破徐道覆于东阳。乙卯,桓玄自称大将军。丁巳,冀州刺史孙无终为桓玄所害。夏四月癸巳朔,日有蚀之。秋八月,玄又自号相国、楚王。九月,南阳太守魔厌起义兵,为玄所败。冬十一月壬午,玄迁帝于永安宫。癸未,移太庙神主于琅邪国。十二月壬辰,玄篡位,以帝为平固王。辛亥,帝蒙尘于寻阳。

三年春二月,帝在寻阳。庚寅夜,涛水入石头,漂杀人户。乙卯,建武将军刘裕帅沛国刘毅、东海何无忌等举义兵。丙辰,斩桓玄所署徐州刺史桓修于京口,青州刺史桓弘于广陵。丁巳,义师济江。三月戊午,刘裕斩玄将吴甫之于江乘,斩皇甫敷于罗落。己未,玄众溃而逃。庚申,刘裕置留台,具百官。壬戌,桓玄司徒王谧推刘裕行镇军将军、徐州刺史、都督扬徐兖豫青冀幽并八州诸军事、假节。刘裕以谧领扬州刺史、录尚书事。辛酉,刘裕诛尚书左仆射王愉、愉子荆州刺史绥、司州刺史温详。辛未,桓玄逼帝西上。丙戌,密诏以幽逼于玄,万机虚旷,令武陵王遵依旧典,承制总百官行事,加侍中,余如故。并大赦,谋反大逆已下,惟桓玄一祖之后不宥。夏四月己丑,大将军、武陵王遵称制,总万机。庚寅,帝至江陵。庚戌,辅国将军何无忌、振武将军刘道规及桓玄将庾稚、何澹之战于湓口,大破之。玄复逼帝东下。五月癸酉,冠军将军刘毅及桓玄战于峥嵘洲,又破之。己卯,帝复幸江陵。辛巳,荆州别驾王康产、南郡太守王腾之奉帝居于南郡。壬午,督护冯迁斩桓玄于貃盘洲。乘兴反正于江陵。甲申,诏曰:"奸凶篡逆,自古有之。朕不能式遏杜渐,以致播越。赖镇军将军裕英略奋发,忠勇绝世,冠军将军毅等诚心宿著,协助同嘉谋。义声既振,士庶效节,社稷载安,四海齐庆。其大赦,凡诸畏逼事屈逆命者,一无所问。"戊寅,奉神主入于太庙。闰月己丑,桓玄故将扬武将军桓振陷江陵,刘毅、何无忌退守寻阳,帝复蒙尘于贼营。六月,益州刺史毛璩执伪梁州刺史桓希,斩之。秋七月戊申,永安皇后何氏崩。八月癸酉,祔葬穆帝章皇后于永平陵。九月,前给事中刁骋、秘书丞王迈之谋反,伏诛。冬十月,卢循寇广州,刺史吴隐之为循所败。执始兴相阮腆之而还。慕容德死,兄子超嗣伪位。

义熙元年春正月,帝在江陵。南阳太守鲁宗之起义兵,袭破襄阳。己丑,刘毅次于马头。桓振以帝屯于江津。辛卯,宗之破振将温楷于柞溪,进次纪南,为振所败。振武将军刘道规讨桓谦,走之。乘舆反正,帝与琅邪王幸道规舟。戊戌,诏曰:"朕以寡德,夙纂洪绪。不能缉熙遐迩,式遏奸宄。逆臣桓玄乘衅肆乱,乃诬罔天人,篡据极位。朕躬播越,沦胥荒裔,宣皇之基,眇焉以坠。赖镇军将军裕忠武英断,诚冠终古。运谋机始,贞贤协其契;抆泪誓众,义士感其心。故霜戈一挥,巨猾奔迸,三率棱威,大憝授首。而孽振猖狂,嗣凶荆郢。幸天祚社稷,义旗载捷,狡徒沮溃,朕获反正。斯实宗庙之灵,勤王之勋。岂朕一人独享伊祜,思与亿兆幸兹更始。其大赦,改元,唯玄振一祖及同党不在原例。赐百官爵二级,鳏寡孤独谷人五斛,大酺五日。"二月丁巳,留台备乘舆法驾,迎帝于江陵。弘农太守戴宁之、建威主簿徐惠子等谋反,伏诛。平西参军谯纵害平西将军、益州刺史毛璩,以蜀叛。三月,桓振复袭江陵,荆州刺史司马休之奔于襄阳。建威将军刘怀肃讨振,斩之。帝至自江陵。乙未,百官诣阙请罪。诏曰:"此非诸卿之过,其还率职。"戊戌,举章皇后哀三日,临于西堂。刘裕及何无忌等抗表逊位,不许。庚子,以琅邪王德文为大司马,武陵王遵为太保,加镇军将军刘裕为侍中、车骑将军、都督中外诸军事。甲辰,诏曰:"自顷国难之后,人物凋残,常所供奉,犹不改旧,岂所以视人如伤,禹汤归过之诚哉!可筹量减省。"夏四月,刘裕旋镇京口。戊辰,饯于东堂。五月癸未,禁婢扇及挹蒲。游击将军、章武王秀,益州刺史司马轨之谋反,伏诛。桓玄故将桓亮、苻宏、刁预寇湘州,守将击走之。秋八月甲子,封临川王子修之为会稽王。冬十一月,乞付乾归伐仇池,仇池公杨盛大破之。是岁,凉武昭王玄盛遣使奉表称藩。

二年春正月,益州刺史司马荣期击谯纵将谯子明于白帝,破之。夏五月,封高密王子法莲为高阳王。秋七月,梁州刺史杨孜敬有罪,伏诛。冬十月,论匡复之功,封车骑将军刘裕为豫章郡公,抚军将军刘毅南平郡公,右将军何无忌安成郡公,自余封赏各有差。乙亥,以左将军孔安国为尚书左仆射。十二月,盗杀零陵太守阮野。

三年春二月己酉,车骑将军刘裕来朝。诛东阳太守殷仲文、南蛮校尉殷叔文、晋陵太守殷道叔、永嘉太守骆球。己丑,大赦,除酒禁。夏五月,大水。六月,姚兴将赫连勃勃僭称天王于朔方,国号夏。秋七月戊戌朔,日有蚀之。汝南王遵之有罪,伏诛。八月,遣冠军将军刘敬宣持节监征蜀诸军事。冬十一月,赫连勃勃大败秃发傉檀,傉檀奔于南山。是岁,高云、冯跋杀慕容熙,云僭即帝位。

四年春正月甲辰,以琅邪王德文领司徒,车骑将军刘裕为扬州刺史、录尚书事。庚申,侍中、太保、武陵王遵薨。夏四月,散骑常侍、尚书左仆射孔安国卒。甲午,加吏部尚书孟昶尚书左仆射。冬十一月辛卯,雷。梁州刺史杨思平有罪,弃市。癸丑,大风拔树。是月,秃发傉檀僭即凉王位。十二月,陈留王曹灵诞薨。

五年春正月辛卯,大赦。庚戌,以抚军将军刘毅为卫将军、开府仪同三司,加辅国将军何无忌镇南将军。庚戌,寻阳地震。二月,慕容超为慕容兴宗范宿豫,阳平太守刘千载、南阳太守赵元并为贼所执。三月己亥,大雪,平地数尺。车骑将军刘裕帅师伐慕容超。夏六月丙寅,震于太庙。刘裕大破慕容超于临朐。秋七月,姚兴将乞伏乾归僭称西秦王于苑川。九月戊辰,离班弑高云,云将冯跋攻班,杀之。跋僭即王位,仍号燕。冬十月,魏清河王绍弑其主圭。

六年春正月丁亥,刘裕攻慕容超,克之,齐地悉平。是月,广州刺史卢循反,寇江州。三月,秃发傉檀及沮渠蒙逊战于穷泉,傉檀败绩。壬申,镇南将军、江州刺史何无忌及循战于豫章,王师败绩,无忌死之。夏四月,青州刺史诸葛长民、兖州刺史刘藩、并州刺史刘道怜乃入卫京师。五月丙子,大风,拔木。戊子,卫将军刘毅及卢循战于桑落洲,王师败绩。尚书左仆射孟昶惧,自杀。己未,大赦。乙丑,循至淮口,内外戒严。大司马、琅邪王德文都督宫城诸军事,次中堂,太尉刘裕次石头,梁王珍之屯南掖门,冠军将军刘敬宣屯北郊,辅国将军孟怀玉屯南岸,建武将军王仲德屯越城,广武将军刘怀默屯建阳门,淮口筑栅浦、药园、廷尉三垒以距之。丙寅,震太庙鸱尾。秋七月庚申,卢循遁走。甲子,使辅国将军王仲德、广川太守刘钟、河间内史蒯恩等帅众追之。是月,卢循寇荆州,刺史刘道规、雍州刺史鲁宗之等败之。又破徐道覆于华容,贼复走寻阳。八月,姚兴将桓谦寇江陵,刘道规败之。冬十一月,蜀贼谯纵陷巴东,守将温祚、时延祖死之。十二月壬辰,刘裕破卢循于豫章。

七年春二月壬午,右将军刘藩斩徐道覆于始兴,传首京师。夏四月,卢循走交州,刺史杜慧度斩之。秋七月丁卯,以荆州刺史刘道规为征西大将军、开府仪同三司。冬十月,沮渠蒙逊伐凉,凉武昭王玄盛与战,败之。

八年春二月丙子,以吴兴太守孔靖为尚书右仆射。三月甲寅,山阴地陷四尺,有声如雷。夏五月,乞伏公府弑乞伏乾归,乾归子炽盘诛公府,僭即伪位。六月,以平北将军鲁宗之为镇北将军。秋七月甲午,武陵王季度薨。庚子,征西大将军刘道规卒。八月,皇后王氏崩。辛亥,高密王纯之薨。九月癸酉,葬僖皇后于休平陵。己卯,太尉刘裕害右将军兖州刺史刘藩、尚书左仆射谢混。庚辰,

矫诏曰:“刘毅苞藏祸心,构逆南夏,藩、混助乱,志肆奸宄。赖宁辅玄鉴,抚机挫锐,凶党即戮,社稷乂安。夫好生之德,所因者本,肆眚覃仁,实资玄泽。况事兴大憝,祸自元凶。其大赦天下,唯刘毅不在其例。普增文武位一等。孝顺忠义,隐滞遗逸,必令闻达。”己丑,刘裕帅师讨毅。裕参军王镇恶陷江陵城,毅自杀。冬十一月,沮渠蒙逊僭号河西王。十二月,以西陵太守朱龄石为建威将军、益州刺史,帅师伐蜀。分荆州十郡置湘州。是岁,庐陵、南康地四震。

九年春三月丙寅,刘裕害前将军诸葛长民及其弟辅国大将军黎民、从弟宁朔将军秀之。戊寅,加刘裕镇西将军、豫州刺史。林邑范胡达寇九真,交州刺史杜慧度斩之。夏四月壬戌,罢临沂、湖熟皇后脂泽田四十顷,以赐贫人,弛湖池之禁。封镇北将军鲁宗之为南阳郡公。秋七月,朱龄石克成都,斩谯纵,益州平。九月,封刘裕次子义真为桂阳公。冬十二月,安平王球之薨。是岁,高句丽、倭国及西南夷铜头大师并献方物。

十年春三月戊寅,地震。夏六月,乞伏炽盘帅师伐秃发傉檀,灭之。秋七月,淮北大风,坏庐舍。九月丁巳朔,日有蚀之。林邑遣使来献方物。是岁,城东府。

十一年春正月,荆州刺史司马休之、雍州刺史鲁宗之并举兵贰于刘裕,裕帅师讨之。庚午,大赦。丁丑,以吏部尚书谢裕为尚书左仆射。二月丁未,姚兴死,子泓嗣伪位。三月辛巳,淮陵王蕴薨。壬午,刘裕及休之战于江津,休之败,奔襄阳。夏四月乙卯,青、冀二州刺史刘敬宣为其参军司马道赐所害。五月甲申,彗星二见。甲午,休之、宗之出奔于姚泓。论平蜀功,封刘裕子义隆彭城公,朱龄石丰城公。己酉,霍山崩,出铜钟六枚。秋七月丙戌,京师大水,坏太庙。辛亥晦,日有蚀之。八月丁未,尚书左仆射谢裕卒,以尚书右仆射刘穆之为尚书左仆射。九月己亥,大赦。

十二年春正月,姚泓使其将鲁轨寇襄阳,雍州刺史赵伦之击走之。二月,加刘裕中外大都督。夏六月,赫连勃勃攻姚泓秦州,陷之。己酉,新除尚书令、都乡亭侯刘柳卒。秋八月,刘裕及琅邪王德文帅众伐姚泓。丙午,大赦。冬十月丙寅,姚泓将姚光以洛阳降。己丑,遣兼司空、高密王恢之修谒五陵。

十三年春正月甲戌朔,日有蚀之。二月,凉武昭王李玄盛薨,世子士业嗣位为凉州牧、凉公。三月,龙骧将军王镇恶大破姚泓将姚绍于潼关。夏,刘裕败魏鹅青于河曲,斩青裨将阿薄干。是月,凉公李士业大败沮渠蒙逊于鲜支涧。五月,刘裕克潼关。丁亥,会稽王修之薨。六月癸亥,林邑献驯象、白鹦鹉。秋七月,刘裕克长安,执姚泓,收其彝器,归诸京师。南海贼徐道期陷广州,始兴相刘谦之讨平之。冬十一月辛未,左仆射、前将军刘穆之卒。

十四年春正月辛巳,大赦。青州刺史沈田子害龙骧将军王镇恶于长安。夏六月,刘裕为相国,进封宋公。冬十月,以凉公士业为镇西将军,封酒泉公。十一月,赫连勃勃大败王师于青泥北。雍州刺史朱龄石焚长安宫殿,奔于潼关。寻又大溃,龄石死之。十二月戊寅,帝崩于东堂,

时年三十七。葬休平陵。

帝不惠，自少及长，口不能言，虽寒暑之变，无以辩也。凡所动止，皆非己出。故桓玄之篡，因此获全。初谶云"昌明之后有二帝"，刘裕将为禅代，故密使王韶之缢帝而立恭帝，以应二帝云。

恭帝讳德文，字德文，安帝母弟也。初封琅邪王，历中军将军、散骑常侍、卫将军、开府仪同三司，加侍中，领司徒、录尚书六条事。元兴初，迁车骑大将军。桓玄执政，进位太宰，加衮冕之服，绿綟绶。玄篡位，以帝为石阳县公，与安帝俱居寻阳。及玄败，随至江陵。玄死，桓振奋至，跃马奋戈，直至阶下，瞋目谓安帝曰："臣门户何负国家，而屠灭若是？"帝乃下床谓振曰："此岂我兄弟意邪！"振乃下马致拜。振平，复为琅邪王，又领徐州刺史，寻拜大司马，领司徒，加殊礼。义熙二年，置左右长史、司马、从事中郎四人，加羽葆鼓吹。十二年，诏曰："大司马明德懋亲，大尉道勋光大，并徽序彝伦，燮和二气，髦俊引领，思佐鼎任。而雅尚冲抱，四门弗辟，诚合大雅谦虚之道，实违急贤赞世之务。昔蒲轮载征，异人并出，东平开府，奇士向臻，济济之盛，朕有钦焉。可敕二府，依旧辟召，必将明敭俊乂，嗣轨前贤矣。"于是始辟召掾属。时太尉裕都督中外诸军，诏曰："大司马地隆任重，亲贤莫贰。虽府受节度，可身无致敬。"刘裕之北征也，帝上疏，请帅所莅，启行戎路，修敬山陵。朝廷从之，乃与裕俱发。及有司以即戎不得奉辞陵庙，帝复上疏曰："臣推毂阃外，将革寒暑，不获展情挺瑾，私心罔极。伏愿天慈，特垂听许，使臣微诚粗申，即路无恨。"许之。及姚泓灭，归于京都。十四年十二月戊寅，安帝崩。刘裕矫称遗诏曰："唯我有晋，诞膺明命，业隆九有，光宅四海。朕以不德，属当多难，幸赖宰辅，拯厥颠覆。仍侍保佑，克勔祸乱，遂冕旒辰极，混一六合。方凭阿衡，惟新洪业，而遘疾大渐，将遂弗兴。仰惟祖宗灵命。亲贤是荷。咨尔大司马、琅邪王，体自先皇，明德光懋，属惟储贰，众望攸集。其君临晋邦，奉系宗祀，允执其中，燮和天下。阐扬末诰，无废我高祖之景命。"是日，即帝位，大赦。

元熙元年春正月壬辰朔，改元。以山陵未厝，不朝会。立皇后褚氏。甲午，征刘裕入朝。戊戌，有星孛于太微西藩。庚申，葬安皇帝于休平陵。帝受朝，悬而不乐。以骠骑将军刘道怜为司空。秋八月，刘裕移镇寿阳。以刘怀慎为前将军、北徐州刺史，镇彭城。九月，刘裕自解扬州。冬十月乙酉，裕以其子桂阳公义真为扬州刺史。十一月丁亥朔，日月蚀之。十二月辛卯，裕加殊礼。己卯，太史奏，黑龙四见于东方。

二年夏六月壬戌，刘裕至于京师。傅亮承裕密旨，讽帝禅位，草诏，请帝书之。帝欣然谓左右曰："晋氏久已失之，今复何恨。"乃书赤纸为诏。甲子，遂逊于琅邪第。刘裕以帝为零陵王，居于秣陵，行晋正朔，车旗服色一如其旧，有其文而不备其礼。帝自是之后，深虑祸机，褚后常在帝侧，饮食所资，皆出褚后，故宋人莫得伺其隙，宋永初二年九月丁丑，裕使后兄叔度请后，有间，兵人逾垣而入，弑帝于内房。时年三十六。谥恭皇帝，葬冲平陵。

帝幼时性颇忍急，及在藩国，曾令善射者射马为戏。既而有人云："马者国姓，而自杀之，不祥之甚。"帝亦悟，甚悔之。其后复笃信浮屠道，铸货千万，造丈六金像，亲于瓦官寺迎之，步从十许里。安帝既不惠，帝每侍左右，消息温凉寝食之节，以恭谨闻，时人称焉。始，元帝以丁丑岁称晋王，置宗庙，使郭璞筮之，云："享二百年。"自丁丑至禅代之岁，年在庚申，为一百四岁。然丁丑始系西晋，庚申终入宋年，所余惟一百有二岁耳。璞盖以百二之期促，故婉而倒之为二百也。

史臣曰：安帝即位之辰，钟无妄之日，道子、元显并倾朝政，主昏臣乱，未有如斯不亡者也。虽有手握戎麾，心存旧国，回首无良，忽焉萧散。于是桓玄乘衅，势逾飙指，六师咸泯，只马徂迁。是以宋高非典午之臣，孙恩岂金行之寇。若乃世遇颠覆，则恭皇斯甚。于越之民，讵熏丹穴，会稽之侣，宁叹人臣。去皇屋而归来，洒丹书而不恨。夫五运攸革，三微数尽，犹高秋凋候，理之自然。观其摇落，人有为之流涟者也。

赞曰：安承流滛，大盗斯张。恭乃寓命，他人是纲。犹存周报，始立怀王。虚尊假号，异术同亡。

卷十一　　志第一

天文上 天体　仪象　天文经星　二十八舍　二十八宿外星　天汉起没　十二次度数　州郡躔次

昔在庖牺，观象察法，以通神明之德，以类天地之情，可以藏往知来，开物成务。故《易》曰："天垂象，见吉凶，圣人象之。"此则观乎天文以示变者也。《尚书》曰："天聪明自我民聪明。"此则观乎人文以成化者也。是故政教兆于人理，祥变应乎天文，得失虽微，罔不昭著。然则三皇迈德，七曜顺轨，日月无薄蚀之变，星辰靡错乱之妖。黄帝创受《河图》，始明休咎，故其《星传》尚有存焉。降在高阳，乃命南正重司天，北正黎司地。爰泊帝喾，亦式序三辰。唐虞则羲和继轨，有夏则昆吾绍德。年代绵邈，文籍靡传。至于殷之巫咸，周之史佚，格言遗记，于今不朽。其诸侯之史，则鲁有梓慎，晋有卜偃，郑有裨灶，宋有子韦，齐有甘德，楚有唐昧，赵有尹皋，魏有石申夫，皆掌著天文，各论图验。其巫咸、甘、石之说，后代所宗。暴秦燔书，六经残灭，天官星占，存而不毁。及汉景武之际，司马谈父子继为史官，著《天官书》，以明天人之道。其后中垒校尉刘向，广《洪范》灾条，作《皇极论》，以参往之行事。及班固叙汉史，马续述《天文》，而蔡邕、谯周各有撰录，司马彪采之，以继前志。今详众说，以著于篇。

古言天者有三家，一曰盖天，二曰宣夜，三曰浑天。汉灵帝时，蔡邕于朔方上书，言"宣夜之学，绝无师法。《周髀》术数具存，考验天状，多所违失。惟浑天近得其情，今史官候台所用铜仪则其法也。立八尺圆体而具天地之形，以正黄道，占察发敛，以行日月，以步五纬，精微深妙，百代不易之道也。官有其器而无本书，前志亦阙"。

蔡邕所谓《周髀》者，即盖天之说也。其本庖牺氏立周天历度，其所传则周公受于殷商，周人志之，故曰《周髀》。髀，股也；股者，表也。其言天似盖笠，地法覆槃，天地各中高外下。北极之下为天地之中，其地最高，而滂沲四隤，三光隐映，以为昼夜。天中高于外衡冬至日之所在六万里，北极下地高于外衡下地亦六万里，外衡高于北极下地二万里。天地隆高相从，日去地恒八万里。日丽天而平转，分冬夏之间日所行道为七衡六间。每衡周径里数，各依算术，用句股重差推暑影极游，以为远近之数，皆得于表股者也。故曰《周髀》。

又《周髀》家云："天圆如张盖，地方如棋局。天旁转如推磨而左行，日月右行，随天左转，故日月实东行，而天牵之以西没。譬之于蚁行磨石之上，磨左旋而蚁右去，磨疾而蚁迟，故不得不随磨以左回焉。天形南高而北下，日出高，故见；日入下，故不见。天之居如倚盖，故极在人北，是其证也。极在天之中，而今在人北，所以知天之形如倚盖也。日朝出阳中，暮入阴中，阴气暗冥，故没不见也。夏时阳气多，阴气少，阳气光明，与日同辉，故日出即见，无蔽之者，故夏日长也。冬天阴气多，阳气少，阴气暗冥，掩日之光，虽出犹隐不见，故冬日短也。"

宣夜之书亡，惟汉秘书郎郗萌记先师相传云："天了无质，仰而瞻之，高远无极，眼瞀精绝，故苍苍然也。譬之旁望远道之黄山而皆青，俯察千仞之深谷而窈黑，夫青非真色，而黑非有体也。日月众星，自然浮生虚空之中，其行其止皆须气焉。是以七曜或逝或住，或顺或逆，伏见无常，进退不同，由乎无所根系，故各异也。故辰极常居其所，而北斗不与众星西没也。摄提、填星皆东行，日行一度，月行十三度，迟疾任情，其无所系著可知矣。若缀附天体，不得尔也。"

成帝咸康中，会稽虞喜因宣夜之说作《安天论》，以为"天高穷于无穷，地深测于不测。天确乎在上，有常安之形；地块焉在下，有居静之体。当相覆冒，方则俱方，圆则俱圆，无方圆不同之义也。其光曜布列，各自运行，犹江海之有潮汐，万品之有行藏也"。葛洪闻而讥之曰："苟辰宿不丽于天，天为无用，便可言无，何必复云有之而不动乎？"由此而谈，稚川可谓知言之选也。

虞喜族祖河间相耸又立穹天论云："天形穹隆如鸡子，幕其际，周接四海之表，浮于元气之上。譬如覆奁以抑水，而不没者，气充其中故也。日绕辰极，没西而还东，不入地中。天之有极，犹盖之有斗也。天北下于地三十度，极之倾在地卯酉之北亦三十度，人在卯酉之南十余万里，故斗极之下不为地中，当对天地卯酉之位耳。日行黄道绕极，极北去黄道百一十五度，南去黄道六十七度，二至之所舍以为长短也。"

吴太常姚信造昕天论云："人为灵虫，形最似天。今人颐前佷临胸，而项不能覆背。近取诸身，故知天之体南低入地，北则偏高。又冬至极低，而天运近南，故日去人远，而斗去人近，北天气至，故冰寒也。夏至极起，而天运近北，故斗去人远，日去人近，南天气至，故蒸热也。极之立时，日行地中浅，故夜短；天去地高，故昼长也。极之低时，日行地中深，故夜长；天去地下，故昼短也。"

自虞喜、虞耸、姚信皆好奇徇异之说，非极数谈天者也。至于浑天理妙，学者多疑。汉王仲任据盖天之说，以驳浑仪云："旧说天转从地下过。今掘地一丈辄有水，天何得从水中行乎？甚不然也。日随天而转，非入地。夫有目所望，不过十里，天地合矣；实非合也，远使然耳。今视日入，非入也，亦远耳。当日入西方之时，其下之人亦将谓之为中也。四方之人，各以其所近者为出，远者为入矣。何以明之？今试使一人把大炬火，夜行平地，去人十里，火光灭矣；非灭也。远使然耳。今日西转不复见，是火灭之类也。日月不员也，望视之所从员者，去人远也。夫日，火之精也；月，水之精也。水火在地下员，在天何故员？"故丹阳葛洪释之曰：《浑天仪注》云："天如鸡子，地如鸡中黄，孤居于天内，天大而地小。天表里有水，天地各乘气而立，载水而行。周天三百六十五度四分度之一，又中分之，则半覆地上，半绕地下，故二十八宿半见半隐，天转如车毂之运也。"诸论天者虽多，然精于阴阳者少。张平子、陆公纪之徒，咸以为推步七曜之道，以度历象昏明之证候，校以四八之气，考以漏刻之分，占暑景之往来，求形验于事情，莫密于浑象者也。

张平子既作铜浑天仪，于密室中以漏水转之，令伺之者闭户而唱。其伺之者以告灵台之观天者曰："璇玑所加，某星始见，某星已中，某星今没"，皆如合符也。崔子玉为其碑铭曰："数术穷天地，制作侔造化，高才伟艺，与神合契。"盖由于平子浑仪及地动仪之有验故也。

若天果如浑者，则天之出入行于水中，为的然矣。故黄帝书曰，"天在地外，水在天外"，水浮天而载地者也。又《易》曰："时乘六龙。"夫阳爻称龙，龙者居水之物，以喻天。天，阳物也，又出入水中，与龙相似，故以比龙也。圣人仰观俯察，审其如此，故《晋》卦《坤》下《离》上，以证日出于地也。又《明夷》之卦《离》下《坤》上，以证日入于地也。《需》卦《乾》下《坎》上，此亦天入水中之象。天为金，金水相生之物也。天出入水中，当有何损，而谓为不可乎？故桓君山曰："春分日出卯入酉，此乃人之卯酉。天之卯酉，常值斗极为天中。今视之乃在北，不正在人上。而春秋分时，日出入乃在斗极之南。若如磨右转，则北方道远而南方道近，昼夜漏刻之数不应等也。"后奏事待报，坐西廊庑下，以寒故暴背。有顷，日光出去，不复暴背。君山乃告信盖天者曰："天若如推磨右转而日西行者，其可知矣。"然则天出入水中，无复疑矣。

又今视诸星出于东者，初但去地小许耳。渐而西行，先经人上，从遂西转而下焉，不旁旋也。其先在西之星，亦稍下而没，无北转者。日之出入亦然。若谓天磨右转者，日之出入亦然,众日月宜随夫而回,初在于东,次经于南,次到于西,次及于北,而复还于东,不应横过去也。今日出于东,冉冉转上,及其入西,亦复渐渐稍下,都不绕边北去。了了如此,王生必固谓为不然者,疏矣。

今日径千里,围周三千里,中足以当小星之数十也。若日以转远之故,但当光曜不能复来照及人耳,宜犹望见其体,不应都失其所在也。日光既盛,其体又大于星多矣。今见极北之小星,而不见日之在北者,明其不北行也。若日以转还之故,不复可见,其北入之间,应当稍小,而日方入之时乃更大,此非转远之微也。王生以火炬喻日,吾亦将借子之矛以刺子之楯焉。把火之人去人转远,其光转微,而日月自出至入,不渐小也。王生以火喻之,谬矣。

又日之入西方,视之稍稍去,初尚有半,如横破镜之状,须臾沦没矣。若如王生之言,日转北去有半者,其日都没之顷,宜先如竖破镜之状,不应如横破镜也。如此言之,日入西方,不亦孤于乎?又月之光微,不及日远矣。月盛之时,虽有重云敝之,不见月体,而夕犹朗然,是光犹从云中而照外也。日若绕西及北者,其光故应如月在云中之状,不得便大暗也。又日入则星月出焉。明知天以日月分主昼夜,相代而照也。若日常出者,不应日亦入而星月亦出也。

又案《河》、《洛》之文,皆云水火者,阴阳之余气也。夫言余气,则不能生日月可知也,顾当言日精生火者可耳。若水火是日月所生,则亦何得尽如日月之员乎?今火出于阳燧,阳燧员而火不员也;水出于方诸,方诸方而水不方也。又阳燧可以取火于日,而无取日于火之理,此则日精之生火明矣,方诸可以取水于月,而无取月于水之道,此则月精之生水了矣。王生又云远视之员。若审然者,月初生之时及既亏之后,何以视之不员乎?而日食或上或下,从侧而起,或如钩乃尽。若远视见员,不宜见其残缺左右所起也。此则浑天之理,信而有征矣。

仪象

《虞书》曰:"在旋玑玉衡,以齐七政。"《考灵曜》云:"分寸之咎,代天气生,以制方员。方员以成,参以规矩。昏明主时,乃命中星观玉仪之游。"郑玄谓以玉为浑仪也。《春秋文曜钩》云:"唐尧既位,羲和立浑仪。"此则仪象之设,其来远业。绵代相传,史官禁密,学者不睹,故宣、盖沸腾。

暨汉太初,落下闳、鲜于妄人、耿寿昌等造员仪以考历度。后至和帝时,贾逵系作,又加黄道。至顺帝时,张衡又制浑象,具内外规、南北极、黄赤道,列二十四气、二十八宿中外星官及日月五纬,以漏水转之于殿上室内,星中出没与天相应。因其关戾,又转瑞轮蓂荚于阶下,随月虚盈,依历开落。

其后陆绩亦造浑象。至吴时,中常侍庐江王蕃善数术,传刘洪《乾象历》,依其法而制浑仪,立论考度曰:

前儒旧说天地之体,状如鸟卵,天包地外,犹壳之果黄也;周旋无端,其形浑浑然,故曰浑天也。周天三百六十五度五百八十九分度之百四十五,半覆地上,半在地下。其二端谓之南极、北极。北极出地三十六度,南极入地三十六度,两极相去一百八十二度半强。绕北极径七十二度,常见不隐,谓之上规。绕南极七十二度,常隐不见,谓之下规。赤道带天之纮,去两极各九十一度少强。

黄道,日之所行也,半在赤道外,半在赤道内,与赤道东交于角五少弱,西交于奎十四少强。其出赤道外极远者,去赤道二十四度,斗二十一度是也。其入赤道内极远者,亦二十四度,井二十五度是也。

日南至在斗二十一,去极百一十五度少强。是也日最南,去极最远,故景最长。黄道斗二十一度,出辰入申,故日亦出辰入申。日昼行地上百四十六度强,故日短;夜行地下二百一十九度少弱,故夜长。自南至之后,日去极稍近,故景稍短。日昼行地上度稍多,故日稍长;夜行地下度稍少,故夜稍短。日所在度稍北,故日出稍北,以至于夏至,日在井二十五度,去极六十七度少强,是日最北,去极最近,景最短。黄道井二十五度,出寅入戌,故日亦出寅入戌。日昼行地上二百一十九度少弱,故日长;夜行地下百四十六度强,故夜短。自夏至之后,日去极稍远,故景稍长。日昼行地上度稍少,故日稍短;夜行地下度稍多,故夜稍长。日所在度稍南,故日出入稍南,以至于南至而复初焉。斗二十一,井二十五,南北相应四十八度。

春分日在奎十四少强,秋分日在角五少弱,此黄赤二道之交中也。去极俱九十一度少强。南北处斗二十一,井二十五之中,故景居二至长短之中。奎十四,角五,出卯入酉,故日亦出卯入酉。日昼行地上,夜行地下,俱百八十二度半强,故日见之漏五十刻,不见之漏五十刻,谓之昼夜同。夫天之昼夜以日出没为分,人之昼夜以昏明为限。日未出二刻半而明,日入二刻半而昏,故损夜五刻以益昼,是以春秋分漏昼五十五刻。

三光之行,不必有常,术家以算求之,各有同异,故诸家历法参差不齐。《洛书甄曜度》、《春秋考异邮》皆云:"周天一百七万一千里,一度为二千九百三十二里七十一步二尺七寸四分四百八十七分分之三百六十二。"陆绩云:"天东西南北径三十五万七千里。"此言周三径一也。考之径一不审周三,率周百四十二而径四十五,则天径三十二万九千四百一里一百二十二步二尺二寸一分七十一分分之十。

《周礼》:"日至之景尺有五寸,谓之地中。"郑众说:"土圭之长尺有五寸,以夏至之日立八尺之表,其景与土圭等,谓之地中,今颍川阳城地也。"郑玄云:"凡日景于地,千里而差一寸,景尺有五寸者,南戴日下万五千里也。"以此推之,日当去其下地八万里矣。日邪射阳城,则天径之半也。天体员如弹丸,地处天之半,而阳城为中,则日春秋冬夏,昏明昼夜,去阳城皆等,无盈缩矣。故知从日邪射阳城,为天径之半也。

以句股法言之,旁万五千里,句也;立八万里,股也；从日邪射阳城，弦也。以句股求弦法入之，得八万一千三百九十四里三十步五尺三寸三分，天径之半而地上去天之数也。倍之，得十六万二千七百八十八里六十一步四尺七寸二分，天径之数也。以周率乘之，径率约之，得五十一万三千六百八十七里六十八步一尺八寸二分，周天之数也。减《甄曜度》、《考异邮》五十五万七千三百一十七里有奇。一度凡千四百六里百二十四步六寸四分十万七千五百六十五分分之万九千四十九，减旧度千五百二十五里二百五十六步三尺三寸二一万五千一百三十分分之十六万七百三十。

分黄赤二道，相兴交错，其间相去二十四度。以两仪推之，二道俱三百六十五度有奇，是以知天体员如弹丸也。而陆绩造浑象，其形如鸟卵，然则黄道应长于赤道矣。绩云"天东西南北径三十五万七千里"，然则绩亦以天形正员也，而浑象为鸟卵，则为自相违背。

古旧浑象以二分为一度，凡周七尺三寸半分。张衡更制，以四分为一度，凡周一丈四尺六寸一分。著以古制局小，星辰稠概，衡器伤大，难可转移，更制浑象，以三分为一度，凡周天一丈九寸五分四分分之三也。

天文经星

《洪范传曰》："清而明者，天之体也。天忽变色，是谓易常。天裂，阳不足，是谓臣强。天裂见人，兵起国亡。天鸣有声，至尊忧且惊。皆乱国之所生也。"

马续云："天文在图籍昭昭可知者，经星常宿中外官凡一百一十八名，积数七百八十三，皆有州国官宫物类之象。"

张衡云："文曜丽乎天，其动者有七，日月五星是也。日者，阳精之宗；月者，阴精之宗；五星，五行之精。众星列布，体生于地，精成于天，列居错峙，各有攸属。在野象物，在朝象官，在人象神。其以神差，有五列焉，是为三十五名。一居中央，谓之北斗。四布于方各七，为二十八舍。日月运行，历示吉凶，五纬躔次，用告祸福。中外之官，常明者百有二十四，可名者三百二十，为星二千五百，微星之数盖万有一千五百二十。庶物蠢蠢，咸得系命。不然，何得总而理谱？"后武帝时，太史令陈卓总甘、石、巫咸三家所著星图，大凡二百八十三官，一千四百六十四星，以为定纪。今略其昭昭者，以备天官云。

中宫

北极五星，钩陈六星，皆在紫宫中。北极，北辰最尊者也，其纽星，天之枢也。天运无穷，三光迭耀，而极星不移，故曰"居其所而众星共之"。第一星主月，太子也。第二星主日，帝王也；亦太乙之坐，谓最赤明者也。第三星主五星，庶子也。中星不明，主不用事，右星不明，太子忧。钩陈，后宫也，大帝之正妃也，大帝之常居也。北四星曰女御宫，八十一御妻之象也。钩陈口中一星曰天皇大帝，其神曰耀魄宝，主御群灵，执万神图。抱北极四星曰四辅，所以辅佐北极而出度授政也。大帝上九星曰华盖，所以覆蔽大帝之坐也。盖下九星曰杠，盖之柄也。华盖下五星曰五帝内坐，设叙顺帝所居也。客星犯紫宫中坐，大臣犯主。华盖杠旁六星曰六甲，可以分阴阳而配节候，故在帝旁，所以布政教而授农时也。极东一星曰柱下史，主记过；左右史，此之象也。柱史北一星曰女史，妇人之微者，主传漏，故汉有侍史。传舍九星在华盖上，近河，宾客之馆，主胡人入中国。客星守之，备奸使，亦曰胡兵起。传舍南河中五星曰造父，御官也，一曰司马，或曰伯乐。星亡，马大贵。其西河中九星如钩状，曰钩星，直则地动。天一星在紫宫门右星南，天帝之神也，主战斗，知人吉凶者也。太一星在天一南，相近，亦天帝神也，主使十六神，知风雨水旱、兵革饥谨、疾疫灾害所在之国也。

紫宫垣十五星，其西番七，东番八，在北斗北。一曰紫微，大帝之坐也，天子之常居也，主命主度也。一曰长垣，一曰天营，一曰旗星，为番卫，备番臣也。宫阙兵起，旗星直，天子出，自将宫中兵。东垣下五星曰天柱，建政教，悬图法。门内东南维五星曰尚书，主纳言，夙夜谘谋，龙作纳言，此之象也。尚书西二星曰阴德、阳德，主周急振抚。宫门左星内二星曰大理，主平刑断狱也。门外六星曰天床，主寝舍，解息燕休。西南角外二星曰内厨，主六宫之内饮食，主平刑断狱也。门外六星曰天床，主寝舍，解息燕休。西南角外二星曰内厨，主六宫之内饮食，主后妃夫人与太子宴饮。东北维外六星曰天厨，主盛馔。

北斗七星在太微北，七政之枢机，阴阳之本元也。故运乎天中，而临制四方，以建四时，而均五行也。魁四星为旋玑，杓三星为玉衡。又曰，斗为人君之象，号令之主也。又为帝车，取乎运动之义也。又魁第一星曰天枢，二曰璇，三曰玑，四曰权，五曰玉衡，六曰开阳，七曰摇光，一至四为魁，五至七为杓。枢为天，璇为地，玑为人，权为时，玉衡为音，开阳为律，摇光为星。石氏云："第一曰正星，主阳德，天子之象也。二曰法星，主阴刑，女主之位也。三曰令星，主中祸。四曰伐星，主天理，伐无道。五曰杀星，主中央，助四旁，杀有罪。六曰危星，主天仓五谷。七曰部星，亦曰应星，主兵。"又云："一主天，二主地，三主火，四主水，五主土，六主木，七主金。"又曰："一主秦，二主楚，三主梁，四主吴，五主燕，六主赵，七主齐。"

魁中四星为贵人之牢，曰天理也。辅星傅乎开阳，所以佐斗成功，丞相之象也。七政星明，其国昌；辅星明，则臣强。杓南三星及魁第一星西三星皆曰三公，主宣德化，调七政，和阴阳之官也。

文昌六星，在北斗魁前，天之六府也，主集计天道。一曰上将，大将军建威武。二曰次将，尚书正左右。三曰贵相，太理治文绪。四曰司禄、司中，司隶赏功进。五曰司命、司怪，太史主灭咎。六曰司冠，大理佐理宝。所谓一者，起北斗魁前近内阶者也。明润，大小齐，天瑞臻。

文昌北六星曰内阶，天皇之阶也。相一星在北斗南。相者，总领百司而掌邦教，以佐帝王安邦国，集众事也。其星明，吉。太阳守一星，在相西，大将大臣之象也，主戒不虞，设武备。西北四星曰势。势，腐刑人也。天牢六星，在北斗魁下，贵人之牢也。

太微，天子庭也，五帝之坐也，十二诸侯府也。其外蕃，九卿也。一曰太微为衡。衡，主平也。又为天庭，理法平辞，监升授德，列宿受符，诸神考节，舒情稽疑也。南蕃中二星间曰端门。东曰左执法，廷尉之象也。西曰右执法，御史大夫之象也。执法，所以举刺凶奸者也。左执法之东，左掖门也。右执法之西，右掖门也。东蕃四星，南第一曰上相，其北，东太阳门；第二星曰次相，其北，中华东门也；第三星曰次将，其北，东太阴门也；第四星曰上将；所谓四辅也。西蕃四星，南第一曰上将，其北，西太阳门也；第二星曰次将，其北，中华西门也；第三星曰次相，其北，西太阴门也；第四曰上相；亦曰四辅也。东西蕃有芒及动摇者，诸侯谋。执法移，刑罚尤急。月、五星入太微，轨道，吉。其所犯中坐，成刑。

其西南角外三星曰明堂，天子布政之宫。明堂西三星曰灵台，观台也，主观云物，察符瑞，候灾变也。左执法东北一星曰谒者，主赞宾客也。谒者东北三星曰三公内坐，朝会之所居也。三公北三星曰九卿内坐，治万事。九卿西五星曰内五诸侯，内侍天子，不之国也。辟雍之礼得，则太微、诸侯明。

黄帝坐在太微中，含枢纽之神也。天子动得天度，止得地意，从容中道，则太微五帝坐明以光。黄帝坐不明，人主求贤士以辅法，不然则夺势。四帝星夹黄帝坐，东方苍帝，灵威仰之神也；南方赤帝，赤熛怒之神也；西方白帝，白招矩之神也；北方黑帝，叶光纪之神也。

五帝坐北一星曰太子，帝储也。太子北一星曰从官，侍臣也。帝坐东北一星曰幸臣。屏四星在端门之内，近右执法。屏，所以壅蔽学帝也。执法主刺举，臣尊敬君上，则星光明润泽。郎位十五星在帝坐东北。一曰依乌郎府也。周官之元士，汉官之光禄、中散、谏议、议郎、三署郎中，是其职也。郎，主守卫也。其星不具，后妃死，幸臣诛。星明大及客星入之，大臣为乱。郎将在郎位北，主阅具，所以为武备也。武贲一星，在太微西蕃北，下台南，静室旄头之骑官也。常陈七星，如毕状，在帝坐北，天子宿卫武贲之士，以设强御也。星摇动，天子自出，明则武兵用，微则兵弱。

三台六星，两两而居，起文昌，列抵太微。一曰天住，三公之位也。在人曰三公，在天曰三台，主开德宜符也。西近文昌二星曰上台，为司命，主寿。次二星曰中台，为司中，主宗室。东二星曰下台，为司禄，主兵，所以昭德塞违也。又三台为天阶，太一蹑以上下。一曰泰阶。上阶，上星为天子，下星为女主；中阶，上星为诸侯三公，下星为卿大夫；下阶，上星为士，下星为庶人；所以和阴阳而理万物也。君臣和集，如其常度，有变则占其人。

南四星曰内平，近职执法平罪之官也。中台之北一星曰太尊，贵戚也。

摄提六星，直斗杓之南，主建时节，伺机祥。摄提为楯，以夹拥帝座也。主九卿。明大，三公恣。客星入之，圣人受制。西三星曰周鼎，主流亡。大角在摄提间。大角者，天王座也。又为天栋，正经纪也。北三星曰帝席，主

宴献酬酢。北三星曰梗河，天矛也。一曰天锋，主胡兵。又为丧，故其变动应以兵丧也。星亡，其国有兵谋。其北一星曰招摇，一曰矛楯，其北一星曰玄戈，皆主胡兵，占与梗河略相类也。招摇与北斗杓间曰天库。星去其所，则有库开之祥也。招摇欲与栋星、梗河、北斗相应，则胡兵当来受命于中国。玄戈又主北夷，客星守之，胡大败。天枪三星，在北斗东，一曰天钺，天之武备也。故在紫宫之左，所以御难也。女床三星，在纪星北，后宫御也，主女事。天棓五星，在女床北，天子先驱也，主分争与刑罚，藏兵亦所以御难也。枪、棓，皆以备非常也；一星不具，其国兵起。东七星曰扶筐，盛桑之器，主劝蚕也。七公七星，在招摇东，天之相也，三公之象也，主七政。贯索九星在其前，贱人之牢也。一曰连索，一曰连营，一曰天牢，主法律，禁暴强也。牢口一星为门，欲其开也。九星皆明，天下狱烦；七星见，小赦；六星、五星，大赦。动则斧锧用，中空则更元。《汉志》云十五星。天纪九星，在贯索东，九卿也，主万事之纪，理怨讼也。明则天下多辞讼；亡则政理坏，国纪乱；散绝则地震山崩。织女三星，在天纪东端，天女也，主果蓏丝帛珍宝也。王者至孝，神祇咸喜，则织女星俱明，天下和平。大星怒角，布帛贵。东足四星曰渐台，临水之台也，主晷漏律吕之事。西足五星曰辇道，王者得嬉游之道也，汉辇道通南北宫，其象也。

左右角间二星曰平道之官。平道西一星曰进贤，主卿相举逸才。亢、东咸、西咸各四星，在房心北，日月五星之道也。房之户，所以防淫佚也。星明则吉；月、五星犯守之，有阴谋。键闭一星，在房东北，近钩铃，主关籥。

天市垣二十二星，在房心东北，主权衡，主聚众。一曰天旗庭，主斩戮之事也。市中星众润泽，则岁实。荧惑守之，戮不忠之臣。彗星除之，为徙市易都。客星入之，兵大起；出之，有贵丧。

帝坐一星，在天市中候星西，天庭也。光而润则天子吉，威令行。候一星，在帝坐东北，主伺阴阳也。明大，辅臣强，四夷开；候细微，则国安；亡则主失位；移则不安。宦者四星，在帝坐西南，侍主刑余之人也。星微，吉；非其常，宦者有忧。宗正二星，在帝坐东南，宗大夫也。彗星守之，若失色，宗正有事；客星守之，更号令也。宗人四星，在宗正东，主录亲疏享祀。族人有序，则如绮文而明正。动则天子亲属有变；客星守之，贵人死。宗星二，在候星东，宗室之象，帝辅血脉之臣也。客星守之，宗支不和。

天江四星，在尾北，主太阴。江星不具，天下津河关道不通。明若动摇，大水出，大兵起；参差则马贵。荧惑守之，有立主。客星入之，河津绝。

天籥八星在南斗柄西，主关闭。建星六星在南斗北，亦曰天旗，天之都关也。为谋事，为天鼓，为天马。南二星，天库也。中央二星，市也，鈇锧也。上二星，旗跗也。斗建之间，三光道也。星动则众劳。月晕之，蛟龙见，牛马疫。月、五星犯之，大臣相谮有谋，亦为关梁不通，有大水。东南四星曰狗国，主鲜卑、乌丸、沃且。荧惑守之，外夷为变。狗国北二星曰天鸡，主候时。天弁九星，

在建星北，市官之长也，以知市珍也。星欲明，吉。彗星犯守之，籴贵，囚徒起兵。

河鼓三星，旗九星，在牵牛北，天鼓也，主军鼓，主鈇钺。一曰三武，主天子三将军；中央大星为大将军，左星为左将军，右星为右将军。左星，南星也，所以备关梁而距难也，设守阴险，知谋徽也。旗即天鼓之旗，所以为旌表也。左旗九星，在鼓左旁。鼓欲正直而明，色黄光泽，将吉；不正，为兵忧也。星怒，马贵。动则兵起，曲则将失计夺势。旗星差戾，乱相陵。旗端四星南北列，曰天桴，鼓桴也。星不明，漏刻失时。前近河鼓，若桴鼓相直，皆为桴鼓用。

离珠五星，在须女北，须女之藏府，女子之星也。天津九星，横河中，一曰天汉，一曰天江，主四渎津梁，所以度神通四方也。一星不备，津关道不通。

腾蛇二十二星，在营室北，天蛇也，主水虫。王良五星，在奎北，居河中，天子奉车御官也。其四星曰天驷，旁一星曰王良，亦曰天马。其星动，为策马，车骑满野。亦曰梁，为天桥，主御风雨水道，故或占车骑，或占津梁。客星守之，桥不通道。前一星曰策星，王良之御策也，主天子之仆，在王良旁。若移在马后，是谓策马，则车骑满野。阁道六星，在王良前，飞道也。从紫宫至河，神所乘也，一曰，阁道星，天子游别宫之道也。傅路一星，在阁道南，旁别道也。东壁北十星曰天厩，主马之官，若今驿亭也，主传令置驿，逐漏驰骛，谓其行急疾，兴暑漏竟驰也。

天将军十二星，在娄北，主武兵。中央大星，天之大将也。南一星曰军南门，主谁何出入。太陵八星在胃北，亦曰积京，主大丧也。积京中星众，则诸侯有丧，民多疾，兵起。太陵中一星曰积尸，明则死人如山。北九星曰天船，一曰舟星，所以济不通也。中一星曰积水，候水灾。昴西二星曰天街，三光之道，主伺候关梁中外之境。卷舌六星，在昴北，主口语，以知佞谗也。曲，吉；直而动，天下有口舌之害。中一星曰天谗，主巫医。

五车五星，三柱九星，在毕北。五车者，五帝车舍也，五帝坐也，主天子五兵，一曰主五谷丰耗。西北大星曰天库，主太白，主秦。次东北星曰天狱，主辰星，主燕赵。次东星曰天仓，主岁星，主鲁卫。次东南星曰司空，主填星，主楚。次西南星曰卿星，主荧惑，主魏。五星有变，皆以其所主占之。三柱一曰三泉。天子得灵台之礼，则五车、三柱均明有常。其中五星曰天潢。天潢南三星曰咸池，鱼囿也。月、五星入天潢，兵起，道不通，天下乱。五车南六星曰诸王，察诸侯存亡。其西八星曰八谷，主候岁。八谷一星亡，一谷不登。天关一星，在五车南，亦曰天门，日月之所行也，主边事，主关闭。芒角，有兵。五星守之，贵人多死。

东井钺前四星曰司怪，主候天地日月星辰变异及鸟兽草木之妖，明则闻灾，修德保福也。司怪西北九星曰坐旗，君臣设位之表也。坐旗西四星曰天高，台榭之高，主远望气象。天高西一星曰天河，主察山林妖变。南河、北河各三星，夹东井：一曰天高，天之关门也，主关梁。南河曰南戍，一曰南宫，一曰阳门，一曰越门，一曰权星，主火。北河曰北戍，一曰北宫，一曰阴门，一曰胡门，一曰衡星，主水。两河戍间，日月五星之常道也。河戍动摇，中国兵起。南河南三星曰阙丘，主宫门外象魏也。五诸侯五星，在东井北，主刺举，戒不虞。又曰理阴阳，察得失。亦曰主帝心。一曰帝师，二曰帝友，三曰三公，四曰博士，五曰太史，此五者常为帝定疑议。星明大润泽，则天下大治；芒角，则祸在中。五诸侯南三星曰天樽，主盛饘粥以给贪馁。积水一星，在北河西北，水河也，所以供酒食之正也。积薪一星在积水东北，供庖厨之正也。水位四星，在积薪东，主水衡。客星若水火守犯之，百川流溢。

轩辕十七星，在七星北。轩辕，黄帝之神，黄龙之体也；后妃之主，土职也。一曰东陵，一曰权星，主雷雨之神。南大星，女主也。次北一星，夫人也，屏也，上将也。次北一星，妃也，次将也。其次诸星，皆次妃之属也。女主南小星，女御也。左一星少民，后宗也。右一星大民，太后宗也。欲其色黄小而明也。轩辕右角南三星曰酒旗，酒官之旗也，主宴飨饮食。五星守酒旗，天下大酺，有酒肉财物，赐若爵宗室。酒旗南三星曰天相，丞相之象也。轩辕西四星曰爟，爟者，烽火之爟也，边亭之警候。

爟北四星曰内平，平罪之官，明刑罚。少微四星在太微西，士大夫之位也。一名处士，亦天子副主，或曰博士官，一曰主卫掖门。南第一星处士，第二星议士，第三星博士，第四星大夫。明大而黄，则贤士举也。月、五星犯守之，处士、女主忧，宰相易。南四星曰长垣，主界域及胡夷。荧惑入之，胡入中国；太白入之，九卿谋。

二十八舍

东方。角二星为天关，其间天门也，其内天庭也。故黄道经其中，七曜之所行也。左角为天田，为理，主刑；其南为太阳道。右角为将，主兵；其北为太阴道。盖天之三门，犹房之四表。其星明大，王道太平，贤者在朝；动摇移徙，王者行。

亢四星，天子之内朝也，总摄天下奏事，听讼理狱录功者也。一曰疏庙，主疾疫。星明大，辅纳忠，天下宁。

氐四星，王者之宿宫，后妃之府，休解之房。前二星，适也，后二星，妾也。后二星大，则臣奉度。

房四星，为明堂，天子布政之宫也，亦四辅也。下第一星，上将也；次，次将也；次，次相也；上星，上相也。南二星君位，北二星夫人位。又为四表，中间为天衢，为天关，黄道之所经也。南间曰阳环，其南曰太阳；北间曰阴间，其北曰太阴。七曜由乎天衢，则天下平和；由阳道则旱丧；由阴道则水兵。亦曰天驷，为天马，主车驾。南星曰左骖，次左服，次右服；次右骖。亦曰天厩，又主开闭，为畜藏之所由也。房星明，则王者明；骖星大，则兵起；星离，民流。又北二小星曰钩铃，房之铃键，天之管籥，主闭键天心也。明而近房，天下同心。钩铃间有星及疏坼，则地动河清。

心三星，天王正位也。中星曰明堂，天子位，为大辰，主天下之赏罚。天下变动，心星见祥。星明大，天下同。前星为太子，后星为庶子。心星直，则王失势。

尾九星，后宫之场，妃后之府。上第一星，后也；次三星，夫人；次星，嫔妾。第三星傍一星名曰神宫，解衣之内室。尾亦为九子，星色欲均明，大小相承，则后宫有叙，多子孙。

箕四星，亦后宫妃后之府。亦曰天津，一曰天鸡，主八风。凡日月宿在箕、东壁、翼、轸者风起。又主口舌，主客蛮夷胡貉；故蛮胡将动，先表箕焉。

北方。南斗六星，天庙也，丞相太宰之位，主褒贤进士，禀授爵禄。又主兵，一曰天机。南二星魁，天梁也。中央二星，天相也。北二星，天府庭也，亦为命之期也。将有天子之事，占于斗。斗星盛明，王道平和，爵禄行。

牵牛六星，天之关梁，主牺牲事。其北二星，一曰即路，一曰聚火。又曰，上一星主道路，次二星主关梁，次三星主南越。摇动变色则占之。星明大，王道昌，关梁通。

须女四星，天少府也。须，贱妾之称，妇职之卑者也，主布帛裁制嫁娶。

虚二星，冢宰之官也，主北方邑居庙堂祭祀祝祷事，又主死丧哭泣。

危三星，主天府天市架屋；余同虚占。坟墓四星，属危之下，主死丧哭泣，为坟墓也。

营室二星，天子之宫也。一曰玄宫，一曰清庙，又为军粮之府及土功事。星明，国昌；小不明，祠祀鬼神不享。离宫六星，天子之别宫，主隐藏休息之所。

东壁二星，主文章，天下图书之秘府也。星明，王者兴，道术行，国多君子；星失色，大小不同，王者好武，经士不用，图书隐；星动，则有土功。

西方。奎十六星，天之武库也。一曰天豕，亦曰封豕。主以兵禁暴，又主沟渎。西南大星，所谓天豕目，亦曰大将，欲其明。

娄三星，为天狱，主苑牧牺牲，供给郊祀。

胃三星，天之厨藏，主食廪，五谷府也，明则和平。

昴七星，天之耳目也，主西方，主狱事。又为旄头，胡星也。昴、毕间为天街，天子出，旄头毕以前驱，此其义也。黄道之所经也。昴明，则天下牢狱平。昴六星皆明，与大星等，大水。七星皆黄，兵大起。一星亡，为兵丧；摇动，有大臣下狱，及有白衣之会。大而数尽动若跳跃者，胡兵大起。

毕八星，主边兵，主弋猎。其大星曰天高，一曰边将，主四夷之尉也。星明大，则远夷来贡，天下安；失色，则边兵乱。附耳一星，在毕下，主听得失，伺愆邪，察不祥。星盛，则中国微，有盗贼，边候惊，外国反；移动，佞谗行。月入毕，多雨。

觜觿三星，为三军之候，行军之藏府，主葆旅，收敛万物。明则军储盈，将得势。

参十星，一曰参伐，一曰大辰，一曰天市，一曰鈇锧，主斩刈。又为天狱，主杀伐。又主权衡。所以平理也。又主边城，为九译，故不欲其动也。参，白兽之体。其中三星横列，三将也。东北曰左肩，主左将；西北曰右肩，主右将；东南曰左足，主后将军；西南曰右足，主偏将军。故《黄帝占》参应七将。中央三小星曰伐，天之都尉也，

主胡、鲜卑、戎、狄之国，故不欲明。七将皆明大，天下兵精也。王道缺则芒角张。伐星明与参等，大臣皆谋，兵起。参星失色，军败败。参芒角动摇，边候有急，兵起，有斩伐之事。参星移，客伐主。参左足入玉井中，兵大起，秦大水，若有丧，山石为怪。参星差戾，王臣贰。

南方。东井八星，天之南门，黄道所经，天之亭候，主水衡事，法令所取平也。王者用法平，则井星明而端列。钺一星，附井之前，主伺淫奢而斩之。故不欲其明，明与井齐，则用钺于大臣。月宿井，有风雨。

舆鬼五星，天目也，主视，明察奸谋。东北星主积马，东南星主积兵，西南星主积布帛，西北星主积金玉，随变占之。中央星为积尸，主死丧祠祀。一曰鈇锧，主诛斩。鬼星明，大谷成；不明，百姓散。锧欲其忽忽不明，明则兵起，大臣诛。

柳八星，天之厨宰也，主尚食，和滋味，又主雷雨。

七星七星，一名天都，主衣裳文绣，又主急兵盗贼。故星明王道昌；暗则贤人不处，天下空。

张六星，主珍宝、宗庙所用及衣服，又主天厨饮食赏赉之事。星明则王者行五礼，得天之中。

翼二十二星，天之乐府俳倡，又主夷狄远客、负海之宾。星明大，礼乐兴，四夷宝。动则蛮夷使来，离徙则天子举兵。

轸四星，主冢宰，辅臣也；主车骑，主载任。有军出入，皆占于轸。又主风，主死丧。轸星明，则车驾备；动则车驾用。辖星傅轸两傍，主王侯，左辖为王者同姓，右辖为异姓，星明，兵大起。远轸，凶。辖举，南蛮侵。长沙一星，在轸之中，主寿命。明则主寿长，子孙昌。又曰，车无辖，国有忧；轸就聚，兵大起。

星官在二十八宿之外者

库楼十星，六大星为库，南四星为楼，在角南。一曰天库，兵车之府也。旁十五星三三而聚者，柱也。中央四小星，衡也，主陈兵。东北二星曰阳门，主守隘塞也。南门二星，在库楼南，天之外门也，主守兵。平星二星，在库楼北，平天下之法狱事，廷尉之象也。天门二星，在平星北。

亢南七星曰折威，主斩杀。顿顽二星，在折威东南，主考囚情状，察诈伪也。

骑官二十七星，在氐南，若天子武贲，主宿卫。东端一星骑阵将军，骑将也。南三星车骑，车骑之将也。阵车三星，在骑官东北，革车也。

积卒十二星，在房心南，主为卫也。他星守之，近臣诛。从官二星，在积卒西北。

龟五星，在尾南，主卜以占吉凶。傅说一星，在尾后。傅说主章祝，巫官也。鱼一星，在尾后河中，主阴事，知云雨之期也。

杵三星，在箕南，杵给舂。客星入杵曰，天下有急。穅星在箕舌前杵西北。

鳖十四星，在南斗南。鳖为水虫，归太阴。有星守之，白衣会，主有水令。农丈人一星，在南斗西南，老农主稼也。狗二星，在南斗魁前，主吠守。

天田九星，在牛南。罗堰九星，在牵牛东，距马也，以壅蓄水潦，灌溉沟渠也。九坎九星，在牵牛南。坎，沟渠也，所以导达泉源，疏盈泻溢，通沟洫也。九坎间十星曰天池。一曰三池，一曰天海，主灌溉田畴事。

虚南二星曰哭，哭东二星曰泣，泣、哭皆近坟墓。泣南十三星曰天垒城，如贯索状，主北夷于丁零、匈奴。南二星曰盖屋，治宫室之官也。其南四星曰虚梁，园陵寝庙之所也。

羽林四十五星，在营室南，一曰天军，主军骑，又主翼王也。垒壁阵十二星，在羽林北，羽林之垣垒也，主军卫为营壅也。五星有在天军中者，皆为兵起，荧惑、太白、辰星尤甚。北落师门一星，在羽林西南。北者，宿在北方也；落，天之藩落也；师，众也；师门，犹军门也。长安城北门曰北落门，以象此也。主非常以候兵。有星守之，房入塞中，兵起。其西北有十星，曰天钱。北落西南一星曰天纲，主武帐。北落东南九星曰八魁，主张禽兽。

天仓六星，在娄南，仓谷所藏也。南四星曰天庾，积厨粟之所也。

天囷十三星，在胃南。囷，仓廪之属也，主给御粮也。

天廪四星在昴南，一曰天廥，主蓄黍稷以供粢祀。《春秋》所谓御廪，此之象也。天苑十六星，在昴毕南，天子之苑囿，养兽之所也。苑南十三星曰天园，植果菜之所也。

毕附耳南八星曰天节，主使臣之所持者也。天节下九星曰九州殊口，晓方俗之官，通重译者也。

参旗九星在参西，一曰天旗，一曰天弓，主司弓弩之张，候变御难。玉井四星，在参左足下，主水浆以给厨。西南九星曰九游，天子之旗也。玉井东南四星曰军井，行军之井也。军井未达，将不言渴，名取此也。军市十三星在参东南，天军贸易之市，使有无通也。野鸡一星，主变怪，在军市中。军市西南二星曰丈人，丈人东二星曰子，子东二星曰孙。

东井西南四星曰水府，主水之官也。东井南垣之东四星曰四渎，江、河、淮、济之精也。狼一星，在东井东南。狼为野将，主侵掠。色有常，不欲动也。北七星曰天狗，主守财。弧九星在狼东南，天弓也，主备盗贼，常向于狼。弧矢动移不如常者，多盗贼，胡兵大起。狼弧张，害及胡，天下乖乱。又曰，天弓张，天下尽兵。弧南六星为天社，昔共工氏之子句龙，能平水土，故祀以配社，其精为星。老人一星，在弧南，一曰南极，常以秋分之旦见于丙，春分之夕而没于丁。见则治平，主寿昌，常以秋分候之南郊。

柳南六星曰外厨。厨一星曰天纪，主禽兽之齿。

稷五星，在七星南。稷，农正也，取乎百谷之长以为号也。

张南十四星曰天庙，天子之祖庙也。客星守之，祠官有忧。

翼南五星曰东区，蛮夷星也。

轸南三十二星曰器府，乐器之府也。青丘七星，在轸东南，蛮夷之国号也。青丘西四星曰土司空，主界域，亦曰司徒。土司空北二星曰军门，主营候彪尾威旗。

天汉起没

天汉起东方，经尾箕之间，谓之汉津。乃分为二道，其南经傅说、鱼、天籥、天弁、河鼓，其北经龟，贯箕下，次络南斗魁、左旗，至天津下而合南道。乃西南行，又分夹匏瓜，络人星、杵、造父、腾蛇、王良、傅路、阁道北端、太陵、天船、卷舌而南行，络五车，经北河之南，入东井水位而东南行，络南河、阙丘、天狗、天纪、天稷，在七星南而没。

十二次度数

十二次。班固取《三统历》十二次配十二野，其言最详。又有费直说《周易》、蔡邕《月令章句》，所言颇有先后。魏太史令陈卓更言郡国所入宿度，今附而次之。

自轸十二度至氐四度为寿星，于辰在辰，郑之分野，属兖州。费直《周易分野》，寿星起轸七度。蔡邕《月令章句》，寿星起轸六度。

自氐五度至尾九度为大火，于辰在卯，宋之分野，属豫州。费直，起氐十一度。蔡邕，起亢八度。

自尾十度至南斗十一度为析木，于辰在寅，燕之分野，属幽州。费直，起尾九度。蔡邕，起尾四度。

自南斗十二度至须女七度为星纪，于辰在丑，吴越之分野，属扬州。费直，起斗十度。蔡邕，起斗六度。

自须女八度至危十五度为玄枵，于辰在子，齐之分野，属青州。费直，起女六度。蔡邕，起女十度。

自危十六度至奎四度为诹訾，于辰在亥，卫之分野，属并州。费直，起危十四度。蔡邕，起危十度。

自奎五度至胃六度为降娄，于辰在戌，鲁之分野，属徐州。费直，起奎二度。蔡邕，起奎八度。

自胃七度至毕十一度为大梁，于辰在酉，赵之分野，属冀州。费直，起娄十度。蔡邕，起胃一度。

自毕十二度至东井十五度为实沈，于辰在申，魏之分野，属益州。费直，起毕九度。蔡邕，起毕六度。

自东井十六度至柳八度为鹑首，于辰在未，秦之分野，属雍州。费直，起井十二度。蔡邕，起井十度。

自柳九度至张十六度为鹑火，于辰在午，周之分野，属三河。费直，起柳五度。蔡邕，起柳三度。

自张十七度至轸十一度为鹑尾，于辰在巳，楚之分野，属荆州。费直，起张十三度。蔡邕，起张十二度。

州郡躔次

陈卓、范蠡、鬼谷先生、张良、诸葛亮、谯周、京房、张衡并云：

角、亢、氐，郑，兖州：

东郡入角一度　　　东平、任城、山阳入角六度　　泰山入角十二度

济北陈留入亢五度　　　　济阴入氐二度　　东平入氐七度

房、心，宋，豫州：

颍川入房一度　　　汝南入房二度　　　沛郡入房四度

梁国入房五度　　　淮阳入心一度　　　鲁国入心三度，

楚国入房四度。

尾、箕，燕，幽州：
　　凉州入箕中十度　　　上谷入尾一度　　　渔阳入尾三度
　　右北平入尾七度　　　西河、上郡、北地、辽西东入尾十度
　　涿郡入尾十六度　　　渤海入箕一度　　　乐浪入箕三度
　　玄菟入箕六度　　　　广阳入箕九度。

斗、牵牛、须女，吴、越，扬州：
　　九江入斗一度　　　　庐江入斗六度　　　豫章入斗十度
　　丹阳入斗十六度　　　会稽入牛一度　　　临淮入牛四度
　　广陵入牛八度　　　　泗水入女一度　　　六安入女六度

虚、危，齐，青州：
　　齐国入虚六度　　　　北海入虚九度　　　济南入危一度
　　乐安入危四度　　　　东莱入危九度　　　平原入危十一度
　　菑川入危十四度

营室、东壁，卫，并州：
　　安定入营室一度　　　天水入营室八度
　　陇西入营室四度
　　酒泉入营室十一度　　张掖入营室十二度
　　武都入东壁一度
　　金城入东壁四度　　　武威入东壁六度
　　敦煌入东壁八度。

奎、娄、胃，鲁，徐州：
　　东海入奎一度　　　　琅邪入奎六度　　　高密入娄一度
　　城阳入娄九度　　　　胶东入胃一度

昴、毕，赵，冀州：
　　魏郡入昴一度　　　　钜鹿入昴三度　　　常山入昴五度
　　广平入昴七度　　　　中山入昴一度　　　清河入昴九度
　　信都入毕三度　　　　赵郡入毕八度　　　安平入毕四度
　　河间入毕十度　　　　真定入毕十三度

觜、参，魏，益州：
　　广汉入觜一度　　　　越巂入觜三度　　　蜀郡入参一度
　　犍为入参三度　　　　牂柯入参五度　　　巴郡入参八度
　　汉中入参九度　　　　益州入参七度

东井、舆鬼，秦，雍州：
　　云中入东井一度　　　定襄入东井八度
　　雁门入东井十六度
　　代郡入东井二十八度　太原入东井二十九度
　　上党入舆鬼二度。

柳、七星、张，周，三辅：
　　弘农入柳一度　　　　河南入七星三度　　河东入张一度　　　河内入张九度。

翼、轸，楚，荆州：
　　南阳入翼六度　　　　南郡入翼十度　　　江夏入翼十二度
　　零陵入轸十一度　　　桂阳入轸六度
　　武陵入轸十度　　　　长沙入轸十六度

卷十二　　　　志第二

天文中 七曜　杂星气　客星　流星　云气　十煇　杂气　史传事验

七曜

日为太阳之精，主生恩德，人君之象也。人君有瑕，必露其慝以告示焉。故日月行有道之国则光明，人君吉昌，百姓安宁。人君乘土而王，其政太平，则日五色无主。日变色，有军，军破；无军，丧侯王。其君无德，其臣乱国，则日赤无光。日失色，所临之国不昌。日昼昏，行人无影，到暮不止者，上刑急，下不聊生，不去一年有大水。日昼昏，乌鸟群鸣，国失政。日中乌见，主不明，为政乱，国有白衣会，将军出，旌旗举。日中有黑子、黑气、黑云，乍三乍五，臣废其主。日蚀，阴侵阳，臣掩君之象，有亡国。

月为太阴之精，以之配日，女主之象；以之比德，刑罚之义；列之朝廷，诸侯大臣之类。故君明，则月行依度；臣执权，则月行失道；大臣用事，兵刑失理，则月行乍南乍北；女主外戚擅权，则或进或退。月变色，将有殃。月昼明，奸邪并作，君臣争明，女主失行，阴国兵强，中国饥，天下谋僭。数月重见，国以乱亡。

岁星曰东方春木，于人，五常，仁也；五事，貌也。仁亏貌失，逆春令，伤木气，则罚见岁星。岁星盈缩，以其舍命国。其所居久，其国有德厚，五谷丰昌，不可伐。其对为冲，岁乃有殃。岁星安静中度，吉。盈缩失次，其国有忧，不可举事用兵。又曰，人主之象也，色欲明，光色润泽，德合同。又曰，进退如度，奸邪息，变色乱行，主无福。又主福，主大司农，主齐吴，主司天下诸侯人君之过，主岁五谷。赤而角，其国昌；赤黄而沈，其野大穰。

荧惑曰南方夏火，礼也，视也。礼亏视失，逆夏令，伤火气，罚见荧惑。荧惑法使行无常，出则有兵，入则兵散。以舍命国，为乱为贼，为疾为丧，为饥为兵，所居国受殃。环绕钩已，芒角动摇，变色，乍前乍后，乍左乍右，其为殃愈甚。其南丈夫、北女子丧。周旋止息，乃为死丧；寇乱其野，亡地。其失行而速，兵聚其下，顺之战胜。又

曰，荧惑主大鸿胪，主死丧，主司空。又为司马，主楚吴越以南；又司天下群臣之过，司骄奢亡乱妖孽，主岁成败。又曰，荧惑不动，兵不战，有诛将。其出色赤怒，逆行成钩已，战凶，有围军；钩已，有芒角如锋刃，人主无出宫，下有伏兵；芒大则人众怒。又为理，外则理兵，内则理政，为天子之理也。故曰，虽有明天子，必视荧惑所在。其入守犯太微、轩辕、营室、房、心，主命恶之。

填星曰中央季夏土，信也，思心也。仁义礼智，以信为主，貌言视德，以心为正，故四星皆失，填乃为之动，动而盈，侯王不宁。缩，有军不复。所居之宿，国吉，得地及女子，有福，不可伐；去之，失地，若有女忧。居宿久，国福厚；易则薄。失次而上二三宿曰盈，有主命不成，不乃大水。失次而下曰缩，后戚，其岁不复，不乃天裂若地动。一曰，填为黄帝之德，女主之象，主德厚安危存亡之机，司天下女主之过。又曰，天子之星也。天子失信，则填星大动。

太白曰西方秋金，义也，言也。义亏言失，逆秋令，伤金气，罚见太白。太白进退以候兵，高埠迟速，静躁见伏，用兵皆象之，吉。其出西方，失行，夷狄败；出东方，失行，中国败。未尽期日，过参天，病其对国。若经天，天下革，民更王，是谓乱纪，人众流亡。昼见，与日争明，强国弱，小国强，女主昌。又曰，太白主大臣，其号上公也，大司马位谨候此。

辰星曰北方冬水，智也，听也。智亏听失，逆冬令，伤水气，罚见辰星。辰星见，则主刑，主廷尉，主燕赵，又为燕、赵、代以北；宰相之象。亦为杀伐之气，战斗之象。又曰，军于野，辰星为偏将之象，无军为刑事。和阴阳，应效不效，其时不和。出失其时，寒署失其节，邦当大饥。当出不出，是谓击卒，兵大起。在于房心间，地动。亦曰，辰星出入躁疾，常主夷狄。又曰，蛮夷之星也，亦主刑法之得失。色黄而小，地大动。光明与月相逮，其国大水。

凡五星有色，大小不同，各依其行而顺时应节。色变有类，凡青皆比参左肩，赤比心大星，黄比参右肩，白比狼星，黑比奎大星。不失本色而应其四时者，吉；色害其行，凶。

凡五星所出所行所直之辰，其国为得位。得位者，岁星以德，荧惑有礼，填星有福，太白兵强，辰星阴阳和。所行所直之辰，顺其色而有角者胜，其色害者败。居实，有德也；居虚，无德也。色胜位，行胜色，行得尽色之。营室为清庙，岁星庙也。心为明堂，荧惑庙也。南斗为文太室，填星庙也。亢为疏庙，太白庙也。七星为员宫，辰星庙也。五星行至其庙，谨候其命。

凡五星盈缩失位，其精降于地为人。岁星降为贵臣；荧惑降为童儿，歌谣嬉戏；填星降为老人妇女；太白降为壮夫，处于林麓；辰星降为妇人。吉凶之应，随其象告。

凡五星，木与土合，为内乱，饥；与水合，为变谋而更事；与火合，为饥，为旱；与金合，为白衣之会，合斗，国有内乱，野有破军，为水。太白在南，岁星在北，名曰牝牡，年谷大熟。太白在北，岁星在南，年或有或无。火与金合，为烁，为丧，不可举事用兵。从军，为军忧；离之，军却。出太白阴，分宅；出其阳，偏将战。与土合，为忧，主孽卿。与水合，为北军，用兵举事大败。一曰，火与水合，为烁，不可举事用兵。土与水合，为壅沮，不可举事用兵，有覆军下师。一曰，为变谋更事，必为旱。与金合，为疾，为白衣会，为内兵，国亡地。与木合，国饥。水与金合，为变谋，为兵忧。入太白中而上出，破军杀将，客胜；下出，客亡地。视旗所指，以命破军。环绕太白，若与斗，大战，客胜。凡木、火、土、金与水斗，皆为战。兵不在外，皆为内乱。凡同舍为合，相陵为斗。二星相近，其殃大；相远，毋伤，七寸以内必之。

凡月蚀五星，其国皆亡。岁以饥，荧惑以乱，填以杀，太白以强国战，辰以女乱。

凡五星入月，岁，其野有逐相；太白，将僇。

凡五星所聚，其国王，天下从。岁以义从，荧惑以礼从，填以重从，太白以兵从，辰以法从，各以其事致天下也。三星若合，是谓惊立绝行，其国外内有兵与丧，百姓饥乏，改立侯王。四星若合，是谓大阳，其国兵丧并起，君子忧，小人流。五星若合，是谓易行，有德承庆，改立王者，奄有四方，子孙蕃昌；亡德受殃，离其国家，灭其宗庙，百姓离去，被满四方。五星皆大，其事亦大；皆小，事亦小。

凡五星色，皆圜，白为丧，为旱；赤中不平，为兵；青为忧，为水；黑为疾疫，为多死；黄为吉。皆角，赤，犯我城；黄，地之争；白，哭泣声；青，有兵忧；黑，有水。五星同色，天下偃兵，百姓安宁，歌舞以行，不见灾疾，五谷蕃昌。

凡五星，岁，政缓则不行，急则过分，逆则占。荧惑，缓则不出，急则不入，违道则占。填，缓则不还，急则过舍，逆则占。太白，缓则不出，急则不入，逆则占。辰，缓则不出，急则不入，非时则占。五星不失行，则年谷丰昌。

凡五星分天之中，积于东方，中国利；积于西方，外国用兵者利。辰星不出，太白为客；其出，太白为主。出而与太白不相从，及各出一方，为格，野虽有军，不战。

凡五星见伏、留行、逆顺、迟速应度者，为得其行，政合于常；违历错度，而失路盈缩者，为乱行。乱行则为天矢彗孛，而有亡国革政，兵饥丧乱之祸云。

杂星气

图纬旧说，及汉末刘表为荆州牧，命武陵太守刘睿集天文众占，名《荆州占》。其杂星之体，有瑞星，有妖星，有客星，有流星，有瑞气，有妖气，有日月傍气，皆略其名状，举其占验，次之于此云。

瑞星

一曰景星，如半月，生于晦朔，助月为明。或曰，星大而中空。或曰，有三星，在赤方气，与青方气相连，黄星在赤方气中，亦名德星。

二曰周伯星，黄色，煌煌然，所见之国大昌。

三曰含誉，光耀似慧，喜则含誉射。

四曰格泽，如炎火，下大上锐，色黄白，起地而上。

见则不种而获，有土功，有大客。

妖星

一曰彗星，所谓扫星。本类星，末类彗，小者数寸，长或竟天。见则兵起，大水。主扫除，除旧布新。有五色，各依五行本精所主。史臣案，彗体无光，傅日而为光，故夕见则东指，晨见则西指。在日南北，皆随日光而指。顿挫其芒，或长或短，光芒所及则为灾。

二曰孛星，彗之属也。偏指曰彗，芒气四出曰孛。孛者，孛孛然非常，恶气之所生也。内不有大乱，则外有大兵，天下合谋，暗蔽不明，有所伤害。晏子曰："君若不改，孛星将出，彗星何惧乎！"由是言之，灾甚于彗。

三曰天棓，一名觉星。本类星，末锐，长四丈。或出东北方西方，主奋争。

四曰天枪。其出，不过三月，必有破国乱君，伏死其辜。殃之不尽，当为旱饥暴疾。

五曰天欃。石氏曰，云如牛状。甘氏，本类星，末锐。巫咸曰，彗星出西方，长可三丈，主捕制。

六曰蚩尤旗，类彗而后曲，象旗。或曰，赤云独见。或曰，其色黄上白下。或曰，若植萑苇而长，名曰蚩尤之旗。或曰，如箕，可长二丈，末有星。主伐枉逆，主惑乱，所见之方下有兵，兵大起；不然，有丧。

七曰天冲，出如人，苍衣赤头，不动。见则臣谋主，武卒发，天子亡。

八曰国皇，大而赤，类南极老人星。或曰，去地一二丈，如炬火，主内寇内难。或曰，其下起兵，兵强。或曰，外内有兵丧。

九曰昭明，象如太白，光芒，不行。或曰，大而白，无角，乍上乍下。一曰，赤彗分为昭明，昭明灭光，以为起霸起德之征，所起国兵多变。一曰，大人凶，兵大起。

十曰司危，如太白，有目。或曰，出正西，西方之野星，去地可六丈，大而白。或曰，大而有毛，两角，类太白，数动，察之而赤，为乖争之征，主击强兵。见则主失法，豪杰起，天子以不义失国，有声之臣行主德。

十一曰天谗，彗出西北，状如剑，长四五丈。或曰，如钩，长四丈。或曰，状白小，数动，主杀罚。出则其国内乱，其下相谗，为饥兵，赤地千里，枯骨藉藉。

十二曰五残，一名五锋，出正东，东方之星。状类辰，可去地六七丈。或曰，苍彗散为五残，如辰星，出角。或曰，星表有气如晕，有毛。或曰，大而赤，数动，察之而青。主乖亡；为五分，毁败之征，亦为备急兵。见则主诛，政在伯，野乱成，有急兵，有丧，不利冲。

十三曰六贼，见出正南，南方之星。去地可六丈，大而赤，动有光。或曰，形如彗，五残、六贼出，祸合天下，逆侵关枢；其下有兵，冲不利。

十四曰狱汉，一名咸汉，出正北，北方之野星，去地可六丈，大而赤，数动，察之中青。或曰，赤表，下有三彗从横。主遂王，主刺王。出则阴精横，兵起其下。又为丧，动则诸侯惊。

十五曰旬始，出北斗旁，如雄鸡。其怒，有青黑，象伏鳖。或曰，怒，雌也，主争兵。又曰，黄彗分为旬始，

为立主之题，主乱，主招横。见则臣乱兵作，诸侯虐，期十年，圣人起伐，群猾横恣。或曰，出则诸侯雄鸣。

十六曰天锋，彗象矛锋。天下从横，则天锋星见。

十七曰烛星，如太白。其出也不行，见则不久而灭。或曰，主星上有三彗上出，所出城邑乱，有大盗不成，又以五色占。

十八曰蓬星，大如二斗器，色白，一名王星。状如夜火之光，多至四五，少一二。一曰，蓬星在西南，长数丈，左右兑。出而易处。星见，不出三年，有乱臣戮死。又曰，所出大水大旱，五谷不收，人相食。

十九曰长庚，如一匹布著天。见则兵起。

二十曰四填，星出四隅，去地六丈余，或曰可四丈。或曰，星大而赤，去地二丈，常以夜半时出。见，十月而兵起，皆为兵起其下。

二十一曰地维藏光，出四隅。或曰，大而赤，去地二三丈，如月始出。见则下有乱，乱者亡，有德者昌。

《河图》云：

岁星之精，流为天棓、天枪、天猾、天冲、国皇、反登、苍彗。

荧惑散为昭旦、蚩尤之旗、昭明、司危、天欃、赤彗。

填星散为五残、狱汉、大贲、昭星、绌流、旬始、蚩尤、虹蜺、击咎、黄彗。

太白散为天杵、天树、伏灵、大败、司奸、天狗、天残、卒起、白彗。

辰星散为枉矢、破女、拂枢、灭宝、绕绖、惊理、大奋祀、黑彗。

五色之彗，各有长短，曲折应象。

汉京房著《风角书》有《集星章》，所载妖星皆见于月旁，互有五色方云，以五寅日见，各有五星所生云：

天枪、天根、天荆、真若、天樑、天楼、天垣，皆岁星所生也。见以甲寅，其星咸有两青方在其旁。

天阴、晋若、官张、天惑、天崔、赤若、蚩尤，皆荧惑之所生也。出在丙寅日，有两赤方在其旁。

天上、天伐、从星、天枢、天翟、天沸、荆彗，皆填星所生也。出在戊寅日，有两黄方在其旁。

若星、帚星、若彗、竹彗、墙星、樑星、白藋，皆太白之所生也。出在庚寅日，有两白方在共旁。

天美、天欃、天杜、天麻、天林、天蒿、端下，皆辰星之所生也。出以壬寅日，有两黑方在其旁。

已前三十五星，即五行气所生，皆出于月左右方气之中，各以其所生星将出不出日数期候之。当其未出之前而见，见则有水旱，兵丧，饥乱；所指亡国，失地，王死，破军，杀将。

客星

张衡曰："老子四星及周伯、王蓬絮、芮各一，错乎五纬之间。其见无期。其行无度。"《荆州》占云："老子星色淳白，然所见之国，为饥为凶，为善为恶，为喜为怒。周伯星黄色煌煌，所至之国大昌。蓬絮星色青而荧荧然，所至之国风雨不节，焦旱，物不生，五谷不登，多蝗虫。"

又云："东南有三星出,名曰盗星,出则人下有大盗。西南有三星出,名曰种陵,出则天下谷贵十倍。西北三大星出而白,名曰天狗,出则人相食,大凶。东北有三大星出,名曰女帛,见则有大丧。"

流星

流星,天使也。自上而降曰流,自下而升曰飞。大者曰奔,奔亦流星也。星大者使大,星小者使小。声隆隆者,怒之象也。行疾者期速,行迟者期迟。大而无光者,众人之事;小而有光者,贵人之事;大而光者,其人贵且众也。乍明乍灭者,贼败成也。前大后小者,恐忧也;前小后大者,喜事也。蛇行者,奸事也;往疾者,往而不反也。长者,其事长久也;短者,事疾也。奔星所坠,其下有兵。无风云,有流星见,良久间乃入,为大风,发屋折木。小流星百数四面行者,众庶流移之象。

流星之类,有音如炬火下地,野雉鸣,天保也;所坠国安,有喜。若小流星色青赤,名曰地雁,其所坠者起兵。流星有光青赤,长二三丈,名曰天雁,军中之精华也;其国起兵,将军当从星所之。流星晖然有光,光白,长竟天者,人主之星也;主相、将军从星所之。

飞星大如杅若瓮,后皎然白,前卑后高,此谓顿顽,其所从者多死亡。飞星大如缶若瓮,后然皎白,星灭后,白者曲环如车轮,此谓解衔,其国人相斩为爵禄。飞星大如缶若瓮,其后皎然白,长数丈,星灭后,白者化为云流下,名曰大滑,所下有流血积骨。

枉矢,类流星,色苍黑,蛇行,望之如有毛,目长数匹,著天,主反萌,主射愚。见则谋反之兵合射所诛,亦为以乱伐乱。

天狗,状如大奔星,色黄,有声,其止地,类狗。所坠,望之如火光,炎炎冲天,其上锐,其下员,如数顷田处。或曰,星有毛,旁有短彗,下有狗形者。或曰,星出,其状赤白有光,下即为天狗。一曰,流星有光,见人面,坠无音,若有足者,名曰天狗。其色白,其中黄,黄如遗火状。主候兵讨贼。见则四方相射,千里破军杀将。或曰,五将斗,人相食,所往之乡有流血。其君失地,兵大起,国易政,戒守御。

营头,有云如坏山堕,所谓营头之星,所堕,其下覆军,流血千里。亦曰流星昼陨名营头。

云气

瑞气:一曰庆云。若烟非烟,若云非云,郁郁纷纷,萧索轮囷,是谓庆云,亦曰景云。此喜气也,太平之应。二曰归邪。如星非星,如云非云。或曰,星有两赤彗向上,有盖,下连星。见,必有归国者。三曰昌光,赤,如龙状,圣人起,帝受终,则见。

妖气:一曰虹蜺,日旁气也,斗之乱精。主惑心,主内淫,主臣谋君,天子诎,后妃颛,妻不一。二曰牂云,如狗,赤色,长尾;为乱君,为兵丧。

十煇

《周礼》眡祲氏掌十煇之法,以观妖祥,辨吉凶。一曰祲,谓阴阳五色之气,浸淫相侵。或曰,抱珥背璚之属,如虹而短是也。二曰象,谓云气成形,象如赤乌,夹日以飞之类是也。三曰鑴日傍气也,刺日,形如童子所佩之鑴。四曰监,谓云气临在日上也。五曰闇,谓日月蚀,或曰脱光也。六曰瞢,谓瞢瞢不光明也。七曰弥,谓白虹弥天而贯日也。八曰序,谓气若山而在日上。或曰,冠珥背璚,重叠次序,在于日旁也。九曰隮,谓晕气也。或曰,虹也,《诗》所谓"朝隮于西"者也。十曰想,谓气五色有形想也,青饥,赤兵,白丧,黑忧,黄熟。或曰,想,思也,赤气为人狩之形,可思而知其吉凶也。

凡游气蔽天,日月失色,皆是风雨之候也,沈阴,日月俱无光,昼不见日,夜不见星,有云障之,两敌相当,阴相图议也。日蒙蒙无光,士卒内乱。又曰,数日俱出,若斗,天下兵起,大战。日斗,下有拔城。日戴者,形如直状,其上微起,在日上为戴。戴者,德也,国有喜也。一云,立日上为戴。青赤气抱在日上,小者为冠,国有喜事。青赤气小而交于日下为缨,青赤气小而员,一二在日下左右者为纽。青赤气如小半晕状,在日上为负,负者得地为喜。又曰,青赤气长斜倚日旁为戟。青赤气员而小,在日左右为珥,黄白者有喜。又曰,有军,日有一珥为喜。在日西。西军战胜。在日东,东军战胜。南北亦如之。无军而珥,为拜将。又日旁如半环向日为抱。青赤气如月初生,背日者为背,又曰,背气青赤而曲,外向为叛象,分为反城。璚者如带,璚在日四方。青赤气长而立日旁为直,日旁有一直,敌在一旁欲自立,从直所击者胜。日旁有二直三抱,欲自立者不成,顺抱击者胜,杀将。气形三角,在日西方为提。青赤气横在日上下为格。气如半晕,在日下为承。承者,臣承君也。又曰,日下有黄气三重若抱,名曰承福,人主有吉喜,且得地。青白气如履,在日下者为履。日旁抱五重,战顺抱者胜。日一抱一背,为破走。抱者,顺气也;背者,逆气也。两军相当,顺抱击逆者胜,故曰破走。日抱且两珥,一虹贯抱至日,顺虹击者胜,杀将。日抱两珥且璚,二虹贯抱至日,顺虹击者胜。日重抱,内有璚,顺抱击者胜。亦曰,军内有欲反者。日重抱,左右二珥,有白虹贯抱,顺抱击胜,得二将。有三虹,得三将。日抱黄白润泽,内赤外青,天子有喜,有和亲来降者;军不战,敌降,军罢。色青黄,将喜;赤,将兵争,白,将有丧,黑,将死。日重抱且背,顺抱击者胜,得地,若有罢师。日重抱,抱内外有璚,两珥,顺抱击者胜,破军,军中不和,不相信。日旁有气,员而周匝,内赤外青,名为晕。日晕者,军营之象。周环匝日,无厚薄,敌与军势齐等。若无军在外,天子失御,民多叛。日晕有五色,有喜;不得五色者有忧。

凡占,两军相当,必谨审日月晕气,知其所起,留止远近,应与不应,疾迟,大小,厚薄,长短,抱背为多小,有无,虚实,久亟,密疏,泽枯。相应等者势等。近胜远,疾胜迟,大胜小,厚胜薄,长胜短,抱胜背,多胜少,有胜无,实胜虚,久胜亟,密胜疏,泽胜枯。重背,大破;重抱为和亲;抱多,亲者益多;背为天下不和,分离相去,背于内者离于内,背于外者离于外也。

杂气

天子气,内赤外黄,四方所发之处当有王者。若天子欲有游往处，其地亦先发此气。或如城门隐隐在气雾中，恒带杀气森森然。或如华盖在雾气中，或气象青衣人无手，在日西，或如龙马，或杂色郁郁冲天者，此皆帝王气。

猛将之气，如龙，如猛兽；或如火烟之状；或白如粉沸；或如火光之状，夜照人；或白而赤气绕之，或如山林竹木，或紫黑如门上楼；或上黑下赤，状似属旌；或如张弩；或如埃尘，头锐而卑，本大而高。此皆猛将之气也。气发渐渐如云，变作山形，将有深谋。

凡军胜之气，如堤如坂，前后磨地。或如水光；将军勇，士卒猛。或如山堤，山上若林木；将士骁勇。或如埃尘粉沸，其色黄白；或如人持斧向敌，或如蛇举首向敌，或气如覆舟，云如牵牛；或有云如斗鸡，赤白相随，在气中；或发黄气，皆将士精勇。

凡气上黄下白，名曰善气；所临之军，敌欲求和退。

凡负气，如马肝色，或如死灰色；或类偃盖，或类偃鱼；或黑气如坏山坠军上者，名曰营头之气；或如群牛群猪，在气中。此衰气也。或如悬衣，如人相随；或纷纷如转蓬，或如扬灰；或云如卷席，如匹布乱穰者，皆为败征。气如系牛，如人卧，如双蛇，如飞鸟，如决堤垣，如坏屋，如惊鹿相逐，如两鸡相向，此皆为败军之气。

凡降人气，如人十十五五，皆叉手低头；又云，如人叉手相向。或气如黑山，以黄为缘者，皆欲降伏之象也。

凡坚城之上，有黑云如星，名曰军精。或白气如旌旗，或青云黄云临城。皆有大喜庆。或气青色如牛头触人，或城上气如烟火。如双蛇，如杵形向外，或有云分为两彗状者，皆不可攻。

凡屠城之气，或赤如飞鸟，或赤气如败车，或有赤黑气如狸皮斑，或城中气聚如楼，出见于外；营上有云如众人头，赤色，其城营皆可屠。气如雄雉临城，其下必有降者。

凡伏兵有黑气，浑浑员长，赤气在其中；或白气粉沸，起如楼状；或如幢节状，在乌云中；或如赤杵在乌云中，或如乌人在赤云中。

凡暴兵气，白，如瓜蔓连结，部队相逐，须臾罢而复出；或白气如仙人，如仙人衣，千万连结，部队相逐，罢而复兴，当有千里兵来。或气如人持刀楯，云如人，色赤，所临城邑有卒兵至。或赤气如人持节，兵来未息。云如方虹。此皆为暴兵之象。

凡战气，青白如膏；如人无头；如死人卧；如丹蛇，赤气随之，必大战，杀将。四望无云，见赤气如狗入营，其下有流血。

凡连阴十日，昼不见日，夜不见月，乱风四起，欲雨而无雨，名曰蒙，臣有谋。雾气若昼若夜，其色青黄，更相掩冒，乍合乍散，亦然。视四方常有大云五色具者，其下贤人隐也。青云润泽蔽日，在西北，为举贤良。云气如乱穰，大风将至，视所从来。云甚润而厚，大雨必暴至。四始之日，有黑云气如阵，厚大重者，多雨。气若雾非雾，衣冠不濡，见则其城带甲而趣。日出没时有雾气横截之，白者丧，乌者惊，三日内雨者各解。有云如蛟龙，所见处将军失魄。有云如鹄尾来荫国上，三日亡。有云赤黄色四

塞，终日竟夜照地者，大臣纵恣。有云如气，昧而浊，贤人去，小人在位。

凡白虹者，百殃之本，众乱所基。雾者，众邪之气，阴来冒阳。

凡白虹雾，奸臣谋君，擅权立威。昼雾夜明，臣志得申。

凡夜雾白虹见，臣有忧；昼雾白虹见，君有忧。虹头尾至地，流血之象。

凡雾气不顺四时，逆相交错，微风小雨，为阴阳气乱之象。积日不解，昼夜昏暗，天下欲分离。

凡天地四方昏蒙若下尘，十日五日已上，或一月，或一时，雨水沾衣而有土，名曰霾。故曰，天地霾，君臣乖。

凡海旁蜃气象楼台，广野气成宫阙，北夷之气如牛羊群畜穹庐，南夷之气类舟船幡旗。自华以南，气下黑上赤；嵩高、三河之郊，气正赤；恒山之北，气青；勃碣海岱之间，气皆正黑；江淮之间，气皆白；东海气如员簦；附汉河水，气如引布；江汉气劲如杼，济水气如黑豚，渭水气如狼白尾，淮南气如白羊，少室气如白兔青尾，恒山气如黑牛青尾。东夷气如树，西夷气如室屋，南夷气如阁台，或类舟船。

阵云如立垣。杼轴云类轴，搏，两端兑。杓云如绳，居前亘天，其半半天；其罢者类阙旗故。钩云句曲。诸此云见，以五色占。而泽抟密，其见动人，乃有兵必起，合斗其直。云气如三匹帛，广前兑后，大军行气也。

韩云如布，赵云如牛，楚云如日，宋云如车，鲁云如马，卫云如犬，周云如车轮，秦云如行人，魏云如鼠，郑云如绛衣，越云如龙，蜀云如囷。

车气乍高乍下，往往而聚。骑气卑而布。卒气搏。前卑后高者，疾。前方而高后锐而卑者，却。其气平者其行徐。前高后卑者，不止而返。校骑之气，正苍黑，长数百丈。游兵之气如彗扫，一云长数百丈，无根本。喜气上黄下赤，怒气上下赤，忧气上下黑。土功气黄白。徙气白。

凡候气之法，气初出时，若云非云，若雾非雾，仿佛若可见。初出森森然，在桑榆上，高五六尺者，是千五百里外。平视则千里，举目望即五百里；仰瞻中天，即百里内。平望，桑榆间二千里；登高而望，下属地者，三千里。敌在东，日出候之；在南，日中候之，在西，日入候之；在北，夜半候之。军上气，高胜下，厚胜薄，实胜虚，长胜短，泽胜枯。气见以知大，占期内有大风雨，久阴，则灾不成。

史传事验
天变

惠帝元康二年二月，天西北大裂。案刘向说："天裂，阳不足，地动，阴有余。"是时人主昏瞀，妃后专制。

太安二年八月庚午，天中裂为二，有声如雷者三。君道亏而臣下专僭之象也。是日，长沙王奉帝出距成都、河间二王，后成都、河间、东海又迭专威命，是其应也。

穆帝升平五年八月己卯夜，天中裂，广三四丈，有声如雷，野雉皆鸣。是后哀帝荒疾，海西失德，皇太后临朝，太宗总万机，桓温专权，威振内外，阴气盛，阳气微。

元帝太兴二年八月戊戌，天鸣东南，有声如风水相薄。京房易妖占曰："天有声，人主忧。"三年十月壬辰，天又鸣，甲午止。其后王敦入石头，王师败绩。元帝屈辱，制于强臣，即而晏驾，大耻不雪。

安帝隆安五年闰月癸丑，天东南鸣。六年九月戊子，天东南又鸣。是后桓玄篡位，安帝播越，忧莫大焉。鸣每东南者，盖中兴江外，天随之而鸣也。

义熙元年八月，天鸣，在东南，京房《易传》曰："万姓劳，厥妖天鸣。"是时安帝虽反正，而兵革岁动，众庶勤劳也。

日蚀

魏文帝黄初二年六月戊辰晦，日有蚀之。有司奏免太尉，诏曰："灾异之作，以谴元首，而归过股肱，岂禹汤罪己之义乎！其令百官各虔厥职。后有天地眚，勿腹劾三公。"三年正月丙寅朔，日有蚀之。十一月庚申晦，又日有蚀之。五年十一月戊申晦，日有蚀之。明帝太和初，太史令许芝奏，日应蚀，与太尉于灵台祈禳。帝曰："盖闻人主政有不德，则天惧之以灾异，所以谴告，使得自修也。故日月薄蚀，明治道有不当者。朕即位以来，即不能光明先帝圣德，而施化有不合于皇神，故天上有瘥之。宜敕政自修，有以报于神明。天之于人，犹父之于子，未有父欲责其子，而可献盛馔以求免也。今外欲遣上公与太史令俱禳祠，于义未闻也。群公卿士大夫，其各勉修厥职。有可以补朕不逮者，各封上之。"太和五年十一月戊戌晦，日有蚀之。六年正月戊辰朔，日有蚀之。见吴历。

青龙元年闰月庚寅朔，日有蚀之。

少帝正始元年七月戊申朔，日有蚀之。三年四月戊戌朔，日有蚀之。四年五月丁丑朔，日有蚀之。五年四月丙辰朔，日有蚀之。六年四月壬子朔，日有蚀之。十月戊申朔，又日有蚀之。八年二月庚午朔，日有蚀之。是时曹爽专政，丁谧、邓飏等转改法度。会有日蚀之变，诏群臣问得失。蒋济上疏曰："昔大舜佐治，戒在比周。周公辅政，慎于其朋。齐侯问灾，晏子对以布惠；鲁君异，臧孙答以缓役。塞变应天，乃实人事。"济旨譬甚切，而君臣不悟，终至败亡。九年正月乙未朔，日有蚀之。

嘉平元年二月二月已示朔，日有蚀之。

高贵乡公甘露四年七月戊子朔，日有蚀之。五年正月乙酉朔，日有蚀之。京房易占曰："日有蚀乙酉，君弱臣强。司马将兵，反征其王。"五月，有成济之变。

元帝景元二年五月丁未朔，日有蚀之。三年十一月已亥朔，日有蚀之。

武帝泰始二年七月丙午晦，日有蚀之。十月丙午朔，日有蚀之。七年十月丁丑朔，日有蚀之。八年十月辛未朔，日有蚀之。九年四月戊辰朔，日有蚀之。又，七月丁酉朔，日有蚀之。十年正月乙未，三月癸亥，并日有蚀之。

咸宁元年七月甲申晦，日有蚀之。三年正月丙子朔，日有蚀之。四年正月庚午朔，日有蚀之。

太康四年三月辛丑朔，日有蚀之。七年正月甲寅朔，日有蚀之。八年正月戊申朔，日有蚀之。九年正月壬申朔，六月庚子朔，并日有蚀之。永熙元年四月庚申，帝崩。

惠帝元庚九年十一月甲子朔，日有蚀之。十二月，废皇太子 为庶人，寻杀之。

永康元年正月已卯，四月辛卯朔，并日有蚀之。

永宁元年闰月丙戌朔，日有蚀之。

光熙元年正月戊子朔，七月乙酉朔，并日有蚀之。十一月，惠帝崩。十二月壬午朔，又日有蚀之。

怀帝永嘉元年十一月戊申朔，日有蚀之。二年正月丙子朔，日有蚀之。六年二月壬子朔，日有蚀之。

愍帝建兴四年六月丁巳朔，十二月甲申朔，并日有蚀之。五年五月丙子，十一月丙子，并日有蚀之。时帝蒙尘于平阳。

元帝太兴元年四月丁丑朔，日有蚀之。

明帝太宁三年十一月癸巳朔，日有蚀之，在卯至斗。斗，吴分也。其后苏峻作乱。

成帝咸和二年五月甲申朔，日有蚀之，在井。井，主酒食，女主象也。明年，皇太后以忧崩。六年三月壬戌朔，日有蚀之。是时帝已年长，每幸司徒第，犹出入见王导夫人曹氏如子弟之礼。以入君而警敬人臣之妻，有亏君德之象也。九年十月乙未朔，日有蚀之。是时帝既冠，当亲万机，而委政大臣，著君道有亏也。

咸康元年十月乙未朔，日有蚀之。七年二月甲子朔，日有蚀之。三月，杜皇后崩。八年正月乙未朔，日有蚀之。京都大雨，郡国以闻。是谓三朝，王者恶之。六月而帝崩。

穆帝永和二年四月已酉，七年正月丁酉，八年正月辛卯，并日有蚀之。十二年十月癸巳朔，日有蚀之，在尾。燕分，北狄之象也。是时边表姚襄、苻生互相吞噬，朝廷忧劳，征伐不止。

升平四年八月辛丑朔，日有蚀之，几既在角。凡蚀，浅者祸浅，深者祸大。角为天门，入主恶之。明年而帝崩。

哀帝隆和元年三月甲寅朔，十二月戊午朔，并日有蚀之。明年而帝有疾，不识万机。

海西公太和三年三月丁巳朔，五年七月癸酉朔，并日有蚀之。皆海西被废之应也。

孝武帝宁康三年十月癸酉朔，日有蚀之。

太元四年闰月已酉朔，日有蚀之。是时苻坚攻没襄阳，执朱序。六年六月庚子朔，日有蚀之。九年十月辛亥朔，十七年五月丁卯朔，日有蚀之。二十年三月庚辰朔，日有蚀之。明年帝崩。

安帝隆安四年六月庚辰朔，日有蚀之。是时元显执政。

元兴二年四月癸巳朔，日有蚀之。其冬桓玄篡位。

义熙三年七月戊戌朔，日有蚀之。十年九月丁巳朔，日有蚀之。十一年七月辛亥晦，日有蚀之。十三年正月甲戌朔，日有蚀之。明年，帝崩。

恭帝元熙元年十一月丁亥朔，日有蚀之。自义熙元年至是，日蚀皆从上始，皆为革命之征。

《周礼》只眂祲氏掌十煇之法，以观妖祥，辩吉凶，有祲、象、镌、监、闇、瞢、弥、序、陊、想凡十。后代名变，说者莫同。今录其著应以次之云。

吴孙权赤乌十一年二月，白虹贯日。权发诏戒惧。

武帝泰始五年七月甲寅，日晕再重，白虹贯之。
　　太康元年正月己丑朔，五色气冠日，自卯至酉。占曰："君道失明，丑为斗牛，主吴越。"是时孙皓淫暴，四月降。
　　惠帝元康元年十一月甲申，日晕，再重，青赤有光。九年正月，日中有若飞燕者，数日乃消。王隐以为愍怀废死之征。
　　永康元年正月癸亥朔，日晕，三重。十月乙未，日阇，黄雾四塞。占曰："不及三年，下有拔城大战。"十二月庚戌，日中有黑气。京房《易传》曰："祭天不顺兹谓逆，厥异日中有黑气。"
　　永宁元年九月甲申，月中有黑子。京房易占："黑者阴也，臣不掩君恶，令下见，百姓恶君，则有此变。"又曰："臣有蔽主明者。"
　　太安元年十一月，日中有黑气。
　　永兴元年十一月，日中有黑气分日。
　　光熙元年五月壬辰、癸巳，日光四散，赤如血流，照地皆赤。甲午又如之。占曰："君道失明。"
　　怀帝永嘉元年十一月乙亥，黄黑气掩日，所照皆黄。案《河图》占曰："日薄也。"其说曰："凡日蚀皆于朔晦，有不于晦朔者为日薄。虽非日月同宿，时阴气盛，掩日光也。"占类日蚀。二年正月戊申，白虹贯日，二月癸卯，白虹贯日，青黄晕，五重。占曰："白虹贯日，近臣为乱，不则诸侯有反者。晕五重，有国者受其祥，天下有兵，破亡其地。"明年，司马越暴蔑人主。五年，刘聪破京都，帝蒙尘于寇庭。五年三月庚申，日散光，如血下流，所照皆赤。日中有若飞燕者。
　　愍帝建兴二年正月辛未辰时，日阴于地。又有三日相承，出于西方而东行。五年正月庚子，三日并照，虹蜺弥天。日有重晕，左右两珥。占曰："白虹，兵气也。三四五六日俱出并争，天下兵作，丁巳亦如其数。"又曰："三日并出，不过三旬，诸侯争为帝。日重晕，天下有立王。晕而珥，天下有立侯。"故陈卓曰："当有大庆，天下其三分乎！"三月而江东改元为建武，刘聪、李雄亦跨曹刘疆宇，于是兵连祟叶。
　　元帝太兴元年十一月乙卯，日夜出，高三丈，中有赤珥。四年二月癸亥，日斗。三月癸未，日中有黑子，辛亥，帝亲录讯囚徒。
　　永昌元年十月辛卯，日中有黑子。时帝宠幸刘隗，擅威福，亏伤君道，王敦因之举兵，逼京都，祸及忠贤。
　　明帝太宁元年正月乙卯朔，日晕无光。癸巳，黄雾四塞。占曰："君道失明，阴阳昏，臣有阴谋。"京房曰："下专刑，兹谓分威，蒙微而日不明。"先是，王敦害尚书令刁协、仆射周顗、骠骑将军戴若思等，是专刑之应。敦既陵上，卒伏其辜。十一月丙子，白虹贯日。史官不见，桂阳太守华包以闻。
　　成帝咸和九年七月，白虹贯日。
　　咸康元年七月，白虹贯日。二年七月，白虹贯日。自后庾氏专政，由后族而贵，盖亦妇人擅国之义，故频年白虹贯日。八年正月壬申，日中有黑子，丙子乃灭。夏，帝崩。

　　穆帝永和八年，张重华在凉州，日暴赤如火，中有三足为乌，形见分明，五日乃止。十年十月庚辰，日中有黑子，大如鸡卵。十一年三月戊申，日中有黑子，大如桃，二枚。时天子幼弱，久不亲国政。
　　升平三年十月丙午，日中有黑子，大如鸡卵。少时而帝崩。
　　海西公太和三年九月戊辰夜，二虹见东方。四年四月戊辰，日晕，厚密，白虹贯日中。十月乙未，日中有黑子。五年二月辛酉，日中有黑子，大如李。六年三月辛未，白虹贯日，日晕，五重。十一月，桓温废帝，即简文咸安元年也。
　　简文咸安二年十一月丁丑，日中有黑子。
　　孝武宁康元年十一月己酉，日中有黑子，大如李。二年三月庚寅，日中有黑子二枚，大如鸭卵。十一月己巳。日中有黑子，大如鸡卵。时帝已长，而康献皇后以从嫂临朝，实伤君道，故日有瑕也。
　　太元十三年二月庚寅，日中有黑子二，大如李。十四年六月辛卯，日中又有黑子，大如李。二十年十一月辛卯，日中又有黑子。是时会稽王以母弟干政。
　　安帝隆安元年十二月壬辰，日晕，有背璚。是后不亲万机，会稽王世子元显专行威罚。四年十一月辛亥，日中有黑子。
　　元兴元年二月甲子，日晕，白虹贯日中。三月庚子，白虹贯日。未几，桓玄克京都，王师败绩。明年，玄篡位。
　　义熙元年五月庚午，日有彩珥。六年五月丙子，日晕，有璚。时有卢循逼京都，内外戒严。七月，循走。七年七月，五虹见东方。占曰："天子黜。"其后刘裕代晋。十年，日在东井，有白虹十余丈在南干日。灾在秦分，秦亡之象。
　　恭帝元熙二年正月壬辰，白气贯日，东西有直珥各一丈，白气贯之交匝。
　　月变
　　魏文帝黄初四年十一月，月晕北斗。占曰："有大丧，赦天下。"七年五月，帝崩，明帝既位，大赦天下。
　　孝怀帝永嘉五年三月壬申丙夜，月蚀，既。丁夜又蚀，既。占曰："月蚀尽，大人忧。"又曰："其国贵人死。"
　　海西公太和四年闰月乙亥，月晕轸，复有白晕贯月北，晕斗柄三星。占曰："王者恶之。"六年，桓温废帝。
　　安帝隆安五年三月甲子，月生齿。占曰："月生齿，天子有贼臣，群下自相残。"桓玄篡逆之征也。
　　义熙九年十二月辛卯朔，月犹见东方。是谓仄匿，则侯王其肃。是时刘裕辅政，威刑自己，仄匿之应云。十一年十一月乙未，月入舆鬼而晕。占曰："主忧，财宝出。"一曰："月晕，有赦。"
　　月奄犯五纬
　　凡月蚀五星，其国皆亡。五星入月，其野有逐相。
　　魏明帝太和五年十二月甲辰，月犯填星。
　　青龙二年十月乙丑，月又犯填星。占同上。戊寅，月犯太白，占曰："人君死，又为兵。"景初元年七月，公孙文懿叛。二年正月，遣宣帝讨之。三年正月，天子崩。四年三月已巳，太白与月俱加景昼见，月犯太白。占同上。

景初元年十月丁未，月犯荧惑。占曰："贵人死。"二年四月，司徒韩暨薨。

齐王嘉平元年正月甲午，太白袭月。宣帝奏永宁太后废曹爽等。

惠帝太安二年十一月庚辰，岁星入月中。占曰："国有逐相。"十二月壬寅，太白犯月。占曰："天下有兵。"三年正月乙卯，月犯太白，占同青龙元年。七月，左卫将军陈眕等率众奉帝伐成都王，六军败绩，兵逼乘舆。后二年，帝崩。

元帝太兴二年十一月辛巳，月犯荧惑。占曰："有乱臣。"三年十二月己未，太白入月，在斗。郭璞曰："月属《坎》，阴府法象也。太白金行而犯之，天意若可，刑理失中，自毁其法。"四年十二月丁亥，月犯岁星，在房。占曰："其国兵饥，人流亡。"永昌元年三月，王敦作乱，率江荆之众来攻，败京都，杀将相。又，镇北将军刘隗出奔，百姓并去南亩。困于兵革。四月，又杀湘州刺史、谯王司马承，镇南将军甘卓。

成帝咸康元年二月乙未，太白入月。四月甲午。月犯太白。四年四月已巳，七月乙巳，月俱奄太白。占曰："人君死。又为兵，人主恶之。"明年，石季龙之众大冠沔南，于是内外戒严。五年四月辛示，月犯岁星，在胃。占曰："国饥，人流。"乙未，月犯岁星，在昴。及冬，有沔南、邾城之败，百姓流亡万余家。六年二月乙未，太白入月。占曰："人主死。"四月甲午，月犯太白。占曰："人主恶之。"

穆帝永和八年十二月，月在东井，犯岁星。占曰：秦饥，人流亡。"是时兵革连起。十年十一月，月奄填星，在舆鬼。占曰："秦有兵。"时桓温伐苻健，健坚壁长安，温退。十二年八月，桓温破姚襄。

升平元年十一月壬午，月奄岁星，在房。占曰："人饥。"一曰："豫州有灾。"二年闰三月乙亥，月犯岁星，在房。占同上。三年，豫州刺史谢万败。三年三月乙酉，月犯太白，在昴。占曰："人君死。"一曰："赵地有兵，胡不安。"四年正月，暮容俊卒。五年正月乙丑辰时，月在危宿，奄太白。占曰："天下糜散。"三月丁未，月犯填星，在轸。占曰："为大丧。"五月，穆帝崩。七月，慕容恪攻冀州刺史吕护于野王，拔之，护奔走。时桓温以大众次宛，闻护败，乃退。

哀帝兴宁元年十月丙戌，月奄太白，在须女。占曰："天下糜散。"一曰："灾在扬州。"三年，洛阳没。其后桓温倾扬州资实北讨，败绩，死亡太半。及征袁真，淮南残破。后慕容晞与苻坚互来侵境。三年正月乙卯，月奄岁星，在参。占曰："参，益州分也。"六月，镇西将军益州刺史周抚卒。十月，梁州刺史司马勋入益州以叛。朱序率众助刺史周楚平之。

海西太和元年二月丙子，月奄荧惑，在参。占曰："为内乱，帝不终之征。"一曰："参，魏地。"五年，慕容晞为苻坚所灭。

孝武太元十二年二月戊寅，荧惑入月。占曰："有乱臣死，若有相戮者。"一曰："女亲为政，天下乱。"是时琅邪王辅政，王妃从兄王国宝以姻昵受宠。又陈郡人袁悦昧私苟进，交遘主相，扇扬朋党。十三年，帝杀悦于市。于是主相有隙，乱阶兴矣。十三年十二月戊子，辰星入月，在危。占曰："贼臣欲杀主，不出三年，必有内恶。"是后慕容垂、翟辽、姚苌、苻登、慕容永并阻兵争强。十四年十二月乙未，月犯岁星。占并同上。十五年，翟辽据司兖，众军累讨弗克，慕容氏又跨略并冀。七月，旱。八月，诸郡大水，兖州又蝗。十八年正月乙酉，荧惑入月。占曰："忧在宫中，非贼乃盗也。"一曰："有乱臣，若有戮者。"二十一年九月，帝暴崩内殿，兆庶宣言，夫人张氏潜行大逆。又，王国宝邪狡，卒伏其辜。十九年四月已巳，月奄岁星，在尾。占曰："为饥，燕国亡。"二十年，慕容垂遣宝伐魏，反为所破，死者数万人。二十一年，垂死，国遂衰亡。

安帝隆安元年六月庚午，月奄太白，在太微端门外。占曰："国受兵。"乙酉，月奄岁星，在东壁。占曰："为饥，卫地有兵。"二年六月，郗恢遣邓启方等以万人伐慕容宝于滑台，启方败。三年九月，桓玄等并举兵，于是内外戒严。四年正月乙亥，月犯填星，在牵牛。占曰："吴越有兵丧，女主忧。"六月乙未，月又犯填星，在牵牛。十月乙未，月奄岁星，在北河。占曰："为饥，胡有兵。"其四年五月，孙恩寇会稽，杀内史谢琰。后又破高雅之于余姚，死者十七八。七月，太皇太后李氏崩。元兴元年，孙恩寇临海，人众饿死，散亡殆尽。

元兴元年四月辛丑，月奄辰星。七月，大饥，人相食。二年十一月辛巳，月犯荧惑。占悉同上。二年十二月，桓玄篡位，放迁帝、后于寻阳，以永安何皇后为零陵君。三年二月，刘裕尽诛桓氏。三年二月甲辰，月腌岁星于左角。占曰："天下兵起。"是年二月丙辰，刘裕起义兵，杀桓修等。明年正月，众军攻桓振，卒灭诸桓。

义熙元年四月已卯，月犯填星，在东壁。占曰："其地亡国。"一曰："贵人死。"七月己未，月奄填星，在东壁。占曰："其国以伐己。"一曰："人流。"十月丁巳，月奄填星，在营室。占同上。十一月，荆州刺史魏咏之卒。二年二月，司马国璠等攻没弋阳。三年，桓徒扬州刺史王谧薨。四年正月，太保、武陵王遵薨。三月，左仆射孔安国薨。二年十二月丙午，月奄太白，在危。占曰："齐亡国。"一曰："强国君死。"五年四月，刘裕大军北讨慕容超，卒灭之。七年六月庚子，月犯岁星，在毕。占曰："有边兵，且饥。"八月乙未，月犯岁星，在参。占曰："益州兵饥。"七月，朱龄石克蜀，蜀人寻反，又讨之。八年正月庚戌，月犯岁星，在毕。占同上。九年七月，朱龄石灭蜀。十二年五月五月甲申，月犯岁星，在左角。占曰："为饥。"十四年四月壬申，月犯填星于张。占曰："天下有大丧。"其明年，帝崩。

恭帝元熙元年七月，月犯岁星。占悉同上。十二月丁巳，月犯太白于羽林。二年六月，帝逊位，禅宋。

五星聚舍

魏明帝太和四年七月壬戌，太白犯岁星。占曰："太白犯五星，有大兵。"五年三月，诸葛亮以大众寇天水。时宣帝为大将军，距退之。

青龙二年二月己未，太白犯荧惑。占曰："大兵起，有大战。"是年四月，诸葛亮据渭南，吴亦起兵应之，魏东西奔命。

惠帝元康三年，填星、岁星、太白三星聚于毕昴。占曰："为兵丧。毕昴，赵地也。"後贾后陷杀太子，赵王废后，又杀之，斩张华、裴頠，遂篡位，废帝为太上皇，天下从此遘乱连祸。

永宁二年十一月，荧惑、太白斗于虚危。占曰："大兵起，破军杀将。虚危，又齐分也。"十二月，荧惑袭太白于营室。占曰："天下兵起，亡君之戒。"一曰："易相。"初，齐王冏之京都，因留辅政，遂专傲无君。是月，成都、河间檄长沙王乂讨之，冏、乂交战，攻焚宫阙，冏兵败，夷灭。又杀其兄上军将军寔以下二千余人。太安二年，成都又攻长沙，于是公私饥困，百姓力屈。

太安三年正月，荧惑犯岁星。占曰："有战。"七月。左卫将军陈眕奉帝伐成都，六军败绩。

光熙元年九月，填星犯岁星。占曰："填与岁合，为内乱。"是时司马越专权，终以无礼破冥，内乱之应也。十二月癸未，太白犯填星。占曰："为内兵，有大战。"是后河间王为东海王越所杀。明年正月，东海王越杀诸葛玫等。五月，汲桑破冯嵩，杀东燕王。八月，苟晞大破汲桑。

怀帝永嘉六年七月，荧惑、岁星、太白聚牛、女之间，徘徊进退。案占曰："牛女，扬州分"，是后两都倾覆，而元帝中兴扬土。

建武元年五月癸未，太白、荧惑合于东井。占曰："金火合曰烁，为丧。"是时愍帝蒙尘于平阳，七月崩于寇庭。

元帝太兴二年七月甲午，岁星、荧惑会于东井。八月乙未，太白犯岁星，合在翼。占曰："为兵饥。"三年六月丙辰，太白与岁星合于房。占同上。永昌元年王敦攻京师，六军败绩。王敦寻死。

成帝咸康三年十一月乙丑，太白犯岁星于营室。占曰："为兵饥。"四年二月，石季龙破幽州，迁万余家以南。五年，季龙众五万寇沔南，略七千余家而去。又骑二万围陷邾城，杀略五千余人。四年十二月癸丑，太白犯填星，在箕。占曰："王者亡地。"七年，慕容皝自称燕王。七年三月，太白荧惑合于太微中，犯左执法。明年，显宗崩。八年十二月己酉，太白犯荧惑于胃。占曰："大兵起。"其后庾翼大发兵，谋伐石季龙，专制上流。

康帝建元元年八月丁未，太白犯岁星，在轸。占曰："有大兵。"是年石季龙将刘宁寇没狄道。

穆帝永和四年五月，荧惑入娄，犯填星。占曰："兵大起，有丧，灾在赵。"其年石季龙死，来年冉闵杀石遵及诸胡十万余人，其后褚裒北伐，丧众而薨。六年三月戊戌，荧惑犯岁星。占曰："为战。"七年三月戊子，岁星、荧惑合于奎。其年刘显杀石祇及诸胡帅，中士大乱。十二有年七月丁卯，太白犯填星，在柳。占曰："周地有大兵。"其年八月，桓温伐苻健，退，因破姚襄于伊水，定周地。

升平二年八月戊午，荧惑犯填星，在张。占曰："兵大起。"三年八月庚午，荧惑犯填星，在太微中。占曰："王者恶之。"五年十月丁卯，荧惑犯岁星，在营室。占曰："大臣有匿谋。"一曰："卫地有兵。"时桓温擅权，谋移晋室。

海西公太和元年八月戊午，太白犯岁星，在太微中。三年六月甲寅，太白奄荧惑，在太微端门中。六年，海西公废。

简文咸安二年正月己酉，岁星犯填星，在须女。占曰："为内乱。"七月，帝崩，桓温擅权，谋杀侍中王坦之等，内乱之应。

孝武宁康二年十一月癸酉，太白奄荧惑，在营室。占曰："金火合为烁，为兵丧。"太元元年七月，苻坚伐凉州，破之，虏张天锡。

太元十一年十二月己丑，太白犯岁星。占曰："为兵饥。"是时河朔未平，兵连在外，冬大饥。十七年九月丁丑，岁星、荧惑、填星同在亢、氐。十二月癸酉，填星去，荧惑、岁星犹合。占曰："三星合，是谓惊立绝行，内外有兵丧与饥，改立王公。"十九年十月，太白、填星、荧惑辰星合于氐。十二月癸丑，太白犯岁星，在斗。占曰："为乱饥，为内兵。斗吴越分。"至隆安元年，王恭等举兵，显王国宝之罪，朝廷杀之。是后连岁水旱饥。

安帝隆安元年二月，岁星、荧惑皆入羽林。占曰："中军兵起。"四月，王恭等举兵，内外戒严。

元兴元年八月庚子，太白犯岁星，在上将东南。占曰："楚兵饥。"一曰："灾在上将。"二年，桓玄篡位。三年，刘裕尽诛桓氏。二年十月丁丑，太白犯填星，在娄。占同上。三年二月壬辰，太白、荧惑合于羽林。二年十二月，桓玄篡位，放迁帝、后。三年二月，刘裕起义兵，桓玄逼帝东下。

义熙二年十二月丁未，荧惑、太白皆入羽林，又合于壁。三年正月，慕容超寇淮北、徐州，至下邳。八月，遣刘敬宣伐蜀。三年二月癸亥，荧惑、填星、太白、辰星聚于奎、娄，从填星也，徐州分。是时，慕容超僭号于齐，兵连徐兖，连岁寇抄，至于淮泗，姚兴、谯纵僭号秦蜀，卢循及魏南北交侵。其五年，刘裕北珍慕容超。其六月辛卯，荧惑犯辰星，在翼。占曰："天下兵起。"八月己卯，太白奄荧惑。占曰："有大兵。"其四年，姚略遣众征赫连勃勃，大为所破。五年四月甲戌，荧惑犯辰星，在东井。占曰："皆为兵。"十二月辛丑，太白犯岁星，在奎。占曰："大兵起，鲁有兵。"是年四月，刘裕讨慕容超。六年二月，灭慕容超于鲁地。七年七月丁卯，岁星犯填星，在参。占曰："岁填合，为内乱。"一曰："益州战，不胜，亡地。"是时朱龄石伐蜀，后竟灭之。明年，诛谢混、刘毅。八年七月甲申，太白犯填星，在东井。占曰："秦有大兵。"九年二月丙午，荧惑、填星皆犯东井。占曰："秦有兵。"三月壬辰，岁星、荧惑、填星、太白聚于东井，从岁星也。东井，秦分。十三年，刘裕定关中，其后遂移晋祚。十四年十月癸巳，荧惑入太微，犯西蕃上将，仍顺行至左掖门内，留二十日乃逆行。至恭帝元熙元年三月五日，出西蕃上将西三尺许,又顺还入太微。时填星在太微,荧惑绕填星成钩己,其年四月丙戌,从端门出。占曰:"荧惑填星钩己天庭,天下更纪。"十二月,安帝母弟琅邪王践阼,是曰恭帝。来年,禅于宋。

卷十三　　　　　　　　　志第三

天文下 月五星犯列舍　经星变附见
妖星客星　星流陨　云气

月五星犯列舍经星变附见

魏文帝黄初四年三月癸卯,月犯心大星。占曰:"心为天王位,王者恶之。"六月甲申,太白昼见。案刘向《五纪论》曰:"太白少阴,弱,不得专行,故以己未为界,不得经天而行。经天则昼见,其占为兵丧,为不臣,为更王;强国弱,小国强。"是时孙权受魏爵号,而称兵距守。其十二月丙子,月犯心大星。占同上。五年十月乙卯,太白昼见。占同上。又岁星入太微逆行,积百四十九日乃出。占曰:"五星入太微,从右入三十日以上,人主有大忧。"一曰:"有赦至。"七年五月,帝崩,明帝即位,大赦天下。六年五月壬戌,荧惑入太微,至壬申,兴岁星相及,俱犯右执法,至癸酉乃出。占曰:"从右入三十日以上,人主有大忧。"又曰:"月、五星犯左右执法,大臣有忧。"一曰:"执法者诛,金、火尤甚。"十一月,皇子东武阳王鉴薨。七年正月,骠骑将军曹洪免为庶人。四月,征南大将军夏侯尚薨。五月,帝崩。《蜀记》称明帝问黄权曰:"天下鼎立,何地为正?"对曰:"当验天文。往者荧惑守心而文帝崩,吴、蜀无事,此其征也。"案三国史并无荧惑守心之文,疑是入太微。八月,吴遂围江夏,寇襄阳,大将军宣帝救襄阳,斩吴将张霸等,兵丧更王之应也。

明帝太和五年五月,荧惑犯房。占曰:"房四星,股肱臣将相位也,月、五星犯守之,将相有忧。"其七月,车骑将军张郃追诸葛亮,为亮所害。十二月,太尉华歆薨。其十一月乙酉,月犯轩辕大星。占曰:"女主忧。"六年三月乙亥,月又犯轩辕大星。十一月寅,太白昼见斗,遂历八十余日,恒见。占曰:"吴有兵。"明年,孙权遣张弥等将兵万人,锡授公孙文懿为燕王,文懿斩弥等,虏其众。青龙三年正月,太后郭氏崩。

青龙三年三月辛卯,月犯舆鬼。舆鬼主斩杀。占曰:"人多病,国有忧。"又曰:"大臣忧。"是年夏及冬,大疫。四年五月,司徒董昭薨。其五月丁亥,太白昼见,积三十余日。以晷度推之,非秦魏,则楚也。是时,诸葛亮据渭南,宣帝与相持;孙权寇合肥,又遣陆议、孙韶等人淮沔,天子亲东征。蜀本秦地,则为秦魏及楚兵悉起矣。其七月己巳,月犯楗闭。占曰:"有火灾。"三年七月,崇华殿灾。三年六月丁未,填星犯井钺。戊戌,太白又犯之。占曰:"凡月、五星犯井钺,悉为兵灾。"一曰:"斧钺用,

大臣诛。"七月己丑,填星犯东井距星。占曰:"填星入井,大人忧。"行近距,为行阴。其占曰:"大水,五谷不成。"景初元年夏,大水,伤五谷。其十月壬申,太白昼见,在尾,历二百余日,恒昼见。占曰:"尾为燕,有兵。"十二月戊辰,月犯钩钤。占曰:"王者忧。"四年闰正月己巳,填星犯井钺。三月癸卯,填星犯东井。己巳,太白与月加景昼见。五月壬寅,太白犯毕左股第一星。占曰:"毕为边兵,又主刑罚。"九月,凉州塞外胡阿毕师使侵犯诸国,西域校尉张就讨之,斩首捕虏万计。其年七月甲寅,太白犯轩辕大星。占曰:"女主忧。"景初元年,皇后毛氏崩。

景初元年二月乙酉,月犯房第二星。占曰:"将军有忧。"其七月,司徒陈矫薨。二年四月,司徒韩暨薨。其七月辛卯,太白昼见,积二百八十余日。时公孙文懿自立为燕王,署置百官,发兵距守,宣帝讨灭之。二年二月己丑,月犯心距星,又犯中央大星。五月乙亥,月又犯心星及中央大星。案占曰:"王者恶之。犯前星,太子有忧。"三年正月,帝崩。太子立,卒见废。其年十月甲午,月犯箕。占曰:"将军死。"正始元年四月,车骑将军黄权薨。其闰十一月癸丑,月犯心中央大星。

少帝正始元年四月戊午,月犯昂东头第一星。十月庚寅,月又犯昂北斗四星。占曰:"月犯昂,胡不安。"二年六月,鲜卑阿妙儿等寇西方,敦煌太守王延破之,斩二万余级。三年,又斩鲜卑大师及千余级。二年九月癸酉,月犯舆鬼西北星。三年二月丁未,又犯西南星。占曰:"有钱令。"一曰:"大臣忧。"三年三月,太尉满宠薨。四年正月,帝加元服,赐群臣钱各有差。四年十月、十一月,月再犯井钺。是月,宣帝讨诸葛恪,恪弃城走。五年二月,曹爽征蜀。五年十一月癸巳,填星犯亢距星。占曰:"诸侯有失国者。"七年七月丁丑,月犯左角。占曰:"天下有兵,左将军死。"七月乙亥,荧惑犯毕距星。占曰:"有边兵。"一曰:"刑罚用。"九年正月辛亥,月犯亢南星。占曰:"兵起。"一曰:"将军死。"七月癸丑,填星犯楗闭。占曰:"王者不宜出宫下殿。"嘉平元年,天子谒陵,宣帝奏诛曹爽等。天子野宿,于是失势。

嘉平元年六月壬戌,太白犯东井距星。占曰:"国失政,大臣为乱。"四月辛巳,太白犯舆鬼。占曰:"大臣诛。"一曰:"兵起。"二年三月己未,太白又犯井距星。三年七月,王凌与楚王彪有谋,皆伏诛,人主遂卑。

吴孙权赤乌十三年夏五月,日北至,荧惑逆行,入南斗。秋七月,犯魁第三星而东。《汉晋春秋》云"逆行"。案占:"荧惑入南斗,三月吴王死。"一曰:"荧惑逆行,其地有死君。"太元二年,权薨,是其应也,故《国志》书于吴。是时,王凌谋立楚王彪,谓"斗中有星,当有暴贵者",以问知星人浩详。详疑有故,欲悦其意,不言吴有死丧,而言"淮南楚分,吴楚同占,当有王者兴",故凌计遂定。

嘉平二年十二月丙申,月犯舆鬼。三年四月戊寅,月犯东井。五月甲寅,月犯亢距星。占曰:"将军死。"一曰:"为兵。"是月,王凌、楚王彪等诛。七月,皇后甄氏崩。四年三月,吴将为寇,镇东将军诸葛诞破走之。其年七月

己巳，月犯舆鬼。九月乙巳，又犯之。十月癸未，荧惑犯亢南星。占曰："臣有乱。"四年十一月丁未，月又犯鬼积尸。五年六月戊午，太白犯角。占曰："群臣有谋，不成。"庚辰，月犯箕星。占曰："将军死。"七月，月犯井钺。丙午，月又犯鬼西北星。占曰："国有忧。"十一月癸酉，月犯东井距星。占曰："将军死。"正元元年正月，镇东将军毋丘俭、扬州刺史文钦反，兵俱败，诛死。二月，李丰及弟翼、后父张缉等谋乱，事泄，悉诛，皇后张氏废。九月，帝废为齐王。蜀将姜维攻陇西，车骑将军郭淮讨破之。

高贵乡公正二年二月戊午，荧惑犯东井北辕西头第一星。甘露元年七月乙卯，荧惑犯东井钺星。壬戌，月又犯钺星。八月辛亥，月犯箕。

吴废孙亮太平元年九月壬辰，太白犯南斗，《吴志》所书也。占曰："太白犯斗，国有兵，大臣有反者。"其明年，诸葛诞反。又明年，孙綝废亮。吴魏并有兵事也。

甘露元年九月丁巳，月犯东井。二年六月己酉，月犯心中央大星。八月壬子，岁星犯井钺。九月庚寅，岁星逆行，乘井钺。十月丙寅，太白犯亢距星。占曰："逆臣为乱，人君忧。"景元元年五月，有成济之变及诸葛诞诛，皆其应也。二年三月庚子，太白犯东井。占曰："国失政，大臣为乱。"是夜，岁星又犯东井。占曰："兵起。"至景元元年，高贵乡公败。三年八月壬辰，岁星犯舆鬼锧星。占曰："斧锧用，大臣诛。"四年四月甲申，岁星又犯舆鬼东南星。占曰："鬼东南星主兵，木入鬼，大臣诛。"景元元年，杀尚书王经。

元帝景元元年二月，月犯建星。案占："月五星犯建星，大臣相潜。"是后钟会、邓艾破蜀，会潜艾。二年四月，荧惑入太微，犯右执法。占曰："人主有大忧。"一云："大臣忧。"四年十月，岁星守房。占曰："将相忧。"一云："有大赦。"明年，邓艾、钟会皆夷灭，赦蜀土。五年，帝逊位。

武帝咸宁四年九月，太白当见不见。占曰："是谓失舍，不有破军，必有亡国。"是时羊祜求表伐吴，上许之。五年十一月，兵出，太白始夕见西方。太康元年三月，大破吴军，孙皓面缚请罪，吴国遂亡。

太康八年三月，荧惑守心。占曰："王者恶之。"太熙元年四月乙酉，帝崩。

惠帝元康三年四月，荧惑守太微六十日。占曰："诸侯三公谋其上，必有斩臣。"一曰："天子亡国。"是春太白守毕，至是百余日。占曰："有急令之忧。"一曰："相死。"又为边境不安。后贾后陷杀太子。六年十月乙未，太白昼见。九年六月，荧惑守心。占曰："王者恶之。"八月，荧惑入羽林。占曰："禁兵大起。"其后，帝见废为太上皇，俄而三王起兵讨赵王伦，伦悉遣中军兵距累月。

永康元年三月，中台星坼，太白昼见。占曰："台星失常，三公忧。太白昼见，为不臣。"是月，贾后杀太子，赵王伦寻废杀后，斩司空张华。其五月，荧惑入南斗。占曰："宰相死，兵大起。斗，又吴分野。"是时，赵王伦为相，明年，篡位，三王兴师诛之。太安二年，石冰破扬州。其八月，荧惑入箕。占曰："人主失位，兵起。"明年赵王

伦篡位，改元。二年二月，太白出西方，逆行入东井。占曰："国失政，大臣为乱。"是时，齐王冏起兵讨赵王伦，伦灭，冏拥兵不朝，专权淫奢，明年，诛死。

永宁元年，自正月至于闰月，五星互经天，纵横无常。《星传》曰："日阳，君道也；星阴，臣道也。日出则星亡，臣不得专也。昼而星见午上者为经天，其占'为不臣，为更王'。"今五星悉经天，天变所未有也。石氏说曰："辰星昼见，其国不亡则大乱。"是后，台鼎方伯，互执大权，二帝流亡，遂至六夷更王，迭据华夏，亦载籍所未有也。其四月，岁星昼见。五月，太白昼见。占同前。七月，岁星守虚危。占曰："木守虚危，有兵忧。虚危，齐分。"一曰："守虚，饥；守危，徭役烦多，下屈竭。"辰星入太微，占曰"为内乱"，一曰"群臣相杀"。太白守右掖门，占曰："为兵，为乱，为贼。"八月戊午，填星犯左执法，又犯上相，占曰"上相忧"。荧惑守昴，占曰"赵魏有灾"。辰星守舆鬼，占曰"秦有灾"。九月丁未，月犯左角。占曰："人主忧。"一曰："左卫将军死，天下有兵。"二年四月癸酉，岁星昼见。占曰："为臣强。"初，齐王冏定京都，因留辅政，遂专僭无君。是月，成都、河间檄长沙王乂讨之，冏乂交战，攻焚宫阙，冏兵败，夷灭。又杀其兄上军将军寔以下二十余人。太安二年，成都攻长沙，于是公私饥困，百姓力屈。

太安二年二月，太白入昴。占曰："天下扰，兵大起。"七月，荧惑入东井。占曰："兵起，国乱。"是秋，太白守太微上将。占曰："上将以兵亡。"是年冬，成都、河间攻洛阳。八月，长沙王奉帝出距二王。三年正月，东海王越执长沙王乂，张方又杀之。三年正月，荧惑入南斗，占同永康。七月，左卫将军陈眕率众奉帝伐成都，六军败绩，兵逼乘舆。是时，天下盗贼群起，张昌尤盛。

永兴元年七月庚申，太白犯角、亢，经房、心，历尾、箕。九月，入南斗。占曰："犯角，天下大战；犯亢，有大兵，人君忧；入房心，为兵丧；犯尾箕，女主忧。"一曰："天下大乱。入南斗，有兵丧。"一曰："将军为乱。其所犯守，又兖、豫、幽、冀、扬州之分野。"是年七月，有荡阴之役。九月，王浚杀幽州刺史和演，攻邺，邺溃，于是兖豫为天下兵冲。陈敏又乱扬土。刘元海、石勒、李雄等并起微贱，跨有州郡。皇后羊氏数被幽废。皆其应也。二年四月丙子，太白犯狼星。占曰："大兵起。"九月，岁星守东井。占曰："有兵，井又秦分野。"是年，苟晞破公师藩，张方破范阳王虓，关西诸将攻河间王颙，颙奔走，东海王迎杀之。

光熙元年四月，太白失行，自翼入尾、箕。占曰："太白失行而北，是谓反生。不有破军，必有屠城。"五月，汲桑攻邺，魏郡太守冯嵩出战，大败，桑遂害东燕王腾，杀万余人，焚烧魏时宫室皆尽。其九月丁未，荧惑守心。占曰："王者恶之。"己亥，填星守房、心。占曰："填守房，多祸丧；守心，国内乱，天下赦。"是时，司马越专权，终以无礼破灭，内乱之应也。十一月，帝崩，怀帝即位，大赦天下。

怀帝永嘉元年十二月丁亥，星流震散。按刘向说，天

官列宿，在位之象；其众小星无名者，众庶之类。此百官众庶将流散之象也。是后天下大乱，百官万姓，流移转死矣。二年正月庚午，太白伏不见，二月庚子，始晨见东方，是谓当见不见，占同上条。其后破军杀将，不可胜数，帝崩房庭，中夏沦覆。三年正月庚子，荧惑犯紫微。占曰："当有野死之王，又为火烧宫。"是时太史令高堂冲奏，乘舆宜迁幸，不然必无洛阳。五年六月，刘曜、王弥入京都，焚烧宫廊，执帝归平阳。三年，填星久守南斗。占曰："填星所居久者，其国有福。"是时，安东将军、琅邪王始有扬土。其十一月，地动，陈卓以为是地动应也。五年十月，荧惑守心。六年六月丁卯，太白犯太微。占曰："兵入天子庭，王者恶之。"七月，帝崩于寇庭，天下行服大临。

元帝太兴元年七月，太白犯南斗。占曰："吴越有兵，大人忧。"二年二月甲申，荧惑犯东井。占曰："兵起，贵臣相戮。"八月己卯，太白犯轩辕大星。占曰："后宫忧。"三年五月己戊子，太白入太微，又犯上将星。占曰："天子自将，上将诛。"九月，太白犯南斗。十月己亥，荧惑在东井，居五诸侯南，踟蹰留积三十日。占曰："荧惑守井二十日以上，大人忧。守五诸侯，诸侯有诛者。"永昌元年三月，王敦率江荆之众来攻京都，六军距战，败绩，人主谢过而已。于是杀护军将军周顗、尚书令刁协、骠骑将军戴若思。又，镇北将军刘隗出奔。四月，又杀湘州刺史谯王司马承、镇南将军甘卓。闰十二月，帝崩。

明帝太宁三年正月，荧惑逆行，入太微。占曰："为兵丧，王者恶之。"闰八月，帝崩。后二年，苏峻反，攻焚宫室，太后以忧逼崩，天子幽劫于石头城，远近兵乱，至四年乃息。

成帝咸和六年正月丙辰，月入南斗。占曰："有兵。"是月，石勒杀略娄、武进二县人。明年，石勒众又抄略南沙、海虞。其十一月，荧惑守胃昴。占曰：赵魏有兵。"八年七月，石勒死，石季龙自立。是时，虽二石僭号，而其强弱常占于昴，不关太微、紫宫也。八年三月己巳，月入南斗。与六年占同。其年七月，石勒死，彭彪以谯，石生以长安，郭权以秦州并归顺。于是遣督护乔球率众救彪，彪败，球退。又，石季龙、石斌攻灭生、权。其七月，荧惑入昴。占曰："胡王死。"一曰："赵地有兵。"是月，石勒死，石季龙多所攻没。八月，月又犯昴。占曰："胡不安。"九年三月己亥，荧惑入舆鬼，犯积尸。占曰："兵在西北，有没军死将。"六月、八月，月又犯昴。是时，石弘虽袭勒位，而石季龙擅威横暴，十一月废弘自立，遂幽杀之。

咸康元年二月己亥，太白犯昴。占曰："兵起，岁中旱。"四月，石季龙略骑至历阳，加司徒王道大司马，治兵列戍冲要。是时，石季龙又围襄阳。六月，旱。其年三月丙戌，月入昴。占曰："胡王死。"八月戊戌，荧惑入东井。占曰："无兵，兵起；有兵，兵止。"十一月，月犯昴。二年正月辛亥，月犯房第二星。八月，月又犯昴。九月庚寅，太白犯南斗，因昼见。占曰："斗为宰相，又扬州分，金犯之，死丧之象。昼见，为不臣，又为兵丧。"其后，石季龙僭称天王，发众七万；四年二月自陇西攻杀段辽于蓟，又袭慕容皝于棘城，不克，皝击破其将麻秋，并房段辽杀之。三年七月己酉，月犯房上星。八月，荧惑入舆鬼，犯积尸。甲戌，月犯东井距星。九月戊子，月犯建星。四年四月己巳，太白昼见，在柳。占曰："为兵，为不臣。"明年，石季龙大寇河南，于是内外戒严。其五月戊戌，荧惑犯右执法。占曰："大臣死，执政者忧。"九月，太白又犯右执法。案占："五星灾同，金火尤甚。"十一月戊子，太白犯房上星。占曰："上相忧。"五年四月乙未，月犯毕距星。占曰："兵起。"七月己酉，月犯房上星。曰："将相忧。"是月庚申，丞相王导薨，庾冰代辅政。八月，太尉郗鉴薨。又有沔南邾城之败，百姓流亡万余家。六年正月，征西大将军庾亮薨。六年三月甲辰，荧惑犯太微外将星。占曰："上将忧。"四月丁丑，荧惑犯右执法。占曰："执政者忧。"六月乙亥，月犯牵牛中央星。占曰："大将忧。"是时，尚书令何充为执法，有谴，欲避其咎，明年求为中书令。其四月丙午，太白犯毕距星。占曰："兵革起。"一曰："女主忧。"六月乙卯，太白犯轩辕大星。占曰："女主忧。"七年三月，皇后杜氏崩。七年三月壬午，月犯房。四月己丑，太白入舆鬼。五月，太白昼见。八月辛丑，月犯舆鬼。八年六月，荧惑犯房上第二星。占曰："次相忧。"八月壬寅，月犯毕。占曰："下犯上，兵革起。"十月，月又掩毕大星。占同上。其建元二年，车骑将军庾冰薨。庾翼大发兵，谋伐石季龙，专制上流，朝廷惮之。

康帝建元元年正月壬午，太白入昴。占曰："赵地有兵。"又曰："天下兵起。"四月乙酉，太白昼见。是年，石季龙杀其子遂，又遣将袭没狄道，及屯蓟东，谋慕容皝。二年，岁星犯天关。安西将军庾翼与兄冰书曰："岁星犯天关，占云关梁当分。比来江东无他故，江道亦不艰难，而石季龙频年再闭关，不通信使，此复是天公愦愦，无皂白之征也。"其闰月乙酉，太白犯斗。占曰："为丧，天下受爵禄。"九月，帝崩，太子立，大赦，赐爵。

穆帝永和元年正月丁丑，月入毕。占曰："兵大起。"戊寅，月犯天关。占曰："有乱臣更天子之法。"五月辛巳，太白昼见，在东井。占曰："为臣强，秦有兵。"六月辛丑，月入太微，犯屏西南星。占曰："辅臣有免罢者。"七月、八月，月皆犯毕。占同上。己未，月犯舆鬼。占曰："大臣有诛。"九月庚戌，月又犯毕。是年初，庾翼在襄阳。七月，翼疾将终，辄以子爰之为荆州刺史，代己任。爰之寻被废。明年，桓温又辄率众伐蜀，执李势，送至京都。蜀本秦地也。二年二月壬子，月犯房上星。四月丙戌，月又犯房上星。八月壬申，太白犯左执法。三年正月壬午，月犯南斗第五星。占曰："将军死，近臣去。"五月壬申，月犯南斗第四星，因入魁。占曰："有兵。"一曰："有大赦。"六月，月犯东井距星。占曰："将军死，国有忧。"戊戌，月犯五诸侯。占曰："诸侯有诛。"九月庚戌，太白犯南斗第五星。占曰："为丧，为兵。"四年七月丙申，太白犯执法。甲寅，月犯房。丁巳，月入南斗，犯第二星。乙丑，太白犯左执法。占悉同上。十月甲辰，月犯亢。占曰："兵起，将军死。"十一月戊戌，月犯上将星。三年六月，大赦。是月，陈逵征寿春，败而还。七月，氐蜀余寇反，乱益土。九月，石季龙伐凉州。五年，征北大将军褚裒卒。四年四月，太白入昴，是时，戎晋相侵，赵地连兵尤甚。七月，太白犯轩辕。占曰："在赵，及为兵丧。"甲寅，月犯房。十月甲戌戌，月犯亢。占曰："兵起，将军死。"八月，石季龙太子宣杀石韬，宣亦死。其十一月戊戌，月犯上将星。五年正月，石季龙僭号称皇帝，寻死。五年四月丁未，太白犯东井。占曰："秦有兵。"九月戊戌，太白犯左角。占曰："为兵。"十月，月犯昴。占曰："胡有忧，将军死。"是年八月，褚裒北征兵败。十月，关中二十余举兵内附。石遵攻没南阳。十一月，冉闵杀石遵，又尽杀胡十余万人，于是赵魏大乱。十二月，褚裒薨。八年，刘显、苻健、慕容儁并僭号。殷浩北伐，败绩，见废。六年二月辛酉，月犯心大星。占曰："大人忧，又豫州分野也。"丁丑，月犯房。占曰："将相忧。"六月己丑月犯昴。占同上。乙未，月犯五诸侯。占同上。七月壬寅，月始出西方，犯左角。占曰："大将军死。"一曰："天下有兵。"丁未，月犯箕。占曰："将军死。"丙寅，荧惑犯钺星。占曰："大臣有诛。"八月辛卯，月犯左角。太白昼见，在南斗。月犯右执法。占并同上。是岁，司徒蔡谟免为庶人。七年二月，太白犯昴。占同上。三月乙卯，荧惑入舆鬼，犯积尸。占曰："贵人有忧。"五月乙未，荧惑犯轩辕大星。占曰："女主忧。"太白入毕口，犯左股。占曰："将相当之。"六月乙亥，月犯箕。占曰："国有兵。"丙子，月犯斗。丁丑，荧惑入太微，犯右执法。八月庚午，太白犯轩辕。戊子，太白犯右执法。占悉同上。七年，刘显杀石祗及诸将帅，山东大乱，疾疫死亡。八年三月戊戌，月犯轩辕大星。癸丑，月入南斗，犯第二星。五月，月犯心星。六月癸酉，月犯房。七月壬子，岁星犯东井距星。占曰："内乱兵起。"八月戊戌，荧惑入舆鬼。占曰："忠臣戮死。"丙辰，太白入南斗，犯第四星。占曰："将为乱。"一曰："丞相免。"九年二月乙巳，月入南斗，犯第三星。三月戊辰，月犯房。八月，岁星犯舆鬼东南星。占曰："兵起。"是时，帝幼冲，母后称制，将相有隙，兵革连起，慕容儁僭号称燕王，攻伐不休。十年正月乙卯，月蚀昴星。占曰："赵魏有兵。"癸酉，填星奄钺星。占曰："斧钺用。"二月甲申，月犯心大星。占曰："王者恶之。"七月庚午，太白昼见，暑度推之，灾在秦郑。九月辛酉，太白犯左执法。是时，桓温擅命，朝臣多见迫胁。四月，温伐苻健，破其峣柳军。十二月，慕容恪攻齐。十一年三月辛亥，月奄轩辕。占同上。四月庚寅，月犯牛宿南星。占曰："国有忧。"八月己未，太白犯天江。占曰："河津不通。"十二年六月庚子，太白昼见，在东井。占如上。己巳，月犯钺星。八月癸酉，月奄建星。九月戊寅，荧惑入太微，犯西蕃上将星。十一月丁丑，荧惑犯太微太蕃上相星。十二年十一月，齐城陷，执段龛，杀三千余人。永和二年，鲜卑侵略河、冀。升平元年，慕容儁遂据临漳，尽有幽、并、青、冀之地。缘河诸将奔散，河津隔绝。时权在方伯，九服交兵。

升平元年四月壬子，太白入舆鬼。丁亥，月奄井南辕西头第二星。占曰："秦地有兵。"一曰："将死。"六月戊戌，太白昼见，在轸。占同上。轸是楚分野。壬子，月犯毕。占曰："为边兵。"七月辛巳，荧惑犯天江。占曰："河津不通。"十一月，岁星犯房。占曰："豫州有灾。"其年五月，苻坚杀苻生而立。十二月，慕容儁入屯邺。二年八月，豫州刺史谢奕薨。二年二月辛卯，填星犯轩辕大星。占曰："人主恶之。"甲午，月犯东井。六月辛酉，月犯房。十月己未，太白犯哭星。占曰："有大哭泣。"三年正月壬辰，荧惑犯槌闭星。案占："人主忧。"三月乙酉，荧惑逆行犯钩钤。案占："王者恶之。"六月，太白犯东井。七月乙酉，荧惑犯天江。丙戌，太白舆鬼。占悉同上。戊子，月犯牵牛中央大星。占曰："牵牛，天将也。犯中央大星，将军死。"八月丁未，太白犯轩辕大星。甲子，月犯毕大星。占曰："为边兵。"一曰：下犯上。三年十月，诸葛攸舟军入河，败绩。豫州刺史谢万入颍，众溃而归，万除名。十一月，司徒会稽王以郗昙、谢万二镇败，求自败，求自贬三等。四年正月，慕容儁死，子暐代立。慕容恪杀其尚书令阳骛等。四年正月乙亥，月犯牵牛中央大星。六月辛亥，辰星犯轩辕。占曰："女主忧。"己未，太白入太微右掖门，从端门出。占曰："贵夺势。"一曰："有兵。"又曰："出端门，臣不臣。"八月戊申，太白犯氐。占曰："国有忧。"丙辰，荧惑犯太微西蕃上将星。九月壬午，太白入南斗口，犯第四星。占曰："为丧，有赦，天下受爵禄。"十二月甲寅，荧惑犯房。丙寅，太白昼见。庚寅，月犯楗闭，占曰："人君恶之。"五年正月乙巳，填星逆行，犯太微。五月壬寅，月犯太微。庚戌，月犯建星。占曰："大臣相谋。"是时，殷浩败绩，卒致迁徙。其月辛亥，月犯牵牛宿。占曰："国有忧。"六月癸亥，月犯氐东北星。占曰："大将当之。"五年正月，北中郎将郗昙薨。五月，帝崩，哀帝立，大赦，赐爵，褚后失势。七月，慕容恪攻冀州刺史吕护于野王，护奔荥阳。是时，桓温以大众次宛，闻护败，乃退。五年六月癸酉，月奄氐东北星。占曰："大将军当之。"九月乙酉，月奄毕。占曰："有边兵。"十月丁未，月犯毕大星。占曰："下犯上。"又曰："有边兵。"八月，范汪废。隆和元年，慕容暐遣将寇河阴。

哀帝兴宁三年七月庚戌，月犯南斗。占曰："女主忧。"岁星犯舆鬼。占曰："人君忧。"十月，太白昼见，在亢。占曰："亢为朝廷，有兵丧，为臣强。"明年五月，皇后庾氏崩。

海西太和二年正月，太白入昴。五年，慕容暐为苻坚所灭，又据司、冀、幽、并四州。六年闰月，荧惑守太微端门。占曰："天子亡国。"又曰："诸侯三公谋其上。"一曰："有斩臣。"辛卯，月犯心大星。占曰："王者恶之。"十一月，桓温废帝，并奏诛武陵王，简文不许，温乃徙之新安，皆臣强之应也。

简文咸安元年十二月辛卯，荧惑逆行入太微，二年三月犹不退。占曰："国不安，有忧。"是时，帝有桓温之逼。二年五月丁未，太白犯天关。占曰："兵起。"岁星形色如太白。占曰："进退如度，奸邪息；变色乱行，主无福。岁星于仲夏当细小而不明，此其失常也。又为臣强。"六月，太白昼见，在七星。乙酉，太白犯舆鬼。占曰："国有忧。"七月，帝崩，桓温以兵威擅权，将诛王坦之等，内外迫胁。又，庾希入京城，卢悚入宫，并诛灭之。

孝武宁康元年正月戊申，月奄心大星。案上："灾不在王者，则在豫州。"一曰："主命恶之。"三月丙午，月奄南斗第五星。占曰："大臣忧，有死亡。"一曰："将军死。"七月，桓温薨。九月癸巳，荧惑入太微。是时，女主临朝，政事多缺。二年闰月己未，月奄牵牛南星。占曰："左将军死。"十二月甲申，太白昼见，在氐。氐，兖州分野。三年五月丙午，北中郎将五坦之薨。三年六月辛卯，太白犯东井。占曰："秦地有兵。"九月戊申，荧惑奄左执法。占曰："执法者死。"太元元年，苻坚破凉州。二年十月，尚书令王彪之卒。太元元年四月丙戌，荧惑犯南斗第三星。丙申，又奄第四星。占曰："兵大起，中国饥。"一曰："有赦。"八月癸酉，太白昼见，在氐。氐，兖州分野。九月，荧惑犯哭泣星，遂入羽林。占曰："天子有哭泣事，中军兵起。"十一月己未，月奄氐角。占曰："天下有兵。"一曰："国有忧。"二年二月，荧惑守羽林。占曰："禁兵大起。"九月壬午，太白昼见，在角。角，兖州分野。升平元年五月，大赦。三年八月，秦人寇樊、邓、襄阳、彭城。四年二月，襄阳陷，朱序没。四月，魏兴陷，贼聚广陵、三河，众五六万。于是诸军外次冲要，丹阳尹屯卫京都。六月，兖州刺史谢玄讨贼，大破之。是时，中外连兵，比年荒俭。四年十一月丁巳，太白犯哭星。占曰："天子有哭泣事。"五年七月丙子，辰星犯轩辕。占曰："女主当之。"九月癸未，皇后王氏崩。六年九月丙子。太白昼见。七年十一月，太白又昼见，在斗。占曰："吴有兵丧。"八年四月甲子，太白又昼见，在参。占曰："魏有兵丧。"是月，桓冲征沔汉，杨亮伐蜀，并拔城略地。八月，苻坚自将，号百万，九月，攻没寿阳。十月，刘牢之破苻坚将梁成，斩之，杀获万余人。谢玄等又破苻坚于淝水，斩其弟融，坚大众奔溃。九年六月，皇太后褚氏崩。八月，谢玄出屯彭城，经略中州矣。九年七月丙戌，太白昼见。十一月丁巳，又昼见。十年四月乙亥，又昼见于毕昴。占曰："魏国有兵丧。"是时苻坚大众奔溃，赵魏连兵相攻，坚为姚苌所杀。十一年三月戊申，太白昼见，在东井。占曰："秦有兵，臣强。"六月甲申，又昼见于舆鬼。占曰："秦有兵。"时魏、姚苌、苻登连兵，相征不息。甲午，岁星昼见，在胃。占曰："鲁有兵，臣强。"十二年，慕容垂寇东阿，翟辽寇河上，姚苌假号安定，苻登自立陇上，吕光窃据凉土。十二年六月癸卯，太白昼见，在柳。十月庚午，太白昼见，在斗。十三年正月丙戌，又昼见。十二月，荧惑在角亢，形色猛盛。占曰："荧惑失其常，吏且弃其法，诸侯乱其政。"自是后，慕容垂、翟辽、姚苌、苻登、慕容永并阻兵争强。十四年正月，彭城妖贼又称号于皇丘，刘牢之破灭之。三月，张道破合乡，围泰山，向钦之击走之。是年，翟辽又攻没荥阳，侵略陈项。于时政事多弊，君道陵迟矣。十四年四月乙巳，太白昼见于柳。六月辛卯，又昼见于翼。九月丙寅，又昼见于轸。十二月，荧惑入羽林。占并同上。十五年，翟辽掠司兖，众军累讨不克，慕容垂又跨略并、冀等州。七月，旱。八月，诸郡大水，兖州又蝗。十五年九月癸未，荧惑入太微。十月，太白入羽林。十六年四月癸卯朔，太白昼见。十一月癸巳，月奄心前星。占曰："太子忧。"是时，太子常有笃疾。十七年七月丁丑，太白昼见。十月丁酉，又昼见。十八年六月，又昼见。十九年五月，又昼见于柳。六月辛酉，又昼见于舆鬼。九月，又见于轸。二十年六年，荧惑入天囷。占曰："大饥。"七月丁亥，太白昼见，在太微。占曰："太白入太微，国有忧。昼见为兵丧。"十二月己巳，月犯楗闭及东西咸。占曰："楗闭心腹喉舌，东西咸主阴谋。"二十一年二月壬申，太白昼见。三月癸卯，太白连昼见，在羽林。占曰："有强臣，有兵丧，中军兵起。"三月，太白昼见于胃。占曰："中军兵起。"四月壬午，太白入天囷。占曰："为饥。"六月，岁星犯哭泣星。占曰："有哭泣事。"是年九月，帝崩。隆安元年，王恭等举兵胁朝廷，于是内外戒严，杀王国宝以谢之。又连岁水旱，三方动，众人饥。

安帝隆安元年正月癸亥，荧惑犯哭泣星。占曰："有哭泣事。"四月丁丑，太白昼见，在东井。占曰："秦有兵丧。"六月，姚兴攻洛阳，郗恢遣兵救之。冬姚苌死，子略代立。魏王圭即位于中山。其八月，荧惑守井钺。占曰："大臣有诛。"二年六月戊辰，摄提移度失常。岁星昼见，在胃，兖州分野。是年六月，郗恢遣郑启方等以万人伐慕容宝于滑台，败而还。闰月，太白昼见，在羽林。丁丑，月犯东上相。三年五月辛酉，月又奄东上相。辛未，辰星犯轩辕大星。占悉同上。二年九月，庾楷等举兵，表诛王愉等，于是内外戒严。三年六月，洛阳没于冠。桓玄破荆州，雍州杀殷仲堪等。孙恩聚众攻没会稽，杀内史。四年六月辛酉，月犯哭泣星。五年正月，太白昼见。自去年十二月在斗昼见，至于是月乙卯。案占："灾在吴越。"七月癸亥，大角星散摇五色。占曰："王者流散。"丁卯，月犯天关。占曰："王者忧。"九月庚子，荧惑犯少微，又守之。占曰："处士诛。"十月甲子，月犯东次相。其年七月，太皇太后李氏崩。十月，妖贼大破高雅之于余姚，死者十七八。五年，孙恩攻侵郡县，杀内史，至京口，进军蒲洲，于是内外戒严。恩遣别将攻广陵，杀三千余人，退据郁洲，是时刘裕又追破之。九月，桓玄表至，逆宣陵上。十月，司马元显大治水军，将以伐玄。元兴元年正月，卢循自称征虏将军，领孙恩余众，略有永嘉、晋安之地。二月，帝戎服遣西乐。三月，桓玄，克京都，杀司马元显，放太傅会稽王道子。

元兴元年三月戊子，太白犯五诸侯，因昼见。占曰："诸侯有诛。"七月戊寅，荧惑在东井。荧惑犯舆鬼、积尸。占并同上。八月丙寅，太白奄右执法。九月癸未，太白犯进贤。占曰："进贤者诛。"二年二月，岁星犯西上将。六月甲辰，月奄斗第四星。占曰："大臣诛，不出三年。"八月癸丑，太白犯房北第二星。九月己丑，岁星犯进贤，荧惑犯西上将。十月甲戌，太白犯泣星。十一月丁酉，荧惑犯东上相。十二月乙巳，月奄轩辕第二星。占悉同上。元年冬，魏破姚兴军。二年十二月，桓玄篡位，放迁帝、后于寻阳，以永安何皇后为零陵君。三年二月，刘裕尽诛桓氏。三年正月戊戌，荧惑逆行，犯太微西上相。占曰："天子战于野，上相死。"二月丙辰，荧惑逆行，在左执法西北。占曰："执法者诛。"四月甲午，月奄轩辕第二星。五月壬申，月奄斗第二星，填星入羽林。占并同上。是年二月丙辰，刘裕杀桓修等。三月己未，破走桓玄，遣军西讨。辛巳，诛左仆射王愉，桓玄劫天子如江陵。五月，玄下至峥嵘洲，义军破灭之。桓振又攻没江陵，幽劫天子。七月，永安何皇后崩。

义熙元年三月壬辰，月奄左执法。占同上。丁酉，月奄心前星。占曰："豫州有灾"。太白犯东井。占曰："秦有兵。"七月庚辰，太白昼见，在翼、轸。占曰："为臣强，荆州有兵丧。"八月丁巳，月犯斗第一星。占曰："天下有兵。"一曰："大臣忧。"九月甲子，荧惑犯少微。占曰："处士诛。"庚寅，荧惑犯右执法。癸卯，荧惑犯左执法。占并同上。十一月丙戌，太白犯钩钤。占曰："喉舌忧。"十二月己卯，岁星犯天江。占曰："有兵乱，河津不通。"十一月，荆州刺史魏咏之薨。二年二月，司马国璠等攻没弋阳。四月，姚兴伐仇池公杨盛，击走之。九月，益州刺史司马荣期为其参军杨承祖所害。三年十二月，司徒扬州刺史王谧薨。四年正月，太保武陵王遵薨。三月，左仆射孔安国卒。自后政在刘裕，人主端拱而已。二年二月，太白犯南斗。占曰："兵起。"己丑，月犯心后星。占曰："豫州有灾。"四月癸丑，月犯太微西上将。己未，月犯房南第二星。乙丑，岁星犯天江。占曰："有兵乱，河津不通。"五月癸未，月犯左角。占曰："左将军死，天下有兵。"壬寅，荧惑犯氐。占曰："氐为宿宫，人主忧。"六月庚午，荧惑犯房北第二星。八月癸亥，荧惑犯南斗第五星。丁巳，犯建星。占曰："为兵。"九月壬午，荧惑犯哭星，又犯泣星。是年二月甲戌，司马国璠等攻没弋阳。又，慕容超侵略徐、兖，三年正月，又寇北徐州，至下邳。十二月，司徒王谧薨。四年正月，武陵王遵薨。五年，慕容超复寇淮北。四月，刘裕大军讨之，拔临朐。又围广固拔之。三年正月丙子，太白昼见，在奎。二月庚申，月奄心后星。占同上。五月癸未，月犯左角。己丑，太白昼见，在参。占曰："益州有兵丧，臣谋。"八月己卯，太白犯左执法。辛卯，荧惑犯左执法。九月壬子，荧惑犯进贤星。是年八月，刘敬宣伐蜀，不克而旋。四年三月，左仆射孔安国卒。七月，司马叔璠等攻没邹山，鲁郡太守徐邕破走之。姚略遣众征赫连勃勃，大为破所。五年，刘裕讨慕容超，灭之。四年正月庚子，荧惑犯天关。五月丁未，月奄斗第二星。壬子，填星犯天廪。占曰："天下饥，仓粟少。"六月己丑，太白犯太微西上将。乙卯又犯左执法。十月戊子，荧惑入羽林。占悉同上。五年，刘裕讨慕容超，后南北军旅运转不息。五年二月甲子，月犯昴。占曰："胡不安，天子破匈奴。"五月戊戌，岁星入羽林。九月壬寅，月犯昴。十月，荧惑犯氐。闰月丁酉，月犯昴。辛亥，荧惑犯钩钤。己巳，月奄心大星。占曰："王者恶之。"是年四月，刘裕讨慕容超。十月，魏王圭遇弑殂。六年五月，卢循逼郊甸，宫卫被甲。六年三月丁卯，月奄房南第二星。灾在次相。己巳，又奄第五星。占曰："斗主吴，吴地兵起。"太白犯五诸侯。占曰："诸侯有诛。"五月甲子，月奄斗第五星。己亥，月奄昴第三星。占曰："国有忧。"一曰："有白衣之会。"六月己丑，月犯房南第二星。甲午，太白昼见。七月己亥，月犯舆鬼。占曰："国有忧。"一曰："秦有兵。八月壬午，太白犯轩辕大星。甲申，月犯心前星。灾在豫州。丙戌，月犯斗第五星。占同上。丁亥，月奄牛宿南星。占曰："天下有大诛。"乙未，太白犯少微。丙午，太白在少微而昼见。九月甲寅，月犯太白左执法。丁丑，填星犯毕。占曰："有边兵。"是年三月，始兴太守徐道覆反。四月，卢循寇湘中，没巴陵，率众逼京畿。是月，左仆射孟昶俱王威不振，仰药自杀。七年十二月，刘蕃枭徐道覆首，杜慧度斩卢循，并传首京都。八年六月，刘道规卒，时为豫州刺史。八月，皇后王氏崩。九月，兖州刺史刘蕃、尚书左仆射谢混伏诛。刘裕西讨刘毅，斩首徇之。十二月，遣益州刺史朱龄石伐蜀。七年四月辛丑，荧惑入舆鬼。占曰："秦有兵。"一曰："雍州有灾。"六月，太白昼见，在翼。己亥，填星犯天关。占曰："臣谋主。"八月，太白犯房南第二星。十一月丙子，太白犯哭星。其七月，朱龄石克蜀。蜀又反，讨灭之。八年七月癸亥，月奄房北第二星。己未，月犯井钺。八月戊申，月犯泣星。十月辛亥，月奄天关。占曰："有兵。"十一月丁丑，填星犯东井。占曰："大人忧。"十二月癸卯，填星犯井钺。是年八月，皇后王氏崩。九月，诛刘蕃、谢混，讨灭刘毅。十二月，朱龄石灭蜀。九年二月，荧惑入舆鬼。占曰："有兵丧。"太白入南河。占曰："兵起。"五月壬辰，太白犯右执法，昼见。七月庚午，月奄钩钤。占曰："喉舌忧。"九月庚午，岁星犯轩辕大星。己丑，月犯左角。时刘裕擅命，兵革不休。十年，裕讨司马休之。王师不利，休之等奔长安。十年正月丁卯，月犯毕。占曰："将相有以象坐罪者。"二月己酉，月犯房北星。五月壬寅，月犯牵牛南星。乙丑，岁星犯轩辕大星。占悉同上。六月丙申，月奄氐。占曰："将死之，国有诛者。"七月庚辰，月犯天关。占曰："兵起。"荧惑犯井钺。填星犯舆鬼，遂守之。占曰："大人忧，宗庙改。"八月丁酉，月奄牵牛南星。占同上。九月，填星犯舆鬼。占曰："人主忧。"丁巳，太白入羽林。十二月己酉，月犯西咸。占曰："有阴谋。"十一年，林邑寇交州，距败之。十一年三月丁巳，月入毕。占曰："天下兵起。"一曰："有边兵。"己卯，荧惑入舆鬼。闰月丙午，填星又入舆鬼。占曰："为旱，大疫，为乱臣。"五月癸卯，荧惑入太微。甲辰，犯右执法。六月己未，太白犯东井。占曰："秦有兵。"戊寅，犯舆鬼。占曰："国有忧。"七月辛丑，月犯毕。占同上。八月壬子，月犯氐。占同上。庚申，太白顺行，从右掖门入太微。丁卯，奄左执法。十一月癸亥，月入毕。占同上。乙未，月入舆鬼而晕。十二年五月甲申，岁星留房心之间，宋之分野。始封刘裕为宋公。六月壬子，太白顺行入太微右掖门。己巳，月犯毕。占同上。七月，月犯牛宿。十月丙戌，月入毕。十三年五月丙子，月犯轩辕。丁亥，犯牵牛。癸巳，荧惑犯右执法。八月己酉，月犯牵牛。丁卯，月犯太微。占曰："人君忧。"九月壬辰，荧惑犯轩辕。十月戊申，月犯毕。占悉同上。月犯箕。占曰："国有忧。"甲寅，月犯毕。占同上。乙卯，填星犯太微，留积七十余日。占曰："亡君之戒。"壬戌，月犯太微。十四年三月癸巳，太白犯五诸侯。五月庚子，月犯太微。七月甲辰，荧惑犯舆鬼。占曰："秦有兵，又为旱，为兵丧。"亦曰："大人忧，宗庙改，亦为乱臣。"时刘裕擅命，军旅数兴，饥旱相属，其后卒移晋室。丁巳，月犯东井。占曰："军将死。"八月甲子，太白犯轩辕。癸酉，填星入太微，犯右执法，因留太微中，积二百余日乃去。占曰："填星守太微，亡君之戒，有徙王。九月乙未，太白入太微，犯左执法。丁巳，月入太微。占曰："大人忧。"十月甲申，月入太微。癸巳，荧惑入太微，犯西蕃上将，仍顺行，至左掖门内，留二十日，乃逆行。义熙十二年七月，刘裕伐姚泓。十三年八月，禽姚泓，司、兖、秦、雍悉平。十四年，刘裕还彭城，受宋公。十一月，左仆射前将军刘穆之卒。明年，西房寇长安，雍州刺史朱龄石诸军陷没，官军舍而东。十二月，帝崩。

恭帝元熙元年正月丙午，三月壬寅，五月丙申，月皆犯太微，占悉同上。乙卯，辰星犯轩辕。六月庚辰，太白犯太微。七月己卯，月犯太微，太白昼见。自义熙元年至是，太白经天者九，日蚀者四，皆从上始，革代更王，臣失君之象也。是夜，太白犯哭星。十二月丁巳，月、太白俱入羽林。二年二月庚午，填星犯太微。占悉同上。元年七月，刘裕受宋王。是年六月，帝逊位于宋。

妖星客星

魏文帝黄初三年九月甲辰，客星见太微左掖门内。占曰："客星出太微，国有兵丧。"十月，帝南征孙权。是后，累有征役。六年十月乙未，有星孛于少微，历轩辕，占："为兵丧，除旧布新之象。"时帝军广陵，辛丑，亲御甲胄观兵。明年五月，帝崩。

明帝太和六年十一月丙寅，有星孛于翼，近太微上将星。占曰："为兵丧。"甘氏曰："孛彗所当之国，是受其殃。翼又楚分野，孙权封略也。"明年，权有辽东之败。又明年，诸葛亮入秦川。孙权发兵，缘江淮屯要冲，权自围新城以应亮，天子东征权。

青龙四年十月甲申，有星孛于大辰，长三尺。乙酉，又孛于东方。十一月己亥，彗星见，犯宦者天纪星。占曰："大辰为天王，天下有丧。"刘向《五纪论》曰："《春秋》，星孛于东方，不言宿者，不加宿也。宦者在天市，为中外有兵。天纪为地震，孛彗主兵丧。"景初元年六月，地震。九月，吴将朱然围江夏。皇后毛氏崩。二年正月，讨公孙文懿。三年正月，明帝崩。

景初二年八月，彗星见张，长三尺，逆西行，四十一日灭。占同上。张，周分野。十月癸巳，客星见危，逆行，在离宫北、腾蛇南。甲辰，犯宗星。已酉，灭。占曰："客星所出有兵丧。虚危为宗庙，又为坟墓。客星近离宫，则宫中将有大丧，就先君于宗庙之象也。三年正月，帝崩。

少帝正始元年十月乙酉，彗星见西方，在尾，长三丈，拂牵牛，犯太白。十一月甲子，进犯羽林。占曰："尾为燕，又为吴，牛亦吴越之分。太白为上将，羽林中军兵。为吴越有丧，中军兵动。"二年五月，吴遣三将寇边。吴太子登卒。六月，宣帝讨诸葛恪于皖。太尉满宠薨。六年八月戊午，彗星见七星，长二尺，色白，进至张，积二十三日灭。七年十一月癸亥，又见轸，长一尺，积百五十六日灭。九年三月，又见昴，长六尺，色青白，芒西南指。七月，又见翼，长二尺，进至轸，积四十二日灭。案占曰："七星张为周分野，翼轸为楚，昴为赵魏。彗所以除旧布新，主兵丧也。"嘉平元年，宣帝诛曹爽兄弟及其党与，皆夷三族，京师严兵。三年，诛楚王彪，又袭王凌于淮南。淮南，东楚也。魏诸王幽于邺。

嘉平三年十一月癸亥，有星孛于营室，西行，积九十日灭。占曰："有兵丧。室为后宫，后宫且有乱。"四年二月丁酉，彗星见西方，在胃，长五六丈，色白，芒南指，贯参，积二十日灭。五年十一月，彗星又见轸，长五丈，在太微左执法西，东南指，积百九十日灭。案占："胃，兖州之分野。参，主兵。太微，天子庭。执法，为执政。孛彗为兵丧，除旧布新之象。"正元元年二月，李丰、丰弟翼、后父张缉等谋乱，皆诛，皇后亦废。九月，帝废为齐王。

高贵乡公正元元年十一月，白气出南斗侧，广数丈，长竟天。王肃曰："蚩尤之旗也，东南其有乱乎！"二年正月，有彗星见于吴楚分，西北竟天。镇东大将军毋丘俭等据淮南叛，景帝讨平之。案占："蚩尤旗见，王者征伐四方。"自后又征淮南，西平巴蜀。是岁，吴主孙亮五凤元年也。斗牛，吴越分。案占："吴有兵丧，除旧布新之象也。"太平三年，孙綝盛兵围宫，废亮为会稽王，故《国志》又书于吴也。淮南江东同扬州地，故于时彗见吴、楚。楚之分则魏之淮南，多与吴同灾。是以毋丘俭以孛为己应，遂起兵而败。后三年，即魏甘露二年，诸葛诞又反淮南，吴遣将救之。及城陷，诞众与吴兵死没各数万人，犹前长星之应也。

甘露二年十一月，彗星见角，色白。占曰："彗星见两角间色白者，军起不战，邦有大丧。"景元元年，高贵乡公为成济所害。四年十月丁丑，客星见太微中，转东南行，历轸宿，积七日灭。占曰："客星出太微，有兵丧。"景元元年，高贵乡公被害。

元帝景元三年十一月壬寅，彗星见亢，白，长五寸，转北行，积四十五日灭。占曰："为兵丧。"一曰："彗星见亢，天子失德。"四年，钟会、邓艾伐蜀，克之。二将反乱，皆诛。

咸熙二年五月，彗星见王良，长丈余，色白，东南指，积十二日灭。占曰："王良，天子御驷。彗星扫之，禅代之表，除旧布新之象也。白色为丧。王良在东壁宿，又并州之分野。"八月，文帝崩。十二月，武帝受魏禅。

武帝泰始四年正月丙戌，彗星见轸，青白色，西北行，又转东行。占曰："为兵丧，轸又楚分野。"三月，皇太后王氏崩。十月，吴寇江夏、襄阳。五年九月，星孛于紫宫。占如上。紫宫，天子内宫。十年，武元杨皇后崩。十年十二月，有星孛于轸。占曰："天下兵起，轸又楚分野。"

咸宁二年六月甲戌，星孛于氐。占曰："天子失德易政。氐，又兖州分。"七月，星孛大角。大角为帝坐。八月，星孛太微，至翼、北斗、三台。占曰："太微，天子庭，大人恶之。"一曰："有改王。翼，又楚分野。北斗主杀罚，三台为三公。"三年正月，星孛于西方。三月，星孛于胃。胃，徐州分。四月，星孛女御。女御为后宫。五月，又孛于东方。七月，星孛紫宫。上曰："天下易主。"四年四月，蚩尤旗见东井。后二年，倾三方伐吴，是其应也。五年三月，星孛于柳。四月，又孛于女御。七月，孛于紫宫。占曰："外臣废主。柳，又三河分野。大角、太微、紫宫、女御并为王者。"明年吴亡，是其应也。孛主兵丧。征吴之役，三河、徐、兖之兵悉出，交战于吴楚之地，吴丞相都督以下枭戮十数，偏裨行阵之徒馘斩万计，皆其征也。

太康二年八月，有星孛于张。占曰："为兵丧。"十一月，星孛于轩辕。占曰："后宫当之。"四年三月戊申，星孛于西南。是年，齐王攸、任城王陵、琅邪王伷、新都王该薨。八年九月，星孛于南斗，长数十丈今日灭。占曰："斗主爵禄，国有大忧。"一曰："孛于斗，王者疾病，天下易政，大乱兵起。"

太熙元年四月，客星在紫宫。占曰："为兵丧。"太康未，武帝耽宴游，多疾病。是月己酉，帝崩。永平元年，贾后诛杨骏及其党与，皆夷三族，杨太后亦见弑。又诛汝南王亮、太保卫瓘、楚王玮，王室兵丧之应也。

惠帝元康五年四月，有星孛于奎，至轩辕、太微，经三台、太陵。占曰："奎为鲁，又为库兵，轩辕为后宫，太微天子庭，三台为三司，太陵有积尸死丧之事。"其后武库火，西羌反。后五年，司空张华遇祸，贾后废死，鲁公贾谧诛。又明年，赵王伦篡位。于是三王兴兵讨伦，兵士战死十余万人。

永康元年三月，妖星见南方。占曰："妖星出，天下大兵将起。"是月贾后杀太子，赵王伦寻废杀后，斩司空张华，又废帝自立。于是三王并起，迭总天权。其十二月，彗星出牵牛之西，指天市。占曰："牛者七政始，彗出之，改元易号之象也。天市一名天府，一名天子旗，帝坐在其中。"明年，赵王伦篡位，改元，寻为大兵所灭。二年四月，彗星见齐分。占曰："齐有兵丧。"是时，齐王冏起兵讨赵王伦。伦灭，冏拥兵不朝，专权淫奢。明年，诛死。

太安元年四月，彗星昼见。二年三月，彗星见东方，指三台。占曰："兵丧之象。三台为三公。"三年正月，东海王越执太尉、长沙王乂，张方又杀之。

永兴元年五月，客星守毕。占曰："天子绝嗣。"一曰："大臣有诛。"时诸王拥兵，其后惠帝失统，终无继嗣。二年八月，有星孛于昴毕。占曰："为兵丧。昴毕又赵魏分野。"十月丁丑，有星孛于北斗。占曰："璇玑更授，天子出走。"又曰："强国发兵，诸侯争权。"是后，诸王交兵，皆有应。明年，惠帝崩。

成帝咸和四年七月，有星孛于西北，犯斗，二十三日灭。占曰："为兵乱。"十二月，郭默杀江州刺史刘胤，荆州刺史陶侃讨默，斩之。时石勒又始僭号。

咸康二年正月辛巳，彗星夕见西方，在奎。占曰："为兵丧。奎，又为边兵。"三年正月，石季龙僭天王位。

四年，石季龙伐慕容皝，不克。既退，皝追击之，又破麻秋。时皝称蕃，边兵之应也。六年二月庚辰，有星孛于太微。七年三月，杜皇后崩。

康帝建元元年十一月六日，彗星见亢，长七尺，白色。占曰："亢为朝廷，主兵丧。"二年，康帝崩。

穆帝永和五年十一月乙卯，彗星见于亢。芒西向，色白，长一丈。六年正月丁丑，彗星又见于亢。占曰："为兵丧、疾疫。"其五年八月，褚衷北征，兵败。十一月，冉闵杀石遵，又尽杀胡十余万人，于是中土大乱。十二月，褚衷薨。是年，大疫。

升平二年五月丁亥，彗星出天船，在胃。占曰："为兵丧，除旧布新。出天船，外夷侵。"一曰："为大水。"四年五月，天下大水。五年，穆帝崩。

哀帝兴宁元年八月，有星孛于角亢，入天市。案占曰："为兵丧。"三年正月，皇后王氏崩。二月，帝崩。三月，慕容恪攻没洛阳，沈劲等战死。

海西太和四年二月，客星见紫宫西垣，至七月乃灭。占曰："客星守紫宫，臣弑主。"六年，桓温废帝为海西公。

孝武宁康二年正月丁巳，有星孛于女虚，经氐、亢、角、轸、翼、张。至三月丙戌，彗星，见于氐。九月丁丑，有星孛于天市。占曰："为兵丧。"太元元年七月，苻坚破凉州，虏张天锡。

太元十一年三月，客星在南斗，至六月乃没。占曰："有兵，有赦。"是后司、雍、兖、冀常有兵役。十二年正月大赦，八月又大赦。十五年七月壬申，有星孛于北河戍，经太微、三台、文昌，入北斗，色白，长十余丈。八月戊戌，入紫宫乃减。占曰："北河戍一名胡门，胡有兵丧。扫太微，入紫微，王者当之。三台为三公，文昌为将相，将相三公有灾。入北斗，诸侯戮。"一曰："扫北斗，强国发兵，诸侯争权，大人忧。"二十一年，帝崩。隆安元年，王恭、殷仲堪、桓玄等并发兵，表以诛王国宝为名。朝廷顺而杀之，并斩其从弟绪，司马道子由是失势，祸乱成矣。十八年二月，客星在尾中，至九月乃灭。占曰："燕有兵丧。"二十年，慕容垂息宝伐魏，为所破，死者数万人。二十一年，垂死，国遂衰亡。二十年九月，有蓬星如粉絮，东南行，历女虚，至哭星。占曰："蓬星见，不出三年，必有乱臣戮死于市。"是时，王国宝交构朝廷。二十一年九月，帝崩。隆安元年，王恭等兴兵，而朝廷杀王国宝、王绪。

安帝隆安四年二月己丑，有星孛于奎，长三丈，上至阁道、紫宫西蕃，入北斗魁，至三台，三月，遂经于太微帝坐端门。占曰："彗星扫天子庭阁道，易主之象。"经三台入北斗。占同上条。十二月戊寅，有星孛于贯索、天市、天津。占曰："贵臣狱死，内外有兵丧。天津为贼断，王道天下不通。"案占："灾在吴越。"五年二月，有孙恩兵乱，攻侵郡国。于是内外戒严，营阵屯守，栅断淮口。九月，桓玄表至，逆旨陵上。其后玄遂篡位，乱京都，大饥，人相食，百姓流亡，皆其应也。

元兴元年十月，有客星色白如粉絮，在太微西，至十二月入太微。占曰："兵入天子庭。"二年十二月，桓玄篡位,放迁帝、后于寻阳,以永安何皇后为零陵君。三年二月,刘裕尽诛桓氏。

义熙十一年五月甲申,彗星二出天市,扫帝坐,在房心北。房心,宋之分野。案占:"得彗柄者兴,除旧布新,宋兴之象。"十四年五月庚子,有星孛于北斗魁中。七月癸亥,彗星出太微西,柄起上相星下,芒渐长至十余丈,进扫北斗、紫微、中台。占曰:"彗出太微,社稷亡,天下易王;入北斗、紫微,帝宫空。"十四年,刘裕还彭城,受宋公。十二月,帝崩。

恭帝元年正月戊戌,有星孛于太微西蕃。占曰:"革命之征。"其年,宋有天下。

星流陨

蜀后主建兴十三年,诸葛亮帅大众伐魏,屯于渭南。有长星赤而芒角,自东北西南流,投亮营,三投再还,往大还小。占曰:"两军相当,有大流星来走军上及坠军中者,皆破败之征也。"九月,亮卒于军,焚营而退,群帅交怨,多相诛残。

魏明帝景初二年,宣帝围公孙文懿于襄平。八月丙寅夜,有大流星长数十丈,白色而有芒鬣,从首山东北流,坠襄平城东南。占曰:"围城而有流星来抵城上及坠城中者破。"又曰:"星坠,当其下有战场。"又曰:"凡星所坠,国易姓。"九月,文懿突围走,至星坠所被斩,屠城,坑其众。

元帝景元四年六月,有大流星二并如斗,见西方,分流南北,光照地,隆隆有声。案占:"流星为贵使,星大者使大。"是年,钟、邓克蜀,二星盖二帅之象。二帅相背,又分流南北之应。钟会既叛,三军愤怒,隆隆有声,兵将怒之征也。

武帝泰始四年七月,星陨如雨,皆西流。占曰:"星陨为百姓叛。西流,吴人归晋之象好。"二年,吴夏口督孙秀率部曲二千余人来降。

太康九年八月壬子,星陨如雨。《刘向传》云:"下去其上之象。"后三年,帝崩而惠帝立,天下自此乱矣。

惠帝元康四年九月甲午,枉矢东北行,竟天。六年六月丙午夜,有枉矢自斗魁东南行。案占曰:"以乱伐乱。北斗主执杀,出斗魁,居中执杀者,不直之象也。"是后,赵王杀张、裴,废贾后,以理太子之冤,因自篡盗,以至屠灭,以乱伐乱之应也。一曰,氐帅齐万年反之应也。

太安二年十一月辛巳,有星昼陨中天北下,光变白,有声如雷。案占:"名曰营首。营首所在,下有大兵,流血。"明年,刘元海、石勒攻略并州,多所残灭。王浚起燕代,引鲜卑攻掠邺中,百姓涂地。有声如雷,怒之象也。

永兴元年七月乙丑,星陨有声。二年十月,星又陨有声。占同上。是后,遂亡中夏。

光熙元年五月,枉矢西南流。是时,司马越西破河间兵,奉迎大驾,寻收缪胤、何绥等,肆无君之心,天下恶之。及死而石勒焚其尸柩,是其应也。

怀帝永嘉元年九月辛卯,有大星如日,自西南流于东北,小者如斗,相随,天尽赤,声如雷。占曰:"流星为贵使,星大者使大。"是年五月,汲桑杀东燕王腾,遂据河北。十一月,始遣和郁为征北将军,镇邺西。田甄等大破汲桑,斩于乐陵。于是以甄为汲郡太守,弟兰钜鹿太守,小星相随者,小将别帅之象也。司马越之魏郡以东平原以南皆党于桑,以赏甄等,于是侵掠赤地。有声如雷,忿怒之象也。四年十月庚子,大星西北坠,有声。寻而帝蒙尘于平阳。

元帝太兴三年四月壬辰,枉矢出虚、危,没翼、轸。占曰:"枉矢所触,天下之所伐。翼、轸,荆州之分野。"太宁二年,王敦杀谯王承及甘卓,而敦又枭夷,枉矢触翼之应也。

永昌元年七月甲午,有流星大如瓮,长百余丈,青赤色,从西方来,尾分为百余岐,或散。时王敦之乱,百姓流亡之应也。

成帝咸康三年元月辛末,流星大如二斗魁,色青赤,光耀地,出奎中,没娄北。案占:"为饥,五谷不藏。"是月,大旱,饥。六年二月庚午朔,有流星大如斗,光耀地,出天市,西行入太微。占曰:"大人当之。"八年六月,成帝崩。

穆帝永和八年六月辛巳,日未入,有流星大如三斗魁,从辰巳上,东南行。晷度推之,在箕、斗之间,盖燕分也。案占:"为营首。营首之下,流血滂沱。"是时,慕容儁僭称大燕,攻伐无已。十年四月癸未,流星大如斗,色赤黄,出织女,没造父,有声如雷。占曰:"燕齐有兵,百姓流亡。"其年十二月,慕容儁遂据临漳,尽有幽、并、青、冀之地。缘河诸将奔散,河津隔绝。慕容恪攻齐。

升平二年十一月,枉矢自东南流于西北,其长半天。四年十月庚戌,天狗见西南。占曰:"有大兵,流血。"

海西太和四年十月壬申,有大流星西下,有声如雷。明年,遣使免袁真为庶人。桓温在寿春,真病死,息瑾代立,求救于苻坚。温破苻坚军。六年,寿春城陷。

孝武太元六年十月乙卯,有奔星东南经翼、轸,声如雷。占曰:"楚地有兵,军破,百姓流亡。"十二月,苻坚荆州刺史梁成、襄阳太守阎震率众伐竟陵,桓石虔击大破之,生擒震,斩首七千,获生口万人。声如雷,将帅怒之象也。十三年闰月戊辰,天狗东北下,有声。占曰:"有大战,流血。"自是后,慕容垂、翟辽、姚苌、苻登、慕容永并阻兵争强。十四年正月,彭城妖贼又称伪号于皇丘,刘牢之破灭之。三月,张道破合乡、太山,向钦之击走之。

安帝隆安五年三月甲寅,流星赤色,众多西行,经牵牛、虚、危、天津、阁道,贯太微、紫宫。占曰:"星庶人类,众多西行,众将西流之象。经天子庭,主弱臣强,诸侯兵不制。"其年五月,孙恩侵吴郡,杀内史。六月,至京口。于是内外戒严,营阵屯守,刘裕追破之。元兴元年七月,大饥,人相食。浙江以东流亡十六七,吴郡、吴兴户口减半,又流奔而西者万计。十月,桓玄遣将击刘轨,破走之。轨奔青州。

云气

惠帝永兴元年十二月壬寅夜,有赤气亘天,砰隐有声。二年十月丁丑,赤气见北方,东西竟天。占曰:"并为大兵。砰隐有声，怒之象也。"是后，四海云扰，九服交兵。

光熙元年十二月甲申，有白气若虹，中天北下至地，夜见五日乃灭。占曰："大兵起。"明年，王弥起青徐，汲桑乱河北，毒流天下。

怀帝永嘉三年十一月乙亥，有白气如带，出南北方各二，起地至天，贯参伐中。占曰："天下大兵起。"四年三月，司马越收缪胤等。又，三方云扰，攻战不休。五年三月，司马越死于宁平城，石勒攻破其众，死者十余万人。六月，京都焚灭，帝如虏庭。

愍帝建兴元年十月己巳夜，有赤气曜于西北。荆州刺史陶侃讨杜弢之党于石城，战败。

卷十四　　　　　　　　志第四

地理上 总叙 司州 兖州 豫州 冀州 幽州 平州 并州 雍州 凉州 秦州 梁州 益州 宁州

昔者元胎无象，太素流形，对越在天，以为元首，则《记》所谓冬居营窟，夏居橧巢，饮血茹毛，未有麻丝者也。及燧人钻火，庖牺出震，风宗下式，炎胤昌基，画野无闻，其归一揆。黄帝则东海南江，登空蹑岱，至于昆峰振辔，峣山防道，存诸汗竹，不可厚诬。高阳任地依神，帝喾顺天行义。东逾蟠木，西济流沙，北至幽陵，南抚交址，日月所经，舟车所至，莫匪王臣，不逾兹域。帝尧时，禹平水土，以为九州。虞舜登庸，厥功弥劭，表提类而分区宇，判山河而考疆域，冀北创并部之名，燕齐起幽营之号，则《书》所谓肇十有二州，封十有二山者也。夏功在于唐尧，殷因无所损益。周武克商，自丰徂镐。至成王时，改作《禹贡》，徐梁入于青雍，冀野析于幽并。职方掌天下之土，以周厥利；保章辩九州之野，皆有分星。东南曰扬州，正南曰荆州，河南曰豫州，正东曰青州，河东曰兖州，正西曰雍州，东北曰幽州，河内曰冀州，正北曰并州。始皇初并天下，惩忿战国，削黜列侯，分天下为三十六郡，三川、河东、南阳、南郡、九江、鄣郡、会稽、颍川、砀郡、泗水、薛郡、东郡、琅邪、齐郡、上谷、渔阳、右北平、辽西、辽东、代郡、钜鹿、邯郸、上党、太原、云中、九原、雁门、上郡、陇西、北地、汉中、巴郡、蜀郡、黔中、长沙，凡三十五郡，与内史为三十六郡也。于是兴师逾江，平取百越，又置闽中、南海、桂林、象郡，凡四十郡，郡一守焉。其他则西临洮而北沙漠，东萦西带，皆临大海。汉祖龙兴，革秦之弊，分内史为三部，更置郡国二十有三，桂阳、江夏、豫章、河内、魏郡、东海、楚国、平原、梁国、定襄、泰山、汝南、淮阳、千乘、东莱、燕国、清河、信都、常山、中山、渤海、广汉、涿郡，合二十三也。三内史者，河上、渭南、中地也。《地理志》曰：高祖增二十六，武帝改河上、渭南、中地以为京兆、冯翊、扶风是为三辅也。文增厥九，广平、城阳、淄川、济南、胶西、胶东、河间、庐江、衡山、武帝改衡山曰六安。景加其四。济北、济阴、山阳、北海也。宣改济北曰东平。武帝开越攘胡，初置十七，南海、苍梧、郁林、合浦、交趾、九真、日南、珠崖、儋耳九郡，平西南夷置牂柯、越嶲、沈黎、汶山、犍为、益州六郡，西置武都郡，又分立零陵郡，合十七郡。拓土分疆，又增十四。弘农、临淮、西河、朔方、酒泉、陈留、安定、天水、玄菟、乐浪、广陵、敦煌、武威、张掖。昭帝少事，又增其一。金城也。至平帝元始二年，凡新置郡国七十有一，与秦四十，合一百一十有一。改雍曰凉，改梁曰益，又置徐州，复夏旧号，南置交阯，北有朔方，凡为十三部。凉、益、荆、扬、青、豫、兖、徐、幽、并、冀十一州，交址、朔方二刺史，合十三部。光武投戈之岁，在雕秏之辰，郡国萧条，并省者八。城阳、淄川、高密、胶东、六安、真定、泗水、广阳。建武十一年，省州牧，复为刺史，员十三人，各掌一州。明帝置一，永昌也。章帝置二，任城、吴郡。和顺改作，其名有九。和置济北、广阳，顺改淮阳为陈，改楚为彭城，济东为东平，临淮为下邳，千乘为乐安，信都为安平，天水为汉阳。省朔方刺史，合之于司隶，凡十三部，其与西汉不同者，司隶校尉部郡治河南，朔方隶于并部。而郡国百有八焉。(省前汉八，分置五，改旧名七，因旧九十六，少前汉三也。桓灵颇增于前，复置六郡。桓，高阳、高凉、博陵；灵，南安、鄙阳、庐陵。魏武定霸，三方鼎立，生宁版荡，关洛荒芜，所置者十二，新兴、乐平、西平、新平、略阳、阴平、带方、谯、乐陵、章武、南乡、襄阳。所省者七，上郡、朔方、五原、云中、定襄、渔阳、庐江。而文帝置七，(朝歌、阳平、弋阳、魏兴、新城、义阳、安丰。明及少帝增二，明，上庸也；少，平阳也。得汉郡者五十四焉。蜀先主于汉建安之间初置郡九，巴东、巴西、梓潼、江阳、汶山、汉嘉、朱提、宕渠、涪陵。后主增二，云南、兴古。得汉郡者十有一焉。吴主大皇帝初置郡五，临贺、武昌、珠崖、新安、庐陵南部。少帝、景帝各四，少，临川、临海、衡阳、湘东。景，天门、建安、建平、合浦北部。归命侯亦置十有二郡，始安、始兴、邵陵、安成、新昌、武平、九德、吴兴、东阳、桂林、荥阳、宜都。得汉郡者十有八焉。

晋武帝太康元年，既平孙氏，凡增置郡国二十有三，荥阳、上洛、顿丘、临淮、东莞、襄城、汝阴、长广、广宁、昌黎、新野、随郡、阴平、义阳、毗陵、宣城、南康、晋安、宁浦、始平、略阳、乐平、南平。省司隶置司州，别立梁、秦、宁、平四州，仍吴之广州，凡十九州，司、冀、兖、豫、荆、徐、扬、青、幽、平、并、雍、凉、秦、梁、益、宁、交、广州。郡国一百七十三，仍吴所置二十五，仍蜀新置十一，仍魏所置二十一，仍汉旧九十三，置二十三。以为冠带之国，尽有殷周之土。若乃敦庞于天地之始，昭晰于牺农之世，用长黎元，未争疆场。而玉环楛矢，夷裘凤驾，南鞷表贶，东风入律，光乎上德，奚远弗臻。然则星象丽天，山河纪地，端披栽其弘敞，峒函判其都邑，仰观俯察，万物攸归。是以洛汜咸阳，宛然秦汉，晋滨河西，同知尧禹，于兹新邑，宅是镐京，五尺童子皆能口诵者，史官弗之书也。

昔庖牺氏生于成纪，而为天子，都于陈。神农氏都陈，而别营于曲阜。黄帝生于寿丘，而都于涿鹿。少昊始自穷桑，而迁都曲阜。颛顼始自穷桑，而徙邑商丘。高辛即号，建都于亳。孙卿子曰："不登高山，不知天之高；不临深豀，不知地之厚也。"大哉坤象，万物资生，载昆华而不坠，倾河海而宁泄。考卜惟王，乘飞驻辂，睨峥山而镌勒，览曾城以为玩。时逢稽浸，道接陵夷，平王东迁，星离豆剖，当涂驭寓，瓜分鼎立。世祖武皇帝接千祀之余，当八尧之禅，先王桑梓，磬宇来归，斯固可得而言者矣。惠皇不虞，中州尽弃，永嘉南度，纶行建邺，九分天下而有二焉。

昔大禹观于浊河而受绿字，寰瀛之内可得而言也。天有七星，地有七表；天有四维，地有四渎。八纮之外，名为八极。地不足东南，天不足西北。八极之广，东西二亿三万一千三百里，南北二亿三万一千三百里。自地至天，半八极之数，自下亦如之。昔黄帝令竖亥步自东极，至于西极，五亿十万九千八百八步。史臣案，凡周天积百七万九百一十三里，径三十五万六千九百七十里。所谓南北为经，东西为纬。天有十二次，日月之所躔；地有十二辰，王侯之所国也。或因生得姓，因功命土，祁、酉、燕、齐，在乎兹域。

昔黄帝旁行天下，方制万里，得百里之国万区，则《周易》所谓"首出庶物，万国咸宁"者也。昔在帝尧，叶和万邦，制八家为邻，三邻为朋，三朋为里，五里为邑，十邑为都，十都为师，州十有二师焉。夏后氏东渐于海，西被于流沙，南浮于江，而朔南暨声教，穷竖亥所步，莫不率俾，会群臣于涂山，执玉帛者万国。于是九州之内，作为五服。天子之国，内五百里甸服，百里赋纳总，二百里纳铚，三百里纳秸服，四百里粟，五百里米。甸服外五百里侯服，百里采，二百里任，三百里候。侯服外五百里绥服，三百里揆文教，二百里奋武卫。绥服外五百里要服，三百里夷，二百里蔡。要服外五百里荒服，三百里蛮，二百里流。讫于四海，弼成五服，五服至于五千里。夏德中微，遇有穷之乱。少康中兴，不失旧物。自孔甲之后，以至于桀，诸侯相兼，其能存者三千余国，方于涂山，十损其七矣。成汤败桀于焦，迁鼎于亳，伊挚、仲虺之徒，大明宪典。王者之制爵禄，公侯伯子男凡五等。天子之田方千里，公侯田方百里，伯七十里，子男五十里。不能五十里者，不达于天子，附于诸侯，曰附庸。凡四海之内九州，州方千里。州建百里之国三十，七十里之国六十，五十里之国百有二十，凡二百一十国。名山大泽不以封，其余以为附庸间田。八州，州二百一十国。天子之县内，百里之国九。七十里之国二十有一，五十里之国六十有三，凡九十三国。名山大泽不以班，其余以禄士，以为间田。凡九州，千七百七十三国。天子之元士，诸侯之附庸，不与。天子百里之内以供官，千里之内以为御，千里之外设方伯。五国以为属，属有长；十国以为连，连有帅；三十国以为卒，卒有正；二百一十国以为州，州有伯。八州，八伯，五十六正，百六十八帅，三百三十六长。八伯各以其属属于天子之老二人，分天下为左右，曰二伯。千里之内曰甸，千里之外曰采，曰流。天子使其大夫为三监，监于方伯之国，国三人。天子之县，内，诸侯禄也；外，诸

侯嗣也。武王归丰，监于二代，设爵惟五，分土惟三。封同姓五十余国，周公、康叔建于鲁卫，各数百里。太公封于齐，表东海者也。凡一千八百国，布列于五千里内。而太昊、黄帝之后，唐虞侯伯犹存。大司徒以诸公之地封疆方五百里，其食者半；诸侯之地方四百里，其食者参之一；诸伯之地方三百里，其食者参之一；诸子之地方二百里，其食者四之一；诸男之地方百里，其食者四之一。不易之地家百亩，一易之地家二百亩，再易之地家三百亩。五家为比，使之相保；五比为闾，使之相受；四闾为族，使之相葬；五族为党，使之相救；五党为州，使之相赒；五州为乡，使之相宾。小司徒以五人为伍，五伍为两，四两为卒，五卒为旅，五旅为师，五师为军。以起军旅，以作田役，以比追胥，以令贡赋。乃经土地而井牧其田野，九夫为井，四井为邑，四邑为丘，四丘为甸，四甸为县，四县为都。遗人则十里有庐，庐有饮食。三十里有宿，宿有路室，路室有委。五十里有市，市有候馆，候馆有积。遂人则五家为邻，五邻为里，四里为鄼，五鄼为鄙，五鄙为县，五县为遂。大司马以九畿之籍，施邦国之政。方千里曰国畿，其外方五百里曰侯畿，又其外方五百里曰甸畿，又其外方五百里曰男畿，又其外方五百里曰采畿，又其外方五百里曰卫畿，又其外方五百里曰蛮畿，又其外方五百里曰夷畿，又其外方五百里曰镇畿，又其外方五百里曰藩畿。畿，田限也。自王城以外，面五千里为界，有分限者九也。于时治致太平，政修刑措，民口千三百七十一万四千九百三十三，盖周之盛者也。其衰也，则礼乐征伐出自诸侯，强吞弱而众暴寡。春秋之初，尚有千二百国；迄获麟之末，二百四十二年，弑君三十六，亡国五十二，诸侯奔走不得保其社稷者不可胜数，而见于《春秋》经传者百有七十国焉。百三十九知其所居，鲁、郯、郑、宋、纪、卫、西虢、莒、齐、陈、杞、蔡、邢、郕、晋、薛、许、邓、秦、曹、楚、随、黄、梁、虞、鄅、小邾、徐、燕、郜、麇、舒、庸、郯、莱、吴、越、有穷、三苗、瓜州、有虞、东虢、共、宿、申、夷、向、南燕、滕、凡、戴、息、郕、芮、魏、淳于、谷、巴、州、蓼、罗、赖、牟、葛、谭、萧、遂、滑、权、鄀、霍、耿、江、冀、弦、道、柏、微、鄑、厉、项、密、任、须句、颛臾、顿、管、雍、毕、丰、邘、应、蒋、茅、胙、夔、介、焦、沈、六、巢、根牟、唐、黎、郇瑕、寒、有鬲、斟灌、斟寻、过、有过、戈、偪阳、鄩、铸、豕韦、唐杜、杨、鬴、邰、观、扈、邵、胡、黎、大庭、骀、岐、邧、鍾吾、浦姑、昆吾、房、密须、甲父、鄅、桐、亳、韩、赵。三十一国尽亡其处，祭、极、荀、贾、贰、轸、绞、于余丘、阳、箕、英氏、毛、聃、莘、偪、封父、仍、有仍、崇、邧、庸、姺、奄、商奄、褒姒、薛、有缗、阙巩、飂、醷、穷桑。蛮夷戎狄不在其间。五伯迭兴，总其盟会。陵夷至于战国，遂有七王，韩、魏、赵、燕、齐、秦、楚。又有宋、卫、中山，不断如线，如三晋篡夺，亦称孤也。

《司马法》广陈三代，曰：古者六尺为步，步百为亩，亩百为夫，夫三为屋，屋三为井。井方一里，是为九夫，八家共之。一夫一妇受私田百亩，公田十亩，是为八百八十亩，余二十亩为庐舍，出入相友，守望相助，疾病相救。民受田，上田夫百亩，中田夫二百亩，下田夫三百亩，岁受耕之，爰自其处。其家众男为余夫，亦以口受田如此。

士工商家受田，五口乃当农夫一口。有赋有税，税谓公田什一及工商衡虞之入也，赋供车马甲兵士从之役。民年二十受田，六十归田。种谷必杂五种，以备灾旱。田中不得有树，以妨五谷。环庐种桑柘，菜茹有畦，瓜瓠果蓏殖于疆场，鸡豚狗彘无失其时。闾有序，乡有庠，序有明教，庠以行礼。司马之法，官设六军之众，因井田而制军。令地方一里为井，井十为通，通十为成，成方十里。成十为终，终十为同，同方百里。同十为封，封十为畿，畿方千里。故井四为邑，邑四为丘，丘十六井，有戎马一区，牛三头。四丘为甸，甸六十四井也，有戎马四匹，兵车一乘，牛十二头，甲士三人，卒七十二人。是谓乘车之制。一同百里，提封万井，除山川、坑岸、城池、邑居、园囿、街路三千六百井，定出赋六千四百井，戎马四百匹，兵车四百乘，此卿大夫采地之大者也，是谓百乘之家。一封三百六十六里，提封十万井，定出赋六万四千井，戎马四千匹，兵车千乘，此谓诸侯之大者也，谓之千乘之国。天子畿内方千里，提封百万井，定出赋六十四万井，戎马四万匹，兵车万乘，戎卒七十二万人，故天子称万乘之主焉。

秦始皇既得志于天下，访周之败，以为处士横议，诸侯寻戈，四夷交侵，以弱见夺，于是削去五等。汉兴，创艾亡秦孤立而败，于是割裂封疆，立爵二等，功臣侯者百有余邑。于时民罹项籍，户口凋弊，大侯不过万家，小者五六百户，而尊王子弟，大启九国。古者有分土而无分民，若乃大者跨州连郡，小则十有余城，以户口为差降，略封疆之远近，所谓分民自汉始也。起雁门以东，尽辽阳，为燕代。常山以南，太行左转，渡河济，渐于海，为齐赵。谷泗以注，奄有龟蒙，为梁楚。东带江湖，薄会稽，为荆吴。北界淮濒，略庐衡，为淮南。波汉之阳，亘九疑，为长沙。诸侯比境，周匝三垂，外接胡越。天子自有三河、东郡、颍川、南阳，自江陵以西至巴蜀，北至云中，西至陇西，与京师用内史，凡十五郡。文帝采贾生之议分齐赵，景帝用朝错之计削吴楚。武帝施主父之册，下推恩之令，使诸侯王得分户邑以封子弟，不行黜陟，而藩国自析。自此以来，齐分为七，赵分为六，梁分为五，淮南分为三。皇子始立者大国不过十余城，长沙、燕、代虽有旧名，皆亡南北边矣。自文景与民休息，至平帝元始二年，民户千二百二十三万三千六十二，口五千九百五十九万四千九百七十八，其地东西九千三百二里，南北万三千三百六十八里。大率十里一亭，亭有长。十亭一乡，乡有三老、有秩啬夫、游徼各一人。县大率方百里，民稠则减，稀则旷，乡、亭亦如之。皆秦制也。光武中兴，不逾前制，东海王强以去就有礼，故优以大封，兼食鲁郡二十九县，其余称为宠锡者，兼一郡而已。至桓帝永寿三年，户千六十七万七千九百六十，口五千六百四十八万六千八百五十六，斯亦户口之滋殖者也。献帝建安元年拜曹操为镇东将军，封费亭侯。魏文帝黄初三年，初制封王之庶子为乡公，嗣王之庶子为亭侯，公侯之庶子为亭伯。刘备章武元年，亦以郡国封建诸王，或遥采嘉名，不由检土地所出。其户二十万九千。孙叔赤乌五年，亦取中州嘉号封诸王。其户五十二万三千，男女口二百四十万。晋文帝为晋王，命裴秀等建立五等之制，惟安平郡公孚邑万户，制度如魏诸王。其余县公邑千八百户，地方七十五里；大国侯邑千六百户，地方七十里；次国侯邑千四百户，地方六十五里；大国伯邑千二百户，地方六十里；次国伯邑千户，地方五十五里；大国子邑八百户，地方五十里；次国子邑六百户，地方四十五里；男邑四百户，地方四十里。武帝泰始元年，封诸王以郡为国。邑二万户为大国，置上下中三军，兵五千人；邑万户为次国，置上军下军，兵三千人；五千户为小国，置一军，兵千五百人。王不之国，官于京师。罢五等之制，公侯邑万户以上为大国，五千户以上为次国，不满五千户为小国。太康元年，平吴，大凡户二百四十五万九千八百四十，口一千六百一十六万三千八百六十三。而江左诸国并三分食一，元帝渡江，太兴元年，始制九分食一。

司州。案《禹贡》豫州之地。及汉武帝，初置司隶校尉，所部三辅、三河诸郡。其界西得雍州之京兆、冯翊、扶风三郡，北得冀州分河东、河内二郡，东得豫州之弘农、河南二郡，郡凡七。位望降于牧伯，银印青绶。及光武都洛阳，司隶所部与前汉不异。魏氏受禅，即都汉宫，司隶所部河南、河东、河内、弘农并冀州之平阳，合五郡，置司州。晋仍居魏都，乃以三辅还属雍州，分河南立荥阳，分雍之京兆立上洛，废东郡立顿丘，遂定名司州，以司隶校尉统之。州统郡一十二，县一百，户四十七万五千七百。

河南郡汉置。统县十二，户一十一万四千四百。置尹。
洛阳置尉。五部、三市。东西七里，南北九里。东有建春、东阳、清明三门，南有开阳、平昌、宣阳、建国四门，西有广阳、西明、闾阖三门，北有大夏、广莫二门。司隶校尉、河南尹及百官列城内也。　河南周东都王城郏鄏也。　巩周孝王封周桓公孙惠公于巩，号东周，故战国时有东、西周号。芒山、首阳其界也。　河阴　新安函谷关所属。　成皋有关，郑之武牢。　缑氏有刘聚，周大夫刘子邑。有延寿城、仙人祠。　阳城有鄂阪关。此邑是为地中，夏至景尺五寸。有阳城山、箕山，许由墓在焉。　新城有延寿关。故戎蛮子之国。　陆浑故蛮子国，楚庄王伐陆浑是也。　梁战国时谓为南梁，别少梁也。　阳翟
荥阳郡泰始二年置。统县八，户三万四千。
荥阳地名敖，秦置敖仓者。　京郑太叔段所居。　密故周畿内。　卷有博浪长沙，张良击秦始皇处。　阳武　苑陵　中牟六国时，赵献侯都。　开封宋蓬池在东北，或曰蓬泽。
弘农郡。汉置。统县六，户一万四千。
弘农本函谷关。汉武帝迁于新安县。　湖故胡，汉武更名湖。　陕故虢国，周分陕东西，二相主之。　宜阳　黾池　华阴华山在县南。
上洛郡泰始二年，分京兆南部置。统县三，户万七千。
上洛崤关在县西北。　商秦相卫商鞅邑。　庐氏熊耳山在东，伊水所出。
平阳郡故属河东，魏分立。统县十二，户四万二千。
平阳旧尧都。侯国。　杨故杨侯国。　端氏韩、魏、赵既为诸侯，以端氏封晋君也。　永安故霍伯国。霍山在东。　浦子

狐谖　襄陵公国相。　绛邑晋武公自曲沃徙此。　濩泽析城山在西南。　临汾公国相。北屈壶口山在东南。有南屈，故称北。　皮氏故耿国。

河东郡秦置。统县九，户四万二千五百。

安邑旧舜都。　闻喜故曲沃。晋武公自晋阳徙此。　垣王屋山在东北，沇水所出。　汾阳公国相。　大阳吴山在西。周武王封西周太伯后于此　猗氏古猗顿城。　解有盐池。　蒲坂有历山，舜所耕也。有雷首山，夷齐居其阳，所谓首阳山。　河北

汲郡泰始二年置。统县六，户三万七千。

汲有铜关。　朝歌纣所都。　共故国。北山，淇水所出。　林虑

获嘉故汲新中乡。汉武帝行过时，获吕嘉首，因改名。　修武晋所启南阳，秦改名修武。

河内郡汉置。统县九，户五万二千。

野王太行山在西北。　州故晋邑。　怀　平皋邢侯自襄国徙此。河阳　沁水　轵故周原邑。　山阳　温故国也，苏忿生封。

广平郡魏置秦置。统县十五，户三万五千二百。

广平　邯郸秦置为郡。　易阳　武安　涉　襄国故邢侯国都。　南和　任　曲梁　列人　肥乡　临水　广年侯相。　斥漳　平恩

阳平郡魏置。统县七，户五万一千。

元城汉元后生邑。　馆陶　清泉　发干　东武阳　阳平　乐平

魏郡汉置。统县八，户四万七百。

邺魏武受封居此。　长乐　魏　斥丘　安阳　荡阴　内黄黄池在西。　黎阳故黎侯国。

顿丘郡泰始二年置。统县四，户六千三百。

顿丘　繁阳　阴安　卫

永嘉之后，司州沦没刘聪。聪以洛阳为荆州，及石勒，复以为司州。石季龙又分司州之河南、河东、弘农、荥阳，兖州之陈留、东燕为洛州。元帝渡江，亦侨置司州于徐，非本所也。后以弘农人流寓寻阳者侨立为弘农郡。又以河东人南寓者，于汉武陵郡孱陵县界上明地侨立河东郡，统安邑、闻喜、永安、临汾、弘农、谯、松滋、大戚八县。并寄居焉。永和五年，桓温入洛，复置河南郡，属司州。

兖州。案《禹贡》济河之地，舜置十二牧，则其一也。《周礼》："河东曰兖州。"《春秋元命包》云命："五星流为兖州。兖，瑞也，信也。"又云："盖取兖水以名焉。"汉武帝置十三州，以旧名为兖州，自此不改。州统郡国八，县五十六，户八万三千三百。

陈留国汉置。统县十，户三万。魏武帝封。

小黄　浚仪有洪沟，汉高祖项羽欲分处。封丘　酸枣乌巢地在东南。　济阳　长垣故城，孔子所厄也。雍丘故杞国。　尉氏　襄邑　外黄

濮阳国故属东郡，晋初分东郡置。统县四，户二万一千。

濮阳古昆吾国。师延为纣作靡靡之乐，即自投此水。公国相。　廪丘公国相。有羊角城。　白马有瓠子堤。　鄄城公国相。

济阴郡汉置。统县九，户七千六百。

定陶汉高祖封彭越为梁王，都此。　乘氏故侯国。　句阳　离狐　宛句　己氏　成武有楚丘亭。　单父故侯国。城阳舜所渔，尧冢在西。

高平国。故属梁国，晋初分山阳置。统县七，户三千八百。

昌邑侯相。有甲父亭。　钜野鲁获麟所。　方与　金乡湖陆　高平侯国。　南平阳侯国。有漆亭。

任城国汉置。统县三，户一千七百。

任城古任国。　亢父　樊

东平国汉置。统县七，户六千四百。

须昌　寿张有蚩尤祠。范　无盐　富城　东平陆刚平

济北国汉置。统县五，户三千五百。

庐扁鹊所生。县西有石门。　临邑　东阿　谷城有乌下聚。　蛇丘有下灌亭。

泰山郡汉置。统县十一，户九千三百。

奉高西南有明堂。　博有龟山。　嬴　南武城　梁父侯国。有菟裘聚。　山茌茌山在东北。　新泰故曰平阳。　南武阳有颛臾城。　莱芜有原山。　东牟故牟国。　钜平有阳关亭。

惠帝之末，兖州阖境沦没石勒。后石季龙改陈留郡为建昌郡，属洛州。是时遗黎南渡，元帝侨置兖州，寄居京口。明帝以郗鉴为刺史，寄居广陵，置濮阳、济阴、高平、太山等郡。后改为南兖州，或还江南，或居盱眙，或居山阳。后始制地为境，常居广陵，南与京口对岸。咸康四年，于北谯界立陈留郡。安帝分广陵郡之建陵、临江、如皋、宁海、蒲涛五县置山阳郡，属南兖州。

豫州。案《禹贡》为荆河之地。《周礼》："河南曰豫州。"豫者舒也，言禀中和之气，性理安舒也。《春秋元命包》云："钩钤星别为豫州。"地界，西自华山，东至于淮，北自济，南界荆山。秦兼天下，以为三川、河东、南阳、颍川、砀、泗水、薛七郡。汉改三川为河南郡，武帝置十三州，豫州旧名不改，以河南、河东二郡属司隶，又以南阳属荆州。先是，改泗水曰沛郡，改砀郡曰梁，改薛曰鲁，分梁沛立汝南郡，分颍川立淮阳郡。后汉章帝改淮阳曰陈郡。魏武分沛立谯郡，魏文分汝南立弋阳郡。及武帝受命，又分颍川立襄城郡，分汝南立汝阴郡，合陈郡于梁国。州统郡国十，县八十五，户十一万六千七百九十六。

颍川郡秦置。统县九，户二万八千三百。

许昌汉献帝都许。魏禅，徙都洛阳，许宫室武库存焉，改为许昌。　长社　颍阴　临颍公国相。　郾　邵陵公国相。鄢陵公国相。　新汲　长平

汝南郡汉置。统县十五，户二万一千五百。

新息　南安阳　安成侯相。　慎阳　北宜春　朗陵阳安故江国。有江亭。上蔡　平舆故沈子国。有沈亭。定颍　灈阳　南顿　汝阳　吴房故房子国。　西平故柏国。有龙泉，水可用淬刀剑。

襄城郡泰始二年置。统县七，户一万八千。

襄城侯相。有西不羹城。　繁昌魏文受禅于此。　郏　定陵侯相。　父城侯相。　昆阳公国相。　舞阳宣帝始封此邑。

　　汝阴郡魏置郡，后废，泰始二年复置。统县八，户八千五百。

　　汝阴故胡子国。　慎故楚邑。　原鹿　固始　鲖阳　新蔡　宋侯相　褒信

　　梁国汉置。统县十二，户一万三千。

　　睢阳春秋时宋都。　蒙　虞　下邑有阳山，山有文石。宁陵故葛伯国。　谷熟　陈　项　长平　阳夏　武平　苦东有赖乡祠，老子所生地。

　　沛国汉置。统县九，户五千九十六。

　　相　沛汉高祖所起处。　丰　竺邑　符离　杼秋　汶　虹　萧

　　谯郡魏置。统县七，户一千。

　　谯　城父　酂　山桑　龙亢　蕲　铚

　　鲁郡汉置。统县七，户三千五百。

　　鲁曲阜之地，鲁侯伯禽所居。　汶阳　卞　邹有绎山。番故小邾之国。　薛奚仲所封。　公丘

　　弋阳郡魏置。统县七，户一万六千七百。

　　西阳故弦子国。　轪　蕲春　邾　西陵　期思　弋阳

　　安丰郡魏置。统县五，户一千二百。

　　安风　雩娄　安丰侯相。　蓼　松滋侯相。

　　惠帝分汝阴立新蔡，分梁国立陈郡，分汝南立南顿。永嘉之乱，豫州沦没石氏。元帝渡江，以春谷县侨立襄城郡及繁昌县。成帝乃侨立豫州于江淮之间，居芜湖。时淮南入北，乃分丹阳侨立淮南郡，居于湖。又以旧当涂县流人渡江，侨立为县，并淮南、庐江、安丰并属豫州。宁康元年，移镇姑孰。孝武改蕲春县为蕲阳县，因新蔡郡人于汉九江王黥布旧城置南新蔡郡，属南豫州。又于汉庐江郡之南部置晋熙郡。

　　冀州。案《禹贡》、《周礼》并为河内之地，舜置十二牧，则其一也。《春秋元命包》云："昴毕散为冀州，分为赵国。"其地有险有易，帝王所都，则冀安，弱则冀强，荒则冀丰。舜以冀州南北阔大，分卫以西为并州，燕以北为幽州，周人因焉。及汉武置十三州，以其地依旧名焉冀州，历后汉至晋不改。州统郡国十三，县八十三，户三十二万六千。

　　赵国。汉置。统县九，户四万二千。

　　房子　元氏　平棘　高邑。公国相。　中丘　柏人　平乡　下曲阳故鼓子国。　鄗

　　钜鹿国秦置。统县二，户一万四十。

　　廮陶　钜鹿

　　安平国汉置。统县八，户二万一千。

　　信都　下博　武邑　武遂　观津侯相。　扶柳　广宗侯国。　经

　　平原国汉置。统县五。户五万一千。

　　平原　高唐　茌平　博平　聊城　安德　西平昌　般　鬲

　　乐陵国汉置。统县五，户三万三千。

　　厌次　阳信　漯沃　新乐　乐陵有都尉居。

　　勃海郡汉置。统县十，户四万。

　　南皮　东光　浮阳　饶安　高城　重合　东安陵　修　广川侯相。　阜城

　　章武国泰始元年置。统县四，户一万三千。

　　东平舒　文安　章武　束州

　　河间国汉置。统县六，户二万七千。

　　乐城侯相。　武垣　鄚侯相。　易城　中水　成平

　　高阳国泰始元年置。统县四，户七千。

　　博陆　高阳　北新城侯相。　蠡吾

　　博陵郡汉置。统县四，户一万。

　　安平　饶阳　南深泽　安国

　　清河国汉置。统县六，户二万二千。

　　清河　东武城　绎幕侯相。　贝丘　灵

　　中山国汉置。统县八，户三万三千。

　　卢奴　魏昌　新市　安喜　蒲阴　望都　唐　北平

　　常山郡汉置。统县八，户二万四千。

　　真定　石邑　井陉　上曲阳恒山在县西北，有坂号飞狐口。　蒲吾　南行唐　灵寿　九门侯相。

　　惠帝之后，冀州沦没于石勒。勒以太兴二年僭号于襄国，称赵。后为慕容儁所灭，慕容氏又为苻坚所灭。孝武太元八年，坚败，其地入慕容垂。垂僭号于中山，是为后燕。后燕卒灭于魏。

　　幽州。案《禹贡》冀州之域，舜置十二牧，则其一也。《周礼》"东北曰幽州。"《春秋元命包》云："箕星散为幽州，分为燕国。"言北方太阴，故以幽冥为号。武王定殷，封召公于燕，其后与六国俱称王。及秦灭燕，以为渔阳、上谷、右北平、辽西、辽东五郡。汉高祖分上谷置涿郡。武帝置十三州，幽州依旧名不改。其后开东边，置玄菟、乐浪等郡，亦皆属焉。元凤元年，改燕曰广阳郡。幽州所部凡九郡，至晋不改。幽州统都国七，县三十四，户五万九千二十。

　　范阳国汉置涿郡。魏文更名范阳郡。武帝置国，封宣帝弟子绥为王。统县八，户一万一千。

　　涿　良乡　方城　长乡　遒　故安　范阳　容城侯相。

　　燕国汉置，孝昭改为广阳郡。统县十，户二万九千。

　　蓟　安次侯相。　昌平　军都有关。　广阳　潞　安乐国相。蜀主刘禅封此县公。　泉州侯相。　雍奴　狐奴

　　北平郡秦置。统县四，户五千。

　　徐无　土垠　俊靡　无终

　　上谷郡秦置，郡在谷之上头，故因名焉。统县二，户四千七十。

　　沮阳　居庸

　　广宁郡故属上谷，太康中置郡，都尉居。统县三，户三千九百五十。

　　下洛　潘　涿鹿

代郡。秦置。统县四，户三千四百。
代　广昌　平舒　当城
辽西郡秦置。统县三，户二千八百。
阳乐　肥如　海阳

惠帝之后，幽州没于石勒。及穆帝永和五年，慕容儁僭号于蓟，是为前燕。七年，儁移都于邺。儁死，子㬂为苻坚所灭。坚败，地复入慕容垂，是为后燕。垂死，宝迁于和龙。

平州。案《禹贡》冀州之域，于周为幽州界，汉属右北平郡。后汉末，公孙度自号平州牧。及其子康、康子文懿并擅据辽东，东夷九种皆服事焉。魏置东夷校尉，居襄平，而分辽东、昌黎、玄菟、带方、乐浪五郡为平州，后还合为幽州。及文懿灭后，有护东夷校尉，居襄平。咸宁二年十月，分昌黎、辽东、玄菟、带方、乐浪等郡国五置平州。统县二十六，户一万八千一百。

昌黎郡汉属辽东属国都尉，魏置郡。统县二，户九百。
昌黎　宾徒
辽东国秦立为郡。汉光武以辽东等属青州，后还幽州。统县八，户五千四百。
襄平东夷校尉所居。　汶　居就　乐就　安市　西安平　新昌　力城
乐浪郡汉置。统县六，户三千七百。
朝鲜周封箕子之地。　屯有　浑弥　遂城秦筑长城之所起。　镂方　驷望
玄菟郡汉置。统县三，户三千二百。
高句丽　望平　高显
带方郡公孙度置。统县七，户四千九百。
带方　列口　南新　长岑　提奚　含资　海冥

平州初置，以慕容廆为刺史，遂属永嘉之乱，廆为众所推。及其孙儁移都于蓟。其后慕容垂子宝又迁于和龙，自幽州至于庐溥镇以南地入于魏。慕容熙以幽州刺史镇令支，青州刺史镇新城，并州刺史镇凡城，营州刺史镇宿军，冀州刺史镇肥如。高云以幽、冀二州牧镇肥如，并州刺史镇白狼。后为冯跋所篡，跋僭号于和龙，是为后燕，卒灭于魏。

并州。案《禹贡》盖冀州之域，舜置十二牧，则其一也。《周礼》：正北曰并州，其镇曰恒山。《春秋元命包》云："营室流为并州，分为卫国。"州不以卫水为号，又不以恒山为称，而云并者，盖以其在两谷之间也。汉武帝置十三州，并州依旧名不改，统上党、太原、云中、上郡、雁门、代郡、定襄、五原、西河、朔方十郡，又别置朔方刺史。后汉建武十一年，省朔方入并州。灵帝末，羌胡大扰，定襄、云中、五原、朔方、上郡等五郡并流徙分散。建安十八年，省入冀州。二十年，始集塞下荒地立新兴郡，后又分上党立乐平郡。魏黄初元年，复置并州，自陉岭以北并弃之，至晋因而不改。并州统郡国六，县四十五，户五万九千二百。

太原国秦置。统县十三，户一万四千。
晋阳侯相。　阳曲　榆次　于离　孟　狼孟　阳邑　大陵　祁　平陶　京陵　中都　邬
上党郡秦置。统县十，户一万三千。
潞　屯留　壶关　长子　泫氏　高都　铜鞮　涅　襄垣　武乡
西河国汉置。统县四，户六千三百。
离石　隰城　中阳　介休
乐平郡泰始中置。统县五，户四千三百。
沾　上艾　寿阳　㼽阳　乐平
雁门郡秦置。统县八，户一万二千七百。
广武　崞　汪陶　平城　俀人　繁畤　原平　马邑
新兴郡魏置。统县五，户九千。
九原　定襄　云中　广牧　晋昌

惠帝改新兴为晋昌郡。及永兴元年，刘元海僭号于平阳，称汉，于是并州之地皆为元海所有。元海乃以雍州刺史镇平阳，幽州刺史镇离石。及刘聪攻陷洛阳，置左右司隶，各领户二十余万，万户置一内史，凡内史四十三人，单于左右辅各主六夷。又置殷、卫、东梁、西河阳、北兖五州，以怀安新附。刘曜徙都长安，其平阳以东地入石勒。勒平朔方，又置朔州。自惠怀之间，离石县荒废，勒于其处置永石郡，又别置武乡郡。及苻坚、姚兴、赫连勃勃，并州并徙置河东，又姚兴以河东为并、冀二州云。

雍州。案《禹贡》黑水、西河之地，舜置十二牧，则其一也。以其四山之地，故以雍名焉。亦谓西北之位，阳所不及，阴气雍阏也。《周礼》：西曰雍州。盖并及梁州之地。周自武王克殷，都于酆镐，雍州为王畿。及平王东迁洛邑，以岐酆之地赐秦襄公，则为秦地，累世都之，至始皇遂平六国。秦灭，汉又都之。及武帝置十三州，其地以西偏为凉州，其余并属司隶，不统于州。后汉光武都洛阳，关中复置雍州。后罢，复置司隶校尉，统三辅如旧。献帝时又置雍州，自三辅距西域皆属焉。魏文帝即位，分河西为凉州，分陇右为秦州，改京兆尹为太守，冯翊、扶风各除左右，仍以三辅属司隶。晋初于长安置雍州，统郡国七，县三十九，户九万九千五百。

京兆郡汉置。统县九，户四万。
长安　杜陵　霸城　蓝田　高陆　万年故栎阳县。　新丰　阴殷　郑京宣王弟郑桓公邑。
冯翊郡汉置，名左冯翊。统县八，户七千七百。
临晋。故大荔，秦获之，更名。有河水祠，祠临晋水，故名。　下邽秦武公伐邽戎，置有上邽，故加下。　重泉　频阳秦厉公置，在频水之阳。　粟邑　莲芍　郃阳　夏阳故少梁，秦惠文王更名。梁山在西北。
扶风郡汉武帝以为主爵都尉，太初中更名右扶风。统县六，户二万三千。
池阳汉惠帝置。有嶻薛山。　郿　成国渠首受渭。　雍侯相。有五畤、太昊、黄帝以下祠三百三所。　汧吴山在西，古文以为汧山。　陈仓　美阳岐山在西北，周太王所邑。
安定郡汉置。统县七，户五千五百。

临泾　朝那　乌氏　都卢　鹑觚　阴密殷时密国。
西川
　　始平郡秦置。统县二，户二千六百。
　　　泥阳　富平
　　始平郡泰始二年置。统县五，户一万八千。
　　　槐里秦曰废丘，汉高帝更名。有黄山宫。　始平　武功
太一山在东，古文以为终南。　鄠古国，夏启所伐。　蒯城
　　新平郡汉置。统县二，户二千七百。
　　　漆漆水在西。　汾邑
　　惠帝即位，改扶风国为秦国。徙都。建兴之后，雍州
没于刘聪。及刘曜徙都长安，改号曰赵，以秦、凉二州牧
镇上邽，朔州牧镇高平，幽州刺史镇北地，并州牧镇蒲
坂。石勒克长安，复置雍州。石氏既败，苻健僭据关中，
又都长安，是为前秦。于是乃于雍州置司隶校尉，以豫州
刺史镇许昌，秦州刺史镇上邽，荆州刺史镇丰阳，洛州
刺史镇宜阳，并州刺史镇蒲坂。苻坚时，分司隶为雍州，
分京兆为咸阳郡，洛州刺史镇陕城。灭燕之后，分幽州置
平州，镇龙城，幽州刺史镇蓟城，河州刺史镇枹罕，并州
刺史镇晋阳，豫州刺史镇洛阳，兖州刺史镇仓垣，雍州刺
史镇蒲坂。于是移洛州居丰阳，以许昌置东豫州，以荆州
刺史镇襄阳，徐州刺史镇彭城。即而姚苌灭苻氏，是为后
秦。及苌子兴克洛阳，分以并、冀二州牧镇蒲坂，豫州牧镇
洛阳，兖州刺史镇仓垣，分司隶领北五郡，置幽州刺史镇
安定。及姚泓为刘裕所灭，其地寻入赫连勃勃。勃勃僭号
于统万，是为夏。置幽州牧于大城，又平刘义真于长安，
遣子璝镇焉，号曰南台。以朔州牧镇三城，秦州刺史镇
杏城，雍州刺史镇阴密，并州刺史镇蒲坂，梁州牧镇安定，
北秦州刺史镇武功，豫州牧镇李闰，荆州刺史镇陕，其州
郡之名并不可知也。然自元帝渡江，所置州亦皆遥领。初
以魏该为雍州刺史，镇赞阝城，寻省，侨立始平郡，寄居
武当城。有秦国流人至江南，改堂邑为秦郡，侨立尉氏县
属焉。康帝时，庾翼为荆州刺史，迁镇襄阳。其后秦雍流
人多南出樊沔，孝武始于襄阳侨立雍州，仍以京兆、始平、
扶风、河南、广平、义成、北河南七郡，并属襄阳。襄阳
故属荆州。

　　凉州。案《禹贡》雍州之西界，周衰，其地为狄。秦
兴美阳甘泉宫，本匈奴铸金人祭天之处。匈奴既失甘泉，
又使休屠、浑邪王等居凉州之地。二王后以地降汉，汉置
张掖、酒泉、敦煌、武威郡。其后又置金城郡，谓之河西
五郡。汉改周之雍州为凉州，盖以地处西方，常寒凉也。
地势西北邪出，在南山之间，南隔西羌，西通西域，于时
号为断匈奴右臂。献帝时，凉州数有乱，河西五郡去州隔
远，于是乃别以为雍州。末又依古州定九州，乃合关右以
为雍州。魏时复分以为凉州，刺史领戊己校尉，护西域，
如汉故事，至晋不改。郡统八，县四十六，户三万七百。
　　金城郡汉置。统县五，户二千。
　　　榆中　允街　金城　白土　浩亹
　　西平郡汉置。统县四，户四千。
　　　西都　临羌　长宁　安夷

　　武威郡汉置。统县七，户五千九百。
　　　姑臧　宣威　揟次　仓松　显美　骊靬　番禾
　　张掖郡汉置。统县三，户三千七百。
　　　永平　临泽汉昭武县，避文帝讳改也。　屋兰汉因屋兰
名焉。
　　西郡汉置。统县五，户一千九百。
　　　日勒　删丹　仙提　万岁　兰池一云兰绝池。
　　酒泉郡汉置。统县九，户四千四百。
　　　福禄　会水　安弥　骅马　乐涫　表氏　延寿
玉门　沙头
　　敦煌郡汉置。统县十二，户六千三百。
　　　昌蒲　敦煌　龙勒　阳关　效谷　广至　宜禾　宜
安　深泉　伊吾　新乡　乾齐
　　西海郡故属张掖，汉献帝兴平二年，武威太守张雅请置。统
县一，户二千五百。
　　居延泽在东南，《尚书》所谓流沙也。
　　元康五年，惠帝分敦煌郡之宜禾、伊吾、宜安、深泉、
广至等五县，分酒泉之沙头县，又别立会稽、新乡，凡八
县为晋昌郡。永宁中，张轨为凉州刺史，镇武威，上表请
合秦雍流移人于姑臧西北，置武兴郡，统武兴、大城、乌
支、襄武、晏然、新鄣、平狄、司监等县。又分西平界置
晋兴郡，统晋兴、枹罕、永固、临津、临鄣、广昌、大
夏、遂兴、罕唐、左南等县。是时中原沦没，元帝徙居江
左，轨乃控据河西，称晋正朔，是为前凉。及张寔，分金
城之令居、枝阳二县，又立永登县，合三县立广武郡。张
茂分武兴、金城、西平、安故为定州。张骏分武威、武兴、
西平、张掖、酒泉、建康、西海、西郡、湟河、晋兴、广
武合十一郡为凉州，兴晋、金城、武始、南安、永晋、大
夏、武成、汉中为河州，敦煌、晋昌、高昌、西域都护、
戊己校尉、玉门大护军三郡三营为沙州。张骏假凉州都
督，摄三州。张祚又以敦煌郡为商州。永兴中，置汉阳县
以守牧地，张玄靓改为祁连郡。张天锡又别置临松郡。天
锡降于苻氏，其地寻为吕光所据。吕光都于姑臧后，以郭
䌻言谶，改昌松为东张掖郡。及吕隆降于姚兴，其地三分。
武昭王为西凉，建号于敦煌，秃发乌孤为南凉，建号于乐
都。　沮渠蒙逊为北凉，建号于张掖。而分据河西五郡。

　　秦州。案《禹贡》本雍州之域，魏始分陇右置焉，刺
史领护羌校尉，中间暂废。及泰始五年，又以雍州陇右五
郡及凉州之金城、梁州之阴平，合七郡置秦州，镇冀城。
太康三年，罢秦州，并雍州。七年，复立，镇上邽。统郡
六，县二十四，户三万二千一百。
　　陇西郡秦置。统县四，户三千。
　　　襄武　首阳乌鼠山在东。　临洮　狄道
　　南安郡汉置。统县三，户四千三百。
　　　豲道　新兴　中陶
　　天水郡汉武置，孝明改为汉阳，晋复为天水。统县六，户
八千五百。
　　　上邽　冀秦州故居。　始昌　新阳　显新汉显亲县。
成纪

略阳郡本名广魏，泰始中更名焉。统县四，户九千三百二十。

  临渭 平襄 略阳 清水

武都郡汉置。统县五，户三千。

  下辩 河池 沮 武都 故道

阴平郡泰始中置。统县二，户三千。

  阴平 平广

惠帝分陇西之狄道、临洮、河关，又立洮阳、遂平、武街、始兴、第五、真仇六县，合九县置狄道郡，属秦州。张骏分属凉州，又以狄道县立武始郡。江左分梁为秦，寄居梁州，又立氐池为北秦州。

梁州。案《禹贡》华阳黑水之地，舜置十二牧，则其一也。梁者，言西方金刚之气强梁，故因名焉。《周礼》职方氏以梁并雍。汉不立州名，以其地为益州。及献帝初平六年，以临江县属永宁郡。建安六年，刘璋改永宁为巴东郡，分巴郡垫江置巴西郡。刘备据蜀，又分广汉之葭萌、涪城、梓潼、白水四县，改葭萌曰汉寿，又立汉德县，以为梓潼郡；割巴郡之宕渠、宣汉、汉昌三县宕渠郡，寻省，以县并属巴西郡。泰始三年，分益州，立梁州于汉中，改汉寿为晋寿，又分广汉置新都郡。梁州统郡八，县四十四，户七万六千三百。

汉中郡秦置，统县八，户一万五千。

  南郑 蒲池 褒中 沔阳 成固 西乡 黄金 兴道

梓潼郡蜀置。统县八，户一万二百。

  梓潼 涪城 武连 黄安 汉德 晋寿 剑阁 白水

广汉郡汉置。统县三，户五千一百。

  广汉 德阳 五城

新都郡泰始二年置。统县四，户二万四千五百。

  雒 什方 绵竹 新都

涪陵郡蜀置。统县五，户四千二百。

  汉复 涪陵 汉平 汉葭 万宁

巴郡秦置。统县四，户三千三百。

  江州 垫江 临江 枳

巴西郡蜀置。统县九，户一万二千。

  阆中 西充国 苍溪 岐惬 南充国 汉昌 宕渠 安汉 平州

巴东郡汉置。统县三，户六千五百。

  鱼复 朐䏰 南浦

太康六年九月，罢新都郡并广汉郡。惠帝复分巴西置宕渠郡，统宕渠、汉昌、宣汉三县，并以新城、魏兴、上庸合四郡以属梁州。寻而梁州郡县没于李特，永嘉中又分属杨茂搜，其晋人流寓于梁益者，仍于二州立南北二阴平郡。及桓温平蜀之后，以巴汉流人立晋昌郡，领长乐、安晋、延寿、安乐、宣汉、宁都、新兴、吉阳、东关、永安十县；又置益昌、晋兴二县，属巴西郡；于德阳界东南置遂宁郡，又于晋寿置剑阁县，属梁州。后孝武分梓潼北界立晋寿郡，统晋寿、白水、邵欢、兴安四县；梓潼郡徙居梓潼，罢剑阁县；又别置南汉中郡，分巴西、梓潼为金山郡。及安帝时，又立新巴、汶阳二郡，又有北新巴、华阳、南阴平、北阴平四郡，其后又立巴渠、怀安、宋熙、白水、上洛、北上洛、南宕渠、怀汉、新兴、安康等十郡。

益州。案《禹贡》及舜十二牧俱为梁州之域，周合梁于雍，则又为雍州之地。《春秋元命包》云："参伐流为益州，益之为言厄也。"言其所在之地险厄也，亦曰疆壤益大，故以名焉。始秦惠王灭蜀，置郡，以张若为蜀守。及始皇置三十六郡，蜀郡之名不改。汉初有汉中、巴蜀。高祖六年，分蜀置广汉，凡为四郡。武帝开西南夷，更置犍为、牂柯、越巂、益州四郡，凡八郡，遂置益州统焉，益州始此也。及后汉，明帝以新附置永昌郡，安帝又以诸道置蜀、广汉、犍为三郡属国都尉，及灵帝又以汶江、蚕陵、广柔三县立汶山郡。献帝初平元年，刘璋分巴郡立永宁郡。建安六年，改永宁为巴东，以巴郡为巴西，又立涪陵郡。二十一年，刘备分巴郡立固陵郡。蜀章武元年又改固陵为巴东郡，巴西郡为巴郡，又分广汉立梓潼郡，分犍为立江阳郡，以蜀郡属国为汉嘉郡，以犍为属国为朱提郡。刘禅建兴二年，改益州郡为建宁郡，广汉属国为阴平郡，分建宁永昌立云南郡，分建宁牂柯立兴古郡，分广汉立东广汉郡。魏景元中，蜀平，省东广汉郡。及武帝泰始二年，分益州置梁州，以汉中属焉。七年，又分益州置宁州。益州统郡八，县四十四，户十四万九千三百。

蜀郡秦置。统县六，户五万。

  成都 广都 繁 江原 临邛 郫

犍为郡汉置。统县五，户一万。

  武阳 南安 僰道 资中 牛鞞

汶山郡汉置。统县八，户一万六千。

  汶山 升迁 都安 广阳 兴乐 平康 蚕陵 广柔

汉嘉郡蜀置。统县四，户一万三千。

  汉嘉 徙阳 严道 旄牛

江阳郡蜀置。统县三，户三千一百。

  江阳 符 汉安

朱提郡蜀置。统县五，户二千六百。

  朱提 南广 汉阳 南秦 堂狼

越巂郡汉置。统县五，户五万三千四百。

  会无 邛都 卑水 定筰 台登

牂柯郡汉置。统县八，户一千二百。

  万寿 且兰 谈指 夜郎 毋敛 并渠 鳖 平夷

惠帝之后，李特僭号于蜀，称汉，益州郡县皆没于特。李雄又分汉嘉、蜀二郡立沈黎、汉原二郡。是时益州郡县虽没李氏，江左并遥置之。桓温灭蜀，其地复为晋有，省汉原、沈黎而立南阴平、晋原、宁蜀、始宁四郡焉。咸安二年，益州复没于苻氏。太元八年，复为晋有。隆安二年，又立晋熙、遂宁、晋宁三郡云。

宁州。于汉魏为益州之域。泰始七年，武帝以益州地广，分益州之建宁、兴古、云南，交州之永昌，合四郡为宁州，统县四十五，户八万三千。

云南郡蜀置。统县九，户九千二百。
云平 云南 楪棟 青蛉 姑复 邪龙 榆 遂久 永宁

兴古郡蜀置。统县十一，户六千二百。
律高 句町 宛温 漏卧 毋掇 贲古 滕休 镡封 汉兴 进乘 都篖

建宁郡蜀置。统县十七，户二万九千。
味 昆泽 存䣖 新定 谈槁 母单 同瀨 漏江 牧麻 谷昌 连然 秦臧 双柏 俞元 修云 泠丘 滇池

永昌郡汉置。统县八，户三万八千。
不韦 永寿 比苏 雍乡 南涪 嶲唐 哀牢 博南

太康三年，武帝又废宁州入益州，立南夷校尉以护之。太安二年，惠帝复立宁州，又分建宁以西七县别立为益州郡。永嘉二年，改益州郡曰晋宁，分牂柯立平夷、夜郎二郡，然是时其地再为李特所有。其后李寿分宁州兴古、永昌、云南、朱提、越嶲、河阳六郡为汉州。咸康四年，分牂柯、夜郎、朱提、越嶲四郡置安州。八年，又罢并宁州。以越嶲还属益州，省永昌郡焉。

卷十五　　志第五

地理下 青州 徐州 荆州 扬州 交州 广州

青州。案《禹贡》为海岱之地，舜十二牧，则其一也。舜以青州越海，又分为营州，则辽东本为青州矣。《周礼》："正东曰青州。"盖取土居少阳，其色为青，故以名也。《春秋元命包》云："虚危流为青州。"汉武帝置十三州，因旧名，历后汉至晋不改。州统郡国六，县三十七，户五万三千。

齐国秦置郡，汉以为国。景帝以为北海郡。统县五，户一万四千。
临淄 西安有棘里亭。 东安平汝水出东北。 广饶 昌国乐毅所封。

济南郡汉置。统县五，户五千。或云魏平蜀，徙其豪将家于济河北，故改为济岷郡。而《太康地理志》无此郡名，未之详。
平寿古国。寒浞封此。 下密有三石祠。 胶东侯国。 即墨有天山祠。 祝阿

乐安国汉置。统县八，户一万一千。
高苑 临济有蚩尤祠。 博昌有薄姑祠。 利益侯相。 蓼城侯国。 邹 寿光古斟灌氏所封国。 东朝阳

城阳郡汉置，属北海，自魏至晋，分北海而立焉。郡统县十，户一万二千。
莒故莒子国。 姑幕古薄姑氏国。 诸 淳于故淳于公国。 东武 高密汉改为郡。 壮武 黔陬 平昌 昌安

东莱国汉置郡。统县六，户六千五百。

掖侯相。 当利侯国。 庐乡 曲城 黄有莱山、松林莱君祠。 惤侯国。有百支莱王祠。

长广郡咸宁三年置。统县三，户四千五百。
不其侯国。 长广 挺

惠帝元康十年，又置平昌郡。又分城阳之黔陬、壮武、淳于、昌安、高密、平昌、营陵、安丘、大、剧、临朐十一县为高密国。自永嘉丧乱，青州沦没石氏。东莱人曹嶷为刺史。造广固城，后为石季龙所灭。季龙末，辽西段龛自号齐王，据青州。慕容恪灭赵，克青州。苻氏平燕，尽有其地。及苻氏败后，刺史苻朗以州降。朝廷置幽州，以别驾辟闾浑为刺史，镇广固。隆安四年，为慕容德所灭，遂都之，是为南燕，复改为青州。德以并州牧镇阴平，幽州刺史镇发干，徐州刺史镇莒城，青州刺史镇东莱，兖州刺史镇梁父。慕容超移青州于东莱郡，后为刘裕所灭，留长史羊穆之为青州刺史，筑东阳城而居之。自元帝渡江，于广陵侨置青州。至是始置北青州，镇东阳城，以侨立州为南青州。而后省南青州，而北青州直曰青州。

徐州。案《禹贡》海岱及淮之地，舜十二牧，则其一也。于周入青州之域。《春秋元命包》云："天氏流为徐州。"盖取舒缓之义，或云因徐丘以立名。秦兼天下，以置泗水、薛、琅邪三郡。楚汉之际，分置东阳郡。汉又分置东海郡，改泗水为沛，改薛为鲁，分沛置楚国，以东阳属吴国。景帝改吴为江都，武帝分沛、东阳置临淮郡，改江都为广陵。及置十三州，以其地为徐州，统楚国及东海、琅邪、临淮、广陵四郡。宣帝改楚为彭城郡，后汉改为彭城国，以沛郡之广戚县来属，改临淮为下邳国。及太康元年，复分下邳属县在淮南者置临淮郡，分琅邪置东莞郡。州凡领郡国七，县六十一，户八万一千二十一。

彭城国汉以为郡。统县七，户四千一百二十一。
彭城故殷伯子彭国。 留张良所封。 广戚 傅阳 武原 吕 梧

下邳国汉置为临淮郡。统县七，户七千五百。
下邳葛峄山在西，古峄阳也。韩信为楚王，都之。 凌 良城侯相。 睢陵 夏丘 取虑 僮

东海郡汉置。统县十二，户一万一千一百。
郯故郯子国。 祝其羽山在县之西。 朐 襄贲 利城 赣榆 厚丘 兰陵 承 昌虑 合乡 戚

琅邪国秦置郡。统县九，户二万九千五百。
开阳侯相。 临沂 阳都 缯 即丘 华 费鲁季氏邑。 东安 蒙阴山在西南。

东莞郡太康中置。统县八，户一万。
东莞故鲁郓邑。 朱虚 营陵尚父吕望所封。 安丘故莒渠丘父封邑。 盖 临朐有海水祠。 剧 广

广陵郡汉置。统县八，户八千八百。
淮阴 射阳 舆 海陵有江海会祠。 广陵 盐渎 淮浦 江都有江水祠。

临淮郡汉置，章帝以合下邳，太康元年复立。统县十，户一万。
盱眙 东阳 高山 赘其 潘旌 高邮 淮陵 司

吾 下相 徐

太康十年，以青州城阳郡之莒、姑幕、诸、东武四县属东莞。元康元年，分东海置兰陵郡。七年，又分东莞置东安郡，分临淮置淮陵郡，以堂邑置堂邑郡。永嘉之乱，临淮、淮陵并沦没石氏。元帝渡江之后，徐州所得惟半，乃侨置淮阳、阳平、济阴、北济阴四郡。又琅邪国人随帝过江者，遂置怀德县及琅邪郡以统之。是时，幽、冀、青、并、兖五州及徐州之淮北流人相帅过江淮，帝并侨立郡县以司牧之。割吴郡之海虞北境，立郯、朐、利城、祝其、厚丘、西隰、襄贲七县，寄居曲阿，以江乘置南东海、南琅邪、南东平、南兰陵等郡，分武进立临淮、淮陵、南彭城等郡，属南徐州，又置顿丘郡属北徐州。明帝又立南沛、南清河、南下邳、南东莞、南平昌、南济阴、南濮阳、南太平、南泰山、南济阳、南鲁等郡，以属徐、兖二州，初或居江南，或居江北，或以兖州领州。郗鉴都督兖二州诸军事，兖州刺史，加领徐州刺史，镇广陵。苏峻平后，自广陵还镇京口。又于汉故九江郡界置钟离郡，属南徐州，江北又侨立幽、冀、青、并四州。穆帝时，移南东海七县出居京口。义熙七年，始分淮北为北徐州，淮南但为徐州，统彭城、沛、下邳、兰陵、东莞、东安、琅邪、淮阳、阳平、济阴、北济阴十一郡，以盱眙立盱眙郡，统考城、直渎、阳城三县，又分广陵界置海陵、山阳二郡。后又以幽冀合徐州，青并合兖州。

荆州。案《禹贡》荆及衡阳之地，舜置十二牧，则其一也。《周礼》："正南曰荆州。"《春秋元命包》云："轸星散为荆州。"荆，强也，言其气躁强。亦曰警也，言南蛮数为寇逆，其人有道后服，无道先强，常警备也。又云取名于荆山。六国时，其地为楚。及秦，取楚鄢郢为南郡，又取巫中地为黔中郡，以楚之汉北立南阳郡，灭楚之后，分黔中为长沙郡。汉高祖分长沙为桂阳郡，改黔中为武陵郡，分南郡为江夏郡。武帝又分长沙为零陵郡。及置十三州，因旧名为荆州，统南郡、南阳、零陵、桂阳、武陵、长沙、江夏七郡。后汉献帝建安十三年，魏武尽得荆州之地，分南郡以北立襄阳郡，又分南阳西界立南乡郡，分枝江以西立临江郡。及败于赤壁，南郡以南属吴，吴后遂与蜀分荆州。于是南郡、零陵、武陵以西为蜀，江夏、桂阳、长沙三郡为吴，南阳、襄阳、南乡三郡为魏。而荆州之名，南北双立。蜀分南郡，立宜都郡，刘备没后，宜都、武陵、零陵、南郡四郡之地悉复属吴。魏文帝以汉中遗黎立魏兴、新城二郡，明帝分新城立上庸郡。孙权分江夏立武昌郡，又分苍梧立临贺郡，分长沙立衡阳、湘东二郡。孙休分武陵立天门郡，分宜都立建平郡。孙皓分零陵立始安郡，分桂阳立始兴郡，又分零陵立邵陵郡，分长沙立安成郡。荆州统南郡、武昌、武陵、宜都、建平、天门、长沙、零陵、桂阳、衡阳、湘东、邵陵、临贺、始兴、始安十五郡，其南阳、江夏、襄阳、南乡、魏兴、新城、上庸七郡属魏之荆州。及武帝平吴，分南郡为南平郡，分南阳立义阳郡，改南乡顺阳郡，又以始兴、始安、临贺三郡属广州，以扬州之安成郡来属。统郡二十二，县一百六十九，户三十五万七千五百四十八。

江夏郡汉置。统县七，户二万四千。

安陆横尾山在东北，古之陪尾山。 云杜故云子国。 曲陵 平春

鄳 竟陵章山在东北，古之方山。 南新市

南郡汉置。统县十一，户五万五千。

江陵故楚都。 编有云梦官。 当阳 华容 郢 故郢子国。枝江故罗国。 旌阳 州陵楚斄人州侯所邑。 监利松滋 石首

襄阳郡魏置。统县八，户二万二千七百。

宜城故鄢也。 中庐 临沮荆山在东北。 邔 襄阳侯相。 山都 邓城 鄾

南阳国秦置郡。统县十四，户二万四千四百。

宛 西鄂侯相。 雉 鲁阳公国相。 犨 淯阳公国相。 博望公国相。 堵阳 叶侯相。有长城山，号曰方城。 舞阴公国相。 比阳公国相。 涅阳 冠军 郦

顺阳郡太康中置。统八县，户二万一百。

酇 顺阳 南乡 丹水 武当 侯相。 阴 筑阳 析

义阳郡太康中置。统县十二，户一万九千。

新野（侯相。 穰 邓故邓侯国。 蔡阳 随故随国。 安昌 棘阳 厥西 平氏桐柏山在南。 义阳 平林 朝阳

新城郡魏置。统县四，户一万五千二百。

房陵 绥阳 昌魏 沶乡

魏兴郡魏置。统县六，户一万二千。

晋兴 安康 西城 锡 长利 洵阳

上庸郡魏置。统县六，户一万一千四百四十八。

上庸侯相。 安富 北巫 武陵 上廉 微阳

建平郡吴、晋各有建平郡，太康元年合。统县八，户一万三千二百。

巫 北井 秦昌 信陵 兴山 建始 秭归故楚子国。 沙渠

宜都郡吴置。统县三，户八千七百。

夷陵 夷道 佷山

南平郡吴置，以为南郡，太康元年改曰南平。统县四，户七千。

作唐 孱陵 南安 江安

武陵郡汉置。统县十，户一万四千。

临沅 龙阳 汉寿 沅陵 黚阳 酉阳 镡城 沅南 迁陵 舞阳

天门郡吴置。统县五，户三千一百。

零阳 溇中 袭 临澧 澧阳

长沙郡汉置。统县十，户三万三千。

临湘 攸 下隽 醴陵 刘阳 建宁 吴昌 罗 蒲沂 巴陵

衡阳郡吴置，故属长沙。统县九，户二万三千。

湘乡 重安 湘南 湘西 烝阳 衡山 连道 新康 益阳

湘东郡吴置，故属长沙。统县七，户一万九千五百。

酃　茶陵　临烝　利阳　阴山　新平　新宁

零陵郡汉置。统县十一，户二万五千一百。

泉陵有香茅，云古贡之以缩酒。　祁阳　零陵　营浦　洮阳　永昌　观阳　营道　舂陵　泠道　应阳东界有鼻墟，云象所封。

邵陵郡吴置。统县六，户一万二千。

邵陵　都梁　夫夷　建兴　邵阳　高平

桂阳郡汉置。统县六，户一万一千三百。

郴项羽义帝之邑。　耒阳　便　临武　晋宁　南平

武昌郡吴置。统县七，户一万四千八百。

武昌故东鄂也。楚子熊渠封中子红于此。　柴桑。有湓口关。　阳新　沙羡有夏口，对沔口，有津。　沙阳　鄂有新兴、马头铁官　官陵

安成郡吴置。统县七，户三千。

平都　宜春　新谕　永新　安复　萍乡　广兴

惠帝分桂阳、武昌、安成三郡立江州，以新城、魏兴、上庸三郡属梁州，又分义阳立随郡，分南阳立新野郡，分江夏立竟陵郡。怀帝又分长沙、衡阳、湘东、零陵、邵陵、桂阳及广州之始安、始兴、临贺九郡置湘州。时蜀乱，又割南郡之华容、州陵、监利三县别立丰都，合四县置成都郡，为成都王颖国，居华容县。愍帝建兴中，并还南郡，亦并丰都于监利。元帝渡江，又侨立新兴、南河东二郡。穆帝时，又分零陵立营阳郡，以宜阳流人在南者立为义阳郡。又以广州之临贺、始兴、始安三郡及江州之桂阳，益州之巴东，合五郡来属，以长沙、衡阳、湘东、零陵、邵陵、营阳六郡属湘州。桓温又分南郡立武宁郡。安帝又侨立南义阳、东义阳、长宁三郡。义熙十三年，省湘州，长沙、衡阳、湘东、零陵、邵陵、营阳还入荆州。

扬州。案《禹贡》淮海之地，舜置十二牧，则其一也。《周礼》："东南曰扬州。"《春秋元命包》云："牵牛流为扬州，分为越国。"以为江南之气躁劲，厥性轻扬。亦曰，州界多水，水波扬也。于古则荒服之国，战国时其地为楚分。秦始皇并天下，以置鄣、会稽、九江三郡。项羽封英布为九江王，尽有其地。汉改九江曰淮南，即封布为淮南王。六年，分淮南置豫章郡。十一年，布诛，立皇子长为淮南王，封刘濞为吴王，二国尽得扬州之地。文帝十六年，分淮南立庐江、衡山二郡。景帝四年，封皇子非为江都王，并得鄣、会稽郡，而不得豫章。武帝改江都曰广陵，封皇子胥为王而以属徐州。元封二年，改鄣曰丹杨，改淮南复为九江。后汉顺帝分会稽立吴郡，扬州统会稽、丹杨、吴、豫章、九江、庐江六郡，省六安并庐江郡。献帝兴平中，孙策分豫章立庐陵郡。孙权又分豫章立鄱阳郡，分丹杨立新都郡。孙亮又分豫章立临川郡，分会稽立临海郡。孙休又分会稽立建安郡。孙晧分会稽立东阳郡，分吴立吴兴郡，分豫章、庐陵、长沙立安成郡，分庐陵立庐陵南部都尉，扬州统丹杨、吴、会稽、吴兴、新都、东阳、临海、建安、豫章、鄱阳、临川、安成、庐陵南部十四郡。江西庐江、九江之地，自合肥之北至寿春悉属魏。及晋平吴，以安成属荆州，分丹杨之宣城、宛陵、陵阳、安吴、泾、广德、宁国、怀安、石城、临城、舂谷十一县立宣城郡，理宛陵，改新都曰新安郡，改庐陵南部为南康郡，分建安立晋安郡，又分丹杨立毗陵郡。扬州合统郡十八，县一百七十三，户三十一万一千四百。

丹阳郡汉置。统县十一，户五万一千五百。

建邺本秣陵，孙氏改为建业。武帝平吴，以为秣陵。太康三年，分秣陵北为建邺，改业为邺。　江宁太康二年，分建邺置。　丹杨丹杨山多赤柳，在西也。　于湖　芜湖　永世　溧阳溧水所出。　江乘　句容有茅山。　湖熟　秣陵

宣城郡太康二年置。统县十一，户二万三千五百。

宛陵侯相。彭泽聚在西南。　宣城　陵阳淮水出东北入江。仙人陵阳子明所居。　安吴　临城　石城　泾　春谷孝武改春为阳。　广德　宁国　怀安

淮南郡秦置九江郡。汉以为淮南国，汉武帝置为九江郡。武帝改为淮南郡。统县十六，户三万三千四百。

寿春　成德　下蔡　义城　西曲阳　平阿有涂山。　历阳　全椒　阜陵汉明帝时沦为麻湖。　钟离故州来邑。　合肥　逡遒　阴陵　当涂古涂山国。　东城　乌江

庐江郡汉置。统县十，户四千二百。

阳泉　舒故国，有桐乡。　灊天柱山在南，有祠。　皖　寻阳　居巢桀死于此。　临湖　襄安　龙舒　六故六国。

毗陵郡吴分会稽无锡已西为屯田，置典农校尉。太康二年，省校尉为毗陵郡。统县七，户一万二千。

丹徒故朱方。　曲阿故云阳。　武进　延陵　毗陵　既阳　无锡有磨山，春申君祠。

吴郡汉置。统县十一，户二万五千。

吴故国。具区在西。　嘉兴　海盐　盐官　钱唐武林山、武林水所出。　富阳　桐庐　建德　寿昌　海虞　娄

吴兴郡吴置。统县十，户二万四千。

乌程　临安　余杭　武康。故防风氏国。　东迁　于潜有潜水。　故鄣　安吉　原乡　长城

会稽郡秦置。统县十，户三万。

山阴会稽山在南，上有禹冢。　上虞有仇亭，舜避丹朱于此地。余姚有句余山在南。　句章　鄞有鲒埼亭。　鄮　始宁　剡　永兴　诸暨

东阳郡吴置。统县九，户一万二千。

长山有赤松子庙。　永康　乌伤　吴宁　太末　信安　丰安　定阳　遂昌

新安郡吴置。统县六，户五千。

始新　遂安　黝　歙　海宁　黎阳

临海郡吴置。统县八，户一万八千。

章安　临海　始丰　永宁　宁海　松阳　安固　横阳

建安郡故秦闽中郡，汉高帝五年以立闽越王。及武帝灭之，徙其人，名为东冶，又更名东城。后汉改为候官都尉，及吴置建安郡。统县七，户四千三百。

建安　吴兴　东平　建阳　将乐　邵武　延平

晋安郡太康三年置。统县八，户四千三百。

原丰　新罗　宛平　同安　候官　罗江　晋安　温麻

豫章郡汉置。统县十六，户三万五千。

南昌　海昏　新淦　建城　望蔡　永修　建昌　吴平　豫章　彭泽　艾　康乐　丰城　新吴　宜丰　钟陵

临川郡吴置。统县十，户八千五百。

临汝　西丰　南城　东兴　南丰　永成　宜黄　安浦　西宁　新建

鄱阳郡吴置。统县八，户六千一百。

广晋　鄱阳　乐安　余汗　鄡阳　历陵　葛阳　晋兴

庐陵郡吴置。统县十，户一万二千二百。

西昌　高昌　石阳　巴丘　南野　东昌　遂兴　吉阳　兴平　阳丰

南康郡太康三年置。统县五，户一千四百。

赣　雩都　平固　南康　揭阳

惠帝元康元年，有司奏，荆、揭二州疆土广远，统理尤难，于是割扬州之豫章、鄱阳、庐陵、临川、南康、建安、晋安、荆州之武昌、桂阳、安成，合十郡，因江水之名而置江州。永兴元年，分庐江之寻阳、武昌之柴桑二县置寻阳郡，属江州，分淮南之乌江、历阳二县置历阳郡。又以周玘创义讨石冰，割吴兴之阳羨并长城县之北乡置义乡、国山、临津并阳羨四县，又分丹阳之永世置平陵及永世，凡六县，立义兴郡，以表纪之功，并属扬州。又以毗陵郡封东海王世子毗，避毗讳，改为晋陵。怀帝永嘉元年，又以豫章之彭泽县属寻阳郡。愍帝立，避愍讳改建邺为建康。元帝渡江，建都扬州，改丹阳太守为尹，江州又置新蔡郡。寻阳郡又置九江、上甲二县，寻省九江县入寻阳。是时司、冀、雍、凉、青、并、兖、豫、幽、平诸州皆沦没，江南所得但有扬、荆、湘、江、梁、益、交、广，其徐州则有过半，豫州惟得谯城而已。明帝太宁元年，分临海立永嘉郡，流永宁、安固、松阳、横阳等四县，而扬州统丹阳、吴郡、吴兴、新安、东阳、临海、永嘉、宣城、义兴、晋陵十一郡。

自中原乱离，遗黎南渡，并侨置牧司在广陵，丹徒南城，非旧土也。及胡寇南侵，淮南百姓皆渡江。成帝初，苏峻、祖约为乱于江淮，胡寇又大至，百姓南渡者转多，乃于江南侨立淮南郡及诸县，又于寻阳侨置松滋郡，遥隶扬州。咸康四年，侨置魏郡、广川、高阳、堂邑等诸郡，并所统县并寄居京邑，改陵阳为广阳。孝武宁康二年，又分永嘉郡之永宁县置乐成县。是时上党百姓南渡，侨立上党郡为四县，寄居芜湖。寻又省上党县为县，又罢襄城郡为繁昌县，以属淮南。安帝义熙八年，省寻阳县入柴桑县，柴桑仍为郡，后又省上甲县入彭泽县。旧江州督荆州之竟陵郡，及何无忌为刺史，表以竟陵去州辽远，去江陵三百里，荆州所立绥安郡人户入境，欲资此郡助江滨戍防，以竟陵郡还荆州。又司州之弘农、扬州之松滋二郡寄在寻阳，人户难居，并宜建督。安帝从之。后又省松滋郡为松滋县，弘农郡为弘农县，并属寻阳郡。

交州。案《禹贡》扬州之域，是为南越之土。秦始皇即略定扬越，以谪戍卒五十万人守五岭。自北徂南，入越之道，必由岭峤，时有五处，故曰五岭。后使任嚣、赵他攻越，略取陆梁地，遂定南越，以为桂林、南海、象等三郡，非三十六郡之限，乃置南海尉以典之，所谓东南一尉也。汉初，以岭南三郡及长沙、豫章封吴芮为长沙王。十一年，以南武侯织为南海王。陆贾使还，拜赵他为南越王，割长沙之南三郡以封之。武帝元鼎六年，讨平吕嘉，以其地为南海、苍梧、郁林、合浦、日南、九真、交趾七郡，盖秦时三郡之地。元封中，又置儋耳、珠崖二郡，置交趾刺史以督之。昭帝始元五年，罢儋耳并珠崖。元帝初元三年，又罢珠崖郡。后汉马援平定交部，始调立城郭置井邑。顺帝永和九年，交趾太守周敞求立为州，朝议不许，即拜敞为交趾刺史。桓帝分立高兴郡，灵帝改曰高凉。建安八年，张津为刺史，土燮交趾太守，共表立为州，乃拜津为交州牧。十五年，移居番禺，诏以边州使持节，郡给鼓吹，以重城镇，加以九锡六佾之舞。吴黄武五年，割南海、苍梧、郁林三郡立广州，交趾、日南、九真、合浦四郡为交州。戴良为刺史，值乱不得入，吕岱击平之，复还并交部。赤乌五年，复置珠崖部。永安七年，复以前三郡立广州。及孙晧，又立新昌、武平、九德三郡。蜀以李恢为建宁太守，遥领交州刺史。晋平蜀，以蜀建宁太守霍弋遥领交州，得以便宜选用长吏。平吴后，省珠崖入合浦。交州统郡七，县五十三，户二万五千六百。

合浦郡汉置。统县六，户二千。

合浦　南平　荡昌　徐闻　毒质　珠官

交趾郡汉置。统县十四，户一万二千。

龙编　苟漏　望海　嬴陵　西于　武宁　朱䳒　曲易　交兴　北带　稽徐　安定　南定　海平

新昌郡吴置。统县六，户三千。

麊泠妇人征侧为主处，马援平之。　嘉宁　吴定　封山　临西　西道

武平郡吴置。统县七，户五千。

武宁　武兴　进山　根宁　安武　扶安　封溪

九真郡汉置。统县七，户三千。

胥浦　移风　津梧　建初　常乐　扶乐　松原

九德郡吴置，周时越常氏地。统县八，无户。

九德　咸驩　南陵　阳遂　扶苓　曲胥　浦阳　都洨

日南郡秦置象郡，汉武帝改名焉。统县五，户六百。

象林自此南有四国，其人皆云汉人子孙，今有铜柱，亦是汉置此为界。贡金供税也。　卢容象郡所居。　朱吾　西卷　比景

广州。案《禹贡》扬州之域，秦末赵他所据之地。及汉武帝，以其地为交址郡。至吴黄武五年，分交州之南海、苍梧、郁林、高梁四郡立为广州，俄复旧。永安六年，复分交州置广州，分合浦立合浦北部，以都尉领之。孙晧分郁林立桂林郡。及太康中，吴平，遂以荆州始安、始兴、临贺三郡来属。合统郡十，县六十八，户四万三千一百二

十。

南海郡秦置。统县六，户九千五百。

番禺　四会　增城　博罗　龙川　平夷

临贺郡吴置。统县六，户二千五百。

临贺　谢沐　冯乘　封阳　兴安　富川

始安郡吴置。统县七，户六千。

始安　始阳　平乐　荔浦　常安　熙平　永丰

始兴郡吴置。统县七，户五千。

曲江　桂阳　始兴　含洭　浈阳　中宿　阳山

苍梧郡汉置。统县十二，户七千七百。

广信　端溪　高要　建陵　新宁　猛陵　鄣平　农城　元谿　临允　都罗　武城

郁林郡秦置桂林郡，武帝更名。统县九，户六千。

布山　阿林　新邑　晋平　始建　郁平　领方　武熙　安广

桂林郡吴置。统县八，户二千。

潭中　武丰　粟平　羊平　龙刚　夹阳　武城　军腾

高凉郡吴置。统县三，户二千。

安宁　高凉　思平

高兴郡吴置。统县五，户一千二百。

广化　海安　化平　黄阳　西平

宁浦郡吴置。统县五，户一千二百二十。

宁浦　连道　吴安　昌平　平山

武帝后省高兴郡。怀帝永嘉元年，又以临贺、始兴、始安三郡凡二十县为湘州。元帝分郁林立晋兴郡。成帝分南海立东官郡，以始兴、临贺二郡还蜀荆州。穆帝分苍梧立晋康、新宁、永平三郡。哀帝太和中置新安郡，安帝分东官立义安郡，恭帝分南海立新会郡。

卷十六　　　　志第六

律　历　上

《易》曰："形而上者谓之道，形而下者谓之器。"夫神道广大，妙本于阴阳；形器精微，义先于律吕。圣人观四时之变，刻玉纪其盈虚，察五行之声，铸金均其清浊，所以遂八风而宣九德，和大乐而成政道。然金质从革，侈弇无方；竹体圆虚，修短利制。是以神瞽作律，用写钟声，乃纪之以三，平之以六，成于十二，天之道也。又叶时日于晷度，效地气于灰管，故阴阳和则景至，律气应则灰飞。灰飞律通，吹而命之，则天地之中声也。故可以范围百度，化成万品，则《虞书》所谓"叶时月正日，同律度量衡"者也。中声节以成文，德音章而和备，则可以动天地，感鬼神，道性情，移风俗。叶言志于咏歌，鉴盛衰于治乱，故君子审声以知音，审音以知乐，审乐以知政，盖由兹道。太史公律书云："王者制事立物，法度轨则，一禀于六律，六律为万事之本，其于兵械尤所重焉。故云望敌知吉凶，闻声效胜负，百王不易之道也。"

及秦氏灭学，其道浸微。汉室初兴，丞相张苍首言律，未能审备。孝武帝创置协律之官，司马迁言律吕相生之次详矣。及王莽际，考论音律，刘歆条奏，大率有五：一曰备数，一、十、百、千、万也；二曰和声，宫、商、角、徵、羽也；三曰审度，分、寸、尺、丈、引也；四曰嘉量，龠、合、升、斗、斛也；五曰权衡，铢、两、斤、钧、石也。班固因而志之。蔡邕又记建武已后言律吕者，至司马绍统采而续之。汉末天下大乱，乐工散亡，器法堙灭，魏武始获杜夔，使定乐器声调。夔依当时尺度，权备典章。及武帝受命，遵而不革。至泰始十年，光禄大夫荀勖奏造新度，更铸律吕。元康中，勖子藩嗣其事，未及成功，属永嘉之乱，中朝典章，咸没于石勒。及元帝南迁，皇度草昧，礼容乐器，扫地皆尽，虽稍加采掇，而多所沦胥，终于恭、安，竟不能备。今考古律相生之次，及魏武已后言音律度量者，以声明于篇云。

《传》云："十二律，黄帝之所作也。使伶伦自大夏之西，乃之昆仑之阴，取竹之嶰谷生，其窍厚均者，断两节间长三寸九分而吹之，以为黄钟之宫，曰含少。次制十二竹筒，写凤之鸣，雄鸣为六，雌鸣亦六，以比黄钟之宫，皆可以生之以定律吕。则律之始造，以竹为管，取其自然圆虚也。"又云"黄帝作律，以玉为管，长尺，六孔，这二十月音。至舜时，西王母献昭华之琯，以玉为之。"及汉章帝时，零陵文学奚景于泠道舜祠下得白玉琯。又武帝太康元年，汲郡盗发六国时魏襄王冢，亦得玉律。则古者又以玉为管矣。以玉者，取其体含廉润也。而汉平帝时，王莽又以铜为之。铜者，自名也，所以同天下，齐风俗也。为物至精，不为燥湿寒暑改节，介然有常，似士君子之行，故用焉。

《周礼》太师掌六律、六吕，以合阴阳之声。六律阳声，黄钟、太蔟、姑洗、蕤宾、夷则、无射也；六吕阴声，大吕、应钟、南吕、林钟、仲吕、夹钟也。又有太师则执同律以听军声，而诏以吉凶。其典同掌六律之和，以辩天地四方阴阳之声，以为乐器，皆以十有二律而为之数度，以十有二声而为之齐量焉。

及周景王将铸无射，问律于泠州鸠，对曰："夫六，中之色，故名之曰黄钟，所以宣养六气九德也。由是第之。二曰太蔟，所以金奏赞阳出滞也。三曰姑洗，所以羞洁百物，考神纳宾也。四曰蕤宾，所以安静神人，献酬交酢也。五曰夷则，所以咏歌九德，平人无贰也。六曰无射，所以宣布哲人之令德，示人轨仪也。为之六间，以扬沈伏而黜散越也。间间大吕，助宣物也，二间夹钟，出四隙之细也。三间中吕，宣中气也。四间林钟，和展百事，俾莫不任черных纯恪也。五间南吕，赞阳秀也。六间应钟，均利器用，俾应复也。"此皆所以律述时气效节物也。

及秦始皇焚书荡覆，典策缺亡，诸子琐言时有遗记。吕不韦《春秋》言：黄钟之宫，律之本也，下生林钟，林钟上生太蔟，太蔟下生南吕，南吕上生姑洗，姑洗下生应钟，应钟上生蕤宾，蕤宾下生大吕，大吕下生夷则，夷则上生夹钟，夹钟下生无射，无射上生中吕。三分所生，益其一分以上生；三分所生，去其一分以下生。后代之言音律者多宗此说。

及汉兴，承秦之弊，张苍首治律历，颇未能详。故孝武帝正乐，乃置协律之官，虽律吕清浊之体粗正，金石高下之音有准，然徒据采遗存，以成一时之制，而数犹用五。

时淮南王安延致儒博，亦为律吕。云黄钟之律九寸而宫音调，因而九之，九九八十一，故黄钟之数立焉，位在子。林钟位在未，其数五十四。太蔟其数七十二，南吕之数四十八，姑洗之数六十四，应钟之数四十二，蕤宾之数五十七，大吕之数七十六，夷则之数五十一，夹钟之数六十八，无射之数四十五，中吕之数六十，极不生。以黄钟为宫，太蔟为商，姑洗为角，林钟为徵，南吕为羽。宫生徵，徵生商，商生羽，羽生角，角生应钟，不比正音，故为和；应钟生蕤宾，不比正音，故为缪。日冬至，音比林钟浸以浊。日夏至，音比黄钟浸以清。十二律应二十四时之变。甲子，中吕之徵也。丙子，夹钟之羽也。戊子，黄钟之宫也。庚子，无射之商也。壬子，夷则之角也。其为音也，一律而生五音，十二律而为六十音。因而六之，六六三十六，故三百六十音以当一岁之日。故律历之数，天地之道也。

司马迁八书言律吕，粗举大经，著于前史。则以太极元气函三为一，而始动于子，十二律之生，必所起焉。于是参一于丑得三，因而九三之，举本位合十辰，得一万九千六百八十三，谓之成数，以为黄钟之法。又参之律于十二辰，得十七万七千一百四十七，谓之该数，以为黄钟之实。实如法而一，得黄钟之律长九寸，十一月冬至之气应焉。盖阴阳合德，气钟于子，而化生万物，则物之生莫不函三。故十二律空径三分，而上下相生，皆损益以三。其术则因黄钟之长九寸，以下生者倍其实，三其法；以上生者，四其实，三其法。所以明阳下生阴，阴上生阳。

起子，为黄钟九寸，一。

丑，三分之二。

寅，九分之八。

卯，二十七分之十六。

辰，八十一分之六十四。

巳，二百四十三分之一百二十八。

午，七百二十九分之五百一十二。

未，二千一百八十七分之一千二十四。

申，六千五百六十一分之四千九十六。

酉，一万九千六百八十二分之八千一百九十二。

戌，五万九千四十九分之三万二千七百六十八。

亥，十七万七千一百四十七分之六万五千五百三十六。

如是周十二辰，在六律为阳，则当位自得而下生阴，在六吕为阴，则得其所衡而上生于阳，推算之术无重上生之法。所谓律取妻，吕生子，阴阳升降，律吕之大经也。而迁又言十二律之长，今依淮南九九之数，则蕤宾为重上。又言五音相生，而以宫生角，角生商，商生徵，徵生羽，羽生宫。求其理用，罔见通途。

及元始中，王莽辅政，博征通知钟律者，考其音义，使羲和刘歆典领调奏。班固《汉书》采而志之，其序论虽博，而言十二律损益次第，自黄钟长九寸，三分损一，下生林钟，长六寸。三分益一，上生太蔟而左旋，八八为位。一上一下，终于无射，下生中吕。校其相生所得，与司马迁正同。班固采以为志。

元帝时，郎中京房知五音六十律之数，上使太子傅玄成、谏议大夫章杂试问房于乐府，房对：“受学于故小黄令焦延寿。六十律相生之法：以上生下，皆三生二；以下生上，皆三生四。阳下生阴，阴上生阳，终于中吕，而十二律毕矣。中吕上生执始，执始下生去灭。上下相生，终于南事，而六十律毕矣。夫十二律之变至于六十，犹八卦之变至于六十四也。宓牺作《易》，纪阳气之初以为律法。建日冬至之声，以黄钟为宫，太蔟为商，姑洗为角，林钟为徵，南吕为羽，应钟为变宫，蕤宾为变徵，此声气之元，五音之正也。故各统一日，其余以次运行，当日者各自为宫，而商角徵羽以类从焉。《礼运》曰"五声、六律、十二管还相为宫"，此之谓也。以六十律分期之日，黄钟自冬至始，及冬至而复，阴阳、寒燠、风雨之占生焉。于以检摄群音，考其高下，苟非革木之声，则无不有所合。《虞书》曰"律和声，此之谓也。”

京房又曰：“竹声不可以度调，故作准以定数。准之状如瑟，而长丈，十三弦，隐间九尺，以应黄钟之律九寸。中央一弦，下有画分寸，以为六十律清浊之节。”房言律详于歆所奏，其术施行于史官，候部用之，文多不悉载。截管为律，吹以考声，列以效气，道之本也。术家以其声微而体难知，其分数不明，故作准以代之。准之声明畅易达，分寸又粗，然弦以缓急清浊，非管无以正也。均其中弦，令与黄钟相得，案画以求诸律，则无不如数而应者矣。《续汉志》具载其六十律准度数，其相生之次与《吕览》、《淮南》同。

汉章帝元和元年，待诏候钟律殷肜上言：“官无晓六十律以准调音者。故待诏严崇具以准法教子男宣，原召宣补学官，主调乐器。”诏曰：“崇子学审晓律，别其族，协其声者，审试。不得依托父学，以聋为聪。声微妙，独非莫知，独是莫晓。以律错吹，能知命十二律不失一，乃为能传崇学耳。”试宣十二律，其二中，其四不中，其六不知何律，宣遂罢。自此律家莫能为准。

灵帝熹平六年，东观召典律者太子舍人张光等问准意，光等不知，归阅旧藏，乃得其器。形制如房书，犹不能定其弦缓急。音，不可书以晓人，知之者欲教而无从，心达者体知而无师，故史官能辨清浊者遂绝。其可以相传者，唯候气而已。

汉末纷乱，亡失雅乐。魏武时，河南杜夔精识音韵，为雅乐郎中，令铸铜工柴玉铸钟，其声均清浊多不如法，数毁改作，玉甚厌之，谓夔清浊任意，更相诉白于魏武王。魏武王取玉所铸钟杂错更试，然后知夔为精，于是罪玉。

泰始十年，中书监荀勖、中书令张华出御府铜竹律二十五具，部太乐郎刘秀等校试，其三具与杜夔及左延年律法同，其二十二具，视其铭题尺寸，是笛律也。问协律中郎将列和，辞："昔魏明帝时，令和承受笛声以作此律，欲使学者别居一坊，歌咏讲习，依此律调。至于都合乐时，但识其尺寸之名，则丝竹歌咏，皆得均合。歌声浊者用长笛长律，歌声清者用短笛短律。凡弦歌调张清浊之制，不依笛尺寸名之，则不可知也。"

勗等奏："昔先王之作乐也，以振风荡俗，飨神祐贤，必协律吕之和，以节八音之中。是故郊祀朝宴，用之有制，歌奏分献，清浊有宜。故曰'五声、十二律还相为宫'，此经传记籍可得知者也。如和对辞，笛之长短无所象则，率意而作，不由曲度。考以正律，皆不相应；吹其声均，多不谐合。又辞'先师传笛，别其清浊，直以长短。工人裁制，旧不依律。'是为作笛无法。而和写笛造律，又令琴瑟歌咏，从之为正，非所以稽古先哲，垂宪于后者也。谨条牒诸律，问和意状如左。及依典制，用十二律造笛象十二枚，声均调和，器用便利。讲肄弹击，必合律吕，况乎宴飨万国，奏之庙堂者哉？虽伶夔旷远，至音难精，犹宜仪形古昔，以求厥衷，合乎经礼，于制为详。若可施用，请更部笛工选竹造作，下太乐乐府施行。平议诸杜夔、左延年律可皆留，其御府笛正声、下徵各一具，皆铭题作者姓名，其余无所施用，还付御府毁。"奏可。

勗又问和："作笛为可依十二律作十二笛，令一孔依一律，然后乃以为乐不？"和辞："太乐东厢长笛正声已长四尺二寸，今当复取其下徵之声。于法，声浊者笛当长，计其尺寸乃五尺有余，和昔日作之，不可吹也。又，笛诸孔虽不校试，意谓不能得一孔辄应一律也。"案太乐四尺二寸笛正声均应蕤宾，以十二律还相为宫，推法下徵之孔当应律大吕。大吕笛长二尺六寸有奇，不得长五尺余。辄令太乐郎刘秀、邓昊等依律作大吕以示和，又吹七律，一孔一校，声皆相应。然后令郝生鼓筝，宋同吹笛，以为杂引、《相和》诸曲。和乃辞曰："自和父祖汉世以来，笛家相传，不知此法，而令调均与律相应，实非所及也。"郝生、鲁基、种整、朱夏皆与和同。

又问和："笛有六孔，及其体中之空为七，和为能尽名其宫商角徵不？孔调与不调，以何检知？"和辞："先师相传，吹笛但以作曲，相语为某曲当举某指，初不知七孔尽应何声也。若当作笛，其仰尚方笛工依案旧像讫，但吹取鸣者，初不复校其诸孔调与不调也。"案《周礼》调乐金石，有一定之声，是故造钟磬者先依律调，然后施于厢悬。作乐之时，诸音皆受钟磬之均，即为悉应律也。至于飨宴堂上之上，无厢悬钟磬，以笛有一定调，故诸弦歌皆从笛为正，是为笛犹钟磬，宜必合于律吕。如和所对，直以意造，率短一寸，七孔声均，不知其皆应何律，调与不调，无以检正，唯取竹之鸣者，为无法制。辄部郎刘秀、邓昊、王艳、魏邵等与笛工参共作笛，工人造其形，律者定其声，然后器象有制，音均和协。

又问和："若不知律吕之义作乐，音均高下清浊之调，当以何名之？"和辞："每合乐时，随歌者声之清浊，用笛有长短。假令声浊者用三尺二笛，因名曰此三尺二调也；声清者用二尺九笛，因名曰此二尺九调也。汉魏相传，施行皆然。"案《周礼》奏六乐，乃奏黄钟，歌大吕；乃奏太蔟，歌应钟，皆以律吕之义，纪歌奏清浊。而和所称以二尺，三尺为名，虽汉魏用之，俗而不典。部郎刘秀、邓昊等以律作笛，三尺二寸者应无射之律，若宜用长笛，执乐者曰请奏无射；二尺八寸四分四厘应黄钟之律，若宜用短笛，执乐者曰请奏黄钟。则歌奏之义，若合经礼，考古典，于制为雅。

《书》曰："予欲闻六律、五声、八音，在治忽。"《周礼》、《国语》载六律六同，《礼记》又曰"五声、十二律还相为宫"。刘歆、班固撰《律历志》亦纪十二律，惟京房始创六十律。至章帝时，其法已绝，蔡邕追纪其言，亦曰今无能为者。依案古典及今音家所用，六十律者无施于乐。谨依典记，以五声、十二律还相为宫之法，制十二笛象，记注图侧，如别，省图，不如视笛之孔，故复重作蕤宾伏孔笛。其制云：

黄钟之笛，正声应黄钟，下徵应林钟，长二尺八寸四分四厘有奇。正声调法，以黄钟为宫，则姑洗为角，翕笛之声应姑洗，故以四角之长为黄钟之笛。其宫声正而不倍，故曰正声。

正声调法：黄钟为宫，第一孔也。应钟为变宫，第二孔也。南吕为羽，第三孔也。林钟为徵，第四孔也。蕤宾为变徵，第五附孔也。姑洗为角，笛体中声。太蔟为商，笛后出孔也。商声浊于角，当在角下，而角声以在体中，故上其商孔，令在宫上，清于宫也。然则宫商正也，余声皆倍也；是故从宫以下，孔转下转浊也。此章记笛孔上下次第之名也。下章说律吕相生，笛之制也。正声调法，黄钟为宫。作黄钟之笛，将求宫孔，以姑洗及黄钟律，从笛首下度之，尽二律之长而为孔，则得宫声也。宫生徵，黄钟生林钟也。以林钟之律从宫孔下度之。尽律作孔，则得徵声也。徵生商，林钟生太蔟也。以太蔟律从徵孔上度之，尽律以为孔，则得商声也。商生羽，太蔟生南吕也。以南吕律从商孔下度之，尽律为孔，则得羽声也。羽生角，南吕生姑洗也。以姑洗律从羽孔上行度之，尽律而为孔，则得角声也。然则出于商孔之上，吹笛者左手所不及也。从羽孔下行度之，尽律而为孔，亦得角声，出于商附孔之下，则吹者右手所不逮也，故不作角孔。推而下之，复倍其均，是以角声在笛体中，古之制也。音家旧法，虽一倍再倍，但令均同，适足为唱和之声，无害于曲均故也。《国语》曰，匏竹利制，议宜，谓便于事用从宜者也。角生变宫，姑洗生应钟也。上句所谓当为角声而出于商上者，墨点识之，以应律律。从此点下行度之，尽律为孔，则得变宫之声也。变宫生变徵，应钟生蕤宾也。以蕤宾律从变宫下度之，尽律为孔，则得变徵之声。十二笛之制，各以其宫为主，相生之法，或倍或半，其便事用，例皆一也。

下徵调法：林钟为宫，第四孔也。本正声黄钟之徵。徵清，当在宫上，用笛之宜，倍令浊下，故曰下徵。下徵更为宫者，《记》所谓"五声，十二律还相为宫"也。然则正声清，下徵为浊也。南吕为商，第三孔也。本正声黄钟之羽，今为下徵之商也。应钟为角，第二孔也。本正声黄钟之变宫，今为下徵之角也。黄钟为变徵，下徵之调，林钟为宫，大吕当为变徵，而黄钟笛本无大吕之声，故假用黄钟以为变徵也。假用之法，当为变徵之声，则俱发黄钟及太蔟、应钟三孔。黄钟应宫而太蔟清，大吕律在二律之间，俱发三孔而徵磳磪，则得大吕变徵之声矣。诸笛下徵调求变徵之法，皆如此也。太蔟为徵，笛后出孔。本正声之商，今为下徵之徵也。姑洗为羽，笛体中翕声。本正声之角,今为下徵之羽。蕤宾为变宫。附孔是也。本正声之变徵也,今为下徵之变宫也。然则正声之调,孔转下转浊,下徵之调,孔转上转清也。

清角之调:以姑洗为宫,即是笛体中翕声。于正声为角,于下徵为羽。清角之调乃以为宫,而哨吹令清,故曰清角。惟得为宛诗谣俗之曲,不合雅乐也。蕤宾为商,正也。林钟为角,非正也。南吕为变徵,非正也。应钟为徵,正也。黄钟为羽,非正也。太蔟为变宫。非正也。清角之调,唯宫、商及徵与律相应,余四声非正者皆浊,一律哨吹令清,假而用之,其例一也。

凡笛体用律,长者八之,蕤宾、林钟。短者四之。其余十笛,皆四角也。空中实容,长者十六。短笛竹宜受八律之黍也。若长短大小不合于此,或器用不便声均法度之齐等也。然笛竹率上大下小,不能均齐,必不得已,取其均合。三宫,一曰正声,二曰下徵,三曰清角也。二十一变也。宫有七声,错综用之,故二十一变也。诸笛例皆一也。伏孔四,所以便事用也。一曰正角,出于商上者也,二曰倍角,近笛下者也,三曰变宫,近于宫孔,倍令下者也,四曰变徵,远于徵孔,倍令高者也。或倍或半,或四分一,取则于琴徽也。四者皆不作其孔,而取其度,以应退上下之法,所以协声均,便事用也。其本孔隐而不见,故曰伏孔也。

大吕之笛,正声应大吕,下徵应夷则,长二尺六寸三厘有奇。

太蔟之笛,正声应太蔟,下徵应南吕,长二尺五寸三分一厘有奇。

夹钟之笛,正声应夹钟,下徵应无射,长二尺四寸。

姑洗之笛,正声应姑洗,下徵应应钟,长二尺二寸三分三厘有奇。

蕤宾之笛,正声应蕤宾,下徵应大吕,长三尺九寸九分五厘有奇。变宫近宫孔,故倍半令下,便于用也。林钟亦如之。林钟之笛,正声应林钟,下徵应太蔟,长三尺七寸九分七厘有奇。

夷则之笛,正声应夷则,下徵应夹钟,长三尺六寸。变宫之法,亦如蕤宾,体用四角,故四分益一也。

南吕之笛,正声应南吕,下徵姑洗,长三尺三寸七分有奇。

无射之笛,正声应无射,下徵应中吕,长三尺二寸。

应钟之笛,正声应应钟,下徵应蕤宾,长二尺九寸九分六厘有奇。

五音十二律

土音宫,数八十一,为声之始。属土者,以其最浊,君之象也。季夏之气和,则宫声调。宫乱则荒,其君骄。黄钟之宫,律最长也。

火音徵,三分宫去一以生,其数五十四。属火者,以其徵清,事之象也。夏气和,则徵声调。徵乱则哀,其事勤也。

金音商,三分徵益一以生,其数七十二。属金者,以其浊次宫,臣之象也。秋气和,则商声调。商乱则诐,其官坏也。

水音羽,三分商去一以生,其数四十八。属水者,以为最清,物之象也。冬气和,则羽声调。羽乱则危,其财匮也。

木音角,三分羽益一以生,其数六十四。属木者,以其清浊中,人之象也。春气和,则角声调。角乱则忧,其人怨也。

凡声尊卑,取象五行,数多者浊,数少者清;大不过宫,细不过羽。

十一月,律中黄钟,律之始也,长九寸。仲冬气至,则其律应,所以宣养六气九德也。班固三分损一,下生林钟。

十二月,律中大吕,司马迁未下生之律,长四寸二百四十三分寸之五十二,倍之为八寸二百四十三分寸之一百四。季冬气至,则其律应,所以助宣物也。三分益一,上生夷则;京房三分损一,下生夷则。

正月,律中太蔟,未上生之律,长八寸。孟春气至,则其律应,所以赞阳出滞也。三分损一,下生南吕。

二月,律中夹钟,酉下生之律,长三寸二千一百八十七分寸之一千六百三十一,倍之为七寸二千一百八十七分寸之一千七十五。仲春气至,则其律应,所以出四隙之细也。三分益一,上生无射;京房三分损一,下生无射。

三月,律中姑洗,酉上生之律,长七寸九分寸之一。季春气至,则其律应,所以修絜百物,考神纳宾也。三分损一,下生应钟。

四月,律中中吕,亥下生之律,长三寸万九千六百八十三分寸之六千四百八十七,倍之为六寸万九千六百八十三分寸之一万二千九百七十四。孟夏气至,则其律应,所以宣中气也。

五月,律中蕤宾,亥上生之律,长六寸八十一分寸之二十六。仲夏气至,则其律应,所以安静人神,献酬交酢也。三分损一,下生大吕;京房三分益一,上生大吕。

六月,律中林钟,丑下生之律,长六寸。季夏气至,则其律应,所以和展百物,俾莫不任肃纯恪也。三分益一,上生太蔟。

七月,律中夷则,丑上生之律,长五寸七百二十九分寸之四百五十一。孟秋气至,则其律应,所以咏歌九则,平百姓而无贷也。三分损一,下生夹钟;京房三分益一,上生夹钟。

八月,律中南吕,卯下生之律,长五寸三分寸之一。仲秋气至,则其律应,所以赞阳秀也。三分益一,上生姑洗。

九月,律中无射,卯上生之律,长四寸六千五百六十一分寸之六千五百二十四。季秋气至,则其律应,所以宣布哲人之令德,示人轨仪也。三分损一,下生中吕;京房三分益一,上生中吕。

十月,律中应钟,巳下生之律,长四寸二十七分寸之二十。孟冬气至,则其律应,所以均利器用,俾应复也。三分益一,上生蕤宾。

淮南、京房、郑玄诸儒言律历,皆上下相生,至蕤宾又重上生大吕,长八寸二百四十三分寸之百四;夷则上生夹钟,长七寸千一百八十七分寸之千七十五;无射上生中吕,长六寸万九千六百八十三分寸之万二千九百七十四;此三品于司马迁、班固所生之寸数及分皆倍焉,余则并同。斯则泠州鸠所谓六间之道,扬沈伏,黜散越,假之为用者也。变通相半,随事之宜,赞助之法也。凡音声之体,务在和均,益则加倍,损则减半,其于本音恒为无爽。然则言一上一下者,相生之道;言重上生者,吹候之用也。于蕤宾重上生者,适会为用之数,故言律者因焉,非相生之正也。

杨子云曰:"声生于日,谓甲己为角,乙庚为商,丙辛为徵,丁壬为羽,戊癸为宫也。律生于辰,谓子为黄钟,丑为大吕之属也。声以情质,质,正也。各以其行本情为正也。律和声,当以律管钟均和其清浊之声。声律相协而八音生。协,和也。"宫、商、角、徵、羽,谓之五声。金、石、匏、革、丝、竹、土、木,谓之八音。声和音谐,是谓五乐。

夫阴阳和则景至,律气应则灰除。是故天子常以冬夏至日御前殿,合八能之士,陈八音,听乐均,度晷景,候钟律,权土灰,效阴阳,冬至阳气应则灰除,是故乐均清,景长极,黄钟通,土灰轻而衡仰。夏至阴气应则乐均浊,景短极,蕤宾通,土灰重而衡低。进退于先后五日之中,八能各以候状闻,太史令封上。效则和,否则占。

候气之法,为室三重,户闭,涂衅周密,布缇幔。室中以木为案,每律各一,内房中外高,从其方位,加律其上,以葭莩灰抑其内端,案历而候之:气至者灰去;其为气所动者,其灰散;人及风所动者,其灰聚。殿中候用玉律十二,惟二至乃候。灵台用竹律。杨泉记云:"取弘农宜阳县金门山竹为管,河内葭莩为灰。"或云以律著室中,随十二辰埋之,上与地平,以竹莩灰实律中,以罗縠覆律吕,气至吹灰动縠。小动为和,大动,君弱臣强;不动,君严暴之应也。

审度

起度之正,《汉志》言之详矣。武帝泰始九年,中书监荀勖校太乐,八音不和,始知后汉至魏,尺长于古四分有余。勖乃部著作郎刘恭依《周礼》制尺,所谓古尺也。依古尺更铸铜律吕,以调声韵。以尺量古器,与本铭尺寸无差。又,汲郡盗发六国时魏襄王冢,得古周时玉律及钟、磬,与新律声韵闇同。于时郡国或得汉时故钟,吹律命之皆应。勖铭其尺曰:"晋泰始十年,中书考古器,揆校今尺,长四分半。所校古法有七品:一曰姑洗玉律,二曰小吕玉律,三曰西京铜望臬,四曰金错望臬,五曰铜斛,六曰古钱,七曰建武铜尺。姑洗微强,西京望臬微弱,其余与此尺同。"铭八十二字。此尺者勖新尺也,今尺者杜夔尺也。

荀勖造新钟律,与古器谐韵,时人称其精密,惟散骑侍郎陈留阮咸讥其声高,声高则悲,非兴国之音,亡国之音。亡国之音哀以思,其人困。今声不合雅,惧非德正至和之音,必古今尺有长短所致也。会咸病卒,武帝以勖律与周汉器合,故施用之。后始平掘地得古铜尺,岁久欲腐,不知所出何代,果长勖尺四分,时人服咸之妙,而莫能厝意焉。

史臣案:"勖于千载之外,推百代之法,度数既宜,声韵又契,可谓切密,信而有徵也。而时人寡识,据无闻之一尺,忽周汉之两器,雷同臧否,何其谬哉!《世说》称

有田父于野地中得周时玉尺,便是天下正尺,荀勖试以校己所治金石丝竹,皆短校一米"。又,汉章帝时,零陵文学史奚景于泠道舜祠下得玉律,度以为尺,相传谓之汉官尺。以校荀勖尺,勖尺短四分;汉官、始平两尺,长短度同。又,杜夔所用调律尺,比勖新尺,得一尺四分七厘。魏景元四年,刘徽注《九章》云:王莽时刘歆斛尺弱于今尺四分五厘,比魏斛其斛深九寸五分厘;即荀勖所谓今尺长四分半是也。元帝后,江东所用尺,比荀勖尺一尺六分二厘。赵刘曜光初四年铸浑仪,八年铸土圭,其尺比荀勖尺一尺五分。荀勖新尺惟以调音律,至于人间未甚流布,故江左及刘曜仪表,并与魏尺略相依准。

嘉量

《周礼》:"栗氏为量,𩰚深尺,内方尺而圆其外,其实一𩰚。其臀一寸,其实一豆。其耳三寸,其实一升。重一钧,其声中黄钟。概而不税。其铭曰:'时文思索,允臻其极。嘉量既成,以观四国。永启厥后,兹器维则。'"《春秋左氏传》曰:"齐旧四量,豆、区、釜、钟。四升曰豆,各自其四,以登于釜。"四豆为区,区斗六升也。四区为釜,六斗四升也。釜十则钟,六十四斗也。郑玄以为釜方尺,积千寸,比《九章粟米法》少二升八十一分升之二十二。以算术考之,古斛之积凡一千五百六十二寸半,方尺而圆其外,减傍一厘八毫,其径一尺四寸一分四毫七秒二忽有奇,而深尺,即古斛之制也。

《九章商功法》程粟一斛,积二千七百寸;米一斛,积一千六百二十七寸;菽荅麻麦一斛,积二千四百三十寸。此据精粗为率,使价齐,而不等其器之积寸也。以米斛为正,则同于《汉志》。魏陈留王景元四年,刘徽注《九章商功》曰:"当今大司农斛,圆径一尺三寸五分五厘,深一尺,积一千四百四十一寸十分寸之三。王莽铜斛,于今尺为深九寸五分五厘,径一尺三寸六分八厘七毫。以徽术计之,于今斛为容九斗七升四合有奇。"魏斛大而尺长,王莽斛小而尺短也。

衡权

衡权者,衡,平也;权,重也。衡所以任权而均物,平轻重也。古有黍、垒、锤、锱、镮、钧、锊、镒之目,历代参差。《汉志》言衡权名理甚备,自后变更,其详未闻。元康中,裴頠以为医方人命之急,而称两不与古同,为害特重,宜因此改治权衡,不见省。赵石勒十八年七月,造建德殿,得圆石,状如水碓,铭曰:"律权石,重四钧,同律度量衡。有辛氏造。"续咸议,是王莽时物。

卷十七　　　　志第七

律　历　中

昔者圣人拟宸极以运璿玑,揆天行而序景曜,分辰野,辨躔历,敬农时,兴物利,皆以系顺两仪,纪纲万物

者也。然则观象设卦，扐闰成爻，历数之原，存乎此也。逮乎炎帝，分八节以始农功，轩辕纪三纲而阐书契，乃使羲和占日，常仪占月，臾区占星气，伶伦造律吕，大挠造甲子，隶首作算数。容成综斯六术，考定气象，建五行，察发敛，起消息，正闰余，述而著焉，谓之《调历》。洎于少昊则凤鸟司历，颛顼则南正司天，陶唐则分命羲和，虞舜则因循尧法。及夏殷承运，周氏应期，正朔既殊，创法斯异。《传》曰："火出，于夏为三月，于商为四月，于周为五月。"是故天子置日官，诸侯有日御，以和万国，以协三辰。至乎寒暑晦明之徵，阴阳生杀之数，启闭升降之纪，消息盈虚之节，皆应躔次而无淫流，故能该浃生灵，堪舆天地。周德既衰，史官失职，畴人分散，礼祥不理。秦并天下，颇推五胜，自以获水德之瑞，用十月为正。汉氏初兴，多所未暇，百有余载，袭秦正朔。爰及武帝，始诏司马迁等议造《汉历》，乃行夏正。其后刘歆更造《三统》，以说《左传》，辩而非实，班固惑之，采以为志。逮光武中兴，太仆朱浮数言历有乖谬，于时天下初定，未能详考。至永平之末，改行《四分》，七十余年，仪式乃备。及光和中，乃命刘洪、蔡邕共修律历，其后司马彪因之，以继班史。今采魏文黄初已后言历数行事者，以续司马彪云。

汉灵帝时，会稽东部尉刘洪，考史官自古迄今历注，原其进退之行，察其出入之验，视其往来，度其终始，始悟《四分》于天疏阔，皆斗分太多故也。更以五百八十九为纪法，百四十五为斗分，作《乾象法》，冬至日日在斗二十二度，以术追日、月、五星之行，推而上则合于古，引而下则应于今。其为也，依《易》立数，遁行相号，潜处相求，名为《乾象历》。又创制日行迟速，兼考月行，阴阳交错于黄道表里，日行黄道，于赤道宿度复有进退。方于前法，转为精密矣。献帝建安元年，郑玄受其法，以为穷幽极微，又加注释焉。

魏文帝黄初中，太史令高堂隆复详议历数，更有改革。太史丞韩翊以为《乾象》减斗分太过，后当先天，造《黄初历》，以四千八百八十三为纪法，千二百五为斗分。

其后尚书令陈群奏，以为："历数难明，前代通儒多共纷争。《黄初》之元以《四分历》久远疏阔，大魏受命，宜改历明时，韩翊首建，犹恐不审，故以《乾象》互相参校。其所校日月行度，弦望朔晦，历三年，更相是非，无时而决。案三公议皆综尽典理，殊涂同归，欲使效之璿玑，各尽其法，一年之间，得失足定。"奏可。

太史令许芝云："刘洪月行术用以来且四十余年，以复觉失一辰有奇。"

孙钦议："史迁造《太初》，其后刘歆以为疏，复为《三统》。章和中，改为《四分》，以仪天度，考合符应，时有差跌，日蚀觉过半日。至熹平中，刘洪改为《乾象》，推天七曜之符，与天地合其叙。"

董巴议云："圣人迹太阳于晷景，效太阴于弦望，明五星于见伏，正是非于晦朔。弦望伏见者，历数之纲纪，检验之明者也。"

徐岳议："刘洪以历后天，潜精内思二十余载，参校汉家《太初》、《三统》、《四分》历术，课弦望于两仪郭间。而月行九岁一终，谓之九道；九章，百七十一岁，九道小终；九九八十一章，五百六十七分而九终，进退牛前四度五分。学者务追合《四分》，但减一道六十三分，分不下通，是以疏阔，皆由斗分多故也。课弦望当以昏明度月所在，则知加时先后之意，不宜用两仪郭间。洪加《太初》元十二纪，减十斗下分，元起己丑，又为月行迟疾交会及黄道去极度、五星术，理实粹密，信可长行。今韩翊所造，皆用洪法，小益斗下分，所错无几。翊所增减，致亦留思，然十术新立，犹未就悉，至于日蚀，有不尽效。效历之要，要在日蚀。熹平之际，时洪为郎，欲改《四分》，先上验日蚀：日蚀在晏，加时在辰，蚀从下上，三分侵二。事御之后如洪言，海内识真，莫不闻见，刘歆以来，未有洪比。夫以黄初二年六月二十九日戊辰加时未日蚀，《乾象术》加时申半强，于消息就加未，《黄初》以为加辛强，《乾象》后天一辰半强为近，《黄初》二辰半为远，消息与天近。三年正月丙寅朔加时申北日蚀，《黄初》加酉弱，《乾象》加午少，消息加未，《黄初》后天半辰近，《乾象》先天二辰少弱，于消息先天一辰强，为远天。三年十一月二十九日庚申加时西南维日蚀，《乾象》加未初，消息加申，《黄初》加未强，《乾象》先天一辰远，《黄初》先天半辰近，消息《乾象》近中天。二年七月十五日癸未，日加壬月加丙蚀，《乾象》月加申，消息加未，《黄初》月加子强，入甲申日，《乾象》后天二辰，消息后一辰为近，《黄初》后天六辰远。三年十一月十五日乙巳，日加丑月加未蚀，《乾象》月加巳半，于消息加午，《黄初》以丙午月加酉强，《乾象》先天二辰近，《黄初》后天二辰强为远，于消息《乾象》先一辰。凡课日月蚀五事，《乾象》四远，《黄初》一近。"

翊于课难徐岳："《乾象》消息但可减，不可加。加之无可说，不可用。"岳云：本术自有消息，受师法，以消息为奇，辞不能改，故列之正法消息。翊术自疏。

木以三年五月二十四日丁亥见；《黄初》五月十七日庚辰见，先七日；《乾象》五月十五日戊寅见，先九日。

土以二年十一月二十六日壬辰见；《乾象》十一月二十一日丁亥见，先五日；《黄初》十一月十八日甲申见，先八日。

土以三年十月十一日壬申伏；《乾象》同，壬申伏；《黄初》已下十月七日戊辰伏，先四日。

土以三年十一月二十二日壬子见；《乾象》十一月十五日乙巳见，先七日；《黄初》十一月十二日壬寅见，先十日。

金以三年闰六月十五日丁丑晨伏；《乾象》六月十五日戊午见，先十九日；《黄初》六月二十二日乙卯伏，先二十三日。

金以三年九月十一日壬寅见；《乾象》以八月十八日庚辰见，先二十三日；《黄初》八月十五日丁丑见，先二十五日。

水以二年十一月十七日癸未晨见；《乾象》十一月十三日己卯见，先四日；《黄初》十一月十二日戊寅见，先五日。

水以二年十二月十三日己酉晨伏；《乾象》十二月十五日辛亥伏，后二日；《黄初》十二月十四日庚戌伏，后一日。

水以三年五月十八日辛巳夕见；《乾象》亦以五月十八日；《黄初》五月十七日庚辰见，先一日。

水以三年六月十三日丙午伏；《乾象》六月二十日癸丑伏，后七日；《黄初》六月十九日壬子伏，后六日。

水以三年闰六月二十五日丁亥晨见；《乾象》以闰月九日辛未见，先十六日；《黄初》闰月八日庚午见，先十七日。

水以三年七月七日己亥伏；《乾象》七月十一日癸卯伏，后四日；《黄初》以七月十日壬寅伏，后三日。

水以三年十一月日于昏度十四日甲辰伏；《乾象》以十一月九日己亥伏，先五日；《黄初》十一月八日戊戌伏，先六日。

水以三年十二月二十八日戊子夕见；二历同以十二月壬申见，俱先十六日。

凡四星见伏十五；《乾象》七近二中，《黄初》五近一中。

郎中李恩议："以太史天度与相覆校，二年七月、三年十一月望与天度日皆差异，月蚀加时乃后天六时半，非从三度之谓，定为后天过半日也。"

董巴议曰："昔伏羲始造八卦，作三画，以象二十四气。黄帝因之，初作《调历》。历代十一，更年五千，凡有七历。颛顼以今之孟春正月为元，其时正月朔旦立春，五星会于庙，营室也，冰冻始泮，蛰虫始发，鸡始三号，天曰作时，地曰作昌，人曰作乐，鸟兽万物莫不应和，故颛顼圣人为历宗也。汤作《殷历》弗复以正月朔旦立春为节也，更以十一月朔旦冬至为元首，下至周鲁及汉，皆从其节，据正四时。夏为得天，以承尧舜，从颛顼故也。《礼记》大戴曰虞夏之历，建正于孟春，此之谓也。"

杨伟请："六十日中疏密可知，不待十年。若不从法，是校方员弃规矩，考轻重背权衡，课长短废尺寸，论是非违分理。若不先定校历之本法，而悬听弃法之末争，则孟轲所谓'方寸之基，可使高于岑楼'者也。今韩翊据刘洪术者，知贵其术，珍其法。而弃其论，背其术，废其言，违其事，是非必使洪奇妙之式不传来世。若知而违之，是挟故而背师也；若不知而据之，是为挟不知而罔知也。"校议未定，会帝崩而寝。

至明帝景初元年，尚书郎杨伟造《景初历》。表上，帝遂改正朔，施行伟历，以建丑之月为正，改其年三月为孟夏，其孟、仲、季月虽与夏正不同，至于郊祀蒐狩，班宣时令，皆以建寅为正。三年正月帝崩，复用夏正。

其刘氏在蜀，仍汉《四分历》。吴中书令阚泽受刘洪《乾象法》于东莱徐岳，又加解注。中常侍王蕃以洪术精妙，用推浑天之理，以制仪象及论，故孙氏用《乾象历》，至吴亡。

武帝践阼，泰始元年，因魏之《景初历》，改名《泰始历》。杨伟推五星尤疏阔，故元帝渡江左以后，更以《乾象》五星法代伟历。自黄初已后，改作历术，皆斟酌《乾象》所减斗分、朔余、月行阴阳迟疾，以求折衷。洪术为后代推步之师表，故先列之云。

乾象历

上元己丑以来，至建安十一年丙戌，岁积七千三百七十八年。

乾法，千一百七十八。

会通，七千一百七十一。

纪法，五百八十九。

周天，二十一万五千一百三十。

通法，四万三千二十六。

通数，三十一。

日法，千四百五十七。

岁中，十二。

余数，三千九十。

章岁，十九。

没法，百三。

章闰，七。

会数，四十七。

会岁，八百九十三。

章月，二百三十五。

会率，千八百八十二。

朔望合数，九百四十一。

会月，万一千四十五。

纪月，七千二百八十五。

元月，一万四千五百七十。

月周，七千八百七十四。

小周，二百五十四。

推入纪

置上元尽所求年，以乾法除之，不满乾法，以纪法除之，余不满纪法者，入内纪甲子年也。满法去之，入外纪甲午也。

推朔

置入纪年，外所求，以章月乘之，章岁而一，所得为定积月，不尽为闰余。闰余十二以上，岁有闰。以通法乘定积月，为假积日，满日法为定积日，不尽为小余。以六旬去积日为大余，命以所入纪，算外，所求年天正十一月朔日也。

求次月，加大余二十九，小余七百七十三，小余满日法从大余。小余六百八十四已上，其月大。

推冬至

置入纪年，外所求，以余数乘之，满纪法为大余，不尽为小余。以六旬去之，命以纪，算外，天正冬至日也。

求二十四气

置冬至小余，加大余十五，小余五百一十五，满二千三百五十六从大余，命如法。

推闰月

以闰余减章岁，余以岁中乘之，满章闰为一月。不尽，半法已上亦一，有进退，以无中月。

推弦望

加大余七，小余五百五十七半，小余如日法从大余，余命如前，得上弦。又加得望，又加得下弦，又加得后月朔。其弦望定小余四百一已下，以百刻乘之，满日法得一刻，不尽什之，求分，以课所近节气夜漏未尽，以算上为日。

推没
置入纪年，外所求，以余数乘之，满纪法为积没，有余加尽积为一。以会通乘之，满没法为大余，不尽为小余。大余命以纪，算外，冬至后没日。

求次没，加大余六十九，小余六十四，满其法从大余，无分为灭。

推日度
以纪法乘积日，满周天去之，余以纪法除之，所得为度。命度以牛前五度起，宿次除之，不满宿，即天正朔夜半日所在。

求次日，加一度，经斗除分；分少，损一度为纪法，加焉。

推月度
以月周乘积日，满周天去之，余满纪法为度，不尽为分，命如上，则天正朔夜半月所在度。

求次月，小月加度二十二，分二百五十八。大月又加一日，度十三，分二百一十七，满法得一度。其冬下旬，月在张、心署之。

推合朔度
以章岁乘朔小余，满会数为大分；不尽，小分。以大分从朔夜半日分，满纪法从度，命如前，天正合朔日月所共会也。

求次月，加度二十九，大分三百一十二，小分满会数从大分，大分满纪法后度，经斗除大分。

求弦望日所在度，加合朔度七，分二百二十五，小分十七半，大小分及度命如前，则上弦日所在度。又加得望、下弦、后月合。

求弦望月行所在度，加合朔度九十八，大分四百八，小分四十一，大小分及度命如前合朔，则上弦月所在。又加得望、下弦、后月合。

求日月昏明度，日以纪法，月以月周，乘所近节气夜漏，二百而一为明分。日以减纪法，月以减月周，余为昏分。各以加夜半，如法为度。

推月蚀
置上元年，外所求，以会岁去之，其余年以会率乘之，如会岁为积蚀，有余加积一。会月乘之，如会率为积月，不尽为月余。以章闰乘余年，满章岁为积闰，以减积月，余以岁中去之，不尽，数起天正。

求次蚀，加五月，月余千六百三十五，满会率得一月，月以望。

推卦用事日
因冬至大余，倍其小余，坎用事日也。加小余千七十五，满乾法从大余，中孚用事日也。

求次卦，各加大余六，小余百三。其四正各因共中日，而倍其小余。

推五行用事
置冬至大小余，加大余二十七，小余九百二十七，满二千三百五十六从大余，得土用事日也。加大余十八，小余六百一十八，得立春木用事日。加大余七十三，小余百一十六，复得土。又加土如得其火，金、水放此。

推加时
以十二乘小余，满其法得一辰，数从子起，算外，朔、弦、望以定小余。

推漏刻
以百乘小余，满其法得一刻，不尽什之，求分，课所近节气，起夜分尽；夜上水未尽，以所近言之。

推有进退，进加退减所得也。进退有差，起二分度后，率四度转增少，少每半者，三而转之，差满三止，历五度而减如初。

月行三道术
月行迟疾，周进有恒。会数从天地凡数，乘余率自乘，如会数而一，为过周分。以从周天，月周除之，历日数也。迟疾有衰，其变者势也。以衰减加月行率，为日转度分。衰左右相加，为损益率。益转相益，损转相损，盈缩积也。半小周乘通法，如通数而一，以历周减焉，为朔行分也。

日转度分	列衰	损益率	盈缩积	月行分
一日十四度十分	一退减	益二十二	盈初	二百七十六
二日十四度九分	二退减	益二十一	盈二十二	二百七十五
三日十四度七分	三退减	益十九	盈四十三	二百七十三
四日十四度四分	四退减	益十六	盈六十二	二百七十
五日十四度	四退减	益十二	盈七十八	二百六十六
六日十三度十五分	四退减	益八	盈九十	二百六十二
七日十三度十一分	四退减	益四	盈九十八	二百五十八
八日十三度七分	四退减	损	盈百二	二百五十四
九日十三度三分	四退加	损四	盈百二	二百五十
十日十二度十八分	三退加	损八	盈九十八	二百四十六
十一日十二度十五分	四退加	损十一	盈九十	二百四十三
十二日十二度十一分	三退加	损十五	盈七十九	二百三十九
十三日十二度八分	二退加	损十八	盈六十四	二百三十六
十四日十二度六分	一退加	损二十	盈四十六	二百三十四
十五日十二度五分	一进减	损二十二	盈二十六	二百三十三

十六日十二度六分	二进减	损二十损不足反减五为益,盈有五谓益而损缩初二十,故不足	盈五缩初	二百三十四	
十七日十二度八分	三进减	益十八	缩十五	二百三十六	
十八日十二度十一分	四进减	益十五	缩二十三	二百三十九	
十九日十二度十五分	三进减	益十一	缩四十八	二百四十三	
二十日十二度十八分	四进减	益八	缩五十九	二百四十六	
二十一日十三度三分	四进减	益四	缩六十七	二百五十	
二十二日十三度七分	四进加	损	缩七十一	二百五十四	
二十三日十三度十一分	四进加	损四	缩七十一	二百五十八	
二十四日十三度十五分	四进加	损八	缩六十七	二百六十二	
二十五日十四度	四进加	损十二	缩五十九	二百六十六	
二十六日十四度四分	三进加	损十六	缩四十七	二百七十	
二十七日十四度七分	三历初进加三大周日	损十九	缩三十一	二百七十三	
周日十四度九分	少进加	损二十一	缩十二	二百七十五	

周日分,三千三百三。
周虚,二千六百六十六。
周日法,五千九百六十九。
通周,十八万五千三十九。
历周,十六万四千四百六十六。
少大法,一千一百一。
朔行大分,万一千八百一。
小分,二十五。
周半,一百二十七。

推合朔入历

以上元积月乘朔行大小分,小分满通数三十一从大分,大分满历周去之,余满周法得一日,不尽为日余。日余命算外,所求合朔入历也。

求次月,加一日,日余五千八百三十二,小分二十五。

求弦望,各加七日,日余二千二百八十三,小分二十九半,分各如法成日,日满二十七日去之。余如周分。不足除,减一日,加周虚。

求弦望定大小余

置所入历盈缩积,以通周乘之为实。令通数乘日余分,以乘损益率,以损益实,为加时盈缩也。章岁减月行分,乘周半为差法,以除之,所得盈缩加大小余,如日法盈不足,朔加时在前后日。弦望进退大余,为定小余。

求朔弦望加时定度

以章岁乘加时盈缩,差法除之,所得满会数为盈缩大小分,以盈减缩加本日月所在,盈不足,以纪法进退度,为日月所在定度分。

推月行夜半入历

以周半乘朔小余,如通数而一,以减入历日余。余不足,加周法而减焉,却一日。却得周日加其分,即得夜半入历。

求次日,转一日,因日余到二十七日,日余满周日分去之,不直周日也。其不满直之,加周虚于余,余皆次日入历日余也。

求月夜半定度

以夜半入历日余,乘损益率,如周法得一,不尽为余,以损益缩积,余无所损,破全为法损之,为夜半盈缩也。满章岁为度,不尽为分。通数乘分及余,余如周法从分,分满纪法从度,以盈加缩减本夜半度及余,为定度。

求变衰法

以入历日余乘列衰,如周法得一,不尽为余,即谷知其日变衰也。

求次历

以周虚乘列衰,如周法为常数,历竟,辄以加变衰,满列衰去之,转为次历变衰也。

求次日夜半定度

以变衰进退加减历日转分,分盈不足,章岁出入度也。通数乘分及余,而日转加夜定度,为次日也。竟历不直周日,减余三十八,乃以通数乘之,直周日者加余八百三十七,又以少大分八百九十九,加次历变衰,转求如前。

求次日夜半盈缩

以变衰减加损益率,为变损益率,而以转损益夜半盈缩。历竟损不足,反减为入次历,减加余如上数。

求昏明月度

以历月行分乘所近节气夜漏,二百而一为明分。以减月行分为昏分。分如章岁为度,以通数乘分,以加夜半定度,为昏明定度。余分半法以上成,不满废之。

求月行迟疾

月经四表,出入三道,交错分天,以月率除之,为历之日。周天乘朔望合,如会月而一,朔合分也。通数乘合数,余如会数而一,退分也。以从月周,为日进分。会数而一,为差率也。

阴阳历	衰	损益率	兼数
一日	一减	益十七	初

二日限余千二百九十，微分四百五十七。此为前限	一减	益十六	十七
三日	三减	益十五	三十三
四日	四减	益十二	四十八
五日	四减	益八	六十
六日	三减	益四	六十八
七日	三减减不足，反损为加，谓益有一，当减三，为不足。	益一	七十二
八日	四加	损二过极损之，谓月行半周，度已过极，则当损之。	七十三
九日	四加	损六	七十一
十日	三加	损十	六十五
十一日	二加	损十三	五十五
十二日	一加	损十五	四十二
十三日限余三千九百一十二，微分一千七百五十二。此为后限	一加历初大，分日。	损十六	二十七
分日五千二百而三	少加少者	损十六大	十一

少大法，四百七十三。

历周，十万七千五百六十五。

差率，万一千九百八十六。

朔合分，万八千三百二十八。

微分，九百一十四。

微分法，二千二百九。

推朔入阴阳历

以会月去上元积月，余以朔合分及微分各乘之，微分满其法从合分，合分满周天去之，其余不满历周者，为入阳历；满去之，余为入阴历。余皆如月周得一日，算外，所求月合朔入历，不尽为日余。

求次月

加二日，日余二千五百八十，微分九百一十四，如法成日，满十三去之，除余如分日。阴阳历竟互入端，入历在前限余前，后限余后者月行中道也。

求朔望定数

各置入迟疾历盈缩大小分，会数乘小分为微分，盈减缩加阴阳日余，日余盈不足，进退日而定。以定日余乘损益率，如月周得一，以损益兼数，为加时定数。

推夜半入历

以差率乘朔小余，如微分法得一，以减入历日余，不足，加月周而减之，却一日。却得分日加其分，以会数约微分为小分，即朔日夜半入历。

求次日，加一日，日余三十一，小分三十一，小分如会数从余，余满月周去之，又加一日，历竟下，日余满分日去之，为入历初也。不满分日者直之，加余二千七百二，小分三十一，为入次历。

求夜半定日

以通数乘入迟疾历夜半盈缩及余，余满周半为小分，以盈加缩减入阴阳日余，日余盈不足，以月周进退日而定也。以定日余乘损益率，如月周得一，以损益兼数，为夜半定数也。

求昏明数

以损益率乘所近节气夜漏，二百而一为明，以减损益率为昏，而以损益夜半数为昏明定数。

求月去极度

置加时若昏明定数，以十二除之为度，其余三而一为少，不尽一为强，二少弱也，所得为月去黄道也。其阳历以加日所在黄道历去极度，阴历以减之，则月去极度。强正弱负，强弱相并，同名相从，异名相消。其相减也，同名相消，异名相从，无对互之，二强进少而弱。

上元己丑以来，至建安十一年丙戌，岁积七千三百七十八。

己丑	戊寅	丁卯	丙辰	乙巳	甲午	癸未
壬申	辛酉	庚戌	己亥	戊子	丁丑	丙寅

推五星

五行：木，岁星；火，荧惑；土，填星；金，太白；水，辰星。各以终日与天度相约，为周率、日率。章岁乘周，为月法。章月乘日，为月分。分如法，为月数。通数乘月法，日度法也。斗分乘周率，为斗分。日度法用纪法乘周率，故此同以分乘之。

五星朔大余、小余。以通法各乘月数，日法各除之，为大余，不尽为小余。以六十去大余。

五星入月日、日余。各以通法乘月余，以合月法乘朔小余，并之，会数约之，所得各以日度法除之，则皆是。

五星度数、度余。减多为度余分，以周天乘之，以日度法约之，所得为度，不尽为度余，过周天去之及斗分。

纪月，七千二百八十五。

章闰，七。

章月，二百三十五。

岁中，十二。

通法，四万三千二十六。

日法，千四百五十七。

会数，四十七。

周天，二十一万五千一百三十。

斗分，一百四十五。

木：周率，六千七百二十二。

日率，七千三百四十一。

合月数，十三。

月余，六万四千八百一。

合月法，十二万七千七百一十八。

日度法，三百九十五万九千二百五十八。

朔大余，二十三。

朔小余，一千三百七。

入月日，十五。
日余，三百四十八万四千六百四十六。
朔虚分，一百五十。
斗分，九十七万四千六百九十。
度数，三十三。
度余，二百五十万九千九百五十六。
火：周率，三千四百七。
日率，七千二百七十一。
合月数，二十六。
月余，二万五千六百二十七。
合月法，六万四千七百三十三。
日度法，二百万六千七百二十三。
朔大余，四十七。
朔小余，一千一百五十七。
入月日，十二。
日余，九十七万三千一十三。
朔虚分，三百。
斗分，四十九万四千一十五。
度数，四十八。
度余，一百九十九万一千七百六。
土：周度，三千五百二十九。
日率，三千六百五十三。
合月数，十二。
月余，五万三千八百四十三。
合月法，六万七千五十一。
日度法，二百七万八千五百八十一。
朔大余，五十四。
朔小余，五百三十四。
入月日，二十四。
日余，十六万六千二百七十二。
朔虚分，九百二十三。
斗分，五十一万一千七百五。
度数，十二。
度余，一百七十三万三千一百四十八。
金：周率，九千二十二。
日率，七千二百一十三。
合月数，九。
月余，十五万二千二百九十三。
合月法，十七万一千四百一十八。
日度法，五百三十一万三千九百五十八。
朔大余，二十五。
朔小余，一千一百二十九。
入月日，二十七。
日余，五万六千九百五十四。
朔虚分，三百二十八。
斗分，一百三十万八千一百九十。
度数，二百九十二。
度余，五万六千九百五十四。
水：周率，一万一千五百六十一。
日率，一千八百三十四。

合月数，一。
月余，二十一万一千七百三十一。
合月法，二十一万七千六百五十九。
日度法，六百八十九万九千四百二十九。
朔大余，二十九。
朔小余，七百七十三。
入月日，二十八。
日余，六百四十一万九百六十七。
朔虚分，六百八十四。
斗分，一百六十七万七千三百四十五。
度数，五十七。
度余，六百四十一万九百六十七。
推五星
置上元尽所求年，以周率乘之，满日率得一，名积合，不尽为合余。以周率除之，得一，星合往年。二，合前往年。无所得，合其年。合余减周率为度分。金、水积合，奇为晨，耦为夕。
推星合月
以月数、月余各乘积合，满合月法从月，不尽为月余。以纪月去积月，余为入纪月。副以章闰乘之，满章月得一闰，以减入纪月，余以岁中去之，命以天正算外，合月也。其在闰交际，以朔御之。
推入月日
以通法乘月余，合月法乘朔小余，并以会数约之，所得满日度法得一，则星合入月日也。不满为日余，命以朔算外。
推星合度
以周天乘度分，满日度法得一度，不尽为余，命度以牛前五起。
右求星合。
求后合月
以月数加月数，以月余加月余，满合月法得一月，不满岁中，即合其年，满去之，有闰计焉，余为后年；再满，在后二年。金、水加晨得夕，加夕得晨。
求后合朔日
以朔大小余，加合月大小余，上成月者，又加大余二十九，小余七百七十三，小余满日法从大余，命如前。
求后入月日术
以入月日、日余，加合入月日及余，余满日度法得一日，其前合朔小余满其虚分者，减一日。后小余满七百七十三以上者，去二十九日，不满，去三十日，其余则后合，入月日也。
求后度
以度加度，度余加度余，满日度法得一度。
木：
伏三十二日。三百四十八万四千六百四十六分。
见三百六十六日。
伏行五度。二百五十万九千九百五十六分。
见行四十度。除逆退十二度，定二十八度。
火：伏百四十三日。九十七万三千一十三分。

见六百三十六日。

伏行一百一十度。四十七万八千九百九十八分。

见行三百二十度。除逆十七度，定行三百三度。

土：伏三十三日。十六万六千二百七十二分。

见三百四十五日。

伏行三度。一百七十三万三千一百四十八分。

见行十五度。除逆六度，定行九度。

金：晨伏东方八十二日。十一万三千九百八分。

见西方。二百四十六日。除逆六度，定行二百四十六度。

晨伏行百度。十一万三千九百八分。

见东方。日度加西。伏十日，退八度。

水：晨伏三十三日。六百一万二千五百五分。

见西方。三十二日。除逆一度，定行三十二度。

伏行六十五度。六百一万二千五百五分。

见东方。日度如西，伏十八日，退十四度。

五星历步术

以法伏日度及余，加星合日度余，余满日度法得一，从全命之如前，得星见日及度也。以星行母乘见度，余如日度法得一，分不尽半法以上亦得一；而日加所行分，分满其母得一度，逆顺母不同，以当行之母乘故分，如故母而一，当行分也。留者承前，递则减之，伏不尽度，经斗除分，以行母为率，分有损益，前后相御。凡言如盈约满，皆求实之除也；去及除之，取尽之除也。

木：晨与日合，伏，顺，十六日百七十四万二千三百二十三分，行星二度三百二十三万四千六百七分，而晨见东方，在日后。顺，疾，日行五十八分之十一，五十八日行十一度。更顺，迟，日行九分，五十八日行九度。留，不行二十五日而旋。逆，日行七分之一，八十四日退十二度。复留，二十五日而顺，日行五十八分之九，五十八日行九度。顺，疾，日行十一分，五十八日行十一度，在日前，夕伏西方。十六日百七十四万二千三百二十三分，行星二度三百二十三万四千六百七分，而与日合。凡一终，三百九十八日三百四十八万四千六百四十六分，行星四十三度二百五十万九千八百五十六分。

火：晨与日合，伏，顺，七十一日百四十八万九千八百六十八分，行星五十五度百二十四万二千八百六十分半，而晨见东方，在日后。顺，日行二十三分之十四，百八十四日行一百一十二度。更顺，迟，日行二十三分之十二，九十二日行四十八度。留，不行十一日。旋，逆，日行六十二分之十七，六十二日退十七度。复留，十一日而顺，日行十二分，九十二日行四十八度。复顺，疾，日行十四分，百八十四日行百一十二度，在日前，夕伏西方。七十一日百四十八万九千八百六十八分，行星五十五度百二十四万二千八百六十分半，而与日合。凡一终，七百七十九日九百九十七万三千一十三分，行星四百一十四度四十七万八千九百九十八分。

土：晨与日合，伏，顺，十六日百一十二万二千四百二十六分半，行星一度百九十九万五千八百六十四分半，而晨见东方，在日后。顺，日行三十五分之三，八十七日半行七度半。留，不行三十四日。旋，逆，日行十七分之一，百二日退六度。复三十四日而顺，日行三分，八十七日行七度半，在日前，夕伏西方。十六日百一十二万二千四百二十六分半，行星一度百九十万五千八百六十四分半，而与日合也。凡一终，三百七十八日十六万六千二百七十二分，行星十二度百七十三万三千一百四十八分。

金：晨与日合，伏，逆，五日退四度，而晨见东方，在日后。逆，日行五分度之三，十日退六度。留，不行八日。旋，顺，迟，日行四十六分之三十三，四十六日行三十三度而顺。疾，日行一度九十一分之十五，九十一日行一百六度。更顺，益疾，日行一度九十一分之二十二，九十一日行百一十三度，在日后，晨伏东方。顺，四十一日五万六千九百五十四分，行星五十度五万六千九百五十四分，而与日合。一合，二百九十二日五万六千九百五十四分，行星亦如之。

金：夕与日合，伏，顺，四十一日五万六千九百五十四分，行星五十度五万九千九百五十四分，而夕见西方，在日前。顺，疾，日行一度九十一分之二十二，九十一日行百一十三度。更顺，减疾，日行一度十五分，九十一日行百六度而顺。迟，日行四十六分之三十三，四十六日行三十三度。留，不行八日。旋，逆，日行五分之三，十日退六度，在日前，夕伏西方，逆，疾，五日退四度，而与日合。凡再合一终，五百八十四日十一万三千九百八分，行星亦如之。

水：晨与日合，伏，逆，九日退七度，而晨见东方，在日后。更逆，疾，一日退一度。留，不行二日。旋，顺，迟，日行九分之八，九日行八度而顺。疾，日行一度四分之一，二十日行二十五度，在日后。晨伏东方，顺，十六日六百四十一万九百六十七分，行星三十二度六百四十一万九百六十七分，而与日合，一合，五十七日六百四十一万九百六十七分，行星亦如之。

水：夕与日合，伏，顺，十六日六百四十一万九百六十七分行星三十二度六百四十一万九百六十七分，而夕见西方，在日前。顺，疾，日行一度四分之一，二十日行二十五度而顺。迟，日行九分之八，九日行八度。留，不行二日。旋，逆，一日退一度，在日前，夕伏西方。逆，迟，九日退七度，与日合。凡再合一终，一百一十五日六百一万二千五百五分，行星亦如之。

卷十八　　　　　　　志第八

律　历　下

魏尚书郎杨伟表曰："臣览载籍，断考历数，时以纪农，月以纪事，其所由来，邈而尚矣。乃自少昊，则玄鸟司分，颛顼、帝喾，则重黎司天；唐帝、虞舜，则羲和掌日，三代因之，则世有日官。日官司历，则颁之诸侯，诸侯受之，则颁于境内。夏后之世，羲和湎淫，废时乱日，则《书》载《胤徵》。由此观之，审农时而重人事，历代然之也。逮至周室既衰，战国横骛，告朔之羊，废而不绍，登台之礼，灭而不遵，闰分乖次而不识，孟陬失纪而莫悟，大火犹西流，而怪蛰虫之不藏也。是时也，天子不协时，司历不书日。诸侯不受职，日御不分朔，人事不恤，废弃农时。仲尼之拨乱于《春秋》，托褒贬纠正，司历失闰，则讥而书之，登台颁朔，则谓之有礼。自此以降，暨于秦汉，乃复以孟冬为岁首，闰为后九月，中节乖错，时月纰缪。加时后天，蚀不在朔，累载相袭，久而不革也。至武帝元封七年，始乃悟其缪焉，于是改正朔，更历数，使大才通人，更造《太初历》，校中朔所差，以正闰分，课中星得度，以考疏密，以建寅之月为正朔，以黄钟之月为历初。其历斗分太多，后遂疏阔。至元和二年，复用《四分历》，施而行之，至于今日，考察日蚀，率常在晦，是则斗分太多，故先密后疏而不可用也。是以臣前以制典余日，推考天路，稽之前典，验之以蚀朔，详而精之，更建密历，则不先不后，古今中天。以昔在唐帝，协日正时，允厘百工，咸熙庶绩也。欲使当今国之典礼，凡百制度，皆韬合往古，郁然备足，乃改正朔，更历数，以大吕之月为岁首，以建子之月为历初。臣以为昔在帝代，则法曰《颛顼》，曩自轩辕，则历曰《黄帝》，暨至汉之孝武，革正朔，更历数，改元曰太初，因名《太初历》。今改元为景初，宜曰《景初历》。臣之所建《景初历》，法数则约要，施用则近密，治之则省功，学之则易知。虽复使研桑心算，隶首运筹，重黎司晷，羲和察景，以考天路，步验日月，究极精微，尽术数之极者，皆未能并臣如此之妙也。是以累代历数，皆疏而不密，自黄帝以来，常改革不已。"

壬辰以来，至景初元年丁巳岁，积四千四十六，算上。

此元以天正建子黄钟之月为历初，元首之岁，夜半甲子朔旦冬至。

元法，万一千五十八。

纪法，千八百四十三。

纪月，二万二千七百九十五。

章岁，十九。

章月，二百三十五。

章闰，七。

通数，十三万四千六百三十。

日法，四千五百五十九。

余数，九千六百七十。

周天，六十七万三千一百五十。

纪岁中，十二。

气法，十二。

没分，六万七千三百一十五。

没法，九百六十七。

月周，二万四千六百三十八。

通法，四十七。

会通，七十九万百一十。

朔望合数，六万七千三百一十五。

入交限数，七十二万二千七百九十五。

通周，十二万五千六百二十一。

周日日余，二千五百二十八。

周虚，二千三十一。

斗分，四百五十五。

甲子纪第一

纪首合朔，月在日道里。

交会差率，四十一万二千九百一十九。

迟疾差率，十万三千九百四十七。

甲戌纪第二

纪首合朔，月在日道里。

交会差率，五十一万六千五百二十九。

迟疾差率，七万三千七百六十七。

甲申纪第三

纪首合朔，月在日道里。

交会差率，六十二万一百三十九。

迟疾差率，四万三千五百八十七。

甲午纪第四

纪首合朔，月在日道里。

交会差率，七十二万三千七百四十九。

迟疾差率，一万三千四百七。

甲辰纪第五

纪首合朔，月在日道里。

交会差率，三万七千二百四十九。

迟疾差率，十万八千八百四十八。

甲寅纪第六

纪首合朔，月在日道里。

交会差率，十四万八百五十九。

迟疾差率，七万八千六百六十八。

交会纪差十万三千六百一十。求其数之所生者，置一纪积月，以通数乘之，会通去之，所去之余，纪差之数也。以之转加前纪，则得后纪。加之未满会通者，则纪首之岁天正合朔月在日道里；满去之，则月在日道表。加表，满在里；加里，满在表。

迟疾纪差三万一百八十。求其数之所生者，置一纪积月，以通数乘之，通周去之。余以减通周，所减之余，纪差之数也。以之转减前纪，则得后纪。不足减者，加通周。求次元纪差率，转减前元甲寅纪差率，余则次元甲子纪差率也。求次纪，如上法也。

推朔积月术曰：置壬辰元以来，尽所求年，外所求，以纪法除之，所得算外，所入纪第也，余则入纪年数也。以章月乘之，如章岁而一，为积月，不尽为闰余。闰余十二以上，其年有闰。闰月以无中气为正。

推朔术曰：以通数乘积月，为朔积分。如日法而一，为积日，不尽为小余。以六十去积日，余为大余。大余命以纪，算外，所求年天正十一月朔日也。

求次月，加大余二十九，小余二千四百一十九，小余满日法从大余，命如前，次月朔日也。小余二千一百四十以上，其月大也。

推弦望，加朔大余七，小余千七百四十四，小分一，小分满二从小余，小余满日法从大余，大余满六十去之，余命以纪，算外，上弦日也。又加，得望、下弦、后月朔。其月蚀望者，定小余如在中节者定小余如所近中节间限数，限数以下者，算上为日。望在中节前后各四日以还者，视限数；望在中节前后各五日以上者，视间限。

推二十四气术曰：置所入纪年，外所求，以余数乘之，满纪法为大余，不尽为小余。大余满六十去之，余命以纪，算外，天正十一月冬至日也。

求次气，加大余十五，小余四百二，小分十一，小分满气法从小余，小余满纪法从大余，命如前，次气日也。

推闰月术曰：以闰余减章岁，余以岁中乘之，满章闰得一月，余满半法以上，亦得一月。数从天正十一月起，算外，闰月也。闰有进退，以无中气御之。

	限数	间限
大雪十一月节	限数千二百四十二	间限千二百四十八
冬至十一月中	限数千二百五十四	间限千二百四十五
小寒十二月节	限数千二百三十五	间限千二百二十四
大寒十二月中	限数千二百一十三	间限一百九十二
立春正月节	限数一百七十二	间限一百四十七
雨水正月中	限数一百二十二	间限千九十三
惊蛰二月节	限数千六十五	间限千三十六
春分二月中	限数千八	间限九百七十九
清明三月节	限数九百五十一	间限九百二十五
谷雨三月中	限数九百	间限八百七十九
立夏四月节	限数八百五十七	间限八百四十
小满四月中	限数八百二十三	间限八百一十二
芒种五月节	限数八百	间限七百九十九
夏至五月中	限数七百九十八	间限八百一
小暑六月节	限数八百五	间限八百一十五
大暑六月中	限数八百二十五	间限八百四十二
立秋七月节	限数八百五十九	间限八百八十三
处暑七月中	限数九百七	间限九百三十五
白露八月节	限数九百六十二	间限九百九十二
秋分八月中	限数千二十一	间限千五十一
寒露九月节	限数千八十	间即千一百七
霜降九月中	限数千一百三十三	间限千一百五十七
立冬十月节	限数千一百八十一	间限千一百九十八
小雪十月中	限数千二百一十五	间限千二百二十九

推没灭术曰：因冬至积日有小余者，加积一，以没分乘之，以没法除之，所得为大余，不尽为小余。大余满六十去之，余命以纪，算外，即去年冬至后日也。

求次没，加大余六十九，小余五百九十二，小余满没法得一，从大余，命如前。小余尽，为灭也。

推五行用事日：立春、立夏、立秋、立冬者，即木、火、金、水始用事日也。各减其大余十八，小余四百八十三，小分六，余命以纪，算外，各四立之前，土用事日也。大余不足减者，加六十；小余不足者，减大余一，加纪法；小分不足减者，减小余一，加气法。

推卦用事日：因冬至大余，六其小余，即《坎卦》用事日也。加小余万九十一，满元法从大余，即《中孚》用事日也。

求次卦，各加大余六，小余九百六十七。其四正各因其中日，六其小余。推日度术曰：纪法朔积日，满周天去之，余以纪法除之，所得为度，不尽为分。命度从牛前五起，宿次除之，不满宿，则天正十一月朔夜半日所在度及分也。

求次日，日加一度，分不加，经斗除斗分，分少，退一度。

推月度术曰：以月周乘朔积日，满周天去之，余以纪法除之，所得为度，不尽为分，命如上法，则天正十一月朔夜半月所在度及分也。

求次月，小月加度二十二，分八百六，大月又加一日，度十三，分六百七十九；分满纪法得一度，则并月朔夜半月所在度分及也。其冬下旬，月在张、心署之。

推合朔度术曰：以章岁乘朔小余，满通法为大分，不尽为小分。以大分从朔夜半日度分，分满纪法从度，命如前，则天正十一月合朔日月所共合度也。

求次月，加度二十九，大分九百七十七，小分四十二，小分满通法从大分，大分满纪法从度，经斗除其分，则次月合朔日月所共合度也。

推弦望日所在度：加合朔度七，大分七百五，小分十，微分一，微分满二从小分，小分满通法从大分，大分满纪法从度，命如前，则上弦日所在度也。又加，得望，下弦、后月合也。

推弦望月所在度：加合朔度九十八，大分千二百七十九，小分三十四，数满命如前，即上弦月所在度也。又加，得望，下弦、后月合也。

推日月昏明度术曰：日以纪法，月以月周，乘所近节气夜漏，二百而一，为明分。日以减纪法，月以减月周，余为昏分。各以分加夜半，如法为度。

推合朔交会月蚀术曰：置所入纪朔积分，以所入纪下交会差率之数加之，以会通去之，余则所求年天正十一月合朔去交度分也。以通数加之，满会通去之，余则次月合朔去交度分也。以朔望合数各加其月合朔去交度分，满会通去之，余则各其月望去交度分也。朔望去交分，如朔望合数以下，入交限数以上者，朔则交会，望则月蚀。

推合朔交会月蚀月在日道表里术曰：置所入纪朔积分，以所入纪下交会差率之数加之，倍会通去之，余不满会通者，纪首表，天正合朔月在表；纪首里，天正合朔月在里。满会通去之，表满在里，里满在表。

求次月，以通数加之，满会通去之，加里满在表，加表满在里。先交会后月蚀者，朔在表则望在表，朔在裏则望在里。先月蚀后交会者，看蚀月朔在里则望在表，朔在表则望在里。交会月蚀如朔望合数以下，则前交后会；如入交限数以上，则前会后交。其前交后会近于限数者，则豫伺之；前会后交近于限数者，则后伺之。

求去交度术曰：其前交后会者，今去交度分如日法而一，所得则却交度分也。其前会后交者，以去交度分减会通，余如日法而一，所得则前去交度也。余皆度分也。去交度十五以上，虽交不蚀也，十以下是蚀，十以上，亏蚀微少，光暑相及而已。亏之多少，以十五为法。

求日蚀亏起角术曰：其月在外道，先交后会者，亏蚀西南角起；先会后交者，亏蚀东南角起。其月在内道，先交后会者，亏蚀西北角起；先会后交者，亏蚀东北角起。亏蚀分多少，如上以十五为法。会交中者，蚀尽。月蚀在日之冲，亏角与上反也。

月行迟疾度	损益率	盈缩积分	月行分
一日十四度十四分	益二十六	盈初	二百八十
二日十四度十一分	益二十三	盈积分一十一万八千五百三十四	二百七十七
三日十四度八分	益二十	盈积分二十二万三千三百九十一	二百七十四
四日十四度五分	益十七	盈积分三十一万四千五百七十一	二百七十一
五日十四度一分	益十三	盈积分三十九万二千七十四	二百六十七
六日十三度十四分	益七	盈积分四十五万一千三百四十一	二百六十一
七日十三度七分	损	盈积分四十八万二千二百五十四	二百五十四
八日十三度一分	损六	盈积分四十八万三千二百五十四	二百四十八
九日十二度十六分	损十	盈积分四十五万五千九百	二百四十四
十日十二度十三分	损十三	盈积分四十一万三百一十	二百四十
十一日十二度十一分	损十五	盈积分三十五万一千四百四十三	二百三十九
十二日十二度八分	损十八	盈积分二十八万四千六百五十八	二百三十六
十三日十二度五分	损二十一	盈积分二十万五百九十六	二百三十三
十四日十二度三分	损二十三	盈积分一十万四千八百五十七	二百三十一
十五日十二度五分	益二十一	缩初	二百三十三
十六日十二度七分	益十九	缩积分九万五千七百三十九	二百三十五
十七日十二度九分	益十七	缩积分一十八万二千三百六十	二百三十七
十八日十二度十二分	益十四	缩积分二十五万九千八百六十三	二百四十
十九日十二度十五分	益十一	缩积分三十二万三千六百八十九	二百四十三
二十日十二度十八分	益八	缩积分三十七万三千八百三十八	二百四十六
二十一日十三度三分	益四	缩积分四十一万三百一十一	二百五十一
二十二日十三度七分	损	缩积分四十二万八千五百四十六	二百五十四
二十三日十三度十二分	损五	缩积分四十二万八千五百四十六	二百五十九
二十四日十三度十八分	损十一	缩积分四十万五千七百五十一	二百六十五
二十五日十四度五分	损十七	缩积分三十五万五千六百二	二百七十一
二十六日十四度十一分	损二十三	缩积分二十七万八千九十九	二百七十七
二十七日十四度十二分	损二十四	缩积分一十七万三千四百四十二	二百七十八
周日十四度十三分有小分六百二十六	损二十五有小分六百二十六	缩积分六万三千八百二十六	二百七十九有小分六百二十六

推合朔交会月蚀入迟疾历术曰：置所入纪朔积分，以所入纪下迟疾差率数加之，以通周去之，余满日法得一日，不尽为日余，命日算外，则所求年天正十一月合朔入历日也。

求次月，加一日，日余四千四百五十。求望，加十四日，日余三千四百八十九。日余满日法成日，日满二十七去之。又除余如周日余，日余不足除者减一日，加周虚。

推合朔交会月蚀定大小余：以入历日余乘所入历损益率，以损益盈缩积分，为定积分。以章岁减所入历月行分，余以除之，所得以盈减缩加本小余。加之满日法者，交会加时在后日；减之不足者，交会加时在前日。月蚀者，随定大小余为日加时。入历在周日者，以周日日余乘缩积分，为定积分。以损率乘入历日余，又以周日日余乘之，以周日日度小分并之，以损定积分，余为后定积分。以章岁减周日月行分，余以周日日余乘之，以周日度小分并之，以除后定积分，所得以加本小余，如上法。

推加时：以十二乘定小余，满日法得一辰，数从子起，算外，则朔望加时所在辰也。有余不尽四之，如日法而一为少，二为半，三为太。又有余者三之，如日法而一为强，半法以上排成之，不满半法废弃也。以强并少为少强，并半为半强，并太为太强。得二强者为少弱，以之并少为半弱，以之并半为太弱，以之并太为一辰弱。以所在辰命之，则各得其少、太、半及强，弱也。其月蚀望在中节前后四日以还者，视限数；在中节前后五日以上者，视间限。定小余如间限、限数以下者，以算上为日。

斗二十六分四百五十五　牛八　女十二　虚十　危十七　室十六　壁九

北方九十八度分四百五十五

奎十六　娄十二　胃十四　昴十一　毕十六　觜二　参九

西方八十度

井三十三　鬼四　柳十五　星七　张十八　翼十八　轸十七

南方百十二度

角十二　亢九　氐十五　房五　心五　尾十八　箕十一

东方七十五度

中节	日行所在度	日行黄道去极度	日中晷影
	昼漏刻	夜漏刻	昏中星	明中星
冬至 十一月中	斗二十一少	百一十五度	丈三尺
	四十五	五十五	奎六弱	亢二少强
小寒 十二月节	女二少	百一十三强	丈二尺三寸
	四十五八分	五十四二分	娄六半强	氐七强
大寒 十二月中	虚五半弱	百一十太弱	丈一尺
	四十六八分	五十三二分	胃十一太强	心半
立春 正月节	危十太弱	百六少弱	九尺六寸
	四十八六分	五十一四分	毕五少弱	尾七半弱
雨水 正月中	室八太强	百一强	七尺九寸五分
	五十八分	四十九二分	参六半弱	箕半
惊蛰 二月节	壁八强	九十五强	六尺五寸
	五十三三分	四十六七分	井十七少弱	斗初少
春分 二月中	奎十四少强	八十九少强	五尺二寸五分
	五十五八分	四十四二分	鬼四	斗十一弱
清明 三月节	胃一半	八十三少强	四尺一寸五分
	五十八三分	四十一七分	星四太	斗二十一半
谷雨 三月中	昴二太	七十七太强	三尺二寸
	六十五分	三十九五分	张十七	牛六半
立夏 四月节	毕六太	七十三少弱	二尺五寸二分
	六十二四分	三十七六分	翼十	女十少弱
小满 四月中	参四少弱	六十九太	尺九寸八分
	六十三九分	三十六一分	角太弱	危太弱
芒种 五月节	井十少弱	六十七少弱	尺六寸八分
	六十四九分	三十五一分	亢五太	危十四
夏至 五月中	井二十五半强	六十七强	尺五寸
	六十五	三十五	氐十二少弱	室十二强
小暑 六月节	柳三太强	六十七太强	尺七寸
	六十四七分	三十五三分	尾一太强	奎二太强
大暑 六月中	星四强	七十	二尺
	六十三八分	三十六二分	尾十五半	娄三太
立秋 七月节	张十二少	七十三半强	二尺五寸五分
	六十二三分	三十七七分	箕九太强	胃九太弱
处暑 七月中	翼九半	七十八半强	三尺三寸三分
	六十二分	三十九八分	斗十少	毕三太
白露 八月节	轸六太	八十四少强	四尺三寸五分
	五十七八分	四十二二分	斗二十一强	参五少强
秋分 八月中	角五弱	九十半强	五尺五寸
	五十五二分	四十四八分	牛五少强	井十六少强
寒露 九月节	亢八半弱	九十六太强	六尺八寸五分
	五十二六分	四十七四分	女七太	鬼三少强
霜降 九月中	氐十四少强	百二少强	八尺四寸
	五十三分	四十九七分	虚六太	星三太
立冬 十月节	尾四半强	百七少强	丈
	四十八二分	五十一八分	危八强	张十五太强
小雪 十月中	箕一太强	百一十一弱	丈一尺四寸
	四十六七分	五十三三分	室三半弱	翼十五太
大雪 十一月节	斗六	百一十三太强	丈二尺五寸六分
	四十五五分	五十四五分	壁半强	轸十五少强

右中节二十四气,如术求之,得冬至十一月中也。加之得次月节,加节得其月中。中星以日所在为正,置所求年二十四气小余,四之,如法得一为少;不尽少,三之,如法为强;所得以减其节气昏明中星各定。

推五星术

五星者,木曰岁星,火曰荧惑星,土曰填星,金曰太白星,水曰辰星。凡五星之行,有迟有疾,有留有逆。曩自开辟,清浊始分,则日月五星聚于星纪。发自星纪,并而行天,迟疾留逆,互相逮及。星与日会,同宿共度,则谓之合。从合至合之日,则谓之终。各一以终之日与一岁之日通分相约，终而率之，岁数岁则谓之合终岁数，岁终则谓之合终合数。二率既定，则法数生焉。以章岁乘合数，为合月法。以纪法乘合数，为日度法。以章月乘岁数，为合月分；如合月法为合月数，合月之余为月余。以通数乘合月数，如日法而一，为大余。以六十去大余，余为星合朔大余。大余之余为朔小余。以通数乘月余，以合月法乘朔小余，并之，以日法乘合月法除之，所得星合入月日数也。余以通法约之，为入月日余。以朔小余减日法，余为朔虚分。以历斗分乘合数，为星度斗分。木、火、土各以合数减岁数，余以周天乘之，如日度法而一，所得则行星度数也，余则度余。金、水以周天乘岁数，如日度法而一，所得则行星度数也，余则度余也。

木：合终岁数，一千二百五十五。
　　合终合数，一千一百四十九。
　　合月法，二万一千八百三十一。
　　日度法，二百一十一万七千六百七。
　　合月数，一十三。
　　月余，一万一千一百二十二。
　　朔大余，二十三。
　　朔小余，四千九十三。
　　入月日，一十五。
　　日余，一百九十九万五千六百六十四。
　　朔虚分，四百六十六。
　　斗分，五十二万二千七百九十五。
　　行星度，三十三。
　　度余，一百四十七万二千八百六十九。

火：合终岁数，五千一百五。
　　合终合数，二千三百八十八。
　　合月法，四万五千三百七十二。
　　日度法，四百四十万一千八十四。
　　合月数，二十六。
　　月余，二万三。
　　朔大余，四十七。
　　朔小余，三千六百二十七。
　　入月日，一十三。
　　日余，三百五十八万五千二百三十。
　　朔虚分，九百三十二。
　　斗分，一百八万六千五百四十。
　　行星度，五十。
　　度余，一百四十一万二千一百五十。

土：合终岁数，三千九百四十三。
　　合终合数，三千八百九。
　　合月法，七万二千三百七十一。
　　日度法，七百一十万九千九百八十七。
　　合月数，一十二。
　　月余，五万八千一百五十三。
　　朔大余，五十四。
　　朔小余，一千六百七十四。
　　入月日，二十四。
　　日余，六十七万五千三百六十四。
　　朔虚分，二千八百八十五。
　　斗分，一百七十三万三千九十五。
　　行星度，一十二。
　　度余，五百九十六万二千二百五十六。

金：合终岁数，一千九百七。
　　合终合数，二千三百八十五。
　　合月法，四万五千三百一十五。
　　日度法，四百三十九万五千五百五十五。
　　合月数，九。
　　月余，四万三百一十。
　　朔大余，二十五。
　　朔小余，三千五百三十五。
　　入月日，二十七。
　　日余，十九万四千九百九十。
　　朔虚分，一千二十四。
　　斗分，一百八万五千一百七十五。
　　行星度，二百九十二。
　　度余，十九万四千九百九十。

水：合终岁数，一千八百七十。
　　合终合数，一万一千七百八十九。
　　合月法，二十二万三千九百九十一。
　　日度法，二千一百七十二万七千一百二十七。
　　合月数，一。
　　月余，二十一万五千四百五十九。
　　朔大余，二十九。
　　朔小余，二千四百一十九。
　　入月日，二十八。
　　日余，二千三十四万四千二百六十一。
　　朔虚分，二千一百四十。
　　斗分，五百三十六万三千九百九十五。
　　行星度，五十七。
　　度余，二千三十四万七千三百六十一。

推五星术曰：置壬辰元以来尽所求年，以合终合数乘之，满合终岁数得一，名积合，不尽名为合余。以合终合数减合余，得一者星合往年，得二者合前往年，无所得，合其年。余以减合终合数，为度分。金、水积合，偶为晨，奇为夕。

推五星合月：以月数、月余各乘积合，余满合月法从月，为积月，不尽为月余。以纪法除积月，所得算外，所入纪也，余为入纪月。副以章闰乘之，满章月得一为闰，以减入纪月，余以岁中去之，余为入岁月，命以天正起，算外，星合月也。其在闰交际，以朔御之。

推合月朔：以通数乘入纪月，满日法得一，为积日，不尽为小余。以六十去积日，余为大余，命以所入纪，算外，星合朔日也。

推入月日：以通数乘月余，合月法乘朔小余，并之，通法约之，所得满日度法得一，则星合入月日也，不满日余。命日以朔，算外，入月日也。

推星合度：以周天乘度分，满日度法得一为度，不尽为余。命以牛前五度起，算外，星所合度也。

求后全月：以月数加入岁月，以余加月余，余满合月法得一月。月不满岁中，即在其年；满去之，有闰计焉，余为后年；再满，在后二年。金、水加晨得夕，加夕得晨也。

求后合朔：以朔大、小余数加合朔月大、小余，其月余上成月者，又加大余二十九，小余二千四百一十九，小余满日法从大余，命如前法。

求后入月日：以入月日、日余加入月日及余，余满日度法得一。其前合朔小余满其虚分者，去一日；后小余满二千四百一十九以上，去二十九日；不满，去三十日，其余则后合入月日，命以朔。求后合度，以度数及分，如前合宿次命之。

木：晨与日合，伏，顺，十六日九十九万七千八百三十二分行星二度百七十九万五千二百三十八分，而晨见东方，在日后。顺，疾，日行五十七分之十一，五十七日行十一度。顺，迟，日行九分，五十七日行九度而留。不行二十七日而旋。逆，日行七分之一，八十四日退十二度而复留。二十七日复迟，日行九分，五十七日行九度而复顺。疾，日行十一分，五十七日行十一度，在日前，夕伏西方。顺，十六日九十九万七千八百三十二分行星二度百七十九万五千二百三十八分，而与日合。凡一终，三百九十八日百九十九万五千六百六十四分，行星三十三度百四十七万二千八百六十九分。

火：晨与日合，伏，七十二日百七十九万二千六百一十五分行星五十六度百二十四万九千三百四十五分，而晨见东方，在日后。顺，日行二十三分之十四，百八十四日行百一十二度。更顺，迟，日行十二分，九十二日行四十八度而留。不行十一日而旋。逆，日行六十二分之十七，六十二日退十七度而复留。十一日复顺，迟，日行十二分，九十二日行四十八度而复疾。日行十四分，百八十四日行百一十二度，在日前，夕伏西方。顺，七十二日百七十九万二千六百一十五分行星五十六度百二十四万九千三百四十五分，而与日合。凡一终，七百八十日三百五十八万五千二百三十分，行星四百一十五度二百四十九万八千六百九十分。

土：晨与日合，伏，十九日三百八十四万七千六百七十五分半行星二度六百四十九万一千一百二十一分半，而晨见东方，在日后。行百七十二分之十三，八十六日行六度半而留。不行三十二日半而旋。逆，日行十七分之一，百二日退六度而复留。不行三十二日半复顺，日行十三分，八十六日行六度半，在日前，夕伏西方。顺，十九日三百八十四万七千六百七十五分半行星二度六百四十九万一千一百二十一分半，而与日合。凡一终，三百七十八日六十七万五千三百六十四分，行星十二度五百九十六万二千二百五十六分。

金：晨与日合，伏，六日退四度，而晨见东方，在日后而逆。迟，日行五分之三，十日退六度。留，不行七日而旋。顺，迟，日行四十五分之三十三，四十五日行三十三度而疾。疾，日行一度九十一分之十四，九十一日行百五度而顺。益疾，日行一度九十一分之二十一，九十一日行百一十二度，在日后，而晨伏东方。顺，四十二日十九万四千九百九十分行星五十二度十九万四千九百九十分，而与日合。一合，二百九十二日十九万四千九百九十分，行星如之。

金：夕与日合，伏，顺，四十二日十九万四千九百九十分行星五十二度十九万四千九百九十分，而夕见西方，在日前。顺，疾，日行一度九十一分之二十一，九十一日行百一十二度而更顺。迟，日行一度十四分，九十一日行百五度而顺。益迟，日行四十五分之三十三，四十五日行三十三度而留。不行七日而旋。逆，日行五分之三，十日退六度，在日前，夕伏西方。逆，六日退四度，而与日合。凡再合一终，五百八十四日三十八万九千九百八十分，行星如之。

水：晨与日合，伏，十一日退七度，而晨见东方，在日后。逆，疾，一日退一度而留。不行一日而旋。顺，迟，日行八分之七，八日行七度而顺。疾，日行一度十八分之四，十八日行二十二度，在日后，晨伏东方。顺，十八日二千三百四十四万四千二百六十一分行星三十六度二千三百四十四万四千二百六十一分，而与日合。凡一合，五十七日二千三百四十四万四千二百六十一分，行星如之。

水：夕与日合，伏，十八日二千三百四十四万四千二百六十一分行星三十六度二千三百四十四万四千二百六十一分，而夕见西方，在日前。顺，疾，日行一度十八分之四，十八日行二十二度而更顺。迟，日行八分之七，八日行七度而留。不行一日而旋。逆，一日退一度，在日前，夕伏西方。逆，十一日退七度，而与日合。凡再合一终，百一十五日千八百九十六万一千三百九十五分，行星如之。

五星历步术

以法伏日度余加星合日度余，余满日度法得一从全，命之如前，得星见日及度余也。以星行分母乘见度分，如日度法得一，分不尽，半法以上亦得一，而日加所行分，分满其母得一度。逆顺母不同，以当行之母乘故分，如故母而一，当行分也。留者承前，逆则减之，伏不尽度，除斗分，以行母为率。分有损益，前后相御。

武帝侍中平原刘智，以斗历改宪，推《四分法》，三百年而减一日，以百五十为度法，三十七为斗分。推甲子为上元，至泰始十年，岁在甲午，九万七千四百一十一岁，上元天正甲子朔夜半冬至，日月五星始于星纪，得元首之端。饰以浮说，名为《正历》。

当阳侯杜预著《春秋长历》，说云：

日行一度，月行十三度十九分之七有奇，日官当会集此之迟疾，以考成晦朔，以设闰月。闰月无中气，而北斗邪指两辰之间，所以异于他月。积此以相通，四时八节无违，乃得成岁，其微密至矣。得其精微，以合天道，则事叙而不悖。故《传》曰："闰以正时，时以作事。"然阴阳之运，随动而差，差而不已，遂与历错。故仲尼、丘明每于朔闰发文，盖矫正得失，因以宣明历数也。

刘子骏造《三正历》以修《春秋》，日蚀有甲乙者三十四，而《三正历》惟得一蚀，比诸家既最疏。

又六千余岁辄益一日，凡岁当累日为次，而故益之，此不可行之甚者。

自古已来，诸论《春秋》者多违谬，或造家术，或用黄帝已来诸历，以推经传朔日，皆不谐合。日蚀于朔，此乃天验，《经传》又书其朔蚀，可谓合天，而刘贾诸儒说，皆以为月二日或三日，公违圣人明文，其弊在于守一元，不与天消息也。

余感《春秋》之事，尝著《历论》，极言历之通理。其大指曰："天行不息，日月星辰各运其舍，皆动物也。物动则不一，虽行度有大量可得而限，累日为月，累月为岁，以新故相涉，不得不有毫末之差，此自然之理也。故春秋日有频月而蚀者，有旷年不蚀者，理不得一，而算守恒数，故历无不有先后也。始失于毫毛，而尚未可觉，积而成多，以失弦望晦朔，则不得不改宪以从之。《书》所谓"钦若昊天，历象日月星辰"，《易》所谓"治历明时"，言当顺天以求合，非为合以验天者也。推此论之，春秋二百余年，其治历通变多矣。虽数术绝灭，远寻《经传》微旨，大量可知，时之违谬，则《经传》有验。学者固当曲循《经传》月日、日蚀，以考晦朔，以推时验；而皆不然，各据其学，以推春秋，此无异于度己之迹，而欲削他人之足也。

余为《历论》之后，至咸宁中，善算者李修、卜显，依论体为术，名《乾度历》，表上朝廷。其术合日行四分数而微增月行，用三百岁改宪之意，二元相推，七十余岁，承以强弱，强弱之差盖少，而适足以远通盈缩。时尚书及史官，以《乾度》与《泰始》参校古今记注，《乾度历》殊胜《泰始》，上胜官历四十五事。今其术具存。又并考古今十历以验《春秋》，知《三统》之最疏也。

《春秋》大凡七百七十九日，三百九十三《经》，三百八十六《传》。其三十七日食。三无甲乙。

《黄帝》历得四百六十六日，一蚀。

《颛顼历》得五百九日，八蚀。

《夏历》得五百三十六日，十四蚀。

《真夏历》得四百六十六日，一蚀。

《殷历》得五百三日，十三蚀。

《周历》得五百六日，十三蚀。

《真周历》得四百八十五日，一蚀。

《鲁历》得五百二十九日，十三蚀。

《三统历》得四百八十四日，一蚀。

《乾象历》得四百九十五日，七蚀。

《泰始历》得五百一十日，十九蚀。

《乾度历》得五百三十八日，十九蚀。

今《长历》得七百四十六日，三十三蚀。失三十三日，《经传》误；四日蚀，三无甲乙。

汉末，宋仲子集七历以考《春秋》，案其夏、周二历术数，皆与《艺文志》所记不同，故更名为《真夏》、《真周历》也。

穆帝永和八年，著作郎琅邪王朔之造《通历》，以甲子为上元，积九万七千年，四千八百八十三为纪法，千二百五为斗分，因其上元为开辟之始。

后秦姚兴时，当孝武太元九年，岁在甲申，天水姜岌造《三纪甲子元历》，其略曰："治历之道，必审日月之行，然后可以上考天时，下察地化。一失其本，则四时变移。故仲尼之作《春秋》，日以继月，月以继时，时以继年，年以首事，明天时者人事之本，是以王者重之。自皇羲以降，暨于汉魏，各自制历，以求厥中。考其疏密，惟交会薄蚀可以验之。然书契所记，惟《春秋》著日蚀之变，自隐公讫于哀公，凡二百四十二年之间，日蚀三十有六，考其晦朔，不知用何历也。班固以为《春秋》因《鲁历》，《鲁历》不正，故置闰失其序。鲁以闰余一之岁为蔀首，检《春秋》置闰不与此蔀相符也。《命历序》曰：孔子为治《春秋》之故，退修殷之故历，使其数可传于后。如是，《春秋》宜用《殷历》正之。今考其交会，不与《殷历》相应，以《殷历》考《春秋》，月朔多不及其日，又以检《经》，率多一日，《传》率少一日。但《公羊》、《经》、《传》异朔，于理可从，而《经》有蚀朔之验，《传》为失之也。服虔解《传》用太极上元，太极上元乃《三统历》刘歆所造元也，何缘施于《春秋》？于《春秋》而用《汉历》，于义无乃远乎？《传》之违失多矣，不惟斯事而已。襄公二十七年冬十有一月乙亥朔，日有蚀之。《传》曰：'辰在申，司历过，再失闰也。'考其去交分，交会应在此月，而不为再失闰也。案歆历于《春秋》日蚀一朔，其余多在二日。因附《五行传》，著胱与侧匿之说云：春秋时诸侯多失其政，故月行恒迟。歆不以历失天，而为之差说。日之食朔，此乃天验也，而歆反以历非此，冤天而负时历也。杜预又以为周衰乱兵，学者莫得其真，今之所传七历，皆未必是时王之术也。今诚以七家之历，以考古今交会，信无其验也，皆由斗分疏之所致也。《殷历》以四分一为斗分，《三统》以一千五百三十九分之三百八十五为斗分，《乾象》以五百八十九分之一百四十五为斗分，今《景初》以一千八百四十三分之四百五十五为斗分，疏密不同，法数各异。《殷历》斗分粗，故不施于今。《乾象》斗分细，故不得通于古。《景初》斗分虽在粗细之中，而日之所在乃差四度，日月亏巳，皆不及其次，假使日在东井而蚀，以月验之，乃在参六度，差违乃尔，安可以考天时人事乎？今治新历，以二千四百五十一分之六百五为斗分，日在斗十七度，天正之首，上可以考合于《春秋》，下可以取验于今世。以之考《春秋》三十六蚀，正朔者二十有五，蚀二日者二，蚀晦者二，误者五，凡三十三蚀，其余蚀经无日讳之名，无以考其得失。图纬皆云"三百岁斗历改宪"。以今新施于春秋之世，日蚀多在朔，春秋之世，下至于今，凡一千余岁，交会弦望故进退于三蚀之间，此法乃可永载用之，岂三百岁斗历改宪者乎？

甲子上元以来，至鲁隐公元年巳未岁，凡八万二千七百三十六，至晋孝武太元九年甲申岁，凡八万三千八百四十一，算上。

元法，七千三百五十三。

纪法，二千四百五十一。

通数，十七万九千四十四。
日法，六千六十二。
月周，三万二千七百六十六。
气分，万二千八百六十。
元月，九万九百四十五。
纪月，三万三百一十五。
没分，四万四千七百六十一。
没法，六百四十三。
斗分，六百五。
周天，八十九万五千二百二十。一名纪日。
章月，二百三十五。
章岁，十九。
章闰，七。
岁中，十二。
会数，四十七。日月八百九十三岁，凡四十七会，分尽。
气中，十二。
甲子纪　交差，九千一百五十七。
甲申纪　交差，六千三百三十七。
甲辰纪　交差，三千五百一十七。
周半，一百二十七。
朔望合数，九百四十一。
会岁，八百九十三。
会月，万一千四十五。
小分，二千一百九十六。
章数，一百二十九。
小分，二千一百八十三。
周闰大分，七万六千二百六十九。
历周，四十四万七千六百一十一。半周天
会分，三万八千一百三十四。
差分，一万一千九百八十六。
会率，一千八百八十二。
小分法，二千二百九。
入交限，一万一百四。
小周，二百五十四。
甲子纪　差率，四万九千一百七十八。
甲申纪　差率，五万八千二百三十一。
甲辰纪　差率，六万七千二百八十四。
通周，十六万七千六十三。
周日日余，三千三百六十二。
周虚，二千七百一。

五星约法，据出见以为正，不系于元本。然则算步究于元初，约法施于今用，曲求其趣，则各有宜，故作者两设其法也。岌以月食检日宿度所在，为历术者宗焉。又著《浑天论》，以步日于黄道，驳前儒之失，并得其中矣。

卷十九　志第九

礼　上

夫人含天地阴阳之灵，有哀乐喜怒之情。乃圣垂范，以为民极，节其骄淫，以防其暴乱；崇高天地，虔敬鬼神，列尊卑之序，成夫妇之义，然后为国为家，可得而治也。《传》曰："一日克己复礼，天下归仁。"若乃太一初分，燧人钻火，志有畅于恭俭，情不由乎玉帛，而酌玄流于春涧之右，焚封豕于秋林之外，亦无得而阙焉。轩顼依神，唐虞稽古，逮乎隆周，其文大备。或垂百官之范，置不刊之法；或礼经三百，威仪三千，皆所以弘宣天意，雕刻人理。叔代浇讹，王风陵谢，事暌光国，礼亦愈家。赵简子问太叔以揖让周旋之礼，对曰："盖所谓仪而非礼也。"天经地义之道，自兹尤缺。哀公十一年，孔子自卫反鲁，迹三代之典，垂百王之训，时无明后，道噎不行。

若夫情尚分流，堤防之仁是弃；浇讹异术，洙泗之风斯泯。是以汉文罢再期之丧，中兴为一郊之祭，随时之义，不其然欤！而西京元鼎之辰，中兴永平之日，疏璧流而延冠带，启儒门而引诸生，两京之盛，于斯为美。及山鱼登俎，泽豕瞵经，礼乐恒委，浮华相尚，而郊禋之制，纲纪或存。魏氏光宅，宪章斯美。王肃、高堂隆之徒，博通前载，三千条之礼，十七篇之学，各以旧文增损当世，岂所谓致君于尧舜之道乎。世属雕墙，时逢秕政，周因之典，务多违俗，而遗编残册，犹有可观者也。景初元年，营洛阳南委粟山以为圆丘，祀之日以始祖帝舜配，房俎生鱼，陶樽玄酒，非搢绅为之纲纪，其孰能兴于此者哉！

宣景戎旅，未遑伊制。太康平吴，九州共一，礼经咸至，乐器同归，于是齐鲁诸生，各携缃素。武皇帝亦初平寇乱，意先仪范。其吉礼也，则三茅不翦，日观停瑄；其凶礼也，则深衣布冠，降席撤膳。明乎一谦三益之义，而教化行焉。元皇中兴，事多权道，遗文旧典，不断如发。是以常侍戴邈诣阙上疏云："方今天地更始，万物权舆，荡近世之流弊，创千龄之英范。是故双剑之节崇，而飞白之俗成，挟琴之容饰，而赴曲之和作。"其所以兴起礼文，劝帝身先之也。穆哀之后，王猷渐替，桓温居摄，政由己出，而有司或曜斯文，增晖执事，主威长谢，臣道专行。《记》曰，"苟无其位，不可以作礼乐"，岂斯之谓欤！

晋始则有荀顗、郑冲裁成国典，江左则有荀崧、刁协损益朝仪。《周官》五礼，吉凶军宾嘉，而吉礼之大，莫过祭祀，故《洪范》八政，三曰祀。祀者，所以昭孝事祖，通于神明者也。汉兴，承秦灭学之后，制度多未能复古。历东、西京四百余年，故往往改变。魏氏承汉末大乱，旧章珍灭，命侍中王粲、尚书卫觊草创朝仪。及晋国建，文帝又命荀顗因魏代前事，撰为新礼，参考今古，更其节文，羊祜、任恺、庾峻、应贞并共刊定，成百六十五篇，奏之。太康初，尚书仆射朱整奏付尚书郎挚虞讨论之。虞表所宜损增曰：

臣典校故太尉颙所撰《五礼》，臣以为夫革命以垂统，帝王之美事也，隆礼以率教，邦国之大务也，是以臣前表礼事稽留，求速讫施行。又以《丧服》最多疑阙，宜见补定。又以今礼篇卷烦重，宜随类通合。事久不出，惧见寝嘿。

盖冠婚祭会诸吉礼，其制少变；至于《丧服》，世之要用，而特易失旨。故子张疑高宗谅阴三年，子思不听其子服出母，子游谓异父昆弟大功，而子夏谓之齐衰，及孔子没而门人疑于所服。此等皆明达习礼，仰读周典，俯师仲尼，渐渍圣训，讲肆积年，及遇丧事，尤尚若此，明丧礼易惑，不可不详也。况自此已来，篇章焚散，去圣弥远，丧制诡谬，固其宜矣。是以《丧服》一卷，卷不盈握，而争说纷然。三年之丧，郑云二十七月，王云二十五月。改葬之服，郑云服缌三月，王云葬讫而除。继母出嫁，郑云皆服，王云从乎继寄育乃为之服。无服之殇，郑云子生一月哭之一日，王云以哭之日易服之月。如此者甚众。《丧服》本文省略，必待注解事义乃彰；其传说差详，世称子夏所作。郑王祖《经》宗《传》，而各有异同，天下并疑，莫知所定，而颙直书古《经》文而已，尽除子夏《传》及先儒注说，其事不可得行。及其行事，故当还颁异说，一彼一此，非所以定制也。臣以为今宜参采《礼记》，略取《传》说，补其未备，一其殊义。可依准王景侯所撰《丧服变除》，使类统明正，以断疑争，然后制无二门，咸同所由。

又此礼当班于天下，不宜繁多。颙为百六十五篇，篇为一卷，合十五余万言，臣犹谓卷多文烦，类皆重出。案《尚书·尧典》祀山川之礼，惟于东岳备称牲币之数，陈所用之仪，其余则但曰"如初"。《周礼》祀天地五帝享先王，其事同者皆曰"亦如之"，文约而义举。今礼仪事同而名异者，辄别为篇，卷烦而不典。皆宜省文通事，随类合之，事有不同，乃列其异。如此，所减三分之一。

虞讨论新礼讫，以元康元年上之。所陈惟明堂五帝、二社六宗及吉凶王公制度，凡十五篇。有诏可其议。后虞与傅咸缵续其事，竟未成功。中原覆没，虞之《决疑注》，是其遗事也。逮于江左，仆射刁协、太常荀崧补缉旧文，光禄大夫蔡谟又踵修其事云。

魏明帝太和元年正月丁未，郊祀武帝以配天，宗祀文帝于明堂以配上帝。于是时，二汉郊禋之制具存，魏所损益可知。四年八月，天子东巡，过繁昌，使执金吾臧霸行太尉事，以特牛祠受禅坛。景初元年十月乙卯，始营洛阳南委粟山为圜丘。诏曰："昔汉氏之初，承秦灭学之后，采摭残缺，以备郊祀。自甘泉后土，雍宫五畤，神祇兆位，多不经见，并以兴废无常，一彼一此，四百余年，废无禘礼，古代之所更立者，遂有阙焉。曹氏世系，出自有虞氏。今祀圜丘以始祖帝舜配，号圜丘曰皇皇帝天。方丘所祭曰皇皇后地，以舜妃伊氏配。天郊所祭曰皇天之神，以太祖武皇帝配。地郊所祭曰皇地之祇，以武宣皇后配。宗祀皇考高祖文皇帝于明堂，以配上帝。"十二月壬子冬至，始祀皇皇帝天于圜丘，以始祖有虞帝舜配。自正始以后，终魏世不复郊祀。

魏元帝咸熙二年十二月甲子，使持节侍中太保郑冲、兼太尉司隶校尉李憙奉皇帝玺绶策书，禅位于晋。丙寅，武皇帝设坛场于南郊，柴燎告类于上帝，是时尚未有祖配。泰始二年正月，诏曰："有司前奏郊祀权用魏礼，朕不虑改作之难，令便为永制，众议纷互，遂不时定，不得以时供飨神祇，配以祖考。日夕难企，贬食忘安，其便郊祀。"时群臣又议，五帝即天也，王气时异，故殊其号，虽名有五，其实一神。明堂南郊，宜除五帝之坐，五郊改五精之号，皆同称昊天上帝，各设一坐而已。地郊又除先后配祀。帝悉从之。二月丁丑，郊祀宣皇帝以配天，宗祀文皇帝于明堂以配上帝。是年十一月，有司又议奏，古者丘郊不异，宜并圆丘方丘于南北郊，更修立坛兆，其二至之祀合于二郊。帝又从之，一如宣帝所用王肃议也。是月庚寅冬至，帝亲祠圆丘于南郊。自是后，圆丘方泽不别立。

太康三年正月，帝亲郊祀，皇太子、皇子悉侍祠。十年十月，又诏曰："《孝经》'郊祀后稷以配天，宗祀文王于明堂以配上帝。'而《周官》云'祀天旅上帝'，又曰'祀地旅四望'。望非地，则明堂上帝不得为天也。往者众议除明堂五帝位，考之礼文不正。且《诗序》曰'文武之功，起于后稷'，故推以配天焉。宣帝以神武创业，既已配天，复以先帝配天，于义亦所不安。其复明堂及南郊五帝位。"愍帝都长安，未及郊庙而败。

元帝渡江，太兴二年始议立郊祀仪。尚书令刁协、国子祭酒杜夷议，宜须旋都洛邑乃修之。司徒荀组据汉献帝都许即便立郊，自宜于此修奉。骠骑王导、仆射荀崧、太常华恒、中书侍郎庾亮皆同组议，事遂施行，立南郊于巳地。其制度皆太常贺循所定，多依汉及晋初之仪。三月辛卯，帝亲郊祀，飨配之礼一依武帝始郊故事。是时尚未立北坛，地祇众神共在天郊。

明帝太宁三年七月，始诏立北郊，未及建而帝崩。及成帝咸和八年正月，追述前旨，于覆舟山南立之。天郊则五帝之佐、日月、五星、二十八宿、文昌、北斗、三台、司命、轩辕、后土、太一、天一、太微、句陈、北极、雨师、雷电、司空、风伯、老人，凡六十二神也。地郊则五岳、四望、四海、四渎、五湖、五帝之佐、沂山、岳山、白山、霍山、医无闾山、蒋山、松江、会稽山、钱唐江、先农，凡四十四神也。江南诸小山，盖江左所立，犹如汉西京关中小水皆有祭秩也。是月辛未，祀北郊，始以宣穆张皇后配，此魏氏故事，非晋旧也。

康帝建元元年正月，将北郊，有疑议。太常顾和表："泰始中，合二至之礼于二郊。北郊之月，古无明文，或以夏至，或同用阳月。汉光武正月辛未，始建北郊，此则与南郊同月。及中兴草创，百度从简，合七郊于一丘，宪章未备，权用斯礼，盖时宜也。至咸和中，议别立北郊，同用正月。魏承后汉，正月祭天以地配。时高堂隆等以为礼祭天不以地配，而称《周礼》三王之郊一用夏正。"于是从和议。是月辛未南郊，辛巳北郊，帝皆亲奉。

安帝元兴三年，刘裕讨桓玄，走之。已卯，告义功于南郊。是年，帝蒙尘江陵未反。其明年应郊，朝议以为宜依《周礼》，宗伯摄职，三公行事。尚书左丞王纳之独曰："既殡郊祀，自是天子当阳，有君存焉，禀命而行，何所辩也。郊之兴否，岂如今日之比乎！"议者又云："今宜郊，故是承制所得令三公行事。"又"郊天极尊，惟一而已，故非天子不祀也。庶人以上，莫不蒸尝，嫡子居外，介子执事，未有不亲受命而可祭天者"。纳之又曰："武皇受禅，用二月郊，元帝中兴，以三月郊。今郊时未过，日望舆驾，无为欲速，而使皇舆旋反，更不得亲奉也。"于是从纳之议。

郊庙牲币璧玉之色，虽有成文，秦世多以骝驹，汉则但云犊，未辩其色。江左南北郊同用玄牲，明堂庙社同以赤牲。

礼，有事告祖祢宜社之文，未有告郊之典也。汉仪，天子之丧，使太尉告谥于南郊，他无闻焉。魏文帝黄初四年七月，帝将东巡，以大军当出，使太常以一特牛告祠南郊。及文帝崩，太尉钟繇告谥南郊，皆是有事于郊也。江左则废。

礼，春分祀朝日于东，秋分祀夕月于西。汉武帝郊泰畤，平旦出竹宫，东向揖日，其夕西向揖月。既郊明，又不在东西郊也。后遂旦夕常拜。故魏文帝诏曰："汉氏不拜日于东郊，而且夕常于殿下东西拜日月，烦亵似家人之事，非事天神之道也。"黄初二年正月乙亥，祀朝日于东门之外，又违礼二分之义。魏明帝太和元年二月丁亥，祀朝日于东郊，八月己丑，祀夕月于西郊，始得古礼。及武帝太康二年，有司奏，春分依旧请车驾祀朝日，寒温未适，可不亲出。诏曰："礼仪宜有常，若如所奏，与故太尉所撰不同，复为无定制也。间者方难未平，故每从所奏，今戎事弭息，惟此为大。"案此诏，帝复为亲祀朝日也。此后废。

礼，"郊祀后稷以配天，宗祀文王于明堂以配上帝"。魏文帝即位，用汉明堂而未有配。明帝太和元年，始宗祀文帝于明堂，齐王亦行其礼。

晋初以文帝配，后复以宣帝，寻复还以文帝配，其余无所变革。是则郊与明堂，同配异配，参差不同矣。挚虞议以为："汉魏故事，明堂祀五帝之神。新礼，五帝即上帝，即天帝也。明堂除五帝之位，惟祭上帝。案仲尼称'郊祀后稷以配天，宗祀文王于明堂以配上帝'。《周礼》，祀天旅上帝，祀地旅四望。望非地，则上帝非天，断可识矣。郊丘之祀，扫地而祭，牲用茧栗，器用陶匏，事反其始，故配以远祖。明堂之祭，备物以荐，玉牲并陈，笾豆成列，礼同人鬼，故配以近考。郊堂兆位，居然异体，牲牢品物，质文殊趣。且祖考同配，非谓尊严之美，三日再祀，非谓不黩之义，其非一神，亦足明矣。昔在上古，生为明王，没则配五行，故太昊配木，神农配火，少昊配金，颛顼配水，黄帝配土。此五帝者，配天之神，同兆之于四郊，报之于明堂。祀天，大裘而冕，祀五帝亦如之。或以为五精之帝，佐天育物者也。前代相因，莫之或废，晋初始从异议。《庚午诏书》，明堂及南郊除五帝之位，惟祀天神，新礼奉而用之。前太医令韩杨上书，宜如旧祀五帝。太康十年，诏已施用。宜定新礼，明堂及郊祀五帝如旧。"诏从之。江左以后，未遑修建。

汉仪，太史每岁上其年历，先立春、立夏、大暑、立秋、立冬常读五时令，皇帝所服，各随五时之色。帝升御坐，尚书令以下就席位，尚书三公郎以令置案上，奉以入，就席伏读讫，赐酒一卮。魏氏常行其礼。魏明帝景初元年，通事白曰："前后但见读春夏秋冬四时令，至于服黄之时，独阙不读，今不解其故。"散骑常侍领太史令高堂隆以为"黄于五行，中央土也，王四季各十八日。土生于火，故于火用事之末服黄，三季则否。其令则随四时为令也，是以服黄无令。"斯则魏氏不读大暑令也。

及晋受命，亦有其制。傅咸云："立秋一日，白路光于紫庭，白旗陈于玉阶。"然则其日旗路皆白也。成帝咸和五年六月丁未，有司奏读秋令。兼侍中散骑常侍荀奕、兼黄门侍郎散骑侍郎曹宇驳曰："尚书三公郎奏读秋令，仪注旧典未备。臣等参议光禄大夫臣华恒议，武皇帝以秋夏盛暑，常阙不读令，在春冬不废也。夫先王所以顺时读令者，盖后天而奉天时，正服尊严之所重。今服章多阙，加比热隆赫，臣等谓可如恒议，依故事阙而不读。"诏可。六年三月，有司奏"今月十六日立夏。今正服渐备，四时读令，是祗述天和隆杀之道，谓今故宜读夏令。"奏可。

《礼》，孟春之月，"乃择元辰，天子亲载耒耜，措之于参介之御间，帅三公九卿诸侯大夫躬耕帝藉"。至秦灭学，其礼久废。汉文帝之后，始行斯典。魏之三祖，亦皆亲耕藉田。

及武帝泰始四年，有司奏耕祠先农，可，令有司行事。诏曰："夫国之大事，在祀与农。是古之圣王，躬耕帝藉，以供郊庙之粢盛，且以训化天下。近世以来，耕藉止于数步之中，空有慕古之名，曾无供祀训农之实，而有百官车徒之费。今修千亩之制，当与群公卿士躬稼穑之艰难，以率先天下。主者详具其制，下河南，处地于东郊之南，洛水之北。若无官田，随宜使换，而不得侵人也。"于是乘舆御木辂以耕，以太牢祀先农。自惠帝之后，其事便废。

江左元帝将修耕藉，尚书符问"藉田至尊应躬祠先农不"？贺循答："汉仪无，止有至尊应自祭之文。然则《周礼》王者祭四望则毳冕，祭社稷五祀则绨冕，以此不为无亲祭之义也。宜立两仪注。"贺循等所上仪注又未详允，事竟不行。后哀帝复欲行其典，亦不能遂。

汉仪，县邑常以乙未日祠先农，乃耕于乙地，以丙戌日祠风伯于戌地，以已丑日祠雨师于丑地，牲用羊豕。立春之日，皆青幡帻迎春于东郊外野中。迎春至自野中出，则迎拜之而还，弗祭。三时不迎。

魏氏虽天子亲藉，藩镇阙诸侯百亩之礼。及武帝末，有司奏："古诸侯耕藉田百亩，躬执耒以奉社稷宗庙，以劝率农功。今诸王临国，宜依修耕藉之义。"然竟未施行。

《周礼》，王后帅内外命妇享先蚕于北郊。汉仪，皇后亲桑东郊苑中，蚕室祭蚕神，曰苑窳妇人、寓氏公主，祠用少牢。魏文帝黄初七年正月，命中宫蚕于北郊，依周典也。

及武帝太康六年，散骑常侍华峤奏："先王之制，天子诸侯亲耕藉田千亩，后夫人躬蚕桑。今陛下以圣明至仁，修先王之绪，皇后体资生之德，合配乾之义，而坤道未光，蚕礼尚缺。以为宜依古式，备斯盛典。"诏曰："昔天子亲藉，以供粢盛，后夫人躬蚕，以备祭服，所以聿遵孝敬，明教示训也。今藉田有制，而蚕礼不修，由中间务多，未暇崇备。今天下无事，宜修礼以示四海。其详依古典，及近代故事，以参今宜，明年施行。"于是蚕于西郊，盖与藉田对其方也。乃使侍中成粲草定其仪。先蚕坛高一丈，方二丈，为四出陛，陛广五尺，在皇后采桑坛东南帷宫外门之外，而东南去帷宫十丈，在蚕室西南，桑林在其东。取列侯妻六人为蚕母。蚕将生，择吉日，皇后著十二笄步摇，依汉魏故事，衣青衣，乘油画云母安车，驾六騩马。女尚书著貂蝉佩玺陪乘，载筐钩。公主、三夫人、九嫔、世妇、诸太妃、太夫人及县乡君、郡公侯特进夫人、外世妇、命妇皆步摇、衣青，各载筐钩从蚕。先桑二日，蚕室生蚕著薄上。桑日，皇后未到，太祝令质明以一太牢告祠，谒者一人监祠。祠毕撤馔，班余胙于从桑及奉祠者。皇后至西郊升坛，公主以下陪列坛东。皇后东面躬桑，采三条，诸妃公主各采五条，县乡君以下各采九条，悉以桑授蚕母，还蚕室。事讫，皇后还便坐，公主以下乃就位，设飨宴，赐绢各有差。

前汉但置官社而无官稷，王莽置官稷，后复省。故汉至魏但太社有稷，而官社无稷，故常二社一稷也。

晋初仍魏，无所增损。至太康九年，改建宗庙，而社稷坛一庙俱徙。乃诏曰："社实一神，其并二社之祀。"于是车骑司马傅咸表曰：

《祭法》王社太社，各有其义。天子尊事郊庙，故冕而躬耕。躬耕也者，重孝享之粢盛。亲耕故自报，自为立者，为藉田而报者也。国以人为本，人以谷为命，故又为百姓立社而祈报焉。事异报殊，此社之所以有二也。

王景侯之论王社，亦谓春祈藉田，秋而报之也。其论太社，则曰王者布上圻内，为百姓立之，谓之大社，不自立之于京都也。景侯此论据《祭法》。《祭法》："大夫以下成群立社，曰置社。"景侯解曰，"今之里社是也。"景侯解《祭法》，则以置社为人间之社矣。而别论谓以太社为人间之社，未晓此旨也。太社，天子为百姓而祀，故称天子社。《郊特牲》曰："天子太社，必受霜露风雨。"以群姓之众，王者通为立社，故称太社也。若夫置社，其数不一，盖以里所为名，《左氏传》盟于清丘之社是也。众庶之社，既已不称太矣，若复不立之京都，当安所立乎！

《祭法》又曰，王为群姓立七祀，王自为立七祀。言自为者，自为而祀也；为群姓者，为群姓而祀也。太社与七祀其文正等。说者穷此，因云坛籍但有五祀，无七祀也。案祭，五祀国之大祀，七者小祀。《周礼》所云祭凡小祀，则墨冕之属也。景侯解大厉

曰，"如周杜伯，鬼有所归，乃不为厉"。今云无二社者称景侯，《祭法》不谓无二，则曰"口传无其文也"。夫以景侯之明，拟议而后为解，而欲以口论除明文，如此非但二社当见思惟，景侯之后解亦未易除也。

前被敕，《尚书·召告》乃社于新邑，惟一太牢，不二社之明义也。案《郊特牲》曰社稷太牢，必援一牢之文以明社之无二，则稷无牲矣。说者曰，举社则稷可知。苟可举社以明稷，何独不举一以明二？国之大事，在祀与戎。若有二而除之，不若过而存之。况存之有义，而除之无据乎？

《周礼》封人掌设社壝，无稷字。今帝社无稷，盖出于此。然国主社稷，故经传动称社稷。《周礼》王祭社稷则絺冕，此王社有稷之交也。封人所掌社壝之无稷字，说者以为略文，从可知也。谓宜仍旧立二社，而加立帝社之稷。

时成粲义称景侯论太社不立京都，欲破郑氏学。咸重表以为："如粲之论，景侯之解文以此坏。《大雅》云'乃立冢土'，毛公解曰，'冢土，大社也。'景侯解《诗》，即用此说。《禹贡》'惟土五色'，景侯解曰，'王者取五色土为太社，封四方诸侯，各割其方色土者覆四方也'。如此，太社复为立京都也。不知此论何从而出，而与解乖，上违经记明文，下坏景侯之解。臣虽顽蔽，少长学门，不能默已，谨复续上。"刘喜与咸议同。诏曰："社实一神，而相袭二位，众议不同，何必改作！其便仍旧，一如魏制。"

其后挚虞奏，以为："臣案《祭法》'王为群姓立社曰太社，王自'为立社曰王社。'《周礼》大司徒'设其社稷之壝'，又曰'以血祭祭社稷'，则太社也。又曰'封人掌设王之社壝'，又有军旅宜乎社，则王社也。太社为群姓祈报，祈报有时，主不可废。故凡被社峙鼓，主奉以从是也。此皆二社之明文，前代之所尊。以《尚书·召告》社于新邑三牲各文，《诗》称'乃立冢土'，无两社之交，故废帝社，惟立太社。《诗书》所称，各指一事，又皆在公旦制作之前，未可以易《周礼》之明典，《祭法》之正义。前改建庙社，营一社之处，朝议斐然，执古匡今。世祖武皇帝躬发明诏，定二社之义，以为永制。宜定新礼，从二社。"诏从之。

至元帝建武元年，又依洛京立二社一稷。其太社之祝曰："地德普施，惠存无疆。乃建太社，保佑万邦。悠悠四海，咸赖嘉祥。"其帝社之祝曰："坤德厚载，邦畿是保。乃建帝社，以神地道。明祀惟辰，景福来造。"

汉仪，每月旦，太史上其月历，有司侍郎尚书见读其令，奉行其正。朔前后二日，牵牛酒至社下以祭日。日有变，割羊以祠社，用救日变。执事者长冠，衣绛领袖缘中衣，绛缘以行礼，如故事。自晋受命，日月将交会，太史乃上合朔，尚书先事三日，宣摄内外戒严。挚虞《决疑》曰："凡救日蚀者，著赤帻，以助阳也。日将蚀，天子素服避正殿，内外严警。太史登灵台，伺侯日变，便伐鼓于门。闻鼓音，侍臣皆著赤帻，带剑入侍。三台令史以上皆各持剑，立其户前。卫尉卿驱驰绕宫，伺察守备。周而复

始，亦伐鼓于社，用周礼也。又以赤丝为绳以系社，祝史陈辞以责之。社，勾龙之神，天子之上公，故陈辞以责之。日复常，乃罢。"

汉建安中，将正会，而太史上言，正旦当日蚀。朝士疑会否，共谘尚书令荀彧。时广平计吏刘邵在坐，曰："梓慎、裨灶，古之良史，尤占天火，错失天时。《礼》，诸侯旅见天子，入门不得终礼者四，日蚀在一。然则圣人垂制，不为变异豫废朝礼者，或灾消异伏，或推术谬误也。"或及众人咸善而从之，遂朝会如旧，日亦不蚀，邵由此显名。

至武帝咸宁三年、四年，并以正旦合朔却元会，改魏故事也。元帝太兴元年四月，合朔，中书侍郎孔愉奏曰："《春秋》，日有蚀之，天子伐鼓于社，攻诸阴也；诸侯伐鼓于朝，臣自攻也。案尚书符，若日有变，便击鼓于诸门，有违旧典。"诏曰："所陈有正义，辄敕外改之。"

至康帝建元元年，太史上元日合朔，后复疑应却会与否。庾冰辅政，写刘邵议以示八坐。于时有谓邵为不得礼意，荀彧从之，是胜人之一失。故蔡谟遂著议非之，曰："邵论灾消异伏，又以梓慎、裨灶犹有错失，太史上言，亦不必审，其理诚然也。而云圣人垂制，不为变异豫废朝礼，此则谬矣。灾祥之发，所以谴告人君，王者之所重诫，故素服废乐，退避正寝，百官降物，用币伐鼓，躬亲而救之。夫敬诫之事，与其疑而废之，宁慎而行之。故孔子、老聃助葬于巷党，以丧不见星而行，故日蚀而止柩，曰安知其不见星也。而邵废之，是弃圣贤之成规也。鲁桓公壬申有灾，而以乙亥尝祭，《春秋》讥之。灾事既过，犹追惧未已，故废宗庙之祭，况闻天眚将至，行庆乐之会，于礼乖矣。《礼记》所云诸侯入门不得终礼者，谓日官不豫言，诸侯既入，见蚀乃知耳，非先闻当蚀而朝会不废也。引此，可谓失其义旨。刘邵所执者《礼记》也，夫子、老聃巷党之事，亦《礼记》所言，复违而反之，进退无据。然荀令所善，汉朝所从，遂使此言至今见称，莫知其误矣，后来君子将拟以为式，故正之云尔。"于是冰从众议，遂以却会。

至永和中，殷浩辅政，又欲从刘邵议不却会。王彪之据咸宁、建元故事，又曰："《礼》云诸侯旅见天子，不得终礼而废者四，自谓卒暴有之，非为先存其事，而徼幸史官推术缪错，故不豫废朝礼也。"于是又从彪之议。

《尚书》"禋于六宗"，诸儒互说，往往不同。王莽以《易》六子，遂立六宗祠。魏明帝时疑其事，以问王肃，亦以为易六子，故不废。及晋受命，司马彪等表六宗之祀不应特立新礼，于是遂罢其祀。其后挚虞奏之，又以为："案舜受终，'类于上帝，禋于六宗，望于山川'，则六宗非上帝之神，又非山川之灵也。《周礼》肆师职曰：'用牲于社宗。'党正职曰：'春秋祭禜亦如之。'肆师之宗，与社并列，则班与社同也。党正之禜，文不系社，则神与社异也。周之命祀，莫重郊社，宗同于社，则贵神明矣。又，《月令》孟冬祈于天宗，则《周礼》禜、《月令》天宗，六宗之神也。汉光武即位高邑，依《虞书》禋于六宗。安帝元初中，立祀乾位，礼同太社。魏氏因之，至景初二年，

大议其神，朝士纷纭，各有所执。惟散骑常侍刘邵以为万物负阴而抱阳，冲气以为和。六宗者，太极冲和之气，为六气之宗者也。《虞书》谓之六宗，《周书》谓之天宗。是时考论异同，而从其议。汉魏相仍，著为贵祀。凡崇祀百神，放而不至，有其兴之，则莫敢废之。宜定新礼，祀六宗如旧。"诏从之。

《礼》，王为群姓立七祀，曰司命、中霤、国门、国行、大厉、户、灶。仲春玄鸟至之日，以太牢祀高禖。《毛诗》《丝衣篇》，高子曰灵星之尸。汉兴，高帝亦立灵星祠。及武帝，以李少君故，始祠灶；及生戾太子，始立高禖。《汉仪》云，国家亦有五祀，有司行事，其礼颇轻于社稷，则亦存其典矣。又云，常以仲春之月，立高禖祠于城南，祀以特牲。又，是月也，祠老人星于国都南郊老人星庙。立夏祭灶，季秋祠心星于城南坛心星庙。元康时，洛阳犹有高禖坛，百姓祠其旁，或谓之落星。是后诸祀无闻，江左以来，不立七祀，灵星则配飨南郊，不复特置焉。

左氏传"龙见而雩"，经典尚矣。汉仪，自立春到立夏，尽立秋，郡国尚旱，郡县各扫除社稷。其旱也，公卿官长以次行雩礼求雨，闭诸阳，衣皂，兴土龙，立土人，舞僮二佾，七日一变，如故事。武帝咸宁二年，春久旱。四月丁巳，诏曰"诸旱处广加祈请"。五月庚午，始祈雨于社稷山川。六月戊子，获澍雨。此雩之旧典也。太康三年四月，十年二月，又如之。其雨多则禜祭，赤帻朱衣，闭诸阴，朱索萦社，伐朱鼓焉。

《周礼》，王者祭昊天上帝、日月星辰、司中司命、风伯雨师、社稷、五土、五岳、山林川泽、四方百物，兆四类四望，亦如之。魏文帝黄初二年六月庚子，初礼五岳四渎，咸秩群祀，瘗沈珪璧。六年七月，帝以舟军入淮。九月壬戌，遣使者沈璧于淮。魏明帝太和四年八月，帝东巡，遣使者以特牛祠中岳。魏元帝咸熙元年，行幸长安，使使者以璧币礼祠华山。

及穆帝升平中，何琦论修五岳祠曰："唐虞之制，天子五载一巡狩，顺时之方，柴燎五岳，望于山川，遍于群神，故曰，因名山升中于天，所以昭告神祇，飨报功德。是以灾厉不作，而风雨寒暑以时。降及三代，年数虽殊，而其礼不易，五岳视三公，四渎视诸侯，著在经纪，所谓'有其举之，莫敢废也。'及秦汉都西京，泾、渭、长水，虽不在祀典，以近咸阳故，尽得比大川之祠，而正立之祀可以阙哉！自永嘉之乱，神州倾覆，兹事替矣。惟灊之天柱，在王略之内也，旧台选百户吏卒，以奉其职。中兴之际，未有官守，庐江郡常遣大吏兼假四时祷赛，春释寒而冬请冰。咸和迄今，又复隳替。计今非典之祠，可谓非一。考其正名，则淫昏之鬼；推其糜费，则百姓之蠹。而山川大神更为简缺，礼俗渎紊，人神杂扰，公私奔蹙，渐以繁滋。良由顷国家多难，日不暇给，草建废滞，事有未遑。今元憝已殄，宜修旧典。岳渎之域，风教所被，来苏之众，咸蒙德泽。而神明禋祀，未之或甄，巡狩柴燎，其废尚矣。崇明前典，将俟皇舆北旋，稽古宪章，大厘制度。俎豆牲牢，祝嘏文辞，旧章靡记，可令礼官作式，归诸诚简，以达明德馨香，如斯而已。其诸祆孽，可粗依法令，先去其

甚，俾邪正不黩。"时不见省。

昔武王入殷，未及下车而封先代之后，盖追思其德也。孔子以大圣而终于陪臣，未有封爵。至汉元帝，孔霸以帝师赐爵，号褒成君，奉孔子后。魏文帝黄初二年正月，诏以议郎孔羡为宗圣侯，邑百户，奉孔子祀，令鲁郡修旧庙，置百户吏卒以守卫之。及武帝泰始三年十一月，改封宗圣侯孔震为奉圣亭侯。又诏太学及鲁国，四时备三牲以祀孔子。明帝太宁三年，诏给奉圣亭侯孔亭四时祠孔子祭直，如泰始故事。

礼，始立学必先释奠于先圣先师，及行事必用币。汉世虽立学，斯礼无闻。魏齐王正始二年二月，帝讲论语通，五年五月，讲《尚书》通，七年十二月，讲《礼记》通，并使太常释奠，以太牢祠孔子于辟雍，以颜回配。武帝泰始七年，皇太子讲《孝经》通。咸宁三年，讲《诗》通。太康三年，讲《礼记》通。惠帝元康三年，皇太子讲《论语》通。元帝太兴二年，皇太子讲《论语》通。太子并亲释奠，以太牢祠孔子，以颜回配。成帝咸康元年，帝讲《诗》通。穆帝升平元年三月，帝讲《孝经》通。孝武宁康三年七月，帝讲《孝经》通。并释奠如故事。穆帝、孝武并权以中堂为太学。

故事，祀皋陶于廷尉寺，新礼移祀于律署，以同祭先圣于太学也。故事，祀以社日，新礼改以孟秋之月，以应秋政。挚虞以为："案《虞书》，皋陶作士师，惟明克允，国重其功，人思其当，是以狱官礼其神，系者致其祭，功在断狱之成，不在律令之始也。大学之设，义重太常，故祭于太学，是崇圣而从重也。律署之置，卑于廷尉，移祀于署，是去重而就轻也。律非正署，废兴无常，宜如旧祀于廷尉。又，祭用仲春，义取重生，改用孟秋，以应刑杀，理未足以相易。宜定新礼，皆如旧。"制："可。"

岁旦常设苇茭桃梗，磔鸡于宫及百寺之门，以禳恶气。案汉仪只仲夏设之，有桃印，无磔鸡。及魏明帝大修禳礼，故何晏禳祭议鸡特牲供禳衅之事。磔鸡宜起于魏，桃印本汉制，所以辅卯金，又宜魏所除也。但未详改仲夏在岁旦之所起耳。魏明帝青龙元年，诏郡国，山川不在祀典者勿祠。

武帝泰始元年十二月，诏曰："昔圣帝明王修五岳四渎，名山川泽，各有定制，所以报阴阳之功故也。然以道莅天下者，其鬼不神，其神不伤人，故祝史荐而无愧辞，是以其人敬慎幽冥而淫祀不作。末世信道不笃，僭礼渎神，纵欲祈请，曾不敬而远之，徒偷以求幸，袄妄相煽，舍正为邪，故魏朝疾之。其案旧礼具为之制，使功著于人者必有其报，而袄淫之鬼不乱其间。"二年正月，有司奏春分祠厉殃及禳祠，诏曰："不在祀典，除之。"

《王制》，天子七庙，诸侯以下各有等差，礼文详矣。汉献帝建安十八年五月，以河北十郡封魏武帝为魏公。是年七月，始建宗庙于邺，自以诸侯礼立五庙也。后虽进爵为王，无所改易。延康元年，文帝继王位，七月，追尊祖为大王，丁夫人曰大王后。黄初元年十一月受禅，又追尊大王曰大皇帝，皇考武王曰武皇帝。二年六月，以洛京宗庙未成，乃祠武帝于建始殿，亲执馈奠，如家人礼。案

《礼》将营宫室，宗庙为先，庶人无庙，故祭于寝，帝者行之非礼甚矣。

明帝太和三年六月，又追尊高祖大长秋曰高皇，夫人吴氏曰高皇后，并在邺庙。庙所祠，则文帝之高祖处士、曾祖高皇、祖大皇帝共一庙，考太祖武皇帝特一庙，百世不毁，然则所祠止于亲庙四室也。其年十一月，洛京庙成，则以亲尽迁处士主置园邑，使行大傅太常韩暨、行太常宗正曹恪持节迎高皇以下神主，共一庙，犹为四室而已。至景初元年六月，群公有司始更奏定七庙之制，曰："大魏三圣相承，以成帝业。武皇帝肇建洪基，拨乱夷险，为魏太祖。文皇帝继天革命，应期受禅，为魏高祖。上集成大命，清定华夏，兴制礼乐，宜为魏烈祖。于太祖庙北为二祧，其左为文帝庙，号曰高祖昭祧，其右拟明帝，号曰烈祖穆祧。三祖之庙，万世不毁。其余四庙，亲尽迭迁，一如周后稷、文武庙祧之礼。"

文帝甄后赐死，故不列庙。明帝即位，有司奏请追谥曰文昭皇后，使司空王朗持节奉策告祠于陵。三公又奏曰："自古周人归祖后稷，又特立庙以祀姜嫄。今文昭皇后之于后嗣，圣德至化，岂有量哉！夫以皇家世妃之尊，神灵迁化，而无寝庙以承祭祀，非以报显德，昭孝敬也。稽之古制，宜依周礼，别立寝庙。"奏可。太和元年二月，立庙于邺。四月，洛邑初营宗庙，掘地得玉玺，方一寸九分，其文曰"天子羡思慈亲"。明帝为之改容，以太牢告庙。至景初元年十二月乙未，有司又奏文昭皇后立庙京师，永传享祀，乐舞与祖庙同，废邺庙。

魏元帝咸熙元年，进文帝爵为王，追命舞阳宣文侯为宣王，忠武侯为景王。是年八月，文帝崩，谥曰文王。

武帝泰始元年十二月丙寅，受禅，丁卯，追尊皇祖宣王为宣皇帝，伯考景王为景皇帝，考文王为文皇帝，宣王妃张氏为宣穆皇后，景王夫人羊氏为景皇后。二年正月，有司奏置七庙。帝重其役，诏宜权立一庙。于是群臣议奏："上古清庙一宫，尊远神祇。逮至周室，制为七庙，以辨宗祧。圣旨深弘，远迹上世，敦崇唐虞，舍七庙之繁华，遵一宫之远旨。昔舜承尧禅，受终文祖，遂陟帝位，盖三十载，月正元日，又格于文祖，遂陟帝位，此则虞氏不改唐庙，因仍旧宫。可依有虞氏故事，即魏庙也。"奏可。于是追祭征西将军、豫章府君、颍川府君、京兆府君，与宣皇帝、景帝、文皇帝为三昭三穆。是时宣皇未升，太祖虚位，所以祠六世，与景帝为七庙，其礼则据王肃说也。七月，又诏曰："主者前奏，就魏旧庙，诚亦有准。然于祇奉神明，情犹未安，宜更营造。"于是改创宗庙。十一月，追尊景帝夫人夏侯氏为景怀皇后。任茂议以为夏侯初嫔之时，未有王业。帝不从。太康元年，灵寿公主修丽祔于太庙，周汉未有其准。魏明帝则别立平原主庙，晋又异魏也。六年，因庙陷，当改修创，群臣又议奏曰："古者七庙异所，自宜如礼。"诏曰："古虽七庙，自近代以来皆一庙七室，于礼无废，于情为叙，亦随时之宜也。其便仍旧。"至十年，乃更改筑于宣阳门内，穷极壮丽，然坎位之制犹如初尔。庙成，帝用挚虞议，率百官迁神主于新庙，自征西以下，车服导从皆如帝者之仪。及武帝崩则迁

征西，及惠帝崩又迁豫章。而惠帝世愍怀太子、太子二子哀太孙臧、冲太孙尚并祔庙，元帝世，怀帝殇太子又祔庙，号为阴室四殇。怀帝初，又策谥武帝杨后曰武悼皇后，改葬峻阳陵侧，别祠弘训宫，不列于庙。

元帝既即尊位，上继武帝，于元为祢，如汉光武上继元帝故事也。是时，西京神主，埋灭房庭，江左建庙，皆更新造。寻以登怀帝之主，又迁颍川，位虽七室，其实五世，盖从刁协以兄弟为世数故也。于时百度草创，旧礼未备，毁主权居别室。至太兴三年正月乙卯，诏曰："吾虽上继世祖，然于怀、愍皇帝皆北面称臣。今祠太庙，不亲执觞酌，而令有司行事，于情礼不安。可依礼更处。"太常恒议："今圣上继武皇帝，宜准汉世祖故事，不亲执觞爵。"又曰："今上承继武帝，而庙之昭穆，四世而已，前太常贺循、博士傅纯，并以为惠、怀及愍，宜别立庙。然臣愚谓庙室当以容主为限，无拘常数。殷世有二祖三宗，若拘七室，则当祭祢而已。推此论之，宜还复豫章、颍川，全祠七庙之礼。"骠骑长史温峤议："凡言兄弟不相入庙，既非礼文，且光武奋剑振起，不策名于孝平，务神其事，以应九世之谶，又古不共庙，故别立焉。今上以策名而言，殊于光武之事，躬奉蒸尝，于经既正，于情又安矣。太常恒欲还二府君，以全七世，峤谓是宜。"骠骑将军王导从峤议。峤曰："其非子者，可直言皇帝敢告某皇帝，又若以一帝为一世，则不祭祢，反不及庶人。"帝从峤议，悉施用之。于是乃更定制，还复豫章、颍川于昭穆之位，以同惠帝嗣武故事，而惠、怀、愍三帝自从《春秋》尊尊之义，在庙不替也。

及元帝崩，则豫章迁。然元帝神位犹在愍帝之下，故有坎室者十也。至明帝崩，而颍川又迁，犹十室也。于时续广太庙，故三迁主并还西储，名之曰祧，以准远庙。成帝咸康七年五月，始作武悼皇后神主，祔于庙，配飨世祖。成帝崩而康帝承统，以兄弟一世，故不迁京兆，始十一室也。

至康帝崩，穆帝立，永和二年七月，有司奏："十月殷祭，京兆府君当迁祧室。昔征西、豫章、颍川三府君毁主，中兴之初权居天府，在庙门之西。咸康中，太常冯怀表续奉还于西储夹室，谓之为祧，疑亦非礼。今京兆迁入，是为四世远祖，长在太祖之上。昔周室太祖世远，故迁有所归。今晋庙宣皇为主。而四祖居之，是屈祖就孙也；殷祫在上，是代太祖也。"领司徒蔡谟议："四府君宜改筑别室，若未展者，当入 就太庙之室，人莫敢卑其祖，文武不先不窋。殷祭之日，征西东面，处宣皇之上。其后迁庙之主，藏于征西之祧，祭荐不绝。"护军将军冯怀议："礼，无庙者为坛以祭，可立别室藏之，至殷禘则祭于坛也。"辅国将军谯王司马无忌等议："诸儒谓太王、王季迁主，藏于文武之祧。如此，府君迁主宜在宣帝庙中。然今无寝室，宜变通而改筑。又殷祫太庙，征西东面。"尚书郎孙绰与无忌议同，曰："太祖虽位九五，而道以从畅，替人爵之尊，笃天伦之道，所以成教本而光百代也。"尚书郎徐禅议："《礼》'去祧为坛，去坛为墠'，岁祫则祭之。今四祖迁主，可藏之石室，有祷则祭于坛墠。"又

遣禅至会稽，访处士虞喜。喜答曰："汉世韦玄成等以毁主瘗于园，魏朝议者云应埋两阶之间。且神主本在太庙，若令别室而祭，则不如永藏。又四君无追göss之礼，益明应毁而无祭。"是时简文为抚军、与尚书郎刘邵等奏："四祖同居西祧，藏主石室，禘祫及祭，如先朝旧仪。"时陈留范宣兄子问此礼，宣答曰："舜庙所祭，皆是庶人，其后世远而毁，不居舜上，不序昭穆。今四君号犹依本，非以功德致祀也。若依虞主之瘗，则犹藏子孙之所；若依夏主之埋，则又非本庙之阶。宜思其变，则筑一室，亲未尽则禘祫处宣帝之上，亲尽则无缘下就子孙之列。"其后太常刘遐等同蔡谟议。博士张凭议："或疑祔于太祖者，皆其后之毁主，凭案古义无别前后之文也。禹不先鲧，则迁主居太祖之上，亦何疑也。"于是京兆迁入西储，同谓之祧，如前三祖迁主之礼，故正室犹十一也。穆帝崩而哀帝、海西并为兄弟，无所登除。咸安之初，简文皇帝上继元皇，世秩登进，于是颍川、京兆二主复还昭穆之位。至简文崩，颍川又迁。

孝武帝太元十二年五月壬戌，诏曰："昔建太庙，每事从俭，太祖虚位，明堂未建。郊祀国之大事，而稽古之制阙然，便可详议。"祠部郎中徐邈议："圆丘郊祀，经典无二，宣皇帝尝辩斯义，而检以圣典。爰及中兴，备加研极，以定南北二郊，诚非异学所可轻改也。谓仍旧为安。武皇帝建庙六世，祖三昭三穆。宣皇帝创基之主，实惟太祖，亲则王考。四庙在上，未及迁世，故权虚东向之位也。兄弟相及，义非二世。故当今庙祀，世数未足，而欲太祖正位，则违事七之义矣。又《礼》曰庶子王亦禘祖立庙，盖谓支胤授立，则亲近必复。京兆府君于今六世，宜复立此室，则宣皇未在六世之上，须前世既迁，乃太祖位定耳。京兆迁毁宜藏主于石室，虽禘祫犹弗及。何者？传称毁主升合乎太祖，升者自下之名，不谓可降尊就卑也。太子太孙，阴室四主，储嗣之重，升祔皇祖，所配之庙，世远应迁，然后从食之孙，与之俱毁。明堂方圆之制，纲领已举，不宜阙配帝之祀。且王者以天下为家，未必一邦，故周平、光武无废于二京也。明堂所配之神，积疑莫辩。案《易》'殷荐上帝，以配祖考'，祖考同配，则上帝亦为天，而严父之义显。《周礼》旅上帝者，有故告天，与郊祀常礼不同用四圭，故并言之。若上帝是五帝，《经》文何不言祀天 旅五帝，祀地旅四望乎？"侍中车胤议同。又曰："明堂之制，既其难详，且乐主于和，礼主于敬，故质文不同，音器亦殊。既茅茨广夏，不一其度，何必守其形范，而不弘本从俗乎？九服咸宁，河朔无尘，然后明堂辟雍，崇而修之。"时朝议多同，于是奉行，一无所改。十六年，始改作太庙殿，正室十四间，东西储各一间，合十六间，栋高八丈四尺。备法驾迁神主于行庙，征西至京兆四主及太子太孙各用其位之仪服。四主不从帝者之仪，是与太康异也。诸主既入庙，设脯醢之奠。及新庙成，神主还室，又设脯醢之奠。十九年二月，追尊简文母会稽太妃郑氏为简文皇帝宣太后，立庙太庙道西。及孝武崩，京兆又迁，如穆帝之世四祧故事。

义熙九年四月，将殷祠，诏博议迁毁之礼。大司马琅

邪王德文议:"泰始之初,虚太祖之位,而缘情流远,上及征西,故世尽则宜毁,而宣帝正太祖之位。又汉光武移十一帝主于洛邑,则毁主不设,理可推矣。宜筑别室,以居四府君之主,永藏而弗祀也。"大司农徐广议:"四府君尝处庙堂之首,歆率土之祭,若埋之幽壤,于情理未必咸尽。谓可迁藏西储,以为远祧,而禘祫永绝也。"太尉谘议参军袁豹议:"仍旧无革,殷祠犹及四府君,情理为允。"时刘裕作辅,意与大司马议同,须后殷祠行事改制。会安帝崩,未及禘而天禄终焉。

武帝咸宁五年十一月己酉,弘训羊太后崩,宗庙废一时之祀,天地明堂去乐,且不上胙。穆帝升平五年十月己卯,殷祀,以帝崩后不作乐。孝武太元十一年九月,皇女亡,及应烝祠,中书侍郎范宁奏:"案《丧服传》有死宫中者三月不举祭,不别长幼之与贵贱也。皇女虽在婴孩,臣窃以为疑。"于是尚书奏使三公行事。

武帝泰始七年四月,帝将亲祠,车驾夕牲,而仪注还不拜。诏问其故,博士奏历代相承如此。帝曰:"非致敬宗庙之礼也。"于是实拜而还,遂以为制,夕牲必躬临拜,而江左以来复止。

魏故事,天子为次殿于庙殿之北东,天子入自北门。新礼,设次殿于南门中门外之右,天子入自南门。挚虞以为:"次殿所以为解息之处,凡适尊以不显为恭,以由隐为顺,而设之于上位,入自南门,非谦厌之义。宜定新礼,皆如旧说。"从之。

礼,大事则告祖祢,小事则特告祢,秦汉久废。魏文帝黄初四年七月,将东巡,以大军当出,使太常以特牛告南郊。及文帝崩,又使太尉告谥策于南郊。自是迄晋相承,告郊之后仍以告庙,至江左其礼废。至成帝咸和三年,苏峻覆乱京都,温峤等立行庙于白石,复行其典。告先君及后曰:"逆臣苏峻,倾覆社稷,毁弃三正。污辱海内。臣侃、臣峤、臣亮等手刃戎首,龚行天罚。惟中宗元皇帝、肃祖明皇帝、明穆皇后之灵,降鉴有罪,剿绝其命,蔇此群凶,以安宗庙。臣等虽陨首摧躯,犹生之年。"

魏明帝太和三年,诏曰:"礼,王后无嗣,择建支子,以继大宗,则当纂正统而奉公义,何得复顾私亲哉!汉宣继昭帝后,加悼考以皇号。哀帝以外藩援立,而董宏等称引亡秦,惑误朝议,遂尊恭皇,立庙京师。又宠藩妾,使比长信,僭差无礼,人神弗佑。非罪师丹忠正之谏,用致丁傅焚如之祸。自是之后,相踵行之。其令公卿有司,深以前世为戒。后嗣万一有由诸侯入奉大统,则当明为人后之义。敢为佞邪导谀君上,妄建非正之号,谓考为皇,称妣为后,则股肱大臣诛之无赦。其书之金策,藏之宗庙。"是后高贵、常道援立,皆不外尊。及愍帝建兴四年,司徒梁芬议追尊之礼,帝既不从,而左仆射索綝等亦称引魏制,以为不可,故追赠吴王为太保而已。元帝太兴二年,有司言琅邪恭王宜称皇考。贺循议云:"礼典之义,子不敢以己爵加其父号。"帝又之。

卷二十　　　志第十

礼　中

五礼之别,二曰凶。自天子至于庶人,身体发肤,受之父母,其理既均,其情亦等,生则养,死则哀,故曰三年之丧,天下之达礼者也。汉礼,天子崩,自不豫至于登遐及葬,丧纪之制,与夫三代变易。魏晋以来,大体同汉。然自汉文革丧礼之制,后代遵之,无复三年之礼。及魏武临终,遗令"天下尚未安定,未得遵古。百官当临中者,十五举音,葬毕便除。其将兵屯戍者,不得离部。"魏武以正月庚子崩,辛丑即殡,是月丁卯葬,是为不逾月也。

及宣帝、景帝之崩,并从权制。文帝之崩,国内服三日。武帝亦遵汉魏之典,既葬除丧,然犹深衣素冠,降席撤膳。太宰司马孚、太傅郑冲、太保王祥、太尉何曾、司徒领中领军司马望、司空荀𫖮、车骑将军贾充、尚书令裴秀、尚书仆射武陔、都护大将军郭建、侍中郭绥、中书监荀勖、中军将军羊祜等奏曰:"臣闻礼典轨度,丰杀随时,虞夏商周,咸不相袭,盖有由也。大晋绍承汉魏,有革有因,期于足以兴化而已,故未得皆返太素,同规上古也。陛下既以俯遵汉魏降丧之典,以济时务,而躬蹈大孝,情过乎哀,素冠深衣,降席撤膳,虽武丁行之于殷世,曾闵履之于布衣,未足以逾。方今荆蛮未夷,庶政未乂,万机事殷,动劳神虑,岂违全遂圣旨,以从至情。臣等以为陛下宜割情以康时济俗,辄敕御府易服,内省改坐,太官复膳,诸所施行,皆如旧制。"诏曰:"每感念幽冥,而不得终苴绖于草土,以存此痛,况当食稻衣锦,诚诡然激切其心,非所以相解也。吾本诸生家,传礼来久,何心一旦便易此情于所天!相从已多,可试省孔子答宰我之言,无事纷纭也。言及悲剥,奈何!奈何!"孚等重奏:"伏读圣诏,感以悲怀,辄思仲尼所以抑宰我之问,圣思所以不能已已,甚深甚笃。然今者干戈未戢,武事未偃,万机至重,天下至众。陛下以万乘之尊,履布衣之礼,服粗席稿,水饮疏食,殷忧内盈,毁悴外表。而躬勤万机,坐而待旦,降心接下,厌不遑食,所以劳力者如斯之甚。是以臣等悚息不宁,诚惧神气用损,以疚大事。辄敕有司,改坐复常,率由旧典。惟陛下察纳愚款,以慰皇太后之心。"又诏曰:"重览奏议,益以悲剥,不能自胜,奈何!奈何!三年之丧,自古达礼,诚圣人称情立衷,明恕而行也。神灵日远,无所诉告,虽薄于情,食旨服美,所不堪也。不宜反覆,重伤其心,言用断绝,奈何!奈何!"帝遂以此礼终三年。后居太后之丧亦如之。

泰始二年八月,诏曰:"此上旬,先帝弃天下日也,便以周年。吾茕茕,当复何时一得叙人子之情邪!思慕烦毒,欲诏陵瞻侍,以尽哀愤。主者具行备。"太宰安平王孚、尚书令裴秀、尚书仆射武陔等奏:"陛下至孝蒸蒸,哀思罔极。衰麻虽除,哀毁疏食,有损神和。今虽秋节,尚有余暑,谒见山陵,悲感摧伤,群下窃用竦息,以为宜降抑圣情,以慰万国。"诏曰:"孤茕忽尔,日月已周,痛慕摧感,永无逮及。欲瞻奉山陵,以叙哀愤,体气自佳耳。又已凉,便当行,不得如所奏也。主者便具行备。"又诏曰:"汉文不使天下尽哀,亦帝王至谦之志。当见山陵,何心而无服,其以衰绖行。"孚等重奏曰:"臣闻上古丧期无数,后世乃有年月之渐。汉文帝随时之义,制为短丧,传之于后。陛下以社稷宗庙之重,万方亿兆之故,既从权制,释除衰麻,群臣百姓吉服,今者谒陵,以叙哀慕,若加衰绖,进退无当。不敢奉诏。"诏曰:"亦知不在此麻布耳。然人子情思,为欲令哀丧之物在身,盖近情也。群臣自当案旧制。"孚等又奏曰:"臣闻圣人制作,必从时宜。故五帝殊乐,三王异礼,此古今所以不同,质文所以迭用也。陛下随时之宜,既降心克己,俯就权制,既除衰麻,而行心丧之礼,今复制服,义无所依。若君服而臣不服,亦未之敢安也。参议宜如前奏。"诏曰:"患情不能跂及耳,衣服何在。诸君勤勤之至,岂苟相违。"

泰始四年,皇太后崩。有司奏:"前代故事,倚庐中施白缣帐、蓐、素床,以布巾裹块草,轺辇、版舆、细绁车皆施缣里。"诏不听,但令以布衣车而已,其余居丧之制,不改礼文。有司又奏:"大行皇太后当以四月二十五日安厝。故事,虞著衰服,既虞而除。其内外官僚皆就朝晡临位,御除服讫,各还所次除衰服。"诏曰:"夫三年之丧,天下之达礼也。受终身之爱,而无数年之报,奈何葬而便即吉,情所不忍也。"有司又奏:"世有险易,道有污隆,所遇之时异,诚有由然,非忽礼也。方今戎马未散,王事至殷,更须听断,以熙庶绩。昔周康王始登翌室,犹戴冕临朝。降于汉魏,既葬除释,谅闇之礼,自远代而废矣。惟陛下割高宗之制,从当时之宜。"诏曰:"夫三年之丧,所以尽情致礼,葬已便除,所不堪也。当叙吾哀怀,言用断绝,奈何!奈何!"有司又固请。诏曰:"不能笃孝,勿以毁伤为忧也。诚知衣服末事耳,然今思存草土,率当以吉物夺之,乃所以重伤至心,非见念也。每代礼典质文皆不同耳,何为限以近制,使达丧阙然乎!"群臣又固请,帝流涕久之乃许。文明皇后崩及武元杨后崩,天下将吏发哀三日止。

穆帝崩,哀帝立。哀帝于穆帝为从父昆弟,穆帝舅褚歆有表,中书答表朝廷无其仪,诏下议。尚书仆射江虨等四人并云,闵僖兄弟也,而为父子,则哀帝应为帝嗣。卫军王述等二十五人云"成帝不私亲爱,越授天伦,康帝受命显宗。社稷之重,已移所授,篡承之序,宜继康皇。"尚书谢奉等六人云:"继体之正,宜本天属,考之人情,宜继显宗也。"诏从述等议,上继显宗。

宁康二年七月,简文帝崩再周而遇闰。博士谢攸、孔粲议:"鲁襄二十八年十二月乙未,楚子卒,实闰月而言十二月者,附正于前月。丧事先远,则应用博士吴商之言,以闰月祥。"尚书仆射谢安、中领军王劭、散骑常侍郑袭、右卫将军殷康、骁骑将军袁宏、散骑侍郎殷茂、中书郎车胤、左丞刘遵、吏部郎刘耽意皆同。康曰:"过七

月而未及八月,岂可谓之逾期。必所不了,则当从其重者。"宏曰:"假值闰十二月而不取者,此则岁未终,固不可得矣。《汉书》以闰为后九月,明其同体也。"袭曰:"中宗、肃祖皆以闰月崩,祥除之变皆用闰之后月。先朝尚用闰之后月,今闰附七月,取之何疑,亦合远日申情之言。又闰是后七而非八也,岂逾月之嫌乎!"尚书令王彪之、侍中王混、中丞谯王恬、右丞戴谧等议异,彪之曰:"吴商中才小官,非名贤硕儒、公辅重臣、为时所准则者。又取闰无证据,直揽远日之义,越祥忌,限外取,不合卜远之理。又丞相桓公尝论云,《礼》二十五月大祥。何缘越期取闰,乃二十六月乎?"于是启曰:"或以闰附七月,宜用闰月除者。或闰名虽除七月,而实以三旬别为一月,故应以七月除者。臣等与中军将军冲参详,一代大礼,宜准经典。三年之丧,十三月而练,二十五月而毕,《礼》之明文也。《阳秋》之义,闰在年内,则略而不数。明闰在年外,则不应取之以越期忌之重,礼制祥除必正期月故也。"己酉晦,帝除缟服吉。徐广论曰:"凡辨义详理,无显据明文可以折中夺易,则非疑如何。礼疑从重,丧易宁戚,顺情通物,固有成言矣。彪之不能征援正义,有以相屈,但以名位格人,君子虚受,心无适莫,岂其然哉!执政从而行之,其殆过矣。"

魏武以正月崩,魏文以其年七月设妓乐百戏,是则魏不以丧废乐也。武帝以来,国有大丧,辄废乐终三年。惠帝太安元年,太子丧未除,及元会亦废乐。穆帝永和中,为中原山陵未修复,频年元会废乐。是时太后临朝,后父褚裒薨,元会又废乐也。孝武太元六年,为皇后王氏丧,亦废乐。孝武崩,太傅录尚书会稽王道子议:"山陵之后,通婚嫁不得作乐,以一期为断。"

汉仪,太皇太后、皇太后崩,长乐太仆、少府大长秋典丧事,三公奉制度,他皆如礼。魏晋亦同天子之仪。

泰始十年,武元杨皇后崩,及将迁于峻阳陵,依旧制,既葬,帝及群臣除丧即吉。先是,尚书祠部奏从博士张靖议,皇太子亦从制俱释服。博士陈逵议,以为"今制所依,盖汉帝权制,兴于有事,非礼之正。皇太子无有国事,自宜终服。"有诏更详议。尚书杜预以为:"古者天子诸侯三年之丧始同齐斩,既葬除丧服,谅闇以居,心丧终制,不与士庶同礼。汉氏承秦,率天下为天子修服三年。汉文帝见其下不可久行,而不知古制,更以意制祥禫,除丧即吉。魏氏直以讫葬为节,嗣君皆不复谅闇终制。学者非之久矣,然竟不推究经传,考其行事,专谓王者三年之丧,当以衰麻终二十五月。嗣君苟若此,则天子群臣皆不得除丧。虽志在居笃,更逼而不行。至今世主皆从汉文轻典,由处制者非制也。今皇太子与尊同体,宜复古典,卒哭除衰麻,以谅闇终制。于义既不应不除,又无取于汉文,乃所以笃丧礼也。"于是尚书仆射卢钦、尚书魏舒问杜预证据所依。预云:"传称三年之丧自天子达,此谓天子绝期,唯有三年丧也。非谓居丧衰服三年,与士庶同也。故后、世子之丧,而叔向称有三年之丧二也。周公不言高宗服丧三年,而云谅闇三年,此释服心丧之文也。叔向不讥景王除丧,而讥其燕乐已早,明既葬应除,而违谅闇之节也。

《春秋》，晋侯享诸侯，子产相郑伯，时简公未葬，请免丧以听命，君子谓之得礼。宰咺来归惠公仲子之赗，传曰'吊生不及哀'。此皆既葬除服谅闇之证，先儒旧说，往往亦见，学者未之思耳。《丧服》，诸侯为天子亦斩衰，岂可谓终服三年邪！上考七代，未知王者君臣上下衰麻三年者谁；下推将来，恐百世之主其理一也。非必不能，乃事势不得，故知圣人不虚设不行之制。仲尼曰'礼所损益虽百世可知'，此之谓也。"于是钦、舒从之，遂命预造议，奏曰：

侍中尚书令司空鲁公臣贾充、侍中尚书仆射奉车都尉大梁侯臣卢钦、尚书新沓伯臣山涛、尚书奉车都尉平春侯臣胡威、尚书剧阳子臣魏舒、尚书堂阳子臣石鉴、尚书丰乐亭侯臣杜预稽首言：礼官参议博士张靖等议，以为"孝文权制三十六日之服，以日易月，道有污隆，礼不得全，皇太子亦宜割情除服"。博士陈逵议，以为"三年之丧，人子所以自尽，故圣人制礼，自上达下。是以今制，将吏诸遭父母丧，皆假宁二十五月。敦崇孝道，所以风化天下。皇太子至孝著于内，而衰服除于外，非礼所谓称情者也。宜其不除"。

臣钦、臣舒、臣预谨案靖、逵等议，各见所学之一端，未晓帝者居丧古今之通礼也。自上及下，尊卑贵贱，物有其宜。故礼有以多为贵者，有以少为贵者，有以高为贵者，有以下为贵者，唯其称也。不然，则本末不经，行之不远。天子之与群臣，虽哀乐之情若一，而所居之宜实异，故礼不得同。《易》曰"上古之世丧期无数"，《虞书》称"三载四海遏密八音"，其后无文。至周公旦，乃称"殷之高宗谅闇三年不言"。其传曰"谅，信也；闇，默也"。下逮五百余岁，而子张疑之，以问仲尼。仲尼答云："何必高宗，古之人皆然，君薨，百官总己以听于冢宰三年。"周景王有后、世子之丧，既葬除丧而乐。晋叔向讥之曰："三年之丧，虽贵遂服，礼也。王虽弗遂，宴乐已早，亦非礼也。"此皆天子丧事见于古文者也。称高宗不云服丧三年，而云谅闇三年，此释服心丧之文也。讥景王不讥其释丧，而讥其宴乐已早，明既葬应除，而违谅闇之节也。尧崩，舜谅闇三年，故称遏密八音。由此言之，天子居丧，齐斩之制，菲杖绖带，当遂其服。既葬而除，谅闇以终之，三年无改父之道，故百官总己听于冢宰。丧服已除，故称不言之美，明不复寝苫枕块，以荒大政也。《礼记》："三年之丧，自天子达。"又云："父母之丧，无贵贱一也。"又云："端衰丧车皆无等。"此通谓天子居丧，衣服之节同于凡人，心丧之礼终于三年，亦无服丧三年之文。然继体之君，犹多荒宁。自从废谅闇之制，至令高宗擅名于往代，子张致疑于当时，此乃贤圣所以为讥，非讥天子不以服终丧也。

秦燔书籍，率意而行，兀上抑下。汉祖草创，因而不革。乃至率天下皆终重服，且夕哀临，经罹寒暑，禁塞嫁娶饮酒食肉，制不称情。是以孝文遗诏，敛毕便葬，葬毕制红襢之除。虽不合高宗谅闇之义，近于古典，故传之后嗣。于时预修陵庙，故敛葬得在浃辰之内，因以定制。近至明帝，存无陵寝，五旬乃葬，安在三十六日。此当时经学疏略，不师前圣之病也。魏氏革命，以既葬为节，合于古典，然不垂心谅闇，同讥前代。自泰始开元，陛下追尊谅闇之礼，慎终居笃，允臻古制，超绝于殷宗，天下歌德，诚非靖等所能原本也。

天子诸侯之礼，当以具矣。诸侯恶其害己而削其籍，今其存者唯《士丧》一篇，戴圣之记杂错其间，亦难以取正。天子之位至尊，万机之政至大，群臣之众至广，不同之于凡人。故大行既葬，祔祭于庙，则因疏而除之。己不除则群臣莫敢除，故屈己以除之。而谅闇以终制，天下之人皆曰我王之仁也。屈己以从宜，皆曰我王之孝也。既除而心丧，我王犹若此之笃也。凡等臣子，亦焉得不自勉以崇礼。此乃圣制移风易俗之本，高宗所以致雍熙，岂惟衰裳而已哉！

若如难者，更以权制自居，疑于屈伸厌降，欲以职事为断，则父在为母期，父卒三年，此以至亲屈于至尊之义也。出母之丧，以至亲为属，而长子不得有制，体尊之义，升降皆从，不敢独违。《礼》：诸子之职，掌国子之倅。国有事则帅国子而致之太子，唯所用之。《传》曰，"君行则守，有守则从，从曰抚军，守曰监国"，不无事矣。《丧服》母为长子，妻为夫，妾为主，皆三年。内宫之主，可谓无事？揆度汉制，孝文之丧，红襢既毕，孝景即吉于未央，薄后、窦后必不得齐斩于别宫，此可知也。况皇太子配贰至尊，与国为体，固宜远遵古礼，近同时制，屈除以宽诸下，协一代之成典。

君子之于礼，有直而行，曲而杀；有经而等，有顺而去之，存诸内而已。礼云非玉帛之谓，丧云唯衰麻之谓乎？此既臣等所谓经制大义，且即实近言，亦有不安。今皇太子至孝蒸蒸，发于自然，号咷之慕，匍匐殡宫，大行既奠，往而不反，必想像平故，徬徨寝殿。若不变从谅闇，则东宫官仆，义不释服。此为永福官属，当独衰麻从事，出入殿省，亦难以继。今将吏虽蒙同二十五月之宁，至于大臣，亦夺其制。昔翟方进自以身为汉相，居丧三十六日，不敢逾国典，而况于皇太子？臣等以为皇太子宜如前奏，除服谅闇终制。

于是太子遂以厌降之议，从国制除衰麻，谅闇终制。于时外内卒闻预异议，多怪之。或者乃谓其违礼以合时。时预亦不自解说，退使博士段畅博采典籍，为之证据，令大义著明，足以垂示将来。畅承预旨，遂撰集书传旧文，条诸实证成言，以为定证，以弘指趣。其传记有与今议同者，亦具列之，博举二隅，明其会归，以证斯事。文多不载。

武帝杨悼皇后既母养怀帝，后遇难时，怀帝尚幼，及即位，中诏述后恩爱。及后祖载，群官议帝应为追制服，或以庶母慈己，依礼制小功五月，或以谓慈母服如母服齐衰者，众议不同。闻丘冲议云："杨后母养圣上，盖以曲情。今以恩礼追崇，不配世祖庙。王者无慈养之服，谓宜祖载之日，可三朝素服发哀而已。"于是从之。

康帝建元元年正月晦，成恭杜皇后周忌，有司奏，至尊期年应改服。诏曰："君亲，名教之重也，权制出于近代耳。"于是素服如旧，固非汉魏之典也。

兴宁元年，哀帝章皇太妃薨，帝欲服重。江彪启："先王制礼，应在缌服。"诏欲降期，彪又启："厌屈私情，所以上严祖考。"于是制缌麻三月。

孝武宁康中，崇德太后褚氏崩。后于帝为从嫂，或疑其服。博士徐藻议，以为："资父事君而敬同。又，礼，其夫属父道者，其妻皆母道也。则夫属君道，妻亦后道矣。服后宜以资母之义。鲁讥逆祀，以明尊尊。今上躬奉康、穆、哀皇及靖后之祀，致敬同于所天。岂可敬之以君道，而服废于本亲。谓应服齐衰期。"于是帝制期服。

隆安四年，孝武太皇太后李氏崩，疑所服。尚书左仆射何澄、右仆射王雅、尚书车胤、孔安国、祠部郎徐广议，太皇太后名位允正，体同皇极，理制备尽，情礼弥申。《阳秋》之义，母以子贵，既称夫人，礼服从正。故成风显夫人之号，文公服三年之丧。子于父之所生，体尊义重。且礼，祖不厌孙，固宜遂服无屈，而缘情立制。若嫌明文不存，则疑斯从重，谓应同于为祖母后齐衰期。永安皇后无服，但一举哀，百官亦一期。"诏可。

孝武帝太元十五年，淑媛陈氏卒，皇太子所生也。有司参详母以子贵，赠淑媛为夫人，置家令典丧事。太子前卫率徐邈议："《丧服传》称与尊者为体，则不服其私亲。又，君父所不服，子亦不敢服。故王公妾子服其所生母练冠麻衣，既葬而除，非五服之常，则谓之无服。"从之。

太元二十一年，孝武帝崩，孝武太后制三年之服。

惠帝太安元年三月，皇太孙尚薨。有司奏，御服齐衰期。诏下通议。散骑常侍谢衡以为："诸侯之太子，誓与未誓，尊卑体殊。《丧服》云为嫡子长殇，谓未誓也，已誓则不殇也。"中书令卞粹曰："太子始生，故已尊重，不待命誓。若衡议已誓不殇，则无服之子当斩衰三年；未誓而殇，则虽十九当大功九月。誓与未誓，其为升降也微；斩衰与大功，其为轻重也远。而今注云'诸侯不降嫡殇重'。嫌于无服，以大功为重嫡之服，则虽誓，无复有三年之理明矣。男能卫社稷，女能奉妇道，以可成之年而有已成之事，故可无殇，非孩龀之谓也。为殇后者尊之如父，犹无所加而止殇服，况以天子之尊，而为无服之殇行成人之制邪！凡诸宜重之殇，皆士大夫不加服，而令至尊独居其重，未之前闻也。"博士蔡克同粹。秘书监挚虞云："太子初生，举以成人之礼，则殇理除矣。太孙亦体君传重，由位成而服，全非以年也。天子无服殇之义，绝期故也。"于是从之。

魏氏故事，国有大丧，群臣凶服，以帛为绶囊，以布为剑衣。新礼，以传称"去丧无所不佩"，明在丧则不佩也，更制齐斩之丧不佩剑绶。挚虞以为《周礼》武贲氏，士大夫之职也，皆以兵守王宫，国有丧故，则衰葛执戈楯守门，葬则从车而哭。又，成王崩，太保命诸大夫以干戈内外警设。明丧故之际，盖重宿卫之防。去丧无所不佩，谓服饰之事，不谓防御之用。宜定新礼布衣剑如旧，其余如新制。"诏从之。

汉魏故事，将葬，设吉凶卤簿，皆以鼓吹。新礼以礼无吉驾导从之文，臣子不宜释其衰麻以服玄黄，除吉驾卤簿。又，凶事无乐，遏密八音，除凶服之鼓吹。挚虞以为："葬有祥车旷左，则今之容车也。既葬，日中反虞，逆神而还。《春秋传》，郑大夫公孙虿卒，天子追赐大路，使以行。《士丧礼》，葬有稿车乘车，以载生之服。此皆不唯载柩，兼有吉驾之明文也。既设吉驾，则宜有导从，以象平生之容，明不致死之义。臣子衰麻不得为身而释，以为君父则无不可。《顾命》之篇足以明之。宜定新礼设吉服导从如旧，其凶服鼓吹宜除。"诏从之。

汉魏故事，大丧及大臣之丧，执绋者挽歌。新礼以为挽歌出于汉武帝役人之劳歌，声哀切，遂以为送终之礼。虽音曲摧怆，非经典所制，违礼设衔枚之义。方在号慕，不宜以歌为名。除，不挽歌。挚虞以为："挽歌因倡和而为摧怆之声，衔枚所以全哀，此亦以感众。虽非经典所载，是历代故事。《诗》称'君子作歌，惟以告哀'，以歌为名，亦无所嫌。宜定新礼如旧。"诏从之。

咸宁二年，安平穆王薨，无嗣，以母弟敦上继献王后，移太常问应何服。博士张靖答，宜依鲁僖服闵三年例。尚书符诘靖："穆王不臣敦，敦不继穆，与闵僖不同。"孙毓、宋昌议，以穆王不之国，敦不仕诸侯，不应三年。以义处之，敦宜服本服，一期而除，主穆王丧终三年毕，乃吉祭献王。毓云："《礼》，君之子孙所以臣诸兄者，以临国故也。《礼》又与诸侯为兄弟服斩者，谓邻国之臣于邻国之君，有犹君之义故也。今穆王既不之国，不臣兄弟，敦不仕诸侯，无邻臣之义，异于闵僖，如符旨也。但丧无主，敦既奉诏绍国，受重主丧，典其祭祀。'大功者主人之丧，有三年者则必为之再祭'。郑氏《注》云，'谓死者之从父昆弟来为丧主也。有三年者，谓妻若子幼少也'。'再祭，谓大小祥也'。穆王及国臣于礼皆当三年，此为有三年者，敦当为之主大小两祥祭也。且哀乐不相杂，吉凶不相干。凶服在宫，哭泣未绝。敦遽主穆王之丧，而国制未除，则不得以己本亲服除而吉祭献王也。"

咸宁四年，陈留国上，燕公是王之父，王出奉明帝祀，今于王为从父，有司奏应服期，不以亲疏尊卑为降。诏曰："王奉魏氏，所承者重，不得服其私亲。"穆帝时，东海国言，哀王薨逾年，嗣王乃来继，不复追服，群臣皆已反吉，国妃亦宜同除。诏曰："朝廷所以从权制者，以王事夺之，非为变礼也。妇人传重义大，若从权制，义将安托！"于是国妃终三年之礼。孙盛以为："废三年之礼，开偷薄之源，汉魏失之大者也。今若以大夫宜夺以王事，妇人可终本服，是吉凶之仪杂陈于宫寝，彩素之制乖异于内外，无乃情礼俱违，哀乐失所乎！"

太元十七年，太常车胤上言："谨案《丧服礼经》，庶子为母缌麻三月。《传》曰：'何以缌麻？以尊者为体，不敢服其私亲也。'此《经》《传》之明文，圣贤之格言。而自顷开国公侯，至于卿士，庶子为后，各肆私情，服其庶母，同之于嫡。此末俗之弊，溺情伤教，纵而不革，则流遁忘返矣。且夫尊尊亲亲，虽礼之大本，然厌亲于尊，由来尚矣。《礼记》曰，'为父后，出母无服也者，不祭故也'。又，礼，天子父母之丧，未葬，越绋而祭天地社稷。斯皆崇严至敬，不敢以私废尊也。今身承祖宗之重，而以庶母之私，废烝尝之事。五庙阙祀，由一妾之终，求之情礼，失莫大焉。举世皆然，莫之裁贬。就心不同，而事不敢异。故正礼遂替，而习非成俗。此《国风》所以思古，《小雅》所以悲叹。当今九服渐宁，王化惟新，诚宜崇明礼训，以一风俗。请台省考修经典，式明王度。"不答。

十八年，胤又上言："去年上，自顷开国公侯，至于卿士，庶子为后者，服其庶母，同之于嫡，违礼犯制，宜加裁抑。事上经年，未被告报，未审朝议以何为疑。若以所陈或谬，则经有文；若以古今不同，则晋有成典。升平四年，故太宰武陵王所生母丧，表求齐衰三年，诏听依昔乐安王故事，制大功九月。兴宁三年，故梁王璡又所生母丧，亦求三年。《庚子诏书》依太宰故事，同服大功。若谨案周礼，则缌麻三月；若奉晋制，则大功九月。古礼今制，并无居庐三年之文，而顷年已来，各申私情，更相拟袭，渐以成俗。纵而不禁，则圣典灭矣。夫尊尊亲亲，立人之本，王化所由，二端而已。故先王设教，务弘其极，尊郊社之敬，制越绋之礼，严宗庙之祀，厌庶子之服，所以经纬人文，化成天下。夫屈家事于王道，厌私恩于祖宗，岂非上行乎下，父行乎子！若尊尊之心有时而替，宜厌之情触事而申，祖宗之敬微，而君臣之礼亏矣。严恪微于祖宗，致敬亏于事上，而欲俗安化隆，不亦难乎！区区所惜，实在于斯。职之所司，不敢不言。请台参详。"尚书奏："案如辞辄下主者详寻。依礼，庶子与尊者为体，不敢服其私亲，此尊祖敬宗之义。自顷陵迟，斯礼遂废。封国之君废五庙之重，士庶匹夫阙烝尝之礼，习成亵俗，宜被革正。辄内外参详，谓宜听胤所上，可依乐安王大功为正。请为告书如左，班下内外，以定永制，普令依承，事可奉行。"诏可。

《礼》，王为三公六卿锡衰，为大夫士疑衰，首服弁绖。天子诸侯皆为贵臣贵妾服三月。汉为大臣制服无闻焉。汉明帝时，东海恭王薨，帝出幸津门亭发哀。

及武帝咸宁二年十一月，诏"诸王公大臣薨，应三朝发哀者，逾月不举乐，其一朝发哀者，三日不举乐也"。

元帝姨广昌乡君丧，未葬，中丞熊远表云："案《礼》'君于卿大夫，比葬不食肉，比卒哭不举乐'，恻隐之心未忍行吉事故也。被尚书符，冬至后二日小会。臣以为广昌乡君丧殡日，圣恩垂悼。礼，大夫死，废一时之祭。祭犹可废，而况余事。冬至唯可群下奉贺而已，未便小会。"诏以远表示贺循，又曰："咸宁二年武皇帝故事云'王公大臣薨，三朝发哀，逾月不举乐，其一朝发哀，三日不举乐'，此旧事明文。"贺循答曰："案《礼·杂记》，'君于卿大夫之丧，比葬不食肉，比卒哭不举乐'。古者君臣义重，虽以至尊之义，降而无服，三月之内，犹锡衰以居，不接吉事。故春秋时大夫智悼子未葬，平公作乐，为屠蒯所讥。如远所答，合于古义。咸宁诏书虽不会经典，然随时立宜，以为定制，诚非群下所得称论。"升平元年，帝姑庐陵公主未葬，符问太常，冬至小会应作乐不。博士胡讷议云："君于卿大夫，比卒哭不举乐。公主有骨肉之亲，宜阙乐。"太常王彪之云："案武帝诏，三朝举哀，三旬乃举乐；其一朝举哀者，三日则举乐。泰始十年春，长乐长公主薨，太康七年秋，扶风王骏薨，武帝并举哀三日而已。中兴已后，更论不改此制。今小会宜作乐。"二议竟不知所取。

《丧服记》，公为所寓，齐衰三月。新礼以今无此事，除此一章。挚虞以为："《周礼》作于刑厝之时，而著荒政十二。礼备制待物，不以时衰而除盛典，世隆而阙衰教也。曩者王司徒失守播越，自称寄公。是时天下又多此比，皆礼之所及。宜定新礼自如旧经。"诏从之。

汉魏故事无五等诸侯之制，公卿朝士服丧，亲疏各如其亲。新礼王公五等诸侯成国置卿者，及朝廷公孤之爵，皆傍亲绝期，而旁亲为之服斩衰，卿校位从大夫者皆绝缌。挚虞以为："古者诸侯君临其国，臣诸父兄，今之诸侯未同于古。未同于古，则其尊未全，不宜便从绝期之制，而令傍亲服斩衰之重也。诸侯既然，则公孤之爵之亦宜如旧。昔魏武帝建安中已曾表上，汉朝依古为制，事与古异，皆不施行，施行者著在魏科。大晋采以著令，宜定新礼皆如旧。"诏从之。

《丧服》无弟子为师服之制，新礼弟子为师齐衰三月。挚虞以为："自古无师服之制，故仲尼之丧，门人疑于所服。子贡曰：'昔夫子之丧颜回，若丧子而无服，请丧夫子若丧父而无服。'遂心丧三年。此则怀三年之哀，而无齐衰之制也。群居，入则绖，出则否，所谓吊服加麻也。先圣为礼，必易从而可传。师徒义诚重，而服制不著，历代相袭，不以为缺。且寻师者以弥高为得，故屡迁而不嫌；修业者以日新为益，故舍旧而不疑。仲尼称'三人行，必有我师焉'。子贡云，'夫何常师之有'。浅学之师，暂学之师，不可皆为之服。义有轻重，服有废兴，则臧否由之而起，是非因之而争，爱恶相攻，悔吝生焉。宜定新礼无服如旧。"诏从之。

古者天子诸侯葬礼粗备，汉世又多变革，魏晋以下世有改变，大体同汉之制。而魏武以礼送终之制，袭称之数，繁而无益，俗又过之，豫自制送终衣服四箧，题识其上，春秋冬夏，日有不讳，随时以敛。金珥珠玉铜铁之物，一不得送。文帝遵奉，无所增加。及受禅，刻金玺，追加尊号，不敢开埏，乃为石室，藏玺埏首，以示陵中无金银诸物也。汉礼明器甚多，自是皆省之矣。魏文帝黄初三年，又自作终制曰："礼，国君即位为椑，存不忘亡也。寿陵因山为体，无封树，无立寝殿，造园邑，通神道。夫葬者藏也，欲人之不得见也。礼不墓祭，欲存亡之不黩也。皇后及贵人以下不随王之国者，有终没，皆葬涧西，前又已表其处矣。"此诏藏之宗庙，副在尚书、秘书、三府。明帝亦遵奉之。明帝性虽崇奢，然未遂营陵墓之制也。

宣帝豫自于首阳山为土藏，不填不树，作《顾命终制》，敛以时服，不设明器。景、文皆谨奉成命，无所加焉。景帝崩，丧事制度又依宣帝故事。武帝泰始四年，文明王皇后崩,将合葬,开崇阳陵,使太尉司马望奉祭,进皇帝密玺绶于便房神坐。魏氏金玺,此又俭矣。江左初,元、明崇俭,且百度草创,山陵奉终,省约备矣。成帝咸康七年,皇后杜氏崩。诏外官五日一入临,内官旦一入而已,过葬虞祭礼毕止。有司奏,大行皇后陵所作凶门柏历门,号显阳端门。诏曰:"门如所处。凶门柏历,大为烦费,停之。"案蔡谟说,以二瓦器盛始死之祭,系于木,裹以苇席,置庭中,近南,名为重,今之凶门是其象也。礼,既虞而作主,今未葬,未有主,故以重当之。礼称为主道,此其义也。范坚又曰:"凶门非礼,礼有悬重,形似凶门。后人出之门外以表丧,俗遂行之。薄帐,即古吊幕之类也。"是时,又诏曰:"重壤之下,岂宜崇饰无用,陵中唯洁扫而已。"有司又奏,依旧选公卿以下六品子弟六十人为挽郎,诏又停之。孝武帝太元四年九月,皇后王氏崩。诏曰:"终事唯从俭速。"又诏:"远近不得遣山陵使。"有司奏选挽郎二十四人,诏停之。

古无墓祭之礼。汉承秦,皆有园寝。正月上丁,祠南郊礼毕,次北郊、明堂、高庙、世祖庙,谓之五供。

魏武葬高陵,有司依汉立陵上祭殿。至文帝黄初三年,乃诏曰:"先帝躬履节俭,遗诏省约。子以述父为孝,臣以系事为忠。古不墓祭,皆设于庙。高陵上殿皆毁坏,车马还厩,衣服藏府,以从先帝俭德之志。"文帝自作终制,又曰"寿陵无立寝殿,造园邑",自后园邑寝殿遂绝。齐王在位九年,始一谒高平陵而曹爽诛,其后遂废,终于魏世。

及宣帝,遗诏"子弟群官皆不得谒陵"。于是景、文遵旨。至武帝,犹再谒崇阳陵,一谒峻平陵,然遂不敢谒高原陵,至惠帝复止也。

逮于江左,元帝崩后,诸公始有谒陵辞告之事。盖由眷同友执,率情而举,非洛京之旧也。成帝时,中宫亦年年拜陵,议者以为非礼,于是遂止,以为永制。至穆帝时,褚太后临朝,又拜陵,帝幼故也。至孝武崩,骠骑将军司马道子曰:"今虽权制释服,至于朔望诸节,自应展情陵所,以一周为断。"于是至陵,变服单衣,烦黩无准,非礼意也。及安帝元兴元年,尚书左仆射桓谦奏:"百僚拜陵,起于中兴,非晋旧典,积习生常,遂为近法。寻武皇帝诏,乃不使人主诸王拜陵,岂唯百僚!谓宜遵奉。"于是施行。及义熙初,又复江左之旧。

太康七年,大鸿胪郑默母丧,既葬,当依旧摄职,固陈不起,于是始制大臣得终丧三年。然元康中,陈准、傅咸之徒,犹以权夺,不得终礼,自兹已往,以为成比也。

太康元年,东平王楙上言,相王昌父毖,本居长沙,有妻息,汉末使入中国,值吴叛,仕魏为黄门郎,与前妻息死生隔绝,更娶昌母。今江表一统,昌闻前母久丧,言疾求平议。

守博士谢衡议曰:"虽有二妻,盖有故而然,不为害于道,议宜更相为服。"守博士许猛以为"地绝母之制,正以在前非没则绝故也。前母虽在,犹不应服。"段畅、秦秀、驸冲从猛。散骑常侍刘智安议曰:"礼为常事制,不为非常设也。亡父母不知其死生者,不著于礼。平

生不相见,去其加隆,以期为断。"都令史虞溥议曰:"臣以为礼不二嫡,所以重正,非徒如前议者防妒忌而已。故曰'一与之齐,终身不改',未有遭变而二嫡。苟不二,则昌父更娶之辰,是前妻义绝之日也。使昌父尚存,二妻俱在,必不使二嫡专堂,两妇执祭,同为之齐也。"秦秀议:"二妻之子,父命令相慈养,而便有三年之恩,便同所生。昌父何义不命二嫡依此礼乎!父之执友有如子之礼,况事兄之母乎!"许猛又议:"夫少妇稚,则不可许以改娶更适矣。今妻在许以更聘,夫存而妻得改醮者,非绝而何。"侍中领博士张恽议:"昔舜不告而娶,婚礼盖阙,故《尧典》以厘降二女为文,不殊嫡媵。传记以妃夫人称之,明不立正后也。夫以圣人之弘,帝者嫡子,犹权事而变,以定典礼。黄昌之告新妻使避正室,时论许之。推姬氏之让,执黄卿之决,宜使各自服其母。"黄门侍郎崔谅、荀悝、中书监荀勖、领中书令和峤、侍郎夏侯湛皆从溥议。侍郎山雄、兼侍郎著作陈寿以为:"溥驳一与之齐,非大夫也,礼无二嫡,不可以并耳。若昌父及二母于今各存者,则前母不废,已有明征也。设令昌父将前母之子来入中国尚在者,当从出母之服。苟昌父无弃前妻之命,昌兄有服母之理,则昌无疑于不服。"贼曹属卞粹议:"昌父当莫审之时而娶后妻,则前妻同之于死而义不绝。若生相及而后妻不去,则妾列于前志矣。死而会乎,则同祔于葬,无并嫡之实。必欲使子孙于没世之后,追计二母隔绝之时,以为并嫡,则背违死父,追出亡母。议者以为礼无前母之服者,可谓以文害意。愚以为母之不亲而服三年,非一无异于前母也。仓曹属卫恒议:"或云,嫡不可二,前妻宜绝。此为夺旧与新,违母从子,礼律所不许,人情所未安也。或云,绝与死同,无嫌二嫡,据其相及,欲令有服。此为论嫡则死,议服则生,还自相伐,理又不通。愚以为地绝死绝,诚无异也,宜一如前母,不复追服。"主簿刘卞议:"毖在南为邦族,于北为羁旅,以此名分言之,前妻为元妃,后妇为继室。何至王路既通,更当逐其今妻,废其嫡子!不书姜氏,绝不为亲,以其犯至恶也。赵姬虽贵,必推叔隗;原同虽宠,必嫡宣孟。若违礼苟让,何则《春秋》所当善也!论者谓地绝,其情终已不得往来。今地既通,何为故当追而绝之邪!黄昌见美,斯又近世之明比。"司空齐王攸议:"《礼记》'生不及祖父母、诸父昆弟,而父税丧,己则否',诸儒皆以为父以他故子生异域,不及此亲存时归见之,父虽追服,子不从税,不责非时之恩也。但不相见,尚不服其先终,而况前母非亲所生,义不逾祖,莫往莫来,恩绝殊隔,而令追服,殆非称情立文之谓也。以为昌不宜追服。"司徒李胤议:"毖为黄门侍郎,江南已叛。石厚与焉,大义灭亲,况于毖之义,可得以为妻乎!"大司马骞不议,太尉充、抚军大将军妆南王亮皆从主者。溥又驳粹曰:"丧从宁戚,谓丧事尚哀耳,不使服非其亲也。夫死者终也,终事已故无绝道。分居两存,则离否由人。夫妇以判合为义,今土隔人殊,则配合理绝。彼已更娶代己,安得同于死哉!伯夷让孤竹,不可以为后王法也。且既已为嫡后服,复云为妾,生则或贬或离,死则同祔于葬,妻专一以事夫,夫怀贰以接已,开伪薄之风,

伤贞信之教，于以纯化笃俗，不亦难乎！今昌二母虽土地殊隔，据同时并存，何得为前母后母乎！设使昌母先亡，以嫡合葬，而前母不绝，远闻丧问，当复相为制中服邪！夫制不应礼，动而愈失。夫孝子不纳亲于不义，贞妇不昧进而苟容。今同前嫡于死妇，使后妻居正而或废，于二子之心，曾无恶乎！而云诬父弃母，恐此文致之言，难以定臧否也。礼，违诸侯适天子，不服旧君，然则昌父绝前君矣，更纳后室，废旧妻矣，又可取于宜诛宜抚乎！且妇人之有恶疾，乃慈夫之所愍也，而在七出，诚以在人理应绝故也。今夫妇殊域，与无妻同，方之恶疾，理无以异。据已更娶，有绝前之证。而云应服，于义何居！"尚书八座以为"设令有人于此，父为敦煌太守，而子后任于洛，若父娶妻，非徒不见，乃可不知，及其死亡，不得不服。但鞠养已者情哀，而不相见名制，虽戚念之心殊，而为之服一也。又，两后匹嫡，自谓违礼，不谓非常之事而以常礼处之也。昔子思哭出母于庙，其门人曰：'庶氏之女死，何为哭于孔氏之庙！'子思惧，改哭于他室。若昌不制服，不得不告其父祖，掘其前母之尸，徙之他地。若其不徙，昌为罪人。何则？异族之女不得祔于先姑，藏其墓次故也。且夫妇人牵夫，犹有所尊，赵姬之举，礼得权通，故先史详之，不讥其事耳。今昌之二母，各已终亡，尚无并主轻重之事也。昌之前母，宜依叔隗为比。若亡在昌未生之前者，则昌不应复服。生及母存，自应如礼以名服三年。辄正定为文，章下太常报梫奉行。"

制曰："凡事有非常，当依准旧典，为之立断。今议此事，称引赵姬、叔隗者粗是也。然后狄与晋和，故姬氏得迎叔隗而下之。吴寇隔塞，愍与前妻，终始永绝。必义无两嫡，则赵衰可以专制隗氏。昌为人子，岂得擅替其母。且愍二妻并以绝亡，其子犹后母之子耳，昌故不应制服也。"

太兴初，著作郎干宝论之曰："礼有经有变有权，王愍之事，有为为之也。有不可责以始终之义，不可求以循常之文，何群议之纷错！同产者无嫡侧之别，而先生为兄；诸侯同爵无等级之差，而先封为长。今二妻之入，无贵贱之礼，则宜以先后为秩，顺序义也。今生而同室为寡，死而同庙者众，及其神位，固有上下。故《春秋》贤赵姬遭礼之变而得礼情。且夫吉凶哀乐，动乎情者也，五礼之制，所以叙情而即事也。今二母者，本他人也，以名来亲，而恩否于时，敬不及生，爱不及丧，夫何追服之道哉！张恽、刘卞，得其先后之节，齐王、卫恒，通于服绝之制，可以断矣。朝廷于此，宜导之以赵姬，齐之以诏命，使先妻恢含容之德，后妻崇卑让之道，室人达长少之序，百姓见变礼之中。若此，可以居生，又况于死乎！古之王者，有以师友之礼待其臣，而臣不敢自尊。今令先妻以一体接后，而后妻不敢抗，及其子孙交相为服，礼之善物也。然则王昌兄弟相得之日，盖宜祫祭二母，等其礼馈，序其先后，配以左右，兄弟肃雍，交酬奏献，上以恕先父之志，中以高二母之德，下以齐兄弟之好，使义风弘于王教，慈让洽乎急难，不亦得礼之本乎！"

是时，沛国刘仲武先娶毌丘氏，生子正舒、正则二人。毌丘俭反败，仲武出其妻，娶王氏，生陶，仲武为毌丘氏别舍而不告绝。及毌丘氏卒，正舒求祔葬焉，而陶不许。舒不释服，讼于上下，泣血露骨，缞裳缀络，数十年弗得从，以至死亡。

时吴国朱某娶妻陈氏，生子东伯。入晋，晋赐妻某氏，生子绥伯。太康之中，某已亡，绥伯将母以归邦族，兄弟交爱敬之道，二母笃先后之序，雍雍人无间焉。及其终也，二子交相为服，君子以为贤。

安丰太守程谅先已有妻，后又娶，遂立二嫡。前妻亡，后妻子勋疑所服。中书令张华造甲乙之问曰："甲娶乙为妻，后又娶丙，匿不说有乙，居家如二嫡，无有贵贱之差。乙亡，丙之子当何服？本实并列，嫡庶不殊，虽二嫡非正，此失在先人，人子何得专制析其亲也。若为庶母服，又不成为庶。进退不知所从。"太傅郑冲议曰："甲失礼于家，二嫡并在，诚非人子所得正。则乙丙之子并当三年，礼疑从重。"车骑贾充、侍中任恺议略与郑同。太尉荀𫖮议曰："《春秋》有匹嫡，古之明典也。今不可以犯礼并立二妻，不别尊卑而遂其失也。故当断之以礼，先至为嫡，后至为庶。丙子宜以嫡母服乙，乙子宜以庶母事丙。昔屈建去芰，古人以为违礼而得礼。丙子非为抑其亲，斯自奉礼先后贵贱顺叙之义也。"中书监荀勖议曰："昔乡里郑子群娶陈司空从妹，后隔吕布之乱，不复相知存亡，更娶乡里蔡氏女。徐州平定，陈氏得还，遂二妃并存。蔡氏之子字元峥，为陈氏服嫡母之服，事陈公以从舅之礼。族兄宗伯曾责元峥，谓抑其亲，乡里先达以元峥为合宜。不审此事粗相似否？"

建武元年，以温峤为散骑侍郎，峤以母亡值寇，不临殡葬，欲营改葬，固让不拜。元帝诏曰："温峤不拜，以未得改卜葬送，朝议又颇有异同。为审由此邪？天下有阙塞，行礼制物者当使理可经通。古人之制三年，非情之所尽，盖存亡有断，不以死伤生耳。要经而服金革之役者，岂营官邪？随王事之缓急。今桀逆未枭，平阳道断，奉迎诸军犹未得径进，峤特一身，于何济其私艰，而以理阕自疑，不服王命邪！其令三司八座、门下三省、外内群臣，详共通议如峤比，吾将亲裁其中。"于是太宰、西阳王羕，司徒临颍公组，骠骑将军、即丘子导，侍中纪瞻，尚书周𫖮，散骑常侍荀邃等议，以"昔伍员挟弓去楚，为吴行人以谋楚，诚志在报仇，不苟灭身也。温峤遭难，昔在河朔，日寻干戈，志刷雠恶，万里投身，归赴朝廷，将欲因时竭力，凭赖王威，以展其情，此乃峤之志也。无缘道路未通，师旅未进，而更中辞王事，留志家巷也。以为诚宜如明诏。"于是有司奏曰："案如众议，去建武元年九月下辛未令书，依礼文，父丧未葬，唯丧主不除。以他故未葬，人子之情，不可居殡而除，故期于毕葬，无远近之断也。若亡遇贼难，丧灵无处，求索理绝，固应三年而除，不得故从未葬之例也。若骨肉弃于寇害，死亡漫于中原，而继以遗贼未灭，亡者无收殡之实，存者又阙于奔赴之礼，而人子之情，哀痛无断，辄依未葬之义，久而不除，若遂其情，则人居无限之丧，非有礼无时不得之义也。诸如此，皆依东关故事，限行三年之礼毕而除也。唯二亲生离，吉凶未分，服丧则凶事未据，从吉则疑于不存，心忧居素，出自人情，有如此者，非官制之所裁。今峤以未得改卜奔赴，累设疾辞。案辛未之制，已有成断，皆不得复遂其私情，不服王命，以亏法宪。参议可如前诏职受拜，重告以中丞司徒，诸如峤比者，依东关故事辛未令书之制。"峤不得已，乃拜。

是时中原丧乱，室家离析，朝廷议二亲陷没寇难，应制服不。太常贺循曰：二亲生离，吉凶未分，服丧则凶事未据，从吉则疑于不存，心忧居素，允出人情。"元帝令以循议为然。太兴二年，司徒荀组云："二亲陷没寇难，万无一冀者，宜使依王法，随例行丧。"庾蔚之云："二亲为戎狄所破，存亡未可知者，宜尽寻求之理。寻求之理绝，三年之外，便宜婚宦，胤嗣不可绝，王政不可废故也。犹宜以哀素自居，不豫吉庆之事，待中寿而服之也。若境内贼乱清平，肆眚之后，寻觉无踪迹者，便宜制服。"

咸康二年，零陵李繁姊先适南平郡陈诜为妻，产四子而遭贼。姊投身于贼，请活姑命，贼略将姊去。诜更娶严氏，生三子。繁后得姊消息，往迎还诜，诜籍注领二妻。及李亡，诜疑制服，以事言征西大将军庾亮府平议，时议亦往往异同。司马王愆期议曰："案礼不二嫡，故惠公元妃孟子，孟子卒，继室以声子。诸侯犹尔，况庶人乎！《士丧礼》曰，继母本实继室，故称继母，事之如嫡，故曰如母也。诜不能远虑避难，以亡其妻，非犯七出见绝于诜。始不见绝，终又见迎，养姑于堂，子为首嫡，列名黄籍，则诜之妻也。为诜也妻，则为晖母也，晖之制服无所疑矣。礼为继母服而不为前母服者，如李比类，旷世所希。前母既终，乃有继母，后子不及前母，故无制服之文。然礿祠蒸尝，未有不以前母为母者，亡犹母之，况其存乎！诜有老母，不可以莫之养，妻无归期，纳妾可也。李虽没贼，尚有生冀，诜寻求之理不尽，而便娶妻，诚诜之短也。然陇亩之夫，不达礼义，考之传记不胜。有施孝叔之妻失身于郤犫而不弃者，以非其罪也。诜有两妻，非故犯法。李鄙野人，而能临危请活姑命，险不忘顺，可谓孝妇矣。议者欲令在没略之中，必全苦操，有陨无二，是望凡人皆为宋伯姬也。诜虽不应娶妻，要以严为妻，妻则继室，本非嫡也。虽云非嫡，义在始终，宁可以诜不应二妻而已涉二庭乎！若能下之，则赵姬之义。若云不能，官当有制。先嫡后继，有自来矣。众议贬讥太峻，故略序异怀。"亮从愆期议定。

《五经通义》以为有德则谥善，无德则谥恶，故虽君臣可同。魏朝初谥宣帝为文侯，景王为武侯，文王表不宜与二祖同，于是改谥宣文、忠武。至文王受晋王之号，魏帝又追命宣文为宣王，忠武为景王。太康八年十月，太常上谥故太常平陵男郭奕为景侯。有司奏云："晋受命以来，祖宗号谥群下未有同者，故郭奕为景，与景皇同，不可听，宜谥曰穆。"王济、羊璞等并云："夫无穷之祚，名谥不一，若皆相避，于理难全。如悉不避，复非推崇事尊之礼。宜依讳名之义，但及七庙祖宗而已，不及迁毁之庙。"成粲、武茂、刘讷并云："同谥非嫌。号谥者，国之大典，所以厉时作教，经天人之远旨也。固虽君父，义有所不隆，及

在臣子，或以行显。故能使上下迈德，罔有怠荒。臣愿圣世同符尧舜，行周同谥之礼，舍汉魏近制相避之议。"又引周公父子同谥曰文。武帝诏曰："非言君臣不可同，正以奕谥景不相当耳，宜谥曰简。"及太元四年，侍中王欣之表君臣之嫌同谥，尚书奏以欣之言为然。诏可。

骠骑将军温峤前妻李氏，在峤微时便卒。又娶王氏、何氏，并在峤前死。及峤薨，朝廷以问陈舒："三人并得为夫人不？"舒云："《礼记》'其妻为夫人而卒，而后其夫不为大夫，而祔于其妻，则不易牲。妻卒。而后夫为大夫，而祔于其妻，则以大夫牲'。然则夫荣于朝，妻贵于室，虽先夫没，荣辱常随于夫也。《礼记》曰'妻祔于祖姑，祖姑有三人，则祔其亲者'。如礼，则三人皆为夫人也。自秦汉已来，废一娶九女之制，近世无复继室之礼，先妻卒则更娶。苟生加礼，则亡不应贬。"庾蔚之云："贼时之妻不得并为夫人，若有追赠之命则不论耳。"《峤传》，赠王、何二人夫人印绶，不及李氏。

永和十一年，彭城国为李太妃求谥。博士曹耽之议："夫妇行不必同，不得以夫谥谥妇。《春秋》妇人有谥甚多，经无讥文，知礼得谥也。"胡讷云："礼，妇人生以夫爵，死以夫谥。《春秋》夫人有谥，不复依礼耳。安平献王李妃、琅邪武王诸葛妃，太傅东海王裴妃并无谥，今宜率旧典。"王彪之云："妇人有谥，礼坏故耳。声子为谥，服虔诸儒以为非。杜预亦云'礼，妇人无谥'。《春秋》无讥之文，所谓不待贬绝自明者也。近世惟后乃有谥耳。"

太尉荀颉上谥法云："若赐谥而道远不及葬者，皆封策下属，遣所承长吏奉策即冢祭赐谥。"

太元十三年，召孔安国为侍中。安国表以黄门郎王愉名犯私讳，不得连署，求解。有司议云："名终讳之，有心所同，闻名心瞿，亦明前诰。而《礼》复云'君所无私讳，大夫之所有公讳'，无私讳。又云'诗书不讳，临文不讳'。岂非公义夺私情，王制屈家礼哉！尚书安众男臣先表中兵曹郎王祐名犯父讳，求解职，明诏爰发，听许换曹，盖是恩出制外耳。而顷者互相瞻式，源流既启，莫知其极。夫皇朝礼大，百僚备职，编官列署，动相经涉。若以私讳，人遂其心，则移官易职，迁流莫已，既违典法，有亏政体。请一断之。"从之。

卷二十一　　志第十一

礼 下

五礼之别，三曰宾，盖朝宗、觐遇、会同之制是也。自周以下，其礼弥繁。自秦灭学之后，旧典残缺。汉兴，始使叔孙通制礼，参用先代之仪，然亦往往改异焉。汉仪有正会礼，正旦，夜漏未尽七刻，钟鸣受贺，公侯以下执贽夹庭，二千石以上升殿称万岁，然后作乐宴飨。魏武帝都邺，正会文昌殿，用汉仪，又设百华灯。

晋氏受命，武帝更定元会仪，《咸宁注》是也。傅玄《元会赋》曰："考夏后之遗训，综殷周之典艺，采秦汉之旧仪，定元正之嘉会。"此则兼采众代可知矣。

　　《咸宁注》："先正一日，有司各宿设。夜漏未尽十刻，群臣集到，庭燎起火。上贺，起，谒报，又贺皇后。还，从云龙东中华门入，诣东阁下，便坐。漏未尽七刻，百官及受贽郎官以下至计吏皆入立其次，其陛卫者如临轩仪。漏未尽五刻，谒者、仆射、大鸿胪各各奏群臣就位定。漏尽，侍中奏外办。皇帝出，钟鼓作，百官皆拜伏。太常导皇帝升御坐，钟鼓止，百官起。大鸿胪跪奏'请朝贺'。掌礼郎赞'皇帝延王登'。大鸿胪跪赞'藩王臣某等奉白璧各一，再拜贺'。太常报'王悉登'。谒者引上殿，当御坐。皇帝兴，王再拜。皇帝坐，复再拜。跪置璧御坐前，复再拜。成礼讫，谒者引下殿，还故位。掌礼郎赞'皇帝延太尉等'。于是公、特进、匈奴南单于、金紫将军当大鸿胪西，中二千石、二千石、千石、六百石当大行令西，皆北面伏。鸿胪跪赞'太尉、中二千石等奉璧、皮、帛、羔、雁、雉，再拜贺'。太常赞'皇帝延公等登'。掌礼引公至金紫将军上殿。皇帝兴，皆再拜。皇帝坐，又再拜。跪置璧皮帛御坐前，复再拜。成礼讫，谒者引下殿，还故位。公置璧成礼时，大行令并赞殿下，中二千石以下同。成礼讫，以贽授贽郎，郎以璧帛付谒者，羔、雁、雉付太官。太乐令跪请奏雅乐，乐以次作。乘黄令乃出车，皇帝罢入，百官皆坐。昼漏上水六刻，诸蛮夷胡客以次入，皆再拜讫，坐。御入后三刻又出，钟鼓作。谒者、仆射跪奏'请群臣上'。谒者引王公二千石上殿，千石、六百石停本位。谒者引王诣樽酌寿酒，跪授侍中，侍中跪置御坐前。王还。王自酌置位前。谒者跪奏'藩王臣某等奉觞，再拜上千万岁寿'。四厢乐作，百官再拜。已饮，又再拜。谒者引王等还本位。陛下者传就席，群臣皆跪诺。侍中、中书令、尚书令各于殿上上寿酒。登歌乐升，太官又行御酒。御酒升阶，太官令跪授侍郎，侍郎跪进御坐前。乃行百官酒。太乐令跪奏'奏登歌'，三终乃降。太官令跪请具御饭，到阶，群臣皆起。太官令持羹跪授司徒，持饭跪授大司农，尚食持案并授持节，持节跪进御坐前。群臣就席。太乐令跪奏'奏食举乐'。太官行百官饭案遍。食毕，太乐令跪奏'请进乐'。乐以次作。鼓吹令又前跪奏'请以次进众妓'。乃召诸郡计吏前，受敕戒于阶下。宴乐毕，谒者一人跪奏'请罢退'。钟鼓作，群臣北面再拜，出。"然则，夜漏未尽七刻谓之晨贺，昼漏上三刻更出，百官奉寿酒，谓之昼会。别置女乐三十人于黄帐外，奏房中之歌。

　　江左多虞，不复晨贺。夜漏未尽十刻，开宣阳门，至平旦始开殿门，昼漏上五刻，皇帝乃出受贺。皇太子出会者，则在三恪下王公上。正旦元会，设白兽樽于殿庭，樽盖上施白兽，若有能献直言者，则发此樽饮酒。案礼，白兽樽乃杜举之遗式也，为白兽盖，是后代所为，示忌惮也。

　　魏制，藩王不得朝觐。魏明帝时，有朝者皆由特恩，不得以为常。及泰始中，有司奏："诸侯之国，其王公以下入朝者，四方各为二番，三岁而周，周则更始。若临时有故，却在明年。明年来朝之后，更满三岁乃复朝，不得违本数。朝礼皆亲执璧，如旧朝之制。不朝之岁，各遣卿奉聘。"奏可。江左王侯不之国，其有受任居外，则同方伯刺史二千石之礼，亦无朝聘之制，故此礼遂废。

　　汉以高帝十月定秦，且为岁首。至武帝，虽改用夏正，然每月朔朝，至于十月朔，犹常飨会。其仪，夜漏未尽七刻，受贺及贽。公侯璧，中二千石、二千石羔，千石、六百石雁，四百石以下雉。三公奉璧上殿御坐前，北面。太常赞曰'皇帝为君兴'。三公伏。皇帝坐，乃前进璧。百官皆贺，二千石以上上殿称万岁，举觞，御食，司徒奉羹，大司农奉饭，奏食举之乐。百官受赐，宴飨，大作乐，如元正之仪。魏晋则冬至日受方国及百僚称贺，因小会。其仪亚于献岁之旦。

　　古者帝王莫不巡狩。魏文帝值天下三分，方隅多事，皇舆亟动，役无宁岁，盖应时之务，非旧章也。明帝凡三东巡狩，所过存问高年，恤疾苦，或赐谷帛，有古巡幸之风焉。齐王正始元年，巡洛阳县，赐高年力田各有差。

　　及武帝泰始四年，诏刺史二千石长吏曰："古之王者，以岁时巡狩方岳，其次则二伯述职，不然则行人顺省。故虽幽遐侧微，心无壅隔，下情上通，上指远谕，至于鳏寡，罔不得所，用垂风遗烈，休声犹存。朕在位累载，如临深川，夙兴夕惕，明发不寝，坐而待旦，思四方水旱灾害，为之怛然。勤躬约己，欲令事事当宜。常恐众吏用情，诚心未著，万机兼猥，虑有不周，政刑失谬，而弗获备览。百姓有过，在予一人。惟岁之不易，未遑卜征巡省之事，下之未乂，其何以恤之。今使使持节侍中副给事黄门侍郎衔命四出，周行天下，亲见刺史二千石长吏，申谕朕心，访求得失损益诸宜，观省政教，问人间患苦。周典有之曰：'其万姓之利害为一书，其礼俗政事刑禁之逆顺为一书，其暴乱作慝犯令为一书，其札丧凶荒厄贫为一书，其康乐和亲安平为一书，每国辨异之，以返命于王。'旧章前训，今率由之。还具条奏，俾朕昭然鉴于幽远，若亲行焉。大夫君子，其各悉乃心，敬乃事，嘉言令图，苦言至戒，与使者尽之，无所隐讳。方将虚心以俟，其勉哉勖之，称朕意焉。"

　　新礼，巡狩方岳，柴望告设坛宫如礼。诸侯之观者，宾及执贽皆如朝仪，而不建旗。挚虞以为："觐礼，诸侯觐天子，各建其旗。旗章所以殊爵命，示等威。《诗》称'君子至止，言观其旗'。宜定新礼，建旗如旧礼。"诏可其议。然终晋代，其礼不行。

　　封禅之说，经典无闻。礼有因天事天，因地事地，因名山升中于天，而凤皇降，龟龙格。天子所以巡狩，至于方岳，燔柴祭天，以告其成功，事似而非也。谶纬诸说皆云，王者封泰山，禅梁甫，易姓纪号。秦汉行其典，前史各陈其制矣。

　　魏文帝黄初中，护军蒋济奏曰："夫帝王大礼，巡狩为先；昭祖扬祢，封禅为首。是以自古革命受符，未有不踏梁父，登泰山，刊无竟之名，纪天人之际者也。故司马相如谓有文以来，七十二君，或顺所繇于前，谨遗教于后。太史公曰，主上有圣明而不宣布，有司之过也。然则元功懿德，不刊梁山之石，无以显帝王之功，示兆庶不朽之观也。语曰,'当君而叹尧舜之美,譬犹人子对厥所生而誉他人之父'。今大魏承百王之弊乱,拯流遁之艰厄,接千载之衰绪,继百代之废业。始自武文,至于圣躬,所以参成天地之道,纲维人神之化。上天表应,嘉瑞显祥,以比往古,无所取喻。至于历世迄今,未废大礼。虽志在扫尽残盗,荡涤余秽,未遑斯事。若尔,三苗屈强于江海,大舜当废东巡之仪;徐夷跳梁于淮泗,周成当止岱岳之礼。且去岁破吴虏于江汉,今兹屠蜀贼于陇右,其震荡内溃,在不复淹,无累于封禅之事也。此仪久废,非仓卒所定。宜下公卿,广撰其礼,卜年考时,昭告上帝,以副天下之望。臣待罪军旅,不胜大愿,冒死以闻。"诏曰:"闻蒋济斯言,使吾汗出流足。自开辟以来,封禅者七十余君耳。故太史公曰,虽有受命之君,而功有不洽,是以中间旷远者千有余年,近者数百载,其仪阙不可得记。吾何德之修,敢庶兹乎!济岂谓世无管仲,以吾有桓公登泰山之志乎!吾不欺天也。济之所言,华则华矣,非助我者也。公卿侍中尚书常侍省之而已,勿复有所议,亦不须答诏也。"天子虽距济议,而实使高堂隆草封禅之仪,以天下未一,不欲便行大礼,会隆卒,不复行之。

及武帝平吴,混一区宇,太康元年九月庚寅,尚书令卫瓘、尚书左仆射山涛、右仆射魏舒、尚书刘寔、司空张华等奏曰:"臣闻肇自生灵,则有后辟,年载之数,莫之能纪。立德济世,挥扬仁风,以登封泰山者七十有四家,其谥号可知者十有四焉。沈沦寂寞,曾无遗声者,不可胜记。大晋之德,始自重黎,实佐颛顼,至于夏商,世序天地。其在于周,不失其绪。金德将升,世济明圣,外平蜀汉,海内归心,武功之盛,实由文德。至于陛下,受命践阼,弘建大业,群生仰流。惟独江湖沅湘之表,凶桀负固,历代不宾。神谋独断,命将出讨,兵威暂加,数旬荡定。羁其鲸鲵,赦其罪逆,云覆雨施,八方来同,声教所被,达于四极。虽黄轩遐征,大禹远略,周之奕世,何以尚今!若夫玄石素文,底号前载,象以数表,言以事告,虽古《河图洛书》之征,不是过也。宜宣大典,礼中岳,封泰山,禅梁父,发德号,明至尊,享天休,笃黎庶,勒千载之表,播流后之声,俾百世之下,莫不兴起。斯帝王之盛业,天人之至望也。"诏曰:"今逋寇虽殄,外则障塞有警,内则百姓未宁,此盛德之事,所未议也。"

瓘等又奏曰:"今东渐于海,西被流沙,大漠之阴,日南北户,莫不通属,芒芒禹迹,今实过之。天人之道已周,巍巍之功已著,宜修礼地祇,登封泰山,致诚上帝,以答人神之愿也。乞如前奏。"诏曰:"今阴阳未和,刑政未当,百姓未得其所,岂可以勒功告成邪!"诏不许。

瓘等又奏曰:"臣闻处王之位者,必有历运之期,天命之应;济兆庶之功者,必有盛德之容,告成之典。无不可诬,有不敢让,自古道也。而明诏谦冲,屡辞其礼,虽盛德攸在,推而未居。夫三公职典天地,实掌人物,国之大事,取议于此。故汉氏封禅,非上官也,不在其事。臣等前奏,盖陈祖考之功,天命又应,陛下之德,合同四海,迹古考今,宜修此礼。至于克定岁月,须五府上议,然后奏闻。"诏曰:"虽荡清江表,皆临事者之劳,何足以告成

方望群后思隆大化,以宁区夏,百姓获乂,与之休息。斯朕日夜之望,无所复于诸府矣。"

瓘等又奏:"臣闻唐虞三代济世弘功之君,莫不仰承天休,俯协人志,登介丘,履梁父,未有辞焉者,盖不可让也。今陛下勋高百王,德无与二,茂绩宏规,巍巍之业,固非臣等所能究论。而圣旨劳谦,屡自抑损,时至弗应,推美不居,阙皇代之上仪,塞灵祇之款望,何以使大晋之典谟,同风于三五?臣等诚不敢奉诏,请如前奏施行。"诏曰:"方当共思弘道,以康庶绩,且俟他年,无所复纷纭也。"

王公有司又奏:"自古圣明,光宅四海,封禅名山,著于史籍,作者七十四君矣。舜禹之有天下也,巡狩四岳,躬行其道。《易》著观俗省方,《礼》有升中于天,《诗》颂陟其高山,皆载在方策。文王为西伯以服事殷,周公为鲁藩列于诸侯,或享于岐山,或有事泰山,徒以圣德,犹得为其事。自是以来,功薄而僭其义者,不可胜数。号谥不泯,以至于今。况高祖宣皇帝肇开王业,海外有截;世宗景皇帝济以大功,辑宁区夏;太祖文皇帝受命造晋,荡定蜀汉;陛下应期龙兴,混一六合,泽被群生,威震无外。昔汉氏失统,吴蜀鼎峙,兵兴以来,近将百年,地险俗殊,人望绝塞。今不羁之寇,二代而平,非聪明神武,先天弗违,孰能巍巍其有成功若兹者欤!臣等幸以千载得遭运会,亲服大化,目睹太平,至公至美,谁与为让。宜祖述先朝,宪章古昔,勒功岱岳,登封告成,弘礼乐之制,正三雍之典,扬名万世,以显祖宗。是以不胜大愿,敢昧死以闻。请告太常,具礼仪复上。"诏曰:"所议诚列代之盛事也,然方今未可以尔。"便报绝之。

哀帝即位,欲尊崇章皇太妃。桓温议宜称太夫人。尚书仆射江彪议曰:"虞舜体仁孝之性,尽事亲之礼,贵为天王,富有四海,而瞽瞍无立锥之地,一级之爵。蒸蒸之心,昊天罔极,宁当忍父卑贱,不以徽号显之,岂不以子无爵父之道,理穷义屈,靡所厝情者哉!《春秋经》曰'纪季姜归于京师',《传》曰'父母之于子,虽为天王后,犹曰吾季姜',言子尊不加父母也。或以为子尊不加父母,则武王何以追王太王、王季、文王乎?周之三王,德配天地,王迹之兴,自此始也。是以武王仰寻前绪,遂奉天命,追崇祖考,明不以子尊加父母也。案《礼》'幼不谋长,贱不谋贵',幼贱犹不得表彰长贵,况敢锡之以荣命邪!汉祖感家令之言而尊太公,荀悦以为孝莫大于严父,而以子贵加之父母,家令之言过矣。爰逮孝章,不上贾贵人以尊号,而厚其金宝币帛,非子道之不至也,盖至典不可逾也。当春秋时,庶子承国,其母得为夫人。不审直子命母邪,故当告于宗祧以先君之命命之邪?窃见诏书,当临轩拜授贵人为皇太妃。今称皇帝策命命贵人,斯则子爵母也。贵人北面拜受,斯则母臣子也。天尊地卑,名位定矣,母贵子贱,人伦序矣。虽欲加崇贵人,而实卑之;虽显明国典,而实废之。且人主举动,史必书之。如当载之方策,以示后世,无乃不顺乎!窃谓应告显宗之庙,称贵人仁淑之至,宜加殊礼,以酬鞠育之惠。奉先灵之命,事不在己。妃后虽是配君之名,然自后以下有夫人九嫔,无称妃焉。

桓公谓宜进号太夫人，非不允也。如以夫人为少，可言皇太夫人。皇，君也，君太夫人于名礼顺矣。"帝特下诏拜皇太妃。三月丙辰，使兼太保王恬授玺绶仪服，一如太后。又诏曰："朝臣不为太妃敬，为合礼不？"太常江逌议："位号不极，不应尽敬。"

孝武追崇会稽郑太妃为简文太后，诏问"当开墓不"。王珣答："据三祖追赠及中宗敬后，并不开墓位，更为茔域制度耳。"

褚太后临朝时，议褚衰进见之典。蔡谟、王彪之并以："虞舜、汉高祖犹执子道，况后乎！王者父无拜礼。"尚书八座议以为："纯衍则王道缺，纯臣则孝道亏。谓公庭如臣，私觐则严父为允。"

汉魏故事，皇太子称臣。新礼以太子既以子为名，而又称臣，臣子兼称，于义不通，除太子称臣之制。挚虞以为："《孝经》'资于事父以事君'，义兼臣子，则不嫌称臣，宜定新礼皇太子称臣如旧。"诏从之。

太宁三年三月戊辰，明帝立皇子衍为皇太子。癸巳，诏曰："礼无生而贵者，故帝元子方之于士。而汉魏以来，尊崇储贰，使官属称臣，朝臣咸拜，此甚无谓。吾昔在东宫，未及启革。今衍幼冲之年，便臣先达，将令日习所见，谓之自然，此岂可以教之邪！主者其下公卿内外通议，使必允礼中。"尚书令卞壸议以为："《周礼》王后太子不会，明礼同于君，皆所以重储贰，异正嫡。苟奉之如君，不得不拜矣。太子若存谦冲，故宜答拜。臣以为皇太子之立，郊告天地，正位储宫，岂得同之皇子揖让而已。谓宜稽则汉魏，阖朝同拜。"从之。

太元中，尚书符问王公已下见皇太子仪及所衣服。侍中领国子博士车胤议："朝议宜朱衣襥幘，拜敬，太子答拜。案经传不见其文，故太傅羊祜笺庆太子，称叩头死罪，此则拜之证也。又太宁三年诏议其典，尚书卞壸谓宜稽则汉魏，阖朝同拜。其朱衣冠冕，惟施之天朝，宜襥幘而已。"朝议多同。

太元十二年，议二王后与太子先后。博士庾弘之及尚书参议，并以为："陈留，国之上宾。皇太子虽国之储贰，犹在臣位，陈留王坐应在太子上。"陈留王劼表称疾病积年，求放罢，诏礼官博士议之。博士曹耽云："劼为祭主而无执祭之期，宜与穆子、孟挚同品。"王彪之云："二王之后，不宜轻致废立。记传未见有已为君而疾病退罢者，当知古无此礼。孟絷、穆子是方应为君，非陈留之比。"

咸康四年，成帝临轩，遣使拜太傅、太尉、司空。《仪注》，太乐宿悬于殿庭。门下奏，非祭祀宴飨，则无设乐之制。太常蔡谟议曰："凡敬其事则备其礼，礼备则制有乐。乐者，所以敬事而明义，非为耳目之娱，故冠亦用之，不惟宴飨。宴飨之有乐，亦所以敬宾来。故却至使楚，楚子飨之，郤至辞曰：'不忘先君之好，贶之以大礼，重之以备乐。'寻斯辞也，则宴乐之意可知矣。公侯大臣，人君所重，故御坐为起，在舆下之，言称伯舅。《传》曰'国卿，君之贰也'，是以命使之日，御亲临轩，百僚陪列，此即敬事之意也。古者，天王飨下国之使，及命将帅，遣使臣，皆有乐。故《诗序》曰：'皇皇者华，君遣使臣也。'

又曰：'《采薇》以遣之，《出车》以劳还，《杕杜》以勤归。'皆作乐而歌之。今命大使，拜辅相，比于下国之臣，轻重殊矣。轻诚有之，重亦宜然。故谓临轩遣使，宜有金石之乐。"议奏从焉。

汉魏故事，王公群妾见于夫人，夫人不答拜。新礼以为礼无不答，更制妃公侯夫人答妾拜。挚虞以为："礼，妾事女君如妇之事姑，妾服女君期，女君不报，则敬与妇同而又加贱也。名位不同，本无酬报。礼无不答，义不谓此。先圣殊嫡庶之别，以绝陵替之渐。峻明其防，犹有僭违。宜定新礼，自如其旧。"诏可其议。

五礼之别，其四曰军，所以和外宁内，保大定功者也。但兵者凶事，故因搜狩而习之。

汉仪，立秋之日，自郊礼毕，始扬威武，斩牲于东门，以荐陵庙。其仪，乘舆御戎路，白马朱鬣，躬执弩射牲，牲以鹿麛。太宰令谒者各一人载以获车，驰送陵庙。还宫，遣使者赍束帛以赐武官。武官肄兵，习战阵之仪。斩牲之礼，名曰貙刘。兵官皆肄孙吴兵法六十四阵。既还，公卿已下陈雒阳前街，乘舆到，公卿已下拜，天子下车，公卿亲识颜色，然后还宫。古语曰在车下车，则惟此时施行。汉世率以为常。至献帝建安二十一年，魏国有司奏："古四时讲武，皆于农隙。汉西京承秦制，三时不讲，惟十月都讲。今金革未偃，士众素习，可无四时讲武。但立秋择吉日大朝车骑，号曰阅兵，上合礼名，下承汉制。"奏可。是冬，阅兵，魏王亲执金鼓以令进退。延康元年，魏文帝为魏王。是年六月立秋，阅兵于东郊，公卿相仪，王御华盖，亲令金鼓之节。魏明帝太和元年十月，又阅兵。

武帝泰始四年九月，咸宁元年，太康四年，六年冬，皆自临宣武观，大阅众军，然不自令进退也。自惠帝以后，其礼遂废。元帝太兴四年，诏左右卫及诸营教习，依大习仪作雁羽仗。成帝咸和中，诏内外诸军戏兵于南郊之场，故其地因名斗场。自后藩镇桓、庾诸方伯往往阅习，然朝廷无事焉。

汉魏故事，遣将出征，符节郎授节钺于朝堂。其后荀顗等所定新礼，遣将，御临轩，尚书受节钺，依古兵书跪而推毂之义也。

五礼之别，其五曰嘉，宴飨冠婚之道于是乎备。周末崩离，宾射宴飨之则罕复能行，冠婚饮食之法又多迁变。《周礼》虽有服冕之数，而无天子冠文。又《仪礼》云，公侯之有冠礼，夏之末造也。王、郑皆以为夏末上下相乱，篡弑由生，故作公侯冠礼，则明无天子冠礼之审也。大夫又无冠礼，古者五十而后爵，何大夫冠礼之有。周人年五十而有贤才，则试以大夫之事，犹行士礼也。故筮日筮宾，冠于阼以著代，醮于客位，三加弥尊，皆士礼耳。

然汉代以来，天子诸侯颇采此仪。正月甲子若丙子为吉日，可加元服，仪从冠礼是也。汉顺帝冠，又兼用曹褒新礼，乘舆初加缁布进贤，次爵弁、武弁，次通天，皆于高庙，以礼谒见世祖庙。王公已下，初加进贤而已。案此文，始冠缁布，从古制也，冠于宗庙是也。

魏天子冠一加。其说曰："士礼三加，加有成也。至于天子诸侯无加数之文者，将以践阼临下，尊极德备，岂得与士同也。魏氏太子再加,皇子王公世子乃三加。孙毓以为一加再加,皆非也。

《礼》醮辞曰:"令月吉日,以岁之正,以月之令。"案鲁襄公冠以冬,汉惠帝冠以三月,明无定月。而后汉以来,帝加元服咸以正月。及咸宁二年秋闰九月,遣使冠汝南王柬,此则非必岁首。

礼冠于庙,然武、惠冠太子,太子皆即庙见,斯亦拟在庙之仪也。穆帝、孝武将冠,皆先以币告庙,讫又庙见也。

惠帝之为太子,将冠,武帝临轩,使兼司徒高阳王珪加冠,兼光禄大夫屯骑校尉华廙赞冠。

江左诸帝将冠,金石宿设,百僚陪位。又豫于殿上铺大床,御府令奉冕、帻、簪导、衮服以授侍中常侍,太尉加帻,太保加冕。将加冕,太尉跪读祝文曰:"令月吉日,始加元服。皇帝穆穆,思弘衮职。钦若昊天,六合是式。率遵祖考,永永无极。眉寿惟祺,介兹景福。"加冕讫,侍中系玄统,侍中脱帝绛纱服,加衮服冕冠。事毕,太保率群臣奉觞上寿,王公以下三称万岁乃退。案《仪注》,一加帻冕而已。

泰始十年,南宫王承年十五,依旧应冠。有司议奏:"礼,十五成童,国君十五而生子,以明可冠之宜。又汉魏遣使冠诸王,非古典。"于是制诸王十五而冠,不复加使命。

王彪之云,《礼》、《传》冠皆在庙。案成帝既加元服,车驾出拜于太庙,以告成也。盖亦犹拟在庙之仪。

魏齐王正始四年,立皇后甄氏,其仪不存。

武帝咸宁二年,临轩,遣太尉贾充策立皇后杨氏,纳悼后也。因大赦,赐王公以下各有差,百僚上礼。

太康八年,有司奏:"婚礼纳征,大婚用玄纁束帛,加珪,马二驷。王侯玄纁束帛,加璧,乘马。大夫用玄纁束帛,加羊。古者以皮马为庭实,天子加以谷珪,诸侯加大璋,可依周礼改璧用璋,其羊雁酒米玄纁如故。诸侯婚礼,加纳采、告期、亲迎各帛五匹,及纳征马四匹,皆令夫家自备。惟璋,官为具致之。"尚书朱整议:"案魏氏故事,王娶妃、公主嫁之礼,天子诸侯以皮马为庭实,天子加以谷珪,诸侯加以大璋。汉高后制聘,后黄金二百斤,马十二匹。夫人金五十斤,马四匹。魏氏王娶妃、公主嫁之礼,用绢百九十匹。晋兴,故事用绢三百匹。"诏曰:"公主嫁由夫氏,不宜皆为备物,赐钱使足而已。惟给璋,余如故事。"

成帝咸康二年,临轩,遣使持节、兼太保、领军将军诸葛恢,兼太尉、护军将军孔愉,六礼备物,拜皇后杜氏。即日入宫,帝御太极殿,群臣毕贺。贺,非礼也。王者婚礼,礼无其制。《春秋》"祭公逆王后于纪",《谷梁》、《左氏传》说与《公羊》又不同。而自汉魏遗事,并皆阙略。武、惠纳后,江左又无复《仪注》。故成帝将纳杜后,太常华恒始与博士参定其仪。据杜预《左氏传》说,主婚是供其婚礼之币而已。又,周灵王求婚于齐,齐侯问于晏桓子,桓子对曰:"夫妇所生若人,姑姊妹则称先守某公之遗女若人。"此则天子之命自得下达,臣下之答径自上通。先儒以为丘明详录其事,盖为王者婚娶之礼也。故成帝临轩,遣使称制拜后,然其《仪注》又不具存。

康帝建元元年,纳皇后褚氏,而《仪注》陛者不设兖头。殿中御史奏:"今迎皇后,依成恭皇后入宫御物,而《仪注》至尊衮冕升殿,兖头不设,求量处。又案,昔迎恭皇后,惟作青龙旗,其余皆即御物。今当临轩遣使,而立五牛旗,兖头罩甲并出即用,故致今阙。"诏曰:"所以正法服、升太极者,以敬其始,故备其礼也。今云何更阙所重而撤法服邪!又恭后神主入庙,先帝诏后礼宜降,不宜建五牛旗,而今犹复设之邪!既不设五牛旗,则兖头罩甲之物易具也。"又诏曰:"旧制既难准,且于今而备,亦非宜。府库之储,惟当以供军国之费耳。法服仪饰粗令举,其余兼副杂器停之。"

穆帝升平元年,将纳皇后何氏。太常王彪之大引经传及诸故事以定其礼,深非《公羊》婚礼不称主人之义。又曰:'王者之于四海,无不臣妾,虽复父兄之亲,师友之贤,皆纯臣也。夫崇三纲之始,以定乾坤之仪,安有天父之尊,而称臣下之命以纳伉俪。安有臣下之卑,而称天父之名以行大礼。远寻古礼,无王者此制;近求史籍,无王者此比。于情不安,于义不通。案咸宁二年,纳悼皇后时,弘训太后母临天下,而无命戚属之臣为武皇父兄主婚之文。又考大晋已行之事,咸宁故事不称父兄师友,则咸康华恒所上礼合于旧。臣愚谓今纳后仪制。宜一依咸康故事。"于是从之。华恒所定之礼,依汉旧及晋已行之制,故彪之多从咸康,由此也。惟以婆妇之家三日不举乐,而咸康群臣贺,为失礼。故但依咸宁上礼,不复贺。其告庙六礼版文等仪,皆彪之所定也。其纳采版文玺书曰:"皇帝咨前太尉参军何琦。浑元资始,肇经人伦,爰及夫妇,以奉天地宗庙社稷。谋于公卿,咸以宜率由旧典。今使使持节太常彪之、宗正综以礼纳采。"主人曰:"皇帝嘉命,访婚陋族,备数采择。臣从祖弟故散骑侍郎准之遗女,未闲教训,衣履若如人。钦承旧章,肃奉典制。前太尉参军、都乡侯粪土臣何琦稽首顿首,再拜承诏。"次问名版文曰:"皇帝曰:咨某官某姓。两仪配合,承天统物,正位乎内,必俟令族,重申旧典。今使使持节、太常某,宗正某,以礼问名。"主人曰:"皇帝嘉命,使者某到,重宣中诏,问臣名族。臣族女父母所生,先臣故光禄大夫、雩娄侯祯之遗玄孙,先臣故豫州刺史、关中侯恽之曾孙,先臣故安丰太守、关中侯睿之孙,先臣故散骑侍郎准之遗女。外出自先臣故尚书左丞孔冑之外曾孙,先臣故侍中、关内侯夷之外孙女,年十七。钦承旧章,肃奉典制。"次纳吉版文曰:"皇帝曰:咨某官某姓。人谋龟从,佥曰贞吉,敬从典礼。今使使持节、太常某,宗正某以礼纳吉。"主人曰:"皇帝嘉命,使者某重宣中诏,太卜元吉。臣陋族卑鄙,忧惧不堪。钦承旧章,肃奉典制。"次纳徵版文曰:"皇帝曰:咨某官某姓之女,有母仪之德,窈窕之姿,如山如河,宜奉宗庙,永承天祚。以玄纁皮帛,马羊钱璧,以章典祀。今使使侍节、司徒某,太常某,以礼纳征。"主人曰:"皇帝嘉命,降婚卑陋,崇以上公,宠以典礼,备物典策。钦承旧章,肃奉典制。"次请期版文曰:"皇帝曰:咨某官某姓。

谋于公卿，泰筮元龟，罔有不臧，率遵典礼。今使使持节、太常某，宗正某，以礼请期。"主人曰："皇帝嘉命，使者某重宣中诏，吉日惟某可迎。臣钦承旧章，肃奉典制。"次亲迎版文曰："皇帝曰：咨某官某姓。岁吉月令，吉日惟某，率礼以迎。今使使持节、太保某，太尉某，以礼迎。"主人曰："皇帝嘉命，使者某重宣中诏，今月吉辰，备礼以迎。上公宗卿兼至，副介近臣百两。臣蝼蚁之族，猥承大礼，忧惧战悸。钦承旧章，肃奉典制。"某稽首承诏，皆如初答。

孝武纳王皇后，其礼亦如之。其纳采、问名、纳吉、请期、亲迎，皆用白雁、白羊各一头，酒米各十二斛。惟纳征羊一头，玄纁用帛三匹，绛二匹，绢二百匹，兽皮二枚，钱二百万，玉璧一枚，马六匹，酒米各十二斛。郑玄所谓五雁六礼也。其珪马之制，备物之数，校太康所奏又有不同云。

古者婚冠皆有醮，郑氏醮文三首具存。

升平八年，台符问"迎皇后大驾应作鼓吹不"。博士胡讷议："临轩《仪注》阙，无施安鼓吹处所，又无举麾鸣钟之条。"太常王彪之以为："婚礼不乐。鼓吹亦乐之总名。《仪注》所以无者，依婚礼。今宜备设而不作。"时用此议。

永和二年纳后，议贺不。王述云："婚是嘉礼。《春秋传》曰：'娶者大吉，非常吉。'又《传》曰：'郑子罕如晋，贺夫人。'邻国犹相贺，况臣下邪！如此，便应贺，但不在三日内耳。今因庙见成礼而贺，亦是一节也。"王彪之议云："婚礼不乐不贺，《礼》之明文。《传》称子罕如晋贺夫人，既无《经》文，又《传》不云礼也。《礼》，取妇三日不举乐，明三日之后自当乐。至于无三日之断，恐三日之后故无应贺之礼。"又云："《礼记》所以言贺取妻者，是因就酒食而有庆语。愚谓无直相贺之体，而有礼既共庆之义，今世所共行。"于时竟不贺。

穆帝纳后欲用九月，九月是忌月。范汪问王彪之，答云："礼无忌月，不敢以所不见，便谓无之。"博士曹耽、荀讷等并谓无忌月之文，不应有妨。王洽曰："若有忌月，当复有忌岁。"

太元十二年，台符问"皇太子既拜庙，朝臣奉贺，应上礼与不？国子博士车胤云："百辟卿士，咸预盛礼，展敬拜伏，不须复上礼。惟方伯牧守，不睹大礼，自非酒牢贡羞，无以表其乃诚，故宜有上礼。犹如元正大庆，方伯莫不上礼，朝臣奉璧而已。"太学博士庾弘之议："案咸宁三年始平、濮阳诸王新拜，有司奏依故事，听京城近臣诸王公主应朝贺者复上礼。今皇太子国之储副，既已崇建，普天同庆。谓应上礼奉贺。"徐邈同。又引一有元良，庆在于此。封诸王及新宫上礼，既有前事，亦皆已瞻仰致敬，而又奉觞上寿，应亦无疑也。

江左以来，太子婚，纳征礼用玉璧一，兽皮二，未详何所准况。或者兽取其威猛有斑彩，玉以象德而有温润。寻珪璋亦玉之美者，豹皮采蔚以誉君子。王肃纳征辞云："玄纁束帛，俪皮雁羊。"前汉聘后，黄金二百斤，马十二匹，亦无用羊之旨。郑氏《婚物赞》曰"羊者祥也"，然则婚之有羊，自汉末始也。王者六礼，尚未用焉。是故太康中有司奏："太子婚，纳征用玄纁束帛，加羊马二驷。"

武帝泰始十年，将聘拜三夫人、九嫔。有司奏："礼，皇后聘以谷珪，无妾媵礼赘之制。"诏曰："拜授可依魏氏故事。"于是临轩，使使持节兼太常拜三夫人，兼御史中丞拜九嫔。

汉魏之礼云，公主居第，尚公主者来第成婚。司空王朗以为不可，其后乃革。太元中，公主纳征以兽豹皮各一具礼，岂谓婚礼不辨王公之序，故取兽豹以尊崇其事乎！

《礼》有三王养老胶庠之文，飨射饮酒之制，周末沦废。汉明帝永平二年三月，帝始率群臣躬养三老五更于辟雍，行大射之礼。郡国县道行乡饮酒于学校，皆祠先圣先师周公孔子，牲以太牢。孟冬亦如之。及魏高贵乡公甘露二年，天子亲帅群司行养老之礼。于是王祥为三老，郑小同为五更。其《仪注》不存，然汉礼犹在。

武帝泰始六年十二月，帝临辟雍，行乡饮酒之礼。诏曰："礼仪之废久矣，乃今复讲肄旧典。"赐太常绢百匹，丞、博士及学生牛酒。咸宁三年，惠帝元康九年，复行其礼。

魏正始中，齐王每讲经遍，辄使太常释奠先圣先师于辟雍，弗躬亲。及惠帝明帝之为太子，及愍怀太子讲经竟，并亲释奠于太学，太子进爵于先师，中庶子进爵于颜回。成、穆、孝武三帝，亦皆亲释奠。孝武时，以太学在水南悬远，有司议依升平元年，于中堂权立行太学。于时无复国子生，有司奏："应须复二学生百二十人。太学生取见人六十，国子生权铨大臣子孙六十人，事讫罢。"奏可。释奠礼毕，会百官六品以上。

汉仪，季春上巳，官及百姓皆禊于东流水上，洗濯祓除去宿垢。而自魏以后，但用三日，不以上巳也。晋中朝公卿以下至于庶人，皆禊洛水之侧。赵王伦篡位，三日会天泉池，诛张林。怀帝亦会天泉池，赋诗。陆机云："天泉池南石沟引御沟水，池西积石为禊堂。"本水流杯饮酒，亦不言曲水。元帝又诏罢三日弄具。海西于钟山立流杯曲水，延百僚，皆其事也。九月九日，马射。或说云"秋，金之节，讲武习射，象立秋之礼也"。

卷二十二　　　　志第十二

乐　上

夫性灵之表，不知所以发于咏歌；感动之端，不知所以关于手足。生于心者谓之道，成于形者谓之用。譬诸天地，其犹影响，百兽率舞，而况于人乎！美其和平而哀其丧乱，以兹援律，乃播其声焉。

农瑟羲琴，倕钟和磬，达灵成性，象物昭功，由此言之，其来自远。殷氏不纲，遗风余孽，淫奏既兴，雅章奔散，《英》《茎》之制，盖已微矣。孔子曰："人能弘道，非道弘人。"周始二《南》,《风》兼六代。昔黄帝作《云门》,尧作《咸池》,舜作《大韶》,禹作《大夏》,殷作《大濩》,周作《大武》,所谓因前王之礼,设俯仰之容,和顺积中,英华发外。《书》称命夔典乐,教胄子,则《周官》所谓奏大吕,歌黄钟。天贶来下,人祇动色,抑扬周监,以弘雅音。及褒艳兴灾,平王逢乱,礼废亲疏,乐沈河海。是以延陵季子闻歌《小雅》曰:"其周德之衰乎!犹有先王之遗风焉。"而列壤称孤,各兴吟咏。魏文侯聆古乐而恐卧,晋平公听新声而忘食,先王之道,渐以陵夷。八方殊风,九州异则。秦氏并吞,遂专刑宪,至于弦歌《诗》《颂》,干戚旄羽,投诸烟火,扫地无遗。

汉祖提剑寰中,削平天下,文匪躬于德化,武有心于制作。太后摈儒家之道,大臣排贾氏之言,搢绅先生所以长叹,而子政、仲舒犹不能已也。炎汉中兴,明皇帝即位,表圭景而陈《清庙》,树槐阴而疏壁流;祀光武于明堂,以配上帝;召桓荣于太学,袒而割牲;济济焉,皇皇焉,有足观者。自斯厥后,礼乐弥690。永平三年,官之司乐,改名大予,式扬典礼,旁求图谶,道邻《雅》《颂》,事迹中和。其有五方之乐者,则所谓"大乐九变,天神可得而礼"也。其有宗庙之乐者,则所谓"肃雍和鸣,先祖是听"者也。其有社稷之乐者,则所谓"琴瑟击鼓,以迓田祖"者也。其有辟雍之乐者,则所谓"移风易俗,莫善于乐"者也。其有黄门之乐者,则所谓"宴乐群臣,蹲蹲舞我"者也。其有短箫之乐者,则所谓"王师大捷,令军中凯歌"者也。

魏武挟天子而令诸侯,思一戎而匡九服,时逢吞灭,宪章咸荡。及削平刘表,始获杜夔,扬鼙总干,式遵前记。三祖纷纶,咸工篇什,声歌虽有损益,爱玩在乎篇章。是以王粲等各造新诗,抽其藻思,吟咏神灵,赞扬来飨。

武皇帝采汉魏之遗范,览景文之垂则,鼎萧唯新,前音不改。泰始九年,光禄大夫荀勖始作古尺,以调声韵,仍以张华等所制高文,陈诸下管。永嘉之乱,伶官既减,曲台宣榭,咸变污莱。虽复《象舞》歌工,自胡归晋,至于孤竹之管,云和之瑟,空桑之琴,泗滨之磬,其能备者,百不一焉。夫人受天地之灵,蕴菁华之气,刚柔递用,哀乐分情。经春阳而自喜,遇秋雕而不悦。游乎金石之端,出乎管弦之外,因物迁逝,乘流不反。是以楚王升轻轩于彭蠡,汉顺听鸣鸟于樊衢。圣人功成作乐,化平裁曲,乃扬节奏,以畅中和,饰其欢欣,止于哀思者也。

凡乐之道,五声、八音、六律、十二管,为之纲纪云。

五声:宫为君,宫之为言中也。中和之道,无往而不理焉。商为臣,商之为言强也,谓金性之坚强也。角为民,角之为言触也,谓象诸阳气触物而生也。徵为事,徵之为言止也,言物盛则止也。羽为物,羽之为言舒也,言阳气将复,万物孳育而舒生也。古人有言曰:"礼乐不可斯须去身。"化上迁善,有如不及。是以闻其宫声,使人温良而宽大;闻其商声,使人方廉而好义;闻其角声,使人恻隐而仁爱;闻其徵声,使人乐养而好施;闻其羽声,使人恭俭而好礼。

八音,八方之风也。乾之音石,其风不周。坎之音革,其风广莫。艮之音匏,其风融。震之音竹,其风明庶。巽之音木,其风清明。离之音丝,其风景。坤之音土,其风凉。兑之音金,其风阊阖。

阳六为律,谓黄钟、太蔟、姑洗、蕤宾、夷则、无射;阴六为吕,谓大吕、应钟、南吕、林钟、仲吕、夹钟;凡有十二,以配十二辰焉。律之为言法也,言阳气施生各有法也;吕之为言助也,所以助成阳功也。

正月之辰谓之寅,寅者津也,谓生物之津涂也。二月之辰名为卯,卯者茂也,言阳气生而孳茂也。三月之辰名为辰,辰者震也,谓时物尽震动而长也。四月之辰谓为巳,巳者起也,物至此时毕尽而起也。五月之辰谓之为午,午者长也,大也,言物皆长大也。六月之辰谓之未,未者味也,言时万物向成,有滋味也。七月之辰谓为申,申者身也,言时万物身体皆成就也。八月之辰谓之酉,酉者缩也,谓时物皆缩缩也。九月之辰谓为戌,戌者灭也,谓时物皆衰灭也。十月之辰谓为亥,亥者劾也,言时阴气劾杀万物也。十一月之辰谓为子,子者孳也,谓阳气至此更孳生也。十二月之辰谓为丑,丑者纽也,言终始之际,以纽结为名也。

十一月之管谓之黄钟,黄者,阴阳之中色也。天有六气,地有五才,而天地数毕焉。或曰,冬至德气为土,土色黄,故曰黄钟。正月之管谓为太蔟,蔟者蔟也,谓万物随于阳气太蔟而生也。三月之管名为姑洗,姑洗者:姑,枯也;洗,濯也,谓物生新洁,洗除其枯,改柯易叶也。五月之管名为蕤宾,葳蕤,垂下貌也;宾,敬也,谓时阳气下降,阴气始起,相宾敬也。七月之管名为夷则,夷,平也;则,法也,谓万物将成,平均皆有法则也。九月之管名为无射,射者出也,言时阳气上升,万物收藏无复出也。十二月之管名为大吕,吕者助也,谓阳气方之,阴气助而成功也。十月之管名为应钟,应者和也,谓岁功皆成,应和阳功,收而聚之也。八月之管名为南吕,南者任也,谓时物皆秀,有怀任之象也。六月之管名为林钟,林者茂也,谓时物茂盛于野也。四月之管名为仲吕者,吕,助也,谓阳气盛长,阴助成功也。二月之管名为夹钟者,夹,佐也,谓时物尚未尽出,阴德佐阳而出物也。

汉自东京大乱,绝无金石之乐,乐章亡缺,不可复知。及魏武平荆州,获汉雅乐郎河南杜夔,能识旧法,以为军谋祭酒,使创定雅乐。时又有散骑侍郎邓静、尹商善训雅乐,歌师尹胡能歌宗庙郊祀之曲,舞师冯肃、服养晓知先代诸舞,夔悉总领之。远详经籍,近采故事,考会古乐,始设轩悬钟磬。而黄初中柴玉、左延年之徒,复以新声被宠,改其声韵。

及武帝受命之初,百度草创。泰始二年,诏郊祀明堂礼乐权用魏仪,遵周室肇称殷礼之义,但改乐章而已,使傅玄为之词云。

祀天地五郊夕牲歌

天命有晋,穆穆明明。我其夙夜,祇事上灵。常于时假,迄用其成。于荐玄牡,进夕其牲。崇德作乐,神祇是听。

祀天地五郊迎送神歌

宣文蒸哉,日靖四方。永言保之,夙夜匪康。光天之命，上帝是皇。嘉乐殷荐，灵祚景祥。神祇降假，享福无疆。

飨天地五郊歌

天祚有晋，其命惟新。受终于魏，奄有黎民。燕及皇天，怀和百神。丕显遗烈，之德之纯。享其玄牡，式用肇禋。神祇来格，福禄是臻。

时迈其犹，昊天子之。祐享有晋，肇庶戴之。畏天之威，敬授人时。丕显丕承，于犹绎思。皇极斯建，庶绩咸熙。庶几夙夜，惟晋之祺。

宣文惟后，克配彼天。抚宁四海，保予康年。于乎缉熙，肆用靖民。爰立典制，爰修礼纪。作民之极，莫匪资始。克昌厥后，永言保之。

天地郊明堂夕牲歌

皇矣有晋，时迈其德。受终于天，光济万国。万国既光，神定厥祥。虔于郊祀，祇事上皇。祇事上皇，百福是臻。巍巍祖考，克配彼天。嘉牲匪歆，德馨惟飨。受天之祐，神化四方。

天地郊明堂降神歌

于赫大晋，应天景祚。二帝迈德，宣此重光。我皇受命，奄有万方。郊祀配享，礼乐孔章。神祇嘉享，祖考是皇。克昌厥后，保祚无疆。

天郊飨神歌

整泰坛，礼皇神。精气感，百灵宾。蕴朱火，缭芳薪。紫烟游，冠青云。神之体，靡象形。旷无方，幽以清。神之来，光景昭。听无闻，视无兆。神之至，举欣欣。灵爽协，动余心。神之坐，同欢娱。泽云翔，化风舒。嘉乐奏，文中声。八音谐，神是听。咸契齐，并芬芳。烹牷牲，享玉觞。神悦飨，歆禋祀。祐大晋，降繁祉。作京邑，广四海。保天年，穷地纪。

地郊飨神歌

整泰折，崇皇祇。众神感，群灵仪。阴祀设，吉礼施。夜将极，时未移。祇之体，无形象。潜泰幽，洞忽荒。祇之出，菱若有。灵远处，天下母。祇之来，遗光景。昭若存，终冥冥。祇之至，举欣欣。舞象德，歌成文。祇既坐，同欢豫。泽雨施，化云布。乐八变，声教敷。物咸亨，祇是娱。齐既洁，侍者肃。玉觞进，咸穆穆。飨嘉荐，歆德馨。祚有晋，暨群生。溢九壤，格天庭。保万寿，延亿龄。

明堂飨神歌

经始明堂，享祀匪懈。于皇烈考，光配上帝。赫赫上帝，既高既崇。圣考是配，明德显融。率土敬职，万方来祭。常于时假，保祚永世。

祠庙夕牲歌

我夕我牲，猗欤敬止。嘉荐孔时，供兹享祀。神鉴厥诚，博硕斯歆。祖考降飨，以虞孝孙之心。

祠庙迎送神歌

鸣呼悠哉，日监在兹。以时享祀，神明降之。神明斯降，既祐飨之。祚我无疆，受天之祐。赫赫太上，巍巍圣祖。明明烈考，丕承继序。

祠征西将军登歌

经始宗庙，神明庆止。申锡无疆，祇承享祀。假哉皇祖，绥予孙子。燕及后昆，锡兹繁祉。

祠豫章府君登歌

嘉乐肆筵，荐祀在堂。皇皇宗庙，乃祖乃皇。济济辟公，相予蒸尝。享祀不忒，降福穰穰。

祠颍川府君登歌

于邈先后，实司于天。显矣皇祖，帝祉肇臻。本枝克昌，资始开元。惠我无疆，享祚永年。

祠京兆府君登歌

于惟曾皇，显显令德。商明清亮，匪竞柔克，保乂命祐，基命惟则。笃生圣祖，光济四国。

祠宣皇帝登歌

于铄皇祖，圣德钦明。勤施四方，夙夜敬止。载敷文教，载扬武烈。匡définir社稷，龚行天罚。经始大业，造创帝基。畏天之命，于时保之。

祠景皇帝登歌

执竞景皇，克明克哲。旁作穆穆，惟祇惟畏。纂宣之绪，耆定厥功。登此隽乂，纠彼群凶。业业在位，帝既勤止。惟天之命，于穆之已。

祠文皇帝登歌

于皇时晋，允文文皇，聪明睿智，圣敬神武。万机莫综，皇斯清之。蛇豕放命，皇斯平之。柔远能迩，简授英贤。创业垂统，励格皇天。

祠庙飨神歌二篇

曰晋是常，享祀时序。宗庙致敬，礼乐具举。惟其来祭，普天率土。牺樽既莫，清酤既载。亦有和羹，荐羞斯备。蒸蒸永慕，感时兴思。登歌奏舞，神乐其和。祖考来格，祐我邦家。溥天之下，罔不休嘉。

肃肃在位，济济臣工。四海来格，神仪有容。钟鼓振，管弦理，舞开元，歌永始，神胥乐兮！肃肃在位，臣工济济。小大咸敬，上下有礼。理管弦，振鼓钟，舞象德，歌咏功，神胥乐兮！肃肃在位，有来雍雍。穆穆天子，相维辟公。礼有仪，乐有则，舞象功，歌咏德，神胥乐兮！

杜夔传旧雅乐四曲，一曰《鹿鸣》，二曰《驺虞》，三曰《伐檀》，四曰《文王》，皆古声辞。及太和中，左延年改夔《驺虞》、《伐檀》、《文王》三曲，更自作声节，其名虽存，而声实异。唯因夔《鹿鸣》，全不改易。每正旦大会，太尉奉璧，群后行礼，东厢雅乐常作者是也。后又改三篇之行礼诗。第一曰《于赫篇》，咏武帝，声节与古《鹿鸣》同。第二曰《巍巍篇》，咏文帝，用延年所改《驺虞》声。第三曰《洋洋篇》，咏明帝，用延年所改《文王》声。第四曰复用《鹿鸣》。《鹿鸣》之声重用，而除古《伐檀》。及晋初，食举亦用《鹿鸣》。至泰始五年，尚书奏，使太仆傅玄、中书监荀勖、黄门侍郎张华各造正旦行礼及王公上寿酒、食举乐歌诗。荀勖云：'魏氏行礼、食举，再取周诗《鹿鸣》以为乐章。又《鹿鸣》以宴嘉宾，无取于朝，考之旧闻，未知所应。"勖乃除《鹿鸣》旧歌更作行礼诗四篇，先陈三朝朝宗之义。又为正旦大会、王公上寿歌诗并食举乐歌诗，合十三篇。又以魏氏歌诗或二言，或三言，或四言，或五言，与古诗不类，以问司律中郎将陈颀。颀曰："被之金石，未必皆当。"故勖造晋歌，皆为四言，唯王公上寿酒一篇为三言五言焉。张华以为"魏上寿、食举诗及汉氏所施用，其文句长短不齐，未皆合古。盖以依咏弦节，本有因循，而识乐知音，足以制声度曲，法用率非凡近之所能改。二代三京，袭而不变，虽诗章辞异，兴废随时，至其韵逗留曲折，皆系于旧，有由然也。是以一皆因就，不敢有所改易。"此则华、勖所明异旨也。时诏又使中书侍郎成公绥亦作焉。今并采列之云。

四厢乐歌
正旦大会行礼歌成公绥

穆穆天子，光临万国。多士盈朝，莫匪俊德。流化罔极，王猷允塞。嘉会置酒，嘉宾充庭。羽旄曜宸极，钟鼓振泰清。百辟朝三朝，彧彧明仪形。济济锵锵，金声玉振。

礼乐具，宴嘉宾。眉寿祚圣皇，景福惟日新。群后戾止，有来雍雍。献酬纳贽，崇此礼容。丰羞万俎，旨酒千钟。嘉乐尽宴乐，福禄咸攸同。

乐哉！天下安宁。道化行，风俗清。箫《韶》作，咏九成。年丰穰，世泰平。至治哉，乐无穷。元首聪明，股肱忠。澍丰泽，扬清风。

嘉瑞出，灵应彰。麒麟见，凤皇翔。醴泉涌，流中唐。嘉禾生，穗盈箱。降繁祉，祚圣皇。承天位，统万国。受命应期，授圣德，四世重光。宣开洪业，景克昌，文钦明，德弥彰。肇启晋邦，流祚无疆。

泰始建元，凤皇龙兴。龙兴伊何，享祚万乘。奄有八荒，化育黎蒸。图书既焕，金石有徵。德光大，道熙隆。被四表，格皇穹。奕奕万嗣，明明显融，高朗令终。保兹永祚，与天比崇。

圣皇君四海，顺人应天期。三叶合重光，泰始开洪基。明曜参日月，功化侔四时。宇宙清且泰，黎庶咸雍熙，善哉雍熙！

惟天降命，翼仁祐圣。于穆三皇，载德弥盛。总齐璇玑，光统七政。百揆时序，化若神圣。四海同风，兴至仁。济民育物，拟陶均。拟陶均，垂惠润。皇皇群贤，峨峨英隽。德化宣，芬芳播来胤。播来胤，垂后昆。清庙何穆穆，皇极辟四门。皇极辟四门，万机无不综。亹亹翼翼，乐不及荒，饥不遑食。大礼既行，乐无极。

登昆仑，上层城。乘飞龙，升泰清。冠日月，佩五星。扬虹霓，建彗旌。披庆云，荫繁荣。览八极，游天庭。顺天地，和阴阳。序四时，曜三光。张帝纲，正皇纲。播仁风，流惠康。迈洪化，振灵威。怀万方，纳九夷。朝闻阊，宴紫微。建五旗，罗钟簴。列四悬，奏《韶》《武》。铿金石，扬旌羽。纵八佾，《巴渝舞》。咏雅颂，和律吕。于胥乐，乐圣主。

化荡荡，清风泄。总英雄，御俊杰。开宇宙，扫四裔。光缉熙，美圣哲。超百代，扬休烈。流景祚，显万世。

皇皇显祖，翼世佐时。宁济六合，受命应期。神武鹰扬，大化咸熙。廊开皇衢，用成帝基。

光光景皇，无竞惟烈。匡时拯俗，休功盖世。宇宙既康，九域有截。天命降监，启祚明哲。

穆穆烈考，克明克隽。实天生德，诞应灵运。肇建帝业，开国有晋。载德奕世，垂庆洪胤。

明明圣帝，龙飞在天。与灵契翼，通德幽玄。仰化青云，俯育重川。受灵之祐，于万斯年。

正旦大会王公上寿酒歌荀勖

践元辰，延显融。献羽觞，祈令终。我皇寿而隆，我皇茂而嵩。本枝奋百世，休祚钟圣躬。

食举乐东西厢歌荀勖

煌煌七曜，重明交畅。我有嘉宾，是应是贶。邦政既图，接以大飨。人之好我，式遵德让。

宾之初筵，蔼蔼济济。既朝乃宴，以洽百礼。颂以位叙，或庭或陛。登俟台叟，亦有兄弟。胥子陪寮，宪兹度楷。观颐养正，降福孔偕。

昔我三后，大业是维。今我圣皇，焜焈前晖。奕世重规，明照九畿。思辑用光，时罔有违。陟禹之迹，莫不来威。天被显禄，福履是绥。

赫矣太祖，克广明德。廓开宇宙，正世立则。变化不经，民无瑕慝。创业垂统，兆我晋国。

烈文伯考，时维帝景。夷险平乱，威而不猛。御衡不迷，皇涂焕景。七德咸宣，其宁惟永。

猗欤盛欤！先皇圣文。则天作乎，大哉为君。慎徽五典，帝载是勤。文武发挥，茂建嘉勋。修己济治，民用宁殷。怀远烛幽，玄教氤氲。善世不伐，服事三分。德博化隆，道昌无垠。

隆化洋洋，帝命溥将。登我晋道，越惟圣王。龙飞革运，临泰八荒。睿哲钦明，配踪虞唐。封建厥福，骏发其祥。三朝习吉，终然允臧。其臧维何，总彼万方。元侯列辟，四岳藩王。时见世享，率兹有常。旅揖在庭，嘉客在堂。宋卫既臻，陈留山阳。有宾有使，观国之光。贡贤纳计，献璧奉璋。保祐命之，申锡无疆。

振鹭于飞，鸿渐其翼。京邑穆穆，四方是式。无竞维人，王纲允敕。君子来朝，言观其极。

亹亹大君，民之攸暨。信理天工，惠康不匮。将远不仁，训以醇粹。幽明有伦，俊乂在位。九族既睦，庶邦顺比。开元布宪，四海鳞萃。协时正统，殊涂同致。厚德载物，灵心隆贵。敷奏谠言，纳以无讳。树之典象，海之义类。上教如风，下应如卉。一人有庆，群萌以遂。我后宴喜，令问不坠。

既宴既喜，禽是万邦。礼仪卒度，物有其容。晰晰庭燎，喤喤鼓钟。笙磬咏德，万舞象功。八音克谐，俗易化从。其和如乐，庶品时邕。

时邕斌斌，六合同尘。往我祖宣，威静殊邻。首定荆楚，遂平燕秦。亹亹文皇，迈德流仁。爰造草昧，应乾顺民。灵瑞告符，休徵响震。天地弗违，以和神人。既禽庸蜀，吴会是宾。肃慎率职，楛矢来陈。韩沙进乐，宫微清钧。西旅献獒，扶南效珍。蛮裔重译，玄齿文身。我皇抚之，景命惟新。

愔愔嘉会，有闻无声。清酤既奠，笾豆既升。礼充乐备，箫《韶》九成。恺乐饮酒，醑而不盈。率土欢豫，邦国以宁。王猷允塞，万载无倾。

冬至初岁小会歌张华

日月不留，四气回周。节庆代序，万国同休。庶尹群后，奉寿升朝。我有寿礼，式宴百僚。繁肴绮错，旨酒泉淳。笙镛和奏，磬管谐声。上隆其爱，下尽其心。宜其壅滞，训之德音。乃宣乃训，配享交泰。永载仁风，长抚无外。

宴会歌张华

亹亹我皇，配天垂光。留精日昃，经览无方。听朝有暇，延命众臣。冠盖云集，樽俎星陈。肴蒸多品，八珍代变。羽爵无算，究乐极宴。歌者流声，舞者投袂。动容有节，丝竹并设。宜扬四体，繁手趣挚。欢足发和，酣不忘礼。好乐无荒，翼翼济济。

命将出征歌张华

重华隆帝道，戎蛮或不宾。徐夷兴有周，鬼方亦违殷。今在盛明世，寇虐动四垠。豺狼染牙爪，群生号穹旻。元帅统方夏，出车抚凉秦。众贞必以律，臧否实在人。威信加殊类，疏迩思自亲。单醪岂有味，挟纩感至仁。武功尚止戈，七德美安民。远迹由斯举，永世无风尘。

劳还师歌张华

狎狁背天德，构乱扰邦畿。戎车震朔野，群帅赞皇威。将士齐心旅，感义忘其私。积势如鞟弩，赴节如发机。器声动山谷，金光曜素晖。挥戈陵劲敌，武步蹈横尸。鲸鲵皆授首，北土永清夷。昔往冒隆暑，今来白雪霏。征夫信勤瘁，自古咏《采薇》。收荣于舍爵，燕喜在凯归。

中宫所歌张华

先王统大业，玄化渐八维。仪刑乎万邦，内训隆壸闱。皇英垂帝典，《大雅》咏三妃。执德宜隆教，正位理厥机。含章体柔顺，帅礼蹈谦祗。《螽斯》弘慈惠，《樛木》逮幽微。徽音穆清风，高义邈不追。遗荣参日月，百世仰余晖。

宗亲会歌张华

族燕明礼顺，啜食序亲亲。骨肉散不殊，昆弟岂他人。本枝笃同庆，《棠棣》著先民。于皇圣明后，天覆弘且仁。降礼崇亲戚，旁施协族姻。式宴尽酣娱，饮御备羞珍。和乐既宣洽，上下同欢欣。德教加四海，敦睦被无垠。

泰始九年，光禄大夫荀勖以杜夔所制律吕，校太乐、总章、鼓吹八音，与律吕乖错，乃制古尺，作新律吕，以调声韵。事具《律历志》。律成，遂班下太常，使太乐、总章、鼓吹、清商施用。勖遂典知乐事，启朝士解音律者共掌之。使郭夏、宋识等造《正德》、《大豫》二舞，其乐章亦张华之所作云。

正德舞歌张华

日皇上天，玄鉴惟光。神器周回，五德代章。祚命于晋，世有哲王。弘济区夏，陶甄万方。大明垂曜，旁烛无疆。蚩蚩庶类，风德永康。皇道惟清，礼乐斯经。金石在悬，万舞在庭。象容表庆，协律被声。轶《武》超《濩》，取节《六英》。同进退让，化渐无形。大和宣洽，通于幽冥。

大豫舞歌张华

惟天之命，符运有归。赫赫大晋，三后重晖。继明绍世，光抚九围。我皇绍期，遂在璇玑。群生属命，奄有庶邦。慎徽五典，玄教遐通。万方同轨，率土咸雍。爰制《大豫》，宣德舞功。醇化既穆，王道协隆。仁及草木，惠加昆虫。亿兆夷人，悦仰皇风。丕显大业，永世弥崇。

荀勖又作新律笛十二枚，以调律吕，正雅乐，正会殿庭作之，自谓宫商克谐，然论者犹谓勖暗解。时阮咸妙达八音，论者谓之神解。咸常心讥勖新律声高，以为高近哀思，不合中和。每公会乐作，勖意咸谓之不调，以为异己，乃出咸为始平相。后有田父耕于野，得周时玉尺，勖以校己所治钟鼓金石丝竹，皆短校一米，于此伏咸之妙，复徵咸归。勖既以新律造二舞，次更修正钟声。会勖薨，未竟其业。元康三年，诏其子藩修定金石，以施郊庙。寻值丧乱，莫有记之者。

汉高祖自蜀汉将定三秦，阆中范因率賨人以从帝，为前锋。及定秦中，封因为阆中侯，复賨人七姓。其俗喜舞，高祖乐其猛锐，数观其舞，后使乐人习之。阆中有渝水，因其所居，故名曰《巴渝舞》。舞曲有《矛渝本歌曲》、《安弩本歌曲》、《安台本歌曲》、《行辞本歌曲》，总四篇。其辞既古，莫能晓其句度。魏初，乃使军谋祭酒王粲改创其词。粲问巴渝帅李管、种玉歌曲意，试使歌，听之，以考校歌曲，而为之改为《矛渝新福歌曲》、《弩渝新福歌曲》、《安台新福歌曲》、《行辞新福歌曲》，《行辞》以述魏德。黄初三年，又改《巴渝舞》曰《昭武舞》。至景初元年，尚书奏，考览三代礼乐遗曲，据功象德，奏作《武始》、《咸熙》、《章斌》三舞，皆执羽龠。及晋又改《昭武舞》曰《宣武舞》，《羽龠舞》曰《宣文舞》。咸宁元年，诏定祖宗之号，而庙乐乃停《宣武》、《宣文》二舞，而同用荀勖所使郭夏、宋识等所造《正德》、《大豫》二舞云。

卷二十三　　　　　志第十三

乐　下

永嘉之乱，海内分崩，伶官乐器，皆没于刘、石。江左初立宗庙，尚书下太常祭祀所用名乐。太常贺循答云："魏氏增损汉乐，以为一代之礼，未审大晋乐名所以为异。遭离丧乱，旧典不存。然此诸乐皆和之以钟律，文之以五声，咏之于歌辞，陈之于舞列。宫悬在庭，琴瑟在堂，八音迭奏，雅乐并作，登歌下管，各有常咏，周人之旧也。自汉氏以来，依仿此礼，自造新诗而已。旧京荒废，今既散亡，音韵曲折，又无识者，则今难以意言。"于时以无雅乐器及伶人，省太乐并鼓吹令。是后颇得登歌，食举之乐，犹有未备。太宁末，明帝又访阮孚等增益之。咸和中，成帝乃复置太乐官，鸠集遗逸，而尚未有金石也。庾亮为荆州，与谢尚修复雅乐，未具而亮薨。庾翼、桓温专事军旅，乐器在库，遂至朽坏焉。及慕容儁平冉闵，兵戈之际，而邺下乐人亦颇有来者。永和十一年，谢尚镇寿阳,于是采拾乐人,以备太乐,并制石磬,雅乐始颇具。面王猛平邺,慕容氏所得乐声又入关右。太元中,破苻坚,又获其乐工杨蜀等,闲习旧乐,于是四厢金石始备焉。乃使曹毗、王珣等增造宗庙歌诗,然郊祀遂不设乐。今列其词于后云。

歌宣帝曹毗

于赫高祖,德协灵符。应运拨乱,厘整天衢。勋格宇宙,化动八区。肃以典刑,陶以玄珠。神石吐瑞,灵芝自敷。肇基天命,道均唐虞。

歌景帝曹毗

景皇承运,纂隆洪绪。皇罗重抗,天晖再举。蠢矣二寇,扰我扬楚。乃整元戎,以膏齐斧。亹亹神算,赫赫王旅。鲸鲵既平,功冠帝宇。

歌文帝曹毗

太祖齐圣,王猷诞融。仁教四塞,天基累崇。皇室多难,严清紫宫。威厉秋霜,惠过春风。平蜀夷楚,以文以戎。奄有参墟,声流无穷。

歌武帝曹毗

于穆武皇,允龚钦明。应期登禅,龙飞紫庭。百揆时序,听断以情。殊域既宾,伪吴亦平。晨流甘露,宵映朗星。野有击壤,路垂颂声。

歌元帝曹毗

运屯百六,天罗解贯。元皇勃兴,网笼江汉。仰齐七政,俯平祸乱。化若风行,泽犹雨散。沦光更曜,金辉复焕。德冠千载,蔚有余粲。

歌明帝曹毗

明明肃祖,阐弘帝祚。英风凤发,清晖载路。奸逆纵忒,罔式皇度。躬振朱旗,遂豁天步。宏猷允塞,高罗云布。品物咸宁,洪基永固。

歌成帝曹毗

于休显宗,道泽玄播。式宣德音,畅物以和。迈德蹈仁,匪礼不过。敷以纯风,灌以清波。连理映阜,鸣凤栖柯。同规放勋,义盖山河。

歌康帝曹毗

康皇穆穆,仰嗣洪德。为而不宰,雅音四塞。闲邪以诚,镇物以默。威静区宇,道宣邦国。

歌穆帝曹毗

孝宗凤哲,休音久臧。如彼晨离,耀景扶桑。垂训华崛,流润八荒。幽赞玄妙,爰该典章。西平僭蜀,北静旧疆。高猷远畅,朝有遗芳。

歌哀帝曹毗

于穆哀皇,圣心虚远。雅好玄古,大庭是践。道尚无为,治存易简。化若风行,时犹草偃。虽曰登遐,徽音弥阐。愔愔《云》《韶》,尽美尽善。

歌简文帝王珣

皇矣简文,于昭于天。灵明若神,周淡如川。冲应其来,实与其迁。亹亹心化,日用不言。易而有亲,简而可传。观流弥远,求本逾玄。

歌孝武帝王珣

天监有晋,钦哉烈宗。同规文考,玄默允恭。威而不猛,约而能通。神钲一震,九域来同。道积淮海,雅颂自东。气陶醇露,化协时雍。

四时祠祀曹毗

肃肃清庙,巍巍圣功。万国来宾,礼仪有容。钟鼓振,金石熙。宣兆祚,武开基。神斯乐兮!理管弦,有来斯和。说功德,吐清歌。神斯乐兮!洋洋玄化,润被九壤。民无不悦,道无不往。礼有仪,乐有式。咏九功,永无极。神斯乐兮!

汉时有《短箫铙歌》之乐,其曲有《朱鹭》、《思悲翁》、《艾如张》、《上之回》、《雍离》、《战城南》、《巫山高》、《上陵》、《将进酒》、《君马黄》、《芳树》、《有所思》、《雉子斑》、《圣人出》、《上邪》、《临高台》、《远如期》、《石留》、《务成》、《玄云》、《黄爵行》《钓竿》等曲,列于鼓吹,多序战阵之事。

及魏受命,改其十二曲,使缪袭为词,述以功德代汉。改《朱鹭》为《楚之平》,言魏也。改《思悲翁》为《战荥阳》,言曹公也。改《艾如张》为《获吕布》,言曹公东围临淮,擒吕布也。改《上之回》为《克官渡》,言曹公与袁绍战,破之于官渡也。改《雍离》为《旧邦》,言曹公胜袁绍于官渡,还谯收藏死亡士卒也。改《战城南》为《定武功》,言曹公初破邺,武功之定始乎此也。改《巫山高》为《屠柳城》,言曹公越北塞,历白檀,破三郡乌桓于柳城也。改《上陵》为《平南荆》,言曹公平荆州。改《将进酒》为《平关中》,言曹公征马超,定关中也。改《有所思》为《应帝期》,言文帝以圣德受命,应运期也。改《芳树》为《邕熙》,言魏氏临其国,君臣邕穆,庶绩咸熙也。改《上邪》为《太和》,言明帝继体承统,太和改元,德泽流布也。其余并同旧名。

是时吴亦使韦昭制十二曲名,以述功德受命。改《朱鹭》为《炎精缺》,言汉室衰,孙坚奋迅猛志,念在匡救,王迹始乎此也。改《思悲翁》为《汉之季》,言坚悼汉之微,痛董卓之乱,兴兵奋击,功盖海内也。改《艾如张》为《摅武师》,言权卒父之业而征伐也。改《上之回》为《乌林》,言魏武既破荆州,顺流东下,欲来争锋,权命将周瑜逆击之于乌林而破走也。改《雍离》为《秋风》,言权悦以使人,人忘其死也。改《战城南》为《克皖城》,言魏武志图并兼,而权亲征,破之于皖也。改《巫山高》为《关背德》,言蜀将关羽背弃吴盟,权引师浮江而擒之也。改《上陵曲》为《通荆州》,言权与蜀交好分盟,中有关羽自失之愆,终复initial好也。改《将进酒》为《章洪德》,言权章其大德,而远方来附也。改《有所思》为《顺历数》,言权顺箓图之符,而建大号也。改《芳树》为《承天命》,言其时主圣德践位,道化至盛也。改《上邪曲》为《玄化》,言其时主修文武,则天而行,仁泽流洽,天下喜乐也。其余亦用旧名不改。

及武帝受禅,乃令傅玄制为二十二篇,亦述以功德代魏。改《朱鹭》为《灵之祥》,言宣帝之佐魏,犹虞舜之事尧,既有石瑞之征,又能用武以诛孟达之逆命也。改《思悲翁》为《宣受命》,言宣帝御诸葛亮,养威重,运神兵,亮震怖而死也。改《艾如张》为《征辽东》,言宣帝陵大海之表，讨灭公孙氏而枭其首也。改《上之回》为《宣辅政》，言宣帝圣道深远，拨乱反正，网罗文武之才，以定二仪之序也。改《雍离》为《时运多难》，言宣帝致讨吴方，有征无战也。改《战城南》为《景龙飞》，言景帝克明威教，赏顺夷逆，隆无疆，崇洪基也。改《巫山高》为《平玉衡》，言景帝一万国之殊风，齐四海之乖心，礼贤养士，而纂洪业也。改《上陵》为《文皇统百揆》，言文帝始统百揆，用人有序，以敷太平之化也。改《将进酒》为《因时运》，言因时运变，圣谋潜施，解长蛇之交，离群桀之党，以武济文，以迈其德也。改《有所思》为《惟庸蜀》，言文帝既平万乘之蜀，封建万国，复五等之爵也。改《芳树》为《天序》，言圣皇应历受禅，弘济大化，用人各尽其才也。改《上邪》为《大晋承运期》，言圣皇应箓受图，化象神明也。改《君马黄》为《金灵运》，言圣皇践阼，致敬宗庙，而孝道行于天下也。改《雉子班》为《于穆我皇》，言圣皇受禅，德合神明也。改《圣人出》为《仲春振旅》，言大晋申文武之教，畋猎以时也。改《临高台》为《夏苗田》，言大晋畋狩顺时，为苗除害也。改《远如期》为《仲秋狝田》，言大晋虽有文德，不废武事，顺时以杀伐也。改《石留》为《顺天道》，言仲冬大阅，用武修文，大晋之德配天也。改《务成》为《唐尧》，言圣皇陟帝位，德化光四表也。《玄云》依旧名，言圣皇用人，各尽其材也。改《黄爵行》为《伯益》，言赤乌衔书，有周以兴，今圣皇受命，神雀来也。《钓竿》依旧名，言圣皇德配尧舜，又有吕望之佐，济大功，致太平也。其辞并列之于后云。

灵之祥

灵之祥，石瑞章。旌金德，出西方。天降命，授宣皇。应期运，时龙骧。继大舜，佐陶唐。赞武文，建帝纲。孟氏叛，据南疆。追有扈，乱五常。吴寇叛，蜀虏强。交誓盟，连遐荒。宣赫怒，奋鹰扬。震乾威，曜电光。陵九天，陷石城。枭逆命，拯有生。万国安，四海宁。

宣受命

宣受命，应天机，风云时动神龙飞。御葛亮，镇雍梁。边境安，夷夏康。务节事，勤定倾。揽英雄，保持盈。深穆穆，赫明明。冲而泰，天之经。养威重，运神兵。亮乃震毙，天下安宁。

征辽东

征辽东，敌失据，威灵迈日域。公孙既授首，群逆破胆，咸震怖。朔北响应，海表景附。武功赫赫，德云布。

宣辅政

宣皇辅政，圣烈深。拨乱反正，顺天心。网罗文武才，慎厥所生。所生贤，遗教施。安上治民，化风移。肇创帝基，洪业垂。于铄明明，时赫戏。功济万世，定二仪。定二仪，云行雨施，海外风驰。

时运多难

时运多难，道教痛。天地变化，有盈虚。蠢尔吴蛮，武视江湖。我皇625斯，致天诛。有征无战，弭其图。天威横被，廓东隅。

景龙飞

景龙飞，御天威。聪鉴玄察，动与神明协机。从之者显，逆之者灭夷。文教敷，武功巍。普被四海，万邦望风，莫不来绥。圣德潜断，先天弗违。弗违祥，享世永长。猛以致宽，道化光。赫明明，祚隆无疆。帝绩惟期，有命既集，崇此洪基。

平玉衡

平玉衡，纠奸回。万国殊风，四海乖。礼贤养士，羁御英雄，思心齐。纂戎洪业，崇皇阶。品物咸亨，圣敬日跻。聪鉴尽下情，明明综天机。

文皇统百揆

文皇统百揆，继天理万方。武将镇四隅，英佐盈朝堂，谋言协秋兰，清风发其芳。洪泽所渐润，砥石为珪璋。大道俟五帝，盛德逾三王。咸光大，上参天与地，至化无内外。无内外，六合并康乂。并康乂，遘兹嘉会。在昔羲与农，大晋德斯迈。镇征及诸州，为藩卫。功济四海，洪烈流万世。

因时运

因时运，圣策施。长蛇交解，群桀离。势穷奔吴，兽骑厉。惟武进，审大计。时迈其德，清一世。

惟庸蜀

惟庸蜀，僭号天一隅。刘备逆帝命，禅亮承其余。拥众数十万，窥隙乘我虚。驿骑进羽檄，天下不遑居。姜维屡寇边，陇上为荒芜。文皇愍斯民，历世受罪辜。外谋藩屏臣，内谋众士夫。爪牙应指受，腹心献良图。良图协成文，大兴百万军。雷鼓震地起，猛势陵浮云。逋虏畏天诛，面缚造垒门。万里同风教，逆命称妾臣。光建五等，纪纲天人。

天序

天序，应历受禅，承灵祜。御群龙，勒螭武。弘济大化，英隽作辅。明明统万机，赫赫镇四方，咎繇稷契之畴，协兰芳。礼王臣，覆兆民。化之如天与地，谁敢爱其身？

大晋承运期

大晋承运期，德隆圣皇。时清晏，白日垂光。应箓图，陟帝位，继天正玉衡。化行象神明，至哉道隆虞与唐。元首敷洪化，百僚股肱并忠良。时太康，隆隆赫赫，福祚盈无疆。

金灵运

金灵运，天符发。圣徵见，参日月。惟我皇，体神圣。受魏禅，应天命。皇之兴，灵有徵。登大麓，御万乘。皇之辅，若阚武。爪牙奋，莫之御。皇之佐，赞清化。百事理，万邦贺。神祇应，嘉瑞章。恭享礼，荐先皇。乐时奏，磬管锵。鼓腾殷，钟锽锽。奠樽俎，实玉觞。神歆飨，咸悦康。宴孙子，祐无疆。大孝蒸蒸，德教被万方。

于穆我皇

于穆我皇，盛德圣且明。受禅君世，光济群生。普天率土，莫不来庭。颙颙六合内，望风仰泰清。万国雍雍，兴颂声。大化洽，地平而天成。七政齐，玉衡惟平。峨峨佐命，济济群英。夙夜乾乾，万机是经。虽治兴，匪荒宁。谦道乐，冲不盈。天地合德，日月同荣。赫赫煌煌，曜幽冥。三光克从，于显天，垂景星。龙凤臻，甘露宵零。肃神祇，祇上灵。万物欣戴，自天效其成。

仲春振旅

仲春振旅，大致人，武教于时日新。师执提，工执鼓。坐作从，节有序，盛矣允文允武！搜田表祃，申法誓。遂围禁，献社祭。允以时，明国制。文武并用，礼之经。列车如战，大教明，古今谁能去兵？大晋继天，济群生。

夏苗田

夏苗田，运将徂。军国异容，文武殊。乃命群吏，撰车徒，辩其号名，赞契书。王军启八门，行同上帝居。时路建大麾，云旗翳紫虚。百官象其事，疾则疾，徐则徐。回衡旋轸，罢阵弊车。献禽享祀，蒸蒸配有虞。惟大晋，德参两仪，化云敷。

仲秋狝田

仲秋狝田，金德常纲。凉风清且厉，凝露结为霜。白藏司辰，金隼时鹰扬。鹰扬犹尚父，顺天以杀伐，春秋时序。雷霆震威曜，进退由钲鼓。致禽祀祊，羽毛之用充军府。赫赫大晋德，芬烈陵三五。敷化以文，虽安不废武。光宅四海，永享天之祜。

顺天道

顺天道，握神契，三时示，讲武事。冬大阅，鸣镯振鼓铎，旌旗象虹霓。文制其中，武不穷武。动军誓众，礼成而义举。三驱以崇仁，进止不失其序。兵卒练，将如阚武。惟阚武，气陵青云。解围三面，杀不殄群。偃旌麾，班六军。献享蒸，修典文。嘉大晋，德配天。禄报功，爵侯贤。飨燕乐，受兹百禄，寿万年。

唐尧

唐尧谘务成，谦谦德其兴。积渐终光大，履霜致坚冰。神明道自成，河海犹可凝。舜禹统百揆，元凯以次升。禅让应大历，睿圣世相承。我皇陟帝位，平衡正准绳。德化飞四表，祥气见其征。兴王坐俟旦，亡主恬自矜。致远由近始，覆篑成山陵。披图案先籍，有其证灵液。

玄云

玄云起丘山，祥气万里会。龙飞何蜿蜿，凤翔何翙翙。昔在唐虞朝，时见青云际。今亲游万国，流兴溢天外。鹤鸣在后园，清音随风迈。成汤隆显命，伊挚来如飞。周文猎渭滨，遂载吕望归。符合如影响，先天天不违。辍耕综地纲，解褐衿天维。元功配二王，芬馨世所稀。我皇叙群才，洪烈何巍巍。桓桓征四表，济济理万机。神化感无方，氂才盈帝畿。丕显惟昧旦，日新孔所谘。茂哉明圣德，日月同光辉。

伯益

伯益佐舜禹，职掌山与川。德俦十六相，思心入无间。智理周万物，下知众鸟言。黄雀应清化，翔习何翩翩。和鸣栖庭树，徘徊云日间。夏桀为无道，密网施山河。酷祝振纤网，当奈黄雀何。殷汤崇天德，去其三面罗。逍遥群飞来，鸣声乃复和。朱雀作南宿，凤皇统羽群。赤乌衔书至，天命瑞周文。神雀今来游，为我受命君。嘉祥致天和，膏泽隆青云。兰风发芳气，盖世同其芬。

钓竿

钓竿何冉冉，甘饵芳且鲜。临川运思心，微纶沈九泉。太公宝此术，乃在《灵秘》篇。机变随物移，精妙贯未然。游鱼惊著钓，潜龙飞戾天。戾天安所至？抚翼翔太清。太清一何异，两仪出浑成。玉衡正三辰，造化赋群形。退愿辅圣君，与神合其灵。我君弘远略，天人不足并。天人初并时，昧昧何芒芒。日月有微兆，文象兴二皇。蚩尤乱生灵，黄帝用兵征万方。逮夏禹而德衰，三代不及虞与唐。我皇盛德配尧舜，受禅即阼享天祥。率土蒙祐，靡不肃雍，庶事康。庶事康，穆穆明明。荷百禄，保无极，永太平。

鼙舞，未详所起，然汉代已施于燕享矣。傅毅、张衡所赋，皆其事也。旧曲有五篇，一、《关东有贤女》，二、《章和二年中》，三、《乐久长》，四、《四方皇》，五、《殿前生桂树》，其辞并亡。曹植《鼙舞诗序》云："故汉灵帝西园鼓吹有李坚者，能鼙舞，遭世荒乱，坚播越关西，随将军段煨。先帝闻其旧伎，下书召坚。坚年逾七十，中间废而不为，又古曲甚多谬误，异代之文，未必相袭，故依前曲作新歌五篇。"及泰始中，又制其辞焉。其舞故常二八，桓玄将僭位，尚书殿中郎袁明子启增满八佾。泰始中歌辞今列之后云。

鼙舞歌诗五篇

洪业篇当魏曲《明明魏皇帝》，古曲《关东有贤女》。

宣文创洪业，盛德在泰始。圣皇应灵符，受命君四海。万国何所乐？上有明天子。唐尧禅帝位，虞舜惟恭已。恭已正南面，道化与时移。大赦荡萌渐，文教被黄支。象天则地，体无为。聪明配日月，神圣参两仪。虽有三凶类，静言无所施。象天则地，体无为。稷契并佐命，伊吕升王臣。兰芷登朝肆，下无失宿人。声发响自应，表立景来附。哮阚顺羁制，潜龙升天路。备物立成器，变通极其数。百事以时叙，万机有常度。训之以克让，纳之以忠恕。群下仰清风，海外同欢慕。象天则地，化云布。昔日贵雕饰，今尚俭与素。昔日多纤介，今去情与故。象天则地，化云布。济济大朝士，夙夜综万机。万机无废理，明明降训谘。臣譬列星景，君配朝日辉。事业并通济，功烈何巍巍。五帝继三皇，三皇世所归。圣德应期运，天天地不能违。仰之弥已高，犹天不可阶。将复御龙氏，凤皇在庭栖。

天命篇当魏曲《太和有圣帝》，古曲《章和二年中》。

圣祖受天命，应期辅魏皇。入则综万机，出则征四方。朝廷无遗理，方表宁且康。道隆舜臣尧，积德逾太王。孟度阻穷险，造乱天一隅。神兵出不意，奉命致天诛。赦善罚有罪，元恶宗为虚。威风震劲蜀，武烈慑强吴。诸葛不知命，肆逆乱天常。拥徒十余万，数来寇边疆。我皇迈神武，执钺镇雍凉。亮乃畏天威，未战先仆僵。盈虚自然运，时变故多艰。东征陵海表，万里克朝鲜。受遗齐七政，曹爽又滔天。群凶受诛殄，百禄咸来臻。黄华应福始，王凌为祸先。

景皇篇当魏曲《魏历长》，古曲《乐久长》。

景皇帝，聪明命世生，盛德参天地。帝王道大，创基既已难，继世亦未易。外则夏侯玄，内则张与李，三凶构逆，乱帝纪。顺天行诛，穷其奸宄。边将御其渐，潜谋不得起。罪人咸伏辜，威风振万里。平衡综万机，万机无不理。召陵桓不君，内外何纷纷。众小便成群，蒙昧恣心，治乱不分。睿圣独断，济武常以文。顺天惟废立，扫霓披浮云。云霓既已辟，清和未几间，羽檄首尾至，变起东南藩。俭钦为长蛇，外则凭吴蛮。万国纷骚扰，戚戚天下惧不安。神武御六军，我皇执钺征。俭钦起寿春，前锋据项城。出其不意，并纵奇兵。奇兵诚难御，庙胜实难支。两军不期遇，敌进计无施。豹骑惟武进，大战沙阳陂。钦乃亡魂走，奔虏若云披。天因赦有罪，东土放鲸鲵。

大晋篇　当魏曲《天生蒸民》，古曲《四方皇》。

赫赫大晋，于穆文王。荡荡巍巍，道迈陶唐。世称三皇五帝，及今重其光。九德克明，文既显，武又彰。思弘六合，兼济万方。内举元凯，朝政以纲。外简武臣，时惟鹰扬。靡顺不怀，逆命斯亡。仁配春日，威逾秋霜。济济多士，同兹兰芳。唐虞至治，四凶滔天。致讨俭钦，罔不肃虔。化感海内，海外来宾。献其声乐，并称妾臣。西蜀猾夏，僭号方域。命将致讨，委国稽服。吴人放命，冯海阻江。飞书告喻，响应来同。先王建万国，九服为藩卫。亡秦坏诸侯，序祚不二世。历代不能复，忽逾五百岁。我皇迈圣德，应期创典制。分土五等，藩国正封界。莘莘文武佐，千秋遘嘉会。洪泽溢区内，仁风翔海外。

明君篇　当魏曲《为君既不易》，古曲《殿前生桂树》。

明君御四海，听鉴尽物情。顾望有遭罚，谒忠身必荣。兰芷出荒野，万里升紫庭。茨草秽堂阶，扫截不得生。能否莫相蒙，百官正其名。恭己慎有为，有为无不成。暗君不自信，群下执异端。正直罹浸润，奸臣夺其权。虽欲尽忠诚，结舌不敢言。结舌亦何惮，尽忠为身患。清流岂不洁，飞尘浊其源。岐路令人迷，未远胜不还。忠臣立君朝，正色不顾身。邪正不并存，譬若胡与秦。胡秦有合时，邪正各异津。忠臣遇明君，乾乾惟日新。群目统在纲，众星共北辰。设令遭暗主，斥退为凡人。虽薄供时用，白茅犹为珍。冰霜昼夜结，兰桂摧为薪。邪臣多端变，用心何委曲。便辟顺情指，动随君所欲。偷安乐目前，不问清与浊。积伪罔时主，养交以持禄。言行恒相违，难厣甚豁谷。昧死射乾没，觉露则灭族。

拂舞，出自江左。旧云吴舞，检其歌，非吴辞也。亦陈于殿庭。杨泓序云："自到江南见《白符舞》，或言《白凫鸠舞》，云有此来数十年矣。察其辞旨，乃是吴人患孙皓虐政，思属晋中。"今列之于后云。

拂舞歌诗五篇

白鸠篇

翩翩白鸠，再飞再鸣。怀我君德，来集君庭。白雀呈瑞，素羽明鲜。翔庭舞翼，以应仁乾。皎皎鸣鸠，或丹或黄。乐我君惠，振羽来翔。东壁余光，鱼在江湖。惠而不费，敬我微躯。策我良驷，习我驱驰。与君周旋，乐道忘饥。我心虚静，我志沾濡。弹琴鼓瑟，聊以自娱。陵云登台，浮游太清。攀龙附凤，自望身轻。

济济篇

畅畅飞舞气流芳，追念三五大绮黄。去失有，时可行，去来时同此未央。时冉冉，近桑榆，但当饮酒为欢娱。衰老逝，有何期，多忧耿耿内怀思，深池旷，鱼独希，愿得黄浦众所依。恩感人，世无比，悲歌且舞无极已。

独禄篇

独独禄禄，水深泥浊。泥浊尚可，水深杀我。雍雍双雁，游戏田畔。我欲射雁，念子孤散。翩翩浮萍，得风摇轻。我心何合，与之同并。空床低帏，谁知无人。夜衣锦绣，谁别伪真。刀鸣鞘中，倚床无施。父冤不报，欲活何为。猛兽班班，游戏山间。兽欲啖人，不避豪贤。

碣石篇

东临碣石，以观沧海。水何淡淡，山岛竦峙。树木丛生，百草丰茂。秋风萧瑟，洪波涌起。日月之行，若出其中。星汉灿烂，若出其里。幸甚至哉，歌以咏志。《观沧海》

孟冬十月，北风徘徊。天气肃清，繁霜霏霏。鹍鸡晨鸣，雁过南飞。鸷鸟潜藏，熊罴窟栖。耨耜停置，农收积场。逆旅整设，以通贾商。幸甚至哉，歌以咏志。《冬十月》

乡土不同，河朔隆塞。流澌浮漂，舟船行难。锥不之地，丰籁深奥。水竭不流，冰坚可蹈。士隐者贫，勇侠轻非。心常叹怨，戚戚多悲。幸甚至哉，歌以咏志。《土不同》

神龟虽寿，犹有竟时。腾蛇乘雾，终为土灰。骥老伏枥，志在千里。烈士暮年，壮心不已。盈缩之期，不但在天。养怡之福，可得永年。幸甚至哉，歌以咏志。《龟虽寿》

淮南王篇

淮南王，自言尊，百尺高楼与天连。后园凿井银作床，金瓶素绠汲寒浆。汲寒浆，饮少年，少年窈窕何能贤。扬声悲歌音绝天。我欲渡河河无梁，愿作双黄鹄，还故乡。还故乡，入故里，徘徊故乡，若身不已。繁舞奇歌无不泰，徘徊桑梓游天外。

鼓角横吹曲。鼓，案《周礼》"以鼖鼓鼓军事"。角，说者云，蚩尤氏帅魑魅与黄帝战于涿鹿，帝乃始命吹角为龙鸣以御之。其后魏武北征乌丸，越沙漠而军士思归，于是减为中鸣，而尤更悲矣。

胡角者，本以应胡笳之声，后渐用之横吹，有双角，即胡乐也。张博望入西域，传其法于西京，惟得《摩诃兜勒》一曲。李延年因胡曲更造新声二十八解，乘舆以为武乐。后汉以给边将，和帝时，万人将军得用之。魏晋以来，二十八解不复具存，用者有《黄鹄》、《陇头》、《出关》、《入关》、《出塞》、《入塞》、《折杨柳》、《黄覃子》、《赤之杨》、《望行人》十曲。

案魏晋之世，有孙氏善弘旧曲，宋识善击节唱和，陈左善清歌，列和善吹笛，郝索善弹筝，朱生善琵琶，尤发新声。故傅玄著书曰："人若钦所闻而忽所见，不亦惑乎？设此六人生于上世，越今古而无俪，何但蘷牙同契哉！"案此说，则自兹以后，皆孙朱等之遗则也。

相和，汉旧歌也，丝竹更相和，执节者歌。本一部，魏明帝分为二，更递夜宿。本十七曲，朱生、宋职、列和等复合之为十三曲。

但歌，四曲，出自汉世。无弦节，作伎最先唱，一人唱，三人和。魏武帝尤好之。时有宋容华者，清彻好声，善唱此曲，当时之特妙。自晋以来不复传，遂绝。

凡乐章古辞，今之存者，并汉世街陌谣讴，《江南可采莲》、《乌生十五子》、《白头吟》之属也。吴歌杂曲并出江南，东晋以来，稍有增广。

《子夜歌》者，女子名子夜，造此声。孝武太元中，琅邪王轲之家有鬼歌《子夜》，则子夜是此时以前人也。

《凤将雏歌》者，旧曲也。应璩《百一诗》云"言是《凤将雏》"，然则其来久矣。《前溪歌》者，车骑将军沈充所制。

《阿子》及《欢闻歌》者，穆帝升平初，歌毕辄呼"阿子，汝闻不？"语在《五行志》。后人衍其声，以为此二曲。

《团扇歌》者，中书令王珉与嫂婢有情，爱好甚笃，嫂捶挞婢过苦，婢素善歌，而珉好捉白团扇，故制此歌。

《懊侬歌》者，隆安初俗闻讹谣之曲，语在《五行志》。

《长史变》者，司徒左长史王廞临败所制。

凡此诸曲，始皆徒歌，即而被之管弦。又有因丝竹金石，造歌以被之，魏世三调歌辞之类是也。

《杯柈舞》，案太康中天下为《晋世宁舞》，务手以接杯柈反覆之。此则汉世惟有柈舞，而晋加之以杯，反覆之也。

《公莫舞》，今之《巾舞》也。相传云项庄剑舞，项伯以袖隔之，使不得害汉高祖，且语项庄云"公莫"！古人相呼曰公，言公莫害汉王也。今之用巾盖像项伯衣袖之遗式。然案《琴操》有《公莫渡河曲》，然则其声所从来已久，俗云项伯，非也。

《白纻舞》，案舞辞有巾袍之言。纻本吴地所出，宜是吴舞也。晋《俳歌》又云："皎皎白绪，节节为双。"吴音呼绪为纻，疑白纻即白绪也。

《铎舞歌》一篇，《幡舞歌》一篇，《鼓舞伎》六曲，并陈于元会。

后汉正旦，天子临德阳殿受朝贺，舍利从西方来，戏于殿前，激水化成比目鱼，跳跃嗽水，作雾翳日。毕，又化成龙，长八九丈，出水游戏，炫耀日光。以两大丝绳系两柱头，相去数丈，两倡女对舞，行于绳上，相逢切肩而不倾。魏晋讫江左，犹有《夏育扛鼎》、《巨象行乳》、《神龟抃舞》、《背负灵岳》、《桂树白雪》、《画地成川》之乐。

成帝咸康七年，尚书蔡谟奏："八年正会仪注，惟作鼓吹钟鼓，其余伎乐尽不作。"侍中张澄、给事黄门侍郎陈逵驳，以为"王者观时设教，至于吉凶殊断，不易之道也。今四方观礼，陵有侯吊之位，庭奏宫悬之乐，二礼兼用，哀乐不分，体国经制，莫大于此。"诏曰："今既以天下体大，礼从权宜，三正之飨，宜尽用吉礼也。至娱耳目之乐，所不忍闻，故阙之耳。事之大者，不过上寿酒，称万岁，已许其大，不足复阙钟鼓鼓吹也。"

澄、逵又启："今大礼虽降，事吉于朝。然侯吊显于园陵，则未灭有哀；礼服定于典文，义无尽吉。是以咸宁之会，有撤乐之典，实先朝稽古宪章，垂式万世者也。"诏

曰："若元日大飨，万国朝宗，庭废钟鼓之奏，遂阙起居之节，朝无磬制之音，宾无蹈履之度，其于事义，不亦阙乎！惟可量轻重，以制事中。"

散骑侍郎顾臻表曰："臣闻圣王制乐，赞扬政道，养以仁义，防其淫佚，上享宗庙，下训黎元，体五行之正音，协八风以陶物。宫声正方而好义，角声坚劲而率礼，弦歌钟鼓金石之作备矣。故通神至化，有率舞之感，移风易俗，致和乐之极。末世之伎，设礼外之观，逆伫连倒，头足入筥之属，皮肤外剥，肝心内摧，敦彼行苇，犹谓勿践，矧伊生灵，而不侧怆。加四海朝观，言观帝庭，耳聆《雅》《颂》之声，目睹威仪之序，足以蹄天，头以履地，反天地之至顺，伤彝伦之大方。今夷狄对岸，外御为急，兵食七升，忘身赴难，过泰之戏，日廪五斗。方扫神州，经略中甸，若此之事，不可示远。宜下太常，纂备雅乐，箫《韶》九成，惟新于盛运，功德颂声，永著于来叶，此乃所以'燕及皇天，克昌厥后'者也。诸伎而伤人者，皆宜除之。流简俭之德，迈康哉之咏，清风既行，下应如草，此之谓也。愚管之诚，惟垂采察！"于是除《高𬯎》、《紫鹿》、《跂行》、《鳖食》及《齐王卷衣》、《笮儿》等乐，又减其廪。其后复《高𬯎》、《紫鹿》焉。

卷二十四　　　　志第十四

职　　官

《书》曰："唐虞稽古，建官惟百。"所以奖导民萌，裁成庶政。《易》曰："天垂象，圣人则之。"执法在南宫之右，上相处端门之外，而鸟龙居位，云火垂名，前史详之，其以尚矣。黄帝置三公之秩，以亲黎元，少昊配九扈之名，以为农正，命重黎于天地，诏融冥于水火，则可得而言焉。伊尹曰："三公调阴阳，九卿通寒暑，大夫知人事，列士去其私。"而成汤居亳，初置二相，以伊尹、仲虺为之，凡厥枢会，仰承君命。泊及周武下车，成康垂则，六卿分职，二公弘化，咸树司存，各题标准，苟非其道，人弗虚荣。贻厥孙谋，其固本也如此。及秦变周官，汉遵嬴旧，或随时适用，或因务迁革，霸王之典，义在于斯，既获厥安，所谓得其时制者也。四征兴于汉代，四安起于魏初，四镇通于柔远，四平止于丧乱，其渡辽、凌江、轻车、强弩，式扬遐外，用表攻伐，兴而复毁，厥号弥繁。及当涂得志，克平诸夏，初有军师祭酒，参掌戎律。建安十三年，罢汉台司，更置丞相，而曹公居之，用兼端揆。孙吴、刘蜀，多依汉制，虽复临时命氏，而无忝旧章。世祖武皇帝即位之初，以安平王孚为太宰，郑冲为太傅，王祥为太保，司马望为太尉，何曾为司徒，荀𫖮为司空，石苞为大司马，陈骞为大将军，世所谓八公同辰，攀云附翼者也。若乃成乎栋宇，非一枝之势；处乎经纶，称万夫之敌。或牵羊以叶于梦，或垂钓以申其道，或空桑以献其术，或操版以启

其心。卧龙飞鸿,方金拟璧,秦奚、郑产,楚材晋用,斯亦曩时之良具,其又昭彰者焉。宣王既诛曹爽,政由己出,网罗英俊,以备天官。及兰卿受羁,贵公显戮,虽复策名魏氏,而乃心皇晋。及文王纂业,初启晋台,始置二卫,有前驱养由之骛;及设三部,有熊渠佽飞之众。是以武帝龙飞,乘兹奋翼,犹武王以周之十乱而理殷民者也。是以泰始尽于太康,乔柯茂叶,来居斯位;自太兴讫于建元,南金北铣,用处兹秩。虽未拟乎夔拊龙言,天工人代,亦庶几乎任官惟贤,莅事惟能者也。

丞相、相国,并秦官也。晋受魏禅,并不置,自惠帝之后,省置无恒。为之者,赵王伦、梁王肜、成都王颖、南阳王保、王敦、王导之徒,皆非复寻常人臣之职。

太宰、太傅、太保,周之三公官也。魏初唯置太傅,以钟繇为之,末年又置太保,以郑冲为之。晋初以景帝讳故,又采《周官》官名,置太宰以代太师之任,秩增三司,与太傅太保皆为上公,论道经邦,燮理阴阳,无其人则阙。以安平献王孚居之。自渡江以后,其名不替,而居之者甚寡。

太尉、司徒、司空,并古官也。自汉历魏,置以为三公。及晋受命,迄江左,其官相承不替。

大司马,古官也。汉制以冠大将军、骠骑、车骑之上,以代太尉之职,故恒与太尉迭置,不并列。及魏有太尉,而大司马、大将军各自为官,位在三司上。晋受魏禅,因其制,以安平王孚为太宰,郑冲为太傅。王祥为太保,义阳王望为太尉,何曾为司徒,荀顗为司空,石苞为大司马,陈骞为大将军,凡八公同时并置,唯无丞相焉。自义阳王望为大司马之后,定令如旧,在三司上。

大将军,古官也。汉武帝时,冠以大司马名,为崇重之职。及汉东京,大将军不常置,为之者皆擅朝权。至景帝为大将军,亦受非常之任。后以叔父孚为太尉,奏改大将军在太尉下。及晋受命,犹依此制,位次三司下,后复旧,在三司上。太康元年,琅邪王伷迁大将军,复制在三司下,伷薨后如旧。

开府仪同三司,汉官也。殇帝延平元年,郑鹭为车骑将军,仪同三司;仪同之名,始自此也。及魏黄权以车骑将军开府仪同三司;开府之名,起于此也。

骠骑、车骑、卫将军、伏波、抚军、都护、镇军、中军、四征、四镇、龙骧、典军、上军、辅国等大将军,左右光禄、光禄三大夫,开府者皆为位从公。

太宰、太傅、太保、司徒、司空、左右光禄大夫、光禄大夫,开府位从公者为文官公,冠进贤三梁,黑介帻。

大司马、大将军、太尉、骠骑、车骑、卫将军、诸大将军,开府位从公者为武官公,皆著武冠,平上黑帻。

文武官公,皆假金章紫绶,著五时服。其相国、丞相,皆衮冕,绿綟绶,所以殊于常公也。

诸公及开府位从公者,品秩第一,食奉日五斛。太康二年,又给绢,春百匹,秋绢二百匹,绵二百斤。元康元年,给菜田十顷,田驺十人,立夏后不及田者,食奉一年。置长史一人,秩一千石;西阁阁祭酒、西东曹掾、户仓贼曹令史属各一人;御属阁下令史、西东曹仓户贼曹令史、门令史、记室省事令史、阁下记室书令史、西东曹学事各一人。给武贲二十人,持班剑。给朝车驾驷、安车黑耳驾三各一乘,祭酒掾属白盖小车七乘,轺车施耳后户、皂轮犊车各一乘。自祭酒已下,令史已上,皆皂零辟朝服。太尉虽不加兵者,吏属皆绛服。司徒加置左右长史各一人,秩千石;主簿、左西曹掾属各一人,西曹称右西曹,其左西曹令史已下人数如377令。司空加置导桥掾一人。

诸公及开府位从公加兵者,增置司马一人,秩千石;从事中郎二人,秩比千石;主簿、记室督各一人;舍人四人;兵铠、士曹,营军、刺奸、帐下都督,外都督,令史各一人。主簿已下,令史已上,皆绛服。司马给吏卒如长史,从事中郎给侍二人,主簿、记室督各给侍一人。其余临时增崇者,则襃加各因其时为节文,不为定制。

诸公及开府位从公为持节都督者,增参车为六人,长史、司马、从事中郎、主簿、记室督、祭酒、掾属、舍人如常加兵公制。

特进,汉官也。二汉及魏晋以加官从本官车服。无吏卒。太仆羊琇逊位,拜特进,加散骑常侍,无余官,故给吏卒车服。其余加特进者,唯食其禄赐,位其班位而已,不别给特进吏卒车服,后定令。特进品秩第二,位次诸公,在开府骠骑上,冠进贤两梁,黑介帻,五时朝服,佩水苍玉,无章绶,食奉日四斛。太康二年,始赐春服绢五十匹,秋绢百五十匹,绵一百五十斤。元康元年,给菜田八顷,田驺八人,立夏后不及田者,食奉一年。置主簿、功曹史、门亭长、门下书佐各一人,给安车黑耳驾御一人,轺车施耳后户一乘。

左右光禄大夫,假金章紫绶。光禄大夫加金章紫绶者,品秩第二,禄赐、班位、冠帻、车服、佩玉,置吏卒羽林及卒,诸所赐给皆与特进同。其以为加官者,唯假章绶、禄赐班位而已,不别给车服吏卒也。又卒赠此位,本已有卿官者,不复重给吏卒,其余皆给。

光禄大夫假银章青绶者,品秩第三,位在金紫将军下,诸卿上。汉时所置无定员,多以为拜假赗赠之使,及监护丧事。魏氏以来,转复优重,不复以为使命之官。其诸公告老者,皆家拜此位;及在朝显职,复用加之,及晋受命,仍旧不改,复以为优崇之制。而诸公逊位,不复加之,或更拜上公,或以本封食公禄。其诸卿尹中朝大官年老致仕者,及内外之职加此者,前后甚众。由是或因得开府,或进加金章紫绶,又复以为礼赠之位。泰始中,唯太子詹事杨珧加给事中光禄大夫。加兵之制,诸所供给依三品将军。其余自如旧制,终武、惠、孝怀三世。

光禄大夫与卿同秩中二千石,著进贤两梁冠,黑介帻,五时朝服,佩水苍玉,食奉日三斛。太康二年,始给春赐绢五十匹,秋绢百匹,绵百斤。惠帝元康元年,始给菜田六顷,田驺六人,置主簿、功曹史、门亭长、门下书佐各一人。

骠骑已下及诸大将军不开府非持节都督者,品秩第二,其禄与特进同。置长史、司马各一人,秩千石;主簿,功曹史,门下督,录事,兵铠士贼曹,营军,刺奸、帐下都督,功曹书佐门吏,门下书佐吏各一人。其假节为都督者,所置与四征镇加大将军不开府为都督者同。

四征镇安平加大将军不开府、持节都督者，品秩第二，置参佐吏卒，幕府兵骑禄如常都督制，唯朝会禄赐从二品将军之例。然则持节、都督无定员，前汉遣使始有持节。光武建武初，征伐四方，始权时置督军御史，事竟罢。建安中，魏武为相，始遣大将军督之。二十一年，征孙权还，夏侯惇督二十六军是也。魏文帝黄初三年，始置都督诸州军事，或领刺史。又上军大将军曹真都督中外诸军事、假黄钺，则总统内外诸军矣。魏明帝太和四年秋，宣帝征蜀，加号大都督。高贵乡公正元二年，文帝都督中外诸军，寻加大都督。及晋受禅，都督诸军为上，监诸军次之，督诸军为下；使持节为上，持节次之，假节为下。使持节得杀二千石以下；持节杀无官位人，若军事，得与使持节同；假节唯军事得杀犯军令者。江左以来，都督中外尤重，唯王导等权重者乃居之。

三品将军秩中二千石者，著武冠，平上黑帻，五时朝服，佩水苍玉，食奉、春秋赐绵绢、菜田、田驺如光禄大夫诸卿制。置长史、司马各一人，秩千石；主簿，功曹，门下都督，录事，兵铠士贼曹，营军、刺奸吏、帐下都督，功曹书佐令吏，门下书吏各一人。

录尚书，案汉武时，左右曹诸吏分平尚书奏事，知枢要者始领尚书事。张安世以车骑将军，霍光以大将军，王凤以大司马，师丹以左将军并领尚书事。后汉章帝以太傅赵憙、太尉牟融并录尚书事。尚书有录名，盖自憙、融始，亦西京领尚书之任，犹唐虞大麓之职也。和帝时，太尉邓彪为太傅，录尚书事，位上公，在三公上，汉制遂以为常，每少帝立则置太傅录尚书事，犹古冢宰总己之义，薨辄罢之。自魏晋以后，亦公卿权重者为之。

尚书令，秩千石，假铜印墨绶，冠进贤两梁冠，纳言帻，五时朝服，佩水苍玉，食奉月五十斛。受拜则策命之，以在端右故也。太康二年，始给赐绢，春三十匹，秋七十匹，绵七十斤。元康元年，始给菜田六顷，田驺六人，立夏后不及田者，食奉一年。始贾充为尚书令，以目疾表置省事吏四人，省事盖自此始。

仆射，服秩印绶与令同。案汉本置一人，至汉献帝建安四年，以执金吾荣邰为尚书左仆射，仆射分置左右，盖自此始。经魏至晋，迄于江左，省置无恒，置二，则为左右仆射，或不两置，但曰尚书仆射。令阙，则左为省主；若左右并阙，则置尚书仆射以主省事。

列曹尚书，案尚书本汉承秦置，及武帝游宴后庭，始用宦者主中书，以司马迁为之，中间遂罢其官，以为中书之职。至成帝建始四年，罢中书宦者，又置尚书五人，一人为仆射，而四人分为四曹，通掌图书秘记章奏之事，各有其任。其一曰常侍曹，主丞相御史公卿事。其二曰二千石曹，主刺史郡国事。其三曰民曹，主吏民上书事。其四曰主客曹，主外国夷狄事。后成帝又置三公曹，主断狱，是为五曹。后汉光武以三公曹主岁尽考课诸州郡事，改常侍曹为吏部曹，主选举祠祀事，民曹主缮修功作盐池园苑事，客曹主护驾羌胡朝贺事，二千石曹主辞讼事，中都官曹主水火盗贼事，合为六曹。并令仆二人，谓之八座。尚书虽有曹名，不以为号。灵帝以侍中梁鹄为选部尚书，于此始见曹名。及魏改选部为吏部，主选部事，又有左民、客曹、五兵、度支。凡五曹尚书、二仆射、一令为八座。及晋置吏部、三公、客曹、驾部、屯田、度支六曹，而无五兵。咸宁二年，省驾部尚书。四年，省一仆射，又置驾部尚书。太康中，有吏部、殿中及五兵、田曹、度支、左民为六曹尚书，又无驾部、三公、客曹。惠帝世又有右民尚书，止于六曹，不知此时省何曹也。及渡江，有吏部、祠部、五兵、左民、度支五尚书。祠部尚书常与右仆射通职，不恒置，以右仆射摄之，若右仆射阙，则以祠部尚书摄知右事。

左右丞，自汉武帝建始四年置尚书，而便置丞四人。及光武始减其二，唯置左右丞，左右丞盖自此始也。自此至晋不改。晋左丞主台内禁令，宗庙祠祀，朝仪礼制，选用署吏，急假；右丞掌台内库藏庐舍，凡诸器用之物，及廪振人租布，刑狱兵器，督录远道文书章表奏事。八座郎初拜，皆沿汉旧制，并集都座交礼，迁职又解交焉。

尚书郎，西汉旧置四人，以分掌尚书。其一人主匈奴单于营部，一人主羌夷吏民，一人主户口垦田，一人主财帛委输。及光武分尚书为六曹之后，合置三十四人，秩四百石，并左右丞为三十六人。郎主作文书起草，更直五日于建礼门内。尚书郎初从三署诣台试，守尚书郎，中岁满称尚书郎，三年称侍郎，选有吏能者为之。至魏，尚书郎有殿中、吏部、驾部、金部、虞曹、比部、南主客、祠部、度支、库部、农部、水部、仪曹、三公、仓部、民曹、二千石、中兵、外兵、都兵、别兵、考功、定课，凡二十三郎。青龙二年，尚书陈矫奏置都官、骑兵，合凡二十五郎。每一郎缺，白试诸孝廉能结文案者五人，谨封奏其姓名以补之。及晋受命，武帝罢农部、定课，置直事、殿中、祠部、仪曹、吏部、三公、比部、金部、仓部、度支、都官、二千石、左民、右民、虞曹、屯田、起部、水部、左右主客、驾部、车部、库部、左右中兵、左右外兵、别兵、都兵、骑兵、左右士、北主客、南主客，为三十四曹郎。后又置运曹，凡三十五曹，置郎二十三人，更相统摄。及江左，无直事、右民、屯田、车部、别兵、都兵、骑兵、左右士、运曹十曹郎。康穆以后，又无虞曹、二千石二郎，但有殿中、祠部、吏部、仪曹、三公、比部、金部、仓部、度支、都官、左民、起部、水部、主客、驾部、库部、中兵、外兵十八曹郎。后又省主客、起部、水部，余十五曹云。

侍中，案黄帝时风后为侍中，于周为常伯之任，秦取古名置侍中，汉因之。秦汉俱无定员，以功高者一人为仆射。魏晋以来置四人，别加官者则非数。掌傧赞威仪，大驾出则次直侍中护驾，正直侍中负玺陪乘，不带剑，余皆骑从。御登殿，与散骑常侍对扶，侍中居左，常侍居右。备切问近对，拾遗补阙。及江左哀帝兴宁四年，桓温奏省二人，后复旧。

给事黄门侍郎，秦官也。汉已后并因之，与侍中俱管门下众事，无员。及晋，员置四人。

散骑常侍，本秦官也。秦置散骑，又置中常侍，散骑骑从乘舆车后，中常侍得入禁中，皆无员，亦以为加官。汉东京初，省散骑，而中常侍用宦者。魏文帝黄初初，置散骑，合之于中常侍，同掌规谏，不典事，貂珰插右，骑而散从，至晋不改。及元康中，惠帝始以宦者董猛为中常侍，后遂止。常为显职。

给事中，秦官也。所加或大夫、博士、议郎，掌顾问应对，位次中常侍。汉因之。及汉东京省，魏世复置，至晋不改。在散骑常侍下，给事黄门侍郎上，无员。

通直散骑常侍，案魏末散骑常侍又有在员外者。泰始十年，武帝使二人与散骑常侍通员直，故谓之通直散骑侍。江左置四人。

员外散骑常侍，魏末置，无员。

散骑侍郎四人，魏初与散骑常侍同置。自魏至晋，散骑常侍、侍郎与侍中、黄门侍郎共平尚书奏事，江左乃罢。

通直散骑侍郎四人。初，武帝置员外散骑侍郎，及太兴元年，元帝使二人与散骑侍郎通员直，故谓之通直散骑侍郎，后增为四人。

员外散骑侍郎，武帝置，无员。

奉朝请，本不为官，无员。汉东京罢三公、外戚、宗室、诸侯多奉朝请。奉朝请者，奉朝会请召而已。武帝亦以宗室、外戚为奉车、驸马、骑三都尉而奉朝请焉。元帝为晋王，以参军为奉车都尉，掾属为驸马都尉，行参军舍人为骑都尉，皆奉朝请。后罢奉车、骑二都尉，唯留驸马都尉奉朝请。诸尚公主者刘惔、桓温皆为之。

中书监及令，案汉武帝游宴后庭，始使宦者典事尚书，谓之中书谒者，置令、仆射。成帝改中书谒者令曰中谒者令，罢仆射。汉东京省中谒者令，而有中官谒者令，非其职也。魏武帝为魏王，置秘书令，典尚书奏事。文帝黄初初改为中书，置监、令，以秘书左丞刘放为中书监，右丞孙资为中书令；监、令盖自此始也。及晋因之，并置员一人。

中书侍郎，魏黄初初，中书既置监、令，又置通事郎，次黄门郎。黄门郎已署事过，通事乃署名。已署，奏以入，为帝省读，书可。及晋，改曰中书侍郎，员四人。中书侍郎盖此始也。及江左初，改中书侍郎曰通事郎，寻复为中书侍郎。

中书舍人，案晋初初置舍人、通事各一人，江左合舍人通事谓之通事舍人，掌呈奏案章。后省，而以中书侍郎一人直西省，又掌诏命。

秘书监，案汉桓帝延熹二年置秘书监，后省。魏武为魏王，置秘书令、丞。及文帝黄初初，置中书令，典尚书奏事，而秘书改令为监。后以何祯为秘书丞，而秘书先自有丞，乃以祯为秘书右丞。及晋受命，武帝以秘书并中书省，其秘书著作之局未废。惠帝永平中，复置秘书监，其属官有丞，有郎，并统著作省。

著作郎，周左史之任也。汉东京图籍在东观，故使名儒著作东观，有其名，尚未有官。魏明帝太和中，诏置著作郎，于此始有其官，隶中书省。及晋受命，武帝以缪徵为中书著作郎。元康二年，诏曰："著作旧属中书，而秘书既典文籍，今改中书著作为秘书著作。"于是改隶秘书省。后别自置省而犹隶秘书。著作郎一人，谓之大著作郎，专掌史任，又置佐著作郎八人。著作郎始到职，必撰名臣传一人。

太常、光禄勋、卫尉、太仆、廷尉、大鸿胪、宗正、大司农、少府、将作大匠、太后三卿、大长秋，皆为列卿，各置丞、功曹、主簿、五官等员。

太常，有博士、协律校尉员，又统太学诸博士、祭酒及太史、太庙、太乐、鼓吹、陵等令，太史又别置灵台丞。

太常博士，魏官也。魏文帝初置，晋因之。掌引导乘舆。王公已下应追谥者，则博士议定之。

协律校尉，汉协律都尉之职也，魏杜夔为之。及晋，改为协律校尉。

晋初承魏制，置博士十九人。及咸宁四年，武帝初立国子学，定置国子祭酒、博士各一人，助教十五人，以教生徒。博士皆取履行清淳，通明典义者，若散骑常侍、中书侍郎、太子中庶子以上，乃得召试。及江左初，减为九人。元帝末，增《仪礼》、《春秋公羊》博士各一人，合为十一人。后又增为十六人，不复分掌《五经》，而谓之太学博士也。孝武太元十年，损国子助教员为十人。

光禄勋，统武贲中郎将、羽林郎将、冗从仆射、羽林左监、五官左右中郎将、东园匠、太官、御府、守宫、黄门、掖庭、清商、华林园、暴室等令。哀帝兴宁二年，省光禄勋，并司徒。孝武宁康元年复置。

卫尉，统武库、公车、卫士、诸冶等令，左右都候，南北东西督冶掾。及渡江，省卫尉。

太仆，统典农、典虞都尉，典虞丞，左右中典牧都尉，车府典牧，乘黄厩、骅骝厩、龙马厩等令。典牧又别置羊牧丞。太仆，自元帝渡江之后或省或置。太仆省，故骅骝为门下之职。

廷尉，主刑法狱讼，属官有正、监、评，并有律博士员。

大鸿胪，统大行、典客、园池、华林园、钩盾等令，又有青宫列丞、邺玄武苑丞。及江左，有事则权置，无事则省。

宗正，统皇族宗人图谍，又统太医令史，又有司牧掾员。及渡江，哀帝省并太常，太医以给门下省。

大司农，统太仓、籍田、导官三令，襄国都水长，东西南北部护漕掾。及渡江，哀帝省并都水，孝武复置。

少府，统材官校尉、中左右三尚方、中黄左右藏、左校、甄官、平准、奚官等令，左校坊、邺中黄左右藏、油官等丞。及渡江，哀帝省并丹阳尹，孝武复置。自渡江唯置一尚方，又省御府。

将作大匠，有事则置，无事则罢。

太后三卿，卫尉、少府、太仆，汉置，皆随太后宫为官号，在同名卿上，无太后则阙。魏改汉制，在九卿下。及晋复旧，在同号卿上。

大长秋，皇后卿也，有后则置，无后则省。

御史中丞，本秦官也，秦时，御史大夫有二丞，其一御史丞，其一为中丞。中丞外督部刺史，内领侍御史，受公卿奏事，举劾案章。汉因之，及成帝绥和元年，更名御史大夫为大司空，置长史，而中丞官职如故。哀帝建平二年，复为御史大夫。元寿二年，又为大司空，而中丞出外为御史台主。历汉东京至晋因其制，以中丞为台主。

治书侍御史，案汉宣帝幸宣室斋居而决事，令侍御史二人治书侍侧，后因别置，谓之治书侍御史，盖其始也。及魏，又置治书执法，掌奏劾，而治书侍御史掌律令，二官俱置。及晋，唯置治书侍御史，员四人。泰始四年，又置黄沙狱治书侍御史一人，秩与中丞同，掌诏狱及廷尉不当者皆治之。后并河南，遂省黄沙治书侍御史。及太康中，又省治书侍御史二员。

侍御史，案二汉所掌凡有五曹：一曰令曹，掌律令；二曰印曹，掌刻印；三曰供曹，掌斋祠；四曰尉马曹，掌厩马；五曰乘曹，掌护驾。魏置八人。及晋，员九人，品同治书，而有十三曹：吏曹、课第曹、直事曹、印曹、中都督曹、外都督曹、媒曹、符节曹、水曹、中垒曹、营军曹、法曹、算曹。及江左初，省课第曹，置库曹，掌厩牧牛马市租，后分置，置外左库、内左库云。

殿中侍御史，案魏兰台遣二御史居殿中，伺察非法，即其始也。及晋，置四人，江左置二人。又案晋官品令又有禁防御史第七品，孝武太元中有检校御史吴琨，则此二职亦兰台之职也。

符节御史，秦符玺令之职也。汉因之，位次御史中丞。至魏，别为一台，位次御史中丞，掌授节、铜武符、竹使符。及泰始九年，武帝省并兰台，置符节御史掌其事焉。

司隶校尉，案汉武初置十三州，刺史各一人，又置司隶校尉，察三辅、三河、弘农七郡，历汉东京及魏晋，其官不替。属官有功曹、都官从事、诸曹从事、部郡从事、主簿、录事、门下书佐、省事、记室书佐、诸曹书佐守从事、武猛从事等员，凡吏一百人，卒三十二人。及渡江，乃罢司隶校尉官，其职乃扬州刺史也。

谒者仆射，秦官也，自汉至魏因之。魏置仆射，掌大拜授及百官班次，统谒者十人。及晋武帝省仆射，以谒者并兰台。江左复置仆射，后又省。

都水使者，汉水衡之职也。汉又有都水长丞，主陂池灌溉，保守河渠，属太常。汉东京省都水，置河堤谒者，魏因之。及武帝省水衡，置都水使者一人，以河堤谒者为都水官属。及江左，省河堤谒者，置谒者六人。

中领军将军，魏官也。汉建安四年，魏武丞相府自置，及拔汉中，以曹休为中领军。文帝践阼，始置领军将军，以曹休为之，主五校、中垒、武卫等三营。武帝初省，使中军将军羊祜统二卫、前、后、左、右、骁卫等营，即领军之任也。怀帝永嘉中，改中军曰中领军。永昌元年，改曰北军中候，寻复为领军。成帝世，复为中候，寻复为领军。

护军将军，案本秦护军都尉官也。汉因之，高祖以陈平为护军中尉，武帝复以为护军都尉，属大司马。魏武为相，以韩浩为护军，史涣为领军，非汉官也。建安十二年，改护军为中护军，领军为中领军，置长史、司马。魏初，因置护军将军，主武官选，隶领军，晋世则不隶也。元帝永昌元年，省护军，并领军。明帝太宁二年，复置领、护，

各领营兵。江左以来，领军不复别领营，总统二卫、骁骑、材官诸营，护军犹别有营也。资重者为领军、护军，资轻者为中领军、中护军。属官有长史、司马、功曹、主簿、五官，受命出征则置参军。

左右卫将军，案文帝初置中卫。及武帝受命，分为左右卫，以羊琇为左，赵序为右。并置长史、司马、功曹、主簿员，江左罢长史员。

骁骑将军、游击将军，并汉杂号将军也。魏置为中军。及晋，以领、护、左右卫、骁骑、游击为六军。

左右前后军将军，案魏明帝时有左军，则左军魏官也，至晋不改。武帝初又置前军、右军，泰始八年又置后军，是为四军。

屯骑、步兵、越骑、长水、射声等校尉，是为五校，并汉官也。魏晋逮于江左，犹领营兵，并置司马、功曹、主簿。后省左军、右军、前军、后军为镇卫军，其左右营校尉自如旧，皆中领军统之。

二卫始制前驱、由基、强弩为三部司马，各置督史。左卫，熊渠武贲；右卫，佽飞武贲。二卫各五部督。其命中武贲，骁骑、游击各领之。又置武贲、羽林、上骑、异力四部，并命中为五督。其卫、镇四军如五校，各置千人。更制殿中将军，中郎、校尉、司马比骁骑。持椎斧武贲，分属二卫。尉中武贲、持鈒冗从、羽林司马，常从人数各有差。武帝甚重兵官，故军校多选朝廷清望之士居之。先是，陈勰为文帝所待，特有才用，明解军令。帝为晋王，委任使典兵事。及蜀破后，令勰受诸葛亮围阵用兵倚伏之法，又甲乙校标帜之制，勰悉暗练之，遂以勰为殿中典兵中郎将，迁将军。久之，武帝每出入，勰持白兽幡在乘舆左右，卤簿陈列齐肃。太康末，武帝尝出射雉，勰时已为都水使者，散从。车驾逼暗乃还，漏已尽，当合函，停乘舆，良久不得合，乃诏勰合之。勰举白兽幡指麾，须臾之间而函成。皆谢勰闲解，甚为武帝所任。

太子太傅、少傅，皆古官也。泰始三年，武帝始建官，各置一人，尚未置詹事，官事无大小，皆由二傅，并有功曹、主簿、五官。太傅中二千石，少傅二千石。其训导者，太傅在前，少傅在后。皇太子先拜，诸傅然后答之。武帝后以储副体尊，遂命诸公居之；以本位重，故或行或领。时侍中任恺，武帝所亲敬，复使领之，盖一时之制也。咸宁元年，以给事黄门侍郎杨珧为詹事，掌宫事，二傅不复领官属。及杨珧为卫将军，领少傅，省詹事，遂崇广傅训，命太尉贾充领太保，司空齐王攸领太傅，所置吏属复如旧。二傅进贤两梁冠，黑介帻，五时朝服，佩水苍玉，食奉日三斛。太康二年，始给春赐绢五十匹，秋绢百匹，绵百斤。其后太尉汝南王亮、车骑将军杨骏、司空卫瓘、石鉴皆领傅保，犹不置詹事，以终武帝之世。惠帝元康元年，复置詹事，二傅给菜田六顷，田驺六人，立夏后不及田者，食奉一年。置丞一人，秩千石；主簿、五官掾、功曹史、主记门下史、录事、户曹法曹仓曹贼曹功曹书佐、门下亭长、门下书佐、省事各一人，给赤耳安车一乘。及愍怀建官，乃置六傅，三太、三少，以景帝讳师，故改太师为太保，通省尚书事，詹事文书关由六傅。然自元康之后，诸

傅或二或三，或四或六，及永康中复不置詹事也。自太安已来置詹事，终孝怀之世。渡江之后，有太傅少傅，不立师保。

中庶子四人，职如侍中。

中舍人四人，咸宁四年置，以舍人才学美者为之，与中庶子共掌文翰，职如黄门侍郎，在中庶子下，洗马上。

食官令一人，职如太官令。

庶子四人，职比散骑常侍、中书监令。

舍人十六人，职比散骑、中书等侍郎。

洗马八人，职如谒者秘书，掌图籍。释奠讲经则掌其事，出则直者前驱，导威仪。

率更令，主宫殿门户及赏罚事，职如光禄勋、卫尉。

家令，主刑狱、谷货、饮食，职比司农、少府。汉东京主食官令，食官令及晋自为官，不复属家令。

仆，主车马、亲族，职如太仆、宗正。

左右卫率，案武帝建东宫，置卫率，初曰中卫率。泰始五年，分为左右，各领一军。惠帝时，愍怀太子在东宫，又加前后二率。及江左，省前后二率，孝武太元中又置。

王置师、友、文学各一人，景帝讳，故改师为傅。友者因文王、仲尼四友之名号。改太守为内史，省相及仆。有郎中令、中尉、大农为三卿。大国置左右常侍各一人，省郎中，置侍郎二人，典书、典祠、典卫、学官令、典书丞各一人，治书四人，中尉司马、世子庶子、陵庙牧长各一人，谒者四人，中大夫六人，舍人十人，典府各一人。

咸宁三年，卫将军杨珧与中书监荀勖以齐王攸有时望，惧惠帝有后难，因追故司空裴秀立五等封建之旨，从容共陈时宜于武帝，以为"古者建侯，所以藩卫王室。今吴寇未殄，方岳任大，而诸王为帅，都督封国，既各不臣其统内，于事重非宜。又异姓诸将居边，宜参以亲戚，而诸王公皆在京都，非扞城之义，万世之固"。帝初未之察，于是下诏议其制。有司奏，从诸王公更制户邑，皆中尉领兵。其平原、汝南、琅邪、扶风、齐为大国，梁、赵、乐安、燕、安平、义阳为次国，其余为小国，皆制所近县益满万户。又为郡公制度如小国王，亦中尉领兵。郡侯如不满五千户王，置一军一千一百人，亦中尉领之。于时，唯特增鲁公国户邑，追进封故司空博陵公王沈为郡公，钜平侯羊祜为南城侯。又南宫王承、随王万各于泰始中封为县王，邑千户，至是改正县王增邑为三千户。制度如郡侯，亦置一军。自此非皇子不得为王，而诸王之支庶，皆皇家之近属至亲，亦各以土推恩受封。其大国次国始封王之支子为公，承封王之支子为侯，继承王之支子为伯。小国五千户已上，始封王之支子为子，不满五千户始封王之支子及始封公侯之支子皆为男，非此皆不得封。其公之制度如五千户国，侯之制度如不满五千户国，亦置一军千人，中尉领之，伯子男以下各有差而不置军。大国始封之孙罢下军，曾孙又罢上军，次国始封子孙亦罢下军，其余皆以一军为常。大国中军二千人，上下军各千五百人，次国上军二千人，下军千人。其未之国者，大国置守士百人，次国八十人，小国六十人，郡侯县公亦如小国制度。既行，所增徙各如本奏遣就国，而诸公皆恋京师，涕泣而去。及吴平后，齐王攸遂之国。

中朝制，典书令在常侍下，侍郎上。及渡江，则侍郎次常侍，而典书令居三军下。公国则无中尉、常侍、三军，侯国又无大农、侍郎，伯子男唯典书以下，又无学官、令史职，皆以次损焉。公侯以下置官属，随国大小无定制，其余官司各有差。名山大泽不以封，盐铁金银铜锡，始平之竹园，别都宫室园囿，皆不为属国。其仕在天朝者，与之国同，皆自选其文武官。诸入作卿士而其世子年上壮者，皆遣莅国。其王公已下，茅社符玺，车旗命服，一如泰始初故事。

州置刺史，别驾、治中从事、诸曹从事等员。所领中郡以上及江阳、朱提郡，郡各置部从事一人，小郡亦置一人。又有主簿，门亭长、录事、记室书佐、诸曹佐、守从事、武猛从事等。凡吏四十一人，卒二十人。诸州边远，或有山险，滨近寇贼羌夷者，又置弓马从事五十余人。徐州又置淮海，凉州置河津，诸州置都水从事各一人。凉、益州置吏八十五人，卒二十人。荆州又置监佃督一人。

郡皆置太守，河南郡京师所在，则曰尹。诸王国以内史掌太守之任，又置主簿、主记室、门下贼曹、议生、门下史、记室史、录事史、书佐、循行、干、小史、五官掾、功曹史、功曹书佐、循行小史、五官掾等员。郡国户不满五千者，置职吏五十人，散吏十三人；五千户以上，则职吏六十三人，散吏二十一人；万户以上，职吏六十九人，散吏三十九人。郡国皆置文学掾一人。

县大者置令，小者置长。有主簿、录事史、主记室史、门下书佐、干、游徼、议生、循行功曹史、小史、廷掾、功曹史、小史书佐干、户曹掾史干、法曹门干、金仓贼曹掾史、兵曹史、吏曹史、狱小史、狱门亭长、都亭长、贼捕掾等员。户不满三百以下，职吏十八人，散吏四人；三百以上，职吏二十八人，散吏六人；五百以上，职吏四十人，散吏八人；千以上，职吏五十三人，散吏十二人；千五百以上，职吏六十八人，散吏一十八人；三千以上，职吏八十八人，散吏二十六人。

郡国及县，农月皆随所领户多少为差，散吏为劝农。又县五百以上皆置乡，三千以上置二乡，五千以上置三乡，万以上置四乡，乡置啬夫一人。乡户不满千以下，置治书史一人；千以上置史、佐各一人，正一人；五千五百以上，置史一人，佐二人。县率百户置里吏一人，其土广人稀，听随宜置里吏，限不得减五十户。户千以上，置校官掾一人。

县皆置方略吏四人。洛阳县置六部尉。江左以后，建康亦置六部尉，余大县置二人，次县、小县各一人。邺、长安置吏如三千户以上之制。

四中郎将，并后汉置，历魏及晋，并有其职，江左弥重。

护羌、夷、蛮等校尉，案武帝置南蛮校尉于襄阳，西戎校尉于长安，南夷校尉于宁州。元康中，护羌校尉为凉州刺史，西戎校尉为雍州刺史，南蛮校尉为荆州刺史。及江左初，省南蛮校尉，寻又置于江陵，改南夷校尉曰镇蛮校尉。及安帝时，于襄阳置宁蛮校尉。

护匈奴、羌、戎、蛮、夷、越中郎将，案武帝置四中郎将，或领刺史，或持节为之。武帝又置平越中郎将，居广州，主护南越。

卷二十五　　志第十五

舆　服

史臣曰：昔者乘云效驾，卷领垂衣，则黄帝皂衣缥裳，放勋彤车白马，叶三微之序，舍寅丑之建，玄戈玉刃，作会相晖。若乃参旗分景，帝车含曜，又所以营卫南宫，增华北极。《月令》季夏之月，"命妇官染彩"，赪丹班次，各有品章矣。高旗有日月之象，式视有威仪之选，衣兼鞶珮，衡载鸣和，是以闲邪屏弃，不可入也。若乃正名百物，补缉四维，疏怀山之水，静倾天之害，功尤彰者饰弥焕，德愈盛者服弥尊，莫不质良，用成其美。《书》曰："明试以功，车服以庸。"《礼记》曰："鸾车，有虞氏之路也。钩车，夏后氏之路也。大路，殷路也。乘路，周路也。"而黻火山龙，以通其意。前史以为，圣人见鸟兽奇貌，草木英华，始创衣冠，而玄黄殊采；见秋蓬孤转，杓觿旁建，乃作舆轮，而方圆异则。遇物成象，触类兴焉。周因于殷，其来已旧。成王之会，坛垂阴羽，五方之盛，有八十物者焉。宗马鸟旌，冥往不格，殷公、曹叔，此焉低首。《周礼》，巾车氏建大赤以朝，大白以戎。雅制弘多，式遵遗范，宾入异宪，师行殊则，是以有羽有翼，用光其武，钩膺儵革，乃畅其文。六服之冕，五时之路，王之常制，各有等差。逮礼业雕讹，人情驰爽，诸侯征伐，宪度沦亡，一紫乱于齐饰，长缨混于邹玩。孔子曰："君子其学也博，其服也乡。"若乃豪杰不经，庶人干典，彰鹬冠于郑伯之门，蹑珠履于春申之第。及秦皇并国，揽其余轨，丰貂东至，獬豸南来，又有玄旗皂旒之制，旄头罕车之饰，写九王之廷于咸阳北坂，车舆之彩，各树其文，所谓秦人大备，而陈战国之后车者也。及凝脂布网，经书咸烬，削灭三代，以金根为帝辂，除弃六冕，以绚玄为祭服。高祖入关，既因秦制。世宗挺英雄之略，总文景之资，扬霓拂翳，皮轩记鼓，横汾河而祠后土，登甘泉而祭昊天，奉常献仪，谓之大驾，车千乘而骑万匹。至于成帝，以幸姬赵飞燕置属车间豹尾中，又杨雄所谓蹙天狼之威弧，张曜日之灵旄，骈罗列布，雾集云合者也。于后王氏擅朝，武车常韧，赤眉之乱，文物无遗。建武十三年，吴汉平蜀，始送葆车舆辇，充庭之饰，渐以周备。明帝采《周官》、《礼记》，更服衮章，天子冠通天而佩玉玺。魏明以黼黻之美，有疑于僭，于是随章俟略，而捐者半焉。高堂隆奏曰："改正朔、殊徽号者，帝王所以神明其政，变民耳目也。"帝从其议，改青龙五年为景初元年，服色尚黄，从地正也。世祖武皇帝接天人之贶，开典午之基，受终之礼，皆如唐虞故事。晋氏金行，而服色尚赤，岂有司失其传欤！

玉、金、象、革、木等路，是为五路，并天子之法车，皆朱班漆轮，画为樸文。三十辐，法月之数；重毂，贰辖，以赤油，广八寸，长三尺，注地，系两轴头，谓之飞轮。金薄缪龙绕之为舆倚较，较重，为文兽伏轼，龙首衔轭，左右吉阳筩，鸾雀立衡，樸文画辕及幡。青盖，黄为里，谓之黄屋。金华施橑末，橑二十八以象宿。两箱之后，皆玳瑁为鵁翅，加以金银雕饰，故世人亦谓之金鵁车。斜注旂旗于车之左，又加棨戟于车之右，皆橐而施之。棨戟韬以黻绣，上为亚字，系大蛙蟆幡。轭长丈余。于戟之秒，以牦牛尾，大如斗，置左騑马轭上，是为左纛。辕皆曲向上，取《礼纬》"山车垂句"之义，言不揉而能自曲。

玉、金、象三路，各以其物饰车，因以为名。革者漆革，木者漆木。其制，玉路最尊，建太常，十有二旒，九仞委地，画日月升龙，以祀天。金路建大旂，九旒，以会万国之宾，亦以赐上公及王子母弟。象路建大赤，通赤无画，所以视朝，亦以赐诸侯。革路建大白，以即戎兵事，亦以赐四镇诸侯。木路建大麾，以田猎，其麾色黑，亦以赐藩国。玉路驾六黑马，余四路皆驾四马，马并以黄金为文髦，插以翟尾。象镳而镂钖，钖在马面，所谓当颅者也。金𨰉而方釳，金𨰉谓金𨰉为文。釳以铁为之，其大三寸，中央两头高，如山形，贯中以翟尾而结著之也。繁缨赤罽易茸，金就十有二。繁缨，马饰缨，在马膺前，如索裙。五路皆有钖鸾之饰，和铃之响，钩膺玉瓖，钩膺，即繁缨也。瓖，马带玦名也。龙辀华较，辀，车辕也，头为龙象。较，谓车衡上环受鸾者也。朱幩。幩，饰也，人君以朱缠镳扇汗，以为饰也。法驾行则五路各有所主，不惧出；临轩大会则陈乘舆车辇旌鼓于其殿庭。

车，坐乘者谓之安车，倚乘者谓之立车，亦谓之高车。案《周礼》，惟王后有安车也，王亦无之。自汉以来制乘舆，乃有之。有青立车、青安车、赤立车、赤安车、黄立车、黄安车、白立车、白安车、黑立车、黑安车，合十乘，名为五时车，俗谓之五帝车。天子所御则驾六，其余并驾四。建旂十二，各如车色。立车则正竖其旂，安车则邪注。驾马，马亦各随五时之色，白马则朱其骊尾，左右騑骖，金𨰉镂钖，黄屋左纛，如金根之制，行则从后。五牛旗，平吴后所造，以五牛建旗，车设五牛，青赤在左，黄在中，白黑在右。竖旗于牛背，行则使人舆之。牛之为义，盖取其负重致远而安稳也。旗常缠不舒，所谓德车结旌也。天子亲戎则舒，谓武车绥旌也。

金根车，驾四马，不建旗帜，其上如画轮车，下犹金根之饰。

耕根车，驾四马，建赤旂，十有二旒，天子亲耕所乘者也。一名芝车，一名三盖车。置耒耜于轼上。魏景初元年，改正朔，易服色，色尚黄，牲用白，戎事乘黑首白马，建大赤之旂，朝会则建大白，行殷之时也。泰始二年，有司奏："宜如有虞遵唐故事，皆用前代正朔服色，其金根、耕根车，并以建赤旗。"帝从之。

辇，案自汉以来为人君之乘，魏晋御小出即乘之。

戎车，驾四马，天子亲戎所乘者也。载金鼓、羽旗、幢翳，置弩于轼上，其建矛戟麾悉斜注。

猎车，驾四马，天子校猎所乘也。重辋漫轮，缪龙绕之。一名闟䡴车，一名蹹猪车。魏文帝改名蹹兽车。《记》云"国君不乘奇车"，奇车亦猎车也。古天子猎则乘木辂，后人代以猎车也。

游车，九乘，驾四，先驱之乘是也。

云罕车，驾四。

皮轩车，驾四，以兽皮为轩。

鸾旗车，驾四，先辂所载也。鸾旗者，谓析羽旄而编之，列系幢傍也。

建华车，驾四，凡二乘，行则分居左右也。

轻车，驾二，古之战车也。前后二十乘，分居左右。舆轮洞朱，不巾不盖，建矛戟麾幢，置弩簸于轼上。大驾法驾出，射声校尉、司马、吏士、战士载，以次属车。

司南车，一名指南车，驾四马，其下制如楼，三级；四角金龙衔羽葆；刻木为仙人，衣羽衣，立车上，车虽回运而手常南指。大驾出行，为先启之乘。

记里鼓车，驾四，形制如司南，其中有木人执棰向鼓，行一里则打一棰。

羊车，一名辇车，其上如辂，伏兔箱，漆画轮轭。武帝时，护军羊琇辄乘羊车，司隶刘毅纠劾其罪。

画轮车，驾牛，以彩漆画轮毂，故名曰画轮车。上起四夹杖，左右开四望，绿油幢，朱丝络，青交路，其上形制事事如辇，其下犹如犊车耳。古之贵者不乘牛车，汉武帝推恩之末，诸侯寡弱，贫者至乘牛车，其后稍见贵之。自灵献以来，天子至士遂以为常乘，至尊出朝堂举哀乘之。

属车，一曰副车，一曰贰车，一曰左车。汉因秦制，大驾属车八十一乘，行则中央左右分为行。

法驾属车三十六乘。最后车悬豹尾，豹尾以前比之省中。属车皆皂盖朱里云。

御衣车、御书车、御韬车、御药车，皆驾牛。

阳遂四望绣窗皂轮小形车，驾牛。

象车，汉卤簿最在前。武帝太康中平吴后，南越献驯象，诏作大车驾之，以载黄门鼓吹数十人，使越人骑之。元正大会，驾象入庭。

中朝大驾卤簿

先象车，鼓吹一部，十三人，中道。 次静室令，驾一，中道。式道候二人，驾一，分左右也。 次洛阳尉二人，骑，分左右。 次洛阳亭长九人，赤车，驾一，分三道，各吹正二人引。 次洛阳令，皂车，驾一，中道。次河南中部掾，中道。河桥掾在左，功曹史在右，并驾一。 次河南尹，驾驷，戟吏六人。 次河南主簿，驾一，中道。 次河南主记，驾一，中道。 次司隶部河南从事，中道。都部从事居左，别驾从事居右，并驾一。 次司隶校尉，驾三，戟吏八人。 次司隶主簿，驾一，中道。次司隶主记，驾一，中道。 次廷尉明法掾，中道。五官掾居左，功曹史居右，并驾一。 次廷尉卿，驾驷，戟吏六人。 次廷尉主簿、主记，并驾一，在左。太仆引从如廷尉，在中。宗正引从如廷尉，在右。 次太常，驾驷，中道，戟吏六人。太常外部掾居左，五官掾、功曹吏居右，并驾一。 次光禄引从，中道。太常主簿、主记居左，卫尉引从居右，并驾一。 次太尉外督令史，驾一，中道。

次西东贼仓户等曹属，并驾一，引从。 次太尉，驾驷，中道。太尉主簿、舍人各一人，祭酒二人，并驾一，在左。

次司徒引从，驾驷，中道。 次司空引从，驾驷，中道。三公骑令史戟各八人，鼓吹各一部，七人。 次中护军，中道，驾驷。卤簿左右各二行，戟楯在外，弓矢在内，鼓吹一部，七人。 次步兵校尉在左，长水校尉在右，并驾一。各卤簿左右二行，戟楯在外，刀楯在内，鼓吹各一部，七人。 次射声校尉在左，翊军校尉在右，并驾一。各卤簿左右各二行，戟楯在外，刀楯在内，鼓吹各一部，七人。 次骁骑将军在左，游击将军在右，并驾一。皆卤簿左右引各二行，戟楯在外，刀楯在内，鼓吹各一部，七人。骑队，五在左，五在右，队各五十匹，命中督二人分领左右。各有戟吏二人，麾幢独揭，鼓在队前。 次左将军在左，前将军在右，并驾一。皆卤簿左右各二行，戟楯盾在外，刀楯在内，鼓吹各一部，七人。 次黄门麾骑，中道。 次黄门前部鼓吹，左右各一部，十三人，驾驷。八校尉佐仗，左右各四行，外大戟楯，次九尺楯，次弓矢，次弩，并熊渠、佽飞督领之。 次司南车，驾驷，中道。护驾御史，骑，夹左右。 次谒者仆射，驾驷，中道。次御史中丞，驾一，中道。 次武贲中郎将，骑，中道。

次九游车，中道，武刚车夹左右，并驾驷。 次云罕车，驾驷，中道。 次闟䡴车，驾驷，中道，长戟邪偃向后。次皮轩车，驾驷，中道。 次鸾旗车，中道，建华车分左右，并驾驷。 次护驾尚书郎三人，都官郎中道，驾部在左，中兵在右，并骑。又有护驾尚书一人，骑，督摄前后无常。 次相风，中道。 次司马督，在前，中道。左右各司马史三人引仗，左右各六行，外大戟楯二行。 次九尺楯，次刀楯。 次弓矢，次弩。 次五时车，左右有遮列骑。 次典兵中郎，中道，督摄前却无常。左殿中御史，右殿中监，并骑。 次高盖，中道，左罼，右罕。次御史，中道，左右节郎各四人。 次华盖，中道。 次殿中司马，中道。殿中都尉在左，殿中校尉在右，左右各四行。细楯一行在驾内，又殿中司马一行，殿中都尉一行，殿中校尉一行。 次摆鼓，中道。 次金根车，驾六马，中道。太仆卿御，大将军参乘。左右又各增三行，为九行。司马史九人，引大戟楯二行，九尺楯一行，刀楯一行，由基一行，细弩一行，迹禽一行，椎斧一行，力人刀楯一行。连细楯，殿中司马，殿中都尉，殿中校尉，为左右各十二行。金根车建青旍十二。左将军骑在左，右将军骑在右，殿中将军持凿胁斧夹车，车后衣书主职步从，六行，合左右三十二行。 次曲华盖，中道。侍中、散骑常侍、黄门侍郎并骑，分左右。 次黄钺车，驾一，在左，御麾骑在右。 次相风，中道。 次中书监骑左，秘书监骑右。 次殿中御史骑左，殿中监骑右。 次五牛旗，赤青在左，黄在中，白黑在右。 次大辇，中道。太官令丞在左，太医令丞在右。 次金根车，驾驷，不建旗。 次青立车，次青安车，次赤立车，次赤安车，次黄立车，次黄安车，次白立车，次白安车，次黑立车，次黑安车，合十乘，并驾驷。建旗十二，如车色。立车正竖旗，安东邪拖之。　次蹋猪车，驾驷，中道，无旗。　次耕根车，驾驷，中道，赤旗十二，熊渠督左，佽飞督右。　次御韬车，次御四望车，次御衣车，次御书车，次御药车，并驾牛，中道。　次尚书令在左，尚书仆射在右，又尚书郎六人，分次左右，并驾。又治书侍御史二人，分左右，又侍御史二人，分次左右，又兰台令史分次左右，并骑。　次豹尾车，驾一。自豹尾车后而卤簿尽矣。但以神驽二十张夹道，至后部鼓吹。其五张神弩置一将，左右各二将。次轻车二十乘，左右分驾。　次流苏马六十匹。　次金钺车，驾三，中道。左右护驾尚书郎并令史，并骑，各一人。　次金钲车，驾三，中道。左右护驾侍御史并令史等，并骑，各一人。　次黄门后部鼓吹，左右各十三人。　次戟鼓车，驾牛，二乘，分左右。次左大鸿胪外部掾，右五官掾、功曹史，并驾。　次大鸿胪，驾驷，钺吏六人。　次大司农引从，中道，左大鸿胪主簿、主记，右少府引从。　次三卿，并骑，吏四人，铃下二人，执马鞭辟车六人，执方扇羽林十人，朱衣。　次领军将军，中道。卤簿左右各二行，九尺楯在外，弓矢在内，鼓吹如护军。次后军将军在左，右将军在右，各卤簿鼓吹如左军、前军。　次越骑校尉在左，屯骑校尉在右，各卤簿鼓吹如步兵、射声。　次领护骁骑、游军校尉，皆骑，吏四人，乘马夹道，都督兵曹各一人，乘马在中。骑将军四人，骑校、鞘角、金鼓、铃下、信幡、军校并驾一。功曹吏、主簿并骑从。幰扇幢麾各一骑，鼓吹一部，七骑。　次领护军，加大车斧，五官掾骑从。　次骑十队，队各五十四。将一人，持幢一人，鞘一人，并骑在前，督战伯长各一人，并骑在后，羽林骑督、幽州突骑督分领之。郎簿十队，队各五十人。绛袍将一人，骑、鞘角一人，在前，督战伯长各一人，步，在后。骑皆持矟。　次大戟一队，九尺楯一队，刀楯一队，弓一队，弩一队，队各五十人。黑袴褶将一人，骑校、鞘角各一人，步，在前，督战伯长各一人，步，在后。金颜督将并领之。

皇太子安车，驾三，左右騑。朱班轮，倚兽较，伏鹿轼。九旒，画降龙。青盖，金华蚤二十八枚。黑榛文画轓，文辀，黄金涂五采。亦谓之鸾路。非法驾则乘画轮车，上开四望，绿油幢，朱丝绳络，两箱里饰以金锦，黄金涂五采。其副车三乘，形制如所乘，但不画轮耳。

王青盖车，皇孙绿盖车，并驾三，左右騑。

云母车，以云母饰犊车。臣下不得乘，以赐王公耳。

皂轮车，驾四牛，形制犹如犊车，但皂漆轮毂，上加青油幢，朱丝绳络。诸王三公有勋德者特加之。位至公或四望、三望、夹望车。

油幢车，驾牛，形制如皂轮，但不漆毂耳。王公大臣有勋德者特给之。

通幰车，驾牛，犹如今犊车制，但举其幰通覆车上也。诸王三公并乘之。

诸公给朝车驾四、安车黑耳驾三各一乘，皂轮犊车各一乘。自祭酒掾属以下及令史，皆皂零，辟朝服。其武官公又别给大车。

特进及车骑将军骠骑将军以下诸大将军不开府非持节都督者，给安车黑耳驾二，轺车施耳后户一乘。

三公、九卿、中二千石、二千石、河南尹、谒者仆射、郊庙明堂法出，皆大车立乘，驾驷。前后导从大车驾二，右騑。他出乘安车。其去位致仕告老，赐安车驷马。

郡县公侯，安车驾二，右騑。皆朱班轮，倚鹿较，伏熊轼，黑辀，皂缯盖。

公旗旒八旒，侯七旒，卿五旒，皆画降龙。

中二千石、二千石，皆皂盖，朱两轓，铜五采，驾二。中二千石以上，右騑。千石、六百石，朱左轓。车轓长六尺，下屈广八寸，上业广尺二寸，九丈，十二初，后谦一寸，若月初生，示不敢自满也。

王公之世子摄命理国者，安车，驾三，旗旒七旒，其封侯之世子五旒。

太康四年，制："依汉故事，给九卿朝车驾四及安车各一乘。"八年，诏："诸尚书军校加侍中常侍者，皆给传事乘韬车，给剑，得入殿省中，与侍臣升降相随。"

大使车，立乘，驾四，赤帷裳，驺骑导从。旧公卿二千石郊庙上陵从驾，乘大使车，他出乘安车也。

小使车，不立乘，驾四，轻车之流也。兰舆皆朱，赤毂，赤屏泥，白盖，赤帷裳，从驺骑四十人。又别有小使车，赤毂皂盖，追捕考案有所执取者之所乘也。凡诸使车皆朱班轮，赤衡轭。

追锋车，去小平盖，加通幰，如韬车，驾二。追锋之名，盖取其迅速也，施于戎阵之间，是为传乘。

韬车，古之时军车也。一马曰韬车，二马曰韬传。汉世贵辎轩而贱韬车，魏晋重韬车而贱辎轩。三品将军以上、尚书令韬车黑耳有后户，仆射但有后户无耳，并皂轮。尚书及四品将军则无后户，漆毂轮。其中书监令如仆射，侍中、黄门、散骑，初拜及谒陵庙，亦得乘之。

皇太后、皇后法驾，乘重翟羽盖金根车，驾青骆，青帷裳，云橑画辕，黄金涂五采，盖爪施金华，驾三，左右騑。其庙见小驾，则乘紫绛罽轩车，云橑画辀，黄金涂五采，驾三。非法驾则皇太后乘辇，皇后乘画轮车。皇后先蚕，乘油画云母安车，驾六騑马；騑，浅黑色。油画两辕安车，驾五騑马，为副。又，金薄石山轩、紫绛罽轩车，皆驾三騑马，为副。女旄头十二人，持棨戟二人，共载安车，俩驾。女尚辇十二人，乘辎车，俩驾。女长御八人，乘安车，俩驾。三夫人油轩车，驾两马，左騑。其贵人驾节画辀。三夫人助蚕，乘青交路，安车，驾三，皆以紫绛罽轩车。九嫔世妇乘轩车，驾三。

长公主赤罽轩车，驾两马。公主、王太妃、王妃，皆油轩车，驾两马，右騑。公主油画安车，驾三，青交路，以紫绛罽轩车驾三为副，王太妃、三夫人亦如之。公主助蚕，乘油画安车，驾三。公主有先置者，乘青交路安车，驾三。

诸王妃、公太夫人、夫人、县乡君、诸郡公侯特进夫人助蚕，乘皂交路安车，驾三。

诸侯监国世子之世妇、侍中常侍尚书中书监令卿校世妇、命妇助蚕,乘皂交路安车,俪驾。

郡县公侯、中二千石、二千石夫人会朝及蚕,各乘其夫之安车,皆右騑,皂交路,皂帷裳。自非公会则不得乘轺车,止乘漆布辎軿,铜五采而已。

王妃、特进夫人、封郡君,安车,驾三,皂交路。封县乡君油軿车,驾两马,右騑。

自过江之后,旧章多缺。元帝践极,始造大路、戎路各一,皆即古金根之制也,无复充庭之仪。至于郊祀大事,则权饰余车以周用。六师亲征则用戎路,去其盖而乘之,属车但五乘而已。加绿油幢,朱丝路,饰青交路,黄金涂五采,其轮毂犹素,两箱无金锦之饰。其一车又是轺车,旧仪,天子所乘驾六,是时无复六马之乘,五路皆驾四而已,同用黑,是为玄牡。无复五时车,有事则权以马车代之,建旗其上。其后但以五色木牛象五时车,竖旗于牛背,行则使人舁之。牛之义,盖取其负重致远安而稳也。旗常缠而不舒斾,所谓德车结旌者也。惟天子亲戎,五旗舒斾,所谓武车绥旌者也。指南车,过江亡失,及义熙五年,刘裕屠广固,始复获焉,乃使工人张纲补缉周用。十三年,裕定关中,又获司南、记里诸车,制度始备。其辇,过江亦亡制度,太元中谢安率意造焉,及破苻坚于淮上,获京都旧辇,形制无差,大小如一,时人服其精记。义熙五年,刘裕执慕容超,获金钲辇、豹尾,旧式犹存。

元帝太兴三年,皇太子释奠。制曰:"今草创,未有高车,可乘安车也。"太元中,东宫建,辂路有青赤旂,致疑。徐邈议,太子既不备五路,赤旂宜省。汉制,太子鸾路皆以安车为名。自晋过江,礼仪疏舛,王公以下,车服卑杂,惟有东宫礼秩崇异,上次辰极,下纳侯王。而安帝为皇太子乘石山安车,制如金路,义不经见,事无所出。

中宫初建及祀先蚕,皆用法驾,太仆妻御,大将军妻参乘,侍中妻陪乘,丹阳尹建康令及公卿之妻奉引,各乘其夫车服,多以官人权领其职。

《周礼》,弁师掌六冕,司服掌六服。自后王之制爰及庶人,各有等差。及秦变古制,郊祭之服皆以袀玄,旧法扫地尽矣。汉承秦弊,西京二百余年犹未能有所制立。及中兴后,明帝乃始采《周官》、《礼记》、《尚书》及诸儒记说,还备衮冕之服。天子车乘冠服从欧阳氏说,公卿以下从大小夏侯氏说,始制天子、三公、九卿、特进之服,侍祠天地明堂,皆ניڶ冕,兼五冕之制,一服而已。天子备十二章,三公诸侯用山龙九章,九卿以下用华虫七章,皆具五采。魏明帝以公卿衮衣黼黻之饰,疑于至尊,多所减损,始制天子服刺绣文,公卿服织成文。及晋受命,遵而无改。天子郊祀天地明堂宗庙,元会临轩,黑介帻,通天冠,平冕。冕,皂表,朱绿里,广七寸,长二尺二寸,加于通天冠上,前圆后方,垂白玉珠,十有二旒,以朱组为缨,无缕。佩白玉,垂珠黄大旒,绶黄赤缥绀四采。衣皂上,绛下,前三幅,后四幅,衣画而裳绣,为日、月、星辰、山、龙、华虫、藻、火、粉米、黼、黻之象,凡十二章。素带广四寸,朱里,以朱绿裨饰其侧。中衣以绛缘其领袖。赤皮为韨,绛袴袜,赤舄。未加元服者,空顶介帻。其释奠先圣,则皂纱袍,绛缘中衣,绛袴袜,黑舄。

其临轩,亦衮冕也。其朝服,通天冠高九寸,金博山颜,黑介帻,绛纱袍,皂缘中衣。其拜陵,黑介帻,帢单衣。其杂服,有青赤黄白缃黑色,介帻,五色纱袍,五梁进贤冠,远游冠,平上帻武冠。其素服,白帢单衣。后汉以来,天子之冕,前后旒用真白玉珠。魏明帝好妇人之饰,改以珊瑚珠。晋初仍旧不改。及过江,服章多阙,而冕饰以翡翠珊瑚杂珠。侍中顾和奏:"旧礼,冕十二旒,用白玉珠。今美玉难得,不能备,可用白璇珠。"从之。

通天冠,本秦制。高九寸,正竖,顶少斜却,乃直下,铁为卷梁,前有展筒,冠前加金博山述,乘舆所常服也。

平冕,王公、卿助祭于郊庙服之。王公八旒,卿七旒。以组为缨,色如其绶。王公衣山龙以下九章,卿衣华虫以下七章。

远游冠,傅玄云秦冠也。似通天而前无山述,有展筒横于冠前。皇太子及王者后、帝之兄弟、帝之子封郡王者服之。诸王加官者自服其官之冠服,惟太子及王者后常冠焉。太子则以翠羽为缕,缀以白珠,其余但青丝而已。

缁布冠,蔡邕云即委貌冠也。太古冠布,齐则缁之。缁布冠,始冠之冠也。其制有四形,一似武冠,又一似进贤,其一上方其下如帻颜,其一刺上而下方下。行乡射礼则公卿委貌冠,以皂绢为之。形如覆杯,与皮弁同制,长七寸,高四寸。衣黑而裳素,其中衣以皂缘领袖。其执事之人皮弁,以鹿皮为之。

进贤冠,古缁布遗象也,斯盖文儒者之服。前高七寸,后高三寸,长八寸,有五梁、三梁、二梁、一梁。人主元服,始加缁布,则冠五梁进贤。三公及封郡公、县公、郡侯、县侯、乡亭侯,则冠三梁。卿、大夫、八座、尚书、关中内侯、二千石及千石以上,则冠两梁。中书郎、秘书丞郎、著作郎、尚书丞郎、太子洗马舍人、六百石以下至于令史、门郎、小史、并冠一梁。汉建初中,太官令冠两梁,亲省御膳为重也。博士两梁,崇儒也。宗室刘氏亦得两梁冠,示加服也。

武冠,一名武弁,一名大冠,一名繁冠,一名建冠,一名笼冠,即古之惠文冠。或曰赵惠文王所造,因以为名。亦云,惠者蟪也,其冠文轻细如蝉翼,故名惠文。或云,齐人见千岁涸泽之神,名曰庆忌,冠大冠,乘小车,好疾驰,因象其冠而服焉。汉幸臣闳孺为侍中,皆服大冠。天子元服亦先加大冠,左右侍臣及诸将军武官通服之。侍中、常侍则加金珰,附蝉为饰,插以貂毛,黄金为竿,侍中插左,常侍插右。胡广曰:"昔赵武灵王为胡服,以金貂饰首。秦灭赵,以其君冠赐侍臣。"应劭《汉官》云:"说者以为金取刚强,百炼不耗。蝉居高饮清,口在掖下。貂内劲悍而外柔缛。"又以蝉取清高饮露而不食,貂则紫蔚柔润而毛采不彰灼,金则贵其宝莹,于义亦有所取。或以为北土多寒,胡人常以貂皮温额,后世效此,遂以附冠。汉貂用赤黑色,王莽用黄貂,各附服色所尚也。

高山冠,一名侧注,高九寸,铁为卷梁,制似通天。顶直竖,不斜却,无山述展筒。高山者,《诗》云"高山仰止",取其矜庄宾远者也。中外官、谒者、谒者仆射所服。胡广曰:"高山,齐王冠也。傅曰'桓公好高冠大带'。秦灭齐，以其君冠赐谒者近臣。"应劭曰："高山，今法冠也，秦行人使官亦服之。"而《汉官仪》云"乘舆冠高山之冠，飞翮之缨"，然则天子亦有时服焉。《傅子》曰："魏明帝以其制似通天、远游，故改令卑下。"

法冠，一名柱后，或谓之獬豸冠。高五寸，以继为展筒。铁为柱卷，取其不曲挠也。侍御史、廷尉正监平，凡执法官皆服之。或谓獬豸神羊，能触邪佞。《异物志》云："北荒之中，有兽名獬豸，一角，性别曲直。见人斗，触不直者。闻人争，咋不正者。楚王尝获此兽，因象其形以制衣冠。"胡广曰："《春秋左氏传》晋侯观于军府，见钟仪，曰'南冠而絷者谁也'？南冠即楚冠。秦灭楚，以其冠服赐执法臣也。"

长冠，一名齐冠。高七寸，广三寸，漆纚为之，制如版，以竹为里。汉高祖微时，以竹皮为此冠，其世因谓刘氏冠。后除竹用漆纚。司马彪曰："长冠盖楚制。人间或谓之鹊尾冠，非也。救日蚀则服长冠，而祠宗庙诸祀冠之。此高祖所造，后世以为祭服，尊敬之至也。"

建华冠，以铁为柱卷，贯大铜珠九枚，古用杂木珠，原宪所服华冠是也。又《春秋左氏传》郑子臧好聚鹬冠，谓建华是也。祀天地、五郊、明堂，舞人服之。汉《育命舞》乐人所服。

方山冠，其制似进贤。郑展曰："方山冠，以五采縠为之。"汉《大予》、《八佾》、《五行》乐人所服，冠衣各如其行方之色而舞焉。

巧士冠，前高七寸，要后相通，直竖。此冠不常用，汉氏惟郊天，黄门从官四人冠之；在卤簿中，夹乘舆车前，以备宦者四星。或云，扫除从官所服。

却非冠，高五寸，制似长冠。宫殿门吏仆射冠之。负赤幡，青翅燕尾，诸仆射幡皆如之。

却敌冠，前高四寸，通长四寸，后高三寸，制似进贤。凡当殿门卫士服之。

樊哙冠，广九寸，高七寸，前后出各四寸，制似平冕。昔楚汉会于鸿门，项籍图危高祖，樊哙常持铁楯，闻急，乃裂裳苞楯，戴以为冠，排入羽营，因数项罪，汉王乘间得出。后人壮其意，乃制冠象焉。凡殿门司马卫士服之。

术氏冠，前圆，吴制，差池四重。赵武灵王好服之。或曰，楚庄王复仇冠是也。

鹬冠，加双鹬尾，竖插两边。鹬，鸟名也，形类鹞而微黑，性果勇，其斗至死乃止。上党贡之，赵武灵王以表显壮士。至秦汉，犹施之武人。

皮弁，以鹿皮浅毛黄白色者为之。《礼》"王皮弁，会五采玉璂，象邸玉笄"，谓之合皮为弁。其缝中名曰会，以采玉朱为璂。璂，结也。天子五采，诸侯三采。邸，冠下抵也，象骨为之，音帝也。天子则缝十二，公侯伯七，子男五，孤四，卿大夫三。

韦弁，制似皮弁，顶上尖，靺草染之，色如浅绛。

爵弁，一名广冕。高八寸，长尺二寸，如爵形，前小后大。增其上似爵头色。有收持笄，所谓夏收殷哻者也。祠天地、五郊、明堂，《云翘舞》乐人服之。

帻者，古贱人不冠者之服也。汉元帝额有壮发，始引帻服之。王莽顶秃，又加其屋也。《汉注》曰，冠进贤者宜长耳，今介帻也。冠惠文者宜短耳，今平上帻也。始时各随所宜，遂因冠为别。介帻服文吏，平上帻服武官也。童子帻无屋者，示不成人也。又有纳言帻，帻后收又一重，方三寸。又有赤帻，骑吏、武吏、乘舆鼓吹所服。救日蚀，文武官皆免冠著帻，对朝服，示武威也。

汉仪，立秋日猎，服缃帻。及江左，哀帝从博士曹弘之等议，立秋御读令，改用素白帢。案汉末王公名士多委王服，以幅巾为雅，是以袁绍、崔钧之徒，虽为将帅，皆著缣巾。魏武以天下凶荒，资财乏匮，拟古皮弁，裁缣帛以为帢，合乎简易随时之义，以色别其贵贱，本施军饰，非为国容也。徐爰曰："俗说帢本未有岐，荀文若巾之行，触树枝成岐，谓之为善，因而弗改。"今通以为庆吊服。

巾，以葛为之，形如帢而横著之，古尊卑共服也。故汉末妖贼以黄为巾，世谓黄巾贼。

帽名犹冠也，义取于蒙覆其首，其本纚也。古者冠无帻，冠下有纚，以缯为之。后世施帻于冠，因或裁缦为帽。自乘舆宴居，下至于庶人无爵者皆服之。成帝咸和九年，制听尚书八座丞郎、门下三省侍官乘车，白帢低帏，出入掖门。又，二宫直官著乌纱帽。然则往往士人宴居皆著帽矣。而江左时野人已著帽，人士亦往往而然，但其顶圆耳，后乃高其屋云。

汉制，自天子至于百官，无不佩剑，其后惟朝带剑。晋世始代之以木，贵者犹用玉首，贱者亦用蚌、金银、玳瑁为雕饰。

乘舆六玺，秦制也。曰"皇帝行玺"、"皇帝之玺"、"皇帝信玺"、"天子行玺"、"天子之玺"、"天子信玺"，汉遵秦不改。又有秦始皇蓝田玉玺，螭兽纽，在六玺之外，文曰"受天之命，皇帝寿昌"。汉高祖佩之，后世名曰传国玺，与斩白蛇剑俱为乘舆所宝。斩白蛇剑至惠帝时武库火烧，遂亡。及怀帝没胡，传国玺没于刘聪，后又没于石勒。及石季龙死，胡乱，穆帝世乃还江南。

革带，古之鞶带也，谓之鞶革，文武众官牧守丞令下及驺寺皆服之。其有囊绶，则以缀于革带，其戎服则以皮络带之。八坐尚书荷紫，以生紫为袷囊，缀之服外，加于左肩。昔周公负成王，制此服衣，至今以为朝服。或云汉世用盛奏事，负之以行，未详也。

车前五百者，卿行旅从，五百人为一旅。汉氏一统，故去其人，留其名也。

袴褶之制，未详所起，近世凡车驾亲戎、中外戒严服之。服无定色，冠黑帽，缀紫摽，摽以缯为之，长四寸，广一寸，腰有络带以代鞶。中官紫摽，外官绛摽。又有纂严戎服而不缀摽，行留文武悉同。其畋猎巡幸，则惟从官戎服带鞶革，文官不下缨，武官脱冠。

汉制，一岁五郊，天子与执事者所服各如方色，百官不执事者服常服绛衣以从。魏秘书监秦静曰："汉氏承秦，改六冕之制，但玄冠绛衣而已。"魏已来名为五时朝服，又有四时朝服，又有朝服。自皇太子以下随官受给。百官虽服五时朝服，据今止给四时朝服，阙秋服。三年一易。

诸假印绶而官不给鞶囊者，得自具作，其但假印不假绶者，不得佩绶蹙，古制也。汉世著鞶囊者，侧在腰间，或谓之傍囊，或谓之绶囊，然则以紫囊盛绶也。或盛或散，各有其时。

笏，古者贵贱皆执笏，其有事则摺之于腰带，所谓摺绅之士者，摺笏而垂绅带也。绅垂长三尺。笏者，有事则书之，故常簪笔，今之白笔是其遗象。三台五省二品文官簪之，王、公、侯、伯、子、男、卿尹及武官不簪，加内侍位者乃簪之。手版即古笏矣。尚书令、仆射、尚书手版头复有白笔，以紫皮裹之，名曰笏。

皇太子金玺龟钮，朱黄绶，四采：赤、黄、缥、绀。给五时朝服、远游冠，介帻、翠绥。佩瑜玉，垂组。朱衣绛纱襮，皂缘白纱，其中衣白曲领。带剑，火珠素首。革带，玉钩爕兽头鞶囊。其大小会、祠宗庙、朔望、五日还朝皆朝服，常还上官则朱服，预上官正会则于殿下脱剑舄。又有三梁进贤冠。其侍祀则平冕九旒，衮衣九章，白纱绛缘中单，绛绮拼，采画织成衮带，金辟邪首，紫绿二色带，采画广领、曲领各一，赤舄绛袜。若讲，则著介帻单衣。释奠，则远游冠、玄朝服，绛缘中单，绛袴袜，玄舄。若未加元服，则中舍人执冕从，介帻单衣玄服。

诸王金玺龟钮，缥朱绶，四采：朱、黄、缥、绀。五时朝服，远游冠介帻，亦有三梁进贤冠。朱衣绛纱襮皂缘，中衣素表。革带，黑舄，佩山玄玉，垂组，大带。若加余官，则服其加官之服也。

皇后谒庙，其服皂上皂下，亲蚕则青上缥下，皆深衣制，隐领，袖缘以絛。首饰则假髻、步摇，俗谓之珠松是也，簪珥。步摇以黄金为山题，贯白珠为支相缪。八爵九华，熊、兽、赤罴、天鹿、辟邪、南山丰大特六兽，诸爵兽皆以翡翠为毛羽，金题白珠珰，绕以翡翠为华。元康六年，诏曰："魏以来皇后蚕服皆以文绣，非古义也。今宜纯服青，以为永制。"

贵人、夫人、贵嫔，是为三夫人，皆金章紫绶，章文曰贵人、夫人、贵嫔之章。佩于阗玉。

淑妃、淑媛、淑仪、修华、修容、修仪、婕妤、容华、充华，是为九嫔，银印青绶，佩采瓅玉。

贵人、贵嫔、夫人助蚕，服纯缥为上与下，皆深衣制。太平髻，七鑮蔽髻，黑玳瑁，又加簪珥。九嫔及公主、夫人五鑮，世妇三鑮。助蚕之义，自古而然矣。

皇太子妃金玺龟钮，缥朱绶，佩瑜玉。

诸王太妃、妃、诸长公主、公主、封君金印紫绶，佩山玄玉。

长公主、公主见会，太平髻，七鑮蔽髻。其长公主得有步摇，皆有簪珥，衣服同制。自公主、封君以上皆带绶，以彩组为绲带，各如其绶色，金辟邪首为带玦。

郡公侯县公侯太夫人，夫人银印青绶，佩水苍玉，其特加乃金紫。

公特进侯卿校世妇、中二千石二千石夫人绀缯幗，黄金龙首衔白珠，鱼须擿长一尺为簪珥。入庙佐祭者皂绢上下。助蚕者缥绢上下，皆深衣制缘。

自二千石夫人以上至皇后，皆以蚕衣为朝服。

卷二十六　　　　　志第十六

食　货

昔者先王量地以制邑，度地以居民，因三才以节其务，敬四序以成其业，观其谣俗而正其纪纲。勖农桑之本，通鱼盐之利，登良山而采符玉，泛瀛海而罩珠玑。日中为市，总天下之隶，先诸布帛，继以货泉，贸迁有无，各得其所。《周礼》，正月始和，乃布教于象魏。若乃一夫之士，十亩之宅，三日之徭，九均之赋，施阳礼以兴其让，命春社以勖其耕。天之所贵者人也，明之所求者学也，治《经》入官，则君子之道焉。《诗》曰："三之日于耜，四之日举趾。"是以农官泽虞，各有攸次，父兄之习，不劳而成，十五从务，始胜衣服，乡无游手，邑不废时，所谓厥初生民，各从其事者也。是以太公通市井之货，以致齐国之强，鸥夷善发敛之居，以盛中陶之业。昔在金天，勤于民事，命春扈以耕稼，召夏扈以耘锄，秋扈所以收敛，冬扈为焉盖藏。《书》曰："历象日月星辰，敬授民时。"传曰："禹稷躬稼而有天下。"若夫九土既敷，四民承范，东吴有齿角之饶，西蜀有丹沙之富，兖豫漆丝之庸，燕齐怪石之府，秦邠旄羽，迥带琅玕，荆郢桂林，旁通竹箭，江干橘柚，河外舟车，辽西旃罽之乡，葱右蒲梢之骏，殖物怪错，于何不有。若乃上法星象，下料无外，因天地之利，而总山海之饶，百亩之田，十一而税，九年躬稼，而有三年之蓄，可以长孺齿，可以养耆年。因乎人民，用之邦国，宫室有度，旗章有序。朝聘自其仪，宴飨由其制，家殷国阜，远至迩安。救水旱之灾，恤寰瀛之弊，然后王之常膳，乃间笙镛。商周之兴，用此道也。辛纣暴虐，玩其经费，金镂倾宫，广延百里，玉饰鹿台，崇高千仞，宫中九市，各有女司。厚赋以实鹿台之钱，大敛以增钜桥之粟，多发妖冶以充倾宫之丽，广收珍玩以备沙丘之游。悬肉成林，积醪为沼，使男女裸体相逐于其间，伏谐酒池中牛饮者三千余人，宫中以锦绮为席，绫纨为荐。及周王诛纣，肃拜殷墟，乃尽振鹿财，并颁桥粟，上天降休，殷人大喜。王赧云季，徙都西周，九鼎沦没，二南埋尽，贷于百姓，无以偿之，乃上层台以避其责，周人谓王所居为逃责台者也。昔周姬公制以六典，职方陈其九贡，颁财内府，永为不刊。及刑政陵夷，菁茅罕至，鲁侯初践亩之税，秦君收太半之入，前王之范，靡有孑遗。史臣曰：班固为《殖货志》，自三代至王莽之诛，网罗前载，其文详悉。

光武宽仁，龚行天讨，王莽之后，赤眉新败，虽复三晖乃眷，而九服萧条，及得陇望蜀，黎民安堵，自此始行五铢之钱，田租三十税一，民有产子者复以三年之算。显宗即位，天下安宁，民无横徭，岁比登稔。永平五年作常满仓，立粟市于城东，粟斛直钱二十。草树殷阜，牛羊弥望，作贡尤轻，府廪还积，奸回不用，礼义专行。于时东方既明，百官诣阙，戚里侯家，自相驰骛，车如流水，马若飞龙，照映轩庑，光华前载。传曰："三统之元，有阴阳之九焉"，盖天地之恒数也。安帝永初三年，天下水旱，人民相食。帝以鸿陂之地假与贫民。以用度不足，三公又奏请令吏民入钱谷得为关内侯云。桓帝永兴元年，郡国少半遭蝗，河泛数千里，流人十余万户，所在廪给。追建宁永和之初，西羌反叛，二十余年兵连师老，军旅之费三百二十余亿，府帑空虚，延及内郡。冲质短祚，桓灵不轨。中平二年，南宫灾，延及北阙。于是复收天下田亩十钱，用营宫宇。帝出自侯门，居贫即位，常曰："桓帝不能作家，曾无私蓄。"故于西园造万金堂，以为私藏。复寄小黄门私钱，家至巨亿。于是悬鸿都之牓，开卖官之路，公卿以降，悉有等差。廷尉崔烈入钱五百万以买司徒，刺史二千石迁除，皆责助治宫室钱，大郡至二千万钱，不毕者或至自杀。献帝作五铢钱，而有四道连于边缘。有识者尤之曰："岂京师破坏，此钱四出也。"

及董卓寻戈，火焚宫室，乃劫銮驾，西幸长安，悉坏五铢钱，更铸小钱，尽收长安及洛阳铜人飞廉之属，以充鼓铸。又钱无轮郭，文章不便。时人以为秦始皇长人于临洮，乃铸铜人。卓，临洮人也，兴毁不同，凶讹相类。及卓诛死，李傕、郭汜自相攻伐，于长安城中以为战地。是时谷一斛五十万，豆麦二十万，人相食啖，白骨盈积，残骸余肉，臭秽道路。帝使侍御史侯汶出太仓米豆，为饥民作糜，经日颁布而死者愈多。帝于是始疑有司盗其粮廪，乃亲于御前自加临给，饥者人皆泣曰："今始得耳！"帝东归也，李傕、郭汜等追败乘舆于曹阳，夜潜渡河，六宫皆步。初出营栏，后手持缣数匹，董承使符节令孙徽以刃胁夺之，杀旁侍者，血溅后服。既至安邑，御衣穿败，唯以野枣园菜以为糇粮。自此长安城中尽空，并皆四散，二三年间，关中无复行人。建安元年，车驾至洛阳，宫阙荡涤，百官披荆棘而居焉。州郡各拥强兵，而委输不至，尚书郎官自出采稆，或不能自反，死于墟巷。

魏武之初，九州云扰，攻城掠地，保此怀民，军旅之资，权时调给。于时袁绍军人皆资椹枣，袁术战士取给蠃蒲。魏武于是乃募良民屯田许下，又于州郡列置田官，岁有数千万斛，以充兵戎之用。及初平袁氏，以定邺都，令收田租亩粟四升，户绢二匹而绵二斤，余皆不得擅兴，藏强赋弱。文帝黄初二年，以谷贵，始罢五铢钱。于时天下未并，戎车岁动，孔子曰，"加之以师旅，因之以饥馑"，此言兵凶之谋而沴气应之也。于时三方之人，志相吞灭，战胜攻取，耕夫释耒，江淮之乡，尤缺储峙。吴上大将军陆逊抗疏，请令诸将各广其田。权报曰："甚善。今孤父子亲自受田，车中八牛，以为四耦。虽未及古人，亦欲与众均其劳也。"有吴之务农重谷，始于此焉。魏明帝不恭，淫于宫馆，百僚编于手役，天下失其躬稼。此后关东遇水，民亡产业，而兴师辽阳，坐甲江甸，皆以国之经用，胡可胜言。

世祖武皇帝太康元年，既平孙晧，纳百万而罄三吴之资，接千年而总百蜀之用，韬干戈于府库，破舟船于江壑，河滨海岸，三丘八薮，耒耨之所不至者，人皆受焉。

农祥晨正，平秩东作，荷锸赢粮，有同云布。若夫因天而资五纬，因地而兴五材，世属升平，物流仓府，宫闱增饰，服玩相辉。于是王君夫、武子、石崇等更相夸尚，舆服鼎俎之盛，连衡帝室，布金堷之泉，粉珊瑚之树，物盛则衰，固其宜也。永宁之初，洛中尚有锦帛四百万，珠宝金银百余斛。惠后北征，荡阴反驾，寒桃在御，只鸡以给，其布衾两幅，橐钱三千，以为车驾之资焉。怀帝为刘曜所围，王师累败，府帑既竭，百官饥甚，比屋不见火烟，饥人自相啖食。愍皇西宅，馁馑弘多，斗米二金，死者太半。刘曜陈兵，内外断绝，十辈之曲，屑而供帝，君臣相顾，莫不挥涕。元后渡江，军事草创，蛮陬贱布，不有恒准，中府所储，数四千匹。于时石勒勇锐，挺乱淮南，帝惧其侵逼，甚患之，乃诏方镇云，有斩石勒首者，赏布千匹云。

汉自董卓之乱，百姓流离，谷石至五十余万，人多相食。魏武既破黄巾，欲经略四方，而苦军食不足，羽林监颍川枣祗建置屯田议。魏武乃令曰："夫定国之术在于强兵足食，秦人以急农兼天下，孝武以屯田定西域，此先世之良式也。"于是以任峻为典农中郎将，募百姓屯田许下，得谷百万斛。郡国列置田官，数年之中，所在积粟，仓廪皆满。祗死，魏武后追思其功，封爵其子。建安初，关中百姓流入荆州者十余万家，及闻本土安宁，皆企望思归，而无以自业。于是卫觊议为"盐者国之大宝，自丧乱以来放散，今宜如旧置使者监卖，以其直益市犁牛，百姓归者以供给之。勤耕积粟，以丰殖关中，远者闻之，必多竞还。"于是魏武遣谒者仆射监盐官，移司隶校尉居弘农。流人果还，关中丰实。既而又以沛国刘馥为扬州刺史，镇合肥，广屯田，修芍陂、茹陂、七门、吴塘诸堨，以溉稻田，公私有蓄，历代为利。贾逵之为豫州，南与吴接，修守战之具，堨汝水，造新陂，又通运渠二百余里，所谓贾侯渠者也。当黄初中，四方郡守垦田又加，以故国用不匮。时济北颜斐为京兆太守，京兆自马超之乱，百姓不专农殖，乃无车牛。斐又课百姓，令闲月取车材，转相教匠。其无牛者令养猪，投贵卖以买牛。始者皆以为烦，一二年中编户皆有车牛，于田役省赡，京兆遂以丰沃。郑浑为沛郡太守，郡居下湿，水涝为患，百姓饥乏。浑于萧、相二县兴陂堨，开稻田，郡人皆不以为便。浑以为终有经久之利，遂躬率百姓兴功，一冬皆成。比年大收，顷亩岁增，租入倍常，郡中赖其利，刻石颂之，号曰郑陂。魏明帝世徐邈为凉州，土地少雨，常苦乏谷。邈上修武威、酒泉盐池，以收虏谷。又广开水田，募贫民佃之，家家丰足，仓库盈溢。及度支州界军用之余，以市金锦犬马，通供中国之费，西域人入贡，财货流通，皆邈之功也。其后皇甫隆为敦煌太守，敦煌俗不作耧犁，及不知用水，人牛功力既费，而收谷更少。隆到，乃教作耧犁，又教使灌溉。岁终计，所省庸力过半，得谷加五，西方以丰。

嘉平四年，关中饥，宣帝表徙冀州农夫五千人佃上邦，兴京兆、天水、南安盐池，以益军实。青龙元年，开成国渠自陈仓至槐里；筑临晋陂，引汧洛溉卤之地三千余顷，国以充实焉。正始四年，宣帝又督诸军伐吴将诸葛恪，焚其积聚，恪弃城遁走。帝因欲广田积谷，为兼并之计，乃使邓艾行陈、项以东，至寿春地。艾以为田良水少，不足以尽地利，宜开河渠，可以大积军粮，又通运漕之道。乃著《济河论》以喻其指。又以为昔破黄巾，因为屯田，积谷许都，以制四方。今三隅已定，事在淮南。每大军征举，运兵过半，功费巨亿，以为大役。陈蔡之间，土下田良，可省许昌左右诸稻田，并水东下。令淮北二万人、淮南三万人分休，且佃且守。水丰，常收三倍于西，计除众费，岁完五百万斛以为军资。六七年间，可积三千万余斛于淮北，此则十万之众五年食也。以此乘敌，无不克矣。宣帝善之，皆如艾计施行。遂北临淮水，自钟离而南横石以西，尽沘水四百余里，五里置一营，营六十人，且佃且守。兼修广淮阳、百尺二渠，上引河流，下通淮颍，大治诸陂于颍南、颍北，穿渠三百余里，溉田二万顷，淮南、淮北皆相连接。自寿春到京师，农官兵田，鸡犬之声，阡陌相属。每东南有事，大军出征，泛舟而下，达于江淮，资食有储，而无水害，艾所建也。

及晋受命，武帝欲平一江表。时谷贱而布帛贵，帝欲立平籴法，用布帛市谷，以为粮储。议者谓军资尚少，不宜以贵易贱。泰始二年，帝乃下诏曰："夫百姓年丰则用奢，凶荒则穷匮，是相报之理也。故古人权量国用，取赢散滞，有轻重平籴之法。理财钧施，惠而不费，政之善者也。然此事废久，天下希习其宜。加以官蓄未广，言者异同，财货未能达通其制。更令国宝散于穰岁而上不收，贫弱困于荒年而国无备。豪人富商，挟轻资，蕴重积，以管其利。故农夫苦其业，而末作不可禁也。今者省徭务本，并力垦殖，欲令农功益登，耕者尽劲，而犹以腾踊，至于农人并伤。今宜通籴，以充俭乏。主者平议，具为条制。"然事竟未行。是时江南未平，朝廷厉精于稼穑。四年正月丁亥，帝亲耕藉田。庚寅，诏曰："使四海之内，弃末反本，竞农务功，能奉宣朕志，令百姓劝事乐业者，其唯郡县长吏乎！先之劳在，在于不倦。每念其经营职事，亦为勤矣。其以中左典牧种草马，赐县令长相及郡国丞各一匹。"是岁，乃立常平仓，丰则籴，俭则粜，以利百姓。五年正月癸巳，敕戒郡国计吏、诸郡国守相令长，务尽地利，禁游食商贩。其休假者令与父兄同其勤劳，豪势不得侵役寡弱，私相置名。十月，诏以"司隶校尉石鉴所上汲郡太守王宏勤恤百姓，导化有方，督劝开荒五千余顷，遇年普饥而郡界独无匮乏，可谓能以劝教，时同功异者矣。其赐谷千斛，布告天下"。八年，司徒石苞奏："州郡农桑未有殿最之制，宜增掾属令史，有所循行。"帝从之。事见《石苞传》。苞既明于劝课，百姓安之。十年，光禄勋夏侯和上修新渠、富寿、游陂三渠，凡溉田千五百顷。

咸宁元年十二月，诏曰："出战入耕，虽自古之常，然事力未息，未尝不以战士为念也。今邺奚官奴婢著新城，代田兵种稻，奴婢各五十人为一屯，屯置司马，使皆如屯田法。"三年，又诏曰："今年霖雨过差，又有虫灾。颍川、襄城自春以来，略不下种，深以为虑。主者何以为百姓计，促处当之。"杜预上疏曰：

臣辄思惟，今者水灾东南特剧，非但五稼不收，居业并损，下田所在停汙，高地皆多硗塉，此即百姓困穷方在来年。虽诏书切告长吏二千石为之设计，而不廓开大制，定其趣舍之宜，恐徒文具，所益盖薄。当今秋夏蔬食之时，而百姓已有不赡，前至冬春，野无青草，则必指仰官谷，以为生命。此乃一方之大事，不可不豫为思虑者也。

臣愚谓既以水为困，当恃鱼菜螺蚌，而洪波泛滥，贫弱者终不能得。今者宜大坏兖、豫州东界诸陂，随其所归而宣导之。交令饥者尽得水产之饶，百姓不出境界之内，且暮野食，此目下日给之益也。水去之后，填淤之田，亩收数钟。至春大种五谷，五谷必丰，此又明年益也。

臣前启，典牧种牛不供耕驾，至于老不穿鼻者，无益于用，而徒有吏士谷草之费，岁送任驾者甚少，尚复不调习，宜大出卖，以易谷及为赏直。

诏曰："孳育之物，不宜减散。"事遂停寝。问主者，今典虞右典牧种产牛，大小相通，有四万五千余头。苟不益世用，头数虽多，其费日广。古者匹马丘牛，居则以耕，出则以战，非如猪羊类也。今徒养宜用之牛，终为无用之费，甚失事宜。东南以水田为业，人无牛犊。今既坏陂，可分种牛三万五千头，以付二州为吏士庶，使及春耕。谷登之后，头责三百斛。是为化无用之费，得运水次成谷七百万斛，此又数年后之益也。加以百姓降丘宅土，将来公私之饶乃不可计。其所留好种万头，可即令右典牧都尉官属养之。人多畜少，可并佃牧地，明其考课。此又三魏近甸，岁当复入数十万斛谷，牛又皆当调习，动可驾用，皆今日之可全者也。"

预又言：

诸欲修水田者，皆以火耕水耨为便。非不尔也，然此事施于新田草莱，与百姓居相绝离者耳。往者东南草创人稀，故得火田之利。自顷户口日增，而陂堨岁决，良田变生蒲苇，人居沮泽之际，水陆失宜，放牧绝种，树木立枯，皆陂之害也。陂多则土薄水浅，潦不下润。故每有水雨，辄复横流，延及陆田。言者不思其故，因云此土不可陆种。臣计汉之户口，以验今之陂处，皆陆业也。其或有旧陂旧堨，则坚完修固，非今所谓当为人害者也。臣前见尚书胡威启宜坏陂，其言恳至。臣中者又见宋侯相应遵上便宜，求坏泗陂，徙运道。时下都督度支共处当，各据所见，不从遵言。臣案遵上事，运道东诣寿春，有旧渠，可不由泗陂。泗陂在遵地界坏地凡万三千余顷，伤败成业。遵县领佃二千六百口，可谓至少，而犹患地狭，不足肆力，此皆水之为害也。当所共恤，而都督度支方复执异，非所见之难，直以不同害理也。人心所见既不同，利害之情又有异。军家之与郡县，士大夫之与百姓，其意莫有同者，此皆偏其利以忘其害者也。此理之所以未尽，而事之所以多患也。

臣又案，豫州界二度支所领佃者，州郡大军杂士，凡用水田七千五百余顷耳，计三年之储，不过二万余顷。以常理言之，无为多积无用之水，况于今者水涝溢溢，大为灾害。臣以为与其失当，宁泻之不潴。宜发明诏,敕刺史二千石,其汉氏旧陂旧堨及山谷私家小陂,皆当修缮以积水。其诸魏氏以来所造立,及诸因雨决溢蒲苇马肠陂之类,皆决沥之。长吏二千石躬亲劝功,诸食力之人并一时附功令,比及水冻,得粗枯涸,其所修功实之人皆以俾之。其旧陂堨沟渠当有所补塞者,皆寻求微迹,一如汉时故事,豫为部分列上,须冬,东南休兵交代,各留一月以佐之。夫川渎有常流,地形有定体,汉氏居人众多,犹以无患,今因其所患而宣写之,迹古事以明近,大理显然,可坐论而得。臣不胜愚意,窃谓最是今日之实益也。"朝廷从之。

及平吴之后,有司又奏:"诏书'王公以国为家,京城不宜复有田宅。今未暇作诸国邸,当使城中有往来处,近郊有刍藁之田'。今可限之,国王公侯,京城得有一宅之处。近郊田,大国田十五顷,次国十顷,小国七顷。城内无宅城外有者,皆听留之。"

又制户调之式:丁男之户,岁输绢三匹,绵三斤,女及次丁男为户者半输。其诸边郡或三分之二,远者三分之一。夷人输賨布,户一匹,远者或一丈。男子一人占田七十亩,女子三十亩。其外丁男课田五十亩,丁女二十亩,次丁男半之,女则不课。男女年十六已上至六十为正丁,十五已下至十三、六十一已上至六十五为次丁,十二已下六十六已上为老小,不事。远夷不课田者输义米,户三斛,远者五斗,极远者输算钱,人二十八文。其官品第一至于第九,各以贵贱占田,品第一者占五十顷,第二品四十五顷,第三品四十顷,第四品三十五顷,第五品三十顷,第六品二十五顷,第七品二十顷,第八品十五顷,第九品十顷。而又各以品之高卑荫其亲属,多者及九族,少者三世。宗室、国宾、先贤之后及士人子孙亦如之。而又得荫人以为衣食客及佃客,品第六已上得衣食客三人,第七第八品二人,第九品及举辇、迹禽、前驱、由基、强弩、司马、羽林郎、殿中冗从武贲、殿中武贲、持椎斧武骑武贲、持鈒冗从武贲、命中武贲武骑一人。其应有佃客者,官品第一第二者佃客无过五十户,第三品十户,第四品七户,第五品五户,第六品三户,第七品二户,第八品第九品一户。

是时天下无事,赋税平均,人咸安其业而乐其事。及惠帝之后,政教陵夷,至于永嘉,丧乱弥甚。雍州以东,人多饥乏,更相鬻卖,奔进流移,不可胜数。幽、并、司、冀、秦、雍六州大蝗,草木及牛马毛皆尽。又大疾疫,兼以饥馑。百姓又为寇贼所杀,流尸满河,白骨蔽野。刘曜之逼,朝廷议欲迁都仓垣。人多相食,饥疫总至,百官流亡者十八九。

元帝为晋王,课督农功,诏二千石长吏以入谷多少为殿最。其非宿卫要任,皆宜赴农,使军各自佃作,即以为廪。太兴元年,诏曰:"徐、扬二州土宜三麦,可督令燰地,投秋下种,至夏而熟,继新故之交,于以周济,所益甚大。昔汉遣轻车使者氾胜之督三辅种麦,而关中遂穰。勿令后晚。"其后频年麦虽有旱蝗,而为益犹多。二年,三吴大饥,死者以百数,吴郡太守邓攸辄开仓廪赈。元帝时使黄门侍郎虞騑、桓彝开仓廪振给,并省众役。百官各上封事,后军将军应詹表曰:"夫一人不耕,天下必有受其饥者。而军兴以来,征战运漕,朝廷宗庙,百官用度,既已殷广,下及工商流寓僮仆不亲农桑而游食者,以十万计。不思开立美利,而望国足人给,岂不难哉!古人言曰,饥寒并至,虽尧舜不能使野无寇盗;贫富并兼,虽皋陶不能使强不陵弱。故有国有家者,何尝不务农重谷。近魏武皇帝用枣祗、韩浩之议,广建屯田,又于征伐之中,分带甲之士,随宜开垦,故下不甚劳,而大功克举也。间者流人奔东吴,东吴今俭,皆已还反。江西良田,旷废未久,火耕水耨,为功差易。宜简流人,兴复农官,功劳报赏,皆如魏氏故事。一年中与百姓,二年分税,三年计赋税以使之,公私兼济,则仓盈庾亿,可计日而待也。"又曰:"昔高祖使萧何镇关中,光武令寇恂守河内,魏武委钟繇以西事,故能使八表夷荡,区内辑宁。今中州萧条,未蒙疆理,此兆庶所以企望。寿春一方之会,去此不远,宜选都督有文武经略者,远以振河洛之形势,近以为徐豫之藩镇,绥集流散,使人有攸依,专委农功,令事有所局。赵充国农于金城,以平西零;诸葛亮耕于渭滨,规抗上国。今诸军自不对敌,皆宜齐课。

咸和五年,成帝始度百姓田,取十分之一,率亩税米三升。六年,以海贼寇抄,运漕不继,发王公以下余丁,各运米六斛。是后频年水灾旱蝗,田收不至。咸康初,算度田税米,空悬五十余万斛,尚书褚裒以下免官。穆帝之世,频有大军,粮运不继,制王公以下十三户共借一人,助度支运。升平初,荀羡为北府都督,镇下邳,起田于东阳之石鳖,公私利之。哀帝即位,乃减田租,亩收二升。孝武太元二年,除度田收租之制,王公以下口税三斛,唯蠲在役之身。八年,又增税米,口五石。至于末年,天下无事,时和年丰,百姓乐业,谷帛殷阜,几乎家给人足矣。

汉钱旧用五铢,自王莽改革,百姓皆不便之。及公孙述僭号于蜀,童谣曰:"黄牛白腹,五铢当复。"好事者窃言,王莽称黄,述欲继之,故称白帝。五铢汉货,言汉当复并天下也。至光武中兴,除莽货泉。建武十六年,马援又上书曰:"富国之本,在于食货,宜如旧铸五铢钱。"帝从之。于是复铸五铢钱,天下以为便。及章帝时,谷帛价贵,县官经用不足,朝廷忧之。尚书张林言:"今非但谷贵也,百物皆贵,此钱贱故尔。宜令天下悉以布帛为租,市买皆用之,封钱勿出,如此则钱少物皆贱矣。又,盐者食之急也,县官可自卖盐,武帝时施行之,名曰均输。"于是事下尚书通议。尚书朱晖议曰:"王制,天子不言有无,诸侯不言多少,食禄者不与百姓争利。均输之法,与贾贩无异。以布帛为租,则吏多奸。官自卖盐,与下争利,非明王所宜行。"帝本以林言为是,得晖议,因发怒,遂用林言,少时复止。

桓帝时有上书言:"人以货轻钱薄,故致贫困,宜改铸大钱。"事下四府群僚及太学能言之士。孝廉刘陶上议曰:

臣伏读铸钱之诏,平轻重之义,访覃幽微,不遗穷贱,是以藿食之人,谬延逮及。

盖以当今之忧，不在于货，在乎人饥。是以先王观象育物，敬授民时，使男不逾亩，女不下机，故君臣之道行，王路之教通。由是言之，食者乃有国之所宝，百姓之至贵也。窃以比年已来，良苗尽于螟螣之口，杼柚空于公私之求。所急朝夕之食，所患靡盬之事，岂谓钱之厚薄，铢两之轻重哉！就使当今沙砾化为南金，瓦石变为和玉，使百姓渴无所饮，饥无所食，虽皇羲之纯德，唐虞之文明，犹不能以保萧墙之内也。盖百姓可百年无货，不可以一朝有饥，故食为至急也。

议者不达农殖之本，多言铸冶之便，或欲因缘行诈，以贾国利。国利将尽，取者争竞，造铸之端，于是乎生。盖万人铸之，一人夺之，犹不能给，况今一人铸之则万人夺之乎！虽以阴阳为炭，万物为铜，役不食之民，使不饥之士，犹不能足无厌之求也。

夫欲民财殷阜，要在止役禁夺，则百姓不劳而足。陛下圣德，愍海内之忧戚，伤天下之艰难，欲铸钱齐货，以救其弊，此犹养鱼沸鼎之中，栖鸟列火之上。木水，本鱼鸟之所生也，用之不时，必至焦烂。愿陛下宽锲薄之禁，后冶铸之议也。

帝竟不铸钱。

及献帝初平中，董卓乃更铸小钱，由是货轻而物贵，谷一斛至钱数百万。至魏武为相，于是罢之，还用五铢。是时不铸钱既久，货本不多，又更无增益，故谷贱无已。及黄初二年，魏文帝罢五铢钱，使百姓以谷帛为市。至明帝世，钱废谷用既久，人间巧伪渐多，竞湿谷以要利，作薄绢以为市，虽处以严刑而不能禁也。司马芝等举朝大议，以为用钱非徒丰国，亦所以省刑。今若更铸五铢钱，则国丰刑省，于事为便。魏明帝乃更立五铢钱，至晋用之，不闻有所改创。孙权嘉禾五年，铸大钱一当五百。赤乌元年，又铸当千钱。故吕蒙定荆州，孙权赐钱一亿。钱既太贵，但有空名，人间患之。权闻百姓不以为便，省息之，铸为器物，官勿复出也。私家有者，并以输藏，平卑其直，勿有所枉。

晋自中原丧乱，元帝过江，用孙氏旧钱，轻重杂行，大者谓之比轮，中者谓之四文。吴兴沈充又铸小钱，谓之沈郎钱。钱既不多，由是稍贵。孝武太元三年，诏曰："钱，国之重宝，小人贪利，销坏无已，监司当以为意。广州夷人宝贵铜鼓，而州境素不出铜，闻官私贾人皆于此下贪比轮钱斤两差重，以入广州，货与夷人，铸败为鼓。其重为禁制，得者科罪。"安帝元兴中，桓玄辅政，立议欲废钱用谷帛。孔琳之议曰：

《洪范》八政，货为食次，岂不以交易所资，为用之至要者乎！若使百姓用力于为钱，则是妨为生之业，禁之可也。今农自务谷，工自务器，各隶其业，何尝致勤于钱。故圣王制无用之货，以通有用之财，既无毁败之费，又省难运之苦，此钱所以嗣功龟贝，历代不废者也。谷帛为宝，本充衣食，分以为货，则致损甚多。又劳毁于商贩之手，秏弃于割截之用，此之为弊，著自于曩。故钟繇曰，巧伪之人，竞湿谷以要利，制薄绢以充资。魏世制以严刑，弗能禁也。是以司马芝以为用钱非徒丰国，亦所以省刑。钱之不用，由于兵乱积久，自致于废，有由而然，汉末是也。今既用而废之，则百姓顿亡其利。今括囊天下之谷，以周天下之食，或仓廪充溢，或粮靡并储，以相资通，则贫者仰富。致富之道，实假于钱，一朝断之，便为弃物。是有钱无粮之人，皆坐而饥困，以此断之，又立弊也。

且据今用钱之处，不以为贫，用谷之处，不以为富。又人习来久，革之必惑。语曰，利不百，不易业，况又钱便于谷邪！魏明帝时钱废，谷用既久，不以便于人，乃举朝大议。精才达政之士莫不以宜复用钱，下无异情，朝无异论。彼尚舍谷帛而用钱，足以明谷帛之弊著于已诚也。

世或谓魏氏不用钱久，积累巨万，故欲行之，利公富国，斯殆不然。晋文后舅犯之谋，而先成季之信，以为虽有一时之勋，不如万世之益。于时名贤在列，君子盈朝，大谋天下之利害，将定经国之要术。若谷实便钱，乂不昧当时之近利，而废永用之通业，断可知矣。斯实由困而思革，改而更张耳。近孝武之末，天下无事，时和年丰，百姓乐业，谷帛殷阜，几乎家给人足，验之实事，钱又不妨人也。

顷兵革屡兴，荒馑荐及，饥寒未振，实此之由。公既援而拯之，大革视听，弘敦本之教，明广农之科，敬授人时，各从其业，游荡知反，务末自休，同以南亩竞力，野无遗壤矣。于此以往，将升平必至，何衣食之足恤！愚谓救弊之术，无取于废钱。

朝议多同琳之，故玄议不行。

卷二十七　　　志第十七

五　行　上

夫帝王者，配德天地，叶号阴阳，发号施令，动关幽显，休咎之征，随感而作，故《书》曰："惠迪吉，从逆凶，惟影响。"昔伏羲氏继天而王，受《河图》，则而画之，八卦是也。禹治洪水，赐《洛书》，法而陈之，《洪范》是也。圣人行其道，宝其真，自天祐之，吉无不利。三五已降，各有司存。爰及殷之箕子，在父师之位，典斯大范。周既克殷，以箕子归，武王虚己而问焉。箕子对以禹所得《洛书》，授之以垂训。然则《河图》、《洛书》相为经纬，八卦、九章更为表里。殷道绝，文王演《周易》；周道弊，孔子述《春秋》。奉乾坤之阴阳，郊洪范之休咎，天人之道粲然著矣。

汉兴，承秦灭学之后，文帝时，宓生创纪《大传》，其言五行庶征备矣。后景武之际，董仲舒治《公羊春秋》，始推阴阳，为儒者之宗。宣元之间，刘向治《谷梁春秋》，数其祸福，传以《洪范》，与仲舒多所不同。至向子歆治《左氏传》，其言《春秋》及五行，又甚乖异。班固据《大传》，采仲舒、刘向、刘歆著《五行志》，而传载眭孟、夏侯胜、京房、谷永、李寻之徒所陈行事，讫于王莽，博通祥变，以传《春秋》。

综而为言，凡有三术。其一曰，君治以道，臣辅克忠，万物咸遂其性，则和气应，休征效，国以安。二曰，君违其道，小人在位，众庶失常，则乖气应，咎征效，国以亡。三曰，人君大臣见灾异，退而自省，责躬修德，共御补过，则消祸而福至。此其大略也。辄举斯例，错综时变，婉而成章，有足观者。及司马彪纂光武之后以究汉事，灾眚之说不越前规。今采黄初以降言祥异者，著于此篇。

《经》曰："五行：一曰水，二曰火，三曰木，四曰金，五曰土。水曰润下，火曰炎上，木曰曲直，金曰从革，土爰稼穑。"

《传》曰："田猎不宿，饮食不享，出入不节，夺农时及有奸谋，则木不曲直。"

说曰：木，东方也。于《易》，地上之木为《观》。于王事，威仪容貌亦可观者也。故行步有佩玉之度，登车有和鸾之节，三驱之制，饮食有享献之礼；出入有名，使人以时，务在劝农桑，谋在安百姓，如此，则木得其性矣。若乃田猎驰骋，不反宫室；饮食沈湎，不顾法度，妄兴徭役，以夺农时；作为奸诈，以伤人财，则木失其性矣。盖工匠之为轮矢者多伤败，及木为变怪，是为不曲直。

魏文帝黄初六年正月，雨，木冰。案刘歆说，上阳施不下通，下阴施不上达，故雨，而木为之冰，氛气寒，木不曲直也。刘向曰，冰者阴之盛，木者少阳，贵臣卿大夫象。此人将有害，则阴气胁木，木先寒，故得雨而冰也。是年六月，利成郡兵蔡方等杀太守徐质，据郡反。太守，古之诸侯，贵臣有害之应也。一说以木冰为木介，介者甲兵之象。是岁，既讨蔡方，又八月天子自将以舟师征吴，戎卒十余万，连旌数百里，临江观兵，又属常雨也。

元帝太兴三年二月辛未，雨，木冰。后二年，周顗等遇害，是阳施不下通也。

穆帝永和八年正月乙巳，雨，木冰。是年殷浩北伐，明年军败，十年废黜。又曰，荀羡、殷浩北伐，桓温入关之象也。

孝武帝太元十四年十二月乙巳，雨，木冰。明年二月王恭为北藩，八月庾楷为西藩，九月王国宝为中书令，寻加领军将军，十七年殷仲堪为荆州，虽邪正异规，而终同夷灭，是其应也。

吴孙亮建兴二年，诸葛恪征淮南，后所坐听事栋中折。恪妄兴征役，夺农时，作邪谋，伤国财力，故木失其性致毁折也。及旋师而诛灭，于《周易》又为"栋桡之凶"也。

武帝太康五年五月，宣帝庙地陷，梁折。八年正月，太庙殿又陷，改作庙，筑基及泉。其年九月，遂更营新庙，远致名材，杂以铜柱，陈勰为匠，作者六万人。至十年四月乃成，十一月庚寅梁又折。天戒若曰，地陷者分离之象，梁折者木不曲直也。明年帝崩，而王室遂乱。

惠帝太安二年，成都王颖使陆机率众向京都，击长沙王乂，及军始引而牙竿折，俄而战败，机被诛，颖遂奔溃，卒赐死。此奸谋之罚，木不曲直也。

元帝太兴四年，王敦在武昌，铃下仪仗生华如莲华，五六日而萎落。此木失其性。干宝以为狂华生枯木，又在铃阁之间，言威仪之富，荣华之盛，皆如狂华之发，不可久也。其后王敦终以逆命加戮其尸。一说亦华孽也，于《周易》为"枯杨生华"。

桓玄始篡，龙旟竿折。时玄田猎无度，饮食奢恣，土木妨农，又多奸谋，故木失其性。天戒若曰，旟所以挂三辰，章著明也，旟竿之折，高明去矣。玄果败。

《传》："弃法律，逐功臣，杀太子，以妾为妻，则火不炎上。"

说曰：火，南方，扬光辉为明者也。其于王者，南面向明而治。《书》云："知人则哲，能官人。"故尧舜举群贤而命之朝，远四佞而放诸野。孔子曰："浸润之谮，肤受之诉，不行焉，可谓明矣。"贤佞分别，官人有序，帅由旧章，敬重功勋，殊别嫡庶，如此则火得其性矣。若乃信道不笃，或耀虚伪，谗夫昌，邪胜正，则火失其性矣。自上而降，及滥炎妄起，焚宗庙，烧宫馆，虽兴师众，不能救也，是为火不炎上。

魏明帝太和五年五月，清商殿灾。初，帝为平原王，纳河南虞氏为妃。及即位，不以为后，更立典虞车工卒毛嘉女为后。后本厌微，非所宜升，以妾为妻之罚也。

青龙元年六月，洛阳宫鞠室灾。二年四月，崇华殿灾，延于南阁，缮复之。至三年七月，此殿又灾。帝问高堂隆："此何咎也？于礼宁有祈禳之义乎？"对曰："夫灾变之发，皆所以明教诫也，惟率礼修德可以胜之。《易传》曰：'上不俭，下不节，孽火烧其室。'又曰：'君高其台，天火为灾。'此人君苟饰宫室，不知百姓空竭，故天应之以旱，火从高殿起也。案《旧占》曰：'灾火之发，皆以台榭宫室为诫。'今宜罢散作役，务从节约，清扫所灾之处，不敢于此有所营造，萐莆嘉禾必生此地，以报陛下虔恭之德。"帝不从。遂复崇华殿，改曰九龙。以郡国前后言龙见者九，故以为名。多弃法度，疲众逞欲，以妾为妻之应也。

吴孙亮建兴元年十二月，武昌端门灾，改作，端门又灾。内殿门者，号令所出；殿者，听政之所。是时诸葛恪执政，而矜慢放肆，孙峻总禁旅，而险害终著。武昌，孙氏尊号所始。天戒若曰，宜除其贵要之首者，恪果丧众殄人，峻授政于綝，綝废亮也。或曰，孙权毁撤武昌以增太初宫，诸葛恪有迁都意，更起门殿，事非时宜，故见灾也。京房《易传》曰："君不思道，厥妖火烧宫。"

太平元年二月朔，建邺火，人之火也。是秋，孙綝始执政，矫杀亮诏杀吕据、滕胤，明年，又辄杀朱异。弃法律逐功臣之罚也。

孙休永安五年二月，城西门北楼灾。六年十月，石头小城火，烧西南百八十丈。是时嬖人张布专擅国势，多行无礼，而韦昭、盛冲终斥不用，兼遣察战等为内史，惊扰州郡，致使交阯反乱，是其咎也。

孙晧建衡二年三月，大火，烧万余家，死者七百人。

案《春秋》齐大灾，刘向以为桓公好内，听女口，妻妾数更之罚也。时晧制令诡暴，荡弃法度，劳臣名士，诛斥甚众，后宫万余，女谒数行，其中隆宠佩皇后玺绶者又多矣，故有大火。

武帝太康八年三月乙丑，震灾西阁楚王所止坊及临商观窗。十年四月癸丑，崇贤殿灾。十一月庚辰，含章鞠室、修成堂前庑、景坊东屋、晖章殿南阁火。时有上书曰："汉王氏五侯，兄弟迭任，今杨氏三公，并在大位，故天变屡见，窃为陛下忧之。"由是杨珧求退。是时帝纳冯紞之间，废张华之功，听杨骏之谮，离卫瓘之宠，此逐功臣之罚也。明年，宫车晏驾。其后楚王承窃发之旨，戮害二公，身亦不免。震灾其坊，又天意乎。

惠帝元康五年闰月庚寅，武库火。张华疑有乱，先命固守，然后救火。是以累代异宝，王莽头，孔子屦，汉高祖断白蛇剑及二百八万器械，一时荡尽。是后愍怀太子见杀之罚也。天戒若曰，夫设险击柝，所以固其国，储积戒器，所以戒不虞。今冢嗣将倾，社稷将泯，禁兵无所复施，皇旅又将谁卫。帝后不悟，终丧四海，是其应也。张华、阎缵皆曰，武库火而氐羌反，太子见废，则四海可知。"

八年十一月，高原陵火。是时贾后凶恣，贾谧擅朝，恶积罪稔，宜见诛绝。天戒若曰，臣妾之不可者，虽亲贵莫比，犹宜忍而诛之，如吾燔高原陵也。帝既眊弱，而张华又不纳裴𬱖、刘卞之谋，故后遂与谧杀太子也。干宝以为"高原陵火，太子废之应。汉武帝世，高园便殿火，董仲舒对与此占同"。

永康元年，帝纳皇后羊氏，后将入宫，衣中忽有火，众咸怪之。永兴元年，成都王遂废后，处之金墉城。是后还立，立而复废者四。又诏赐死，苟藩表全之。虽来还在位，然忧逼折辱，终古未闻。此孽火之应也。

永兴二年七月甲午，尚书诸曹火起，延崇礼闼及阁道。夫百揆王化之本，王者弃法津之应也。后清河王覃入嗣，不终于位，又杀太子之罚也。

孝怀帝永嘉四年十一月，襄阳火，烧死者三千余人。是时王如自号大将军、司雍二州牧，众四五万，攻略郡县。此下陵上，阳失其节之应也。

元帝太兴中，王敦镇武昌，武昌灾，火起，兴众救之，救于此而发于彼，东西南北数十处俱应，数日不绝。旧说所谓"滥炎妄起，虽兴师众，不能救之"之谓也。干宝以为"此臣而君行，亢阳失节，是为王敦陵上，有无君之心，故灾也。"

永昌二年正月癸巳，京师大火。三月，饶安、东光、安陵三县火，烧七千余家，死者万五千人。

明帝太宁元年正月，京都火。是时王敦威侮朝廷，多行无礼，内外臣下咸怀怨毒，极阴生阳之应也。

成帝咸和二年五月，京师火。

康帝建元元年七月庚申，吴郡灾。

穆帝永和五年六月，震灾石季龙太武殿及两庙端门。震灾月余乃灭，金石皆尽。其后季龙死，大乱，遂灭亡。

海西公太和中，郗愔为会稽太守。六月大旱灾，火烧数千家。延及山阴仓米数百万斛，炎烟蔽天，不可扑灭。

此亦桓温强盛，将废海西，极阴生阳之应也。

孝武帝宁康元年三月，京师风火大起。是时桓温入朝，志在陵上，少主践位，人怀忧恐，此与太宁火事同。

太元十年正月，国子学生因风放火，焚房百余间。是后考课不厉，赏黜无章。盖有育才之名，而无收贤之实，此不哲之罚先兆见。

十三年十二月乙未，延贤堂灾。是月丙申，螽斯则百堂及客馆、骠骑府库皆灾。于时朝多弊政，衰陵日兆，不哲之罚，皆有象类。主相不悟，终至乱亡。会稽王道子宠幸尼及姆母，各树用其亲戚，乃至出入宫掖，礼见人主。天戒若曰，登延贤堂及客馆者多非其人，故灾之也。又，孝武帝更不立皇后，宠幸微贱张夫人，夫人骄妒，皇子不繁，乖"螽斯则百"之道，故灾其殿焉。道子复赏赐不节，故府库被灾，斯亦其罚也。

安帝隆安二年三月，龙舟二乘灾，是水沴火也。其后桓玄篡位，帝乃播越。天戒若曰，王者流迁，不复御龙舟，故灾之耳。

元兴元年八月庚子，尚书下舍曹火。时桓玄遥录尚书，故天火，示不复居也。

三年，卢循攻略广州，刺史吴隐之闭城固守。其十月壬戌夜，火起。时百姓避寇盈满城内，隐之惧有应贼者，但务严兵，不先救火。由是府舍焚荡，烧死者万余人，因遂散溃，悉为贼擒。

义熙四年七月丁酉，尚书殿中吏部曹火。九年，京都大火，烧数千家。十一年，京都所在大行火灾，吴界尤甚。火防甚峻，犹自不绝。王弘时为吴郡，昼在听事，见天上有一赤物下，状如信幡，遥集路南人家屋上，火即大发。弘知天为之灾，故不罪火主。此帝室衰微之应也。

《传》曰："修宫室，饰台榭，内淫乱，犯亲戚，侮兄弟，则稼穑不成。"

说曰：土，中央，生万物者也。其于王者，为内事，宫室、夫妇、亲属，亦相生者也。古者天子诸侯，宫室庙大小高卑有制，后夫人媵妾多少有度，九族亲疏长幼有序。孔子曰："礼，与其奢也，宁俭。"故禹卑宫室，文王刑于寡妻，此圣人之所以昭教化也。如此，则土得其性矣。若乃奢淫骄慢，则土失其性。亡水旱之灾而草木百谷不熟，是为稼穑不成。

吴孙晧时，常岁无水旱，苗稼丰美而实不成，百姓以饥，阖境皆然，连岁不已。吴人以为伤露，非也。案刘向《春秋说》曰"水旱当书，不书水旱而曰大无麦禾者，土气不养，稼穑不成"，此其义也。晧初迁都武昌，寻还建邺，又起新馆，缀饰珠玉，壮丽过甚，破坏诸营，增广苑囿，犯暑妨农，官私疲怠。《月令》，季夏不可以兴土功，晧皆冒之。此修宫室饰台榭之罚也。

元帝太兴二年，吴郡、吴兴、东阳无麦禾，大饥。

成帝咸和五年，无麦禾，天下大饥。

穆帝永和十年，三麦不登。十二年，大无麦。

孝武太元六年，无麦禾，天下大饥。

安帝元兴元年，无麦禾，天下大饥。

《传》曰："好战攻，轻百姓，饰城郭，侵边境，则金不从革。"

说曰：金，西方，万物既成，杀气之始也。故立秋而鹰隼击，秋分而微霜降。其于王事，出军行师，把旄杖钺，誓士众，抗威武，所以征叛逆，止暴乱也。《诗》云："有虔秉钺，如火烈烈。"又曰："载戢干戈，载櫜弓矢。"动静应宜，说以犯难，人忘其死，金得其性矣。若乃贪欲恣睢，务立威胜，不重人命，则金失其性。盖工冶铸金铁，冰滞淹坚，不成者众，乃为变怪，是为金不从革。

魏时张掖石瑞，虽是晋之符命，而于魏为妖。好攻战，轻百姓，饰城郭，侵边境，魏氏三祖皆有其事。石图发于非常之文，此不从革之异也。晋定大业，多毙曹氏，石瑞文"大讨曹"之应也。案刘歆以《春秋》石言之于晋，为金石同类也，是为金不从革，失其性也，刘向以为石白色为主，属白祥。

魏明帝青龙中，盛修宫室，西取长安金狄，承露槃折，声闻数十里，金狄泣，于是因留霸城。此金失其性而为异也。

吴时，历阳县有岩穿，似印，咸云"石印封发，天下太平"。孙晧天玺元年，印发。又，阳羡山有石穴，长十余丈。晧初修武昌宫，有迁都之意。是时武昌为离宫。班固云"离宫与城郭同占"，饰城郭之谓也。其宝鼎三年后，晧出东关，遣丁奉至合肥，建衡三年晧又大举出华里，侵边境之谓也。故令金失其性，卒面缚而吴亡。

惠帝元康三年闰二月，殿前六钟皆出涕，五刻止。前年贾后杀杨太后于金墉城，而贾后为恶不止，故钟出涕，犹伤之也。

永兴元年，成都伐长沙，每夜戈戟锋有火光如悬烛。此轻人命，好攻战，金失其性而为光变也。天戒若曰，兵犹火也，不戢将自焚。成都不悟，终以败亡。

怀帝永嘉元年，项县有魏豫州刺史贾逵石碑，生金可采，此金不从革而之变也。五月，汲桑作乱，群寇飙起。

清河王覃为世子时，所佩金铃忽生起如粟者，康王母疑不祥，毁弃之。及后为惠帝太子，不终于位，卒为司马越所杀。

愍帝建兴五年，石言于平阳。是时帝蒙尘亦在平阳，故有非言之物而言，妖之大者。俄而帝为逆胡所弑。

元帝永昌元年，甘卓将袭王敦，既而中止。及还，家多变怪，照镜不见其头。此金失其性而为妖也。寻为敦所袭，遂夷灭。

石季龙时，邺城凤阳门上金凤皇二头飞入漳河。

海西太和中，会稽山阴县起仓，凿地得两大船，满中钱，钱皆轮文大形。时日向暮，凿者驰以告官，官夜遣防守甚严。至明旦，失钱所在，惟有船存。视其状，悉有钱处。

安帝义熙初，东阳太守殷仲文照镜不见其头，寻亦诛翦，占与甘卓同也。

《传》曰："简宗庙，不祷祠，废祭祀，逆天时，则水不润下。"

说曰：水，北方，终藏万物者也。其于人道，命终而形藏，精神放越。圣人为之宗庙，以收魂气，春秋祭祀，以终孝道。王者即位，必郊祀天地，祷祈神祇，望秩山川，怀柔百神，亡不宗事。慎其斋戒，致其严敬，是故鬼神歆飨，多获福助。此圣王所以顺事阴气，和神人也。及至发号施令，亦奉天时。十二月咸得其气，则阴阳调而终始成。如此，则水得其性矣。若乃不敬鬼神，政令逆时，水失其性。雾水暴出，百川逆溢，坏乡邑，溺人民，及淫雨伤稼穑，是为水不润下。

京房《易传》曰："颛事者加，诛罚绝理，厥灾水。其水也，雨，杀人，以隕霜，大风天黄。饥而不损，兹谓泰，厥大水，水杀人。避遏有德，兹谓狂，厥水，水流杀人也。已水则地生虫。归狱不解，兹谓追非，厥水寒，杀人。追诛不解，兹谓不理，厥水五谷不收。大败不解，兹谓皆阴，厥水流入国邑，陨霜杀谷。"董仲舒曰："交兵结仇，伏尸流血，百姓愁怨，阴气盛，故大水也。"

魏文帝黄初四年六月，大雨霖，伊洛溢，至津阳城门，漂数千家，杀人。初，帝即位，自邺迁洛，营造宫室，而不起宗庙。太祖神主犹在邺，尝于建始殿飨祭如家人礼，终黄初不复还邺。又郊社神祇，未有定位。此简宗庙废祭祀之罚也。

吴孙权赤乌八年夏，茶陵县鸿水溢出，漂二百余家。十三年秋，丹阳、故鄣等县又鸿水溢出。案权称帝三十年，竟不于建邺创七庙。惟父坚一庙远在长沙，而郊祀礼阙。嘉禾初，群臣奏宜郊祀，又不许。末年虽一南郊，而北郊遂不闻焉。吴楚之望亦不见秩，反祀罗阳妖神，以求福助。天戒若曰，权简宗庙，不祷祠，废祭祀，故示此罚，欲其感悟也。

太元元年，吴又有大风涌水之异。是冬，权南郊，宜是鉴咎征乎！还而寝疾，明年四月薨。一曰，权时信纳谮诉，虽陆逊勋重，子和储贰，犹不得其终，与汉安帝听谗免杨震、废太子同事也。且赤乌中无年不用兵，百姓愁怨。八年秋，将军马茂等又图逆。

魏明帝景初元年九月，淫雨，冀、兖、徐、豫四州水出，没溺杀人，漂失财产。帝自初即位，便淫奢极欲，多占幼女，或夺士妻，崇饰宫室，妨害农战，触情恣欲，至是弥甚，号令逆时，饥不损役。此水不润下之应也。吴孙亮五凤元年夏，大水。亮即位四年，乃立权庙。又终吴世不上祖宗之号，不修严父之礼，昭穆之数有阙。亮及休、晧又并废二郊，不秩群神。此简宗庙不祭祀之罚也。又，是时孙峻专政，阴胜阳之应乎！

孙休永安四年五月，大雨，水泉涌溢。昔岁作浦里塘，功费无数，而田不可成，士卒死叛，或自贼杀，百姓愁怨，阴气盛也。休又专任张布，退盛冲等，吴人贼之应也。五年八月壬午，大雨震电，水泉涌溢。

武帝泰始四年九月，青、徐、兖、豫四州大水。七年六月，大雨霖，河、洛、伊、沁皆溢，杀二百余人。自帝即尊位，不加三后祖宗之号。泰始二年又除明堂南郊五帝座，同称昊天上帝，一位而已。又省先后配地之祀。此简宗庙废祭祀之罚也。

咸宁元年九月，徐州大水。二年七月癸亥，河南、魏郡暴水，杀百余人。闰月，荆州郡国五大水，流四千余家。

去年采择良家子女，露面入殿，帝亲简阅，务在姿色，不访德行，有蔽匿者以不敬论，搢绅愁怨，天下非之，阴盛之应也。

三年六月，益、梁二州郡国八暴水，杀三百余人。七月，荆州大水。九月，始平郡大水。十月，青、徐、兖、豫、荆、益、梁七州又大水。是时贾充等用事专恣，而正人疏外者多，阴气盛也。

四年七月，司、冀、兖、豫、荆、扬郡国二十大水，伤秋稼，坏屋室，有死者。

太康二年六月，泰山、江夏大水，泰山流三百家，杀六十余人，江夏亦杀人。时平吴后，王浚为元功而诋劾妄加，荀、贾为无谋而并蒙重赏，收吴姬五千，纳之后宫，此其应也。

四年七月，兖州大水。十二月，河南及荆、扬六州大水。五年九月，郡国四大水，又陨霜。是月，南安等五郡大水。六年四月，郡国十大水，坏庐舍。七年九月，郡国八大水。八月六月，郡国八大水。

惠帝元康二年，有水灾。五年五月，颍川、淮南大水。六月，城阳、东莞大水，杀人，荆、扬、徐、兖、豫五州又水。是时帝即位已五载，犹未郊祀，其蒸尝亦多不亲行事。此简宗庙废祭祀之罚。

六年五月，荆、扬二州大水。是时贾后乱朝，宠树贾、郭，女主专政，阴气盛之应也。

八年五月，金墉城井溢。《汉志》，成帝时有此妖，后王莽僭逆。今有此妖，赵王伦篡位，伦废帝于此城，井溢所在，其天意也。九月，荆、扬、徐、冀、豫五州大水。是时贾后暴戾滋甚，韩谧骄猖弥扇，卒害太子，旋以祸灭。九年四月，宫中井水沸溢。

永宁元年七月，南阳、东海大水。是时齐王冏专政，阴盛之应也。

太安元年七月，兖、豫、徐、冀四州水。时将相力政，无尊主心，阴盛故也。

孝怀帝永嘉四年四月，江东大水。时王导等潜怀翼戴之计，阴气盛也。

元帝大兴三年六月，大水。是时王敦内怀不臣，傲很陵上，此阴气盛也。四年七月，又大水。

永昌二年五月，荆州及丹阳、宣城、吴兴、寿春大水。

明帝太宁元年五月，丹阳、宣城、吴兴、寿春大水。是时王敦威权震主，阴气盛故也。

成帝咸和元年五月，大水。是时嗣主幼冲，母后称制，庾亮以元舅决事禁中，阴胜阳故也。

二年五月戊子，京都大水。是冬，以苏峻称兵，都邑涂地。

四年七月，丹阳、宣城、吴兴、会稽大水。是冬，郭默作乱，荆豫共讨之，半岁乃定，兵役之应也。

七年五月，大水。是时帝未亲机务，政在大臣，阴胜阳也。

咸康元年八月，长沙、武陵大水。

穆帝永和四年五月，大水。五年五月，大水。六年五月，又大水。时幼主冲弱，母后临朝，又将相大臣各执权政，与咸和初同事也。

七年七月甲辰夜，涛水入石头，死者数百人。是时殷浩以私忿废蔡谟，遐迩非之。又幼主在上而殷桓交恶，选徒聚甲，各崇私权，阴胜阳之应也。一说，涛水入石头，以为兵占。是后殷浩、桓温、谢尚、荀羡连年征伐，百姓愁怨也。

升平二年五月，大水。五年四月，又大水。是时桓温权制朝廷，专征伐，阴胜阳也。

海西太和六年六月，京师大水，平地数尺，浸及太庙。朱雀大航缆断，三艘流入大江。丹阳、晋陵、吴郡、吴兴、临海五郡又大水，稻稼荡没，黎庶饥馑。初，四年桓温北伐败绩，十丧其九，五年又征淮南，逾岁乃克，百姓愁怨之应也。

简文帝咸安元年十二月壬午，涛水入石头。明年，妖贼卢悚率其属数百人入殿，略取武库三库甲仗，游击将军毛安之讨灭之，兵兴、阴盛之应也。

孝武帝太元三年六月，大水。是时帝幼弱，政在将相。五年五月，大水。六年六月，扬、荆、江三州大水。八年三月，始兴、南康、庐陵大水，平地五丈。十年五月，大水。自八年破苻坚后，有事中州，役无宁岁，愁怨之应也。

十三年十二月，涛水入石头，毁大航，杀人。明年，慕容氏寇扰司兖，镇戍西北，疲于奔命，愁怨之应也。

十五年七月，河中诸郡及兖州大水。是时缘河纷争，征戍勤瘁之应也。

十七年六月甲寅，涛水入石头，毁大航，漂船舫，有死者。京口西浦亦涛入杀人。永嘉郡潮水涌起，近海四县人多死。后四年帝崩，而王恭再攻京师，京师亦发众以御之，兵彼频兴，百姓愁怨之应也。

十八年六月己亥，始兴、南康、庐陵大水，深五丈。十九年七月，荆徐大水，伤秋稼。二十年六月，荆徐又大水。二十一年五月癸卯，大水。是时政事多弊，兆庶非之。

安帝隆安三年五月，荆州大水，平地三丈。去年殷仲堪举兵向京师，是年春又杀郗恢，阴盛作威之应也。仲堪寻亦败亡。

五年五月，大水。是时会稽王世子元显作威陵上，又桓玄擅西夏，孙恩乱东国，阴胜阳之应也。

元兴二年十二月，桓玄篡位。其明年二月庚寅夜，涛水入石头。商旅方舟万计，漂败流断，骸胔相望。江左虽频有涛变，未有若斯之甚。三月，义军克京都，玄败走，遂夷灭之。

三年二月己丑朔夜，涛水入石头，漂没杀人，大航流败。

义熙元年十二月己未，涛水入石头。二年十二月己未夜，涛水入石头。明年，骆球交环潜结桓胤、殷仲文等谋作乱，刘稚亦谋反，凡所诛灭数十家。

三年五月丙午，大水。四年十二月戊寅，涛水入石头。明年，王旅北讨。

六年五月丁巳，大水。乙丑，卢循至蔡洲。

八年六月，大水。九年五月辛巳，大水。十年五月丁丑，大水。戊寅，西明门地穿，涌水出，毁门扇及限，亦水沴土也。七月乙丑，淮北风灾，大水杀人。十一年七月丙戌，大水，淹溃太庙，百官赴救。明年，王旅北讨关河。

《经》曰："敬用五事：一曰貌，二曰言，三曰视，四曰听，五曰思。貌曰恭，言曰从，视曰明，听曰聪，思曰睿。恭作肃，从作乂，明作哲，聪作谋，睿作圣。休徵：曰肃，时雨若；乂，时旸若；哲，时燠若；谋，时寒若；圣，时风若。咎徵：曰狂，恒雨若；僭，恒旸若；豫，恒燠若；急，恒寒若；霿，恒风若。"

《传》曰："貌之不恭，是谓不肃，厥咎狂，厥罚恒雨，厥极恶。时则有服妖，时则有龟孽，时则有鸡祸，时则有下体生上之痾，时则有青眚青祥。惟金沴木。"

说曰：凡草木之类谓之妖。妖犹夭胎，言尚微也。虫豸之类谓之孽。孽则芽孽矣。及六畜，谓之祸，言其著也。及人，谓之痾。痾，病貌也，言寖深也。甚则有异物生，谓之眚；自外来，谓之祥。祥，犹祯也。气相伤，谓之沴。沴犹临莅，不和意也。每一事云"时则"以绝之，言非必俱至，或有或亡，或在前或在后。孝武时，夏侯始昌通《五经》，善推《五行传》，以传族子夏侯胜，下及许商，皆以教所贤弟子。其传与刘向同，惟刘歆传独异。

貌之不恭，是谓不肃。肃，敬也。内曰恭，外曰敬。人君行己，体貌不恭，怠慢骄蹇，则不能敬万事，失则狂易，故其咎狂也。上慢下暴，则阴气胜，故其罚常雨也。水伤百谷，衣食不足，则奸宄并作，故其极恶也。

一曰，人多被刑，或形貌丑恶，亦是也。风俗狂慢，变节易度，则为剽轻奇怪之服，故有服妖。水类动，故有龟孽。于《易》，《巽》为鸡。鸡有冠、距，文武之貌。而不为威，貌气毁，故有鸡祸。一曰，水岁多鸡死及为怪，亦是也。上失威仪，则有强臣害君上者，故有下体生于上之痾。木色青，故有青眚青祥。凡貌伤者病木气，木气病则金沴之，冲气相通也。于《易》，《震》在东方，为春为木；《兑》在西方，为秋为金；《离》在南方，为夏为火；《坎》在北方，为冬为水。春与秋日夜分，寒暑平，是以金木之气易以相变，故貌伤则致秋阴常雨，言伤则致春阳常旱也。至于冬夏，日夜相反，寒暑殊绝，水火之气不得相并，故视伤常燠、听伤常寒者，其气然也。逆之，其极曰恶；顺之，其福曰攸好德。刘歆《貌传》曰有鳞虫之孽，羊祸，鼻痾。说以为于天文东方辰为龙星，故为鳞虫。于《易》，《兑》为羊，木为金所病，故致羊祸，与常雨同应。此说非是。春与秋气阴阳相敌，木病金盛，故能相并，惟此一事耳。祸与妖痾祥眚同类，不得独异。

魏尚书邓飏扬行步驰纵，筋不束体，坐起倾倚，若无手足，此貌之不恭也。管辂谓之鬼躁。鬼躁者，凶终之征，后卒诛也。

惠帝元康中，贵游子弟相与为散发倮身之饮，对弄婢妾，逆之者伤好，非之者负讥，希世之士耻不与焉。盖貌之不恭，胡狄侵中国之萌也。其后遂有五胡之乱，此又失在狂也。

元康中，贾谧亲贵，数入二宫，与储君游戏，无降下心。又尝因弈棋争道，成都王颖厉色曰："皇太子国之储贰，贾谧何敢无礼！"谧犹不悛，故及于祸，貌不恭之罚也。

齐王冏既诛赵王伦，因留辅政，坐拜百官，符敕台府，淫昏专骄，不一朝觐，此狂恣不肃之咎也。天下莫不高其功而虑其亡也，冏终弗改，遂致夷灭。

司马道子于府园内列肆，使姬人酤鬻，身自贸易。干宝以为贵者失位，降在皂隶之象也。俄而道子见废，以庶人终，此貌不恭之应也。

安帝义熙七年，将拜授刘毅世子，毅以王命之重，当设飨宴，亲请吏佐临视。至拜日，国僚不重白，默拜于厩中。王人将反命，毅方知之，大以为恨，免郎中令刘敬叔官。天戒若曰，此惰略嘉礼不肃之妖也。其后毅遂被杀焉。

庶征恒雨，刘歆以为《春秋》大雨，刘向以为大水。

魏明帝太和元年秋，数大雨，多暴卒，雷电非常，至杀鸟雀。案杨阜上疏，此恒雨之罚也。时天子居丧不哀，出入弋猎无度，奢侈繁兴，夺农时，故水失其性而恒雨为罚。

太和四年八月，大雨霖三十余日，伊、洛、河、汉皆溢，岁以凶饥。

吴孙亮太平二年二月甲寅，大雨，震电。乙卯，雪，大寒。案刘歆说，此时当雨而不当大，大雨，恒雨之罚也。于始震电之，明日而雪，大寒，又常寒之罚也。刘向以为既已雷电，则雪不当复降，皆失时之异也。天戒若曰，为君失时，贼臣将起。先震电而后雪者，阴见间隙，起而胜阳，逆弑之祸将成也。亮不悟，寻见废。此与《春秋》鲁隐同。

武帝泰始六年六月，大雨霖。甲辰，河、洛、伊、沁水同时并溢，流四千九百余家，杀二百余人，没秋稼千三百六十余顷。

太康五年七月，任城、梁国暴雨，害豆麦。九月，南安郡霖雨暴雪，树木摧折，害秋稼。是秋，魏郡西平郡九县、淮南、平原霖雨暴水，霜伤秋稼。

惠帝永宁元年十月，义阳、南阳、东海霖雨，淹害秋麦。

元帝太兴三年，春雨至于夏。是时王敦执权，不恭之罚也。

永昌元年，春雨四十余日，昼夜雷电震五十余日。是时王敦兴兵，王师败绩之应也。

成帝咸和四年，春雨五十余日，恒雷电。是时虽斩苏峻，其余党犹据守石头，至其灭后，淫雨乃霁。

咸康元年八月乙丑，荆州之长沙攸、醴陵、武陵之龙阳，三县雨水，浮漂屋室，杀人，损秋稼。是时帝幼，权在于下。

服妖

魏武帝以天下凶荒，资财乏匮，始拟古皮弁，裁缣帛为白帢，以易旧服。傅玄曰："白乃军容，非国容也。"干宝以为"缟素，凶丧之象也"。名之为帢，毁辱之言也，盖革代之后，劫杀之妖也。

魏明帝著绣帽，披缥纨半袖，常人见直臣杨阜，谏曰："此礼何法服邪！"帝默然。近服妖也。夫缥，非礼之色。亵服尚不以红紫，况接臣下乎？人主亲御非法之章，所谓自作孽不可禳也。帝既不享永年，身没而禄去王室，后嗣不终，遂亡天下。

景初元年，发铜铸为巨人二，号曰翁仲，置之司马门外。案古长人见，为国亡。长狄见临洮，为秦亡之祸。始皇不悟，反以为嘉祥，铸铜人以象之。魏法亡国之器，而于义竟无取焉。盖服妖也。

尚书何晏好服妇人之服，傅玄曰："此妖服也。夫衣裳之制，所以定上下殊内外也。《大雅》云'玄衮赤舄，钩膺镂锡'，歌其文也。《小雅》云'有严有翼，共武之服'，咏其武也。若内外不殊，王制失叙，服妖既作，身随之亡。妺嬉冠男子之冠，桀亡天下；何晏服妇人之服，亦亡其家，其咎均也。"

吴妇人修容者，急束其发而剿角过于耳，盖其俗自操束太急，而廉隅失中之谓也。故吴之风俗，相驱以急，言论弹射，以刻薄相尚。居三年之丧者，往往有致毁以死。诸葛恪患之，著《正交论》，虽不可以经训整乱，盖亦救时之作也。

孙休后，衣服之制上长下短，又积领五六而裳居一二。干宝曰："上饶奢，下俭逼，上有余下不足之妖也。"至孙皓，果奢暴恣情于上，而百姓雕困于下，卒以亡国，是其应也。

武帝泰始初，衣服上俭下丰，著衣者皆厌褰，此君衰弱，臣放纵，下掩上之象也。至元康末，妇人出两裆，加乎交领之上，此内出外也。为车乘者苟贵轻细，又数变易其形，皆以白篾为纯，盖古丧车之遗象也。夫乘者，君子之器。盖君子立心无恒，事不崇实也。干宝以为晋之祸征也。及惠帝践阼，权制在于宠臣，下掩上之应也。至永嘉末，六宫才人流冗没于戎狄，内出外之应也。及天下挠乱，宰辅方伯多负其任，又数改易不崇实之应也。

泰始之后，中国相尚用胡床貊槃，及为羌煮貊炙，贵人富室，必畜其器，吉享嘉会，皆以为先。太康中，又以毡为绲头及络带袴口。百姓相戏曰，中国必为胡所破。夫毡毳产于胡，而天下以为绲头、带身、袴口，胡既三制之矣，能无败乎！至元康中，氐羌互反，永嘉后，刘、石遂篡中都，自后四夷迭据华土，是服妖之应也。

初作履者，妇人头圆，男子头方。圆者顺之义，所以别男女也。至太康初，妇人履乃头方，与男无别。此贾后专妒之征也。

太康中，天下为《晋世宁》之舞，手接杯盘而反覆之，歌曰"晋世宁，舞杯盘"。识者曰："夫乐生人心，所以观事也。今接杯盘于手上而反覆之，至危之事也。杯盘者，酒食之器，而名曰《晋世宁》，言晋世之士苟偷于酒食之间，而知不及远，晋世之宁犹杯盘之在手也。"

惠帝元康中，妇人之饰有五兵佩，又以金银瑇瑁之属，为斧钺戈戟，以当笄。干宝以为"男女之别，国之大节，故服物异等，贽币不同。今妇人而以兵器为饰，此妇人妖之甚者。于是遂有贾后之事"。终亡天下。是时妇人结发者既成，以缯急束其环，名曰撷子紒。始自宫中，天下化之。其后贾后废害太子之应也。

元康中，天下始相效为乌杖以柱掖，其后稍施其镦，

住则植之。夫木，东方之行，金之臣也。杖者扶体之器，乌其头者，尤便用也。必旁柱掖者，旁救之象也。施其金，柱则植之，言木因于金，能孤立也。及怀愍之世，王室多故，而此中都丧败，元帝以藩臣树德东方，维持天下，柱掖之应也。至社稷无主，海内归之，遂承天命，建都江外，独立之应也。

元康、太安之间，江淮之域有败屩自聚为道，多者至四五十量，人或散投坑谷，明日视之复如故。或云，见狸衔聚之。干宝以为'夫屩者，人之贱服，处于劳辱，黔庶之象也。败者，疲弊之象；道者，四方往来，所以交通王命也。今败屩聚于道者，象黔庶罢病，将相聚为乱，以绝王命'。太安中，发壬午兵，百姓怨叛。江夏张昌唱乱，荆楚从之如流。于是兵革岁起，服妖也。

初，魏造白帢，横缝其前以别后，名之曰颜帢，传行之。至永嘉之间，稍去其缝，名无颜帢，而妇人束发，其缓弥甚，紒之坚不能自立，发被于额，目出而已。无颜者，愧之言也。覆额者，惭之貌也。其缓弥甚者，言天下亡礼与义，放纵情性，及其终极，至于大耻也。永嘉之后，二帝不反，天下愧焉。

孝怀帝永嘉中，士大夫竞服生笺单衣。识者指之曰："此则古者缞衰，诸侯所以服天子者。今无故服之，殆有应乎！"其后遂有胡贼之乱，帝遇害焉。

元帝太兴中，兵士以绛囊缚紒。识者曰："紒者在首，为乾，君道也。囊者坤，臣道也。今以朱囊缚紒，臣道上侵君之象也。"于是王敦陵上焉。

旧为羽扇柄者，刻木象其骨形，列羽用十，取全数也。自中兴初，王敦南征，始改为长柄，下出可捉，而减其羽用八。识者尤之曰："夫羽扇，翼之名也。创为长柄者，将执其柄以制羽翼也。改十为八者，将未备夺已备也。此殆敦之擅权以制朝廷之柄，又将以无德之材欲窃非据也。"是时，为衣者又上短，带才至于掖，著帽者又以带缚项。下逼上，上无地也。为袴者直幅为口，无杀，下大之象。寻而王敦谋逆，再攻京师。

海西嗣位，忘设豹尾。天戒若曰，夫豹尾，仪服之主，大人所以豹变也。而海西豹变之日，非所宜忘而忘之。非主社稷之人，故忘其豹尾，示不终也。寻而被废焉。

孝武太元中，人不复著帩头。天戒若曰，头者元首，帩者助元首为仪饰者也。今忽废之，若人君独立无辅佐，以至危亡也。至安帝，桓玄乃篡位焉。

旧为履者，齿皆达楄上，名曰露卯。太元中忽不彻，名曰阴卯。识者以为卯，谋也，必有阴谋之事。至烈宗末，骠骑参军袁悦之始揽构内外，隆安中遂谋诈相倾，以致大乱。

太元中，公主妇女必缓鬓倾髻，以为盛饰。用髲既多，不可恒戴，乃先于木及笼上装之，名曰假髻，或名假头。至于贫家，不能自办，自号无头，就人借头。遂布天下，亦服妖也。无几时，孝武晏驾而天下骚动，刑戮无数，多丧其元。至于大殓，皆刻木及蜡或缚菰草为头，是假头之应云。

桓玄篡立，殿上施绛帐，镂黄金为颜，四角金龙衔五

色羽葆流苏。群下相谓曰："颇类辒车。"寻而玄败，此服之妖也。

晋末皆冠小而衣裳博大，风流相放，舆台成俗。识者曰："上小而下大，此禅代之象也。"寻而宋受终焉。

鸡祸

魏明帝景初二年，廷尉府中雌鸡化为雄，不鸣不将。干宝曰："是岁宣帝平辽东，百姓始有与能之义，此其象也。然晋三后并以人臣终，不鸣不将，又天意也。"

惠帝元康六年，陈国有鸡生雄鸡无翅，既大，坠坑而死。王隐以为："雄者，胤嗣子之象。坑者，母象。今鸡生无翅，坠坑而死，此子无羽翼，为母所陷害乎？"于后贾后诬杀愍怀，此其应也。

太安中，周玘家雌鸡逃承溜中，六七日而下，奋翼鸣将，独毛羽不变。其后有陈敏之事。敏虽控制江表，终无纪纲文章，殆其象也。卒为玘所灭。鸡祸见玘家，又天意也。京房《易传》曰："牝鸡雄鸣，主不荣。"

元帝太兴中，王敦镇武昌，有雌鸡化为雄。天戒若曰，雌化为雄，臣陵其上。其后王敦再攻京师。

孝武太元十三年四月，广陵高平阎嵩家雌鸡生无右翅，彭城人刘姜之家鸡有三足。京房《易传》曰："君用妇人言，则鸡生妖。"是时，主相并用尼媪之言，宠赐过厚，故妖象见焉。

安帝隆安元年八月，琅邪王道子家青雌鸡化为赤雄鸡，不鸣不将。桓玄将篡，不能成业之象。

四年，荆州有鸡生角，角寻堕落。是时桓玄始擅西夏，狂慢不肃，故有鸡祸。天戒若曰，角，兵象，寻堕落者，暂起不终之妖也。后皆应也。

元兴二年，衡阳有雌鸡化为雄，八十日而冠萎。天戒若曰，衡阳，桓玄楚国之邦略也。及桓玄篡位，果八十日而败，此其应也。

青祥

武帝咸宁元年八月丁酉，大风折大社树，有青气出焉，此青祥也。占曰："东莞当有帝者。"明年，元帝生。是时，帝大父武王封东莞，由是徙封琅邪。孙盛以为中兴之表。晋室之乱，武帝子孙无孑遗，社树折之应，又常风之罚。

惠帝元康中，洛阳南山有虺作声，曰"韩尸尸"。识者曰："韩氏将尸也，言尸尸者，尽死意也。"其后韩谧诛而韩族歼焉，此青祥也。

金沴木

魏文帝黄初七年正月，幸许昌。许昌城南门无故自崩，帝心恶之，遂不入，还洛阳。此金沴木，木动之也。五月，宫车晏驾。京房《易传》曰："上下咸悖，厥妖也城门坏。"

元帝太兴二年六月，吴郡米廪无故自坏。天戒若曰，夫米廪，货粢之屋，无故自坏，此五谷踊贵，所以无籴卖也。是岁遂大饥，死者千数焉。

明帝太宁元年，周莚自归王敦，既立其宅宇，所起五间六梁，一时跃出坠地，余桁犹亘柱头。此金沴木也。明年五月，钱凤谋乱，遂族灭莚，而湖熟寻亦为墟矣。

安帝元兴元年正月丙子，会稽王世子元显将讨桓玄，建牙竿于扬州南门，其东者难立，良久乃正。近沴妖也。而元显寻为玄所擒。

三年五月，乐贤堂坏。时帝闇眊，无乐贤之心，故此堂是沴。

义熙九年五月，国子圣堂坏。天戒若曰，圣堂，礼乐之本，无故自坏，业祚将坠之象。未及十年而禅位焉。

卷二十八　　志第十八

五 行 中

《传》曰："言之不从，是谓不乂，厥咎僭，厥罚恒阳，厥极忧。时则有诗妖，时则有介虫之孽，时则有犬祸，时则有口舌之痾，时则有白眚白祥。惟木沴金。"言之不从，从，顺也。是谓不乂，乂，治也。孔子曰："君子居其室，出其言不善，则千里之外违之，况其迩者乎！"《诗》曰："如蜩如螗，如沸如羹。"言上号令不顺人心，虚诈愦乱，则不能治海内。失在过差，故其咎僭差也。刑罚妄加，群阴不附，则阳气胜，故其罚常旸也。旱伤百谷，则有寇难，上下俱忧，故其极忧也。君炕阳而暴虐，臣畏刑而箝口，则怨谤之气发于歌谣，故有诗妖。介虫孽者，谓小虫有甲飞扬之类，阳气所生也，于《春秋》为螽，今谓之蝗，皆其类也。于《易》，《兑》为口，犬以吠守而不可信，言气毁，故有犬祸。一曰，旱岁犬多狂死及为怪，亦是也。及人，则多病口喉咳嗽者，故有口舌痾。金色白，故有白眚白祥。凡言伤者，病金气；金气病，则木沴之。其极忧者，顺之，其福曰康宁。刘歆《言传》曰时则有毛虫之孽。说以为于天文西方参为兽星，故为毛虫。

魏齐王嘉平初，东郡有讹言，云白马河出妖马，夜过官牧边鸣呼，众马皆应，明日见其迹，大如斛，行数里，还入河。楚王彪本封白马，兖州刺史令狐愚以彪有智勇，及闻此言，遂与王凌谋共立之。事泄，凌、愚被诛，彪赐死。此言不从之罚也。《诗》云："人之讹言，宁莫之惩。"

蜀刘禅嗣位，谯周曰："先主讳备，其训具也，后主讳禅，其训授也。若言刘已具矣，当授与人，甚于晋穆侯、汉灵帝命子之祥也。"蜀果亡，此言之不从也。刘备卒，刘禅即位，未葬，亦未逾月，而改元为建兴，此言之不从也。礼，国君即位逾年而后改元者，缘臣子之心不忍一年而有二君。今可谓亟而不知礼义矣。后遂降焉。

魏明帝太和中，姜维归蜀，失其母。魏人使其母手书呼维令反，并送当归以譬之。维报书曰："良田百顷，不计一亩，但见远志，无有当归。"维卒不免。

景初元年，有司奏，帝为烈祖，与太祖、高祖并为不毁之庙，从之。案宗庙之制，祖宗之号，皆身没名成乃正其礼。故虽功赫天壤，德迈前王，未有豫定之典。此盖言之不从失之甚者也。后二年而宫车晏驾，于是统微政逸吴孙休时，乌程人有得困病，及差，能以响言者，言于此而闻于彼。自其所听之，不觉其声之大也。自远听之，如人对言，不觉声之自远来也。声之所往，随其所向，远者所过十数里。其邻人有责息于外，历年不还，乃假之使为责让，惧以祸福。负物者以为鬼神，即偾倒畀之，其人亦不自知所以然也。言不从之咎也。

魏时起安世殿，武帝后居之。安世，武帝字也。武帝每延群臣，多说平生常事，未尝及经国远图。此言之不从也。何曾谓子遵曰："国家无贻厥之谋，及身而已，后嗣其殆乎！此子孙之忧也。"自永熙后王室渐乱，永嘉中天下大坏，及何绥以非辜被杀，皆如曾言。

赵王伦废惠帝于金墉城，改号金墉城为永安宫。帝寻复位而伦诛。

惠帝永兴元年，诏废太子覃还为清河王，立成都王颖为皇太弟，犹加侍中、大都督，领丞相，备九锡，封二十郡，如魏王故事。案周礼传国以胤不以勋，故虽公旦之圣不易成王之嗣，所以远绝觊觎，永一宗祧。代代遵履，改之则乱。今拟非其实，僭差已甚。且既为国嗣，则不应复开封土，兼领庶职。此言之不从，进退乖爽，故帝既播越，颖亦不终，是其咎僭也。后犹不悟，又立怀帝为皇太弟。怀终流弑，不永厥祚，又其应也。语曰，"变古易常，不乱则亡"，此之谓乎。

元帝永昌二年，大将军王敦下据姑孰。百姓讹言行虫病，食人大孔，数日入腹，入腹则死；疗之有方，当得白犬胆以灼之。自淮泗遂及京都，数日之间，百姓惊扰，人人皆自云已得虫病。又云，始在外时，当烧铁以灼之。于是禽然，被烧灼者十七八矣。而白犬暴贵，至相请夺，其价十倍。或有自云能行烧铁灼者，赁灼百姓，日得五六万，愈而后已。四五日渐静。说曰："夫裸虫人类，而人为之主。今云虫食人，言本同臭类而相残贼也。自下而上，明其逆也。必入腹者，言害由中不由外也。犬有守卫之性，白者金色，而胆，用武之主也。帝王之运，王霸会于戌。戌主用兵，金者晋行，火烧铁以疗疾者，言必去其类而来火与金合德，共除虫害也。"案中兴之际，大将军本以腹心受伊吕之任，而元帝末年，遂攻京邑，明帝谅闇，又有异谋，是以下逆上，腹心内烂也。及钱凤、沈充等逆兵四合，而为王师所挫，逾月而不能济水，北中郎刘遐及淮陵内史苏峻率淮泗之众以救朝廷，故其谣首作于淮泗也。朝廷卒以弱制强，罪人授首，是用白犬胆可救之效也。

海西公时，庚晞四五年中喜为挽歌，自摇大铃为唱，使左右齐和。又宴会辄令倡妓作新安人歌舞离别之辞，其声悲切。时人怪之，后亦果败。

太元中，小儿以两铁相打于土中，名曰斗族。后王国宝、王孝伯一姓之中自相攻击。

桓玄初改年为大亨，遐迩欢言曰"二月了"，故义谋以仲春发也。玄篡立，又改年为建始，以与赵王伦同，又易为永始，永始复是王莽受封之年也。始徙司马道子于安成。安帝逊位，出永安宫，封为平固王，琅邪王德文为石阳公，并使住寻阳城。识者皆以为言不从之妖僭也。

武帝初，何曾薄太官御膳，自取私食，子劭又过之，

而王恺又过劭。王恺、羊琇之俦，盛致声色，穷珍极丽。至元康中，夸恣成俗，转相高尚，石崇之侈，遂兼王、何，而俪人主矣。崇既诛死，天下寻亦沦丧。僭逾之咎也。

庶征恒阳，刘向以为《春秋》大旱也。其夏旱，雩，《礼》谓之大雩。不伤二谷谓之不雨。京房《易传》曰："欲德不用兹谓张，厥灾荒，旱。其旱阴云不雨，变而赤，因四际。师出过时兹谓广，其旱不生。上下皆蔽兹谓隔，其旱天赤三月，时有雹杀飞禽。上缘求妃兹谓僭，其旱三月大温亡云。君高台府兹谓犯阴侵阳，其旱万物根死，数有火灾。庶位逾节兹为僭，其旱泽物枯，为火所伤。"

魏明帝太和二年五月，大旱。元年以来崇广宫府之应也。又，是春宣帝南擒孟达，置二郡，张郃西破诸葛亮，毙马谡。亢阳自大，又其应也。

太和五年三月，自去冬十月至此月不雨。辛巳，大雩。

齐王正始元年二月，自去冬十二月至此月不雨。去岁正月，明帝崩。二月，曹爽白嗣主，转宣帝为太傅，外示尊崇，内实欲令事先由己。是时宣帝功盖魏朝，欲德不用之应也。

高贵乡公甘露三年正月，自去秋至此月旱。是时文帝围诸葛诞，众出过时之应也。初，寿春秋夏常雨淹城，而此旱逾年，城陷，乃大雨。咸以诞为天亡。

吴孙亮五凤二年，大旱，百姓饥。是岁征役烦兴，军士怨叛。此亢阳自大，劳役失众之罚也。其役弥岁，故旱亦竟年。

孙皓宝鼎元年，春夏旱。时孙皓迁都武昌，劳役动众之应也。

武帝泰始七年五月闰月旱，大雩。八年五月，旱。是时帝纳荀勖邪说，留贾充不复西镇，而任恺渐疏，上下皆蔽之应也。及李憙、鲁芝、李胤等并在散职，近厥德不用之谓也。

九年，自正月旱，至于六月，祈宗庙社稷山川。癸未，雨。十年四月，旱。去年秋冬，采择卿校诸葛冲等女。是春，五十余人入殿简选。又取小将吏女数十人，母子号哭于宫中，声闻于外，行人悲酸。是殆积阴生阳，上缘求妃之应也。

咸宁二年五月旱，大雩。至六月，乃澍雨。

太康二年旱，自去冬旱至此春。三年四月旱，乙酉诏司空齐王攸与尚书、廷尉、河南尹录讯系囚，事从蠲宥。

五年六月，旱。此年正月天阴，解而复合。刘毅上疏曰："必有阿党之臣奸以事君者，当诛而不赦也。"帝不答。是时荀勖、冯紞僭作威福，乱朝尤甚。

六年三月，青、梁、幽、冀郡国旱。六月，济阴、武陵旱，伤麦。七年夏，郡国十三大旱。八年四月，冀州旱。九年夏，郡国三十三旱，扶风、始平、京兆、安定旱，伤麦。十年二月，旱。

太熙元年二月，旱。自太康已后，虽正人满朝，不被亲仗，而贾充、荀勖、杨骏、冯紞等迭居要重，所以无年不旱者，欲德不用，上下皆蔽，庶位逾节之罚也。

惠帝元康七年七月，秦、雍二州大旱，疾疫，关中饥，米斛万钱。因此氐羌反叛，雍州刺史解系败绩。而饥疫荐

臻，戎晋并困，朝廷不能振，诏听相卖鬻。其九月，郡国五旱。

永宁元年，自夏及秋，青、徐、幽、并四州旱。十二月，又郡国十二旱。是年春，三王讨赵王伦，旬之中数十战，死者十余万人。

怀帝永嘉三年五月，大旱，襄平县梁水淡池竭，河、洛、江、汉皆可涉。是年三月，司马越归京都，遣兵入宫，收中书令缪播等九人杀之，皆僭之罚也。又四方诸侯多怀无君之心，刘元海、石勒、王弥、李雄之徒贼害百姓，流血成泥，又其应也。五年，自去冬旱至此春。去岁十一月，司马越以行台自随，斥黜宫卫，无君臣之节。

元帝建武元年六月，扬州旱。去年十二月，淳于伯冤死，其年即旱，而太兴元年六月又旱。干宝曰"杀淳于伯之后旱三年是也。刑罚妄加，群阴不附，则阳气胜之罚也。"

元帝太兴四年五月，旱。是时王敦陵僭已著。

永昌元年夏，大旱。是年三月，王敦有石头之变，二宫陵辱，大臣诛死，僭逾无上，故旱尤甚也。其闰十一月，京都大旱，川谷并竭。

明帝太宁三年，自春不雨，至于六月。

成帝咸和元年，夏秋旱。是时庾太后临朝称制，言不从而僭逾之罚也。

二年夏，旱。五年五月，大旱。六年四月，大旱。八年秋七月，旱。九年，自四月不雨，至于八月。

咸康元年六月，旱。是时成帝冲弱，未亲万机，内外之政，决之将相。此僭逾之罚，连岁旱也。至四年，王导固让太傅，复乞明辟。是后不旱，殆其应也。时天下普旱，会稽、余姚特甚，米斗直五百，人有相鬻者。二年三月，旱。三年六月，旱。时王导以天下新定，务在遵养，不任刑罚，遂盗贼公行，频五年亢旱，亦舒缓之应也。

康帝建元元年五月，旱。

穆帝永和元年五月，旱。是时帝在襁褓，褚太后临朝，如明穆太后故事也。五年七月不雨，至于十月。六年夏，旱。八年夏，旱。九年春，旱。

升平三年冬，大旱。四年冬，大旱。

哀帝隆和元年夏，旱。是时桓温强恣，权制朝廷，僭逾之罚也。

海西公太和元年夏，旱。四年冬，旱。凉州春旱至夏。

简文帝咸安二年十月，大旱，饥。自永和至是，嗣主幼冲，桓温陵僭，用兵征伐，百姓怨苦。

孝武帝宁康元年三月，旱。是时桓温入觐高平陵，阖朝致拜，逾僭之应也。三年冬，旱。

太元四年夏，大旱。八年六月，旱。十年七月，旱，饥。初，八年破苻坚，九年诸将略地，有事徐、豫，杨亮、赵统攻讨巴汉。是年正月，谢安又出镇广陵，使子琰进次彭城，频有军役。

十三年六月，旱。去岁北府遣戍胡陆，荆州经略河南。是年夏，郭铨置戍野王，又遣军破黄淮。

十五年七月，旱。十七年，秋旱至冬。是时烈宗仁恕，信任会稽王道子，政事舒缓。又茹千秋为骠骑谘议，窃弄主相威福。又比丘尼乳母亲党及婢仆之子阶缘近习，临部领众。又所在多上春竟囚，不以其辜，建康狱吏，枉暴既甚。此又僭逾不从冤滥之罚。

安帝隆安二年冬，旱，寒甚。四年五月，旱。五年，夏秋大旱。十二月，不雨。时孙恩作乱，桓玄疑贰，迫杀殷仲堪，而朝廷即授以荆州之任，司马元显又讽百僚悉使敬己，内外骚动，兵革烦兴。此皆陵僭忧愁之应也。

元兴元年七月，大饥。九月、十月不雨，泉水涸。二年六月，不雨。冬，又旱。时桓玄奢僭，十二月遂篡位。三年八月，不雨。

义熙四年冬，不雨。六年九月，不雨。八年十月，不雨。九年，秋冬不雨。十年九月，旱。十二月又旱，井涘多竭。是时军役烦兴。

诗妖

魏明帝太和中，京师歌《兜铃曹子》，其唱曰"其柰汝曹何"，此诗妖也。其后曹爽见诛，曹氏遂废。

景初初，童谣曰："阿公阿公驾马车，不意阿公东渡河，阿公来还当柰何！"及宣帝辽东归，至白屋，当还镇长安。会帝疾笃，急召之，乃乘追锋车东渡河，终如童谣之言。

齐王嘉平中，有谣曰："白马素羁西南驰，其谁乘者朱虎骑。"朱虎者，楚王小字也。王凌、令狐愚闻此谣，谋立彪。事发，凌等伏诛，彪赐死。

吴孙亮初，童谣曰："吁汝恪，何若若，芦苇单衣篾钩络，于何相求常子阁。""常子阁"者，反语石子冈也。钩络，钩带也。及诸葛恪死，果以苇席裹身，篾束其要，投之石子冈。后听恪故吏收敛，求之此冈云。

孙亮初，公安有白鼍鸣。童谣曰："白鼍鸣，龟背平。南郡城中可长生，守死不去义无成。""南郡城中可长生"者，有急易以逃也。明年，诸葛恪败，弟融镇公安，亦见袭，融刮金印龟背之而死。鼍有鳞介，甲兵之象。又曰，白祥也。

孙休永安二年，将守质子群聚嬉戏，有异小儿忽来言曰："三公锄，司马如。"又曰："我非人，荧惑星也。"言毕上升，仰视若曳一匹练，有顷没。干宝曰："后四年而蜀亡，六年而魏废，二十一年而吴平。"于是九服归晋。魏与吴蜀并战国，"三公锄，司马如"之谓也。

孙晧遣使者祭石印山下妖祠，使者因以丹书岩曰："楚九州渚，吴九州都。扬州士，作天子。四世治，太平矣。"晧闻之，意益张，曰："从大皇帝至朕四世，太平之主非朕复谁！"恣虐逾甚，寻以降亡，近诗妖也。

孙晧天纪中，童谣曰："阿童复阿童，衔刀游渡江。不畏岸上兽，但畏水中龙。"武帝闻之，加王浚龙骧将军。及征吴，江西众军无过者，而王浚先定秣陵。

武帝太康三年平吴后，江南童谣曰："局缩肉，数横目，中国当败吴当复。"又曰："宫门柱，且莫朽，吴当复，在三十年后。"又曰："鸡鸣不拊翼，吴复不用力。"于时吴人皆谓在孙氏子孙，故窃发为乱者相继。案"横目"者四字，自吴亡至元帝兴几四十年，元帝兴于江东，皆如童谣之言焉。元帝恤而少断，"局缩肉"者，有所斥也。

太康末，京洛为《折杨柳》之歌，其曲始有兵革苦辛之辞，终以擒获斩截之事。是时三杨贵盛而被族灭，太后废黜，幽死中宫，"折杨柳"之应也。

惠帝永熙中，河内温县有人如狂，造书曰："光光文长，大戟为墙。毒药虽行，戟还自伤。"又曰："两火没地，哀哉秋兰。归形街邮，终为人叹。"及杨骏居内府，以戟为卫，死时又为戟所害伤。杨后被废，贾后乃绝其膳八日而崩，葬街邮亭北，百姓哀之也。雨火，武帝讳，兰，杨后字也。其时又有童谣曰："二月末，三月初，荆笔杨板行诏书，宫中大马几作驴。"此时杨骏专权，楚王用事，故言"荆笔杨板"。二人不诛，则君臣礼悖，故云"几作驴"也。

元康中，京洛童谣曰："南风起，吹白沙，遥望鲁国何嵯峨，千岁髑髅生齿牙。"又曰："城东马子莫咙啊，比至来年缠女壑。"南风，贾后字也。白，晋行也。沙门，太子小名也。鲁，贾谧国也。言贾后将与谧为乱，以危太子，而赵王因衅咀嚼豪贤，以成篡夺，不得其死之应也。

元康中，天下商农通著大鄣日。时童谣曰："屠苏鄣日覆两耳，当见瞎儿作天子。"及赵王伦篡位，其目实眇焉。赵王伦既篡，洛中童谣曰："兽从北来鼻头汗，龙从南来登城看，水从西来何灌灌。"数月而齐王、成都、河间义兵同会诛伦。案成都西藩而在邺，故曰"兽从北来。"齐东藩而在许，故曰"龙从南来。"河间水源而在关中，故曰"水从西来。"齐留辅政，居于宫西，又有无君之心，故言"登城看"也。

太安中，童谣曰："五马游渡江，一马化为龙。"后中原大乱，宗藩多绝，唯琅邪、汝南、西阳、南顿、彭城同至江东，而元帝嗣统矣。

司马越还洛，有童谣曰："洛中大鼠长尺二，若不早去大狗至。"及苟晞将破汲桑，又谣曰："元超兄弟大落度，上桑打椹为苟作。"由是越恶晞，夺其兖州，隙难遂构焉。

愍帝初，有童谣曰："天子何在豆田中。"至建兴四年，帝降刘曜，在城东豆田壁中。

建兴中，江南谣歌曰："訇如白坑破，合集持作甒。扬州破换败，吴兴覆瓿甊。"案白者，晋行也。坑器有口属瓮，瓦瓮质刚，亦金之类也。"訇如白坑破"者，言二都倾覆，王室大坏也。"合集持作甒"者，元帝鸠集遗余，以主社稷，未能克复中原，但偏王江南，故其喻也。及石头之事，六军大溃，兵人抄掠京邑，爰及二宫。其后三年，钱凤复攻京邑，阻水而守，相持月余日，焚烧城邑，并埋木刊矣。凤等败退，沈充将其党还吴兴，官军蹑之，蹈藉郡县，充父子授首，党与诛者以百数。所谓"扬州破换败，吴兴覆瓿甊"，瓿甊瓦器，又小于甒也。

明帝太宁初，童谣曰："恻恻力力，放马山侧。大马死，小马饿。高山崩，石自破。"及明帝崩，成帝幼，为苏峻所逼，迁于石头，御膳不足，此"大马死，小马饿"也。高山，峻也，又言峻寻死。石，峻弟苏石也。峻死后，石据石头，寻为诸公所破，复是崩山石破之应也。

成帝之末，又有童谣曰："磕磕何隆隆，驾车入梓宫。"少日而宫车晏驾。

咸康二年十二月，河北谣云："麦入土，杀石武。"后如谣言。

庾亮初镇武昌，出至石头，百姓于岸上歌曰："庾公上武昌，翩翩如飞鸟。庾公还扬州，白马牵旒旐。"又曰："庾公初上时，翩翩如飞鸟。庾公还扬州，白马牵流苏。"后连征不入，及薨于镇，以丧还都葬，皆如谣言。

穆帝升平中，童儿辈忽歌于道曰《阿子闻》，曲终辄云"阿子汝闻不"？无几而帝崩，太后哭之曰："阿子汝闻不？"

升平末，俗间忽作《廉歌》，有扈谦者闻之曰："廉者，临也。歌云'白门廉，宫庭廉'，内外悉临，国家其大讳乎！"少时而穆帝晏驾。

哀帝隆和初，童谣曰："升平不满斗，隆和那得久！桓公入石头，陛下徒跣走。"朝廷闻而恶之，改年曰兴宁。人复歌曰："虽复改兴宁，亦复无聊生。"哀旁寿崩。升平五年而穆帝崩，"不满斗"，升平不至十年也。

海西公太和中，百姓歌曰："青青御路杨，白马紫游缰。汝非皇太子，那得甘露浆？"识者曰："白者，金行。马者，国族。紫为夺正之色，明以紫间朱也。"海西公寻废，其三子并非海西公之子，缢以马缰。死之明日，南方献甘露马。

太和末，童谣曰："犁牛耕御路，白门种小麦。"及海西公被废，百姓耕其门以种小麦，遂如谣言。

海西公初生皇子，百姓歌云："凤皇生一雏，天下莫不喜。本言是马驹，今定成龙子。"其歌甚美，其旨甚微。海西公不男，使左右向龙与内侍接，生子，以为己子。

桓石民为荆州，镇上明，百姓忽歌曰"黄昙子"。曲中又曰："黄昙英，扬州大佛来上明。"顷之而桓石民死，王忱为荆州。黄昙子乃是王忱字也。忱小字佛大，是"大佛来上明"也。

孝武帝太元末，京口谣曰："黄雌鸡，莫作雄父啼。一旦去毛衣，衣被拉飒栖。"寻而王恭起兵诛王国宝，旋为刘牢之所败，故言"拉飒栖"也。

会稽王道子于东府造土山，名曰灵秀山。无几而孙恩作乱，再践会稽。会稽，道子所封；灵秀，孙恩之字也。

庾楷镇历阳，百姓歌曰："重罗黎，重罗黎，使君南上无还时。"后楷南奔桓玄，为玄所诛。

殷仲堪在荆州，童谣曰："芒笼目，绳缚腹。殷当败，桓当复。"未几而仲堪败，桓玄遂有荆州。

王恭镇京口，举兵诛王国宝。百姓谣云："昔年食白饭，今年食麦麸。天公诛谪汝，教汝捻咙喉。咙喉喝复喝，京口败复败。"识者曰："昔年食白饭，言得志也。今年食麦麸，麸粗秽，其精已去，明将败也，天公将加谴谪而诛之也。捻咙喉，气不通，死之祥也。败复败，丁宁之辞也。"恭寻死，京都又大行欬疾，而喉并喝焉。

王恭在京口，百姓间忽云："黄头小儿欲作贼，阿公在城，下指缚得。"又云："黄头小人欲作乱，赖得金刀作藩扞。"黄字上恭字头也，小人恭字下也，寻如谣言者焉。

安帝隆安中，百姓忽作《懊恢》之歌，其曲曰："草生可揽结，女儿可揽撷。"寻而桓玄篡位，义旗以三月二日扫定京都，诛之。玄之宫女及逆党之家子女妓妾悉为军赏，东及瓯越，北流淮泗，皆人有所获。故言时则草可结，事则女可撷也。

桓玄既篡，童谣曰："草生及马腹，乌啄桓玄目。"及玄败，走至江陵，时正五月中，诛如其期焉。

安帝义熙初，童谣曰："官家养芦化成荻，芦生不止自成积。"其时官养卢龙，宠以金紫，奉以名州，养之极也。而龙不能怀我好音，举兵内伐，遂成仇敌也。"芦生不止自成积"，及卢龙之败，斩伐其党，犹如草木以成积也。

卢龙据广州，人为之谣曰："芦生漫漫竟天半。"后挤上流数州之地，内逼京辇，应"天半"之言。

义熙二年，小儿相逢于道，辄举其两手曰"卢健健"，次曰"斗叹斗叹"，末曰"翁年老翁年老"。当时莫知所谓。其后卢龙内逼，舟舰盖川，"健健"之谓也。既至查浦，屡克期欲与官斗，"斗叹"之应也。"翁年老"，群公有期颐之庆，知妖逆之徒自然消殄也。其时复有谣言曰："卢橙橙，逐水流，东风忽如起，那得入石头！"卢龙果败，不得入石头也。

昔温峤令郭景纯卜己与庾亮吉凶，景纯云："元吉。"峤语亮曰："景纯每筮是，不敢尽言。吾等与国家同安危，而曰'元吉'，是事有成也。"于是协同讨灭王敦。

苻坚初，童谣云："阿坚连牵三十年，后若欲败时，当在江湖边。"及坚在位凡三十年，败于淝水，是其应也。又谣语云："河水清复清，苻坚死新城。"及坚为姚苌所杀，死于新城。复谣歌云："鱼羊田升当灭秦。"识者以为"鱼羊，鲜也；田升，卑也，坚自号秦，言灭之者鲜卑也。"其群臣谏坚，令尽诛鲜卑，坚不从。及淮南败还，初为慕容冲所攻，又为姚苌所杀，身死国灭。

毛虫之孽

武帝太康六年，南阳献两足猛兽，此毛虫之孽也。识者为其文曰："武形有亏，金兽失仪，圣主应天，期异何为！"言兆乱也。京房《易传》曰："足少者，下不胜任也。"干宝以为："兽者阴精，居于阳，金兽也。南阳，火名也。金精入火而失其形，王室乱之妖也。"六，水数，言水数既极，火懋得作，而金受其败也。至元康九年，始杀太子，距此十四年。二七十四，火始终相乘之数也。自帝受命，至愍怀之废，凡三十五年焉。

太康七年十一月丙辰，四角兽见于河间，河间王颙获以献。天戒若曰，角，兵象也，四者，四方之象，当有兵乱起于四方。后河间王遂连四方之兵，作为乱阶，殆其应也。

怀帝永嘉五年，鼹鼠出延陵。郭景纯筮之曰："此郡东之县，当有妖人欲称制者，亦寻自死矣。"其后吴兴徐馥作乱，杀太守袁琇，馥亦时灭，是其应也。

成帝咸和六年正月丁巳，会州郡秀孝于乐贤堂，有麕见于前，获之。孙盛以为吉祥。夫秀孝，天下之彦士；乐贤堂，所以乐养贤也。自丧乱以后，风教陵夷，秀孝策试，乏四科之实。麕兴于前，或斯故乎？

哀帝隆和元年十月甲申，有麕入东海第。百姓欢言曰："麕入东海第"，识者怪之。及海西废为东海王，乃入其第。

孝武太元十三年四月癸巳，祠庙毕，有兔行庙堂上。天戒若曰，兔，野物也，而集宗庙之堂，不祥莫之甚焉。

犬祸

公孙文懿家有犬，冠帻绛衣上屋，此犬祸也。屋上，亢阳高危之地。天戒若曰，亢阳无上，偷自尊高，狗而冠者也。及文懿自立为燕王，果为魏所灭。京房《易传》曰："君不正，臣欲篡，厥妖狗出朝门。"

魏侍中应璩在直庐，欻见一白狗出门，问众人，无见者。逾年卒，近犬祸也。

吴诸葛恪征淮南归，将朝会，犬衔引其衣。恪曰："犬不欲我行乎？"还坐。有顷复起，犬又衔衣，乃令逐犬，遂升车，入而被害。

武帝太康九年，幽州有犬，鼻行地三百余步。天戒若曰，是时帝不思和峤之言，卒立惠帝，以致衰乱，是言不从之罚也。

惠帝元康中，吴郡娄县人家闻地中有犬子声，掘之，得雌雄各一。还置窟中，覆以磨石，经宿失所在。天戒若曰，帝既衰弱，藩王相潜，故有犬祸。

永兴元年，丹阳内史朱逵家犬生三子，皆无头。后逵为扬州刺史曹武所杀。

孝怀帝永嘉五年，吴郡嘉兴张林家狗人言云："天下人饿死。"于是果有二胡之乱，天下饥荒焉。

愍帝建兴元年，狗与猪交。案《汉书》，景帝时有此，以为悖乱之气，亦犬豕祸也。犬，兵革之占也。豕，北方匈奴之象。逆言失听，异类相交，必生害也。饿而帝没于胡，是其应也。

元帝太兴中，吴郡太守张懋闻斋内床下犬声，求而不得。既而地自坼，见有二犬子，取而养之，皆死。寻而懋为沈充所害。京房《易传》曰："谗臣在侧，则犬生妖。"

太兴四年，庐江灊县何旭家忽闻地中有犬子声，掘之得一母犬，青鬃色，状甚羸瘦，走入草中，不知所在。视其处有二犬子，一雄一雌，哺而养之，雌死雄活。及长为犬，善噬兽。其后旭里中为蛮所没。

安帝隆安初，吴郡治下狗恒夜吠，聚高桥上，人家狗有限而吠声甚众。或有夜觇视之云："一狗假有两三头，皆前向乱吠。"无几，孙恩乱于吴会焉。是时辅国将军孙无终家于既阳，地中闻犬子声，寻而地坼，有二犬子，皆白色，一雄一雌，取而养之，皆死。后无终为桓玄所诛灭。案《尸子》曰："地中有犬，名曰地狼。"《夏鼎志》曰："掘地得犬，名曰贾。"此盖自然之物，不应出而出，为犬祸也。

桓玄将拜楚王，已设拜席，群官陪位。玄未及出，有狗来便其席，莫不惊怪。玄性猜暴，竟无言者，逐狗改席而已。天戒若曰，桓玄无德而叨窃大位，故犬便其席，示其妄据之甚也。八十日玄败亡焉。

白眚白祥

魏明帝青龙三年正月乙亥，陨石于寿光。案《左氏传》"陨石,星也",刘歆说曰:"庶众惟星陨于宋者,象宋襄公将得诸侯而不终也。"秦始皇时有陨石,班固以为:"石,阴类也。又白祥,臣将危君。"是后宣帝得政云。

武帝太康五年五月丁巳,陨石于温及河阳各二。六年正月,陨石于温,三。

成帝咸和八年五月,星陨于肥乡,一。九年正月,陨石于凉州,二。

吴孙亮五凤二年五月,阳羡县离里山大石自立。案京房《易传》曰"庶士为天子之祥也",其说曰:"石立于山同姓,平地异姓。"干宝以为"孙皓承废故之家得位,其应也。"或曰孙休见立之祥也。

武帝太康十年,洛阳宫西宜秋里石生地中,始高三尺,如香铲形,后如伛人,槃薄不可掘。案刘向说,此白眚也。明年宫车晏驾,王室始骚,卒以乱亡。京房《易传》曰:"石立如人,庶士为天下雄。"此近之矣。

惠帝元康五年十二月,有石生于宜年里。永康元年,襄阳郡上言,得鸣石,撞之,声闻七八里。太安元年,丹阳湖熟县夏架湖有大石,浮二百步而登岸,民惊噪相告曰:"石来。"干宝曰:"寻有石冰入建邺。"

车骑大将军、东嬴王腾自并州迁镇邺,行次真定。时久积雪,而当门前方数丈独消释,腾怪而掘之,得玉马,高尺许,口齿缺。腾以马者国姓,上送之,以为瑞。然马无齿则不得食,妖祥之兆,衰亡之征。案占,此白祥也。是后腾为汲桑所杀,而天下遂乱。

武帝泰始八年五月,蜀地雨白毛,此白祥也。时益州刺史皇甫晏伐汶山胡,从事何旅固谏,不从,牙门张弘等因众之怨,诬晏谋逆,害之。京房《易传》曰:"前乐后忧,厥妖天雨羽。"又曰:"邪人进,贤人逃,天雨毛。"其《易妖》曰:"天雨毛羽,贵人出走。"三占皆应。

惠帝永宁元年,齐王冏举义军。军中有小儿,出于襄城繁昌县,年八岁,发体悉白,颇能卜,于《洪范》,白祥也。

成帝咸康初,地生毛,近白祥也。孙盛以为人劳之异也。是后石季龙灭而中原向化,将相皆甘心焉。于是方镇屡革,边戍仍迁,皆拥带部曲,动有万数。其间征伐征赋,役无宁岁,天下劳扰,百姓疲怨。

咸康三年六月,地生毛。

孝武太元二年五月,京都地生毛,至四年而氐贼次襄国,围彭城,向广陵,征戍仍出,兵连年不解。

太元十四年四月,京都地生毛。是时苻坚灭后,经略多事,人劳之应也。十七年四月,地生毛。

安帝隆安四年四月乙未,地生毛,或白或黑。元兴三年五月,江陵地生毛。是后江陵见袭,交战者数矣。

义熙三年三月,地生白毛。十年三月地生毛。明年,王旅西讨司马休之。又明年,北扫关洛。

木沴金

魏齐王正始末,河南尹李胜治听事,有小材激堕,树受符吏石彪头,断之,此木沴金也。胜后旬日而败。

惠帝元康八年五月,郊禖坛石中破为二,此木沴金也。郊禖坛者,求子之神位,无故自毁,太子将危之象

也。明年愍怀废死。

孝武帝太元十年四月,谢安出镇广陵,始发石头,金鼓无故自破。此木沴金之异也,天意也。天戒若曰,安徒扬经略之声,终无其实,钲鼓不用之象也。月余,以疾还而薨。

《传》曰:"视之不明,是谓不哲,厥咎舒,厥罚恒燠,厥极疾。时则有草妖,时则有蠃虫之孽,时则有羊祸,时则有目痾,时则有赤眚赤祥。惟水沴火。"视之不明,是谓不哲。哲,知也。《诗》云:"尔德不明,以亡陪亡卿。不明尔德,以亡背亡侧。"言上不明,暗昧蔽惑,则不能知善恶,亲近习,长同类,亡功而受赏,有罪者不杀,百官废乱,失在舒缓,故其咎舒也。盛夏日长,暑以养物,政弛缓,故其罚常燠也。燠则冬温,春夏不和,伤病疾人,其极疾也。诛不行则霜不杀草,繇臣下则杀不以时,故有草妖。凡妖,貌则以服,言则以诗,听则以声。视不以色者,五色,物之大分也,在于眚祥,故圣人以为草妖,失物柄之明者也。温燠生虫,故有蠃虫之孽,谓螟螣之类当死不死,当生而不生,或多于故而为灾也。刘歆以为属思心不容。于《易》,刚而苞柔为《离》,《离》为火,为目。羊上角下蹄,刚而苞柔,羊大目而不精明,视气毁,故有羊祸。一曰,暑岁羊多疫死,及为怪,亦是也。及人,则多病目者,故有目痾。火色赤,故有赤眚赤祥。凡视伤者,病火气;火气伤,则水沴之。其极疾者顺之,其福曰寿。刘歆《视传》曰有羽虫之孽,鸡祸。说以为于天文南方朱张为鸟星,故为羽虫。祸亦从羽,故为鸡。鸡于《易》自在《巽》,说非是。

庶征之恒燠,刘向以为《春秋》无冰也。小燠不书,无冰然后书,举其大者也。京房《易传》曰:"禄不遂行兹谓欺,厥咎燠。其燠,雨云四至而温。臣安禄乐逸兹谓乱,燠而生虫。知罪不诛兹谓舒,其燠,夏则暑杀人,冬则物华实。重过不诛兹谓亡征,其咎当寒而燠尽六日也。"

吴孙亮建兴元年九月,桃李华,孙权比政烦赋重,人凋于役。是时诸葛恪始辅政,息校官,原逋责,除关梁,崇宽厚,此舒缓之应也。一说桃李寒华为草妖,或属华孽。

魏少帝景元三年十月,桃李华。时少帝深树恩德,事崇优缓,此其应也。

惠帝元康二年二月,巴西郡界草皆生华,结子如麦,可食。时帝初即位,楚王玮矫诏诛汝南王亮及太保卫瓘,帝不能察。今非时草结实,此恒燠宽必之罚。

穆帝永和九年十二月,桃李华,是时简文辅政,事多驰略,舒缓之应也。

草妖

汉献帝建安二十五年春正月,魏武帝在洛阳起建始殿,伐濯龙树而血出,又掘徙梨,根伤亦血出。帝恶之,遂寝疾,是月崩。盖草妖,又赤祥,是岁魏文帝黄初元年也。

吴孙亮五凤元年六月,交阯稗草化为稻。昔三苗将亡,五谷变种,此草妖也。其后亮废。

蜀刘禅景耀五年,宫中大树无故自折。谯周忧之,无所与言,乃书柱曰:"众而大,其之会。具而授,若何复。"

言曹者众也,魏者大也,众而大,天下其当会也。具而授,如何复有立者乎?蜀果亡,如周言,此草妖也。

吴孙皓天玺元年,吴临临平湖自汉末秽塞,是时一夕忽开除无草。长老相传:此湖塞,天下乱;此湖开,天下平。吴寻亡而九服为一。

天纪三年八月,建邺有鬼目菜于工黄狗家生,依缘枣树,长丈余,茎广四寸,厚二分。又有買菜生工吴平家,高四尺,如枇杷形,上圆,径一尺八寸,茎广五寸,两边生叶,绿色。东观案图,名鬼目作芝草,買菜作平虑,遂以狗为侍芝郎,平为平虑郎,皆银印青绶。干宝曰:明年平吴,王浚止船正得平渚,姓名显然,指事之征也。黄狗者,吴以土运承汉,故初有黄龙之瑞。及其季年,而有鬼目之妖托黄狗之家。黄称不改,而贵贱大殊,天道精微之应敢也。

惠帝元康二年春,巴西郡界竹生花,紫色,结实如麦,外皮青,中赤白,味甘。

元康九年六月庚子,有桑生东宫西厢,日长尺余,甲辰枯死。此与殷太戊同妖,太子不能悟,故至废戮也。班固称"野木生朝而暴长,小人将暴居大臣之位,危国亡家之象,朝将为墟也。"是后孙秀、张林用事,遂至大乱。

永康元年四月,立皇孙臧为皇太孙。五月甲子,就东宫,桑又生于西厢。明年,赵王伦篡位,鸩杀臧,此与愍怀同妖也。是月,壮武国有桑化为柏,而张华遇害。壮武,华之封邑也。

孝怀帝永嘉二年冬,项县桑树有声如解材,人谓之桑树哭。案刘向说,"桑者丧也",又为哭声,不祥之甚。是时京师虚弱,胡寇交侵,东海王越无卫国之心,四年冬季而南出,五年春薨于此城。石勒邀其众,围而射之,王公以下至众庶,死者十余万人。又剖越棺,焚其尸。是败也,中原无所请命,洛京亦寻覆没,桑哭之应也。

六年五月,无锡县有四株茶荑树,相樛而生,状若连理。先是,郭景纯筮延陵蝘鼠,遇《临》之《益》,曰:"后当复有妖树生,若瑞而非,辛螫之木也,悦有此,东西数百里必有作逆者。"及此木生,其后徐馥果作乱,亦草妖也。郭又以为"木不曲直"。其七月,豫章郡有樟树久枯,是月忽更荣茂,与汉昌邑枯社复生同占。是怀愍沦陷之征,元帝中兴之应也。

明帝太宁元年九月,会稽剡县木生如人面。是后王敦称兵作逆,祸败无ױ。昔汉哀成之世并有此妖,而人貌备具,故春祸亦大。今此但如人面而已,故其变也轻矣。

成帝咸和六年五月癸亥,曲阿有柳树枯倒六载,是日忽复起生,至九年五月甲戌,吴县吴雄家有死榆树,是日因风雨起生,与汉上林断柳起生同象。初,康帝为吴王,于时虽改封琅邪,而犹食吴郡为邑,是帝越正体飨国之象也。曲阿先亦吴地,象见吴邑雄之舍,又天意乎!

哀帝兴宁三年五月癸卯,庐陵西昌县修明家有僵栗树,是日忽复起生。时孝武年始四岁,俄而哀帝崩,海西即位,未几而废,简文越自藩王,入纂大业,登阼享国,又不逾二年,而孝武嗣统。帝讳昌明,识者窃谓西昌修明之祥,帝讳实应焉。是亦与汉宣帝同象也。

海西太和元年,凉州杨树生松。天戒若曰,松者不改柯易叶,杨者柔脆之木,今松生于杨,岂非永久之业将集危亡之地邪?是时张天锡称雄于凉州,寻而降苻坚。

孝武太元十四年六月,建宁郡铜乐县枯树断折,忽然自立相属。京房《易传》曰:"弃正作淫,厥妖木断自属。妃后有专,木仆反立。"是时正道多僻,其后张夫人专宠,及旁崩,兆庶归咎张氏焉。

安帝兴元三年,荆、江二州界竹生实,如麦。

义熙二年九月,扬武将军营士陈盖家有苦荬菜,茎高四尺六寸,广三尺二寸,厚三寸,亦草妖也。此殆与吴终同象。识者以为苦荬者,买勤苦也。自后岁岁征讨,百姓劳苦,是买苦也。十余年中,姚泓灭,兵始戢,是苦荬之应也。

义熙中,宫城上及御道左右皆生蒺藜,亦草妖也。蒺藜有刺,不可践而行。生宫墙及驰道,天戒若曰,人君不听政,虽有宫室驰道,若空废也,故生蒺藜。

羽虫之孽

魏文帝黄初四年五月,有鹎鹛鸟集灵芝池。案刘向说,此羽虫之孽,又青祥也。诏曰:"此诗人所谓污泽者也。《曹诗》'刺共公远君子近小人',今岂有贤智之士处于下位,否则斯鸟何为而至哉!其博举天下俊德茂才独行君子,以答曹人之刺。"于是杨彪、管宁之徒咸见荐举,些所谓睹妖知惧者也。然犹不能优容亮直而多溺偏私矣。京房《易传》曰"辟退有德,厥妖水鸟集于国中"。

黄初元年,未央宫中又有燕生鹰,口爪俱赤,此与商纣、宋隐同象。

景初元年,又有燕生巨鷇卫国李盖家,形若鹰,吻似燕,此羽虫之孽,又赤眚也。高堂隆曰:"此魏室之大异,宜防鹰扬之臣于萧墙之内。"其后宣帝起诛曹爽,遂有魏室。

汉献帝建安二十三年,秃鹙鸟集邺宫文昌殿后池。明年,魏武王薨。魏文帝黄初三年,又集雒阳芳林园池。七年,又集。其夏,文帝崩。景初末,又集芳林园池。已前再至,辄有大丧,帝恶之。其年,明帝崩。

蜀刘禅建兴九年十月,江阳至江州有鸟从江南飞渡江北,不能达,堕水死者以千数。是时诸葛亮连年动众,志吞中夏,而终死渭南,所图不遂。又诸将分争,颇丧徒旅,鸟北飞不能达堕水死者,皆有其象也。亮竟不能过渭,又其应乎!此与汉时楚国乌斗堕泗水粗类矣。

景初元年,陵霄阙始构,有鹊巢其上。鹊体白黑杂色,此羽虫之孽,又白黑祥也。帝以问高堂隆,对曰:"《诗》云'惟鹊有巢,惟鸠居之',今兴起宫室而鹊来巢,此宫室未成身不得居之象也。天戒若曰,宫室未成,将有他姓制御之,不可不深虑。"于是帝改颜动色。

吴孙权赤乌十二年四月,有两乌衔鹊堕东馆,权使领丞相朱据燎鹊以祭。案刘歆说,此羽虫之孽,又黑祥也。视不明、听不聪之罚也。是时权意溢德衰,信谗好杀,二子将危,将相俱殆,睹妖不悟,加之以燎,昧道之甚者也。明年,太子和废,鲁王霸赐死,朱据左迁,陆议忧卒,是其应也。东馆,典教之府;鹊堕东馆,又天意乎?

吴孙权太元二年正月，封前太子和为南阳王，遣之长沙，有鹊巢其帆樯。和故宫僚闻之，皆忧惨，以为樯末倾危，非久安之象。是后果不得其死。

孙亮建兴二年十一月，有大鸟五见于春申，吴人以为凤皇。明年，改元为五凤。汉桓帝时有五色大鸟，司马彪云："政道衰缺，无以致凤，乃羽虫孽耳。"孙亮未有德政，孙峻骄暴方甚，此与桓帝同事也。案《瑞应图》，大鸟似凤而孽者非一，宜皆是也。

孙皓建衡三年，西苑言凤皇集，以之改元，义同于亮。

武帝泰始四年八月，有翟雉飞入闾阖门。天戒若曰，闾阖门非雉所止，犹殿宗雉登鼎耳之戒也。

惠帝永康元年，赵王伦既篡，京师得异鸟，莫能名。伦使人持出，周旋城邑市以问人。积日，宫西有小儿见之，遂自言曰："服留鸟驚。"持者即还白伦，伦使更求，又见之，乃将入宫，密笼鸟，并闭小儿户中，明日视之，悉不见。此羽虫之孽。时赵王伦有目瘤之疾，言服留者，谓伦留将服其罪也。寻而伦诛。

赵王伦篡位，有鹑入太极殿，雉集东堂。天戒若曰，太极东堂皆朝享听政之所，而鹑雉同日集之者，赵王伦不当居此位也。《诗》云："鹑之奔奔，鹊之强强，人之无良，我以为君。"其此之谓乎！寻而伦诛。

孝怀帝永嘉元年二月，洛阳东北步广里地陷，有苍白二色鹅出，苍者飞翔冲天，白者止焉。此羽虫之孽，又黑白祥也。陈留董养曰："步广，周之狄泉，盟会地也。白者，金色，国之行也。苍为胡象，其可尽言乎？"是后，刘元海、石勒相继乱华。

明帝太宁三年八月庚戌，有大鸟二，苍黑色，翼广一丈四尺，其一集司徒府，射而杀之，其一集市北家人舍，亦获焉。此羽虫之孽，又黑祥也。及闰月戊子而帝崩，后遂有苏峻、祖约之乱。

成帝咸和二年正月，有五鸥鸟集殿庭，此又白祥也。是时庾亮苟违众谋，将召苏峻，有言不从之咎，故白祥先见也。三年二月，峻果作乱，宫掖焚毁，化为汙莱，此其应也。

咸康八年七月，有白鹭集殿屋。是时康帝初即位，不永之祥也。后涉再期而帝崩。案刘向曰："野鸟入处，宫室将空。"此其应也。

海西初以兴守三年二月即位，有野雉集于相风。此羽虫之孽也。寻为桓温所废也。

孝武帝太元十六年六月，鹊巢太极东头鸱尾，又巢国子学堂西头。十八年东宫始成，十九年正月鹊又巢其西门。此殆与魏景初同占。学堂，风教所聚；西头，又金行之祥。及帝崩，安皇嗣位，桓玄遂篡，风教乃斁，金行不竞之象也。

安帝义熙三年，龙骧将军朱猗戍寿阳。婢炊饭，忽有群乌集灶，竞来啄噉，婢驱逐不去。有猎狗咋杀两乌，余乌因共啄杀狗，又噉其肉，唯余骨存。此亦羽虫之孽，又黑祥也。明年六月，猗死，此其应也。

羊祸

成帝咸和二年五月，司徒王导厩羊生无后足，此羊祸也。京房《易传》曰："足少者，下不胜任也。"明年，苏峻破京都，导与帝俱幽石头，仅乃得免，是其应也。

赤眚赤祥

公孙文懿时，襄平北市生肉，长围各数尺，有头目口喙，无手足而动摇，此赤祥也。占曰："有形不成，有体不声，其国灭亡。"文懿寻为魏所诛。

吴戍将邓喜杀猪祠神，治毕悬之，忽见一人头往食肉，喜引弓射中之，咋咋作声，绕屋三日，近赤祥也。后人白喜谋北叛，阖门被诛。京房《易传》曰："山见葆，江于邑，邑有兵，状如人头，赤色。"

武帝太康五年四月壬子，鲁国池水变赤如血。七年十月，河阴有赤雪二顷。此赤祥也。是后四载而帝崩，王室遂乱。

惠帝元康五年三月，吕县有流血，东西百余步，此赤祥也。至元康末，穷凶极乱，僵尸流血之应也。干宝以为"后八载而封云乱徐州，杀伤数万人"，是其应也。

永康元年三月，尉氏雨血。夫政刑舒缓，则有常燠赤祥之妖。此岁正月，送愍怀太子，幽于许宫。天戒若曰，不宜缓恣奸人，将使太子冤死。惠帝愚昏不寤，是月愍怀遂毙。于是王室成衅，祸流天下。淳齿杀齐湣王日，天雨血沾衣。天以告也，此之谓乎？京房、《易传》曰："归狱不解，兹谓追非，厥咎天雨血。兹谓不亲，下有恶心，不出三年，无其宗。"又曰："佞人禄，功臣戮，天雨血也。"

愍帝建兴元年十二月，河东地震，雨肉。四年十二月丙寅，丞相府斩督运令史淳于伯，血逆流上柱二丈三尺，此赤祥也。是时，后将军褚哀镇广陵，丞相扬声北伐，伯以督运稽留及役使赃罪，依军法戮之。其息诉称："督运事讫，无所稽乏，受赇役使，罪不及死。兵家之势，先声后实，实是屯戍，非为征军。自四年已来，运漕稽停，皆不以军兴法论。"僚佐莫之理。及有变，司直弹劾众官，元帝不问，遂频旱三年。干宝以为冤气之应也。郭景纯曰："血者水类，同属于《坎》。《坎》为法象，水平润下，不宜逆流。此政有咎失之征也。"

刘聪伪建元元年正月，平阳地震，其崇明观陷为池，水赤如血，赤气至天，有赤龙奋迅而去。流星起于牵牛，入紫微，龙形委蛇，其光照地，落于平阳北十里。视之则肉，臭闻于平阳。长三十步，广二十七步。肉旁常有哭声，昼夜不止。数日，聪后刘氏产一蛇一兽，各害人而走。寻之不得，顷之见于陨肉之旁。是时，刘聪纳刘殷三女，并为其后。天戒若曰，聪既自称刘姓，三后又俱刘氏，逆骨肉之纲，成人伦之则。陨肉诸妖，其眚亦大。俄而刘氏死，哭声自绝矣。

卷二十九　　志第十九

五　行　下

《传》曰："听之不聪，是谓不谋，厥咎急，厥罚恒寒，厥极贫。时则有鼓妖，时则有鱼孽，时则有豕祸，时则有耳痾，时则有黑眚黑祥。惟火沴水。"听之不聪，是谓不谋，言上偏听不聪，下情隔塞，则谋虑利害，失在严急，故其咎急也。盛冬日短，寒以杀物，政促迫，故其罚常寒也。寒则不生百谷，上下俱贫，故其极贫也。君严猛而闭下，臣战栗而塞耳，则妄闻之气发于音声，故有鼓妖。寒气动，故有鱼孽。而龟能为孽，龟能陆处，非极阴也，鱼去水而死，极阴之孽也。于《易》，《坎》为水，为豕，豕大耳而不聪察，听气毁，故有豕祸也。一曰，寒岁豕多死及为怪，亦是也。及人，则多病耳者，故有耳痾。水色黑，故有黑眚黑祥。凡听伤者，病水敢；水气病，则火沴之。其极贫者，顺之，其福曰富。刘歆《听传》曰有介虫之孽也。

庶征之恒寒，刘歆以为大雨雪，及未当雨雪而雨雪，及大雨雹，陨霜杀菽草，皆恒寒之罚也。京房《易传》曰："有德遭险兹谓逆命，厥异寒。诛罚过深，当燠而寒，尽六日，亦为雹。害正不诛兹谓养贼，寒七十二日，杀飞禽。道人始去兹谓伤，其寒，物无霜而死，涌水而出。战不量敌兹谓辱命，其寒，虽雨物不茂。闻善不予，厥咎聋。"

吴孙权嘉禾三年九月朔，陨霜伤谷。案刘向说，诛罚不由君出，在臣下之象也"。是时，校事吕壹专作威福，与汉元帝时石显用事陨霜同应。班固书九月二日，陈寿言朔，皆明未可以伤谷也。壹后亦伏诛。京房《易传》曰："兴兵妄诛兹谓亡法，厥灾霜，夏杀五谷，冬杀麦。诛不原情兹谓不仁，其霜，夏先大雷风，冬先雨，乃陨霜，有芒角。贤圣遭害，其霜附木不下地。佞人依刑兹谓私贼，其霜在草根土隙间。不教而诛兹谓虐，其霜反在草下。"

四年七月，雨雹，又陨霜。案刘向说，"雹者，阴协阳也"。是时，吕壹作威用事，诋毁重臣，排陷无辜。自太子登以下咸患毒之，而壹反获封侯宠异，与春秋时公子遂专任雨雹同应也。汉安帝信谗，多杀无辜，亦雨雹。董仲舒曰："凡雹皆为有胁，行专一之政故也。"

赤乌四年正月，大雪，平地深三尺，鸟兽死者太半。是年夏，全琮等四将军攻略淮南、襄阳，战死者千余人。其后，权以谗邪数责让陆议，议愤恚卒，与汉景武大雪同事。

十一年四月，雨雹。是时权听谗，将危太子。其后，朱据、屈晃以忠意黜辱，陈正、陈象以忠谏族诛，而太子终废。此有德遭险，诛罚过深之应也。

武帝泰始六年冬，大雪。七年十二月，又大雪。明年，有步阐、杨肇之败，死伤甚众，不聪之罚也。

九年四月辛未，陨霜。是时，贾充亲党比周用事，与鲁定公、汉元帝时陨霜同应也。

咸宁三年八月，平原、安平、上党、泰山四郡霜，害三豆。是月，河间暴风寒冰，郡国五陨霜伤谷。是后大举征吴，马隆又帅精勇讨凉州。　五年五月丁亥，钜鹿、魏郡雨雹，伤禾麦。辛卯，雁门雨雹，伤秋稼。六月庚戌，汲郡、广平、陈留、荥阳雨雹。丙辰，又雨雹，陨霜，伤秋麦千三百余顷，坏屋百二十余间。癸亥，安定雨雹。七月丙申，魏郡又雨雹。闰月壬子，新兴又雨雹。八月庚子，河南、河东、弘农又雨雹，兼伤秋稼三豆。

太康元年三月，河东、高平霜雹，伤桑麦。四月，河南、河内、河东、魏郡、弘农雨雹，伤麦豆。是月庚午，畿内县二及东平、范阳雨雹。癸酉，畿内县五又雨雹。五月，东平、平阳、上党、雁门、济南雨雹，伤禾麦三豆。是时王浚有大功，而权戚互加陷抑，帝从容不断，阴胁阳之应也。

二年二月辛酉，陨霜于济南、琅邪，伤麦。壬申，琅邪雨雹，伤麦。三月甲午，河东陨霜，害桑。五月丙戌，城阳、章武、琅邪伤麦。庚寅，河东、乐安、东平、济阴、弘农、濮阳、齐国、顿丘、魏郡、河内、汲郡、上党雨雹，伤禾稼。六月，郡国十七雨雹。七月，上党雨雹。三年十二月，大雪。

五年七月乙卯，中山、东平雨雹，伤秋稼。甲辰，中山雨雹。九月，南安大雪，折木。

六年二月，东海陨霜，伤桑麦。三月戊辰，齐郡临淄、长广不其等四县，乐安梁邹等八县，琅邪临沂等八县，河间易城等六县，高阳北新城等四县陨霜，伤桑麦。六月，荥阳、汲郡、雁门雨雹。

八年四月，齐国、天水二郡陨霜。十二月，大雪。九年正月，京都大风雨雹，发屋拔木。四月，陇西陨霜。十年四月，郡国八陨霜。

惠帝元康二年八月，沛及荡阴雨雹。三年四月，荥阳雨雹。六月，弘农湖、华阴又雨雹，深三尺。是时，贾后凶淫专恣，与春秋鲁桓夫人同事，阴气盛也。

五年六月，东海雨雹，深五寸。十二月，丹阳建邺雨雹。是月，丹阳建邺大雪。六年三月，东海陨雪，杀桑麦。七年五月，鲁国雨雹。七月，秦、雍二州陨霜，杀稼也。

九年三月旬有八日，河南、荥阳、颍川陨霜，伤禾。五月、雨雹。是时，贾后凶躁滋甚，及冬，遂废愍怀。

永宁元年七月，襄城、河南雨雹。十月，襄城、河南、高平、平阳又风雹，折木伤稼。

光熙元年闰八月甲申朔，霰雹。刘向曰："盛阳雨水，伤热，阴气胁之，则转而为雹。盛阴雨雪，凝滞，阳气薄之，则散而为霰。今雪非其时，此听不聪之应。"是年，帝崩。

孝怀帝永嘉元年十二月冬，雪，平地三尺。七年十月庚午，大雪。

元帝太兴二年三月丁未，成都风雹，杀人。三年三月，海盐雨雹。是时，王敦陵上。

永昌二年十二月，幽、冀、并三州大雨。

明帝太宁元年十二月，幽、冀、并三州大雪。二年四月庚子，京都雨雹，燕雀死。三年三月丁丑，雨雪。癸巳，陨霜。四月，大雨雹。是年，帝崩，寻有苏峻之乱。

成帝咸和六年三月癸未，雨雹。是时，帝幼弱，政在大臣。九年八月，成都大雪。是岁，李雄死。

咸康二年正月丁巳，皇后见于太庙，其夕雨雹。

康帝建元元年八月，大雪。是时，政在将相，阴气盛也。刘向曰："凡雨阴也，雪又雨之阴也。出非其时，迫近象也。"

穆帝永和二年八月，冀方大雪，人马多冻死。五年六月，临漳暴风震电，雨雹，大如升。

十年五月，凉州雪。明年八月，张瓘枉军护军张璀率宋混等攻祚，更立张耀灵弟玄靓。京房《易传》曰："夏雪，戒臣为乱。"此其之应也。

十一年四月壬申朔，霜。十二月戊午，雷。己未，雪。是时帝幼，母后称制，政在大臣，阴盛故也。

升平二年正月，大雪。

海西太和三年四月，雨雹，折木。

孝武太元二年四月己酉，雨雹。十二月，大雪。是时帝幼，政在将相，阴之盛也。

十二年四月己丑，雨雹。二十年五月癸卯，上虞雨雹。

二十一年四月丁亥，雨雹。是时，张夫人专宠，及帝暴崩，兆庶尤之。十二月，雨雪二十三日。是时嗣主幼冲，冢宰专政。

安帝隆安二年三月乙卯，雨雹。是秋，王恭、殷仲堪称兵内侮，终皆诛之也。

元兴二年十二月，酷寒过甚。是时，桓玄篡位，政事烦苛，识者以为朝政失在舒缓，玄则反之以酷。案刘向曰："周衰无寒岁，秦灭无燠年。"此之谓也。

三年正月甲申，霰雪又雷。雷霰同时，皆失节之应也。四月丙午，江陵雨雹。是时，安帝蒙尘。

义熙元年四月壬申，雨雹。是时，四方未一，钲鼓日戒。

五年三月己亥，雪，深数尺。五月癸巳，溧阳雨雹。九月己丑，广陵雨雹。明年，卢循至蔡洲。

六年正月丙寅，雪又雷。五月壬申，雨雹。八月四月辛未朔，雨雹。六月癸亥，雨雹，大风发屋。是秋，诛刘蕃等。

十年四月辛卯，雨雹。

雷震

魏明帝景初中，洛阳城东桥、城西洛水浮桥桓楗同日三处俱时震。寻又震西城上候风木飞乌。时劳役大起，帝寻晏驾。

吴孙权赤乌八年夏，震宫门柱，又击南津大桥桓楹。孙亮建兴元年十二月朔，大风震电。是月，又雷雨。义同前说，亮终废。

武帝太康六年十二月甲申朔，淮南郡震电。七年十二月己亥，毗陵雷电，南沙司盐都尉戴亮以闻。十年十二月癸卯，庐江、建安雷电大雨。

惠帝永康元年六月癸卯，震崇阳陵标，西南五百步标破为七十片。是时，贾后陷害鼎辅，宠树私戚，与汉桓帝时震宪陵寝同事也。后终诛灭。

永兴二年十月丁丑，雷震。

怀帝永嘉四年十月，震电。

愍帝建兴元年十一月戊午，会稽大雨震电。己巳夜，赤气曜于西北。是夕，大雨震电。庚午，大雪。案刘同说，"雷以二月出，八月入。"今此月震电者，阳不闭藏也。既发泄而明日便大雪，皆失节之异也。是时，刘聪僭号平阳，李雄称制于蜀，九州幅裂，西京孤微，为君失时之象也。赤气，赤祥也。

元帝太兴元年十一月乙卯，暴雨雷电。

永昌二年七月庚子朔，雷震太极殿柱。十二月，会稽、吴郡雷震电。

成帝咸和元年十月己巳，会稽郡大雨震电。三年六月辛卯，临海大雷，破郡府内小屋柱十枚，杀人。九月二日壬午立冬，会稽雷电。四年十一月，吴郡、会稽大震电。

穆帝永和七年十月壬午，雷雨震电。升平元年十一月庚戌，雷。乙丑，又雷。 五年十月庚午，雷发东南方。

孝武帝太元五年六月甲寅，雷震含章殿四柱，并杀内侍二人。十年十二月，雷声在南方。十四年七月甲寅，雷震，烧宣阳门西柱。

安帝隆安二年九月壬辰，雷雨。

元兴三年，永安皇后至自巴陵，将设仪导入宫，天雷震，人马各一俱殪焉。

义熙四年十一月辛卯朔，西北方疾风发。癸丑，雷。五年六月丙寅，雷震太庙，破东鸱尾，彻柱，又震太子西池合堂。是时，帝不亲蒸尝，故天震之，明简宗庙也。西池是明帝为太子时所造次，故号太子池。及安帝多病，患无嗣，故天震之，明无后也。 六年正月丙寅，雷，又雪。十二月壬辰，大雷。九年十一月甲戌，雷。乙亥，又雷。

鼓妖

惠帝元康九年三月，有声若牛，出许昌城。十二月，废愍怀太子，幽于许宫。明年，贾后遣黄门孙虑杀太子，击以药杵，声闻于外，是其应也。

苏峻在历阳外营，将军鼓自鸣，如人弄鼓者。峻手自破之，曰："我乡土时有此，则城空矣。"俄而作乱夷灭，此听之不聪之罚也。

石季龙末，洛阳城西北九里，石牛在青石趺上，忽鸣，声闻四十里。季龙遣人打落两耳及尾，铁钉钉四脚。寻而季龙死。

孝武太元十五年三月己酉朔，东北方有声如雷。案刘向说，以为"雷当托于云，犹君托于臣。无云而雷，此君不恤于下，下人将叛之象也。"及帝崩而天下渐乱，孙恩、桓玄交寇京邑。

吴兴长城夏架山有石鼓，长丈余，面迳三尺许，下有盘石为足，鸣则声如金鼓，三吴有兵。至安帝隆安中大鸣，后有孙恩之乱。

鱼孽

魏齐王嘉平四年五月，有二鱼集于武库屋上，此鱼孽也。王肃曰："鱼生于水，而亡于屋，介鳞之物，失其所也。边将其殆有弃甲之变乎!"后果有东关之败。干宝又以为高贵乡公兵祸之应。二说皆与班固旨同。

武帝太康中,有鲤鱼二见武库屋上。干宝以为:"武库兵府,鱼有鳞甲,亦兵类也。鱼既极阴,屋上太阳,鱼见屋上,象至阴以兵革之祸干太阳也。至惠帝初,诛杨骏,废太后,矢交馆阁。元康末,贾后谤杀太子,寻亦诛废。十年之间,母后之难再兴,是其应也,自是祸乱构矣。"京房《易传》曰:"鱼去水,飞入道路,兵且作。"

蝗虫

《春秋》,螽。刘歆从介虫之孽,与鱼同占。

魏文帝黄初三年七月,冀州大蝗,人饥。案蔡邕说,"蝗者,在上贪苛之所致也"。是时,孙权归顺,帝因其有西陵之役,举大众袭之,权遂背叛也。

武帝泰始十年六月,蝗。是时,荀、贾任政,疾害公直。

惠帝永宁元年,郡国六蝗。

怀帝永嘉四年五月,大蝗,自幽、并、司、冀至于秦雍,草木牛马毛鬣皆尽。是时,天下兵乱,渔猎黔黎,存亡所继,惟司马越、荀晞而已。竞为暴刻,经略无章,故有此孽。

愍帝建兴四年六月,大蝗。去岁刘曜频攻北地、冯翊,麹允等悉众御之,卒为刘曜所破,西京遂溃。五年,帝在平阳,司、冀、青、雍螽。

元帝太兴元年六月,兰陵合乡蝗,害禾稼。乙未,东莞蝗虫纵广三百里,害苗稼。七月,东海、彭城、下邳、临淮四郡蝗虫害禾豆。八月,冀、青、徐三州蝗,食生草尽,至于二年。是时,中州沦丧,暴乱滋甚也。

二年五月,淮陵、临淮、淮南、安丰、庐江等五郡蝗虫食秋麦。是月癸丑,徐州及扬州江西诸郡蝗,吴郡百姓多饿死。是年,王敦并领荆州,苛暴之衅自此兴矣。

孝武帝太元十五年八月,兖州蝗。是时,慕容氏逼河南,征戍不已,故有斯孽。十六年五月,飞蝗从南来,集堂邑县界,害苗稼。是年春,发江州兵营甲士二千人,家口六七千,配护军及东宫,后寻散亡殆尽。又边将连有征役,故有斯孽。

豕祸

吴孙晧宝鼎元年,野豕入右大司马丁奉营,此豕祸也。后奉见遣攻谷阳,无功而反。晧怒,斩其导军。及举大众北出,奉及万彧等相谓曰:"若至华里,不得不各自还也。"此谋泄,奉时虽已死,晧追讨谷阳事,杀其子温,家属皆远徙,豕祸之应也。龚遂曰:"山野之兽,来入宫室,宫室将空",又其象也。

怀帝永嘉中,寿春城内有豕生两头而不活。周馥取而观之,时识者云:"豕,北方畜,胡狄象。两头者,无上也。生而死,不遂也。天戒若曰,勿生专利之谋,将自致倾覆。"周馥不寤,遂欲迎天子令诸侯,俄为元帝所败,是其应也。石勒亦寻渡淮,百姓死者十有其九。

元帝建武元年,有豕生八足,此听不聪之罚,又所任邪也。是后有刘隗之变。

成帝咸和六年六月,钱唐人家豭豕产两子,而皆人面,如胡人状,其身犹豕。京房《易妖》曰:"豕生人头豕身者,危且乱。今此豭豕而产,异之甚者也。"

孝武帝太元十年四月,京都有豚一头二脊八足。十三年,京都人家豕产子,一头二身八足,并与建中同妖也。是后,宰相沈酗,不恤朝政,近习用事,渐乱国纲,至于大坏也。

黑眚黑祥

孝怀帝永嘉五年十二月,黑气四塞,近黑祥也。帝寻沦陷,王室丘墟,是其应也。

愍帝建兴二年正月己巳朔,黑雾著人如墨,连夜,五日乃止,此近黑祥也。其四年,帝降刘曜。

元帝永昌元年十月,京师大雾,黑气蔽天,日月无光。十一月,帝崩。

火沴水

武帝太康五年六月,任城、鲁国池水皆赤如血。案刘向说,近水沴水,听之不聪之罚也。京房《易传》曰:"君淫于色,贤人潜,国家危,厥异水流赤。"

穆帝升平三年二月,凉州城东池中有火。四年四月,姑臧泽水中又有火。此火沴水之妖也。明年,张天锡杀中护军张邕。邕,执政之人也。

安帝元兴二年十月,钱唐临平湖水赤,桓玄讽吴郡使言开除以为己瑞,俄而桓玄败。

《传》曰:"思心之不容,是谓不圣,厥咎霿,厥罚恒风,厥极凶短折。时则有脂夜之妖,时则有华孽,时则有牛祸,时则有心腹之痾,时则有黄眚黄祥,时则有金木水火沴土。"思心不容,是谓不圣。思心者,心思虑也。容,宽也。孔子曰:"居上不宽,吾何以观之哉!"言上不宽大包容,臣下则不能居其位。貌言视听,以心为主,四进皆失,则区霿无识,故其咎霿也。雨旱寒燠,亦以风为本,四气皆乱,故其罚恒风。恒风伤物,故其极凶短折也。伤人曰凶,禽兽曰短,草木曰折。一曰,凶,夭也;兄丧弟曰短,父丧子曰折。在人,腹中肥而包裹心者,脂也。心区霿则冥晦,故有脂夜之妖。一曰,有脂物而夜为妖,若脂夜污人衣,淫之象也。一曰,夜妖者,云风并起而杳冥,故与常风同象也。温而风则生螟螣,有倮虫之孽。刘向以为:"于《易》,《巽》为风,为木。卦在三月四月,继阳而治,主木之华实。风气盛至,秋冬木复华,故有华孽。"一曰,地气盛同秋冬复华。一曰,华者色也,土为内事,谓女孽也。于《易》,《坤》为土,为牛。牛大心而不能思虑,心气毁,故有牛祸。一曰,牛多死及为怪,亦是也。及人,则多病心腹者,故有心腹之痾。土色黄,故有黄眚黄祥。凡思心伤者,病土气;土气病,则金木水火沴之,故曰时则有金木水火沴土。不言"惟"而独曰"时则有"者,非一冲气所沴,明其异大也。其极凶短折者,顺之,其福曰考终命。刘歆《思心传》曰:"时有蠃虫之孽,谓螟螣之属也。"

庶征恒风

魏齐王正始九年十一月,大风数十日,发屋折树。十二月戊午晦尤甚,动太极东阁。

嘉平元年正月壬辰朔,西北大风,发屋折树木,昏尘蔽天。案管辂说，此为时刑大臣，执政之忧也。是时，曹爽区霿自专，骄僭过度，天戒数见，终不改革，此思心不睿，恒风之罚也。后逾旬而爽等诛灭。京房《易传》曰："众逆同志，至德乃潜，厥异风。其风也，行不解，物不长，雨小而伤。政悖德隐兹谓乱，厥风先风不雨，大风暴起，发屋折木。守义不进兹谓眊，厥风与云俱起，折五谷茎。臣易上政兹谓不顺，厥风大飘发屋。赋敛不理兹谓祸，厥风绝经纪，止即温，温即虫。侯专封兹谓不统，厥风疾而树不摇，谷不成。辟不思道利兹谓无泽，厥风不摇木，旱无云，伤禾。公常于利兹谓乱，厥风微而温，生虫蝗，害五谷。弃政作淫兹谓惑，厥风温，螟虫起，害有益人之物。诸侯不朝兹谓畔，厥风无恒，地变赤，雨杀人。"

吴孙权太元元年八月朔，大风，江海涌溢，平地水深八尺，拔高陵树二千株，石碑蹉动，吴城两门飞落。案华核对，役繁赋重，区霿不容之罚也。明年，权薨。

孙亮建兴元年十二月丙申，大风震电。是岁，魏遣大众三道来攻，诸葛恪破其东兴军，二军亦退。明年，恪又攻新城，丧众太半，还，伏诛。

孙休永安元年十一月甲午，风四转五复，蒙雾连日。是时，孙綝一门五侯，权倾吴主，风雾之灾，与汉五侯、丁、傅同应也。十二月丁卯夜，有大风，发木扬沙。明日，綝诛。

武帝泰始五年五月辛卯朔，广平大风，折木。

咸宁元年五月，下邳、广陵大风，坏千余家，折树木。其月甲申，广陵、司吾、下邳大风，折木。三年八月，河间大风，折木。

太康二年五月，济南暴风，折木，伤麦。六月，高平大风，折木，发坏邸阁四十余区。七月，上党又大风，伤秋稼。八年六月，郡国八大风。九年正月，京都风雹，发屋拔树。后二年，宫车晏驾。

惠帝元康四年六月，大风雨，拔木。五年四月庚寅夜，暴风，城东渠波浪杀人。七月，下邳大风，坏庐舍。九月，雁门、新兴、太原、上党灾风伤稼。明年，氐羌反叛，大兵西讨。

九年六月，飘风吹贾谧朝服飞数百丈。明年，谧诛。十一月甲子朔，京都连大风，发屋折木。十二月，愍怀太子废，幽于许昌。

永康元年二月，大风拔木。三月，愍怀被害。己卯，丧柩发许昌还洛。是日，又大风雷电，帏盖飞裂。四月，张华第舍飘风起，折木飞缯，折轴六七。是月，华遇害。十一月戊午朔，大风从西北来，折木飞沙石，六日止。明年正月，赵王伦篡位。

永宁元年八月，郡国三大风。

永兴元年正月乙丑，西北大风。赵王伦建始元年正月癸酉，赵王伦祠太庙，灾风暴起，尘四合。其年四月，伦伏辜。

元帝永昌元年七月丙寅，大风拔木，屋瓦皆飞。八月，暴风坏屋，拔御道柳树百余株。其风纵横无常，若风自八方来者。是时，王敦专权，害尚书令刁协、仆射周𫖮等，故风纵横非一处也。此臣易上政，诸侯不朝之罚也。十一月，宫车晏驾。

成帝咸康四年三月壬辰，成都大风，发屋折木。四月，李寿袭杀李期，自立。

穆帝升平元年八月丁未，策立皇后何氏。是日，疾风。后桓玄篡位，乃降后为零陵县君，不睿之罚也。五年正月戊戌朔，疾风。

海西公太和六年二月，大风迅急，是年被废。

孝武帝宁康元年三月，京都大风，火大起。是时，桓温入朝，志在陵上，帝又幼少，人怀忧恐，斯不睿之征也。三年三月戊申朔，暴风迅起，从丑上来，须臾逆转，从子上来，飞沙扬砾。

太元二年二月乙丑朔，暴风折木。闰三月甲子朔，暴风疾雨俱至，发屋折木。三年六月，长安大风，拔苻坚宫中树。其后，坚再南伐，遂有淝水之败，身戮国亡。四年八月乙未，暴风扬沙石。

十二年正月壬子夜，暴风。七月甲辰，大风折木。十三年十二月乙未，大风，昼晦。其后帝崩而诸侯违命，权夺于元显，祸成于桓玄，是其应也。十七年六月乙卯，大风折木。

安帝元兴二年二月甲辰夜，大风雨，大航门屋瓦飞落。明年，桓玄篡位，由此门入。

三年正月，桓玄出游大航南，飘风飞其辇輗盖，经三月而玄败归江陵。五月，江陵又大风折木。是月，桓玄败于峥嵘洲，身亦屠裂。十一月丁酉，大风，江陵多死者。

义熙四年十一月辛卯朔，西北疾风起。五年闰十月丁亥，大风发屋。明年，卢循至蔡洲。六年五月壬申，大风拔北郊树，树几百年也。并吹琅邪、扬州二射堂倒坏。是日，卢循大艦漂没。甲戌，又风，发屋折木。是冬，王师南讨。九年正月，大风，白马寺浮图刹柱折坏。十年四月己丑朔，大风拔木。六月辛亥，大风拔木。七月，淮北大风，坏庐舍。明年，西讨司马休之应也。

夜妖

魏高贵乡公正元二年正月戊戌，景帝讨毌丘俭，大风晦瞑，行者皆顿伏，近夜妖也。刘向曰："正昼而瞑，阴为阳，臣制君也。"

元帝景元三年十月，京都大震，昼晦，此夜妖也。班固曰："夜妖者，云风并起而杳冥，故与常风同象也。"刘向《春秋说》云："天戒若曰，勿使大夫世官，将令专事。瞑晦，公室卑矣。"魏见此妖，晋有天下之应也。

怀帝永嘉四年十月辛卯，昼昏，至于庚子，此夜妖也。后年，刘曜寇洛川，王师频为贼所败，帝蒙尘于平阳。

孝武帝太元十三年十二月乙未，大风晦瞑。其后帝崩，而诸侯违命，干戈内侮，权夺于元显，祸成于桓玄。

羸虫之孽

京房《易传》曰："臣安禄位兹谓贪，厥灾虫食根。德无常兹谓烦，虫食叶。不绌无德，虫食本。与东作争兹谓不时，虫食茎。蔽恶生孽，虫食心。"

武帝咸宁元年七月，郡国螟。九月，青州又螟。是月，郡国有青虫食其禾稼。四年，司、冀、兖、豫、荆、扬郡国二十螟。

太康四年，会稽彭蜞及蟹皆化为鼠，甚众，复大食稻为灾。九年八月，郡国二十四螟。九月，虫又伤秋稼。是时，帝听谗谀，宠任贾充、杨骏，故有虫蝗之灾，不细无德之罚。

惠帝元康三年九月，带方等六县螟，食禾叶尽。

永宁元年七月，梁、益、凉三州螟。是时，齐王冏执政，贪苛之应也。十月，南安、巴西、江阳、太原、新兴、北海青虫食禾叶，甚者十伤五六。十二月，郡国六螟。

牛祸

武帝太康九年，幽州塞北有死牛头语，近牛祸也。是时，帝多疾病，深以后事为念，而托付不以至公，思瞀乱之应也。案师旷曰："怨讟动于人。则有非言之物而言。"又其义也。京房《易传》曰："杀无罪，牛生妖。"

惠帝太安中，江夏张骋所乘牛言曰："天下乱，乘我何之！"骋惧而还，犬又言曰："归何早也？"寻后牛又人立而行。骋使善卜者卦之，谓曰："天下将有兵乱，为祸非止一家。"其年，张昌反，先略江夏，骋为将帅，于是五州残乱，骋亦族灭。京房《易传》曰："牛能言，如其言占吉凶。"《易萌气枢》曰："人君不好士，走马被文绣，犬狼食人食，则有六畜谈言。"时天子诸侯不以惠下为务，又其应也。

元帝建武元年七月，晋陵陈门才牛生犊，一体两头。案京房《易传》言："牛生子二首一身，天下将分之象也。"是时，愍帝蒙尘于平阳，寻为逆胡所杀。元帝即位江东，天下分为二，是其应也。

太兴元年，武昌太守王谅牛生子，两头八足，两尾共一腹，三年后死。又有牛一足三尾，皆生而死。案司马彪说，"两头者，政在私门，上下无别之象也。"京房《易传》曰："足多者，所任邪也；足少者，不胜任也。"其后王敦等乱政，此其祥也。

四年十二月，郊牛死。案刘向说《春秋》效牛死曰："宣公区霿昏乱，故天不飨其祀。"今元帝中兴之业，实王导之谋也。刘隗探会上意，以得亲幸，导见疏外，此区霿不睿之祸也。

成帝咸和二年五月，护军牛生犊，两头六足。是冬，苏峻作乱。七年，九德人袁荣家牛产犊，两头八足，二尾共身。

桓玄之国，在荆州诣刺史殷仲堪，行至鹤穴，逢一老公驱青牛，形色瑰异，桓玄即以所乘牛易取。乘至零陵泾溪，骏驶非常，息驾饮牛，牛迳入江水不出。玄遣人觇守，经日无所见。于后玄败被诛。

黄眚黄祥

蜀刘备章武二年，东伐。二月，自秭归进屯夷道。六月，秭归有黄气见，长十余里，广数十丈。后逾旬，备为陆议所破，近黄祥也。

魏齐王正始中，中山王周南为襄邑长。有鼠从穴出，语曰："王周南，尔以某日死。"周南不应，鼠还穴。后至期，更冠帻皂衣出，语曰："周南，汝日中当死。"又不应，鼠复入穴。斯须更出，语如向。日适欲中，鼠入须臾复出，出复入，转更数，语如前。日适中，鼠曰："周南，汝不

应，我复何道！"言绝，颠蹶而死，即失衣冠。取视，俱如常鼠。案班固说，此黄祥也。是时，曹爽专政，竞为比周，故鼠作变也。

惠帝元康四年十二月，大雾。帝时昏眊，政非已出，故有区霿之妖。

元帝大兴四年八月，黄雾四寒，埃氛蔽天。

永昌元年十月，京师大雾，黑气贯天，日无光。

明帝太守元年正月癸巳，黄雾四塞。二月，又黄雾四塞。是时王敦擅权，谋逆愈甚。

穆帝永和七年三月，凉州大风拔木，黄雾下尘。是时，张重华纳谮，出谢艾为酒泉太守，而所任非其人，至九年死，嗣子见杀，是其应也。京房《易传》曰："闻善不予兹谓不知，厥异黄，厥咎聋，厥灾不嗣。黄者，有黄浊气四塞天下。蔽贤绝道，灾至绝世也。"

孝武太元八年二月癸未，黄雾四塞。是时，道子专政，亲近佞人，朝纲方替。

安帝元兴元年十月丙申朔，黄雾昏浊不雨。是时桓玄谋逆之应。

义熙五年十一月，大雾。十年十一月，又大雾。是时，帝室衰微，臣下权盛，兵及土地，略非君有，此其应也。

地震

刘向曰："地震，金木水火沴土者也。伯阳甫曰："天地之气，不过其序；若过其序，人之乱也。阳伏而不能出，阴迫而不能升，于是有地震。"

吴孙权黄武四年，江东地连震。是时，权受魏爵命为大将军、吴王，改元专制，不修臣迹。京房《易传》曰："臣事虽正，专必震。其震，于水则波，于木则摇，于屋则瓦落。大经在辟而易臣兹谓阴动，厥震摇政宫。大经摇政兹谓不阴，厥震摇山，出涌水。嗣子无德专禄兹谓不顺，厥震动丘陵，涌水出。"刘向并云："臣下强盛，将动而为害之应也。"

魏明帝青龙二年十一月，京都地震，从东来，隐隐有声，摇屋瓦。

景初元年六月戊申，京都地震。是秋，吴将朱然围江夏，荆州刺史胡质击退之。又，公孙文懿叛，自立为燕王，改年，置百官。明年，讨平之。

吴孙权嘉禾六年五月，江东地震。

赤乌二年正月，地再震。是时，吕壹专事，步骘上疏曰："伏闻校事吹毛求瑕，趣欲陷人，成其威福，无罪无辜，横受重刑，虽有大臣，不见信任，如此，天地焉得无变！故地连震动，臣下专政之应也。冀所以警悟人主，可不深思其意哉！"壹后卒败。

魏齐王正始二年十一月，南安郡地震。三年七月甲申，南安郡地震。十二月，魏郡地震。六年二月丁卯，南安郡地震。是时，曹爽专政，迁太后于永宁宫，太后与帝相泣而别。连年地震，是其应也。

吴孙权赤乌十一年二月，江东地仍震。是时，权听谗，寻黜朱据，废太子。

蜀刘禅炎兴元年，蜀地震。是时宦人黄皓专权。案司马彪说，"阉官无阳施，犹妇人也"。皓见任之应，与汉和

帝时同事也。是冬，蜀亡。

武帝泰始五年四月辛酉，地震。是年冬，新平氐羌叛。明年，孙晧遣大众入涡口。七年六月丙申，地震。

咸宁二年八月庚辰，河南、河东、平阳地震。四年六月丁未，阴平广武地震，甲子又震。

太康二年二月庚申，淮南、丹阳地震。五年正月朔壬辰，京师地震。六年七月己丑，地震。七年七月，南安、犍为地震。八月，京兆地震。八年五月壬子，建安地震。七月，阴平地震。八月，丹阳地震。九年正月，会稽、丹阳、吴兴地震。四月辛酉，长沙、南海等郡国八地震。七月至于八月，地又四震，其三有声如雷。九月，临贺地震，十二月又震。十年十二月己亥，丹杨地震。

太熙元年正月，地又震，武帝世，始于贾充，终于杨骏，阿党昧利，苟窃朝权。至于末年，所任转弊，故频年地震，过其序也，终丧天下。

惠帝元康元年十二月辛酉，京都地震。此夏，贾后使楚王玮杀汝南王亮及太保卫瓘，此阴道盛、阳道微故也。

四年二月，上谷、上庸、辽东地震。五月，蜀郡山移；淮南寿春洪水出，山崩地陷，坏城府。八月，上谷地震，水出，杀百余人。十月，京都地震。十一月，荥阳、襄城、汝阴、梁国、南阳地皆震。十二月，京都又震。是时，贾后乱朝，终至祸败之应也。汉邓太后摄政时，郡国地震。李固以为："地，阴也，法当安静。今乃越阴之职，专阳之政，故应以震。"此同事也。京房《易传》曰："小人剥庐，厥妖山崩，兹谓阴乘阳，弱胜强。"又曰："阴背阳则地裂，父子分离，夷羌叛去。"

五年五月丁丑，地震。六月，金城地震。六年正月丁丑，地震。八年正月丙辰，地震。

太安元年十月，地震。时齐王冏专政之应。二年十二月丙辰，地震。是时，长沙王乂专政之应也。

孝怀帝永嘉三年十月，荆、湘二州地震。时司马越专政。四年四月，兖州地震。五月，石勒寇汲郡，执太守胡宠，遂南济河，是其应也。

愍帝建兴二年四月甲辰，地震。三年六月丁卯，长安又地震。是时主幼，权倾于下，四方云扰，兵乱不息之应也。

元帝太兴元年四月，西平地震，涌水出。十二月，庐陵、豫章、武昌、西陵地震，涌水出，山崩。干宝以为王敦陵上之应也。

二年五月己丑，祁山地震，山崩，杀人。是时，相国南阳王保在祁山，称晋王不终之象也。三年五月庚寅，丹阳、吴郡、晋陵又地震。

成帝咸和二年二月，江陵地震。三月，益州地震。四月己未，豫章地震。是年，苏峻作乱。九年三月丁酉，会稽地震。

穆帝永和元年六月癸亥，地震。是时，嗣主幼冲，母后称制，政在臣下，所以连年地震。二年十月，地震。三年正月丙辰，地震。九月，地又震。四年十月己未，地震。

五年正月庚寅，地震。是时，石季龙僭即皇帝位，亦过其序也。

九年八月丁酉，京都地震，有声如雷。十年正月丁卯，地震，声如雷，鸡雉皆鸣响。十一年四月乙酉，地震。五月丁未，地震。

升平二年十一月辛酉，地震。五年八月，凉州地震。

哀帝隆和元年四月甲戌，地震。是时，政在将相，人主南面而已。

兴宁元年四月甲戌，扬州地震，湖渎溢。二年二月庚寅，江陵地震。是时，桓温专政。

海西公太和元年二月，凉州地震，水涌。是海西将废之应也。

简文帝咸安二年十月辛未，安成地震。是年帝崩。

孝武帝宁康元年十月辛未，地震。二年二月丁巳，地震。七月甲午，凉州地又震，山崩。是时，嗣主幼冲，权在将相，阴盛之应也。

太元二年闰三月壬午，地震。五月丁丑，地震。十一年六月己卯，地震。是后缘河诸将连岁兵役，人劳之应也。十五年二月己酉朔夜，地震。八月，京都地震。十二月己未，地震。十七年六月癸卯，地震。十二月己未，地又震。是时，群小弄权，天下侧目。十八年正月癸亥朔，地震。二月乙未夜，地震。

安帝隆安四年四月乙未，地震。九月癸丑，地震。是时，幼主冲昧，政在臣下。

义熙四年正月壬子夜，地震有声。十月癸亥，地震。五年正月戊戌夜，寻阳地震，有声如雷。明年，卢循下。八年，自正月至四月，南康、庐陵地四震。明年，王旅西讨荆益。十年三月戊寅，地震。

山崩地陷裂

吴孙权赤乌十三年八月，丹阳、句容及故鄣、宁国诸山崩，鸿水溢。案刘向说，"山，阳，君也。水，阴，百姓也。天戒若曰，君道崩坏，百姓将失其所与"！春秋梁山崩，汉齐、楚众山发水，同事也。夫三代命祀，祭不越望，吉凶祸福，不是过也。吴虽称帝，其实列国，灾发丹阳，其天意矣。刘歆以为："国主山川，山崩川竭，亡之征也。"后二年而权薨，又二十六年而吴亡。

魏元帝咸熙二年二月，太行山崩，此魏亡之征也。其冬，晋有天下。

武帝泰始三年三月戊午，大石山崩。四年七月，泰山崩坠三里。京房《易传》曰："自上下者为崩，厥应泰山之石颠而下，圣王受命人君虏。"及帝晏驾，而禄去王室，惠皇懦弱，怀愍二帝俱辱虏庭，沦胥于北，元帝中兴于南，此其应也。

太康五年五月丙午，宣帝庙地陷。六年十月，南安新兴山崩，涌水出。七年二月，朱提之大泸山崩，震坏郡舍，阴平之仇池崖陨。八年七月，大雨，殿前地陷，方五尺，深数丈，中有破船。

惠帝元康四年，蜀郡山崩，杀人。五月壬子，寿春山崩，洪水出，城坏，地陷方三十丈，杀人。六月，寿春大雷，山崩地坼，人家陷死，上庸亦如之。八月，居庸地裂，广三十六丈，长八十四丈，水出，大饥。上庸四处山崩，地坠广三十丈，长百三十丈，水出杀人。皆贾后乱朝之应也。

太安元年四月，西墉崩。

怀帝永嘉元年三月，洛阳东北步广里地陷。二年八月乙亥，鄄城城无故自坏七十余丈，司马越恶之，迁于濮阳，此见祅之异也。越卒以陵上受祸。三年七月戊辰，当阳地裂三所，广三丈，长三百余步。京房《易传》曰："地坼裂者，臣下分离，不肯相从也。"其后司马越苟晞交恶，四方牧伯莫不离散，王室遂亡。三年十月，宜都夷道山崩。四年四月，湘东酃黑石山崩。

元帝太兴元年二月，庐陵、豫章、武昌、西阳地震山崩。二年五月，祁山地震，山崩，杀人。三年，南平郡山崩，出雄黄数千斤。时王敦陵傲，帝优容之，示含养祸萌也。四年八月，常山崩，水出，潭沱盈溢，大木倾拔。

成帝咸和四年十月，柴桑庐山西北崖崩。十二月，刘胤为郭默所杀。

穆帝永和七年九月，峻平、崇阳二陵崩。十二年十一月，遣散骑常侍车灌修峻平陵，开埏道，崩压，杀数十人。

升平五年二月，南掖门马足陷山，得钟一，有文四字。

哀帝隆和元年四月丁丑，浩亹山崩，张天锡亡征也。

安帝义熙八年三月壬寅，山阴地陷，方四丈，有声如雷。十年五月戊寅，西明门地穿，涌水出，毁门扇及限，此水祅土也。十一年五月，霍山崩，出铜钟六枚。十三年七月，汉中成固县水涯有声若雷，既而岸崩，出铜钟十有二枚。

惠帝元康九年六月夜，暴雷雨，贾谧斋屋柱陷入地，压谧床帐，此木祅土，土失其性，不能载也。明年，谧诛焉。

光熙元年五月，范阳国地燃，可以爨，此火祅土也。是时，礼乐征伐自诸候出。

《传》曰："皇之不极，是谓不建，厥咎眊，厥罚恒阴，厥极弱。时则有射祅，时则有龙蛇之孽，时则有马祸，时则有下人伐上之痾，时则有日月乱行，星辰逆行。"皇之不极，是谓不建。皇，君；极，中；建，立也。人君貌言视听思心五事皆失，不得其中，不能立万事，失在眊悖，故其咎眊也。王者自下承天理物。云起于山，而弥于天；天气乱，故其罚恒阴，一曰："上失中，则下强盛而蔽君明也。"《易》曰："亢龙有悔，贵而亡位，高而亡民，贤人在下位而亡辅。"如此，则君有南面之尊，而亡一人之助，故其极弱也。盛阳动进轻疾。礼，春而大射，以顺阳气。上微弱则下奋惊动，故有射祅。《易》曰："云从龙。"又曰："龙蛇之蛰，以存身也。"阴气动，故有龙蛇之孽。于《易》，《乾》为君，为马。任用而强力，君气毁，故有马祸。一曰，马多死及为怪，亦是也。君乱且弱，人之所叛，天之所去，不有明王之诛，则有篡杀之祸，故有下人伐上之痾。凡君道伤者，病天气。不言五行沴天，而曰"日月乱行，星辰逆行"者，为若下不敢沴天，犹《春秋》曰"王师败绩于贸戎"，不言败之者，以自败为文，尊尊之意也。刘歆《皇极传》曰有下体生于上之痾。说以为下人伐上，天诛已成，不得复为痾云。

恒阴

吴孙亮太平三年，自八月沈阴不雨，四十余日。是时，将诛孙綝，谋泄。九月戊午，綝以兵围宫，废亮为会稽王，此恒阴之罚也。

吴孙皓宝鼎元年十二月，太史奏久阴不雨，将有阴谋。孙皓惊惧。时陆凯等谋因其谒庙废之。及出，留平领兵前驱，凯先语平，平不许，是以不果。皓既肆虐，群下多怀异图，终至降亡

射祅

蜀车骑将军邓芝征涪陵，见玄猿缘山，手射中之。猿拔其箭，卷木叶塞其创。芝曰："嘻！吾违物之性，其将死矣！"俄而卒，此射祅也。一曰，猿母抱子，芝射中之，子为拔箭，取木叶塞创。芝叹息，投弩水中，自知当死。

恭帝为琅邪王，好奇戏，尝闲一马于门内，令人射之，欲观几箭死，左右有谏者曰："马，国姓也。今射之，不祥。"于是乃止，而马已被十许箭矣。此盖射祅也。俄而禅位于宋焉。

龙蛇之孽

魏明帝青龙元年正月甲申，青龙见郏之摩陂井中。凡瑞兴非时，则为妖孽，况困于井，非嘉祥矣。魏以改年，非也。干宝曰："自明帝，终魏世，青龙、黄龙见者，皆其主兴废之应也。魏土运，青木色，而不胜于金。黄得位，青失位之象也。青能多见者，君德国运内相克伐也。故高贵乡公卒败于兵。"案刘向说，龙贵象而困井中，诸侯将有幽执之祸。魏世，龙莫不在井，此居上者逼制之应。高贵乡公著《潜龙诗》，即此旨也。

高贵乡公正元元年十月戊戌，黄龙见于邺井中。

甘露元年正月辛丑，青龙见轵县井中。六月乙丑，青龙见元城县界井中。二年二月，青龙见温县井中。三年，黄龙、青龙俱见顿丘、冠军、阳夏县界井中。四年正月，黄龙二见宁陵县界井中。

元帝景元元年十二月甲申，黄龙见华阴县井中。三年二月，龙见轵县井中。

吴孙皓天册中，龙乳于长沙人家，咮鸡雏。京房《易妖》曰："龙乳人家，王者为庶人。"其后皓降晋。

武帝咸宁二年六月丙午，白龙二见于九原井中。

太康五年正月癸卯，二龙见武库井中。帝观之，有喜色。百僚将贺，刘毅独表曰："昔龙漦夏庭，祸发周室。龙见郑门，子产不贺。"帝答曰："朕德政未修，未有以应受嘉祥。"遂不贺也。孙盛曰："龙，水物也，何与于人！子产言之当矣。但非其所处，实为妖灾。夫龙以飞翔显见为瑞，今则潜伏幽处，非休祥也。"汉惠帝二年，两龙见兰陵井中，本志以为其后赵王幽死之象。武库者，帝王御之器而宝藏也，屋宇邃密，非龙所处。是后七年，藩王相害，二十八年，果有二胡僭窃神器，二逆皆字曰龙，此之表异，为有证矣。

愍帝建兴二年十一月，枹罕羌妓产一龙子，色似锦，文常就母乳，遥见神光，少得就视。此亦皇之不建，于是帝竟沦没。

吕纂末，龙出东厢井中，到其殿前蟠卧，比旦失之。俄又有黑龙升其宫门。纂咸以为美瑞。或曰："龙者阴类，

出入有时，今而屡见，必有下人谋上之变。"后纂果为吕超所杀。

武帝咸宁中，司徒府有二大蛇，长十许丈，居听事平橑上而人不知，但数年怪府中数失小儿及猪犬之属。后有一蛇夜出，被刃伤不能去，乃觉之，发徒攻击，移时乃死。夫司徒，五教之府；此皇极不建，故蛇孽见之。汉灵帝时，蛇见御座，杨赐云为帝溺于色之应也。魏代宫人猥多，晋又过之，燕游是洒，此其孽也。《诗》云"惟虺惟蛇，女子之祥"也。

惠帝元康五年三月癸巳，临淄有大蛇，长十余丈，负二小蛇入城北门，迳从市入汉城阳景王祠中，不见。天戒若曰，昔汉景王有定倾之功，而不厉节忠慎，以至失职夺功之辱。今齐王冏不寤，虽建兴复之功，而骄陵取祸，此其征也。

明帝太宁初，武昌有大蛇，常居故神祠空树中，每出头从人受食。京房《易妖》曰："蛇见于邑，不出三年有大兵，国有大忧。"寻有王敦之逆。

马祸

武帝太熙元年，辽东有马生角，在两耳下，长三寸。案刘向说曰，"此兵象也"。及帝晏驾之后，王室毒于兵祸，是其应也。京房《易传》曰："臣易上，政不顺，厥妖马生角，兹谓贤士不足。"又曰："天子亲伐，马生角。"《吕氏春秋》曰："人君失道，马有生角。"及惠帝践阼，昏愚失道，又亲征伐成都，是其应也。

惠帝元康八年十二月，皇太子将释奠，太傅赵王伦骖乘，至南城门，马止，力士推之不能动。伦入辂车，乃进。此马祸也。天戒若曰，伦不知义，终为乱逆，非傅导行礼之人也。

九年十一月戊寅，忽有牡骝马惊奔至廷尉讯堂，悲鸣而死。天戒若曰，愍怀冤死之象也。见廷尉讯堂，其天意乎！

怀帝永嘉六年二月，神马鸣南城门。

愍帝建兴二年九月，蒲子县马生人。京房《易传》曰："上亡天子，诸侯相伐，厥妖马生人。"是时，帝室衰微，不绝如线，胡狄交侵，兵戈日逼，寻而帝亦沦陷，故此妖见也。

元帝太兴二年，丹阳郡吏濮阳演马生驹，两头，自项前别，生而死。司马彪说曰："此政在私门，二头之象也。"其后王敦陵上。

成帝咸康八年五月甲戌，有马色赤如血，自宣阳门直走入于殿前，盘旋走出，寻逐，莫知所在。己卯，帝不豫。六月，崩。此马祸，又赤祥也。是年，张重华在凉州，将诛其西河相张祚，厩马数十匹，同时悉无后尾也。

安帝隆安四年十月，梁州有马生角，刺史郭铨送示桓玄。案刘向说曰，马不当生角，犹玄不当举兵向上也。玄不寤，以至夷灭。

石季龙在邺，有一马尾有烧状，入其中阳门，出显阳门，东宫皆不得入，走向东北，俄尔不见。术者佛图澄叹曰："灾其及矣！"逾年季龙死，其国遂灭。

人痾

魏文帝黄初初，清河宋士宗母化为鳖，入水。

明帝太和三年，曹休部曲丘奚农女死复生。时又有开周世冢，得殉葬女子，数日而有气，数月而不能言，郭太后爱养之。又，太原人发冢破棺，棺中有一生妇人，问其本事，不知也，视其墓木，可三十岁。案京房《易传》曰："至阴为阳，下人为上。"宣帝起之象也。汉平帝、献帝并有此异，占以为王莽、曹操之征。

孙休永安四年，安吴民陈焦死七日复生，穿冢出。干宝曰："此与汉宣帝同事，乌程侯晧承废故之家，得位之祥也。"

孙晧宝鼎元年，丹阳宣骞母年八十，因浴化为鼋，兄弟闭户卫之。掘堂上作大坎，实水其中，鼋入坎游戏，一二日恒延颈外望。伺户小开，便轮转自跃，入于远潭，遂不复还。与汉灵帝时黄氏母同事，吴亡之象也。

魏元帝咸熙二年八月，襄武县言有大人见，长三丈余，迹长三尺二寸，发白，著黄巾黄单衣，柱杖呼王始语曰："今当太平。"晋寻代魏。

武帝泰始五年，元城人年七十生角。殆赵王伦篡乱之象也。

咸宁二年十二月，琅邪人颜畿病死，棺敛已久，家人咸梦畿谓己曰："我当复生，可急开棺。"遂出之，渐能饮食屈伸视瞻，不能行语，二年复死。京房《易传》曰："至阴为阳，下人为上，厥妖人死复生。"其后刘元海、石勒僭逆，遂亡晋室，下为上之应也。

惠帝元康中，安丰有女子周世宁，年八岁，渐化为男，至十七八而气性成。京房《易传》曰："女子化为丈夫，兹谓阴昌，贱人为王。"此亦刘元海、石勒荡覆天下之妖也。

永宁初，齐王冏唱义兵，诛除乱逆，乘舆反正。忽有妇人诣大司马门求寄产，门者诘之，妇曰："我截脐便去耳。"是时，齐王冏匡复王室，天下归功，识者为其恶之，后果斩戮。

永宁元年十二月甲子，有白头公入齐王冏大司马府，大呼曰："有大兵起，不出甲子旬。"冏杀之。明年十二月戊辰，冏败，即甲子旬也。

太安元年四月癸酉，有人自云龙门入殿前，北面再拜曰："我当作中书监。"即收斩之。干宝以为"禁庭尊秘之处，今贱人径入而门卫不觉者，宫室将虚而下人逾上之妖也"。是后帝北迁邺，又迁长安，宫阙遂空焉。

元康中，梁国女子许嫁，已受礼娉，寻而其夫戍长安，经年不归，女家更以适人。女不乐行，其父母逼强，不得已而去，寻得病亡。后其夫还，问其女所在，其家具说之。其夫迳至女墓，不胜哀情，便发冢开棺，女遂活，因与俱归。后婿闻知，诣官争之，所在不能决。秘书郎王导议曰："此是非常事，不得以常理断之，宜还前夫。"朝廷从其议。

惠帝世，杜锡家葬而婢误不得出，后十年开冢祔葬而婢尚生。始如瞑，有顷渐觉，问之，自谓再宿耳。初，婢之埋年十五六，及开冢更生，犹十五六也，嫁之有子。

光熙元年，会稽谢真生子，头大而有发，两蹠反向上，有男女两体，生便作丈夫声，经一日死。此皇之不极，下人伐上之痾，于是诸王有僭乱之象也。

惠帝之世，京洛有人兼男女体，亦能两用人道，而性尤淫，此乱气所生。自咸宁、太康之后，男宠大兴，甚于女色，士大夫莫不尚之，天下相仿效，或至夫妇离绝，多生怨旷，故男女之气乱而妖形作也。

怀帝永嘉元年，吴郡吴县万详婢生子，鸟头，两足马蹄，一手，无毛，尾黄色，大如枕。此亦人妖，乱之象也。

五年五月，枹罕令严根妓产一龙，一女，一鹅。京房《易传》曰："人生他物，非人所见者，皆为天下大兵。"是时，帝承惠皇之后，四海沸腾，寻而陷于平阳，为逆胡所害，此其征也。

愍帝建兴四年，新蔡县吏任侨妻产二女，腹与心相合，自胸以上、脐以下各分，此盖天下未一之妖也。时内史吕会上言："案《瑞应图》，异根同体谓之连理，异亩同颖谓之嘉禾。草木之异犹以为瑞，今二人同心，《易》称'二人同心，其利断金'，盖四海同心之瑞也。"时皆哂之。俄而四海分崩，帝亦沦没。

元帝太兴初，有女子其阴在腹，当脐下，自中国来至江东，其性淫而不产。又有女子阴在首，渡在扬州，性亦淫。京房《易妖》曰："人生子，阴在首，天下大乱；在腹，天下有事；在背，天下无后。"于时王敦据上流，将欲为乱，是其征。

三年十二月，尚书驺谢平妻生女，堕地瀺瀺有声，须臾便死。鼻目皆在顶上，面处如项，口有齿，都连为一，胸如鳖，手足爪如鸟爪，皆下勾。此亦人生他物，非人所见者。后二年，有石头之败。

明帝太宁二年七月，丹阳江宁侯纪妻死，经三日复生。

成帝咸康五年四月，下邳民王和侨居暨阳，息女可年二十，自云上天来还，得征瑞印绶，当母天下。晋陵太守以为妖，收付狱。至十一月，有人持柘杖绛衣诣止车门，口列为圣人使求见天子。门侯受辞，辞称姓吕名赐，其言王和女可右足下有七星，星皆有毛，长七寸，天今命可为天下母。奏闻，即伏诛，并下晋陵诛可。

康帝建元二年十月，卫将军营督过望所领兵陈渎女台有文在其足，曰"天下之母"，灸之愈明。京都喧哗，有司收系以闻。俄自建康县狱亡去。明年，帝崩，献后临朝，此其祥也。

孝武帝宁康初，南郡州陵女唐氏渐化为丈夫。

安帝义熙七年，无锡人赵未年八岁，一旦暴长八尺，髭须蔚然，三日而死。

义熙中，东阳人莫氏生女不养，埋之数日，于土中啼，取养遂活。

义熙末，吴豫章人有二阳道，重累生。

恭帝元熙元年，建安人阳道无头，正平，本下作女人形体。

卷三十　　　　志第二十

刑　法

传曰："齐之以礼，有耻且格。"刑之不可犯，不若礼之不可逾，则吴岁比于牺年，宜有降矣。若夫穹圆肇判，宵貌攸分，流形播其喜怒，禀气彰其善恶，则有自然之理焉。念室后刑，衢樽先惠，将以屏除灾害，引导休和，取譬琴瑟，不忘衔策，拟阳秋之成化，若尧舜之为心也。效原布肃，轩皇有啓野之师；雷电扬威，高辛有触山之务。陈乎兵甲而肆诸市朝，具严天刑，以惩乱首，论其本意，盖有不得已而用之者焉。是以丹浦兴仁，羽山咸服。而世属佻幸，事关攸蠱，政失礼微，狱成刑起，则孔子曰："听讼吾犹人也，必也使无讼乎！"及周氏龚行，却收锋刃，祖述生成，宪章尧禹，政有膏露，威兼礼乐，或观辞以明其趣，或倾耳以照其微，或彰善以激其情，或除恶以崇其本。至夫取威定霸，一匡九合，寓言成康，不由凝网，此所谓酌其遗美，而爱民治国者焉。若乃化蓁彝伦，道睽明慎，则夏癸之虐刘百姓，商辛之毒痛四海，卫鞅之无所自容，韩非之不胜其虐，与夫《甘棠》流咏，未或同归。秦文初造专夷，始皇加之抽协，囹圄如市，悲哀盈路。汉王以三章之法以吊之，文帝以刑厝之道以临之，于时百姓欣然，将逢交泰。而犴逐情迁，科随意往，献琼杯于阙下，徙青衣于蜀路，覆醢裁刑，倾宗致狱。况乃数囚于京兆之夜，五日于长安之市，北阙相引、中都继及者，亦往往而有焉。而将亡之国，典刑咸弃，刊章以急其宪，适意以宽其网，桓灵之季，不其然欤！魏明帝时，宫室盛兴，而期会迫急，有稽限者，帝亲召问，言犹在口，身首已分。王肃抗疏曰："陛下之所行刑，皆宜死之人也。然众庶不知，将为仓卒，愿陛下之于吏而暴其罪。均其死也，不污宫掖，不为搢绅惊惋，不为远近所疑。人命至重，难生易杀，气绝而不续者也，是以圣王重之。孟轲云：'杀一不辜而取天下者，仁者不为也。'"

世祖武皇帝接三统之微，酌千年之范，乃命有司，大明刑宪。于时诏书颁新法于天下，海内同轨，人甚安之。条纲虽设，称为简惠，仰昭天眷，下济民心，道有法而无败，德俟刑而久立。及晋图南徙，百有二年，仰止前规，挹其流润，江左无外，蛮陬来格。孝武时，会稽王道子倾弄朝权，其所树之党，货官私狱，烈祖惛迷，不闻司败，晋之纲纪大乱焉。

传曰"三皇设言而民不违，五帝画象而民知禁"，则《书》所谓"象以典刑，流宥五刑，鞭作官刑，扑作教刑"者也。然则犯黥者皂其巾，犯劓者丹其服，犯膑者墨其体，犯宫者杂其屦，大辟之罪，殊刑之极，布其衣裾而无领缘，投之于市，与众弃之。舜命皋陶曰："五刑有服，五服三就，五流有宅，五宅三居。"方乎前载，事既参倍。

夏后氏之王天下也，则五刑之属三千。殷因于夏，有所损益。周人以三典刑邦国，以五听察民情，左嘉右肺，事均熔造，而五刑之属犹有二千五百焉。乃置三刺、三宥、三赦之法：一刺曰讯群臣，再刺曰讯群吏，三刺曰讯万民；一宥曰不识，再宥曰过失，三宥曰遗忘；一赦曰幼弱，再赦曰老旄，三赦曰蠢愚。《司马法》：或起甲兵以征不义，废贡职则讨，不朝会则诛，乱嫡庶则絷，变礼刑则放。

传曰："殷周之质，不胜其文。"及昭后徂征，穆王斯耄，爰制刑辟，以诘四方，奸宄弘多，乱离斯永，则所谓"夏有乱政而作《禹刑》，商有乱政而作《汤刑》，周有乱政而作《九刑》"者也。古者大刑用甲兵，中刑用刀锯，薄刑用鞭扑。自兹厥后，狙诈弥繁。武皇帝并以为往宪犹疑，不可经国，乃命车骑将军、守尚书令、鲁公征求英俊，刊律定篇云尔。

汉自王莽篡位之后，旧章不存。光武中兴，留心庶狱，常临朝听讼，躬决疑事。是时承丧乱之后，法网弛纵，罪名既轻，无以惩肃。梁统乃上疏曰：

臣窃见元帝初元五年，轻殊刑三十四事，哀帝建平元年尽四年，轻殊死者刑八十一事，其四十二事，手杀人皆减死罪一等，著为常法。自是以后，人轻犯法，吏易杀人，吏民俱失，至于不羁。

臣愚以为刑罚不苟务轻，务其中也。君人之道，仁义为主，仁者爱人，义者理务。爱人故当为除害，理务亦当为去乱。是以五帝有流殛放杀之诛，三王有大辟刻肌之刑，所以为除残去乱也。故孔子称"仁者必有勇"，又曰"理财正辞，禁人为非曰义"。高帝受命，制约令，定法律，传之后世，可常施行。文帝宽惠温克，遭世康平，因时施恩，省去肉刑，除相坐之法，他皆率由旧章，天下几致升平。武帝值中国隆盛，财力有余，出兵命将，征伐远方，军役数兴，百姓罢弊，豪杰犯禁，奸吏弄法，故设逋匿之科，著知纵之律。宣帝聪明正直，履道握要，以御海内，臣下奉宪，不失绳墨。元帝法律，少所改更，天下称安。孝成、孝哀，承平继体，即位日浅，听断尚寡。丞相王嘉等猥以数年之间，亏除先帝旧约，穿令断律，凡百余事，或不便于政，或不厌人心。臣谨表取其尤妨政事、害善良者，傅奏如左。

伏惟陛下苞五常，履九德，推时拨乱，博施济时，而反因循季世末节，衰微轨迹，诚非所以还初反本，据元更始也。愿陛下宣诏有司，悉举初元、建平之所穿凿，考其轻重，察其化俗，足以知政教所处，择其善者而从之，其不善者而改之，定不易之典，施之无穷，天下幸甚。

事下三公、廷尉议，以为隆刑峻法，非明王急务，不可开许。统复上言曰："有司猥以臣所上不可施行。今臣所言，非曰严刑。窃谓高帝以后，至于宣帝，其所施行，考合经传，此方今事，非隆刑峻法。不胜至愿，愿得召见，若对尚书近臣，口陈其意。"帝令尚书问状，统又对，极言政刑宜改。议竟不从。及明帝即位，常临听讼观录洛阳诸狱。帝性既明察，能得下奸，故尚书奏决罚近于苛碎。

至章帝时，尚书陈宠上疏曰："先王之政，赏不僭，刑不滥，与其不得已，宁僭不滥。故唐尧著典曰'流宥五刑，眚灾肆赦'。帝舜命皋陶以'五宅三居，惟明克允'。文王重《易》六爻，而列丛棘之听；周公作《立政》，戒成王勿误乎庶狱。陛下即位，率由此义，而有司执事，未悉奉承。断狱者急于榜格酷烈之痛，执宪者繁于诈欺放滥之文，违本离实，棰楚为奸，或因公行私，以逞威福。夫为政也，犹张琴瑟，大弦急者小弦绝，故子贡非臧孙之猛法，而美郑侨之仁政。方今圣德充塞，假于上下，宜因此时，隆先圣之务，荡涤烦苛，轻薄棰楚，以济群生，广至德也。"帝纳宠言，决罪行刑，务于宽厚。其后遂诏有司，禁绝钻鑽诸酷痛旧制，解袄恶之禁，除文致之请，谳五十余事，定著于令。是后狱法和平。

永元六年，宠又代郭躬为廷尉，复校律令，刑法溢于《甫刑》者，奏除之，曰："臣闻礼经三百，威仪三千，故《甫刑》大辟二百，五刑之属三千。礼之所去，刑之所取，失礼即入刑，相为表里者也。今律令，犯罪应死刑者六百一十，耐罪千六百九十八，赎罪以下二千六百八十一，溢于《甫刑》千九百八十九，其四百一十大辟，千五百耐罪，七十九赎罪。《春秋保乾图》曰：'王者三百年一蠲法。'汉兴以来，三百二年，宪令稍增，科条无限。又律有三家，说各驳异。刑法繁多，宜令三公、廷尉集平律令，应经合义可施行者，大辟二百，耐罪、赎罪二千八百，合为三千，与礼相应。其余千九百八十九事，悉可详除。使百姓改易视听，以成大化，致刑措之美，传之无穷。"未及施行，会宠抵罪，遂寝。宠子忠。忠后复为尚书，略依宠意，奏上三十三条，为《决事比》，以省请谳之弊。又上除蚕室刑，解赃吏三世禁锢，狂易杀人得减重论，母子兄弟相代死听赦所代者，事皆施行。虽时有蠲革，而旧律繁芜，未经纂集。

献帝建安元年，应劭又删定律令，以为《汉议》，表奏之曰："夫国之大事，莫尚载籍。载籍也者，决嫌疑，明是非，赏刑之宜，允执厥中，俾后之人永有鉴焉。故胶东相董仲舒老病致仕，朝廷每有政议，数遣廷尉张汤亲至陋巷，问其得失，于是作《春秋折狱》二百三十二事，动以《经》对，言之详矣。逆臣董卓，荡覆王室，典宪焚燎，靡有孑遗，开辟以来，莫或兹酷。今大驾东迈，巡省许都，拔出险难，其命惟新。臣窃不自揆，辄撰具《律本章句》、《尚书旧事》、《廷尉板令》、《决事比例》、《司徒都目》、《五曹诏书》及《春秋折狱》，凡二百五十篇，蠲去复重，为之节文。又集《议驳》三十篇，以类相从，凡八十二事。其见《汉书》二十五，《汉记》四，皆删叙润色，以全本体。其二十六，博采古今瑰玮之士，德义可观。其二十七，臣所创造。《左氏》云：'虽有姬姜，不弃憔悴；虽有丝麻，不弃菅蒯。'盖所以代匮也。是用敢露顽才，厕于明哲之末，虽未足纲纪国体，宜洽时雍。庶几观察，增阐圣德。惟因万机之余暇，游意省览。"献帝善之，于是旧事存焉。是时天下将乱，百姓有土崩之势，刑罚不足以惩恶，于是名儒大才故辽东太守崔寔、大司农郑玄、大鸿胪陈纪之徒，咸以为宜复行肉刑。汉朝既不议其事，故无所用矣。

及魏武帝匡辅汉室，尚书令荀彧博访百官，复欲申之，而少府孔融议以为："古者敦庬，善否区别，吏端刑清政简，一无过失，百姓有罪，皆自取之。末世陵迟，风化坏乱，政挠其俗，法害其教。故曰'上失其道，人散久矣'。而欲绳之以古刑，投之以残弃，非所谓与时消息也。纣斩朝涉之胫，天下谓为无道。夫九牧之地，千八百君，若各刖一人，是天下常有千八百纣也，求世休和，弗可得已。且被刑之人，虑不念生，志在思死，类多趋恶，莫复归正。夙沙乱齐，伊戾祸宋，赵高、英布，为世大患。不能止人遂为非也，适足绝人还为善耳。虽忠如鬻拳，信如卞和，智如孙膑，冤如巷伯，才如史迁，达如子政，一罹刀锯，没世不齿。是太甲之思庸，穆公之霸秦，陈汤之都赖，魏尚之临边，无所复施也。汉开改恶之路，凡以此也。故明德之君，远度深惟，弃短就长，不苟革其政者也。"朝廷善之，卒不改焉。

及魏国建，陈纪子群时为御史中丞，魏武帝下令又欲复之，使群申其父论。群深陈其便。时钟繇为相国，亦赞成之，而奉常王脩不同其议。魏武帝亦难以藩国改汉朝之制，遂寝不行。于是乃定甲子科，犯钛左右趾者易以木械，是时乏铁，故易以木焉。又嫌汉律太重，故令依律论者听再科半，使从半减也。

魏文帝受禅，又议肉刑。详议未定，会有军事，复寝。时有大女刘朱，挝子妇酷暴，前后三妇自杀，论朱减死输作尚方，因是下怨毒杀人减死之令。魏明帝改士庶罚金之令，男听以罚金，妇人加笞还从鞭督之例，以其形体裸露故也。

是时承用秦汉旧律，其文起自魏文侯师李悝。悝撰次诸国法，著《法经》。以为王者之政，莫急于盗贼，故其律始于《盗贼》。盗贼须劾捕，故著《网捕》二篇。其轻狡、越城、博戏、借假不廉、淫侈逾制以为《杂律》一篇，又以《具律》具其加减。是故所著六篇而已，然皆罪名之制也。商君受之以相秦。汉承秦制，萧何定律，除参夷连坐之罪，增部主见知之条，益事律《兴》、《厩》、《户》三篇，合为九篇。叔孙通益律所不及，傍章十八篇。张汤《越宫律》二十七篇。赵禹《朝律》六篇。合六十篇。又汉时决事，集为《令甲》以下三百余篇，及司徒鲍公撰嫁娶辞讼决为《法比都目》，凡九百六卷。世有增损，率皆集类为篇，结事为章。一章之中或事过数十，事类虽同，轻重乖异。而通条连句，上下相蒙，虽大体异篇，实相采入。《盗律》有贼伤之例，《贼律》有盗章之文，《兴律》有上狱之法，《厩律》有逮捕之事，若此之比，错糅无常。后人生意，各为章句。叔孙宣、郭令卿、马融、郑玄诸儒章句十有余家，家数十万言。凡断罪所当由用者，合二万六千二百七十二条，七百七十三万二千二百余言，言数益繁，览者益难。天子于是下诏，但用郑氏章句，不得杂用余家。

卫觊又奏曰："刑法者，国家之所贵重，而私议之所轻贱；狱吏者，百姓之所悬命，而选用者之所卑下。王政之弊，未必不由此也。请置律博士，转相教授。"事遂施行。然而律文烦广，事比众多，离本依末，决狱之吏如廷尉狱吏范洪受囚绢二丈，附轻法论之，狱吏刘象受属偏考囚张茂物故，附重法论之。洪、象虽皆弃市，而轻枉者相继。是时太傅钟繇又上疏求复肉刑，诏下其奏，司徒王朗议又不同。时议者百余人，与朗同者多。帝以吴蜀未平，又寝。其后，天子又下诏改定刑制，命司空陈群、散骑常侍刘邵、给事黄门侍郎韩逊、议郎庾嶷、中郎黄休、荀诜等删约旧科，傍采汉律，定为魏法，制《新律》十八篇，《州郡令》四十五篇，《尚书官令》、《军中令》，合百八十余篇。其序略曰：

旧律所难知者，由于六篇篇少故也。篇少则文荒，文荒则事寡，事寡则罪漏。是以后人稍增，更与本体相离。今制新律，宜都总事类，多其篇条。

旧律因秦《法经》，就增三篇，而《具律》不移，因在第六。罪条例既不在始，又不在终，非篇章之义。故集罪例以为《刑名》，冠于律首。

《盗律》有劫略、恐猲、和卖买人，科有持质，皆非盗事，故分以为《劫略律》。《贼律》有欺谩、诈伪、逾封、矫制、《囚律》有诈伪生死，《令丙》有诈自复免，事类众多，故分为《诈律》。《贼律》有贼伐树木、杀伤人畜产及诸亡印，《金布律》有毁伤亡失县官财物，故分为《毁亡律》。《囚律》有告劾、传覆，《厩律》有告反逮受，科有登闻道辞，故分为《告劾律》。《囚律》有系囚、鞫狱、断狱之法，《兴律》有上狱之事，科有考事报谳，宜别为篇，故分为《系讯》、《断狱律》。《盗律》有受所监受财枉法，《杂律》有假借不廉，《令乙》有呵人受钱，科有使者验赇，其事相类，故分为《请赇律》。《盗律》有勃辱强贼，《兴律》有擅兴徭役，《具律》有出卖呈，科有擅作修舍事，故分为《兴擅律》。《兴律》有乏徭稽留，《贼律》有储峙不办，《厩律》有乏军之兴，及旧典有奉诏不谨、不承用诏书，汉氏施行有小怨之反不如令，辄劾以不承用诏书乏军要斩，又减以《丁酉诏书》，《丁酉诏书》，汉文所下，不宜复以为法，故别为之《留律》。秦世旧有厩置、乘传、副车、食厨，汉初承秦不改，后以费广稍省，故后汉但设骑置而无车马，则律犹著其文，则为虚设，故除《厩律》，取其可用合科者，以为《邮驿令》。其告反逮验，别入《告劾律》。上言变事，以为《变事令》，以惊事告急，与《兴律》烽燧及科令者，以为《惊事律》。《盗律》有还赃畀主，《金布律》有罚赎入责以呈黄金为价，科有平庸坐赃事，以为《偿赃律》。律之初制，无免坐之文，张汤、赵禹始作监临部主、见知故纵之例。其见知而故不举劾，各与同罪，失不举劾，各以赎论，其不见不知，不坐也，是以文约而例通。科之为制，每条有违科，不觉不知，从坐之免，不复分别，而免坐繁多，宜总为免例，以省科文，故更制定其由例，以为《免坐律》。诸律令中有其教制，本条无从坐之文者，皆从此取法也。凡所定增十三篇，就故五篇，合十八篇，于正律九篇为增，于旁章科令为省矣。

改汉旧律不行于魏者皆除之，更依古义制为五刑。其死刑有三,髡刑有四,完刑、作刑各三,赎刑十一,罚金六,杂抵罪七,凡三十七名,以为律首。又改《贼律》,但以言语及犯宗庙园陵,谓之大逆无道,要斩,家属从坐,不及祖父母、孙。至于谋反大逆,临时捕之,或汙潴,或枭菹,夷其三族,不在律令,所以严绝恶迹也。贼斗杀人,以劫而亡,许依古义,听子弟得追杀之。会赦及过误相杀,不得报仇,所以止杀害也。正杀继母,与亲母同,防继假之隙也。除异子之科,使父子无异财也。殴兄姊加至五岁刑,以明教化也。囚徒诬告人反,罪及亲属,异于善人,所以累之使省刑息诬也。改投书弃市之科,所以轻刑也。正篡囚弃市之罪,断凶强为义之踪也。二岁刑以上,除以家人乞鞫之制,省所烦狱也。改诸郡不得自择伏日,所以齐风俗也。

斯皆魏世所改,其大略如是。其后正始之间,天下无事,于是征西将军夏侯玄、河南尹李胜、中领军曹羲、尚书丁谧又追议肉刑,卒不能决。其文甚多,不载。

及景帝辅政,是时魏法,犯大逆者诛及已出之女。毋丘俭之诛,其子甸妻荀氏应坐死,其族兄顗与景帝姻,通表魏帝,以匄其命。诏听离婚。荀氏所生女芝,为颍川太守刘子元妻,亦坐死,以怀妊系狱。荀氏辞诣司隶校尉何曾乞恩,求没为官婢,以赎芝命。曾哀之,使主簿程咸上议曰:"夫司寇作典,建三等之制;甫侯修刑,通轻重之法。叔世多变,秦立重辟,汉又修之。大魏承秦汉之弊,未及革制,所以追戮已出之女,诚欲殄丑类之族也。然则法贵得中,刑慎过制。臣以为女人有三从之义,无自专之道,出适他族,还丧父母,降其服纪,所以明外成之节,异在室之恩。而父母有罪,追刑已出之女;夫党见诛,又有随坐之戮。一人之身,内外受辟。今女既嫁,则为异姓之妻;如或产育,则为他族之母,此为元恶之所忽。戮无辜之所重,于防则不足惩奸乱之源,于情则伤孝子之心。男不得罪于他族,而女独婴戮于二门,非所以哀矜女弱,蠲明法制之本分也。臣以为在室之女,从父母之诛;既醮之妇,从夫家之罚。宜改旧科,以为永制。"于是有诏改定律令。

文帝为晋王,患前代律令本注烦杂,陈群、刘邵虽经改革,而科网本密,又叔孙、郭、马、杜诸儒章句,但取郑氏,又为偏党,未可承用。于是令贾充定法律,令与太傅郑冲、司徒荀顗、中书监荀勖、中军将军羊祜、中护军王业、廷尉杜友、守河南尹杜预、散骑侍郎裴楷、颍川太守周雄、齐相郭颀、骑都尉成公绥、尚书郎柳轨及吏部令史荣邵等十四人典其事,就汉九章增十一篇,仍其族类,正其体号,改旧律为《刑名》、《法例》,辨《囚律》为《告劾》、《系讯》、《断狱》,分《盗律》为《请赇》、《诈伪》、《水火》、《毁亡》,因事类为《卫宫》、《违制》,撰《周官》为《诸侯律》,合二十篇,六百二十条,二万七千六百五十七言。蠲其苛秽,存其清约,事从中典,归于益时。其余未宜除者,若军事、田农、酤酒,未得皆从人心,权设其法,太平当除,故不入律,悉以为令。施行制度,以此设教,违令有罪则入律。其常事品式章程,各还其府,

为故事。减枭斩族诛从坐之条,除谋反适养母出女嫁皆不复还坐父母弃市,省禁固相告之条,去捕亡、亡没为官奴婢之制。轻过误老少女人当罚金杖罚者,皆令半之。重奸伯叔母之令,弃市。淫寡女,三岁刑。崇嫁娶之要,一以下娉为正,不理私约。峻礼教之防,准五服以制罪也。凡律令合二千九百二十六条,十二万六千三百言,六十卷,故事三十卷。泰始三年,事毕,表上。武帝诏曰:"昔萧何以定律令受封,叔孙通制仪为奉常,赐金五百斤,弟子百人皆为郎。夫立功立事,古今之所重,宜加禄赏,其详考差叙。辄如诏简异弟子百人,随才品用,赏帛万余匹。"武帝亲自临讲,使裴楷执读。四年正月,大赦天下,乃班新律。

其后,明法掾张裴又注律,表上之,其要曰:

律始于《刑名》者,所以定罪制也;终于《诸侯》者,所以毕其政也。王政布于上,诸侯奉于下,礼乐抚于中,故有三才之义焉,其相须而成,若一体焉。

《刑名》所以经略罪法之轻重,正加减之等差,明发众篇之多义,补其章条之不足,较举上下纲领。其犯盗贼、诈伪、请赇者,则求罪于此,作役、水火、畜养、守备之细事,皆求之作本名。告讯为之心舌,捕系为之手足,断狱为之定罪,名例齐其制。自始及终,往而不穷,变动无常,周流四极,上下无方,不离于法律之中也。

其知而犯之谓之故,意以为然谓之失,违忠欺上谓之谩,背信藏巧谓之诈,亏礼废节谓之不敬,两讼相趣谓之斗,两和相害谓之戏,无变斩击谓之贼,不意误犯谓之过失,逆节绝理谓之不道,陵上僭贵谓之恶逆,将害未发谓之戕,唱首先言谓之造意,二人对议谓之谋,制众建计谓之率,不和谓之强,攻恶谓之略,三人谓之群,取非其物谓之盗,货财之利谓之赃;凡二十者,律义之较名也。

夫律者,当慎其变,审其理。若不承用诏书,无故失之刑,当从赎。谋反之同伍,实不知情,当从刑。此故失之变也。卑与尊斗,皆为贼。斗之加兵刃水火中,不得为戏,戏之重也。向人室庐道径射,不得为过,失之禁也。都城人众中走马杀人,当为贼,贼之似也。过失似贼,戏似斗,斗而杀伤傍人,又似误,盗伤缚守似强盗,呵人取财似受赇,囚辞所连似告劾,诸勿听理似故纵,持质似恐猲。如此之比,皆为无常之格也。

五刑不简,正于五罚,五罚不服,正于五过,意善功恶,以金赎之。故律制,生罪不过十四等,死刑不过三,徒加不过六,囚加不过五,累作不过十一岁,累笞不过千二百,刑等不过一岁,金等不过四两。月赎不计日,日作不拘月,岁数不疑闰。不以加至死,并死不复加。不可累者,故有并数;不可并数,乃累其加。以加论者,但得其加;与加同者,连律其本。不在次者,不以通论。以人得罪与人同,以法得罪与法同。侵生害死,不可齐其防;亲疏公私,不可常其

教。礼乐崇于上，故降其刑；刑法闲于下，故全其法。是故尊卑叙，仁义明，九族亲，王道平也。

律有事状相似而罪名相涉者，若加威势下手取财为强盗，不自知亡为缚守，将中有恶言为恐猲，不以罪名呵为呵人，以罪名呵为受赇，劫召其财为持质。此六者，以威势得财而名殊者也。即不求自与为受求，所监求而后取为盗赃，输入呵受为留难，敛人财物积藏于官为擅赋，加欧击之为戮辱。诸如此类，皆为以威势得财而罪相似者也。

夫刑者，司理之官；理者，求情之机，情者，心神之使。心感则情动于中，而形于言？畅于四支，发于事业。是故奸人心愧而面赤，内怖而色夺。论罪者务本其心，审其情，精其事，近取诸身，远取诸物，然后乃可以正刑。仰手似乞，俯手似夺，捧手似谢，拟手似诉，拱臂似自首，攘臂似格斗，矜庄似威，怡悦似福，喜怒忧欢，貌在声色。奸真猛弱，候在视息。出口有言当为告，下手有禁当为贼，喜子杀怒子当为戏，怒子杀喜子当为贼。诸如此类，自非至精不能极其理也。

律之名例，非正文而分明也。若八十，非杀伤人，他皆勿论，即诬告谋反者反坐。十岁，不得告言人；即奴婢捍主，主得遏杀之。贼燔人庐舍积聚，盗赃五匹以上，弃市；即燔官府积聚盗，亦当与同。欧人教令者与同罪，即令人欧其父母，不可与行者同得重也。若得遗物强取强乞之类，无还赃法随例界之文。法律中诸不敬、违仪失式，及犯罪为公为私，赃入身不入身，皆随事轻重取法，以例求其名也。

夫理者，精玄之妙，不可以一方行也；律者，幽理之奥，不可以一体守也。或计过以配罪，或化略以循常，或随事以尽情，或趣舍以从时，或推重以立防，或引轻而就下。公私废避之宜，除削重轻之变，皆所以临时观衅，使用法执诠者幽于未制之中，采其根牙之微，致之于机格之上，称轻重于豪铢，考辈类于参伍，然后乃可以理直刑正。

夫奉圣典者若操刀执绳，刀妄加则伤物，绳妄弹则侵直。枭首者恶之长，斩刑者罪之大，弃市者死之下，髡作者刑之威，赎罚者误之诫。王者立此五刑，所以宝君子而逼小人，故为赦慎之经，皆拟《周易》有变通之体焉。欲令提纲而大道清，举略而王法齐，其旨远，其辞文，其曲而中，其事肆而隐。通天下之志唯忠也，断天下之疑唯文也，切天下之情唯远也，弥天下之务唯大也，变无常体唯理也，非天下之贤圣，孰能与于斯！

夫刑而上者谓之道，刑而下者谓之器，化而裁之谓之格。刑杀者是冬震曜之象，髡罪者似秋雕落之变，赎失者是春阳悔吝之疵之。五刑成章，辄相依准，法律之义焉。

是时侍中卢珽、中书侍郎张华又表："抄《新律》诸死罪条目，悬之亭传，以示兆庶。"有诏从之。

及刘颂为廷尉，频表宜复肉刑，不见省，又上言曰：

臣昔上行肉刑，从来积年，遂寝不论。臣窃以为议者拘孝文之小仁，而轻违圣王之典刑，未详之甚，莫过于此。

今死刑重，故非命者众；生刑轻，故罪不禁奸。所以然者，肉刑不用之所致也。今为徒者，类性元恶不轨之族也，去家悬远，作役山谷，饥寒切身，志不聊生，虽有廉士介者，苟虑不首死，则皆为盗贼，岂况本性奸凶无赖之徒乎！又令徒富者输财，解日归家，乃无役之人也。贫者起为奸盗，又不制之房也。不刑，则罪无所禁；不制，则群恶横肆。为法若此，近不尽善也。是以徒亡日属，贼盗日烦，亡之数者至有十数，得辄加刑，日益一岁，此为终身之徒也。自顾反善无期，而灾困逼身，其志亡思盗，势不得息，事使之然也。

古者用刑以止刑，今反于此。诸重犯亡者，发过三寸辄重髡之，此以刑生刑；加作一岁，此以徒生徒也。亡者积多，系囚猥宜。议者曰囚不可不赦，复从而赦之，此为刑不制罪，法不胜奸。下知法之不胜，相聚而谋为不轨，月异而岁不同。故自顷年以来，奸恶陵暴，所在充斥。议者不深思此故，而曰肉刑于名忤听，忤听孰与贼盗不禁？

圣王之制肉刑，远有深理，其事可得而言，非徒惩其畏剥割之痛而不为也，乃去其为恶之具，使夫奸人无用复肆其志，止奸绝本，理之尽也。亡者刖足，无所用复亡。盗者截手，无所用复盗。淫者割其势，理亦如之。除恶塞源，莫善于此，非徒然也。此等刑之后，便各归家，父母妻子，共相养恤，不流离于涂路。有今之困，创愈可役，上准古制，随宜业作，虽已刑残，不为虚弃，而所患都塞，又生育繁阜之道自若也。

今宜取死刑之限轻，及三犯逃亡淫盗，悉以肉刑代之。其三岁刑以下，已自杖罚遣，又宜制其罚数，使有常限，不得减此。其有宜重者，又任之官长。应四五岁刑者，皆髡笞，笞至一百，稍行，使各有差，悉不复居作。然后刑不复生刑，徒不复生徒，而残体为戳，终身作诫。人见其痛，畏而不犯，必数倍于今。且为恶者随发被刑，去其为恶之具，此为诸已刑者皆良士也，岂与全其为奸之手足，而蹴居必死之穷地同哉！而犹曰肉刑不可用，臣窃以为不识务之甚也。

臣昔常侍左右，数闻明诏，谓肉刑宜用，事便于政。愿陛下信独见之断，使夫能者得奉圣虑，行之于今。比填沟壑，冀见太平。《周礼》三赦三宥，施于老幼悼耄，黔黎不属逮者，此非为恶之所出，故刑法逆舍而宥之。至于自非此族，犯罪则必刑而无赦，此政之理也。暨至后世，以时岭多难，因赦解结，权以行之，又不以宽罪人也。至今恒以罪积狱繁，赦以散之，是以赦愈数而狱愈塞，如此不已，将至不胜。原其所由，内刑不用之故也。今行肉刑，非徒不积，且为恶无具则奸息。去此二端，狱不得繁，故无取于数赦，于政体胜矣。

疏上，又不见省。

至惠帝之世，政出群下，每有疑狱，各立私情，刑法不定，狱讼繁滋。尚书裴頠表陈之曰：

夫天下之事多涂，非一司之所管；中才之情易扰，赖恒制而后定。先王知其所以然也，是以辨方分职，为之准局。准局既立，各掌其务，刑赏相称，轻重无二，故下听有常，群吏安业也。旧宫掖陵庙有水火毁伤之变，然后尚书乃躬自奔赴，其非此也，皆止于郎令史而已。刑罚所加，各有常刑。

去元康四年，大风之后，庙阙屋瓦有数枚倾落，免太常荀寓。于时以严诏所遣，莫敢据正。然内外之意，佥谓事轻责重，有违于常。会五年二月有大风，主者惩惧前事。臣新拜尚书始三日，本曹尚书有疾，权令兼出，按行兰台。主者乃瞻望阿栋之间，求索瓦之不正者，得栋上瓦小邪十五处。或是始瓦时邪，盖不足言，风起仓卒，台官更往，太常按行，不及得周，文书未至之顷，便竞相禁止。臣以权兼暂出，出还便罢，不复得穷其事。而本曹据执，却问无已。臣时具加解遣，而主者畏咎，不从臣言，禁止太常，复兴刑狱。

昔汉氏有盗庙玉环者，文帝欲族诛，释之但处以死刑，曰："若侵长陵一抔土，何以复加？"文帝从之。大晋垂制，深惟经远，山陵不封，园邑不饰，墓而不坟，同乎山壤，是以丘阪存其陈草，使齐乎中原矣。虽陵兆尊严，唯毁发然后族之，此古典也。若登践犯损，失尽敬之道，事止刑罪可也。

去八年，奴听教加诬周龙烧草，廷尉遂奏族龙，一门八口并命。会龙狱翻，然后得免。考之理准，之前训，所处实重。今年八月，陵上荆一枝围七寸二分者被斫，司徒太常，奔走道路，虽知事小，而案劾难测，摇扰驱驰，各竞免负，于今太常禁止未解。近日太祝署失火，烧屋三间半。署在庙北，隔道在重墙之内，又即已灭，频为诏旨所问。主者以诏旨使问频繁，便责尚书不即案行，辄禁止，尚书免，皆在法外。

刑书之文有限，而舛违之故无方，故有临时议处之制，诚不能皆得循常也。至于此等，皆为过当，每相逼迫，不得以理，上替圣朝画一之德，下损崇礼大臣之望。臣愚以为犯陵上草木，不应乃用同产异刑之制。按行奏劾，应有定准，相承务重，体例遂亏。或因余事，得容浅深。

頠虽有此表，曲议犹不止。时刘颂为三公尚书，又上疏曰：

自近世以来，法渐多门，令甚不一。臣今备掌刑断，职思其忧，谨具启闻。

臣窃伏惟陛下为政，每尽善，故事求曲当，则例不得直；尽善，故法不得全。何则？夫法者，固以尽理为法，而上求尽善，则诸下牵文就意，以赴主之所许，是以法不得全。刑书征文，征文必有乖于情听之断，而上安于曲当，故执平者因文可引，则生二端。是法多门，令不一，则吏不知所守，下不知所避。奸伪者因法之多门，以售其情，所欲浅深，苟断不一，则居上者无以检下，于是事同议异，狱犴不平，有伤于法。

古人有言："人主详，其政荒；人主期，其事理。"详匪他，尽善则法伤，故其政荒也。期者轻重之当，虽不厌情，苟入于文，则循而行之，故其事理也。夫善用法者，忍违情不厌听之断，轻重虽不允人心，经于凡览，若不可行，法乃得直。又君臣之分，各有所司。法欲必奉，故令主者守文；理有穷塞，故使大臣释滞；事有时宜，故人主权断。主者守文，若释之执犯跸之平也；大臣释滞，若公孙弘断郭解之狱也；人主权断，若汉祖戮丁公之为也。天下万事，自非斯格重为，故不近似此类，不得出以意妄议，其余皆以律令从事。然后法信于下，人听不惑，吏不容奸，可以言政。人主轨斯格以责群下，大臣小吏各守其局，则法一矣。

古人有言："善为政者，看人设教。"看人设教，制法之谓也。又曰："随时之宜"，当务之谓也。然则看人随时，在大量也，而制其法。法轨既定则行之，行之信如四时，执之坚如金石，群吏岂得在成制之内，复称随时之宜，傍引看人设教，以乱政典哉！何则？始制之初，固已看人而随时矣。今若设法未尽当，则宜改之。若谓己善，不得尽以为制，而使奉用之司公得出入以差轻重也。夫人君所与天下共者，法也。已令四海，不可以不信以为教，方求天下之不慢，不可绳以不信之法。且先识有言，人至遇而不可欺也。不谓平时背法意断，不胜百姓愿也。

上古议事以制，不为刑辟。夏殷及周，书法象魏。三代之君齐圣，然咸弃曲当之妙鉴，而任征文之直准，非圣有殊，所遇异也。今论时敦朴，不及中古，而执平者欲适情之所安，自托于议事以制。臣窃以为听言则美，论理则违。然天下之大，事务众杂，时有不得悉循文如令。故谓宜立格为限，使主者守文，死生以之，不敢错思于成制之外，以差轻重，则法恒全。事无正据，名例不及，大臣论当，以释不滞，则事无阂。至如非常之断，出法赏罚，若汉祖戮楚臣之私己，封赵氏之无功，唯人主专之，非奉职之臣所得拟议。然后情求傍请之迹绝，似是而非之奏塞，此盖齐法之大准也。主者小吏，处事无常。何则？无情则法徒克，有情则挠法。积克似无私，然乃所以得其私，又恒所岨以卫其身。断当恒克，世谓尽公，时一曲法，乃所不疑。故人君不善倚深似公之断，而责守文如令之奏，然后得为有检，此又平法之一端也。

夫出法权制，指施一事，厌情合听，可适耳目，诚有临时当意之快，胜于征文不允人心也。然起为经制，经年施用，恒得一而失十。故小有所得者，必大有所失；近有所漏者，必远有所苞。故谙事识体者，善权轻重，不以小害大，不以近妨远。忍曲当之近适，以全简直之大准。不牵于凡听之所安，必守征文以正例。每临其事，恒御此心以决断，此又法之大概也。

又律法断罪,皆当以法律令正文,若无正文,依附名例断之,其正文名例所不及,皆勿论。法吏以上,所执不同,得为异议。如律之文,守法之官,唯当奉用律令。至于法律之内,所见不同,乃得为异议也。今限法曹郎令史,意有不同为驳,唯得论释法律,以正所断,不得援求诸外,论随时之宜,以明法官守局之分。

诏下其事。侍中、太宰、汝南王亮奏以为:"夫礼以训世,而法以整俗,理化之本,事实由之。若断不断,常轻重随意,则王宪不一,人无所错矣。故观人设教,在上之举;守文直法,臣吏之节也。臣以去太康八年,随事异议。周悬象魏之书,汉咏画一之法,诚以法与时共,义不可二。今法素定,而法为议,则有所开长,以为宜如颂所启,为永久之制。"于是门下属三公曰:"昔先王议事以制,自中古以来,执法断事,既以立法,诚不宜复求法外小善也。若常以善夺法,则人逐善而不忌法,其害甚于无法也。案启事,欲令法令断一,事无二门,郎令史已下,应复出法驳案,随事以闻也。"

及于江左,元帝为丞相时,朝廷草创,议断不循法律,人立异议,高下无状。主簿熊远奏曰:"礼以崇善,法以闲非,故礼有常典,法有常防,人知恶而无邪心。是以周建象魏之制,汉创画一之法,故能阐弘大道,以至刑厝。律令之作,由来尚矣。经贤智,历夷险,随时斟酌,最为周备。自军兴以来,法度陵替,至于处事不用律令,竞作属命,人立异议,曲适物情,亏伤大例。府立节度,复不奉用,临事改制,朝作夕改,至于主者不敢任法,每辄关咨,委之大官,非为政之体。若本曹处事不合法令,监司当以法弹违,不得动用开塞,以坏成事。按法盖粗术,非妙道也,矫割物情,以成法耳。若每随物情,辄改法制,此为以情坏法。法之不一,是谓多门,开人事之路,广私请之端,非先王立法之本意也。凡为驳议者,若违律令节度,当合经传及前比故事,不得任情以破成法。愚谓宜令录事更立条制,诸立议者皆当引律令经传,不得直以情言,无所依准,以亏旧典也。若开塞随宜,权道制物,此是人君之所得行,非臣子所宜专用。主者唯当征文据法,以事为断耳。"

是时帝以权宜从事,尚未能从。而河东卫展为晋王大理,考擿故事有不合情者,又上书曰:"今施行诏书,有考子正父死刑,或鞭父母问子所在。近主者所称《庚寅诏书》,举家逃亡家长斩。若长是逃亡之主,斩之虽重犹可。设子孙犯事,将考祖父逃亡,逃亡是子孙,而父祖婴其酷。伤顺破教,如此者众。相隐之道离,则君臣之义废。君臣之义废,则犯上之奸生矣。秦网密文峻,汉兴,扫除烦苛,风移俗易,几于刑厝。大人革命,不得不荡其秽匿,通其圮滞。今诏书宜除者多,有便于当今,著为正条,则法差简易。"元帝令曰:"礼乐不兴,则刑罚不中,是以明罚敕法,先王所慎。自元康已来,事故荐臻,法禁滋漫。大理所上,宜朝堂会议,蠲除诏书不可用者,此孤所虚心者也。"

及帝即位,展为廷尉,又上言:"古者肉刑,事经前圣,汉文除之,增加大辟。今人户凋荒,百不遗一,而刑法峻重,非句践养胎之义也。愚谓宜复古施行,以隆太平之化。"诏内外通议。于是骠骑将军王导、太常贺循、侍中纪瞻、中书郎庾亮、大将军咨议参军梅陶、散骑郎张嶷等议,以:"肉刑之典,由来尚矣。肇自古先,以及三代,圣哲明王所未曾改也。岂是汉文常主所能易者乎!时萧曹已没,绛灌之徒不能正其义。逮班固深论其事,以为外有轻刑之名,内实杀人。又死刑太重,生刑太轻,生刑纵于上,死刑怨于下,轻重失当,故刑政不中也。且原先王之造刑也,非以过怒也,非以残人也,所以救奸,所以当罪。今盗者窃人之财,淫者好人之色,亡者避叛之役,皆无杀害也,则加之以刑。刑之则止,而加之斩戮,戮过其罪,死不可生,纵虐于此,岁以巨计。此乃仁人君子所不忍闻,而况行之于政乎!若乃惑其名而不练其实,恶其生而趣其死,此畏水投舟,避坎蹈井,愚夫之不若,何取于政哉!今大晋中兴,遵复古典,率由旧章,起千载之滞义,拯百残之遗黎,使皇典废而复存,黔首死而更生,至义畅于三代之际,遗风播乎百世之后,生肉枯骨,惠侔造化,岂不休哉!惑者乃曰,死犹不惩,而况于刑?然人者冥也,其至愚矣,虽加斩戮,忽为灰土,死事日往,生欲日存,未以为改。若刑诸市朝,朝夕鉴戒,刑者咏为恶之永痛,恶者睹残刖之长废,故足惧也。然后知先王之轻刑以御物,显诚以惩愚,其理远矣。"

尚书令刁协、尚书薛兼等议,以为:"圣上悼残荒之遗黎,伤犯死之繁众,欲行刖以代死刑,使犯死之徒得存性命,则率土蒙更生之泽,兆庶必怀恩以反化也。今中兴祚隆,大命惟新,诚宜设宽法以育人。然惧群小愚蔽,习玩所见而忽异闻,或未能咸服。愚谓行刑之时,先明申法令,乐刑者刖,甘死者杀,群心必服矣。古典刑不上大夫,今士人有犯者,谓宜如旧,不在刑例,则进退为允。"

尚书颎、郎曹彦、中书郎桓彝等议,以为:"复肉刑以代死,诚是圣王之至德,哀矜之弘私。然窃以为刑罚轻重,随时而作。时人少罪而易威,则从轻而宽之;时人多罪而难威,则宜化刑而济之。肉刑平世所应立,非救弊之宜也。方今圣化草创,人有余奸,习恶之徒,为非未已,截头绞颈,尚不能禁,而乃更断足剿鼻,轻其刑罚,使欲为恶者轻犯宽刑,蹈罪更众,是为轻其刑以诱人于罪,其身以加楚酷也。昔之畏死刑以为善人者,今皆犯轻刑而残其身,畏重之常人,反为犯轻而致囚,此则何异断刖常人以为恩仁邪!受刑者转广,而为非者日多,踊贵屦贱,有鼻者丑也。徒有轻刑之名,而实开长恶之源。不如以法止杀,重以全轻,权小停之。须圣化渐著,兆庶易威之日,徐施行也。"

议奏,元帝犹欲从展所上。大将军王敦以为:"百姓习俗日久,忽复肉刑,必骇远近。且逆寇未殄,不宜有惨酷之声,以闻天下。"于是乃止。

咸康之世,庾冰好为纠察,近于繁细,后益矫违,复存宽纵,疏密自由,律令无用矣。

至安帝元兴末,桓玄辅政,又议欲复肉刑斩左右趾之法,以轻死刑,命百官议。蔡廓上议曰:"建邦立法,弘教穆化，必随时置制，德刑兼施。长贞一以闲其邪，教禁以检其慢，洒湛露以流润，厉严霜以肃威，虽复质文迭用，而斯道莫革。肉刑之设，肇自哲王。盖由曩世风淳，人多惇谨，图像既陈，则机心直戢，刑人在涂，则不遑改操，故能胜残去杀，化隆无为。季末浇伪，设网弥密，利巧之怀日滋，耻畏之情转寡。终身剧役，不足止其奸，况乎黥剕，岂能反于善。徒有酸惨之声，而无济俗之益。至于弃市之条，实非不赦之罪，事非手杀，考律同归，轻重均科，减降路塞，钟陈以之抗言，元皇所为留愍。今英辅翼赞，道逸伊周，诚宜明慎用刑，爱人弘育，申哀矜以革滥，移大辟于支体，全性命之至重，恢繁息于将来。"而孔琳之议不同，用王朗、夏侯玄之旨。时论多与琳之同，故遂不行。

卷三十一　　　　列传第一

后妃上　宣穆张皇后　景怀夏侯皇后　景献羊皇后　文明王皇后　武元杨皇后　武悼杨皇后　<small>左贵嫔　胡贵嫔　诸葛夫人</small>　惠贾皇后　惠羊皇后　<small>谢夫人</small>　怀王皇太后　元夏侯太妃

夫乾坤定位，男女流形，伉俪之义同归，贵贱之名异等。若乃作配皇极，齐体紫宸，象玉床之连后星，喻金波之合羲璧。爰自复古，是谓元妃；降及中年，乃称王后。四人并列，光于帝喾之宫；二妃同降，著彼有虞之典。夏商以上，六宫之制，其详靡得而闻焉。姬刘以降，五翟之规，其事可略而言矣。周礼，天子立一后、三夫人、九嫔、二十七世妇、八十一御妻，以听王者内政。故《婚义》曰："天子之与后，如日之与月，阴之与阳。"由斯而谈，其所从来远矣。故能母仪天寓，助宣王化，德均载物，比大坤维，宗庙歆其荐羞，穹壤俟其交泰。是以哲王垂宪，尤重造舟之礼；诗人立言，先奖《葛覃》之训。后烛流景，所以裁其宴私，房乐希声，是用节其容止。履端正本，抑斯之谓欤！若乃娉纳有方，防闲有礼，肃尊仪而修四德，体柔范而弘六义，阴教洽于宫闱，淑誉腾于区域。则玄云入户，上帝锡母萌之符；黄神降征，坤灵赞寿丘之道，终能鼎祚惟永，胤嗣克昌。至若画极亏闲，凭天作孽，倒裳衣于衽席，感朓侧于弦望。则龙漦结衅，宗周鞠为黍苗。燕尾挺灾，隆汉坠其粉社矣。自曹刘内主，位以色登，甄卫之家，荣非德举。淫荒挺性，蔑西郊之礼容；婉娈含辞，作南国之奇态。诐谒由斯外入，秽德于是内宣。椒掖播晨牝之风，兰殿绝河雎之响。永言彤史，大练之范逾微；缅视青蒲，脱珥之献替矣。晋承其末，与世污隆，宣皇创基，功弘而道屈；穆后一善，绩俾于十乱。洎乎世祖，始亲选良家，既而帝掩纨扇，躬行请托。后采长白，实彰妒忌之情；贾纳短青，竟践覆亡之辙。得失遗迹，焕在绨缃，兴灭所由，义同画一。故列其本事，以为后妃传云。

宣穆张皇后，讳春华，河内平皋人也。父汪，魏粟邑令。母河内山氏，司徒涛之从祖姑也。后少有德行，智识过人，生景帝、文帝、平原王干、南阳公主。宣帝初辞魏武之命，托以风痹，尝暴书，遇暴雨，不觉自起收之。家惟一婢见之，后乃恐事泄致祸，遂手杀之以灭口，而亲自执爨。帝由是重之。其后柏夫人有宠，后罕得进见。帝尝卧疾，后往省病。帝曰："老物可憎，何烦出也！"后惭恚不食，将自杀，诸子亦不食。帝惊而致谢，后乃止。帝退而谓人曰："老物不足惜，虑困我好儿耳！"魏正始八年崩，时年五十九，葬洛阳高原陵，追赠广平县君。咸熙元年，追号宣穆妃。及武帝受禅，追尊为皇后。

景怀夏侯皇后，讳徽，字媛容，沛国谯人也。父尚，魏征南大将军。母曹氏，魏德阳乡主。后雅有识度，帝每有所为，必豫筹画。魏明帝世，宣帝居上将之重，诸子并有雄才大略。后知帝非魏之纯臣，而后既魏氏之甥，帝深忌之。青龙二年，遂以鸩崩，时年二十四，葬峻平陵。武帝登阼，初未追崇，弘训太后每以为言，泰始二年始加号谥。后无男，生五女。

景献羊皇后，讳徽瑜，泰山南城人。父衜，上党太守。后母陈留蔡氏，汉左中郎将邕之女也。后聪敏有才行。景怀皇后崩，景帝更娶镇北将军濮阳吴质女，见黜，复纳后，无子。武帝受禅，居弘训宫，号弘训太后。泰始九年，追赠蔡氏济阳县君，谥曰穆。咸宁四年，太后崩，时年六十五，祔葬峻平陵。

文明王皇后，讳元姬，东海郯人也。父肃，魏中领军、兰陵侯。后年八岁，诵《诗》《论》，尤善丧服。苟有文义，目所一见，必贯于心。年九岁，遇母疾，扶侍不舍左右，衣不解带者久之。每先意候指，动中所适，由是父母令摄家事，每尽其理。祖郎甚爱异之，曰："兴吾家者，必此女也，惜不为男矣！"年十二，郎薨。后哀戚哭泣，发于自然，其父益加敬异。既笄，归于文帝，生武帝及辽东悼王定国、齐献王攸、城阳哀王兆、广汉殇王广德、京兆公主。后事舅姑尽妇道，谦冲接下，嫔御有序。及居父丧，身不胜衣，言与泪俱。时钟会以才见任，后每言于帝曰："会见利忘义，好为事端，宠过必乱，不可大任。"会后果反。

武帝受禅，尊为皇太后，宫曰崇化。初置宫卿，重选其职，以太常诸葛绪为卫尉，太仆刘原为太仆，宗正曹楷为少府。后虽处尊位，不忘素业，躬执纺绩，器服无文，御浣濯之衣，食不参味。而敦睦九族，垂心万物，言必典礼，浸润不行。

帝以后母羊氏未崇谥号，泰始三年下诏曰："昔汉文追崇灵文之号,武、宣有平原、博平之封,咸所以奉尊尊之敬,广亲亲之恩也。故卫将军、兰陵景侯夫人羊氏,含章体顺,仁德醇备,内承世胄,出嫔大国,三从之行,率礼无违。仍遭不造,频丧统嗣,抚育众胤,克成家道。母仪之教,光于邦族,诞启圣明,祚流万国,而早世殂陨,不遇休宠。皇太后孝思蒸蒸,永慕罔极。朕感存遗训,追远伤怀。其封夫人为县君,依德纪谥,主者详如旧典。"于是使使持节谒者何融追谥为平阳靖君。

四年,后崩,时年五十二,合葬崇阳陵。将迁祔,帝手疏后德行,命史官为哀策曰:

　　明明先后,兴我晋道。晖章淑问,以翼皇考。迈德宣猷,大业有造,贻庆孤朦,堂构是保。庶资复顾,永享难老。奄然登遐,弃我何早!沈哀闵诉,如何穹昊。呜呼哀哉!

厥初生民,树之惠康。帝迁明德,顾予先皇。天立厥配,我皇是光。作邦作对,德音无疆。愍天不吊,天笃降殃。日没《明夷》,中年陨丧。茕茕在疚,永怀摧伤。寻惟景行,于穆不已。海岱降灵,世荷繁祉。永锡祚胤,笃生文母。诞膺纯和,淑慎容止。质直不渝,体兹孝友。《诗》《书》是悦,礼籍为纪。三从无违,中馈克理。追惟先后,劳谦是尚。爰初在室,竭力致养。嫔于大邦,皇基是相。谧静隆化,帝业以创。内叙嫔御,外协时望。履信居顺,德行洽畅。密勿无荒,勋劳克让。崇俭抑华,冲素是放。虽享寿高,欢嘉未飨。胡宁弃之,我将曷仰?咨余不造,大罚荐臻。皇考背世,始逾三年。仰奉慈亲,冀无后艰。凶灾仍集,何辜于天。呜呼哀哉!

灵輴凤驾,设祖中闱。辒辌动轸,既往不追。哀哀皇妣,永潜灵晖。进攀梓宫,顾援素旐。屏营穷痛,谁告谁依?诉情赠策,以舒伤悲。尚或有闻,顾予孤遗。呜呼哀哉!

其后帝追慕不已,复下诏曰:"外曾祖母故司徒王郎夫人杨氏,舅氏尊属,郑、刘二从母,先后至爱。每惟圣善,敦睦遗旨,渭阳之感,永怀靡及。其封杨夫人及从母为乡君,邑各五百户。"太康七年,追赠继祖母夏侯氏为荥阳乡君。

武元杨皇后,讳艳,字琼芝,弘农华阴人也。父文宗,见《外戚传》。母天水赵氏,早卒。后依舅家,舅妻仁爱,亲乳养后,遣他人乳其子。及长,又随后母庞氏,依其家。后少聪慧,善书,姿质美丽,闲于女工。有善相者尝相后,当极贵,文帝闻而为世子聘焉。甚被宠遇,生毗陵悼王轨、惠帝、秦献王柬、平阳、新丰、阳平公主。武帝即位,立为皇后。有司奏依汉故事,皇后、太子各食汤沐邑四十县,而帝以非古典,不许。后追怀舅氏之恩,宦显赵俊,纳俊兄虞女粲于后宫为夫人。

帝以皇太子不堪奉大统,密以语后。后曰:"立嫡以长不以贤,岂可动乎?"初,贾充妻郭氏使赂后,求以女为太子妃。及议太子婚,帝欲娶卫瓘女。然后盛称贾后有淑德,又密使太子太傅荀顗进言,上乃听之。泰始中,帝博选良家以充后宫,先下书禁天下嫁娶,使宦者乘使车,给驺骑,驰传州郡,召充选者使到拣择。后性妒,惟取洁白长大,其端正美丽者并不见留。时卞藩女有美色,帝掩扇谓后曰:"卞氏女佳。"后曰:"藩三世后族,其女不可枉以卑位。"帝乃止。司徒李胤、镇军大将军胡奋、廷尉诸葛冲、太仆臧权、侍中冯荪、秘书郎左思及世族子女并充三夫人九嫔之列。司、冀、兖、豫四州二千石将吏家,补良人以下。名家盛族子女,多败衣瘁貌以避之。

及后有疾,见帝素幸胡夫人,恐后立之,虑太子不安。临终,枕帝膝曰:"叔父骏女男胤有德色,愿陛下以备六宫。"因悲泣,帝流涕许之。泰始十年,崩于明光殿,绝于帝膝,时年三十七。诏曰:"皇后逮事先后,常冀能终始永奉宗庙,一旦殂陨,痛悼伤怀。每自以凤丧二亲,于家门之情特隆。又有心欲改葬父祖,以顷者务崇俭约,初不有言,近垂困,说此意,情亦愍乂。其使领前军将军骏等自克改葬之宜,至时,主者供给葬事。赐谥母赵氏为县君,以继母段氏为乡君。传不云乎,'慎终追远,民德归厚。'且使亡者有知,尚或嘉之。"于是有司卜吉,窀穸有期,乃命史臣作哀策叙怀。其词曰:

　　天地配序,成化两仪。王假有家,道在伉俪。姜嫄佐喾,二妃兴妫。仰希古昔,冀亦同规。今胡不然,景命凤亏。呜呼哀哉!

我应图箓,统临万方。正位于内,实在嫔嫱。天作之合,骏发之祥。河岳降灵,启祚华阳。奕世丰衍,朱绋斯煌。缵女惟行,受命溥将。来翼家邦,寔度是常。缉熙阴教,德声显扬。昔我先妣,晖曜休光。后承前训,奉述遗芳。宜嗣徽音,继序无荒。如何不吊,背世陨丧。望齐无主,长去永尝。追怀永悼,率土摧伤。呜呼哀哉!

陵兆既窆,将迁幽都,肯陈凤驾,元妃其徂。宫闱遏密,阶庭空虚。设祖布绋,告驾启涂。服翠榆狄,寄象容车。金路晻蔼,裳帐不舒。千乘动轸,六骥踌躇。铭旌树表,婴柳云敷。祁祁同轨,炭炭烝徒。孰不云怀,哀感万夫。宁神虞卜,安体玄庐。土房陶簋,齐制遂初。依行纪谥,声被八区。虽背明光,亦归皇姑。没而不朽,世德作谟。呜呼哀哉!

乃葬于峻阳陵。

武悼杨皇后,讳芷,字季兰,小字男胤,元后从妹。父骏,别有传。以咸宁二年立为皇后。婉嫕有妇德,美映椒房,甚有宠。生渤海殇王,早薨,遂无子。太康九年,后率内外夫人命妇躬桑于西郊,赐帛各有差。

太子妃贾氏妒忌,帝将废之。后言于帝曰:"贾公闾有勋社稷,犹当数世宥之,贾妃亲是其女,正复妒忌之间,不足以一眚掩其大德。"后又数诫厉妃,妃不知后之助己,因以致恨,谓后构之于帝,忿怨弥深。及帝崩,尊为皇太后。贾后凶悖,忌后父骏执权,遂诬骏为乱,使楚王玮与东安王繇称诏诛骏。内外隔塞,后题帛为书,射之城外,曰"救太傅者有赏,"贾后因宣言太后同逆。

骏既死,诏使后军将军荀悝送后于永宁宫。特全后母高都君庞氏之命，听就后居止。贾后讽群公有司奏曰："皇太后阴渐奸谋，图危社稷，飞箭系书，要募将士，同恶相济，自绝于天。鲁侯绝文姜，《春秋》所许，盖以奉顺祖宗，任至公于天下。陛下虽怀无已之情，臣下不敢奉诏。可宣敕王公于朝堂会议。"诏曰："此大事，更详之。"有司又奏："骏藉外戚之资，居冢宰之任，陛下既居谅闇，委以重权，至乃阴图凶逆，布树私党。皇太后内为唇齿，协同逆谋，祸崃既彰，背捍诏命，阻兵负众，血刃宫省，而复流书募众，以奖凶党，上背祖宗之灵，下绝亿兆之望。昔文姜与乱，《春秋》所贬，吕宗叛戾，高后降配，宜废皇太后为峻阳庶人。"中书监张华等以为"太后非得罪于先帝者也，今党恶所亲，为不母于圣世。宜依孝成赵皇后故事，曰武帝皇后，处之离宫，以全贵终之恩"。尚书令、下邳王晃等议曰："皇太后与骏潜谋，欲危社稷，不可复奉承宗庙，配合先帝。宜贬尊号，废诣金墉城。"于是有司奏："请从晃等议，废太后为庶人。遣使者以太牢告于郊庙，以奉承祖宗之命，称万国之望。至于诸所供奉，可顺圣恩，务从丰厚。"诏不许。有司又固请，乃可之。又奏："杨骏造乱，家属应诛，诏原其妻庞命，以慰太后之心。今太后废为庶人，请以庞付廷尉行刑。"诏曰："听庞与庶人相随。"有司希贾后旨，固请，乃从之。庞临刑，太后抱持号叫，截发稽颡，上表请贾后称妾，请全母命，不见省。初，太后尚有侍御十余人，贾后夺之，绝膳而崩，时年三十四，在位十五年。贾后又信妖巫，谓太后必诉冤先帝，乃覆而殡之，施诸厌劾符书药物。

永嘉元年，追复尊号，别立庙，神主不配武帝。至成帝咸康七年，下诏使内外详议。卫将军虞潭议曰："世祖武皇帝光有四海，元皇后应乾作配。元后既崩，悼后继作，至杨骏肆逆，祸延天母。孝怀皇帝追复号谥，岂不以鲧殛禹兴，义在不替者乎！又太宁二年，臣忝宗正，帝谱泯弃，罔所循按。时博谘旧齿，以定昭穆，与故骠骑将军华恒、尚书荀崧、侍中荀邃因旧谱参论撰次，尊号之重，一无改替。今圣上孝思，祗肃禋祀，询及群司，将以恢定大礼。臣辄思详，伏见惠皇帝《起居注》、群臣议奏，列骏作逆谋，危社稷，引鲁之文姜，汉之吕后。臣窃以文姜虽庄公之母，实为父仇；吕后宠树私戚，几危刘氏，按此二事异于今日，昔汉章帝窦后杀和帝之母，和帝即位尽诛诸窦。当时议者欲贬窦后，及后之亡，欲不以礼葬。和帝以奉事十年，义不可违，臣子之道，务从丰厚，仁明之称，表于往代。又见故尚书仆射裴頠议悼后故事，称继母虽出，追服无改。是以孝怀皇帝尊崇号谥，还葬峻陵。此则母子道全，而废事荡革也。于时祭于弘训之宫，未入太庙。盖是事之未尽，非义典也。若以悼后复位为宜，则应配食世祖，若复之为非，则谱谥宜阙，未有位号居正，而偏祠别室者也。若以孝怀皇帝私隆母子之道，特为立庙者，此苟崇私情，有亏国典，则国谱帝讳，皆宜除弃，匪徒不得同祀于世祖之庙也。"会稽王昱、中书监庾冰、中书令何充、尚书令诸葛恢、尚书谢广、光禄勋留擢、丹杨尹殷融、护军将军冯怀、散骑常侍邓逸等咸从潭议，由是太后配食武帝。

左贵嫔，名芬。兄思，别有传。芬少好学，善缀文，名亚于思，武帝闻而纳之。泰始八年，拜修仪。受诏作愁思之文，因为《离思赋》曰：

生蓬户之侧陋兮，不闲习于文符。不见图画之妙像兮，不闻先哲之典谟。既愚陋而寡识兮，谬忝厕于紫庐。非草苗之所处兮，恒怵惕以忧惧。怀思慕之忉怛兮，兼始终之万虑。嗟隐忧之沈积兮，独郁结而靡诉。意惨愦而无聊兮，思缠绵以增嘉。夜耿耿而不寐兮，魂憧憧而至曙。风骚骚而四起兮，霜皑皑而依庭。日晻暧而无光兮，气恻慄以洌清。怀愁戚之多感兮，患涕泪之自零。

昔伯瑜之婉娈兮，每彩衣以娱亲。悼今日之乖隔兮，奄与家为参辰。岂相去之云远兮，曾不盈乎数寻。何宫禁之清切兮，欲瞻睹而莫因。仰行云以歔欷兮，涕流射而沾巾。惟屈原之哀感兮，嗟悲伤于离别。彼城阙之作诗兮，亦以日而喻月。况骨肉之相于兮，永缅邈而两绝。长含哀而抱戚兮，仰苍天而泣血。

乱曰：骨肉至亲，化为他人，永长辞兮。惨怆愁悲，梦想魂归，见所思兮。惊寤号咷，心不自聊，泣涟洏兮。援笔舒情，涕泪增零，诉斯诗兮。

后为贵嫔，姿陋无宠，以才德见礼。体羸多患，常居薄室，帝每游华林，辄回辇过之。言及文义，辞对清华，左右侍听，莫不称美。

及元杨皇后崩，芬献诔曰：

惟泰始十年秋七月丙寅，晋元皇后杨氏崩，呜呼哀哉！昔有莘适殷，姜姒归周，宣德中闱，徽音永流。樊卫二姬，匡齐翼楚；马邓两妃，亦毗汉主。峨峨元后，光嫔晋宇。伉俪圣皇，比踪往古。遭命不永，背阳即阴。六宫号咷，四海恸心。嗟余鄙妾，衔恩特深。追慕三良，甘心自沈。何用存思？不忘德音。何用纪述？托辞翰林。乃作诔曰：

赫赫元后，出自有杨。奕世朱轮，耀彼华阳。惟岳降神，显兹祯祥。笃生英媛，休有烈光。含灵握文，异于庶姜。和畅春日，操厉秋霜。疾彼攸遂，敦此义方。率由四教，匪愆匪荒。行周六亲，徽音显扬。显扬伊何？京室是臧。乃娉乃纳，聿嫔圣皇。正位闺阃，惟德是将。鸣佩有节，发言有章。仰观列图，俯览篇籍。顾问女史，咨询竹帛。思媚皇姑，虔恭朝夕。允厘中馈，执事有恪。

于礼斯劳，于敬斯勤。虽曰齐圣，迈德日新。日新伊何，克广弘仁。终温且惠，帝妹是亲。经纬六宫，罔不弥纶。群妾惟仰，譬彼北辰。亦既青阳，鸣鸠告时，躬执桑苗，率导腰姬。修成蚕蔟，分茧理丝。女工是察，祭服是治。祇奉宗庙，永言孝思。于彼六行，靡不蹈之。皇英佐舜，涂山翼禹。惟卫惟樊，二霸是辅。明明我后，异世同矩。亦能有乱，谋及天府。内敷阴教，外毗阳化。绸缪庶正，密勿夙夜。恩从风翔，泽随雨播。中外提福，遐迩咏歌。

天祚贞吉，克昌克繁。则百斯庆，育圣育贤。教逾妊姒，训迈姜嫄。堂堂太子，惟国之元。济济南阳，为屏为藩。本支菴蔼，四海荫焉。微斯皇妣，孰兹克臻。曰乾盖聪，曰圣允诚。积善之堂，五福所并。宜享高年，匪陨匪倾。如彭之齿，如聃之龄。云胡不造，于兹祸殃。寝疾弥留，瘖瘵不康。巫咸骋术，和鹊奏方。祈祷无应，尝药无良。形神将离，载昏载荒。奄忽崩殂，湮精灭光。哀哀太子，南阳繁昌。攀援不寐，擗踊摧伤。呜呼哀哉！阊宫号咷，宇内震惊。奔者填衢，赴者塞庭，哀恸雷骇，流泪雨零。歔欷不已，若丧所生。

惟帝与后，契阔在昔。比翼白屋，双飞紫阁。悼后伤后，早即窀穸。言斯既及，涕泗陨落。追惟我后，实聪实哲。通于性命，达于俭节。送终之礼，比素上世。椟无珍宝，唅无明月。潜辉梓宫，永背昭晰。臣妾哀号，同此断绝。庭宇邈密，幽室增阴。空设帏帐，虚置衣衾。人亦有言，神道难寻。悠悠精爽，岂浮岂沈。丰奠日陈，冀魂之临。孰云元后，不闻其音。

乃议景行，景行已溢。乃考龟筮，龟筮袭吉。爰定宅兆，克成玄室。魂之往矣，于以今日。仲秋之晨，启明始出。星陈凤驾，灵舆结驷。其舆伊何？金根玉箱。其驷伊何？二骆双黄。习习容车，朱服丹章。隐隐辒轩，弁经缊裳。华毂曜野，素盖被原。方相仡仡，旌旒翻翻。挽童引歌，白骥鸣辕。观者夹涂，士女涕涟。千乘万骑，迄彼峻山。峻山峨峨，曾阜重阿。弘高显敞，据洛背河。左瞻皇姑，右睇帝家。推存揆亡，明神所嘉。诸姑姊妹，娣姒腰御。追送尘轨，号咷衢路。王侯卿士，云会星布。群官庶僚，缟盖无数。咨嗟通夜，东方云曙。百祇奉迎，我后安厝。中外俱临，同哀并慕。涕如连云，泪如湛露。扃闱既阖，窈窈冥冥。有夜无昼，曷用其明。不封不树，山坂同形。

昔后之崩，大火西流。寒往暑过，今亦孟秋。自我衔恤，倏忽一周。衣服将变，痛心若抽。逮彼礼制，惟以增忧。去此素衣，结恋灵丘。有始有终，天地之经。自非三光，谁能不零。存圣令德，没图丹青。先哲之志，以此为荣。温温元后，实宜慈焉。抚育群生，恩惠滋焉。遗爱不已，永见思焉。悬名日月，垂万春焉。呜呼庶妾，感四时焉。言思言慕，涕涟洏焉。

咸宁二年，纳悼后，芬于座受诏作颂，其辞曰：

峨峨华狱，峻极泰清。巨灵导流，河渎是经。惟渎之神，惟岳之灵。钟于杨族，载育盛明。穆穆我后，应期挺生。含聪履喆，岐嶷凤成。如兰之茂，如玉之荣。越在幼冲，休有令名。飞声八极，禽习紫庭。超妊逸姒，比德皇英。京室是嘉，备礼致娉。令月吉辰，百僚奉迎。周生归韩，诗人是咏。我后戾止，车服晖映。登位太微，明德日盛。群黎欣戴，函夏同庆。

翼翼圣皇，睿喆孔纯。愍兹狂戾，阐惠播仁。镯峠涤秽，与时惟新。沛然洪赦，恩诏遝遝。后之践阼，图囹虚陈。万国齐欢，六合同欣。坤神抃舞，天人载悦。兴瑞降祥，表精日月。和气烟煴，三光朗烈。既获嘉时，寻播甘雪。玄云晻蔼，灵液霏霏，既储既积，待阳而晞。曛晛沾濡，柔润中畿。长享丰年，福禄永绥。

及帝女万年公主薨，帝痛悼不已，诏芬为诔，其文甚丽。帝重芬词藻，每有方物异宝，必诏为赋颂，以是屡获恩赐焉。答兄思诗、书及杂赋颂数十篇，并行于世。

胡贵嫔名芳。父奋，别有传。泰始九年，帝多简良家子女以充内职，自择其美者以绛纱系臂。而芳既入选，下殿号泣。左右止之曰："陛下闻声。"芳曰："死且不畏，何畏陛下！"帝遣洛阳令司马肇策拜芳为贵嫔。帝每有顾问，不饰言辞，率尔而答，进退方雅。时帝多内宠，平吴之后复纳孙皓宫人数千，自此掖庭殆将万人，而并宠者甚众，帝莫知所适，常乘羊车，恣其所之，至便宴寝。官人乃取竹叶插户，以盐汁洒地，而引帝车。然芳最蒙爱幸，殆有专房之宠焉，侍御服饰亚于皇后。帝尝与之樗蒱，争矢，遂伤上指。帝怒曰："此固将种也！"芳对曰："北伐公孙，西距诸葛，非将种而何？"帝甚有惭色。芳生武安公主。

诸葛夫人，名婉，琅邪阳都人也。父冲，字茂长，廷尉卿。婉以泰始九年春入宫，帝临轩，使使持节、洛阳令司马肇拜为夫人。兄铨，字德林，散骑常侍。铨弟玫，字仁林，侍中、御史中丞。玫妇弟周穆，清河王覃之舅也。永嘉初，穆与玫劝东海王越废怀帝，立覃，越不许。重言之，越怒，遂斩玫及穆。临刑，玫谓穆曰："我语卿何道？"穆曰："今日复何所说。"时人方知谋出于穆，非玫之意。

惠贾皇后，讳南风，平阳人也，小名旹。父充，别有传。初，武帝欲为太子取卫瓘女，元后纳贾郭亲党之说，欲婚贾氏。帝曰："卫公女有五可，贾公女有五不可。卫家种贤而多子，美而长白；贾家种妒而少子，丑而短黑。"元后固请，荀顗、荀勖并称充女之贤，乃定婚。始欲聘后妹午，午年十二，小太子一岁，短小未胜衣。更娶南风，时年十五，大太子二岁。泰始八年二月辛卯，册拜太子妃。妒忌多权诈，太子畏而惑之，嫔御罕有进幸者。

帝常疑太子不慧，且朝臣和峤等多以为言，故欲试之。尽召东宫大小官属，为设宴会，而密封疑事，使太子决之，停信待反。妃大惧，倩外人作答。答者多引古义。给使张泓曰："太子不学，而答诏引义，必责作草主，更益谴负。不如直以意对。"妃大喜，语泓："便为我好答，富贵与汝共之。"泓素有小才，具草，令太子自写。帝省之，甚悦。先示太子少傅卫瓘，瓘大踧踖，众人乃知瓘先有毁言，殿上皆称万岁。充密遣语妃云："卫瓘老奴，几破汝家。"

妃性酷虐，尝手杀数人。或以戟掷孕妾，子随刃堕地。帝闻之，大怒，已修金墉城，将废之。充华赵粲从容言曰："贾妃年少，妒是妇人之情耳，长自当差。愿陛下察之。"其后杨珧亦为之言曰："陛下忘贾公闾耶？"荀勖深救之，故得不废。惠帝即位，立为皇后，生河东、临海、始平主、哀献皇女。

后暴戾日甚。侍中贾模，后之族兄，右卫郭彰，后之从舅，并以才望居位，与楚王玮、东安公繇分掌朝政。后母广城君养孙贾谧干预国事，权侔人主。繇密欲废后，贾氏惮之。及太宰亮、卫瓘等表繇徙带方，夺楚王中候，后知玮怨之，乃使帝作密诏令玮诛瓘、亮，以报宿憾。楸知后凶暴，恐祸及己，乃与裴頠、王衍谋废之，衍悔而谋寝。

后遂荒淫放恣，与太医令程据等乱彰内外。洛南有盗尉部小吏，端丽美容止，既给厮役，忽有非常衣服，众咸疑其窃盗，尉嫌而辩之。贾后疏亲欲求盗物，往听对辞。小吏云："先行逢一老妪，说家有疾病，师卜云宜得城南少年厌之，欲暂相烦，必有重报。于是随去，上车下帷，内簏箱中，行可十余里，过六七门限，开簏箱，忽见楼阙好屋。问此是何处，云是天上，即以香汤见浴，好衣美食将入。见一妇人，年可三十五六，短形青黑色，眉后有疵。见留数夕，共寝欢宴。临出赠此众物。"听者闻其形状，知是贾后，惭笑而去，尉亦解意。时他人入者多死，惟此小吏，以后爱之，得全而出。及河东公主有疾，师巫以为宜施宽令，乃称诏大赦天下。

初，后诈有身，内稿物为产具，遂取妹夫韩寿子慰祖养之，托谅闇所生，故弗显。遂谋废太子，以所养代立。时洛中谣曰："南风烈烈吹黄沙，遥望鲁国郁嵯峨，前至三月灭汝家。"后母广城君以后无子，甚敬重愍怀，每劝厉后，使加慈爱。贾谧恃贵骄纵，不能推崇太子，广城君恒切责之，及广城君病笃，占术谓不宜封广城，乃改封宜城。后出侍疾十余日，太子常往宜城第，将医出入，恂恂尽礼。宜城临终执后手，令尽意于太子，言甚切至，又曰："赵粲及午必乱汝事，我死后，勿复听之，深忆吾言。"后不能遵之，遂专制天下，威服内外。更与粲、午专为奸谋，诬害太子，众恶彰著。初，诛杨骏及汝南王亮、太保卫瓘、楚王玮等，皆临机专断。宦人董猛参预其事。猛，武帝时为寺人监，侍东宫，得亲信于后，预诛杨骏，封武安侯，猛三兄皆为亭侯，天下咸怨。

及太子废黜，赵王伦、孙秀等因众怨谋欲废后。后数遣宫婢微服于人间视听，其谋颇泄。后甚惧，遂害太子，以绝众望。赵王伦乃率兵入宫，使翊军校尉齐王冏入殿废后。后与冏母有隙，故伦使之。后惊曰："卿何为来！"冏曰："有诏收后。"后曰："诏当从我出，何诏也？"冏至上阁，遥呼帝曰："陛下有妇，使人废之，亦行自废。"又问冏曰："起事者谁？"冏曰："梁、赵。"后曰："系狗当系颈，今反系其尾，何得不然！"至宫西，见谧尸，再举声而哭遽止。伦乃矫诏遣尚书刘弘等持节赍金屑酒赐后死。后在位十一年。赵粲、贾午、韩寿、董猛等皆伏诛。

临海公主先封清河，洛阳之乱，为人所略，传卖吴兴钱温。温以送女，女遇主甚酷。元帝镇建邺，主诣县自言。元帝诛温及女，改封临海，宗正曹统之。

惠羊皇后，讳献容，泰山南城人。祖瑾，父玄之，并见《外戚传》。贾后既废，孙秀议立后。后外祖孙旂与秀合族，又诸子自结于秀，故以太安元年立为皇后。将入宫，衣中有火。

成都王颖伐长沙王乂，以讨玄之为名。乂败，颖奏废后为庶人，处金墉城。陈眕等唱伐成都王，大赦，复后位。张方入洛，又废后。方逼迁大驾幸长安，留台复后位。永兴初，张方又废后。河间王颙矫诏，以后屡为奸人所立，遣尚书田淑敕留台赐后死。诏书累至，司隶校尉刘暾与尚书仆射荀藩、河南尹周馥驰上奏曰："奉被手诏，伏读惶悴。臣按古今书籍，亡国破家，毁丧宗祊，皆由犯众违人之所致也。陛下迁幸，旧京廓然，众庶悠悠，罔所依倚。家有跂踵之心，人想銮舆之声，思望大德，释兵归农。而兵缠不解，处处互起，岂非善者不至，人情猜隔故耶！今上官已犯阙称兵，焚烧宫省，百姓喧骇，宜镇之以静。而大使卒发，赫然执药，当诣金墉，内外震动，谓非圣意。羊庶人门户残破，废放空宫，门禁峻密，若绝天地，无缘得与奸人构乱。众无智愚，皆谓不然，刑书猥至，罪不值辜，人心一愤，易致兴动。夫杀一人而天下喜悦者，宗庙社稷之福也。今杀一枯穷之人而令天下伤惨，臣惧凶竖乘间，妄生变故。臣忝司京辇，观察众心，实以深忧，宜当含忍。不胜所见，谨密启闻。愿陛下更深与太宰参详，勿令远近疑惑，取谤天下。"颙见表大怒，乃遣陈颜、吕朗东收暾。暾奔青州，后遂得免，帝还洛，迎后复位。后洛阳令何乔又废后。及张方首至，其日复后位。

会帝崩，后虑太弟立为嫂叔，不得称太后，催前太子清河王覃入，将立之，不果。怀帝即位，尊后为惠帝皇后，居弘训宫。洛阳败，没于刘曜。曜僭位，以为皇后。因问曰："吾何如司马家儿？"后曰："胡可并言？陛下开基之圣主，彼亡国之暗夫，有一妇一子及身三耳，不能庇之，贵为帝王，而妻子辱于凡庶之手。妾尔时实不思生，何图复有今日。妾生于高门，常谓世间男子皆然。自奉巾栉以来，始知天下有丈夫耳。"曜甚爱宠之，生曜二子而死，伪谥献文皇后。

谢夫人，名玖。家本贫贱，父以屠羊为业。玖清惠贞正而有淑姿，选入后庭为才人。惠帝在东宫，将纳妃。武帝虑太子尚幼，未知帏房之事，乃遣往东宫侍寝，由是得幸有身。贾后妒忌之，玖求还西宫，遂生愍怀太子，年三四岁，惠帝不知也。入朝，见愍怀与诸皇子共戏，执其手，武帝曰："是汝儿也。"及立为太子，拜玖为淑媛。贾后不听太子与玖相见，处之一室。及愍怀遇酷，玖亦被害焉。永康初，诏改葬太子，因赠玖夫人印绶，葬显平陵。

怀王皇太后，讳媛姬，不知所出。初入武帝宫，拜中才人，早卒。怀帝即位，追尊曰皇太后。

元夏侯太妃，名光姬，沛国谯人也。祖威，兖州刺史。父庄，字仲容，淮南太守、清明亭侯。妃生自华宗，幼而明慧。琅邪武王为世子觐纳焉，生元帝。及恭王觐，元帝嗣立，称王太妃。永嘉元年，薨于江左，葬琅邪国。初有谶云"铜马入海建邺期"，太妃小字铜环，而元帝中兴于江左焉。

卷三十二　　　　　列传第二

后妃下　元敬虞皇后　豫章君
　　明穆庾皇后　成恭杜皇后
　　章太妃　康献褚皇后　穆章何
　　皇后　哀靖王皇后　废帝孝庾
　　皇后　简文宣郑太后　简文顺
　　王皇后　孝武文李太后　孝武
　　定王皇后　安德陈太后　安僖
　　王皇后　恭思褚皇后

元敬虞皇后，讳孟母，济阳外黄人也。父豫，见《外戚传》。帝为琅邪王，纳后为妃，无子。永嘉六年薨，时年三十五。

帝为晋王，追尊为王后。有司奏王后应别立庙。令曰："今宗庙未成，不宜更兴作，便修饰陵上屋以为庙。"太兴三年，册曰："皇帝咨前琅邪王妃虞氏：朕祇顺昊天成命，用陟帝位，悼妃凤徂，徽音潜翳，御于家邦，靡所仪刑，阴教有亏，用伤于怀。追号制谥，先王之典。今遣使持节兼太尉万胜奉册赠皇后玺绶，祀以太牢。魂而有灵，嘉兹宠荣。"乃祔于太庙，葬建平陵。太宁初，明帝追怀母养之恩，赠豫妻王氏为邳阳县君，从母散骑常侍新野王罕妻为平阳乡君。

豫章君荀氏，元帝宫人也。初有宠，生明帝及琅邪王裒，由是为虞后所忌。自以位卑，每怀怨望，为帝所遣，渐见疏薄。及明帝即位，封建安君，别立第宅。太宁元年，帝迎还台内，供奉隆厚。及成帝立，尊重同于太后。咸康元年薨。诏曰："朕少遭悯凶，慈训无禀，抚育之勤，建安君之仁也。一旦薨殂，实思报复，永惟平昔，感痛哀摧。其赠豫章郡君，别立庙于京都。"

明穆庾皇后，讳文君，颍川鄢陵人也。父琛，见《外戚传》。后性仁慈，美姿仪。元帝闻之，聘为太子妃，以德行见重。明帝即位，立为皇后。册曰："妃庾氏昔承明命，作嫔东宫，虔恭中馈，思媚轨则。履信思顺，以成肃雍之道；正位闺房，以著协德之美。朕凤罹不造，茕茕在疚。群公卿士，稽之往代，金以崇嫡明统，载在典谟，宜建长秋，以奉宗庙。是以追述先志，不替旧命，使使持节兼太尉授皇后玺绶。夫坤德尚柔，妇道承姑，崇粢盛之礼，敦螽斯之义，是以利在永贞，克隆堂基，母仪天下，潜畅阴教。鉴于六列，考之篇籍，祸福无门，盛衰由人，虽休勿休。其敬之哉，可不慎欤！"

及成帝即位，尊后曰皇太后。群臣奏：天子幼冲，宜依汉和熹皇后故事。辞让数四，不得已而临朝摄万机。后兄中书令亮管诏命，公卿奏事称皇太后陛下。咸和元年，有司奏请追赠后父及夫人毋丘氏，后让不许，三请不从。及苏峻作逆，京都倾覆，后见逼辱，遂以忧崩，时年三十二。后即位凡六年。其后帝孝思罔极，赠琛骠骑大将军、仪同三司，毋丘氏安陵县君。从母荀氏永宁县君，何氏建安县君。亮表陈先志，让而不受。

成恭杜皇后，讳陵阳，京兆人也，镇南将军预之曾孙也。父乂，见《外戚传》。成帝以后奕世名德，咸康二年备礼拜为皇后，即日入宫。帝御太极前殿，群臣毕贺，昼漏尽，悬篝，百官乃罢，后少有姿色，然长犹无齿，有来求婚者辄中止。及帝纳采之日，一夜齿尽生。改宣城陵阳县为广阳县。七年三月，后崩，年二十一。外官五日一临，内官旦一入，葬讫止。后在位六年，无子。

先是，三吴女子相与簪白花，望之如素柰，传言天公织女死，为之著服，至是而后崩。帝下诏曰："吉凶典仪，诚宜备设。然丰约之度，亦当随时，况重壤之下，而崇饰无用邪！今山陵之事，一从节俭，陵中唯洁扫而已，不得施涂车刍灵。"有司奏造凶门柏历及调挽郎，皆不许，又禁远近遣使，明年元会，有司奏废乐。诏废管弦，奏金石如故。

孝武帝立，宁康二年，以后母裴氏为广德县君。裴氏名穆，长水校尉绰孙，太傅主簿遐女，太尉王夷甫外孙。中表之美，高于当世。遐随东海王越遇害，无子，唯穆渡江，遂享荣庆，立第南掖门外，世所谓杜姥宅云。

章太妃周氏以选入成帝宫，有宠，生哀帝及海西公。始拜为贵人。哀帝即位，诏有司议贵人位号，太尉桓温议宜称夫人，尚书仆射江彪议应曰太夫人，诏崇为皇太妃，仪服与太后同。又诏"朝臣不为太妃敬，合礼典不。"太常江逌议"位号不极，不应尽敬"。兴宁元年薨。帝欲服重，江彪启应缌麻三月。诏欲降为期年，彪又启"厌屈私情，所以上严祖考"，帝从之。

康献褚皇后，讳蒜子，河南阳翟人也。父裒，见《外戚传》。后聪明有器识，少以名家入为琅邪王妃。及康帝即位，立为皇后，封母谢氏为寻阳乡君。及穆帝即位，尊后曰皇太后。时帝幼冲，未亲国政。领司徒蔡谟等上奏曰："嗣皇诞哲岐嶷，继承天统，率土宅心，兆庶蒙赖。陛下体兹坤道，训隆文母。昔涂山光夏，简狄熙殷，实由宣哲，以隆休祚。伏惟陛下德侔二妫，淑美《关雎》，临朝摄政，以宁天下。今社稷危急，兆庶悬命，臣等章惶，一日万机，事运之期，天禄所钟，非复冲虚高让之日。汉和熹、顺烈，并亦临朝，近明穆故事，以为先制。臣等不胜悲怖，谨伏地上请。乞陛下上顺祖宗，下念臣吏，推公弘道，以协人，则万邦承庆，群黎更生。"太后诏曰："帝幼冲，当赖群公卿士将顺匡救，以酬先帝礼贤之意，且是旧德世济之美；则莫重之命不坠，祖宗之基有奉，是其所以欲正位于内而已。所奏恳到，形于翰墨，执省未究，以悲以惧。先后允恭谦抑，思顺坤道，所以不距群情，固为国计。岂敢执守冲暗，以违先旨。辄敬从所奏。"于是临朝称制。

有司奏，谢夫人既封，荀、卞二夫人亦应追赠，皆后之前母也。太后不许。太常殷融议依郑玄义，卫将军裒在宫庭则尽臣敬，太后归宁之日自如家人之礼。太后诏曰："典礼诚所未详，如所奏，是情所不能安也，更详之。"征西将军翼、南中郎尚议谓"父尊尽于一家，君敬重于天下，郑玄义合情礼之中"。太后从之。自后朝臣皆敬焉。

帝既冠，太后诏曰："昔遭不造，帝在幼冲，皇绪之微，眇若赘旒。百辟卿士率遵前朝，劝喻摄政。以社稷之重，先代成义，俛俛敬从，弗遑固守。仰凭七庙之灵，俯仗群后之力，帝加元服，礼成德备，当阳亲览，临御万国。今归事反政，一依旧典。"于是居崇德宫，手诏群公曰："昔以皇帝幼冲，从群后之议，既以暗弱，又频丁极艰，衔恤历祀，沈忧在疚。司徒亲尊德重，训救其弊，王室之不坏，实公是恃。帝既备兹冠礼，而四海未一，五胡叛逆，豺狼当路，费役日兴，百姓困苦。愿诸君子思量远算，戮力一心，辅翼幼主，匡救不逮。未亡人永归别宫，以终余齿。仰惟家国，故以一言托怀。"

及哀帝、海西公之世，太后复临朝称制。桓温之废海西公也，太后方在佛屋烧香，内侍启云："外有急奏"，太后乃出。尚倚户前视奏数行，乃曰"我本自疑此"，至半便止，索笔答奏云："未亡人罹此百忧，感念存没，心焉如割。"温始呈诏草，虑太后意异，悚动流汗，见于颜色。及诏出，温大喜。

简文帝即位，尊后为崇德太后。及帝崩，孝武帝幼冲，桓温又薨。群臣启曰："王室多故，祸艰仍臻，国忧始周，复丧元辅，天下惆然，若无攸济。主上虽圣资奇茂，固天诞纵。而春秋尚富，如在谅闇，蒸蒸之思，未遑庶事。伏惟陛下德应坤厚，宣慈圣善，遭家多艰，临朝亲览。光大之美，化洽在昔，讴歌流咏，播溢无外。虽有莘熙殿，妊姒隆周，未足以喻，是以五谋克从，人鬼同心，仰望来苏，悬心日月。夫随时之义，《周易》所尚，宁固社稷，大人之任。伏愿陛下抚综万机，厘和政道，以慰祖宗，以安兆庶。不胜忧国喁喁至诚。"太后诏曰："王室不幸，仍有艰屯。览省启事，感增悲叹。内外诸君并以主上春秋冲富，加蒸蒸之慕，未能亲览，号令宜有所由。苟可安社稷，利天下，亦岂有所执，辄敬从所启。但暗昧之阙，望尽弼谐之道。"于是太后复临朝。帝既冠，乃诏曰："皇帝婚冠礼备，逮迩宅心，宜当阳亲览，缉熙惟始。今归政事，率由旧典。"于是复称崇德太后。

太元九年，崩于显阳殿，年六十一，在位凡四十年。太后于帝为从嫂，朝议疑其服。太学博士徐藻议曰："资父事君而敬同。又《礼》云'其夫属父道者，妻皆母道也'，则夫属君道，妻亦后道矣。服后以齐，母之义也。鲁讥逆祀，以明尊卑。今上躬奉康、穆、哀皇及靖后之祀，致敬同于所天，岂可敬之以君道，而服废于本亲。谓应齐衰期。"从之。

穆章何皇后，讳法倪，庐江灊人也。父准，见《外戚传》。以名家膺选。升平元年八月，下玺书曰："皇帝咨前太尉参军何琦：混元资始，肇经人伦，爰及夫妇，以奉天地宗庙社稷。谋于公卿，咸以宜率由旧典。今使使持节太常彪之、宗正综，以礼纳采。"琦答曰："前太尉参军、都乡侯粪土臣何琦稽首顿首再拜。皇帝嘉命，访婚陋族，备数采择。臣从祖弟故散骑侍郎准之遗女，未闲教训，衣履若如人。钦承旧章，肃奉典制。"又使兼太保、武陵王晞，兼太尉、中领军洽，持节奉册立为皇后。

后无子。哀帝即位，称穆皇后，居永安宫。桓玄篡位，移后入司徒府。路经太庙，后停舆恸哭，哀感路人。玄闻而怒曰："天下禅代常理，何预何氏女子事耶！"乃降后为零陵县君，与安帝俱西，至巴陵。及刘裕建义，殷仲文奉后还京都，下令曰："戎车屡警，黎元阻饥。而饎御丰靡，岂与百姓同其俭约。减损供给，勿令游过。"后时以远还，欲奉拜陵庙。有司以寇难未平，奏停。元兴三年崩，年六十六，在位凡四十八年。

哀靖王皇后，讳穆之，太原晋阳人也。司徒左长史濛之女也。后初为琅邪王妃。哀帝即位，立为皇后，追赠母爰氏为安国乡君。后在位三年，无子。兴宁二年崩。

废帝孝庾皇后，讳道怜，颍川鄢陵人也。父冰，自有传。初为东海王妃。及帝即位，立为皇后。太和六年崩，葬于敬平陵。帝废为海西公，追贬后曰海西公夫人。太元十一年，海西公薨于吴，又以后合葬于吴陵。

简文宣郑太后，讳阿春，河南荥阳人也。世为冠族。祖合，临济令。父恺，字祖元，安丰太守。后少孤，无兄弟，唯姊妹四人，后最长。先适渤海田氏，生一男而寡，依于舅濮阳吴氏。元帝为丞相，敬后先崩，将纳吴氏女为夫人。后及吴氏女并游后园，或见之，言于帝曰："郑氏女虽鳌，贤于吴氏远矣。"建武元年，纳为琅邪王夫人。甚有宠。后虽贵幸，而恒有忧色。帝问其故，对曰："妾有妹，中者已适长沙王褒，余二妹未有所适，恐姊为人妾，无复求者。"帝因从容谓刘隗曰："郑氏二妹，卿可为求佳对，使不失旧。"隗举其从子佣娶第三者，以小者适汉中李氏，皆得旧门。帝召王褒为尚书郎，以悦后意。后生琅邪悼王、简文帝、寻阳公主。帝称尊号，后虽为夫人，诏太子及东海、武陵王皆母事之。帝崩，后称建平国夫人。

咸和元年薨，简文帝时为琅邪王，制服重。有司以王出继，宜降所生，国臣不能匡正，奏免国相诸葛颐。王上疏曰："亡母生临臣国，没留国第，臣虽出后，亦无所厌，则私情得叙。昔敬后崩，孝王已出继，亦还服重。此则明比，臣所窃尝也。"明穆皇后不夺其志，乃徙琅邪王为会稽王，追号后曰会稽太妃。及简文帝即位，未及追尊。临崩，封皇子道子为琅邪王，领会稽国，奉太妃祀。

太元十九年，孝武帝下诏曰："会稽太妃文母之德，徽音有融，诞载圣明，光延于晋。先帝追尊圣善，朝议不一，道以疑屈。朕述遵先志，常惕于心。今仰奉遗旨，依

《阳秋》二汉孝怀皇帝故事，上太妃尊号曰简文太后。"于是立庙于太庙路西，陵曰嘉平。时群臣希旨，多谓郑太后应配食于元帝者。帝以问太子前率徐邈，邈曰："臣案《阳秋》之义，母以子贵。鲁隐尊桓母，别考仲子之宫而不配食于惠庙。又平素之时，不伉俪于先帝，至于子孙，岂可为祖考立配？其崇尊尽礼，由于臣子，故得称太后，陵庙备典。若乃祔葬配食，则义所不可。"从之。

简文顺王皇后，讳简姬，太原晋阳人也。父遐，见《外戚传》。后以冠族，初为会稽王妃，生子道生，为世子。永和四年，母子并失帝意，俱被幽废，后遂以忧薨。咸安二年，孝武帝即位，追尊曰顺皇后，合葬高平陵，追赠后父遐特进、光禄大夫，加散骑常侍。

孝武文李太后，讳陵容，本出微贱。始简文帝为会稽王，有三子，俱夭。自道生废黜，献王早世，其后诸姬绝孕将十年。帝令卜者扈谦筮之，曰："后房中有一女，当育二贵男，其一终盛晋室。"时徐贵人生新安公主，以德美见宠。帝常冀之有娠，而弥年无子，会有道士许迈者，朝臣时望多称其得道。帝从容问焉，答曰："迈是好山水人，本无道术，斯事岂所能判！但殿下德厚庆深，宜隆奕世之绪，当从扈谦之言，以存广接之道。"帝然之，更加采纳。又数年无子，乃令善相者召诸爱妾而示之，皆云非其人，又悉以诸婢媵示焉。时后为宫人，在织坊中，形长而色黑，宫人皆谓之昆仑。既至，相者惊云："此其人也。"帝以大计，召之侍寝。后数梦两龙枕膝，日月入怀，意以为吉祥，向侪类说之，帝闻而异焉，遂生孝武帝及会稽文孝王、鄱阳长公主。

及孝武帝初即位，尊为淑妃。太元三年，进为贵人，九年，又进为夫人。十二年，加为皇太妃，仪服一同太后。十九年，会稽王道子启："母以子贵，庆厚礼崇。伏惟皇太妃纯德光大，休祐攸钟，启嘉祚于圣明，嗣徽音于上列。虽幽显同谋，而称谓未尽，非所以仰述圣心，允答天人。宜崇正名号，详案旧典。"八月辛巳，帝临轩，遣兼太保刘耽尊为皇太后，称崇训宫。安帝即位，尊为太皇太后。

隆安四年，崩于含章殿。朝议疑其服制，左仆射何澄、右仆射王雅、尚书车胤、孔安国、祠部郎徐广等议曰："太皇太后名位允正，体同皇极，理制备尽，情礼兼申。《阳秋》之义，母以子贵，既称夫人，礼服从正。故成风显夫人之号，文公服三年之丧。子于父母之所生，体尊义重。且礼祖不厌孙，固宜追服无屈，而缘情立制。若嫌明文不存，则疑斯从重，谓应同于为祖母后齐衰三年。"从之。皇后及百官皆服齐衰期，永安皇后一举哀。于是设庐于西堂，凶仪施于神兽门，葬修平陵，神主祔于宣太后庙。

孝武定王皇后，讳法慧，哀靖皇后之侄也。父蕴，见《外戚传》。初，帝将纳后，访于公卿。于时蕴子恭以弱冠见仆射谢安，安深敬重之。既而谓人曰："昔毛嘉耻于魏朝，杨骏几倾晋室。若帝纳后，有父者，唯荫望如王蕴乃可。"既而访蕴女，容德淑令，乃举以应选。宁康三年，中军将军桓冲等奏曰："臣闻天地之道，盖相须而化成；帝后之德，必相协而政隆。然后品物流形，彝伦攸叙，灵根长固，本枝百世。天人同致，莫不由此。是以涂山作俪，而夏族以熙，妊姒配周，而姬祚以昌。今长秋将建，宜时简择。伏闻试守晋陵太守王蕴女，天性柔顺，四业允备。且盛德之胄，美善先积。臣等参议，可以配德乾元，恭承宗庙，徽音六宫，母仪天下。"于是帝始纳焉。封蕴妻刘氏为乐平乡君。后性嗜酒骄妒，帝深患之。乃召蕴于东堂，具说后过状，令加训诫。蕴免冠谢焉。后于是少自改饰。太元五年崩，年二十一，葬隆平陵。

安德陈太后，讳归女，松滋浔阳人也。父广，以倡进，仕至平昌太守。后以美色能歌弹，入宫为淑媛，生安、恭二帝。太元十五年薨，赠夫人。追崇曰皇太后，神主祔于宣太后庙，陵曰熙平。

安僖王皇后，讳神爱，琅邪临沂人也。父献之，见别传。母新安愍公主。后以太元二十一年纳为太子妃。及安帝即位，立为皇后。无子。义熙八年崩于徽音殿，时年二十九，葬休平陵。

恭思褚皇后，讳灵媛，河南阳翟人也，义兴太守爽之女也。后初为琅邪王妃。元熙元年，立为皇后，生海盐、富阳公主。及帝禅位于宋，降为零陵王妃。宋元嘉十三年崩，时年五十三，祔葬冲平陵。

史臣曰：方祇体安，俪乾仪而合德；圆舒循晷，配羲曜以齐明。故知阳烁阴凝，万物假其陶铸；火炎水润，六气由其调理。取譬贤淑，作伉文思，灵根式固，实资于此。宣穆阅礼，偶德潜鳞，翊天造之艰虞，嗣涂山之逸响，宝运归其后胤，盖有母仪之助焉。武元杨氏预闻朝政，明不逮远，爱弱私情，深杜卫镇之言，不晓张泓之诈，运其阴渗，韬映乾明，晋道中微，基于是矣。惠皇禀质，天纵其嚚，识暗鸣蛙，智昏文蛤。南风肆狡，扇祸稽天。初践椒宫，逞枭心于长乐；方观梓树，颁鸩羽于离明。褒后灭周，方之盖小；妹妇倾夏，曾何足喻。中原陷于鸣镝，其兆彰于此焉。昔者高宗谅闇，总百官于元老；成王冲眇，托万机于上公。太后御宸，谅知非古。而明穆、康献，仍世临朝，时属委裘，躬行负扆。各免华阳之衅，竟蹑和熹之踪，保陵迟以克终，所幸实为多矣。

赞曰：二妃光舜，三母翼周。末升夷癸，褒进亡幽。家邦兴灭，职此之由。穆后沈断，忘情执戮。故情辞恩，池蒲起叹。崇化繁祉，肇基商乱。二杨继宠，福极灾生。南风炽虐，国丧身倾。献容幸乱，居辱疑荣。援笔废主，持尺威帝。契阔终瞿，殷忧以毙。芬实宛宛，芳菲婉嫕。吕妾变赢，黄姬化芈。石文远著，金行潜徙。妇德倾城，迷朱夺紫。

卷三十三　　列传第三

王祥　王览　郑冲　何曾　何劭　何遵　石苞　石崇　欧阳建

王祥，字休徵，琅邪临沂人，汉谏议大夫吉之后也。祖仁，青州刺史。父融，公府辟不就。

祥性至孝。早丧亲，继母朱氏不慈，数谮之，由是失爱于父。每使扫除牛下，祥愈恭谨。父母有疾，衣不解带，汤药必亲尝。母常欲生鱼，时天寒冰冻，祥解衣将剖冰求之，冰忽自解，双鲤跃出，持之而归。母又思黄雀炙，复有黄雀数十飞入其幙，复以供母。乡里惊叹，以为孝感所致焉。有丹柰结实，母命守之，每风雨，祥辄抱树而泣。其笃孝纯至如此。

汉末遭乱，扶母携弟览避地庐江，隐居三十余年，不应州郡之命。母终，居丧毁瘁，杖而后起。徐州刺史吕虔檄为别驾，祥年垂耳顺，固辞不受。览劝之，为具车牛，祥乃应召，虔委以州事。于时寇盗充斥，祥率励兵士，频讨破之。州界清静，政化大行。时人歌之曰："海沂之康，实赖王祥。邦国不空，别驾之功。"

举秀才，除温令，累迁大司农。高贵乡公即位，与定策功，封关内侯，拜光禄勋，转司隶校尉。从讨毌丘俭，增邑四百户，迁太常，封万岁亭侯。天子幸太学，命祥为三老。祥南面几杖，以师道自居。天子北面乞言，祥陈明王圣帝君臣政化之要以训之，闻者无不砥砺。

及高贵乡公之弑也，朝臣举哀，祥号哭曰"老臣无状"，涕泪交流，众有愧色。顷之，拜司空，转太尉，加侍中。五等建，封睢陵侯，邑一千六百户。

及武帝为晋王，祥与荀颢往谒，颢谓祥曰："相王尊重，何侯既已尽敬，今便当拜也。"祥曰："相国诚为尊贵，然是魏之宰相。吾等魏之三公，公王相去，一阶而已，班例大同，安有天子三司而辄拜人者！损魏朝之望，亏晋王之德，君子爱人以礼，吾不为也。"及入，颢遂拜，而祥独长揖。帝曰："今日方知君见顾之重矣！"

武帝践阼，拜太保，进爵为公，加置七官之职。帝新爱命，虚己以求谠言。祥与何曾、郑冲等耆艾笃老，希复朝见，帝遣侍中任恺谘问得失，及政化所先。祥以年老疲耄，累乞逊位，帝不许。御史中丞侯史光以祥久疾，阙朝会礼，请免祥官。诏曰："太保元老高行，朕所毗倚以隆政道者也。前后逊让，不从所执，此非有司所得议也。"遂寝光奏。祥固乞骸骨，诏听以睢陵公就第，位同保傅，在三司之右，禄赐如前。诏曰："古之致仕，不事王侯。今虽以国公留居京邑，不宜复苦以朝请。其赐几杖，不朝，大事皆谘访之。赐安车驷马，第一区，钱百万，绢五百匹，床帐簟褥，以舍人六人为睢陵公舍人，置官骑二十人。以公子骑都尉肇为给事中，使常优游定省。又以太保高洁清素，家无宅宇，其权留本府，须所赐第成乃出。"

及疾笃，著遗令训子孙曰："夫生之有死，自然之理。吾年八十有五，启手何恨。不有遗言，使尔无述。吾生值季末，登庸历试，无毗佐之勋，没无以报。气绝但洗手足，不须沐浴，勿缠尸，皆浣故衣，随时所服。所赐山玄玉佩、卫氏玉玦、绶笥皆以为敛。西芒上土自坚贞，勿用甓石，勿起坟陇。穿深二丈，椁取容棺。勿作前堂、布几筵、置书箱镜奁之具，棺前但可施床榻而已。糒脯各一盘，玄酒一杯，为朝夕奠。家人大小不须送丧，大小祥乃设特牲。无违余命！高柴泣血三年，夫子谓之愚。闵子除丧出见。援琴切切而哀，仲尼谓之孝。故哭泣之哀，日月降杀，饮食之宜，自有制度。夫言行可覆，信之至也；推美引过，德之至也；扬名显亲，孝之至也；兄弟怡怡，宗族欣欣，悌之至也；临财莫过乎让：此五者，立身之本。颜子所以为命，未之思也，夫何远之有！"其子皆奉而行之。

泰始五年薨，诏赐东园秘器，朝服一具，衣一袭，钱三十万，布帛百匹。时文明皇太后崩始逾月，其后诏曰："为睢陵公发哀，事乃至今。虽每为之感伤，要未得特叙哀情。今便哭之。"明年，策谥曰元。

祥之薨，奔赴者非朝廷之贤，则亲亲故吏而已，门无杂吊之宾。族孙戎叹曰："太保可谓清达矣！"又称："祥在正始，不在能言之流。及与之言，理致清远，将非以德掩其言乎！"祥有五子：肇、夏、馥、烈、芬。

肇孽庶，夏早卒，馥嗣爵。咸宁初，以祥家甚贫俭，赐绢三百匹，拜馥上洛太守，卒谥曰孝。子根嗣，散骑郎。肇仕至始平太守。肇子俊，守太子舍人，封永世侯。俊子遐，郁林太守。烈、芬并幼知名，为祥所爱。二子亦同时而亡。将死，烈欲还葬旧土，芬欲留葬京邑。祥流涕曰："不忘故乡，仁也；不恋本土，达也。惟仁与达，吾二子有焉。"

览字玄通。母朱，遇祥无道。览年数岁，见祥被楚挞，辄涕泣抱持。至于成童，每谏其母，其母少止凶虐。朱屡以非理使祥，览辄与祥俱。又虐使祥妻，览妻亦趋而共之。朱患之，乃止。祥丧父之后，渐有时誉。朱深疾之，密使鸩祥。览知之，径起取酒。祥疑其有毒，争而不与，朱遽夺反之。自后朱赐祥馔，览辄先尝。朱惧览致毙，遂止。

览孝友恭恪，名亚于祥。及祥仕进，览亦应本郡之召，稍迁司徒西曹掾、清河太守。五等建，封即丘子，邑六百户。泰始末，除弘训少府。职省，转太中大夫，禄赐与卿同。咸宁初，诏曰："览少笃至行，服仁履义，贞素之操，长而弥固。其以览为宗正卿。"顷之，以疾上疏乞骸骨。诏听之，以太中大夫归老，赐钱二十万，床帐荐褥，遣殿中医疗疾给药。后转光禄大夫，门施行马。

咸宁四年卒，时年七十三，谥曰贞。有六子：裁、基、会、正、彦、琛。

裁字士初，抚军长史。基字士先，治书御史。会字士和，侍御史。正字士则，尚书郎。彦字士治，中护军。琛字士玮，国子祭酒。

初，吕虔有佩刀，工相之，以为必登三公，可服此刀。

虞谓祥曰:"苟非其人,刀或为害。卿有公辅之量,故以相与。"祥固辞,强之乃受。祥临薨,以刀授览,曰:"汝后必兴,足称此刀。"览后奕世多贤才,兴于江左矣。裁子导,别有传。

郑冲,字文和,荥阳开封人也。起自寒微,卓尔立操,清恬寡欲,耽玩经史,遂博究儒术及百家之言。有姿望,动必循礼,任真自守,不要乡曲之誉,由是州郡久不加礼。及魏文帝为太子,搜扬侧陋,命冲为文学,累迁尚书郎,出补陈留太守。冲以儒雅为德,苟职无干局之誉,箪食缊袍,不营资产,世以此重之。大将军曹爽引为从事中郎,转散骑常侍、光禄勋。嘉平三年,拜司空。及高贵乡公讲《尚书》,冲执经亲授,与侍中郑小同俱被赏赐。俄转司徒。常道乡公即位,拜太保,位在三司之上,封寿光侯。冲虽位阶台辅,而不预世事。时文帝辅政,平蜀之后,命贾充、羊祜等分定礼仪、律令,皆先谘于冲,然后施行。

及魏帝告禅,使冲奉策。武帝践阼,拜太傅,进爵为公。顷之,司隶李憙、中丞侯史光奏冲及何曾,荀颛等各以疾病,俱宜免官。帝不许。冲遂不视事,表乞骸骨。优诏不许,遣使申喻。冲固辞,上貂蝉印绶,诏又不许。泰始六年,诏曰:"昔汉祖以知人善任,克平宇宙,推述勋劳,归美三俊。遂与功臣剖符作誓,藏之宗庙,副在有司,所以明德庸勋,藩翼王室者也。昔我祖考,遭世多难,揽授英俊,与之断金,遂济时务,克定大业。太傅寿光公郑冲、太保郎陵公何曾、太尉临淮公荀颛各尚德依仁,明允笃诚,翼亮先皇,光济帝业。故司空博陵元公王沈、卫将军钜平侯羊祜才兼文武,忠肃居正,朕甚嘉之。《书》不云乎:'天秩有礼,五服五章哉!'其为寿光、郎陵、临淮、博陵、钜平国置郎中令,假夫人、世子印绶,食本秩三分之一,皆如郡公侯比。"

九年,冲又抗表致仕。诏曰:"太傅韫德深粹,履行高洁,恬远清虚,确然绝世。艾服王事,六十余载,忠肃在公,虑不及私。遂应众举,历登三事。仍荷保傅之重,绸缪论道之任,光辅奕世,亮兹天工,迪宣谋猷,弘济大烈,可谓朝之俊老,众所具瞻者也。朕昧于政道,庶事未康,挹仰耆训,导扬厥蒙,庶赖显德,缉熙有成。而公屡以年高疾笃,致仕告退。惟从公志,则朕孰与谘ندا?譬彼涉川,罔知攸济。是用未许,迄于累载。而高让弥笃,至意难违,览其盛指,俾朕怃然。夫成弗有,上德所隆,成人之美,君子与焉。岂必遂朕凭赖之心,以枉大雅进止之度哉!今听其所执,以寿光公就第,位同保傅,在三司之右。公宜颐精养神,保卫太和,以究遐福。其赐几杖,不朝。古之哲王,钦祗国老,宪行乞言,以弥缝其阙。若朝有大政,皆就谘之。又赐安车驷马,第一区,钱百万,绢五百匹,床帷簟褥,置舍人六人,官骑二十人,以世子徽为散骑常侍,使常优游左省。禄赐所供,策命仪制,一如旧典而有加焉。"

明年薨。帝于朝堂发哀,追赠太傅,赐秘器、朝服衣一袭,钱三十万,布百匹。谥曰成。咸宁初,有司奏,冲与安平王孚等十二人皆存铭太常,配食于庙。

初,冲与孙邕、曹羲、荀颛、何晏共集《论语》诸家训注之善者,记其姓名,因从其义,有不安者辄改易之,名曰《论语集解》。成,奏之魏朝,于今传焉。

冲无子,以从子徽为嗣,位至平原内史。徽卒,子简嗣。

何曾,字颖考,陈国阳夏人也。父夔,魏太仆、阳武亭侯。曾少袭爵,好学博闻,与同郡袁侃齐名。魏明帝初为平原侯,曾为文学。及即位,累迁散骑侍郎、汲郡典农中郎将、给事黄门侍郎。上疏曰:"臣闻为国者以清静为基,而百姓以良吏为本。今海内虚耗,事役众多,诚宜恤养黎元,悦以使人。郡守之权虽轻,犹专任千里,比之于古,则列国之君也。上当奉宣朝恩,以致惠和,下当兴利而除其害。得其人则可安,非其人则为患。故汉宣称曰:"百姓所以安其田里,而无叹息愁恨之心者,政平讼理也。与我共此者,其惟良二千石乎!"此诚可谓知政之本也。方今国家大举,新有发调,军师远征,上下勤劳。夫百姓可与乐成,难与虑始。愚惑之人,能厌目前之小勤,而忘为乱之大祸者,是以郡守益不可不得人。才虽难备,犹宜粗有威恩,为百姓所信悼者。臣闻诸郡守,有年老或疾病,皆委政丞掾,不恤庶事。或体性疏急,不以政理为意。在官积年,惠泽不加于人。然于考课之限,罪亦不至谴免。故得经延岁月,而无斥罢之期。臣愚以为可密诏主者,使隐核参访郡守,其有老病不隐亲人物,及宰牧少恩,好修人事,烦挠百姓者,皆可征还,为更选代。"顷之,迁散骑常侍。

及宣帝将伐辽东,曾上疏魏帝曰:"臣闻先王制法,必全于慎。故建官受任,则置副佐;陈师命将,则立监贰;宣命遣使,则设介副;临敌交刃,又参御右,盖以尽思谋之功,防安危之变也。是以在险为难,则权足相济;陨缺不豫,则才足相代。其为国防,至深至远。及至汉氏,亦循旧章,韩信伐赵,张耳为贰;马援讨越,刘隆副军。前世之迹,著在篇志。今太尉奉辞诛罪,精甲锐锋,步骑数万,道路迥阻,且四千里。虽假天威,有征无战,寇或潜通,消引日月。命无常期,人非金石,远虑详备,诚宜有副。今北军诸将及太尉所督,皆为僚属,名位不殊,素无定分统御之尊,卒有变急,不相镇摄。存不忘亡,圣达所裁。臣愚以为宜选大臣名将威重宿著者,成其礼秩,遣诣北军,进同谋略,退为副佐。虽有万一不虞之变,军主有储,则无患矣。"帝不从。出补河内太守,在任有威严之称。征拜侍中,母忧去官。

嘉平中,为司隶校尉。抚军校事尹模凭宠作威,奸利盈积,朝野畏惮,莫敢言者。曾奏劾之,朝廷称焉。时曹爽专权,宣帝称疾,曾亦谢病。爽诛,乃起视事,魏帝之废也,曾预其谋焉。

时步兵校尉阮籍负才放诞,居丧无礼。曾面质籍于文帝座曰:"卿纵情背礼,败俗之人,今忠贤执政,综核名实,若卿之曹,不可长也。"因言于帝曰:"公方以孝治天下,而听阮籍以重哀饮酒食肉于公座。宜摈四裔,无令污染华夏。"帝曰:"此子羸病若此,君不能为吾忍邪!"曾重引据，辞理甚切。帝虽不从，时人敬惮之。

毌丘俭诛，子甸、妻荀应坐死。其族兄颐、族父虞并景帝姻通，共表魏帝以丐其命。诏听离婚，荀所生女芝为颍川太守刘子元妻，亦坐死，以怀妊系狱。荀辞诣曾乞恩曰："芝系在廷尉，顾影知命，计日备法。乞没为官婢，以赎芝命。"曾哀之，腾辞上议。朝廷佥以为当，遂改法。语在《刑法志》。

曾在司隶积年，迁尚书，正元年中为镇北将军、都督河北诸军事、假节。将之镇，文帝使武帝、齐王攸辞送数十里。曾盛为宾主，备太牢之馔。侍从吏驺，莫不醉饱。帝既出，又过其子劭。曾先敕劭曰："客必过汝，汝当豫严。"劭不冠带，停帝良久，曾深以谴劭。曾见崇重如此。迁征北将军，进封颍昌乡侯。咸熙初，拜司徒，改封郎陵侯。文帝为晋王，曾与高柔、郑冲俱为三公，将入见，曾独致拜尽敬，二人犹揖而已。

武帝袭王位，以曾为晋丞相，加侍中。与裴秀、王沈等劝进。践阼，拜太尉，进爵为公，食邑千八百户。泰始初，诏曰："盖谟明弼谐，王躬是保，所以宣崇大训，克咸四海也。侍中、太尉何曾，立德高峻，执心忠亮，博物洽闻，明识弘达，翼佐先皇，勋庸显著。朕纂洪业，首相王室。迪惟前人，施于朕躬。实佐命兴化，光赞政道。夫三司之任，虽左右王事，若乃等违汝弼，匡奖不逮，则存乎保傅。故将明衮职，未如用父厥辟之重。其以曾为太保，侍中如故。"久之，以本官领司徒。曾固让，不许。遣散骑常侍谕旨，乃视事。进位太傅。曾以老年，屡乞逊位。诏曰："太傅明朗高亮，执心弘毅，可谓旧德老成，国之宗臣者也。而高尚其事，屡辞禄位。朕以寡德，凭赖保佑，省览章表，实用忾然。虽欲成人之美，岂得遂其雅志，而忘翼佐之益哉！又司徒所掌务烦，不可久劳耆艾。其进太宰，侍中如故。朝会剑履乘舆上殿，如汉相国萧何、田千秋、魏太傅锺繇故事。赐钱百万，绢五百匹及八尺床帐簟褥自副。置长史掾属祭酒及员吏，一依旧制。所给亲兵官骑如前。主者依次按礼典，务使优备。"后每召见，敕以常所饮食服物自随，令二子侍从。

咸宁四年薨，时年八十。帝于朝堂素服举哀，赐东园秘器，朝服一具，衣一袭，钱三十万，布百匹。将葬，下礼官议谥。博士秦秀谥为"缪丑"，帝不从，策谥曰孝。太康末，子劭自表改谥为元。

曾性至孝，闺门整肃，自少及长，无声乐嬖幸之好。年老之后，与妻相见，皆正衣冠，相待如宾。己南向，妻北面，再拜上酒，酬酢既毕便出。一岁如此者不过再三焉。初，司隶校尉傅玄著论称曾及荀颉曰："以文王之道事其亲者，其颍昌何侯乎，其荀侯乎！古称曾、闵，今曰荀、何。内尽其心以事其亲，外崇礼让以接天下。孝子，百世之宗；仁人，天下之命。有能行孝之道，君子之仪表也。《诗》云：'高山仰止，景行行止。'令德不遵二夫子之景行者，非乐中正之道也。"又曰："荀、何，君子之宗也。"又曰："颍昌侯之事亲，其尽孝子之道乎！存尽其和，事尽其敬，亡尽其哀，予于颍昌侯见之矣。"又曰："见其亲之党，如见其亲，六十而孺慕，予于颍昌侯见之矣。"然

性奢豪，务在华侈。帷帐车服，穷极绮丽，厨膳滋味，过于王者。每燕见，不食太官所设，帝辄命取其食。蒸饼上不坼作十字不食。食日万钱，犹曰无下箸处。人以小纸为书者，敕记室勿报。刘毅等数劾奏曾侈无度，帝以其重臣，一无所问。

都官从事刘享尝奏曾华侈，以铜钩籢纼车，莹牛蹄角。后曾辟享为掾，或劝勿应，享谓至公之体，不以私憾，遂应辟。曾常因小事加享杖罚。其外宽内忌，亦此类也。时司空贾充权拟人主，曾卑充而附之。及充与庾纯因酒相竞，曾议党充而抑纯，以此为正直所非。二子：遵、劭。劭嗣。

劭字敬祖，少与武帝同年，有总角之好。帝为王太子，以劭为中庶子。及即位，转散骑常侍，甚见亲待。劭雅有姿望，远客朝见，必以劭侍直。每诸方贡献，帝辄赐之，而观其占谢焉。咸宁初，有司奏劭及兄遵等受故冏令袁毅货，虽经赦宥，宜皆禁止。事下廷尉。诏曰："太保与毅有累世之交，遵等所取差薄，一皆置之。"迁侍中尚书。

惠帝即位，初建东宫，太子年幼，欲令亲万机，故盛选六傅，以劭为太子太师，通省尚书事。后转特进，累迁尚书左仆射。

劭博学，善属文，陈说近代事，若指诸掌。永康初，迁司徒。赵王伦篡位，以劭为太宰。及三王交争，劭以轩冕而游其间，无怨之者。而骄奢简贵，亦有父风。衣裘服玩，新故巨积。食必尽四方珍异，一日之供以钱二万为限。时论以为太官御膳，无以加之。然优游自足，不贪权势。尝语乡人王诠曰："仆虽名位过幸，少无可书之事，惟与夏侯长容谏授博士，可传史册耳。"所撰《荀粲》、《王弼传》及诸奏议文章并行于世。永宁元年薨，赠司徒，谥曰康。子岐嗣。

劭初亡，袁粲吊岐，岐辞以疾。粲独哭而出曰："今年决下婢子品。"王诠谓之曰："知死吊死，何必见生！岐前多罪，尔时不下，何公新亡，便下岐品。人谓中正畏强易弱。"粲乃止。

遵字思祖，劭庶兄也。少有干能。起家散骑黄门郎、散骑常侍、侍中，累转大鸿胪。性亦奢忲，役使御府工匠作禁物，又齎行器，为司隶刘毅所奏，免官。太康初，起为魏郡太守，迁太仆卿，又免官，卒于家，四子，嵩、绥、机、羡。

嵩字泰基，宽弘爱士，博观坟籍，尤善《史》、《汉》。少历清官，领著作郎。

绥字伯蔚，位至侍中尚书。自以继世名贵，奢侈过度，性既轻物，翰札简傲。城阳王尼见绥书疏，谓人曰："伯蔚居乱而矜豪乃尔，岂其免乎！"刘舆、潘滔谮之于东海王越，越遂诛绥。初，曾侍武帝宴，退而告遵等曰："国家应天受禅，创业垂统。吾每宴见，未尝闻经国远图，惟说平生常事，非贻厥孙谋之兆也。及身而已，后嗣其殆乎！此子孙之忧也。汝等犹可获没。"指诸孙曰："此等必遇乱亡也。"及绥死，嵩哭之曰："我祖其大圣乎！"

机为邹平令。性亦矜傲,责乡里谢鲲等拜。或戒之曰:"礼敬年爵,以德为主。令鲲拜势,惧伤风俗。"机不以为惭。

羡为离狐令。既骄且吝,陵驾人物,乡闾疾之如仇。永嘉之末,何氏灭亡尢遗焉。

石苞,字仲容,渤海南皮人也。雅旷有智局,容仪伟丽,不修小节。故时人为之语曰:"石仲容,姣无双。"县召为吏,给农司马。会谒者阳翟郭玄信奉使,求人为御,司马以苞及邓艾给之。行十余里,玄信谓二人曰:"子后并当至卿相。"苞曰:"御隶也,何卿相乎?"既而又被使到邺,事久不决,乃贩铁于邺市。市长沛国赵元儒名知人,见苞,异之,因与结交。叹苞远量,当至公辅,由是知名。见吏部郎许允,求为小县。允谓苞曰:"卿是我辈人,当相引在朝廷,何欲小县乎?"苞还叹息,不意允之知己乃如此也。

稍迁景帝中护军司马。宣帝闻苞好色薄行,以让景帝。帝答曰:"苞虽细行不足,而有经国才略。夫贞廉之士,未必能经济世务。是以齐桓忘管仲之奢僭,而录其匡合之大谋;汉高舍陈平之污行,而取其六奇之妙算。苞虽未可以上俦二子,亦今日之选也。"意乃释。徙邺典农中郎将。时魏世王侯多居邺下,尚书丁谧贵倾一时,并较时利。苞奏列其事,由是益见称。历东莱、琅邪太守,所在皆有威惠。迁徐州刺史。

文帝之败于东关也,苞独全军而退。帝指所持节谓苞曰:"恨不以此授卿,以究大事。"乃迁苞为奋武将军、假节、监青州诸军事。及诸葛诞举兵淮南,苞统青州诸军,督兗州刺史州泰、徐州刺史胡质,简锐卒为游军,以备外寇。吴遣大将朱异、丁奉等来迎,诞等留辎重于都陆,轻兵渡黎水。苞等逆击,大破之。泰山太守胡烈以奇兵诡道袭都陆,尽焚其委输。异等收余众而退,寿春平。拜苞镇东将军,封东光侯,假节。顷之,代王基都督扬州诸军事。苞因入朝。当还,辞高贵乡公,留语尽日。既出,白文帝曰:"非常主也。"数日而有成济之事。后进位征东大将军,俄迁骠骑将军。

文帝崩,贾充、荀勖议葬礼未定。苞时奔丧,恸哭曰:"基业如此,而以人臣终乎!"葬礼乃定。后每与陈骞讽魏帝以历数已终,天命有在。及禅位,苞有力焉。武帝践阼,迁大司马,进封乐陵郡公,加侍中,羽葆鼓吹。

自诸葛破灭,苞便镇抚淮南,士马强盛,边境多务,苞既勤庶事,又以威德服物。淮北监军王琛轻苞素微,又闻童谣曰:"宫中大马几作驴,大石压之不得舒。"因是密表苞与吴人交通。先时望气者云"东南有大兵起"。及琛表至,武帝甚疑之。会荆州刺史胡烈表吴人欲大出为寇,苞亦闻吴师将入,乃筑垒遏水以自固。帝闻之,谓羊祜曰:"吴人每来,常东西相应,无缘偏尔,岂石苞果有不顺乎?"祜深明之,而帝犹疑焉。会苞子乔为尚书郎,上召之,经日不至。帝谓为必叛,欲讨苞而隐其事。遂下诏以苞不料贼势,筑垒遏水,劳扰百姓,策免其官。遣太尉义阳王望率大军征之,以备非常。又敕镇东将军、琅邪王伷自下邳会寿春。苞用掾孙铄计,放兵步出,住都亭待罪。帝闻之,意解。及苞诣阙,以公还第。苞自耻受任无效而无怨色。

时邺奚官督郭廙上书理苞。帝诏曰:"前大司马苞忠允清亮,才经世务,干明之绩,所历可纪。宜掌教典,以赞时政。其以苞为司徒。"有司奏:"苞前有折挠,不堪其任。以公还第,已为弘厚,不宜擢用。"诏曰:"吴人轻脆,终无能为。故疆场之事,但欲完固守备,使不得越逸而已。以苞计画不同,虑敌过甚,故征还更授。昔邓禹挠于关中,而终辅汉室,岂以一眚而掩大德哉!"于是就位。

苞奏:"州郡农桑未有赏罚之制,宜遣掾属循行,皆当均其土宜,举其殿最,然后黜陟焉。"诏曰:"农殖者,为政之本,有国之大务也。虽欲安时兴化,不先富而教之,其道无由。而至今四海多事,军国用广,加承征伐之后,屡有水旱之事,仓库不充,百姓无积。古道稼穑树艺,司徒掌之。今虽登论道,然经国立政,惟时所急,故陶唐之世,稷官为重。今司徒位当其任,乃心王事,有毁家纾国,乾乾匪躬之志。其使司徒督察州郡播殖,将委事任成,垂拱仰办。若宜有所循行者,其增置掾属十人,听取王官更练事业者。"苞在位称为忠勤,帝每委任焉。

泰始八年薨。帝发哀于朝堂,赐秘器,朝服一具,衣一袭,钱三十万,布百匹。及葬,给节、幢、麾、曲盖、追锋车、鼓吹、介士、大车,皆如魏司空陈泰故事。车驾临送于东掖门外。策谥曰武。咸宁初,诏苞等并为王功,列于铭飨。

苞豫为《终制》曰:"延陵薄葬,孔子以为达礼;华元厚葬,《春秋》以为不臣,古之明义也。自今死亡者,皆敛以时服,不得兼重。又不得饭含,为愚俗所为。又不得设床帐明器也。定窆之后,复土满坎,一不得起坟种树。昔王孙裸葬矫时,其子奉命,君子不讥,况于合礼典者耶?"诸子皆奉遵遗令,又断亲戚故吏设祭。有六子:越、乔、统、浚、俊、崇。以统为嗣。

统字弘绪,历位射声校尉、大鸿胪。子顺,为尚书郎。

越字弘伦,早卒。

乔字弘祖,历尚书郎、散骑侍郎。帝既召乔不得,深疑苞反。及苞至,有惭色,谓之曰"卿子几破卿门"。苞遂废之,终身不听仕。又以有秽行,徙顿丘,与弟崇同被害。二子超、熙亡走得免。成都王颖之起义也,以超为折冲将军,讨孙秀,以功封侯。又为振武将军,征荆州贼李辰。颖与长沙王乂相攻,超常为前锋,迁中护军。陈眕等挟惠帝北伐,超走还邺。颖使超距帝于荡阴,王师败绩,超逼帝幸邺宫。会王浚攻颖于邺,颖以超为右将军以距浚,大败而归。从驾之洛阳,西迁长安。河间王颙以超领北中郎将,使与颖共距东海王越。超于荥阳募兵,右将军王阐与典兵中郎赵则并受超节度,为豫州刺史刘乔继援。范阳王虓逆击斩超,而熙得走免。永嘉中,为太傅越参军。

浚字景伦,清俭有鉴识,敬爱人物。位至黄门侍郎,为当世名士,早卒。

俊字彦伦,少有名誉,议者称为令器。官至阳平太守,早卒。

崇字季伦，生于青州，故小名齐奴。少敏惠，勇而有谋。苞临终，分财物与诸子，独不及崇。其母以为言，苞曰：“此儿虽小，后自能得。”年二十余，为修武令，有能名。入为散骑郎，迁城阳太守。伐吴有功，封安阳乡侯。在郡虽有职务，好学不倦，以疾自解。顷之，拜黄门郎。

兄统忤扶风王骏，有司承旨奏劾，将加重罚，既而见原。以崇不诣阙谢恩，有司欲复以统罪。崇自表曰：“臣兄统以先父之恩，早被优遇，出入清显，历位尽勤。伏度圣心，有以垂察。近为扶风王骏横所诬谤，司隶中丞等飞笔重奏，劾案深文，累尘天听。臣兄弟踢躅，忧心如悸。骏戚属尊重，权要赫奕。内外有司，望风承旨。苟有所恶，易于投卵。自统枉劾以来，臣兄弟不敢一言稍自申理。戢舌钳口，惟须刑书。古人称'荣华于顺旨，枯槁于逆违'，诚哉斯言，于今信矣。是以虽董司直绳，不能不深其文，抱枉含谤，不得不输其理。幸赖陛下天听四达，灵鉴昭远，存先父勋德之重，察臣等勉励之志。中诏申料，罪谴澄雪。臣等刻肌碎首，未足上报。臣即以今月十四日，与兄统、浚等诣公车门拜表谢恩。伏度奏御之日，暂经天听。此月二十日，忽被兰台禁止符，以统蒙宥，恩出非常，臣晏然私门，曾不陈谢，复见弹奏，讪辱理尽。臣始闻此，惶惧狼狈，静而思之，固无怪也。苟尊势所驱，何所不至，望奉法之直绳，不可得也。臣以凡才，累荷显重，不能负载析薪，以答万分。一月之中，奏劾频加，曲之与直，非臣所计。所愧不能承奉戚属，自陷于此。不媚于灶，实愧王孙，《随巢子》称'明君之德，察情为上，察事次之'。所怀非经圣听，伏待罪黜，无所多言。”由是事解。累迁散骑常侍、侍中。

武帝以崇功臣子，有干局，深器重之。元康初，杨骏辅政，大开封赏，多树党援。崇与散骑郎蜀郡何攀共立议，奏之惠帝曰：“陛下圣德光被，皇灵启祚，正位东宫，二十余年，道化宣流，万国归心。今承洪基，此乃天授。至于班赏行爵，优于泰始革命之初。不安一也。吴会僭逆，几于百年，边境被其荼毒，朝廷为之旰食。先帝决独断之聪，奋神武之略，荡灭逋寇，易于摧枯。然谋臣猛将，犹有致思竭力之效。而今恩泽之封，优于灭吴之功。不安二也。上天眷祐，实在大晋，卜世之数，未知其纪。今之开制，当垂于后。若尊卑无差，有爵必进，数世之后，莫非公侯。不安三也。臣等敢冒陈闻。窃谓泰始之初，及平吴论功，制度名牒，皆悉具存。纵不能远遵古典，尚当依准旧事。”书奏，弗纳。出为南中郎将、荆州刺史，领南蛮校尉，加鹰扬将军。崇在南中，得鸩鸟雏，以与后军将军王恺。时制，鸩鸟不得过江，为司隶校尉傅祗所纠，诏原之，烧鸩于都街。

崇颖悟有才气，而任侠无行检。在荆州，劫远使商客，致富不赀。征为大司农，以征书未至擅去官免。顷之，拜太仆，出为征虏将军，假节、监徐州诸军事，镇下邳。崇有别馆在河阳之金谷，一名梓泽，送者倾都，帐饮于此焉。至镇，与徐州刺史高诞争酒相侮，为军司所奏，免官。复拜卫尉，与潘岳谄事贾谧。谧与之亲善，号曰"二十四友"。广城君每出，崇降车路左，望尘而拜，其卑佞如此。

财产丰积，室宇宏丽。后房百数，皆曳纨绣，珥金翠。丝竹尽当时之选，庖膳穷水陆之珍。与贵戚王恺、羊琇之徒以奢靡相尚。恺以饴澳釜，崇以蜡代薪。恺作紫丝布步障四十里，崇作锦步障五十里以敌之。崇涂屋以椒，恺用赤石脂。崇、恺争豪如此。武帝每助恺，尝以珊瑚树赐之，高二尺许，枝柯扶疏，世所罕比。恺以示崇，崇便以铁如意击之，应手而碎。恺既惋惜，又以为嫉己之宝，声色方厉。崇曰："不足多恨，今还卿。"乃命左右悉取珊瑚树，有高三四尺者六七株，条干绝俗，光彩曜日，如恺比者甚众。恺惘然自失矣。

崇为客作豆粥，咄嗟便办。每冬，得韭萍齑。尝与恺出游，争入洛城，崇牛迅若飞禽，恺绝不能及。恺每以此三事为恨，乃密货崇帐下问其所以。答云："豆至难煮，豫作熟末，客来，但作白粥以投之耳。韭萍齑是捣韭根杂以麦苗耳。牛奔不迟，良由驭者逐不及反制之，可听蹁辕则驶矣。"于是悉从之，遂争长焉。崇后知之，因杀所告者。

尝与王敦入太学，见颜回、原宪之象，顾而叹曰："若与之同升孔堂，去人何必有间。"敦曰："不知余人云何，子贡去卿差近。"崇正色曰："士当身名俱泰，何至瓮牖哉！"其立意类此。

刘舆兄弟少时为王恺所嫉，恺召之宿，因欲坑之。崇素与舆等善，闻当有变，夜驰诣恺，问二刘所在，恺迫卒不得隐。崇径进于后斋索出，同车而去。语曰："年少何以轻就人宿！"舆深德之。

及贾谧诛，崇以党与免官。时赵王伦专权，崇甥欧阳建与伦有隙。崇有妓曰绿珠，美而艳，善吹笛。孙秀使人求之。崇时在金谷别馆，方登凉台，临清流，妇人侍侧。使者以告。崇尽出其婢妾数十人以示之，皆蕴兰麝，被罗縠，曰："在所择。"使者曰："君侯服御丽则尽矣，然本受命指索绿珠，不识孰是？"崇勃然曰："绿珠吾所爱，不可得也。"使者曰："君侯博古通今，察远照迩，愿加三思。"崇曰："不然。"使者出而又反，崇竟不许。秀怒，乃劝伦诛崇、建。崇、建亦潜知其计，乃与黄门郎潘岳阴劝淮南王允、齐王冏以图伦、秀。秀觉之，遂矫诏收崇及潘岳、欧阳建等。崇正宴于楼上，介士到门。崇谓绿珠曰："我今为尔得罪。"绿珠泣曰："当效死于官前。"因自投于楼下而死。崇曰："吾不过流徙交、广耳。"及车载诣东市，崇乃叹曰："奴辈利吾家财。"收者答曰："知财致害，何不早散之？"崇不能答。崇母兄妻子无少长皆被害，死者十五人，崇时年五十二。

初，崇家稻米饭在地，经宿皆化为螺，时人以为族灭之应。有司簿阅崇水碓三余区，苍头八百余人，他珍宝货贿田宅称是。及惠帝复阼，诏以卿礼葬之。封崇从孙演为乐陵公。

苞曾孙朴字玄真，为人谨厚，无他材艺，没于胡。石勒以与朴同姓，俱出河北，引朴为宗室，特加优宠，位至司徒。

欧阳建字坚石,世为冀方右族。雅有理思,才藻美赡,擅名北州。时人为之语曰:"渤海赫赫,欧阳坚石。"辟公府,历山阳令、尚书郎、冯翊太守,甚得时誉。及遇祸,莫不悼惜之,年三十余。临命作诗,文甚哀楚。

孙铄字巨邺,河内怀人也。少乐为县吏,太守吴奋转以为主簿。铄自微贱登纲纪,时僚大姓犹不与铄同坐。奋大怒,遂荐铄为司隶都官从事。司隶校尉刘讷甚知赏之。时奋又荐铄于大司马石苞,苞辟为掾。铄将应命,行达许昌,会台已密遣轻军袭苞。于时汝阴王镇许,铄过谒之。王先识铄,以乡里之情私告铄曰:"无与祸。"铄即出,即驰诣寿春,为苞画计,苞赖而获免。迁尚书郎,在职驳议十有余事,为当时所称。

史臣曰:若夫经为帝师,郑冲于焉无愧;孝为德本,王祥所以当仁;何曾善其亲而及其亲之党者也。夏禹恭俭,殷因损益。牲牢服用,各有品章,诸侯不恒牛,命士不恒豕。御而骄奢,其关乎治政。乘时立制,莫不由之。石崇学乃多闻,情乖寡悔,超四豪而取富,喻五侯而竞爽。春畦霍靡,列于凝沍之晨;锦障逶迤,亘以山川之外。擅钟舞女,流宕忘归,至于金谷含悲,吹楼将坠,所谓高蝉处乎轻阴,不知螳螂袭其后也。

赞曰:郑冲含素,王祥迟暮。百行斯融,双飞天路。何石殊操,芳忾标奇。帝风流靡,崇心载驰。矜奢 不极,寇害成赟。邦分身坠,乐往哀随。

卷三十四　　列传第四

羊祜　杜预 杜锡

羊祜,字叔子,泰山南城人也。世吏二千石,至祜九世,并以清德闻。祖续,仕汉南阳太守。父衜,上党太守。祜,蔡邕外孙,景献皇后同产弟。祜年十二丧父,孝思过礼,事叔父耽甚谨。尝游汶水之滨,遇父老谓之曰:"孺子有好相,年未六十,必建大功于天下。"既而去,莫知所在。及长,博学能属文,身长七尺三寸,美须眉,善谈论。郡将夏侯威异之,以兄霸之子妻之。举上计吏,州四辟从事、秀才,五府交命,皆不就。太原郭奕见之曰:"此今日之颜子也。"与王沈俱被曹爽辟。沈劝就征,祜曰:"委质事人,复何容易。"及爽败,沈以故吏免,因谓祜曰:"常识卿前语。"祜曰:"此非始虑所及。"其先识不伐如此。

夏侯霸之降蜀也,姻亲多告绝,祜独安其室,恩礼有加焉。寻遭母忧,长兄发又卒,毁慕寝顿十余年,以道素自居,恂恂若儒者。

文帝为大将军,辟祜,未就,公车征拜中书侍郎,俄迁给事中、黄门郎。时高贵乡公好属文,在位者多献诗赋,汝南和适以忤意见斥,祜在其间,不得亲疏,有识尚焉。

陈留王立,赐爵关中侯,邑百户。以少帝不愿为侍臣,求出补吏,徙秘书监。及五等建,封钜平子,邑六百户。钟会有宠而忌,祜亦惮之。及会诛,拜相国从事中郎,与荀勖共掌机密。迁中领军,悉统宿卫,入直殿中,执兵之要,事兼内外。

武帝受禅,以佐命之勋,进号中军将军,加散骑常侍,改封郡公,邑三千户。固让封不受,乃进本爵为侯,置郎中令,备九官之职,加夫人印绶。泰始初,诏曰:"夫总齐机衡,允厘六职,朝政之本也。祜执德清劭,忠亮纯茂,经纬文武,謇謇正直,虽处腹心之任,而不总枢机之重,非垂拱无为委任责成之意也。其以祜为尚书右仆射、卫军,给本营兵。"时王佑、贾充、裴秀皆前朝名望,祜每让,不处其右。

帝将有灭吴之志,以祜为都督荆州诸军事、假节,散骑常侍、卫将军如故。祜率营兵出镇南夏,开设庠序,绥怀远近,甚得江汉之心。与吴人开布大信,降者欲去皆听之。时长吏丧官,后人恶之,多毁坏旧府,祜以死生有命,非由居室,书下征镇,普加禁断。吴石城守去襄阳七百余里,每为边害,祜患之,竟以诡计令吴罢守。于是戍逻减半,分以垦田八百余顷,大获其利。祜之始至也,军无百日之粮,及至季年,有十年之积。诏罢江北都督,置南中郎将,以所统诸军在汉东江夏者皆以益祜。在军常轻裘缓带,身不被甲,铃阁之下,侍卫者不过十数人,而颇以畋渔废政。尝欲夜出,军司徐胤执棨当营门曰:"将军都督万里,安可轻脱!将军之安危,亦国家之安危也。胤今日若死,此门乃开耳。"祜改容谢之,此后稀出矣。

后加车骑将军,开府如三司之仪。祜上表固让曰:"臣伏闻恩诏,拔臣使同台司。臣自出身以来,适十数年,受任外内,每极显重之任。常以智力不可顿进,恩宠不可久谬,夙夜战悚,以荣为忧。臣闻古人之言,德未为人所服而受高爵,则使才臣不进;功未为人所归而荷厚禄,则使劳臣不劝。今臣身托外戚,事连运会,诚在过宠,不患见遗。而猥降发中之诏,加非次之荣。臣有何功可以堪之,何心可以安之。身辱高位,倾覆寻至,愿守先人弊庐,岂可得哉!违命诚忤天威,曲从即复若此。盖闻古人申于见知,大臣之节,不可则止。臣虽小人,敢缘所蒙,念存斯义。今天下自服化以来,方渐八年,虽侧席求贤,不遗幽贱,然臣不尔推有德,达有功,使圣听知胜臣者多,未达者不少。假令有遗德于版筑之下,有隐才于屠钓之间,而朝议用臣不以为非,臣处之不以为愧,所失岂不大哉!臣忝窃虽久,未若今日兼文武之极宠,等宰辅之高位也。且臣虽所见者狭,据今光禄大夫李憙执节高亮,在公正色;光禄大夫鲁芝洁身寡欲,和而不同;光禄大夫李胤清亮简素,立身在朝,皆服事华发,以礼终始。虽历位外内之宠,不异寒贱之家,而犹未蒙此选,臣更越之,何以塞天下之望,少益日月!是以誓心守节,无苟进之志。今道路行通,方隅多事,乞留前恩,使臣得速还屯。不尔留连,必于外虞有阙。匹夫之志,有不可夺。"不听。

及还镇,吴西陵督步阐举城来降。吴将陆抗攻之甚急,诏祜迎阐。祜率兵五万出江陵,遣荆州刺史杨肇攻抗,不克，阐竟为抗所擒。有司奏："祜所统八万余人，贼众不过三万。祜顿兵江陵，使贼备得设。乃遣杨肇偏军入险，兵少粮悬，军人挫衄。背违诏命，无大臣节。可免官，以侯就第。"竟坐贬为平南将军，而免杨肇为庶人。

祜以孟献营武牢而郑人惧，晏弱城东阳而莱子服，乃进据险要，开建五城，收膏腴之地，夺吴人之资，石城以西，尽为晋有。自是前后降者不绝，乃增修德信，以怀柔初附，慨然有吞之心。每与吴人交兵，克日方战，不为掩袭之计。将帅有欲进谲诈之策者，辄饮以醇酒，使不得言。人有略吴二儿为俘者，祜遣送还其家。后吴将夏详、邵顗等来降，二儿之父亦率其属与俱。吴将陈尚、潘景来寇，祜追斩之，美其死节而厚加殡敛。景、尚子弟迎丧，祜以礼遣还。吴将邓香掠夏口，祜募生缚香，既至，宥之。香感其恩甚，率部曲而降。祜出军行吴境，刈谷为粮，皆计所侵，送绢偿之。每会众江沔游猎，常止晋地。若禽兽先为吴人所伤而为晋兵所得者，皆封还之。于是吴人翕然悦服，称为羊公，不之名也。

祜与陆抗相对，使命交通，抗称祜之德量，虽乐毅、诸葛孔明不能过也。抗尝病，祜馈之药，抗服之无疑心。人多谏抗，抗曰："羊祜岂鸩人者！"时谈以为华元、子反复见于今日。抗每告其戍曰："彼专为德，我专为暴，是不战而自服也。各保分界而已，无求细利。"孙皓闻二境交和，以诘抗。抗曰："一邑一乡，不可以无信义，况大国乎！臣不如此，正是彰其德，于祜无伤也。"

祜贞悫无私，疾恶邪佞，荀勖、冯紞之徒甚忌之。从甥王衍尝诣祜陈事，辞甚俊辩，祜不然之，衍拂衣而起。祜顾谓宾客曰："王夷甫方以盛名处大位，然败俗伤化，必此人也。"步阐之役，祜以军法将斩王戎，故戎、衍并憾之，每言论多毁祜。时人为之语曰："二王当国，羊公无德。"

咸宁初，除征南大将军、开府仪同三司，得专辟召。初，祜以伐吴必藉上流之势。又时吴有童谣曰："阿童复阿童，衔刀浮渡江。不畏岸上兽，但畏水中龙。"祜闻之曰："此必水军有功，但当思应其名者耳。"会益州刺史王浚征为大司农，祜知其可任，浚又小字阿童，因表留浚监益州诸军事，加龙骧将军，密令修舟楫，为顺流之计。

祜缮甲训卒，广为戎备。至是上疏曰："先帝顺天应时，西平巴蜀，南和吴会，海内得以休息，兆庶有乐安之心。而吴复背信，使边事更兴。夫期运虽天所授，而功业必由人而成，不一大举扫灭，则众役无时得安。亦所以隆先帝之勋，成无为之化也。故尧有丹水之伐，舜有三苗之征，咸以宁静宇宙，戢兵和众者也。蜀平之时，天下皆谓吴当并亡，自此来十三年，是谓一周，平定之期复在今日矣。议者常言吴楚有道后服，无礼先ияв，此乃谓侯之时耳。当今一统，不得与古同谕。夫适道之论，皆未应权，是故谋之虽多，而决之欲独。凡以险阻得存者，谓所敌者同，力足自固。苟其轻重不齐，强弱异势，则智士不能谋，而险阻不可保也。蜀之为国，非不险也，高山寻云霓，深谷肆无景，束马悬车，然后得济，皆言一夫荷戟，千人莫当。及进兵之日，曾无藩篱之限，斩将搴旗，伏尸数万，

乘胜席卷，径至成都，汉中诸城，皆鸟栖而不敢出。非皆无战心，诚力不足相抗。至刘禅降服，诸营堡者索然俱散。今江淮之难，不过剑阁；山川之险，不过岷汉；孙皓之暴，侈于刘禅；吴人之困，甚于巴蜀。而大晋兵众，多于前世；资储器械，盛于往时；今不于此平吴，而更阻兵相守，征夫苦役，日寻干戈，经历盛衰，不可长久，宜当时定，以一四海。今若引梁益之兵水陆俱下，荆楚之众进临江陵，平南、豫州，直指夏口，徐、扬、青、兖并向秣陵，鼓旆以疑之，多方以误之，以一隅之吴，当天下之众，势分形散，所备皆急，巴汉奇兵出其空虚，一处倾坏，则上下震荡。吴缘江为国，无有内外，东西数千里，以藩篱自持，所敌者大，无有宁息。孙皓孙恣情任意，与下多忌，名臣重将不复自信，是以孙秀之徒皆畏逼而至。将疑于朝，士困于野，无有保世之计，一定之心。平常之日，犹怀去就，兵临之际，必有应者，终不能齐力致死，已可知也。其俗急速，不能持久，弓弩戟盾不如中国，唯有水战是其所便。一入其境，则长江非复所固，还保城池，则去长入短。而官军悬进，人有致节之志，吴人战于其内，有凭城之心。如此，军不逾时，克可必矣。"帝深纳之。

会秦凉屡败，祜复表曰："吴平则胡自定，但当速济大功耳。"而议者多不同，祜叹曰："天下不如意，恒十居七八，故当断不断。天与不取，岂非更事者恨于后时哉！"

其后，诏以泰山之南武阳、牟、南城、梁父、平阳五县为南城郡，封祜为南城侯，置相，与郡公同。祜让曰："昔张良请受留万户，汉祖不夺其志。臣受钜平于先帝，敢辱重爵，以速官谤！"固执不拜，帝许之。祜每被登进，常守冲退，至心素著，故特见申于分列之外。是以名德远播，朝野具瞻，搢绅金议，当居台辅。帝方有兼并之志，仗祜以东南之任，故寝之。祜历职二朝，任典枢要，政事损益，皆谘访焉，势利之求，无所关与。其嘉谋谠议，皆焚其草，故世莫闻。凡所进达，人皆不知所由。或谓祜慎密太过者，祜曰："是何言欤！夫入则造膝，出则诡辞，君臣不密之诫，吾惟惧其不及。不能举贤取异，岂得不愧知人之难哉！且拜爵公朝，谢恩私门，吾所不取。"

祜女夫尝劝祜"有所营置，令有归戴者，可不美乎？"祜默然不应，退告诸子曰："此可谓知其一不知其二。人臣树私则背公，是大惑也。汝宜识吾此意。"尝与从弟琇书曰："既定边事，当角巾东路，归故里，为容棺之墟。以白士而居重位，何能不以盛满受责乎！疏广是吾师也。"

祜乐山水，每风景，必造岘山，置酒言咏，终日不倦。尝慨然叹息，顾谓从事中郎邹湛等曰："自有宇宙，便有此山。由来贤达胜士，登此远望，如我与卿者多矣！皆湮灭无闻，使人悲伤。如百岁后有知，魂魄犹应登此也。"湛曰："公德冠四海，道嗣前哲，令闻令望，必与此山俱传。至若湛辈，乃当如公言耳。"

祜当讨吴贼功，将进爵土，乞以赐舅子蔡袭。诏封袭关内侯，邑三百户。

会吴人寇弋阳、江夏，略户口，诏遣侍臣移书诘祜不追讨之意，并欲移州复旧之宜。祜曰："江夏去襄阳八百

里,比知贼问,贼去亦已经日矣。步军方往,安能救之哉！劳师以免责,恐非事宜也。昔魏武帝置都督,类皆与州相近,以兵势好合恶离。疆场之间,一彼一此,慎守而已,古之善教也。若辄徙州,贼出无常,亦未知州之所宜据也。"使者不能诘。

祜寝疾,求入朝。既至洛阳,会景献宫车在殡,哀恸至笃。中诏申谕,扶疾引见,命乘辇入殿,无下拜,甚见优礼。及侍坐,面陈伐吴之计。帝以其病,不宜常入,遣中书令张华问其筹策。祜曰:"今主上有禅代之美,而功德未著。吴人虐政已甚,可不战而克。混一六合,以兴文教,则主齐尧舜,臣同稷契,为百代之盛轨。如舍之,若孙皓不幸而没,吴人更立令主,虽百万之众,长江未可而越也,将为后患乎！"华深赞成其计。祜谓华曰:"成吾志者,子也。"帝欲使祜卧护诸将,祜曰:"取吴不必须臣自行,但既平之后,当劳圣虑耳。功名之际,臣所不敢居。若事了,当有所付授,愿审择其人。"

疾渐笃,乃举杜预自代。寻卒,时年五十八。帝素服哭之,甚哀。是日大寒,帝涕泪沾须鬓,皆为冰焉。南州人征市日闻祜丧,莫不号恸,罢市,巷哭者声相接。吴守边将士亦为之泣。其仁千所感如此。赐以东园秘器,朝服一袭,钱三十万,布百匹。诏曰:"征南大将军南城侯祜,蹈德冲素,思心清远。始在内职,值登大命,乃心笃诚,左右王事,入综机密,出统方岳。当终显烈,永辅朕躬,而奄忽殂陨,悼之伤怀。其追赠侍中、太傅,持节如故。"

祜立身清俭,被服率素,禄俸所资,皆以赡给九族,赏赐军士,家无余财。遗令不得以南城侯印入柩。从弟琇等述祜素志,求葬于先人墓次。帝不许,赐去城十里外近陵葬地一顷,谥曰成。祜丧既引,帝于大司马门南临送。祜甥齐王攸表祜妻不以侯敛之意,帝乃诏曰:"祜固让历年,志不可夺。身没让存,遗操益厉,此夷叔所以称贤,季子所以全节也。今听复本封,以彰高美。"

初,文帝崩,祜谓傅玄曰:"三年之丧,虽贵遂服,自天子达;而汉文除之,毁礼伤义,常以叹息。今主上天纵至孝,有曾闵之性,虽夺其服,实行丧礼。丧礼实行,除服何为邪！若因此革汉魏之薄,而兴先王之法,以敦风俗,垂美百代,不亦善乎！"玄曰:"汉文以末世浅薄,不能行国君之丧,故因而除之。除之数百年,一旦复古,难行也。"祜曰:"不能使天下如礼,且使主上遂服,不犹善乎！"玄曰:"主上不除而天下除,此为但有有父子,无复君臣,三纲之道亏矣。"祜乃止。

祜所著文章及为《老子传》并行于世。襄阳百姓于岘山祜平生游憩之所建碑立庙,岁时飨祭焉。望其碑者莫不流涕,杜预因名为堕泪碑。荆州人为祜讳名,屋室皆以门为称,改户曹为辞曹焉。

祜开府累年,谦让不辟士,始有所命,会卒,不得除署。故参佐刘侩、赵寅、刘弥、孙勃等笺诣预曰:"昔以谬选,忝备官属,各得与前征南大将军祜参同庶事。祜执德冲虚,操尚清远,德高而体卑,位优而行恭。前膺显命,来抚南夏,既有三司之仪,复加大将军之号。虽居其位,不行其制。至今海内渴仁,群俊望风。涉其门者,贪夫反

廉,懦夫立志,虽夷惠之操,无以尚也。自镇此境,政化被乎江汉,潜谋远计,辟国开疆,诸所规摹,皆有轨量。志存公家,以死勤事,始辟四掾,未至而陨。夫举贤报国,台辅之远任也;搜扬侧陋,亦台辅之宿心也;中道而废,亦台辅之私恨也。履谦积稔,晚节不遂,此远近所以为之感痛者也。昔召伯所憩,爱流甘棠;宣子所游,封殖其树。夫思其人,尚及其树,况生存所辟之士,便当随例放弃者乎！乞蒙列上,得依已至掾属。"预表曰:"祜虽开府而不备僚属,引谦之至,宜见显明。及扶疾辟士,未到而没,家无胤嗣,官无命士,此方之望,隐忧载怀。夫笃终追远,人德归厚,汉祖不惜四千户之封,以慰赵子弟心。请议之。"诏不许。

祜卒二岁而吴平,群臣上寿,帝执爵流涕曰:"此羊太傅之功也。"因以克定之功,策告祜庙,仍依萧何故事,封其夫人。策曰:"皇帝使谒者杜宏告故侍中、太傅钜平成侯祜:昔吴为不恭,负险称号,郊境不辟,多历年所。祜受任南夏,思静其难,外扬王化,内经庙略,著德推诚,江汉归心,举有成资,谋有全策。吴天不吊,所志不卒,朕用悼恨于厥心。乃班命群帅,致天之讨,兵不逾时,一征而灭,畴昔之规,若合符契。夫赏不失劳,国有彝典,宜增启土宇,以崇前命,而重违公高让之素。今封夫人夏侯氏万岁乡君,食邑五千户,又赐帛万匹,谷万斛。"

祜年五岁,时令乳母取所弄金环。乳母曰:"汝先无此物。"祜即诣邻人李氏东垣桑树中探得之。主人惊曰:"此吾亡儿所失物也,云何持去！"乳母具言之,李氏悲惋。时人异之,谓李氏子则祜之前身也。又有善相墓者,言祜祖墓所有帝王气,若凿之则无后,祜遂凿之。相者见曰"犹出折臂三公",而祜竟堕马折臂,位至公而无子。

帝以祜兄暨为嗣,暨以父没不得为人后。帝又令暨弟伊为祜后,又不奉诏。帝怒,并收免之。太康二年,以伊弟篇为钜平侯,奉祜嗣。篇历官清慎,有私牛于官舍产犊,及迁而留之,位至散骑常侍,早卒。

孝武太元中,封祜兄玄孙之子法兴为钜平侯,邑五千户。以桓玄党诛,国除。尚书祠部郎荀伯子上表讼之曰:"臣闻咎繇亡嗣,臧文以为深叹;伯氏夺邑,管仲所以称仁。功高可百世不泯,滥赏无得崇朝。故太傅、钜平侯羊祜明德通贤,国之宗主,勋参佐命,功成平吴,而后嗣阙然,蒸尝莫寄。汉以萧何元功,故绝世辄继,愚谓钜平封宜同酂国。故太尉广陵公准党翼贼伦,祸加淮南,因逆为利,窃飨大邦。值西朝政刑失裁,中兴因而不夺。今王道维新,岂可不大判臧否,谓广陵国宜在削除。故太保卫瓘本爵菑阳县公,既被横害,乃进茅土,始赠兰陵,又转江夏。中朝名臣,多非理终,瓘功德无殊,而独受偏赏,谓宜罢其郡封,复邑菑阳,则与夺有伦,善恶分矣。"竟寝不报。

祜前母,孔融女,生兄发,官至都督淮北护军。初,发与祜同母兄承俱得病,祜母度不能两存,乃专心养发,故得济,而承竟死。

发长子伦,高阳相。伦弟暨,阳平太守。暨弟伊,初为车骑贾充掾,后历平南将军、都督江北诸军事,镇宛,

为张昌所杀,追赠镇南将军。祜伯父秘,官至京兆太守。子祉,魏郡太守。秘孙亮,字长玄,有才能,多计数。与之交者,必伪尽款诚,人皆谓得其心,而殊非其实也。初为太傅杨骏参军,时京兆多盗窃。骏欲更重其法,盗百钱加大辟,请官属会议,亮曰:"昔楚江乙母失布,以为盗由令尹。公若无欲,盗宜自止,何重法为?"骏惭而止。累转大鸿胪。时惠帝在长安,亮与关东连谋,内不自安,奔于并州,为刘元海所害。亮弟陶,为徐州刺史。

杜预,字元凯,京兆杜陵人也。祖畿,魏尚书仆射。父恕,幽州刺史。预博学多通,明于兴废之道,常言:"德不可以企及,立功立言可庶几也。"初,其父与宣帝不相能,遂以幽死,故预久不得调。文帝嗣立,预尚帝妹高陆公主,起家拜尚书郎,袭祖爵丰乐亭侯。在职四年,转参相府军事。钟会伐蜀,以预为镇西长史。及会反,僚佐并遇害,唯预以智获免,增邑千一百五十户。

与车骑将军贾充等定律令,既成,预为之注解,乃奏之曰:"法者,盖绳墨之断例,非穷理尽性之书也。故文约而例直,听省而禁简。例直易见,禁简难犯。易见则人知所避,难犯则几于刑厝。刑之本在于简直,故必审名分。审名分者,必忍小理。古之刑书,铭之钟鼎,铸之金石,所以远塞异端,使无淫巧也。今所注皆纲罗法意,格之以名分。使用之者执名例以审趣舍,伸绳墨之直,去析薪之理也。"诏班于天下。

泰始中,守河南尹。预以京师王化之始,自近及远,凡所施论,务崇大体。受诏黜陟之课,其略曰:"臣闻上古之政,因循自然,虚己委诚,而信顺之道应,神感心通,而天下之理得。逮至淳朴渐散,彰美显恶,设官分职,以颁爵禄,弘立六典,以详考察。然犹倚明哲之辅,建忠贞之司,使名不得越功而独美,功不得后名而独隐,皆畴咨博询,敷纳以言。及至末世,不能纪远而求于密微,疑诸心而信耳目,疑耳目而信简书。简书愈繁,官方愈伪,法令滋章,巧饰弥多。昔汉之刺史,亦岁终奏事,不制算课,而清浊粗举。魏氏考课,即京房之遗意,其文可谓至密。然由于累细以违其体,故历代不能通也。岂若申唐尧之旧,去密就简,则简而易从也。夫宣尽物理,神而明之,存乎其人。去人而任法,则伤理。今科举优劣,莫若委任达官,各考所统。在官一年以后,每岁言优者一人为上第,劣者一人为下第,因计偕以名闻。如此六载,主者总集采案,其六岁处优举者超用之,六岁处劣举者奏免之,其优多劣少者叙用,劣多优少者左迁之。今考课之品,所对不钧,诚有难易。若以难取优,以易而否,主者固当准量轻重,微加降杀,不足复曲以法尽也。《己丑诏书》以考课难成,听通荐例。荐例之理,即亦取于风声。六年顿荐,黜陟无渐,又非古者三考之意也。今每岁一考,则积优以成陟,累劣以取黜。以士君子之心相处,未有官故六年六黜清能,六进否劣者也。监司将亦随而弹之。若令上下公相容过,**此为清议大颓**,亦无取于黜陟也。"

司隶校尉石鉴以宿憾奏预,免职。时虏寇陇石,以预为安西军司,给兵三百人,骑百匹。到长安,更除秦州刺史,领东羌校尉、轻车将军、假节。属虏兵强盛,石鉴时为安西将军,使预出兵击之。预以虏乘胜马肥,而官军悬乏,宜并力大运,须春进讨,陈五不可、四不须。鉴大怒,复奏预擅饰城门官舍,稽乏军兴,遣御史槛车征诣廷尉。以预尚主,在八议,以侯赎论。其后陇右之事卒如预策。

是时朝廷皆以预明于筹略,会匈奴帅刘猛举兵反,自并州西及河东、平阳,诏预以散侯定计省闼,俄拜度支尚书。预乃奏立藉田,建安边,论处军国之要。又作人排新器,兴常平仓,定谷价,较盐运,制课调,内以利国外以救边者五十余条,皆纳焉。石鉴自军还,论功不实,为预所纠,遂相仇恨,言论喧哗,并坐免官,以侯兼本职。数年,复拜度支尚书。

元皇后梓宫将迁于峻阳陵。旧制,既葬,帝及群臣即吉。尚书奏,皇太子亦宜释服。预议"皇太子宜复古典,以谅闇终制",从之。

预以时历差舛,不应晷度,奏上《二元乾度历》,行于世。预又以孟津渡险,有覆没之患,请建河桥于富平津。议者以为殷周所都,历圣贤而不作者,必不可立故也。预曰:"'造舟为梁',则河桥之谓也。"及桥成,帝从百僚临会,举觞属预曰:"非君,此桥不立也。"对曰:"非陛下之明,臣亦不得施其微巧。"周庙欹器,至汉东京犹在御坐。汉末丧乱,不复存,形制遂绝。预创意造成,奏上之,帝甚嘉叹焉。咸宁四年秋,大霖雨,蝗虫起。预上疏多陈农要,事在《食货志》。预在内七年,损益万机,不可胜数,朝野称美,号曰"杜武库",言其无所不有也。

时帝密有灭吴之计,而朝议多违,唯预、羊祜、张华与帝意合。祜病,举预自代,因以本官假节行平东将军,领征南军司。及祜卒,拜镇南大将军、都督荆州诸军事,给追锋车,第二驸马。预既至镇,缮甲兵,耀威武,乃简精锐,袭吴西陵督张政,大破之,以功增封三百六十五户。政,吴之名将也,据要害之地,耻以无备取败,不以所丧之实告于孙晧。预欲间吴边将,乃表还其所获之众于晧。晧果召政,遣武昌监刘宪代之。故大军临至,使其将帅移易,以成倾荡之势。

预处分既定,乃启请伐吴之期。帝报待明年方欲大举,预表陈至计曰:"自闰月以来,贼但敕严,下无兵上。以理势推之,贼之穷计,力不两完,必先护上流,勤保夏口以东,以延视息,无缘多众西上,空其国都。而陛下过听,便用委弃大计,纵敌患生。此诚国之远图,使举而有败,勿举可也。事为之制,务从完早。若或有成,则开太平之基;不成,不过费损日月之间,何惜而不一试之!若当须后年,天时人事不得如常,臣恐其更难也。陛下宿议,分命臣等随界分进,其所禁持,东西同符,万安之举,未有倾败之虑。臣心实了,不敢以暧昧之见自取后累。惟陛下察之。"预旬月之中又上表曰:"羊祜与朝臣多不同,不先博画而密与陛下共施此计,故益令多异。凡事当以利害相较,今此举十有八九利,其一二止于无功耳。其言破败之形亦不可得,直是计不出已,功不在身,各耻其前言,故守之也。自顷朝廷事无大小,异意锋起,虽人心不同,亦由恃恩不虑后难,故轻相同异也。昔汉宣帝议赵充国所上，事效之后，诘责诸议者，皆叩头而谢，以塞异端也。自秋已来，讨贼之形颇露。若今中止，孙晧怖而生计，或徙都武昌，更完修江南诸城，远其居人，城不可攻，野无所掠，积大船于夏口，则明年之计或无所及。"时帝与中书令张华围棋，而预表适至。华推枰敛手曰："陛下圣明神武，朝野清晏，国富兵强，号令如一，吴主荒淫骄虐，诛杀贤能，当今讨之，可不劳而定。"帝乃许之。

预以太康元年正月，陈兵于江陵，遣参军樊显、尹林、邓圭、襄阳太守周奇等率众循江西上，授以节度，旬日之间，累克城邑，皆如预策焉。又遣牙门管定、周旨、伍巢等率奇兵八百，泛舟夜渡，以袭乐乡，多张旗帜，起火巴山，出于要害之地，以夺贼心。吴都督孙歆震恐，与伍延书曰："北来诸军，乃飞渡江也。"吴之男女降者万余口，旨、巢等伏兵乐乡城外。歆遣军出距王濬，大败而还。旨等发伏兵，随歆军而入，歆不觉，直至帐下，虏歆而还。故军中为之谣曰："以计代战一当万。"于是进逼江陵。吴督将伍延伪请降而列兵登陴，预攻克之。既平上流，于是沅湘以南，至于交广，吴之州郡皆望风归命，奉送印绶，预仗节称诏而绥抚之。凡所斩及生获吴都督、监军十四，牙门、郡守百二十余人。又因兵威，徙将士屯戍之家以实江北，南郡故地各树之长吏，荆土肃然，吴人赴者如归矣。

王濬先列上得孙歆头，预后生送歆，洛中以为大笑。时众军会议，或曰："百年之寇，未可尽克。今向暑，水潦方降，疾疫将起，宜俟来冬，更为大举。"预曰："昔乐毅藉济西一战以并强齐，今兵威已振，譬如破竹，数节之后，皆迎刃而解，无复著手处也。"遂指授群帅，径造秣陵。所过城邑，莫不束手。议者乃以书谢之。

孙晧既平，振旅凯入，以功进爵当阳县侯，增邑并前九千六百户，封子耽为亭侯，千户，赐绢八千匹。

初，攻江陵，吴人知预病瘿，惮其智计，以瓠系狗颈示之，每大树似瘿，辄斫使白，题曰："杜预颈。"及城平，尽捕杀之。

预既还镇，累陈家世吏职，武非其功，请退。不许。

预以天下虽安，忘战必危，勤于讲武，修立泮宫，江汉怀德，化被万里。攻破山夷，错置屯营，分据要害之地，以固维持之势。又修邵信臣遗迹，激用滍淯诸水以浸原田万余顷，分疆刊石，使有定分，公私同利。众庶赖之，号曰"杜父"。旧水道唯沔汉达江陵千数百里，北无通路。又巴丘湖，沅湘之会，表里山川，实为险固，荆蛮之所恃也。预乃开杨口，起夏水达巴陵千余里，内泻长江之险，外通零桂之漕。南土歌之曰："后世无叛由杜翁，孰识智名与勇功。"预公家之事，知无不为。凡所兴造，必考度始终，鲜有败事。或讥其意碎者，预曰："禹稷之功，期于济世，所庶几也。"

预好为后世名，常言"高岸为谷，深谷为陵"，刻石为二碑，纪其勋绩，一沈万山之下，一立岘山之上，曰："焉知此后不为陵谷乎！"

预身不跨马，射不穿札，而每任大事，辄居将率之列。结交接物，恭而有礼，问无所隐，诲人不倦，敏于事而慎于言。既立功之后，从容无事，乃耽思经籍，为《春秋左氏经传集解》。又参考众家谱第，谓之《释例》。又作《盟会图》、《春秋长历》，备成一家之学，比老乃成。又撰《女记赞》。当时论者谓预文义质直，世人未之重，唯秘书监挚虞赏之，曰："左丘明本为《春秋》作传，而《左传》遂自孤行，《释例》本为《传》设，而所发明何但《左传》，故亦孤行。"时王济解相马，又甚爱之，而和峤颇聚敛，预常称"济有马癖，峤有钱癖"。武帝闻之，谓预曰："卿有何癖？"对曰："臣有《左传》癖。"

预在镇，数饷遗洛中贵要。或问其故，预曰："吾但恐为害，不求益也。"

预初在荆州，因宴集，醉卧斋中。外人闻呕吐声，窃窥于户，止见一大蛇垂头而吐。闻者异之。其后征为司隶校尉，加位特进，行次邓县而卒，时年六十三。帝甚嗟悼，追赠征南大将军、开府仪同三司，谥曰成。预先为遗令曰："古不合葬，明于终始之理，同于无有也。中古圣人改而合之，盖以别合无在，更缘生以示教也。自此以来，大人君子或合或否，未能知生，安能知死，故各以己意所欲也。吾往为台郎，尝以公事使过密县之邢山。山上有冢，问耕父，云是郑大夫祭仲，或云子产之冢也，遂率从者祭而观焉。其造冢居山之顶，四望周达，连山体南北之正而邪东北，向新郑城，意不忘本也。其隧道唯塞其后而空其前，不填之，示藏无珍宝，不取于重深也。山多美石不用，必集洧水自然之石以为冢藏，贵不劳工巧，而此石不入世用也。君子尚其有情，小人无利可动，历千载无毁，俭之致也。吾去春入朝，因郭氏丧亡，缘陪陵旧义，自表营洛阳城东首阳之南为将来兆域。而所得地中有小山，上无冢。其高显虽未足比邢山，然东奉二陵，西瞻宫阙，南观伊洛，北望夷叔，旷然远览，情之所安也。故遂表树开道，为一定之制，至时皆用洛水圆石，开遂道南向，仪制取法于郑大夫，欲以俭自完耳。棺器小敛之事，皆当称此。子孙一以遵之。"子锡嗣。

锡字世嘏。少有盛名，起家长沙王乂文学，累迁太子中舍人。性亮直忠烈，屡谏愍怀太子，言辞恳切，太子患之。后置针著锡常所坐处毡中，刺之流血。他日，太子问锡："向著何事？"锡对："醉不知。"太子诘之曰："君喜责人，何自作过也。"后转卫将军长史。赵王伦篡位，以为治书御史。孙秀求交于锡，而锡拒之，秀虽衔之，惮其名高，不敢害也。惠帝反政，迁吏部郎、城阳太守，不拜，仍迁尚书左丞。年四十八卒，赠散骑常侍。子乂嗣，在《外戚传》。

史臣曰：泰始之际，人祇呈覛，羊公起平吴之策，其见天地之心焉。昔齐有黔夫，燕人祭北门之鬼；赵有李牧，秦王罢东并之势。桑枝不竞，瓜润空惭。垂大信于南服，倾吴人于汉渚，江徼如砥，褪袂同归。而在乎成功弗居，幅巾穷巷，落落焉其有风飚者也。杜预不有生知，用之则习，振长策而攻取，兼儒风而转战。孔门称四，则仰止其三；《春秋》有五，而独擅其一，不其优欤！夫三年之丧，云无贵贱。轻纤夺于在位，可以兴嗟；既葬释于储君，何其斯酷。徇以苟合，不求其正，以当代之元良，为诸侯之庶子，檀弓习于变礼者也，杜预其有焉。

赞曰：汉池西险，吴江左回。羊公恩信，百万归来。昔之誓旅，怀经罕素。元凯文场，称为武库。

卷三十五　　列传第五

陈骞 子舆　裴秀 子頠　秀从弟楷　楷子宪

陈骞，临淮东阳人也。父矫，魏司徒。矫本广陵刘氏，为外祖陈氏所养，因而改焉。骞沈厚有智谋。初，矫为尚书令，侍中刘晔见幸于魏明帝，潜矫专权。矫忧惧，以问骞。骞曰："主上明圣，大人大臣，今若不合意，不过不作公耳。"后帝意果释，骞尚少，为夏侯玄所侮，意色自若，玄以此异之。

起家尚书郎，迁中山、安平太守，并著称绩。征为相国司马、长史、御史中丞，迁尚书，封安国亭侯。蜀贼寇陇右，以尚书持节行征蜀将军，破贼而还。会诸葛诞之乱，复以尚书行安东将军。寿春平，拜使持节、都督淮北诸军事、安东将军，进爵广陵侯。转都督豫州诸军事、豫州刺史，持节、将军如故。又转都督江南诸军事，徙都督荆州诸军事、征南大将军，封郯侯。武帝受禅，以佐命之勋，进车骑将军，封高平郡公，迁侍中、大将军，出为都督扬州诸军事，余如故，假黄钺。攻拔吴枳里城，破涂中屯戍。赐骞兄子惺爵关中侯。

咸宁初，迁太尉，转大司马。骞因入朝，言于帝曰："胡烈、牵弘皆勇而无谋，强于自用，非绥边之材，将为国耻。愿陛下详之。"时弘为扬州刺史，不承顺骞命。帝以为不协相构，于是征弘，既至，寻复以为凉州刺史。骞窃叹息，以为必败。二人后果失羌戎之和，皆被寇丧没，征讨连岁，仅而得定，帝乃悔之。

骞少有度量，含垢匿瑕，所在有绩。与贾充、石苞、裴秀等俱为心膂，而骞智度过之，充等亦自以为不及也。累处方任，为士庶所怀。既位极人臣，年逾致仕，思欲退身。咸宁三年，求入朝，因乞骸骨。赐衮冕之服，诏曰："骞元勋旧德，统父东夏，方弘远绩，以一吴会，而所苦未除，每表恳切，重劳以方事。今听留京城，以前太尉府为大司马府，增置祭酒二人，帐下司马、官骑、大车、鼓吹皆如前，亲兵百人，厨田十顷，厨园五十亩，厨士十人，器物经用皆留给焉。又给乘舆辇，出入殿中加鼓吹，如汉萧何故事。"骞累称疾辞位，诏曰："骞履德论道，朕所谘询。方赖谋猷，以弘庶绩，宜时视事。可遣散骑常侍谕意。"骞辄归第，诏又遣侍中敦谕还府。遂固请，许之，位同保傅，在三司之上，赐以几杖，不朝，安车驷马，以高平公还第。帝以其勋旧耆老，礼之甚重。又以骞有疾，听乘舆上殿。

骞素无骞谔之风，然与帝语傲；及见皇太子加敬，时人以为诒。弟稚与其子舆忿争，遂说骞子女秽行，骞表徙弟，以此获讥于世。

元康二年薨，年八十一，加以衮敛，赠太傅，谥曰武。及葬，帝于大司马门临丧，望柩流涕，礼依大司马石苞故事。子舆嗣爵。

舆字显初，拜散骑侍郎、洛阳令，迁黄门侍郎，厉将校左军、大司农、侍中。坐与叔父不睦，出为河内太守。舆虽无检正，而有力致。寻卒，子植字弘先嗣，官至散骑常侍。卒，子粹嗣，永嘉中遇害，孝武帝以骞玄孙袭爵。卒，弟子浩之嗣。宋受禅，国除。

裴秀，字季彦，河东闻喜人也。祖茂，汉尚书令。父潜，魏尚书令。秀少好学，有风操，八岁能属文。叔父徽有盛名，宾客甚众。秀年十余岁，有诣徽者，出则过秀。然秀母贱，嫡母宣氏不之礼，尝使进馔于客，见者皆为之起。秀母曰："微贱如此，当应为小儿故也。"宣氏知之，后遂止。时人为之语曰："后进领袖有裴秀。"

渡辽将军毌丘俭尝荐秀于大将军曹爽，曰："生而岐嶷，长蹈自然，玄静守真，性入道奥；博学强记，无文不该；孝友著于乡党，高声闻于远近。诚宜弼佐谟明，助和鼎味，毗赞大府，光昭盛化。非徒子奇、甘罗之俦，兼包颜、冉、游、夏之美。"爽乃辟为掾，袭父爵清阳亭侯，迁黄门侍郎。爽诛，以故吏免。顷之，为廷尉正，历文帝安东及卫将军司马，军国之政，多见信纳。迁散骑常侍。

帝之讨诸葛诞也，秀与尚书仆射陈泰、黄门侍郎钟会以行台从，豫参谋略。及诞平，转尚书，进封鲁阳乡侯，增邑千户。常道乡公立，以豫议定策，进爵县侯，增邑七百户，迁尚书仆射。魏咸熙初，厘革宪司。时荀顗定礼仪，贾充正法律，而秀改官制焉。秀议五等之爵，自骑督已上六百余人皆封。于是秀封济川侯，地方六十里，邑千四百户，以高苑县济川墟为侯国。

初，文帝未定嗣，而属意舞阳侯攸。武帝惧不得立，问秀曰："人有相否?"因以奇表示之。秀后言于文帝曰："中抚军人望既茂，天表如此，固非人臣之相也。"由是世子乃定。武帝既即王位，拜尚书令、右光禄大夫，与御史大夫王沈、卫将军贾充俱开府，加给事中。及帝受禅，加左光禄大夫，封钜鹿郡公，邑三千户。

时安远护军郝诩与故人书云："与尚书令裴秀相知，望其为益。"有司奏免秀官，诏曰："不能使人之不加诸我，此古人所难。交关人事，诩之罪耳，岂尚书令能防乎！其勿有所问。"司隶校尉李憙复上言，骑都尉刘尚为尚书令裴秀占官稻田，求禁止秀。诏又以秀干翼朝政，有勋绩于王室，不可以小疵掩大德，使推正尚罪而解秀禁止焉。

久之，诏曰："夫三司之任，以翼宣皇极，弼成王事者也。故经国论道，赖之明喆，苟非其人，官不虚备。尚书令、左光禄大夫裴秀，雅量弘博，思心通远，先帝登庸，赞事前朝。朕受明命，光佐大业，勋德茂著，配踪元凯。宜正位居体，以康庶绩。其以秀为司空。"

秀儒学洽闻，且留心政事，当禅代之际，总纳言之要，其所裁当，礼无违者。又以职在地官，以《禹贡》山川地名，从来久远，多有变易。后世说者或强牵引，渐以暗昧。于是甄摘旧文，疑者则阙，古有名而今无者，皆随事注列，作《禹贡地域图》十八篇，奏之，藏于秘府。其序曰：

　　图书之设，由来尚矣。自古立象垂制，而赖其用。三代置其官，国史掌厥职。暨汉屠咸阳，丞相萧何尽收秦之图籍。今秘书既无古之地图，又无萧何所得，惟有汉氏《舆地》及《括地》诸杂图。各不设分率，又不考正准望，亦不备载名山大川。虽有粗形，皆不精审，不可依据。或荒外迂诞之言，不合事实，于义无取。

　　大晋龙兴，混一六合，以清宇宙，始于庸蜀，采入其岨。文皇帝乃命有司，撰访吴蜀地图。蜀土既定，六军所经，地域远近，山川险易，征路迂直，校验图记，罔或有差。今上考《禹贡》山海川流，原隰陂泽，古之九州，及今之十六州，郡国县邑，疆界乡陬，及古国盟会旧名，水陆径路，为地图十八篇。

　　制图之体有六焉。一曰分率，所以辨广轮之度也。二曰准望，所以正彼此之体也。三曰道里，所以定所由之数也。四曰高下，五曰方邪，六曰迂直，此三者各因地而制宜，所以校夷险之异也。有图象而无分率，则无以审远近之差；有分率而无准望，虽得之于一隅，必失之于他方；有准望而无道里，则施于山海绝隔之地，不能以相通；有道里而无高下、方邪、迂直之校，则径路之数必与远近之实相违，失准望之正矣，故以此六者参而考之。然远近之实定于分率，彼此之实定于道里，度数之实定于高下、方邪、迂直之算。故虽有峻山钜海之隔，绝域殊方之迥，登降诡曲之因，皆可得举而定者。准望之法既正，则曲直远近无所隐其形也。

秀创制朝仪，广陈刑政，朝廷多遵用之，以为故事。在位四载，为当世名公。服寒食散，当饮热酒而饮冷酒，泰始七年薨，时年四十八。诏曰："司空经德履哲，体蹈儒雅，佐命翼世，勋业弘茂。方将宣献敷制，为世宗范，不幸薨殂，朕甚痛之。其赐秘器、朝服一具、衣一袭、钱三十万、布百匹。谥曰元。"

初，秀以尚书三十六曹统事准例不明，宜使诸卿任职，未及奏而薨。其友人料其书记，得表草言平吴之事，其词曰："孙皓酷虐，不及圣明御世兼弱攻昧，使遗子孙，将遂不能臣；时有否泰，非万安之势也。臣昔虽已屡言，未有成旨。今既疾笃不起，谨重尸启。陛下时共施用。"乃封以上闻。诏报曰："司空薨，痛悼不能去心。又得表草，虽在危困，不忘王室，尽忠忧国。省益伤切，辄当与诸贤共论也。"

咸宁初，与石苞等并为王公，配享庙庭。有二子：浚、顗。浚嗣位，至散骑常侍，早卒。浚庶子憺不惠，别封高阳亭侯，以浚少弟颜嗣。

颜字逸民。弘雅有远识，博学稽古，自少知名。御史中丞周弼见而叹曰："颜若武库，五兵纵横，一时之杰也。"贾充即颜从母夫也，表"秀有佐命之勋，不幸嫡长丧亡，遗孤稚弱。颜才德英茂，足以兴隆国嗣。"诏颜袭爵，固让，不许。太康二年，徵为太子中庶子，迁散骑常侍。惠帝既位，转国子祭酒，兼右军将军。

初，颜兄子憺为白衣，颜论述世勋，赐爵高阳亭侯。杨骏将诛也，骏党左军将军刘豫陈兵在门，遇颜，问太傅所在。颜绐之曰："向于西掖门遇公乘素车，从二人西出矣。"豫曰："吾何之？"颜曰："宜至廷尉。"豫从颜言，遂委而去。寻而诏颜代豫领左军将军，屯万春门。及骏诛，以功当封武昌侯，颜请以封憺，帝竟封颜次子该。颜苦陈憺本承嫡，宜袭钜鹿，先帝恩旨，辞不获命。武昌之封，己之所蒙，特请以封憺。该时尚主，故帝不听。累迁侍中。

时天下暂宁，颜奏修国学，刻石写经。皇太子既讲，释奠祀孔子，饮飨射侯，甚有仪序。又令荀藩终父勖之志，铸钟凿磬，以备郊庙朝享礼乐。颜通博多闻，兼明医术。荀勖之修律度也，检得古尺，短世所用四分有余。颜上言："宜改诸度量。若未能悉革，可先改太医权衡。此若差违，遂失神农、岐伯之正。药物轻重，分两乖互，所可伤夭，为害尤深。古寿考而今短折者，未必不由此也。"卒不能用。乐广尝与颜清言，欲以理服之，而颜辞论丰博，广笑而不言。时人谓颜为言谈之林薮。

颜以贾后不悦太子，抗表请增崇太子所生谢淑妃位号，仍启增置后卫率吏，给三千兵，于是东宫宿卫万人。迁尚书，侍中如故，加光禄大夫。每授一职，未尝不殷勤固让，表疏十余上，博引古今成败以为言，览之者莫不寒心。

颜深虑贾后乱政，与司空张华、侍中贾模议废之而立谢淑妃。华、模皆曰："帝自无废黜之意，若吾等专行之，上心不以为是。且诸王方刚，朋党异议，恐祸如发机，身死国危，无益社稷。"颜曰："诚如公虑。但昏虐之人，无所忌惮，乱可立待，将如之何？"华曰："卿二人犹见信，然勤为左右陈祸福之戒，冀无大悖。幸天下尚安，庶可优游卒岁。"此谋遂寝。颜旦夕劝说从母广城君，令戒喻贾后亲待太子而已。或说颜曰："幸与中宫内外可得尽言。言若不行，则可辞病屏退。若二者不立，虽有十表，难乎免矣。"颜慨然久之，而竟不能行。

迁尚书左仆射，侍中如故。颜虽后之亲属，然雅望素隆，四海不谓之以亲戚进也，惟恐其不居位。俄复使颜专任门下事，固让，不听。颜上言："贾模适亡，复以臣代，崇外戚之望，彰偏私之举。后族何常有能自保，皆知重亲无脱者也。然汉二十四帝惟孝文、光武、明帝不重外戚，皆保其宗，岂将独贤，实安理故也。昔穆叔不拜越礼之飨，臣亦不敢闻殊常之诏。"又表云："咎繇谟虞，伊尹相商，吕望翊周，萧张佐汉，咸播功化，光格四极。暨于继体，咎单、傅说，祖己、樊仲，亦隆中兴。或明扬侧陋，或起自庶族，岂非尚德之举，以臻斯美哉！历观近世，不能慕远，溺于近情，多任后亲，以致不静。昔疏广戒太子以舅氏为官属，前世以为知礼。况朝廷何取于外戚，正复才均，尚当先其疏者，以明至公。汉世不用冯野王，即其事也。"表上，皆优诏敦譬。

时以陈准子匡、韩蔚子嵩并侍东宫，頠谏曰："东宫之建，以储皇极。其所与游接，必简英俊，宜用成德。匡、嵩幼弱，未识人理立身之节。东宫实体凤成之表，而今有童子侍从之声，未是光阐遐风之弘理也。"愍怀太子之废也，頠与张华苦争不从，语在《华传》。

頠深患时俗放荡，不尊儒术，何晏、阮籍素有高名于世，口谈浮虚，不遵礼法，尸禄耽宠，仕不事事；至王衍之徒，声誉太盛，位高势重，不以物务自婴，遂相放效，风教陵迟，乃著崇有之论以释其蔽曰：

夫总混群本，宗极之道也。方以族异，庶类之品也。形象著分，有生之体也。化感错综，理迹之原也。夫品而为族，则所禀者偏，偏无自足，故凭乎外资。是以生而可寻，所谓理也。理之所体，所谓有也。有之所须，所谓资也。资有攸合，所谓宜也。择乎厥宜，所谓情也。识智既授，虽出处异业，默语殊涂，所以宝生存宜，其情一也。众理并而无害，故贵贱形焉。失得由乎所接，故吉凶兆焉。是以贤人君子，知欲不可绝，而交物有会。观乎往复，稽中定务。惟夫用天之道，分地之利，躬其力任，劳而后飨。居以仁顺，守以恭俭，率以忠信，行以敬让，志无盈求，事无过用，乃可济乎！故大建厥极，绥理群生，训物垂范，于是乎在，斯则圣人为政之由也。

若乃淫抗陵肆，则危害萌矣。故欲衍则速患，情佚则怨博，擅恣则兴攻，专利则延寇，可谓以厚生而失生者也。悠悠之徒，骇乎若兹之衅，而寻艰争所缘。察夫偏质有弊，而睹简损之善，遂阐贵无之议，而建贱有之论。贱有则必外形，外形则必遗制，遗制则必忽防，忽防则必忘礼。礼制弗存，则无以为政矣。众之从上，犹水之居器也。故兆庶之情，信于所习；习则心服其业，业服则谓之理然。是以君人必慎所教，班其政刑一切之务，分宅百姓，各授四职，能令禀命之者不肃不安，忽然忘异，莫有迁志。况于据在三之尊，怀所隆之情，敦以为训者哉！斯乃昏明所阶，不可不审。

夫盈欲可损而未可绝有也，过用可节而未可谓无贵也。盖有讲言之具者，深列有形之故，盛称空无之美。形器之故有征，空无之义难检，辩巧之文可悦，似象之言足惑，众听眩焉，溺其成说。虽颇有异此心者，辞不获济，屈于所狎，因谓虚无之理，诚不可盖。唱而有和，多往弗反，遂薄综世之务，贱功烈之用，高浮游之业，埤经实之贤。人情所殉，笃夫名利。于是文者衍其辞，讷者赞其旨，染其众也。是以立言藉于虚无，谓之玄妙；处官不亲所司，谓之雅远；奉身散其廉操，谓之旷达。故砥砺之风，弥以陵迟。放者因斯，或悖吉凶之礼，而忽容止之表，渎弃长幼之序，混漫贵贱之级。其甚者至于裸裎，言笑忘宜，以不惜为弘，士行又亏矣。

老子既著五千之文，表摭秽杂之弊，甄举静一之义，有以令人释然自夷，合于《易》之《损》、《谦》、《艮》、《节》之旨。而静一守本，无虚无之谓也。《损》《艮》之属，盖君子之一道，非《易》之所以为体守本无也。观老子之书虽博有所经，而云"有生于无"，以虚为主，偏立一家之辞，岂有以而然哉！人之既生，以保生为全，全之所阶，以顺感为务。若味近以亏业，则沈溺之衅兴；怀末以忘本，则天理之真灭。故动之所交，存亡之会也。夫有非有，于无非无；于无非无，于有非有。是以申纵播之累，而著贵无之文。将以绝所非之盈谬，存大善之中节，收流遁于既过，反澄正于胸怀。宜其以无为辞，而旨在全有，故其辞曰"以为文不足"。若斯，则是所寄之涂，一方之言也。若谓至理信以无为宗，则偏而害当矣。先贤达识，以非所滞，示之深论。惟班固著难，未足折其情。孙卿、杨雄大体抑之，犹偏有所许。而虚无之言，日以广衍，众家扇起，各列其说。上及造化，下被万事，莫不贵无，所存金同。情以众固，乃号凡有之理皆义之埤者，薄而鄙焉。辩论人伦及经明之业，遂易门肆。頠用矍然，申其所怀，而攻者盈集。或以为一时口言。有客幸过，咸见命著文，摘列虚无不允之征。若未能每事释正，则无家之义弗可夺也。頠退而思之，虽君子宅情，无求于显，及其立言，在乎达旨而已。然去圣久远，异同纷纠，苟少有仿佛，可以崇济先典，扶明大业，有益于时，则惟患言之不能，焉得静默，及未举一隅，略示所存而已哉！

夫至无者无以能生，故始生者自生也。自生而必体有，则有遗而生亏矣。生以有为已分，则虚无是有之所谓遗者也。故养既化之有，非无用之所能全也；理既有之众，非无为之所能循也。心非事也，而制事必由于心，然不可以制事以非事，谓心为无也。匠非器也，而制器必须于匠，然不可以制器以非器，谓匠非有也。是以欲收重泉之鳞，非偃息之所能获也；隕高墉之禽，非静拱之所能捷也；审投弦饵之用，非无知之所能览也。由此而观，济有者皆有也，虚无奚益于已有之群生哉！

王衍之徒攻难交至，并莫能屈。又著《辩才论》，古今精义皆辨释焉，未成而遇祸。

初，赵王伦谄事贾后，頠甚恶之，伦数求官，頠与张华复固执不许，由是深为伦所怨。伦又潜怀篡逆，欲先除朝望，因废贾后之际遂诛之，时年三十四。二子嵩、该，伦亦欲害之。梁王肜、东海王越称頠父秀有勋王室，配食太庙，不宜灭其后嗣，故得不死，徙带方；惠帝反正，追复頠本官，改葬以卿礼，谥曰成。以嵩嗣爵，为中书黄门侍郎。该出后从伯黎，为散骑常侍，并为乞活贼陈午所害。

楷字叔则。父徽，魏冀州刺史。楷明悟有识量，弱冠知名，尤精《老》、《易》，少与王戎齐名。锺会荐之于文帝，辟相国掾，迁尚书郎。贾充改定律令，以楷为定科郎。事毕，诏楷于御前执读，平议当否。楷善宣吐，左右属目，听者忘倦。武帝为抚军，妙选僚采，以楷为参军事。吏部郎缺，文帝问其人于锺会。会曰："裴楷清通，王戎简要，皆其选也。"于是以楷为吏部郎。

楷风神高迈，容仪俊爽，博涉群书，特精理义，时人谓之"玉人"，又称"见裴叔则如近玉山，映照人也"。转中书郎，出入宫省，见者肃然改容。武帝初登阼，探策以卜世数多少，而得一，帝不悦，群臣失色，莫有言者。楷正容仪，和其声气，从容进曰："臣闻天得一以清，地得一以宁，王侯得一以为天下贞。"武帝大悦，群臣皆称万岁。俄拜散骑侍郎，累迁散骑常侍、河内太守，入为屯骑校尉、右军将军，转侍中。

石崇以功臣子有才气，与楷志趣各异，不与之交。长水校尉孙季舒尝与崇酣燕，慢傲过度，崇欲表免之。楷闻之，谓崇曰："足下饮人狂药，责人正礼，不亦乖乎！"崇乃止。

楷性宽厚，与物无忤。不持俭素，每游荣贵，辄取其珍玩。虽车马器服，宿昔之间，便以施诸穷乏。尝营别宅，其从兄衍见而悦之，即以宅与衍。梁、赵二王，国之近属，贵重当时，楷岁请二国租钱百万，以散亲族。人或讥之，楷曰："损有余以补不足，天之道也。"安于毁誉，其行己任率，皆此类也。与山涛、和峤并以盛德居位，帝尝问曰："朕应天顺时，海内更始，天下风声，何得何失？"楷对曰："陛下受命，四海承风，所以未比德于尧舜者，但以贾充之徒尚在朝耳。方宜引天下贤人，与弘正道，不宜示人以私。"时任恺、庾纯亦以充为言，帝乃出充为关中都督。充纳女于太子，乃止。平吴之后，帝方修太平之化，每延公卿，与论政道。楷陈三五之风，次叙汉魏盛衰之迹。帝称善，坐者叹服焉。

楷子瓒娶杨骏女，然楷素轻骏，与之不平。骏既执政，乃转为卫尉，迁太子少师，优游无事，默如也。及骏诛，楷以婚亲收付廷尉，将加法。是日事仓卒，诛戮纵横，众人为之震恐。楷容色不变，举动自若，索纸笔与亲故书。赖侍中傅祗救护得免，犹坐去官。太保卫瓘、太宰亮称楷贞正不阿附，宜蒙爵土，乃封临海侯，食邑二千户。代楚王玮为北军中候，加散骑常侍。玮怨瓘、亮斥己任楷，楷闻之，不敢拜，转为尚书。

楷长子舆先娶亮女，女适卫瓘子，楷虑内难未已，求出外镇，除安南将军、假节、都督荆州诸军事，垂当发而玮果矫诏诛亮、瓘。玮以楷前夺己中候，又与亮、瓘婚亲，密遣讨楷。楷素知玮有望于己，闻有变，单车入城，匿于妻父王浑家，与亮小子一夜八徙，故得免难。玮既伏诛，以楷为中书令，加侍中，与张华、王戎并管机要。

楷有渴利疾，不乐处势。王浑为楷请曰："楷受先帝拔擢之恩，复蒙陛下宠遇，诚竭节之秋也。然楷性不竞于物，昔为常侍，求出为河内太守；后为侍中，复求出为河南尹；与杨骏不平，求为卫尉；及转东宫，班在时类之下，安于淡退，有识有以见其心也。楷今委顿，臣深忧之。光禄勋缺，以为可用。今张华在中书，王戎在尚书，足举其契，无为复令楷入，名臣不多，当见将养，不违其志，要其远济之益。"不听，就加光禄大夫、开府仪同三司。及疾笃，诏遣黄门郎王衍省疾，楷回眸瞩之曰："竟未相识。"衍深叹其神俊。

楷有知人之鉴，初在河南，乐广侨居郡界，未知名，楷见而奇之，致之于宰府。尝目夏侯玄云"肃肃如入宗庙中，但见礼乐器"，锺会"如观武库森森，但见矛戟在前"，傅嘏"汪翔靡所不见"，山涛"若登山临下，幽然深远"。

初，楷家炊黍在甑，或变如拳，或作血，或作芜菁子。其年而卒，时年五十五，谥曰元。有五子：舆、瓒、宪、礼、逊。

舆字祖明。少袭父爵，官至散骑侍郎，卒谥曰简。

瓒字国宝，中书郎，风神高迈，见者皆敬之。特为王绥所重，每从其游。绥父戎谓之曰："国宝初不来，汝数往，何也？"对曰："国宝虽不知绥，绥自知国宝。"杨骏之诛，为乱兵所害。

宪字景思。少而颖悟，好交轻侠。及弱冠，更折节严重，修尚儒学，足不逾阈者数年。陈郡谢鲲、颍川庾敳皆俊郎士也，见而奇之，相谓曰："裴宪鲠亮宏达，通机识命，不知其何如父；至于深弘保素，不以世物婴心者，其殆过之。"

初，侍讲东宫，历黄门吏部郎、侍中。东海王越以为豫州刺史、北中郎将、假节。王浚承制，以宪为尚书。永嘉末，王浚为石勒所破，枣嵩等莫不谢罪军门，贡赂交错，惟宪及荀绰恬然私室。勒素闻其名，召而谓之曰："王浚虐暴幽州，人鬼同疾。孤恭行乾宪，拯兹黎元，羁旧咸欢，庆谢交路。二君齐恶傲威，诚信岨绝，防风之戮，将谁归乎？"宪神色伈然，泣而对曰："臣举世荷晋荣，恩遇隆重。王浚凶粗丑正，尚晋之遗藩。虽欣圣化，义岨诚心。且武王伐纣，表商容之闾，未闻商容在倒戈之例也。明公既不欲以道化厉物，必以刑忍为治者，防风之戮，臣之分也。请就辟有司。"不拜而出。勒深嘉之，待以宾礼。勒乃簿王浚官寮亲属，皆赀至巨万，惟宪与荀绰家有书百余帙，盐米各十数斛而已。勒闻之，谓其长史张宾曰："名不虚也。吾不喜得幽州，喜获二子。"署从事中郎，出为长乐太守。及勒僭号，未遑制度，与王波为之撰朝仪，于是宪章文物，拟于王者。勒大悦，署太中大夫，迁司徒。

及季龙之世，弥加礼重。宪有二子：挹、毅，并以文才知名。毅仕季龙为太子中庶子、散骑常侍。挹、毅俱豪侠耽酒，好臧否人物。与河间邢鱼有隙，鱼窃乘毅马奔段辽，为人所获，鱼诬毅使己以季龙当袭鲜卑，告之为备。时季龙适谋伐辽，而与鱼辞正合。季龙悉诛挹、毅，宪亦坐免。未几，复以为右光禄大夫、司徒、太傅，封安定郡公。

宪历官无干绩之称，然在朝玄默，未尝以物务经怀。但以德重名高，动见尊礼。竟卒于石氏，以族人崚子迈为嗣。

楷长兄黎，次兄康，并知名。康子盾，少历显位。永嘉中，为徐州刺史，委任长史司马奥。奥劝盾刑杀立威，大发良人为兵，有不奉法者罪便至死。在任三年，百姓嗟怨。东海王越，盾妹夫也。越既薨，骑督满衡便引所发良人东还。寻而刘元海遣将王桑、赵固向彭城，前锋数骑至下邳，文武不堪苟政，悉皆散走，盾、奥奔淮阴，妻子为贼人所得。奥又诱盾降赵固。固妻盾女，有宠，盾向女涕泣，固遂杀之。

盾弟邵，字道期。元帝为安东将军，以邵为长史，王导为司马，二人相与为深交。征为太子中庶子，复转散骑常侍，使持节、都督扬州江西淮北诸军事、东中郎将，随越出项，而卒于军中。及王导为司空，既拜，叹曰："裴道期、刘王乔在，吾不得独登此位。"导子仲豫与康同字，导思旧好，乃改为敬豫焉。

楷弟绰，字季舒，器宇宏旷，官至黄门侍郎、长水校尉。绰子遐，善言玄理，音辞清畅，泠然若琴瑟。尝与河南郭象谈论，一坐嗟服。又尝在平东将军周馥坐，与人围棋。馥司马行酒，遐未即饮，司马醉怒，因曳遐堕地。遐徐起还坐，颜色不变，复棋如故。其性虚和如此。东海王越引为主簿，后为越子毗所害。

初，裴、王二族盛于魏晋之世，时人以为八裴方八王：徽比王祥，楷比王衍，康比王绥，绰比王澄，瓒比王敦，遐比王导，顾比王戎，邈比王玄云。

史臣曰：周称多士，汉曰得人，取类星象，颉颃符契。时乏名流，多以干翮相许，自家光国，岂陈骞之谓欤！秀则声盖朋僚，称为领袖。楷则机神幼发，目以清通。俱为晋氏名臣，良有以也。

赞曰：世既顺才，才膺世を。高平沈敏，蕴兹名器。钜鹿自然，亦云经笥。娲皇炼石，晋图开秘。顾有清规，承家来媚。

卷三十六　　列传第六

卫瓘子恒　孙璪　玠　**张华**子祎　韪
刘卞

卫瓘，字伯玉，河东安邑人也。高祖暠，汉明帝时，以儒学自代郡征，至河东安邑卒，因赐所亡地而葬之，子孙遂家焉。父觊，魏尚书。瓘年十岁丧父，至孝过人。性贞静有名理，以明识清允称。袭父爵阌乡侯。弱冠为魏尚书郎。时魏法严苛，母陈氏忧之，瓘自请得徙为通事郎，转中书郎。时权臣专政，瓘优游其间，无所亲疏，甚为傅嘏所重，谓之甯武子。在位十年，以任职称，累迁散骑常侍。陈留王即位，拜侍中，持节慰劳河北。以定功勋，增邑户。数岁转廷尉卿。瓘明法理，每至听讼，小大以情。

邓艾、钟会之伐蜀也，瓘以本官持节监艾、会军事，行镇西军司，给兵千人。蜀既平，艾辄承制封拜。会阴怀异志，因艾专擅，密与瓘俱奏其状。诏使槛车征之，会遣瓘先收艾。会以瓘兵少，欲令艾杀瓘，因加艾罪。瓘知欲危己，然不可得而距，乃夜至成都，檄艾所统诸将，称诏收艾，其余一无所问。若来赴官军，爵赏如先；敢有不出，诛及三族。比至鸡鸣，悉来赴瓘，唯艾帐内在焉。平旦开门，瓘乘使者车，径入至成都殿前。艾卧未起，父子俱被执。艾诸将图欲劫艾，整仗趣瓘营。瓘轻出迎之，伪作表草，将申明艾事，诸将信之而止。俄而会至，乃悉请诸将胡烈等，因执之，囚益州解舍，遂发兵反。于是士卒思归，内外骚动，人情忧惧。会留瓘谋议，乃书版云"欲杀胡烈等"，举以示瓘，瓘不许，因相疑贰。瓘如厕，见胡烈故给使，使宣语三军，言会反。会逼瓘定议，经宿不眠，各横刀膝上。在外诸军已潜欲攻会。瓘既不出，未敢先发。会使瓘慰劳诸军。瓘心欲去，且坚其意，曰："卿三军主，宜自行。"会曰："卿监司，且先行，吾当后出。"瓘便下殿。会悔遣之，使呼瓘。瓘辞眩疾动，诈仆地。比出阁，数十信追之。瓘至外解，服盐汤，大吐。瓘素羸，便似困笃。会遣所亲人及医视之，皆言不起，会由是无所惮。及暮，门闭，瓘作檄宣告诸军。诸军并已唱义，陵旦共攻会。会率左右距战，诸将击败之，唯帐下数百人随会绕殿而走，尽杀之。瓘于是部分诸将，群情肃然。邓艾本营将士复追破槛车出艾，还向成都。瓘自以与会共陷艾，惧为变，又欲专诛会之功，乃遣护军田续至绵竹，夜袭艾于三造亭，斩艾及其子忠。初，艾之入江由也，以续不进，将斩之，既而赦焉。及瓘遣续，谓之曰："可以报江由之辱矣。"

事平，朝议封瓘。瓘以克蜀之功，群帅之力，二将跋扈，自取灭亡，虽运智谋，而无搴旗之效，固让不受。除使持节、都督关中诸军事、镇西将军，寻迁都督徐州诸军事、镇东将军，增封菖阳侯，以余爵封弟实开阳亭侯。泰始初，转征东将军，进爵为公，都督青州诸军事、青州刺史，加征东大将军、青州牧。所在皆有政绩。除征北大将军、都督幽州诸军事、幽州刺史、护乌桓校尉。至镇，表立平州，后兼督之。于时幽并东有务桓，西有力微，并为边害。瓘离间二虏，遂致嫌隙，于是务桓降而力微以忧死。朝廷嘉其功，赐一子亭侯。瓘乞以封弟，未受命而卒，子密受封为亭侯。瓘六男无爵，悉让二弟，远近称之。累求入朝，既至，武帝善遇之，俄使旋镇。咸宁初，征拜尚书令，加侍中。性严整，以法御下，视尚书若参佐，尚书郎若掾属。瓘学问深博，明习文艺，与尚书郎敦煌索靖俱善草书，时人号为"一台二妙"。汉末张芝亦善草书，论者谓瓘得伯英筋，靖得伯英肉。太康初，迁司空，侍中、令如故。为政清简，甚得朝野声誉。武帝敕瓘第四子宣尚繁昌公主。瓘自以诸生之胄，婚对微素，抗表固辞，不许。又领太子少傅，加千兵百骑鼓吹之府。以日蚀，瓘与太尉汝南王亮、司徒魏舒俱逊位，帝不听。

瓘以魏立九品，是权时之制，非经通之道，宜复古乡举里选。与太尉亮等上疏曰："昔圣王崇贤，举善而教，用使朝廷德让，野无邪行。诚以闾伍之政，足以相检，询事考言，必得其善，人知名不可虚求，故还修其身。是以崇贤而俗益穆，黜恶而行弥笃。斯则乡举里选者，先王之令典也。自兹以降，此法陵迟。魏氏承颠覆之运，起丧乱之后，人士流移，考详无地，故立九品之制，粗且为一时选用之本耳。其始造也，乡邑清议，不拘爵位，褒贬所加，足为劝励，犹有乡论余风。中间渐染，遂计资定品，使天下观望，唯以居位为贵，人弃德而忽道业，争多少于锥刀之末，伤损风俗，其弊不细。今九域同规，大化方始，臣等以为宜皆荡除末法,一拟古制,以土断,定自公卿以下,皆以所居为正,无复悬客远属异土者。如此,则同乡邻伍,皆为邑里,郡县之宰,即以居长,尽除中正九品之制,使举善进才,各由乡论。然则下敬其上,人安其教,俗与政俱清,化与法并济。人知善否之教,不在交游,即华竞自息,各求于己矣。今除九品,则宜准古制,使朝臣相互相举任,于出才之路既博,且可以厉进贤之公心,核在位之明暗,诚令典也。"武帝善之,而卒不能改。

惠帝之为太子也,朝臣咸谓纯质,不能亲政事。瓘每欲陈启废之,而未敢发。后会宴陵云台,瓘托醉,因跪帝床前曰:"臣欲有所启。"帝曰:"公所言何耶?"瓘欲言而止者三,因以手抚床曰:"此座可惜!"帝意乃悟,因谬曰:"公真大醉耶?"瓘于此不复有言。贾后由是怨瓘。

宣尚公主,数有酒色之过。杨骏素与瓘不平,骏复欲自专权重,宣若离婚,瓘必逊位,于是遂与黄门等毁之,讽帝夺宣公主。瓘惭惧,告老逊让。乃下诏曰:"司空瓘年未致仕,而逊让历年,欲以神志未衰,以果本情,至真之风,实感吾心。今听其所执,进位太保,以公就第。给亲兵百人,置长史、司马、从事中郎掾属;及大车、官骑、麾盖、鼓吹诸威仪,一如旧典。给厨田十顷、园五十亩、钱百万、绢五百匹;床帐箪褥,主者务令优备,以称吾崇贤之意焉。"有司又奏收宣付廷尉,免瓘位,诏不许。帝后知黄门虚构,欲还复主,而宣疾亡。

惠帝即位,复瓘千兵。及杨骏诛,以瓘录尚书事,加绿綟绶,剑履上殿,入朝不趋,给骑司马,与汝南王亮共辅朝政。亮奏遣诸王还藩,与朝臣廷议,无敢应者,唯瓘赞其事,楚王玮由是憾焉。贾后素怨瓘,且忌其方直,不得骋己淫虐;又闻瓘与玮有隙,遂谤瓘与亮欲为伊霍之事,启帝作手诏,使玮免瓘等官。黄门赍诏授玮,玮性轻险,欲聘私怨,夜使清河王遐收瓘。左右疑遐矫诏,咸谏曰:"礼律刑名,台辅大臣,未有此比,且请距之。须自表得报,就戮未晚也。"瓘不从,遂与子恒、岳、裔及孙等九人同被害,时年七十二。恒二子璪、玠,时在医家得免。

初,杜预闻瓘杀邓艾,言于众曰:"伯玉其不免乎!身为名士,位居总帅,既无德音,又不御下以正,是小人而乘君子之器,当何以堪其责乎?"瓘闻之,不俟驾而谢。终如预言。初,瓘家人炊饭,堕地尽化为螺,岁余而及祸。太保主簿刘繇等冒难收瓘而葬之。

初,瓘为司空,时帐下督荣晦有罪,瓘斥遣之。及难作,随兵讨瓘,故子孙皆及于祸。

楚王玮之伏诛也,瓘女与国臣书曰:"先公名谥未显,无异凡人,每怪一国蔑然无言。《春秋》之失,其咎安在?悲愤感慨,故以示意。"于是繇等执黄幡,挝登闻鼓,上言曰:"初,矫诏者至,公承诏当免,即便奉送章绶,虽有兵仗,不施一刃,重敕出第,单车从命。如矫诏之文唯免公官,右军以下即承诈伪,违其本文,辄戮宰辅,不复表上,横收公子孙辄皆行刑,贼害大臣父子九人。伏见诏书'为楚王所诳误,非本同谋者皆弛遣'。如书之旨,谓里舍人被驱逼赍白杖者耳。律,受教杀人,不得免死。况乎手害功臣,贼杀忠良,虽云非谋,理所不赦。今元恶虽诛,杀贼犹存。臣惧有司未详事实,或有纵漏,不加精尽,使公父子仇贼不灭,冤魂永恨,诉于穹苍,酷痛之臣,悲于明世。臣等身被创痍,瘗敛始讫。谨条瓘前在司空时,帐下给使荣晦无情被黜,知瓘家人数、小孙名字。晦后转给右军,其夜晦在门外扬声大呼,宣诏免公还第。及门开,晦前到中门,复读所赍伪诏,手取公章绶貂蝉,催公出第。晦按次录瓘家口及其子孙,皆兵仗将送,著东亭道北围守,一时之间,便皆斩斫。害公子孙,实由于晦。及将人劫盗府库,皆晦所为。考晦一人,众奸皆出。乞验尽情伪,加以族诛。"诏从之。

朝廷以瓘举门无辜受祸,乃追瓘伐蜀勋,封兰陵郡公、增邑三千户,谥曰成,赠假黄钺。

恒字巨山,少辟司空齐王府,转太子舍人、尚书郎、秘书丞、太子庶子、黄门郎。

恒善草隶书,为《四体书势》曰:

昔在黄帝,创制造物。有沮诵、仓颉者,始作书契,以代结绳,盖睹鸟迹以兴思也。因而遂滋,则谓之字,有六义焉。一曰指事,上、下是也。二曰象形,日、月是也。三曰形声,江、河是也。四曰会意,武、信是也。五曰转注,老、考是也。六曰假借,令、长是也。夫指事者,在上为上,在下为下。象形者,日满月亏,效其形也。形声者,以类为形,配以声也。会意者,止戈为武,人言为信也。转注者,以老寿考也。假借者,数言同字,其声虽异,文意一也。自黄帝至三代,其文不改。及秦用篆书,焚烧先典,而古文绝矣。汉武时,鲁恭王坏孔子宅,得《尚书》、《春秋》、《论语》、《孝经》。时人以不复知有古文,谓之科斗书。汉世秘藏,希得见之。魏初传古文者,出于邯郸淳。恒祖敬侯写淳《尚书》,后以示淳,而淳不别。至正始中,立三字石经,转失淳法,因科斗之名,遂效其形。太康元年,汲县人盗发魏襄王冢,得策书十余万言。案敬侯所书,犹有仿佛。古书亦有数种,其一卷论楚事者最为工妙。恒窃悦之,故竭愚思以赞其美,愧不足厕前贤之作,冀以存古人之象焉。古无别名,谓之字势云。

"黄帝之史,沮诵、仓颉,眺彼鸟迹,始作书契。纪纲万事,垂法立制,帝典用宣,质文著世。爰暨暴秦,滔天作戾,大道既泯,古文亦灭。魏文好古,世传丘坟,历代莫发,真伪靡分。大晋开元,弘道敷训,天垂其象,地耀其文。其文乃耀,粲矣其章,因声会意,类物有方:日处君而盈其度,月执臣而亏其旁;云委蛇而上布,星离离以舒光;禾卉苯䔿以垂颖,山岳峨嵯而连冈;虫跂跂其若动,鸟似飞而未扬。观其错笔缀墨,用心精专。势和体均,发止无间。或守正循检,矩折规旋。或方员靡则,因事制权。其曲如弓,其直如弦。矫然特出,若龙腾于川。森尔下颓,若雨坠于天。或引笔奋力,若鸿雁高飞,邈邈翩翩。或纵肆阿那,若流苏悬羽,靡靡绵绵。是故远而望之,若翔风厉水，清波漪涟。就而察之，有若自然。信黄唐之遗迹，为六艺之范先。籀篆盖其子孙，隶草乃其曾玄。睹物象以致思，非言辞之可宣。"

昔周宣王时，史籀始著《大篆》十五篇，或与古同，或与古异，世谓之籀书者也。及平王东迁，诸侯力政，家殊国异，而文字乖形。秦始皇帝初兼天下。丞相李斯乃奏益之，罢不合秦文者，斯作《仓颉篇》，中车府令赵高作《爰历篇》，太史令胡毋敬作《博学篇》，皆取史籀大篆，或颇省改，所谓小篆者。或曰，下土人程邈为衙狱吏，得罪始皇，幽系云阳十年，从狱中作大篆，少者增益，多者损减，方者使员，员者使方，奏之始皇。始皇善之，出以为御史，使定书。或曰，邈所定乃隶字也。自秦坏古文，有八体，一曰大篆，二曰小篆，三曰刻符，四曰虫书，五曰摹印，六曰署书，七曰殳书，八曰隶书。王莽时，使司空甄丰校文字部，改定古文，复有六书。一曰古文，孔氏壁中书也。二曰奇字，即古文而异者也。三曰篆书，秦篆书也。四曰佐书，即隶书也。五曰缪篆，所以摹印也。六曰鸟书，所以书幡信也。及许慎撰《说文》，用篆书为正，以为体例，最可得而论也。秦时李斯号为工篆，诸山及铜人铭皆斯书也。汉建初中，扶风曹喜少异于斯，而亦称善。邯郸淳师焉，略究其妙，韦诞师淳而不及也。太和中，诞为武都太守，以能书，留补侍中，魏氏宝器铭题皆诞书也。汉末又有蔡邕，采斯喜之法，为古今杂形，然精密闲理不如淳也。

邕作《篆势》曰："鸟遗迹，皇颉循。圣作则，制斯文。体有六，篆为真。形要妙，巧入神，或龟文铖列，栉比龙鳞；纡体放尾，长短复身，颓若黍稷之垂颖，蕴若虫蛇之焚缊；扬波振擎，鹰跱鸟震，延颈胁翼，势似陵云。或轻笔内投，微本浓末，若绝若连；似水露缘丝，凝垂下端；从者如悬，衡者如编，杳杪邪趣，不方不员；若行若飞，跂跂翾翾。远而望之，象鸿鹄群游，骆驿迁延；迫而视之，端际不可得见。指挒不可胜原。研桑不能数其诘屈，离娄不能睹其郄间，般倕揖让而辞巧，籀诵拱手而韬翰。处篇籍之首目，粲斌斌其可观。摘华艳于纨素，为学艺之范先。喜文德之弘懿，愠作者之莫刊。思字体之俯仰，举大略而论旃。"

秦既用篆，奏事繁多，篆字难成，即令隶人佐书，曰隶字。汉因行之，独符、印玺、幡信、题署用篆。隶书者，篆之捷也。上谷王次仲始作楷法。至灵帝好书，时多能者，而师宜官为最，大则一字径丈，小则方寸千言，甚矜其能。或时不持钱诣酒家饮，因书其壁，顾观者以酬酒，讨钱足而灭之。每书辄削而焚其柎。梁鹄乃益为版而饮之酒，候其醉而窃其柎。鹄卒以书至选部尚书。宜官后为袁术将，今钜鹿宋子有《耿球碑》，是术所立，其书甚工，云是宜官也。梁鹄奔刘表，魏武帝破荆州，募求鹄。鹄之为选部也，魏武欲为洛阳令，而以为北部尉，故惧而自缚诣门，署军假司马；在秘书以勤书自效，是以今者多有鹄手

迹。魏武帝悬著帐中，及以钉壁玩之，以为胜宜官。今宫殿题署多是鹄篆。鹄宜为大字，邯郸淳宜为小字。鹄谓淳得次仲法，然鹄之用笔尽其势矣。鹄弟子毛弘教于秘书，今八分皆弘法也。汉末有左子邑，小与淳鹄不同，然亦有名。

魏初有钟胡二家为行书法，俱学之于刘德升，而钟氏小异，然亦各有巧，今大行于世也。作《隶势》曰："鸟迹之变，乃惟佐隶。蠲彼繁文，崇此简易。厥用既弘，体象有度。焕若星陈，郁若云布。其大径寻，细不容发。随事从宜，靡有常制。或穹隆恢廓，或栉比针列，或砥平绳直，或蜿蜒胶戾，或长邪角趣，或规旋矩折。修短相副，异体同势。奋笔轻举，离而不绝。纤波浓点，错落其间，若锺簴设张，庭燎尽烟，崟岩巇嵯，高下属连。似崇台重宇，增云冠山。远而望之，若飞龙在天；近而察之，心乱目眩。奇姿谲诡，不可胜原。研桑所不能计，宰赐所不能言。何草篆之足算，而斯文之未宣。岂体大之难睹，将秘奥之不传？聊俯仰而详观，举大较而论旃。"

汉兴而有草书，不知作者姓名。至章帝时，齐相杜度号善作篇。后有崔瑗、崔寔，亦皆称工，杜氏杀字甚安，而书体微瘦。崔氏甚得笔势，而结字小疏。弘农张伯英者，因而转精甚巧。凡家之衣帛，必书而后练之。临池学书，池水尽黑。下笔必为楷则，号匆匆不暇草书，寸纸不见遗，至今世尤宝其书，韦仲将谓之草圣。伯英弟文舒者，次伯英。又有姜孟颖、梁孔达，田彦和及韦仲将之徒，皆伯英弟子，有名于世，然殊不及文舒也。罗叔景、赵元嗣者，与伯英并时，见称于西州，而矜巧自与，众颇惑之。故英自称"上比崔杜不足，下方罗赵有余。"河间张超亦有名，然虽与崔氏同州，不如伯英之得其法也。

崔瑗作《草书势》曰："书契之兴，始自颉皇。写彼鸟迹，以定文章。爰暨末叶，典籍弥繁。时之多僻，政之多权。官事荒芜，剿其墨翰。惟作佐隶，旧字是删。草书之法，盖又简略。应时谕指，用于卒迫。兼功并用，爱日省力。纯俭之变，岂必古式。观其法象，俯仰有仪。方不中矩，员不副规；抑左扬右，望之若崎。竦企鸟跱，志扬飞移。狡兽暴骇，将奔未驰。或黝黮点黚，状似连珠，绝而不离；畜怒怫郁，放逸生奇。或凌邃惴慄，若据槁临危；旁点邪附，似蜩螗挶枝。绝笔收势，余綖纠结，若杜伯揵毒缘岐，螣蛇赴穴，头没尾垂。是故远而望之，隹焉若沮岑崩崖；就而察之，一画不可移。机微要妙，临时从宜。略举大较，仿佛若斯。"

及瓘为楚王玮所构，恒闻变，以何劭，嫂之父也，从墙孔中诣之，以问消息。劭知而不告。恒还经厨下，收人正食，因而遇害。后赠长水校尉，谥兰陵贞世子。二子：璪、玠。

璪字仲宝，袭瓘爵。后东海王越以兰陵益其国，改封江夏郡公，邑八千五百户。怀帝即位，为散骑侍郎。永嘉

五年,没于刘聪。元帝以瓘玄孙崇嗣。

玠字叔宝,年五岁,风神秀异。祖父瓘曰:"此儿有异于众,顾吾年老,不见其成长耳!"总角乘羊车入市,见者皆以为玉人,观之者倾都。骠骑将军王济,玠之舅也,俊爽有风姿,每见玠,辄叹曰:"珠玉在侧,觉我形秽。"又尝语人曰:"与玠同游,囧若明珠之在侧,朗然照人。"及长,好言玄理。其后多病体羸,母恒禁其语。遇有胜日,亲友时请一言,无不咨嗟,以为入微。琅邪王澄有高名,少所推服,每闻玠言,辄叹息绝倒。故时人为之语曰:"卫玠谈道,平子绝倒。"澄及王玄、王济并有盛名,皆出玠下,世云"王家三子,不如卫家一儿。"玠妻父乐广,有海内重名,议者以为"妇公冰清,女婿玉润。"

辟命屡至,皆不就。久之,为太傅西阁祭酒,拜太子洗马。璪为散骑侍郎,内侍怀帝。玠以天下大乱,欲移家南行。母曰:"我不能舍仲宝去也。"玠启谕深至,为门户大计,母涕泣从之。临别,玠谓兄曰:"在三之义,人之所重。今可谓致身之日,兄其勉之。"乃扶舆母转至江夏。

玠妻先亡。征南将军山简见之,甚相钦重。简曰:"昔戴叔鸾嫁女,唯贤是与,不问贵贱,况卫氏权贵门户令望之人乎!"于是以女妻焉。遂进豫章,是时大将军王敦镇豫章,长史谢鲲先雅重玠,相见欣然,言论弥日。敦谓鲲曰:"昔王辅嗣吐金声于中朝,此子复玉振于江表,微言之绪,绝而复续。不意永嘉之末,复闻正始之音,何平叔若在,当复绝倒。"玠尝以人有不及,可以情恕;非意相干,可以理遣,故终身不见喜愠之容。

以王敦豪爽不群,而好居物上,恐非国之忠臣,求向建邺。京师人士闻其姿容,观者如堵。玠劳疾遂甚,永嘉六年卒,时年二十七,时人谓玠被看杀。葬于南昌。谢鲲哭之恸,人问曰:"子有何恤而致斯哀?"答曰:"栋梁折矣,不觉哀耳。"咸和中,改葬于江宁。丞相王导教曰:"卫洗马明当改葬。此君风流名士,海内所瞻,可修薄祭,以敦旧好。"后刘惔、谢尚共论中朝人士,或问:"杜乂可方卫洗马不?"尚曰:"安得相比,其间可容数人。"惔又云:"杜乂肤清,叔宝神清。"其为有识者所重若此。于时中兴名士,唯王承及玠为当时第一云。

恒族弟展字道舒,历尚书郎、南阳太守。永嘉中,为江州刺史,累迁晋乏大理。诏有考子证父,或鞭父母问子所在,展以为恐伤正教,并奏除之。中兴建,为廷尉,上疏宜复肉刑,语在《刑法志》。卒,赠光禄大夫。

张华,字茂先,范阳方城人也。父平,魏渔阳郡守。华少孤贫,自牧羊,同郡卢钦见而器之。乡人刘放亦奇其才,以女妻焉。华学业优博,辞藻温丽,朗赡多通,图纬方伎之书莫不详览。少自修谨,造次必以礼度。勇于赴义,笃于周急。器识弘旷,时人罕能测之。初未知名,著《鹪鹩赋》以自寄。其词曰:

何造化之多端,播群形于万类。惟鹪鹩之微禽,亦摄生而受气,育翩翾之陋体,无玄黄以自贵;毛无施于器用,肉不登乎俎味。鹰鹯过犹戢翼,尚何惧于置罳!翳荟蒙笼,是焉游集。飞不飘扬,翔不翕集。

其居易容,其求易给;巢林不过一枝,每食不过数粒。栖无所滞。游无所盼;匪陋荆棘,匪荣茝兰。动翼而逸,投足而安。委命顺理,与物无患。伊兹禽之无知,而处身之似智。不怀宝以贾害,不饰表以招累。静守性而不矜,动因循而简易。任自然以为资,无诱慕于世伪。雕鹖介其觜距,鹄鹭轶于云际,鹍鸡窜于幽险,孔翠生乎遐裔,彼晨凫与归雁,又矫翼而增缴,咸美羽而丰肌,故无罪而皆毙;徒衔芦以避缴,终戮于此世。苍鹰鸷而受绁,鹦鹉慧而入笼,屈猛志以服养,块幽絷于九重;变音声以顺旨,思摧翮而为庸。恋钟岱之林野,慕陇坻之高松。虽蒙幸于今日,未若畴昔之从容。海鸟爰居,避风而至;条支巨爵,逾岭自致;提挈万里,飘飖逼畏。夫惟体大妨物,而形瑰足伟也。阴阳陶烝,万品一区。巨细舛错,种繁类殊。鹪冥巢于蚊睫,大鹏弥乎天隅,将以上方不足而下比有余。普天壤而遐观,吾又安知大小之所如。

陈留阮籍见之,叹曰:"王佐之才也!"由是声名始著。郡守鲜于嗣荐华为太常博士。卢钦言之于文帝,转河南尹丞,未拜,除佐著作郎。顷之,迁长史,兼中书郎。朝议表奏,多见施用,遂即真。晋受禅,拜黄门侍郎,封关内侯。

华强记默识,四海之内,若指诸掌。武帝尝问汉宫室制度及建章千门万户,华应对如流,听者忘倦,画地成图,左右属目。帝甚异之,时人比之子产。数岁,拜中书令,后加散骑常侍。遭母忧,哀毁过礼,中诏勉励,逼令摄事。

初,帝潜与羊祜谋伐吴,而群臣多以为不可,唯华赞成其计。其后,祜疾笃,帝遣华诣祜,问以伐吴之计,语在《祜传》。及将大举,以华为度支尚书,乃量计运漕,决定庙算。众军既进,而未有克获,贾充等奏诛华以谢天下。帝曰:"此是吾意,华但与吾同耳。"时大臣皆以为未可轻进,华独坚执,以为必克。及吴灭,诏曰:"尚书、关内侯张华,前与故太傅羊祜共创大计,遂典掌军事,部分诸方,算定权略,运筹决胜,有谋谟之勋。其进封为广武县侯,增邑万户,封子一人为亭侯,千五百户,赐绢万匹。"

华名重一世,众所推服,晋史及仪礼宪章并属于华,多所损益。当时诏诰皆所草定,声誉益盛,有台辅之望焉。而荀勖自以大族,恃帝恩深,憎疾之,每伺间隙,欲出华外镇。会帝问华:"谁可托寄后事者?"对曰:"明德至亲,莫如齐王攸。"既非上意所在,微为忤旨,间言遂行。乃出华为持节、都督幽州诸军事、领护乌桓校尉、安北将军。抚纳新旧,戎夏怀之。东夷马韩、新弥诸国依山带海,去州四千余里,历世未附者二十余国,并遣使朝献。于是远夷宾服,四境无虞,频岁丰稔,士马强盛。

朝议欲征华入相,又欲进号仪同。初,华毁征士冯恢于帝,紞即恢之弟也,深有宠于帝。紞尝侍帝,从容论魏晋事,因曰:"臣窃谓锺会之叛,颇由太祖。"帝变色曰:"卿何言邪!"紞免冠谢曰:"臣愚冗瞽言,罪应万死。然臣微意,犹有可申。"帝曰:"何以言之"紞曰:"臣以为善御者必识六辔盈缩之势,善政者必审官方控带之宜,故仲由以兼人被抑,冉求以退弱被进,汉高八王以宠过夷灭，光武诸将由抑损克终。非上有仁暴之殊，下有愚智之异，盖抑扬与夺使之然耳。锺会才见有限，而太祖夸奖太过，嘉其谋猷，盛其名器，居以重势，委以大兵，故使会自谓算无遗策，功在不赏，翰张跋扈，遂构凶逆耳。向令太祖录其小能，节以大礼，抑之以权势，纳之以轨则，则乱心无由而生，乱事无由而成矣。"帝曰："然。"统稽首曰："陛下既已然微臣之言，宜思坚冰之渐，无使如会之徒复致覆丧。"帝曰："当今岂有如会者乎？"统曰："东方朔有言'谈何容易'，《易》曰：'臣不密则失身'。"帝乃屏左右曰："卿极言之。"统曰："陛下谋谟之臣，著大功于天下，海内莫不闻知，据方镇总戎马之任者，皆在陛下圣虑矣。"帝默然。顷之，征华为太常。以太庙屋栋折，免官。遂终帝之世，以列侯朝见。

惠帝即位，以华为太子少傅，与王戎、裴楷、和峤俱以德望为杨骏所忌，皆不与朝政。及骏诛后，将废皇太后，会群臣于朝堂，议者皆承望风旨，以为"《春秋》绝文姜，今太后自绝于宗庙，亦宜废黜。"惟华议以为"夫妇之道，父不能得之于子，子不能得之于父，皇太后非得罪于先帝者也。今党其所亲，为不母于圣世，宜依汉废赵太后为孝成后故事，贬太后之号，还称武皇后，居异宫，以全贵终之恩。"不从，遂废太后为庶人。

楚王玮受密诏杀太宰汝南王亮、太保卫瓘等，内外兵扰，朝廷大恐，计无所出。华白帝以"玮矫诏擅害二公，将士仓卒，谓是国家意，故承之耳。今可遣驺虞幡使外军解严，理必风靡。"上从之，玮兵果败。及玮诛，华以首谋有功，拜右光禄大夫、开府仪同三司、侍中、中书监，金章紫绶。固辞开府。

贾谧与后共谋，以华庶族，儒雅有筹略，进无逼上之嫌，退为众望所依，欲倚以朝纲，访以政事。疑而未决，以问裴𬱟，𬱟素重华，深赞其事。华遂尽忠匡辅，弥缝补阙，虽当暗主虐后之朝，而海内晏然，华之功也。华惧后族之盛，作《女史箴》以为讽。贾后虽凶妒，而知敬重华。久之，论前后忠勋，进封壮武郡公。华十余让，中诏敦譬，乃受。数年，代下邳王晃为司空，领著作。

及贾后谋废太子，左卫率刘卞甚为太子所信遇，每会宴，卞必预焉。屡见贾谧骄傲，太子恨之，形于言色，谧亦不能平。卞以贾后谋问华，华曰："不闻。"卞曰："卞以寒悴，自须昌小吏受公成拔，以至今日。士感知己，是以尽言，而公更有疑于卞邪！"华曰："假令有此，君欲如何？"卞曰："东宫俊乂如林，四率精兵万人。公居阿衡之任，若得公命，皇太子因朝入录尚书事，废贾后于金墉城，两黄门力耳。"华曰："今天子当阳，太子，人子也，吾又不受阿衡之命，忽相与行此，是无其君父，而以不孝示天下也。虽能有成，犹不免罪，况权戚满朝，威柄不一，而可以安乎！"及帝会群臣于式乾殿，出太子手书，遍示群臣，莫敢有言者。惟华谏曰："此国之大祸。自汉武以来，每废黜正嫡，恒至丧乱。且国家有天下日浅，愿陛下详之。"尚书左仆射裴𬱟以为宜先检校传书者，又请比校太子手书，不然，恐有诈妄。贾后乃内出太子素启事十余纸，众人比视，亦无敢言非者，议至日西不决，后知华等意坚，因表乞免为庶人，帝乃可其奏。

初，赵王伦为镇西将军，挠乱关中，氐羌反叛，乃以梁王肜代之。或说华曰："赵王贪昧，信用孙秀，所在为乱，而秀变诈，奸人之雄。今可遣梁王斩秀，刈赵之半，以谢关右，不亦可乎！"华从之，肜许诺。秀友人辛冉从西来，言于肜曰："氐羌自反，非秀之为。"故得免死。伦既还，谄事贾后，因求录尚书事，后又求尚书令。华与裴𬱟皆固执不可，由是致怨，伦、秀疾华如仇。武库火，华惧因此变作，列兵固守，然后救之，故累代之宝及汉高斩蛇剑、王莽头、孔子屐等尽焚焉。时华见剑穿屋而飞，莫知所向。

初，华所封壮武郡有桑化为柏，识者以为不祥。又华第舍及监省数有妖怪。少子韪以中台星坼，劝华逊位。华不从，曰："天道玄远，惟修德以应之耳。不如静以待之，以俟天命。"及伦、秀将废贾后，秀使司马雅夜告华曰："今社稷将危，赵王欲与公共匡朝廷，为霸者之事。"华知秀等必成篡夺，乃距之。雅怒曰："刃将加颈，而吐言如此！"不顾而出。华方昼卧，忽梦见屋坏，觉而恶之。是夜难作，诈称诏召华，遂与裴𬱟俱被收。华将死，谓张林曰："卿欲害忠臣耶？"林称诏诘曰："卿为宰相，任天下事，太子之废，不能死节，何也"华曰："式乾之议，臣谏事具存，非不谏也。"林曰："谏若不从，何不去位？"华不能答。须臾，使者至曰："诏斩公。"华曰："臣先帝老臣，中心如丹。臣不爱死，惧王室之难，祸不可测也。"遂害之于前殿马道南，夷三族，朝野莫不悲痛之。时年六十九。

华性好人物，诱进不倦，至于穷贱侯门之士有一介之善者，便咨嗟称咏，为之延誉。雅爱书籍，身死之日，家无余财，惟有文史溢于机箧。尝徙居，载书三十乘。秘书监挚虞撰定官书，皆资华之本以取正焉。天下奇秘，世所希有者，悉在华所。由是博物洽闻，世无与比。

惠帝中，人有得鸟毛三丈，以示华。华见，惨然曰："此谓海凫毛也，出则天下乱矣。"陆机尝饷华鲊，于时宾客满座，华发器，便曰："此龙肉也。"众未之信，华曰："试以苦酒濯之，必有异。"既而五色光起。机还问鲊主，果云："园中茅积下得一白鱼，质状殊常，以作鲊，过美，故以相献。"武库封闭甚密，其中忽有雉雏。华曰："此必蛇化为雉也。"开视，雉侧果有蛇蜕焉。吴郡临平岸崩，出一石鼓，槌之无声。帝以问华，华曰："可取蜀中桐材，刻为鱼形，扣之则鸣矣。"于是如其言，果声闻数里。

初，吴之未灭也，斗牛之间常有紫气，道术者皆以吴方强盛，未可图也，惟华以为不然。及吴平之后，紫气愈明。华闻豫章人雷焕妙达纬象，乃要焕宿，屏人曰："可共寻天文，知将来吉凶。"因登楼仰观，焕曰："仆察之久矣，惟斗牛之间颇有异气。"华曰："是何祥也？"焕曰："宝剑之精，上彻于天耳。"华曰："君言得之。吾少时有相者言，吾年出六十，位登三事，当得宝剑佩之。斯言岂效与！"因问曰："在何郡？"焕曰："在豫章丰城。"华曰："欲屈君为宰，密共寻之，可乎？"焕许之。华大喜，即补焕为丰城令。焕到县，掘狱屋基，入地四丈余，得一石函，光气非常，中有双剑，并刻题，一曰龙泉，一曰太阿。其夕，斗牛间气不复见焉。焕以南昌西山北岩下土以拭剑，光芒艳发。大盆盛水，置剑其上，视之者精芒炫目。遣使送一剑并土与华，留一自佩。或谓焕曰："得两送一，张公岂可欺乎？"焕曰："本朝将乱，张公当受其祸。此剑当系徐君墓树耳。灵异之物，终当化去，不永为人服也。"华得剑，宝爱之，常置坐侧。华以南昌土不如华阴赤土，报焕书曰："详观剑文，乃干将也，莫邪何复不至？虽然，天生神物，终当合耳。"因以华阴土一斤致焕。焕更以拭剑，倍益精明。华诛，失剑所在。焕卒，子华为州从事，持剑行经延平津，剑忽于腰间跃出堕水，使人没水取之，不见剑，但见两龙各长数丈，蟠萦有文章，没者惧而反。须臾光彩照水，波浪惊沸，于是失剑。华叹曰："先君化去之言，张公终合之论，此其验乎！"华之博物多此类，不可详载焉。

后伦、秀伏诛，齐王冏辅政，挚虞致笺于冏曰："间于张华没后入中书省，得华先帝时咨诏本草。先帝问华可以辅政持重付之后事者，华答："明德至亲，莫如齐王，宜留以为社稷之镇。"其忠良之谋，款诚之言，信于幽冥，没而后彰，与苟且随时者不可同世而论也。议者有责华以愍怀太子之事不抗节廷争。当此之时，谏者必得违命之死。先圣之教，死而无益者，不以责人。故晏婴，齐之正卿，不死崔杼之难；季札，吴之宗臣，不争逆顺之理。理尽而无所施者，固圣教之所贵也。"冏于是奏曰："臣闻兴微继绝，圣王之高政，贬恶嘉善，《春秋》之美义。是以武王封比干之墓，表商容之闾，诚幽明之故有以相通也。孙秀逆乱，灭佐命之国，诛骨鲠之臣，以斫丧王室；肆其虐戾，功臣之后，多见泯灭。张华、裴頠各以见惮取诛于时，解系、解结同以羔羊并被其害，欧阳建等无罪而死，百姓怜之。今陛下更日月之光，布维新之命，然此等诸族未蒙恩理。昔栾郤降在皂隶，而《春秋》传其违；幽王绝功臣之后，弃贤者子孙，而诗人以为刺。臣备忝在职，思纳愚诚。若合圣意，可令群官通议。"议者各有所执，而多称其冤。壮武国臣竺道又诣长沙王，求复华爵位，依违者久之。

太安二年，诏曰："夫爱恶相攻，佞邪丑正，自古而有。故司空、壮武公华竭其忠贞，思翼朝政，谋谟之勋，每事赖之。前以华弼济之功，宜同封建，而华固让至于八九，深陈大制不可得尔，终有颠败危辱之虑，辞义恳诚，足劝远近。华之至心，誓于神明。华以伐吴之勋，受爵于先帝。后封既非国体，又不宜以小功逾前大赏，华之见害，俱以奸逆图乱，滥被枉贼。其复华侍中、中书监、司空、公、广武侯及所没财物与印绶符策，遣使吊祭之。"

初，陆机兄弟志气高爽，自以吴之名家，初入洛，不推中国人士，见华一面如旧，钦华德范，如师资之礼焉。华诛后，作诔，又为《咏德赋》以悼之。

华著《博物志》十篇，及文章并行于世。二子：祎、韪。

祎字彦仲，好学，谦敬有父风，历位散骑常侍。韪儒

博，晓天文，散骑侍郎。同时遇害。祎子舆，字公安，袭华爵。避难过江，辟丞相掾、太子舍人。

刘卞，字叔龙，东平须昌人也。本兵家子，质直少言。少为县小吏，功曹夜醉如厕，使卞执烛，不从，功曹衔之，以他事补亭子。有祖秀才者，于亭中与刺史笺，久不成，卞教之数言，卓荦有大致。秀才谓县令曰："卞，公府掾之精者，卿云何以为亭子？"令即召为门下史，百事疏简，不能周密。令问卞："能学不？"答曰："愿之。"即使就学。无几，卞为太子长兵，即死，兵例须代，功曹请以卞代兄役。令曰："祖秀才有言。"遂不听。卞后从令至洛，得入太学，试《经》为台四品吏。访问令写黄纸一鹿车，卞曰："刘卞非为人写黄纸者也。"访问知怒，言于中正，退为尚书令吏。或谓卞曰："君才简略，堪大不堪小，不如作守舍人。"卞从其言。

后为吏部令史，迁齐王攸司空主簿，转太常丞、司徒左西曹掾、尚书郎，所历皆称职。累迁散骑侍郎，除并州刺史，入为左卫率，知贾后废太子之谋，甚忧之。以计干张华而不见用，益不平。贾后亲党微服听察舆间，颇闻卞言，乃迁卞为轻车将军、雍州刺史，卞知言泄，恐为贾后所诛，乃饮药卒。初，卞之并州，昔同时为须昌小吏者十余人祖饯，其一人轻卞，卞遣扶出之，人以此少之。

史臣曰：夫忠为令德，学乃国华，譬众星之有礼义，人伦之有冠冕也。卫瓘抚武帝之床，张华距赵伦之命，进谏则伯玉居多，临危则茂先为美。遵乎险辙，理有可言：昏乱方凝，则事睽其趣；松筠无改，则死胜于生，固以赴蹈为期，而不辞乎倾覆者也。俱陷淫网，同嗟承剑，邦家殄瘁，不亦伤哉！

赞曰：贤人委质，道映陵寒。尸禄观败，吾生未安。卫以贾灭，张由赵残。忠于乱世，自古为难。

卷三十七　　　　　列传第七

宗室　安平献王孚 子邕 邕弟义阳成王望 望子河间平王洪 洪子威 洪弟随穆王整 整弟竟陵王楙 望弟太原成王辅 辅弟翼 翼弟下邳献王晃 晃弟太原烈王瑰 瑰弟高阳元王珪 珪弟常山孝王衡 衡弟沛顺王畅

彭城穆王权 曾孙纮 纮子俊 高密文献王泰 子孝王略 略兄新蔡武哀王腾

范阳康王绥 子虓 济南惠王遂

曾孙勋 谯刚王逊 子闵王承等 高阳王睦 任城景王陵 弟顺

安平献王孚，字叔达，宣帝次弟也。初，孚长兄朗字伯达，宣帝字仲达，孚弟馗字季达，恂字显达，进字惠达，通字雅达，敏字幼达，俱知名，故时号为"八达"焉。孚温厚廉让，博涉经史。汉末丧乱，与兄弟处危亡之中，箪食瓢饮，而披阅不倦。性通㦗，以贞白自立，未尝有怨于人。陈留殷武有名于海内，尝罹罪谴，孚往省之，遂与同处分食，谈者称焉。

魏陈思王植有俊才，清选官属，以孚为文学掾。植负才陵物，孚每切谏，初不合意，后乃谢之。迁太子中庶子。魏武帝崩，太子号哭过甚，孚谏曰："大行晏驾，天下恃殿下为命。当上为宗庙，下为万国，奈何效匹夫之孝乎！"太子良久乃止，曰："卿言是也。"时群臣初闻帝崩，相聚号哭，无复行列。孚厉声于朝曰："今大行晏驾，天下震动，当早拜嗣君，以镇海内，而但哭邪！"孚与尚书和洽罢群臣，备禁卫，具丧事，奉太子以即位，是为文帝。

时当选侍中、常侍等官，太子左右旧人颇讽谕主者，便欲就用，不调余人。孚曰："虽有尧舜，必有稷契。今嗣君新立，当进用海内英贤，犹患不得，如何欲因际会自相荐举邪！官失其任，得者亦不足贵。"遂用他选。转孚为中书郎、给事常侍，宿省内，除黄门侍郎，加骑都尉。

时孙权称藩，请送任子，当遣前将军于禁还，久而不至。天子以问孚，孚曰："先王设九服之制，诚以要荒难以德怀，不以诸夏礼责也。陛下承绪，远人率贡。权虽未送任子，于禁不至，犹宜以宽待之，畜养士马，以观其变。不可以嫌疑责让，恐伤怀远之义。自孙策至权，奕世相继，惟强与弱，不在一禁，禁之未至，当有他故耳。"后禁至，果以疾迟留，而任子竟不至。大军临江，责其违言，吴遂绝不贡献。后出为河内典农，赐爵关内侯，转清河太守。初，魏文帝置度支尚书，专掌军国支计，朝议以征讨未息，动须节量。及明帝嗣位，欲用孚，问左右曰："有兄风不？"答云："似兄。"天子曰："吾得司马懿二人，复何忧哉！"转为度支尚书。

孚以擒敌制胜，宜在备预。每诸葛亮入寇关中，边兵不能制敌，中军奔赴，辄不及事机，宜预选步骑二万，以为二部，为讨贼之备。又以关中连遭贼寇，谷帛不足，遣冀州农丁五千屯于上邽，秋冬习战阵，春夏修田桑。由是关中军国有余，待贼有备矣。后除尚书右仆射，进爵昌平亭侯，迁尚书令。及大将军曹爽擅权，李胜、何晏、邓飏等乱政，孚不视庶事，但正身远害而已。及宣帝诛爽，孚与景帝屯司马门，以功进爵长社县侯，加侍中。

时吴将诸葛恪围新城，以孚进督诸军二十万防御之。孚次寿春，遣毌丘俭、文钦等进讨。诸将欲速击之，孚曰："夫攻者，借人之力以为功，且当诈巧，不可力争也。"故稽留月余乃进军，吴师望风而退。

魏明悼后崩，议书铭旌，或欲去姓而书魏，或欲两书，孚以为："经典正义，皆不应书。凡帝王皆因本国之名以为天下之号，而与往代相别耳，非为择美名以自光也。天称皇天，则帝称皇帝，地称后土，则后称皇后。此乃所以同天地之大号，流无二之尊名，不待称国号以自表，不俟称氏族以自彰。是以《春秋》隐公三年《经》曰'三月庚戌天王崩'，尊而称天，不曰周王者，所以殊乎列国之君也。'八月庚辰宋公和卒'，书国称名，所以异乎天王也。襄公十五年《经》曰'刘夏逆王后于齐'，不云逆周王后姜氏者，所以异乎列国之夫人也。至乎列国，则曰'夫人姜氏至自齐'，又曰'纪伯姬卒'，书国称姓，此所以异乎天王后也。由此考之，尊称皇帝，赫赫无二，何待魏乎？尊称皇后，彰以谥号，何待于姓乎？议者欲书魏者，此以为天皇之尊，同于往古列国之君也。或欲书姓者，此以为天皇之后，同于往古之夫人也。乖经典之大义，异乎圣人之明制，非所以垂训将来，为万世不易之式者也。"遂从孚议。

迁司空。代王凌太尉。及蜀将姜维寇陇右，雍州刺史王经战败，遣孚西镇关中，统诸军事。征西将军陈泰与安西将军邓艾进击维，维退。孚还京师，转太傅。

及高贵乡公遭害，百官莫敢奔赴，孚枕尸于股，哭之恸，曰："杀陛下者臣之罪。"奏推主者。会太后令以庶人礼葬，孚与群公上表，乞以王礼葬，从之。孚性至慎。宣帝执政，常自退损。后逢废立之际，未尝预谋。景文二帝以孚属尊，不敢逼。后进封长乐公。

及武帝受禅，陈留王就金墉城，孚拜辞，执王手，流涕歔欷，不能自胜。曰："臣死之日，固大魏之纯臣也。"诏曰："太傅勋德弘茂，朕所瞻仰，以光导弘训，镇静宇内，愿奉以不臣之礼。其封为安平王，邑四万户。进拜太宰、持节、都督中外诸军事。"有司奏，诸王未之国者，所置官属，权未有备。帝以孚明德属尊，当宣化树教，为群后作则，遂备置官属焉。又以孚内有亲戚，外有交游，惠下之费，而经用不丰，奉绢二千匹。及元会，诏孚舆车上殿，帝于阼阶迎拜。既坐，帝亲奉觞上寿，如家人礼。帝每拜，孚跪而止之。又给以云母辇、青盖车。

孚虽见尊宠，不以为荣，常有忧色。临终，遗令曰："有魏贞士河内温县司马孚，字叔达，不伊不周，不夷不惠，立身行道，终始若一，当以素棺单椁，敛以时服。"泰始八年薨，时年九十三。帝于太极东堂举哀三日。诏曰："王勋德超世，尊宠无二，期颐在位，朕之所倚。庶永百龄，谘仰训导，奄忽殂陨，哀慕感切。其以东园温明秘器、朝服一具、衣一袭、绯练百匹、绢布各五百匹、钱百万、谷千斛以供丧事。诸所施行，皆依汉东平献王苍故事。"其家遵孚遗旨，所给器物，一不施用。帝再临丧，亲拜尽哀。及葬，又幸都亭，望柩而拜，哀动左右。给銮辂轻车，介士武贲百人，吉凶导从二千余人，前后鼓吹，配飨太庙。九子：邕、望、辅、翼、晃、瑰、珪、衡、景。

邕字子魁。初为世子，拜步兵校尉、侍中。先孚卒，追赠辅国将军，谥曰贞。邕子崇为世孙，又早夭。泰始九年，立崇弟安平亭侯隆为安平王。立四年，咸宁二年薨，谥曰穆，无子，国绝。

义阳成王望，字子初，出继伯父朗，宽厚有父风。仕郡上计吏，举孝廉，辟司徒掾，历平阳太守、洛阳典农中郎将。从宣帝讨王凌，以功封永安亭侯。迁护军将军，改封安乐乡侯，加散骑常侍。时魏高贵乡公好才爱士，望与裴秀、王沈、锺会并见亲待，数侍宴筵。公性急，秀等居内职，急有召便至。以望外官，特给追锋车一乘，武贲五人。时景文相继辅政，未尝朝觐，权归晋室。望虽见宠待，每不自安，由是求出，为征西将军、持节、都督雍凉二州诸军事。在任八年，威化明肃。先是蜀将姜维屡寇关中，及望至，广设方略，维不得为寇，关中赖之。进封顺阳侯。征拜卫将军，领中领军，典禁兵。寻加骠骑将军、开府。顷之，代何曾为司徒。

武帝受禅，封义阳王，邑万户，给兵二千人。泰始三年，诏曰："夫尚贤庸勋，尊宗茂亲，所以体国经化，式是百辟也。且台司之重，存乎天官，故周建六职，政典为首。司徒、中领军，以明德近属，世济其美；祖考创业，翼佐大命，出典方任，入赞朝政，文德既著，武功宣畅。逮朕嗣位，弼道惟明，宜登上司，兼统军戎，内辅帝室，外隆威重，其进位太尉，中领军如故。置太尉军司一人，参军事六人，骑司马五人。又增置官骑十人，并前三十，假羽葆鼓吹。"

吴将施绩寇江夏，边境骚动。以望统中军步骑二万，出屯龙陂，为二方重镇，假节，加大都督诸军事。会荆州刺史胡烈距绩，破之，望乃班师。俄而吴将丁奉寇芍陂，望又率诸军以赴之，未至而奉退。拜大司马。孙皓率众向寿春，诏望统中军二万，骑三千，据淮北。皓退，军罢。泰始七年薨，时年六十七，赙赠有加。望性俭吝而好聚敛，身亡之后，金帛盈溢，以此获讥。四子：弈、洪、整、楙。

弈至黄门郎，先望卒。整亦早亡。以弈子奇袭爵。奇亦好畜聚，不知纪极，遣三部使到交广商货，为有司所奏，太康九年，诏贬为三纵亭侯。更以章武王威为望嗣。后威诛，复立奇为棘阳王以嗣望。

河间平王洪，字孔业，出继叔父昌武亭侯遗。仕魏，历位典农中郎将、原武太守，封襄贲男。武帝受禅，封河间王。立十二年，咸宁二年薨。二子：威、混。威嗣，徙封章武。其后威既继义阳王望，更立混为洪嗣。混历位散骑常侍，薨。

及洛阳陷，混诸子皆没于胡。而小子滔初嗣新蔡王确，亦与其兄俱没。后得南还，与新蔡太妃不协。太兴二年上疏，以兄弟并没在辽东，章武国绝，宜还所生。太妃讼之，事下太常。太常贺循议："章武、新蔡俱承一国不绝之统，义不得替其本宗而先后傍亲。按滔既已被命为人后矣，必须无复兄弟，本国永绝，然后得还所生。今兄弟在远，不得言无，道里虽阻，复非绝域。且鲜卑恭命，信使不绝。自宜诏下辽东，依刘群、卢谌等例，发遣令还，继嗣本封。谓滔今未便委离所后也。"元帝诏曰："滔虽出养，自有所生母。新蔡太妃相待甚薄，滔执意如此。如其不听，终当纷纭，更为不可。今便顺其所执，还袭章武。"

滔历位散骑常侍，薨，子休嗣。休与彭城王雄俱奔苏峻。峻平，休已战死。弟珍年八岁，以小弗坐。咸和六年袭爵，位至大宗正。薨，无嗣，河间王钦以子范之继，位

至游击将军。薨，子秀嗣。义熙元年，为桂阳太守。秀妻桓振之妹，振作逆，秀不自安，谋反，伏诛，国除。

威字景曜，初嗣洪。咸宁三年，徙封章武。太康九年，嗣义阳王望。威凶暴无操行，谄附赵王伦。元康末，为散骑常侍，伦将篡，使威与黄门郎骆休逼帝夺玺绶，伦以威为中书令。伦败，惠帝反正，曰："阿皮捩吾指，夺吾玺绶，不可不杀。"阿皮，威小字也。于是诛威。

随穆王整，兄弈卒，以整为世子。历南中郎将，封清泉侯，先父望薨，追赠冠军将军。武帝以义阳国一县追封为随县王。子迈嗣。太康九年，以义阳之平林益迈为随郡王。

竟陵王楙，字孔伟，初封乐陵亭侯，起家参相国军事。武帝受禅，封东平王，邑三千九十七户。入为散骑常侍、尚书。

楙善谄谀，曲事杨骏。及骏诛，依法当死，东安公繇与楙善，故得不坐。寻迁大鸿胪，加侍中。繇欲擅朝政，与汝南王亮不平。帝托以繇讨骏顾望，免繇、楙等官，遣楙就国。楙殖财货，奢僭逾制。赵王伦篡位，召还。及义兵起，伦以楙为卫将军、都督诸军事。伦败，楙免官。齐王冏辅政，繇复为仆射，举楙为平东将军、都督徐州诸军事，镇下邳。成都王颖辅政，进楙为卫将军。

会惠帝北征，即以楙为车骑将军，都督如故，使率众赴邺。荡阴之役，东海王越奔于下邳，楙不纳，越乃还国。帝既西幸，越总兵ীकेईौ迎大驾，楙甚惧。长史王修说曰："东海宗室重望，今将兴义，公宜举徐州以授之，此克让之美也。"楙从之，乃自承制都督兖州刺史、车骑将军，表于天子。时帝在长安，遣使者刘虔即拜焉。

楙虑兖州刺史苟晞不避己，乃给虎兵，使称诏诛晞。晞时已避位，楙在州征求不已，郡县不堪命。范阳王虓遣晞还兖州，徙楙都督青州诸军事。楙不受命，背山东诸侯，与豫州刺史刘乔相结。虓遣将田徽击楙，破之，楙走还国。帝还洛阳，楙乃诣阙。

及怀帝践阼，改封竟陵王，拜光禄大夫。越出牧豫州，留世子毗及其党何伦访察宫省。楙白帝讨越，乃合众袭伦，不克。帝委罪于楙，楙奔窜获免。越薨，乃出。及洛阳倾覆，为乱兵所害。

太原成王辅，魏末为野王太守。武帝受禅，封渤海王，邑五千三百七十九户，泰始二年之国。后为卫尉，出为东中郎将，转南中郎将，咸宁三年，徙为太原王，监并州诸军事。太康四年入朝，五年薨，追赠镇北将军。永平元年，更赠卫将军、开府仪同三司。子弘立，元康中为散骑常侍，后徙封中丘王。三年薨，子铄立。

翼字子世，少历显位，官至武贲中郎将。武帝未受禅而卒，以兄邕之支子承为嗣，封南宫县王。薨，子祐嗣立，承遂无后。

下邳献王晃字子明，魏封武始亭侯，拜黄门侍郎，改封西安男，出为东莞太守。武帝受禅，封下邳王，邑五千一百七十六户，泰始二年就国。

晃孝友贞廉，谦虚下士，甚得宗室之称。后为长水校尉、南中郎将。九年，诏曰："南中郎将、下邳王晃清亮中正，体行明洁，才周政理，有文武策识。其以晃为使持节，都督宁益二州诸军事、安西将军，领益州刺史。"晃以疾不行，更拜尚书，迁右仆射。久之，出为镇东将军、都督青徐二州诸军事。惠帝即位，入为车骑将军，加散骑常侍。将诛杨骏，以晃领护军，屯东掖门，寻守尚书令。迁司空，加侍中，令如故。元康六年薨，追赠太傅。

二子：哀、绰。哀早卒，绰有笃疾，别封良城县王，以太原王辅第三子韡为嗣。官至侍中、尚书，早薨，子韶立。

太原烈王瓌，字子泉，魏长乐亭侯，改封贵寿乡侯。历振威将军，秘书监，封固始子。武帝受禅，封太原王，邑五千四百九十六户，泰始二年就国。四年入朝，赐衮冕之服，迁东中郎将。十年薨，诏曰："瓌乃心忠笃，智器雅亮。历位文武，有干事之绩。出临封土，夷夏怀附，镇守许都，思谋可纪。不幸早薨，朕甚悼之。今安厝在近，其追赠前将军。"子颙立，徙封河间王，别有传。

高阳元王珪，字子璋，少有才望，魏高阳乡侯。历河南令，进封浈阳子，拜给事黄门侍郎。武帝受禅，封高阳王，邑五千五百七十户。历北中郎将、督邺城守诸军事。泰始六年入朝，以父孚年高，乞留供养。拜尚书，迁右仆射。十年薨，诏遣兼大鸿胪持节监护丧事，赠车骑将军、仪同三司。

珪有美誉于世，而帝甚悼惜之。无子，诏以太原王辅子缉袭爵。缉立五年，咸宁四年薨，谥曰哀。无子，太康二年诏以太原王瓌世子颙子讼为缉后，封真定县侯。

常山孝王衡，字子平，魏封德阳乡侯。进封汝阳子，为驸马都尉。武帝受禅，封常山王，邑三千七百九十户。二年薨，无子，以安平世子邕第四子敦为嗣。

沛顺王景，字子文，魏乐安亭侯。历谏议大夫。武帝受禅，封沛王，邑三千四百户。立十一年，咸宁元年薨，子韬立。

彭城穆王权，字子舆，宣帝弟魏鲁相东武城侯馗之子也。初袭封，拜冗从仆射。武帝受禅，封彭城王，邑二千九百户。出为北中郎将、都督邺城守诸军事。泰始中入朝，赐衮冕之服。咸宁元年薨，子元王植立。历位后将军，寻拜国子祭酒、太仆卿、侍中、尚书。出为安东将军、都督扬州诸军事，代淮南王允镇寿春，未发。或云植助允攻赵王伦，遂以忧薨。赠车骑将军，增封万五千户。子康王释立，官至南中郎将、持节、平南将军，分鲁国蕃、薛二县以益其国，心二万三千户。薨，子雄立，坐奔苏峻伏诛，更以释子纮嗣。

纮字伟德，初封堂邑县公。建兴末，元帝承制，以纮继高密王据。及帝即位，拜散骑侍郎，迁翊军校尉、前将军。雄之诛也，纮入继本宗。拜国子祭酒，加散骑常侍，寻迁大宗正、秘书监。有风疾，性理不恒。或欲上疏陈事，历示公卿。又杜门让还章印貂蝉，著《杜门赋》以显其志。由是更拜光禄大夫，领大宗师，常侍如故。后疾甚，驰骋无度，或攻劫军寺，或扞伤官属，丑言悖詈，诽谤上下。又乘车突入端门，至太极殿前。于是御史中丞车灌奏劾，请免纮官，下其国严加防录。成帝诏曰："王以明德茂亲，居宗师之重，宜敷道养德，静一其操。而顷游行烦数，冒履风尘。宜令官属已下，各以职奉卫，不得令王复有此劳。内外职司，各慎其局。王可解常侍、光禄、宗师，先所给车牛可录取，赐米布床帐以养疾。"咸康八年薨，赠散骑常侍、金紫光禄大夫。二子：玄、俊。

玄嗣立。会庚戌制不得藏户，玄匿五户，桓温表玄犯禁，收付廷尉。既而宥之，位至中书侍郎。薨，子弘之立，位至散骑常侍。薨，子邵之立。薨，子崇之立。薨，子缉之立。宋受禅，国除。

恭王俊字道度，出嗣高密王略，官至散骑常侍。薨，子敬王纯之立，历临川内史、司农少府卿、太宰右长史。薨，子恢之立。义熙末，以给事中兼太尉，修谒洛阳园陵。宋受禅，国除。

高密文献王泰，字子舒，彭城穆王权之弟，魏阳亭侯，补阳翟令，迁扶风太守。武帝受禅，封陇西王，邑三千二百户，拜游击将军。出为兖州刺史，加鹰扬将军。迁使持节、都督宁益二州诸军事、安西将军，领益州刺史，称疾不行。转安北将军，代兄权督邺城守事。安西将军、都督关中事。太康初，入为散骑常侍、前将军，领邺城门校尉，以疾去官。后代下邳王晃为尚书左仆射。出为镇西将军，领护西戎校尉、假节，代扶风王骏都督关中军事，以疾还京师。永熙初，代石鉴为司空，寻领太子太保。及杨骏诛，泰领骏营，加侍中，给步兵二千五百人，骑五百匹。泰固辞，乃给千兵百骑。

楚王玮之被收，泰严兵将救之，祭酒丁绥谏曰："公为宰相，不可轻动。且夜中仓卒，宜遣人参审定问。"泰从之。玮既诛，乃以泰录尚书事，迁太尉，守尚书令，改封高密王，邑万户。元康九年薨，追赠太傅。

泰性廉静，不近声色。虽为宰辅，食大国之租，服饰肴膳如布衣寒士。任真简率，每朝会，不识者不知其王公也。事视恭谨，居丧哀戚，谦虚下物，为宗室仪表。当时诸王，惟泰及下邳王晃以节制见称。虽并不能振施，其余莫得比焉。泰四子：越、腾、略、模。越自有传。腾出后叔父，弟略立。

孝王略，字元简，孝敬慈顺，小心下士，少有父风。元康初，愍怀太子在东宫，选大臣子弟有名称者以为宾友，略与华恒等并侍左右。历散骑黄门侍郎、散骑骑常侍、秘书监，出为安南将军、持节、都督河南诸军事，迁安北将军、都督青州诸军事。略逼青州刺史程牧，牧避之，略自领州。永兴初，惑令刘根起兵东莱，诳惑百姓，众以万数，攻略于临淄，略不能距，走保聊城。怀帝即位，迁使持节、都督荆州诸军事、征南大将军、开府仪同三司。京兆流人王逌与叟人郝洛聚众数千，屯于冠军。略遣参军崔旷率将军皮初、张洛等讨逌，为逌所谲，战败。略更遣左司马曹摅统旷等进逼逌。将大战，旷在后密自退走，摅军无继，战败，死之。略乃赦旷罪，复遣部将韩松又督旷攻逌，逌降。寻进开府，加散骑常侍。永嘉三年薨，追赠侍中、太尉，子据立。薨，无子，以彭城康王子纮为嗣。其后纮归本宗，立纮子俊以奉其祀。

新蔡武哀王腾，字元迈，少拜冗从仆射，封东嬴公，历南阳、魏郡太守，所在称职，征为宗正，迁太常，转持节、宁北将军、都督并州诸军事、并州刺史。惠帝讨成都王颖，六军败绩。腾与安北将军王浚共杀颖所署幽州刺史和演，率众讨颖。颖遣北中郎将王斌距战，浚率鲜卑骑击斌，腾为后系，大破之。颖惧，挟帝归洛阳，进腾位安北将军。永嘉初，迁车骑将军，都督邺城守诸军事，镇邺。又以迎驾之勋，改封新蔡王。

初，腾发并州，次于真定。值大雪，平地数尺，营门前方数丈雪融不积，腾怪而掘之，得玉马，高尺许，表献之。其后公师藩与平阳人汲桑等为群盗，起于清河鄃县，众千余人，寇顿丘，以葬成都王颖为辞，载颖主而行，与张泓故将李丰等将攻邺。腾曰："孤在并州七年，胡围城不能克。汲桑小贼，何足忧也。"及丰等至，腾不能守，率轻骑而走，为丰所害。四子：虞、矫、绍、确。虞有勇力，腾之被害，虞逐丰，丰投水而死。是日，虞及矫、绍并钜鹿太守崔曼、车骑长史羊恒、从事中郎蔡克等又为丰余党所害，及诸名家流移依邺者，死亡并尽。初，邺中虽府库虚竭，而腾资用甚饶。性俭啬，无所振惠，临急，乃赐将士米可数升，帛各丈尺，是以人不为用，遂致于祸。及苟晞救邺，桑还平阳。于时盛夏，尸烂坏不可复识，腾及三子骸骨不获。庶子确立。

庄王确，字嗣安，历东中郎将、都督豫州诸军事，镇许昌。永嘉末，为石勒所害。无子，初以章武王混子滔奉其祀，其后复以汝南威王祐子弼为确后。太兴元年薨，无子，又以弼弟邈嗣确，位至侍中。薨，子晃立，拜散骑侍郎。桓温废武陵王，免晃为庶人，徙衡阳。孝武帝立晃弟崇继邈后，为奴所害，子惠立。宋受禅，国除。

南阳王模，字元表，少好学，与元帝及范阳王虓俱有称于宗室。初封平昌公。惠帝末，拜冗从仆射，累迁太子庶子、员外散骑常侍。成都王颖奔长安，东海王越以模为北中郎将，镇邺。永兴初，成都王颖故帐下督公师藩、楼权、郝昌等攻邺，模左右谋应之。广平太守丁邵率众救模，范阳王虓又遣兖州刺史苟晞援之，藩等散走。迁镇东大将军，镇许昌。进爵南阳王。永嘉初，转征西大将军、开府、都督秦雍梁益诸军事，代河间王颙镇关中。模感丁邵之德，敕国人为邵生立碑。

时关中饥荒，百姓相啖，加以疾疠，盗贼公行。模力不能制，乃铸铜人钟鼎为釜器以易谷，议者非之。东海王越表征模为司空，遣中书监傅祗代之。模谋臣淳于定说模曰："关中天府之国，霸王之地。今以不能绥抚而还，既于声望有亏，又公兄弟唱起大事，而并在朝廷，若自强则有专权之罪，弱则受制于人，非公之利也。"模纳其言，不就征。表遣世子保为西中郎将、东羌校尉，镇上邽，秦州刺史裴苞距之。模使帐下都尉陈安率众攻苞，苞奔安定。太守贾疋以郡迎苞，模遣军司谢班伐疋，疋退卢水。其年，进位太尉、大都督。

洛京倾覆，模使牙门赵染成蒲坂，染求冯翊太守不得，怒，率众降于刘聪。聪使其子粲及染攻长安，模使淳于定距之，为染所败。士众离叛，仓库虚竭，军祭酒韦辅曰："事急矣，早降可以免。"模从之，遂降于染。染箕踞攘袂数模之罪，送诣粲。粲杀之，以模妃刘氏赐胡张本为妻。子保立。

保字景度，少有文义，好述作。初拜南阳国世子。模遇害，保在邽上。其后贾疋死，裴苞又为张轨所杀，保全有秦州之地，自号大司马，承制置百官。陇右氐羌并从之，凉州刺史张寔遣使贡献。及愍帝即位，以保为右丞相，加侍中、都督陕西诸军事。寻进位相国。

模之败也，都尉陈安归于保，保命统精勇千余人以讨羌，宠遇甚厚。保将张春等疾之，谮安有异志，请除之，保不许。春乃辄伏客以刺安，安被创，驰还陇城，遣使诣保，贡献不绝。

愍帝之蒙尘也，保自称晋王。时上邽大饥，士众窘困，张春奉保之南安。陈安自号秦州刺史，称藩于刘曜。春复奉保奔桑城，将投于张寔。寔使兵迎保，实御之也。是岁，保病薨，时年二十七。保体质丰伟，尝自称重八百斤。喜睡，痿疾，不能御妇人。无子，张春立宗室司马瞻奉保后。陈安举兵攻春，春走，瞻降于安，安送诣刘曜，曜杀之。安迎保丧，以天子礼葬于上邽，谥曰元。

范阳康王绥，字子都，彭城王权季弟也，初为谏议大夫。泰始元年受封，在位十五年。咸宁五年薨，子虓立焉。

虓字武会，少好学，驰誉，研考经记，清辩，能言论。以宗室选拜散骑常侍，累迁尚书。出为安南将军、督豫州诸军事、持节，镇许昌，进位征南将军。

河间王颙表立成都王颖为太弟，为王浚所破，挟天子还洛阳。虓与东平王楙、镇东将军周馥等上言曰："自愍怀被害，皇储不建，委重前相，辄失臣节。是以前年太宰与臣，永惟社稷之贰，不可久空，所以共启成都王颖，以为国副。受重之后，而弗克负荷。'小人勿用'，而以为腹心。骨肉宜敦，而猜忮荐至，险诐宜远，而逸说珍行。此皆臣等不聪不明，失所宗赖。遂令陛下谬于降授，虽戮臣等，不足以谢天下。今大驾还宫，文武空旷，制度荒破，麋有子遗，臣等虽劣，足匡王室。而道路之言，谓张方与臣等不同。既惜所以兴异，又以太宰惇德允元，著于具瞻，每当义节，辄为社稷宗盟之先。张方受其指教，为国效节。昔年之举，有死无贰。此即太宰之良将，陛下之忠臣。但以受性强毅，不达变通，遂守前志，已致纷纭。然退思惟，既是其不易之节，且虑事翻之后，为天下所罪，故不即西还耳。原其本事，实无深责。臣闻先代明主，未尝不全护功臣，令福流子孙。自中间以来，陛下功臣初无全者，非独人才皆劣，其于取祸，实由朝廷策之失宜，不相容恕。以一旦之咎，丧其积年之勋，既违《周礼》议功之典，且使天下之人莫敢复为陛下致节者。臣等此言，岂独为一张方，实为社稷远计，欲令功臣长守富贵。臣愚以为宜委太宰以关右之任，一方事重，及自州郡已下，选举授任，一皆仰成。若朝之大事，废兴损益，每辄畴谘。此则二伯述职，周召分陕之义，陛下复行于今时。遣方还郡，令群后申志，时定王室。所加方官，请悉如旧。此则忠臣义士有劝，功臣必全矣。司徒戎，异姓之贤；司空越，公族之望，并忠国爱主，小心翼翼，宜干机事，委以朝政。安北将军王浚佐命之胤，率身履道，忠亮清正，远近所推。如今日之大举，实有定社稷之勋，此是臣等所以叹息归高也。浚宜特崇重之，以副群望，遂抚制幽朔，长为北藩。臣等竭力扞城，藩屏皇家，陛下垂拱，而四海自正。则四祖之业，必隆于今，日月之晖，昧而复曜。乞垂三思，察臣所言。又可以臣表西示太宰。"

又表曰："成都王失道，为奸邪所误，论王之身，不宜深责。且先帝遗体，陛下群弟，自元康以来，罪戮相等，实海内所为匈匈，而臣等所以痛心。今废成都，更封一邑，宜其必许。若废黜寻有祸害，既伤陛下矜慈之恩，又令远近恒谓公族无复骨肉之情，此实臣等内省惭，无颜于四海也。乞陛下察臣忠款。"于是虓先率众自许屯于荥阳。

会惠帝西迁，虓与从兄平昌公模、长史冯嵩等刑白马唼血而盟，推东海王越为盟主，虓都督河北诸军事、骠骑将军、持节，领豫州刺史。刘乔不受越等节度，乘虚破许。虓自拔渡河，王浚表虓领冀州刺史，资以兵马。虓入冀州发兵，又南济河，破乔等。河间王颙闻乔败，斩张方，传首于越。越与虓西迎帝，而颙出奔。于是奉天子还都，拜虓为司徒。永兴三年暴疾薨，时年三十七。无子，养模子黎为嗣，黎随模就国，于长安遇害。

济南惠王遂，字子伯，宣帝弟魏鸿胪丞恂之子也。仕魏关内侯，进封平昌亭侯，历典军郎将。景元二年，转封武城乡侯、督邺城守诸军事、北中郎将。五等建，封祝阿伯，累迁冠军将军。武帝受禅，封济南王。泰始二年薨。二子：耽、缉。耽嗣立，咸宁三年徙为中山王。是年薨，无子，缉继。成都王颖以缉为建威将军，与石熙等率众距王浚，没于阵，薨。无子，国除。

后遂之曾孙勋字伟长，年十余岁，愍帝末，长安陷，刘曜将令狐泥养为子。及壮，便弓马，能左右射，咸和六年，自关右还，自列云"是大长秋恂之玄孙，冠军将军济南惠王遂之曾孙，略阳太守瓘之子"，遂拜谒者仆射，以勇闻。

庾翼之镇襄阳，以梁州刺史援桓宣卒，请勋代之。初屯西城，退守武当。时石季龙死，中国乱，雍州诸豪帅驰告勋。勋率众出骆谷，壁于悬钩，去长安二百里，遣部将刘焕攻长安，又拔贺城。于是关中皆杀季龙太守令长以应勋。勋兵少，未能自固，复还梁州。永和中，张琚据陇东，遣使召勋，勋复入长安。初，京兆人杜洪以豪族陵琚，琚以勇侠侮洪，洪知勋惮琚兵强，因说勋曰："不杀张琚，关中非国家有也。"勋乃伪请琚，于坐杀之。琚弟走池阳，合众攻勋，频战不利，请和，归梁州。后桓温伐关中，命勋出子午道，而为苻雄所败，退屯于女娲堡。

俄迁征虏将军，监关中军事，领西戎校尉，赐爵通吉亭侯。为政暴酷，至于治中别驾及州之豪右，言语忤意，即于坐枭斩之，或引弓自射。西土患其凶虐。在州常怀据蜀，有僭伪之意。桓温闻之，务相绥怀，以其子康为汉中太守。勋逆谋已成，惮益州刺史周抚，未发。及抚卒，遂拥众入剑阁。梁州别驾雍端、西戎司马隗粹并切谏，勋皆诛之，自号梁益二州牧、成都王。桓温遣朱序讨勋，勋兵溃，为序所获，及息陇子、长史梁惮、司马金壹等送于温，并斩之，传首京师。

谯刚王逊，字子悌，宣帝弟魏中郎进之子也。仕魏关内侯，改封城阳亭侯，参镇东军事，拜轻车将军、羽林左监。五等建，徙封泾阳男。武帝受禅，封谯王，邑四千四百户。泰始二年薨。二子：随、承。定王随立。薨，子邃立，没于石勒，元帝以承嗣逊。

闵王承字敬才，少笃厚有志行。拜奉车都尉、奉朝请，稍迁广威将军、安夷护军，镇安定。从惠帝还洛阳，拜游击将军。永嘉中，天下渐乱，间行依征南将军山简，会简卒，进至武昌。元帝初镇扬州，承归建邺，补军谘祭酒。愍帝征为龙骧将军，不行。元帝为晋王，承制更封承为谯王。太兴初，拜屯骑校尉，加辅国将军，领左军将军。

承居官俭约，家无别室。寻加散骑常侍，辅国、左军如故。王敦有无君之心，表疏轻慢。帝夜召承，以敦表示之，曰："王敦顷年位任足矣，而所求不已，言至于此，将若之何？"承曰："陛下不早裁之，难将作矣。"帝欲树藩屏，会敦表以宣城内史沈充为湘州，帝谓承曰："湘州南楚险固，在上流之要，控三州之会，是用武之国也。今以叔父居之，何如？"承曰："臣幸托末属，身当宿卫，未有驱驰之劳，频受过厚之遇，夙夜自厉，思报大德。君之所命，惟力是视，敢有辞焉！然湘州蜀寇之余，人物凋尽，若上凭天威，得之所莅，比及三年，请从戎役。若未及此，虽复灰身，亦无益也。"于是诏曰："夫王者体天理物，非群才不足济其务。外建贤哲，以树风声，内睦亲亲，以广藩屏。是以太公封齐，伯禽居鲁，此先王之令典，古今之通义也。我晋开基，列国相望，乃授琅邪武王，镇统东夏；汝南文成，总一淮许；扶风、梁王，迭据关右；爱暨东嬴，作司并州。今公族虽寡，不逮曩时，岂得替旧章乎！散骑常侍、左将军、谯王承贞素款亮，志存忠恪，便蕃左右，恭肃弥著。今以承监湘州诸军事、南中郎将、湘州刺史。"

初,刘隗以王敦威权太盛,终不可制,劝帝出诸心腹,以镇方隅。故先以承为湘州,续用隗及戴若思等,并为州牧。承行达武昌,释戎备见王敦。敦与之宴,欲观其意,谓承曰:"大王雅素佳士,恐非将帅才也。"承曰:"公未见知耳,铅刀岂不能一割乎!"承以敦欲测其情,故发此言。敦果谓钱凤曰:"彼不知惧而学壮语,此之不武,何能为也。"听承之镇。时湘土荒残,公私困弊,承躬自俭约,乘苇茭车,而倾心绥抚,甚有能名。敦恐其为己患,诈称北伐,悉召承境内船乘。承知其奸计,分半与之。

敦寻构难,遣参军桓罴说承,以刘隗专宠,今便讨击,请承以为军司,以军期上道。承叹曰:"吾其死矣!地荒人鲜,势孤援绝。赴君难,忠也,死王事,义也。惟忠与义,夫复何求!"便欲唱义,而众心疑惑。承曰:"吾受国恩,义无有贰。"府长史虞悝慷慨有志节,谓承曰:"王敦居分陕之任,而一旦作逆,天地所不容,人神所痛疾。大王宗室藩屏,宁可从其伪邪!便宜电奋,存亡以之。"于是与悝及弟前丞相掾望,建昌太守长沙王循、衡阳太守淮陵刘翼等共盟誓,囚桓罴,驰檄湘州,指期至巴陵。零陵太守尹奉首同义谋,出军营阳,于是一州之内,皆同义举。乃使虞望讨诸不服,斩湘东太守郑澹。澹,敦姊夫也。

敦遣南蛮校尉魏义、将军李恒、田嵩等甲卒二万以攻承。承且战且守,待救于尹奉、虞望,而城池不固,人情震恐。或劝承南投陶侃,又云可退据零桂。承曰:"吾举义众,志在死节,宁偷生苟免,为奔败之将乎!事之不济,其令百姓知吾心耳。"

初,安南将军甘卓与承书,劝使固守,当以兵出沔口,断敦归路,则湘围自解。承答书曰:"季思足下:劳于王事。天纲暂纪,中原丘墟。四海义士,方谋克复,中兴江左,草创始尔,岂图恶逆萌自宠臣。吾以暗短,托宗皇属。仰豫密命,作镇南夏,亲奉中诏,成规在心。伯仁诸贤,扼腕歧路,至止尚浅,凡百茫然。豺狼易惊,遂肆丑毒,闻知骇踊,神气冲越。子来之义,人思自百,不命而至,众过数千。诚足以决一旦之机。摅山海之愤矣。然迫于仓卒,舟楫未备,魏乂、李恒,寻见围逼,是故事与意违,志力未展。猥辱来使,深同大趣;嘉谋英算,发自深衷。执读周复,欣无以量。足下若能卷甲电赴,犹或有济,若其狐疑,求我枯鱼之肆矣。兵闻拙速,未睹工迟。季思足下,勉之勉之!书不尽意,绝笔而已。"

卓军次猪口,闻王师败绩,停师不进,乂等攻战日逼,敦又送所得台中人书疏,令乂射以示承。城内知朝廷不守,莫不怅惋。刘翼战死,相持百余日,城遂没。乂槛送承荆州,刺史王廙承敦旨于道中害之,时年五十九。敦平,诏赠车骑将军。子无忌立。

烈王无忌字公寿,承之难,以年小获免。咸和中,拜散骑侍郎,累迁屯骑校尉、中书、黄门侍郎。江州刺史褚裒当之镇,无忌及丹阳尹桓景等饯于版桥。时王廙子丹阳丞耆之在坐,无忌志欲复仇,拔刀将手刃之,裒、景命左右救捍获免。御史中丞车灌奏无忌辄专杀人,付廷尉科罪。成帝诏曰:"王敦作乱,闵王遇祸,寻事原情,今王

何责。然公私宪制,亦已有断,王当以体国为大,岂可寻绎由来,以乱朝宪。主者其申明法令,自今已往,有犯必诛。"于是听以赎论。

建元初迁散骑常侍,转御史中丞,出为辅国将军、长沙相,又领江夏相,寻转南郡、河东二郡太守,将军如故。随桓温伐蜀,以勋赐少子愔爵广晋伯,进号前将军,永和六年薨,赠卫将军。二子:恬、愔。恬立。

敬王恬,字元愉,少拜散骑侍郎,累迁散骑常侍、黄门郎、御史中丞。值海西废,简文帝登阼,未解严,大司马桓温屯中堂,吹警角,恬奏劾温大不敬,请科罪。温视奏叹曰:"此儿乃敢弹我,真可畏也。"

恬忠正有干局,在朝惮之。迁右卫将军、司雍秦梁四州大中正,拜尚书,转侍中,领左卫将军,补吴国内史,又领太子詹事。恬既宗室勋望,有才用,孝武帝时深杖之,以为都督兖、青、冀、幽并扬州之晋陵、徐州之南北郡事,领镇北将军、兖青二州刺史、假节。太元十五年薨,追赠车骑将军。四子:尚之、恢之、允之、休之。尚之立。

忠王尚之,字伯道,初拜秘书郎,迁散骑侍郎。恬镇京口,尚之为振威将军、广陵相,父忧去职。服阕,为骠骑谘议参军。宗室之内,世有人物。王国宝之诛也,散骑常侍刘镇之、彭城内史刘涓子、徐州别驾徐放并以同党被收,将加大辟。尚之言于会稽王道子曰:"刑狱不可广,宜释镇之等。"道子以尚之昆季并居列职,每事仗焉,乃从之。

兖州刺史王恭忌其盛也,与豫州刺史庾楷并称兵,以讨尚之为名,南连荆州刺史殷仲堪、南郡公桓玄等。道子命前将军王珣、右将军谢琰讨恭,尚之距楷。允之与楷子鸿战于当利,鸿败走,斩楷将段方,楷单马奔于桓玄。道子以尚之为建威将军、豫州刺史、假节,一依楷故事,寻进号前将军;允之为吴国内史;恢之骠骑司马、丹杨尹;休之襄城太守。各拥兵马,势倾朝廷。后将军元显执政,亦倚以为援。

元显宠幸张法顺,每宴会,坐起无别。尚之入朝,正色谓元显曰:"张法顺驱走小人,有何才异,而暴被拔擢。当今圣世,不宜如此。"元显默然。尚之又曰:"宗室虽多,匡谏者少,王者尚纳刍荛之言,况下官与使君骨肉不远,蒙眷累世,何可坐视得失而不尽言。"因叱法顺令下。举坐失色,尚之言笑自若,元显深衔之。后符下西府,令出勇力二千人。尚之不与,曰:"西藩滨接荒余,寇虏无常,兵止数千,不足戍卫,无复可分彻者。"元显尤怒,会欲伐桓玄,故无他。

及元显称诏西伐,命尚之为前锋,尚之子文仲为宁远将军、宣城内史。桓玄至姑孰,遣冯该等攻历阳,断洞浦,焚尚之舟舰。尚之率步卒九千阵于浦上,先遣武都太守杨秋屯横江。秋奔于玄军,尚之众溃,逃于涂中十余日。谯国人韩连、丁元等以告玄,玄害之于建康市。玄上疏以闵王不宜绝嗣,乃更封尚之从弟康之为谯县王。安帝反正,追赠尚之卫将军,以休之长子文思为尚之嗣,袭封谯

郡王。

　　文思性凶暴，每违轨度，多杀弗辜。好田猎，烧人坟墓，数为有司所纠，遂与群小谋逆。刘裕闻之，诛其党与，送文思付父休之，令自训厉。后与休之同怨望称兵，为裕所败而死，国除。

　　恢之字季明，历官骠骑司马、丹杨尹。尚之为桓玄所害，徙恢之等于广州，而于道中害之。安帝反正，追赠抚军将军。

　　休之字季预。少仕清涂，以平王恭、庾楷功，拜龙骧将军、襄城太守，镇历阳。桓玄攻历阳，休之婴城固守。及尚之战败，休之以五百人出城力战，不捷，乃还城，携子侄奔于慕容超。闻义军起，复还京师。大将军武陵王令曰："前龙骧将军休之，才干贞审，功业既成。历阳之战，事在机捷。及至势乖力屈，奉身出奔，犹鸠集义徒，崎岖险阻。既应亲贤之举，宜委分陕之重。可监荆益梁宁秦雍六州军事、领护南蛮校尉、荆州刺史、假节。"到镇无几，桓振复袭江陵，休之战败，出奔襄阳。宁朔将军张畅之、高平相刘怀肃自沔攻振，走之。休之还镇，御史中丞王桢之奏休之失戍，免官。朝廷以豫州刺史魏咏之代之，征休之还京师，拜后将军、会稽内史。御史中丞阮歆之奏休之与尚书虞啸父犯禁嬉戏，降号征虏将军，寻复为后将军。

　　及卢循作逆，加督浙江东五郡军事，坐公事免。刘毅诛，复以休之都督荆雍梁秦宁益六州军事、平西将军、荆州刺史、假节。以子文思为乱，上疏谢曰："文思不能聿修，自贻罪戾，忧惧震惶，惋愧交集。臣御家无方，威训不振，致使子侄愆法，仰负朝聘。悚根兼怀，胡颜自处，请解所任，归罪阙庭。"不许。

　　后以文思事怨望，遂结雍州刺史鲁宗之，将共诛执政。时休之次子文宝及兄子文祖并在都，收付廷尉赐死。刘裕亲自征之，密使遗休之治中韩延之书曰："文思事意，远近所知。去秋遣康之送还司马君者，推至公之极也。而了无愧心，久绝表疏，此是天地所不容。吾受命西征，止其父子而已。彼土侨旧，为之驱逼，一无所问。往年郗僧施、谢劭、任集之等交构积岁，专为刘毅规谋，所以至此。今卿诸人一时逼迫，本无纤衅。吾虚怀期物，自有由来，今在近路，是诸贤济身之日。若大军相临，交锋接刃，兰艾杂揉，或恐不分。故白此意，并可示同怀诸人。"

　　延之报曰："闻亲率戎马，远履西畿，阖境士庶，莫不惬骇。何者？莫知师出之名故也。辱来疏，始委以谯王前事，良增叹息。司马平西体国忠贞，款怀待物。以君有匡复之勋，家国蒙赖，推德委诚，每事询仰。谯王往以微事见劾，犹自逊位，况大过，而当默然也！但康之前言，有所不尽，故重使胡道，申白所怀，道未及反，已表奏废之，所不尽者命耳。推寄相与，正当如此，有何不可，便及兵戈。自义旗以来，方伯谁敢不先相谘畴，而径表天子，可谓欲加之罪，其无辞乎！刘裕足下，海内之人，谁不见足下此心。而复欲诳国士，'天地所不容。'在彼不在此矣。来言'虚怀期物，自有由来'；今伐人之君，咳人

以利，真可谓'虚怀期物，自有由来'矣！刘藩死于闾阖之门，诸葛毙于左右之手。甘言诧方伯，袭之以轻兵，遂使席上靡款怀之士，阃外无自信诸侯。以是为得算，良可耻也。吾诚鄙劣，尝闻道于君子。以平西之至德，宁可无授命之臣乎！假令天长丧乱，九流浑浊，当与臧洪游于地下耳。"裕得书叹息，以示诸佐曰："事人当应如此！"

　　宗之闻裕向荆州，自襄阳就休之共屯江陵。使文思及宗之子轨以兵距裕，战于江津。休之大败，遂与宗之俱奔于姚兴。裕平姚泓，休之将奔于魏，未至，道死。

　　允之字季度，出后叔父愔，袭爵广晋伯，历位辅国将军、吴国宣城谯梁内史。王恭、庾楷、桓玄等内伐也，会稽王道子命允之兄弟距楷，破之。元兴初，与兄恢之同徙广州，于道被害。义军起，追赠太常卿。从弟康之以子文惠袭爵。宋受禅，国除。

　　韩延之，字显宗，南阳赭阳人，魏司徒暨之后也。少以分义称。安帝时为建威将军、荆州治中，转平西府录事参军。以刘裕父名翘字显宗，延之遂字显宗，名儿为翘，以示不臣刘氏。与休之俱奔姚兴。刘裕入关，又奔于魏。

　　愔字敬王，初封广晋伯。早卒，无子，兄恬以子允之嗣。

　　高阳王睦，字子友，谯王逊之弟也。魏安平亭侯，历侍御史。武帝受禅，封中山王，邑五千二百户。睦自表乞依六蓼祀皋陶，鄫杞祀相立庙。事下太常，依礼典平议。博士祭酒刘憙等议："《礼记·王制》，诸侯五庙，二昭二穆，与太祖而五。是则立始祖之庙，谓嫡统承重，一人得立耳。假令支弟并为诸侯，始封之君不得立庙也。今睦非为正统，若立祖庙，中山不得并也。后世中山乃得为睦立庙，为后世子孙之始祖耳。"诏曰："礼文不明，此制度大事，宜令详审，可下礼官博议，乃处当之。"

　　咸宁三年，睦遣使募徙国内八县受逋逃、私占及变易姓名、诈冒复除者七百余户，冀州刺史杜友奏睦招诱逋亡，不宜君国。有司奏，事在赦前，应原。诏曰："中山王所行何乃至此，览奏甚用忧然。广树亲戚，将以上辅王室，下惠百姓也。岂徒荣崇其身，而使民逾典宪乎！此事当大论得失，正臧否所在耳。苟不宜君国，何论于赦令之间耶。其贬睦为县侯。"乃封丹水县侯。

　　及吴平，太康初诏复爵。有司奏封江阳王，帝曰："睦退静思愆，改修其德，今有爵土，不但以赦。江阳险远，其以高阳郡封之。"乃封为高阳王。元康元年，为宗正。薨于位，世子蔚早卒，孙毅立。拜散骑侍郎，永嘉中没于石勒。隆安元年，诏以谯敬王恬次子恢之子文深继毅后。立五年，薨，无嗣，复以高密王纯之子法莲继之。宋受禅，国除。

　　任城景王陵，字子山，宣帝弟魏司隶从事安城亭侯通之子也。初拜议郎。泰始元年封北海王，邑四千七百户。

三年，转封任城王，之国。咸宁五年薨，子济立。拜散骑侍郎、给事中、散骑常侍、辅国将军。随东海王越在项，为石勒所害，二子俱没。有二弟：顺、斌。

顺字子思，初封习阳亭侯。及武帝受禅，顺叹曰："事乖唐虞，而假为禅名！"遂悲泣。由是废黜，徙武威姑臧县。虽受罪流放，守意不移而卒。

西河缪王斌，字子政，魏中郎。武帝受禅，封陈王，邑千七百一十户。三年，改封西河。咸宁四年薨，子隐立。薨，子香立。

史臣曰：泰始之初，天下少事，革魏余弊，遵周旧典，并建宗室，以为藩翰。诸父同虞虢之尊，兄弟受鲁卫之祉，以为万纪长久，本支百世。安平风度宏逸，器宇高雅，内弘道义，外阐忠贞。洎高贵薨殂，则枕尸流恸；陈留就国，则拜辞陨涕。语曰'疾风彰劲草'，献王其有焉。故能位班上列，享年眉寿，清徽至范，为晋宗英，子孙遵业，世笃其庆。高密风监清远，简素寡欲，孝以承亲，忠以奉上，方诸枝庶，实谓国桢。新蔡、南阳，俱茌方岳。值王室多难，中原芜梗，表义甄节，效绩艰危。于时丑类实繁，凶威日逞，势悬众畔，相继沦亡，悲夫！谯闵沈雄壮勇，作镇南服。属奸回肆乱，称兵内侮。怀忠愤发，建义湘州，荆沔响应，群才致力。虽元勋不立，而诚节克彰，垂裕后昆，奕世贞烈，岂不休哉！勖托末属，禀性凶暴。仍荷朝寄，推毂梁岷，遂弃亲背主，负恩放命。凭庸蜀之饶，苞藏不逞，恃江山之固，奸谋日深。是以搢绅切齿，摅积愤之志；义士思奋，厉忘身之节。天道祸淫，应时荡定。昔汲黯犹在，淮南寝谋，周抚若存，凶渠未发，以邪忌正，异代同规。《诗》云"自贻伊戚"，其勖之谓矣。习阳凭庆枝叶，守约怀逸，栖情尘外，希踪物表，顾匹夫之独善，贵达节之弘规，言出身播，犹为幸也。

赞曰：安平立节，雅性贞亮。高密含和，宗室之望。新蔡遇祸，忠全元丧。谯闵徇义，力屈志扬。勖自贻戚，名陨身亡。顺不恤忌，流播遐方。

卷三十八　　列传第八

宣五王　琅邪王伷 子觐 澹 繇 漼　清惠亭侯京　扶风王骏 子畅 歆　梁王肜　文六王

宣帝九男，穆张皇后生景帝、文帝、平原王干，伏夫人生汝南文成王亮、琅邪武王伷、清惠亭侯京、扶风武王骏，张夫人生梁王肜，柏夫人生赵王伦。亮及伦别有传。

平原王干，字子良。少以公子魏时封安阳亭侯，稍迁抚军中郎将，进爵平阳乡侯。五等建，改封定陶伯。武帝践阼，封平原王，邑万一千三百户，给鼓吹、驸马二匹，加侍中之服。咸宁初，遣诸王之国，干有笃疾，性理不恒，而颇清虚静退，简于情欲，故特诏留之。太康末，拜光禄大夫，加侍中，特假金章紫绶，班次三司。惠帝即位，进左光禄大夫，侍中如故，剑履上殿，入朝不趋。

干虽王大国，不事其务，有所调补，必以才能。虽有爵禄，若不在己，秩奉布帛，皆露积腐烂。阴雨则出犊车而内露车，或问其故，对曰："露者宜内也。"朝士造之，虽通姓名，必令立车马于门外，或终夕不见。时有得观，与人物酬接，亦恂恂恭逊，初无阙失。前后爱妾死，既敛，辄不钉棺，置后空室中，数日一发视，或行淫秽，须其尸坏乃葬之。

赵王伦辅政，以干为卫将军。惠帝反正，复为侍中，加太保。齐王冏之平赵王伦也，宗室朝士皆以牛酒劳冏，干独怀百钱，见冏出之，曰："赵王逆乱，汝能义举，是汝之功，今以百钱贺汝。虽然，大势难居，不可不慎。"冏既辅政，干诣之，冏出迎拜。干入，踞其床，不命冏坐，语之曰："汝勿效白马儿。"其意指伦也。及冏诛，干哭之恸，谓左右曰："宗室日衰，唯此儿可，而复害之，从今殆矣！"

东海王越兴义，至洛阳，往视干，干闭门不通。越驻车良久，干乃使人谢遣，而自于门间窥之。当时莫能测其意，或谓之有疾，或以为晦迹焉。永嘉五年薨，时年八十。会刘聪寇洛，不遑赠谥，有二子，世子广早卒，次子永以太熙中封安德县公，散骑常侍，皆为善士。遇难，合门埋灭。

琅邪武王伷，字子将，正始初封南安亭侯。早有才望，起家为宁朔将军，监守邺城，有绥怀之称。累迁散骑常侍，进封东武乡侯，拜右将军、监兖州诸军事、兖州刺史。五等初建，封南皮伯。转征虏将军、假节，武帝践阼，封东莞郡王，邑万六百户。始置二卿，特诏诸王自选令长。伷表让，不许。入为尚书右仆射、抚军将军，出为镇东大将军、假节、徐州诸军事，代卫瓘镇下邳。伷镇御有方，得将士死力，吴人惮之。加开府仪同三司，改封琅邪王，以东莞益其国。

平吴之役，率众数万出涂中，孙皓奉笺送玺绶，诣伷请降，诏曰："琅邪王伷督率所统，连据涂中，使贼不得相救。又使琅邪相刘弘等进军逼江，贼震惧，遣使奉伪玺绶。又使长史王恒率诸军渡江，破贼边守，获督蔡机，斩道降附五六万计，诸葛靓、孙奕皆归命请死，功勋茂著。其封子二人为亭侯，各三千户，赐绢六千匹。"顷之，并督青州诸军事，加侍中之服。进拜大将军、开府仪同三司。

伷既戚属尊重，加有平吴之功，克己恭俭，无矜满之色，僚吏尽力，百姓怀化。疾笃，赐床帐、衣服、钱帛、秔粱等物，遣侍中问焉。太康四年薨，时年五十七。临终表求葬母太妃陵次，并乞分国封四子，帝许之。子恭王觐立。又封次子澹为武陵王，繇为东安王，漼为淮陵王。

觐字思祖，拜冗从仆射。太熙元年薨，时年三十五。

子睿立,是为元帝。中兴初,以皇子裒为琅邪王,奉恭王祀。裒早薨,更以皇子焕为琅邪王。其日薨,复以皇子昱为琅邪王。咸和之初,既徙封会稽,成帝又以康帝为琅邪王,康帝即位,封成帝长子哀帝为琅邪王。哀帝即位,以废帝为琅邪王。废帝即位,以会稽王摄行琅邪国祀。简文帝登阼,琅邪王无嗣。及帝临崩,封少子道子为琅邪王。道子后为会稽王,更以恭帝为琅邪王。帝既即位,琅邪国除。

武陵庄王澹字思弘。初为冗从仆射,后封东武公,邑五千二百户。转前将军、中护军。性忌害,无孝友之行。弟东安王繇有令名,为父母所爱,澹恶之如仇,遂谮繇于汝南王亮,亮素与繇有隙,奏废徙之。赵王伦作乱,以澹为领军将军。澹素与河内郭俶、俶弟侃亲善。酒酣,俶等言张华之冤,澹性酗酒,因并杀之,送首于伦,其酗虐如此。

澹妻郭氏,贾后内妹也。初恃势,无礼于澹母。齐王冏辅政,澹母诸葛太妃表澹不孝,乞还繇,由是澹与妻子徙辽东。其子禧年五岁,不肯随去,曰:"要当为父求还,无为俱徙。"陈诉历年,太妃薨,繇被害,然后得还。拜光禄大夫、尚书、太子太傅,改封武陵王。永嘉末为石勒所害,子哀王喆立。喆字景林,拜散骑常侍,亦为勒所害。无子,其后元帝立皇子晞为武陵王,以奉澹祀焉。

东安王繇字思玄。初拜东安公,历散骑黄门侍郎,迁散骑常侍。美须髯,性刚毅,有威望,博学多才,事亲孝,居丧尽礼。诛杨骏之际,繇屯云龙门,兼统诸军,以功拜右卫将军,领射声校尉,进封郡王,邑二万户,加侍中,兼典军大将军,领右卫如故。迁尚书右仆射,加散骑常侍。是日诛赏三百余人,皆自繇出。东夷校尉文俶父钦为繇外祖诸葛诞所杀,繇虑俶为舅家之患,是日亦以非罪诛俶。

繇兄澹屡构繇于汝南王亮,亮不纳。至是以繇专行诛赏,澹因隙谮之,亮惑其说,遂免繇官,以公就第,坐有悖言,废徙带方。永康初,征繇,复封,拜宗正卿,迁尚书,转左仆射。惠帝之讨成都王颖,时繇遭母丧在邺,劝颖解兵而降。及王师败绩,颖怨繇,乃害之。后立琅邪王觐子长乐亭侯浑为东安王,以奉繇祀。寻薨,国除。

淮陵元王漼字思冲。初封广陵公,食邑二千九百户。历左将军、散骑常侍。赵王伦之篡也,三王起义,漼与左卫将军王舆攻杀孙秀,因而废伦。以功进封淮陵王,入为尚书,加侍中,转宗正、光禄大夫。薨,子贞王融立。融,无子,安帝时立武陵威王孙蕴为淮陵王,以奉元王之祀,位至散骑常侍。薨,无子,以临川王宝子安之为嗣。宋受禅,国除。

清惠亭侯京,字子佐,魏末以公子赐爵。年二十四薨,追赠射声校尉,以文帝子机字太玄为嗣。泰始元年,封燕王,邑六千六百六十三户。机之国,咸宁初征为步兵校尉,以渔阳郡益其国,加侍中之服。拜青州都督、镇东将军、假节,以北平、上谷、广宁郡一万三百三十七户增燕国为二万户。薨,无子,齐王冏表以子几嗣。后冏败,国除。

扶风武王骏,字子臧。幼聪惠,年五六岁能书疏,讽诵经籍,见者奇之。及长,清贞守道,宗室之中最为俊望,魏景初中,封平阳亭侯。齐王芳立,骏年八岁,为散骑常侍讲诗。寻迁步兵、屯骑校尉,常侍如故。进爵乡侯,出为平南将军、假节、都督淮北诸军事,改封平寿侯,转安东将军。咸熙初,徙封东牟侯,转安东大将军,镇许昌。

武帝践阼,进封汝阴王,邑万户,都督豫州诸军事。吴将丁奉寇芍陂,骏督诸军距退之。迁使持节、都督扬州诸军事,代石苞镇寿春。寻复都督豫州,还镇许昌。迁镇西大将军、使持节、都督雍凉等州诸军事,代汝南王亮镇关中,加衮冕侍中之服。

骏善抚御,有威恩,劝督农桑,与士卒分役,已及僚佐并将帅兵士等人限田十亩,具以表闻。诏遣普下州县,使各务农事。

咸宁初,羌虏树机能等叛,遣众讨之,斩三千余级。进位征西大将军。开府辟召,仪同三司,持节、都督如故。又诏骏遣七千人代凉州守兵。树机能、侯弹勃等欲先劫佃兵,骏命平虏护军文俶督凉、秦、雍诸军各进屯以威之。机能乃遣所领二十部弹勃面缚军门,各遣入质子。安定、北地、金城诸胡吉轲罗、侯金多及北房热冏等二十万口又来降。其年入朝,徙封扶风王,以氐户在国界者增封,给羽葆、鼓吹。太康初,进拜骠骑将军,开府、持节、都督如故。

骏有孝行,母伏太妃随兄亮在官,骏常涕泣思慕,若闻有疾,辄忧惧不食,或时委官定省。少好学,能著论,与荀颢论仁孝先后,文有可称。及齐王攸出镇,骏表谏恳切,以帝不从,遂发病薨。追赠大司马,加侍中、假黄钺。西土闻其薨也,泣者盈路,百姓为之树碑,长老见碑无不下拜,其遗爱如此。有子十人,畅、歆最知名。

畅字玄舒。改封顺阳王,拜给事中、屯骑校尉、游击将军。永嘉末,刘聪入洛,不知所终。

新野庄王歆字弘舒。武王薨后,兄畅推恩请分国封歆。太康中,诏封新野县公,邑千八百户,仪比县王。歆虽少贵,而谨身履道。母臧太妃薨,居丧过礼,以孝闻。拜散骑常侍。

赵王伦篡位,以为南中郎将。齐王冏举义兵,移檄天下,歆未知所从。嬖人王绥曰:"赵亲而强,齐疏而弱,公宜从赵。"参军孙洵大言于众曰:"赵王凶逆,天下当共讨之,大义灭亲,古之明典。"歆从之。乃使洵诣冏,冏迎执其手曰:"使我得成大节者,新野公也。"冏入洛,歆躬贯甲胄,率所领导冏。以勋进封新野郡王,邑二万户。迁使持节、都督荆州诸军事、镇南大将军、开府仪同三司。

歆将之镇,与冏同乘谒陵,因说冏曰:"成都至亲,同建大勋,今宜留之与辅政。若不能尔,当夺其兵权。"冏不从。俄而冏败,歆惧,自结于成都王颖。

歆为政严刻,蛮夷并怨。及张昌作乱于江夏,歆表请讨之。时长沙王乂执政,与成都王颖有隙,疑歆与颖连谋,不听歆出兵,昌众日盛。时孙洵为从事中郎,谓歆曰:"古人有言,一日纵敌,数世之患。公荷藩屏之任,居推毂之重,拜表辄行,有何不可!而使奸凶滋蔓,祸衅不测,岂维翰王室,镇静方夏之谓乎!"歆将出军,王绥又曰:"昌等小贼,偏裨自足制之,不烦违帝命,亲矢石也!"乃止。昌至樊城,歆出距之,众溃,为昌所害。追赠骠骑将军。无子,以兄子劭为后,永嘉末没于石勒。

梁孝王肜,字子徽,清修恭慎,无他才能,以公子封平乐亭侯。及五等建,改封开平子。武帝践阼,封梁王,邑五千三百五十八户。及之国,迁北中郎将,督邺城守事。

时诸王自选官属,肜以汝阴上计吏张蕃为中大夫。蕃素无行,本名雄,妻刘氏解音乐,为曹爽教伎,蕃又往来何晏所,而恣为奸淫。晏诛,徙河间,乃变名自结于肜。为有司所奏,诏削一县。咸宁中,复以陈国、汝南南顿增封为次国。太康中,代孔洵监豫州军事,加平东将军,镇许昌。顷之,又以本官代下邳王晃监青徐州军事,进号安东将军。

元康初,转征西将军,代秦王柬都督关中军事,领护西戎校尉。加侍中,进督梁州。寻征为卫将军、录尚书事,行太子太保,给千兵百骑。久之,复为征西大将军,代赵王伦镇关中,都督凉、雍诸军事,置左右长史、司马。又领西戎校尉,屯好畤,督建威将军周处、振威将军卢播等伐氐贼齐万年于六陌。肜与处有隙,促令进军而绝其后,播又不救之,故处见害。朝廷尤之。寻征拜大将军、尚书令、领军将军、录尚书事。

肜尝大会,谓参军王铨曰:"我从兄为尚书令,不能咳大窳。大窳故难。"铨曰:"公在此独嚼,尚难矣。"肜曰:"长史大窳为谁?"曰:"卢播是也。"肜曰:"是家吏,隐之耳。"铨曰:"天下咸是家吏,便恐王法不可复行。"肜又曰:"我在长安,作何等不善!"因指单衣补䌷以为清。铨答曰:"朝野望公举荐贤才,使不仁者远。而位居公辅,以衣补䌷,以此为清,无足称也。"肜有惭色。

永康初,共赵王伦废贾后,诏以肜为太宰、守尚书令,增封二万户。赵王伦辅政,有星变,占曰"不利上相。"孙秀惧伦受灾,乃省司徒为丞相,以授肜,猥加崇进,欲以应之。或曰:"肜无权,不益也。"肜固让不受。及伦篡位,以肜为阿衡,给武贲百人,轩悬之乐十部。伦灭,诏以肜为太宰,领司徒,又代高密王泰为宗师。

永康二年薨,丧葬依汝南文成王亮故事。博士陈留蔡克议谥曰:"肜位为宰相,责深任重,属尊亲近,且为宗师,朝所仰望,下所具瞻。而临大节,无不可夺之志;当危事,不能舍生取义;愍怀之废,不闻一言之谏;淮南之难,不能因势辅义;赵王伦篡逆,不能引身去朝。宋有荡氏之乱,华元自以不能居官,曰'君臣之训,我所司也。公室卑而不正,吾罪大矣!'夫以区区之宋,犹有不素餐之臣,而况帝王之朝,而有苟容之相,此而不贬,法将何施!谨案《谥法》'不勤成名曰灵',肜义不为,不可谓勤,宜谥曰灵。"梁国常侍孙霖及肜亲党称枉,台乃下符曰:"贾氏专权,赵王伦篡逆,皆力制朝野,肜势不得去,而责其不能引身去朝,义何所据?"克重议曰:"肜为宗臣,而国乱不能匡,主颠不能扶,非所以为相。故《春秋》讥

华元乐举,谓之不臣。且贾氏之酷烈,不甚于吕后,而王陵犹得杜门;赵王伦之无道,不甚于殷纣,而微子犹得去之。近者太尉陈准,异姓之人,加弟徽有射钩之隙,亦得托疾辞位,不涉伪朝。何至于肜亲伦之兄,而独不得去乎?赵盾入谏不从,出亡不远,犹不免于责,况肜不能去位,北面事伪主乎?宜如前议,加其贬责,以广为臣之节,明事君之道。"于是朝廷从克议。肜故吏复追诉不已,故改焉。

无子,以武陵王澹子禧为后,是为怀王,拜征虏将军,与澹俱没于石勒。元帝时,以西阳王羕子悝为肜嗣,早薨,是为殇王。至是怀王子翘自石氏归国得立,是为声王,官至散骑常侍。薨,无子,诏以武陵威王子珪为翘嗣,历永安太仆,与父晞俱废徙新安。薨,太元中复国,子和立。薨,子珍之立。桓玄篡位,国臣孔璞奉珍之奔于寿阳,义熙初乃归,累迁左卫将军、太常卿。刘裕伐姚泓,请为谘议参军,为裕所害。国除。

文帝九男,文明王皇后生武帝、齐献王攸、城阳哀王兆、辽东悼惠王定国、广汉殇王广德,其乐安平王鉴、燕王机、皇子永祚、乐平王延祚不知何母氏。燕王机继清惠亭侯,别有传。永祚早亡,无传。

齐献王攸,字大猷,少而岐嶷。及长,清和平允,亲贤好施,爱经籍,能属文,善尺牍,为世所楷。才望出武帝之右,宣帝每器之。景帝无子,命攸为嗣。从征王凌,封长乐亭侯。及景帝崩,攸年十岁,哀动左右,大见称叹。袭封舞阳侯。奉景献羊后于别第,事后以孝闻。复历散骑常侍、步兵校尉,时年十八,绥抚营部,甚有威惠。五等建,改封安昌侯,迁卫将军。居文帝丧,哀毁过礼,杖而后起。左右以稻米干饭杂理中丸进之,攸泣而不受。太后自往勉喻曰:"若万一加以他疾,将复如何!宜远虑深计,不可专守一志。"常遣人逼进饮食,司马嵇喜又谏曰:"毁不灭性,圣人之教。且大王地即密亲,任惟元辅。匹夫犹惜其命,以为祖宗,况荷天下之大业,辅帝室之重任,而可尽无极之哀,与颜闵争孝!不可令贤人笑,愚人幸也。"喜躬自进食,攸不得已,为之强饭。喜退,攸谓左右曰:"嵇司马将令我不忘居丧之节,得存区区之身耳。"

武帝践阼,封齐王,时朝廷草创,而攸总统军事,抚宁内外,莫不景附焉。诏议藩王令自选国内长吏,攸奏议曰:"昔圣王封建万国,以亲诸侯,轨迹相承,莫之能改。诚以君不世居,则人心偷幸;人无常主,则风俗伪薄。是以先帝深览经远之统,思复先哲之轨,分土画疆,建爵五等,或以进德,或以酬功。伏惟陛下应期创业,树建亲戚,听使藩国自除长吏。而今草创,制度初立,虽庸蜀顺轨,吴犹未宾,宜俟清泰,乃议复古之制。"书比三上,辄报不许。其后国相长吏缺,典书令请求差选。攸下令曰:"忝受恩礼,不称惟忧。至于官人叙才,皆朝廷之事,非国所宜裁也。其令自上请之。"时王家人衣食皆出御府,攸表租秩足以自供,求绝之。前后十余上,帝又不许。攸虽未之国,文武官属,下至士卒,分租赋以给之,疾病死丧赐与之。而时有水旱,国内百姓则加振贷,须丰年乃责,

十减其二,国内赖之。

迁骠骑将军,开府辟召,礼同三司。降身虚己,待物以信。常叹公府不案吏,然以董御戎政,复有威克之宜,乃下教曰:"夫先王驭世,明罚敕法,鞭扑作教,以正逋慢。且唐虞之朝,犹须督责。前欲撰次其事,使粗有常。惧烦简之宜,未审其要,故令刘、程二君详定。然思惟之,郑铸刑书,叔向不韪;范宣议制,仲尼讥之。令皆如旧,无所增损。其常节度所不及者,随事处决。诸吏各竭乃心,思同在公古人之节。如有所阙,以赖股肱匡救之规,庶以免负。"于是内外祗肃。时骠骑当罢营兵,兵士数千人恋攸恩德,不肯去,遮京兆主言之,帝乃还攸兵。

攸每朝政大议,悉心陈之。诏以比年饥馑,议所节省,攸奏议曰:"臣闻先王之教,莫不先正其本。务农重本,国之大纲。当今方隅清穆,武夫释甲,广分休假,以就农业。然守相不能勤心恤公,以尽地利。昔汉宣叹曰:'与朕理天下者,惟良二千石乎!'勤加赏罚,黜陟幽明,于时翕然,用多名守。计今地有余羡,而不农者众,加附业之人复有虚假,通天下谋之,则饥者必不少矣。今宜严敕州郡,检诸虚伪害农之事,督实南亩,上下同奉所务。则天下之谷可复古政,岂患于暂一水旱,便忧饥馁哉!考绩黜陟,毕使严明,畏威怀惠,莫不自厉。又都邑之内,游食滋多,巧伎末业,服饰奢丽,富人兼美,犹有魏之遗弊,染化日浅,靡财害谷,动复万计。宜申明旧法,必禁绝之。使去奢即俭,不夺农时,毕力稼穑,以实仓廪。则荣辱礼节,由之而生,兴化反本,于兹为盛。"

转镇军大将军,加侍中,羽葆、鼓吹,行太子少傅。数年,授太子太傅,献箴于太子曰:"伊昔上皇,建国立君,仰观天文,俯察地理,创业恢道,以安人承祀,祚延统重,故援立太子。尊以弘道,固以贰己,储德既立,邦有所恃。夫亲仁者功成,迩佞者国倾,故保相之材,必择贤明。昔在周成,旦奭作傅,外以明德自辅,内以亲亲立固,德以义济,亲则自然。嬴废公族,其崩如山;刘建子弟,汉祚永傅。楚以无极作乱,宋以伊戾兴难。张禹佞给,卒危强汉。辅弼不忠,祸及乃躬;匪徒乃躬,乃丧乃邦。无曰父子不间,昔有江充;无曰至亲匪贰,或容潘崇。谀言乱真,谮润离亲,骊姬之谗。晋侯疑申。固亲以道,勿固以恩;修身以敬,勿托以尊。自损者有余,自益者弥昏。庶事不可以不恤,大本不可以不敦。见亡戒危,睹安思存。冢子司义,敢告在阍。"世以为工。

咸宁二年,代贾充为司空,侍中、太傅如故。初,攸特为文帝所宠爱,每见攸,辄抚床呼其小字曰"此桃符座也",几为太子者数矣。及帝寝疾,虑攸不安,为武帝叙汉淮南王、魏陈思故事而泣。临崩,执攸手以授帝。先是太后有疾,既瘳,帝与攸奉觞上寿,攸以太后前疾危笃,因歔欷流涕,帝有愧焉。攸尝侍帝疾,恒有忧戚之容,时人以此称叹之。及太后临崩,亦流涕谓帝曰:"桃符性急,而汝为兄不慈,我若遂不起,恐必不能相容。以是属汝,勿忘我言。"

及帝晚年,诸子并弱,而太子不令,朝臣内外,皆属意于攸。中书监荀勖、侍中冯统皆谄谀自进,攸素疾之。勖等以朝望在攸,恐其为嗣,祸必及己,乃从容言于帝曰:"陛下万岁之后,太子不得立也。"帝曰:"何故?"勖曰:"百僚内外皆归心于齐王,太子焉得立乎!陛下试诏齐王之国,必举朝以为不可,则臣言有征矣。"统又言曰:"陛下遣诸侯之国,成五等之制者,宜先从亲始。亲莫若齐王。"帝既信勖言,又纳统说,太康三年乃下诏曰:"古者九命作伯,或入毗朝政,或出御方岳。周之吕望,五侯九伯,实得征之,侍中、司空、齐王攸,明德清畅,忠允笃诚。以母弟之亲,受台辅之任,佐命立勋,劬劳王室,宜登显位,以称具瞻。其以为大司马、都督青州诸军事,侍中如故,假节,将本营千人,亲骑帐下司马大车皆如旧,增鼓吹一部,官骑满二十人,置骑司马五人。余主者详案旧制施行。"攸不悦,主簿丁颐曰:"昔太公封齐,犹表东海;桓公九合,以长五伯。况殿下诞德钦明,恢弼大藩,穆然东籓,莫不得所。何必绛阙,乃弘帝载!"攸曰:"吾无匡时之用,卿言何多。"

明年,策攸曰:"於戏!惟命不于常,天既迁有魏之祚。我有晋既受顺天明命,光建群后,越造王国于东土,锡兹青社,用藩翼我邦家。茂哉无怠,以永保宗庙。"又诏下太常,议崇锡之物,以济南郡益齐国。又以攸子寔为北海王。于是备物典策,设轩悬之乐、六佾之舞,黄钺朝车乘舆之副从焉。

攸知勖、统构己,愤怨发疾,乞守先后陵,不许。帝遣御医诊视,诸医希旨,皆言无疾。疾转笃,犹催上道。攸自强入辞,素持容仪,疾虽困,尚自整厉,举止如常,帝益疑无疾。辞出信宿,欧血而薨,时年三十六。帝哭之恸,冯统侍侧曰:"齐王名过其实,而天下归之。今自毙,社稷之福也,陛下何哀之过!"帝收泪而止。诏丧礼依安平王孚故事,庙设轩悬之乐,配飨太庙。子冏立,别有传。

攸以礼自拘,鲜有过事。就人借书,必手刊其谬,然后反之。加以至性过人,有触其讳者,辄泫然流涕。虽武帝亦敬惮之,每引之同处,必择言而后发。三子:蕤、赞、寔。

蕤字景回,出继辽东王定国。太康初,徙封东莱王。元康中,历步兵、屯骑校尉。蕤性强暴,使酒,数陵侮弟冏,冏以兄故容之。冏起义兵,赵王伦收蕤及弟北海王寔系廷尉,当诛。伦太子中庶子祖钦上疏谏曰:"罪不相反,恶止其身,此先哲之弘谟,百王之达制也。是故鲧殛殛死,禹乃嗣兴;二叔诛放,而邢卫无责。逮乎战国,及至秦汉,明恕之道寝,猜嫌之情用,乃立质任以御众,设从罪以发奸,其所由来,盖三代之弊法耳。蕤、寔,献王之子,明德之胤,宜蒙特宥,以全穆亲之典。"会孙秀死,蕤等悉得免。冏拥众入洛,蕤于路迎之。冏不即见,须符付前顿。蕤恚曰:"吾坐尔殆死,曾无友于之情!"

及冏辅政,诏以蕤为散骑常侍,加大将军,领后军、侍中、特进,增邑满二万户。又从冏求开府,冏曰:"武帝子吴、豫章尚未开府,宜且须后。"蕤以是益怨,密表冏专权,与左卫将军王舆谋共废冏。事觉,免为庶人。寻诏曰:"大司马以经识明断,高谋远略,猥率同盟,安复社稷。自书契所载，周召之美未足比勋，故授公上宰。东莱王蕤潜怀怨妬，包藏祸心，与王舆密谋，图欲潜害。收舆之日，蕤与青衣共载，微服奔走，经宿乃还。奸凶赫然，妖惑内外。又前表冏所言深重，虽管蔡失道，牙庆乱宗，不复过也。《春秋》之典，大义灭亲，其徙蕤上庸。"后封微阳侯。永宁初，上庸内史陈锺承冏旨害蕤。死，诏诛锺，复蕤封，改葬以王礼。

赞字景期，继广汉殇王广德后。年六岁，太康元年薨，谥冲王。

寔字景深，初为长乐亭侯。攸以赞薨，又以寔继广汉殇王后，改封北海王。永宁初为平东将军、假节，加散骑常侍，代齐王冏镇许昌。寻进安南将军，都督豫州军事，增邑满二万户。未发，留为侍中、上军将军，给千兵百骑。

城阳哀王兆，字千秋，年十岁而夭。武帝践阼，诏曰："亡弟千秋，少聪慧，有凤成之质，不幸早亡，先帝先后特所哀愍。先后欲祖立其后，而竟未遂，每追遗意，情怀感伤。其以皇子景度为千秋后，虽非典礼，亦近世之所行，且以述先后本旨也。"于是追加兆封谥。景度以泰始六年薨，复以第五子寔继哀王后。薨，复以第六子祗为东海王，继哀王后。薨，咸宁初又封第十三子遐为清河王，以继兆后。

辽东悼惠王定国，年三岁薨。咸宁初追加封谥，齐王攸以长子蕤为嗣。蕤薨，子遵嗣。

广汉殇王广德，年二岁薨。咸宁初追加封谥，齐王攸以第五子赞绍封。薨，攸更以第二子寔嗣广德。

乐安平王鉴，字大明，初封临泗亭侯。武帝践阼，封乐安王。帝为鉴及燕王机高选师友，下诏曰："乐安王鉴、燕王机并以长大，宜得辅导师友，取明经儒学，有行义节俭，使足严惮。昔韩起与田苏游而好善，宜必得其人。"泰始中，拜越骑校尉。咸宁初，以齐之梁邹益封，因之国，服侍中之服。元康初，征为散骑常侍、上军大将军，领射声校尉。寻迁使持节、都督豫州军事、安南将军，代清河王遐镇许昌，以疾不行。七年薨，子殇王籍立。薨，无子，齐王冏以子冰绍鉴后。以济阴万一千二百一十九户改为广阳国，立冰为广阳王。冏败，废。

乐平王延祚，字大思，少有笃疾，不任封爵。太康初，诏曰："弟祚早孤无识，情所哀愍。幼得笃疾，日冀其差，今遂废痼，无复后望，意甚伤之。其封为乐平王，使有名号，以慰吾心。"寻薨，无子。

史臣曰：平原性理不恒，世莫之测。及其处乱离之际，属交争之秋，而能远害全身，享兹介福，其愚不可及已！琅邪武功既畅，饰之以温恭，扶风文教克宣，加之以孝行，抑宗室之可称者也。齐王以两献之亲，弘二南之化，道光雅俗，望重台衡，百辟具瞻，万方属意。既而地疑以逼，

文雅见疵，纵勋陈蔓草之邪谋，武皇深翼子之滞爱。遂乃褫龙章于衮职，徙侯服于下藩，未及戒涂，终于愤恚，惜哉！若使天假之年而除其害，奉缀衣之命，膺负图之托，光辅嗣君，允厘邦政，求诸冥兆，或废兴之有期，徵之人事，庶胜残之可及，何八王之敢力争，五胡之能竞逐哉！《诗》云"人之云亡，邦国殄瘁，"攸实有之；"谗人罔极，交乱四国，"其荀冯之谓也。

赞曰：文宣孙子，或贤或鄙。扶风遗爱，琅邪克己。澹谄凶魁，肜参衅始。干虽静退，性乖恒理。彼美齐献，卓尔不群。自家刑国，纬武经文。木摧于秀，兰烧以薰。

卷三十九　　　　　列传第九

王　沈 子浚　荀顗　荀勖 子藩 藩子遵 闿 藩弟组 组子奕　冯纨

王沈，字处道，太原晋阳人也。祖柔，汉匈奴中郎将。父机，魏东郡太守。沈少孤，养于从叔司空昶，事昶如父。奉继母寡嫂以孝义称。好书，善属文。大将军曹爽辟为掾，累迁中书门下侍郎。及爽诛，以故吏免。后起为治书侍御史，转秘书监。正元中，迁散骑常侍、侍中，典著作。与荀顗、阮籍共撰《魏书》，多为时讳，未若陈寿之实录也。

时魏高贵乡公好学有文才，引沈及裴秀数于东堂讲宴属文，号沈为文籍先生，秀为儒林丈人。及高贵乡公将攻文帝，召沈及王业告之，沈、业驰白帝，以功封安平侯，邑二千户。沈既不忠于主，甚为众论所非。

寻迁尚书，出监豫州诸军事、奋武将军，豫州刺史。至镇，乃下教曰："自古贤圣，乐闻诽谤之言，听舆人之论，当荛有可录之事，负薪有廊庙之语故也。自至镇日，未闻逆耳之言，岂未明虚心，故令言者有疑。其宣下属城及士庶，若能举遗逸于林薮，黜奸佞于州国，陈长吏之可否，说百姓之所患，兴利除害，损益昭然者，给谷五百斛。若达一至之言，说刺史得失，朝政宽猛，令刚柔得适者，给谷千斛。谓余不信，明如皎日。"主簿陈廙、褚䂮曰："奉省教旨，伏用感叹。劳谦日昃，思闻苦言。愚谓上之所好，下无不应。而近未有极谏之辞，远无传言之箴者，诚得失之事将未有也。今使教命班下，示以赏劝，将恐拘介之士，或惮赏而不言；贪赇之人，将慕利而妄举。苟不合宜，赏不虚行，则远听者未知当否之所在，徒见言之不用，谓设有而不行。愚以告下之事，可小须后。"

沈又教曰："夫德薄而位厚，功轻而禄重，贪夫之徇，高士之所不处也。若陈至言于刺史，兴益于本州，去幽隐之贤，去祝鮀之佞，立德于上，受分于下，斯乃君子之操，何不言之有！直言至理，忠也。惠加一州，仁也。功成辞赏，廉也。兼斯而行，仁智之事，何故怀其道而迷其国哉！"褚䂮复白曰："尧、舜、周公所以能致忠谏者，以其款诚之心著也。冰炭不言，而冷热之质自明者，以其

有实也。若好忠直，如冰炭之自然，则谔谔之臣，将济济而盈庭；逆耳之言，不求而自至。若德不足以配唐虞，明不足以并周公，实不可以同冰炭，虽悬重赏，忠谏之言未可致也。昔魏绛由和戎之功，蒙女乐之赐，管仲有兴之之勋，而加上卿之礼，功勋明著，然后赏劝随之。未闻张重赏以待谏臣，悬谷帛以求尽言也。"沈无以夺之，遂从挚议。

沈探寻善政，案贾逵以来法制禁令，诸所施行，择善者而从之。又教曰："后生不闻先王之教，而望政道日兴，不可得也。文武并用，长久之道也。俗化陵迟，不可不革。革俗之要，实在敦学。昔原伯鲁不悦学，闵马父知其必亡。将吏子弟，优闲家门，若不教之，必致游戏，伤毁风俗矣。"于是九郡之士，咸悦道教，移风易俗。

迁征虏将军、持节、都督江北诸军事。五等初建，封博陵侯，班在次国。平蜀之役，吴人大出，声为救蜀，振荡边境，沈镇御有方，寇闻而退。转镇南将军。武帝即王位，拜御史大夫，守尚书令，加给事中。沈以才望，显名当世，是以创业之事，羊祜、荀勖、裴秀、贾充等，皆与沈谘谋焉。

及帝受禅，以佐命之勋，转骠骑将军、录尚书事，加散骑常侍，统城外诸军事。封博陵郡公，固让不受，乃进爵为县公，邑千八百户。帝方欲委以万机，泰始二年薨。帝素服举哀，赐秘器朝服一具、衣一袭、钱三十万、布百匹、葬田一顷，谥曰元。明年，帝追思沈勋，诏曰："夫表扬往行，所以崇贤垂训，慎终纪远，厚德兴教也。故散骑常侍、骠骑将军、博陵元公沈蹈礼居正，执心清粹，经纶坟典，才识通洽。入历常伯纳言之位，出干监牧方岳之任，内著谋猷，外宣威略。建国设官，首登公辅，兼统中朝，出纳大命，实有翼亮佐世之勋。其赠沈司空公，以宠灵既往，使没而不朽。又前以翼赞之勋，当受郡公之封，而固辞恳至，嘉其让德，不夺其志。可以郡公官属送葬。沈素清俭，不营产业。其使所领兵作屋五十间。"子浚嗣。后沈夫人荀氏卒，将合葬，沈棺椁已毁，更赐东园秘器。咸宁中，复追封沈为郡公。

浚字彭祖。母赵氏妇，良家女也，贫贱，出入沈家，遂生浚，沈初不齿之。年十五，沈薨，无子，亲戚共立浚为嗣，拜驸马都尉。太康初，与诸王侯俱就国。三年来朝，除员外散骑侍郎。元康初，转员外常侍，迁越骑校尉、右军将军。出补河内太守，以郡公不得为二千石，转东中郎将，镇许昌。

及愍怀太子幽于许昌，浚承贾后旨，与黄门孙虑共害太子。迁宁北将军、青州刺史。寻徙宁朔将军、持节、都督幽州诸军事。于时朝廷昏乱，盗贼蜂起，浚为自安之计，结好夷狄，以女妻鲜卑务勿尘，又以一女妻苏恕延。

及赵王伦篡位，三王起义兵，浚拥众挟两端，遏绝檄书，使其境内士庶不得赴义，成都王颖欲讨之而未暇也。伦诛，进号安北将军。及河间王颙、成都王颖兴兵内向，害长沙王乂，而浚有不平之心。颖表请幽州刺史石堪为右司马，以右司马和演代堪，密使演杀浚，并其众。演与乌丸单于审登谋之，于是与浚期游蓟城南清泉水上。蓟城内西行有二道，演浚各从一道。演与浚欲合卤簿，因而图之。值天暴雨，兵器沾湿，不果而还。单于由是与其种人谋曰："演图杀浚，事垂克而天卒雨，使不得果，是天助浚也。违天不祥，我不可久与演同。"乃以谋告浚。浚密严兵，与单于围演。演持白幡诣浚降，遂斩之，自领幽州。大营器械，召务勿尘，率胡晋合二万人，进军讨颖。以主簿祁弘为前锋，遇颖将石超于平棘，击败之。浚乘胜遂克邺城，士众暴掠，死者甚多。鲜卑大略妇女，浚命敢有挟藏者斩，于是沉于易水者八千人。黔庶荼毒，自此始也。

浚还蓟，声实益盛。东海王越将迎大驾，浚遣祁弘率乌丸突骑为先驱。惠帝旋洛阳，转浚骠骑大将军、都督东夷河北诸军事，领幽州刺史，以燕国增博陵之封。怀帝即位，以浚为司空，领乌丸校尉，务勿尘为大单于。浚又表封务勿尘辽西郡公，其别部大飘滑及其弟渴末别部大屠瓮等皆为亲晋王。

永嘉中，石勒寇冀州，浚遣鲜卑文鸯讨勒，勒走南阳。明年，勒复寇冀州，刺史王斌为勒所害，浚又领冀州。诏进浚为大司马，加侍中、大都督、督幽冀诸军事。使者未及发，会洛京倾覆，浚大树威令，专征伐，遣督护王昌、中山太守阮豹等，率诸军及务勿尘世子疾陆眷，并弟文鸯、从弟末杯，攻石勒于襄国，勒率众来距，昌逆击败之。末杯逐北入其垒门，为勒所获。勒质末杯，遣间使来和，疾陆眷遂以铠马二百五十匹、金银各一簏赎末杯，结盟而退。

其后浚布告天下，称受中诏承制，乃以司空荀藩为太尉，光禄大夫荀组为司隶，大司农华荟为太常，中书令李絙为河南尹。又遣祁弘讨勒，及于广宗。时大雾，弘引军就道，卒与勒遇，为勒所杀。由是刘琨与浚争冀州。琨使宗人刘希还中山合众，代郡、上谷、广宁三郡人皆归于琨。浚患之，遂辍讨勒之师，而与琨相距。浚遣燕相胡矩督护诸军，与疾陆眷并力攻破希。驱略三郡士女出塞，琨不复能争。

浚还，欲讨勒，使枣嵩督诸军屯易水，召疾陆眷，将与之俱攻襄国。浚为政苛暴，将吏又贪残，并广占山泽，引水灌田，渍陷冢墓，调发殷烦，下不堪命，多叛入鲜卑。从事韩咸切谏，浚怒，杀之。疾陆眷自以前后违命，恐浚诛之。勒亦遣使厚赂，疾陆眷等由是不应召。浚怒，以重币诱单于猗卢子右贤王日律孙，令攻疾陆眷，反为所破。

时刘琨大为刘聪所迫，诸避乱游士多归于浚。浚日以强盛，乃设坛告类，建立皇太子，备置众官。浚自领尚书令，以枣嵩、裴宪并为尚书，使其子居王宫，持节，领护匈奴中郎将，以妻舅崔悫为东夷校尉。又使嵩监司冀并兖诸军事、行安北将军，以田徽为兖州，李恽为青州。恽为石勒所杀，以薄盛代之。

浚以文字处道，为"当涂高"应王者之谶，谋将僭号。胡矩谏浚，盛陈其不可。浚忿之，出矩为魏郡守。前渤海太守刘亮、从子北海太守搏、司空掾高柔并切谏，浚怒，诛之。浚素不平长史燕国王悌，遂因他事杀之。时童谣曰："十囊五囊入枣郎。"枣嵩，浚之子婿也。浚闻，责嵩而不能罪之也。又谣曰："幽州城门似藏户，中有伏尸王彭祖。"

有狐踞府门，翟雄入听事。时燕国霍原，北州名贤，浚以僭位事示之，原不答，浚遂害之。由是士人愤怨，内外无亲。以矜豪日甚，不亲为政，所任多苛刻；加亢旱灾蝗，士卒衰弱。

浚之承制也，参佐皆内叙，唯司马游统外出。统怨，密与石勒通谋。勒乃诈降于浚，许奉浚为主。时百姓内叛，疾陆眷等侵逼。浚喜勒之附己，勒遂以卑辞以事之。献遗珍宝，使驿相继。浚以勒为诚，不复设备。勒乃遣使克日上尊号于浚，浚许之。

勒屯兵易水，督护孙纬疑其诈，驰白浚，而引军逆勒。浚不听，使勒直前。众议皆曰："胡贪而无信，必有诈，请距之。"浚怒，欲斩诸言者，众遂不敢复谏。盛张设以待勒。勒至城，便纵兵大掠。浚左右复请讨之，不许。及勒登听事，浚乃走出堂皇，勒众执以见勒。勒遂与浚妻并坐，立浚于前。浚骂曰："胡奴调汝公，何凶逆迺如此！"勒数浚不忠于晋，并责以百姓饥乏，积粟五十万斛而不振给。遂遣五百骑先送浚于襄国，收浚麾下精兵万人，尽杀之。停二日而还，孙纬遮击之，勒仅而得免。勒至襄国，斩浚，而浚竟不为之屈，大骂而死。无子。

太元二年，诏兴灭继绝，封沈从孙道素为博陵公。卒，子崇之嗣。义熙十一年，改封东莞郡公。宋受禅，国除。

荀𫖮，字景倩，颍川人，魏太尉彧之第六子也。幼为姊婿陈群所赏。性至孝，总角知名，博学洽闻，理思周密。魏时以父勋除中郎。宣帝辅政，见𫖮奇之，曰："荀令君之子也。"擢拜散骑侍郎，累迁侍中。为魏少帝执经，拜骑都尉，赐爵关内侯。难钟会《易》无互体，又与扶风王骏论仁孝孰先，见称于世。

时曹爽专权，何晏等欲害太常傅嘏，𫖮营救得免。及高贵乡公立，𫖮言于景帝曰："今上践阼，权道非常，宜速遣使宣德四方，且察外志。"毌丘俭、文钦果不服，举兵反。𫖮预讨俭等有功，进爵万岁亭侯，邑四百户。文帝辅政，迁尚书。帝征诸葛诞，留𫖮镇守。𫖮甥陈泰卒，𫖮代泰为仆射，领吏部，四辞而后就职。𫖮承泰后，加之淑慎，综核名实，风俗澄正。咸熙中，迁司空，进爵乡侯。

𫖮年逾耳顺，孝养蒸蒸，以母忧去职，毁几灭性，海内称之。文帝奏，宜依汉太傅胡广丧母故事，给司空吉凶导从。及蜀平，兴复五等，命𫖮定礼仪。𫖮上请羊祜、任恺、庾峻、应贞、孔颢共删改旧文，撰定晋礼。

咸熙初，封临淮侯。武帝践阼，进爵为公，食邑一千八百户。又诏曰："昔者命九官，契敷五教，所以弘崇王化，示人轨仪也。朕承洪业，昧于大道，思训五品，以康四海。侍中、司空𫖮，明允笃诚，思心通远，翼亮先皇，遂辅朕躬，实有佐命弼导之勋。宜掌教典，以隆时雍。其以𫖮为司徒。"寻加侍中，迁太尉、都督城外牙门诸军事，置司马亲兵百人。顷之，又诏曰："侍中、太尉𫖮，温恭忠允，至行纯备，博古洽闻，耆艾不殆。其以公行太子太傅，侍中、太尉如故。"

时以《正德》、《大豫》雅颂未合，命𫖮定乐。事未终，以泰始十年薨。帝为举哀，皇太子临丧，二宫赗赠，礼秩有加。诏曰："侍中、太尉、行太子太傅、临淮公𫖮，清纯体道，忠允立朝，历司外内，茂绩既崇，训傅东宫，徽猷弘著，可谓行归于周，有始有卒者矣。不幸薨殂，朕甚痛之。其赐温明秘器、朝服一具，衣一袭。谥曰康。"又诏曰："太尉不恤私门，居无馆宇，素丝之志，没而弥显。其赐家钱二百万，使立宅舍。"咸宁初，诏论次功臣，将配飨宗庙。所司奏𫖮等十二人铭功太常，配飨清庙。

𫖮明《三礼》，知朝廷大仪，而无质直之操，唯阿意苟合于荀勖、贾充之间。初，皇太子将纳妃，𫖮上言贾充女姿德淑茂，可以参选，以此获讥于世。

𫖮无子，以从孙徽嗣。中兴初，以𫖮兄玄孙序为𫖮后，封临淮公。序卒，又绝，孝武帝又封序子恒继𫖮后。恒卒，子龙符嗣。宋受禅，国除。

荀勖，字公曾，颍川颍阴人，汉司空爽曾孙也。祖棐，射声校尉。父肸，早亡。勖依于舅氏。岐嶷凤成，年十余岁能属文。从外祖魏太傅钟繇曰："此儿当及其曾祖。"既长，遂博学，达于从政。仕魏，辟大将军曹爽掾，迁中书通事郎。爽诛，门生故吏无敢往者，勖独临赴，众乃义之。为安阳令，转骠骑从事中郎。勖有遗爱，安阳生为立祠。迁廷尉正，参文帝大将军军事，赐爵关内侯，转从事中郎，领记室。

高贵乡公欲为变时，大将军掾孙佑等守阊阖门。帝弟安阳侯干闻难欲入，佑谓干曰："未有入者，可从东掖门。"及干至，帝迟之，干以状白，帝欲族诛佑。勖谏曰："孙佑不纳安阳，诚宜深责。然事有逆顺，用刑不可以喜怒为轻重。今成倅刑止其身，佑乃族诛，恐义士私议。"乃免佑为庶人。时官骑路遗求为刺客入蜀，勖言于帝曰："明公以至公宰天下，宜杖正义以伐违贰。而名以刺客除贼，非所谓刑于四海，以德服远也。"帝称善。

及钟会谋反，审问未至，而外人先告之。帝待会素厚，未之信也。勖曰："会虽受恩，然其性未可许以见得思义，不可不速为之备。"帝即出镇长安，主簿郭奕、参军王深以勖是会从甥，少长舅氏，劝帝斥出之。帝不纳，而使勖陪乘，待之如初。先是，勖启"伐蜀，宜以卫瓘为监军"。及蜀中乱，赖瓘以济。会平，还洛，与裴秀、羊祜共管机密。

时将发使聘吴，并遣当时文士作书与孙皓，帝用勖所作。皓既报命和亲，帝谓勖曰："君前作书，使吴思顺，胜十万之众也。"及帝即晋王位，以勖为侍中，封安阳子，邑千户。武帝受禅，改封济北郡公。勖以羊祜让，乃固辞为侯。拜中书监，加侍中，领著作，与贾充共定律令。

充将镇关右也，勖谓冯统曰："贾公远放，吾等失势。太子婚尚未定，若使充女得为妃，则不留而自停矣。"勖与统伺帝间并称"充女才色绝世，若纳东宫，必能辅佐君子，有《关雎》后妃之德"。遂成婚。当时甚为正直者所疾，而获佞媚之讥焉。久之，进位光禄大夫。既掌乐事，又修律吕，并行于世。初，勖于路逢赵贾人牛铎，识其声。及掌乐，音韵未调，乃曰："得赵之牛铎则谐矣。"遂下郡国，悉送牛铎，果得谐者。又尝在帝坐进饭，谓在坐人曰：

"此是劳薪所炊。"咸未之信。帝遣问膳夫,乃云:"实用故车脚。"举世伏其明识。俄领秘书监,与中书令张华依刘向《别录》,整理记籍。又立书博士,置弟子教习,以钟、胡为法。

咸宁初,与石苞等并为佐命功臣,列于铭飨。及王浚表请伐吴,勖与贾充固谏不可,帝不从,而吴果灭。以专典诏命,论功封子一人为亭侯,邑一千户,赐绢千匹。又封孙显为颍阳亭侯。

及得汲郡冢中古文竹书,诏勖撰次之,以为《中经》,列在秘书。

时议遣王公之国,帝以问勖,勖对曰:"诸王公已为都督,而使之国,则废方任。又分割郡县,人心恋本,必用嗷嗷。国皆置军,官兵还当给国,而阙边守。"帝重使勖思之,勖又陈曰:"如诏准古方伯选才,使军国各随方面为都督,诚如明旨。至于割正封疆。使亲疏不同诚为佳矣。然分裂旧土,犹惧多所摇动,必使人心聪扰,思惟窃宜如前。若于事不得不时有所转封,而不至分割土域,有所损夺者,可随宜节度。其五等体国经远,实不成制度。然但虚名,其于实事,略与旧郡县乡常无异。若造次改夺,恐不能以为恨。今方了其大者,以为五等可须后裁度。凡事虽有久而益善者,若临时或不有解,亦可忽。"帝以勖言为允,多从其意。

时又议省州郡县半吏以赴农功,勖议以为:"省吏不如省官,省官不如省事,省事不如清心。昔萧曹相汉,载其清静,致画一之歌,此清心之本也。汉文垂拱,几致刑措,此省事也。光武并合吏员,县官国邑裁置十一,此省官也。魏太和中,遣王人四出,减天下吏员,正始中亦并合郡县,此省吏也。今必欲求之于本,则宜以省事为先。凡居位者,使务思萧曹之心,以翼佐大化。笃义行,崇敦睦,使昧宠忘本者不得容,而伪行自息,浮华者俱矣。重敬让,尚止足,令贱不妨贵,少不陵长,远不间亲,新不间旧,小不加大,淫不破义,则上下相安,远近相信矣。位不可以进趣得,誉不可以朋党求,则是非不妄而明,官人不惑于听矣。去奇技,抑异说,好变旧以徼非常之利者必加其诛,则官业有常,人心不迁矣。事留则政稽,政稽则功废。处位者而孜孜不怠,奉职司者而夙夜不懈,则虽在挈瓶而守不假器矣。使信若金石,小失不害大政,忍忿悁以容之。简文案,略细苛,令之所施,必使人易视听,愿之如阳春,畏之如雷震。勿使微文烦挠,为百吏所黩,二三之命,为百姓所厉,则吏竭其诚,下悦上命矣。设官分职,委事责成。君子心竞而不力争,量能受任,思不出位,则官无异业,政典不好矣。凡此皆愚心谓省事之本也。苟无此愆,虽不省吏,天下必谓之省矣。若欲省官,私谓九寺可并于尚书,兰台宜省付三府。然施行历代,世之所习,是以久抱愚怀而不敢言。至于省事,实以为善。若直作大例,皆减其半,恐文武众官郡国职业,及事之兴废,不得皆同。凡发号施令,典而当则安,傥有驳者,或致壅否。凡职所临履,先精其得失。使忠信之官,明察之长,各裁其中,先条上言之。然后混齐大体,详宜所省,则令下必行,不可摇动。如其不尔,恐适惑人听,比前行所省,皆须臾辄复,或激而滋繁,亦不可不重。"勖论议损益多此类。

太康中诏曰:"勖明哲聪达,经识天序,有佐命之功,兼博洽之才。久典内任,著勋弘茂,询事考言,谋猷允诚。宜登大位,毗赞朝政。今以勖为光禄大夫、仪同三司、开府辟召,守中书监、侍中、侯如故。"时太尉贾充、司徒李胤并薨,太子太傅又缺,勖表陈:"三公保傅,宜得其人。若使杨珧参辅东宫,必当仰称圣意。尚书令卫瓘、吏部尚书山涛皆可为司徒。若以瓘新为令未出者,涛即其人。"帝并从之。

明年秋,诸州郡大水,兖土尤甚。勖陈宜立都水使者。其后门下启通事令史伊羲、赵咸为舍人,对掌文法。诏以问勖,勖曰:今天下幸赖陛下圣德,六合为一,望道化隆洽,垂之将来。而门下上称程咸、张恽,下称此等,欲以文法为政,皆愚臣所未达者。昔张释之谏汉文,谓兽圈啬夫不宜见用;邴吉住车,明调和阴阳之本。此二人岂不知小吏之惠,诚重惜大化也。昔魏武帝使中军司荀攸典刑狱,明帝时犹以付内常侍。以臣所闻,明帝时唯有通事刘泰等官,不过与殿中同号耳。又顷言论者皆云省官减事,而求益吏者相寻矣。多云尚书郎太令史不亲文书,乃委付书令史及干,诚吏多则相倚也。增置文法之职,适恐更耗扰台阁,臣窃谓不可。"

时帝素知太子暗弱,恐后乱国,遣勖及和峤往观之。勖还盛称太子之德,而峤云太子如初。于是天下贵峤而贱勖。帝将废贾妃,勖与冯紞等谏请,故得不废。时议以勖倾国害时,孙资、刘放之匹。然性慎密,每有诏令大事,虽已宣布,然终不言,不欲使人知己豫闻也。族弟良曾劝勖曰:"公大失物情,有所进益者自可语之,则怀恩多矣。"其婿武统亦说勖"宜有所营置,令有归戴者"。勖并默然不应,退而语诸子曰:"人臣不密则失身,树私则背公,是大戒也。汝等亦当宦达人间,宜识吾此意。"久之,以勖守尚书令。

勖久在中书,专管机事。及失之,甚罔罔怅恨。或有贺之者,勖曰:"夺我凤皇池,诸君贺我邪!"及在尚书,课试令史以下,核其才能,有暗于文法,不能决疑处事者,即时遣出。帝尝谓曰:"魏武帝言'荀文若之进善,不进不止;荀公达之退恶,不退不休'。二令君之美,亦望于君也。"居职月余,以母忧上还印绶,帝不许。遣常侍周恢喻旨,勖乃奉诏视职。

勖久管机密,有才思,探得人主微旨,不犯颜忤争,故得始终全其宠禄。太康十年卒,诏赠司徒,赐东园秘器、朝服一具,钱五十万、布百匹。遣兼御史持节护丧,谥曰成。勖有十子,其达者辑、藩、组。

辑嗣,官至卫尉。卒,谥曰简。子畯嗣。卒,谥曰烈。无嫡子,以弟息识为嗣。辑子绰。

绰字彦舒,博学有才能,撰《晋后书》十五篇,传于世。永嘉末,为司空从事中郎,没于石勒,为勒参军。

藩字大坚。元康中,为黄门侍郎,受诏成父所治钟磬。以从驾讨齐王冏勋,封西华县公。累迁尚书令。永嘉末,转司空,未拜而洛阳陷没,藩出奔密。王浚承制,奉藩为留台太尉。及愍帝为太子，委藩督摄远近。建兴元年薨于开封，年六十九，因葬亡所。谥曰成，追赠太保。藩二子：邃、阎。

邃字道玄，解音乐，善谈论。弱冠辟赵王伦相国掾，迁太子洗马。长沙王乂以为参军。乂败，成都王为皇太弟，精选僚属，以邃为中舍人。邺城不守，随藩在密。元帝召为丞相从事中郎，以道险不就。愍帝就加左将军、陈留相。父忧去职，服阕，袭封。愍帝欲纳邃女，先征为散骑常侍。邃惧西都危逼，故不应命，而东渡江，元帝以为军谘祭酒。太兴初，拜侍中。邃与刁协婚亲，时协执权，欲以邃为吏部尚书，邃深距之。寻而王敦讨协，协党与并及于难，唯邃以疏协获免。敦表之廷尉，以疾不拜。迁太常，转尚书。苏峻作乱，邃与王导、荀崧并侍天子于石头。峻平后卒，赠金紫光禄大夫，谥曰靖。子汪嗣。

阎字道明，亦有名称，京都为之语曰：“洛中英英荀道明。”大司马、齐王冏辟为掾。冏败，暴尸三日，莫敢收葬。阎与冏故吏李述、嵇含等露板请葬，朝议听之，论者称焉。为太傅主簿、中书郎。与邃俱渡江，拜丞相军谘祭酒。中兴建，迁右军将军，转少府。明帝尝从容问王廙曰：“二荀兄弟孰贤？”廙答以阎才明过邃。帝以语庾亮，亮曰：“邃真粹之地，亦阎所不及。”由是议者莫能定其兄弟优劣。历御史中丞、侍中、尚书，封射阳公。太宁二年卒，追赠卫尉，谥曰定。子达嗣。

组字大章。弱冠，太尉王衍见而称之曰：“夷雅有才识。”初为司徒左西属，补太子舍人。司徒王浑请为从事中郎，转左长史，历太子中庶子、荥阳太守。

赵王伦为相国，欲收大名，选海内德望之士，以江夏李重及组为左右长史，东平王堪沛国刘谟为左右司马。伦篡，以组为侍中。及长沙王乂败，惠帝遣组及散骑常侍闾丘冲诣成都王颖，慰劳其军。帝西幸长安，以组为河南尹。迁尚书，转卫尉，赐爵成阳县男，加散骑常侍、中书监。转司隶校尉，加特进、光禄大夫，常侍如故。于时天下已乱，组兄弟贵盛，惧不容于世，虽居大官，并讽议而已。

永嘉末，复以组为侍中，领太子太保。未拜，会刘曜、王弥逼洛阳，组与藩俱出奔。怀帝蒙尘，司空王浚以组为司隶校尉。组与藩移檄天下，以琅邪王为盟主。

愍帝称皇太子，组即太子之舅，又领司隶校尉，行豫州刺史事，与藩并保荥阳之开封。建兴初，诏藩行留台事。俄而藩薨，帝更以组为司空，领尚书左仆射，又兼司隶，复行留台事，州征郡守皆承制行焉。进封临颍县公，加太夫人、世子印绶。明年，进位太尉，领豫州牧、假节。

元帝承制，以组都督司州诸军，加散骑常侍，余如故。顷之，又除尚书令，表让不拜。及西都不守，组乃遣使移檄天下共劝进。帝欲以组为司徒，以问太常贺循。循曰：“组旧望清重，忠勤显著，迁训五品，实允众望。”于是拜组为司徒。

组逼于石勒，不能自立。太兴初，自许昌率其属数百人渡江，给千兵百骑，组先所领仍皆统摄。顷之，诏组与太保、西阳王羕并录尚书事，各加班剑六十人。永昌初，迁太尉，领太子太保。未拜，薨，年六十五。谥曰元。子奕嗣。

奕字玄欣。少拜太子舍人、驸马都尉，侍讲东宫。出为镇东参军，行扬武将军、新汲令。愍帝为皇太子，召为中舍人，寻拜散骑侍郎，皆不就。随父渡江。元帝践阼，拜中庶子，迁给事黄门郎。父忧去职，服阕，补散骑常侍、侍中。

时将缮宫城，尚书符下陈留王，使出城夫。奕驳曰：“昔虞宾在位，《书》称其美；《诗》咏《有客》，载在《雅》《颂》。今陈留王位在三公之上，坐在太子右，故答表曰书，赐物曰与。此古今之所崇，体国之高义也。谓宜除夫役。”时尚书张闿、仆射孔愉难奕，以为：“昔宋不城周，《阳秋》所讥。特蠲非体，宜应减夫。”奕重驳，以为：“《阳秋》之末，文武之道将坠于地，新有子朝之乱，于时诸侯逓替，莫肯率职。宋之于周，实有列国之权。且同已勤王而主之者晋，客而辞役，责之可也。今之陈留，无列国之势，此之作否，何益有无！臣以为宜除，于国职为全。”诏从之。

时又通议元会日帝应敬司徒王导不。博士郭熙、杜援等以为礼无拜臣之文，谓宜除敬。侍中冯怀议曰：“天子修礼，莫盛于辟雍。当尔之日，犹拜三老，况今先帝师傅。谓宜尽敬。”事下门下，奕议曰：“三朝之首，宜明君臣之体，则不应敬。若他日小会，自可尽礼。又至尊与公书手诏则曰‘顿首言’，中书为诏则云‘敬问’，散骑优册则曰：‘制命’。今诏文尚异，况大会之与小会，理岂得同！”诏从之。

咸和七年卒，追赠太仆，谥曰定。

冯纨，字少胄，安平人也。祖浮，魏司隶校尉。父员，汲郡太守。纨少博涉经史，识悟机辩。历仕为魏郡太守，转步兵校尉，徙越骑。得幸于武帝，稍迁左卫将军。承颜悦色，宠爱日隆。贾充、荀勖并与之亲善。充女之为皇太子妃也，纨有力焉。及妃之将废，纨、勖干没救请，故得不废。伐吴之役，纨领汝南太守，以郡兵随王浚入秣陵。迁御史中丞，转侍中。

帝病笃得愈，纨与勖见朝野之望，属在齐王攸。攸素薄勖。勖以太子愚劣，恐攸得立，有害于己，乃使纨言于帝曰：“陛下前者疾若不差，太子其废矣。齐王为百姓所归，公卿所仰，虽欲高让，其得免乎！宜遣还藩，以安社稷。”帝纳之。及攸薨，朝野悲恨。初，帝友之情甚笃，既纳纨、勖所说，遂为身后之虑，以固储位。既闻攸殒，哀恸特深。纨侍立，因言曰：“齐王名过于实，今得自终，此乃大晋之福。陛下何乃过哀！”帝收泪而止。

初谋伐吴，纨与贾充、荀勖同共苦谏不可。吴平，纨内怀惭惧，疾张华如雠。及华外镇，威德大著，朝论当征为尚书令。纨从容侍帝，论晋魏故事，因讽帝，言华不可授以重任，帝默然而止。事具《华传》。

太康七年，纨疾，诏以纨为散骑常侍，赐钱二十万、床帐一具。寻卒。二子：播、熊。播，大长秋。熊字文罴，中书郎。纨兄恢，自有传。

史臣曰：夫立身之道，曰仁与义。动静既形，悔吝斯及。有莘之媵，殊《北门》之情；渭滨之叟，匪西山之节。汤武有以济其功，夏殷不能讥其志。王沈才经文武，早尸人爵，在魏参席上之珍，居晋为幄中之士，桐宫之谋遽泄，武闱之祸遂臻。是知田光之口，岂燕丹之可绝；豫让之形，非智氏之能变。动静之际，有据藜藿，仁义之方，求之弥远矣。彭祖谒由捧雉，孕本贸丝，因家乏主，遂登显秩。拥北州之士马，偶东京之糜沸，自可感召诸侯，宣力王室。而乘间伺隙，潜图不轨，放肆猜房，迁播乘舆。遂使漳滏萧然，黎元涂地。纵贪夫于藏户，戮高士于燕垂，阻越石之内难，邀世龙之外府。恶稔毒痛，坐致焚燎，假手仇敌，方申凶狁，庆封之戮，慢骂何补哉！公曾，慈明之孙；景倩，文若之子，践隆堂而高视，齐逸轨而长鹜。孝敬足以承亲，周慎足以事主，刊姬公之旧典，采萧相之遗法。然而援朱均以贰极，煽褒阎而偶震。虽废兴有在，隆替靡常，稽之人事，乃二荀之力也。至于斗粟兴谣，逾里咸咏，勖之阶祸，又已甚焉。冯统外骋戚施，内穷狙诈，毙攸安贾，交勖仇张，心滔楚费，过逾晋品。爰丝献寿，空取慰于仁心，统之陈说，幸收哀于迷虑，投畀之罚无闻，《青蝇》之诗不作矣。

赞曰：处道文林，胡贰尔心？彭祖凶孽，自贻伊戚。临淮翼翼，孝形于色。安阳英英，匪懈其职。倾齐附鲁，是为蟊贼。统之不减，交乱罔极。

卷四十　　　　　列传第十

贾充　郭彰　杨骏

贾充，字公闾，平阳襄陵人也。父逵，魏豫州刺史、阳里亭侯。逵晚始生充，言后当有充闾之庆，故以为名字焉。充少孤，居丧以孝闻。袭父爵为侯。拜尚书郎，典定科令，兼度支考课。辩章节度，事皆施用。累迁黄门侍郎、汲郡典农中郎将。参大将军军事，从景帝讨毌丘俭、文钦于乐嘉。帝疾笃，还许昌，留充监诸军事，以劳增邑三百五十户。

后为文帝大将军司马，转右长史。帝新执朝权，恐方镇有异议，使充诣诸葛诞，图欲伐吴，阴察其变。充既论说时事，因谓诞曰："天下皆愿禅代，君以为如何？"诞厉声曰："卿非贾豫州子乎，世受魏恩，岂可欲以社稷输人乎！若洛中有难，吾当死之。"充默然。及还，白帝曰："诞在再扬州，威名夙著，能得人死力。观其规略，为反必也。今征之，反速而事小；不征，事迟而祸大。"帝乃征诞为司空，而诞果叛。复从征诞，充进计曰："楚兵轻而锐，若深沟高垒以逼贼城，可不战而克也。"帝从之。城陷，帝登垒以劳充。帝先归洛阳，使充统后事，进爵宣阳乡侯，增邑千户。迁廷尉，充雅长法理，有平反之称。

转中护军，高贵乡公之攻相府也，充率众距战于南阙。军将败，骑督成倅弟太子舍人济谓充曰："今日之事如何？"充曰："公等养汝，正拟今日，复何疑！"济于是抽戈犯跸。及常道乡公即位，进封安阳乡侯，增邑千二百户，统城外诸军，加散骑常侍。

钟会谋反于蜀，帝假充节，以本官都督关中、陇右诸军事，西据汉中，未至而会死。时军国多事，朝廷机密，皆与筹之。帝甚信重充，与裴秀、王沈、羊祜、荀勖同受腹心之任。帝又命充定法律。假金章，赐甲第一区。五等初建，封临沂侯，为晋元勋，深见宠异，禄赐常优于群官。

充有刀笔才，能观察上旨。初，文帝以景帝恢赞王业，方传位于舞阳侯攸。充称武帝宽仁，且又居长，有人君之德，宜奉社稷。及文帝寝疾，武帝请问后事。文帝曰："知汝者贾公闾也。"帝袭王位，拜充晋国卫将军、仪同三司、给事中，改封临颍侯。及受禅，充以建明大命，转车骑将军、散骑常侍、尚书仆射，更封鲁郡公，母柳氏为鲁国太夫人。

充所定新律既班于天下，百姓便之。诏曰："汉氏以来，法令严峻。故自元成之世，及建安、嘉平之间，咸欲辩章旧典，删革刑书。述作体大，历年无成。先帝愍元元之命陷于密网，亲发德音，厘正名实。车骑将军贾充，奖明圣意，谘询善道。太傅郑冲，又与司空荀颛、中书监荀勖、中军将军羊祜、中护军王业，及廷尉杜友、守河南尹杜预、散骑侍郎裴楷、颍川太守周雄、齐相郭颀、骑都尉成公绥荀辉、尚书郎柳轨等，典正其事。朕每鉴其用心，常慨然嘉之。今法律既成，始班天下，刑宽禁简，足以克当先旨。昔萧何以定律受封，叔孙通以制仪为奉常，赐金五百斤，弟子皆为郎。夫立功立事，古之所重。自太傅、车骑以下，皆加禄赏。其详依故典。"于是赐充子弟一人关内侯，绢五百匹。固让，不许。

后代裴秀为尚书令，常侍、车骑将军如故。寻改常侍为侍中，赐绢七百匹。以母忧去职，诏遣黄门侍郎慰问。又以东南有事，遣典军将军杨器宣谕，使六旬还内。

充为政，务农节用，并官省职，帝善之，又以文武异容，求罢所领兵。及羊祜等出镇，充复上表欲立勋边境，帝并不许。从容任职，褒贬在己，颇好进士，每有所荐达，必终始经纬之，是以士多归焉。帝舅王恂尝毁充，而充更进恂。或有背充以要权贵者，充皆阳以素意待之。而充无公方之操，不能正身率下，专以谄媚取容。

侍中任恺、中书令庾纯等刚直守正，咸共疾之。又以充女为齐王妃，惧后益盛。及氐羌反叛，时帝深以为虑，恺因进说，请充镇关中。乃下诏曰："秦凉二境，比年屡败，胡虏纵暴，百姓荼毒。遂使异类扇动，害及中州。虽复吴蜀之寇，未尝至此。诚由所任不足以内抚夷夏，外镇丑逆，轻用其众而不能尽其力。非得腹心之重，推毂委成，大匡其弊，恐为患未已。每虑斯难，忘寝与食。侍中、守尚书令、车骑将军贾充，雅量弘高，达见明远，武有折冲之威，文怀经国之虑，信结人心，名震域外。使权统方任，绥静西夏，则吾无西顾之念，而远近获安矣。其以充为使持节、都督秦凉二州诸军事，侍中、车骑将军如故，假羽葆、鼓吹，给第一驸马。"朝之贤良欲进忠规献替者，皆幸充此举,望隆惟新之化。

充既外出,自以为失职,深衔任恺,计无所从。将之镇,百僚钱于夕阳亭,荀勖私焉。充以忧告,勖曰:"公,国之宰辅,而为一夫所制,不亦鄙乎!然是行也,辞之实难,独有结婚太子,不顿驾而自留矣。"充曰:"然。孰可寄怀?"对曰:"勖请行之。"俄而侍宴,论太子婚姻事,勖因言充女才质令淑,宜配储宫。而杨皇后及荀颉亦并称之。帝纳其言。会京师大雪,平地二尺,军不得发。既而皇储当婚,遂不西行。诏充居本职。先是羊祜密启留充,及是,帝以语充。充谢祜曰:"始知君长者。"

时吴将孙秀降,拜为骠骑大将军。帝以充旧臣,欲改班,使车骑居骠骑之右。充固让,见听。寻迁司空、侍中、尚书令、领兵如故。

会帝寝疾,充及齐王攸、荀勖参医药。及疾愈,赐绢各五百匹。初,帝疾笃,朝廷属意于攸。河南尹夏侯和谓充曰:"卿二女婿,亲疏等耳,立人当立德。"充不答。及是,帝闻之,徙和光禄勋,乃夺充兵权,而位遇无替。寻转太尉、行太子太保、录尚书事。咸宁三年,日蚀于三朝,充请逊位,不许。更以沛国之公丘益其封,宠幸愈甚,朝臣咸侧目焉。

河南尹王恂上言:"弘训太后入庙,合食于景皇帝,齐王攸不得行其子礼。"充议以为:"礼,诸侯不得祖天子,公子不得祢先君,皆谓奉统承祀,非谓不得复其父祖也。攸身宜服三年丧事,自如臣制。"有司奏:"若如充议,服子服,行臣制,未有前比。宜如恂表,攸丧服从诸侯之例。"帝从充议。

伐吴之役,诏充为使持节、假黄钺、大都督,总统六师,给羽葆、鼓吹、缇幢、兵万人、骑二千,置左右长史、司马、从事中郎,增参军、骑司马各十人,帐下司马二十人,大车、官骑各三十人。充虑大功不捷,表陈"西有昆夷之患,北有幽并之戎,天下劳扰,年谷不登,兴军致讨,惧非其时。又臣老迈,非所克堪。"诏曰:"君不行,吾便自出。"充不得已,乃受节钺,将中军,为诸军节度,以冠军将军杨济为副,南屯襄阳。吴江陵诸守皆降,充乃徙屯项。

王浚之克武昌也,充遣使表曰:"吴未可悉定,方夏,江淮下湿,疾疫必起,宜召诸军,以为后图。虽腰斩张华,不足以谢天下。"华豫平吴之策,故充以为言。中书监荀勖奏,宜如充表。帝不从。杜预闻充有奏,驰表固争,言平在旦夕。使及至轘辕,而孙皓已降。吴平,军罢。帝遣侍中程咸犒劳,赐充帛八千匹,增邑八千户;分封从孙畅新城亭侯,盖安阳亭侯;弟阳里亭侯混、从孙关内侯众增户邑。充本无南伐之谋,固谏不见用。及师出而吴平,大惭惧,议欲请罪。帝闻充当诣阙,豫幸东堂以待之。罢节钺、僚佐,仍假鼓吹、麾幢。充与群臣上告成之礼,请有司具其事。帝谦让不许。

及疾笃,上印绶逊位。帝遣侍臣谕旨问疾,殿中太医致汤药,赐床帐钱帛,且皇太子宗室躬省起居。太康三年四月薨,时年六十六。帝为之恸,使使持节、太常奉策追赠太宰,加衮冕之服,绿綟绶、御剑,赐东园秘器、朝服一具、衣一袭,大鸿胪护丧事,假节钺、前后部羽葆、鼓吹、缇幢、大路、銮路、辒辌车、帐下司马大车,椎斧文衣武贲、轻车介士。葬礼依霍光及安平献王故事,给茔田一顷。与石苞等为王功配飨庙庭,谥曰武。追赠充子黎民为鲁殇公。

充妇广城君郭槐,性妬忌。初,黎民年三岁,乳母抱之当阁。黎民见充入,喜笑,充就而拊之。槐望见,谓充私乳母,即鞭杀之。黎民恋念,发病而死。后又生男,过期,复为乳母所抱,充以手摩其头。郭疑乳母,又杀之,儿亦思慕而死。充遂无胤嗣。及薨,槐辄以外孙韩谧为黎民子,奉充后。郎中令韩咸、中尉曹轸谏槐曰:"礼,大宗无后,以小宗支子后之,无异姓为后之文。无令先公怀腆后土,良史书过,岂不痛心。"槐不从。咸等上书求改立嗣,事寝不报。槐遂表陈是充遗意。帝乃诏曰:"太宰、鲁公充,崇德立勋,勤劳佐命,背世殂陨,每用悼心。又胤子早终,世嗣未立。古者列国无嗣,取始封支庶,以绍其统,而近代更除其国。至于周之公旦,汉之萧何,或豫建元子,或封爵元妃,盖尊显勋庸,不同常例。太宰素取外孙韩谧为世子黎民后。吾退而断之,外孙骨肉至近,推恩计情,合于人心。其以谧为鲁公世孙,以嗣其国。自非功如太宰,始封无后如太宰,所取必以己自出不如太宰,皆不得以为比。"及下礼官议充谥,博士秦秀议谥曰荒,帝不纳。博士段畅希旨,建议谥曰武,帝乃从之。自充薨至葬,赙赐二千万。惠帝即位,贾后擅权,加充庙备六佾之乐,母郭为宜城君。及郭氏亡,谥曰宣,特加殊礼。时人讥之,而莫敢言者。

初,充前妻李氏淑美有才行,生二女褒、裕,褒一名荃,裕一名浚。父丰诛,李氏坐流徙。后娶城阳太守郭配女,即广城君也。武帝践阼,李以大赦得还,帝特诏充置左右夫人,充母亦敕充迎李氏。郭槐怒,攘袂数充曰:"刊定律令,为佐命之功,我有其分。李那得与我并!"充乃答诏,托以谦冲,不敢当两夫人盛礼,实畏槐也。而荃为齐王攸妃,欲令充遣郭而还其母。时沛国刘含母,及帝舅羽林监王虔前妻,皆毌丘俭孙女。此例既多,质之礼官,俱不能决。虽不遣后妻,多异居其通。充自以宰相为海内准则,乃为李筑室于永年里而不往来。荃、浚每号泣请充,充竟不往。会充当镇关右,公卿供帐祖道,荃、浚惧充遂去,乃排幔出于坐中,叩头流血,向充及群僚陈母应还之意。众以荃王妃,皆惊起而散。充甚愧愕,遣黄门将宫人扶去。既而郭槐女为皇太子妃,帝乃下诏断如李比皆不得还,后荃恚愤而薨。初,槐欲省李氏,充曰:"彼有才气,卿往不如不往。"及女为妃,槐乃盛威仪而去。既入户,李氏出迎,槐不觉脚屈,因遂再拜。自是充每出行,槐辄使人寻之,恐其过李也。初,充母柳见古今重节义,竟不知充与成济事,以济不忠,数追骂之。侍者闻之,无不窃笑。及将亡,充问所欲言,柳曰:"我教汝迎李新妇尚不肯,安问他事!"遂无言。及充薨后,李氏二女乃欲令其母祔葬,贾后弗之许也。及后废,李氏乃得合葬。李氏作《女训》行于世。

谧字长深。母贾午,充少女也。父韩寿,字德真,南阳堵阳人，魏司徒暨曾孙。美姿貌，善容止，贾充辟为司空掾。充每宴宾僚，其女辄于青璅中窥之，见寿而悦焉。问其左右识此人不，有一婢说寿姓字，云是故主人。女大感想，发于寤寐。婢后往寿家，具说女意，并言其女光丽艳逸，端美绝伦。寿闻而心动，便令为通殷勤。婢以白女，女遂潜修音好，厚相赠结，呼寿入夕。寿劲捷过人，逾垣而至，家中莫知，惟充觉其女悦畅异于常日。时西域有贡奇香，一著人则经月不歇，帝甚贵之，惟以赐充及大司马陈骞。其女密盗以遗寿，充僚属与寿燕处，闻其芬馥，称之于充。自是充意知女与寿通，而其门阁严峻，不知所由得入。乃夜中阳惊，托言有盗，因使循墙以观其变。左右白曰："无余异，惟东北角如狐狸行处。"充乃考问女之左右，具以状对。充秘之，遂以女妻寿。寿官至散骑常侍、河南尹。元康初卒，赠骠骑将军。

谧好学，有才思。既为充嗣，继佐命之后，又贾后专恣，谧权过人主，至乃锁系黄门侍郎，其为威福如此。负其骄宠，奢侈逾度，室宇崇僭，器服珍丽，歌僮舞女，选极一时。开阁延宾。海内辐凑，贵游豪戚及浮竞之徒，莫不尽礼事之。或著文章称美谧，以方贾谊。渤海石崇欧阳建、荥阳潘岳、吴国陆机陆云、兰陵缪征、京兆杜斌挚虞、琅邪诸葛诠、弘农王粹、襄城杜育、南阳邹捷、齐国左思、清河崔基、沛国刘瑰、汝南和郁周恢、安平牵秀、颍川陈眕、太原郭彰、高阳许猛、彭城刘讷、中山刘舆刘琨皆傅会于谧，号曰二十四友，其余不得预焉。

历位散骑常侍、后军将军。广城君薨，去职。丧未终。起为秘书监，掌国史。先是，朝廷议立晋书限断，中书监荀勖谓宜以魏正始起年，著作郎王瓒欲引嘉平已下朝臣尽入晋史，于时依违未有所决。惠帝立，更使议之。谧上议，请从泰始为断。于是事下三府，司徒王戎、司空张华、领军将军王衍、侍中乐广、黄门侍郎嵇绍、国子博士谢衡皆从谧议。骑都尉济北侯荀畯、侍中荀藩、黄门侍郎华混以为宜用正始开元。博士荀熙、刁协谓宜嘉平起年。谧重执奏戎、华之议，事遂施行。

寻转侍中。领秘书监如故。谧时从帝幸宣武观校猎，讽尚书于会中召谧受拜，诫左右勿使人知，于是众疑其有异志矣。谧既亲贵，数入二宫，共愍怀太子游处，无屈降心。常与太子弈棋争道，成都王颖在坐，正色曰："皇太子国之储君，贾谧何得无礼！"谧惧，言之于后，遂出颖为平北将军，镇邺。

及为常侍，侍讲东宫，太子意不悦，谧患之。而其家数有妖异，飘风吹其朝服飞上数百丈，坠于中丞台，又蛇出其被中，夜暴雷震其室，柱陷入地，压毁床帐，谧益恐。及迁侍中，专掌禁内，遂与后成谋，诬陷太子。及赵王伦废后，以诏召谧于殿前，将戮之。走入西钟下，呼曰："阿后救我！"乃就斩之。韩寿少弟蔚有器望，及寿兄巩令保、弟散骑侍郎预、吴王友鉴、谧母贾午皆伏诛。

初，充伐吴时，尝屯项城，军中忽失充所在。充帐下都督周勤时昼寝，梦见百余人录状，引入一迳。勤惊觉，闻失充，乃出寻索，忽睹所梦之道。遂往求之。果见充行至一府舍，侍卫甚盛。府公南南坐，声色甚厉，谓充曰：

"将乱吾家事，必尔与荀勖，既惑吾子，又乱吾孙。间使任恺黜汝而不去，又使庚纯詈汝而不改。今吴寇当平，汝方表斩张华。汝之暗戆，皆此类也。若不悛慎，当旦夕加罪。"充因叩头流血，公曰："汝所以延日月而名器如此者，是卫府之勋耳。终当使系嗣死于钟虡之间，大子毙于金酒之中，小子困于枯木之下。荀勖亦宜同，然其先德小浓。故在汝后，数世之外，国嗣亦替。"言毕，命去。充忽然得还营，颜色憔悴，性理昏丧，经日乃复。及是，谧死于钟下，贾后服金酒而死，贾午考竟用大杖。终皆如所言。

赵王伦之败，朝廷追录充勋，议立其后。欲以充从孙散骑侍郎众为嗣，众阳狂自免。以子秃后充，封鲁公，又病死。永兴中，立充从曾孙湛为鲁公，奉充后，遭乱死，国除。泰始中，人为充等谣曰："贾、裴、王，乱纪纲。王、裴、贾，济天下。"言亡魏而成晋也。

充弟混，字宫奇，笃厚自守，无殊才能。太康中，为宗正卿。历镇军将军，领城门校尉，加侍中，封永平侯。卒，赠中军大将军、仪同三司。

充从子彝、遵并有鉴裁，俱为黄门郎。遵弟模最知名。

模字思范，少有志尚。颇览载籍，而沈深有智算，确然难夺。深为充所信爱，每事筹之焉。充年衰疾剧，恒忧己谧传，模曰："是非久自见，不可掩也。"起家为邵陵令，遂历事二宫尚书吏部郎，以公事免，起为车骑司马。豫诛杨骏，封平阳乡侯，邑千户。及楚王玮矫诏害汝南王亮、太保卫瓘，诏使模将中骑二百人救之。

是时贾后既豫朝政，欲委信亲党，拜模散骑常侍，二日擢为侍中。模乃尽心匡弼，推张华、裴頠同心辅政。数年之中，朝野宁静，模之力也。乃加授光禄大夫。然模潜执权势，外形欲远之，每有启奏贾后事，入辄取急，或托疾以避之。至于素有嫌忿，多所中陷，朝廷甚惮之。加贪冒聚敛，富拟王公。但贾后性甚强暴，模每尽言为陈祸福，后不能从，反谓模毁己。于是委任之情日衰，而谗间之徒遂进。模不得志，忧愤成疾。卒，追赠车骑将军、开府仪同三司，谥曰成。子游字彦将嗣，历官太子侍讲、员外散骑侍郎。

郭彰，字叔武，太原人，贾后从舅也。与贾充素相亲遇，充妻待彰若同生。历散骑常侍、尚书、卫将军，封冠军县侯。及贾后专朝，彰豫参权势，物情归附，宾客盈门。世人称为"贾郭"，谓谧及彰也。卒，谥曰烈。

杨骏，字文长，弘农华阴人也。少以王官为高陆令，骁骑、镇军二府司马。后以后父超居重位，自镇军将军迁车骑将军，封临晋侯。识者议之曰："夫封建诸侯，所以藩屏王室也。后妃，所以供粢盛，弘内教也。后父始封而以临晋为侯，兆于乱矣。"尚书褚䂮、郭奕并表骏小器，不可以任社稷之重。武帝不从。帝自太康以后，天下无事，不复留心万机，惟耽酒色，始宠后党，请谒公行。而骏及珧、济势倾天下，时人有"三杨"之号。

及帝疾笃，未有顾命，佐命功臣，皆已没矣，朝臣惶惑，计无所从。而骏尽斥群公，亲侍左右。因辄改易公卿，树其心腹。会帝小间，见所用者非，乃正色谓骏曰："何得便尔！"乃诏中书，以汝南王亮与骏夹辅王室。骏恐失权宠，从中书借诏观之，得便藏匿。中书监华廙恐惧，自往索之，终不肯与。信宿之间，上疾遂笃，后乃奏帝以骏辅政，帝颔之。便召中书监华廙、令何劭，口宣帝旨使作遗诏，曰："昔伊望作佐，勋垂不朽；周霍拜命，名冠往代。侍中、车骑将军、行太子太保，领前将军杨骏，经德履吉，鉴识明远，毗翼二宫，忠肃茂著，宜正位上台，拟迹阿衡。其以骏为太尉、太子太傅、假节、都督中外诸军事，侍中、录尚书、领前将军如故。置参军六人、步兵三千人、骑千人，移止前卫将军珧故府。若止宿殿中宜有翼卫，其差左右卫三部司马各二十人、殿中都尉司马十人给骏，令得持兵仗出入。"诏成，后对廙、劭以呈帝，帝亲视而无言。自是二日而崩，骏遂当寄托之重，居太极殿。梓宫将殡，六宫出辞，而骏不下殿，以武贲百人自卫。不恭之迹，自此而始。

惠帝即位，进骏为太傅、大都督、假黄钺，录朝政，百官总己。虑左右间己，乃以其甥段广、张劭为近侍之职。凡有诏命，帝省讫，入呈太后，然后乃出。骏知贾后情性难制，甚畏惮之。又多树亲党，皆领禁兵。于是公室怨望，天下愤然矣。骏弟珧、济并有俊才，数相谏止，骏不能用，因废于家。骏暗于古义，动违旧典。武帝崩未逾年而改元，议者咸以为违《春秋》逾年书即位之义。朝廷惜于前失，令史官没之，故明年正月复改年焉。

骏自知素无美望，惧不能辑和远近，乃依魏明帝即位故事，遂大开封赏，欲以悦众，为政严碎，愎谏自用，不允众心。冯翊太守孙楚素与骏厚，说之曰："公以外戚，居伊霍之重，握大权，辅弱主。当仰思古人至公至诚谦顺之道。于周则周召为宰，在汉则朱虚、东牟，未有庶姓专朝，而克终庆祚者也。今宗室亲重，藩王方壮，而公不与共参万机，内怀猜忌，外树私昵，祸至无日矣。"骏不能从。弘训少府蒯钦，骏之姑子。少而相昵，直亮不回，屡以正言犯骏，珧、济为之寒心。钦曰："杨文长虽暗，犹知我之无罪不可妄杀，必当疏我。我得疏外，可以不与俱死。不然，倾宗覆族，其能久乎！"

殿中中郎孟观、李肇，素不为骏所礼，阴构骏将图社稷。贾后欲预政事，而惮骏未得逞其所欲，又不肯以妇道事皇太后。黄门董猛，始自帝之为太子即为寺人监，在东宫给事于贾后。后密通消息于猛，谋废太后。猛乃与肇、观潜相结托。贾后又令肇报大司马、汝南王亮，使连兵讨骏。亮曰："骏之凶暴，死亡无日，不足忧也。"肇报楚王玮，玮然之。于是求入朝，骏素惮玮，先欲召入，防其为变，因遂听之。及玮至，观、肇乃启帝，夜作诏，中外戒严，遣使奉诏废骏，以侯就第。东安公繇率殿中四百人随其后以讨骏。段广跪而言于帝曰："杨骏受恩先帝，竭心辅政。且孤公无子，岂有反理？愿陛下审之。"帝不答。

时骏居曹爽故府，在武库南，闻内有变，召众官议之。太傅主簿朱振说骏曰："今内有变，其趣可知，必是阉竖为贾后设谋，不利于公。宜烧云龙门以示威，索造事都首，开万春门，引东宫及外营兵，公自拥翼皇太子，入宫取奸

人。殿内震惧，必斩送之，可以免难。"骏素怯懦，不决，乃曰："魏明帝造此大功，奈何烧之！"侍中傅祗夜白骏，请与武茂俱入云龙门观察事势。祗因谓群僚"宫中不宜空"，便起揖，于是皆走。

寻而殿中兵出，烧骏府，又令弩士于阁上临骏府而射之，骏兵皆不得出。骏逃于马厩，以戟杀之。观等受贾后密旨，诛骏亲党，皆夷三族，死者数千人。又令李肇焚骏家私书，贾后不欲令武帝顾命手诏闻于四海也。骏既诛，莫敢收者，惟太傅舍人巴西阎纂殡敛之。

初，骏征高士孙登，遗以布被。登截被于门，大呼曰："斫斫刺刺！"旬日托疾诈死，及是，其言果验。永熙中，温县有人如狂，造书曰："光光文长，大戟为墙。毒药虽行，戟还自伤。"及骏居内府，以戟为卫焉。

永宁初，诏曰："舅氏失道，宗族陨坠，渭阳之思，孔怀感伤。其以茅亭侯杨超为奉朝请、骑都尉，以慰《蓼莪》之思焉。"

珧字文琚，历位尚书令、卫将军。素有名称，得幸于武帝，时望在骏前。以兄贵盛，知权宠不可居，自乞逊位，前后恳至，终不获许。初，聘后，珧表曰："历观古今，一族二后，未尝以全，而受覆宗之祸。乞以表事藏之宗庙，若如臣之言，得以免祸。"从之。右军督赵休上书陈："王莽五公，兄弟相代。今杨氏三公，并在大位，而天变屡见，臣窃为陛下忧之。"由此珧益惧。固求逊位，听之，赐钱百万，绢五千匹。

珧初以退让称，晚乃合朋党，构出齐王攸。中护军羊琇与北军中侯成粲谋欲因见珧而手刃之。珧知而辞疾不出。讽有司奏琇，转为太仆。自是举朝莫敢枝梧，而素望尽矣。珧临刑称冤，云："事在石函，可问张华。"当时谓宜为申理，合依钟毓事例。而贾氏族党待诛杨如仇，促行刑者遂斩之。时人莫不嗟叹焉。

济字文通，历位镇南、征北将军，迁太子太傅。济有才艺，尝从武帝校猎北芒下，与侍中王济俱著布袴褶，骑马执角弓在辇前。猛兽突出，帝命王济射之，应弦而倒。须臾复一出，济受诏又射杀之，六军大叫称快。帝重兵官，多授贵戚清望，济以武艺号为称职。与兄珧深虑盛满，乃与诸甥李斌等共切谏。骏斥出王佑为河东太守，建立皇储，皆济谋也。

初，骏忌大司马汝南王亮，催使之藩。济与斌数谏止之，骏遂疏济。济谓傅咸曰："若家兄征大司马入，退身避之，门户可得免耳。不尔，行当赤族。"咸曰："但征还，共崇至公，便立太平，无为避也。夫人臣不可有专，岂独外戚！今宗室疏，因外戚之亲以得安，外戚危，倚宗室之重以为援，所谓唇齿相依，计之善者。"济益惧而问石崇曰："人心云何？"崇曰："贤兄执政，疏外宗室，宜与四海共之。"济曰："见兄，可及此。"崇见骏，及焉，骏不纳。后与诸兄俱见害。难发之夕，东宫召济。济谓裴楷曰："吾将何之？"楷曰："子为保傅，当至东宫。"济好施，久典兵马，所从四百余人皆秦中壮士，射则命中，皆欲救济。济已入宫，莫不叹恨。

史臣曰：贾充以谄谀陋质，刀笔常材，幸属昌辰，滥叨非据。抽戈犯顺，曾无猜惮之心；杖钺推亡，遽有知难之请，非惟魏朝之悖逆，抑亦晋室之罪人者欤！然犹身极宠光，任兼文武，存荷台衡之寄，没有从享之荣，可谓无德而禄，殃将及矣。逮乎贻厥，乃乞丐之徒，嗣恶稔之余基，纵奸邪之凶德。煽兹哲妇，索彼惟家，虽及诛夷，曷云塞责。昔当涂阙翦，公闾实肆其劳，典午分崩，南风亦尽其力，可谓"君以此始，必以此终"，信乎其然矣。杨骏阶缘宠幸，遂荷栋梁之任，敬之犹恐弗逮，骄奢淫泆，庸可免乎？括母以明智全身，会昆以先言获宥，文琚识同曩烈，而罚异昔人，裴夫！

赞曰：公闾便佞，心乖雅正。邂遇时来，遂阶荣命。乞丐承绪，凶家乱政。琐琐文长，遂居栋梁。据非其位，乃底灭亡。珧虽先觉，亦罹祸殃。

卷四十一　　列传第十一

魏舒　李憙　刘寔　高光

魏舒，字阳元，任城樊人也。少孤，为外家宁氏所养。宁氏起宅，相宅者云："当出贵甥。"外祖母以魏氏甥小而慧，意谓应之。舒曰："当为外氏成此宅相。"久乃别居。身长八尺二寸，姿望秀伟，饮酒石余，而迟钝质朴，不为乡亲所重。从叔父吏部郎衡，有名当世，亦不之知，使守水碓，每叹曰："舒堪数百户长，我愿毕矣！"舒亦不以介意。不修常人之节，不为皎厉之事，每欲容才长物，终不显人之短。性好骑射，著韦衣。入山泽，以渔猎为事。唯太原王乂谓舒曰："卿终当为台辅，然今未能令妻子免饥寒，吾当助卿营之。"常振其匮乏，舒受而不辞。舒尝诣野王，主人妻夜产，俄而闻车马之声，相问曰："男也，女也？"曰："男，书之，十五以兵死。"复问："寝者为谁？"曰："魏公舒。"后十五载，诣主人，问所生儿在否，曰："因条桑为斧伤而死。"舒自知当为公矣。

年四十余，郡上计掾察孝廉。宗党以舒无学业，劝令不就，可以为高耳。舒曰："若试而不中，其负在我，安可虚窃不就之高以为己荣乎！"于是自课。百日习一经，因而对策升第。除渑池长，迁浚仪令，入为尚书郎。时欲沙汰郎官。非其才者罢之。舒曰："吾即其人也。"襆被而出。同僚素无清论者咸有愧色，谈者称之。

累迁后将军钟毓长史，毓每与参佐射，舒常为画筹而已。后遇朋人不足，以舒满数。毓初不知其善射。舒容范闲雅，发无不中，举坐愕然，莫有敌者。毓叹而谢曰："吾之不足以尽卿才，有如此射矣，岂一事哉！"转相国参军，封剧阳子。府朝碎务，未尝见是非；至于废兴大事，众人莫能断者，舒徐为筹之，多出众议之表。文帝深器重之，每朝会坐罢，目送之曰："魏舒堂堂，人之领袖也。"迁宜阳、荥阳二郡太守，甚有声称。征拜散骑常侍。出为冀州刺史，在州三年，以简惠称。入为侍中。武帝以舒清素，特赐绢百匹。迁尚书，以公事当免官，诏以赎论。舒三娶妻皆亡，是岁自表乞假还本郡葬妻，诏赐葬地一顷，钱五十万。

太康初，拜右仆射。舒与卫瓘、山涛、张华等以六合混一，宜用古典封禅东岳，前后累陈其事，帝谦让不许。以舒为左仆射，领吏部。舒上言："今选六宫，聘以玉帛，而旧使御府丞奉聘，宣成嘉礼，贽重使轻。以为拜三夫人宜使卿，九嫔使五官中郎将，美人、良人使谒者，于典制为弘。"有诏详之，众议异同，遂寝。加右光禄大夫、仪同三司。

及山涛薨，以舒领司徒，有顷即真。舒有威重德望，禄赐散之九族，家无余财。陈留周震累为诸府所辟，辟书既下，公辄丧亡，佥号震为杀公掾，莫有辟者。舒乃命之，而竟无患，识者以此称其达命。以年老，每称疾逊位。中复暂起，署兖州中正，寻又称疾。尚书左丞郤诜与舒书曰："公久疾小差，视事是也，唯上所念。何竟起讫还卧，曲从回法，甚失具瞻之望。公少立巍巍，一旦弃之，可不惜哉！"舒称疾如初。后以灾异逊位，帝不听。后因正旦朝罢还第，表送章绶。帝手诏敦勉。而舒执意弥固，乃下诏曰："司徒、剧阳子舒，体道弘粹，思量经远，忠肃居正，在公尽规。入管铨衡，官人允叙；出赞衮职，敷弘五教。惠训播流，德声茂著，可谓朝之俊乂者也。而屡执冲让，辞旨恳诚，申览反覆，省用怃然。盖成人之美，先典所与，难违至情。今听其所执，以剧阳子就第，位同三司，禄赐如前。几杖不朝，赐钱百万，床帐簟褥自副。以舍人四人为剧阳子舍人，置官骑十人。使光禄勋奉策，主者详案典礼，令皆如旧制。"于是赐安车驷马，门施行马。舒为事必先行而后言，逊位之际，莫有知者。时论以为晋兴以来，三公能辞荣善终者，未之有也。司空卫瓘与舒书曰："每与足下共论此事，日日未果，可谓瞻之在前，忽焉在后矣。"太熙元年薨，时年八十二。帝甚伤悼，赗赠优厚，谥曰康。

子混，字延广，清惠有才行，为太子舍人。年二十七，先舒卒，朝野咸为舒悲惜。每每哀恸，退而叹曰："吾不及庄生远矣，岂以无益自损乎！"于是终服不复哭。诏曰："舒惟一子，薄命短折。舒告老之年，处穷独之苦，每念怛然，为之嗟悼。思所以散愁养气，可更增滋味品物。仍给赐阳燧四望缲窗户皁轮车牛一乘，庶出入观望，或足散忧也。"以庶孙融嗣。又早卒，从孙晃嗣。

李憙，字季和，上党铜鞮人也。父佺，汉大鸿胪。憙少有高行，博学研精，与北海管宁以贤征，不行。累辟三府，不就。宣帝复辟憙为太傅属，固辞疾，郡县扶舆上道，时憙母疾笃，乃窃逾泫氏城而徒还，遂遭母丧，论者嘉其志节。后为并州别驾，时骁骑将军秦朗过并州，州将毕轨敬焉。令乘车至閤。憙固谏以为不可，轨不得已从之。

景帝辅政，命憙为大将军从事中郎，憙到，引见，谓憙曰："昔先公辟君而君不应，今孤命君而君至，何也？"对曰："先君以礼见待，憙得以礼进退。明公以法见绳，憙畏法而至。"帝甚重之。转司马，寻拜右长史。从讨毌丘俭还，迁御史中丞。当官正色，不惮强御，百僚震肃焉。荐乐安孙璞，亦以道德显，时人称为知人。寻迁大司马，以公事免。

司马伷为宁北将军，镇邺，以意为军司。顷之，除凉州刺史，加扬威将军、假节，领护羌校尉，绥御华夷，甚有声绩。羌虏犯塞，意因其隙会，不及启闻，辄以便宜出军深入，遂大克获，以功重免谴，时人比之汉朝冯、甘焉。于是请还，许之。居家月余，拜冀州刺史，累迁司隶校尉。及魏帝告禅于晋，意以本官行司徒事，副太尉郑冲奉策。泰始初，封祁侯。

意上言："故立进令刘友、前尚书山涛、中山王睦、故尚书仆射武陔各占官三更稻田，请免涛、睦等官。陔已亡，请贬谥。"诏曰："法者，天下取正，不避亲贵，然后行耳，吾岂将枉纵其间哉！然案此事皆是友所作，侵剥百姓，以缪惑朝士。奸吏乃敢行此，其考竟友以惩邪佞。涛等不贰其过者，皆勿有所问。《易》称'王臣蹇蹇，匪躬之故'。今意亢志在公，当官而行，可谓'邦之司直'者矣。光武有云：'贵戚且敛手以避二鲍'。岂其然乎！其申敕群僚，各慎所司，宽宥之恩，不可数遇也。"意为二代司隶，朝野称之。以公事免。

其年，皇太子立，以意为太子太傅。自魏明帝以后，久旷东宫，制度废阙，官司不具，詹事、左右率、庶子、中舍人诸官并未置，唯置卫率令典兵，二傅并摄众事。意在位累年，训道尽规。迁尚书仆射，拜特进、光禄大夫，以年老逊位。诏曰："光禄大夫、特进李意，杖德居义，当升台司。毗亮朕躬，而以年尊致仕。虽优游无为，可以颐神，而虚心之望，能不忧然！其因光禄之号，改假金紫，置官骑十人，赐钱五十万，禄赐班礼，一如三司，门施行马。"

初，意为仆射时，凉州虏寇边，意唱义遣军讨之。朝士谓出兵不易，虏未足为患，竟不从之。后虏果大纵逸，凉州覆没，朝廷深悔焉。以意清素贫俭，赐绢百匹。及齐王攸出镇，意上疏谏争，辞甚恳切。意自历仕，虽清非异众，而家无储积，亲旧故人乃至分衣共食，未尝私以王官。及卒，追赠太保，谥曰成。子赞嗣。

少子俭，字仲约，历左积弩将军、屯骑校尉。俭子弘字世彦，少有清节，永嘉末，历给事黄门侍郎、散骑常侍。

刘寔，字子真，平原高唐人也。汉济北惠王寿之后也，父广，斥丘令。寔少贫苦，卖牛衣以自给。然好学，手约绳，口诵书，博通古今。清身洁己，行无瑕玷。郡察孝廉，州举秀才，皆不行。以计吏入洛，调为河南尹丞，迁尚书郎、廷尉正。后历吏部郎，参文帝相国军事，封循阳子。

钟会、邓艾之伐蜀也，有客问寔曰："二将其平蜀乎？"寔曰："破蜀必矣，而皆不还。"客问其故，笑而不答，竟如其言。寔之先见，皆此类也。

以世多进趣，廉逊道阙，乃著《崇让论》以矫之。其辞曰：

古之圣王之化天下，所以贵让者，欲以出贤才，息争竞也。夫人情莫不欲已之贤也，故劝令让贤以自明贤也，岂假让不贤哉！故让道兴，贤能之人不求而自出矣，至公之举自立矣，百官之副亦豫具矣。一官缺，择众官所让最多者而用之，审之道矣。在朝之士相让于上，草庐之人咸皆化之，推贤让能之风从此生矣。为一国所让，则一国士也；天下所共推，则天下士也。推让之风行，则贤与不肖灼然殊矣。此道之行，在上者无所用其心，因成清议，随之而已。故曰，荡荡乎尧之为君，莫之能名。言天下自安矣，不见尧所以化之，故不能名也。又曰，舜禹之有天下而不与焉，无为而化者其舜也欤。贤人相让于朝，大才之人恒在大官，小人不争于野，天下无事矣。以贤才化无事，至道兴矣。已仰其成，复何与焉！故可以歌《南风》之诗，弹五弦之琴也。成此功者非有他，崇让之所致耳。孔子曰，能以礼让为国，则不难也。

在朝之人不务相让久矣，天下化之。自魏代以来，登进辟命之士，及在职之吏，临见受叙，虽自辞不能，终莫肯让有胜己者。夫推让之风息，争竞之心生。孔子曰，上兴让则下不争，明让不兴下必争也。推让之道兴，则贤能之人日见推举；争竞之心生，则贤能之人日见谤毁。夫争者之欲自先，甚恶能者之先，不能无毁也。故孔墨不能免世之谤己，况不及孔墨者乎！议者佥然言，世少高名之才，朝廷不有大才之人可以为大官者。山泽人小官吏亦复云，朝廷之士虽有大官名德，皆不及往时人也。余以为此二言皆妄之矣。非时独乏贤也，时不贵让。一人有先众之誉，毁必随之，名不得成使之然也。虽令稷契复存，亦不复能全其名矣。能否混杂，优劣不分，士无素定之价，官职有缺，主选之吏不知所用，但案官次而举之。同才之人先用者，非势家之子，则必为有势者之所念也。非能独贤，因其先用之资，而复迁之无已。迁之无已，不胜其任之病发矣。观在官之人，政绩无闻，自非势家之子，率多因资次而进也。

向令天下贵让，士必由于见让而后名成，名成而官乃得用之。诸名行不立之人，在官无政绩之称，让之者必少，官无因得而用之也。所以见用不息者，由让道废，因资用人之有失久矣。故自汉魏以来，时开大举，令众官各举所知，唯才所任，不限阶次，如此者甚数矣。其所举必有当者，不闻时有擢用，不知何谁最贤故也。所举必有不当，而罪不加，不知何谁最不肖也。所以不可得知，由当时之人莫肯相推，贤愚之名不别，令其如此。举者知在上者察不能审，故敢漫举而进之。或举所贤，因及所念，一顿而至，人数猥多，各言所举者贤，加之高状，相似如一，难得而分矣。参错相乱，真伪同贯，更复出此而甚。虽举者不能尽忠之罪，亦由上开听察之路滥，令其尔也。昔齐王好听竽声，必令三百人合吹而后听之，廪以数人之俸。南郭先生不知吹竽者也，以三百人合吹可以容其不知，因请为王吹竽，虚食数人之俸。嗣王觉而改之，难彰先王之过。乃下令曰："吾之好闻竽声有甚于先王，欲一一列而听之。"先生于此逃矣。推贤之风不立，滥举之法不改，则南郭先生之徒盈于朝矣。才高守道之士日退，驰走有势之门日多矣。虽国有典刑，弗能禁矣。

夫让道不兴之弊，非徒贤人在下位，不得时进也，国之良臣荷重任者，亦将以渐受罪退矣。何以知其然也？孔子以为颜氏之子不贰过耳，明非圣人皆有过。宠贵之地欲之者多矣，恶贤能者塞其路，其过而毁之者亦多矣。夫谤毁之生，非徒空设，必因人之微过而甚之者也。毁谤之言数闻，在上者虽欲弗纳，不能不杖所闻，因事之来而微察之也，无以，其验至矣。得其验，安得不理其罪。若知而纵之，王之威日衰，令之不行自此始矣。知而皆理之，受罪退者稍多，大臣有不自固之心。夫贤才不进，贵臣日疏，此有国者之深忧也。《诗》曰："受禄不让，至于已斯亡。"不让之人忧亡不暇，而望其益国朝，不亦难乎！

窃以为改此俗甚易耳。何以知之？夫一时在官之人，虽杂有凡猥之才，其中贤明者亦多矣，岂可谓皆不知让贤为贵邪！直以其时皆不让，习以成俗，故遂不为耳。人臣初除，皆通表上闻，名之谢章，所由来尚矣。原谢章之本意，欲进贤能以谢国恩也。昔舜以禹为司空，禹拜稽首，让于稷契与咎繇。使益为虞官，让于朱虎、熊、罴。使伯夷典三礼，让于夔龙。唐虞之时，众官初除，莫不皆让也。谢章之义，盖取于此。《书》记之者，欲以永世作则。季世所用，不贤不能让贤，虚谢见用之恩而已。相承不变，习俗之失也。

夫叙用之官得通章表者，其让贤推能乃通，其不能有所让徒费简纸者，皆绝不通。人臣初除，各思推贤能而让之矣，让之文付主者掌之。三司有缺，择三司所让最多者而用之。此为一公缺，三公已豫选之矣。且主选之吏，不必任公而选三公，不如令三公自共选一公为详也。四征缺，择四征所让最多而用之，此为一征缺，四征已豫选之矣，必详于停缺而令主者选四征也。尚书缺，择尚书所让最多者而用之，此为八尚书共选一尚书，详于临缺令主者选八尚书也。郡守缺，择众郡所让最多者而用之，详于任主者令选百郡守也。

夫以众官百郡之让，与主者共相比，不可同岁而论也。虽复令三府参举官，本不委以举选之任，各不能以根其心也。其所用心者裁之不二三，但令主者案官次而举之，不用精也。贤愚皆让，百姓耳目尽为国耳目。夫人情争则欲毁己所不知，让则竞推于胜己。故世争则毁誉交错，优劣不分，难得而让也。时让则贤智显出，能否之美历历相次，不可得而乱也。当此时也，能退身修己者，让之者多矣。虽欲守贫贱，不可得也。驰骛进趣而欲人见让，犹却行而求前也。夫如此，愚智咸知进身求通，非修之于己则无由矣。游外求者，于此相随而归矣。浮声虚论，不禁而自息矣。人人无所用其心，任众人之议，而天下自化矣。不言之化行，巍巍之美于此著矣。让可以致此，岂可不务之哉！

《春秋传》曰："范宣子之让，其下皆让。栾黡虽汰，弗敢违也。晋国以平，数世赖之。"上世之化也，君子尚能而让其下，小人力农以事其上，上下有礼，谗慝远黜，由不争也。及其乱也，国家之弊，恒必由之。笃论了了如此。在朝君子典选大官，能不以人废言，举而行之，各以让贤举能为先务，则群才猥出，能否殊别，盖世之功，莫大于此。

泰始初，进爵为伯，累迁少府。咸宁中为太常。转尚书。杜预之伐吴也，寔以本官行镇南军司。

初，寔妻卢氏生子跻而卒，华氏将以女妻之。寔弟智谏曰："华家类贪，必破门户。"辞之不得，竟婚华氏而生子夏。寔竟坐夏受赂，免官。顷之为大司农，又以夏罪免。

寔每还州里，乡人载酒肉以候之。寔难逆其意，辄共啖而返其余。或谓寔曰："君行高一世，而诸子不能遵。何不旦夕切磋，使知过而自改邪！"寔曰："吾之所行，是所闻见，不相祖习，岂复教诲之所得乎！"世以寔言为当。

后起为国子祭酒、散骑常侍。愍怀太子初封广陵王，高选师友，以寔为师。元康初，进爵为侯，累迁太子太保，加侍中、特进、右光禄大夫、开府仪同三司，领冀州都督。九年，策拜司空，迁太保，转太傅。太安初，寔以老病逊位，赐安车驷马、钱百万，以侯就第。及长沙成都之相攻也，寔为军人所掠，潜归乡里。

惠帝崩，寔赴山陵。怀帝即位，复授太尉。寔自陈年老，固辞，不许。左丞刘坦上言曰："夫堂高级远，主尊相贵。是以古之哲王莫不师其元臣，崇养老之教，训示四海，使少长有礼。七十致仕，亦所以优异旧德，厉廉高之风。太尉寔体清素之操，执不渝之洁，悬车告老，二十余年，浩然之志，老而弥笃。可谓国之硕老，邦之宗模。臣闻老者不以筋力为礼，寔年逾九十，命在日制，遂自扶舆，冒险而至，展哀山陵，致敬阙庭，大臣之节备矣。圣诏殷勤，必使寔正位上台，光伫鼎实，断章敦喻，经涉二年。而寔频上露板，辞旨恳诚。臣以为古之养老，以不事为优，不以吏之为重，谓宜听寔所守。"

三年，诏曰："昔虞任五臣，致垂拱之化，汉相萧何，兴宁一之誉，故能光隆于当时，垂裕于百代。朕绍天明命，临御万邦，所以崇显政道者，亦赖之于元臣庶尹，毕力股肱，以副至望。而君年耆告老，确然难违。今听君以侯就第，位居三司之上，秩禄准旧，赐几杖不朝及宅一区。国之大政，将就谘于君，副朕意焉。"岁余薨，时年九十一，谥曰元。

寔少贫窭，杖策徒行，每所憩止，不累主人，薪水之事，皆自营给。及位望通显，每崇俭素，不尚华丽。尝诣石崇家，如厕，见有绛纹帐，裀褥甚丽，两婢持香囊。寔便退，笑谓崇曰："误入卿内。"崇曰："是厕耳。"寔曰："贫士未尝得此。"乃更如他厕。虽处荣宠，居无第宅，所得俸禄，赡恤亲故。虽礼教陵迟，而行己以正。丧妻为庐杖之制，终丧不御内。轻薄者笑之，寔不以介意。自少及老，笃学不倦，虽居职务，卷弗离手。尤精《三传》，辨正《公羊》，以为卫辄不应辞以王父命，祭仲失为臣之节，举此二端以明臣子之体，遂行于世。又撰《春秋条例》二十卷。

有二子，跻、夏。跻字景云，官至散骑常侍。夏以贪污弃放于世。

弟智，字子房，贞素有兄风。少贫窭，每负薪自给，读诵不辍，竟以儒行称。历中书黄门吏部郎，出为颍川太守。平原管辂尝谓人曰："吾与刘颍川兄弟语，使人神思清发，昏不假寐。自此之外，殆白日欲寝矣。"入为秘书监，领南阳王师，加散骑常侍，迁侍中、尚书、太常。著《丧服释疑论》，多所辨明。太康末卒，谥曰成。

高光，字宣茂，陈留圉城人，魏太尉柔之子也。光少习家业，明练刑理。初以太子舍人累迁尚书郎，出为幽州刺史、颍州太守。是时武帝置黄沙狱，以典诏囚。以光历世明法，用为黄沙御史，秩与中丞同，迁廷尉。元康中，拜尚书，典三公曹。时赵王伦篡逆，光于其际，守道全贞。及伦赐死，齐王冏辅政，复以光为廷尉，迁尚书，加奉车都尉。后从驾讨成都王颖有勋，封延陵县公，邑千八百户。于时朝廷咸推光明于用法，故频典理官。惠帝为张方所逼，幸长安，朝臣奔散，莫有从者，光独侍帝而西。迁尚书左仆射，加散骑常侍。光兄诞为上官巳等所用，历徐、雍二州刺史。诞性任放无伦次，而决烈过人，与光异操。常谓光小节，恒轻侮之，光事诞愈谨。帝既还洛阳，时太弟新立，重选傅训，以光为少傅，加光禄大夫，常侍如故。及怀帝即位，加光禄大夫金章紫绶，与傅祗并见推崇。寻为尚书令，本官如故。以疾卒，赠司空、侍中。属京洛倾覆，竟未加谥。

子韬字子远，放佚无检。光为廷尉时，韬受货赇，有司奏案之，而光不知。时人虽非光不能防闲其子，以其用心有素，不以为累。初，光诣长安留台，以韬兼右卫将军。韬与殿省小人交通，及光卒，仍于丧中往来不绝。时东海王越辅政，不朝觐。韬知人心有望，密与太傅参军姜赜、京兆杜概等谋讨越，事泄伏诛。

史臣曰：下士竞而文，中庸静而质，不若进不足而退有余也。魏舒、刘寔发虑精华，结绶登槐，览止成务。季和切问近对，当官正色。诗云"贪人败类"，岂刘夏之谓欤！

赞曰：舒言不矜，寔对千乘。子真、宣茂，雅志难陵。进忠能举，退让攸兴。皎皎瑚器，来光玉绳。

卷四十二　　列传第十二

王　浑 子济　王濬　唐彬

王浑，字玄冲，太原晋阳人也。父昶，魏司空。浑沈雅有器量。袭父爵京陵侯，辟大将军曹爽掾。爽诛，随例免。起为怀令，参文帝安东军事，累迁散骑黄门侍郎、散骑常侍。咸熙中为越骑校尉。武帝受禅，加扬烈将军，迁徐州刺史。时年荒岁饥，浑开仓振赡，百姓赖之。泰始初，增封邑千八百户。久之，迁东中郎将，监淮北诸军事，镇许昌。数陈损益，多见纳用。

转征虏将军、监豫州诸军事，假节，领豫州刺史。浑与吴接境，宣布威信，前后降附甚多。吴将薛莹、鲁淑众号十万，淑向弋阳，莹向新息。时州兵并放休息，众裁一旅，浮淮潜济，出其不意，莹等不虞晋师之至。浑击破之，以功封次子尚为关内侯。迁安东将军、都督扬州诸军事，镇寿春。吴人大佃皖城，图为边害。浑遣扬州刺史应绰督淮南诸军攻破之，并破诸别屯，焚其积谷百八十余万斛、稻苗四千余顷、船六百余艘。浑遂陈兵东疆，视其地形险易，历观敌城，察攻取之势。

及大举伐吴，浑率师出横江，遣参军陈慎、都尉张乔攻寻阳濑乡，又击吴牙门将孔忠，皆破之，获吴将周兴等五人。又遣殄吴护军李纯据高望城，讨吴将俞恭，破之，多所斩获。吴历武将军陈代、平虏将军朱明惧而来降。吴丞相张悌、大将军孙震等率众数万指城阳，浑遣司马孙畴、扬州刺史周浚击破之，临阵斩二将，及首虏七千八百级，吴人大震。

孙皓司徒何植、建威将军孙晏送印节诣浑降。既而王濬破石头，降孙皓，威名益振。明日，浑始济江，登建邺宫，酾酒高会。自以先据江上，破皓中军，案甲不进，在王濬之后。意甚愧恨，有不平之色，频奏濬罪状，时人讥之。帝下诏曰："使持节、都督扬州诸军事、安东将军、京陵侯王浑，督率所统，遂逼秣陵，令贼孙皓救死自卫，不得分兵上赴，以成西军之功，又摧大敌，获张悌，使皓途穷势尽，面缚乞降。遂平定秣陵，功勋茂著。其增封八千户，进爵为公，封子澄为亭侯、弟湛为关内侯，赐绢八千匹。"转征东大将军，复镇寿阳。浑不尚刑名，处断明允。时吴人新附，颇怀畏惧。浑抚循羁旅，虚怀绥纳，座无空席，门不停宾。于是江东之士莫不悦附。

征拜尚书左仆射，加散骑常侍。会朝臣立议齐王攸之藩，浑上书谏曰："伏承圣诏，宪章古典，进齐王攸为上公，崇其礼仪，遣攸之国。昔周氏建国，大封诸姬，以藩帝室，永世作宪。至于公旦，武王之弟，左右王事，辅济大业，不使归藩。明至亲义著，不可远朝故也。是故周公得以圣德光弼幼主，忠诚著于《金縢》，光述文武仁圣之德。攸于大晋，姬旦之亲也。宜赞皇朝，与闻政事，实为陛下腹心不贰之臣。且攸为人，修洁义信，加以懿孚，志存忠贞。今陛下出攸之国，假以都督虚号，而无典戎干方之实，去离天朝，不预王政。伤母弟至亲之体，亏友于款笃之义，惧非陛下追述先帝、文明太后待攸之宿意也。若以攸望重，于事宜出者，今以汝南王亮代攸。亮，宣帝子，文皇帝弟，俯、骏各处方任，有内外之资，论以后虑，亦不为轻。攸今之国，适足长异同之论，以损仁贤之美耳。而令天下窥陛下有不崇亲亲之情，臣窃为陛下不取也。若以妃后外亲，任以朝政，则有王氏倾汉之权，吕产专朝之祸。若以同姓至亲，则有吴楚七国逆乱之殃。历观古今，苟事轻重，所在无不为害也。不可事事曲设疑防，虑方来之患者也。唯当任正道而求忠良。若以智计猜物，虽亲见疑，至于疏远者亦何能自保乎！人怀危惧，非为安之理。此最有国有家者之深忌也。愚以为太子太保缺，宜留攸居之，与太尉汝南王亮、卫将军杨珧共为保傅，干理朝事。三人齐位，足相持正，进有辅纳广义之益，退无偏重相倾之势。令陛下有笃亲亲之恩，使攸蒙仁覆之惠。臣同国休戚，义在尽言，心之所见，不能默已。私慕鲁女存国之志，敢陈愚见，触犯天威，欲陛下事每尽善，冀万分之助。臣而不言，谁当言者。"帝不纳。

太熙初，迁司徒。惠帝即位，加侍中，又京陵置士官，如睢陵比。及诛杨骏，崇重旧臣，乃加浑兵。浑以司徒文官，主史不持兵，持兵乃吏属绛衣。自以偶因时宠，权得持兵，非是旧典，皆令皂服。论者美其谦而识体。

楚王玮将害汝南王亮等也。公孙宏说玮曰："昔宣帝废曹爽，引太尉蒋济参乘，以增威重。大王今举非常事，宜得宿望，镇厌众心。司徒王浑宿有威名，为三军所信服，可请同乘，使物情有凭也。"玮从之。浑辞疾归第，以家兵千余人闭门距玮。玮不敢逼。俄而玮以矫诏伏诛，浑乃率兵赴召。帝尝访浑元会问郡国计吏方俗之宜，浑奏曰："陛下钦明圣哲，光于远近，明诏冲虚，询及刍荛，斯乃周文畴咨之求，仲尼不耻下问也。旧三朝元会前计吏诣轩下，侍中读诏，计吏跪受。臣以诏文相承已久，无他新声，非陛下留心方国之意也。可令中书指宣明诏，问方土异同，贤才秀异，风俗好尚，农桑本务，刑狱得无冤滥，守长得无侵虐。其勤心政化兴利除害者，授以纸笔，尽意陈闻。以明圣垂心四远，不复因循常辞。且察其答对文义，以观计吏人才之实。又先帝时，正会后东堂见征镇长史司马、诸王国卿、诸州别驾。今若不能别见，可前诣轩下，使侍中宣问，以审察方国，于事为便。"帝然之。又诏浑录尚书事。

浑所历之职，前后著称，及居台辅，声望日减。元康七年薨，时年七十五，谥曰元。长子尚早亡，次子济嗣。

济字武子。少有逸才，风姿英爽，气盖一时，好弓马，勇力绝人，善《易》及《庄》、《老》，文词俊茂，伎艺过人，有名当世，与姊夫和峤及裴楷齐名。尚常山公主。年二十，起家拜中书郎，以母忧去官。起为骁骑将军，累迁侍中，与侍中孔恂、王恂、杨济同列，为一时秀彦。武帝尝会公卿藩牧于式乾殿，顾济、恂而谓诸公曰："朕左右可谓恂恂济济矣！"每侍见，未尝不谘论人物及万机得失。济善于清言，修饰辞令，讽议将顺，朝臣莫能尚焉。帝益亲贵。仕进虽速，论者不以主婿之故，咸谓才能致之。然外虽弘雅，而内多忌刻，好以言伤物，侪类以此少之。以其父之故，每排王浑，时议讥焉。

齐王攸当之藩，济既陈请，又累使公主与甄德妻长广公主俱入，稽颡泣请帝留攸。帝怒谓侍中王戎曰："兄弟至亲，今出齐王，自是朕家事，而甄德、王济连遣妇来生哭人！"以忤旨，左迁国子祭酒，常侍如故。数年，入为侍中。时浑为仆射，主者处事或不当，济性峻厉，明法绳之。素与从兄佑不平，佑党颇谓济不能顾其父，由是长同

异之言。出为河南尹，未拜，坐鞭王官吏免官。而王佑始见委任。而济遂被斥外，于是乃移第北芒山下。

性豪侈，丽服玉食。时洛京地甚贵，济买地为马埒，编钱满之，时人谓为"金沟"。王恺以帝舅奢豪，有牛名"八百里驳"，常莹其蹄角。济请以钱千万与牛对射而赌之。恺亦自恃其能，令济先射。一发破的，因据胡床，叱左右速探牛心来，须臾而至，一割便去。和峤性至俭，家有好李，帝求之，不过数十。济候其上直，率少年诣园，共噉毕，伐树而去。帝尝幸其宅，供馔甚丰，悉贮琉璃器中。蒸肫甚美，帝问其故，答曰："以人乳蒸之。"帝色甚不平，食未毕而去。

济善解马性，尝乘一马，著连乾鄣泥，前有水，终不肯渡。济云："此必是惜鄣泥。"使人解去，便渡。故杜预谓济有马癖。

帝尝谓和峤曰："我将骂济而后官爵之，何如？"峤曰："济俊爽，恐不可屈。"帝因召济，切让之，既而曰："知愧不？"济答曰："尺布斗粟之谣，常为陛下耻之。他人能令亲疏，臣不能使亲亲，以此愧陛下耳。"帝默然。

帝尝与济弈棋，而孙皓在侧，谓皓曰："何以好剥人面皮？"皓曰："见无礼于君者则剥之。"济时伸脚局下，而皓讥焉。

寻使白衣领太仆。年四十六，先浑卒，追赠骠骑将军。及其将葬，时贤无不毕至。孙楚雅敬济，而后来，哭之甚悲，宾客莫不垂涕。哭毕，向灵床曰："卿常好我作驴鸣，我为卿作之。"体似声真，宾客皆笑。楚顾曰："诸君不死，而令王济死乎！"

初，济尚主，主两目失明，而妒忌尤甚，终无子，有庶子二人。卓字文宣，嗣浑爵，拜给事中。次聿，字茂宣，袭公主封敏阳侯。济二弟，澄字道深，汶字茂深，皆辩慧有才藻，并历清显。

王濬，字士治，弘农湖人也。家世二千石。濬博坟典，美姿貌，不修名行，不为乡曲所称。晚乃变节，疏通亮达，恢廓有大志。尝起宅，开门前路广数十步。人或谓之何太过，濬曰："吾欲使容长戟幡旗。"众咸笑之，濬曰："陈胜有言，燕雀安知鸿鹄之志。"州郡辟河东从事。守令有不廉洁者，皆望风自引而去。刺史燕国徐邈有女silk淑，择夫未嫁。邈乃大会佐吏，令女于内观之。女指濬告母，邈遂妻之。后参征南军事，羊祜深知待之。祜兄子暨白祜："濬为人志太，奢侈不节，不可专任，宜有以裁之。"祜曰："濬有大才，将欲济其所欲，必可用也。"转车骑从事中郎，识者谓祜可谓能举善焉。

除巴郡太守。郡边吴境，兵士苦役，生男多不养。濬乃严其科条，宽其徭课，其产育者皆与休复，所全活者数千人。转广汉太守，垂惠布政，百姓赖之。濬夜梦悬三刀于卧屋梁上，须臾又益一刀，濬警觉，意甚恶之。主簿李毅再拜贺曰："三刀为州字，又益一者，明府其临益州乎？"及贼张弘杀益州刺史皇甫晏，果迁濬为益州刺史。濬设方略，悉诛弘等，以勋封关内侯。怀辑殊俗，待以威信，蛮夷徼外，多来归降。征拜右卫将军，除大司农。车骑将

军羊祜雅知濬有奇略，乃密表留濬，于是重拜益州刺史。

武帝谋伐吴，诏濬修舟舰。濬乃作大船连舫，方百二十步，受二千余人。以木为城，起楼橹，开四出门，其上皆得驰马来往。又画鹢首怪兽于船首，以惧江神。舟楫之盛，自古未有。濬造船于蜀，其木柹蔽江而下。吴建平太守吾彦取流柹以呈孙皓曰："晋必有攻吴之计，宜增建平兵。建平不下，终不敢渡。"皓不从。寻以谣言拜濬为龙骧将军、监梁益诸军事。语在《羊祜传》。

时朝议咸谏伐吴，濬乃上疏曰："臣数参访吴楚同异，孙皓荒淫凶逆，荆扬贤愚无不嗟怨。且观时运，宜速征伐。若今不伐，天变难预。令皓卒死，更立贤主，文武各得其所，则强敌也。臣作船七年，日有朽败，又臣年已七十，死亡无日。三者一乖，则难图也，诚愿陛下无失事机。"帝深纳焉。贾充、荀勖陈谏以为不可，唯张华固劝。又杜预表请，帝乃发诏，分命诸方节度。濬于是统兵。先在巴郡之所全育者，皆堪徭役供军，其父母戒之曰："王府君生尔，尔必勉之，无爱死也！"

太康元年正月，濬发自成都，率巴东监军、广武将军唐彬攻吴丹杨，克之，擒其丹杨监盛纪。吴人于江险碛要害之处，并以铁锁横截之，又作铁锥长丈余，暗置江中，以逆距船。先是，羊祜获吴间谍，具知情状。濬乃作大筏数十，亦方百余步，缚草为人，被甲持杖，令善水者以筏先行，筏遇铁锥，锥辄著筏去。又作火炬，长十余丈，大数十围，灌以麻油，在船前，遇锁，然炬烧之，须臾，融液断绝，于是船无所碍。二月庚申，克吴西陵，获其镇南将军留宪、征南将军成据、宜都太守虞忠。壬戌，克荆门、夷道二城，获监军陆晏。乙丑，克乐乡，获水军督陆景。平西将军施洪等来降。乙亥，诏进濬为平东将军、假节、都督益梁诸军事。

濬自发蜀，兵不血刃，攻无坚城，夏口、武昌，无相支抗。于是顺流鼓棹，径造三山。皓遣游击将军张象率舟军万人御濬，象军望旗而降。皓闻濬军旌旗器甲，属天满江，威势甚盛，莫不破胆。用光禄薛莹、中书令胡冲计，送降文于濬曰："吴郡孙皓叩头死罪。昔汉室失御，九州幅裂，先人因时略有江南，遂阻山河，与魏乖隔。大晋龙兴，德覆四海，暗劣偷安，未喻天命。至于今者，猥烦六军，衡盖露次，还临江渚。举国震惶，假息漏刻，敢缘天朝，含弘光大。谨遣私署太常张夔等奉所佩玺绶，委质请命。"壬寅，濬入于石头。皓乃备亡国之礼，素车白马，肉袒面缚，衔璧牵羊，大夫衰服，士舆榇，率其伪太子瑾、瑾弟鲁王虔等二十一人，造于垒门。濬躬解其缚，受璧焚榇，送于京师。收其图籍，封其府库，军无私焉。帝遣使者犒濬军。

初，诏书使濬下建平，受杜预节度，至秣陵，受王浑节度。预至江陵，谓诸将帅曰："若濬得下建平，则顺流长驱，威名已著，不宜令受制于我。若不能克，则无缘得施节度。"濬至西陵，预与之书曰："足下既摧其西藩，便当径取秣陵，讨累世之逋寇，释吴人于涂炭。自江入淮，逾于泗汴，溯河而上，振旅还都，亦旷世一事也。"濬大悦，表呈预书。及濬将至秣陵，王浑遣信要令暂过论事，濬举帆直指，报曰："风利，不得泊也。"王浑久破皓中军，斩张悌等，顿兵不敢进。而濬乘胜纳降，浑耻而且忿，乃表濬违诏不受节度，诬罪状之。有司遂按濬槛车征，帝弗许，诏让濬曰："伐国事重，宜令有一。前诏使将军受安车将军浑节度，浑思谋深重，案甲以待将军。云何径前，不从浑命，违制昧利，甚失大义。将军功勋，简在朕心，当率由诏书，崇成王法，而于事终恃功肆意，朕将何以令天下？"濬上书自理曰：

臣前被庚戌诏书曰："军人乘胜，猛气益壮，便当顺流长骛，直造秣陵。"臣被诏之日，即便东下。又前被诏书云"太尉贾充总统诸方，自镇东大将军伷及浑、濬、彬等皆受充节度"，无令臣别受浑节度之文。

臣自连巴丘，所向风靡，知孙皓穷踧，势无所至。十四日至牛渚，去秣陵二百里，宿设部分，为攻取节度。前至三山，见浑军在北岸，遣书与臣，可暂来过，共有所议，亦不语臣当受节度之意。臣水军风发，乘势造贼城，加宿设部分行有次第，无缘得于长流之中回船过浑，令首尾断绝。须臾之间，皓遣使归命。臣即报浑书，并写皓笺，具以示浑，使速来，当于石头相待。军以日中至秣陵，暮乃被浑所下当受节度之符，欲令臣明十六日悉将所领，还围石头，备皓越逸。又索蜀兵及镇南诸军人名定见。臣以为皓已来首亭，无缘共合空围。又兵人定见，不可仓卒，皆非今之急，不可承用。中诏谓臣忽弃明制，专擅自由。伏读严诏，惊怖悚慄，不知驱命当所投厝。岂惟老臣独怀战灼，三军上下咸尽丧气。臣受国恩，任重事大，常恐托付不效，孤负圣朝，故投身死地，转战万里，被蒙宽恕之恩，得从临履之宜。是以凭赖威灵，幸而能济，皆是陛下神策庙算。臣承指授，效鹰犬之用耳，有何勋劳而恃功肆意，宁敢昧利而违圣诏。

臣以十五日至秣陵，而诏书以十六日起洛阳，其间悬阔，不相赴接，则臣之罪责宜蒙察恕。假令孙皓犹有螳螂举斧之势，而臣轻军单入，有所亏丧，罪之可也。臣所统八万余人，乘胜席卷。皓以众叛亲离，无复羽翼，匹夫独立，不能庇其妻子，雀鼠贪生，苟乞一活耳。而江北诸军不知其虚实，不早缚取，自为小误。臣至便得，更见怨恚，并云守贼百日，而令他人得之，言语噂𠴲，不可听闻。

案《春秋》之义，大夫出疆，由有专辄。臣虽愚蠢，以为事君之道，唯当竭节尽忠，奋不顾身，量力受任，临事制宜，苟利社稷，死生以之。若其顾护嫌疑，以避咎责，此是人臣不忠之利，实非明主社稷之福也。臣不自料，忘其鄙劣，披布丹心，输写肝脑，欲竭股肱之力，加之以忠贞，庶必扫除凶逆，清一宇宙，愿令圣世与唐虞比隆。陛下粗察臣之愚款，而识其欲自效之诚，是以授臣以方牧之任，委臣以征讨之事。虽燕主之信乐毅，汉祖之任萧何，无以加焉。受恩深重，死且不报，而以顽疏，举错失宜。陛下弘恩，财加切让，惶怖征营，无地自厝，愿陛下明臣赤心而已。

浑又腾周浚书，云濬军得吴宝物。濬复表曰：

被壬戌诏书，下安东将所上扬州刺史周浚书，谓臣诸军得孙皓宝物，又谓牙门将李高放火烧皓伪宫。辄公文上尚书，具列本末。又闻浑案陷上臣。臣受性愚忠，行事举动，信心而前，期于不负神明而已。秣陵之事，皆如前所表，而恶直丑正，实繁有徒，欲构南箕，成此贝锦，公于圣世，反白为黑。

夫佞邪害国，自古而然。故无极破楚，宰嚭灭吴，及至石显，倾乱汉朝，皆载在典籍，为世所戒。昔乐毅伐齐，下城七十，而卒被谗间，脱身出奔。乐羊既反，谤书盈箧。况臣顽疏，能免谗慝之口！然所望全其首领者，实赖陛下圣哲钦明，使浸润之谮不得行焉。然臣孤根独立，朝无党援，久弃遐外，人道断绝，而结恨强宗，取怨豪族。以累卵之身，处雷霆之冲；茧栗之质，当豺狼之路，其见吞噬，岂抗唇齿！

夫犯上干主，其罪可救，乖忤贵臣，则祸在不测。故朱云折槛，婴逆鳞之怒，庆忌救之，成帝不问。望之、周堪违忤石显，虽阖朝嗟叹，而死不旋踵。此臣之所大怖也。今浑之支党姻族内外，皆根据磐牙，并处世位。闻遣人在洛中，专共交构，盗言孔甘，疑惑观听。夫曾参之不杀人，亦以明矣，然三人传之，其母投杼。今臣之信行，未若曾参之著；而谗构沸腾，非徒三夫之对，外内扇助，为二五之应。夫猛兽当途，麒麟恐惧，况臣脆弱，敢不悚慄。

伪吴君臣，今皆生在，便可验问，以明虚实。前伪中郎将孔摅说，去二月武昌失守，水军行至。皓案行石头还，左右人皆跳刀大呼云："要当为陛下一死战决之。"皓意大喜，谓必能然，便尽出金宝，以赐与之。小人无状，得便持走，皓惧，乃图降首。降使适去，左右劫夺财物，略取妻妾，放火烧宫。皓逃身窜首，恐不脱死，臣至，遣参军主者救断其火耳。周浚以十六日前入皓宫，臣时遣记室吏往视书籍，浚使收缚。若有遗宝，则浚前得，不应移踪后人，欲求苟免也。

臣前在三山得浚书云："皓散宝货以赐将士，府库略虚。"而今复言"金银箧笥，动有万计"，疑臣军得之。言语反覆，无复本末。臣复与军司张牧、汝南相冯纮等共入观皓宫，乃无席可坐。后日又与牧等共视皓舟船，浑实先臣一日上其船，船上之物，皆浑所知见。臣之案行，皆出其后，若有宝货，浑应得之。

又臣将军素严，兵人不得妄离部阵间。在秣陵诸军。凡二十万众。臣军先至，为土地之主。百姓之心，皆归仰臣，臣切敕所领，秋毫不犯。诸有市易，皆有伍任证左，明从券契，有违犯者，凡斩十三人，皆吴人所知见。余军纵横，诈称臣军，而臣军类皆蜀人，幸以此自别耳，岂独浚之将士皆为夷齐，而臣诸军悉聚盗跖耶！时有八百余人，缘石头城劫取布帛，臣牙门将军马潜即收得二十余人，并疏其督将姓名，移以付浚，使得自科结，而寂无反报，疑皆纵遣，绝其端

绪也。

又闻吴人言，前张悌战时，所杀财有二千人，而浑、浚露布言以万计。以吴刚子为主簿，而遣刚至洛，欲令刚增斩级之数。可具问孙皓及其诸臣，则知其定审。若信如所闻，浚等虚诈，尚欺陛下，岂惜于臣！云臣屯聚蜀人，不时送皓，欲有反状。又恐动吴人，言臣皆当诛杀，取其妻子，冀其作乱，得骋私忿。谋反大逆，尚以见加，其余谤嗟，故其宜耳。

浑案臣"瓶罄小器，蒙国厚恩，频繁擢叙，遂过其任"。浑此言最信，内省惭俱。今年平吴，诚为大庆，于臣之身，更受咎累。既无孟侧策马之好，而令济济之朝有谗邪之人，亏穆穆之风，损皇代之美。由臣顽疏，使致于此，拜表流汗，言不识次。

濬至京都，有司奏，濬表既不列前后所被七诏月日，又赦后违诏不受浑节度，大不敬，付廷尉科罪。诏曰："濬前受诏径造秣陵，后乃下受浑节度。诏书稽留，所下不至，便令与不受诏同责，未为经通。濬不即表上被浑宣诏，此可责也。濬有征伐之劳，不足一眚掩之。"有司又奏，濬赦后烧贼船百三十五艘，辄敕付廷尉禁推。诏曰"勿推"。拜濬辅国大将军，领步兵校尉。旧校唯五，置此营自濬始也。有司又奏，辅国依比，未为达官，不置司马，不给官骑。诏依征镇给五百大车，增兵五百人为辅国营，给亲骑百人、官骑十人，置司马。封为襄阳县侯，邑万户。封子彝杨乡亭侯，邑千五百户，赐绢万匹，又赐衣一袭、钱三十万及食物。

濬自以功大，而为浑父子及豪强所抑，屡为有司所奏，每进见，陈其攻伐之劳，及见枉之状，或不胜忿愤，径出不辞。帝每容恕之。益州护军范通，濬之外亲也。谓濬曰："卿功则美矣，然恨所以居美者，未尽善也。"濬曰："何谓也？"通曰："卿旋旆之日，角巾私第，口不言平吴之事。若有问者，辄曰：'圣主之德，群帅之力，老夫何力之有焉！'如斯，颜老之不伐，龚遂之雅对，将何以过之。蔺生所以屈廉颇，王浑能无愧乎！"濬曰："吾始惧邓艾之事，畏祸及，不得无言，亦不能遣诸胸中；是吾偏也。"时人咸以濬功重报轻，博士秦秀、太子洗马孟康、前温令李密等并表讼濬之屈。帝乃迁濬镇军大将军，加散骑常侍，领后军将军。王浑诣濬，濬严设备卫，然后见之，其相猜防如此。

濬平吴之后，以勋高位重，不复素业自居，乃玉食锦服，纵奢侈以自逸。其有辟引，多是蜀人，示不遗故旧也。后又转镇抚军大将军、开府仪同三司，加特进，散骑常侍、后军将军如故。太康六年卒，时年八十，谥曰武。葬柏谷山，大营茔域，葬垣周四十五里，面别开一门，松柏茂盛。子矩嗣。

矩弟畅，散骑郎。畅子粹，太康十年，武帝诏粹尚颍川公主，仕至魏郡太守。

濬有二孙，过江不见齿录。安西将军桓温镇江陵，表言之曰："臣闻崇德赏功，为政之所先；兴灭继绝，百王之所务。故德参时雍，则奕世承祀；功烈一代，则永锡祚胤。案故抚军王濬历职内外，任兼文武，料敌制胜，明勇

独断，义存社稷之利，不顾专辄之罪。荷戈长骛，席卷万里，僭号之吴，面缚象魏，今皇泽被于九州，玄风洽于区外，襄阳之封，废而莫续；恩宠之号，坠于近嗣。遐迩酸怀，臣窃悼之。濬今有二孙，年出六十，室如悬磬，糊口江滨，四节蒸尝，菜羹不给。昔汉高定业，求乐毅之嗣；世祖旌贤，建葛亮之胤。夫效忠异代，立功异国，尚通天下之善，使不泯弃，况濬建元勋于当年，著喜庆于身后，灵基托根于南垂，皇祚中兴于江左，旧物克彰，神器重耀，岂不由伊人之功力也哉！诚宜加恩，少垂矜悯，追录旧勋，纂锡茅土。则圣朝之恩，宣畅于上，忠臣之志，不坠于地矣。"卒不见省。

唐彬，字儒宗，鲁国邹人也。父台，太山太守。彬有经国大度，而不拘行检。少便弓马，好游猎，身长八尺，走及奔鹿，强力兼人。晚乃敦悦经史，尤明《易经》，随师受业，还家教授，恒数百人。初为郡门下掾，转主簿。刺史王沈集诸参佐，盛论距吴之策，以问九郡吏。彬与谯郡主张恽俱陈吴有可兼之势，沈善其对。又使彬难言吴未可伐者，而辞理皆屈。还迁功曹，举孝廉，州辟主簿，累迁别驾。

彬忠肃公亮，尽规匡救，不显谏以自彰，又奉使诣相府计事，于时僚佐皆当世英彦，见彬莫不钦悦，称之于文帝，荐为掾属。帝以问其参军孔颢，颢忌其能，良久不答。陈骞在坐，敛板而称曰："彬之为人，胜骞甚远。"帝笑曰："但能如卿，固未易得，何论于胜。"因辟彬为铠曹属。帝问曰："卿何以致辟？"对曰："修业陋巷，观古人之遗迹，言满天下无口过，行满天下无怨恶。"帝顾四坐曰："名不虚行。"他日，谓孔颢："近见唐彬，卿受蔽贤之责矣。"

初，邓艾之诛也，文帝以久在陇右，素得士心，一旦夷灭，恐边情摇动，使彬密察之。彬还，白帝曰："邓艾忌克诡狭，矜能负才，顺从者谓为见事，直言者谓之触迕。虽长史司马，参佐牙门，答对失指，辄见骂辱。处身无礼，大失人心。又好施行事役，数劳众力。陇右甚患苦之，喜闻其祸，不肯为用。今诸军已至，足以镇压内外，愿无以为虑。"

俄除尚书水部郎。泰始初，赐爵关内侯。出补邺令，彬道德齐礼，期月化成。迁弋阳太守，明设禁防，百姓安之。以母丧去官。益州东接吴寇，监军位缺，朝议用武陵太守杨宗及彬。武帝以问散骑常侍文立，立曰："宗、彬俱不可失。然彬多财欲，而宗好酒，惟陛下裁之。"帝曰："财欲可足，酒者难改。"遂用彬。寻又诏彬监巴东诸军事，加广武将军。上征吴之策，甚合帝意。

后与王濬共伐吴，彬屯据冲要，为众军前驱。每设疑兵，应机制胜，陷西陵、乐乡，多所擒获。自巴陵、沔口以东，诸贼所聚，莫不震惧，倒戈肉袒。彬知贼寇已殄，孙皓将降，未至建邺二百里，称疾迟留，以示不竞。果有先到者争物，后到者争功，于时有识莫不高彬此举。吴平，诏曰："广武将军唐彬受任方隅，东御吴寇，南监蛮越，抚宁疆场，有绥御之绩。又每慷慨，志在立功。顷者征讨，

扶疾奉命，首启戎行，献俘授馘，勋效显著。其以彬为右将军、都督巴东诸军事。"征拜翊军校尉，改封上庸县侯，食邑六千户，赐绢六千匹。朝有疑议，每参预焉。

北虏侵掠北平，以彬为使持节、监幽州诸军事、领护乌丸校尉、右将军。彬既至镇，训卒利兵，广农重稼，震威耀武，宣喻国命，示以恩信。于是鲜卑二部大莫廆、擿何等并遣侍子入贡。兼修学校，诲诱无倦，仁惠广被。遂开拓旧境，却地千里。复秦长城塞，自温城洎于碣石，绵亘山谷且三千里，分军屯守，烽堠相望。由是边境获安，无犬吠之警，自汉魏征镇莫之比焉。鲜卑诸种畏惧，遂杀大莫廆。彬欲讨之，恐列上俟报，虏必逃散，乃发幽冀车牛。参军许祗密奏之。诏遣御史槛车征彬付廷尉，以事直见释。百姓追慕彬功德，生为立碑作颂。

彬初受学于东海阎德，门徒甚多，独目彬有廊庙才。及彬官成，而德已卒，乃为之立碑。

元康初，拜使持节、前将军、领西戎校尉、雍州刺史。下教曰："此州名都，士人林薮。处士皇甫申叔、严舒龙、姜茂时、梁子远等，并志节清妙，履行高洁。践境望风，虚心饥渴，思加延致，待以不臣之典。幅巾相见，论道而已，岂以吏职，屈染高规。郡国备礼发遣，以副于邑之望。"于是四人皆到，彬敬而待之。元康四年卒官，时年六十，谥曰襄，赐绢二百匹，钱二十万。长子嗣，官至广陵太守。少子岐，征虏司马。

史臣曰：孙氏负江山之阻隔，恃牛斗之妖气，奄有水乡，抗衡上国。二王属当戎旅，受律遹征，浑既献捷横江，濬亦克清建邺。于时讨吴之役，将帅虽多，定吴之功，此焉为最。向使弘范父之不伐，慕阳夏之推功，上禀庙堂，下凭将士。岂非茂勋茂德，善始善终者欤！此而不存，彼焉是务。或矜功负气，或恃势骄陵，竞构南箕，成兹贝锦。遂乃喧嚣宸扆，敷乱彝伦，既为戒于功臣，亦致讥于清论，岂不惜哉！王济遂骄父之褊心，乖争子之明义，俊材虽多，亦奚以为也。唐彬畏避交争，属疾迟留，退让之风，贤于浑濬远矣。传云"不拘行检"，安得长者之行哉！

赞曰：二王总戎，淮海攸同。浑既害善，濬亦矜功。武子豪桀，凤参朝列。遐欲牛心，纡情马埒。儒宗知退，避名全节。

卷四十三　　列传第十三

山涛 子简 简子遐　王戎 从弟衍 衍弟澄　郭舒　乐广

山涛，字巨源，河内怀人也。父曜，宛句令。涛早孤，居贫，少有器量，介然不群。性好《庄》《老》，每隐身自晦。与嵇康、吕安善，后遇阮籍，便为竹林之交，著忘言之契。康后坐事，临诛，谓子绍曰："巨源在，汝不孤矣。"

涛年四十，始为郡主簿、功曹、上计掾。举孝廉，州辟部河南从事。与石鉴共宿，涛夜起蹴鉴曰："今为何等时而眠邪！知太傅卧何意？"鉴曰："宰相三不朝，与尺一令归第，卿何虑也！"涛曰："咄！石生无事马蹄间邪！"投传而去。未二年，果有曹爽之事，遂隐身不交世务。

　　与宣穆后有中表亲，是以见景帝。帝曰："吕望欲仕邪？"命司隶举秀才，除郎中。转骠骑将军王昶从事中郎。久之，拜赵国相，迁尚书吏部郎。文帝与涛书曰："足下在事清明，雅操迈时。念多所乏，今致钱二十万、谷二百斛。"魏帝尝赐景帝春服，帝以赐涛。又以母老，并赐藜杖一枚。

　　晚与尚书和逌交，又与钟会、裴秀并申款昵。以二人居势争权，涛平心处中，各得其所，而俱无恨焉。迁大将军从事中郎。钟会作乱于蜀，而文帝将西征。时魏氏诸王公并在邺，帝谓涛曰："西偏吾自了之，后事深以委卿。"以本官行军司马，给亲兵五百人，镇邺。

　　咸熙初，封新沓子。转相国左长史，典统别营。时帝以涛乡闾宿望，命太子拜之。帝于齐王攸继景帝后，素又重攸，尝问裴秀曰："大将军开建未遂，吾但承奉后事耳。故立攸，将归功于兄，何如？"秀以为不可，又以问涛。涛对曰："废长立少，违礼不祥。国之安危，恒必由之。"太子位于是乃定。太子亲拜谢涛。及武帝受禅，以涛守大鸿胪，护送陈留王诣邺。泰始初，加奉车都尉，进爵新沓伯。

　　及羊祜执政，时人欲危裴秀，涛正色保持之。由是失权臣意，出为冀州刺史，加宁远将军。冀州俗薄，无相推毂。涛甄拔隐屈，搜访贤才，旌命三十余人，皆显名当时。人怀慕尚，风俗颇革。转北中郎将，督邺城守事。入为侍中，迁尚书。以母老辞职，诏曰："君虽乃心在于色养，然职有上下，旦夕不废医药，且当割情，以隆在公。"涛心求退，表疏数十上，久乃见听。除议郎，帝以涛清俭无以供养，特给日契，加赐床帐茵褥。礼秩崇重，时莫与比。

　　后除太常卿，以疾不就。会遭母丧，归乡里。涛年逾耳顺，居丧过礼，负土成坟，手植松柏。诏曰："吾所共致化者，官人之职是也。方今风欲陵迟，人心进动，宜崇明好恶，镇以退让。山太常虽尚居谅闇，情在难夺，方今务殷，何得遂其志邪！其以涛为吏部尚书。"涛辞以丧病，章表恳切。会元皇后崩，遂扶兴还洛。逼迫诏命，自力就职。前后选举，周遍内外，而并得其才。

　　咸宁初，转太子少傅，加散骑常侍；除尚书仆射，加侍中，领吏部。固辞以老疾，上表陈情。章表数十上，久不摄职，为左丞白褒所奏。帝曰："涛以病自闻，但不听之耳。使涛坐执铨衡则可，何必上中邪！不得有所问。"涛不自安，表谢曰："古之王道，正直而已。陛下不可以一老臣为加曲私，臣亦何必屡陈日月。乞如所表，以章典刑。"帝再手诏曰："白褒奏君甚妄，所以不即推，直不喜凶赫耳。君之明度，岂当介意邪！便当摄职，令断章表也。"涛志必欲退，因发从弟妇丧，辄还外舍。诏曰："山仆射近日暂出，遂以微苦未还，岂吾侧席之意。其遣丞掾奉诏谕旨，若体力故未平康者，便以舆车舆寺舍。"涛辞不获已，乃起视事。

　　涛再居选职十有余年，每一官缺，辄启拟数人，诏旨有所向，然后显奏，随帝意所欲为先。故帝之所用，或非举首，众情不察，以涛轻重任意。或潜之于帝，故帝手诏戒涛曰："夫用人惟才，不遗疏远单贱，天下便化矣。"而涛行之自若，一年之后众情乃寝。涛所奏甄拔人物，各为题目，时称《山公启事》。

　　涛中立于朝，晚值后党专权，不欲任杨氏，多有讽谏，帝虽悟而不能改。后以年衰疾笃，上疏告退曰："臣年垂八十，救命旦夕，若有毫末之益，岂遗力于圣时，迫以老耄，不复任事。今四海休息，天下思化，从而静之，百姓自正。但崇风尚教以敦之耳，陛下亦复何事。臣耳目聋瞑，不能自励。君臣父子，其间无文，是以直陈愚情，乞听所请。"乃免冠徒跣，上还印绶。诏曰："天下事广，加吴土初平，凡百草创，当共尽意化之。君不深识往心而以小疾求退，岂所望于君邪！朕犹侧席，未得垂拱，君亦何得高尚其事乎！当崇至公，勿复为虚饰之烦。"涛苦表请退，诏又不许。尚书令卫瓘奏："涛以微苦，久不视职。手诏频烦，犹未顺旨。参议以为无专节之尚，违在公之义。若实沈笃，亦不宜居位。可免涛官。"中诏瓘曰："涛以德素为朝之望，而常深退让，至于恳切。故比有诏，欲必夺其志，以匡辅不逮。主者既不思明诏旨，而反深加诋案。亏崇贤之风，以重吾不德，何以示远近邪！"涛不得已，又起视事。

　　太康初，迁右仆射，加光禄大夫，侍中、掌选如故。涛以老疾固辞，手诏曰："君以道德为世模表，况自先帝识君远意。吾将倚君以穆风俗，何乃欲舍远朝政，独高其志耶！吾之至怀故不足以喻君，何来言至恳切也。且当以时自力，深副至望。君不降志，朕不安席。"涛又上表固让，不许。

　　吴平之后，帝诏天下罢军役，示海内大安，州郡悉去兵，大郡置武吏百人，小郡五十人。帝尝讲武于宣武场，涛时有疾，诏乘步辇从。因与卢钦论用兵之本，以为不宜去州郡武备，其论甚精。于时咸以涛不学孙、吴，而暗与之合。帝称之曰："天下名言也。"而不能用。及永宁之后，屡有变难，寇贼焱起，郡国皆以无备不能制，天下遂以大乱，如涛言焉。

　　后拜司徒，涛复固让。诏曰："郡年耆德茂，朝之硕老，是以授君台辅之位。而远崇克让，至于反覆，良用于邑。君当终始朝政，翼辅朕躬。"涛又表曰："臣事天朝三十余年，卒无毫厘以崇大化。陛下私臣无已，猥授三司。臣闻德薄位高，力少任重，上有折足之凶，下有庙门之咎。愿陛下垂累世之恩，乞臣骸骨。"诏曰："君翼赞朝政，保乂皇家，匡佐之勋，朕所倚赖。司徒之职，实掌邦教，故用敬授，以答群望。岂宜冲让以自抑损邪！"敕断章表，使者乃卧加章绶。涛曰："垂没之人，岂可污官府乎！"舆疾归家。以太康四年薨，时年七十九，诏赐东园秘器、朝服一具，衣一袭，钱五十万，布百匹，以供丧事，策赠司徒，蜜印紫绶，侍中貂蝉，新沓伯蜜印青朱绶，祭以太牢，谥曰康。将葬，赐钱四十万、布百匹。左长史范晷等上言："涛旧第屋十间，子孙不相容。"帝为之立室。

初，涛布衣家贫，谓妻韩氏曰："忍饥寒，我后当作三公，但不知卿堪公夫人不耳！"及居荣贵，贞慎俭约，虽爵同千乘，而无嫔媵。禄赐俸秩，散之亲故。

初，陈郡袁毅尝为鬲令，贪浊而赂遗公卿，以求虚誉，亦遗涛丝百斤，涛不欲异于时，受而藏于阁上。后毅事露，槛车送廷尉，凡所以赂，皆见推检。涛乃取丝付吏，积年尘埃，印封如初。

涛饮酒至八斗方醉，帝欲试之，乃以酒八斗饮涛，而密益其酒，涛极本量而止。有五子：该、淳、允、谟、简。

该字伯伦，嗣父爵，仕至并州刺史、太子左率，赠长水校尉。该子玮字彦祖，翊军校尉。次子世回，吏部郎、散骑常侍。淳字子玄，不仕，允字叔真，奉车都尉，并少尪病，形甚短小，而聪敏过人。武帝闻而欲见之，涛不敢辞，以问于允。允自以尪陋，不肯行。涛以为胜己，乃表曰："臣二子尪病，宜绝人事，不敢受诏。"谟字季长，明惠有才智，官至司空掾。

简字季伦。性温雅，有父风，年二十余，涛不之知也。简叹曰："吾年几三十，而不为家公所知！"后与谯国嵇绍、沛郡刘谟、弘农杨准齐名。初为太子舍人，累迁太子庶子、黄门郎，出为青州刺史。征拜侍中，顷之，转尚书。历镇军将军、荆州刺史，领南蛮校尉，不行，复拜尚书。光熙初，转吏部尚书。永嘉初，出为雍州刺史、镇西将军。征为尚书左仆射，领吏部。

简欲令朝臣各举所知，以广得才之路。上疏曰："臣以为自古兴替，实在官人；苟得其才，则无物不理。《书》言：'知人则哲，惟帝难之。'唐、虞之盛，元恺登庸；周室之隆，济济多士。秦、汉已来，风雅渐丧。至于后汉，女君临朝，尊官大位，出于阿保，斯乱之始也。是以郭泰、许劭之伦，明清议于草野；陈蕃、李固之徒，守忠节于朝廷。然后君臣名节，古今遗典，可得而言。自初平之元，讫于建安之末，三十年中，万姓流散，死亡略尽，斯乱之极也。世祖武皇帝应天顺人，受禅于魏，泰始之初，躬亲万机，佐命之臣，咸皆率职。时黄门侍郎王恂、庾纯始于太极东堂听政，评尚书奏事，多论刑狱，不论选举。臣以为不先所难，而辨其所易。陛下初临万国，人思尽诚，每于听政之日，命公卿大臣先议选举，各言所见后进俊才、乡邑尤异、才堪任用者，皆以名奏，主者随缺先叙。是爵人于朝，与众共之之义也。"朝廷从之。

永嘉三年，出为征南将军、都督荆、湘、交、广四州诸军事、假节，镇襄阳。于时四方寇乱，天下分崩，王威不振，朝野危惧。简优游卒岁，唯酒是耽。诸习氏，荆土豪族，有佳园池，简每出嬉游，多之池上，置酒辄醉，名之曰高阳池。时有童儿歌曰："山公出何许，往至高阳池。日夕倒载归，酩酊无所知。时时能骑马，倒著白接䍦。举鞭问葛疆：何如并州儿？"疆家在并州，简爱将也。

寻加督宁、益军事。时刘聪入寇，京师危逼。简遣督护王万率师赴难，次于涅阳，为宛城贼王如所破，遂婴城自守。及洛阳陷没，简又为贼严嶷所逼，乃迁于夏口。招纳流亡，江、汉归附。时华轶以江州作难，或劝简讨之。简曰："与彦夏旧友，为之惆怅。简岂利人之机，以为功伐乎！"其笃厚如此。时乐府伶人避难，多奔沔汉，宴会之日，僚佐或劝奏之。简曰："社稷倾覆，不能匡救，有晋之罪人也，何作乐之有！"因流涕慷慨，坐者咸愧焉。年六十卒，追赠征南大将军、仪同三司。子遐。

遐字彦林，为余姚令。时江左初基，法禁宽弛，豪族多挟藏户口，以为私附。遐绳以峻法，到县八旬，出口万余。县人虞喜以藏户当弃市，遐欲绳之。诸豪强莫不切齿于遐，言于执事，以喜有高节，不宜屈辱。又以遐辄造县舍，遂陷其罪。遐与会稽内史何充笺："乞留百日，穷覈捕逃，退而就罪，无恨也。"充申理，不能得。竟坐免官。后为东阳太守，为政严猛。康帝诏曰："东阳顷来竟囚，每多入重。岂郡多罪人，将捶楚所求，莫能自固邪！"遐处之自若，郡境肃然。卒于官。

史臣曰：若夫居官以洁其务，欲以启天下之方，事亲以终其身，将以劝天下之俗，非山公之具美，其孰能与于此者哉！自东京丧乱，吏曹湮灭，西园有三公之钱，蒲陶有一州之任，贪饕方驾，寺署斯满。时移三代，世历九王，拜谢私庭，此焉成俗。若乃余风稍殄，理或可言。委以铨综，则群情自抑；通乎鱼水，则专用生疑。将矫前失，归诸后正，惠绝臣名，恩驰天口，世称《山公启事》者，岂斯之谓欤！若卢子家之前代，何足算也。

王戎，字濬冲，琅邪临沂人也。祖雄，幽州刺史。父浑，凉州刺史、贞陵亭侯。戎幼而颖悟，神彩秀彻。视日不眩，裴楷见而目之曰："戎眼灿灿，如岩下电。"年六七岁，于宣武场观戏，猛兽在槛中虓吼震地，众皆奔走，戎独立不动，神色自若。魏明帝于阁上见而奇之。又尝与群儿嬉于道侧，见李树多实，等辈竞趣之，戎独不往。或问其故，其曰："树在道边而多子，必苦李也。"取之信然。

阮籍与浑为友。戎年十五，随浑在郎舍。戎少籍二十岁，而籍与之交。籍每适浑，俄顷辄去，过视戎，良久然后出。谓浑曰："濬冲清赏，非卿伦也。共卿言，不如共阿戎谈。"及浑卒于凉州，故吏赙赠数百万，戎辞而不受，由是显名。为人短小，任率不修威仪，善发谈端，赏其要会。朝贤尝上巳禊洛，或问王济曰："昨游有何言谈？"济曰："张华善说《史》《汉》；裴颁论前言往行，衮衮可听；王戎谈子房、季札之间，超然玄著。"其为识鉴者所赏如此。

戎尝与阮籍饮，时兖州刺史刘昶字公荣在坐，籍以酒少，酌不及昶，昶无恨色。戎异之，他日问籍曰："彼何如人也？"答曰："胜公荣，不可不与饮；若减公荣，则不敢不共饮；惟公荣可不与饮。"戎每与籍为竹林之游，戎尝后至。籍曰："俗物已复来败人意。"戎笑曰："卿辈意亦复易败耳！"

钟会伐蜀，过与戎别，问计将安出。戎曰："道家有言，'为而不恃'，非成功难，保之难也。"及会败，议者袭父爵，辟相国掾，历吏部黄门郎、散骑常侍、河东太守、荆州刺史，坐遣吏修园宅，应免官，诏以赎论。迁豫州刺史，加建威将军，受诏伐吴。戎遣参军罗尚、刘乔领前锋，进攻武昌，吴将杨雍、孙述、江夏太守刘朗各率众诣戎降。戎督大军临江，吴牙门将孟泰以蕲春、邾二县降。吴平，进爵安丰侯，增邑六千户，赐绢六千匹。

戎渡江，绥慰新附，宣扬威惠。吴光禄勋石伟方直，不容皓朝，称疾归家。戎嘉其清节，表荐之。诏拜伟为议郎，以二千石禄终其身。荆土悦服。征为侍中。南郡太守刘肇赂戎筒中细布五十端，为司隶所纠，以知而未纳，故得不坐，然议者尤之。帝谓朝臣曰："戎之为行，岂怀私苟得，正当不欲为异耳！"帝虽以是言释之，然为清慎者所鄙，由是损名。

戎在职虽无殊能，而庶绩修理。后迁光禄勋、吏部尚书，以母忧去职。性至孝，不拘礼制，饮酒食肉，或观弈棋，而容貌毁悴，杖然后起。裴頠往吊之，谓人曰："若使一恸能伤人，濬冲不免灭性之讥也。"时和峤亦居父丧，以礼法自持，量米而食，哀毁不逾于戎。帝谓刘毅曰："和峤毁顿过礼，使人忧之。"毅曰："峤虽寝苫食粥，乃生孝耳。至于王戎，所谓死孝，陛下当先忧之。"戎先有吐疾，居丧增甚。帝遣医疗之，并赐药物，又断宾客。

杨骏执政，拜太子太傅。骏诛之后，东安公繇专断刑赏，威震外内。戎诫繇曰："大事之后，宜深远之。"繇不从，果得罪。转中书令，加光禄大夫，给恩信五十人。迁尚书左仆射，领吏部。

戎始为甲午制，凡选举皆先洽百姓，然后授用。司隶傅咸奏戎，曰："《书》称'三载考绩，三考黜陟幽明'。今内外群官，居职未期而戎奏迁，既未定其优劣，且送故迎新，相望道路，巧诈由生，伤农害政。戎不仰依尧舜典谟，而驱动浮华，亏败风俗，非徒无益，乃有大损。宜免戎官，以敦风俗。"戎与贾、郭通亲，竟得不坐。寻转司徒。以王政将圮，苟媚取容，属愍怀太子之废，竟无一言匡谏。

裴頠，戎之婿也，頠诛，戎坐免官。齐王冏起义，孙秀禄戎于城内，赵王伦子欲取戎为军司。博士王繇曰："濬冲谄诈多端，安肯为少年用？"乃止。惠帝反官，以戎为尚书令。既而河间王颙遣使就说成都王颖，将诛齐冏。檄书至，冏谓戎曰："孙秀作逆，天子幽逼。孤纠合义兵，扫除元恶，臣子之节，信著神明。二王听谗，造构大难，当赖忠谋，以和不协。卿其善为我筹之。"戎曰："公首举义众，匡定大业，开辟以来，未始有也。然论功报赏，不及有劳，朝野失望，人怀贰志。今二王带甲百万，其锋不可当，若以王就第，不失故爵。委权崇让，此求安之计也。"冏谋臣葛旟怒曰："汉魏以来，王公就第，宁有得保妻子乎！议者可斩。"于是百官震悚，戎伪药发堕厕，得不及祸。

戎以晋室方乱，慕蘧伯玉之为人，与时舒卷，无蹇谔之节。自经典选，未尝进寒素，退虚名，但与时浮沈，户调门选而已。寻拜司徒，虽位总鼎司，而委事僚采。间乘小马，从便门而出游，见者不知其三公也。故吏多至大官，道路相遇辄避之。性好兴利，广收八方园田水碓，周遍天下。积实聚钱，不知纪极，每自执牙筹，昼夜算计，恒若不足。而又俭啬，不自奉养，天下人谓之膏肓之疾。女适裴頠，贷钱数万，久而未还。女后归宁，戎色不悦，女遽还直，然后乃欢。从子将婚，戎遗其一单衣，婚讫而更责取。家有好李，常出货之，恐人得种，恒钻其核。以此获讥于世。

其后从帝北伐，王师败绩于荡阴，戎复诣邺，随帝还洛阳。车驾之西迁也，戎出奔于郏。在危难之间，亲接锋刃，谈笑自若，未尝有惧容。时召亲宾，欢娱永日。永兴二年，薨于郏县，时年七十二，谥曰元。

戎有人伦鉴识，尝目山涛如璞玉浑金，人皆钦其宝，莫知名其器；王衍神姿高彻，如瑶林琼树，自然是风尘表物。谓裴頠拙于用长，荀勖工于用短，陈道宁缦缦如束长竿。族弟敦有高名，戎恶之。敦每候戎，辄托疾不见。敦后果为逆乱。其鉴尝先见如此。尝经黄公酒垆下过，顾谓后车客曰："吾昔与嵇叔夜、阮嗣宗酣畅于此，竹林之游亦预其末。自嵇、阮云亡，吾便为时之所羁绁。今日视之虽近，邈若山河！"初，孙秀为琅邪郡吏，求品于乡议。戎从弟衍将不许，戎劝品之。及秀得志，朝士有宿怨者皆被诛，而戎、衍获济焉。

子万，有美名。少而大肥，戎令食糠，而肥愈甚。年十九卒。有庶子兴，戎所不齿。以从弟阳平太守愔子为嗣。

衍字夷甫，神情明秀，风姿详雅。总角尝造山涛，涛嗟叹良久，既去，目而送之曰："何物老妪，生宁馨儿！然误天下苍生者，未必非此人也。"父乂，为平北将军，常有公事，使行人列上，不时报。衍年十四，时在京师，造仆射羊祜，申陈事状，辞甚清辩。祜名德贵重，而衍幼年无屈下之色，众咸异之。杨骏欲以女妻衍，衍耻之，遂阳狂自免。武帝闻其名，问戎曰："夷甫当世谁比？"戎曰："未见其比，当从古人中求之。"

泰始八年，诏举奇才可以安边者，衍初好论从横之术，故尚书卢钦举为辽东太守。不就，于是口不论世事，唯雅咏玄虚而已。尝因宴集，为族人所怒，举樏掷其面。衍初无言，引王导共载而去。然心不能平，在车中揽镜自照，谓导曰："尔看吾目光乃在牛背上矣。"父卒于北平，送故甚厚，为亲识之所借贷，因以舍之。数年之间，家资罄尽，出就洛城西田园而居焉。后为太子舍人，还尚书郎。出补元城令，终日清谈，而县务亦理。入为中庶子、黄门侍郎。

魏正始中，何晏、王弼等祖述《老》《庄》，立论以为："天地万物皆以无为本。无也者，开物成务，无往不存者也。阴阳恃以化生，万物恃以成形，贤者恃以成德，不肖恃以免身。故无之为用，无爵而贵矣。"衍甚重之。惟裴頠以为非，著论以讥之，而衍处之自若。衍既有盛才美貌，明悟若神，常自比子贡。兼声名藉甚，倾动当世。妙善玄言，唯谈《老》《庄》为事。每捉玉柄麈尾，与手同色。义理有所不安，随即改更，世号"口中雌黄。"朝野翕然，谓之"一世龙门"矣。累居显职，后进之士，莫不景慕放效。选举登朝，皆以为称首。矜高浮诞，遂成风俗焉。衍尝丧幼子，山简吊之。衍悲不自胜，简曰："孩抱中物，何至于此！"衍曰："圣人忘情，最下不及于情。然则情之所钟，正在我辈。"简服其言，更为之恸。

衍妻郭氏，贾后之亲，藉中宫之势，刚愎贪戾，聚敛无厌，好干预人事，衍患之而不能禁。时有乡人幽州刺史李阳，京师大侠也，郭氏素惮也。衍谓郭曰："非但我言卿不可，李阳亦谓不可。"郭氏为之小损。衍疾郭之贪鄙，故口未尝言钱。郭欲试之，令婢以钱绕床，使不得行。衍晨起见钱，谓婢曰："举阿堵物却！"其措意如此。

后历北军中候、中领军、尚书令。女为愍怀太子妃，太子为贾后所诬，衍惧祸，自表离婚。贾后既废，有司奏衍，曰："衍与司徒梁王肜书，写呈皇太子手与妃及衍书，陈见诬见状。肜等伏读，辞旨恳恻。衍备位大臣，应以议责也。太子被诬得罪，衍不能守死善道，即求离婚。得太子手书，隐蔽不出。志在苟免，无忠蹇之操。宜加显责，以厉臣节。可禁锢终身。"从之。

衍素轻赵王伦之为人。及伦篡位，衍阳狂斫婢以自免。及伦诛，拜河南尹，转尚书，又为中书令。时齐王冏有匡复之功，而专权自恣，公卿皆为之拜，衍独长揖焉。以病去官。成都王颖以衍为中军师，累迁尚书仆射，领吏部，后拜尚书令、司空、司徒。衍虽居宰辅之重，不以经国为念，而思自全之计。说东海王越曰："中国已乱，当赖方伯，宜得文武兼资以任之。"乃以弟澄为荆州，族弟敦为青州。因谓澄、敦曰："荆州有江、汉之固，青州有负海之险，卿二人在外，而吾留此，足以为三窟矣。"识者鄙之。

及石勒、王弥寇京师，以衍都督征讨诸军事、持节、假黄钺以距之。衍使前将军曹武、左卫将军王景等击贼，退之，获其辎重。迁太尉，尚书令如故。封武陵侯，辞封不受。时洛阳危逼，多欲迁都以避其难，而衍独卖车牛以安众心。

越之讨苟晞也，衍以太尉为太傅军司。及越薨，众共推为元帅。衍以贼寇锋起，惧不敢当。辞曰："吾少无宦情，随牒推移，遂至于此。今日之事，安可以非才处之。"俄而举军为石勒所破，勒呼王公，与之相见，问衍以晋故。衍为陈祸败之由，云计不在己。勒甚悦之，与语移日。衍自说少不豫事，欲求自免，因劝勒称尊号。勒怒曰："君名盖四海，身居重任，少壮登朝，至于白首，何得言不豫世事邪！破坏天下，正是君罪。"使左右扶出。谓其党孔苌曰："吾行天下多矣，未尝见如此人，当可活不？"苌曰："彼晋之三公，必不为我尽力，又何足贵乎！"勒曰："要不可加以锋刃也。"使人夜排墙填杀之。衍将死，顾而言曰："呜呼！吾曹虽不如古人，向若不祖尚浮虚，戮力以匡天下，犹可不至今日。"时年五十六。

衍俊秀有令望，希心玄远，未尝语利。王敦过江，常称之曰："夷甫处众中，如珠玉在瓦石间也。"顾恺之作画赞，亦称衍岩岩清峙，壁立千仞。其为人所尚如此。

子玄，字眉子，少慕简旷，亦有俊才，与卫玠齐名。荀藩用为陈留太守，屯尉氏。玄素名家，有豪气，荒弊之时，人情不附，将赴祖逖，为盗所害焉。

澄字平子。生而警悟，虽未能言，见人举动，便即其意。衍妻郭性贪鄙，欲令婢路上担粪。澄年十四，谏郭以为不可。郭大怒，谓澄曰："昔夫人临终，以小郎属新妇，不以新妇属小郎。"因捉其衣裾，将杖之。澄争得脱，逾窗而走。

衍有重名于世，时人许以人伦之鉴。尤重澄及王敦、庾敳，尝为天下人士目曰："阿平第一，子嵩第二，处仲第三。"澄尝谓衍曰："兄形似道，而神锋太俊。"衍曰："诚不如卿落落穆穆然也。"澄由是显名。有经澄所题目者，衍不复有言，辄云"已经平子矣"。

少历显位，累迁成都王颖从事中郎。颖嬖竖孟玖谮杀陆机兄弟，天下切齿。澄发玖私奸，劝颖杀玖，颖乃诛之，士庶莫不称善。及颖败，东海王越请为司空长史。以迎大驾勋，封南乡侯。迁建威将军、雍州刺史，不之职。时王敦、谢鲲、庾敳、阮修皆为衍所亲善，号为四友，而亦与澄狎，又有光逸、胡毋辅之等亦豫焉。酣宴纵诞，穷欢极娱。

惠帝末，衍白越以澄为荆州刺史、持节、都督，领南蛮校尉，敦为青州。衍因问以方略，敦曰："当临事制变，不可豫论。"澄辞义锋出，算略无方，一坐嗟服。澄将之镇，送者倾朝。澄见树上鹊巢，便脱衣上树，探而弄之，神气萧然，傍若无人。刘琨谓澄曰："卿形虽散朗，而内实动侠，以此处世，难得其死。"澄默然不答。

澄既至镇，日夜纵酒，不亲庶事，虽寇戎急务，亦不以在怀。擢顺阳人郭舒于寒悴之中，以为别驾，委以州府。时京师危逼，澄率众军，将赴国难，而飘风折其节柱。会王如寇襄阳，澄前锋至宜城，遭使诣山简，为如党严嶷所获。嶷伪使人从襄阳来而问之曰："襄阳拔未？"答云："昨旦破城，已获山简。"乃阴缓澄使，令得亡去。澄闻襄阳陷，以为信然，散众而还。既而耻之，托粮运不赡，委罪长史蒋俊而斩之，竟不能进。巴蜀流人散在荆、湘者，与土人忿争，遂杀县令，屯聚乐乡。澄使成都内史王机讨之。贼请降，澄伪许之，既而袭之于宠洲，以其妻子为赏，沈八千余人于江中。于是益、梁流人四五万家一时俱反，推杜弢为主，南破零桂，东掠武昌，败王机于巴陵。澄亦无忧惧之意，但与机日夜纵酒，投壶博戏，数十局俱起。杀富人李才，取其家资以赐郭舒。南平太守应詹骤谏，不纳。于是上下离心，内外怨叛。澄望实虽损，犹傲然自得。后出军击杜弢，次于作塘。山简参军王冲叛于豫州，自称荆州刺史。澄惧，使杜蕤守江陵。澄迁于屠陵，寻奔沓中。郭舒谏曰："使君临州，虽无异政，未失众心。今西收华容向义之兵，足以擒此小丑，奈何自弃。"澄不能从。

初，澄命武陵诸郡同讨杜弢，天门太守扈瑰次于益阳。武陵内史武察为其郡夷所害，瑰以孤军引还。澄怒，以杜曾代瑰。夷袁遂，瑰故吏也，托为瑰报仇，遂举兵袭曾，自称平晋将军。澄使司马毋丘邈讨之，为遂所败。会元帝征澄为军谘祭酒,于是赴召。

时王敦为江州,镇豫章,澄过诣敦。澄夙有盛名,出于敦右,士庶莫不倾慕之。兼勇力绝人,素为敦所惮,澄犹以旧意侮敦。敦益忿怒,请澄入宿,阴欲杀之。而澄左右有二十绝人,持铁马鞭为卫,澄手尝捉玉枕以自防,故敦未之得发。后敦赐澄左右酒,皆醉,借玉枕观之。因下床而谓澄曰:"何与杜弢通问?"澄曰:"事自可验。"敦欲入内,澄手引敦衣,至于绝带。乃登于梁,因骂敦曰:"行事如此,殃将及焉。"敦令力士路戎搤杀之,时年四十四,载尸还其家。刘琨闻澄之死,叹曰:"澄自取之。"及敦平,澄故吏佐著作郎桓稚上表理澄,请加赠谥。诏复澄本官,谥曰宪。长子詹,早卒。次子徽,右军司马。

郭舒,字稚行。幼请其母从师,岁余便归,粗识大义。乡人少府范晷、宗人武陵太守郭景,咸称舒当为后来之秀,终成国器。始为领军校尉,坐擅放司马彪,系廷尉,世多义之。刺史夏侯含辟为西曹,转主簿。含坐事,舒自系理含,事得释。刺史宗岱命为治中,丧母去职。刘弘牧荆州,引为治中。弘卒,舒率将士推弘子璠为主,讨逆贼郭励。灭之,保全一州。

王澄闻其名,引为别驾。澄终日酣饮,不以众务在意,舒常切谏之。及天下大乱,又劝澄修德养威,保完州境。澄以为乱自京都起,非复一州所能匡御,虽不能从,然重其忠亮。荆土士人宗庾廞尝因酒忤澄,澄怒,叱左右棒廞。舒厉色谓左右曰:"使君过醉,汝辈何敢妄动!"澄恚曰:"别驾狂邪,诳言我醉!"因遣掐其鼻,灸其眉头,舒跪而受之。澄意少释,而廞遂得免。

澄之奔败也,以舒领南郡。澄又欲将舒东下,舒曰:"舒为万里纪纲,不能匡正,令使君奔亡,不忍渡江。"乃留屯沌口,采稆湖泽以自给。乡人盗食舒牛,事觉,来谢。舒曰:"卿饥,所以食牛耳,余肉可共啖之。"世以此服其弘量。

舒少与杜曾厚,曾尝召之,不往,曾衔之。至是,澄又转舒为顺阳太守,曾密遣兵袭舒,遁逃得免。

王敦召为参军,转从事中郎。襄阳都督周访卒,敦遣舒监襄阳军。甘卓至,乃还。朝廷征舒为右丞,敦留不遣。敦谋为逆,舒谏不从,使守武昌。荆州别驾宗澹忌舒才能,数谮之于王廙。廙疑舒与甘卓同谋,以白敦,敦不受。高官督护缪坦尝请武昌城西地为营,太守乐凯言于敦曰:"百姓久买此地,种菜自赡,不宜夺之。"敦大怒曰:"王处仲不来江湖,当有武昌地不,而人云是我地邪!"凯惧,不敢言。舒曰:"公听舒一言。"敦曰:"平子以卿病狂,故掐鼻灸眉头,旧疢复发邪!"舒曰:"古之狂也直,周昌、汲黯、朱云不狂也。昔尧立诽谤之木,舜置敢谏之鼓,然后事无枉纵。公为胜尧、舜邪?下逆折舒,使不得言。何与古人相远!"敦曰:"卿欲何言?"舒曰:"缪坦可谓小人,疑误视听,夺人私地,以强陵弱。晏子称:君曰其可,臣献其否,以成其可。是以舒等不敢不言。"敦即使还地,众咸壮之。敦重舒公亮,给赐转丰,数诣其家。表为梁州刺史。病卒。

乐广,字彦辅,南阳淯阳人也。父方,参魏征西将军夏侯玄军事。广时年八岁,玄常见广在路,因呼与语,还谓方曰:"向见广神姿郎彻,当为名士。卿家虽贫,可令专学,必能兴卿门户也。"方早卒。广孤贫,侨居山阳,寒素为业,人无知者。性冲约,有远识,寡嗜欲,与物无竞。尤善谈论,每以约言析理,以厌人之心,其所不知,默如也。裴楷尝引广共谈,自夕申旦,雅相钦挹,叹曰:"我所不如也。"王戎为荆州刺史,闻广为夏侯玄所尝,乃举为秀才。楷又荐广于贾充,遂辟太尉掾,转太子舍人。尚书令卫瓘,朝之耆旧,逮与魏正始中诸名士谈论,见广而奇之,曰:"自昔诸贤既没,常恐微言将绝,而今乃复闻斯言于君矣。"命诸子造焉,曰:"此人之水镜,见之莹然,若披云雾而睹青天也。"王衍自言:"与人语甚简至,及见广,便觉己之烦。"其为识者所叹美如此。

出补元城令,迁中书侍郎,转太子中庶子,累迁侍中、河南尹。广善清言而不长于笔,将让尹,请潘岳为表。岳曰:"当得君意。"广乃作二百句语,述己之志。岳因取次比,便成名笔。时人咸云:"若广不假岳之笔,岳不取广之旨,无以成斯美也。"

尝有亲客,久阔不复来,广问其故,答曰:"前在坐,蒙赐酒,方欲饮,见杯中有蛇,意甚恶之,既饮而疾。"于时河南听事壁上有角,漆画作蛇,广意杯中蛇即角影也。复置酒于前处,谓客曰:"酒中复有所见不?"答曰:"所见如初。"广乃告其所以,客豁然意解,沈疴顿愈。卫玠总角时,尝问广梦,广云是想。玠曰:"神形所不接而梦,岂是想邪!"广曰:"因也。"玠思之经月不得,遂以成疾。广闻故,命驾为剖析之,玠病即愈。广叹曰:"此贤胸中当必无膏育之疾!"

广所在为政,无当时功誉,然每去职,遗爱为人所思。凡所论人,必先称其所长,则所短不言而自见矣。人有过,先尽弘恕,然后善恶自彰矣。广与王衍俱宅心事外,名重于时。故天下言风流者,谓王、乐为称首焉。

少与弘农杨准相善。准之二子曰乔曰髦,皆知名于世。准使先诣裴頠,頠性弘方,爱乔有高韵。谓准曰:"乔当及卿,髦少减也。"又使诣广,广性清淳,爱髦有神检。谓准曰:"乔自及卿,然髦亦清出。"准笑曰:"我二儿之优劣,乃裴、乐之优劣也。"论者以为乔虽有高韵,而神检不足,乐为得之矣。

是时王澄、胡毋辅之等,皆亦任放为达,或至裸体者。广闻而笑曰:"名教内自有乐地,何必乃尔!"其居才爱物,动有理中,皆此类也。值世道多虞,朝章紊乱,清己中立,任诚保素而已。时人莫有见其际焉。

先是河南官舍多妖怪,前尹多不敢处正寝,广居之不疑。尝外户自闭,左右皆惊,广独自若。顾见墙有孔,使人掘墙,得狸而杀之,其怪亦绝。

愍怀太子之废也,诏故臣不得辞送,众官不胜愤叹,皆冒禁拜辞。司隶校尉满奋敕河南中部收缚拜者送狱,广即便解遣。众人代广危惧。孙琰说贾谧曰:"前以太子罪恶,有斯废黜,其臣不惧严诏,冒罪而送。今若系之,是彰太子之善，不如释去。"谧然其言，广故得不坐。

迁吏部尚书左仆射，后东安王繇当为仆射，转广为右仆射，领吏部，代王戎为尚书令，始戎荐广，而终践其位，时人美之。

成都王颖，广之婿也，及与长沙王乂遘难，而广既处朝望，群小谗谤之。乂以问广，广神色不变，徐答曰："广岂以五男易一女。"乂犹以为疑，广竟以忧卒。荀藩闻广之不免也，为之流涕。三子：凯、肇、谟。

凯字弘绪，大司马齐王掾，参骠骑军事。肇字弘茂，太傅东海王掾。洛阳陷，兄弟相携南渡江。谟字弘范，征虏将军、吴郡内史。

史臣曰：汉相清静，见机于旷务；周史清虚，不嫌于尸禄。岂台揆之任，有异于常班者欤！浚冲善发谈端，夷甫仰希方外，登槐庭之显列，顾漆园而高视。彼既凭虚，朝章已乱。戎则取容于世，旁委货财；衍则自保其身，宁论宗稷。及三方构乱，六戎藉手，犬羊之侣，锋镝如云。夷甫区区焉，佞彼凶冥，以求容贷，颓墙之陨，犹有礼也。平子肆情傲物，对镜难堪，终失厥生，自贻伊败。且夫衣服表容，珪璋范德，声移宫羽，采照山华，布武有章，立言成训。澄之箕踞，不已甚矣。若乃解祖登枝，裸形扪鹊，以此为达，谓之高致，轻薄是效，风流讵803。道睽将圣，事乖跱指，操情独ػ，自夭其生者焉。昔晏婴哭庄公之尸，乐令解憼怀之客，岂闻伯夷之风欤，懦夫能立志者也。

赞曰：晋家求士，乃构仙台，陵云切汉，山叟知材。浚冲居鼎，谈优务劣。夷甫两顾，退求三穴。神乱当年，忠乖义列。平子陵侮，多于用拙。乐令披云，高天澄彻。

卷四十四　　列传第十四

郑袤 子默 默子球　李胤　卢钦 弟珽
珽子志 志子谌　　华表 子廙 廙子恒 廙
弟峤　石鉴　温羡

郑袤，字林叔，荥阳开封人也。高祖众，汉大司农。父泰，扬州刺史，有高名。袤少孤，早有识鉴。荀攸见之曰："郑公业为不亡矣。"随父浑避难江东。时华歆为豫章太守，浑往依之，歆素与泰善，抚养袤如己子。年十七，乃还乡里。性清正。时济阴魏讽为相国掾，名重当世，袤同郡任览与结交。袤以讽奸雄，终必为祸，劝览远之。及讽败，论者称焉。

魏武帝初封诸子为侯，精选宾友，袤与徐干俱为临淄侯文学，转司隶功曹从事。司空王朗辟为掾，袤举高阳许允、扶风鲁芝、东莱王基，朗皆命之，后咸至大位，有重名。袤迁尚书郎。出为黎阳令，吏民悦服。太守班下属城，特见甄异，为诸县之最。迁尚书右丞。转济阴太守，下车

旌表孝悌，敬礼贤能，兴立庠序，开诱后进。调补大将军从事中郎，拜散骑常侍。会广平太守缺，宣帝谓袤曰："贤叔大匠垂称于阳平、魏郡，百姓蒙惠化。且卢子家、王子雍继踵此郡，使世不乏贤，故复相屈。"袤在广平，以德化为先，善作条教，郡中爱之。征拜侍中，百姓恋慕，涕泣路隅。迁少府。高贵乡公即位，袤与河南尹王肃备法驾奉迎于元城，封广昌亭侯。徙光禄勋，领宗正。

毌丘俭作乱，景帝自出征之，百官祖送于城东，袤疾病不任会。帝谓中领军王肃曰："唯不见郑光禄为恨。"肃以语袤，袤自舆追帝，及于近道。帝笑曰："故知侯生来也。"遂与袤共载，曰："计将何先？"袤曰："昔与俭俱为台郎，特所知悉。其人好谋而不达事情，自昔建勋幽州，志望无限。文钦勇而无算。今大军出其不意，江、淮之卒锐而不能固，深沟高垒以挫其气，此亚夫之长也。"帝称善。转太常。高贵乡公议立明堂辟雍，精选博士，袤举刘毅、刘寔、程咸、庾峻，后并至公辅大位。及常道乡公立，与议定策，进封安城乡侯，邑千户。景元初，疾病失明，屡乞骸骨，不许。拜光禄大夫。五等初建，封密陵伯。

武帝践阼，进爵为侯。虽寝疾十余年，而时贤并相推荐。泰始中，诏曰："光禄密陵侯袤，履行纯正，守道冲粹，退有清和之风，进有素丝之节，宜登三阶之曜，补衮职之阙。今以袤为司空。"天子临轩，遣五官中郎将国坦就第拜授。袤前后辞让，遣息称上送印绶，至于十数。谓坦曰："魏以徐景山为司空，吾时为侍中，受诏瞽旨。徐公语吾曰：'三公当上应天心，苟非其人，实伤和气，不敢以垂死之年，累辱朝廷也。'终于不就。遵大雅君子之迹，可不务乎！"固辞，久之见许，以侯就第，拜仪同三司，置舍人官骑，赐床帐簟褥、钱五十万。

九年薨，时年八十五。帝于东堂发哀，赐秘器、朝服一具、衣一袭，钱三十万，绢布各百匹，以供丧事。谥曰元。有子六人，长子默嗣，次质、舒、诩、称、予，位并列卿。

默字思元。起家秘书郎，考核旧文，删省浮秽。中书令虞松谓曰："而今而后，朱紫别矣。"转尚书考功郎，专典伐蜀事，封关内侯，迁司徒左长史。武帝受禅，与太原郭奕俱为中庶子。朝廷以太子官属宜称陪臣。默上言："皇太子体皇极之尊，无私于天下。宫臣皆受命天朝，不得同之藩国。"事遂施行。出为东郡太守，值岁荒人饥，默辄开仓振给，乃舍都亭，自表待罪。朝廷嘉默忧国，诏书褒叹，比之汲黯。班告天下，若郡县有此比者，皆听出给。入为散骑常侍。

初，帝以贵公子当品，乡里莫敢与为辈，求之州内，于是十二郡中正金共举默。文帝与袤书曰："小儿得厕贤子之流，愧有窃贤之累。"及武帝出祀南郊，诏使默骖乘，因谓默曰："卿知何以得骖乘乎？昔州里举卿相辈，常愧有累清谈。"遂问政事，对曰："劝稽务农，为国之基。选人得才，济世之道。居官久职，政事之宜。明慎黜陟，劝戒之由。崇尚儒素，化导之本。如此而已矣。"帝善之。

后以父丧去官，寻起为廷尉。是时鬲令袁毅坐交通货

赂，大兴刑狱。在朝多见引逮，唯默兄弟以洁慎不染其流。迁太常。时仆射山涛欲举一亲亲为博士，谓默曰："卿似尹翁归，令吾不敢复言。"默为人敦重，柔而能整，皆此类也。

及齐王攸当之国，下礼官议崇锡典制。博士祭酒曹志等并立异议，默容过其事，坐免。寻拜大鸿胪。遭母丧，旧制，既葬还职，默自陈恳至，久而见许。遂改法定令，听大臣终丧，自默始也。服阕，为大司农，转光禄勋。太康元年卒，时年六十八，谥曰成。尚书令卫瓘奏："默才行名望，宜居论道，五升九卿，位未称德，宜赠三司。"而后父杨骏先欲以女妻默子豫，默曰："吾每读《隽不疑传》，常想其人。畏远权贵，奕世所守。"遂辞之。骏深为恨。至此，骏议不同，遂不施行。默宽冲博爱，谦虚温谨，不以才地矜物，事上以礼，遇下以和，虽僮竖厮养不加声色，而犹有嫌怨，故士君子以为居世之难。子球。

球字子瑜。少辟宰府，入侍二宫。成都王为大将军，起义讨赵王伦，球自顿丘太守为右长史，以功封平寿公。累迁侍中、尚书、散骑常侍、中护军、尚书右仆射，领吏部。永嘉二年卒，追赠金紫光禄大夫，谥曰元。球弟豫，永嘉末为尚书。

李胤，字宣伯，辽东襄平人也。祖敏，汉河内太守，去官还乡里，辽东太守公孙度欲强用之，敏乘轻舟浮沧海，莫知所终。胤父信追求积年，浮海出塞，竟无所见，欲行丧制服，则疑父尚存，情若居丧而不聘娶。后有邻居故人与其父同年者亡，因行丧制服。燕国徐邈与之同州里，以不孝莫大于无后，劝使娶妻。既生胤，遂绝房室，恒如居丧礼，不堪其忧，数年而卒。胤既幼孤，母又改行，有识之后，降食哀戚，亦以丧礼自居。又以祖不知存亡，设木主以事之。由是以孝闻。容貌质素，颓然若不足者，而知度沈邃，言必有则。

初仕郡上计掾，州辟部从事、治中，举孝廉，参镇北军事。迁乐平侯相，政尚清简。入为尚书郎，迁中护军司马、吏部郎，铨综廉平。赐爵关中侯，出补安丰太守。文帝引为大将军从事中郎，迁御史中丞，恭恪直绳，百官惮之。伐蜀之役，为西中郎将、督关中诸军事。后为河南尹，封广陆伯。泰始初，拜尚书，进爵为侯。胤奏以为："古者三公坐而论道，内参六官之事，外与六卿之教，或处三槐，兼听狱讼，稽疑之典，谋及卿士。陛下圣德钦明，垂心万机，猥发明诏，仪刑古式，虽唐、虞畴咨，周文翼翼，无以加也。自今以往，国有大政，可亲延群公，询纳谠言。其军国所疑，延诣省中，使侍中、尚书谘论所宜。若有疾病，不任觐会，临时遣侍臣讯访。"诏从之。迁吏部尚书仆射，寻转太子少傅。诏以胤忠允高亮，有匪躬之节，使领司隶校尉。胤屡自表让，忝傅储宫，不宜兼监司之官。武帝以二职并须忠贤，故每不许。

咸宁初，皇太子出居东宫，帝以司录事任峻重，而少傅有旦夕辅导之务，胤素羸，不宜久劳，转拜侍中，加特进。俄迁尚书令，侍中、特进如故。胤虽历职内外，而家至贫俭，儿病无以市药。帝闻之，赐钱十万。其后帝以司徒旧丞相之职，诏以胤为司徒。在位五年，简亮持重，称为任职。以吴会初平，大臣多有勋劳，宜有登进，乃上疏逊位。帝不听，遣侍中宣旨，优诏敦谕，绝其章表。胤不得已，起视事。

太康三年薨，诏遣御史持节监丧致祠，谥曰成。皇太子命舍人王赞诔之，文义甚美。帝后思胤清节，诏曰："故司徒李胤，太常彭灌，并履忠清俭，身没，家无余积，赐胤家钱二百万、谷千斛，灌家半之。"三子，固、真长、修。固字万基，散骑郎，先胤卒，固子志嗣爵。志字彦道，历位散骑侍郎、建威将军、阳平太守。真长位至太仆卿。修黄门侍郎、太弟中庶子。

卢钦，字子若，范阳涿人也。祖植，汉侍中。父毓，魏司空。世以儒业显。钦清淡有远识，笃志经史，举孝廉，不行，魏大将军曹爽辟为掾。爽尝有所属请，钦白爽子弟不宜干犯法度，爽深纳之，而罚其弟。除尚书郎。爽诛，免官。后为侍御史，袭父爵大利亭侯，累迁琅邪太守。宣帝为太傅，辟从事中郎，出为阳平太守，迁淮北都督、伏波将军，甚有称绩。征拜散骑常侍、大司农，迁吏部尚书，进封大梁侯。武帝受禅，以为都督沔北诸军事、平南将军、假节，给追锋轺卧车各一乘、第二驸马二乘、骑具刀器、御府人马铠等，及钱三十万。钦在镇宽猛得中，疆场无虞。入为尚书仆射，加侍中、奉车都尉，领吏部。以清贫，特赐绢百匹。钦举必以材，称为廉平。

咸宁四年卒，诏曰："钦履道清正，执德贞素。文武之称，著于方夏。入跻机衡，惟允庶事。肆勤内外，有匪躬之节。不幸薨没，朕甚悼之。其赠卫将军、开府仪同三司，赐秘器、朝服一具、衣一袭、布五十匹、钱三十万。"谥曰元。又以钦忠清高洁，不营产业，身没之后，家无所庇，特赐钱五十万，为立第舍。复下诏曰："故司空王基、卫将军卢钦、领典军将军杨器，并素清贫，身没之后，居无私积。顷者饥馑，闻其家大匮，其各赐谷三百斛。"钦历宰州郡，不尚功名，唯以平理为务。禄俸散之亲故，不营赀产。动循礼典，妻亡，制庐杖，终丧居外。所著诗赋论难数十篇，名曰《小道》。子浮嗣。

浮字子云，起家太子舍人。病疽截手，遂废。然朝廷器重之，以为国子博士、祭酒、秘书监，皆不就。

钦弟珽字子笏，卫尉卿。珽子志。

志字子道，初辟公府掾、尚书郎，出为鄴令。成都王颖之镇鄴也，爱其才量，委以心膂，遂为谋主。齐王冏起义，遣使告颖。颖召志计事，志曰："赵王无道，肆行篡逆，四海人神，莫不愤怒。今殿下总率三军，应期电发，子来之众，不召自至。扫夷凶逆，必有征无战。然兵事至重，圣人所慎。宜旌贤任才，以收时望。"颖深然之，改选上佐，高辟掾属，以志为谘议参军，仍补左长史，专掌文翰。颖前锋都督赵骧为伦所败，士众震骇，议者多欲还保朝歌。志曰："今我军失利,敌新得胜,必有轻易陵轹之情,若顿兵不进,三军畏衄,惧不可用。且战何能无胜负,宜更选精兵,星行倍道,出贼不意,此用兵之奇也。"颖从之。及伦败,志劝颖曰："齐王众号百万,与张泓等相持不能决,大王迳得济河,此之大勋,莫之与比,而齐王今当与大王共辅朝政。吾闻两雄不俱处,功名不并立,今宜因太妃微疾,求还定省,推崇齐王,徐结四海之心,此计之上也。"颖纳之,遂以母疾还藩,委重于冏。由是颖获四海之誉,天下归心。朝廷封志为武强侯,加散骑常侍。

及河间王颙纳李含之说,欲内除二王,树颖储副,遣报颖,颖将应之,志正谏,不从。及冏灭,颖遥执期权,遂怀觖望之心。以长沙王乂在内,不得恣其所欲,密欲去乂。时荆州有张昌之乱,颖表求亲征,朝廷许之。会昌等平,乃回兵以讨乂。志谏曰："公前有复皇祚之大勋,及事平,归功于齐,辞九锡之赏,不当朝政之权,振阳翟饥人,葬黄桥白骨,皆盛德之事,四海之人莫不荷赖矣。逆寇纵肆,猾扰荆、楚,今公扫清群难,南土以宁,振旅而旋,顿军关外,文服入朝,此霸王者之事也。"颖不纳。

及乂死,颖表志为中书监,留邺,参署相府事。乘舆败于荡阴,颖遣志督兵迎帝。及王浚攻邺,志劝颖奉天子还洛阳。时甲士尚万五千人,志夜部分,至晓,众皆成列,而程太妃恋邺不欲去,颖未能决。俄而众溃,唯志与子谧、兄子琳、殿中武贲千人而已,志复劝颖早发。时有道士姓黄,号曰圣人,太妃信之。及使呼人,道士求两杯酒,饮讫,抛杯而去,于是志计始决。而人马复散,志于营阵间寻索,得数乘鹿车,司马督韩玄收集黄门,得百余人。志入,帝问志曰："何故散败至此?"志曰:"贼去邺尚八十里,而人士一朝骇散,太弟今欲奉陛下还洛阳。"帝曰:"甚佳。"于是御辇车便发。屯骑校尉郝昌先领兵八千守洛阳,帝召之,至汲郡而昌至,兵仗甚盛。志喜于复振,启天子宜下赦书,与百姓同其休庆。既达洛阳,志启以满奋为司隶校尉。奔散者多还,百官粗备,帝悦,赐志绢二百匹、绵百斤、衣一袭、鹤绫袍一领。

初,河间王颙闻王浚起兵,遣右将军张方救邺。方闻成都军败,顿兵洛阳,不敢进,纵兵房掠,密欲迁都长安,将焚宗庙宫室,以绝人心。志说方曰:"昔董卓无道,焚烧洛阳,怨毒之声,百年犹存,何为袭之!"乃止。方遂逼天子幸其垒。帝垂泣就舆,唯志侍侧,曰:"陛下今日之事,当一从右将军。臣驽怯,无所云补,唯知尽微诚,不离左右而已。"停方垒三日便西,志复从至长安。颖被黜,志亦免官。

及东海王越奉迎大驾,颙启帝复颖还邺,以志为魏郡太守,加左将军,随颖北镇。行达洛阳,而平昌公模遣前锋督护冯嵩距颖。颖还长安,未至而颙颙斩张方,求和于越。颖住华阴,志进长安,诣阙陈谢,即还就颖于武关。奔南阳,复为刘陶所驱,回诣河北。及颖薨,官属奔散,唯志亲自殡送,时人嘉之。越命志为军谘祭酒,迁卫尉,永嘉末,转尚书。洛阳没,志将妻子北投并州刺史刘琨。至阳邑,为刘粲所房,与次子谧、诜等俱遇害于平阳。长子谌。

谌字子谅,清敏有理思,好《老》《庄》,善属文。选尚武帝女荥阳公主,拜驸马都尉,未成礼而公主卒。后州举秀才,辟太尉掾。洛阳没,随志北依刘琨,与志俱为刘粲所房。粲据晋阳,留谌为参军。琨收散卒,引猗卢骑还攻粲。粲败走,谌得赴琨,先父母兄弟在平阳者,悉为刘聪所害。琨为司空,以谌为主薄,转从事中郎。琨妻即谌之从母,既加亲爱,又重其才地。

建兴末,随琨投段匹磾。匹磾自领幽州,取谌为别驾。匹磾既害琨,寻亦败丧。时南路阻绝,段末波在辽西,谌往投之。元帝之初,末波通使于江左,谌因其使抗表理琨,文旨甚别,于是即加吊祭。累征谌为散骑中书郎,而为末波所留,遂不得南渡。末波死,弟辽代立,谌流离世故且二十载。石季龙破辽西,复为季龙所得,以为中书侍郎、国子祭酒、侍中、中书监。属冉闵诛石氏,谌随闵军,于襄国遇害,时年六十七,是岁永和六年也。

谌名家子,早有声誉,才高行洁,为一时所推。值中原丧乱,与清河崔悦、颍川荀绰、河东裴宪、北地傅畅并沦陷非所,虽俱显于石氏,恒以为辱。谌每谓诸子曰:"吾身没之后,但称晋司空从事中郎尔。"撰《祭法》,注《庄子》,及文集,皆行于世。

悦字道儒,魏司空林曾孙,刘琨妻子之侄也。与谌俱为琨司空从事中郎,后为末波佐史。没石氏,亦居大官。其绰、宪、畅并别有传。

华表,字伟容,平原高唐人也,父歆,清德高行,为魏太尉。表年二十,拜散骑黄门郎,累迁侍中。正元初,石苞来朝,盛称高贵乡公,以为魏武更生。时闻者流汗沾背,表惧祸作,频称疾归下舍,故免于大难。后迁尚书。五等建,封观阳伯。坐供给丧事不整,免。泰始中,拜太子少傅,转光禄勋。迁太常卿。数岁,以老病乞骸骨。诏曰:"表清贞履素,有老成之美,久干王事,静恭匪懈。而以疾固辞,章表恳至。今听如所上,以为太中大夫,赐钱二十万,床帐褥席禄赐与卿同,门施行马。"表以苦守垂名,司徒李胤、司隶王宏等并叹美表清澹退静,以为不可得贵贱而亲疏也。咸宁元年八月卒,时年七十二,谥曰康,诏赐朝服。有六子:廙、岑、峤、鉴、澹、简。

廙字长骏,弘敏有才义。妻父卢毓典选,难举姻亲,故廙年三十五不得调,晚为中书通事郎。泰始初,迁冗从仆射。少为武帝所礼,历黄门侍郎、散骑常侍、前军将军、侍中、南中郎将、都督河北诸军事。父疾笃辄还,仍遭丧旧例,葬讫复任,廙固辞,违旨。

初,表有赐客在扃,使廙因县令袁毅录名,三客各代以奴。及毅以货贿致罪,狱辞迷谬,不复显以奴代客,直言送三奴与廙,而毅亦卢氏婿也。又中书监荀勖先为中子求廙女,廙不许,为恨,因密启帝,以袁毅货赂者多,不可尽罪,宜责最所亲者一人,因指廙当之。又绿廙有违忤之咎，遂于丧服中免廙官，削爵土。大鸿胪何遵奏廙免为庶人，不应袭封，请以表世孙混嗣表。有司奏曰："廙所坐除名削爵，一时之制。廙为世子，著在名簿，不听袭嗣，此为刑罚再加。诸侯犯法，八议平处者，褒功重爵也。嫡统非犯终身弃罪，废之为重，依律应听袭封。"诏曰："诸侯薨，子逾年即位，此古制也。应即位而废之，爵命皆去矣，何为罪罚再加？且吾之责廙，以肃贪秽，本不论常法也。诸贤不能将明此意，乃更诡易礼律，不顾宪度，君命废之，而群下复之，此为上下正相反也。"于是有司奏免议者官，诏皆以赎论。混以世孙当受封，逃避，断发阳狂，病暗不能语，故得不拜，世咸称之。

廙栖迟家巷垂十载，教诲子孙，讲诵经典。集经书要事，名曰《善文》，行于世。与陈勰共造猪阑于宅侧，帝尝出视之，问其故，左右以实对，帝心怜之。帝后又登陵云台，望见廙苜蓿园，阡陌甚整，依然感旧。太康初大赦，乃得袭封。久之，拜城门校尉，迁卫将军。数年，以为中书监。惠帝即位，加侍中、光禄大夫、尚书令，进爵为公。廙应杨骏召，不时还，有司奏免官。寻迁太子少傅，加散骑常侍，动遵礼典，得傅导之义。后年衰病笃，诏遣太医疗病，进位光禄大夫、开府仪同三司。时河南尹韩寿因托贾后求以女配廙孙陶，廙距而不许，后深以为恨，故遂不登台司。年七十五卒，谥曰元。三子：混、荟、恒。

混字敬伦，嗣父爵，清贞简正，历位侍中、尚书，卒官。子陶嗣，补巩令，没于石勒。

荟字敬叔，为河南尹。与荀藩、荀组俱避贼，至临颍，父子并遇害。

恒字敬则，博学以清素为称。尚武帝女荥阳长公主，拜驸马都尉。元康初，东宫建，恒以选为太子宾友，赐爵关内侯，食邑百户。辟司徒王浑仓曹掾，属除散骑侍郎，累迁散骑常侍、北军中候，俄拜领军，加散骑常侍。

愍帝即位，以恒为尚书，进爵苑陵县公。顷之，刘聪逼长安，诏出恒为镇军将军，领颍川太守，以为外援。恒兴合义军，得二千人，未及西赴，而关中陷没。时群贼方盛，所在州郡相继奔败，恒亦欲弃郡东渡，而从兄轶为元帝所诛，以此为疑。先书与骠骑将军王导，导言于帝。帝曰："兄弟罪不相及，况群从乎！"即召恒，补光禄勋。恒到，未及拜，更以为卫将军，加散骑常侍、本州大中正。

寻拜太常，议立郊祀。尚书刁协、国子祭酒杜彝议，须还洛乃修郊祀。恒议，汉献帝居许，即便郊柴，宜于此修立。司徒荀组、骠骑将军王导同恒议，遂定郊祀。寻以疾求解，诏曰："太常职主宗庙，烝尝敬重，而华恒所疾，不堪亲奉职事。夫子称'吾不与祭，如不祭'，况宗伯之任职所司邪！今转恒为廷尉。"顷之，加特进。

太宁初，迁骠骑将军，加散骑常侍，督石头水陆诸军事。王敦表转恒为护军，疾病不拜。授金紫光禄大夫，又领太子太保。成帝即位，加散骑常侍，领国子祭酒。咸和初，以愍帝时赐爵进封一皆削除，恒更以讨王敦功封苑陵县侯，复领太常。苏峻之乱，恒侍帝左右，从至石头，备履艰危，困悴逾年。

初，恒为州大中正，乡人任让轻薄无行，为恒所黜。及让在峻军中，任势多所杀害，见恒辄恭敬，不肆其虐。钟雅、刘超之死，亦将及恒，让尽心救卫，故得免。

及帝加元服，又将纳后。寇难之后，典籍靡遗，婚冠之礼，无所依据。恒推寻旧典，撰定礼仪，并郊庙辟雍朝廷轨则，事并施用。迁左光禄大夫、开府，常侍如故，固让未拜。会卒，时年六十九，册赠侍中、左光禄大夫、开府，谥曰敬。

恒清恪俭素，虽居显列，常布衣蔬食，年老弥笃。死之日，家无余财，唯有书数百卷，时人以此贵之。子俊嗣，为尚书郎。俊子仰之，大长秋。

峤字叔骏，才学深博，少有令闻。文帝为大将军，辟为掾属，补尚书郎，转车骑从事中郎。泰始初，赐爵关内侯。迁太子中庶子。出为安平太守。辞亲老不行，更拜散骑常侍，典中书著作，领国子博士，迁侍中。

太康末，武帝颇亲宴乐，又多疾病。属小瘥，峤与侍臣表贺，因微谏曰："伏惟圣体渐就平和，上下同庆，不觉抃舞。臣等愚戆，窃有微怀，以为收功于所忽，事乃无悔；虑福于垂成，祚乃日新。唯愿陛下深垂圣明，远思所忽之悔，以成日新之福。冲静和气，啬养精神，颐身于清简之宇，留心于虚旷之域。无厌世俗常戒，以忽群下之言，则丰庆日延，天下幸甚！"帝手诏报曰："辄自消息，无所为虑。"元康初，封宣昌亭侯。诛杨骏，改封乐乡侯，迁尚书。

后以峤博闻多识，属书典实，有良史之志，转秘书监，加散骑常侍，班同中书。寺为内台，中书、散骑、著作及治礼音律，天文数术，南省文章，门下撰集，皆典统之。初，峤以《汉纪》烦秽，慨然有改作之意。会为台郎，典官制事，由是得遍观秘籍，遂就其绪，起于光武，终于孝献，一百九十五年，为帝纪十二卷、皇后纪二卷、十典十卷、传七十卷及三谱、序传、目录，凡九十七卷。峤以皇后配天作合，前史作外戚传以继末编，非其义也，故易为皇后纪，以次帝纪。又改志为典，以有《尧典》故也。而改名《汉后书》奏之。诏朝臣会议。时中书监荀勖、令和峤、太常张华、侍中王济咸以峤文质事核，有迁固之规，实录之风，藏之秘府。后太尉汝南王亮、司空卫瓘为东宫傅，列上通讲，事遂施行。峤所著论议雠驳诗赋之属数十万言，其所奏官制、太子宜还宫及安边、雩祭、明堂辟雍、浚导河渠，巡禹之旧迹置都水官，修蚕宫之礼置长秋，事多施行。元康三年卒，追赠少府，谥曰简。

峤性嗜酒，率常沈醉。所撰书十典未成而终，秘书监何劭奏峤中子彻为佐著作郎，使踵成之，未竟而卒。后监缪徵又奏峤少子畅为佐著作郎，克成十典，并草魏、晋纪传，与著作郎张载等俱在史官。永嘉丧乱，经籍遗没，峤书存者五十余卷。

峤有三子：颐、彻、畅。颐嗣，官至长乐内史。畅有才思，所著文章数万言。遭寇乱，避难荆州，为贼所害，时年四十。

　　石鉴，字林伯，乐陵厌次人也。出自寒素，雅志公亮。仕魏，历尚书郎、侍御史、尚书左丞、御史中丞，多所纠正，朝廷惮之，出为并州刺史、假节、护匈奴中郎将。武帝受禅，封堂阳子。入为司隶校尉，转尚书。时秦、凉为虏所败，遣鉴都督陇右诸军事，坐论功虚伪免官。后为镇南将军、豫州刺史，坐讨吴贼虚张首级。诏曰："昔云中守魏尚以斩首不实受刑，武牙将军田顺以诈增虏获自杀，诬罔败法，古今所疾。鉴备大臣，吾所取信。往者西事，公欺朝廷，以败为得，竟不推究。中间黜免未久，寻复授用，冀能补过，而乃与下同诈。所谓大臣，义得尔乎！有司奏是也，顾未忍耳。今遣归田里，终身不得复用，勿削爵土也。"久之，拜光禄勋，复为司隶校尉，稍加特进，迁右光禄大夫、开府，领司徒。前代三公册拜，皆设小会，所以崇宰辅之制也。自魏末已后，废不复行。至鉴，有诏令会，遂以为常。太康末，拜司空，领太子太傅。

　　武帝崩，鉴与中护军张劭监统山陵。时大司马、汝南王亮为太傅杨骏所疑，不敢临丧，出营城外。时有告亮欲举兵讨骏，骏大惧，白太后令帝为手诏，诏鉴及张劭使率陵兵讨亮。劭，骏甥也，便率所领催鉴速发，鉴以为不然，保持之，遣人密觇视亮，已别道还许昌，于是骏止，论者称之。山陵讫，封昌安县侯。元康初，为太尉。年八十余，克壮慷慨，自遇若少年，时人美之。寻薨，谥曰元。子陋，字处贱，袭封，历屯骑校尉。

　　温羡，字长卿，太原祁人，汉护羌校尉序之后也。祖恢，魏扬州刺史。父恭，济南太守。兄弟六人并知名于世，号曰"六龙"。羡少以朗寤见称，齐王攸辟为掾，迁尚书郎。惠帝即位，拜豫州刺史，入为散骑常侍，累迁尚书。及齐王冏辅政，以羡攸之故吏，意特亲之，转吏部尚书。先是，张华被诛，冏建议欲复其官爵。论者或以为非，羡驳之曰："自天子已下，争臣各有差，不得归罪于一人。故晏子曰：'为已死亡，非其亲昵，谁能任之？'里克之杀二孺，陈乞之立阳生，汉朝之诛诸吕，皆积年之后乃得立事。未有事主见存，而得行其志于数月之内者也。式乾之会，张华独谏。上宰不和，不能承风赞善，望其指麾从命，不亦难乎！况今皇后潛害其子，内难不预，礼非所在。且后体齐于帝，尊同皇极，罪在枉子，事不为逆，义非所讨。今以华不能废枉子之后，与赵盾不讨杀君之贼同，而贬责之，于义不经通也。"华竟得追复爵位。

　　其后以从驾讨成都王颖有勋，封大陵县公，邑千八百户。出为冀州刺史，加后将军，范阳王虓败于许昌也，自牧冀州，羡乃避之。惠帝之幸长安，以羡为中书令，不就。及帝还洛阳，征为中书监，加散骑常侍。未拜，会帝崩。怀帝即位，迁左光禄大夫、开府，领司徒。论者佥谓为速。在位未几，病卒，赠司徒，谥曰元。有三子：祗、允、裕。

　　祗字敬齐，太傅西曹掾。允字敬咸，太子舍人。裕字敬嗣，尚武安长公主，官至左光禄大夫。

　　史臣曰：晋氏中朝，承累世之资，建兼并之业，衣冠斯盛，英彦如林。此数公者，或以雅望处台槐，或以高名居保傅，自非一时之秀，亦曷能至于斯。惜其参缄于论道之辰，独善于兼济之口，良图鲠议，无足多谈。然退已进贤，林叔弘推让之美；自家刑国，宣伯协恭孝之规。子若之儒素为基，伟容之苦节流誉，庆垂来叶，不亦宜哉！石鉴以公亮升，温羡以明寤显，属于危乱，不陨其名。岁寒见松柏之后凋，斯人之谓矣。

　　赞曰：让矣密陵，孝哉广陆。钦既博雅，表亦贞肃。鉴绩克宣，温声载穆。同锵玉振，争芬兰郁。

卷四十五　　　　　列传第十五

刘毅 子暾 程卫　和峤　武陔　任恺　崔洪　郭奕　侯史光　何攀

　　刘毅，字仲雄，东莱掖人。汉城阳景王章之后。父喈，丞相属。毅幼有孝行，少厉清节，然好臧否人物，王公贵人望风惮之。侨居平阳，太守杜恕请为功曹，沙汰郡吏百余人，三魏称焉。为之语曰："但闻刘功曹，不闻杜府君。"魏末，本郡察孝廉，辟司隶都官从事，京邑肃然。毅将弹河南尹，司隶不许，曰："攫兽之犬，鼷鼠蹈其背。"毅曰："既能攫兽，又能杀鼠，何损于犬！"投传而去。同郡王基荐毅于公府，曰："毅方正亮直，介然不群，言不苟合，行不苟容。往日侨仕平阳，为郡股肱，正色立朝，举纲引墨，朱紫有分，《郑》、《卫》不杂，孝弟著于邦族，忠贞效于三魏。昔孙阳取骐骥于吴坂，秦穆拔百里于商旅。毅未遇知己，无所自呈。前已口白，谨复申请。"太常郑袤举博士，文帝辟为相国掾，辞疾，积年不就。时人谓毅忠于魏氏，而帝怒其顾望，将加重辟。毅惧，应命，转主簿。

　　武帝受禅，为尚书郎、驸马都尉，迁散骑常侍、国子祭酒。帝以毅忠蹇正直，使掌谏官。转城门校尉，迁太仆，拜尚书，坐事免官。咸宁初，复为散骑常侍、博士祭酒。转司隶校尉，纠正豪右，京师肃然。司部守令望风投印绶者甚众，时人以毅方之诸葛丰、盖宽饶。皇太子朝，鼓吹将入东掖门，毅以为不敬，止之于门外，奏劾保傅以下。诏赦之，然后得入。

　　帝尝南郊，礼毕，喟然问毅曰："卿以朕方汉何帝也？"对曰："可方桓、灵。"帝曰："吾虽德不及古人，犹克己为政。又平吴会，混一天下。方之桓、灵，其已甚乎！"对曰："桓、灵卖官，钱入官库；陛下卖官，钱入私门。以此言之，殆不如也。"帝大笑曰："桓灵之世，不闻此言。今有直臣，故不同也。"散骑常侍邹湛进曰："世谈以陛下比汉文帝，人心犹不多同。昔冯唐答文帝，云不能用颇牧而文帝怒，今刘毅言犯顺而陛下欢。然以此相校，圣德乃过之矣。"帝曰:"我平天下而不封禅,焚雉头裘,行布衣礼,卿初无言。今于小事,何见褒之甚?"湛曰:"臣闻猛兽在田,荷戈而出,凡人能之。蜂虿作于怀袖,勇夫为之惊骇,出于意外故也。夫君臣有自然之尊卑,言语有自然之逆顺。向刘毅始言,臣等莫不变色。陛下发不世之诏,出思虑之表,臣之喜庆,不亦宜乎!"

在职六年,迁尚书左仆射。时龙见武库井中,帝亲观之,有喜色。百官将贺,毅独表曰:"昔龙降郑时门之外,子产不贺。龙降夏庭,沫流不禁,卜藏其漦,至周幽王,祸衅乃发。《易》称'潜龙勿用,阳在下也。'证据旧典,无贺龙之礼。"诏报曰:"正德未修,诚未有以膺受嘉祥。省来示,以为瞿然。贺庆之事,宜详依典义,动静数示。"尚书郎刘汉等议,以为:"龙体既苍,杂以素文,意者大晋之行,载武兴文之应也。而毅乃引衰世妖异,以疑今之吉祥。又以龙在井为潜,皆失其意。潜之为言,隐而不见。今龙彩质明焕,示人以物,非潜之谓也。毅应推处。"诏不听。后阴气解而复合,毅上言:"必有阿党之臣,奸以事君者,当诛而不诛故也。

毅以魏立九品,权时之制,未见得人,而有八损,乃上疏曰:

臣闻:立政者,以官才为本,官才有三难,而兴替之所由也。人物难知,一也;爱憎难防,二也;情伪难明,三也。今立中正,定九品,高下任意,荣辱在手。操人主之威福,夺天朝之权势。爱憎决于心,情伪由于己。公无考校之负,私无告讦之忌。用心百态,求者万端。廉让之风灭,苟且之欲成。天下讻讻,但争品位,不闻推让,窃为圣朝耻之。

夫名状以当才为清,品辈以得实为平,安危之要,不可不明。清平者,政化之美也;枉滥者,乱败之恶也,不可不察。然人才异能,备体者鲜。器有大小,达有早晚。前邺后修,宜受日新之报;抱正违时,宜有质直之称;度远阙小,宜得殊俗之状;任直不饰,宜得清实之誉;行寡才优,宜获器任之用。是以三仁殊途而同归,四子异行而均义。陈平、韩信笑侮于邑里,而收功于帝王;屈原、伍胥不容于人主,而显名于竹帛,是笃论之所明也。

今之中正,不精才实,务依党利,不均称尺,备随爱憎。所欲与者,获虚以成誉;所欲下者,吹毛以求疵。高下逐强弱,是非由爱憎。随世兴衰,不顾才实,衰则削下,兴则扶上,一人之身,旬日异状。或以货赂自通,或以计协登进,附托者必达,守道者困悴。无报于身,必见割夺。有私于己,必得其欲。是以上品无寒门,下品无势族。暨时有之,皆曲有故。慢主罔时,实为乱源。损政之道一也。

置州都者,取州里清议,咸所归服,将以镇异同,一言议。不谓一人之身,了一州之才,一人不审便坐之。若然,自仲尼以上,至于庖牺,莫不有失,则皆不堪,何独责于中人者哉!若殊不修,自可更选。今重其任而轻其人,所立品格,还访9攸。攸非州里之所归,非职分之所置。今访之,归正于所不服,决事于所不职,以长逸构之源,以生乖争之兆,似非立都之本旨,理俗之深防也。主者既善刁攸,攸之所下而复选以二千石,已有数人。刘良上攸之所下,石公罪攸之所行,驳违之论横于州里,嫌雠之隙结于大臣。夫桑妾之讼,祸及吴、楚;斗鸡之变,难兴鲁邦。况乃人伦交争而部党兴,刑狱滋生而祸根结。损政之道二也。

本立格之体,将谓人伦有序,若贯鱼成次也。为九品者,取下者为格,谓才德有优劣,伦辈有首尾。今之中正,务自远者,则抑割一国,使无上人;秽劣下比,则拔举非次,并容其身。公以为格,坐成其私。君子无大小之怨,官政无绳奸之防。使得上欺明主,下乱人伦。乃使优劣易地,首尾倒错。推贵异之器,使在凡品之下,负戴不肖,越在成人之首。损政之道三也。

陛下践阼,开天地之德,弘不讳之诏,纳忠直之言,以览天下之情,太平之基,不世之法也。然赏罚,自王公以至于庶人,无不加法。置中正,委以一国之重,无赏罚之防。人心多故,清平者寡,故怨讼者众。听之则告讦无已,禁绝则侵枉无极,与其理讼之烦,犹愈侵枉之害。今禁讼诉,则杜一国之口,培一人之势,使得纵横,无所顾惮。诸受枉者抱怨积直,独不蒙天地无私之德,而长壅蔽于邪人之铨。使上明不下照,下情不上闻。损政之道四也。

昔在前圣之世,欲敦风俗,镇静百姓,隆乡党之义,崇六亲之行,礼教庠序以相率,贤不肖于是见矣。然乡老书其善以献天子,司马论其能以官于职,有司考绩以明黜陟。故天下之人退而修本,州党有德义,朝廷有公正,浮华邪佞无所容厝。今一国之士多者千数,或流徙异邦,或取给殊方,面犹不识,况尽其才力!而中正知与不知,其当品状,采誉于台府,纳毁于流言。任己则有不识之蔽,听受则有彼此之偏。所知者以爱憎夺其平,所不知者以人事乱其度;既无乡老纪行之誉,又非朝廷考绩之课,遂使进宫之人,弃近求远,背本逐末。位以求成,不由行立,品不校功,党誉虚妄。损政五也。

凡所以立品设状者,求人才以理物也,非虚饰名誉,相为好丑。虽孝悌之行,不施朝廷,故门外之事,以义断恩。既以在官,职有大小,事有剧易,各有功报,此人才之实效,功分之所得也。今则反之,于限当报,虽职之高,还附卑品,无绩于官,而获高叙,是为抑功实而隆虚名也。上夺天朝考绩之分,下长浮华朋党之士。损政六也。

凡官不同事,人不同能,得其能则成,失其能则败。今品不状才能之所宜,而以九等为例。以品取人,或非才能之所长;以状取人,则为本品之所限。若状得其实,犹品状相妨,系紊选举,使不得精于才宜。况今九品,所疏则削其长,所亲则饰其短。徒结白论,以为虚誉,则品不料实,百揆何以得理,万机何以得修?损政七也。

前九品诏书，善恶必书，以为褒贬，当时天下，少有所忌。今之九品，所下不彰其罪，所上不列其善，废褒贬之义，任爱憎之断，清浊同流，以植其私。故反违前品，大其形势，以驱动众人，使必归己。进者无功以表劝，退者无恶以成惩。惩劝不明，则风俗污浊，天下人焉得不解德行而锐人事？损政八也。

由此论之，选中正而非其人，授权势而无赏罚，或缺中正而无禁检，故邪党得肆，枉滥纵横。虽职名中正，实为奸府；事名九品，而有八损。或恨结于亲亲，猜生于骨肉，当身困于敌雠，子孙离其殃咎。斯乃历世之患，非徒当今之害也。是以时主观时立法，防奸消乱，靡有常制，故周因于殷，有所损益。至于中正九品，上圣古贤皆所不为，岂蔽于此事而有不周哉，将以政化之宜无取于此也。自魏立以来，未见其得人之功，而生雠薄之累。毁风败俗，无益于化，古今之失，莫大于此。愚臣以为宜罢中正，除九品，弃魏氏之弊法，立一代之美制。

疏奏，优诏答之。后司空卫瓘等亦共表宜省九品，复古乡议里选。帝竟不施行。

毅夙夜在公，坐而待旦，言议切直，无所曲挠，为朝野之所式瞻。尝散斋而疾，其妻省之，毅便奏加妻罪而请解斋。妻子有过，立加杖捶，其公正如此。然以峭直，故不至公辅。帝以毅清贫，赐钱三十万，日给米肉。年七十，告老。久之，见许，以光禄大夫归第，门施行马，复赐钱百万。

后司徒举毅为青州大中正，尚书以毅悬车致仕，不宜劳以碎务。陈留相乐安孙尹表曰："礼，凡卑者执劳，尊得居逸，是顺叙之宜也。司徒魏舒、司隶校尉严询与毅年齿相近，往者同为散骑常侍，后分授外内之职，资途所经，出处一致。今询管四十万户州，兼董司百僚，总摄机要，舒所统殷广，兼执九品，铨十六州论议，主者不以为剧。毅但以知一州，便谓不宜累以碎事，于毅太优，询、舒太劣。若以前听致仕，不宜复与迁授位者，故光禄大夫郑袤为司空是也。夫知人则哲，惟帝难之。尚可复委以宰辅之任，不可谘以人伦之论，臣窃所未安。昔郑武公年过八十，入为周司徒，虽过悬车之年，必有可用。毅前为司隶，直法不挠，当朝之臣，多所按劾。谚曰：'受尧之诛，不能称尧。'直臣无党，古今所悉。是以汲黯死于淮阳，董仲舒裁为诸侯之相。而毅独遭圣明，不离辇毂，当世之士咸以为荣。毅虽身偏有风疾，而志气聪明，一州品第，不足劳其思虑。毅疾恶之心小过，主者必疑其论议伤物，故高其优礼，令去事实，此为机阁毅，使绝人伦之路也。臣州茂德惟毅，越毅不用，则清谈倒错矣。"

于是青州自二品已上凭毅取正。光禄勋石鉴等共奏曰："谨按陈留相孙尹表及与臣等书如左。臣州履境海岱，而参风齐、鲁，故人俗务本，而世敦德让，今虽不充于旧，而遗训犹存，是以人伦归行，士识所守也。前被司徒符，当参举州大中正。佥以光禄大夫毅，纯孝至素，著在乡闾。忠允亮直，竭于事上，仕不为荣，惟期尽节。正身率道，崇公忘私，行高义明，出处同揆。故能令义士宗其风景，

州间归其清流。虽年耆偏疾，而神明克壮，实臣州人士所思准系者矣。诚以毅之明格，能不言而信，风之所动，清浊必偃，以称一州咸同之望故也。窃以为礼贤尚德，教之大典，王制夺与，动为开塞，而士之所归，人伦为大。臣等虽劣，虽言废于前，今承尹书，敢不列启。按尹所执，非惟惜名议于毅之身，亦通陈朝宜夺与大准。以为尹言当否，应蒙评议。"

由是毅遂为州都，铨正人流，清浊区别，其所弹贬，自亲贵者始。太康六年卒，武帝抚几惊曰："失吾名臣，不得生作三公！"即赠仪同三司，使者监护丧事。羽林左监北海王宫上疏曰："中诏以毅忠允匪躬，赠班台司，斯诚圣朝考绩以毅著勋之美事也。臣谨按，谥者行之迹，而号者功之表。今毅功德并立，而有号无谥，于义不体。臣窃以《春秋》之事求之，谥法主于行而不系爵。然汉、魏相承，爵非列侯，则皆没而高行，不加之谥，至使三事之贤臣，不如野战之将。铭迹所殊，臣愿圣世举《春秋》之远制，改列爵之旧限，使夫功行之实不相掩替，则莫不率赖。若以革旧毁制，非所仓卒，则毅之忠益，虽不攻城略地，论德进爵，亦应在例。臣敢惟行甫周之义，谨牒毅功行如石。"帝出其表使八坐议之，多同宫议。奏寝不报。二子：暾、总。

暾字长升，正直有父风。太康初为博士，会议齐王攸之国，加崇典礼，暾与诸博士坐议违旨。武帝大怒，收暾等付廷尉。会赦乃出，免官。初，暾父毅疾冯紞奸佞，欲奏其罪，未果而卒。至是，紞位宠日隆，暾慨然曰："使先人在，不令紞得无患。"

后为酸枣令，转侍御史。会司徒王浑主簿刘舆狱辞连暾，将收付廷尉。浑不欲使府有过，欲距劾自举之。与暾更相曲直，浑怒，便逊位还第。暾乃奏浑曰："谨按司徒王浑，蒙国厚恩，备位鼎司，不能上佐天子，调和阴阳，下遂万物之宜，使卿大夫各得其所。敢因刘舆拒扞诏使，私欲大府兴长狱讼。昔陈平不答汉文之问，邴吉不问死人之变，诚得宰相之体。既兴刑狱，怨怼而退，举动轻遽，无大臣之节，请免浑官。右长史、杨丘亭侯刘肇，便辟善柔，苟于阿顺，请大鸿胪削爵土。"诸闻暾此奏者，皆叹美之。

其后武库火，尚书郭彰率百人自卫而不救火，暾正色诘之。彰怒曰："我能截君角也。"暾勃然谓彰曰："君何敢恃宠作威作福，天子法冠而欲截角乎！"求纸笔奏之，彰伏不敢言，众人解释，乃止。彰久贵豪侈，每出辄众百余人。自此之后，务从简素。

暾迁太原内史，赵王伦篡位，假征虏将军，不受，与三王共举义。惠帝复阼，暾为左丞，正色立朝，三台清肃。寻兼御史中丞，奏免尚书仆射、东安公繇及王粹、董艾等十余人。朝廷嘉之，遂即真。迁中庶子、左卫将军、司隶校尉，奏免武陵王澹及何绥、刘坦、温畿、李暅等。长沙王乂讨齐王冏，暾豫谋，封朱虚县公，千八百户。乂死，坐免。顷之，复为司隶。

及惠帝之幸长安也，留暾守洛阳。河间王颙遣使鸩羊

皇后，暾乃与留台仆射荀藩、河南尹周馥等上表，理后无罪。语在《后传》。颙见表，大怒，遣陈颜、吕朗率骑五千攻暾，暾东奔高密王略。会刘根作逆，略以暾为大都督，加镇军将军讨根。暾战失利，还洛。至酸枣，值东海王越奉迎大驾。及帝还洛，羊后反宫。后遣使谢暾曰："赖刘司隶忠诚之志，得有今日。"以旧勋复封爵，加光禄大夫。

暾妻前卒，先陪陵葬。子更生初婚，家法，妇当拜墓，携宾客亲属数十乘，载酒食而行。先是，洛阳令王棱为越所信，而轻暾，暾每欲绳之，棱以为怨。时刘聪、王弥屯河北，京邑危惧。棱告越，云暾与弥乡亲而欲投之。越严骑将追暾，右长史傅宣明暾不然。暾闻之，未至墓而反，以正义责越，越甚惭。

及刘曜寇京师，以暾为抚军将军、假节、都督城守诸军事。曜退，迁尚书仆射。越悼暾久居监司，又为众情所归，乃以为右光禄大夫，领太子少傅，加散骑常侍。外示崇进，实夺其权。怀帝又诏暾领卫尉，加特进。后复以暾为司隶，加侍中。暾五为司隶，允协物情故也。

王弥入洛，百官奔焉。弥以暾乡里宿望，故免于难。暾因说弥曰："今英雄竞起，九州幅裂，有不世之功者，宇内不容。将军自兴兵已来，何攻不克，何战不胜，而复与刘曜不协，宜思文种之祸，以范蠡为师。且将军可无帝王之意，东王本州，以观时势，上可以混一天下，下可以成鼎峙之事，岂失孙、刘乎！删通有言，将军宜图之。"弥以为然，使暾于青州，与曹嶷谋，且征之。暾至东阿，为石勒游骑所获，见弥与嶷书而大怒，乃杀之。暾有二子：佑、白。

佑为太傅属，白太子舍人。白果烈有才用，东海王越忌之，窃遣上军何伦率百余人入暾第，为劫取财物，杀白而去。

总字弘纪，好学直亮，后叔父彪，位至北军中候。

程卫，字长玄，广平曲周人也。少立操行，强正方严。刘毅闻其名，辟为都官从事。毅奏中护军羊琇犯宪应死。武帝与琇有旧，乃遣齐王攸喻毅，毅许之。卫正色以为不可，径自驰车入护军营，收琇属吏，考问阴私，先奏琇所犯狼藉，然后言于毅。由是名振遐迩，百官厉行。遂辟公府掾，迁尚事郎、侍御史，在职皆以事干显。补洛阳令，历安定、顿丘太守，所莅著绩。卒于官。

和峤，字长舆，汝南西平人也。祖洽，魏尚书令。父逌，魏吏部尚书。峤少有风格，慕舅夏侯玄之为人，厚自崇重。有盛名于世，朝野许其能风俗，理人伦。袭父爵上蔡伯，起家太子舍人。累迁颍川太守，为政清简，甚得百姓欢心。太傅从事中郎庾颉见而叹曰："峤森森如千丈松，虽磥砢多节目，施之大厦，有栋梁之用。"贾充亦重之，称于武帝，入为给事黄门侍郎，迁中书令，帝深器遇之。旧监令共车入朝，时荀勖为监，峤鄙勖为人，以意气加之，每同乘，高抗专车而坐。乃使监令异车，自峤始也。

吴平，以参谋议功，赐弟郁爵汝南亭侯。峤转侍中，愈被亲礼，与任恺、张华相善。峤见太子不令，因侍坐曰：

"皇太子有淳古之风，而季世多伪，恐不了陛下家事。"帝默然不答。后与荀颉、荀勖同侍，帝曰："太子近入朝，差长进，卿可俱诣之，粗及世事。"即奉诏而还。颉、勖并称太子明识弘雅，诚如明诏。峤曰："圣质如初耳！"帝不悦而起。峤退居，恒怀慨叹，知不见用，犹不能已。在御坐言及社稷，未尝不以储君为忧。帝知其言忠，每不酬和。后与峤语，不及来事。或以告贾妃，妃衔之。太康末，为尚书，以母忧去职。

及惠帝即位，拜太子少傅，加散骑常侍、光禄大夫。太子朝西宫，峤从入。贾后使帝问峤曰："卿昔谓我不了家事，今日定云何？"峤曰："臣昔事先帝，曾有斯言。言之不效，国之福也。臣敢逃其罪乎！"元康二年卒，赠金紫光禄大夫，加金章紫绶，本位如前。永平初，策谥曰简。峤家产丰富，拟于王者，然性至吝，以是获讥于世，杜预以为峤有钱癖。以弟郁子济嗣，位至中书郎。

郁字仲舆，才望不及峤，而以清干称，历尚书左右仆射、中书令、尚书令。洛阳倾没，奔于苟晞，疾卒。

武陔，字元夏，沛国竹邑人也。父周，魏卫尉。陔沈敏有器量，早获时誉，与二弟韶叔夏，茂季夏并总角知名，虽诸父兄弟及乡闾宿望，莫能觉其优劣。同郡刘公荣有知人之鉴，常造周，周见其三子焉。公荣曰："皆国士也。元夏最优，有辅佐之才，陈力就列，可为亚公。叔夏、季夏不减常伯、纳言也。"

陔少好人伦，与颍川陈泰友善。魏明帝世，累迁下邳太守。景帝为大将军，引为从事中郎，累迁司隶校尉，转太仆卿。初封亭侯，五等建，改封薛县侯。文帝甚亲重之，数与诠论时人。尝问陈泰孰若其父群，陔各称其所长，以为群、泰略无优劣，帝然之。泰始初，拜尚书，掌吏部，迁左仆射、左光禄大夫、开府仪同三司。陔以宿齿旧臣，名位隆重，自以无佐命之功，又在魏已为大臣，不得已而居位，深怀逊让，终始全洁，当世以为美谈。卒于位，谥曰定。子辅嗣。

韶历吏部郎、太子右卫率、散骑常侍。

茂以德素称，名亚于陔，为上洛太守、散骑常侍、侍中、尚书。颍川荀恺年少于茂，即武帝姑子，自负贵戚，欲与茂交，距而不答，由是致怨。及杨骏诛，恺时为仆射，以茂骏之姨弟，陷为逆党，遂见害。茂清正方直，闻于朝野，一旦枉酷，天下伤焉。侍中傅祇上申明之，后追赠光禄勋。

任恺，字元褒，乐安博昌人也。父昊，魏太常。恺少有识量，尚魏明帝女，累迁中书侍郎、员外散骑常侍。晋国建，为侍中，封昌国县侯。

恺有经国之干，万机大小多管综之。性忠正，以社稷为己任，帝器而昵之，政事多谘焉。泰始初，郑冲、王祥、何曾、荀颉、裴秀等各以老疾归第。帝优宠大臣，不欲劳以筋力，数遣恺谕旨于诸公，谘以当世大政，参议得失。恺恶贾充之为人也，不欲令久执朝政，每裁抑焉。充病之，不知所为。后承间言恺忠贞局正，宜在东宫，使护太子。

帝从之，以为太子少傅，而侍中如故，充计画不行。会秦、雍寇扰，天子以为忧。恺因曰："秦、凉覆败，关右骚动，此诚国家之所深虑。宜速镇抚，使人心有庇。自非威望重臣有计略者，无以康西土也。"帝曰："谁可任者？"恺曰："贾充其人也。"中书令庾纯亦言之，于是诏充西镇长安。充用荀勖计得留。

充既为帝所遇，欲专名势，而庾纯、张华、温颙、向秀、和峤之徒皆与恺善，杨珧、王恂、华廙等充所亲敬，于是朋党纷然。帝知之，召充、恺宴于式乾殿，而谓充等曰："朝廷宜一，大臣当和。"充、恺各拜谢而罢。既而充、恺等以帝已知之而不责，结怨愈深，外相崇重，内甚不平。或为充谋曰："恺总门下枢要，得与上亲接，宜启令典选，便得渐疏，此一都令史事耳。且九流难精，间隙易乘。"充因称恺才能，宜在官人之职。帝不之疑，谓充举得其才。即日以恺为吏部尚书，加奉车都尉。

恺既在尚书，选举公平，尽心所职，然侍觐转希。充与荀勖、冯紞承间浸润，谓恺豪侈，用御食器。充遣尚书右仆射、高阳王珪奏恺，遂免官。有司收太官宰人检核，是恺妻齐长公主得赐魏时御器也。恺既免而毁谤益至，帝渐薄之。然山涛明恺为人通敏有智局，举为河南尹。坐贼发不获，又免官。复迁光禄勋。

恺素有识鉴，加以在公勤恪，甚得朝野称誉。而贾充朋党又讽有司奏恺与立进令刘友交关。事下尚书，恺对不伏。尚书杜友、廷尉刘良并忠公士也，知恺为充所抑，欲申理之，故迟留而未断，以是恺及友、良皆免官。恺既失职，乃纵酒耽乐，极滋味以自奉养。初，何劭以公子奢侈，每食必尽四方珍馔，恺乃逾之，一食万钱，犹云无可下箸处。恺时因朝请，帝或慰谕之，恺初无复言，惟泣而已。后起为太仆，转太常。

初，魏舒虽历位郡守，而未被任遇，恺为侍中，荐舒为散骑常侍。至是舒为右光禄、开府，领司徒，帝临轩使恺拜授。舒虽以弘量宽简为称，时以恺有佐世器局，而舒登三公，恺止守散卿，莫不为之愤叹也。恺不得志，竟以忧卒，时年六十一，谥曰元，子罕嗣。

罕字子伦，幼有门风，才望不及恺，以淑行致称，为清平佳士。历黄门侍郎、散骑常侍、兖州刺史、大鸿胪。

崔洪，字良伯，博陵安平人也。高祖寔，著名汉代。父赞，魏吏部尚书、左仆射，以雅量见称。洪少以清厉显名，骨鲠不同于物，人之有过，辄面折之，而退无后言。武帝世，为御史治书。时长乐冯恢父为弘农太守，爱少子淑，欲以爵传之。恢父终，服阕，乃还乡里，结草为庐，阳暗不能言，淑得袭爵。恢始仕为博士祭酒，散骑常侍翟婴荐恢高行迈俗，俾继古烈。洪奏恢不敦儒素，令学生番直左右，虽有让侯微善，不得称无伦辈，婴为浮华之目。遂免婴官，朝廷悼之。寻为尚书左丞，时人为之语曰："丛生棘刺，来自博陵。在南为鹍，在北为鹰。"选吏部尚书，举用甄明，门无私谒。荐雍州刺史郤诜代己为左丞。诜后纠洪，洪谓人曰："我举郤丞而还奏我，是挽弩自射也。"诜闻曰："昔赵宣子任韩厥为司马，以军法戮宣子之仆。宣子谓诸大夫曰：'可贺我矣，我选厥也任其事。'崔侯为国举才，我以才见举，惟官是视，各明于公，何故私言乃至此！"洪闻其言而重之。

洪口不言货财，手不执珠玉。汝南王亮常晏公卿，以瑠璃钟行酒。酒及洪，洪不执。亮问其故，对曰："虑有执玉不趋之义故尔"。然实乖其常性，故为诡说。杨骏诛，洪与都水使者王佑亲，坐见黜。后为大司农，卒于官。子廓，散骑侍郎，亦以正直称。

郭奕，字大业，太原阳曲人也。少有重名，山涛称其高简有雅量。初为野王令，羊祜常过之，奕叹曰："羊叔子何必减郭大业！"少选复往，又叹曰："羊叔子去人远矣。"遂送祜出界数百里，坐此免官。咸熙末，为文帝国主簿。时钟会反于蜀，荀勖即会之从甥，少长会家，勖为文帝掾，奕启出之。帝虽不用，然知其雅正。武帝践阼，初建东宫，以奕及郑默并为中庶子。迁右卫率、骁骑将军，封平陵男。咸宁初，迁雍州刺史、鹰扬将军，寻假赤幢曲盖、鼓吹。奕有寡姊，随奕之官，姊下僮仆多有奸犯，而为人所纠。奕省按毕，曰："大丈夫岂当以老姊求名？"遂遣而不问。时亭长李含有俊才，而门寒为豪族所排，奕用为别驾，含后果有名位，时以奕为知人。

太康中，征为尚书。奕有重名，当世朝臣皆出其下。时帝委任杨骏，奕表骏小器，不可任以社稷。帝不听，骏后果诛。及奕疾病，诏赐钱二十万，日给酒米。太康八年卒，太常上谥为景。有司议以贵贱不同号，谥与景皇同，不可，请谥曰穆。诏曰："谥所以旌德表行，按谥法一德不懈为简。奕忠毅清直，立德不渝。"于是遂赐谥曰简。

侯史光，字孝明，东莱掖人也。幼有才悟，受学于同县刘夏。举孝廉，州辟别驾。咸熙初，为洛阳典农中郎将，封关中侯。泰始初，拜散骑常侍，寻兼侍中。与皇甫陶、荀廙持节徇省风俗，及还，奏事称旨，转城门校尉，进爵临海侯。其年诏曰："光忠亮笃素，有居正执义之心，历职内外，恪勤在公，其以光为御史中丞。虽屈其列校之位，亦所以伸其司直之才。"光在职宽而不纵。太保王祥久疾废朝，光奏请免之，诏优祥而寝光奏。后迁少府，卒官，诏赐朝服一具、衣一袭、钱三十万、布百匹。及葬，又诏曰："光厉志守约，有清忠之节。家极贫俭，其赐钱五十万。"光儒学博古，历官著绩，文笔奏议皆有条理。长子玄嗣，官至玄菟太守。卒，子施嗣，东莞太守。

何攀，字惠兴，蜀郡郫人也。仕州为主薄。属刺史皇甫晏为牙门张弘所害，诬以大逆。时攀适丁母丧，遂诣梁州拜表，证晏不反，故晏冤理得申。王濬为益州，辟为别驾。濬谋伐吴，遣攀奉表诣台，口陈事机，诏再引见，乃令张华与攀筹量进讨之宜。濬兼遣攀过羊祜，面陈伐吴之策。攀善于将命，帝善之，诏攀参濬军事。及孙晧降于濬，而王浑恚于后机，欲攻濬，攀劝濬送晧与浑，由是事解。以攀为濬辅国司马，封关内侯。转荥阳令，上便宜十事，甚得名称。除廷尉平。时廷尉卿诸葛冲以攀蜀士，轻之，及共断疑狱，冲始叹服。迁宣城太守，不行，转散骑侍郎。杨骏执政，多树亲属，大开封赏，欲以恩泽自卫。攀以为非，乃与石崇共立议奏之。语在崇传。帝不纳。以豫诛骏功，封西城侯，邑万户，赐绢万匹，弟逢平卿侯，兄子逵关中侯。攀固让所封户及绢之半，余所受者分给中外宗亲，略不入己。迁翊军校尉，顷之，出为东羌校尉。征为扬州刺史，在任三年，迁大司农。转兖州刺史，加鹰扬将军，固让不就。太常成粲、左将军卞粹劝攀涖职，中诏又加切厉，攀竟称疾不起。及赵王伦篡位，遣使召攀，更称疾笃。伦怒，将诛之，攀不得已，扶疾赴召。卒于洛阳，时年五十八。攀居心平允，涖官整肃，爱乐人物，敦儒贵才。为梁、益二州中正，引致遗滞。巴西陈寿、阎乂、犍为费立皆西州名士，并被乡闾所谤，清议十余年，攀申明曲直，咸免冤滥。攀虽居显职，家甚贫素，无妾媵伎乐，惟以周穷济乏为事。子璋嗣，亦有父风。

史臣曰：幽厉不君，上德犹怀进善；共鲧在位，大圣之所不堪。况乎志士仁人，宁求苟合！怀其宠秩，所以系其存亡者也。虽复自口销金，投光抚剑，驰书北阙，败车犹践，而谏主不易，讥臣实难。刘毅一遇宽容，任和两遭肤受，详观余烈，亦各其心焉。若夫武陔怀魏臣之志，崔洪爱邻诐之道，长升劝王弥之尊，何攀从赵伦之命，君子之人，观乎临事者也。

赞曰：仲雄初令，忠謇扬庭。身方诸葛，帝拟桓、灵。大业非杨，元褒谓贾。和氏条畅，堪施大厦。崔门不谒，声飞朝野。侯史、武陔，辅佐之才。何攀平允，冤滥多回。

卷四十六　列传第十六

刘颂　李重

刘颂，字子雅，广陵人，汉广陵厉王胥之后也。世为名族。同郡有雷、蒋、谷、鲁四姓，皆出其下，时人为之语曰"雷、蒋、谷、鲁，刘最为祖。"父观，平阳太守。颂少能辨物理，为时人所称。察孝廉，举秀才，皆不就。文帝辟为相府掾，奉使于蜀。时蜀新平，人饥土荒，颂表求振贷，不待报而行，由是除名。武帝践阼，拜尚书三公郎，典科律，申冤讼。累迁中书侍郎。咸宁中，诏颂与散骑郎白褒巡抚荆、扬，以奉使称旨，转黄门郎。迁议郎，守廷尉。时尚书令史扈寅非罪下狱，诏使考竟，颂执据无罪，寅遂得免，时人以颂比张释之。在职六年，号为详平。会灭吴，诸将争功，遣颂校其事，以王浑为上功，王浚为中功。帝以颂持法失理，左迁京兆太守，不行，转任河内。临发，上便宜，多所纳用。郡界多公主水碓，遏塞流水，转为浸害，颂表罢之，百姓获其便利。寻以母忧去职。服阕，除淮南相。在官严整，甚有政绩。旧修芍陂，年用数万人，豪强兼并，孤贫失业，颂使大小戮力，计功受分，百姓歌其平惠。

颂在郡，上疏曰：

臣昔忝河内，临辞受诏："卿所言悉要事，宜大小数以闻。恒苦多事，或不能悉有报，勿以为疑。"臣受诏之日，喜惧交集，益思自竭，用忘其鄙，愿以萤烛，增晖重光。到郡草具所陈如左，未及书上，会臣婴丁天罚，寝顿累年，今谨封上前事。臣虽才不经国，言浅多违，犹愿陛下垂省，使臣微诚得经圣鉴，不总弃于常案。如有足采，冀补万一。

伏见诏书，开启土宇，以支百世，封建戚属，咸出之藩，夫岂不怀，公理然也。树国全制，始成于今，超秦、汉、魏氏之局节，绍五帝三代之绝迹。功被无外，光流后裔，巍巍盛美，三五之君殆有惭德。何则？彼因自然而就之，异乎绝迹之后更创之。虽然，封幼稚皇子于吴、蜀，臣之愚虑，谓未尽善。夫吴、越剽轻，庸、蜀险绝，此故变衅之所出，易生风尘之地。且自吴平以来，东南六州将士更守江表，此时之至患也。又内兵外守，吴人有不自信之心，宜得壮主以镇抚之，使内外各安其旧。又孙氏为国，文武众职，数拟天朝，一旦堙替，同于编户。不识所蒙更生之恩，而灾困逼身，自谓失地，用怀不靖。今得长王以临其国，随才授任，文武并叙，士卒百役不出其乡，求富贵者取之于国内。内兵得散，新邦乂安，两获其所，于事为宜。宜取同姓诸王年二十以上人才高者，分王吴、蜀。以其去近就远，割裂土宇，令倍于旧。以徙封故地，用王幼稚，须皇子长乃遣君之，于是无晚也。急所须地，交得长主，此事宜也。臣所陈封建，今大义已举，然余众事，傥有足采，以参成制，故皆并列本事。

臣闻：不惮危悔之患，而愿献所见者，尽忠之臣也；垂听逆耳，甘纳苦言者，济世之君也。臣以期运，幸遇无讳之朝。虽尝抗疏陈辞，泛论政体，犹未悉所见，指言得失，徒荷恩宠，不异凡流。臣窃自愧，不尽忠规，无以上报，谨列所见如左。臣诚未自许所言必当，然要以不隐所怀为上报之节。若万一足采，则微臣更生之年；如皆瞽妄，则国之福也。愿陛下缺半日之间，垂省早言。

伏惟陛下虽应天顺人，龙飞践阼，为创基之主，然所遇之时，实是叔世。何则？汉末陵迟，阉竖用事，小人专朝，君子在野，政荒众散，遂以乱亡。魏武帝以经略之才，拨烦理乱，兼肃文教，积数十年，至于延康之初，然后吏清下顺，法始大行。逮至文、明二帝，奢淫骄纵，倾殆之主也。然内盛台榭声色之娱，外当三方英豪严敌，事成克举，少有愆违，其故何也？实赖前绪，以济勋业。然法物政刑，固已渐虺矣。自嘉平之初，晋祚始基，逮于咸熙之末，其间累年。虽铁钺屡断，翦除凶丑，然其存者咸蒙遭时之恩，不轨于法。泰始之初，陛下践阼，其所服乘皆先代功臣之胤，非其子孙，则其曾玄。古人有言，膏粱之性难正，故曰时遇叔世。当此之秋，天地之位始定，四海洗心整纲之会也。然陛下犹以用才因宜，法宽有由，积之在素，异于汉、魏之先。三祖崛起，易朝之为，未可一旦直绳御下，诚时宜也。然至所以为政，矫世众务，自宜渐出公涂，法正威断，日迁就肃。譬由行舟，虽不横截迅流，然俄向所趣，渐靡而往，终得其济。积微稍著，以至于今，可以言政。而自泰始以来，将三十年，政功美绩，未称圣旨，凡诸事业，不茂既往。以陛下明圣，犹未及叔世之弊，以成始初之隆，传之后世，不无虑乎！意者，臣言岂不少概圣心夫！

顾惟万载之事，理在二端。天下大器，一安难倾，一倾难正。故虑经后世者，必精目下之政，政安遗业，使数世赖之。若乃兼建诸侯而树藩屏，深根固蒂，则祚延无穷，可以比迹三代。如或当身之政，遗风余烈不及后嗣，虽树亲戚，而成国之制不建，使夫后世独任智力以安大业。若未尽其理，虽经异时，忧责犹追在陛下，将如之何！愿陛下善当今之政，树不拔之势，则天下无遗忧矣。

夫圣明不世及，后嗣不必贤，此天理之常也。故善为天下者，任势而不任人。任势者，诸侯是也；任人者，郡县是也。郡县之察，小理而大势危；诸侯为邦，近多违而远虑固。圣王推终始之弊，权轻重之理，包彼小违以据大安，然后足以藩固内外，维镇九服。夫武王圣主也，成王贤嗣也，然武王不恃成王之贤而广封建者，虑经无穷也。且善言今者，必有验之于古。唐、虞以前，书文残缺，其事难详。至于三代，则并建明德，及兴王之显亲，列爵五等，开国承家，以藩屏帝室，延祚久长，近者五六百岁，远者仅将千载。逮至秦氏，罢侯置守，子弟不分尺土，孤立无辅，二世而亡。汉承周、秦之后，杂而用之，前后二代各二百余年。揆其封建不用，虽强弱不适，制度舛错，不尽事中，然迹其衰亡，恒在同姓失职，诸侯微时，不在强盛。昔吕氏作乱，幸赖齐、代之援，以宁社稷。七国叛逆，梁王捍之，卒弭其难。自是之后，威权削夺，诸侯止食租奉，甚者至乘牛车。是以王莽得擅本朝，遂其奸谋，倾荡天下，毒流生灵。光武绍起，虽封树子弟，而不建成国之制，祚亦不延。魏氏承之，圈闭亲戚，幽囚子弟，是以神器速倾，天命移在陛下。长短之应，祸福之征，可见于此。又魏氏虽正位居体，南面称帝，然三方未宾，正朔有所不加，实有战国相持之势。大晋之兴，宣帝定燕，太祖平蜀，陛下灭吴，可谓功格天地，土广三王，舟车所至，人迹所及，皆为臣妾，四海大同，始于今日。宜承大勋之籍，及陛下圣明之时，开启土宇，使同姓必王，建久安于万载，垂长世于无穷。

臣又闻国有任臣则安，有重臣则乱。而王制，人君立子以嫡不以长，立嫡以长不以贤，此事情之不可易者也。而贤明至少，不肖至众，此固天理之常也。物类相求，感应而至，又自然也。是以暗君在位，则重臣盈朝；明后临政，则任臣列职。夫任臣之与重臣，俱执国统而立断者也。然成败相反，邪正相背，其故

何也？重臣假所资以树私，任臣因所籍以尽公。尽公者，政之本也；树私者，乱之源也。推斯言之，则泰日少，乱日多，政教渐颓，欲国之无危，不可得也。又非徒唯然而已。借令愚劣之嗣，蒙先哲之遗绪，得中贤之佐，而树国本根不深，无干辅之固，则所谓任臣者化而为重臣矣。何则？国有可倾之势，则执权者见疑，众疑难以自信，而甘受死亡者非人情故也。若乃建基既厚，藩屏强御，虽置幼君赤子而天下不惧，曩之所谓重臣者，今悉反忠而为任臣矣。何则？理无危势，怀不自猜，忠诚得著，不惕于邪故也。圣王知贤哲之不世及，故立相持之势以御其臣。是以五等既列，臣无忠慢，同于竭节，以徇其上。群后既建，继体贤鄙，亦均一契，等于无虑。且树国苟固，则所任之臣，得贤益理，次委中智，亦足以安。何则？势固易持故也。

然则建邦苟尽其理，则无向不可。是以周室自成、康以下，逮至宣王，宣王之后，到于赧王，其间历载，朝无名臣，而宗庙不陨者，诸侯维持之也。故曰，为社稷计，莫若建国。夫邪正逆顺者，人心之所系服也。今之建置，宜审量事势，使诸侯率义而动，同忿俱奋，令其力足以维带京邑。若包藏祸心，惕于邪而起，孤立无党，所蒙之籍不足独以有为。然齐此甚难，陛下宜与达古今善识事势之士深共筹之。建侯之理，使君乐其国，臣荣其朝，各流福祚，传之无穷。上下一心，爱国如家，视百姓如子，然后能保荷天禄，兼翼王室。今ущ诸王裂土，皆兼于古之诸侯，而君贱其爵，臣耻其位，莫有安志，其故何也？法同郡县，无成国之制故也。今之建置，宜使率由旧章，一如古典。然人心系常，不累十年，好恶未改，情愿未移。臣之愚虑，以为宜早创大制，迟回众望，犹在十年之外，然后能令君臣各安其位，荣其所蒙，上下相持，用成藩辅。如今之为，适足以亏天府之藏，徒弃谷帛之资，无补镇国卫上之势也。

古者封建既定，各有其国，后虽王之子孙，无复尺土，此今事之必不行者也。若推亲疏，转有所废，以有所树，则是郡县之职，非建国之制。今宜豫开地，令十世之内，使亲者得转处近。十世之远，近郊地尽，然后亲疏相维，不得复如十世之内。然犹树亲有所，迟天下都满，已弥数百千年矣。今方始封而亲疏倒施，甚非所宜。宜更大量天下土田方里之数，都更裂土分人，以王同姓，使亲疏远近不错其宜，然后可以永安。古者封国，大者不过土方百里，然后人数殷众，境内必盈其力，足以备充制度。今虽一国周环近将千里，然力实寡，不足以奉国典。所遇不同，故当因时制宜，以尽事适今。宜令诸王国容少而军容多，然于古典所应有者悉立其制，然非急所须，渐而备之，不得顿设也。须车甲器械既具，群臣乃服彩章；仓廪已实，乃营宫室；百姓已足，乃备官司；境内充实，乃作礼乐。唯宗庙社稷，则先建之。至于境内之政，官人用才，自非内史、国相命于天子，其余众职

及死生之断、谷帛资实、庆赏刑威、非封爵者，悉得专之。今臣所举二端，盖事之大较，其所不载，应在二端之属者，以此为率。今诸国本一郡之政耳，若备旧典，则官司可以数，事所不须，而以虚制损实力。至于庆赏刑断，所以卫下之权，不重则无以威众人而卫上。故臣之愚虑，欲令诸侯权具，国容少而军容多，然亦终于必备今事为宜。

周之建侯，长享其国，与王者并，远者仅将千载，近者犹数百年；汉之诸王，传祚暨至曾玄。人性不甚相远，古今一揆，而短长甚违，其故何邪？立意本殊而制不同故也。周之封建，使国重于君，公侯之身轻于社稷，故无道之君不免诛放。敦兴灭继绝之义，故国祚不泯。不免诛放，则群后思惧，胤嗣必继，是无亡国也。诸侯思惧，然后轨道，下无亡国，天子乘之，理势自安，此周室所以长在也。汉之树置君国，轻重不殊，故诸王失度，陷于罪戮，国随以亡。不崇兴灭继绝之序，故下无固国。下无固国，天子居上，势孤无辅，故奸臣擅朝，易倾大业。今宜反汉之弊，修周旧迹。国君虽或失道，陷于诛绝，又无子应除，苟有始封支胤，不问远近，必绍其祚。若无遗类，则虚建之，须皇子生，以继其统，然后建国无灭。又班固称"诸侯失国亦犹网密"，今又都宽其检。且建侯之理，本经盛衰，大制都定，班之群后，著誓丹青，书之玉版，藏之金匮，置诸宗庙，副在有司。寡弱小国犹不可危，岂况万乘之主！承难倾之邦而加其上，则自然永久居重固之安，可谓根深华岳而四维之也。臣之愚，愿陛下置天下于自安之地，寄大业于固成之势，则可以无遗忧矣。

今阎闾少名士，官司无高能，其故何也？清议不肃，人不立德，行在取容，故无名士。下不专局，又无考课，吏不竭节，故无高能。无高能，则有疾世事；少名士，则后进无准，故臣思立吏课而肃清议。夫欲富贵而恶贫贱，人理然也。圣王大诸物情，知不可去，故直同公私之利，而诡其求道，使夫欲富者必先由贫，欲贵者必先安贱。安贱则不矜，不矜然后廉耻彰；守贫者必节欲，节欲然后操全。以此处务，乃得尽公。尽公者，富贵之徒也。为无私者终得其私，故公私之利同也。今欲富者不由贫自得富，欲贵者不安贱自得贵，公私之涂殆乖，而人情不能无私，私利不可公得，则恒背公而横务。是以风节日穨，公理渐替，人士富贵，非轨道之所得。以此为政，小大难期。然教骛来既久，难反一朝。又世放都靡，营欲比肩，群士浑然，庸行相似，不可顿肃，甚殊黜陟也。且教不求尽善，善在抑尤，同侈之中，犹有甚泰。使夫昧适情之乐者，捐其显荣之贵，俄在不鲜之地；约己洁素者，蒙俭德之报，列于清官之上。二业分流，令各有蒙。然俗放都奢，不可顿肃，故臣私虑，愿先从事于渐也。

天下至大，万事至众，人君至少，同于天日，故非垂听所得周览。是以圣王之化，执要而已，委务于下而不以事自婴也。分职既定，无所与焉，非惮日昃之勤，而牵于逸豫之虞，诚以政体宜然，事势致之也。何则？夫造创谋始，逆暗是非，以别能否，甚难察也。既以施行，因其成败，以分功罪，甚易识也。易识在考终，难察在造始，故人君恒居其易则安，人臣不处其难则乱。今陛下每精事始而略于考终，故群吏虑事怀成败之惧轻，饰文采以避目下之谴重，此政功所以未善也。今人主能恒居昜执要以御其下，然后人臣功罪形于成败之征，无逃其诛赏。故罪不可蔽，功不可诬。功不可诬，则能者劝；罪不可蔽，则违慢日肃，此为国之大略。臣窃惟陛下圣心，意在尽善，惧政有违，故精事始，以求无失。又以众官胜任者少，故不委务，宁居日昃也。臣之愚虑，窃以为今欲尽善，故宜考终。何则？精始难校故也。又群官多不胜任，亦宜委务，使能者得以成功，不能者得以著败。败著可得而废，功成可得遂任，然后贤能常居位以善事，暗劣不得以尸禄害政。如此不已，则胜任者渐多，经年少久，即群司遍得其人矣。此校才考实，政之至务也。今人主不委事仰成，而与诸下共造事始，则功罪难分。下不专事，居官不久，故能否不别。何以验之？今世士人决不悉良能也，又决不悉疲软也。然今欲举一忠贤，不知所赏；求一负败，不知所罚。及其免退，自以犯法耳，非不能也。登进者自以累资及人间之誉耳，非功实也。若谓不然，则当今之政未称圣旨，此其征也。陛下御今法为政将三十年，而功未日新，其咎安在？古人有言："琴瑟不调，甚者必改而更张。"凡臣所言，诚政体之常，然古今异宜，所遇不同。陛下纵未尽仰成之理，都委务于下，至如今事应奏御者，蠲除不急，使要事得精可三分之二。

古者六卿分职，冢宰为师。秦、汉已来，九列执事，丞相都总。今尚书制断，诸卿奉成，于古制为重，事所不须，然今未能省并。可出众事付外寺，使得专之，尚书为其都统，若丞相之为也。惟立法创制，死生之断，除名流徙，退免大事，及连度支之事，台乃奏处。其余外官皆专断之，岁终台阁课功校簿而已。此为九卿造创事始，断而行之，尚书书主，赏罚绳之，其势必愈考司非而已。于今亲掌者劾受成于上，上之所失，不得复以罪下，岁终事功不建，不知所责也。夫监司以法举罪，狱官case劾尽实，法吏据辞守文，大较虽同，然至于施用，监司与夫法狱体宜小异。狱官唯实，法吏唯文，监司则欲举大而略小。何则？夫细过微阙，谬妄之失，此人情之所必有，而纠纠以法，则朝野无全人，此所谓欲理而反乱者也。

故善为政者纲举而网疏，纲举则所罗者广，网疏则小必漏，所罗者广则为政不苛，此为政之要也。而自近世以来，为监司者，类大纲不振而微过必举。微过不足以害政，举之则微而益乱；大纲不振，则豪强横肆，豪强横肆，则百姓失职矣，此错所急而倒所务之由也。今宜令有司反所常之政，使天下可善化。及此非难也，人主不善碎密之案，必责犯强举尤之奏，当以尽公,则害政之奸自然禽矣。夫大奸犯政而乱兆庶之罪者,类出富强,而豪富者其力足惮,其货足欲,是以官长顾势而顿笔。下吏纵奸,惧所司之不举,则谨密网以罗微罪。使奏劾相接,状似尽公,而挠法不亮固已在其中矣。非徒无益于政体,清议乃由此而益伤。古人有言曰:"君子之过,如日之蚀焉。"又曰:"过而能改"又曰:"不贰过"。凡此数者,皆是贤人君子不能无过之言也。苟不至于害政,则皆天网之所漏;所犯在甚泰,然后王诛所必加,此举罪浅深之大例者也。

故君子得全美以善事,不善者必夷戮以警众,此为政诛赦之准式也。何则?所谓贤人君子,苟不能无过,小疵不可以废其身,而辄绳以法,则愧于明时。何则?虽有所犯,轻重甚殊,于士君子之心受责不同而名不异者,故不轨之徒得引名自方,以惑众听,因名可乱,假力取直,故清议益伤。凡举过弹违,将以肃风论而整世教,今举小过,清议益黩。是以圣人深识人情而达政体,故其称曰:"不以一眚掩大德。"又曰:"赦小过,举贤才。"又曰:"无求备于一人。"故冕而前旒,充纩塞耳,意在善恶之报必取其尤,然后简而不漏,大罪必诛,法禁易全也。何则?害法在犯尤,而谨搜微过,何异放虎豹于公路,而禁鼠盗于隅隙。古人有言,"铁钺不用而刀锯日弊,不可以为政",此言大事缓而小事急也。时政所失,少有此类,陛下宜反而求之,乃得所务也。

夫权制不可以经常,政乖不可以守安,此言攻守之术异也。百姓虽愚,望不虚生,必因时而发。有因而发,则望不可夺;事变异前,则时不可违。明圣达政,应赴之速,不及下车,故能动合事机,大得人情。昔魏武帝分离天下,使人役居户,各在一方;既事势所须,且意有曲为,权假一时,以赴所务,非正典也。然逡巡至今,积年未改,百姓虽身丁其困,而私怨不生,诚以三方未悉荡并,知时未可以求安息故也。是以甘役如归,视险若夷。至于平吴之日,天下怀静,而东南二方,六州郡兵,将士武吏,戍守江表,或给京城运漕,父南子北,室家分离,咸更不宁。又不习水土,运役勤瘁,并有死亡之患,势不可久。此宜大见处分,以副人望。魏氏错役,亦应改旧。此二者各尽其理,黔首感恩怀德,讴吟乐生必十倍于今也。自董卓作乱以至今,近出百年,四海勤瘁,丁难极矣。六合浑并,始于今日,兆庶思宁,非虚望也。然古今异宜,所遇不同,诚亦未可以希遵在昔,放息马牛。然使受百役者不出其国,兵备待事其乡,实在可为。纵复不得悉然为之,苟尽其理,可静三分之二,吏役可不出千里之内。但如斯而已,天下所蒙已不訾矣。

政务多端,世事之未尽理者,难遍以疏举,振领总纲,要在三条。凡政欲静,静在息役,息役在无为。仓廪欲实,实在利农,利农在平籴。为政欲著信,著信在简贤,简贤在官久。官久非难也,连其班级,自非才宜,不得傍转以终其课,则事善矣。平籴已有成制,其未备者可就周足,则谷积矣。无为匪他,却功作之勤,抑似益而损之利。如斯而已,则天下静矣。此三者既举,虽未足以厚化,然可以为安有余矣。夫王者之利,在生天地自然之财,农是也。所立为指于此,事诚有功益。苟或妨农,皆务所息,此悉似益而损之谓也。然今天下自有事所必须,不得止已,或用功甚少而所济至重。目下为之,虽少有废,而计终已大益。农官有十百之利,及有妨害,在始似如未急,终作大患,宜逆加功,以塞其渐。如河、汴将合,沈莱苟善,则役不可息。诸如此类,亦不得已。然事患缓急,权计轻重,自非近如此类,准以为率,乃可兴为,其余皆务在静息。然能善算轻重,权审其宜,知可兴可废,甚难了也,自非上智远才,不干此任。夫创业之美,勋在垂统,使夫后世蒙赖以安。其为安也,虽昏犹明,虽愚若智。济世功者,实在善化之为也,要在静国。至夫修饰宫署,凡诸作役务为恒伤过泰,不患不举,此将来所不须于陛下而自能者也。至于仰蒙前绪,所凭日月者,实在遗风系人心,余烈匡幼弱,而今勤所不须,以伤所凭。钧此二者,何务孰急,陛下少垂恩回虑,详择所安,则大理尽矣。

世之私议,窃比陛下于孝文。臣以为圣德隆杀,将在乎后,不在当今。何则?陛下龙飞凤翔,应期践阼,有创业之勋矣。扫灭强吴,奄征南海,又有之矣。以天子之贵,而躬行布衣之所难,孝俭之德,冠于百王,又有之矣。履宜无细,动成轨度,又有之矣。若善当身之政,建藩屏之固,使晋代久长,后世仰瞻遗迹,校功考事,实与汤、武比隆,何孝文足云!臣之此言,非臣下褒上虚美常辞,其事实然。若所以资为安之理,或未尽善,则恐良史书勋,不得远尽弘美,甚可惜也。然不可使夫知政之士得参圣虑,经年久久,终必有成。愿陛下少察臣言。

又论肉刑,见《刑法志》。诏答曰:"得表陈封国之制,宜如古典,任刑齐法,宜复肉刑,及六州将士之役,居职之宜,诸所陈闻,具知卿之乃心为国也。动静数以闻。"

元康初,从淮南王允入朝。会诛杨骏,颂屯卫殿中,其夜,诏以颂为三公尚书。又上疏论律令事,为时论所美。久之,转吏部尚书,建九班之制,欲令百官居职希迁,考课能否,明其赏罚。贾郭专朝,仕者欲速,竟不施行。

及赵王伦之害张华也,颂哭之甚恸。闻华子得逃,喜曰:"茂先,卿尚有种也!"伦党张林闻之,大怒,惮颂持正而不能害也。孙秀等推崇伦功,宜加九锡,百僚莫敢异议。颂独曰:"昔汉之锡魏,魏之锡晋,皆一时之用,非可通行。今宗庙父安,虽嬖后被退,势臣受诛,周勃诛吕而尊孝文,霍光废昌邑而奉孝宣,并无九锡之命。违旧典而习权变,非先王之制。九锡之议,请无所施。"张林积忿不已,以颂为张华之党,将害之。孙秀曰:"诛张、裴已伤时望,不可复诛颂。"林乃止。于是以颂为光禄大夫,门施行马。寻病卒,使使者吊祭,赐钱二十万、朝服一具,谥曰贞。中书侍郎刘沈议,颂当时少辈,应赠开府。孙秀素恨之,不听。颂无子,养弟和子雍早卒,更以雍弟诩子隰为嫡孙，袭封。永康元年，诏以颂诛贾谧督摄众事有功，追封梁邹县侯，食邑千五百户。

颂弟彪字仲雅，参安东军事。伐吴，获张悌，累官积弩将军。及武库火，彪建计断屋，得出诸宝器。历荆州刺史。次弟仲字世混，历黄门郎、荥阳太守，未之官，卒。

初，颂嫁女临淮陈矫，矫本刘氏子，与颂近亲，出养于姑，改姓陈氏。中正刘友讥之，颂曰："舜后姚虞、陈田本同根系，而世皆为婚，礼律不禁。今与此同义，为婚可也。"友方欲列上，为陈骞所止，故得不劾。颂问明法掾陈默、蔡畿曰："乡里谁最屈？"二人俱云："刘友屈。"颂作色呵之，畿曰："友以私议冒犯明府为非，然乡里公论称屈。"友辟公府掾、尚书郎、黄沙御史。

李重字茂曾，江夏钟武人也。父景，秦州刺史、都亭定侯。重少好学，有文辞；早孤，与群弟居，以友爱著称。弱冠为本国中正，逊让不行。后为始平王文学，上疏陈九品曰："先王议制，以时因革，因革之理，唯变所适。九品始于丧乱，军中之政，诚非经国不刊之法也。且其检防转碎，征刑失实，故朝野之论，金谓驱动风俗，为弊已甚。而至于议改，又以为疑。臣以革法创制，当先尽开塞利害之理，举而错之，使体例大通而无否滞亦未易故也。古者诸侯之治，分土有常，国有定主，人无异望，卿大夫世禄，仕无出位之思，臣无越境之交，上下体固，人德归厚。秦反斯道，罢侯置守，风俗浅薄，自此来矣。汉革其弊，斟酌周、秦，并建侯守，亦使分土有定，而牧司必各举贤，贡士任之乡议，事合圣典，比踪三代。方今圣德之隆，光被四表，兆庶颙颙，欣睹太平。然承魏氏凋弊之迹，人物播越，仕无常朝，人无定处，郎吏蓄于军府，豪右聚于都邑，事体驳错，与古不同。谓九品既除，宜先开移徙，听相并就。且明贡举之法，不滥于境外，则冠带之伦将不分而自均，即土断之实行矣。又建树官司，功在简久。阶级少，则人心定；久其事，则政化成而能否著，此三代所以直道而行也。以为选例九等，当今之要，所宜施用也。圣王知天下之难，常从事于其易，故寄隐括于闾伍，则邑屋皆为有司。若任非所由，事非所核，则虽竭圣智，犹不足以赡其事。由此而观，诚令二者既行，即人思反本，修之于乡，华竞自息，而礼让日隆矣。"

迁太子舍人，转尚书郎。时太中大夫恬和表陈便宜，称汉孔光、魏徐干等议，使王公已下制奴婢限数，及禁百姓卖田宅。中书启可，属主者为条制。重奏曰："先王之制，士农工商有分，不迁其业，所以利用厚生，各肆其力也。《周官》以土均之法，经其土地井田之制，而辨其五物九等贡赋之序，然后公私制定，率土均齐。自秦立阡陌，建郡县，而斯制已没。降及汉、魏，因循旧迹，王法所峻者，唯服物车器有贵贱之差，令不僭拟以乱尊卑耳。至于奴婢私产，则实皆未尝曲为之立限也。八年《己巳诏书》申明律令，诸士卒百工以上，所服乘皆不得违制。若一县一岁之中，有违犯者三家，洛阳县十家已上，官长免。如诏书之旨，法制已严。今如和所陈而称光、干之议，此皆衰世逾侈，当时之患。然盛汉之初不议其制，光等作而不

行，非漏而不及，能而不用也。盖以诸侯之轨既灭，而井田之制未复，则王者之法不得制人之私也。人之田宅既无定限，则奴婢不宜偏制其数，惧徒为之法，实碎而难检。方今圣明垂制，每尚简易，法禁已具，和表无施。"

又司隶校尉石鉴奏，郁林太守介登役使所监，求召还；尚书荀恺以为远郡非人情所乐，奏登贬秩居官。重驳曰："臣闻立法无制，所以齐众检邪，非必曲寻事情，而理无所遗也。故所滞者寡，而所济者众。今如登郡比者多，若听其贬秩居官，动为准例，惧庸才负远，必有黩货之累，非所以肃清王化，辑宁殊域也。臣愚以为宜听鉴所上，先召登还，且使体例有常，不为远近异制。"诏从之。

太熙初，迁廷尉平。驳廷尉奏邯郸醉等，文多不载。再迁中书郎，每大事及疑议，辄参以经典处决，多皆施行。迁尚书吏部郎，务抑华竞，不通私谒，特留心隐逸，由是群才毕举。拔用北海西郭汤、琅邪刘珩、燕国霍原、冯翊吉谋等为秘书郎及诸王文学，故海内莫不归心。时燕国中正刘沈举霍原为寒素，司徒府不从，沈又抗诣中书奏原，而中书复下司徒参论。司徒左长史荀组以为："寒素者，当谓门寒身素，无世祚之资。原为列侯，显佩金紫，先为人间流通之事，晚乃务学，少长异业，年逾始立，草野之誉未洽，德礼无闻，不应寒素之目。"重奏曰："案如《癸酉诏书》，廉让宜崇，浮竞宜黜。其有履谦寒素靖恭求己者，应有以先之。如诏书之旨，以二品系资，或失廉退之士，故开寒素以明尚德之举。司徒总御人伦，实掌邦教，当务峻准评，以一风流。然古之厉行高尚之士，或栖身岩穴，或隐迹丘园，或克己复礼，或耄期称道，出处默语，唯义所在。未可以少长异操，疑其所守之美，而远同终始之责，非所谓拟人必于其伦之义也。诚当考之于邦党之伦，审之于任举之主。沈为中正，亲执铨衡。陈原隐居求志，笃古好学，学不为利，行不要名，绝迹穷山，韫椟道艺，外无希世之容，内全遁逸之节，行成名立，搢绅慕之，委质受业者千里而应，有孙、孟之风，严、郑之操。始举原，先谘侍中、领中书监华，前州大中正、后将军婴，河南尹轶。去三年，诸州还朝，幽州刺史许猛特以原名闻，拟之西河，求加征聘。如沈所列，州党之议既举，又刺史班诏表荐，如此而犹谓草野之誉未洽，德礼无闻，舍所征检之实，而无明理正辞，以夺沈所执。且应二品，非所求备。但原定志穷山，修述儒道，义在可嘉。若遂抑替，将负幽邦之望，伤敦德之教。如诏书所求之旨，应为二品。"诏从之。

重与李毅同为吏部郎，时王戎为尚书，重以清尚见称，毅淹通有智识，虽二人操异，然俱处要职，戎以识会待之，各得其所。毅字茂彦，旧史阙其行事。于时内官重，外官轻，兼阶级繁多，重议之，见《百官志》。又上疏曰："凡山林避世之士，虽违世背时，出处殊轨，而先王许之者，嘉其服膺高义也。昔先帝患风流之弊，而思反纯朴，乃谘询朝众，搜求隐逸。咸宁二年，始以太子中庶子征安定皇甫谧，四年又以博士征南安朱冲，太康元年，复以太子庶子征冲，虽皆以病疾不至，而朝野悦服。陛下远迈先帝礼贤之旨，臣访冲州邑，言其虽年近耋耋，而志气克壮，

耽道穷薮，老而弥新，操尚贞纯，所居成化，诚山栖耆德，足以表世笃俗者也。臣以为宜垂圣恩，及其未没，显加优命。"时朝廷政乱，竟不能从。出为行讨房护军、平阳太守，崇德化，修学校，表笃行，拔贤能，清简无欲，正身率下，在职二年，弹黜四县。弟嶷亡，表去官。

永康初，赵王伦用为相国左司马，以忧逼成疾而卒，时年四十八。家贫，宅宇狭小，无殡敛之地，诏于典客署营丧。追赠散骑常侍，谥曰成。子式，有美名，官至侍中，咸和初卒。

史臣曰：子雅束发登朝，竭诚奉国，广陈封建，深中机宜，详辨刑名，该核政体。虽文惭华婉，而理归切要。游目西京，望贾谊而非远；眷言东国，顾郎顗而有余。逮元康之间，贼臣弄命，举朝战栗，苟避葅醢；颂以此时，忠鲠不挠，哭张公之非罪，拒赵王之妄锡，虽古遗直，何以尚兹。至于缘其私议，不平刘友，异夫憎而知善，举不避仇者欤！李重言因革之理，驳田产之制，词惬事当，盖瞻瞻可观。及锐志铨衡，留心隐逸，浚冲期之识会，岂虚也哉！

赞曰：刘颂刚直，义形于词。自下摩上，彼实有之。李重清雅，志乃无私。推贤拔滞，嘉言在兹。懿哉两哲，邦家之基。

卷四十七　　列传第十七

傅玄 子咸 咸子敷 咸从父弟祗

傅玄，字休奕，北地泥阳人也。祖燮，汉汉阳太守。父干，魏扶风太守。玄少孤贫，博学善属文，解钟律。性刚劲亮直，不能容人之短。郡上计吏再举孝廉，太尉辟，皆不就。州举秀才，除郎中，与东海缪施俱以时誉选入著作，撰集魏书。后参安东、卫军军事，转温令，再迁弘农太守，领典农校尉。所居称职，数上书陈便宜，多所匡正。五等建，封鹑觚男。武帝为晋王，以玄为散骑常侍。及受禅，进爵为子，加附马都尉。

帝初即位，广纳直言，开不讳之路，玄及散骑常侍皇甫陶共掌谏职。玄上疏曰："臣闻先王之临天下也，明其大教，长其义节。道化隆于上，清议行于下，上下相奉，人怀义心。亡秦荡灭先王之制，以法术相御，而义心亡矣。近者魏武好法术，而天下贵刑名；魏文慕通达，而天下贱守节。其后纲维不摄，而虚无放诞之论盈于朝野，使天下无复清议，而亡秦之病复发于今。陛下圣德，龙兴受禅，弘尧、舜之化，开正直之路，体夏禹之至俭，综殷周之典文，臣咏叹而已，将又奚言！惟未举清远有礼之臣，以敦风节；未退虚鄙，以惩不恪，臣是以犹敢有言。"诏报曰："举清远有礼之臣者，此尤今之要也。"乃使玄草诏进之。玄复上疏曰：

臣闻舜举五臣，无为而化，用人得其要也。天下群司猥多，不可不审得其人也。不得其人，一日则损不赀，况积日乎！典谟曰"无旷庶官"，言职之不可久废也。诸有疾病满百日不差，宜令去职，优其礼秩而宠存之，既差而后更用。臣不废职于朝，国无旷官之累，此王政之急也。

臣闻先王分士农工商以经国制事，各一其业而殊其务。自士已上子弟，为之立太学以教之，选明师以训之，各随其才优劣而授用之。农以丰其食，工以足其器，商贾以通其货。故虽天下之大，兆庶之众，无有一人游手。分数之法，周备如此。汉、魏不定其分，百官子弟不修经艺而务交游，未知莅事而坐享天禄；农工之业多废，或逐淫利而离其事，徒系名于太学，然不闻先王之风。今圣明之政资始，而汉、魏之失未改，散官众而学校未设，游手多而亲农者少，工器不尽其宜。臣以为亟定其制，通计天下若干人为士，足以副在官之吏；若干人为农，三年足有一年之储；若干人为工，足其器用；若干人为商贾，足以通货而已。尊儒尚学，贵农贱商，此皆事业之要务也。

前皇甫陶上事，欲令赐拜散官皆课使亲耕，天下享足食之利。禹、稷躬稼，祚流后世，是以《明堂》、《月令》著帝藉之制。伊尹古之名臣，耕于有莘；晏婴齐之大夫，避庄公之难，亦耕于海滨。昔者圣帝明王，贤佐俊士，皆尝从事于农矣。王人赐官，冗散无事者，不督使学，则当使耕，无缘放之使坐食百姓也。今文武之官既众，而拜赐不在职者又多，加以服役为兵，不得耕稼，当农者之半，南面食禄者参倍于前。使冗散之官农，而收其租税，家得其实，而天下之谷可以无乏矣。夫家足食，为子则孝，为父则慈，为兄则友，为弟则悌。天下足食，则仁义之教可不令而行也。为政之要，计人而置官，分人而授事，士农工商之分不可斯须废也。若未能精其防制，计天下文武之官足以副贰者使学，其余皆归之于农。若百工商贾有长者，亦皆归之于农。务农若此，何有不赡乎！《虞书》曰："三载考绩，三考黜陟幽明。"是为九年之后乃有迁叙也。故居官久，则念立慎终之化，居不见久，则竞为一切之政。六年之限，日月浅近，不周黜陟。陶之所上，义合古制。

夫儒学者，王教之首也。尊其道，贵其业，重其选，犹恐化之不崇；忽而不以为急，臣惧日有陵迟而不觉也。仲尼有言："人能弘道，非道弘人。"然则其道者，非惟尊其书而已，尊其人之谓也。贵其业者，不妄教非其人也。重其选者，不妄用非其人也。若此，而学校之纲举矣。

书奏，帝下诏曰："二常侍恳恳于所论，可谓乃心欲佐益时事者也。而主者率以常制裁之，岂得不使发愤耶！二常侍所论，或举其大较而不备其条目，亦可便令作之，然后主者八坐广共研精。凡关言于人主，人臣之所至难。而人主若不能虚心听纳，自古忠臣直士之所慷慨，至使杜口结舌。每念于此，未尝不叹息也。故前诏敢有直言，勿有所距，庶几得以发懞补过，获保高位。苟言有偏善，情在忠益，虽文辞有谬误，言语有失得，皆当旷然恕之。古人犹不拒诽谤，况皆善意在可采录乎！近者孔晁、綦毋龢皆案以轻慢之罪，所以皆原，欲使四海知区区之朝无讳言之忌也。"俄迁侍中。

初，玄进皇甫陶，及入而抵，玄以事与陶争，言喧哗，为有司所奏，二人竟坐免官。泰始四年，以为御史中丞。时颇有水旱之灾，玄复上疏曰：

臣闻圣帝明王受命，天时未必无灾，是以尧有九年之水，汤有七年之旱，惟能济之以人事耳。故洪水滔天而免沈溺，野无生草而不困匮。伏惟陛下圣德钦明，时小水旱，人未大饥，下祗畏之诏，求极意之言，同禹、汤之罪己，侔周文之夕惕。臣伏欢喜，上便宜五事：

其一曰，耕夫务多种而耕暵不熟，徒丧功力而无收。又旧兵持官牛者，官得六分，士得四分；自持私牛者，与官中分，施行来久，众心安之。今一朝减持官牛者，官得八分，士得二分；持私牛及无牛者，官得七分，士得三分，人失其所，必不欢乐。臣愚以为宜佃兵持官牛者与四分，持私牛与官中分，则天下兵作欢然悦乐，爱惜成谷，无有损弃之忧。

其二曰，以二千石虽奉务农之诏，犹不勤心以尽地利。昔汉氏以垦田不实，征杀二千石以十数。臣愚以为宜申汉氏旧典，以警戒天下郡县，皆以死刑督之。

其三曰，以魏初未留意于水事，先帝统百揆，分河堤为四部，并本凡五谒者，以水功至大，与农事并兴，非一人所周故也。今谒者一人之力，行天下诸水，无时得遍。伏见河堤谒者车谊不知水势，转为他职，更选知水者代之。可分为五部，使各精其方宜。

其四曰，古以步百为亩，今以二百四十步为一亩，所觉十倍。近魏初课田，不务多其顷亩，但务修其功力，故白田收至十余斛，水田收数十斛。自顷以来，日增田顷亩之课，而田兵益甚，功不能修理，至亩数斛已还，或不足以偿种。非与曩时异天地，横遇灾害也，其病正在于务多顷亩而功不修耳。窃见河堤谒者石恢甚精练水事及田事，知其利害，乞申书召恢，委曲问其得失，必有所补益。

其五曰，臣以为胡夷兽心，不与华同，鲜卑最甚。本邓艾苟欲取一时之利，不虑后患，使鲜卑数万散居人间，此必为害之势也。秦州刺史胡烈素有恩信于西方，今烈往，诸胡虽已无恶，必且消弭，然兽心难保，不必其可久安也。若后有动衅，烈计能制之。惟恐胡虏适困于讨击，便能东入安定，西赴武威，外名为降，可动复ành。此二郡非烈所制，则恶胡东西有窟穴浮游之地，故复为患，无以禁之也。宜更置一郡于高平川，因安定西州都尉募乐徙民，重其复除以充之，以通北道，渐以实边。详议此二郡及新置郡，皆使并属秦州，令烈得专御边之宜。

诏曰："得所陈便宜，言农事得失及水官兴废，又安边御胡政事宽猛之宜，申省周备，一二具之，此诚为国大本，当今急务也。如所论皆善，深知乃心，广思诸宜，动静以闻也。"

五年，迁太仆。时比年不登，羌胡扰边，诏公卿会议。玄应对所问，陈事切直，虽不尽施行，而常见优容。转司隶校尉。

献皇后崩于弘训宫，设丧位。旧制，司隶于端门外坐，在诸卿上，绝席。其入殿，按本品秩在诸卿下，以次坐，不绝席。而谒者以弘训宫为殿内，制席位在卿下。玄恚怒，厉声色而责谒者。谒者妄称尚书所处，玄对百僚而骂尚书以下。御史中丞庾纯奏玄不敬，玄又自表不以实，坐免官。然玄天性峻急，不能有所容；每有奏劾，或值日暮，捧白简，整簪带，竦踊不寐，坐而待旦。于是贵游慴伏，台阁生风。寻卒于家，时年六十二，谥曰刚。

玄少时避难于河内，专心诵学，后虽显贵，而著述不废。撰论经国九流及三史故事，评断得失，各为区例，名为《傅子》，为内、外、中篇，凡有四部、六录，合百四十首，数十万言，并文集百余卷行于世。玄初作内篇成，子咸以示司空王沈。沈与玄书曰："省足下所著书，言富理济，经纶政体，存重儒教，足以塞杨、墨之流遁，齐孙、孟于往代。每开卷，未尝不叹息也。'不见贾生，自以过之，乃今不及'，信矣！"

其后追封清泉侯。子咸嗣。

咸字长虞，刚简有大节。风格峻整，识性明悟，疾恶如仇，推贤乐善，常慕季文子、仲山甫之志。好属文论，虽绮丽不足，而言成规鉴。颍川庾纯常叹曰："长虞之文近乎诗人之作矣！"

咸宁初，袭父爵，拜太子洗马，累迁尚书右丞。出为冀州刺史，继母杜氏不肯随咸之官，自表解职。三旬之间，迁司徒左长史。时帝留心政事，诏访朝臣政之损益。咸上言曰："陛下处至尊之位，而修布衣之事，亲览万机，劳心日昃。在昔帝王，躬自菲薄，以利天下，未有逾陛下也。然泰始开元以暨于今，十有五年矣。而军国未丰，百姓不赡，一岁不登便有菜色者，诚由官众事殷，复除猥滥，蚕食者多而亲农者少也。臣以顽疏，谬忝近职，每见圣诏以百姓饥馑为忧，无能云补，伏用惭恧，敢不自竭，以对天问。旧都督有四，今并监军，乃盈于十。夏禹敷土，分为九州，今之刺史，几向一倍。户口比汉十分之一，而置郡县更多。空校牙门，无益宿卫，而虚立军府，动有百数。五等诸侯，复坐置官属。诸所宠给，皆生于百姓。一夫不农，有受其饥，今之不农，不可胜计。纵使五稼普收，仅足相接；暂有灾患，便不继赡。以为当今之急，先并官省事，静事息役，上下用心，惟农是务也。"

咸在位多所执正。豫州大中正夏侯骏上言，鲁国小中正、司空司马孔毓，四移病所，不能接宾，求以尚书郎曹馥代毓，旬日复上毓为中正。司徒三却，骏故据正。咸以骏与夺惟意，乃奏免骏大中正。司徒魏舒，骏之姻属，屡却不署，咸据正甚苦。舒终不从，咸遂独上。舒奏咸激讪不直，诏转咸为车骑司马。

咸以世俗奢侈,又上书曰:"臣以为谷帛难生,而用之不节,无缘不匮。故先王之化天下,食肉衣帛,皆有其制。窃谓奢侈之费,甚于天灾。古者尧有茅茨,今之百姓竞丰其屋。古者臣无玉食,今之贾竖皆厌粱肉。古者后妃乃有殊饰,今之婢妾被服绫罗。古者大夫乃不徒行,今之贱隶乘轻驱肥。古者人稠地狭而有储蓄,由于节也;今者土广人稀而患不足,由于奢也。欲时之俭,当诘其奢;奢不见诘,转相高尚。昔毛玠为吏部尚书,时无敢好衣美食者。魏武帝叹曰:'孤之法不如毛尚书。'令使诸部用心,各如毛玠,风俗之移,在不难矣。"又议移县狱于郡及二社应立,朝廷从之。迁尚书左丞。

惠帝即位,杨骏辅政。咸言于骏曰:"事与世变,礼随时宜,谅暗之不行尚矣。由世道弥薄,权不可假,故虽斩焉在疚,而躬览万机也。逮至汉文,以天下体大,服重难久,遂制既葬而除。世祖武皇帝虽大孝蒸蒸,亦从时释服,制心丧三年,至于万机之事,则有不遗。今圣上欲委政于公,谅暗自居,此虽谦让之心,而天下未以为善。天下未以为善者,以亿兆颙颙,戴仰宸极,听于冢宰,惧天光有蔽。人心既已若此,而明公处之固未为易也。窃谓山陵之事既毕,明公当思隆替之宜。周公圣人,犹不免谤。以此推之,周公之任既未易而处,况圣上春秋非成王之年乎!得意忘言,言未易尽。苟明公有以察其悾款,言岂在多。"时司隶荀恺从兄丧,自表赴哀,诏听之而未下,恺乃造骏。咸因奏曰:"死丧之戚,兄弟孔怀。同堂亡陨,方在信宿,圣恩矜悯,听使临丧。诏未下而便以行造,急谄媚之敬,无友于之情。宜加显贬,以隆风教。"帝以骏管朝政,有诏不问,骏甚惮之。咸复与骏笺讽切之,骏意稍折,渐以不平。由是欲出为京兆、弘农太守,骏甥李斌说骏,不宜斥出正人,乃止。骏弟济素与咸善,与咸书曰:"江海之流混混,故能成其深广也。天下大器,非可稍了,而相观每事欲了。生子痴,了官事,官事未易了也。了事正作痴,复为快耳!左丞总司天台,维正八坐,此未易居也。以君尽性而处未易之任,益不易也。想虑破头,故具有白。"咸答曰:"卫公云酒色之杀人,此甚于作直。坐酒色死,人不为悔。逆畏以直致祸,此由心不直正,欲以苟且为明哲耳!自古以直致祸者,当自矫枉过直,或不忠允,欲以亢厉为声,故致忿耳。安有空空为忠益,而当见疾乎!"居无何,骏诛,咸转为太子中庶子,迁御史中丞。

时太宰、汝南王亮辅政,咸致书曰:"咸以为太甲、成王年在蒙幼,故有伊、周之事。圣人且犹不免疑,况臣既不圣,王非孺子,而可以行伊、周之事乎!上在谅暗,听于冢宰,而杨骏无状,便作伊、周,自为居天下之安,所以至死。其罪既不可胜,亦是殿下所见。骏之见讨,发自天聪,孟观、李肇与知密旨耳。至于论功,当归美于上。观等已数千户县侯,圣上以骏死莫不欣悦,故论功宁厚,以叙其欢心。此群下所宜以实裁量,而遂扇动,东安封王,孟、李郡公,余徒伯子男,既妄有加,复又三等超迁。此之熏赫,震动天地,自古以来,封赏未有若此者也。无功而厚赏,莫不乐国有祸,祸起当复有大功也。人而乐祸,其可极乎!作此者,皆由东安公。谓殿下至止,当有以正之。正之以道,众亦何所怒乎!众之所怒,在于不平耳。而今皆更倍论,莫不失望。咸之愚冗,不惟失望而已,窃以为忧。又讨骏之时,殿下在外,实所不综。今欲委重,故令殿下论功。论功之事,实未易可处,莫若坐观得失,有居正之事宜也。"

咸复言亮辅政专权,又谏曰:"杨骏有震主之威,委任亲戚,此天下所以喧哗。今之处重,宜反此失。谓宜静默颐神,有大得失,乃维持之;自非大事,一皆抑遣。比四造诣,及经过尊门,冠盖车马,填塞街衢,此之翕习,既宜弭息。又夏侯长容奉使为先帝请命,祈祷无感,先帝崩背,宜自咎责,而自求请命之劳,而公以为少府。私窃之论,云长容则公之姻,故至于此。一犬吠形,群犬吠声,俱于群吠,遂至迕听也。咸之为人,不能面从而有后言。尝触杨骏,几为身祸;况于殿下,而当有惜!往从驾,殿下见语:'卿不识韩非逆鳞之言耶,而欻摩天子逆鳞!'自知所陈,诚颜颜触猛兽之须耳。所以敢言,庶殿下当识其不胜区区。前摩天子逆鳞,欲以尽忠;今触猛兽之须,非欲为恶,必将以此见恕。"亮不纳。长容者,夏侯骏也。

会丙寅,诏群僚举郡县之职以补内官。咸复上书曰:"臣咸以为夫兴化之要,在于官人。才非一流,职有不同。譬诸林木,洪纤枉直,各有攸施。故明扬逮于仄陋,畴咨无拘内外。内外之任,出处随宜,中间选用,惟内是隆。外举既穨,复多节目,竞内薄外,遂成风俗。此弊诚宜亟革之,当内外通塞无所偏乢。既使通塞无偏,若选用不平,有以深责,责之苟深,无忧不平也。且胶柱不可以调瑟,况乎官人而可以限乎!伏思所限者,以防选用不能出人。不能出人,当随事而制,无须限法。法之有限,其于致远,无乃泥乎!或谓不制其法,以何为贵?臣闻刑惩小人,义责君子,君子之责,在心不在限也。正始中,任何晏以选举,内外之职各得其才,粲然之美于斯可观。如此,非徒御之以限,法之所致,乃委任之由也。委任之惧,甚于限法。是法之失,非已之尤,尤不在己,责之无惧,所谓'齐之以刑,人免而无耻'者也。苟委任之,一则虑罪之及,二则惧致怨谤。已快则朝野称咏,不善则众恶归,此之战战,孰与倚限法以苟免乎!"

咸再为本郡中正,遭继母忧去官。顷之,起以议郎,长兼司隶校尉。咸前后固辞,不听,敕使者就拜,咸复送还印绶。公车不通,催使摄职。咸以身无兄弟,丧祭无主,重自陈乞,乃使于官舍设灵坐。咸又上表曰:"臣既驽弱,不胜重任。加在哀疚,假息日阕,陛下过意,授非所堪。披露丹款,归穷上闻,谬诏既往,终然无改。臣虽不能灭身以全礼教,义无觍然,虚忝隆宠。前受严诏,视事之日,私心自誓,陨越为报。以货赂流行,所宜深绝,切敕都官,以此为先。而经弥日月,未有所得。斯由陛下有以奖厉,虑于愚懦,将必死系,故自掩检以避其锋耳。在职有日,既无赫然之举,又不应弦垂翅,人谁复惮?故光禄大夫刘毅为司隶,声震内外,远近清肃。非徒毅有王臣匪躬之节,亦由所奏见从,威风得伸也。"诏曰:"但当思必应绳中理,威风日伸,何独刘毅!"

时朝廷宽弛,豪右放恣,交私请托,朝野溷淆。咸奏免河南尹澹、左将军倩、廷尉高光、兼河南尹何攀等,京都肃然,贵戚慑伏。咸以"圣人久于其道,天下化成。是以唐、虞三载考绩,九年黜陟。其在《周礼》,三年大比。孔子亦云,'三年有成'。而中间以来,长吏到官,未几便迁,百姓困于无定,吏卒疲于送迎"。时仆射王戎兼吏部,咸奏:"戎备位台辅,兼掌选举,不能谧静风俗,以凝庶绩,至令人心倾动,开张浮竞。中郎李重、李义不相匡正。请免戎官。"诏曰:"政道之本,诚宜久于其职,咸奏是也。戎职在论道,吾所崇委,其解禁止。"御史中丞解结以咸劾戎为违典制,越局侵官,干非其分,奏免咸官。诏亦不许。

咸上事以为"按令,御史中丞督司百僚。皇太子以下,其在行马内,有违法宪者皆弹纠之。虽在行马外,而监司不纠,亦得奏之。如令之文,行马之内有违法宪,谓禁防之事耳。宫内禁防,外司不得而行,故专施中丞。今道路桥梁不修,斗讼屠沽不绝,如此之比,中丞推责州坐,即今所谓行马内语施 于禁防。既云中丞督司百僚矣,何复说行马之内乎!既云百僚,而不得复说行马之内者,内外众官谓之百僚,则通内外矣。司隶所以不复说行马内外者,禁防之事已于中丞说之故也。中丞、司隶俱纠皇太子以下,则共对司内外矣,不为中丞专司内百僚,司隶专司外百僚。自有中丞、司隶以来,更互奏内外众官,惟所纠得无内外之限也。而结一旦横挫臣,臣前所以不罗缕者,冀因结奏得从私愿也。今既所愿不从,而敕公但为过耳,非所不及也,以此见原。臣忝司直之任,宜当正己率人,若其有过,不敢受原,是以申陈其愚。司隶与中丞俱共纠皇太子以下,则从皇太子以下无所不纠也。得纠皇太子而不得纠尚书,臣之暗塞既所未譬。皇太子为在行马之内邪,皇太子在行马之内而得纠之,尚书在行马之内而不得纠,无有此理。此理灼然,而结以此挫臣。臣可无恨耳,其于观听,无乃有怪邪!臣识石公前在殿上脱衣,为司隶荀恺所奏,先帝不以为非,于时莫谓侵官;今臣裁纠尚书,而当有罪乎?"咸累自上称引故事,条理灼然,朝廷无以易之。

吴郡顾荣常与亲故书曰:"傅长虞为司隶,劲直忠果,劾按惊人。虽非周才,偏亮可贵也。"元康四年卒官,时年五十六,诏赠司隶校尉,朝服一具、衣一袭、钱二十万,谥曰贞。有三子:敷、晞、纂。长子敷嗣。

敷字颖根,清静有道,素解属文。除太子舍人,转尚书郎、太傅参军,皆不起。永嘉之乱,避地会稽,元帝引为镇东从事中郎。素有羸疾,频见敦喻,辞不获免,舆病到职。数月卒,时年四十六。晞亦有才思,为上虞令,甚有政绩,卒于司徒西曹属。

祗字子庄。父嘏,魏太常。祗性至孝,早知名,以才识明练称。武帝始建东宫,起家太子舍人,累迁散骑黄门郎,赐爵关内侯,食邑三百户。母忧去职。及葬母,诏给太常五等吉凶导从。其后诸卿夫人葬给导从,自此始也。服终,为荥阳太守。自魏黄初大水之后,河济泛溢,邓艾尝著《济河论》,开石门而通之,至是复浸坏。祗乃造沈莱堰,至今兖、豫无水患,百姓为立碑颂焉。寻表兼廷尉,迁常侍、左军将军。

及帝崩,梓宫在殡,而太傅杨骏辅政,欲悦众心,议普进封爵。祗与骏书曰:"未有帝王始崩,臣下论功者也。"骏不从。入为侍中。时将诛骏,而骏不之知。祗侍骏坐,而云龙门闭,内外不通。祗请与尚书武茂听国家消息,揖而下阶。茂犹坐,祗顾曰:"君非天子臣邪!今内外隔绝,不知国家所在,何得安坐!"茂乃惊起。骏既伏诛,裴楷息瓒,骏之婿也,为乱兵所害。尚书左仆射荀恺与楷不平,因奏楷是骏亲,收付廷尉。祗证楷无罪,有诏赦之。时又收骏官属,祗复启曰:"昔鲁芝为曹爽司马,斩关出赴爽,宣帝义之,尚迁青州刺史。骏之僚佐不可加罚。"诏又赦之。祗多所维正皆如此。

除河南尹,未拜,迁司隶校尉。以讨杨骏勋,当封郡公八千户,固让,减半,降封灵川县公,千八百户,余二千二百户封少子畅为武乡亭侯。又以本封赐兄子隽为东明亭侯。

楚王玮之矫诏也,祗以闻奏稽留,免官。期年,迁光禄勋,复以公事免。氐人齐万年举兵反,以祗为行安西军司,加常侍,率安西将军夏侯骏讨平之。迁卫尉,以风疾逊位,就拜常侍,食卿禄秩,赐钱及床帐等。寻加光禄大夫,门施行马。及赵王伦辅政,以为中书监,常侍如故,以镇众心。祗辞之以疾,伦遣御史舆祗就职。王戎、陈准等相与言曰:"傅公在事,吾属无忧矣。"其为物所倚信如此。

伦篡,又为右光禄、开府,加侍中。惠帝还宫,祗以经受伪职请退,不许。初,伦之篡也,孙秀与义阳王威等十余人预撰仪式禅文。及伦败,齐王冏收侍中刘逵、常侍驺捷、杜育、黄门郎陆机、右丞周导、王尊等付廷尉。以禅文出中书,复议处祗罪,会赦得原。后以禅文草本非祗所撰,于是诏复光禄大夫。子宣,尚弘农公主。

寻迁太子少傅,上章逊位还第。及成都王颖为太傅,复以祗为少傅,加侍中。怀帝即位,迁光禄大夫、侍中,未拜,加右仆射、中书监。时太傅东海王越辅政,祗既居端右,每宣君臣谦光之道,由此上下雍穆。祗明达国体,朝廷制度多所经综。历左光禄、开府,行太子太傅,侍中如故。疾笃逊位,不许。迁司徒,以足疾,诏版舆上殿,不拜。

大将军苟晞表请迁都,使祗出诣河阴,修理舟楫,为水行之备。及洛阳陷没,遂共建行台,推祗为盟主,以司徒、持节、大都督诸军事传檄四方。遣石宣将公主与尚书令和郁赴告方伯征义兵,祗自屯盟津小城,宣弟畅行河阴令,以待宣。祗以暴疾薨,时年六十九。祗自以义诚不终,力疾手笔敕厉其二子宣、畅,辞旨深切,览者莫不感激慷慨。祗著文章驳论十余万言。

宣字世弘。年六岁丧继母,哭泣如成人,中表异之。及长,好学,赵王伦以为相国掾、尚书郎、太子中舍人,迁司徒西曹掾。去职,累迁为秘书丞、骠骑从事中郎。惠帝至自长安，以宣为左丞，不就，迁黄门郎。怀帝即位，转吏部郎，又为御史中丞。卒年四十九，无子，以畅子冲为嗣。

畅字世道。年五岁，父友见而戏之，解畅衣，取其金环与侍者，畅不之惜，以此赏之。年未弱冠，甚有重名。以选入侍讲东宫，为秘书丞。寻没于石勒，勒以为大将军右司马。谙识朝仪，恒居机密，勒甚重之。作《晋诸公叙赞》二十二卷，又为《公卿故事》九卷。咸和五年卒。子咏，过江为交州刺史、太子右率。

史臣曰：武帝览观四方，平章百姓，永言启沃，任切争臣。傅玄体强直之姿，怀匪躬之操，抗辞正色，补阙弼违，謇谔当朝，不忝其职者矣。及乎位居三独，弹击是司，遂能使台阁生风，贵戚敛手。虽前代鲍、葛，何以加之！然而惟此褊心，乏弘雅之度，骤闻竞爽，为物议所讥，惜哉！古人取戒于韦弦，良有以也。长虞风格凝峻，弗坠家声。及其纳谏汝南，献书临晋，居谠直之地，有先见之明矣。傅祗名父之子，早树风猷，崎岖危乱之朝，匡救君臣之际，卒能保全禄位，可谓有道存焉。

赞曰：鹑觚贞谅，实惟ární望。志厉强直，性乖夷旷。长虞刚简，无亏风尚。子庄才识，爰膺衮职。忠绩未申，泉途遽逼。

卷四十八　　列传第十八

向雄　段灼　阎缵

向雄，字茂伯，河内山阳人也。父韶，彭城太守。雄初仕郡为主簿，事太守王经。及经之死也，雄哭之尽哀，市人咸为之悲。后太守刘毅尝以非罪笞雄，及吴奋代毅为太守，又以少谴系雄于狱。司隶钟会于狱中辟雄为都官从事，会死无人殡敛，雄迎丧而葬之。文帝召雄而责之曰：“往者王经之死，卿哭王经于东市，我不问也。今钟会躬为叛逆，又辄收葬，若复相容，其如王法何！”雄曰：“昔者先王掩骼埋胔，仁流朽骨，当时岂先卜其功罪而后葬之哉！今王诛既加，于法已备。雄感义收葬，教亦无阙。法立于上，教弘于下，何必使雄违生背死以立于时！殿下仇枯骨而捐之中野，为将来仁贤之资，不亦惜乎！”帝甚悦，与谈宴而遣之。

累迁黄门侍郎。时吴奋、刘毅俱为侍中，同在门下，雄初不交言。武帝闻之，敕雄令复君臣之好。雄不得已，乃诣毅，再拜曰：“向被诏命，君臣义绝，如何？”于是即去。帝闻而大怒，问雄曰：“我令卿复君臣之好，何以故绝？”雄曰：“古之君子进人以礼，退人以礼；今之进人若加诸膝，退人若坠诸川。刘河内于臣不为戎首，亦已幸甚，安复为君臣之好！”帝从之。

泰始中，累迁秦州刺史，假赤幢、曲盖、鼓吹，赐钱二十万。咸宁初，入为御史中丞，迁侍中，又出为征虏将军。太康初，为河南尹，赐爵关内侯。齐王攸将归藩，雄谏曰：“陛下子弟虽多，然有名望者少。齐王卧在京邑，所益实深，不可不思。”帝不纳。雄固谏忤旨，起而径出，遂以愤卒。

弟匡，惠帝世为护军将军。

段灼，字休然，敦煌人也。世为西土著姓，果直有才辩。少仕州郡，稍迁邓艾镇西司马，从艾破蜀有功，封关内侯，累迁议郎。武帝即位，灼上疏追理艾曰：

故征西将军邓艾，心怀至忠，而荷反逆之名；平定巴、蜀，而受三族之诛，臣窃悼之。惜哉，言艾之反也！以艾性刚急，矜功伐善，而不能协同朋类，轻犯雅俗，失君子之心，故莫肯理之。臣敢昧死言艾所以不反之状。

艾本屯田掌稼人，宣皇帝拔之于农吏之中，显之于宰府之职。处内外之官，据文武之任，所在辄有名绩，固足以明宣皇帝之知人矣。会值洮西之役，官兵失利，刺史王经困于围城之中。当尔之时，二州危惧，陇右懔懔，几非国家之有也。先帝以为深忧重虑，思惟可以安边杀敌莫贤于艾，故授之以兵马，解狄道之围。围解，留屯上邽。承官军大败之后，士卒破胆，将吏无气，仓库空虚，器械弹尽。艾欲积谷强兵，以待有事。是岁少雨，又为区种之法，手执耒耜，率先将士，所统万数，而身不离仆舍之劳，亲执士卒之役。故落门、段谷之战，能以少击多，摧破强贼，斩首万计。遂委艾以庙胜成图，指授长策。艾受命忘身，龙骧麟振，前无坚敌。蜀地阻险，山高谷深，而艾步乘不满二万，束马悬车，自投死地，勇气陵云，将士乘势，故能使刘禅震怖，君臣面缚。军不逾时，而巴、蜀荡定，此艾固足以彰先帝之善任矣。

艾功名已成，亦当书之竹帛，传祚万世。七十老公，复何所求哉！艾以禅初降，远郡未附，矫令承制，权安社稷。虽违常科，有合古义，原心定罪，事可评论。故镇西将军钟会，有吞天下之心，恐艾威名，知必不同，因其疑似，构成其事。艾被诏书，即遣强兵，束身就缚，不敢顾望。诚自知奉见先帝，必无当死之理也。会受诛之后，艾参佐官属、部曲将吏，愚懋相聚，自共追艾，破坏槛车，解其囚执。艾在困地，是以狼狈失据。夫反非小事，若怀恶心，即当谋及豪杰，然后乃能兴动大众，不闻艾有腹心一人。临死口无恶言，独受腹背之诛，岂不哀哉！故见之者垂涕，闻之者叹息。此贾谊所以慷慨于汉文，天下之事可为痛哭者，良有以也。

陛下龙兴，阐弘大度，受诛之家，不拘叙用，听艾立后，祭祀不绝。昔秦人怜白起之无罪，吴人伤子胥之冤酷，皆为之立祠。天下之人为艾悼心痛恨，亦由是也。谓可听艾门生故吏收艾尸柩，归葬旧墓，还其田宅，以平蜀之功，继封其后，使艾阖棺定谥，死无所恨。赦冤魂于黄泉，收信义于后世，则天下徇名之士，思立功之臣，必投汤火，乐为陛下死矣！帝省表，甚嘉其意。灼后复陈时宜曰：

臣闻天时不如地利，地利不如人和。三里之城，五里之郭，圜围而攻之，有不克者，此天时不如地利。城非不高，池非不深，谷非不多，兵非不利，委而去之，此地利不如人和。然古之王者，非不先推恩德，结固人心。人心苟和，虽三里之城，五里之郭，不可攻也。人心不和，虽金城汤池，不能守也。臣推此以广其义，舜弹五弦之琴，咏《南风》之诗，而天下自理，由尧人可比屋而封也。曩者多难，奸雄屡起，搅乱众心，刀锯相乘，流死之孤，哀声未绝。故臣以为陛下当深思远念，杜渐防萌，弹琴咏诗，垂拱而已。其要莫若推恩以协和黎庶，故推恩足以保四海，不推恩不足以保妻子。是故唐尧以亲睦九族为先，周文以刑于寡妻为急，明王圣主莫不先亲后疏，自近及远。臣以为太宰、司徒、卫将军三王宜留洛中镇守，其余诸王自州征足任者，年十五以上悉遣之国。为选中郎傅相，才兼文武，以辅佐之。听于其国缮修兵马，广布恩信。必抚下犹子，爱国如家，君臣分定，百世不迁，连城开地，为晋、鲁、卫。所谓盘石之宗，天下服其强矣。虽云割地，譬犹囊漏贮中，亦一家之有耳。若虑后世强大，自可豫为制度，使得推恩以分子弟。如此则枝分叶布，稍自削小，渐使转至万国，亦后世之利，非所患也。

昔在汉世，诸吕自疑，内有朱虚、东牟之亲，外有诸侯九国之强，故不敢动摇。于今之宜，诸侯强大，是为太山之固。非我族类，其心必异。而魏法禁锢诸王，亲戚隔绝，不祥莫大焉。间者无故又瓜分天下，立五等诸侯。上不象贤，下不议功，而是非杂糅，例受茅土。似权时之宜，非经久之制，将遂不改，此亦烦扰之人，渐乱之阶也。夫国之兴也，由于九族亲睦，黎庶协和；其衰也，在于骨肉疏绝，百姓离心。故夏邦不安，伊尹归殷；殷邦不和，吕氏入周。殷监在于夏后，去事之诚，诚来事之鉴也。

又陈曰：

昔伐蜀，募取凉州兵马、羌胡健儿，许以重报，五千余人，随艾讨贼，功皆第一。而《乙亥诏书》，州郡将督，不与中外军同，虽在上功，无应封者。唯金城太守杨欣所领兵，以逼江由之势，得封者三十人。自金城以西，非在欣部，无一人封者。苟在中军之例，虽下功必侯；如在州郡，虽功高不封，非所谓近不重施，远不遗恩之谓也。

臣闻鱼悬由于甘饵，勇夫死于重报。故荆轲慕燕丹之义，专诸感阖闾之爱，匕首振于秦庭，吴刀耀于鱼腹，视死如归，岂不有由也哉！夫功名重赏，士之所竞，不平致怨，由来久矣。《诗》云："尸鸠在桑，其子七兮。淑人君子，其仪一兮。"臣以为此等宜蒙爵封。

灼前后陈事，辄见省览。然身微宦孤，不见进序，乃取长假还乡里。临去，遗息上表曰：

臣受恩三世，剖符守境，试用无绩，沈伏数年，犬马之力，无所复堪。陛下弘广纳之听，采狂夫之言，原臣侵官之罪，不问干忤之愆，天地恩厚，于臣足矣。臣闻忠臣之于其君，犹孝子之于其亲：进则有欣然之庆，非贪官也；退则有戚然之忧，非怀禄也。其意在于不忘光君荣亲，情所不能已者也。臣伏自悼，私怀与恨：生长荒裔，而久在外任，自还抱疾，未尝觐见，陛下竟不知臣何人，此臣之恨一也。遭运会之世，值有事之时，而不能垂功名于竹帛，此臣之恨二也。逮事圣明之君，而尪悴羸劣，陈力又不能，当归死于地下，此臣之恨三也。哀二亲早亡陨，兄弟并凋丧，孝敬无复施于家门，此臣之恨四也。夏之日忽以过，冬之夜寻复来，人生百岁，尚以为不足，而臣中年婴灾，此臣之恨五也。惭日月之所养，愧昊苍而无报，此臣之所以怀五恨而叹息，临归路而自悼者也。

语有之曰："华言虚也，至言实也，苦言药也，甘言疾也。"臣欲言天下太平，而灵龟神狐未见，仙芝蓲莆未生，麒麟未游乎灵禽之囿，凤皇未仪于太极之庭，此臣之所以不敢华言而为佞者也。昔汉高祖初定天下，于时戍卒娄敬上书谏曰："陛下取天下不与成周同，而欲比隆成周，臣窃以为不侔。"于是汉祖感悟，深纳其言，赐姓为刘氏。又顾谓陆贾曰："为我著秦所以亡，而吾所以得之者。"贾乃作《新语》之书，述叙前世成败，以为劝戒。又田肯建一言之计，非亲子弟莫可使王齐者，而受千金之赐。故世称汉祖之宽明博纳，所以能成帝业也。

今之言世者，皆曰尧舜复兴，天下已太平矣。臣独以为未，亦窃有所劝焉。且百王垂制，圣贤吐言，来事之明鉴也。孟子曰："尧不能以天下与舜，则舜之有天下也，天与之也。昔舜为相，尧崩，三年之丧毕，舜避尧之子于南河，天下诸侯朝觐者、狱讼者，不之尧之子而之舜。舜曰天也，乃之中国，践天子位焉。若居尧之宫，逼尧之子，非天所与者也。"曩昔西有不臣之蜀，东有僭号之吴，三主鼎足，并称天子。魏文帝率万乘之众，受禅于摩陂，而自以德同唐、虞，以为汉献即是古之尧，自谓即是今之舜，乃谓孟柯、孙卿不通禅代之变，遂作禅代之文，刻石垂戒，班示天下，传之后世，亦安能使将来君子皆晓然心服其义乎！然魏文徒希慕尧、舜之名，推新集之魏，欲以同于唐、虞之盛，忽骨肉之恩，忘藩屏之固，竟不能使四海宾服，混一皇化，而于时群臣莫有谏者，不其过矣哉！孙卿曰："尧、舜禅让，是不然矣。天下者，至重也，非至强莫之能任；至大也，非至辩莫之能分；至众也，非至明莫之能见。此三至者，非圣人莫之能尽。"由此言之，孙卿、孟柯亦各有所不取焉。陛下受禅，从东府入西宫，兵刃耀天，旌旗翳日。虽应天顺人，同符唐、虞，然法度损益，则亦不异于昔魏文矣，故宜资三至以强制之。而今诸王有立国之名，而无襟带之实。又蜀地有自然之险，是历世奸雄之所窥觐,逋逃之所聚也,而无亲戚子弟之守,此岂深思远虑,杜渐防萌者乎!

昔汉文帝据已成之业,六合同风,天下一家。而贾谊上疏陈当时之势,犹以为譬如抱火厝于积薪之下,而寝其上,火未及然,因谓之安。此言诚存不忘亡,安不忘乱者也。然臣之楼楼,亦窃愿陛下居安思危,无曰高高在上,常念临深之义,不忘履冰之戒。尽除魏世之弊法,绥以新政之大化,使万邦欣欣,喜戴洪惠,昆虫草木,咸蒙恩泽。朝廷咏康哉之歌,山薮无伐檀之人,此固天下所视望者也。陛下自初践阼,发无讳之诏,置箴谏之官,赫然宠异谔谔之臣,以明好直言之信,恐陈事者知直言之不用,皆杜口结舌,祥瑞亦曷由来哉!

臣无陆生之才,不在顾问之地,盖闻主圣臣直,义在于有犯无隐。臣不惟疏远,未信而言,敢历论前代隆名之君及亡败之主废兴所由,又博陈举贤之路,广开养老之制,崇必信之道,又张设议者之难,凡五事以闻。臣之所言,皆直陈古今已行故事,非新声异端也。辞义实浅,不足采纳。然臣私心,诚谓有可发起觉悟遗忌。愿陛下察臣愚忠,愍臣狂直,无使天下以言者为戒。疾痛增笃,退念桑梓之诗,惟狐死之义,辄取长休,归近坟墓。顾瞻宫阙,系情皇极,不胜丹款,遣息颖表言。

其一曰:臣闻善有章也,著在经典;恶有罚也,戒在刑书。上自远古,下洎秦、汉,其明王霸主及亡国暗君,故可得而称;至于忠蹇贤相及佞谀奸臣,亦可得而言。故朝有谔谔尽规之臣,无不昌也;任用阿谀唯唯之士,无不亡也。是有国者皆欲求忠以自辅,举贤以自佐;而亡国破家者相继,皆由任失其人。所谓贤者不贤,忠者不忠也。臣谨言前任贤所由兴,任不肖所由亡者。尧之末年,四凶在朝而不去,八元在家而不举,然致天平地宁,四门穆穆,其功固在重华之为相。夏癸放于鸣条,商辛枭于牧野,此俱万乘之主,而国灭身擒,由不能属任贤相,用妇人之言,荒淫无道,肆志沈宴,作靡靡之乐,长夜之饮,于是登糟丘,临酒池,观牛饮,望肉林,龙逄忠而被害,比干谏而剖心,天下之所以归恶者也。太甲暴虐,颠覆汤之典制,于是伊尹放之桐宫,而能改悔反善,三年而后归于亳。既已放而复还,殷道微而复兴,诸侯咸服,号称太宗,实赖阿衡之尽忠也。周室既衰,诸侯并争,天王微弱,政遂陵迟。齐桓公,淫乱之主耳;然所以能九合一匡之功,有尊周之名,诚管夷吾之力。及其死也,虫流出门,岂非任竖貂之过乎!且一桓公之身,得管仲,其功如彼,用竖貂,其乱如此。夫荣辱存亡,实在所任,可不审哉!秦本伯翳之后,微微小邑,至秦仲始大,有车马礼乐侍御之好焉。自穆公至于始皇,皆能留心待贤,远求异士,招由余于西戎,致五羖于宛市,取丕豹于晋乡,迎蹇叔于宗里。由是四方雄俊继踵而至,故能世为强国,吞灭诸侯,奄有天下,兼称皇帝,由谋臣之助也。道化未淳,

崩于沙丘。胡亥乘虐,用诈自误,不能弘济统绪,克成堂构,而乃残贼仁义,毒流黔首。故陈胜、吴广,奋臂大呼,而天下响应。于是赵高逆乱,阎乐承指,二世穷迫,自戮望夷。子婴虽立,去帝为王,孤危无辅,四旬而亡。此由邪臣擅命,指鹿为马,所以速秦之祸也。秦失其鹿,豪杰竞逐,项羽既得而失之,其咎在烹韩生,而范增之谋不用。假令羽既距项伯之邪说,斩沛公于鸿门,都咸阳以号令诸侯,则天下无敌矣。而羽距韩生之忠谏,背范增之深计,自谓霸王之业已定,都彭城,还故乡,为昼被文绣,此盖世俗儿女之情耳,而羽荣之。是故五载为汉所擒,至此尚不知觉悟,乃曰"天亡我,非战之罪",甚痛矣哉!且夫士之归仁,犹水之归下,禽之走旷野,故曰"为川驱鱼者獭也,为薮驱雀者鹯也,为汤、武驱人者桀、纣也。"汉高祖起于布衣,提三尺之刃而取天下,用六国之资,无唐、虞之禅,岂徒赖良、平之奇谋,尽英雄之智力而已乎,亦由项氏为驱人也。子孙承基二百余年,逮成帝委政舅家,使权势外移。安昌侯张禹者,汉之三公,成帝保傅也,帝亲幸其家,拜禹床下,深问天灾人事。禹当惟大臣之节,为社稷深虑,忠言嘉谋,陈其灾患,则王氏不得专权宠,王莽无缘乘势位,遂托云龙而登天衢,令汉祚中绝也。禹佞谄不忠,挟怀私计,徒低仰于五侯之间,苟取容媚而已。是以朱云抗节求尚方斩马剑,欲以斩禹,以戒其余,可谓忠矣。而成帝尚复不寤,乃以为居下讪上,廷辱保傅,罪死无赦,诏御史将云下,欲急烹之。云攀殿折槛,幸赖左将军辛庆忌叩头流血,以死争之。若不然,则云已摧碎矣。后虽释槛不修,欲以彰明直臣,诚足以为后世之戒,何益于汉室所由亡也哉!然世之论者以为乱臣贼子无道之甚者莫过于莽,此亦犹纣之不善不如是之甚也。传称莽始起外戚,折节力行,以要名誉,宗族称孝,朋友归仁。及其辅政成、哀之际,勤劳国家,动见称述。然于时人士诣阙上书荐莽者不可称纪,内外群臣莫不归莽功德。遭遇汉室中微,国嗣三绝,而太后寿考,为之宗主,故莽得遂策命孺子而夺其位也。昔汤、武之兴,亦逆取而顺守之耳。向莽深惟殷、周取守之术,崇道德,务仁义,履信实,去华伪,施惠天下,十有八年,恩足以感百姓,义足以结英雄,人怀其德,豪杰并用,如此,宗庙社稷宜未灭也,光武虽及贤才,大业讵可冀哉!莽即位之后,自谓得天人之助,以为功广三王,德茂唐、虞,乃自骄矜,奋其威诈,班宣符谶,震暴残酷,穷凶极恶,人怨神怒,冬雷电以惊其耳目,夏地动以惕其心腹。而莽犹不知觉悟,方复重行不顺时之令,竟连伍之刑,佞媚者亲幸,忠谏者诛夷。由是天下忿愤,内外俱发,四海分崩,城池不守,身死于匹夫之手,为天下笑,岂不异哉!其所由然者,非取之过,而守之非道也。莽既屠肌,六合云扰,刘圣公已立而不辨,盆子承之而覆败,公孙述又称帝于蜀汉。如此数子,固非所谓应天顺人者,徒为光武之驱除者耳。夫天下

者,盖亦天下之天下,非一人之天下也。"殷商之旅,其会如林,矢于牧野,维予侯兴。"又曰:"侯服于周,天命靡常。"由此言之,主非常人也,有德则天下归之,无德则天下叛之。故古之明王,其劳心远虑,常如临川无津涯。于是法天地,象四时,隆恩德,敬大臣,近忠直,远佞人。仁孝著乎宫墙,弘化洽乎兆庶;为平直如砥矢,信义感人神。虽有椒房外戚之宠,不受其委曲之言;虽有近习爱幸之竖,不听其姑息之辞。四门穆穆,辟而不阗,待谏奉而无忌。恒战战栗栗,不忘戒惧,所以欲永终天禄,恐为将来贤圣之驱除也。且臣闻之,惧危者,常安者也;忧亡者,恒存者也。使夫有国之君能安不忘危,则本枝百世,长保荣祚,名位与天地无穷,亦何虑乎为来者之驱除哉!传有之曰:"狂夫之言,明主察焉。"

其二曰:士之立业,行非一概。吴起贪官,母死不归,杀妻求将,不孝之甚。然在魏,使秦人不敢东向;在楚,则三晋不敢南谋。曾参、闵骞,诚孝子也,不能宿夕离其亲,岂肯出身致死,涉危险之地哉!今大晋应期运之所授,齐圣美于有虞,而吴人不臣,称卑帝私附,此亦国之羞也。陛下诚欲致熊罴之士,不二心之臣,使奋威淮浦、震服蛮荆者,故宜畴咨博采,广开贡士之路,荐岩穴,举贤才,征命考试,匪俊莫用。今台阁选举,涂塞耳目,九品访人,唯问中正。故据上品者,非公侯之子孙,则当涂之昆弟也。二者苟然,则荜门蓬户之俊,安得不有陆沈者哉!

其三曰:昔田子方养老马,而穷士知所归,况居天下之广居,立天下之正位,行天下之大道乎!昔明王圣主,无不养老。老人众多,未必皆贤,不可悉养。故父事三老,所以明孝;宗事五更,所以明敬。孟子曰:"吾老以及人之老,吾幼以及人之幼。"今天下虽定,而华山之阳无放马之群,桃林之下未有休息之牛,故以吴人尚未臣服故也。夫饥者易为食,渴者易为饮,天下元元瞻望新政。愿陛下思子方之仁,念犬马之劳,思帷盖之报,发仁惠之诏,广开养老之制。

其四曰:法令赏罚,莫大乎信。古人有言:"人而无信,不知其可。"况有养人以惠,使人以义,而可以不信行之哉!臣前为西郡太守,被州所下《己未诏书》:"羌胡道远,其但募取乐行,不乐勿强。"臣被诏书,辄宣恩广募,示以赏信,所得人名即条言征西。其晋人自可差简丁强,如法调取;至于羌胡,非恩意告谕,则无欲役金城、河西者也。自往每兴军渡河,未曾有变,故刺史郭缓劝帅有方,深加奖厉,要许重报。是以所募感恩利赏,遂以绩效,功第一。今州郡督将,并已受封,羌胡健儿,或王或侯,不蒙论叙也。晋文犹不贪原而失信,齐桓不惜地而背盟,况圣主乎!

其五曰:昔周、汉之兴,树亲建德,周因五等之爵,汉有河山之誓。及其衰也,神器夺于重臣,国祚移于他人。故灭周者秦,非姬姓也;代汉者魏,非刘氏也。于今国家大计,使异姓无裂土专封之邑,同姓

并据有连城之地,纵复令诸王后世子孙还自相并,盖亦楚人失繁弱于云梦,尚未为亡其弓也。其于神器不移他族,则始祖不迁之庙,万年亿兆不改其名矣。大晋诸王二十余人,而公侯伯子男五百余国,欲言其国皆小乎,则汉祖之起,俱无尺土之地,况有国者哉!将谓大晋世进贤圣,而诸侯之胤常不肖邪,则放勋钦明而有丹朱,瞽瞍顽凶而面虞舜。天下有事无不由兵,而无故多树root本,广开乱原,臣故曰五等不便也。臣以为可如前表,诸王宜大其国,增益其兵,悉遣守藩,使形势足以相接,则陛下可高枕而卧耳。臣以为诸侯伯子男名号皆宜改易之,使封爵之制,禄奉礼秩,并同天下诸侯之例。

臣闻与覆车同轨者未尝安也,与死人同病者未尝生也,与亡国同法者未尝存也。况夫巍巍大晋,方将登太山,禅梁父,刻石书勋,垂示无穷。宜远鉴往代兴废,深为严防,使著事奋笔,必有纪焉。昔伊尹耻其君不为尧、舜,此臣所以私怀慷慨,自忘轻贱者也。

灼书奏,帝览而异焉,擢为明威将军、魏兴太守。卒于官。

阎缵,字续伯,巴西安汉人也。祖圃,为张鲁功曹,劝鲁降魏,封平乐乡侯。父璞,嗣爵,仕吴至牂柯太守。缵侨居河南新安,少游英豪,多所交结,博览坟典,该通物理。父卒,继母不慈,缵恭事弥谨。而母疾之愈甚,乃诬缵盗父时金宝,讼于有司。遂被清议十余年,缵无怨色,孝谨不息。母后意解,更移中正,乃得复品。为太傅杨骏舍人,转安复令。骏之诛也,缵弃官归,要骏故主簿潘岳、掾崔基等共葬之。基、岳畏罪,推缵为主。墓成,当葬,骏从弟模告武陵王澹,将表杀造意者。众咸惧,填冢而逃,缵独以家财成基,葬毕而去。国子祭酒邹湛以缵才堪佐著作,荐于秘书监华峤。峤曰:"此职闲廉重,贵势多争之,不暇求其才。"遂不能用。河间王颙引为西戎校尉司马,有功,封平乐乡侯。

愍怀太子之废也,缵舆棺诣阙,上书理太子之冤曰:
伏见赦文及榜下前太子遹手疏,以为惊愕。自古以来,臣子悖逆,未有如此之甚也。幸赖天慈,全其首领。臣伏念遹生于圣父而至此者,由于长养深宫,沈沦富贵,受饶先帝,父母骄之。每见选师傅下至群吏,率取膏粱击钟鼎食之家,希有寒门儒素如卫绾、周文、石奋、疏广、洗马、舍人亦无汲黯、郑庄之比,遂使不见事父事君之道。臣案古典,太子居以士礼,与国人齿,以此明先王欲令知先贱然后乃贵。自顷东宫亦微太盛,所以致败也。非但东宫,历观诸王师友文学,皆豪族力能得者,率非龚遂、王阳,能以道训。友无亮直三益之节,官以文学为名,实不读书,但共鲜衣好马,纵酒高会,嬉游博弈,岂有切磋,能相长益!臣常恐公族迟陵,以此叹息。今遹可以为戒,恐其被斥,弃逐远郊,始当悔过,无所复及。

昔戾太子无状,称兵距命,而壶关三老上书,有

田千秋之言，犹曰："子弄父兵，罪应笞耳！"汉武感悟之，筑思子之台。今遹无状，言语悖逆，受罪之日，不敢失道，犹为轻于戾太子，尚可禁持，重选保傅。如司空张华，道德深远，乃心忠诚，以为之师。光禄大夫刘寔，寒苦自立，终始不衰，年同吕望，经籍不废，以为之保。尚书仆射裴頠，明允恭肃，体道居正，以为之友。置游谈文学，皆选寒门孤宦以学行自立者，及取服勤更事、涉履艰难、事君事亲、名行素闻者，使与共处。使严御史监护其家，绝贵戚子弟、轻薄宾客。如此，左右前后，莫非正人。师傅文学，可令十日一讲，使共论议于前。敕使但道古今孝子慈亲，忠臣事君，及思愆改过之义，皆闻善道，庶几可全。

昔太甲有罪，放之三年，思庸克复，为殷明王。又魏文帝惧于见废，夙夜自祗，竟能自全。及至明帝，因母得罪，废为平原侯，为置家臣庶子、师友文学，皆取正人，共相匡矫。兢兢慎罚，事父以孝，父没，事母以谨，闻于天下，于今称之。汉高皇帝数置酒于庭，欲废太子，后四皓为师，子房为傅，竟复成就。前事不忘，后事之戒。孟轲有云，"孤臣孽子，其操心也危，虑患也深"，故多善功。李斯云："慈母多败子，严家无格房。"由陛下骄遹使至于此，庶其受罪以来，足自思改。方今天下多虞，四夷未宁，将伺国隙。储副大事，不宜空虚。宜为大计，小复停留。先加严诲。依平原侯故事，若不悛改，弃之未晚也。

臣素寒门，无力仕宦，不经东宫，情不私适。念昔楚国处女谏其王曰"有龙无尾"，言年四十，未有太子。臣尝备近职，虽未得自结天日，情同阍寺，悾悾之诚，皆为国计。臣老母见臣为表，乃为臣卜卦，云"书御即死"。妻子守臣，涕泣见止。臣独以为频见拔擢，尝为近职，此恩难忘，何以报德？唯当陈诚，以死献忠。辄具棺絮，伏须刑诛。

书御不省。

及张华遇害，贾谧被诛，朝野震悚，缵独抚华尸恸哭曰："早语君逊位而不肯，今果不免，命也夫！"过叱贾谧尸曰："小儿乱国之由，诛其晚矣！"

皇太孙立，缵复上疏曰：

臣前上书讼太子之枉，不见省览。昔壶关三老陈卫太子之冤，而汉武筑思子之台。高庙令田千秋上书，不敢正言，托以鬼神之教，而孝武大感，月中三迁，位至丞相，乘车入殿，号曰车氏。恨臣精诚微薄，不能有感，竟使太子流离，没命许昌。向令陛下即纳臣言，不致此祸。天赞圣意，三公献谋，庶人赐死，罪人斯得，太子以明，臣恨其晚，无所复及。诏书慈悼，迎丧反葬，复其礼秩，诚副众望，不意吕、霍之变复生于今日！伏见诏书建立太孙，斯诚陛下上顺先典以安社稷，中慰慈悼冤魂之痛，下令万国心有所系。追惟庶人，所为无状，几倾宗庙，赖相国、太宰至忠愤发，潜谋俱断，奉赞圣意，以成神武。虽周诛二叔，汉扫诸吕，未足以喻。臣愿陛下因此大更厘改，以为永制。礼置太子，居以士礼，与国人齿，为置官属，皆如朋友，不为纯臣。既使上厌以望，以崇孝道，又令不相严惮，易相规正。

昔汉武既信奸谗，危害太子，复用望气之言，欲尽诛诏狱中囚。邴吉以皇孙在焉，闭门距命，后遂拥护皇孙，督罚乳母，卒至成人，立为孝宣皇帝。苟志于忠，无往不可。历观古人虽不避死，亦由世教宽以成节。吉虽距诏书，事在于忠，故宥而不责。自晋兴已来，用法太严，迟速之间，辄加诛斩。一身伏法，犹可强为，今世之诛，动辄灭门。昔吕后临朝，肆无道。周昌相赵，三召其王而昌不遣，先征昌入，乃后召王。此由汉制本宽，得使为快。假令如今，吕后必谓昌已反，夷其三族，则谁敢复为杀身成义者哉！此法宜改，可使经远。又汉初废赵王张敖，其臣贯高谋弑高祖，高祖不诛，以明臣道。田叔、孟舒十人为奴，髡钳随王，隐亲侍养，故令平安。向使晋法得容为义，东宫之臣得同周昌，固护太子得如邴吉，距诏不坐，伏死谏争，则圣意必变，太子以安。如田叔、孟舒侍从不罪者，则隐亲左右，奸凶毒药无缘得设，太子不夭也。

臣每责东宫臣故无侍从者，后闻颇有于道路望车拜辞，而有司收付洛阳狱，奏科其罪。然臣故莫从，良有以也。又本置三率，盛其兵马，所以宿卫防虞。而使者卒至，莫有警严覆请审者，此由恐畏灭族。今皇孙冲幼，去事多故。若有不虞，强臣专制，奸邪矫诈，虽有相国保训东宫，拥佑之恩同于邴吉，适可使玉体安全，宜开来防，可著于令：自今已后，诸有废兴仓卒，群臣皆得辄严，须录诣殿前，面受口诏，然后为信，得同周昌不遣王节，下听臣子隐亲，得如田叔、孟舒，不加罪责，则永固储副，以后安嗣之远虑也。来事难知，往事可改。臣前每见詹事裴权用心悬侧，舍人秦戢数上疏启谏；而爱倩赠以九列，权有忠意，独不蒙赏。谓宜依倩为比，以宠其魂。推寻表疏，如秦戢辈及司隶所奏，诸敢拜辞于道路者，明诏宣扬，使微异于众，以劝为善，以奖将来也。

缵又陈：

今相国虽已保傅东宫，保其安危。至于旦夕训诲，辅导出入，动静勖劳，宜选寒苦之士，忠贞清正，老而不衰，如城门校尉梁柳、白衣南安朱冲比者，以为师傅。其侍臣以下文武将吏，且勿复取盛戚豪门子弟，若吴太妃家室及贾、郭之党。如此之辈，生而富溢，无念修己，率多轻薄浮华，相驱放纵，皆非所补益于吾少主者也。皆可择寒门笃行、学问素士、更履险易、节义足称者，以备群臣，可轻其礼仪，使与古同，于相切磋为益。

昔魏文帝之在东宫，徐干、刘桢为友，文学相接之道并如气类。吴太子登，顾谭为友，诸葛恪为宾，卧同床帐，行则参乘，交如布衣，相呼以字，此则代之明比也。天子之子不患不富贵，不患人不敬畏，患于骄盈，不闻其过，不知稼穑之艰难耳。至于甚者，乃不知名六畜,可不勉哉!昔周公亲挞伯禽,曹参答窋二百,圣考慈父皆不伤恩。今不忍小相维持,令至阙失顿相罪责,不亦误哉!

在礼太子朝夕视膳,昏定晨省,跪问安否,于情得尽。五日一朝,于敬既简,于恩亦疏,易致构间。故曰"一朝不朝,其间容刀"。五日之制,起汉高祖,身为天子,父为庶人,万机事多,故阙私敬耳。今主上临朝,太子无事,专主孝养,宜改此俗。《文王世子》篇曰:"王季一饭亦一饭,再饭亦再饭。"安有逸豫五日一觐哉!

缵又陈:

今迎太子神柩,孤魂独行,太孙幼冲,不可涉道。谓可遣妃奉迎远路,令其父衍随行卫护。皇太子初见诬陷,臣家门无祐,三世假亲,具尝辛苦,以家观国,固知太子有变。臣故求副监国,欲依郤吉故事,距违来使,供养拥护,身亲饮食医药,冀足救危。主者以臣名资轻浅,不肯见与。世人见笑,谓为此职进退难居,有必死忧。臣独以为苟全储君,贾氏所诛,甘心所愿。今监国御史直副皆当三族,侍卫无状,实自宜然。臣谓其小人,不足具责。故孔子曰:"可以托六尺之孤,临大节而不可夺。"是以圣王慎选。故河南尹向雄,昔能犯难葬故将钟会,文帝嘉之,始拔显用,至于先帝,以为右率。如间之事,若得向雄之比,则岂可触哉!此二使者,但为愚怯,亦非与谋,但可诛身,自全三族。如郭俶、郭斌,则于刑为当。

又东宫亦宜妙选忠直亮正,如向雄比。陛下千秋万岁之后,太孙幼冲,处置兵卫,宜得柱石之士如周昌者。世俗浅薄,士无廉节,贾谧小儿,恃宠恣睢,而浅中朝植之徒,更相禽习,故世号鲁公二十四友。又谧前见臣表理太子,曰:"阎儿作此为健,然观其意,欲与诸司马家同。"皆为臣寒心。伏见诏书,称明满奋、乐广。侍郎贾胤,与谧亲理,而亦疏远,往免父丧之后,停家五年,虽为小屈,有识贵之。潘岳、缪征等皆谧父党,共相沈浮,人士之耳,闻其晏然,莫不为怪。今诏书暴扬其罪,并皆遣出,百姓咸云清当,臣独谓非。但岳征二十四人,宜皆齐黜,以肃风教。

朝廷善其忠烈,擢为汉中太守。赵王伦死,既葬,缵以车轹其冢。时张华兄子景后徙汉中,缵又表宜还。缵不护细行,而慷慨好大节。卒于官,时年五十九。缵五子,皆开朗有才力。

长子亨为辽西太守,属王浚自用其人,亨不得之官。依青州刺史苟晞,刑政苛虐,亨数切谏,为晞所害。

史臣曰:愍怀之废也,天下称其冤。然皆惧乱政之参夷,惮淫孽之凶忍,遂使谋臣怀忠而结舌,义士蓄愤而吞声。阎缵伯官既微于侍御,位不登于执戟,轻生重义,视死如归,伏奏而待严诛,舆棺以趋鼎镬,察言观行,岂非忠直壮乎!顾视晋朝公卿,曾不得与其徒隶齿也。茂伯笃终,哭王经以全节。休然追远,理邓艾以成名。故得义感明时,仁流枯骨。虽朱勃追论新息,栾布奏事彭王,弗之尚也。

赞曰:感义收会,笃终理艾。道既相侔,名亦俱泰。续伯区区,舆榇陈镱。偪兹淫孽,弗遂良图。嗟其泣矣,何嗟及乎!

卷四十九　　　　列传第十九

阮籍 兄子咸 咸子瞻 瞻弟孚 从子修 族弟放
族弟裕 **嵇康　向秀　刘伶　谢鲲
胡毋辅之** 子谦之 **毕卓　王尼
羊曼　光逸**

阮籍,字嗣宗,陈留尉氏人也。父瑀,魏丞相掾,知名于世。籍容貌瑰杰,志气宏放,傲然独得,任性不羁,而喜怒不形于色。或闭户视书,累月不出;或登临山水,经日忘归。博览群籍,尤好《庄》《老》。嗜酒能啸,善弹琴。当其得意,忽忘形骸。时人多谓之痴,惟族兄文业每叹服之,以为胜己,由是咸共称异。

籍尝随叔父至东郡,兖州刺史王昶请与相见,终日不开一言,自以不能测。太尉蒋济闻其有隽才而辟之,籍诣都亭奏记曰:"伏惟明公以含一之德,据上台之位,英豪翘首,俊贤抗足。开府之日,人人自以为掾属;辟书始下,而下走为首。昔子夏在于西河之上,而文侯拥篲;邹子处于黍谷之阴,而昭王陪乘。夫布衣韦带之士,孤居特立,王公大人所以礼下之者,为道存也。今籍无邹、卜之道,而有其陋,猥见采择,无以称当。方将耕于东皋之阳,输黍稷之余税。负薪疲病,足力不强,补吏之召,非所克堪。乞回谬恩,以光清举。"初,济恐籍不至,得记欣然。遣卒迎之,而籍已去,济大怒。于是乡亲共喻之,乃就吏。后谢病归。复为尚书郎,少时,又以病免。及曹爽辅政,召为参军。籍因以疾辞,屏于田里。岁余而爽诛,时人服其远识。宣帝为太傅,命籍为从事中郎。及帝崩,复为景帝大司马从事中郎。高贵乡公即位,封关内侯,徙散骑常侍。

籍本有济世志,属魏、晋之际,天下多故,名士少有全者,籍由是不与世事,遂酣饮为常。文帝初欲为武帝求婚于籍,籍醉六十日,不得言而止。钟会数以时事问之,欲因其可否而致之罪,皆以酣醉获免。及文帝辅政,籍尝从容言于帝曰:"籍平生曾游东平,乐其风土。"帝大悦,即拜东平相。籍乘驴到郡,坏府舍屏鄣,使内外相望,法令清简,旬日而还。帝引为大将军从事中郎。有司言有子杀母者,籍曰:"嘻!杀父乃可,至杀母乎!"坐者怪其失言。帝曰:"杀父,天下之极恶,而以为可乎?"籍曰:"禽兽知母而不知父,杀父,禽兽之类也。杀母,禽兽之不若。"众乃悦服。

籍闻步兵厨营人善酿，有贮酒三百斛，乃求为步兵校尉。遗落世事，虽去佐职，恒游府内，朝宴必与焉。会帝让九锡，公卿将劝进，使籍为其辞。籍沈醉忘作，临诣府，使取之，见籍方据案醉眠。使者以告，籍便书案，使写之，无所改窜。辞甚清壮，为时所重。

籍虽不拘礼教，然发言玄远，口不臧否人物。性至孝，母终，正与人围棋，对者求止，籍留与决赌。既而饮酒二斗，举声一号，吐血数升。及将葬，食一蒸肫，饮二斗酒，然后临诀，直言穷矣，举声一号，因又吐血数升，毁瘠骨立，殆致灭性。裴楷往吊之，籍散发箕踞，醉而直视，楷吊唁毕便去。或问楷："凡吊者，主哭，客乃为礼。籍既不哭，君何为哭？"楷曰："阮籍既方外之士，故不崇礼典。我俗中之士，故以轨仪自居。"时人叹为两得。籍又能为青白眼，见礼俗之士，以白眼对之。及嵇喜来吊，籍作白眼，喜不怿而退。喜弟康闻之，乃赍酒挟琴造焉，籍大悦，乃见青眼。由是礼法之士疾之若仇，而帝每保护之。

籍嫂尝归宁，籍相见与别。或讥之，籍曰："礼岂为我设邪！"邻家少妇有美色，当垆沽酒。籍尝诣饮，醉，便卧其侧。籍既不自嫌，其夫察之，亦不疑也。兵家女有才色，未嫁而死。籍不识其父兄，径往哭之，尽哀而还。其外坦荡而内淳至，皆此类也。时率意独驾，不由径路，车迹所穷，辄恸哭而反。尝登广武，观楚、汉战处，叹曰："时无英雄，使竖子成名！"登武牢山，望京邑而叹，于是赋《豪杰诗》。景元四年冬卒，时年五十四。

籍能属文，初不留思。作《咏怀诗》八十余篇，为世所重。著《达庄论》，叙无为之贵。文多不录。

籍尝于苏门山遇孙登，与商略终古及栖神导气之术，登皆不应，籍因长啸而退。至半岭，闻有声若鸾凤之音，响乎岩谷，乃登之啸也。遂归著《大人先生传》，其略曰："世人所谓君子，惟法是修，惟礼是克。手执圭璧，足履绳墨。行欲为目前检，言欲为无穷则。少称乡党，长闻邻国。上欲图三公，下不失九州牧。独不见群虱之处裈中，逃乎深缝，匿乎坏絮，自以为吉宅也。行不敢离缝际，动不敢出裈裆，自以为得绳墨也。然炎丘火流，焦邑灭都，群虱处于裈中而不能出也。君子之处域内，何异夫虱之处裈中乎！"此亦籍之胸怀本趣也。

子浑，字长成，有父风。少慕通达，不饰小节。籍谓曰："仲容已豫吾此流，汝不得复尔！"太康中，为太子庶子。

咸字仲容。父熙，武都太守。咸任达不拘，与叔父籍为竹林之游，当世礼法者讥其所为。咸与籍居道南，诸阮居道北，北阮富而南阮贫。七月七日，北阮盛晒衣服，皆锦绮粲目，咸以竿挂大布犊鼻于庭。人或怪之，答曰："未能免俗，聊复尔耳！"

历仕散骑侍郎。山涛举咸典选，曰："阮咸贞素寡欲，深识清浊，万物不能移。若在官人之职，必绝于时。"武帝以咸耽酒浮虚，遂不用。太原郭奕高爽有识量，知名于时，少所推先，见咸心醉，不觉叹焉。而居母丧，纵情越礼。素幸姑之婢，姑当归于夫家，初云留婢，既而自从去。时方有客，咸闻之，遽借客马追婢，既及，与婢累骑而还，论者甚非之。

咸妙解音律，善弹琵琶。虽处世不交人事，惟共亲知弦歌酣宴而已。与从子脩特相善，每以得意为欢。诸阮皆饮酒，咸至，宗人间共集，不复用杯觞斟酌，以大盆盛酒，圆坐相向，大酌更饮。时有群豕来饮其酒，咸直接去其上，便共饮之。群从昆弟莫不以放达为行，籍弗之许。荀勖每与咸论音律，自以为远不及也，疾之，出补始平太守。以寿终。二子：瞻、孚。

瞻字千里。性清虚寡欲，自得于怀。读书不甚研求，而默识其要，遇理而辩，辞不足而旨有余。善弹琴，人闻其能，多往求听，不问贵贱长幼，皆为弹之。神气冲和，而不知向人所在。内兄潘岳每令鼓琴，终日达夜，无忤色。由是识者叹其恬澹，不可荣辱矣。举止灼然。见司徒王戎，戎问曰："圣人贵名教，老庄明自然，其旨同异？"瞻曰："将无同。"戎咨嗟良久，即命辟之。时人谓之"三语掾"。太尉王衍亦雅重之。瞻尝群行，冒热渴甚，逆旅有井，众人竞趋之，瞻独逡巡在后，须饮者毕乃进，其夷退无竞此。

东海王越镇许昌，以瞻为记室参军，与王承、谢鲲、邓攸俱在越府。越与瞻等书曰："礼，年八岁出就外傅，明始可以加师训之则；十年曰幼学，明可渐先王之教也。学之所入浅，体之所安深。是以闲习礼容，不如式瞻仪度；讽诵遗言，不若亲承音旨。小儿毗既无令淑之质，不闻道德之风，望诸君时以闲豫，周旋诲接。"

永嘉中，为太子舍人。瞻素执无鬼论，物莫能难，每自谓此理足以辩正幽明。忽有一客通名诣瞻，寒温毕，聊谈名理。客甚有才辩，瞻与之言，良久及鬼神之事，反覆甚苦。客遂屈，乃作色曰："鬼神，古今圣贤所共传，君何得独言无！即仆便是鬼。"于是变为异形，须臾消灭。瞻默然，意色大恶。后岁余，病卒于仓垣，时年三十。

孚字遥集。其母，即胡婢也。孚之初生，其姑取王延寿《鲁灵光殿赋》曰"胡人遥集于上楹"而以字焉。初辟太傅府，迁骑兵属。避乱渡江，元帝以为安东参军。蓬发饮酒，不以王务婴心。时帝既用申、韩以救世，而孚之徒未能弃也。虽然，不以事任处之。转丞相从事中郎。终日酣纵，恒为有司所按，帝每优容之。

琅邪王裒为车骑将军，镇广陵，高选纲佐，以孚为长史。帝谓曰："卿既统军府，郊垒多事，宜节饮也。"孚曰："陛下不以臣不才，委之以戎旅之重。臣俛勉从事，不敢有言者，窃以今王莅镇，威风赫然，皇泽远被，贼寇络迹，氛祲既澄，日月自朗，臣亦何可爵火不息？正应端拱啸咏，以乐当年耳。"迁黄门侍郎、散骑常侍。尝以金貂换酒，复为所司弹劾，帝宥之。转太子中庶子、左卫率，领屯骑校尉。

明帝即位，迁侍中。从平王敦，赐爵南安县侯。转吏部尚书，领东海王师，称疾不拜。诏就家用之，尚书令鉴以为非礼。帝曰："就用之诚不快，不尔便废才？"及帝疾大渐，温峤入受顾命，过孚，要与同行。升车，乃告之曰："主上遂大渐，江左危弱，实资群贤，共康世务。卿时望所归，今欲屈卿同受顾托。"孚不答，固求下车，峤不许。垂至台门，告峤内迫，求暂下，便徒步还家。

初，祖约性好财，孚性好屐，同是累而未判其得失。有诣约，见正料财物，客至，屏当不尽，余两小簏，以著背后，倾身障之，意未能平。或有诣阮，正见自蜡屐，因自叹曰："未知一生当著几量屐！"神色甚闲畅。于是胜负始分。

咸和初，拜丹阳尹。时太后临朝，政出舅族。孚谓所亲曰："今江东虽累世，而年数实浅。主幼时艰，运终百六，而庾亮年少，德信未孚，以吾观之，将兆乱矣。"会广州刺史刘颙卒，遂苦求出。王导等以孚疏放，非京尹才，乃除都督交、广、宁三州军事、镇南将军、领平越中郎将、广州刺史、假节。未至镇，卒，年四十九。寻而苏峻作逆，识者以为知几。无子，从孙广嗣。

修字宣子。好《易》《老》，善清言。尝有论鬼神有无者，皆以人死者有鬼，修独以为无，曰："今见鬼者云著生时衣服，若人死有鬼，衣服有鬼邪？"论者服焉。后遂伐社树，或止之，修曰："若社而为树，伐树则社移；树而为社，伐树则社亡矣。"

性简任，不修人事。绝不喜见俗人，遇便舍去。意有所思，率尔褰裳，不避晨夕，至或无言，但欣然相对。常步行，以百钱挂杖头，至酒店，便独酣畅。虽当世富贵而不肯顾，家无儋石之储，宴如也。与兄弟同志，常自得于林阜之间。

王衍当时谈宗，自以论《易》略尽，然有所未了，研之终莫悟，每云："不知比没当见能通之者不？"衍族子敦谓衍曰："阮宣子可与言。"衍曰："吾亦闻之，但未知其亹亹之处定如何耳！"及与修谈，言寡而旨畅，衍乃叹服焉。

梁国张伟志趣不常，自隐于屠钓，修爱其才美，而知其不真。伟后为黄门郎、陈留内史，果以世事受累。

修居贫，年四十余未有室，王敦等敛钱为婚，皆名士也，时慕之者求入钱而不得。

修所著述甚寡，尝作《大鹏赞》曰："苍苍大鹏，诞自北溟。假精灵鳞，神化以生。如云之翼，如山之形。海运水击，扶摇上征。翕然层举，背负太清。志存天地，不屑唐庭。鸾鸿仰笑，尺鷃所轻。超世高逝，莫知其情。"

王敦时为鸿胪卿，谓修曰："卿常无食，鸿胪丞差有禄，能作不？"修曰："亦复可尔耳！"遂为之。转太傅行参军、太子洗马。避乱南行，至西阳期思县，为贼所害，时年四十二。

放字思度。祖略，齐郡太守。父颙，淮南内史。放少与孚并知名。中兴，除太学博士、太子中舍人、庶子。时虽戎车屡驾，而放侍太子，常说《老》《庄》，不及军国。明帝甚友爱之。转黄门侍郎，迁吏部郎，在铨管之任，甚有称绩。

时成帝幼冲，庾氏执政，放求为交州，乃除监交州军事、扬威将军、交州刺史。行达宁浦，逢陶侃将高宝平梁硕自交州还，放设馔请宝，伏兵杀之。宝众击放，败走，保简阳城，得免。到州少时，暴发渴，见宝为崇，遂卒，朝廷甚悼惜之，年四十四。追赠廷尉。

放素知名，而性清约，不营产业，为吏部郎，不免饥寒。王导、庾亮以其名士，常供给衣食。子晞之，南顿太守。

裕字思旷。宏达不及放，而以德业知名。弱冠辟太宰掾。大将军王敦命为主簿，甚被知遇。裕以敦有不臣之心，乃终日酣觞，以酒废职。敦谓裕非当世实才，徒有虚誉而已，出为溧阳令，复以公事免官。由是得违敦难，论者以此贵之。

咸和初，除尚书郎。时事故之后，公私弛废，裕遂去职还家，居会稽剡县。司徒王导引为从事中郎，固辞不就。朝廷将欲征之，裕知不得已，乃求为王舒抚军长史。舒薨，除吏部郎，不就。即家拜临海太守，少时去职。司空郗鉴请为长史，诏征秘书监，皆以疾辞。复除东阳太守。寻征侍中，不就。还剡山，有肥遁之志。有以问王羲之，羲之曰："此公近不惊宠辱，虽古之沈冥，何以过此！"人云，裕骨气不及逸少，简秀不如真长，韶润不如仲祖，思致不如殷浩，而兼有诸人之美。成帝崩，裕赴山陵，事毕便还。诸人相与追之，裕亦审时流必当逐己，而疾去，至方山不相及。刘惔叹曰："我入东，正当泊安石渚下耳，不敢复近思旷傍。"

裕虽不博学，论难甚精。尝问谢万云："未见《四本论》，君试为言之。"万叙说既毕，裕以傅嘏为长，于是构辞数百言，精义入微，闻者皆嗟味之。裕尝以人不须广学，正应以礼让为先故终日静默，无所修综，而物自宗焉。在剡曾有好车，借无不给。有人葬母，意欲借而不敢言。后裕闻之，乃叹曰："吾有车而使人不敢借，何以车为！"遂命焚之。

在东山久之，复征散骑常侍，领国子祭酒。俄而复以为金紫光禄大夫，领琅邪王师。经年敦逼，并无所就。御史中丞周闵奏裕及谢安违诏累载，并应有罪，禁锢终身，诏书贳之。或问裕曰："子屡辞征聘，而宰二郡，何邪？"裕曰："虽屡辞王命，非敢为高也。吾少无宦情，兼拙于人间，既不能躬耕自活，必有所资，故曲躬二郡。岂以骋能，私计故耳。"年六十二卒。三子：儁、宁、普。

儁，早卒。宁，鄱阳太守。普，骠骑谘议参军。儁子歆之，中领军。宁子腆，秘书监。腆弟万龄及歆之子弥之，元熙中并列显位。

嵇康，字叔夜，谯国铚人也。其先姓奚，会稽上虞人，以避怨，徙焉。铚有嵇山，家于其侧，因而命氏。兄喜，有当世才，历太仆、宗正。康早孤，有奇才，远迈不群。身长七尺八寸，美词气，有风仪，而土木形骸，不自藻饰，人以为龙章凤姿，天质自然。恬静寡欲，含垢匿瑕，宽简有大量。学不师受，博览无不该通，长好《老》

《庄》。与魏宗室婚，拜中散大夫。常修养性服食之事，弹琴咏诗，自足于怀。以为神仙禀之自然，非积学所得，至于导养得理，则安期、彭祖之伦可及，乃著《养生论》。又以为君子无私，其论曰："夫称君子者，心不措乎是非，而行不违乎道者也。何以言之？夫气静神虚者，心不存于矜尚；体亮心达者，情不系于所欲。矜尚不存乎心，故能越名教而任自然；情不系于所欲，故能审贵贱而通物情。物情顺通，故大道无违；越名任心，故是非无措也。是故言君子则以无措为主，以通物为美；言小人则以匿情为非，以违道为阙。何者？匿情矜吝，小人之至恶；虚心无措，君子之笃行也。是以大道言'及吾无身，吾又何患'。无以生为贵者，是贤于贵生也。由斯而言，夫至人之用心，固不存有措矣。故曰'君子行道，忘其为身'，斯言是矣。君子之行贤也，不察于有度而后行也；任心无邪，不议于善而后正也；显情无措，不论于是而后为也。是故傲然忘贤，而贤与度会；忽然任心，而心与善遇，倪然无措，而事与是俱也。"其略如此。盖其胸怀所寄，以高契难期，每思郢质。所与神交者惟陈留阮籍、河内山涛，豫其流者河内向秀、沛国刘伶、籍兄子咸、琅邪王戎，遂为竹林之游，世所谓"竹林七贤"也。戎自言与康居山阳二十年，未尝见其喜愠之色。

康尝采药游山泽，会其得意，忽焉忘反。时有樵苏者遇之，咸谓为神。至汲郡山中见孙登，康遂从之游。登沈默自守，无所言说。康临去，登曰："君性烈而才儁，其能免乎！"康又遇王烈，共入山，烈尝得石髓如饴，即自服半，余半与康，皆凝而为石。又于石室中见一卷素书，遽呼康往取，辄不复见。烈乃叹曰："叔夜志趣非常而辄不遇，命也！"其神心所感，每遇幽逸如此。

山涛将去选官，举康自代。康乃与涛书告绝，曰：

闻足下欲以吾自代，虽事不行，知足下故不知之也。恐足下羞庖人之独割，引尸祝以自助，故为足下陈其可否。

老子、庄周，吾之师也，亲居贱职；柳下惠、东方朔，达人也，安乎卑位。吾岂敢短之哉！又仲尼兼爱，不羞执鞭；子文无欲卿相，而三为令尹，是乃君子思济物之意也。所谓达能兼善而不渝，穷则自得而无闷。以此观之，故知尧、舜之居世，许由之岩栖，子房之佐汉，接舆之行歌，其揆一也。仰瞻数君，可谓能遂其志者也。故君子百行，殊途同致，循性而动，各附所安。故有"处朝廷而不出，入山林而不反"之论。且延陵高子臧之风，长卿慕相如之节，意气所托，亦不可夺也。

吾每读尚子平、台孝威传，慨然慕之，想其为人。加少孤露，母兄骄恣，不涉经学，又读《老》《庄》，重增其放，故使荣进之心日颓，任逸之情转笃。阮嗣宗口不论人过，吾每师之，而未能及。至性过人，与物无伤，惟饮酒过差耳，至为礼法之士所绳，疾之如仇仇，幸赖大将军保持之耳。吾不如嗣宗之资，而有慢弛之阙；又不识物情，暗于机宜；无万石之慎，而有好尽之累；久与事接，疵衅日兴，虽欲无患，其可得乎！

又闻道士遗言，饵术黄精，令人久寿，意甚信之。游山泽，观鱼鸟，心甚乐之。一行作吏，此事便废，安能舍其所乐，而从其所惧哉！

夫人之相知，贵识其天性，因而济之。禹不逼伯成子高，全其长也；仲尼不假盖于子夏，护其短也。近诸葛孔明不迫元直以入蜀，华子鱼不强幼安以卿相，此可谓能相终始，真相知者也。自卜已审，若道尽途殚则已耳，足下无事冤之令转于沟壑也。

吾新失母兄之欢，意常凄切。女年十三，男年八岁，未及成人，况复多疾，顾此恨恨，如何可言。今但欲守陋巷，教养子孙，时时与亲旧叙离阔，陈说平生，浊酒一杯，弹琴一曲，志意毕矣，岂可见黄门而称贞哉！若趣欲共登王途，期于相致，时为欢益，一旦迫之，必发狂疾。自非重仇，不至此也。既以解足下，并以为别。

此书既行，知其不可羁屈也。性绝巧而好锻。宅中有一柳树甚茂，乃激水环之，每夏月，居其下以锻。东平吕安服康高致，每一相思，辄千里命驾，康友而善之。后安为兄所枉诉，以事系狱，辞相证引，遂复收康。康性慎言行，一旦缧绁，乃作《幽愤诗》，曰：

嗟余薄祜，少遭不造，哀茕靡识，越在襁褓。母兄鞠育，有慈无威，恃爱肆姐，不训不师。爰及冠带，凭宠自放，抗心希古，任其所尚。托好《庄》《老》，贱物贵身，志在守朴，养素全真。

曰予不敏，好善暗人，子玉之败，屡增惟尘。大人含弘，藏垢怀耻。人之多僻，政不由己。惟此褊心，显明臧否；感悟思愆，怛若创痏。欲寡其过，谤议沸腾，性不伤物，频致怨憎。昔惭柳惠，今愧孙登，内负宿心，外恶良朋。仰慕严、郑，乐道闲居，与世无营，神气晏如。

咨予不淑，婴累多虞。匪降自天，实由顽疏，理弊患结，卒致囹圄。对答鄙讯，萦此幽阻，实耻讼冤，时不我与。虽曰义直，神辱志沮，澡身沧浪，岂云能补。雍雍鸣雁，厉翼北游，顺时而动，得意忘忧。嗟我愤叹，曾莫能畴。事与愿违，遘兹淹留，穷达有命，亦又何求？

古人有言，善莫近名。奉时恭默，咎悔不生。万石周慎，安亲保荣。世务纷纭，只搅余情，安乐必诚，乃终利贞。煌煌灵芝，一年三秀；予独何为，有志不就。惩难思复，心焉内疚，庶勖将来，无馨无臭。采薇山阿，散发岩岫，永啸长吟，颐神养寿。

初，康居贫，尝与向秀共锻于大树之下，以自赡给。颍川钟会，贵公子也，精练有才辩，故往造焉。康不为之礼，而锻不辍。良久会去，康谓曰："何所闻而来？何所见而去？"会曰："闻所闻而来，见所见而去。"会以此憾之。及是，言于文帝曰："嵇康，卧龙也，不可起。公无忧天下，顾以康为虑耳。"因潛"康欲助毋丘俭，赖山涛不听。昔齐戮华士，鲁诛少正卯，诚以害时乱教，故圣贤去之。康、安等言论放荡，非毁典谟，帝王者所不宜容。

宜因衅除之，以淳风俗"。帝既昵听信会，遂并害之。

康将刑东市，太学生三千人请以为师，弗许。康顾视日影，索琴弹之，曰："昔袁孝尼尝从吾学《广陵散》，吾每靳固之，《广陵散》于今绝矣！"时年四十。海内之士，莫不痛之。帝寻悟而恨焉。初，康尝游于洛西，暮宿华阳亭，引琴而弹。夜分，忽有客诣之，称是古人，与康共谈音律，辞致清辩，因索琴弹之，而为《广陵散》，声调绝伦，遂以授康，仍誓不传人，亦不言其姓字。

康善谈理，又能属文，其高情远趣，率然玄远。撰上古以来高士为之传赞，欲友其人于千载也。又作《太师箴》，亦以明帝王之道焉。复作《声无哀乐论》，甚有条理。子绍，别有传。

向秀，字子期，河内怀人也。清悟有远识，少为山涛所知，雅好老庄之学。庄周著内外数十篇，历世才士虽有观者，莫适论其旨统也，秀乃为之隐解，发明奇趣，振起玄风，读之者超然心悟，莫不自足一时也。惠帝之世，郭象又述而广之，儒墨之迹见鄙，道家之言遂盛焉。始，秀欲注，嵇康曰："此书讵复须注，正是妨人作乐耳。"及成，示康曰："殊复胜不？"又与康论养生，辞难往复，盖欲发康高致也。

康善锻，秀为之佐，相对欣然，傍若无人。又共吕安灌园于山阳。康既被诛，秀应本郡计入洛。文帝问曰："闻有箕山之志，何以在此？"秀曰："以为巢许狷介之士，未达尧心，岂足多慕。"帝甚悦。秀乃自此役，作《思旧赋》云：

余与嵇康、吕安居止接近，其人并有不羁之才，嵇意远而疏，吕心旷而放，其后并以事见法。嵇博综伎艺，于丝竹特妙，临当就命，顾视日影，索琴而弹之。逝将西迈，经其旧庐。于时日薄虞泉，寒冰凄然。邻人有吹笛者，发声寥亮。追想曩昔游宴之好，感音而叹，故作赋曰：

将命适于远京兮，遂旋反以北徂。济黄河以泛舟兮，经山阳之旧居。瞻旷野之萧条兮，息余驾乎城隅。践二子之遗迹兮，历穷巷之空庐。叹《黍离》之愍周兮，悲《麦秀》于殷墟。惟追昔以怀今兮，心徘徊以踌躇。栋宇在而弗毁兮，形神逝其焉如。昔李斯之受罪兮，叹黄犬而长吟。悼嵇生之永辞兮，顾日影而弹琴。托运遇于领会兮，寄余命于寸阴。听鸣笛之慷慨兮，妙声绝而复寻。仵驾言其将迈兮，故援翰以写心。

后为散骑侍郎，转黄门侍郎、散骑常侍，在朝不任职，容迹而已。卒于位。二子：纯、悌。

刘伶，字伯伦，沛国人也。身长六尺，容貌甚陋。放情肆志，常以细宇宙齐万物为心。澹默少言，不妄交游，与阮籍、嵇康相遇，欣然神解，携手入林。初不以家产有无介意。常乘鹿车，携一壶酒，使人荷锸而随之，谓曰："死便埋我。"其遗形骸如此。尝渴甚，求酒于其妻。妻捐酒毁器，涕泣谏曰："君酒太过，非摄生之道，必宜断之。"伶曰："善！吾不能自禁，惟当祝鬼神自誓耳。便可具酒肉。"妻从之。伶跪祝曰："天生刘伶，以酒为名。一饮一斛，五斗解酲。妇儿之言，慎不可听。"仍引酒御肉，隗然复醉。尝醉与俗人相忤，其人攘袂奋拳而往。伶徐曰："鸡肋不足以安尊拳。"其人笑而止。

伶虽陶兀昏放，而机应不差。未尝厝意文翰，惟著《酒德颂》一篇。其辞曰：

有大人先生，以天地为一朝，万期为须臾，日月为扃牖，八荒为庭衢。行无辙迹，居无室庐，幕天席地，纵意所如。止则操卮执觚，动则挈榼提壶，惟酒是务，焉知其余。有贵介公子、搢绅处士，闻吾风声，议其所以，乃奋袂攘襟，怒目切齿，陈说礼法，是非蜂起。先生于是方捧罂承槽，衔杯漱醪，奋髯箕踞，枕曲藉糟，无思无虑，其乐陶陶。兀然而醉，恍尔而醒。静听不闻雷霆之声，熟视不睹泰山之形。不觉寒暑之切肌，利欲之感情。俯观万物，扰扰焉若江海之载浮萍。二豪侍侧焉，如蜾蠃之与螟蛉。

尝为建威参军。泰始初对策，盛言无为之化。时辈皆以高第得调，伶独以无用罢。竟以寿终。

谢鲲，字幼舆，陈国阳夏人也。祖缵，典农中郎将。父衡，以儒素显，仕至国子祭酒。鲲少知名，通简有高识，不修威仪，好《老》《易》，能歌，善鼓琴，王衍、嵇绍并奇之。

永兴中，长沙王乂入辅政，时有疾鲲者，言其将出奔。乂欲鞭之，鲲解衣就罚，曾无忤容。既舍之，又无喜色。太傅东海王越闻其名，辟为掾，任达不拘，寻坐家僮取官稿除名。于时名士王玄、阮修之徒，并以鲲初登宰府，便至黜辱，为之叹恨。鲲闻之，方清歌鼓琴，不以屑意，莫不服其远畅，而恬于荣辱。邻家高氏女有美色，鲲尝挑之，女投梭，折其两齿。时人为之语曰："任达不已，幼舆折齿。"鲲闻之，傲然长啸曰："犹不废我啸歌。"越寻更辟之，转参军事。鲲以时方多故，乃谢病去职，避地于豫章。尝行经空亭中夜宿，此亭旧每杀人。将晓，有黄衣人呼鲲字令开户，鲲憺然无惧色，便于窗中度手牵之，胛断，视之，鹿也，寻血获焉。尔后此亭无复妖怪。

左将军王敦引为长史，以讨杜弢功封咸亭侯。母忧去职，服阕，迁敦大将军长史。时王澄在敦坐，见鲲谈话无勌，惟叹谢长史可与言，都不眄敦，其为人所慕如此。鲲不徇功名，无砥砺行，居身于可否之间，虽自处若秽，而动不累高。敦有不臣之迹，显于朝野。鲲知不可以道匡弼，乃优游寄遇，不屑政事，从容讽议，卒岁而已。每与毕卓、王尼、阮放、羊曼、桓彝、阮孚等纵酒，敦以其名高，雅相宾礼。

尝使至都，明帝在东宫见之，甚相亲重。问曰："论者以君方庾亮，自谓何如？"答曰："端委庙堂，使百僚准则，鲲不如亮。一丘一壑，自谓过之。"温峤尝谓鲲子尚曰："尊大君岂惟识量渊远，至于神鉴沈深，虽诸葛瑾之喻孙权不过也。"

及敦将为逆，谓鲲曰："刘隗奸邪，将危社稷。吾欲除君侧之恶，匡主济时，何如？"对曰："隗诚始祸，然城狐社鼠也。"敦怒曰："君庸才，岂达大理。"出鲲为豫章太守，又留不遣，藉其才望，逼与俱下。敦至石头，叹曰："吾不复得为盛德事矣。"鲲曰："何为其然？但使自今以往，日忘日去耳。"初，敦谓鲲曰："吾当以周伯仁为尚书令，戴若思为仆射。"及至都，复曰："近来人情何如？"鲲对曰："明公之举，虽欲大存社稷，然悠悠之言，实未达高义。周颢、戴若思，南北人士之望，明公举而用之，群情帖然矣。"是日，敦遣兵收周、戴，而鲲弗知，敦怒曰："君粗疏邪！二子不相当，吾已收之矣。"鲲与颢素相亲重，闻之愕然，若丧诸己。参军王峤以敦诛颢，谏之甚切，敦大怒，命斩峤，时人士畏惧，莫敢言者。鲲曰："明公举大事，不戮一人。峤以献替忤旨，便以衅鼓，不亦过乎！"敦乃止。

鲲既诛害忠贤，而称疾不朝，将还武昌。鲲喻敦曰："公大存社稷，建不世之勋，然天下之心实有未达。若能朝天子，使君臣释然，万物之心于是乃服。杖众望以顺群情，尽冲退以奉主上，如斯则勋侔一匡，名垂千载矣。"敦曰："君能保无变乎？"对曰："鲲近日入观，主上侧席，迟得见公，宫省穆然，必无虞矣。公若入朝，鲲请侍从。"敦勃然曰："正复杀君等数百人，亦复何损于时！"竟不朝而去。是时朝望被害，皆为其忧。而鲲推理安常，时进正言。敦既不能用，内亦不悦。军还，使之郡，涖政清肃，百姓爱之。寻卒官，时年四十三。敦死后，追赠太常，谥曰康。子尚嗣，别有传。

胡毋辅之，字彦国，泰山奉高人也。高祖班，汉执金吾。父原，练习兵马，山涛称其才堪边任，举为太尉长史，终河南令。辅之少擅高名，有知人之鉴。性嗜酒，任纵不拘小节。与王澄、王敦、庾敳俱为太尉王衍所昵，号曰四友。澄尝与人书曰："彦国吐佳言如锯木屑，霏霏不绝，诚为后进领袖也。"

辟别驾、太尉掾，并不就。以家贫，求试守繁昌令，始节酒自厉，甚有能名。迁尚书郎。豫讨齐王冏，赐爵阴平男。累转司徒左长史。复求外出，为建武将军、乐安太守。与郡人光逸昼夜酣饮，不视郡事。成都王颖为太弟，召为中庶子，遂与谢鲲、王澄、阮修、王尼、毕卓俱为放达。

尝过河南门下饮，河南驺王子博箕坐其傍，辅之叱使取火。子博曰："我卒也，惟不乏吾事则已，安复为人使！"辅之因就与语，叹曰："吾不及也！"荐之河南尹乐广，广召见，甚悦之，擢为功曹。其甄拔人物若此。

东海王越闻辅之名，引为从事中郎，复补振威将军、陈留太守。王弥经其郡，辅之不能讨，坐免官。寻除宁远将军、扬州刺史，不之职，越复以为右司马、本州大中正。越薨，避乱渡江，元帝以为安东将军咨议祭酒，迁扬武将军、湘州刺史，假节。到州未几卒，时年四十九。子谦之。

谦之字子光。才学不及父，而傲纵过之。至酣醉，常呼其父字，辅之亦不以介意，谈者以为狂。辅之正酣饮，谦之规而厉声曰："彦国年老，不得为尔！将令我尻背东壁。"辅之欢笑，呼入与共饮。其所为如此。年未三十卒。

毕卓字茂世，新蔡鲖阳人也。父谌，中书郎。卓少希放达，为胡毋辅之所知。太兴末，为吏部郎，常饮酒废职。比舍郎酿熟，卓因醉夜至其瓮间盗饮之，为掌酒者所缚，明旦视之，乃毕吏部也，遽释其缚。卓遂引主人宴于瓮侧，致醉而去。卓尝谓人曰："得酒满数百斛船，四时甘味置两头，右手持酒杯，左手持蟹螯，拍浮酒船中，便足了一生矣。"及过江，为温峤平南长史，卒官。

王尼，字孝孙，城阳人也，或云河内人。本兵家子，寓居洛阳，卓荦不羁。初为护军府军士，胡毋辅之与琅邪王澄、北地傅畅、中山刘舆、颍川荀邃、河东裴遐迭属河南功曹甄述及洛阳令曹摅请解之。摅等以制旨所及，不敢。辅之等齎羊酒诣护军门，门吏疏名呈护军，护军叹曰："诸名士持羊酒来，将有以也。"尼时以给府养马，辅之入，遂坐马厩下，与尼炙羊饮酒，醉饱而去，竟不见护军。护军大惊，即与尼长假，因免为兵。东嬴公腾辟为车骑府舍人，不就。时尚书何绥奢侈过度，尼谓人曰："绥居乱世，矜豪贵矜，将死不久。"人曰："伯蔚闻言，必相危害。"尼曰："伯蔚比闻我语，已死矣。"未几，绥果为东海王越所杀。初入洛，尼诣越不拜。越问其故，尼曰："公无宰相之能，是以不拜。"因数之，言甚切。又云："公负尼物。"越大惊曰："宁有是也？"尼曰："昔楚人亡布，谓令尹盗之。今尼屋舍资财，悉为公军人所略，尼今饥冻，是亦明公之负也。"越大笑，即赐绢五十匹。诸贵人闻，竞往饷之。洛阳陷，避乱江夏。时王登为荆州刺史，遇之甚厚。尼早丧妇，止有一子。无居宅，惟畜露车，有牛一头，每行，辄使子御之，暮则共宿车上。常叹曰："沧海横流，处处不安也。"俄而澄卒，荆土饥荒，尼不得食，乃杀牛坏车，煮肉啖之。既尽，父子俱饿死。

羊曼，字祖延，太傅祜兄孙也。父暨，阳平太守。曼少知名，本州礼命，太傅辟，皆不就。避难渡江，元帝为镇东参军，转丞相主簿，委以机密。历黄门侍郎、尚书吏部郎、晋陵太守，以公事免。曼任达穨纵，好饮酒。温峤、庾亮、阮放、桓彝同志友善，并为中兴名士。时州里称陈留阮放为宏伯，高平郗鉴为方伯，泰山胡毋辅之为达伯，济阴卞壶为裁伯，陈留蔡谟为朗伯，阮孚为诞伯，高平刘绥为委伯，而曼为䮰伯，凡八人，号兖州八伯，拟古之八隽也。

王敦既与朝廷乖贰，羁录朝士，曼为右长史。曼知敦不臣，终日酣醉，讽议而已。敦以其士望，厚加礼遇，不委以事，故得不涉其难。敦败，代阮孚为丹阳尹。时朝士过江初拜官，相饰供馔。曼拜丹阳，客来早者得佳设，日宴则渐罄，不复及精，随客早晚而不问贵贱。有羊固拜临海太守，竟日皆美，虽晚至者犹获盛馔。论者以固之丰腆，乃不如曼之真率。

苏峻作乱，加前将军，率文武守云龙门。王师不振，或劝曼避峻。曼曰："朝廷破败，吾安所求生？"勒众不动，为峻所害，年五十五。峻平，追赠太常。子贲嗣，少知名，尚明帝女南郡悼公主，除秘书郎，早卒。弟聃。

聃字彭祖。少不经学，时论皆鄙其凡庸。先是，兖州有八伯之号，其后更有四伯。大鸿胪陈留江泉以能食为谷伯，豫章太守史畴以大肥为笨伯，散骑郎高平张嶷以狡妄为猾伯，而聃以狼戾为琐伯，盖拟古之四凶。聃初辟元帝丞相府，累迁庐陵太守。刚克粗暴，恃国戚，纵恣尤甚，睚眦之嫌辄加刑杀。疑郡人简良等为贼，杀二百余人，诛及婴孩，所髡锁复百余。庾亮执之，归于京都。有司奏聃罪当死，以景献皇后是其祖姑，应八议。成帝诏曰："此事古今所无，何八议之有！犹未忍肆之市朝，其赐命狱所。"兄子贲尚公主，自求求解婚。诏曰："罪不相及，古今之令典也。聃虽极法，于贲何有！其特不听离婚。"琅邪太妃山氏，聃之甥也，入殿叩头请命。王导又启："聃罪不容恕，宜极重法。山太妃忧戚成疾，陛下罔极之恩，宜蒙生全之宥。"于是诏下曰："太妃惟此一舅，发言摧咽，乃至吐血，情虑深重。朕往丁荼毒，受太妃抚育之恩，同于慈亲。若不堪难忍之痛，以致顿弊，朕亦何颜以寄。今便原聃生命，以慰太妃渭阳之思。"于是除名。顷之，遇疾，恒见简良等为祟，旬日而死。

光逸，字孟祖，乐安人也。初为博昌小吏，县令使逸送客，冒寒举体冻湿，还遇令不在，逸解衣炙之，入令被中卧。令还，大怒，将加严罚。逸曰："家贫衣单，沾湿无可代。若不暂温，势必冻死，奈何惜一被而杀一人乎！君子仁爱，必不尔也，故寝而不疑。"令奇而释之。后为门亭长，迎新令至京师。胡毋辅之与荀邈共诣令家，望见逸，谓邈曰："彼似奇才！"便呼上车，与谈良久，果俊器也。令怪客不入，吏白与光逸语。令大怒，除逸名，斥遣之。

后举孝廉，为州从事，弃官投辅之。辅之时为太傅越从事中郎，荐逸于越，越以门寒而不召。越后因闲宴，责辅之无所举荐。辅之曰："前举光逸，公以非世家不召，非不举也。"越即辟焉。书到郡县，皆以为误，审知是逸，乃备礼遣之。寻以世难，避乱渡江，复依辅之。初至，属辅之与谢鲲、阮放、毕卓、羊曼、桓彝、阮孚散发裸袒，闭室酣饮已累日。逸将排户入，守者不听，逸便于户外脱衣露头于狗窦中窥之而大叫。辅之惊曰："他人决不能尔，必我孟祖也。"遽呼入，遂与饮，不舍昼夜。时人谓之八达。元帝以逸补军谘祭酒。中兴建，为给事中，卒官。

史臣曰：夫学非常道，则物靡不通；理有忘言，则在情斯遣。其进也，抚俗同尘，不居名利；其退也，餐和履顺，以保天真。若乃一其本原，体无为之用，分其华叶，开寓言之道，是以伯阳垂范，鸣谦置式，欲崇诸己，先下于人，犹大乐无声，而跑鸾斯应者也。庄生放达其旨，而驰辩无穷；弃彼荣华，则俯轻爵位，怀其道术，则顾蔑王公；舐痔兼车，鸣鸢吞腐。以兹自口，于焉玩物，殊异虚舟，有同攘臂。嵇、阮竹林之会，刘、毕芳樽之友，驰骋庄门，排登李室。若夫仪天布宪，百官从轨，经礼之外，弃而不存。是以帝尧纵许由于埃盍之表，光武舍子陵于潆

浅之濑，松萝低举，用以优贤，岩水澄华，兹焉赐隐；臣行厥志，主有嘉名。至于嵇康遗巨源之书，阮氏创先生之传，军谘散发，吏部盗樽，岂以世疾名流，兹焉自垢？临锻灶而不回，登广武而长叹，则嵇琴响绝，阮气徒存。通其旁径，必凋风俗；召以效官，居然朴素。轨躅之外，或有可观者焉。咸能符契情灵，各敦终始，怆神交于晚笛，或相思而动驾。史臣是以拾其遗事，附于篇云。

赞曰：老篇爱植，孔教提衡。各存其趣，道贵无名。相彼非礼，遵乎达生。秋水扬波，春云敛映。旨酒厥德，凭虚其性。不玩斯风，谁亏王政？

卷五十　　　　列传第二十

曹志　庾峻子珉　郭象　庾纯子旉　秦秀

曹志，字允恭，谯国谯人，魏陈思王植之孽子也。少好学，以才行称，夷简有大度，兼善骑射。植曰："此保家主也。"立以为嗣。后改封济北王。武帝为抚军将军，迎陈留王于邺，志夜谒见，帝与语，自暮达旦，甚奇之。及帝受禅，降为鄄城县公。诏曰："昔在前世，虽历运迭兴，至于先代苗裔，传祚不替，或列藩九服，式序王官。选众命贤，惟德是与，盖至公之道也。魏氏诸王公养德藏器，壅滞旷久，前虽有诏，当须简授，而自顷众职少缺，未得式叙。前济北王曹志履德清纯，才高行洁，好古博物，为魏宗英，朕甚嘉之。其以志为乐平太守。"志在郡上书，以为宜尊儒重道，请为博士置吏卒。迁章武、赵郡太守。虽累郡职，不以政事为意，昼则游猎，夜诵《诗》《书》，以声色自娱，当时见者未能审其量也。

咸宁初，诏曰："鄄城公曹志，笃行履素，达学通识，宜在儒林，以弘胄子之教。其以志为散骑常侍、国子博士。"帝尝阅《六代论》，问志曰："是卿先王所作邪？"志对曰："先王有手所作目录，请归寻按。"还奏曰："按录无此。"帝曰："谁作？"志曰："以臣所闻，是臣族父冏所作。以先王文高名著，欲令书传于后，是以假托。"帝曰："古来亦多有是。"顾谓公卿曰："父子证明，足以为审。自今已后，可无复疑。"

后迁祭酒。齐王攸将之国，下太常议崇锡文物。时博士秦秀等以为齐王宜内匡朝政，不可之藩。志又常恨其父不得志于魏，因怆然叹曰："安有如此之才，如此之亲，不得树本助化，而远出海隅？晋朝之隆，其殆乎哉！"乃奏议曰："伏闻大司马齐王当出藩东夏，备物尽礼，同之二伯。今陛下为圣君，稷、契为贤臣，内有鲁、卫之亲，外有齐、晋之辅，坐而守安，此万世之基也。古之夹辅王室，同姓则周公其人也，异姓则太公其人也，皆身在内，五世反葬。后虽有五霸代兴，桓、文诵主，下有请隧之僭，上有九锡之礼，终于谲而不正，验于尾大不掉，岂与召公之

歌《棠棣》，周诗之咏《鸱鸮》同日论哉！今圣朝创业之始，始之不谅，后事难工。干植不强，枝叶不茂；骨骸不存，皮肤不充。自羲皇以来，岂是一姓之独有！欲结其心者，当有磐石之固。夫欲享万世之利者，当与天下议之。故天之聪明，自我人之聪明。秦、魏欲独擅其威，而财得没其身；周、汉能分其利，而亲疏为之用。此自圣主之深虑，日月之所照。事虽浅，当深谋之；言虽轻，当重思之。志备位儒官，若言不及礼，是志寇窃。知忠不言，议所不敢。志以为当如博士等议。"议成当上，见其从弟高邑公嘉。嘉曰："兄议甚切，百年之后必书晋史，目下将见责邪。"帝览议，大怒曰："曹志尚不明吾心，况四海乎！"以议者不指答所问，横造异论，策免太常郑默。于是有司奏收志等结罪，诏惟免志官，以公还第，其余皆付廷尉。

顷之，志复为散骑常侍。遭母忧，居丧过礼，因此笃病，喜怒失常。九年卒，太常奏以恶谥。崔褒叹曰："魏颗不从乱，以病为乱故也。今谥曹志而谥其病，岂谓其病不为乱乎！"于是谥为定。

庾峻，字山甫，颍川鄢陵人也。祖乘，才学洽闻，汉司徒辟，有道征，皆不就。伯父嶷，中正简素，仕魏为太仆。父道，廉退贞固，养志不仕。牛马有踶啮者，恐伤人，不货于市。及诸子贵，赐拜太中大夫。峻少好学，有才思。尝游京师，闻魏散骑常侍苏林老疾在家，往候之。林尝就乘学，见峻流涕，良久曰："尊祖高才而性退让，慈和泛爱，清静寡欲，不营当世，惟修德行而已。鄢陵旧五六万户，闻今裁有数百。君二父孩抱经乱，独至今日，尊伯为当世令器，君兄弟复俊茂，此尊祖积德之所由也。"

历郡功曹，举计掾，州辟从事。太常郑袤见峻，大奇之，举为博士。时重《庄》《老》而轻经史，峻惧雅道陵迟，乃潜心儒典。属高贵乡公幸太学，问《尚书》义于峻，峻援引师说，发明经旨，申畅疑滞，对答详悉。迁秘书丞。长安有大狱，久不决，拜峻侍御史，往断之，朝野称允。武帝践阼，赐爵关中侯，迁司空长史，转秘书监、御史中丞，拜侍中，加谏议大夫。常侍帝讲《诗》，中庶子何劭论《风》《雅》正变之义，峻起难往反，四坐莫能屈之。

是时风俗趣竞，礼让陵迟。峻上疏曰：

臣闻黎庶之性，人众而贤寡；设官分职，则官寡而贤众。为贤众而多官，则妨化；以无官而弃贤，则废道。是故圣王之御世也，因人之性，或出或处，故有朝廷之士，又有山林之士。朝廷之士，佐主成化，犹人之有股肱心膂，共为一体也。山林之士，被褐怀玉，太上栖于丘园，高节出于众庶。其次轻爵服，远耻辱以全志。最下就列位，惟无功而能知止。彼其清劭足以抑贪污，退让足以息鄙事。故在朝之士闻其风而悦之，将受爵者皆耻躬之不逮。斯山林之士、避宠之臣所以为美也，先王嘉之。节虽离世，而德合于主；行虽诡朝，而功同于政。故大者有玉帛之命，其次有几杖之礼，以厚德载物，出处有地。既廊庙多贤才，而野人亦不失为君子，此先王之弘也。

秦塞斯路，利出一官。虽有处士之名，而无爵列于朝者，商君谓之六蝎，韩非谓之五蠹。时不知德，惟爵是闻。故闾阎以公乘侮其乡人，郎中以上爵傲其父兄。汉祖反之，大畅斯否。任萧、曹以天下，重四皓于南山。以张良之勋，而班在叔孙之后；盖公之贱，而曹相谘之以政。帝王贵德于上，俗亦反本于下。故田叔等十人，汉廷臣无能出其右者，而未尝干禄于时。以释之之贵，结王生之袜于朝，而其名愈重。自非主臣尚德兼爱，孰能通天下之志，如此其大者乎！

夫不革百王之弊，徒务救世之政，文士竞智而务入，武夫恃力而争先。官高矣，而意未满；功报矣，其求不已。又国无随才任官之制，俗难进易退之耻。位一高，虽无功而不见下，已负败而后见用。故因前而升，则处士之路塞矣。又仕者黜陟无章，是以普天之下，先竞而后让，举世之士，有进而无退。大人溺于动俗，执政挠于群言，衡石为之失平，清浊安可复分？昔者先王患向之所以取天下者，今之为弊，是故功成必改其物，业定必易其教。虽以爵禄使下，臣无贪禄之行；虽以甲兵定功，主无穷武之悔也。

臣愚以为古者大夫七十悬车，今自非元功国老，三司上才，可听七十致仕，则士无怀禄之嫌矣。其父母八十，可听终养，则孝莫大于事亲矣。吏亟试无绩，依古终身不仕，则官无秕政矣。能小而不能大，可降还沾小，则使人以器矣。人主进人以礼，退人以礼，人臣亦量能受爵矣。其有孝如王阳，临九折而去官，洁如贡禹，冠一免而不著，及知止如王孙，知足如疏广，虽去列位而居东野，与人父言，依于慈，与人子言，依于孝。此其出言合于国检，危行彰于本朝。去势如脱屣，路人为之陨涕；辞宠如金石，庸夫为之兴行。是故先王许之，而圣人贵之。

夫人之性陵上，犹水之趣下也，益而不已必决，升而不已必困。始于匹夫行义不敦，终于皇舆为之败绩，固不可不慎也。下人并心进趣，上宜以退让去其甚者。退让不可以刑罚使，莫若听朝士时时从志，山林往往间出。无使入者不能复出，往者不能复反。然后出处交泰，提衡而立，时靡有争，天下可得而化矣。

又疾世浮华，不修名实，著论以非之，文繁不载。九年卒，诏赐朝服一具、衣一袭、钱三十万。临终，敕子珉朝卒夕殡，幅巾布衣，葬勿择日。珉奉遵遗命，敛以时服。二子：珉、敳。

珉字子琚。性淳和好学，行己忠恕。少历散骑常侍、本国中正、侍中，封长岑男。怀帝之没刘元海也，珉从在平阳。元海大会，因使帝行酒，珉不胜悲愤，再拜上酒，因大号哭，贼恶之。会有告珉及王儁等谋应刘琨者，元海因图弑逆，珉等并遇害。初，洛阳之未陷也，珉为侍中，直于省内，谓同僚许遐曰："世路如此，祸难将及，吾death乎此屋耳！"及是，竟不免焉。太元末，追谥曰贞。

敳字子嵩。长不满七尺，而腰带十围，雅有远韵。为陈留相，未尝以事婴心，从容酣畅，寄通而已。处众人中，居然独立。尝读《老》《庄》，曰："正与人意暗同。"太尉王衍雅重之。

敳见王室多难，终知婴祸，乃著《意赋》以豁情，犹贾谊之《服鸟》也。其词曰："至理归于浑一兮，荣辱固亦同贯。存亡既已均齐兮，正尽死复何叹。物咸定于无初兮，俟时至而后验。若四节之素代兮，岂当今之得远？且安有寿之与夭兮，或者情横多恋。宗统竟初不别兮，大德亡其赋愿。蠢动皆神之为兮，痴圣惟质所建。真人都遣秽累兮，性茫荡而无岸。纵驱于辽廓之庭兮，委体乎寂寥之馆。天地短于朝生兮，亿代促于始旦。顾瞻宇宙微细兮，眇若豪锋之半。飘摇玄旷之域兮，深漠畅而靡玩。兀与自然并体兮，融液忽而四散。"从子亮见赋，问曰："若有意也，非赋所尽；若无意也，复何所赋？"答曰："在有无之间耳！"

迁吏部郎。是时天下多故，机变屡起，敳常静默无为。参东海王越太傅军事，转军谘祭酒。时越府多隽异，敳在其中，常自袖手。豫州牧长史河南郭象善《老》《庄》，时人以为王弼之亚。敳甚知之，每曰："郭子玄何必减庾子嵩"。象后为太傅主簿，任事专势。敳谓象曰："卿自是当世大才，我畴昔之意都已尽矣。"

敳有重名，为搢绅所推，而聚敛积实，谈者讥之。都官从事温峤奏之，敳更器峤，目峤森森如千丈松，虽磊砢多节，施之大厦，有栋梁之用。时刘舆见任于越，人士多为所构，惟敳纵心事外，无迹可间。后以其性俭家富，说越令就换钱千万，冀其有吝，因此可乘。越于众坐中问于敳，而敳乃颓然已醉，帻堕机上，以头就穿取，徐答云："下官家有二千万，随公所取矣。"舆于是乃服。越甚悦，因曰："不可以小人之虑度君子之心。"王衍不与敳交，敳卿之不置。衍曰："君不得为耳。"敳曰："卿自君我，我自卿卿。我自用我家法，卿自用卿家法。"衍甚奇之。石勒之乱，与衍俱被害，时年五十。

郭象，字子玄，少有才理，好《老》《庄》，能清言。太尉王衍每云："听象语，如悬河泻水，注而不竭。"州郡辟召，不就。常闲居，以文论自娱。后辟司徒掾，稍至黄门侍郎。东海王越引为太傅主簿，甚见亲委，遂任职当权，熏灼内外，由是素论去之。永嘉末病卒，著碑论十二篇。

先是，注《庄子》者数十家，莫能究其旨统。向秀于旧注外而为解义，妙演奇致，大畅玄风，惟《秋水》、《至乐》二篇未竟而秀卒。秀子幼，其义零落，然颇有别本迁流。象为人行薄，以秀义不传于世，遂窃以为己注，乃自注《秋水》、《至乐》二篇，又易《马蹄》一篇，其余众篇或点定文句而已。其后秀义别本出，故今有向、郭二《庄》，其义一也。

庾纯，字谋甫，博学有才义，为世儒宗。郡补主簿，仍参征南府，累迁黄门侍郎，封关内侯，历中书令、河南尹。初，纯以贾充奸佞，与任恺共举充西镇关中，充由是不平。充尝宴朝士，而纯后至，充谓曰："君行常居人前，今何以在后？"纯曰："旦有小市井事不了，是以来后。"世言纯之先尝有伍伯者，充之先有市魁者，充、纯以此相讥焉。充自以位隆望重，意殊不平。及纯行酒，充不时饮。纯曰："长者为寿，何敢尔乎！"充曰："父老不归供养，将何言也！"纯因发怒曰："贾充！天下凶凶，由尔一人。"充曰："充辅佐二世，荡平巴、蜀，有何罪而天下为之凶凶？"纯曰："高贵乡公何在？"众坐因罢。充左右欲执纯，中护军羊琇、侍中王济佑之，因得出。充惭怒，上表解职。纯惧，上河南尹、关内侯印绶，上表自劾曰："司空公贾充请诸卿校丹及臣。臣不自量，饮酒过多。醉乱行酒，重酌于公，公不肯饮，言语往来，公遂诃臣父老不归供养，卿为无天地。臣不服罪自引，而更忿怒，厉声名公，临时喧饶，遂至荒越。礼，'八十月制'，诚以衰老之年，变难无常。臣不惟生育之恩，求养老父，而怀禄贪荣，鸟鸟之不若。充为三公，论道兴化，以教义责臣，是也。而以枉错直，居下犯上，醉酒迷荒，昏乱仪度。臣得以凡才，擢授显任。《易》戒濡首，《论》诲酒困，而臣闻义不服，过言盈庭，默幔台司，违犯宪度，不可以训。请台免臣官，廷尉结罪，大鸿胪削爵土。赦身不谨，伏须罪诛。"御史中丞孔恂劾纯，请免官。诏曰："先王崇尊卑之礼，明贵贱之序，著温克之德，记沈酗之祸，所以光宣道化，示人轨仪也。昔广汉陵慢宰相，获犯上之刑；灌夫托醉肆忿，致诛毙之罪。纯以凡才，备位卿尹，不惟谦敬之节，不忌覆车之戒，陵上无礼，悖言自口，宜加显黜，以肃朝伦。"遂免纯官。

又以纯父老不求供养，使据礼典正其臧否。太傅何曾、太尉荀顗、骠骑将军齐王攸议曰："凡断正臧否，宜先稽之礼、律。八十者，一子不从政；九十者，其家不从政。新令亦如之。按纯父年八十一，兄弟六人，三人在家，不废侍养。纯不求供养，其于礼、律未有违也。司空公以纯备位卿尹，望其有加于人。而纯荒醉，肆其忿怒。臣以为纯不远布孝至之行，而近习常人之失，应在讥贬。"司徒石苞议："纯荣官忘亲，恶闻格言，不忠不孝，宜除名削爵土。"司徒西曹掾刘斌议以为："敦叙风俗，以人伦为先；人伦之教，以忠孝为主。忠故不忘其君，孝故不忘其亲。若孝必专心于色养，则明君不得而臣；忠必不顾其亲，则父母不得而子也。是以为臣者，必以义断其恩；为子也，必以情割其义。在朝则从君之命，在家则随父之制。然后君父两济，忠孝各尽。纯兄峻以父老求归，峻若得归，纯无不归之势；峻不得归，纯无得归之理。纯虽自闻，同不见听。近辽东太守孙和、广汉太守邓良皆有老母，良无兄弟，授之远郡，辛苦自归，皆不见听。且纯近为京尹，父在界内，时得自启定省，独于礼法外处其贬黜，斌愚以为非理也。礼，年八十，一子不从政。纯有二弟在家，不为违礼。又令，年九十，乃听悉归。今纯父实未九十，不为犯令。骂辱宰相，宜加放斥，以明国典。圣恩恺悌，示加贬退，臣愚无所清议。"河南功曹史庞札等表曰：

臣郡前尹关内侯纯，醉酒失常，《戊申诏书》既免尹官，以父笃老不求供养，下五府依礼典正其臧否。臣谨按三王养老之制，八十，一子不从政；九十，其家不从政，斯诚使人无阙孝养之道，为臣不违在公之节也。先王制礼垂训，莫尚于周。当其时也，姬公留周，伯禽之鲁，孝子不匮，典礼无怨。今公府议，七十时制，八十月制，欲以驳夺从政之限，削除爵土。是为公旦立法，还自越之，鲁侯为子，即为罚首也。石奋期颐，四子列郡。近太宰献王诸子，亦有藩外。古今同符，忠孝并济。

臣闻梅杏之疵，君子有之。尹性少饮多，遂至沈醉。尹醒闻知，悼恨前失，执谦引罪，深自奏劾，求入重法。今公府不原所由，而谓傲很，是为重罪过醉之言，而没迷复之义也。臣闻父子天性，爱由自然，君臣之交，出自义合，而求忠臣必于孝子。是以先王立礼，敬同于父，原始要终，齐于所生，如此犹患人臣罕能致身。今公府议云，礼律虽有常限，至于疾病归养，不夺其志。如此则为礼禁正直，而陷人以诈，违越王制，开其殆原。尹少履清苦，事亲色养，历职内外，公廉无私，此陛下之所以屡发明诏，而尹之所以仍见擢授也。尹行己也恭，率下也敬，先众后己，实是宿心。一旦由醉，责以暴慢。按奏状不忠不孝，群公建议削除爵土，此愚臣所以自悲自悼，拊心泣血也。

按今父母年过八十，听令其子不给限外职，诚以得有归来之缘。今尹居在郡内，前每表屡蒙定省。尹昆弟六人，三人在家，孝养不废。兄侍中峻，家之嫡长，往比自表，求归供养，诏喻不听。国体法同，兄弟无异，而虚责尹不求供养如斯，臣惧长假饰之名，而损忠诚之实也。夫礼者，所以经国家，定社稷也。故陶唐之隆，顺考古典；周成之美，率由旧章。伏惟陛下圣德钦明，敦礼崇教，畴咨四岳，以详典制。尹以犯违受黜，而所由者醉。公以教义见责，而所因者忿。积忿以立义，由醉以得罪，礼律不复为断，文致欲以成法。是以愚臣敢冒死亡之诛，而耻不伸于盛明之世。惟蒙哀察。

帝复下诏曰："自中世以来，多为贵重顺意，贱者生情，故令释之、定国得扬名于前世。今议责庾纯，不惟温克，醉酒沈湎，此责人以齐圣也。疑贾公亦醉，若其不醉，终不于百客之中责以不去官供养也。大晋依圣人典礼，制臣子出处之宜，若有八十，皆当归养，亦不独纯也。古人云：'由醉之言，俾出童羖。'明不责醉，恐失度也。所以免纯者，当为将来之醉戒耳。齐王、刘掾议当矣。"复以纯为国子祭酒，加散骑常侍。后将军荀虨于朝会中奏纯以前坐不孝免黜，不宜升进。侍中甄德进曰："孝以显亲为大，禄养为荣。诏赦纯前愆，擢为近侍，兼掌教官，此纯召不俟驾之日。而后将军虨敢以私议贬夺公论，抗言矫情，诬罔朝廷，宜加贬黜。"虨坐免官。

初，虨与纯俱为大将军所辟，虨整丽车服，纯率素而已，虨以为愧恨。至是，毁纯。虨既免黜，纯更以此愧之，亟往慰勉之，时人称纯通恕。

迁侍中，以父忧去官。起为御史中丞，转尚书。除魏郡太守，不之官，拜少府。年六十四卒。子旉。

旉字允臧。少有清节，历位博士。齐王攸之就国也，下礼官议崇锡之物。旉与博士太叔广、刘暾、缪蔚、郭颐、秦秀、傅珍等上表谏曰：

《书》称帝尧"克明俊德，以亲九族"。武王光有天下，兄弟之国十有六人，同姓之国四十人，元勋睦亲，显以殊礼，而鲁、卫、齐、晋大启土宇，并受分器。所谓惟善所在，亲疏一也。大晋龙兴，隆唐周之远迹，王室亲属，佐命功臣，咸受爵土，而四海乂安。今吴、会已平，诏大司马齐王出统方岳，当遂抚其国家，将准古典，以垂永制。

昔周之选建明德以左右王室也，则周公为太宰，康叔为司寇，聃季为司空。及召、芮、毕、毛诸国，皆入居公卿大夫之位，明股肱之任重，守地之位轻也，未闻古典以三事之重出之国者。汉氏诸侯王位尊势重，在丞相三公上。其入赞朝政者，乃有兼官，其出之国，亦不复假台司虚名为隆宠也。

昔申无宇曰"五大不在边"，先儒以为贵宠公子公孙，累世正卿也。又曰"五细不在庭"，先儒以为贱妨贵，少陵长，远间亲，新间旧，小加大也。不在庭，不在朝廷为政也。又曰："亲不在外，羁不在内。今弃疾在外，郑丹在内，君其少戒之。"叔向有言："公室将卑，其枝叶先落。"公族，公室之本，而去之，谚所谓苞焉而纵寻斧柯者也。

今使齐王贤邪，则不宜以母弟之亲尊，居鲁、卫之常职；不贤邪，不宜大启土宇，表建东海也。古礼，三公无职，坐而论道，不闻以方任婴之。惟周室大坏，宣王中兴，四夷交侵，救急朝夕，然后命召穆公征淮夷。故其诗曰"徐方不回，王曰旋归"，宰相不得久在外也。今天下已定，六合为家，将数延三事，与论太平之基，而更出之，去王城二千里，违旧章矣。

旉草议，先以呈父纯，纯不禁。太常郑默、博士祭酒曹志并过其事。武帝以博士不答所问，答所不问，大怒，事下有司。尚书朱整、褚䂮等奏："旉等侵官离局，迷罔朝廷，崇饰恶言，假托无讳，请收旉等八人付廷尉科罪。"旉父纯诣廷尉自首："旉以议草见示，愚浅听之。"诏免纯罪。

廷尉刘颂又奏旉等大不敬，弃市论，求平议。尚书又奏请报听廷尉行刑。尚书夏侯骏谓朱整曰："国家乃欲诛谏臣！官立八座，正为此时，卿可共驳正之。"整不从，骏怒起，曰："非所望也！"乃独为驳议。左仆射魏舒、右仆射下邳王晃等从骏议。奏留中七日，乃诏曰："旉等备为儒官，不念奉宪制，不指答所问，敢肆其诬罔之言，以干乱视听。而旉是议主，应为戮首。但旉及家人并自首，大信不可夺。秦秀、傅珍前者虚妄，幸而得免，复不以为惧，当加罪戮，以彰凶慝。犹复不忍，皆丐其死命。秀、珍、旉等并除名。"后数岁，复起为散骑侍郎。终于国子祭酒。

秦秀，字玄良，新兴云中人也。父朗，魏骁骑将军。秀少敦学行，以忠直知名。咸宁中，为博士。何曾卒，下礼官议谥。秀议曰：

故太宰何曾，虽阶世族之胤，而少以高亮严肃，显登王朝。事亲有色养之名，在官奏科尹模，此二者实得臣子事上之概。然资性骄奢，不循轨则。《诗》云："节彼南山，惟石岩岩，赫赫师尹，人具尔瞻。"言其德行高峻，动必以礼耳。丘明有言："俭，德之恭；侈，恶之大也。"大晋受命，劳廉隐约，曾受宠二代，显赫累世。暨乎耳顺之年，身兼三公之位，食大国之租，荷保傅之贵，执司徒之均。二子皆金貂卿校，列于帝侧。方之古人，责深负重，虽举门尽死，犹不称位。而乃骄奢过度，名被九域，行不履道，而享位非常。以古义言之，非惟失辅相之宜，违断金之利也。秽皇代之美，坏人伦之教，生天下之丑，示后生之傲，莫大于此。自近世以来，宰臣辅相，未有受垢辱之声，被有司之劾，父子尘累而蒙恩贷若曾也。

周公吊二季之陵迟，哀大教之不行，于是作谥以纪其终。曾参奉之，启手归全，易箦而没，盖明慎终，死而后已。齐之史氏，乱世陪臣耳，犹书君贼，累死不惩。况于皇代守典之官，敢ँ强盛，而不尽礼。管子有言："礼义廉耻，是谓四维，四维不张，国乃灭亡。"宰相大臣，人之表仪，若生极其情，死又无贬，是则帝室无正刑也。王公贵人，复何畏哉！所谓四维，复何寄乎！谨按《谥法》："名与实爽曰缪，怙乱肆行曰丑。"曾之行己，皆与此同，宜谥缪丑公。

时虽不同秀议，而闻者惧焉。

秀性忌谀佞，疾之如仇，素轻鄙贾充，及伐吴之役，闻其为大都督，谓所亲者曰："充文案小才，乃居伐国大任，吾将哭以送师。"或止秀曰："昔蹇叔知秦军必败，故哭送其子耳。今吴君无道，国有自亡之形，群率践境，将不战而溃。子之哭也，既为不智，乃不赦之罪。"于是乃止。及孙皓降于王濬，充未之知，方以吴未可平，抗表请班师。充表与告捷同至，朝野以充位居人上，智出人下，金以秀为知言。

及充薨，秀议曰："充舍宗族弗授，而以异姓为后，悖礼溺情，以乱大伦。昔郓养外孙莒公子为后，《春秋》书'莒人灭郓'。圣人岂不知外孙亲邪！但以义推之，则无父子耳。又案诏书'自非功如太宰，始封无后如太宰，所取必己自出如太宰，不得以为比'。然则以外孙为后，自非元功显德，不之得也。天子之礼，盖可然乎？绝父祖之血食，开朝廷之祸门。《谥法》'昏乱纪度曰荒'，请谥荒公。"不从。

王濬有平吴之勋，而为王浑所潜毁。帝虽不从，无明赏罚，以濬为辅国大将军，天下咸为之怨。秀乃上言曰："自大晋启祚，辅国之号，率以旧恩。此为王濬无功之时，受九列之显位，立功之后更得宠人之辱号也。四海视之，孰不失望！蜀小吴大，平蜀之后，二将皆就加三事，今濬还而降等，天下安得不惑乎！吴之未亡也，虽以三祖之神武，犹躬受其屈。以孙皓之虚名，足以惊动诸夏，每一小出，虽圣心知其垂亡，然中国辄怀惶怖。当尔时，有能借天子百万之众，平而有之，与国家结兄弟之交，臣恐朝野实皆甘之耳。今濬举蜀、汉之卒，数旬而平吴，虽举吴

人之财宝以与之，本非己分有焉，而遽与计校乎？"

后与刘暾等同议齐王攸事，忤旨，除名。寻复起为博士。秀性悻直，与物多忤。为博士前后垂二十年，卒于官。

史臣曰：齐献王以明德茂亲，经邦论道，允厘庶绩，式叙彝伦。武帝纳奸谄之邪谋，怀绍终之远虑，遂乃君兹青土，作牧东藩。远迩惊嗟，朝野失望。曹志等服膺教义，方轨儒门，謇謇匪躬，楼楼体国。故能抗言凤阙，忤犯龙鳞，身虽暂屈，道亦弘矣！庾氏世载清德，见称于世，汝颍之多奇士，斯焉取斯。谋甫素疾佞邪，而发因醉饱，投鼠忌器，岂易由言。窃人之财，犹谓之盗，子玄假誉攘善，将非盗乎！

赞曰：魏氏维城，济北知名。颍川多士，峻亦飞英。长岑徇义，祭酒遗荣。谋甫三爵，酗酱斯作。象既攘善，秀惟瘅恶。勇献嘉谋，几趋鼎镬。

卷五十一　　　列传第二十一

皇甫谧 子方回　挚虞　束皙 王接

皇甫谧，字士安，幼名静，安定朝那人，汉太尉嵩之曾孙也。出后叔父，徙居新安。年二十，不好学，游荡无度，或以为痴。尝得瓜果，辄进其后叔母任氏。任氏曰："《孝经》云：'三牲之养，犹为不孝。'汝今年余二十，目不存教，心不入道，无以慰我。"因叹曰："昔孟母三徙以成仁，曾父烹豕以存教，岂我居不卜邻，教有所阙，何尔鲁钝之甚也！修身笃学，自汝得之，于我何有！"因对之流涕。谧乃感激，就乡人席坦受书，勤力不怠。居贫，躬自稼穑，带经而农，遂博综典籍百家之言。沈静寡欲，始有高尚之志，以著述为务，自号玄晏先生。著《礼乐》、《圣真》之论。后得风痹疾，犹手不辍卷。

或劝谧修名广交，谧以为"非圣人孰能兼存出处，居田里之中亦可以乐尧、舜之道，何必崇接世利，事官鞅掌，然后为名乎"。作《玄守论》以答之，曰：

或谓谧曰："富贵人之所欲，贫贱人之所恶，何故委形待于穷而不变乎？且道之所贵者，理世也；人之所美者，及时也。先生年迈齿变，饥寒不赡，转死沟壑，其谁知乎？"

谧曰："人之所至惜者，命也；道之所必全者，形也；性形所不可犯者，疾病也。若扰全道以损性命，安得去贫贱存所欲哉？吾闻食人之禄者怀人之忧，形强犹不堪，况吾之弱疾乎！且贫者士之常，贱者道之实，处常得实，没齿不忧，孰与富贵扰神耗精者乎！又生为人所不知，死为人所不惜，至矣！喑聋之徒，天下之有道者也。夫一人死而天下号者，以为损也；一人生而四海笑者，以为益也。然则号笑非益死损生

也。是以至道不损,至德不益。何哉?体足也。如回天下之念以追损生之祸,运四海之心以广非益之病,岂道德之至乎!夫唯无损,则至坚矣,夫唯无益,则至厚矣。坚故终不损,厚故终不薄。苟能体坚厚之实,居不薄之真,立乎损益之外,游乎形骸之表,则我道全矣。"

遂不仕。耽玩典籍,忘寝与食,时人谓之"书淫"。或有箴其过笃,将损耗精神。谧曰:"朝闻道,夕死可矣,况命之修短分定悬天乎!"

叔父有子既冠,谧年四十丧所生后母,遂还本宗。

城阳太守梁柳,谧从姑子也,当之官,人劝谧饯之。谧曰:"柳为布衣时过吾,吾送迎不出门,食不过盐菜,贫者不以酒肉为礼。今作郡而送之,是贵城阳太守而贱梁柳,岂中古人之道,是非吾心所安也。"

时魏郡召上计掾,举孝廉;景元初,相国辟,皆不行。其后乡亲劝令应命,谧为《释劝论》以通志焉。其辞曰:

相国晋王辟余等三十七人,及泰始登禅,同命之士莫不毕至,皆拜骑都尉,或赐爵关内侯,进奉朝请,礼如侍臣。唯余疾困,不及国宠。宗人父兄及我僚类,咸以为天下大庆,万姓赖之,虽未成礼,不宜安寝,纵其疾笃,犹当致身。余唯古今明王之制,事无巨细,断之以情,实力不堪,岂慢为哉!乃伏枕而叹曰:"夫进者,身之荣也;退者,命之实也。设余不疾,执高箕山,尚当容之,况余实笃!故尧、舜之世,士或收迹林泽,或过门不敢入。咎繇之徒两遂其愿者,遇时也。故朝贵致功之臣,野美全志之士,彼独何人哉!今圣帝龙兴,配名前哲,仁道不远,斯亦然乎!客或以常言见逼,或以逆世为虑。余谓上有宽明之主,下必有听意之人,天网恢恢,至否一也,何尤于出处哉!"遂究宾主之论,以解难者,名曰《释劝》。

客曰:"盖闻天以悬象致明,地以含通吐灵。故黄钟次序,律吕分形。是以春华发萼,夏繁其实,秋风逐暑,冬冰乃结。人道以之,应机乃发。三材连利,明若符契。故士或同升于唐朝,或先觉于有莘,或通梦以感主,或释钓于渭滨,或叩角以干齐,或解褐以相秦,或冒谤以安郑,或乘驷以救屯,或班荆以求友,或借术于黄神。故能电飞景拔,超次迈伦,腾高声以奋远,抗宇宙之清音。由此观之,进德贵乎及时,何故屈此而不伸?今子以英茂之才,游精于六艺之府,散意于众妙之门者有年矣。既遭皇禅之朝,又投禄利之际,委圣明之主,偶知己之会,时清道真,可以冲迈,此真吾生濯发云汉、鸿渐之秋也。韬光逐薮,含章未曜,龙潜九泉,坚焉执高,弃通道之远由,守介人之局操,无乃乖于道之趣乎?

且吾闻招摇昏回则天位正,五教班叙则人理定。如今王命切至,委虑有司,上招迕主之累,下致骇众之疑。达者贵同,何必独异?群贤可从,何必守意?方今同命并臻,饥不待餐,振藻皇涂,咸秩天官。子独栖迟衡门,放形世表,逊遁丘园,不眄华好,惠不加人,行不合道,身婴大疢,性命难保。若其羲和促辔,大火西颓,临川恨晚,将复何阶!夫贵阴贱璧,圣所约也;颠倒衣裳,明所箴也。子其鉴先哲之洪范,副圣朝之虚心,冲灵翼于云路,浴天池以濯鳞,排阊阖,步玉岑,登紫闼,侍北辰,翻然景曜,杂沓英尘。辅唐、虞之主,化尧舜、之人,宣刑错之政,配殷、周之臣,铭功景钟,参叙彝伦,存则鼎食,亡为贵臣,不亦茂哉!而忽金白之辉曜,忘青紫之斑斓,辞容服之光粲,抱弊褐之终年,无乃勤乎!"

主人笑而应之曰:"吁!若宾可谓习外观之晖晖,未睹幽人之仿佛也;见俗人之不容,未喻圣皇之兼爱也;循方圆于规矩,未知大形之无外也。故曰,天玄而清,地静而宁,含罗万类,旁薄群生,寄身圣世,托道之灵。若夫春以阳散,冬以阴凝,泰液含光,元气混蒸,众品仰化,诞生殊征。故进者享天禄,处者安丘陵。是以寒暑相推,四宿代中,阴阳不治,运化无穷,自然分定,两克厥中。二物俱灵,是谓大同,彼此无怨,是谓至通。

若乃衰周之末,贵诈贱诚,牵于权力,以利要荣。故苏子出而六主合,张仪入而横势成,廉颇存而赵重,乐毅去而燕轻,公叔没而魏败,孙膑刖而齐宁,蠡种亲而越霸,屈子疏而楚倾。是以君无常籍,臣无定名,损义放诚,一虚一盈。故冯以弹剑感主,女有反赐之说,项奋拔山之力,删陈鼎足之势,东郭劫于田荣,颜阖耻于见逼。斯皆弃礼丧真,苟荣朝夕之急者也,岂道化之本与!

若乃圣帝之创化也,参德乎三皇,齐风乎虞、夏,欲温温而和畅,不欲察察而明切也;欲混混若玄流,不欲荡荡而名发也;欲索索而条解,不欲契契而绳结也;欲芒芒而无垠际,不欲区区而分别也;欲暗然而内章,不欲示白若冰雪也;欲醇醇而任德,不欲琐琐而执法也。是以见机者不动戎,好遁者无所迫。故曰,一明一昧,得道之概;一弛一张,合礼之方;一浮一沈,兼得其真。故上有劳谦之爱,下有不名之臣;朝有聘贤之礼,野有遁窜之人。是以支伯以幽疾距唐,李老寄迹于西邻,颜氏安陋以成名,原思娱道于至贫,荣期以三乐感尼父,黔娄定谥于布衾,干木偃息以存魏,荆、莱志迈于江岑,君平因蓍以道著,四皓潜德于洛滨,郑真躬耕以致誉,幼安发令乎今人。皆持难夺之节,执不回之意,遭拔俗之主,全彼人之志。故有独定之计者,不借谋于众人;守不动之安者,不假虑于群宾。故能弃外亲之华,通内道之真,去显冒之明路,入昧昧之埃尘,宛转万情之形表,排托虚寂以寄身,居无事之宅,交释利之人。轻若鸿毛,重若泥沈,损之不得,测之愈深。真吾徒之师表,余迫疾而不能及者也。子议吾失宿而骇众,吾亦怪子较论而不折中也。

夫才不周用,众所斥也;寝疾弥年,朝所弃也。是以胥克之废,丘明列焉;伯牛有疾,孔子斯叹。若黄帝创制于九经,岐伯剖腹以蠲肠,扁鹊造虢而尸起,文挚徇命于齐王,医和显术于秦、晋,仓公发秘于汉皇，华佗存精于独识，仲景垂妙于定方。徒恨生不逢乎若人，故乞命诉乎明王。求绝编于天录，亮我躬之辛苦，冀微诚之降霜，故俟罪而穷处。

其后武帝频下诏敦逼不已，谧上疏自称草莽臣曰："臣以尪弊，迷于道趣，因疾抽簪，散发林阜，人纲不闲，鸟兽为群。陛下披榛采兰，并收蒿艾。是以皋陶振褐，不仁者远。臣惟顽蒙，备食晋粟，犹识唐人击壤之乐，宜赴京城，称寿阙外。而小人无良，致灾速祸，久婴笃疾，躯半不仁，右脚偏小，十有九载。又服寒食药，违错节度，辛苦荼毒，于今七年。隆冬裸袒食冰，当暑烦闷，加以咳逆，或若温虐，或类伤寒，浮气流肿，四肢酸重。于今困劣，救命呼噏，父兄见出，妻息长诀。仰迫天威，扶舆就道，所苦加焉，不任进路，委身待罪，伏枕叹息。臣闻《韶》《卫》不并奏，《雅》《郑》不兼御，故邰子入周，祸延王叔；虞丘称贤，樊姬掩口。君子小人，礼不同器，况臣糠莸，糅之彫胡？庸夫锦衣，不称其服。窃闻同命之士，咸以毕到，唯臣疾疢，抱衅床蓐，虽会明时，俱毙命路隅。设臣不疾，已遭尧、舜之世，执志箕山，犹当容之。臣闻上有明圣之主，下有输实之臣；上有在宽之政，下有委情之人。唯陛下留神垂恕，更旌瑰俊，索隐于傅岩，收钓于渭滨，无令泥滓久浊清流。"谧辞切言至，遂见听许。

岁余，又举贤良方正，并不起。自表就帝借书，帝送一车书与之。谧虽羸疾，而披阅不息。初服寒食散，而性与之忤，每委顿不伦，尝悲恚，叩刃欲自杀，叔母谏之而止。

济阴太守蜀人文立，表以命士有赘为烦，请绝其礼币，诏从之。谧闻而叹曰："亡国之大夫不可与图存，而以革历代之制，其可乎！夫'束帛戋戋'，《易》之明义，玄纁之贽，自古之旧也。故孔子称凤夜强学以待问，席上之珍以待聘。士于是乎三揖乃进，明致之难也；一让而退，明去之易也。若殷汤之于伊尹，文王之于太公，或身即莘野，或就载以归，唯恐礼之不重，岂吝其烦费哉！且一礼不备，贞女耻之，况命士乎！孔子曰：'赐也，尔爱其羊，我爱其礼。'弃之如何？政之失贤，于此乎在矣。"

咸宁初，又诏曰："男子皇甫谧沈静履素，守学好古，与流俗异趣，其以谧为太子中庶子。"谧固辞笃疾。帝初虽不夺其志，寻复发诏征为议郎，又召补著作郎。司隶校尉刘毅请为功曹，并不应。著论为葬送之制，名曰《笃终》，曰：

玄晏先生以为存亡天地之定制，人理之必至也。故礼六十而制寿，至于九十，各有等差，防终以素，岂流俗之多忌者哉！吾年虽未制寿，然婴疾弥纪，仍遭丧难，神气损劣，困顿数矣。常惧奄陨不期，虑终无素，是以略陈至怀。

夫人之所贪者，生也；所恶者，死也。虽贪，不得越期；虽恶，不可逃遁。人之死也，精歇形散，魂无不之，故气属于天；寄命终尽，穷体反真，故尸藏于地。是以神不存体，则与气升降；尸不久寄，与地合形。形神不隔，天地之性也；尸与土并，反真之理

也。今生不能保七尺之躯，死何故隔一棺之土？然则衣衾所以秽尸，棺椁所以隔真，故桓司马石椁不如速朽；季孙玙璠比之暴骸；文公厚葬，《春秋》以为华元不臣；杨王孙亲土，《汉书》以为贤于秦始皇。如今魂必有知，则人鬼异制，黄泉之亲，死多于生，必将备其器物，用待亡者。今若以存况终，非即灵之意也。如其无知，则空夺生用，损之无益，而启奸心，是招露形之祸，增亡者之毒也。

夫葬者，藏也，藏也者，欲人之不得见也。而大为棺椁，备赠存物，无异于埋金路隅而书表于上也。虽甚愚之人，必将笑之。丰财厚葬以启奸心，或剖破棺椁，或牵曳形骸，或剥臂捋金环，或扪肠求珠玉。焚如之形，不痛于是？自古及今，未有不死之人，又无不发之墓也。故张释之曰："使其中有欲，虽固南山犹有隙；使其中无欲，虽无石椁，又何戚焉！"斯言达矣，吾之师也。夫赠终加厚，非厚死也，生者自为也。遂生意于无益，弃死者之所属，知者所不行也。《易》称"古之葬者，衣之以薪，葬之中野，不封不树"。是以死得归真，亡不损生。

故吾欲朝死夕葬，夕死朝葬，不设棺椁，不加缠敛，不修沐浴，不造新服，殡殓之物，一皆绝之。吾本欲露形入坑，以身亲土，或恐人情染俗来久，顿革理难，今故怖为之制，奢不石椁，俭不露形。气绝之后，便即时服，幅巾故衣，以蘧除裹尸，麻约二头，置尸床上。择不毛之地，穿坑深十尺，长一丈五尺，广六尺，坑讫，举床就坑，去床下尸。平生之物，皆无自随，唯赍《孝经》一卷，示不忘孝道。蘧除之外，便以亲土。土与地平，还其故草，使生其上，无种树木、削除，使生迹无处，自求不知。不见可欲，则奸不生心，终始无忧惕，千载不虑患。形骸与后土同体，魂爽与元气合灵，真笃爱之至也。若亡有前后，不得移祔。祔葬自周公来，非古制也。舜葬苍梧，二妃不从，以为一定，何必周礼。无问师工，无信卜筮，无拘俗言，无张神坐，无十五日朝夕上食。礼不墓祭，但月朔于家设席以祭，百日而止。临必昏明，不得以夜。制服常居，不得墓次。夫古不崇墓，智也。今之封树，愚也。若不从此，是戮尸地下，死而重伤。魂而有灵，则冤悲没世，长为恨鬼。王孙之子，可以为诫。死誓难违，幸无改焉！

而竟不仕。太康三年卒，时年六十八。子童灵、方回等遵其遗命。

谧所著诗赋诔颂论难甚多，又撰《帝王世纪》、《年历》、《高士》、《逸士》、《列女》等传、《玄晏春秋》，并重于世。门人挚虞、张轨、牛综、席纯，皆为晋名臣。

方回少遵父操，兼有文才。永嘉初，博士征，不起。避乱荆州，闭户闲居，未尝入城府。蚕而后衣，耕而后食，先人后己，尊贤爱物，南土人士咸崇敬之。刺史陶侃礼之甚厚。侃每造之，著素士服，望门辄下而进。王敦遣从弟廙代侃，迁侃为广州。侃将诣敦，方回谏曰："吾闻敌国

灭,功臣亡。足下新破杜弢,功莫与二,欲无危,其可得乎!"侃不从而行。敦果欲杀侃,赖周访获免。廙既至荆州,大失物情,百姓叛廙迎杜弢。廙大行诛戮以立威,以方回为侃所敬,责其不来诣已,乃收而斩之。荆土华夷,莫不流涕。

挚虞,字仲洽,京兆长安人也。父模,魏太仆卿。虞少事皇甫谧,才学通博,著述不倦。郡檄主簿。虞尝以死生有命,富贵在天。天之所祐者义也,人之所助者信也。履信思顺,所以延福,违此而行,所以速祸。然道长世短,祸福舛错,伏迫之徒,不知所守,荡而积愤,或迷或放。故借之以身,假之以事,先陈处世之不遇之难,遂弃彝伦,轻举远游,以极常人罔惑之情,而后引之以正,反之以义,推神明之应于视听之表,崇否泰之运于智力之外,以明天任命之不可违,故作《思游赋》。其辞曰:

有轩辕之遐胄兮,氏仲任之洪裔。敷华颖于末叶兮,晞灵根于上世。准乾坤以斡度兮,仪阴阳以定制。匪时运其焉行兮,乘太虚而摇曳。戴朗月之高冠兮,缀太白之明璜。制文霓以为衣兮,袭采云以为裳。要华电之煜爚兮,珮玉衡之琳琅。明景日以鉴形兮,信焕曜而重光。

至美诡好于凡观兮,修稀合而靡呈。燕石缇袭以华国兮,和璞遥弃于南荆。夏像韬尘于市北兮,瓶罍抗方于两楹。鸾皇耿介而偏栖兮,兰桂背时而独荣。关寒暑以练真兮,岂改容而爽情。

感昆吾之易越兮,怀晖光之速暮。羡一稔而三春兮,尚含英以容豫。悼曜灵之靡暇兮,限天晷之有度。聆鸣蜩之号节兮,恐陨叶之凝露。希前轨而增骛兮,眷后尘而旋顾。往者倏忽而不逮兮,来者冥昧而未著。二仪泊焉其无央兮,四节环转而靡穷。星鸟逝而时反兮,夕景潜而且融。景三后之在天兮,叹圣哲之永终。谅道修而命微兮,孰舍盈而戡冲。握隋珠与蕙若兮,时莫悦而未逞。彼未逞其何恤兮,惧独美之有伤。寒委深而投奥兮,庶芬藻之不彰。芳处幽而弥馨兮,宝在夜而愈光。逼区内之迫胁兮,思搌翼乎八荒。望云阶之崇壮兮,愿轻举而高翔。

造庖牺以问象兮,辨吉繇于姬文。将远游于太初兮,鉴形魄之未分。四灵俨而为卫兮,六气纷以成群。骖白兽于商风兮,御苍龙于景云。简厮徒于灵囷兮,从冯夷而问津。召陵阳于游溪兮,旌王子于柏人。前祝融以掌燧兮,殿玄冥以掩尘。形飘飘而遂逴兮,气亹亹而愈新。挹玉膏于莱嵎兮,掇紫英于瀛濒。揖太昊以假憩兮,听赋政于三春。洪范禽而复张兮,百卉陨而更震。睇玉女之纷彩兮,执懿筐于扶木。览玄象之韡晔兮,仍腾跃乎阳谷。吸朝霞以疗饥兮,降虞泉而濯足。将纵辔以逍遥兮,恨东极之路促。诏纤阿而右回兮,觌朱明之赫戏。蒞群神于夏庭兮,回苍梧而结知。缅焦明以承旂兮,驵天马而高驰。逸羲和于丹丘兮,诮倒景之乱仪。寻凯风以南暨兮,谢太阳于炎离。戚溽暑之陶郁兮,余安能乎留斯!闻碧鸡之长晨兮,吾将往乎西游。奥浮鹢于弱水兮,泊舳舻兮中流。苟精粹之攸存兮,诚沈羽以泛舟。軼望舒以陵厉兮,羌神漂而气浮。讯硕老于金室兮,采旧闻于前修。讥沦阴于危山兮,问王母于椒丘。观玄鸟之参趾兮,会根壹之神筹。扰夋兔于月窟兮,诘姮娥于薜收。爰揽辔而旋驱兮,访北叟之倚伏。乘增冰而遂济兮,凌固阴之所溜。探龟蛇于幽穴兮,目瞰罔养之潜育。哂倏忽之躩狂兮,丧中黄于耳目,偭烛龙而游衍兮,穷大明于北陆。

攀招摇而上跻兮,忽蹈廓而凌虚。登闾阖而遗眷兮,颣玄黄于地舆。召黔雷以先导兮,觐天帝于清都。观浑仪以寓目兮,拊造化之大炉。爰辨惑于上皇兮,稽吉凶之元符。唐则天而民咨兮,癸乱常而感虞。孔挥涕于西狩兮,臧考祥于娄句。跖肆暴而保乂兮,颜履仁而凤徂。何否泰之靡所兮,眩荣辱之不图?运可期兮不可思,道可知兮不可为。求之者劳兮欲之者惑,信天任命兮理乃自得。

且也四位为匠,乾巛为均。散而为物,结而为人。阳降阴升,一替一兴。流而为川,滞而为陵。祸不可攘,福不可征。其否兮有豫,其泰兮有数。成形兮未察,灵像兮已固。承明训以发蒙兮,审性命之靡求。将澄神而守一兮,奚飘飘而遐游!

斐陈辞以告退兮,主悖惘而永叹。惟升降之不仍兮,咏别易而会难。愿大飨以致好兮,盍息驾于一飱。会司仪于有始兮,延嘉宾于九乾。陈钧天之广乐兮,展万舞之至欢。枉矢铄其在手兮,狼弧蹯其斯弯。睨翟犬于帝侧兮,殪熊黑于灵轩。

尔乃清道凤跸,载轮修祖。班命授号,軑辀整旅。兆司郁以屈路兮,万灵森而陈庭。丰隆轩其警众兮,钩陈帅以属兵。堪舆竦而进时兮,文昌肃以司行。抗蚩尤之修斾兮,建雄虹之采旌。乘云车电鞭之扶舆委移兮,驾应龙青虬之容裔陆离。俯游光逸景倏烁徽霍兮,仰流旍垂旄燚攸扞缃。前湛湛而摄进兮,后傑傑而方驰。且启行于重阳兮,奄税驾乎少仪。跨列缺兮规乾巛,挥玉关兮出天门。涉汉津兮望昆仑,经赤霄兮临玄根。观品物兮终复魂,形已消兮气犹存。睚悬舟之离离兮,怀旧都之蔼蔼。仍繁荣而督引兮,将遄降而速迈。华云依霏而翼衡兮,日月炫晃而映盖。蹈烟熅兮辞天衢,心闿昜兮识故居。路遂迪兮情欣欣,奄忽归兮反常闻。修中和兮崇彝伦,大道繇兮味琴书。乐自然兮识穷达,澹无思兮心恒娱。

举贤良,与夏侯湛等十七人策为下第,拜中郎。武帝诏曰:"省诸贤良答策,虽所言殊涂,皆明于王义,有益政道。欲详览其对,究观贤士大夫用心。"因诏诸贤良方正直言,会东堂策问,曰:"顷日食正阳,水旱为灾,将何所修,以变大眚?及法令有不宜于今,为公私所患苦者,皆何事?凡平世在于得才,得才者亦借耳目以听察。若有文武器能有益于时务而未见申叙者,各举其人。及有负俗谤议,宜先洗濯者,亦各言之。"虞对曰:"臣闻古之圣明,原始以要终,体本以正末。故忧法度之不当,而不忧人物之失所；忧人物之失所，而不忧灾害之流行。诚以法得于此，则物理于彼；人和于下，则灾消于上。其有日月之眚，水旱之灾，则反听内视，求其所由，远观诸物，近验诸身。耳目听察，岂或有蔽其聪明者乎？动心出令，岂或有倾其常正者乎？大官大职，岂或有授非其人者乎？赏罚黜陟，岂或有不得其所者乎？河滨山岩，岂或有怀道钓筑而未感于梦兆者乎？方外遐裔，岂或有命世杰出而未蒙膏泽者乎？推此类也，以求其故，询事考言，以尽其实，则天人之情可得而见，咎征之至可得而救也。若推之于物则无忤，求之于身则无尤，万物理顺，内外咸宜，祝史正辞，言不负诚，而日月错行，夭疹不戒，此则阴阳之事，非吉凶所在也。期运度数，自然之分，固非人事所能供御，其亦振廪散滞，贬食省用而已矣。是故诚遇期运，则虽陶唐、殷汤有所不变，苟非期运，则宋、卫之君，诸侯之相，犹能有感。唯陛下审其所由，以尽其理，则天下幸甚。臣生长茔门，不逮异物，虽有贤才，所未接识，不敢瞽言妄举，无以畴答圣问。"擢为太子舍人，除国子令。

时天子留心政道，又吴寇新平，天下乂安，上《太康颂》以美晋德。其辞曰：

于休上古，人之资始。四隩咸宅，万国同轨。有汉不竞，丧乱靡纪。畿服外叛，侯卫内圮。天难既降，时惟鞠凶。龙战兽争，分裂遐邦。备僭岷蜀，度逆海东。权乃缘间，割据三江。明明上帝，临下有赫。乃宣皇威，致天之辟。奋武辽隧，罪人斯获。抚定朝鲜，奄征韩、貊。文既应期，席卷梁、益。元愍委命，九夷重译。邛、冉、哀牢，是焉底绩。我皇之登，二国既平。靡适不怀，以育群生。吴乃负固，故命南冥。声教未暨，弗及王灵。皇震其威，赫如雷霆。截彼江、沔、荆、舒以清。逷矣五皇，参乾两离。陶化以正，取乱以奇。耀武六旬，舆徒不疲。饮至数实，千旄无亏。洋洋四海，率礼和乐。穆穆宫庙，歌雍咏铄。光天之下，莫匪帝略。穷发反景，承正朔朝。龙马骙骙，风于华阳。弓矢囊服，干戈戢藏。严严南金，业业余皇。雄剑班朝，造舟为梁。圣明有造，实代天工。天地不违，黎元时邕。三务斯协，用底厥庸。既远其迹，将明其踪。乔山惟岳，望帝之封。猗欤圣帝，胡不封哉！

以母忧解职。久之，召补尚书郎。

将作大匠陈勰掘地得古尺，尚书奏："今尺长于古尺，宜以古为正。"潘岳以为习用已久，不宜复改。虞驳曰："昔圣人有以见天下之赜而拟其形容，象物制器，以存时用。故参天两地，以正算数之纪；依律计分，以定长短之度。其作之也有则，故用之也有征。考步两仪，则天地无所隐其情；准正三辰，则悬象无所容其谬；施之金石，则音韵和谐；措之规矩，则器用合宜。一本不差而万物皆正，及其差也，事皆反是。今尺长于古尺几于半寸，乐府用之，律吕不合；史官用之，历象失占；医署用之，孔穴乖错。此三者，度量之所由生，得失之所取征，皆缉而不得通，故宜改今而从古也。唐、虞之制，同律度量衡，仲尼之训，谨权审度。今两尺并用，不可谓之同，知失而行，

不可谓之谨。不同不谨，是谓谬法，非所以轨物垂则，示人之极。凡物有多而易改，亦有少而难变，亦有改而致烦，有变而之简。度量是人所常用，而长短非人所恋惜，是多而易改者也。正失于得，反邪于正，一时之变，永世无二，是变而之简者也。宪章成式，不失旧物，季末苟合之制，异端杂乱之用，当以时厘改，贞夫一者也。臣以为宜如所奏。"又表论封禅，见《礼志》。

虞以汉末丧乱，谱传多亡失，虽其子孙不能言其先祖，撰《族姓昭穆》十卷，上疏进之，以为足以备物致用，广多闻之益。以定品违法，为司徒所劾，诏原之。

时太庙初建，诏普增位一等。后以主者承诏失旨，改除之。虞上表曰："臣闻昔之圣明，不爱千乘之国而惜桐叶之信，所以重至尊之命而达于万国之诚也。前《乙巳赦书》，远称先帝遗惠余泽，普增位一等，以酬四海欣戴之心。驿书班下，被于远近，莫不鸟腾鱼跃，喜蒙德泽。今一旦更以主者思文不审，收既往之诏，夺已澍之施，臣之愚心窃以为不可。"诏从之。

元康中，迁吴王友。时荀顗撰《新礼》，使虞讨论得失而后施行。元皇后崩，杜预奏："谅暗之制，乃自上古，是以高宗无服丧之文，而唯文称不言。汉文限三十六日。魏氏以降，既虞为节。皇太子与国为体，理宜释服，卒哭便除。"虞答预书曰："唐称遏密，殷云谅暗，各举事以为名，非既葬有殊降。周室以来，谓之丧服。丧服者，以服表丧。今帝者一日万机，太子监抚之重，以宜夺礼，葬讫除服，变制通理，垂典将来，何必附之于古，使老儒致争哉！"皇太孙尚蒙，有司奏"御服齐衰期"。诏令博士议。虞曰："太子生，举以成人之礼，则殇理除矣。太孙亦体君传重，由位成而服全，非以年也。"从之。虞又议玉辂、两社事，见《舆服志》。

后历秘书监、卫尉卿，从惠帝幸长安。及东军来迎，百官奔散，遂流离鄠、杜之间，转入南山中，粮绝饥甚，拾橡实而食之。后得还洛，历光禄勋、太常卿。时怀帝亲郊。自元康以来，不亲郊祀，礼仪弛废。虞考正旧典，法物粲然。及洛京荒乱，盗窃纵横，人饥相食，虞素清贫，遂以馁卒。

虞撰《文章志》四卷，注解《三辅决录》，又撰古文章，类聚区分为三十卷，名曰《流别集》，各为之论，辞理惬当，为世所重。

虞善观玄象，尝谓友人曰："今天下方乱，避难之国，其唯凉土乎！"性爱士人，有表荐者，恒为其辞。东平太叔广枢机清辩，广谈，虞不能对；虞笔，广不能答；更相嗤笑，纷然于世云。

束晳，字广微，阳平元城人，汉太子太傅疏广之后也。王莽末，广曾孙孟达避难，自东海徙居沙鹿山南，因去疏之足，遂改姓焉。祖混，陇西太守。父龛，冯翊太守，并有名誉。晳博学多闻，与兄璆俱知名。少游国学，或问博士曹志曰："当今好学者谁乎？"志曰："阳平束广微好学不倦，人莫及也。"还乡里，察孝廉，举茂才，皆不就。璆娶石鉴从女，弃之，鉴以为憾，讽州郡公府不得辟，故

皙等久不得调。

太康中，郡界大旱，皙为邑人请雨，三日而雨注，众谓皙诚感，为作歌曰："束先生，通神明，请天三日甘雨零。我黍以育，我稷以生。何以畴之？报束长生。"皙与卫恒厚善，闻恒遇祸，自本郡赴丧。

尝为《劝农》及《饼》诸赋，文颇鄙俗，时人薄之。而性沈退，不慕荣利，作《玄居释》以拟《客难》，其辞曰：

束皙闲居，门人并侍。方下帷深谭，隐几而哈，含毫散藻，考撰同异，在侧者进而问之曰："盖闻道尚变通，达者无穷。世乱则救其纷，时泰则扶其隆。振天维以赞百务，熙帝载而鼓皇风。生则率土乐其存，死则宇内哀其终。是以君子屈己伸道，不耻干时。上国有不索何获之言，《周易》著跃以求进之辞。莘老负金铉以陈烹割之说，齐客当康衢而咏《白水》之诗。今先生耽道修艺，嶷然山峙，潜朗通微，洽览深识，夜兼忘寐之勤，昼骋钻玄之思，旷年累稔，不堕其志。鳞翼成而愈伏，术业优而不试。乃欲阁棱辞价，泥蟠深处，永戢琳琅之耀，匿首穷鱼之渚，当唐年而慕长沮，邦有道而反甯武。识彼迷此，愚窃不取。

若乃士以援登，进必求状，附势之党横揎，则林薮之彦不抽，丹墀步纨夸之童，东野遗白颠之叟。盖亦因子都而事博陆，凭鹢首以涉洪流，蹈翠云以骇逸龙，振光耀以惊沈鳞。徒屈蟠于陷井，眄天路而不游，学既积而身困，夫何为乎秘丘。

且岁不我与，时若奔驷，有来无反，难得易失。先生不知盱豫之谶悔迟，而忘夫朋盍之义务疾，亦岂能登海湄而抑东流之水，临虞泉而招西归之日？徒以曲畏为梏，儒学自桎，囚大道于环堵，苦形骸于蓬室。岂若托身权戚，凭势假力，择栖芳林，飞不待翼，夕宿七娥之房，朝享五鼎之食，匡三正则太阶平，赞五教而玉绳直。孰若茹藿餐蔬，终身自匮哉！"

束子曰："居！吾将导尔以君子之道，谕尔以出处之事。尔其明受余讯，谨听余志。

昔元一既启，两仪肇立，离光夜隐，望舒昼戢，羽族翔林，螈蚓赴湿，物从性之所安，士乐志之所执，或背丰荣以岩栖，或排兰闼而求入，在野者龙逸，在朝者凤集。虽其轨迹不同，而道无贵贱，必安其业，交不相羡，稷、契奋庸以宣道，巢、由洗耳以避禅，同垂不朽之称，俱入贤者之流。参名比誉，谁劣谁优？何必贪与二八为群，而耻为七人之畴乎！且道睽而通，士不同趣，吾窃缀处者之末行，未敢闻子之高喻，将忽蒲轮而不晌，夫何权戚之云附哉！

昔周、汉中衰，时难自托，福兆既开，患端亦作，朝游巍峨之宫，夕坠峥嵘之壑，昼笑夜叹，晨华暮落，忠不足以卫己，祸不可以预度，是士讳登朝而竞赴林薄。或毁名自污，或不食其禄，比从政于匦筒之龟，譬官者于郊庙之犊，公孙泣涕而辞相，杨雄抗论于赤族。

今大晋熙隆，六合宁静。蜂虿止毒，熊罴辍猛，五刑勿用，八絃备整，主无骄肆之怒，臣无牦缨之请，上下相安，率礼从道。朝养触邪之兽，庭有指佞之草，祸戮可以忠逃，宠禄可以顺保。

且夫进无险惧，而惟寂之务者，率其性也。两可俱是，而舍彼趣此者，从其志也。盖无为可以解天下之纷，澹泊可以救国家之急，当位者事有所穷，陈策者言有不入，翟璜不能回西邻之寇，平、勃不能正如意之立，干木卧而秦师退，四晧起而戚姬泣。夫如是何舍何执，何去何就？谓山岑之林为芳，谷底之莽为臭。守分任性，唯天所授，鸟不假甲于龟，鱼不借足于兽，何必笑孤竹之贫而美齐景之富！耻布衣以肆志，宁文裘而拖绣。且能约其躬，则儋石之畜可以丰，苟肆其欲，则海陵之积不足，存道德者，则匹夫之身可荣；忘大伦者，则万乘之主犹辱。将研六籍以训世，守寂泊以镇俗，偶郑老于海隅，匹严叟于僻蜀。且此以太虚为舆，玄炉为肆，神游莫宫之林，心存无营之室，荣利不扰其觉，殷忧不干其寐，捐夸者之所贪，收躁务之所弃，雄圣籍之荒芜，总群言之一至。全素履于丘园，背缨绶而长逸，请子课吾业于千载，无将吾言于今日也。"

张华见而奇之。石鉴卒，王戎乃辟廖。华召皙为掾，又为司空、下邳王晃所辟。华为司空，复以为贼曹属。

时欲广农，皙上议曰：

伏见诏书，以仓廪不实，关右饥穷，欲大兴田农，以蕃嘉谷，此诚有虞戒大禹尽力之谓。然农穣可成，所由者三：一曰天时不愆，二曰地利无失，三曰人力咸用。若必春无霢霂之润，秋繁滂沱之患，水旱失中，雩禳有请。虽使羲和平秩，后稷亲农，理疆剘于原隰，勤薰蒸于中田，犹不足以致仓庾盈亿之积也。然地利可以计生，人力可以课致，诏书之旨，亦将欲尽此理乎？

今天下千城，人多游食，废业占空，无田课之实。较计九州，数过万计。可申严此防，令鉴司精察，一人失课，负及郡县，此人力之可致也。

又州司十郡，土狭人繁，三魏尤甚，而猪羊马牧，布其境内，宜悉破废，以供无业。业少之人，虽颇割徙，在者犹多，田诸苑牧，不乐旷野，贪在人间。故谓北土不宜畜牧，此诚不然。案古今之语，以为马之所生，实在冀北，大贾羊羊，取之清渤，放豕之歌，起于钜鹿，是其效也。可悉徙诸牧，以充其地，使马牛猪羊酕草于空虚之田，游食之人受业于赋给之赐，此地利之可致者也。昔雅驱在坰，史克所以颂鲁僖，却马务田，老氏所以称有道，岂利之所以会哉？又如汲郡之吴泽，良田数千顷，泞水停洿，人不垦植。闻其国人，皆谓通泄之功不足为难，舄卤成原，其利甚重。而豪强大族，惜其鱼捕之饶，构说官长，终于不破。此亦谷口之谣，载在史篇。谓宜复下郡县，以详当今之计。荆、扬、兖、豫，污泥之土，渠坞之宜，必多此类，最是不待天时而丰年可获者也。以其云雨生于畚臿，多稔生于决泄，不必望朝陛而黄潦臻，萦山川而霖雨息。是故两周争东西之流，史起惜漳渠之浸，明地利之重也。宜诏四州刺史，使谨按以闻。

又昔魏氏徙三郡人在阳平顿丘界，今者繁盛，合五六千家。二郡田地逼狭，谓可徙还西州，以充边土，赐其十年之复，以慰重迁之情。一举两得，外实内宽，增广穷人之业，以辟西郊之田，此又农事之大益也。

转佐著作郎，撰《晋书·帝纪》、十《志》，迁转博士，著作如故。

初，太康二年，汲郡人不准盗发魏襄王墓，或言安釐王冢，得竹书数十车。其《纪年》十三篇，记夏以来至周幽王为犬戎所灭，以事接之，三家分，仍述魏事至安釐王之二十年。盖魏国之史书，大略与《春秋》皆多相应。其中经传大异，则云夏年多殷，益干启位，启杀之；太甲杀伊尹；文丁杀季历；自周受命，至穆王百年，非穆王寿百岁也；幽王既亡，有共伯和者摄行天子事，非二相共和也。其《易经》二篇，与《周易》上下经同。《易繇阴阳卦》二篇，与《周易》略同，《繇辞》则异。《卦下易经》一篇，似《说卦》而异。《公孙段》二篇，公孙段与邵陟论《易》。《国语》三篇，言楚、晋事。《名》三篇，似《礼记》，又似《尔雅》、《论语》。《师春》一篇，书《左传》诸卜筮，"师春"似是造书者姓名也。《琐语》十一篇，诸国卜梦妖怪相书也。《梁丘藏》一篇，先叙魏之世数，次言丘藏金玉事。《缴书》二篇，论弋射法。《生封》一篇，帝王所封。《大历》二篇，邹子谈天类也。《穆天子传》五篇，言周穆王游行四海，见帝台、西王母。《图诗》一篇，画赞之属也。又杂书十九篇：《周食田法》，《周书》，《论楚事》，《周穆王美人盛姬死事》。大凡七十五篇，七篇简书折坏，不识名题。冢中又得铜剑一枚，长二尺五寸。漆书皆科斗字。初发冢者烧策照取宝物，及官收之，多烬简断札，文既残缺，不复诠次。武帝以其书付秘书校缀次第，寻考指归，而以今文写之。晳在著作，得观竹书，随疑分释，皆有义证。迁尚书郎。

武帝尝问挚虞三日曲水之义，虞对曰："汉章帝时，平原徐肇以三月初生三女，至三日俱亡，邨人以为怪，乃招携之水滨洗祓，遂因水以泛觞，其义起此。"帝曰："必如所谈，便非好事。"晳进曰："虞小生，不足以知，臣请言之。昔周公成洛邑，因流水以泛酒，故逸诗云'羽觞随波'。及秦昭王以三日置酒河曲，见金人奉水心之剑，曰：'令君制有西夏。'乃霸诸侯，因此立为曲水。二汉相缘，皆为盛集。"帝大悦，赐晳金五十斤。

时有人于嵩高山下得竹简一枚，上两行科斗书，传以相示，莫有知者。司空张华以问晳，晳曰："此汉明帝显节陵中策文也。"检验果然，时人伏其博识。

赵王伦为相国，请为记室。晳辞疾罢归，教授门徒。年四十卒，元城市里为之废业，门生故人立碑墓侧。

晳才学博通，所著《三魏人士传》、《七代通记》、《晋书·纪》、《志》，遇乱亡失。其《五经通论》、《发蒙记》、《补亡诗》、文集数十篇，行于世云。

王接，字祖游，河东猗氏人，汉京兆尹尊十世孙也。父蔚，世修儒史之学。魏中领军曹羲作《至公论》，蔚善之，而著《至机论》，辞义甚美。官至夏阳侯相。接幼丧父，哀毁过礼，乡亲皆叹曰："王氏有子哉！"渤海刘原为河东太守，好奇，以旌才为务。同郡冯收试经为郎，七十余，荐接于原曰："夫骅骝不总辔，则非造父之肆；明月不流光，则非隋侯之掌。伏惟明府苞黄中之德，耀重离之明，求贤与能，小无遗错，是以鄙老思献所知。窃见处士王接，岐嶷俊异，十三而孤，居丧尽礼，学过目而知，义触类而长，斯玉铉之妙味，经世之徽猷也。不患大黎之不启，窃乐春英之及时。"原即礼命，接不受。原乃呼见曰："君欲慕肥遁之高邪？"对曰："接薄祜，少孤而无兄弟，母老疾笃，故无心为吏。"及母终，柴毁骨立，居墓次积年，备览众书，多出异义。性简率，不修俗操，乡里大族多不能善之，唯裴頠雅知焉。平阳太守柳澹、散骑侍郎裴遐、尚书仆射邓攸皆与接友善。后为郡主簿，迎太守温宇，字奇之，转封曹史。州辟部平阳从事。时泰山羊亮为平阳太守，荐之于司隶校尉王堪，出补都官从事。

永宁初，举秀才。友人荥阳潘滔遗接书曰："挚虞、卞玄仁并谓足下应和鼎味，可以应秀才行。"接报书曰："今世道交丧，将遂剥乱，而识智之士钳口韬笔，祸败日深，如火之燎原，其可救乎？非荣斯行，欲极陈所见，冀有觉悟耳。"是岁，三王义举，惠帝复阼，以国有大庆，天下秀孝一皆不试，接以为恨。除中郎，补征虏将军司马。

荡阴之役，侍中嵇绍为乱兵所害，接议曰："夫谋人之军，军败则死之；谋人之国，国危则亡之，古之道也。荡阴之役，百官奔北，唯嵇绍守职以遇不道，可谓臣矣，又可称痛矣。今山东方欲大举，宜明高节，以号令天下。依《春秋》褒三累之义，加绍致命之赏，则退远向风，莫敢不肃矣。"朝廷从之。

河间王颙欲迁驾长安，与关东乖异，以接成都王佐，难之，表转临汾公相国。及东海王越率诸侯讨颙，尚书令王堪统行台，上请接补尚书殿中郎，未至而卒，年三十九。

接学虽博通，特精《礼》、《传》。常谓《左氏》辞义赡富，自是一家书，不主为经发。《公羊》附经立传，经所不书，传不妄起，于文为俭，通经为长。任城何休训释甚详，而黜周王鲁，大体乖硋，且志通《公羊》而往往还为《公羊》疾病。接乃更注《公羊春秋》，多有新义。时秘书丞卫恒考正汲冢书，未讫而遭难。佐著作郎束晳述而成之，事多证异义。时东莱太守陈留王庭坚难之，亦有证据。晳又释难，而庭坚已亡。散骑侍郎潘滔谓接曰："卿才学理议，足解二子之纷，可试论之。"接遂详其得失。挚虞、谢衡皆博物多闻，咸以为允当。又撰《列女后传》七十二人，杂论议、诗赋、碑颂、驳难十余万言，丧乱尽失。

长子愆期，流寓江南，缘父本意，更注《公羊》，又集《列女后传》云。

史臣曰：皇甫谧素履幽贞，闲居养疾，留情笔削，敦悦丘坟，轩冕未足为荣，贫贱不以为耻，确乎不拔，斯固有晋之高人者欤！洎乎《笃终》立论，薄葬昭俭，既戒奢于季氏，亦无取于王孙，可谓达存亡之机矣。挚虞、束晳等并详览载籍，多识旧章，奏议可观，文词雅赡，可谓博闻之士也。或摄官延阁，裁成言事之书；或莅政秩宗，参定禋郊之礼。虞既厄于从理，晳乃年位不充，天之报施，何其爽也！王接才调秀出，见赏知音，惜其夭枉，未申骥足，嗟夫！

赞曰：士安好逸，栖心蓬荜。属意文雅，忘怀荣秩。遗制可称，养生乖术。挚虞博闻，广微绝群。财成礼度，刊缉遗文。魏篇式序，汉册斯分。祖游后出，亦播清芬。

卷五十二　　列传第二十二

郤诜　阮种　华谭　袁甫

郤诜，字广基，济阴单父人也。父晞，尚书左丞。诜博学多才，瑰伟倜傥，不拘细行，州郡礼命并不应。泰始中，诏天下举贤良直言之士，太守文立举诜应选。

诏曰："盖太上以德抚时，易简无文。至于三代，礼乐大备，制度弥繁。文质之变，其理何由？虞、夏之际，圣明系踵，而损益不同。周道既衰，仲尼犹曰从周。因革之宜，又何殊也？圣王既没，遗制犹存，霸者迭兴而翼辅之，王道之缺，其无补乎？何陵迟之不反也？岂霸德之浅欤？期运不可致欤？且夷吾之智，而功止于霸，何哉？夫昔人之为政，革乱亡之弊，建不刊之统，移风易俗，刑措不用，岂非化之盛欤？何修而向兹？朕获承祖宗之休烈，于兹七载，而人未服训，政道罔述。以古况今，何不相逮之远也？虽明之弗及，犹思与群贤虑之，将何以辨所闻之疑昧，获至论于诜言乎？加于顷戎狄内侵，灾害屡作，边氓流离，征夫苦役，岂政刑之谬，将有司非其任欤？各悉乃心，究而论之。上明古制，下切当今。朕之失德，所宜振补。其正议无隐，将敬听之。"

诜对曰：

伏惟陛下以圣德君临，犹垂意于博采，故招贤正之士，而臣等薄陋，不足以降大问也。是以窃有自疑之心，虽致身于阙庭，亦偭俯矣。伏读圣策，乃知下问之旨笃焉。臣闻上古推贤让位，教同德一，故文简而人化；三代世及，季末相承，故文繁而后整。虞、夏之相因，而损益不同，非帝王之道异，救弊之路殊也。周当二代之流，承凋伪之极，尽礼乐之致，穷制度之理，其文详备，仲尼因时宜而曰从周，非殊论也。臣闻圣王之化先礼乐，五霸之兴勤政刑。礼乐之化深，政刑之用浅。勤之则可以小安，堕之则遂陵迟。所由之路本近，故所补之功不倦也。而齐桓失之葵丘，夷吾沦于小器，功止于霸，不亦宜乎！

策曰："建不刊之统，移风易俗，使天下治和，何修而向兹？"臣以为莫大于择人而官之也。今之典刑，匪无一统，宰牧之才，优劣异绩，或以之兴，或以之替，此盖人能弘政非政弘人也。舍人务政，虽勤何益？

臣窃观乎古今，而考其美恶：古人相与求贤，今人相与求爵。古之官人，君责之于上，臣举之于下，得其人有赏，失其人有罚，安得不求贤乎！今之官者，父兄营之，亲戚助之，有人事则通，无人事则塞，安得不求爵乎！贤苟求达，达在修道，穷在失义，故静以待之。爵苟可求，得在进取，失在后时，故动以要之。动则争竞，争竞则朋党，朋党则诬罔，诬罔则臧否失实，真伪相冒，主听用惑，奸之所会也。静则贞固，贞固则正直，正直则信让，信让则推贤，推贤不伐，相下无厌，主听用察，德之所趣也。故能使之静，虽曰高枕而人自正；不能禁动，虽复夙夜，俗不一也。且人无愚智，咸慕名宦，莫不饰正于外，藏邪于内，故邪正之人难得而知也。任得其正，则众正益至；若得其邪，则众邪亦集。物繁其类，谁能止之！故亡国失世者，未尝不为众邪所枉也。方其初作，必始于微，微而不绝，其终乃著。天地不能顿为寒暑，人主亦不能顿为隆替。故寒暑渐于春秋，隆替起于得失。当今之世，宦者无关梁，邪门启矣；朝廷不责贤，正路塞矣。得失之源，何以甚此！所谓责贤，使之相举也；所谓关梁，使之相保也。贤不举则有咎，保不信则有罚。故古者诸侯必贡士，不贡者削，贡而不适亦削。夫士者，难知也；不适者，薄过也。不得不责，强其所不知，罚其所不适，深其薄过，非恕也。且天子于诸侯，有不纯臣之义，斯责之矣。施行之道，宁纵不滥之矣。今皆反是，何也？夫贤者天地之纪，品物之宗，其急之也，故宁滥以得之，无纵以失之也。今则不然，世之悠悠者，各自取辨耳。故其材行并不可必，于公则政事纷乱，于私则污秽狼籍。自顷长事特多此累，有亡命而被购悬者矣，有缚束而绞戮者矣。贪鄙窃位，不知谁升之者？兽咒出槛，不知谁可咎者？漏网吞舟，何以止此！人之于利，如蹈水火焉。前人虽败，后人复起，如彼此无已，谁止之者？风流日竞，谁忧之者？虽今圣思劳于夙夜，所使为政，恒得此属，欲圣世化美俗平，亦俟河之清耳。若欲善之，宜创举贤之典，峻关梁之防。其制既立，则人慎其举而不苟，则贤者可知。知贤而试，则官得其人矣。官得其人，则事得其序；事得其序，则物得其宜；物得其宜，则生生丰植，人用资给，和乐兴焉。是故寡而远刑，知耻以近礼，此所以建不刊之统，移风易俗，刑措而不用也。

策曰："自顷夷狄内侵，灾眚屡降，将所任非其人乎？何由而至此？"臣闻蛮夷猾夏，则皋陶作士，此欲善其末，则先其本也。夫任贤则政惠，使能则刑恕。政惠则下仰其施，刑恕则人怀其勇。施以殖其财，勇以结其心。故人居则资赡而知方，动则亲上而志勇。苟思其利而除其害，以生道利之者，虽死不贰；以道劳之者，虽勤不怨。故其命可授，其力可竭，以逸则克，以攻则拔。是以善者慕德而安服，恶者畏惧而削迹。止戈而武，义实在文，唯任贤然后无患耳。若夫水旱之灾，自然理也。故古者三十年耕必有十年之储,尧、汤遭之而人不困,有备故也。自顷风雨虽颇不时,考之万国,或境土相接,而丰约不同;或顷亩相连,而成败异流,固非天之必害于人,人实不能均其劳苦。失之于人,而求之于天,则有司惰职而不劝,百姓殆业而咎时,非所以定人志,致丰年也。宜勤人事而已。

臣诚愚鄙不足以奉对圣朝,犹进之于廷者,将使取诸其怀而献之乎!臣惧不足也。若收不知言以致知言,臣则可矣,是以辞鄙不隐也。

以对策上第,拜议郎。母忧去职。

诜母病,苦无车,及亡,不欲车载柩,家贫无以市马,乃于所住堂北壁外假葬,开户,朝夕拜哭。养鸡种蒜,竭其方术。丧过三年,得马八匹,舆柩至冢,负土成坟。未毕,召为征东参军。徙尚书郎,转车骑从事中郎。

吏部尚书崔洪荐诜为左丞。及在职,尝以事劾洪,洪怨诜,诜以公正距之,语在《洪传》。洪闻而惭服。

累迁雍州刺史。武帝于东堂会送,问诜曰:"卿自以为何如?"诜对曰:"臣举贤良对策,为天下第一,犹桂林之一枝,昆山之片玉。"帝笑。侍中奏免诜官,帝曰:"吾与之戏耳,不足怪也。"诜在任威严明断,甚得四方声誉。卒于官。子延登为州别驾。

阮种,字德猷,陈留尉氏人,汉侍中胥卿八世孙也。弱冠有殊操,为嵇康所重。康著《养生论》,所称阮生,即种也。察孝廉,为公府掾。是时西虏内侵,灾眚屡见,百姓饥馑,诏三公、卿尹、常伯、牧守各举贤良方正直言之士。于是太保何曾举种贤良。

策曰:"在昔哲王,承天之序,光宅宇宙,咸用规矩乾坤,惠康品类,休风流衍,弥于千载。朕应洪运统位,七载于今矣。惟德弗嗣,不明于政,宵兴惕厉,未烛厥猷。子大夫韫椟道术,俨然而进,朕甚嘉焉。其各悉乃心,以阐喻朕志,深陈王道之本,勿有所隐,朕虚心以览焉。"种对曰:"夫天地设位,圣人成能,王道至深,所以行化至远。故能开物成务,而功业不匮,近无不听,远无不服,德逮群生,泽被区宇,声施无穷,而典垂百代。故《经》曰:'圣人久于其道,而天下化成。'宜师踪往代,袭迹三五,矫世更俗,以从人望。令率士迁义,下知所适,播醇美之化,杜邪枉之路,斯诚群黎之所欣想盛德而幸望休风也。"

又问政刑不宣,礼乐不立。对曰:"政刑之宣,故由乎礼乐之用。昔之明王,唯此之务,所以防遏暴慢,感动心术,制节生灵,而陶化万姓也。礼以体德,乐以咏功,乐本于和,而礼师于敬矣。"

又问戎蛮猾夏。对曰:"戎蛮猾夏,侵败王略,虽古盛世,犹有此虞。故《诗》称'狁孔炽',《书》叹'蛮夷帅服'。自魏氏以来,夷虏内附,鲜有桀悍侵渔之患。由是边守遂息,郫塞不设。而今丑虏内居,与百姓杂处,边吏扰习,人又忘战。受方任者,又非其材,或以狙诈,侵侮边夷;或干赏啗利,妄加讨戮。夫以微羁而御悍马,又乃操以烦策,其不制者,固其理也。是以群丑荡骇,缘间而动。虽三州覆败,牧守不反,此非胡虏之甚劲,盖用之者过也。臣闻王者之伐,有征无战,怀远以德,不闻以兵。夫兵凶器,而战危事也。兵兴则伤农,众集则费积,农伤则人匮,积费则国虚。昔汉武之世,承文帝之业,资海内之富,役其材臣,以甘心匈奴,竞战胜之功,贪攻取之利,良将劲卒,屈于沙漠,胜败相若,克不过当,夭百姓之命,填饿狼之口。及其以众制寡,令匈奴远迹,收功祁连,饮马瀚海,天下之耗,已过太半矣。夫虚中国以事夷狄,诚非计之得者也。是以盗贼蜂起,山东不振。暨宣元之时,赵充国征西零,冯奉世征南羌,皆兵不血刃,摧抑强暴,擒其首恶,此则折冲厌难,胜败相辨,中世之明效也。"

又问咎征作见。对曰:"阴阳否泰,六沴之灾,则人主修政以御之,思患而防之,建皇极之首,详庶征之用。《诗》曰'敬之敬之,天惟显思',天聪明自我人聪明,是以人主祖承天命,日慎一日。故能应受多福而永世克祚,此先王之所以退灾消眚也。"

又问经化之务。对曰:"夫王道之本,经国之务,必先之以礼义,而致人于廉耻。礼义立,则君子轨道而让于善;廉耻立,则小人谨行而不淫于制度。赏以劝其能,威以惩其废。此先王所以保乂定功,化洽黎元,而勋业长世也。故上有克让之风,则下有不争之俗;朝有矜节之士,则野无贪冒之人。夫廉耻之于政,犹树艺之有丰壤,良岁之有膏泽,其生物必油然茂矣。若廉耻不存,而惟刑是御,则风俗凋弊,人失其性,锥刀之末,皆有争心,虽峻刑严辟,犹不胜矣。其于政也,如农者之殖硗野,旱年之望丰稿,必不几矣。此三代所以享德长久,风醇俗美,皆数百年保天之禄。而秦二世而弊者,盖其所由之涂殊也。"

又问:"将使武成七德,文济九功,何路而臻于兹?凡厥庶事,曷后曷先?"对曰:"夫文武经德,所以成功丕业,咸熙庶绩者,莫先于选建明哲,授方任能。令才当其官而功称其职,则万机咸理,庶僚不旷。《书》曰:'天工人其代之。'然则继天理物,宁国安家,非贤无以成也。夫贤才之畜于国,由良工之须利器,巧匠之待绳墨也。器用利,则斫削易而材不病;绳墨设,则曲直正而众形得矣。是以人主必勤求贤,而佚以任之也。贤臣之于主,进则忠国爱人,退则砥节洁志,营职不干私义,出心必由公途,明度量以呈其能,审经制以效其功。此昔之圣王所以恭己南面而化于陶钧之上者,以其所任之贤与所贤之信也。方今海内之士皆倾望休光,希心紫极,唯明主之所趣舍。若开四聪之听,广畴咨之求,抽群英,延俊乂,考工授职,呈能制官,朝无素餐之士,如此化流罔极,树功不朽矣。"

时种与郤诜及东平王康俱居上第,即除尚书郎。然毁誉之徒,或言对者因缘假托,帝乃更延群士,庭与问之。诏曰:"前者对策各指答所问,未尽子大夫所欲言,故复延见,其具陈所怀。又比年连有水旱灾眚,虽战战兢兢,未能究天人之理,当何修以应其变?人遇水旱饥馑者,何以救之?中间多事,未得宁静,思以省息烦务,令百姓不失其所。若人有所患苦者,有宜损益,使公私两济者,委曲陈之。又政在得人,而知之至难,唯有因人视听耳。若有文武隐逸之士,各举所知,虽幽贱负俗,勿有所限。故虚心思闻事实，勿务华辞，莫有所讳也。"

种对曰："伏惟陛下以圣哲玄览，降邺黎蒸，将济元元，同之三代，旁求俊乂，以辅至化，此诚尧、舜之用心也。臣猥以顽鲁之质，应清明之举，前者对策，不足以畴塞圣诏，所陈不究，臣诚蒙昧，所以为罪。臣闻天生蒸庶，树君以司牧之，人君道洽，则彝伦攸序，五福来备。若政有愆失，刑理颇僻，则庶征不应，而淫亢为灾。此则天人之理，而兴废之由也。昔之圣王，政道备而制先具，轨人以务，致之于本，是以虽有水旱之眚，而无饥馑之患也。自顷阴阳隔并，水旱为灾，亦犹期运之致。不然，则亦有司之不帅，不能宣承圣德，以赞扬大化，故和气未降而人事未叙也。方今百姓凋弊，公私无储，诚在于休役静人，劝啬务分，此其救也。人之所患，由于役烦网密而信道未孚也。役烦则百姓失业，网密则下背其诚，信道未孚则人无固志。此则损益之至务，安危之大端也。传曰：'始与善，善进，则不善蔑由至。'孔子曰：'视其所以，观其所由，人焉廋哉！'若夫文武隐逸之士，幽贱负俗之才，故非愚臣之所能识。谨竭愚以对。"

策奏，帝亲览焉，又擢为第一。转中书郎。进止有方，正己率下，朝廷咸惮其威容。每为驳议，事皆施用，遂为楷则。

迁平原相。时襄邑卫京自南阳太守迁于河内，与种俱拜，帝望而叹曰："二千石皆若此，朕何忧乎！"种为政简惠，百姓称之，卒于郡。

华谭，字令思，广陵人也。祖融，吴左将军、录尚书事。父谞，吴黄门郎。谭期岁而孤，母年十八，便守节鞠养，劬劳备至。及长，好学不倦，爽慧有口辩，为邻里所重。扬州刺史周浚引为从事史，爱其才器，待以宾友之礼。

太康中，刺史嵇绍举谭秀才，将行，别驾陈总饯之，因问曰："思贤之主以求才为务，进取之士以功名为先，何仲舒不仕武帝之朝，贾谊失分汉文之时？此吴、晋之滞论，可辨此理而后别。"谭曰："夫圣人在上，物无不理，百揆之职，非贤不居。故山林无匿景，衡门不栖迟。至承统之王，或是中才，或复凡人，居圣人之器，处兆庶之上，是以其教日媟，风俗渐弊。又中才之君，所资者偏，物以类感，必于其党，党言虽非，彼以为是。以所授有颜、冉之贤，所用有廊庙之器，居官者曰冀元凯之功，在上者曰庶尧、舜之义，彼岂知其政渐毁哉！朝虽有求贤之名，而无知才之实。言虽当，彼以为诬；策虽奇，彼以为妄。诬则毁己之言入，妄则不忠之责生，岂故为哉？浅明不见深理，近才不睹远体也。是以言不用，计不施，恐死亡之不暇，何论功名之立哉！故上官昵而屈原放，宰嚭宠而伍员戮，岂不哀哉！若仲舒抑于孝武，贾谊失于汉文，盖复是其轻者耳。故白起有云：'非得贤之难，用之难。非用之难，信之难。'得贤而不能用，用而不能信，功业岂可得而成哉！"

谭至洛阳，武帝亲策之曰："今四海一统，万里同风，天下有道，莫斯之盛。然北有未羁之虏，西有丑施之氐，故谋夫未得高枕，边人未获晏然，将何以长弭斯患，混清六合？"对曰："臣闻圣人之临天下也，祖乾纲以流化，顺谷风以兴仁，兼三才以御物，开四聪以招贤。故劳谦日昃，务在择才，宣明岩穴，垂光隐滞。俊乂龙跃，帝道以光；清德风翔，王化克举。是以皋陶见举，不仁者远；陆贾重汉，远夷折节。今圣朝德音发于帷幄，清风翔乎无外，戎旗南指，江、汉席卷；干戈西征，羌蛮慕化，诚闿四门之秋，兴礼教之日也。故髦俊闻风而响赴，殊才望险而云集。虚高馆以俟贤，设重爵以待士，急善过于饥渴，用人疾于影响，杜佞谄之门，废郑声之乐，混清六合，实由乎此。虽西北有未羁之寇，殊漠有不朝之房，征之则劳师，得之则无益，故班固云：'有其地不可耕而食，得其人不可臣而畜，来则惩而御之，去则备而守之。'盖安边之术也。"

又策曰："吴、蜀恃险，今既荡平。蜀人服化，无携贰之心；而吴人越睢，屡作妖寇。岂蜀人敦朴，易可化诱；吴人轻锐，难安易动乎？今将欲绥静新附，何以为先？"对曰："臣闻汉末分崩，英雄鼎峙，蜀栖岷、陇，吴据江表。至大晋龙兴，应期受命，文皇运筹，安乐顺轨；圣上潜谋，归命向化。蜀染化日久，风教遂成；吴始初附，未改其化，非为蜀人敦悫而吴人易动也。然殊俗远境，风土不同，吴阻长江，旧俗轻悍。所安之计，当先筹其人士，使云翔阊阖，进其贤才，待以异礼；明选牧伯，致以威风；轻其赋敛，将顺咸悦，可以永保无穷，长为人臣者也。"

又策曰："圣人称如有王者，必世而后仁。今天成地平，大化无外，虽匈奴未羁，羌、氐骄黠，将修文德以绥之，舞干戚以来之，故兵戈载戢，武夫寝息。如此，已可消锋刃为佃器，罢尚方武库之用未邪？"对曰："夫唐尧历载，颂声乃作；文、武相承，礼乐大同。清一八纮，绥服无外，万国顺轨，海内斐然。虽复被发之乡，徒跣之国，皆习章甫而入朝，要衣裳以磐折。夫大舜之德，犹有三苗之征；以周之盛，狯犹为寇。虽有文德，又须武备。备预不虞，古之善教；安不忘危，圣人常诫。无为罢武库之职，铄锋刃为佃器。自可倒戟干戈，苞以兽皮，将帅之士，使为诸侯，于散乐休风，未为不泰也。"

又策曰："夫法令之设，所以随时制也。时险则峻法以取平，时泰则宽网以将化。今天下太平，四方无事，百姓承德，将就无为而父。至于律令，应有所损益不？"对曰："臣闻五帝殊礼，三王异教，故或禅让以光政，或干戈以攻取。至于兴礼乐以和人，流清风以宁俗，其归一也。今诚风教大同，四海无虞，人皆感化，去邪从正。夫以尧、舜之盛，而犹设象刑；殷、周之隆，而甫侯制律。律令之存，何妨于政。若乃大道四达，礼乐交通，凡人修行，黎庶励节，刑罚悬而不用，律令存而无施，适足以隆太平之雅化，飞仁风乎无外矣。"

又策曰："昔帝舜以二八成功，文王以多士兴周。夫制化在于得人，而贤才难得。今大统始同，宜搜才实。州郡有贡荐之举，犹未获出群卓越之伦。将时无其人？有而致之未得其理也？"对曰："臣闻兴化立法，非贤无以光其道；平世理乱，非才无以宣其业。上自皇羲，下及帝王，莫不张皇纲以罗远，飞仁风以被物。故得贤则教兴，失人则政废。今四海一统，万里同风，州郡贡秀孝，台府简良才，以八纮之广，兆庶之众，岂当无卓越俊逸之才乎！譬犹南海不少明月之宝，大宛不乏千里之驹也。异哲难见，远数难睹，故尧、舜太平之化，二八由舜而甫显，殷汤革夏王之命，伊尹负鼎而方用。当今圣朝礼亡国之士，接遐裔之人，或貂蝉于帷幄，或剖符于千里，巡狩必有吕公之遇，宵梦必有岩穴之感。贤俊之出，可企踵而待也。"

时九州秀孝策无逮谭者。谭素以才学为东土所推。同郡刘颂时为廷尉，见之叹息曰："不悟乡里乃有如此才也！"博士王济于众中嘲之曰："五府初开，群公辟命，采英奇于仄陋，拔贤俊于岩穴。君吴、楚之人，亡国之余，有何秀异而应斯举？"谭答曰："秀异固产于方外，不出于中域也。是以明珠文贝，生于江、郁之滨；夜光之璞，出乎荆、蓝之下。故以人求之，文王生于东夷，大禹生于西羌。子弗闻乎？昔武王克商，迁殷顽民于洛邑，诸君得非其苗裔乎？"济又曰："夫危而不持，颠而不扶，至于君臣失位，国亡无主，凡在冠带，将何所取哉！"答曰："吁！存亡有运，兴衰有期，天之所废，人不能支。徐偃修仁义而失国，仲尼逐鲁而逼齐，段干偃息而成名，谅否泰有时，曷人力之所能哉！"济甚礼之。

寻除郎中，迁太子舍人、本国中正。以母忧去职。服阕，为鄄城令，过濮水，作《庄子赞》以示功曹。而廷掾张延为作答教，其文甚美。谭异而荐之，遂见升擢。及谭为庐江，延又为淮陵太守。又举寒族周访为孝廉，访果立功名，时以谭为知人。以父墓毁去官。寻除尚书郎。

永宁初，出为郏令。于时兵乱之后，境内饥馑，谭倾心抚恤。司徒王戎闻而善之，出谷三百斛以助之。谭甚有政绩，再迁庐江内史，加绥远将军。时石冰之党陆圭等屯据诸县，谭遣司马褚敦讨平之。又遣别军击冰都督孟徐，获其骁率。以功封都亭侯，食邑千户，赐绢千匹。

陈敏之乱，吴士多为其所逼。顾荣先受敏官，而潜谋图之。谭不悟荣旨，露檄远近，极言其非，由此为荣所怨。又在郡政严，而与上司多忤。扬州刺史刘陶素与谭不善，因法收谭，下寿阳狱。镇东将军周馥与谭素相亲善，理而出之。及甘卓讨馥，百姓奔散，馥谓谭已去，遣人视之，而更移近馥。馥叹曰："吾尝谓华令思是臧子源之畴，今果效矣。"甘卓尝为东海王越所捕，下令敢有匿者诛之，卓投谭而免。及此役也，卓遣人求之曰："华侯安在？吾甘扬威使也。"谭答不知，遗绢二匹以遣之。使反，告卓。卓曰："此华侯也。"复求之，谭已亡矣。后为纪瞻所荐，而为顾荣所止遏，遂数年不得调。

建兴初，元帝命为镇东军谘祭酒。谭博学多通，在府无事，乃著书三十卷，名曰《辨道》，上笺进之，帝亲自览焉。转丞相军谘祭酒，领郡大中正。谭荐干宝、范珧于朝，乃上笺求退曰："谭闻霸主远听，以求才为务；僚属量身，以审己为分。故疏广告老，汉宣不违其志；干木偃息，文侯就式其庐。谭无古人之贤，窃有怀远之慕。自登清显，出入二载，执笔无赞事之功，拾遗无补阙之绩；过在纳言，暗于举善；狂寇未宾，复乏谋策。年向七十，志力日衰，素餐无劳，实宜辞退。谨奉还所假左丞相军谘祭酒版。"不听。

建武初，授秘书监，固让不拜。太兴初，拜前军，以疾复转秘书监。自负宿名，恒怏怏不得志。时晋陵朱凤、吴郡吴震并学行清修，老而未调，谭皆荐为著作佐郎。

或问谭曰："谚言人之相去，如九牛之毛，宁有此理乎？"谭对曰："昔许由、巢父让天子之贵，市道小人争半钱之利，此之相去，何啻九牛毛也！"闻者称善。

戴若思弟邈，则谭女婿也。谭平生时常抑若思而进邈，若思每衔之。殆用事，恒毁谭于帝，由是官涂不至。谭每怀觖望，尝从容言于帝曰："臣已老矣，将待死秘阁。汲黯之言，复存于今。"帝不怿。久之，加散骑常侍，屡以疾辞。及王敦作逆，谭疾甚，不能入省，坐免。卒于家。赠光禄大夫，金章紫绶，加散骑常侍，谥曰胡。二子：化、茂。

化字长风，为征虏司马，讨汲桑，战没。茂嗣爵。

淮南袁甫，字公胄，亦好学，与谭齐名，以词辩称。尝诣中领军何勖，自言能为剧县。勖曰："唯欲宰县，不为台阁职，何也？"甫曰："人各有能有不能。譬绣中之好莫过锦，锦不可以为帽；谷中之美莫过稻，稻不可以为齑。是以圣王使人，必先以器，苟非周材，何能悉长！黄霸驰名于州郡，而息誉于京邑。廷尉之材，不为三公，自昔然也。"勖善之，除松滋令。转淮南国大农、郎中令。石珩问甫曰："卿名能辩，岂知寿阳已西何以恒旱？寿阳已东何以恒水？"甫曰："寿阳已东皆是吴人，夫亡国之音哀以思，鼎足强邦，一朝失职，愤叹甚积，积忧成阴，阴积成雨，雨久成水，故其域恒涝也。寿阳已西皆是中国，新平强吴，美宝皆入，志盈心满，用长欢娱。《公羊》有言，鲁僖甚悦，故致旱京师。若能抑强扶弱，先疏后亲，则天下和平，灾害不生矣。"观者叹其敏捷。年八十余，卒于家。

史臣曰：夫缉政厘俗，拔群才以成务；振景观光，俟明主而宣绩。武皇之世，天下乂安，朝廷属意于求贤，荏轴有怀于干禄。郤诜等并韫价州里，袞然应召，对扬天问，高步云衢，求之前哲，亦足称矣。令思行己徇义，志笃周、甘，仁者必通，抑斯之谓！虽才行凤章，而待终秘阁，积薪之恨，岂独古人乎！

赞曰：郤、阮洽闻，含章体政。华生毓德，袜巾应命。鸟路曾飞，龙津派泳。素业可久，高芬斯盛。

卷五十三　　　　列传第二十三

愍怀太子 子彧 臧 尚

愍怀太子遹，字熙祖，惠帝长子，母曰谢才人。幼而聪慧，武帝爱之，恒在左右。尝与诸皇子共戏殿上，惠帝来朝，执诸皇子手，次至太子，帝曰："是汝儿也。"惠帝乃止。宫中尝夜失火，武帝登楼望之。太子时年五岁，牵帝裾入暗中。帝问其故，太子曰："暮夜仓卒，宜备非常，不宜令照见人君也。"由是奇之。尝从帝观豕牢，言于帝曰："豕甚肥，何不杀以享士，而使久费五谷？"帝嘉其意，即使烹之。因抚其背，谓廷尉傅祗曰："此儿当兴我家。"尝对群臣称太子似宣帝，于是令誉流于天下。

时望气者言广陵有天子气，故封为广陵王，邑五万户。以刘寔为师，孟珩为友，杨准、冯荪为文学。惠帝即位，立为皇太子。盛选德望以为师傅，以何劭为太师，王戎为太傅，杨济为太保，裴楷为少师，张华为少傅，和峤为少保。元康元年，出就东宫，又诏曰："遹尚幼蒙，今出东宫，惟当赖师傅群贤之训。其游处左右，宜得正人使共周旋，能相长益者。"于是使太保卫瓘息庭、司空泰息略、太子太傅杨济息愍、太子少师裴楷息宪、太子少傅张华息祎、尚书令华廙息恒与太子游处，以相辅导焉。

及长，不好学，惟与左右嬉戏，不能尊敬保傅。贾后素忌太子有令誉，因此密敕黄门阉宦媚谀于太子曰："殿下诚可及壮时极意所欲，何为恒自拘束？"每见喜怒之际，辄叹曰："殿下不知用威刑，天下岂得畏服！"太子所幸蒋美人生男，又言宜隆其赏赐，多为皇孙造玩弄之器，太子从之。于是慢弛益彰，或废朝侍，恒在后园游戏。爰埤车小马，令左右驰骑，断其鞅勒，使堕地为乐。或有犯忤者，手自捶击。性拘小忌，不许缮壁修墙，正瓦动屋。而于宫中为市，使人屠酤，手揣斤两，轻重不差。其母本屠家女也，故太子好之。又令西园卖葵菜、蓝子、鸡、面之属，而收其利。东宫旧制，月请钱五十万，备于众用，太子恒探取二月，以供嬖宠。洗马江统陈五事以谏之，太子不纳，语在《统传》中。舍人杜锡以太子非贾后所生，而后性凶暴，深以为忧，每尽忠规劝太子修德进善，远于逸谤。太子怒，使人以针著锡常所坐毡中而刺之。

太子性刚，知贾谧恃后之贵，不能假借之。谧至东宫，或舍之而于后庭游戏。詹事裴权谏曰："贾谧甚有宠于中宫，而有不顺之色，若一旦交构，大事去矣。宜深自谦屈，以防其变，广延贤士，用自辅翼。"太子不能从。初，贾后母郭槐欲以韩寿女为太子妃，太子亦欲婚韩氏以自固。而寿妻贾午及后皆不听，而为太子聘王衍小女惠风。太子闻衍长女美，而贾后为谧聘之，心不能平，颇以为言。谧尝与太子围棋，争道，成都王颖见而诃谧，谧意愈不平，因此谮太子于后曰："太子广买田业，多畜私财以结小人者，为贾氏故也。密闻其言曰：'皇后万岁后，吾当鱼肉之。'非但如是也，若宫车晏驾，彼居大位，依杨氏故事，诛臣等而废后于金墉，如反手耳。不如早为之所，更立慈顺者以自防卫。"后纳其言，又宣扬太子之短，布诸远近。于时朝野咸知贾后有害太子意。中护军赵俊请太子废后，太子不听。

九年六月，有桑生于宫西厢，日长尺余，数日而枯。十二月，贾后将废太子，诈称上不和，呼太子入朝。既至，后不见，置于别室，遣婢陈舞赐以酒枣，逼饮醉之。使黄门侍郎潘岳作书草，若祷神之文，有如太子素意，因醉而书之，令小婢承福以纸笔及书草使太子书之。文曰："陛下宜自了；不自了，吾当入了之。中宫又宜速自了；不了，吾当手了之。并谢妃共要克期而两发，勿疑犹豫，致后患。茹毛饮血于三辰之下，皇天许当扫除患害，立道文为王，蒋为内主。愿成，当三牲祠北君，大赦天下。要疏如律令。"太子醉迷不觉，遂依而写之，其字半不成。既而补成之，后以呈帝。帝幸式乾殿，召公卿入，使黄门令董猛以太子书及青纸诏曰："遹书如此，今赐死。"遍示诸公王，莫有言者，惟张华、裴頠证明太子。贾后使董猛矫以长广公主辞白帝曰："事宜速决，而群臣各有不同，若有不从诏，宜以军法从事。"议至日西不决。后惧事变，乃表免太子为庶人，诏许之。于是使尚书和郁持节，解结为副，及大将军梁王肜、镇东将军淮南王允、前将军东武公澹、赵王伦、太保何劭诣东宫，废太子为庶人。是日太子游玄圃，闻有使者至，改服出崇贤门，再拜受诏，步出承华门，乘粗犊车。澹以兵仗送太子妃王氏、三皇孙于金墉城，考竟谢淑妃及太子保林蒋俊。明年正月，贾后又使黄门自首，欲与太子为逆。诏以黄门首辞班示公卿。又遣澹以千兵防送太子，更幽于许昌宫之别坊，令治书御史刘振持节守之。先是，有童谣曰："东宫马子莫聋空，前至腊月缠汝鬃。"又曰："南风起兮吹白沙，遥望鲁国郁嵯峨，千岁髑髅生齿牙。"南风，后名；沙门，太子小字也。

初，太子之废也，妃父王衍表请离婚。太子至许，遗妃书曰："鄙虽顽愚，心念为善，欲尽忠孝之节，无有恶逆之心。虽非中宫所生，奉事有如亲母。自为太子以来，敦见禁检，不得见母。自宜城君亡，不见存恤，恒在空室中坐。去年十二月，道文疾病困笃，父子之情，实相怜愍。于时表国家乞加徽号，不见听许。疾病既笃，为之求请恩福，无有恶心。自道文病，中宫三遣左右来视，云：'天教呼汝。'到二十八日暮，有短函来，题言东宫发，疏云：'言天教欲见汝。'即便作表求入。二十九日早入见国家，须臾遣至中宫。中宫左右陈舞见语：'中宫且来吐不快。'使住空屋中坐。须臾中宫遣陈舞见语：'闻汝表陛下为道文乞王，不得王是成国耳。'中宫遥呼陈舞：'昨天教与太子酒枣。'便持三升酒、大盘枣来见与，使饮酒啖枣尽。鄙素不饮酒，即便遣舞启说不堪三升之意。中宫遥呼曰：'汝常陛下前持酒可喜，何以不饮？天与汝酒，当使道文差也。'便答中宫：'陛下会同一日见赐，故不敢辞，通日不饮三升酒也。且实未食，恐不堪。又未见殿下，饮此或至颠倒。'陈舞复传语云：'不孝那！天与汝酒饮，不肯饮，中有恶物邪？'遂可饮二升，余有一升，求持还东宫饮尽。逼迫不得已，更饮一升。饮已，体中荒迷，不复自觉。须臾有一小婢持封箱来，云：'诏使写此文书。'鄙便惊起，视之，有一白纸，一青纸。催促云：'陛下停待。'又小婢承福持笔研墨黄纸来，使写。急疾不容复视，实不觉纸上语轻重。父母至亲，实不相疑，事理如此，实为见诬，想众人见明也。"

太子既废非其罪，众情愤怨。右卫督司马雅，宗室之疏属也，与常从督许超并有宠于太子，二人深伤之，说赵王伦谋臣孙秀曰："国无嫡嗣，社稷将危，大臣之祸必起。而公奉事中宫，与贾后亲密，太子之废，皆云豫知，一旦事起，祸必及矣。何不先谋之！"秀言于赵王伦，伦深纳焉。计既定，而秀说伦曰："太子为人刚猛，若得志之日，必肆其情性矣。明公素事贾后，衔谈巷议，皆以公为贾氏之党。今虽欲建大功于太子，太子虽将含忍宿忿，必不能加赏于公，当谓公逼百姓之望，翻覆以免罪耳。若有瑕衅，犹不免诛。不若迁延却期，贾后必害太子，然后废贾后，为太子报仇，犹足以为功，乃可以得志。"伦然之。秀因使反间，言殿中人欲废贾后，迎太子。贾后闻之忧怖，乃使太医令程据合巴豆杏子丸。三月，矫诏使黄门孙虑斋至许昌以害太子。初，太子恐见鸩，恒自煮食于前。虑以告刘振，振乃徙太子于小坊中，绝不与食，宫中犹于墙壁上过食与太子。虑乃逼太子以药，太子不肯服，因如厕，虑以药杵椎杀之，太子大呼，声闻于外。时年二十三。将以庶人礼葬之，贾后表曰："遹不幸丧亡，伤其迷悖，又早短折，悲痛之怀，不能自己。妾私心冀其刻肌刻骨，更思孝道，规为稽颡，正其名号。此志不遂，重以酸恨。遹虽罪在莫大，犹王者子孙，便以匹庶送终，情实怜愍，特乞天恩，赐以王礼。妾诚暗浅不识礼义，不胜至情，冒昧陈闻。"诏以广陵王礼葬之。

及贾庶人死，乃诛刘振、孙虑、程据等，册复太子曰："皇帝使使持节、兼司空、卫尉伊策故皇太子之灵曰：呜呼！维尔少资岐嶷之质，荷先帝殊异之宠，大启土宇，奄有淮陵。朕奉遵遗旨，越建尔储副，以光显我祖宗。祗尔德行，以从保傅，事亲孝敬，礼无违者。而朕昧于凶构，致尔于非命之祸，俾申生、孝己复见于今。赖宰相贤明，人神愤怨，用启朕心，讨厥有罪，咸伏其辜。何补于荼毒冤魂酷痛哉？是用切怛悼恨，震动于五内。今追复皇太子丧礼，反葬京畿，祠以太牢。魂而有灵，尚获尔心。"帝为太子服长子斩衰，群臣齐衰，使尚书和郁率东宫官属具吉凶之制，迎太子丧于许昌。

丧之发也，大风雷电，帏盖飞裂。又为哀策曰："皇帝临轩，使洗马刘务告于皇太子之殡曰：咨尔遹！幼禀英挺，芬馨诞茂。既表髫龀，高明逸秀。昔尔圣祖，嘉尔淑美。显诏仍崇，名振同轨。是用建尔储副，永统皇基。如何凶衅潜构，祸害如兹！戕感和气，痛贯四时。呜呼哀哉！尔之降废，实我不明。牝乱沈栽，衅结祸成。尔之逝矣，谁百其形？昔之申生，含枉莫讼。今尔之负，抱冤于东。悠悠有识，孰不哀恸！壶关干主，千秋悟己。异世同规，古今一理。皇孙启建，隆祚尔子。虽悴前终，庶荣后始。奄岁既苍，将宁尔神。华毦电逝，戎车雷震。芒芒羽盖，翼翼缙绅。同悲等痛，孰不酸辛！庶光来叶，永世不泯。"谥曰愍怀。六月己卯，葬于显平陵。帝感阎缵之言，立思子台，故臣江统、陆机并作谋颂焉。太子三子：彪、臧、尚，并与父同幽金墉。

彪字道文，永康元年正月，薨。四月，追封南阳王。

臧字敬文。永康元年四月，封临淮王。己巳，诏曰："咎征数发，奸回作变，遹既逼废，非命而没。今立臧为皇太孙。还妃王氏以母之，称太孙太妃。太子官属即转为

太孙官属。赵王伦行太孙太傅。"五月，伦与太孙俱之东宫，太孙自西掖门出，车服侍从皆愍怀之旧也。到铜驼街，宫人哭，侍从者皆哽咽，路人抆泪焉。桑复生于西厢，太孙废，乃枯。永宁元年正月，赵王伦篡位，废为濮阳王，与帝俱迁金墉，寻被害。太安初，追谥曰哀。

尚字敬仁。永康元年四月，封为襄阳王。永宁元年八月，立为皇太孙。太安元年三月癸卯，薨，帝服齐衰期，谥曰冲太孙。

史臣曰：愍怀挺岐嶷之姿，表凤成之质。武皇钟爱，既深诒厥之谋；天下归心，颇有后来之望。及于继明宸极，守器春坊，四教不勤，三朝或阙，豹姿未变，凤德已衰，信惑奸邪，疏斥正士，好屠酤之贱役，耽苑囿之佚游，可谓靡不有初，鲜克有终者也。既而中宫凶忍，久怀危害之心，外戚谄谀，竞进谗邪之说；坎牲之谋已构，瘗犬之潜遂行；一人乏探隐之聪，百辟无争臣之节。遂使冤逾楚建，酷甚戾园。虽复礼备哀荣，情深悯悼，亦何补于荼毒者哉！

赞曰：愍怀聪颖，谅惟夭挺。皇祖钟心，庶僚引领。震宫肇建，储德不恢。掇蜂构隙，归胙生灾。既罹凶忍，徒望归来。

卷五十四　　　　列传第二十四

陆机 孙拯　弟云　云弟耽　从父兄喜

陆机，字士衡，吴郡人也。祖逊，吴丞相。父抗，吴大司马。机身长七尺，其声如钟。少有异才，文章冠世，伏膺儒术，非礼不动。抗卒，领父兵为牙门将。年二十而吴灭，退居旧里，闭门勤学，积有十年。以孙氏在吴，而祖父世为将相，有大勋于江表，深慨孙晧举而弃之，乃论权所以得，晧所以亡，又欲述其祖父功业，遂作《辩亡论》二篇。其上篇曰：

昔汉氏失御，奸臣窃命，祸基京畿，毒遍宇内，皇纲弛顿，王室遂卑。于是群雄蜂骇，义兵四合。吴武烈皇考慷慨下国，电发荆南，权略纷纭，忠勇伯世，威棱则夷羿震荡，兵交则丑虏授馘，遂扫清宗祊，蒸湮皇祖。于时云兴之将带州，森起之师跨邑，哮阚之群风驱，熊罴之族雾合。虽兵以义动，同盟戮力，然皆苞藏祸心，阻兵怙乱，或师无谋律，丧威稔寇。忠规武节，未有如此其著者也。

武烈既没，长沙桓王逸才命世，弱冠秀发，招揽遗老，与之述业。神兵东驱，奋寡犯众，攻无坚城之将，战无交锋之虏。诛叛柔服，而江外底定；伤法修师，则威德翕赫。宾礼名贤，而张公为之雄；交御豪俊，而周瑜为之杰。彼二君子皆弘敏而多奇，雅达而聪哲，故同方者以类附，等契者以气集，江东盖多士

矣。将北伐诸华，诛鉏干纪，旋皇舆于夷庚，反帝坐于紫闼，挟天子以令诸侯，清天步而归旧物。戎车既次，群凶侧目，大业未就，中世而殒。

用集我大皇帝，以奇踪袭逸轨，睿心因令图，从政咨于故实，播宪稽乎遗风；而加之以笃敬，申之以节俭，畴咨俊茂，好谋善断，束帛旅于丘园，旌命交乎涂巷。故豪彦寻声而响臻，志士晞光而景骛，异人辐辏，猛士如林。于是张公为师傅；周瑜、陆公、鲁肃、吕蒙之俦，入为腹心，出为股肱；甘宁、凌统、程普、贺齐、朱桓、朱然之徒奋其威，韩当、潘璋、黄盖、蒋钦、周泰之属宣其力；风雅则诸葛瑾、张承、步骘以名声光国，政事则顾雍、潘浚、吕范、吕岱以器任干职，奇伟则虞翻、陆绩、张惇以风义举政，奉使则赵咨、沈珩以敏达延誉，术数则吴范、赵达以祸祥协德；董袭、陈武杀身以卫主，骆统、刘基强谏以补过。谋无遗计，举不失策。故遂割据山川，跨制荆、吴，而与天下争衡矣。魏氏尝藉战胜之威，率百万之师，浮邓塞之舟，下汉阴之众，羽楫万计，龙跃顺流，锐师千旅，武步原隰，谟臣盈室，武将连衡，喟然有吞江浒之志，壹宇宙之气。而周瑜驱我偏师，黜之赤壁，丧旗乱辙，仅而获免，收迹远遁。汉王亦凭帝王之号，帅巴、汉之人，乘危骋变，结垒千里，志报关羽之败，图收湘西之地。而我陆公亦挫之西陵，覆师败绩，困而后济，绝命永安。续以濡须之寇，临川摧锐；蓬茏之战，孑轮不反。由是二邦之将，丧气挫锋，势衄财匮，而吴莞然坐乘其弊，故魏人请好，汉氏乞盟，遂跻天号，鼎峙而立。西界庸、益之郊，北裂淮、汉之涘，东苞百越之地，南括群蛮之表。于是讲八代之礼，搜三王之乐，告类上帝，拱揖群后。武臣毅卒，循江而守；长棘劲铩，望犮而奋。庶尹尽规于上，黎元展业于下，化协殊裔，风衍遐坻。乃俾一介行人，抚巡外域，巨象逸骏，扰于外闲，明珠玮宝，耀于内府，珍瑰重迹而至，奇玩应响而赴；辎轩骋于南荒，冲辀息于朔野；黎庶免干戈之患，戎马无晨服之虞，而帝业固矣。

大皇既没，幼主莅朝，奸回肆虐。景皇聿兴，虔修遗宪，政无大阙，守文之良主也。降及归命之初，典刑未灭，故老犹存。大司马陆公以文武熙朝，左丞相陆凯以謇谔尽规，而施绩、范慎以威重显，丁奉、钟离斐以武毅称，孟宗、丁固之徒为公卿，楼玄、贺邵之属掌机事，元首虽病，股肱犹良。爰逮末叶，群公既丧，然后黔首有瓦解之患，皇家有土崩之衅，历命应化而微，王师踵运而发，卒散于陈，众奔于邑，城池无藩篱之固，山川无沟阜之势，非有工输云梯之械，智伯灌激之害，楚子筑室之围，燕人济西之队，军未浃辰而社稷夷矣。虽忠臣孤愤，烈士死节，将奚救哉！

夫曹、刘之将非一世所选，向时之师无曩日之众，战守之道抑有前符，险阻之利俄然未改，而成败贸理，古今诡趣，何哉？彼此之化殊，授任之才异也。

其下篇曰：

昔三方之王也，魏人据中夏，汉氏有岷、益，吴制荆、扬而掩有交、广。曹氏虽功济诸华，虐亦深矣，其人怨。刘翁因险以饰智，功已薄矣，其俗陋。夫吴，桓王基之以武，太祖成之以德，聪明睿达，懿度弘远矣。其求贤如弗及，邮人如稚子，接士尽盛德之容，亲仁馨丹府之爱。拔吕蒙于戎行，试潘浚于系房。推诚信士，不恤人之我欺；量能授器，不患权之我偪。执鞭鞠躬，以重陆公之威；悉委武卫，以济周瑜之师。卑宫菲食，丰功臣之赏；披怀虚己，纳谟士之算。故鲁肃一面而自托，士燮蒙险而效命。高张公之德，而省游田之娱；贤诸葛之言，而割情欲之欢；感陆公之规，而除刑法之烦；奇刘基之议，而作三爵之誓；屏气踧踖，以伺子明之疾；分滋损甘，以育凌统之孤；登坛慷忾，归鲁子之功；削投怨言，信子瑜之节。是以忠臣竞尽其谟，志士咸得肆力，洪规远略，固不厌夫区区者也。故百官苟合，务ественная未遑。初都建邺，群臣请备礼秩，天子辞而弗许，曰："天下其谓朕何！"宫室舆服，盖慊如也。爰及中叶，天人之分既定，故百度之缺粗修，虽酝化懿纲，未齿乎上代，抑其体国经邦之具，亦足以为政矣。地方几万里，带甲将百万，其野沃，其兵练，其器利，其财丰；东负沧海，西阻险塞，长江制其区宇，峻山带其封域，国家之利未见有弘于兹者也。借使守之以道，御之以术，敦率遗典，勤人谨政，修定策，守常险，则可以长世永年，未有危亡之患也。

或曰："吴、蜀唇齿之国也，夫蜀灭吴亡，理则然矣。"夫蜀，盖藩援之与国，而非吴人之存亡也。其郊境之接，重山积险，陆无长毂之径；川厄流迅，水有惊波之艰。虽有锐师百万，启行不过千夫；轴舻千里，前驱不过百舰。故刘氏之伐，陆公喻之长蛇，其势然也。昔蜀之初亡，朝臣异谋，或欲积石以险其流，或欲机械以御其变。天子总群议以谘之大司马陆公，公以四渎天地之所以节宣其气，固无可遏之理，而机械则彼我所共，彼若弃长技以就所屈，即荆、楚而舟楫之用，是天赞我也，将谨守峡口以待擒耳。逮步阐之乱，凭宝城以延强寇，资重币以诱群蛮。于时大邦之众，云翔电发，悬旆江介，筑垒遵渚，衿带要害，以止吴人之西，巴、汉舟师，沿江东下。陆公偏师三万，北据东坑，深沟高垒，按甲养威。反旆宛迹待戮，而不敢北窥生路，强寇败绩背逋，丧师太半。分命锐师五千，西御水军，东西同捷，献俘万计。信哉贤人之谋，岂欺我哉！自是烽燧罕惊，封域寡虞。陆公没而潜谋兆，吴衅深而六师骇。夫太康之役，众未盛乎曩日之师；广州之乱，祸有愈乎向时之难，而邦家颠覆，宗庙为墟。呜呼！"人之云亡，邦国殄瘁"，不其然欤！

《易》曰"汤、武革命顺乎天"，或曰"乱不极则治不形"，言帝王之因天时也。古人有言曰"天时不如地利"，《易》曰"王侯设险以守其国"，言为国之恃险也。又曰"地利不如人和","在德不在险",言守险之在人也。吴之兴也,参而由焉,孙卿所谓合其参者也。及其亡也,恃险而已,又孙卿所谓舍其参者也。夫四州之萌非无众也,大江以南非乏俊也,山川之险易守也,劲利之器易用也,先政之策易修也,功不兴而祸遘何哉?所以用之者失也。故先王达经国之长规,审存亡之至数,谦己以安百姓,敦惠以致人和,宽冲以诱俊乂之谋,慈和以结士庶之爱。是以其安也,则黎元与之同庆,及其危也,则兆庶与之同患。安与众同庆,则其危不可得也;危与下同患,则其难不足邺也。夫然,故能保其社稷而固其土宇,《麦秀》无悲殷之思,《黍离》无愍周之感也。

至太康末,与弟云俱入洛,造太常张华。华素重其名,如旧相识,曰:"伐吴之役,利获二俊。"又尝诣侍中王济,济指羊酪谓机曰:"卿吴何以敌此?"答云:"千里莼羹,未下盐豉。"时人称为名对。张华荐之诸公。后太傅杨骏辟为祭酒。会骏诛,累迁太子洗马、著作郎。范阳卢志于众中问机曰:"陆逊、陆抗于君近远?"机曰:"如君于卢毓、卢廷。"志默然。既起,云谓机曰:"殊邦遐远,容不相悉,何至于此!"机曰:"我父祖名播四海,宁不知邪!"议者以此定二陆之优劣。

吴王晏出镇淮南,以机为郎中令,迁尚书中兵郎,转殿中郎。赵王伦辅政,引为相国参军。豫诛贾谧功,赐爵关中侯。伦将篡位,以为中书郎。伦之诛也,齐王冏以机职在中书,九锡文及禅诏疑机与焉,遂收机等九人付廷尉。赖成都王颖、吴王晏并救理之,得减死徙边,遇赦而止。

初机有骏犬,名曰黄耳,甚爱之。既而羁寓京师,久无家问,笑语犬曰:"我家绝无书信,汝能赍书取消息不?"犬摇尾作声。机乃为书以竹筒盛之而系其颈,犬寻路南走,遂至其家,得报还洛。其后因以为常。时中国多难,顾荣、戴若思等咸劝机还吴,机负其才望,而志匡世难,故不从。

冏既矜功自伐,受爵不让,机恶之,作《豪士赋》以刺焉。其序曰:

夫立德之基有常,而建功之路不一。何则?修心以为量者存乎我,因物以成务者系乎彼。存乎我者,隆杀止乎其域;系乎彼者,丰约惟所遭遇。落叶俟微飙以陨,而风之力盖寡;孟尝遭雍门以泣,而琴之感以末。何哉?欲陨之叶无所假烈风,将坠之泣不足烦哀响也。是故苟时启于天,理尽于人,庸夫可以济圣贤之功,斗筲可以定烈士之业。故曰"才不半古,功已倍之",盖得之于时世也。历观古今,徼一时之功而居伊、周之位者有矣。

夫我之自我,智士犹婴其累;物之相物,昆虫皆有此情。夫以自我之量而挟非常之勋,神器晖其顾眄,万物随其俯仰,心玩居常之安,耳饱谀之说,岂识乎功在身外,任出才者哉!且好荣恶辱,有生之所大期,忌盈害上,鬼神犹且不免,人主操其常柄,天下服其大节,故曰天可仇乎。而时有玄服荷戟,立乎庙门之下,援旗誓众,奋于阡陌之上,况乎世主制命,自下裁物者乎!广树恩不足以敌怨,勤兴利不足以补害,故曰代大匠斫者必伤其手。且夫政由宁氏,忠臣所以慷慨;祭则寡人,人主所不久堪。是以君奭快快,不悦公旦之举;高平师师,侧目博陆之势。而成王不遗嫌吝于怀,宣帝若负芒刺于背,非其然者欤?

嗟乎!光于四表,德莫富焉。王曰叔父,亲莫昵焉。登帝天位,功莫厚焉。守节没齿,忠莫至焉。而倾侧颠沛,仅而自全,则伊生抱明允以婴戮,文子怀忠敬而齿剑,固其所也。因斯以言,夫以笃圣穆亲,如彼之懿,大德至忠,如此之盛,尚不能取信于人主之怀,止谤于众多之口,过此以往,恶睹其可!安危之理,断可识矣。又况乎飨大名以冒道家之忌,运短才而易圣哲所难者哉!身危由于势过,而不知去势以求安;祸积起于宠盛,而不知辞宠以招福。见百姓之谋己,则申宫警守,以崇不畜之威,惧万方之不服,则严刑峻制,以贾伤心之怨。然后威穷乎震主,而怨行乎上下,众心日陊,危机将发,而方偃仰瞪眄,谓足以夸世,笑古人之未工,忘已事之已拙,知曩勋之可矜,暗成败之有会。是以事穷运尽,必有颠仆;风起尘合,而祸至常酷也。圣人忌功名之过己,恶宠禄之逾量,盖为此也。

夫恶欲之大端,贤愚所共有,而游子殉高位于生前,志士思垂名于身后,受生之分,惟此而已。夫盖世之业,名莫盛焉;率意无违,欲莫顺焉。借使伊人颇览天道,知尽不可益,盈难久持,超然自引,高揖而退,则巍巍之盛,仰逾前贤,洋洋之风,俯观来籍,而大欲不止于身,至乐无怼乎旧,节弥效而德弥广,身逾逸而名逾劭。此之不为,而彼之必昧,然后河海之迹埋为穷流,一匮之衅积成山岳,名编凶顽之条,身厌荼毒之痛,岂不谬哉!故聊为赋焉,庶使百世少有悟云。

冏不之悟,而竟以败。

机又以圣王经国,义在封建,因采其远指,著《五等论》曰:

夫体国经野,先王所慎,创制垂基,思隆后叶。然而经略不同,长世异术。五等之制,始于黄、唐,郡县之治,创于秦、汉,得失成败,备在典谟,是以其详可得而言。

夫王者知帝业至重,天下至广。广不可以偏制,重不可以独任。任重必于借力,制广终乎因人。故设官分职,所以轻其任也;并建伍长,所以弘其制也。于是乎立其封疆之典,裁其亲疏之宜,使万国相维,以成盘石之固;宗庶杂居,而定维城之业。又有以见绥世之长御,识人情之大方,知其为人不如厚己,利物不如图身;安上在于悦下,为己存乎利人。故《易》曰"悦以使人,人忘其劳",孙卿曰"不利而利之,不如利而后利之利也"。是以分天下以厚乐,则己得与之同忧;飨天下以丰利,而己得与之共害。利博而恩笃，乐远则忧深，故诸侯享食土之实，万国受传世之祚。夫然，则南面之君各务其政，九服之内知有定主，上之子爱于是乎生，下之礼信于是乎结，世平足以敦风，道衰足以御暴。故强毅之国不能擅一时之势，雄俊之人无所寄霸王之志。然后国安由万邦之思化，主尊赖群后之图身，譬犹众目营方，则天网自昶；四体辞难，而心膂获乂。盖三代所以直道，四王所以垂业也。

夫盛衰隆弊，理所固有，教之废兴，系乎其人，原法期于必谅，明道有时而暗。故世及之制弊于强御，厚下之典漏于末折，侵弱之衅遘自三委，陵夷之祸终乎七雄。昔成汤亲照夏后之鉴，公旦目涉商人之戒，文质相济，损益有物。然五等之礼，不革于时，封畛之制，有隆尔者，岂玩二王之祸而暗经世之算乎？固知百世非可悬御，善制不能无弊，而侵弱之辱愈于殄祀，土崩之困痛于陵夷也。是以经始获其多福，虑终取其少祸，非谓侯伯无可乱之符，郡县非兴化之具。故国忧赖其释位，主弱凭于翼戴。及承微积弊，王室遂卑，犹保名位，祚垂后嗣，皇统幽而不辍，神器否而必存者，岂非事势使之然欤！

降及亡秦，弃道任术，惩周之失，自矜其得。寻斧始于所庇，制国昧于弱下，国庆独飨其利，主忧莫与共害。虽速亡趋乱，不必一道，颠沛之衅，实由孤立。是盖思五等之小怨，亡万国之大德，知陵夷之可患，暗土崩之为痛也。周之不竞，有自来矣。国乏令主，十有余世。然片言勤王，诸侯必应，一朝振矜，远国先叛，故强晋收其请隧之图，暴楚顿其观鼎之志，岂刘、项之能窥关，胜、广之敢号泽哉！借使秦人因循其制，虽则无道，有与共亡，覆灭之祸，岂在曩日！

汉矫秦枉，大启王侯，境土逾溢，不遵旧典，故贾生忧其危，晁错痛其乱。是以诸侯岨其国家之富，凭其士庶之力，势足反疾，土狭者逆迟，六臣犯其弱纲，七子冲其漏网，皇祖夷于黔徒，西京病于东帝。是盖过正之灾，而非建侯之累也。然吕氏之难，朝士外顾；宋昌策汉，必称诸侯。逮至中叶，忌其失节，割削宗子，有名无实，天下旷然，复袭亡秦之轨矣。是以五侯作威，不忌万国；新都袭汉，易于拾遗也。光武中兴，纂隆皇统，而由遵覆车之遗辙，养丧家之宿疾，仅及数世，奸宄弃斥。卒有强臣专朝，则天下风靡，一夫从衡，而城池自夷，岂不危哉！

在周之衰，难兴王室，放命者七臣，干位者三子，嗣王委其九鼎，凶族据其天邑，钲鼙震于阃宇，锋镝流于绛阙，然祸止畿甸，害不罩及，天下晏然，以待危。是以宣王兴于共和，襄、惠振于晋、郑。岂若二汉阶闼暂扰，而四海已沸，嬖臣朝入，九服乱作哉！

远惟王莽篡逆之事，近览董卓擅权之际，亿兆悼心，愚智同痛。然周以之存，汉以之亡，夫何故哉？岂世乏曩时之臣，士无匡合之志欤？盖远绩屈于时异，雄心挫于卑势耳。故烈士扼腕，终委寇仇之手；

中人变节，以助虐国之桀。虽复时有鸠合同志以谋王室，然上非奥主，下皆市人，师旅无先定之班，君臣无相保之志，是以义兵云合，无救劫杀之祸，众望未改，而已见大汉之灭矣。

或以"诸侯世位，不必常全，昏主暴君，有时比迹，故五等所以多乱。今之牧守，皆官方庸能，虽或失之，其得固多，故郡县易以为政"。夫德之休明，黜陟日用，长率连属，咸述其职，而淫昏之君无所容过，何则其不治哉！故先代有以兴矣。苟或衰陵，百度自悖，鬻官之吏以货准财，则贪残之萌皆群后也，安其不乱哉！故后王有以之废矣。且要而言之，五等之君，为己思政；郡县之长，为吏图物。何以征之？盖企及进取，仕子之常志；修己安人，良士所希及。夫进取之情锐，而安人之誉迟，是故侵百姓以利己者，在位所不惮；损实事以养名者，官长所凤慕也。君无卒岁之图，臣挟一时之志。五等则不然。知国为己土，众皆我民；民安，己受其利；国伤，家婴其病。故前人欲以垂后，后嗣思其堂构，为上无苟且之心，群下知胶固之义。使其并贤居政，则功有厚薄；两愚处乱，则过有深浅。然则八代之制，几可以一理贯；秦、汉之典，殆可以一言蔽也。

时成都王颖推功不居，劳谦下士。机既感全济之恩，又见朝廷屡有变难，谓颖必能康隆晋室，遂委身焉。颖以机参大将军军事，表为平原内史。太安初，颖与河间王颙起兵讨长沙王乂，假机后将军、河北大都督，督北中郎将王粹、冠军牵秀等诸军二十余万人。机以三世为将，道家所忌，又羁旅入宦，屯居群士之右，而王粹、牵秀等皆有怨心，固辞都督。颖不许。机乡人孙惠亦劝机让都督于粹，机曰："将谓吾为首鼠避贼，适所以速祸也。"遂行。颖谓机曰："若功成事定，当爵为郡公，位以台司，将军勉之矣！"机曰："昔齐桓任夷吾以建九合之功，燕惠疑乐毅以失垂成之业，今日之事，在公不在机也。"颖左长史卢志心害机宠，言于颖曰："陆机自比管、乐，拟君暗主，自古命将遣师，未有臣陵其君而可以济事者也。"颖默然。机始临戎，而牙旗折，意甚恶之。列军自朝歌至于河桥，鼓声闻数百里，汉、魏以来，出师之盛，未尝有也。长沙王乂奉天子与机战于鹿苑，机军大败，赴七里涧而死者如积焉，水为之不流，将军贾棱皆死之。

初，宦人孟玖弟超并为颖所嬖宠。超领万人为小督，未战，纵兵大掠。机录其主者。超将铁骑百余人，直入机麾下夺之，顾谓机曰："貉奴能作督不！"机司马孙拯劝机杀之，机不能用。超宣言于众曰："陆机将反。"又还书与玖，言机持两端，军不速决。及战，超不受机节度，轻兵独进而没。玖疑机杀之，遂谮机于颖，言其有异志。将军王阐、郝昌、公师藩等皆玖所用，与牵秀等共证之。颖大怒，使秀密收机。其夕，机梦黑幰绕车，手决不开，天明而秀兵至。机释戎服，著白帢，与秀相见，神色自若，谓秀曰："自吴朝倾覆，吾兄弟宗族蒙国重恩，入侍帷幄，出剖符竹。成都命吾以重任，辞不获已。今日受诛，岂非命也！"因与颖笺，词甚凄恻。既而叹曰："华亭鹤唳，岂可复闻乎！"遂遇害于军中，时年四十三。二子蔚、夏亦同被害。机既死非其罪，士卒痛之，莫不流涕。是日昏雾昼合，大风折木，平地尺雪，议者以为陆氏之冤。

机天才秀逸，辞藻宏丽，张华尝谓之曰："人之为文，常恨才少，而子更患其多。"弟云尝与书曰："君苗见兄文，辄欲烧其笔砚。"后葛洪著书，称"机文犹玄圃之积玉，无非夜光焉，五河之吐流，泉源如一焉。其弘丽妍赡，英锐漂逸，亦一代之绝乎！"其为人所推服如此。然好游权门，与贾谧亲善，以进趣获讥。所著文章凡三百余篇，并行于世。

孙拯者，字显世，吴都富春人也。能属文，仕吴为黄门郎。孙晧世，侍臣多得罪，惟拯与顾荣以智全。吴平后，为涿令，有称绩。机既为孟玖等所诬，收拯考掠，两踝骨见，终不变辞。门生费慈、宰意二人诣狱明拯，拯譬遣之曰："吾义不可诬枉知故，卿何宜复尔？"二人曰："仆亦安得负君！"拯遂死狱中，而慈、意亦死。

云字士龙，六岁能属文，性清正，有才理。少与兄机齐名，虽文章不及机，而持论过之，号曰"二陆"。幼时吴尚书广陵闵鸿见而奇之，曰："此儿若非龙驹，当是凤雏。"后举云贤良，时年十六。吴平，入洛。机初诣张华，华问云何在。机曰："云有笑疾，未敢自见。"俄而云至。华为人多姿制，又好帛绳缠须。云见而大笑，不能自已。先是，尝著缞绖上船，于水中顾见其影，因大笑落水，人救获免。云与荀隐素未相识，尝会华坐，华曰："今日相遇，可勿为常谈。"云因抗手曰："云间陆士龙。"隐曰："日下荀鸣鹤。"鸣鹤，隐字也。云又曰："既开青云睹白雉，何不张尔弓，挟尔矢？"隐曰："本谓是云龙騤騤，乃是山鹿野麋。兽微弩强，是以发迟。"华抚手大笑。刺史周浚召为从事，谓人曰："陆士龙当今之颜子也。"

俄以公府掾为太子舍人，出补浚仪令。县居都会之要，名为难理。云到官肃然，下不能欺，市无二价。人有见杀者，主名不立，云录其妻，而无所问。十许日遣出，密令人随后，谓曰："其去不出十里，当有男子候之与语，便缚来。"既而果然。问之具服，云："与此妻通，共杀其夫，闻妻得出，欲与语，惮近县，故远相要候。"于是一县称其神明。郡守害其能，屡谴责之，云乃去官。百姓追思之，图画形象，配食县社。

寻拜吴王晏郎中令。晏于西园大营第室，云上书曰："臣窃见世祖武皇帝临朝拱默，训世以俭，即位二十有六载，宫室台榭无所新营，屡发明诏，厚戒丰奢。国家纂承，务在遵奉，而世俗陵迟，家竞盈溢，渐渍波荡，遂已成风。虽严诏屡宣，而侈俗滋广。每观诏书，众庶叹息。清河王昔起墓宅时，手诏追述先帝节俭之教，恳切之旨，形于四海。清河王毁坏成宅以奉诏命，海内听望，咸用欣然。臣愚以先帝遗教日以陵替，今与国家协崇大化、追阐前踪者，实在殿下。先敦素朴而后可以训正四方；凡在崇丽，一宜节之以制，然后上厌帝心，下允时望。臣以凡才，特蒙拔擢，亦思竭忠效节以报所受之施，是以不虑犯迕，敢陈所怀。如愚臣言有可采，乞垂三省。"

时晏信任部将，使覆察诸官钱帛，云又陈曰："伏见令书，以部曲将李咸、冯南、司马吴定、给使徐泰等覆校诸官市买钱帛簿。臣愚以圣德龙兴，光有大国，选众官材，庶工肆业。中尉该、大农诞皆清廉淑慎，恪居所司，其下众官，悉州闾一介，疏暗之咎，虽可日闻，至于处义用情，庶无大戾。今咸、南军旅小人，定、泰士卒厮贱，非有清慎素著，忠公足称。大臣所关，犹谓未详，咸等督察，然后得信，既非开国勿用之义，又伤殿下推诚旷荡之量。虽使咸等能尽节益国，而功利百倍，至于光辅国美，犹未若开怀信士之无失。况所益不过姑息之利，而使小人用事，大道陵替，此臣所以慷慨也。臣备位大臣，职在献可，苟有管见，敢不尽规。愚以宜发明令，罢此等覆察，众事一付治书，则大信临下，人思尽节矣。"

云爱才好士，多所贡达。移书太常荐同郡张赡曰："盖闻在昔圣王，承天御世，殷荐明德，思和人神，莫不崇典谟以教思，兴礼学以陶远。是以帝尧昭焕而道协人天，西伯质文而周隆二代。大晋建皇，崇配天地，区夏既混，礼乐将庸。君侯应历运之会，赞天人之期，博延俊茂，熙隆载典。伏见卫将军舍人同郡张赡，茂德清粹，器思深通。初慕圣门，栖心重仞，启涂及阶，遂升枢奥。抽灵匮于秘宫，披金滕于玄夏，思乐百氏，博采其珍。辞迈翰林，言敷其藻。探微集逸，思心洞神。论道属书，篇章光规。含奇宰府，婆娑公门。栖静隐宝，沦虚藏器；裳裳袭锦，缁衣被玉。曾泉改路，悬车将迈，考盘下位，岁聿屡迁。搢绅之士，具怀忾恨。方今太清辟宇，四门启籥，玄纲括地，天网广罗，庆云兴以招龙，和风起而仪凤，诚岩穴耀颖之秋，河津托乘之日也。而赡沈沦下位，群望悼心。若得端委太学，错综先典；垂缨玉阶，论道紫宫，诚帝室之瑰宝，清庙之伟器。广乐九奏，必登昊天之庭；《韶》《夏》六变，必飨上帝之祀矣。"

入为尚书郎、侍御史、太子中舍人、中书侍郎。成都王颖表为清河内史。颖将讨齐王冏，以云为前锋都督。会冏诛，转大将军右司马。颖晚节政衰，云屡以正言忤旨。孟玖欲用其父为邯郸令，左长史卢志等并阿意从之，而云固执不许，曰："此县皆公府掾资，岂有黄门父居之邪！"玖深忿怨。张昌为乱，颖上云为使持节、大都督、前锋将军以讨昌。会伐长沙王，乃止。

机之败也，并收云。颖官属江统、蔡克、枣嵩等上疏曰："统等闻人主圣明，臣下尽规，苟有所怀，不敢不献。昨闻教以陆机后失军期，师徒败绩，以法加刑，莫不谓当。诚足以肃齐三军，威示远近，所谓一人受戮，天下知诫者也。且闻重教，以机图为反逆，应加族诛，未知本末者，莫不疑惑。夫爵人于朝，与众共之；刑人于市，与众弃之。惟刑之恤，古人所慎。今明公兴举义兵，以除国难，四海同心，云合响应，罪人之命，悬于漏刻，泰平之期，不旦则夕矣。机兄弟并蒙拔擢，俱受重任，不当背罔极之恩，而向垂亡之寇；去泰山之安，而赴累卵之危也。直以机计虑浅近，不能董摄群帅，致果杀敌，进退之间，事有疑似，故令圣鉴未察其实耳。刑诛事大，言机有反逆之征，宜令王粹、牵秀检校其事。令事验显然,暴之万姓,然后加云等之诛,未足为晚。今此举措,实为太重,得则足令天下情服,失则必使四方心离,不可不令审谛,不可不令详慎。统等区区,非为陆云请一身之命,实虑此举有得失之机,敢竭愚悫,以备诽谤。"颖不纳。统等重请,颖迟回者三日。卢志又曰:"昔赵王杀中护军赵浚,赦其子骧,骧诣明公而击赵,即前事也。"蔡克入至颖前,叩头流血,曰:"云为孟玖所怨,远近莫不闻。今果见杀,罪无彰验,将令群心疑惑,窃为明公惜之。"僚属随克入者数十人,流涕固请,颖恻然有宥云色。孟玖扶颖入,催令杀云。时年四十二。有二女,无男。门生故吏迎丧葬清河,修墓立碑,四时祠祭。所著文章三百四十九篇,又撰《新书》十篇,并行于世。

初,云尝行,逗宿故人家,夜暗迷路,莫知所从。忽望草中有火光,于是趣之。至一家,便寄宿,见一年少,美风姿,共谈老子,辞致深远。向晓辞去,行十许里,至故人家,云此数十里中无人居,云意始悟。却寻昨宿处,乃王弼冢。云本无玄学,自此谈老殊进。

云弟耽为平东祭酒,亦有清誉,与云同遇害。大将军参军孙惠与淮南内史朱诞书曰:"不意三陆相携暗朝,一旦湮灭,道业沦丧,痛酷之深,荼毒难言。国丧俊望,悲岂一人!"其为州里所痛悼如此。后东海王越讨颖,移檄天下,亦以机、云兄弟枉害罪状颖云。

喜字恭仲。父瑁,吴吏部尚书。喜仕吴,累迁吏部尚书。少有声名,好学有才思。尝为自叙,其略曰:"刘向省《新语》而作《新序》,桓谭咏《新序》而作《新论》。余不自量,感子云之《法言》而作《言道》,睹贾子之美才而作《访论》,观子政《洪范》而作《古今历》,鉴蒋子通《万机》而作《审机》,读《幽通》、《思玄》、《四愁》而作《娱宾》、《九思》,真所谓忍愧者也。"其书近百篇。吴平,又作《西州清论》传于世,借称诸葛孔明以行其书也。有《较论格品篇》曰:"或问予,薛莹最是国士之第一者乎?答曰:'以理推之,在乎四五之间,问者愕然请问。答曰:'夫孙晧无道,肆其暴虐,若龙蛇其身,沈默其体,潜而勿用,趣不可测,此第一人也。避尊居卑,禄代耕养,玄静守约,冲退澹然,此第二人也。侃然体国思治,心不辞贵,以方见惮,执政不惧,此第三人也。斟酌时宜,在乱犹显,意不忘忠,时献微益,此第四人也。温恭修慎,不为谄首,无所云补,从容保宠,此第五人也。过此已往,不足复数。故第二已上,多沦没而远悔吝,第三已下,有声位而近咎累。是以深识君子,晦其明而履柔顺也。'问者曰:'始闻高论,终年启寤矣。'"

太康中,下诏曰:"伪尚书陆喜等十五人,南士归称,并以贞洁不容晧朝,或忠而获罪,或退身修志,放在草野。主者可皆随本位就下拜除,敕所在以礼发遣,须到随才授用。"乃以喜为散骑常侍,寻卒。子育,为尚书郎、弋阳太守。

赞曰:古人云:"虽楚有才,晋实用之。"观夫陆机、陆云,实荆、衡之杞梓,挺圭璋于秀实,驰英华于早年,风鉴澄爽,神情俊迈。文藻宏丽,独步当时;言论慷慨,冠乎终古。高词迥映,如朗月之悬光;叠意回舒,若重岩之积秀。千条析理,则电坼霜开,一绪连文,则珠流璧合。其词深而雅,其义博而显,故足远超枚、马,高蹑王、刘,百代文宗,一人而已。然其祖考重光,羽楫吴运,文武奕叶,将相连华。而机以廊庙蕴才,瑚琏标器,宜其承俊乂之庆,奉佐时之业,申能展用,保誉流功。属吴祚倾基,金陵毕气,君移国灭,家丧臣迁。矫翮南辞,翻栖火树,飞鳞北逝,卒委汤池。遂使穴碎双龙,巢倾两凤。激浪之心未骋,遽骨修鳞;陵云之意将腾,先灰劲翮。望其翔跃,焉可得哉!夫贤之立身,以功名为本;士之居世,以富贵为先。然则荣利人之所贪,祸辱人之所恶,故居安保名,则君子处焉;冒危履贵,则哲士去焉。是知兰植中涂,必无经时之翠;桂生幽壑,终保弥年之丹。非兰怨而桂亲,岂涂害而壑利?而生灭有殊者,隐显之势异也。故曰,衔美非所,罕有常安;韬奇择居,故能全性。观机、云之行己也,智不逮言矣。睹其文章之诫,何知易而行难?自以智足安时,才堪佐命,庶保名位,无忝前基。不知世属不通,运钟方否,进不能辟昏匡乱,退不能屏迹全身,而奋力危邦,竭心庸主,忠抱实而不谅,谤缘虚而见疑,生在己而难长,死因人而易促。上蔡之犬,不诫于前,华亭之鹤,方悔于后。卒令覆宗绝祀,良可悲夫!然则三世为将,峥钟来叶;诛降不祥,殃及后昆。是知西陵结其凶端,河桥收其祸末,其天意也,岂人事乎!

卷五十五　　　列传第二十五

夏侯湛 弟淳　淳子承　**潘岳** 从子尼
张载 弟协　协弟亢

夏侯湛,字孝若,谯国谯人也。祖威,魏兖州刺史。父庄,淮南太守。湛幼有盛才,文章宏富,善构新词,而美容观,与潘岳友善,每行止同舆接茵,京都谓之"连璧"。

少为太尉掾。泰始中,举贤良,对策中第,拜郎中,累年不调,乃作《抵疑》以自广。其辞曰:

当路子有疑夏侯湛者而谓之曰:"吾闻有其才而不遇者,时也;有其时而不遇者,命也。吾子童幼而岐立,弱冠而著德,少而流声,长而垂名。拔萃始立,而登宰相之朝;挥翼初仪,而受卿尹之举。荡典籍之华,谈先王之言。入闼阖,蹑丹墀,染彤管,吐洪烨,干当世之务,触人主之威,有效矣。而官不过散郎,举不过贤良。凤栖五期,龙蟠六年,英耀秃落,羽仪摧残。而独雍容艺文,荡骀儒林,志不袭著述之业,口不释《雅》《颂》之音,徒费情而耗力,劳神而惫心,此术亦以薄矣。而终莫之辩,宜吾子之陆沈也。

且以言乎才，则吾子优矣。以言乎时，则子之所与二三公者，义则骨肉之固，交则明道之观也。富于德，贵于官，其所发明，虽叩牛操筑之客，佣赁拘关之隶，负俗怀讥之士，犹将登为大夫，显为卿尹。于何有宝咳唾之音，爱锱铢之力？向若垂一鳞，回一翼，令吾子攀其飞腾之势，挂其羽翼之末，犹奋迅于云霄之际，腾骧于四极之外。今乃金口玉音，漠然沈默。使吾子栖迟穷巷，守此困极，心有穷志，貌有饥色。吝江河之流，不以濯舟船之畔；惜东壁之光，不以寓贫妇之目。抑非二三公之蔽贤也，实吾子之拙惑也。"

夏侯子曰："噫！湛也幸，有过，人必知之矣。吾子所以褒饰之太矣。尌酌之喻，非小丑之所堪也。然过承古人之诲，抑因子大夫之忝在弊室也，敢布其腹心，岂能隐几以览其概乎！"

客曰："敢祗以听。"

夏侯子曰："吾闻先大夫孔圣之言：'德之不修，学之不讲，闻义不能徙，不善不能改，是吾忧也。'四德具而名位不至者，非吾任也。是以君子求诸己，小人求诸人。仆也承门户之业，受过庭之训，是以得接冠带之末，充乎士大夫之列，颇窥《六经》之文，览百家之学。弱年而入公朝，蒙蔽而当显举，进不能拔群出萃，却不能抗排当世，志则乍显乍昧，文则乍幽乍蔚。知之者则谓之欲道遥以养生，不知之者则谓之欲遑遑以求达，此皆未是仆之所匿也。

仆又闻，世有道，则士无所执其节；黜陟明，则下不在量其力。是以当举而不辞，入朝而酬问。仆，东野之鄙人，顽直之陋生。不识当世之便，不达朝廷之情，不能倚靡容悦，出入崎倾，逐巧点妍，呕喁辩佞。随群班之次，伏简墨之后。当此之时，若失水之鱼，丧家之狗，行不胜衣，言不出口，安能干当世之务，触人主之威，适足以露狂简而增尘垢。纵使心有至言，言有偏直，此委巷之诚，非朝廷之欲也。

今天子以茂德临天下，以八方六合为四境，海内无虞，万国玄静，九夷之从王化，犹洪声之收清响；黎苗之乐函夏，若游形之招惠景。乡曲之徒，一介之士，曾讽《急就》、习甲子者，皆奋笔扬文，议制论道。出草苗，起林薮，御青琐，入金墉者，无日不有。充三台之寺，盈中书之阁。有司不能竟其文，当年不能编其籍，此执政之所厌闻也。若乃群公百辟，卿士常伯，被朱佩紫，耀金带白，坐而论道者，又充路盈寝，黄幄玉阶之内，饱其尺牍矣。若仆之言，皆粪土之说，消磨灰烂，垢辱招秽，适可充卫士之饟，盈扫除之器。譬犹投盈寸之胶，而欲使江海易色；烧一羽之毛，而欲令大炉增势。若燎原之烟，弥天之云，嘘之不益其热，翕之不减其气。今子见仆入朝暂对，便欲坐望高位，吐言数百，谓陵嵴一世，何吾子之失评也！仆固脂车以须放，秣马以待却，反耕于枳落，归志乎涡濑，从容乎农夫，优游乎卒岁矣。

古者天子画土以封群后，群后受国以临其邦，悬大赏以乐其成，列九伐以讨其违，兴衰相形，安危相

倾。故在位者以求贤为务，受任者以进才为急。今也则九州为一家，万国为百郡，政有常道，法有恒训，因循而礼乐自定，揖让而天下大顺。夫道学之贵游，闾邑之搢绅，皆高门之子，世臣之胤，弘风长誉，推成而进，悠悠者皆天下之彦也。讽诂训，传《诗》《书》，讲儒墨，说玄虚，仆皆不如也。二三公之简仆于凡庸之肆，显仆于细猥之中，则为功也重矣；时而清谈，则为亲也周矣。且古之君子，不知士，则不明不安。是以居逸而思危，对食而肴乾。今也则否。居位者以善身为静，以寡交为慎，以弱断为重，以怯言为信。不知士者无公诽，不得士者不私愧。彼在位者皆稷、契、咎、益、伊、吕、周、召之伦，叔豹、仲熊之俦，稽古则逾黄、唐，经纬则越虞、夏，蔑昆吾之功，嗤桓文之勋，抵拂管仲，蹉跎晏婴。其远则欲升鼎湖，近则欲超太平。方将保保重啬神，独善其身，玄白冲虚，仡尔养真。虽力挟太山，将不举一羽；扬波万里，将不濯一鳞。咳唾成珠玉，挥袂出风云。岂肯蹴蹴鄙事，取才进人，此又吾子之失言也。子独不闻夫神人乎！嚼风饮露，不食五谷。登太清，游山岳，靡芝草，弄白玉。不因而独备，无假而自足。不与人路同嗜欲，不与世务齐荣辱。故能入无穷之门，享不死之年。以此言之，何待进贤！"

客曰："圣人有言曰：'邦有道，贫且贱焉，耻也。'今子值有道之世，当太平之会，不攘袂奋气，发谋出奇。使鸣鹤受和，好爵见縻。抑乃沈身郎署，约志勤卑，不亦羸哉！且伊尹之干成汤，宁戚之迕桓公，或投己鼎俎，或庸身饭牛，明废兴之机，歌《白水》之流，德入殷王，义感齐侯。故伊尹起庖厨而登阿衡，宁戚出车下而阶大夫。外无微介，内无请谒，矫身擢手，径蹑名位。吾子亦何不慕贤以自厉，希古以慷慨乎！"

夏侯子曰："呜呼！是何言欤！富与贵是人之所欲，非仆之所恶也。夫干将之剑，陆断狗马，水截蛟龙，而铅刀不能入泥。骐骥骅骝之乘，一日而致千里，而驽骞不能迈亩。百炼之鉴，别须眉之数，而壁土不见泰山。鸿鹄一举，横四海之区，出青云之外，而尺鷃不陵桑榆。此利钝之觉，优劣之决也，夫欲进其身者，不过千万乘，而仆以上朝堂，答世问，不过显所知。仆以竭心思，尽才学，意无雅正可准，论无片言可采，是以顿于鄙劣而莫之能起也。以此言之，仆何为其不自衔哉！子不嫌仆德之不劭，而疑其位之不到，是犹反镜而索照，登木而下钓，仆未以此为不肖也。

若乃伊尹负鼎以干汤，吕尚隐游于徽文，傅说操筑以痦主，宁戚击角以要君，此非仆所能也。庄周骀荡以放言，君平卖卜以自贤，接舆阳狂以蔽身，梅福弃家以求仙，此又非仆之所安也。若乃季札抗节于延陵，杨雄覃思于《太玄》，伯玉和柔于人怀，柳惠三绌于士官，仆虽不敏，窃颇仿佛其清尘。"

后选补太子舍人，转尚书郎，出为野王令。以邮隐

为急,而缓于公调。政清务闲,优游多暇,乃作《昆弟诰》。其辞曰:

惟正月才生魄,湛若曰:"咨尔弟淳、琬、瑶、谟、总、瞻:古人有言,'孝乎惟孝,友于兄弟。''死丧之戚,兄弟孔怀。'又曰,'周之有至德也,莫如兄弟。'於戏!古之载于训籍,传于《诗》《书》者,厥乃不思,不可不行。尔其专乃心,一乃听,砥砺乃性,以听我之格言。"淳等拜手稽首。

湛若曰:"呜呼!惟我皇乃祖滕公,肇厘厥德厥功,以左右汉祖,弘济于嗣君,用垂祚于后。世世增敷前轨,济其好行美德。明允相继,冠冕胥及。以逮于皇曾祖愍侯,寅亮魏祖,用康乂厥世,遂启土宇,以大综厥勋于家。我皇祖穆侯,崇厥基以允厘显志,用恢阐我令业。维我后府君侯,祗服哲命,钦明文思,以熙柔我家道,丕隆我先绪。钦若稽古训,用敷训典籍,乃综其微言。呜呼!自三坟、五典、八索、九丘,图纬六艺,及百家众流,罔不探赜索隐,钩深致远。《洪范》九畴,彝伦攸叙。乃命世立言,越用继尼父之大业,斯文在兹。且九龄而我王母薛妃登遐,我后孝思罔极,惟以奉于穆侯之继室蔡姬,以致其子道。蔡姬登遐,隘于穆侯之命,厥礼乃不得成,用不祔于祖姑。惟乃用聘其永慕,厥乃以疾辞位,用逊于厥家,布衣席稿,以终于三载。厥乃古训无文,我后丕孝其心,用假于厥制,以穆于世父使君侯。惟伯后聪明睿智,奕世载德,用慈友于我后。我惟烝烝是虔,罔不克承厥诲,用增茂我敦笃,以播休美于一世,厥乃可不遵。惟我用凤夜匪懈,日钻其道,而仰之弥高,钻之弥坚,我用欲罢不敢。岂唯予躬是惧,实令迹是奉。厥乃昼分而食,夜分而寝。岂唯令迹是畏,实尔犹是仪。呜呼,予其敬哉!俞!予闻之,周之有至德,有妇人焉。我母氏羊姬,宣慈恺悌,明粹笃诚,以抚训群子。厥乃我龀齿,则受厥教于书学,不遑惟宁。敦《诗》《书》礼乐,孳孳弗倦。我有识惟与汝服厥诲,惟仁义惟孝友是尚,忧深思远,祗以防于微。翳义形于色,厚爱平恕,以济其宽裕。用缉和我七子,训诸我五妹。惟我兄弟姊妹束修慎行,用不辱于冠带,实母氏是凭。予其为政蠹尔,惟母氏仁之不行是戚,予其望色思爱。狱之不情,教之不泰是训,予其纳戒思详。呜呼!惟母氏信著于不言,行感于神明。若夫恭事于蔡姬,敦穆于九族,乃高于古之人。古之人厥乃千里承师,剡我惟父惟母世德之余烈,服膺之弗可及,景仰之弗可阶。汝其念哉!俾群弟天祚于我家,俾尔咸休明是履。淳英哉文明柔顺,琬乃沈毅笃固,惟瑶厥清粹平理,谟茂哉儁哲寅亮,总其弘肃简雅,瞻乃纯铄惠和。惟我蒙蔽,极否于义训。嗟尔六弟,汝其滋义洗心,以补予之尤。予乃亦不敢忘汝之阙。呜呼!小子瞻,汝其见予之长于仁,未见予之长于义也。"

瞻曰:"俞!以如何?"湛若曰:"我之肇于总角,以逮于弱冠,暨于今之二毛,受学于先载,纳诲于严

父慈母。予其敬忌于厥身,而匡予之纤介,翼予之小疵,使予有过未曾不知,予知之迪改,惟冲子是赖。予亲于心,爱于中,敬于貌。厥乃口无择言,柔惠且直,廉而不刿,肃而不厉,厥其成予哉。用集我父母之训,庶明厉翼,迩可远在兹。"瞻拜手稽首曰:"俞!"湛曰:"都!在修身,在爱人。"瞻曰:"吁!惟圣难之。"湛曰:"都!厥不行惟难,厥行惟易。"

淳曰:"俞!明而昧,崇而卑,冲而恒,显而贤,同而疑,厉而柔,和而矜。"湛曰:"俞!乃言厥有道。"淳曰:"俞!祗服训。"湛曰:"来!琬,汝亦昌言。"琬曰:"俞!身不及于人,不敢堕于勤,厥故维新。"湛曰:"俞!瑶亦昌言。"瑶曰:"俞!滋敬于己,不滋敬于己,惟敬乃侍,无忘有耻。"湛曰:"俞!谟亦昌言。"谟曰:"俞!无忘于不可不虞,形貌以心,访心于虞。"湛曰:"俞!总亦昌言。"总曰:"俞!若忧厥忧以休。"湛曰:"俞!瞻亦昌言。"瞻曰:"俞!外惟内,取诸内,不忘诸外。"湛曰:"俞!休哉"淳等拜手稽首,湛亦拜手稽首。乃歌曰:"明德复哉,家道休哉,世祚悠哉,百禄周哉!"又作歌曰:"讯德恭哉,训翼从哉,内外康哉!"皆拜曰:"钦哉!"

居邑累年,朝野多叹其屈。除中书侍郎,出补南阳相。迁太子仆,未就命,而武帝崩。惠帝即位,以为散骑常侍。元康初,卒,年四十九。著论三十余篇,别为一家之言。

初,湛作《周诗》成,以示潘岳。岳曰:"此文非徒温雅,乃别见孝弟之性。"岳因此遂作《家风诗》。

湛族为盛门,性颇豪侈,侯服玉食,穷滋极珍。及将没,遗命小棺薄敛,不修封树。论者谓湛虽生不砥砺名节,死则俭约令终,是深达存亡之理。

淳字孝冲。亦有文藻,与湛俱知名。官至弋阳太守。遭中原倾覆,子侄多没胡寇,唯息承渡江。

承字文子。参安东军事,稍迁南平太守。太兴末,王敦举兵内向,承与梁州刺史甘卓、巴东监军柳纯、宜都太守谭该等,并露檄远近,列敦罪状。会甘卓怀疑不进,王师败绩,敦悉诛灭异己者,收承,欲杀之,承外兄王廙苦请得免。寻为散骑常侍。

潘岳,字安仁,荥阳中牟人也。祖瑾,安平太守。父芘,琅邪内史。岳少以才颖见称,乡邑号为奇童,谓终贾之俦也。早辟司空太尉府,举秀才。

泰始中,武帝躬耕藉田,岳作赋以美其事,曰:

伊晋之四年正月丁未,皇帝亲率群后藉于千亩之甸,礼也。于是乃使侍师清谶,野庐扫路,封人壝宫,掌舍设枑。青坛蔚其岳立兮,翠幕黕以云布。结崇基之灵址兮,启四涂之广陌。沃野坟腴,膏壤平砥。清洛浊渠,引流激水。遐阡绳直,迩陌如矢。蒽犗服于缥轭兮,绀辕缀于黛耟。俨储驾于廛左兮,俟万乘之躬履。百僚先置,位以职分,自上下下,具惟帝臣。袭春服之萋萋兮,接游车之辚辚。微风生于轻幌

兮，纤埃起乎朱轮。森奉璋以阶列兮，望皇轩而肃震。若湛露之晞朝阳兮，众星之拱北辰也。

于是前驱鱼丽，属车鳞萃，闾阖洞启，参涂方驷，常伯陪乘，太仆执辔。后妃献穜稑之种，司农撰播殖之器，挈壶掌升降之节，宫正设门闾之跸。天子乃御玉辇，荫华盖，冲牙铮鸧，绡纨纻缪。金根照耀以炯晃兮，龙骥腾骧而沛艾。表朱玄于离坎兮，飞青缟于震兑。中黄晔以发辉兮，方彩纷其繁会。五路鸣銮，九旗扬斾，琼钑入藳，云罕晻蔼。箫管嘲哳以啾嘈兮，鼓鼙砎磤以砰盖，笋簴巍以轩鼛兮，洪钟越乎区外。震震填填，尘雾连天，以幸乎藉田。蝉冕颎以灼灼兮，碧色肃其芊芊。似夜光之剖荆璞兮，若茂松之依山颠也。

于是我皇乃降灵坛，抚御耦，游场染屦，洪縻在手。三推而舍，庶人终亩。贵贱以班，或五或九。于斯时也，居ंทู都鄙，人无华裔，长幼杂逻以交集，士女颁斌而咸戾。被褐振裾，垂髫总髻，蹙踵侧肩，挢裳连袂。黄尘为之四合兮，阳光为之潜翳。动容发音而观者，不抃舞乎康衢，讴吟乎圣世。情欣乐乎昏作兮，虑尽力乎树艺。靡谁督而常勤兮，莫之课而自厉。躬先劳而悦使兮，岂严刑而猛制哉！

有邑老田父，或进而称曰："盖损益随时，理有常然。高以下为基，人以食为天。正其末者端其本，善其后者慎其先。夫九土之宜弗任，四业之务不壹，野有菜蔬之色，朝乏代耕之秩。无储蓄以虞灾，徒望岁以自必。三代之衰，皆此物也。今圣上昧旦不显，夕惕若栗，图匮于丰，防俭于逸，钦哉钦哉，惟谷之恤。展三时之弘务，致仓廪于盈溢，固尧、汤之用心，而存救之要术也。"若乃庙桃有事，祝宗诹日，篚筐普淖，则之自实，缩鬯萧茅，又于是乎出。黍稷馨香，旨酒嘉栗。宜其时和年登，而神降之吉也。古人有言曰："圣人之德，无以加于孝乎！"夫孝者，天之性、人之所由灵也。昔者明王以孝治天下，其或继之者，鲜哉希矣！逮我皇晋，寔光斯道，仪刑乎万国，爱敬尽乎祖考。故躬稼以供粢盛，所以致孝也；劝穑以足百姓，所以固本也。能本而孝，盛德大业至矣哉！此一役也，二美显焉，不亦远乎，不亦重乎！敢作颂曰：

"思乐甸畿，薄采其芳。大君戾止，言藉其农。其农三推，万国以祗。耨我公田，遂及我私。我篚斯盛，我簋斯齐。我俭如陵，我庾如坻。念兹在兹，永言孝思。人力普存，祝史正辞。神只攸歆，逸豫无期。一人有庆，兆民赖之。"

岳才名冠世，为众所疾，遂栖迟十年。出为河阳令，负其才而郁郁不得志。时尚书仆射山涛、领吏部王济、裴楷等并为帝所亲遇，岳内非之，乃题阁道为谣曰："阁道东，有大牛。王济鞅，裴楷鞦，和峤刺促不得休。"

转怀令。时以逆旅逐末废农，奸淫亡命，多所依凑，败乱法度，敕当除之。十里一官橘，使老小贫户守之，又差吏掌主，依客舍收钱。岳议曰：

"谨案：逆旅，久矣其所由来也。行者赖以顿止，居者薄收其直，交易贸迁，各得其所。官无役赋，因人成利，惠加百姓而公无末费。语曰：'许由辞帝尧之命，而舍于逆旅。'《外传》曰：'晋阳处父过宁，舍于逆旅。'魏武皇帝亦以为宜，其诗曰：'逆旅整设，以通商贾。'然则自尧至今，未有不得客舍之法。唯商鞅尤之，固非圣世之所言也。方今四海会同，九服纳贡，八方翼翼，公私满路。近畿辐辏，客舍亦稠。冬有温庐，夏有凉荫，刍秣成行，器用取给。疲牛必投，乘凉近进，发榻写鞍，皆有所憩。

"又诸劫盗皆起于迥绝，止乎人众。十里萧条，则奸轨生心；连陌接馆，则寇情震慑。且闻声有救，已发有追，不救有罪，不追有戮，禁暴捕亡，恒有司存。凡此皆客舍之益，而官橘之所乏也。又行者贪路，告籴炊爨，皆以昏晨。盛夏昼热，又兼星夜，既限早闭，不及橘门。或避晚关，迸逐路隅，祗是慢藏诲盗之原。苟以客舍多败法教，官守棘橘，独复何人？彼河桥、孟津，解券输钱，高第督察，数入校出，品郎两岸相检，犹惧或失之。故悬以禄利，许以功报。今贱吏疲人，独专橘税，管开闭之权，藉不校之势，此道路之蠹，奸利所殖也。率历代之旧俗，获行留之欢心，使客舍洒扫，以待征旅择家而息，岂非众庶颙颙之望？"

请曹列上，朝廷从之。

岳频宰二邑，勤于政绩。调补尚书度支郎，迁廷尉评，以公事免。杨骏辅政，高选吏佐，引岳为太傅主簿。骏诛，除名。初，谯人公孙宏少孤贫，客田于河阳，善鼓琴，颇能属文。岳之为河阳令，爱其才艺，待之甚厚。至是，宏为楚王玮长史，专杀生之政。时骏纲纪皆当从坐，同署主簿朱振已就戮。岳其夕取急在外，宏言之玮，谓之假吏，故得免。未几，选为长安令，作《西征赋》，述所经人物山水，文清旨诣，辞多不录。征补博士，未召，以母疾辄去，官免。寻为著作郎，转散骑侍郎，迁给事黄门侍郎。

岳性轻躁，趋世利，与石崇等谄事贾谧，每候其出，与崇辄望尘而拜。构愍怀之文，岳之辞也。谧二十四友，岳为其首。谧《晋书》限断，亦岳之辞也。其母数诮之曰："尔当知足，而干没不已乎？"而岳终不能改。

既仕宦不达，乃作《闲居赋》曰：

岳读《汲黯传》至司马安四至九卿，而良史书之，题以巧宦之目，未曾不慨然废书而叹也。曰：嗟乎！巧诚有之，拙亦宜然。顾常以为士之生也，非至圣无轨微妙玄通者，则必立功立事，效当年之用。是以资忠履信以进德，修辞立诚以居业。仆少窃乡曲之誉，忝司空太尉之命，所奉之主，即太宰鲁武公其人也。举秀才为郎。逮事世祖武皇帝，为河阳、怀令，尚书郎，廷尉评。今天子谅暗之际，领太傅主簿。府主诛，除名为民。俄而复官，除长安令。迁博士，未召拜，亲疾辄去，官免。自弱冠涉乎知命之年，八徙官而一进阶，再免，一除名，一不拜职，迁者三而已矣。虽通塞有遇，抑亦拙之效也。昔通人和长舆之论余也，固曰"拙于用多"。称多者，吾岂敢；言拙，则信而有征。方今俊乂在官，百工惟时，拙者可以绝意乎宠荣之事矣。太夫人在堂，有羸老之疾，尚何能违膝下色养，而屑屑从斗筲之役？于是览止足之分，庶浮云之志，筑室种树，逍遥自得。池沼足以渔钓，春税足以代耕。灌园鬻蔬，供朝夕之膳；牧羊酤酪，俟伏腊之费。孝乎惟孝，友于兄弟，此亦拙者之为政也。乃作《闲居赋》以歌事遂情焉。其辞曰：

遨坟素之长圃，步先哲之高衢。虽吾颜之云厚，犹内愧于宁、蘧。有道余不仕，无道吾不愚。何巧智之不足，而拙艰之有余也！于是退而闲居，于洛之涘。身齐逸民，名缀下士。背京溯伊，面郊后市。浮梁黝以径度，灵台杰其高峙。窥天文之秘奥，睹人事之终始。其西则有元戎禁营，玄幕绿徽，溪子巨黍，异桊同归，炮石雷骇，激矢虹飞，以先启行，耀我皇威。其东则有明堂辟雍，清穆敞闲，环林紫映，圆海回泉，聿追孝以严父，宗文考以配天，祗圣敬以明顺，养更老以崇年。若乃背冬涉春，阴谢阳施，天子有事于柴燎，以郊祖而展义，张钩天之广乐，备千乘之万骑，服枨枨以齐玄，管啾啾而并吹，煌煌乎，隐隐乎，兹礼容之壮观，而王制之巨丽也。两学齐列，双宇如一，右延国胄，左纳良逸。祁祁生徒，济济儒术，或升之堂，或入之室。教无常师，道在则是。故毷士投绂，名王怀玺，训若风行，应犹草靡。此里仁所以为美，孟母所以三徙也。

爰定我居，筑室穿池，长杨映沼，芳枳树樆，游鳞浼濿，菡萏敷披，竹木蓊蔼，灵果参差。张公大谷之梨，梁阎侯乌椑之柿，周文弱枝之枣，房陵朱仲之李，靡不毕植。三桃表樱胡之别，二柰耀丹白之色，石榴蒲桃之珍，磊落蔓延乎其侧。梅杏郁棣之属，繁荣藻丽之饰，华实照烂，言所不能极也。菜则葱韭蒜芋，青笋紫姜，堇荠甘旨，蓼荾芬芳，蘘荷依阴，时藿向阳，绿葵含露，白薤负霜。

于是凛秋暑退，熙春寒往，微雨新晴，六合清朗。太夫人乃御版舆，升轻轩，远览王畿，近周家园，体以行和，药以劳宣，常膳载加，旧痾有痊。于是席长筵，列孙子，柳垂荫，车结轨，陆摘紫房，水挂赪鲤，或宴于林，或禊于汜。昆弟斑白，儿童稚齿，称万寿以献觞，咸一惧而一喜。寿觞举，慈颜和，浮杯乐饮，丝竹骈罗，顿足起舞，抗音高歌，人生安乐，孰知其他。退求己而自省，信用薄而才劣。奉周任之格言，敢陈力而就列。几陋身之不保，而奚拟乎明哲，仰众妙而绝思，终优游以养拙。

初，芘为琅邪内史，孙秀为小史给岳，而狡黠自喜。岳恶其为人，数挞辱之，秀常衔忿。及赵王伦辅政，秀为中书令。岳于省内谓秀曰："孙令犹忆畴昔周旋不？"答曰："中心藏之，何日忘之！"岳于是自知不免。俄而秀遂诬岳及石崇、欧阳建谋奉淮南王允、齐王冏为乱，诛之，夷三族。岳将诣市，与母别曰："负阿母！"初被收，俱不相知，石崇已送在市，岳后至，崇谓之曰："安仁，卿亦复尔邪！"

岳曰："可谓白首同所归。"岳《金谷诗》云："投分寄石友，白首同所归。"乃成其谶。岳母及兄侍御史释、弟燕令豹、司徒掾据、据弟诜，兄弟之子，已出之女，无长幼一时被害，唯释子伯武逃难得免。而豹女与其母相抱号呼不可解，会诏原之。

岳美姿仪，辞藻绝丽，尤善为哀诔之文。少时常挟弹出洛阳道，妇人遇之者，皆连手萦绕，投之以果，遂满车而归。时张载甚丑，每行，小儿以瓦石掷之，委顿而反。岳从子尼。

尼字正叔。祖勖，汉东海相。父满，平原内史。并以学行称。尼少有清才，与岳俱以文章见知。性静退不竞，唯以勤学著述为事。著《安身论》以明所守，其辞曰：

盖崇德莫大乎安身，安身莫尚乎存正，存正莫重乎无私，无私莫深乎寡欲。是以君子安其身而后动，易其心而后语，定其交而后求，笃其志而后行。然则动者，吉凶之端也；语者，荣辱之主也；求者，利病之几也；行者，安危之决也。故君子不妄动也，动适其道；不徒语也，语必经于理；不苟求也，求必造于义；不虚行也，行必由于正。夫然，用能免或系之凶，享自天之祐。故身不安则殆，言不从则悖，交不审则惑，行不笃则危。四者行乎中，则忧患接乎外矣。忧患之接，必生于自私，而兴于有欲。自私者不能成其私，有欲者不能济其欲，理之至也。欲苟不济，能无争乎？私苟不从，能无伐乎？人人自私，家家有欲，众欲并争，群私交伐。争，则乱之萌也；伐，则怨之府也。怨乱既构，危害及之，得不惧乎？

然弃本要末之徒，知进忘退之士，莫不饰才锐智，抽锋擢颖，倾侧乎势利之交，驰骋乎当涂之务。朝有弹冠之朋，野有结绶之友，党与炽于前，荣名扇其后。握权，则赴者鳞集；失宠，则散者瓦解；求利，则托刎颈之欢；争路，则构刻骨之隙。于是浮伪波腾，曲辩云沸，寒暑殊声，朝夕异价，弩蹇希奔放之迹，铅刀竞一割之用。至于爱恶相攻，与夺交战，诽谤口嗒，毁誉纵横，君子务能，小人伐技，风颓于上，俗弊于下。祸结而恨争也不强，患至而悔伐之未辩，大者倾国丧家，次则覆身灭祀。其故何邪？岂不始乎私欲而终于争伐哉？

君子则不然。知自私之害公也，然后外其身；有欲之伤德也，故远绝荣利；知争竞之遘灾也，故犯而不校；知好伐之招怨也，故有功而不德。安身而不为私，故身正而私全；慎言而不适欲，故言济而欲从；定交而不求益，故交立而益厚；谨行而不求名，故行成而名美。止则立乎无私之域，行则由乎不争之涂，必将通天下之理，而济万物之性。天下犹我，故与天下同其欲；己犹万物，故与万物同其利。

夫能保其安者，非谓崇生生之厚而耽逸豫之乐也，不忘危而已。有期进者，非谓穷贵宠之荣而藉名位之重也，不忘退而已。存其治者，非谓严刑政之威而明司察之禁也，不忘乱而已。故寝蓬室，隐陋巷，披短褐，茹藜藿，环堵而居，易衣而出，苟存乎道，非不安也。虽坐华殿，载文轩，服黼绣，御方丈，重门而处，成列而行，不得与之齐荣。用天时，分地利，甘布衣，安薮泽，沾体涂足，耕而后食，苟崇乎德，非不进也。虽居高位，飨重禄，执权衡，握机秘，功盖当时，势侔人主，不得与之比逸。遗意虑，没才智，忘肝胆，弃形器，貌若无能，志若不及，苟正乎心，非不治也。虽繁计策，广术艺，审刑名，峻法制，文辩流离，论议绝世，不得与之争功。故安也者，安乎道者也。进也者，进乎德者也。治也者，治乎心者也。未有安身而不能保国家，进德而不能处富贵，治心而不能治万物者也。

然思危所以求安，虑退所以能进，惧乱所以保治，戒亡所以获存也。若乃弱志虚心，旷神远致，徙倚乎不拔之根，浮游于无垠之外，不自贵于物而物宗焉，不自重于人而人敬焉。可亲而不可慢也，可尊而不可远也。亲之如不足，天下莫之能狎也；举之如易胜，而当世莫之能困也。达则济其道而不荣也，穷则善其身而不闷也，用则立于上而非争也，舍则藏于下而非让也。夫荣之所不能动者，则辱之所不能加也；利之所不能劝者，则害之所不能婴也。誉之所不能益者，则毁之所不能损也。

今之学者诚能释自私之心，塞有欲之求，杜交争之原，去矜伐之态，动则行乎至通之路，静则入乎大顺之门，泰则翔乎寥廓之宇，否则沦乎浑冥之泉，邪气不能干其度，外物不能扰其神，哀乐不能荡其守，死生不能易其真，而以造化为工匠，天地为陶钧，名位为糟粕，势利为埃尘，治其内而不饰其外，求诸己而不假诸人，忠肃以奉上，爱敬以事亲，可以御一体，可以牧万民，可以处富贵，可以安贱贫，经盛衰而不改，则庶几乎能安身矣。

初应州辟，后以父老，辞位致养。太康中，举秀才，为太常博士。历高陆令、淮南王允镇东参军。元康初，拜太子舍人，上《释奠颂》。其辞曰：

元康元年冬十二月，上以皇太子富于春秋，而人道之始莫先于孝悌，初命讲《孝经》于崇正殿。实应天纵生知之量，微言奥义，发自圣问，业终而体达。三年春闰月，将有事于上庠，释奠于先师，礼也。越二十四日丙申，侍祠者既齐，舆驾次于太学。太傅在前，少傅在后，恂恂乎弘保训之道；宫臣毕从，三率备卫，济济乎肃翼赞之敬。乃扫坛为殿，悬幕为宫。夫子位于西序，颜回侍于北墉。宗伯掌礼，司仪辩位。二学儒官，搢绅先生之徒，垂缨佩玉，规行矩步者，皆端委而陪于堂下，以待执事之命。设樽篚于两楹间，陈罍洗于阼阶之左。几筵既布，钟悬既列，我后乃躬拜俯之勤，资在三之义。谦光之美弥劭，阙里之教克崇，穆穆焉，邕邕焉，真先王之徽典，不刊之美业，允不可替已。于是牲馈之事既终，享献之礼已毕，释玄衣，御春服，驰斋禁，反故式。天子乃命内外群司，百辟卿士，蕃王三事，至于学徒国子，咸来观礼，

我后皆延而与之燕。金石箫管之音，八佾六代之舞，铿锵阊阖，般辟俯仰，可以澄神涤欲，移风易俗者，罔不毕奏。抑淫哇，屏《郑》《卫》，远佞邪，释巧辩。是日也，人无愚智，路无远迩，离乡越国，扶老携幼，不期而俱萃。皆延颈以视，倾耳以听，希道慕业，洗心革志，想洙、泗之风，歌来苏之惠。然后知居室之善，著应乎千里之外；不言之化，洋溢于九有之内。於熙乎若典，固皇代之壮观，万载之一会也。尼昔忝礼官，尝闻俎豆。今厕末列，亲睹盛美，灢渍徽猷，沐浴芳润，不知手舞口咏，窃作颂一篇。义近辞陋，不足测盛德之形容，光圣明之遐度。其辞曰：

三元迭运，五德代微。黄精既亢，素灵乃晖。有皇承天，造我晋畿。祚以大宝，登以龙飞。宣基诞命，景熙遐绪，三分自文，受终惟武。席卷惟蛮，荡定荒阻；道济群生，化流率土。后帝承哉，丕隆曾构。奄有万方，光宅宇宙。

笃生上嗣，继期挺秀。圣敬日跻，浚哲闳茂。留精儒术，敦阅古训。遵道让齿，降心下问。铺以金声，光以玉润。如日之升，如乾之运。乃延台保，乃命学臣。圣容穆穆，侍讲间闾。抽演微言，启发道真。探幽穷赜，温故知新。讲业既终，精义既研。崇圣重师，卜日告奠。陈其三牢，引其四县。既戒既式，乃盥乃荐。

恂恂孔圣，百王攸希。亹亹颜生，好学无违。曰皇储后，体神合几。兆吉先见，知来洞微。济济二宫，蔼蔼庶僚。俊乂鳞萃，髦士盈朝。如彼和肆，莫匪琼瑶；如彼仪凤，乐我《云》《韶》。琼瑶谁剖？四门洞开；《云》《韶》奚乐？神人允谐。蝉冕耀庭。细珮振阶。德以谦光，仁以恩怀。我酒惟清，我肴惟馨。舞以六代，歌以九成。

莘莘胄子，祁祁学生。洗心自百，观国之荣。学犹莳苗，化若偃草。博我以文，弘我以道。万邦蝉蜕，划乃俊造。钻蚌莹珠，剖石摘藻。丝匪玄黄，水罔方圆。引之斯流，染之斯鲜。若金受范，若埴乎甄。上好如云，下效如川。

昔在周兴，王化之始。曰文曰武，时惟世子。今我皇储，齐圣通理。缉熙重光，于穆不已。于穆伊何？思文哲后。媚兹一人，实副元首。孝治家邦，光照九有。纯嘏自晋，永世昌阜。微微下臣，过充近侍。猥蹑风云，鸾龙是厕。身濒芳流，目玩盛事。竭诚作颂，祗咏圣志。

出为宛令，在任宽而不纵，恤隐勤政，厉公平而遗人事。入补尚书郎，俄转著作郎。为《乘舆箴》，其辞曰：

《易》称"有天地然后有人伦，有父子然后有君臣"。传曰："大者天地，其次君臣。"然君臣父子之道，天地人伦之本，未有以先之者也。故天生蒸人而树之君，使司牧之，将以导群生之性，而理万物之情。岂以宠一人之身，极无量之欲，如斯而已哉！夫古之为君者，无欲而至公，故有茅茨土阶之俭；而后之为君者，有欲而自利，故有瑶台琼室之侈。无欲者，天下

共推之；有欲者，天下共争之。推之之极，虽禅代犹脱屣；争之之极，虽劫杀而不避。故曰"天下非一人之天下，乃天下之天下"，安可求而得，辞而已者乎！

夫修诸己而化诸人，出乎迩而见乎远者，言行之谓也。故人主所患，莫甚于不知其过；而所美，莫美于好闻其过。若有君于此，而曰予必无过，唯其言而莫之违，斯孔子所谓其庶几乎一言而丧国者也。盖君子之过，如日月之蚀：过也，人皆见之，更也，人皆仰之。虽以尧、舜、汤、武之盛，必有诽谤之木，敢谏之鼓，盘杆之铭，无讳之史，所以闲其邪僻而纳诸正道，其自维持如此之备。故箴规之兴，将以救过补阙，然犹依违讽喻，使言之者无罪，闻之者足以自诫。先儒既援古义，举内外之殊，而高祖亦序六官，论成败之要，义正辞约，又尽善矣。自《虞人箴》以至于《百官》，非唯规其所司，诚欲人主斟酌其得失焉。《春秋传》曰"命百官箴王阙"，则亦天子之事也。

尼以为王者膺受命之期，当神器之运，总万机而抚四海，简群才而审所授，孜孜于得人，汲汲于闻过，虽延争面折，犹将祈请而求焉。至于箴规，谏之顺者，曷为独阙之哉？是以不量其学陋思浅，因负担之余，尝试撰而述之。不敢斥至尊之号，故以"乘舆"目篇。盖帝王之事至大，而古今之变至众，文繁而义诡，意局而辞野，将欲希企前贤，仿佛崇轨，譬犹丘垤之望华、岱，恒星之系日月也，其不逮明矣。颂曰：

元元遂初，芒芒太始。清浊同流，玄黄错跱。上下弗形，尊卑靡纪。赫胥悠哉，大庭尚矣。皇极启建，两仪既分。彝伦需永序，万邦已纷。国事明王，家奉严君。各有攸尊，德用不勤。羲、农已降，暨于夏、殷。或禅或传，乃质乃文。

太上无名，下知有之。仁义不存，而人归孝慈。无为无执，何欲何思。忠信之薄，礼刑实滋。既誉既畏，以侮以欺。作誓作盟，而人始叛疑。煌煌四海，蔼蔼万乘，非誓焉凭？左辅右弼，前疑后丞。一日万机，业业兢兢。夫出其言善，则千里是应；而莫余违，亦丧邦有征。枢机之动，式以废兴。殷监不远，若之何勿惩！

且厚味腊毒，丰屋生灾。辛作琁室，而夏兴瑶台。糟丘酒池，象箸玉杯。厥肴伊何？龙肝豹胎。惟此哲妇，职为乱阶。殷用丧师，夏亦不恢。是以帝尧在位，茅茨不剪。周文日昃，昧且丕显。夫德辎如毛，而或举之者鲜。故《濩》有惭德，《武》未尽善。下世道衰，末俗化浅。耽乐逸游，荒淫沈湎。不式古训，而好是佞辩；不遵王路，而覆车是践。成败之效，载在先典。匪唯夷夷，厥世用殄。故曰树君如之何？将人是司牧。视之犹伤，而知其寒燠。故能抚之斯柔，而敦之斯睦；无远不怀，靡思不服。夫岂厌纵一人，而玩其耳目；内迷声色，外荒弛逐；不修政事，而终于颠覆？

昔唐氏授舜，舜亦命禹。受终纳祖，丕承天序。放桀惟汤，克殷伊武。故禅代非一姓，社稷无常主。

四岳三涂，九州之阻。彭蠡、洞庭，殷商之旅。虞、夏之隆，非由尺土。而纣之百克，卒于绝绪。故王者无亲，唯在择人。倾盖惟旧，白首乃新。望由钓夫，伊起有莘。负鼎鼓刀，而谋合圣神。夫岂借官左右，而取介近臣。盖有国有家者，莫云我聪，或此面从；莫谓我智，听受未易。甘言美疾，鲜不为累。由、夷逃宠，远于脱屣。奈何人主，位极则侈？

知人则哲，惟帝所难。唐朝既泰，四族作奸。周室既隆，而管、蔡不虔。匪我二圣，孰弭斯患？若九德咸受，俊乂在官，君非臣莫治，臣非君莫安。《书》美康哉，而《易》贵金兰。有皇司国，敢告纳言。

及赵王伦篡位，孙秀专政，忠良之士皆罹祸酷。尼遂疾笃，取假拜扫坟墓。闻齐王冏起义，乃赴许昌。冏引为参军，与谋时务，兼管书记。事平，封安昌公。历黄门侍郎、散骑常侍、侍中、秘书监。永兴末，为中书令。时三王战争，皇家多故，尼职居显要，从容而已。虽忧虞不及，而备尝艰难。永嘉中，迁太常卿。洛阳将没，携家属东出成皋，欲还乡里。道遇贼，不得前，病卒于坞壁，年六十余。

张载，字孟阳，安平人也。父收，蜀郡太守。载性闲雅，博学有文章。太康初，至蜀省父，道经剑阁。载以蜀人恃险好乱，因著铭以作诫曰：

岩岩梁山，积石峨峨。远属荆、衡，近缀岷、嶓。南通邛、僰，北达褒斜。狭过彭、碣，高逾嵩、华。惟蜀之门，作固作镇。是曰剑阁，壁立千仞。穷地之险，极路之峻。世浊则逆，道清斯顺。闭由往汉，闭自有晋。秦得百二，并吞诸侯。齐得十二，田生献筹。矧兹狭隘，土之外区。一人荷戟，万夫趑趄。形胜之地，非亲勿居。昔在武侯，中流而喜。河山之固，见屈吴起。洞庭孟门，二国不祀。兴实由德，险亦难恃。自古及今，天命不易。凭阻作昏，鲜不败绩。公孙既没，刘氏衔壁。覆车之轨，无或重迹。勒铭山阿，敢告梁益。

益州刺史张敏见而奇之，乃表上其文，武帝遣使镌之于剑阁山焉。

载又为《榷论》曰：

夫贤人君子将立天下之功，成天下之名，非遇其时，曷由致之哉！故尝试论之：殷汤无鸣条之事，则伊尹，有莘之匹夫也；周武无牧野之阵，则吕牙，渭滨之钓翁也。若兹之类，不可胜纪。盖声发响应，形动影从，时平则才伏，世乱则奇用，岂不信欤！设使秦、莽修三王之法，时致隆平，则汉祖，泗上之健吏，光武，舂陵之侠客耳，况乎附丽者哉！故当其有事也，则足非千里，不入于舆；刃非斩鸿，不韬于鞘。是以驽蹇望风而退，顽钝未试而废。及其无事也，则牛骥共牢，利钝齐列，而无长涂犀革以决之，此离朱与瞽者同眼之说也。处守平之世，而欲建殊常之勋，居太平之际，而吐违俗之谋，此犹却步而登山，鼓楫甫于越也。汉文帝见李广而叹曰："惜子不遇，当高帝时，万户侯岂足道哉！"故智无所运其筹，勇无所奋其气，则勇怯一也；才无所骋其能，辩无所展其说，则顽慧均也。是以吴榜越船，不能无水而浮；青虬赤螭，不能无云而飞。故和璧之在荆山，隋珠之潜重川，非遇其人，焉有连城之价，照车之名乎！青鹥繁霜，縶于笼中，何以效其撮东郭之鞿下也？白猨玄豹，藏于柙槛，何以知其接垂条于千仞也？屠夫与乌获讼力，非龙文赤鼎，无以明之；盖聂政与荆卿争勇，非强秦之威，孰能辨之？故饿夫庸隶，抱关屠钓之伦，一旦而都卿相之位，建金石之号者，或有怀颜、孟之术，抱伊、管之略，没世而不齿者，此言有事之世易为功，无为之时难为名也。若斯湮灭而不称，曾不足以多说。

况夫庸庸之徒，少有不得意者，则自以为枉伏。莫不饰小辩、立小善以偶时，结朋党、聚虚誉以驱俗。进之无补于时，退之无损于化。而世主相与雷同齐口，吹之煦之，岂不哀哉！今士循常习故，规行矩步，积阶级，累阀阅，碌碌然以取世资。若夫魁梧俊杰、卓跞俶傥之徒，直将伏死嵚岑之下，安能与步骤共争道里乎！至如轩冕黻班之士，苟不能匡化辅政，佐时益世，而徒俯仰取容，要荣求利，厚自封之资，丰私家之积，此沐猴而冠耳，尚焉足道哉！

载又为《蒙汜赋》，司隶校尉傅玄见而嗟叹，以车迎之，言谈尽日，为之延誉，遂知名。起家佐著作郎，出补肥乡令。复为著作郎，转太子中舍人，迁乐安相、弘农太守。长沙王乂请为记室督。拜中书侍郎，复领著作。载见世方乱，无复进仕意，遂称疾笃告归，卒于家。

协字景阳，少有俊才，与载齐名。辟公府掾，转秘书郎，补华阴令、征北大将军从事中郎，迁中书侍郎。转河间内史，在郡清简寡欲。

于时天下已乱，所在寇盗，协遂弃绝人事，屏居草泽，守道不竞，以属咏自娱。拟诸文士作《七命》。其辞曰：

冲漠公子，含华隐曜，嘉遁龙蟠，超世高蹈，游心于浩然，玩志乎众妙，绝景乎大荒之遐阻，吞响乎幽山之穷奥。于是徇华大夫闻而造焉。乃整云辂，骖飞黄，越奔沙，辗流霜，陵扶摇之风，躔坚冰之津，旍拂霄崿，轨出苍垠，天清泠而无霞，野旷朗而无尘，临重岫而揽辔，顾石室而回轮。遂适冲漠公子之所居。其居也，峥嵘幽蔼，萧瑟虚玄，溟海浑濩涌其后，山峨谷嶙嶒张其前，寻竹竦茎荫其壑，百籁群鸣笼其山，冲飙发而回日，飞砾起而洒天。于是登绝巘，逆长风，陈辨惑之辞，命公子于岩中。曰："盖闻圣人不卷道而背时，智士不遗身而匿迹，生必耀华名于玉牒，没则勒鸿伐于金册。今公子违世陆沈，避地独窜，有生之欢灭，资父之义废。愁洽百年，苦溢千载，何异促鳞之游汀泞，短羽之栖翳荟？今将荣子以天人之大宝，悦子以纵性之至娱，穷地而游，中天而居，倾四海之欢，殚九州之腴，钻屈谷之瓠，解疏属之拘，子欲之乎？"公子曰：大夫不遗，来萃荒外，虽在不敏，敬听嘉话。"

大夫曰："寒山之桐，出自太冥，含黄钟以吐干，据苍岑而孤生。既乃琼巘层崚，金岸崥崹，右当风谷，左临云溪，上无陵虚之巢，下无跖实之蹊，摇刖峻挺，茗邈嶕峣，晞三春之溢露，溯九秋之鸣飙，零雪写其根，霏霜封其条，木既繁而后绿，草未素而先凋。于是构云梯，陟峥嵘，翦蕤宾之阳柯，剖大吕之阴茎。营匠斫其朴，伶伦均其声。器举乐奏，促调高张，音朗号钟，韵清绕梁。追逸响于八风，采奇律于归昌，启中黄之妙宫，发蓐收之变商。若乃龙火西颓，暄气初收，飞霜迎节，高风送秋，羁旅怀土之徒，流宕百罹之俦，抚促柱则酸鼻，挥危弦则涕流。若乃追清哇，赴严节，奏《渌水》，吐《白雪》，激楚回，流风结，悲寞荚之朝落，悼望舒之夕缺。荧燧为之辩摽，孀老为之鸣咽，王子拂缨而倾耳，六马噫天而仰秣。此盖音曲之至妙，子岂能从我而听之乎？"公子曰："余病未能也。"

大夫曰："兰宫秘宇，雕堂绮栊，云屏烂旰，琼壁青葱，应门八袭，琁台九重，表以百常之阙，圜以万雉之墉。尔乃崇榭迎风，秀出中天，翠观岑青，彤阁霞连，长翼临云，飞陛陵山，望玉绳而结极，承倒景而开轩。赩素焕烂，枌栱嵯峨，阴虬负檐，阳马承阿。错以瑶英，镂以金华，方疏含秀，圆井吐葩。重殿叠起，交绮对棂。幽堂昼密，明室夜朗。焦冥飞而风生，尺蠖动而成响。若乃目厌常玩，体倦帷幄，携公子而双游，时娱观于林籞。登翠阜，临丹谷，华草锦繁，飞采星烛，阳叶春青，阴条秋绿，华实代新，承意恣观。仰折神蘤，俯采朝兰，诉惠风于葡薄，眷椒涂于瑶坛。尔乃浮三翼，戏中沚，潜鳃骇，惊翰起，沈丝结，飞矰理，挂归翮于赤霄之表，出华鳞于紫潭之里。然后纵棹随风，弭楫乘波，吹孤竹，抚云和，川客唱淮南之曲，榜人奏《采菱》之歌。歌曰：'乘鹢舟兮为水嬉，临芳洲兮拔灵芝。'乐以忘戚，游以卒时，穷夜为日，毕岁为期。此盖宴居之浩丽，子岂能从我而处之乎？"公子曰："余病未能也。"

大夫曰："若乃白商素节，月既授衣，天凝地闭，风厉霜飞，柔条夕劲，密叶晨稀，将因气以效杀，临金郊而讲师。尔乃列轻武，整戎刚，建云髦，启雄芒。驾红阳之飞燕，骖唐公之骕骦，屯羽队于外林，纵轻翼于中荒。尔乃张修罠，布飞罗，陵黄岑，挂青岜，画长壑以为限，带流溪以为关。既乃内无疏蹊，外无漏迹，叩钲散校，举麾赞获，縠金机，驰鸣镝，剸刚豪，落劲翮，连骑竞骛，骈武齐辙，翕忽挥霍，云回风烈，声动响飞，形移影发，举戈林耸，挥锋电灭，仰倾云巢，俯殚地穴。乃有圆文之豻，斑题之貅，彭骊风生，怒目电眍，口咬霜刃，足拨飞锋，飙林蹶石，扣跋幽丛。于是飞、黄奋锐，贲、育逞伎。斩封豨，攒冯豕，拉飕麟，挫解豸，钩爪摧，踞牙摆。澜漫狼藉，倾榛倒壑，陨巅挂山，僵踣掩泽，薮为毛林,隰为丹薄。于是彻围顿网,卷斾收鸢,虞人数兽,林衡计鲜;论最犒勤,息马韬弦;肴驷连骊,酒驾方轩,千钟电醳,万燧星繁,陵阜沾流膏,溪谷厌芳烟。欢极乐殚,回节而旋。此亦畋游之壮观,子岂能从我而为之乎?"公子曰:"余病未能也。"

大夫曰:"楚之阳剑,欧冶所营,邪溪之铤,赤山之精,销逾羊头,鍱越锻成。乃炼乃铄,万辟千灌。丰隆奋椎,飞廉扇炭,神器化成,阳文阴漫。既乃流绮星连,浮采艳发,光如散电,质如耀雪,霜锷水凝,冰刃露洁,形冠豪曹,名珍巨阙,指郑则三军白首,麾晋则千里流血。岂徒水截蛟鸿,陆洒奔驷,断浮翮以为工,绝重甲而称利云尔而已哉!若其灵宝,则舒辟无方,奇锋异模,形震薛烛,光骇风胡,价兼三乡,声贵二都,或驰名倾秦,或夜飞去吴。是以功冠万载,威曜无穷,挥之者无前,拥之者身雄,可以从服九国,横制八戎,爪牙景附,函夏承风。此盖希世之神兵,子岂能从我而服之乎?"公子曰:"余病未能也。"

大夫曰:"天骥之骏,逸态超越,禀气灵川,受精皎月,眸瞳黑照,玄采绀发,沫如挥红,汗如振血,秦青不能识其众尺,方堙不能睹其若灭。尔乃巾云轩,践朝雾,赴春衢,整秋御,虬踊螭腾,麟超龙骞,望山载奔,视林载赴。气盛怒发,星飞电骇,志陵九州,势越四海。影不及形,尘不暇起,浮箭未移,再践千里。尔乃逾天根,越地隔,过汗漫之所下游,蹑章、亥之所未迹,阳乌为之顿羽,夸父为之投策。斯盖天下之俊乘,子岂能从我而御之乎?"公子曰:"余病未能也。"

大夫曰:"大梁之黍,琼山之禾,唐、稷播其根,农帝尝其华。尔乃六禽殊珍,四膳异肴,穷海之错,极陆之毛,伊公爨鼎,庖丁挥刀。味重九沸,和兼勺药,晨凫露鹄,霜鷖黄雀,圆案星乱,方丈华错。封熊之蹯,翰音之跖,燕髀猩唇,髦残象白,灵川之龟,莱黄之鲐,丹穴之鹖,玄豹之胎,焯以秋橙,酷以春梅,接以商王之箸,承以帝辛之杯。范公之鳞,出自九溪,赪尾丹腮,紫翼青鬐。尔乃命支离,飞霜锷,红肌绮散,素肤雪落,娄子之豪不能厕其细,秋蝉之翼不足拟其薄。繁肴既阕,亦有嘉羞。商山之果,汉皋之楱,析龙眼之房,剖椰子之壳。芳旨万选,承意代奏。乃有荆南乌程、豫北竹叶,浮蚁星沸,飞华萍接,玄石尝其味,仪氏进其法,倾罍一朝,可以流湎千日,单醪投川,可使三军告捷。斯人神之所歆羡,观听之所炜晔也,子岂能强起而御之乎?"公子曰:"耽爽口之馔,甘腊毒之味,服腐肠之药,御亡国之器,虽子大夫之所荣,顾亦吾人之所畏,余病未能也。"

大夫曰:"盖有晋之融皇风也,金华启征,大人有作,继明代照,配天光宅。其基德也,隆于姬公之处岐;其垂仁也,富乎有殷之在亳。南箕之风不能畅其化,离毕之云无以丰其泽。皇道昭焕,帝载缉熙。导气以乐,宣德以诗,教清乎云官之世,政穆乎鸟纪之时。玉猃四塞,函夏谧静,丹冥投锋,青微释警,却马于粪车之辕,铭德于昆吾之鼎。群萌反素,时文载郁,耕父推畔,渔竖让陆,樵夫耻危冠之饰,舆台笑短后之服。六合时雍,巍巍荡荡,玄髫巷歌,黄发击壤,解羲皇之绳,错陶唐之象。若乃华裔之夷,流荒之貊,语不传于辎轩,地未被乎正朔,莫不骏奔稽颡,委质重译。于时昆蚑感惠,无思不扰。苑戏九尾之禽,囿栖三足之鸟,鸣凤在林,夥于黄帝之园;有龙游川,盈于孔甲之沼。万物烟煴,天地交泰,义怀靡内,化感无外,林无被褐,山无韦带。皆象刻于百工,兆发乎灵蔡,搢绅济济,轩冕蔼蔼,功与造化争流,德与二仪比大。"言未终,公子蹶然而兴曰:"鄙夫固陋,守兹狂狷。盖理有毁之,而争宝之讼解;言有怒之,而齐王之疾瘳。向子诱我以声耳之乐,栖我以蔀家之屋,田游驰荡,利刃骏足,既老氏之攸戒,非吾人之所欲,故靡得而应子。至闻皇风载韪,时圣道醇,举实为秋,摛藻为春,下有可封之人,上有大哉之君,余虽不敏,请从后尘。"

世以为工。

永嘉初,复征为黄门侍郎,托疾不就,终于家。

亢字季阳。才藻不逮二昆,亦有属缀,又解音乐伎术。时人谓载、协、亢、陆机、云曰:"二陆""三张"。中兴初过江,拜散骑侍郎。秘书监荀崧举亢领佐著作郎,出补乌程令,入为散骑常侍,复领佐著作。述《历赞》一篇,见《律历志》。

史臣曰:孝若掞蔚春华,时标丽藻。睹其《抵疑》诠理,本穷通于自天;作诰敷文,流英声于孝悌,旨深致远,殊有大雅之风烈焉。安仁思绪云骞,词锋景焕,前史传于贾谊,先达方之士衡。贾论政范,源王化之幽赜;潘著哀词,贯人灵之情性。机文喻海,韫蓬山而育芫;岳藻如江,灌美锦而增绚。混三家以通校,为二贤之亚匹矣。然其挟弹盈果,拜尘趋贵,蔑弃倚门之训,乾没不逞之间,斯才也而有斯行也,天之所赋,何其驳欤!正叔含咀艺文,履危居正,安其身而后动,契其心而后言,著论究人道之纲,裁箴悬乘舆之鉴,可谓玉质而金相者矣。孟阳嵝石之文,见奇于张敏;《蒙汜》之咏,取重于傅玄,为名流之所挹,亦当代之文宗矣。景阳摛光王府,棣萼相辉。洎乎二陆入洛,三张减价。考核遗文,非徒语也。

赞曰:湛称弄翰,缛彩雕焕。才高位卑,往哲攸叹。岳实含章,藻思抑扬。趋权冒势,终亦罹殃。尼标雅性,凤闻词令。载、协飞芳,棣华增映。

卷五十六　　列传第二十六

江统 子彪 惇　**孙楚** 孙统 绰

江统，字应元，陈留圉人也。祖蕤，以义行称，为谯郡太守，封亢父男。父祚，南安太守。统静默有远志，时人为之语曰："嶷然稀言江应元。"与乡人蔡克俱知名。袭父爵，除山阴令。时关、陇屡为氐、羌所扰，孟观西讨，自擒氐帅齐万年。统深惟四夷乱华，宜杜其萌，乃作《徙戎论》。其辞曰：

夫夷蛮戎狄，谓之四夷，九服之制，地在要荒。《春秋》之义，内诸夏而外夷狄。以其言语不通，贽币不同，法俗诡异，种类乖殊；或居绝域之外，山河之表，崎岖川谷阻险之地，与中国壤断土隔，不相侵涉，赋役不及，正朔不加，故曰"天子有道，守在四夷"。禹平九土，而西戎即叙。其性气贪婪，凶悍不仁，四夷之中，戎狄为甚。弱则畏服，强则侵叛。虽有贤圣之世，大德之君，咸未能以通化率导，而以恩德柔怀也。当其强也，以殷之高宗而愈于鬼方，有周文王而患昆夷、猃狁，高祖困于白登，孝文军于霸上。及其弱也，周公来九译之贡，中宗纳单于之朝，以元、成之微，而犹四夷宾服。此其已然之效也。故匈奴求守边塞，而侯应陈其不可，单于屈膝未央，望之议以不臣。是以有道之君牧夷狄也，惟以待之有备，御之有常，虽稽颡执贽，而边城不弛固守；为寇贼强暴，而兵甲不加远征，期令境内获安，疆埸不侵而已。

及至周室失统，诸侯专征，以大兼小，转相残灭，封疆不固，而利害异心。戎狄乘间，得入中国。或招诱安抚，以为己用。故申、缯之祸，颠覆宗周；襄公要秦，遽兴姜戎。当春秋时，义渠、大荔居秦、晋之域，陆浑、阴戎处伊、洛之间，鄫瞒之属害及济东，侵入齐、宋，陵虐邢、卫，南夷与北狄交侵中国，不绝若线。齐桓攘之，存亡继绝，北伐山戎，以开燕路。故仲尼称管仲之力，嘉左衽之功。逮至春秋之末，战国方盛，楚吞蛮氏，晋翦陆浑，赵武胡服，开榆中之地，秦雄咸阳，灭义渠之等。始皇之并天下也，南兼百越，北走匈奴，五岭、长城，戎卒亿计。虽师役烦殷，寇贼横暴，然一世之功，戎虏奔却，当时中国无复四夷也。

汉兴而都长安，关中之郡号曰三辅，《禹贡》雍州，宗周丰、镐之旧也。及至王莽之败，赤眉因之，西都荒毁，百姓流亡。建武中，以马援领陇西太守，讨叛羌，徙其余种于关中，居冯翊、河东空地，而与华人杂处。数岁之后，族类蕃息，既恃其肥强，且苦汉人侵之。永初之元，骑都尉王弘使西域，发调羌、氐，以为行卫。于是群羌奔骇，互相扇动，二州之戎一时俱发，覆没将守，屠破城邑。邓骘之征，弃甲委兵，舆尸丧师，前后相继，诸戎遂炽，至于南入蜀汉，东掠赵、魏，唐突轵关，侵及河内。及遣北军中候朱宠将五营士于孟津距羌，十年之中，夷夏俱毙，任尚、马贤仅乃克之。此所以为害深重、累年不定者，虽由御者之无方，将非其才，亦岂不以寇发心腹，害起肘腋，疢笃难疗，疮大迟愈之故哉！自此之后，余烬不尽，小有际会，辄复侵叛。马贤忸忕，终于覆败；段颎临冲，自西徂乐。雍州之戎，常为国患，中世之寇，惟此为大。汉末之乱，关中残灭。魏兴之初，与蜀分隔，疆埸之戎，一彼一此。魏武皇帝令将军夏侯妙才讨叛氐阿贵、千万等，后因拔弃汉中，遂徙武都之种于秦川，欲以弱寇强国，扞御蜀虏。此盖权宜之计，一时之势，非所以为万世之利也。今者当之，已受其弊矣。

夫关中土沃物丰，厥田上上，加以泾、渭之流溉其舄卤，郑国、白渠灌浸相通，黍稷之饶，亩号一钟，百姓谣咏其殷实，帝王之都每以为居，未闻戎狄宜在此土也。非我族类，其心必异，戎狄志态，不与华同。而因其衰弊，迁之畿服，士庶玩习，侮其轻弱，使其怨恨之气毒于骨髓。至于蕃育众盛，则坐生其心。以贪悍之性，挟愤怒之情，候隙乘便，辄为横逆。而居封域之内，无障塞之隔，掩不备之人，收散野之积，故能为祸滋扰，暴害不测。此必然之势，已验之事也。当今之宜，宜及兵威方盛，众事未罢，徙冯翊、北地、新平、安定界内诸羌，著先零、罕幵、析支之地；徙扶风、始平、京兆之氐，出还陇右，著阴平、武都之界。廪其道路之粮，令足自致，各附本种，反其旧土，使属国、抚夷就安集之。戎晋不杂，并得其所，上合往古即叙之义，下为盛世永久之规。纵有猾夏之心，风尘之警，则绝远中国，隔阂山河，虽为寇暴，所害不广。是以充国、子明能以数万之众制群羌之命，有征无战，全军独克，虽有谋谟深计，庙胜远图，岂不以华夷异处，戎夏区别，要塞易守之故，得成其功也哉！

难者曰：方今关中之祸，暴兵二载，征戍之劳，老师十万，水旱之害，荐饥累荒，疫疠之灾，札瘥夭昏。凶逆既戮，悔恶初附，且款且畏，咸怀危惧，百姓愁苦，异人同虑，望宁息之有期，若枯旱之思雨露，诚宜镇之以安豫。而子方欲作役起徒，兴功造事，使疲悴之众，徙自猜之寇，以无谷之人，迁乏食之虏，恐势尽力屈，绪业不卒，羌戎离散，心不可一，前害未及弭，而后变复横出矣。

答曰：羌戎狡猾，擅相号署，攻城野战，伤害牧守，连兵聚众，载离寒暑矣。而今异类瓦解，同种土崩，老幼系虏，丁壮降散，禽离兽迸，不能相一。子以此等为尚挟余资，悔恶反善，怀我德惠而来柔附乎？将势穷道尽，智力俱困，惧我兵诛以至于此乎？曰，无有余力，势穷道尽故也。然则我能制其短长之命，而令其进退由己矣。夫乐其业者不易事，安其居者无迁志。方其自疑危惧,畏怖促遽,故可制以兵威,使之左右无违也。迨其死亡散流,离逷未鸠,与关中之人,户皆为仇,故可遏迁远处,令其心不怀土也。夫圣贤之谋事也,为之于未有,理之于未乱,道不著而平,德不显而成。其次则能转祸为福,因败为功,值困必济,遇否能通。今子遭弊事之终而不图更制之始,爱易辙之勤而得覆车之轨,何哉?且关中之人百余万口,率其少多,戎狄居半,处之与迁,必须口实。若有穷乏糁粒不继者,故当倾关中之谷以全其生生之计,必无挤于沟壑而不为侵掠之害也。今我迁之,传食而至,附其种族,自使相赡,而秦地之人得其半谷,此为济行者以廪粮,遗居者以积仓,宽关中之逼,去盗贼之原,除旦夕之损,建终年之益。若惮暂举之小劳,而忘永逸之弘策;惜日月之烦苦,而遗累世之寇敌,非所谓能开物成务,创业垂统,崇其拓迹,谋及子孙者也。

并州之胡,本实匈奴桀恶之寇也。汉宣之世,冻馁残破,国内五裂,后合为二,呼韩邪遂衰弱孤危,不能自存,依阻塞下,委质柔服。建武中,南单于复来降附,遂令入塞,居于漠南,数世之后,亦辄叛戾,故何熙、梁槿戎车屡征。中平中,以黄巾贼起,发调其兵,部众不从,而杀羌渠。由是於弥扶罗求助于汉,以讨其贼。仍值世丧乱,遂乘衅而作,卤掠赵、魏,寇至河南。建安中,又使右贤王去卑诱质呼厨泉,听其部落散居六郡。咸熙之际,以一部太强,分为三率。泰始之初,又增为四。于是刘猛内叛,连结外虏。近者郝散之变,发于谷远。今五部之众,户至数万,人口之盛,过于西戎。然其天性骁勇,弓马便利,倍于氐、羌。若有不虞风尘之虑,则并州之域可为寒心。荥阳句骊本居辽东塞外,正始中,幽州刺史毋丘俭伐其叛者,徙其余种。始徙之时,户落百数,子孙孳息,今以千计,数世之后,必至殷炽。今百姓失职,犹或亡叛,犬马肥充,则有噬啮,况于夷狄,能不为变!但顾其微弱,势力不陈耳。

夫为邦者,患不在贫而在不均,忧不在寡而在不安。以四海之广,士庶之富,岂须夷虏在内,然后取足哉!此等皆可申谕发遣,还其本域,慰彼羁旅怀土之思,释我华夏纤介之忧。惠此中国,以绥四方,德施永世,于计为长。

帝不能用。未及十年,而夷狄乱华,时服其深识。

迁中郎。选司以统叔父春为宜春令,统因上疏曰:"故事,父祖与官职同名,皆得改选,而未有身与官职同名,不在改选之例。臣以为父祖改选者,盖为臣子开地,不为父祖之身也。而身名所加,亦施于臣子。佐吏系属,朝夕从事,官位之号,发言所称,若指实而语,则违经礼讳尊之义;若诡辞避回,则为废官擅犯宪制。今以四海之广,职位之众,名号繁多,士人殷富,至使有受宠皇朝,出身宰牧,而令佐吏不得表其官称,子孙不得言其位号,所以上严君父,下为臣子,体例不通。若易私名以避官职,则违《春秋》不夺人亲之义。臣以为身名与官职同者,宜与触父祖名为比,体例既全,于义为弘。"朝廷从之。

转太子洗马。在东宫累年,甚被亲礼。太子颇阙朝觐,又奢费过度,多诸禁忌,统上书谏曰:

臣闻古之为臣者,进思尽忠,退思补过,献可替否,拾遗补阙。是以人主得以举无失行,言无口过,德音发闻,扬名后世。臣等不逮,无能云补,思竭愚诚,谨陈五事如左,惟蒙一省再省,少垂察纳。

其一曰,六行之义,以孝为首,虞舜之德,以孝为称,故太子以朝夕视君膳为职,左右就养无方。文王之为世子,可谓笃于事亲者也,故能擅三代之美,为百王之宗。自顷圣体屡有疾患,数阙朝侍,远近观听者不能深知其故,以致疑惑。伏愿殿下虽有微苦,可堪扶舆,则宜自力。《易》曰:"君子终日乾乾。"盖自勉强不息之谓也。

其二曰,古之人君虽有聪明之姿,睿喆之质,必须辅弼之助,相导之功,故虞舜以五臣兴,周文以四友隆。及成王之为太子也,则周、召为保傅,史佚昭文章,故能闻道早备,登崇大业,刑措不用,流声洋溢。伏惟殿下天授逸才,聪鉴特达,臣谓犹宜时发令,宣扬德音,谘询保傅,访逮侍臣,觌见宾客,得令接尽,壅否之情沛然交泰,殿下之美焕然光明。如此,则高朗之风,扇于前人;弘范令轨,永为式式。

其三曰,古之圣王莫不以俭为德,故尧称采椽茅茨,禹称卑宫恶服,汉文身衣弋绨,足履革舄,以身先物,政致太平,存为明王,没见宗祀。及诸侯修之者,鲁僖以躬俭节用,声列《雅》《颂》;蚡冒以筚路蓝缕,用张楚国。大夫修之者,文子相鲁,妾不衣帛;晏婴相齐,鹿裘不补,亦能匡君训俗,兴国隆家。庶人修之者,颜回以箪食瓢饮,扬其仁声;原宪以蓬户绳枢,迈其清德。此皆圣主明君贤臣智士之所履行也。故能悬名日月,永世不朽,盖俭之福也。及到末世,以奢失之者,帝王则有瑶台琼室,玉怀象箸,肴膳之珍则熊蹯豹胎,酒池肉林。诸侯为之者,至于丹楹刻桷,笾征百牢。大夫有琼弁玉缨,庶人有击钟鼎食。亦罔不亡国丧宗,破家失身,丑名彰闻,以为后戒。窃闻后园镂饰金银,刻磨犀象,画室之巧,课试日精。臣等以为今四海之广,万物之富,以今方古,不足为侈也。然上之所好,下必本之,是故居上者必慎其所好也。昔汉光武皇帝时,有献千里马及宝剑者,马以驾鼓车,剑以赐骑士。世祖武皇帝有上雉头裘者,即诏有司焚之都街。高世之主,不尚尤物,故能正天下之俗,刑四方之风。臣等以为画室之功,可且减省,后园杂作,一皆罢遣,肃然清静,优游道德,则日新之美光于四海矣。

其四曰,以天下而供一人,以百里而供诸侯,故王侯食藉而衣税,公卿大夫受爵而资禄,莫有不赡者也。是以士农工商四业不杂。交易而退,以通有无者,庶人之业也。《周礼》三市,旦则百族,昼则商贾,夕则贩夫贩妇。买贱卖贵,贩鬻菜果,收十百之盈,以救旦夕之命,故为庶人之贫贱者也。樊迟匹夫,请学为圃,仲尼不答;鲁大夫臧文仲使妾织蒲,又讥其不仁;公仪子相鲁,则拔其园葵,言食禄者不与贫贱之人争利也。秦、汉以来,风俗转薄,公侯之尊,莫不殖园圃之田,而收市井之利,渐冉相放,莫以为耻,乘以古道,诚可愧也。今西园卖葵菜、蓝子、鸡、面之属,亏败国体,贬损令问。

其五曰,窃见禁土,令不得缮修墙壁,动正屋瓦。臣以为此既违典彝旧义,且以拘牵小忌而废弘廓大道,宜可蠲除,于事为宜。

朝廷善之。

及太子废,徙许昌,贾后讽有司不听宫臣追送。统与宫臣冒禁至伊水,拜辞道左,悲泣流涟。都官从事悉收统等付河南、洛阳狱。付郡者,河南尹乐广悉散遣之,系洛阳者犹未释。都官从事孙琰说贾谧曰:"所以废徙太子,以为恶故耳。东宫故臣冒罪拜辞,涕泣路次,不顾重辟,乃更彰太子之德,不如释之。"谧语洛阳令曹摅,由是皆免。及太子薨,改葬,统作诔叙哀,为世所重。

后为博士、尚书郎,参大司马、齐王冏军事。冏骄荒将败,统切谏,文多不载。迁廷尉正,每州郡疑狱,断处从轻。成都王颖请为记室,多所箴谏。申论陆云兄弟,辞甚切至。以母忧去职。服阕,为司徒左长史。东海王越为兖州牧,以统为别驾,委以州事,与统书曰:"昔王子师为豫州,未下车,辟荀慈明;下车,辟孔文举。贵州人士有堪应此者不?"统举高平郗鉴为贤良,陈留阮修为直言,济北程收为方正,时以为知人。寻迁黄门侍郎、散骑常侍,领国子博士。永嘉四年,避难奔于成皋,病卒。凡所造赋颂表奏皆传于后。二子:彪,惇。

彪字思玄,本州辟举秀才,平南将军温峤以为参军。复为州别驾,辟司空郗鉴掾,除长山令。鉴又请为司马,转黄门郎。车骑将军庾冰镇江州,请为长史。冰薨,庾翼以为谘议参军,俄而复补长史。翼薨,大将干瓒作难,彪讨平之。除尚书吏部郎,仍迁御史中丞、侍中、吏部尚书。永和中,代桓景为护军将军。出补会稽内史,加右军将军。代王彪之为尚书仆射。哀帝即位,疑周贵人名号所宜,彪议见《礼志》。帝欲于殿庭立鸿祀,又欲躬自藉田,彪并以为礼废日久,仪注不存,中兴以来所不行,谓宜停之。为仆射积年,简文帝为相,每访政事,彪多所补益,转护军将军,领国子祭酒,卒官。子欤,历琅邪内史、骠骑谘议。欤子恒,元熙中为西中郎长史。恒弟夷,尚书。

惇字思俊,孝友淳粹,高节迈俗。性好学,儒玄并综。每以为君子立行,应依礼而动,虽隐显殊途,未有不傍礼教者也。若乃放达不羁,以肆纵为贵者,非但动违礼法,亦道之所弃也。乃著《通道崇检论》,世咸称之。苏峻之乱,避地东阳山,太尉郗鉴檄为兖州治中,又辟太尉掾,康帝为司徒,亦辟焉;征西将军庾亮请为儒林参军;征拜博士、著作郎,皆不就。邑里宗其道,有事必谘而后行。东阳太守阮裕、长山令王濛,皆一时名士,并与惇游处,深相钦重。养志二十余年,永和九年卒,时年四十九,友朋相与刊石立颂,以表德美云。

孙楚,字子荆,太原中都人也。祖资,魏骠骑将军。父宏,南阳太守。楚才藻卓绝,爽迈不群,多所陵傲,缺乡曲之誉。年四十余,始参镇东军事。文帝遣符劭、孙郁使吴,将军石苞令楚作书遗孙皓曰:

盖见机而作,《周易》所贵;小不事大,《春秋》所诛。此乃吉凶之萌兆,荣辱所由生也。是故许、郑以衔璧全国,曹、谭以无礼取灭。载藉既记其成败,古今又著其愚智,不复广引譬类,崇饰浮辞。苟以夸大为名,更丧忠告之实。今粗论事要,以相觉悟。

昔炎精幽昧,历数终终,桓、灵失德,灾衅并兴,豺狼抗爪牙之毒,生灵罹涂炭之难。由是九州绝贯,王纲解纽,四海萧条,非复汉有。太祖承运,神武应期,征讨暴乱,克宁区夏;协建灵符,天命既集,遂廓弘基,奄有魏域。土则神州中岳,器则九鼎犹存,世载淑美,重光相袭,故知四隩之攸同,帝者之壮观也。昔公孙氏承藉父兄,世居东裔,拥带燕胡,凭陵险远,讲武游盘,不供职贡,内傲帝命,外通南国,乘桴沧海,交酬货贿,葛越布于朔土,貂马延于吴会;自以控弦十万,奔走之力,信能右折燕、齐,左震扶桑,辇轹沙漠,南面称王。宣王薄伐,猛锐长驱,师次辽阳,而城池不守;枹鼓暂鸣,而元凶折首。于是远近疆场,列郡大荒,收离聚散,大安其居,众庶悦服,殊俗景附。自兹以降,九野清泰,东夷献其乐器,肃慎贡其楛矢,旷世不羁,应化而至,巍巍荡荡,想所具闻也。

吴之先祖,起自荆、楚,遭时扰攘,潜播江表。刘备震惧,亦逃巴、岷。遂因山陵积石之固,三江五湖浩汗无涯,假气游魂,迄兹四纪。两邦合从,东西唱和,互相扇动,距捍中国。自谓三分鼎足之势,可与泰山共相终始也。相国晋王辅相帝室,文武桓桓,志厉秋霜,庙胜之算,应变无穷,独见之鉴,与众绝虑。主上钦明,委以万机,长辔远御,妙略潜授,偏师同心,上下用力,陵威奋伐,采入其阻,并敌一向,夺其胆气。小战江由,则成都自溃;曜兵剑阁,则姜维面缚。开地六千,领郡三十。兵不逾时,梁、益肃清,使窃号之雄,稽颡绛阙,球琳重锦,充于府库。夫韩并魏徙,虢灭虞亡,此皆前鉴,后事之表。又南中吕兴,深睹天命,蝉蜕内附,愿为臣妾。外失辅车唇齿之援,内有羽毛零落之渐,而徘徊危国,冀延日月,此由魏武侯却指山河,自以为强,殊不知物有兴亡,则所美非其地也。

方今百僚济济,俊乂盈朝,武臣猛将,折冲万里,国富兵强,六军精练,思复翰飞,饮马南海。自顷国家整修器械,兴造舟楫,简习水战,楼船万艘,千里相望,刳木已来,舟车之用未有如今之殷盛者也。骁勇百万,畜力待时。役不再举,今日之师也。然主相眷眷未便电发者,犹以为爱人治国,道家所尚,崇城遂卑,文王退舍,故先开大信,喻以存亡,殷勤之指，往使所究也。若能审势安危，自求多福，蹶然改容，祗承往锡，追慕南越，婴齐入侍，北面称臣，伏听告策，则世祚江表，永为魏藩，丰功显报，隆于今日矣。若犹悔慢，未顺王命，然后谋力云合，指麾从风，雍、梁二州，顺流而东，青、徐战士，列江而西，荆、扬、兖、豫，争驱八冲，征东甲卒，武步秣陵，尔乃王舆整驾，六戎徐征，羽校烛日，旌旗星流，龙游曜路，歌吹盈耳，士卒奔迈，其会如林，烟尘俱起，震天骇地，渴赏之士，锋镝争先，忽然一旦，身首横分，宗祀沦覆，取戒万世，引领南望，良助寒心！夫疗膏肓之疾者，必进苦口之药；决狐疑之虑者，亦告逆耳之言。如其犹豫，迷而不反，恐免附见其已死，扁鹊知其无功矣。勉思良图，惟所去就。

劭等至吴，不敢为通。

楚后迁佐著作郎，复参石苞骠骑军事。楚既负其材气，颇侮易于苞，初至，长揖曰："天子命我参卿军事。"因此而嫌隙遂构。苞奏楚与吴人孙世山共讪毁时政，楚亦抗表自理，纷纭经年，事未判，又与乡人郭奕忿争。武帝虽不显明其罪，然以少贱受责，遂湮废积年。初，参军不敬府主，楚既轻苞，遂制施敬，自楚始也。

征西将军，扶风王骏与楚旧好，起为参军。转梁令，迁卫将军司马，时龙见武库井中，群臣将上贺，楚上言曰："顷闻武库井中有二龙，群臣或有谓之祯祥而称贺者，或有谓之非祥无所贺者，可谓楚既失之，而齐亦未为得也。夫龙或俯鳞潜于重泉，或仰攀云汉游乎苍昊，而今蟠于坎井，同于蛙虾者，岂独管库之士或有隐伏，厮役之贤没于行伍？故龙见光景，有所感悟。愿陛下赦小过，举贤才，垂梦于傅岩，望想于渭滨，修学官，起淹滞，申命公卿，举独行君子可惇风厉俗者，又举亮拔秀异之才可以拨烦理难矫世抗言者，无系世族，必先逸贱。夫战胜攻取之势，并兼混一之威，五伯之事，韩、白之功耳；至于制礼作乐，阐扬道化，甫是士人出筋力之秋也。伏愿陛下择狂夫之言。"

惠帝初，为冯翊太守。元康三年卒。

初，楚与同郡王济友善，济为本州大中正，访问铨邑人品状，至楚，济曰："此人非卿所能目，吾自为之。"乃状楚曰："天才英博，亮拔不群。"楚少时欲隐居，谓济曰："当欲枕石漱流。"误云"漱石枕流"。济曰："流非可枕，石非可漱。"楚曰："所以枕流，欲洗其耳；所以漱石，欲厉其齿。"楚少所推服，惟雅敬济。初，楚除妇服，作诗以示济，济曰："未知文生于情，情生于文，览之凄然，增伉俪之重。"

三子：众、洵、篹。众及洵俱未仕而早终，惟篹子统、绰并知名。

统字承公。幼与绰及从弟盛过江。诞任不羁，而善属文，时人以为有楚风。征北将军褚裒闻其名，命为参军，辞不就，家于会稽。性好山水，乃求为鄞令，转在吴宁。居职不留心碎务，纵意游肆，名山胜川，靡不穷究。后为余姚令，卒。

子腾嗣，以博学著称，位至廷尉。腾弟登，少善名理，注《老子》，行于世，仕至尚书郎，早终。

绰字兴公。博学善属文，少与高阳许询俱有高尚之志。居于会稽，游放山水，十有余年，乃作《遂初赋》以致其意。尝鄙山涛，而谓人曰："山涛吾所不解，吏非吏，隐非隐，若以元礼门为龙津，则当点额暴鳞矣。"所居斋前种一株松，恒自守护，邻人谓之曰："树子非不楚楚可怜，但恐永无栋梁日耳。"绰答曰："枫柳虽复合抱，亦何所施邪！"绰与询一时名流，或爱询高迈，则鄙于绰，或爱绰才藻，而无取于询。沙门支遁试问绰："君何如许？"答曰："高情远致，弟子早已伏膺；然一咏一吟，许将北面矣。"绝重张衡、左思之赋，每云："《三都》、《二京》，五经之鼓吹也。"尝作《天台山赋》，辞致甚工，初成，以示友人范荣期，云："卿试掷地，当作金石声也。"荣期曰："恐此金石非中宫商。"然每至佳句，辄云："应是我辈语。"除著作佐郎，袭爵长乐侯。"

绰性通率，好讥调。尝与习凿齿共行，绰在前，顾谓凿齿曰："沙之汰之，瓦石在后。"凿齿曰："簸之扬之，糠秕在前。"

征西将军庾亮请为参军，补章安令，征拜太学博士，迁尚书郎。扬州刺史殷浩以为建威长史。会稽内史王羲之引为右军长史。转永嘉太守，迁散骑常侍，领著作郎。

时大司马桓温欲经纬中国，以河南粗平，将移都洛阳。朝廷畏温，不敢为异，而北土萧条，人情疑惧，虽知不可，莫敢先谏。绰乃上疏曰：

伏见征西大将军温表"便当躬率三军，讨除二寇，荡涤河、渭，清洒旧京，然后神旃电舒，朝服济江，反皇居于中土，正玉衡于天极。"斯超世之弘图，千载之盛事。然臣之所怀，窃有未安，以为帝王之兴，莫不藉地利人和以建功业，贵能以义平暴，因而抚之。怀、愍不建，沧胥秦京，遂令胡戎交侵，神州绝纲，土崩之衅，诚由道丧。然中夏荡荡，一时横流，百郡千城曾无完郛者，何哉？亦以地不可守，投奔有所适也。天祚未革，中宗龙飞，非惟信顺协于天人而已，实赖万里长江画而守之耳。《易》称"王公设险以守其国"，险之时义大矣哉！斯已然之明效也。今作胜谈，自当任道而遗险；校实量分，不得不保小以固存。自丧乱以来六十余年，苍生殄灭，百不遗一，河、洛丘虚，函夏萧条，井堙木刊，阡陌夷灭，生理茫茫，永无依归。播流江表，已经数世，存者长子老孙，亡者丘陇成行。虽北风之思慰其素心，目前之哀实为切。若迁都旋轸之日，中举五陵，即复缅成遐域。泰山之安既难以理保，烝烝之思岂不缠于圣心哉！

温今此举，诚欲大览始终，为国远图。向无山陵之急，亦未首决大谋，独任天下之至难也。今发愤忘食，忠慨亮到，凡在有心，孰不致感！而百姓震骇，同怀危惧者，岂不以反旧之乐赊，而趣死之忧促哉！何者？植根于江外数十年矣，一朝拔之，顿驱踧于穷荒之地，提挈万里，逾险浮深，离坟墓，弃生业，富者无三年之粮，贫者无一餐之饭，田宅不可复售，舟车无从而得，舍安乐之国，适习乱之乡，出必安之地，就累卵之危，将顿仆道涂，飘溺江川，仅有达者。夫国以人为本，疾寇所以为人，众丧而寇除，亦安所取裁？此仁者所宜哀矜，国家所宜深虑也。自古今帝王之都，岂有常所，时隆则宅中而图大，势屈则遵养以待会。使德不可胜，家有三年之积，然后始可谋太平之事耳。今天时人事，有未至者矣，一朝欲一宇宙，无乃顿而难举乎？

臣之愚计，以为且可更遣一将有威名资实者，先镇洛阳，于陵所筑二垒以奉卫山陵，扫平梁、许，清一河南，运漕之路既通，然后尽力于开垦，广田积谷，渐为徙者之资。如此，贼见亡征，势必远窜。如其迷逆不化，复欲送死者，南北诸军风驰电赴，若身手之救痛痒，率然之应首尾，山陵既固，中夏小康。陛下且端委紫极，增修德政，躬行汉文简朴之至，去小惠，节游费，审官人，练甲兵，以养士灭寇为先。十年行之，无使骞废，则贫者殖其财，怯者充其勇，人知天德，赴死如归，以此致政，犹运诸掌握。何故舍百胜之长理，举天下而一掷哉！陛下春秋方富，温克壮其猷，君臣相与，弘养德业，括囊元吉，岂不快乎！

今温唱高议，圣朝互同，臣以轻微，独献管见。出言之难，实在今日，而臣区区必闻天听者，窃以无讳之朝，狂瞽进说，刍荛之谋，圣贤所察，所以不胜至忧，触冒干陈。若陛下垂神，温少留思，岂非屈于一人而允亿兆之顾哉！如以干忤罪大，欲加显戮，使丹诚上达，退受刑诛，虽没泉壤，尸且不朽。

桓温见绰表，不悦，曰："致意兴公，何不寻君《遂初赋》，知人家国事邪！"寻转廷尉卿，领著作。绰少以文才垂称，于时文士，绰为其冠。温、王、郗、庾诸公之薨，必须绰为碑文，然后刊石焉。年五十八，卒。

子嗣，有绰风，文章相亚，位至中军参军，早亡。

史臣曰：江统风检操行，良有可称，陈留多士，斯为其冠。《徙戎》之论，实乃经国远图。然运距中衰，陵替有渐，假其言见用，恐速祸招怨，无救于将颠也。逮愍怀废徙，冒禁拜辞，所谓命轻鸿毛，义贵熊掌。彪位隆端石，竭诚献替。惇遗忽荣利，聿修天爵。虽出处异途，俱难兄弟矣。孙楚体英绚之姿，超然出类，见知武子，诚无愧色。览其贻皓之书，谅囊代之佳笔也。而负才诞傲，蔑苞岌奕，违逊让之道，肆陵愤之气，丁年沈废，谅自取矣。统、绰棣华秀发，名显中兴，可谓无忝尔祖。统竟沦迹下邑，穷观胜地，会其心焉。绰献直论辞，都不慑元子，有匪躬之节，岂徒文雅而已哉！

赞曰：应元蹈义，子荆越俗。江寡悔尤，孙贻掾辱。彪、统昆弟，江左驰声。彬彬藻思，绰冠群英。

卷五十七　　　列传第二十七

罗宪_{兄子尚}　滕修　马隆　胡奋
陶璜　吾彦　张光　赵诱

罗宪，字令则，襄阳人也。父蒙，蜀广汉太守。宪年十三，能属文，早知名。师事谯周，周门人称为子贡。性方亮严整，待士无倦，轻财好施，不营产业。仕蜀为太子舍人、宣信校尉。再使于吴，吴人称焉。时黄皓预政，众多附之，宪独介然。皓恚之，左迁巴东太守。时大将军阎宇都督巴东，拜宪领军，为宇副贰。魏之伐蜀，召宇西还，宪守永安城。及成都败，城中扰动，边江长吏皆弃城走，宪斩乱者一人，百姓乃安。知刘禅降，乃率所统临于都亭三日。吴闻蜀败，遣将军盛宪西上，外托救援，内欲袭宪。宪曰："本朝倾覆，吴为唇齿，不恤我难，而邀其利，吾宁当为降虏乎！"乃归顺。于是缮甲完聚，厉以节义，士皆用命。及钟会、邓艾死，百城无主，吴又使步协西征，宪大破其军。孙休怒，又遣陆抗助协。宪距守经年，救援不至，城中疾疫太半。或劝南出牂柯，北奔上庸，可以保全。宪曰："夫为人主，百姓所仰，既不能存，急而弃之，君子不为也。毕命于此矣。"会荆州刺史胡烈等救之，抗退。加陵江将军、监巴东军事、使持节，领武陵太守。泰始初入朝，诏曰："宪忠烈果毅，有才策器干，可给鼓吹。"又赐山玄玉佩剑。泰始六年卒，赠使持节、安南将军、武陵太守，追封西鄂侯，谥曰烈。

初，宪侍宴华林园，诏问蜀大臣子弟，后问先辈宜时叙用者，宪荐蜀人常忌、杜轸等，皆西国之良器，武帝并召而任之。

子袭，历给事中、陵江将军，统其父部曲，至广汉太守。兄子尚。

尚字敬之，一名仲。父式，牂柯太守。尚少孤，依叔父宪。善属文。荆州刺史王戎以尚及刘乔为参军，并委任之。太康末，为梁州刺史。及赵廞反于蜀，尚表曰："廞非雄才，必无所成，计日听其败耳。"乃假尚节为平西将军、益州刺史、西戎校尉。性贪，少断，蜀人言曰："尚之所爱，非邪则佞，尚之所憎，非忠则正。富拟鲁、卫，家成市里；贪如豺狼，无复极已。"又曰："蜀贼尚可，罗尚杀我。平西将军，反更为祸。"时李特亦起于蜀，攻蜀，杀赵廞。又攻尚于成都，尚退保江阳，初，尚乞师方岳，荆州刺史宗岱率建平太守孙阜救之，次于江州，岱、阜兵盛，诸为寇所逼者，人有奋志。尚乃使兵曹从事锐伪降，因出密宣告于外，克日俱击，遂大破之，斩李特，传首洛阳。特子雄僭号，都于郫城。尚遣将军隗伯攻之，不克。俄而尚卒，雄遂据有蜀土。

滕修，字显先，南阳西鄂人也。仕吴为将帅，封西鄂侯。孙皓时，代熊睦为广州刺史，甚有威惠。征为执金吾。广州部曲督郭马等为乱，皓以修宿有威惠，为岭表所伏，以为使持节、都督广州军事、镇南将军、广州牧以讨之。未克而王师伐吴，修率众赴难。至巴丘而皓已降，乃缟素流涕而还，与广州刺史闾丰、苍梧太守王毅各送印绶，诏以修为安南将军，广州牧、持节、都督如故，封武当侯，加鼓吹，委以南方事。修在南积年，为边夷所附。

太康九年卒，请葬京师，帝嘉其意，赐墓田一顷，谥曰声。修之子并上表曰："亡父修羁绁吴壤，为所驱驰；幸逢开通，沐浴至化，得从俘虏握戎马之要；未觌圣颜，委南藩之重，实由勋旧少闻天听故也。年衰疾笃，屡乞骸骨，未蒙垂哀，奄至薨陨。臣承遗意，舆榇还都，瞻望云阙，实怀痛裂。窃闻博士谥修曰声，直彰流播，不称行绩，不胜愚情，冒昧闻诉。"帝乃赐谥曰忠。

并子含，初为庾冰轻车长史，讨苏峻有功，封夏阳县开国侯，邑千六百户，授平南将军、广州刺史。在任积年，甚有威惠，卒谥曰戴。含弟子逵，交州刺史。

修曾孙恬之，龙骧将军、魏郡太守，戍黎阳，为翟辽所执，死之。

马隆，字孝兴，东平平陆人。少而智勇，好立名节。魏兖州刺史令狐愚坐事伏诛，举州无敢收者。隆以武吏托称愚客，以私财殡葬，服丧三年，列植松柏，礼毕乃还，一州以为美谈。署武猛从事。泰始中，将兴伐吴之役，下诏曰："吴会未平，宜得猛士以济武功。虽旧有荐举之法，未足以尽殊才。其普告州郡，有壮勇秀异才力杰出者，皆以名闻，将简其尤异，擢而用之。苟有其人，勿限所取。"兖州举隆才堪良将。稍迁司马督。

初，凉州刺史杨欣失羌戎之和，隆陈其必败。俄而欣为虏所没，河西断绝，帝每有西顾之忧，临朝而叹曰："谁能为我讨此虏通凉州者乎？"朝臣莫对。隆进曰："陛下若能任臣，臣能平之。"帝曰："必能灭贼，何为不任，顾卿方略何如耳。"隆曰："陛下若能任臣，当听臣自任。"帝曰："云何？"隆曰："臣请募勇士三千人，无问所从来，率之鼓行而西，禀陛下威德，丑虏何足灭哉！"帝许之，乃以隆为武威太守。公卿佥曰："六军既众，州郡兵多，但当用之，不宜横设赏募以乱常典。隆小将妄说，不可从也。"帝弗纳。隆募限腰引弩三十六钧、弓四钧，立标简试。自旦至中，得三千五百人，隆曰："足矣。"因请自至武库选杖。武库令与隆忿争，御史中丞奏劾隆，隆曰："臣当亡命战场，以报所受，武库令乃以魏时朽杖见给，不可复用，非陛下使臣灭贼意也。"帝从之，又给其三年军资。隆于是西渡温水。虏树机能等以众万计，或乘险以遏隆前，或设伏以截隆后。隆依八阵图作偏箱车，地广则鹿角车营，路狭则木屋施于车上，且战且前，弓矢所及，应弦而倒。奇谋间发，出敌不意。或夹道累磁石，贼负铁铠，行不得前，隆卒悉被犀甲，无所留碍，贼咸以为神。转战千里，杀伤以千数。自隆之西，音问断绝，朝廷忧之，或谓已没。后隆使夜到，帝抚掌欢笑。诘朝，召群臣谓曰：

"若从诸卿言，是无秦、凉也。"乃诏曰："隆以偏师寡众，奋不顾难，冒险能济。其假节、宣威将军，加赤幢、曲盖、鼓吹。"隆到武威，虏大人猝跋韩、且万能等率万余落归降，前后诛杀及降附者以万计。又率善戎没骨能等与树机能大战，斩之，凉州遂平。朝议将加隆将士勋赏，有司奏隆将士皆先加显爵，不应更授，卫将军杨珧驳曰："前精募将士，少加爵命者，此适所以为诱引。今隆全军独克，西土获安，不得便以前授塞此后功，宜皆听许，以明要信。"乃从珧议，赐爵加秩各有差。

太康初，朝廷以西平荒毁，宜时兴复，以隆为平虏护军、西平太守，将所领精兵，又给牙门一军，屯据西平。时南虏成奚每为边患，隆至，帅军讨之。虏据险距守，隆令军士皆负农器，将若田者。虏以隆无征讨意，御众稍倦。隆因其无备，进兵击破之。毕隆之政，不敢为寇。太熙初，封奉高县侯，加授东羌校尉。积十余年，威信震于陇右。时略阳太守冯翊严舒与杨骏通亲，蜜图代隆，毁隆年老谬耄，不宜服戎，于是征隆，以舒代镇。氐、羌聚结，百姓惊惧。朝廷恐关、陇复扰，乃免舒，遣隆复职，竟卒于官。

子咸嗣，亦骁勇。成都王颖攻长沙王乂，以咸为鹰扬将军，率兵屯河桥中渚，为父将王瑚所败，没于阵。

胡奋，字玄威，安定临泾人也，魏车骑将军阴密侯遵之子也。奋性开朗，有筹略，少好武事。宣帝之伐辽东也，以白衣侍从左右，甚见接待。还为校尉，稍迁徐州刺史，封夏阳子。匈奴中部帅刘猛叛，使骁骑路蕃讨之，以奋为监军、假节，顿军硙北，为蕃后继。击猛，破之，猛帐下将李恪斩猛而降。以功累迁征南将军、假节、都督荆州诸军事，迁护军，加散骑常侍。奋家世将门，晚乃好学，有刀笔之用，所在有声绩，居边特有威惠。

泰始末，武帝急政事而耽于色，大采择公卿女以充六宫，奋女选入为贵人。奋唯有一子，为南阳王友，早亡。及闻女为贵人，哭曰："老奴不死，唯有二儿，男入九地之下，女上九天之上。"奋既旧臣，兼有椒房之助，甚见宠待。迁左仆射，加镇军大将军、开府仪同三司。时杨珧以后父骄傲自得，奋谓骏曰："卿恃女更益豪邪？历观前代，与天家婚，未有不灭门者，但早晚事耳。观卿举措，适所以速祸。"骏曰："卿女不在天家乎？"奋曰："我女与卿女作婢耳，何能损益！"时人皆为之惧，骏虽衔之，而不能害。后卒于官，赠车骑将军，谥曰壮。奋兄弟六人，兄广，弟烈，并知名。

广字宣祖，位至散骑常侍、少府。广子喜，字林甫，亦以开济为称，仕至凉州刺史、建武将军、假节、护羌校尉。

烈字武玄，为将伐蜀。钟会之反也，烈与诸将皆被闭。烈子世元，时年十八，为士卒先，攻会合，名驰远近。烈为秦州刺史，及凉州叛，烈屯于万斛堆，为虏所围，无援，遇害。

陶璜，字世英，丹阳秣陵人也。父基，吴交州刺史。璜仕吴历显位。孙皓时，交阯太守孙谞贪暴，为百姓所患。

会察战邓荀至,擅调孔雀三千头,遣送秣陵,既苦远役,咸思为乱。郡吏吕兴杀谐及荀,以郡内附。武帝拜兴安南将军、交阯太守。寻为其功曹李统所杀,帝更以建宁爨谷为交阯太守,谷又死,更遣巴西马融代之。融病卒,南中监军霍弋又遣犍为杨稷代融,与将军毛炅,九真太守董元,牙门孟干、孟通、李松、王业、爨能等,自蜀出交阯,破吴军于古城,斩大都督修则、交州刺史刘俊。吴遣虞氾为监军,薛珝为威南将军、大都督,璜为苍梧太守,距稷,战于分水。璜败,退保合浦,亡其二将。珝怒谓璜曰:"若自表讨贼,而丧二帅,其责安在?"璜曰:"下官不得行意,诸军不相顺,故致败耳。"珝怒,欲引军还。璜夜以数百兵袭董元,获其宝物,船载而归,珝乃谢之,以璜领交州,为前部督。璜从海道出于不意,径至交阯,元距之。诸将将战,璜疑断墙内有伏兵,列长戟于其后。兵才接,元伪退,璜追之,伏兵果出,长戟逆之,大破元等。以前所得宝船上锦物数千匹遗扶严贼帅梁奇,奇将万余人助璜。元有勇将解系同在城内,璜诱其弟象,使为书与系,又使象乘璜辎车,鼓吹导从而行。元等曰:"象尚若此,系必志去。"乃就杀之。珝、璜遂陷交阯。吴因用璜为交州刺史。

璜有谋策,周穷好施,能得人心。滕修数讨南贼,不能制,璜曰:"南岸仰吾盐铁,断勿与市,皆坏为田器。如此二年,可一战而灭也。"修从之,果破贼。

初,霍弋之遣稷、炅等,与之誓曰:"若贼围城未百日而降者,家属诛;若过百日救兵不至,吾受其罪。"稷等守未百日,粮尽,乞降,璜不许,给其粮使守。诸将并谏,璜曰:"霍弋已死,不能救稷等必矣,可须其日满,然后受降,使彼得无罪,我受有义,内训百姓,外怀邻国,不亦可乎!"稷等期讫粮尽,救兵不至,乃纳之。修则既为毛炅所杀,则子允随璜南征,城既降,允求复仇,璜不许。炅密谋袭璜,事觉,收炅,呵曰:"晋贼!"炅厉声曰:"吴狗!何等为贼?"允剖其腹,曰:"复能作贼不?"炅犹骂曰:"吾志杀汝孙皓,汝父何死狗也!"璜既擒稷等,并送之。稷至合浦,发病死。孟干、爨能、李松等至建邺,皓将杀之。或劝皓,干等忠于所事,宜宥之以劝边将,皓从其言,将徙之临海。干等志欲北归,虑东徙转远,以吴人爱蜀侧竹弩,言能作之,皓留付作部。后干逃至京都,松、能为皓所杀。干陈伐吴之计,帝乃厚加赏赐,以为日南太守。先是,以杨稷为交州刺史,毛炅为交阯太守,印绶未至而败,即赠稷交州,炅及松能子并关内侯。

九真郡功曹李祚保郡内附,璜遣将攻之,不克。祚舅黎晃随军。劝祚令降。祚答曰:"舅自吴将,祚自晋臣,唯力是视耳。"逾时乃拔。皓以璜为使持节、都督交州诸军事、前将军、交州牧。武平、九德、新昌土地阻险,夷獠劲悍,历世不宾,璜征讨,开置三郡,及九真属国三十余县。征璜为武昌都督,以合浦太守修允代之。交土人请留璜以千数,于是遣还。

皓既降晋,手书遣璜息融敕璜归顺。璜流涕数日,遣吏送印绶诣洛阳。帝诏复其本职,封宛陵侯,改为冠军将军。

吴既平,普减州郡兵,璜上言曰:"交土荒裔,斗绝一方,或重译而言,连带山海。又南郡去州海行千有余里,外距林邑才七百里。夷帅范熊世为逋寇,自称为王,数攻百姓。且连接扶南,种类猥多,朋党相倚,负险不宾。往隶吴时,数作寇逆,攻破郡县,杀害长吏。臣昔为故国所采,偏戍在南,十有余年。虽前后征讨,翦其魁桀,深山僻穴,尚有逋836。又臣所统之卒本七千余人,南土温湿,多有气毒,加累年征讨,死亡减耗,其见在者二千四百二十人。今四海混同,无思不服,当卷甲清刃,礼乐是务。而此州之人,识义者寡,厌其安乐,好为祸乱。又广州南岸,周旋六千余里,不宾属者乃五万余户,及桂林不羁之辈,复当万户。至于服从官役,才五千余家。二州唇齿,唯兵是镇。又宁州兴古接据上流,去交址郡千六百里,水陆并通,互相维卫。州兵未宜约损,以示单虚。夫风尘之变,出于非常。臣亡国之余,议不足采,圣恩广厚,猥垂悯纳,蠲其罪衅,改授方任,去辱即宠,拭目更视,誓念投命,以报所受,临履所见,谨冒瞽陈。"又以"合浦郡土地磽确,无有田农,百姓唯以采珠为业,商贾去来,以珠贸米。而吴时珠禁甚严,虑百姓私散好珠,禁绝来去,人以饥困。又所调猥多,限每不充。今请上珠三分输二,次者输一,粗者蠲除。自十月迄二月,非采上珠之时,听商旅往来如旧"。并从之。

在南三十年,威恩著于殊俗。及卒,举州号哭,如丧慈亲。朝廷乃以员外散骑常侍吾彦代璜。彦卒,又以员外散骑常侍顾秘代彦。秘卒,州人逼秘子参领州事。参寻卒,参弟寿求领州,州人不听,固求之,遂领州。寿乃杀长史胡肇等,又将杀帐下督梁硕,硕走得免,起兵讨寿,禽之。会寿母,令鸩杀之。硕乃迎璜子苍梧太守威领刺史,在职甚得百姓心,三年卒。威弟淑,子绥,后并为交州。自基至绥四世,为交州者五人。

璜弟濬,吴镇南大将军、荆州牧。濬弟抗,太子中庶子。濬子湮,字恭之,湮弟猷,字恭豫,并有名。湮至临海太守、黄门侍郎。猷宣城内史,王导右军长史。湮子馥,于湖令,为韩晃所杀,追赠庐江太守。抗子回,自有传。

吾彦,字士则,吴郡吴人也。出自寒微,有文武才干。身长八尺,手格猛兽,旅力绝群。仕吴为通江吏。时将军薛珝杖节南征,军容甚盛,彦观之,慨然而叹。有善相者刘札谓之曰:"以君之相,后当至此,不足慕也。"初为小将,给吴大司马陆抗。抗奇其勇略,将拔用之,患众情不允,乃会诸将,密使人阳狂拔刀跳跃而来,坐上诸将皆惧而走,唯彦不动,举几御之,众服其勇,乃擢用焉。

稍迁建平太守。时王濬将伐吴,造船于蜀,彦觉之,请增兵为备,皓不从,彦乃辄为铁锁,横断江路。及师临境,缘江诸城皆望风降附,或见攻而拔,唯彦坚守,大众攻之不能克,乃退舍礼之。

吴亡,彦始归降,武帝以为金城太守。帝尝从容问薛莹曰:"孙皓所以亡国者何也?"莹对曰:"归命侯臣皓之君吴,昵近小人,刑罚妄加,大臣大将无所亲信,人人忧恐,各不自安,败亡之衅,由此而作矣。"其后帝又问彦,对曰:"吴主英俊,宰辅贤明。"帝笑曰:"君明臣贤,何为亡国?"彦曰:"天禄永终,历数有属,所以为陛下擒。此盖天时,岂人事也!"张华时在坐,谓彦曰:"君为吴将,积有岁年,蔑尔无闻,窃所惑矣。"彦厉声曰:"陛下知我,而卿不闻乎?"帝甚嘉之。

转在敦煌,威恩甚著。迁雁门太守。时顺阳王畅骄纵,前后内史皆诬之以罪。乃彦为顺阳内史,彦清身率下,威刑严肃,众皆畏惧。畅不能诬,乃更荐之,冀其去职。迁员外散骑常侍。帝尝问彦:"陆喜、陆抗二人谁多也?"彦对曰:"道德名望,抗不及喜;立功立事,喜不及抗。"

会交州刺史陶璜卒,以彦为南中都督、交州刺史。重饷陆机兄弟,机将受之,云曰:"彦本微贱,为先公所拔,而答诏不善,安可爱之!"机乃止。因此每毁之。长沙孝廉尹虞谓机等曰:"自古由贱而兴者,乃有帝王,何但公卿。若何元干、侯孝明、唐儒宗、张义允等,并起自寒役,皆内侍外镇,人无讥者。卿以士则答诏小有不善,毁之不已,吾恐南人皆将去卿,卿便独坐也。"于是机等意始解,毁言渐息矣。

初,陶璜之死也,九真戍兵作乱,逐其太守,九真贼帅赵祉围郡城,彦悉讨平之。在镇二十余年,威恩宣著,南州宁靖。自表求代,征为大长秋。卒于官。

张光,字景武,江夏钟武人也。身长八尺,明眉目,美音声。少为郡吏,家世有部曲,以牙门将伐吴有功,迁江夏西部都尉,转北地郡尉。

初,赵王伦为关中都督,氐、羌反叛,太守张损战没,郡县吏士少有全者。光以百余人戍马兰山北,贼围之百余日。光抚厉将士,屡出奇兵击贼,破之。光以兵少路远,自分败没。会梁王肜司马索靖将兵迎光,举军悲泣,遂还长安。肜表光"处绝围之地,有耿恭之忠,宜加甄赏,以明奖劝"。于是擢授新平太守,加鼓吹。

属雍州刺史刘沈被密诏讨河间王颙,光起兵助沈。沈时委任秦州刺史皇甫重,重以关西大族,心每轻光,谋多不用。及二州军溃,为颙所擒,颙谓光曰:"前起兵欲作何策?"光正色答曰:"但刘雍州不用鄙计,故令大王得有今日也。"颙壮之,引与欢宴弥日,表为右卫司马。

陈敏作乱,除光顺阳太守,加陵江将军,率步骑五千诣荆州讨之。刺史刘弘雅敬重光,称为南楚之秀。时江夏太守陶侃与敏大将钱端相距于长岐,将战,襄阳太守皮初为步军,使光设伏以待之,武陵太守苗光为水军,藏舟舰于沔水。皮初等与贼交战,光发伏兵应之,水陆同奋,贼众大败。弘表光有殊勋,迁材官将军,梁州刺史。先是,秦州人邓定等二千余家,饥饿流入汉中,保于成固,渐为抄盗,梁州刺史张殷遣巴西太守张燕讨之。定窘急,伪乞降于燕,并馈燕金银,燕喜,为之缓师。定密结李雄,雄遣众救定,燕退,定遂进逼汉中。太守杜正冲东奔魏兴,殷亦弃官而遁。光不得赴州,止于魏兴,乃结诸郡守共谋进取。燕唱言曰:"汉中荒败,迫近大贼,克复之事,当俟英雄。"正冲曰:"张燕受贼金银,不时进讨,阻兵缓寇,致丧汉中,实燕之罪也。"光于是发怒,呵燕令出,斩

以徇。绥抚荒残,百姓悦服。光于是却镇汉中。

时逆贼王如余党李运、杨武等,自襄阳将三千余家入汉中,光遣参军晋邈率众于黄金距之。邈受运重赂,劝光纳运。光从邈言,使居成固。既而邈以运多珍货,又欲夺之,复言于光曰:"运之徒属不事佃农,但营器杖,意在难测,可掩而取之。"光又信焉。遣邈众讨运,不克。光乞师于氐王杨茂搜,茂搜遣子难敌助之。难敌求货于光,光不与。杨武乃厚赂难敌,谓之曰"流人宝物悉在光处,今伐我,不如伐光。"难敌大喜,声言助光,内与运同,光弗之知也,遣息援率众助邈。运与难敌夹攻邈等,援为流矢所中死,贼遂大盛。光婴城固守,自夏迄冬,愤激成疾。佐吏及百姓咸劝光退据魏兴,光按剑曰:"吾受国厚恩,不能翦除寇贼,今得自死,便如登仙,何得退还也!"声绝而卒,时年五十五。百姓悲泣,远近伤惜之。有二子炅、迈。

炅少辟太宰掾。迈多才略,有父风。州人推迈权领州事,与贼战没。别驾范旷及督护王乔奉光妻息,率其遗众,还据魏兴。其后义阳太守任愔为梁州,光妻子归本郡。南平太守应詹白都督王敦,称"光在梁州能兴微继绝,威振巴汉。值中原倾覆,征镇失守,外无救助,内阙资储,以寡敌众,经年抗御,厉节不挠,宜应追论显赠,以慰存亡"。敦不能从。

赵诱,字元孙,淮南人也。世以将显。州辟主簿。值刺史郄隆被齐王冏檄,使起兵讨赵王伦,隆欲承檄举义,而诸子侄并在洛阳;欲坐观成败,恐为冏所讨,进退有疑,会群发计议。诱说隆曰:"赵王篡逆,海内所病。今义兵飙起,其败必矣。今为明使君计,莫若自将精兵,径赴许昌,上策也。不然,且可留后,遣猛将将兵会盟,亦中策也。若遣小军随形助胜。下策耳。"隆曰:"我受二帝恩,无所偏助,正欲保州而已。"诱与治中留宝、主簿张褒等谏隆:"若无所助,变难将生,州亦不可保也。"隆犹豫不决,遂为其下所害。诱还家,杜门不出。左将军王敦以为参军,加广武将军,与甘卓、周访共讨华轶,破之。又击杜弢于西湘,太兴初,复与卓攻弢,灭之。累功赐爵平阿县侯,代陶侃为武昌太守。时杜曾迎第五猗于荆州作乱,敦遣诱与襄阳太守朱轨共距之。猗既愍帝所遣,加有时望,为并楚所归。诱等苦战皆没,敦甚悼惜之,表赠征虏将军、秦州刺史,谥曰敬。

子龚,与诱俱死。元帝为晋王,下令赠新昌太守。袭弟胤,字伯舒。王敦使周访讨杜曾,胤请从行。访惮曾之强,欲先以胤饵曾,使其众疲而后击之。胤多枭首级。王导引为从事中郎。南顿王宗反,胤杀宗。于是王导、庾亮并倚仗之。转冠军将军,迁西豫州刺史,卒于官。

史臣曰:忠为令德,贞曰事君,徇国家而竭身,历夷险而一节。罗宪、滕修,濯缨入仕,指巴东而受脤,出岭峤而扬麾。属鼎命沦胥,本朝失守,居巴丘而流涕,集袁亭而大临。古之忠烈,罕辈于兹!孝兴之智勇,玄威之武艺,灭丑虏于河西,制凶酋于砭北,审杨欣之必败,讥

骏之速祸。陶璜、吾彦，逸足齐驱，毛炅屈其深谋，陆抗奇其茂略。薪楮之任，清规自远，鼙鼓之臣，厥声弥劭。景武，南楚秀士；元孙，累叶将门，赴死喻于登仙。效诚陈于上策，竟而俱毙，贞则斯存。

赞曰：宪居玉叠，才博流誉。修赴石门，惠政攸著。孝兴、玄威，操履无违。愚坟毕礼，杨门致讥。璜谋超绝，彦材雄杰。潜师袭董，观兵叹薛。惟赵与张，神略多方。作尉北地，立功西湘。

卷五十八　　列传第二十八

周处 子玘　玘子勰　玘弟札　札兄子筵
周访 子抚　抚子楚　楚子琼　琼子虓　抚弟光　光子仲孙

周处，字子隐，义兴阳羡人也。父鲂，吴鄱阳太守。处少孤，未弱冠，膂力绝人，好驰骋田猎，不修细行，纵情肆欲，州曲患之。处自知为人所恶，乃慨然有改励之志，谓父老曰："今时和岁丰，何苦而不乐耶？"父老叹曰："三害未除，何乐之有！"处曰："何谓也？"答曰："南山白额猛兽，长桥下蛟，并子为三矣。"处曰："若此为患，吾能除之。"父老曰："子若除之，则一郡之大庆，非徒去害而已。"处乃入山射杀猛兽，因投水搏蛟，蛟或沈或浮，行数十里，而处与之俱，经三日三夜，人谓死，皆相庆贺。处果杀蛟而反，闻乡里相庆，始知人患己之甚，乃入吴寻二陆。时机不在，见云，具以情告，曰："欲自修而年已蹉跎，恐将无及。"云曰："古人贵朝闻夕改，君前途尚可，且患志之不立，何忧名之不彰！"处遂励志好学，有文思，志存义烈，言必忠信克己。期年，州府交辟。仕吴为东观左丞。孙皓末，为无难督。及吴平，王浑登建邺宫酾酒，既酣，谓吴人曰："诸君亡国之余，得无戚乎？"处对曰："汉末分崩，三国鼎立，魏灭于前，吴亡于后，亡国之戚，岂惟一人！"浑有惭色。

入洛，稍迁新平太守。抚和戎狄，叛羌归附，雍土美之。转广汉太守。郡多滞讼，有经三十年而不决者，处详其枉直，一朝决遣。以母老罢归。寻除楚内史，未之官，征拜散骑常侍。处曰："古人辞大不辞小。"乃先之楚。而郡既经丧乱，新旧杂居，风俗未一，处敦以教义，又检尸骸无主及白骨在野收葬之，然始就征，远近称叹。

及居近侍，多所规讽。迁御史中丞，凡所纠劾，不避宠戚。梁王肜违法，处深文案之。及氐人齐万年反，朝臣恶处强直，皆曰："处，吴之名将子也，忠烈果毅。"乃使隶夏侯骏西征。伏波将军孙秀知其将死，谓之曰："卿有老母，可以此辞也。"处曰："忠孝之道，安得两全！既辞亲事君，父母复安得而子乎？今日是我死所也。"万年闻之，曰："周府君昔临新平，我知其为人，才兼文武，若专断而来，不可当也。如受制于人，此成擒耳。"既而梁王肜为征西大将军、都督关中诸军事。处知肜不平，必当陷己，自以人臣尽节，不宜辞惮，乃悲慨即路，志不生还。中书令陈准知肜将逼宿憾，乃言于朝曰："骏及梁王皆是贵戚，非将率之才，进不求名，退不畏咎。周处吴人，忠勇果劲，有怨无援，将必丧身。宜诏孟观以精兵万人，为处前锋，必能殄寇。不然，肜当使处先驱，其败必也。"朝廷不从。时贼屯梁山，有众七万，而骏逼处以五千兵击之。处曰："军无后继，必至覆败，虽在亡身，为国取耻。"肜复命处进讨，乃与振威将军卢播、雍州刺史解系攻万年于六陌。将战，处军人未食，肜促令速进，而绝其后继。处知必败，赋诗曰："去去世事已，策马观西戎。藜藿甘梁黍，期之克令终。"言毕而战，自旦及暮，斩首万计。弦绝矢尽，播、系不救。左右劝退，处按剑曰："此是吾效节授命之日，何退之为！且古者良将受命，凿凶门以出，盖有进无退也。今诸军负信，势必不振。我为大臣，以身徇国，不亦可乎！"遂力战而没。追赠平西将军，赐钱百万，葬地一顷，京城地五十亩为第，又赐王家近田五顷。诏曰："处母年老，加以远人，朕每愍念，给其医药酒米，赐以终年。"

处著《默语》三十篇及《风土记》，并撰集《吴书》。时潘岳奉诏作《关中诗》曰："周徇师令，身膏齐斧。人之云亡，贞节克举。"又西戎校尉阎缵亦上诗云："周全其节，令问不已。身虽云没，书名良史。"及元帝为晋王，将加处策谥，太常贺循议曰："处履德清方，才量高出；历守四郡，安人立政；入司百僚，贞节不挠；在戎致身，见危授命：此皆忠贤之茂实，烈士之远节。案谥法执德不回曰孝。"遂以谥焉。有三子：玘、靖、札。靖早卒，玘、札并知名。

玘字宣佩。强毅沈断有父风，而文学不及。闭门洁己，不妄交游，士友咸望风敬惮焉，故名重一方。弱冠，州郡命，不就。刺史初到，召为别驾从事，虚己备礼，方始应命。累荐名宰府，举秀才，除county郎。

太安初，妖贼张昌、丘沈等聚众于江夏，百姓从之如归。惠帝使监军华宏讨之，败于障山。昌等浸盛，杀平南将军羊伊，镇南大将军、新野王歆等，所在覆没。昌别率封云攻徐州，石冰攻扬州，刺史陈徽出奔，冰遂略有扬土。玘密欲讨冰，潜结前南平内史王矩，共推吴兴太守顾秘都督扬州九郡军事，及江东人士同起义兵，斩冰所置吴兴太守区山及诸长史。冰遣其将羌毒领数万人距玘，玘临阵斩毒。时右将军陈敏自广陵率众助玘，斩冰别率赵鸎于芜湖，因与玘俱前攻冰于建康。冰北走投封云，云司马张统斩云、冰以降，徐、扬并平。玘不言功赏，散众还家。

陈敏反于扬州，以玘为安丰太守，加四品将军。玘称疾不行，密遣使告镇东将军刘准，令发兵临江，己为内应，翦发为信。准在寿春，遣督护衡彦率众而东。时敏弟昶为广武将军、历阳内史，以吴兴钱广为司马。玘密讽广杀昶。玘与顾荣、甘卓等以兵攻敏，敏众奔溃，单马北走，获之于江乘界，斩之于建康，夷三族。东海王越闻其名，召为参军。诏补尚书郎、散骑郎，并不行。元帝初镇江左，以玘为仓曹属。

初，吴兴人钱璯亦起义兵讨陈敏，越命为建武将军，使率其属会于京都。璯至广陵，闻刘聪逼洛阳，畏懦不敢进。帝促以军期，璯乃谋反。时王敦迁尚书，当应征与璯俱西。璯阴欲杀敦，藉以举事，敦闻之，奔告帝。璯遂杀度支校尉陈丰，焚烧邸阁，自号平西大将军、八州都督，劫孙皓子充，立为吴王，既而杀之。来寇氐县。帝遣将军郭逸、郡尉宋典等讨之，并以兵少未敢前。玘复率合乡里义众，与逸等俱进，讨璯，斩之，传首于建康。

玘三定江南，开复王略，帝嘉其勋，以玘行建威将军、吴兴太守，封乌程县侯。吴兴寇乱之后，百姓饥馑，盗贼公行，玘甚有威惠，百姓敬爱之，期年之间，境内宁谧。帝以玘频兴义兵，勋诚并茂，乃以阳羡及长城之西乡、丹阳之永世别为义兴郡，以彰其功焉。

玘宗族强盛，人情所归，帝疑惮之。于时中州人士佐佑王业，而玘自以为不得调，内怀怨望，复为刁协轻之，耻恚愈甚。时镇东将军祭酒东莱王恢亦为周凯所侮，乃与玘阴谋诛诸执政，推玘及戴若思与诸南士共奉帝以经纬世事。先是，流人帅夏铁等寓于淮、泗，恢阴书与铁，令起兵，已当与玘以三吴应之。建兴初，铁已聚众数百人，临淮太守蔡豹斩铁以闻。恢闻铁死，惧罪，奔于玘，玘杀之，埋于豕牢。帝闻而秘之，召玘为镇东司马，未到，复改授建武将军、南郡太守。玘既南行，至芜湖，又下令曰："玘奕世忠烈，义诚显著，孤所钦喜。今以为军谘祭酒，将军如故，进爵为公，禄秩僚属一同开国之例。"玘忿于回易，又知其谋泄，遂忧愤发背而卒，时年五十六。将卒，谓之𧦪曰："杀我者诸伧子，能复之，乃吾子也。"吴人谓中州人曰"伧"，故云耳。赠辅国将军，谥曰忠烈。子𧦪嗣。

𧦪字彦和。常缄父言。时中国亡官失守之士避乱来者，多居显位，驾御吴人，吴人颇怨。𧦪因之欲起兵，潜结吴兴郡功曹徐馥。馥家有部曲，𧦪使馥矫称叔父札命以合众，豪侠乐乱者翕然附之，以讨王导、刁协为名。孙皓族人弼亦起兵于广德以应之。馥杀吴兴太守袁琇，有众数千，将奉札为主。时札以疾归家，闻而大惊，乃告乱于义兴太守孔侃。𧦪知札不同，不敢发兵。馥党惧，攻馥，杀之。孙弼众亦溃，宣城太守陶猷灭之。元帝以周氏奕世豪望，吴人所宗，故不穷治，抚之如旧。𧦪为札所责，失志归家，淫佚纵恣，每谓人曰："人生几时，但当快意耳。"终于临淮太守。

𧦪弟彝，少知名，元帝辟为丞相掾，早亡。

札字宣季。性矜险好利，外方内荏，少以豪右自处，州郡辟命皆不就。察孝廉，除郎中、大司马齐王冏参军。出补句容令，迁吴国上军将军。辟东海王越参军，不就。以讨钱璯功，赐爵漳浦亭侯。元帝为丞相，表札为宁远将军、历阳内史，不之职，转从事中郎。徐馥平，以札为奋武将军、吴兴内史，录前后功，改封东迁县侯，进号征虏将军、临扬州江北军事、东中郎将，镇涂中，未之职，转右将军、都督石头水陆军事。札脚疾，不堪拜，固让经年，有司弹奏，不得已乃视职。加散骑常侍。

王敦举兵攻石头，札开门应敦，故王师败绩。敦转札为光禄勋，寻补尚书。顷之，迁右将军、会稽内史。时兄靖子懋晋陵太守、清流亭侯，懋弟筵征虏将军，吴兴内史，筵弟赞大将军从事中郎、武康县侯，赞弟缙太子文学、都乡侯，次兄子𧦪临淮太守、乌程公。札一门五侯，并居列位，吴士贵盛，莫与为比，王敦深忌之。后筵丧母，送者千数，敦益惮焉。及敦疾，钱凤以周氏宗强，与沈充权势相侔，欲自托于充，谋灭周氏，使充得专威扬土，乃说敦曰："夫有国者患于强逼，自古衅难恒必由之。今江东之豪莫强周、沈，公万世之后，二族必不静矣。周强而多俊才，宜先为之所，后嗣可安，国家可保。"敦纳之。时有道士李脱者，妖术惑众，自言八百岁，故号李八百。自中州至建邺，以鬼道疗病，又署人官位，时人多信事之。弟子李弘养徒灊山，云应谶当王。故敦使庐江太守李恒告札及其诸兄子与脱谋图不轨。时筵为敦谘议参军，即营中杀筵及脱、弘，又遣参军贺鸾就沈充尽掩杀札兄弟子，既而进军会稽，袭札。札先不知，卒闻兵至，率麾下数百人出距之，兵散见杀。札性贪财好色，惟以业产为务。兵至之日，库中有精杖，外白以配兵，札犹惜不与，以弊者给之，其鄙吝如此，故士卒莫为之用。

及敦死，札、筵故吏并诣阙讼周氏之冤，宜加赠谥。事下八坐，尚书卞壸议以"札石头之役开门延寇遂使贼敦恣乱，札之责也。追赠意所未安。懋、筵兄弟宜复本位。"司徒王导议以"札在石头，忠存社稷，义在亡身。至于往年之事，自臣等有识以上，与札情岂有异！此言实贯于圣鉴，论者见奸逆既彰，便欲征往年已有不臣之渐。即复使尔，要当时众所未悟。既悟其奸萌，札与臣等便以身许国，死而后已，札亦寻取枭夷。朝廷檄命既下，大事既定，便正以为逆党。邪正失所，进退无据，诚国体所宜深惜。臣谓宜与周顗、戴若思等同例。"尚书令希鉴议曰："夫褒贬臧否，宜令体明例通。今周、戴以死节复位，周札以开门同例，事异赏均，意所疑惑。如司徒议，谓往年之事自有识以上皆与札不异，此为邪正坦然有在。昔宋文失礼，华乐荷不臣之罚；齐灵擘蘖，高厚有从昏之戮。以古况今，谯王、周、戴宜受若此之责，何加赠复位之有乎！今据已显复，则札宜贬责明矣。"导重议曰："省令君议，必札之开门与谯王、周、戴异。今札开门，直出风言，竟实事邪？便以风言定褒贬，意莫若原情考征也。论者谓札知隗、协乱政，信敦匡救，苟匡救信，奸佞除，即所谓流四凶族以隆人主巍巍之功耳。如此，札所以忠于社稷也。后敦悖谬出所不图，札亦阖门不同，以此灭族，是其死为义也。夫信敦当时之匡救，不图将来之大逆，恶隗、协之乱政，不失为臣之贞节者，于时朝士岂惟周、札邪！若尽谓不忠，惧有诬乎谯王、周、戴。各以死卫国，斯亦人臣之节也。但所见有同异，然期之于必忠，故宜申明耳。即如今君议，宋华、齐高其在隗、协矣。昔子纠之难，召忽死之，管仲不死。若以死为贤，则管仲当贬；若以不死为贤，则召忽死为失。先典何以两通之？明为忠之情同也。死虽是忠之一目，亦不必为忠皆当死也。汉祖遗约，非刘氏不王，非功臣不侯，违命天下共诛之。后吕后王诸吕，周勃从之，王陵廷争，可不谓忠乎？周勃诛吕尊文，安汉社稷，忠莫尚焉，则王陵又何足言，而前史两为美谈。固知死与不死，争与不争，苟原情尽意，不可定于一概也。且札阖棺定谥，违逆党顺，受戮凶邪，不负忠义明矣。"鉴又驳不同，而朝廷竟从导议，追赠札卫尉，遣使者祠以少牢。

札长子澹，太宰府掾。次子稚，察孝廉，不行。

筵卓荦有才干，拜征虏将军、吴兴太守，迁黄门侍郎。徐馥之役，筵族兄续亦聚众应之。元帝议欲讨之，王导以为"兵少则不足制寇，多遣则根本空虚。黄门侍郎周筵忠烈至到，为一郡所敬。意谓直遣筵，足能杀续"。于是诏以力士百人给筵，使轻骑还阳羡。筵即日取道，昼夜兼行。既至郡，将入，遇续于门，筵谓续曰："宜与君共诣孔府君，有所论。"续不肯从，筵逼牵与俱。坐定，筵谓太守孔侃曰："府君何以置贼在坐？"续衣里带小刀，便操刃逼筵，筵叱郡传吏吴曾："何不举手！"曾有胆力，便以刀环筑续，杀之。筵因欲诛穆，札拒不许，委罪于从兄邵，诛之。筵不归家省母，遂长驱而去，母狼狈追之。其忠公如此。

迁太子右卫率。及王敦作难，加冠军将军、都督会稽、吴兴、义兴、晋陵、东阳军事，率水军三千人讨沈充，未发而王师败绩。筵闻札开城纳敦，愤咤慷慨形于辞色。寻遇害。敦平后，与札同被复官。

初，筵于姑孰立屋五间，而六梁一时跃出堕地，衡独立柱头零节之上，甚危，虽以人功，不能然也。后竟覆族。

筵弟缙，少无行检，尝在建康、乌衣道中逢孔氏婢，时与同僚二人共载，便令左右捉婢上车，其强暴若此。

周访，字士达，本汝南安城人也。汉末避地江南，至访四世。吴平，因家庐江寻阳焉。祖纂，吴威远将军。父敏，左中郎将。访少沈毅，谦而能让，果于断割，周穷振乏，家无余财。为县功曹，时陶侃为散吏，访荐为主簿，相与结友，以女妻侃子瞻。访察孝廉，除郎中、上甲令，皆不之官。乡人盗访牛于冢间杀之，访得之，密埋其肉，不使人知。

及元帝渡江，命参镇东军事。时有与访同姓名者，罪当死，吏误收访，访奋击收者，数十人皆散走，而自归于帝，帝不之罪。寻以为扬烈将军，领兵一千二百，屯寻阳鄂陵，与甘卓、赵诱讨华轶。所统厉武将军丁乾与轶所统武昌太守冯逸交通，访收斩之。逸来攻访，访率众击破之。逸遁保柴桑，访乘胜进讨。轶遣其党王约、傅权等万余人助逸，大战于溢口，约等又败。访与甘卓等会于彭泽，与轶水军将朱矩等战，又败。轶将周广烧城以应访，轶众溃，访执轶，斩之，遂平江州。

帝以访为振武将军、寻阳太守，加鼓吹、曲盖。复命访与诸军共征杜弢。弢作桔槔打官军船舰，访作长岐枨以距之，桔槔不得为害。而贼从青草湖密抄官军，又遣其将张彦陷豫章，焚烧城邑。王敦时镇溢口，遣督护缪薤、李恒受访节度，共击彦。薤于豫章、石头，与彦交战，彦军退走，访率帐下将李午等追彦，破之，临阵斩彦。时访为流矢所中，折前两齿，形色不变。及暮，访与贼隔水，贼众数倍，自知力不能敌，乃密遣人如樵采者而出，于是结阵鸣鼓而来，大呼曰："左军至！"士卒皆称万岁。至夜，令军中多布火而食，贼谓官军益至，未晓而退。访谓诸将曰："贼必引退，然终知我无救军，当还掩人，宜促渡水北。"既渡，断桥讫，而贼果至，隔水不得进，于是遂归湘州。访复以舟师造湘城，军达寻口，而弢遣杜弘出海昏。时溢口骚动，访步上柴桑，偷渡，与贼战，斩首数百。贼退保庐陵，访追击败之，贼婴城处自守。寻而军粮为贼所掠，退住巴丘。粮廪既至，复围弘于庐陵。弘大掷宝物于城外，军人竞拾之，弘因阵乱突围而出。访率军追之，获鞍马铠杖不可胜数。弘入南康，太守将率兵逆击，又破之，奔于临贺。帝又进访龙骧将军。王敦表为豫章太守。加征讨都督，赐爵寻阳县侯。

时梁州刺史张光卒，愍帝以侍中第五猗为征南大将军，监荆、梁、益、宁四州，出自武关。贼率杜曾、挚瞻、胡混等并迎猗，奉之，聚兵数万，破陶侃于石城，攻平南将军荀崧于宛，不克，引兵向江陵。王敦以从弟廙为荆州刺史，令督护征虏将军赵诱、襄阳太守朱轨、陵江将军黄峻等讨曾，而大败于女观湖，诱、轨并遇害。曾遂逐廙，径造沔口，大为寇害，威震江、沔。元帝命访讨之。访有众八千，进至沌阳。曾等锐气甚盛，访曰："先人有夺人之心，军之善谋也。"使将军李恒督左甄，许朝督右甄，访自领中军，高张旗帜。曾果畏访，先攻左右甄。曾勇冠三军，访甚恶之，自于阵后射雉以安众心。令其众曰："一甄败，鸣三鼓；两甄败，鸣六鼓。"赵胤领其父余兵属左甄，力战，败而复合。胤驰马告访，访怒，叱令更进。胤号哭还战，自旦至申，两甄皆败。访闻鼓音，选精锐八百人，自行酒饮之，敕不得妄动，闻鼓音乃进。贼未至三十步，访亲鸣鼓，将士皆腾跃奔赴，曾遂大溃，杀千余人。访夜追之，诸将请待明日，访曰："曾骁勇能战，向之败也，彼劳我逸，是以克之。宜及其衰乘之，可灭。"鼓行而进，遂定汉、沔。曾等走固武当。访以功迁南中郎将、督梁州诸军、梁州刺史，屯襄阳。访谓其僚佐曰："昔城濮之役，晋文以得臣不死而有忧色，今不斩曾，祸难未已。"于是出其不意，又击破之，曾遁走。访部将苏温收曾诣军，并获第五猗、胡混、挚瞻等，送于王敦。又白敦，说猗逼于曾，不宜杀。敦不从而斩之。进位安南将军、持节，都督、刺史如故。

初，王敦惧杜曾之难，谓访曰："擒曾，当相论为荆州刺史。"及是而敦不用。至王廙去职，诏以访为荆州。敦以访名将，勋业隆重，有疑色。其从事中郎郭舒说敦曰："鄙州虽遇寇难荒弊，实为用武之国，若以假人，将有尾大之患，公宜自领，访为梁州足矣。"敦从之，访大怒。敦手书譬释，并遗玉环玉碗以申厚意。访投碗于地曰："吾岂贾竖，可以宝悦乎！"阴欲图之。即在襄阳，务农训卒，勤于采纳，守宰有缺辄补，然后言上。敦患之，而惮其强，不敢有异。访威风既著，远近悦服，智勇过人，为中兴名将。性谦虚，未尝论功伐。或问访曰："人有小善，鲜不自称。卿功勋如此，初无一言何也？"访曰："朝廷威灵，将士用命，访何功之有！"士以此重之。访练兵简卒，欲宣力中原，与李矩、郭默相结，慨然有平河、洛之志。善于抚纳，士众皆为致死。闻敦有不臣之心，访恒切齿。敦虽怀逆谋，故终访之世未敢为非。

初，访少时遇善相者庐江陈训，谓访与陶侃曰："二君皆位至方岳，功名略同，但陶得上寿，周当下寿，优劣更由年耳。"访小侃一岁，太兴三年卒，时年六十一。帝哭之甚恸，诏赠征西将军，谥曰壮，立碑于本郡。二子：抚、光。

抚字道和。强毅有父风，而将御不及。元帝辟为丞相掾，父丧去官。服阕，袭爵，除鹰扬将军、武昌太守。王敦命为从事中郎，与邓岳俱为敦爪牙。甘卓遇害。敦以抚为沔北诸军事、南中郎将，镇沔中。及敦作逆，抚领二千人从之。敦败，抚与岳俱亡走。抚弟光将资遗其兄，而阴欲取岳。抚怒曰："我与伯山同亡，何不先斩我！"会岳至，抚出门遥谓之曰："何不速去！今骨肉尚欲相危，况他人乎！"岳回船而走，抚遂共入西阳蛮中，蛮酋向蚕纳之。初，岳为西阳，欲伐诸蛮，及是诸蛮皆怨，将杀之。蚕不听，曰："邓府君穷来归我，我何忍杀之！"由是俱得免。明年，诏原敦党，岳、抚诣阙请罪，有诏禁锢之。

咸和初，司徒王导以抚为从事中郎，出为宁远将军、江夏相。苏峻作逆，率所领从温峤讨之。峻平，迁监沔北军事、南中郎将，镇襄阳。石勒将郭敬率骑攻抚，抚不能守，率所领奔于武昌，坐免官。寻迁振威将军、豫章太守，后代毋丘奥监巴东诸军事、益州刺史、假节，将军如故。寻进征虏将军，加督宁州诸军事。永和初，桓温征蜀，进抚督梁州之汉中巴西梓潼阴平四郡军事，镇彭模。抚击破蜀余寇隗文、邓定等，斩伪尚书仆射王誓、平南将军王润，以功迁平西将军。隗文、邓定等复反，立范贤子贲为帝。初，贤为李雄国师，以左道惑百姓，人多事之，贲遂有众一万。抚与龙骧将军朱焘击破斩之，以功进爵建城县公。征西督护萧敬文作乱，杀征虏将军杨谦，据涪城，自号益州牧。桓温使督护邓遐助抚讨之，不能拔，引退。温又令梁州刺史司马勋等会抚伐之。敬文固守，自二月至于八月，乃出降，抚斩之，传首京师。升平中，进镇西将军。在州三十余年，兴宁三年卒，赠征西将军，谥曰襄。子楚嗣。

楚字元孙。起家参征西军事，从父入蜀，拜鹰扬将军、犍为太守。父卒，以楚监梁、益二州、假节，袭爵建城公。世在梁、益，甚得物情。时梁州刺史司马勋作逆，楚与朱序讨平之，进冠军将军。太和中，蜀盗李金银、广汉妖贼李弘并聚众为寇，伪称李势子，当以圣道王，年号凤皇。又陇西人李高诈称李雄子，破涪城。梁州刺史杨亮失守，

楚遣其子诗平之。是岁，楚卒，谥曰定。子琼嗣。

琼劲烈有将略，历数郡，代杨亮为梁州刺史、建武将军，领西戎校尉。初，氐人窦冲求降，朝廷以为东羌校尉。后冲反，欲入汉中，安定人皇甫钊、京兆人周勋等谋纳冲，琼密知之，收钊、勋等斩之。寻卒。子虓嗣。

虓字孟威。少有节操。州召为祭酒，后历位至西夷校尉，领梓潼太守。宁康初，苻坚将扬安寇梓潼，虓固守涪城，遣步骑数千，送母妻从汉水将抵江陵，为坚将朱肜邀而获之，虓遂降于安。坚欲以为尚书郎，虓曰："蒙国厚恩，以至今日。但老母见获，失节于此。母子获全，秦之惠也。虽公侯之贵，不以为荣，况郎任乎！"乃止。自是每入见坚，辄箕锯而坐，呼之为氐贼。坚不悦。属元会，威仪甚整，坚因谓虓曰："晋家元会何如此？"虓攘袂厉声曰："戎狄集聚，譬犹犬羊相群，何敢比天子！"及吕光征西域，坚出钱之，戎士二十万，旌旗数百里，又问虓曰："朕众力何如？"虓曰："戎狄已来，未之有也。"坚党以虓不逊，屡请除之。坚待之弥厚。虓乃密书与桓冲，说贼奸计。太元三年，虓潜至汉中，坚追得之。后又与坚兄子苞谋袭坚，事泄，坚引虓问其状，虓曰："昔渐离、豫让，燕、智之微臣，犹漆身吞炭，不忘忠节。况虓世荷晋恩，岂敢忘也。生为晋臣，死为晋鬼，复何问乎！"坚曰："今杀之，适成其名矣。"遂挞之，徙于太原。后坚复陷顺阳、魏兴，获二守，皆执节不挠，坚叹曰："周孟威不屈于前，丁彦远洁己于后，吉祖冲不食而死，皆忠臣也。"

虓竟以病卒于太原。其子兴迎致其丧，冠军将军谢玄亲临哭之，因上疏曰："臣闻旌善表功，崇义明节，所以振扬声教，垂美来叶。故西夷校尉、梓潼太守周虓，执心忠烈，厉节寇庭，遂婴祸荒裔，痛寔泉壤。臣每悲其志，以为苏武之贤，不复过也。前宣告并州，访求虓丧，并索其家。负荷数千，始得来至。即以资送，还其旧陇。伏愿圣朝迫其忠心，表其殊节，使负霜之志不坠于地，则荣慰存亡，惠被幽显矣。"孝武帝诏曰："虓厉志贞亮，无愧古烈。未及拔身，奄陨厥命。甄表义节，国之典也。赠龙骧将军、益州刺史，赙钱二十万，布百匹。"又赡赐其家。

光少有父风，年十一，见王敦，敦谓曰："贵郡未有将，谁可用者？"光曰："明公不耻下问，窃谓无复见胜。"敦笑以为宁远将军、寻阳太守。及敦举兵，光率千余人赴之。既至，敦已死，光未之知，求见敦。王应秘不言，以疾告。光退曰："今我远来而不得见王公，公其死乎？"遽见其兄抚曰："王公已死，兄何为与钱凤作贼？"众并愕然。其夕，众散，钱凤走出，至阖庐洲，光捕凤，诣阙赎罪，故得不废。苏峻作逆，随温峤力战有功。峻平，赐爵曲江男，卒官。

子仲孙，兴宁初督宁州军事、振武将军、宁州刺史。在州贪暴，人不堪命。桓温以梁、益多寇，周氏世有威称，

复除仲孙监益、豫、梁州之三郡。宁康初，杨安寇蜀，仲孙失守，免官。后征为光禄勋，卒。

初，陶侃微时，丁艰，将葬，家中忽失牛而不知所在。遇一老父，谓曰："前冈见一牛眠山污中，其地若葬，位极人臣矣。"又指一山云："此亦其次，当世出二千石。"言讫不见。侃寻牛得之，因葬其处，以所指别山与访。访父死，葬焉，果为刺史，著称宁、益，自访以下，三世为益州四十一年，如其所言云。

史臣曰：夫仁义岂有常，蹈之即君子，背之即小人。周子隐以踬弛之材，负不羁之行，比凶蛟猛兽，纵毒乡闾，终能克己厉精，朝闻夕改，轻生重义，徇国亡躯，可谓志节之士也。宣佩奋兹忠勇，屡殄妖氛，威略冠于本朝，庸绩书于王府。既而结憾朝宰，潜构异图，忿不思难，斯为滥矣。终于愤恚，岂不惜哉！札、筵等负俊逸之材，以雄豪自许，始见疑于朝廷，终获戾于权右，强弗如弱，信有征矣。而札受委扞城，乃开门揖盗，去顺效逆，彼实有之。后虽假手凶徒，可谓罪人斯得。朝廷议加荣赠，不其僭乎！有晋之刑政陵夷，用此道也。周访器兼文武，任在折冲，戡定湘、罗，克清江、汉，谋孙翼子，杖节拥旄，西蜀仰其威风，中兴推为名将，功成名立，不亦美乎！孟威陷迹房廷，抗辞伪主，虽图史所载，何以加焉！

赞曰：平西果劲，始邪末正。勇足除残，忠能致命。宣佩懋功，三定江东。札虽启敌，筵实怀忠。寻阳纬武，拥旄持斧。曰子曰孙，重规叠矩。孟威抗烈，心存旧主。

卷五十九　　列传第二十九

汝南文成王亮子粹　矩 矩子祐　羕
宗　熙　**楚隐王玮**　**赵王伦**
齐王冏郑方　长沙王乂　成都王颖　河间王颙　东海孝献王越

自古帝王之临天下也，皆欲广树蕃屏，崇固维城。唐、虞以前，宪章盖阙，夏、殷以后，遗迹可知。然而玉帛会于涂山，虽云万国，至于分疆胙土，犹或未详。洎乎周室，燊焉可观，封建亲贤，并为列国。当其兴也，周、召赞其升平；及其衰也，桓、文辅其危乱。故得卜世之祚克昌，卜年之基惟永。逮王赧即世，天禄已终，虚位无主，三十余载。爰及暴秦，并吞天下，戒衰周之削弱，忽帝业之远图，谓王室之陵迟，由诸候之强大。于是罢侯置守，独尊诸己，至乎子弟，并为匹夫，惟欲肆虐陵威，莫顾谋孙翼子。枝叶微弱，宗祐孤危，内无社稷之臣，外阙藩维之助。陈、项一呼，海内沸腾，陨身于望夷，系颈于轵道。事不师古，二世而灭。汉祖勃兴，爰革斯弊。于是分王子弟，列建功臣，锡之山川，誓以带砺。然而矫枉过直，惩羹吹齑，土地封疆，逾越往古。始则韩、彭菹醢，次乃吴、楚

称乱。然虽克灭权偏，犹足维翰王畿。洎成、哀之后，威藩陵替，君臣乘兹间隙，窃位偷安。光武雄略纬天，慷慨下国，遂能除凶静乱，复禹配天，休祉盛于两京，鼎祚隆于四百，宗支继绝之力，可得而言。魏武忘经国之宏规，行忌刻之小数，功臣无立锥之地，子弟不使之人，徒分茅社，实传虚爵，本根无所庇荫，遂乃三叶而亡。

有晋思改覆车，复隆盘石，或出拥旄节，蒞岳牧之荣；入践台阶，居端揆之重。然而付托失所，授任乖方，政令不恒，赏罚斯滥。或有材而不任，或无罪而见诛，朝为伊、周，夕为莽、卓。机权失于上，祸乱作于下。楚、赵诸王，相仍构衅，徒兴晋阳之甲，竟匪勤王之师。始则为身择利，利未加而害；初乃无心忧国，国非忧而奚拯！遂使昭阳兴废，有甚弈棋；乘舆幽蓺，更同羑里。胡羯陵侮，宗庙丘墟，良可悲也。

夫为国之有藩屏，犹济川之有舟楫，安危成败，义实相资。舟楫且完，波涛不足称其险；藩屏式固，祸乱何以成其阶！向使八王之中，一藩繁赖，如梁王之御大故，若朱虚之除大憝，则外寇焉敢凭陵，内难奚由窃发！纵令天子暗劣，鼎臣奢放，虽或颠沛，未至土崩。何以言之？琅邪譬彼诸王，权轻众寡，度长絜大，不可同年。遂能匹马济江，奄有吴会，存重宗社，百有余年。虽曰天时，抑亦人事。岂如赵伦、齐冏之辈，河间、东海之徒，家国俱亡，身名并灭。善恶之数，此非其效欤！西晋之政乱朝危，虽由时主，然而煽其风，速其祸者，咎在八王，故序而论之，总为其传云耳。

汝南文成王亮，字子翼，宣帝第四子也。少清警有才用，仕魏为散骑侍郎、万岁亭侯，拜东中郎将，进封广阳乡侯。讨诸葛诞于寿春，失利，免官。顷之，拜左将军，加散骑常侍、假节，出监豫州诸军事。五等建，改封祁阳伯，转镇西将军。武帝践阼，封扶风郡王，邑万户，置骑司马，增参军掾属，持节、都督关中雍、凉诸军事。会秦州刺史胡烈为羌虏所害，亮遣将军刘旂、骑督敬琰赴救，不进，坐是贬为平西将军。旂当斩，亮与军司曹冏上言，节度之咎由亮而出，乞丐旂死。诏曰："高平国急，计城中及旂足以相拔，就不能径至，尚当深进。今奔突有投，而坐视覆败，故加旂大戮。今若罪不在旂，当有所在。"有司又奏免亮官，削爵土。诏惟免官。顷之，拜抚军将军。是岁，吴将步阐来降，假亮节都督诸军事以纳之。寻加侍中之服。

咸宁初，以扶风池阳四千一百户为太妃伏氏汤沐邑，置家令丞仆，后改食南郡枝江。太妃尝有小疾，祓于洛水，亮兄弟三人侍从，并持节鼓吹，震耀洛滨。武帝登陵云台望见，曰："伏妃可谓富贵矣。"其年进号卫将军，加侍中。时宗室殷盛，无相统摄，乃以亮为宗师，本官如故，使训导观察，有不遵礼法，小者正以义方，大者随事闻奏。

三年，徙封汝南，出为镇南大将军、都督豫州军事，开府、假节，之国，给追锋车、皂轮犊车，钱五十万。顷之，征亮为侍中、抚军大将军，领后军将军，统冠军、步兵、射声、长水等营，给兵五百人，骑百匹。迁太尉、录尚书事、领太子太傅，侍中如故。

及武帝寝疾，为杨骏所排，乃以亮为侍中、大司马、假黄钺、大都督、督豫州诸军事，出镇许昌，加轩悬之乐，六佾之舞。封子羕为西阳公。未发，帝大渐，诏留亮委以后事。杨骏闻之，从中书监伊廙索诏视，遂不还。帝崩，亮惧骏疑己，辞疾不入，于大司马门外叙哀而已，表求过葬。骏欲讨亮，亮知之，问计于廷尉何勖。勖曰："今朝廷皆归心于公，公何不讨人而惧为人所讨！"或说亮率所领入废骏，亮不能用，夜驰赴许昌，故得免。及骏诛，诏曰："大司马、汝南王亮体道冲粹，通识政理，宜翼二绩，显于本朝，《二南》之风，流于方夏，将凭远猷，以康王化。其以亮为太宰、录尚书事，入朝不趋，剑履上殿，增椽属十人，给千兵百骑，与太保卫瓘对掌朝政。"亮论赏诛杨骏之功过差，欲以苟悦众心，由是失望。

楚王玮有勋而好立威，亮惮之，欲夺其兵权。玮甚憾，乃承贾后旨，诬亮与瓘有废立之谋，矫诏遣其长史公孙宏与积弩将军李肇夜以兵围之。帐下督李龙白外有变，请距之，亮不听。俄然楚兵登墙而呼，亮惊曰："吾无二心，何至于是！若有诏书，其可见乎？"宏等不许，促兵攻之。长史刘准谓亮曰："观此必是奸谋，府中俊乂如林，犹可尽力距战。"又弗听，遂为肇所执，而叹曰："我之忠心，可破示天下也，如何无道，枉杀不辜！"是时大热，兵人坐亮于车下，时人怜之，为之交扇。将及日中，无敢害者。玮出令曰："能斩亮者，赏布千匹。"遂为乱兵所害，投于北门之壁，鬓发耳鼻皆悉毁焉。及玮诛，追复亮爵位，给东园温明秘器，朝服一袭，钱三百万，布绢三百匹，丧葬之礼如安平献王孚故事，庙设轩悬之乐。有五子：粹、矩、羕、宗、熙。

粹字茂弘。早卒。

矩字延明。拜世子，为屯骑校尉，与父亮同被害。追赠典军将军，谥怀王。子祐立，是为威王。

祐字永猷。永安中，从惠帝北征。帝迁长安，祐反国。及帝还洛，以征南兵八百人给之，特置四部牙门。永兴初，率众依东海王越，讨刘乔有功，拜扬武将军，以江夏云杜益封，并前二万五千户。越征汲桑，表留祐领兵三千守许昌，加鼓吹、麾旗。越还，祐归国。永嘉末，以寇贼充斥，遂南渡江，元帝命为军谘祭酒。建武初，为镇军将军。太兴末，领左军将军，太宁中，进号卫将军，加散骑常侍。咸和元年，薨，赠侍中、特进。

子恭王统立，以南顿王宗谋反，被废。其后成帝哀亮一门殄绝，诏统复封，累迁秘书监、侍中。薨，追赠光禄勋。子义立，官至散骑常侍。薨，子遵立。义熙初，梁州刺史刘稚谋反，推遵之为主，事泄，伏诛。弟楷之子莲扶立。宋受禅，国除。

羕字延年。太康末，封西阳县公，拜散骑常侍。亮之被害也，羕时年八岁，镇南将军裴楷与之亲姻，窃以逃之，一夜八徙，故得免。及玮诛，进爵为王，历步兵校尉、左军骁骑将军。元康初，进郡封王。永兴初，拜侍中。以长沙王乂党，废为庶人。惠帝还洛，复羕封，为抚军将军，又以汝南期思、西陵益其国。永嘉初，拜镇军将军，加散骑常侍，领后军将军，复以邾、蕲春益之，并前三万五千户。随东海王越东出鄄城，遂南渡江。

元帝承制，更拜抚军大将军、开府，给千兵百骑，诏与南顿王宗统流人以实中州，江西荒梗，复还。及元帝践阼，进位侍中、太保。以暨属尊，元会特为设床。太兴初，录尚书事，寻领大宗师，加羽葆、斧钺，班剑六十人，进位太宰。及王敦平，领太尉。明帝即位，以羕宗室元老，特为之拜。羕放纵兵士劫钞，所司奏免羕官，诏不问。及帝寝疾，羕与王导同受顾命辅成帝。时帝幼冲，诏羕依安平献王孚故事，设床帐于殿上，帝亲迎拜。咸和初，坐弟南顿王宗免官，降为弋阳县王。及苏峻作乱，羕诣峻称述其勋，峻大悦，矫诏复羕爵位。峻平，赐死。世子播、播弟充及息崧并伏诛，国除。咸康初，复其属籍，以羕孙珉为奉车都尉、奉朝请。

宗字延祚。元康中，封南顿县侯，寻进爵为公。讨刘乔有功，进封王，增邑五千，并前万户，为征房将军。与兄羕俱过江。元帝承制，拜散骑常侍。愍帝之在西都，以宗为平东将军。元帝即位，拜抚军将军，领左将军。明帝践阼，加长水校尉，转左卫将军。与虞胤俱为帝所昵，委以禁旅。

宗与王导、庾亮志趣不同，连结轻侠，以为腹心，导、亮并以为言。帝以宗戚属，每容之。及帝疾笃，宗、胤密谋为乱，亮排闼入，升御床，流涕言之，帝始悟。转为骠骑将军。胤为大宗正。宗遂怨望形于辞色。咸和初，御史中丞钟雅劾宗谋反，庾亮使右卫将军赵胤收之。宗以兵距战，为胤所杀，贬其族为马氏，徙妻子于晋安，既而原之。三子：绰、超、演，废为庶人。咸康中，复其属籍。绰为奉车都尉、奉朝请。

熙初封汝阳公，讨刘乔有功，进爵为王。永嘉末，没于石勒。

楚隐王玮，字彦度，武帝第五子也。初封始平王，历屯骑校尉。太康末，徙封于楚，出之国，都督荆州诸军事、平南将军，转镇南将军。武帝崩，入为卫将军，领北军中候，加侍中、行太子少傅。

杨骏之诛也，玮屯司马门。玮少年果锐，多立威刑，朝廷忌之。汝南王亮、太保卫瓘以玮性很戾，不可大任，建议使与诸王之国，玮甚忿之。长史公孙宏、舍人岐盛并薄于行，为玮所昵。瓘等恶其为人，虑致祸乱，将收盛。盛知之，遂与宏谋，因积弩将军李肇矫称玮命，谮亮、瓘于贾后。而后不之察，使惠帝为诏曰："太宰、太保欲为伊、霍之事，王宜宣诏，令淮南、长沙、成都王屯宫诸门，废二公。"夜使黄门赍以授玮。玮欲覆奏，黄门曰："事恐漏泄，非密诏本意也。"玮乃止。遂勒本军，复矫诏召三十六军，手令告诸军曰："天祸晋室，凶乱相仍。间者杨骏之难，实赖诸君克平祸乱。而二公潜图不轨，欲废陛下以绝武帝之祀。今辄奉诏，免二公官。吾今受诏都督中外诸军。诸在直卫者皆严加警备，其在外营，便相率领，径诣行府。助顺讨逆，天所福也。悬赏开封，以待忠效。皇天后土，实闻此言。"又矫诏使亮、瓘上太宰太保印绶、侍中貂蝉，之国，官属皆罢遣之。又矫诏敕亮、瓘官属曰："二公潜谋，欲危社稷，今免还第。官属以下，一无所问。若不奉诏，便军法从事。能率所领先出降者，封侯受赏。朕不食言。"遂收亮、瓘，杀之。

岐盛说玮，可因兵势诛贾模、郭彰，匡正王室，以安天下。玮犹豫未决。会天明，帝用张华计，遣殿中将军王宫赍驺虞幡麾众曰："楚王矫诏。"众皆释杖而走。玮左右无复一人，窘迫不知所为，惟一奴年十四，驾牛车将赴秦王柬。帝遣谒者诏玮还营，执之于武贲署，遂下廷尉。诏以玮矫制害二公父子，又欲诛灭朝臣，谋图不轨，遂斩之，时年二十一。其日大风，雷雨霹雳。诏曰："周公决二叔之诛，汉武断昭平之狱，所不得已者。廷尉奏玮已伏法，情用悲痛，吾当发哀。"玮临死，出其怀中青纸诏，流涕以示监刑尚书刘颂曰："受诏而行，谓为社稷，今更为罪，托体先帝，受枉如此，幸见申列。"颂亦歔欷不能仰视。公孙宏、岐盛并夷三族。

玮性开济好施，能得众心，及其莫不陨泪，百姓为之立祠。贾后先恶瓘、亮，又忌玮，故以计相次诛之。永宁元年，追赠骠骑将军，封其子范为襄阳王，拜散骑常侍，后为石勒所害。

赵王伦，字子彝，宣帝第九子也，母曰柏夫人。魏嘉平初，封安乐亭侯。五等建，改封东安子，拜谏议大夫。武帝受禅，封琅邪郡王。坐使散骑将刘缉买工所将盗御裘，廷尉杜友正缉弃市，伦当与缉同罪。有司奏伦爵重属亲，不可坐。谏议大夫刘毅驳曰："王法赏罚，不阿贵贱，然后可以齐礼制而明典刑也。伦知裘非常，蔽不语吏，与缉同罪。当以亲贵议减，不得阙而不论。宜自于一时法中，如友所正。"帝是毅驳，然以伦亲亲故，下诏赦之。及之国，行东中郎将、宣威将军。咸宁中，改封于赵，迁平北将军、督邺城守事，进安北将军。元康初，迁征西将军、开府仪同三司，镇关中。伦刑赏失中，氐、羌反叛，征还京师。寻拜车骑将军、太子太傅。深交贾、郭，谄事中宫，大为贾后所亲信。求录尚书，张华、裴頠固执不可。又求尚书令，华、頠复不许。

愍怀太子废，使伦领右军将军。时左卫司马督司马雅及常从督计超，并尝给事东宫，二人伤太子无罪，与殿中中郎士猗等谋废贾后，复太子，以华、頠不可移，难与图权，伦执兵之要，性贪冒，可假以济事，乃说伦嬖人孙秀曰："中宫凶妒无道，与贾谧等共废太子。今国无嫡嗣，社稷将危，大臣将起大事。而公名奉事中宫，与贾、郭亲善，太子之废，皆云豫知，一朝事起，祸必相及。何不先谋之乎？"秀许诺，言于伦，伦纳焉。遂告通事令史张林及省事张衡、殿中侍御史殷浑、右卫司马督路始，使为内应。事将起，而秀知太子聪明，若还东宫，将与贤人图政，量己必不得志，乃更说伦曰："太子为人刚猛，不可私请。明公素事贾后，时议皆以公为贾氏之党。今虽欲建大功于太子，太子含宿怨，必不加赏于明公矣。当谓逼百姓之望，

翻覆以免罪耳。此乃所以速祸也。今且缓其事，贾后必害太子，然后废后，为太子报仇，亦足以立功，岂徒免祸而已。"伦从之。秀乃微泄其谋，使谧党颇闻之。伦、秀因劝谧等早害太子，以绝众望。

太子既遇害，伦、秀之谋益甚，而超、雅惧后难，欲悔其谋，乃辞疾。秀复告右卫佽飞督闾和，和从之，期四月三日丙夜一筹，以鼓声为应。至期，乃矫诏敕三部司马曰："中宫与贾谧等杀吾太子，今使车骑入废中宫。汝等皆当从命，赐爵关中侯。不从，诛三族。"于是众皆从之。伦又矫诏开门夜入，陈兵道南，遣翊军校尉、齐王冏将三部司马百人，排阁而入。华林令骆休为内应，迎帝幸东堂。遂废贾后为庶人，幽之于建始殿。收吴太妃、赵粲及韩寿妻贾午等，付暴室考竟。诏尚书以废后事，仍收捕贾谧等，召中书监、侍中、黄门侍郎、八坐，皆夜入殿，执张华、裴頠、解结、杜斌等，于殿前杀之。尚书始疑诏有诈，郎师景露版奏请手诏。伦等以为沮众，斩之以徇。明日，伦坐端门，屯兵北向，遣尚书和郁持节送贾庶人于金墉。诛赵粲叔父中护军赵浚及散骑侍郎韩豫等，内外群官多所黜免。伦寻矫诏自为使持节、大都督、督中外诸军事、相国、侍中、王如故，一依宣、文辅魏故事，置左右长史、司马、从事中郎四人、参军十人，掾属二十人、兵万人。以其世子散骑常侍荂领冗从仆射；子馥前将军，封济阳王；虔黄门郎，封汝阴王；羽散骑侍郎，封霸城侯。孙秀等769皆大郡，并据兵权，文武官封侯者数千人，百官总己听于伦。

伦素庸下，无智策，复受制于秀，秀之威权振于朝廷，天下皆事秀而无求于伦。秀起自琅邪小史，累官至赵国，以谄媚自达。既执机衡，遂恣其奸谋，多杀忠良，以逞私欲。司隶从事游颢与殷浑有隙，浑诱颢奴晋兴，伪告颢有异志。秀不详察，即收颢及襄阳中正李迈，杀之，厚待晋兴，以为己部曲督。前卫尉石崇、黄门郎潘岳皆与秀有嫌，并见诛。于是京邑君子不乐其生矣。

淮南王允、齐王冏以伦、秀骄僭，内怀不平。秀等亦深忌焉，乃出冏镇许，夺允护军。允发愤，起兵讨伦。允既败灭，伦加九锡，增封五万户。伦伪为饰让，诏遣百官诣府敦劝，侍中宣诏，然后受之。加秀抚军将军、领军将军，馥镇军将军、领护军将军，虔中军将军、领右卫将军，诩为侍中。又以孙秀为侍中、辅国将军、相国司马，右率如故。张林等并居显要。增相府兵为二万人，与宿卫同，又隐匿兵士，众过三万。起东宫三门四角华橹，断宫东西道为外徼。或谓秀曰："散骑常侍杨准、黄门侍郎刘逸欲奉梁王肜以诛伦。"会有星变，乃徙肜为丞相，居司徒府，转准、逸为外官。

伦无学，不知书；秀亦以狡黠小才，贪淫昧利。所共立事者，皆邪佞之徒，惟竞荣利，无深谋远略。荂浅薄鄙陋，馥、虔暗很强戾，诩愚嚚轻谀，而各乖异，互相憎毁。秀子会，年二十，为射声校尉，尚帝女河东公主。公主母丧未期，便纳聘礼。会形貌短陋，奴仆之下者，初与富室儿于城西贩马，百姓忽闻其尚主，莫不骇愕。

伦、秀并惑巫鬼，听妖邪之说。秀使牙门赵奉诈为宣

帝神语，命伦早入西宫。又言宣帝于北芒为赵王佐助，于是别立宣帝庙于芒山。谓逆谋可成。以太子詹事裴劭、左军将军卞粹等二十人为从事中郎，掾属又二十人。秀等部分诸军，分布腹心，使散骑常侍、义阳王威兼侍中，出纳诏命，矫作禅让之诏，使使持节、尚书令满奋，仆射崔随为副，奉皇帝玺绶以禅位于伦。伦伪让不受。于是宗室诸王、群公卿士咸假称符瑞天文以劝进，伦乃许之。左卫王舆与前军司马雅等率甲士入殿，譬喻三部司马，示以威赏，皆莫敢违。其夜，使张林等屯守诸门。义阳王威及骆休等逼夺天子玺绶。夜漏未尽，内外百官以乘舆法驾迎伦。惠帝乘云母车，卤簿数百人，自华林西门出居金墉城。尚书和郁，兼侍中、散骑常侍、琅邪王睿，中书侍郎陆机从，到城下而反。使张衡卫帝，实幽之也。

伦从兵五千人，入自端门，登太极殿，满奋、崔随、乐广进玺绶于伦，乃僭即帝位，大赦，改元建始。是岁，贤良方正、直言、秀才、孝廉、良将皆不试；计吏及四方使命之在京邑者，太学生年十六以上及在学二十年，皆署吏；郡县二千石令长赦日在职者，皆封侯，郡纲纪并为孝廉，县纲纪为廉史。以世子荂为太子，馥为侍中、大司农、领护军、京兆王，虔为侍中、大将军领军、广平王，诩为侍中、抚军将军、霸城王，孙秀为侍中、中书监、骠骑将军，仪同三司，张林等诸党皆登卿将，并列大封。其余同谋者咸超阶越次，不可胜纪，至于奴卒厮役亦加以爵位。每朝会，貂蝉盈坐，时人为之颜曰："貂不足，狗尾续。"而以苟且之惠取悦人情，府库之储不充于赐，金银冶铸不给于印，故有白版之侯，君子耻服其章，百姓亦知其不终矣。

伦亲祠太庙，还，遇大风，飘折麾盖。孙秀既立非常之事，伦敬重焉。秀住文帝为相国时所居内府，事无巨细，必谘而后行。伦之诏令，秀辄改革，有所与夺，自书青纸为诏，或朝行夕改者数四，百官转易如流矣。时有雉入殿中，自太极东阶上殿，驱之，更飞西钟下，有顷，飞去。又伦于殿上得异鸟，问皆不知名，累日向夕，宫西有素衣小儿言是服留鸟。伦使小儿并鸟闭置牢室，明旦开视，户如故，并失人鸟所在。伦目上有瘤，时以为妖焉。

时齐王冏、河间王颙、成都王颖并拥强兵，各据一方。秀知冏等必有异图，乃选亲党及伦故更为三王参佐及郡守。

秀本与张林有隙，虽外相推崇，内实忌之。及林为卫将军，深怨不得开府，潜与荂笺，具说秀专权，动违众心，而功臣皆小人，挠乱朝廷，要一时诛之。荂以书白伦，伦以示秀。秀劝伦诛林，伦从之。于是伦请宗室会于华林园，召林、秀及王舆入，因收林，杀之，诛三族。

及三王起兵讨伦檄至，伦、秀始大惧，遣其中坚孙辅为上军将军，积弩李严为折冲将军，率兵七千自延寿关出，征虏张泓、左军蔡璜、前军闾和等率九千人自堮坂关出，镇军司马雅、扬威莫原等率八千人自成皋关出。召东平王楙为使持节、卫将军，都督诸军以距义师。使杨珍昼夜诣宣帝别庙祈请，辄言宣帝谢陛下，某日当破贼。拜道士胡沃为太平将军，以招福祐。秀家日为淫祀，作厌胜之

文，使巫祝选择战日。又令近亲于嵩山著羽衣，诈称仙人王乔，作神仙书，述伦祚长久以惑众。秀欲遣馥、虔领兵助诸军战，馥、虔不肯。虔素亲爱刘舆，秀乃使舆说虔，虔然后率众八千为三军继援。而泓、雅等连战虽胜，义军散而辄合，雅等不得前。许超等与成都王颖军战于黄桥，杀伤万余人。泓径造阳翟，又于城南破齐王冏辎重，杀数千人，遂据城保邸阁。而冏军已在颍阴，去阳翟四十里。冏分军渡颍，攻泓等不利。泓乘胜至于颍上，夜临颍而阵。冏纵轻兵击之，诸军不动，而孙辅、徐建军夜乱，径归洛自首。辅、建之走也，不知诸军督尚存，乃云："齐王兵盛，不可当，泓等已没。"伦大震，秘之，而召虔及超还。会泓败冏露布至，伦大喜，及复遣超，而虔还已至庾仓。超还济河，将士疑阻，锐气内挫。泓等悉其诸军济颍，进攻冏营，冏出兵击其别率孙髦、司马谭、孙辅，皆破之，士卒散归洛阳，泓等收众还营。秀等知三方日急，诈传破冏营，执得冏，以迋惑其众，令百官皆贺，而士猗、伏胤、孙会皆杖节各不相从。伦复授太子詹事刘琨节，督河北将军，率步骑千人催诸军战。会等与义军战于激水，大败，退保河上，刘琨烧断河桥。

自义兵之起，百官将士咸欲诛伦、秀以谢天下。秀知众怒难犯，不敢出省。及闻河北军悉败，忧懑不知所为。义阳王威劝秀至尚书省与八坐议征战之备，秀从之。使京城四品以下子弟年十五以上，皆诣司隶，从伦出战。内外诸军悉欲劫杀秀，威惧，自崇礼闼走还下舍。许超、士猗、孙会等军既并还，乃与秀谋，或欲收余卒出战，或欲焚烧宫室，诛杀不附己者，挟伦南就孙旂、孟观等，或欲乘船东走入海，许未决。王舆反之，率营兵七百余人自南掖门入，敕宫中兵各守卫诸门，三部司马为应于内。舆自往攻秀，秀闭中书南门。舆放吴登墙烧屋，秀及超、猗遽走出，左卫将军赵泉斩秀等以徇。收孙奇于右卫营，付廷尉诛之。执前将军谢惔、黄门令骆休、司马督王潜，皆于殿中斩之。三部司马兵于宣化闼中斩孙弼以徇，时司马馥在秀坐，舆使将士囚之于散骑省，以大戟守省阁。八坐皆入殿中，坐东除树下。王舆屯云龙门，使伦为诏曰："吾为孙秀等所误，以怒三王。今已诛秀，其迎太上复位，吾归老于农亩。"传诏以驺虞幡敕将士解兵。文武官皆奔走，莫敢有居者。黄门将伦自华林东门出，及荂皆还汶阳里第。于是以甲士数千迎天子于金墉，百姓咸称万岁。帝自端门入，升殿，御广室，送伦及荂等付金墉城。

初，秀惧西军至，复召虔还。是日宿九曲，诏遣使者免虔官，虔惧，弃军将数十人归于汶阳里。

梁王肜表伦父子凶逆，宜伏诛。百官会议于朝堂，皆如肜表。遣尚书袁敞持节赐伦死，饮以金屑苦酒。伦惭，以巾覆面，曰："孙秀误我！孙秀误我！"于是收荂、馥、虔、诩付廷尉狱，考竟。馥临死谓虔曰："坐尔破家也！"百官是伦所用者，皆斥免之，台省府卫仅有存者，自兵兴六十余日，战所杀害仅十万人。

凡与伦为逆豫谋大事者：张林为秀所杀，许超、士猗、孙弼、谢惔、殷浑与秀为王舆所诛；张衡、闾和、孙髦、高越自阳翟还，伏胤战败还洛阳，皆斩于东市；蔡璜自阳

翟降齐王冏，还洛自杀；王舆以功免诛，后与东莱王蕤谋杀冏，又伏法。

齐武闵王冏，字景治，献王攸之子也。少称仁惠，好振施，有父风。初，攸有疾，武帝不信，遣太医诊候，皆言无病。及攸薨，帝往临丧，冏号踊诉父病为医所诬，诏即诛医。由是见称，遂得为嗣。元康中，拜散骑常侍，领左军将军、翊军校尉。赵王伦密与相结，废贾后，以功转游击将军。冏以位不满意，有恨色。孙秀微觉之，且惮其在内，出为平东将军、假节，镇许昌。伦篡，迁镇东大将军、开府仪同三司，欲以宠安之。

冏因众心怨望，潜与离狐王盛、颍川王处穆谋起兵诛伦。伦遣腹心张乌觇之，乌反，曰："齐无异志。"冏既有成谋未发，恐或泄，乃与军司管袭杀处穆，送首于伦，以安其意。谋定，乃收袭杀之。遂与豫州刺史何勖、龙骧将军董艾等起军，遣使告成都、河间、常山、新野四王，移檄天下征镇、州郡县国，咸使闻知。扬州刺史郗隆承檄，犹豫未决，参军王邃斩之，送首于冏。冏屯军阳翟，伦遣其将闾和、张泓、孙辅出堮坂，与冏交战。冏军失利，坚垒自守。会成都军破伦众于黄桥，冏乃出军攻和等，大破之。及王舆废伦，惠帝反正，冏诛讨贼党既毕，率众入洛，顿军通章署，甲士数十万，旌旗器械之盛，震于京都。天子就拜大司马，加九锡之命，备物典策，如宣、景、文、武辅魏故事。

冏于是辅政，居攸故宫，置掾属四十人。大筑第馆，北取五谷市，南开诸署，毁坏庐舍以百数，使大匠营制，与西宫等。凿千秋门墙以通西阁，后房施钟悬，前庭舞八佾，沈于酒色，不入朝见。坐拜百官，符敕三台，选举不均，惟宠亲昵。以车骑将军何勖领中领军。封葛旟为牟平公，路秀小黄公，卫毅阴平公，刘真安乡公，韩泰封丘公，号曰"五公"，委以心膂。殿中御史桓豹奏事，不先经冏府，即考竟之。于是朝廷侧目，海内失望矣。南阳处士郑方露版极谏，主簿王豹屡有箴规，冏并不能用，遂奏豹杀之。有白头公入大司马府大呼，言有兵起，不出甲子旬。即收杀之。

冏骄恣日甚，终无悛志。前贼曹属孙惠复上谏曰：

惠闻天下五难，四不可，而明公皆以居之矣。捐宗庙之主，忽千乘之重，躬贯甲胄，犯冒锋刃，此一难也。奋三百之卒，决全胜之策，集四方之众，致英豪之士，此二难也。舍殿堂之尊，居单幕之陋，安嚣尘之惨，同将士之劳，此三难也。驱乌合之众，当凶强之敌，任神武之略，无疑阻之惧，此四难也。檄六合之内，著盟信之誓，升幽宫之帝，复皇祚之业，此五难也。大名不可久荷，大功不可久任，大权不可久执，大威不可久居。未有行其五难而不以为难，遗其不可而谓之为可者。惠窃所不安也。

自永熙以来，十有一载，人不见德，惟戮是闻。公族构篡夺之祸，骨肉遭枭夷之刑，群王被囚槛之困，妃主有离绝之哀。历观前代，国家之祸，至亲之乱，未有今日之甚者也。良史书过，后嗣何观！天下所以不去于晋，符命长存于世者，主无严虐之暴，朝无酷烈之政，武帝余恩，献王遗爱，圣慈惠和，尚经人心。四海所系，实在于兹。

今明公建不世之义，而未为不世之让，天下惑之，思求所悟。长沙、成都、鲁、卫之密，国之亲亲，与明公计功受赏，尚不自先。今公宜放桓、文之勋，迈臧、札之风，刍狗万物，不仁其化，崇亲推近，功遂身退，委万机于二王，命方岳于群后，燿义让之旗，鸣思归之銮，宅大齐之墟，振泱泱之风，垂拱青、徐之域，高枕营丘之藩。金石不足以铭高，八音不足以赞美，姬文不得专圣于前，太伯不得独贤于后。今明公忘亢极之悔，忽穷高之凶，弃五岳之安，居累卵之危，外以权势受疑，内以百揆损神。虽处高台之上，逍遥重刃之墟，及其危亡之忧，过于颍、翟之虑。群下悚战，莫之敢言。

惠以衰亡之余，遭阳九之运，甘矢石之祸，赴大王之义，脱褐冠胄，从戎于许。契阔战阵，功无可记，当随风尘，待罪初服。屈原放斥，心存南郢；乐毅适赵，志恋北燕。况惠受恩，偏蒙识养，虽复暂违，情隆二臣，是以披露血诚，冒昧干ále。言入身戮，义让功举，退就铁锧，此惠之死贤于生也。

冏不纳，亦不加罪。

翊军校尉李含奔于长安，诈云受密诏，使河间王颙诛冏，因导以利谋。颙从之，上表曰：

王室多故，祸难罔已。大司马冏虽唱义有兴复皇位之功，而定都邑，克宁社稷，实成都王勋力也。而冏不能固守臣节，实协异望。在许昌营有东西掖门，官置治书侍御史，长史、司马直立左右，如侍臣之仪。京城大清，篡逆诛夷，而率百万之众来绕洛城。阻兵经年，不一朝觐，百官拜伏，晏然南面。坏乐官市署，用自增广。辄取武库秘杖，严列不解。故东莱王蕤知其逆节，表陈事状，而见诬陷，加罪黜徙。以树私党，僭立官属。幸妻嬖妾，名号比之中宫。沈湎酒色，不恤群黎。董艾放纵，无所畏忌，中丞按奏，而取退免。张伟惚恫，拥停诏可，葛旟小竖，维持国命。操弄王爵，货赂公行。群奸聚党，擅断杀生。密署腹心，实为货谋。斥罪忠良，伺窥神器。

臣受重任，蕃卫方岳，见冏所行，实怀激愤。即日翊军校尉李含乘驿密至，宣腾诏旨。臣伏读感切，五情若灼。《春秋》之义，君亲无将。冏拥强兵，树置私党，权官要职，莫非腹心。虽复重责之诛，恐不义服。今辄勒兵，精卒十万，与州征并协忠义，共会洛阳。骠骑将军长沙王乂，同奋忠诚，废冏还第。有不顺命，军法从事。成都王颖明德茂亲，功高勋重，往岁去就，允合众望，宜为宰辅，代冏阿衡之任。

颙表既至，冏大惧，会百僚曰："昔孙秀作逆，篡逼帝王，社稷倾覆，莫能御难。孤纠合义众，扫除元恶，臣子之节，信著神明。二王今日听信谗言，造构大难，当赖忠谋以和不协耳。"司徒王戎、司空东海王越说冏委权崇让。冏从事中郎葛旟怒曰："赵庶人听任孙秀，移天易日，当时喋喋，莫敢先唱。公蒙犯矢石，躬贯甲胄，攻围陷阵，得济今日。计功行封，事殷未遍。三台纳言，不恤王事，赏报稽缓，责不在府。逸言僭逆，当共诛讨，虚承伪书，令公就第。汉、魏以来，王侯就第宁有得保妻子者乎！议者可斩。"于是百官震悚，无不失色。

长沙王乂径入宫，发兵攻冏府。冏遣董艾陈兵宫西。乂又遣宋洪等放火烧诸观阁及千秋、神武门。冏令黄门令王湖悉盗驺虞幡，唱云："长沙王矫诏。"乂又称："大司马谋反，助者诛五族。"是夕，城内大战，飞矢雨集，火光属天。帝幸上东门，矢集御前，群臣救火，死者相枕。明日，冏败，乂擒冏至殿前，帝恻然，欲活之。冏叱左右促牵出，冏犹再顾，遂斩于阊阖门外，徇首六军。诸党属皆夷三族。幽其子淮陵王超、乐安王冰、济阳王英于金墉。暴冏尸于西明亭，三日而莫敢收敛。冏故掾属荀闿等表乞殡葬，许之。

初，冏之盛也，有一妇人诣大司马府求寄产。吏诘之，妇人曰："我截齐便去耳。"识者闻而恶之。时又谣曰："著布柏腹，为齐持服。"俄而冏诛。

永兴初，诏以冏轻陷重刑，前勋不宜堙没，乃赦其三子超、冰、英还第，封超为县王，以继冏祀，历员外散骑常侍。光熙初，追册冏曰："咨故大司马、齐王冏：王昔以宗藩穆胤绍世，绪于东国，作翰许京，允镇静我王室。涎率义徒，同盟触泽，克成元勋，大济颓东。朕用应嘉茂绩，谓笃尔劳，俾式先典，以畴兹显懿。廊士殊分，跨兼吴楚，崇礼备物，宠侔萧、霍，庶凭翼戴之重，永隆邦家之望。而恭德不建，取侮二方，有司过举，致王于戮。古人有言曰：'用其法，犹思其人。'况王功济朕身，勋存社稷，追惟既往，有悼于厥心哉！其复王本封，命嗣子还绍厥绪，礼秩典度，一如旧制。使使持节、大鸿胪即墓赐策，祠以太牢。魂而有灵，祇服朕命，肆宁尔心，嘉兹宠荣。"子超嗣爵。

永嘉中，怀帝下诏，重述冏唱义元勋，还赠大司马，加侍中、假节，追谥。及洛阳倾覆，超兄弟皆没于刘聪，冏遂无后。太元中，诏以故南顿王宗子柔之袭封齐王，绍攸、冏之祀，历散骑常侍。元兴初，会稽王道子将讨桓玄，诏柔之兼侍中，以驺虞幡宣告江、荆二州，至姑孰，为玄前锋所害。赠光禄勋。子建之立。宋受禅，国除。

郑方者，字子回，慷慨有志节，博涉史传，卓荦不常，乡闾有识者叹其奇，而未能荐达。及冏辅政专恣，方发愤步诣洛阳，自称荆楚逸民，献书于冏曰："方闻圣明辅世，夙夜祇惧，泰而不骄，所以长守贵也。今大王安不虑危，耽于酒色，燕乐过度，其失一也。大王檄命，当使天下穆如清风，宗室骨肉永无纤介，今则不然，其失二也。四夷交侵，边境不静，大王自以功业兴隆，不以为念，其失三也。大王兴义，群庶竞赴，天下虽宁，人劳穷苦，不闻大王振救之令，其失四也。又与义兵歃血而盟，事定之后，赏不逾时，自清泰已来，论功未分，此则食言，其失五也。大王建非常之功，居宰相之任，谤声盈涂，人怀忿怨，方以狂愚，冒死陈诚。"冏含忍答之云："孤不能致五阙，若

无子，则不闻其过矣。"未几而败焉。

长沙厉王乂，字士度，武帝第六子也。太康十年受封，拜员外散骑常侍。及武帝崩，乂时年十五，孺慕过礼。会楚王玮奔丧，诸王皆近路迎之，乂独至陵所，号恸以俟玮。拜步兵校尉。及玮之诛二公也，乂守东掖门。会驺虞幡出，乂投弓流涕曰："楚王被诏，是以从之，安知其非！"玮既诛，乂以同母，贬为常山王，之国。

乂身长七尺五寸，开朗果断，才力绝人，虚心下士，甚有名誉。三王之举义也，乂率国兵应之，过赵国，房子令距守，乂杀之，进军为成都后系。常山内史程恢将贰于乂，乂到邺，斩恢及其五子。至洛，拜抚军大将军，领左军将军。顷之，迁骠骑将军、开府，复本国。

乂见齐王冏渐专权，尝与成都王颖俱拜陵，因谓颖曰："天下者，先帝之业也，王宜维之。"时闻其言者皆惮之。及河间王颙将诛冏，传檄以乂为内主。冏遣其将董艾袭乂，乂将左右百余人，手斫车帆，露乘驰赴宫，闭诸门，奉天子与冏相攻，起火烧冏府，连战三日，冏败，斩之，并诛诸党与二千余人。

颙本以乂弱冏强，冀乂为冏所擒，然后以乂为辞，宣告四方共讨，因废帝立成都王，己为宰相，专制天下。即而乂杀冏，其计不果，乃潜使侍中冯荪、河间尹李含、中书令卞粹等袭乂。乂并诛之。颙遂与颖同伐京都。颖遣刺客图乂，时长沙国左常侍王矩侍直，见客色动，遂杀之。诏以乂为大都督以距颙。连战自八月至十月，朝议以乂、颖兄弟，可以辞说而释，乃使中书令王衍行太尉，光禄勋石陋行司徒，使说颖，令与乂分陕而居，颖不从。乂因致书于颖曰："先帝应乾抚运，统摄四海，勤身苦己，克成帝业，六合清泰，庆流子孙。孙秀作逆，反易天常，卿兴义众，还复帝位。齐王恃功，肆行非法，上无宰相之心，下无忠臣之行，遂其逸恶，离逖骨肉，主上恻伤，寻已荡除。吾之与卿，友于十人，同产皇室，受封外都，各不能阐敷王教，经济远略。今卿复与太尉共起大众，阻兵百万，重围宫城。群臣同愆，聊即命将，示宣国威，未拟摧殄。自投沟涧，荡平山谷，死者日万，酷痛无罪。岂国恩之不慈，则用刑之有常。卿所遣陆机不乐受卿节钺，将其所领，私通国家。想来逆者，当前行一尺，却行一丈，卿宜还镇，以宁四海，令宗族无羞，子孙之福也。如其不然，念骨肉分裂之痛，故复遣书。"

颖复书曰："文、景受图，武皇乘运，庶几尧、舜，共康政道，恩隆洪业，本枝百世。岂期骨肉豫祸，后族专权，杨、贾纵毒，齐、赵内篡。幸以诛夷，而未静息。每忧王室，心悸肝烂。羊玄之、皇甫商等恃宠作祸，能不兴慨！于是征西羽檄，四海云应。本谓仁兄同其所怀，便当内擒商等，收级远送。如何迷惑，自为戎首！上矫君诏，下诬爱弟，推移辇毂，妄动兵威，还任犲狼，弃戮亲善。行恶求福，如何自勉！前遣陆机董督节钺，虽黄桥之退，而温南收胜，一彼一此，未足增庆也。今武士百万，良将锐猛，要当与兄整顿海内。若能从太尉之命，斩商等首，投戈退让，自求多福，颖亦自归邺都，与兄同之。奉览来告，

缅然慷慨。慎哉大兄,深思进退也!"

乂前后破颖军,斩获六七万人。战久粮乏,城中大饥,虽曰疲弊,将士同心,皆愿效死。而乂奉上之礼未有亏失,张方以为未可克,欲还长安。而东海王越虑事不济,潜与殿中将收乂送金墉城。乂表曰:"陛下笃睦,委臣朝事。臣小心忠孝,神祇所鉴。诸王承谬,率众见责,朝臣无正,各虑私困,收臣别省,送臣幽宫。臣不惜躯命,但念大晋衰微,枝党欲尽,陛下孤危。若臣死国宁,亦家之利。但恐快凶人之志:无益于陛下耳。"

殿中左右恨乂功垂成而败,谋劫出之,更以距颖。越惧难作,欲遂诛乂。黄门郎潘滔劝越密告张方,方遣部将郅辅勒兵三千,就金墉收乂,至营,炙而杀之。乂冤痛之声达于左右,三军莫不为之垂涕。时年二十八。

乂将殡于城东,官属莫敢往,故掾刘佑独送之,步持丧车,悲号断绝,哀感路人。张方以其义士,不之问也。初,乂执权之始,洛下谣曰:"草木萌牙杀长沙。"乂以正月二十五日废,二十七日死,如谣言焉。永嘉中,怀帝以乂子硕嗣,拜散骑常侍,后没于刘聪。

成都王颖,字章度,武帝第十六子也。太康末受封,邑十万户。后拜越骑校尉,加散骑常侍、车骑将军。贾谧尝与皇太子博,争道。颖在坐,厉声呵谧曰:"皇太子国之储君,贾谧何得无礼!"谧惧,由此出颖为平北将军,镇邺。转镇北大将军。

赵王伦之篡也,进征北大将军,加开府仪同三司。及齐王冏举义,颖发兵应冏,以邺令卢志为左长史,顿丘太守郑琰为右长史,黄门郎程牧为左司马,阳平太守和演为右司马。使兖州刺史王彦,冀州刺史李毅,督护赵骧、石超等为前锋。羽檄所及,莫不响应。至朝歌,众二十余万。赵骧至黄桥,为伦将士猗、许超所败,死者八千余人,士众震骇。颖欲退保朝歌,用卢志、王彦策,又使赵骧率众八万,与王彦俱进。伦复遣孙会、刘琨等率三万人,与猗、超合兵距骧等,精甲耀日,铁骑前驱。猗既战胜,有轻骧之心。未及温十余里,复大战,猗等奔溃。颖遂过河,乘胜长驱。左将军王舆杀孙秀,幽赵王伦,迎天子反正。及颖入京都,诛伦。使赵骧、石超等助齐王冏攻张泓于阳翟,泓等遂降。冏始率众入洛,自以首建大谋,遂擅威权。颖营于太学,及入朝,天子亲劳焉。颖拜谢曰:"此大司马臣冏之勋,臣无豫焉。"见讫,即辞出,不复还营,便谒太庙,出自东阳城门,遂归邺。遣信与冏别,冏大惊,驰出送颖,至七里涧及之。颖住车言别,流涕,不及时事,惟以太妃疾苦形于颜色,百姓观者莫不倾心。

至邺,诏遣兼太尉王粹加九锡殊礼,进位大将军、都督中外诸军事、假节、加黄钺、录尚书事,入朝不趋,剑履上殿。颖拜受徽号,让殊礼九锡,表论兴义功臣卢志、和演、董洪、王彦、赵骧等五人,皆封开国公侯。又表称:"大司马前在阳翟,与强贼相持既久,百姓创痍,饥饿冻馁,宜急振救。乞差发郡县车,一时运河北邸阁米十五万斛,以振阳翟饥人。"卢志言于颖曰:"黄桥战亡者有八千余人,既经夏暑,露骨中野,可为伤恻。昔周王葬枯骨,

故《诗》云'行有死人,尚或墐之'。况此等致死王事乎!"颖乃造棺八千余枚,以成都国秩为衣服,敛祭,葬于黄桥北,树枳篱为之茔域。又立都祭堂,刊石立碑,纪其赴义之功,使亡者之家四时祭祀有所。仍表其门间,加常战亡二等。又命河内温县埋藏赵伦战死士卒万四千余人。颖形美而神昏,不知书,然器性敦厚,委事于志,故得成其美焉。

及齐王冏骄侈无礼,于是众望归之。诏遣侍中冯荪、中书令卞粹喻颖入辅政,并使受九锡。颖犹让不拜。寻加太子太保。颖嬖人孟玖不欲还洛,又程太妃爱恋邺都,以此议久不决。留义募将士既久,咸怨旷思归,或有辄去者,乃题邺城门云:"大事解散蚕欲遽。请且归,赴时务。昔以义来,今以义去。若复有急更相语。"颖知不可留,因遣之,百姓乃安。及冏败,颖悬执朝政,事无巨细,皆就邺谘之。后张昌扰乱荆土,颖拜表南征,所在响赴。既恃功骄奢,百度弛废,甚于冏时。

颖方恣其欲,而惮长沙王乂在内,遂与河间王颙表请诛后父羊玄之、左将军皇甫商等,檄乂使就第。乃与颙将张方伐京都,以平原内史陆机为前锋都督、前将军、假节。颖次朝歌,每夜矛戟有光若火,其垒井中皆有龙象。进军屯河南,阻清水为垒,造浮桥以通河北,以大木函盛石,沈之以系桥,名曰石鳖。陆机战败,死者甚众,机又为孟玖所谮,颖收机斩之,夷其三族,语在《机传》。于是进攻京城。时常山王乂合众万余,欲袭颖,会乂被执,其党斩舆降。颖既入京师,复旋镇于邺,增封二十郡,拜丞相。河间王颙表颖宜为储副,遂废太子覃,立颖为皇太弟,丞相如故,制度一依魏武故事,乘舆服御皆迁于邺。表罢宿卫兵属相府,更以王官宿卫。僭侈日甚,有无君之心,委任孟玖等,大失众望。

永兴初,左卫将军陈眕,殿中中郎逯苞、成辅及长沙故将上官巳等,奉大驾讨颖,驰檄四方,赴者云集。军次安阳,众十余万,邺中震惧。颖欲走,其掾步熊有道术,曰:"勿动!南军必败。"颖会其众问计,东安王繇乃曰:"天子亲征,宜罢甲,缟素出迎请罪。"司马王混、参军崔旷劝颖距战,颖从之,乃遣奋武将军石超率众五万,次于荡阴。眕二弟匡、规自邺赴王师,云:"邺中皆已离散。"由是不甚设备。超众奄至,王师败绩,矢及乘舆,侍中嵇绍死于帝侧,左右皆奔散,乃弃天子于蒿中。超遂奉帝幸邺。颖改元建武,害东安王繇,署置百官,杀生自己,立郊于邺南。

安北将军王浚、宁北将军东嬴公腾杀颖所置幽州刺史和演,颖征浚,浚屯冀州不进,与腾及乌丸、羯朱袭颖。候骑至邺,颖遣幽州刺史王斌及石超、李毅等距浚,为羯朱等所败。邺中大震,百僚奔走,士卒分散。颖惧,将帐下数十骑,拥天子,与中书监卢志单车而走,五日至洛。羯朱追至朝歌,不及而还。河间王颙遣张方率甲卒二万救颖,至洛,方乃挟帝,拥颖及豫章王并高光、卢志等归于长安。颙废颖归藩,以豫章王为皇太弟。

颖既废,河北思之。邺中故将公师藩、汲桑等起兵以迎颖,众情翕然。颙复拜颖镇军大将军、都督河北诸军事,

给兵千人,镇邺。颖至洛,而东海王越率众迎大驾,所在锋起。颖以北方盛强,惧不可进,自洛阳奔关中。值大驾还洛,颖自华阴趋武关,出新野。帝诏镇南将军刘弘、南中郎将刘陶收捕颖,于是弃母妻,单车与二子庐江王普、中都王廓渡河赴朝歌,收合故将士数百人,欲就公师藩。顿丘太守冯嵩执颖及普、廓送邺,范阳王虓幽之,而无他意。属虓暴薨,虓长史刘舆见颖为邺都所服,虑为后患,秘不发丧,伪令人为台使,称诏夜赐颖死。颖谓守者田徽曰:"范阳王亡乎?"徽曰:"不知。"颖曰:"卿年几?"徽曰:"五十。"颖曰:"知天命不?"徽曰:"不知。"颖曰:"我死之后,天下安乎不安乎?我自放逐,于今三年,身体手足不见洗沐,取数斗汤来!"其二子号泣,颖敕人将去。乃散发东首卧,命徽缢之,时年二十八。二子亦死。邺中哀之。

颖之败也,官属并奔散,惟卢志随从不怠,论者称之。其后汲桑害东嬴公腾,称为颖报仇,遂出颖棺,载之于军中,每事启灵,以行军令。桑败,度棺于故井中。颖故臣收之,改葬于洛阳,怀帝加以县王礼。

颖死后数年,开封间有传颖子年十余岁,流离百姓家,东海王越遣人杀之。永嘉中,立东莱王蕤子遵为颖嗣,封华容县王。后没于贼,国除。

河间王颙,字文载,安平献王孚孙,太原烈王瑰之子也。初袭父爵,咸宁二年就国。三年,改封河间。少有清名,轻财爱士。与诸王俱来朝,武帝叹颙可以为诸国仪表。元康初,为北中郎将,监邺城。九年,代梁王肜为平西将军,镇关中。石函之制,非亲亲不得都督关中,颙于诸王为疏,特以贤举。

及赵王伦篡位,齐王冏谋讨之。前安西参军夏侯奭自称侍御史,在始平合众,得数千人,以应冏,遣信赴颙。颙遣主簿房阳、河间国人张方讨擒奭,及其党十数人,于长安市腰斩之。及冏檄至,颙执冏使,送之于伦。伦征兵于颙,颙遣方率关右健将赴之。方至华阴,颙闻二王兵盛,乃加长史李含龙骧将军,领督护席薳等追方军回,以应二王。义兵至潼关,而伦、秀已诛,天子反正,含、方各率众还。及冏论功,虽怒颙初不同,而终能济义,进位侍中、太尉,加三赐之礼。

后含为翊军校尉,与冏参军皇甫商、司马赵骧等有憾,遂奔颙,诡称受密诏伐冏,因说利害。颙纳之,便发兵,遣使邀成都王颖。以含为都督,率诸军屯阴盘,前锋次于新安,去洛百二十里。檄长沙王乂讨冏。及冏败,颙以含为河南尹,使与冯荪、卞粹等潜图害乂。商知含前矫妄及与颙阴谋,具以告乂。乂乃诛含等。颙闻含死,即起兵以讨商为名,使张方为都督,领精卒七万向洛。方攻商,商距战而溃,方遂进攻西明门。乂率中军左右卫击之,方众大败,死者五千余人。方初于毂水桥西为营,于是筑垒数重,外引廪谷,以足军资。乂复从天子出攻方,战辄不利。及乂死,方还长安。诏以颙为太宰、大都督、雍州牧。颙废皇太子覃,立成都王颖为太弟,改年,大赦。

左卫将军陈眕奉天子伐颖,颙又遣方率兵二万救邺。

天子已幸邺。方屯兵洛阳。及王浚等伐颖,颖挟天子归洛阳。方将兵入殿中,逼帝幸其垒,掠府库,将焚宫庙以绝众心。卢志谏,乃止。方又逼天子幸长安。颙及迁置百官,改秦州为定州。及东海王越起兵徐州,西迎大驾,关中大惧,方谓颙曰:"方所领犹有十余万众,奉送大驾还洛宫,使成都王反邺,公自留镇关中,方北讨博陵。如此,天下可小安,无复举手者。"颙虑事大难济,不许。乃假刘乔节,进位镇东大将军,遣成都王颖总统楼褒、王阐等诸军,据河桥以距越。王浚遣督护刘根,将三百骑至河上。阐出战,为根所杀。颖顿军张方故垒,范阳王虓遣鲜卑骑与平昌、博陵众袭河桥,楼褒西走,追骑至新安,道路死者不可胜数。

初,越以张方劫迁车驾,天下怨愤,唱义与山东诸侯克期奉迎,先遣说颙,令送帝还都,与颙分陕而居。颙欲从之,而方不同。及东军大捷,成都等败,颙乃令方亲将到辅夜斩方,送首以示东军。寻变计,更遣刁默守潼关,乃咎辅杀方,又斩辅。颙先遣将吕朗等据荥阳,范阳王虓司马刘琨以方首示朗,于是朗降。时东军既盛,破刁默入关。颙惧,又遣马瞻、郭传于霸水御之,瞻等战败散走。颙乘单马,逃于太白山。东军入长安,大驾旋,以太弟太保梁柳为镇西将军,守关中。马瞻等出诣柳,因共杀柳于城内。瞻等与始平太守梁迈合从,迎颙于南山。颙初不肯入府,长安令苏众、记室督朱永向颙表称柳病卒,辄知方事。弘农太守裴廙、秦国内史贾龛、安定太守贾疋等起义讨颙,斩马瞻、梁迈等。东海王越遣督护糜晃率国兵伐颙。至郑,颙将牵秀距晃,晃斩秀,并其二子。义军据有关中,颙保城而已。

永嘉初,诏书以颙为司徒,乃就征。南阳王模遣将梁臣于新安雍谷车上扼杀之,并其三子。诏以彭城元王植子融为颙嗣,改封乐成县王。薨,无子。建兴中,元帝又以彭城康王释子钦为融嗣。

东海孝献王越,字元超,高密王泰之次子也。少有令名,谦虚持布衣之操,为中外所宗。初以世子为骑都尉,与驸马都尉杨邈及琅邪王伷子繇俱侍讲东宫,拜散骑侍郎,历左卫将军,加侍中。讨杨骏有功,封五千户侯。迁散骑常侍、辅国将军、尚书右仆射,领游击将军。复为侍中,加奉车都尉,给温信五十人,别封东海王,食六县。永康初,为中书令,徙侍中,迁司空,领中书监。

成都王颖攻长沙王乂,乂固守洛阳,殿中诸将及三部司马疲于战守,密与左卫将军朱默夜收乂别省,逼越为主,启惠帝免乂官。事定,越称疾逊位。帝不许,加守尚书令。太安初,帝北征邺,以越为大都督。六军败,越奔下邳,徐州都督、东平王楙不纳,越径还东海。成都王以越兄弟宗室之美,下宽令招之,越不应命。帝西幸,以越为太傅,与太宰颙夹辅朝政,让不受。东海中尉刘洽劝越发兵以备颖,越以洽为左司马,尚书曹馥为军司。既起兵,楙惧,乃以州与越。越以司空领徐州都督,以楙领兖州刺史。越三弟并据方任征伐,辄选刺史守相,朝士多趋越。而河间王颙挟天子,发诏罢越等,皆令就国。越唱义奉迎大驾，还复旧都，率甲卒三万，西次萧县。豫州刺史刘乔不受越命，遣乔祐距之，越军败。范阳王虓遣督护田徽以突骑八百迎越，遇祐于谯，祐众溃，越进屯阳武。山东兵盛，关中大惧，颙斩送张方首求和，寻变计距越。越率诸侯及鲜卑许扶历、驹次宿归等步骑迎惠帝反洛阳。诏越以太傅录尚书，以下邳、济阳二郡增封。

及怀帝即位，委政于越。吏部郎周穆，清河王覃舅，越之姑子也，与其妹夫诸葛玫共说越曰："主上之为太弟，张方意也。清河王本太子，为群凶所废。先帝暴崩，多疑东宫。公盍思伊、霍之举，以宁社稷乎？"言未卒，越曰："此岂宜言邪！"遂叱左右斩之。以玫、穆世家，罪止其身，因此表除三族之法。帝始亲万机，留心庶事，越不悦，求出藩，帝不许。越遂出镇许昌。

永嘉初，自许昌率苟晞及冀州刺史丁劭讨汲桑，破之。越还于许，长史潘滔说之曰："兖州天下枢要，公宜自牧。"及转苟晞为青州刺史，由是与晞有隙。

寻诏越为丞相，领兖州牧，督兖、豫、司、冀、幽、并六州。越辞丞相不受，自许迁于鄄城。越恐清河王覃终为储副，矫诏收付金墉城，寻害之。

王弥入许，越遣左司马王斌率甲士五千人入卫京都。鄄城自坏，越恶之，移屯濮阳，又迁于荥阳。召田甄等六率，甄不受命，越遣监军刘望讨甄。初，东嬴公腾之镇邺也，携并州将田甄、甄弟兰、任祉、祁济、李恽、薄盛等部众万余人至邺，遣就谷冀州，号为乞活。及腾败，甄等邀破汲桑于赤桥，越以甄为汲郡，兰为钜鹿太守。甄求魏郡，越不许，甄怒，故召之不至。望既渡河，甄退。李恽、薄盛斩田兰，率其众降，甄、祉、济弃军奔上党。

越自荥阳还洛阳，以太学为府。疑朝臣贰己，乃诬帝舅王延等为乱，遣王景率甲士三千人入宫收延等，付廷尉杀之。越解兖州牧，领司徒。越既与苟晞构怨，又以顷兴事多由殿省，乃奏宿卫有侯爵者皆罢。时殿中武官并封侯，由是出者略尽，皆泣涕而去。乃以东海国上军将军何伦为右卫将军，王景为左卫将军，领国兵数百人宿卫。

越自诛王延等，大失众望，而多有猜嫌。散骑侍郎高韬有忧国之言，越诬以讪谤时政害之，而不自安。乃戎服入见，请讨石勒，且镇集兖、豫以援京师。帝曰："今逆虏侵逼郊畿，王室蠢蠢，莫有固心。朝廷社稷，倚赖于公，岂可远出以孤根本！"对曰："臣今率众邀贼，势必灭之。贼灭则不逞消弭，已东诸州职贡流通。此所以宣畅国威，藩屏之宜也。若端坐京辇以失机会，则衅弊日滋，所忧逾重。"遂行。留妃裴氏，世子、镇军将军毗，及龙骧将军李恽并何伦等守卫京都。表以行台随军，率甲士四万东屯于项，王公卿士随从者甚众。诏加九锡。越乃羽檄四方曰："皇纲失御，社稷多难，孤以弱才，备当大任。自顷胡寇内逼，偏裨失利，帝乡便为戎州，冠带奄成殊域，朝廷上下，以为忧惧。皆由诸侯蹉跎，遂及此难。投袂忘履，讨之已晚。人情奉机，莫不义奋。当须合会之众，以俟战守之备。宗庙主上，相赖匡救。檄至之日，便望风奋发，忠臣良士效诚之秋也。"所征皆不至。而苟晞又表讨越，语在《晞传》。越以豫州刺史冯嵩为左司马，自领豫州牧。

越专擅威权，图为霸业，朝贤素望，选为佐吏，名将劲卒，充于己府，不臣之迹，四海所知。而公私馨乏，所在寇乱，州郡携贰，上下崩离，祸结衅深，遂忧惧成疾。永嘉五年，薨于项。秘不发丧。以襄阳王范为大将军，统其众。还葬东海。石勒追及于苦县宁平城，将军钱端出兵距勒，战死，军溃。勒命焚越柩曰："此人乱天下，吾为天下报之，故烧其骨以告天地。"于是数十万众，勒以骑围而射之，相践如山。王公士庶死者十余万。王弥弟璋焚其余众，并食之。天下归罪于越。帝发诏贬越为县王。

何伦、李恽闻越之死，秘不发丧，奉妃裴氏及毗出自京邑，从者倾城，所经暴掠。至洧仓，又为勒所败，毗及宗室三十六王俱没于贼。李恽杀妻子奔广宗，何伦走下邳。裴妃为人所略，卖于吴氏，太兴中，得渡江，欲招魂葬越。元帝诏有司详议，博士傅纯曰："圣人制礼，以事缘情，设冢椁以藏形，而事之以凶；立庙祧以安神，而奉之以吉。送形而往，迎精而还。此墓庙之大分，形神之异制也。至于室庙寝庙祊祭非一处，所以广求神之道，而独不祭于墓，明非神之所处也。今乱形神之别，错庙墓之宜，违礼制义，莫大于此。"于是下诏不许。裴妃不奉诏，遂葬越于广陵。太兴末，墓毁，改葬丹徒。

初，元帝镇建邺，裴妃之意也，帝深德之，数幸其第，以第三子冲奉越后。薨，无子，成帝以少子奕继之。哀帝徙奕为琅邪王，而东海无嗣。隆安初，安帝更以会稽忠王次子彦璋为东海王，继冲为曾孙。为桓玄所害，国除。

史臣曰：昔高辛抚运，衅起参商；宗周嗣历，祸缠管、蔡。祥观囊册，遂听前古，乱臣贼子，昭鉴在焉。有晋郁兴，载崇藩翰，分茅锡瑞，道光恒典；仪台饰衮，礼备彝章。汝南以纯和之姿，失于无断；楚隐习果锐之性，遂成凶很。或位居朝右，或职参近禁，俱为女子所诈，相次受诛，虽曰自贻，良可哀也！伦实庸琐，见欺孙秀，潜构异图，煽成奸慝。乃使元良遭怨酷，上宰陷诛夷，乾耀以之暂倾，皇纲为焉中圮。遂裂冠毁冕，幸百六之会；绾玺扬纛，窥九五之尊。夫神器焉可偷安，鸿名岂容妄假！而欲托兹淫祀，享彼天年，凶暗之极，未之有也。冏名父之子，唱义勤王，摧伪业于既成，拯皇舆于已坠，策勋考绩，良足可称。然而临祸忘忧，逞心纵欲，曾不知乐不可极，盈难久持，笑古人之未工，忘己事之已拙。向若采王豹之奇策，纳孙惠之嘉谋，高谢衮章，永表东海，虽古之伊、霍，何以加焉！长沙材力绝人，忠概迈俗，投袂攻门，落落标壮夫之气；驰车魏阙，懔懔怀烈士之风。虽复阳九数屯，在三之情无夺。抚其遗节，终始可观。颖既入总大权，出居重镇，中台藉以成务，东夏资其宅心，乃协契河间，共图进取。而颛任李含之狙诈，杖张方之陵虐，遂使武闱丧元，长沙授首，逞其无君之志，矜其不义之强。銮驾北巡，异乎有征无战；乘舆西幸，非由望秩观风。若火燎原，犹可扑灭，刬兹安忍，能无及乎！东海纠合同盟，创为义举，匡复之功未立，陵暴之衅已彰，馨彼车徒，固求出镇。既而帝京寡弱，狡寇凭陵，遂令神器劫迁，宗社颠覆，数十万众并垂饵于豺狼，三十六王咸陨身于锋刃。祸难之极，振古未闻。虽及焚如,犹为幸也。自惠皇失政,难起萧墙,骨肉相残,黎元涂炭,胡尘惊而天地闭,戎兵接而宫庙隳,支属肇其祸端,戎羯乘其间隙。悲夫!《诗》所谓"谁生厉阶,至今为梗",其八王之谓矣。

赞曰:亮总朝政,玮怀兢竞。逸巧乘间,艳妻过听。构怨连祸,递遭非命。伦实下愚,敢窃龙图,乱常奸位,遄及严诛。伟哉武冏!首创宏谟。德之不建,良可悲夫!长沙奉国,始终靡应;功亏一篑,奄罹残贼。章度勤王,效立名扬;合从关右,犯顺争强,事穷势蹙,俱为乱亡。元超作辅,出征入抚,败国丧师,无君震主。焚如之变,抑惟自取。

卷六十　　　列传第三十

解系 弟结 结弟育　孙旂　孟观
牵秀　缪播 从弟胤　皇甫重
张辅　李含　张方　阎鼎
索靖 子綝　贾疋

解系,字少连,济南著人也。父修,魏琅邪太守、梁州刺史,考绩为天下第一。武帝受禅,封梁邹侯。系及二弟结、育并清身洁己,甚得声誉。时荀勖门宗强盛,朝野畏惮之。勖诸子谓系等曰:"我与卿为友,应向我公拜。"勖又曰:"我与尊先使君亲厚。"系曰:"不奉先君遗教。公若与先君厚,往日哀顿,当垂书问。亲厚之诲,非所敢承。"勖父子大惭,当世壮之。后辟公府掾,历中书黄门侍郎、散骑常侍、豫州刺史,迁尚书,出为雍州刺史、扬烈将军、西戎校尉、假节。会氐羌叛,与征西将军赵王伦讨之。伦信用佞人孙秀,与系争军事,更相表奏。朝廷知系守正不挠,而召伦还。系表杀秀以谢氐羌,不从。伦、秀潜之,系坐免官,以白衣还第,阖门自守。及张华、裴頠之被诛也,伦、秀以宿憾收系兄弟。梁王肜救系等,伦怒曰:"我于水中见蟹且恶之,况此人兄弟轻我邪!此而可忍,孰不可忍!"肜苦争之不得,遂害之,并戮其妻子。

后齐王冏起义时,以裴、解为冤首。伦、秀既诛,冏乃奏曰:"臣闻兴微继绝,圣主之高政;贬恶嘉善,《春秋》之美谈。是以武王封比干之墓,表商容之间,诚幽明之故有以相通也。孙秀逆乱,灭佐命之国,诛骨鲠之臣,以斫丧王室,肆其虐戾,功臣之后,多见泯灭。至如张华、裴頠,各以见惮取诛于时,系、结同以羔羊被害,欧阳建等无罪而死,百姓怜之。陛下更日月之光照,布帷新之明命,然此等未蒙恩理。昔栾郤降在皂隶,而《春秋》传其人;幽王绝功臣之后,弃贤者子孙,而诗人以为刺。臣备忝右职,思竭股肱,献纳愚诚。若合圣意,可群官通议。"八坐议以"系等清公正直,为奸邪所疾,无罪横戮,冤痛已甚。如大司马所启,彰明柱直,显宣는否,使冤魂无愧

无恨,为恩大矣。"永宁二年,追赠光禄大夫,改葬,加吊祭焉。

结字叔连,少与系齐名。辟公府掾,累迁黄门侍郎,历散骑常侍、豫州刺史、魏郡太守、御史中丞。时孙秀乱关中,结在都,坐议秀罪应诛,秀由是致憾。及系被害,结亦同戮。女适裴氏,明日当嫁,而祸起,裴氏欲认活之,女曰:"家既若此,我何活为!"亦坐死。朝廷遂议革旧制,女不从坐,由结女始也。后赠结光禄大夫,改葬,加吊祭。

结弟育,字稚连,名亚二兄。历公府掾、太子洗马、尚书郎、卫军长史、弘农太守,与二兄俱被害,妻子徙边。

孙旂,字伯旗,乐安人也。父历,魏晋际为幽州刺史、右将军。旂洁静,少自修立。察孝廉,累迁黄门侍郎,出为荆州刺史,名位与二解相亚。永熙中,征拜太子詹事,转卫尉,坐武库火,免官。岁余,出为兖州刺史,迁平南将军、假节。旂子弼及弟子髦、辅、琰四人,并有吏材,称于当世,遂与孙秀合族。及赵王伦起事,夜从秀开神武门下观阅器械。兄弟旬月相次为公府掾、尚书郎。弼又为中坚将军,领尚书左丞,转为上将军,领射声校尉。髦为武卫将军,领太子詹事。琰为武威将军,领太子左率。皆赐爵开国郡侯。推崇旂为车骑将军、开府。初,旂以弼等受署伪朝,遣小息回责让弼等,以过差之事,必为家祸。弼等终不从,旂制之不可,但恸哭而已。及齐王冏起义,四子皆伏诛。襄阳太守宗岱承冏檄斩旂,夷三族。

弟尹,字文旗,历陈留、阳平太守,早卒。

孟观,字叔时,渤海东光人也。少好读书,解天文。惠帝即位,稍迁殿中郎。贾后悖妇姑之礼,阴欲诛杨骏而废太后,因骏专权,数言之于帝,又使人讽观。会楚王玮将讨骏,观受贾后旨宣诏,颇加证其事。及骏诛,以观为黄门侍郎,特给亲信四十人。迁积弩将军,封上谷郡公。氐帅齐万年反于关中,众数十万,诸将覆败相继。中书陈准、监张华,以赵、梁诸王在关中,雍容贵戚,进不效功,退不惧罪,士卒虽众,不为之用,周处丧败,职此之由,上下离心,难以胜敌。以观沈毅,有文武材用,乃白观讨之。观所领宿卫兵,皆趫捷勇悍,并统关中士卒,身当矢石,大战十数,皆破之,生擒万年,威慑氐羌。转东羌校尉,征拜右将军。

赵王伦篡位,以观所在著绩,署为安南将军、监河北诸军事、假节,屯宛。观子平为淮南王允前锋将军,讨伦,战死。孙秀以观杖兵在外,假言平为允兵所害,赠积弩将军以安观。义军既起,多劝观应齐王冏,观以紫宫帝坐无他变,谓伦应之,遂不从众议而为伦守。及帝反正,永饶冶令空桐机斩观首,传于洛阳,遂夷三族。

牵秀,字成叔,武邑观津人也。祖招,魏雁门太守。秀博辩有文才,性豪侠,弱冠得美名,为太保卫瓘、尚书崔洪所知。太康中,调补新安令,累迁司空从事中郎。与帝舅王恺素相轻侮,恺讽司隶荀恺奏秀夜在道中载高平国守士田兴妻。秀即表诉被诬,论恺秽行,文辞亢厉,以

讥抵外戚。于时朝臣虽多证明其行，而秀盛名美誉由是而损，遂坐免官。后司空张华请为长史。

秀任气，好为将帅。张昌作乱，长沙王乂遣秀讨昌，秀出关，因奔成都王颖。颖伐乂，以秀为冠军将军，与陆机、王粹等共为河桥之役。机战败，秀证成其罪，又诋事黄门孟玖，故见亲于颖。惠帝西幸长安，以秀为尚书。秀少在京辇，见司隶刘毅奏事而扼腕慷慨，自谓居司直之任，当能激浊扬清；处鼓鞞之间，必建将帅之勋。及在常伯纳言，亦未曾有规献弼违之奇也。

河间王颙甚亲任之。关东诸军奉迎大驾，以秀为平北将军，镇冯翊。秀与颙将马瞻等将辅颙以守关中，颙密遣使就东海王越求迎，越遣将糜晃等迎颙。时秀拥众在冯翊，晃不敢进。颙长史杨腾前不应越军，惧越讨之，欲取秀以自效，与冯翊大姓诸严诈称颙命，使秀罢兵，秀信之，腾遂杀秀于万年。

繆播，字宜则，兰陵人也。父悦，光禄大夫。播才思清辩，有意义。高密王泰为司空，以播为祭酒，累迁太弟中庶子。

惠帝幸长安，河间王颙欲挟天子令诸侯。东海王越将起兵奉迎天子，以播父时故吏，委以心膂。播从弟右卫率胤，颙前妃之弟也。越遣播、胤诣长安说颙，令奉帝还洛，约与颙分陕为伯。播、胤素为颙所敬信，既相见，虚怀从之。颙将张方自以罪重，惧为诛首，谓颙曰："今据形胜之地，国富兵强，奉天子以号令，谁敢不服！"颙惑方所谋，犹豫不决。方恶播、胤为越游说，阴欲杀之。播等亦虑方为难，不敢复言。时越兵锋甚盛，颙深忧之，播、胤乃复说颙，急斩方以谢，可不劳而安。颙从之，于是斩方以谢山东诸侯。颙后悔之，又以兵距越，屡为越所败。帝反旧都，播亦从太弟还洛，契阔艰难，深相亲狎。

及帝崩，太弟即帝位，是为怀帝，以播为给事黄门侍郎。俄转侍中，徙中书令，任遇日隆，专管诏命。时越威权自己，帝力不能讨，心甚恶之。以播、胤等有公辅之量，又尽忠于国，故委以心膂。越俱为己害，因入朝，以兵入宫，执播等于帝侧。帝叹曰："奸臣贼子无世无之，不自我先，不自我后，哀哉！"起执播等手，涕泗歔欷，不能自禁。越遂害之。朝野愤惋，咸曰："善人，国之纪也，而加虐焉，其能终乎！"及越薨，帝赠播卫尉，祠以少牢。

胤字休祖，安平献王外孙也，与播名誉略齐。初为尚书郎，后迁太弟左卫率，转魏郡太守。及王浚军逼邺，石超等大败，胤奔东海王越于徐州，越使胤与播俱入关，而所说得行，大驾东还。越以胤为冠军将军、南阳太守。胤从蓝田出武关，之南阳，前守卫展距胤不受，胤乃还洛。怀帝即位，拜左卫将军，转散骑常侍、太仆卿。既而与播及帝舅王延、尚书何绥、太史令高堂冲并参机密，为东海王越所害。

皇甫重，字伦叔，安定朝那人也。性沈果，有才用，为司空张华所知，稍迁新平太守。元康中，华版为秦州刺史。齐王冏辅政，以重弟商为参军。冏诛，长沙王乂又以为参军。时河间王颙镇关中，其将李含先与商、重有隙，每衔之，及此，说颙曰："商为乂所任，重终不为人用，宜急除之，以去一方之患。可表迁重为内职，因其经长安，乃执之。"重知其谋，乃露檄上尚书，以颙信任李含，将欲为乱，召集陇上士众，以讨含为名。乂以兵革累兴，今始宁息，表请遣使宣重罢兵，征含为河南尹。含既就征，重不奉诏，颙遣金城太守游楷、陇西太守韩稚等四郡兵攻之。

顷之，成都王颖与颙起兵共攻乂，以讨后父尚书仆射羊玄之及商为名。乂以商为左将军、河东太守，领万余人于关门距张方，为方所破，颙军遂进。乂既屡败，乃使商间行赍帝手诏，使游楷尽罢兵，令重进军讨颙。商行过长安，至新平，遇其从甥，从甥素憎商，以告颙，颙捕得商，杀之。乂既败，重犹坚守，闭塞外门，城内莫知，而四郡兵筑土山攻城，重辄以连弩射之。所在为地窟以防外攻，权变百端，外军不得近城，将士为之死战。颙知不可拔，乃上表求遣御史宣谕之令降。重知非朝廷本意，不奉诏。获御史驺人问曰："我弟将兵来，欲至未？"驺云："已为河间王所害。"重失色，立杀驺。于是城内知无外救，遂共杀重。

先是，重被围急，遣养子昌请救于东海王越，越以颙新废成都王颖，与山东连和，不肯出兵。昌乃与殿中人杨篇诈称越命，迎羊后于金墉城入宫，以后令发兵讨张方，奉迎大驾。事起仓卒，百官初皆从之，俄而又共诛昌。

张辅，字世伟，南阳西鄂人，汉河间相衡之后也。少有干局，与从母兄刘乔齐名。初补蓝田令，不为豪强所屈。时强弩将军庞宗，西州大姓，护军赵浚，宗妇族也，故僮仆放纵，为百姓所患。辅绳之，杀其二奴，又夺宗田二百余顷以给贫户，一县称之。转山阳令，太尉陈准家僮亦暴横，辅复击杀之。累迁尚书郎，封宜昌亭侯。

转御史中丞。时积弩将军孟观与明威将军郝彦不协，而观因军事害彦，又贾谧、潘岳、石崇等共相引重，乃义阳王威有诈冒事，辅并纠劾之。梁州刺史杨欣有姊丧，未经旬，车骑长史韩预强聘其女为妻。辅为中正，贬预以清风俗，论者称之。用孙秀执权，威构辅于秀，秀惑之，将绳辅以法。辅与秀笺曰："辅徒知希慕古人，当官而行，不复自知小为身计。今义阳王诚弘恕，不以介意。然辅母年七十六，常见忧虑，恐辅将以怨疾获罪。愿明公留神省察辅前后行事，是国之愚臣而已。"秀虽凶狡，知雅正，为威所诬，乃止。

后迁冯翊太守。是时长沙王乂以河间王颙专制关中，有不臣之迹，言于惠帝，密诏雍州刺史刘沈、秦州刺史皇甫重使讨颙。于是沈等与颙战于长安，辅遂将兵救颙，沈等败绩。颙德之，乃以辅代重为秦州刺史。当赴颙之难，金城太守游楷亦皆有功，转梁州刺史，不之官。楷闻辅之还，不时迎辑，阴图之。又杀天水太守封尚，欲扬威西土。召陇西太守韩稚会议，未决。稚子朴有武干，斩异议者，即收兵伐辅。辅与稚战于遮多谷口，辅军败绩，为天水故帐下督富整所杀。

初，辅尝著论云："管仲不若鲍叔，鲍叔知所奉，知所投。管仲奉主而不能济，所奔又非济事之国，三归反坫，皆鲍不为。"又论班固、司马迁云："迁之著述，辞约而事举，叙三千年事唯五十万言；班固叙二百年事乃八十万言，烦省不同，不如迁一也。良史述事，善足以奖劝，恶足以监诫，人道之常。中流小事，亦无取焉，而班皆书之，不如二也。毁贬晁错，伤忠臣之道，不如三也。迁既造创，固又因循，难易益不同矣。又迁为苏秦、张仪、范雎、蔡泽作传，逞辞流离，亦足以明其大才。故述辩士则辞藻华靡，叙实录则隐核名检，此所以迁称良史也。"又论魏武帝不及刘备，乐毅减于诸葛亮，词多不载。

李含，字世容，陇西狄道人也。侨居始平。少有才干，两郡并举孝廉。安定皇甫商州里年少，少恃豪族，以含门寒微，欲与结交，含距而不纳，商恨焉，遂讽州以短檄召含为门亭长。会州刺史郭奕素闻其贤，下车擢含为别驾，遂处群僚之右。寻举秀才，荐之公府，自太保掾转秦国郎中令。司徒迁令领始平中正。秦王柬薨，含依台仪，葬讫除丧。尚书赵浚有内宠，疾含不事己，遂奏含不应除丧。本州大中正傅祗以名义贬含。中丞傅咸上表理含曰：

臣州秦国郎中令始平李含，忠公清正，才经世务，实有史鱼秉直之风。虽以此不能协和流俗，然其名行峻厉，不可得掩，二郡并举孝廉异行。尚书郭奕临州，含寒门少年，而奕超为别驾。太保卫瓘辟含为掾，每语臣曰："李世容当为晋匪躬之臣。"

秦王之薨，悲恸感人，百僚会丧，皆所目见。而今以含俯就王制，谓之背戚居荣，夺其中正。天王之朝，既葬不除，藩国之丧，既葬而除。藩国欲同不除，乃当责引尊准卑，非所宜言耳。今天朝告于上，欲令藩国服于下，此为藩国之义隆，而天朝之礼薄也。又云诸王公皆终丧，礼宁尽乃叙，明以丧制宜隆，务在敦重也。夫宁尽乃叙，明以哀其病耳。异于天朝，制使终丧，未见斯文。国制既葬而除，既除而祔。爰自汉魏迄于圣晋，文皇升遐，武帝崩殂，世祖过哀，陛下毁顿，衔疚谅阐，以终三年，率土臣妾岂无攀慕遂服之心，实以国制不可而逾，故于既葬不敢不除。天王之丧，释除于上，藩国之臣，独遂于下，此不可安。复以秦王无后，含应为丧主，而王丧既除而祔，则应吉祭。因曰王未有庙，主不应除服。秦王始封，无所连祔，灵主所居，即便为庙。不问国制云何，而以无庙为贬。以含今日之所行，移博士使案礼文，必也放勋之殂，遏密三载，世祖之崩，数旬即吉，引古绳今，阁世有贬，何但李含不应除服。今也无贬，王制故也。圣上谅阐，哀声不辍，股肱近侍，犹宜心丧，不宜便行婚娶欢乐之事，而莫云者，岂不以大制不可而曲邪？目前以含有王丧，上与为差代。尚书敕王葬日在近，葬讫，含应摄职，不听差代。葬讫，含犹踌躇，司徒屡罚访问，趣含摄职，而随击不应，此为台敕府符陷含于恶。若谓台府为伤教义，则当据正，不正符敕，唯含是贬，含之困踬尚足惜乎！国制不可偏耳。

又含自以陇西人，虽户属始平，非所综悉。自初见使为中正，反复言辞，说非始平国人，不宜为中正。后为郎中令，又自以选官引台府为比，以让常山太守苏韶，辞意恳切，形于文墨。含之固让，乃在王未薨之前，葬后踌躇，穷于对罚而摄职耳。臣从弟祗为州都，意在欲隆风教，议含已过，不良之人遂相扇动，冀挟名义，法外致案，足有所邀，中正庞腾便割含品。臣虽无祁大夫之德，见含为腾所侮，谨表以闻，乞朝廷以时博议，无令腾得妄弄刀尺。

帝不从，含遂被贬，退割为五品。归长安，岁余，光禄差含为寿城邸阁督。司徒王戎表含曾为大臣，虽见割削，不应降为此职。诏停。后为始平令。

及赵王伦篡位，或谓孙秀曰："李含有文武大才，无以资人。"秀以为东武阳令。河间王颙表请含为征西司马，甚见信任。顷之，转为长史。颙诛夏侯奭，送齐王冏使与赵王伦，遣张方率众赴伦，皆含谋也。后颙闻三王兵盛，乃加含龙骧将军，统席薳等铁骑，回遣张方军以应义师。天子反正，含至潼关而还。

初，梁州刺史皇甫商为赵王伦所任，伦败，去职诣颙，颙慰抚之甚厚。含谏颙曰："商，伦之信臣，惧罪至此，不宜数与相见。"商知而恨之。及商当还都，颙置酒饯行，商因与含忿争，颙和释之。后含被征为翊军校尉。时商参齐王冏军事，而夏侯奭兄在冏府，称奭立义，被西藩枉害。含心不自安。冏右司马赵骧又与含有隙，冏将阅武，含惧骧因兵讨之，乃单马出奔于颙，矫称受密诏。颙即夜见之，乃说颙曰："成都王至亲，有大功，还藩，甚得众心。今王越亲而专执威权，朝廷侧目。今檄长沙王令讨齐，使先闻于齐，齐必诛长沙，因传檄以加齐罪，则冏可擒也。既去齐，立成都，除逼建亲，以安社稷，大勋也。"颙从之，遂表请讨冏，拜含为都督，统张方等率诸军以向洛阳。含屯阴盘，而长沙王乂诛冏，含等旋师。

初，含之本谋欲并去乂、冏，使权归于颙，含因得肆其宿志。既长沙胜齐，颙、颖犹各守藩，志望未允。颙表含为河南尹。时商复被乂任遇，商兄重时为秦州刺史，含疾商滋甚，复与重构隙。颙自含奔还之后，委以心膂，复虑重袭己，乃使兵围之，更相表罪。侍中冯荪党颙，请召重还。商说乂曰："河间之奏，皆李含所交构也。若不早图，祸将至矣。且河间前举，由含之谋。"乂乃杀含。

张方，河间人也。世贫贱，以材勇得幸于河间王颙，累迁兼振武将军。永宁中，颙表讨齐王冏，遣方领兵二万为前锋。及冏被长沙王乂所杀，颙及成都王颖复表讨乂，遣方率众自函谷入屯河南。惠帝遣左将军皇甫商距之，方以潜军破商之众，遂入城。乂奉帝讨方于城内，方军望见乘舆，于是小退，方止之不得，众遂大败，杀伤满于衢巷。方退壁于十三里桥，人情挫衄，无复固志，多劝方夜遁。方曰："兵之利钝是常，贵因败以为成耳。我更前作垒，出其不意，此用兵之奇也。"乃夜潜进逼洛城七里。乂既新捷，不以为意，忽闻方垒成，乃出战，败绩。东海王越执乂，送于金墉城。方使郄辅取乂还营，炙杀之。于是大掠洛中官私奴婢万余人,而西还长安。颙加方右将军、冯翊太守。

荡阴之役,颙又遣方镇洛阳,上官已、苗愿等距之,大败而退。清河王覃夜袭已、愿,已、愿出奔,方乃入洛阳。覃于广阳门迎方而拜,方驰下车扶止之。于是复废皇后羊氏。及帝自邺还恣,方遣息黑以三千骑奉迎。将渡河桥,方又以所乘阳燧车、青盖素升三百人为小卤簿,迎帝至芒山下。方自帅万余骑奉云母舆及旌旗之饰,卫帝而进。初,方见帝将拜,帝下车自止之。

方在洛既久,兵士暴掠,发哀献皇女墓。军人喧喧,无复留意,议欲西迁,尚匿其迹,欲须天子出,因劫移都。乃请帝谒庙,帝不许。方遂悉引兵入殿迎帝,帝见兵至,避之于竹林中,军人引帝出,方于马上稽首曰:"胡贼纵逸,宿卫单少,陛下今日幸臣垒,臣当捍御寇难,致死无二。"于是军人便乱入宫阁,争割流苏武帐而为马鞁。方奉帝至弘农,颙遣司马周弼报方,欲废太弟,方以为不可。

帝至长安,以方为中领军、录尚书事,领京兆太守。时豫州刺史刘乔檄称颍川太守刘舆迫胁范阳王虓距逆诏命,及东海王越等起兵于山东,乃遣方率步骑十万往讨之。方屯兵霸上,而刘乔为虓等所破。颙闻乔败,大惧,将罢兵,恐方不从,迟疑未决。

初,方从山东来,甚微贱,长安富人郅辅厚相供给。及贵,以辅为帐下督,甚昵之。颙参军毕垣,河间冠族,为方所侮,忿而说颙曰:"张方久屯霸上,闻山东贼盛,盘桓不进,宜防其未萌。其亲信郅辅具知其谋反。"而缪播等先亦构之,颙因使召辅,垣迎说辅曰:"张方欲反,人谓卿知之。王若问卿,何辞以对?"辅惊曰:"实不闻方反,为之若何?"垣曰:"王若问卿,但言尔尔。不然,必不免祸。"辅既入,颙问之曰:"张方反,卿知之乎?"辅曰:"尔。"颙曰:"遣卿取之可乎?"又曰:"尔。"颙于是使辅送书于方,因令杀之。辅既昵于方,持刀而入,守阁者不疑,因火下发函,便斩方头。颙以辅为安定太守。初缪播等议斩方,送首于越,冀东军可罢。及闻方死,更争入关,颙颇恨之,又使人杀辅。

史臣曰:晋氏之祸难荐臻,实始藩翰。解系等以干时之用,处危乱之辰,并托迹府朝,参谋王室。或抗忠尽节,或饰诈忻奸。虽邪正殊途,而咸至诛戮,岂非时艰政紊,利深祸速者乎! 古人所以危邦不入,乱邦不居,戒惧于此也。

阎鼎,字台臣,天水人也。初为太傅东海王越参军,转仓令,行豫州刺史事,屯许昌。遭母丧,乃于密县间鸠聚西州流人数千,欲还乡里。值京师失守,秦王出奔密中,司空荀藩、藩弟司隶校尉组、及中领军华恒、河南尹华荟,在密县建立行台,以密近贼,南趣许颍。司徒左长史刘畴在密为坞主,中书令李𣈶、太傅参军驺捷刘蔚、镇军长史周顗、司马李述皆来赴畴。众以鼎有才用,且手握强兵,劝藩假鼎冠军将军、豫州刺史,蔚等为参佐。

鼎少有大志,因西土人思归,欲立功乡里,乃与抚军长史王毗、司马传逊怀翼戴秦王之计,谓畴、捷等曰:

"山东非霸王处,不如关中。"河阳令傅畅遗鼎书,劝奉秦王过洛阳,谒拜山陵,径据长安,绥合夷晋,兴起义众,克复宗庙,雪社稷之耻。鼎得书,便欲诣洛,流人谓北道近河,惧有抄截,欲南自武关向长安。畴等皆山东人,咸不愿西入,荀藩及畴、捷等并逃散。鼎追藩不及,𣈶等见杀,唯顗、述走得免。遂奉秦王行,止上洛,为山贼所袭,杀百余人,率余众西至蓝田。时刘聪向长安,为雍州刺史贾疋所逐,走还平阳。疋遣人奉迎秦王,遂至长安,而与大司马南阳王保、卫将军梁芬、京兆尹梁综等并同心推戴,立王为皇太子,登坛告天,立社稷宗庙,以鼎为太子詹事,总摄百揆。

梁综与鼎争权,鼎杀综,以王毗为京兆尹。鼎首建大谋,立功天下。始平太守曲允、抚夷护军索琳并害其功,且欲专权,冯翊太守梁纬、北地太守梁肃,并综母弟,琳之姻也,谋欲除鼎,乃证其有无君之心,专戮大臣,请讨之,遂攻鼎。鼎出奔雍,为氐窦首所杀,传首长安。

索靖,字幼安,敦煌人也。累世官族,父湛,北地太守。靖少有逸群之量,与乡人泛衷、张𩰚、索䌷、索永俱诣太学,驰名海内,号称"敦煌五龙"。四人并早亡,唯靖该博经史,兼通内纬。州辟别驾,郡举贤良方正,对策高第。傅玄、张华与靖一面,皆厚与之相结。拜驸马都尉,出为西域戊己校尉长史。太子仆同郡张勃特表,以靖才艺绝人,宜在台阁,不宜远出边塞。武帝纳之,擢为尚书郎。与襄阳罗尚、河南潘岳、吴郡顾荣同官,咸器服焉。靖与尚书令卫瓘俱以善草书知名,帝爱之。瓘笔胜靖,然有楷法,远不能及靖。

靖在台积年,除雁门太守,迁鲁相,又拜酒泉太守。惠帝即位,赐爵关内侯。

靖有先识远量,知天下将乱,指洛阳宫门铜驼,叹曰:"会见汝在荆棘中耳!"

元康中,西戎反叛,拜靖大将军梁王肜左司马,加荡寇将军,屯兵粟邑,击贼,败之。迁始平内史。及赵王伦篡位,靖应三王义举,以左卫将军讨孙秀有功,加散骑常侍,迁后将军。太安末,河间王颙举兵向洛阳,拜靖使持节、监洛城诸军事、游击将军,领雍、秦、凉义兵,与贼战,大破之,靖亦被伤而卒,追赠太常,时年六十五。后又赠司空,进封安乐亭侯,谥曰庄。

靖著《五行三统正验论》,辩理阴阳气运。又撰《索子》、《晋诗》各二十卷。又作《草书状》,其辞曰:

圣皇御世,随时之宜。仓颉既生,书契是为。科斗鸟篆,类物象形。睿哲变通,意巧兹生。损之隶草,以崇简易。百官毕修,事业并丽。盖草书之为状也,婉若银钩,漂若惊鸾。舒翼未发,若举复安;虫蛇虬蟉,或往或还。类阿那以赢形,欻奋衅而桓桓。及其逸游胖向,乍正乍邪。骐骥暴怒逼其𩧢,海水窊隆扬其波。芝草蒲陶还相继,棠棣融融载其华。玄熊对踞于山岳,飞燕相追而差池。举而察之,又似乎和风吹林,偃草扇树。枝条顺气,转相比附,窈娆廉苦,随体散布。纷扰扰以猗靡,中持疑而犹豫。玄螭狡兽嬉其间，腾猿飞猱相奔趣。凌鱼奋尾，蛟龙反据。投空自窜，张设牙距。或若登高望其类，或若既往而中顾，或若俶傥而不群，或若自检于常度。于是多才之英，笃艺之彦，役心精微，耽此文宪。守道兼权，触类生变。离析八体，靡形不判。去繁存微，大象未乱。上理开元，下周谨案。骋辞放手，雨行冰散。高音翰厉，溢越流漫。忽班班而成章，信奇妙之焕烂。体硌落而壮丽，姿光润以粲粲。命杜度运其指，使伯英回其腕。著绝势于纨素，垂百世之殊观。

先时，靖行见姑臧城南石地，曰："此后当起宫殿。"至张骏，于其地立南城，起宗庙，建宫殿焉。

靖有五子：鲲、卷、璆、聿、纴，皆举秀才。聿，安昌乡侯，卒。少子纴最知名。

纴字巨秀，少有逸群之量，靖每曰："纴廊庙之才，非简札之用，州郡吏不足污吾儿也。"举秀才，除郎中。尝报兄仇，手杀三十七人，时人壮之。俄转太宰参军，除好畤令，入为黄门侍郎，出参征西军事，转长安令，在官有称。

及成都王颖劫迁惠帝幸邺，颖为王浚所破，帝遂播越。河间王颙使张方及纴东迎乘舆，以功拜鹰扬将军，转南阳王模从事中郎。刘聪侵掠关东，以纴为奋威将军以御之，斩聪将吕逸，又破聪党刘丰，迁新平太守。聪将苏铁、刘五斗等劫掠三辅，除纴安西将军、冯翊太守。纴有威恩，华夷向服，贼不敢犯。

及怀帝蒙尘，长安又陷，模被害，纴泣曰："与其俱死，宁为伍子胥。"乃赴安定，与雍州刺史贾疋、扶风太守梁综、安夷护军麴允等纠合义众，频破贼党，修复旧馆，迁定宗庙。进救新平，小大百战，纴手擒贼帅李羌，与阎鼎立秦王为皇太子，及即尊位，是为愍帝。纴迁侍中、太仆，以首迎大驾、升坛受玺之功，封弋居伯。又迁前将军、尚书右仆射、领吏部、京兆尹，加平东将军，进号征东。寻又诏曰："朕昔遇厄运，遭丧不造，播越荆楚，爰失旧京。幸宗庙宠灵，百辟宣力，得从藩卫，托乎群公之上。社稷之不陨，实公是赖，宜赞百揆，傅弼朕躬。其授卫将军，领太尉，位特进，军国之事悉以委之。"

及刘曜侵逼王城，以纴为都督征东大将军，持节讨之。破曜呼旦逐王呼延莫，以功封上洛郡公，食邑万户，拜夫人荀氏为新丰君，子石元为世子，赐子弟二人乡亭侯。刘曜入关芟麦苗，纴又击破之。自长安伐刘聪，聪将赵染杖其累捷，有自矜之色，帅精骑数百与纴战，大败之，染单马而走。转骠骑大将军、尚书左仆射、录尚书，承制行事。

刘曜复率众人冯翊，帝累征兵于南阳王保，保左右议曰："蝮蛇在手，壮士解其腕。且断陇道，以观其变。"从事中郎裴诜曰："蛇已螫头，头可截不？"保以胡崧行前锋都督，须诸军集，乃当发。麴允欲挟天子趣保，纴以保必逞私欲，乃止。自长安以西，不复奉朝廷。百官饥乏，采稆自存。时三秦人尹桓、解武等数千家，盗发汉霸、杜二陵，多获珍宝。帝问纴曰："汉陵中物何乃多邪？"纴对曰："汉天子即位一年而为陵，天下贡赋三分之，一供宗庙，一供宾客，一充山陵。汉武帝飨年久长，比崩而茂陵不复容物，其树皆已可拱。赤眉取陵中物不能减半，于今犹有朽帛委积，珠玉未尽。此二陵是俭者耳，亦百世之诫也。"

后刘曜又率众围京城，纴与麴允固守长安小城。胡崧承檄奔命，破曜于灵台。崧虑国家威举，则麴、索功盛，乃案兵渭北，遂还槐里。城中饥窘，人相食，死亡逃奔不可制，唯凉州义众千人守死不移。帝使侍中宋敞送笺降于曜。纴潜留敞，使其子说曜曰："今城中食犹足支一岁，未易可克也。若许纴以车骑、仪同、万户郡公者，请以城降。"曜斩而送之曰："帝王之师，以义行也。孤将军十五年，未尝以谲诡败人，必穷兵极势，然后取之。今索纴所说如是，天下之恶一也，辄相为戮之。若审兵势未尽者，便可勉强固守。如其粮竭兵微，亦宜早悟天命。孤恐霜威一震，玉石俱摧。"及帝出降，纴随帝至平阳，刘聪以其不忠于本朝，戮之于东市。

贾疋，字彦度，武威人，魏太尉诩之曾孙也。少有志略，器望甚伟，见之者莫不悦附，特为武夫之所瞻仰，愿为致命。初辟公府，遂历显职，迁安定太守。雍州刺史丁绰，贪横失百姓心，乃谮疋于南阳王模，模以军司谢班伐之。疋奔泸水，与胡彭荡仲及氐窦首结为兄弟，聚众攻班。绰奔武都，疋复入安定，杀班。愍帝以疋为骠骑将军、雍州刺史，封酒泉公。时诸郡百姓饥馑，白骨蔽野，百无一存。疋帅戎晋二万余人，将伐长安，西平太守竺恢亦固守，刘粲闻之，使刘曜、刘雅及赵染距疋，先攻恢，不克，疋邀击，大败之，曜中流矢，退走。疋追之，至于甘泉。旋自渭桥袭荡仲，杀之。遂迎秦王，奉为皇太子。后荡仲子夫保持帅群胡攻之，疋败走，夜堕于涧，为夫保所害。疋勇略有志节，以匡复晋室为己任，不幸颠坠，时人咸痛惜之。

史臣曰：自永嘉荡覆，宇内横流，亿兆靡依，人神乏主。于时武皇之胤，惟有建兴，众望攸归，曾无与二。阎鼎等忠存社稷，志在经纶，乃契阔艰难，扶持幼孺，遂得篡尧承绪，祀夏配天，校绩论功，有足称矣。然而抗滔天之巨寇，接凋弊之余基，威略未申，寻至倾覆。昔宗周遭犬戎而东徙，有晋违犷狄而西迁，彼既灵庆悠长，此则祸难遵及，岂愍皇地非奥主，将纴允材谢辅臣，何修短之殊途，而成败之异数者也？

赞曰：怀愍不竞，戚藩力争。狙诈参谋，凭凶乱政。为恶不已，并罗非命。解缪忠肃，无闻余庆。愍皇纂戎，实赖群公。鼎图福始，纴遂凶终。

卷六十一　　　　列传第三十一

周浚子嵩 谟 从父弟馥　**成公简**
苟晞　**华轶**　**刘乔**孙耽 耽子柳

周浚，字开林，汝南安成人也。父裴，少府卿。浚性果烈。以才理见知，有人伦鉴识。乡人史曜素微贱，众所未知，浚独引之为友，遂以妹妻之，曜竟有名于世。浚初不应州郡之辟，后仕魏为尚书郎。累迁御史中丞，拜折冲将军、扬州刺史，封射阳侯。

随王浑伐吴，攻破江西屯戍，与孙皓中军大战，斩伪丞相张悌等首级数千，俘馘万计，进军屯于横江。时闻龙骧将军王濬既破上方，别驾何恽说浚曰："张悌率精锐之卒，悉吴国之众，殄灭于此，吴之朝野莫不震慑。今王龙骧既破武昌，兵威甚盛，顺流而下，所向辄克，土崩之势见矣。窃谓宜速渡江，直指建邺，大军卒至，夺其胆气，可不战而擒。"浚善其谋，便使白浑。恽曰："浑暗于事机，而欲慎己免咎，必不我从。"浚固使白之，浑果曰："受诏但令江北抗衡吴军，不使轻进。贵州虽武，岂能独平江东！今者违命，胜不足多；若其不胜，为罪已重。且诏令龙骧受我节度，但当具君舟楫，一时俱济耳。"恽曰："龙骧克万里之寇，以既济之功来受节度，未之闻也。且握兵之要，可则夺之，所谓受命不受辞也。今渡江必全克获，将有何虑？若疑于不济，不可谓智；知而不行，不可谓忠，实鄙州上下所以恨恨也。"浑执不听。居无何而濬至，浑召之不来，乃直指三山，孙皓遂降于浚。浑深恨之，而欲与浚争功。恽笺与浚曰："《书》贵克让，《易》大谦光，斯古文所咏，道家所崇。前破张悌，吴人失气，龙骧因之，陷其区宇。论其前后，我实缓师，动则为伤，事则不及。而今方言其功。彼既不吞声，将亏雍穆之弘，兴矜争之鄙，斯愚情之所不取也。"浚得笺，即谏止浑，浑不能纳，遂相表奏。

浚既济江，与浑共行吴城垒，绥抚新附，以功进封成武侯，食邑六千户，赐绢六千匹。明年，移镇秣陵。时吴初平，屡有逃亡者，频讨平之。宾礼故老，搜求俊乂，甚有威德，吴人悦服。

初，吴之未平也，浚在弋阳，南北为互市，而诸将多相袭夺以为功。吴将蔡敏守于沔中，其兄珪为将在秣陵，与敏书曰："古者兵交，使在其间，军国固当举信义以相高。而闻疆场之上，往往有袭夺互市，甚不可行，弟慎无为小利而忘大备也。"候者得珪书以呈浚，浚曰："君子也。"及渡江，求珪，得之，问其本，曰："汝南人也。"浚戏之曰："吾固疑吴无君子，而卿果吾乡人。"

迁侍中。武帝问浚："卿宗后生，称谁为可？"答曰："臣叔父子恢，称重臣宗；从父馥，称清臣宗。"帝并召用。浚转少府，以本官领将作大匠。改营宗庙讫，增邑五百户。后代王浑为使持节、都督扬州诸军事、安东将军，卒于位。三子：顗、嵩、谟。顗嗣爵，别有传云。

嵩字仲智，狷直果侠，每以才气陵物。元帝作相，引为参军。及帝为晋王，又拜奉朝请。嵩上疏曰："臣闻取天下者，常以无事。及其有事，不足以取天下。故古之王者，必应天顺时，义全而后取，让成而后得，是以享世长久，重光万载也。今议者以殿下化流江汉，泽被六州，功济苍生，欲推崇尊号。臣谓今梓宫未反，旧京未清，义夫泣血，士女震动；宜深明周公之道，先雪社稷大耻，尽忠言嘉谋之助，以时济弘仁之功，崇谦谦之美，推后己之诚；然后揖让以谢天下，谁敢不应，谁敢不从！"由是忤旨，出为新安太守。

嵩怏怏不悦，临发，与散骑郎张嶷在侍中戴邈坐，褒贬朝士，又诋毁邈，邈密表之。帝召嵩入，面责之曰："卿矜豪傲慢，敢轻忽朝廷，由吾不德故耳。"嵩跪谢曰："昔唐虞至圣，四凶在朝。陛下虽圣明御世，亦安能无碌碌之臣乎！"帝怒，收付廷尉。廷尉华恒以嵩大不敬弃市论，嶷以扇和减罪除名。时顗方贵重，帝隐忍。久之，补庐陵太守，不之职，更拜御史中丞。

是时帝以王敦势盛，渐疏忌王导等。嵩上疏曰：

臣闻明君思隆其道，故贤智之士乐在其朝；忠臣将明其节，故量时而后仕。乐在其朝，故无过任之讥；将明其节，故无过宠之谤。是以君臣并隆，功格天地。近代以来，德废道衰，君怀利以御臣，臣挟利以事君，君臣交利而祸乱相寻，故得失之迹难可详言。臣请较而明之。

夫傅说之相高宗，申召之辅宣王，管仲之佐齐桓，衰范之翼晋文，或宗师其道，垂拱受成，委以权重，终至匡主，未有忧其逼已，还为国蠹者也。始田氏擅齐，王莽篡汉，皆藉封土之强，假累世之宠，因暗弱之主，资母后之权，树比周之党，阶绝灭之势，然后乃能行其私谋，以成篡夺之祸耳。岂遇立功之主，为天人所相，而能运其奸计，以济其不轨者哉！光武以王族奋于闾阎，因时之望，收揽英奇，遂续汉业，以美中兴之功。及天下既定，颇废黜功臣者，何哉？武力之士不达国体，以立一时之功，不可久假以权势，其兴废之事，亦可见矣。近者三国鼎峙，并以雄略之才，命世之能，皆委赖俊哲，终成功业，贻之后嗣，未有怨失遗方来之恨者也。

今王导、王广等，方之前贤，犹有所后。至于忠素竭诚，义以辅上，共隆洪基，翼成大业，亦昔之亮也。虽陛下乘奕世之德，有天人之会，割据江东，奄有南极，龙飞海颤，兴复旧物，此亦群才之明，岂独陛下之力也。今王业虽建，羯寇未枭，天下荡荡，不宾者众，公私匮竭，仓庾未充，梓宫沈沦，妃后不反，正委贤任能推毂之日也。功业垂就，晋祚方隆，而一旦听孤臣之言，惑疑似之说，乃更以危为安，以疏易亲，放逐旧德，以佞伍贤，远亏既往之明，顾伤伊管之交，倾巍巍之望，丧如山之功，将令贤智杜心，义士丧志，近招当时之患，远遗来世之笑。夫安危在号令，存亡在寄任，以古推今，岂可不寒心而哀叹哉！臣兄弟受遇，无彼此之嫌，而臣干犯时讳，触忤龙鳞者何？诚念社稷之忧，欲报之于陛下也。古之明王，思闻其过，悟逆旅之言，以明成败之由，故采纳愚言，以考虚实，上为宗庙无穷之计，下收亿兆元元之命。臣不胜忧愤，竭愚以闻。

疏奏，帝感悟，故导等获全。

王敦既害顗而使人吊嵩，嵩曰："亡兄天下人，为天下人所杀，复何所吊！"敦甚衔之，惧失人情，故未加害，用为从事中郎。嵩，王应嫂父也，以顗横遇祸，意恒愤愤，尝众中云："应不宜统兵。"敦密使妖人李脱诬嵩及周筵潜相署置，遂害之。嵩精于事佛，临刑犯于市诵经云。

谟以顗故，频居显职。王敦死后，诏赠戴若思、谯王承等，而未及顗。时谟为后军将军，上疏曰：

臣亡兄顗，昔蒙先帝顾眄之施，特垂表启，以参戎佐，显居上列，遂管朝政，并与群后共隆中兴，仍典选曹，重蒙宠授，忝位师傅，得与陛下揖让抗礼，恩结特隆。加以鄙族结婚帝室，义深任重，庶竭股肱，以报所受。凶逆所忌，恶直丑正。身陷极祸，忠不忘君，守死善道，有陨无二。顗之云亡，谁不痛心，况臣同生，能不哀结！

王敦无君，由来实久，元恶之甚，古今无二。幸赖陛下圣聪神武，故能摧破凶强，拨乱反正，以宁区宇。前军事之际，圣恩不遗，取顗息闵，得充近侍。臣时面启，欲令闵还袭臣亡父侯爵。时卞壶、庾亮并侍御坐，壶云："事了当论显赠。"时未淹久，言犹在耳。至于谯王承、甘卓，已蒙清复，王澄久远，犹在论议。况顗忠以卫主，身死王事，虽稽绍不违难，何以过之！至今不闻复封加赠褒显之言。不知顗有余责，独负殊恩，为朝廷急于时务，不暇论及？此臣所以痛心疾首，重用哀叹者也。不胜辛酸，冒陈愚款。

疏奏，不报。谟复重表，然后追赠顗官。

谟历少府、丹阳尹、侍中、中护军，封西平侯。卒赠金紫光禄大夫，谥曰贞。

馥字祖宣，浚从父弟也。父蕤，安平太守。馥少与友人成公简齐名，俱起家为诸王文学，累迁司徒左西属。司徒王浑表"馥理识清正，兼有才干，主定九品，检括精详。臣委任责成，褒贬允当，请补尚书郎"。许之。稍迁司徒左长史、吏部郎，选举精密，论望益美。转御史中丞、侍中，拜徐州刺史，加冠军将军、假节。征为廷尉。

惠帝幸邺，成都王颖以馥守河南尹。陈眕、上官已等奉清河王覃为太子，加馥卫将军、录尚书，馥辞不受。覃令馥与上官已合军，馥认已小人纵暴，终为国贼，乃共司隶满奋等谋共除之，谋泄，为已所袭，奋被害，馥走得免。及已为张方所败，召馥还摄河南尹。暨东海王越迎大驾，以馥为中领军，未就，迁司隶校尉，加散骑常侍、假节，都督诸军事于渑池。帝还宫，出为平东将军、都督扬州诸军事，代刘准为镇东将军，与周馥等讨陈敏，灭之，以功封永宁伯。

馥自经世故，每欲维正朝迁，忠情恳至。以东海王越不尽臣节，每言论厉然，越深惮之。馥睹群贼孔炽，洛阳孤危，乃建策迎天子迁都寿春。永嘉四年，与长史吴思、司马殷识上书曰："不图厄运遂至于此！戎狄交侵，畿甸危逼。臣辄与祖纳、裴宪、华谭、孙惠等三十人伏思大计，佥以殷人有屡迁之事，周王有岐山之徙，方今王都罄乏，不可久居，河朔萧条，崤函险涩，宛都屡败，江汉多虞，于今平夷，东南为愈。淮扬之地，北阻涂山，南抗灵岳，名川四带，有重险之固。是以楚人东迁，遂宅寿春，徐邗、东海，亦足戍御。且运漕四通，无患空乏。虽圣上神聪，元辅贤明，居俭守约，用保宗庙，未若相土迁宅，以享永祚。臣谨选精卒三万，奉迎皇驾。辄檄前北中郎将裴宪行使持节、监豫州诸军事、东中郎将，风驰即路。荆、湘、江、扬各先运四年米租十五万斛，布绢各十四万匹，以供大驾。令王浚、苟晞共平河朔，臣等戮力以启南路。迁都弭寇，其计并得。皇舆来巡，臣宜转据江州，以恢王略。知无不为，古人所务，敢竭忠诚，庶报万分。朝遂夕陨，犹生之愿。"

越与苟晞不协，馥不先白于越，而直上书，越大怒。先是，越召馥及淮南太守裴硕，馥不肯行，而令硕率兵先进。硕贰于馥，乃举兵称馥擅命，已奉越密旨图馥，遂袭之，为馥所败。硕退保东城，求救于元帝。帝遣扬威将军甘卓、建威将军郭逸攻馥于寿春。安丰太守孙惠帅众应之，使谢摛为檄。摛，馥之故将也。馥见檄，流涕曰："必谢摛之辞。"摛闻之，遂毁草。旬日而馥众溃，奔于项，为新蔡王确所拘，忧愤发病卒。

初，华谭之失庐江也，往寿春依馥，及馥军败，归于元帝。帝问曰："周祖宣何至于反？"谭对曰："周馥虽死，天下尚有直言之士。馥见寇贼滋蔓，王威不振，故欲移都以纾国难。方伯不同，遂致其伐。曾不逾时，而京都沦没。若使从馥之谋，或可后亡也。原情求实，何得为反！"帝曰："馥位为征镇，握兵方隅，召而不入，危而不持，亦天下之罪人也。"谭曰："然。馥振缨中朝，素有俊彦之称；出据方岳，实有偏任之重，而高略不举，往往失和，危而不持，当与天下共受其责。然谓之反，不亦诬乎！"帝意始解。

馥有二子：密、矫。密字泰玄，性虚简，时人称为清士，位至尚书郎，矫字正玄，亦有才干。

成公简，字宗舒，东郡人也。家世二千石。性朴素，不求荣利，潜心味道，罔有干其志者。默识过人。张茂先每言："简清静比杨子云，默识拟张安世。"后为中书郎。时馥已为司隶校尉，迁镇军将军。简自以才高而在馥之下，谓馥曰："扬雄为郎，三世不徙，而王莽、董贤位列三司，古今一揆耳。"馥甚惭之。官至太子中庶子、散骑常侍。永嘉末，奔苟晞，与晞同没。

苟晞，字道将，河内山阳人也。少为司隶部从事，校尉石鉴深器之。东海王越为侍中，引为通事令史，累迁阳平太守。齐王冏辅政，晞参冏军事，拜尚书右丞，转左丞，廉察诸曹，八坐以下皆侧目惮之。及冏诛，晞亦坐免。

长沙王乂为骠骑将军，以晞为从事中郎。惠帝征成都王颖，以为北军中候。及帝还洛阳，晞奔范阳王虓，虓承制用晞行兖州刺史。

汲桑之破邺也，东海王越出次官渡以讨之，命晞为前锋。桑素惮之，于城外为栅以自守。晞将至，顿军休士，先遣单骑示以祸福。桑众大震，弃栅宵遁，婴城固守。晞陷其九垒，遂定邺而还。西讨吕朗等，灭之。后高密王泰讨青州贼刘根，破汲桑故将公师藩，败石勒于河北，威名甚盛，时人拟之韩白。进位抚军将军、假节、都督青兖诸军事，封东平郡侯，邑万户。

晞练于官事，文簿盈积，断决如流，人不敢欺。其从母依之，奉养甚厚。从母子求为将，晞距之曰："吾不以王法贷人，将无后悔邪？"固欲之，晞乃以为督护。后犯法，晞杖节斩之，从母叩头请救，不听。既而素服哭之，流涕曰："杀卿者兖州刺史，哭弟者苟道将。"其杖法如此。

晞见朝政日乱，惧祸及己，而多所交结，每得珍物，即贻ableft亲贵。兖州去洛五百里，恐不鲜美，募得千里牛，每遣信，旦发暮还。

初，东海王越以晞复其仇耻，甚德之，引升堂，结为兄弟。越司马潘滔等说曰："兖州要冲，魏武以之辅相汉室。苟晞有大志，非纯臣，久令处之，则患生心腹矣。若迁于青州，厚其名号，晞必悦，公自牧兖州，经纬诸夏，藩卫本朝，此所谓谋之于未有，为之于未乱也。"越以为然，乃迁晞征东大将军、开府仪同三司，加侍中、假节、都督青州诸军事，领青州刺史，进为郡公。晞乃多置参佐，转易守令，以严刻立功，日加斩戮，流血成川，人不堪命，号曰"屠伯"。顿丘太守魏植为流人所逼，众五六万，大掠兖州。晞出屯无盐，以弟纯领青州，刑杀更甚于晞，百姓号"小苟酷于大苟"。晞寻破植。

时潘滔及尚书刘望等共诬陷晞，晞怒，表求滔等首，又请越从事中郎刘洽为军司，越皆不许。晞于是昌言曰："司马元超为宰相不平，使天下淆乱，苟道将岂可以不义使之？韩信不忍衣食之惠，死于妇人之手。今将诛国贼，尊王室，桓文岂远哉！"乃移告诸州，称己功伐，陈越罪状。

时怀帝恶越专权，乃诏晞曰："朕以不德，戎车屡兴，上惧宗庙之累，下愍兆庶之困，当赖方岳，为国藩翰。公威震赫然，枭斩藩、桑，走降乔、朗，魏植之徒复以诛除，岂非高识明断，朕用委成。加王弥、石勒为社稷之忧，故有诏委统六州。而公谦分小节，稽违大命，非所谓与国同忧也。今复遣诏，便施檄六州，协同大举，翦除国难，称朕意焉。"晞复移诸征镇州郡曰："天步艰险，祸难殷流，刘元海造逆于汾阴，石世龙阶乱于三魏，荐食畿甸，覆丧邺都，结垒近郊，仍震兖豫，害三刺史，杀二都督，郡守官长，埋没数十，百姓流离，肝脑涂地。晞以虚薄，负荷国重，是以弭节海隅，援枹曹卫。猥被中诏，委以关东，督统诸军，钦承诏命。克今月二日，当西经济黎阳，即日得荥阳太守丁嶷白事，李恽、陈午等救怀诸军与羯大战，皆见破散。怀城已陷，河内太守裴整为贼所执。宿卫阙乏，天子蒙难，宗庙之危，甚于累卵。承问之日，忧叹累息。

晞以为先王选建明德，庸以服章，所以藩固王室，无俾城坏。是以舟楫不固，齐桓责楚；襄王逼狄，晋文致讨。夫翼奖皇家，宣力本朝，虽陷汤火，大义所甘。加诸方牧，俱受荣宠，义同毕力，以报国恩。晞虽不武，首启戎行，秣马裹粮，以俟方镇。凡我同盟，宜同赴救。显立名节，在此行矣。"

会王弥遣曹嶷破琅邪，北攻齐地。苟纯城守，嶷众转盛，连营数十里。晞还，登城望之，有惧色，与贼连战，辄破之。后简精锐，与贼大战，会大风扬尘，遂败绩，弃城夜走。嶷追至东山，部众皆降嶷。晞单骑奔高平，收邸阁，募得数千人。

帝又密诏晞讨越，晞复上表曰："殿中校尉李初至，奉被手诏，肝心若裂。东海王越得以宗臣遂执朝政，委任邪佞，宠树奸党，至使前长史潘滔、从事中郎毕邈、主簿郭象等操弄天权，刑赏由己。尚书何绥、中书令缪播、太仆缪胤、黄门侍郎应绍，皆是圣诏亲所抽拔，而滔等妄构，陷以重戮。带甲临宫，诛讨后弟，翦除宿卫，私树国人。崇奖魏植，招诱逋亡，覆丧州郡。王途圮隔，方贡乖绝，宗庙阙蒸尝之飨，圣上有约食之匮。镇东将军周馥、豫州刺史冯嵩、前北中郎将裴宪，并以天朝空旷，权臣专制，事难之兴，虑在旦夕，各率士马，奉迎皇舆，思隆王室，以尽臣礼。而滔、邈等劫越出关，矫立行台，逼徙公卿，擅为诏令，纵兵寇抄，茹食居人，交尸塞路，暴骨盈野。遂令方镇失职，城邑萧条，淮豫之萌，陷离涂炭。臣虽愤懑，守局东颛，自奉明诏，三军奋厉，卷甲长驱，次于仓垣。即日承司空、博陵公浚书，称殿中中郎权赍诏，敕浚与臣共克大举。辄遣前锋征房将军王赞径至项城，使越稽首归政，斩送滔等。伏愿陛下宽宥宗臣，听越还国。其余逼迫，宜蒙旷荡。辄写诏宣示征镇，显明义举。遣扬烈将军阎弘步骑五千，镇卫宗庙。"

五年，帝复诏晞曰："太傅信用奸佞，阻兵专权，内不遵奉皇宪，外不协比方州，遂令戎狄充斥，所在犯暴。留军何伦抄掠宫寺，劫剥公主，杀害贤士，悖乱天下，不可忍闻。虽惟亲亲，宜明九伐。诏至之日，其宣告天下，率齐大举，桓文之绩，一以委公。其思尽诸宜，善建弘略。道涩，故练写副，手笔示意。"晞表曰："奉被手诏，委臣征讨，喻以桓文，纸练兼备，伏读跪叹，五情惶怛。自顷宰臣专制，委杖佞邪，内擅朝威，外残兆庶，矫诏专征，遂图不轨，纵兵寇掠，陵践宫寺。前司隶校尉刘暾、御史中丞温畿、右将军杜育，并见攻劫。广平、武安公主，先帝遗体，咸被逼辱。逆节虐乱，莫此之甚。辄祇奉前诏，部分诸军，遣王赞率陈午等将兵诣项，龚行天罚。"

初，越疑晞与帝有谋，使游骑于成皋间，获晞使，果得诏令及朝廷书，遂大构疑隙。越出牧豫州以讨晞，复下檄说晞罪恶，遣从事中郎杨瑁为兖州，与徐州刺史裴盾共讨晞。晞使骑收河南尹潘滔，滔夜遁，及执尚书刘会、侍中程延，斩之。会越薨，盾败，诏晞为大将军大都督、督青徐兖豫荆扬六州诸军事，增邑二万户，加黄钺，先官如故。

晞以京邑荒馑日甚，寇难交至，表请迁都，遣从事中郎刘会领船数十艘，宿卫五百人，献谷千斛以迎帝。朝臣多有异同。俄而京师陷，晞与王赞屯仓垣。豫章王端及和郁等东奔晞，晞群官尊端为皇太子，置行台。端承制以晞领太子太傅、都督中外诸军、录尚书，自仓垣徙屯蒙城，赞屯阳夏。

晞出于孤微，位至上将，志颇盈满，奴婢将千人，侍妾数十，终日累夜不出户庭，刑政苛虐，纵情肆欲。辽西阎亨以书固谏，晞怒，杀之。晞从事中郎明预有疾居家，闻之，乃舆病谏晞曰："皇晋遭百六之数，当危难之机，明公亲禀庙算，将为国家除暴。阎亨美士，奈何无罪一旦杀之！"晞怒曰："我自杀阎亨，何关人事，而舆病来骂我！"左右为之战栗，预曰："以明公以礼见进，预欲以礼自尽。今明公怒预，其若远近怒明公何！昔尧舜之在上也，以和理而兴；桀纣之在上也，以恶逆而灭。天子且犹如此，况人臣乎！愿明公且置其怒而思预之言。"晞有惭色。由是众心稍离，莫为致用，加以疾疫饥馑，其将温畿、傅宣皆叛之。石勒攻阳夏，灭王赞，驰袭蒙城，执晞，署为司马，月余乃杀之。晞无子，弟纯亦遇害。

华轶，字彦夏，平原人，魏太尉歆之曾孙也。祖表，太中大夫。父澹，河南尹。轶少有才气，闻于当世，泛爱博纳，众论美之。初为博士，累迁散骑常侍。东海王越牧兖州，引为留府长史。永嘉中，历振威将军、江州刺史。虽逢丧乱，每崇典礼，置儒林祭酒以弘道训，乃下教曰："今大义颓替，礼典无宗，朝廷滞议，莫能攸正，常以慨然，宜特立此官，以弘其事。军谘祭酒杜夷，栖情玄远，确然绝俗，才学精博，道行优备，其以为儒林祭酒。"俄被越檄使助讨诸贼，轶遣前江夏太守陶侃为扬武将军，率兵三千屯夏口，以为声援。轶在州其有威惠，州之豪士接以友道，得江表之欢心，流亡之士赴之如归。

时天子孤危，四方瓦解，轶有匡天下之志，每遣贡献入洛，不失臣节。谓使者曰："若洛都道断，可输之琅邪王，以明吾之为司马氏也。"轶自以受洛京所遣，而为寿春所督，时洛京尚存，不能祗承元帝教命，郡县多谏之，轶不纳，曰："吾欲见诏书耳。"时帝遣扬烈将军周访率众屯彭泽以备轶，访过姑孰，著作郎干宝见而问之，访曰："大府受分，令屯彭泽，彭泽，江州西门也。华彦夏有忧天下之诚，而不欲碌碌受人控御，顷来纷纭，粗有嫌隙。今又无故以兵守其门，将成其衅。吾当屯寻阳故县，既在江西，可以捍御北方，又无嫌于相逼也。"寻洛都不守，司空荀藩移檄，而以帝为盟主。既而帝承制改易长吏，轶又不从命，于是遣左将军王敦都督甘卓、周访、宋典、赵诱等讨之。轶遣别驾陈雄屯彭泽以距敦，自为舟军以为外援。武昌太守冯逸次于湓口，访击逸，破之。前江州刺史卫展不为轶所礼，心常怏怏。至是，与豫章太守周广为内应，潜军袭轶，轶众溃，奔于安城，追斩之，及其五子，传首建邺。

初，广陵高悝寓居江州，轶避为西曹掾，寻而轶败，悝藏匿轶二子及妻，崎岖经年。既而遇赦，悝携之出首，帝嘉而宥之。

刘乔，字仲彦，南阳人也。其先汉宗室，封安众侯，传袭历三代。祖廙，魏侍中。父阜，陈留相。乔少为秘书郎，建威将军王戎引为参军。伐吴之役，戎使乔与参军罗尚济江，破武昌，还授荥阳令，迁太子洗马。以诛杨骏功，赐爵关中侯，拜尚书右丞。豫诛贾谧，封安众男，累迁散骑常侍。

齐王冏为大司马，初，嵇绍为冏所重，每下阶迎之。乔言于冏曰："裴、张之诛，朝臣畏惮孙秀，故不敢不受财物。嵇绍今何所逼忌，故畜裴家车牛、张家奴婢邪？乐彦辅来，公未尝下床，何独加敬于绍？"冏乃止。绍谓乔曰："大司马何故不复迎客？"乔曰："似有正人言，似卿不足迎者。"绍曰："正人为谁？"乔曰："其则不远。"绍默然。顷之，迁御史中丞。冏腹心董艾势倾朝廷，百僚莫敢忤旨。乔二旬之中，奏劾艾罪衅者六。艾讽尚书右丞荀晞免乔官，复为屯骑校尉。张昌之乱，乔出为威远将军、豫州刺史，与荆州刺史刘弘共讨昌，进左将军。

惠帝西幸长安，乔与诸州郡举兵迎大驾。东海王越承制转乔安北将军、冀州刺史，以范阳王虓领豫州刺史。乔以虓非天子命，不受代，发兵距之。颍川太守刘舆昵于虓，乔上尚书列舆罪恶。河间王颙得乔所上，乃宣诏使镇南将军刘弘、征东大将军刘准、平南将军彭城王释与乔并力攻虓于许昌。舆弟琨率众救虓，未至而虓败，虓乃与琨俱奔河北。未几，琨率突骑五千济河攻乔，乔劫琨父蕃，以槛车载之，据考城以距虓，众不敢他溃。

乔复收散卒，屯于平氏，河间王颙进乔镇东将军、假节，以其长子祐为东郡太守，又遣刘弘、刘准、彭城王释等率兵援乔。弘与乔笺曰："适承范阳欲代明使君。明使君受命本朝，列居方伯，当官而行，同奖王室，横见迁代，诚为不允。然古人有言，牵牛以蹊人之田，信有罪矣，而夺之牛，罚亦重矣。明使君不忍亮直狷介之忿，甘为戎首，窃以为过。何者？至人之道，用行舍藏。跨下之辱，犹宜俯就，况于换代之嫌，纤介之衅哉！范阳国属，使君庶姓，周之宗盟，疏不间亲，曲直既均，责有所在。廉蔺区区国之将，犹能升降以利社稷，况命世之士哉！今天下纷纭，主上播越，正是忠臣义士同心戮力之时。弘实暗劣，过蒙国恩，愿与使君共戴盟主，雁行下风，扫除凶寇，救苍生之倒悬，反北辰于太极。此功未立，不宜乖离。备蒙眷遇，情隆于常，披露丹诚，不敢不尽。春秋之时，诸侯相伐，复为和亲者多矣。愿明使君回既往之恨，追不二之踪，解连环之结，修如初之好。范阳亦当悔前之失，思崇后信矣。"

东海王越将讨乔，弘又与越书曰："适闻以吾州将擅举兵逐范阳，当讨之，诚明同异、惩祸乱之宜。然吾窃谓不可。何者？今北辰迁居，元首移幸，群后抗义以谋王室，吾州将荷国重恩，列位方伯，亦倾鼓即戎，戮力致命之秋也。而范阳代之，吾州将不从，由代之不允，但矫枉过正，更以为罪耳。昔齐桓赦射钩之仇而相管仲，晋文忘斩祛之怨而亲勃鞮，方之于今，当何有哉！且君子躬自厚而薄责于人，今奸臣弄权，朝廷困逼，此四海之所危惧，宜弃私嫌，共存公义，含垢匿瑕，忍所难忍，以大逆为先，奉迎为急，不可思小怨忘大德也。苟崇忠恕，共明分局，连旗推锋，各致臣节，吾州将必输写肝胆，以报所蒙，实不足计一朝之谬，发赫然之怒，使韩卢东郭相困而为豺狼之擒也。吾虽庶姓，负乘过分，实愿足下率齐内外，以康王室，窃耻同侪自为蠹害。贪献所怀，惟足下图之。"又上表曰："范阳王虓欲代豫州刺史乔，乔举兵逐虓，司空、东海王越以乔不从命讨之。臣以为乔忝受殊恩，显居州司，自欲立功于时，以徇国难，无他罪阙，而范阳代之，代之为非。然乔亦不得以虓之非，专威辄讨，诚应显戮以惩不恪。然自顷兵戈纷乱，猜祸锋生，恐疑隙构于群王，灾难延于宗子，权柄隆于朝廷，逆顺效于成败，今夕为忠，明旦为逆，翩其反而，互为戎首，载籍以来，骨肉之祸未有如今者也。臣窃悲之，痛心疾首。今边陲无备豫之储，中华有杼轴之困，而股肱之臣不惟国体，职竞寻常，自相楚剥，为害转深，积毁销骨。万一四夷乘虚为变，此亦猛兽交斗，自效于卞庄者矣。臣以为宜速发明诏，诏越等令两释猜嫌，各保分局。自今以后，其有不被诏书擅兴兵马者，天下共伐之。《诗》云：'谁能执热，逝不以濯？'若诚濯之，必无灼烂之患，永有泰山之固矣。"

时河间王颙方距关东，倚乔为助，不纳其言。东海王越移檄天下，帅甲士三万，将入关迎大驾，军次于萧，乔惧，遣子祐距越于萧县之灵壁。刘琨分兵向许昌，许昌人纳之。琨自荥阳率兵迎越，遇祐，众溃见杀。乔众遂散，与五百骑奔平氏。帝还洛阳，大赦，越复表乔为太傅军谘祭酒。越薨，复以乔为都督豫州诸军事、镇东将军、豫州刺史。卒于官，时年六十三。愍帝末，追赠司空。子挺，颍川太守。挺子耽。

耽字敬道。少有行检，以义尚流称，为宗族所推。博学，明习《诗》、《礼》、三史。历度支尚书，加散骑常侍。在职公平廉慎，所莅著绩。桓玄，耽女婿也。及玄辅政，以耽为尚书令，加侍中，不拜，改授特进、金紫光禄大夫。寻卒，追赠左光禄大夫、开府。耽子柳。

柳字叔惠，亦有名誉。少登清官，历尚书左右仆射。时右丞傅迪好广读书而不解其义，柳唯读《老子》而已，迪每轻之。柳云："卿读书虽多，而无所解，可谓书簏矣。"时人重其言。出为徐、兖、江三州刺史。卒，赠右光禄大夫、开府仪同三司。乔弟义，始安太守。义子成，丹阳尹。

史臣曰：周浚人伦鉴悟，周馥理识精详，华轶动顾礼经，刘乔志存谅直，用能历官内外，咸著勋庸。而祖宣献策迁都，乖忤于东海，彦夏系心宸极，获罪于琅邪，乃被以恶名，加其显戮，岂不哀哉！向若违左衽于伊川，建右社于淮服，据方城之险，藉全楚之资，简练吴越之兵，漕引淮海之粟，纵未能祈天永命，犹足以纾难缓亡。嗟乎！"不用其良，覆俾我悖"，其此之谓也。苟晞擢自庸微，位居上将，释位之功未立，贪暴之衅已彰，假手世龙，以至屠戮，斯所谓"杀人多矣，能无及此乎"！

赞曰：开林才理，爰登贵仕，绩著折冲，化行江汜。轶既尊主，馥亦勤王，背时获戾，违天不祥。乔为戎首，未识行藏。道将鞠旅，威名克举，领虐有闻，忠勤未取。

卷六十二　　列传第三十二

刘琨 子群　琨兄舆　舆子演　祖逖 兄纳

刘琨，字越石，中山魏昌人，汉中山靖王胜之后也。祖迈，有经国之才，为相国参军、散骑常侍。父蕃，清高冲俭，位至光禄大夫。琨少得俊朗之目，与范阳祖纳俱以雄豪著名。年二十六，为司隶从事。时征虏将军石崇河南金谷涧中有别庐，冠绝时辈，引致宾客，日以赋诗。琨预其间，文咏颇为当时所许。秘书监贾谧参管朝政，京师人士无不倾心。石崇、欧阳建、陆机、陆云之徒，并以文才降节事谧，琨兄弟亦在其间，号曰"二十四友"。太尉高密王泰辟为掾，频迁著作郎、太学博士、尚书郎。

赵王伦执政，以琨为记室督，转从事中郎。伦子荂，即琨姊婿也，故琨父子兄弟并为伦所委任。及篡，荂为皇太子，琨为荂詹事。三王之讨伦也，以琨为冠军、假节，与孙秀子会率宿卫兵三万距成都王颖，战于黄桥，琨大败而还，焚河桥以自固。及齐王冏辅政，以其父兄皆有当世之望，故特宥之，拜兄舆为中书郎，琨为尚书左丞，转司徒左长史。冏败，范阳王虓镇许昌，引为司马。

及惠帝幸长安，东海王越谋迎大驾，以琨父蕃为淮北护军、豫州刺史。刘乔攻范阳王虓于许昌也，琨与汝南太守杜育等率兵救之，未至而虓败，琨与虓俱奔河北，琨之父母遂为刘乔所执。琨乃说冀州刺史温羡，使让位于虓。及虓领冀州，遣琨诣幽州，乞师于王浚，得突骑八百人，与虓济河，共破东平王懋于廪丘，南走刘乔，始得其父母。又斩石超，降吕朗，因统诸军奉迎大驾于长安。以勋封广武侯，邑二千户。

永嘉元年，为并州刺史，加振威将军，领匈奴中郎将。琨在路上表曰："臣以顽蔽，志望有限，因缘际会，遂忝过任。九月末得发，道险山峻，胡寇塞路，辄以少击众，冒险而进，顿伏艰危，辛苦备尝，即日达壶口关。臣自涉州疆，目睹困乏，流移四散，十不存二，携老扶弱，不绝于路。及其在者，鬻卖妻子，生相捐弃，死亡委危，白骨横野，哀呼之声，感伤和气。群胡数万，周匝四山，动足遇掠，开目睹寇。唯有壶关，可得告籴。而此二道，九州之阴，数人当路，则百夫不敢进，公私往反，没丧者多。婴守穷城，不得薪采，耕牛既尽，又乏田器。以臣愚短，当此至难，忧如循环，不遑寝食。臣伏思此州虽去边朔，实迩皇畿，南通河内，东连司冀，北捍殊俗，西御强虏，是劲弓良马勇士精锐之所出也。当须委输，乃全其命。今上尚书，请此州谷五百万斛，绢五百万匹，绵五百万斤。愿陛下时出臣表，速见听处。"朝廷许之。

时东嬴公腾自晋阳镇邺，并土饥荒，百姓随腾南下，余户不满二万，寇贼继横，道路断塞。琨募得千余人，转斗至晋阳。府寺焚毁，僵尸蔽地，其有存者，饥羸无复人色,荆棘成林,豺狼满道。琨翦除荆棘,收葬枯骸,造府朝,建市狱。寇盗互来掩袭,恒以城门为战场,百姓负楯以耕,属鞬而耨。琨抚循劳徕,甚得物情。刘元海时在离石,相去三百许里。琨密遣离间其部杂虏,降者万余落。元海甚惧,遂城蒲子而居之。在官未期,流人稍复,鸡犬之音复相接矣。琨父蕃自洛赴之。人士奔进者多归于琨,琨善于怀抚,而短于控御。一日之中,虽归者数千,去者亦以相继。然素奢豪,嗜声色,虽暂自矫励,而辄复纵逸。

河南徐润者,以音律自通,游于贵势,琨甚爱之,署为晋阳令。润恃宠骄恣,干预琨政。奋威护军令狐盛性亢直,数以此为谏,并劝琨除润,琨不纳。初,单于猗㐌以救东嬴公腾之功,琨表其弟猗卢为代郡公,与刘希合众于中山。王浚以代侵己之地,数来击琨,琨不能抗,由是声实稍损。徐润又谮令狐盛于琨曰:"盛将劝公称帝矣。"琨不之察,便杀之。琨母曰:"汝不能弘经略,驾豪杰,专欲除胜己以自安,当何以得济!如是,祸必及我。"不从。盛子泥奔于刘聪,具言虚实。聪大喜,以泥为乡导。属上党太守袭醇降于聪,雁门乌丸复反,琨亲率精兵出御之。聪遣子粲及令狐泥乘虚袭晋阳,太原太守高乔以郡降聪,琨父母并遇害。琨引猗卢并力攻粲,大败之,死者十五六。琨乘胜追之,更不能克。猗卢以为聪未可灭,遗琨牛羊车马而去,留其将箕澹、段繁等戍晋阳。琨志在复仇,而屈于力弱,泣血尸立,抚慰伤魔,移居阳邑城,以招集亡散。

愍帝即位,拜大将军、都督并州诸军事,加散骑常侍、假节。琨上疏谢曰:

陛下略臣大愆,录臣小善,猥蒙天恩,光授殊宠,显以蝉冕之荣,崇以上将之位。伏省诏书,五情飞越。

臣闻晋文以郤縠为元帅而定霸功,高祖以韩信为大将而成王业,咸有敦诗阅礼之德,戎昭果毅之威,故能振丰功于荆南,拓洪基于河北。况臣凡陋,拟踪前哲,俯惧折鼎,虑在覆㽈。昔曹沫三北,而收功于柯盟;冯异垂翅,而奋翼于渑池,皆能因败为成,以功补过。陛下宥过之恩已隆,而臣自新之善不立。臣虽不逮,预闻前训,恭让之节,臣犹庶几。所以冒承宠命者,实欲没身报国,辄死自效,要以致命寇场,尽其臣节。至于宠荣之施,非言辞所谢。又谒者史兰、殿中中郎王春等继至,奉诏,臣俯寻圣旨,伏纸饮泪。

臣闻夷险流行,古今代有,灵厌皇德,曾未悔祸。蚁狄续毒于神州,夷裔肆虐于上国,七庙阙禋祀之飨,百官丧彝伦之序,梓宫沦辱,山陵未兆,率土永慕,思同考妣。陛下龙姿日茂,睿质弥光,升区宇于既颓,崇社稷于已替,四海之内,肇有上下,九服之萌,复睹典刑。伏惟陛下蒙尘于外,越在秦郊,蒸尝之敬在心,桑梓之思未克。臣备位历年,才质驽下,丘山之衅已彰,毫厘之效未著。顷以时宜,权假位号,竟无殄戎之绩,而有负乘之累,当肆刑书,以明黜陟。是以臣前表上闻,敢缘愚款,乞奉先朝之班,苟存偏师之职,赦其三败之愆,必其一功之用,得骋志虏场,快意大逆,虽身膏野草,无恨黄墟。陛下偏恩过隆,曲蒙擢拔,遂授上将,位兼常伯,征讨之务,得从事宜。拜命惊惶,五情战悸,惧于颠越,以为朝羞。昔申胥不徇伯举,而成公壻之勋,伍员不从城父,而济入郢之庸。臣虽顽凶,无觊古人,其于被坚执锐,致身寇仇,所谓天地之施,群生莫谢不胜。受恩至深,谨拜表陈闻。

及麴允败,刘曜斩赵冉,琨又表曰:

逆胡刘聪,敢率犬羊,冯陵辇毂,人神发愤,遐迩奋怒。伏省诏书,相国、南阳王保,太尉、凉州刺史轨,纠合二州,同恤王室,冠军将军允、护军将军綝,总齐六军,戮力国难,王旅大捷,俘馘千计,旌旗首于晋路,金鼓振于河曲,崤函无虞刘之警,汧陇有安业之庆,斯诚宗庙社稷陛下神武之所致。含气之类,莫不引领,况臣之心,能无踊跃。

臣前表当与鲜卑猗卢克今年三月都会平阳,会匈羯石勒以三月三日径掩蓟城,大司马、博陵公浚受其伪和,为勒所虏,勒势转盛,欲来袭臣。城坞骇惧,志在自守。又猗卢国内欲生奸谋,幸卢警虑,寻皆诛灭。遂使南北顾虑,用愆成举,臣所以泣血宵吟,扼腕长叹者也。勒据襄国,与臣隔山,寇骑朝发,夕及臣城,同恶相求,其徒实繁。自东北八州,勒灭其七,先朝所授,存者唯臣。是以勒朝夕谋虑,以图臣为计,窥伺间隙,寇抄相寻,戎士不得解甲,百姓不得在野。天网虽张,灵泽未及,唯臣孑然与寇为伍。自守则稽聪之诛,进讨则勒袭其后,进退唯谷,首尾狼狈。徒怀愤踊,力不从愿,惭怖征营,痛心疾首,形留所忌,神驰寇庭。秋谷既登,胡马已肥,前锋诸军并有至者,臣当首启戎行,身先士卒。臣与二虏,势不并立,聪、勒不枭,臣无归志,庶凭陛下威灵,使微意获展,然后陨首谢国,没而无恨。

三年,帝遣兼大鸿胪赵廉持节拜琨为司空、都督并冀幽三州诸军事。琨上表让司空,受都督,克期与猗卢讨刘聪。寻猗卢父子相图,卢及兄子根皆病死,部落四散。琨子遵先质于卢,众皆附之。及是,遵与箕澹等帅卢众三万人,马牛羊十万,悉来归琨,琨由是复振,率数百骑自平城抚纳之。属石勒攻乐平,太守韩据请救于琨,而琨自以士众新合,欲因其锐以威勒。箕澹谏曰:"此虽晋人,久在荒裔,未习恩信,难以法御。今内收鲜卑之余谷,外抄残胡之牛羊,且闭关守险,务农息士,既服化感义,然后用之,则功可立也。"琨不从,悉发其众,命澹领步骑二万为前驱,琨自为后继。勒先据险要,设伏以击澹,大败之,一军皆没,并土震骇。寻又炎旱,琨穷蹙不能复守。幽州刺史鲜卑段匹䃅数遣信要琨,欲与同奖王室。琨由是率众赴之,从飞狐入蓟。匹䃅见之,甚相崇重,与琨结婚,约为兄弟。

是时西都不守,元帝称制江左,琨乃令长史温峤劝进,于是河朔征镇夷夏一百八十人连名上表,语在《元纪》。令报曰:"豺狼肆毒,荐覆社稷,亿兆颠顿,延首罔系。是以居于王位,以答天下,庶以克复圣主,扫荡雠耻,岂可猥当隆极,此孤之至诚著于遐迩者也。公受奕世之宠，极人臣之位，忠允义诚，精感天地。实赖远谋，共济艰难。南北迥邈，同契一致，万里之外，心存咫尺。公其抚宁华戎，致罚丑类。动静以闻。"

建武元年，琨与匹磾期讨石勒，匹磾推琨为大都督，唼血载书，檄诸方守，俱集襄国。琨、匹磾进屯固安，以俟众军。匹磾从弟末波纳勒厚赂，独不进，乃沮其计。琨、匹磾以势弱而退。是岁，元帝转琨为侍中、太尉，其余如故，并赠名刀。琨答曰："谨当躬自执佩，咸截二房。"

匹磾奔其兄丧，琨遣世子群送之，而末波率众要击匹磾而败走之，群为末波所得。末波厚礼之，许以琨为幽州刺史，共结盟而袭匹磾，密遣使赍群书请琨为内应，而为匹磾逻骑所得。时琨别屯故征北府小城，不之知也。因来见匹磾，匹磾以群书示琨曰："意亦不疑公，是以白公耳。"琨曰："与公同盟，志奖王室，仰凭威力，庶雪国家之耻。若儿书密达，亦终不以一子之故负公忘义也。"匹磾雅重琨，初无害琨志，将听还屯。其中弟叔军好学有智谋，为匹磾所信，谓匹磾曰："吾胡夷耳，所以能服晋人者，畏吾众也。今我骨肉构祸，是其良图之日，若有奉琨以起，吾族尽矣。"匹磾遂留琨。琨之庶长子遵惧诛，与琨左长史杨桥、并州治中如绥闭门自守。匹磾谕之不得，因纵兵攻之。琨将龙季猛迫于乏食，遂斩桥、绥而降。

初，琨之去晋阳也，虑及危亡而大耻不雪，亦知夷狄难以义伏，冀输写至诚，侥幸万一。每见将佐，发言慷慨，悲其道穷，欲率部曲列于贼垒。斯谋未果，竟为匹磾所拘。自知必死，神色怡如也。为五言诗赠其别驾卢谌曰：

握中有悬璧，本是荆山球。惟彼太公望，昔是渭滨叟。邓生何感激，千里来相求。白登幸曲逆，鸿门赖留侯。重耳凭五贤，小白相射钩。能隆二伯主，安问党与仇！中夜抚枕叹，想与数子游。吾衰久矣夫，何其不梦周？谁云圣达节，知命故无忧。宣尼悲获麟，西狩泣孔丘。功业未及建，夕阳忽西流。时哉不我与，去矣如云浮。朱实陨劲风，繁英落素秋。狭路颂华盖，骇驷摧双辀。何意百炼刚，化为绕指柔。

琨诗托意非常，摅畅幽愤，远想张陈，感鸿门、白登之事，用以激谌。谌素无奇略，以常词酬和，殊乖琨心，重以诗赠之，乃谓琨曰："前篇帝王大志，非人臣所言矣。"

然琨既忠于晋室，素有重望，被拘经月，远近愤叹。匹磾所署代郡太守辟闾嵩，与琨所署雁门太守王据、后将军韩据连谋，密作攻具，欲以袭匹磾。而韩据女为匹磾儿妾，闻其谋而告之匹磾，于是执王据、辟闾嵩及其徒党悉诛之。会王敦密使匹磾杀琨，匹磾又惧众反己，遂称有诏收琨。初，琨闻敦使到，谓其子曰："处仲使来而不我告，是杀我也。死生有命，但恨仇耻不雪，无以下见二亲耳。"因歔欷不能自胜。匹磾遂缢之，时年四十八。子侄四人俱被害。朝廷以匹磾尚强，当为国讨石勒，不举琨哀。

三年，琨故从事中郎卢谌、崔悦等上表理琨曰：

臣闻经国之体，在于崇明典刑；立政之务，在于固慎关塞。况方岳之臣，杀生之柄，而可不正其枉直，以杜其奸邪哉！窃见故司空、广武侯琨，在惠帝扰攘之际，值群后鼎沸之难，戮力皇家，义诚弥厉，躬统华夷，亲受矢石，石超授首，吕朗面缚，社稷克宁，銮舆反驾，奉迎之勋，琨实为隆，此琨效忠之一验也。其后并州刺史、东嬴公腾以晋川荒匮，移镇临漳，太原、西河尽徙三魏。琨受任并州，属承其弊，到官之日，遗户无几，当易危之势，处难济之土，鸠集伤痍，抚和戎狄，数年之间，公私渐振。会京都失守，群逆纵逸，边萌顿仆，苟怀宴安，咸以为并州之地四塞为固，且可闭关守险，畜资养徒，抗辞厉声，忠亮奋发，以为天子沈辱而不陨身死节，情非所安，遂乃跋履山川，东西征讨。屠各乘虚，晋阳沮溃，琨父母罹屠戮之殃，门族受歼夷之祸。向使琨从州人之心，为自守之计，则圣朝未必加诛，而族党可以不丧。及猗卢败乱，晋人归奔，琨于平城纳其初附。将军箕澹又以为此虽晋人，久在荒裔，难以法整，不可便用。琨又让之，义形于色。假从澹议，偷于苟存，则晏然于并土，必不亡身于燕蓟也。琨自以备位方岳，纲维不举，无缘虚荷大任，坐居三司，是以陛下登阼，使引衍告逊，前后章表，具陈诚款。寻令从事中郎臣续澹以章绶节传奉还本朝，与匹磾使荣邵期一时俱发。又匹磾以琨王室大臣，惧夺己威重，忌琨之形，渐彰于外。琨知其如此，虑不可久，欲遣妻息大小尽诣京城，以其门室一委陛下。有征举之会，则身充一卒；若匹磾纵凶慝，则妻息可免。具令臣澹密宣此旨，求诏救路次，令相迎卫。会王成从平阳逃来，说南阳王保称号陇右，士众甚盛，当移关中。匹磾闻此，私怀顾望，留停荣邵，欲遣前兼鸿胪边邈奉使诣保，惧澹独南，言其此事，遂不许出路。丹诚赤心，卒不上达。匹磾兄眷丧亡，嗣子幼弱，欲因奔丧夺取其国。又自以欺国陵家，怀邪乐祸，恐父母宗党不容其罪，是以卷甲櫜弓，阴图作乱，欲害其从叔骠、从弟末波等，以取其国。匹磾亲信密告骠、波，骠、波乃遣人距之，匹磾仅以身免。百姓谓匹磾已没，皆凭向琨。若琨于时有害匹磾之情，则居然可擒，不复营于人力。自此之后，上下并离，匹磾遂欲尽勒胡昌，徙居上谷。琨深不然之，劝移厌次，南凭朝廷。匹磾不能纳，反祸害父息四人，从兄二息同时并命。琨未遇害，知匹磾必有祸心，语臣等云："受国厚恩，不能克报，虽才略不及，亦由遇此厄运。人谁不死，死生命也。唯恨下不能效节于一方，上不得归诚于陛下。"辞旨慷慨，动于左右。匹磾既害琨，横加诬谤，言琨欲窥神器，谋图不轨。琨免述嚣顽凶之思，又无信布惧诛之情，崎岖乱亡之际，夹肩异类之间，而有如此之心哉！虽臧获之愚，厮养之智，犹不为之，况在国士之列，忠节先著者乎！

匹磾之害琨，称陛下密诏。琨信有罪，陛下加诛，自当肆诸市朝，与众弃之，不令殊俗之竖戮台辅之臣，亦已明矣。然则擅诏有罪，虽小必诛；矫制有功，虽大不论，正以兴替之根咸在于此，开塞之由不可不闭故也。而匹䃅无所顾忌，恬乱专杀，虚假王命，虐害鼎臣，辱诸夏之望，败王室之法，是可忍也，孰不可忍！若圣朝犹加隐忍，未明大体，则不逞之人袭匹䃅之迹，杀生自由，好恶任意，陛下将何以诛之哉！折冲厌难，唯存战胜之将，除暴讨乱，必须知略之臣。故古语云"山有猛兽，藜藿为之不采"，非虚言矣。自河以北，幽并以南，丑类有所顾惮者，唯琨而已。琨受害之后，群凶欣欣，莫不得意，鼓行中州，曾无纤介，此又华夷小大所以长叹者也。

伏惟陛下睿圣之隆，中兴之绪，方将平章典刑，以经序万国。而琨受害非所，冤痛已甚，未闻朝廷有以甄论。昔壶关三老讼卫太子之罪，谷永、刘向辨陈汤之功，下足以明功罪之分，上足以悟圣主之怀。臣等祖考以来，世受殊遇，入侍翠幄，出簪彤管，弗克负荷，播越遐荒，与琨周旋，接事终始，是以仰慕三臣在昔之义，谨陈本末，冒以上闻，仰希圣朝曲赐哀察。

太子中庶子温峤又上疏理之，帝乃下诏曰："故太尉、广武侯刘琨忠亮开济，乃诚王家，不幸遭难，志节不遂，朕甚悼之。往以戎事，未加吊祭。其下幽州，便依旧吊祭。"赠侍中、太尉，谥曰愍。

琨少负志气，有纵横之才，善交胜己，而颇浮夸。与范阳祖逖为友，闻逖被用，与亲故书曰："吾枕戈待旦，志枭逆虏，常恐祖生先吾著鞭。"其意气相期如此。在晋阳，常为胡骑所围数重，城中窘迫无计，琨乃乘月登楼清啸，贼闻之，皆凄然长叹。中夜奏胡笳，贼又流涕歔欷，有怀土之切。向晓复吹之，贼并弃围而走。子群嗣。

群字公度，少拜广武侯世子。随父在晋阳，遭逢寇乱，数领偏军征讨。性清慎，有裁断，得士类欢心。及琨为匹䃅所害，琨从事中郎卢谌等率余众奉群依末波。温峤前后表称："姨弟刘群，内弟崔悦、卢谌等，皆在末波中，翘首南望。愚谓此等并有文思，于人之中少可悯惜。如蒙录召，继绝兴亡，则陛下更生之恩，望古无二。"咸康二年，成帝诏征群等，为末波兄弟爱其才，托以道险不遣。

石季龙灭辽西，群及谌、悦同没胡中，季龙皆优礼之，以群为中书令。至冉闵败后，群遇害。时勒及季龙得公卿人士多杀之，其见擢用，终至大官者，唯有河东裴宪、渤海石璞、荥阳郑系、颍川荀绰、北地傅畅及群、悦、谌等十余人而已。

舆字庆孙，隽朗有才局，与琨并尚书郭奕之甥，名著当时。京都为之语曰："洛中奕奕，庆孙、越石。"辟宰府尚书郎。兄弟素侮孙秀，及赵王伦辅政，孙秀执权，并免其官。妹适伦世子荂，荂与秀不协，复以舆为散骑侍郎。齐王冏辅政，以舆为中书侍郎。东海王越、范阳王虓之举兵也，以舆为颍川太守。及河间王颙檄刘乔讨虓于许昌，矫诏曰："颍川太守刘舆迫协范阳王虓，距逆诏命，多树私党，擅劫郡县，合聚兵众。舆兄弟昔因赵王婚亲，擅弄权势，凶狡无道，久应诛夷，以遇赦令，得全首领。小人不忌，为恶日滋，辄用苟晞为兖州，断截王命。镇南大将军弘，平南将军、彭城王释，征东大将军准，各勒所领，径会许昌，与乔并力。今遣右将这张方为大都督，督建威将军吕朗、阳平太守刁默，率步骑十万，同会许昌，以除舆兄弟。敢有举兵距违王命，诛及五族。能杀舆兄弟送首者，封三千户县侯，赐绢五千匹。"虓之败，舆与之俱奔河北。虓既镇邺，以舆为征虏将军、魏郡太守。

虓薨，东海王越将召之，或曰："舆犹腻也，近则污人。"及至，越疑而御之。舆密视天下兵簿及仓库、牛马、器械、水陆之形，皆默识之。是时国多事，每会议，自潘滔以下，莫知所对。舆既见越，应机辩画，越倾膝酬接，即以为左长史。越既总录，以舆为上佐，宾客满筵，文案盈机，远近书记日有数千，终日不倦，或以夜继之，皆人人欢畅，莫不悦附。命议如流，酬对款备，时人服其能，比之陈遵。时称越府有三才：潘滔大才，刘舆长才，裴邈清才。越诛缪播、王延等，皆舆谋也。延爱妾荆氏有音伎，延尚未殓，舆便娉之。未及迎，又为太傅从事中郎王俊所争夺。御史中取丞傅宣劾奏，越不问舆，而免俊官。舆乃说越，遣琨镇并州，为越北面之重。洛阳未败，病指疽卒，时年四十七。追赠骠骑将军。先有功封定襄侯，谥曰贞。子演嗣。

演字始仁。初辟太尉掾，除尚书郎，以父忧去职。服阕，袭爵，太傅、东海王越引为主簿。迁太子中庶子，出为阳平太守。自洛奔琨，琨以为辅国将军、魏郡太守。琨将讨石勒，以演领勇士千人，行北中郎将、兖州刺史，镇廪丘。演斩王桑，走赵固，得众七千人。为石勒所攻，演距战，勒退。元帝拜为都督、后将军，假节。后为石季龙所围，求救于邵续、段茝，茝骑救之，季龙走，随茝屯厌次，被害。

弟胤为琨引兵，路逢乌桓贼，战没。胤弟挹初为太傅、东海王越掾，与琨俱被害。挹弟启，启弟述，与琨子群俱在末波中，后并入石季龙。启为季龙尚书仆射，后归国，穆帝拜为前将军，加给事中。永和九年，随中军将军殷浩北伐，为姚襄所败，启战没。述为季龙侍中，随启归国，拜骁骑将军。

祖逖，字士稚，范阳遒人也。世吏二千石，为北州旧姓。父武，晋王掾、上谷太守。逖少孤，兄弟六人。兄该、纳等并开爽有才干。逖性豁荡，不修仪检，年十四五犹未知书，诸兄每忧之。然轻财好侠，慷慨有节尚，每至田舍，辄称兄意，散谷帛以周贫乏，乡党宗族以是重之。后乃博览书记，该涉古今，往来京师，见者谓逖有赞世才具。侨居阳平。年二十四，阳平辟察孝廉，司隶再辟举秀才，皆不行。与司空刘琨俱为司州主簿，情好绸缪，共被同寝。中夜闻荒鸡鸣，蹴琨觉曰："此非恶声也。"因起舞。逖、琨并有英气，每语世事，或中宵起坐，相谓曰："若四海鼎沸，豪杰并起，吾与足下当相避于中原耳。"

辟齐王冏大司马掾、长沙王乂骠骑祭酒，转主簿，累迁太子中舍人、豫章王从事中郎。从惠帝北伐，王师败绩于荡阴，遂退还洛。大驾西幸长安，关东诸侯范阳王虓、高密王略、平昌公模等竞召之，皆不就。东海王越以逖为典兵参军、济阴太守，母丧不之官。及京师大乱，逖率亲党数百家避地淮泗，以所乘车马载同行老疾，躬自徒步，药物衣粮与众共之，又多权略，是以少长咸宗之，推逖为行主。达泗口，元帝逆用为徐州刺史，寻征军谘祭酒，居丹徒之京口。

逖以社稷倾覆，常怀振复之志。宾客义徒皆暴杰勇士，逖遇之如子弟。时扬土大饥，此辈多为盗窃，攻剽富室，逖抚慰问之曰："比复南塘一出不？"或为吏所绳，逖辄拥护救解之。谈者以此少逖，然自若也。时帝方拓定江南，未遑北伐，逖进说曰："晋室之乱，非上无道而下怨叛也。由藩王争权，自相诛灭，遂使戎狄乘隙，毒流中原。今遗黎既被残酷，人有奋击之志。大王诚能发命将，使若逖等为之统主，则郡国豪杰必因风向赴，沈弱之士欣于来苏，庶几国耻可雪，愿大王图之。"帝乃以逖为奋威将军、豫州刺史，给千人廪，布三千匹，不给铠仗，使自招募。仍将本流徙部曲百余家渡江，中流击楫而誓曰："祖逖不能清中原而复济者，有如大江！"辞色壮烈，众皆慨叹。屯于江阴，起冶铸兵器，得二千余人而后进。

初，北中郎将刘演距于石勒也，流人坞主张平、樊雅等在谯，演署平为豫州刺史，雅为谯郡太守。又有董瞻、于武、谢浮等十余部，众各数百，皆统属平。逖诱浮使取平，浮谲平与会，遂斩以献逖。帝嘉逖勋，使运粮给之，而道远不至，军中大饥。进据太丘。樊雅遣众夜袭逖，遂入垒，拔戟大呼，直趣逖幕，军士大乱。逖命左右距之，督护董昭与贼战，走之。逖率众追讨，而张平余众助雅攻逖。蓬陂坞主陈川，自号宁朔将军、陈留太守。逖遣使求救于川，川遣将李头率众援之，逖遂克谯城。

初，樊雅之据谯也，逖以力弱，求助于南中郎将王含，含遣桓宣领兵助逖。逖既克谯，宣等乃去。石季龙闻而引众围谯，含又遣宣救逖，季龙闻宣至而退。宣遂留，助逖讨诸屯坞未附者。

李头之讨樊雅也，力战有勋。逖时获雅骏马，头甚欲之而不敢言，逖知其意，遂与之。头感逖恩遇，每叹曰："若得此人为主，吾死无恨。"川闻而怒，遂杀头。头亲党冯宠率其属四百入归于逖，川益怒，遣将魏硕掠豫州诸郡，大获子女车马。逖遣将军卫策邀击于谷水，尽获所掠者，皆令归本，军无私焉。川大惧，遂以众附石勒。逖率众伐川，石季龙领兵五万救川，逖设奇以击之，季龙大败，收兵掠豫州，徙陈川还襄国，留桃豹等守川故城，住西台。逖遣将韩潜等镇东台。同一大城，贼从南门出入放牧，逖军开东门，相守四旬。逖以布囊盛土如米状，使千余人运上台，又令数人担米，伪为疲极而息于道，贼果逐之，皆弃担而走。贼既获米，谓逖士众丰饱，而胡戍饥久，益惧，无复胆气。石勒将刘夜堂以驴千头运粮以饷桃豹，逖遣韩潜、冯铁等追击于汴水，尽获之。豹宵遁，退据东燕城，逖使潜进屯封丘以逼之。冯铁据二台，逖镇雍丘，数遣军要截石勒，勒屯戍渐蹙。候骑常获濮阳人，逖厚待遣归。咸感逖恩德，率乡里五百家降逖。勒又遣精骑万人距逖，复为逖所破，勒镇戍归附者甚多。时赵固、上官巳、李矩、郭默等各以诈力相攻击，逖遣使和解之，示以祸福，遂受逖节度。逖爱人下士，虽疏交贱隶，皆恩礼遇之，由是黄

河以南尽为晋土。河上堡固先有任子在胡者，皆听两属，时遣游军伪抄之，明其未附。诸坞主感戴，胡中有异谋，辄密以闻。前后克获，亦由此也。其有微功，赏不逾日。躬自俭约，劝督农桑，克己务施，不畜资产，子弟耕耘，负担樵薪，又收葬枯骨，为之祭醊，百姓感悦。尝置酒大会，耆老中坐流涕曰："吾等老矣！更得父母，死将何恨！"乃歌曰："幸哉遗黎免俘虏，三辰既朗遇慈父，玄酒忘劳甘瓠脯，何以咏恩歌且舞。"其得人心如此。故刘琨与亲故书，盛赞逖威德。诏进逖为镇西将军。

石勒不敢窥兵河南，使成皋县修逖母墓，因与逖书，求通使交市，逖不报书，而听互市，收利十倍，于是公私丰赡，士马日滋。方当推锋越河，扫清冀朔，会朝廷将遣戴若思为都督，逖以若思是吴人，虽有才望，无弘致远识，且已翦荆棘，收河南地，而若思雍容，一旦来统之，意甚怏怏。且闻王敦与刘隗等构隙，虑有内难，大功不遂。感激发病，乃致妻孥汝南大木山下。时中原士庶咸谓逖当进据武牢，而反置家险厄，或谏之，不纳。逖虽内怀忧愤，而图进取不辍，营缮武牢城，城北临黄河，西接成皋，四望甚远。逖恐南无坚垒，必为贼所袭，乃使从子汝南太守济率汝南太守张敞、新蔡内史周闳率众筑垒。未成，而逖病甚。先是，华谭、庾阐问术人戴洋，洋曰："祖豫州九月当死。"初有妖星见于豫州之分，历阳训又谓人曰："今年西北大将当死。"逖亦见星，曰："为我矣！方平河北，而天欲杀我，此乃不祐国也。"俄卒于雍丘，时年五十六。豫州士女若丧考妣，谯梁百姓为之立祠。册赠车骑将军。王敦久怀逆乱，畏逖不敢发，至是始得肆意焉。寻以逖弟约代领其众。约别有传。逖兄纳。

纳字士言，最有操行，能清言，文义可观。性至孝，少孤贫，常自炊爨以养母，平北将军王敦闻之，遗其二婢，辟为从事中郎。有戏之曰："奴价倍婢！"纳曰："百里奚何必轻于五羖皮邪！"转尚书三公郎，累迁太子中庶子。历官多所驳正，有补于时。

齐王冏建义，越王伦收冏弟北海王寔及前前黄门郎弘农董艾弟艾，与冏俱起，皆将害之，纳上疏救焉，并见宥。后为中护军、太子詹事，封晋昌公。以洛下将乱，乃避地东南。元帝作相，引为军谘祭酒。纳好奕棋，王隐谓之曰："禹惜寸阴，不闻数棋。"对曰："我奕忘忧耳。"隐曰："盖闻古人遭逢，则以功达其道，若其不遇，则以言达其道。古必有之，今亦宜然。当晋未有书，而天下大乱，旧事荡灭，君少长五都，游臣四方，华裔成败，皆当闻见，何不记述而有裁成？应仲远作《风俗通》，崔子真作《政论》，蔡伯喈作《劝学篇》，史游作《急就章》，犹皆行于世，便成没而不朽。仆虽无才，非志不立，故疾没世而无闻焉，所以自强不息也。况国史明乎得失之迹，俱取散悉，此可兼济，何必围棋然后忘忧也！"纳喟然叹曰："非不悦子之道，力不足耳。"乃言之于帝曰："自古小国犹有史官，况于大府，安可不置。"因举隐，称"清纯亮直，学思沈敏，五经、群史多所综悉，且好学不倦，从善如流。若使修著一代之典，褒贬与夺，诚一时之俊也。"帝以问记室参军钟雅，雅曰："纳所举虽有史才，而今未能立也。"事

遂停。然史官之立，自纳始也。

初，弟约与遂同母，偏相亲爱，纳与约异母，颇有不平，乃密以启帝，称："约怀陵上之性，抑而使之可也。今显侍左右，假其权势，将为乱阶"。人谓纳与约异母，忌其宠贵，乃露其表以示约，约憎纳如仇，朝廷因此弃纳。纳既闲居，但清谈、披阅文史而已。及约为逆，朝野叹纳有鉴裁焉。温峤以纳州里父党，敬而拜之。峤既为时用，盛言纳有名理，除光禄大夫。

纳尝问梅陶曰："君乡里立月旦评，何如？"陶曰："善褒恶贬，则佳法也。"纳曰："未益。"时王隐在坐，因曰："《尚书》称'三载考绩，三考黜陟幽明'，何得一月便行褒贬！"陶曰："此官法也。月旦，私法也。"隐曰："《易》称'积善之家必有余庆，积不善之家必有余殃。'称家者岂不是官？必须积久，善恶乃著，公私何异！古人有言，贞良而亡，先人之殃；酷烈而存，先人之勋。累世乃著，岂但一月！若必月旦，则颜回食埃，不免贪污；盗跖引少，则为清廉。朝种暮获，善恶未定矣。"时梅陶及钟雅数说余事，纳辄困之，因曰："我汝颍之士，利如锥；我幽冀之士，钝如槌。持我钝槌，捶君利锥，皆当摧矣。"陶、雅并称："有神锥，不可得槌。"纳曰："假有神锥，必有神槌。"雅无以对。卒于家。

史臣曰：刘琨弱龄，本无异操，飞缨贾谧之馆，借箸马伦之幕，当于是日，实佻巧之徒欤！祖逖散谷周贫，闻鸡暗舞，思中原之燎火，幸天步之多艰，原其素怀，抑为贪乱者矣。及金行中毁，乾维失统，三后流亡，递紫居甗之祸，六戎横噬，交肆长蛇之毒，于是素丝改色，哳弛易情，各运奇才，并腾英气，遇时而感激，因世乱以驱驰，陈力危邦，犯疾风而表劲，励其贞操，契寒松而立节，咸能自致三铉，成名一时。古人有言曰："世乱识忠良。"益斯之谓矣。天不祚晋，方启戎心，越石区区，独御鲸鲵之锐，推心异类，竟终幽圄，痛哉！士稚叶迹中兴，克复九州之半，而灾星告衅，笠毂徒招，惜矣！

赞曰：越石才雄，临危效忠，枕戈长息，投袂徽功，崎岖汾晋，契阔猃戎。见欺段氏，于嗟道穷！祖生烈烈，夙怀奇节。扣楫中流，誓清凶孽。邻丑景附，遗萌载悦。天妖是征，国耻奚雪！

卷六十三　　列传第三十三

邵续　李矩　段匹磾　魏浚族子该　郭默

邵续，字嗣祖，魏郡安阳人也。父乘，散骑侍郎。续朴素有志烈，博览经史，善谈理义，妙解天文。初为成都王颖参军，颖将讨长沙王乂，续谏曰："续闻兄弟如左右手，今明公当天下之敌，而欲去一手乎？"续窃惑之。"颖

不纳。后为苟晞参军，除沁水令。

时天下渐乱，续去县还家，纠合亡命，得数百人。王浚假续绥集将军、乐陵太守，屯厌次，以续子为督护。续绥怀流散，多归附之。石勒既破浚，遣还招续，续以孤危无援，权附于勒，勒亦以义为督护。既而段匹磾在蓟，遗书要续俱归元帝，续从之。其下谏曰："今弃勒归匹磾，任子危矣。"续垂泣曰："我出身为国，岂得顾子而为叛臣哉！"遂绝于勒，勒乃害乂。续惧勒攻，先求救于匹磾，匹磾遣弟文鸯救续。文鸯未至，勒已率八千骑围续。勒素畏鲜卑，又闻文鸯至，乃弃攻具东走。续与文鸯追勒至安陵，不及，虏勒所署官，并驱三千余家，又遣骑入抄勒北边，掠常山，亦二千家而还。

匹磾既杀刘琨，夷晋多怨叛，遂率其徒依续。勒南和令赵领等率广川、渤海千余家背勒归续。而帝以续为平原乐安太守、右将军、冀州刺史，进平北将军、假节，封祝阿子。续遣兄子武邑内史存与文鸯率匹磾众就食平原，为石季龙所破。续先与曹嶷互相侵掠，嶷因存等败，乃破续屯田，又抄其户口，续首尾相救，疲于奔命。太兴初，续遣存及文鸯屯济南黄巾固，因以逼嶷，嶷惧，求和。俄而匹磾率众攻段末杯，石勒知续孤危，遣季龙乘虚围续。季龙骑至城下，掠其居人，续率众出救，季龙伏骑断其后，遂为季龙所得，使续降其城。续呼其兄子竺等曰："吾志雪国难，以报所受，不幸至此。汝等努力自勉，便奉匹磾为主，勿有二心。"

时帝既闻续没，下诏曰："邵续忠烈在公，义诚慷慨，绥集荒余，忧国亡身。功勋未遂，不幸陷没，朕用悼恨于怀。所统任重，宜时有代。其部曲文武，已共推其息缉为营主。续之忠诚，著于公私，今立其子，足以安众，一以续本位即授缉，使总率所统，效节国难，雪其家仇。"

季龙遣使送续于勒，勒使使徐光让之曰："国家应符拨乱，八表宅心，遗晋怖威，远窜扬越。而续蚁封海阿，跂尾王命，以夷狄不足为君邪？何无上之甚也！国有常刑，于分甘乎？"续对曰："晋末饥乱，奔控无所，保合乡宗，庶全老幼。属大王龙飞之始，委命纳质，精诚无感，不蒙慈恕。言归遗晋，仍荷宠授，誓尽忠节，实无二心。且受彼厚荣，而复二三其趣者，恐亦不容于明朝矣。周文生于东夷，大禹出于西羌，帝王之兴，盖惟天命所属，德之所招，当何常邪！伏惟大王圣武自天，道隆虞夏，凡在含生，孰不延首神化，耻隔皇风，而况囚乎！使囚去真即伪，不得早叩天门者，大王负囚，囚不负大王也。峰鼓之刑，囚之恒分，但恨天实为之，谓之何哉！"勒曰："其言慨至，孤愧之多矣。夫忠于其君者，乃吾所求也。"命张宝延之于馆，厚抚之，寻以为从事中郎。今自后诸克敌擒俊，皆送之，不得辄害，冀获如续之流。

初，季龙之攻续也，朝廷有王敦之逼，不遑救恤。续既为勒所执，身灌园鬻菜，以供衣食。勒屡遣察之，叹曰："此真高人矣。不如是，安足贵乎！"嘉其清苦，数赐谷帛。每临朝嗟叹，以励群官。

续被获之后，存及竺、缉等与匹磾婴城距寇，而帝又假存扬武将军、武邑太守。勒屡遣季龙攻之，战守疲苦，

李矩，字世回，平阳人也。童龀时，与群儿聚戏，便为其率，计画指授，有成人之量。及长，为吏，送故县令于长安，征西将军梁王肜以为牙门。伐氐齐万年有殊功，封东明亭侯。还为本郡督护。太守宋胄欲以所亲吴畿代之，矩谢病去。畿恐矩复还，阴使人刺矩，会有人救之，故得免。属刘元海攻平阳，百姓奔走，矩素为乡人所爱，乃推为坞主，东屯荥阳，后移新郑。

　　矩勇毅多权略，志在立功，东海王越以为汝阴太守。永嘉初，使矩与汝南太守袁孚率众修洛阳千金堨，以利运漕。及洛阳不守，太尉荀藩奔阳城，卫将军华荟奔成皋。时大饥，贼帅侯都等每略人而食之，藩、荟部曲多为所啖。矩讨都等灭之，乃营护藩、荟，各为立屋宇，输谷以给之。及藩矛制，建行台，假矩荥阳太守。矩招怀离散，远近多附之。

　　石勒亲率大众袭矩，矩遣老弱入山，令所在散牛马，因伏以待之。贼争取牛马，伏发，齐呼，声动山谷，遂大破之，斩获甚众，勒乃退。藩表元帝，加矩冠军将军，轺车幢盖，进封阳武县侯，领河东、平阳太守。时饥馑相仍，又多疫疠，矩垂心抚恤，百姓赖焉。会长安群盗东下，所在多房掠，矩遣部将击破之，尽得贼所略妇女千余人。诸将以非矩所部，欲遂留之。矩曰："俱是国家臣妾，焉有此彼此！"乃一时遣之。

　　时刘琨所假河内太守郭默为刘元海所逼，乞归于矩，矩将使其甥郭诵迎致之，而不敢进。会刘琨遣参军张肇，率鲜卑范胜等五百余骑往长安，属默被围，道路不通，将还依邵续，行至矩营，矩谓肇曰："默是刘公所授，公家之事，知无不为。"屠各旧畏鲜卑，遂邀肇为声援，肇许之。贼望见鲜卑，不战而走。诵潜遣轻舟济河，使勇士夜袭怀城，掩贼留营，又大破之。默遂率其属归于矩。后刘聪从弟畅步骑三万讨矩，屯于韩王故垒，相去七里，遣使招矩。时畅卒至，矩未暇为备，遣使奉牛酒诈降于畅，潜匿精勇，见其老弱。畅不以为虞，大飨渠帅，人皆醉饱。矩谋夜袭之，兵士以贼众，皆有惧色。矩令郭诵祷郑子产祠曰："君昔相郑，恶鸟不鸣。凶胡臭羯，何得过庭！"使巫扬言："东里有教，当遣神兵相助。"将士闻之，皆踊跃争进。乃使诵及督选杨璋等选勇敢千人，夜掩畅营，获铠马甚多，斩首数千级，畅仅以身免。

　　先是，郭默闻矩被攻，遣芝率众援之。既而闻破畅，芝复驰来赴矩。矩乃与芝马五百匹，分军为三道，夜追贼，复大获而旋。

　　先是，聪使其将赵固镇洛阳，长史周振与固不协，密陈固罪。聪之破畅也，帐中得聪书，敕畅平矩讫，过洛阳，收固斩之，便以振代固。矩送以示固，固即斩振父子，遂率骑一千来降，矩还令守洛。后数月，聪遣其太子粲率刘雅生等步骑十万屯孟津北岸，分遣雅生攻赵固于洛。固奔阳城山，遣弟告急，矩遣郭诵屯洛口以救之。诵使将张皮简精卒千人夜渡河。粲候者告有兵至，粲恃其众，不以为

虞。既而诵等奄至，十道俱攻，粲众惊扰，一时奔溃，杀伤太半，因据其营，获其器械军资不可胜数。及旦，粲见皮等人少，更与雅生悉余众攻之，苦战二十余日不能下。矩进救之，使壮士三千泛舟迎皮。贼临河列阵，作长钩以钩船，连战数日不得渡。矩夜遣部将格增潜济入垒，与皮选精骑千余，而杀所获牛马，焚烧器械，夜穿围而出，奔武牢。聪追之，不及而退。聪因愤恚，发病而死。帝嘉其功，除矩都督河南三郡军事、安西将军、荥阳太守，封修武县侯。

　　及刘粲嗣位，昏虐日甚，其将靳准乃起兵杀粲，并其宗族，发聪冢，斩其尸，遣使归矩，称"刘元海屠各小丑，因大晋事故之际，作乱幽并，矫称天命，至令二帝幽没虏庭。辄率众扶侍梓宫，因请上闻"。矩驰表于帝，帝遣太常韩胤等奉迎梓宫，未至而准已为石勒、刘曜所没。矩以众少不足立功，每慷慨愤叹。及帝践阼，以为都督司州诸军事、司州刺史，改封平阳县侯，将军如故。时弘农太守尹安、振威将军宋始等四军并屯洛阳，各相疑阻，莫有固志。矩、默各遣千骑至洛以镇之。安等乃同谋附石勒，勒遣石生率骑五千至洛阳，矩、默军皆退还。俄而四将复背勒，遣使乞迎，默又遣步卒五百人入洛。石生以四将相谋，不能自安，乃虏宋始一军，渡河而南。百姓相率归矩，于是洛中遂空。矩乃表郭诵为扬武将军、阳翟令，阻水筑垒，且耕且守，为灭贼之计。属赵固死，石生遣骑袭诵，诵多计略，贼至，辄设伏破之，虏掠无所得。生怒，又自率四千余骑暴掠诸县，因攻诵垒，接战须臾，退军坞坂。诵率劲勇五百追及生于磐脂故亭，又大破之。矩以诵功多，表加赤幢曲盖，封吉阳亭侯。

　　郭默欲侵祖约，矩禁之不可，遂为约所破。石勒遣其养子匈袭默，默惧后患未已，将降于刘曜，遣参军郑雄诣矩谋之，矩距而不许。后勒遣其将石良率精兵五千袭矩，矩逆击不利。郭诵弟元复为贼所执，贼遣元以书说矩曰："去年东平曹嶷，西宾猗卢，矩如牛角，何不归命？"矩以示诵，诵曰："昔王陵母在贼，犹不改意，弟当何论！"勒复遗诵麈尾马鞭，以示殷勤，诵不答。勒将石生屯洛阳，大掠河南，矩、默大饥，默因复说矩降曜。矩既为石良所破遂，从默计，遣使于曜。曜遣从弟荣军于河阴，欲与矩谋攻石生。勒遣将围岳，岳闭门不敢出。默后为石匆所败，自密南奔建康。矩闻之大怒，遣其将郭诵赍书与默，又敕诵曰："汝识唇亡之谈不？迎接郭默，皆由于卿，临难逃走，其必留之。"诵追及襄城，默自知负矩，弃妻子而逃。诵拥其余众而归，矩待其妻子如初。刘岳以外援不至，降于石季龙。

　　矩所统将士有阴欲归勒者，矩知之而不能讨，乃率众南走，将归朝廷，众皆道亡，惟郭诵及参军郭方，功曹张景，主簿荀远，将军骞韬、江霸、梁志、司马尚、季弘、李瑰、段秀等百余人弃家送矩。至于鲁阳县，矩坠马卒，葬襄阳之岘山。

　　段匹磾，东部鲜卑人也。种类劲健，世为大人。父务勿尘，遣军助东海王越征讨有功，王浚表为亲晋王，封

辽西公，嫁女与务勿尘，以结邻援。怀帝即位，以务勿尘为大单于，匹䃅为左贤王，率众助国征讨，假抚军大将军。务勿尘死，弟涉复辰以务勿尘子疾陆眷袭号。

刘曜逼洛阳，王浚遣督护王昌等率疾陆眷及弟文鸯、从弟末杯攻石勒于襄国。勒败还垒，末杯追入垒门，为勒所获。勒质末杯，遣使求和于疾陆眷，疾陆眷将许之，文鸯谏曰："受命讨勒，宁以末杯一人，故纵成擒之寇？既失浚意，且有后忧，必不可许。"疾陆眷不听，以铠马二百五十匹、金银各一箧赠末杯。勒归之，又厚以金宝采绢报疾陆眷。疾陆眷令文鸯与石季龙同盟，约为兄弟，遂引骑还。昌等不能独守，亦还。

建武初，匹䃅推刘琨为大都督，结盟讨勒，并檄涉复辰、疾陆眷、末杯等三面俱集襄国，琨、匹䃅进屯固安，以候众军。勒惧，遣间使厚赂末杯。然末杯既思报其旧恩，且因匹䃅在外，欲袭夺其国，乃间匹䃅于涉复辰、疾陆眷曰："以父兄而从子弟邪？虽一旦有功，匹䃅独收之矣。"涉复辰等以为然，引军而还。匹䃅亦止。会疾陆眷病死，匹䃅自蓟奔丧，至于右北平。末杯宣言匹䃅将篡，出军击败之。末杯遂害涉复辰及其子弟党与二百余人，自立为单于。

及王浚败，匹䃅领幽州刺史，刘琨自并州依之，复与匹䃅结盟，俱讨石勒。匹䃅复为末杯所败，士众离散，惧琨图己，遂害之，于是晋人离散矣。匹䃅不能自固，北依邵续，末杯又攻败之。匹䃅被疮，谓续曰："吾夷狄慕义，以至破家，君若不忘旧要，与吾讨计，君之惠也。"续曰："赖公威德，续得效节。今公有难，岂敢不惧！遂并力追末杯，斩获略尽。又令文鸯北讨末杯弟于蓟城，及还，去城八十里，闻续已没，众惧而散，复为石季龙所遮，文鸯以其亲兵数百人力战破之，始得入城。季龙复抄城下，文鸯登城临见，欲出击之，匹䃅不许。文鸯曰："我以勇闻，故百姓犯我。见人被略而不救，非丈夫也。令众失望，谁复为我致死乎！"遂将壮士数十骑出战，杀胡甚多。遇马乏，伏不能起。季龙呼曰："大兄与我俱是戎狄，久望共同。天不违愿，今日相见，何故复战？请释杖。"文鸯骂曰："汝为寇虐，久应合死，吾用不吾计，故令汝得至此，吾宁死，不为汝擒。"遂下马苦战，槊折，执刀力战不已。季龙军四面解马罗披自鄣，前捉文鸯。文鸯战自辰至申，力极而后被执。城内大惧。

匹䃅欲单骑归朝，续弟乐安内史洎协兵，不许，洎复欲执台使王英送于季龙，匹䃅正色责之曰："卿不能遵兄之志，逼吾不得归朝，亦以甚矣，复欲执天子使者，我虽胡素，所未闻也。"因谓英曰："匹䃅世受重恩，不忘忠孝。今日事逼，欲归罪朝廷，而见逼迫，忠款不遂。若得假息，未死之日，心不忘本。"遂渡黄河南。匹䃅著朝服，持节，宾从出见季龙曰："我受国恩，志在灭汝。不幸吾国自乱，以至于此。既不能死，又不能为汝敬也。"勒及季龙素与匹䃅结为兄弟，季龙起而拜之。匹䃅到襄国，又不为勒礼，常着朝服，持晋节。经年，国中谋推匹䃅为主，事露，被害。文鸯亦遇鸩而死，惟末波存焉。及死，弟牙立。牙死，其后从祖就陆眷之孙辽立。

自务勿尘已后，值晋丧乱，自称位号，据有辽西之地，而臣御晋人。其地西尽幽州，东界辽水。然所统胡晋可三万余家，控弦可四五万骑，而与石季龙递相侵掠，连兵不息，竟为季龙所破，徙其遗黎数万家于司雍之地。其子兰复聚兵，与季龙为患久之。及石氏之亡，末波之子勤鸠集胡羯得万余人，保柱人山，自称赵王，附于慕容俊。俄为冉闵所败，徙于绛幕，僭即尊号。俊遣慕容恪击之，勤惧而降。

魏浚，东郡东阿人也，寓居关中。初为雍州小吏，河间王颙败乱之际，以为武威将军。后为度支校尉，有干用。永嘉末，与流人数百家东保河阴之硖石。时京邑荒俭，浚劫掠得谷麦，献之怀帝，帝以为扬威将军、平阳太守，度支如故。以乱不之官。及洛阳陷，屯于洛北石梁坞，抚养遗众，渐修军器。其附贼者，皆先解喻，说大晋运数灵长，行已建立，归之者甚众。其有恃远不从命者，遣将讨之，服从而已，不加侵暴。于是远近感悦，襁负至者渐众。刘琨承制，假浚河南尹。时太尉荀藩建行台在密县，浚诣藩谘谋军事，藩甚悦，要李矩同会。矩将夜赴之，矩官属以浚不可信，不宜夜往。矩曰："忠臣同心，将何疑乎！"及会，客主尽叹，浚因与矩相结而去。刘曜忌浚得众，率众军围之。刘演、郭默遣军来救，曜分兵逆于河北，乃伏兵深隐处，以邀演、默军，大破之，尽虏演等骑。浚夜遁走，为曜所得，遂死之。追赠平西将军。族子该领其众。

该一名亥，本侨居京兆阴磐。河间王颙之伐赵王伦，以该为将兵都尉。及刘曜攻洛阳，随浚赴难，先领兵守金墉城，故得无他。曜引去，余众依之。

时杜预子尹为弘农太守，他宜阳界一泉坞，数为诸贼所抄掠。尹要该共距之，该遣其将马瞻将三百人赴尹。瞻知其无备，夜袭尹杀之，迎该据坞。坞人震惧，并服从之。乃与李矩、郭默相结以距贼。荀藩即以该为武威将军，统城西雍凉人，使讨刘曜。元帝承制，加冠军将军、河东太守。督护河东、河南、平阳三郡。

曜尝攻李矩，该破之。及矩将迎郭默，该遣军助之，又与河南尹任愔相连结。后渐饥弊，曜寇日至，欲率众南徙，众不从，该遂单骑走至南阳。帝又以为前锋都督、平北将军、雍州刺史。马瞻率该余众降曜。曜征发既苦，瞻又骄虐，部曲遣使呼该，该密往赴之，其众杀瞻而纳该。该迁于新野，率众助周访讨平杜曾，诏以该为顺阳太守。

王敦之反也，梁州刺史甘卓不从，欲观该去就，试以敦旨动之。该曰："我本去贼，惟忠于国。今王公举兵向天子，非吾所宜与也。"遂距而不应。及苏峻反，率众赴台，军次石头，受陶侃节度。峻未平，该病笃还屯，卒于道，葬于武陵。从子雄统其众。

郭默，河内怀人。少微贱，以壮勇事太守裴整，为督将。永嘉之乱，默率遗众自为坞主，以渔舟抄东归行旅，积年遂致巨富，流人依附者渐众。抚循将士，甚得其欢心。默妇兄同郡陆嘉取官米数石饷妹，默以为违制，将杀嘉，嘉惧，奔石勒。默乃自射杀妇，以明无私。遣使谒刘琨，琨加默河内太守。刘元海遣从子曜讨默，曜列三屯围之，欲使饿死。默送妻子为质，并请粜焉，粜毕，设守。曜怒，沈默妻子于河而攻之。默遣弟芝求救于刘琨，琨知默狡猾，留之而缓其救。默更遣人告急。会芝出城浴马，使强与俱归。默乃遣芝质于石勒，勒以默多诈，封默书与刘曜。默使人伺得勒书，便突围投李矩。后与矩并力距刘、石，事见矩传。

太兴初，除颍川太守。默与石勒战败，矩转蹙弱，默深忧惧，解印授其参军殷峤，谓之曰："李使君遇吾甚厚，今遂弃去，无颜谢之，三日可白吾去也。"乃奔阳翟。矩闻之，大怒，遣其将郭诵追默，至襄城，及之。默弃家人，单马驰去。默至京都，明帝授征虏将军。刘遐卒，以默为北中郎将、监淮北军事、假节。遐故部曲李龙等谋反，诏默与右卫将军赵胤讨平之。

朝廷将征苏峻，惧其为乱，召默拜后将军，领屯骑校尉。初战有功，及六军败绩，南奔。郗鉴议于曲阿北大业里作垒，以分贼势，使默守之。峻遣韩晃等攻默甚急，垒中颇乏水，默惧，分人马出外，乃潜从南门荡出，留人坚守。会峻死，围解，征为右军将军。

默乐为边将，不愿宿卫，及赴召，谓平南将军刘胤曰："我能御胡而不见用。右军主禁兵，若疆场有虞，被使出征，方始配给，将卒无素，恩信不著，以此临敌，少有不败矣。时当为官择才，若人臣自择官，安得不乱乎？"胤曰："所论事虽然，非小人所及也。"当时，求资于胤。时胤被诏免官，不即归罪，方自申理，而骄侈更甚，远近怪之。

初，默之被征距苏峻也，下次寻阳，见胤，胤参佐张满等轻默，保露视之，默常切齿。至是，胤腊日饷默酒一器，豚一头，默对信投之水中，忿愤益甚。又侨人盖肫先略取祖焕所杀孔炜女为妻，炜家求之，张满等使还其家，肫不与，因与胤、满有隙。至是，肫谓默曰："刘江州不受免，密有异图，与长史司马张满、荀楷等日夜计谋，反逆已形，惟忌郭侯一人，云当先除郭侯而后起事。祸将至矣，宜深备之。"默既怀恨，便率其徒候旦门开袭胤。胤将吏欲距默，默向之曰："我被诏有所讨，动者诛及三族。"遂入至内寝。胤尚与妾卧，默牵下斩之。出取胤僚佐张满、荀楷等，诬以大逆。传胤首于京师，诈作诏书，宣视内外。掠胤女及诸妾，并金宝还船。初云下都，俄而还，停胤故府，招恒宣、王愆期。愆期惧逼，劝默为平南、江州，默从之。愆期因逃庐山，桓宣固守不应。

司徒王导惧不可制，乃大赦天下，枭胤首于大航，以默为西中郎将、豫州刺史。武昌太守邓岳驰白太尉陶侃，侃闻之，投袂起曰："此必诈也。"即日率众讨默，上疏陈默罪恶。导闻之，乃收胤首，诏庾亮助侃讨默。默欲南据豫章，而侃已至城下筑土山以临之。诸军大集，围之数重。侃惜默骁勇，欲活之，遣郭诵见默，默许降，而默将张丑、宋侯等恐为侃所杀，故致进退，不时得出。攻之转急，宋侯遂缚默求降，即斩于军门，同党死者四十人，传首京师。

史臣曰：邵、李、魏、郭等诸将，契阔丧乱之辰，驱驰戎马之际，威怀足以容众，勇略足以制人，乃保据危城，

折冲千里，招集义勇，抗御仇雠，虽艰阻备尝，皆乃心王室。而矩能以少击众，战胜获多，遂使玄明愤恚，世龙挫衄。惜其寡弱，功亏一篑。方之数子，其最优乎！默既拔迹危亡，参陪朝伍，忿因眦睚，祸及诛夷，非夫狂悖，岂宜至此！段匹䃅本自远方，而系心朝廷，始则尽忠国难，终乃抗节虏廷，自苏子卿以来，一人而已。越石之见诛段氏，实以威名；匹䃅之取戮世龙，亦由众望：祸福之应，何其速哉！《诗》云："无言不酬，无德不报"，此之谓也。

赞曰：邵李诸将，实惟忠壮。蒙犯艰危，驱驰亭鄣。力小任重，功亏身丧。匹䃅劲烈，陨身全节。默实凶残，自贻罪戾。

卷六十四　　列传第三十四

武十三王　元四王　简文三子

武帝二十六男：杨元后生毗陵悼王轨、惠帝、秦献王柬。审美人生城阳怀王景、楚隐王玮、长沙厉王乂。徐才人生城阳殇王宪。匮才人生东海冲王祗。赵才人生始平哀王裕。赵美人生代哀王演。李夫人生淮南忠壮王允、吴孝王晏。庄保林生新都怀王该。陈美人生清河康王遐。诸姬生汝阴哀王谟。程才人生成都王颖。王才人生孝怀帝。杨悼后生渤海殇王恢。余八子不显母氏，并早夭，又无封国及追谥，今并略之。其玮、乂、颖自有传。

毗陵悼王轨，字正则，初拜骑都尉，年二岁而夭。太康十年，追加封谥，以楚王玮子义嗣。

秦献王柬，字弘度，沈敏有识量。泰始六年，封汝南王。咸宁初，徙封南阳王，拜左将军、领右军将军、散骑常侍。武帝尝幸宣武场，以三十六军兵簿令不料校之，柬一省便摘脱谬，帝异之，于诸子中尤见宠爱。以左将军居齐献王故府，甚贵宠，为天下所属目。性仁讷，无机辩之誉。太康十年，徙封于秦，邑八万户。于时诸王封中土者皆五万户，以柬与太子同产，故特加之。转镇西将军、西戎校尉、假节，与楚、淮南王俱之国。

及惠帝即位，来朝，拜骠骑将军、开府仪同三司，加侍中、录尚书事，进位大将军。时杨骏伏诛，柬既痛舅氏覆灭，甚有忧危之虑，屡述武帝旨，请还藩，而汝南王亮留柬辅政。及亮与楚王玮被诛，时人谓柬有先识。

元康元年薨，时年三十，朝野痛惜之。葬礼如齐献文王攸故事，庙设轩悬之乐。无子，以淮南王允子郁为嗣，与允俱被害。永宁二年，追谥曰悼。又以吴王晏子邺嗣。怀帝崩，邺入篡帝位，国绝。

城阳怀王景，字景度，出继叔父城阳哀王兆后。泰始五年受封，六年薨。

东海冲王祗，字敬度，泰始九年五月受封。殇王薨，复以祗继兆，其年薨，时年三岁。

始平哀王裕，字濬度，咸宁三年受封，其年薨，年

七岁。无子,以淮南王允子迪为嗣。太康十年,改封汉王,为赵王伦所害。

淮南忠壮王允,字钦度,咸宁三年,封濮阳王,拜越骑校尉。太康十年,徙封淮南,仍之国,都督扬江二州诸军事、镇东大将军、假节。元康九年入朝。

初,愍怀之废,议者将立允为太弟。会赵王伦废贾后,诏遂以允为骠骑将军、开府仪同三司、侍中,都督如故,领中护军。允性沈毅,宿卫将士皆敬服之。

伦既有篡逆志,允阴知之,称疾不朝,密养死士,潜谋诛伦。伦甚惮之,转为太尉,外示优崇,实夺其兵也。允称疾不拜。伦遣御史逼允,收官属以下,劾以大逆。允恚,视诏,乃孙秀手书也。大怒,便收御史,将斩之,御史走而获免,斩其令史二人。厉色谓左右曰:"赵王欲破我家!"遂率国兵及帐下七百人直出,大呼曰:"赵王反,我将攻之,佐淮南王者左袒。"于是归之者甚众。允将赴宫,尚书左丞浚闭东掖门,允不得入,遂围相府。允所将兵,皆淮南奇才剑客也。与战,频败之,伦兵死者千余人。太子左率陈徽勒东宫兵鼓噪于内以应,允结陈于承华门前,弓弩齐发,射伦,飞矢雨下。主书司马眭秘以身蔽伦,箭中其背而死。伦官属皆隐树而立,每树辄中数百箭,自辰至未。徽兄淮时为中书令,遣麾骀虞以斗升。伦虑为侍中,在门下省,密要壮士,约以富贵。于是遣司马督护伏胤领骑四百从宫中出,举空版,诈言有诏助淮南王允。允不之觉,开陈纳之,下车受诏,为胤所害,时年二十九。初,伦兵败,皆相传:"已擒伦矣。"百姓大悦。既而闻允死,莫不叹息。允三子皆被害,坐允夷灭者数千人。

及伦诛,齐王冏上表理允曰:"故淮南王允忠孝笃诚,忧国忘身,讨乱奋发,几于克捷。遭天凶运,奄至陨没,逆党进恶,并害三子,冤魂酷毒,莫不悲酸。洎兴义兵,淮南国人自相率领,众过万人,人怀慷忾,愍国统灭绝,发言流涕。臣辄以息超继允后,以慰存亡。"有诏改葬,赐以殊礼,追赠司徒。冏败,超被幽金墉城。后更以吴王晏子祥为嗣,拜散骑常侍洛京倾覆,为刘聪所害。

代哀王演,字宏度,太康十年受封。少有废疾,不之国,演常止于宫中。薨,无子,以成都王颖子廓为嗣,改封中都王,后与颖俱死。

新都王该,字玄度,咸宁三年受封,太康四年薨,时年十二。无子,国除。

清河康王遐,字深度,美容仪,有精彩,武帝爱之。既受封,出继叔父城阳哀王兆。太康十年,封渤海郡,历右将军、散骑常侍、前将军。元康初,进抚军将军,加侍中,遐长而懦弱,无所是非。性好内,不能接士大夫。及楚王玮之举兵也,使遐收卫瓘,而瓘故吏荣晦遂尽杀瓘子孙,遐不能禁,为世所尤。永康元年薨,时年二十八。四子:覃、籥、铨、端。覃嗣立。

及冲太孙薨,齐王冏表曰:"东宫旷然,冢嗣莫继。天下大业,帝王神器,必建储副,以固洪基。今者后宫未有孕育,不可庶幸将来而虚天绪,非祖宗之遗志,社稷之长计也。礼,兄弟之子犹子,故汉成无嗣,继由定陶;孝和之绝,安以绍兴。此先王之令典,往代之成式也。清河王

覃神姿岐嶷,慧智早成,康王正妃周氏所生,先帝众孙之中,于今为嫡。昔薄姬贤明,文则承位。覃外祖恢世载名德,覃宜奉宗庙之重,统无穷之祚,以宁四海颙颙之望。覃兄弟虽并出绍,可简令淑还为国胤,不替其嗣。辄谘大将军颖及群公卿士,咸同大愿。请具礼仪,择日迎拜。"遂立覃为皇太子。既而河间王颙协迁大驾,表成都王颖为皇太弟,废覃复为清河王。初,覃为清河世子,所佩金铃欻生隐起如麻粟,祖母陈太妃以为不祥,毁而卖之。占者以金是晋行大兴之祥,覃为皇胤,是其瑞也。毁而卖之,象覃见废不终之验也。永嘉初,前北军中候任城吕雍、度支校尉陈颜等谋立覃为太子,事觉,幽于金墉城。未几,被害,时年十四,葬以庶人礼。

籥初封新蔡王,覃薨,还封清河王。

铨初封上庸王,怀帝即位,更封豫章王。二年,立为皇太子。洛京倾覆,没于刘聪。

端初封广川王,铨之为皇太子也,转封豫章,礼秩如皇子,拜散骑常侍、平南将军、都督江州诸军事、假节。当之国,会洛阳陷没,端东奔苟晞于蒙。晞立为皇太子,七十日,为石勒所没。

汝阴哀王谟,字令度,太康七年薨,时年十一。无后,国除。

吴敬王晏,字平度,太康十年受封,食丹阳、吴兴并吴三郡,历射声校尉、后军将军。与兄淮南王允共攻赵王伦,允败,收晏付廷尉,欲杀之。傅祗于朝堂正色而争,于是群官并谏,伦乃贬为宾徒县王。后徙封代王。伦诛,诏复晏本封,拜上军大将军、开府,加侍中。长沙王乂、成都王颖之相攻也,乂以晏为前锋都督,数交战。永嘉中,为太尉、太将军。晏为人恭愿,才不及中人,于武帝诸子中最劣。又少有风疾,视瞻不端,后转增剧,不堪朝觐。及洛京倾覆,晏亦遇害,时年三十一。愍帝即位,追赠太保。五子,长子不显名,与晏同没。余四子:祥、邺、固、衍。祥嗣淮南王允。邺即愍帝。固初封汉王,改封济南。衍初封新都王,改封济阴,为散骑常侍。皆没于贼。

渤海殇王恢,字思度,太康五年薨,时年二岁,追加封谥。

元帝六男:宫人荀氏生明帝及琅邪孝王裒。石婕妤生东海哀王冲。王才人生武陵威王晞。郑夫人生琅邪悼王焕及简文帝。

琅邪孝王裒字道成,母荀氏,以微贱入宫,元帝命虞妃养之。裒初继叔父长乐亭侯浑,后徙封宣城郡公,拜后将军。及帝为晋王,有司奏立太子,帝以裒有成人之量,过于明帝,从容谓王导曰:"立子以德不以年。"导曰:"世子、宣城俱有朗隽之目,固当以年。"于是太子位遂定。更封裒琅邪,嗣恭王后,改食会稽、宣城邑五万二千户,拜散骑常侍、使持节、都督青徐兖三州诸军事、车骑将军,征还京师。建武元年薨,年十八,赠车骑大将军,加侍中。及妃山氏薨,祔葬,穆帝更赠裒太保。子哀王安国立,未逾年薨。

东海哀王冲,字道让。元帝以东海王越世子毗没于石

勒，不知存亡，乃以冲继毗后，称东海世子，以毗陵郡增本封邑万户，又改食下邳、兰陵，以越妃裴氏为太妃，拜长水校尉。高选僚佐，以沛国刘耽为司马，颍川庾怿为功曹，吴郡顾和为主簿。永昌初，迁中军将军，加散骑常侍。及东海太妃薨，因发毗丧。冲即王位，以荥阳益东海国，转车骑将军，徙骠骑将军。咸康七年薨，年三十一，赠侍中、骠骑大将军，仪同三司，无子。

成帝临崩，诏曰："哀王无嗣，国统将绝，朕所哀悼。其以小晚生奕继哀王为东海王。"以道远，罢荥阳，更以临川郡益东海。及哀帝以琅邪王即尊位，徙奕为琅邪王，东海国阙，无嗣。奕后入纂大业，桓温废之，复为东海王，既而贬为海西公，东海国又阙嗣。隆安三年，安帝诏以会稽忠王次子彦璋为东海王，继哀王为曾孙，改食吴兴郡。为桓玄所害，国除。

武陵威王晞，字道叔，出继武陵王喆后，太兴元年受封。咸和初，拜散骑常侍。后以湘东增武陵国，除左将军，迁镇军将军，加散骑常侍。康帝即位，加侍中、特进。建元初，领秘书监。穆帝即位，转镇军大将军，迁太宰。太和初，加羽葆鼓吹，入朝不趋，赞拜不名，剑履上殿。固让。

晞无学术而有武干，为桓温所忌。及简文帝即位，温乃表晞曰："晞体自皇极，故宠灵光世，不能率由王度，修己慎行，而聚纳轻剽，苞藏亡命。又息综矜忍，虐加于人。袁真叛逆，事相连染。顷自猜惧，将成乱阶。请免晞官，以王归藩，免其世子综官，解子琏散骑侍郎。"琏以梁王随晞，晞既见黜，送马八十五匹、三百人杖以归温。温又逼新蔡王晃使自诬与晞、综及著作郎殷涓、太宰长史庾倩、掾曹秀、舍人刘彊等谋逆，遂收付廷尉，请诛之。简文帝不许，温于是奏徙新安郡，家属悉从之，而族诛殷涓等，废晃徙冲阳郡。

太元六年，晞卒于新安，时年六十六。孝武帝三日临于西堂，诏曰："感惟摧怛，便奉迎灵柩，并改移妃应氏及故世子梁王诸丧，家属悉还。"复下诏曰："故前武陵王体自皇极，克己思愆。仰惟先朝仁宥之旨，岂可情礼靡寄！其追封新宁郡王，邑千户。"晞三子：综、琏、遵。以遵嗣。追赠综给事中，琏散骑郎。十二年，追复晞武陵国，综、琏各复先官，琏还继梁国。

梁王琏，字贤明，出继梁王翘，官至永安太仆，与父晞俱废。薨，子和嗣。太元中复国。薨，子珍之嗣。桓玄篡位，国人孔朴奉珍之奔于寿阳。桓玄败，珍之归朝廷。太将军武陵王令曰："梁王珍之理悟贞立，蒙险违难，抚义怀顺，载奔阙庭。值寿阳扰乱，在危克固，且可通直散骑郎。"累迁游击将军、左卫、太常。刘裕伐姚泓，请为谘议参军。裕将弱王室，诬其罪害之。

忠敬王遵，字茂远。初袭封新宁，时年十二，受拜流涕，哀感左右。右将军桓伊尝诣遵，遵曰："门何为通桓氏？"左右曰："伊与桓温疏宗，相见无嫌。"遵曰："我闻人姓木边，便欲杀之，况诸桓乎！"由是少称聪慧。及晞追复封武陵王，以遵嗣，历位散骑常侍、秘书监、太常、中领军。桓玄用事，拜金紫光禄大夫。玄篡，贬为彭泽侯，

遣之国。行次石头，夜涛水入淮，船破，未得发。会义旗兴，复还国第。朝廷ући受密诏，使遵总摄万机，加侍中、大将军，移入东宫，内外毕敬。迁转百官，称制书；又教称令书。安帝反正，更拜太保，加班剑二十人。义熙四年薨，时年三十五，诏赐东园温明神器，朝服一具，衣一袭，钱百万，布千匹，策赠太传，葬加殊礼。子定王季度立，拜散骑侍郎。薨，子球之立。宋兴，国除。

琅邪悼王焕，字耀祖。母有宠，元帝特所钟爱。初继帝弟长乐亭侯浑，后封显义亭侯。尚书令刁协奏："昔魏临淄侯以邢颙为家丞，刘桢为庶子。今侯幼弱，宜选明德。"帝令曰："临淄万户封，又植少有美才，能同游田苏者。今晚生朦弱，何论于此！间封此儿，不以宠稚子也。亡弟当应继嗣，不获已耳。家丞、庶子，足以摄祠祭而已，岂宜屈贤才以受无用乎！"及焕疾笃，帝为之撤膳，乃下诏封为琅邪王，嗣恭王后，俄而薨，年二岁。

帝悼念无已，将葬，以焕既封列国，加以成人之礼，诏立凶门柏历，备吉凶仪服，营起陵园，功役甚众。琅邪国右常侍会稽孙霄上疏谏曰：

臣闻法度典制，先王所重，吉凶之礼，事贵不过。是以世丰不使奢放，凶荒必务约杀。朝聘嘉会，足以展庠序之仪；殡葬送终，务以称哀荣之情。上无奢泰之谬，下无匮竭之困。故华元厚葬，君子谓之不臣；嬴博至俭，仲尼称其合。礼明伤财害时，古人之所讥；节省简约，圣贤之所嘉也。语曰，上之化下，如风靡草。京邑翼翼，四方所则，明教化法制，不可不慎也。陛下龙飞践阼，兴微济弊，圣怀劳谦，务从简俭，宪章旧制，犹欲节省，礼典所无，而反尚饰，此臣愚情窃所不安也。棺椁舆服槥 之属，礼典旧制，不可废阙。凶门柏历，礼典所无，天晴可不用，遇雨则无益，此至宜节省者也。若琅邪一国一时所用，不为大费，臣在机近，义所不言。今天台所居，王公百僚聚在都辇，凡有丧事，皆当供给材木百数、竹薄千计，凶门两表，衣以细竹及材，价直既贵，又非表凶哀之宜，如此过饰，宜从粗简。

又案《礼记》，国君之葬，棺椁之间容柷，大夫容壶，士容瓶。以壶瓶为差，则柷财大于壶明矣，椁周于棺，椁不甚大也。语曰，葬者藏也，藏欲其深而固也。椁大则难为坚固，无益于送终，而有损于财力。凶荒杀礼，经国常典，既减杀而犹过旧，此为国之所厚惜也。又礼，将葬，迁柩于庙祖而行，及墓即窆，葬之日即反哭而虞。如此，则柩不宿于墓上也。圣人非不哀亲之在土而无情于丘墓，盖以墓非安神之所，故修虞于殡宫。始则营草宫于山陵，迁神柩于墓侧，又非典也。非礼之事，不可以训万国。

臣至愚至贱，忽求革前之非，可谓狂瞽不知忌讳。然今天下至弊，自古所希，宗庙社稷，远托江表半州之地，凋残以甚。加之荒旱，百姓困瘁，非但不足，死亡是惧。此乃陛下至仁之所矜愍，可忧之至重也。正是匡矫末俗，改张易调之时，而犹当竭已罢之人，营无益之事，殚已困之财，修无用之费，此固臣

之所不敢安也。今琅邪之于天下，国之最大，若割损非礼之事，务遵古典，上以彰圣朝简易之至化，下以表万世无穷之规则，此刍荛之言有补万一，尘露之微有增山海。

表寝不报。

永昌元年，立焕母弟昱为琅邪王，即简文帝也。咸和二年，徙封会稽，以康帝为琅邪王。康帝即位，哀帝为琅邪王。哀帝即位，废帝为琅邪王。废帝即位，又以简文帝摄行琅邪王国祀。简文登阼，国遂无嗣。帝临崩，封少子道子为琅邪王。太元十七年，道子为会稽王，更以恭帝为琅邪王。恭帝即位，于是琅邪国除。

简文帝七子：王皇后生会稽思世子道生、皇子俞生。胡淑仪生临川献王郁、皇子朱生。王淑仪生皇子天流。李夫人生孝武帝、会稽文孝王道子。俞生、朱生、天流并早夭，今并略之。

会稽思世子道生，字延长。帝为会稽王，立道生为世子，拜散骑侍郎、给事中。性疏躁，不修行业，多失礼度，竟以幽废而卒，时年二十四，无后。及孝武帝即位，尝昼日见道生及临川献王郁，郁曰："大郎饥乏辛苦。"言竟不见。帝伤感，因以西阳王录玄孙珣之为后。珣之历吴兴太守。刘裕之伐关中，以为谘议参军。时帝道方谢，珣之为宗室之美，与梁王珍之俱被害。

临川献王郁，字深仁，幼而敏慧。道生初以无礼失旨，郁数劝以敬慎之道。道生不纳，郁为之流涕，简文帝深器异之。年十七而薨。久之，追谥献世子。宁康初，赠左将军，加散骑常侍，追封郡王，以武陵威王曾孙宝为嗣，追尊其母胡淑仪为临川太妃。

宝字弘文，历秘书监、太常、左将军、散骑常侍、护军将军。宋兴，以为金紫光禄大夫，降为西丰侯，食邑千户。

会稽文孝王道子，字道子。出后琅邪孝王，少以清澹为谢安所称。年十岁，封琅邪王，食邑一万七千六百五十一户，摄会稽国五万九千一百四十户。太元初，拜散骑常侍、中军将军，进骠骑将军。后公卿奏："道子亲贤莫二，宜正位司徒。"固让不拜。使隶尚书六条事，寻加开府，领司徒。及谢安薨，诏曰："新丧哲辅，华戎未一，自非明贤懋德，莫能绥御内外。司徒、琅邪王道子体道自然，神识颖远，实当旦奭之重，宜总二南之任，可领扬州刺史、录尚书、假节、都督中外诸军事。卫府文武，一以配骠骑府。"让不受。数年，领徐州刺史、太子太傅。公卿又奏："宜进位丞相、扬州牧、假黄钺，羽葆鼓吹。"并让不受。

于时孝武帝不亲万机，但与道子酣歌为务，姏姆尼僧，尤为亲暱，并窃弄其权。凡所幸接，皆出自小竖。郡守长吏，多为道子所树立。既为扬州总录，势倾天下，由是朝野奔凑。中书令王国宝性卑佞，特为道子所宠昵。官以贿迁，政刑谬乱。又崇信浮屠之学，用度奢侈，下不堪命。太元以后，为长夜之宴，蓬首昏目，政事多阙。桓玄尝候道子，正遇其醉，宾客满坐，道子张目谓人曰："桓温晚途欲作贼，云何？"玄伏地流汗不得起。长史谢重举

板答曰："故宣武公黜昏登圣，功超伊霍，纷纭之议，宜裁之听览。"道子颔曰："依尔依尔。"因举酒属玄，玄乃得起。由是玄益不自安，切齿于道子。

于时朝政既紊，左卫领营将军会稽许荣上疏曰："今台府局吏、直卫武官及仆隶婢儿取母之姓者，本臧获之徒，无乡邑品第，皆得命议，用为郡守县令，并带职在内，委事于小吏手中；僧尼乳母，竞进亲党，又受货赂，辄临官领众。无卫霍之才，而比方古人，为患一也。臣闻佛者清远玄虚之神，以五诫为教，绝酒不淫。而今之奉者，秽慢阿尼，酒色是耽，其违二矣。夫致人于死，未必手刃害之。若政教不均，暴滥无罪，必夭天命，其违三矣。盗者未必躬窃人财，江乙母失布，罪由令尹。今禁令不明，劫盗公行，其违四矣。在上化下，必信为本。昔年下书，敕使尽规，而众议兼集，无所采用，其违五矣。尼僧成群，依傍法服。诚粗法，尚不能遵，况精妙乎！而流惑之徒，竞加敬事，又侵渔百姓，取财为惠，亦未合布施之道也。"又陈"太子宜出临东宫，克奖德业"。疏奏，并不省。中书郎范宁亦深陈得失，帝由是渐不平于道子，然外每优崇之。国宝即宁之甥，以谄事道子，宁奏请黜之。国宝惧，使陈郡袁悦之因尼妙音致书与太子母陈淑媛，说国宝忠谨，宜见亲信。帝因发怒，斩悦之。国宝甚惧，复潜宁于帝。帝不获已，流涕出宁为豫章太守。道子由是专恣。

嬖人赵牙出自优倡，茹千秋本钱塘捕贼吏，因赂谄进，道子以牙为魏郡太守，千秋骠骑谘议参军。牙为开东第，筑山穿池，列树竹木，功用钜万。道子使宫人为酒肆，沽卖于水侧，与亲昵乘船就之饮宴，以为笑乐。帝尝幸其宅，谓道子曰："府内有山，因得游瞩，甚善也。然修饰太过，非示天下以俭。"道子无以对，唯唯而已，左右侍臣莫敢有言。帝还宫，道子谓牙曰："上若知山是板筑所作，尔必死矣。"牙曰："公在，牙何敢死！"营造弥甚。千秋卖官贩爵，聚资货累亿。

又道子既为皇太妃所爱，亲遇同家人之礼，遂恃宠乘酒，时失礼敬。帝益不能平，然以太妃之故，加崇礼秩。博平令吴兴闻人奭上疏曰："骠骑谘议参军茹千秋协辅宰相，起自微贱，窃弄威权，衒卖天官。其子寿龄为乐安令，赃私狼藉，畏法奔逃，竟无罪罚，傲然还县。又尼姏属类，倾动乱时。谷贱人饥，流殣不绝，由百姓单贫，役调深刻。又振武将军庾恒鸣角京邑，主簿戴良夫苦谏被囚，殆至没命。而恒以醉酒见怒，良夫以执忠废弃。又权宠之臣，各开小府，施置吏佐，无益于官，有损于国。"疏奏，帝益不平，而逼于太妃，无所废黜，乃出王恭为兖州，殷仲堪为荆州，王珣为仆射，王雅为太子少傅，以张王室，而潜制道子也。道子复委任王绪，由是朋党竞扇，友爱道尽。太妃每和解之，而道子不能改。

中书郎徐邈以国之至亲，唯道子而已，宜在敦穆，从容言于帝曰："昔汉文明主，犹悔淮南；世祖聪达，负愧齐王。兄弟之际，实宜深慎。"帝纳之，复委任道子如初。

时有人为《云中诗》以指斥朝廷曰："相王沈醉，轻出教命。捕贼千秋，干豫朝政。王恺守常，国宝驰名。荆州大度，散诞难名；盛德之流，法护、王宁；仲堪、仙民，

特有言咏，东山安道，执操高抗，何不征之，以为朝匠？"荆州，谓王忱也；法护，即王珣；宁，即王恭；仙民，即徐邈字；安道，戴逵字也。

及恭帝为琅邪王，道子受封会稽国，并宣城为五万九千户。安帝践阼，有司奏："道子宜进位太傅、扬州牧、中书监，假黄钺，备殊礼。"固辞不拜，又解徐州。诏内外众事，动静谘之。帝既冠，道子稽首归政，王国宝始总国权，势倾朝廷。王恭乃举兵讨之。道子惧，收国宝付廷尉，并其徒弟琅邪内史绪悉斩之，以谢于恭，恭即罢兵。道子乞解中外都督、录尚书以谢方岳，诏不许。

道子世子元显，时年十六，为侍中，心恶恭，请道子讨之。乃拜元显为征虏将军，其先卫府及徐州文武悉配之。属道子妃薨，帝下诏曰："会稽王妃尊贤莫二，朕义同所亲。今葬加殊礼，一依琅邪穆太妃故事。元显凤令光懋，乃心所寄，诚孝性蒸蒸，至痛难夺。然不以家事辞王事，《阳秋》之明义；不以私限违公制，中代之变礼。故闵子腰绖，山王逼屈。良以至戚由中，轨容著外，有礼无时，贤哲斯顺。须妃葬毕，可居职如故。"

于时王恭威振内外，道子甚惧，复引谯王尚之以为腹心。尚之说道子曰："藩伯强盛，宰相权轻，宜密树置，以自藩卫。"道子深以为然，乃以其司马王愉为江州刺史以备恭，与尚之等日夜谋议，以伺四方之隙。王恭知之，复举兵，以讨尚之为名。荆州刺史殷仲堪、豫州刺史庾楷、广州刺史桓玄并应。道子使人说楷曰："本情相与，可谓断金。往年帐中之饮，结带之言，宁可忘邪！卿今弃旧交，结新援，忘王恭畴昔陵侮之耻乎，若乃欲委体而臣之。若恭得志，以卿为反覆之人，必不相信，何富贵可保，祸败亦旋及矣！"楷怒曰："王恭昔赴山陵，相王忧惧无计，我知事急，即勒兵而至。去年之事，亦俟命而奋。我事相王，无相负者。既不能距恭，反杀国宝。自尔已来，谁复敢攘袂于君之事乎！庾楷实不能以百口助人屠灭，当与天下同举，诛锄奸臣，何忧府不开，爵不至乎！"时楷已应恭檄，正征士马。信反，朝廷忧惧，于是内外戒严。元显攘袂慷慨谓道子曰："去年不讨王恭，致有今役。今若复从其欲，则太宰之祸至矣。"道子日饮醇酒，而委事于元显。元显虽年少，而聪明多涉，志气果锐，以安危为己任。尚之为之羽翼。时相傅会者，皆谓元显有明帝神武之风。于是以为征讨都督、假节，统前将军王珣、左将军谢琰及将军桓之才、毛泰、高素等伐恭，灭之。

既而杨佺期、桓玄、殷仲堪等复至石头，元显于竹里驰还京师，遣丹阳尹王恺、鄱阳太守桓放之、新蔡内史何嗣、颍川太守温详、新安太守孙泰等，发京邑士庶数万人，据石头以距之。道子将出顿中堂，忽有惊马踏藉军中，因而扰乱，赴江而死者甚众。仲堪既知王恭败死，狼狈西走，与桓玄屯于寻阳。朝廷敛兵相距，内外骚然。诏元显甲杖百人入殿，寻加散骑常侍、中书令，又领中领军，持节、都督如故。

会道子有疾，加以昏醉，元显知朝望去之，谋夺其权，讽天子解道子扬州、司徒，而道子不之觉。元显自以少年顿居权重，虑有讥议，于是以琅邪王领司徒，元显自为扬州刺史。既而道子酒醒，方知去职，于是大怒，而无如之何。庐江太守会稽张法顺以刀笔之才，为元显谋主，交结朋援，多树亲党，自桓谦以下，诸贵游皆敛衽请交。元显性苛刻，生杀自己，法顺屡谏，不纳。又发东土诸郡免奴为客者，号曰"乐属"，移置京师，以充兵役，东土嚣然，人不堪命，天下苦之矣。既而孙恩乘衅作乱，加道子黄钺，元显为中军以讨之。又加元显录尚书事。然道子更为长夜之饮，政无大小，一委元显。时谓道子为东录，元显为西录。西府车骑填凑，东第门下可设雀罗矣。元显无良师友，正言弗闻，谄誉日至，或以为一时英杰，或谓为风流名士，由是自谓无敌天下，故骄侈日增。帝又以元显有翼亮之功，加其所生母刘氏为会稽王夫人，金章紫绶。会洛阳覆没，道子以山陵幽辱，上疏送章绶，请归藩，不许。及太皇太后崩，诏道子乘舆入殿。元显因讽礼官下议，称己德隆望重，既录百揆，内外群僚皆应尽敬。于是公卿皆拜。于时军旅荐兴，国用虚竭，自司徒已下，日廪七升，而元显聚敛不已，富过帝室。及谢琰为孙恩所害，元显求领徐州刺史，加侍中、后将军、开府仪同三司、都督十六州诸军事，封其子彦璋为东海王。寻以星变，元显解录，复加尚书令。

会孙恩至京口，元显栅断石头，率兵距战，频不利。道子无他谋略，唯日祷蒋侯庙为厌胜之术。既而孙恩遁于北海，桓玄复据上流，致笺于道子曰："贼造近郊，以风不得进，以雨不致火，食尽故去耳，非力屈也。昔国宝卒后，王恭不乘此威入统朝政，足见其心非侮于明公也，而谓之非忠。今之贵要腹心，有时流清望者谁乎？岂可云无佳胜，直是不能信之耳。用理之人，然后可以信义相期；求利之徒，岂有所惜而更委信邪？尔来一朝一夕，遂成今日之祸矣。阿衡之重，言何容易，求福则立至，干忤或致祸。在朝君子，岂不有怀，但惧害及身耳。玄忝任在远，是以披写事实。"元显览而大惧。张法顺谓之曰："桓玄承籍门资，素有豪气，既并殷、杨，专有荆楚。然桓氏世在西藩，人或为用，而第下之所控引，止三吴耳。孙恩为乱，东土涂地，编户饥馑，公私不赡，玄必乘此纵其奸凶，窃用忧之。"元显曰："为之奈何？"法顺曰："玄始据荆州，人情未辑，方就绥抚，未遑他计。及其如此，发兵诛之，使刘牢之为前锋，而第下以大军继进，桓玄之首可悬于麾下矣。"元显以为然，遣法顺至京口，谋于牢之，而牢之有疑色。法顺还，说元显曰："观牢之颜色，必贰于我，未若召入杀之。不尔，败人大事。"元显不从。

道子寻拜侍中、太傅，置左右长史、司马、从事中郎四人，崇异之仪，备尽盛典。其骠骑将军僚佐文武，即配太傅府。加元显侍中、骠骑大将军、开府、征讨大都督、十八州诸军事、仪同三司、加黄钺，班剑二十人，以伐桓玄，竟以牢之为前锋。法顺又言于元显曰："自举大事，未有威断，桓谦兄弟每为上流耳目，斩之，以孤荆楚之望。且事之济不，继在前军，而牢之反覆，万一有变，则祸败立至。可令牢之杀谦兄弟，以示不贰。若不受命，当逆为其所。"元显曰："非牢之无以当桓玄。且始事而诛大将，人情必动，二三不可。"于时扬土饥虚，运漕不继，玄断江路，商旅遂绝。于是公私匮乏，士卒唯给麩橡。

大军将发，玄从兄骠骑长史石生驰使告玄。玄进次寻阳，传檄京师，罪状元显。俄而玄至西阳，帝戎服饯元显于西池，始登舟而玄至新亭。元显弃船退屯国子学堂。明日，列阵于宣阳门外，元显佐吏多散走。或言玄已至大桁，刘牢之遂降于玄。元显回入宣阳门，牢之参军张畅之率众逼之，众溃。元显奔入相府，唯张法顺随之。问计于道子，道子对之泣。玄遣太傅从事中郎毛泰收元显送于新亭，缚于舫前而数之。元显答曰："为王诞、张法顺所误。"于是送付廷尉，并其六子皆害之。玄又奏："道子酣纵不孝，当弃市。"诏徙安成郡，使御史杜竹林防卫，竟承玄旨酖杀之，时年三十九。帝三日哭于西堂。

及玄败，大将军、武陵王遵承旨下令曰："故太傅公阿衡二世，契阔皇家，亲贤之重，地无与二。骠骑大将军内总朝维，外宣威略，志荡艰难，以宁国祚。天未静乱，祸酷备钟，悲动区宇，痛贯人鬼，感惟永往，心情崩陨。今皇祚反正，幽显式叙，宜崇明国体，以述旧典。便可追崇太傅为丞相，加殊礼，一依安平献王故事。追赠骠骑为太尉，加羽葆鼓吹。丞相填莹黩然，飘薄非所，须南道清通，便奉迎神柩。太尉官便迁改。可下太史祥吉日，定宅兆。"于是遣通直常侍司马珣之迎道子柩于安成。时寇贼未平，丧不时达。义熙元年，合葬于王妃陵。追谥元显曰忠。以临川王宝子修之为道子嗣，尊妃王氏为太妃。义熙中，有称元显子秀熙避难蛮中而至者，太妃请以为嗣，于是修之归于别第。刘裕意其诈而案验之，果散骑郎滕羡奴勺药也，竟坐弃市。太妃不悟，哭之甚恸。修之复为嗣。薨，谥悼王，无子，国除。

史臣曰：泰始之受终也，乃宪章往昔，稽古前王，广誓山河，大开藩屏，文昭武穆，方驾于鲁、卫、应、韩；磐石犬牙，连衡于吴、楚、齐、代。然而作法于乱，付托非才，何曾叹经国之无谋，郭钦识危亡之有兆。及宫车晏驾，填土未干，国难荐臻，朝章驰废。重以八王继乱，九服沸腾，戎羯交驰，乘舆幽辱，瑶枝琼萼，锋镝而消亡；朱苇绿车，与波尘而殄瘁。遂使茫茫禹迹，咸窟穴于豺狼；惵惵周余，竟沈沦于涂炭。呜呼！运极数穷，一至于此！详观载籍，未或前闻。道子地则亲贤，任惟元辅，耽荒曲蘖，信惑逸谀。遂使尼媪窃威权，奸邪制国命，始则彝伦攸斁，终则宗社沦亡。元显以童丱之年，受栋梁之寄，专制朝廷，陵蔑君亲，奋庸瑱之常材，抗奸凶之臣寇，丧师殄国。不亦宜乎！斯则元显为安帝之孙强，道子实晋朝之宰嚭者也。列代之崇建维城，用藩王室；有晋之分封子弟，实树乱阶。《诗》云："怀德惟宁，宗子维成。无俾城坏，无独期晏。"城既坏矣，畏也宜哉！典午之丧乱弘多，实此之由矣。

赞曰：帝子分封，婴此鞠凶。札瘥继及，祸难仍钟。秦献聪悟，清河内顾。淮南忠勇，宣城识度。道子昏凶，遂倾国祚。

卷六十五　　　　列传第三十五

王导 子悦 恬 洽 协 劭 荟 洽子珣
珉　劭子谧

王导，字茂弘，光禄大夫览之孙也。父裁，镇军司马。导少有风鉴，识量清远。年十四，陈留高士张公见而奇之，谓其从兄敦曰："此儿容貌志气，将相之器也。"初袭祖爵即丘子。司空刘实寻引为东阁祭酒，迁秘书郎、太子舍人、尚书郎，并不行。后参东海王越军事。

时元帝为琅邪王，与导素相亲善。导知天下已乱，遂倾心推奉，潜有兴复之志。帝亦雅相器重，契同友执。帝之在洛阳也，导每劝令之国。会帝出镇下邳，请导为安东司马，军谋密策，知无不为。及徙镇建康，吴人不附，居月余，士庶莫有至者，导患之。会敦来朝，导谓之曰："琅邪王仁德虽厚，而名论犹轻。兄威风已振，宜有以匡济者。"会三月上巳，帝亲观禊，乘肩舆，具威仪，敦、导及诸名胜皆骖从。吴人纪瞻、顾荣，皆江南之望，窃觇之，见其如此，咸惊惧，乃相率拜于道左。导因进计曰："古之王者，莫不宾礼故老，存问风俗，虚己倾心，以招俊乂。况天下丧乱，九州分裂，大业草创，急于得人者乎！顾荣、贺循，此土之望，未若引之以结人心。二子既至，则无不来矣。"帝乃使导躬造循、荣，二人皆应命而至，由是吴会风靡，百姓归心焉。自此之后，渐相崇奉，君臣之礼始定。

俄而洛京倾覆，中州士女避乱江左者十六七，导劝帝收其贤人君子，与之图事。时荆扬晏安，户口殷实，导为政务在清静，每劝帝克己励节，匡主宁邦。于是尤见委杖，情好日隆，朝野倾心，号为"仲父"。帝尝从容谓导曰："卿，吾之萧何也。"对曰："昔秦为无道，百姓厌乱，巨猾陵暴，人怀汉德，革命反正，易以为功。自魏氏以来，迄于太康之际，公卿世族，豪侈相高，政教陵迟，不遵法度，群公卿士，皆饜于安息，遂使人乘衅，有亏至道。然否终斯泰，天道之常。大王方立命世之勋，一匡九合，管仲、乐毅，于是乎在，岂区区国臣所可拟议！愿深弘神虑，广择良能。顾荣、贺循、纪瞻、周玘皆南土之秀，愿尽优礼，则天下安矣。"帝纳焉。

永嘉末，迁丹阳太守，加辅国将军。导上笺曰："昔魏武，达政之主也；苟文若，功臣之最也，封不过亭侯。仓舒，爱子之宠，赠不过别部司马。以此格万物，得不局迹乎！今者临郡，不问贤愚豪贱，皆加重号，辄有鼓盖，动见相准。时有不得者，或为耻辱。天官混杂，朝望颓毁。导忝荷重任，不能崇浚山海，而开导乱源，饕窃名位，取紊彝典，谨送鼓盖加崇之物，请从导始。庶令雅俗区别，群望无惑。"帝下令曰："导德重勋高，孤所深倚，诚宜表彰殊礼。而更约己冲心，进思尽诚，以身率众，宜顺其雅志，式允开塞之机。"拜宁远将军，寻加振威将军。愍帝即位，征吏部郎，不拜。

晋国既建，以导为丞相军谘祭酒。桓彝初过江，见朝廷微弱，谓周𫖮曰："我以中州多故，来此欲求全活，而寡弱如此，将何以济！"忧惧不乐。往见导，极谈世事，还，谓𫖮曰："向见管夷吾，无复忧矣。"过江人士，每至暇日，相要出新亭饮宴。周𫖮中坐而叹曰："风景不殊，举目有江河之异。"皆相视流涕。惟导愀然变色曰："当共戮力王室，克复神州，何至作楚囚相对泣邪！"众收泪而谢之。俄拜右将军、扬州刺史、监江南诸军事，迁骠骑将军，加散骑常侍、都督中外诸军、领中书监、录尚书事、假节，刺史如故。导以敦统六州，固辞中外都督。后坐事除节。

于时军旅不息，学校未修，导上书曰：

夫风化之本在于正人伦，人伦之正存乎设庠序。庠序设，五教明，德礼洽通，彝伦攸叙，而有耻且格，父子兄弟夫妇长幼之序顺，而君臣之义固矣。《易》所谓"正家而天下定"者也。故圣王蒙以养正，少而教之，使化沾肌肤，习以成性，迁善远罪而不自知，行成德立，然后裁之以位。虽王之世子，犹与国子齿，使知道而后贵。其取才用士，咸先本之于学。故《周礼》，卿大夫献贤能之书于王，王拜而受之，所以尊道而贵士也。人知士之贵由道存，则退而修其身以及家，正其家以及乡，学于乡以登朝，反本复始，各求诸己，敦朴之业著，浮伪之竞息，教使然也。故以之事君则忠，用之莅下则仁。孟轲所谓"未有仁而遗其亲，义而后其君者也"。

自顷皇纲失统，颂声不兴，于今将二纪矣。《传》曰："三年不为礼，礼必坏；三年不为乐，乐必崩。"而况如此之久乎！先进忘揖让之容，后生惟金鼓是闻，干戈日寻，俎豆不设，先王之道弥远，华伪之俗遂滋，非所以端本靖末之谓也。殿下以命世之资，属阳九之运，礼乐征伐，翼成中兴。诚宜经纶稽古，建明学业，以训后生，渐之教义，使文武之道坠而复兴，俎豆之仪幽而更彰。方今戎虏扇炽，国耻未雪，忠臣义夫所以扼腕拊心。苟礼仪胶固，淳风渐著，则化之所感者深而德之所被者大。使帝典阙而复补，皇纲弛而更张，兽心革面，饕餮检情，揖让而服四夷，缓带而天下从。得乎其道，岂难也哉！故有虞舞干戚而化三苗，鲁僖作泮宫而服淮夷。桓文之霸，皆先教而后战。今若遵前典，兴复道教，择朝之子弟并入于学，选明博修礼之士而为之师，化成俗定，莫尚于斯。

帝甚纳之。

及帝登尊号，百官陪列，命导升御床共坐。导固辞，至于三四，曰："若太阳下同万物，苍生何由仰照！"帝乃止。进骠骑大将军、仪同三司。以讨华轶功，封武冈侯。进位侍中、司空、假节、录尚书，领中书监。会太山太守徐龛反，帝访可以镇抚河南者，导举太子左卫率羊鉴。既而鉴败，抵罪。导上疏曰："徐龛叛戾，久稽天诛，臣创议征讨，调举羊鉴。鉴暗懦覆师，有司极法。圣恩降天地

之施，全其首领。然臣受重任，总录机衡，使三军挫衄，臣之责也。乞自贬黜，以穆朝伦。"诏不许。寻代贺循领太子太傅。时中兴草创，未置史官，导始启立，于是典籍颇具。时孝怀太子为胡所害，始奉讳，有司奏天子三朝举哀，群臣一哭而已。导以为皇太子副贰宸极，普天有情，宜同三朝之哀。从之。及刘隗用事，导渐见疏远，任真推分，澹如也。有识咸称导善处兴废焉。

王敦之反也，刘隗劝帝悉诛王氏，论者为之危心。导率群从昆弟子侄二十余人，每旦诣台待罪。帝以导忠节有素，特还朝服，召见之。导稽首谢曰："逆臣贼子，何世无之，岂意今者近出臣族！"帝跣而执之曰："茂弘，方托百里之命于卿，是何言邪！"乃诏曰："导以大义灭亲，可以吾为安东时假之。"及敦得志，加守尚书令。初，西都覆没，海内思主，群臣及四方并劝进于帝。时王氏强盛，有专天下之心，敦悼帝贤明，欲更议所立，导固争乃止。及此役也，敦谓导曰："不从吾言，几致覆族。"导犹执正议，敦无以能夺。

自汉魏已来，赐谥多由封爵，虽位通德重，先无爵者，例不加谥。导乃上疏，称"武官有爵必谥，卿校常伯无爵不谥，甚失制度之本意也"。从之。自后公卿无爵而谥，导所议也。

初，帝爱琅邪王裒，将有夺嫡之议，以问导。导曰："夫立子以长，且绍又贤，不宜改革。"帝犹疑之。导日夕陈谏，故太子卒定。及明帝即位，导受遗诏辅政，解扬州，迁司徒，一依陈群辅魏故事。王敦又举兵内向。时敦始寝疾，导便率子弟发哀，众闻，谓敦死，咸有奋志。及帝伐敦，假导节，都督诸军，领扬州刺史。敦平，进封始兴郡公，邑三千户，赐绢九千匹，进位太保，司徒如故，剑履上殿，入朝不趋，赞拜不名。固让。帝崩，导复与庾亮等同受遗诏，共辅幼主，是为成帝。加羽葆鼓吹，班剑二十人。及石勒侵阜陵，诏加导大司马、假黄钺，出讨之。军次江宁，帝亲饯于郊。俄而贼退，解大司马。

庾亮将征苏峻，访之于导。导曰："峻猜阻，必不奉诏。且山薮藏疾，宜包容之。"固争不从，亮遂召峻。既而难作，六军败绩，导入宫侍帝。峻以导德望，不敢加害，犹以本官居己之右。峻又逼乘舆幸石头，导争之不得。峻日来帝前肆丑言，导深惧有不测之祸。时路永、匡术、贾宁并说峻，令杀导，尽诛大臣，更树腹心。峻敬导，不纳，故永等贰于峻。导使参军袁耽潜讽诱永等，谋奉帝出奔义军。而峻衙御甚严，事遂不果。导乃携二子随永奔于白石。

及贼平，宗庙宫室并为灰烬，温峤议迁都豫章，三吴之豪请都会稽，二论纷纭，未有所适。导曰："建康，古之金陵，旧为帝里，又孙仲谋、刘玄德俱言王者之宅。古之帝王不必以丰俭移都，苟弘卫文大帛之冠，则无往不可。若不绩其麻，则乐土为虚矣。且北寇游魂，伺我之隙，一旦示弱，窜于蛮越，求之望实，惧非良计。今特宜镇之以静，群情自安。"由是峤等谋并不行。

导善于因事，虽无日用之益，而岁计有余。时帑藏空竭，库中惟有练数千端，鬻之不售，而国用不给。导患之，乃与朝贤俱制练布单衣，于是士人翕然竞服之，练遂踊

贵。乃令主者出卖，端至一金。其为时所慕如此。

六年冬，蒸，诏归胙于导，曰："无下拜。"导辞疾不敢当。初，帝幼冲，见导，每拜。又尝与导书手诏，则云"惶恐言"，中书作诏，则曰"敬问"，于是以为定制。自后元正，导入，帝犹为之兴焉。

时大旱，导上疏逊位。诏曰："夫圣王御世，动合至道，运无不周，故能人伦攸叙，万物获宜。朕荷祖宗之重，托于王公之上，不能仰陶玄风，俯洽宇宙，亢阳逾时，兆庶胥怨，邦之不臧，惟予一人。公体道明哲，弘犹深远，勋格四海，翼亮三世，国典之不坠，实仲山甫补之。而猥崇谦光，引咎克让，元道之愆，寄责宰辅，只增其阙。博综万机，不可一日有旷。公宜遗履谦之近节，遵经国之远略。门下速遣侍中以下敦喻。"导固让。诏累逼之，然后视事。

导简素寡欲，仓无储谷，衣不重帛。帝知之，给布万匹，以供私费。导有羸疾，不堪朝会，帝幸其府，纵酒作乐，后令舆车入殿，其见敬如此。

石季龙掠骑至历阳，导请出讨之。加大司马、假黄钺、中外诸军事，置左右长史、司马，给布万匹。俄而贼退，解大司马，复转中外大都督，进位太傅，又拜丞相，依汉制罢司徒官以并之。册曰："朕凤罹不造，肆陟帝位，未堪多难，祸乱旁兴。公文贯九功，武经七德，外绥四海，内齐八政，天地以平，人神以和，业同伊尹，道隆姬旦。仰思唐虞，登庸隽乂，申命群官，允釐庶绩。朕思凭高漠，弘济远猷，维稽古建尔于上公，永为晋辅。往践厥职，敬敷道训，以亮天工。不亦休哉！公其戒之！"

是岁，妻曹氏卒，赠金章紫绶。初，曹氏性妒，导甚惮之，乃密营别馆，以处众妾。曹氏知，将往焉。导恐妾被辱，遽令命驾，犹恐迟之，以所执麈尾柄驱牛而进。司徒蔡谟闻之，戏导曰："朝廷欲加公九锡。"导弗之觉，但谦退而已。谟曰："不闻余物，惟有短辕犊车，长柄麈尾。"导大怒，谓人曰："吾往与群贤共游洛中，何曾闻有蔡克儿也。"

于时庾亮以望重地逼，出镇于外。南蛮校尉陶称间说亮当举兵内向，或劝导密为之防。导曰："吾与元规休戚是同，悠悠之谈，宜绝智者之口。则如君言，元规若来，吾便角巾还第，复何惧哉！"又与称书，以为庾公帝之元舅，宜善事之。于是谗间遂息。时亮虽居外镇，而执朝廷之权，既据上流，拥强兵，趣向者多归之。导内不能平，常遇西风尘起，举扇自蔽，徐曰："元规尘污人。"

自汉魏以来，群臣不拜山陵。导以元帝腾同布衣，匪惟君臣而已，每一崇进，皆就拜，不胜哀戚。由是诏百官拜陵，自导始也。

咸康五年薨，时年六十四。帝举哀于朝堂三日，遣大鸿胪持节监护丧事，赗襚之礼，一依汉博陆侯及安平献王故事。及葬，给九游辒辌车、黄屋左纛、前后羽葆鼓吹、武贲班剑百人，中兴名臣莫与为比。册曰："盖高位以酬明德，厚爵以答懋勋；至乎阖棺标迹，莫尚号谥，风流百代，于是乎在。惟公迈达冲虚，玄鉴劭邈；夷淡以约其心，体仁以流其惠。栖迟务外，则名隽中夏，应期濯缨，则潜算独运。昔我中宗、肃祖之基中兴也，下帷委诚而策定江左，拱己宅心而庶绩咸熙。故能威之所振，寇虐改心，化之所鼓，梼杌易质；调阴阳之和，通彝伦之纪，辽陇承风，丹穴景附。隆高世之功，复宣武之绩，旧物不失，公协其猷。若乃荷负顾命，保朕冲人，遭遇艰屯，夷险委顺；拯其沦坠而济之以道，扶其颓倾而弘之以仁，经纬三朝而蕴道弥旷。方赖高谟，以穆四海，昊天不吊，奄忽薨殂，朕用震恸于心。虽有殷之殒保衡，有周之丧二南，曷谕兹怀！今遣使持节、谒者仆射任瞻锡谥曰文献，祠以太牢。魂而有灵，嘉兹荣宠！"

二弟：颖、敞，少与导俱知名，时人以颖方温太真，以敞比邓伯道，并早卒。导六子：悦、恬、洽、协、劭、荟。

悦字长豫，弱冠有高名，事亲色养，导甚爱之。导尝共悦奕棋，争道，导笑曰："相与有瓜葛，那得为尔邪！"导性俭节，帐下甘果烂败，令弃之，云："勿使大郎知。"悦少侍讲东宫，历吴王友、中书侍郎，先亭卒，谥贞世子。先是，导梦人以百万钱买悦，潜为祈祷者备矣。寻掘地，得钱百万，意甚恶之，一皆藏闭。及悦疾笃，导忧念特至，不食积日。忽见一人形状甚伟，被甲持刀，导问："君是何人？"曰："仆是蒋侯也。公儿不佳，欲为请命，故来耳。公勿复忧。"因求食，遂啖数升。食毕，勃然谓导曰："中书患，非可救者。"言讫不见，悦亦殒绝。悦与导语，恒以慎密为端。导还台，及行，悦未尝不送至车后，又恒为母曹氏襞敛箱箧中物。悦亡后，导还台，自悦常所送处哭至台门，其母长封作箧，不忍复开。

悦无子，以弟恬子琨为嗣，袭封爵丹阳尹，卒，赠太常。子嘏嗣，尚鄱阳公主，历中领军、尚书。卒，子恢嗣，义熙末，为游击将军。

恬字敬豫。少好武，不为公门所重。导见悦辄喜，见恬便有怒色。州辟别驾，不行，袭爵即丘子。性傲诞，不拘礼法。谢万尝造恬，既坐，少顷，恬便入内。万以为必厚待己，殊有喜色。恬久之乃沐头散发而出，据胡床于庭中晒发，神气傲迈，竟无宾主之礼。万怅然而归。晚节更好士，多技艺，善奕棋，为中兴第一。迁中书郎。帝欲以为中书令，导固让，从之。除后将军、魏郡太守，加给事中，领兵镇石头。导薨，去官。俄起为后将军，复镇石头。转吴国、会稽内史，加散骑常侍。卒，赠中军将军，谥曰宪。

洽字敬和，导诸子中最知名，与荀羡俱有美称。弱冠，历散骑、中书郎、中军长史、司徒左长史、建武将军、吴郡内史。征拜领军，寻加中书令，固让，表疏十上。穆帝诏曰："敬和清裁贵令，昔为中书郎，吾时尚小，数呼见，意甚亲之。今所以用为令，既机任须才，且欲时时相见，共讲文章，待以友臣之义。而累表固让，甚违本怀。其催洽令拜。"苦让，遂不受。升平二年卒于官，年三十六。二子：珣、珉。

珣字元琳。弱冠与陈郡谢玄为桓温掾，俱为温所敬重，尝谓之曰："谢掾年四十，必拥旄杖节。王掾当作黑头公。皆未易才也。"珣转主簿。时温经略中夏，竟无宁岁，军中机务并委珣焉。文武数万人，悉识其面。从讨袁真，封东亭侯，转大司马参军、琅邪王友、中军长史、给事黄门侍郎。

珣兄弟皆谢氏婿，以猜嫌致隙。太傅安既与珣绝婚，又离珉妻，由是二族遂成仇衅。时希安旨，乃出珣为豫章太守，不之官。除散骑常侍，不拜。迁秘书监。安卒后，迁侍中，孝武深杖之。转辅国将军、吴国内史，在郡为士庶所悦。征为尚书右仆射，领吏部，转左仆射，加征虏将军，复领太子詹事。

时帝雅好典籍，珣与殷仲堪、徐邈、王恭、郗恢等并以才学文章见昵于帝。及王国宝自媚于会稽王道子，而与珣等不协，帝虑晏驾后怨隙必生，故出恭、恢为方伯，而委珣端右。珣梦人以大笔如椽与之，既觉，语人云："此当有大手笔事。"俄而帝崩，哀册谥议，皆珣所草。

隆安初，国宝用事，谋黜旧臣，迁珣尚书令。王恭赴山陵，欲杀国宝，珣止之曰："国宝虽终为祸乱，要罪逆未彰，今便先事而发，必大失朝野之望。况拥强兵，窃发于京辇，谁谓非逆！国宝若遂不改，恶布天下，然后顺时望除之，亦无尤不济也。"恭乃止。既而谓珣曰："比来视君，一似胡广。"珣曰："王陵廷争，陈平慎默，但问岁终何如耳。"恭寻起兵，国宝将杀珣等，仅而得免，语在国宝传。二年，恭复举兵，假珣节，进卫将军、都督琅邪水陆军事。事平，上所假节，加散骑常侍。

四年，以疾解职。岁余，卒，时年五十二。追赠车骑将军、开府，谥曰献穆。桓玄与会稽王道子书曰："珣神情朗悟，经史明彻，风流之美，公私所寄。虽逼嫌谤，才用不尽；然君子在朝，弘益自多。时事艰难，忽尔丧失，叹惧之深，岂但风流相悼而已！其崎岖九折，风霜备经，虽赖明公神鉴，亦识会居之故也。卒以寿终，殆无所哀。但情发去来，置之未易耳。"玄辅政，改赠司徒。

初，珣既与谢安有隙，在东闻安薨，便出京师，诣族弟献之，曰："吾欲哭谢公。"献之惊曰："所望于法护。"于是直前哭之甚恸。法护，珣小字也。珣五子：弘、虞、柳、孺、昙首，宋世并有高名。

珉字季琰。少有才艺，善行书，名出珣右。时人为之语曰："法护非不佳，僧弥难为兄。"僧弥，珉小字也。时有外国沙门，名提婆，妙解法理，为珣兄弟讲《毗昙经》。珉时尚幼，讲未半，便云已解，即于别室与沙门法纲等数人自讲。法纲叹曰："大义皆是，但小未精耳。"辟州主簿，举秀才，不行。后历著作、散骑郎、国子博士、黄门侍郎、侍中，代王献之为长兼中书令。二人素齐名，世谓献之为"大令"，珉为"小令"。太元十三年卒，时年三十八，追赠太常。二子：朗、练。义熙中，并历侍中。

协字敬祖，元帝抚军参军，袭爵武冈侯，早卒，无子，以弟劭子谧为嗣。

谧字稚远。少有美誉，与谯国桓胤、太原王绥齐名。拜秘书郎，袭父爵，迁秘书丞，历中军长史、黄门郎、侍中。及桓玄举兵，诏谧衔命诣玄，玄深敬昵焉。拜建威将军、吴国内史，未至郡，玄以为中书令、领军将军、吏部尚书，迁中书监，加散骑常侍，领司徒。及玄将篡，以谧兼太保，奉玺册诣玄。玄篡，封武昌县开国公，加班剑二十人。

初，刘裕为布衣，众未之识也，惟谧独奇贵之，尝谓裕曰："卿当为一代英雄。"及裕破桓玄，谧以本官加侍中，领扬州刺史、录尚书事。谧既受宠桓氏，常不自安。护军将军刘毅尝问谧曰："玺绶何在？"谧益惧。会王绥以桓氏甥自疑，谋反，父子兄弟皆伏诛。谧从弟谌，少骁果轻侠，欲诱谧还吴，起兵为乱，乃说谧曰："王绥无罪，而义旗诛之，是除时望也。兄少立名誉，加位地如此，欲不危，得乎！"谧惧而出奔。刘裕笺诣大将军、武陵王遵，遣人追蹑，谧既还，委任如先，加谧班剑二十人。义熙三年卒，时年四十八。追赠侍中、司徒，谥曰文恭。三子：瓘、球、琇。入宋，皆至大官。

劭字敬伦，历东阳太守、吏部郎、司徒左长史、丹阳尹。劭美姿容，有风操，虽家人近习，未尝见其坠替之容。桓温甚器之。迁吏部尚书、尚书仆射，领中领军，出为建威将军、吴国内史。卒，赠车骑将军，谥曰简。三子：穆、默、恢。穆，临海太守。默，吴国内史，加二千石。恢，右卫将军。穆三子：简、智、超。默二子：鉴、惠。义熙中，并历显职。

荟字敬文。恬虚守靖，不竞荣利，少历清官，除吏部郎、侍中、建威将军、吴国内史。时年饥粟贵，人多饿死，荟以私米作饘粥，以饴饿者，所济活甚众。征补中领军，不拜。徙尚书，领中护军，复为征虏将军、吴国内史。顷之，桓冲表请荟为江州刺史，固辞不拜。转督浙江东五郡、左将军、会稽内史，进号镇军将军，加散骑常侍。卒于官，赠卫将军。

子廞，历太子中庶子、司徒左长史。以母丧，居于吴。王恭举兵，假廞建武将军、吴国内史，令起军，助为声援。廞即墨绖合众，诛杀异己，仍遣前吴国内史虞啸父等入吴兴、义兴聚兵，轻侠赴者万计。廞自谓义兵一动，势必未宁，可乘间而取富贵。而曾不旬日，国宝赐死，恭罢兵符，廞去职。廞大怒，回众讨恭。恭遣司马刘牢之距战于曲阿，廞众溃奔走，遂不知所在。长子泰为恭所杀，少子华以不知廞存亡，忧毁布衣蔬食。后从兄谧言其死所，华始发丧，入仕。

初，导渡淮，使郭璞筮之，卦成，璞曰："吉，无不利。淮水绝，王氏灭。"其后子孙繁衍，竟如璞言。

史臣曰：飞龙御天，故资云雨之势；帝王兴运，必俟股肱之力。轩辕，圣人也，杖师臣而授图；商汤，哲后也，托负鼎而成业。自斯已降，罔不由之。原夫典午发踪，本于陵寡，金行抚运，无德在时。九土未宅其心，四夷已承其弊。既而中原荡覆，江左嗣兴，兆著玄石之图，乖少康之祀夏；时无思晋之士，异汉叔之兴刘；辅佐中宗，艰哉甚矣！茂弘策名枝屏，叶情交好，负其才智，恃彼江湖，思建克复之功，用成翌宣之道。于是王敦内侮，凭天邑而狼顾；苏峻连兵，指宸居而隼击。实赖元宰，固怀匪石之心；潜运忠谟，竟翦吞沙之寇。乃诚贯日月，主垂饵以终全；贞志陵霜，国缀旒而不灭。观其开设学校，存乎沸鼎之中，爰立章程,在乎栉风之际;虽则世道多故,而规模弘远矣。比夫萧曹弼汉,六合为家;夷望匡周,万方同轨,功未半古,不足为俦。至若夷吾体仁,能相小国;孔明践义,善翊新邦,抚事论情,抑斯之类也。提挈三世,终始一心,称为"仲父",盖其宜矣。恬珣踵事,副吕虔之赠刀;谥乃睽声,惭刘毅之征玺。语曰:"深山大泽,有龙有蛇。"实斯之谓也。

赞曰:虎啸焱驰,龙升云映。武冈矫矫,匡时辑政。懿绩克宣,忠规靡竞。契叶三主,荣逾九命。贻刀表祥,巫水流庆。赫矣门族,重光斯盛。

卷六十六　　　列传第三十六

刘弘　陶侃

刘弘,字和季,沛国相人也。祖馥,魏扬州刺史。父靖,镇北将军。弘有干略政事之才,少家洛阳,与武帝同居永安里,又同年,共研席。以旧恩起家太子门大夫,累迁率更令,转太宰长史。张华甚重之。由是为宁朔将军、假节、监幽州诸军事,领乌丸校尉,甚有威惠,寇盗屏迹,为幽朔所称。以勋德兼茂,封宣城公。太安中,张昌作乱,转使持节、南蛮校尉、荆州刺史,率前将军赵骧等讨昌,自方城至宛、新野,所向皆平。及新野王歆之败也,以弘代为镇南将军、都督荆州诸军事,余官如故。弘遣南蛮长史陶侃为大都护,参军蒯恒为义军督护,牙门将皮初为都战帅,进据襄阳。张昌并军围宛,败赵骧军,弘退屯梁。侃、初等累战破昌,前后斩首数万级。及到官,昌惧而逃,其众悉降,荆土平。

初,弘之退也,范阳王虓遣长水校尉张奕领荆州。弘至,奕不受代,与兵距弘。弘遣军讨奕,斩之,表曰:"臣以凡才,谬荷国恩,作司方州,奉辞伐罪,不能奋扬雷霆,折冲万里,军退于宛,分受显戮。猥蒙含宥,被遣之职,即进达所镇。而范阳王虓先遣前长水校尉张奕领荆州,臣至,不受节度,擅举兵距臣。今张昌奸党初平,昌未枭擒,益梁流人萧条猥集,无赖之徒易相扇动,飘风骇荡,则沧海横波,苟患失之,无所不至,比须表上,虑失事机,辄遣军讨奕,即枭其首。奕虽贪乱,欲为荼毒,由臣劣弱,不胜其任,令奕肆心,以劳资斧,敢引覆𫗧之刑,甘受专辄之罪。"诏曰:"将军文武兼资,前委方夏,宛城不守,咎由赵骧。将军所遣诸军,克灭群寇,张奕贪祸,距违诏命。将军致讨,传首阙庭,虽有不请之嫌,古人有专之之义。"其恢宏奥略,镇绥南海,以副推毂之望焉。"张昌窜于下隽山,弘遣军讨昌,斩之,悉降其众。

时荆部守宰多阙,弘请补选,帝从之。弘乃叙功铨德,随才补授,甚为论者所称。乃表曰:"被中诏,敕臣随资品选,补诸缺吏。夫庆赏刑威,非臣所专,且知人则哲,圣帝所难,非臣暗蔽所能斟酌。然万事有机,豪厘宜慎,谨奉诏书,差所应用。盖崇化莫若贵德,则所以济屯,故太上立德,其次立功也。顷者多难,淳朴弥凋,臣辄以征士伍朝补零陵太守,庶以惩波荡之弊,养退让之操。臣以不武,前退于宛,长史陶侃、参军蒯恒、牙门皮初,戮力致讨,荡灭奸凶,侃恒各以始终军事,初为都战帅,忠勇冠军,汉沔清肃,实初等之勋也。《司马法》'赏不逾时',欲人知为善之速福也。若不超报,无以劝徇功之士,慰熊罴之志。臣以初补襄阳太守,侃为府行司马,使典论功事,恒为山都令。诏惟令臣以散补空缺,然沵乡令虞潭忠诚烈正,首唱义举,举善以教,不能者劝,臣辄特转潭补醴陵令。南郡廉吏仇勃,母老疾困,贼至守卫不移,以致拷掠,几至陨命。尚书令史郭贞,张昌以为尚书郎,欲访于朝议,遁逃不出,昌质其妻子,避之弥远。勃孝笃著于临危,贞忠厉于强暴,虽各四品,皆可以训奖臣子,长益风教。臣辄以勃为归乡令,贞为信陵令。皆υπ行相参,循名校实,条列行状,公文具上。"朝廷以初虽有功,襄阳又是名郡,名器宜慎,不可授初,乃以前东平太守夏侯陟为襄阳太守,余并从之。陟,弘之婿也。弘下教曰:"夫统天下者,宜与天下一心;化一国者,宜与一国为任。若必姻亲然后可用,则荆州十郡,安得十女婿然后为政哉!"乃表"陟姻亲,旧制不得相监。皮初之勋宜见酬报。"诏听之。

弘于是劝课农桑,宽刑省赋,岁用有年,百姓爱悦。弘尝夜起,闻城上持更者叹声甚苦,遂呼省之。兵年过六十,羸疾无襦。弘愍之,乃谪罚主者,遂给韦袍复帽,转以相付。旧制,岘方二山泽中不听百姓捕鱼,弘下教曰:"礼,名山大泽不封,与共其利。今公私并兼,百姓无复厝手地,当何谓邪!速改此法。"又"酒室中云齐中酒、听事酒、猥酒,同用曲米,而优劣三品。投醪当与三军同其薄厚,自今不得分别。"时益州刺史罗尚为李特所败,遣使告急,请粮。弘移书赡给,而州府纲纪以运道悬远,文武匮乏,欲以零陵一运米五千斛与尚。弘曰:"诸君未之思耳。天下一家,彼此无异,吾今给之,则无西顾之忧矣。"遂以零陵米三万斛给之。尚赖以自固。于时流人在荆州十余万户,羁旅贫乏,多为盗贼。弘乃给其田种粮食,擢其贤才,随资叙用。时总章太乐伶人,避乱多至荆州,或劝可作乐者。弘曰:"昔刘景升以礼坏乐崩,命杜夔为天子合乐,乐成,欲庭作之。夔曰:'为天子合乐而庭作之,恐非将军本意。'吾常为之叹息。今主上蒙尘,吾未能展效臣节,虽有家伎,犹不宜听,况御乐哉!"乃下郡县,使安慰之,须朝廷旋返,送还本署。论平张昌功,应封次子一人县侯,弘上疏固让,许之。进拜侍中、镇南大将军、开府仪同三司。

惠帝幸长安,河间王颙挟天子,诏弘以刘乔继援。弘以张方残暴,知颙必败,遣使受东海王越节度。时天下大乱,弘专督江汉,威行南服。前广汉太守辛冉说弘以从横之事,弘大怒,斩之。河间王颙使张光为顺阳太守,南阳太守卫展说弘曰:"彭城王前东奔,有不善之言。张光,太宰腹心,宜斩光以明向背。"弘曰:"宰辅得失,岂张光之罪!危人自安,君子弗为也。"展深恨之。

陈敏寇扬州，引兵欲西上，弘乃解南蛮，以授前北军中候蒋超，统江夏太守陶侃、武陵太守苗光，以大众屯于夏口。又遣治中何松领建平、宜都、襄阳三郡兵，屯巴东，为罗尚后继。又加南平太守应詹宁远将军，督三郡水军，继蒋超。侃与敏同郡，又同岁举吏，或有间侃者，弘不疑之。乃以侃为前锋督护，委以讨敏之任。侃遣子及兄子为质，弘遗之曰："贤叔征行，君祖母年高，便可归也。匹夫之交尚不负心，何况大丈夫乎！"陈敏竟不敢窥境。永兴三年，诏进号车骑将军，开府及余官如故。

弘每有兴废，手书守相，丁宁款密，所以人皆感悦，争赴之，咸曰："得刘公一纸书，贤于十部从事。"及东海王越奉迎大驾，弘遣参军刘盘为督护，率诸军会之。盘既旋，弘自以老疾，将解州及校尉，适分授所部，未及表上，卒于襄阳。士女嗟痛，若丧所亲矣。

初，成都王颖南奔，欲之本国，弘距之。及弘卒，弘司马郭励欲推颖为主，弘子璠追遵弘志，于是墨绖率府兵讨励，战于浊水，斩之，襄沔肃清。初，东海王越疑弘与刘乔贰于己，虽下笺度，心未能安。及弘距颖，璠又斩励，朝廷嘉之。越手书与璠赞美之，表赠弘新城郡公，谥曰元。

以高密王略代镇，寇盗不禁，诏起璠为顺阳内史，江汉之间翕然归心。及略薨，山简代之。简至，知璠得众心，恐百姓逼以为主，表陈之，由是征璠为越骑校尉。璠亦深虑逼迫，被书，便轻至洛阳，然后遣迎家累。侨人侯脱、路难等相率卫送至都，然后辞去。南夏遂乱。父老追思弘，虽《甘棠》之咏召伯，无以过也。

陶侃，字士行，本鄱阳人也。吴平，徙家庐江之寻阳。父丹，吴扬武将军。侃早孤贫，为县吏。鄱阳孝廉范逵尝过侃，时仓卒无以待宾，其母乃截发得双髲，以易酒肴，乐饮极欢，虽仆从亦过所望。及逵去，侃追送百余里。逵曰："卿欲仕郡乎？"侃曰："欲之，困于无津耳。"逵过庐江太守张夔，称美之。夔召为督邮，领枞阳令。有能名，迁主簿。会州部从事之郡，欲有所按，侃闭门部勒诸吏，谓从事曰："若鄱郡有违，自当宪章直绳，不宜相逼。若不以礼，吾能御之。"从事即退。夔妻有疾，将迎医于数百里。时正寒雪，诸纲纪皆难之，侃独曰："资于事父以事君。小君，犹母也，安有父母之疾而不尽心乎！"乃请行。众咸服其义。长沙太守万嗣过庐江，见侃，虚心敬悦，曰："君终当有大名。"命其子与之结友而去。

夔察侃为孝廉，至洛阳，数诣张华。华初以远人，不甚接遇。侃每往，神无忤色。华后与语，异之。除郎中。伏波将军孙秀以亡国支庶，府望不显，中华人士耻为掾属，以侃寒宦，召为舍人。时豫章国郎中令杨晫，侃州里也，为乡论所归。侃诣之，晫曰："《易》称'贞固足以干事'，陶士行是也。"与同乘见中书郎顾荣，荣甚奇之。吏部郎温雅谓晫曰："奈何与小人共载？"晫曰："此人非凡器也。"尚书乐广欲会荆扬士人，武库令黄庆进侃于广。人或非之，庆曰："此子终当远到，复何疑也！"庆后为吏部令史，举侃补武冈令。与太守吕岳有嫌，弃官归，为郡小中正。

会刘弘为荆州刺史，将之官，辟侃为南蛮长史，遣先向襄阳讨贼张昌，破之。弘既至，谓侃曰："吾昔为羊公参军，谓吾其后当居身处。今相观察，必继老夫矣。"后以军功封东乡侯，邑千户。

陈敏之乱，弘以侃为江夏太守，加鹰扬将军。侃备威仪，迎母官舍，乡里荣之。敏遣其弟恢来寇武昌，侃出兵御之。随郡内史扈瑰间侃于弘曰："侃与敏有乡里之旧，居大郡，统强兵，脱有异志，则荆州无东门矣。"弘曰："侃之忠能，吾得之已久，岂有是乎！"侃潜闻之，遽遣子洪及兄子臻诣弘以自固。弘引为参军，资而遣之。又加侃为督护，使与诸军并力距恢。侃乃以运船为战舰，或言不可，侃曰："用官物讨官贼，但须列上有本末耳。"于是击恢，所向必破。侃戎政齐肃，凡有虏获，皆分士卒，身无私焉。后以母忧去职。尝有二客来吊，不哭而退，化为双鹤，冲天而去，时人异之。

服阕，参东海王越军事。江州刺史华轶表侃为扬武将军，使屯夏口，又以臻为参军。轶与元帝素不平，臻惧难作，托疾而归，白侃曰："华彦夏有忧天下之志，而才不足，且与琅邪不平，难将作矣。"侃怒，遣臻还轶。臻遂东归于帝。帝见之，大悦，命臻为参军，加侃奋威将军，假赤幢曲盖轺车、鼓吹。侃乃与华轶告绝。

顷之，迁龙骧将军、武昌太守。时天下饥荒，山夷多断江劫掠。侃令诸将诈作商船以诱之。劫果至，生获数人，是西阳王羕之左右。侃即遣兵逼羕，令出向贼，侃整阵于钓台为后继。羕缚送帐下二十人，侃斩之。自是水陆肃清，流亡者归之盈路，侃竭资振给焉。又立夷市于郡东，大收其利。而帝使侃击杜弢，令振威将军周访、广武将军赵诱受侃节度。侃令二将为前锋，兄子舆为左甄，击贼，破之。时周顗为荆州刺史，先镇浔水城，贼掠其良口。侃使部将朱伺救之，贼退保泠口。侃谓诸将曰："此贼必更步向武昌，吾宜还城，昼夜三日行可至。卿等谁能忍饥斗邪？"部将吴寄曰："要欲十日忍饥，昼当击贼，夜分捕鱼，足以相济。"侃曰："卿健将也。"贼果增兵来攻，侃使朱伺等逆击，大破之，获其辎重，杀伤甚众。遣参军王贡告捷于王敦，敦曰："若无陶侯，便失荆州矣。伯仁方入境，便为贼所破，不知得有刺史？"贡对曰："鄙州方有事难，非陶龙骧莫可。"敦然之，即表拜侃为使持节、宁远将军、南蛮校尉、荆州刺史，领西阳、江夏、武昌，镇于沌口，又移入沔江。遣朱伺等讨江夏贼，杀之。贼王冲自称荆州刺史，据江陵。王贡还，至竟陵，矫侃命，以杜曾为前锋大督护，进军斩冲，悉降其众。侃召曾不到，贡又恐矫命获罪，遂与曾举兵反，击侃督护郑攀于沌阳，破之，又败朱伺于沔口。侃欲退入溳中，部将张奕将贰于侃，诡说曰："贼至而动，众必不可。"侃惑之而不进。无何，贼至，果为所败。贼钩侃所乘舰，侃窘急，走入小船。朱伺力战，仅而获免。张奕竟奔于贼。侃坐免官。王敦表以侃白衣领职。

侃复率周访等进军人湘，使都尉杨举为先驱，击杜弢，大破之，屯兵于城西。侃之佐史辞诣王敦曰："州将陶使君孤根特立，从微至著，忠允之功，所在有效。出佐南夏，辅翼刘征南，前遇张昌，后属陈敏，侃以偏旅，独当大寇，无征不克，群丑破灭。近者王如乱北，杜弢跨南，二征奔走，一州星驰，其余郡县，所在土崩。侃招携以礼，怀远以德，子来之众，前后累至。奉承指授，独守危厄，人往不动，人离不散。往年董督，径造湘城，志陵云霄，神机独断。徒以军少粮悬，不果献捷。然杜弢慑惧，来还夏口，未经信宿，建平流人迎贼俱叛。侃即回军溯流，芟夷丑类，至使西门不键，华圻无虞者，侃之功也。明将军愍此荆楚，救命涂炭，使侃统领穷残之余，寒者衣之，饥者食之，比屋相庆，有若挟纩。江滨孤危，地非重险，非可单军独能保固，故移就高栅，以避其冲。贼轻易先至，大众在后，侃距战经日，杀其名帅。贼寻犬羊相结，并力来攻，侃以忠臣之节，义无退顾，被坚执锐，身当戎行，将士奋击，莫不用命。当时死者不可胜数。贼众参伍，更息更战。侃以孤军一队，力不独御，意宜取全，以俟后举。而主者责侃，重加黜削。侃性谦冲，功成身退，今奉还所受，唯恐稽迟。然某等区区，实恐理失于内，事败于外，豪厘之差，将致千里，使荆蛮乖离，西峡不守，唇亡齿寒，侵逼无限也。"敦于是奏复侃官。

韬将王贡精卒三千，出武陵江，诱五溪夷，以舟师断官运，径向武昌。侃使郑攀及伏波将军陶延夜趣巴陵，潜师掩其不备，大破之，斩千余级，降万余口。贡遁还湘城。贼中离阻，杜弢遂疑张奕而杀之，众情益惧，降者滋多。王贡复挑战，侃遥谓之曰："杜弢为益州吏，盗用库钱，父死不奔丧。卿本佳人，何为随之也？天下宁有白头贼乎！"贡初横脚马上，侃言讫，贡敛容下脚，辞色甚顺。侃知其可动，复令谕之，截发为信，贡遂来降。而韬败走。进克长沙，获其将毛宝、高宝、梁堪而还。

王敦深忌侃功。将还江陵，欲诣敦别，皇甫方回及朱伺等谏，以为不可。侃不从。敦果留侃不遣，左转广州刺史、平越中郎将，以王广为荆州。侃之佐吏将士诣敦请留侃。敦怒，不许。侃将郑攀、苏温、马俊等不欲南行，遂西迎杜曾以距广。敦意攀承侃风旨，被甲持矛，将杀侃，出而复回者数四。侃正色曰："使君之雄断，当裁天下，何此不决乎！"因起如厕。咨议参军梅陶、长史陈颁言于敦曰："周访与侃亲姻，如左右手，安有断人左手而右手不应者乎！"敦意遂解，于是设盛馔以饯之。侃便夜发。敦引其子瞻参军。侃既达豫章，见周访，流涕曰："非卿外援，我殆不免！"侃因进至始兴。

先是，广州人背刺史郭讷，迎长沙人王机为刺史。机复遣使诣王敦，乞为交州。敦从之，而机未发。会杜弘据临贺，因机乞降，劝弘取广州，弘遂与温邵及交州秀才刘沈俱谋反。或劝侃且住始兴，观察形势。侃不听，直至广州。弘遣使伪降。侃知其诈，先于封口起发石车。俄而弘率轻兵而至，知侃有备，乃退。侃追击破之，执刘沈于小桂。又遣部将许高讨机，斩之，传首京都。诸将皆请乘胜击温邵，侃笑曰："吾威名已著，何事遣兵，但一函纸自足耳。"于是下书谕之。邵惧而走，追获于始兴。以功封柴桑侯，食邑四千户。

侃在州无事，辄朝运百甓于斋外，暮运于斋内。人问其故，答曰："吾方致力中原，过尔优逸，恐不堪事。"其励志勤力，皆此类也。

太兴初，进号平南将军，寻加都督交州军事。及王敦举兵反，诏侃以本官领江州刺史，寻转都督、湘州刺史。敦得志，上侃复本职，加散骑常侍。时交州刺史王谅为贼梁硕所陷，侃遣将高宝进击平之。以侃领交州刺史。录前后功，封次子夏为都亭侯，进号征南大将军、开府仪同三司。及王敦平，迁都督荆、雍、益、梁州诸军事，领护南蛮校尉、征西大将军、荆州刺史，余如故。楚郢士女莫不相庆。

侃性聪敏，勤于吏职，恭而近礼，爱好人伦。终日敛膝危坐，阃外多事，千绪万端，罔有遗漏。远近书疏，莫不手答，笔翰如流，未尝壅滞。引接疏远，门无停客。常语人曰："大禹圣者，乃惜寸阴，至于众人，当惜分阴，岂可逸游荒醉，生无益于时，死无闻于后，是自弃也。"诸参佐或以谈戏废事者，乃命取其酒器、蒲博之具，悉投之于江，吏将则加鞭扑，曰："樗蒲者，牧猪奴戏耳！《老》《庄》浮华，非先王之法言，不可行也。君子当正其衣冠，摄其威仪，何有乱头养望自谓宏达邪！"有奉馈者，皆问其所由。若力作所致，虽微必喜，慰赐参倍；若非理得之，则切厉诃辱，还其所馈。尝出游，见人持一把未熟稻，侃问："用此何为？"人云："行道所见，聊取之耳。"侃大怒曰："汝既不田，而戏贼人稻！"执而鞭之。是以百姓勤于农殖，家给人足。时造船，木屑及竹头悉令举掌之，咸不解所以。后正会，积雪始晴，听事前余雪犹湿，于是以屑布地。及桓温伐蜀，又以侃所贮竹头作丁装船。其综理微密，皆此类也。

暨苏峻作逆，京都不守，侃子瞻为贼所害，平南将军温峤要侃同赴朝廷。初，明帝崩，侃不在顾命之列，深以为恨，答峤曰："吾疆场外将，不敢越局。"峤固请之，因推为盟主。侃乃遣督护龚登率众赴峤，而又追回。峤以峻杀其子，重遗书以激怒之。侃妻龚氏亦固劝自行。于是便戎服登舟，星言兼迈，瞻丧至不临。五月，与温峤、庾亮等俱会石头。诸军即欲决战，侃以贼盛，不可争锋，当以岁月智计擒之。累战无功，诸将请于查浦筑垒。监军部将李根建议，请立白石垒。侃不从，曰："若垒不成，卿当坐之。"根曰："查浦地下，又在水南，唯白石峻极险固，可容数千人，贼来攻不便，灭贼之术也。"侃笑曰："卿良将也。"乃从根谋，夜修晓立。贼见垒大惊。贼攻大业垒，侃将救之，长史殷羡曰："若遣救大业，步战不如峻，则大事去矣。但当急攻石头，峻必救之，而大业自解。"侃又从羡言。峻果弃大业而救石头。诸军与峻战陈陵东，侃督护竟陵太守李阳部将彭世斩峻于阵，贼众大溃。峻弟逸复聚众。侃与诸军斩逸于石头。

初，庾亮少有高名，以明穆皇后之兄受顾命之重，苏峻之祸，职亮是由。及石头平，惧侃致讨，亮用温峤谋，诣侃拜谢。侃遽止之，曰："庾元规乃拜陶士行邪！"王导入石头城，令取故节，侃笑曰："苏武节似不如是！"导有惭色，使人屏之。侃旋江陵，寻以为侍中、太尉，加羽葆鼓吹，改封长沙郡公，邑三千户，赐绢八千匹，加都督交、广、宁七州军事。以江陵偏远，移镇巴陵。遣谘议参军张诞讨五溪夷，降之。

属后将军郭默矫诏袭杀平南将军刘胤，辄领江州。侃闻之曰："此必诈也。"遣将军宋夏、陈修率兵据湓口，侃以大军继进。默遣使送妓婢绢百匹，写中诏呈侃。参佐多谏曰："默不被诏，岂敢为此事。若进军，宜待诏报。"侃厉色曰："国家年小，不出胸怀。且刘胤为朝廷所礼，虽方任非才，何缘猥加极刑！郭默桀勇，所在暴掠，以大难新除，威网宽简，欲因隙令骋其从横耳。"发使上表讨默。与王导书曰："郭默杀方州，即用为方州；害宰相，便为宰相乎？"导答曰："默居上流之势，加有船舰成资，故苞含隐忍，使其有地。一月潜严，足下军到，是以得风发相赴，岂非遵养时晦以定大事者邪！"侃省书笑曰："是乃遵养时贼也。"侃既至，默将宗侯缚默父子五人及默将张丑诣侃降，侃斩默等。默在中原，数与石勒等战，贼畏其勇，闻侃讨之，兵不血刃而擒也，益畏侃。苏峻将冯铁杀侃子，奔于石勒，勒以为戍将。侃告勒以故，勒召而杀之。诏侃都督江州，领刺史，增置左右长史、司马、从事中郎四人，掾属十二人。侃旋于巴陵，因移镇武昌。侃命张夔子隐为参军，范达子珧为湘东太守，辟刘弘曾孙安为掾属，表论梅陶，凡微时所荷，一餐咸报。

遣子斌与南中郎将桓宣西伐樊城，走石勒将郭敬。使兄子臻、竟陵太守李阳等共破新野，遂平襄阳。拜大将军，剑履上殿，入朝不趋，赞拜不名。上表固让，曰："臣非贪于畴昔，而虚让于今日。事有合于时宜，臣岂敢与陛下有违；理有益于圣世，臣岂与朝廷作异。臣常欲除诸浮长之事，遣诸虚假之用，非独臣身而已。若臣杖国威灵，枭雄斩勒，则又何以加！"咸和七年六月疾笃，又上表逊位曰：

臣少长孤寒，始愿有限。过蒙圣朝历世殊恩，陛下睿鉴，宠灵弥泰。有始必终，自古而然。臣年垂八十，位极人臣，启手启足，当复何恨！但以陛下春秋尚富，余寇不诛，山陵未反，所以愤忾兼怀，不能已已。臣虽不知命，年时已迈，国恩殊特，赐封长沙，陨越之日，当归骨国土。臣父母旧葬，今在寻阳，缘存处亡，无心分违，已勒国臣修迁改之事，刻以来秋，奉迎窀穸，葬事讫，乃告老下藩。不图所患，遂尔绵笃，伏枕感结，情不自胜。侃间者犹为犬马之齿尚可小延，欲为陛下西平李雄，北吞石季龙，是以遣毌丘奥于巴东，授桓宣于襄阳。良图未叙，于此长乖！此方之任，内外之要，愿陛下速选臣代使，必得良才，奉宣王猷，遵成臣志，则臣死之日犹生之年。

陛下虽圣姿天纵，英奇日新，方事之殷，当赖群俊。司徒导鉴识经远，光辅三世，司空鉴简素贞正，内外惟允；平西将军亮雅量详明，器用周时，即陛下之周召也。献替畴咨，敷融政道，地平天成，四海幸赖。谨遣左长史殷羡奉送所假节麾、幢曲盖、侍中貂蝉、太尉章、荆江州刺史印传启载。仰恋天恩，悲酸感结。

以后事付右司马王愆期，加督护，统领文武。

侃舆车出临津就船，明日，薨于樊溪，时年七十六。成帝下诏曰："故使持节、侍中、太尉、都督荆江雍梁交广益宁八州诸军事、荆江二州刺史、长沙郡公经德蕴哲，谋猷弘远。作藩于外，八州肃清；勤王于内，皇家以宁。乃者桓文之勋，伯舅是凭。方赖大猷，俾屏予一人。前进位大司马，礼秩策命，未及加崇。昊天不吊，奄忽薨殂，朕用震悼于厥心。今遣兼鸿胪追赠大司马，假蜜章，祠以太牢。魂而有灵，嘉兹宠荣。"又策谥曰桓，祠以太牢。侃遗令葬国南二十里，故吏刊石立碑画像于武昌西。

侃在军四十一载，雄毅有权，明悟善决断。自南陵迄于白帝数千里中，路不拾遗。苏峻之役，庾亮轻进失利。亮司马殷融诣侃谢曰："将军为此，非融等所裁。"将军王章至，曰："章自为之，将军不知也。"侃曰："昔殷融为君子，王章为小人；今王章为君子，殷融为小人。"侃性纤密好问，颇类赵广汉。尝课诸营种柳，都尉夏施盗官柳植之于己门。侃后见，驻车问曰："此是武昌西门前柳，何因盗来此种？"施惶怖谢罪。时武昌号为多士，殷浩、庾翼等皆为佐吏。侃每饮酒有定限，常欢有余而限已竭，浩等劝更少进，侃凄怀良久曰："年少曾有酒失，亡亲见约，故不敢逾。"议者以武昌北岸有邾城，宜分兵镇之。侃每不答，而言者不已，侃乃渡水猎，引将佐语之曰："我所以设险而御寇，正以长江耳。邾城在江北，内无所倚，外接群夷。夷中利深，晋人贪利，夷不堪命，必引寇虏，乃致祸之由，非御寇也。且吴时此城乃三万兵守，今纵有兵守之，亦无益于江南。若羯虏有可乘之会，此又非所资也。"后庾亮戍之，果大败。季年怀止足之分，不与朝权。未亡一年，欲逊位归国，佐吏等苦留之。及疾笃，将归长沙，军资器仗牛马舟船皆有定簿，封印仓库，自加管钥以付王愆期，然后登舟，朝野以为美谈。将出府门，顾谓愆期曰："老子婆婆，正坐诸君辈。"尚书梅陶与亲人曹识书曰："陶公机神明鉴似魏武，忠顺勤劳似孔明，陆抗诸人不能及也。"谢安每言"陶公虽用法，而恒得法外意"。其为世所重如此。然媵妾数十，家僮千余，珍奇宝货富于天府。或云"侃少时渔于雷泽，网得一织梭，以挂于壁。有顷雷雨，自化为龙而去"。又梦生八翼，飞而上天，见天门九重，已登其八，唯一门不得入。阍者以杖击之，因隧地，折其左翼。及寤，左腋犹痛。又尝如厕，见一人朱衣介帻，敛板曰："以君长者，故来相报。君后当为公，位至八州都督。"有善相者师圭谓侃曰："君左手中指有竖理，当为公。若彻于上，贵不可言。"侃以针决之见血，洒壁而为"公"字，以纸裹手，"公"字愈明。及都督八州，据上流，握强兵，潜有窥窬之志，每思折翼之祥，自抑而止。

侃有子十七人，唯洪、瞻、夏、琦、旗、斌、称、范、岱见旧史，余者并不显。

洪，辟丞相掾，早卒。

瞻，字道真，少有才器，历广陵相，庐江、建昌二郡太守，迁散骑常侍、都亭侯。为苏峻所害，追赠大鸿胪，谥愍悼世子。以夏为世子。及送侃丧还长沙，夏与斌及称各拥兵数千以相图。既而解散,斌先往长沙,悉取国中器仗财物。夏至,杀斌。庾亮上疏曰:"斌虽丑恶,罪在难忍,然王宪有制,骨肉至亲,亲运刀锯以刑同体,伤父母之恩,无恻隐之心,应加放黜,以惩暴虐。"亮表未至都,而夏病卒。诏复以瞻息弘袭侃爵,仕至光禄勋。卒,子绰之嗣。绰之卒,子延寿嗣。宋受禅,降为吴昌侯,五百户。

琦,司空掾。

旗,历位散骑常侍、郴县开国伯。咸和末,为散骑侍郎。性甚凶暴。卒,子定嗣。卒,子袭之嗣。卒,子谦之嗣。宋受禅,国除。

斌,尚书郎。

称,东中郎将、南平太守、南蛮校尉、假节。性虓勇不伦,与诸弟不协。后加建威将军,咸康五年,庾亮以称为监江夏随义阳三郡军事、南中郎将、江夏相,以本所领二千人自随。到夏口,轻将二百人下见亮。亮大会吏佐,责称前后罪恶,称拜谢,因罢出。亮使人于阁外收之,弃市,亮上疏曰:"案称,大司马侃之孽子,父亡不居丧位,荒耽于酒,昧利偷荣,擅摄五郡,自谓监军,辄召王官,聚之军府。故车骑将军刘弘曾孙安寓居江夏,及将杨恭、赵韶,并以言色有忤,称放声当杀,安、恭惧,自赴水而死,韶于狱自尽。将军郭开从称往长沙赴丧,称疑开附其兄弟,乃反缚悬斗于帆樯,仰而弹之,鼓棹渡江二十余里,观者数千,莫不震骇。又多藏匿府兵,收坐应死。臣犹未忍直上,且免其司马。称肆纵丑言,无所顾忌,要结诸将,欲阻兵构难。诸将惶惧,莫敢酬答,由是奸谋未即发露。臣以侃勋劳王室,是以依违容掩,故表为南中郎将,与臣相近,思欲有以匡救之。而称犲狼愈甚,发言激切,不忠不孝,莫此之甚。苟利社稷,义有专断,辄称伏法。"

范,最知名,太元初,为光禄勋。

岱,散骑侍郎。

臻字彦遐,有勇略智谋,赐爵当阳亭侯。咸和中,为南郡太守、领南蛮校尉、假节。卒官,追赠平南将军,谥曰肃。

臻弟舆,果烈善战,以功累迁武威将军。初,贼张奕本中州人,元康中被差西征,遇天下乱,遂留蜀。至是,率三百余家欲就杜弢,为侃所获。诸将请杀其丁壮,取其妻息,舆曰:"此本官兵,数经战阵,可赦之以为用。"侃赦之,以配舆。及侃与杜弢战败,贼以桔橰打没官军船舰,军中失色。舆率轻舸出其上流以击之,所向辄克。贼又率众将焚侃辎重,舆又击破之。自是每战辄克,贼望见舆军,相谓曰:"避陶武威。"无敢当者。后与杜弢战,舆被重创,卒。侃哭之恸,曰:"丧吾家宝!"三军皆为之垂泣。诏赠长沙太守。

史臣曰:古者明王之建国也,下料疆宇,列为九州,辅相玄功,咨于四岳。所以仰希齐政,俯寄宣风。备连率之仪,威腾阃外;总颁条之务,礼缛区中。委称其才,《甘棠》以之流咏;据非其德,仇饷以是兴嗟。中朝叔世,要荒多阻,分符建节,并綮天纲。和季以同里之情,申卢绾之契,居方牧之地,振吴起之风。自幽徂荆,亟敛豺狼之迹;举贤登善,穷掇孔翠之毛。由是吏民毕力,华夷顺命,一州清晏,恬波于沸海之中;百城安堵,静寝于稽之际。犹独称善政,何其寡欤!《易》云"贞固足以干事",于征南见之矣。士行望非世族,俗异谁华,拔萃陬落之间,比肩髦俊之列,超居外相,宏总上流。布泽怀边,则严城静柝;释位匡主,则沧鼎再宁。元规以戚里之崇,挹其膺而下拜;茂弘以保衡之贵,服其言而动色。望隆分陕,理则宜然。至于时属云屯,富逾天府,潜有包藏之志,顾思折翼之祥,悖矣!夫子曰"人无求备",斯言之信,于是有征。

赞曰:和季承恩,建旌南服。威静荆塞,化扬江澳。戮力天朝,匪忘忠肃。长沙勤王,拥旆戎场。任隆三事,功宣一匡。繄赖之重,匪伊舟航。

卷六十七　　列传第三十七

温峤　郗鉴 子愔　愔子超　愔弟昙
　　　　鉴叔父隆

温峤,字太真,司徒羡弟之子也。父憺,河东太守。峤性聪敏,有识量,博学能属文,少以孝悌称于邦族。风仪秀整,美于谈论,见者皆爱悦之。年十七,州郡辟召,皆不就。司隶命为都官从事。散骑常侍庾敳有重名,而颇聚敛,峤举奏之,京都振肃。后举秀才、灼然。司徒辟东阁祭酒,补上党潞令。

平北大将军刘琨妻,峤之从母也。琨深礼之,请为参军。琨迁大将军,峤为从事中郎、上党太守,加建威将军,督护前锋军事。将兵讨石勒,屡有战功。琨迁司空,以峤为右司马。于时并土荒残,寇盗群起,石勒、刘聪跨带疆场,峤为之谋主,琨所凭恃焉。

属二都倾覆,社稷绝祀,元帝初镇江左,琨诚系王室,谓峤曰:"昔班彪识刘氏之复兴,马援知汉光之可辅。今晋祚虽衰,天命未改,吾欲立功河朔,使卿延誉江南,子其行乎?"对曰:"峤虽无管张之才,而明公有桓文之志,欲建匡合之功,岂敢辞命。"乃以为左长史,檄告华夷,奉表劝进。峤既至,引见,具陈琨忠诚,志在效节,因说社稷无主,天人望绝,辞旨慷慨。举朝属目,帝器而喜焉。王导、周𫖮、谢鲲、庾亮、桓彝等并与亲善。于时江左草创,纲维未举,峤殊以为忧。及见王导共谈,欢然曰:"江左自有管夷吾,吾复何虑!"屡求反命,不许。会琨为段匹磾所害,峤表琨忠诚,虽勋业不遂,然家破身亡,宜在褒崇,以慰海内之望。帝然之。

除散骑侍郎。初,峤欲求命,其母崔氏固止之,峤绝裾而去。其后母亡,峤阻乱不获归葬,由是固让不拜,苦请北归。诏三司、八坐议其事,皆曰:"昔伍员志复私仇,先假诸侯之力，东奔阖闾，位为上将，然后鞭荆王之尸。若峤以母未葬没在胡虏者，乃应竭其智谋，仰凭皇灵，使逆寇冰消，反哀墓次，岂可稍以乖嫌，废其远图哉！"峤不得已，乃受命。

后历骠骑王导长史，迁太子中庶子。及在东宫，深见宠遇，太子与为布衣之交。数陈规讽，又献《侍臣箴》，甚有弘益。时太子起西池楼观，颇为劳费，峤上疏以为朝廷草创，巨寇未灭，宜应俭以率下，务农重兵，太子纳焉。王敦举兵内向，六军败绩，太子将自出战，峤执鞚谏曰："臣闻善战者不怒，善胜者不武，如何万乘储副而以身轻天下！"太子乃止。

明帝即位，拜侍中，机密大谋皆所参综，诏命文翰亦悉豫焉。俄转中书令。峤有栋梁之任，帝亲而倚之，甚为王敦所忌，因请为左司马。敦阻兵不朝，多行陵纵，峤谏敦曰："昔周公之相成王，劳谦吐握，岂好勤而恶逸哉！诚由处大任者不可不尔。而公自还辇毂，入辅朝政，阙拜觐之礼，简人臣之仪，不达圣心者莫不於邑。昔帝舜服事唐尧，伯禹竭身虞庭，文王虽盛，臣节不忒。故有庇人之大德，必有事君之小心，俾方烈奋乎百世，休风流乎万祀。至圣遗轨，所不宜忽。愿思舜、禹、文王服事之勤，惟公旦吐握之事，则天下幸甚。"敦不纳。峤知其终不悟，于是谬为设敬，综其府事，干说密谋，以附其欲。深结钱凤，为之声誉，每曰："钱世仪精神满腹。"峤素有知人之称，凤闻而悦之，深结好于峤。会丹阳尹缺，峤说敦曰："京尹辇毂喉舌，宜得文武兼能，公宜自选其才。若朝廷用人，或不尽理。"敦然之，问峤谁可作者。峤曰："愚谓钱凤可用。"凤亦推峤，峤伪辞之。敦不从，表补丹阳尹。峤犹惧钱凤为之奸谋，因敦饯别，峤起行酒，至凤前，凤未及饮，峤因伪醉，以手版击凤帻坠，作色曰："钱凤何人，温太真行酒而敢不饮！"敦以为醉，两释之。临去言别，涕泗横流，出阁复入，如是再三，然后即路。及发后，凤入说敦曰："峤于朝廷甚密，而与庾亮深交，未必可信。"敦曰："太真昨醉，小加声色，岂得以此便相逸贰。"由是凤谋不行，而峤得还都，乃具奏敦之逆谋，请先为之备。

及敦构逆，加峤中垒将军、持节、都督东安北部诸军事。敦与王导书曰："太真别来几日，作如此事！"表诛奸臣，以峤为首。募生得峤者，当自拔其舌。及王含、钱凤奄至都下，峤烧朱雀桁以挫其锋，帝怒之，峤曰："今宿卫寡弱，征兵未至，若贼豕突，危及社稷，陛下何惜一桥。"贼果不得渡。峤自率众与贼夹水战，击王含，败之，复督刘遐追钱凤于江宁。事平，封建宁县开国公，赐绢五千四百匹，进号前将军。

时制王敦纲纪除名，参佐禁锢，峤上疏曰："王敦刚愎不仁，忍行杀戮，亲任小人，疏远君子，朝廷所不能抑，骨肉所不能间。处其朝者恒惧危亡，故人士结舌，道路以目，诚贤人君子道穷数尽，遵养时晦之辰也。且敦为大逆之日，拘录人士，自免无路，原其私心，岂遑晏处，如陆玩、羊曼、刘胤、蔡谟、郭璞常与臣言，备知之矣。必其凶悖，自可罪人斯得；如其枉于奸党，宜施之以宽。加以玩等之诚，闻于圣听，当受同贼之责，实负其心。陛下仁圣含弘，思求允中；臣阶缘博纳，干非其事，诚在爱才，不忘忠益。"帝从之。

是时天下凋弊，国用不足，诏公卿以下诣都坐论时政之所先，峤因奏军国要务。其一曰："祖约退舍寿阳，有将来之难。今二方守御，为功尚易。淮泗都督，宜竭力以资之。选名重之士，配征兵五千人，又择一偏将，将二千兵，以益寿阳，可以保固徐豫，援助司土。"其二曰："一夫不耕，必有受其饥者。今不耕之夫，动有万计。春废劝课之制，冬峻出租之令，下未见施，惟赋是闻。赋不可以已，当思令百姓有以殷实。司徒置田曹掾，州一人，劝课农桑，察吏能否，今宜依旧置之。必得清恪奉公，足以宣示惠化者，则所益实弘矣。"其三曰："诸外州郡将兵者及都督府非临敌之军，且田且守。又先朝使五校出田，今四军五校有兵者，及护军所统外军，可分遣二军出，并屯要处。缘江上下，皆有良田，开荒须一年之后即易。且军人累重者在外，有樵采蔬食之人，于事为便。"其四曰："建官以理世，不以私人也。如此则官寡而材精。周制六卿苞事，春秋之时，入作卿辅，出将三军。后代建官渐多，诚由事有烦简耳。然今江南六州之土，尚又荒残，方之平日，数十分之一耳。三省军校无兵者，九府寺署可有并相领者，可有省半者，粗计闲剧，随事减之。荒残之县，或同在一城，可并合之。如此选既可精，禄俸可优，令足代耕，然后可责以清公耳。"其五曰："古者亲耕藉田以供粢盛，旧置藉田、廪牺之官。今临时求，既上黩至敬，下费生灵，非所以虔奉宗庙蒸尝之旨。宜如旧制，立此二官。"其六曰："使命愈远，益宜得才，宣扬王化，延誉四方。人情不乐，遂取卑品之人，亏辱国命，生长患害。故宜重其选，不可减二千石见居二品者。"其七曰："罪不相及，古之制也。近者大逆，诚由凶戾。凶戾之甚，一时权用。今遂施行，非圣朝之令典，宜如先朝除三族之制。"议奏，多纳之。

帝疾笃，峤与王导、郗鉴、庾亮、陆晔、卞壸等同受顾命。时历阳太守苏峻藏匿亡命，朝廷疑之。征西将军陶侃有威名于荆楚，又以西夏为虞，故使峤为上流形援。咸和初，代应詹为江州刺史、持节、都督、平南将军，镇武昌，甚有惠政，甄异行能，亲祭徐孺子之墓。又陈豫章十郡之要，宜以刺史居之。寻阳滨江，都督应镇其地。今以州贴府，进退不便。且古镇将多不领州，皆以文武形势不同故也。宜选单车刺史别抚豫章，专理黎庶。"诏不许。在镇见王敦画像，曰："敦大逆，宜加斫棺之戮，受崔杼之刑。古人阖棺而定谥，《春秋》大居正，崇王父之命，未有受戮于天子而图形于群下。"命削去之。

峤闻苏峻之征也，虑必有变，求还朝以备不虞，不听。未几而苏峻果反。峤屯寻阳，遣督护王愆期、西阳太守邓岳、鄱阳内史纪瞻等率舟师赴难。及京师倾覆，峤闻之号恸。人有候之者，悲哭相对。俄而庾亮来奔，宣太后诏，进峤骠骑将军、开府仪同三司。峤曰："今日之急，殄寇为先，未效勋庸而逆受荣宠，非所闻也，何以示天下乎！"固辞不受。时亮虽奔败，峤每推崇之，分兵给亮。遣王愆期等要陶侃同赴国难，侃恨不受顾命，不许。峤初从之，后用其部将毛宝说，复固请侃行，语在宝传。初，峤与庾亮相推为盟主，峤从弟充言于峤曰："征西位重兵强，宜共推之。"峤于是遣王愆期奉侃为盟主。侃许之，遣督护袭登率兵诣峤。峤于是列上尚书，陈峻罪状，有众七千，洒泣登舟，移告四方征镇曰：

贼臣祖约、苏峻同恶相济，用生邪心。天夺其魄，死期将至。谴负天地，自绝人伦。寇不可纵，宜增军讨扑，辄屯次溢口。即日护军庾亮至，宣太后诏，寇逼宫城，王旅挠败，出告藩臣，谋宁社稷。后将军郭默、冠军将军赵胤、奋宗将军袭保与峤督护王愆期、西阳太守邓岳、鄱阳内史纪瞻，率其所领，相寻而至。逆贼肆凶，陵蹈宗庙，火延宫掖，矢流太极，二御幽逼，宰相困迫，残虐朝士，劫辱子女。承问悲惶，精魂飞散。峤暗弱不武，不能徇难，哀恨自咎，五情摧陨，惭负先帝托寄之重，义在毕力，死而后已。今躬率所统，为士卒先，催进诸军，一时电击。西阳太守邓岳、寻阳太守褚诞等连旗相继，宣城内史桓彝已勒所属屯滨江之要，江夏相周抚乃心求征，军已向路。

昔包胥楚国之微臣，重跰致诚，义感诸侯。蔺相如赵邦之陪隶，耻君之辱，按剑秦庭。皇汉之季，董卓作乱，劫迁献帝，虐害忠良，兰东州郡相率同盟。广陵功曹臧洪，郡之小吏耳，登坛唈血，涕泪横流，慷慨之节，实厉群后。况今居台鼎，据方州，列名邦，受国恩者哉！不期而唈会，不谋而同，不亦宜乎！

二贼合众，不盈五千，且外畏胡寇，城内饥乏，后将军郭默即于战阵俘杀贼千人。贼今虽残破都邑，其宿卫兵人即时出散，不为贼用。且祖约情性褊厄，忌克不仁，苏峻小子，惟利是视，残酷骄猜，权相假合。江表兴义，以抗其前，强胡外寇，以蹑其后，运漕隔绝，资食空悬，内乏外孤，势何得久！

群公征镇，职在御侮。征西陶公，国之耆德，忠肃义正，勋庸弘著。诸方镇州郡咸齐断金，同禀规略，以雪国耻，苟利社稷，死生以之。峤虽怯劣，忝据一方，赖忠贤之规，文武之助，君子竭诚，小人尽力，高操之士被褐而从戎，负薪之徒匍匐而赴命，率其私仆，致其私杖，人士之诚，竹帛不能载也。岂峤无德而致之哉？士禀义风，人感皇泽。且护军庾公，帝之元舅，德望隆重，率郭后军、赵、龚三将，与峤戮力，得有资凭，且悲且庆，若朝廷之不泯也。其各明禀所统，无后事机。赏募之信，明如日月。有能斩约峻者，封五等侯，赏布万匹。夫忠为令德，为仁由己，万里一契，义不在言也。

时陶侃虽许南下而未发，复追其督护龚登。峤重与侃书曰：

仆谓军有进而无退，宜增而不可减。近已移檄远近，言于盟府，克后月半大举。南康、建安、晋安三郡军并在路次，同赴此会，惟须仁公所统至，便齐进耳。仁公今召军还，疑惑远近，成败之由，将在于此。

仆才轻任重，实凭仁公笃爱，远禀成规。至于首启戎行，不敢有辞，仆与仁公当如常山之蛇，首尾相卫，又唇齿之喻也。恐惑者不达高旨，将谓仁公缓于讨贼，此声难追。仆与仁公并受方岳之任，安危休戚，理既同之。且自顷之顾，绸缪往来，情深义重，著于人士之口，一旦有急，亦望仁公悉众见救，况社稷之难！

惟仆偏当一州，州之文武莫不翘企。假令此州不守，约峻树置官长于此，荆楚西逼强胡，东接逆贼，因之以饥馑，将来之危乃当甚于此州之今日也。以大义言之，则社稷颠覆，主辱臣死，公进当为大晋之忠臣，参桓文之义，开国承家，铭之天府；退当以慈父雪爱子之痛。

约峻凶逆无道，囚制人士，裸其五形。近日来者，不可忍见。骨肉生离，痛感天地，人心齐一，咸皆切齿。今之进讨，若以石投卵耳！今出军既缓，复召兵还，人心乖离，是为败于几成也。愿深察所陈，以副三军之望。

峻时杀侃子瞻，由是侃激励，遂率所统与峤、亮同赴京师，戎卒六万，旌旗七百余里，钲鼓之声震于百里，直指石头，次于蔡洲。侃屯查浦，峤屯沙门浦。时祖约据历阳，与峻为首尾，见峤等军盛，谓其党曰："吾本知峤能为四公子之事，今果然矣。"

峻闻峤将至，逼大驾幸石头。时峻军多马，南军杖舟楫，不敢轻与交锋。用将军李根计，据白石筑垒以自固，使庾亮守之。贼步骑万余来攻，不下而退，追斩二百余级。峤又于四望矶筑垒以逼贼，曰："贼必争之，设伏以逸待劳，是制贼之一奇也。"是时义军屡战失利，峤军食尽，陶侃怒曰："使君前云不忧无将士，惟得老仆为主耳。今数战皆北，良将安在？荆州接胡蜀二虏，仓廪当备不虞，若复无食，仆便欲西归，更思良算。但今岁计，殄贼不为晚也。"峤曰："不然。自古成监，师克在和。光武之济昆阳，曹公之拔官渡，以寡敌众，杖义故也。峻、约小竖，为海内所患，今日之举，决在一战。峻勇而无谋，藉骄胜之势，自谓无前，今挑之战，可一鼓则擒也。奈何舍垂立之功，设进退之计！且天子幽逼，社稷危殆，四海臣子，肝脑涂地，峤等与公并受国恩，是臻命之日，事若克济，则臣主同祚，如其不捷，身虽灰灭，不足以谢责于先帝。今之事势，义无旋踵，骑猛兽，安可中下哉！公若违众独反，人心必沮。沮众败事，义旗将回指于公矣。"侃无以对，遂留不去。

峤于是创建行庙，广设坛场，告皇天后土祖宗之灵，亲读祝文，声气激扬，流涕覆面，三军莫能仰视。其日侃督水军向石头，亮、峤等率精勇一万从白石以挑战。时峻劳其将士，因醉，突阵马踬，为侃将所斩，峻弟逸及子硕婴城自固。峤乃立行台，布告天下，凡故吏二千石、台郎御史以下，皆令赴台。于是至者云集。司徒王导因奏峤、侃录尚书，遣间使宣旨，并让不受。贼将匡术以台城来降，为逸所击，求救于峤。江州别驾罗洞曰："今水暴长，救之不便，不如攻榻杭。榻杭军若败，术围自解。"峤从之，遂破贼石头军。奋威长史滕含抱天子奔于峤船。时陶侃虽为盟主，而处分规略一出于峤，及贼灭，拜骠骑将军、开府仪同三司，加散骑常侍，封始安郡公，邑三千户。

初，峻党路永、匡术、贾宁中途悉以众归顺，王导将褒显之，峤曰："术辈首乱，罪莫大焉。晚虽改悟，未足以补前失。全其首领，为幸已过，何可复宠授哉！"导无以夺。

朝议将留辅政，峤以导先帝所任，固辞还藩。复以京邑荒残，资用不给，峤借资蓄，具器用，而后旋于武昌，至牛渚矶，水深不可测，世云其下多怪物，峤遂毁犀角而照之。须臾，见水族覆火，奇形异状，或乘马车著赤衣者。峤其夜梦人谓己曰："与君幽明道别，何意相照也？"意甚恶之。峤先有齿疾，至是拔之，因中风，至镇未旬而卒，时年四十二。江州士庶闻之，莫不相顾而泣。帝下册书曰："朕以眇身，篡承洪绪，不能光阐大道，化洽时雍，至乃狂狡滔天，社稷危逼。惟公明鉴特达，识心经远，惧皇纲之不维，忿凶寇之纵暴，唱率群后，五州响应，首启戎行，元恶授镟。王室危而复安，三光幽而复明，功格宇宙，勋著八表。方赖大献以拯区夏，天不愁遗，早世薨殂，朕用痛悼于厥心。夫褒德铭勋，先王之明典，今追赠公侍中、大将军、持节、都督、刺史，公如故，赐钱百万，布千匹，谥曰忠武，祠以太牢。"

初葬于豫章，后朝廷追峤勋德，将为造大墓于元明二帝陵之北，陶侃上表曰："故大将军峤忠诚著于圣世，勋义感于人神，非臣笔墨所能称陈。临卒之际，与臣书别，臣藏之箧笥，时时省视，每一思述，未尝不中夜抚膺，临饭酸嚏。'人之云亡'，峤实当之。谨写峤书上呈，伏惟陛下既垂御省，伤其情旨，死不忘忠，身没黄泉，追恨国耻，将臣戮力，救济艰难，使亡而有知，抱恨结草，岂乐今日劳费之事。愿陛下慈恩，停其移葬，使峤棺柩无风波之危，魂灵安于后土。"诏从之。其后峤后妻何氏卒，子放之便载丧还郡。诏葬建平陵北，并赠峤前妻王氏及何氏始安夫人印绶。

放之嗣爵，少历清官，累至给事黄门侍郎。以贫，求为交州，朝廷许之。王述与会稽王笺曰："放之温峤之子，宜见优异，而投之岭外，窃用愕然。愿远存周礼，近参人情，则望实惟允。"时竟不纳。放之既至南海，甚有威惠。将征林邑，交阯太守杜宝、别驾阮朗并不从，放之以其沮众，诛之，勒兵进，遂破林邑而还。卒于官。

弟式之，新建县侯，位至散骑常侍。

郗鉴，字道徽，高平金乡人，汉御史大夫虑之玄孙也。少孤贫，博览经籍，躬耕陇亩，吟咏不倦。以儒雅著名，不应州命。赵王伦辟为掾，知伦有不臣之迹，称疾去职。及伦篡，其党皆至大官，而鉴闭门自守，不染逆节。惠帝反正，参司空军事，累迁太子中舍人、中书侍郎。东海王越辟为主簿，举贤良，不行。征东大将军苟晞檄为从事中郎。晞与越方以力争，鉴不应其召。从兄旭，晞之别驾，恐祸及己，劝之赴召，鉴终不回，晞亦不之逼也。及京师不守，寇难锋起，鉴遂陷于陈午贼中。邑人张实先求交于鉴，鉴不许。至是，实于午营中来省鉴疾，既而卿鉴。鉴谓实曰："相与邦壤，义不及通，何可枯乱至此邪！"实大惭

而退。午以鉴有名于世，将逼为主，鉴逃而获免。午寻溃散，鉴得归乡里。于时所在饥荒，州中之士素有感其恩义者，相与资赡。鉴复分所得，以恤宗族及乡曲孤老，赖而全济者甚多，咸相谓曰："今天子播越，中原无伯，当归依仁德，可以后亡。"遂共推鉴为主，举千余家俱避难于鲁之峄山。

元帝初镇江左，承制假鉴龙骧将军、兖州刺史，镇邹山。时荀藩用李述，刘琨用兄子演，并为兖州，各屯一郡，以力相倾，阃州编户，莫知所适。又徐龛、石勒左右交侵，日寻干戈，外无救援，百姓饥馑，或掘野鼠蛰燕而食之，终无叛者。三年间，众至数万。帝就加辅国将军、都督兖州诸军事。

永昌初，征拜领军将军，既至，转尚书，以疾不拜。时明帝初即位，王敦专制，内外危逼，谋杖鉴为外援，由是拜安西将军、兖州刺史、都督扬州江西诸军、假节，镇合肥。敦忌之，表为尚书令，征还。道经姑孰，与敦相见，敦谓曰："乐彦辅短才耳。后生流宕，言违名检，考之以实，岂胜满武秋邪？"鉴曰："拟人必于其伦。彦辅道韵平淡，体识冲粹，处倾危之朝，不可得而亲疏。及愍怀太子之废，可谓柔而有正。武秋失节之士，何可同日而言！"敦曰："愍怀废徙之际，交有危机之急，人何能以死守之乎！以此相方，其不减明矣。"鉴曰："丈夫既洁身北面，义同在三，岂可偷生屈节，靦颜天壤邪！苟道数终极，固当存亡以之耳。"敦素怀无君之心，闻鉴言，大忿之，遂不复相见，拘留不遣。敦之党与谮毁日至，鉴举止自若，初无惧心。敦谓钱凤曰："郗道徽儒雅之士，名位既重，何得害之！"乃放还台。鉴遂与帝谋灭敦。

既而钱凤攻逼京都，假鉴节，加卫将军、都督从驾诸军事。鉴以无益事实，固辞不受军号。时议者以王含、钱凤众力百倍，苑城小而不固，宜及军势未成，大驾自出距战。鉴曰："群逆纵逸，其势不可当，可以算屈，难以力竞。且含等号令不一，抄盗相寻，百姓怨往年之暴，皆人自为守。乘逆顺之势，何往不克！且贼无经略远图，惟恃豕突一战，旷日持久，必启义士之心，令谋猷得展。今以此弱力敌彼强寇，决胜负于一朝，定成败于呼吸，虽有申胥之徒，义存投袂，何补于既往哉！"帝从之。鉴以尚书令领诸屯营。

及凤等平，温峤上议，请宥敦佐吏，鉴以为先王崇君臣之教，故贵伏死之节；昏亡之主，故开待放之门。王敦佐吏虽多逼迫，然居逆乱之朝，无出关之操，准之前训，宜加义责。又奏钱凤母年八十，宜蒙全宥。乃从之。封高平侯，赐绢四千八百匹。帝以其有器望，万机动静辄问之，乃诏鉴特草上表疏，以从简易。王导议欲赠周札官，鉴以为不合，语在札传。导不从。鉴于是驳之曰："敦之逆谋，履霜日久，缘札开门，令王师不振。若敦前者之举，义同桓文，则先帝可为幽厉邪？"朝议虽无以难，而不能从。俄而迁车骑将军、都督徐兖青三州军事、兖州刺史、假节，镇广陵。寻而帝崩，鉴与王导、卞壹、温峤、庾亮、陆晔等并受遗诏，辅少主，进位车骑大将军、开府仪同三司，加散骑常侍。

咸和初，领徐州刺史。及祖约、苏峻反，鉴闻难，便欲率所领东赴。诏以北寇不许。于是遣司马刘矩领三千人宿卫京都。寻而王师败绩，矩遂退还。中书令庾亮宣太后口诏，进鉴为司空。鉴去贼密迩，城孤粮绝，人情业业，莫有固志，奉诏流涕，设坛场，刑白马，大誓三军曰："贼臣祖约、苏峻不恭天命，不畏王诛，凶戾肆逆，干国之纪，陵汨五常，侮弄神器，遂制胁幽主，拔本塞原，残害忠良，祸虐黎庶，使天地神祇靡所依归。是以率土怨酷，兆庶泣血，咸愿奉辞罚罪，以除元恶。昔戎狄泯周，齐桓纠盟；董卓陵汉，群后致讨。义存君亲，古今一也。今主上幽危，百姓倒悬，忠臣正士志存报国。凡我同盟，既盟之后，戮力一心，以救社稷。若二寇不枭，义无偷安。有渝此盟，明神殄之！"鉴登坛慷慨，三军争为用命。乃遣将军夏侯长等间行，谓平南将军温峤曰："今贼谋欲挟天子东入会稽，宜先立营垒，屯据要害，既防其越逸，又断贼粮运，然后静镇京口，清壁以待贼。贼攻城不拔，野无所掠，东道既断，粮运自绝，不过百日，必自溃矣。"峤深以为然。

及陶侃为盟主，进鉴都督扬州八郡军事。时抚军将军王舒、辅军将军虞潭皆受鉴节度，率众渡江，与侃会于茄子浦。鉴筑白石垒而据之。会舒、潭战不利，鉴与后将军郭默还丹徒，立大业、曲阿、庱亭三垒以距贼。而贼将张健来攻大业，城中乏水，郭默窘迫，遂突围而出，三军失色。参军曹纳以为大业京口之捍，一旦不守，贼方轨而前，劝鉴退还广陵以俟后举。鉴大会僚佐，责纳曰："吾蒙先帝厚顾，荷托付之重，正复捐躯九泉不足以报。今强寇在郊，众心危迫，君腹心之佐，而生长异端，当何以率先义众，镇一三军邪！"将斩之，久而乃释。会峻死，大业围解。及苏逸等走吴兴，鉴遣参军李闳追斩之，降男女万余口。拜司空，加侍中，解八郡都督，更封南昌县公，以先爵封其子昙。

时贼帅刘征聚众数千，浮海抄东南诸县。鉴遂城京口，加都督扬州之晋陵吴郡诸军事，率众讨平之。进位太尉。后以寝疾，上疏逊位曰："臣疾弥留，遂至沈笃，自忖气力，差理难冀。有生有死，自然之分。但忝位过才，会无以报，上惭先帝，下愧日月。伏枕哀叹，抱恨黄泉。臣今虚乏，救命朝夕，辄以府事付长史刘遐，乞骸骨归丘园。惟愿陛下崇山海之量，弘济大猷，任贤使能，事从简易，使康哉之歌复兴于今，则臣虽死，犹生之日耳。臣所统错杂，率多北人，或逼迁徙，或是新附，百姓怀土，皆有归本之心。臣宣国恩，示以好恶，处兴田宅，渐得少安。闻臣疾笃，众情骇动，若当北渡，必启寇心。太常臣谟，平简贞正，素望所归，谓可以为都督、徐州刺史。臣亡兄息晋陵内史迈，谦爱养士，甚为流亡所宗，又是臣门户子弟，堪任兖州刺史。公家之事，知无不为，是以敢希祁奚之举。"疏奏，以蔡谟为鉴军司。鉴寻薨，时年七十一。帝朝晡哭于朝堂，遣御史持节护丧事，赠一依温峤故事。册曰："惟公道德冲邃，体识弘远，忠亮雅正，行为世表，历位内外，勋庸弥著。乃者约峻狂狡，毒流朝廷，社稷之危，赖公以宁。功侔古烈，勋迈桓文。方倚大猷，藩翼时难，

昊天不吊，奄忽薨殂，朕用震悼于厥心。夫爵以显德，谥以表行，所以崇明轨迹，丕扬徽勋。今赠太宰，谥曰文成，祠以太牢。魂而有灵，嘉兹宠荣。"

初，鉴值永嘉丧乱，在乡里甚穷馁，乡人以鉴名德，传共饴之。时兄子迈、外甥周翼并小，常携之就食。乡人曰："各自饥困，以君贤，欲共相济耳，恐不能兼有所存。"鉴于是独往，食讫，以饭著两颊边，还吐与二儿，后并得存，同过江。迈位至护军，翼为剡县令。鉴之薨也，翼追抚育之恩，解职而归，席苦心丧三年。二子：愔、昙。

愔字方回。少不交竞，弱冠，除散骑侍郎，不拜。性至孝，居父母忧，殆将灭性。服阕，袭爵南昌公，征拜中书侍郎。骠骑何充辅政，征北将军褚裒镇京口，皆以愔为长史。再迁黄门侍郎。时吴郡守阕，欲以愔为太守。愔自以资望少，不宜超苍大郡，朝议嘉之。转为临海太守。会弟昙卒，益无处世意，在郡优游，颇称简默，与姊夫王羲之、高士许询并有迈世之风，俱栖心绝谷，修黄老之术。后以疾去职，乃筑宅章安，有终焉之志。十许年间，人事顿绝。

简文帝辅政，与尚书仆射江彪等荐愔，以为执德存正，识怀沈敏，而辞职遗荣，有不拔之操，成务须才，岂得遂其独善，宜见征引，以参政术。于是征为光禄大夫，加散骑常侍。既到，更除太常，固让不拜。深抱冲退，乐补远郡，从之，出为辅国将军、会稽内史。大司马桓温以愔与徐兖有故义，乃迁愔都督徐兖青幽扬州之晋陵诸军事、领徐兖二州刺史、假节。虽居藩镇，非其好也。

俄属桓温北伐，愔请督所部出河上，用其子超计，以己非将帅才，不堪军旅，又固辞解职，劝温并领己所统。转冠军将军、会稽内史。

及帝践阼，就加镇军、都督浙江东五郡军事。久之，以年老乞骸骨，因居会稽。征拜司空，诏书优美，敦奖殷勤，固辞不起。太元九年卒，时年七十二。追赠侍中、司空，谥曰文穆。三子：超、融、冲。超最知名。

超字景兴，一字嘉宾。少卓荦不羁，有旷世之度，交游士林，每存胜拔，善谈论，义理精微。愔事天师道，而超奉佛。愔又好聚敛，积钱数千万，尝开库，任超所取。超性好施，一日中散与亲故都尽。其任心独诣，皆此类也。

桓温辟为征西大将军掾。温迁大司马，又转为参军。温英气高迈，罕有所推，与超言，常谓不能测，遂倾意礼待。超亦深自结纳。时王珣为温主簿，亦为温所重。府中语曰："髯参军，短主簿，能令公喜，能令公怒。"超髯，珣短故也。寻除散骑侍郎。时愔在北府，徐州人多劲悍，温恒云"京口酒可饮，兵可用"，深不欲愔居之。而愔暗于事机，遣笺诣温，欲共奖王室，修复园陵。超取视，寸寸毁裂，乃更作笺，自陈老病，甚不堪人间，乞闲地自养。温得笺大喜，即转愔为会稽太守。温怀不轨，欲立霸王之基，超为之谋。谢安与王坦之尝诣温论事，温令超帐中卧听之，风动帐开，安笑曰："郗生可谓入幕之宾矣。"

太和中，温将伐慕容氏于临漳，超谏以道远，汴水又

浅，运道不通。温不从，遂引军自济入河，超又进策于温曰："清水入河，无通运理。若寇不战，运道又难，因资无所，实为深虑也。今盛夏，悉力径造邺城，彼伏公威略，必望阵而走，退还幽朔矣。若能决战，呼吸可定。设欲城邺，难为功力。百姓布野，尽为官有。易水以南，必交臂请命。但恐此计轻决，公必务其持重耳。若此计不从，便当顿兵河济，控引粮运，令资储充备，足及来夏，虽如赊迟，终亦济克。若舍此二策而连军西进，进不速决，退必愆乏，贼因此势，日月相引，倏倏秋冬，船道涩滞，且北土早寒，三军裘褐者少，恐不可以涉冬。此大限阂，非惟无食而已。"温不从，果有枋头之败，温深惭之。寻而有寿阳之捷，问超曰："此足以雪枋头之耻乎？"超曰："未厌有识之情也。"既而超就温宿，中夜谓温曰："明公都无虑乎？"温曰："卿欲有所言邪？"超曰："明公既居重任，天下之责将归于公矣。若不能行废立大事，为伊霍之举者，不足镇压四海，震服宇内，岂可不深思哉！"温既素有此计，深纳其言，遂定废立，超始谋也。

迁中书侍郎。谢安尝与王文度共诣超，日旰未得前，文度便欲去，安曰："不能为性命忍俄顷邪！"其权重当时如此。转司徒左长史，母丧去职。常谓其父名公之子，位遇应在谢安右，而安久掌机权，愔优游而已，恒怀愤愤，发言慷慨，由是与谢氏不穆。安亦深恨之。服阕，除散骑常侍，不起。以为临海太守，加宣威将军，不拜。年四十二，先愔卒。

初，超虽实党桓氏，以愔忠于王室，不令知之。将亡，出一箱书，付门生曰："本欲焚之，恐公年尊，必以伤慜为弊。我亡后，若大损眠食，可呈此箱。不尔，便烧之。"愔后果哀悼成疾，门生依旨呈之，则悉与温往反密计。愔于是大怒曰："小子死恨晚矣！"更不复哭。凡超所交友，皆一时秀美，虽寒门后进，亦拔而友之。及死之日，贵贱操笔而为诔者四十余人，其为众所称贵如此。王献之兄弟，自超未亡，见愔，常蹑履问讯，甚修舅甥之礼。及超死，见愔慢怠，屐而候之，命屐便迁延辞避。愔每慨然曰："使嘉宾不死，鼠子敢尔邪！"性好闻人栖遁，有能辞荣拂衣者，超为之起屋宇，作器服，畜伏竖，费百金而不吝。又沙门支遁以清谈著名于时，风流胜贵，莫不崇敬，以为造微之功，足参诸正始。而遁常重超，以为一时之俊，甚相知赏。超无子，从弟俭以子僧施嗣。

僧施字惠脱，袭爵南昌公。弱冠，与王绥、桓胤齐名，累居清显，领宣城内史，入补丹阳尹。刘毅镇江陵，请为南蛮校尉、假节。与毅俱诛，国除。

昙字重熙，少赐爵东安县开国伯。司徒王导辟秘书郎。朝论以昙名臣之子，每逼以宪制，年三十，始拜通直散骑侍郎，迁中书侍郎。简文帝为抚军，引为司马。寻除尚书吏部郎，拜御史中丞。时北中郎荀羡有疾，朝廷以昙为羡军司，加散骑常侍。顷之，羡征还，仍除北中郎将、都督徐兖青幽扬州之晋陵诸军事、领徐兖二州刺史、假节，镇下邳，后与贼帅傅末波等战失利，降号建威将军。寻卒，年四十二。追赠北中郎，谥曰简。子恢嗣。

恢字道胤，少袭父爵，散骑侍郎，累迁给事黄门侍郎，领太子右卫率。恢身长八尺，美鬓髯，孝武帝深器之，以为有藩伯之望。会朱序自表去职，擢恢为梁秦雍司荆扬并等州诸军事、建威将军、雍州刺史、假节，镇襄阳。恢甚得关陇之和，降附者动有千计。

初，姚苌将窦冲来降，拜东羌校尉。冲后举兵反，入汉川，袭梁州。时关中有巴蜀之众，皆背苌，据弘农以结苻登。而登署冲为左丞相，徙屯华阴。河南太守杨佺期遣上党太守荀静戍皇天坞以距之。冲数来攻，恢遣将军赵睦守金墉城，而佺期率众次湖城，讨冲，走之。

寻而慕容垂围慕容永于潞川，永穷蹙，遣其子弘求救于恢，并献玉玺一纽，恢献玺于台，又陈："垂若并永，其势难测。今于国计，谓宜救永。永垂并存，自为仇雠，连鸡不栖，无能为患。然后乘机双毙，则河北可平"。孝武帝以为然，诏王恭、庾楷救之，未及发而永没。杨佺期以疾去职。

恢以随郡太守夏侯宗之为河南太守，戍洛阳。姚苌遣其子崇攻湖城及上洛，又使其将杨佛嵩围洛阳。恢遣建武将军辛恭靖救洛阳，梁州刺史王正胤率众出子午谷，以为声援。崇惧而退。恢以功进征虏将军，又领秦州刺史，加督陇上军。

时魏氏强盛，山陵危逼，恢遣江夏相邓启方等以万人距之，与魏主拓跋珪战于荥阳，大败而还。

及王恭计王国宝，桓玄、殷仲堪皆举兵应恭，恢与朝廷捂角玄等。襄阳太守夏侯宗之、府司马郭毗并以为不可，恢皆杀之。既而玄等退守寻阳。以恢为尚书，将家还都，至杨口，仲堪阴使人于道杀之，及其四子，托以群蛮所杀。丧还京师，赠镇军将军。子循嗣。

隆字弘始，塞亮有匪躬之节。初为尚书郎，转左丞，在朝为百僚所惮，坐漏泄事免。顷之，为吏部郎，复免。补东郡太守。

隆少为赵王伦所善，及伦专擅，召为散骑常侍。伦之篡也，以为扬州刺史。僚属有犯，辄依台阁峻制绳之，远近咸怨。寻加宁东将军，未拜，而齐王冏檄至，中州人在军者皆欲赴义，隆以兄子鉴为赵王掾，诸子悉在京洛，故犹豫未决。主簿赵诱、前秀才虞潭白隆曰："当今上计，明使君自将精兵径赴齐王；中计，明使君可留督摄，速遣猛将率精兵疾赴；下计，示遣兵将助，而称曾伦。"隆素敬别驾顾彦，密与谋之。彦曰："赵诱下计，乃上策也。"西曹留承闻彦言，请见，曰："不审明使君当今何施？"隆曰："我俱受二帝恩，无所偏助，惟欲守州而已。"承曰："天下者，世祖皇帝之天下也。太上承代已积十年，今上取四海不平，齐王应天顺时，成败之事可见。使君若顾二帝，自可不行，宜急下檄文，速遣精兵猛将。若其疑惑，此州岂可得保也！"隆无所言，而停檄六日。时宁远将军陈留王邃领东海都尉，镇石头，隆军人西赴邃其众。隆遣从事于牛渚禁之，不得止。将士愤怒，夜扶邃为主而攻之，隆父子皆死，顾彦亦被害，诬隆聚合远近，图为不轨。隆之死也，时议莫不痛惜焉。

史臣曰：忠臣本乎孝子，奉上资乎爱亲，自家刑国，于期极矣。太真性履纯深，誉流邦族，始则承颜候色，老莱弗之加也；既而辞亲蹈义，申胥何以尚焉！封狐万里，投躯而弗顾；猰貐千群，探穴而忘死。竟能宣力王室，扬名本朝，负荷受遗，继之全节。言念主辱，义声动于天地；祗赴国屯，信誓明于日月。枕戈雨泣，若雪分天之仇；皇舆旋轸，卒复夷庚之躅。微夫人之诚恳，大盗几移国乎！道徽儒雅，柔而有正，协德始安，颇均连璧。方回踵武，奕世登台。露冕为饰，援高人以同志，抑惟大隐者欤！爱子云亡，省遗文而辍泣，殊有大义之风矣。

赞曰：太真怀贞，勤宣乃诚。谋敦茑峻，奋节擒名。道徽忠劲，高芬远映。愔克负荷，超惭雅正。

卷六十八　　列传第三十八

顾荣　纪瞻　贺循　杨方　薛兼

顾荣，字彦先，吴国吴人也，为南土著姓。祖雍，吴丞相。父穆，宜都太守。荣机神朗悟，弱冠仕吴，为黄门侍郎、太子辅义都尉。吴平，与陆机兄弟同入洛，时人号为"三俊。"例拜为郎中，历尚书郎、太子中舍人、廷尉正。恒纵酒酣畅，谓友人张翰曰："惟酒可以忘忧，但无如作病何耳。"

会赵王伦诛淮南王允，收允僚属付廷尉，皆欲诛之，荣平心处当，多所全宥。及伦篡位，伦子虔为大将军，以荣为长史。初，荣与同僚宴饮，见执炙者貌状不凡，有欲炙之色，荣割炙啖之。坐者问其故，荣曰："岂有终日执之而不知其味！"及伦败，荣被执，将诛，而执炙者为督率，遂救之，得免。

齐王冏召为大司马主簿。冏擅权骄恣，荣惧及祸，终日昏酣，不综府事，以情告友人长乐冯熊。熊谓冏长史葛旟曰："以顾荣为主簿，所以甄拔才望，委以事机，不复计南北亲疏，欲平海内之心也。今府大事殷，非酒客之政。"旟曰："荣江南望士，且居职日浅，不宜轻代易之。"熊曰："可转为中书侍郎，荣不失清显，而府更收实才。"旟然之，白冏，以为中书侍郎。在职不复饮酒。人或问之曰："何前醉而后醒邪？"荣惧罪，乃复更饮。与州里杨彦明书曰："吾为齐王主簿，恒虑祸及，见刀与绳，每欲自杀，但人不知耳。"及旟诛，荣以讨葛旟功，封嘉兴伯，转太子中庶子。

长沙王乂为骠骑，复以荣为长史。乂败，转成都王颖丞相从事中郎。惠帝幸临漳，以荣兼侍中，遣行园陵。会张方据洛，不得进，避之陈留。及帝西迁长安，征为散骑常侍，以世乱不应，遂还吴。东海王越聚兵于徐州，以荣为军谘祭酒。

属广陵相陈敏反，南渡江，逐扬州刺史刘机、丹阳内史王旷，阻兵据州，分置子弟为列郡，收礼豪桀，有孙氏鼎峙之计。假荣右将军、丹阳内史。荣数践危亡之际，恒以恭逊自勉。会敏欲诛诸士人，荣说之曰："中国丧乱，胡夷内侮，观太傅今日不能复振华夏，百姓无复遗种。江南虽有石冰之寇，人物尚全。荣常忧无窦氏、孙、刘之策，有以存之耳。今将军怀神武之略，有孙吴之能，功勋效于已著，勇略冠于当世，带甲数万，舳舻山积，上方虽有数州，亦可传檄而定也。若能委信君子，各得尽怀，散蒂芥之恨，塞谗谄之口，则大事可图也。"敏纳其言，悉引诸豪族委任之。敏仍遣甘卓出横江，坚甲利器，尽以委之。荣私于卓曰："若江东之事可济，当共成之。然卿观事势当有济理不？敏既常才，本无大略，政令反覆，计无所定，然其子弟各已骄矜，其败必矣。而吾等安然受其官禄，事败之日，使江西诸军函首送洛，题曰逆贼顾荣、甘卓之首，岂惟一身颠覆，辱及万世，可不图之！"卓从之。明年，周玘与荣及甘卓、纪瞻潜谋起兵攻敏。荣废桥敛舟于南岸，敏率万余人出，不获济，荣麾以羽扇，其众溃散。事平，还吴。永嘉初，征拜侍中，行至彭城，见祸难方作，遂轻舟而还，语在《纪瞻传》。

元帝镇江东，以荣为军司，加散骑常侍，凡所谋画，皆以谘焉。荣既南州望士，躬处右职，朝野甚推敬之。时帝所幸郑贵嫔有疾，以祈祷颇废万机，荣上笺谏曰："昔文王父子兄弟乃有三圣，可谓穷理者也。而文王日昃不暇食，周公一沐三握发，何哉？诚以一日万机，不可不理；一言蹉跌，患必及之故也。当今衰季之末，属乱离之运，而天子流播，豺狼塞路，公宜露营野次，星言夙驾，伏轼怒蛙以募勇士，悬胆于庭以表辛苦。贵嫔未安，药石实急，祷祀之事，诚复可修；岂有便塞参佐白事，断宾客问讯。今强贼临境，流言满国，人心万端，去就纷纭。愿冲虚纳下，广延俊彦，思画今日之要，塞鬼道淫祀，弘九合之勤，雪天下之耻，则群生有赖，开泰有期矣。"

时南土之士未尽才用，荣又言："陆士光贞正清贵，金玉其质；甘季思忠款尽诚，胆干殊快；殷庆元质略有明规，文武可施用；荣族兄公让明亮守节，困不易操；会稽杨彦明、谢行言皆服膺儒教，足为公望；贺生沈潜，青云之士；陶恭兄弟才干虽少，实事极佳。凡此诸人，皆南金也。"书奏，皆纳之。

六年，卒官。帝临丧尽哀，欲表赠荣，依齐王功臣格。吴郡内史殷祐笺曰：

昔贼臣陈敏凭宠藉权，滔天作乱，兄弟姻娅盘固州郡，威逼士庶以为臣仆，于时贤愚计无所出。故散骑常侍、安东军司、嘉兴伯顾荣经德体道，谋猷弘远，忠贞之节，在困弥厉。崎岖艰险之中，逋迫奸逆之下，每惟社稷，发愤慷忾。密结腹心，同谋致讨。信著群士，名冠东夏，德声所振，莫不响应，荷戈骏奔，其会如林。荣躬当矢石，为众率先，忠义奋发，忘家为国，历年遘寇，一朝土崩，兵不血刃，荡平六州，勋茂上代，义彰天下。

伏闻论功依故大司马齐王格，不在帷幕密谋参议之例，下附州征野战之比，不得进爵拓土，赐拜子弟，遐迩同叹，江表失望。齐王亲则近属，位为方岳，杖节握兵，都督近畿，外有五国之援，内有宗室之助，称兵弥时，役连天下，元功虽建，所丧亦多。荣众无一旅，任非藩翰，孤绝江外，王命不通，临危独断，以身徇国，官无一金之费，人无终朝之劳。元恶既殄，高尚成功，封闭仓廪，以俟大军，故国安物阜，以义成俗，今日匡霸事举，未必不由此而隆也。方之于齐，强弱不同，优劣亦异。至于齐府参佐，扶义助强，非创谋之主，皆锡珪受瑞，或公或侯。荣首建密谋，为方面盟主，功高元帅，赏卑下佐，上亏经国纪功之班，下孤忠义授命之士。

夫考绩幽明，王教所崇，况若荣者，济难宁国，应天先事，历观古今，未有立功若彼，酬报如此者也。由是赠荣侍中、骠骑将军、开府仪同三司，谥曰元。及帝为晋王，追封为公，开国，食邑。

荣素好琴，及卒，家人常置琴于灵座。吴郡张翰哭之恸，既而上床鼓琴数曲，抚琴而叹曰："顾彦先复能赏此不?"因又恸哭，不吊丧主而去。子毗嗣，官至散骑侍郎。

纪瞻，字思远，丹阳秣陵人也。祖亮，吴尚书令。父陟，光禄大夫。瞻少以方直知名。吴平，徙家历阳郡。察孝廉，不行。

后举秀才，尚书郎陆机策之曰："昔三代明王，启建洪业，文质殊制，而令名一致。然夏人尚忠，忠之弊也朴，救朴莫若敬。殷人革而修焉，敬之弊也鬼，救鬼莫若文。周人矫而变焉，文之弊也薄，救薄则又反之忠。然则王道之反覆其无一定邪，亦所祖之不同而功业各异也？自无圣王，人散久矣。三代之损益，百姓之变迁，其故可得而闻邪？今将反古以救其弊，明风以荡其秽，三代之制将何所从？太古之化有何异道？"瞻对曰："瞻闻有国有家者，皆欲迈化隆政，以康庶绩，垂歌亿载，永传于后。然而俗变事弊，得不随时，虽经圣哲，无以易也。故忠弊质野，敬失多仪。周鉴二王之弊，崇文以辩等差，而流遁者归薄而无款诚，款诚之薄，则又反之忠。三代相循，如水济火，所谓随时之义，救弊之术也。羲皇简朴，无为而化，后圣因承，所务或异。非贤圣之不同，世变使之然耳。今大晋阐元，圣功日跻，承天顺时，九有一贯，荒服之君，莫不来同。然而大道既往，人变由久，谓当今之政宜去文存朴，以反其本，则兆庶渐化，太和可致也。"

又问："在昔哲王象事备物，明堂所以崇上帝，清庙所以宁祖考，辟雍所以班礼教，太学所以讲艺文，此盖有国之盛典，为邦之大务。亡秦废学，制度荒阙。诸儒之论，损益异物。汉氏遗作，居为异事，而蔡邕《月令》谓之一物。将何所从？"对曰："周制明堂，所以宗其祖以配上帝，敬恭明祀，永光孝道也。其大数有六。古者圣帝明王南面而听政，其六则以明堂为主。又其正中，皆云太庙，以顺天时，施行法令，宗祀养老，训学讲肄，朝诸侯而选造士，备礼辩物，一教化之由也。故取其宗祀之类，则曰清庙；取其正室之貌，则曰太庙；取其室，则曰太室；取其堂，则曰明堂；取其四门之学，则曰太学；取其周水圜如璧，则白璧雍。异名同事，其实一也。是以蔡邕谓之一物。"

又问："庶明亮采，故时雍著唐；有命既集，而多士隆周。故《书》称明良之歌，《易》贵金兰之美。此长世所以废兴，有邦所以崇替。夫成功之君勤于求才，立名之士急于招世，理无世不对，而事千载恒背。古之兴王何道而如彼？后之衰世何阙而如此？"对曰："兴隆之政务在得贤，清平之化急于拔才，故二八登庸，则百揆序；有乱十人，而天下泰。武丁擢傅岩之徒，周文携渭滨之士，居之上司，委之国政，故能龙奋天衢，垂勋百代。先王身下白屋，搜扬仄陋，使山无扶苏之才，野无《伐檀》之咏。是以化厚物感，神祇来应，翔凤飘飖，甘露丰坠，醴泉吐液，朱草自生，万物滋茂，日月重光，和气四塞，大道以成；序君臣之义，敦父子之亲，明夫妇之道，别长幼之宜，自九州，被八荒，海外移心，重译入贡，颂声穆穆，南面垂拱也。今贡贤之途已闉，而教学之务未广，是以进竞之志恒锐，而务学之心不修。若辟四门以延造士，宣五教以明令德，考绩殿最，审其优劣，厝之百僚，置之群司，使调物度宜，节宣国典，必协济康哉，符契往代，明良来应，金兰复存也。"

又问："昔唐虞垂五刑之教，周公明四罪之制，故世叹清问而时歌缉熙。奸宄既殄，法物滋生。叔世崇三辟之文，暴秦加族诛之律，淫刑沦骨，虐滥已甚。汉魏遵承，因而弗革。亦由险泰不同，而救世异术，不得已而用之故也。宽克之中，将何立而可？族诛之法足为永制与不？"对曰："二仪分别兆庶生，兆庶生则利害作。利害之作，有由自然也。太古之时，化道德之教，贱勇力而贵仁义。仁义贵则强不陵弱，众不暴寡。三皇结绳而天下泰，非惟象刑缉熙而已也。且太古知法，所以远狱。及其末，不失有罪，是以狱用弥繁，而人弥暴，法令滋章，盗贼多有。《书》曰：'惟敬五刑，以成三德。'叔世道衰，既兴三辟，而文公之弊，又加族诛，淫刑沦骨，感伤和气，化染后代，不能变改。故汉祖指麾而六合响应，魏承汉末，因而未革，将以俗变由久，权时之宜也。今四海一统，人思反本，渐尚简朴，则贪夫不竞；尊贤黜否，则不仁者远。尔则斟参夷之刑，除族诛之律，品物各顺其生，缉熙异世而偕也。"

又问曰："夫五行迭代，阴阳相须，二仪所以鼹育，四时所以化生。《易》称'在天成象，在地成形'。形象之作，相须之道也。若阴阳不调，则大数不得不否；一气偏废，则万物不得独成。此应同之至验，不偏之明证也。今有温泉而无寒火，其故何也？思闻辩之，以释不同之理。"对曰："盖闻阴阳升降，山泽通气，初九纯卦，潜龙勿用，泉源所托，其温宜也。若夫水润下，火炎上，刚柔燥湿，自然之性，故阳动而外，阴静而内。内性柔弱，以含容为质；外动刚直，以外接为用。是以金水之明内鉴，火日之光外辉，刚施柔受，阳胜阴伏。水之受温，含容之性也。"

又问曰："夫穷神知化，才之尽称；备物致用，功之极目。以之为政，则黄羲之规可踵；以之革乱，则玄古之风可绍。然而唐虞密皇人之阔纲，夏殷繁帝者之约法，机心起而日进，淳德往而莫返。岂太朴一离，理不可振，将圣人之道稍有降杀邪？"对曰："政因时以兴，机随物而动，故圣王究穷通之源，审始终之理，适时之宜，期于济世。皇代质朴，祸难不作，结绳以信，人知所守。大道既离，智惠扰物，夷险不同，否泰异数，故唐虞密皇人之纲，夏殷繁帝者之法，皆废兴有由，轻重以节，此穷神之道，知化之术，随时之宜，非有降杀也。"

永康初，州又举寒素，大司马辟东阁祭酒。其年，除鄢陵公国相，不之官。明年，左降松滋侯相。太安中，弃官归家，与顾荣等共诛陈敏，语在荣传。

召拜尚书郎，与荣同赴洛，在途共论《易》太极。荣曰："太极者，盖谓混沌之时曚昧未分，日月含其辉，八卦隐其神，天地混其体，圣人藏其身。然后廓然既变，清浊乃陈，二仪著象，阴阳交泰，万物始萌，六合闿拓。《老子》云'有物混成，先天地生'，诚《易》之太极也。而王氏云'太极天地'，愚谓未当。夫两仪之谓，以体为称，则是天地；以气为名，则名阴阳。今若谓太极为天地，则是天地自生，无生天地者也。《老子》又云'天地所以能长且久者，以其不自生，故能长久''一生二，二生三，三生万物'，以资始冲气以为和。原元气之本，求天地之根，恐宜以此为准也。"瞻曰："昔疱牺画八卦，阴阳之理尽矣。文王、仲尼系其遗业，三圣相承，共同一致，称《易》准天，无复其余也。夫天清地平，两仪交泰，四时推移，日月辉其间，自然之数，虽经诸圣，孰知其始。吾子云'曚昧未分'分，岂其然乎！圣人，人也，安得混沌之初能藏其身于未分之内！老氏先天之言，此盖虚诞之说，非《易》者之意也。亦谓吾子神通体解，所不应疑。意者直谓太极极尽之称，言其理极，无复外形；外形既极，而生两仪。王氏指向可谓近之。古人举至极以为验，谓二仪生于此，非复谓有父母。若必有父母，非天地其孰在？"荣遂止。至徐州，闻乱日甚，将不行。会刺史裴盾得东海王越书，若荣等顾望，以军礼发遣，乃与荣及陆玩等各解船弃车牛，一日一夜行三百里，得还扬州。

元帝为安东将军，引为军谘祭酒，转镇东长史。帝亲幸瞻宅，与之同乘而归。以讨周馥、华轶功，封都乡侯。石勒入寇，加扬威将军、都督京口以南至芜湖诸军事，以距勒。勒退，除会稽内史。时有诈作大将军府符收诸暨令，令已受拘，瞻觉其诈，便破槛出之，讯问使者，果伏诈妄。寻迁丞相军谘祭酒。论讨陈敏功，封临湘县侯。西台除侍中，不就。

及长安不守，与王导俱入劝进。帝不许。瞻曰："陛下性与天道，犹复役机神于史籍，观古人之成败，今世事举目可知，不为难见。二帝失御，宗庙虚废，神器去晋，于今二载，梓宫未殡，人神失御。陛下膺录受图，特天所授。使六合革面，遐荒来庭，宗庙既建，神主复安，亿兆向风，殊俗毕至，若列宿之绾北极，百川之归巨海，而犹欲守匹夫之谦，非所以阐七庙，隆中兴也。但国贼宜诛，当以此屈已谢天下耳。而欲逆天时，违人事，失地利，三者一去，虽复倾匡于将来，岂得救祖宗之危急哉！适时之宜万端，其可纲维大业者，惟理与当。晋祚屯否，理尽于今。促之则得，可以隆中兴之祚；纵之则失，所以资奸寇

之权；此所谓理也。陛下身当厄运，纂承帝绪，顾望宗室，谁复与让！当承大位，此所谓当也。四祖廓开宇宙，大业如此。今五都燔燕，宗庙无主，刘载窃弄神器于西北，陛下方欲高让于东南，此所谓揖让而救火也。臣等区区，尚所不许，况大人与天地合德，日月并明，而可以失机后时哉！"帝犹不许，使殿中将军韩绩撤去御坐。瞻叱绩曰："帝坐上应星宿，敢有动者斩！"帝为之改容。

及帝践位，拜侍中，转尚书，上疏谏诤，多所匡益，帝甚嘉其忠烈。会久疾，不堪朝请，上疏曰：

臣疾疢不瘳，旷废转久，比陈诚款，未见哀察。重以尸素，抱罪枕席，忧责之重，不知垂没之余当所投厝。臣闻易失者时，不再者年，故古之志士义人负鼎越趋，商歌于市，诚欲及时效其忠规，名传不朽也。然失之者亿万，得之者一两耳。常人之情，贪求荣利。臣以凡庸，邂逅遭遇，劳负鼎，口不商歌，横逢大运，频烦饕窃。虽思慕古人自效之志，竟无毫厘报塞之效，而犬马齿衰，众病废顿，僵卧救命，百有余日，叩棺曳衾，日顿一日。如复天假之年，蒙陛下行苇之惠，适可薄存性命，枕息陋巷，亦无由复厕八坐，升降台阁也。臣日冥齿堕，胸腹冰冷，既刺不差，足复偏跛，为病受困，既以荼毒。七十之年，礼典所遗，衰老之征，皎然露见。臣虽欲勤自藏护，隐伏何地！

臣之职掌，户口租税，国之所重。方今六合波荡，人未安居，始被大化，百度草创，发卒转运，皆须人力。以臣平强，兼以晨夜，尚不及事，今俟命漏刻，而当久停机职，使王事有废。若朝廷以之广恩，则忧责日重；以之序官，则官废事弊；须臣差，则臣日月衰退。今以天慈，使官旷事滞，臣受偏私之宥，于大望亦有亏损。今万国革面，贤俊比迹，而当虚停好爵，不以縻贤，以臣秽病之余，妨官固职，诚非古今黜进之急。惟陛下割不已之仁，赐以敝帷，陨仆之日，得以藉尸；时铨俊父，使官修事举，臣免罪戮，死生厚幸！

因以疾免。寻除尚书右仆射，屡辞不听，遂称病笃，还第，不许。

时郗鉴据邹山，屡为石勒等所侵逼。瞻以鉴有将相之材，恐朝廷弃而不恤，上疏请征之，曰："臣闻皇代之兴，必有爪牙之佐，捍城之用，帝王之利器也。故虞舜举十六相而南面垂拱。伏见前辅国将军郗鉴，少立高操，体清望峻，文武之略，时之良干。昔与戴若思同辟，推放荒地，所在孤特，众无一旅，救援不至。然能绥集残余，据险五载，遂使凶寇不敢南侵。但士众单寡，无以立功，既统名州，又为常伯。若使鉴从容台阃，出内王命，必能尽抗直之规，补衮职之阙。自先朝以来，诸所授用，已有成比。戴若思以尚书为六州都督、征西将军，复加常侍，刘隗镇北，陈眕镇东。以鉴举时，则与若思同；以资，则俱八坐。况鉴雅望清重，一代名器。圣朝以至公临天下，惟平是与，是以臣寝顿陋巷，思尽闻见，惟开圣怀，垂问臣导，冀有毫厘万分之一。"

明帝尝独引瞻于广室，慨然忧天下，曰："社稷之臣，

欲无复十人，如何？"因屈指曰："君便其一。"瞻辞让。帝曰："方欲与君善语，复云何崇谦让邪！"瞻才兼文武，朝廷称其忠亮雅正。俄转领军将军，当时服其严毅。虽恒疾病，六军敬惮之。瞻以久病，请去官，不听，复加散骑常侍。及王敦之逆，帝使谓瞻曰："卿虽病，但为朕卧护六军，所益多矣。"乃赐布千匹。瞻不以归家，分赏将士。贼平，复自表还家，帝不许，固辞不起。诏曰："瞻忠亮雅正，识局经济，屡以年耆病久，逡巡告诚。朕深明此操，重违高志，今听所执，其以为骠骑将军，常侍如故。服物制度，一按旧典。"遣使就拜，止家为府。寻卒，时年七十二。册赠本官、开府仪同三司，谥曰穆，遣御史持节监护丧事。论讨王含功，追封华容子，降先爵二等，封次子一人亭侯。

瞻性静默，少交游，好读书，或手自抄写，凡所著述，诗赋笺表数十篇。兼解音乐，殆尽其妙。厚自奉养，立宅于乌衣巷，馆宇崇丽，园池竹木，有足赏玩焉。慎行爱士，老而弥笃。尚书闵鸿、太常薛兼、广川太守河南褚沈、给事中宣城章辽、历阳太守沛国武嘏，并与瞻素疏，咸藉其高义，临终托后于瞻。瞻悉营护其家，为起居宅，同于骨肉焉。少与陆机兄弟亲善，及机被诛，赡恤其家周至，及嫁机女，资送同于所生。长子景早卒。景子友嗣，官至廷尉。景弟鉴，太子庶子、大将军从事中郎，先瞻卒。

贺循，字彦先，会稽山阴人也。其先庆普，汉世传《礼》，世所谓庆氏学。族高祖纯，博学有重名，汉安帝时为侍中，避安帝父讳，改为贺氏。曾祖齐，仕吴为名将。祖景，灭贼校尉。父邵，中书令，为孙皓所杀，徙家属边郡。循少婴家难，流放海隅，吴平，乃还本郡。操尚高厉，童龀不群，言行进止，必以礼让，国相丁乂请为五官掾。刺史嵇喜举秀才，除阳羡令，以宽惠为本，不求课最。后为武康令，俗多厚葬，及有拘忌回避岁月，停丧不葬者，循皆禁焉。政教大行，邻城宗之。然无援于朝，久不进序。著作郎陆机上疏荐循曰："伏见武康令贺循德量邃茂，才鉴清远，服膺道素，风操凝峻，历试二城，刑政肃穆。前蒸阳令郭讷风度简旷，器识朗拔，通济敏悟，才足干事。循守下县，编名凡悴；讷归家巷，栖迟有年。皆出自新邦，朝无知己，居在遐外，志不自营，年时倏忽，而逸无阶绪，实州党愚智所为恨恨。臣等伏思台郎所以使州，州有人，非徒以均分显路，惠及外州而已。诚以庶士殊风，四方异俗，壅隔之害，远国益甚。至于荆、扬二州，户各数十万，今扬州无郎，而荆州江南乃无一人为京城职者，诚非圣朝待四方之本心。至于才望资品，循可尚书郎，讷可太子洗马、舍人。此乃众望所积，非但企及清途，苟充方选也。谨条资品，乞蒙简察。"久之，召补太子舍人。

赵王伦篡位，转侍御史，辞疾去职。后除南中郎长史，不就，会逆贼李辰起兵江夏，征镇不能讨，皆望尘奔走。辰别帅石冰略有扬州，逐会稽相张景代之，以其长史宰与领山阴令。前南平内史王矩、吴兴内史顾秘、前秀才周玘等唱义，传檄州郡以讨之，循亦合众以应之。冰大将抗宠有众数千，屯郡讲堂。循移檄于宠，

为陈逆顺，宠遂遁走，超、与皆降，一郡悉平。循迎景还郡，即谢遣兵士，杜门不出，论功报赏，一无豫焉。

及陈敏之乱，诈称诏书，以循为丹阳内史。循辞以脚疾，手不制笔，又服寒食散，露发袒身，示不可用，敏竟不敢逼。是时州内豪杰皆见维絷，或有老疾，就加秩命，惟循与吴郡朱诞不豫其事。及敏破，征东将军周馥上循领会稽相，寻除吴国内史，公车征贤良，皆不就。

元帝为安东将军，复上循为吴国内史，与循言及吴时事，因问曰："孙皓尝烧锯截一贺头，是谁邪？"循未及言，帝悟曰："是贺邵也。"循流涕曰："先父遭遇无道，循创巨痛深，无以上答。"帝甚愧之，三日不出。东海王越命为参军，征拜博士，并不起。

及帝迁镇东大将军，以军司顾荣卒，引循代之。循称疾笃，笺疏十余上。帝遗之书曰：

夫百行不同，故出处道殊，因性而用，各任其真耳。当宇宙清泰，彝伦攸序，随运所遇，动默在己。或有遁栖高蹈，轻举绝俗，逍遥养和，恬神自足，斯盖道隆人逸，势使其然。若乃时运屯弊，主危国急，义士救时，驱驰拯世，烛之武乘缒以入秦，园绮弹冠而匡汉，岂非大雅君子卷舒合道乎！虚薄寡德，忝备近亲，谬荷宠位，受任方镇，餐服玄风，景羡高矩，常愿弃结驷之轩轨，策柴筚而造门，徒有其怀，而无从贤之实者何？良以寇逆殷扰，诸夏分崩，皇居失御，黎元荼毒，是以日夜忧怀，慷慨发愤，志在竭节耳。前者顾公临朝，深赖高算。元凯既登，巢许获逸。至于今日，所谓道之云亡，邦国珍悴，群望颙颙，实在君侯。苟义之所在，岂得让劳居逸！想达者亦一以贯之也。庶禀徽猷，以弘远规。今上尚书，屈德为军司，谨遣参军沈祯衔命奉授，望必屈临，以副倾迟。

循犹不起。

及帝承制，复以为军谘祭酒。循称疾，敦逼不得已，乃舆疾至。帝亲幸其舟，因谘以政道。循羸疾不拜谒，乃就加朝服，赐第一区，车马床帐衣褥等物。循辞让，一无所受。

廷尉张闿住在小市，将夺左右近宅以广其居，乃私作都门，早闭晏开，人多患之，论于州府，皆不见省。会循出，至破冈，连名诣循质之。循曰："见张廷尉，当为言及之。"闿闻而遽毁其门，诣循致谢。其为世所敬服如此。

时江东草创，盗贼多有，帝思所以防之，以问于循。循答曰："江道万里，通涉五州，朝贡商旅之所来往也。今议者欲出宣城以镇江渚，或使诸县领兵。愚谓令长威弱，而兼才难备，发悍役之人，而御之不肃，恐未必为用。以循所闻，江中剧地惟有阖庐一处，地势险奥，亡逃所聚。特宜以重兵备戍，随势诛除，绝其根带。沿江诸县各有分界，分界之内，官长所任，自可度土分力，多置亭行，恒使徼行，峻其纲目，严其刑赏，使越常科，勤则有殊荣之报，堕则一身之罪，谓于大理不得不肃。所给人以时番休，役不至困，代易有期。案汉制十里一亭，亦以防禁切密故也。当今纵不能尔，要宜筹量，使力足相周。若寇劫强多，不能独制者，可指其踪迹，言所在都督寻当致讨。

今不明部分，使所在百姓与军家杂其徽备，两情俱堕，莫适任负，故所以徒有备名而不能为益者也。"帝从之。

及愍帝即位，征为宗正，元帝在镇，又表为侍中，道险不行。以讨华轶功，将封乡侯，循自以卧疾私门，固让不受。建武初，为中书令，加散骑常侍，又以老疾固辞。帝下令曰："孤以寡德，忝当大位，若涉巨川，罔知所凭。循言行以礼，乃时之望，俗之表也。实赖其谋猷，以康万机。疾患有素，犹望卧相规辅，而固守执谦，自陈恳至，此贤履信思顺，苟以让为高者也。今从其所执。"于是改拜太常，常侍如故。循以九卿旧不加官，今又疾患，不宜兼处此职，惟拜太常而已。

时宗庙始建，旧仪多阙，或以惠怀二帝应各为世，则颍川世数过七，宜在迭毁。事下太常。循议以为：

礼，兄弟不相为后，不得以承代为世。殷之盘庚不序阳甲，汉之光武不继成帝，别立庙寝，使臣下祭之，此前代之明典，而承继之著义也。惠帝无后，怀帝承统，弟不后兄，则怀帝自上继世祖，不继惠帝，当同殷之阳甲，汉之成帝。议者以圣德冲远，未便改旧。诸如此礼，通所未论。是以惠帝尚在太庙，而怀帝复入，数则盈八。盈八之理，由惠帝不出，非上祖宜迁也。下世既升，上世乃迁，迁毁对代，不得相通，未有下升一世而上毁二世者也。惠怀二帝俱继世祖，兄弟旁亲，同为一世，而上毁二为一世。今以惠帝之崩已毁豫章，怀帝之入复毁颍川，如此则一世再迁，祖位横析。求之古义，未见此例。惠帝宜出，尚未轻论，况可轻毁一祖而无义例乎？颍川既无可毁之理，则见神之数居然自八，此尽有由而然，非谓数之常也。既有八神，则不得不于七室之外权安一位也。至尊于惠怀俱是兄弟，自上后世祖，不继二帝，则二帝之神行应别出，不为庙中恒有八室也。又武帝初成太庙时，正神止七，而杨元后之神亦权立一室。永熙元年，告世祖谥于太庙八室，此是苟有八神，不拘于七之旧例也。

又议者以景帝俱已在庙，则惠怀一例。景帝盛德元功，王基之本，义著祖宗，百世不毁，故所以特在本庙，且亦世代尚近，数得相容，安神而已，无逼上祖，如王氏昭穆既满，终应别庙也。以今方之，既轻重义异，又七庙七世之亲；昭穆，父子位也。若当兄弟旁满，辄毁上祖，则祖位空悬，世数不足，何取于三昭三穆与太祖之庙然后成七哉！今七庙之义，出于王氏。从祢以上至于高祖，亲庙四世，高祖以上复有五世六世无服之祖，故为三昭三穆并太祖而七也。故世祖郊定庙礼，京兆、颍川会、高之亲，豫章五世，征西六世，以应此义。今至尊继统，亦宜有五六世之祖，豫章六世，颍川五世，俱不应毁。今既云豫章先毁，又当重毁颍川，此为庙中之亲惟从高祖已下，无复高祖以上二世之祖，于王氏之义，三昭三穆废阙其二，其非宗庙之本所据承，又违世祖祭征西、豫章之意，于一王定礼所阙不少。

时尚书仆射刁协与循异议，循答义深备，辞多不载，竟从循议焉。朝廷疑滞皆谘之于循，循辄依经礼而对，为当世儒宗。

其后帝以循清贫，下令曰："循冰清玉洁，行为俗表，位处上卿，而居身服物盖周形而已，屋室财庇风雨。孤近造其庐，以为慨然。其赐六尺床荐席褥并钱二十万，以表至德，畅孤意焉。"循又让，不许，不得已留之，初不服用。及帝践位，有司奏琅邪恭王宜称皇考，循又议曰："案礼子不敢以己爵加父。"帝纳之。俄以循行太子太傅，太常如故。

循自以枕疾废顿，臣节不修，上隆降尊之义，不替交叙之敬，惧非垂典之教也，累表固让。帝以循体德率物，有不言之益，敦厉备至，期于不许，命皇太子亲往拜焉。循有羸疾，而恭于接对；诏断宾客，其崇遇如此。疾渐笃，表乞骸骨，上还印绶，改授左光禄大夫、开府仪同三司。帝临轩，遣使持节，加印绶。循口不能言，指麾左右，推去章服。车驾亲幸，执手流涕。太子亲临者三焉，往还皆拜，儒者以为荣。太兴二年卒，时年六十。帝素服举哀，哭之甚恸。赠司空，谥曰穆。将葬，帝又出临其柩，哭之尽哀，遣兼侍御史持节监护。皇太子追送近途，望船流涕。

循少玩篇籍，善属文，博览众书，尤精礼传。雅有知人之鉴，拔同郡杨方于卑陋，卒成名于世。子隰，康帝时官至临海太守。

杨方，字公回。少好学，有异才。初为郡铃下威仪，公事之暇，辄读《五经》，乡邑未之知。内史诸葛恢见而奇之，待以门人之礼，由是始得周旋贵人间。时虞喜兄弟以儒学立名，雅爱方，为之延誉。恢尝遣方为文，荐郡功曹主簿。虞预称美之，送以示循。循报书曰："此子开拔有志，意只言异于凡猥耳，不图伟才如此。其文甚有奇分，若出其胸臆，乃是一国所推，岂但牧竖中逸群邪！闻处旧党之中，好有谦冲之行，此亦立身之一隅。然世衰道丧，人物凋弊，每闻一介之徒有向道之志，冀之愿已。如方者乃荒莱之特苗，卤田之善秀，姿质已良，但沾染未足耳；移植丰壤，必成嘉竖。足下才为世英，位为朝右，道隆化立，然后为贵。昔许子将拔樊仲昭于贾坚，郭林宗成魏德公于畎亩。足下志隆此业，二贤之功不为难及也。"循遂称方于京师。司徒王导辟为掾，转东安太守，迁司徒参军事。方在都邑，搢绅之士咸厚遇之，自以地寒，不愿久留京华，求补远郡，欲闲居著述。导从之，上补高梁太守。在郡积年，著《五经钩沈》，更撰《吴越春秋》，并杂文笔，皆行于世。以年老，弃郡归。导将进之台阁，固辞还乡里，终于家。

薛兼，字令长，丹阳人也。祖综，仕吴为尚书仆射。父莹，有名吴朝。吴平，为散骑常侍。兼清素有器宇，少与同郡纪瞻、广陵闵鸿、吴郡顾荣、会稽贺循齐名，号为"五俊"。初入洛，司空张华见而奇之，曰："皆南金也。"察河南孝廉，辟公府，除比阳相，莅任有能名。历太子洗马、散骑常侍、怀令。司空、东海王越引为参军，转祭酒，赐爵安阳亭侯。元帝为安东将军，以为军谘祭酒，稍迁丞相长史。甚勤王事，以上佐禄优，每自约损，取周而已。进爵安阳乡侯，拜丹阳太守。中兴建，转尹，加秩中二千石，迁尚书，领太子少傅。自综至兼，三世傅东宫，谈者美之。

永昌初，王敦表兼为太常。明帝即位，加散骑常侍。帝以东宫时师傅，犹宜尽敬，乃下诏曰："朕以不德，夙遭闵凶。狠以眇身，托于王公之上。哀茕在疚，靡所谘仰，忧怀惴惴，如临于谷。孔子有云：'故虽天子，必有尊也。'朕将祗奉先师之礼，以谘有德。太宰西阳王羕尊望重，在贵思降。丞相武昌公、司空即丘子体道高邈，勋德兼备，先帝执友，朕之师傅。太常安阳乡侯训保朕躬，忠肃笃诚。夫崇亲尊贤，先帝所重，朕见四君及书疏仪体，一如东宫故事。"是岁，卒。诏曰："太常、安阳乡侯兼履勋冲素，尽忠恪己。方赖德训，弘济政道，不幸殂殒，痛于厥心。今遣持节侍御史赠左光禄大夫、开府仪同三司。魂而有灵，嘉兹荣宠。"及葬，属王敦作逆，朝廷多故，不得议谥，直遣使者祭以太牢。子颛，先兼卒，无后。

史臣曰：元帝树基淮海，百度权舆，梦想群材，共康庶绩。顾、纪、贺、薛等并南金东箭，世胄高门，委质霸朝，豫闻邦政；典宪资其刊辑，帷幄仵其谋猷；望重搢绅，任惟元凯，官成名立，光国荣家。非惟感会所钟，抑亦材能斯至。而循位登保傅，朝望特隆，遂使銮跸降临，承明下拜。虽西汉之恩崇张禹，东都之礼重桓荣，弗是过也。

赞曰：彦先通识，思远方直。薛既清贞，贺惟学植。逢时遇主，抟风矫翼。

卷六十九　　列传第三十九

刘隗 孙波　**刁协** 子彝 彝子逵 **戴若思**
弟邈　**周顗**

刘隗，字大连，彭城人，楚元王交之后也。父砥，东光令。隗少有文翰，起家秘书郎，稍迁冠军将军、彭城内史。避乱渡江，元帝以为从事中郎。隗雅习文史，善求人主意，帝深器遇之。迁丞相司直，委以刑宪。时建康尉收护军士，而为府将篡取之，隗奏免护军将军戴若思官。世子文学王籍之居叔母丧而婚，隗奏之，帝下令曰："《诗》称杀礼多婚，以会男女之无夫家，正今日之谓也，可一解禁止。自今以后，宜为其防。"东阁祭酒颜含在叔父丧嫁女，隗又奏之。庐江太守梁龛明日当除妇服，今日请客奏伎，丞相长史周顗等三十余人同会，隗奏曰："夫嫡妻长子皆杖居庐，故周景王有三年之丧，既除而宴，《春秋》犹讥，况龛匹夫，暮宴朝祥，慢服之愆，宜肃丧纪之礼。请免龛官，削侯爵。顗等知龛有丧，吉会非礼，宜各夺俸一月，以肃其违。"从之。丞相行参军宋挺，本扬州刺史刘陶门人，陶亡后，挺娶陶爱妾以为小妻。建兴

中，挺又割盗官布六百余匹，正刑弃市，遇赦免。既而奋武将军阮抗请为长史。隗劾奏曰："挺蔑其死主而专其室，悖于三之义，伤人伦之序，当投之四裔以御魑魅。请除挺名，禁锢终身。而奋武将军、太山太守阮抗请为长史。抗纬文经武，剖符下藩，当庸勋忠良，昵近仁贤，而褒求赃污，举顽用嚚。请免抗官，下狱理罪。"奏可，而挺病死。隗又奏："符旨：挺已丧亡，不复追贬。愚戆意暗，未达斯义。昔郑人斫子家之棺，汉明追讨史迁，经传褒贬，皆追书先世数百年间，非徒区区欲厘当时，亦将作法垂于来世，当朝亡夕没便无善恶也。请曹如前追除挺名为民，录妾还本，显证恶人，班下远近。"从之。南中郎将王含以族强显贵，骄傲自恣，一请参佐及守长二十许人，多取非其才。隗劾奏文致甚苦，事虽被寝，王氏深忌疾之。而隗之弹奏不畏强御，皆此类也。

建兴中，丞相府斩督运令史淳于伯而血逆流，隗又奏曰："古之为狱必察五听，三槐九棘以求民情。虽明庶政，不敢折狱。死者不得复生，刑者不可复续，是以明王哀矜用刑。曹参去齐，以市狱为寄。自顷蒸荒，杀戮无度，罪同断异，刑罚失宜。谨按行督运令史淳于伯刑血著柱，遂逆上终极柱末二丈三尺，旋复下流四尺五寸。百姓喧华，士女纵观，咸曰其冤。伯息忠诉辞称枉，云伯督运讫去二月，事毕代还，无有稽乏。受赇使役，罪不及死。军是戍军，非为征军，以乏军兴论，于理为枉。四年之中，供给运漕，凡诸征发租调百役，皆有稽停，而不以军兴论，至于伯也，何独明之？捶楚之下，无求不得，囚人畏痛，饰辞应之。理曹，国之典刑，而使忠等称冤明时。谨按从事中郎周筵、法曹参军刘胤、属李匡幸荷殊宠，并登列曹，当思敦奉政道，详法慎杀，使兆庶无枉，人不称诉。而令伯枉同周青，冤魂哭于幽都，诉灵恨于黄泉，嗟叹甚于杞梁，血妖过于崩城，故有陨霜之人，夜哭之鬼。伯有昼见，彭生为豕，刑杀失中，妖眚并见，以古况今，其揆一也。皆由筵等不胜其任，请皆免官。"于是右将军王导等上疏引咎，请解职。帝曰："政刑失中，皆吾暗塞所由。寻示愧惧，思闻忠告，以补其阙。而引过求退，岂所望也！"由是导等一无所问。

晋国既建，拜御史中丞。周嵩嫁女，门生断道解庐，斫伤二人，建康左尉赴变，又被斫。隗劾奏嵩兄颐曰："颐幸荷殊宠，列位上僚，当崇明宪典，协和上下，刑于左右，以御于家邦。而乃纵肆小人，群为凶害，公于广都之中白日刃尉，远近汹吓，百姓喧华，亏损风望，渐不可长。既无大臣检御之节，不可对扬休命。宜加贬黜，以肃其违。"颐坐免官。

太兴初，长兼侍中，赐爵都乡侯，寻代薛兼为丹阳尹，与尚书令刁协并为元帝所宠，欲排抑豪强。诸刻碎之政，皆云隗、协所建。隗虽在外，万机秘密皆豫闻之。拜镇北将军、都督青徐幽平四州军事、假节，加散骑常侍，率万人镇泗口。

初，隗以王敦威权太盛，终不可制，劝帝出腹心以镇方隅，故以谯王承为湘州，续用隗及戴若思为都督。敦甚恶之，与隗书曰："顷承圣上顾眄足下，今大贼未灭，中

原鼎沸，欲与足下周生之徒戮力王室，共静海内。若其泰也，则帝祚于是乎隆；若其否也，则天下永无望矣。"𫖮答曰："鱼相忘于江湖，人相忘于道术。竭股肱之力，效之以忠贞，吾之志也。"敦得书甚怒。及敦作乱，以讨𫖮为名，诏征𫖮还京师，百官迎之于道，𫖮岸帻大言，意气自若。及入见，与刁协奏请诛王氏。不从，有惧色，率众屯金城。及敦克石头，𫖮攻之不拔，入宫告辞，帝雪涕与之别。𫖮至淮阴，为刘遐所袭，携妻子及亲信二百余人奔于石勒，勒以为从事中郎、太子太傅。卒年六十一。子绥，初举秀才，除驸马都尉、奉朝请。随𫖮奔勒，卒。孙波嗣。

波字道则。初为石季龙冠军将军王洽参军，及季龙死，洽与波俱降。穆帝以波为襄城太守，累迁桓冲中军谘议参军。大司马桓温西征袁贞，朝廷空虚，以波为建威将军、淮南内史，领五千人镇石头。寿阳平，除尚书左丞，不拜，转冠军将军、南郡相。时苻坚弟融围雍州刺史朱序于襄阳，波率众八千救之，以敌强不敢进，序竟陷没。波以畏懦免官。后复以波为冠军将军，累迁散骑常侍。

苻坚败，朝廷欲镇抚北方，出波督淮北诸军、冀州刺史，以疾未行。上疏曰：

臣闻天地以弘济为仁，君道以惠下为德，是以禹汤有身勤之绩，唐虞有在予之诰，用能惠被苍生，勋流后叶。宣帝开拓洪图，始基成命；爰及文武，历数在躬，而犹虚心侧席，卑己崇物。然后知积累之功重，勤王之业艰，先君之德弘，贻厥之赐厚。惠皇不怀，委政内任，遂使神器幽沦，三光翳曜，园陵怀九泉之感，宫庙集胡马之迹，所谓肉食失之于朝，黎庶暴骸于外也。赖元皇帝神武应期，祚隆淮海，振乾纲于已坠，纽绝维而更张。陛下承宣帝开始之宏基，受元帝克终之成烈，保大定功，戢兵静乱。故使负鳞横海之鲸，僭位滔天之寇，望云旗而宵溃，睹太阳而雾散，巍巍荡荡，人无名焉。而顷年以来，天文违错，妖怪屡生。会稽先帝本封，而地动经年。昔周之文武有鱼乌之瑞，君臣犹怀震悚，况今灾变众集，曾莫之疑。公旦有勿休之诫，贾谊有积薪之喻。臣鉴先征，窃惟今事，是以敢肆狂瞽，直言无讳。

往者先帝以玄风御世，责成群后，坐运天纲，随化委顺，故忘日计之功，收岁成之用。今礼乐征伐自天子出，相王贤俊，协和百揆，六合承风，天下响振，而钧台之咏弗闻，景亳之命未布。将群臣之不称，陛下不用之不尽乎？

凡圣王之化，莫不敦崇忠信，存正弃邪。伤化毁俗者，虽亲虽贵，必疏而远之；清公贞修者，虽微虽贱，必亲而近之。今则不然。此风既替，利竞滋甚，朋党比周，毁誉交兴，钻求苟进，人希分外。见贤而居其上，受禄每过其量，希旨承意者以为奉公，共相赞白者以为忠节。举世见之，谁敢正言。陛下不明必行之法以绝穿鉴之源者，恐脱因疲倦以误视听。且苻坚灭亡，于今五年，旧京残毁，山陵无卫，百姓涂炭，未蒙拯接。伏愿远观汉魏衰灭之由，近览西朝倾覆之际，超然易虑，为于未有，则灵根永固，社稷无虞。

臣岂诬一朝之人皆无忠节，但任非其才，求之不至耳。

今政烦役殷，所在凋弊，仓廪空虚，国用倾竭，下民侵削，流亡相属。略计户口，但咸安已来，十分去三。百姓怀浮游之叹，《下泉》兴周京之思。昔汉宣有云："与我共治天下者，其惟良二千石乎！"是以临下有方者就加玺赠，法苛政乱者恤刑不赦，事简于上，人悦于下。今则不然。告时乞职者以家弊为辞，振穷恤滞者以公爵为施。古者为百姓立君，使之司牧；今者以百姓恤君，使之蚕食，至乃贪污者谓之清勤，慎法者谓之怯劣。何反古道一至于此！

陛下虽躬自节俭，哀矜于上，而群僚肆欲，纵心于下，六司垂翼，三事拱默，故有识者睹人事以叹息，观妖昔而大惧。昔宋景退荧惑之灾，殷宗消鼎雉之异。伏愿陛下仰观大禹过门之志，俯察商辛沈湎之失，远思《国风》恭公之刺，深惟定姜小臣之喻。暂回圣恩，大询群后，延纳众贤，访以得失；令百僚率职，人言损益。察其所由，观其所以，审识群才，助鼎和味。克念作圣，以答天休。则四海宅心，天下幸甚。

臣亡祖先臣𫖮，昔荷殊宠，匪躬之操，犹存旧史，有志无时，怀恨黄泉。及臣凡劣，复蒙罔极之眷，恩隆累世，实非糜身倾宗所能上报。前作此表，未及得通。暴婴笃疾，恐命在奄忽，贪及视息，望达愚情。气力惙然，不能自宣。

疏奏而卒。追赠前将军。子淡嗣。元熙初，为庐江太守。

𫖮伯父讷，字令言，有人伦鉴识。初入洛，见诸名士而叹曰："王夷甫太鲜明，乐彦辅我所敬，张茂先我所不解，周弘武巧于用短，杜方叔拙于用长。"终于司隶校尉。

子畴，字王乔，少有美誉，善谈名理。曾避乱坞壁，贾胡百数欲害之，畴无惧色，援箎而吹之，为《出塞》、《入塞》之声，以动其游客之思。于是群胡皆垂泣而去之。永嘉中，位至司徒左长史，寻为阎鼎所杀。司空蔡谟每叹曰："若使刘王乔得南渡，司徒公之美选也。"又王导初拜司徒，谓人曰："刘王乔若过江，我不独拜公也。"其为名流之所推服如此。

畴兄子劭，有才干，辟琅邪王丞相掾。咸康世，历御史中丞、侍中、尚书、豫章太守，秩中二千石。

邵族子黄老，太元中，为尚书郎，有义学，注《慎子》、《老子》，并传于世。

刁协，字玄亮，渤海饶安人也。祖恭，魏齐郡太守。父攸，武帝时御史中丞。协少好经籍，博闻强记，释褐濮阳王文学，累转太常博士、本郡大中正。成都王颖请为平北司马，后历赵王伦相国参军，长沙王乂骠骑司马。及东嬴公腾镇临漳，以协为长史，转颍川太守。永嘉初，为河南尹，未拜，避难渡江。元帝以为镇东军谘祭酒，转长史。愍帝即位，征为御史中丞，例不行。元帝为丞相，以协为左长史。中兴建，拜尚书左仆射。于时朝廷草创，宪章未立，朝臣无习旧仪者。协久在中朝，谙练旧事，凡所制度，皆禀于协焉，深为当时所称许。太兴初，迁尚书令，在职数年，加金紫光禄大夫，令如故。

协性刚悍，与物多忤，每崇上抑下，故为王氏所疾。又使酒放肆，侵毁公卿，见者莫不侧目。然悉力尽心，志在匡救，帝甚信任之。以奴为兵，取将吏客使转运，皆协所建也，众庶怨望之。及王敦构逆，上疏罪协。帝使协出督六军。既而王师败绩，协与刘隗俱侍帝于太极东除，帝执协、隗手，流涕呜咽，劝令避寇。协曰："臣当守死，不敢有贰。"帝曰："今事逼矣，安可不行！"乃令给协、隗人马，使自为计。协年老，不堪骑乘，素无恩纪，募从者，皆委之行。至江乘，为人所杀，送首于敦，敦德刁氏，收葬之。帝痛协不免，密捕送协首者而诛之。

敦平后，周𫖮、戴若思等皆被显赠，惟协以出奔不在其例。咸康中，协子彝上疏讼之。在位者多以明帝之世褒贬已定，非所得更议，且协不能抗节陨身，乃出奔遇害，不可复其官爵也。丹阳尹殷融议曰："王敦恶逆，罪不容诛，则协之善亦不容赏。若以忠非良图，谋事失算，以此为责者，盖在于讥议之间耳。即凶残之诛以为国刑，将何以沮劝乎！当敦专逼之时，庆赏威刑专自己出，是以元帝虑深崇本，以协为比，事由国计，盖不为私。昔孔宁、仪行父从君于昏，楚复其位者，君之党故也。况协之比君，在于义顺。且中兴四佐，位为朝首。于时事穷计屈，奉命违寇，非为逃刑。谓宜显赠，以明忠义。"时庾冰辅政，疑不能决。左光禄大夫蔡谟与冰书曰：

夫爵人者，宜显其功；罚人者，宜彰其罪，此古今之所慎也。凡小之人犹尚如此，刁令中兴上佐，有死难之名，天下不闻其罪，而见其贬，致令刁氏称冤，此乃为王敦复仇也。内沮忠臣之节，论者惑之。若实有大罪，宜显其事，令天下知之，明圣朝不贬死难之臣。《春秋》之义，以功补过。过轻功重者，得以加封；功轻过重者，不免诛绝；功足赎罪者无黜。虽先有邪佞之罪，而临难之日党于其君者，不绝之也。孔宁、仪行父亲与灵公淫乱于朝，君杀国灭，由此二臣，而楚尚纳之。传称有礼不绝其位者，君之党也。若刁令有罪，重于孔仪，绝之可也。若无此罪，宜见追论。

或谓明帝之世已见寝废，今不宜复改，吾又以为不然。夫大道宰世，殊涂一致。万机之事，或异或同，同不相善，异不相讥。故尧抑元凯而舜举之，尧不为失，舜不为非，何必前世所废便不宜改乎？汉萧何之后坐法失侯，文帝不封而景帝封之，后复失侯，武昭二帝不封而宣帝封之。近去元年，车驾释奠，拜孔子之坐，此亦元明二帝所不行也。又刁令但是明帝所不赠耳，非诛之也。王平子、第五猗皆元帝所诛，而今日所赠，岂以改前为嫌乎！凡处事者，当上合古义，下准今例，然后谈者不惑，受罪者无怨耳。案周仆射、戴征西本非王敦唱檄所仇也，事定后乃见害耳；周筵、郭璞等并亦非为主御难也，自平居见杀耳，皆见褒赠，刁令事义岂轻于此乎？自顷员外散骑尚得追赠，况刁令位亚三司。若先自寿终，不失员外散骑之例也。就不蒙赠，不失以本官殡葬也。此为一人之身，

寿终则蒙赠，死难则见绝，岂所以明事君之道，厉为臣之节乎！宜显评其事，以解天下疑惑之论。

又闻谈者亦多谓宜赠。凡事不允当，而得众助者，若以善柔得众，而刁令粗刚多怨；若以贵也，刁氏为贱；若以富也，刁氏为贫。人士何故反助寒门而此言之？足下宜察此意。

冰然之。事奏，成帝诏曰："协情在忠主，而失为臣之道，故令王敦得托名公义，而实肆私忌，遂令社稷受屈，元皇衔耻，致祸之原，岂不有由！若极明国典，则纇刑非重。今正当协之勤有可书，敦之逆命不可长，故议其事耳。今可复协本位，加之册祭，以明有忠于君者纤介必显，虽于贬裁未尽，然或足有劝矣。"于是追赠本官，祭以太牢。

彝字大伦。少遭家难。王敦诛后，彝斩仇人党，以首祭父墓，诣廷尉请罪，朝廷特宥之，由是知名，历尚书吏部郎、吴国内史，累迁北中郎将、徐兖二州刺史、假节，镇广陵，卒于官。

子逵，字伯道，逵弟畅，字仲远；次子弘，字叔仁，并历显职。隆安中，逵为广州刺史，领平越中郎将、假节；畅为始兴相；弘为冀州刺史。兄弟子侄并不拘名行，以货殖为务，有田万顷，奴婢数千人，余资称是。

桓玄篡位，以逵为西中郎将、豫州刺史，镇历阳；畅右卫将军；弘抚军桓修司马。刘裕起义，斩桓修，时畅、弘谋起兵袭裕，裕遣刘毅讨之，畅伏诛；弘亡，不知所在。逵在历阳执刘裕参军诸葛长民，槛车送于桓玄，至当利而玄败，送人共破槛出长民，遂趣历阳。逵弃城而走，为下人所执，斩于石头。子侄无少长皆死，惟小弟骋被宥，为给事中，寻谋反伏诛，刁氏遂灭。刁氏素殷富，奴客纵横，固吝山泽，为京口之蠹。裕散其资蓄，令百姓称力而取之，弥日不尽。时天下饥弊，编户赖之以济焉。

戴若思，广陵人也，名犯高祖庙讳。祖烈，吴左将军。父昌，会稽太守。若思有风仪，性闲爽，少好游侠，不拘操行。遇陆机赴洛，船装甚盛，遂与其徒掠之。若思登岸，据胡床，指麾同旅，皆得其宜。机察见之，知非常人，在舫屋上遥谓之曰："卿才器如此，乃复作劫邪！"若思感悟，因流涕，投剑就之。机与言，深加赏异，遂与定交焉。

若思后举孝廉，入洛，机荐之于赵王伦曰："盖闻繁弱登御，然后高墉之功显；孤竹在肆，然后降神之曲成。是以高世之主必假远迩之器，蕴椟之才思托太音之和。伏见处士广陵戴若思，年三十，清冲履道，德量允塞；思理足以研幽，才鉴足以辩物；安穷乐志，无风尘之慕，砥节立行，有井渫之洁；诚东南之遗宝，宰朝之奇璞也。若得托迹康衢，则能结轨骥𬳿，曜质廊庙，必能垂光玙璠矣。惟明公垂神采察，不使忠允之言以人而废。"伦乃辟之，除沁水令，不就，遂往武陵省父。时同郡人潘京素有理鉴，名知人，其父遣若思就京与语，既而称若思有公辅之才。累转东海王越军谘祭酒，出补豫章太守，加振威将军，领义军都督。以讨贼有功，赐爵秣陵侯，迁治书侍御史、骠骑司马，拜散骑侍郎。

元帝召为镇东右司马。将征杜弢，加若思前将军，未

发而毙灭。帝为晋王,以为尚书。中兴建,为中护军,转护军将军、尚书仆射,皆辞不拜。出为征西将军、都督兖豫幽冀雍并六州诸军事、假节,加散骑常侍。发投刺王官千人为军吏,调扬州百姓家奴万人为兵配之,以散骑常侍王遐为军司,镇寿阳,与刘隗同出。帝亲幸其营,劳勉将士,临发祖钱,置酒赋诗。

若思至合肥,而王敦举兵,诏追若思还镇京都,进骠骑将军,与右卫将军郭逸夹道筑垒于大桁之北。寻而石头失守,若思与诸军攻石头,王师败绩。若思率麾下百余人赴宫受诏,与公卿百官于石头见敦。敦问若思曰:"前日之战有余力乎?"若思不谢而答曰:"岂敢有余,但力不足耳。"又曰:"吾此举动,天下以为如何?"若思曰:"见形者谓之逆,体诚者谓之忠。"敦笑曰:"卿可谓能言。"敦参军吕猗昔为台郎,有刀笔才,性尤奸谄,若思为尚书,恶其为人,猗亦深憾焉。至是,乃说敦曰:"周颛、戴若思皆有高名,足以惑众,近者之言曾无愧色。公若不除,恐有再举之患,为将来之忧耳。"敦以为然,又素忌之,俄而遣邓岳、缪坦收若思而害之。若思素有重望,四海之士莫不痛惜焉。贼平,册赠右光禄大夫、仪同三司,谥曰简。

邈字望之。少好学,尤精《史》《汉》,才不逮若思,儒博过之。弱冠举秀才,寻迁太子洗马,出补西阳内史。永嘉中,元帝版行邵陵内史、丞相军谘祭酒,出为征南军司。于时凡百草创,学校未立,邈上疏曰:

臣闻天道之所大,莫大于阴阳;帝王之至务,莫重于礼学。是以古之建国,有明堂辟雍之制,乡有庠序 校之仪,皆所以抽导幽滞,启广才思。盖以六四有困蒙之吝,君子大养正之功也。昔仲尼列国之大夫耳,兴礼修学于洙泗之间,四方髦俊斐然向风,身达者七十余人。自兹以来,千载绝尘。岂天下小于鲁卫,贤哲乏于曩时?励与不励故也。

自顷国遭无妄之祸,社稷有缀旒之危,寇羯饮马于长江,凶狡鸱张于万里,遂使神州萧条,鞠为茂草,四海之内,人迹不交。霸主有旰食之忧,黎元怀荼毒之苦,戎首交拜于中原,何遽笾豆之事哉!然三年不为礼,礼必坏;三年不为乐,乐必崩,况旷废累纪如此之久邪!今末进后生且不睹揖让升降之仪,耳不闻钟鼓管弦之音,文章散灭,图谶无遗,此盖圣达之所深悼,有识之所嗟叹也。夫平世尚文,遭乱尚武,文武递用,长久之道,譬之天地昏明之迭,自古以来未有不由之者也。

今或以天下未一,非兴礼学之时,此言似之而不其然。夫儒道深奥,不可仓卒而成。古之俊乂必三年而通一经,比天下平泰然后修之,则功成事定,谁与制礼作乐者哉?又贵游之子未必有斩将搴旗之才,亦未有从军征戍之役,不及盛年讲肄道义,使明珠加磨莹之功,荆璞发采琢之荣,不亦良可惜乎!

臣愚以世丧道久,人情玩于所习;纯风日去,华竞日彰,犹火之消膏而莫之觉也。今天地告始,万物权舆,圣朝以神武之德,值革命之运,荡近世之流弊,继千载之绝轨,笃道崇儒,创立大业。明主唱之于上,

宰辅督之于下。夫上之所好,下必有过之者焉,是故双剑之节崇,而飞白之俗成,挟琴之容饰,而赴曲之和作;君子之德风,小人之德草,实在感之而已。臣以暗浅,不能远识格言;奉诵明令,慷慨下风,谓宜以三时之隙渐就修建。

疏奏,纳焉,于是始修礼学。

代刘隗为丹阳尹。王敦作逆,加左将军。及敦得志,而若思遇害,邈坐免官。敦诛后,拜尚书仆射。卒官,赠卫将军,谥曰穆。子谧嗣,历义兴太守、大司农。

周颛,字伯仁,安东将军浚之子也。少有重名,神彩秀彻,虽时辈亲狎,莫能媟也。司徒掾同郡贲嵩有清操,见颛,叹曰:"汝颍固多奇士!自顷雅道陵迟,今复见周伯仁,将振起旧风,清我邦族矣。"广陵戴若思东南之美,举秀才,入洛,素闻颛名,往候之,终坐而出,不敢显其才辩。颛从弟穆亦有美誉,欲陵折颛,颛陶然弗与之校,于是人士益宗附之。州郡辟命皆不就。弱冠,袭父爵武城侯,拜秘书郎,累迁尚书吏部郎。东海王越子毗为镇军将军,以颛为长史。

元帝初镇江左,请为军谘祭酒,出为宁远将军、荆州刺史、领护南蛮校尉、假节。始到州,而建平流人傅密等叛迎蜀贼杜弢,颛狼狈失据。陶侃遣将吴寄以兵救之,故颛得免,因奔王敦于豫章。敦留之。军司戴邈曰:"颛虽退败,未有茬众之咎,德望素重,宜还复之。"敦不从。帝召为扬威将军、兖州刺史。颛还建康,帝留颛不遣,复以为军谘祭酒,寻转右长史。中兴建,补吏部尚书。顷之,以醉酒为有司所纠,白衣领职。复坐门生斫伤人,免官。

太兴初,更拜太子少傅,尚书如故。颛上疏让曰:"臣退自循省,学不通一经,智不效一官,止足良难,未能守分,遂忝显任,名位过量。不悟天鉴忘臣顽弊,乃欲使臣内管铨衡,外烝傅训,质轻蝉翼,事重千钧,此之不可,不待识而明矣。若臣受负乘之责,必贻圣朝惟尘之耻,俯仰愧惧,不知所图。"诏曰:"绍幼冲便居储副之贵,当赖轨匠以祛蒙蔽。望之俨然,斯不言之益,何学之习邪,所谓与田苏游忘其鄙心者。便当副往意,不宜冲让。"转尚书左仆射,领吏部如故。

庾亮尝谓颛曰:"诸人咸以君方乐广。"颛曰:"何乃刻画无盐,唐突西施也。"帝宴群公于西堂,酒酣,从容曰:"今日名臣共集,何如尧舜时邪?"颛因醉厉声曰:"今虽同人主,何得复比圣世!"帝大怒起,手诏付廷尉,将加戮,累日方赦之。及出,诸公就省,颛曰:"近日之罪,固知不至于死。"寻代戴若思为护军将军。尚书纪瞻置酒请颛及王导等,颛荒醉失仪,复为有司所奏。诏曰:"颛参副朝右,职掌铨衡,当敬慎德音,式是百辟。屡以酒过,为有司所绳。吾亮其极叹之情,然亦是濡首之诫也。颛必能克己复礼者,今不加黜责。"

初,颛以雅望获海内盛名,后颇以酒失。为仆射,略无醒日,时人号为"三日仆射"。庾亮曰:"周侯末年,所谓凤德之衰也。"颛在中朝时,能饮酒一石,及过江,虽日醉,每称无对。偶有旧对从北来,颛遇之欣然,乃出

酒二石共饮，各大醉。及顗醒，使视客，已腐胁而死。

顗性宽裕而友爱过人，弟嵩尝因酒瞋目谓顗曰："君才不及弟，何乃横得重名！"以所燃蜡烛投之。顗神色无忤，徐曰："阿奴火攻，固出下策耳。"王导甚重之，尝枕顗膝而指其腹曰："此中何所有也？"答曰："此中空洞无物，然足容卿辈数百人。"导亦不以为忤。又于导坐傲然啸咏，导云："卿欲希嵇、阮邪？"顗曰："何敢近舍明公，远希嵇、阮。"

及王敦构逆，温峤谓顗曰："大将军此举似有所在，当无滥邪？"顗曰："君少年未更事。人主自非尧舜，何能无失，人臣岂可得举兵以协主！共相推戴，未能数年，一旦如此，岂云非乱乎！处仲刚愎强忍，狠抗无上，其意宁有限邪！"既而王师败绩，顗奉诏诣敦，敦曰："伯仁，卿负我！"顗曰："公戎车犯顺，下官亲率六军，不能其事，使王旅奔败，以此负公。"敦惮其辞正，不知所答。帝召顗于广室，谓之曰："近日大事，二宫无恙，诸人平安，大将军故副所望邪？"顗曰："二宫自如明诏，于臣等故未可知。"护军长史郝嘏等劝顗避敦，顗曰："吾备位大臣，朝廷丧败，宁可复草间求活，外投胡越邪！"俄而与戴若思俱被收，路经太庙，顗大言曰："天地先帝之灵；贼臣王敦倾覆社稷，枉杀忠臣，陵虐天下，神祇有灵，当速杀敦，无令纵毒，以倾王室。"语未终，收人以戟伤其口，血流至踵，颜色不变，容止自若，观者皆为流涕。遂于石头南门外石上害之，时年五十四。

顗之死也，敦坐有一参军桉蒲，马于博头被杀，因谓敦曰："周家奕世令望，而位不至公，及伯仁将登而坠，有似下官此马。"敦曰："伯仁总角于东宫相遇，一面披襟，便许之三事，何图不幸自贻王法。"敦素惮顗，每见顗辄面热，虽复冬月，扇面手不得休。敦使缪坦籍顗家，收得素簏数枚，盛故絮而已，酒五瓮，米数石，在位者服其清约。敦卒后，追赠左光禄大夫、仪同三司，谥曰康，祀以少牢。

初，敦之举兵也，刘隗劝帝尽除诸王，司空导率群从诣阙请罪，值顗将入，导呼顗谓曰："伯仁，以百口累卿！"顗直入不顾。既见帝，言导忠诚，申救甚至，帝纳其言。顗喜饮酒，致醉而出。导犹在门，又呼顗。顗不与言，顾左右曰："今年杀诸贼奴，取金印如斗大系肘。"既出，又上表明导，言甚切至。导不知救之，而甚衔之。敦既得志，问导曰："周顗、戴若思南北之望，当登三司，无所疑也。"导不答。又曰："若不三司，便应令仆邪？"又不答。敦曰："若不尔，正当诛尔。"导又无言。导后料检中书故事，见顗表救己，殷勤款至。导执表流涕，悲不自胜，告其诸子曰："吾虽不杀伯仁，伯仁由我而死。幽冥之中，负此良友！"顗三子：闵、恬、颐。

闵字子骞，方直有父风。历衡阳、建安、临川太守，侍中，中领军，吏部尚书，尚书左仆射，加中军将军，转护军，领秘书监。卒，追赠金紫光禄大夫，谥曰烈。无子，以弟颐长子琳为嗣。琳仕至东阳太守。恬、颐并历卿守。琳少子文，骠骑谘议参军。

史臣曰：夫太刚则折，至察无徒，以之为政，则害于而国；用之行己，则凶于乃家。诚以器乖容众，非先王之道也。大连司宪，阴候主情，当约法之秋，献斫棺之议。玄亮刚愎，与物多违，虽有崇上之心，专行刻下之化，同薄相济，并运天机。是使贤宰朋疏，致物情于解体；权臣发怒，借其名以誓师。既而谋人之国，国危而苟免；见昵于主，主辱而图生。自取流亡，非不幸也。若思闲爽，照理研幽。伯仁凝正，处腴能约。咸以高才雅道，参豫畴容。及京室沦胥，抗言无挠，甘赴鼎而全操，盖事君而尽节者欤！顗招时论，尤其酒德，《礼经》曰"瑕不掩瑜"，未足韬其美也。

赞曰：刘刁亮直，志奉兴王。奸回丑正，终致奔亡。周戴英爽，忠谟允塞。道属屯蒙，祸罹凶慝。

卷七十　　列传第四十

应詹　甘卓　邓骞　卞壶从父兄敦　刘超　钟雅

应詹，字思远，汝南南顿人，魏侍中璩之孙也。詹幼孤，为祖母所养。年十余岁，祖母又终，居丧毁顿，杖而后起，遂以孝闻。家富于财，年又稚弱，乃请族人共居，委以资产，情若至亲，世以此异焉。弱冠知名，性质素弘雅，物虽犯而弗之校，以学艺文章称。司徒何劭见之曰："君子哉若人！"

初辟公府，为太子舍人。赵王伦以为征东长史。伦诛，坐免。成都王颖辟为掾。时骠骑从事中郎诸葛玖奔长沙王乂奔邺，盛称乂之非。玖浮躁有才辩，临漳人士无不诣之。詹与玖有旧，叹曰："诸葛成林，何与乐毅之相诡乎！"卒不见之。玖闻甚愧。镇南大将军刘弘，詹之祖舅也，请为长史，谓之曰："君器识弘深，后当代老子于荆南矣。"仍委以军政。弘著绩汉南，詹之力也。迁南平太守。

王澄为荆州，假督南平、天门、武陵三郡军事。及洛阳倾覆，詹攘袂流涕，劝澄赴援。澄使詹为檄，詹下笔便成，辞义壮烈，见者慷慨，然竟不能从也。天门、武陵溪蛮并反，詹讨降之。时政令不一，诸蛮怨望，并谋背叛。詹召蛮酋，破铜券与盟，由是怀詹，数郡无虞。其后天下大乱，詹境独全。百姓歌之曰："乱离既普，殆为灰朽。侥幸之运，赖兹应后。岁寒不凋，孤境独守。拯我涂炭，惠隆丘阜。润同江海，恩犹父母。"镇南将军山简复假詹督五郡军事。会蜀贼杜畴作乱，来攻詹郡，力战摧之。寻与陶侃破杜弢于长沙，贼中金宝溢目，詹一无所取，唯收图书，莫不叹之。元帝假詹建武将军，王敦又上詹监巴东五郡军事，赐爵颍阳乡侯。陈人王冲拥众荆州，素服詹名，迎为刺史。詹以冲等无赖，弃还南平，冲亦不怨。其得人情如此。迁益州刺史，领巴东监军。詹之出郡也，士庶攀车号泣，若恋所生。

俄拜后军将军。詹上疏陈便宜，曰："先王设官，使君有常尊，臣有定卑，上无苟且之志，下无觊觎之心。下至亡奏，罢侯置守，本替末陵，纲纪废绝。汉兴，虽未能兴复旧典，犹杂建侯守，故能享年享世，殆参古迹。今大荒之后，制度改创，宜因斯会，厘正宪则，先举盛德元功以为封首，则圣世之化比隆唐虞矣。"又曰："性相近，习相远，训导之风，宜慎所好。魏正始之间，蔚为文林。元康以来，贱经尚道，以玄虚宏放为夷达，以儒术清俭为鄙俗。永嘉之弊，未必不由此也。今虽有儒官，教养未备，非所以长育人才，纳之轨物也。宜修辟雍，崇明教义，先令国子受训，然后皇储亲临释奠，则普天尚德，率土知方矣。"元帝雅重其才，深纳之。

顷之，出补吴国内史，以公事免。镇北将军刘隗出镇，以詹为军司。加散骑常侍，累迁光禄勋。詹以王敦专制自树，故优游讽咏，无所标明。及敦作逆，明帝问詹计将安出。詹厉然慷慨曰："陛下宜奋赫斯之威，臣等当得负戈前驱，庶凭宗庙之灵，有征无战。如其不然，王室必危。"帝以詹为都督前锋军事、护军将军、假节，都督朱雀桥南。贼从竹格渡江，詹与建威将军赵胤等击败之，斩贼率杜发，枭首数千级。贼平，封观阳县侯，食邑一千六百户，赐绢五千匹。上疏让曰："臣闻开国承家，光启土宇，唯令德元功乃宜封锡。臣虽忝当一队，策无微略，劳无汗马。猥以疏贱，伦亚亲密，暂厕被练，列勤司勋。乞回谬恩，听其所守。"不许。

迁使持节、都督江州诸军事、平南将军、江州刺史。詹将行，上疏曰：

夫欲用天下之智力者，莫若使天下信之也。商鞅移木，岂礼也哉？有由而然。自经荒弊，纲纪颓陵，清直之风既浇，糟秕之俗犹在，诚宜灌以沧浪之流，漉以吞舟之网，则幽显明别，于变时雍矣。弘济兹务，在乎官人。今南北杂错，属托者无保负之累，而轻举所知，此博采所以未精，职理所以多阙。今凡有所用，宜随其能否而与举同乎褒贬，则人有慎举之恭，官无废职之吝。昔冀缺有功，胥臣蒙先茅之赏；子玉败军，子文受芮贾之责。古既有之，今亦宜然。汉朝使刺史行部，乘传奏事，犹恐不足以辨彰幽明，弘宣政道，故复有绣衣直指。今之艰弊，过于往昔，宜分遣黄、散若中书郎等循行天下，观采得失，举善弹违，断截苟且，则入不敢为非矣。汉宣帝时，二千石有居职修明者，则入为公卿；其不称职免官者，皆还为平人。惩劝必行，故历世长久。中间以来，迁不足竞，免不足惧。或有进而失意，退而得分。苟宦虽美，当以素论降替；在职实劣，直以旧望登叙。校游谈为多少，不以实事为先后。以此责成，臣未见其兆也。今宜峻左降旧制，可二千石免官，三年乃得叙用，长史六年，户口折半，道里倍之。此法必明，便天下知官难得而易失，必人慎其职，朝无惰官矣。都督可课佃二十顷，州十顷，郡五顷，县三顷。皆取文武吏医卜，不得挠乱百姓。三台九府，中外诸军，有可减损，皆令附农。市息末伎，道无游人，不过一熟，丰穰可必。

然后重居职之俸，使禄足以代耕。顷大事之后，遐迩皆想宏略，而寂然未副，宜早振纲领，肃起群望。

时王敦新平，人情未安，詹抚而怀之，莫不得其欢心，百姓赖之。

疾笃，与陶侃书曰："每忆密计，自沔入湘，颉颃缱绻，齐好断金。子南我东，忽然一纪，其间事故，何所不有。足下建功峤南，旋镇旧楚。吾承乏幸会，来忝此州，图与足下进共竭节本朝，报恩幼主，退以申寻平生，缠绵旧好。岂悟时不我与，长即幽冥，永言莫从，能不慨怅！今神州未夷，四方多难，足下年德并隆，功名俱盛，宜务建洪范，虽休勿休，至公至平，至谦至顺，即自天祐之，吉无不利。人之将死，其言也善，足下察吾此诚。"以咸和六年卒，时年五十三。册赠镇南大将军、仪同三司，谥曰烈，祠以太牢。子玄嗣，位至散骑侍郎。玄弟诞，有器干，历六郡太守、龙骧将军，追赠冀州刺史。

初，京兆韦泓丧乱之际，亲属遇饥疫并尽，客游洛阳，素闻詹名，遂依托之。詹与之甘共苦，情若弟兄。遂随从积年，为营伉俪，置居宅，并荐之于元帝曰："自遭丧乱，人士易操，至乃任运固穷，耿介守节者鲜矣。伏见议郎韦泓，年三十八，字元量，执心清冲，才识备济，躬耕陇亩，不烦人役，静默居常，不豫政事。昔年流移，来在詹境，经寇丧资，一身特立，短褐不掩形，菜蔬不充朝，而抗志弥厉，不游非类。颜回称不改其乐，泓有其分。明公辅亮皇室，恢维宇宙，四门开辟，英彦兔藻，收春华于京辇，采秋实于岩薮。而泓抱璞荆山，未剖和璧。若蒙铨召，付以列曹，必能协隆鼎味，缉熙庶绩者也。"帝即辟之。自后位至少府卿。既受詹生成之惠，詹卒，遂制朋友之服，哭止宿草，追赵氏祀程婴、杵臼之义，祭詹终身。

甘卓，字季思，丹阳人，秦丞相茂之后也。曾祖宁，为吴将。祖述，仕吴为尚书。父昌，太子太傅。吴平，卓退居自守。郡命主簿、功曹，察孝廉，州举秀才，为吴王常侍。讨石冰，以功赐爵都亭侯。东海王越引为参军，出补离狐令。卓见天下大乱，弃官东归，前至历阳，与陈敏相遇。敏甚悦，共图纵横之计，遂为其子景娶卓女，共相结托。会周玘唱义，密使钱广攻敏弟昶，敏遣卓讨广，顿朱雀桥南。会广杀昶，玘告丹阳太守顾荣共邀说卓。卓素敬服荣，且以昶死怀惧，良久乃从之。遂诈疾迎女，断桥，收船南岸，共灭敏，传首于京都。

元帝初渡江，授卓前锋都督、扬威将军、历阳内史。其后讨周馥，征杜弢，屡经苦战，多所擒获。以前后功，进爵南乡侯，拜豫章太守。寻迁湘州刺史，将军如故。复进爵为湖侯。

中兴初，以边寇未静，学校陵迟，特听不试孝廉，而秀才犹依旧策试。卓上疏以为："答问损益，当须博通古今，明达政体，必求诸坟索，乃堪其举。臣所忝州往遭寇乱，学校久替，人士播流，不得比之余州。策试之由，当藉学功，谓宜同孝廉例，申与期限。"疏奏，朝议不许。卓于是精加隐括，备礼举桂阳谷俭为秀才。俭辞不获命，州厚礼遣之。诸州秀才闻当考试，皆惮不行，惟俭一人到台，遂不复策试。俭耻其州少士，乃表求试，以高第除中郎。俭少有志行，寒苦自立，博涉经史。于时南土凋荒，经籍道息，俭不能远求师友，唯在家研精。虽所得实深，未有名誉，又耻衔耀取达，遂归，终身不仕，卒于家。

卓寻迁安南将军、梁州刺史、假节、督沔北诸军，镇襄阳。卓外柔内刚，为政简惠，善于绥抚，估税悉除，市无二价。州境所有鱼池，先恒责税，卓不收其利，皆给贫民，西土称为惠政。

王敦称兵，遣使告卓。卓乃伪许，而心不同之。及敦升舟，而卓不赴，使参军孙双诣武昌谏止敦。敦闻双言，大惊曰："甘侯前与吾语云何，而更有异！正当虑吾危朝廷邪？吾义下唯除奸凶耳。卿还言之，事济当以甘侯作公。"双还报卓，卓不能决。或说卓且伪许敦，待敦至都而讨之。卓曰："昔陈敏之乱，吾亦先从后图，而论者谓惧逼面谋之。虽吾情本不尔，而事实有似，心恒愧之。今若复尔，谁能明我！"时湘州刺史谯王承遣主簿邓骞说卓曰："刘大连虽乘权宠，非有害于天下也。大将军以其私憾称兵惡魏，虽托讨乱之名，实失天下之望，此忠臣义士匡救之时也。昔曾连匹夫，犹怀蹈海之志，况受任方伯，位同体国者乎！今若因天人之心，唱桓文之举，杖大顺以扫逆节，拥义兵以勤王室，斯千载之运，不可失也。"卓笑曰："桓文之事，岂吾所能。至于尽力国难，乃其心也。当共详思之。"参军李梁说卓曰："昔隗嚣乱陇右，窦融保河西以归光武，今日之事，有似于此。将军有重名于天下，但当推亡固存，坐而待之。使大将军胜，方当崇将军以方面之重；如其不胜，朝廷必以将军代之。何忧不富贵，而释此庙胜，决存亡于一战邪！"骞谓梁曰："光武创业，中国未平，故隗嚣断陇右，窦融兼河西，各据一方，鼎足之势，故得文服天子，从容顾望。及海内已定，君臣正位，终于陇右倾覆，河西入朝。何则？向之文服，义所不容也。今将军之于本朝，非窦融之喻也。襄阳之于大府，非河西之固也。且人臣之义，安忍国难而不陈力，何以北面于天邪！使大将军平刘隗，还武昌，增石城之守，绝荆湘之粟，将军安归乎？势在人手，而曰我处庙胜，未之闻也。"卓尚持疑未决，骞又谓卓曰："今既不义举，又不承大将军檄，此必至之祸，愚智所见也。且议者之所难，以彼强我弱，是不量虚实者也。今大将军兵不过万余，其留者不能五千，而将军见众既倍之矣。将军威名天下所闻也，此府精锐，战胜之兵也。拥强众，藉威名，杖节而行，岂王含所能御哉！溯流之众，势不自救，将军之举武昌，若摧枯拉朽，何所顾虑乎！武昌既定，据其军实，镇抚二州，施惠士卒，使还者如归，此吕蒙所以克敌也。如是，大将军可不战而自溃。今释必胜之策，安坐以待危亡，不可言知矣。愿将军熟虑之。"

时敦以卓不至，虑在后为变，遣参军乐道融苦要卓俱下。道融本欲背敦，因说卓袭之，语在融传。卓既不欲从敦，得道融说，遂决曰："吾本意也。"乃与巴东监军柳纯、南平太守夏侯承、宜都太守谭该等十余人，俱露檄远近，陈敦肆逆，率所统致讨。遣参军司马赞、孙双奉表诣台，参军罗英至广州，与陶侃克期，参军邓骞、虞冲至长沙，令谯王承坚守。征西将军戴若思在江西，先得卓书，表上之，台内皆称万岁。武昌惊，传卓军至，人皆奔散。诏书迁卓为镇南大将军、侍中、都督荆梁二州诸军事、荆州牧，梁州刺史如故，陶侃得卓信，即遣参军高宝率兵下。

卓虽怀义正，而性不果毅，且年老多疑，计虑犹豫，军次猪口，累旬不前。敦大惧，遣卓兄子行参军印求和，谢卓曰："君此自是臣节，不相责也。吾家计急，不得不尔。想便旋军襄阳，当更结好。"时王师败绩，敦求台骆虞幡驻军。卓闻周顗、戴若思遇害，流涕谓印曰："吾之所忧，正谓今日。每得朝廷人书，常以胡寇为先，不悟忽有萧墙之祸。且使圣上元吉，太子无恙，吾临敦上流，亦未敢便危社稷。吾适径据武昌，敦势逼，必劫天子以绝四海之望。不如还襄阳，更思后图。"即命旋军。都尉秦康说卓曰："今分兵取敦不难，但断彭泽，上下不得相赴，自然离散，可一战擒也。将军既有忠节，中道而废，更为败军将，恐将军之下亦各便求西还，不可得守也。"卓不能从。乐道融亦日夜劝卓速下。卓性先宽和，忽便遇塞，径还襄阳，意气骚扰，举动失常，自照镜不见其头，视庭树而头在树上，心甚恶之。其家金柜鸣，声似槌镜，清而悲。巫云："金柜将离，是以悲鸣。"主簿何无忌及家人皆劝令自警。卓转更很愎，闻谏辄怒。方散兵使大佃，而不为备。功曹荣建固谏，不纳。襄阳太守周虑等密承敦意，知卓无备，诈言湖中多鱼，劝卓遣左右皆捕鱼，乃袭害卓于寝，传首于敦。四子散骑郎蕃等皆被害。太宁中，追赠骠骑将军，谥曰敬。

邓骞，子长真，长沙人。少有志气，为乡邻所重。常推诚行己，能以正直全于多难之时。刺史谯王承命为主簿，便说甘卓。卓留为参军，欲与同行，以母老辞卓而反。承为魏乂所败，以虞悝兄弟为承党，乂尽诛之，而求骞甚急。乡人皆为之惧，骞笑曰："欲用我耳。彼新得州，多杀忠良，是其求贤之时，岂以行人为罪！"乃往诣乂。乂喜曰："君所谓古之解扬也。"以为别驾。骞有节操忠信，兼识量弘远，善与人交，久而益敬。太尉庾亮称之，以为长者。历武陵、始兴太守，迁大司农，卒于官。

卞壶，字望之，济阴冤句人也。祖统，琅邪内史。父粹，以清辩鉴察称。兄弟六人并登宰府，世称"卞氏六龙，玄仁无双"。玄仁，粹字也。弟裒，尝忤其郡将，郡将怒讦其门内之私，粹遂以不训见讥议，陵迟积年。惠帝初，为尚书郎。杨骏执政，人多附会，而粹正直不阿。及骏诛，超拜右丞，封成阳子，稍迁至右军将军。张华之诛，粹以华婿免官。齐王冏辅政，为侍中、中书令，进爵为公。及长沙王乂专权，粹立朝正色，乂忌而害之。初，粹如厕，见物若两眼，俄而难作。

壶弱冠有名誉，司兖二州、齐王冏辟，皆不就。遇家祸，还乡里。永嘉中，除著作郎，袭父爵。征东将军周馥请为从事中郎，不就。遭本州倾覆，东依妻兄徐州刺史裴盾。盾以壶行广陵相。元帝镇建邺，召为从事中郎，委以选举，甚见亲杖。出为明帝东中郎长史。遭继母忧，既葬，

起复旧职,累辞不就。元帝遣中使敦逼,壶笺自陈曰:
　　壶天性狷狭,不能和俗,退以情事,欲毕志家门。亡父往为中书令,时壶蒙大例,望门见辟,信其所执,得不祗就。门户遇祸,进窜易名,得存视息,私志有素。加婴极难,流寄兰陵,为苟晞所召,恐见逼迫,依下邳裴盾,又见假授,思暂之郡,规得托身。寻蒙见召,为从事中郎,岂曰贪荣,直欲自致,规暂恭命,行当乞退。属华轶之难,不敢自陈。轶既枭悬,壶亦婴病,具自归闻,未蒙恕遣。世子北征,选宠显望,复以无施,忝充元佐。荣则荣矣,实非素怀。顾以命重人轻,不敢辞惮。闻西台召壶为尚书郎,实欲因此以避贤路,未及陈诚,奄丁穷罚。
　　壶年九岁,为先母弟表所见孤背。十二,蒙亡母张所见覆育。壶以陋贱,不能荣亲,家产屡空,养道多阙,存无欢娱,终不备礼,拊心永恨,五内抽割。于公无效如彼,私情艰苦如此,实无情颜昧冒荣进。若废壶一人,江北便有倾危之虑,壶居事之日功绩以隆者,诚不得私其身。今东中郎岐嶷自然,神明日茂,军司马、诸参佐并以明德宣力王事,壶之去留,会无损益。贺循、谢端、顾景、丁琛、傅晞等皆荷恩命,高枕家门。壶委质二府,渐冉五载,考效则不能已彰,论心则频累恭顺,奈何哀孤之日不见愍恕哉!
帝以其辞苦,不夺其志。
　　服阕,为世子师。壶前后居师佐之任,尽匡辅之节,一府贵而惮焉。中兴建,补太子中庶子,转散骑常侍,侍讲东宫。迁太子詹事,以公事免。寻复职,转御史中丞。忠于事上,权贵屏迹。
　　时淮南小中正王式继母,前夫终,更适式父。式父终,丧服讫,议还前夫家。前夫家亦有继子,奉养至终,遂合葬于前夫。式自云:"父临终,母求去,父许诺。"于是制出母齐衰期。壶奏曰:"就如式父临终许诺,必也正名,依礼为无所据。若夫有命,须极七出之责,当存时弃之,无缘以绝义之妻留家制服。若式父临困谬乱,使去留自由者,此必相要以非礼,则存亡无所得从,式宜正之以礼。魏颗父命不从其乱,陈乾昔欲以二婢子殉,其子以非礼不从,《春秋》、《礼记》善之。并以妾胜,犹正以礼,况其母乎!式母于夫,生事奉终,非为既绝之妻。夫亡制服,不为无义之妇。自云守节,非为更嫁。离绝之断,在夫没之后。夫之既没,是其从子之日,而式以为出母,此母以子出也。致使存无所容居,没无所托也。寄命于他人之门,埋尸于无名之冢。若式父亡后,母寻没于式家,必不以为出母明矣。许诺之命一耳,以为母于同居之时,至没前子之门而不以为母,此为制离绝于二居,裁出否于意断。离绝之断,非式而谁!假使二门之子皆此母之生,母恋前子,求去来绝,非礼于后家,还反又非礼于前门,去不可去,还不可还,则为无寄之人也。式必内尽匡谏,外极防闲,不绝明矣。何至守不移于至亲,略情礼于假继乎!继母如母,圣人之教。式为国士,闺门之内犯礼违义,开辟未有,于父则无追亡之善,于母则无孝敬之道,存则去留自由,亡则合葬路人,可谓生事不以礼,死葬不以礼者也。亏损

世教,不可以居人伦诠正之任。案侍中、司徒、临颍公组敷宣五教,实在任人,而含容违礼,曾不贬黜,扬州大中正、侍中、平望亭侯晔,淮南大中正、散骑侍郎弘,显执邦论,朝野取信,曾不能率礼正违,崇孝敬之教,并为不胜其任。请以见事免组、晔、弘官,大鸿胪削爵土,廷尉结罪。"疏奏,诏特原组等,式付乡邑清议,废弃终身。壶迁吏部尚书。王含之难,加中军将军。含灭,以功封建兴县公,寻迁领军将军。
　　明帝不豫,领尚书令,与王导等俱受顾命辅幼主。复拜右将军,加给事中、尚书令。帝崩,成帝即位,群臣进玺,司徒王导以疾不至。壶正色于朝曰:"王公岂社稷之臣邪!大行大殡,嗣皇未立,宁是人臣辞疾之时!"导闻之,乃舆疾而至。皇太后临朝,壶与庾亮对直省中,共参机要。时召南阳乐谟为郡中正,颍川庾怡为廷尉评。谟、怡各称父命不就。壶奏曰:"人无非父而生,职无非事而立。有父必有命,居职必有悔。有家各私其子,此为王者无人,职不轨物,官不立政。如此则先圣之言废,五教之训塞,君臣之道散,上下之化替矣。乐广以平夷称,庾珉以忠笃显,受宠圣世,身非己有,况及后嗣而可专哉!所居之职若顺夫畔心,则战戍者之父母皆当以命子,不以处也。若顺谟父之意,则人皆不为郡中正,人伦废矣。顺怡父之意,人皆不为狱官,则刑辟息矣。凡如是者,其可听欤?若不可听,何以许谟、怡之得称父命乎!此为谟以名父子可亏法,怡是亲戚可以自专。以此二途服人示世,臣所未悟也。宜一切班下,不得以私废公。绝其表疏,以为永制。"朝议以为然。谟、怡不得已,各居所职。是时王导称疾不朝,而私送车骑将军郗鉴,壶奏以导亏法从私,无大臣之节。御史中丞钟雅阿挠王典,不加准绳,并请免官。虽事寝不行,举朝震肃。壶断裁切直,不畏强御,皆此类也。
　　壶干实当官,以褒贬为己任,勤于吏事,欲轨正督世,不肯苟同时好。然性不弘裕,才不副意,故为诸名士所少,而无卓尔优誉。明帝深器之,于诸大臣而最任职。阮孚每谓之曰:"卿恒无闲泰,常如含瓦石,不亦劳乎?"壶曰:"诸君以道德恢弘,风流相尚,执鄙吝者,非壶而谁!"时贵游子弟多慕王澄、谢鲲为达,壶厉色于朝曰:"悖礼伤教,罪莫斯甚!中朝倾覆,实由于此。"欲奏推之。王导、庾亮不从,乃止,然而闻者莫不折节。时王导以勋德辅政,成帝每幸其宅,尝拜导妇曹氏。侍中孔坦密表不宜拜。导闻之曰:"王茂弘驽疴耳,若卞望之之岩岩,刁玄亮之察察,戴若思之峰岠,当敢尔邪!"壶廉洁俭素,居甚贫约。息当婚,诏特赐钱五十万,固辞不受。后患面创,累乞解职。
　　拜光禄大夫,加散骑常侍。时庾亮将征苏峻,言于朝曰:"峻狼子野心,终必为乱。今日征之,纵不顺命,为祸犹浅。若复经年,为恶滋蔓,不可复制。此是朝错劝汉景帝早削七国事也。"当时议者无以易之。壶固争,谓亮曰:"峻拥强兵,多藏无赖,且逼近京邑,路不终朝,一旦有变,易为蹉跌。宜深思远虑,恐未可仓卒。"亮不纳。壶知必败,与平南将军温峤书曰:"元规召峻意定,怀此

於邑。温生足下，柰此事何！吾今所虑，是国之大事，且峻已出狂意，而召之更速，必纵其群恶以向朝廷。朝廷威力诚桓桓，交须接锋履刃，尚不知便可即擒不？王公亦同此情。吾与之争甚恳切，不能如之何。本出足下为外藩任，而今恨出足下在外。若卿在内俱谏，必当相从。今内外戒严，四方有备，峻凶狂必无所至耳，恐不能使无伤，如何？"壶司马任台劝壶宜畜良马，以备不虞。壶笑曰："以顺逆论之，理无不济。若万一不然，岂须马哉！"峻果称兵。壶复为尚书令、右将军、领右卫将军，余官如故。

峻至东陵口，诏以壶都督大桁东诸军事、假节，复加领军将军、给事中，壶率郭默、赵胤等与峻大战于西陵，为峻所破。壶与钟雅皆退还，死伤者以千数。壶、雅并还节，诣阙谢罪。峻进攻青溪，壶与诸军距击，不能禁。贼放火烧宫寺，六军败绩。壶时发背创，犹未合，力疾而战，率厉散众及左右吏数百人，攻贼麾下，苦战，遂死之，时年四十八。二子眕、盱见父没，相随赴贼，同时见害。

峻平，朝议赠壶左光禄大夫，加散骑常侍。尚书郎弘讷议以为"死事之臣古今所重，卞令忠贞之节，当书于竹帛。今之追赠，实未副众望，谓宜加鼎司之号，以旌忠烈之勋"。司徒王导见议，进赠骠骑将军，加侍中。讷重议曰："夫事亲莫大于孝，事君莫尚于忠。唯孝也，故能以敬竭诚；唯忠也，故能见危授命。此在三之大节，臣子之极行也。案壶委质三朝，尽规翼亮，遭世险难，存亡以之。受顾托之重，居端右之任，拥卫至尊，则有保傅之恩，正色在朝，则有匪躬之节。贼峻造逆，戮力致讨，身当矢蔭，再对贼锋，父子并命，可谓破家为国，守死勤事。昔许男疾终，犹蒙二等之赠，况壶伏节国难者乎！夫赏疑从重，况在不疑！谓可上准许穆，下同稽绍，则允合典谟，克厌众望。"于是改赠壶侍中、骠骑将军、开府仪同三司，谥曰忠贞，祠以太牢。赠世子眕散骑侍郎，眕弟盱奉车都尉。眕母裴氏抚二子尸哭曰："父为忠臣，汝为孝子，夫何恨乎！"征士翟汤闻之叹曰："父死于君，子死于父，忠孝之道，萃于一门。"眕子诞嗣。

咸康六年，成帝追思壶，下诏曰："壶立朝忠恪，丧身凶寇，所封悬远，租秩薄少，妻息不瞻，以为慨然！可给实口廪。"其后盗发壶墓，尸僵，鬓发苍白，面如生，两手悉拳，爪甲穿达手背。安帝诏给钱十万，以修茔兆。

壶第三子瞻，位至广州刺史。瞻弟眈，尚书郎。

敦字仲仁。父俊，清真有检识，以名理著称。其乡人散邵诜恃才陵傲俊兄弟，俊等亦以门盛轻诜，相视如仇。先以杨骏故吏被系，俊时为尚书郎，案其狱，诜惧不免，俊平心断决正之，诜卒以免，而犹不悛。后为左丞，复奏郭卞氏。俊历位汝南相、廷尉卿。

敦弱冠仕州郡，辟司空府，稍迁太子舍人、尚书郎，朝士多称之。东海王越闻，召以为主簿。王弥逼洛，敦及胡毋辅之劝越击王弥，而王衍、潘滔共执不听，敦庭争苦至，众咸壮之。出补汝南内史。元帝之为镇东，请为军谘祭酒，不就。征南将军山简以为司马。寻而王如、杜曾相继为乱，简乃使敦监沔北七郡军事、振威将军、领江夏相，戍夏口。敦攻讨沔中皆平。既而杜弢寇湘中，加敦征讨大

都督。伐弢有功，赐爵安陵亭侯。镇东大将军王敦请为军司。

中兴建，拜太子左卫率。时石勒侵逼淮泗，帝备求良将可以式遏边境者，公卿举敦，除征虏将军、徐州刺史，镇泗口。及勒寇彭城，敦自度力不能支，与征北将军王邃退保盱眙，贼势遂张，淮北诸郡多为所陷，竟以畏懦贬秩三等，为鹰扬将军。征拜大司农。王敦表为征虏将军、都督石头军事。明帝之讨王敦也。以为镇南将军、假节。事平，更拜尚书，以功封益阳侯。徙光禄勋，出为都督安南将军、湘州刺史、假节。寻进征南将军，固辞不拜。

苏峻反，温峤、庾亮移檄征镇同赴京师。敦拥兵不下，又不给军粮，唯遣督护荀璲领数百人随大军而已。时朝野莫不怪叹，独陶侃亦切齿忿之。峻平，侃奏敦阻军顾望，不赴国难，无大臣之节，请槛车收付廷尉。丞相王导以丧乱之后宜加宽宥转安南将军、广州刺史。病不之职。征为光禄大夫，领少府。敦既不讨苏峻，常怀愧耻，名论自此亏矣。寻以忧卒，追赠本官，加散骑常侍，谥曰敬。子滔嗣。

刘超，字世瑜，琅邪临沂人，汉城阳景王章之后也。章七世孙封临沂县慈乡侯，子孙因家焉。父和，为琅邪国上军将军。超少有志尚，为县小吏，稍迁琅邪国记室掾。以忠谨清慎为元帝所拔，恒亲侍左右，遂从渡江，转安东府舍人，专掌文檄。相府建，又为舍人。于时天下扰乱，伐叛讨贰，超自以职在近密，而书迹与帝手笔相类，乃绝不与人交书。时出休沐，闭门不通宾客，由是渐得亲密。以左右勤劳，赐爵原乡亭侯，食邑七百户，转行参军。

中兴建，为中书舍人，拜骑都尉、奉朝请。时台阁初建，庶绩未康，超职典文翰，而畏慎静密，弥见亲待。加以处身清苦，衣不重帛，家无儋石之储。每帝所赐，皆固辞曰："凡陋小臣，横窃赏赐，无德而禄，殃咎足惧。"帝嘉之，不夺其志。寻出补句容令，推诚于物，为百姓所怀。常年赋税，主者常自四出诘评百姓家赀。至超，但作大函，村别付之，使各自书家产，投函中讫，送还县。百姓依实投上，课输所入，有逾常年。入为中书通事郎。以父忧去官。既葬，属王敦称兵，诏超复职，又领安东上将军。寻六军败散，唯超案兵直卫，帝感之，遣归终丧礼。及钱凤构祸，超招合义士，从明帝征凤。事平，以功封零陵伯。超家贫，妻子不赡，帝手诏褒之，赐以鱼米，超辞不受。超后须纯色牛，市不可得，启买官外厩牛，诏便以赐之。出为义兴太守。未几，征拜中书侍郎。拜受任还，朝廷莫有知者。会帝崩，穆后临朝，迁射声校尉。时军校无兵，义兴人多义随超，因统其众以宿卫，号为"君子营"。咸和初，遭母忧去官，衰服不离身，朝夕号泣，朔望辄步至墓所，哀感路人。

及苏峻谋逆，超代赵胤为左卫将军。时京邑大乱，朝士多遣家人入东避难。义兴故吏欲迎超家，而超不听，尽以妻孥入处宫内。及王师败绩，王导以超为右卫将军，亲侍成帝。属太后崩，军卫礼章损阙，超躬率将士奉营山陵。峻迁车驾石头，时天大雨，道路沈陷，超与侍中钟雅步侍

左右，贼给马不肯骑，而悲哀慷慨。峻闻之，甚不平，然未敢加害，而以其所亲信许方等补司马督、殿中监，外托宿卫，内实防御超等。时饥馑米贵，峻等问遗，一无所受，缱绻朝夕，臣节愈恭。帝时年八岁，虽幽厄之中，超犹启授《孝经》、《论语》。温峤等至，峻猜忌朝士，而超为帝所亲遇，疑之尤甚。后王导出奔，超与怀德令匡术、建康令管旃等密谋，将欲奉帝而出。未及期，事泄，峻使任让将兵入收超及钟雅。帝抱持悲泣曰："还我侍中、右卫！"任让不奉诏，因害之。及峻平，任让与陶侃有旧，侃欲特不诛之，乃请于帝。帝曰："让是杀我侍中、右卫者，不可宥。"由是遂诛让。及超将改葬，帝痛念之不已，诏迁高显近地葬之，使出入得瞻望其墓。追赠卫尉，谥曰忠。超天性谦慎，历事三帝，恒在机密，并蒙亲遇，而不敢因宠骄谄，故士人皆安而敬之。

子讷嗣，谨饬有石庆之风，历中书侍郎、下邳内史。讷子享，亦清慎，为散骑郎。

钟雅，字彦胄，颍川长社人也。父晔，公府掾，早终。雅少孤，好学有才志，举四行，除汝阳令，入为佐著作郎。母忧去官，服阕复职。东海王越请为参军，迁尚书郎。避乱东渡，元帝以为丞相记室参军，迁临淮内史、振威将军。顷之，征拜散骑侍郎，转尚书右丞。时有事于太庙，雅奏曰："陛下继承世数，于京兆府君为玄孙，而今祝文称曾孙，恐此因循之失，宜见改正。又礼，祖之昆弟，从祖父也。景皇帝自以功德为世宗，不以伯祖而登庙，亦宜除伯祖之文。"诏曰："礼，事宗庙，自曾孙已下皆称曾孙，此非因循之失也。义取于重孙，可历世共其名，无所改也。称伯祖不安，如所奏。"转北军中候。大将军王敦请为从事中郎，补宣城内史。钱凤作逆，加广武将军，率众屯青弋。时广德县人周圯为凤起兵攻雅，雅退据泾县，收合士庶，讨圯，斩之。凤平，征拜尚书左丞。

时帝崩，迁御史中丞。时国丧未期，而尚书梅陶私奏女妓，雅劾奏曰："臣闻放勋之殂，八音遏密，虽在凡庶，犹能三载。自兹以来，历代所同。肃祖明皇帝崩背万国，当期来月。圣主缟素，泣血临朝，百僚惨怆，动无欢容。陶无大臣忠慕之节，家庭侈靡，声妓纷葩，丝竹之音，流闻衢路，宜加贬黜，以整王宪。请下司徒，论正清议。"穆后临朝，特原不问。雅植法绳违，百僚皆惮之。

北中郎将刘遐卒，遐部曲作乱，诏郭默讨之，以雅监征讨军事、假节。事平，拜骁骑将军。苏峻之难，诏雅为前锋监军、假节，领精勇千人以距峻。雅以兵少，不敢击，退还。拜侍中。寻王师败绩，雅与刘超并侍卫天子。或谓雅曰："见可而进，知难而退，古之道也。君性亮直，必不容于寇仇，何不随时之宜而坐待其毙。"雅曰："国乱不能匡，君危不能济，各逊遁以求免，吾惧董狐执简而至矣。"庾亮临去，顾谓雅曰："后事深以相委。"雅曰："栋折榱崩，谁之责也。"亮曰："今日之事，不容复言，卿当期克复之效耳。"雅曰："想足下不愧荀林父耳。"及峻逼迁车驾幸石头，雅、超流涕步从。明年，并为贼所害。贼平，追赠光禄勋。其后以家贫，诏赐布帛百匹。子诞，位

至中军参军，早卒。

史臣曰：应詹行业聿修，文史足用，入居列位，则嘉谋屡陈；出抚藩条，则惠政斯洽。甘卓伐暴宁乱，庸绩克宣，作镇扞城，威略具举。及凶渠犯顺，志在勤王。既而人挠其谋，天夺其鉴，疑留不断，自取诛夷。卞壸束带立朝，以匡正为己任；褰裳卫主，蹈忠义以成名。遂使死于君，子死于父，惟忠与孝，萃其一门。古称社稷之臣，忠贞之谓矣。刘超勤肃奉上，钟雅正直当官。属臣猾滔天，幼君危逼，乃崎岖寇难，契阔艰虞，匪石为心，寒松比操，贞轨皆没，亮迹双升。虽高赫在难弥恭，苟息继之以死，方之二子，曾何足云！

赞曰：卓临南服，詹莅西州。政刑克举，威惠兼修。应嗟运促，甘毙疑留。望之徇义，处死为易。惟子惟臣，名节斯寄。钟刘入仕，忠贞攸履。竭其股肱，继之以死。

卷七十一　　列传第四十一

孙惠　熊远　王鉴　陈頵　高崧

孙惠，字德施，吴国富阳人，吴豫章太守贲曾孙也。父祖并仕吴。惠口讷，好学有才识，州辟不就，寓居萧沛之间。永宁初，赴齐王冏义，讨赵王伦，以功封晋兴县侯，辟大司马户曹掾，转东曹属。冏骄矜僭侈，天下失望。惠献言于冏，讽以五难、四不可，劝令归藩，辞甚切至。冏不纳。惠惧罪，辞疾去。顷之，冏果败。成都王颖荐惠为大将军参军、领奋威将军、白沙督。是时，颖将征长沙王乂，以陆机为前锋都督。惠与机同乡里，忧其致祸，劝机让都督于王粹。及机兄弟被戮，惠甚伤恨之。时惠又擅杀颖牙门将梁俊，惧罪，因改姓名以遁。

后东海王越举兵下邳，惠乃诡称南岳逸士秦秘之，以书干越曰：

天祸晋国，遘兹厄运。历观危亡，其萌有渐，枝叶先零，根株乃毙。伏惟明公资睿哲之才，应神武之略，承衰乱之余，当倾险之运，侧身昏谗之俗，局踬凶诡之间。执夷正立，则取疾奸佞；抱忠怀直，则见害贼臣。捕糟非圣性所堪，苟免非英雄之节，是以感激于世，发愤忘身。抗辞金门，则謇谔之言显；扶翼皇家，则匡主之功著。事虽未集，大命有在。夫以汉祖之贤，犹有彭城之耻；魏武之能，亦有濮阳之失。孟明三退，终于致果，勾践丧众，期于擒吴。今明公名著天下，声振九域，公族归美，万国宗贤。加以四王齐圣，仁明笃友，急难之感，同奖王室，股肱爪牙足相维持。皇穹无亲，惟德是辅，恶盈福谦，鬼神所赞。以明公达存亡之符，察成败之变，审所履之运，思天人之功，武视东夏之藩，龙跃海崛之野，西谘

间，南结征镇，东命劲吴锐卒之富，北有幽并率义之旅，宣喻青徐，启示群王，旁收雄俊，广延秀杰，纠合携贰，明其赏信。仰惟天子蒙尘邺宫，外矫诏命，擅诛无辜，豺狼篡噬，其事无远。夫心火倾移，丧乱可必，太白横流，兵家攸杖，岁镇所去，天厌其德。玄象著明，谪谴彰见。违天不祥，奉时必克。明公思安危人神之应，虑祸败前后之征，弘劳谦日昃之德，躬吐握求贤之义，倾府竭库以振贫乏，将有济世之才，渭滨之士，含奇谟于朱唇，握神策于玉掌，逍遥川岳之上，以俟真人之求。目想不世之佐，耳听非常之辅，举而任之，则元勋建矣。

秘之不天，值此衰运，窃慕墨翟、申包之诚，跋涉荆棘，重茧而至，栉风沐雨，来承祸难。思以管穴毗佐大猷，道险时昏，未敢自显。伏在川泥，系情宸极，谨先白笺，以启天虑。若犹沈吟所会，徘徊二端，徼幸在险，请从恕宥之例。

明公今旋轸臣子之邦，宛转名义之国，指麾则五岳可倾，呼噏则江湖可竭。况履顺讨逆，执正伐邪，是乌获摧冰，贲育拉朽，猛兽吞狐，泰山压卵，因风燎原，未足方也。今时至运集，天与神助，复不能鹊起于庆命之会，拔剑于时义之机，恐流滥之祸不在一人。自先帝公王，海内名士，近者死亡，皆如虫兽，尸元曳于粪坏，形骸捐于沟涧，非其口无忠贞之辞，心无义正之节，皆希日下之小生而惑终焉之大死。凡人知友，犹有刎颈之报，朝廷之内，而无死命之臣。非独秘之所耻，惜乎晋世之无人久矣。今天下喁喁，四海注目。社稷危而复安，宗庙替而复绍，惟明公兄弟能弘济皇猷。国之存亡，在斯举矣。

秘之以下才之姿，而值危乱之运，竭其狗马之节，加之忠贞之心，左属平乱之鞭，右握灭逆之矢，控马鹄立，计日俟命。时难获而易失，机速变而成祸，介如石焉，实无终日，自求多福，惟君裁之！"

越省书，榜道以求之，惠乃出见。越即以为记室参军，专职文疏，豫参谋议。除散骑郎、太子中庶子，复请补司空从事中郎。越诛周穆等，夜召参军王廙造表，廙战惧，坏数纸不成。时惠不在，越叹曰："孙中郎在，表久就矣。"越迁太傅，以惠为军谘祭酒，数谘访得失。每造书檄，越或骑马催之，应命立成，皆有文采。除秘书监，不拜。转彭城内史、广陵相，迁广武将军、安丰内史。以迎大驾之功，封临湘县公。

元帝遣甘卓讨周馥于寿阳，惠乃率众应卓，馥败走。庐江何锐为安丰太守，惠权留郡境。锐以他事收惠下人推之，惠既非南朝所授，常虑谗间，因此大惧，遂攻杀锐，奔入蛮中。寻病卒，时年四十七。丧还乡里，朝廷明其本心，追加吊赙。

熊远，字孝文，豫章南昌人也。祖翘，尝为石崇苍头，而性廉直，有士风。黄门郎潘岳见而称异，劝崇免之，乃还乡里。远有志尚，县召为功曹，不起，强与衣帻，扶之使谒。十余日荐于郡，由是辟为文学掾。远曰："辞大不辞小也。"固请留县。太守察远孝廉。属太守讨氐羌，远遂不行，送至陇右而还。后太守会稽夏静辟为功曹。及静去职，远送至会稽以归。州辟主簿、别驾，举秀才，除监军华轶司马、领武昌太守、宁远护军。

元帝作相，引为主簿。时传北陵被发，帝将举哀，远上疏曰："园陵既不亲行，承传言之者未可为定。且园陵非一，而直言侵犯，远近吊问，答之宜当有主。谓应更遣使摄河南尹案行，得审问，然后可发哀。即宜命将至洛，修复园陵，讨除逆类。昔宋杀不畏，庄王奋袂而起，衣冠相追于道，军成宋城之下。况此酷辱之大耻，臣子奔驰之日！夫修园陵，至孝也；讨逆叛，至顺也；救社稷，至义也；恤遗黎，至仁也。若修此四道，则天下响应，无思不服矣。昔项羽杀义帝以为罪，汉祖哭之以为义，刘项存亡，在此一举。群贼豺狼，弱于往日；恶逆之甚，重于丘山。大晋受命，未改于上；兆庶讴吟，思德于下。今顺天下之心，命貔貅之士，鸣梓前驱，大军后至，威风赫然，声振朔野，则上副西土义士之情，下允海内延颈之望矣。"属有杜弢之难，不能从。

时江东草创，农桑弛废，远建议曰："立春之日，天子祈谷于上帝，乃择元辰，载耒耜，帅三公、九卿、诸侯、大夫，躬耕帝藉，以劝农功。《诗》云：'弗躬弗亲，庶人不信。'自丧乱以来，农桑不修，游食者多，皆由去本逐末故也。"时议美之。

建兴初，正旦将作乐，远谏曰："谨案《尚书》，尧崩，四海遏密八音。《礼》云，凶年，天子撤乐减膳。孝怀皇帝梓宫未反，豺狼当途，人神同忿。公明德茂亲，社稷是赖。今杜弢蚁聚湘川，比岁征行，百姓疲弊，故使义众奉迎未举。履端元日，正始之初，贡士鳞萃，南北云集，有识之士于是观礼。公与国同体，忧容未歇。昔齐桓贯泽之会，有忧中国之心，不召而至者数国。及葵丘自矜，叛者九国。人心所归，惟道与义。将绍皇纲于既往，恢霸业于来今，表道德之轨，阐忠孝之仪，明仁义之统，弘礼乐之本，使四方之士退怀嘉则。今荣耳目之观，崇戏弄之好，惧违《云》、《韶》、《雅》、《颂》之美，非纳轨物，有尘大教。谓宜设馔以赐群下而已。"元帝纳之。

转丞相参军。是时琅邪国侍郎王鉴劝帝亲征杜弢，远又上疏曰："皇纲失统，中夏多故，圣主肇祚，远奉西都。梓宫外次，未反园陵，逆寇游魂，国贼未夷。明公忧劳，乃心王室，伏读圣教，人怀慷慨。杜弢小竖，寇抄湘川，比年征讨，经载不夷。昔高宗伐鬼方，三年乃克，用兵之难，非独在今。伏以古今之霸王遭时艰难，亦有亲征以隆大勋，亦有遣将以平小寇。今公亲征，文武将吏、度支筹量、舟舆器械所出若足用者，然后可征。愚谓宜如前遣五千人，径与水军进讨，既可得速，必不后时。昔齐用穰苴，燕晋退军；秦用王翦，克平南荆。必使督行得才，即贼不足虑也。"会弢已平，转从事中郎，累迁太子中庶子、尚书左丞、散骑常侍。帝每叹其忠公，谓曰："卿在朝正色，不茹柔吐刚，忠亮至到，可为王臣也。吾所欣赖，卿其勉之！"

及中兴建，帝欲赐诸吏投刺劝进者加位一等，百姓投刺者赐司徒吏，凡二十余万。远以为"秦汉因赦赐爵，非长制也。今案投刺者不独近者情重，远者情轻，可依汉法例，赐天下爵，于恩为普，无偏颇之失。可以息检核之烦，塞巧伪之端。"帝不从。

转御史中丞。时尚书刁协用事，众皆惮之。尚书郎卢綝将入直，遇协于大司马门外。协醉，使綝避之，綝不回。协令威仪牵捽綝堕马，至协车前而后释。远奏免协官。

时冬雷电，且大雨，帝下书责躬引过，远复上疏曰：

被庚午诏书，以雷电震，暴雨非时，深自克责。虽禹汤罪己，未足以喻。臣暗于天道，窃以人事论之。陛下节俭敦朴，恺悌流惠，而王化未兴者，皆群公卿士不能夙夜在公，以益大化，素餐负乘，秕秒明时之责也。

今逆贼猾夏，暴虐滋甚，二帝幽殡，梓宫未反，四海延颈，莫不东望。而未能遣军北讨，仇贼未报，此一失也。昔齐侯既败，七年不饮酒食肉，况此耻尤大。臣子之责，宜在枕戈为王前驱。若此志未果者，当上下克俭，恤人养士，撤乐减膳，惟修戎事。陛下忧劳于上，而群官未同戚容于下，每有会同，务在调戏酒食而已，此二失也。选官用人，不料实德，惟在白望，不求才干，乡举道废，请托交行。有德而无力者退，修望而有助者进；称职以违俗见讥，虚资以从容见贵。是故公正道亏，私途日开，强弱相陵，冤枉不理。今当官者以理事为俗吏，奉法为苛刻，尽礼为谄谀，从容为高妙，放荡为达士，骄蹇为简雅，此三失也。

世所谓三失者，公法加其身，私议贬其非，转见排退，陆沈泥滓。时所谓三善者，王法所不加；清论美其贤；渐相登进，仕不辍官，攀龙附凤，翱翔云霄。遂使世人削方为圆，挠直为曲，岂待顾道德之清涂，践仁义之区域乎！是以万机未整，风俗伪薄，皆此之由。不明其黜陟，以审能否，此则俗未可得而变也。

今朝廷群司以从顺为善，相违见贬，不复论才之曲直，言之得失也。时有言者，或不见用，是以朝少辩争之臣，士有禄仕之志焉。郭翼上书，武帝擢为屯留令，又置谏官，所以容受直言，诱进将来，故人得自尽，言无隐讳。任官然后爵之，位定然后禄之。敷奏以言，明试以功，车服以庸。舜犹历试诸难，而今先禄不试，甚违古义，乱之所由也。求才急于疏贱，用刑先于亲贵，然后令行禁止，野无遗滞。尧取舜于仄陋，舜拔贤于岩穴，姬公不曲绳于天伦，叔向不亏法于孔怀。今朝廷法更多出于寒贱，是以章书日奏而不足以惩物，官人选才而不足以济事。宜招贤良于屠钓，聘耿介于丘园。若此道不改，虽并官省职，无救弊乱也。能哲而惠，何忧乎欢兜，何迁乎有苗，何畏乎巧言令色孔壬！此官得其人之益也。

累迁侍中，出补会稽内史。时王敦作逆，沈充举兵应之，加远将军，距而不受，不输军资于充，保境安众为务。敦至石头，讽朝廷征远，乃拜太常卿，加散骑常侍。敦深惮其正而有谋，引为长史。数月病卒。

远弟缙，名亚于远，为王敦主簿，终于鄱阳太守。缙子鸣鹄，位至武昌太守。

王鉴，字茂高，堂邑人也。父瀸，御史中丞。鉴少以文笔著称，初为元帝琅邪国侍郎。时杜弢作逆，江湘流弊，王敦不能制，朝廷深以为忧。鉴上疏劝帝征之，曰：

天祸晋室，四海颠覆，丧乱之极，开辟未有。明公遭历运之厄，当阳九之会，圣躬负伊周之重，朝廷延匡合之望。方将振长辔而御八荒，扫河汉而清天途。所藉之资，江南之地，盖九州之隅角，垂尽之余人耳。而百越鸱视于五岭，蛮蜀狼顾于湘汉，江州萧条，白骨涂地，豫章一郡，十残其八。继以荒年，公私虚匮，仓库无旬月之储，三军有绝乏之色。赋敛搜夺，周而复始，卒散人流，相望于道。残弱之源日深，全胜之势未举。鉴惧云旗反旆，元戎凯入，未在旦夕也。昔齐旅未期而申侯惧其老，况暴甲三年，介冑为虮虱，而可不深虑者哉！江扬本六郡之地，一州封域耳。若兵不时戢，人不堪命，三江受敌，彭蠡振摇，是贼逾我垣墙之内，窥我室家之好。黩武之众易动，惊弓之鸟难安，鉴之所甚惧也。去年已来，累丧偏裨，军师屡失，送死之寇，兵厌奔命，贼量我力矣。虽继遣偏裨，惧未足成功也。愚谓尊驾宜亲幸江州，然后方召之臣，其力可得而宣；熊罴之士，其锐可得而奋。进左军于武昌，为陶侃之重；建名将于安成，连甘卓之垒。南望交广，西抚蛮夷。要害之地，勒劲卒以保之；深沟坚壁，按精甲而守之。六军既赡，战士思奋，尔乃乘隙骋奇，扰其窟穴，显示大信，开以生途，杜弢之颈固已锁于麾下矣。

议者将以大举役重，人不可扰。鉴谓暂扰以制敌，愈于放敌而常扰也。夫四体者，人之所甚爱，苟宜伐病，则削肌刮骨矣。然守不可虚，鉴谓王导可委以萧何之任。或以小贼方毙，不足动千乘之重。鉴见王弥之初，亦小寇也，官军不重其威，狡逆者肆其变，卒令温怀不守，三河倾覆，致有今日之弊，此已然之明验也。蔓草犹不可长，况狼兕之寇乎！当五霸之世，将非不良，士非不勇，征伐之役，君必亲之，故齐桓免胄于邵陵，晋文擐甲于城濮。昔汉高、光武二帝，征无远近，敌无大小，必手振金鼓，身当矢石，栉沐雨，壶浆不赡，驰骛四方，匪遑宁处，然后皇基克构，元勋以融。今大弊之极，剧于襄代，崇替之命，系我而已。欲使委旅无野次之役，圣躬远风尘之劳，而大功坐就，鉴未见其易也。魏武既定中国，亲征柳城，扬斾卢龙之岭，顿辔重塞之表，非有当时烽燧之虞，盖一日纵敌，终己之患，虽我略蒙险，不以为劳，况急于此者乎！刘玄德躬登汉山，而夏侯之锋摧；吴伪祖亲泝长江，而关羽之首悬；袁绍犹豫后机，挫衄三分之势；刘表卧守其众，卒亡全楚之地。历观古今拨乱之主，虽圣贤，未有高拱闲居不劳而济者也。前鉴不远，可谓蓍龟。

议者或以当今暑夏，非出军之时。鉴谓今宜严戒，须秋而动。高风启途，龙舟电举，曾不十日，可到豫章。豫章去贼尚有千里之限，但临之以威灵，则百胜之理济矣。既扫清湘野，涤荡楚郢，然后班爵序功，酬将士之劳；卷甲韬旗，广农桑之务，播恺悌之惠，除烦苛之赋。比及数年，国富兵强，龙骧虎步，以威天下，何思而不服，何往而不济，桓文之功不难懋也。今惜一举之劳，而缓垂死之寇，诚国家之大耻，臣子之深忧也。

鉴以凡琐，谬蒙奖育，思竭遇忠以补万一。刍荛之言，圣王不弃，戍卒之谋，先后采之。乞留神鉴，思其所陈。

疏奏，帝深纳之，即命中外戒严，将自征殁。会殁已平，故止。

中兴建，拜驸马都尉、奉朝请，出补永兴令。大将军王敦请为记室参军，未就而卒，时年四十一。文集传于世。

鉴弟涛及弟子戬，并有才笔。涛字茂略，历著作郎、无锡令。戬字庭坚，亦为著作。并早卒。

陈频，字延思，陈国苦人也。少好学，有文义。父䜣立宅起门，频曰："当使容马车。"䜣笑而从之。仕为郡督邮，检获隐匿者三千人，为一州尤最。太守刘享拔为主簿，州辟部从事，乘马车还家，宗党荣之。

劾案沛王韬狱，未竟，会解结代杨准为刺史，韬因河间王颙属结。结至大会，问主簿史凤曰："沛王贵藩，州据何法而擅拘邪？"时频在坐，对曰："甲午诏书，刺史衔命，国之外台，其非所部而在境者，刺史并纠。事征文墨，前后列上，七被诏书。如州所劾，无有违谬。"结曰："众人之言不可妄听，宜依法穷竟。"又问僚佐曰："河北白壤膏梁，何故少人士，每以三品为中正？"答曰："《诗》称'维岳降神，生甫及申'。夫英伟大贤多出于山泽，河北土平气均，蓬蒿栽高三尺，不足成林故也。"结曰："张彦真以为汝颍巧辩，恐不及青徐儒雅也。"频曰："彦真与元礼不协，故设过言。老子、庄周生陈梁，伏羲、傅说、师旷、大项出阳夏，汉魏二祖起于沛谯，准之众州，莫之与比。"结甚异之，曰："豫州人士常半天下，此言非虚。"会结迁尚书，结恨不得尽其才用。

元康中，举孝廉，而州将留之。频荐同县焦保曰："保出自寒素，禀质清冲，若得参嘉命，必能光赞大猷，允清朝望，使黄宪之徒不乏于豫土，令频庶免臧文之责。"州乃辟保。

齐王冏起义，州遣频将兵赴之，拜驸马都尉。遭贼避难于江西。历阳内史朱彦引为参军。镇东从事中郎袁琇荐频于元帝，迁镇东行参军事，典法兵二曹。频与王导书曰："中华所以倾弊，四海所以土崩者，正以取才失所，先白望而后实事，浮竞驱驰，互相贡荐，言重者先显，言轻者后叙，遂087波扇，乃至陵迟。加有庄老之俗倾惑朝廷，养望者为弘雅，政事者为俗人，王职不恤，法物坠丧。夫欲制远，先由近始。故出其言善，千里应之。今宜改张，明赏信罚，拔卓茂于密县，显朱邑于桐乡，然后大业可举，中兴可冀耳。"

建兴初制，版补录事参军。参佐掾属多设解故以避事任。频议："诸僚属乘昔西台养望余弊，小心恭肃，更以为俗，偃蹇倨慢，以为优雅。至今朝士纵诞，临事游行，渐弊不革，以至倾国。故百寻之屋突直而燎焚，千里之堤蚁垤坯而穿败，古人防小以全大，慎微以杜萌。自今临使称疾，须催乃行者，皆免官。"

初，赵王伦篡位，三王起义，制《己亥格》，其后论功虽小，亦皆依用。频意谓不宜以为常式，驳之曰："圣王悬爵赏功，制罚纠违，斯道苟明，人赴水火。且名器之实，不可妄假，非才谓之致寇，宠厚戒在斯亡。昔孙秀口唱篡逆，手弄天机，惠皇失御，九服无戴。三王建议，席卷四海，合起义之众，结天下之心，故设《己亥义格》以权济难。此自一切之法，非常伦之格也。其起义以来，依格杂猥，遭人为侯，或加兵伍，或出皂仆，金紫佩士卒之身，符策委庸隶之门，使天官降辱，王爵黩贱，非所以正皇纲重名器之谓也。请自今以后宜停之。"频以孤寒，数有奏议，朝士多恶之，出除谯郡太守。

大兴初，以疾征。久之，白衣兼尚书，因陈时务，以为"昔江外初平，中州荒乱，故贡举不试。宜渐循旧，搜扬隐逸，试以经策。又马隆、孟观虽出贫贱，勋济甚大，以所不习，而统戎事，鲜能以济。宜开举式略任将率者，言问核试，尽其所能，然后随才授任。举十得一，犹胜不举，况或十得二三。日磾降虏，七世内侍；由余戎狄，入为秦相。岂藉华宗之族，见齿于奔竞之流乎！宜引幽滞之隽，抑华校实，则天清地平，人神感应。"

后拜天门太守，殊俗安之。选腹心之吏为荆州参军，若有调发，动静驰白，故恒得宿办。陶侃征贼，频先至巴陵上礼。侃以为能，表为梁州刺史。绥怀荒弊，甚有威惠。梁州大姓互相嫉妒，说频年老耳聋，侃召频还，以西阳太守蒋巽代之。年六十九卒。

高崧，字茂琰，广陵人也。父悝，少孤，事母以孝闻。年十三，值岁饥，悝菜蔬不履，每致甘肥于母。抚幼弟以友爱称。寓居江州，刺史华轶辟为西曹书佐。及轶败，悝藏匿轶子经年，会赦乃出。元帝嘉而宥之，以为参军，遂历显位，至丹阳尹、光禄大夫，封建昌伯。

崧少好学，善史书。总角时，司空何充称其明惠。充为扬州，引崧为主簿，益相钦重。转骠骑主簿，举州秀才，除太学博士，父艰去职。初，悝以纳妾致讼被黜，及终，崧乃自系廷尉讼冤，遂停丧五年不葬，表疏数十上。帝哀之，乃下诏曰："悝备位大臣，违宪被黜，事已久判。其子崧求直无已。今特听传侯爵。"由是见称。拜中书郎、黄门侍郎。

简文帝辅政，引为抚军司马。时桓温擅威，率众北伐，军次武昌，简文患之。崧曰："宜致书喻以祸福，自当反斾。如其不尔，便六军整驾，逆顺于兹判矣。若有异计，请先衅鼓。"便于坐为简文书草曰："寇难宜平，时会宜接，此实为国远图，经略大算。能弘斯会，非足下而谁！但以此兴师动众，要当以资实为本。运转之艰，古人之所难，不可易之于始而不熟虑，须所以深用惟疑，在乎此耳。然异常之举，众之所骇，游声嚣喧，想足下亦少闻之。苟患失之，无所不至。或能望风振扰，一时崩散。如其不然者，则望实并丧，社稷之事去矣。皆由吾暗弱，德信不著，不能镇静群庶，保固维城，所以内愧于心，外惭良友。吾与足下虽职有内外，安社稷，保家国，其致一也。天下安危，系之明德。先存宁国，而后图其外，使王基克隆，大义弘著，所望于足下。区区诚怀，岂可复顾嫌而不尽哉！"温得书，还镇。

崧累迁侍中。是时谢万为豫州都督，疲于亲宾相送，方卧在室。崧径造之，谓曰："卿令疆理西藩，何以为政？"万粗陈其意。崧便为叙刑政之要数百言。万遂起坐，呼崧小字曰："阿鄹！故有才具邪！"哀帝雅好服食，崧谏以为"非万乘所宜。陛下此事，实日月之一食也"。后以公事免，卒于家。子耆，官至散骑常侍。

史臣曰：昔张良拙说项氏，巧谋于沛公；孙惠沮计齐王，耀奇于东海，终而誓甘之旅炎运载昌，称狩之师金行不竞。岂遭时之会斯塞，将谋国之道未通？迷于委质之贞，暗于所修之虑，本既颠矣，何以能终！熊远、王鉴有毗济之道，比之大厦，其榱桷之佐乎！崧之诋温，頠之距结，挫其劳役之策，申其汝颍之论，采嘉之风旨，挹朱育之余波，故桓温辍许攸之谋，解结钦王朗之迹。缉之时典，用此道欤！

赞曰：临湘游艺，才识英发。诡名违颖，陈书干越。孝文忠謇，嘉言斯践。茂高器鉴，雕章尤善。侯爵崧传，高门頠显。

卷七十二　　列传第四十二

郭璞　葛洪

郭璞，字景纯，河东闻喜人也。父瑗，尚书都令史。时尚书杜预有所增损，瑗多驳正之，以公方著称。终于建平太守。璞好经术，博学有高才，而讷于言论，词赋为中兴之冠。好古文奇字，妙于阴阳算历。有郭公者，客居河东，精于卜筮，璞从之受业。公以《青囊中书》九卷与之，由是遂洞五行、天文、卜筮之术，攘灾转祸，通致无方，虽京房、管辂不能过也。璞门人赵载尝窃《青囊书》，未及读，而为火所焚。

惠怀之际，河东先扰。璞筮之，投策而叹曰："嗟乎！黔黎将湮于异类，桑梓其翦为龙荒乎！"于是潜结姻昵及交游数十家，欲避地东南。抵将军赵固，会固所乘良马死，固惜之，不接宾客。璞至，门吏不为通。璞曰："吾能活马。"吏惊入白固。固趋出，曰："君能活吾马乎？"璞曰："得健夫二三十人，皆持长竿，东行三十里，有丘林社庙者，便以竿打拍，当得一物，宜急持归。得此，马活矣。"

固如其言，果得一物似猴，持归。此物见死马，便嘘吸其鼻。顷之马起，奋迅嘶鸣，食如常，不复见向物。固奇之，厚加资给。

行至庐江，太守胡孟康被丞相召为军谘祭酒。时江淮清宴，孟康安之，无心南渡。璞为占曰："败。"康不之信。璞将促装去之，爱主人婢，无由而得，乃取小豆三斗，绕主人宅散之。主人晨见赤衣人数千围其家，就视则灭，甚恶之，请璞为卦。璞曰："君家不宜畜此婢，可于东南二十里卖之，慎勿争价，则此妖可除也。"主人从之。璞阴令人贱买此婢。复为符投于井中，数千赤衣人皆反缚，一一自投于井，主人大悦。璞携婢去。后数旬而庐江陷。

璞既过江，宣城太守殷祐引为参军。时有物大如水牛，灰色卑脚，脚类象，胸前尾上皆白，大力而迟钝，来到城下，众咸异焉。祐使人伏而取之，令璞作卦，遇《遁》之《蛊》，其卦曰："《艮》体连《乾》，其物壮巨。山潜之畜，匪兕匪武。身与鬼并，精见二午。法当为禽，两灵不许。遂被一创，还其本墅。按卦名之，是为驴鼠。"卜适了，伏者以戟刺之，深尺余，遂去不复见。郡纲纪上祠，请杀之。巫云："庙神不悦，曰：'此是邶亭驴山君鼠，使诣荆山，暂来过我，不须触之。'"其精妙如此。祐迁石头督护，璞复随之。时有鼯鼠出延陵，璞占之曰："此郡东当有妖人欲称制者，寻亦自死矣。后当有妖树生，然若瑞而非瑞，辛螫之木也。倘有此者，东南数百里必有作逆者，期明年矣。"无锡县欻有茱萸四株交枝而生，若连理者，其年盗杀吴兴太守袁琇。或以问璞，璞曰："卯爻发而珍金，此木不曲直而成灾也。"王导深重之，引参己军事。尝令作卦，璞言："公有震厄，可命驾西出数十里，得一柏树，截断如身长，置常寝处，灾当可消矣。"导从其言。数日果震，柏树粉碎。

时元帝初镇邺，导令璞筮之，遇《咸》之《井》，璞曰："东北郡县有'武'名者，当出铎，以著受命之符。西南郡县有'阳'名者，井当沸。"其后晋陵武进县人于田中得铜铎五枚，历阳县中井沸，经日乃止。及帝为晋王，又使璞筮，遇《豫》之《睽》，璞曰："会稽当出钟，以告成功，上有勒铭，应在人家井泥中得之。繇辞所谓'先王以作乐崇德，殷荐之上帝'者也。"及帝即位，太兴初，会稽剡县人果于井中得一钟，长七寸二分，口径四寸半，上有古文奇书十八字，云"会稽岳命"，余字时人莫识之。璞曰："盖王者之作，必有灵符，塞天人之心，与神物合契，然后可以言受命矣。观五铎启号于晋陵，栈钟告成于会稽，瑞不失类，出皆以方，岂不伟哉！若夫铎发其响，钟征其象，器以数臻，事以实应，天人之际不可不察。"帝甚重之。

璞著《江赋》，其辞甚伟，为世所称。后复作《南郊赋》，帝见而嘉之，以为著作佐郎。于时阴阳错缪，而刑狱繁兴，璞上疏曰：

臣闻《春秋》之义，贵元慎始，故分至启闭以观云物，所以显天人之统，存休咎之征。臣不揆浅见，辄依岁首粗有所占，卦得《解》之《既济》。案爻论思，方涉春木王龙德之时，而为废水之气来见乘，加升阳未布，隆阴仍积，《坎》为法象，刑狱所丽，变《坎》加《离》，厥象不烛。以义推之，皆为刑狱殷繁，理有壅滥。又去年十二月二十九日，太白蚀月。月者属《坎》，群阴之府，所以照察幽情，以佐太阳者也。太白，金行之星，而来犯之，天意若曰刑理失中，自坏其所以为法者也。臣术学庸近，不练内事，卦理所及，敢不尽言。又去秋以来，沈雨跨年，虽为金家涉火之祥，然亦是刑狱充溢，怨叹之气所致。往建兴四年十二月中，行丞相令史淳于伯刑于市，而血逆流长标。伯者小人，虽罪在未允，何足感动灵变，致若斯之怪邪！明皇天所以保祐金家，子爱陛下，屡见灾异，殷勤无已。陛下宜侧身思惧，以应灵谴。皇极之谪，事不虚降。不然，恐将来必有愆阳苦雨之灾，崩震薄蚀之变，狂狡蠢戾之妖，以益陛下旰食之劳也。

臣谨寻按旧经，《尚书》有五事供御之术，京房易传有消复之救，所以缘咎而致庆，因异而迈政。故木不生庭，太戊无以隆，雉不鸣鼎，武丁不为宗。夫寅畏者所以飨福，怠傲者所以招患，此自然之符应，不可不察也。案《解卦》繇云："君子以赦过宥罪。"《既济》云："思患而豫防之。"臣愚以为宜发哀矜之诏，引在予之责，荡除瑕衅，赞阳布惠，使幽毙之人应苍生以悦育，否滞之气随谷风而纾散。此亦寄时事以制用，藉开塞而曲成者也。

臣窃观陛下贞明仁恕，体之自然，天假其祚，奄有区夏，启重光于已昧，廓四祖之遐武，祥灵表瑞，人鬼献谋，应天顺时，殆不尚此。然陛下即位以来，中兴之化未阐，虽躬综万机，劳逾日昃，玄泽未加于群生，声教未被乎宇宙，臣主未宁于上，黔细未辑于下，《鸿雁》之咏不兴，康衢之歌不作者，何也？杖道之情未著，而任刑之风先彰，经国之略未震，而轨物之迹屡迁。夫法令不一则人情惑，职次数改则觊觎生，官方不审则秕政作，惩劝不明则善恶浑，此有国者之所慎也。臣窃为陛下惜之。夫以区区之曹参，犹能遵盖公之一言，倚清靖以镇俗，寄市狱以容非，德音不忘，流咏于今。汉之中宗，聪悟独断，可谓令主，然厉意刑名，用亏纯德。《老子》以礼为忠信之薄，况刑又是礼之糟粕者乎！夫无为而为之，不宰以宰之，固陛下之所体者也。耻其君不为尧舜者，亦岂惟古人！是以敢肆狂瞽，不隐其怀。若臣言可采，或所以为尘露之益；若不足采，所以广听纳之门。愿陛下少留神鉴，赐察臣言。

疏奏，优诏报之。

其后日有黑气，璞复上疏曰：

臣以顽昧，近者冒陈所见，陛下不遗狂言，事蒙御省。伏读圣诏，欢惧交战。臣前云升阳未布，隆阴仍积，《坎》为法象，刑狱所丽，变《坎》加《离》，厥象不烛，疑将来必有薄蚀之变也。此月四日，日出山六七丈，精光潜昧，而色都赤，中有异物大如鸡子，又有青黑之气共相薄击，良久方解。案时在岁首纯阳之月，日在癸亥全阴之位，而有此异，殆元首供御

义不显，消复之理不著之所致也。计去微臣所陈，未及一月，而便有此变，益明皇天留情陛下恳恳之至也。

往年岁末，太白蚀月，今在岁始，日有咎谪。会未数旬，大眚再见。日月告衅，见惧诗人，无曰天高，其鉴不远。故宋景言善，荧惑退次；光武宁乱，呼沱结冰。此明天人之悬符，有若影形之相应。应之以德，则休祥臻；酬之以怠，则咎征作。陛下宜恭承灵谴，敬天之怒，施沛然之恩，谐玄同之化，上所以允塞天意，下所以弭息群谤。

臣闻人之多幸，国之不幸，赦不宜数，实如圣旨。臣愚以为子产之铸刑书，非政事之善，然不得不作者，须以救弊故也。今之宜赦，理亦如之。随时之宜，亦圣人所善者。此国家大信之要，诚非微臣所得干豫。今圣朝明哲，思弘谋猷，方辟四门以亮采，访舆诵于群心，况臣蒙耳笔朝末，而可不竭诚尽规哉！

顷之迁尚书郎。数言便宜，多研匡益。明帝之在东宫，与温峤、庾亮并有布衣之好，璞亦以才学见重，埒于峤、亮，论者美之。然性轻易，不修威仪，嗜酒好色，时或过度。著作郎干宝常诫之曰："此非适性之道也。"璞曰："吾所受有本限，用之恒恐不尽，卿乃忧酒色之为患乎！"

璞既好卜筮，缙绅多笑之。又自以才高位卑，乃著《客傲》，其辞曰：

客傲郭生曰："玉以兼城为宝，士以知名为贤。明月不妄映，兰葩岂虚鲜。今足下既以拔文秀于丛荟，荫弱根于庆云，陵扶摇而竦翮，挥清澜以濯鳞，而响不彻乎一皋，价不登乎千金。傲岸荣悴之际，颉颃龙鱼之间，进不为谐隐，退不为放言，无沈冥之韵，而希风乎严先，徒费思于赞咮，摹《洞林》乎《连山》，尚何名乎！夫攀骊龙之髯，抚翠禽之毛，而不得绝霞肆、跨天津，未之前闻也。"

郭生粲然而笑曰："鹪鹩不可与论云翼，井蛙难与量海鳌。虽然，将祛子之惑，讯以未悟，其可乎？

"乃者地维中绝，乾光坠采，皇运暂回，廓祚淮海。龙德时乘，群才云骇，蔼若邓林之会逸翰，烂若溟海之纳奔涛，不烦咨嗟之访，不假蒲帛之招，羁九有之奇骏，咸总之于一朝，岂惟丰沛之英，南阳之豪！昆吾挺锋，骐骥轩髦，杞梓竞敷，兰蕙争翘，嘤声冠于伐木，援类繁乎拔茅。是以水无浪士，岩无幽人，刘兰不暇，爨桂不给，安事错薪乎！

"且夫窟泉之潜不思云翠，熙冰之采不羡旭晞，混光耀于埃蔼者，亦曷愿沧浪之深，秋阳之映乎！登降纷于九五，沧涌悬乎龙津。蚿蛾以不才陆槁，蟒蛇以腾骛暴鳞。连城之宝，藏于褐里，三秀虽艳，糜于丽采。香恶乎芬？贾恶乎在？是以不尘不冥，不骊不骍，支离其神，萧悴其形。形废则神王，迹粗而名生。体全者为牺，至独者不孤，傲俗者不得以自得，默觉者不足以涉无。故不恢心而形遗，不外累而智丧，无岩穴而冥寂，无江湖而放浪。玄悟不以应机，

洞鉴不以昭旷。不物物我我，不是是非非。忘意非我意，意得非我怀。寄群籁乎无象，域万殊于一归。不寿殇子，不夭彭涓，不壮秋豪，不小太山。蚊泪与天地齐流，蜉蝣与大椿齿年。然一阖一开，两仪之迹，一冲一溢，悬象之节，涣互期于寒暑，凋蔚要乎春秋。青阳之翠秀，龙豹之委颖，骏狼之长晔，玄陆之短景。故皋壤为悲欣之府，胡蝶为物化之器矣。

"夫欣黎黄之音者，不翣螳蚰之吟；豁云台之观者，必阕带索之欢。纵蹈而咏采荠，拥璧而叹抱关。战机心以外物，不能得意于一弦。悟往复于嗟叹，安可与言乐天者乎！若乃庄周偃蹇于漆园，老莱婆娑于林窟，严平澄漠于尘肆，梅真隐沦乎市卒，梁生吟啸而矫迹，焦先混沌而槁杌，阮公昏酣而卖傲，翟叟通形以倏忽。吾不能岁韵于数贤，故寂然玩此员策与智骨。"

永昌元年，皇孙生，璞上疏曰：

有道之君未尝不以危自持，乱世之主未尝不以安自居。故存而不忘亡者，三代之所以兴也；亡而自以为存者，三季之所以废也。是以古之令主开纳忠说，以弼其违；标显切直，用攻其失。至乃闻一善则拜，见规诫则惧。何者？盖不私其身，处天下以至公也。臣窃惟陛下符运至著，勋业至大，而中兴之祚不隆、圣敬之风未跻者，殆由法令太明，刑教太峻。故水至清则无鱼，政至察则众乖，此自然之势也。

臣去春启奏，以图围充斥，阴阳不和，推之卦理，宜因郊祀作赦，以荡涤瑕秽。不然，将来必有愆阳苦雨之灾，崩震薄蚀之变，狂狡蠢戾之妖。其后月余，日果薄斗。去秋以来，诸郡并有暴雨，水皆洪潦，岁用无年。适闻吴兴复欲有构妄者，咎征渐成，臣甚恶之。顷者以来，役赋转重，狱犴日结，百姓困扰，甘乱者多，小人愚险，共相扇惑。虽势无所至，然不可不虞。案《洪范传》，君道亏则日蚀，人愤怨则水涌益，阴气积则下代上。此微理潜应已著实于事者也。假令臣遂不幸谬中，必贻陛下侧席之忧。

今皇孙载育，天固灵基，黔首颙颙，实望惠润。又岁涉午位，金家所忌。宜于此时崇恩布泽，则火气潜消，灾谴不生矣。陛下上承天意，下顺物情，可因皇孙之庆大赦天下。然后明罚敕法，以肃理官，克厌天心，慰塞人事，兆庶幸甚，祯祥必臻矣。

臣今所陈，暂而省之，或未允圣旨，久而寻之，终亮臣诚。若所启上合，愿陛下勿以臣身废臣之言。臣言无隐，而陛下纳之，适所以显君明臣直之义耳。

疏奏，纳焉，即大赦改年。

时暨阳人任谷因耕息于树下，忽有一人著羽衣就淫之，既而不知所在，谷遂有娠。积月将产，羽衣人复来，以刀穿其阴下，出一蛇子便去。谷遂成宦者。后诣阙上书，自云有道术。帝留谷于宫中。璞复上疏曰："任谷所为妖异，无有因由。陛下玄鉴广览，欲知其情状，引之禁内，供给安处。臣闻为国以礼正，不闻以奇邪。所听惟人，故神降之吉。陛下简默居正，动遵典刑。案《周礼》，奇服怪人不入宫，况谷妖诡怪人之甚者，而登讲肆之堂，密迩殿省之侧，尘点日月，秽乱天听，臣之私情窃所以不取也。陛下若以谷信为神灵所凭者，则应敬而远之。夫神，聪明正直，接以人事。若以谷为妖盅诈妄者，则当投畀裔土，不宜令亵近紫闼。若谷或是神祇告谴、为国作眚者，则当克己修礼以弭其妖，不宜令谷安然自容，肆其邪变也。臣愚以为阴阳陶烝，变化万端，亦是狐狸魍魉凭假作愿。愿陛下采臣愚怀，特遣谷出。臣以人乏，忝荷史任，敢忘直笔，惟义是规。"其后元帝崩，谷因亡走。

璞以母忧去职，卜葬地于暨阳，去水百步许。人以近水为言，璞曰："当即为陆矣。"其后沙涨，去墓数十里皆为桑田。未期，王敦起璞为记室参军。是时颍川陈述为大将军掾，有美名，为敦所重，未几而没。璞哭之哀甚，呼曰："嗣祖，嗣祖，焉知非福！"夫几而敦作难。时明帝即位逾年，未改号，而荧惑守房。璞时休归，帝乃遣使赍手诏问璞。会暨阳县复上言曰赤乌见。璞上疏请改年肆赦，文多不载。璞尝为人葬，帝微服往观之，因问主人何以葬龙角，此法当灭族。主人曰："郭璞云此葬龙耳，不出三年当致天子也。"帝曰："出天子邪？"答曰："能致天子问耳。"帝甚异之。璞素与桓彝友善，彝每造之，或值璞在妇间，便入。璞曰："卿来，他处自可径前，但不可厕上相寻耳。必客主有殃。"彝后因醉诣璞，正逢在厕，掩而观之，见璞裸身被发，衔刀设酹。璞见彝，抚心大惊曰："吾每属卿勿来，反更如是！非但祸吾，卿亦不免矣。天实为之，将以谁咎！"璞终婴王敦之祸，彝亦死苏峻之难。

王敦之谋逆也，温峤、庾亮使璞筮之，璞对不决。峤、亮复令占己之吉凶，璞曰："大吉。"峤等退，相谓曰："璞对不了，是不敢有言，或天夺敦魄。今吾等与国家共举大事，而璞云大吉，是为举事必有成也。"于是劝帝讨敦。初，璞每言"杀我者山宗"，至是果有姓崇者构璞于敦。敦将举兵，又使璞筮。璞曰："无成。"敦固疑璞之劝峤、亮，又闻卦凶，乃问曰："卿更筮吾寿几何？"答曰："思向卦，明公起事，必祸不久。若住武昌，寿不可测。"敦大怒曰："卿寿几何？"曰："命尽今日日中。"敦怒，收璞，诣南冈斩之。璞临出，谓行刑者欲何之。曰："南冈头。"璞曰："必在双柏树下。"既至，果然。复云："此树应有大鹊巢。"众索之不得。璞更寻觅，果于枝间得一大鹊巢，密叶蔽之。初，璞中兴初行经越城，间遇一人，呼其姓名，因以袴褶遗之。其人辞不受，璞曰："但取，后自当知。"其人遂受而去。至是，果此人行刑。时年四十九。及王敦平，追赠弘农太守。

初，庾翼幼时尝令璞筮公家及身，卦成，曰："建元之末丘山倾，长顺之初子凋零。"及康帝即位，将改元为建元，或谓庾冰曰："子忘郭生之言邪？丘山上名，此号不宜用。"冰抚心叹恨。及帝崩，何充改元为永和，庾翼叹曰："天道精微，乃当如是。长顺者，永和也，吾庸得免乎！"其年翼卒。冰又令筮其后嗣，卦成，曰："卿诸子并当贵盛，然有白龙者，凶征至矣。若墓碑生金，庾氏之大忌也。"后冰子蕴为广州刺史，妾房内忽有一新生白狗子，莫知所由来，其妾秘爱之，不令蕴知。狗转长大，蕴入,是狗眉眼分明,又身至长而弱,异于常狗,蕴甚怪之。将出,共视在众人前,忽失所在。蕴慨然曰:"殆白龙乎!庾氏祸至矣。"又墓碑生金。俄而为桓温所灭,终如其言。璞之占验,皆如此类也。

璞撰前后筮验六十余事,名为《洞林》。又抄京、费诸家要最,更撰《新林》十篇、《卜韵》一篇。注释《尔雅》,别为《音义》、《图谱》。又注《三苍》、《方言》、《穆天子传》、《山海经》及《楚辞》、《子虚》、《上林赋》数十万言,皆传于世。所作诗赋诔颂亦数万言。子鹜,官至临贺太守。

葛洪,字稚川,丹阳句容人也。祖系,吴大鸿胪。父悌,吴平后入晋,为邵陵太守。洪少好学,家贫,躬自伐薪以贸纸笔,夜辄写书诵习,遂以儒学知名。性寡欲,无所爱玩,不知棋局几道,摴蒲齿名。为人木讷,不好荣利,闭门却扫,未尝交游。于余杭山见何幼道、郭文举,目击而已,各无所言。时或寻书问义,不远数千里崎岖冒涉,期于必得,遂览典籍,尤好神仙导养之法。从祖玄,吴时学道得仙,号曰葛仙公,以其炼丹秘术授弟子郑隐。洪就隐学,悉得其法焉。后师事南海太守上党鲍玄。玄亦内学,逆占将来,见洪深重之,以女妻洪。洪传玄业,兼综练医术,凡所著撰,皆精核是非,而才章富赡。

太安中,石冰作乱,吴兴太守顾秘为义军都督,与周玘等起兵讨之,秘檄洪为将兵都尉,攻冰别率,破之,迁伏波将军。冰平,洪不论功赏,径至洛阳,欲搜求异书以广其学。

洪见天下已乱,欲避地南土,乃参广州刺史嵇含军事。及含遇害,遂停南土多年,征镇檄命一无所就。后还乡里,礼辟皆不赴。元帝为丞相,辟为掾。以平贼功,赐爵关内侯。咸和初,司徒导召补州主簿,转司徒掾,迁谘议参军。干宝深相亲友,荐洪才堪国史,选为散骑常侍,领大著作,洪固辞不就。以年老,欲炼丹以祈遐寿,闻交阯出丹,求为句漏令。帝以洪资高,不许。洪曰:"非欲为荣,以有丹耳。"帝从之。洪遂将子侄俱行。至广州,刺史邓岳留不听去,洪乃止罗浮山炼丹。岳表补东官太守,又辞不就。岳乃以洪兄子望为记室参军。在山积年,优游闲养,著述不辍。其自序曰:

洪体乏进趣之才,偶好无为之业。假令奋翅则能陵厉玄霄,骋足则能追风蹑景,犹欲戢劲翻于鹥鹪之群,藏逸迹于跛驴之伍,岂况大块禀我以寻常之短羽,造化假我以至驽之蹇足?自卜者审,不能者止,又岂敢力苍蝇而慕冲天之举,策跛鳖而追飞兔之轨;饰嫫母之笃陋,求媒阳之美谈,推沙砾之贱质,索千金于和肆哉!夫侨倚之步而企及夸父之踪,近才所以踬碍也;要离之赢而强赴扛鼎之势,秦人所以断筋也。是以望绝于荣华之途,而志安乎穷圮之域;藜藿有八珍之甘,蓬荜有藻棁之乐也。故权贵之家,虽咫尺弗从也;知道之士,虽艰远必造也。考览奇书,既不少矣,率多隐语,难可卒解,自非至精不能寻究,自非笃勤不能悉见也。

道士弘博洽闻者寡,而意断妄说者众。至于时有好事者,欲有所修为,仓卒不知所从,而意之所疑又无足谘。今为此书,粗举长生之理。其于妙者不得宣之于翰墨,盖粗言较略以示一隅,冀悱愤之徒省之可以思过半矣。岂谓暗塞必能穷微畅远乎,聊论其所先觉者耳。世儒徒知服膺周孔,莫信神仙之书,不但大而笑之,又将谤毁真正。故予所著子言黄白之事,名曰《内篇》,其余驳难通释,名曰《外篇》,大凡内外一百一十六篇。虽不足藏诸名山,且欲缄之金匮,以示识者。

自号抱朴子,因以名书。其余所著碑诔诗赋百卷,移檄章表三十卷,神仙、良吏、隐逸、集异等传各十卷,又抄《五经》、《史》、《汉》、百家之言、方技杂事三百一十卷,《金匮药方》一百卷,《肘后要急方》四卷。

洪博闻深洽,江左绝伦。著述篇章富于班马,又精辩玄赜,析理入微。后忽与岳疏云:"当远行寻师,克期便发。"岳得疏,狼狈往别。而洪坐至日中,兀然若睡而卒,岳至,遂不及见。时年八十一。视其颜色如生,体亦柔软,举尸入棺,甚轻,如空衣,世以为尸解得仙云。

史臣曰:景纯笃志绨缃,洽闻强记,在异书而毕综,瞻往滞而咸释;情源秀逸,思业高奇;袭文雅于西朝,振辞锋于南夏,为中兴才学之宗矣。夫语怪征神,伎成则贱,前修贻训,鄙乎兹道。景纯之探策定数,考往知来,迈京管于前图,轶梓窭于遐篆。而宦微于世,礼薄于时,区区然寄《客傲》以申怀,斯亦伎成之累也。若乃大块流形,玄天赋命,吉凶修短,定乎自然。虽稽象或通,而厌胜难恃,禀之有在,必也无差,自可居常待终,颓心委运,何至衔刀被发,邅迂于秽向之间哉!晚抗忠言,无救王敦之逆;初惭智免,竟毙"山宗"之谋。仲尼所谓攻乎异端,斯害也已,悲夫!稚川束发从师,老而忘倦。绁奇册府,总百代之遗编;纪化仙都,穷九丹之秘术。谢浮荣而捐杂艺,贱尺宝而贵分阴,游德栖真,超然事外。全生之道,其最优乎!

赞曰:景纯通秀,凤振宏材。沈研鸟册,洞晓龟枚。匪宁国衅,坐致身灾。稚川优洽,贫而乐道。载范斯文,永传洪藻。

卷七十三　　　　列传第四十三

庾亮 子彬 羲 龢 弟怿 冰 条 翼

庾亮,字元规,明穆皇后之兄也。父琛,在《外戚传》。亮美姿容,善谈论,性好《庄》《老》,风格峻整,动由礼节,闺门之内,不肃而成,时人或以为夏侯太初、陈长文之伦也。年十六,东海王越辟为掾,不就,随父在会稽,嶷然自守。时人皆惮其方俨,莫敢造之。

元帝为镇东时，闻其名，辟西曹掾。及引见，风情都雅，过于所望，甚器重之，由是聘亮妹为皇太子妃。亮固让，不许。转丞相参军。预讨华轶功，封都亭侯，转参丞相军事，掌书记。中兴初，拜中书郎，领著作，侍讲东宫。其所论释，多见称述。与温峤俱为太子布衣之好。时帝方任刑法，以《韩子》赐皇太子，亮谏以申韩刻薄伤化，不足留圣心，太子甚纳焉。累迁给事中、黄门侍郎、散骑常侍。时王敦在芜湖，帝使亮诣敦筹事。敦与亮谈论，不觉改席而前，退而叹曰："庾元规贤于裴顾远矣！"因表为中领军。

明帝即位，以为中书监，亮上书让曰：

臣凡庸固陋，少无殊操，昔以中州多故，旧邦丧乱，随侍先臣，远庇有道，爰容逃难，求食而已。不悟徼时之福，遭遇嘉运。先帝龙兴，垂异常之顾，既眷同国士，又申以婚姻，遂阶亲宠，累叨非服。弱冠濯缨，沐浴芳风，频烦省闼，出总六军，十余年间，位超先达。无劳受遇，无与臣比。小人禄薄，福过灾生，止足之分，臣所宜守。而偷荣昧进，日尔一日，谤讟既集，上尘圣朝。始欲自闻，而先帝登遐，区区微诚，竟未上达。

陛下践阼，圣政惟新，宰辅贤明，庶僚咸允，康哉之歌，实存于至公。而国恩不已，复以臣领中书。臣领中书，则示天下以私矣。何者？臣于陛下，后之兄也。姻娅之嫌，与骨肉中表不同。虽太上至公，圣德无私，然世之丧道，有自来矣。悠悠六合，皆私其姻，人皆有私，则天下无公矣。是以前后二汉，咸以抑后党安，进婚族危。向使西京七族、东京六姓皆非姻族，各以平进，纵不悉全，决不尽败。今之尽败，更由姻昵。

臣历观庶姓在世，无党于朝，无援于时，植根之本轻也薄也。苟无大瑕，犹或见容。至于外戚，凭托天地，连势四时，根援扶疏，重矣大矣。而或居权宠，四海侧目，事有不允，罪不容诛。身既招殃，国为之弊。其故何邪？由姻媾之私群情之所不能免，是以疏附则信，姻进则疑。疑积于百姓之心，则祸成于重闱之内矣。此皆往代成鉴，可为寒心者也。夫万物之所不通，圣贤因而不夺。冒亲以求一寸之用，未若防嫌以明至公。今以臣之才，兼如此之嫌，而使内处心膂，外总兵权，以此求治，未之闻也；以此招祸，可立待也。虽陛下二相明其愚款，朝士百僚颇识其情，天下之人安可门到户说使皆坦然邪！

夫富贵荣宠，臣所不能忘也；刑罚贫贱，臣所不能甘也。今恭命则愈，违命则苦，臣虽不达，何事背时违上，自贻患责邪？实仰览殷鉴，量己知弊，身不足惜，为国取悔，是以悾悾屡陈丹款。而微诚浅薄，未垂察谅，忧惶屏营不知所措。愿陛下垂天地之鉴，察臣之愚，则臣虽死之日，犹生之年矣。

疏奏，帝纳其言而止。

王敦既有异志，内深忌亮，而外崇重之。亮忧惧，以疾去官。复代王导为中书监。及敦举兵，加亮左卫将军，与诸将距钱凤。及沈充之走吴兴也，又假亮节、都督东征诸军事，追充。事平，以功封永昌县开国公，赐绢五千四百匹，固让不受。转护军将军。

及帝疾笃，不欲见人，群臣无得进者。抚军将军、南顿王宗，右卫将军虞胤等，素被亲爱，与西阳王羕将有异谋。亮直入卧内见帝，流涕不自胜。既而正色陈羕与宗等谋废大臣，规共辅政，社稷安否，将在今日，辞旨切至。帝深感悟，引亮升御座，遂与司徒王导受遗诏辅幼主。加亮给事中，徙中书令。太后临朝，政事一决于亮。

先是，王导辅政，以宽和得众，亮任法裁物，颇以此失人心。又先帝遗诏褒进大臣，而陶侃、祖约不在其例，侃、约疑亮删除遗诏，并流怨言。亮惧乱，于是出温峤为江州以广声援，修石头以备之。会南顿王宗复谋废执政，亮杀宗而废宗兄羕。宗，帝室近属，羕，国族元老，又先帝保傅，天下咸以亮翦削宗室。

琅邪人卞咸，宗之党也，与宗俱诛。咸兄阐亡奔苏峻，亮符峻送阐，而峻保匿之。峻又多纳亡命，专用威刑，亮知峻必为祸乱，征为大司农。举朝谓之不可，平南将军温峤亦累书止之，皆不纳。峻遂与祖约俱举兵反。温峤闻峻不受诏，便欲下卫京都，三吴又欲起义兵，亮并不听，而报峤书曰："吾忧西陲过于历阳，足下无过雷池一步也。"既而峻将韩晃寇宣城，亮遣距之，不能制，峻乘胜至于京都。诏假亮节、都督征讨诸军事，战于建阳门外。军未及阵，士众弃甲而走。亮乘小船西奔，乱兵相剥掠，亮左右射贼，误中柂工，应弦而倒，船上咸失色欲散。亮不动容，徐曰："此手何可使著贼！"众心乃安。

亮携其三弟怿、条、翼奔温峤，峤素钦重亮，虽在奔败，犹欲推为都统。亮固辞，乃与峤推陶侃为盟主。侃至寻阳，既有憾于亮，议者咸谓侃欲诛执政以谢天下。亮甚惧，及见侃，引咎自责，风止可观。侃不觉释然，乃谓亮曰："君侯修石头以拟老子，今日反见求耶！"便谈宴终日。亮啖薤，因留白。侃问曰："安用此为？"亮云："故可以种。"侃于是尤相称叹云："非惟风流，兼有为政之实。"

既至石头，亮遣督护王彰讨峻党张曜，反为所败。亮送节传以谢侃，侃答曰："古人三败，君侯始二。当今事急，不宜数耳。"又曰："朝政多门，用生国祸。丧乱之来，岂独由峻也！"亮时以二千人守白石垒，峻步兵万余，四面来攻，众皆震惧。亮激厉将士，并殊死战，峻军乃退，追斩数百级。

峻平，帝幸温峤舟，亮得进见，稽颡鲠噎，诏群臣与亮俱升御坐。亮明日又泥首谢罪，乞骸骨，欲阖门投窜山海。帝遣尚书、侍中手诏慰喻："此社稷之难，非舅之责也。"亮上疏曰：

臣凡鄙小人，才不经世，阶缘戚属，累忝非服，叨窃弥重，谤议弥兴。皇家多难，未敢告退，遂随腾展转，便烦显任。先帝不豫，臣参侍医药，登遘顾命，又豫闻后事，岂云德授，盖以亲也。臣知其不可，而不敢逃命，实以田夫之交犹有寄托，况君臣之义，道贯自然，哀悲眷恋，不敢违距。且先帝谬顾，情同布衣,既今恩重命轻,遂感遇忘身。加以陛下初在谅阇,先后亲览万机,宣通外内,臣当其地,是以激节驱驰,不敢违依。虽知无补,志以死报。而才下位高,知进忘退,乘宠骄盈,渐不自觉。进不能抚宁外内,退不能推贤养长,遂使四海侧心,谤议沸腾。

祖约、苏峻不堪其愤,纵肆凶逆,事由臣发。社稷倾覆,宗庙虚废,先后以忧逼登遐,陛下旰食逾年,四海哀惶,肝脑涂地,臣之招也,臣之罪也。朝廷寸斩之、屠戮之,不足以谢祖宗七庙之灵;臣灰身灭族,不足以塞四海之责。臣负国家,其罪莫大,实天所不覆,地所不载。陛下矜而不诛,有司纵而不戮。自古及今,岂有不忠不孝如臣之甚!不能伏剑北阙,偷存视息,虽生之日,亦犹死之年,朝廷复何理齿臣于人次,臣亦何颜自次于人理!

臣欲自投草泽,思愆之心也,而明诏谓之独善其身。圣旨不垂矜察,所以重其罪也。愿陛下览先朝谬授之失,虽垂宽宥,全其首领,犹宜弃之,任其自存自没,则天下粗知劝戒之纲矣。

疏奏,诏曰:

省告恳恻,执以感叹,诚是仁舅处物宗之责,理亦尽矣。若大义既不开塞,舅所执理胜,何必区区其相易夺!

贼峻奸逆,书契所未有也。是天地所不容,人神所不宥。今年不反,明年当反,愚智所见也。舅与诸公勃然而召,正是不忍见无礼于君者也。论情与义,何得谓之不忠乎!若以己总率征讨,事至败丧,有司宜明直绳,以肃国体,诚则然矣。且舅遂上告方伯,席卷来下,舅躬贯甲胄,贼峻枭悬。大事既平,天下开泰,衍得反正,社稷乂安,宗庙有奉,岂非舅二三方伯忘身陈力之勋邪!方当策勋行赏,岂复议既往之咎乎!

且天下大弊,死者万计,而与桀寇对岸。舅且当上奉先帝顾托之旨,弘济艰难,使衍冲人永有凭赖,则天下幸甚。

亮欲遁逃山海,自暨阳东出。诏有司录夺舟船。亮乃求外镇自效,出为持节、都督豫州扬州之江西宣城诸军事、平西将军、假节、豫州刺史,领宣城内史。亮遂受命,镇芜湖。

顷之,后将军郭默据湓口以叛,亮表求亲征,于是以本官加征讨都督,率将军路永、毛宝、赵胤、匡术、刘仕等步骑二万,会太尉陶侃俱讨破之。亮还芜湖,不受爵赏。侃移书曰:“夫赏罚黜陟,国之大信,窃怪矫然,独为君子。”亮曰:“元帅指㧑,武臣效命,亮何功之有!”遂苦辞不受。进号镇西将军,又固让。初,以诛王敦功,封永昌县公。亮比陈让,疏数十上,至是许之。陶侃薨,迁亮都督江、荆、豫、益、梁、雍六州诸军事,领江、荆、豫三州刺史,进号征西将军,开府仪同三司,假节。亮固让开府,乃迁镇武昌。

时王导辅政,主幼时艰,多存大纲,不拘细目,委任赵胤、贾宁等诸将,并不奉法,大臣患之。陶侃尝欲起兵废导,而郗鉴不从,乃止。至是,亮又欲率众黜导,又以咨鉴,而鉴又不许。亮与鉴笺曰:

昔于芜湖反覆谓彼罪虽重,而时弊国危,且令方岳道胜,亦足有所镇压,故共隐忍,解释陶公。自兹迄今,曾无悛改。

主上自八九岁以及成人,入则在宫人之手,出则唯武官小人,读书无从受音句,顾问未尝遇君子。侍臣虽非俊士,皆时之良也,知今古顾问,岂与殿中将军、司马督同年而语哉!不云当高选侍臣,而云高选将军、司马督,岂合贾生愿人主之美,习以成德之意乎!秦政欲愚其黔首,天下犹知不可,况乃欲愚其主哉!主之少也,不登进贤哲以辅导圣躬。春秋既盛,宜复子明辟。不稽首归政,甫居师傅之尊。成人之主,方受师臣之悖。主上知君臣之道不可以然,而不得不行殊礼之事。万乘之君,寄坐上九,亢龙之父,有位无人。挟震主之威以临制百官,百官莫之敢忤。是先帝无顾命之臣,势屈于骄奸而遵养之也。赵贾之徒有无君之心,是而可忍,孰不可忍!

且往日之事,含容隐忍,谓其罪可宥,良以时弊国危,兵甲不可屡动,又冀其当谢往衅,惧而修己。如顷日之纵,是上无所忌,下无所惮,谓多养无赖足以维持天下。公与下官并蒙先朝厚顾,荷托付之重,大奸不扫,何以见先帝于地下!愿公深惟安国家、固社稷之远算,次计公之与下官负荷轻重,量其所宜。

鉴又不许,故其事得息。

时石勒新死,亮有开复中原之谋,乃解豫州授辅国将军毛宝,使与西阳太守樊峻精兵一万,俱戍邾城。又以陶称为南中郎将、江夏相,率部曲五千人入沔中。亮弟翼为南蛮校尉、南郡太守,镇江陵。以武昌太守陈嚣为辅国将军、梁州刺史,趣子午。又遣偏军伐蜀,至江阳,执伪荆州刺史李闳、巴郡太守黄植,送于京都。亮乃率大众十万,据石城,为诸军声援,乃上疏曰:“蜀胡二寇凶虐滋甚,内相诛锄,众叛亲离。蜀甚弱而胡尚强,并佃并守,修进取之备。襄阳北接宛许,南阳汉水,其险足固,其土足食。臣宜移镇襄阳之石城下,并遣诸军罗布江沔。比及数年,戎士习练,乘衅齐进,以临河洛。大势一举,众知存亡,开反善之路,宥逼协之罪,因天时,顺人情,诛逋逆,雪大耻,实圣朝之所先务也。愿陛下许其所陈,济其此举。淮泗寿阳所宜进据,臣辄简练部分。乞槐棘参议,以定经略。”帝下其议。时王导与亮意同,郗鉴议以资用未备,不可大举。亮又上疏,便欲迁镇。会寇陷邾城,毛宝赴水而死。亮陈谢,自贬三等,行安西将军。有诏复位。寻拜司空,余官如故,固让不拜。

亮自邾城陷没,忧慨发疾。会王导薨,征亮为司徒、扬州刺史、录尚书事,又固辞,帝许之。咸康六年薨,时年五十二。追赠太尉,谥曰文康。丧至,车驾亲临。及葬,又赠永昌公印绶。亮弟冰上疏曰:“臣谨详先事,亦会闻臣亮对臣等之言,恳恳于斯事。是以屡自陈请,将迄十年。岂直好让而不肃恭,顾襄时之衅近出字下,加先帝神武,算略兼该,是以役不逾时,而凶强歼灭。计之以事,则功归圣主，推之于运，则胜非人力。至如亮等，因圣略之弘，得效所职，事将何论！功将何赏！及后伤蹶，责逾先功，是以陛下优诏听许。亮实思自效以报天德，何悟身潜圣世，微志长绝，存亡哀恨，痛贯心膂。愿陛下发明诏，遂先恩，则臣没死且不朽。"帝从之。亮将葬，何充会之，叹曰："埋玉树于土中，使人情何能已！"

初，亮所乘马有的颅，殷浩以为不利于主，劝亮卖之。亮曰："曷有己之不安而移之于人！"浩惭而退。亮在武昌，诸佐吏殷浩之徒，乘秋夜往共登南楼，俄而不觉亮至，诸人将起避之。亮徐曰："诸君少住，老子于此处兴复不浅。"便据胡床与浩等谈咏竟坐。其坦率行己，多此类也。三子彬、羲、龢。

彬年数岁，雅量过人。温峤尝隐暗恫之，彬神色恬如也，乃徐跪谓峤曰："君侯何至于此！"论者谓不减于亮。苏峻之乱，遇害。

羲少有时誉，初为吴国内史。时穆帝颇爱文义，羲至郡献诗，颇存讽谏。因上表曰："陛下以圣明之德，方隆唐虞之化，而事役殷旷，百姓凋残。以数州之资，经瞻四海之务，其为劳弊，岂可具言！昔汉文居隆盛之世，躬自俭约，断狱四百，殆致刑厝。贾谊叹息，犹有积薪之言。以古况今，所以益其忧惧。陛下明鉴天挺，无幽不烛，弘济之道，岂待瞽言。臣受恩奕世，思尽丝发。受任到东，亲临所见，敢缘弘政，献其丹愚。伏愿听断之暇，少垂察览。"其诗文多不载。羲方见授用而卒。子准，太元中，自侍中代桓石虔为豫州刺史、西中郎将，镇历阳，卒官。准子悦，义熙中江州刺史。准弟楷，自有传。

龢字道季，好学，有文章。叔父翼将迁襄阳，龢年十五，以书谏曰："承进据襄阳，耀威荆楚，且田且戍，渐临河洛，使向化之萌怀德而附，凶愚之徒畏威反善，太平之基，便在于旦夕。昔殷伐鬼方，三年而克；乐生守齐，遂至历载。今皇朝虽隆，无有殷之盛；凶羯虽衰，犹丑类有徒。而泗汉之水，无万仞之固；方城虽峻，无千寻之险。加以运漕供继有溯流之艰，征夫勤役有劳来之叹。若穷寇虑逼，送死一决，东西互出，道尾俱进，则赢粮有抄截之患，远略乏率然之势。进退惟思，不见其便。此明暗所共见，贤愚所共闻，况于临事者乎！愿回师反旆，详择全胜，修城池，立垒壁，勤耕农，练兵甲。若凶运有极，天亡此房，则可泛舟北济，方轨齐进，水陆骋迈，亦不逾旬朔矣。愿详思远猷，算其可者。"翼甚奇之。升平中，代孔岩为丹阳尹，表除重役六十余事。太和初，代王恪为中领军，卒于官。子恒，尚书仆射，赠光禄大夫。

怿字叔预，少以通简为兄亮所称。弱冠，西阳王羕辟，不就。东海王冲为长水校尉，清选纲纪，以怿为功曹，除暨阳令，又为冲中军司马，转散骑侍郎，迁左卫将军。以讨苏峻功，封广饶男，出补临川太守，历监梁、雍二州军事，转辅国将军、梁州刺史、假节，镇魏兴。时兄亮总统六州，以怿宽厚容众，故授以远任，为东西势援。寻进监秦州氐羌诸军事。怿遣牙门霍佐迎将士妻子，佐驱三百余口亡入石季龙。亮表上，贬怿为建威将军。朝议欲召还，亮上疏曰："怿御众简而有惠，州户虽小，赖其宽政。佐等同恶，大数不多。且怿名号大，不可以小故轻议进退。其文武之心转已安定，贼帅艾秀遣使归诚，上洛附贼降者五百余口，冀一安隐，无复怵惕。"从之。后以所镇险远，粮运不继，诏怿以率军率所领还屯半洲。寻迁辅国将军、豫州刺史，进号西中郎将、监宣城庐江历阳安丰四郡军事、假节，镇芜湖。

怿尝以白羽扇献成帝，帝嫌其非新，反之。侍中刘劭曰："柏梁云构，大匠先居其下；管弦繁奏，夔牙先聆其音。怿之上扇，以好不以新。"后怿闻之，曰："此人宜在帝之左右。"又尝以毒酒饷江州刺史王允之。王允之觉其有毒，饮犬，犬毙，乃密奏之。帝曰："大舅已乱天下，小舅复欲尔邪！"怿闻，遂饮鸩而卒，时年五十。赠侍中、卫将军，谥曰简。子统嗣。

统字长仁，少有令名，司空、太尉辟，皆不就。调补抚军、会稽王司马，出为建威将军、宁夷护军、寻阳太守。年二十九，卒，时人称其才器，甚痛惜之。子玄之，官至宣城内史。

冰字季坚。兄亮以名德流训，冰以雅素垂风，诸弟相率莫不好礼，为世论所重，亮常以为庾氏之宝。司徒辟，不就，征秘书郎。预讨华轶功，封都乡侯。王导请为司徒右长史，出补吴兴内史。

会苏峻作逆，遣兵攻冰，冰不能御，便弃郡奔会稽。会稽内史王舒以冰行奋武将军，距峻别率张健于吴中。时健党甚众，诸将莫敢先进。冰率众击健走之，于是乘胜西进，赴于京都。又遣司马滕含攻贼石头城，拔之。冰勋为多，封新吴县侯，固辞不受。迁给事黄门侍郎，又让不拜。司空郗鉴请为长史，不就。出补振威将军、会稽内史。征为领军将军，又辞。寻入为中书监、扬州刺史、都督扬豫兖三州军事、征虏将军、假节。

是时王导新丧，人情恛然。冰兄亮既固辞不入，众望归冰。既当重任，经纶时务，不舍夙夜，宾礼朝贤，升擢后进，由是朝野注心，咸曰贤相。初，导辅政，每从宽惠，冰颇任威刑。殷融谏之，冰曰："前相之贤，犹不堪其弘，况吾者哉！"范汪谓冰曰："顷天文错度，足下宜尽消御之道。"冰曰："玄象岂吾所测，正当勤尽人事耳。"又隐实户口，料出无名万余人，以充军实。诏复论前功，冰上疏曰："臣门户不幸，以短才叨赞，衅及王庭，殃流邦族，若晋典休明，夷戮久矣。而于时颠沛，刑宪暂坠，遂令臣等复得以时陈力。徇国之臣，因之而奋，立功于大罪之后，建义于颠覆之余，此是臣等所以复得视息于天壤，王宪不复必明于往愆也。此之厚幸，可谓弘矣，岂复得计劳纳封，受赏司勋哉！愿陛下曲降灵泽，哀恕由中，申命有司，惠臣所乞，则愚臣之愿于此毕矣。"许之。

成帝疾笃，时有妄为中书符，敕宫门宰相不得前，左右皆失色。冰神气自若，曰："是必虚妄。"推问，果诈，众心乃定。进号左将军。康帝即位，又进车骑将军。冰惧权盛，乃求外出。会弟翼当伐石季龙，于是以本号除都督江荆宁益梁交广七州豫州之四郡军事、领江州刺史、假节，镇武昌，以为翼援。冰临发，上疏曰：

臣因循家宠，冠冕当世，而志无殊操，量不及远。

顷皇家多难，衅故频仍，朝望国器，与时殄落，遂令天眷下坠，降及臣身。俯仰伏事，于今五年。上不能光赞圣猷，下不能缉熙政道，而陛下遇之过分，求之不已，复策败驾之驷，以冀万里之功，非天眷之隆，将何以至此！是以敢竭狂瞽，以献血诚，愿陛下暂屏旒纩，以弘听纳。

今强寇未殄，戎车未戢，兵弱于郊，人疲于内，寇之侵逸，未可量也；黎庶之困，未之安也；群才之用，未之尽也。而陛下崇高，事与下隔，视听察览，必寄之群下。群下宜忠，不引不进；百司宜勤，不督不劝。是以古之帝王勤于降纳，虽日总万机，犹兼听将相；或借讼舆人，或求谤刍荛，良有以也。况今日之弊，开辟之极，而陛下历数属当其运，不剥之难婴之圣躬，普天所以痛心于既往而倾首于将来者也。实冀否终而泰，属运在矣。诚愿陛下弘天覆之量，深地载之厚，宅中虚以为本，勤训督以为务。广引时彦，询于政道，朝之得失必关圣听，人之情伪必达天聪。然后览其大当，以总国纲，躬俭节用，尧舜岂远！大布之衣，卫文何人！是以古人有云："非知之难，行之难；非行之难，安之难也。"愿陛下既思日侧于劳谦，纳其起予之情，则天下幸甚矣。臣朝夕伏膺，犹不能畅，临疏徘徊，不觉辞尽。

顷之，献皇后临朝，征冰辅政，冰辞以疾笃。寻而卒，时年四十九。册赠侍中、司空，谥曰忠成，祠以太牢。

冰天性清慎，常以俭约自居。中子袭尝贷官绢十匹，冰怒，捶之，市绢还官。临卒，谓长史江虨曰："吾将逝矣，恨报国之志不展，命也如何！死之日，敛以时服，无以官物也。"及卒，无绢为衾。又室无妾媵，家无私积，世以此称之。冰七子：希、袭、友、蕴、倩、邈、柔。

希字始彦。初拜秘书郎，累迁司徒右长史、黄门侍郎、建安太守，未拜，复为长史兼右卫将军，迁侍中，出为辅国将军、吴国内史。希既后之戚属，冰女又为海西公妃，故希兄弟并显贵。太和中，希为北中郎将、徐兖二州刺史，蕴为广州刺史，并假节，友为东阳太守，倩太宰长史，邈会稽王参军，柔散骑常侍。倩最有才器，桓温深忌之。

初，慕容厉围梁父，断涧水，太山太守诸葛攸奔邹山，鲁、高平等数郡皆没，希坐免官。顷之，征为护军将军。希怒，固辞。希初免时，多盗北府军资，温讽有司劾之，复以罪免，遂客于晋陵之暨阳。初，郭璞筮冰云："子孙必有大祸，唯用三阳可以有后。"故希求镇山阳，友为东阳，家于暨阳。

及海西公废，桓温陷倩及柔以武陵王党，杀之。希闻难，便与弟邈及子攸之逃于海陵陂泽中。蕴于广州饮鸩而死。及友当伏诛，友子妇，桓秘女也，请温，故得免。故青州刺史武沈，希之从母兄也，潜饷给希经年。温后知逸之，遣兵捕希。武沈之子遵与希聚众于海滨，略渔人船，夜入京口城。平北司马卞耽逾城奔曲阿，吏士皆散走。希放城内囚徒数百人，配以器杖，遵于外聚众，宣令云逆贼醒温废帝杀王，称海西公密旨，诛除凶逆。京都震扰，内外戒严，屯备六门。平北参军刘庾与高平太守郗逸之、游

军督护郭龙等集众距之。卞耽又与典阿人弘戎发诸县兵二千，并力屯新城以击希。希战败，闭城自守。温遣东海太守周少孙讨之，城陷，被擒。希、邈及子侄五人斩于建康市，遵及党与并伏诛，唯友及蕴诸子获全。

友子叔宣，右卫将军。蕴子廓之，东阳太守。

条字幼序。初避太宰府，累迁黄门侍郎、豫章太守。征拜秘书监，赐爵乡亭侯，出为冠军将军、临川太守。豫章黄韬自称孝神皇帝，临川人李高为相，聚党数百人，乘犊车，衣皂袍，攻郡县，条讨平之。条于兄弟最凡劣，故禄位不至。卒官，赠左将军。

翼字稚恭。风仪秀伟，少有经纶大略。京兆杜乂、陈郡殷浩并才名冠世，而翼弗之重也，每语人曰："此辈宜束之高阁，俟天下太平，然后议其任耳。"见桓温总角之中，便期之以远略，因言于成帝曰："桓温有英雄之才，愿陛下勿以常人遇之，常婿畜之，宜委以方邵之任，必有弘济艰难之勋。"

苏峻作逆，翼时年二十二，兄亮使白衣领数百人，备石头。高败，与翼俱奔。事平，始辟太尉陶侃府，转参军，累迁从事中郎。在公府，雍容讽议。顷之，除振威将军、鄱阳太守。转建威将军、西阳太守。抚和百姓，甚得欢心。迁南蛮校尉，领南郡太守，加辅国将军、假节。及邾城失守，石城被围，翼屡设奇兵，潜致粮杖。石城得全，翼之勋也。赐爵都亭侯。

及亮卒，授都督江荆司雍梁益六州诸军事、安西将军、荆州刺史、假节，代亮镇武昌。翼以帝舅，年少超居大任，遐迩属目，虑其不称。翼每竭志能，劳谦匪懈，戎政严明，经略深远，数年之中，公私充实，人情翕然，称其才干。由是自河以南皆怀归附，石季龙汝南太守戴开率数千人诣翼降。又遣使东至辽东，西至凉州，要给二方，欲同大举。慕容皝、张骏并报使请期。翼雅有大志，欲以灭胡平蜀为己任，言论慷慨，形于辞色。将兵都尉钱颀陈事合旨，翼拔为五吕将军，赐谷二百斛。时东土多赋役，百姓乃从海道入广州，刺史邓岳大开鼓铸，诸夷因此知造兵器。翼表陈东境国家所资，侵扰不已，逃逸渐多，夷人常伺隙，若知造铸之利，将不可禁。

时殷浩征命无所就，而翼请为司马及军司，并不肯赴。翼遗浩书，因致其意。先是，浩父羡为长沙，在郡贪残，兄冰与翼书属之。翼报曰："殷君始往，虽多骄豪，实有风力之益，亦似由有佳儿、弟，故不令物情难之。自顷以来，奉公更退，私累日滋，亦不稍以此寥萧之也。既雅敬洪远，又与浩亲善，其父兄得失，岂以小小计之。大较江东政，以伛偻豪强，以为民蠹，时有行法，辄施之寒劣。如往年偷石头仓米一百万斛，皆是豪将辈，而直打杀仓督监以塞责。山退作余姚斗年，而为官出二千户，政虽不伦，公强官长也，而群共驱之，不得安席。纪睦、徐宁奉王使纠罪人，船头到渚，桓逸还复，而二使免官。虽皆前宰之惛谬，江东事去，实此之由也。兄弟不幸，横陷此中，自不能拔脚于风尘之外，当共明目而治之。荆州所统一二十郡，唯长沙最恶。恶而不黜，与杀督监者复何异耶！"翼有风力格裁，发言立论皆如此。

康帝即位，翼欲率众北伐，上疏曰："贼季龙年已六十，奢淫理尽，丑类怨叛，又欲决死辽东。虽虽骁果，未必能固。若北无掣手之虏，则江南将不异辽左矣。臣所以辄发良人，不顾忿咎。然东西形援未必齐举，且欲北进，移镇安陆，人沔五百，沔水通流。辄率南郡太守王愆期、江夏相谢尚、寻阳太守袁真、西阳太守曹据等精锐三万，风驰上道，并勒平北将军桓宣扑取黄季，欲并丹水，摇荡秦雍。御以长辔，用逸待劳，比及数年，兴复可冀。臣既临许洛，窃谓恒温可渡戍广陵，何充可移据淮泗赭圻，路永进屯合肥。伏愿表御之日便决圣听，不可广询同异，以乖事会。兵闻拙速，不闻工之久也。"于是并发所统六州奴及车牛驴马，百姓嗟怨。时欲向襄阳，虑朝迁不许，故以安陆为辞。帝及朝士皆遣使譬止，车骑参军孙绰亦致书谏。翼不从，遂违命辄行。至夏口，复上表曰：

臣近以胡寇有弊亡之势，暂率所统，致讨山北，并分见众，略复江夏数城。臣等以九月十九日发武昌，以二十四日达夏口，辄简卒搜乘停当上道。而所谓借牛马，来处皆远，百姓所蓄，谷草不充，并多羸瘠，难以涉路。加以向冬，野草渐枯，往反二千，或容蹶顿，辄便随事筹量，权停此举。又山南诸城，每至秋冬，水多燥涸，运漕用功，实为艰阻。

计襄阳，荆楚之旧，西接益梁，与关陇咫尺，北去洛河，不盈千里，土沃田良，方城险峻，水路流通，转运无滞，进可以扫荡秦赵，退可以保据上流。臣虽不武，意略浅短，荷国重恩，志存立效。是以受任四年，唯以习戎为务，实欲上凭圣朝威灵高略，下藉士民义慨之诚，因寇衰弊，渐临逼之。而八年春上表请据乐乡，广为蓄谷，以伺二寇之衅，而值天高听逸，未垂察照，朝议纷纭，遂令微诚不畅。

自尔以来，上参天人之征，下采降俘之言，胡寇衰灭，其日不远。臣虽未获长驱中原，馘截凶丑，亦不可以不进据要害，思攻取之宜。是以辄量宜入沔，徙镇襄阳。其谢尚、王愆期等，悉令还据本戍，须到所在，驰遣启闻。

翼时有众四万，诏加都督征讨军事。师次襄阳，大会僚佐，陈旗甲，亲授弧矢，曰："我之行也，若此射矣。"遂三起三叠，徒众属目，其气十倍。初，翼迁襄阳，举朝谓之不可，议者或谓避衰，唯兄冰意同，桓温及谯王无忌赞成其计。至是，冰求镇武昌，为翼继援。朝议谓冰不宜出，冰乃止。又进翼征西将军，领南蛮校尉。胡贼五六百骑出樊城，翼遣冠军将军曹据追击于挠沟北，破之，死者近半，获马百匹。翼绥来荒远，务尽招纳之宜，立客馆，置典宾参军。桓宣卒，翼以长子方之为义成太守，代领宣众，司马应诞为龙骧将军、襄阳太守，参军刘勋为建威将军、梁州刺史，戍西城。康帝崩，兄冰卒，以家国情事，留方之戍襄阳，还镇夏口，悉取冰所领兵自配，以兄子统为寻阳太守。诏徵翼还督江州，又领豫州刺史，辞豫州。复欲移镇乐乡，诏不许。缮修军器，大佃积谷，欲图后举。遣益州刺史周抚、西阳太守曹据伐蜀，破蜀将李桓于江阳。

翼如厕，见一物如方相，俄而疽发背。疾笃，表第二子爱之行辅国将军、荆州刺史，司马朱焘为南蛮校尉，以千人守巴陵。永和元年卒，时年四十一。追赠车骑将军，谥曰肃。翼卒未几，部将干瓒、戴羲等作乱，杀将军曹据。翼长史江彪、司马朱焘、将军袁真等共诛之。

爱之有翼风，寻为桓温所废。温既废爱之，又以征虏将军刘惔监沔中军事，领义成太守，代方之。而方之、爱之并迁徙于豫章。

史臣曰：外戚之家，连辉椒掖，舅氏之族，同气兰闺，靡不凭藉宠私，阶缘险谒。门藏金穴，地使其骄；马控龙媒，势成其逼。古者右贤左戚，用杜溺私之路，爱而知恶，深慎满覆之灾，是以厚赠琼瑰，罕升津要。涂山在夏，靡与卨稷同驱；姒氏居周，不预燕齐等列。圣人虑远，殊有旨哉！揩昵元规，参闻顾命。然其笔敷华藻，吻纵涛波，方驾搢绅，足为翘楚。而智小谋大，昧经邦之远图；才高识寡，阙安国之长算。璇尊见诛，物议称其拔本；牙尺垂训，帝念深于负芒。是使苏祖寻戈，宗桃殆覆。已而猜嫌上宰，谋黜负图。向使郗鉴协从，必且戎车犯顺，则与夫台、产、安、桀，亦何以异哉！幸漏吞舟，免沦昭宪，是庾宗之大福，非晋政之不纲明矣。怿恣凶怀，鸠加率实，再世之后，三阳存仅，余殃所及，盖其宜也。

赞曰：元规矫迹，宠阶椒掖。识暗厘道，乱由乘隙。下拜长沙，有惭忠益。季坚清贞，毓德驰名。处泰逾约，居权戒盈。稚恭慷慨，亦擅雄声。

卷七十四　　　　列传第四十四

桓彝子云　云弟豁　豁子石虔　虔子振　虔弟石秀　石民　石生　石绥　石康　豁弟秘　秘弟冲　冲子嗣　嗣子胤　嗣弟谦　谦弟修
徐宁

桓彝，字茂伦，谯国龙亢人，汉五更荣之九世孙也。父颢，官至郎中。彝少孤贫，虽箪瓢，处之晏如。性通朗，早获盛名。有人伦识鉴，拔才取士，或出于无闻，或得之孩抱，时人方之许、郭。少与庾亮深交，雅为周顗所重。顗尝叹曰："茂伦嵚崎历落，固可笑人也。"起家州主簿。赴齐王冏义，拜骑都尉。元帝为安东将军，版行逡遒令。寻辟丞相中兵属，累迁中书郎、尚书吏部郎，名显朝廷。

于时王敦擅权，嫌忌士望，彝以疾去职。尝过舆县，县宰徐宁字安期，通朗博涉，彝遇之，欣然停留累日，结交而别。先是，庾亮每属彝觅一佳吏部，及至都，谓亮曰："为卿得一吏部矣。"亮问所在，彝曰："人所应有而不必有，人所应无而不必无。徐宁真海岱清士。"因为叙之，即迁吏部郎，竟历显职。

明帝将伐王敦，拜彝散骑常侍，引参密谋。及敦平，以功封万宁县男。丹阳尹温峤上言："宣城阻带山川，频经变乱，宜得望实居之，窃谓桓彝可充其选。"帝手诏曰："适得太真表如此。今大事新定，朝廷须才，不有君子，其能国乎！方今外务差轻，欲停此事。"彝上疏深自抑损，内外之任并非所堪，但以坟柏在此郡，欲暂结名义，遂补彝宣城内史。在郡有惠政，为百姓所怀。

苏峻之乱也，彝纠合义众，欲赴朝廷。其长史裨惠以郡兵寡弱，山人易扰，可案甲以须后举。彝厉色曰："夫见无礼于其君者，若鹰鹯之逐鸟雀。今社稷危逼，义无晏安。"乃遣将军朱绰讨贼别帅于芜湖，破之。彝寻出石硊。会朝廷遣将军司马流先据慈湖，为贼所破，遂长驱径进。彝以郡无坚城，遂退据广德。寻王师败绩，彝闻而慷慨流涕，进屯泾县。时州郡多遣使降峻，裨惠又劝彝伪与通和，以纾交至之祸。彝曰："吾受国厚恩，义在致死，焉能忍垢蒙辱与丑逆通问！如其不济，此则命也。"遣将军俞纵守兰石。峻遣将韩晃攻之。纵将败，左右劝纵退军。纵曰："吾受桓侯厚恩，本以死报。吾之不可负桓侯，犹桓侯之不负国也。"遂力战而死。晃因进军攻彝。彝固守经年，势孤力屈。贼曰："彝若降者，当待以优礼。"将士多劝彝伪降，更思后举。彝不从，辞气壮烈，志节不挠。城陷，为晃所害，年五十三。时贼尚未平，诸子并流进，宣城人纪世和率故葬之。贼平，追赠廷尉，谥曰简。咸安中，改赠太常。俞纵亦以死节，追赠兴古太守。

初，彝与郭璞善，尝令璞筮。卦成，璞以手坏之。彝问其故。曰："卦与吾同。丈夫当此非命，如何！"竟如其言。有五子：温、云、豁、秘、冲。温别有传。

云字云子。初为骠骑何充参军、尚书郎，不拜。袭爵万宁男，历位建武将军、义成太守。遭母忧去职。葬毕，起为江州刺史，称疾，庐于墓次。诏书敦逼，固辞不行，服阕，然后莅职。加都督司豫二州军事、领镇蛮护军、西阳太守、假节。云招集众力，志在足兵，多所枉滥，众皆嗟怨。时温执权，有司不敢弹劾。升平四年卒，赠平南将军，谥曰贞。子序嗣，官至宣城内史。

豁字朗子。初辟司徒府、秘书郎，皆不就。简文帝召为抚军从事中郎，除吏部郎，以疾辞。迁黄门郎，未拜。时谢万败于梁濮，许昌、颍川诸城相次陷没，西藩骚动。温命豁督沔中七郡军事、建威将军、新野义成二郡太守，击慕容尘，破之，进号右将军。温既内镇，以豁监荆扬雍州军事、领护南蛮校尉、荆州刺史、假节，将军如故。时梁州刺史司马勋以梁益叛，豁使其参军桓罴讨之。而南阳督护赵弘、赵忆等逐太守桓澹，据宛城以叛，豁与竟陵太守罗崇讨破之。又攻伪南中郎将赵盘于宛，盘退走，豁追至鲁阳，获之，送于京师，置戍而旋。又监宁益军事。温薨，迁征西将军，进督交广并前五州军事。

苻坚寇蜀，豁遣江夏相竺瑶距之。广汉太守赵长等战死，瑶引军退。顷之，坚又寇凉州，弟冲遣辅国将军朱序与豁子江州刺史石秀溯流就路，禀节度。豁遣督护桓罴与序等游军沔汉，为凉州声援。俄而张天锡陷没，诏遣中书郎王寻之诣豁，谘谋边事。豁表以梁州刺史毛宪祖监沔北军事，兖州刺史朱序为南中郎将、监沔中军事，镇襄阳，以固北鄙。

太元初，迁征西大将军、开府。豁上疏固让曰："臣闻三台丽天，辰极以之增耀；论道作弼，王猷以之时邕。必将仰参神契，对扬成务，弘易简以翼化，畅玄风于宗极。故宜明扬仄陋，登庸贤俊，使版筑有冲天之举，渭滨无垂竿之逸。用乃功济苍生，道光千载。是以德非时望，成典所不虚授；功微赏厚，贤达不以拟心。臣实凡人，量无远致，阶藉门宠，遂叨非据。进不能阐扬皇风，赞明其政道；退不能宣力所莅，混一华戎。尸素积载，庸绩莫纪。是以敢冒成命，归陈丹款。伏愿陛下回神玄览，追收谬眷，则具瞻革望，臣知所免。"竟不许。及苻坚陷仇池，豁以新野太守吉挹行魏兴太守、督护梁州五郡军事，戍梁州。坚陷涪城，梁州刺史杨亮、益州刺史周仲孙并委戍奔溃。豁以威略不振，所在覆败，又上疏陈谢，固辞，不拜开府。寻卒，时年五十八。赠司空，本官如故，谥曰敬。赠钱五十万，布五百匹，使者持节监护丧事。豁时誉虽不及冲，而甚有器度。但遇强寇，故功业不建。

初，豁闻苻坚国中有谣云："谁谓尔坚石打碎。"有子二十人，皆以"石"为名以应之。唯石虔、石秀、石民、石生、石绥、石康知名。

石虔小字镇恶。有才干，趫捷绝伦。从父在荆州，于猎围中见猛兽被数箭而伏，诸督将素知其勇，戏令拔箭。石虔因急往，拔得一箭，猛兽跳，石虔亦跳，高于兽身，猛兽伏，复拔一箭以归。从温入关。冲为苻健所围，垂没，石虔跃马赴之，拔冲于数万众之中而还，莫敢抗者。三军叹息，威震敌人。时有患虐疾者，谓曰"桓石虔来"以怖之，病者多愈，其见畏如此。

初，袁真以寿阳叛，石虔以宁远将军、南顿太守帅诸将攻之，克其南城。又击苻坚将王鉴于石桥，获马五百匹。除竟陵太守，以父忧去职。寻而苻坚又寇淮南，诏曰："石虔文武器干，御戎有方。古人绝哭，金革弗避，况在余哀，岂得辞事！可授奋威将军、南平太守。"寻进冠军将军。苻坚荆州刺史梁成、襄阳太守阎震率众入寇竟陵，石虔与弟石民距之。贼阻敖水，屯管城。石虔设计夜渡水，既济，贼始觉，力战破之，进克管城，擒震，斩首七千级，俘获万人，马数百匹，牛羊千头，具装铠三百领。成以轻骑走保襄阳。石虔复领河东太守，进据樊城，逐坚兖州刺史张崇，纳降二千家而还。冲卒，石虔以冠军将军监豫州扬州五郡军事、豫州刺史。寻以母忧去职。服阕，复本位。久之，命移镇马头，石虔求停历阳，许之。

太元十三年卒，追赠右将军。追论平阎震功，进爵作塘侯。第五子诞嗣。诞长兄洪，襄城太守。洪弟振。

振字道全。少果锐，而无行。玄为荆州，以振为扬武将军、淮南太守。转江夏相，以凶横见黜。及玄之败也，桓谦匿于沮中，振逃于华容之沮中。玄先令将军王稚徽戍巴陵，稚徽遣人报振云："桓钦已克京邑，冯稚等复平寻阳，刘毅诸军并败于中路。"振大喜。时安帝在江陵，振乃聚党数十人袭江陵。比至城，有众二百。谦亦聚众而出，遂陷江陵，迎帝于行宫。振闻桓升死，大怒，将肆逆于帝，谦苦禁之，乃止。遂命群臣，辞以楚祚不终，百姓之心复归于晋,更奉进玺绶,以琅邪王领徐州刺史,振为都督八州、镇西将军、荆州刺史。帝侍御左右,皆振之腹心,既而叹曰:"公昔早不用我,遂致此败。若使公在,我为前锋,天下不足定。今独作此,安归乎!"遂肆意酒色,暴虐无道,多所残害。

振营于江津。南阳太守鲁宗之自襄阳破振将温楷于柞溪,进屯纪南。振闻楷败,留其将冯该守营,自率众与宗之大战。振勇冠三军,众莫能御,宗之败绩。振追奔,遇宗之单骑于道,弗之识也,乃问宗之所在。绐曰:"已前走矣。"宗之于是自后而退。寻而刘毅等破冯该,平江陵。振闻该败,众溃而走。后与该子宏出自涢城,复袭江陵。荆州刺史司马休之奔襄阳,振自号荆州刺史。建威将军刘怀肃率宁远将军索邈,与振战于沙桥。振兵虽少,左右皆力战,每一合,振辄瞋目奋击,众莫敢当。振时醉,且中流矢,广武将军唐兴临阵斩之。

石秀,幼有令名,风韵秀彻,博涉群书尤善《老》《庄》。常独处一室,简于应接,时人方之庾纯。甚为简文帝所重。豁为荆州,请为鹰扬将军、竟陵太守,非其好也。寻代叔父冲为宁远将军、江州刺史、领镇蛮护军、西阳太守,居寻阳。性放旷,常弋钓林泽,不以荣爵婴心。善骑射,发则命中。尝从冲猎,登九井山,徒旅甚盛,观者倾坐,石秀未尝属目,止啸咏而已。谢安尝访以世务,默然不答,安甚怪之。他日,安以语其从弟嗣,嗣以问之,石秀曰:"世事此公所谙,吾又何言哉!"在州五年,以疾去职。年四十三卒于家,朝野悼惜之。追赠后将军,后改赠太常。子稚玉嗣。玄之篡也,以石秀一门之令,封稚玉为临沅王。

石民,弱冠知名,卫将军谢安引为参军。叔父冲上疏,版督荆江豫三州之十郡军事、振武将军,领襄城太守,戍夏口,与石虔攻苻坚荆州刺史梁成等于竟陵。明年,又与随郡太守夏侯澄之破苻坚将慕容垂、姜成等于漳口。复领谯国内史、梁郡太守。冲薨,诏以石民监荆州军事、西中郎将、荆州刺史。桓氏世莅荆土,石民兼以才望,甚为人情所仰。

初,冲遣竟陵太守赵统伐襄阳。至是,石民复遣兵助之。寻而苻坚败于淮肥,石民遣南阳太守高茂荷山陵。时坚虽破败,而慕容垂复盛。石民遣将军晏谦伐弘农,贼东中郎将慕容夔降之。始置湖陕二戍。获关中担幢伎,以充太乐。时苻坚子丕僭号于河北,谋袭洛阳。石民遣将军冯该讨之,临隩斩丕,及其左仆射王孚、吏部尚书苟操等,传首京都。而丁零翟辽复侵逼山陵,石民使河南太守冯遵讨之。时乞活黄淮自称并州刺史,与辽共攻长社,众数千人。石民复遣南平太守郭铨、松滋太守王遐之击淮,斩之,辽走河北。以前后功,进左将军。卒,无子。

石生,隆安中以司徒左长史迁侍中,历骠骑、太傅长史。会稽世子元显将伐桓玄,石生驰书报玄,玄甚德之。及玄用事,以为前将军、江州刺史。寻卒于官。

石绥,元显时为司徒左长史。玄用事,拜黄门郎、左卫将军。玄败,石绥走江西涂中,聚众攻历阳,后为梁州刺史傅歆之所杀。

石康,偏为玄所亲爱,玄为荆州,以为振威将军。累迁荆州刺史。讨庾仄功,封武陵王,事具玄传。

秘字穆子。少有才气,不伦于俗。初拜秘书郎,兄温抑而不用。久之,为辅国将军、宣城内史。时梁州刺史司马勋叛入蜀,秘以本官监梁益二州征讨军事、假节。勋平,还郡。后为散骑常侍,徙中领军。孝武帝初即位,妖贼卢竦入宫,秘与左卫将军殷康俱入击之。温入朝,窃考竦事,收尚书陆始等,罹罪者甚众。秘亦免官,居于宛陵,每愤愤有不平之色。温疾笃,秘与温子熙、济等谋共废冲。冲密知之,不敢入。顷温气绝,先遣力士拘录熙、济,而后临丧。秘于是废弃,遂居于墓所,放志田园,好游山水。后起为散骑常侍,凡三表自陈。诏曰:"秘受遇先朝。是以延之。而频有让表,欲栖尚告诫,兼有疾疢,省用增叹。可顺其所执。"秘素轻冲,冲时贵盛,秘耻常侍位卑,故不应朝命,与谢安书及诗十首,辞理可观,其文多引简文帝之眄遇。先冲卒。长子蔚,官至散骑常侍、游击将军。玄篡,以为醴陵王。

冲字幼子,温诸弟中最淹识,有武干,温器之。弱冠,太宰、武陵王晞辟,不就。除鹰扬将军、镇蛮护军、西阳太守。从温征伐有功,迁督荆州之南阳襄阳新野义阳顺阳雍州之京兆扬州之义成七郡军事、宁朔将军、义成新野二郡太守,镇襄阳。又从温破姚襄。及房周成,进号征虏将军,赐爵丰城公。寻迁振威将军、江州刺史、领镇蛮护军、西阳谯二郡太守。温之破姚襄也,获襄将张骏、杨凝等,徙于寻阳。冲在江陵,未及之职,而骏率其徒五百人杀江州督护赵毗,掠武昌府库,将妻子北叛。冲遣将讨获之,遽还所镇。

初,彝亡后,冲兄弟并少,家贫,母患,须羊以解,无由得之,温乃以冲为质。羊主甚富,言不欲为质,幸为养买德郎,买德郎,冲小字也。及冲为江州,出射,羊主于堂边看,冲识之,谓曰:"我买德也。"遂厚报之。顷之,进监江荆豫三州之六郡军事、南中郎将、假节,州郡如故。

在江州凡十三年而温薨。孝武帝诏冲为中军将军、都督扬江豫三州军事、扬豫二州刺史、假节。时诏赙温钱布漆蜡等物,而不及大殓。冲上疏陈温素怀每存清俭,且私物足举凶事,求还官库。诏不许,冲犹固执不受。初,温执权,大辟之罪皆自己决。冲既莅事,上疏以为生杀之重,古今所慎,凡诸死罪,先上,须报。冲既代温居任,尽忠王室。或劝冲诛除时望,专执权衡,冲不从。

谢安以时望辅政,为群情所归,冲惧逼,宁康三年,乃解扬州,自求外出。桓氏党与以为非计,莫不扼腕苦谏,郗超亦深止之。冲皆不纳,处之澹然,不以为恨,忠言嘉谋,每尽心力。于是改授都督徐兖豫青扬五州之六郡军事、车骑将军、徐州刺史,以北中郎府并中军,镇京口,假节。又诏冲及谢安并加侍中,以甲杖五十人入殿。时丹阳尹王蕴以后父之重昵于安,安意欲出蕴为方伯,乃复解冲徐州,直以车骑将军都督豫江二州之六郡军事,自京口迁镇姑熟。

既而苻坚寇凉州,冲遣宣城内史朱序、豫州刺史桓伊率众向寿阳,淮南太守刘波泛舟淮泗,乘虚致讨,以救凉州，乃表曰：

　　氐贼自并东胡，丑类实繁，而蜀汉寡弱，西凉无备，斯诚暴与疾颠，祇速其亡。然而天未剿绝，屡为国患。臣闻胜于无形，功立事表，伐谋之道，兵之上略。况此贼陆梁，终必越逸。北狄陵纵，常在秋冬。今日月迅迈，高风行起，臣辄较量畿甸，守卫重复，又淮泗通流，长江如海，荆楚偏远，密迩寇仇，方城、汉水无天险之实，而过备之重势在西门。

　　臣虽凡庸，识乏武略，然猥荷重任，思在投袂。请率所统，径进南郡，与征西将军臣豁参同谋猷。贼若果驱犬羊，送死沔汉，庶仰凭正顺，因致人利，一举乘风，扫清氛秽，不复重劳王师，有事三秦，则先帝盛业永隆于圣世，宣武遗志无恨于在昔。如其慑悼皇威，窥窬计屈，则观兵伺衅，更议进取，振旅旋旆，迟速唯宜。伏愿陛下览臣所陈，特垂听许。

诏答曰："丑类违天，比年纵肆，梁益不守，河西倾丧。每惟宇内未一，愤叹盈怀。将军经略深长，思算重复，忠国之诚，形于义旨。览省未周，以感以慨。寇虽乘间窃利，而以无道临之，黩武穷凶，虐用其众，灭亡之期，势何得久！然备豫不虞，军之善政。辄询于群后，敬从高算。想与征西协参令图，嘉谋远猷，动静以闻。"会张天锡陷没，于是罢兵。俄而豁卒，迁都督江荆梁益宁交广七州扬州之义成雍州之京兆司州之河东军事、领护南蛮校尉、荆州刺史、持节，将军、侍中如故。又以其子嗣为江州刺史。冲将之镇，帝饯于西堂，赐钱五十万。又以酒三百四十石、牛五十头犒赐文武。谢安送至溧洲。

　　冲既到江陵，时苻坚强盛，冲欲移阻江南，乃上疏曰："自中兴以来，荆州所镇，随宜回转。臣亡兄温以石季龙死，经略中原，因江陵路便，即而镇之。事与时迁，势无常定。且兵者诡道，示之以弱，今宜全重江南，轻戍江北。南平屠陵县界，地名上明，田土膏良，可以资业军人。在吴时乐乡城以上四十余里，北枕大江，西接三峡。若狂狡送死，则旧郢以北坚壁不战，接会济江，路不云远，乘其疲堕，扑剪为易。臣司存阃外，辄随宜处分。"于是移镇上明，使冠军将军刘波守江陵，谘议参军杨亮守江夏。诏以荆州水旱饥荒，又冲新移草创，岁运米三十万斛以供军资，须年丰乃止。

　　坚遣其将苻融寇樊、邓，石越寇鲁阳，姚苌寇南乡，韦钟寇魏兴，所在陷没。冲遣江夏相刘奭、南中郎将朱序击之，而奭畏懦不进，序又为贼所擒。冲深自咎责，上疏送章节，请解职，不许。遣左卫将军张玄之诣冲谘谋军事。冲率前将军刘波及兄子振威将军石民、冠军将军石虔等伐苻坚，拔坚筑阳。攻武当，走坚兖州刺史张崇。坚遣慕容垂、毛当寇竟城，苻熙、石越寇新野。冲既惮坚众，又以疾疫，还镇上明。表以"夏口江沔卫要，密迩强寇，兄子石民堪居此任，辄版督江十郡军事、振武将军、襄城太守。寻阳北接强蛮，西连荆郢，亦一任之要。今府州既分，请以王荟补江州刺史"，诏从之。时荟始遭兄劭丧，将葬，辞不欲出。于是卫将军谢安更以中领军谢辑代之。冲闻之而怒，上疏以为辑文武无堪，求自领江州，帝许之。

冲使石虔伐坚襄阳太守闫震，擒之，及大小帅二十九人，送于京都，诏归冲府。以平震功，封次子谦宜阳侯。坚使其将郝贵守襄阳，冲使扬威将军朱绰讨之，遂焚烧沔北田稻，拔六百余户而还。又遣上庸太守郭宝伐坚魏兴太守褚垣、上庸太守段方，并降之。新城太守麹常遁走，三郡皆平。诏赐钱百万，袍表千端。

　　初，冲之西镇，以贼寇方强，故移镇上明，谓江东力弱，正可保固封疆，自守而已。又以将相异宜，自以德望不逮谢安，故委之内相，而四方镇扞，以为己任。又与朱序款密。俄而序没于贼，冲深用愧惋。既而苻坚尽国内侵，冲深以根本为虑，乃遣精锐三千来赴京师。谢安谓三千人不足以为损益，而欲外示闲暇，闻军在近，固不听。报云："朝廷处分已定，兵革无阙，西藩宜以为防。"时安已遣兄子玄及桓伊等诸军，冲谓不足以为废兴，召佐吏，对之叹曰："谢安乃有庙堂之量，不闲将略。今大敌垂至，方游谈不暇，虽遣诸不经事少年，众又寡弱，天下事可知，吾其左衽矣！"俄而闻坚破，大勋克举，又知朱序因以得还，冲本疾病，加以惭耻，发病而卒，时年五十七。赠太尉，本官如故，谥曰宣穆。赙钱五十万，布五百匹。

　　冲性俭素，而谦虚爱士。尝浴后，其妻送以新衣，冲大怒，促令持去。其妻复送之，而谓曰："衣不经新，何缘得故！"冲笑而服之。命处士南阳刘邻之为长史，邻之不屈，亲往迎之，礼之甚厚。又辟处士长沙邓粲为别驾，备礼尽恭。粲感其好贤，乃起应命。初，郗鉴、庾亮、庾翼临终皆有表，树置亲戚，唯冲独与谢安书云："妙灵、灵宝尚小，亡兄寄托不终，以此为恨！"言不及私，论者益嘉之。及丧下江陵，士女老幼皆临江瞻送，号哭尽哀。后玄篡位，追赠太傅、宣城王。有七子：嗣、谦、修、崇、弘、羡、怡。

　　嗣字恭祖。少有清誉，与豁子石秀并为桓氏子侄之冠。冲既代豁西镇，诏以嗣督荆州之三郡豫州之四郡军事、建威将军、江州刺史。莅事简约，修所住斋，应作版檐，嗣命以茅代之，版付船官。转西阳、襄城二郡太守，镇夏口。后领江夏相，卒官。追赠南中郎将，谥曰靖。子胤嗣。

　　胤字茂远。少有清操，虽奕世华贵，甚以恬退见称。初拜秘书丞，累迁中书郎、秘书监。玄甚钦爱之，迁中书令。玄篡位，为吏部尚书，随玄西奔。玄死，归降。诏曰："夫善著则祚远，勋彰故事殊。以宣孟之忠，蒙后晋国；子文之德，世嗣获存。故太尉冲，昔藩陕西，忠诚王室。诸子染凶，自贻罪戮。念冲遗勤，用悽于怀。其孙胤宜见矜宥，以奖为善。可特全生命，徙于新安。"及东阳太守殷仲文、永嘉太守骆球等谋反，阴欲立胤为玄嗣，事觉，伏诛。

　　谦字敬祖，详正有器望。初以父功封宜阳县开国侯，累迁辅国将军、吴国内史。孙恩之乱，谦出奔无锡。征拜尚书，骠骑大将军元显引为谘议参军，转司马。元兴初，朝廷将伐玄，以桓氏世在陕西，谦父冲有遗惠于荆楚，惧人情向背，乃用谦为持节、都督荆益宁梁四州诸军事、西中郎将、荆州刺史、假节，以安荆楚。

玄既用事，以谦为尚书左仆射，领吏部，加中军将军。谦兄弟显列，玄甚倚杖之，而内不能善也。改封谦为宁都侯，拜尚书令，加散骑常侍。迁侍中、卫将军、开府、录尚书事。玄篡位，复领扬州刺史，本官如故，封新安王。

　　及桓振作乱，谦保护乘舆，颇有功焉。然而暗懦，尤不可以造事。初，劝振率军下战，已守江陵。振既轻谦用事，故不从。及振败，谦奔于姚兴。先是，谯纵称藩于姚兴，纵与卢循通使，潜相影响，乃表兴请谦共顺流东下。兴问谦，谦曰："臣门著恩荆楚，从弟玄末虽篡位，皆是逼迫，人神所明。今臣与纵东下，百姓自应骇动。"兴曰："小水不容大舟，若纵才力足以济事，亦不假君为鳞翼。宜自求多福。"遂遣之。谦至蜀，欲虚怀引士，纵疑之，乃置谦于龙格，使人守之。谦向诸弟泣曰："姚主言神矣！"后与纵引谯道福俱下，谦于道占募，百姓感冲遗惠，投者二万人。刘道规破谦，斩之。

　　修字承祖。尚简文帝女武昌公主，历吏部郎，稍迁左卫将军。王恭将伐谯王尚之，先遣何澹之、孙无终向句容。修以左卫领振武将军，与辅国将军陶无忌距之。修次句容。俄而恭败，无终遣书求降。修既旋军，而杨佺期已至石头，时朝廷无备，内外崩骇。修进说曰："殷、桓之下，专恃王恭，恭既破灭，莫不失色。今若优诏用玄，玄必内喜，则能制仲堪、佺期，使并顺命。"朝廷纳之。以修为龙骧将军、荆州刺史、假节，权领左卫文武之镇。又令刘牢之以千人送之。转仲堪为广州。修未及发，而玄等盟于寻阳，求诛牢之。尚之并诉仲堪无罪，独被降黜。于是诏复仲堪荆州。御史中丞江绩奏修承受杨佺期之言，交通信命，宣传不尽，以为身计，疑误朝算，请收付廷尉。特诏免官。寻代王凝之为中护军。顷之，玄破仲堪、佺期，诏以修为征虏将军、江州刺史。寻复为中护军。玄执政，以修都督六州、右将军、徐兖二州刺史、假节。寻进抚军将军，加散骑常侍。玄篡，以为抚军大将军，封安成王。刘裕义旗起，斩之。

　　徐宁者，东海郯人也。少知名，为舆县令。时廷尉桓彝称有人伦鉴识，彝尝去职，至广陵寻亲旧，还遇风，停浦中，累日忧悒，因上岸，见一宇宅，有似廨署，访之，云是舆县。彝乃造之。宁清недум博涉，相遇欣然，因留数夕。彝大赏之，结交而别。至都，谓庾亮曰："吾为卿得一佳吏部郎。"语在彝传。即迁吏部郎、左将军、江州刺史，卒官。

　　史臣曰：醨风潜煽，醇源浸竭，遗道德于情性，显忠信于名教。首阳高节，求仁而得仁；泗上微言，朝闻而夕死。原轸免胄，懔然于往策；季路绝缨，邈矣于前志。况交霜雪于杪岁，晦风雨于将晨，嗜响或以变其音，贞柯罕能全其性。桓茂伦抱中和之气，怀不挠之节，迈周庾之清尘，遵许郭之遐轨。惧临危于取免，知处死之为易，扬芬千载之上，沦骨九泉之下，仁者之勇，不其然乎！至夫基构迭污隆，龙蛇俱山泽，冲邈巡于内辅，豁陵厉于上游，虔振北门之威，秀坦西阳之务，外有捍城之用，里无末大之嫌，求之名臣，抑亦可算。而温为亢极之资，玄遂履霜之业，是知敬仲之美不息檀台之乱，宁俞之忠无救弈棋之祸。子文之不血食，悲夫！

　　赞曰：矫矫宣城，贞心莫陵。身随露天，名与云兴。虔豁重世，冲秀双美。国赖忠臣，家推才子。振武谦文，寻邑为群。归之篡乱，曷足以云。

卷七十五　　列传第四十五

王湛 子承　承子述　述子坦之　祎之　坦之子恺愉　国宝　忱　愉子绥　承族子峤　袁悦之　祖台之 **荀崧** 子蕤　羡 **范汪** 子宁　叔坚 **刘惔** **张凭** **韩伯**

　　王湛，字处冲，司徒浑之弟也。少有识度。身长七尺八寸，龙颡大鼻，少言语。初有隐德，人莫能知，兄弟宗族皆以为痴，其父昶独异焉。遭父丧，居于墓次。服阕，闾门守静，不交当世，冲素简淡，器量隤然，有公辅之望。

　　兄子济轻之，所食方丈盈前，不以及湛。湛命取菜蔬，对而食之。济尝诣湛，见床头有《周易》，问曰："叔父何用此为？"湛曰："体中不佳时，脱复看耳。"济请言之。湛因剖析玄理，微妙有奇趣，皆济所未闻也。济才气抗迈，于湛略无子侄之敬。既闻其言，不觉栗然，心形俱肃。遂留连弥日累夜，自视缺然，乃叹曰："家有名士，三十年而不知，济之罪也。"既而辞去，湛送至门。济有从马绝难乘，济问湛曰："叔颇好骑不？"湛曰："亦好之。"因骑此马，姿容既妙，回策如萦，善骑者无以过之。又济所乘马，甚爱之，湛曰："此马虽快，然力薄不堪苦行。近见督邮马当胜，但刍秣不至耳。"济试养之，而与己马等。湛又曰："此马任重方知之，平路无以别也。"于是当蚁封内试之，济马果踬，而督邮马如常。济益叹，还白其父，曰："济始得一叔，乃济以上人也。"武帝亦以湛为痴，每见济，辄调之曰："卿家痴叔死未？"济常无以答。及是，帝又问如初，济曰："臣叔殊不痴。"因称其美。帝曰："谁比？"济曰："山涛以下，魏舒以上。"时人谓湛上方山涛不足，下比魏舒有余。湛闻曰："欲处我于季孟之间乎？"

　　湛少仕历秦王文学、太子洗马、尚书郎、太子中庶子，出为汝南内史。元康五年卒，年四十七。子承嗣。

　　承字安期。清虚寡欲，无所修尚。言理辩物，但明其指要而不饰文辞，有识者服其约而能通。弱冠知名。太尉王衍雅贵异之，比南阳乐广焉。永宁初，为骠骑参军。值天下将乱，乃避难南下。迁司空从事中郎。豫迎大驾，赐爵蓝田县侯。迁尚书郎，不就。东海王越镇许，以为记室参军。雅相知重，敕其子毗曰："夫学之所益者浅，体之所安者深。闲习礼度，不如式瞻仪形；讽味遗言，不若亲承音旨。王参军人伦之表，汝其师之。"在府数年，见朝政渐替，辞以母老，求出。越不许。久之，迁东海太守，政尚清净，不为细察。小吏有盗池中鱼者，纲纪推之，承曰："文王之囿与众共之，池鱼复何足惜耶！"有犯夜者，为吏所拘，承问其故，答曰："从师受书，不觉日暮。"承曰："鞭挞宁越以立威名，非政化之本。"使吏送，令归家。其从容宽恕若此。

寻去官，东渡江。是时道路梗涩，人怀危惧，承每遇艰险，处之夷然，虽家人近习，不见其忧喜之色。既至下邳，登山北望，叹曰："人言愁，我始欲愁矣。"及至建邺，为元帝镇东府从事中郎，甚见优礼。承少有重誉，而推诚接物，尽弘恕之理，故众咸亲爱焉。渡江名臣王导、卫玠、周𫖮、庾亮之徒皆出其下，为中兴第一。年四十六卒，朝野痛惜之。自昶至承，世有高名，论者以为祖不及孙，孙不及父。子述嗣。

述字怀祖。少孤，事母以孝闻。安贫守约，不求闻达。性沈静，每坐客驰辨，异端竞起，而述处之恬如也。少袭父爵。年三十，尚未知名，人或谓之痴。司徒王导以门地辟为中兵属。既见，无他言，惟问以江东米价。述但张目不答。导曰："王掾不痴，人何言痴也？"尝见导每发言，一坐莫不赞美，述正色曰："人非尧舜，何得每事尽善！"导改容谢之，庾亮曰："怀祖清贞简贵，不减祖、父，但旷淡微不及耳。"

康帝为骠骑将军，召补功曹，出为宛陵令。太尉、司空频辟，又除尚书吏部郎，并不行。历庾冰征虏长史。时庾翼镇武昌，以累有妖怪，又猛兽入府，欲移镇避之。述与冰笺曰：

窃闻安西欲移镇乐乡，不审此为算邪，将为情邪？谓为算，则彼去武昌千有余里，数万之众造创移徙，方当兴立城壁，公私劳扰。若信要害之地，所宜进据，犹当计移徙之烦，权二者轻重，况此非今日之要邪！方今强胡陆梁，当畜力养锐，而无故妄动，自取非算。又江州当溯流数千，供继军府，力役增倍，疲曳道路。且武昌实是江东镇戍之中，非但捍御上流而已。急缓赴告，骏奔不难。若移乐乡，远在西陲，一朝江渚有虞，不相接救。方岳取重将，故当居要害之地，为内外形势。使窥窬之心不知所向。若是情邪，则天道玄远，鬼神难言，妖祥吉凶，谁知其故！是以达人君子直道而行，不以情失。昔秦忌："亡胡"之谶，卒为刘项之资；周恶檿弧之谣，而成褒姒之乱。此既然矣。历观古今，鉴其遗事，妖异速祸败者，盖不少矣，禳避之道，苟非其所审，且当择人事之胜理，思社稷之长计，斯则天下幸甚，令名可保矣。

若安西盛意已耳，不能安于武昌，但得近移夏口，则其次也。乐乡之举，咸谓不可。愿将军体国为家，固审此举。

时朝议亦不允，翼遂不移镇。

述出补临海太守，迁建威将军、会稽内史。莅政清肃，终日无事。母忧去职。服阕，代殷浩为扬州刺史，加征虏将军。初至，主簿请讳。报曰："亡祖先君，名播海内，远近所知；内讳不出门，余无所讳。"寻加中书监，固让，经年不拜。复加征虏将军，进都督扬州徐州之琅邪诸军事、卫将军、并冀幽平四州大中正，刺史如故。寻迁散骑常侍、尚书令，将军如故。述每受职，不为虚让，其有所辞，必于不受。至是，子坦之谏，以为故事应让。述曰："汝谓我不堪邪？"坦之曰："非也。但克让自美事耳。"述曰："既云堪，何为复让！人言汝胜我，定不及也。"述之为桓温长史。温欲为子求婚于述。及还家省父，而述爱坦之，虽长大，犹抱置膝上。坦之因言温意。述大怒，遽排下，曰："汝竟痴邪！讵可畏温面而以女妻兵也。"坦之乃辞以他故。温曰："此尊君不肯耳。"遂止。简文帝每言述才既不长，直以真率便敌人耳。谢安亦叹美之。

初，述家贫。求试宛陵令。颇受赠遗。而修家具，为州司所检，有一千三百条。王导使谓之曰："名父之子不患无禄，屈临小县，甚不宜耳。"述答曰："足自当止。时人未之达也。"比后屡居州郡，清洁绝伦，禄赐皆散之亲故，宅宇旧物不革于昔，始为当时所叹。但性急为累。尝食鸡子，以箸刺之，不得，便大怒掷地。鸡子圆转不止，便下床以屐齿踏之，又不得。瞋甚，掇内口中，啮破而吐之。既跻重位，每以柔克为用。谢奕性粗，尝忿述，极言骂之。述无所应，面壁而已，居半日，奕去，始复坐。人以此称之。

太和二年，以年迫悬车，上疏乞骸骨，曰："臣曾祖父魏司空昶白笺于文皇帝曰：'昔与南阳宗世林共为东宫官属。世林少得好名，州里瞻敬。及其年老，汲汲自励，恐见废弃，时人咸共笑之。若天假其寿，致仕之年，不为此公婆娑之事。'情旨慷慨，深所鄙薄。虽是笺书，乃实训诫。臣忝端右，而以疾患，礼敬废替。犹谓可有差理，日复一日，而年衰疾痼，永无复瞻华幄之期。乞奉先诫，归老丘园。"不许。述竟不起。三年卒，时年六十六。

初，桓温平洛阳，议欲迁都，朝廷忧惧，将遣侍中止之。述曰："温欲以虚声威朝廷，非事实也。但从之，自无所至。"事果不行。又议欲移洛阳钟虡，述曰："永嘉不竞，暂都江左。方当荡平区宇，旋轸旧京。若其不耳，宜改迁园陵。不应先事钟虡。"温竟无以夺之。追赠侍中、骠骑将军、开府，谥曰穆，以避穆帝，改曰简。子坦之嗣。

坦之字文度。弱冠与郗超俱有重名，时人为之语曰："盛德绝伦郗嘉宾，江东独步王文度。"嘉宾，超小字也。仆射江彪领选，将拟为尚书郎。坦之闻之曰："自过江来，尚书郎正用第二人，何得以此见拟！"彪遂止。简文帝为抚军将军，辟为掾。累迁参军、从事中郎，仍为司马，加散骑常侍。出为大司马桓温长史。寻以父忧去职，服阕。征拜侍中，袭父爵。时卒士韩怅逃之归首，云"失牛故叛。"有司劾怅偷牛，考掠服罪。坦之以为怅束身自归，而法外加罪，懈怠失牛，事或可悯，加之木石，理有自诬，宜附罪疑从轻之例，遂以见原。海西公废，领左卫将军。

坦之有风格，尤非时俗放荡，不敦儒教，颇尚刑名学，著《废庄论》曰：

荀卿称庄子"蔽于天而不知人"，扬雄亦曰"庄周放荡而不法"，何晏云"鬻庄躯，放玄虚，而不周乎时变"。三贤之言，远有当乎！夫独构之唱，唱虚而莫和；无感之作，义偏而用寡。动人由于兼忘，应物在乎无心。孔父非不体远，以体远故用近；颜子岂不具德，以德备故膺教。胡为其然哉？不获已而然也。

夫自足者寡，故理悬于羲农；徇教者众，故义申于三代。道心惟微，人心惟危，吹万不同，孰知正是！虽首阳之情，三黜之智，摩顶之甘，落毛之爱，枯槁之生，负石之死，格诸中庸，未入乎道，而况下斯者乎！先王知人情之难肆，惧违行以致讼，悼可彻之贻悔，审禔带之所缘，故陶铸群生，谋之未兆，每摄其契，而为节焉。使夫敬礼以崇化，日用以成俗，诚存而邪忘，利损而竞息，成功遂事，百姓皆曰我自然。盖善暗者无怪，故所遇而无滞，执道以离俗，孰逾于不达！语道而失其为者，非其道也，辩德而有其位者，非其德也。言默所未究，况扬之以为风乎！且即濠以寻鱼，想彼之我同；推显以求隐，理得而情昧。若夫庄生者，望大庭而抚契，仰弥高于不足，寄积想于三篇，恨我怀之未尽，其言诡谲，其义恢诞。君子内应。从我游方之外，众人因藉之，以为弊薄之资。然则天下之善人少，不善人多，庄子之利天下也少，害天下也多。故曰鲁酒薄而邯郸围，庄生作而风俗颓。礼与浮云俱征，伪与利荡并肆，人以克己为耻，士以无措为通，时无履德之誉，俗有蹈义之愆。骤语赏罚不可以造次，屡称无为不可与适变。虽可用于天下，不足以用天下人。

昔汉阴丈人修浑沌之术，孔子以为识其一不识其二。庄生之道，无乃类乎！与夫如愚之契，何殊间哉！若夫利而不害，天之道也；为而不争，圣之德也。群方所资而莫知谁氏，在儒而非儒，非道而有道。弥贯九流，玄同彼我，万物用之而不既，亹亹日新而不朽，昔吾孔老固已言之矣。

又领本州大中正。简文帝临崩，诏大司马温依周公居摄故事。坦之自持诏入，于帝前毁之。帝曰："天下，傥来之运，卿何所嫌！"坦之曰："天下，宣元之天下，陛下何得专之！"帝乃使坦之改诏焉。

温薨，坦之与谢安共辅幼主，迁中书令，领丹阳尹。俄授都督徐兖青三州诸军事、北中郎将、徐兖二州刺史，镇广陵。将之镇，上表曰：

臣闻人君之道以孝敬为本，临御四海以委任为贵。恭顺无为，则盛德日新；亲杖贤良，则政道邕睦。昔周成、汉昭，并以幼年纂承大统。当时天下未为无难，终能显扬祖考，保安社稷，盖尊尊亲亲，信纳大臣之所致也。

伏惟陛下诞奇秀之姿，禀生知之量，春秋尚富，涉道未广，方须训导以成天德。皇太后仁淑之体，过于三母，先帝奉事积年，每称圣明。臣愿奉事之心，便当自同孝宗；太后慈爱之隆，亦不必异所生。琅邪王、余姚主及诸皇女，宜朝夕定省，承受教诲，导习仪刑，以成景仰恭敬之美，不可以属非至亲，自为疏疑。昔肃祖崩殂，成康幼冲，事无大小，必谘丞相导，所以克就圣德，实此之由。今仆射臣安、中军臣冲，

人望具瞻，社稷之臣。且受遇先帝，绸缪缱绻，并志竭忠贞，尽心尽力，归诚陛下，以报先帝。愚谓周旋举动，皆应谘此二臣。二臣之于陛下，则周之旦奭，汉之霍光，显宗之于江导。冲虽在外，路不云远，事容信宿，必宜参详，然后情听获尽，庶事可毕。

又天听虽聪，不启不广；群情虽忠，不引不尽。宜数引侍臣，询求谠言。平易之世，有道之主犹尚诫惧，日昃不倦；况今艰难理尽，虑经安危，祖宗之基系之陛下，不可不精心务道，以申先帝尧舜之风。可不敬修至德，以保宣元天地之祚？

表奏，帝纳之。

初，谢安爱好声律，期功之惨，示废妓乐颇，以成俗。坦之非而苦谏之。安遗坦之书曰："知君思相爱惜之至。仆所求者声，谓称情义，无所不可为，卿复以自娱耳。若絜轨迹，崇世教，非所拟议，亦非所屑。常谓君粗得鄙趣者，犹未悟之濠上邪！故知莫逆，未易为人。"坦之答曰："具君雅旨，此是诚心而行，独往之美，然恐非大雅中庸之谓。意者以为人之体韵犹器之方圆，方圆不可错用，体韵岂可易处！各顺其方，以弘其业，则岁寒之功必有成矣。实吾子少立德行，体议淹允，加以令地，优游自居，金日之谈，咸以请远相许，至于此事，实有疑焉。公私二三，莫见其可。以此为濠上，悟之者得无鲜乎！且天下之宝，故为天下所惜，天下之所非，何为不可以天下为心乎？想君幸复三思。"书往反数四，安竟不从。

坦之又尝与殷康子书论公谦之义曰：

夫天道以无私成名，二仪以至公立德。立德存乎至公，故无亲而非理；成名在乎无私，故在当而忘我。此天地所以成功，圣人所以济化，由斯论之，公道体于自然，故理泰而愈降，谦义生于不足，故时弊而义著。故大禹、咎繇称功言惠而成名于彼，孟反、范燮殿军后入而全身于此。从此观之，则谦公之义固以殊矣。

夫物之所美，己不可收；人之所贵，我不可取。诚患人恶其上，众不可盖，故君子居之，而每加损焉。隆名在于矫伐，而不在于期当，匿迹在于违显，而不在于求是。于是谦光之义与矜竞而俱478，卑挹之义与夸伐而并进。由亲誉生于不足，未若不知之有余；良药效于瘳疾，未若无病之为贵也。

夫乾道确然，示人易矣。坤道隤然，示人简矣。二象显于万物，两德彰于群生，岂矫枉过直而失其所哉！由此观之，则大通之道公坦于天地，谦伐之议险巇于人事。今存公而废谦，则自伐者托至公以生嫌，自美者因存谠以致惑。此王生所谓同貌而实异，不可不察者也，然理必有根，教亦有主。苟探其根，则玄指自显；若寻其末，弊无不至。岂可以嫌似而疑至公，弊贪而忘于谅哉！

康子及袁宏并有疑难，坦之标章摘句，一一申而释之，莫不厌服。又孔严著《通葛论》，坦之与书赞美之。其忠公慷慨，标明贤胜，皆此类也。

初，坦之与沙门竺法师甚厚，每共论幽明报应。便要

先死者当报其事。后经年，师忽来云："贫道已死，罪福皆不虚。惟当勤修道德，以升济神明耳。"言讫不见。坦之寻亦卒，时年四十六。临终，与谢安、桓冲书，言不及私，惟忧国家之事，朝野甚痛惜之。追赠安北将军，谥曰献。

祎之字文邵。少知名，尚寻阳公主，历中书侍郎。年未三十而卒，赠散骑常侍。

坦之四子：恺、愉、国宝、忱。

恺字茂仁，愉字茂和，并少践清阶。恺袭父爵，愉稍迁骠骑司马，加辅国将军。恺太元末为侍中，领右卫将军，多所献替。兄弟贵盛，当时莫比。

及王恭等讨国宝，恺、愉并请解职。以与国宝异生，又素不协，故得免祸。国宝既死，出恺为吴郡内史，愉为江州刺史、都督豫州四郡、辅国将军、假节。未几，征恺为丹阳尹。及桓玄等至江宁，恺令兵守石头。俄而玄等走，复为吴郡。病卒，追赠太常。

愉至镇，未几，殷仲堪、桓玄、杨佺期举兵应王恭，乘流奄至。愉既无备，惶遽奔临川，为玄所得。玄盟于寻阳，以愉置坛所，愉甚耻之。及事解，除会稽内史。玄篡位，以为尚书仆射。刘裕义旗建，加前将军。愉既桓氏婿，父子宠贵，又尝轻侮刘裕，心不自安，潜结司州刺史温详，谋作乱，事泄，被诛，子孙十余人皆伏法。

国宝少无士操，不修廉隅。妇父谢安恶其倾侧，每抑而不用。除尚书郎。国宝以中兴膏腴之族，惟作吏部，不为余曹郎，甚怨望，固辞不拜。从妹为会稽王道子妃，由是与道子游处，遂间毁安焉。

及道子辅政，以为秘书丞。俄迁琅邪内史，领堂邑太守，加辅国将军。入补侍中，迁中书令、中领军，与道子持威权，扇动内外。中书郎范宁，国宝舅也，儒雅方直，疾其阿谀，劝孝武帝黜之。国宝乃使陈郡袁悦之因尼支妙音致书与太子母陈淑媛，说国宝忠谨，宜见亲信。帝知之，托以他罪杀悦之。国宝大惧，遂因道子潛毁宁，宁由是出为豫章太守。及弟忱卒，国宝自表求解职迎母。并奔忱丧。诏特赐假，而盘桓不时进发，为御史中丞褚粲所奏。国宝惧罪，衣女子衣，托为王家婢，诣道子告其事。道子言之于帝，故得原。后骠骑参军王徽请国宝同宴，国宝素骄贵使酒，怒尚书左丞祖台之，攘袂大呼，以盘盏乐器掷台之，台之不敢言，复为粲所弹。诏以国宝纵肆情性，甚不可长，台之懦弱，非监司体，并坐免官。顷之，复职，愈骄蹇不遵法度。起斋侔清暑殿，帝恶其僭侈。国宝惧，遂谄媚于帝，而颇疏道子。道子大怒，尝于内省面责国宝，以剑掷之，旧好尽矣。

是时王雅亦有宠，荐王珣于帝。帝夜与国宝及雅宴，帝微有酒，令召珣，将至，国宝自知才出珣下，恐至，倾其宠，因曰："王珣当今名流，不可以酒色见。"帝遂止，而以国宝为忠。将纳国宝女为琅邪王妃，未婚，而帝崩。

安帝即位，国宝复事道子，进从祖弟绪为琅邪内史，亦以佞邪见知。道子复惑之，倚为心腹，并为时之所疾。国宝遂参管朝权，威震内外。迁尚书左仆射，领选，加后

将军、丹阳尹，道子悉以东宫兵配之。

时王恭与殷仲堪并以才器，各居名藩。恭恶道子、国宝乱政，屡有忧国之言。道子等亦深忌惮之，将谋去其兵。未及行，而恭檄至，以讨国宝为名，国宝惶遽不知所为。绪说国宝，令矫道子命，召王珣、车胤杀之，以除群望，因挟主相以讨诸侯。国宝许之。珣、胤既至，而不敢害，反问计于珣。珣劝国宝放兵权以迎恭，国宝信之。语在《珣传》。又问计于胤，胤曰："南北同举，而荆州未至，若朝廷遣军，恭必城守。昔桓公围寿阳，弥时乃克。若京城未拔，而上流奄至，君将何以待之？"国宝尤惧，遂上疏解职，诣阙待罪。既而悔之，诈称诏复其本官，欲收其兵距王恭。

道子既不能距诸侯，欲委罪国宝，乃遣谯王尚之收国宝，付廷尉，赐死，并斩绪于市。以谢王恭。国宝贪纵聚敛，不知纪极，后房伎妾以百数，天下珍玩充满其室。及王恭伏法，诏追复国宝本官。元兴初，桓玄得志，表徙其家属于交州。

忱字元达。弱冠知名，与王恭、王珣俱流誉一时。历位骠骑长史。尝造其舅范宁，与张玄相遇，宁使与玄语。玄正坐敛衽，待其有发，忱竟不与言，玄失望便去。宁让忱曰："张玄，吴中之秀，何不与语？"忱笑曰："张祖希欲相识，自可见诣。"宁谓曰："卿风流隽望，真后来之秀。"忱曰："不有此舅，焉有此甥！"既而宁使报玄，玄束带造之，始为宾主。

太元中，出为荆州刺史、都督荆益宁三州军事、建武将军、假节。忱自恃才气，放酒诞节，慕王澄之为人，又年少居方伯之任，谈者忧之。及镇荆州，威风肃然，殊得物和。桓玄时在江陵，既其本国。且奕叶故义，常以才雄驾物。忱每裁抑之。玄尝诣忱，通人未出，乘犩直进。忱对玄鞭门干，玄怒，去之，忱亦不留。尝朔日见客，仗卫甚盛，玄言欲猎，借数百人，忱悉给之。玄惮而服焉。

性任达不拘，末年尤嗜酒，一饮连月不醒，或裸体而游，每欢三日不叹，便觉形神不相亲。妇父尝有惨，忱乘醉吊之，妇父恸哭，忱与宾客十许人，连臂被发裸身而入，绕之三币而出。其所行多此类。数年卒官，追赠右将军，谥曰穆。

绥字彦猷。少有美称，厚自矜迈，实鄙而无行。愉为殷、桓所捕，绥未测存亡，在都有忧色，居处饮食，每事贬降，时人每谓为"试守孝子"。桓玄之为太尉，绥以桓氏甥甚见宠待，为太尉右长史。及玄篡，迁中书令。刘裕建义，以为冠军将军。其家夜中梁上无故有人头堕于床，而流血滂沱。俄拜荆州刺史、假节。坐父愉之谋，与弟纳并被诛。

初，绥与王谧、桓胤齐名，为后进之秀。谧位官既极，保身而终。胤以从坐诛，声称犹全。绥身死，名论殆尽，亦以薄行矜诞而尚人故也。自昶父汉雁门太守泽已有名称，忱又秀出，绥亦著称，八叶继轨，轩冕莫与为比焉。

峤字开山。祖默，魏尚书。父佑，以才智称，为杨骏腹心。骏之排汝南王亮，退卫瓘，皆佑之谋也。位至北军中候。峤少有风尚，并、司二州交辟，不就。永嘉末，携

其二弟避乱渡江。时元帝镇建邺,教曰:"王佑三息始至,名德之胄,并有操行,宜蒙饰叙。且可给钱三十万,帛三百匹,米五十斛,亲兵二十人。"寻以峤参世子东中郎军事。不就。愍帝征拜著作郎,右丞相南阳王保辟,皆以道险不行。元帝作相,以为水曹属,除长山令,迁太子中舍人以疾不拜。王敦请为参军,爵九原县公。

敦在石头,欲禁私伐蔡洲荻,以问群下。时王师新败,士庶震惧,莫敢异议。峤独曰:"中原有菽,庶人采之。百姓不足,君孰与足!若禁人樵伐,未知其可。"敦不悦。敦将杀周顗、戴若思,峤于坐谏曰:"济济多士,文王以宁。安可戮诸名士,以自全生!"敦大怒,欲斩峤,赖谢鲲以免。敦犹衔之,出为领军长史。敦平后,除中书侍郎,兼大著作,固辞。转越骑校尉,频迁吏部郎、御史中丞、秘书监,领本州大中正。咸和初,朝议欲以峤为丹阳尹。峤以京尹望重,不宜以疾居之,求补庐陵郡,乃拜峤庐陵太守。以峤家贫,无以上道,赐布百匹。钱十万。寻卒官,谥曰穆。子淡嗣,历位右卫将军、侍中、中护军、尚书、广州刺史。淡子度世,骁骑将军。

袁悦之,字元礼,陈郡阳夏人也。父朗,给事中。悦之能长短说,甚有精理。始为谢玄参军,为玄所遇,丁忧去职。服阕还都,止赍《战国策》,言天下要惟此书。后甚为会稽王道子所亲爱,每劝道子专览朝权,道子颇纳其说。俄而见诛。

祖台之,字元辰,范阳人也。官至侍中、光禄大夫。撰志怪,书行于世。

荀崧,字景猷,颍川临颍人,魏太尉彧之玄孙也。父頵,羽林右监、安陵乡侯,与王济、何劭为拜亲之友。崧志操清纯,雅好文学。龆龀时,族曾祖顗见而奇之,以为必兴颓门。弱冠,太原王济甚相器重,以方其外祖陈郡袁侃,谓侃弟奥曰:"近见荀监子,清虚名理,当不及父,德性纯粹,是贤兄辈人也。"其为名流所赏如此。泰始中,诏以崧代兄袭爵,补濮阳王允文学。与王敦、顾荣、陆机等友善,赵王伦引为相国参军。伦篡,转护军司马,给事中,稍迁尚书吏部郎、太弟中庶子,累迁侍中、中护军。

王弥入洛,崧与百官奔于密,未至而母亡。贼追将及,同旅散走,崧被发从车,守丧号泣。贼至,弃其母尸于地,夺车而去。崧被四创,气绝,至夜方苏。葬母于密山。服阕,族父藩承制,以崧监江北军事、南中郎将、后将军、假节、襄城太守。时山陵发掘,崧遣主簿石览将兵入洛,修复山陵。以勋进爵舞阳县公,迁都督荆州江北诸军事、平南将军,镇宛,改封曲陵公。为贼杜曾所围。石览时为襄城太守,崧力弱食尽,使其小女灌求救于览及南中郎将周访。访即遣子抚率兵三千人会石览,俱救崧。贼闻兵至,散走。崧既得免,乃遣南阳中部尉王国、刘愿等潜军袭穰县,获曾从兄伪新野太守保,斩之。

元帝践阼,征拜尚书仆射,使崧与协共定中兴礼仪。从弟馗早亡,二息序、廞,年各数岁,崧迎与共居,恩同其子。太尉、临淮公荀顗国胤废绝,朝庭以崧属近,欲以崧子袭封。崧哀序孤微,乃让封与序,论者称焉。转太常。时方修学校,简省博士,置《周易》王氏、《尚书》郑氏、《古文尚书》孔氏、《毛诗》郑氏、《周官礼记》郑氏、《春秋左传》杜氏服氏、《论语》《孝经》郑氏博士各一人,凡九人,其《仪礼》、《公羊》、《谷梁》及郑《易》皆省不置。崧以为不可,乃上疏曰:

自丧乱以来,儒学尤寡,今处学则阙明廷之秀,仕朝则废儒学之俊。昔咸宁、太康、永嘉之中,侍中、常侍、黄门通洽古今、行为世表者,领国子博士。一则应对殿堂,奉酬顾问;二则参训国子,以弘儒训;三则祠、仪二曹及太常之职,以得质疑。今皇朝中兴,美隆往初,宜宪章令轨,祖述前典。世祖武皇帝应运登禅,崇儒兴学。经始明堂,营建辟雍,告朔班政,乡饮大射。西阁东序,河图秘书禁籍。台省有宗庙太府金墉故事,太学有石经古文先儒典训。贾、马、郑、杜、服、孔、王、何、颜、尹之徒,章句传注众家之学,置博士十九人。九州之中,师徒相传,学士如林,犹选张华、刘寔居太常之官,以重儒教。

传称"孔子没而微言绝,七十二子终而大义乖"。自顷中夏殄瘁,讲诵遏密,斯文之道,将堕于地。陛下圣哲龙飞,恢崇道教,乐正雅颂,于是乎在。江、扬二州,先渐声教,学士遗文,于今为盛。然方畴昔,犹千之一。臣学不章句,才不弘通,方之华实,儒风殊邈。思竭驽骀,庶增万分。愿斯道隆于百世之上,搢绅咏于千载之下。

伏闻节省之制,皆三分置二。博士旧置十九人,今五经合九人,准古计今,犹未能半,宜及节省之制,以时施行。今九人以外,犹宜增四。愿陛下万机余暇,时垂省览。宜为郑《易》置博士一人,郑《仪礼》博士一人,《春秋公羊》博士一人,《谷梁》博士一人。

昔周之衰,下陵上替,上无天子,下无方伯,善者谁赏,恶者谁罚,孔子惧而作《春秋》。诸侯讳妒,惧犯时禁,是以微辞妙旨,义不显明,故曰"知我者其惟《春秋》,罪我者其惟《春秋》"。时左丘明、子夏造膝亲受,无不精究。孔子既没,微言将绝,于是丘明退撰所闻,而为之传。其书善礼,多膏腴美辞,张本继末,以发明经意,信多奇伟,学者好之。称公羊高亲受子夏,立于汉朝,辞义清隽,断决明审,董仲舒之所善也。谷梁赤师徒相传,暂立于汉世。向、歆,汉之硕儒,犹父子各执一家,莫肯相从。其书文清义约,诸所发明,或是《左氏》、《公羊》所不载,亦足有所订正。是以三传并行于先代,通才未能孤废。今去圣久远,其文将堕,与其过废,宁与过立。臣以为三传虽同曰《春秋》,而发端异趣,案如三家异同之说,此乃义则战争之场,辞亦剑戟之锋,于理不可得共。博士宜各置一人,以博其学。

元帝诏曰:"崧表如此,皆经国之务。为政所由。息马投戈,犹可讲艺,今虽日不暇给,岂忘本而遗末邪!可共博议者详之。"议者多请从崧所奏。诏曰:"《谷梁》肤浅,不足置博士,余如奏。"会王敦之难,不行。

敦表以崧为尚书左仆射。及帝崩，群臣议庙号，王敦遣使谓曰："豺狼当路，梓宫未反，祖宗之号，宜别详思。"崧议以为："礼，祖有功，宗有德。元皇帝天纵圣哲，光启中兴，德泽侔于太戊，功惠迈于汉宣，臣敢依前典，上号曰中宗。"既而与敦书曰："承以长蛇未剪，别详祖宗。先帝应天受命，以隆中兴；中兴之主，宁可随世数而迁毁！敢率丹直，询之朝野，上号中宗。卜日有期，不及重请，专辄之愆，所不敢辞。"初，敦待崧甚厚，欲以为司空，于此衔之而止。

太宁初，加散骑常侍，后领太子太傅。以平王敦功，更封平乐伯。坐使威仪为猛兽所食，免职。后拜金紫光禄大夫、录尚书事，散骑常侍如故。迁右光禄大夫、开府仪同三司，录尚书如故。又领秘书监，给亲兵百二十人。年虽衰老，而孜孜典籍，世以此嘉之。

苏峻之役，崧与王导、陆晔共登御床拥卫帝，及帝被逼幸石头，崧亦侍从不离帝侧。贼平，帝幸温峤舟，崧时年老病笃，犹力步而从。咸和三年薨，时年六十七。赠侍中，谥曰敬。

其后著作郎虞预与丞相王导笺曰："伏见前秘书、光禄大夫荀公，生于积德之族，少有儒雅之称，历位内外，在贵能降。苏峻肆虐，乘舆失幸，公处嫌忌之地，有累卵之危，朝士之寒心，论者谓之不免。而公将之以智，险而不慑，扶侍至尊，缱绻不离。虽无扰弼之勋，宜蒙守节之报。且其宣慈之美，早彰远近，朝野之望，许以台司，虽未正位，已加仪同。至守终纯固，名定阖棺，而薨卒之日，直加侍中。生有三槐之望，没无鼎足之名，宠不增于前秩，荣不副于本望，此一时愚智所慷慨也。今承大弊之后，淳风颓散，苟有一介之善，宜在旌表之例，而况国之元老，志节若斯者乎！"不从。升平四年，崧改葬，诏赐钱百万，布五十匹。有二子：蕤、羡。蕤嗣。

蕤字令远。起家秘书郎，稍迁尚书左丞。蕤有仪操风望，雅为简文帝所重。时桓温平蜀，朝廷欲以豫章郡封温。蕤言于帝曰："若温复假王威，北平河洛，修复园陵，将何以加此！"于是乃止。转散骑常侍、少府，不拜，出补东阳太守。除建威将军、吴国内史。卒官。籍嗣位，至散骑常侍、大长秋。

羡字令则。清和有准。才年七岁，遇苏峻难，随父在石头，峻甚爱之，恒置膝上。羡阴白其母，曰："得一利刀子，足以杀贼。"母掩其口，曰："无妄言！"年十五，将尚寻阳公主，羡不欲连婚帝室，仍远遁去。监司追，不获已，乃出尚公主，拜驸马都尉。弱冠，与琅邪王洽齐名，沛国刘惔、太原王濛、陈郡殷浩并与交好。

骠骑将军何充出镇京口，请为参军。穆帝又以为抚军参军，征补太常博士，皆不就。后拜秘书丞、义兴太守。征北将军褚裒以为长史。既到，裒谓佐吏曰："荀生资逸群之气，将有冲天之举，诸君宜善事之。"寻迁建威将军、吴国内史。除北中郎将、徐州刺史、监徐兖二州扬州之晋陵诸军事、假节。殷浩以羡在事有能名，故居以重任。时年二十八，中兴方伯，未有如羡之少者。羡至镇，发二州兵，使参军郑袭戍淮阴。羡寻北镇淮阴，屯田于东阳之石

鳖。寻加监青州诸军事，又领兖州刺史，镇下邳。羡自镇来朝，时蔡谟固让司徒，不起，中军将军殷浩欲加大辟，以问于羡。羡曰："蔡公今日事危，明日必有桓文之举。"浩乃止。

及慕容俊攻段兰于青州，诏使羡救之。儁将王腾、赵盘寇琅邪、鄄城，北境骚动。羡讨之，擒腾，盘走。军次琅邪，而兰已没，羡退还下邳，留将军诸葛攸、高平太守刘庄等三千人守琅邪，参军戴逯、萧锴二千人守泰山。是时，慕容兰以数万众屯汴城，甚为边害。羡自光水引汶通渠，至于东阿以征之。临阵，斩兰。帝将封之，羡固辞不受。

先是，石季龙死，胡中大乱，羡抚纳降附，甚得众心。以疾笃解职。后除右军将军，加散骑常侍，让不拜。升平二年卒，时年三十八。帝闻之，叹曰："荀令则、王敬和相继凋落，股肱腹心将复谁寄乎！"追赠骠骑将军。

范汪，字玄平，雍州刺史晷之孙也。父稚，蚤卒。汪少孤贫，六岁过江，依外家新野庾氏。荆州刺史王澄见而奇之，曰："兴范族者，必是子也。"年十三，丧母，居丧尽礼，亲邻哀之。及长，好学。外氏家贫，无以资给，汪乃庐于园中，布衣蔬食，然薪写书，写毕，诵读亦遍，遂博学多通，善谈名理。弱冠，至京师，属苏峻作难。王师败绩，汪乃遁逃西归。庾亮、温峤屯兵寻阳，时行李断绝，莫知峻之虚实，咸恐贼强，未敢轻进。及汪至，峤等访之，汪曰："贼政令不一，贪暴纵横，灭亡已兆，虽强易弱。朝廷有倒悬之急，宜时进讨。"峤深纳之。是日，护军、平南二府礼命交至，始解褐，参世军事。贼平，赐爵都乡侯。复为庾亮平西参军、从讨郭默，进爵亭侯。辟司空郗鉴掾，除宛陵令。复参î西军事，转州别驾。汪为亮佐使十有余年，甚相钦待。转鹰扬将军、安远护军、武陵内史，征拜中书侍郎。

时庾翼将悉鄂汉之众以事中原，军次安陆，寻转屯襄阳。汪上疏曰：

臣伏思安西将军翼今至襄阳，仓卒攻讨，凡百草创，安陆之调，不复为襄阳之用。而玄冬之月，沔汉乾涸，皆当鱼贯百行，排推而进。设一处有急，势不相救。臣所至虑一也。又既至之后，桓宣当出。宜往实剪豺狼之林，招携贰之众，待之以至宽，御之以无法。田畴垦辟，生产始立，而当移之，必有嗷然，悔吝难测。臣所至虑二也。襄阳顿益数万口，奉师之费，皆当出于江南。运漕之难，船人之力，不可不熟计。臣之所至虑三也。且申伯之尊，而与边将并驱。又东军不进，殊为孤悬。兵书云："知彼知此，百战不殆。知彼不知此，一胜一负。"贼诚衰弊，然得臣犹在；我虽方隆，今实未暇。而连兵不解，患难将起，臣所至虑四也。

翼岂不知兵家所患常在于此，顾以门户事任，忧责莫大，晏然终年，忧心惝所安，是以抗表辄行，毕命原野。以翼宏规经略，文武用命，忽遇衅会，大事便济。然国家之虑，常以万全，非至安至审，王者不

举。臣谓宜严诏谕翼，还镇养锐，以为后图。若少合圣听，乞密出臣表，与车骑臣冰等详共集议。

寻而骠骑将军何充辅政，请为长史。桓温代翼为荆州，复以汪为安西长史。温西征蜀，委以留府。蜀平，进爵武兴县侯。而温频请为长史、江州刺史，皆不就。自请还京，求为东阳太守。温甚恨焉。在郡大兴学校，甚有惠政。顷之，召入，频迁中领军、本州大中正。时简文帝作相，甚相亲昵，除都督徐兖青冀四州扬州之晋陵诸军事、安北将军、徐兖二州刺史、假节。

既而桓温北伐，令汪率文武出梁国，以失期，免为庶人。朝廷惮温不敢执，谈者为之叹恨。汪屏居吴郡，从容讲肆，不言枉直。后至姑孰，见温。温时方起屈滞以倾朝廷，谓汪远来诣己，倾身引望，谓袁宏曰："范公来，可作太常邪？"汪既至，才坐，温谢其远来意。汪实来造温，恐以趋时致损，乃曰："亡儿瘗此，故来视之。"温殊失望而止。时年六十五，卒于家。赠散骑常侍，谥曰穆。长子康嗣，早卒。康弟宁，最知名。

宁字武子。少笃学，多所通览。简文帝为相，将辟之，为桓温所讽，遂寝而不行。故终温之世，兄弟无在列位者。时以浮虚相扇，儒雅日替，宁以为其源始于王弼、何晏，二人之罪深于桀纣，乃著论曰：

或曰："黄唐缅邈，至道沦翳，濠濮辍咏，风流靡托，争夺兆于仁义，是非成于儒墨。平叔神怀超绝，辅嗣妙思通微，振千载之颓纲，落周孔之尘网。斯盖轩冕之龙门，濠梁之宗匠。尝闻夫子之论，以为罪过桀纣，何哉？"

答曰："子信有圣人之言乎？夫圣人者，德侔二仪，道冠三才，虽帝皇殊号，质文异制，而统天成务，旷代齐趣。王何蔑弃典文，不遵礼度，游辞浮说，波荡后生，饰华言以翳实，骋繁文以惑世。搢绅之徒，翻然改辙，洙泗之风，缅焉将堕。遂令仁义幽沦，儒雅蒙尘，礼坏乐崩，中原倾覆。古之所谓言伪而辩、行僻而坚者，其斯人之徒欤！昔夫子斩少正于鲁，太公戮华士于齐，岂非旷世而同诛乎！桀纣暴虐，正足以灭身覆国，为后世鉴诫耳，岂能回百姓之视听哉！王何叨海内之浮誉，资膏粱之傲诞，画螭魅以为巧，扇无检以为俗。郑声之乱乐，利口之覆邦，信矣哉！吾固以为一世之祸轻，历代之罪重，自丧之衅小，迷众之愆大也。"

宁崇儒抑俗，率皆如此。

温薨之后，始解褐为余杭令，在县兴学校，养生徒，洁己修礼，志行之士莫不宗之。期年之后，风化大行。自中兴已来，崇学敦教，未有如宁者也。在职六年，迁临淮太守，封阳遂乡侯。顷之，征拜中书侍郎。在职多所献替，有益政道。时更营新庙，博求辟雍、明堂之制，宁据经传奏上，皆有典证。孝武帝雅好文学，甚被亲爱，朝廷疑议，辄谘访之。宁指斥朝士，直言无讳。

王国宝，宁之甥也，以谄媚事会稽王道子，惧为宁所不容，乃相驱扇，因被疏隔。求补豫章太守，帝曰："豫章不宜太守，何急以身试死邪？"宁不信卜占，固请行，临发，上疏曰："臣闻道尚虚简，政贵平静，坦公亮于幽显，流子爱于百姓，然后可以经夷险而不忧，乘休否而常夷。先王所以致太平，如此而已。今四境晏如，烽燧不举，而仓庾虚耗，帑藏空匮。古者使人，岁不过三日，今之劳扰，殆无三日休停，至有残刑剪发，要求复除，生儿不复举养，鳏寡不敢妻娶。岂不怨结人鬼，感伤和气。臣恐社稷之忧，积薪不足以为喻。臣久欲粗启所怀，日复一日。今当永离左右，不欲令心有余恨。请出臣启事，付外详择。"帝诏公卿牧守普议得失，宁又陈时政曰：

古者分土割境，以益百姓之心；圣王作制，籍无黄白之别。昔中原丧乱，流寓江左，庶有旋反之期，故许其挟注本郡。自尔渐久，人安其业，丘垄坟柏，皆已成行，虽无本邦之名，而有安土之实。今宜正其封疆，以土断人户，明考课之科，修闾伍之法。难者必曰："人各有桑梓，俗自有南北。一朝属户，长为人隶，君子则有土风之慨，小人则怀下役之虑。"斯诚并兼者之所执，而非通理者之笃论也。古者失地之君，犹玉所寓之主，列国之臣，亦有违适之礼。随会仕秦，致称《春秋》；乐毅宦燕，见褒良史。且今普天之人，原其氏出，皆随世迁移，何至于今而独不可？

凡荒郡之人，星居东西，远者千余，近者数百，而举召役调，皆相资须，期会差违，辄致严坐，人不堪命，叛为盗贼。是以山湖日积，刑狱愈滋。今荒小郡县，皆宜并合，不满五千户，不得为郡，不满千户，不得为县。守宰之任，宜得清平之人。顷者选举，惟以恤贫为先，虽制有六年，而富足便退。又郡守佐吏，牵置无常，或兼台职，或带府官。夫府以统州，州以监郡，郡以莅县，如令互相领帖，则是下官反为上司，赋调役使无复节限。且牵曳百姓，营起廨舍，东西流迁，人人易处，文书簿籍，少有存者。先之室宇，皆为私家，后来新官，复应修立。其为弊也，胡可胜言！

又方镇去官，皆割精兵器杖以为送故，米布之属不可称计。监司相容，初无弹纠。其中或有清白，亦复不见甄异。送兵多者至有千余家，少者数十户。既力入私门，复资官廪布。兵役既竭，枉服良人，牵引无端，以相充补。若是功勋之臣，则已享裂土之祚，岂应封外复置吏兵乎！谓送故之格宜为节制，以三年为断，夫人性无涯，奢俭由势。今并兼之士亦多不瞻，非力不足以厚身，非禄不足以富家，是得之有由，而用之无节。蒲酒永日，驰骛卒年，一宴之馔，费之十金，丽服之美，不可赀算，盛狗马之饰，营郑卫之音，南亩废而不垦，讲诵阙而无闻，凡庸竞驰，傲诞成俗。谓宜验其乡党，考其业尚，试其能否，然后升进。如此，匪惟家给人足，贤人岂不继踵而至哉！

官制谪兵，不相袭代，顷者小事，便从补役，一愆之违，辱及累世，亲戚傍支，罹其祸毒，户口减耗，亦由于此。皆宜料遣，以全国信，礼，十九为长殇，以其未成人也。十五为中殇，以为尚童幼也。今以十六为全丁，则备成人之役矣。以十三为半丁，所任非复童幼之事矣。岂可伤天理，违经典，困苦万姓，乃至此乎！今宜修礼文，以二十为全丁，十六至十九为半丁，则人无夭折，生长滋繁矣。

帝善之。

初，宁之出，非帝本意，故所启多合旨。宁在郡又大设庠序，遣人往交州采磐石，以供学用，改革旧制，不拘常宪。远近至者千余人，资给众费，一出私禄。并取郡四姓子弟，皆充学生，课续五经。又起学台，功用弥广，江州刺史王凝之上言曰："豫章郡居此州之半。太守臣宁入参机省，出宰名郡，而肆其奢浊，所为狼籍。郡城先有六门，宁悉改作重楼，复更开二门，合前为八。私立下舍七所。臣伏寻宗庙之设，各有品秩，而宁自置家庙。又下十五县，皆使左宗庙，右社稷，准之太庙，皆资人力，又夺人居宅，工夫万计。宁若以古制宜崇，自当列上，而敢专辄，惟在任心。州既闻知，既符从事，制不复听。而宁严威属县，惟令速立。愿出臣表下太常，议之礼典。"诏曰："汉宣云：可与共治天下者，良二千石也！若范宁果如凝之所表者，岂可复宰吾郡乎！"以此抵罪。子泰时为天门太守，弃官称诉。帝以宁所务惟学，事久不判。会赦，免。

初，宁尝患目痛就中书侍郎张湛求方，湛因嘲之曰："古方，宋阳里子少得其术，以授鲁东门伯，鲁东门伯以授左丘明，遂世也上传。及汉杜子夏郑康成、魏高堂隆、晋左太冲，凡此诸贤，并有目疾，得此方云：用损读书一，减思虑二，专内视三，简外观四，旦晚起五，夜早眠六。凡六物熬以神火，下以气筛，蕴于胸中七日，然后纳诸方寸。修之一时，近能数其目睫，远视尺捶之余。长服不已，洞见墙壁之外。非但明目，乃亦延年。"既免官，家于丹阳，犹勤经学，终年不辍。年六十三，卒于家。

初，宁以《春秋谷梁氏》未有善释，遂沈思积年，为之集解。其义精审，为世所重。既而徐邈复为之注，世亦称之。

子泰，元熙中，为护军将军。

坚字子常。博学善属文。永嘉中，避乱江东，拜佐著作郎、抚军参军。讨苏峻，赐爵都亭侯。累迁尚书右丞。时廷尉奏殿中帐吏邵广盗官幔三张，合布三十匹，有司正刑弃市。广二子，宗年十三，云年十一，黄幡挝登闻鼓乞恩，辞求自没为奚官奴，以赎父命。尚书郎朱映议以为天下之人父，无子者少，一事遂行，便成永制，惧死罪之刑，于此而弛。坚亦同映议。时议者以广为钳徒，二儿没入，既足以惩，又使百姓知父子道，圣朝有垂恩之仁。可特听减死罪为五岁刑，宗等付奚官为奴，而不为永制。坚驳之曰："自淳朴浇散，刑辟仍作，刑之所以止刑，杀之所以止杀。虽时有赦过宥罪，议狱缓死，未有行小不忍而轻易典刑也。且既许宗等，宥广以死，若复有宗比而不求赎父者，岂得不摈绝人伦，同之禽兽邪！案主者今奏云，惟特听宗等而不为永制。臣以为王者之作，动关盛衰，一颦笑之间，尚慎所加，况于国典，可以徒亏！今之所以宥广，正以宗等耳。人之爱父，谁不如宗？今既居然许宗之请，将来诉者，何独匪民！特听之意，未见其益；不以为例，交兴怨讟。此为施一恩于今，而开万怨于后也。"成帝从之，正广死刑。后迁护军长史，卒官。

子启，字荣期，虽经学不及坚，而以才义显于当世。于时清谈之士庾龢、韩伯、袁宏等，并相知友。为秘书郎，累居显职，终于黄门侍郎。父子并有文笔传于世。

刘惔，字真长，沛国相人也。祖宏，字终嘏，光禄勋。宏兄粹，字纯嘏，侍中。宏弟潢，字冲嘏，吏部尚书。并有名中朝。时人语曰："洛中雅雅有三嘏。"父耽，晋陵太守，亦知名。惔少清远，有标奇，与母任氏寓居京口，家贫，织芒屩以为养，虽荜门陋巷，晏如也。人未之识，惟王导深器之。后稍知名，论者比之袁羊。惔喜，还告其母。其母，聪明妇人也，谓之曰："此非汝比，勿受之。"又有方之范汪者。惔复喜，母又不听。及惔年德转升，论者遂比之荀粲。尚明帝女庐陵公主。以惔雅善言理，简文帝初作相，与王濛并为谈客，俱蒙上宾礼。时孙盛作《易象妙于见形论》，帝使殷浩难之，不能屈。帝曰："使真长来，故应有以制之。"乃命迎惔。盛素敬服惔，及至，便与抗answer，辞甚简至，盛理遂屈。一坐抚掌大笑，咸称美之。

累迁丹阳尹。为政清整，门无杂宾。时百姓颇有讼官长者，诸郡往往有相举正，惔叹曰："夫居下讪上，此弊道也。古之善政，司契而已，岂不以其敦本正源，镇静流末乎！君虽不君，下安可以失礼。若此风不革，百姓将往而不反。"遂寝而不问。

性简贵，与王羲之雅相友善。郗愔有伧奴善知文章，羲之爱之，每称奴于惔。惔曰："何如方回邪？"羲之曰："小人耳，何比郗公！"惔曰："若不如方回，故常奴耳。"桓温尝问惔："会稽王谈更进邪？"惔曰："极进，然故第二流耳。"温曰："第一复谁？"惔曰："故在我辈。"其高自标置如此。

惔每奇温才，而知其有不臣之迹。及温为荆州，惔言于帝曰："温不可使居形胜地，其位号常宜抑之。"劝帝自镇上流，而己为军司，帝不纳。又请自行，复不听。及温伐蜀，时咸谓未易可制，惟惔以为必克。或问其故，云："以蒲博验之，其不必得，则不为也。恐温终专制朝廷。"及后竟如其言。尝荐吴郡张凭，凭卒为美士，众以此服其知人。

尤好《老庄》，任自然趣。疾笃，百姓欲为之祈祷，家人又请祭神，惔曰："丘之祷久矣。"年三十六，卒官。孙绰为之诔云："居官无官官之事，处事无事事之心。"时人以为名言。后绰尝诣诸袁，言及惔，流涕曰："可谓人之云亡，邦国殄瘁。"袁大怒曰："真长生平何尝相比数，而卿今日作此面向人邪！"其为名流所敬重如此。

张凭，字长宗。祖镇，苍梧太守。凭年数岁。镇谓其父曰："我不如汝有佳儿。"凭曰："阿翁岂宜以子戏父邪！"及长，有志气，为乡闾所称。举孝廉，负其才，自谓必参时彦。初，欲诣惔，乡里及同举者共笑之。既至，惔处之下坐，神意不接，凭欲自发而无端。会王濛就濛惔清言，有所不通，凭于末坐判之，言旨深远，足畅彼我之怀，一坐皆惊。惔延之上坐，清言弥日，留宿至旦遣之。凭既还船，须臾，忱遣传教觅张孝廉船，便召与同载，遂言之于简文帝。帝召与语，叹曰："张凭勃窣为理窟。"官至吏部郎、御史中丞。

韩伯，字康伯，颍川长社人也。母殷氏，高明有行。家贫窭，伯年数岁，至大寒，母方为作襦，令伯捉熨斗，而谓之曰："且著襦，寻当为复袴。"伯曰："不复须。"母问其故，对曰："火在斗中，而柄尚热，今既著襦，下亦当暖。"母甚异之。及长，清和有思理，留心文艺。舅殷浩称之曰："康伯能自标置，居然是出群之器。"颍川庾龢名重一时，少所推服，常称伯及王坦之曰："思理伦和，我敬韩康伯；志力强正，吾愧王文度。自此以还，吾皆百之矣。"

举秀才，征佐著作郎，并不就。简文帝居藩，引为谈客，自司徒左西属转抚军掾、中书郎、散骑常侍、豫章太守，入为侍中。陈郡周勰为谢安主簿，居丧废礼，崇尚庄老，脱落名教。伯领中正，不通其议曰："拜下之敬，犹违众从礼。情理之极，不宜以多比为通。"时人惮焉。"识者谓伯可谓澄世所不能澄，而裁世所不能裁者矣，与夫容己顺众者，岂得同时而共称哉！

王坦之又尝著《公谦论》，袁宏作论以难之。伯览而美其辞旨，以为是非既辩，谁与正之，遂作《辩谦》以折中曰：

夫寻理辩疑，必先定其名分所存。所存既明，则彼我之趣可得而详也。夫谦之为义，存乎降己者也。以高从卑，以贤同鄙，故谦名生焉。孤寡不谷，人之所恶，而侯王以自称，降其贵者也。执御执射，众之所贱，而君子以自目，降其贤才也。与夫山在地中之象，其致岂殊哉！舍此二者，而更求其义，虽南辕求冥，终莫近也。

夫有所贵，故有降焉；夫有所美，故有谦焉。譬影响之与形声，相与而立。道足者，忘贵贱而一贤愚；体公者，乘理当而均彼我。降挹之义，于何而生！则谦之为美，固不可以语至足之道，涉乎大方之家矣。然君子之行己，必尚于至当，而必造于匪善。至理在乎无私，而动之于降己者何？诚由未能一观于能鄙，则贵贱之情立；非忘怀于彼我，则私己之累存。当其所贵在我则矜，值其所贤能之则伐。处贵非矜，而矜己者常有其贵；言善非伐，而伐善者骤称其能。是以知矜贵之伤德者，故宅心于卑素；悟骤称之亏理者，故情存于不言。情存于不言，则善斯匿矣；宅心于卑素，则贵斯降矣。夫所况君子之流，苟理有未尽，情有未夷，存我之理未冥于内，岂不同心于降挹洗之所滞哉！体有而拟无者，圣人之德；有累而存理者，君子之情。虽所滞不同，其于遣情之累缘有弊而用，降己之道由私我而存，一也。故惩忿窒欲，著于《损》象；卑以自牧，实系《谦》爻。皆所以存其所不足，拂其所有余者也。

王生之谈，以至理无谦，近得之矣。云人有争心，善不可收，假后物之迹，以逃动者之患，以语圣贤则

可，施之于下斯者，岂惟逃患于外。亦所以洗心于内也。

转丹阳尹、吏部尚书、领军将军。既疾病，占候者云："不宜此官。"朝廷改授太常，未拜，卒，时年四十九，即赠太常。子玲，官至衡阳太守。

史臣曰：王湛门资台铉，地处膏腴，识表邻机，才惟王佐。叶宣尼之远契，玩道韦编；遵伯阳之幽旨，含虚牝谷。所谓天质不雕，合于大朴者也。安期英姿挺秀，籍甚一时，朝野挹其风流，人伦推其表烛。虽崇勋懋绩有阙于旂常，素德清规足传于汗简矣。怀祖鉴局夷远，冲衿玉粹。坦之墙宇疑旷，逸操金贞。腾讽庾之良笺，情噬语怪；演《废庄》之宏论，道焕崇儒。或寄重文昌，允釐于衮职；或任华纶阁，密勿于王言。咸能克著徽音，保其荣秩，美矣！国宝检行无闻，坐阶彼相，混暗识于心镜，开险路于情田。于时疆场多虞，宪章罕备，天子居缀旒之连，人臣微覆𫓧之忧。于是窃势拥权，黩明王之彝典；穷奢纵侈，假凶竖之余威。绣桶雕楹，陵跨于宸极；丽珍冶质，充牣于帷房。亦犹犬彘腴肥，不知祸之将及。告尽朱室，固其宜哉！苟景猷履孝居忠，无惭往烈。范玄平陈谋献策，有会时机。崧则思业该通，缉遗经于已紊。汪则风飚直亮，抗高节于将颠，扬权而言，俱是雅士。刘韩俊爽，标襟轶铁，胜气笼霄，飞谈卷雾，并兰芬菊耀，无绝于终古矣。

赞曰：处冲纯懿，是称奇器。养素虚寂，同尘下位。雅道虽屈，高风不坠。猗钦后胤，世传清德。帝室驰芬，士林扬则。国宝庸暗，托意骄奢。既丰其屋，终蔀其家。苟范令望，金声远畅。刘韩秀士，珠谈间起。异术同华，蔵蕤青史。

卷七十六　　　列传第四十六

王舒 子允之　**王廙** 弟彬　彬子彪之　彬从兄棱　**虞潭** 孙啸父　兄子騑　**顾众**　**张闿**

王舒，字处明，丞相导之从弟也。父会，侍御史。舒少为从兄敦所知，以天下多故，不营当时名，恒处私门，潜心学植。年四十余，州礼命，太傅辟，皆不就。及敦为青州，舒往依焉。时敦被征为秘书监，以寇难路险，轻骑归洛阳，委弃公主。时辎重金宝甚多，亲宾无不竞取，惟舒一无所眄，益为敦所赏。

及元帝镇建康，因与诸父兄弟俱渡江委质焉。参镇东军事，出补溧阳令。明帝之为东中郎将，妙选上佐，以舒为司马。转后将军、宣城公褚裒谘议参军，迁军司，固辞不受。裒镇广陵，复以舒为车骑司马。频领望府，咸称明练。裒薨，遂代裒镇，除北中郎将、监青徐二州军事。顷

之，征国子博士，加散骑常侍，未拜，转少府。太宁初，徙廷尉。敦表舒为鹰扬将军、荆州刺史、领护南蛮校尉、监荆州沔南诸军事。及敦败，王含父子俱奔舒，舒遣军逆之，并沈于江。进都督荆州、平西将军、假节。寻以陶侃代舒，迁舒为安南将军、广州刺史。舒疾病，不乐越岭，朝议亦以其有功，不应远出，乃徙为湘州刺史，将军、都督、持节如故。征代邓攸为尚书仆射。

时将征苏峻，司徒王导欲出舒为外援，乃授抚军将军、会稽内史，秩中二千石。舒上疏辞以父名，朝议以字同音异，于礼无嫌。舒复陈音虽异而字同，求换他郡。于是改"会"字为"郐"。舒不得已而行。在郡二年而苏峻作逆，乃假舒节都督，行扬州刺史事。时吴国内史庾冰弃郡奔舒，舒移告属县，以吴王师虞騑为军司，御史中丞谢藻行龙骧将军、监前锋征讨军事，率众一万，与庾冰俱渡浙江。前义兴太守顾众、护军参军顾飏等，皆起义军以应舒。舒假众扬威将军、督护吴中军事，飏监督陵军事，于御亭筑垒。峻闻舒等兵起，乃赦庾亮诸弟，以悦东军。舒率众次郡之西江，为冰、藻后继。冰、飏等遣前锋进据无锡，遇贼将张健等数千人，交战，大败，奔还御亭，复自相惊扰，冰、飏等并退于钱唐，藻守嘉兴。贼遂入吴，烧府舍，掠诸县，所在涂地。舒以轻进奔败，斩二军主者，免冰、飏督护，以白衣行事。更以顾众督护吴晋陵军，屯兵章埭。吴兴太守虞潭率所领讨健，屯乌苞亭，并不敢进。时暴雨大水，贼管商乘船旁出，袭潭及众。潭等奔败。潭还保吴兴，众退守钱唐。舒更遣将军陈孺率精锐千人增戍海浦，所在筑垒。或劝舒宜还郡，使谢藻守西陵，扶海立栅。舒不听，留藻守钱唐，使众、飏守紫壁。于是贼转攻吴兴，潭诸军复退。贼复掠东迁、余杭、武康诸县。舒遣子允之行扬烈将军，与将军徐逊、陈孺及扬烈司马朱焘，以精锐三千，轻邀贼于武康，出其不意，遂破之，斩首数百级，贼悉委舟步走。允之收其器械，进兵始潭。时贼韩晃既破宣城，转入故鄣、长城。允之遣朱焘、何准等于之，战击于湖。潭以强弩射之，晃等退走，斩首千余级，纳降二千人。潭由是得保郡。是时临海、新安诸山县并反应贼，舒分兵悉讨平之。会陶侃等至京都，舒、潭等并以屡战失利，移书盟府，自贬去官。侃遣使敦喻，不听。及侃立行台，上舒监浙江东五郡军事，允之督护吴郡、义兴、晋陵三郡征讨军事。既而晃等南走，允之追蹑于长塘湖，复大破之。贼平，以功封彭泽县侯，寻卒官，赠车骑大将军、仪同三司，谥曰穆。

长子晏之，苏峻时为护军参军，被害。晏之子岷之嗣。卒，子陋之嗣。宋受禅，国除。晏之弟允之最知名。

允之字深猷。总角，从伯敦谓为似己，恒以自随，出则同舆，入则共寝。敦尝夜饮，允之辞醉先卧。敦与钱凤谋为逆，允之已醒，悉闻其言，虑敦或疑己，便于卧处大吐，衣面并污。凤既出，敦果照视，见允之卧吐中，以为大醉，不复疑之。时父舒始拜廷尉，允之求还定省，敦许之。至都，以敦、凤谋逆事白舒，舒即与导俱启明帝。舒为荆州，允之随在西府。及敦平，帝欲令允之仕，舒请曰："臣子尚少，不乐早官。"帝许随舒之会稽。及苏

峻反，允之讨贼有功，封番禺县侯，邑千六百户，除建武将军、钱唐令，领司盐都尉。舒卒，去职。既葬，除义兴太守，以忧哀不拜，从伯导与其书曰："太保、安丰侯以孝闻天下，不得辞司隶；和长舆海内名士，不免作中书令。吾群从死亡略尽，子弟零落，遇汝如亲，如其不尔，吾复何言！"允之固不肯就。咸和末，除宣城内史、监扬州江西四郡事、建武将军，镇于湖。咸康中，进号西中郎将、假节。寻迁南中郎将、江州刺史。莅政甚有威惠。时王恬服阕，除豫章郡。允之闻之惊愕，以为恬丞相子，应被优遇，不可出为远郡，乃求自解州，欲与庾冰言之。冰闻甚愧，即以恬为吴郡，而以允之为卫将军、会稽内史。未到，卒，年四十。谥曰忠。

子晞之嗣。卒，子肇之嗣。

王廙，字世将，丞相导从弟，而元帝姨弟也。父正，尚书郎。廙少能属文，多所通涉，工书画，善音乐、射御、博弈、杂伎。辟太傅掾，转参军。豫迎大驾，封武陵县侯，拜尚书郎，出为濮阳太守。元帝作镇江左，廙弃郡过江。帝见之大悦，以为司马。频守庐江、鄱阳二郡。豫讨周馥、杜弢，以功累增封邑，除冠军将军、镇石头，领丞相军谘祭酒。王敦启为宁远将军、荆州刺史。

及帝即位，廙奏《中兴赋》，上疏曰：

臣托备肺腑，幼蒙洪润，爱自韶齿，至于弱冠，陛下之所抚育，恩侔于兄弟，义同于交友，思欲攀龙鳞附凤翼者，有年矣，是以昔忝濮阳，弃官远迹，扶持老母，携将细弱，越长江归陛下者，诚以道之所存，愿托余荫故也。天诱其愿，遇陛下中兴，当大明之盛，而守局遐外，不得奉瞻大礼，闻问之日，悲喜交集。昔司马相如不得睹封禅之事，慷慨发愤，况臣情则骨肉，服膺圣化哉！

又臣昔尝侍于先后，说陛下诞育之日，光明映室，白毫生于额之左，相者谓当王有四海。又臣以壬申岁见用为鄱阳内史，七月，四星聚于牵牛。又臣郡有枯樟更生。及臣后还京都，陛下见臣白兔，命臣作赋。时琅邪郡又献甘露，陛下命臣尝之。又骠骑将军导向臣说晋陵有金铎之瑞，郭璞云必致中兴。璞之爻筮，虽京房、管辂不过也。明天之历数在陛下矣。

臣少好文学，志在史籍，而飘放遐外，尝与桀寇为对。臣犬马之年四十三矣，未能上报天施，而愈负屡彰。恐先朝露，填沟壑，令微情不得上达，谨竭其顽，献《中兴赋》一篇。虽未虽以宣扬盛美，亦是诗人嗟叹咏歌之义也。

文多不载。

初，王敦左迁陶侃，使廙代为荆州。将吏马俊、郑攀等上书请留侃，敦不许。廙为俊等所袭，奔于江安。贼杜曾与俊、攀北迎第五猗以距廙。廙督诸军讨曾，又为曾所败。敦命湘州刺史甘卓、豫章太守周广等助廙击曾，曾众溃，廙得到州。廙性俊率，尝从南下，旦自寻阳，迅风飞帆，暮至都，倚舫楼长啸，神气甚逸。王导谓庾亮曰："世将为伤时识事。"亮曰："正足舒其逸气耳。"廙在州大

诛戮侃时将佐，及征士皇甫方回，于是大失荆土之望，人情乖阻。帝乃征廙为辅国将军，加散骑常侍。以母丧去职。服阕，拜征虏将军，进左卫将军。

及王敦构祸，帝遣廙喻敦，既不能谏其悖逆，乃为敦所留，受任助乱。敦得志，以廙为平南将领护南蛮校尉、荆州刺史。寻病卒。帝犹以亲故，深痛愍之。丧还京都，皇太子亲临拜柩，如家人之礼。赠侍中、骠骑将军，谥曰康。明帝与大将军温峤书曰："痛谢鲲未绝于口，世将复至于此。并盛年隽才，不遂其志，痛切于心。廙明古多通，鲲远有识致。其言虽未足令人改听，然味之不倦，近未易有也。坐相视尽，如何！"

子颐之嗣，仕至东海内史。颐之弟胡之，字修龄，弱冠有声誉，历郡守、侍中、丹阳尹。素有风眩疾，发动甚数，而神明不损。石季龙死，朝廷欲绥辑河洛，以胡之为西中郎将、司州刺史、假节，以疾固辞，未行而卒。子茂之亦有美誉，官至晋陵太守。子敬弘，义熙末为尚书。

彬字世儒。少称雅正，弱冠，不就州郡之命。光禄大夫傅祇辟为掾。后与兄廙俱渡江，为扬州刺史刘机建武长史。元帝引为镇东贼曹参军，转典兵参军。豫讨华轶功，封都亭侯，愍帝召为尚书郎，以道险不就。迁建安太守，徙义兴内史，未之职，转军谘祭酒。

中兴建，稍迁侍中。从兄敦举兵石头，帝使彬劳之。会周顗遇害，彬素与顗善，先往哭顗，甚恸。既而见敦，敦怪其有惨容，而问其所以。彬曰："向哭伯仁，情未能已。"敦怒曰："伯仁自致刑戮，且凡人遇汝，复何为者哉！"彬曰："伯仁长者，君之亲友，在朝虽无謇谔，亦非阿党，而赦后加以极刑，所以伤惋也。"因勃然数敦曰："兄抗旌犯顺，杀戮忠良，谋图不轨，祸及门户。"音辞慷慨，声泪俱下。敦大怒，厉声曰："尔狂悖乃可至此，为吾不能杀汝邪！"时王导在坐，为之惧，劝彬起谢。彬曰："有脚疾已来，见天子尚欲不拜，何跪之有！此复何所谢？"敦曰："脚痛孰若颈痛？"彬意气自若，殊无惧容。后敦议举兵向京师，彬谏甚苦。敦变色目左右，将收彬，彬正色曰："君昔岁害兄，今又杀弟邪？"先是，彬从兄豫章太守棱为敦所害，敦以彬亲故容忍之。俄而以彬为豫章太守。彬为人朴素方直，乏风味之好，虽居显贵，常布衣蔬食。迁前将军、江州刺史。

及敦死，王含欲投王舒，王应劝含投彬。含曰："大将军平素与江州云何，汝欲归之？"应曰："此乃所以宜往也。江州当人强盛时，能立同异，此非常人所及。睹衰厄，必兴愍恻。荆州守文，岂能意外行事！"含不从，遂共投舒，舒果沈含父子于江。彬闻应来，密具船以待之。既不至，深以为恨。

敦平，有司奏彬及兄子安成太守籍之，并是敦亲，皆除名。诏曰："司徒导以大义灭亲，其后昆虽或有违，犹将百世宥之，况彬等公之近亲。"乃原之。征拜光禄勋，转度支尚书。苏峻平后，改筑新宫，彬为大匠。以营创勋劳，赐爵关内侯，迁尚书右仆射。卒官，年五十九。赠特进、卫将军，加散骑常侍，谥曰肃。长子彭之嗣，位至黄门郎。次彪之，最知名。

彪之字叔武。年二十，须鬓皓白，时人谓之王白须。初除佐著作郎、东海王文学。从伯导谓曰："选官欲以汝为尚书郎，汝幸可作诸王佐邪！"彪之曰："位之多少既不足计，自当任之于时，至于超迁，是所不愿。"遂为郎。镇军将军、武陵王晞以为司马，累迁尚书左丞、司徒左长史、御史中丞、侍中、廷尉。

时永嘉太守谢毅，赦后杀郡人周矫，矫从兄球诣州诉冤。扬州刺史殷浩遣从事疏收毅，付廷尉。彪之以球为狱主，身无王爵，非廷尉所料，不肯受，与州相反复。穆帝发诏令受之。彪之又上疏执据，时人比之张释之。时当南郊，简文帝以抚军，执政，访彪之应有赦不。答曰："中兴以来，郊祀往往有赦，愚意尝谓非宜。何者？黎庶不达其意，将谓效祀必赦，至此时，凶愚之辈复生心于侥幸矣。"遂从之。

转吏部尚书。简文有命用秣陵令曲安远补句容令，殿中侍御史奚郎补湘东郡。彪之执不从，曰："秣陵令三品县耳，殿下昔用安远，谈者纷然。句容近几，三品佳邑，岂可处卜术之人无才用者邪！湘东虽复远小，所用未有朗比，谈者谓颇兼卜术得进。殿下若超用寒悴，当充人才之拔。朗等凡器，实未足充此选。"

太尉桓温欲北伐，屡诏不许。温辄下武昌，人情震惧。或劝殷浩引身告退，彪之言于简文曰："此非保社稷为殿下计，皆自为计耳。若殷浩去职，人情崩骇，天子独坐。既尔，当有任其责者，非殿下而谁！"又谓浩曰："彼抗表问罪，卿为其首。事任如此，猜衅已构，欲作匹夫，岂全地邪？且当静以待之。令相王与手书，示以款诚，陈以成败，当必旋斾。若不顺命，即遣中诏。如复不奉，乃当以正义相裁，无故匆匆，先自猖蹶。"浩曰："决大事正自难，顷日来欲使人闷，闻卿此谋，意始得了。"温亦奉帝旨，果不进。

时众官渐多，而迁徙每速，彪之上议曰：

为政之道，以得贤为急，非谓雍容廊庙，标的而已，固将苞任赞时，职思其忧也。得贤之道，在于苞任；苞任之道，在于能久；久于其道，天下化成。是以三载考绩，三考黜陟，不收一切之功，不采速成之誉。故勋格辰极，道融四海，风流遐邈，声冠百代。凡庸之族众，贤能之才寡，才寡于世而官多于朝，焉得不贤鄙共贯，清浊同官！官众则阙多，阙多则迁速，前后去来，更相代补，非为故然，理固然耳。所以职事未修，朝风未澄者也。职事之修，在于省官；朝风之澄，在于并职。官省则选清而得久，职并则吏简而俗静；选清则胜人久于其事，事久则中才犹足有成。

今内外百官，较而计之，固应有省者矣。六卿之任，太常望雅而职重，然其所司，义高务约。宗正所统盖鲜，可以并太常。宿卫之重，二卫任之，其次骁骑、左军各有所领，无兵军校皆应罢废。四军皆罢，则左军之名不宜独立，宜改游击以对骁骑。内官自侍中以下，旧员皆四，中兴之初，二人而已。二人对直，或有不周，愚谓三人，于事则无阙也。凡余诸官，无综事实者，可令大官随才位所帖而领之，若未能顿废，自可因缺而省之。委之以职分，责之以有成，能否因考绩而著，清浊随黜陟而彰。虽缉熙之隆、康哉之歌未可，使庶官之选差清，莅职之日差久，无奉禄之虚费，简吏寺之烦役矣。

永和末，多疾疫。旧制，朝臣家有时疾，染易三人以上者，身虽无病，百日不得入宫。至是，百官多列家疾，不入。彪之又言："疾疫之年，家无不染。若以之不复入宫，则直侍顿阙，王者宫省空矣。"朝廷从之。

既而长安人雷弱儿、梁安等诈云杀苻健、苻眉，请兵应接。时殷浩镇寿阳，便进据洛，营复山陵。属彪之疾归，上简文帝笺，陈弱儿等容有诈伪，浩未应轻进。寻而弱儿果诈，姚襄反叛，浩大败，退守谯城。简文笑谓彪之曰："果如君言。自顷以来，君谋无遗策，张、陈何以过之！"

转领军将军，迁尚书仆射，以疾病，不拜。徙太常，领崇德卫尉。时或谓简文曰："武陵第中大修器杖，将谋非常也。"简文以语彪。彪之曰："武陵王志意尽于驰骋田猎耳。愿深静之，以怀异同者。"或复以此为言，简文甚悦。

复转尚书仆射。时豫州刺史谢奕卒，简文遽使彪之举可以代奕者。对曰："当今时贤，备简高监。"简文："人有举桓云者，君谓何如？"彪之曰："云不必非才，然温居上流，割天下之半。其弟处西藩，兵权尽出一门，亦非深根固蒂之宜也。人才非可豫量，但当令不与殿下作异者耳。"简文领曰："君言是也。"

后以彪之为镇军将军、会稽内史，加散骑常侍。居郡八年，豪右敛迹，亡户归者三万余口。桓温下镇姑孰，威势震主，四方修敬，皆遣上佐纲纪。彪之独曰："大司马诚为富贵，朝廷既有宰相，动静之宜自当谘禀。修敬若遣纲纪，致贡天子复何以过之！"竟不遣。温以山阴县折布米不时毕，郡不弹纠，上免彪之。彪之去郡，郡见罪徙未上州台者，皆原散之。温复以为罪，乃槛收下吏。会赦，免，左降谪为尚书。

顷之，复仆为射。是时温将废海西公，百僚震栗，温亦色动，莫知所为。彪之既叹温不臣迹已著，理不可夺。乃谓温曰："公阿衡皇家，便当倚傍先代耳。"命取《霍光传》。礼度仪制，定于须臾，曾无惧容。温叹曰："作元凯不当如是邪！"时废立之仪既绝于旷代，朝臣莫有识其故典者。彪之神彩毅然，朝服当阶，文武仪准莫不取定，朝廷以此服之。温又废武陵王遵，以事示彪之。彪之曰："武陵亲尊，未有显罪，不可以猜嫌之间，便相废徙。公建立圣明，邈迩归心，当崇奖王室，伊周同美。此大事，宜更深详。"温曰："此已成事，卿勿复言。"

及简文崩，群臣疑惑，未敢立嗣。或云，宜当须大司马处分。彪之正色曰："君崩，太子代立，大司马何容得异！若先面谘，必反为所责矣。"于是朝议乃定。及孝武帝即位，太皇太后令以帝冲幼，加在谅闇，令温依周公居摄故事。事已施行，彪之曰："此异常大事，大司马必当固让，使万机停滞，稽废山陵，未敢奉令。谨具封还内，请停。"事遂不行。

温遇疾，讽朝廷求九锡，袁宏为文，以示彪之。彪之视讫，叹其文辞之美，谓宏曰："卿固大才，安可以此示人！"时谢安见其文，又频使宏改之，宏遂逡巡其事。既屡引日，乃谋于彪之。彪之曰："闻彼病日增，亦当不复支久，自可更小迟回。"宏从之，温亦寻薨。

时桓冲及安夹辅朝政，安以新丧元辅，主上未能亲览万机，太皇太后宜临朝，彪之曰："先代前朝，主在襁抱，母子一体，故可临朝。太后亦不能决政事，终是顾问仆与君诸人耳。今上年出十岁，垂婚冠，反令从嫂临朝，示人君幼弱，岂是翼戴赞扬立德之谓乎！二君必行此事，岂仆所制，所惜者大体耳。"时安不欲委任桓冲，故使太后临朝决政，献替专在乎自己。彪之不达安旨，故以为言。安竟不从。

寻迁尚书令，与安共掌朝政。安每曰："朝之大事，众不能决者，谘王公无不得判。"以年老，上疏乞骸骨，诏不许。转拜护军将军，加散骑常侍。安欲更营宫室，彪之曰："中兴初，即位东府，殊为俭陋，元明二帝亦不改制。苏峻之乱，成帝止兰台都坐，殆不蔽寒暑，是以更营修筑。方之汉魏，诚为俭狭，复不至陋，殆合丰约之中，今自可随宜增益修补而已。强寇未殄，正是休兵养士之时，何可大兴功力，劳扰百姓邪！"安曰："宫室不壮，后世谓人无能。"彪之曰："任天下事，当保国宁家，朝政惟允，岂以修屋宇为能邪！"安无以夺之。故终彪之之世，不改营焉。

加光禄大夫、仪同三司，未拜。疾笃，帝遣黄门侍郎问所苦，赐钱三十万以营医药。太元二年卒，年七十三。即以光禄为赠，谥曰简。二子：越之，抚军参军；临之，东阳太守。

棱字文子，彬季父国子祭酒琛之子也。少历清官。渡江，为元帝丞相从事中郎。从兄导以棱有政事，宜守大郡，乃出为豫章太守，加广武将军。棱知从兄敦骄傲自负，有闵上心，日夕谏诤，以为宜自抑损，推崇盟主，且群从一门，并相与服事，应务相崇高，以隆勋业。每言苦切。敦不能容，潜使人害之。

弟侃，亦知名，少历显职，位至吴国内史。

虞潭，字思奥，会稽余姚人，吴骑都尉翻之孙也。父忠，仕至宜都太守。吴之亡也，坚壁不降，遂死之。潭清贞有检操，州辟从事、主簿，举秀才，大司马、齐王冏请为祭酒，除祁乡令，徙醴陵令。值张昌作乱，郡县多从之，潭独起兵斩昌别率邓穆等。襄阳太守华恢上疏领建平太守，以疾固辞。遂周旋征讨，以军功赐爵都亭侯。陈敏反，潭东下讨敏弟赟于江州。广州刺史王矩上疏领庐陵太守。绥抚荒余，咸得其所。又与诸军共平陈恢，仍转南康太守，进爵东乡侯。寻被元帝檄，使讨江州刺史华轶。潭至庐陵，会轶已平，而湘川贼杜弢犹盛。江州刺史卫展上疏并领安成太守。时甘卓屯宜阳，为杜弢所逼。潭进军救卓，卓上潭领长沙太守，固辞不就。王敦版潭为湘东太守，复以疾辞。弢平后，元帝召补丞相军谘祭酒，转琅邪国中尉。

帝为晋王，除屯骑校尉，徙右卫将军，迁宗正卿，以疾告归。会王含、沈充等攻逼京都，潭遂于本县招合宗人，及郡中大姓，共起义军，众以万数，自假明威将军。乃进赴国难,至上虞。明帝手诏潭为冠军将军,领会稽内史。潭即受命,义众云集。时有野鹰飞集屋梁,众咸俱。潭曰:"起大义,而刚鸷之鸟来集,破贼必矣。"遣长史孔坦领前锋过浙江,追蹑充。潭次于西陵,为坦后继。会充已擒,罢兵,征拜尚书,寻补右卫将军,加散骑常侍。

成帝即位,出为吴兴太守,秩中二千石,加辅国将军。以讨充功,进爵零县侯。苏峻反,加潭督三吴、晋陵、宣城、义兴五郡军事。会王师败绩,大驾逼迁,潭势弱,不能独振,乃固守以俟四方之举。会陶侃等下,潭与郗鉴、王舒协同义举。侃等假潭节、监扬州浙江西军事。潭率众与诸军并势,东西猗角。遣督护沈伊距管商于吴县,为商所败,潭自贬还节。

寻而峻平,潭以母老,辄去官还余姚。诏转镇军将军、吴国内史。复徙会稽内史,未发,还复吴郡。以前后功,进爵武昌县侯,邑一千六百户。是时年荒之后,百姓饥馑,死亡涂地,潭乃表出仓米振救之。又修沪渎垒,以防海抄,百姓赖之。

咸康中,进卫将军。潭貌虽和弱,而内坚明,有胆决,虽屡统军旅,而鲜有倾败。以母忧去职。服阕,以侍中、卫将军征。既至,更拜光禄大夫、开府仪同三司,给亲兵三百人,侍中如故。年七十九,卒于位。追赠左光禄大夫,开府、侍中如故,谥曰孝烈。子仡嗣,官至右将军司马。仡卒,子啸父嗣。

啸父少历显位,后至侍中,为孝武帝所亲爱,尝侍饮宴,帝从容问曰:"卿在门下,初不闻有所献替邪?"啸父家近海,谓帝有所求,对曰:"天时尚温,蟹鱼虾鲊未可致,寻当有所上献。"帝大笑。因饮大醉,出,拜不能起,帝顾曰:"扶虞侍中。"啸父曰:"臣位未及扶,醉不及乱,非分之赐,所不敢当。"帝甚悦。隆安初,为吴国内史。征补尚书,未发,而王廞举兵,版啸父行吴兴太守。啸父即入吴兴应廞。廞败,有司奏啸父与廞同谋,罪应斩。诏以祖潭旧勋,听以赎为庶人。四年,复拜尚书。桓玄用事,以为太尉左司马。寻迁护军将军,出为会稽内史。义熙初,去职,卒于家。

骙字思行,潭之兄子也。虽机干不及于潭,然而素行过之。与谯国桓彝俱为吏部郎,情好甚笃。彝遣温拜骙,骙使子谷拜彝。历吴兴太守、金紫光禄大夫。王导尝谓骙曰:"孔愉有公才而无公望,丁潭有公望而无公才,兼之者,其在卿乎!"官未达而丧,时人惜之。子谷,位至吴国内史。

顾众,字长始,吴郡吴人,骠骑将军荣之族弟也。父秘,交州刺史,有文武才干。众出后伯父,早终,事伯母以孝闻。光禄朱诞器之。州辟主簿,举秀才,除余杭、秫陵令,并不行。元帝为镇东将军,命为参军。以讨华轶功,封东乡侯,辟丞相掾。秘卒,州人立其兄寿为刺史,为州人所害,众往交州迎丧,值杜弢之乱,崎岖六年乃还。秘曾莅吴兴,吴兴义故以众经离寇难,共遗钱二百万,一无所受。

及帝践阼,征拜驸马都尉、奉朝请,转尚书郎。大将军王敦请为从事中郎,上补南康太守。会诏除鄱阳太守,加广武将军。众径之鄱阳,不过敦,敦甚怪焉。及敦构逆,令众出军,众迟回不发。敦大怒,以军期召众还,诘之,声色甚厉。众不为动容,敦意渐释。时敦又怒宣城内史陆喈,众又辨明之。敦长史陆玩在坐,代众危惧,以谓众曰:"卿真所谓刚亦不吐,柔亦不茹,虽仲山甫何以加之!"敦事捷,欲以众为吴兴内史。众固辞,举吏部郎桓彝,彝亦让众,事并不行。敦镇姑孰,复以众为从事中郎。敦平,除太子中庶子,为义兴太守,加扬威将军。

苏峻反,王师败绩,众还吴,潜图义举。时吴国内史庾冰奔于会稽,峻以蔡谟代之。前陵江将军张恕为峻收兵于吴,众遣人喻恕,恕从之。众乃遣郎中徐机告谟曰:"众已潜合家兵,待时而奋,又与张恕克期效节。"谟乃檄众为本国督护,扬威将军仍旧,众从弟护军将军飔为威远将军、前锋督护。吴中人士同时响应。

峻遣将弘徽领甲卒五百,鼓行而前。众与飔、恕要击徽,战于高栅,大破之,收其军实。谟以冰当还任,故便去郡。众遣飔率诸军屯无锡。冰至,镇御亭,恐贼从海虞道入,众自往备之。而贼率张健、马流攻无锡,飔等大败,庾冰亦失守,健等遂据吴城。众自海虞由娄县东仓与贼别率交战,破之,义军又集进屯乌苞。会稽内史王舒、吴兴内史虞潭并檄众为五郡大督护,统诸义军讨健。潭遣将姚休为众前锋,与贼战没。众还守紫壁。

时贼党方锐,义军沮退,人咸劝众过浙江。众曰:"不然。今保固紫壁,可得全钱唐以南五县。若越他境,便为寓军,控引无所,非长计也。"临平人范明亦谓众曰:"此地险要,可以制寇,不可委也。"众乃版明为参军。明率宗党五百人,合诸军,凡四千人,复进讨健。健退于曲阿,留钱弘为吴令。军次路丘,即斩弘首。众进住吴城,遣督护朱祈等九军,与兰陵太守李闳共守庱亭。健遣马流、陶阳等往攻之。闳与祈等逆击,大破之,斩首二千余级。

峻平,论功,众以承檄备义,推功于谟,谟以众唱谋,非己之力,俱表相让,论者美之。封鄱阳县伯,除平南军司,不就。更拜丹阳尹、本国大中正,入为侍中,转尚书。咸康末,迁领军将军、扬州大中正,固让不拜。以母忧去职。

穆帝即位,何充执政,复征众为领军,不起。服阕,乃就。是时充与武陵王不平,众会通其间,遂得和释。充崇信佛教,众议其糜费,每以为言。尝与充同载,经佛寺,充要众入门。众不下车。充以众州里宿望,每优遇之。以年老,上疏乞骸骨,诏书不许。迁尚书仆射。永和二年卒,时年七十三。追赠特进、光禄大夫,谥曰靖。长子昌嗣,为建康令。第三子会,中军谘议参军。时称美士。

张闿,字敬绪,丹阳人,吴辅吴将军昭之曾孙也。少孤,有志操。太常薛兼进之于元帝,言闿才干贞固,当今之良器。即引为安东参军,甚加礼遇。转丞相从事中郎,以母忧去职。既葬,帝强起之,闿固辞疾笃。优命敦逼,遂起视事。及帝为晋王,拜给事黄门侍郎,领本郡大中正。

以佐翼勋，赐爵丹阳县侯，迁侍中。

帝践阼，出补晋陵内史，在郡甚有威惠。帝下诏曰："夫二千石之任，当勉励其德，绥齐所莅，使宽而不纵，严而不苛，其于勤功督察，便国利人，抑强扶弱，使无杂滥，真太守之任也。若声过其实，古人所不取。功乎异端，为政之甚害，盖所贵者本也。"闿遵而行之。时所部四县并以旱失田，闿乃立曲阿新丰塘，溉田八百余顷，每岁丰稔，葛洪为其颂。计用二十一万一千四百二十功，以擅兴造免官。后公卿并为之言曰："张闿兴陂溉田，可谓益国，而反被黜，使臣下难复为善。"帝感悟，乃下诏曰："丹阳侯闿昔以劳役部人免官，虽从吏议，犹未掩其忠节之志也。仓廪国之大本，宜得其才，今以闿为大司农。"闿陈黜免始尔，不宜便居九列。疏奏，不许，然后就职。帝晏驾，以闿为大匠卿，营建平陵，事毕，迁尚书。苏峻之役，闿与王导俱入宫侍卫。峻使闿持节权督东军。王导潜与闿谋，密宣太后诏于三吴，令速起义军。陶侃等至，假闿节，行征虏将军，与振威将军陶回共督丹阳义军。闿到晋陵，使内史刘耽尽以一部谷，并遣吴郡度支运四部谷，以给车骑将军郗鉴。又与吴郡内史蔡谟、前吴兴内史虞潭、会稽内史王舒等招集义兵，以讨峻。峻平，以尚书加散骑常侍，赐爵宜阳伯。迁廷尉，以疾解职，拜金紫光禄大夫。寻卒，时年六十四。子混嗣。闿笺表文议传于世。

史臣曰：季孙行父称见有礼于其君者，如孝子之养父母；无礼于其君者，如鹰鹯之逐鸟雀。是以石碏戮厚，叔向诛鲋，前史以为美谭。王敦之恶，不足矜其类。然而朱家容布，为大侠之首，郦寄载吕，兴卖友之讥。亦所以激扬风俗，弘长名教。王彬舣船而厚其所薄，王舒沈江而薄其所厚，较之优劣，断乎可知。思行、彪之厉风规于多僻之日，虞潭、顾众徇贞心于危蹙之辰。龙管为出纳之端，蠲鱼非献替之术，啸父之对，何其鄙欤！

赞曰：处明夙令，声颓暮年。允之骅角，无充山川。虞称多艺，绸缪晢后。二三其德，亦孔之丑。世儒愤发，恸颧陵敦。彪之不挠，宁浩旋温。顾实南金，虞惟东箭。铣质不改，笃心不变，公望公才，駸为其选。

卷七十七　　列传第四十七

陆晔 弟玩 玩子纳 何充 褚翜
蔡谟 诸葛恢 殷浩 顾悦之 蔡系

陆晔，字士光，吴郡吴人也。伯父喜，吴吏部尚书。父英，高平相，员外散骑常侍，晔少有雅望，从兄机每称之曰："我家世不乏公矣。"居丧，以孝闻。同郡顾荣与乡人书曰："士光气息裁属，虑其性命，言之伤心矣。"后察孝廉，除永世、乌江二县令，皆不就。元帝初镇江左，辟为祭酒，寻补振威将军、义兴太守，以疾不拜。预讨华轶功，封平望亭侯，累迁散骑常侍、本郡大中正。太兴元年，迁太子詹事。时帝以侍中皆北士，宜兼用南人，晔以清贞著称，遂拜侍中，徙尚书，领州大中正。

明帝即位，转光禄勋，迁太常，代荀瞻为尚书左仆射，领太子少傅，寻加金紫光禄大夫，代卞壸为领军将军。以平钱凤功，进爵江陵伯。帝不豫，晔与王导、壸、庾亮、温峤、郗鉴并受顾命，辅皇太子，更入殿将兵直宿。遗诏曰："晔清操忠贞，历职显允，且其兄弟事君如父，忧国如家，岁寒不凋，体自门风。既委以六军，可录尚书事，加散骑常侍。"

成帝践阼，拜左光禄大夫、开府仪同三司，给亲兵百人，常侍如故。苏峻之难，晔随帝左石头，举动方正，不以凶威变节。峻以晔吴士之望，不敢加害，使守留台。匡术以苑城归顺，时共推晔督宫城军事。峻平，加卫将军。给千兵百骑，以勋进爵为公，封次子嘏新康子。

咸和中，求归乡里拜坟墓。有司奏，旧制假六十日。侍中颜含、黄门侍郎冯怀驳曰："晔内蕴至德，清一其心，受托付之重，居台司之位，既蒙诏许归省填茔，大臣之义本在忘己，岂容有期而反，无期必远。愚谓宜还自还，不须制日。"帝从之，晔因归。以疾卒，时年七十四。追赠侍中、车骑大将军，谥曰穆。子谌，散骑常侍。

玩字士瑶。器量淹雅，弱冠有美名，贺循每称其清允平当，郡檄纲纪，东海王越辟为掾，皆不就。元帝引为丞相参军。时王导初至江左，思结人情，请婚于玩。玩对曰："培塿无松柏，薰莸不同器。玩虽不才，义不能为乱伦之始。"导乃止。玩尝诣导食酪，因而得疾。与导笺曰："仆虽吴人，几为伧鬼。"其轻易权贵如此。

累加奋武将军，征拜侍中，以疾辞。王敦请为长史，逼以军期，不得已，乃从命。敦平，尚书令郗鉴议敦佐吏不能匡正奸恶，宜皆免官禁锢。会温峤上表申理，得不坐。复拜侍中，迁吏部尚书，领会稽王师，让不拜，转尚书左仆射，领本州大中正。及苏峻反，遣玩与兄晔俱守宫城。玩潜说匡术归顺，以功封兴平伯。转尚书令。又诏曰："玩体道清纯，雅量弘远，历位内外，风绩显著。宜居台司，以允众望。授左光禄大夫、开府仪同三司，加散骑常侍，余如故。"玩频自表，优诏褒扬。重复自陈曰："臣实凡短，风操不立，阶缘嘉会，便蒙荣显，遂总括宪台，豫闻政道。竟不能敷融玄风，清一朝序，咎责之来，于臣已重。诚以身许国，义忘曲让。而楼楼所守，终于陈诉者，特以端右机要，事务殷多，臣又盈六十之年，智力有限，疾患深重，体气日弊，朝夕自励，非复所堪。若偃息苟免，职事并废，则莫大之悔，天下将谓臣何！乞陛下披豁圣怀，霈然垂允。"诏不许。玩重表曰："臣比披诚款，不足上畅天聪，圣旨徘徊，厉以体国。臣闻至公之道，上下玄同，用才不负其长，量力不受其短。虽加官重禄无世不有，皆庸勋亲贤，时所须赖，兼统以济世务，非优崇以荣一人。臣受遇三世，恩隆宠厚，岂敢辞职事之劳，求冲让之誉。徒以端右要重，兴替所存，久以无任，妨贤旷职。臣犹自知不可，况天下之人乎！今复外参论道，内统百揆，不堪之名,有如皦日。愿陛下少垂哀矜,使四海知官不可以私于人,人不可以私取官,则天工弘坦,谁不谓允!"犹不许。寻而王导、郗鉴、庾亮相继而薨,朝野咸以为三良既没,国家殄瘁。以玩有德望,乃迁侍中、司空,给羽林四十人。玩既拜,有人诣之,索杯酒,酹置柱梁之间,咒曰:"当今乏材,以尔为柱石,莫倾人梁栋邪!"玩笑曰:"戬卿良箴。"既而叹息,谓宾客曰:"以我为三公,是天下为无人。"谈者以为知言。

玩虽登公辅,谦让不辟掾属。成帝闻而劝之。玩不得已而从命,所辟皆寒素有行之士。玩翼亮累世,常以弘重为人主所贵,加性通雅,不以名位格物,诱纳后进,谦若布衣,由是搢绅之徒莫不荫其德宇。后疾甚,上表曰:"臣婴遘疾疢,沈顿历月,不蒙痊损,而日夕渐笃,自省微绵,无复生望。荷恩不报,孤负已及,仰瞻天覆,伏枕陨涕。臣年向中寿,穷极宠荣,终身归全,将复何恨!惟愿陛下崇明圣德,弘敷洪化,曾构祖宗之基,道济群生之命。臣不胜临命遗恋之情,贪及视息,上表以闻。"薨年六十四,谥曰康,给兵千人,守冢七十家。太元中,功臣普被减削,司空何充等止得六家,以玩有佐命之勋,先陪陵而葬,由是特置兴平伯官属以卫墓。子始嗣,历侍中、尚书。

纳字祖言。少有清操,贞厉绝俗。初辟镇军大将军、武陵王掾,州举秀才。太原王述雅敬重之,引为建威长史。累迁黄门侍郎、本州别驾、尚书吏部郎,出为吴兴太守。将之郡,先至姑孰辞桓温,因问温曰:"公致醉可饮几酒?食肉多少?"温曰:"年大来饮三升便醉,白肉不过十脔。卿复云何?"纳曰:"素不能饮,止可二升,肉亦不足言。"后伺温闲,谓之曰:"外有微礼,方守远郡,欲与公一醉,以展下情。"温欣然纳之。时王坦之、刁彝在坐。及受礼,唯酒一斗,鹿肉一柈,坐客愕然。纳徐曰:"明公近云饮酒三升,纳止可二升,今有一斗,以备杯杓余沥。"温及宾客并叹其率素,更敕中厨设精馔,酣饮极叹而罢。纳至郡,不受俸禄。顷之,征拜左民尚书,领州大中正。将应召,外白宜装几船,纳曰:"私奴装粮食来,无所复须也。"临发,止有被襆而已,其余并封以还官。迁太常,徙吏部尚书,加奉车都尉、卫将军。谢安尝欲诣纳,而纳殊无供办。其兄子俶不敢问之,乃密为之具。安既至,纳所设唯茶果而已。俶遂陈盛馔,珍羞毕具。客罢,纳大怒曰:"汝不能光益父叔,乃复秽我素业邪!"于是杖之四十。其举措多此类。

后以爱子长生有疾,求解官营视,兄子禽又犯法应刑,乞免官谢罪。诏特许轻降。顷长生小佳,喻还摄职。寻迁尚书仆射,转左仆射,加散骑常侍。俄拜尚书令,常侍如故。恪勤贞固,始终不渝。时会稽王道子以少年专政,委任群小,纳望阙而叹曰:"好家居,纤儿欲撞坏之邪!"朝士咸服其忠亮。寻除左光禄大夫、开府仪同三司,未拜而卒,即以为赠。长生先卒,无子。以弟子道隆嗣,元熙中,为廷尉。

何充,字次道,庐江灊人,魏光禄大夫祯之曾孙也。祖恽,豫州刺史。父睿,安丰太守。充风韵淹雅,文义见称。初辟大将军王敦掾,转主簿。敦含时为庐江郡,贪污狼藉,敦尝于座中称曰:"家兄在郡定佳,庐江人士咸称之。"充正色曰:"充即庐江人,所闻异于此。"敦默然。傍人皆为之不安,充晏然自若。由是忤敦,左迁东海王文学,寻属敦败,累迁中书侍郎。

充即王导妻之姊子,充妻,明穆皇后之妹也,故少与导善,早历显官。尝诣导,导以麈尾反指床呼充共坐,曰:"此是君坐也。"导缮扬州解会,顾而言曰:"正为次道耳。"明帝亦友昵之。成帝即位,迁给事黄门侍郎。苏峻作乱,京都倾覆,导从驾在石头,充东奔义军。其后导奔白石,充亦得还。贼平,封都乡侯,拜散骑常侍,出为东阳太守,仍除建威将军、会稽内史。在郡甚有德政,荐征士虞喜,拔郡人谢奉、魏颛等以为佐史。后以墓被发去职。诏征侍中,不拜。改葬毕,除建威将军、丹阳尹。王导、庾亮并言于帝曰:"何充器局方概,有万夫之望,必能总录朝端,为老臣之副。臣死之日,愿引充内侍,则外誉唯缉,社稷无虞矣。"由是加吏部尚书,进号冠军将军,又领会稽王师。及导薨,转护军将军,与中书监庾冰参录尚书事。诏充、冰各以甲杖五十人至止车门。寻迁尚书令,加左将军。充以内外统任,宜相纠正,若使事综一人,于课对为嫌,乃上疏固让。许之。徒中书令,加散骑常侍,领军如故。又领州大中正,以州有先达宿德,固让不拜。

庾冰兄弟以舅氏辅王室,权侔人主,虑易世之后,戚属转疏,将为外物所攻,谋立康帝,即帝母弟也。每说帝以国有强敌,宜须长君,帝从之。充建议曰:"父子相传,先王旧典,忽妄改易,惧非长计。故武王不授圣弟,即其义也。昔汉景亦欲传祚梁王,朝臣咸以为亏乱典制,据而弗听。今琅邪践阼,如孺子何!社稷宗庙,将其危乎!"冰等不从,既而康帝立,帝临轩,冰、充侍坐。帝曰:"朕嗣鸿业,二君之力也。充对曰:"陛下龙飞,臣冰之力也。若如臣议,不睹升平之世。"帝有惭色。

建元初,出为骠骑将军、都督徐州扬州之晋陵诸军事、假节,领徐州刺史,镇京口,以避诸庾。顷之,庾翼将北伐,庾冰出镇江州,充入朝,言于帝曰:"臣冰舅氏之重,宜居宰相,不应远出。"朝议不从。于是征充为都督扬豫徐州之琅邪诸军事、假节,领扬州刺史,将军如故。先是,翼悉发江、荆二州编户奴以充兵役,士庶嗷然。充复欲发扬州奴以均其谤。后以中兴时已发三吴,今不宜复发而止。

俄而帝疾笃,冰、翼意在简文帝,而充建议立皇太子,奏可。及帝崩,充奉遗旨,便立太子,是为穆帝,冰、翼甚恨之。献后临朝,诏曰:"骠骑任重,可以甲杖百人入殿。"又加中书监、录尚书事。充自陈既录尚书,不宜复监中书,许之。复加侍中,羽林骑十人。

冰、翼等寻卒,充专辅幼主。翼临终,表以后任委息爱之。于时论者并以诸庾世在西藩,人情所归,宜依翼所请,以安物情。充曰:"不然。荆楚国之西门,户口百万,北带强胡,西邻劲敌,经略险阻,周旋万里。得贤则中原可定,势弱则社稷同忧,所谓陆抗存则吴存,抗亡则吴亡者，岂可以白面年少猥当此任哉！桓温英略过人，有文武识度，西夏之任，无出温者。"议者又曰："庾爱之肯避温乎？如令阻兵，耻惧不浅。"充曰："温足能制之，诸君勿忧。"乃使温西。爱之果不敢争。充以卫将军褚裒皇太后父，宜综朝政，上疏荐裒参录尚书。裒以地逼，固求外出。充每曰："桓温、褚裒为方伯，殷浩居门下，我可无劳矣。"

充居宰相，虽无澄正改革之能，而强力有器局，临朝正色，以社稷为己任，凡所选用，皆以功臣为先，不以私恩树亲戚，谈者以此重之。然所昵庸杂，信任不得其人，而性好释典，崇修佛寺，供给沙门以百数，糜费巨亿而不吝也。亲友至于贫乏，无所施遗，以此获讥于世。阮裕尝戏之曰："卿志大宇宙，勇迈终古。"充问其故。裕曰："我图数千户郡尚未能得，卿图作佛，不亦大乎！"于时郗愔及弟昙奉天师道，而充与弟崇准信释氏，谢万讥之云："二郗谄于道，二何佞于佛。"充能饮酒，雅为刘惔所贵。惔每云："见次道饮，令人欲倾家酿。"言其能温克也。

永和二年卒，时年五十五，赠司空，谥曰文穆。无子，弟子放嗣。卒，又无子，又以兄孙松嗣，位至骠骑咨议参军。充弟准，见《外戚传》。

褚翜，字谋远，太傅裒之从父兄也。父䂮，少知名，早卒。翜以才艺桢干称。袭爵关内侯，补冠军参军。于时长沙王乂擅权，成都、河间阻兵于外，翜知内难方作，乃弃官避地幽州。后河北有寇难，复还乡里。河南尹举翜行本县事。及天下鼎沸，翜招合同志，将图过江，先移住阳城界。颍川庾敳，即翜之舅也，亦忧世乱，以家付翜。翜道断，不得前。东海王越以为参军，辞疾不就。

寻洛阳覆没，与荥阳太守郭秀共保万氏台，秀不能绥众，与将陈抚、郭重等构怨，遂相攻击。翜惧祸及，谓抚等曰："以诸君所以在此，谋逃难也。当宜共戮力以备贼，幸无外难，而内自相击，是遭坑落井也。郭秀诚为失理，应且容之。若遂所忿，城内自溃，胡贼闻之，指来掩袭，诸君虽得杀秀，无解胡虏矣，累弱非一，宜深思之。"抚等悔悟，与秀交和。时数万口赖翜获全。

明年，率数千家将谋东下，遇道险，不得进，因留密县。司隶校尉荀组以为参军、广威将军，复领本县，率邑人三千，督新城、梁、阳城三郡诸营事。顷之，迁司隶司马，仍督营事。率众进至汝水柴肥口，复阻贼。翜乃单马至许昌，见司空荀藩，以为振威将军，行梁国内史。

建兴初，复为豫州司马，督司州军事。太傅参军王玄代翜为郡。时梁国部曲将耿奴甚得人情，而专势，翜常优遇之。玄为政既急，翜知其不能容奴，因戒之曰："卿威杀已多，而人情难一，宜深慎也。"玄纳翜言，外羁縻奴，而内怀愤。会迁为陈留，将发，乃收奴斩之。翜奴余党聚众杀玄。梁郡既有内难，而徐州贼张平等欲掩袭之。郡人遑惑，将以郡归平。荀组遣翜往抚之，众心乃定。顷之，组举翜为吏部郎，不应召，遂东过江。

元帝为晋王，以翜为散骑郎，转太子中庶子，出为奋威将军、淮南内史。永昌初，王敦构逆，征西将军戴若思令翜出军赴难，翜遣将领五百人从之。明帝即位，征拜屯骑校尉，迁太子左卫率。成帝初，为左卫将军。苏峻之役，朝廷戒严，以翜为侍中，典征讨军事。既而王师败绩，司徒王导谓翜曰："至尊当御正殿，君可启令速出。"翜即入上大阁，躬自抱帝登太极前殿。导升御床抱帝，翜及钟雅、刘超侍立左右。时百官奔散，殿省萧然。峻兵既入，叱翜令下。翜正立不动，呵之曰："苏冠军来觐至尊，军人岂得侵逼！"由是兵士不敢上殿。及峻执政，犹以为侍中，从乘舆幸石头。明年，与光禄大夫陆晔等出据苑城。苏逸、任让围之，翜等固守。贼平，以功封长平县伯，迁丹阳尹。时京邑焚荡，人物凋残，翜收集散亡，甚有惠政。

代庾亮为中护军，镇石头。寻为领军，徙五兵尚书，加奉车都尉，监新宫事。迁尚书右仆射，转左仆射，加散骑常侍。久之，代何充为护军将军，常侍如故。咸康七年卒，时年六十七，赠卫将军，谥曰穆。子希嗣，官至豫章太守。

蔡谟，字道明，陈留考城人也。世为著姓。曾祖睦，魏尚书。祖德，乐平太守。父克，少好学，博涉书记，为邦族所敬。性公亮守正，行不合己，虽富贵不交也。高平刘整恃才纵诞，服饰诡异，无所拘忌。尝行造人，遇克在坐，整终席惭不自安。克时为处士，而见惮如此。后为成都王颖大将军记室督。颖为丞相，擢为东曹掾。克素有格量，及居选官，苟进之徒，望风畏惮。初，克未仕时，河内山简尝与琅邪王衍书曰："蔡子尼今之正人。"衍以书示众曰："山子以一字拔人，然未易可称。"后衍闻克在选官，曰："山子正人之言，验于今矣。"陈留时为大郡，号称多士，琅邪王澄行经其界，太守吕豫遣吏迎之。澄入境问吏曰："此郡人士为谁？"吏曰："有蔡子尼、江应元。"是时郡人多居大位者，澄以其姓名问曰："甲乙等，非君郡人邪？"吏曰："是也。"曰："然则何以但称此二人？"吏曰："向谓君侯问人，不谓问位。"澄笑而止。到郡，以吏言谓豫曰："旧名此郡有风俗，果然小吏亦知如此。"克以朝政日弊，遂绝不仕。东嬴公腾为车骑将军，镇河北，以克为从事中郎，知必不就，以军期致之。克不得已，至数十日，腾为汲桑所攻，城陷，克见害。

谟弱冠察孝廉，州辟从事，举秀才，东海王越召为掾，皆不就。避乱渡江。时明帝为东中郎将，引为参军。元帝拜丞相，复辟为掾，转参军，后为中书侍郎，历义兴太守、大将军王敦从事中郎、司徒左长史，迁侍中。

苏峻构逆，吴国内史庾冰出奔会稽，乃以谟为吴国内史。谟既至，与张闿、顾众、顾飏等共起义兵，迎冰还郡。峻平，复为侍中，迁五兵尚书，领琅邪王师。谟上疏让曰："八坐之任，非贤莫居，前后所用，资名有常。孔愉、诸葛恢并以清节令才，少著名望。昔愉为御史中丞，臣尚为司徒长史；恢为会稽太守，臣为尚书郎；恢尹丹阳，臣守小郡。名辈不同，阶级殊悬。今猥以轻鄙、超伦等之，上乱圣朝贯鱼之序，下违群士准平之论。岂惟微臣其亡之诫，实招圣政惟尘之累。且左长史一超而侍帷幄，再登而厕纳言，中兴已来，上德之举所未尝有。臣何人斯，而猥当之！是以叩心自忖，三省愚身，与其苟进以秽清涂，宁受违命狷固之罪。"疏奏,不许。转掌吏部。以平苏峻勋,赐爵济阳男,又让,不许。

冬蒸,谟领祠部,主者忘设明帝位,与太常张泉俱免,白衣领职。顷之,迁太常,领秘书监,以疾不堪亲职,上疏自解,不听。成帝临轩,遣使拜太傅、太尉、司空。会将作乐,宿县于殿庭,门下奏,非祭祀燕飨则无设乐之制。事下太常。谟议临轩遣使宜有金石之乐,遂从之。临轩作乐,自此始也。彭城王纮上言,乐贤堂有先帝手画佛象,经历寇难,而此堂犹存,宜敕作颂。帝下其议。谟曰:"佛者,夷狄之俗,非经典之制。先帝量同天地,多才多艺,聊因临时而画此象,至于雅好佛道,所未承闻也。盗贼奔突,王都隳败,而此堂块然独存,斯诚神灵保祚之征,然未是大晋盛德之形容,歌颂之所先也。人臣睹物兴义,私体赋颂可也。今欲发王命,敕史官,上称先帝好佛之志,下为夷狄作一象之颂,于义有疑焉。"于是遂寝。

时征西将军庾亮以石勒新死,欲移镇石城,为灭贼之渐。事下公卿。谟议曰:

时有否泰,道有屈伸,暴逆之寇虽终灭亡,然当其强盛,皆屈而避之。是以高祖受黜于巴汉,忍辱于平城也。若争强于鸿门,则亡不终日。故萧何曰"百战百败,不死何待"也。原始要终,归于大济而已。岂与当亡之寇争迟速之间哉!夫惟鸿门之不争,故垓下莫能与之争。文王身圮于羑里,故道泰于牧野;句践见屈于会稽,故威申于强吴。今日之事,亦由此矣。贼假息之命垂尽,而豺狼之力尚强;宜抗威以待时。

或曰:"抗威待时,时已可矣。"愚以为时之可否在贼之强弱,贼之强弱在季龙之能否。季龙之能否,可得而言矣。自勒初起,则季龙为爪牙,百战百胜,遂定中国,境土所据,同于魏世。及勒死之日,将相内外欲诛季龙。季龙独起于众异之中,杀嗣主,诛宠臣。内难既定,千里远出,一攻而拔金墉,再战而斩石生,禽彭彪,杀石聪,灭郭权,还据根本,内外并定,四方镇守,不失尺土。详察此事,岂能乎,将不能也?假令不能为之,其将济乎,将不济也?贼前襄阳而不能拔,诚有之矣。不信百战之效,而执一攻之验,弃多从少,于理安乎?譬若射者,百发而一不中,可谓之拙乎?且不拔襄阳者,非季龙身也。桓平北,守边之将耳。贼前攻之,争疆场耳,得之为善,不得则止,非其所急也。今征西之往,则异于是。何者?重镇也,名贤也,中国之人所闻而归心也。今而西度,实有席卷河南之势,贼所大惧,岂与桓宣同哉!季龙必率其精兵,身来距争。若欲与战,战何如石生?若欲城守,守何如金墉?若欲阻沔,沔何如大江?苏峻何如季龙?凡此数者,宜群校之。

愚谓石生猛将,关中精兵,征西之虎不能胜也。金墉险固,刘曜十万所不能拔,今征西之守不能胜也。又是时兖州、洛阳、关中皆举兵击季龙。今此三处反为其用,方之于前,倍半之觉也。若石生不能敌其半,而征西欲当其倍,愚所疑也。苏峻之强,不及季龙,沔水之险,不及大江。大江不能御苏峻,而

以沔水御季龙,又所疑也。昔祖士稚在谯,佃于城北,虑贼来攻,因以为资,故豫安军屯,以御其外。谷将熟,贼果至,丁夫战于外,老弱获于内,多持炬火,急则烧谷而走。如此数年,竟不得其利。是时贼唯据沔北,方之于今,四分之一耳。士稚不能捍其一,而征西欲御其四,又所疑也。或云:"贼若多来,则必无粮。"然致粮之难,莫过崤函。而季龙昔涉此险,深入敌国,平关中而后还。今至襄阳,路既无险,又行其国内,自相供给,方之于前,难易百倍。前已经至难,而谓今不能济其易,又所疑也。

然此所论,但说征西既至之后耳,尚未论道路之虑也。自沔以西,水急岸高,鱼贯溯流,首尾百里。若贼无宋襄之义,及我未阵而击之,将如之何?今王士与贼,水陆异势,便习不同。寇若送死,虽开江延敌,以一当千,犹吞之有余,宜诱而致之,以保万全。弃江远进,以我所短击彼所长,惧非庙胜之算。

朝议同之,故亮不果移镇。

初,皇后每年拜陵,劳费甚多,谟建议曰:"古者皇后庙见而已,不拜陵也。"由是遂止。

初,太尉郗鉴疾笃,出谟为太尉军司,加侍中。鉴卒,即拜谟为征北将军、都督徐兖青三州扬州之晋陵豫州之沛郡诸军事、领徐州刺史、假节。时左卫将军陈光上疏请伐胡,诏令攻寿阳,谟上疏曰:

今寿阳城小而固。自帮阳至琅邪,城壁相望,其间远者裁百余里,一城见攻,众城必救。且王师在路五十余日,刘仕一军早已入淮,又遣数部北取坚壁,大军未至,声息久闻。而贼之邮驿,一日千里,河北之骑足以来赴,非惟邻城相救而已。夫以白起、韩信、项籍之勇,犹发梁焚舟,背水而阵。今欲停船水渚,引兵造城,前对坚敌,顾临归路,此兵法之所诫也。若进攻未拔,胡骑卒至,惧桓子不知所为,而舟中之指可掬。今征军五千,皆王都精锐之众,又光为左卫,远近闻之,名为殿中之军,宜令所有征无战。而顿之坚城之下,胜之不武,不胜为笑。今以国之上驷击寇之下邑,得之则利薄而不足损敌,失之则害重而足以益寇,惧非策之长者。臣愚以为闻寇而致讨,贼退而振旅,于事无失。不胜管见,谨冒陈闻。

季龙于青州造船数百,掠缘海诸县,所在杀戮,朝廷以为忧。谟遣龙骧将军徐玄等守中洲,并设募,若得贼大白船者,赏布千匹,小船四匹。是时谟所统七千余人,所戍东至土山,西至江乘,镇守八所,城垒凡十一处,烽火楼望三十余处,随宜防备,甚有算略。先是,郗鉴上部下有勋劳者凡一百八十人,帝并酬其功,未卒而鉴薨,断不复与。谟上疏以为先已许鉴,今不宜断。且鉴所上者皆积年勋效,百战之余,亦不可不报。诏听之。

康帝即位,征拜左光禄大夫、开府仪同三司,领司徒。代殷浩为扬州刺史。又录尚书事,领司徒如故。初,谟冲让不辟僚佐,诏屡敦逼之,始取掾属。

石季龙死,中国大乱。时朝野咸谓当太平复旧,谟独谓不然,语所亲曰:"胡灭,诚大庆也,然将贻王室之忧。"

或曰："何哉？"谟曰："夫能顺天而奉时，济六合于草昧，若非上哲，必由英豪。度德量力，非时贤所及。必将经营分表，疲人以逞志。才不副意，略不称心，财单力竭，智勇俱屈，此韩卢、东郭所以双毙也。"

迁侍中、司徒。上疏让曰："伏自惟省，昔阶谬恩，蒙忝非据，尸素累积而光宠更崇，谤讟弥兴而荣进复加，上亏圣朝栋隆之举，下增微臣覆𫗧之衅，惶惧战灼，寄颜无所。乞垂天鉴，回恩改谬，以允群望。"皇太后诏报不许。谟犹固让，谓所亲曰："我若为司徒，将为后代所哂，义不敢拜也。"皇太后遣使喻意，自四年冬至五年末，诏书屡下，谟固守所执。六年，复上疏，以疾病乞骸骨，上左光禄大夫、领司徒印绶。章表十余上。穆帝临轩，遣侍中纪璩、黄门郎丁纂征谟。谟陈疾笃，使主簿谢攸对曰："臣谟不幸有公族穆子之疾，天威不违颜咫尺，不敢奉诏，寝伏待罪。"自旦至申，使者十余反，而谟不至。时帝年八岁，甚倦，问左右曰："所召人何以至今不来？临轩何时当竟？"君臣俱疲弊。皇太后诏："必不来者，宜罢朝。"中军将军殷浩奏免吏部尚书江彪官。简文时为会稽王，命曹曰："蔡公傲违上命，无人臣之礼。若人主卑屈于上，大义不行于下，亦不知复所以为政矣。"于是公卿奏曰："司徒谟顷以常疾，久逋王命，皇帝临轩，百僚齐立，俯偻之恭，有望于谟，若志存止退，自宜致辞阙庭，安有人君卑劳终日而人臣曾无一酬之礼！悖慢傲上，罪同不臣。臣等参议，宜明国宪，请送廷尉，以正刑书。"谟惧，率子弟素服诣阙稽颡，躬到廷尉待罪。皇太后诏曰："谟先帝师傅，服事累世。且归罪有司，内讼思愆。若遂致之于理，情所未忍。可依旧制免为庶人。"

谟既被废，杜门不出，终日讲诵，教授子弟。数年，皇太后诏曰："前司徒谟以道素著称，轨行成名，故历事先朝，致位台辅，以往年之失，用致黜责。自尔已来，阖门思愆，诚合大臣罪己之义。以谟为光禄大夫、开府仪同三司。"于是遣谒者仆射孟洪就加册命。谟上疏陈谢曰："臣以顽薄，昔忝殊宠，尸素累纪，加违慢诏命，当肆市朝。幸蒙宽宥，不悟天施复加光饰，非臣陨越所能上报。臣寝疾未损，不任诣阙。不胜仰感圣恩，谨遣拜章。"遂以疾笃，不复朝见。诏赐几杖，门施行马。十二年，卒，时年七十六。赗赠之礼，一依太尉陆玩故事。诏赠侍中、司空，谥曰文穆。

谟博学，于礼仪宗庙制度多所议定。文笔论议，有集行于世。总应劭等所注班固《汉书》者，为之集解。谟初渡江，见彭蜞，大喜曰："蟹有八足，加以二螯。"令烹之。既食，吐下委顿，方知非蟹。后诣谢尚而说之。尚曰："卿读《尔雅》不熟，几为《劝学》死。"谟性方雅。丞相王导作女伎，施设床席。谟先在坐，不悦而去，导不止之。性尤笃慎，每事必为过防。故时人云："蔡公过浮航，脱带腰舟。"长子邵，永嘉太守。少子系，有才学文义，位至抚军长史。

诸葛恢，字道明，琅邪阳都人也。祖诞，魏司空，为文帝所诛。父靓，奔吴，为大司马。吴平，逃窜不出。武帝与靓有旧，靓姊又为琅邪王妃，帝知靓在姊间，因就见焉。靓逃于厕，帝又逼之，谓曰："不谓今日复得相见。"靓流涕曰："不能漆身皮面，复睹圣颜！"诏以为侍中，固辞不拜，归于乡里，终身不向朝廷而坐。

恢弱冠知名，试守即丘长，转临沂令，为政和平。值天下大乱，避地江左，名亚王导、庾亮。导尝谓曰："明府当为黑头公。"及导拜司空，恢在从，导指谓曰："君当复著此。"导尝与恢戏争族姓，曰："人言王、葛，不言葛、王也。"恢曰："不言马驴，而言驴马，岂驴胜马邪！"其见亲狎如此。于时颍川荀闿字道明、陈留蔡谟字道明，与恢俱有名誉，号曰"中兴三明"，人为之语曰："京都三明各有名，蔡氏儒雅荀、葛清。"

元帝为安东将军，以恢为主簿，再迁江宁令。讨周馥有功，封博陵亭侯，复为镇东参军。与卞壸并以时誉迁从事中郎，兼统记室。时四方多务，笺疏殷积，恢斟酌酬答，咸称折中。于时王氏为将军，而恢兄弟与颜含并居显要，刘超以忠谨掌书命，时人以帝善任一国之才。愍帝即位，征用四方贤隽，召恢为尚书郎，元帝以经纬须才，上疏留之，承制调为会稽太守。临行，帝为置酒，谓曰："今之会稽，昔之关中，足食足兵，在于良守。以君有莅任之方，是以相屈。四方分崩，当匡振纪运。政之所先，君为言之。"恢陈谢，因对曰："今天下丧乱，风俗陵迟，宜尊五美，屏四恶，进忠实，退浮华。"帝深纳焉。太兴初，以政绩第一，诏曰："自顷多难，官长数易，益有诸弊，虽圣人犹久于其道，然后化成，况其余乎！汉宣帝称'与我共安天下者，其惟良二千石'，斯言信矣。是以黄霸等或十年，或二十年而不徙，所以能济其中兴之勋也。赏罚黜陟，所以明政道也。会稽内史诸葛恢莅官三年，政清人和，为诸郡首，宜进其位班，以劝风教。今增恢秩中二千石。"

顷之，以母忧去官。服阕，拜中书令。王敦上恢为丹阳尹，以久疾免。明帝征敦，以恢为侍中，加奉车都尉。讨王含有功，进封建安伯，以先爵赐次子虨为关内侯。又拜恢后将军、会稽内史。征为侍中，迁左民尚书、武陵王师、吏部尚书。累迁尚书右仆射，加散骑常侍、银青光禄大夫，领选本州大中正、尚书令，常侍、吏部如故。成帝践阼，加侍中、金紫光禄大夫。卒，年六十二。赠左光禄大夫，仪同三司。赗赠之礼，一依太尉兴平伯故事，谥曰敬。祠以太牢。子甝嗣，位至散骑常侍。

恢兄颐，字道回，亦为元帝所器重，终于太常。

殷浩，字深源，陈郡长平人也。父羡，字洪乔，为豫章太守，都下人士因其致书者百余函，行次石头，皆投之水中，曰："沈者自沈，浮者自浮，殷洪乔不为致书邮。"其资性介立如此。终于光禄勋。

浩识度清远，弱冠有美名，尤善玄言，与叔父融俱好《老》《易》。融与浩口谈则辞屈，著篇则融胜，浩由是为风流谈论者所宗。或问浩曰："将莅官而梦棺，将得财而梦粪，何也？"浩曰："官本臭腐，故将得官而梦尸，钱本粪土，故将得钱而梦秽。"时人以为名言。

三府辟，皆不就。征西将军庾亮引为记室参军，累迁司徒左长史。安西庾翼复请为司马。除侍中、安西军司，并称疾不起。遂屏居墓所，几将十年，于时拟之管、葛。王蒙、谢尚犹伺其出处，以卜江左兴亡，因相与省之，知浩有确然之志。既反，相谓曰："深源不起，当如苍生何！"庾翼贻浩书曰："当今江东社稷安危，内委何、褚诸君，外托庾、桓数族，恐不得百年无忧，亦朝夕而弊。足下少标令名，十余年间，位经内外，而欲潜居利贞，斯理难全。且夫济一时之务，须一时之胜，何必德均古人，韵齐先达邪！王夷甫，先朝风流士也，然吾薄其立名非真，而始终莫取。若以道非虞、夏，自当超然独往，而不能谋始，大合声誉，极致名位，正当抑扬名教，以静乱源。而乃高谈《庄》《老》，说空终日，虽云谈道，实长华竞。及其末年，人望犹存，思安惧乱，寄命推务。而甫自申述，徇小好名，既身囚胡虏，弃言非所。凡明德君子，遇会处际，宁可然乎？而世皆然之。益知名实之未定，弊风之未革也。"浩固辞不起。

建元初，庾冰兄弟及何充等相继卒。简文帝时在藩，始综万几，卫将军褚裒荐浩，征为建武将军、扬州刺史。浩上疏陈让，并致笺于简文，具申其叙。简文答之曰："属当厄运，危弊理尽。诚赖时有其才，不复远求版筑。足下沈识淹长，思综通练，起而明之，足以经济。若复深存挹退，苟遂本怀，吾恐天下之事于此去矣，今兹领不振，晋网不纲，愿蹈东海，复可得邪！由此言之，足下去就即是时之废兴，时之废兴则家国不异。足下弘思之，静算之，亦将有以深鉴可否。望必废本怀，率群情也。"浩频陈让，自三月至七月，乃受拜焉。

时桓温既灭蜀，威势转振，朝廷惮之。简文以浩有盛名，朝野推伏，故引为心膂，以抗于温，于是与温颇相疑贰。会遭父忧，去职，时以蔡谟摄扬州，以俟浩，服阕，征为尚书仆射，不拜。复为建武将军、扬州刺史，遂参综朝权。颍川荀羡少有令闻，浩擢为义兴、吴郡，以为羽翼。王羲之密说浩、羡，令与桓温和同，不宜内构嫌隙，浩不从。

及石季龙死，胡中大乱，朝廷欲遂荡平关、河，于是以浩为中军将军、假节、都督扬、豫、徐、兖、青五州军事。浩既受命，以中原为己任，上疏北征许、洛。将发，坠马，时咸恶之。既而以淮南太守陈逵、兖州刺史蔡裔为前锋，安西将军谢尚、北中郎将荀羡为督统；开江西畔田千余顷，以为军储。师次寿阳，潜诱苻健大臣梁安、雷弱儿等，使杀健，许以关右之任。初，降人魏脱卒，其弟憬代领部曲。姚襄杀憬，以并其众，浩大恶之，使龙骧将军刘启守谯，迁襄于梁。既而魏氏子弟往来寿阳，襄益猜惧。俄而襄部曲有欲归浩者，襄杀之，浩于是谋诛襄。会苻健杀其大臣，健兄子眉自洛阳西奔，浩以为梁安事捷，意苻健已死，请进屯洛阳，修复园陵，使襄为前驱，冠军将军刘洽镇鹿台，建武将军刘遁据仓垣，又求解扬州，专镇洛阳，诏不许。浩既至许昌，会张遇反，谢尚又败绩，浩还寿阳。后复进军，次山桑，而襄反，浩惧，弃辎重，退保谯城，器械军储皆为襄所掠，士卒多亡叛。浩遣刘启、王彬之击襄于山桑，并为襄所杀。

桓温素忌浩，及闻其败，上疏罪浩曰：

案中军将军浩过蒙朝恩，叨窃非据，宠灵超卓，再司京辇，不能恭慎所任，恪居职次，而侵官离局，高下在心。前司徒臣谟执义履素，位居台辅，师傅先帝，朝之元老，年登七十，以礼请退，虽临轩固辞，不顺恩旨，适足以明逊让之风，弘优贤之礼。而浩虚生狡说，疑误朝听，狱之有司，将致大辟。自羯胡天亡，群凶殄灭，而百姓涂炭，企迟拯接。浩受专征之重，无雪耻之志，坐自封植，妄生风尘，遂使寇仇稽诛，奸逆并起，华夏鼎沸，黎元殄悴。浩惧罪将及，不容于朝，外声进讨，内求苟免。出次寿阳，顿甲弥年，倾天府之资，竭五州之力，收合无赖，以自强卫，爵命无章，猜害罔顾。故范丰之属反叛于苟陂，奇德、龙会作变于肘腋。羌帅姚襄率众归化，遣其母弟入质京邑，浩不能抚而用之，阴图杀害，再遣刺客，为襄所觉。襄遂惶惧，用致逆命。生长乱阶，自浩始也。复不能以时扫灭，纵放小竖，鼓行毒害，身狼狈于山桑，军破碎于梁国，舟车焚烧，辎重霣没。三年积实，反以资寇，精甲利器，更为贼用。神怒人怨，众之所弃，倾危之忧，将及社稷。臣所以忘寝屏营，启处无地。夫率正义，所以致训，明罚敕法，所以齐众，伏愿陛下上追唐尧放命之刑，下鉴《春秋》无君之典。若圣上含弘，未忍诛殛，且宜遐弃，摈之荒裔。虽未足以塞山海之责，粗可以宣诚于将来矣。

竟坐废为庶人，徙于东阳之信安县。

浩少与温齐名，而每心竞。温尝问浩："君何如我？"浩曰："我与君周旋久，宁作我也。"温既以雄豪自许，每轻浩，浩不之惮也。至是，温语人曰："少时吾与浩共骑竹马，我弃去，浩辄取之，故当出我下也。"又谓郗超曰："浩有德有言，向使作令仆，足以仪刑百揆，朝廷用违其才耳。"

浩虽被黜放，口无怨言，夷神委命，谈咏不辍，虽家人不见其有流放之戚。但终日书空，作"咄咄怪事"四字而已。浩甥韩伯，浩素赏爱之，随至徙所，经岁还都，浩送至渚侧，咏曹颜远诗云："富贵他人合，贫贱亲戚离。"因而泣下。后温将以浩为尚书令，遗书告之，浩欣然许焉。将答书，虑有谬误，开闭者数十，竟达空函，大忤温意，由是遂绝。永和十二年卒。

子涓，亦有美名，咸安初，桓温废太宰、武陵王晞，诬涓及庾倩与晞谋反，害之。

浩后将改葬，其故吏顾悦之上疏讼浩曰：

伏见故中军将军、扬州刺史殷浩体德沈粹，识理淹长，风流雅胜，声盖当时，再临神州，万里肃清，勋绩茂著，圣朝钦嘉，遂授分陕推毂之任。戎旗既建，出镇寿阳，驱其豺狼，剪其荆棘，收罗向义，广开屯田，沐雨栉风，等勤台仆。仰凭皇威，群丑革面，进军河、洛，修复园陵。不虞之变，中路猖蹶，遂令为山之功崩于垂成，忠款之志于是而废。既受削黜，自摈山海，杜门终身，与世两绝，可谓克己复礼，穷而无怨者也。寻浩所犯，盖负败之常科，非即情之永责。

论其名德深诚则如彼,察其补过罪己则如此,岂可弃而不恤,使法有余冤!方今宅兆已成,埏隧已开,悬棺而窆,礼同庶人,存亡有非命之分,九泉无自诉之期,仰感三良,昊天罔极。若使明诏爰发,旌我善人,崇复本官,远彰幽昧,斯则国家威恩有兼济之美,死而可作,无负心之恨。

疏奏,诏追复浩本官。

顾悦之,字君叔,少有义行。与简文同年,而发早白。帝问其故。对曰:"松柏之姿,经霜犹茂;蒲柳常质,望秋先零。"简文悦其对。始将抗表讼浩,浩亲故多谓非宜,悦之决意以闻,又与朝臣争论,故众无以夺焉。时人咸称之。为州别驾,历尚书右丞,卒。子凯之,别有传。

蔡裔者,有勇气,声若雷震。尝有二偷入室,裔拊床一呼,而盗俱陨,故浩委以军锋焉。

史臣曰:陆晔等并以时望国华,效彰历试,迭居端揆,参掌机衡。然皆率由旧章,得免祗悔。而充抗言孺子,虽屈压于权臣,翊奉储君,竟导扬于末命,频参大议,屡画嘉谋,可谓忠贞在斯而已。殷浩清徽雅量,众议攸归,高秩厚礼,不行而至,咸谓教义由其兴替,社稷俟以安危。及其入处国钧,未有嘉谋善政,出总戎律,唯闻蹙国丧师,是知风流异贞固之才,谈论非奇正之要。违方易任,以致播迁,悲失!蔡谟度德而处,弘斯止足,置以刑书,斯为过矣。

赞曰:士光时望,士瑶允当。政既弟兄,任惟台相。祖言简率,遗风可尚。蔡、葛知名,或雅或清。次道方概,谋远忠贞。中军鉴局,誉光雅俗。夷旷有余,经纶不足。舍长任短,功亏名辱。

卷七十八　　列传第四十八

孔愉 子汪　安国　弟祗　从子坦　严　从弟群
群子沈　**丁潭　张茂　陶回**

孔愉,字敬康,会稽山阴人也。其先世居梁国。曾祖潜,太子少傅,汉末避地会稽,因家焉。祖竺,吴豫章太守。父恬,湘东太守。从兄侃,大司农。俱有名江左。愉年十三而孤,养祖母以孝闻,与同郡张茂字伟康、丁潭字世康齐名,时人号曰"会稽三康"。吴平,愉迁于洛。惠帝末,归乡里,行至江、淮间,遇石冰、封云为乱,云逼愉为参军,不从,将杀之,赖云司马张统营救获免。东还会稽,入新安山中,改姓孙氏,以稼穑读书为务,信著乡里。后忽舍去,皆谓为神人,而为之立祠。永嘉中,元帝始以安东将军镇扬土,命愉为参军。邦族寻求,莫知所在。建兴初,始出应召。为丞相掾,仍除驸马都尉、参丞相军事,时年已五十矣。以讨华轶功,封余不亭侯。愉尝行经余不亭,见笼龟于路者,愉买而放之溪中,龟中流左顾者数四。

及是,铸侯印,而印龟左顾,三铸如初。印工以告,愉乃悟,遂佩焉。

帝为晋王,使长兼中书郎。于时刁协、刘隗用事,王导颇见疏远。愉陈导忠贤,有佐命之勋,谓事无大小皆宜谘访。由是不合旨,出为司徒左长史,累迁吴兴太守。沈充反,愉弃官还京师,拜御史中丞,迁侍中、太常。及苏峻反,愉朝服守宗庙。初,愉为司徒长史,以平南将军温峤母亡遭乱不葬,乃不过其品。至是,峻平,而峤有重功,愉往石头诣峤,峤执愉手而流涕曰:"天下丧乱,忠孝道废。能持古人之节,岁寒不凋者,唯君一人耳。"时人咸称峤居公而重愉之守正。寻徙大尚书,迁安南将军、江州刺史,不行。转尚书右仆射,领东海王师。寻迁左仆射。

咸和八年,诏曰:"尚书令玩、左仆射愉并恪居官次,禄不代耕。端右任重,先朝所崇,其给玩亲信三十人,愉二十人,廪赐。"愉上疏固让,优诏不许。重表曰:"臣以朽暗,忝厕朝右,以惰劣,无益毗佐。方今强寇未殄,疆场日骇,政烦役重,百姓困苦,奸吏擅威,暴人肆虐。大弊之后,仓库空虚,功劳之士,赏报不足,困悴之余,未见拯恤,呼嗟之怨,人鬼感动。宜并官省职,贬食节用,勤抚其人,以济其艰。臣等不能赞扬大化,纠明刑政,而偷安高位,横受宠给,无德而禄,殃必及之,不敢横受殊施,以重罪戾。"从之。王导闻而非之,于都坐谓愉曰:"君言奸吏擅威,暴人肆虐,为患是谁?"愉欲大论朝廷得失,陆玩抑之乃止。后导将以赵胤为护军,愉谓导曰:"中兴以来,处此官者,周伯仁、应思远耳。今诚乏才,岂宜以赵胤居之邪!"导不从。其守正如此。由是为导所衔。

后省左右仆射,以愉为尚书仆射。愉年在悬车,累乞骸骨,不许,转护军将军,加散骑常侍。复徙领军将军,加金紫光禄大夫,领国子祭酒。顷之,出为镇军将军、会稽内史,加散骑常侍。句章县有汉时旧陂,毁废数百年。愉自巡行,修复故堰,溉田二百余顷,皆成良业。在郡三年,乃营山阴湖南侯山下数亩地为宅,草屋数间,便弃官居之。送资数百万,悉无所取。病笃,遗令敛以时服,乡邑义赠,一不得受。年七十五,咸康八年卒。赠车骑将军、开府仪同三司,谥曰贞。

三子:訚、汪、安国。訚嗣爵,位至建安太守。訚子静,字季恭,再为会稽内史,累迁尚书左仆射,加后将军。

汪字德泽,好学有志行,孝武帝时位至侍中。时茹千秋以佞媚见幸于会稽王道子,汪屡言之于帝,帝不纳。迁尚书太常卿,以不合意,求出,为假节、都督交、广二州诸军事、征虏将军、平越中郎将、广州刺史,甚有政绩,为岭表所称。太元十七年卒。

安国字安国,年小诸兄三十余岁。群从诸兄并乏才名,以富强自立,唯安国与汪少厉孤贫之操。汪既以直亮称,安国亦以儒素显。孝武帝时甚蒙礼遇,仕历侍中、太常。及帝崩,安国形素羸瘦,服衰绖,涕泗竟日,见者以为真孝,再为会稽内史、领军将军。安帝隆安中下诏曰:"领军将军孔安国贞慎清正,出内播誉,可以本官领东海王师,必能导达津梁,依仁游艺。"后历尚书左右仆射。义熙四年卒,赠左光禄大夫。

祗字承祖。太守周札命为功曹史。札为沈充所害，故人宾吏莫敢近者。祗冒刃号哭，亲行殡礼，送丧还义兴，时人义之。

坦字君平。祖冲，丹阳太守。父侃，大司农。坦少方直，有雅望，通《左氏传》，解属文。元帝为晋王，以坦为世子文学。东宫建，补太子舍人，迁尚书郎。时台郎初到，普加策试，帝手策问曰："吴兴徐馥为贼，杀郡将，郡今应举孝廉不？"坦对曰："四罪不相及，殛鲧而兴禹。徐馥为逆，何妨一郡之贤！"又问："奸臣贼子弑君，污宫潴宅，莫大之恶也。乡旧废四科之选，今何所依？"坦曰："季平子逐鲁昭公，岂可以废仲尼也！"竟不能屈

先是，以兵乱之后，务存慰悦，远方秀孝到，不策试，普皆除署。至是，帝申明旧制，皆令试《经》，有不中科，刺史、太守免官。太兴三年，秀孝多不敢行，其有到者，并托疾。帝欲除署孝廉，而秀才如前制。坦奏议曰：

臣闻经邦建国，教学为先，移风崇化，莫尚斯矣。古者且耕且学，三年而通一经，以平康之世，犹假渐渍，积以日月。自丧乱以来，十有余年，干戈载扬，俎豆礼戢，家废讲诵，国阙庠序，率尔责试，窃以为疑。然宣下以来，涉历三载，累遇庆会，遂未一试。扬州诸郡，接近京都，惧累及君父，多不敢行。其远州边郡，掩诬朝廷，冀于不试，冒昧来赴，既到审试，遂不敢会。臣愚以不会与不行，其为阙也同。若当偏加除署，是为肃法奉宪者失分，徼幸投射者得官，颓风伤教，惧于是始。

夫王言如丝，其出如纶，临事改制，示短天下，人听有惑，臣窃惜之。愚以王命无贰，宪制宜信。去年察举，一皆策试。如不能试，可不拘到，遣归不署。又秀才虽以事策，亦宜问经义，苟所未学，实难暗通，不足复曲碎垂例，违旧造异。谓宜因其不会，徐更革制。可申明前下，崇修学校，普延五年，以展讲习，钧法齐训，示人轨则。夫信之与法，为政之纲，施之家室，犹弗可贰，况经国之典而可玩黩乎！

帝纳焉。听孝廉申至七年，秀才如故。

时典客令万默领诸胡，胡人相诬，朝廷疑默有所偏助，将加大辟。坦独不署，由是被谴，遂弃官归会稽。久之，除领军司马，未赴召。会王敦反，与右卫将军虞潭俱在会稽起义，而讨沈充。事平，始就职。扬州刺史王导请为别驾。

咸和初，迁尚书左丞，深为台中之所敬惮。寻属苏峻反，坦与司徒司马陶回白王导曰："及峻未至，宜急断阜陵之界，守江西当利诸口，彼少我众，一战决矣。若峻未至，可往逼其城。今不先往，峻必先至。先人有夺人之功，时不可失。"导然之。庾亮以为峻脱径来，是袭朝廷虚也，故计不行。峻遂破姑熟，取盐米，亮方悔之。坦谓人曰："观峻之势，必破台城。自非战士，不须戎服。"既而台城陷，戎服者多死，白衣者无他，时人称其先见。及峻挟天子幸石头，坦奔陶侃，侃引为长史。时侃等夜筑白石垒，至晓而成。闻峻军严声，咸惧来攻。坦曰："不然。若峻攻垒，必须东北风急，令我水军不得往救。今天清静，贼

必不动，决遣军出江乘，掠京口以东矣。"果如所筹。时郗鉴镇京口，侃等各以兵会。既至，坦议以为本不应须召郗公，遂使东门无限。今宜遣还，虽晚，犹胜不也。侃等犹疑，坦固争甚切，始令鉴还据京口，遣郭默屯大业，又令骁将李闳、曹统、周光与默并力，贼遂势分，卒如坦计。

及峻平，以坦为吴郡太守。自陈吴多贤豪，而坦年少，未宜临之。王导、庾亮并欲用坦为丹阳尹。时乱离之后，百姓凋弊，坦固辞之。导等犹未之许。坦慨然曰："昔肃祖临崩，诸君亲据御床，共奉遗诏。孔坦疏贱，不在顾命之限。既有艰难，则以微臣为先。今由俎上肉，任人脍截耳！"乃拂衣而去。导等亦止。于是迁吴兴内史，封晋陵男，加建威将军。以岁饥，运家米以振穷乏，百姓赖之。时使坦募江、淮流人为军，有殿中兵，因乱东还，来应坦募，坦不知而纳之。或讽朝廷，以坦藏台叛兵，遂坐免。寻拜侍中。

三康元年，石聪寇历阳，王导为大司马，讨之，请坦为司马。会石勒新死，季龙专恣，石聪及谯郡太守彭彪等各遣使请降。坦与聪书曰：

华狄道乖，南北回邈，瞻河企宋，每怀饥渴。数会阳九，天祸晋国，奸凶猾夏，乘衅肆虐。我德虽衰，天命未改。乾符启再集之庆，中兴应灵期之会，百六之艰既过，惟新之美日隆。而神州振荡，遗氓波散，誓命戎狄之手，局蹐豺狼之穴，朝廷每临寐永叹，痛心疾首。天罚既集，罪人斯陨，王旅未加，自相鱼肉。岂非人怨神怒，天降其灾！兰艾同焚，贤愚所叹，哀矜勿喜，我后之仁，大赦旷廓，唯季龙是讨。彭谯使至，粗具动静，知将军忿疾丑类，翻然同举。承问欣豫，庆若在己。何知几之先觉，砥石之易悟哉！引领来仪，怪无声息。

将军出自名族，诞育洪胄。遭世多故，国倾家覆，生离亲属，假养异类。虽逼伪宠，将亦何赖！闻之者犹或有悼，况身婴之，能不愤慨哉！非我族类，其心必异，诚反族归正之秋，图义建功之日也。若将军喻纳往言，宣之同盟，率关右之众，辅河南之卒，申威赵、魏，为国前驱，虽窦融之保西河，黥布之去项羽，比诸古今，未足为喻。圣上宽明，宰辅弘纳，虽射钩之隙，赏之故行，雍齿之恨，侯之列国。况二三子无曩人之嫌，而遇天启之会，当如影响，有何迟疑！

今六军诫严，水陆齐举，熊罴踊跃，龅噬争先，锋镝一交，玉石同碎，虽复后悔，何嗟及矣！仆以不才，世荷国宠，虽实不敏，诚为行李之主，区区之情，还信所具。夫机事不先，鲜不后悔，自求多福，唯将军图之。

朝廷遂不果北伐，人皆怀恨。

坦在职数年，迁侍中。时成帝每幸丞相王导府，拜导妻曹氏，有同家人，坦每切谏。时帝刻日纳后，而尚书左仆射王彬卒，议者以为欲却期。坦曰："婚礼之重，重于救日蚀。救日蚀，有后之丧，太子堕井，则止。纳后盛礼，岂可以臣丧而废！"从之。及帝既加元服，犹委政王导，坦每发愤，以国事为己忧，尝从容言于帝曰："陛下春秋以

长，圣敬日跻，宜博纳朝臣，谘诹善道。"由是忤导，出为廷尉，怏怏不悦，以疾去职。加散骑常侍，迁尚书，未拜。

疾笃，庾冰省之，乃流涕。坦慨然曰："大丈夫将终不问安国宁家之术，乃作儿女子相问邪！"冰深谢焉。临终，与庾亮书曰："不谓疾苦，遂至顿弊，自省绵绵，奄忽无日。修短命也，将何所悲！但以身往名没，朝恩不报，所怀未叙，即命多恨耳！足下以伯舅之尊，居方伯之重，抗威顾眄，名震天下，榱椽之佐，常愿下风。使九服式序，四海一统，封京观于中原，反紫极于华壤，是宿昔之昧咏，慷慨之本诚矣。今中道而毙，岂不惜哉！若死而有灵，潜听风烈。"俄卒，时年五十一。追赠光禄勋，谥曰简。亮报书曰："廷尉孔君，神游体离，呜呼哀哉！得八月十五日书，知疾患转笃，遂不起济，悲恨伤楚，不能自胜。足下方在中年，素少疾患，虽天命有在，亦祸出不图。且足下才经于世，世常须才，况于今日，倍相痛惜。吾以寡乏，忝当大任，国耻未雪，夙夜忧愤。常欲足下同在外藩，戮力时事。此情未果，来书奄至。申寻往复，不觉涕陨。深明足下慷慨之怀，深痛足下不遂之志。邈然永隔，夫复何言！谨遣报答，并致薄祭，望足下降神飨之。"子混嗣。

严字彭祖，祖父奕，全椒令，明察过人。时有遗其酒者，始提入门，奕遥呵之曰："人饷吾两罂酒，其一何故非也？"检视之，一罂果是水。或问奕何以知之，笑曰："酒重水轻，提酒者手有轻重之异故耳。"在官有惠化，及卒，市人若丧慈亲焉。父伦，黄门郎。严少仕州郡，历司徒掾、尚书殿中郎。殷浩临扬州，请为别驾。迁尚书左丞。时朝廷崇树浩，以抗拟桓温，温深以不平。浩又引接荒人，谋立功于闻外。严言于浩曰："当今时事艰难，可谓百六之运，使君屈己应务，属当其会。圣怀所以日昃匪懈，临朝斤斤，每欲深根固本，静边宁国耳，亦岂至私哉！而处任者所志不同，所见各异，人口云云，无所不至。顷来天时人情，良可寒心。古人为政，防人之口甚于防川。间日侍座，亦已粗申所怀，不审竟当何以镇之？《老子》云'夫唯不争，则万物不难与之争'，此言不可不察也。愚意故谓朝廷宜更明授任之方，韩、彭可征伐，萧、曹守管籥，内外之任，各有攸司。深思廉、蔺屈申之道，平、勃相和之义，令婉然通顺，人无间言，然后乃可保大定功，平济天下也。又观顷日降附之徒，皆人面兽心，贪而无亲，难以义感。而聚著都邑，杂处人间，使君常疲圣体以接之，虚府库以拯之，足以疑惑视听耳。"浩深纳之。

及哀帝践阼，议所承统，时多异议。严与丹阳尹庾龢议曰："顺本居正，亲亲不可夺，宜继成皇帝。"诸儒咸以严议为长，竟从之。

隆和元年，诏曰："天文失度，太史虽有禳祈之事，犹衅昔屡彰。今欲依鸿祀之制，于太极殿前庭亲执虔肃。"严谏曰："鸿祀虽出《尚书大传》，先儒所不究，历代莫之兴，承天接神，岂可以疑殆行事乎！天道无亲，唯德是辅，陛下祗顺恭敬，留心兆庶，可以消灾复异。皆已蹈而行之，德合神明，丘祷久矣，岂须屈万乘之尊，修杂祀之事！君举必书，可不慎欤！"帝嘉之而止。以为扬州大中正，严不就。有司奏免，诏特以侯领尚书

时东海王奕求海盐、钱塘以水牛牵埭税取钱直，帝初从之，严谏乃止。初，帝或施私恩，以钱帛赐左右。严又启诸所别赐及给厨食，皆应减省。帝曰："左右多困乏，故有所赐，今通断之。又厨膳宜有减撤，思详具闻。"严多所匡益。

太和中，拜吴兴太守，加秩中二千石。善于宰牧，甚得人和。余杭妇人经年荒，卖其子以活夫之兄子。武康有兄弟二人，妻各有孕，弟远行未反，遇荒岁，不能两全，弃其子而活弟子。严并褒荐之。又甄赏才能之士，论者美焉。五年，以疾去职，卒于家。

三子：道民，宣城内史；静民，散骑侍郎；福民，太子洗马，皆为孙恩所害。

群字敬林，严叔父也。有智局，志尚不羁。苏峻入石头，时匡术有宠于峻，宾从甚盛。群与从兄愉同行于横塘，遇之，愉止与语，而群初不视术。术怒，欲刃之。愉下车抱术曰："吾弟发狂，卿为我宥之。"乃获免。后峻平，王导保存术，尝因众坐，令术劝群酒，以释横塘之憾。群答曰："群非孔子，厄同匡人。虽阳和布气，鹰化为鸠，至于识者，犹憎其目。"导有愧色。仕历中丞。性嗜酒，导尝戒之曰："卿恒饮，不见酒家覆瓿布，日月久糜烂邪？"答曰："公不见肉糟淹更堪久邪？"尝与亲友书云："今年田得七百斛秫米，不足了曲蘖事。"其耽湎如此。卒于官。嗣子沈。

沈字德度，有美名。何充荐沈于王导曰："文思通敏，宜登宰门。"辟丞相司徒掾、琅邪王文学，并不就。从兄坦以裘遗之，辞不受。坦曰："晏平仲俭，祀其先人，豚肩不掩豆，犹狐裘数十年，卿复何辞！"于是受而服之。是时沈与魏顗、虞球、虞存、谢奉并为四族之俊。

沈子愍，位至吴兴太守、廷尉。愍子琳之，以草书擅名，又为吴兴太守、侍中。

丁潭，字世康，会稽山阴人也。祖固，吴司徒。父弥，梁刺史。潭初为郡功曹，察孝廉，除郎中，稍迁丞相西阁祭酒。时元帝称制，使各陈时事损益，潭上书曰：

为国者恃人须才，盖二千石长吏是也。安可不明简其才，使必允当。既得其人，使久于其职，在官者无苟且，居下者有恒心，此为政之较也。今之长吏，迁转既数，有送迎之费。古人三载考绩，三考黜陟，中才处局，故难以速成矣。

夫兵所以防御未然，镇压奸凶，周虽三圣，功成由武。今戎战之世，益宜留心，简选精锐，以备不虞。无事则优其身，有难则责其力。窃闻今之兵士，或私有役使，而营陈不充。夫为国者，由为家也。计财力之所任，审趋舍之举动，不营难成之功，损弃分外之役。今兵人未强，当审其宜，经涂远举，未献大捷，更使力单财尽而威望挫弱也。

及帝践阼，拜驸马都尉、奉朝请、尚书祠部郎。时琅邪王哀始受封，帝欲引朝贤为其国上卿，将用潭，以问中书令贺循。循曰："郎中令职望清重，实宜审授。潭清淳

贞粹，雅有隐正，圣明所简，才实宜之。"遂为琅邪王郎中令。会哀毁，潭上疏求行终丧礼，曰："在三之义，礼有达制，近代已来，或随时降杀，宜一匡革，以敦于后，辄案令文，王侯之丧，官僚服斩，既葬而除。今国无继统，丧庭无主，臣实陋贱，不足当重，谬荷首任，礼宜终丧。"诏下博议。国子祭酒杜夷议："古者谅闇，三年不言。下及周世，税衰效命。春秋之时，天子诸侯既葬而除。此所谓三代损益，礼有不同。故三年之丧，由此而废。然则汉文之诏，合于随时，凡有国者，皆宜同也，非唯施于帝皇而已。案礼，殇与无后，降于成人。有后，既葬而除。今不得以无后之故而独不除也。愚以丁郎中应除衰麻，宜主祭，以终三年。"太常贺循议："礼，天子诸侯俱以至尊临人，上下之义，群臣之礼，自古以来，其例一也。故礼盛则并全其重，礼杀则从其降。春秋之事，天子诸侯不行三年。至于臣为君服，亦宜以君为节，未有君除而臣服，君服而臣除者。今法令，诸侯卿相官属为君斩衰，既葬而除。以令文言之，明诸侯不以三年之丧与天子同可知也。君若遂服，则臣子轻重无应除者也。若当皆除，无一人独重之文。礼有摄主而无摄重，故大功之亲主人丧者，必为之再祭练祥，以大功之服，主人三年丧者也。苟谓诸侯与天子同制，国有嗣王，自不全服，而人主居丧，素服主祭，三年不摄吉事，以尊令制。若当远迹三代，令复旧典，不依法令者，则侯之服贵贱一例，亦不得唯一人论。"于是诏使除服，心丧三年。

太兴三年，迁王导骠骑司马，转中书郎，出为广武将军、东阳太守，以清洁见称。征为太子左卫率，不拜。成帝践阼，以为散骑常侍、侍中。苏峻作乱，帝蒙尘于石头，唯潭及侍中钟雅、刘超等随从不离帝侧。峻诛，以功赐爵永安伯，迁大尚书，徙廷尉，累迁左光禄大夫、领国子祭酒、本国大中正，加散骑常侍。

康帝即位，屡表乞骸骨。诏以光禄大夫还第，门施行马，禄秩一如旧制，给传诏二人，赐钱二十万，床帐褥席。年八十，卒。赠侍中，大夫如故，谥曰简。王导尝谓孔敬康有公才而无公望，丁世康有公望而无公才。子诒，位至散骑侍郎。

张茂，字伟康，少单贫，有志行，为乡里所敬信。初起义兵，讨贼陈斌，一郡用全。元帝辟为掾属。官有老牛数十，将卖之，茂曰："杀牛有禁，买者不得辄屠，齿力疲老，又不任耕驾，是以无用之物收百姓利也。"帝乃止。迁太子右卫率，出补吴兴内史。沈充之反也，茂与三子并遇害。茂弟盇，为周札将军，充讨札，盇又死之。赠茂太仆。茂少时梦有大象，以问占梦万推。推曰："君当为大郡，而不善也。"问其故，推曰："象者大兽，兽者守也，故知当得大郡。然象以齿焚，为人所害。"果如其言。

陶回，丹阳人也。祖基，吴交州刺史。父抗，太子中庶子。回辟司空府中军、主簿，并不就。大将军王敦命为参军，转州别驾。敦死，司徒王导引为从事中郎，迁司马。苏峻之役，回与孔坦言于导，请早出兵守江口，语在坦传。

峻将至，回复谓亮曰："峻知石头有重戍，不敢直下，必向小丹阳南道步来，宜伏兵要之，可一战而擒。"亮不从。峻果由小丹阳经秣陵，迷失道，逢郡人，执以为乡导。时峻夜行，甚无部分。亮闻之，深悔不从回等之言。寻王师败绩，回还本县，收合义军，得千余人，并为步军，与陶侃、温峤等并力攻峻，又别破韩晁，以功封康乐伯。

时大贼新平，纲维弛废，司徒王导以回有器干，擢补北军中候，俄转中护军。久之，迁征虏将军、吴兴太守。时人饥谷贵，三吴尤甚。诏欲听相鬻卖，以拯一时之急。回上疏曰："当今天下不普荒俭，唯独东土谷价偏贵，便相鬻卖，声必远流，北贼闻之，将窥疆场。如愚臣意，不如开仓廪以振之。"乃不待报，辄便开仓，及割府郡军资数万斛米以救乏绝，由是一境获全。既而下诏，并敕会稽、吴郡依回振恤，二郡赖之。在郡四年，征拜领军将军，加散骑常侍，征虏将军如故。

回性雅正，不惮强御。丹阳尹桓景佞事王导，甚为导所昵。回常慷慨谓景非正人，不宜亲狎。会荧惑守南斗经旬，导语回曰："南斗，扬州分，而荧惑守之，吾当逊位以厌此谪。"回答曰："公以明德作相，辅弼圣主，当亲忠贞，远邪佞，而与桓景造膝，荧惑何由退舍！"导深愧之。咸和二年，以疾辞职，帝不许。徙护军将军，常侍、领军如故，未拜，卒，年五十一。谥曰威。

四子：汪、陋、隐、无忌。汪嗣爵，位至辅国将军、宣城内史，陋冠军将军，隐少府，无忌光禄勋，兄弟咸有干用。

史臣曰：孔愉父子暨丁潭等，咸以篠塯之材，邀缔构之运，策名霸府，骋足高衢，历试清阶，遂登显要，外宣政绩，内尽谋猷，罄心力以佐时，竭股肱以卫主，并能保全名节，善始令终。而愉高谢百万之贶，辞荣亩之宅，弘止足之分，有廉让之风者矣。陶回陈邪佞之宜远，明鬻卖之非宜，并补阙弼违，良可称也。

赞曰：愉既公才，潭唯公望。领军儒雅，平越忠亮。君平料敌，彭祖弘益。茂以象焚，群由匡厄。陶回规过，言同金石。

卷七十九　　列传第四十九

谢尚　谢安 子琰　琰子混　安兄奕　奕子玄　安弟万　万弟石　石兄子朗　朗弟子邈

谢尚，字仁祖，豫章太守鲲之子也。幼有至性。七岁丧兄，哀恸过礼，亲戚异之。八岁神悟凤成。鲲尝携之送客，或曰："此儿一坐之颜回也。"尚应声答曰："坐无尼父，焉别颜回！"席宾莫不叹异。十余岁，遭父忧，丹阳尹温峤吊之，尚号咷极哀。既而收涕告诉，举止有异常童，峤其奇之。及长，开率颖秀，辨悟绝伦，脱略细行，不为流俗之事。好衣刺文袴，诸父责之，而因自改，遂知名。善音乐，博综众艺。司徒王导深器之，比之王戎，常呼为"小安丰"，辟为掾。袭父爵咸亭侯。始到府通谒，导以其有胜会，谓曰："闻君能作鸲鹆舞，一坐倾想，宁有此理不？"尚曰："佳。"便著衣帻而舞，导令坐者抚掌击节，尚俯仰在中，傍若无人，其率诣如此。

转西曹属，时有遭乱与父母乖离，议者或以进仕理王事，婚姻继百世，于理非嫌。尚议曰："典礼之兴，皆因循情理，开通弘胜。如运有屯夷，要当断之以大义。夫无后之罪，三千所不过，今婚姻将以继百世，崇宗绪，此固不可塞也。然至于天属生离之哀，父子乖绝之痛，痛之深者，莫深于兹。夫以一体之小患，犹或忘思虑，损听察，况于抱伤心之巨痛，怀切恒之至戚，方寸既乱，岂能综理时务哉！有心之人，决不冒荣并进。冒荣苟进之畴，必非所求之旨，徒开偷薄之门而长流弊之路。或有执志丘园、守心不革者，犹当崇其操业以弘风尚，而况含艰履戚之人，勉之以荣贵邪？"

迁会稽王友，入补给事黄门侍郎，出为建武将军、历阳太守，转督江夏、义阳、随三郡军事、江夏相，将军如故。时安西将军庾翼镇武昌，尚数诣翼咨谋军事。尝与翼共射，翼曰："卿若破的，当以鼓吹相赏。"尚应声中之，翼即以其副鼓吹给之。尚为政清简，始到官，郡府以布四十匹为尚造乌布帐。尚坏之，以为军士褥袴。建元二年，诏曰："尚往以戎戍事要，故辍黄散，以授军旅。所处险要，宜崇其威望。今以为南中郎将，余官如故。"会庾冰薨，复以本号督扬州四郡，领江州刺史。俄而复转西中郎将、督扬州之六郡诸军事、豫州刺史、假节，镇历阳。

大司马桓温欲有事中原，使尚率众向寿春，进号安西将军。初，苻健为张遇降尚，尚不能绥怀之。遇怒，据许昌叛。尚讨之，为遇所败，收付廷尉。时康献皇后临朝，即尚之甥也，特令降号为建威将军。初，尚之行也，使建武将军、濮阳太守戴施据枋头。会冉闵之子智与其大将蒋干来附，复遣行人刘猗诣尚请救。施止猗，求传国玺，猗归，以告干。干谓尚已败，虑不能救己，犹豫不许。施遣参军何融率壮士百入邺，登三台助戍，谲之曰："今且可出玺付我。凶寇在外，道路梗涩，亦未敢送玺，当遣单使驰白。天子闻玺已在吾许，知卿等至诚，必遣重军相救，并厚相饷。"干乃出玺付融，融赍玺驰还枋头。尚遣振武将军胡彬率骑三百迎玺，致诸京师。时苻健将杨平戍许昌，尚遣兵袭破之，征授给事中，赐轺车、鼓吹，戍石头。

永和中，拜尚书仆射，出为都督江西淮南诸军事、前将军、豫州刺史，给事中、仆射如故，镇历阳，加都督豫州、扬州之五郡军事，在任有政绩。上表求入朝，因留京师，署仆射事。寻进号镇西将军，镇寿阳。尚于是采拾乐人，并制石磬，以备太乐。江表有钟石之乐，自尚始也。

桓温北平洛阳，上疏请尚为都督司州诸军事。将镇洛阳，以疾病不行。升平初，又进都督豫、冀、幽、并四州。病笃，征拜卫将军，加散骑常侍，未至，卒于历阳，时年五十。诏赠散骑常侍、卫将军、开府仪同三司，谥曰简。

无子，从弟奕以子康袭爵，早卒。康弟静复以子肃嗣，又无子。静子虔以子灵佑继鲲后。

谢安，字安石，尚从弟也。父裒，太常卿。安年四岁时，谯郡桓彝见而叹曰："此儿风神秀彻，后当不减王东海。"及总角，神识沈敏，风宇条畅，善行书。弱冠，诣王蒙，清言良久，既去，蒙子修曰："向客何如大人？"蒙曰："此客亹亹，为来逼人。"王导亦深器之。由是少有重名。

初辟司徒府，除佐著作郎，并以疾辞。寓居会稽，与王羲之及高阳许询、桑门支遁游处，出则渔弋山水，入则言咏属文，无处世意。扬州刺史庾冰以安有重名，必欲致之，累下郡县敦逼，不得已赴召，月余告归。复除尚书郎、琅邪王友，并不起。吏部尚书范汪举安为吏部郎，安以书距绝之。有司奏安被召，历年不至，禁锢终身，遂栖迟东土。尝往临安山中，坐石室，临浚谷，悠然叹曰："此去伯夷何远！"尝与孙绰等泛海，风起浪涌，诸人并惧，安吟啸自若。舟人以安为悦，犹去不止。风转急，安徐曰："如此将何归邪？"舟人承言即回。众咸服其雅量。安虽放情丘壑，然每游赏，必以妓女从。既累辟不就，简文帝时为相，曰："安石既与人同乐，必不得不与人同忧，召之必至。"时安弟万为西中郎将，总藩任之重。安虽处衡门，其名犹出万之右，自然有公辅之望，处家常以仪范训子弟。安妻，刘惔妹也，既见家门富贵，而安独静退，乃谓曰："丈夫不如此也？"安掩鼻曰："恐不免耳。"及万黜废，安始有仕进志，时年已四十余矣。

征西大将军桓温请为司马，将发新亭，朝士咸送，中丞高崧戏之曰："卿累违朝旨，高卧东山，诸人每相与言，安石不肯出，将如苍生何！苍生今亦将如卿何！"安甚有愧色。既到，温甚喜，言生平，欢笑竟日。既出，温问左右："颇尝见我有如此客不？"温后诣安，值其理发。安性迟缓，久而方罢，使取帻。温见，留之曰："令司马著帽进。"其见重如此。温当北征，会万病卒，安投笺求归。寻除吴兴太守。在官无当时誉，去后为人所思。顷之，征拜侍中，迁吏部尚书、中护军。

简文帝疾笃，温上疏荐安宜受顾命。及帝崩，温入赴山陵，止新亭，大陈兵卫，将移晋室，呼安及王坦之，欲于坐害之。坦之甚惧，问计于安。安神色不变，曰："晋祚存亡，在此一行。"既见温，坦之流汗沾衣，倒执手版。安从容就席，坐定，谓温曰："安闻诸侯有道，守在四邻，明公何须壁后置人邪？"温笑曰："正自不能不尔耳。"遂笑语移日。坦之与安初齐名，至是方知坦之之劣。温尝以安所作简文帝谥议以示坐宾，曰："此谢安石碎金也。"

时孝武帝富于春秋，政不自己，温威振内外，人情噂𠴲，互生同异。安与坦之尽忠匡翼，终能辑穆。及温病笃，讽朝廷加九锡，使袁宏具草。安见，辄改之，由是历旬不就。会温薨，锡命遂寝。

寻为尚书仆射，领吏部，加后将军。及中书令王坦之出为徐州刺史，诏安总关中书事。安义存辅导，虽会稽王道子亦赖弼谐之益。时强敌寇境，边书续至，梁、益不守，樊、邓陷没,安每镇以和靖,御以长算。德政既行,文武用命,不存小察,弘以大纲,威怀外著,人皆比之王导,谓文雅过之。尝与王羲之登冶城,悠然遐想,有高世之志。羲之谓曰:"夏禹勤王,手足胼胝;文王旰食,日不暇给。今四郊多垒,宜思自效,而虚谈废务,浮文妨要,恐非当今所宜。"安曰:"秦任商鞅,二世而亡,岂清言致患邪?"

是时宫室毁坏,安欲缮之。尚书令王彪之等以外寇为谏,安不从,竟独决之。宫室用成,皆仰模玄象,合体辰极,而役无劳怨。又领扬州刺史,诏以甲仗百人入殿。时帝始亲万机,进安中书监、骠骑将军、录尚书事,固让军号。于时悬象失度,亢旱弥年,安奏兴灭继绝,求晋初佐命功臣后而封之。顷之,加司徒,后军文武尽配大府,又让不拜。复加侍中、都督扬、豫、徐、兖、青五州幽州之燕国诸军事,假节。

时苻坚强盛,疆场多虞,诸将败退相继。安遣弟石及兄子玄等应机征讨,所在克捷。拜卫将军、开府仪同三司,封建昌县公。坚后率众,号百万,次于淮、肥,京师震恐。加安征讨大都督。玄入问计,安夷然无惧色,答曰:"已别有旨。"既而寂然。玄不敢复言,乃令张玄重请。安遂命驾出山墅,亲朋毕集,方与玄围棋赌别墅。安常棋劣于玄,是日玄惧,便为敌手而又不胜。安顾谓其甥羊昙曰:"以墅乞汝。"安遂游涉,至夜乃还,指授将帅,各当其任。玄等既破坚,有驿书至,安方对客围棋,看书既竟,便摄放床上,了无喜色,棋如故。客问之,徐答云:"小儿辈遂已破贼。"既罢,还内,过户限,心喜甚,不觉屐齿之折,其矫情镇物如此。以总统功,进拜太保。

安方欲混一文轨,上疏求自北征,乃进都督扬、江、荆、司、豫、徐、兖、青、冀、幽、并、宁、益、雍、梁十五州军事,加黄钺,其本官如故,置从事中郎二人。安上疏让太保及爵,不许。是时桓冲既卒,荆、江二州并缺,物论以玄勋望,宜以授之。安以父子皆著大勋,恐为朝廷所疑,又惧桓氏失职,桓石虔复有洒阳之功,虑其骁猛,在形胜之地,终或难制,乃以桓石民为荆州,改桓伊于中流,石虔为豫州。既以三桓据三州,彼此无恐,各得所任。其经远无竞,类皆如此。

性好音乐,自弟万丧,十年不听音乐。及登台辅,期丧不废乐。王坦之书喻之,不从,衣冠效之,遂以成俗。又于土山营墅,楼馆林竹甚盛,每携中外子侄往来游集,肴馔亦屡费百金,世颇以此讥焉,而安殊不以屑意。常疑刘牢之既不可独任,又知王味之不宜专城。牢之既以乱终,而味之亦以贪败,由是识者服其知人。

时会稽王道子专权,而奸谄颇相尉构,安出镇广陵之步丘,筑垒曰新城以避。帝出祖于西池,献觞赋诗焉。安虽受朝寄,然东山之志始末不渝,每形于言色。及镇新城,尽室而行,造泛海之装,欲须经略粗定,自江道还东。雅志未就,遂遇疾笃。上疏请量宜旋旆,并召子征虏将军琰解甲息徒,命龙骧将军朱序进据洛阳,前锋都督玄抗威彭、沛,委以董督。若二贼假延,来年水生,东西齐举。诏遣侍中慰劳,遂还都。闻当舆入西州门,自以本志不遂,深自慨失,因怅然谓所亲曰:"昔桓温在时,吾常惧不全。

忽梦乘温舆行十六里,见一白鸡而止。乘温舆者,代其位也。十六里,止今十六年矣。白鸡主酉,今太岁在酉,吾病殆不起乎!"乃上疏逊位,诏遣侍中、尚书喻旨。先是,安发石头,金鼓忽破,又语未尝谬。而忽一误,众亦怪异之。寻薨,时年六十六。帝三日临于朝堂,赐东园秘器、朝服一具、衣一袭、钱百万、布千匹、蜡五百斤,赠太傅,谥曰文靖。以无下舍,诏府中备凶仪。及葬,加殊礼,依大司马桓温故事。又以平苻坚勋,更封庐陵郡公。

安少有盛名,时多爱慕。乡人有罢中宿县者,还诣安。安问其归资,答曰:"有蒲葵扇五万。"安乃取其中者捉之,京师士庶竞市,价增数倍。安本能为洛下书生咏,有鼻疾,故其音浊,名流爱其咏而弗能及,或手掩鼻以效之。及至新城,筑埭于城北,后人追思之,名为召伯埭。

羊昙者,太山人,知名士也,为安所爱重。安薨后,辍乐弥年,行不由西州路。尝因石头大醉,扶路唱乐,不觉至州门。左右白曰:"此西州门。"昙悲感不已,以马策扣扉,诵曹子建诗曰:"生存华屋处,零落归山丘。"恸哭而去。

安有二子:瑶、琰。瑶袭爵,官至琅邪王友,早卒。子该嗣,终东阳太守。无子,弟光禄勋模以子承伯嗣,有罪,国除。刘裕以安勋德济世,特更封该弟澹为柴桑侯,邑千户,奉安祀。澹少历显位,桓玄篡位,以澹兼太尉,与王谧俱赍册到姑孰。元熙中,为光禄大夫,复兼太保,持节奉册禅宋。

琰字瑗度。弱冠以贞干称,美风姿。与从兄护军淡虽比居,不往来,宗中子弟惟与才令者数人相接。拜著作郎,转秘书丞,累迁散骑常侍、侍中。苻坚之役,安以琰有军国才用,出为辅国将军,以精卒八千,与从兄玄俱陷阵破坚,以勋封望蔡公。寻遭父忧去官,服阕,除征虏将军、会稽内史。顷之,征为尚书右仆射,领太子詹事,加散骑常侍,将军如故。又遭母忧,朝廷疑其葬礼。时议者云:"潘岳为贾充妇《宜城宣君诔》云:'昔在武侯,丧礼殊伦。伉俪一体,朝仪则均。'谓宜资给葬礼,悉依太傅故事。"先是,王珣娶万女,珣弟珉娶安女;并不终,由是与谢氏有隙。珣时为仆射,犹以前憾缓其事。琰闻耻之,遂自造辒辌车以葬,议者讥之。

太元末,为护军将军,加右将军。会稽王道子以为司马,右将军如故。王恭举兵,假琰节,都督前锋军事。恭平,迁卫将军、徐州刺史,假节。孙恩作乱,加督吴兴、义兴二郡军事,讨恩。至义兴,斩贼许允之,迎太守魏鄢还郡。进讨吴兴贼丘尪,破之。又诏琰与辅国将军刘牢之俱讨孙恩。恩逃于海岛,朝廷忧之,以琰为会稽内史、都督五郡军事,本官并如故。琰既以资望镇越土,议者谓无复东顾之虞。及至郡,无绥抚之能,而不为武备。将帅皆谏曰:"强贼在海,伺人形便,宜振扬仁风,开其自新之路。"琰曰:"苻坚百万,尚送死淮南,况孙恩奔衄归海,何能复出!若其复至,正是天不养国贼,令速就戮耳。"遂不从其言。恩后果复袭浃口,入余姚,破上虞,进及邢浦,去山阴北三十五里。琰遣参军刘宣之距破恩。既而上党太守张虔硕战败,群贼锐进,人情震骇,咸以宜持重严备,且列水军于南湖，分兵设伏以待之。琰不听。贼既至，尚未食，琰曰："要当先灭此寇而后食也。"跨马而出。广武将军桓宝为前锋，摧锋陷阵，杀贼甚多，而塘路迮狭，琰军鱼贯而前，贼于舰中傍射之，前后断绝。琰至千秋亭，败绩。琰帐下都督张猛于后斫琰马，琰堕地，与二子肇、峻俱被害，宝亦死之。后刘裕左里之捷，生擒猛，送琰小子混，混剖肝生食之。诏以琰父子陨于君亲，忠孝萃于一门，赠琰侍中、司空，谥曰忠肃。

三子：肇、峻、混。肇历骠骑参军，峻以琰勋封建昌侯。及没于贼，诏赠肇散骑常侍，峻散骑侍郎。

混字叔源。少有美誉，善属文。初，孝武帝为晋陵公主求婿，谓王珣曰："主婿但如刘真长、王子敬便足。如王处仲、桓元子诚可，才小富贵，便豫人家事。"珣对曰："谢混虽不及真长，不减子敬。"帝曰："如此便足。"未几，帝崩，袁山松欲以女妻之，珣曰："卿莫近禁脔。"初，元帝始镇建业，公私窘罄，每得一豚，以为珍膳，项上一脔尤美，辄以荐帝，群下未尝敢食，于时呼为"禁脔"，故珣因以为戏。混竟尚主，袭父爵。桓玄尝欲以安宅为营，混曰："召伯之仁，犹惠及甘棠；文靖之德，更不保五亩之宅邪？"玄闻，惭而止。历中书令、中领军、尚书左仆射、领选。以党刘毅诛，国除。及宋受禅，谢晦谓刘裕曰："陛下应天受命，登坛日恨不得谢益寿奉玺绂。"裕亦叹曰："吾甚恨之，使后生不得见其风流！"益寿，混小字也。

奕字无奕，少有名誉。初为剡令，有老人犯法，奕以醇酒饮之，醉犹未已。安时年七八岁，在奕膝边，谏止之。奕为改容，遣之。与桓温善。温辟为安西司马，犹推布衣好。在温坐，岸帻笑咏，无异常日。桓温曰："我方外司马。"奕每因酒，无复朝廷礼，尝逼温饮，温走入南康主门避之。主曰："君若无狂司马，我何由得相见！"奕遂携酒就听事，引温一兵帅共饮，曰："失一老兵，得一老兵，亦何所怪。"温不之责。从兄尚有德政，既卒，为西蕃所思，朝议以奕立行有素，必能嗣尚事，乃迁都督豫、司、冀、并四州军事，安西将军，豫州刺史，假节。未几，卒官，赠镇西将军。

三子：泉、靖、玄。泉早有名誉，历义兴太守。靖官至太常。

玄字幼度。少颖悟，与从兄朗俱为叔父安所器重。安尝戒约子侄，因曰："子弟亦何豫人事，而正欲使其佳？"诸人莫有言者。玄答曰："譬如芝兰玉树，欲使其生于庭阶耳。"安悦。玄少好佩紫罗香囊，安患之，而不欲伤其意，因戏赌取，即焚之，于此遂止。

及长，有经国才略，屡辟不起。后与王珣俱被桓温辟为掾，并礼重之。转征西将军桓豁司马、领南郡相、监北征诸军事。于时苻坚强盛，边境数被侵寇，朝廷求文武良将可以镇御北方者，安乃以玄应举。中书郎郗超虽素与玄不善，闻而叹之，曰："安违众举亲，明也。玄必不负举，才也。"时咸以为不然。超曰："吾尝与玄共在桓公府，见其使才，虽履屐间亦得其任，所以知之。"于是征还，拜建武将军、兖州刺史、领广陵相、监江北诸军事。

时苻坚遣军围襄阳，车骑将军桓冲御之。诏玄发三州人丁，遣彭城内史何谦游军淮、泗，以为形援。襄阳既没，坚将彭超攻龙骧将军戴遂于彭城。玄率东莞太守高衡、后军将军何谦次于泗口，欲遣间使报遂，令知救至，其道无由。小将田泓请行，乃没水潜行，将趣城，为贼所获。贼厚赂泓，使云"南军已败"。泓伪许之。既而告城中曰："南军垂至，我单行来报，为贼所得，勉之！"遂遇害。时彭超置辎重于留城，玄乃扬声遣谦等向留城。超闻之，还保辎重。谦驰进，解彭城围。超复进军南侵，坚将句难、毛当自襄阳来会。超围幽州刺史田洛于三阿，有众六万。诏征虏将军谢石率水军次涂中，右卫将军毛安之、游击将军河间王昙之、淮南太守杨广、宣城内史丘准次堂邑。既而盱眙城陷，高密内史毛藻没，安之等军人相惊，遂令散退，朝廷震动。玄于是自广陵西讨难等。何谦解田洛围，进据白马，与贼大战，破之，斩其伪将都颜。因复进击，又破之。斩其伪将邵保。超、难引退。玄率何谦、戴遂、田洛追之，战于君川，复大破之。玄参军刘牢之攻破浮航及白船，督护诸葛侃、单父令李都又破其运艘。难等相率北走，仅以身免。于是罢彭城、下邳二戍。诏遣殿中将军慰劳，进号冠军，加领徐州刺史，还于广陵，以功封东兴县侯。

及苻坚自率兵次于项城，众号百万，而凉州之师始达咸阳，蜀、汉顺流，幽、并系至。先遣苻融、慕容暐、张蚝、苻方等至颍口，梁成、王显等屯洛涧。诏以玄为前锋、都督徐、兖、青三州扬州之晋陵、幽州之燕国诸军事，与叔父征虏将军石、从弟辅国将军琰、西中郎将桓伊、龙骧将军檀玄、建威将军戴熙、扬武将军陶隐等距之，众凡八万。玄先遣广陵相刘牢之五千人直指洛涧，即斩梁成及成弟云，步骑崩溃，争赴淮水。牢之纵兵追之，生擒伪将梁他、王显、梁悌、慕容屈氏等，收其军实。坚进屯寿阳，列阵临肥水，玄军不得渡。玄使谓苻融曰："君远涉吾境，而临水为阵，是不欲速战。诸君稍却，令将士得周旋，仆与诸君缓辔而观之，不亦乐乎！"坚众皆曰："宜阻肥水，莫令得上。我众彼寡，势必万全。"坚曰："但却军，令得过，而我以铁骑数十万向水，逼而杀之。"融亦以为然，遂麾使却阵，众因乱不能止。于是玄与琰、伊等以精锐八千涉渡肥水。石军距张蚝，小退。玄、琰仍进，决战肥水南。坚中流矢，临阵斩融。坚众奔溃，自相蹈藉投水死者不可胜计，肥水为之不流。余众弃甲宵遁，闻风声鹤唳，皆以为王师已至，草行露宿，重以饥冻，死者十七八。获坚乘舆云母车，仪服、器械、军资、珍宝山积，牛马驴骡骆驼十万余。诏遣殿中将军慰劳。进号前将军、假节，固让不受。赐钱百万，彩千匹。

既而安奏苻坚丧败，宜乘其衅会，以玄为前锋都督，率冠军将军桓石虔径造涡、颍，经略旧都。玄复率众次于彭城，遣参军刘袭攻坚兖州刺史张崇于鄄城，走之，使刘牢之守鄄城。兖州既平，玄患水道险涩，粮运艰难，用督护闻人奭谋，堰吕梁水，树栅，立七埭为派，拥二岸之流，以利运漕，自此公私利便。又进伐青州，故谓之青州派。遣淮陵太守高素以三千人向广固，降坚青州刺史苻朗。又进伐冀州，遣龙骧将军刘牢之、济北太守丁匡据碻磝，济阳太守郭满据滑台，奋武将军颜雄渡河立营。坚子丕遣将桑据屯黎阳。玄命刘袭夜袭据，走之。丕惶遽欲降，玄许之。丕告饥，玄馈无米二千斛。又遣晋陵太守滕恬之渡河守黎阳，三魏皆降。以兖、青、司、豫平，加玄都督徐、兖、青、司、冀、幽、并七州军事。玄上疏以方平河北，幽、冀宜须总督，司州县远，应统豫州。以勋封康乐县公。玄请以先封东兴侯赐兄子玩，诏听之，更封玩豫宁伯。复遣宁远将军香演伐申凯于魏郡，破之。玄欲令豫州刺史朱序镇梁国，玄住彭城，北固河上，西援洛阳，内藩朝廷。朝议以征役既久，宜暂戍而还，使玄还镇淮阴，序镇寿阳。会翟辽据黎阳反，执滕恬之，又泰山太守张愿举郡叛，河北骚动，玄自以处分失所，上疏送节，尽求解所职。诏慰劳，令且还镇淮阴，以朱序代镇彭城。

玄既还，遇疾，上疏解职，诏书不许。玄又自陈，既不堪摄职，虑有旷废，诏又使移镇东阳城。玄即路，于道疾笃，上疏曰：

> 臣以常人，才不佐世，忽蒙殊遇，不复自量，遂从戎政。驱驰十载，不辞鸣镝之险，每有征事，辄请为军锋，由恩厚忘躯，甘死若生也。冀有毫厘，上报荣宠。天祚大晋，王威屡举，实由陛下神武英断，无思不服。亡叔臣安协赞雍熙，以成天工。而雰雾尚翳，六合未朗，遗黎涂炭，巢窟宜除，复命臣荷戈前驱，董司戎首。冀仰凭皇威，宇宙宁一，陛下致太平之化，庸臣以尘露报恩，然后从亡叔臣安退身东山，以道养寿。此诚以形于文旨，达于圣听矣。臣所以区区家国，实在于此，不谓臣忽答凤积，罪钟中年，上延亡叔臣安、亡兄臣靖，数月之间，相系徂背，下逮稚子，寻复夭昏。哀毒兼缠，痛百常情。臣不胜祸酷暴集，每一恸殆弊。所以含哀忍悲，期之必存者，虽哲辅倾落，圣明方融，伊、周嗣作，人怀自厉，犹欲申臣本志，隆国保家，故能豁其情滞，同之无心耳。

> 去冬奉司徒道子告括囊远图，逮问臣进止之宜。臣进不达事机，以蠢境为耻，退不自揆，故愿顺其宿心。岂谓经略不振，自贻斯戾。是以奉送章节，待罪有司，执徇常仪，实有愧心。而圣恩赦过，黜法垂宥，使抱罪之臣复得更名于所司。木石犹感，而况臣乎！顾将身不良，动与衅会，谦德不著，害盈是荷，先疾既动，便至委笃，陛下体臣疚重，使还藩淮侧。甫欲休兵静众，绥怀善抚，兼苦自疗，冀日月渐瘳，缮甲俟会，思更奋迅。而所患沈顿，有增无损。今者惙惙，救命朝夕。臣之平日，率其常矩，加以匪懈，犹不能令政理弘宣，况今内外天隔，永不复接，宁可卧居重任，以招患虑。

> 追寻前事，可为寒心。臣之微身，复何足惜，区区血诚，忧国实深。谨遣兼长史刘济重奉送节盖章传。伏愿陛下垂天地之仁，拯将绝之气，时遣军司镇慰荒杂，听臣所乞，尽医药消息，归诚道门，冀神祇之佑。若此而不差，修短命也。使臣得及视息，瞻睹坟柏，以此之尽，公私真无恨矣，伏枕悲慨，不觉流涕。

诏遣高手医一人，令自消息，又使还京口疗疾。玄奉诏便还，病久不差，又上疏曰："臣同生七人，凋落相继，惟臣一己，孑然独存。在生荼酷，无如臣比。所以含哀忍痛，希延视息者，欲报之德，实怀罔极，庶蒙一瘳，申其此志。且臣孤遗满目，顾之恻然，为欲极其求生之心，未能自分于灰士。偻偻之情，可哀可愍。伏愿陛下矜其所诉，霈然垂恕，不令微臣衔恨泉壤。"表寝不报。前后表疏十余上，久之。乃转授散骑常侍、左将军、会稽内史。时吴兴太守晋宁侯张玄之亦以才学显，自吏部尚书与玄同年之郡，而玄之名亚于玄，时人称为"南北二玄"，论者美之。玄既舆疾之郡，十三年，卒于官，时年四十六。追赠车骑将军、开府仪同三司，谥曰献武。

子瑛嗣，秘书郎，早卒。子灵运嗣。瑛少不惠，而灵运文藻艳逸，玄尝称曰："我尚生瑛，瑛那得生灵运！"永熙中，为刘裕世子左卫率。

始从玄征伐者，何谦字恭子，东海人，戴遁字安丘，处士逵之弟，并骁果多权略。逵历操东山，而遁以武勇显。谢安尝谓遁曰："卿兄弟志业何殊？"遁曰："下官不堪其忧，家兄不改其乐。"遁以军功封广信侯，位至大司农。

万字万石，才器隽秀，虽器量不及安，而善自炫曜，故早有时誉。工言论，善属文，叙渔父、屈原、季主、贾谊、楚老、龚胜、孙登、嵇康四隐四显为《八贤论》，其旨以处者为优，出者为劣，以示孙绰。绰与往反，以体公识远者则出处同归。尝与蔡系送客于征虏亭，与系争言。系推万落床，冠帽倾脱。万徐拂衣就席，神意自若，坐定，谓系曰："卿几坏我面。"系曰："本不为卿面计。"然俱不以介意，时亦以此称之。

弱冠，辟司徒掾，迁右西属，不就。简文帝作相，闻其名，召为抚军从事中郎。万著白纶巾，鹤氅裘，履版而前。既见，与帝共谈移日。太原王述，万之妻父也，为扬州刺史。万尝衣白纶巾，乘平肩舆，径至听事前，谓述曰："人言君侯痴，君侯信自痴。"述曰："非无此论，但晚合耳。"万再迁豫州刺史、领淮南太守、监司、豫、冀、并四州军事、假节。王羲之与桓温笺曰："谢万才流经通，处廊庙，参讽议，故是后来一器。而今屈其迈往之气，以俯顺荒余，近是违才易务矣。"温不从。

万既受任北征，矜豪傲物，尝以啸咏自高，未尝抚众。兄安深忧之，自队主将帅已下，安无不慰勉。谓万曰："汝为元帅，诸将宜数接对，以悦其心，岂有傲诞若斯而能济事也！"万乃召集诸将，都无所说，直以如意指四坐云："诸将皆劲卒。"诸将益恨之。既而先遣征虏将军刘建修治马头城池，自率众入涡、颍，以援洛阳。北中郎将郗昙以疾病退还彭城，万以为贼盛致退，便引军还，众遂溃散，狼狈单归，废为庶人。后复以为散骑常侍，会卒，时年四十二，因以为赠。

子韶，字穆度，少有名。时谢氏忧彦秀者，称封、胡、羯、末。封谓韶，胡谓主朗，羯谓玄，末谓川，皆其小字也。韶、朗、川并早卒，惟玄以功名终，韶至车骑司马。

韶子恩，字景伯，宏达有远略，韶为黄门郎、武昌太守恩三子、曜、弘微，皆历显位。

朗字长度。父据，早卒。朗善言玄理，文义艳发，名亚于玄。总角时，病新起，体甚羸，未堪劳，于叔父安前与沙门支遁讲论，遂至相苦。其母王氏再遣信令还，安欲留，使竟论，王氏因出云："新妇少遭艰难，一生所寄惟在此儿。"遂流涕携朗去。安谓坐客曰："家嫂辞情慷慨，恨不使朝士见之。"朗终于东阳太守。

子重，字景重，明秀有才名，为会稽王道子骠骑长史。尝因侍坐，于时月夜明净，道子叹以为佳。重率尔曰："意谓乃不如微云点缀。"道子因戏重曰："卿居心不净，乃复强欲滓秽太清邪！"

子绚，字宣映，曾于公坐戏调，无礼于其舅袁湛。湛甚不堪之，谓曰："汝父昔已轻舅，汝今复来加我，可谓世无渭阳情也。"绚父重，即王胡之外孙，与舅亦有不协之论，湛故有此及云。

石字石奴。初拜秘书郎，累迁尚书仆射。征句难，以勋封兴平县伯。淮、肥之役，诏石解仆射，以将军假节征讨大都督，与兄子玄、琰破苻坚。先是，童谣云："谁谓尔坚石打碎。"故桓豁皆以"石"名子，以邀功焉。坚之败也，虽功始牢之，而成于玄、琰，然石时实为都督焉。迁中军将军、尚书令，更封南康郡公。于时学校陵迟，石上疏请兴复国学，以训胄子，班下州郡，普修乡校。疏奏，孝武帝纳焉。

兄安薨，石迁卫将军，加散骑常侍。以公事与吏部郎王恭互相短长，恭甚忿恨，自陈褊厄不允，且疾源深固，乞还私门。石亦上疏逊位。有司奏，石辄去职，免官。诏曰："石以疾求退，岂准之常制！其喻令还。"岁余不起。表十余上，帝不许。石乞依故尚书令王彪之例，于府综摄，诏听之。疾笃，进位开府仪同三司，加鼓吹，未拜，卒，时年六十二。

石少患面创，疗之莫愈，乃自匿。夜有物来舐其疮，随舐随差，舐处甚白，故世呼为谢白面。石在职务存文刻，既无他才望，直以宰相弟兼有大才，遂居清显，而聚敛无餍，取讥当世。追赠司空，礼官议谥，博士范弘之议谥曰襄墨公，语在《弘之传》。朝议不从，单谥曰襄。

子汪嗣，早卒。汪从兄冲以子明慧嗣，为孙恩所害。明慧从兄喻复以子冒嗣。宋受禅，国除。

逸字茂度。父铁，永嘉太守。逸性刚鲠，无所屈挠，颇有理识。累迁侍中。时孝武帝觞乐之后多赐侍臣文诏，辞义有不雅者，逸辄焚毁之，其他侍臣被诏者或宣扬之，故论者以此多逸。后为吴兴太守。孙恩之乱，为贼胡桀、郜骠等所执，害之。贼逼令北面，逸厉声曰："我不得罪天子，何北面之有！"遂害之。逸妻郗氏，甚妒。逸先娶妾，郗氏怨怼，与逸书告绝。逸以其书非妇人词，疑其门下生仇玄达之作，遂斥玄达。玄达怒，遂投孙恩，并害逸兄弟，竟至灭门。

史臣曰：建元之后，时政多虞，巨猾陆梁，权臣横恣。其有兼将相于中外，系存亡于社稷，负展资之以端拱，凿井赖之以晏安者，其惟谢氏乎！简侯任总中台，效彰分阃；

正议云唱，丧礼堕而复弘；遗音既补，雅乐缺而还备。君子哉，斯人也！文靖始居尘外，高谢人间，啸咏山林，浮泛江海，当此之时，萧然有陵霞之致。暨于褫薜萝而袭朱组，去衡泌而践丹墀，庶绩于是用康，彝伦以之载穆。苻坚百万之众已瞰吴江，桓温九五之心将移晋鼎，衣冠易虑，远迩崩心。从容而杜奸谋，宴衍而清群寇，宸居获太山之固，惟扬去累卵之危，斯为盛矣。然激繁会于期服之辰，敦一欢于百金之费，废礼于偷薄之俗，崇侈于耕战之秋，虽欲混哀乐而同归，齐奢俭于一致，而不知颓风已扇，雅道日沦，国之仪刑，岂期若是！琰称贞干，卒以忠勇垂名；混曰风流，竟以文词获誉：并阶时宰，无堕家风。奕、万以放肆为高，石奴以褊浊兴累，虽曰微颣，犹称名实。康乐才兼文武，志存匡济，淮、肥之役，勋寇望之而土崩；涡、颍之师，中州应之而席卷。方欲西平巩、洛，北定幽、燕，庙算有遗，良图不果，降龄何促，功败垂成，拊其遗文，经纶远矣。

赞曰：安西英爽，才兼辩博。宣力方镇，流声台阁。太保沈浮，旷若虚舟。任高百辟，情惟一丘。琰、逸忠壮，奕、万虚放。为龙为光，或卿或将。伟哉献武，功宣授斧。克翦凶渠，几清中宇。

卷八十　　　　　列传第五十

王羲之 子玄之　凝之　徽之　徽之子桢之　徽之弟操之　献之　**许迈**

王羲之，字逸少，司徒导之从子也，祖正，尚书郎。父旷，淮南太守。元帝之过江也，旷首创其议。羲之幼讷于言，人未之奇。年十三，尝谒周顗，顗察而异之。时重牛心炙，坐客未啖，顗先割啖羲之，于是始知名。及长，辩赡，以骨鲠称，尤善隶书，为古今之冠，论者称其笔势，以为飘若浮云，矫若惊龙。深为从伯敦、导所器重。时陈留阮裕有重名，为敦主簿。敦尝谓羲之曰："汝是吾家佳子弟，当不减阮主簿。"裕亦目羲之与王承、王悦为王氏三少。时太尉郗鉴使门生求女婿于导，导令就东厢遍观子弟。门生归，谓鉴曰："王氏诸少并佳，然闻信至，咸自矜持。惟一人在东床坦腹食，独若不闻。"鉴曰："正此佳婿邪！"访之，乃羲之也，遂以女妻之。

起家秘书郎，征西将军庾亮请为参军，累迁长史。亮临薨，上疏称羲之清贵有鉴裁。迁宁远将军、江州刺史。羲之既少有美誉，朝廷公卿皆爱其才器，频召为侍中、吏部尚书，皆不就。复授护军将军，又推迁不拜。扬州刺史殷浩素雅重之，劝使应命，乃遗羲之书曰："悠悠者以足下出处足观政之隆替，如吾等亦谓为然。至如足下出处，正与隆替对，岂可以一世之存亡，必从足下从容之适？幸徐求众心。卿不时起，复可以求美政不？若豁然开怀，当知万物之情也。"羲之遂报书曰："吾素自无廊庙志，直王丞相时果欲内吾，誓不许之，手迹犹存，由来尚矣，不于足下参政而方进退。自儿婚女嫁，便怀尚子平之志，数与亲知言之，非一日也。若蒙驱使，关、陇、巴、蜀皆所不辞。'吾虽无专对之能，直谨守时命，宣国家威德，固当不同于凡使，必令远近咸知朝廷留心于无外，此所益殊不同居护军也。汉末使太傅马日䃅慰抚关东，若不以吾轻微，无所为疑，宜及初冬以行，吾惟恭以待命。"

羲之既拜护军，又苦求宣城郡，不许，乃以为右军将军、会稽内史。时殷浩与桓温不协，羲之以国家之安在于内外和，因以与浩书以戒之，浩不从。及浩将北伐，羲之以为必败，以书止之，言甚切至。浩遂行，果为姚襄所败。复图再举，又遗浩书曰：

知安西败丧，公私怅怛，不能须臾去怀，以区区江左，所营综如此，天下寒心，固以久矣，而加之败丧，此可熟念。往事岂复可追，顾思弘将来，令天下寄命有所，自隆中兴之业。政以道胜宽和为本，力争武功，作非所当，因循所长，以固大业，想识其由来也。

自寇乱以来，处内外之任者，未有深谋远虑，括囊至计，而疲竭根本，各从所志，竟无一功可论，一事可记，忠言嘉谋弃而莫用，遂令天下将有土崩之势，何能不痛心悲慨也。任其事者，岂得辞四海之责！追咎往事，亦何所复及，宜更虚己求贤，当与有识共之，不可复令忠允之言常屈于当权。今军破于外，资竭于内，保淮之志非复所及，莫过还保长江，都督将各复旧镇，自长江以外，羁縻而已。任国钧者，引咎责躬，深自贬降以谢百姓。更与朝贤思布平政，除其烦苛，省其赋役，与百姓更始。庶可以允塞群望，救倒悬之急。

使君起于布衣，任天下之重，尚德之举，未能事事允称。当董统之任而败丧至此，恐阖朝群贤未有与人分其谤者。今亟修德补阙，广延群贤，与之分任，尚未知获济所期。若犹以前事为未工，故复求之于分外，宇宙虽广，自容所! 知言不必用，或取怨执政，然当情慨所在，正自不能不尽怀极言。若必亲征，未达此旨，果行者，愚智所不解也。愿复与众共之。

复被州符，增运千石，征役兼至，皆以军期，对之丧气，罔知所厝。自顷年割剥遗黎，刑徒竟路，殆同秦政，惟未加参夷之刑耳，恐胜、广之忧，无复日矣。

又与会稽王笺陈浩不宜北伐，并论时事曰：

古人耻其君不为尧、舜，北面之道，岂不愿尊其所事，比隆往代，况遇千载一时之运？顾智力屈于当年，何得不权轻重而处之也。今虽有可欣之会，内求诸己，而所忧乃重于所欣。《传》云："自非圣人，外宁必有内忧。"今外不宁，内忧已深。古之弘大业者，或不谋于众，倾国以济一时功耳，亦往往而有之。诚独运之明足以迈众，暂劳之弊终获永逸者可也。求之于今，可得拟议乎！

夫庙算决胜，必宜审量彼我，万全而后动。功就之日，便当因其众而即其实。今功未可期，而遗黎歼尽，万不余一。且千里馈粮，自古为难，况今转运供继，西输许、洛，北入黄河。虽秦政之弊，未至于此，而十室之忧，便以交至。今运无还期，征求日重，以区区吴、越经纬天下十分之九，不亡何待! 而不度德量力，不弊不已，此封内所痛心叹悼而莫敢吐诚也。

往者不可谏，来者犹可追，愿殿下更垂三思，解而更张，令殷浩、荀羡还据合肥、广陵，许昌、谯郡、梁、彭城诸军皆还保淮，为不可胜之基，须根立势举，谋之未晚，此实当今策之上者。若不行此，社稷之忧可计日而待。安危之机，易于反掌，考之虚实，著于目前，愿运独断之明，定之于一朝也。

地浅而言深，岂不知其未易。然古人处闾阎行阵之间，尚或干时谋国，评裁者不以为讥，况厕大臣末行，岂可默而不言哉! 存亡所系，决在行之，不可复持疑后机，不定之于此，后欲悔之，亦无及也。

殿下德冠宇内，以公室辅朝，最可直道行之，致隆当年，而未允物望，受殊遇者所以痛瘵太叹，实为殿下惜之。国家之虑深矣，常恐伍员之忧不独在昔，麋鹿之游将不止林薮而已。愿殿下暂废虚远之怀，以救倒悬之急，可谓以亡为存，转祸为福，则宗庙之庆，四海有赖矣。

时东土饥荒，羲之辄开仓振贷。然朝廷赋役繁重，吴会忧甚，羲之每上疏争之，事多见从。又遗尚书仆射谢安书曰：

顷所陈论，每蒙允纳，所以令下小得苏息，各安其业。若不耳，此一郡久以蹈东海矣。

今事之大者未布，漕运是也。吾望朝廷可申下定期，委之所司，勿复催下，但当岁终考其殿最。长吏尤殿，命槛车送诣天台。三县不举，二千石必免，或可左降，令在疆塞极难之地。

又自吾到此，从事常有四五，兼以台司及都水御史行台文符如雨，倒错违背，不复可知。吾又瞑目循常推前，取重者及纲纪，轻者在五曹。主者荷事，未尝得十日，吏民趋走，功费万计。卿方任其重，可徐寻所言。江左平日，扬州一良刺史便足统之，况以群才而更不理，正由为法不一，牵制者众，思简而易从，便足以保守成业

仓督监耗盗官米，动以万计，吾谓诛剪一人，其后便断，而时意不同。近检校诸县，无不皆尔。余姚近十万斛，重敛以资奸吏，令国用空乏，良可叹也。

自军兴以来，征役及充运死亡叛散不反者众，虚耗至此，而补代循常，所在凋困，莫知所出。上命所差，上道多叛，则吏及叛者席卷同去。又有常制，辄令其家及同伍课捕。课捕不擒，家及同伍寻复亡叛。百姓流亡，户口日减，其源在此。又有百工医寺，死亡绝没，家户空尽，差代无所，上命不绝，事起成十年、十五年，弹举获罪无懈息而无益实事，何以堪之! 谓自今诸死罪原轻者及五岁刑，可以充此，其减死者，可长充兵役，五岁者，可充杂工医寺，皆令移其家以实都邑。都邑既实，是政之本，又可绝其亡叛。

不移其家，逃亡之患复如初耳。今除罪而充杂役，尽移其家，小人愚迷，或以为重于杀戮，可以绝奸。刑名虽轻，惩肃实重，岂非适时之宜邪！

羲之雅好服食养性，不乐在京师，初渡浙江，便有终焉之志。会稽有佳山水，名士多居之，谢安未仕时亦居焉。孙绰、李充、许询、支遁等皆以文义冠世，并筑室东土，与羲之同好。尝与同志宴集于会稽、山阴之兰亭，羲之自为之序以申其志，曰：

永和九年，岁在癸丑，暮春之初，会于会稽、山阴之兰亭，修禊事也。群贤毕至，少长咸集。此地有崇山峻岭，茂林修竹，又有清流激湍，映带左右，引以为流觞曲水，列坐其次。虽无丝竹管弦之盛，一觞一咏，亦足以畅叙幽情。

是日也，天朗气清，惠风和畅，仰观宇宙之大，俯察品类之盛，所以游目骋怀，足以极视听之娱，信可乐也。

夫人之相与，俯仰一世，或取诸怀抱，悟言一室之内，或因寄所托，放浪形骸之外。虽趣舍万殊，静躁不同，当其欣于所遇，暂得于己，快然自足，不知老之将至。及其所之既倦，情随事迁，感慨系之矣。向之所欣，俯仰之间，已为陈迹，犹不能不以之兴怀。况修短随化，终期于尽。古人云，死生亦大矣，岂不痛哉！

每览昔人兴感之由，若合一契，未尝不临文嗟悼，不能喻之于怀。固知一死生为虚诞，齐彭殇为妄作，后之视今，亦犹今之视昔，悲夫！故列叙时人，录其所述，虽世殊事异，所以兴怀，其致一也。后之览者，亦将有感于斯文。

或以潘岳《金谷诗序》方其文，羲之比于石崇，闻而甚喜。

性爱鹅，会稽有孤居姥养一鹅，善鸣，求市未能得，遂携亲友命驾就观。姥闻羲之将至，烹以待之，羲之叹惜弥日。又山阴有一道士，养好鹅，羲之往观焉，意甚悦，固求市之。道士云："为写《道德经》，当举群相赠耳。"羲之欣然写毕，笼鹅而归，甚以为乐。其任率如此。尝诣门生家，见棐几滑净，因书之，真草相半。后为其父误刮去之，门生惊懊者累日。又尝在蕺山见一老姥，持六角竹扇卖之。羲之书其扇，各为五字。姥初有愠色。因谓姥曰："但言是王右军书，以求百钱邪。"姥如其言，人竞买之。他日，姥又持扇来，羲之笑而不答。其书为世所重，皆此类也。每自称"我书比钟繇，当抗行；比张芝草，犹当雁行也"。曾与人书云："张芝临池学书，池水尽黑，使人耽之若是，未必后之也。"羲之书初不胜庾翼、郗愔，及其暮年方妙。尝以章草答庾亮，而翼深叹伏，因与羲之书云："吾昔有伯英章草十纸，过江颠狈，遂乃亡失，常叹妙迹永绝。忽见足下答家兄书，焕若神明，顿还旧观。"

时骠骑将军王述少有名誉，与羲之齐名，而羲之甚轻之，由是情好不协。述先为会稽，以母丧居郡境，羲之代述，止一吊，遂不重诣。述每闻角声，谓羲之当候己，辄洒扫而待之。如此者累年，而羲之竟不顾，述深以为恨。

及述为扬州刺史，将就征，周行郡界，而不过羲之，临发，一别而去。先是，羲之常谓宾友曰："怀祖正当作尚书耳，投老可得仆射。更求会稽，便自邈然。"及述蒙显授，羲之耻为之下，遣使诣朝廷，求分会稽为越州。行人失辞，大为时贤所笑。既而内怀愧叹，谓其诸子曰："吾不减怀祖，而位遇悬邈，当由汝等不及坦之故邪！"述后检察会稽郡，辩其刑政，主者疲于简对。羲之深耻之，遂称病去郡，于父母墓前自誓曰："维永和十一年三月癸卯朔，九日辛亥，小子羲之敢告二尊之灵。羲之不天，夙遭闵凶，不蒙过庭之训。母兄鞠育，得渐庶几，遂因人乏，蒙国宠荣。进无忠孝之节，退违推贤之义，每仰咏老氏、周任之诫，常恐死亡无日，忧及宗祀，岂在微身而已！是用寤寐永叹，若坠深谷。止足之分，定之于今。谨以今月吉辰肆筵设席，稽颡归诚，告誓先灵。自今之后，敢渝此心，贪冒苟进，是有无尊之心而不子也。子而不子，天地所不覆载，名教所不得容。信誓之诚，有如皦日！"

羲之既去官，与东土人士尽山水之游，弋钓为娱。又与道士许迈共修服食，采药石不远千里，遍游东中诸郡，穷诸名山，泛沧海，叹曰："我卒当以乐死。"谢安尝谓羲之曰："中年以来，伤于哀乐，与亲友别，辄作数日恶。"羲之曰："年在桑榆，自然至此。顷正赖丝竹陶写，恒恐儿辈觉，损其欢乐之趣。"朝廷以其誓苦，亦不复征之。

时刘惔为丹阳尹，许询尝就惔宿，床帷新丽，饮食丰甘。询曰："若此保全，殊胜东山。"惔曰："卿若知吉凶由人，吾安得保此。"羲之在坐，曰："令巢、许遇稷、契，当无此言。"二人并有愧色。

初，羲之既优游无事，与吏部郎谢万书曰：

古之辞世者或被发阳狂，或污身秽迹，可谓艰矣。今仆坐而获逸，遂其宿心，其为庆幸，岂非天赐！违天不祥。

顷东游还，修植桑果，今盛敷荣，率诸子，抱弱孙，游观其间，有一味之甘，割而分之，以娱目前。虽植德无殊邈，犹欲教养子孙以敦厚退让。或以轻薄，庶令举策数马，仿佛万石之风。君谓此何如？

比当与安石东游山海，并行田视地利，颐养闲暇。衣食之余，欲与亲知时共欢宴，虽不能兴言高咏，衔杯引满，语田里所行，故以为抚掌之资，其为得意，可胜言邪！常依陆贾、班嗣、杨王孙之处世，甚欲希风数子，老夫志愿尽于此也。

万后为豫州都督，又遗万书诫之曰："以君迈往不屑之韵，而俯同群辟，诚难为意也。然所谓通识，正自当随事行藏，乃为远耳。愿君每与士之下者同，则尽善矣。食不二味，居不重席，此复何有，而古人以为美谈。济否所由。实在积小以致高大，君其存之。"万不能用，果败。

年五十九卒，赠金紫光禄大夫。诸子遵父先旨，固让不受。

有七子，知名者五人。玄之早卒。次凝之，亦工草隶，仕历江州刺史、左将军、会稽内史。王氏世事张氏五斗米道，凝之弥笃。孙恩之攻会稽，僚佐请为之备。凝之不从，方入靖室请祷，出语诸将佐曰："吾已请大道，许鬼兵相助，贼自破矣。"既不设备，遂为孙恩所害。

徽之字子猷。性卓荦不羁，为大司马桓温参军，蓬首散带，不综府事。又为车骑桓冲骑兵参军，冲问："卿署何曹？"对曰："似是马曹。"又问："管几马？"曰："不知马，何由知数！"又问："马比死多少？"曰："未知生，焉知死！"尝从冲行，值暴雨，徽之因下马排入车中，谓曰："公岂得独擅一车！"冲尝谓徽之曰："卿在府日久，比当相料理。"徽之初不酬答，直高视，以手版柱颊云："西山朝来致有爽气耳。"

时吴中一士大夫家有好竹，欲观之，便出坐舆造竹下，讽啸良久。主人洒扫请坐，徽之不顾。将出，主人乃闭门，徽之便以此赏之，尽叹而去。尝寄居空宅中，便令种竹。或问其故，徽之但啸咏，指竹曰："何可一日无此君邪！"尝居山阴，夜雪初霁，月色清朗，四望皓然，独酌酒咏左思《招隐诗》，忽忆戴逵。逵时在剡，便夜乘小船诣之，经宿方至，造门不前而反。人问其故，徽之曰："本乘兴而行，兴尽而反，何必见安道邪！"雅性放诞，好声色，尝夜与弟献之共读《高士传赞》，献之赏井丹高洁，徽之曰："未若长卿慢世也。"其傲达若此。时人皆钦其才而秽其行。

后为黄门侍郎，弃官东归，与献之俱病笃，时有术人云："人命应终，而有生人乐代者，则死者可生。"徽之谓曰："吾才位不如弟，请以余年代之。"术者曰："代死者，以己年有余，得以足亡者耳。今君与弟算俱尽，何代也！"未几，献之卒，徽之奔丧不哭，直上灵床坐，取献之琴弹之，久而不调，叹曰："呜呼子敬，人琴俱亡！"因顿绝。先有背疾，遂溃裂，月余亦卒。子桢之。

桢之字公干，历位侍中、大司马长史。桓玄为太尉，朝臣毕集，问桢之："我何如君亡叔？"在坐咸为气咽。桢之曰："亡叔一时之标，公是千载之英。"一坐皆悦。

操之字子重，历侍中、尚书、豫章太守。

献之字子敬。少有盛名，而高迈不羁，虽闲居终日，容止不怠，风流为一时之冠。年数岁，尝观门生樗蒱，曰："南风不竞。"门生曰："此郎亦管中窥豹，时见一斑。"献之怒曰："远惭荀奉倩，近愧刘真长。"遂拂衣而去。尝与兄徽之、操之俱诣谢安，二兄多言俗事，献之寒温而已。既出，客问安王氏兄弟优劣，安曰："小者佳。"客问其故，安曰："吉人之辞寡，以其少言，故知之。"尝与徽之共在一室，忽然火发，徽之遽走，不遑取履。献之神色恬然，徐呼左右扶出。夜卧斋中而有偷人入其室，盗物都尽。献之徐曰："偷儿，毡青我家旧物，可特置之。"群偷惊走。

工草隶，善丹青。七八岁时学书，羲之密从后掣其笔不得，叹曰："此儿后当复有大名。"尝书壁为方丈大字，羲之甚以为能，观者数百人。桓温尝使书扇，笔误落，因画作乌驳牸牛，甚妙。

起家州主簿、秘书郎，转丞，以选尚新安公主。尝经吴郡，闻顾辟疆有名园。先不相识，乘平肩舆径入。时辟疆方集宾友，而献之游历既毕，傍若无人。辟疆勃然数之曰："傲主人，非礼也。以贵骄士，非道也。失是二者，不足齿之伧耳。"便驱出门。献之傲如也，不以屑意。

谢安甚钦爱之，请为长史。安进号卫将军，复为长史。太元中，新起太极殿，安欲使献之题榜，以为万代宝，而难言之，试谓曰："魏时陵云殿榜未题，而匠者误钉之，不可下，乃使韦仲将悬橙书之。比讫，须鬓尽白，裁余气息。还语子弟，宜绝此法。"献之揣知其旨，正色曰："仲将，魏之大臣，宁有此事！使其若此，有以知魏德之不长。"安遂不之逼。安又问曰："君书何如君家尊？"答曰："故当不同。"安曰："外论不尔。"答曰："人那得知！"寻除建威将军、吴兴太守，征拜中书令。

及安薨，赠礼有同异之议，惟献之、徐邈共明安之忠勋。献之乃上疏曰："故太傅臣安少振玄风，道誉洋溢。弱冠遐栖，则契齐箕、皓；应运释褐，而王猷允塞。及至载宣威灵，强猾消殄。功勋既融，投韨高让。且服事先帝，眷隆布衣。陛下践阼，阳秋尚富，尽心竭智以辅圣明。考其潜跃始终，事情缱绻，实大晋之俊辅，义笃于曩臣矣。伏惟陛下留心宗臣，澄神于省察。"孝武帝遂加安殊礼。

未几，献之遇疾，家人为上章，道家法应首过，问其有何得失。对曰："不觉余事，惟忆与郗家离婚。"献之前妻，郗昙女也。俄而卒于官。安僖皇后立，以后父追赠侍中、特进、光禄大夫、太宰，谥曰宪。无子，以兄子静之嗣，位至义兴太守。时议者以为羲之草隶，江左中朝莫有及者，献之骨力远不及父，而颇有媚趣。桓玄雅爱其父子书，各为一帙，置左右以玩之。始羲之所与共游者许迈。

许迈，字叔玄，一名映，丹阳句容人也。家世士族，而迈少恬静，不慕仕进。未弱冠，尝造郭璞，璞为之筮，遇《泰》之《大畜》，其上六爻发。璞谓曰："君元吉自天，宜学升遐之道。"时南海太守鲍靓隐迹潜通，人莫之知。迈乃往候之，探其至要。父母尚存，未忍违亲。谓余杭悬霤山近延陵之茅山，是洞庭西门，潜通五岳，陈安世、茅季伟常所游处，于是立精舍于悬霤，而往来茅岭之洞室，放绝世务，以寻仙馆，朔望时节还家定省而已。父母既终，乃遣妇孙氏还家，遂携其同志遍游名山焉。初采药于桐庐县之桓山，饵术涉三年，时欲断谷。以此山近人，不得专一，四面藩之，好道之徒欲相见者，登楼与语，以此为乐。常服气，一气千余息。永和二年，移入临安西山，登岩茹芝，眇尔自得，有终焉之志。乃改名玄，字远游。与妇书告别，又著诗十二首，论神仙之事焉。羲之造之，未尝不弥日忘归，相与为世外之交。玄遗羲之书云："自山阴南至临安，多有金堂玉室，仙人芝草，左元放之徒，汉末诸得道者皆在焉。"羲之自为之传，述灵异之迹甚多，不可详记。玄自后莫测所终，好道者皆谓之羽化矣。

制曰：书契之兴，肇乎中古，绳文鸟迹，不足可观。末代去朴归华，舒笺点翰，争相跨尚，竞其工拙。伯英临池之妙，无复余踪；师宜悬帐之奇，罕有遗迹。逮乎钟、王以降，略可言焉。钟虽擅美一时，亦为回绝，论其尽善，或有所疑。至于布纤浓，分疏密，霞舒云卷，无所间然。但其体则古而不今，字则长而逾制，语其大量，以此为瑕。献之虽有父风，殊非新巧。观其字势疏瘦，如隆冬之枯树；

览其笔踪拘束，若严家之饿隶。其枯树也，虽槎枿而无屈伸；其饿隶也，则羁羸而不放纵。兼斯二者，故翰墨之病欤！子云近出，擅名江表，然仅得成书，无丈夫之气，行行若萦春蚓，字字如绾秋蛇；卧王濛于纸中，坐徐偃于笔下；虽秃千兔之翰，聚无一毫之筋，穷万谷之皮，敛无半分之骨；以兹播美，非其滥名邪！此数子者，皆誉过其实。所以详察古今，研精篆素，尽善尽美，其惟王逸少乎！观其点曳之工，裁成之妙，烟霏露结，状若断而还连；凤翥龙蟠，势如斜而反直。玩之不觉为倦，览之莫识其端，心慕手追，此人而已。其余区区之类，何足论哉！

卷八十一　　列传第五十一

王逊　蔡豹　羊鉴　刘胤
桓宣族子伊　朱伺　毛宝子穆之
刘遐　邓岳子遐　朱序

　　王逊，字邵伯，魏兴人也。仕郡察孝廉，为吏部令史，转殿中将军。累迁上洛太守。私牛马在郡生驹犊者，秩满悉以付官，云是郡中所产也。转魏兴太守。惠帝末，西南夷叛，宁州刺史李毅卒，城中百余人奉毅女固守经年。永嘉四年，治中毛孟诣京师求刺史，不见省。孟固陈曰："君亡亲丧，幽闭穷城，万里诉哀，不垂愍救。既惭包胥无哭秦之感，又愧杞妻无崩城之验，存不若亡，乞赐臣死。"朝廷怜之，乃以逊为南夷校尉、宁州刺史，使于郡便之镇。逊与孟俱行，道遇寇贼，逾年乃至。外逼李雄，内有夷寇，吏士散没，城邑丘墟。逊披荒纠厉，收聚离散，专杖威刑，鞭挞殊俗。逊未到州，遥举董联为秀才，建宁功曹周悦谓联非才，不下版檄。逊既到，收悦杀之。悦弟潜谋杀逊，以前建宁太守赵㵎子涛代为刺史。事觉，并诛之。又诛豪右不奉法度者数十家。征伐诸夷，俘馘千计，获马及牛羊数万余，于是莫不振服，威行宁土。又遣子澄奉表劝进于元帝，帝嘉之，累加散骑常侍、安南将军、假节，校尉、刺史如故，赐爵褒中县公。逊以地势形便，上分牂柯为平夷郡，分朱提为南广郡，分建宁为夜郎郡，分永昌为梁水郡，又改益州郡为晋宁郡，事皆施行。

　　先是，越巂太守李钊为李雄所执，自蜀逃归，逊复以钊为越巂太守。李雄遣李骧、任回攻钊，钊自南秦与汉嘉太守王载共距之，战于温水，钊败绩，载遂以二郡附雄。后骧等又渡泸水寇宁州，逊使将军姚崇、爨琛距之，战于堂狼，大破骧等，崇追至泸水，透水死者千人。崇以道远不敢渡水，逊以崇不穷追也，怒囚群帅，执崇，鞭之，怒甚，发上冲冠，冠为之裂，夜中卒。

　　逊在州十四年，州人复立逊中子坚行州府事。诏除坚为南夷校尉、宁州刺史、假节，谥逊曰壮。陶侃惧坚不能抗对蜀人，太宁末，表以零陵太守尹奉为宁州，征坚还京，病卒。兄澄袭爵，历魏兴太守、散骑常侍。

　　蔡豹，字士宣，陈留圉城人。高祖质，汉卫尉，左中郎将邕之叔父也。祖睦，魏尚书。父宏，阴平太守。豹有气干，历河南丞，长乐、清河太守。避乱南渡，元帝以为振武将军、临淮太守，迁建威将军、徐州刺史。初，祖逖为徐州，豹为司马，素易豹。至是，逖为豫州，而豹为徐州，俱受征讨之寄，逖甚愧之。

　　是时太山太守徐龛与彭城内史刘遐同讨反贼周抚于寒山，龛将于药斩抚。及论功，而遐先之。龛怒，以太山叛，自号安北将军、兖州刺史，攻破东莞太守侯史旄而据其坞。石季龙伐之，龛惧，求降，元帝许焉。既而复叛归石勒，勒遣其将王伏都、张景等数百骑助龛。诏征虏将军羊鉴、武威将军侯礼、临淮太守刘遐、鲜卑段文鸯等与豹共讨之。诸将畏懦，顿兵下邳，不敢前。豹欲进军，鉴固不许。龛遣使请救于勒，勒辞以外难，而多求于龛。又王伏都等淫其室。龛知勒不救，且患伏都等纵暴，乃杀之，复求降。元帝恶其反覆，不纳，敕豹、鉴以时进讨。鉴及刘遐等有疑惮不相听从，互有表闻，故豹久不得进。尚书令刁协奏曰："臣等伏思淮北征军已失不速，今方盛暑，冒涉山险，山人便弓弩，习土俗，一人守厄，百夫不当。且运漕不难，一朝粮乏，非复智力所能防御也。《书》云宁致人，不致于人。宜顿兵所在，深壁固垒，至秋不了，乃进大军。"诏曰："知难而退，诚合兵家之言。然小贼虽狡猾，故成擒耳。未战而退，先自摧衄，亦古之所忌。且邳存已据贼垒，威势既振，不可退一步也。"于是遣治书御史郝嘏为行台，催摄令进讨。豹欲径进，鉴执不听。协又奏免鉴官，委豹为前锋，以鉴兵配之，降号折冲将军，以责后效。豹据邳卞城，欲以逼龛。时石季龙屯钜平，将攻豹，豹夜遁。退守下邳。徐龛袭取豹辎重于檀丘，将军留宠、陆党力战，死之。

　　豹既败，将归谢罪，北中郎王舒止之，曰："胡寇方至，使君且当摄职，为百姓障捍。贼退谢罪，不晚也。"豹从之。元帝闻豹退，使收。使者至，王舒夜以兵围豹，豹以为他难，率麾下击之，闻有诏乃止。舒执豹，送至建康，斩之，尸于市三日，时年五十二。

　　豹在徐土，内抚将士，外怀诸众，甚得远近情，闻其死，多悼惜之。无子，兄子裔字元子，散骑常侍、兖州刺史、高阳乡侯。殷浩北伐，使裔率众出彭城，卒于军。

　　羊鉴，字景期，太山人也。父济，匈奴中郎将。兄炜，历太仆、兖、徐二州刺史。鉴为东阳太守，累迁太子左卫率。时徐龛反叛，司徒王导以鉴是龛州里宗族，必能制之，请遣北讨。鉴深辞才非将帅。太尉郗鉴亦表谓鉴非才，不宜妄使。导不纳，强启授以征讨都督，果败绩。导以举鉴非才，请自贬，帝不从。有司正鉴斩刑，元帝诏以鉴太妃外属，特免死，除名。久之，为少府。及王敦反，明帝以鉴敦舅，又素相亲党，微被嫌责。及成帝即位，豫讨苏峻，以功封丰城县侯，徙光禄勋，卒。

　　刘胤，字承胤，东莱掖人，汉齐悼惠王肥之后也，美姿容，善自任遇，交结时豪，名著海岱间，士咸慕之。举贤良，辟司空掾，并不就。且天下大乱，携母欲避地辽东，路经幽州，刺史王浚留胤，表为渤海太守。浚败，转依冀州刺史邵续。续徒众寡弱，谋降于石勒，胤言于续曰："夫田单、包胥，齐、楚之小吏耳，犹能存已灭之邦，全丧败之国。今将军杖精锐之众，居全胜之城，如何坠将登之功于一篑，委忠信之人于豺狼乎！且项羽、袁绍非不强也，高祖缟冠，人应如响，曹公奉帝，而诸侯绥穆。何者？盖逆顺之理殊，自然之数定也。况夷戎丑类，屯结无赖，虽有犬羊之盛，终有庖宰之患，而欲托根结援，无乃殆哉！"续曰："若如君言，计将安出？"胤曰："琅邪王以圣德钦明，创基江左，中兴之隆可企踵而待。今为将军计者，莫若抗大顺以激义士之心，奉忠正以厉军人之志。夫机事在密，时至难违，存亡废兴，在此举矣。"续从之，乃杀异议者数人，遣使江南，朝廷嘉之。胤仍求自行，续厚遣之。

既至，元帝命为丞相参军，累迁尚书吏部郎。胤闻石季龙攻厌次，言于元帝曰："北方镇皆没，惟余邵续而已。如使君为季龙所制，孤义士之心，阻归本之路。愚谓宜存救援。"元帝将遣救之，会续已没而止。王敦素与胤交，甚钦贵，请为右司马。胤知敦有不臣心，枕疾不视事，以是忤敦意，出为豫章太守，辞以脚疾，诏就家授印绶。郡人莫鸿，南土豪族，因乱，杀本县令，横恣无道，百姓患之。胤至，诛鸿及诸豪右，界内肃然。咸和初，为平南军司，加散骑常侍。苏峻作乱，温峤率众而下，留胤等守溢口。事平，以勋赐爵丰城子。俄而代峤为平南将军、都督江州诸军事、领江州刺史、假节。

胤位任转高，矜豪日甚，纵酒耽乐，不恤政事，大殖财货，商贩百万。初，胤之代峤也，远近皆为谓非选。陶侃、郗鉴咸云胤非方伯才，朝廷不从。或问王悦曰："今大难之后，纲纪弛顿，自江陵至于建康三千余里，流人万计，布在江州。江州，国之南藩，要害之地，而胤以侈怠之性，卧而对之，不有外变，必有内患。"悦曰："闻温平南语家公云，连得恶梦，思见代者。寻云可用刘胤。此乃温意，非家公也。"是时朝廷空罄，百官无禄，惟资江州运漕。而胤商旅继路，以私废公。有司奏免胤官。书始下，而胤为郭默所害，年四十九。

子赤松嗣，尚南平长公主，位至黄门郎、义兴太守。

桓宣，谯国铚人也。祖诩，义阳太守。父弼，冠军长史。宣开济笃素，为元帝丞相舍人。时坞主张平自称豫州刺史，樊雅自号谯郡太守，各据一城，众数千人。帝以宣信厚，又与平、雅同州里，转宣为参军，使就平、雅。平、雅遣军主簿随宣诣丞相府受节度，帝皆加四品将军，即其所部，使捍御北方。南中郎将王含请宣为参军。

顷之，豫州刺史祖逖出屯芦洲，遣参军殷乂诣平、雅。乂意轻平，视其屋，云当持作马厩，见大镬，欲铸作铁器。平曰："此是帝王大镬，天下定后方当用之，奈何打破！"乂曰："卿能保头不？而惜大镬邪！"平大怒，于坐斩乂，阻兵固守。岁余，逖攻平杀之，而雅据谯城。逖以力弱，求助于含，含遣宣领兵五百助逖。逖谓宣曰："卿先已说平、雅，信义大著于彼。今复为我说雅。雅若降者，方相擢用，不但免死而已。"宣复单马从两人诣雅，曰："祖逖方欲平荡二寇，每何卿为援。前殷乂轻薄，非豫州意。今若和解，则忠勋可立，富贵可保。若犹固执，东府赫然更遣猛将，以卿乌合之众，凭阻穷城，强贼伺其北，国家攻其南，万无一全也。愿善量之。"雅与宣置酒结友，遣子随宣诣逖。少日，雅便自诣逖，逖遣雅还抚其众。雅金谓前数骂辱，惧罪不敢降。雅复闭城自守。逖往攻之，复遣宣入说雅。雅即斩异己者，遂出降。未几，石勒别将围谯城，含又遣宣率众救逖，未至而贼退。逖留宣讨诸未服，皆破之。迁谯国内史。

祖约之弃谯城也，宣以笺谏，不从，由是石勒遂有陈留。及约与苏峻同反，宣谓祖智曰："今强胡未灭，将戮力以讨之，而与峻俱反，此安得久乎！使君若欲为雄霸，何不助国讨峻，威名自举。"智等不能用。宣欲谏约，遣其子戎白约求入。约知宣必谏，不听。宣遂距约，不与之同。邵陵人陈光率部落数百家降宣，宣皆慰抚之。约还历阳，宣率数千家欲南投寻阳，营于马头山。值祖焕欲袭溢口，陶侃使毛宝救之。焕遣众攻宣，宣使戎求救于宝。宝击焕，破之，宣因投温峤。峤以戎为参军。贼平，宣居于武昌，戎复为刘胤参军。郭默害胤，复以戎为参军。

陶侃讨默，默遣戎求救于宣，宣伪许之。西阳太守邓岳、武昌太守刘诩皆疑宣与默同。豫州西曹王随曰："宣尚背祖约，何缘同郭默邪！"岳、诩乃遣随诣宣以观之。随谓宣曰："明府心虽不尔，无以自明，惟以戎付随耳。"宣乃遣戎与随俱迎陶侃。辟戎为掾，上宣为武昌太守。寻迁监沔中军事、南中郎将、江夏相。

石勒荆州刺史郭敬成襄阳。陶侃使其子平西参军斌与宣俱攻樊城，拔之。竟陵太守李阳又破新野。敬惧，遁走。宣与阳遂平襄阳，侃使宣镇之，以其淮南部曲立义成郡。宣招怀初附，劝课农桑，简刑罚，略威仪，或载锄耒于轺轩，或亲芸获于陇亩。十余年间，石季龙再遣骑攻之，宣能得众心，每以寡弱距守，论者以为次于祖逖、周访。

侃方欲使宣北事中原，会侃薨。后庾亮为荆州，将谋北伐，以宣为都督沔北前锋征讨军事、平北将军、司州刺史、假节，镇襄阳。季龙使骑七千渡沔攻之，亮遣司马王愆期、辅国将军毛宝救宣。贼三面为地窟攻城，宣募精勇，出其不意，杀伤数百，多获铠马，贼解围退走。久之，宣遣步骑收南阳诸郡百姓没贼者八千余人以归。庾翼代亮，欲倾国北讨，更以宣为都督司、梁、雍三州荆州之南阳、襄阳、新野、南乡四郡军事、梁州刺史、持节，将军如故。以前后功，封宣陵县男。

宣久在襄阳，绥抚侨旧，甚有称绩。庾翼迁镇襄阳，令宣进伐石季龙将李罴，军次丹水，为贼所败。翼怒，贬宣为建威将军，使移戍岘山。宣望实俱丧，兼以老疾，时南蛮校尉王愆期守江陵，以疾求代，翼以宣为镇南将军、南郡太守，代愆期。宣不得志，未之官，发愤卒。追赠镇南将军。戎官至新野太守。

伊字叔夏，父景，有当世才干，仕至侍中、丹阳尹，中领军、护军将军、长社侯,伊有武干,标悟简率,为王濛、刘惔所知,频参诸府军事,累迁大司马参军。时苻坚强盛,边鄙多虞,朝议选能距捍疆场者,乃授伊淮南太守。以绥御有方,进督豫州之十二郡扬州之江西五郡军事、建威将军、历阳太守,淮南如故。与谢玄共破贼别将王鉴、张蚝等,以功封宣城县子,又进都督豫州诸军事、西中郎将、豫州刺史。及苻坚南寇,伊与冠军将军谢玄、辅国将军谢琰俱破坚于肥水,以功封永修县侯,进号右军将军,赐钱百万,袍表千端。

伊性谦素,虽有大功,而始终不替。善音乐,尽一时之妙,为江左第一。有蔡邕柯亭笛,常自吹之。王徽之赴召京师,泊舟青溪侧。素不与徽之相识。伊于岸上过,船中客称伊小字曰:"此桓野王也。"徽之便令人谓伊曰:"闻君善吹笛,试为我一奏。"伊是时已贵显,素闻徽之名,便下车,踞胡床,为作三调,弄毕,便上车去,客主不交一言。

时谢安女婿王国宝专利无检行,安恶其为人,每抑制之。及孝武末年,嗜酒好内,而会稽王道子昏蒙尤甚,惟狎昵谄邪,于是国宝谗谀之计稍行于主相之间。而好利险诐之徒,以安功名盛极,而构会之,嫌隙遂成。帝召伊饮宴,安侍坐。帝命伊吹笛。伊神色无迕,即吹为一弄,乃放笛云:"臣于筝分乃不及笛,然自足以韵合歌管,请以筝歌,并请一吹笛人。"帝善其调达,乃敕御妓奏笛。伊又云:"御府人于臣必自不合,臣有一奴,善相便串。"帝弥赏其放率,乃许召之。奴既吹笛,伊便抚筝而歌《怨诗》曰:"为君既不易,为臣良独难。忠信事不显,乃有见疑患。周旦佐文、武,《金縢》功不刊。推心辅王政,二叔反流言。"声节慷慨,俯仰可观。安泣下沾衿,乃越席而就之,捋其须曰:"使君于此不凡!"帝甚有愧色。

伊在州十年,绥抚荒杂,甚得物情。桓冲卒,迁都督江州、荆州十郡豫州四郡军事、江州刺史,将军如故,假节。伊到镇,以边境无虞,宜以宽恤为务,乃上疏以江州虚耗,加连岁不登,今余户有五万六千,宜并合小县,除诸郡逋米,移州还镇豫章。诏令移出寻阳,其余皆听之。伊随宜拯抚,百姓赖焉。在任累年,征拜护军将军。以右军府千人自随,配护军府。卒官。赠右将军,加散骑常侍,谥曰烈。

初,伊有马步铠六百领,豫为表,令死乃上之。表曰:"臣过蒙殊宠,受任西藩。淮南之捷,逆兵奔北,人马器铠,随处放散。于时收拾败破,不足贯连。比年营缮,已修整。今六合虽一,余烬未灭,臣不以朽迈,犹欲输效力命,仰报皇恩。此志永绝,衔恨泉壤。谨奉输马具装百具、步铠五百领,并在寻阳,请勒所属领受。"诏曰:"伊忠诚不遂,益以伤怀,仍受其所上之铠。"

子肃之嗣。卒,子陵嗣。宋受禅,国除。伊弟不才,亦有将略。讨孙恩,至冠军将军。

朱伺,字仲文,安陆人。少为吴牙门将陶丹给使。吴平,内徙江夏。伺有武勇,而讷口,不知书,为郡将督,见乡里士大夫,揖称名而已。及为将,遂以谦恭称。张昌之逆,太守弓钦走滠口,伺与同辈郴宝、布兴合众讨之,不克,乃与钦奔武昌。后更率部党攻灭之。转骑部曲督,加绥夷都尉。伺部曲等以诸县附昌,惟本部唱义讨逆,逆顺有嫌,求别立县,因此遂割安陆东界为滠阳县而贯焉。

其后陈敏作乱,陶侃时镇江夏,以伺能水战,晓作舟舰,乃遣作大舰,署为左甄,据江口,摧破敏前锋。敏弟恢称荆州刺史,在武昌,侃率伺及诸军进讨,破之。敏、恢既平,伺以功封亭侯,领骑督。时西阳夷贼抄掠江夏,太守杨珉每请督将议距贼之计,伺独不言。珉曰:"朱将军何以不言?"伺答曰:"诸人以舌击贼,伺惟以力耳。"珉又问:"将军前后击贼,何以每得胜邪?"伺曰:"两敌共对,惟当忍之。彼不能忍,我能忍,是以胜耳。"珉大笑。

永嘉中,石勒破江夏,伺与杨珉走夏口,伺依之,加明威将军。随侃讨杜弢,有殊功,语在《侃传》。夏口之战,伺用铁面自卫,以弩的射贼大帅数人,皆杀之。贼挽船上岸,于水边布阵。伺逐水上下以邀之,箭中其胫,气色不变。诸军寻至,贼溃,追击之,皆弃船投水,死者太半。贼夜还长沙,伺追蒲圻,不及而反。加威远将军,赤幢曲盖。

建兴中,陈声率诸无赖二千余家断江抄掠,侃遣伺为督护讨声。声众虽少,伺容之不击,求遣弟诣侃降,伺外许之。及声去,伺乃遣劲勇要声弟斩之,潜军袭声。声正旦并出祭祀饮食,伺军入其门方觉。声将阎晋、郑进皆死战,伺军人多伤,乃还营。声东走,保董城。伺又率诸军围守之,遂重柴绕城,作高橹,以劲弩下射之,又断其水道。城中无水,杀牛饮血。阎晋,声妇弟也,乃斩声首出降。又以平蜀贼袭高之功,加伺广威将军,领竟陵内史。

时王敦欲用从弟廙代侃为荆州,侃故悠郑攀、马俊等乞侃于敦,敦不许。攀等以侃始灭大贼,人皆乐附,又以廙忌戾难事,谋共距之。遂屯结滠口,遣使告伺。伺外许之,而称疾不赴。攀等遂进距廙。既而士众疑阻,复散还横桑口,欲入杜曾。时朱轨、赵诱、李桓率众将击之,攀等惧诛,以司马孙景造谋距廙,因斩之,降轨等。

廙将西出,遣长史刘浚留镇扬口垒。时杜曾会请讨第五猗于襄阳,伺谓廙曰:"曾是猾贼,外示西还,以疑众心,欲诱引官军使西,然后兼道袭扬口耳。宜大部分,未可便西。"廙性矜厉自用,兼以伺老怯难信,遂西行。曾等果驰还。廙乃遣伺归,裁至垒,即为曾等所围。刘浚以垒北门危,欲令伺守之。或说浚云:"伺与郑攀同者。"乃转守南门。贼知之,攻其北门。时郑攀党马俊等亦来攻垒,俊妻子先在垒内,或请皮其面以示之。伺曰:"杀其妻子,未能解围,但益其怒耳。"乃止。伺常所调弩忽嚗不发,伺甚恶之。及贼攻陷北门,伺被伤退入船。初,浚开诸船底,以木掩之,名为船械。伺既入,贼举锤摘伺,伺逆接得锤,反以摘贼。贼走上船屋,大唤云:"贼帅在此!"伺从船底沈行五十步,乃免。遇医疗,创小差。杜曾遣说伺云:"马俊等感卿恩,妻孥得活。尽以卿家外内百口付俊,俊已尽心收视,卿可来也。"伺答曰:"贼无白首者,今吾年六十余,不能复与卿作贼。吾死,当归南,妻子付汝。"乃还甑山。时王廙与李桓、杜曾相持,累战甑山下。军士数惊唤云："贼欲至!"伺惊创而卒。因葬甑山。

毛宝，字硕真，荥阳阳武人也。王敦以为临湘令。敦卒，为温峤平南参军。苏峻作逆，峤将赴难，而征西将军陶侃怀疑不从。峤屡说不能回，更遣使顺侃意曰："仁公且守，仆宜先下。"遣信已二日，会宝别使还，闻之，说峤曰："凡举大事，当与天下共同，众克在和，不闻有异。假令可疑，犹当外示不觉，况自作疑即！便宜急追信，改旧书，说必应俱征。若不及前信，宜更遣使。"峤意悟，即追信改书，侃果共征峻。宝领千人为峤前锋，俱次茄子浦。

初，峤以南军习水，峻军便步，欲以所长制之，宜令三军，有上岸者死。时苏峻送米万斛馈祖约、约遣司马桓抚等迎之。宝告其众曰："兵法，军令有所不从，岂可不上岸邪！"乃设变力战，悉获其米，虏杀万计，约用大饥。峤嘉其勋，上为庐江太守。

约遣祖焕、桓抚等欲袭湓口，陶侃将自击之，宝曰："义军恃公，公不可动，宝请讨之。"侃顾谓坐客曰："此年少言可用也。"乃使宝行。先是，桓宣背约，南屯马头山，为焕、抚所攻，求救于宝。宝众以宣本是约党，疑之。宣遣子戎重请，宝即随戎赴之。未至，而贼已与宣战。宝军悬兵少，器杖滥恶，大为焕、抚所破。宝中箭，贯髀彻鞍，使人蹋鞍拔箭，血流满靴，夜奔船所百余里，望星而行。到，先哭战亡将士，洗疮讫，夜还救宣。宝至宣营，而焕、抚亦退。宝进攻祖约，军次东关，破合肥，寻召归石头。陶侃、温峤未能破贼，侃欲率众南还。宝谓峤曰："下官能留之。"乃往说侃曰："公本应领芜湖，为南北势援，前既已下，势不可还。且军政有进无退，非直整齐三军，示众必死而已，亦谓退无所据，终至灭亡。往者杜弢非不强盛，公竟灭之，何至于峻独不可破邪！贼亦畏死，非皆勇健，公可试与宝兵，使上岸断贼资粮，出其不意，使贼困蹙。若宝不立效，然后公去，人心不恨。"侃然之，加宝督护。宝烧峻句容、湖孰积聚，峻颇乏食，侃遂留不去。

峻既死，匡术以苑城降。侃使宝守南城，邓岳守西城。贼遣韩晃攻之，宝登城射杀数十人。晃问宝曰："君是毛庐江邪？"宝曰："是。"晃曰："君名壮勇，何不出斗！"宝曰："君若健将，何不入斗！"晃笑而退。贼平，封州陵县开国侯，千六百户。

庾亮西镇，请为辅国将军、江夏相、督随义阳二郡，镇上明。又进南中郎。随亮讨郭默。默平，与亮司马王愆期救宣于章山，击贼将石遇，破之，进征虏将军。亮谋北伐，上疏解豫州，请以授宝。于是诏以宝监扬州之江西诸军事、豫州刺史，将军如故，与西阳太守樊峻以万人守邾城。石季龙恶之，乃遣其子鉴与其将夔安、李菟等五万人来寇，张狢渡二万骑攻邾城。宝求救于亮，亮以城固，不时遣军，城遂陷。宝、峻等率左右突围出，赴江死者六千人，宝亦溺死。亮哭之恸，因发疾，遂薨。

诏曰："宝之倾败，宜在贬裁。然苏峻之难，致力王室。今咎其过，故不加赠，祭之可也。"其后公卿言宝有重勋，加死王事，不宜夺爵。升平三年，乃下诏复本封。

初，宝在武昌，军人有于市买得一白龟，长四五寸，养之渐大，放诸江中。邾城之败，养龟人被铠持刀，自投于水中，如觉堕一石上，视之，乃先所养白龟，长五六尺，送至东岸，遂得免焉。

宝二子：穆之、安之。

穆之字宪祖，小字武生，名犯王靖后讳，故行字，后又以桓温母名宪，乃更称小字。穆之果毅有父风，安西将军庾翼以为参军。袭爵州陵侯，翼等专威陕西，以子方之为建武将军，守襄阳。方之年少，翼选武将可信杖者为辅弼，乃以穆之为建武司马。俄而翼薨，大将干瓒、戴羲等作乱，穆之与安西长史江虨、司马朱焘等共平之。

桓温代翼，复取以为参军。从温平蜀，以功赐次子都乡侯。寻除扬威将军、颍川太守，随温平洛，入关。温将旋师，以谢尚未至，留穆之以二千人卫山陵。升平初，迁督宁州诸军事、扬威将军、宁州刺史。以桓温封南郡，徙穆之为建安侯，复为温太尉参军。加冠军将军，以所募兵配之。温伐慕容暐，使穆之监凿钜野百余里，引汶会于济川。及温焚舟步归，使穆之督东燕四郡军事。领东燕太守，本官如故。袁真以寿阳叛，温将征之。穆之以冠军领淮南太守，守历阳。真平，余党分散，乃以穆之督扬州之江西军事，复领陈郡太守。俄而徙督扬州之义成、荆州五郡雍州之兆军事、襄阳、义成、河南三郡太守，将军如故。寻进领梁州刺史。顷之，以疾解职，诏以冠军征还。

苻坚别将寇彭城，复以将军假节、监江北军事。镇广陵。迁右将军、宣城内史、假节，镇姑孰。穆之以为戍在近畿，无复军警，不宜加节，上疏辞让，许之。苻坚别将围襄阳，诏穆之就上明受桓冲节度。冲使穆之游军沔中。穆之始至，而朱序陷没，引军还郡。坚众又寇蜀、汉，梁州刺史杨亮、益州刺史周仲孙奔退，冲使穆之督梁州之三郡军事、右将军、西蛮校尉、益州刺史、领建平太守、假节，戍巴郡。以子球为梓潼太守。穆之与球伐坚，至于巴西郡，以粮运乏少，退屯巴东，病卒。追赠中军将军，谥曰烈。子珍嗣，位至天门太守。珍弟璩、球、璠、瑾、瑗，璩最知名。

璩字叔琏。弱冠，右将军桓豁以为参军。寻遭父忧，服阕，为谢安卫军参军，除尚书郎。安复请为参军，转安子琰征虏司马。淮、肥之役，苻坚进走，璩与田次之共蹑坚，至中阳，不及而归。迁宁朔将军、淮南太守。寻补镇北将军、谯王恬司马。海陵县界地名青蒲，四面湖泽，皆是菰葑，逃亡所聚，威令不能及。璩建议率千讨人。时大旱，璩因放火，菰葑尽然，亡户窘迫，悉出诣璩自首。近有万户，皆以补兵，朝廷嘉之。转西中郎司马、龙骧将军、谯、梁二郡内史。寻代郭铨为建威将军、益州刺史。

安帝初，进征虏将军。及桓玄篡位，遣使加璩散骑常侍、左将军。璩执使不受命。玄以桓希为梁州刺史，王异据涪，郭法戍宕渠，师寂戍巴郡，周道子戍白帝以防之。璩传檄远近，列玄罪状，遣巴东太守柳约之、建平太守罗述、征虏司马甄季之击破希等，仍率众次于白帝。武陵王令曰："益州刺史毛璩忠诚恳亮，自桓玄萌祸，常思蹑其后。今若平殄凶逆，肃清荆、郢者，便当即授上流之初，璩弟宁州刺史璠卒官，璩兄球孙祐之及参军费恬以数百人送丧，葬江陵。会玄败，谋奔梁州。璩弟瑾子修之时为玄屯骑校尉，诱玄使入蜀，既而修之与祐之、费恬及汉嘉人冯迁共杀玄。约之等闻玄死，进军到枝江，而桓振复攻没江陵。刘毅等还寻阳，约之亦退。俄而季子、述皆病，约之诣振伪降，因欲袭振。事泄，被害。约之司马时延祖、涪陵太守文处茂等抚其余众，保涪陵。振遣桓放之为益州，屯西陵。处茂距击，破之。振死，安帝反正，诏曰："夫贞松标于岁寒，忠臣亮于国危。益州刺史璩体识弘正，诚契义旗，受命偏师，次于近畿，匡翼之勋，实感朕心。可进征西将军，加散骑常侍，都督益、梁、秦、凉、宁五州军事，行宜都、宁蜀太守。文处茂宣赞蕃牧，蒙险夷难，可辅国将军、西夷校尉、巴西、梓潼二郡太守。"又诏西夷校尉瑾为持节、监梁、秦二州军事、征虏将军、梁、秦二州刺史、略阳、武都太守。瑾弟蜀郡太守瑗为辅国将军、宁州刺史。

初，璩闻振陷江陵，率众赴难，使瑾、瑗顺外江而下，使参军谯纵领巴西、梓潼二郡军下涪水，当与璩军会于巴郡。蜀人不乐东征，纵因人情思归，于五城水口反，还袭涪，害瑾，瑾留府长史郑纯之自成都驰使告璩。璩时在略城，去成都四百里，遣参军王琼讨反者，相距于广汉。僰道令何林聚党助纵，而璩下人受纵诱说，遂共害璩及瑗，并子侄之在蜀者，一时殄没。璩子弘之嗣。

义熙中，时延祖为始康太守，上疏讼璩兄弟，于是诏曰："故益州刺史璩、西夷校尉瑾、蜀郡太守瑗勤王忠烈，事乖虑外。葬送日近，益怀恻怆，可皆赠先所授官，给钱三十万、布三百匹。"论璩讨桓玄功，追封归乡公，千五百户。又以祐之斩玄功，封夷道县侯。

自宝至璩三叶，拥旄开国者四人，将帅之家，与寻阳周氏为辈，而人物不及也。

瑾子修之，频历清显，至右卫将军，从刘裕平姚泓。后为安西司马，没于魏。

安之字仲祖，亦有武干，累迁抚军参军、魏郡太守。简文辅政，委以爪牙。及登阼，安之领兵从驾，使止宿宫中。寻拜游击将军。时庾希入京口，朝廷震动，命安之督城门诸军事。孝武即位，妖贼卢悚突入殿廷。安之闻难，率众直入云龙门，手自奋击。既而左卫将军殷康、领军将军桓秘等至，与安之并力，悚因剿灭。迁右卫将军。定后崩，领将作大匠。卒官。追赠光禄勋。

四子：潭、泰、遂、遁。潭嗣爵，官至江夏相。泰历太傅从事中郎、后军谘议参军，与遂俱为会稽王父子所昵，乃追论安之讨卢悚勋，赐爵平都子，命潭袭爵。元显尝宴泰家，既而欲去，泰苦留之曰："公若遂去，当取公脚。"元显大怒，奋衣而出，遂与元显有隙。及元显败，泰时为冠军将军、堂邑、太山二郡太守。遂为游击将军，遁为太傅主簿，桓玄有志节，使泰收元显，遂于新亭，泰因宿恨，手加殴辱。俄并为玄所杀，惟遁被徙广州。义熙初，得还，至宜都太守。

德祖，璩宗人也。父祖并没于贼中。德祖兄弟五人，相携南渡，皆有武干，荆州刺史刘道规以德祖为建武将军、始平太守，又徙涪陵太守。卢循之役，道规又以为参军，伐徐道覆于始兴。寻遭母忧。刘裕伐司马休之，版补太尉参军、义阳太守，赐爵迁陵县侯，转南阳太守，从刘裕伐姚泓，频攻荥阳、扶风、南安、冯诩数郡，所在克捷。裕嘉之，以为龙骧将军、秦州刺史。裕留第二子义真为安西将军，雍州刺史。以德祖为中兵参军，领天水太守，从义真还。裕以德祖督河东、平阳二郡军事、辅国将军、河东太守，代刘遵考守蒲坂。及河北覆败，德祖全军而归。裕方欲荡平关、洛，先以德祖督九郡军事、冠军将军、荥阳、京兆太守，以前功勋，赐爵灌阳县男，寻迁督司、雍、并三州诸军事、冠军将军、司州刺史，戍武牢，为魏所没。

德祖次弟嶷，嶷弟辩，并有志节。嶷死于卢循之难，辩没于鲁宗之役，并奋不顾命，为世所叹。

刘遐，字正长，广平易阳人也。性果毅，便弓马，开豁勇壮。值天下大乱，遐为坞主，每击贼，率壮士陷坚摧锋，冀方比之张飞、关羽。乡人冀州刺史邵续深器之，以女妻焉，遂壁于河、济之间，贼不敢逼。遐间道遣使受元帝节度，朝廷嘉之，玺书慰勉，以为龙骧将军、平原内史。建武初，元帝令曰："遐忠勇果毅，义诚可嘉。以遐为下邳内史，将军如故。"

初，沛人周坚，一名抚，与同郡周默因天下乱，各为坞主，以寇抄为事。默降祖逖，抚怒，遂袭杀默，以彭城叛，石勒遣骑援之。诏遐领彭城内史，与徐州刺史蔡豹、太山太守徐龛共讨抚，战于寒山，抚败走。诏徙遐为临淮太守。徐龛复反，事平，以遐为北中郎将、兖州刺史。

太宁初，自彭城移屯泗口。王含反，遐与苏峻俱赴京都。含败，随丹阳尹温峤追含至于淮南，遐颇放兵虏掠。峤曰："天道助顺，故王含剿绝，不可因乱为乱也。"遐深自陈而拜谢。事平，以功封泉陵公，迁散骑常侍、监淮北军事、北中郎将、徐州刺史、假节，代王邃镇淮阴。咸和元年卒，追赠安北将军。

子肇年幼，成帝以徐州授郗鉴，以郭默为北中郎将，领遐部曲。遐妹夫田防及遐故将史迭、卞咸、李龙等不乐他属，共立肇，袭遐故位以叛。成帝遣郭默等率诸郡讨之。默等始上道，而临淮太守刘矫率将士数百掩袭遐营，迭等进走，斩田防及督护卞咸等，追斩迭、龙于下邳，传首诣阙。遐母妻子参佐将士悉还建康。

遐妻骁果有父风。遐尝为石季龙所围，妻单将数骑，拔遐出于万众之中。及田防等欲为乱，遐妻止之，不从，乃密起火烧甲杖都尽。

肇袭爵，官至散骑侍郎。肇卒，子举嗣。卒，子遵之嗣。卒，子伯龄嗣。宋受禅，国除。

邓嶽，字伯山，陈郡人也。本名岳，以犯康帝讳，改为嶽，后竟改名为岱焉。少有将帅才略，为王敦参军。转从事中郎、西阳太守。王含构逆，嶽领兵随含向京都。及含败，嶽与周抚俱奔蛮王向蚕。后遇赦，与抚俱出。久之，司徒王导命为从事中郎，后复为西阳太守。

及苏峻反,平南将军温峤遣嶽与督护王愆期、鄱阳太守纪睦等率舟军赴难。峻平,还郡。郭默之杀刘胤也,大司马陶侃使嶽率西阳之众讨之。默平,迁督交、广二州军事、建武将军、领平越中郎将、广州刺史、假节,录前后勋,封宜城县伯。咸康三年,嶽遣军伐夜郎,破之,加督宁州,进征虏将军,迁平南将军。卒,子遐嗣。

遐字应远。勇力绝人,气盖当时,时人方之樊哙。桓温以为参军,数从温征伐,历冠军将军,数郡太守,号为名将。襄阳城北沔水中有蛟,常为人害,遐遂拔剑入水,蛟绕其足,遐挥剑截蛟数段而出。枋头之役,温既怀剑耻忿,且忌惮遐之勇果,因免遐官,寻卒。宁康中,追赠庐陵太守。

嶽弟逸,字茂山,亦有武干。嶽卒后,以逸监交广州、建威将军、平越中郎将、广州刺史、假节。

朱序,字次伦,义阳人也。父焘,以才干历西蛮校尉、益州刺史。序世为名将,累迁鹰扬将军、江夏相。兴宁末,梁州刺史司马勋反,桓温表序为征讨都护往讨之,以功拜征虏将军,封襄平子。太和中,迁兖州刺史。时长城人钱弘聚党百余人,藏匿原乡山。以序为中军司马、吴兴太守。序至郡,讨擒之。事讫,还兖州。

宁康初,拜使持节、监沔中诸军事、南中郎将、梁州刺史,镇襄阳。是岁,苻坚遣其将苻丕等率众围序,序固守,贼粮将尽,率众苦攻之。初,苻丕之来攻也,序母韩自登城履行,谓西北角当先受弊,遂领百余婢并城中女子于其角斜筑城二十余丈。贼攻西北角,果溃,众便固新筑城。丕遂引退。襄阳人谓此城为夫人城。序累战破贼,人情劳懈,又以贼退稍远,疑未能来,守备不谨,督护李伯护密与贼相应,襄阳遂没,序陷于苻坚。坚杀伯护徇之,以其不忠也。序欲逃归,潜至宜阳,藏夏揆家。坚疑揆,收之,序乃诣苻晖自首,坚嘉而不问,以为尚书。

太元中,苻坚南侵,谢石率众距之。时坚大兵尚在项,苻融以三十万众先至。坚遣序说谢石,称己兵威。序反谓石曰:"若坚百万之众悉到,莫可与敌,及其未会,击之,可以得志。"于是石遣谢琰选勇士八千人涉肥水挑战。坚众小却,序时在其军后,唱云:"坚败!"众遂大奔,序乃得归。拜龙骧将军、琅邪内史,转扬州、豫州五郡军事、豫州刺史,屯洛阳。

后丁零翟辽反,序遣将军秦膺、童斌与淮、泗诸郡共讨之。又监兖、青二州诸军事、二州刺史,将军如故,进镇彭城。序求镇淮阴,帝许焉。翟辽又使其子钊寇陈、颍,序还遣秦膺讨钊,走之,拜征虏将军。求运江州米十万斛,布五千匹以资军费,诏听之。加都督司、雍、梁、秦四州军事。帝遣广威将军、河南太守杨佺期,南阳太守赵睦,各领兵千人隶序。序又表求故荆州刺史桓石生府田百顷,并谷八万斛,给之。仍戍洛阳,卫山陵也。

其后慕容永率众向洛阳,序自河阴北济,与永伪将王次等相遇,乃战于沁水,次败走,斩其支将勿支首。参军赵睦、江夏相桓不才追永,破之于太行。永归上党。时杨楷聚众数千,在湖、陕,闻永败,遣任子诣序乞降。序追永至上党之白水,与永相持二旬。闻翟辽欲向金墉,乃还,遂攻翟钊于石门,遣参军赵蕃破翟辽于怀县,辽宵遁。序退次洛阳,留鹰扬将军朱党戍石门。序仍使子略督护洛城,赵蕃为助。序还襄阳。会稽王道子以序胜负相补,不加褒贬。

其后东羌校尉窦冲欲入汉川,安定人皇甫钊、京兆人周勋等谋纳之。梁州刺史周琼失巴西三郡,众寡力弱,告急于序,序遣将军皇甫贞率众赴之。冲据长安东,钊、勋散走。

序以老病,累表解职,不许。诏断表,遂辄去任。数旬,归罪廷尉,诏原不问。太元十八年卒,赠左将军、散骑常侍。

史臣曰:晋氏沦丧,播迁江表,内难荐臻,外虞不息,经略之道,是所未弘,将帅之功,无闻焉尔。逊、豹、宣、胤服勤于太兴之间,毛、邓、刘、朱驰骛乎咸和之后。虽人不逮古,亦足列于当世焉。

赞曰:气分淮海,灾流瀍、涧。覆类玄蚖,兴微《鸿雁》。鼓鞞在听,《兔罝》有作。赳赳群英,勤兹王略。

卷八十二　　　　列传第五十二

陈寿　王长文　虞溥　司马彪
王隐　虞预　孙盛　干宝
邓粲　谢沈　习凿齿　徐广

陈寿,字承祚,巴西安汉人也。少好学,师事同郡谯周,仕蜀为观阁令史。宦人黄皓专弄威权,大臣皆曲意附之,寿独不为之屈,由是屡被谴黜。遭父丧,有疾,使婢丸药,客往见之,乡党以为贬议。及蜀平,坐是沈滞者累年。司空张华爱其才,以寿虽不远嫌,原情不至贬废,举为孝廉,除佐著作郎,出补阳平令。撰《蜀相诸葛亮集》,奏之。除著作郎,领本郡中正。撰魏、吴、蜀《三国志》,凡六十五篇。时人称其善叙事,有良史之才。夏侯湛时著《魏书》,见寿所作,便坏己书而罢。张华深善之,谓寿曰:"当以《晋书》相付耳。"其为时所重如此。或云丁仪、丁廙有盛名于魏,寿谓其子曰:"可觅千斛米见与,当为尊公作佳传。"丁不与之,竟不为立传。寿父为马谡参军,谡为诸葛亮所诛,寿父亦坐被髡,诸葛瞻又轻寿。寿为亮立传,谓亮将略非长,无应敌之才,言瞻惟工书,名过其实。议者以此少之

张华将举寿为中书郎,荀勖忌华而疾寿,遂讽吏部迁寿为长广太守。辞母老不就。杜预将之镇,复荐之于帝,宜补黄散。由是授御史治书。以母忧去职。母遗言令葬洛阳,寿遵其志。又坐不以母归葬,竟被贬议。初,谯周尝谓寿曰:"卿必以才学成名,当被损折,亦非不幸也。宜

深慎之。"寿至此,再致废辱,皆如周言。后数岁,起为太子中庶子,未拜。

元康七年,病卒,时年六十五。梁州大中正、尚书郎范頵等上表曰:"昔汉武帝诏曰:'司马相如病甚,可遣悉取其书。'使者得其遗书,言封禅事,天子异焉。臣等案:故治书侍御史陈寿作《三国志》,辞多劝诫,明乎得失,有益风化,虽文艳不若相如,而质直过之,愿垂采录。"于是诏下河南尹、洛阳令,就家写其书。寿又撰《古国志》五十篇、《益都耆旧传》十篇,余文章传于世。

王长文,字德睿,广汉郪人也。少以才学知名,而荡不羁,州府辟命皆不就。州辟别驾,乃微服窃出,举州莫知所之。后于成都市中蹲踞啮胡饼。刺史知其不屈,礼遣之。闭门自守,不交人事。著书四卷,拟《易》,名曰《通玄经》,有《文言》、《卦象》,可用卜筮,时人比之扬雄《太玄》。同郡马秀曰:"扬雄作《太玄》,惟桓谭以为必传后世。晚遭陆绩,玄道遂明。长文《通玄经》未遭陆绩、君山耳。"

太康中,蜀土荒馑,开仓振贷。长文居贫,贷多,后无以偿。郡县切责,送长文到州。刺史徐干舍之,不谢而去。后成都王颖引为光源令。或问:"前不降志,今何为屈?"长文曰:"禄以养亲,非以为身也。"梁王肜为丞相,引为从事中郎。在洛出行,辄著白旃小帽以载车,当时异焉。后终于洛。

虞溥,字允源,高平昌邑人也。父秘,为偏将军。镇陇西。溥从父之官,专心坟籍。时疆场闲武,人争视之,溥未尝寓目。郡察孝廉,除郎中,补尚书都令史。尚书令卫瓘、尚书褚䂮并器重之。溥谓瓘曰:"往者金马启符,大晋应天,宜复先王五等之制,以绥久长。不可承暴秦之法,遂汉、魏之失也。"瓘曰:"历代叹此,而终未能改。"

稍迁公车司马令,除鄱阳内史。大修庠序,广招学徒,移告属县曰:"学所以定情理性而积众善者也。情定于内而行成于外,积善于心而名显于教,故中人之性随教而移,积善则习与性成。唐、虞之时,皆比屋而可封,及其废也,而云可诛,岂非化以成俗,教移人心者哉!自汉氏失御,天下分崩,江表寇隔,久替王教,庠序之训,废而莫修。今四海一统,万里同轨,熙熙兆庶,咸休息乎太和之中,宜崇尚道素,广开学业,以赞协时雍,光扬盛化。"乃具为条制。于是至者七百余人。溥乃作诰以奖训之,曰:

文学诸生皆冠带之流,年盛志美,始涉学庭,讲修典训,此大成之业,立德之基也。夫圣人之道淡而寡味,故始学者不好也。及至期月,所观弥博,所习弥多,日闻所不闻,日见所不见,然后心开意朗,敬业乐群,忽然不觉大化之陶己,至道之入神也。故学之染人,甚于丹青。丹青吾见其久而渝矣,未见久学而渝者也。

夫工人之染,先修其质,后事其色,质修色积,而染工毕矣。学亦有质,孝悌忠信是也。君子内正其心,外修其行,行有余力,则以学文,文质彬彬,然后为德。夫学者不患才不及,而患志不立,故曰希骥之马,亦骥之乘,希颜之徒,亦颜之伦也。又曰契而舍之,朽木不知;契而不舍,金石可亏。斯非其效乎!

今诸生口诵圣人之典,体闲庠序之训,比及三年,可以小成。而令名宣流,雅誉日新,朋友钦而乐之,朝士敬而叹之。于是州府交命择官而仕,不亦美乎!若乃含章舒藻,挥翰流离,称述世务,探赜究奇,使扬、班韬等,仲舒结舌,亦惟才所居,固无常人也。然积一勺以成江河,累微尘以崇峻极,匪至匪勤,理无由济也。诸生若绝人间之务,心专亲学,累一以贯之,积渐以进之,则亦或迟或速,或先或后耳,何滞而不通,何远而不至邪!

时祭酒求更起屋行礼,溥曰:"君子行礼,无常处也,故孔子射于矍相之圃,而行礼于大树之下。况今学庭庠序,高堂显敞乎!"

溥为政严而不猛,风化大行,有白乌集于郡庭。注《春秋》经、传,撰《江表传》及文章诗赋数十篇。卒于洛,时年六十二。子勃,过江上《江表传》于元帝,诏藏于秘书。

司马彪,字绍统,高阳王睦之长子也。出后宣帝弟敏。少笃学不倦,然好色薄行,为睦所责,故不得为嗣,虽名出继,实废之也。彪由此不交人事,而专精学习,故得博览群籍,终其缀集之务。初拜骑都尉。泰始中,为秘书郎,转丞。注《庄子》,作《九州春秋》。以为"先王立史官以书时事,载善恶以为沮劝,撮教世之要也。是以《春秋》不修,则仲尼理之;《关雎》既乱,则师挚修之。前哲岂好烦哉?盖不得已故也。汉氏中兴,讫于建安,忠臣义士亦以昭著,而时无良史,记述烦杂,谯周虽已删除,然犹未尽,安、顺以下,亡缺者多。"彪乃讨论众书,缀其所闻,起于世祖,终于孝献,编年二百,录世十二,通综上下,旁贯庶事,为纪、志、传凡八十篇,号曰《续汉书》。

泰始初,武帝亲祠南郊,彪上疏定议,语在《郊祀志》。后拜散骑侍郎。惠帝末年卒,时年六十余。

初,谯周以司马迁《史记》书周、秦以上,或采俗语百家之言,不专据正经,周于是作《古史考》二十五篇,皆凭旧典,以纠迁之谬误。彪复以周为未尽善也,条《古史考》中凡百二十二事为不当,多据《汲冢纪年》之义,亦行于世。

王隐,字处叔,陈郡陈人也。世寒素。父铨,历阳令,少好学,有著述之志,每私录晋事及功臣行状,未就而卒。隐以儒素自守,不交势援,博学多闻,受父遗业,西都旧事多所谙究。

建兴中,过江,丞相军谘祭酒涿郡祖纳雅相知重。纳好博弈,每谏止之。纳曰:"聊用忘忧耳。"隐曰:"盖古人遭时,则以功达其道;不遇,则以言达其才,故否泰不穷也。当今晋未有书,天下大乱,旧事荡灭,非凡才所能立。君长五都,游宦四方,华夷成败皆在耳目,何不述而裁之!应仲远作《风俗通》,崔子真作《政论》,蔡伯喈作《劝学篇》，史游作《急就章》，犹行于世，便为没而不朽。当其同时，人岂少哉？而了无闻，皆由无所述作也。故君子疾没世而不闻，《易》称自强不息，况国史明乎得失之迹，何必博弈而后忘忧哉"纳喟然叹曰："非以不悦子之道，力不足也。"乃上疏荐隐。元帝以草创务殷，未遑史官，遂寝不报。

太兴初，典章稍备，乃召隐及郭璞俱为著作郎，令撰晋史。豫平王敦功，赐爵平陵乡侯。时著作郎虞预私撰《晋书》，而生长东南，不知中朝事，数访于隐，并借隐所著书窃写之，所闻渐广。是后更疾隐，形于言色。预既豪族，交结权贵，共为朋党，以斥隐，竟以谤免，黜归于家。贫无资用，书遂不就，乃依征西将军庾亮于武昌。亮供其纸笔，书乃得成，诣阙上之。隐虽好著述，而文辞鄙拙，芜舛不伦。其书次第可观者，皆其父所撰；文体混漫义不可解者，隐之作也。年七十余，卒于家。

隐兄瑚，字处仲。少重武节，成都王颖举兵向洛，以为冠军参军，积功，累迁游击将军，与司隶满奋、河南尹周馥等俱屯大司马门，以卫宫掖。时上官已纵暴，瑚与奋等共谋除之，反为所害。

虞预，字叔宁，征士喜之弟也，本名茂，犯明穆皇后母讳，故改焉。预十二而孤，少好学，有文章。余姚风俗，各有朋党，宗人共荐预为县功曹，欲使沙汰秽浊。预书与其从叔父曰："近或闻诸君以预入寺，便应委质，则当亲事，不得徒已。然预下愚，过有所怀。邪党互瞻，异同蜂至，一旦差跌，众鼓交鸣。毫厘之失，差以千里，此古人之炯戒，而预所大恐也。"卒如预言，未半年，遂见斥退。

太守庾琛命为主簿，预上记陈时政所失，曰："军寇以来，赋役繁数，兼值年荒，百姓失业，是轻徭薄敛，宽刑省役之时也。自顷长吏轻多去来，送故迎新，交错道路。受迎者惟恐船马之不多，见送者惟恨吏卒之常少。穷奢竭费谓之忠义，省烦从简呼为薄俗，转相放效，流而不反，虽有常防，莫肯遵修。加以王途未夷，所在停滞，送者经年，永失播植。一夫不耕，十夫无食，况转百数，所妨不訾。愚谓宜勒属县，若令、尉先去官者，人船吏侍皆具条列，到当依法减省，使公私允当。又今统务多端，动加重制，每有特急，辄立督邮。计今直兼三十余人，人船吏侍皆当出官，益不堪命，宜复减损，严为之防。"琛善之，即皆施行。太守纪瞻到，预复为主簿，转功曹史。察孝廉，不行。安东从事中郎诸葛恢、参军庾亮等荐预，召为丞相行参军兼记室。遭母忧，服竟，除佐著作郎。

太兴二年，大旱，诏求谠言直谏之士，预上书谏曰：

大晋受命，于今五十余载。自元康以来，王德始阙，戎翟及于中国，宗庙焚为灰烬，千里无烟爨之气，华夏无冠带之人，自天地开辟，书籍所载，大乱之极，未有若兹者也。

陛下以圣德先觉，超然远鉴，作镇东南，声教遐被，上天眷顾，人神赞谋，虽云中兴，其实受命，少康、宣王诚未足喻。然《南风》之歌可著，而陵迟之俗未改者，何也？臣愚谓为国之要在于得才，得才之

术在于抽引。苟其可用，仇贱必举。高宗、文王思佐发梦，拔岩徒以为相，载钓老司师之。下至列国，亦有斯事，故燕重郭隗而三士竞至，魏式干木而秦兵退舍。今天下虽弊，人士虽寡，十室之邑，必有忠信，世不乏骥，求则可致。而束帛未贲于丘园，蒲轮顿毂而不驾，所以大化不洽而用雍熙有阙者也。预以寇赋未平，当须良将，又上疏曰：

臣闻承平之世，其教先文，拨乱之运，非武不克。故牧野之战，吕望杖钺；淮夷作难，召伯专征；獯狁为暴，卫、霍长驱。故阴阳不和，擢士为相；三军不胜，拔卒为将。汉帝既定天下，犹思猛士以守四方；孝文志存钜鹿，冯唐进说，魏尚复守。《诗》称"赳赳武夫，公侯干城"，折冲之佐，岂可忽哉！况今中州荒弊，百无一存，牧守官长非戎貊之族类，即寇窃之幸脱。陛下登阼，威畅四远，故令此等反善向化。然狼子兽心，轻薄易动，羯虏未殄，益使难安。周抚、陈川相系背叛，徐龛骄黠，无所拘忌，放兵侵掠，罪已彰灼。

昔葛伯违道，汤献之牛；吴濞失礼，锡以几杖，恶成罪著，方复加戮。龛之小丑，可不足灭。然豫备不虞，古之善教，刬乃有虞，可不为防！为防之术，宜得良将。将不素简，难以应敌。寿春无镇，祖逖孤立，前有劲虏，后无系援，虽有智力，非可持久。愿陛下谘之群公，博举于众。若当局之才，必允其任，则宜奖厉，使不顾命。旁料冗猥。或有可者，厚加宠待，足令忘身。昔英布见慢，恚欲自裁，出观供置，然后致力。礼遇之恩，可不隆哉！

诚知山河之量非尘露可益，神鉴之虑非愚浅所测；然匹夫婺妇犹有忧国之言，况臣得厕朝堂之末，蒙冠带之荣者乎！

转琅邪国常侍，迁秘书丞、著作郎。

咸和初，夏旱，诏众官各陈致雨之意。预议曰：

臣闻天道贵信，地道贵诚。诚信者，盖二仪所以生植万物，人君所以保乂黎蒸。是以杀伐拟于震电，推恩象于云雨。刑罚在于必信，庆赏贵于平均。臣闻间者以来，刑狱转繁，多力者则广牵连逮，以稽年月；无援者则严其棰楚，期于入重。是以百姓嗷然，感伤和气。臣愚以为轻刑耐罪，宜速决遣，殊死重囚，重加以请。宽徭息役，务遵节俭，砥砺朝臣，使各知禁。

盖老牛不酾，礼有常制，而自顷众官拜授祖赠，转相夸尚，屠杀牛犊，动有十数，醉酒流湎，无复度，伤财败俗，所亏不少。

昔殷宗修德以消桑谷之异，宋景善言以退荧惑之变，楚国无灾，庄王是惧。盛德之君，未尝无眚，应以信顺，天佑乃隆。臣学见浅暗，言不足采。

从平王舍，赐爵西乡侯。苏峻作乱，预先假归家，太守王舒请为谘议参军。峻平，进爵平康县侯，迁散骑侍郎，著作如故。除散骑常侍，仍领著作。以年老归，卒于家。

预雅好经史，憎疾玄虚，其论阮籍裸袒，比之伊川被

发,所以胡房遍于中国,以为过衰周之时。著《晋书》四十余卷、《会稽典录》二十篇、《诸虞传》十二篇,皆行于世。所著诗赋碑诔论难数十篇。

孙盛,字安国,太原中都人。祖楚,冯翊太守。父恂,颍川太守。恂在郡遇贼,被害。盛年十岁,避难渡江。及长,博学,善言名理。于时殷浩擅名一时,与抗论者,惟盛而已。盛尝诣浩谈论,对食,奋掷尘尾,毛悉落饭中,食冷而复暖者数四,至暮忘餐,理竟不定。盛又著医卜及《易象妙于见形论》,浩等竟无以难之,由是遂知名。起家佐著作郎,以家贫亲老,求为小邑,出补浏阳令。太守陶侃请为参军。庾亮代侃,引为征西主簿,转参军。时丞相王导执政,亮以元舅居外,南蛮校尉陶称谗构其间,导、亮颇怀疑贰。盛密谏亮曰:"王公神情朗达,常有世外之怀,岂肯为凡人事邪!此必佞邪之徒欲间内外耳。"亮纳之。庾翼代亮,以盛为安西谘议参军,寻迁廷尉正。会桓温代翼,留盛为参军,与俱伐蜀,军次彭模,温自以轻兵入蜀,盛领羸老辎重在后,贼数千忽至,众皆遑遽。盛部分诸将,并力距之,应时败走。蜀平,赐爵安怀县侯,累迁温从事中郎。从入关平洛,以功进封吴昌县侯,出补长沙太守。以家贫,颇营资货,部从事至郡察知之,服其高名而不劾。盛与温笺,而辞旨放荡,称州遣从事观采民声,进无威风采仪之美,退无鹰鹯搏击之用,徘徊湘川,将为怪鸟。温得盛笺,复遣从事重案之,脏私狼籍,槛车收盛到州,舍而不罪。累迁秘书监,加给事中。年七十二卒。

盛笃学不倦,自少至老,手不释卷。著《魏氏春秋》、《晋阳秋》,并造诗赋论难复数十篇。《晋阳秋》词直而理正,咸称良史焉。既而桓温见之,怒谓盛子曰:"枋头诚为失利,何至乃如尊君所说!若此史遂行,自是关君门户事。"其子遽拜谢,谓请删改之。时盛年老还家,性方严有轨宪,虽子孙斑白,而庭训愈峻。至此,诸子乃共号泣稽颡,请为百口切计。盛大怒。诸子遂尔改之。盛写两定本,寄于慕容俊。太元中,孝武帝博求异闻,始于辽东得之,以相考校,多有不同,书遂两存。子潜、放。

潜字齐由,为豫章太守。殷仲堪之讨王国宝也,潜在郡,仲堪逼以为谘议参军,固辞不就,以忧卒。

放字齐庄,幼称令慧。年七八岁,在荆州,与父俱从庾亮猎,亮谓曰:"君亦来邪?"应声答曰:"无小无大,从公于迈。"亮又问:"欲齐何庄邪?"放曰:"欲齐庄周。"亮曰:"不慕仲尼邪?"答曰:"仲尼生而知之,非希企所及。"亮大奇之,曰:"王辅嗣弗过也。"庾翼子爰客尝候盛,见放而问曰:"安国何在?"放答曰:"庾稚恭家。"爰客大笑曰:"诸孙太盛,有儿如此也!"放又曰:"未若诸庾翼翼。"既而语人曰:"我故得重呼奴父也。"终于长沙相。

干宝,字令升,新蔡人也。祖统,吴奋武将军、都亭侯。父莹,丹阳丞。宝少勤学,博览书记,以才器召为著作郎。平杜弢有功,赐爵关内侯。

中兴草创,未置史官,中书监王导上疏曰:"夫帝王之迹,莫不必书,著为令典,垂之无穷。宣皇帝廓定四海,武皇帝受禅于魏,至德大勋,等踪上圣,而纪传不存于王府,德音未被乎管弦。陛下圣明,当中兴之盛,宜建立国史,撰集帝纪,上敷祖宗之烈,下纪佐命之勋,务以实录,为后代之准,厌率土之望,悦人神之心,斯诚雍熙之至美,王者之弘基也。宜备史官,敕佐著作郎干宝等渐就撰集。"元帝纳焉。宝于是始领国史。以家贫,求补山阴令,迁始安太守。王导请为司徒右长史,迁散骑常侍,著《晋纪》,自宣帝迄于愍帝五十三年,凡二十卷,奏之。其书简略,直而能婉,咸称良史。

性好阴阳术数,留思京房、夏侯胜等传。宝父先有所宠侍婢,母甚妒忌,及父亡,母乃生推婢于墓中。宝兄弟年小,不之审也。后十余年,母丧,开墓,而婢伏棺如生,载还,经日乃苏。言其父常取饮食与之,恩情如生,在家中吉凶辄语之,考校悉验,地中亦不觉为恶。既而嫁之,生子。又宝兄尝病气绝,积日不冷,后遂悟,云见天地间鬼神事,如梦觉,不自知死。宝以此遂撰集古今神祇灵异人物变化。名为《搜神记》,凡三十卷。以示刘惔,惔曰:"卿可谓鬼之董狐。"宝既博采异同,遂混虚实,因作序以陈其志曰:

虽考先志于载籍,收遗逸于当时,盖非一耳一目之所亲闻睹也,亦安敢谓无失实者哉!卫朔失国,二传互其所闻;吕望事周,子长存其两说,若此比类,往往有焉。从此观之,闻见之难一,由来尚矣。夫书赴告之定辞,据国史之方策,犹尚若兹,况仰述千载之前,记殊俗之表,缀片言于残阙,访行事于故老,将使事不二迹,言无异途,然后为信者,固亦前史之所病。然而国家不废注记之官,学士不绝诵览之业,岂不以其所失者小,所存者大乎!今之所集,设有承于前载者,则非余之罪也。若使采访近世之事,苟有虚错,愿与先贤前儒分其讥谤。及其著述,亦足以明神道之不诬也。

群言百家不可胜览,耳目所受不可胜载,今粗取足以演八略之旨,成其微说而已。幸将来好事之士录其根体,有以游心寓目而无尤焉。

宝又为《春秋左氏义外传》,注《周易》、《周官》凡数十篇,及杂文集皆行于世。

邓粲,长沙人。少以高洁著名,与南阳刘驎之、南郡刘尚公同志友善,并不应州郡命命。荆州刺史桓冲卑辞厚礼请粲为别驾,粲嘉其好贤,乃起应召。驎之、尚公谓之曰:"卿道广学深,众所推怀,忽然改节,诚失所望。"粲笑答曰:"足下可谓有志于隐而未知隐。夫隐之为道,朝亦可隐,市亦可隐。隐初在我,不在于物。"尚公等无以难之,然粲亦于此名誉减半矣,后患足疾,不能朝拜,求去职,不听,令卧视事。后以病笃,乞骸骨,许之。粲以父骞有忠信言而世无知者,著《元明纪》十篇,注《老子》,并行于世。

谢沈,字行思,会稽山阴人也。曾祖斐,吴豫章太守。

父秀,吴翼正都尉。沈少孤,事母至孝,博学多识,明练经史。郡命为主簿、功曹,察孝廉,太尉郗鉴辟,并不就。会稽内史何充引为参军,以母老去职。平西将军庾亮命为功曹,征北将军蔡谟版为参军,皆不就。闲居养母,不交人事,耕耘之暇,研精坟籍。康帝即位,朝议疑七庙迭毁,乃以太学博士征,以质疑滞。以母忧去职。服阕,除尚书度支郎。何充、庾冰并称沈有史才,迁著作郎,撰《晋书》三十余卷。会卒,时年五十二。沈先著《后汉书》百卷及《毛诗》、《汉书外传》,所著述及诗赋文论皆行于世。其才学在虞预之右云。

习凿齿,字彦威,襄阳人也。宗族富盛,世为乡豪。凿齿少有志气,博学洽闻,以文笔著称。荆州刺史桓温辟为从事,江夏相袁乔深器之,数称其才于温,转西曹主簿,亲遇隆密。

时温有大志,追蜀人知天文者至,夜执手问国家祚运修短。答曰:"世祀方永。"疑其难言,乃饰辞云:"如君言,岂独吾福,乃苍生之幸。然今日之语自可令尽,必有小小厄运,亦宜说之。"星人曰:"太微、紫微、文昌三宫气候如此,决无忧虞。至五十年外不论耳。"温不悦,乃止。异日,送绢一匹、钱五千文以与之。星人乃驰诣凿齿曰:"家在益州,被命远下,今受旨自裁,无由致其骸骨。缘君仁厚,乞为标碣棺木耳。"凿齿问其故,星人曰:"赐绢一匹,令仆自裁,惠钱五千,以买棺耳。"凿齿曰:"君几误死!君尝闻前知星宿有不覆之义乎?此以绢戏君,以钱供道中资,是听君吉耳。"星人大喜,明便诣温别。温问去意,以凿齿言答。温笑曰:"凿齿忧君误死,君定是误活。然徒三十年看儒书,不如一诣习主簿。"

累迁别驾。温出征伐,凿齿或从或守,所在任职,每处机要,莅事有绩,善尺牍论议,温甚器遇之。时清谈文章之士韩伯、伏滔等并相友善,后使至京师。简文亦雅重焉。既还,温问:"相王何似?"答曰:"生平所未见。"以此大忤温旨,左迁户曹参军。时有桑门释道安,俊辩有高才,自北至荆州,与凿齿初相见。道安曰:"弥天释道安。"凿齿曰:"四海习凿齿。"时人以为佳对。

初,凿齿与其二舅罗崇、罗友俱为州从事。及迁别驾,以坐越舅右,屡经陈请。温后激怒既盛,乃超拔其二舅,相继为襄阳都督,出凿齿为荥阳太守。温弟秘亦有才气,素与凿齿相亲善。凿齿既罢郡归,与秘书曰:

吾以去五日来达襄阳,触目悲感,略无欢情,痛恻之事,故非乎言之所能具也。每定省家舅,从北门入,西望隆中,想卧龙之吟;东眺白沙,思凤雏之声;北临樊墟,存邓老之高;南眷城邑,怀羊公之风;纵目檀溪,念崔、徐之友;肆睇鱼梁,追二德之远,未尝不徘徊移日,惆怅极多,抚乘踌躇,慨尔而泣。曰若乃魏武之所置酒,孙坚之所陨毙,裴、杜之故居,繁、王之旧宅,遗事犹存,星列满目。琐琐常流,碌碌凡士,焉足以感其方寸哉!

夫芬芳起于椒兰,清响生乎琳琅。命世而作佐者,必垂可大之余风;高尚而迈德者,必有明胜之遗事。若向八君子者,千载犹使义想其为人,况相去不远乎!彼一时也,此一时也,焉知今日之才不如畴辰,百年之后,吾与足下不并为景升乎!

其风期俊迈如此。

是时温觊觎非望,凿齿在郡,著《汉晋春秋》以裁正之。起汉光武,终于晋愍帝。于三国之时,蜀以宗室为正,魏武虽受汉禅晋,尚为篡逆,至文帝平蜀,乃为汉亡而晋始兴焉。引世祖讳炎兴而为禅受,明天心不可以势力强也。凡五十四卷。后以脚疾,遂废于里巷。

及襄阳陷于苻坚,坚素闻其名,与道安俱舆而致焉。既见,与语,大悦之,赐遗甚厚。又以其蹇疾,与诸镇书:"昔晋氏平吴,利在二陆;今破汉南,获士裁一人有半耳。"俄以疾归襄阳。寻而襄、邓反正,朝廷欲征凿齿,使典国史,会卒,不果。临终上疏曰:

臣每谓皇晋宜越魏继汉,不应以魏后为三恪。而身微官卑,无由上达,怀抱愚情,三十余年。今沈沦重疾,性命难保,遂尝怀此,当与之朽烂,区区之情,切所悼惜,谨力疾著论一篇,写上如左。愿陛下考寻古义,求经常之表,超然远览,不以臣微贱废其所言。

论曰:

或问:"魏武帝功盖中夏,文帝受禅于汉,而吾子谓汉终有晋,岂实理乎?且魏之见废,晋道亦病,晋之臣子宁可以同此言哉!"

答曰:"此乃所以尊晋也,但绝节赴曲,非常耳所悲,见殊心异,虽奇莫察,请为子言焉。

"昔汉氏失御,九州残隔,三国乘间,鼎跱数世,干戈日寻,流血百载,虽各有偏平,而其实乱也,宣皇帝势逼当年,力制魏氏,蠖屈从时,遂羁戎役,晦明掩耀,龙潜下位,俯首重足,鞠躬屏息,道有不容之难,躬蹈履霜之险,可谓危矣!魏武既亡,大难获免,始南擒孟达,东荡海隅,西抑劲胡,旋抚诸夏,摧吴人入侵之锋,扫曹爽见忌之党,植灵根以跨中岳,树群才以翼元弟,命世之志既恢,非常之业亦固。景、文继之,灵武冠世,克伐贰违,以定厥庸,席卷梁、益,奄征西极,功格皇天,勋侔古烈,丰规显祚,故以灼如也。至于武皇,遂并强吴,混一宇宙,义清四海,同轨二汉。除三国之大害,静汉末之交争,开九域之蒙晦,定千载之盛功者,皆司马氏也。而推魏继汉,以晋承魏,比义唐、虞,自托纯臣,岂不惜哉!

"今若以魏有代王之德,则其道不足;有静乱之功,则孙、刘鼎立。道不足则不可谓制当年,当年不制于魏,则魏未曾为天下之主;王道不足于曹,则曹未始为一日之王矣。昔共工伯有九州,秦政奄平区夏,鞭挞华戎,专总六合,犹不见序于帝王,沦没于战国,何况暂制数州之人,威行境内而已,便可推为一代者乎!

"若以晋尝事魏,惧伤皇德,拘惜禅名,谓不可割,则惑之甚者也。何者?隗嚣据陇,公孙帝蜀,蜀、陇之人虽服其役,取之大义,于彼何有!且吴、楚僭号,周室未亡,子文、延陵不见贬绝。宜皇帝官魏,逼于性命，举非择木，何亏德美，禅代之义，不同尧、舜，校实定名，必彰于后，人各有心，事胡可掩！定空虚之魏以屈己，孰若杖义而以贬魏哉！夫命世之人正情遇物，假之际会，必兼义勇。宣皇祖考立功于汉，世笃尔劳，思报亦深。魏武超越，志在倾主，德不素积，义险冰薄，宣帝与之，情将何重！虽形屈当年，意申百世，降心全己，愤慨于下，非道服北面，有纯臣之节，毕命曹氏，忘济世之功者也。

"夫成业者系于所为，不系所藉；立功者言其所济，不言所起。是故汉高禀命于怀王，刘氏乘毙于亡秦，超二伪以远嗣，不论近而计功，考五德于帝典，不疑道于力政，季无承楚之号，汉有继周之业，取之既美，而己德亦重故也。凡天下事有可借喻于古以晓于今，定之往昔而足为来证者。当阳秋之时，吴、楚二国皆僭号之王也，若使楚庄推鄢郢以尊有德，阖闾举三江以奉命世，命世之君、有德之主或藉之以应天，或抚之而光宅，彼必自系于周室，不推吴、楚以为代明矣。况积勋累功，静乱宁众，数之所录，众之所与，不资于燕哙之授，不赖于因藉之力，长謇庙堂，吴、蜀两毙，运奇二纪而平定天下，服魏武之所不能臣，荡累叶之所不能除者哉！

"自汉末鼎沸五六十年，吴、魏犯顺而强，蜀人杖正而弱，三家不能相一，万姓旷而无主。夫有定天下之大功，为天下之所推，孰如见推于暗人，受尊于微弱？配天而为帝，方驾于三代，岂比俯首于曹氏，侧足于不正？即情而恒实，取之而无惭，何与诡事而托伪，开乱于将来者乎？是故旧之恩可封魏后，三恪之数不宜见列。以晋承汉，功实显然，正名当事，情体亦厌，又何为虚尊不正之魏而亏我道于大通哉！

"昔周人咏祖宗之德，追述剪商之功；仲尼明大孝之道，高称配天之义。然后稷勤于所职，聿来未以剪商，异于司马氏仕乎曹族，三祖之寓于魏世矣。且夫魏自君之道不正，则三祖臣之义未尽。义未尽，故假涂以运高略；道不正，故君臣之节有殊。然则弘道不以辅魏而无逆取之嫌，高拱不劳汗马而有静乱之功者，盖勋足以王四海，义可以登天位，虽我德惭于有周，而彼道异于殷商故也。

"今子不疑共工之不得列于帝王，不嫌汉之系周而不系秦，何至于一魏犹疑滞而不化哉！夫欲尊其君而不知推之于尧、舜之道，欲重其国而反厝之于不胜之地，岂君子之高义！若犹未悟，请于是止矣。"

子辟强，才学有父风，位至骠骑从事中郎。

徐广，字野民，东莞姑幕人，侍中邈之弟也。世好学，至广尤为精纯，百家数术无不研览。谢玄为兖州，辟从事。谯王恬为镇北，补参军。孝武世，除秘书郎，典校秘书省。增置省职，转员外散骑侍郎，仍领校书。尚书令王珣深相钦重，举为祠部郎，会稽世子元显时录尚书，欲使百僚致敬，内外顺之，使广为议，广常以为愧焉。元显引为中军参军，迁领军长史。桓玄辅政，以为大将军文学祭酒。

义熙初，奉诏撰车服仪注，除镇军咨议，领记室，封乐成侯，转员外散骑常侍，领著作。尚书奏："左史述言，右官书事，《乘》《志》显于晋、郑，《春秋》著乎鲁史。自圣代有造《中兴记》者，道风帝典，焕乎史策。而太和以降，世历三朝，玄风圣迹，倏为畴古。臣等参详，宜敕著作郎徐广撰成国史。"于是敕广撰集焉。迁骁骑将军，领徐州大中正，转正员常侍、大司家，仍领著作如故。十二年，勒成《晋纪》，凡四十六卷，表上之。因乞解史任，不许。迁秘书监。

初，桓玄篡位，帝出宫，广陪列，悲动左右。及刘裕受禅，恭帝逊位，广独哀感，涕泗交流。谢晦见之，谓曰："徐公将无小过也。"广收泪而言曰："君为宋朝佐命，吾乃晋室遗老，忧喜之事固不同时。"乃更歔欷。因辞衰老，乞归桑梓。性好读书，老犹不倦。年七十四，卒于家。广《答礼问》行于世。

史臣曰：古之王者咸建史臣，昭法立训，莫近于此。若夫原始要终，纪情括性，其言微而显，其义皎而明，然后可以茵蔺缇油，作程遐世者也。丘明即没，班、马迭兴，奋鸿笔于西京，骋直词于东观。自斯已降，分明竞爽，可以继明先典者，陈寿得之乎！江、汉英灵，信有之矣。允源将率之子，笃志典坟；绍统戚藩之胤，研机载籍。咸能综缉文，垂诸不朽，岂必克传门业，方擅箕裘者哉！处叔区区，励精著述，混淆芜舛，良不足观。叔宁寡闻，穿窬王氏，虽勒成一家，未足多尚。令升、安国有良史之才，而所著之书惜非正典。悠悠晋室，斯文将坠。邓粲、谢沉祖述前史，茸宇重轩之下，施床连榻之上，奇词异义，罕见称焉。习氏、徐公俱云笔削，彰善瘅恶，以为惩劝。夫蹈忠履正，贞士之心；背义图荣，君子不敢。而彦威迹沦寇壤，遽巡于伪国；野民运遭革命，流涟于旧朝。行不违言，广得之矣。

赞曰：陈寿含章，岩岩孤峙。彪、溥励节，摛辞综理。王恶雅才，虞惭惇史。干、孙抚翰，前良可拟。邓、谢怀铅，异闻无纪。习亦研思，徐非绚美，咸被简册，共传遥祀。

卷八十三　　　　列传第五十三

顾和　　袁瓌 子乔　乔孙崧　瓌弟猷
从祖淮　淮孙耽　耽子质　质子湛　豹
江逌 从弟灌　灌子绩　车胤　殷顗
王雅

顾和，字君孝，侍中众之族子也。曾祖容，吴荆州刺史。祖相，临海太守。和二岁丧父，总角便有清操，族叔荣雅重之，曰："此吾家麒麟，兴吾宗者，必此子也。"时宗人球亦有令闻，为州别驾，荣谓之曰："卿速步，君孝超卿矣!"

王导为扬州,辟从事。月旦当朝,未入,停车门外。周顗遇之,和方择虱,夷然不动。顗既过,顾指和心曰:"此中何所有?"和徐应曰:"此中最是难测地。"顗入,谓导曰:"卿州吏中有一令仆才。"导亦以为然。和尝诣导,导小极,对之疲睡。和欲叩会之,因谓同坐曰:"昔每闻族叔元公道公叶赞中宗,保全江表。体小不安,令人喘息。"导觉之,谓和曰:"卿珪璋特达,机警有锋,不徒东南之美,实为海内之俊。"由是遂知名。既而导遣八部从事之部,和为下传还,同时俱见,诸从事各言二千石官长得失,和独无言。导问和:"卿何所闻?"答曰:"明公作辅,宁使网漏吞舟,何缘采听风闻,以察察为政。"导咨嗟称善。

累迁司徒掾。时东海王冲为长水校尉,妙选僚属,以沛国刘耽为司马,和为主簿。永昌初,除司徒左曹掾。太宁初,王敦请为主簿,迁太子舍人、车骑参军、护军长史。王导为扬州,请为别驾,所历皆著称。迁散骑侍郎、尚书吏部。司空郗鉴请为长史,领晋陵太守。咸康初,拜御史中丞,劾奏尚书左丞戴抗脏污百万,付法议罪,并免尚书傅玩、郎刘佣官,百僚惮之。迁侍中。初,中兴东迁,旧章多阙,而冕旒饰以翡翠珊瑚及杂珠等。和奏:"旧冕十有二旒,皆用玉珠,今用杂珠等,非礼。若不能用玉,可用白旋珠。"成帝于是始下太常改之。先是,帝以保母周氏有阿保之劳,欲假其名号,内外皆奉诏。和独上疏以为"周保佑圣躬,不遗其勋,第舍供给拟于戚属,恩泽所加已为过隆。若假名号,记籍未见明比,惟汉灵帝以乳母赵娆为平氏君,此末代之私恩,非先代之令典。且君举必书,将轨物垂则。书而不法,后嗣何观!"帝从之。转吏部尚书,频徙领军将军、太常卿、国子祭酒。

康帝即位,将祀南北郊,和议以为车驾宜亲行。帝从之,皆躬亲行礼。迁尚书仆射,以母老固辞,诏书敕喻,特听暮出朝还,其见优遇如此。寻朝议以端右之副不宜处外,更拜银青光禄大夫,领国子祭酒。顷之,母忧去职,居丧以孝闻。既练,卫将军褚裒上疏荐和,起为尚书令,遣散骑郎喻旨。和每具逼促,辄号咷恸绝,谓所亲曰:"古人或有释其忧服以祗王命,盖以才足干时,故不得不体国徇义。吾在常日犹不如人,况今中心荒乱,将何以补于万分,只足以示轻忘孝道,贻素冠之义耳。"帝又下诏曰:"百揆务殷,端右总要,而旷职经久,甚以恒然。昔先朝政道休明,中夏隆盛,山、贾诸公皆释服从时,不获遂其情礼。况今日艰难百王之弊,尚书令谷礼已过祥练,岂得听不赴急疾而遂罔极之情乎!"和表疏十余上,遂不起,服阕,然后视职。

时南中郎将谢尚领宣城内史,收泾令陈干杀之,有司以尚违法纠黜,诏原之。和重奏曰:"尚先劾奸脏罪,入甲戌赦,听自首减死。而尚近表云干包藏奸猾,辄收行刑。干事状自郡,非犯军戎,不由都督。案尚蒙亲贤之举,荷文武之任,不能为国惜体,平心听断,内挟小憾,肆其威虐,远近怪愕,莫不解体。尚忝外属,宥之有典,至于下吏,宜正刑辟。"尚,皇太后舅,故寝其奏。时汝南王统、江夏公卫崇并为庶母制服三年,和乃奏曰:"礼所以轨物成教,故有国家者莫不崇正明本,以一其统,斯人伦之纪,不二之道也。为人后者,降其所出,夺天属之性,显至公之义,降杀节文,著于周典。案汝南王统为庶母居庐服重,江夏公卫崇本由嫡属,开国之绪,近丧所生,复行重制,违冒礼度,肆其私情。间阎许其过厚,谈者莫以为非,则政道陵迟由乎礼废,宪章颓替始于容违。若弗纠正,无以齐物。皆可下太常夺服。若不祗王命,应加贬黜。"诏从之。和居任多所献纳,虽权臣不苟阿挠。

永和七年,以疾笃辞位,拜左光禄大夫、仪同三司,加散骑常侍,尚书令如故。其年卒,年六十四。追赠侍中、司空,谥曰穆。

子淳,历尚书吏部郎、给事黄门侍郎、左卫将军。

袁瑰,字山甫,陈郡阳夏人,魏郎中令涣之曾孙也。祖、父并早卒。瑰与弟猷欲奉母避乱,求为江、淮间县,拜吕令,转江都,因南渡。元帝以为丹阳令。中兴建,拜奉朝请,迁治书御史。时东海王越尸既为石勒所焚,妃裴氏求招魂葬越,朝廷疑之。瑰与博士傅纯议,以为招魂葬是谓埋神,不可从也。帝然之,虽许裴氏招魂葬越,遂下诏禁之。寻除庐江太守。大将军王敦引为谘议参军。俄为临川太守。敦平,为镇南将军卞敦军司。寻自解还都,游于会稽。苏峻之难,与王舒共起义军,以功封长合乡侯,征补散骑常侍,徙大司农。寻除国子祭酒。顷之,加散骑常侍。

于时丧乱之后,礼教陵迟,瑰上疏曰:

臣闻先王之教也,崇典训以弘远代,明礼乐以流后生,所以导万物之性,畅为善之道也。宗周既兴,文史载焕,端委垂于南蛮,颂声溢于四海,故延州聘鲁,闻《雅》而叹;韩起适鲁,观《易》而美。何者?立人之道,于斯为首。孔子恂恂以教洙、泗,孟轲系之,诲诱无倦,是以仁义之声于今犹存,礼让之节时或有之。

畴昔皇运陵替,丧乱屡臻,儒林之教渐颓,庠序之礼有阙,国学索然,坟籍莫启,有心之徒抱志无由。昔魏武帝身亲介胄,务在武功,犹尚废鞍览卷,投戈吟咏,况今陛下以圣明临朝,百官以虔恭莅事,朝野无虞,江外谧静,如之何泱泱之风漠然无闻,洋洋之美坠于圣世乎!古人有言:"《诗》《书》义之府,礼乐德之则。"实宜留心经籍,阐明学义,使讽诵之音盈于京室,味道之贤是则是咏,岂不盛哉!若得给其宅地,备其学徒,博士僚属粗有其官,则臣之愿也。

疏奏,成帝从之。国学之兴,自瑰始也。以年在悬车,上疏告老,寻卒,追赠光禄大夫,谥曰恭。子乔嗣。

乔字彦叔。初拜佐著作郎。辅国将军桓温请为司马,除司徒左西属,不就,拜尚书郎。桓温镇京口,复引为司马,领广陵相。初,乔与褚裒友善,及康献皇后临朝,乔与裒书曰:"皇太后践登正阼,临御皇朝,将军之于国,外姓之太上皇也。至于皇子近属,咸有揖让之礼,而况策名人臣,而交媒人父,天性攸尊,亦宜体国而重矣。故友之好,请于此辞。染丝之变,墨翟致怀,岐路之感,杨朱兴叹,况于将军游处少长,虽世誉先后而臭味同归也。平昔之交,与礼数而降,箕踞之叹,随时事而替,虽欲虚咏濠肆,脱落仪制,其能得乎!来物无停,变化迭代,岂惟寸晷,事亦有之。夫御器者神,制众以约,愿将军贻情无事,以理胜为任,亲杖贤达,以纳善为大。执笔惆怅,不能自尽。"论者以为得礼。

迁安西谘议参军、长沙相,不拜。寻督沔中诸戍江夏、随、义阳三郡军事、建武将军、江夏相。时桓温谋伐蜀,众以为不可,乔劝温曰:"夫经略大事,故非常情所具,智者了于胸心,然后举无遗算耳。今天下之难,二寇而已。蜀虽险固,方胡为弱,将欲除之,先从易者。今溯流万里,经历天险,彼或有备,不必可克。然蜀人自以斗绝一方,恃其完固,不修攻战之具,若以精卒一万,轻军速进,比彼闻之,我已入其险要,李势君臣不过力一战,擒之必矣。论者恐大军既西,胡必窥觎,此又似是而非。何者?胡闻万里片征伐,以为内有重备,必不敢动。纵复越逸江渚,诸军足以守境,无忧矣。蜀土富实,号称天府,昔诸葛武侯欲以抗衡中国。今诚不能为害,然势据上流,易为寇盗。若袭而取之者,有其人众,此国之大利也。"温从之,使乔以江夏相领二千人为军锋。师次彭模,去贼已近,议者欲两道并进,以分贼势。乔曰:"今深入万里,置之死地,士无反顾之心,所谓人自为战者也。今分为两军,军力不一,万一偏败,则大事去矣。不如全军而进,弃去釜甑,赍三日粮,胜可必矣。"温以为然,即一时俱进。去成都十里,与贼大战,前锋失利,乔军亦退,矢及马首,左右失色。乔因麾而进,声气愈厉,遂大破之,长驱至成都。李势既降,势将邓定、隗文以其属反,众各万余。温自击定,乔击文,破之。进号龙骧将军,封湘西伯。寻卒,年三十六,温甚悼惜之。追赠益州刺史,谥曰简。

乔博学有文才,注《论语》及《诗》,并诸文笔皆行于世。

子方平嗣,亦以轨素自立,辟大司马掾,历义兴、琅邪太守。卒,子山松嗣。

山松少有才名,博学有文章,著《后汉书》百篇。衿情秀远,善音乐。旧歌有《行路难》曲,辞颇疏质,山松好之,乃文其辞句,婉其节制,每因酣醉纵歌之。听者莫不流涕。初,羊昙善唱乐,桓伊能挽歌,及山松《行路难》继之,时人谓之"三绝"。时张湛好于斋前种松柏,而山松每出游,好令左右作挽歌,人谓"湛屋下陈尸,山松道上行殡。"

山松历显位,为吴郡太守。孙恩作乱,山松守沪渎,城陷被害。

猷字申甫,少与瓌齐名。代瓌为吕令,复相继为江都,由是俱渡江。瓌为丹阳,猷为武康,兄弟列宰名邑,论者美之。历位侍中、卫尉卿。猷孙宏,见《文苑传》。

准字孝尼,以儒学知名,注《丧服经》。官至给事中。准子冲,字景玄,光禄勋。冲子耽。

耽字彦道,少有才气,俶傥不羁,为士类所称。桓温少时游于博徒,资产俱尽,尚有负进,思自振之方,莫知所出,欲求济于耽,而耽在艰,试以告焉。耽略无难色,遂变服怀布帽,随温与债主戏。耽素有艺名,债者闻之而不相识,谓之曰:"卿当不办作袁彦道也。"遂就局,十万一掷,直上百万。耽投马绝叫,探布帽掷地,曰:"竟识袁彦道不?"其通脱若此。苏峻之役,王导引为参军,随导在石头。初,路永、匡术、贾宁等皆632心腹,闻祖约奔败,惧事不立,迭说峻诛大臣。峻既不纳,永等必败,阴结于导。导使耽潜说路永,使归顺。峻平,封秭归男,拜建威将军、历阳太守。咸康初,石季龙游骑十余匹至历阳,耽上列不言骑少。时胡寇强盛,朝野危惧,王导以宰辅之重请自讨之。既而贼骑不多,又已退散,导止不行。朝廷以耽失于轻妄,黜之。寻复为导从事中郎,方加大任,会卒,时年二十五。子质。

质字道和。自涣至质五世,并以道素继业,惟其父耽以雄豪著。及质,又以孝行称。官历琅邪内史、东阳太守。质子湛。

湛字士深。少有操植,以冲粹自立,而无文华,故不为流俗所重。时谢混为仆射,范泰赠湛及混诗云:"亦有后出隽,离群颇骞骞。"湛恨而不答。自中书令为仆射、左光禄大夫、晋宁男,卒于官。湛弟豹。

豹字士蔚,博学善文辞,有经国材,为刘裕所知。后为太尉长史、丹阳尹,卒。

江逌,字道载,陈留圉人也。曾祖蕤,谯郡太守。祖允,芜湖令。父济,安东参军。逌少孤,与从弟灌共居,甚相友悌,由是获当时之誉。避苏峻之乱,屏居临海,绝弃人事,篑茅结宇,耽玩载籍,有终焉之志。本州辟从事,除佐著作郎,并不就。征北将军蔡谟命为参军,何充复引为骠骑功曹。以家贫,求试守,为太末令。县界深山中,有亡命数百家,恃险为阻,前后守宰莫能平。逌到官,召其魁帅,厚加抚接,谕以祸福,旬月之间,襁负而至,朝廷嘉之。州檄为治中,转别驾,迁吴令。

中军将军殷浩将谋北伐,请谘议参军。浩甚重之,迁长史。浩方修复洛阳,经营荒梗,逌为上佐,甚有匡弼之益,军中书檄皆以委逌。时羌及丁零叛,浩军震惧。姚襄去浩十里结营以逼浩,浩令逌击之。逌进兵至襄营,谓将校曰:"今兵非不精,而众少于羌,且其堑栅甚固,难与校力,吾当以计破之。乃取数百鸡以长绳连之,系火于足。群鸡骇散,飞集襄营。襄营火发,因其乱,随而击之,襄遂小败。及桓温奏废浩佐吏,逌遂免。顷之,除中书郎。升平中,迁吏部郎,长兼侍中。

穆帝将修后池,起阁道,逌上疏曰:

臣闻王者处万乘之极,享富有之大,必显明制度以表崇高,盛其文物以殊贵贱。建灵台,浚辟雍,立宫馆,设苑囿,所以弘于皇之尊,彰临下之义。前圣创其礼,后代遵其矩,当代之君咸营斯事。周宣兴百堵之作,《鸿雁》歌安宅之欢;鲁僖修泮水之营,采芹有思乐之颂。盖上之有为非予欲是盈,下之奉上不以劬劳为勤,此自古之令典,轨仪之大式也。

夫理无常然,三正相诡,司牧之体,与世而移。致饰则素,故《贲》返于《剥》;有大必盈,则受之以《谦》。损上益下,顺兆庶之悦;享以二簋,用至约之义。是以唐、虞流化于茅茨，夏禹垂美于卑室。过俭之陋，非中庸之制，然三圣行之以致至道。汉高祖当营建之始，怒宫库之壮；孝文处既富之世，爱十家之产，亦以播惠当时，著称来叶。

今者二虏未殄，神州荒芜，举江左之众，经略艰难，漕扬、越之粟，北馈河、洛，兵不获戢，运戍悠远，仓库内罄，百姓力竭。加春夏以来，水旱为害，远近之收普减常年，财伤人困，大役未已，军国之用无所取给。方之往代，丰弊相悬，损之又损，实在今日。伏惟陛下圣质天纵，凝旷清虚，阐日新之盛，茂钦明之量，无欲体于自然，冲素刑乎万国。《韶》既尽美，则必尽善。宜养以玄虚，守以无为，登览不以台观。游豫不以苑沼，偃息毕于仁义，驰骋极于六艺，观巍巍之隆，鉴二代之文，仰牺、农，俯寻周、孔。其为逍遥，足以尊道德之辅，亲搢绅之秀。畴咨以时，顾问不倦，献替讽谏，日月而闻，则庶绩惟凝，六合咸熙，中兴之盛迈于殷宗，休嘉之庆流乎无穷。昔汉起德阳，钟离抗言；魏营宫殿，陈群正辞。臣虽才非若人，然职忝近侍，言不足采，而义在以闻。

帝嘉其言而止。复领本州大中正。升平末，迁太常，逌累让，不许。

穆帝崩，山陵将用宝器，逌谏曰："宜皇顾命终制，山陵不设明器，以贻后则。景帝奉遵遗制。逮文明皇后崩，武皇帝亦承前制，无所施设，惟脯糒之奠，瓦器而已。昔康皇帝玄宫始用宝剑金舄，此盖太妃罔已之情，实违先旨累世之法。今外欲以为故事，臣请述先旨，停此二物。"书奏，从之。

哀帝以天文失度，欲依《尚书》洪祀之制，于太极前殿亲执虔肃，冀以免咎，使太常集博士草其制。逌上疏谏曰：

臣寻《史》《汉》旧事，《艺文志》刘向《五行传》，洪祀出于其中。然自前代以来，莫有用者。又其文惟说为祀，而不载仪注。此盖久远不行之事，非常人所参校。案《汉仪》，天子所亲之祠，惟宗庙而已。祭天于云阳，祭地于汾阴，在于别宫遥拜，不诣坛所。其余群祀之所，必在幽静，是以圆丘方泽列于郊野。今若于承明之庭，正殿之前，设群神之坐，行躬亲之礼，准之旧典，有乖常式。

臣闻妖眚之发，所以鉴悟时主，故贪暴上通，则宋灾退度；德礼增修，则殷道以隆。此往代之成验，不易之定理。顷者星辰颇有变异，陛下祇戒之诚达于天人，在予之惧，忘寝与食，仰虔玄象，俯凝庶政，嘉祥之应，实在今日。而犹乾乾夕惕，思广兹道，诚实圣怀殷勤之至。然洪祀有书无仪，不行于世，询访时学，莫识其礼。且其文曰："洪祀，大祀也。阳曰神，阴曰灵。举国相率而行祀，顺四时之序，无令过差。"今案文而言，皆漫而无适，不可得详。若不详而修，其失不小。

帝不纳，逌又上疏曰：

臣谨更思寻，参之时事。今强戎据于关、雍，桀狄纵于河朔，封豕四逸，虔刘神州，长旌不卷，钲鼓日戒，兵疲人困，岁无休已。人事弊于下，则七曜错于上，灾沴之作，固其宜然。又顷者以来，无乃大异。彼月之蚀，义见诗人，星辰莫同，载于《五行》，故《洪范》不以为诊。

陛下今以晷度之失同之六诊，引其轻变方之重眚，求己笃于禹、汤，忧勤逾乎日昃，将修大祀，以礼神祇。传曰："外顺天地时气而祭其鬼神。"然则神必有号，祀必有义。案洪祀之文，惟神灵大略而无所祭之名，称举国行祀而无贵贱之阻，有赤黍之盛而无牲醴之莫，仪法所用，阙略非一。若率文而行，则举义皆阂；有所施补，则不统其源。汉侍中卢植，时之达学，爱法不究，则不敢厝心。诚以五行深远，神道幽昧，探赜之求难以常思，错综之理不可一数。臣非至精，孰能与此！

帝犹敕撰定，逌又陈古义，帝乃止。逌在职多所匡谏。著《阮籍序赞》、《逸士箴》及诗赋奏议数十篇行于世。病卒，时年五十八。子蔚，吴兴太守。

灌字道群。父暬，尚书郎。灌少知名，才识亚于逌。州辟主簿，举秀才，为治中，转别驾，历司徒属、北中郎中长史，领晋陵太守。简文帝引为抚军从事中郎，后迁吏部郎。时谢奕为尚书，铨叙不允，灌每执正不从，奕托以他事免之，受黜无怨色。顷之，简文帝又以为抚军司马，其相宾礼。迁御史中丞，转吴兴太守。灌性方正，视权贵蔑如也，为大司马桓温所恶。温欲中伤之，征拜侍中，以在郡时公事有失，追免之。后为秘书监，寻复解职。时温方执权，朝廷希旨，故灌积年不调。温末年，以为谘议参军。会温薨，迁尚书、中护军，复出为吴郡太守，加秩中二千石，未拜，卒。子绩。

绩字仲元，有志气，除秘书郎。以父与谢氏不穆，故谢安之世辟召无所从，论者多之。安薨，始为会稽王道子骠骑主簿，多所规谏。历谘议参军，出为南郡相。会荆州刺史殷仲堪举兵以应王恭，仲堪要绩与南蛮校尉殷顗同行，并不从。仲堪等屡以为言，绩终不为之屈。顗虑绩及祸，乃于仲堪坐和解之。绩曰："大丈夫何至以死相胁！江仲元行年六十，但未知获死所耳。"一坐为之惧。仲堪惮其坚正，以杨佺期期之。朝廷闻而征绩为御史中丞，奏劾无所屈挠。会稽世子元显专政，夜开六门，绩密启会稽王道子，欲以奏闻，道子不许。车胤亦曰："元显骄纵，宜禁制之。"道子默然。元显闻而谓众曰："江绩、车胤间我父子。"遣人密让之。俄而绩卒，朝野悼之。

车胤，字武子，南平人也。曾祖浚，吴会稽太守。父育，郡主簿。太守王胡之名知人，见胤于童幼之中，谓胤父曰："此儿当大兴卿门，可使专学。"胤恭勤不倦，博学多通。家贫不常得油，夏月则练囊盛数十萤火以照书，以夜继日焉。及长，风姿美劭，机悟敏速，甚有乡曲之誉。桓温在荆州，辟为从事，以辩识义理深重之。引为主簿，稍迁别驾、征西长史，遂显于朝廷。时惟胤与吴隐之以寒素博学知名于世。又善于赏会，当时每有盛坐而胤不在，皆云："无车公不乐。"谢安游集之日，辄开筵待之。

宁康初，以胤为中书侍郎、关内侯。孝武帝尝讲《孝经》，仆射谢安侍坐，尚书陆纳侍讲，侍中卞眈执读，黄门侍郎谢石、吏部郎袁宏执经，胤与丹阳尹王混擿句，时论荣之。累迁侍中。太元中，增置太学生百人，以胤领国子博士。其后年，议郊庙明堂之事，胤以"明堂之制既甚难详，且乐主于和，礼主于敬，故质文不同，音器亦殊。既茅茨广厦不一其度，何必守其形范而不弘本顺时乎！九服咸宁，四野无尘，然后明堂辟雍可光而修之。"时从其议。又迁骠骑长史、太常，进爵临湘侯，以疾去职。俄为护军将军。时王国宝诣于会稽王道子，讽八坐启以道子为丞相，加殊礼。胤曰："此乃成王所以尊周公也。今主上当阳，非成王之地，相王在位，岂得为周公乎！望实二三，并不宜尔，必大忤上意。"乃称疾不署其事。疏奏，帝大怒，而甚嘉胤。

隆安初，为吴兴太守，秩中二千石，辞疾不拜。加辅国将军、丹阳尹。顷之，迁吏部尚书。元显有过，胤与江绩密言于道子，将奏之，事泄，元显逼令自裁。俄而胤卒，朝廷伤之。

殷顗，字伯通，陈郡人也。祖融，太常卿。父康，吴兴太守。顗性通率，有才气，少与从弟仲堪俱知名。太元中，以中书郎擢为南蛮校尉。莅职清明，政绩肃举。及仲堪得王恭书，将兴兵内伐，告顗，欲同举。顗不平之，曰："夫人臣之义，慎保所守。朝廷是非，宰辅之务，岂藩屏之所图也。晋阳之事，宜所不豫。"仲堪要之转切，顗怒曰："吾进不敢同，退不敢异。"仲堪以为恨。犹密谏仲堪，辞甚切至。仲堪既贵，素情亦殊，而志望无厌，谓顗言为非。顗见江绩亦以正直为仲堪所斥，知仲堪当逐异己，树置所亲，因出行散，托疾不还。仲堪闻其病，出省之，谓顗曰："兄病殊为可忧。"顗曰："我病不过身死，但汝病在灭门，幸熟为虑，勿以我为念也。"仲堪不从，卒与杨佺期、桓玄同下。顗遂以忧卒。隆安中，诏曰："故南蛮校尉殷顗忠绩未融，奄焉陨丧，可赠冠军将军。"弟仲文、叔献别有传。

王雅，字茂达，东海郯人，魏卫将军肃之曾孙也。祖隆，后将军。父景，大鸿胪。雅少知名，州檄主簿，举秀才，除郎中，出补永兴令，以干理著称。累迁尚书左右丞，历廷尉、侍中、左卫将军、丹阳尹，领太子左卫率。雅性好接下，敬慎奉公，孝武帝深加礼遇，虽在外职，侍见甚数，朝廷大事多参谋议。帝每置酒宴集，雅未至，不先举觞，其见重如此。然任遇有过其才，时人被以佞幸之目。帝起清暑殿于后宫，开北上阁，出华林园，与美人张氏同游止，惟雅与焉。

会稽王道子领太子太傅，以雅为太子少傅。时王珣儿婚，宾客车骑甚众，会闻雅拜少傅，回诣雅者过半。时风俗颓弊，无复廉耻。然少傅之任，朝望属珣，珣亦颇以自幸。及中诏用雅，众遂赴雅焉。将拜，遇雨，请以伞入。王珣不许之，因冒雨而拜。雅既贵幸，威权甚震，门

下车骑常数百，而善应接，倾心礼之。

帝以道子无社稷器干，虑晏驾之后皇室倾危，乃选时望以为藩屏，将擢王恭、殷仲堪等，先以访雅。雅以恭等无当世之才，不可大任，从容曰："王恭风神简贵，志气方严，既居外戚之重，当亲贤之寄，然其秉性峻隘，无所苞容，执自是之操，无守节之志。仲堪虽谨于细行，以文义著称，亦无弘量，且干略不长。若委以连率之重，据形胜之地，今四海无事，足能守职，若道不常隆，必为乱阶矣。"帝以恭等为当时秀望，谓雅疾其胜己，故不从。二人皆被升用，其后竟败，有识之士称其知人。

迁领军、尚书、散骑常侍，方大崇进之，将参副相之重，而帝崩，仓卒不获顾命。雅素被优遇，一旦失权，又以朝廷方乱，内外携离，但慎默而已，无所辩正。虽在孝武世，亦不能犯颜廷争，凡所谋谟，唯唯而已。寻迁左仆射。隆安四年卒，时年六十七。追赠光禄大夫、仪同三司。

长子准之，散骑侍郎。次协之，黄门。次少卿，侍中。并有士操，立名于世云。

史臣曰：爰在中兴，玄风滋扇，溺王纲于拱默，挠国步于清虚，骨鲠謇谔之风盖亦微矣。而君孝固情礼而违显命，山甫献诚说而振颓风，彦叔之兵谋，道载之正谏，洋洋盈耳，有足可称。灌不屈节于权臣，绩敢危言于贼将，道子殊物之礼，车胤沮之无惧心，仲堪反常之举，殷顗折之以正色，求诸古烈，何以加焉！山松悦哀挽于轩冕之辰，彦道欢博徒于衰绖之日，天心已丧，其能济乎！旋及于促龄，俄致于非命，宜哉！

赞曰：顾生轨物，屡申诚说。袁子崇儒，拯斯颓丧。迪、绩刚蹇，车、殷忠壮。昌言遗直，莫之能尚。

卷八十四　　　列传第五十四

王恭　庾楷　刘牢之（子敬宣）
殷仲堪　杨佺期

王恭，字孝伯，光禄大夫蕴子，定皇后之兄也。少有美誉，清操过人，自负才地高华，恒有宰辅之望。与王忱齐名友善，慕刘惔之为人。谢安常曰："王恭人地可以为将来伯舅。"尝从其父自会稽至都，忱访之，见恭所坐六尺簟，忱谓其有馀，因求之。恭辄以送焉，遂坐荐上。忱闻而大惊，恭曰："吾平生无长物。"其简率如此。

起家为佐著作郎，叹曰："仕宦不为宰相，才志何足以骋！"因以疾辞。俄为秘书丞，转中书郎，未拜，遭父忧。服阕，除吏部郎，历建威将军。太元中，代沈嘉为丹阳尹，迁中书令，领太子詹事。

孝武帝以恭后兄，深相钦重。时陈郡袁悦之以倾巧事会稽王道子，恭言之于帝，遂诛之。道子尝集朝士，置酒于东府，尚书令谢石因醉为委巷之歌，恭正色曰："居端

右之重，集藩王之第，而肆淫声，欲令群下何所取则！"石深衔之。淮陵内史虞珧子妻裴氏有服食之术，常衣黄衣，状如天师，道子甚悦之，令与宾客谈论，时人皆为降节。恭抗言曰："未闻宰相之坐有失行妇人。"坐宾莫不反侧，道子甚愧之。其后帝将擢时望以为藩屏，乃以恭为都督兖、青、冀、幽、并、徐州、晋陵诸军事、平北将军、兖、青二州刺史、假节，镇京口。初，都督以"北"为号者，累有不祥，故桓冲、王坦之、刁彝之徒不受镇北之号。恭表让军号，以超受为辞，而实恶其名，于是改号前将军。慕容垂入青州，恭遣偏师御之，失利，降号辅国将军。

及帝崩，会稽王道子执政，宠昵王国宝，委以机权。恭每正色直言，道子深惮而忿之。及赴山陵，罢朝，叹曰："榱栋虽新，便有《黍离》之叹矣。"时国宝从弟绪说国宝，因恭入觐相王，伏兵杀之，国宝不许。而道子亦欲辑和内外，深布腹心于恭，冀除旧恶。恭多不顺，每言及时政，辄厉声色。道子知恭不可和协，王绪之说遂行，于是国难始结。或劝恭因入朝以兵诛国宝，而庾楷党于国宝，士马甚盛，恭惮之，不敢发，遂还镇。临别，谓道子曰："主上谅闇，冢宰之任，伊、周所难，愿大王亲万机，纳直言，远郑声，放佞人。"辞色甚厉，故国宝等愈惧。以恭为安北将军，不拜。乃谋诛国宝，遣使与殷仲堪、桓玄相结，仲堪伪许之。恭得书，大喜，乃抗表京师曰："后将军国宝得以姻戚频登显列，不能感恩效力，以报时施，而专宠肆威，将危社稷。先帝登遐，夜乃犯閤叩扉，欲矫遗诏。赖皇太后聪明，相王神武，故逆谋不果。又割东宫见兵以为己府，谗疾二昆甚于仇敌。与其从弟绪同党凶狡，共相扇动。此不忠不义之明白也。以臣忠诚，必亡身殉国，是以潜臣非一。赖先帝明鉴，浸润不行。昔赵鞅兴甲，诛君侧之恶，臣虽驽劣，敢忘斯义！"表至，内外戒严。国宝及绪惶惧不知所为，用王珣计，请解职。道子收国宝，赐死，斩绪于市，深谢愆失，恭乃还京口。

恭之初抗表也，虑事不捷，乃版前司徒左长史王廞为吴国内史，令起兵于东。会国宝死，令廞解军去职。廞怒，以兵伐恭。恭遣刘牢之击灭之，上疏自贬，诏不许。谯王尚之复说道子以藩伯强盛，宰相权弱，宜多树置以自卫。道子然之，乃以其司马王愉为江州刺史，割庾楷豫州四郡使愉督之。由是楷怒，遣子鸿说恭曰："尚之兄弟专弄相权，欲假朝威贬削方镇，惩警前事，势转难测。及其议未成，宜早图之。"恭以为然，复以谋告殷仲堪、桓玄。玄等从之，推恭为盟主，克期同赴京师。

时内外疑阻，津逻严急，仲堪之信因庾楷达之，以斜绢为书，内箭秆中，合镝漆之，楷送于恭。恭发书，绢文角戾，不复可识，谓楷为诈。又料仲堪去年已不赴盟，今无动理，乃先期举兵。司马刘牢之谏曰："将军今动以伯舅之重，执忠贞之节，相王以姬旦之尊，时望所系，昔年已戮宝、绪，送王廞书，是深伏将军也。顷所授用，虽非皆允，未为大失。割庾楷四郡以配王愉，于将军何损！晋阳之师，其可再乎！"恭不从，乃上表以封王愉、司马尚之兄弟为辞。朝廷使元显及王珣、谢琰等距之。

恭梦牢之坐其处，且谓牢之曰："事克，即以卿为北府。"遣牢之率帐下督颜延先据竹里。元显使说牢之，啖以重利，牢之乃斩颜延以降。是日，牢之遣其婿高雅之、子敬宣，因恭曜军。轻骑击恭。恭败，将还，雅之已闭城门，恭遂与弟履单骑奔曲阿。恭久不骑乘，髀生疮，不复能去。曲阿人殷确，恭故参军也，以船载之，藏于苇席之下，将奔桓玄。至长塘湖，遇商人钱强。强宿憾于确，以告湖浦尉。尉收之，以送京师。道子闻其将至，欲出与语，面折之，而未之杀也。时桓玄等已至石头，惧其有变，即于建康之倪塘斩之。恭五男及弟爽、爽兄子秘书郎和及其党孟璞、张恪等皆杀之。

恭性抗直。深存节义，读《左传》至"奉王命讨不庭"，每辍卷而叹。为性不弘，以暗于机会，自在北府，虽以简惠为政，然自矜贵，与下殊隔。不闲用兵，尤信佛道，调役百姓，修营佛寺，务在壮丽，士庶怨嗟。临刑，犹诵佛经，自理须鬓，神无惧容，谓监刑者曰："我暗于信人，所以致此，原其本心，岂不忠于社稷！但令百代之下知有王恭耳。"家无财帛，唯书籍而已，为识者所伤。

恭美姿仪，人多爱悦，或目之云"濯濯如春月柳"。尝被鹤氅裘，涉雪而行，孟昶窥见之，叹曰："此真神仙中人也！"初见执，遇故吏戴耆之为湖孰令，恭私告之曰："我有庶儿未举，在乳母家，卿为我送寄桓南郡。"耆之遂送之于夏口。桓玄抚养之，为立丧庭吊祭焉。及玄执政，上表理恭，诏赠侍中、太保，谥曰忠简。爽赠太常，和子简并通直散骑郎，殷确散骑侍郎。腰斩湖浦尉及钱强等。恭庶子昙亨，义熙中为给事中。

庾楷，征西将军亮之孙，会稽内史羲小子也。初拜侍中，代兄准为西中郎将、豫州刺史、假节，镇历阳。隆安初，进号左将军。时会稽王道子惮王恭、殷仲堪等擅兵，故出王愉为江州，督豫州四郡，以为形援。楷上疏以江州非险塞之地，而西府北带寇戎，不应使愉分督，诏不许。时楷怀恨，使子鸿说王恭，以谯王尚之兄弟复握机权，势过国宝。恭亦素忌之，遂连谋举兵，事在《恭传》。诏使尚之讨楷。楷遣汝南太守段方逆尚之，战于慈湖，方大败，被杀，楷奔于桓玄。及玄等盟于柴桑，连名上疏自理，诏赦玄等而不赦恭、楷，楷遂依玄，玄用为武昌太守。楷惧玄必败，密遣使结会稽世子元显："若朝廷讨玄，当为内应。"及玄得志，楷以谋泄，为玄所诛。

刘牢之，字道坚，彭城人也。曾祖羲，以善射事武帝，历北地、雁门太守。父建，有武干，为征虏将军。世以壮勇称。牢之面紫赤色，须目惊人，而沈毅多计画。太元初，谢玄北镇广陵，时苻坚方盛，玄多募劲勇，牢之与东海何谦、琅邪诸葛侃、乐安高衡、东平刘轨、西河田洛及晋陵孙无终等以骁猛应选。玄以牢之为参军，领精锐为前锋，百战百胜，号为"北府兵"，敌人畏之。及坚遣句难南侵，玄率何谦等距之。牢之破难辎重于盱眙，获其运船，迁鹰扬将军、广陵相。

时车骑将军桓冲击襄阳，宣城内史胡彬率众向寿阳，以为冲声援。牢之领卒二千，为彬后继。淮、肥之役，苻坚遣其弟融及骁将张蚝攻陷寿阳，谢玄使彬与牢之距之。师次硖石，不敢进。坚将梁成又以二万人屯洛涧，玄遣牢之以精卒五千距之。去贼十里，成阻涧列阵。牢之率参军刘袭、诸葛求等直进渡水，临阵斩成及其弟云，又分兵断其归津。贼步骑崩溃，争赴淮水，杀获万余人，尽收其器械。坚寻亦大败，归长安，余党所在屯结。牢之进平谯城，使安丰太守戴宝戍之。迁龙骧将军、彭城内史，以功赐爵武冈县男，食邑五百户。牢之进屯鄄城，讨诸未服，河南城堡承风归顺者甚众。

时苻坚子丕据邺，为慕容垂所逼，请降，牢之引兵救之。垂闻牢至，出新城北走。牢之与沛郡太守田次之追之，行二百里，至五桥泽中，争趣辎重，稍乱，为垂所击，牢之败绩，士卒歼焉。牢之策马跳五丈涧，得脱。会丕救至，因入临漳，集亡散，兵复少振。牢之军败征还。顷之，复为龙骧将军，守淮阴。后进戍彭城，复领太守。袄贼刘黎僭尊号于皇丘，牢之讨灭之。苻坚将张遇遣兵击破金乡。围太山太守羊迈，牢之遣参军向钦之击走之。会慕容垂叛将翟钊救遇，牢之引还。钊还，牢之进平太山，追钊于鄄城，钊走河北，因获张遇以归之彭城。袄贼司马徽聚党马头山，牢之遣参军竺朗之讨灭之。时慕容氏掠廪丘，高平太守徐含远告急，牢之不能救，坐畏懦免。

及王恭将讨王国宝，引牢之为府司马，领南彭城内史，加辅国将军。恭使牢之讨破王廞，以牢之领晋陵太守。恭本以才地陵物，及檄至京师，朝廷戮国宝、王绪，自谓威德已著，虽杖牢之为爪牙，但以行阵武将相遇，礼之甚薄。牢之负其才能，深怀耻恨。及恭之后举，元显遣庐江太守高素说牢之使叛恭，事成，当即其位号，牢之许焉。恭参军何澹之以其谋告恭。牢之与澹之有隙，故愈疑而不纳。乃置酒请牢之于众中，拜牢之为兄，精兵利器悉以配之，使为前锋。行至竹里，牢之背恭归朝廷。恭既死，遂代恭为都督兖、青、冀、幽、并、徐、扬州、晋陵军事。牢之本自小将，一朝据恭位，众情不悦，乃树用腹心徐谦之等以自强。时杨佺期、桓玄将兵上表理王恭，求诛牢之。牢之率北府之众驰赴京师，次于新亭。玄等受诏退兵，牢之还镇京口。

及孙恩攻陷会稽，牢之遣将桓宝率师救三吴，复遣子敬宣为宝后继。比至曲阿，吴郡内史桓谦已弃郡走，牢之乃率众东讨，拜表辄行。至吴，与卫将军谢琰击贼，屡胜，杀伤甚众，径临浙江。进拜前将军、都督吴郡诸军事。时谢琰屯乌程，遣司马高素助牢之。牢之率众军济浙江，恩惧，逃于海。牢之还镇，恩复入会稽，害谢琰。牢之进号镇北将军、都督会稽五郡，率众东征，屯上虞，分军戍诸县。恩攻破吴国，杀内史袁山松。牢之使参军刘裕讨之，恩复入海。顷之，恩浮海奄至京口，战士十万，楼船千余。牢之在山阴，使刘裕自海盐赴难，牢之率大众而还。裕兵不满千人，与贼战，破之。恩闻牢之已还京口，乃走郁洲，又为敬宣、刘裕等所破。及恩死，牢之威名转振。

元兴初，朝廷将讨桓玄，以牢之为前锋都督、征西将军，领江州事。元显遣使以讨玄事谘牢之。牢之以玄少有雄名，杖全楚之众，惧不能制，又虑平玄之后功盖天下，必不为元显所容，深怀疑贰，不得已率北府文武屯洌洲。桓玄遣何穆说牢之曰："自古乱世君臣相信者有燕昭、乐毅；玄德、孔明；然皆勋业未卒而二主早世，设使功成事遂未保二臣之祸也。鄙语有之：'高鸟尽，良弓藏，狡兔殚，猎犬烹。'故文种诛于句践，韩、白戮于秦、汉。彼皆英雄霸王之主，犹不敢信其功臣，况凶愚凡庸之流乎！自开辟以来，戴震主之威，挟不赏之功，以见容于暗世者而谁？至如管仲相齐，雍齿侯汉，则往往有之，况君见与无射钩屡逼之仇邪！今君战败则倾宗，战胜亦屠族，欲以安归乎？孰若翻然改图，保其富贵，则身与金石等固，名与天壤无穷，孰与头足异处，身名俱灭，为天下笑哉！惟君图之。"牢之自谓握强兵，才能算略足以经纶江表，时谯王尚之已败，人情转沮，乃颇纳穆说，遣使与玄交通。其甥何无忌与刘裕固谏之，并不从。俄令敬宣降玄。玄大喜，与敬宣置酒宴集，阴谋诛之，陈法书画图与敬宣共观，以安悦其志。敬宣不之觉，玄佐吏莫不相视而笑。

元显既败，玄以牢之为征东将军、会稽太守，牢之乃叹曰："始尔，便夺我兵，祸将至矣！"时玄屯相府，敬宣劝牢之袭玄，犹豫不决，移屯班渎，将北奔广陵相高雅之，欲据江北以距玄，集众大议。参军刘袭曰："事不可者莫大于反，而将军往年反王兖州，近日反司马郎君，今复欲反桓公。一人而三反，岂得立也。"语毕，趋出，佐吏多散走。而敬宣先还京口拔其家，失期不到。牢之谓其为刘袭所杀，乃自缢而死。俄而敬宣至，不遑哭，奔于高雅之。将吏共殡敛牢之，丧归丹徒。桓玄令斫棺斩首，暴尸于市，及刘裕建义，追理牢之，乃复本官。

敬宣，牢之长子也。智略不及父，而技艺过之。孙恩之乱，随父征讨，所向有功。为元显从事中郎，又为桓玄谘议参军。牢之败，与广陵相高雅之俱奔慕容超，梦丸土而服之，既觉，喜曰："丸者桓也，丸既吞矣，我当复土也。"旬日而玄败，遂与司马休之还京师。拜辅国将军、晋陵太守。与诸葛长民破桓歆于芍陂，迁建威将军、江州刺史，镇寻阳。又击桓亮、苻宏于湘中，所在有功。安帝反正，征拜冠军将军、宣城内史，领襄城太守。谯纵反，以敬宣督征蜀诸军事、假节，与宁朔将军臧喜西伐。敬宣人自白帝，所攻皆克。军次黄兽，与伪将谯道福相持六十余日，遇疠疫，又以食尽，班师，为有司所劾，免官。顷之，为中军谘议，加冠军将军，寻迁镇蛮护军、安丰太守、梁国内史。会卢循反，以冠军将军从大军南讨。循平，迁左卫将军、散骑常侍，又迁征虏将军、青州刺史。寻改镇冀州，为其参军司马道赐所害。

殷仲堪，陈郡人也。祖融，太常、吏部尚书。父师，骠骑谘议参军、晋陵太守、沙阳男。仲堪能清言，善属文，每云三日不读《道德论》，便觉舌本间强。其谈理与韩康伯齐名，士咸爱慕之。调补佐著作郎。冠军谢玄镇京口，请为参军。除尚书郎，不拜。玄以为长史，厚任遇之。仲堪致书于玄曰：

胡亡之后，中原子女鬻于江东者不可胜数，骨肉星离，荼毒终年，怨苦之气，感伤和理，诚丧乱之常，足以惩戒，复非王泽广润，爱育苍生之意也。当世大人既慨然经略，将以救其涂炭，而使理至于此，良可叹息！愿节下弘之以道德，运之以神明，隐心以及物，垂情以禁暴，使足践晋境者必无怀戚之心，枯槁之类莫不同渐天润，仁义与干戈并运，德心与功业俱隆，实所期于明德也。

　　顷闻抄掠所得，多皆采柑饥人，壮者欲以救子，少者志在存亲，行者倾筐以顾念，居者呼嗟以待延。而一旦幽絷，生离死绝，求之于情，可伤之甚。昔孟孙猎而得麑，使秦西以之归，其母随而悲鸣，不忍而放之，孟孙赦其罪以傅其子。禽兽犹不可离，况于人乎！夫飞鸮，恶鸟也，食桑葚，犹怀好音。虽曰戎狄，其无情乎！苟感之有物，非难化也。必使边界无贪小利，强弱不得相陵，德音一发，必声振沙漠，二寇之党，将靡然向风，何忧黄河之不济，函谷之不开哉！玄深然之。

领晋陵太守，居郡禁产子不举，久丧不葬，录父母以质亡叛者，所下条教甚有义理。父病积年，仲堪衣不解带，躬学医术，究其精妙，执药挥泪，遂眇一目。居丧哀毁，以孝闻。服阕，孝武帝召为太子中庶子，甚相亲爱。仲堪父尝患耳聪，闻床下蚁动，谓之牛斗。帝素闻之而不知其人。至是，从容问仲堪曰："患此者为谁？"仲堪流涕而起曰："臣进退惟谷。"帝有愧焉。复领黄门郎，宠任转隆。帝尝示仲堪侍，乃曰："勿以己才而笑不才。"帝以会稽王非社稷之臣，擢所亲幸以为藩捍，乃授仲堪都督荆、益、宁三州军事、振威将军、荆州刺史、假节，镇江陵。将之任，又诏曰："卿去有日，使人酸然。常谓永为廊庙之宝，而忽为荆、楚之珍，良以慨恨！"其恩狎如此。

　　仲堪虽有英誉，议者未以分陕许之。既受腹心之任，居上流之重，朝野属想，谓有异政。及在州，纲目不举，而好行小惠，夷夏颇安附之。先是，仲堪游于江滨，见流棺，接而葬焉。旬日间，门前之沟忽起为岸。其夕，有人通仲堪，自称徐伯玄，云："感君之惠，无以报也。"仲堪因问："门前之岸是何祥乎？"对曰："水中有岸，其名为洲，君将为州。"言终而没。至是，果临荆州。桂阳人黄钦生父没已久，诈服衰麻，言迎父丧。府曹先依律诈取父母卒弃市，仲堪乃曰："律诈取父母宁依驱置法弃市。原此之旨，当以二亲生存而横言死没，情事悖逆，忍所不当，故同之驱置之科，正以大辟之刑。今钦生父实终没，墓在旧邦，积年久远，方诈服迎丧，以此为大妄耳。比之于父存言亡，相殊远矣。"遂活之。又以异姓相养，礼律所不许，子孙继承族无后者，唯令主其蒸尝，不听别籍以避役也。佐史咸服之。

时朝廷征益州刺史郭铨，犍为太守卞苞于坐劝铨以蜀反，仲堪斩之以闻。朝廷以仲堪事不预察，降号鹰扬将军。尚书下以益州所统梁州三郡人丁一千番戍汉中，益州未肯承遣。仲堪乃奏之曰：

　　夫制险分国，各有攸宜，剑阁之隘，实蜀之关键。巴西、梓潼、宕渠三郡去汉中辽远，在剑阁之内，成败与蜀为一，而统属梁州，盖定鼎中华，虑在后伏，所以分斗绝之势，开荷载之路。自皇居南迁，守在岷、邛，衿带之形，事异曩昔。是以李势初平，割此三郡配隶益州，将欲重复上流为习坎之防。事经英略，历年数纪。梁州以统接旷远，求还得三郡，忘王侯设险之义，背地势内外之实，盛陈事力之寡弱，饰哀矜之苦言。今华阳父清，汧、陇顺轨，关中余烬，自相鱼肉，梁州以论求三郡，益州以本统有定，更相牵制，莫知所从。致令巴、宕二郡为群獠所覆，城邑空虚，士庶流亡，要害膏腴皆为獠有。今远虑长规，宜保全险塞。又蛮獠炽盛，兵力寡弱，如遂经理乖谬，号令不一，则剑阁非我保，丑类转难制。此乃藩捍之大机，上流之至要。

　　昔三郡全实，正差文武三百，以助梁州。今俘没蛮獠，十不遗二，加逐食鸟散，资生未立，苟顺符指副梁州，恐公私困弊，无以堪命，则剑阁之守无击柝之储，号令选用不专于益州，虚有监统之名，而无制御之用，惧非分位之本旨，经国之远术。谓今正可更加梁州文武五百，合前为一千五百，自此之外，一仍旧贯。设梁州有急，蜀当倾力救之。

书奏，朝廷许焉。

桓玄在南郡，论四皓来仪汉庭，孝惠以立，而惠帝柔弱，吕后凶忌，此数公者，触彼埃尘，欲以救弊。二家之中，各有其党，夺彼与此，其仇必兴。不知四夫之志，四公何以逃其患？素履终吉，隐以保生者，其若是乎！以其文赠仲堪。仲堪乃答之曰：

　　隐显默语，非贤达之心，盖所遇之时不同，故所乘之途必异。道无所屈而天下以之获宁，仁者之心未能无感。若夫四公者，养志岩阿，道高天下，秦网虽虐，游之而莫惧，汉祖虽雄，请之而弗顾，徒以一理有感，泛然而应，事同宾客之礼，言无是非之对，孝惠以之获安，莫由报其德，如意以之定藩，无所容其怨。且争夺滋生，主非一姓，则百姓生心，诈无常人，则人皆自贤，况夫汉以剑起，人未知义，式遏奸邪，特宜以正顺为宝。天下，大器也，苟乱亡见惧，则沧海横流。原夫若人之振策，岂为一人之废兴哉！苟可以畅其仁义，与夫伏节委质可荣可辱者，道迹悬殊，理势不同，君何疑之哉！

　　又谓诸吕强盛，几危刘氏，如意若立，必无此患。夫祸福同门，倚伏万端，又未可断也。于时天下新定，权由上制，高祖分王子弟，有磐石之固，社稷深谋之臣，森然比肩，岂琐琐之禄产所能倾夺之哉！此或四公所预，于今亦无以辩之，但求古贤之心，宜存之远大耳。端本正源者，虽不能无危，其危易持。苟启竞津，虽未必不安，而其安难保。此最有国之要道。古今贤哲所同惜也。

玄屈之。

仲堪自在荆州，连年水旱，百姓饥馑，仲堪食常五碗，盘无余肴，饭粒落席间，辄拾以啖之，虽欲率物，亦缘性真素也。每语子弟云："人物见我受任方州，谓我豁平昔时意，今吾处之不易。贫者士之常，焉得登枝而捐其本？

尔其存之!"其后蜀水大出,漂浮江陵数千家。以堤防不严,复降为宁远将军。安帝即位,进号冠军将军,固让不受。

初,桓玄将应王恭,乃说仲堪,推恭为盟主,共兴晋阳之举,立桓文之功,仲堪然之。仲堪以王恭在京口,去都不盈二百,自荆州道远连兵,势不相及,乃伪许恭,而实不欲下。闻恭已诛王国宝等,始抗表兴师,遣龙骧将军杨佺期次巴陵。会稽王道子遗书止之,仲堪乃还。

初,桓玄弃官归国,仲堪惮其才地,深相交结。玄亦欲假其兵势,诱而悦之。国宝之役,仲堪既纳玄之诱,乃外结雍州刺史郗恢,内要从兄南蛮校尉颛、南郡相江绩等。恢、颛、绩并不同之,乃以杨佺期代绩,颛自逊位。

会王恭复与豫州刺史庾楷举兵讨江州刺史王愉及谯王尚之等,仲堪因集议,以为朝廷去年自戮国宝,王恭威名已震,今其重举,势不无克。而我去年缓师,已失信于彼,今可整棹晨征,参其霸功。于是使佺期舟师五千为前锋,桓玄次之。仲堪率兵二万,相继而下。佺期、玄至湓口,王愉奔于临川,玄遣偏军追获之。佺期等进至横江,庾楷败奔于玄,谯王尚之等退走,尚之弟恢之所领水军皆没。玄等至石头,仲堪至芜湖,忽闻王恭已死,刘牢之反恭,领北府兵在新亭,玄等三军失色,无复固志,乃回师屯于蔡洲。

时朝廷新平恭、楷,且不测西方人心,仲堪等拥众数万,充斥郊畿,内外忧逼。玄从兄修告会稽王道子曰:"西军可说而解也。修知其情矣。若许佺期以重利,无不倒戈于仲堪者。"道子纳之,乃以玄为江州,佺期为雍州,黜仲堪为广州,以桓修为荆州,遣仲堪叔父太常茂宣诏回军。仲堪惑被贬退,以王恭虽败,已众亦足以立事,令玄等急进军。玄等喜于宠授,并欲顺朝命,犹豫未决。会仲堪弟遹为佺期司马,夜奔仲堪,说佺期受朝命,纳桓修。仲堪遽遽,即于芜湖南归,使徇于玄等军曰:"若不各散而归,大军至江陵,当悉戮余口。"仲堪将刘系先领二千人隶于佺期,辄率众而归。玄等大惧,狼狈追仲堪,至寻阳,及之。于是仲堪失职,倚玄为援,玄等又资仲堪之兵,虽互相疑阻,亦不得异。仲堪与佺期以子弟交质,遂于寻阳结盟,玄为盟主,临坛歃血,并不受诏,申理王恭,求诛刘牢之、谯王尚之等。朝廷深惮之。于是诏仲堪曰:"间以将军凭宠失所,朝野怀忧。然既往之事,宜其两忘,用乃班师回旆,祗顺朝旨,所以改授方任,盖随时之宜。将军大义,诚感朕心,今还复本位,即抚其镇,释甲休兵,则内外宁一,故遣太常茂具宣乃怀。"仲堪等并奉诏,各旋所镇。

顷之。桓玄将讨佺期,先告仲堪云:"今当入沔讨除佺期,已顿兵江口。若见无贰,可杀杨广;若其不然,便当率军入江。"仲堪乃执玄兄伟,遣从弟遹等水军七千至江西口。玄使郭铨、苻宏击之,遹等败走。玄顿巴陵,而馆其谷。玄又破杨广于夏口。仲堪既失巴陵之积,又诸将皆败,江陵震骇。城内大饥,以胡麻为廪。仲堪急召佺期。佺期率众赴之,直济江击玄,为玄所败,走还襄阳。仲堪出奔酂城,为玄追兵所获,逼令自杀,死于柞溪,弟子道护、参军罗企生等并被杀。仲堪少奉天师道,又精心事神,不吝财贿,而急行仁义,喜于周急,及玄来攻,犹勤请祷。然善取人情,病者自为诊脉分药,而用计倚伏烦密,少于鉴略,以至于败。

子简之,载丧下都,葬于丹徒,遂居墓侧。义旗建,率私僮客随义军蹑桓玄。玄死,简之食其肉。桓振之役,义军失利,简之没阵。弟旷之,有父风,仕至剡令。

杨佺期,弘农华阴人,汉太尉震之后也。曾祖准,太常。自震至准,七世有名德。祖林,少有才望,值乱没胡。父亮,少仕伪朝,后归国,终于梁州刺史,以贞干知名。佺期沈勇果劲,而兄广及弟思平等皆强犷粗暴。自云门户承籍,江表莫比,有以其门地比王珣者,犹恨恨,而时人以其晚过江,婚宦失类,每排抑之,恒慷慨切齿,欲因事际以逞其志。

佺期少仕军府。咸康中,领众屯成固。苻坚将潘猛距守康回垒,佺期击走之,其众悉降,拜广威将军、河南太守,戍洛阳。苻坚将窦冲率众攻平阳太守张元熙于皇天坞,佺期击走之。佺期自潼城入潼关,累战皆捷,斩获千计,降九百余家,归于洛阳,进号龙骧将军。以病,改为新野太守,领建威司马。迁唐邑太守,督石头军事,以疾去职。荆州刺史殷仲堪引为司马,代江绩为南郡相。

仲堪与桓玄举众应王恭、庾楷,仲堪素无戎略,军旅之事一委佺期兄弟,以兵五千人为前锋,与桓玄相次而下。至石头,恭死,楷败,朝廷未测玄军,乃以佺期代郗恢为都督梁、雍、秦三州诸军事、雍州刺史。仲堪、玄皆有迁换,于是俱还寻阳,结盟不奉诏。俄而朝廷复仲堪本职,乃各还镇。

初,玄未奉诏,欲自为雍州,以郗恢为广州。恢惧玄之来,问于众,咸曰:"佺期来者,谁不毙力!若怪玄来,恐难与为敌。"既知佺期代己,乃谋于南阳太守闾丘羡,称兵距守。佺期虑事不济,乃声言玄来入沔,而佺期为前驱。恢众信之,无复固志。恢军散请降,佺期入府斩闾丘羡,放恢还都,抚将士,恤百姓,缮修城池,简练甲卒,甚得人情。

佺期、仲堪与桓玄素不穆,佺期屡欲相攻,仲堪每抑止之。玄以是告执政,求广其所统。朝廷亦欲成其衅隙,故以桓伟为南蛮校尉。佺期内怀忿惧,勒兵建牙,声云援洛,欲与仲堪袭玄。仲堪虽外结佺期,内疑其心,苦止之,又遣从弟遹屯北寨以驻之。佺期势不独举,乃解兵。

隆安三年,桓玄遂举兵讨佺期,先攻仲堪。初,仲堪得玄书,急召佺期。佺期曰:"江陵无食,当何以待敌?可来见就,共守襄阳。"仲堪自以保境全军,无缘弃城逆走,忧佺期不赴,乃给之曰:"比来收集,已有储矣。"佺期信之,乃率众赴焉。步骑八千,精甲耀日。既至,仲堪唯以饭饷其军。佺期大怒曰:"今兹败矣!"乃不见仲堪。时玄在零口,佺期与兄广攻玄。玄畏佺期之锐,乃渡军马头。明日,佺期率殷道护等精锐万人乘舰出战,玄距之,不得进。佺期乃率其麾下数十舰,直济江,径向玄船。俄而回击郭铨，殆获铨，会玄诸军至，佺期退走，余众尽没，单马奔襄阳。玄追军至，佺期与兄广俱毙之，传首京都，枭于朱雀门。弟思平，从弟尚保、孜敬，俱逃于蛮。刘裕起义，始归国，历位州郡。

孜敬为人剽锐，果于行事。昔与佺期劝殷仲堪杀殷觊，仲堪不从，孜敬拔刃而起，欲自己出取之，仲堪苦禁乃止。及为梁州刺史，常怏怏不满其志。经襄阳，见鲁宗之侍卫皆佺期之旧也，孜敬愈愤，见于辞色。宗之参军刘千期于座面折之，因大发怒，抽剑刺千期立死。宗之表而斩之。思平、尚保后亦以罪诛，杨氏遂灭。

史臣曰：生灵道断，忠贞路绝，弃彼弊冠，崇兹新履。牢之事非其主，抑亦不臣，功多见疑，势陵难信，而投兵散地，二三之甚。若夫司牧居忧，方隅作庋，口顺勤王，心乖抗节。王恭鲠言时政，有昔贤之风。国宝就诛，而晋阳犹起。是以仲堪侥幸，佺期无状，雅志多隙，佳兵不和，足以亡身，不足以静乱也。

赞曰：孝伯怀功，牢之总戎。王因起衅，刘亦惭忠。殷、杨乃武，抽箭争雄。庾君含怨，交斗其中。猗欤群采，道暌心异。是曰乱阶，非关臣事。

卷八十五　　列传第五十五

刘毅 兄迈　诸葛长民　何无忌　檀凭之　魏咏之

刘毅，字希乐，彭城沛人也。曾祖距，广陵相。叔父镇，左光禄大夫。毅少有大志，不修家人产业，仕为州从事，桓弘以为中兵参军属。桓玄篡位，毅与刘裕、何无忌、魏咏之等起义兵，密谋讨玄，毅讨徐州刺史桓修于京口、青州刺史桓弘于广陵。裕率毅等至竹里，玄使其将皇甫敷、吴甫之北距义军，遇之于江乘，临阵斩甫之，进至罗落桥，又斩敷首。玄大惧，使桓谦、何澹之屯覆舟山。毅等军至蒋山，裕使羸弱登山，多张旗帜，玄不之测，益以危惧。谦等士卒多北府人，素慑伏裕，莫敢出斗。裕与毅等分为数队，进突谦阵，皆殊死战，无不一当百。时东北风急，义军放火，烟尘张天，鼓噪之音震骇京邑，谦等诸军一时奔散。玄既西走，裕以毅为冠军将军、青州刺史，与何无忌、刘道规蹑玄。玄逼帝及琅邪王西上，毅与道规及下邳太守孟怀玉等追及玄，战于峥嵘洲。毅乘风纵火。尽锐争先，玄众大溃，烧辎重夜走。玄将郭铨、刘雅等袭陷寻阳，毅遣武威将军刘怀肃讨平之。

及玄死，桓振、桓谦复聚众距毅于灵溪。玄将冯该以兵会振，毅进击，为振所败，退次夏口，坐失官，寻原之。刘裕使何无忌受毅节度，无忌以督摄为烦，辄便解统。毅疾无忌专擅，免其琅邪内史，以辅国将军摄军事，无忌遂与毅不平。毅唯自引咎，时论韪之。毅复与道规发寻阳。

桓亮自号江州刺史，遣刘敬宣击走之。毅军次夏口。时振党冯该戍大岸，孟山图据鲁城，桓山客守偃月垒，众合万人，连舰二垒，水陆相援。毅督众军进讨，未至复口，遇风飘没千余人。毅与刘怀肃、索邈等攻鲁城，道规攻偃月垒，何无忌与檀祗列舰于中流，以防逸逃。毅躬贯甲胄，陵城半日而二垒俱溃，生擒山客，而冯该遁走。毅进平巴陵。以毅为使持节、兖州刺史，将军如故。毅号令严整，所经墟邑，百姓安悦。南阳太守鲁宗之起义，袭襄阳，破桓蔚。毅等诸军次江陵之马头。振拥乘舆，出营江津。宗之又破伪将温楷，振自击宗之。毅因率无忌、道规等诸军破冯该于豫章口，推锋而进，遂入江陵。振闻城陷，与谦北走，乘舆反正。毅执玄党卞范之、羊僧寿、夏侯崇之、桓道恭等，皆斩之。桓振复与苻宏自郧城袭陷江陵，与刘怀肃相持。毅遣部将吴振，杀之，并斩伪辅军将军桓珍。毅又攻拔迁陵，斩玄太守刘叔祖于临嶂。其余拥众假号以十数，皆讨平之。二州既平，以毅为抚军将军。时刁预等作乱，屯于湘中，毅遣将分讨，皆灭之。

初，毅丁忧在家，及义旗初兴，遂墨绖从事。至是，军役渐宁，上表乞还京口，以终丧礼，曰："弘道为国者，理尽于仁孝。诉穷归天者，莫甚于丧亲。但臣凡庸，本无感概，不能陨越，故其宜耳。往年国难滔天，故志竭愚忠，酖然苟存。去春鸾驾回轸，而狂狡未灭，虽奸凶时枭，余烬窜伏，威怀寡方，文武劳弊，微情未申，顾景悲愤。今皇威遐肃，海内清荡，臣穷毒艰秽，亦已具于圣听。兼赢患滋甚，众疾互动，如今寝顿无复人理。臣之情也，本不甘生；语其事也，亦可以没。乞赐余骸，终其丘坟，庶几忠孝之道获有于圣世。"不许。诏以毅为都督豫州、扬州之淮南、历阳、庐江、安丰、堂邑五郡诸军事、豫州刺史，持节、将军、常侍如故，本府文武悉令西属。以匡复功，封南平郡开国公，兼都督宣城军事，给鼓吹一部。梁州刺史刘稚反，毅遣将讨擒之。初，桓玄于南州起斋，悉画盘龙于其上，号为盘龙斋。毅小字盘龙，至是，遂居之。俄进拜卫将军、开府仪同三司。

及何无忌为卢循所败，贼军乘胜而进，朝廷震骇。毅具舟船讨之，将发，而疾笃，内外失色。朝议欲奉乘舆北就中军刘裕，会毅疾瘳，将率军南征，裕与毅书曰："吾往与妖贼战，晓其变态。今修船垂毕，将居前扑之。克平之日，上流之任皆以相委。"又遣毅从弟藩往止之。毅大怒，谓藩曰："我以一时之功相推耳，汝便谓我不及刘裕也！"投书于地。遂以舟师二万发姑孰。徐道覆闻毅将至建邺，报卢循曰："刘毅兵重，成败系此一战，宜并力距之。"循乃引兵发巴陵，与道覆连旗而下。毅次于桑落洲，与贼战，败绩，弃船，以数百人步走，余众皆为贼所虏，辎重盈积，皆弃之。毅走，经涉蛮带，饥困死亡，至得十二三。参军羊邃竭力营护，仅而获免。刘裕深慰勉之，复其本职。毅乃以邃为谘议参军。

及裕讨循，诏毅知内外留事。毅以丧师，乞解任，降为后将军。寻转卫将军、开府仪同三司、江州都督。毅上表曰：

臣闻天以盈虚为运，政以损益为道。时否而政不革，人凋而事不损，则无以救急病于已危，拯涂炭于将绝。自顷戎车屡骇，干戈溢境，所统江州，以一隅之地当逆顺之冲，自桓玄以来，驱蹙残败，至乃男不被养，女无匹对，逃亡去就，不避幽深，自非财殚力竭，无以至此。若不曲心矜理，有所厘改，则靡遗之叹奄焉必及。

夫设官分职，军国殊用，牧养以息务为大，武略以济事为先。兼而领之，盖出于权事，因藉既久，遂似常体。江州在腹心之内，凭接扬、豫、藩屏所倚，实为重复。昔胡寇纵逸。朔马临江，抗御之宜，盖权尔耳。今江左区区，户不盈数十万，地不逾数千里，而统旅鳞次，未获减息，大而言之，足为国耻。况乃地在无虞，而犹置军府文武将佐，资费非要，岂所谓经国大情，扬汤去火者哉！且州郡边江，百姓辽落，加邮亭险阂，畏阻风波，转输往复，恒有淹废，又非所谓因其所利以济其弊者也。愚谓宜解军府，移镇豫章，处十郡之中，厉简惠之政，比及数年，可有生气。且属县凋散，示有所存，而役调送迎不得止息，亦谓应随宜并合以简众费。刺史庾悦，自临莅以来，甚有恤隐之诚，但纲维不革，自非纲目所理。寻阳接蛮，宜示有遏防，可即州府千兵以助戍。

于是解悦，毅移镇豫章，遣其亲将赵恢领千兵守寻阳。俄进毅为都督荆、宁、秦、雍四州之河东、河南、广平、扬州之义成四郡诸军事、卫将军、开府仪同三司、荆州刺史，持节、公如故。毅表荆州编户不盈十万，器械索然。广州虽凋残，犹出丹漆之用，请依先准。于是加督交、广二州。

毅至江陵，乃辄取江州兵及豫州西府文武万余，留而不遣，又告疾困，请藩为副。刘裕以毅贰于己，乃奏之。安帝下诏曰："刘毅傲很凶戾，履霜日久，中间覆败，宜即显戮。晋法含弘，复蒙宠授。曾不思愆内讼，怨望滋甚。赖宰辅藏疾，特加遵矜，遂复推毂陕西，宠荣隆泰，庶能洗心感遇，革音改意，而长恶不悛，志为奸究，陵上虐下，纵逸无度。既解督任，江州非复所统，而辄徙兵众，略取军资，驱斥旧戍，厚树亲党。西府二局，文武盈万，悉皆割留，曾无片言。肆心恣欲，罔顾天朝。又与从弟藩远相影响，招聚剽狡，缮甲阻兵，外托省疾，实规伺隙，同恶想济，图会荆、郢。尚书左仆射谢混凭藉世资，超蒙殊遇，而轻佻躁脱，职为乱阶，扇动内外，连谋万里。是而可忍，孰不可怀！"乃诛藩、混。

刘裕自率众讨毅，命王弘、王镇恶、蒯恩等率军至豫章口，于江津燔舟而进。毅参军朱显之逢镇恶，以所统千人赴毅。镇恶等攻陷外城，毅守内城，精锐尚数千人，战至日昃，镇恶以裕书示城内，毅怒，不发书而焚之。毅冀有外救，督士卒力战。众知裕至，莫有斗心。既暮，镇恶焚诸门，齐力攻之，毅众乃散，毅自北门单骑而走，去江陵二十里而缢。经宿，居人以告，乃斩于市，子侄皆伏诛。毅兄模奔于襄阳，鲁宗之斩送之。

毅刚猛沈断，而专肆很愎，与刘裕协成大业，而功居其次，深自矜伐，不相推伏。及居方岳，常怏怏不得志，裕每柔而顺之。毅骄纵滋甚，每览史籍，至蔺相如降屈于廉颇，辄绝叹以为不可能也。尝云："恨不遇刘、项，与之争中原。"又谓郗僧施曰："昔刘备之有孔明，犹鱼之有水。今吾与足下虽才非古贤，而事同斯言。"众咸恶其陵傲不逊。及败于桑落，知物情去己，弥复愤激。初，裕征卢循，凯归，帝大宴于西池，有诏赋诗。毅诗云："六国多雄士，正始出风流。"自知武功不竞，故示文雅有余也。后于东府聚樗蒱大掷，一判应至数百万，余人并黑犊以还，唯刘裕及毅在后。毅次掷得雉，大喜，褰衣绕床，叫谓同坐曰："非不能卢，不事此耳。"裕恶之，因接五木久之，曰："老兄试为卿答。"既而四子俱黑，其一子转跃未定，裕厉声喝之，即成卢焉。毅意殊不快，然素黑，其面如铁色焉，而乃和言曰："亦知公不能以此见借！"既出西藩，虽上流分陕，而顿失内权，又颇自嫌事计，故欲擅其威强，伺隙图裕，以至于败。

初，江州刺史庾悦，隆安中为司徒长史，曾至京口。毅时甚屯窭，先就府借东堂与亲故出射。而悦后与僚佐径来诣堂，毅告之曰："毅辈屯否之人，合一射甚难。君于诸堂并可，望以今日见让。"悦不许。射者皆散，唯毅留射如故。既而悦食鹅，毅求其余，悦又不答，毅常衔之。义熙中，故夺悦豫章，解其军府，使人微示其旨，悦忿惧而死。毅之褊躁如此。

迈字伯群。少有才干，为殷仲堪中兵参军。桓玄之在江陵，甚豪横，士庶畏之过于仲堪。玄曾于仲堪厅事前戏马，以矟拟仲堪。迈时在坐，谓玄曰："马矟有余，精理不足。"玄自以才雄冠世，而心知外物不许之。仲堪为之失色，玄出，仲堪谓迈曰："卿乃狂人也！玄夜遣杀卿，我岂能相救！"迈以正辞折仲堪，而不以为悔。仲堪使迈下都以避之。玄果令追之，迈仅而免祸。后玄得志，迈诣门称谒，玄谓迈曰："安知不死而敢相见？"迈对曰："射钩、斩祛，与迈为三，故知不死。"玄甚喜，以为刑狱参军。后为竟陵太守。及毅与刘裕等同谋起义，迈将应之，事泄，为玄所害。

诸葛长民，琅邪阳都人也。有文武干用，然不持行检，无乡曲之誉。桓玄引为参军平西军事，寻以贪刻免。及刘裕建义，与之定谋，为扬武将军。从裕讨桓玄，以功拜辅国将军、宣城内史。于时桓歆聚众向历阳，长民击走之，又与刘敬宣破歆于芍陂，封新淦县公，食邑二千五百户，以本官督淮北诸军事，镇山阳。义熙初，慕容超寇下邳，长民遣部将徐琰击走之，进位使持节、督青、扬二州诸军事、青州刺史，领晋陵太守，镇丹徒，本号及公如故。

及何无忌为徐道覆所害，贼乘胜逼京师，朝廷震骇，长民率众人卫京都，因表曰："妖贼集船伐木，而南康相郭澄之隐蔽经年，又深相保明，屡欺无忌，罪合斩刑。"诏原澄之。及卢循之败刘毅也，循与道覆连旗而下，京都危惧，长民劝刘裕权移天子过江。裕不听，令长民与刘毅屯于北陵，以备石头。事平，转督豫州、扬州之六郡诸军事、豫州刺史，领淮南太守。

及裕讨毅，以长民监太尉留府事，诏以甲杖五十人入殿。长民骄纵贪侈，不恤政事，多聚珍宝美色，营建第宅，不知纪极,所在残虐,为百姓所苦。自以多行无礼,恒惧国宪。及刘毅被诛,长民谓其亲曰:"昔年醢彭越,前年杀韩信,祸其至矣!"谋欲为乱,问刘穆之曰:"人间论者谓太尉与我不平,其故何也?"穆之曰:"相公西征,老母弱弟委之将军,何谓不平!"长民絜民轻狡好利,固劝之曰:"黥、彭异体而势不偏全,刘毅之诛,亦诸葛氏之惧,可因裕未还以图之。"长民犹豫未发,既而叹曰:"贫贱常思富贵,富贵必履机危。今日欲为丹徒布衣,岂可得也!"裕深疑之,骆驿继遣辎重兼行而下,前克日,百司于道候之,辄差其期。既而轻舟径进,潜入东府。明旦,长民闻之,惊至于门,裕伏壮士丁旿于幕中,引长民进语,素所未尽皆说焉。长民悦,旿自后拉而杀之,舆尸付廷尉。使收黎民,黎民骁勇绝人,与捕者苦战而死。小弟幼民为大司马参军,逃于山中,追擒戮之。诸葛氏之诛也,士庶咸恨正刑之晚,若释桎梏焉。

初,长民富贵之后,常一月中辄十数夜眠中惊起,跳踉,如与人相打。毛修之尝与同宿,见之骇愕,问其故,长民答曰:"正见一物,甚黑而有毛,脚不分明,奇健,非我无以制之。"其后来转数。屋中柱及椽桷间,悉见有蛇头,令人以刀悬斫,应刃隐藏,去辄复出。又捣衣杵相与语如人声,不可解。于壁见有巨手,长七八尺,臂大数围,令斫之,豁然不见。未几伏诛。

何无忌,东海郯人也。少有大志,忠亮任气,人有不称其心者,辄形于言色。州辟从事,转太学博士。镇北将军刘牢之,即其舅也,时镇京口,每有大事,常与参议之。会稽世子元显子彦章封东海王,以无忌为国中尉,加广武将军。及桓玄害彦章于市,无忌入市恸哭而出,时人义焉。随牢之南征桓玄,牢之将降于玄也,无忌屡谏,辞旨甚切,牢之不从。及玄篡位,无忌与玄吏部郎曹靖之有旧,请莅小县。靖之白玄,玄不许,无忌乃还京口。

初,刘裕尝为刘牢之参军,与无忌素相亲结。至是,因密共图玄。刘毅家在京口,与无忌素善,言及兴复之事,无忌曰:"桓氏强盛,其可图乎?"毅曰:"天下自有强弱,虽强易弱,正患事主难得耳!"无忌曰:"天下草泽之中非无英雄也。"毅曰:"所见唯有刘下邳。"无忌笑而不答,还以告裕,因共要毅,与相推结,遂共举义兵,袭京口。无忌伪著传诏服,称敕使,城中无敢动者。

初,桓玄闻裕等及无忌之起兵也,甚惧。其党曰:"刘裕乌合之众,势必无成,愿不以为虑。"玄曰:"刘裕勇冠三军,当今无敌。刘毅家无儋石之储,樗蒱一掷百万。何无忌,刘牢之之甥,酷似其舅。共举大事,何谓无成!"其见惮如此。及玄败走,武陵王遵承制以无忌为辅国将军、琅邪内史,以会稽王道子所部精兵悉配之,南追桓玄,与振武将军刘道规俱受冠军将军刘毅节度。玄留其龙骧将军何澹之、前将军郭铨、江州刺史郭昶之守湓口。无忌等次桑落洲,澹之等率军来战。澹之常所乘舫旌旗甚盛,无忌曰:"贼帅必不居此,欲诈我耳,宜亟攻之。"众咸曰:"澹之不在其中,其徒得之无益。"无忌谓道规曰:"今众寡不敌,战无全胜。澹之虽不居此舫,取则易获,因纵兵腾之,可以一鼓而败也。"道规从之,遂获贼舫,因传呼曰:"已得何澹之矣!"贼中惊扰,无忌之众亦谓为然。道规乘胜径进,无忌又鼓噪赴之,澹之遂溃。进据寻阳,遣使奉送宗庙主祐及武康公主、琅邪王妃还京都。又与毅、道规破走玄于峥嵘洲。无忌进据巴陵。玄从兄谦、从子振乘间陷江陵,无忌、道规进攻谦于马头,攻桓蔚于龙泉,皆破之。既而为桓振所败,退还寻阳。无忌与毅、道规复进讨振,克夏口三城,遂平巴陵,进次马头。桓谦请割荆、江二州,奉送天子,无忌不许。进军破江陵,谦等败走。无忌侍卫安帝还京师,以无忌督豫州、扬州、淮南、庐江、安丰、历阳、堂邑五郡军事、右将军、豫州刺史、加节,甲仗五十人入殿,未之职。迁会稽内史、督江东五郡军事,持节、将军如故,给鼓吹一部。义熙二年,迁都督江、荆二州江夏、随、义阳、绥安、豫州、西阳、新蔡、汝南、颍川八郡军事、江州刺史,将军、持节如故。以兴复之功,封安成郡开国公,食邑三千户,增督司州之弘农、扬州之松滋,加散骑侍郎,进镇南将军。

卢循遣别帅徐道覆顺流而下,舟舰皆重楼。无忌将率众距之,长史邓潜之谏曰:"今以神武之师抗彼逆众,回山压卵,未足为譬。然国家之计在此一举,闻其舟舰大盛,势居上流。蜂虿之毒,郑、鲁成鉴。宜决破南塘,守二城以待之,其必不敢舍我远下。蓄力俟其疲老,然后击之。若弃万全之长策,而决成败于一战,如其失利,悔无及矣。"无忌不从,遂以舟师距之。既及,贼令强弩数百登西岸小山以邀射之,而薄于山侧。俄而西风暴急,无忌所乘小舰被飘东岸,贼乘风以大舰逼之,众遂奔败,无忌尚厉声曰:"取我苏武节来!"节至,乃躬执以督战。贼众云集,登舰者数十人。无忌辞色无挠,遂握节死之。诏曰:"无忌秉哲履正,忠亮明允,亡身殉国,则契协英谟;经纶屯昧,则重氛载廓。及敷政方夏,实播风惠。妖寇构乱,侵扰邦畿,投袂致讨,志清王略。而事出虑外,临危弥厉,握节陨难,诚贯古贤,朕用伤恸于厥怀。其赠侍中、司空,本官如故,谥曰忠肃。"子邕嗣。

初,桓玄克京邑,刘裕东征,无忌密至裕军所,潜谋举义,劝裕于山阴起兵。裕以玄大逆未彰,恐在远举事,克济为难。若玄遂窃天位,然后于京口图之,事未晚也。无忌乃还。及义师之举,参赞大勋,皆以算略攻取为效,而此举败于轻脱,朝野痛之。

檀凭之,字庆子,高平人也。少有志力。闺门邕肃,为世所称。从兄子韶兄弟五人,皆稚弱而孤,凭之抚养若己所生。初为会稽王骠骑行参军,转桓修长流参军,领东莞太守,加宁远将军。与刘裕有州闾之旧,又数同东讨,情好甚密。义旗之建,凭之与刘毅俱以私艰,墨绖而赴。虽才望居毅之后,而官次及威声过之,故裕以为建武将军。裕以义举也,尝与何无忌、魏咏之同会凭之所。会善相者晋陵韦叟见凭之,大惊曰:"卿有急兵之厄,其候不过三四日耳。且深藏以避之,不可轻出。"及桓玄将皇甫敷之至罗落桥也,凭之与裕各领一队而战,军败,为敷军所害。赠冀州刺史。义熙初,诏曰:"夫旌善纪功,有国之通典，没而不朽，节义之笃行。故冀州刺史檀凭之忠烈果毅，亡身为国。既义敦其情，故临危授命。考诸心迹，古人无以远过，近者之赠，意犹恨焉。可加赠散骑常侍，本官如故。既陨身王事，亦宜追论封赏。可封曲阿县公，邑三千户。"

魏咏之，字长道，任城人也。家世贫素，而躬耕为事，好学不倦。生而兔缺。有善相者谓之曰："卿当富贵。"年十八，闻荆州刺史殷仲堪帐下有名医能疗之，贫无行装，谓家人曰："残丑如此，用活何为！"遂赍数斛米西上，以投仲堪。既至，造门自通。仲堪与语，嘉其盛意，召医视之。医曰："可割而补之，但须百日进粥，不得语笑。"咏之曰："半生不语，而有半生，亦当疗，况百日邪！"仲堪于是处之别屋，令医善疗之。咏之遂闭口不语，唯食薄粥，其厉志如此。及差，仲堪厚资遣之。

初为州主簿，尝见桓玄。既出，玄鄙其精神不隽，谓坐客曰："庸神而宅伟干，不成令器。"竟不调而遣之。咏之早与刘裕游款，及玄篡位，协赞义谋。玄败，授建威将军、豫州刺史。桓歆寇历阳，咏之率众击走之。义熙初，进征虏将军、吴国内史，寻转荆州刺史、持节、都督六州，领南蛮校尉。咏之初在布衣，不以贫贱为耻；及居显位，亦不以富贵骄人。始为殷仲堪之客，未几竟践其位，论者称之。寻卒于官。诏曰："魏咏之器宇弘劭，识局贞隐，同奖之诚，实铭王府；敷绩之效，垂惠在人。奄致陨丧，恻怆于心。可赠太常，加散骑常侍。"其后录其赞义之功，追封江陵县公，食邑二千五百户，谥曰桓。弟顺之至琅邪内史。

史臣曰：臣观自古承平之化，必杖正人；非常之业，莫先奇士。当衰晋陵夷之际，逆玄僭擅之秋，外乏桓、文，内无平、勃，不有雄杰，安能济之哉！此数子者，气足以冠时，才足以经世，属大亨数穷之运，乘义熙启运之资，建大功若转圜，剸群凶如拉朽，势倾百辟，禄246万钟，斯亦丈夫之盛业。然希乐傲而速祸，诸葛骄淫以成衅，造宋而乖同德，复晋而异纯臣，谋之不臧，自取夷灭。无忌挟功名之大志，挺文武之良才，追旧而恸感时人，率义而响震勍敌，因机效捷，处死不惧，比乎向时之辈，岂同日而言欤！

赞曰：刘生刚愎，葛侯凶恣。患结满盈，祸生疑贰。安成英武，体兹忠烈。舍家殉义，忘生存节。檀实棱威，身陨名飞。魏终协契，效绩扬辉。

卷八十六　　列传第五十六

张轨 子寔　寔弟茂　寔子骏　骏子重华　华子耀灵　灵伯父祚　灵弟玄靓　靓叔天锡

张轨，字士彦，安定乌氏人，汉常山景王耳十七代孙也。家世孝廉，以儒学显。父温，为太官令。轨少明敏好学，有器望，姿仪典则，与同郡皇甫谧善，隐于宜阳女几山。泰始初，受叔父锡官五品。中书监张华与轨论经义及政事损益，甚器之，谓安定中正为蔽善抑才，乃美为之谈，以为二品之精。卫将军杨珧辟为掾，除太子舍人，累迁散骑常侍、征西军司。

轨以时方多难，阴图据河西，筮之，遇《泰》之《观》，乃投策喜曰："霸者兆也。"于是求为凉州。公卿亦举轨才堪御远。永宁初，出为护羌校尉、凉州刺史。于时鲜卑反叛，寇盗从横，轨到官，即讨破之，斩首万余级，遂威著西州，化行河右。以宋配、阴充、汜瑗、阴澹为股肱谋主，征九郡胄子五百人，立学校，始置崇文祭酒，位视别驾，春秋行乡射之礼。秘书监缪世征、少府挚虞夜观星象，相与言曰："天下方乱，避难之国唯凉土耳。张凉州德量不恒，殆其人乎！"及河间、成都二王之难，遣兵三千，东赴京师。初，汉末金城人阳成远杀太守以叛，郡人冯忠赴尸号哭，呕血而死。张掖人吴咏为护羌校尉马贤所辟，后为太尉庞参掾，参、贤相诬，罪应死，各引咏为证，咏计理无两直，遂自刎而死。参、贤惭悔，自相和释。轨皆祭其墓而旌其子孙。永兴中，鲜卑若罗拔能皆为寇，轨遣司马宋配击之，斩拔能，俘十余万口，威名大震。惠帝遣加安西将军，封安乐乡侯，邑千户。于是大城姑臧。其城本匈奴所筑也，南北七里，东西三里，地有龙形，故名卧龙城。初，汉末博士敦煌侯瑾谓其门人曰："后城西泉水当竭，有双阙起其上，与东门相望。中有霸者出焉。"至魏嘉平中，郡官果起学馆，筑双阙于泉上，与东门正相望矣。至是，张氏遂霸河西。

永嘉初，会东羌校尉韩稚杀秦州刺史张辅，轨少府司马杨胤言于轨曰："今稚逆命，擅杀张辅，明公杖钺一方，宜惩不恪，此亦《春秋》之义。诸侯相灭亡，桓公不能救，则桓公耻之。"轨从焉，遣中督护汜瑗率众二万讨之。先遗稚书曰："今天纲纷挠，牧守宜戮力勤王。适得雍州檄，云卿称兵内侮，吾董任一方，义在伐叛，武旅三万，骆驿继发，伐木之感，心岂可言！古之行师，全国为上，卿若单马军门者，当与卿共平世难也。"稚得书而降。遣主簿令狐亚聘南阳王模，模甚悦，遗轨以帝所赐剑，谓轨曰："自陇以西，征伐断割悉以相委，如此剑矣。"俄而王弥寇洛阳，轨遣北宫纯、张纂、马鲂、阴浚等率州军击破之，又败刘聪于河东，京师歌之曰："凉州大马，横行天下。凉州鸲苕，寇贼消；鸲苕翩翩，怖杀人。"帝嘉其忠，进封西平郡公，不受。张掖临松山石有"金马"字，磨灭粗可识，而"张"字分明，又有文曰："初祚天下，西方安万年。"姑臧又有玄石，白点成二十八宿。于时天下既乱，所在使命莫有至者，轨遣使贡献，岁时不替。朝廷嘉之，屡降玺书慰劳。

轨后患风，口不能言，使子茂摄州事。酒泉太守张镇潜引秦州刺史贾龛以代轨，密使诣京师，请尚书侍郎曹袨为西平太守，图为辅车之势。轨别驾麹晁欲专威福，又遣使诣长安，告南阳王模，称轨废疾，以请贾龛，而龛将受之。其兄让龛曰："张凉州一时名士，威著西州，汝何德以代之！"龛乃止。更以侍中爰瑜为凉州刺史。治中杨澹驰诣长安，割耳盘上，诉轨之被诬，模乃表停之。

晋昌张越，凉州大族，谶言张氏霸凉，自以才力应之。从陇西内史迁梁州刺史。越志在凉州，遂托病归河西，阴图代轨，乃遣兄镇及曹袨、麹佩移檄废轨，以军司杜耽摄州事，使耽表越为刺史。轨令曰："吾在州八年，不能绥靖区域，又值中州兵乱，秦陇倒悬，加以寝患委笃，实思敛迹避贤。但负荷任重，未便辄遂。不图诸人横兴此变，是不明吾心也。吾视去贵州如脱屣耳！"欲遣主簿尉髦奉表诣阙，便速脂辖，将归老宜阳。长史王融、参军孟畅蹋折镇檄，排阖谏曰："晋室多故，人神涂炭，实赖明公抚宁西夏。张镇兄弟敢肆凶逆，宜声其罪而戮之，不可成其志也。"轨嘿然。副等出而戒严。武威太守张琠遣子坦驰诣京，表曰："魏尚安边而获戾，充国尽忠而被谴，皆前史之所讥，今日之明鉴也。顺阳之思刘陶，守阙者千人。刺史之莅臣州，若慈母之于赤子，百姓之爱臣轨，若旱苗之得膏雨。伏闻信惑流言，当有迁代，民情嗷嗷，如失父母。今戎夷猾夏，不宜骚动一方。"寻以子寔为中督护，率兵讨镇。遣镇外甥太府主簿令狐亚前喻镇曰："舅何不审安危，明成败？主公西河著德，兵马如云，此犹烈火已焚，待江汉之水，溺于洪流，望越人之助，其何有哉！今数万之军已临近境，今唯全老亲，存门户，输诚归官，必保全之福。"镇流涕曰："人误我也！"乃委罪功曹鲁连而斩之，诣寔归罪。南讨曹袨，走之。张坦至自京师，帝优诏劳轨，依模所表，命诛曹袨。轨大悦，赦州内殊死已下。命寔率尹员、宋配步骑三万讨袨，别遣从事田迥、王丰率骑八百自姑臧西南出石驴，据长宁。袨遣麹晁距战于黄阪。寔诡道出浩亹，战于破羌。轨斩袨及牙门田嚣。

遣治中张阆送义兵五千及郡国秀孝贡计、器甲方物归于京师。令有司可推详立州已来清贞德素，嘉遁遗荣："高才硕学，著述经史；临危殉义，杀身为君；忠谏而婴祸，专对而释患；权智雄勇，为时除难；诌佞误主，伤陷忠贤；具状以闻。"州中父老莫不相庆。光禄傅祗、太常挚虞遗轨书，告京师饥匮，轨即遣参军杜勋献马五百匹、毲布三万匹。帝遣使者进拜镇西将军、都督陇右诸军事，封霸城侯，进车骑将军、开府辟如、仪同三司。策未至，而王弥遂逼洛阳，轨遣将军张斐、北宫纯、郭敷等率精骑五千卫京都。及京都陷，斐等皆没于贼。中州避难来者日月相继，分武威置武兴郡以居之。太府主簿马鲂言于轨曰："四海倾覆，乘舆未反，明公以全州之力径造平阳，当万里风披，有征无战。未审何惮不为此举？"轨曰："是孤心也。"又闻秦王入关，乃驰檄关中曰："主上遘危，迁幸非所，普天分崩，率土丧气。秦王天挺圣德，神武应期。世祖之孙，王今为长。凡我晋人，食土之类，龟筮克从，幽明同款。宜简令夺奉登皇位。今遣前锋督护宋配步骑二万，径至长安，翼卫乘舆，折冲左右。西中郎寔中军三万，武威太守张琠胡骑二万，骆驿继发，仲秋中旬会于临晋。"

俄而秦王为皇太子，遣使拜轨为骠骑大将军、仪同三司，固辞。秦州刺史裴苞、东羌校尉贯与据险断使，命宋配讨之。西平王叔与曹袨余党麹儒等劫前福禄令麹恪为主，执太守赵彝，东应裴苞。寔回师讨之，斩儒等，左督护阴预与苞战狭西，大败之，苞奔桑凶坞。是岁，北宫纯降刘聪。皇太子遣使重申前授，固辞。左司马窦涛言于轨曰："曲阜周旦弗辞，营丘齐望承命，所以明国宪，厉殊勋。天下崩乱，皇舆迁幸，州虽僻远，不忘匡卫，故朝廷倾怀，嘉命屡集。宜从朝旨，以副群心。"轨不从。

初，寔平麹儒，徙元恶六百余家。治中令狐浏曰："夫除恶人，犹农夫之去草，令绝其本，勿使复滋。今宜悉徙，以绝后患。"寔不纳。儒党果叛，寔进平之。

愍帝即位，进位司空，固让。太府参军索辅言于轨曰："古以金贝皮币为货，息谷帛量度之耗。二汉制五铢钱，通易不滞。泰始中，河西荒废，遂不用钱。裂匹以为段数。缣布既坏，市易又难，徒坏女工，不任衣用，弊之甚也。今中州虽乱，此方主安全，宜复五铢以济通变之会。"轨纳之，立制准布用钱，钱遂大行，人赖其利。是时刘曜寇北地，轨又遣参军麹陶领三千人卫长安。帝遣大鸿胪辛攀拜轨侍中、太尉、凉州牧、西平公，轨又固辞。

在州十三年，寝疾，遗令曰："吾无德于人，今疾病弥留，殆将命也。文武将佐咸当弘尽忠规，务安百姓，上思报国，下以宁家。素棺薄葬，无藏金玉。善相安逊，以听朝旨。"表立子寔为世子。卒年六十。谥曰武公。

寔字安逊，学尚明察，敬贤爱士，以秀才为郎中。永嘉初，固辞骁骑将军，请还凉州，许之，改授议郎。及至姑臧，以讨曹袨功，封建武亭侯。寻迁西中郎将，进爵福禄县侯。建兴初，除西中郎将，领护羌校尉。轨卒，州人推寔摄父位。愍帝因下策书曰："维乃父武公，著勋西夏。顷胡贼狓猖。侵逼近甸，义兵锐卒，万里相寻，方贡远珍，府无虚岁。方委专征，荡清九域，昊天不吊，凋余藩后，朕用悼厥心。维尔隽劭英爱，宜世表西海。今授持节、都督凉州诸军事、西中郎将、凉州刺史、领护羌校尉、西平公。往钦哉！其阐弘先绪，俾屏王室。"

兰池长赵奭上军士张冰得玺，文曰"皇帝玺。"群僚上庆称德，寔曰："孤常忿袁本初拟肘，诸君何忽有此言！"因送于京师。下令国中曰："忝绍前踪，庶几刑政不为百姓之患，而比年饥旱，殆由庶事有阙，窃慕箴诵之言，以补不逮。自今有面刺孤罪者，酬以束帛；翰墨陈孤过者，答以筐篚；谤言于市者，报以羊米。"贼曹佐高昌隗瑾进言曰："圣王将举大事，必崇三讯之法，朝置谏官以匡大理，疑承辅弼以补阙拾遗。今事无巨细，尽决圣虑，兴发布令，朝中不知，若有谬阙，则下无分谤。窃谓宜偃聪塞智，开纳群言，政刑大小，与众共之。若恒内断圣心，则群僚畏威而面从矣。善恶专归于上，虽赏千金，终无言也。"寔纳之，增位三等，赐帛四十匹。遣督护王该送诸郡贡计，献名马方珍、经史图籍于京师。

会刘曜逼长安，寔遣将军王该率众以援京城。帝嘉之，拜都督陕西诸军事。及帝将降于刘曜，下诏于寔曰："天步厄运，祸降晋室，京师倾陷，先帝晏驾贼庭。朕流漂宛许，爰暨旧京。群臣以宗庙无主，归之于朕，遂以冲眇之身托于王公之上。自践宝位，四载于兹，不能翦除巨寇以救危难，元元兆庶仍遭涂炭，皆朕不明所致。羯贼刘载僭称大号，祸加先帝，肆杀藩王，深惟仇耻，枕戈待旦。刘曜自去年九月率其蚁众，乘虚深寇，劫质羌胡，攻没北地。麹允总戎在外，六军败绩，侵逼京城，矢流宫阙。胡崧等虽赴国难，殿而无效，围堑十重，外救不至，粮尽人穷，遂为降虏。仰惭乾灵，俯痛宗庙。君世笃忠亮，勋隆西夏，四海具瞻，朕所凭赖。今进君大都督、凉州牧、侍中、司空，承制行事。琅邪王宗室亲贤，远在江表。今朝廷播越，社稷倒悬，朕以诏王，时摄大位。君其挟赞琅邪，共济难运。若不忘主，宗庙有赖。明便出降，故夜见公卿，属以后事，密遣黄门郎史淑、侍御史王冲赍诏假授。临出寄命，公其勉之！"寔以天子蒙尘，冲让不拜。

建威将军、西海太守张肃，寔叔父也，以京师危逼，请为先锋击刘曜。寔以肃年老，弗许。肃曰："狐死首丘，心不忘本；钟仪在晋，楚弁南音。肃受晋龙，剖符列位。羯逆滔天，朝廷倾覆，肃宴安方裔，难至不奋，何以为人臣！"寔曰："门户受重恩，自当阖宗效死，忠卫社稷，以申先公之志。但叔父春秋已高，气力衰竭，军旅之事非耄耋所堪。"乃止。既而闻京师陷没，肃悲愤而卒。

寔知刘曜逼迁天子，大临三日。遣太府司马韩璞、灭寇将军田齐、抚戎将军张阆、前锋督护阴预步骑一万，东赴国难。命讨虏将军陈安、故太守贾骞、陇西太守吴绍各统郡兵为璞等前驱。戒璞曰："前遣诸将多违机宜，所执不同，致有乖阻。且内不和亲，焉能服物！今遣御督五将兵事，当如一体，不得令乖异之问达孤耳也。"复遗南阳王保书曰："王室有事，不忘投躯。孤州远域，首尾多难，是以前遣贾骞，瞻望公举。中被符命，救骞还军。忽闻北地陷没，寇逼长安，胡崧不进，麹允持金五百请救于崧，是以决遣骞等进军度岭。会闻朝廷倾覆，为忠不达于主，遣兵不及于难，痛慨之深，死有余责。今更遣韩璞等，唯命是从。"及璞次南安，诸羌断军路，相持百余日，粮竭尺尽。璞杀驾牛飨军，泣谓众曰："汝曹念父母乎？"曰："念。""念妻子乎？曰："念。""欲生还乎？"曰："欲。""从我令乎？"曰："诺。"乃鼓噪进战。会张阆率金城军继至，夹击，大败之，斩级数千。

时焦崧、陈安寇陇石，东与刘曜相持，雍秦之人死者十八九。初，永嘉中，长安谣曰："秦川中，血没腕，惟有凉州倚柱观。"至是，谣言验矣。焦崧、陈安逼上邽，南阳王保遣使告急。以金城太守窦涛为轻车将军，率威远将军宋毅及和苞、张阆、宋辑、辛韬、张选、董广步骑二万赴之。军次新阳，会愍帝崩问至，素服举哀，大临三日。

时南阳王保谋称尊号，破羌都尉张诜言于寔曰："南阳王忘莫大之耻，而欲自尊，天不受其图箓，德不足以应运，终非济时救难者也。晋王明德昵藩，先帝凭属，宜表称圣德，劝即尊号，传檄诸藩，副贰相府，则欲竞之心息，未合之徒散矣。"从之。于是驰檄天下，推崇晋王为天子，遣门下蔡忠奉表江南，劝即尊位。是岁，元帝即位于建邺，改年太兴，寔犹称建兴六年，不从中兴之所改也。

保闻愍帝崩，自称晋王，建元，署置百官，遣使拜寔征西大将军、仪同三司，增邑三千户。俄而保为陈安所叛，氐羌皆应之。保窘迫，遂去上邽，迁祁山，寔遣将韩璞步骑五千赴难。陈安退保绵诸，保归上邽。未几，保复为安所败，使诣寔乞师。寔遣宋毅赴之，而安退。会保为刘曜所逼，迁于桑城，将谋奔寔。寔以其宗室之望，若至河右，必动物情，遗其将阴监逆保，声言翼卫，实御之也。会保薨，其众散奔凉州者万余人。寔自恃险远，颇自骄恣。

初，寔寝室梁间有人像，无头，久而乃灭，寔甚恶之。京兆人刘弘者，挟左道，客居天梯第五山，然灯悬镜于山穴中为光明，以惑百姓，受道者千余人，寔左右皆事之。帐下阎沙、牙门赵仰皆弘乡人，弘谓之曰："天与我神玺，应王凉州。"沙、仰信之，密与寔左右十余人谋杀寔，奉弘为主。寔潜知其谋，收弘杀之。沙等不之知，以其夜害寔。在位六年。私谥曰昭公，元帝赐谥曰元。子骏，年幼，弟茂摄事。

茂字成逊，虚靖好学，不以世利婴心。建兴初，南阳王保辟从事中郎，又荐为散骑侍郎、中垒将军，皆不就。二年，征为侍中，以父老固辞。寻拜平西将军、秦州刺史。太兴三年，寔既遇害，州人推茂为大都督、太尉、凉州牧，茂不从，但令使持节、平西将军、凉州牧。乃诛阎沙及党与数百人，赦其境内。复以兄子骏为抚军将军、武威太守、西平公。

岁余，茂筑灵钧台，周轮八十余堵，基高九仞。武陵人阎曾夜叩门呼曰："武公遣我来，曰：何故劳百姓而筑台乎？"姑臧令辛岩以曾妖妄，请杀之。茂曰："吾信劳人。曾称先君之令，何谓妖乎！"太府主簿马鲂谏曰："今世骏未夷，唯当弘尚道素，不宜劳役崇饰台榭。且比年以来，转觉众务日奢于往，每所经营，轻违雅度，实非士女所望于明公。"茂曰："吾过也，吾过也！"命止作役。

明年，刘曜遣其将刘咸攻韩璞于冀城，呼延寔攻宁羌护军阴鉴于桑壁。临洮人翟楷、石琮等逐令长，以县应曜，河西大震。参军马岌劝茂亲征，长史氾祎怒曰："亡国之人复欲干乱大事，宜斩岌及安百姓。"岌曰："氾公书生糟粕，刺举近才，不惟国家大计。且朝廷旰食有年矣，今大贼自至，不烦远师，迩尔之情，实系此州，事势不可以不出。且宜立信勇之验，以副秦陇之望。"茂曰："马生之言得之矣。"乃出次石头。茂谓参军陈珍曰："刘曜以乘胜之声握三秦之锐，缮兵积年，士卒习战，若以精骑奄克南安，席卷河外，长驱而至者，计将何出？"珍曰："曜虽乘威怙众，恩德未结于下，又其关东离贰，内患未除，精卒寡少，多是氐羌乌合之众，终不能近舍关东之难，增陇上之戍，旷日持久与我争衡也。若二旬不退者，珍请为明公率弊卒数千以擒之。"茂大悦，以珍为平虏护军，率卒骑一千八百救韩璞。曜阴欲引归，声言要先取陇西，然后回灭桑壁。珍募发氐羌之众，击曜走之，克复南安。茂深嘉之，拜折冲将军。

未几，茂复大城姑臧，修灵钧台，别驾吴绍谏曰："伏惟修城筑台，盖是惩既往之事。愚以为恩德未洽于近侍，虽处层楼，适所以疑诸下，徒见不安之意而失士民系托之本心，示怯弱之形，乖匡霸之势。遐方异境窥我之龌龊也，必有乘人之规。尝愿止役省劳，与下休息。而更兴功动众，百姓岂所望于明君哉！"茂曰："亡兄怛然失身于物。王公设险，武夫重闭，亦达人之至戒也。且忠臣义士岂不欲尽节义于亡兄哉？直以危机密发，虽有贲育之勇，无所复施。今事未靖，不可以拘系常言，以太平之理责人于迍邅之世。"绍无以对。

茂雅有志节，能断大事。凉州大姓贾摹，寔之妻弟也，势倾西土。先是，谣曰："手莫头，图凉州。"茂以为信，诱而杀之，于是豪右屏迹，威行凉域。永昌初，茂使将军韩璞率众取陇西南安之地，以置秦州。

太宁三年卒，临终，执骏手泣曰："昔吾先人以孝友见称。自汉初以来，世执忠顺。今虽华夏大乱，皇舆播迁，汝当谨守人臣之节，无或失坠。吾遭扰攘之运，承先人余德，假摄此州，以全性命，上欲不负晋室，下欲保完百姓。然官非王命，位由私议，苟以集事，岂荣之哉！气绝之日，白帢入棺，无以朝服，以彰吾志焉。"年四十八。在位五年。私谥曰成。茂无子，骏嗣位。

骏字公庭，幼而奇伟。建兴四年，封霸城侯。十岁能属文，卓越不羁，而淫纵过度，常夜微行于邑里，国中化之，及统任，年十八。先是，愍帝使人黄门侍郎史淑在姑臧，左长史泛祎、右长史马谟等讽淑，令拜骏使持节、大都督、大将军、凉州牧、领护羌校尉西平公。赦其境内，置左右前后四率官，缮南宫。刘曜又使人拜骏凉州牧、凉王。

时辛晏兵于枹罕，骏宴群僚于闲豫堂。命窦涛等进讨辛晏。从事刘庆谏曰："霸王不以喜怒兴师，不以干没取胜，必须天时人事，然后起也。辛晏父子安忍凶狂，其亡可待，奈何以饥年大举，猛寒攻城！昔周武回戈以须亡殷之期，曹公缓袁氏使自毙，何独殿下以旋兵为耻乎！"骏纳之。

遣参军王骘聘于刘曜，曜谓之曰："贵州必欲追踪窦融，款诚和好，卿能保之乎？"骘曰："不能。"曜侍中徐邈曰："君来和同，而云不能，何也？"骘曰："齐桓贯泽之盟，忧心兢兢，诸侯不召自至。葵丘之会，骄而矜诞，叛者九国。赵国之化，常如今日可也，若政教陵迟，尚未能察迩者之变，况鄙州乎！"曜顾谓左右曰："此凉州高士，使乎得人。"礼而遣之。

太宁元年，骏犹称建兴十二年，骏亲耕藉田。寻承元帝崩问，骏大临三日。会有黄龙见于揆次之嘉泉，右长史氾祎言于骏曰："案建兴之年，是少帝始起之号。帝以凶终，理应改易。朝廷越在江南，音问隔绝，宜因龙改号，以章休征。"不从。初，骏之立也，姑臧谣曰："鸿从南来雀不惊，谁谓孤鸰尾翅生，高举六翮凤皇鸣。"至是而复收河南之地。

咸和初，骏遣武威太守窦涛、金城太守张阆、武兴太守辛岩、扬烈将军宋辑等率众东会韩璞，攻讨秦州诸郡。曜遣其将刘胤来距，屯于狄道城。韩璞进度沃干岭。辛岩曰："我握众数万，藉氐羌之锐，宜速战以灭之，不可以久，久则变生。"璞曰："自夏末以来，太白犯月，辰星逆行，白虹贯日，皆变之大者，不可以轻动。轻动而不捷，为祸更深。吾将久而毙之。且曜与石勒相攻，胤亦不能久也。"积七十余日，军粮竭，遣辛岩督运于金城。胤闻之，大悦，谓其将士曰："韩璞之众十倍于吾，羌胡皆叛，不为之用。吾粮廪将悬，难以持久。今虏分兵运粮，可谓天授吾也。若败辛岩，璞等自溃。彼众我寡，宜以死战。战而不捷，当无匹马得还，宜厉尔戈矛，竭汝智力。"众咸奋。于是率骑三千，袭岩于沃干岭，败之，璞军遂溃，死者二万余人。面缚归罪，骏曰："孤之罪也，将军何辱！"皆赦之。胤乘胜追奔，济河，攻陷令居，入据振武，河西大震。骏遣皇甫该御之，赦其境内。

会刘曜东讨石生，长安空虚。大蒐讲武，将袭秦雍，理曹郎中索询谏曰："曜虽东征，胤犹守本。险阻路遥，为主人甚易，胤若轻骑凭氐羌以距我省，则奔突难测；掇彼东合而逆战者，则寇我未已。顷年频出，戎马生郊，外有饥羸，内资虚耗，岂是殿下子物之谓邪！"骏曰："每患忠言不献，面从背违，吾政教缺然而莫我匡者。卿尽辞规谏，深副孤之望也。"以羊酒礼之。

西域诸国献汗血马、火浣布、犛牛、孔雀、巨象及诸珍异二百余品。四域长史李柏请击叛将赵贞，为贞所败。议者以柏造谋致败，请诛之。骏曰："吾每以汉世宗之杀王恢，不如秦穆之赦孟明。"竟以减死论，群心咸悦。骏观兵新乡，狩于北野，因讨轲没虏，破之。下令境中曰："或鲧殛而禹兴，芮诛而缺进，唐帝所以珍洪灾，晋侯所以成五霸。法律犯死罪，期亲不得在朝。今尽听之，唯不宜内参宿卫耳。"于是刑清国富，群僚劝骏称凉王，领秦、凉二州牧，置公卿百官，如魏武、晋文故事。骏曰："此非人臣所宜言也。敢有言此者，罪在不赦。"然境内皆称之为王。群僚又请骏立世子，骏不从。中坚将军宋辑言于骏曰："礼急储君者，盖重宗庙之故。周成、汉昭立于缲褓，诚以国嗣不可旷，储宫当素定也。昔武王始有国，元王作储君。建兴之初，先王在位，殿下正名统，况今社稷弥崇，圣躬介立，大业遂殿，继贰阙然哉！臣窃以为国有累卵之危，而殿下以为安逾泰山，非所谓也。"骏纳之，遂立子重华为世子。

先是，骏遣傅颖假道于蜀，通表京师。李雄弗许。骏又遣治中从事张淳称藩于蜀，托以假道焉。雄大悦。雄又有憾于南氏杨初，淳因说曰："南氏无状，屡为边害，宜先讨百顷，次平上邽。二国并势，席卷三秦，东清许洛，扫氛燕赵，拯二帝梓宫于平阳，反皇舆于洛邑，此英霸之举，千载一时。寡君所以遣下臣冒险通诚，不远万里者，以陛下义声远播，必能愍寡君勤王之志。天下之善一也，惟陛下图之。"雄怒，伪许之，将覆淳于东峡。蜀人桥赞密以告淳。淳言于雄曰："寡君使小臣行无迹之地、通百蛮之域、万里表诚者，诚以陛下义矜戮力之臣，能成人之美节故也。若欲杀臣者，当显于都市，宣示众目，云凉州不忘旧义，通使琅邪，为表忠诚，假途于我，主圣臣明，发觉杀之。当令义声远著，天下畏威。今盗杀江中，威刑不显，何足以扬休烈，示天下也！"雄大惊曰："安有此邪！当相放还河右耳。"雄司隶校尉景骞言于雄曰："张淳壮士，宜留任之。"雄曰："壮士岂为人留，且可以卿意观之。"骞谓淳曰："卿体大，暑热，可且遣下吏，少住须凉。"淳曰："寡君以皇舆幽辱，梓宫未反，天下之耻未雪，苍生之命倒悬，故遣淳来，表诚大国。所论事重，非下吏能传。若下吏所了者，则淳本亦不来，虽有火山汤海，无所辞难，岂寒暑之足避哉！"雄曰："此人矫矫，不可得用也。"厚礼遣之。谓淳曰："贵主英名盖世，土险兵盛，何不称帝，自娱一方？"淳曰："寡君以乃祖乃父世济忠良，未能雪天人之大耻，解众庶之倒悬，日昃忘食，枕戈待旦。以琅邪中兴江东，故万里翼戴，将成桓文之事，何言自娱邪！"雄有惭色，曰："我乃祖乃父亦是晋臣，往与六郡避难此都，为同盟所推，遂有今日。琅邪若能中兴大晋于中州者，亦当率众辅之。"淳还至龙鹄，募兵通表，后皆达京师，朝廷嘉之。

骏议欲严刑峻制，众咸以为宜。参军黄斌进曰："臣未见其可。"骏问其故。斌曰："夫法制所以经纶邦国，笃俗齐物，既立民行，不可注隆也。若尊者犯令，则法不行矣。"骏屏机改容曰："夫法唯上行，制无高下。且微黄君，吾不闻过矣。黄君可谓忠之至也。"于坐擢为敦煌太守。骏有计略，于是厉操改节，勤修庶政，总御文武，咸得其用，远近嘉咏，号曰积贤君。自轨据凉州，属天下之乱，所在征伐，军无宁岁。至骏，境内渐平。又使其将杨宣率众越流沙，伐龟兹、鄯善，于是西域并降。鄯善王元孟献女，号曰美人，立宾遐观以处之。焉耆前部、于阗王并遣使贡方物。得玉玺于河，其文曰"执万国，建无极。"

时骏尽有陇西之地，士马强盛，虽称臣于晋，而不行中兴正朔。舞六佾，建豹尾，所置官僚府寺拟于王者，而微异其名。又分州西界三郡置沙州，东界六郡置河州。二府官僚莫不称臣。又于姑臧城南筑城，起谦光殿，画以五色，饰以金玉，穷尽珍巧。殿之四面各起一殿，东曰宜阳青殿，以春三月居之，章服器物皆依方色；南曰朱阳赤殿，夏三月居之；西曰政刑白殿，秋三月居之；北曰玄武黑殿，冬三月居之。其傍皆有直省内官寺署，一同方色。及末年，任所游处，不复依四时而居。

咸和初，惧为刘曜所逼，使将军宋辑、魏纂将徙陇西南安人二千余家于姑臧，使聘于李雄，修邻好。及曜工攻袍罕，护军辛晏告急，骏使韩璞、辛岩率步骑二万击之，战于临洮，大为曜军所败，璞等退走，追至令居，骏遂失河南之地。初，戊己校尉赵贞不附于骏，至是，骏击擒之，以其地为高昌郡。及石勒杀刘曜，骏因长安乱，复收河南地，至于狄道，置武卫、石门、候和、强川、甘松五屯护军，与勒分境。勒遣使拜骏官爵，骏不受，留其使。后惧勒强，遣使称臣于勒，兼贡方物，遣其使归。

骏境内尝大饥，谷价踊贵，市长谭详请出仓谷与百姓，秋收三倍征之。从事阴据谏曰："昔西门豹宰邺，积之于人；解扁莅东封之邑，计三倍。文侯以豹有罪而可赏，扁有功而可罚。今详欲因人之饥，以要三倍，反裘伤皮，未足喻之。"骏纳之。

初，建兴中，敦煌计吏耿访到长安，既而遇贼，不得反，奔汉中，因东渡江，以太兴二年至京都，屡上书，以本州未知中兴，宜遣大使，乞为乡导。时连有内难，许而未行。至是，始以访守治书御史，拜骏镇西大将军、校尉、刺史、公如故，选西方人陇西贾陵等十二人配之。访停梁州七年，以驿道不通，召还。访以诏书付贾陵，托为贾客。到长安，不敢进，以咸和八年始达凉州。骏受诏，遣部曲督王丰等报谢，并遣陵归，上疏称臣，而不奉正朔，犹称建兴二十一年。九年，复使访随丰等赍印板进骏大将军。自是每岁使命不绝。后骏遣参军麹护上疏曰：

东西隔塞，逾历年载，凤承圣德，心系本朝。而江吴寂蔑，余波莫及，虽肆力修涂，同盟靡恤。奉诏之日，悲喜交并，天恩光被，襃崇辉渥，即以臣为大将军、都督陕西雍秦凉州诸军事。休宠振赫，万里怀戴，嘉命显至，衔感屏营。伏惟陛下天挺岐嶷，堂构晋室，遭家不造，播幸吴楚，宗庙有《黍离》之哀，园陵有殄废之痛，普天咨嗟，含气悲伤。臣专命一方，职在斧钺，遐域僻陋，势极秦陇。勒雄既死，人怀反正，谓季龙、李期之命曾不崇朝，而皆篡继凶逆，鸱目有年。东西辽旷，声援不接，遂使桃虫鼓翼，四夷喧哗，向义之徒复思背诞，铅刀有干将之志，萤烛希日月之光。是以臣前章恳切，欲齐力时讨。而陛下雍容江表，坐观祸败，怀目前之安，替四祖之业，驰檄布告，徒设空文，臣所以宵吟荒漠，痛心长路者也。且兆庶离主，渐冉经世，先老消落，后生靡识，忠良受枭悬之罚，群凶贪纵横之利，怀君恋故，日月告流。虽时有尚义之士，畏逼首领，哀叹穷庐。臣闻少康中兴，由于一旅，光武嗣汉，众不盈百，祀夏配天，不失旧物，况以荆扬栗悍，臣州突骑，吞噬遗羯，在于掌握哉！愿陛下敷弘臣虑，永念先绩，敕司空鉴、征西亮等泛舟江沔，使首尾俱至也。

自后骏遣使多为季龙所获，不达。后骏又遣护羌参军陈宇、从事徐虓、华驭等至京师，征西大将军亮上疏言陈宇等冒险远至，宜蒙铨叙，诏除寓西平相，虓等为县令。永和元年，以世子重华为五官中郎将、凉州刺史。酒泉太守马岌上言："酒泉南山，即昆仑之体也。周穆王见西王母，乐而忘归，即谓此山。此山有石室玉堂，珠玑镂饰，焕若神宫。宜立西王母祠，以裨朝廷无疆之福。"骏从之。骏在位二十二年卒，时年四十，私谥曰文公，穆帝追谥曰忠成公。

重华字泰临，骏之第二子也。宽和懿重，沈毅少言。父卒，时年十六。以永和二年自称持节、大都督、太尉、护羌校尉、凉州牧、西平公、假凉王，赦其境内。尊其母严氏为太王太后，居永训宫；所生母马氏为王太后，居永寿宫。轻赋敛，除关税，省园囿，以恤贫穷。

遣使奉章于石季龙。季龙使王擢、麻秋、孙伏都等侵寇不辍。金城太守张冲降于秋。于是凉州振动。重华扫境内，使其征南将军裴恒御之。恒壁于广武，欲以持久弊之。牧府相司马张耽言于重华曰："臣闻国以兵为强，以将为主。主将者，存亡之机，吉凶所系。故燕任乐毅，克平全齐，及任骑劫，丧七十城之地。是以古之明君靡不慎于将相也。今之所要，在于军师。然议者举将多推宿旧，未必妙尽精才也。且韩信之举，非旧名也；穰苴之信，非旧将也；吕蒙之进，非旧勋也；魏延之用，非旧德也。盖明王之举，举无常人，才之所能，则授以大事。今强寇在郊，诸将不进，人情骚动，危机稍逼。主簿谢艾，兼资文武，明识兵略，若授以斧钺，委以专征，必能折冲御侮，歼殄凶类。"重华召艾，问以讨寇方略。艾曰："昔耿弇不欲以贼遗君父，黄权愿以万人当寇。乞假臣兵七千，为殿下吞王擢、麻秋等。"重华大悦，以艾为中坚将军，配步骑五千击秋。引师出振武，夜有二枭鸣于牙中，艾曰："枭，邀也，六博得枭者胜。今枭鸣牙中，克敌之兆。"于是进战，大破之，斩首五千级。重华封艾为福禄伯，善待之。诸宠贵恶其贤，共毁潜之，乃出为酒泉太守。

季龙又令麻秋进陷大夏，大夏护军梁式执太守宋晏，以城应秋。秋遣晏以书诱宛戍都尉宋矩。宋矩谓秋曰："辞父事君，当立功义；功义不立，当守名节。矩终不肯主偷生于世。"于是先杀妻子，自刎而死。

是月，有司议遣司兵赵长迎秋西郊。谢艾以《春秋》之义，国有大丧，省蒐狩之礼，宜待逾年。别驾从事索遐议曰："礼，天子崩，诸侯薨，未殡，五祀不行，既殡而行之。鲁宣三年，天王崩，不废郊祀。今圣上统承大位，百揆惟新，宜在璇玑玉衡以齐七政。立秋，万物将成，杀气之始，其于王事，杖旄誓众，莘鼓礼神，所以讨逆除暴，成功济务，宁宗庙社稷，致天下之福，不可废也。"重华从之。

俄而麻秋进攻枹罕，时晋阳太守郎坦以城大难守，宜弃外城。武城太守张俊曰："弃外城则大事去矣，不可以动众心。"宁戎校尉张璩从之，固守大城。秋率众八万，围堑数重，云梯雹车，地突百道，皆通于内。城中亦应之，杀伤秋众已数万。季龙复遣其将刘浑等率步骑二万会之。郎坦恨言之不从，教军士李嘉潜与秋通，引贼千余人上城西北隅。璩使宋修、张弘、辛挹、郭普距之，短兵接战，斩二百余人，贼乃退。璩戮李嘉以徇，烧其攻具。秋退保大夏，谓诸将曰："我用兵于五都之间，攻城略地，往无不捷。及登秦陇，谓有征无战。岂悟南袭仇池，破军杀将，筑城长最，匹马不归；及攻此城，伤兵挫锐。殆天所赞，非人力也。"季龙闻而叹曰："吾以偏师定九州，今以九州之力困于枹罕，真所谓彼有人焉，未可图也。"

重华以谢艾为使持节、军师将军，率步骑三万，进军临河。秋以三万众距之。艾乘轺车，冠白帢，鸣鼓而行。秋望而怒曰："艾年少书生，冠服如此，轻我也。"命黑矟龙骧三千人驰击之。艾左右大扰。左战帅李伟劝艾乘马，艾不从，乃下车踞胡床，指麾处分。贼以为伏兵发也，惧不敢进。张瑁从左南缘河而截其后，秋军乃退。艾乘胜奔击，遂大败之，斩秋将杜勋、汲鱼，俘斩一万三级，秋匹马奔大夏。重华论功，以谢艾为太府左长史，进封福禄县伯，邑五千户，帛八千匹。

麻秋又据枹罕，有众十二万，进屯河内，遣王擢略地晋兴、广武，越洪池岭，至于曲柳，姑臧大震。重华议欲亲出距之，谢艾固谏以为不可。别驾从事索遐进曰："贼众甚盛，渐逼京畿。君者，国之镇也，不可以亲动。左长史谢艾，文武兼资，国之方邵，宜委以推毂之任。殿下居中作镇，授以算略，小贼不足平也。"重华纳之，于是以艾为使持节、都督征讨诸军事、行卫将军，遐为军正将军，率步骑二万距之。艾建牙旗，盟将士，有西北风吹旌旗东南指。遐曰："风为号令，今能令旗指之，天所赞也，破之必矣。"军次神鸟，王擢与前锋战，败，遁还河南。还讨叛虏斯骨真万余落，破之，斩首千余级，俘擒二千八百，获牛羊十余万头。

重华自以连破勍敌，颇怠政事，希接宾客。司直索遐谏曰："殿下承四圣之基，当升平之会，荷当今之任，忧率土之涂炭。宜躬亲万机，开延英乂，夙夜乾乾，勉于庶政。自顷内外嚣然，皆云去贼投诚者应即抚慰，而弥日不接。国老朝贤，当虚己引纳，询访政事，比多经旬积朔，不留意接之。文奏入内，历月不省，废替见务，注情于棋弈之间，缱绻左右小臣之娱，不存将相远大之谋。至使亲臣不言，朝吏杜口，愚臣所以回惶忘寝与食也。今王室如毁，百姓倒悬，正是殿下衔胆茹辛厉心之日。深愿垂心朝政，延纳直言，周爰五美，以成六德，捐彼近习，弭塞外声，修政听朝，使下观而化也。"重华览之大悦，优文答谢，然不之改也。

诏遣侍御史俞归拜重华护羌校尉、凉州刺史、假节。是时石季龙西中郎将王擢屯结陇上，为苻雄所破，奔重华。重华厚宠之，以为征虏将军、秦州刺史、假节，使张弘、宗悠率步骑万五千配擢，伐苻健。健遣苻硕御之，战于龙黎。擢等大败，单骑而还，弘、悠皆没。重华痛之，素服为战亡吏士举哀号恸，各遣吊问其家。复授擢兵，使攻秦州，克之。遣使上疏曰："季龙自毙，遗烬游魂，取乱侮亡，睹机则发。臣今遣前都锋督裴恒步骑七万，遥出陇上，以俟圣朝赫然之威。山东骚扰不足厝怀，长安膏腴，宜速平荡。臣守任西荒，山川悠远，大誓六军，不及听受之末；猛将鹰扬，不豫告成之次，瞻云望日，孤愤义伤，弹剑慷慨，中情蕴结。"于是康献皇后诏报，遣使进重华为凉州牧。

是时御史俞归至凉州，重华方谋为凉王，不肯受诏，使亲信人沈猛谓归曰："我家主公奕世忠于晋室，而不如鲜卑矣。台加慕容皝燕王，今甫授州主大将军，何以加劝有功忠义之臣乎！明台今宜移河右，共劝州主为凉王。大夫出使，苟利社稷，专之可也。"归对曰："王者之制，异姓不得称王；九州之内，重爵不得过公。汉高一时王异姓，寻皆诛灭，盖权时之宜，非旧体也。故王陵曰：'非刘氏而王，天下共伐之。'至于戎狄，不从此例。春秋时吴楚称王，而诸侯不以为非者，盖蛮夷畜之也。假令齐鲁称王，诸侯岂不伐之！故圣上以贵公忠贤，是以爵以上公，位以方伯，鲜卑北狄，岂足为比哉！子失问也。且吾又闻之，有殊勋绝世者亦有不世之赏，若今便以贵公为王者，设贵公以河右之众南平巴蜀，东扫赵魏，修复旧都，以迎天子，天子复以何爵何位可以加赏？幸三思之。"猛宜归言，重华遂止。

重华好与群小游戏，屡出钱帛以赐左右。征事索振谏曰："先王寝不安席，志平天下，故缮甲兵，积资实。大业未就，怀恨九泉。殿下遭巨寇于谅闇之中，赖重饵以挫勍敌。今遗烬尚广，仓帑虚竭，金帛之费，所宜慎之。昔世祖即位，躬亲万机，章奏诣阙，报不终日，故能隆中兴之业，定万世之功。今章奏停滞，动经时月，下情不得上达，哀穷困于囹圄，盖非明主之事，臣窃未安。"重华善之。

将受诏，未及而卒，时年二十七。在位十一年。私谥曰昭公，后改曰桓公，穆帝赐谥曰敬烈。子耀灵嗣。

耀灵字元舒。年十岁嗣事，称大司马、校尉、刺史、西平公。伯父长宁侯祚性倾巧，善承内外，初与重华宠臣赵长、尉缉等结异姓兄弟。长等矫称重华遗令，以祚为持节、督中外诸军、抚军将军，辅政。长待议以耀灵冲幼，时难未夷，宜立长君。祚先烝重华母马氏，马氏遂从缉议，命废耀灵为凉宁侯而立祚。祚寻使杨秋胡害耀灵于东苑，埋之于沙坑，私谥曰哀公。

祚字太伯，博学雄武，有政事之才。既立，自称大都督、大将军、凉州牧、凉公。淫暴不道，又通重华妻裴氏，自阁内媵妾及骏、重华未嫁子女，无不暴乱，国人相目，咸赋《墙茨》之诗。

永和十年。祚纳尉缉、赵长等议，僭称帝位，立宗庙，舞八佾，置百官，下书曰："昔金行失驭，戎狄乱华，胡、羯、氐、羌咸怀窃玺。我文公以神武拨乱，保宁西夏，贡款勤王，旬朔不绝。四祖承光，忠诚弥著。往受晋禅，天下所知，谦冲逊让，四十年于兹矣。今中原丧乱，华裔无主，群后金以九州之望无所依归，神祇岳渎罔所凭系，逼孤摄行大统，以一四海之心。辞不获已，勉从群议。待扫秽二京，荡清周魏，然后迎帝旧都，谢罪天阙，思与兆庶，同兹更始。"改建兴四十二年为和平元年，赦殊死，赐鳏寡帛，加文武爵各一级，追崇曾祖轨为武王，祖寔为昭王，从祖茂为成王，父骏为文王，弟重华为明王。立妻辛氏为皇后，弟天锡为长宁王，子泰和为太子，庭坚为建康王，耀灵弟玄靓为凉武侯。其夜，天有光如车盖，声若雷霆，震动城邑。明日，大风拔木。灾异屡见，而祚凶虐愈甚。其尚书马岌以切谏免官。郎中丁琪又谏曰："先公累执忠节，远宗吴会，持盈守谦，五十作载，苍生所以鹄企西望，四海所以注心大凉，皇天垂赞，士庶效死者，正以先公道高彭昆，忠逾西伯，万里通度，任节不贰故也。能以一州之众抗崩天之虏，师徒岁起，人不告疲。陛下虽以大圣雄姿纂戎鸿绪，勋德未高于先公，而行革命之事，臣窃未见其可。华夷所以归系大凉，义兵所以千里响赴者，以陛下为本朝之故。今既自尊，人斯高竞，一隅之地何以当中国之师！城峻冲生，负乘致寇，惟陛下图之。"祚大怒，斩之于阙下。遣其将和昊率众伐丽轩戎于南山，大败而还。

太尉桓温入关，王擢时镇陇西，驰使于祚，言温善用兵，势在难测。祚既震惧，又虑擢反噬，即召马岌复位而与之谋。密遣亲人刺擢，事觉，不克。祚益惧，大聚众，声言东征，实欲西保敦煌。会温还而止。更遣其平东将军秦州刺史牛霸、司兵张芳率三千人击擢，破之。擢奔于苻健。其国中五月霜降，杀苗稼果实。

祚宗人张瓘时镇枹罕，祚恶其强，遣其将易揣、张玲率步骑万三千以袭之。时张掖人王鸾颇知神道，言于祚曰："军出不复返，凉国将有不利矣。"祚大怒，以鸾妖言沮众，斩之以徇，三军乃发。鸾临刑曰："我死不二十日，军必败。"时有神降于玄武殿，自称玄冥，与人交语。祚日夜祈之，神言与之福利，祚甚信之。祚又遣张掖太守索孚代瓘镇枹罕，为瓘所杀。玲等济河未毕，又为瓘兵所破。仍旧单骑奔走，瓘军蹑之。祚众震惧。敦煌人宋混与弟澄等聚众以应瓘。赵长、张琇等惧罪，入阁呼重华母马氏出殿，拜耀灵庶弟玄靓为主。揣等率众入殿伐长，杀之。瓘弟琚及子嵩募数百市人，扬声言："张祚无道，我兄大军已到城东，敢有举手者诛三族。"祚众披散。琚、嵩率众入城，祚按剑殿上，大呼，令左右死战。祚既失众心，莫有斗志，于是被杀。枭其首，宣示内外，暴尸道左，国内咸称万岁。祚篡立三年而亡。

玄靓字元安。既立，自号大都督、大将军、校尉、凉州牧、西平公，赦其国内，废和平之号，复称建兴四十三年。诛祚二子，以张瓘为卫将军，领兵万人，行大将军事，改易僚属。

有陇西人李俨，诛大姓彭姚，自立于陇右，奉中兴年号，百姓悦之。玄靓遣牛霸率众讨之，未达，而西平人卫绲又据郡叛。霸众溃，单骑而还。瓘先欲征绲，以兄珪在绲中为疑，绲亦以弟在瓘中，故彼我经年不相伐。西平人郭勋解天文，不应州郡之命，绲礼聘之。勋曰："张氏应衰，卫氏当兴，岂得以一弟而灭一门，宜速伐瓘。"绲将从之。瓘遣弟琚领大众征绲杀之。西平田旋要酒泉太守马基背瓘应绲，旋谓基曰："绲击其东，我等绝其西，不六旬，天下可定，斯闭口捕舌也。"基许之。瓘遣司马张姚、王国将二千人伐基，败之，斩基、旋二人之首，传姑臧。

瓘兄弟强盛，负其勋力，有篡立之谋。辅国宋混与弟澄共讨瓘，尽夷其属，玄靓以混为都督中外诸军事、车骑大将军、假节，辅政。混卒，又以澄代之。玄靓有司马张邕恶澄专擅，杀之。遂灭宋氏，玄靓乃以邕为中护军，叔父天锡为中领军，共辅政。

邕自以功大，骄矜淫纵，又通马氏，树党专权。国人患之。天锡腹心郭增、刘肃二人，并年十八九，因寝，谓天锡曰："天下事欲未静。"天锡曰："何谓也？"二人曰："今护军出入，有似长宁。"天锡大惊曰："我早疑之，未敢出口。计当云何？"肃曰："政当速除之耳。"天锡曰："安得其人？"肃曰："肃即是也。"天锡曰："汝年少，更求可与谋者。"肃曰："赵白驹及肃二人足以办之矣。"于是天锡从兵四百人，与邕俱入朝，肃与白驹剔刀鞘出刃，从天锡入。值邕于门下，肃斫之不中，白驹继之，又不克，二人与天锡俱入禁中。邕得逸走，因率甲士三百余人反攻禁门。天锡上屋大呼，谓将士曰："张邕凶逆，所行无道，诸宋何罪，尽诛灭之？倾覆国家，肆乱社稷。我不惜死，实惧先人废祀，事不获已故耳。我家门户事，而将士岂可以干戈见向！今之所取，邕身而已。天地有灵，吾不食言。"邕众闻之，悉散走，邕以剑自刎而死。于是悉诛邕党。

玄靓年既幼冲，性又仁弱，天锡既克邕，专掌朝政，改建兴四十九年，奉升平之号。兴宁元年，骏妻马氏卒，玄靓以其庶母郭氏为太妃。郭氏以天锡专政，与大臣张钦等谋讨之。事泄，钦等伏法。是岁，天锡率众入禁门，潜害玄靓，宣言暴薨，时年十四。在位九年。私谥曰冲公，孝武帝赐谥曰敬悼公。

天锡字纯嘏，骏少子也，小名独活。初字公纯嘏，入朝，人笑其三字，因自改焉。玄靓死，国人立之，自号大将军、校尉、凉州牧、西平公。遣司马纶骞奉章请命，并送御史俞归还京都。太和初，诏以天锡为大将军、大都督、督陇右关中诸军事、护羌校尉、凉州刺史、西平公。

天锡数宴园池，政事颇废。荡难将军、校尉祭酒索商上疏极谏，天锡答曰："吾非好行，行有得也。观朝荣，则敬才秀之士；玩芝兰，则爱德行之臣；睹松竹，则思贞操之贤；临清流，则贵廉洁之行；览蔓草，则贱贪秽之吏；逢飚风，则恶凶狡之徒。若引而申之，触类而长之，庶无遗漏矣。"

羌敛岐自称益州刺史，率略阳四千家背苻坚就李俨。天锡自往讨之，以别驾杨遹为监前锋军事、前将军，趣金城。晋兴相常据为使持节、征东将军，向左南，游击将军张统出白土，天锡自率三万人次仓松，伐俨。俨大败，入城固守，遣子纯求救于苻坚。坚使其将王猛救之。天锡败绩，死者十二三，天锡乃还。立子大怀为世子。

自天锡之嗣事也，连年地震山崩，水泉涌出，柳化为松，火生泥中。而天锡荒于声色，不恤政事。初，安定梁景、敦煌刘肃并以门冑，总角与天锡友昵。张邕之诛，肃、景有勋，天锡深德之赐姓张氏，又改其字，以为己子。天锡诸子皆以大为字，故景曰大奕，肃曰大诚。废大怀为高昌公，更立孽子大豫为世子，景、肃等俱参政事。人情怨惧，从弟从事中郎宪切谏，不纳。

时苻坚强盛，每攻之，兵无宁岁。天赐甚惧，乃立坛刑牲，率典军将军张宁、中坚将军马芮等，遥与晋三公盟誓，献书大司马桓温，克六年夏誓同大举。遣从事中郎韩博、奋节将军康妙奉表，并送盟文。博有口才，温甚称之。尝大会，温使司马刁彝嘲之，彝谓博曰："君是韩卢后邪？"博曰："卿是韩卢后。"温笑曰："刁以君姓韩，故相问焉。他自姓刁，那得韩卢后邪！"博曰："明公脱未之思，短尾者则为刁也。"一坐推叹焉。

太元元年，苻坚遣其将苟苌、毛当、梁熙、姚苌来寇，渡石城津。天锡集议，中录事席仂曰："先公既有故事，徐思后变，此孙仲谋屈伸之略也。"众以仂为老怯，咸曰："龙骧将军马达，精兵万人距之，必不敢进。"广武太守辛章保城固守。章与晋兴相彭知正、西平相赵疑谋曰："马达出于行阵，必不为用，则秦军深入。吾相与率三郡精卒，

断其粮运，决一朝命矣。"征东常据亦欲先击姚苌，须天锡命。天锡率万人顿金昌城。马达万人逆苌等，因请降，兵人散走。常据、席仂皆战死。司兵赵充哲与苌苦战，又死。中卫将军史景亦没于阵。天锡大惧，出城自战，城内又反。天锡窘逼，降于苌等。初，天锡所居安昌门及平章殿无故而崩，旬日而国亡。即位凡十三年。自轨为凉州，至天锡，凡九世，七十六年矣。苻坚先为天锡起宅，至，以为尚书，封归义侯。

坚大败于淮肥时，天锡为苻融征南司马，于阵归国。诏曰："昔孟明不替，终显厥功，岂以一眚而废才用！其以天锡为散骑常侍、左员外。"又诏曰："故太尉、西平公张轨著德遐域，世袭前劳。强兵纵害，遂至失守。散骑常侍天锡拔迹登朝，先祀沦替，用增矜慨，可复天锡西平郡公爵。"俄拜金紫光禄大夫。

天锡少有文才，流誉远近。及归朝，甚被恩遇。朝士以其国破身虏，多共毁之。会稽王道子尝问其西土所出，天锡应声曰："桑葚甜甘，鸱鸮革响，乳酪养性，人无妬心。"后形神昏丧，虽处列位，不复被齿遇。隆安中，会稽世子元显用事，常延致之，以为戏弄。以其家贫，拜庐江太守，本官如故。桓玄时，欲招怀四远，乃用天锡为护羌校尉、凉州刺史。寻卒，年六十一。追赠金紫光禄大夫。

史臣曰：长河外区，流沙作纪，玉关悬险，金城负固，有苗攸窜，帝舜投而不羁；渠搜是居，大禹即而方叙。世逢多难，婴五郡以谁何；时遇兵凶，阻三边而高视。虽非久安之地，足为苟全之所乎！周公保之而立功，士彦拥之而布延世。挚虞观象，记洪灾之不流；侯瑾觇泉，知霸者之斯在。匪唯地势，抑亦有天道歟！茂、骏、重华资忠踵武，崎岖僻陋，无忘本朝，故能西控诸戎，东攘巨猾，绾累叶之珪组，赋绝域之琛赆，振曜遐荒，良由杖顺之效矣。祚以卑孽，阴倾冢嗣，播有茨于彤管，拟宸居于黑山，丁琪以切谏遇诛夷，王鸾以谠言婴显戮，境内云据，仇其窃名，卒致枭悬，自然之理也。纯嘏微弱，竟亡其众。奉身魏阙，齿迹朝流，再袭银黄，祖德之延庆矣。

赞曰：三象构氛，九土瓜分。鼎迁江介，地绝河濆。归诚晋室，美矣张君。内抚遗黎，外攘逋寇。世既绵远，国亦完富。杖顺为基，盖天所佑。

卷八十七　　　　列传第五十七

凉武昭王 子士业

武昭王讳暠，字玄盛，小字长生，陇西成纪人，姓李氏，汉前将军广之十六世孙也。广曾祖仲翔，汉初为将军，讨叛羌于素昌，素昌即狄道也，众寡不敌，死之。仲翔子伯考奔丧，因葬于狄道之东川，遂家焉，世为西州右

姓。高祖雍，曾祖柔，仕晋并历位郡守。祖弇，仕张轨为武卫将军、安世亭侯。父昶，幼有令名，早卒，遗腹生玄盛。少而好学，性沈敏宽和，美器度，通涉经史，尤善文义。及长，颇习武艺，诵孙吴兵法。尝与吕光太史令郭黁及其同母弟宋繇同宿，黁起谓繇曰："君当位极人臣，李君有国土之分，家有骊草马生白额驹，此其时也。"

吕光末，京兆段业自称凉州牧，以敦煌太守赵郡孟敏为沙州刺史，署玄盛效谷令。敏寻卒，敦煌护军冯翊郭谦、沙州治中敦煌索仙等以玄盛温毅有惠政，推为宁朔将军、敦煌太守。玄盛初难之，会宋繇仕于业，告归敦煌，言于玄盛曰："兄忘郭黁之言邪？白额驹今已生矣。"玄盛乃从之。寻进号冠军，称藩于业。业以玄盛为安西将军、敦煌太守，领护西胡校尉。

及业僭称凉王，其右卫将军索嗣构玄盛于业，乃以嗣为敦煌太守，率骑五百而西，未至二十里，移玄盛使迫己。玄盛惊疑，将出迎之，效谷令张邈及宋繇止之曰："吕氏政衰，段业暗弱，正是英豪有为之日，将军处一国成资，奈何束手于人！索嗣自以本邦，谓人情附己，不虞将军卒能距之，可一战而擒矣。"宋繇亦曰："大丈夫已为世所推，今日便授首于嗣，岂不为天下笑乎！大兄英姿挺杰，有雄霸之风，张王之业不足继也。"玄盛曰："吾少无风云之志，因官至此，不图此郡士人忽尔见推。向言出迎者，未知士大夫之意故也。"因遣繇觇嗣。繇见嗣，咳以甘言，还谓玄盛曰："嗣志骄兵弱，易擒耳。"于是遣其二子士业、让与邈、繇及以司马尹建兴等逆战，破之，嗣奔还张掖。玄盛素与嗣善，结为刎颈交，反为所构，故深恨之，乃罪状嗣于段业。业将且渠男又恶嗣，至是，因劝除之。业乃杀嗣，遣使谢玄盛，分敦煌之凉兴、乌泽、晋昌之宜禾三县为凉兴郡，进玄盛持节、都督凉兴已西诸军事、镇西将军、领护西夷校尉。时有赤气起于玄盛后园，龙迹见于小城。

隆安四年，晋昌太守唐瑶移檄六郡，推玄盛为大都督、大将军、凉公、领秦凉二州牧、护羌校尉。玄盛乃赦其境内，建年为庚子，追尊祖弇曰凉景公，父昶凉简公。以唐瑶为征东将军，郭谦为军谘祭酒，索仙为左长史，张邈为右长史，尹建兴为左司马，张体顺为右司马，张条为牧府左长史，令狐溢为右长史，张林为太府主簿，宋繇、张谡为从事中郎，繇加折冲将军，谡加扬武将军，索承明为牧府右司马，令狐迁为武卫将军、晋兴太守，氾德瑜为宁远将军、西郡太守，张靖为折冲将军、河湟太守，索训为威远将军，西平太守，赵开为骋马护军、大夏太守，索慈为广武太守，阴亮为西安太守，令狐赫为武威太守，索术为武兴太守，以招怀东夏。又遣宋繇东伐凉兴，并击玉门已西诸城，皆下之，遂屯玉门、阳关，广田积谷，为东伐之资。

初，吕光之称王也，遣使市六玺玉于于阗，至是，玉至敦煌，纳之郡府。仍于南门外临水起堂，名曰靖恭之堂，以议朝政，阅武事。图赞自古圣帝明王、忠臣孝子、烈士贞女，玄盛亲为序颂，以明鉴戒之义，当时文武群僚亦皆图焉。有白雀翔于靖恭堂，玄盛观之大悦。又立泮宫，增高门学生五百人。起嘉纳堂于后园，以图赞所志。

义熙元年，玄盛改元为建初，遣舍人黄始、梁兴间行奉表诣阙曰：

昔汉运将终，三国鼎峙，钧天之历，数钟皇晋。高祖阐鸿基，景文弘帝业，嗣武受终，要荒率服，六合同风，宇宙齐贯。而惠皇失驭，权臣乱纪，怀愍屯邅，蒙尘于外，悬象上分，九服下裂，眷言顾之，普天同憾。伏惟中宗元皇帝基天绍命，迁幸江表，荆扬蒙弘覆之矜，五都为荒榛之薮。故太尉、西平武公轨当元康之初，属扰攘之际，受命典方，出抚此州，威略所振，声盖海内。明盛继统，不损前志，长旄所指，仍辟三秦，义立兵强，拓境万里。文桓嗣位，奕叶载德，囊括关西，化被崐裔，遐迩款藩，世修职贡。晋德之远扬，繄此州是赖。大都督、大将军天锡以英挺之姿，承七世之业，志匡时难，克隆先勋，而中年降灾，兵寇侵境，皇威遐邈，同奖弗及，以一方之师抗七州之众，兵孤力屈，社稷以丧。

臣闻历数相推，归余于终，帝王之兴，必有闰位。是以共工乱象于黄农之间，秦项篡窃于周汉之际，皆机不转踵，覆亘成凶。自戎狄陵华，已涉百龄，五胡僭袭，期运将秒，四海颙颙，悬心象魏。故师次东关，赵魏莫不企踵；淮南大捷，三方欣然引领。伏惟陛下道协少康，德侔光武，继天统位，志清函夏。至如此州，世笃忠义，臣之群僚以臣高祖东莞太守雍、曾祖北地太守柔荷宠前朝，参herts时务，伯祖龙骧将军、广晋太守、长宁侯卓，亡祖武卫将军、天水太守、安世亭侯弇毗佐凉州，著功秦陇，殊宠之隆，勒于天府，妄臣无庸，辄依窦融故事，迫臣以义，上臣大都督、大将军、凉公、领秦凉二州牧、护羌校尉。臣以为荆楚替贡。齐桓兴召陵之师，诸侯不恭，晋文起城濮之役，用能勋光践土，业隆一匡，九域赖其弘猷，《春

诸夏昏垫，大禹所经，奄为戎墟，五岳神山，狄污其三，九州名都，夷秽其七，辛有所言，于兹而验。微臣所以叩心绝气，忘寝与食，雕肝焦虑，不遑宁息者也。江凉虽辽，义诚密迩，风云苟通，实如唇齿。臣虽名未结于天台，量未著于海内，然凭赖累祖宠光余烈，义不细辞，以稽大务，辄顺群议，亡身即事。辕弱任重，惧忝威命。昔在春秋，诸侯宗周，国皆称元，以布时令。今天台邈远，正朔未加，发号旋令，无以纪数。辄年冠建初，以崇国宪。冀杖宠灵，全制一方，使义诚著于所天，玄风扇于九壤，殉命灰身，陨越慷慨。

玄盛谓群僚曰："昔河右分崩，群豪竞起，吾以寡德为众贤所推，何尝不忘寝与食，思济黎庶。故前遣母弟繇董率云骑，东殄不庭，军之所至，莫不宾下。今惟蒙逊鸱跱一城。自张掖已东，晋之遗黎虽为戎虏所制，至于向义思风，过于殷人之望西伯。大业须定，不可安寝，吾将迁都酒泉，渐逼寇穴，诸君以为何如？"张邈赞成其议，玄盛大悦曰："二人同心，其利断金。张长史与孤同矣，夫复何疑？"乃以张体顺为宁远将军、建康太守，镇乐涫，征

宋繇为右将军，领敦煌护军，与其子敦煌太守让镇敦煌，遂迁居于酒泉。手令诫其诸子曰：

吾自立身，不营世利；经涉累朝，通否任时；初不役智，有所要求，今日之举，非本愿也。然事会相驱，遂荷州土，忧责不轻，门户事重。虽详人事，未知天心，登车理辔，百虑填胸。后事付汝等，粗举旦夕近事数条，遭意便言，不能次比。至于杜渐防萌，深识情变，此当任汝所见深浅，非吾敕诫所益也。汝等虽年未至大，若能克己纂修，比之古人，亦可以当事业矣。苟其不然，虽至白首，亦复何成！汝等其戒之慎之。

节酒慎言，喜怒必思，爱而知恶，憎而知善，动念宽恕，审而后举。众之所恶，勿轻承信，详审人，核真伪，远佞谀，近忠正。蠲刑狱，忍烦扰，存高年，恤丧病，勤省案，听讼诉。刑法所应，和颜任理，慎勿以情轻加声色。赏勿漏疏，罚勿容亲。耳目人间，知外患苦。禁御左右，无作威福。勿伐善施劳，逆诈亿必，以示己明。广加谘询，无自专用，从善如顺流，去恶如探汤。富贵而不骄者至难也，念此贯心，勿忘须臾。僚佐邑宿，尽礼承敬，宴飨馈食，事事留怀。古今成败，不可不知，退朝之暇，念观典籍，面墙而立，不成人也。

此郡世笃忠厚，人物郭雅，天下全盛时，海内犹称之，况复今日，实是名邦，正为五百年乡党婚亲相连，至于公理，时有小小颇回，为当随宜斟酌。吾临莅五年，兵难骚动，未得休众息役，惠康士庶。至于掩瑕藏疾，涤除疵垢，朝为寇仇，夕委心膂，虽未足希准古人，粗亦无负于新旧。事任公平，坦然无类，初不容怀，有所损益，计近便为少，经远如有余，亦无愧于前志也。

初，玄盛之西也，留女敬爱养于外祖尹文。文既东迁，玄盛从姑梁褒之母养之。其后秃发傉檀假道于北山。鲜卑遣褒送敬爱于酒泉，并通和好。玄盛遣使报聘，赠以方物。玄盛亲率骑二万，略地至于建东，鄯善前部王遣使贡其方物，且渠蒙逊来侵，至于建康，掠三千余户而归。玄盛大怒，率骑追之，及于弥安，大败之，尽收所掠之户。

初，苻坚建元之末，徙江汉之人万余户于敦煌，中州之人有田畴不辟者，亦徙七千余户。郭黁之寇武威，武威、张掖已东人西奔敦煌、晋昌者数千户。及玄盛东迁，皆徙之于酒泉，分南人五千户置会稽郡，中州人五千户置广夏郡，余万三千户分置武威、武兴、张掖三郡，筑城于敦煌南子亭，以威南虏，又以前表未报，复遣沙门法泉间行奉表，曰：

江山悠隔，朝宗无阶，延首云极，翘企遐方。伏惟陛下应期践位，景福自天，臣去乙巳岁顺从群议，假统方城，时遣合人黄始奉表通诚，遥途险旷，未知达不？吴凉悬邈，蜂虿充衢，方珍贡使，无由展御，谨副写前章，或希简达。

臣以其岁进师酒泉，戒戎广平，庶攘茨秽，而黠房恣睢，未率威教，凭守巢穴，阻臣前路。窃以诸事草创，仓帑未盈，故息兵按甲，务农养士。时移节迈，荏苒三年，抚剑叹愤，以日成岁。今资储已足，器械已充，西招城郭之兵，北引丁零之众，冀凭国威席卷河陇，扬旌秦川，承望诏旨，尽节竭诚，陨越为效。

又臣界回远，勃寇未除，当顺镇副为行留部分，辄假臣世子士业监前锋诸军事、抚军将军、护羌校尉，督摄前军，为臣先驱。又敦煌郡大众殷，制御西域，管辖万里，为军国之本，辄以次子让为宁朔将军、西夷校尉、敦煌太守，统摄昆裔，辑宁殊方。自余诸子，皆在戎间，率先士伍，臣总督大纲，毕在输力，临机制命，动靖续闻。

玄盛既迁酒泉，乃敦劝稼穑。郡僚以年谷频登，百姓乐业，请勒铭酒泉，玄盛许之。于是使儒林祭酒刘彦明为文，刻石颂德。既而蒙逊每年侵寇不止，玄盛志在以德抚其境内，但与通和立盟，弗之校也。是时白狼、白兔、白雀、白雉、白鸠皆栖其园囿，其群下以为白祥金精所诞，皆应时邕而至，又有神光、甘露、连理、嘉禾众瑞，请史官记其事，玄盛从之。寻而蒙逊背盟来侵，玄盛遣世子士业要击败之，获其将且渠百年。

玄盛上巳日宴于曲水，命群僚赋诗。而亲为之序。于是写诸葛亮训诫以勖诸子曰：“吾负荷艰难，宁济之勋未建，虽外总良能，凭股肱之力，而戎务孔殷，坐而待旦。以维城之固，宜兼亲贤，故使汝等未及师保之训，皆弱年受任。常惧弗克，以贻咎悔。古今之事不可以不知，苟近而可师，何必远也。览诸葛亮训励，应璩奏谏，寻其终始，周孔之教尽在中矣。为国足以致安，立身足以成名，质略易通，寓目则了，虽言发往人，道师于此。且经史道德如采菽中原，勤之者则功多，汝等可不勉哉！”玄盛乃修敦煌旧塞东西二围，以防北虏之患，筑敦煌旧塞西南二围，以威南虏。

玄盛以纬世之量，当吕氏之末，为群雄所奉，遂启霸图，兵无血刃，坐定千里，谓张氏之业指期而成，河西十郡岁月而一。既而秃发傉檀入据姑臧，且渠蒙逊基宇稍广，于是慨然著《述志赋》焉，其辞曰：

涉至虚以诞驾，乘有舆于本无，禀玄元而陶衍，承景灵之冥符。荫朝云之庵蔼，仰朗日之照煦。既敷既载，以育以成。幼希颜子曲肱之荣，游心上典，玩礼敦经。蔑玄冕于朱门，羡漆园之傲生；尚渔父于沧浪，善沮溺之耦耕，秽鸤鸢之笼咮，钦飞凤于太清；杜世竞于方寸，绝时誉之嘉声。超霄吟于崇岭，奇秀木之陵霜；挺修干之青葱，经岁寒而弥芳。情遥遥以远寄，想四老晖光；将戢繁荣于常衢，控云辔而高骧；攀琼枝于玄圃，漱华泉之渌浆。和吟凤之逸响，应鸣鸾于南冈。

时弗获彰，心往形留，眷驾阳林，宛首一丘；冲风沐雨，载沈载浮。利害缤纷以交错，叹感循环而相求。乾扉奄寂以重闭，天地绝津而无舟；悼贞信之道薄，谢惭德于圜流。遂乃去玄览，庆世宾，肇弱巾于东宫，并羽仪于英伦；践宣德之秘庭，翼明后于紫宸。赫赫谦光，崇明奕奕，岌岌王居，诜诜百辟，君希虞夏，臣庶蒙益。

张王颓岩，梁后坠堊，淳风杪莽以永丧，搢绅沦胥而覆溺。吕发衅于闺墙，厥构摧以倾颠；疾风飘于高木，回汤沸于重泉；飞尘翕以蔽日，大火炎其燎原；名都幽然影绝，千邑阒而无烟。斯乃百六之恒数，起灭相因而迭然。于是人希逐鹿之图，家有雄霸之想，暗王命而不寻，邀非分于无象。故覆车接路而继轨，膏生灵于土壤。哀余类之栖惶，逸麋依而靡仰；求欲专而失逾远，寄玄珠于罔象。

悠悠凉道，鞠为荒凶，杪杪余躬，迢迢西邦，非相期之所会，谅冥契而来同。跨弱水以建基，蹠昆墟以为埒，总奔驷之骇骛，接摧辕于峻峰。崇崖嶫並，重险万寻，玄邃窈窕，磐纡嵌岑，榛棘交横，河广水深，狐狸夹路，鸮鸱群吟，挺非我以为用，任至当如影响；执同心以御物，怀自彼于握掌；匪矫情而任荒，乃冥合而一往，华德是用来庭，野逸所以就鞅。

休矣时英，茂哉隽宿，鹰罩网以远笼，岂徒钓射与斩袂！或脱梏而缨綪，或后至而先列，采殊才于岩陆，拔翘彦于无际。思留侯之神遇，振高浪以荡秽；想孔明于草庐，运玄筹之罔滞；洪操盘而慷慨，起三军以激锐。咏群豪之高轨，嘉关泰之飘杰，誓报曹而归刘，何义勇之超出！据断桥而横矛，亦雄姿之壮发。辉辉南珍，英英周鲁，挺奇荆吴，昭文烈武，建策乌林，龙骧江浦。摧堂堂之劲阵，郁风翔而云举，绍攀韩之远踪，俾徽猷于召武，非刘孙之鸿度，孰能臻兹大祜！信乾坤之相成，庶物希风而润雨。

嵎益既荡，三江已清，穆穆盛勋，济济隆平，御群龙而奋策，弥万载以飞荣，仰遗尘于绝代，企高山而景行。将建朱旗以启路，驱长毂而迅征，靡商风以抗旆，拂招摇之华旌，资神兆于皇极，协五纬之所宁。赳赳干城，翼翼上粥，恣啗奔鲸，截彼丑类。且洒游尘于当阳，拯凉德于已坠。间昌寓之骖乘，暨襄城而按辔。知去害之在兹，体牧童之所述，审机动之至微，思遗餐而忘寐，表略韵于纨素，托精诚于白日。

玄盛寝疾，顾命宋繇曰："吾少离荼毒，百艰备尝，于丧乱之际，遂为此方所推，才弱智浅，不能一同河右。今气力惙然，当不复起矣。死者大理，吾不悲之，所恨志不申耳。居元首之位者，宜深诫危殆之机。吾终之后，世子犹卿子也，善相辅导，述吾平生，勿令居人之上，专骄自任。军国之宜，委之于卿，无使筹略乖衷，失成败之要。"十三年，薨，时年六十七。国人上谥曰武昭王，墓曰建世陵，庙号太祖。

先是，河右不生楸、槐、柏、漆，张骏之世，取于秦陇而植之，终于皆死，而酒泉宫之西北隅有槐树生焉，玄盛又著《槐树赋》以寄情，盖叹僻陋遐方，立功非所也。亦命主簿梁中庸及刘彦明等并作文。感兵难繁兴，时俗喧竞，乃著《大酒容赋》以表恬豁之怀。与辛景、辛恭靖同志友善，景等归晋，遇害江南，玄盛闻而吊之。玄盛前妻，同郡辛纳女，贞顺有妇仪，先卒，玄盛亲为之诔。自余诗赋数十篇。世子谭早卒，第二子士业嗣。

凉后主讳歆，字士业。玄盛薨时，府僚奉为大都督、大将军、凉公、领凉州牧、护羌校尉，大赦境内，改年为嘉兴。尊母尹氏为太后，以宋繇为武卫将军、广夏太守、军咨祭酒、录三府事，索仙为征虏将军、张掖太守。

且渠蒙逊遣其张掖太守且渠广宗诈降诱士业，士业遣武卫温宜等赴之，亲勒大军为之后继。蒙逊率众三万，设伏于蓼泉。士业闻，引兵还，为逊所逼。士业亲贯甲先登，大败之，追奔百余里，俘斩七千余级。明年，蒙逊又伐士业，士业将出距之，左长史张体顺固谏，乃止。蒙逊大芟秋稼而还。是岁，朝廷以士业为持节、都督七郡诸军事、镇西大将军、护羌校尉、酒泉公。

士业用刑颇严，又缮筑不止，从事中郎张显上疏谏曰："入岁已来，阴阳失序，屡有贼风暴雨，犯伤和气。今区域三分，势不久并，并兼之本，实在农战，怀远之略，事归宽简。而更繁刑峻法，宫室是务，人力凋残，百姓愁悴。致灾之咎，实此之由。"主簿氾称又上疏谏曰：

臣闻天之子爱人后，殷勤至矣。故政之不修，则垂灾遣以戒之。改者虽危必昌，宋景是也；其不改者，虽安必亡，虢公是也。元年三月癸卯，敦煌谦德堂陷；八月，效谷地烈；二年元日，昏雾四塞；四月，日赤无光，二旬乃复；十一月，狐上南门；今兹春夏地颇五震；六月，陨星于建康。臣虽学不稽古，敏谢仲舒，颇亦闻道于先师，且行年五十有九，请为殿下略言耳目之所闻见，不复能远论书传之事也。

乃者咸安之初，西平地烈，狐入谦光殿前，俄而秦师奄至，都城不守。梁熙既为凉州，藉秦氏兵乱，规有全凉之地，外有抚百姓，内多聚敛，建元十九年姑臧南门崩，陨石于闲豫堂，二十年而吕光东反，子败于前，身戮于后。段业因群胡创乱，遂称制此方，三年之中，地震五十余所，既而先王龙兴瓜州，蒙逊杀之张掖。此皆目前之成事，亦殿下之所闻知。效谷，先王鸿渐之始，谦德，即尊之室，基陷而地裂，大凶之征也。日者太阳之精，中国之象，赤而无光，中国将为胡夷之所陵灭。谚曰："野兽入家，主人将去。"今狐上南门，亦灾之大也。又狐者胡也，天意若曰将有胡人居于此城，南面而居者也。昔春秋之世，星陨于宋，襄公卒为楚所擒。地者至阴，胡夷之象，当静而动，反乱天常，天意若曰胡夷将震动中国，中国若不修德，将有宋襄之祸。

臣蒙先朝布衣之眷，辄自同子弟之亲，是以不避忤上之诛，昧死而进愚款。愿殿下亲仁善邻，养威观衅，罢宫室之务，止游畋之娱。后宫嫔妃、诸夷子女，躬受分田，身劝蚕绩，以清俭素德为荣，息兹奢糜之费，百姓租税，专拟军国。虚衿下士，广招英隽，修秦氏之术，以强国富俗。待国有数年之积，庭盈文武之士，然后命韩白为前驱，纳子房之妙算，一鼓而姑臧可平，长驱可以饮马泾渭，方江面而争天下，岂蒙逊之足忧！不然，臣恐宗庙之危必不出纪。

士业并不纳。

士业立四年而宋受禅，士业将谋东伐，张体顺切谏，乃止。士业闻蒙逊南伐秃发辱檀，命中外戒严，将攻张掖，尹氏固谏，不听，宋繇又固谏，士业并不从。繇退而叹曰："大事去矣，吾见师之出，不见师之还也！"士业遂率步骑三万东伐，镫于都渎涧。蒙逊自浩亹来，距战于怀城，为蒙逊所败。左右劝士业还酒泉，士业曰："吾违太后明诲，远取败辱，不杀此胡，复何面目以见母也！"勒众复战，败于蓼泉，为蒙逊所害。士业诸弟酒泉太守翻、新城太守预、领羽林右监密、左将军眺、右将军亮等西奔敦煌，蒙逊遂入于酒泉。士业之未败也，有大蛇从南门而入，至于恭德殿前；有双雉飞出宫内；通街大树上有乌鹊争巢，鹊为乌所杀。又有敦煌父老令狐炽梦白头公衣帢而谓炽曰："南风动，吹长木，胡桐椎，不中毂。"言讫忽然不见。士业小字桐椎，至是而亡。

翻及弟敦煌太守恂与诸子等弃敦煌，奔于北山，蒙逊以索嗣子远绪行敦煌太守。元绪粗险好杀，大失人和。郡人宋承、张弘以恂在郡有惠政。密信招恂。恂率数十骑入于敦煌，元绪东奔凉兴，宋承等推恂为冠军将军、凉州刺史。蒙逊遣世子德政率众攻恂，恂闭门不战，蒙逊自率众二万攻这，三面起隄，以水灌城。恂遣壮士一千，连版为桥，潜欲决隄，蒙逊勒兵逆战，屠其城。士业子重耳，脱身奔于江左，仕于宋。后归魏，为恒农太守。蒙逊徙翻子宝等于姑臧，岁余，北奔伊吾，后归于魏，独尹氏及诸女死于伊吾。

玄盛以安帝隆安四年立，至宋少帝景平元年灭，据河右凡二十四年。

史臣曰：王者受图，咸资世德，犹混成之先大帝，若一气之生两仪。是以中阳勃兴，资豢龙之构趾；景亳垂统，本吞燕之开基。凉武昭王英姿杰出，运阴阳而纬武，应变之道如神；吞日月以经天，成物之功若岁。故能怀羌弭暴，开国化家，宅五郡以称藩，屈三分而奉顺。若乃《诗》褒秦仲，后嗣建削平之业；颂美公刘，末孙兴配天之祚。或发迹于汧渭，或布化于邠岐，覆篑创元天之基，疏涓开环海之宅。彼既有渐，此亦同符，是知景命攸归，非一朝之可致，累功积庆，其所由来远矣。

赞曰：武昭英睿，忠勇霸世。王室虽微，乃诚无替。遗黎饮德，绝壤沾惠。积祉丕基，克昌来裔。

卷八十八　　列传第五十八

孝友 　李密　盛彦　夏方　王裒
　　许孜　庾衮　孙晷　颜含　刘殷
　　王延　王谈　桑虞　何琦　吴逵

大矣哉，孝之为德也！分浑元而立体，道贯三灵；资品汇以顺名，功苞万象。用之于国，动天地而降休征；行之于家，感鬼神而昭景福。若乃博施备物，尊仁安义，柔色承颜，怡怡尽乐，击鲜就养，亹亹忘劬，集包思艺黍之勤，循陔有采兰之咏，事亲之道也。属属如在，哀哀罔极，聚薪流恸，衔索兴嗟，晒风树以陨心，颓寒泉而沬泣，追远之情也。审德笫仕，正务移官，居高匪危，在丑无争，协修升以匡化，怀履冰而砥节，立身之行也。是以闵曾翼翼，遵六教而缉贞规；蔡董烝烝，弘七体而垂令迹。亦有至诚上感，明祗下赞，郭巨致锡金之庆，阳雍标莳玉之祉；乌驯丹羽，巢叔和之室，鹿呈白毳，扰功文之庐。然则因彼孝慈而生友悌，理在兼综，义归一揆。夫天伦之重，共气分形，心睽则叶悴荆杈，性合则华承棣萼。乃有推代瘦，徇急难之情；让果同衾，尽欢愉之致：缅窥细素，载流尘躅者欤！

晋氏始自中朝，逮于江左，虽百六之灾遘及，而君子之道未消，孝悌名流，犹为继踵。王伟元之行己，许季义之立节，夏方、盛彦体至性以驰芬，庾衮、颜含笃友于而宣范，自余群士，咸标懿德。采其遗绚，足厉浇风，故著《孝友篇》以续前史云耳。

李密，字令伯，犍为武阳人也，一名虔。父早亡，母何氏醮。密时年数岁，感恋弥至，烝烝之性，遂以成疾。祖母刘氏，躬自抚养，密奉事以孝谨闻。刘氏有疾，则涕泣侧息，未尝解衣，饮膳汤药必先尝后进。有暇则讲学忘疲，而师事谯周，周门人方之游夏。

少仕蜀，为郎。数使吴，有才辩，吴人称之。蜀平，泰始初，诏征为太子洗马。密以祖母年高，无人奉养，遂不应命。乃上疏曰：

臣以险衅，夙遭闵凶，生孩六月，慈父见背，行年四岁，舅夺母志。祖母刘愍臣孤弱，躬亲抚养。臣少多疾病，九岁不行，零丁辛苦，至于成立。既无伯叔，终鲜兄弟，门衰祚薄，晚有儿息。外无期功强近之亲，内无应门五尺之童，茕茕孑立，形影相吊。而刘早婴疾病，常在床蓐。臣侍汤药，未尝废离。

自奉圣朝，沐浴清化，前太守臣逵，察臣孝廉，后刺史臣荣，举臣秀才。臣以供养无主，辞不赴命。明诏特下，拜臣郎中，寻蒙国恩，除臣洗马。猥以微贱，当侍东宫，非臣陨首所能上报。臣具以表闻，辞不就职。诏书切峻，责臣逋慢，郡县逼迫，催臣上道，州司临门，急于星火。臣欲奉诏奔驰，则刘病日笃，苟徇私情，则告诉不许。臣之进退，实为狼狈。

伏惟圣朝以孝治天下，凡在故老，犹蒙矜恤，况臣孤苦尪羸之极。且臣少仕伪朝，历职郎署，本图宦达，不矜名节。今臣亡国贱俘，至微至陋，猥蒙拔擢，宠命殊私，岂敢盘桓，有所希冀！但以刘薄西山，气息奄奄，人命危浅，朝不虑夕。臣无祖母，无以至今日；祖母无臣，无以终余年。母孙二人，更相为命，是以私情区区不敢弃远。臣密今年四十有四，祖母刘今年九十有六，是臣尽节于陛下之日长，而报养刘之日短也。乌鸟私情，愿乞终养。

臣之辛苦，非但蜀之人士及二州牧伯之所明知，皇天后土，实所鉴见。伏愿陛下矜愍愚诚，听臣微志，庶刘侥幸，保卒余年。臣生当陨身，死当结草。

帝览之曰："士之有名，不虚然哉！"乃停召。后刘终，服阕，复以洗马征至洛。司空张华问之曰："安乐公何如？"密曰："可次齐桓。"华问其故，对曰："齐桓得管仲而霸，用竖刁而虫流。安乐公得诸葛亮而抗魏，任黄皓而丧国，是知成败一也。"次问："孔明言教何碎？"密曰："昔舜、禹、皋陶相与语，故得简雅；《大诰》与凡人言，宜碎。孔明与言者无己敌，言教是以碎耳。"华善之。

出为温令，而憎疾从事，尝与人书曰："庆父不死，鲁难未已。"从事白其书司隶，司隶以密在县清慎，弗之劾也。密有才能，常望内转，而朝廷无援，乃迁汉中太守，自以失分怀怨。及赐饯东堂，诏密令赋诗，末章曰："人亦有言，有因有缘。官无中人，不如归田。明明在上，斯语岂然！"武帝忿之，于是都官从事奏免密官。后卒于家。二子：赐、兴。

赐字宗石，少能属文，尝为《玄鸟赋》，词甚美。州辟别驾，举秀才，未行而终。兴字隽石，亦有文才，刺史罗尚辟别驾。尚为李雄所攻，使兴诣镇南将军刘弘求救，兴因愿留，为弘参军而不还。尚白弘，弘即夺其手版而遣之。兴之在弘府，弘立诸葛孔明、羊叔子碣，使兴俱为之文，甚有辞理。

盛彦，字翁子，广陵人也。少有异才。年八岁，诣吴太尉戴昌，昌赠诗以观之，彦于坐答之。辞甚慷慨。母王氏因疾失明，彦每言及，未尝不流涕。于是不应辟召，躬自侍养，母食必自哺。母既疾久，至于婢使数见捶挞。婢忿恨，伺彦暂行，取蛴螬灸饴。母食以为美，然疑是异物，密藏以示彦。彦见之，抱母恸哭，绝而复苏。母目豁然即开，从此遂愈。彦仕吴，至中书侍郎，吴平，陆云荐之于刺史周浚，本邑大中正刘颂又举彦为小中正。太康中卒。

夏方，字文正，会稽永兴人也。家遭疫疠，父母伯叔群从死者十三人。方年十四，夜则号哭，昼则负土，十有七载，葬送既毕，因庐于墓侧，种植松柏，乌鸟猛兽驯扰其旁。吴时拜仁义都尉，累迁五官中郎将。朝会未尝乘车，行必让路。吴平，除高山令。百姓有罪应加捶挞者，方向之涕泣而不加罪，大小莫敢犯焉。在官三年，州举秀才，还家，卒，年八十七。

王裒，字伟元，城阳营陵人也。祖修，有名魏世。父仪，高亮雅直，为文帝司马。东关之役，帝问于众曰："近日之事，谁任其咎？"仪对曰："责在元帅。"帝怒曰："司马欲委罪于孤邪！"遂引出斩之。

裒少立操尚，行己以礼，身长八尺四寸，容貌绝异，音声清亮，辞气雅正，博学多能，痛父非命，未尝西向而坐。示不臣朝廷也。于是隐居教授，三征七辟皆不就。庐于墓侧，旦夕常至墓所拜跪，攀柏悲号，涕泪著树，树为之枯。母性畏雷，母没，每雷，辄到墓曰："裒在此。"及读《诗》至"哀哀父母，生我劬劳"，未尝不三复流涕，门人受业者并废《蓼莪》之篇。

家贫，躬耕，计口而田，度身而蚕。或有助之者，不听。诸生密为刈麦，裒遂弃之。知旧有致遗者，皆不受。门人为本县所役，告裒求属令，裒曰："卿学不足以庇身，吾德薄不足以荫卿，属之何益！且吾不执笔已四十年矣。"乃步担干饭，儿负盐豉草屣，送所役生到县，门徒随从者千余人。安丘令以为诣己，整衣出迎。裒乃下道至土牛旁，磬折而立，云："门生为县所役，故来送别。"因执手涕泣而去。令即放之，一县以为耻。

乡人管彦少有才而未知名，裒独以为必当自达，拔而友之，男女各始生，便共许为婚。彦后为西夷校尉，卒而葬于洛阳，裒后更嫁其女。彦弟馥问裒，裒曰："吾薄志毕愿山薮，昔嫁姊妹皆远，吉凶阻绝，每以此自誓。今贤兄子葬父于洛阳。此则京邑之人也，由吾结好之本意哉！"馥曰："嫂，齐人也，当还临淄。"裒曰："安有葬父河南而随母还齐！用意如此，何婚之有！"

北海邴春少立志操，寒苦自居，负笈游学，乡邑以为邴原复出。裒以春性险狭慕名，终必不成。其后春果无行，学业不终，有识以此归之。裒常以为人之所行期于当归善道，何必以所能而责人所不能。

及洛京倾覆，寇盗蜂起，亲族悉欲移渡江东，裒恋坟垄不去。贼大盛，方行，犹思慕不能进，遂为贼所害。

许孜，字季义，东阳吴宁人也。孝友恭让，敏而好学。年二十，师事豫章太守会稽孔冲，受《诗》、《书》、《礼》、《易》及《孝经》、《论语》。学竟，还乡里。冲在郡丧亡，孜闻问尽哀，负担奔赴，送丧还会稽，蔬食执役，制服三年。俄而二亲没，柴毁骨立，杖而能起，建墓于县之东山，躬自负土，不受乡人之助。或愍孜羸惫，苦求来助，孜昼助不逆，夜便除之。每一悲号，鸟兽翔集。孜以方营大功，乃弃其妻，镇宿墓所，列植松柏亘五六里。时有鹿犯其松栽，孜悲叹曰："鹿独不念我乎！"明日，忽见鹿为猛兽所杀，置于所犯栽下。孜怅惋不已，乃为作冢，埋于隧侧。猛兽即于孜前自扑而死，孜益叹息，又取埋之。自后树木滋茂，而无犯者。积二十余年孜乃更娶妻，立宅墓次，烝烝朝夕，奉亡如存，鹰雉栖其梁，檐鹿与猛兽扰其庭圃，交颈同游，不相搏噬。元康中，郡察孝廉，不起，巾褐终身。年八十余，卒于家。邑人号其居为孝顺里。

咸康中，太守张虞上疏曰："臣闻圣贤明训存乎举善，褒贬所兴，不远千载。谨案所领吴宁县物故人许孜，至性孝友，立节清峻，与物恭让，言行不贰。当其奉师，则在三之义尽；及其丧亲，实古今之所难。咸称殊类致感，猛兽弭害。虽臣不及见，然备闻斯语，窃谓蔡顺、董黯无以过之。孜没积年，其子尚在，性行纯悫，今亦家于墓侧。臣以为孜之履操，世所希逮，宜标其令迹，甄其后嗣，以酬既往，以奖方来。《阳秋传》曰：'善善及其子孙'。臣不达大体，请台量议。"疏奏，诏旌表门闾。蠲复子孙。其子生亦有孝行。图孜像于堂，朝夕拜焉。

庾衮，字叔褒，明穆皇后伯父也。少履勤俭，笃学好问，事亲以孝称。咸宁中，大疫，二兄俱亡，次兄毗复殆，疠气方炽，父母诸弟皆出次于外，衮独留不去。诸父兄强之，乃曰："衮性不畏病。"遂亲自扶持，昼夜不眠，其间复抚柩哀临不辍。如此十有余旬，疫势既歇，家人乃反，毗病得差，衮亦无恙。父老咸曰："异哉此子！守人所不能守，行人所不能行，岁寒然后知松柏之后凋，始疑疫疠之不相染也。"

初，衮诸父并贵盛，惟父独守约约。衮躬亲稼穑，以给供养，而执事勤恪，与弟子树篱，跪以授条。或曰："今在隐屏，先生何恭之过？"衮曰："幽显易操，非君子之志也。"父亡，作筥卖以养母。母见其勤，曰："我无所食。"对曰："母食不甘，衮将何居！"母感而安之。衮前妻荀氏，继妻乐氏，皆官族富室，及适衮，俱弃华丽，散资财，与衮共安贫苦，相敬如宾。母终，服丧居于墓侧。

岁大饥，藜羹不糁，门人欲进其饭者，而衮每曰已食，莫敢为设。及麦熟，获者已毕，而采捃尚多，衮乃引其群子以退，曰"待其间。"及其捃也，不曲行，不旁掇，跪而把之，则亦大获，又与邑人入山拾橡，分夷险，序长幼，推易居难，礼无违者。或有斩其墓柏，莫知其谁，乃召邻人集于墓而自责焉，因叩头泣涕，谢祖祢曰："德之不修，不能庇先人之树，衮之罪也。"父老咸亦为之垂泣，自后人莫之犯。抚诸孤以慈，奉诸寡以仁，事加于厚而教之义方，使长者体其行，幼者忘其孤。孤甥郭秀，比诸子侄，衣食而每先之。孤兄女曰芳，将嫁，美服既具，衮乃刈荆苕为箕帚，召诸子集之于堂，男女以班，命芳曰："芳乎！汝少孤，汝逸汝豫，不汝疵瑕。今汝适人，将事舅姑，洒扫庭内，妇之道也，故赐汝此。匪器之为美，欲温恭朝夕，虽休勿休也。"而以旧宅与其长兄子赓、翕。及翕卒，衮哀其早孤，痛其成人而未娶，乃抚柩长号，哀感行路，闻者莫不垂涕。

初，衮父诫衮以酒，每醉，辄自责曰："余废先父之诫，其何以训人！"乃于父墓前自杖三十。邻人褚德逸者，善事其亲，老而不倦，衮每拜之。尝与诸兄过邑人陈准兄弟，诸兄友之，皆拜其母，衮独不拜。准弟徽曰："子不拜吾亲何？"衮曰："未知所以拜也。夫拜人之亲者，将自同于人之子也，其义至重，衮敢轻之乎？"遂不拜。准、徽叹曰："古有亮直之士，君近之矣。君若当朝，则社稷之臣欤！君若握兵，临大节，孰能夺之！方今征聘，君实宜之。"于是乡党荐之，州郡交命，察孝廉，举秀才、清白异行，皆不降志，世遂号之为异行。

元康末，颍川太守召为功曹，衮服造役之衣，杖锸荷斧，不俟驾而行，曰："请受下夫之役。"太守饰车而迎，衮逡巡辞退，请徒行入郡，将命者遂逼扶升车，纳于功曹舍。既而衮自取己车而寝处焉，形虽恭而神有不可动之色。太守知其不屈，乃叹曰："非常士也，吾何以降之！"厚为之礼而遣焉。

齐王冏之唱义也，张泓等肆掠于阳翟，衮乃率其同族及庶姓保于禹山。是时百姓安宁，未知战守之事，衮曰："孔子云：'不教而战，是谓弃之。'"乃集诸如士而谋曰：

"二三君子相与处于险，将以安保亲尊，全妻孥也。古人有言：'千人聚而不以一人为主，不散则乱矣。'将若之何！"众曰："善。今日之主，非君而谁！"衮默然有间，乃言曰："古人急病让夷，不敢逃难，然人之立主，贵从其命也。"乃誓之曰："无恃险，无怙乱，无暴邻，无抽屋，无樵采人所植，无谋非德，无犯非义，戮力一心，同恤危难。"众咸从之。于是峻险阨，杜蹊径，修壁坞，树蕃障，考功庸，计丈尺，均劳逸，通有无，缮完器备，量力任能，物应其宜，使邑推其长，里推其贤，而身率之。分数既明，号令不二，上下有礼，少长有仪，将顺其美，匡救其恶。及贼至，衮乃勒部曲，整行伍，皆持满而勿发。贼挑战，晏然不动，且辞焉。贼服其慎而畏其整，是以皆退，如是者三。时人语曰："所谓临事而惧、好谋而成者，其庾异行乎！"

及冏归于京师，逾年不朝，衮曰："晋室卑矣，寇难方兴！"乃携其妻适林虑山，事其新乡如其故乡，言忠信，行笃敬。经及期年，而林虑之人归之，咸曰庾贤。及石勒攻林虑，父老谋曰："此有大头山，九州之绝险也。上有古人遗迹，可共保之。"惠帝迁于长安，衮乃相与登于大头山而田于其下。年谷未熟，食木实，饵石蕊，同保安之，有终焉之志。及将收获，命子怞与之下山，中途目眩瞀，坠崖而卒。同保赴哭曰："天乎！独不可舍我贤乎！"时人伤之曰："庾贤绝尘避地，超然垄迹，固穷安陋，木食山栖，不与世同荣，不与人争利，不免遭命，悲夫！"

衮学通《诗》《书》，非法不言，非道不行，尊事耆老，惠训蒙幼，临人之丧必尽哀，会人之葬必躬筑，劳则先之，逸则后之，言必行之，行必安之。是以宗族乡党莫不崇仰，门人感慕，为人树碑焉。

有四子：怞、蔑、泽、捃。在泽生，故名泽，因捃生，故曰捃。蔑后南渡江，中兴初，为侍中。蔑生愿，安成太守。

孙晷，字文度，吴国富春人，吴伏波将军秀之曾孙也。晷为儿童，未尝被呵怒。顾荣见而称之，谓其外祖薛兼曰："此儿神明清审，志气贞立，非常童也。"及长，恭孝清约，学识有理义，每独处幽暗之中，容止瞻望未尝倾邪。虽侯家丰厚，而晷常布衣蔬食，躬亲垄亩，诵咏不废，欣然独得。父母慜其如此，欲加优饶，而夙兴夜寐，无暂懈也。父母起居尝馔，虽诸亲馈，而晷不离左右。富春车道既少，动经江川，父难于风波，每行乘篮舆，晷躬自扶侍，所诣之处，则于门外树下藩屏之间隐息，初不令主人知之。兄尝笃疾经年，晷躬自扶侍，药石甘苦，必经心目，跋涉山水，祈求恳至。而闻人之善，欣若有得；闻人之恶，惨若有失。见人饥寒，并周赡之，乡里赠遗，一无所受。亲故有穷老者数人，恒往来告索，人多厌慢，而晷见之，欣敬逾甚，寒则与同衾，食则与同器，或解衣推彼以恤之。时年饥谷贵，人有生刈其稻者，晷见而避之，须去而出，既而自刈送与之。乡邻感愧，莫敢侵犯。

会稽虞喜隐居海嵎，有高世之风。晷钦其德，聘喜弟预女为妻。喜戒女弃华尚素，与晷同志。时人号为梁鸿夫妇。济阳江淳少有高操，闻暑学行过人，自东阳往候之，始面，便终日谭宴，结欢而别。

司空何充为扬州，檄暑为主簿，司徒蔡谟辟为掾属，并不就。尚书经国明，州土之望，表荐暑，公车径征。会卒，时年三十八，朝野嗟痛之。暑未及大敛，有一老父缊袍草履，不通姓名，径入抚柩而哭，哀声慷慨，感于左右。哭止便出，容貌甚清，眼瞳又方，门者告之丧主，怪而追焉。直去不顾。同郡顾和等百余人叹其神貌有异，而莫之测也。

颜含，字弘都，琅邪莘人也。祖钦，给事中。父默，汝阴太守。含少有操行，以孝闻。兄畿，咸宁中得疾，就医自疗，遂死于医家。家人迎丧，旐每绕树而不可解，引丧者颠仆，称畿言曰："我寿命未死，但服药太多，伤我五藏耳。今当复活，慎无葬也。"其父祝之曰："若尔有命复生，岂非骨肉所愿！今但欲还家，不尔葬也。"旐乃解。及还，其妇梦之曰："吾当复生，可急开棺。"妇颇说之。其夕，母及家人又梦之，即欲开棺，而父不听。含时尚少，乃慨然曰："非常之事，古则有之，今灵异至此，开棺之痛，孰与不开相负？"父母从之，乃共发棺果有生验，以手刮棺，指爪尽伤，然气息甚微，存亡不分矣。饮哺将护，累月犹不能语，饮食所须，托之以梦。阖家营视，顿废生业，虽在母妻，不能无倦矣。含乃绝弃人事，躬亲侍养，足不出户者十有三年。石崇重含淳行，赠以甘旨，含谢而不受。或问其故，答曰："病者绵昧，生理未全，既不能进啖，又未识人惠，若当谬留，岂施者之意也！"畿竟不起。

含二亲既终，两兄继没，次嫂樊氏因疾失明，含课励家人，尽心奉养，每日自尝省药馔，察问息耗，必簪履束带。医人疏方，应须髯蛇胆，而寻求备至，无由得之，含忧叹累时。尝昼独坐，忽有一青衣童子年可十三四，持一青囊授含，含开视，乃蛇胆也。童子逡巡出户，化成青鸟飞去。得胆，药成，嫂病即愈。由是著名。

本州辟，不就。东海王越以为太傅参军，出补阌阳令。元帝初镇下邳，复命为参军。过江，以含为上虞令。转王国郎中、丞相东阁祭酒，出为东阳太守。东宫初建，含以儒素笃行补太子中庶子，迁黄门侍郎、本州大中正，历散骑常侍、大司农。豫讨苏峻功，封西平县侯，拜侍中，除吴郡太守。王导问含曰："卿今苍名郡，政将何先？"答曰："王师岁动，编户虚耗，南北权豪竞招游食，国弊家丰，执事之忧。且当征之势门，使反田桑，数年之间，欲令户给人足，如其礼乐，俟之明宰。"含所历简而有恩，明而能断，然以威御下。导叹曰："颜公在事，吴人敛手矣。"未之官，复为侍中。寻除国子祭酒，加散骑常侍，迁光禄勋，以年老逊位。成帝美其素行，就加右光禄大夫，门施行马，赐床帐被褥，敕太官四时致膳，固辞不受。

于时论者以王导帝之师傅，名位隆重，百僚宜为降礼。太常冯怀以问于含，含曰："王公虽重，理无偏敬，降礼之言，或是诸君事宜。鄙人老矣，不识时务。"既而告人曰："吾闻伐国不问仁人。向冯祖思问佞于我，我有邪德乎？"人尝论少正卯、盗跖其恶孰深。或曰："正卯虽奸，不至剖人弃膳，盗跖为甚。"含曰："为恶彰露，人思加戮；隐伏之奸，非圣不诛。由此言之，少正为甚。"众咸服焉。郭璞尝遇含，欲为之筮。含曰："年在天，位在人，修己而天不与者，命也；守道而人不知者，性也。自有性命，无劳蓍龟。"桓温求婚于含，含以其盛满，不许。惟与邓攸深交。或问江左群士优劣，答曰："周伯仁之正，邓伯道之清，卞望之之节，余则吾不知也。"其雅重行实，抑绝浮伪如此。

致仕二十余年，年九十三卒。遗命素棺薄敛。谥曰靖。丧在殡而邻家失火，移棺绋断，火将至而灭，众以为淳诚所感也。

三子：髦、谦、约。髦历黄门郎、侍中、光禄勋，谦至安成太守，约零陵太守，并有声誉。

刘殷，字长盛，新兴人也。高祖陵，汉光禄大夫。殷七岁丧父，哀毁过礼，服丧三年，未曾见齿。曾祖母王氏，盛冬思堇而不言，食不饱者一旬矣。殷怪而问之，王言其故。殷时年九岁，乃于泽中恸哭，曰："殷罪咎深重，幼丁艰罚，王母在堂，无旬月之养。殷为人子，而所思无获，皇天后土，愿垂哀愍。"声不绝者半日，于是忽若有人云："止，止声。"殷收泪视地，便有堇生焉，因得斛余而归，食而不减，至时，堇生乃尽。又尝夜梦人谓之曰："西篱下有粟。"寤而掘之，得粟十五钟，铭曰"七年粟百石，以赐孝子刘殷"。自是食之，七载方尽。时人嘉其至性通感，竞以谷帛遗之。殷受而不谢，直云待后贵当相酬耳。

弱冠，博通经史，综核群言，文章诗赋靡不该览，性倜傥，有济世之志，俭而不陋，清而不介，望之颓然而不可侵也。乡党亲族莫不称之。郡命主簿，州辟从事，皆以供养无主，辞不赴命。司空、齐王攸辟为掾，征南将军羊祜召参军事，皆以疾辞。同郡张宣子，识达之士也，劝殷就征。殷曰："当今二公，有晋之栋楹。吾方希达如樑橡耳，不凭之，岂能立乎！吾今王母在堂，既应他命，无容不竭尽臣礼，使不得就养。子舆所以辞大夫，良以色养无主故耳。"宣子曰："如子所言，岂庸人所识哉！而今而后，吾子当为吾师矣。"遂以女妻之。宣子者，并州豪族也，家富于财，其妻怒曰："我女年始十四。姿识如此，何虑不得为公侯妃，而遽以妻刘殷乎！"宣子曰："非尔所及也。"诫其女曰："刘殷至孝冥感，兼才识超世，此人终当远达，为世名公，汝其谨事之。"张氏性亦婉顺，事王母以孝闻，奉殷如君父焉。及王氏卒，殷夫妇毁瘠，几至灭性，时柩在殡而西邻失火，风势甚盛，殷夫妇叩殡号哭，火遂越烧东家。后有二白鸠巢其庭树，自是名誉弥显。

太傅杨骏辅政，备礼聘殷，殷以母老固辞。骏于是表之，优诏遂其高志，听终色养，敕所在供其衣食，蠲其徭赋，赐帛二百匹，谷五百斛。赵王伦篡位，孙秀重殷名，以散骑常侍征之，殷逃奔雁门。及齐王冏辅政，辟为大司马军谘祭酒。既至，谓殷曰："先王虚心召君，君不至。今孤辟君，君何能屈也？"殷曰："世祖以大圣应期，先王以至德辅世，既尧舜为君，稷契为佐，故殷希以一夫而距千乘,为不可回之图,幸邀唐虞之世,是以不惧斧钺之戮耳。今殿下以神武睿姿,除残反政,然圣迹稍粗,严威滋肃,殷若复尔,恐招华士之诛,故不敢不至也。"冏奇之,转拜新兴太守,明刑旌善,甚有政能。

属永嘉之乱,没于刘聪。聪奇其才而擢任之,累至侍中、太保、录尚书事。殷恒戒子孙曰:"事君之法,当务几谏,凡人尚不可面斥其过,而况万乘乎!夫犯颜之祸,将彰君过,宜上思召公咨商之义,下念鲍勋触鳞之诛也。"在聪之朝,与公卿恂恂然,常有后己之色。士不修操行者,无得入其门,然滞褒不申,藉殷而济者,亦已百数。

有七子,五子各授一经。一子授《太史公》,一子授《汉书》,一门之内,七业俱兴,北州之学,殷门为盛。竟以寿终。

王延,字延元。西河人也。九岁丧母,泣血三年,几至灭性。每至忌日,则悲啼至旬。继母卜氏遇之无道,恒以薄糠及败麻头与延贮衣。其姑闻而问之,延知而不言,事母弥谨。卜氏尝盛冬思生鱼,敕延求而不获,杖之流血。延寻汾叩凌而哭,忽有一鱼长五尺,踊出水上,延取以进母。卜氏食之,积日不尽,于是心悟,抚延如己生。延事亲色养,夏则扇枕席,冬则以身温被,隆立盛寒,体无全衣,而亲极滋味。昼则佣赁,夜则诵书,遂究览经史,皆通大义。州郡礼辟,贪供养不起。父母终后,庐于墓侧,非其蚕不衣,非其耕不食。属天下丧乱,随刘元海迁于平阳,农蚕之暇,训诱宗族,侃侃不倦。家牛一生犊,他人认之,延牵而授与、初无吝色。其人后自知妄认,送犊还延,叩头谢罪,延仍以与之,不复取也。年六十,方仕于刘聪,稍迁尚书左丞,至金紫光禄大夫。聪死后,靳准将作乱,谋之于延,延不从。准既诛刘氏,自号汉天王,以延为左光禄大夫,延又大骂不受,准遂杀之。

王谈,吴兴乌程人也。年十岁,父为邻人窦度所杀。谈阴有复仇志,而惧为度所疑,寸刃不畜,日夜伺度,未得。至年十八,乃密市利锸,阳若耕锄者。度常乘船出入,经一桥下,谈伺度行还,伏草中,度既过,谈于桥上以锸斩之,应手而死。既而归罪有司,太守孔岩义其孝勇,列上宥之。岩诸子为孙恩所害,无嗣,谈乃移居会稽,修理岩父子坟墓,尽其心力。后太守孔廞察其义行,元兴三年,举谈为孝廉,时称其得人。谈不应召,终于家。

桑虞,字子深,魏郡黎阳人也。父冲,有深识远量,惠帝时为黄门郎。河间王颙执权,引为司马。冲知颙必败,就职一旬,便称疾求退。虞仁孝自天至,年十四丧父,毁瘠过礼,日以米百粒用糁藜藿,其姊谕之曰:"汝毁瘠如此,必至灭性,灭性不孝,宜自抑割。"虞曰:"藜藿杂米,足以胜哀。"虞有园在宅北数里,瓜果初熟,有人逾垣盗之。虞以园援多棘刺,恐偷见人惊走而致伤损,乃使奴为之开道。及偷负禾将出,见道通利,知虞使除之,乃送所盗瓜,叩头请罪。虞乃欢然,尽以瓜与之。尝行,寄宿逆旅,同宿客失脯,疑虞为盗。虞默然无言,便解衣偿之。

主人曰:"此舍数失鱼肉鸡鸭,多是狐狸偷去,君何以疑人?"乃将脯主至山冢间寻求,果得之。客求还衣,虞投之不顾。

虞诸兄仕于石勒之世,咸登显位,惟虞耻臣非类,阴欲避地海东,会丁母忧,遂止。哀毁骨立,庐于墓侧。五年后,石勒以为武城令。虞以密迩黄河,去海微近,将申前志,欣然就职。石季龙太守刘徵甚器重之,徵迁青州刺史,请虞长史,带祝阿郡。徵遇疾还邺,令虞监行州府属。季龙死,国中大乱,朝廷以虞名父之子,必能立功海岱,潜遣东莞人华挺授虞宁朔将军、青州刺史。虞曰:"功名非吾志也。"乃附使者启,让刺史,靖居海右,不交境外。虽历伪朝,而不豫乱,世以此高之。卒于官。

何琦,字万伦,司空充之从兄也。祖父龛,后将军。父阜,淮南内史。琦年十四丧父,哀毁过礼。性沈敏有识度,好古博学,居于宣城阳谷县,事母孜,朝夕色养。常患甘鲜不赡,乃为郡主簿,察孝廉,除郎中,以选补宣城泾县令。司徒王导引为参军,不就。及丁母忧,居丧泣血,杖而后起,停柩在殡,为邻火所逼,烟焰已交,家乏僮使,计无从出,乃匍匐抚棺号哭。俄而风止火息,堂屋一间免烧,其精诚所感如此。服阕,乃慨然叹曰:"所以出身仕者,非谓有尺寸之能以效智力,实利微禄,私展供养。一旦茕然,无复恃怙,岂可复以朽钝之质尘默清朝哉!"于是养志衡门,不交人事,耽玩典籍,以琴书自娱。不营产业,节俭寡欲,丰约与乡邻共之。乡里遭乱,姊没人家,琦惟有一婢,便为购赎。然不为小谦,凡有赠遗,亦不苟让,但于己有余,辄复随而散之。任心而行,率意而动,不占卜,无所事。司空陆玩、太尉桓温并辟命,皆不就。诏征博士,又不起。简文帝时为抚军,钦其名行,召为参军,固辞以疾。公车再征通直散骑侍郎、散骑常侍,不行。由是君子仰德,莫能屈也。桓温尝登琦县界山,喟然叹曰:"此山南有人焉,何公真止足者也!"琦善养性,老而不衰,布褐蔬食,恒以述作为事,著《三国评论》,凡所撰录百许篇,皆行于世。年八十二卒。

吴逵,吴兴人也。经荒饥疾病,合门死者十有三人,逵时亦病笃,其丧皆邻里以苇席裹而埋之。逵夫妻既存,家极贫窘,冬无衣被,昼则佣赁,夜烧砖甓,昼夜在山,未尝休止,遇毒虫猛兽,辄为之下道。期年,成七墓、十三棺。时有赗赠,一无所受。太守张崇义之,以羔雁之礼礼焉。卒于家。

史臣曰:尊亲之道,礼经之明训;孝友之义,诗人之美谈,是知人伦之本,罔兹攸尚。盛翁子立于淳至,素蓄异才,流恸致其感通,含哺申其就养,戴昌赏其清韵,陆云嘉其茂德。王哀隐居不从其辟,行己莫逾其礼,枯柏以应其诚,惊雷以危其虑。永言董蔡,异时均美。许孜少而敏学,礼备在三,驯雉栖其梁栋,猛兽扰其庭圃,居丧之礼,实古今之所难焉。庾叔褒不匮表于执勤,则裕存乎敬业,幽显不易其操,疫疠不骇其心,急病让夷之规,有古人之风烈矣。孙晷之匪懈，王谈之复仇，神人惜其亡，良守宥其罪。刘殷幼丁艰酷，柴毁逾制，发三冬之菫，赐七年之粟，至诚之契，义形于兹。王延叩冰而召鳞，扇席而清暑，虽黄香、孟宗，抑为伦辈。其余群子，并孝养可崇，清风素范，高山景行，会其宗流，同斯志也。

赞曰：德之所届，有感和征。孝哉王许，永慕烝烝。挥泗凋柏，对枧巢鹰。密、彦、夏、庚，凤标至性。文度、弘都，勤修懿行。敦彼孝友，载光谣咏。鸠驯长盛，鱼荐延元。谈桑义阐，琦吴道存。专洞之德，咸摛左言。

卷八十九　　列传第五十九

忠义 嵇绍从子含　王豹　刘沉　麹允焦嵩　贾浑　王育　韦忠　辛勉　刘敏元　周该　桓雄　韩阶　周崎　易雄　乐道融　虞悝　沈劲　吉挹　王谅　宋矩　车济　丁穆　辛恭靖　罗企生　张祎

古人有言："君子杀身以成仁，不求生以害仁。"又云："非死之难，处死之难。"信哉斯言也！是知陨节苟合其宜，义夫岂吝其没；捐躯若得其所，烈士不爱其存。故能守铁石之深衷，厉松筠之雅操，见贞心于岁暮，标劲节于严风，赴鼎镬其如归，履危亡而不顾，书名竹帛，画象丹青，前史以为美谈，后来仰其徽烈者也。

晋自元康之后，政乱朝昏，祸难荐兴，艰虞孔炽，遂使奸凶放命，戎狄交侵，函夏沸腾，苍生涂炭，干戈日用，战争方兴。虽背恩忘义之徒不可胜载，而蹈节轻生之士无乏于时。至若嵇绍之卫难乘舆，卞壸之亲躯锋镝，桓雄之义高田叔，周崎之节迈解扬，罗丁致命于旧君，辛吉耻臣于戎虏，张祎引鸩以全节，王谅断臂以厉忠，莫不志烈秋霜，精贯白日，足以激清风于万古，厉薄俗于当年者欤！所谓乱世忠臣，斯之谓也。卞壸、刘超、钟雅、周崎等已入列传，其余即叙其行事以为《忠义传》，用旌晋氏之有人焉。

嵇绍，字延祖，魏中散大夫康之子也。十岁而孤，事母孝谨。以父得罪，靖居私门。山涛领选，启武帝曰："《康诰》有言：'父子罪不相及。'嵇绍贤俦郤缺，宜加旌命，请为秘书郎。"帝谓涛曰："如卿所言，乃堪为丞，何但郎也。"乃发诏征之，起家为秘书丞。

绍始入洛，或谓王戎曰："昨于稠人中始见嵇绍，昂昂然如野鹤之在鸡群。"戎曰："君复未见其父耳。"累迁汝阴太守。尚书左仆射裴颜亦深器之，每曰："使延祖为

吏部尚书，可使天下无复遗才矣。"沛国戴晞少有才智，与绍从子含相友善，时人许以远致，绍以为必不成器。晞后为司州主簿，以无行被斥，州党称绍有知人之明。转豫章内史，以母忧，不之官。服阕，拜徐州刺史。时石崇为都督，性虽骄暴，而绍将之以道，崇甚亲敬之。后以长子丧去职。

元康初，为给事黄门侍郎。时侍中贾谧以外戚之宠，年少居位，潘岳、杜斌等皆附托焉。谧求交于绍，绍距而不答。及谧诛，绍时在省，以不阿比凶族，封弋阳子，迁散骑常侍，领国子博士。太尉、广陵公陈准薨，太常奏谥，绍驳曰："谥号所以垂之不朽，大行受大名，细行受细名，文武显于功德，灵厉表于暗蔽。自顷礼官协情，谥不依本。准谥为过，宜谥曰缪。"事下太常。时虽不从，朝廷惮焉。

赵王伦篡位，署为侍中。惠帝复阼，遂居其职。司空张华为伦所诛，议者追理其事，欲复其爵，绍又驳曰："臣之事君，当除烦去惑。华历位内外，虽粗有善事，然阃阆之责，著于远近，兆祸始乱，华实为之。故郑讨幽公、斫子家之棺；鲁戮隐罪，终篇贬翚。未忍重戮，事已弘矣，谓不宜复其爵位，理其无罪。"时帝初反正，绍又上疏曰："臣闻改前辙者则车不倾，革往弊者则政不爽。太一统于元首，百司役于多士，故周文兴于上，成康穆于下也。存不忘亡，《易》之善义；愿陛下无忘金墉，大司马无忘颍上，大将军无忘黄桥，则祸乱之萌无由而兆矣。"

齐王冏既辅政，大兴第舍，骄奢滋甚，绍以书谏曰："夏禹以卑室称美，唐虞以茅茨显德，丰屋蔀家，无益危亡。窃承毁败太乐以广第舍，兴造功力为三王立宅，此岂今日之先急哉！今大事始定，万姓颙颙，咸待覆润，宜省起造之烦，深思谦损之理。复主之勋不可弃矣，矢石之殆不可忘也。"冏虽谦顺以报之，而卒不能用。绍尝诣冏谘事，遇冏宴会，召董艾、葛旗等共论时政。艾言于冏曰："嵇侍中善于丝竹，公可令操之。"左右进琴，绍推不受。冏曰："今日为欢，卿何吝此邪！"绍对曰："公匡复社稷，当轨物作则，垂之于后。绍虽虚鄙，忝备常伯，腰绂冠冕，鸣玉殿省，岂可操执丝竹，以为伶人之事！若释公服从私宴，所不敢辞也。"冏大惭。艾等不自得而退。顷之，以公事免，冏以为左司马。旬日，冏被诛。初，兵交，绍奔散赴宫，有持弩在东阁下者，将射之，遇有殿中将兵萧隆，见绍姿容长者，疑非凡人，趣前拔箭，于此得免。遂还荥阳旧宅。

寻征为御史中丞，未拜，复为侍中。河间王颙、成都王颖举兵向京都，以讨长沙王乂，大驾次于城东。乂言于众曰："今日西讨，欲谁为都督乎？"六军之士皆曰："愿嵇侍中戮力前驱，死犹生也。"遂拜绍使持节、平西将军。属乂被执，绍复为侍中。公王以下皆诣邺谢罪于颖，绍等咸见废黜，免为庶人。寻而朝廷复有北征之役，征绍，复其爵位。绍以天子蒙尘，承诏驰诣行在所。值王师败绩于荡阴，百官及侍卫莫不散溃，唯绍俨然端冕，以身捍卫，兵交御辇，飞箭雨集，绍遂被害于帝侧，血溅御服，天子深哀叹之。及事定，左右欲浣衣，帝曰："此嵇侍中血，勿去也。"

初，绍之行也，侍中秦准谓曰："今日向难，卿有佳马否？"绍正色曰："大驾亲征，以正伐逆，理必有征无战。若使皇舆失守，臣节有在，骏马何为！"闻者莫不叹息。及张方逼帝迁长安，河间王颙表赠绍司空，进爵为公。会帝还洛阳，事遂未行。东海王越屯许，路经荥阳，过绍墓，哭之悲恸，刊石立碑，又表赠官爵。帝乃遣使册赠侍中、光禄大夫，加金章紫绶，进爵为侯，赐墓田一顷，客十户，祠以少牢。元帝为左丞相，承制，以绍死节事重，而赠礼未副勋德，更表赠太尉，祠以太牢。及帝即位，赐谥曰忠穆，复加太牢之祠。

绍诞于行己，不饰小节，然旷而有检，通而不杂。与从子含等五人共居，抚恤如所同生。门人故吏思慕遗爱，行服墓次，毕三年者三十余人。长子眕，有父风，早夭。以从孙翰袭封。成帝时追述绍忠，以翰为奉朝请。翰以无兄弟，自表还本宗。太元中，孝武帝诏曰："褒德显仁，哲王令典。故太尉、忠穆公执德高邈，在否弥宣，贞洁之风，义著千载。每念其事，怆然伤怀。忠贞之胤，蒸尝宜远，所以大明至节，崇奖名教。可访其宗族，袭爵主祀。"于是复以翰孙旷为弋阳侯。

含字君道。祖喜，徐州刺史。父蕃，太子舍人。含好学能属文。家在巩县亳丘，自号亳丘子，门曰归厚之门，室曰慎终之室。楚王玮辟为掾，玮诛，坐免。举秀才，除郎中。时弘农王粹以贵公子尚主，馆宇甚盛，图庄周于室，广集朝士，使含为之赞。含援笔为吊文，文不加点。其序曰："帝婿王弘远华池丰屋，广延贤彦，图庄生垂纶之象，记先达辞聘之事，画真人于刻桷之室，载退士于进趣之堂，可谓托非其所，可吊不可赞也。"其辞曰："迈矣庄周，天纵特放，大块授其生，自然资其量，器虚神清，穷玄极旷。人伪俗季，真风既散，野无讼屈之声，朝有争宠之叹，上下相陵，长幼失贯，于是借玄虚以助溺，引道德以自奖，户咏恬旷之辞，家画老庄之象。今王生沈沦名利，身尚帝女，连耀三光，有出无处，池非岩石之溜，宅非茅茨之宇，驰屈产于皇衢，画兹象其焉取！嗟乎先生，高迹何局！生处岩岫之居，死寄雕楹之屋，托非其所，没有余辱，悼大道之湮晦，遂含悲而吐曲。"粹有愧色。

齐王冏辟为征西参军，袭武昌乡侯。长沙王乂召为骠骑记室督、尚书郎。乂与成都王颖交战，颖军转盛，尚书郎且出督战，夜还理事。含言于乂曰："昔魏武每有军事，增置掾属。青龙二年，尚书令陈矫以有军务，亦奏增郎。今奸逆四逼，王路拥塞，倒悬之急，不复过此。但居曹理事，尚须增郎，况今都官中骑三曹昼出督战，夜还理事，一人两役，内外废乏。含谓今有十万人，都督各有主帅，推毂授绥，委付大将，不宜复令台僚杂与其间。"乂从之，乃增郎及令史。

怀帝为抚军将军，以含为从事中郎。惠帝北征，转中书侍郎。及荡阴之败，含走归荥阳。永兴初，除太弟中庶子。西道阻阂，未得应召。范阳王虓为征南将军，屯许昌，复以含为从事中郎。寻授振威将军、襄城太守。虓为刘乔所破，含奔镇南将军刘弘于襄阳，弘待以上宾之礼。含性通敏，好荐达才贤，常欲崇赵武之谥，以减文子之罪。属陈敏作乱，江扬震荡，南越险远，而广州刺史王毅病卒，弘表含为平越中郎将、广州刺史、假节。未发，会弘卒，时或欲留含领荆州。含性刚躁，素与弘司马郭劢有隙，劢疑含将为己害，夜掩杀之，时年四十四。怀帝即位，谥曰宪。

王豹，顺阳人也。少而抗直。初为豫州别驾，齐王冏为大司马，以豹为主簿。冏骄纵，失天下心，豹致笺于冏曰：

豹闻王臣謇謇，匪躬之故，将以安主定时，保存社稷者也。是以为人臣而欺其君者，刑罚不足以为诛；为人主而逆其谏者，灵厉不足以为谥。伏惟明公虚心下士，开怀纳善，款诚以著，而逆耳之言未入于听。豹伏思晋政渐缺，始自元康以来，宰相在位，未有一人获终，乃事势使然，未为辄有不善也。今公克平祸乱，安国定家，故复因前倾败之法，寻中间覆车之轨，欲冀长存，非所敢闻。今河间树根于关右，成都盘桓于旧魏，新野大封于江汉，三面贵王，各以方刚强盛，并典戎马，处险害之地。且明公兴义逆谋，功盖天下，圣德光茂，名震当世。今以难赏之功，挟震主之威，独据京都，专执大权，进则亢龙有悔，退则蒺藜生庭，冀此求安，未知其福。敢以浅见，陈写愚情。

昔武王伐纣，封建诸侯为二伯，自陕以东，周公主之，自陕以西，召公主之。及至其末，霸国之世，不过数州之地，四海强兵不敢入窥九鼎，所以然者，天下习于所奉故也。今诚能尊用周法，以成都为北州伯，统河北之王侯，明公为南州伯，以摄南土之官长，各因本职，出居其方，树德于外，尽忠于内，岁终率所领而贡于朝，简良才，命贤俊，以为天子百官，则四海长宁，万国幸甚，明公之德当与周召同其至美，危败路塞，社稷可保。顾明公思高祖纳娄敬之策，悟张良履足之谋，远临深之危，保泰山之安。若合圣思，宛许可都也。

书入，无报，豹重笺曰：

豹书御已来，十有二日，而圣旨高远，未垂采察，不赐一字之令，不敕可否之宜。盖霸王之神宝，安危之秘术，不可须臾而忽者也。伏思明公挟大功，抱大名，怀大德，执大权，此四大者，域中所不能容，贤圣所以战战兢兢，日昃不暇食，虽休勿休者也。昔周公以武王为兄，成王为君，伐纣有功，以亲辅政，执德弘深，圣思博远，至忠至仁，至孝至敬。而摄事之日，四国流言，离主出奔，居东三年，赖风雨之变，成王感悟。若不遭皇天之应，神人之察，恐公旦之祸未知所限也。至于执政，犹与召公分陕为伯。今明公自视功德孰如周公。且元康以来，宰相之患，危机窃发，不及容思，密祸潜起，辄在呼喻，岂复晏然得全生计！前鉴不远，公所亲见也。君子不有远虑，必有近忧，忧至乃悟，悔无所及也。

今若从豹此策，皆遣王侯之国，北与成都分河为伯，成都在邺，明公都宛，宽方千里，以与圻内侯伯子男小大相率，结好要盟，同奖皇家；贡御之法，一如周典。若合圣规，可先旨与成都共论。虽以小才，愿备行人。昔厮养，燕赵之微者耳，百里奚，秦楚之商人也，一开其说，两国以宁。况豹虽陋，大州之纲纪，加明公起事险难之主簿也。故身虽轻，其言未必否也。

冏令曰："得前后白事，具意，辄别思量也。"会长沙王乂至，于冏案上见豹笺，谓冏曰："小子离间骨肉，何不铜驼下打杀！"冏既不能嘉豹之策，遂纳乂言，乃奏豹曰："臣忿奸凶肆逆，皇祚颠坠，与成都、长沙、新野共兴义兵，安复社稷，唯欲戮力皇家，与亲亲宗室腹心从事，此臣夙夜自誓，无负神明。而主簿王豹比有白事，敢造异端，谓臣忝备宰relevant，必遭危害，虑在一旦，不祥之声可跂足而待，欲臣与成都分陕为伯，尽出藩王。上诬圣朝鉴御之威，下长妖惑，疑阻众心，噂嗒背憎，巧卖两端，讪上谤下，逸内间外，遘恶导奸，坐生猜嫌。昔孔丘匡鲁，乃诛少正；子产相郑，先戮邓析，诚以交乱名实，若赵高诡怪之类也。豹为臣不忠不顺不义，辄敕都街考竟，以明邪正。"豹将死，曰："悬吾头大司马门，见兵之攻齐也。"众庶冤之。俄而冏败。

刘沈，字道真，燕国蓟人也。世为北州名族。少仕州郡，博学好古。太保卫瓘辟为掾，领本邑大中正。敦儒道，爱贤能，进霍原为二品，及申理张华，皆辞旨明峻，为当时所称。齐王冏辅政，引为左长史，迁侍中。于时李流乱蜀，诏沈以侍中、假节，统益州刺史罗尚、梁州刺史许雄等以讨流。行次长安，河间王颙请留沉为军司，遣席薳代之。后领雍州刺史。及张昌作乱，诏颙遣沉将州兵万人并征西府五千人，自蓝田关以讨之，颙不奉诏。沉自领州兵至蓝田，颙又逼夺其众。长沙王乂命沉将武吏四百人还州。

张方既逼京都，王师屡败，王瑚、祖逖言于乂曰："刘沈忠义果毅，雍州兵力足制河间，宜启上诏与沈，使发兵袭颙，颙窘急，必召张方以自救，此计之良也。"乂从之。沈奉诏驰檄四境，合七郡之众及守防诸军、坞壁甲士万余人，以安定太守卫博、新平太守张光、安定功曹皇甫澹为先登，袭长安。颙时顿于郑县之高平亭，为东军声援，闻沈兵起，还镇渭城，遣督护虞夔率步骑万余人逆沈于好畤。接战，夔众败，颙大惧，退入长安，果急呼张方。沈渡渭而垒，颙每遣兵出斗，辄不利，沈乘胜攻之，使澹、博以精甲五千，从长安门而入，力战至颙帐下。沈军来迟，颙军见澹等无继，气益倍。冯翊太守张辅率众救颙，横击之，大战于府门，博父子皆死之，澹又被擒。颙奇澹壮勇，将活之。澹不为之屈，于是见杀。沈军遂败，率余卒屯于故营。张方遣其将敦伟夜至，沈军大惊而溃，与麾下百余人南遁，为陈仓令所执。沈谓颙曰："夫知己之顾轻，在三之节重，不可违君父之诏，量强弱以苟全。投袂之日，期之必死，菹醢之戮，甘之如荠。"辞义慷慨，见者哀之。颙怒，鞭之而后腰斩。有识者以颙干上犯顺，虐害忠义，知其灭亡不久也。

麹允，金城人也。与游氏世为豪族，西州为之语曰："麹与游，牛羊不数头。南开朱门，北望青楼。"洛阳倾覆，阎鼎等立秦王为皇太子于长安，鼎总摄百揆。允时为安夷护军、始平太守，心害鼎功，且视权势，因鼎杀京兆太守梁综，乃与综弟冯翊太守纬等攻鼎，走之。会雍州刺史贾正为屠各所杀，允代其任。愍帝即尊位，以允为尚书左仆射、领军、持节、西戎校尉、录尚书事，雍州如故。时刘曜、殷凯、赵染数万众逼长安，允击破之，擒凯于阵。曜复攻北地，允为大都督、骠骑将军，次于青白城以救之。曜闻而转寇上郡，允军于灵武，以兵弱不敢进。曜后复围北地，太守麹昌遣使求救，允率步骑赴之。去城数十里，群贼绕城放火，烟尘蔽天，纵反间诈允曰："郡城已陷，焚烧向尽，无及矣。"允信之，众惧而溃。后数日，麹昌突围赴长安，北地遂陷。

允性仁厚，无威断，吴皮、王隐之徒，无赖凶人，皆加重爵，新平太守竺恢，始平太守杨像、扶风太守竺爽、安定太守焦嵩，皆征镇杖节，加侍中、常侍，村坞主帅小者，犹假银青、将军之号，欲以抚结众心。然诸将骄恣，恩不及下，人情颇离，由是羌胡因此跋扈，关中淆乱，刘曜复攻长安，百姓饥甚，死者太半。久之，城中窘逼，帝将出降，叹曰："误我事者，麹、索二公也。"帝至平阳，为刘聪所幽辱，允伏地号哭不能起。聪大怒，幽之于狱，允发愤自杀。聪嘉其忠烈，赠车骑将军，谥节愍侯。

焦嵩，安定人。初率众据雍。曜之逼京都，允告难于嵩，嵩素侮允，曰："须允困，当救之。"及京都败，嵩亦寻为寇所灭。

贾浑，不知何郡人也。太安中，为介休令。及刘元海作乱，遣其将乔晞攻陷之。浑抗节不降，曰："吾为晋守，不能全之，岂苟求生以事贼虏，何面目以视息世间哉！"晞怒，执将杀之，晞将尹崧曰："将军舍之，以劝事君。"晞不听，遂害之。

王育，字伯春，京兆人也。少孤贫，为人佣牧羊，每过小学，必歔欷流涕。时有暇，即折蒲学书，忘而失羊，为羊主所责，育将鬻己以偿之。同郡许子章，敏达之士也，闻而嘉之，代育偿羊，给其衣食，使与子同学，遂博通经史。身长八尺余，须长三尺，容貌绝异，音声动人。子章以兄之子妻之，为立别宅，分之资业，育受之无愧色。然行己任性，颇不偶俗。妻丧，吊之者不过四五人，然皆乡间名士。太守杜宣命为主簿。俄而宣左迁万年令，杜令王攸诣宣，宣不迎之，攸怒曰："卿往为二千石，吾所敬也。今吾侪耳，何故不见迎？欲以小雀遇我，使我畏死鹬乎？"育执刀叱攸曰："君辱臣死，自昔而然。我府君以非罪黜降，如日月之蚀耳，小县令敢轻辱吾君！汝谓吾刀钝邪，敢如是乎！"前将杀之。宣惧，跣下抱育，乃止。自此知名。司徒王浑辟为掾，除南武阳令。为政清约，宿盗逃奔他郡。迁并州督护。成都王颖在邺，又以育为振武将军。

刘元海之为北单于，育说颖曰："元海今去，育请为殿下促之，不然，惧不至也。"颖然之，以育为破虏将军。元海遂拘之，其后以为太傅。

韦忠字子节，平阳人也。少慷慨，有不可夺之志。好学博通，性不虚诺。闭门修己，不交当世，每至吉凶，亲表赠遗，一无所受。年十二，丧父，哀慕毁悴，杖而后起。司空裴秀吊之，匍匐号诉，哀恸感人。秀出而告人曰："此子长大必为佳器。"归而命子頠造焉。服阕，遂庐于墓所。頠慕而造之，皆托行不见。家贫，藜藿不充，人不堪其忧，而忠不改其乐。頠为仆射，数言之于司空张华，华辟之，辞疾不起。人问其故，忠曰："吾茨檐贱士，本无宦情。且茂先华而不实，裴頠欲而无厌，弃典礼而附贼后，若此，岂大丈夫之所宜行邪！裴常有心托我，常恐洪涛荡岳，余波见漂，况可临尾闾而窥沃焦哉！"太守陈楚迫为功曹。会山羌破郡，楚携子出走，贼射之，中三创。忠冒刃伏楚。以身捍之，泣曰："韦忠愿以身代君，乞诸君哀之。"亦遭五矢。贼相谓曰："义士也！"舍之。忠于是负楚以归。后仕刘聪，为镇西大将军，平羌校尉，讨叛羌，矢尽，不屈节而死。

辛勉，字伯力，陇西狄道人也。父洪，左卫将军。勉博学，有贞固之操。怀帝世，累迁为侍中。及洛阳陷，随帝至平阳。刘聪将署为光禄大夫，勉固辞不受。聪遣其黄门侍郎乔度赍药酒逼之，勉曰："大丈夫岂以数年之命而亏高节，事二姓，下见武皇帝哉！"引药将饮，度遽止之曰："主上相试耳，君真高士也！"叹息而去。聪嘉其贞节，深敬异之，为筑室于平阳西山，月致酒米，勉亦辞而不受。年八十，卒。

勉族弟宾，愍帝时为尚书郎。及帝蒙尘于平阳，刘聪使帝行酒洗爵，欲观晋臣在朝者意。宾起而抱帝大哭，聪曰："前杀庾珉辈，故不足为戒邪！"引出，遂加害焉。

刘敏元，字道光，北海人也。厉己修学，不以险难改心。好星历阴阳术数，潜心《易》、《太玄》，不好读史，常谓同志曰："诵书当味义根，何为费功于浮辞之文！《易》者，义之源，《太玄》，理之门，能明此者，即吾师也。"永嘉之乱，自齐西奔。同县管平年七十余，随敏元而西，行及荥阳，为盗所劫。敏元已免，乃还谓贼曰："此公孤老，余年无几，敏元请以身代，愿诸君舍之。"贼曰："此公于君何亲？"敏元曰："同邑人也。穷窭无子，依敏元为命。诸君若欲役之，老不堪使，若欲食之，复不如敏元，乞诸君哀之。"有一贼瞋目叱敏元曰："吾不放此公，忧不得汝乎！"敏元奋剑曰："吾岂望生邪！当杀汝而后死。此公穷老，神祇尚当哀矜之。吾亲非骨肉，义非师友，但以见投之故，乞以身代。诸大夫慈惠，皆有听吾之色，汝何有觍面目而发斯言！"顾谓诸盗长曰："夫仁义何常，宁可失诸君子！上当为高皇、光武之事，下岂失为陈项乎！当取之由道，使所过称咏威德，奈何容畜此人以损盛美！当为诸君除此人，以成诸君霸王之业。"前将斩之。盗长遽止之，而相谓曰："义士也！害之犯义。"乃俱免之。后仕刘曜，为中书侍郎、太尉长史。

周该，天门人也。性果烈，以义勇称。虽不好学，而率由名教。叔父级为宜都内史，亦忠节士也。闻谯王承立义湘州，甘卓又不同王敦之举，而书檄不至，级谓该曰："吾尝疾王敦挟陵上之心，今称兵构逆，有危社稷之势。谯王宗室之望，据方州之重，建旗誓众，图袭武昌。甘安南少著勇名，士马器械当今为盛，闻与谯王剋期举义，此乃烈士急病之秋，吾致死之时也，汝其成吾之志，申款于谯王乎？"该欣然奉命，潜至湘州，与承相见，口陈至诚。承大悦。会王敦遣其将魏乂围承甚急，该乃与湘州从事周崎间出反命，俱为乂所见，考之至死，竟不言其故，级由是获免王敦之难。

桓雄，长沙人也。少仕州郡。谯王承为湘州刺史，命为主簿。王敦之逆，承为敦将魏乂所执，佐吏奔散，雄与西曹韩阶，从事武延并毁服为僮竖，随承向武昌。乂见雄姿貌长者，进退有礼，知非凡人，有畏惮之色，因害之。

韩阶，长沙人也。性廉谨笃慎，为闾里所敬爱。刺史、谯王承辟为议曹祭酒，转西曹书佐。及承为魏乂所执，送武昌，阶与武延等同心随从，在承左右。桓雄被害之后，二人执志愈固。及承遇祸，阶、延亲营殡敛，送柩还都，朝夕哭奠，俱葬毕乃还。

周崎，邵陵人也。为湘州从事。王敦之难，谯王承使崎求救于外，与周该俱为魏乂侦人所执，乂责崎辞情，临以白刃。崎曰："州将使求援于外，本无定指，随时制宜耳。"又谓崎曰："汝为我语城中，称大将军已破刘隗、戴若思，甘卓住襄阳，无复异议，三江州郡，万里肃清，外援理绝。如是者，我当活汝。"崎伪许之。既到城下，大呼曰："王敦军败于于湖，甘安南已克武昌，即日分遣大众来赴此急，努力坚守，贼今散矣！"乂于是数而杀之。

易雄，字兴长，长沙浏阳人也。少为县吏，自念卑贱，无由自达，乃脱帻挂县门而去。因习律令及施行故事，交结豪右，州里稍称之。仕郡，为主簿。张昌之乱也，执太守万嗣，将斩之，雄与贼争论曲直。贼怒，叱使牵雄斩之，雄趋出自若。贼又呼问之，雄对如初。如此者三，贼乃舍之。嗣由是获免，雄遂知名。举廉，为州主簿，迁别驾。自以门寒，不宜久处上纲，谢职还家。后为舂陵令。刺史、谯王承既距王敦，将谋起兵以赴朝廷。雄承符驰檄远近，列敦罪恶，宣募县境，数日之中，有众千人，负粮荷戈而从之。承既固守，而湘中残荒之后，城池不完，兵资又阙。敦遣魏乂、李恒攻之，雄勉厉所统，捍御累旬，士卒死伤者相枕。力屈城陷，为乂所虏，意气慷慨，神无惧色。送到武昌，敦遣人以檄示雄而数之。雄曰："此实有之，惜雄位微力弱不能救国之难。王室如毁。雄安用生为！今日即戮，得作忠鬼，乃所愿也。"敦惮其辞正，释之。众人皆贺，雄笑曰："昨夜梦乘车，挂肉其傍。夫肉必有筋，筋者斤也，车傍有斤，吾其戮乎！"寻而敦遣杀之。当时见者，莫不伤惋。

乐道融，丹阳人也。少有大志，好学不倦，与朋友信，每约己而务周给，有国士之风。为王敦参军。敦将图逆，谋害朝贤，以告甘卓。卓以为不可，迟留不赴。敦遣道融召之。道融虽为敦佐，忿其逆节，因说卓曰："主上躬统万机，非专任刘隗。今虑七国之祸，故割湘州以削诸侯，而王氏擅权日久，卒见分政，便谓被夺耳。王敦背恩肆逆，举兵伐主，国家待君至厚，今若同之，岂不负义！生为逆臣，死为愚鬼，永成宗党之耻邪！君当伪许应命，而驰袭武昌，敦众闻之，必不战自散，大勋可就矣。"卓大然之，乃与巴东监军柳纯等露檄陈敦过逆，率所统致讨，又遣赍表诣台。卓怍不果决，且年老多疑，遂待诸方同进，出军稽迟。至猪口，敦闻卓已下兵，卓兄子卬时为敦参军，使卬求和于卓，令其旋军。卓信之，将旋，主簿邓骞与道融劝卓曰："将军起义兵而中废，为败军之将，窃为将军不取。今将军之下，士卒各求其利，一旦而还，恐不可得也。"卓不从。道融昼夜涕泣谏卓，忧愤而死。

虞悝，长沙人也。弟望，字子都。并有士操，孝悌廉信为乡党所称，而俱好藏否，以人伦为己任。少仕州郡，兄弟更为治中、别驾。元帝为丞相，招延四方之士，多辟府掾，时人谓之"百六掾"。望亦被召，耻而不应。谯王承临州，知其名，檄悝为长史。未到，遭母丧。会王敦作逆，承往吊悝，因留与语曰："吾前被诏，遣镇此州，正以王敦专擅，防其为祸。今敦果为逆谋，吾受任一方，欲率所领驰赴朝廷，而众少粮乏，且始到贵州，恩信未著。卿兄弟南夏之翘俊，而智勇远闻，古人墨绖即戎，况今鲸鲵塞路，王室危急，安得遂冈极之情，忘忠义之节乎！如今起事，将士器械可以济不？"悝、望对曰："王敦居分陕之任，一旦构逆，图危社稷，此天地所不容，人神所忿疾。大王不以猥劣，枉驾访及，悝兄弟并受国恩，敢不自奋！今天朝中兴，人思晋德，大王以宗子之亲，奉信顺而诛有罪，孰不荷戈致命！但鄙州荒弊，粮器空竭，舟舰寡少，难以进讨。宜且收众固守，传檄四方，其势必分，然后图之，事可捷也。"承以为然，乃命悝为长史，望为司马，督护诸军。

湘东太守郑澹，敦之姊夫也，不顺承旨，遣望讨之。望率众一旅，直入郡斩澹，以徇四境。及魏义来攻，望每先登，力战而死。城破，悝复为父所执，将害之，子弟对之号泣，悝谓曰："人生有死，阖门为忠义鬼，亦何恨哉！"及王敦平，赠悝襄阳太守，望荥阳太守，遣谒者至墓，祭以少牢。

沈劲，字世坚，吴兴武康人也。父充，与王敦构逆，众败而逃，为部曲将吴儒所杀。劲当坐诛，乡人钱举匿之得免。其后竟杀仇人。劲少有操，哀父死于非义，志欲立勋以雪先耻。年三十余，以刑家不得仕进。郡将王胡之深异之，及迁平北将军、司马刺史，将镇洛阳，上疏曰："臣当藩卫山陵，式遏戎狄，虽义督群心，人思自百，然方蔓荆棘，奉宣国恩，艰难急病，非才不济。吴兴男子沈劲，清操著于乡邦，贞固足以干事。且臣今西，文武义故，吴兴人最多，若令劲参臣府事者，见人既悦，义附亦众。劲父充昔虽得罪先朝，然其门户累蒙旷荡，不审可得特垂沛然，许臣所上否？"诏听之。劲既应命，胡之以疾病解职。

升平中，慕容恪侵逼山陵。时冠军将军陈祐守洛阳，众不过二千，劲自表求配祐效力，因以劲补冠军长史，令自募壮士，得千余人，以助祐击贼，频以寡制众。而粮尽援绝，祐惧不能保全。会贼寇许昌，祐因以救许昌为名，兴宁三年，留劲以五百人守城，祐率众而东。会许昌已没，祐因奔崖坞。劲志欲致命，欣获死所。寻为恪所攻，城陷，被执，神气自若。恪奇而将宥之，其中军将军慕容虔曰："劲虽奇士，观其志度，终不为人用。今若赦之，必为后患。"遂遇害。恪还，从容言于慕容暐曰："前平广固，不能济辟闾，今定洛阳而杀沈劲，实有愧于四海。"朝廷闻而嘉之，赠东阳太守。子赤黔为大长秋。赤黔子叔任，义熙中为益州刺史。

吉挹，字祖冲，冯翊莲芍人也。祖朗，愍帝时为御史中丞。西朝不守，朗叹曰："吾智不能谋，勇不能死，何忍君臣相随北面事贼虏乎！"乃自杀。挹少有志节。孝武帝初，苻坚陷梁益，桓豁表挹为魏兴太守，寻加轻车将军，领晋昌太守。以距坚之功，拜员外散骑侍郎。苻坚将韦钟攻魏兴，挹遣众距之，斩七百余级，加督五郡军事。钟率众欲趣襄阳，挹又邀击，斩五千余级。钟怒，回军围之，挹又屡挫其锐。其后贼众继至，挹力不能抗，城将陷，引刃欲自杀，其友止之曰："且苟存以展他计，为计不立，死未晚也。"挹不从，友人逼夺其刀。会贼执之，挹闭口不言，不食而死。

车骑将军桓冲上言曰："故轻车将军、魏兴太守吉挹祖朗，西台倾覆，陨身守节。挹世笃忠孝，乃心本朝。臣亡兄温昔伐咸阳，军次灞水，挹携二弟，单马来奔，录其此诚，仍加擢授，自新野太守转在魏兴。久处兵任，委以边戍，疆场归怀，著称其莅。前年狡氏纵逸，浮河而下，挹孤城独立，众无一旅，外摧凶锐，内固津要，房贼舟船，俘馘千计，而贼并力功围，经历时月，会襄阳失守，边情沮丧，加众寡势殊，以至陷设。挹辞气慷慨，志在不辱，杖刃推戈，期之以陨，将吏持守，用不即毙，遂乃杜口无言，绝粒而死。挹参军史颖，近于贼中得还，赍挹临终手疏，并具说意状。挹之忠志，犹在可录。若蒙天地垂曲宥之恩，则荣加枯朽，惠隆泉壤矣。"帝嘉之，追赠益州刺史。

王谅，字幼成，丹阳人也。少有干略，为王敦所擢，参其府事，稍迁武昌太守。初，新昌太守梁硕专威交土，迎立陶咸为刺史。咸卒，王敦以王机为刺史，硕发兵距机，自领交趾太守，乃迎前刺史修则子湛行州事。永兴三年，敦以谅为交州刺史。谅将之任，敦谓曰："修湛、梁硕皆国贼也，卿至，便收斩之。"谅既到境，湛退还九真。广州刺史陶侃遣人诱湛来诣谅所，谅敕从人不得入阁，既前，执之。硕时在坐，曰："湛故州将之子，有罪可遣，不足杀也。"谅曰："是君义故，无豫我事。"即斩之。硕怒而出。谅阴谋诛硕，使客刺之，弗克，遂率众图谅于龙编。陶侃遣军救之，未至而谅败。硕逼谅夺其节，谅固执不与，遂断谅右臂。谅正色曰："死且不畏，臂断何有！"十余日，愤恚而卒。硕据交州，凶暴酷虐，一境患之，竟为侃军所灭，传首京都。

宋矩，字处规，敦煌人也。慷慨有志节。张重华据凉州地，以矩为宛戍都尉。石季龙遣将麻秋攻大夏，护军梁式执太守宋晏，以城应秋。秋遣晏以书致矩。矩既至，谓秋曰："辞父事君，当立功与义；苟功义不立，当守名节。矩终不背主覆宗，偷生于世。"先杀妻子，自刎而死。秋曰："义士也！"命葬之。重华嘉其诚节，赠振威将军。

车济，字万度，敦煌人也。果毅有大量。张重华以为金城令，为石季龙将麻秋所陷，济不为秋屈。秋必欲降之，乃临之以兵。济辞色不挠，曰："吾虽才非庞德，而受任同之。身可杀，志不可移。"乃伏剑而死。秋叹其忠节，以礼葬之。后重华迎致其丧，亲临恸哭，赠宜禾都尉。

丁穆，字彦远，谯国人也。积功劳，封真定侯，累迁为顺阳太守。太元四年，除振武将军、梁州刺史。受诏未发，会苻坚遣众寇顺阳，穆战败，被执至长安，称疾不仕伪朝。坚又倾国南寇，穆与关中人士唱义，谋袭长安，事泄，遇害，临死作表以付其妻周。其后周得至京师，诣阙上之。孝武帝下诏曰："故顺阳太守、真定侯丁穆力屈身陷，而诚节弥固，直亮壮劲，义贯古烈。其丧柩始反，言寻伤悼。可赠龙骧将军、雍州刺史，赙赐一依周虓故事。为立屋宅，并给其妻衣食，以终厥身。"

辛恭靖，陇西狄道人也。少有器干，才量过人。隆安中，为河南太守。会姚兴来寇，恭靖固守百余日，以无救而陷，被执至长安。兴谓之曰："朕将任卿以东南之事，可乎？"恭靖厉色曰："我宁为国家鬼，不为羌贼臣。"兴怒，幽之别室。经三年，至元兴中，诳守者，乃逾垣而遁，归于江东，安帝嘉之。桓玄请为谘议参军，置之朝首。寻而病卒。

罗企生，字宗伯，豫章人也。多才艺。初拜佐著作郎，以家贫亲老，求补临汝令，刺史王凝之请为别驾。殷仲堪之镇江陵，引为功曹。累迁武陵太守。未之郡而桓玄攻仲堪，仲堪更以企生为谘议参军。仲堪多疑少决，企生深忧之，谓弟遵生曰："殷侯仁而无断，事必无成。成败，天也，吾当死生以之。"仲堪果走，文武无送者，唯企生从焉。路经家门，遵生曰："作如此分离，何可不执手！"企生回马授手，遵生有勇力，便牵下之，谓曰："家有老母，

将欲何之？"企生挥泪曰："今日之事，我必死之。汝等奉养不失子道，一门之中有忠与孝，亦复何恨！"遵生抱之愈急。仲堪于路待之，企生遥呼曰："生死是同，愿少见待。"仲堪见企生无脱理，策马而去。

玄至荆州，人士无不诣者，企生独不往，而营理仲堪家。或谓之曰："玄猜忍之性，未能取卿诚节，若遂不诣，祸必至矣。"企生正色曰："我是殷侯吏，见遇以国士，为弟以力见制，遂不我从，不能共殄丑逆，致此奔败，亦何面目复就桓求生乎！"玄闻之大怒，然素待企生厚，先遣人谓曰："若谢我，当释汝。"企生曰："为殷荆州吏，荆州奔亡，存亡未判，何颜复谢！"玄即收企生，遣人问欲何言，答曰："文帝杀嵇康，嵇绍为晋忠臣，从公乞一弟，以养老母。"玄许之。又引企生于前，谓曰："吾相遇甚厚，何以见负？今者死矣！"企生对曰："使君既兴晋阳之甲，军次寻阳，并奉王命，各还所镇，升坛盟誓，口血未干，而生奸计。自伤力劣，不能翦灭凶逆，恨死晚也。"玄遂害之，时年三十七，众咸悼焉。先是，玄以羔裘遗企生母胡氏，及企生遇害，即日焚裘。

张祎，吴郡人也。少有操行。恭帝为琅邪王，以祎为郎中令。及帝践阼，刘裕以祎帝之故吏，素所亲信，封药酒一罂付祎密令鸩帝。祎既受命而叹曰："鸩君而求生，何面目视息世间哉，不如死也！"因自饮之而死。

史臣曰：中散以肤受见诛，王仪以抗言获戾，时皆可谓死非其罪也。伟元耻臣晋室，延祖甘赴危亡，所由之理虽同，所趣之途即异，而并见称当世，垂芳竹帛，岂不以君父居在三之极，忠孝为百行之先者乎！且衰独善其身，故得全其孝，而绍兼济于物，理宜竭其忠，可谓兰桂异质而齐芳，《韶》《武》殊音而并美。或有论绍者以死难获讥，扬榷言之，未为笃论。夫君，天也，天可仇乎！安既享其荣，危乃违其祸，进退无据，何以立人！嵇生之陨身全节，用此道也。

赞曰：重义轻生，亡躯殉节。劲松方操，严霜比烈。白刃可陵，贞心难折。道光振古，芳流来哲。

卷九十　　列传第六十

良吏　鲁芝　胡威　杜轸　窦允　王宏　曹摅　潘京　范晷　丁绍　乔智明　邓攸　吴隐之

汉宣帝有言："百姓所以安其田里而无叹息愁恨之心者，政平讼理也。与我共此者，其唯良二千石乎！"此则长吏之官，实为抚导之本。是以东里相郑，西门宰邺，颍

川黄霸，蜀郡文翁，或吏不敢欺，或人怀其惠，或教移齐鲁，或政务宽和，斯并惇史播其徽音，良能以为准的。

有晋肇兹王业，光启霸图，授方任能，经之纬武。泰始受禅，改物君临，纂三叶之鸿基，膺百王之大宝，劳心庶绩，垂意黎元，申敕守宰之司，娄发忧矜之诏，辞旨恳切，诲谕殷勤，欲使直道正身，抑末敦本。当此时也，可谓农安其业，吏尽其能者欤！而帝宽厚足以君人，明威未能厉俗，政刑以之私谒，贿赂于此公行，结绶者以放浊为通，弹冠者以苟得为贵，流遁忘反，寖以为常。刘毅抗卖官之言，当时以为矫枉，察其风俗，岂虚也哉！爰及惠怀，中州鼎沸，逮于江左，晋政多门，元帝比少康之隆，处仲为梗，海西微昌邑之罪，元子乱常，既权逼是忧，故羁縻成俗。莅职者为身择利，铨综者为人择官，下僚多英俊之才，势位必高门之胄，遂使良能之绩仅有存焉。虽复茂弘以明允赞经纶，安石以时宗镇雅俗，然外虞孔炽，内难方殷，而匡救弥缝，方免倾覆，弘风革弊，彼则未遑。今采其政绩可称者，以为《良吏传》。

鲁芝，字世英，扶风郿人也。世有名德，为西州豪族。父为郭汜所害，芝襁褓流离，年十七，乃移居雍，耽思坟籍。郡举上计吏，州辟别驾。魏车骑将军郭淮为雍州刺史，深敬重之。举孝廉，除郎中。会蜀相诸葛亮侵陇右，淮复请芝为别驾。事平，荐于公府，辟大司马曹真掾，转临淄侯文学。郑袤荐于司空王朗，朗即加礼命。后拜骑都尉、参军事、行安南太守，迁尚书郎。曹真出督关右，又参大司马军事。真薨，宣帝代焉，乃引芝参骠骑军事，转天水太守。郡邻于蜀，数被侵掠，户口减削，寇盗充斥，芝倾心镇卫，更造城市，数年间旧境悉复。迁广平太守。天水夷夏慕德，老幼赴阙献书，乞留芝。魏明帝许焉，仍策书嘉叹，勉以黄霸之美，加讨寇将军。

曹爽辅政，引为司马。芝屡有谠言嘉谋，爽弗能纳。及宣帝起兵诛爽，芝率余众犯门斩关，驰出赴爽，劝爽曰："公居伊周之位，一旦以罪见黜，虽欲牵黄犬，复可得乎！若挟天子保许昌，杖大威以羽檄征四方兵，孰敢不从！舍此而去，欲就东市，岂不痛哉！"爽懦惑不能用，遂委身受戮。芝坐爽下狱，当死，而口不讼直，志不苟免。宣帝嘉之，赦而不诛。俄而起为使持节、领护匈奴中郎将、振威将军、并州刺史。以绥缉有方，迁大鸿胪。

高贵乡公即位，赐爵关内侯，邑二百户。毌丘俭平，随例增邑二百户，拜扬武将军、荆州刺史。诸葛诞以寿春叛，文帝奉魏帝出征，征兵四方，芝率荆州文武以为先驱。诞平，进爵武进亭侯，又增邑九百户。迁大尚书，掌刑理。常道乡公即位，进爵籑城乡侯，又增邑八百户，迁监青州诸军事、振武将军、青州刺史，转平东将军。五等建，封阴平伯。

武帝践阼，转镇东将军，进爵为侯。帝以芝清忠履正，素无居宅，使军兵为作屋五十间。芝以年及悬车，告老逊位，章表十余上，于是征为光禄大夫，位特进，给吏卒，门施行马。羊祜为车骑将军，乃以位让芝，曰："光禄大夫鲁芝洁身寡欲，和而不同，服事华发，以礼终始，未蒙此选，臣更越之，何以塞天下之望！"上不从。其为人所重如是。泰始九年卒，年八十四。帝为举哀，赗赠有加，谥曰贞，赐茔田百亩。

胡威，字伯武，一名貔。淮南寿春人也。父质，以忠清著称，少与乡人蒋济、朱绩俱知名于江淮间，仕魏至征东将军、荆州刺史。威早厉志尚。质之为荆州也，威自京都定省，家贫，无车马僮仆，自驱驴单行。每至客舍，躬放驴，取樵炊爨，食毕，复随侣进道。既至，见父，停厩中十余日。告归，父赐绢一匹为装。威曰："大人清高，不审于何得此绢？"质曰："是吾俸禄之余，以为汝粮耳。"威受之，辞归。质帐下都督先威未发，请假还家，阴资装于百余里，要威为伴，每事佐助。行数百里，威疑而诱问之，既知，乃取所赐绢与都督，谢而遣之。后因他信以白质，质杖都督一百，除其名。其父子清慎如此。于是名誉著闻。拜侍御史，历南乡侯、安丰太守，迁徐州刺史。勤于政术，风化大行。

后入朝，武帝语及平生，因叹其父清，谓威曰："卿孰与父清？"对曰："臣不如也。"帝曰："卿父以何胜耶？"对曰："臣父清恐人知，臣清恐人不知，是臣不及远也。"帝以威言直而婉，谦而顺。累迁监豫州诸军事、右将军、豫州刺史，入为尚书，加奉车都尉。

威尝谏时政之宽，帝曰："尚书郎以下，吾无所假借。"威曰："臣之所陈，岂在丞郎令史，正谓君辈，始可以肃化明法耳。"拜前将军、监青州诸军事、青州刺史，以功封平春侯。太康元年，卒于位，追赠使持节、都督青州诸军事、镇东将军，余如故，谥曰烈。子奕嗣。

奕字次孙，仕至平东将军。威弟罴，字季象，亦有干用，仕至益州刺史、安东将军。

杜轸，字超宗，蜀郡成都人也。父雄，绵竹令。轸师事谯周，博涉经书。州辟不就，为郡功曹史。时邓艾至成都，轸白太守曰："今大军来征，必除旧布新，明府宜避之，此全福之道也。"太守乃出。艾果遣其参军牵弘自之郡，弘问轸前守所在，轸正色对曰："前守达去就之机，辄自出官舍以俟君子。"弘器之，命复为功曹，轸固辞。察孝廉，除建宁令，导以德政，风化大行，夷夏悦服。秩满将归，群蛮追送，赂遗甚多，轸一无所受，去如初至。又除池阳令，为雍州十一郡最。百姓生为立祠，得罪者无怨言。累迁尚书郎。轸博闻广涉，奏议驳论多见施用。时涪人李骧亦为尚书郎，与轸齐名，每有论议，朝廷莫能逾之，号蜀有二郎。轸后拜犍为太守，甚有声誉。当迁，会病卒，年五十一。子毗。

毗字长基。州举秀才，成都王颖辟大将军掾，迁尚书郎，参太傅军事。及洛阳覆没，毗南渡江，王敦表为益州刺史，将与宜都太守柳纯共固白帝。杜弢遣军要毗，遂遇害。

毗弟秀，字彦颖，为罗尚主簿。州没，为氐贼李骧所得，欲用为司马。秀不受，见害。毗次子歆，举秀才。

轸弟烈，明政事，察孝廉，历平康、安阳令，所居有异绩,迁衡阳太守。闻轸亡,因自表兄子幼弱,求去官,诏转犍为太守,蜀土荣之。后迁湘东太守,为成都王颖郎中令,病卒。

烈弟良,举秀才,除新都令、涪陵太守,不就,补州大中正,卒。

窦允,字雅,始平人也。出自寒门,清尚自修。少仕县,稍迁郡主簿。察孝廉,除浩亹长。勤于为政,劝课田蚕,平均调役,百姓赖之。迁谒者。泰始中,诏曰:"当官者能洁身修己,然后在公之节乃全。身善有章,虽贱必赏,此兴化立教之务也。谒者窦允前为浩亹长,以修勤清白见称河右。是辈当擢用,使立行者有所劝。主者详复参访,有以旌表之。"拜临水令。克己厉俗,改修政事,士庶悦服,咸歌咏之。迁钜鹿太守,甚有政绩。卒于官。

王宏,字正宗,高平人,魏侍中粲之从孙也。魏时辟公府,累迁尚书郎,历给事中。泰始初,为汲郡太守,抚百姓如家,耕桑树艺,屋宇阡陌,莫不躬自教示,曲尽事宜,在郡有殊绩。司隶校尉石鉴上其政术,武帝下诏称之曰:"朕惟人食之急,而惧天时水旱之运,夙夜警戒,念在于农。虽诏书屡下,敕厉殷勤,犹恐百姓废惰以损生植之功。而刺史、二千石、百里长吏未能尽勤,至使地有遗利而人有余力,每思闻监司纠举能不,将行其赏罚,以明沮劝。今司隶校尉石鉴上汲郡太守王宏勤恤百姓,导化有方,督劝开荒五千余顷,而熟田常课顷亩不减。比年普饥,人食不足,而宏郡界独无匮乏,可谓能矣。其赐宏谷千斛,布告天下,咸使闻知。"

俄迁卫尉、河南尹、大司农,无复能名,更为苛碎。坐桎梏罪人,以泥墨涂面,置深坑中,饿不与食,又擅纵五岁刑以下二十一人,为有司所劾。帝以宏累有政绩,听以赎罪论。太康中,代刘毅为司隶校尉,于是检察士庶,使车服异制,庶人不得衣紫绛及绮绣锦缛。帝常遣左右微行,观察风俗,宏缘此复遣吏科检妇人袒服,至褰发于路。论者以为暮年谬妄,由是获讥于世,复坐免官。后起为尚书。太康五年卒,追赠太常。

曹摅,字颜远,谯国谯人也。祖肇,魏卫将军。摅少有孝行,好学善属文,太尉王衍见而器之,调补临淄令。县有寡妇,养姑甚谨。姑以其年少,劝令改适,妇守节不移。姑愍之,密自杀。亲党告妇杀姑,官为考鞠,寡妇不胜苦楚,乃自诬。狱当决,适值摅到。摅知其有冤,更加辩究,具得情实,时称其明。狱有死囚,岁夕,摅行狱,愍之,曰:"卿等不幸致此非所,如何?新岁人情所重,岂不欲暂见家邪?"众囚皆涕泣曰:"若得暂归,死无恨也。"摅悉开狱出之,克日令还。掾吏固争,咸谓不可。摅曰:"此虽小人,义不见负,自为诸君任之。"至日,相率而还,并无违者,一县叹服,号曰圣君。入为尚书郎,转洛阳令,仁惠明断,百姓怀之。时天大雨雪,宫门夜失行马,群官检察,莫知所在。摅使收门士,众官咸谓不然。摅曰:"宫掖禁严,非外人所敢盗,必是门士以燎寒耳。"诘之,果服。以病去官。复为洛阳令。

及齐王冏辅政,摅与左思俱为记室督。冏尝从容问摅曰:"天子为贼臣所逼,莫有能奋。吾率四海义兵兴复王室,今入辅朝廷,匡振时艰,或有劝吾还国,于卿意如何?"摅曰:"荡平国贼,匡复帝祚,古今人臣之功未有如大王之盛也。然道罔隆而不杀,物无盛而不衰,非唯人事,抑亦天理。窃预下问,敢不尽情。愿大王居高虑危,在盈思冲,精选百官,存公屏欲,举贤进善,务得其才,然后脂车秣马,高揖归藩,则上下同庆,摅等幸甚。"冏不纳。寻转中书侍郎。长沙王乂以为骠骑司马。乂败,免官。因丁母忧。惠帝末,起为襄城太守。

永嘉二年,高密王简镇襄阳,以摅为征南司马。其年流人王逌等聚众屯冠军,寇掠城邑。简遣参军崔旷讨之,令摅督护旷。旷,奸凶人也,谲摅前战,期为后继,既而不至。摅独与逌战于郦县,军败死之。故吏及百姓并奔丧会葬,号哭断路,如赴父母焉。

潘京,字世长,武陵汉寿人也。弱冠,郡辟主簿,太守赵廞甚器之,尝问曰:"贵郡何以名武陵?"京曰:"鄙郡本名义陵,在辰阳县界,与夷相接,数为所攻,光武时移东出,遂得全定,共议易号。《传》曰止戈为武,《诗》称高平曰陵,于是名焉。"为州所辟,因谒见问策,探得"不孝"字,刺史戏京曰:"辟士为不孝邪?"京举版答曰:"今为忠臣,不得复为孝子。"其机辩皆此类。后太庙立,州郡皆遣使贺,京白太守曰:"夫太庙立,移神主,应问讯,不应贺。"遂遣京作文,使诣京师,以为永式。京仍举秀才,到洛。尚书令乐广,京州人也,共谈累日,深叹其才,谓京曰:"君天才过人,恨不学耳。若学,必为一代谈宗。"京感其言,遂勤学不倦。时武陵太守戴昌亦善谈论,与京共谈,京假借之,昌以为不如己,笑而遣之,令过其子若思,京方极其言论。昌窃听之,乃叹服曰:"才不可假。"遂父子俱屈焉。历巴丘、邵陵、泉陵三令。京明于政术,路不拾遗。迁桂林太守,不就,归家,年五十卒。

范晷,字彦长,南阳顺阳人也。少游学清河,遂徙家侨居。郡命为五官掾,历河内郡丞。太守裴楷雅知之,荐为侍御史。调补上谷太守,遭丧,不之官。后为司徒左长史,转冯翊太守,甚有政能,善于绥抚,百姓爱悦之。征拜少府,出为凉州刺史,转雍州。于时西土荒毁,氐羌蹈藉,田桑失收,百姓困弊,晷倾心化导,劝以农桑,所部甚赖之。元康中,加左将军,卒于官。二子:广、稚。

广字仲将。举孝廉,除灵寿令,不之官。姊适孙氏,早亡,有孙名迈,广负以南奔,虽盗贼艰急,终不弃之。元帝承制,以为堂邑令。丞刘荣坐事当死,郡劾以付县。荣即县人,家有老母,至节,广辄听暂还,荣亦如期而反。县堂为野火所及,荣脱械救火,事毕,还自著械。后大旱,米贵,广散私谷振饥人,至数千斛,远近流寓归投之,户口十倍。卒于官。

稚少知名,辟大将军掾,早卒。子汪,别有传。

丁绍，字叔伦，谯国人也。少开朗公正，早历清官，为广平太守，政平讼理，道化大行。于时河北骚扰，靡有完邑，而广平一郡四境乂安，是以皆悦其法而从其令。及临漳被围，南阳王模窘急，绍率郡兵赴之，模赖以获全。模感绍恩，生为立碑。迁徐州刺史，士庶恋嘉，攀附如归。未之官，复转荆州刺史。从车千乘，南渡河至许。时南阳王模为都督，留绍，启转为冀州刺史。到镇，率州兵讨破汲桑有功，加宁北将军、假节、监冀州诸军事。时境内羯贼为患，绍捕而诛之，号为严肃，河北人畏而爱之。绍自以为才足为物雄，当官莅政，每事克举，视天下之事若运于掌握，遂慨然有董正四海之志矣。是时王浚盛于幽州，苟晞盛于青州，然绍视二人蔑如也。永嘉三年，暴疾而卒，临终叹曰："此乃天亡冀州，岂吾命邪！"怀帝策赠车骑将军。

乔智明，字元达，鲜卑前部人也。少丧二亲，哀毁过礼，长而以德行著称。成都王颖辟为辅国将军。颖之败赵王伦也，表智明为殄寇将军、隆虑、共二县令。二县爱之，号为"神君"。部人张兑为父报仇，母老单身，有妻无子，智明愍之，停其狱。岁余，令兑将妻入狱，兼阴纵之。人有劝兑逃者，兑曰："有君如此，吾何忍累之！纵吾得免，作何面目视息世间！"于狱产一男。会赦，得免。其仁感如是。惠帝之伐邺也，颖以智明为折冲将军、参丞相前锋军事。智明劝颖奉迎乘舆，颖大怒曰："卿名晓事，投身事孤。主上为群小所逼，将加非罪于孤，卿奈何欲使孤束手就刑邪！共事之义，正若此乎？"智明乃止。寻属永嘉之乱，仕于刘曜。

邓攸，字伯道，平阳襄陵人也。祖殷，亮直强正。钟会伐蜀，奇其才，自黾池令召为主簿。贾充伐吴，请殷为长史。后授皇太子《诗》，为淮南太守。梦行水边，见一女子，猛兽自后断其盘囊。占者以为水边有女，汝字也，断盘囊者，新兽头故兽头也，不作汝阴，当汝南也。果迁汝阴太守。后为中庶子。

攸七岁丧父，寻丧母及祖母，居丧九年，以孝致称。清和平简，贞正寡欲。少孤，与弟同居。初，祖父殷有赐官，敕攸受之。后太守劝攸去王官，欲举为孝廉，攸曰："先人所赐，不可改也。"尝诣镇军贾混，混以人讼事示攸，使决之。攸不视，曰："孔子称听讼吾犹人也，必也使无讼乎！"混奇之，以女妻焉。举灼然二品，为吴王文学，历太子洗马、东海王越参军。越钦其为人，转为世子文学、吏部郎。越弟腾为东中郎将，请攸为长史。出为河东太守。

永嘉末，没于石勒。然勒宿忌诸官长二千石，闻攸在营，驰召，将杀之。攸至门，门干乃攸为郎时干，识攸，攸求纸笔作辞。干候勒和悦，致之。勒重其辞，乃勿杀。勒长史张宾先与攸比舍，重攸名操，因称攸于勒。勒召至幕下，与语，悦之，以为参军，给车马。勒每东西，置攸车营中。勒夜禁火，犯之者死。攸与胡邻毂，胡夜失火烧车。吏按问，胡乃诬攸。攸度不可与争，遂对以弟妇散发温酒为辞。勒赦之。既而胡人深感，自缚诣勒以明攸，而阴遗攸马驴，诸胡莫不叹息宗敬之。石勒过泗水，攸乃斫坏车，以牛马负妻子而逃。又遇贼，掠其牛马，步走，担其儿及其弟子绥。度不能两全，乃谓其妻曰："吾弟早亡，唯有一息，理不可绝，止应自弃我儿耳。幸而得存，我后当有子。"妻泣而从之，乃弃之。其子朝弃而暮及。明日，攸系之于树而去。

至新郑，投李矩。三年，将去，而矩不听。荀组以为陈郡、汝南太守，愍帝征为尚书左丞、长水校尉，皆不果就。后密舍矩去，投荀组于许昌，矩深恨焉，久之，乃送家属还攸。攸与刁协、周𫖮素厚，遂至江东。元帝以攸为太子中庶子。时吴郡阙守，人多欲之，帝以授攸。攸载米之郡，俸禄无所受，唯饮吴水而已。时郡中大饥，攸表振贷，未报，乃辄开仓救之。台遣散骑常侍桓彝、虞騑慰劳饥人，观听善不，乃劾攸以擅出谷。俄而有诏原之。攸在郡刑政清明，百姓欢悦，为中兴良守。后称疾去职。郡常有送迎钱数百万，攸去郡，不受一钱。百姓数千人留牵攸船，不得进，攸乃小停，夜中发去。吴人歌之曰："紞如打五鼓，鸡鸣天欲曙。邓侯挽不留，谢令推不去。"百姓诣台乞留一岁，不听。拜侍中。岁余，转吏部尚书。蔬食弊衣，周急振乏。性谦和，善与人交，宾无贵贱，待之若一，而颇敬媚权贵。

永昌中，代周𫖮为护军将军。太宁二年，王敦反，明帝密谋起兵，乃迁攸为会稽太守。初，王敦伐都之后，中外兵数每月言之于敦。攸已出在家，不复知护军事，有恶攸者，诬攸尚白敦兵数。帝闻而未之信，转攸为太常。时帝南郊，攸病不能从。车驾过攸问疾，攸力病出拜。有司奏攸不堪行郊而拜道左，坐免。攸每有进退，无喜愠之色。久之，迁尚书右仆射。咸和元年卒，赠光禄大夫，加金章紫绶，祠以少牢。

攸弃子之后，妻子不复孕。过江，纳妾，甚宠之，讯其家属，说是北人遭乱，忆父母姓名，乃攸之甥。攸素有德行，闻之感恨，遂不复畜妾，卒以无嗣。时人义而哀之，为之语曰："天道无知，使邓伯道无儿。"弟子绥服攸丧三年。

吴隐之，字处默，濮阳鄄城人，魏侍中质六世孙也。隐之美姿容，善谈论，博涉文史，以儒雅标名。弱冠而介立，有清操，虽日晏歠菽，不飨非其粟，僬苟无储，不取非其道。年十余，丁父忧，每号泣，行人为之流涕。事母孝谨，及其执丧，哀毁逾礼。家贫，无人鸣鼓，每至哭临之时，恒有双鹤警叫，及祥练之夕，复有群雁俱集，时人咸以为孝感所至。尝食咸菹，以其味旨，掇而弃之。

与太常韩康伯邻居，康伯母，殷浩之姊，贤明妇人也，每闻隐之哭声，辍餐投箸，为之悲泣。既而谓康伯曰："汝若居铨衡，当举如此辈人。"及康伯为吏部尚书，隐之遂阶清级，解褐辅国功曹，转参征虏军事。兄坦之为袁真功曹，真败，将及祸，隐之诣桓温，乞代兄命，温矜而释之。遂为温所知赏，拜奉朝请、尚书郎，累迁晋陵太守。在郡清俭，妻自负薪。入为中书侍郎、国子博士、太子右卫率，转散骑常侍，领著作郎。孝武帝欲用为黄门郎，以隐之貌类简文帝，乃止。寻守廷尉、秘书监、御史中丞，领著作如故，迁左卫将军。虽居清显，禄赐皆班亲族，冬月无被，尝浣衣，乃披絮，勤苦同于贫庶。

广州包带山海，珍异所出，一箧之宝，可资数世，然多瘴疫，人情惮焉。唯贪婪不能自立者，求补长史，故前后刺史皆多黩货。朝廷欲革岭南之弊，隆安中，以隐之为龙骧将军、广州刺史、假节，领平越中郎将。未至州二十里，地名石门，有水曰贪泉，饮者怀无厌之欲。隐之既至，语其亲人曰："不见可欲，使心不乱。越岭丧清，吾知之矣。"乃至泉所，酌而饮之，因赋诗曰："古人云此水，一歃怀千金。试使夷齐饮，终当不易心。"及在州，清操逾厉，常食不过菜及干鱼而已，帷帐器服皆付外库，时人颇谓其矫，然亦终始不易。帐下人进鱼，每剔去骨存肉，隐之觉其用意，罚而黜焉。元兴初，诏曰："夫孝行笃于闺门，清节厉乎风霜，实立人之所难，而君子之美致也。龙骧将军、广州刺史吴隐之孝友过人，禄均九族，菲己洁素，俭愈鱼飧。夫处可欲之地，而能不改其操，飨惟错之富，而家人不易其服，革奢务啬，南域改观，朕有嘉焉。可进号前将军，赐钱五十万、谷千斛。"

及卢循寇南海，隐之率厉将士，固守弥时，长子旷之战没。循攻击百有余日，逾城放火，焚烧三千余家，死者万余人，城遂陷。隐之携家累出，欲奔还都，为循所得。循表朝廷，以隐之党附桓玄，宜加裁戮，诏不许。刘裕与循书，令遣隐之还，久方得反。归舟之日，装无余资。及至，数亩小宅，篱垣仄陋，内外茅屋六间，不容妻子。刘裕赐车牛，更为起宅，固辞。寻拜度支尚书、太常，以竹篷为屏风，坐无毡席。后迁中领军，清俭不革，每月初得禄，裁留身粮，其余悉分振亲族，家人绩纺以供朝夕。时有困绝，或并日而食，身恒布衣不完，妻子不沾寸禄。

义熙八年，请老致事，优诏许之，授光禄大夫，加金章紫绶，赐钱十万、米三百斛。九年，卒，追赠左光禄大夫，加散骑常侍。隐之清操不渝，屡被褒饰，致事及于身没，常蒙优锡显赠，廉士以为荣。

初，隐之为奉朝请，谢石请为卫将军主簿。隐之将嫁女，石知其贫素，遣女必当率薄，乃令移厨帐助其经营。使者至，方见婢牵犬卖之，此外萧然无办。后至自番禺，其妻刘氏赍沈香一斤，隐之见之，遂投于湖亭之水。

子延之复厉清操，为鄱阳太守。延之弟及子为郡县者，常以廉慎为门法，虽才学不逮隐之，而孝悌洁敬犹为不替。

史臣曰：鲁芝等建筹剖竹，布政宣条，存树威恩，没留遗爱，咸见知明主，流誉当年。若伯武之洁己克勤，颜远之申冤缓狱，邓攸嬴粮以述职，吴隐酌水以厉精，晋代良能，此焉为最。而攸弃子存侄，以义断恩，若力所不能，自可割情忍痛，何至预加徽缠，绝其奔走者乎！斯岂慈父仁人之所用心也？卒以绝嗣，宜哉！勿谓天道无知，此乃有知矣。世英尽节曹氏，犯门斩关，宣帝收雷霆之威，奖忠贞之烈，岂非既已在我，欲其骂人者欤！

赞曰：猗欤良宰，嗣美前贤。威同御黠，静若烹鲜。唯尝吴水，但挹贪泉。人风既偃，俗化斯迁。

卷九十一　　列传第六十一

儒林　范平　文立　陈邵
虞喜　刘兆　氾毓　徐苗
崔游　范隆　杜夷　董景道
续咸　徐邈　孔衍　范宣
韦謏　范弘之　王欢

昔周德既衰，诸侯力政，礼经废缺，雅颂陵夷。夫子将圣多能，固天攸纵，叹凤鸟之不至，伤麟出之非时，于是乃删《诗》《书》，定礼乐，赞《易》道，修《春秋》，载籍逸而复存，风雅变而还正。其后卜商、卫赐、田、吴、孙、孟之俦，或亲禀微言，或传闻大义，犹能强晋存鲁，藩魏却秦，既抗礼于邦君，亦驰声于海内。及嬴氏惨虐，弃德任刑，炀坟籍于埃尘，填儒林于坑阱，严是古之法，抵挟书之罪，先王徽烈，靡有孑遗。汉祖勃兴，救焚拯溺，粗修礼律，未遑俎豆。逮于孝武，崇尚文儒。爰及东京，斯风不坠。于是傍求儒雅，博访遗书，创甲乙之科，擢贤良之举，莫不纡青拖紫，服冕乘轩，或徒步而取公卿，或累旬以膺台鼎。故缙绅之士，靡然向风，余芳遗烈，焕乎可纪者也。泊当涂草创，深务兵权，而主好斯文，朝多君子，鸿儒硕学，无乏于时。

武帝受终，忧劳军国，时既初并庸蜀，方事江湖，训卒厉兵，务农积谷，犹复修立学校，临幸辟雍。而荀顗以制度赞惟新，郑冲以儒宗登保傅，茂先以博物参机政，子真以好礼居秩宗，虽愧明扬，亦非遐弃。既而荆扬底定，区寓乂安，群公草禅之仪，天子发谦冲之诏，未足比隆三代，固亦擅美一时。惠帝缵戎，朝昏政弛，衅起宫掖，祸成藩翰。惟怀逮愍，丧乱弘多，衣冠礼乐，扫地俱尽。元帝运钟百六，光启中兴，贺、荀、刁、杜诸贤并稽古旧文，财成礼度。虽尊儒劝学，亟降于纶言，东序西胶，未闻于弦诵。明皇聪睿，雅爱流略，简文玄嘿，敦悦丘坟，乃招集学徒，弘奖风烈，并时艰祚促，未能详备。有晋始自中朝，迄于江左，莫不崇饰华竞，祖述虚玄，摈阙里之典经，习正始之余论，指礼法为流俗，目纵诞以清高，遂使宪章弛废，名教颓毁，五胡乘间而竞逐，二京继踵以沦胥，运极道消，可为长叹息者矣。郑冲等名位既隆，自有列传，其余编之于左，以续前史《儒林》云。

范平，字子安，吴郡钱塘人也。其先铚侯馥，避王莽之乱适吴，因家焉。平研览坟素，遍该百氏，姚信、贺邵之徒皆从受业。吴时举茂才，累迁临海太守，政有异能。

孙晞初，谢病还家，敦悦儒学。吴平，太康中，频征不起，年六十九卒。有诏追加谥号曰文贞先生，贺循勒碑纪其德行。

三子：䢺、咸、泉，并以儒学至大官。泉子蔚，关内侯。家世好学，有书七千余卷。远近来读者恒有百余人，蔚为办衣食。蔚子文才，亦幼知名。

文立，字广休，巴郡临江人也。蜀时游太学，专《毛诗》、《三礼》，师事谯周，门人以立为颜回，陈寿、李虔为游夏，罗宪为子贡。仕至尚书。蜀平，举秀才，除郎中。泰始初，拜济阴太守，入为太子中庶子。上表请以诸葛亮、蒋琬、费祎等子孙流徙中畿，宜见叙用，一以慰巴蜀之心，其次倾吴人之望，事皆施行。诏曰："太子中庶子文立忠贞清实，有思理器干。前在济阴，政事修明。后事东宫，尽辅导之节。昔光武平陇蜀，皆收其贤才以叙之，盖所以拔幽滞而济殊方也。其以立为散骑常侍。"蜀故尚书犍为程琼雅有德业，与立深交。武帝闻其名，以问立，对曰："臣至知其人，但年垂八十，禀姓谦退，无复当时之望，不以上闻耳。"琼闻之曰："广休可谓不党矣，故吾善夫人也。"时西域献马，帝问立："马何如？"对曰："乞问太仆。"帝善之。迁卫尉。咸宁末，卒。所著章奏诗赋数十篇行于世。

陈邵，字节良，东海襄贲人也。郡察孝廉，不就。以儒学征为陈留内史，累迁燕王师。撰《周礼评》，甚有条贯，行于世。泰始中，诏曰："燕王师陈邵清贞洁静，行著邦族，笃志好古，博通六籍，耽悦典诰，老而不倦，宜在左右以笃儒教。可为给事中。"卒于官。

虞喜，字仲宁，会稽余姚人，光禄潭之族也。父察，吴征虏将军。喜少立操行，博学好古。诸葛恢临郡，屈为功曹。察孝廉，州举秀才，司徒辟，皆不就。元帝初镇江左，上疏荐喜。怀帝即位，公车征拜博士，不就。喜邑人贺循为司空，先达贵显，每诣喜，信宿忘归，自云不能测也。

太宁中，与临海任旭俱以博士征，不就。复下诏曰："夫兴化致政，莫尚乎崇道教，明退素也。丧乱以来，儒雅陵夷，每览《子衿》之诗，未尝不慨然。临海任旭、会稽虞喜并洁静其操，岁寒不移，研精坟典，居今行古，志操足以励俗，博学足以明道，前虽不至，其更以博士征之。"喜辞疾不赴。咸和末，诏公卿举贤良方正直言之士，太常华恒举喜为贤良。会国有军事，不行。咸康初，内史何充上疏曰："臣闻二八举而四门穆，十乱用而天下安，徽猷克阐，有自来矣。方今圣德钦明，思恢遐烈，旌舆整驾，俟贤而动。伏见前贤故虞喜天挺贞素，高尚邈世，束脩立德，皓首不倦，加以傍综广深，博闻强识，钻坚研微有弗及之勤，处静味道无风尘之志，高枕柴门，怡然自足。宜使蒲轮纤衡，以旌殊操，一则翼赞大化，二则敦励薄俗。"疏奏，诏曰："寻阳翟汤、会稽虞喜并守道清贞，不营世务，耽学高尚，操拟古人。往虽征命而不降屈，岂素丝难

染而搜引礼简乎！政道须贤，宜纳诸廊庙，其并以散骑常侍征之。"又不起。

永和初，有司奏称十月殷祭，京兆府君当迁桃室，征西、豫章、颍川三府君初毁主，内外博议不能决。时喜在会稽，朝廷遣就喜谘访焉。其见重如此。

喜专心经传，兼览谶纬，乃著《安天论》以难浑、盖，又释《毛诗略》，注《孝经》，为《志林》三十篇。凡所注述数十万言，行于世。年七十六卒，无子。弟豫，自有传。

刘兆，字延世，济南东平人，汉广川惠王之后也。兆博学洽闻，温笃善诱，从受业者数千人。武帝时五辟公府，三征博士，皆不就。安贫乐道，潜心著述，不出门庭数十年。以《春秋》一经而三家殊涂，诸儒是非之议纷然，互为仇敌，乃思三家之异，合而通之。《周礼》有调人之官，作《春秋调人》七万余言，皆论其首尾，使大义无乖，时有不合者，举其长短以通之。又为《春秋左氏》解，名曰《全综》，《公羊》、《谷梁》，解诂皆纳经传中，朱书以别之。又撰《周易训注》，以正动二体互通其文。凡所赞述百余万言。

尝有人著靴骑驴至兆门外，曰："吾欲见刘延世。"兆儒德道素，青州无称其字者，门人大怒。兆曰："听前。"既进，踞床问兆曰："闻君大学，比何所作？"兆答如上事，末云："多有所疑。"客问之。兆说疑毕，客曰："此易解耳。"因为辩释疑者是非耳。兆别更立意，客一难，兆不能对。客去，已出门，兆欲留之，使人重呼还。客曰："亲亲在此营葬，宜赴之，后当更来也。"既去，兆令人视葬家，不见此客，竟不知姓名。兆年六十六卒。有五子：卓、炽、耀、育、脐。

氾毓，字稚春，济北卢人也。奕世儒素，敦睦九族，客居青州，逮毓七世，时人号其家"儿无常父，衣无常主"，毓少履高操，安贫有志业。父终，居于墓所三十余载，至晦朔，躬扫坟垄，循行封树，还家则不出门庭。或荐之武帝，召补南阳王文学、秘书郎、太傅参军，并不就。于时青土隐逸之士刘兆、徐苗等皆务教授，惟毓不蓄门人，清静自守。时有好古慕德者谘询，亦倾怀开诱，以一隅示之。合《三传》为之解注，撰《春秋释疑》、《肉刑论》，凡是述造七万余言。年七十一卒。

徐苗，字叔胄，高密淳于人也。累世相承，皆以博士为郡守。曾祖华，有至行。尝宿亭舍，夜有神人告之"亭欲崩"，遽出，得免。祖邵，为魏尚书郎，以廉直见称。苗少家贫，昼执锄耒，夜则吟诵。弱冠，与弟贾就博士济南宋钧受业，遂为儒宗。作《五经同异评》，又依道家著《玄微论》，前后所造数万言，皆有义味。性抗烈，轻财贵义，兼有知人之鉴。弟患口痛，脓溃，苗为吮之。其兄弟皆早亡，抚养孤遗，慈爱闻于州里，田宅奴婢尽推与之。乡邻有死者，便辍耕助营棺椁，门生亡于家，即敛于讲堂。其行己纯至，类皆如此。远近咸归其义，师其行焉。郡察孝廉，州辟从事，治中、别驾、举异行，公府五辟博

士，再征，并不就。武惠时计吏至台，帝辄访其安不。永宁二年卒，遗命灌巾浣衣，榆棺杂砖，露车载尸，苇席瓦器而已。

崔游，字子相，上党人也。少好学，儒术甄明，恬靖谦退，自少及长，口未尝语及财利。魏末，察孝廉，除相府舍人，出为氏池长，甚有惠政。以病免，遂以废疾。泰始初，武帝禄叙文帝故府僚属，就家拜郎中。年七十余，犹敦学不倦，撰《丧服图》，行于世。及刘元海僭位，命为御史大夫，固辞不就。卒于家，时年九十三。

范隆，字玄嵩，雁门人。父方，魏雁门太守。隆在孕十五月，生而父亡。年四岁，又丧母，哀号之声，感恸行路。单孤无缌功之亲，疏族范广愍而养之，迎归教书，为立祠堂。隆好学修谨，奉广如父。博通经籍，无所不览，著《春秋三传》，撰《三礼吉凶宗纪》，甚有条义。惠帝时，天下将乱，隆隐迹不应州郡之命，昼勤耕稼，夜诵书典。颇习秘历阴阳之学，知并州将有氛祲之祥，故弥不复出仕。与上党朱纪友善，尝共纪游山，见一父老于穷涧之滨。父老曰："二公何为在此？"隆等拜之，仰视则不见。后与纪依于刘元海，元海以隆为大鸿胪，纪为太常，并封公。隆死于刘聪之世，聪赠太师。

杜夷，字行齐，庐江灊人也。世以儒学称，为郡著姓。夷少而恬泊，操尚贞素，居甚贫窭，不营产业，博览经籍百家之书，算历图纬靡不毕究。寓居汝颍之间，十载足不出门。年四十余，始还乡里，闭门教授，生徒千人。惠帝时三察孝廉，州命别驾，永嘉初，公车征拜博士，太傅、东海王越辟，并不就。怀帝诏王公举贤良方正，刺史王敦以贺循为贤良，夷为方正，乃上疏曰："臣闻有唐畴咨，元凯时登；汉武钦贤，俊彦响应，故能允协时雍，敷崇盛化。伏见太孙舍人会稽贺循、处士卢江杜夷履道弥高，清操绝俗，思学融通，才经王务。循宰二县，皆有名绩，备僚东宫，忠恪允著。夷清虚冲淡，与俗异轨，考槃空谷，肥遁匿迹。盖经国之良宝，聘命之所急。若得待诏公车，承对册问，必有忠谠良谟，弘益政道矣。"敦于是逼夷赴路。夷遁于寿阳。镇东将军周馥，倾心礼接，引为参军，夷辞之以疾。馥知不可屈，乃自诣夷，为起宅宇，供其医药。馥败，夷归旧居，道遇兵ষ。刺史刘陶告卢江郡曰："昔魏文侯轼干木之间，齐相曹参尊盖公，皆所以优贤表德，敦励末俗。征士杜君德懋行洁，高尚其志，顷流离道路，闻其顿踬，刺史忝任，不能崇饰有道，而使高操之士有此艰屯。今遣吏宣慰，郡可遣一吏，县五吏，恒营恤之，常以市租供给家人粮廪，勿令阙乏。"寻以胡寇，又移渡江，王导遣吏周赡之。元帝为丞相，教曰："今大义颓替，礼典无宗，朝廷滞义莫能攸正，宜特立儒林祭酒官，以弘其事。处士杜夷栖情遗远，确然绝俗，才学精博，道行优备，其以夷为祭酒。"夷辞疾，未尝朝会。帝常欲诣夷，夷陈万乘之主不宜往就庶人之家。帝乃与夷书曰："吾与足下虽情在忘言，然虚心历载。正下下羸疾，故欲相省，宁论

常仪也！"又除国子祭酒。建武中，令曰："国子祭酒杜夷安贫乐道，静志衡门，日不暇给，虽原宪无以加也。其赐谷二百斛。"皇太子三至夷第，执经问义。夷虽逼时命，亦未尝朝谒，国有大政，恒就夷咨访焉。明帝即位，夷自表请退。诏曰："先王之道将坠于地，君下帷研思，今之刘、杨。搢绅之徒景仰轨训，岂得高退，而朕靡所取则焉！"太宁元年卒，年六十六。赠大鸿胪，谥曰贞子。夷临终，遗命子晏曰："吾少不出身，顷虽见羁录，冠舄之饰，未尝加体，其角巾素衣，敛以时服，殡葬之事，务从简俭，亦不须苟取矫异也。"夷所著《幽求子》二十篇行于世。

晏仕至苍梧太守。夷兄弟三人。兄崧，字行高，亦有志节。惠帝时，俗多浮伪，著《任子春秋》以刺之。弟援，高平相。援子潜，右卫将军。

董景道，字文博，弘农人也。少而好学，千里追师，所在惟昼夜读诵，略不与人交通。明《春秋三传》、《京氏易》、《马氏尚书》、《韩诗》，皆精究大义。《三礼》之义，专遵郑氏，著《礼通论》非驳诸儒，演广郑旨。永平中，知天下将乱，隐于商洛山，衣木叶，食树果，弹琴歌笑以自娱，毒虫猛兽皆绕其傍，是以刘元海及聪屡征，皆碍而不达。至刘曜时出山，庐于渭汭。曜征为太子少傅、散骑常侍，并固辞，竟以寿终。

续咸，字孝宗，上党人也。性孝谨敦重，履道贞素。好学，师事京兆杜预，专《春秋》、《郑氏易》、教授常数十人，博览群言，高才善文论。又修陈杜律，明达刑书。永嘉中，历廷尉平、东安太守。刘琨承制于并州，以为从事中郎。后遂没石勒，勒以为理曹参军。持法平详，当时称其清裕，比之于公。著《远游志》、《异物志》、《汲冢古文释》皆十卷，行于世。年九十七，死于石季龙之世，季龙赠仪同三司。

徐邈，东莞姑幕人也。祖澄之为州治中，属永嘉之乱，遂与乡人臧琨等率子弟并闾里士庶千余家，南渡江，家于京口。父藻，都水使者。邈姿性端雅，勤行励学，博涉多闻，以慎密自居。少与乡人臧寿齐名，下帷读书，不游城邑。及孝武帝始览典籍，招延儒学之士，邈既东州儒素，太傅谢安举以应选。年四十四，始补中书舍人，在西省侍帝。虽不口传章句，然开释文义，标明指趣，撰正五经音训，学者宗之。迁散骑常侍，犹处西省，前后十年，每被顾问，辄有献替，多所匡益，甚见宠待。帝宴集酣乐之后，好为手诏诗章以赐侍臣，或文词率尔，所言秽杂，邈每应时收敛，还省刊削，皆使可观，经帝重览，然后出之。是时侍臣被诏者，或宣扬之，故时议以此多邈。及谢安薨，论者或有异同，邈固劝中书令王献之奏加殊礼，仍崇进谢石为尚书令，玄为徐州。邈转祠部郎，上南北郊宗庙迭毁礼，皆有证据。

豫章太守范宁欲遣十五议曹下属城采求风政，并使假还，讯问官长得失。邈与宁书曰：

知足下遣十五议曹各之一县，又吏假归，白所闻

见，诚是足下留意百姓，故广其视听。吾谓劝导以实不以文，十五议曹欲何所敷宣邪？庶事辞讼，足下听断允塞，则物理足矣。上有理务之心，则物理足矣。上有理务之心，则下之求理者至矣。日昃省览，庶事无滞，则吏慎其负而入听不惑，岂须邑至里诣，饰其游声哉！非徒不足致益，乃是蚕渔之所资，又不可纵小吏为耳目也。岂有善人君子而干非其事，多所告白者乎！君子之心，谁毁谁誉？如有所誉，必由历试；如有所毁，必以著明。托社之鼠，政之其害。自古以来，欲为左右耳目者，无非小人，皆先因小忠以成其大不忠，先藉小信而成其大不信，遂使君子道消，善人舆尸，前史所书，可为深鉴。

足下选纲纪必得国士，足以摄诸曹；诸曹皆是良吏，则足以掌文案；又择公方之人以为监司，则清浊能否，与事而明。足下但平心居宗，何取于耳目哉！昔明德马后未尝顾与左右言，可谓远识，况大丈夫而不能免此乎！

迁中书侍郎，专掌纶诏，帝甚亲昵之。

初，范宁与邈皆为帝所任使，共补朝廷之阙。宁才素高而措心正直，遂为王国宝所谮，出守远郡。邈孤宦易危，而无敢排强族，乃为自安之计。会帝颇疏会稽王道子，邈欲和协之，因从容言于帝曰："昔淮南、齐王，汉晋成戒。会稽王虽有酣媟之累，而奉上纯一，宜加弘贷，消散纷议，外为国家之计，内慰太后之心。"帝纳焉。邈尝诣东府，遇众宾沈湎，引满喧哗。道子曰："君时有畅不？"邈对曰："邈陋巷书生，惟以节俭清修为畅耳。"道子以邈业尚道素，笑而不以为忤也。道子将用为吏部郎，邈以波竞成俗，非己所能节制，苦辞乃止。

时皇太子尚幼，帝甚钟心，文武之选皆一时之后。以邈为前卫率，领本郡大中正，授太子经。帝谓邈曰："虽未敕以师礼相待，然不以博士相遇也。"古之帝王，受经必敬，自魏晋以来，多使微人教授，号为博士，不复尊以为师，故帝有云。邈虽在东宫，犹朝夕入见，参综朝政，修饰文诏，拾遗补阙，勋劳左右。帝嘉其谨密，方之于金霍，有托重之意，将进显位，未及行而帝暴崩。安帝即位，拜骁骑将军。隆安元年，遭父忧。邈先疾患，因哀毁增笃，不逾年而卒，年五十四，州里伤悼，识者悲之。

邈莅官简惠，达于从政，论议精密，当时多谘禀之，触类辩释，问则有对。旧疑岁辰在卯，此宅之左则彼宅之右，何得俱忌于东。邈以为太岁之属，自是游神，譬如日出之时，向东皆逆，非为藏体地中也。所注《谷梁传》，见重于时。

邈长子豁，有父风，以孝闻，为太常博士、秘书郎。豁弟浩，散骑侍郎。镇南将军何无忌请为功曹，出补西阳太守，与无忌俱为卢循所害。邈弟广，别有传。

孔衍，字舒元，鲁国人，孔子二十二世孙也。祖文，魏大鸿胪。父毓，征南军司。衍少好学，年十二，能通《诗》《书》。弱冠，公府辟，本州举异行直言，皆不就。避地江东，元帝引为安东参军，专掌记室。书令殷积，而衍每以称职见知。中兴初，与庾亮俱补中书郎。明帝之在东宫，领太子中庶子。于时庶事草创，衍经学深博，又练识旧典，朝仪轨制多取正焉。由是元明二帝并亲爱之。王敦专权，衍私于太子曰："殿下宜博延朝彦，搜扬才俊，询谋时政，以广圣聪。"敦闻而恶之，乃启出衍为广陵郡。时人为之寒心，而衍不形于色。虽郡邻接西贼，犹教诱后进，不以戎务废业。石勒尝骑至山阳，敕其党以衍儒雅之士，不得妄入郡境。视职期月，以太兴三年卒于官，年五十三。

衍虽不以文才著称，而博览过于贺循，凡所撰述，百余万言。

子启，卢陵太守。

宗人夷吾，有美名，博学不及衍，涉世声誉过之。元帝以为主簿，转参军，稍迁侍中，徙太子左卫率，卒，追赠太仆。

范宣，字宣子，陈留人也。年十岁，能诵《诗》《书》。尝以刀伤手，捧手改容。人问痛邪，答曰："不足为痛，但受全之体而致毁伤，不可处耳。"家人以其年幼而异焉。少尚隐遁，加以好学，手不释卷，以夜继日，遂博综众书，尤善《三礼》。家至贫俭，躬耕供养。亲没，负土成坟，庐于墓侧。太尉郗鉴命为主簿，诏征太学博士、散骑郎，并不就。家于豫章，太守殷羡见宣茅茨不完，欲为改宅，宣固辞之。庾爱之以宣素贫，加年荒疾疫，厚饷给之，宣又不受。爱之问宣曰："君博学通综，何以太儒？"宣曰："汉兴，贵经术，至于石渠之论，实以儒为弊。正始以来，世尚老庄。逮晋之初，竟以裸裎为高。仆诚太儒，然'丘不与易'。"宣言谈未尝及《老》《庄》。客有问人生与忧俱生，不知此语何出。宣云："出《庄子·至乐篇》。"客曰："君言不读《老》《庄》，何由识此？"宣笑曰："小时尝一览。"时人莫之测也。

宣虽闲居屡空，常以讲诵为业，谯国戴逵等皆闻风宗仰，自远而至，讽诵之声，有若齐、鲁。太元中，顺阳范宁为豫章太守，宁亦儒博通综，在郡立乡校，教授恒数百人。由是江州人士并好经学，化二范之风也。年五十四卒。著《礼》《易论难》皆行于世。

子辑，历郡守、国子博士、大将军从事中郎。自免归，亦以讲授为事。义熙中，连征不至。

韦謏，字宪道，京兆人也。雅好儒学，善著述，于群言秘要之义，无不综览。仕于刘曜，为黄门郎。后又入石季龙，署为散骑常侍，历守七郡，咸以清化著名。又征为廷尉，识者拟之于、张。前后四登九列，六在尚书，二为侍中，再为太子太傅，封京兆公。好直谏，陈军国之宜，多见允纳。著《伏林》三千余言，遂演为《典林》二十三篇。凡所述作及集记世事数十万言，皆深博有才义。

至冉闵，又署为光禄大夫。时闵拜其子胤为大单于，而以降胡一千处之麾下。謏谏曰："今降胡数千，接之如旧，诚是招诱之恩。然胡羯本为仇敌，今之款附，苟全性命耳。或有刺客，变起须臾，败何悔之，何所及也！古人有言，一夫不可狙，而况千乎！愿诛屏降胡，去单于之号,深思圣五苞桑之诫也。"闵志在绥抚,锐于澄定,闻其言,大怒,遂诛之,并杀其子伯阳。

谟性不严重,好徇己之功,论者亦以是少之。尝谓伯阳曰:"我高我曾重光累徽,我祖我考父父子子,汝为我对,正值恶抵。"伯阳曰:"伯阳之不肖,诚如尊教,尊亦正值软抵耳。"谟惭无言。时人传之,以为嗤笑。

范弘之,字长文,安北将军汪之孙也。袭爵武兴侯。雅正好学,以儒术该明,为太学博士。时卫将军谢石薨,请谥,下礼官议。弘之议曰:

> 石阶藉门荫,屡登崇显,总司百揆,翼赞三台,闲练庶事,勤劳匪懈,内外金议,皆曰与能。当淮肥之捷,勋拯危坠,虽皇威遐震,狡寇天亡,因时立功,石亦与焉。又开建学校,以延胄子,虽盛化未洽,亦爱礼存羊。然古之贤辅,大则以道事君,侃侃终日,次则厉身奉国,夙夜无怠;下则爱人惜力,以济时务。此数者,然后可以免惟尘之议,塞素餐之责矣。今石位居朝端,任则论道,唱言无忠国之谋,守职则容身而已,不可谓事君;货贿京邑,聚敛无厌,不可谓厉身;坐拥大众,侵食百姓,《大东》流于远近,怨毒结于众心,不可谓爱人;工徒劳于土木,思虑殚于机巧,纨绮尽于婢妾,财用縻于丝桐,不可谓惜力。此人臣之大害,有国之所去也。
>
> 先王所以正风俗,理人伦者,莫尚乎节俭,故夷吾受谤乎三归,平仲流美于约己。自顷风轨陵迟,奢僭无度,廉耻不兴,利竞交驰,不可不深防原本,以绝其流。汉文袭弋绨之服,诸侯犹侈;武帝焚雉头之裘,靡丽不息。良由俭德虽彰,而威禁不肃;道自我建,而刑不及物。若存罚其违,亡贬其恶,则四维必张,礼义行矣。
>
> 案谥法,因事有功曰"襄",贪以败官曰"墨",宜谥曰襄墨公。

又论殷浩宜加赠谥,不得因桓温之黜以为国典,仍多叙温移鼎之迹。时谢族方显,桓宗犹盛,尚书仆射王珣,温故吏也,素为温所宠,三怨交集,乃出弘之为余杭令。将行,与会稽王道子笺曰:

> 下官轻微寒士,谬得厕在俎豆,实惧辱累清流,惟尘圣世。窃以人君居庙堂之上、智周四海之外者,非徒聪明内照,亦赖群言之助也。是以舜之佐尧,以启辟为首;咎繇谟禹,以侃侃为先,故下无隐情之责,上收神明之功。敢缘斯义,志在输尽。常以谢石黩累,应被清澄,殷浩忠贞,宜蒙褒显,是以不量轻弱,先众言之。而恶直丑正,其徒实繁,虽仰恃圣主钦明之度,俯赖明公爱物之隆,而交至之患,实有无赖。下官与石本无怨忌,生不相识,事无相干,正以国体宜明,不应稍计强弱。与浩年时邈绝,世不相及,无复藉闻,故老语其遗事耳,于下官之身有何痛痒,而当为之犯时干主邪?
>
> 每观载籍,志士仁人有发中心任直道而行者,有怀知阳愚负情曲从者,所用虽异,而并传后世。故比干处三仁之中,箕子为名贤之首。后人用舍,参差不同,各信所见,率应而至,或荣名显赫,或祸败系踵,此皆不量时趣,以身尝祸,虽有硁硁之称,而非大雅之致,此亦下官所不为也。世人乃云下官正直,能犯艰难,斯谈实过。下官知主上圣明,明公虚己,思求格言,必不使尽忠之臣屈于邪枉之门也。是以敢献愚诚,布之执事,岂与昔人拟其轻重邪!亦以臣之事君,惟思尽忠而已,不应复计利钝,事不允心则谠言悟主,义感于情则陈辞靡悔。若怀情藏意,蕴而不言,此乃古人所以得罪于明君,明君所以致法于群下者也。
>
> 桓温事迹,布在天朝,逆顺之情,暴之四海。在三者臣子,情岂或异!凡厥黔首,谁独无心!举朝嘿嘿,未有唱言者,是以顿笔按气,不敢多云。桓温于亡祖,虽其意难测,求之于事,止免黜耳,非有至怨也。亡父昔为温吏,推之情礼,义兼他人。所以每怀愤发,痛若身首者,明公有以寻之。王珣以下官议殷浩谥,不宜暴扬桓温之恶。珣感其提拔之恩,怀其入幕之遇,托以废黜昏暗,建立圣明,自谓此事足以明其忠贞之节。明公试复以一事观之。昔周公居摄,道致升平,礼乐刑政皆自己出。以德言之,周公大圣,以年言之,成王幼弱,犹复遽避君位,复子明辟。汉之霍光,大勋赫然,孝宣年未二十,亦反万机。故能君臣俱隆,道迈千岁。若温忠为社稷,诚存本朝,便当仰遵二公,式是令矩,何不奉还万机,退守藩屏?方提勒公王,匡总朝廷,岂为先帝幼弱,未可亲政邪?将德桓温,不能听政邪?又逼胁袁宏,使作九锡,备物光赫,其文具存,朝廷畏怖,莫不景从,惟谢安、王坦之以死守之,故得稽留其事。会上天降怒,奸恶自亡,社稷危而复安,灵命坠而复构。
>
> 晋自中兴以来,号令威权多出强臣,中宗、肃祖敛衽于王敦,先皇受屈于桓氏。今主上亲览万机,明公光赞百揆,政出王室,人无异望,复不于今大明国典,作制百代,不审复欲待谁?先王统物,必明其典诰,贻厥孙谋,故令问休嘉,千岁承风。愿明公远稽殷周,近察汉魏,虑其所以危,求其所以安,如此而已。

又与王珣书曰:

> 见足下答仲堪书,深具义发之怀。夫人道所重,莫过君亲,君亲所系,忠孝而已。孝以扬亲为主,忠以节义为先。殷侯忠贞居正,心贯人神,加与先帝隆布衣之好,著莫逆之契,契阔艰难,夷岨以之,虽受屈奸雄,志达千载,此忠贞之徒所以义干其心不获以已者也。既当时贞烈之徒所究见,亦后生所备闻,吾亦何敢苟避狂狡,以欺圣明。足下不推居正之大致,而怀知己之小惠,欲以幕府之小节夺名教之重义,于君臣之阶既以亏矣。尊大君以殷侯协契忠规,同戴王室,志厉秋霜,诚贯一时,殷侯所以得宣其义声,实尊大君协赞之力也。足下不能光大君此之直志,乃感温小顾,怀其曲泽,公在圣世,欺罔天下,

使丞相之德不及三叶,领军之基一构而倾,此忠臣所以解心,孝子所以丧气,父子之道固若是乎?足下言臣则非忠,语子则非孝。二者既亡,吾谁畏哉!

吾少尝过庭,备闻祖考之言,未尝不发愤冲冠,情见乎辞。当尔之时,惟覆亡是惧,岂暇谋及国家。不图今日得操笔斯事,是以上愤国朝无正义之臣,次惟祖考有没身之恨,岂得与足下同其肝胆邪!先君往亦尝为其吏,于时危惧,恒不自保,仰首圣朝,心口愤叹,岂复得计策名昔日,自同在三邪!昔子政以五世纯臣,子骏以下委质王莽,先典既已正其逆顺,后人亦已鉴其成败。每读其事,未尝不临文痛叹,愤忾交怀。以今况古,乃知一撰耳。

弘之词虽亮直,终以桓、谢之故不调,卒于余杭令,年四十七。

王欢,字君厚,乐陵人也。安贫乐道,专精耽学,不营产业,常丐食诵《诗》,虽家无斗储,意怡如也。其妻患之,或焚毁其书而求改嫁,欢笑而谓之曰:"卿不闻朱买臣妻邪?"时闻者多哂之。欢守志弥固,遂为通儒。至慕容晞袭伪号,署为国子博士,亲就受经。迁祭酒。及晞为苻坚所灭,欢死于长安。

史臣曰:范平等学府儒宗,誉隆望重,或质疑是属,或师范攸归,虽为未及古人,故亦一时之俊。若仲宁之清贞守道,抗志柴门;行齐之居室屡空,栖心陋巷;文博之漱流枕石,铲迹销声;宣子之乐道安贫,弘风阐教:斯并通儒之高尚者也。而邈协和主相,刊削繁辞,可谓将顺其美,匡救其恶。舒元入参机务,明主赏其博闻;出莅边隅,犷狄钦其明德。弘之抗言立论,不避朝权,贬石抵温,斯为当矣,遂乃厄三怨,以至陵迟,悲夫!

赞曰:郁郁周文,洋洋汉典。炙辇流誉,解颐飞辩。雅诰弗沦,微言复显。爰及晋代,斯风逾阐。

卷九十二　　列传第六十二

文苑　应贞　成公绥　左思
赵至　邹湛　枣据　褚陶
王沈　张翰　庾阐　曹毗
李充　袁宏　伏滔　罗含
顾恺之　郭澄之

夫文以化成,惟圣之高义;行而不远,前史之格言。是以温洛祯图,绿字符其丕业;苑山灵篆,金简成其帝载。既而书契之道聿兴,钟石之文逾广,移风俗于王化,崇孝敬于人伦,经纬乾坤,弥纶中外,故知文之时义大哉远矣!泪姬历云季,歌颂滋繁,荀宋之流,导源自远,总金羁而齐骛,扬玉轪而并驰,言泉会于九流,交律诣于六变。自时已降,轨躅同趋,西都贾马,耀灵蛇于掌握,东汉班张,发雕龙于绵蕚,俱标称首,咸推雄伯。逮乎当涂基命,文宗郁起,三祖叶其高韵,七子分其丽则,《翰林》总其菁华,《典论》详其澡绚,彬蔚之美,竞爽当年。独彼陈王,思风遒举,备乎典奥,悬诸日月。

及金行纂极,文雅斯盛,张载擅铭山之美,陆机挺焚研之奇,潘夏连辉,颉颃名辈,并综采繁缛,杼轴清英,穷广内之青编,缉平台之丽曲,嘉声茂迹,陈诸别传。至于吉甫、太冲,江右之才杰;曹毗、庾阐,中兴之时秀。信乃金相玉润,林荟川冲,埒美前修,垂裕来叶。今撰其鸿笔之彦,著之《文苑》云。

应贞,字吉甫,汝南南顿人,魏侍中璩之子也。自汉至魏,世以文章显,轩冕相袭,为郡盛族。贞善谈论,以才学称。夏侯玄有盛名,贞诣玄,玄甚重之。举高第,频历显位。武帝为抚军大将军,以为参军。及践阼,迁给事中。帝于华林园宴射,贞赋诗最美。其辞曰:

悠悠太上,人之厥初。皇极肇建,彝伦攸敷。五德更运,应录受符。陶唐既谢,天历在虞。于时上帝,乃顾惟眷。光我晋祚,应期纳禅。位以龙飞,文以豹变。玄泽滂流,仁风潜扇。区内宅心,方隅回面。天垂其象,地耀其文。凤鸣朝阳,龙翔景云。嘉禾重颖,冀莢载芬。率土咸宁,人胥悦欣。

恢恢皇度,穆穆圣容。言思其允,貌思其恭。在视斯明。在听斯聪。登庸以德,明试以功。其恭惟何?昧旦不显。无义不经,无理不践。行舍其华,言去其辩。游心至虚,同规易简。六府孔修,九有来践。泽罔不被,化莫不加。声教南暨,西渐流沙。幽人肆险,远国忘遐;越常重译,充牣皇家。峨峨列辟,赫赫武臣。内和五品,外威四宾。顺时贡职,入觐天人。备言锡命,羽盖朱轮。

贻宴好会,不常厥数。神心所授,不言而喻。于时肆射,弓矢斯具。发彼互的,有酒斯饫。文武之道,厥猷未坠。在昔先王,射御兹器。示武俱荒,过则有失。凡厥群后,无懈于位。

初置太子中庶子官,贞与护军长史孔恂俱为之。后迁散骑常侍,以儒学与太尉荀顗撰定新礼,未施行。泰始五年卒,文集行于世。

弟纯。纯子绍,永嘉中,至黄门郎,为东海王越所害。纯弟秀,秀子詹,自有传。

成公绥,字子安,东郡白马人也。幼而聪敏,博涉经传。性寡欲,不营资产,家贫岁饥,常晏如也。少有俊才,词赋甚丽,闲默自守,不求闻达。时有孝乌,每集其庐舍,绥谓有反哺之德,以为祥禽,乃作赋美之,文多不载。又以"赋者贵能分赋物理,敷演无方,天地之盛,可以致思矣。历观古人未之有赋,岂独以至丽无文,难以辞赞;不然,何其阙哉?"遂为《天地赋》曰:

惟自然之初载兮,道虚无而玄清,太素纷以溷淆兮,始有物而混成,何元一之芒昧兮,廓开辟而著形。尔乃清浊剖分,玄黄判离。太极既殊,是生两仪,星辰焕列,日月重规,天动以尊,地静以卑,昏明迭照,或盈或亏,阴阳协气而代谢,寒暑随时而推移。三才殊性,五行异位,千变万化,繁育庶类,授之以形,禀之以气。色表文采,声有音律,覆载无方,流形品物。鼓以雷霆,润以庆云,八风翱翔,六气氤氲。蚑行蠕动,方聚类分,鳞殊族别,羽摇异群,各含精而熔冶,咸受范于陶钧,何滋育之罔极兮,伟造化之至神!

若天悬象成文,列宿有章,三辰烛耀,五纬重光,河汉委蛇而带天,虹蜺偃蹇于昊苍,望舒弥节于九道,义和正辔于中黄,众星回而环极,招摇运而指方,白兽峙据于参伐,青龙垂尾于心房,玄龟匿首于女虚,朱鸟奋翼于注张,帝皇正坐于紫宫,辅臣列位于文昌,垣屏骆驿而珠连,三台差池而雁翔,轩辕华布而曲列,摄提鼎峙而相望。若乃征瑞表祥,灾变呈异,交会薄蚀,抱晕带珥,流逆犯历,遣悟象事,蓬容著而妖害生,老人形而主受喜,天矢黄而国吉祥,彗孛发而世所忌。

尔乃旁观四极,俯察地理,川渎浩汗而分流,山岳磊落而罗峙,沧海沉漭而四周,悬圃隆崇而特起,昆吾嘉于南极,烛龙曜于北址,扶桑高于万仞,寻木长于千里,昆仑镇于阴隅,赤县据于辰巳。于是八十一域,区分别刿;风乖俗异,险断阻绝,万国罗布,九州并列。青冀白壤,荆衡涂泥,海岱赤埴,华梁青黎,兖带河洛,扬有江淮。辨方正土,经略建邦,王圻九服,列国一同,连城比邑,深池高埤,康衢交路,四达五通。东至阳谷,西极泰濛,南暨丹炮,北尽空同。遐方外区,绝域殊邻,人首蛇躯,乌翼龙身,衣毛被羽,或介或鳞,栖林浮水,若兽若人,居于大荒之外,处于巨海之滨。

于是六合混一而同宅,宇宙结体而括囊,浑元运流而无穷,阴阳循度而率常,回动纠纷而乾乾,天道不息而自强。统群生而载育,人托命于所系,尊太一于上皇,奉万神于五帝,故万物之所宗,必敬天而事地。

若乃共工赫怒,天柱摧折,东南俄其既倾,西北豁而中裂,断鳌足而续毁,炼玉石而补缺。岂斯事之有征,将言者之虚设?何阴阳之难测,伟二仪之夐阔!

坤厚德以载物,乾资始而至大,俯尽鉴于有形,仰蔽视于所盖,游万物而极思,故一言于天外。

绥雅好音律,尝当暑承风而啸,泠然成曲,因为《啸赋》曰:

逸群公子,体奇好异,敖世忘荣,绝弃人事,希高慕古,长想远思,将登箕山以抗节,浮沧海以游志。于是延友生,集同好,精性命之至机,研道德之玄奥,愍流俗之未悟,独超然而先觉,狭世路之厄僻,仰天衢而高蹈,逸跨俗而遗身,乃慷慨而长啸。于时曜灵俄景,流光濛汜,逍遥携手,踌躇步趾,发妙声于丹唇,激哀音于皓齿,响抑扬而潜转,气冲郁而熛起,协黄宫于清角,杂商羽于流征,飘浮云于泰清,集长风于万里。曲既终而响绝,余遗玩而未已,良自然之至音,非丝竹之所拟。是故声不假器,用不借物,近取诸身,役心御气。动唇有曲,发口成音,触类感物,因歌随吟。大而不洿,细而不沈,清激切于竽笙,优润和瑟琴,玄妙足以通神悟灵,精微足以穷幽测深,收激楚之哀荒,节北里之奢淫,济洪灾于炎旱,反亢阳于重阴。引唱万变,曲用无方,和乐怡怿,悲伤摧藏。时幽散而将绝,中矫厉而慷慨,徐婉约而优游,纷繁骛而激扬。情既思而能反,心虽哀而不伤。总八音之至和,固极乐而无荒。

若乃登高台以临远,披文轩而骋望,喟仰抃而抗首,嘈长引而慺亮。或舒肆而自反,或徘徊而复放,或冉弱而柔挠,右澎濞而奔壮。横郁鸣而滔涓,刚缭眺而清昶。逸气奋涌,缤纷交错,烈烈飚扬,啾啾响作。奏胡马之长思,回寒风乎北朔,又似鸿雁之将雏,群鸣号乎沙漠。故能因形创声,随事造曲,应物无穷,机发响速,佛郁冲流,参寥云属,若离若合,将绝复续。飞廉鼓于幽隧,猛兽应于中谷;南箕动于穹苍,清飚振于乔木;散滞积而播扬,荡埃霭之溷浊,变阴阳于至和,移淫风之秽俗。

若乃游崇冈,陵灵山,临岩侧,望流川,坐磐石,潄清泉,藉皋兰之猗靡,荫修竹之蝉蜎,乃吟咏而叹,声骈骈而响连,舒蓄思之悱愤,奋久结之缠绵,心涤荡而无累,志离俗而飘然。

若夫假象金革,拟则陶匏,众声繁奏,若箛若箫;硼磕震隐,訇磕啾嘈。发微则隆冬熙烝,骋羽则严霜夏凋,动商则秋霖春降,奏角则谷风鸣条。音均不恒,曲无定制,行而不流,止而不滞,随口吻而发扬,假芳气而远逝,音要妙而流响,声激曜而清厉。信自然之极丽,羌殊尤而绝世,越《韶》《夏》与《咸池》,何徒取异乎《郑》《卫》!

于时绵驹结舌而丧精,王豹杜口而失色,虞公辍声而止歌,宁子敛手而叹息,钟期弃琴而改听,尼父忘味而不食,百兽率儛而抃足,凤皇来仪而拊翼。乃知长啸之奇妙,此音声之至极。

张华雅重绥,每见其文,叹伏以为绝伦,荐之太常,征为博士。历秘书郎,转丞,迁中书郎。每与华受诏并为诗赋,又与贾充等参定法律。泰始九年卒,年四十三,所著诗赋杂笔十余卷行于世。

左思,字太冲,齐国临淄人也。其先齐之公族有左右公子,因为氏焉。家世儒学。父雍,起小吏,以能擢授殿中侍御史。思小学钟、胡书及鼓琴,并不成。雍谓友人曰:"思所晓解,不及我少时。"思遂感激勤学,兼善阴阳之术。貌寝,口讷,而辞藻壮丽。不好交游,惟以闲居为事。造《齐都赋》,一年乃成。复欲赋三都,会妹芬入宫,移家京师,乃诣著作郎张载,访岷邛之事。遂构思十年,门庭藩溷,皆著笔纸,遇得一句,即便疏之。自以所见不博,求为秘书郎。及赋成，时人未之重。思自以其作不谢班张，恐以人废言，安定皇甫谧有高誉，思造而示之。谧称善，为其赋序。张载为注《魏都》，刘逵注《吴》《蜀》而序之曰："观中古以来为赋者多矣，相如《子虚》擅名于前，班固《两都》理胜其辞，张衡《二京》文过其意。至若此赋，拟议数家，傅薈会义，抑多精致，非夫研核者不能练其旨，非夫博物者不能统其异。世咸贵远而贱近，莫肯用心于明物。斯文吾有异焉，故聊以余思为其引诂，亦犹胡广之于《官箴》，蔡邕之于《典引》也。"陈留卫权又为思赋作《略解》，序曰："余观《三都》之赋，言不苟华，必经典要，品物殊类，禀之图籍；辞义瑰玮，良可贵也。有晋征士故太子中庶子安定皇甫谧，西州之逸士，耽籍乐道，高尚其事，览斯文而慷慨，为之都序。中书著作郎安平张载、中书郎济南刘逵，并以经学洽博，才章美茂，咸皆悦玩，为之训诂；其山川土域，草木鸟兽，奇怪珍异，金皆研精所由，纷散其义矣。余嘉其文，不能默已，聊藉二子之遗忘，又为之《略解》，祇增烦重，览者阙焉。"自是之后，盛重于时，文多不载。司空张华见而叹曰："班张之流也。使读之者尽而有余，久而更新。"于是豪贵之家竞相传写，洛阳为之纸贵。初，陆机入洛，欲为此赋，闻思作之，抚掌而笑，与弟云书曰："此间有伧父，欲作《三都赋》，须其成，当以覆酒瓮耳。"及思赋出，机绝叹伏，以为不能加也，遂辍笔焉。

秘书监贾谧请讲《汉书》，谧诛，退居宜春里，专意典籍。齐王冏命为记室督，辞疾，不就。及张方纵暴都邑，举家适冀州。数岁，以疾终。

赵至，字景真，代郡人也。寓居洛阳，缑氏令初到官，至年十三，与母同观。母曰："汝先世本非微贱，世乱流离，遂为士伍耳。尔后能如此不？"至感母言，诣师受业。闻父耕叱牛声，投书而泣。师怪问之，至曰："我小未能荣养，使老父不免勤苦。"师甚异之。年十四，诣洛阳，游太学，遇嵇康于学写石经，徘徊视之，不能去，而请问姓名。康曰："年少何以问邪？"曰："观君风器非常，所以问耳。"康异而告之。后乃亡到山阳，求康不得而还。又将远学，母禁之，至遂阳狂，走三五里，辄追得之。年十六，游邺，复与康相遇，随康还山阳，改名浚，字允元。康每曰："卿头小而锐，童子白黑分明，有白起之风矣。"及康卒，至诣魏兴太守张嗣宗，甚被优遇。嗣宗迁江夏相，随到涢川，欲因入吴，而嗣宗卒，乃向辽西而占户焉。

初，至与康兄子蕃友善，及将远适，乃与蕃书叙离，并陈其志曰：

昔李叟入秦，及关而叹；梁生适越，登岳长谣。夫以嘉遁之举，犹怀恋恨，况乎不得已者哉！惟别之后，离群独逝，背荣宴，辞伦好，经迥路，造沙漠。鸡鸣戒旦，则飘尔晨征；日薄西山，则马首靡托。寻历曲阻，则沈思纡结；登高远眺，则山川攸隔。或乃回风狂厉，白日寝光，徙倚交错，陵隰相望，徘徊九皋之内，慷慨重阜之颠，进无所由，退无所据，涉泽求蹊，披榛觅路，啸咏沟渠，良不可度。斯亦行路之艰难，然非吾心之所惧也。至若兰芷倾顿，桂林移殖，根萌未树而牙浅弦急，每恐风波潜骇，危机密发，此所以怵惕于长衢也。又北土之性，难以托根，投人夜光，鲜不按剑。今将殖橘柚于玄朔，蒂华藕于修陵，表龙章于裸壤，奏《韶》《武》于聋俗，固难以取贵矣。夫物不我贵则莫之与，莫之与则伤之至矣。飘飘远游之士，托身无人之乡，总辔遐路，则有前言之难；悬鞍陋宇，则有后虑之戒；朝霞启晖，则身疲而遄征；太阳戢曜，则情劬而夕惕；肆目平隰，则寥廓而无睹；极听修原，则掩寂而无闻。吁其悲矣！心伤痒矣！然后知步骤之士不足为贵也。

顾景中原，愤中云踊，哀物悼世，激情风厉。龙啸大野，兽睇六合，猛志纷纭，雄心四据。思蹑云梯，横奋八极，披艰扫秽，荡海夷岳，蹴昆仑使西倒，踢太山令东覆，平涤九区，恢维宇宙，斯吾之鄙愿也。时不我与，垂翼远逝，锋距靡加，六翮摧屈，自非知命，孰能不愤悒者哉！吾子殖根芳苑，濯秀清流，睎叶华崖，飞藻云肆，俯据潜龙之渚，仰荫游凤之林，荣曜眩其前，艳色饵其后，良畴交其左，声名驰其右，翱翔伦党之间，弄姿帷房之裹，从容顾盼，绰有余裕，俯仰吟啸，自以为得志矣，岂能与吾曹同大丈夫之忧乐哉！

去矣嵇生，远离隔ези矣！茕茕飘寄，临沙漠矣！悠悠三千，路难涉矣！携手之期，邈无日矣！思心弥结，谁云释矣！无金玉尔音而有遐心。身虽胡越，意存断金。各敬尔仪，敦履璞沈，繁华流荡，君子弗钦。临纸意结，知复何云。

至身长七尺四寸，论议精辩，有从横才气。辽西举郡计吏，到洛，与父相遇。时母已亡，父欲令其宦立，弗之告，仍戒以不归，至乃还辽西。幽州三辟部从事，断九狱，见称精审。太康中，以良吏赴洛，方知母亡。初，至自耻士伍，欲以宦学立名，期于荣养。既而其志不就，号愤恸哭，欧血而卒，时年三十七。

邹湛，字润甫，南阳新野人也。父轨，魏左将军。湛少以才学知名，仕魏历通事郎、太学博士。泰始初，转尚书郎、廷尉平、征南从事中郎，深为羊祜所器重。入为太子中庶子。太康中，拜散骑常侍，出补渤海太守，转太傅杨骏长史，迁侍中。骏诛，以僚佐免官。寻起为散骑常侍、国子祭酒，转少府。元康末卒，所著诗及论事议二十五首，为时所重。

初，湛尝梦见一人，自称甄舒仲，余无所言，如此非一。久之，乃悟曰："吾宅西有积土败瓦，其中必有死人。甄舒仲者，予舍西土瓦中人也。"检之，果然，厚加敛葬。葬毕，遂梦此人来谢。

子捷，字太应，亦有文才。永康中，为散骑侍郎。及赵王伦篡逆，捷与陆机等俱作禅文。伦诛，坐下廷尉，遇赦免。后为太傅参军。永嘉末，卒。

枣据，字道彦，颍川长社人也。本姓棘，其先避仇改焉。父叔祎，魏钜鹿太守。据美容貌，善文辞。弱冠，辟大将军府，出为山阳令，有政绩。迁尚书郎，转右丞。贾充伐吴，请为从事中郎。军还，徙黄门侍郎、冀州刺史、太子中庶子。太康中卒，时年五十余。所著诗赋论四十五首，遇乱多亡失。

子腆，字玄方，亦以文章显。永嘉中为襄城太守。弟嵩，字台产，才艺尤美，为太子中庶子、散骑常侍，为石勒所杀。

褚陶，字季雅，吴郡钱塘人也。弱不好弄，少而聪慧，清淡闲默，以坟典自娱。年十三，作《鸥鸟》、《水碓》二赋，见者奇之。陶尝谓所亲曰："圣贤备在黄卷中，舍此何求！"州郡辟，不就。吴平，召补尚书郎。张华见之，谓陆机曰："君兄弟龙跃云津，顾彦先凤鸣朝阳，谓东南之宝已尽，不意复见褚生。"机曰："公但未睹不鸣不跃者耳。"华曰："故知延州之德不孤，川岳之宝不匮矣。"迁九真太守，转中尉。年五十五卒。

王沉，字彦伯，高平人也。少有俊才，出于寒素，不能随俗沈浮，为时豪所抑。仕郡文学掾，郁郁不得志，乃作《释时论》，其辞曰：

东野丈人观时以居，隐耕污腴之墟。有冰氏之子者，出自亘寒之谷，过而问涂。丈人曰："子奚自？"曰："自涸阴之乡。""奚适？"曰："欲适煌煌之堂。"丈人曰："入煌煌之堂者，必有赫赫之光。今子困于寒而欲求诸热，无得热之方。"冰子瞿然曰："胡为其然也？"丈人曰："融融者皆趣热之士，其得炉冶之门者，惟挟炭之子。苟非斯人，不如已也。"冰子曰："吾闻宗庙之器不要华林之木，四门之宾何必冠盖之族。前贤有解韦索而佩朱绂舍徒担而乘丹毂。由此言之，何恤而无禄！惟先生告我涂之速也。"

丈人曰："呜呼！子闻得之若是，不知时之在彼。吾将释子。夫道有安危，时有险易，才有所应，行有所适。英奇奋于从横之世，贤智显于霸王之初，当厄难则骋权谲以良图，值制作则展儒道以畅摅，是则衮龙出于缊褐，卿相起于匹夫，故有朝贱而夕贵，先卷而后舒。当斯时也，岂计门资之高卑，论势位之轻重乎！今则不然。上圣下明，时隆道宁，群后逸豫，宴安守平。百辟君子，奕世相生，公门有公，卿门有卿。指秃腐骨，不简蛀仃。多士丰于贵族，爵命不出闺庭。四门穆穆，绮襦是盈，仍叔之子，皆为老成。贱有常辱，贵有常荣，肉食继踵于华屋，疏饭袭迹于耨耕。谈名位者以谄媚附势，举高誉者因资而随形。至乃空器以泓噌为雅量，琐慧者以浅利为抢抢，晦胎者以无检为弘旷，倭垢者以守意为坚贞。嘲哮者以粗发为高亮，韫嚣者以色厚为笃诚，瘫痿者以博纳为通济，眠眠者以难人为凝清，拉答者有沈重之誉，嗛闪者得清剿之声，呛啤怯畏于谦让，阘茸勇敢于饕诤。斯皆寒素之死病，荣达之嘉名。凡兹流也，视其用心，察其所安，责人必急，于己恒宽。德无厚而自贵，位未高而自尊，眼罔向而远视，鼻翏凯而刺天。忌恶君子，悦媚小人，敖蔑道素，憪吁权门。心以利倾，智以势惛，姻党相扇，毁誉交纷。当局迷于所受，听采惑于所闻。京邑翼翼，群士千亿，奔集势门，求官买职，童仆窥其车乘，阍寺相其服饰，亲客阴参于靖室，疏宾徙倚于门侧。时因接见，矜历容色，心怀内荏，外诈刚直，谭道义谓之俗生，论政刑以为鄙极。高会曲宴，惟言迁除消息，官无大小，问是谁力。今以子孤寒，怀真抱素，志陵云霄，偶景独步，直顺常道，关津难渡，欲骋韩卢，时无狡兔，众涂纪塞，投足何错！"

于是冰子释然乃悟曰："富贵人之所欲，贫贱人之所恶。仆少长于孔颜之门，久处于清寒之路，不谓热势自共遮锢。敬承明诲，服我初素，弹琴咏典，以保年祚。伯成、延陵，高节可慕。丹毂灭族，吕霍哀吟，朝荣夕灭，旦飞暮沈。聃周道师，巢由德林。丰屋蔀家，《易》著明箴。人薄位尊，积罚难任，三郄尸晋，宋华咎深，投局正幅，实获我心。"

是时王政陵迟，官才失实，君子多退而穷处，遂终于里间。

元康初，松滋令吴郡蔡洪字叔开，有才名，作《孤奋论》，与《释时》意同，读之者莫不叹息焉。

张翰，字季鹰，吴郡吴人也。父俨，吴大鸿胪。翰有清才，善属文，而纵任不拘，时人号为"江东步兵。"会稽贺循赴命入洛，经吴阊门，于船中弹琴。翰初不相识，乃就循言谭，便大相钦悦。问循，知其入洛，翰曰："吾亦有事北京。"便同载即去，而不告家人。齐王冏辟为大司马东曹掾。冏时执权，翰谓同郡顾荣曰："天下纷纷，祸难未已。夫有四海之名者，求退良难。吾本山林间人，无望于时。子善以明防前，以智虑后。"荣执其手，怆然曰："吾亦与子采南山蕨，饮三江水耳。"翰因见秋风起，乃思吴中菰菜、莼羹、鲈鱼脍，曰："人生贵得适志，何能羁宦数千里以要名爵乎！"遂命驾而归。著《首丘赋》，文多不载。俄而冏败，人皆谓之见机。然府以其辄去，除吏名。翰任心自适，不求当世。或谓之曰："卿乃可纵适一时，独不为身后名邪？"答曰："使我有身后名，不如即时一杯酒。"时人贵其旷达。性至孝，遭母忧，哀毁过礼。年五十七卒。其文笔数十篇行于世。

庚闯，字仲初，颍川鄢陵人也。祖辉，安北长史。父东，以勇力闻。武帝时，有西域健胡趫捷无敌，晋人莫敢与校。帝募勇士，惟东应选，遂扑杀之，名震殊俗。闯好学，九岁能属文。少随舅孙氏过江。母随兄肇为乐安长史，在项城。永嘉末，为石勒所陷，闯母亦没。闯不栉沐，不婚宦，绝酒肉，垂二十年，乡亲称之。州举秀才，元帝为晋王，辟之，皆不行。后为太宰、西阳王羕掾，累迁尚书郎。苏峻之难，闯出奔郗鉴，为司空参军。峻平，以功赐爵吉阳县男，拜彭城内史。鉴复请为从事中郎。寻召为散骑侍郎，领大著作。顷之，出补零陵太守，入湘川，吊贾谊。其辞曰：

中兴二十三载，余忝守衡南，鼓枻三江，路次巴陵，望君山而过洞庭，涉湘川而观汨水，临贾生投书之川，慨以永怀矣。及造长沙，观其遗象，喟然有感，乃吊之云。

伟哉兰生而芳，玉产而洁，阳葩煦冰，寒松负雪，莫邪挺锷，天骥汗血，苟云其隽，谁与比杰！是以高明倬茂，独发奇秀，道率天真，不议世疢，焕乎若望舒耀景而焯群星，矫乎若翔鸾拊翼而逸宇宙也。飞荣洛汭，擢颖山东，质清浮磬，声若孤桐，琅琅其璞，岩岩其峰，信道居正，而以天下为公，方驾逸步，不以曲路期通。是以张高弘悲，声激柱落，清唱未和，而桑濮代作，虽有惠音，莫过《韶》《濩》；虽有腾鳞，终仆一壑。呜呼！大庭既邈，玄风悠缅，皇道不以智隆，上德不以仁显。三五亲誉，其轸可仰而标；霸功虽逸，其涂可翼而阐，悲矣先生，何命之蹇！怀宝如玉，而生运之浅！

昔咎繇谟虞，吕尚归昌，德协充符，乃应帝王。夷吾相桓，汉登萧张；草庐三顾，臭若兰芳。是以道隐则蠖屈，数感则凤睹，若栖不择木，翔非九五，虽曰玉折，隽才何补！夫心非死灰，智必存形，形托神用，故能全生。奈何兰膏，扬芳汉庭，摧景飚风，独丧厥明。悠悠太素，存亡一指，道来斯通，世往斯圮。吾哀其生，未见其死，敢不敬吊，寄之渌水。

后以疾，征拜给事中，复领著作。吴国内史虞潭为太伯立碑，阐制其文。又作《扬都赋》，为世所重。年五十四卒，谥曰贞，所著诗赋铭颂十卷行于世。

子肃之，亦有文藻著称，历给事中、相府记室、湘东太守。太元中卒。

曹毗，字辅佐，谯国人也。高祖休，魏大司马。父识，右军将军。毗少好文籍，善属词赋。郡察孝廉，除郎中，蔡谟举为佐著作郎。父忧去职。服阕，迁句章令，征拜太学博士。时桂阳张硕为神女杜兰香所降，毗因以二篇诗嘲之，并续兰香歌诗十篇，甚有文彩。又著《扬都赋》，亚于庾阐。累迁尚书郎、镇军大将军从事中郎、下邳太守。以名位不至，著《对儒》以自释。其辞曰：

或问曹子曰："大宝以含珍为贵，士以藏器为峻，麟以绝迹标奇，松以负霜称隽，是以兰生幽涧，玉辉于仞。故子州浮沧澜而龙蟠，吴季忽万乘以解印，虞公潜崇岩以颐神，梁生适南越以保慎，固能全真养和，夷迹洞润，陵冬扬芳，披雪独振也。

"今少子睎冥风，弱挺秀容，奇以幼龄，翰披孺童。吐辞则藻落杨班，抗心则志拟高鸿，味道则理贯庄肆，研妙则颖夺豪锋。固以腾广莫于萋茜，排素薄而青葱者矣，何必以刑礼为己任，申韩为宏通！既登东观，染史笔；又据太学，理儒功。曾无玄韵淡泊，逸气虚洞，养采幽翳，晦明蒙笼。不追林栖之迹，不希抱鳞之龙，不营练真之术，不嘉内听之聪。而处泛位以核物，扇尘教以自濛，负盐车以显能，饰一己以求恭。退不居漆园之场，出不蹑曾城之冲，游不践绰约之室，趋不希骁骊之踪；徒以区区之怀而整名目之典，覆篑之量而塞北川之洪，检名实于俄顷之间，定得失乎一管之锋。

"子若谓我果是邪？则是不必以合俗。子若云俗果非邪？则俗非不可以苟从。俗我纷以交争，利害浑而弥重，何异执朽辔以御逸驷，承劲风以握秋蓬，役恬性以充劳府，对群物以耦怨双者乎？子不闻乎终军之颖，贾生之才，拔奇山东，玉映汉台，可谓响播六合，声骇婴孩，而见毁绛灌之口，身离狼狈之灾。由此言之，名为实宾，福萌祸胎，朝敷荣华，夕归尘埃，未若澄虚心于玄圃，荫瑶林于蓬莱，绝世事而隽黄绮，鼓沧川而浪龙鳃者矣。蒙窃惑焉。"

主人焕耳而笑，欣然而言曰："夫两仪既辟，阴阳汗浩，五才迭用，化生纷扰，万类云云，孰测其兆！故不登阆风，安以瞻殊目之形？不步景宿，何以观恢廓之表？是以迷粗者循一往之智，狷介者守一方之矫，岂知火林之蔚炎柯，冰津之擢阳草！故大人达观，任化昏晓，出不极劳，处不巢皓，在儒亦儒，在道亦道，运屈则纡其清晖，时申则散其龙藻，此盖员动之用舍，非寻常之所宝业。

"今三明互照，二气载宣，玄教夕凝，朗风晨鲜，道以才畅，化随时全。故五典克明于百揆，虞音齐响于五弦，安期解褐于秀林，渔父摆钩于长川。如斯则化无不融，道无不延，风澄于俗，波清于川。方将舞黄虬于庆云，招仪凤于灵山，流玉醴乎华囿，秀朱草于庭前。何有违理之患，累真之嫌！子徒知辩其说而未测其源，明朝菌不可逾晦朔，蟪蛄无以观大年，固非管翰之所述，聊敬对以终篇。"

累迁至光禄勋，卒。凡所著文笔十五卷，传于世。

李充，字弘度，江夏人。父矩，江州刺史。充少孤，其父墓中柏树尝为盗贼所斫，充手刃之，由是知名。善楷书，妙参钟索，世咸重之。辟丞相王导掾，转记室参军。幼好刑名之学，深抑虚浮之士，尝著《学箴》，称：

《老子》云："绝仁弃义，家复孝慈。"岂仁义之道绝，然后亲慈乃生哉？盖患乎情仁义者寡而利仁义者众也。道德丧而仁义彰，仁义彰而名利作，礼教之弊，直在兹也。先王以道德之不行，故以仁义化之，行仁义之不笃，故以礼律检之；检之弥繁，而伪亦愈广，老庄是乃明无为之益，塞争欲之门。夫极灵智之妙、总会通之和者，莫尚乎圣人。革一代之弘制，垂千载之遗风，则非圣不立。然则圣人之在世，吐言则为训辞，莅事则为物轨，运通则与时隆，理丧则与世弊矣。是以大为之论以标其旨。物必有宗，事必有主，寄责于圣人而遗累乎陈迹也。故化之以绝圣弃智，镇之以无名之朴。圣教救其末，老庄明其本，本末之涂殊而为教一也。人之迷也，其日久矣！见形者众，及道者鲜，不觏千仞之门而遂适物之迹，逐迹逾笃，离本逾远，遂使华端与薄俗俱兴，妙绪与淳风并绝，所以圣人长潜而迹未尝灭矣。惧后进惑其如此，将越礼弃学而希无为之风，见义教之杀而不观其隆矣，略言所怀，以补其阙。引道家之弘旨，会世教之适当，义之违本，言不流放，庶以祛困蒙之蔽，悟一往之惑乎！其辞曰：

芒芒太初，悠悠鸿荒，蚩蚩万类，与道兼忘。圣迹未显，贤名不彰，怡此鼓腹，率我猖狂。资生既广，群涂思通，暗实师明，匪广求蒙，遗己济物而天下为公。大庭唱基，义农宏赞，六位时成，离晖大观，泽洽雨濡，化流风散，比屋同尘而人罔僭乱。爰暨中古，哲王胥承，质文代作，礼统迭兴，事藉用以繁，化因阻而凝，动非性扰，静岂神澄！名之攸彰，道之攸废，乃损所隆，乃崇所替，刑作由于德衰，三辟兴乎叔世，既敦既诱，乃矫乃厉。敦亦既备，矫亦既深，雕琢生文，抑扬成音，群能骋技，众巧竭心，野无陆马，山无散林。风冈不动，化冈不移，人之失德，反正作奇。乃放欲以越礼，不知希竞之为病，违彼夷涂而遵此险径。狡兔陵冈，游鱼遁川，至赜深妙，大象幽玄，弃饵收罟而责功蹄筌，先统丧归而寄旨忘言。政异征辞，拔本塞源，遁迹永日，寻响穷年，刻意离性而失其自然。世有险夷，运有通圮，损益适时，升降惟理。道不可以一日废，亦不可以一朝拟，礼不可以千载制，亦不可以当年止。非仁无以长物，非义无以齐耻，仁义固不可远，去其害仁义者而已。力行犹惧不逮，希企邈以远矣。室有善言，应在千里，况乎行止复礼克己。风人司箴，敬贻君子。

征北将军褚裒又引为参军，充以家贫，苦求外出，裒将许之为县，试问之，充曰："穷猿投林，岂暇择木！"乃除县令，遭母忧。服阕，为大著作郎。

于时典籍混乱，充删除烦重，以类相从，分作四部，甚有条贯，秘阁以为永制。累迁中书侍郎，卒官。充注《尚书》及《周易旨》六篇、《释庄论》上下二篇、诗赋表颂等杂文二百四十首，行于世。

子颙，亦有文义，多所述作，郡举孝廉。

充从兄式，以平隐著称，善楷隶。中兴初，仕至侍中。

袁宏，字彦伯，侍中猷之孙也。父勖，临汝令。宏有逸才，文章绝美，曾为咏史诗，是其风情所寄。少孤贫，以运租自业。谢尚时镇牛渚，秋夜乘月，率尔与左右微服泛江。会宏在舫中讽咏，声既清会，辞又藻拔，遂驻听久之，遣问焉。答云："是袁临汝郎诵诗。"即其咏史之作也。尚倾率有胜致，即迎升舟，与之谭论，申旦不寐，自此名誉日茂。尚为安西将军、豫州刺史，引宏参其军事。累迁大司马桓温府记室。温重其文笔，专综书记。后为《东征赋》，赋末列称过江诸名德，而独不载桓彝。时伏滔先在温府，又与宏善，苦谏之。宏笑而不答。温知之甚忿，而惮宏一时文宗，不欲令人显问。后游青山饮归，命宏同载，众为之惧。行数里，问宏云："闻君作《东征赋》，多称先贤，何故不及家君？"宏答曰："尊公称谓非下官敢专，既

未遑启，不敢显之耳。"温疑不实，乃曰："君欲为何辞？"宏即答云："风鉴散朗，或搜或引，身虽可亡，道不可陨，宣城之节，信义为允也。"温泫然而止。宏赋又不及陶侃，侃子胡奴尝于曲室抽刃问宏曰："家君勋迹如此，君赋云何相忽？"宏窘急，答曰："我已盛述尊公，何乃言无？"因曰："精金百汰，在割能断，功以济时，职思静乱，长沙之勋，为史所赞。"胡奴乃止。

后为《三国名臣颂》曰：

夫百姓不能自牧，故立君以治之；明君不能独治，则为臣以佐之。然则三五迭隆，历代承基，揖让之与干戈，文德之与武功，莫不宗匠陶钧而群才缉熙，元首经略而股肱肆力。虽遭罹不同，迹有优劣，至于体分冥固，道契不坠，风美所扇，训革千载，其揆一也。故二八升而唐朝盛，伊吕用而汤武宁，三贤进而小白兴，五臣显而重耳霸。中古陵迟，斯道替矣。居上者不以公理物，为下者必以私路期荣，御员者不以信诚率众，执方者必以权谋自显。于是君臣离而名教薄，世多乱而时不治，故蘧宁以之卷舒，柳下以之三黜，接舆以之行歌，鲁连以之赴海。衰世之中，保持名节，君臣相体，若合符契，则燕昭、乐毅古之流矣。夫未遇伯乐，则千载无一骥；时值龙颜，则当年控三杰，汉之得贤，于斯为贵。高祖虽不以道胜御物，群下得尽其忠；萧曹虽不以三代事主，百姓不失其业。静乱庇人，抑亦其次。夫时方颠沛，则显不如隐；万物思治，则默不如语。是以古之君子不患弘道难，患遭时难；遭时匪难，遇君难。故有道无时，孟子所以咨嗟；有时无君，贾生所以垂泣。夫万岁一期，有生之通涂；千载一遇，贤智之嘉会。遇之不能无欣，丧之何能无慨。古人之言，信有情哉！余以暇日常览《国志》，考其君臣，比其行事，虽道谢先代，亦异世一时也。

文若怀独见之照，而有救世之心，论时则人方涂炭，计能则莫出魏武，故委图霸朝，豫谋世事。举才不以标鉴，故人亡而后显；筹画不以要功，故事至而后定。虽亡身明顺，识亦高矣。

董卓之乱，神器迁逼，公达慨然，志在致命。由斯而谭，故以大存名节。至如身为汉隶而迹入魏幕，源流趣舍，抑亦文若之谓。所以存亡殊致，始终不同，将以文若既明且哲，名教有寄乎！夫仁义不可不明，时宗举其致；生理不可不全，故达识摄其契。相与弘道，岂不远哉！

崔生高朗，折而不挠，所以策名魏武、执笏霸朝者，盖以汉主当阳，魏后北面者哉！若乃一旦进玺，君臣易位，则崔生所以不与、魏氏所以不容。夫江湖所以济舟，亦所以覆舟；仁义所以全身，亦所以亡身。然而先贤玉摧于前，来哲攘袂于后，岂天怀发中，而名教束物者乎！

孔明盘桓，俟时而动，遐想管乐，远明风流，治国以礼，人无怨声，刑罚不滥，没有余泣，虽古之遗爱，何以加兹！及其临终顾托，受遗作相，刘后授之

无疑心,武侯受之无惧色,继体纳之无贰情,百姓信之无异辞,君臣之际,良可咏矣!

公瑾卓尔,逸志不群,总角料主,则素契于伯符;晚节曜奇,则三分于赤壁。惜其龄促,志未可量。

子布佐策,致延誉之美,辍哭止哀,有翼戴之功,神情所涉,岂徒謇谔而已哉!然杜门不用,登坛受讥。夫一人之身所照未异,而用舍之间俄有不同,况沈迹沟壑,遇与不遇者乎!

夫诗颂之作,有自来矣。或以吟咏情性,或以纪德显功,虽大指同归,所托或乖。若夫出处有道,名体不滞,风轨德音,为世作范,不可废也。复缀序所怀,以为之赞曰:

火德既微,运缠大过。洪飚扇海,二溟扬波。虬兽虽惊,风云未和。潜鱼择川,高鸟候柯。赫赫三雄,并回乾轴。竞收杞梓,争采松竹。凤不及栖,龙不暇伏。谷无幽兰,岭无停菊。

英英文若,灵鉴洞照。应变知微,颐奇赏要。日月在躬,隐之弥曜。文明瑛心,赞之愈妙。沧海横流,玉石俱碎。达人兼善,废己存爱。谋解时纷,功济宇内。始救生灵,终明风概。

公达潜朗,思同蓍蔡。运用无方,动摄群会。爰初发跡,遘此颠沛。神情玄定,处之弥泰。愔愔幕裹,算无不经。亹亹通韵,迹不暂停。虽怀尺璧,顾哂连城。智能极物,愚足全生。

郎中温雅,器识纯素。贞而不谅,通而能固。恂恂德心,汪汪轨度。志成弱冠,道敷岁暮。仁者必勇,德亦有言。虽道履尾,神气恬然。行不修饰,名节无愆。操不激切,素风愈鲜。

逸哉崔生,体正心直。天骨疏朗,墙岸高嶷。忠存轨迹,义形风色。思树芳兰,翦除荆棘。人恶其上,世不容哲。琅琅先生,雅杖名节。虽遇尘务,犹震霜雪。运极道消,碎此明月。

景山恢诞,韵与道合。形器不存,方寸海纳。和而不同,通而不杂。遇醉忘辞,在醒贻答。

长文通雅,义格终始。思戴元首,拟伊同耻。人未知德,惧若在己。嘉谋肆庭,谠言盈耳。玉生虽丽,光不逾把。德积虽微,道暎天下。

邈哉太初,宇量高雅。器范自然,标准无假。全身由直,迹汙必伪。处死匪难,理存则易。万物波荡,孰任其累!六合徒广,容身靡寄。君亲自然,匪由名教。爱敬既同,情礼兼到。

烈烈王生,知死不挠。求仁不远,期在忠存。玄伯刚简,大存名体。志在高构,增堂及陛。端委兽门,正言弥启。临危致命,尽其心礼。

堂堂孔明,基宇宏邈。器同生灵,独禀先觉。标榜风流,远明管乐。初九龙盘,雅志弥确。百六道丧,干戈迭用。苟非命世,孰扫雰雺!宗子思宁,薄言解控。释褐中林,郁为时栋。

士元弘长,雅性内融。崇善爱物,观始知终。丧乱备矣,胜涂未隆。先生标识,振起清风。绸缪哲后,

无妄惟时。夙夜匪懈,义在缉熙。三略既陈,霸业已基。

公琰殖根,不忘中正。岂曰模拟,实在雅性。亦既羁勒,负荷时命。推贤恭己,久而可敬。

公衡冲达,秉志渊塞。媚兹一人,临难不惑。畴昔不造,假翻邻国。进能徽音,退不失德。六合纷纭,人心将变。鸟择高梧,臣须顾眄。

公瑾英达,朗心独见。披草求君,定交一面。桓桓魏武,外托霸迹。志掩衡霍,恃战忘敌。卓卓若人,曜奇赤壁。三光参分,宇宙暂隔。

子布擅名,遭世方扰。抚翼桑梓,息肩江表。王略威夷,吴魏同宝。遂赞宏谟,匡此霸道。桓王之薨,大业未纯。把臂托孤,惟贤与亲。辍哭止哀,临难忘身。成此南面,实由老臣。才为世生,世亦须才。得而能任,贵在无猜。

昂昂子敬,拔迹草莱。荷檐吐奇,乃构云台。

子瑜都长,体性纯懿。谏而不犯,正而不毅。将命公庭,退忘私位。岂无鹡鸰,固慎名器。

伯言蹇蹇,以道佐世。出能勤功,入亦献替。谋宁社稷,妥纷挫锐。正以招疑,忠而获戾。

元叹邈远,神和形检。如彼白珪,质无尘点。立行以恒,匡主以渐。清不增洁,浊不加染。

仲翔高亮,性不和物。好是不群,折而不屈。屡摧逆鳞,直道受黜。叹过孙阳,放同贾屈。

莘莘众贤,千载一遇。整辔高衢,骧首天路。仰揖玄流,俯弘时务。名节殊涂,雅致同趣。日月丽天,瞻之不坠。仁义在躬,用之不匮。尚想遐风,载揖载味。后生击节,懦夫增气。

从桓温北征,作《北征赋》,皆其文之高者。尝与王珣、伏滔同在温坐,温令滔读其《北征赋》,至"闻所传于相传,云获麟于此野,诞灵物以瑞德,奚授体于虞者!疚尼父之洞泣,似实恸而非假。岂一性之足伤,乃致伤于天下",其本至此便改韵。珣云:"此赋方传千载,无容率耳。今于'天下'之后,移韵徙事,然于写送之致,似为未尽。"滔云:"得益写韵一句,或为小胜。"温曰:"卿思益之。"宏应声答曰:"感不绝于余心,愬流风而独写。"珣诵味久之,谓滔曰:"当今文章之美,故当共推此生。"

性强正亮直,虽被温礼遇,至于辩论,每不阿屈,故荣任不至。与伏滔同在温府,府中呼为"袁伏",宏心耻之,每叹曰:"公之厚恩未优国士,而与滔比肩,何辱之甚。"

谢安常赏其机对辩速。后安为扬州刺史,宏自吏部郎出为东阳郡,乃祖道于冶亭。时贤皆集,安欲以卒迫试之,临别执其手,顾就左右取一扇而授之曰:"聊以赠行。"宏应声答曰:"辄当奉扬仁风,慰彼黎庶。"时人叹其率而能要焉。

宏见汉时傅毅作《显宗颂》,辞甚典雅,乃作颂九章,颂简文之德,上之于孝武。

太元初,卒于东阳,时年四十九。撰《后汉纪》三十卷及《竹林名士传》三卷、诗赋诔表等杂文凡三百首,传

于世。

三子：长超子，次成子，次明子。明子有父风，最知名，官至临贺太守。

伏滔，字玄度，平昌安丘人也。有才学，少知名。州举秀才，辟别驾，皆不就。大司马桓温引为参军，深加礼接，每宴集之所，必命滔同游。从温伐袁真，至寿阳，以淮南屡叛，著论二篇，名曰《正淮》。其上篇曰：

淮南者，三代扬州之分也。当春秋时，吴、楚、陈、蔡之与地。战国之末，楚全有之，而考烈王都焉。秦并天下，建立郡县，是为九江。刘项之际，号曰东楚。爰自战国至于晋之中兴，六百余年，保淮南者九姓，称兵者十一人，皆亡不旋踵，祸溢于世，而终莫戒焉。其天时欤，地势欤，人事欤？何丧乱之若是也！试商较而论之。

夫悬象著明，而休征表于列宿；山河衿带，而地险彰于丘陵；治乱推移，而兴亡见于人事。由此而观，则兼也必矣。昔妖星出于东南而弱楚以亡，飞字横于天汉而刘安诛绝，近则火星晨见而王凌首谋，长彗宵暎而毋丘袭乱。斯则表乎天时也。彼寿阳者，南引荆汝之利，东连三吴之富；北接梁宋，平涂不过七日；西援陈许，水陆不出千里；外有江湖之阻，内保淮肥之固。龙泉之陂，良畴万顷，舒六之贡，利尽蛮越，金石皮革之具萃焉，苞木箭竹之族生焉，山湖薮泽之隈，水旱之所不害，土产草滋之实，荒年之所取给。此则系乎地利乎也。其俗尚气力而多勇悍，其人习战争而贵诈伪，豪右并兼之门，十室而七；藏甲挟剑之家，比屋而发。然而仁义之化不渐，刑法之令不及，所以屡多亡国也。

昔考烈以衰弱之楚屡迁其都，外迫强秦之威，内遭阳申之祸，逃死劫杀，三世而灭。黥布以三雄之选，功成垓下，淮阴既囚，梁越受戮，嫌结震主之威，虑生同体之祸，遂谋图全之计，庶几后亡之福，众溃于一战，身脂于汉斧。刘长支庶，奄王大国，承丧乱之余，御新化之俗，无德而宠，欲极祸发。王安内怀先父之憾，外眩奸臣之说，招引宾客，沈溺数术，藉二世之资，恃戈甲之盛，屈强江淮之上，西向而图宗国，言未绝口，身嗣俱灭。李宪因亡新之余，袁术当衰汉之末，负力幸乱，遂生僭逆之计，建号九江，称制下邑，狼狈奔亡，倾城受戮。及至彦云、仲恭、公休之徒，或凭宿名，或怙前功，握兵淮楚，力制东夏，属当多难之世，仍值废兴之会，谋非所议，相系祸败。祖约助逆，身亡家族。彼十乱者，成乎人事者也。然则侵弱昏迷，以至绝灭，亡楚当之。恃强畏逼，遂谋叛乱，黥布有焉。二王迕逆，宠之之过也。公路僭伪，乘衅之盗也。二将以图功首衅，士少以骄矜乐祸。本其所因，考其成迹，皆宠盛祸淫，福过灾生，而制之不渐，积之有由也。

其下篇曰：

昔高祖之诛黥布也，撮三策之要，驰赦过之书，乘人主之威以除逆节之虏，然犹决战陈都，暴尸横野，仅乃克之，害亦深矣！长安之谋，虽兵未交于山东，祸未遍于天下，而驰说之士与阖境之人幽囚诛放者，亦已众矣。光武连兵于肥舒，魏祖驰马于蕲苦，而庐九之间流溺兵凶者十而七八焉。夫王凌面缚，得之于硊石；仲恭接刃，成之于后觉也。而高祖以之宵征，世宗以发疾，岂不勤哉！文皇挟万乘之威，杖伊周之权，内举京畿之众，外征四海之锐，云合雨集，推锋以临淮浦，而诞钦晏然，方婴城自固，凭轼以观王师。于是筑长围，起棼橹，高壁连堑，负戈击柝以守之。自夏及春，而后始知亡焉。然则屠城之祸，其可极言乎？约之出奔，淮左为墟，悲夫！

信哉鲁哀之言，夫生乎深宫，长于膏梁，忧惧不切于身，荣辱不交于前，则其仁义之本浅矣。奉以南面之尊，藉以列城之富，宅以制险之居，养以众强之盛，而无德以临之，无制以节之，则厌溢乐祸之心生矣。夫以昏主御奸臣，利甲资坚城，伪令行于封内，邪惠结于人心，乘间幸济之说日交于侧，猾诈锢咎之群各驰于前，见利如归，安在其不为乱乎！况乘旧宠，挟前功，畏逼惧亡，以谋图身之举者，望其俯首就羁，不亦迂哉！《易》称"履霜坚冰，驯致之道，"盖言渐也。呜呼！斯所以乱臣贼子亡国覆家累世而不绝者欤！

昔先生之宰天下也，选于有德，访之三吏，正其分位，明其等级，画之封疆，宣之政令，上下有序，无僭差之嫌，四人安业，无并兼之国。三载考陟，功罪不得逃其迹，九伐时修，刑贵无所谬其实。令之有渐，轨之有度，宠之有节，权不外授，威不下黩，所以杜其萌隙，重其名器，深根固本，传之百世。虽时有盛衰，弱者无所惧其亡；道有兴废，强者不得资其弊。夫如是，将使天下从风，穆然轨道，庆自一人，惠流万国，安有向时之患哉！

寿阳平，以功封闻喜县侯，除永世令。温薨，征西将军桓豁引为参军，领华容令。太元中，拜著作郎，专掌国史，领本州大中正。孝武帝尝会于西堂，滔豫坐，还，下车先呼子系之谓曰："百人高会，天子先问伏滔在坐不，此故未易得。为人作父如此，定何如也？"迁游击将军，著作如故。卒官。

子系之，亦有文才，历黄门郎、侍中、尚书、光禄大夫。

罗含，字君章，桂阳耒阳人也。曾祖彦，临海太守。父绥，荥阳太守。含幼孤，为叔母朱氏所养。少有志尚，尝昼卧，梦一鸟文彩异常，飞入口中，因惊起说之。朱氏曰："鸟有文彩，汝后必有文章。"自此后藻思日新。弱冠，州三辟，不就。含父尝宰新淦，新淦人杨羡后为含州将，引含为主簿，含傲然不顾，羡招致不已，辞不获而就焉。及羡去职，含送之到县。新淦人以含旧宰之子，咸致赂遗，含难违而受之。及归，悉封置而去。由是远近推服焉。后为郡功曹，刺史庾亮以为部江夏从事。太守谢尚与含为方外之好,乃称曰:"罗君章可谓湘中之琳琅。"寻转州主簿。后桓温临州,又补征西参军。温尝使含诣尚,有所检劾。含至,不问郡事,与尚累日酣饮而还。温问所劾事,含曰:"公谓尚何如人?"温曰:"胜我也。"含曰:"岂有胜公而行非邪!故一无所问。"温奇其言而不责焉。转州别驾。以廨舍喧扰,于城西池小洲上立茅屋,伐木为材,织苇为席而居,布衣蔬食,晏如也。温尝与僚属宴会,含后至。温问众坐曰:"此何如人?"或曰:"可谓荆楚之材。"温曰:"此自江左之秀,岂惟荆楚而已。"征为尚书郎。温雅重其才,又表转征西户曹参军。俄迁宜都太守。及温封南郡公,引为郎中令。寻征正员郎,累迁散骑常侍、侍中,仍转廷尉、长沙相。年老致仕,加中散大夫,门施行马。初,含在官舍,有一白雀楼集堂宇,及致仕还家,阶庭忽兰菊丛生,以为德行之感焉。年七十七卒,所著文章行于世。

顾恺之,字长康,晋陵无锡人也。父悦之,尚书左丞。恺之博学有才气,尝为《筝赋》成,谓人曰:"吾赋之比嵇康琴,不赏者必以后出相遗,深识者亦当以高奇见贵。"桓温引为大司马参军,甚见亲昵。温薨后,恺之拜温墓,赋诗云:"山崩溟海竭,鱼鸟将何依!"或问之曰:"卿凭重桓公乃尔,哭状其可见乎?"答曰:"声如震雷破山,泪如倾河注海。"恺之好谐谑,人多爱狎之。后为殷仲堪参军,亦深被眷接。仲堪在荆州,恺之尝因假还,仲堪特以布帆借之,至破冢,遭风大败。恺之与仲堪笺曰:"地名破冢,真破冢而出。行人安稳,布帆无恙。"还至荆州,人问以会稽山川之状。恺之云:"千岩竞秀,万壑争流。草木蒙笼,若云兴霞蔚。"桓玄时与恺之同在仲堪坐,共作了语。恺之先曰:"火烧平原无遗燎。"玄曰:"白布缠根树旒旐。"仲堪曰:"投鱼深泉放飞鸟。"复作危语。玄曰:"矛头淅米剑头炊。"仲堪曰:"百岁老翁攀枯枝。"有一参军云:"盲人骑瞎马临深池。"仲堪眇目,惊曰:"此太逼人!"因罢。恺之每食甘蔗,恒自尾至本。人或怪之,云:"渐入佳境。"

尤善丹青,图写特妙,谢安深重之,以为有苍生以来未之有也。恺之每画人成,或数年不点目精。人问其故,答曰:"四体妍蚩,本无阙少于妙处,传神写照,正在阿堵中。"尝悦一邻女,挑之弗从,乃图其形于壁,以棘针钉其心,女遂患心痛。恺之因致其情,女从之,遂密去针而愈。恺之每重嵇康四言诗,因为之图,恒云:"手挥五弦易,目送归鸿难。"每写起人形,妙绝于时。尝图裴楷象,颊上加三毛,观者觉神明殊胜。又为谢鲲象,在石岩里,云:"此子宜置丘壑中。"欲图殷仲堪,仲堪有目病,固辞。恺之曰:"明府正为眼耳,若明点瞳子,飞白拂上,使如轻云之蔽月,岂不美乎!"仲堪乃从之。恺之尝以一厨画糊题其前,寄桓玄,皆其深所珍惜者。玄乃发其厨后,窃取画,而缄闭如旧以还之,绐云未开。恺之见封题如初,但失其画,直云妙画通灵,变化而去,亦犹人之登仙,了无怪色。

恺之矜伐过实,少年因相称誉以为戏弄。又为吟咏,自谓得先贤风制。或请其作洛生咏,答曰:"何至作老婢声!"义熙初,为散骑常侍,与谢瞻连省,夜于月下长咏,瞻每遥赞之,恺之弥自力忘倦。瞻将眠,令人代己,恺之不觉有异,遂申旦而止。尤信小术,以为求之必得。桓玄尝以一柳叶绐之曰:"此蝉所翳叶也,取以自蔽,人不见己。"恺之喜,引叶自蔽,玄就溺焉,恺之信其不见己也,甚以珍之。

初,恺之在桓温府,常云:"恺之体中痴黠各半,合而论之,正得平耳。"故俗传恺之有三绝:才绝,画绝,痴绝。年六十二,卒于官,所著文集及《启蒙记》行于世。

郭澄之,字仲静,太原阳曲人也。少有才思,机敏兼人。调补尚书郎,出为南康相。值卢循作逆,流离仅得还都。刘裕引为相国参军。从裕北伐,既克长安,裕意更欲西伐,集僚属议之,多不同。次问澄之,澄之不答,西向诵王粲诗曰:"南登霸陵岸,回首望长安。"裕便定,谓澄之曰:"当与卿共登霸陵岸耳。"因还。

澄之位至裕相国从事中郎,封南丰侯,卒于官,所著文集行于世。

史臣曰:夫赏好生于情,刚柔本于性,情之所适,发乎咏歌,而感召无象,风律殊制。至于应贞宴射之文,极形言之美,华林群藻罕或畴之。子安幼标明敏,少蓄清思,怀天地之寥廓,赋辞人之所遗,特构新情,岂常均之所企!太冲含豪历载,以赋《三都》,士安见而称善,平原睹而韬翰,匪惟高步当年,故以腾华竞古。邹湛之持论,枣据之缘情,实南阳之人杰,盖颍川之时秀。季雅摛属遒迈,凤备成德,称为泉岱之珍,固其然矣。彦伯未能混迹光尘,而屈乎卑位,《释时》宏论,亦足见其志耳。季鹰纵诞一时,不邀名爵,《黄花》之什,浚发神府。仲初之文,风流可尚,擢秀士林,《扬都》之美,尤重时彦。曹毗沈研秘籍,跼足下僚,绮靡降神之歌,朗畅《对儒》之论。李充之《学箴》,信清壮也。袁宏《东征》、《名臣》之作,抑潘陆之亚。玄度学艺优瞻,笔削擅奇,降帝问于西堂,故其荣观也。君章耀湘中之宝,挺荆楚之材,梦鸟发乎精诚,岂独日者之蛟凤!长康矜能过实,谭谐取容,而才多逸气,故有三绝之目。仲静机思通敏,延誉清流,德舆西伐之计,取定于微指者矣。

赞曰:爻象垂法,宫征流音。美哉群彦,扬蕤翰林。俱谐振玉,各擅锵金。子安、太冲,遒文绮烂。袁、庾、充、恺,缛藻霞焕。架彼辞人,共超清贯。

卷九十三　　列传第六十三

外戚　羊琇　王恂　杨文宗
羊玄之　虞豫　庾琛　杜乂
褚裒　何准　王濛　王遐
王蕴　褚爽

详观往诰，遂听前闻，阶缘外戚以致显荣者，其所由来尚矣。而多至祸败，鲜克令终者，何哉？岂不由禄以恩升，位非德举；识惭明哲。材谢经通；假椒房之宠灵，总军国之枢要。或威权震主，或势力倾朝；居安而不虑危，务进而不知退；骄奢既至，衅隙随之者乎！是以吕霍之家，诛夷于西汉，梁邓之族，剿绝于东都，其余干纪乱常、害时蠹政者，不可胜载。至若樊廱之父子，窦广国之弟兄，阴兴之守约戒奢，史丹之掩恶扬善，斯并后族之所美者也。由此观之，干时纵溢者必以凶终，守道谦冲者永保贞吉，古人所谓祸福无门，惟人所召，此非其效欤！

逮于晋难，始自宫闱。杨骏藉武帝之宠私，叨窃非据，贾谧乘惠皇之蒙昧，成此厉阶，遂使悼后遇云林之灾，愍怀滥湖城之酷。天人道尽，丧乱弘多，宗庙以之颠覆，黎庶于焉殄瘁。《诗》云："赫赫宗周，褒姒灭之。"其此之谓也。爰及江左，未改覆车。庾亮世族羽仪，王恭高门领袖，既而职兼出纳，任切股肱。孝伯竟以亡身，元规几于败国，岂不哀哉！若褚季野之畏避朝权，王叔仁之固求出镇，用能全身远害，有可称焉。贾充、杨骏、庾亮、王献之、王恭等已入列传，其余既叙其成败，以为《外戚篇》云。

羊琇，字稚舒，景献皇后之从父弟也。父耽，官至太常。兄瑾，尚书右仆射。琇少举郡计，参镇西钟会军事，从平蜀。及会谋反，琇正言苦谏，还，赐爵关内侯。琇涉学有智算，少与武帝通门，甚相亲狎，每接筵同席，尝谓帝曰："若富贵见用，任领护各十年。"帝戏而许之。初，帝未立为太子，而声论不及弟攸，文帝素意重攸，恒有代宗之议。琇密为武帝画策，甚有匡救。又观察文帝为政损益，揆所应所顾问之事，皆令武帝默而识之。其后文帝与武帝论当世之务及人间可否，武帝答无不允，由是储位遂定。及帝为抚军，命琇参军事。帝即王位后，擢琇为左卫将军，封甘露亭侯。帝践阼，累迁中护军，加散骑常侍。琇在职十三年，典禁兵，豫机密，宠遇甚厚。

初，杜预拜镇南将军，朝士毕贺，皆连榻而坐。琇与裴楷后至，曰："杜元凯乃复以连榻而坐客邪？"遂不坐而去。

琇性豪侈，费用无复齐限，而屑炭和作兽形以温酒，洛下豪贵咸竞效之。又喜游燕，以夜续昼，中外五亲无男女之别，时人讥之。然党慕胜己，其所推举，便尽心无二。穷窘之徒，特能振恤。选用多以得意者居先，不尽铨次之理。将士有冒官位者，为其致节，不惜躯命。然放恣犯法，每为有司所贷。其后司隶校尉刘毅劾之，应至重刑，武帝以旧恩，直免官而已。寻以侯白衣领护军。顷之，复职。及齐王攸出镇也，琇以切谏忤旨，左迁太仆。琇既失宠愤怨，遂发病，以疾笃求退。拜特进，加散骑常侍，禄赐第如前，卒。帝手诏曰："琇与朕有先后之亲，少小之恩，历位外内，忠允茂著。不幸早薨，朕甚悼之。其追赠辅国大将军、开府仪同三司，赐东园秘器，朝服一袭，钱三十万，布百匹。"谥曰威。

王恂，字良夫，文明皇后之弟也。父肃，魏兰陵侯。恂文义通博，在朝忠正，累迁河南尹，建立二学，崇明《五经》。鬲令袁毅尝馈以骏马，恂不受。及毅败，受货者皆被废黜焉。魏氏给公卿已下租牛客户数各有差，自后小人惮役，多乐为之，贵势之门动有百数。又太原诸部亦以匈奴胡人为田客，多者数千。武帝践位，诏禁募客，恂明峻其防，所部莫敢犯者。咸宁四年卒，赠车骑将军。恂弟虔、恺。

虔字恭祖。以功干见称，累迁卫尉，封安寿亭侯，拜平东将军、假节、监青州诸军事。征为光禄勋，转尚书，卒。子士文嗣，历右卫将军、南中郎将，镇许昌，为刘聪所害。

恺字君夫。少有才力，历位清显，虽无细行，有在公之称。以讨杨骏勋，封山都县公，邑千八百户。迁龙骧将军，领骁骑将军，加散骑常侍，寻坐事免官。起为射声校尉，久之，转后将军。恺既世族国戚，性复豪侈，用赤石脂泥壁。石崇与恺将为鸩毒之事，司隶校尉傅祗劾之，有司皆论正重罪，诏特原之。由是众人金畏恺，故敢肆其意，所欲之事无所顾惮焉。及卒，谥曰丑。

杨文宗，武元皇后父也。其先事汉，四世为三公。文宗为魏通事郎，袭封蓩亭侯。早卒，以后父，追赠车骑将军，谥曰穆。

羊玄之，惠皇后父，尚书右仆射瑾之子也。玄之初为尚书郎，以后父，拜光禄大夫、特进、散骑常侍，更封兴晋侯。迁尚书右仆射，加侍中，进爵为公。成都王颖之攻长沙王乂也，以讨玄之为名，遂忧惧而卒。追赠车骑将军、开府仪同三司。

虞豫，元敬皇后父也。少有美称，州郡礼辟，并不就。拜南阳王文学。早卒。明帝即位，追赠散骑常侍、骠骑大将军、开府仪同三司、平山县侯。子胤嗣。

胤，敬后弟也。初拜散骑常侍，迁步兵校尉。太宁末，追赠豫官，以胤袭侯爵，转右卫将军。与南顿王宗俱为明帝所昵，并典禁兵。及帝不豫，宗以阴谋发觉，事连胤，帝隐忍不问，徙胤为宗正卿，加散骑常侍。咸和二年，宗伏诛，左迁胤为桂阳太守，秩中二千石。频徙琅邪、卢陵太守。咸康元所卒，追赠卫将军，加散骑常侍。子洪袭爵。

庾琛，字子美，明穆皇后父也。兄衮，在《孝友传》。琛永嘉初为建威将军，过江，为会稽太守，征为丞相军谘祭酒。卒官，以后父追赠左将军，妻毋丘氏追封乡君，子亮陈先志不受。咸和中，成帝又下诏追赠琛骠骑将军、仪同三司，亮又辞焉。亮在列传。

杜乂，字弘理，成恭皇后父，镇南将军预孙，尚书左丞锡之子也。性纯和，美姿容，有盛名于江左。王羲之见而目之曰："肤若凝脂，眼如点漆，此神仙人也。"桓彝亦曰："卫玠神清，杜乂形清。"袭封当阳侯，辟公府掾，为丹阳丞。早卒，无男，生后而乂终，妻裴氏鳌居养后，以礼自防，甚有德音。咸康初，追赠金紫光禄大夫，谥曰穆。封裴氏为高安乡君，邑五百户。至孝武帝时，崇进为广德县君。裴氏寿考，百姓号曰杜姥。初，司徒蔡谟甚器重乂，尝言于朝曰："恨诸君不见杜乂也。"其为名流所重如此。

褚裒，字季野，康献皇后父也。祖䂮，有局量，以干用称。尝为县吏，事有不合，令欲鞭之，䂮曰："物各有所施，榱椽之材不合以为藩落也，愿明府垂察。"乃舍之。家贫，辞吏。年垂五十，镇南将军羊祜与䂮有旧，言于武帝，始被升用，官至安东将军。父洽，武昌太守。

裒少有简贵之风，与京兆杜乂俱有盛名，冠于中兴。谯国桓彝见而目之曰："季野有皮里春秋。"言其外无臧否，而内有所褒贬也。谢安亦雅重之，恒云："裒虽不言，而四时之气亦备矣。"初辟西阳王掾、吴王文学。苏峻之构逆也，车骑将军郗鉴以裒为参军。峻平，以功封都乡亭侯，稍迁司徒从事中郎，除给事黄门侍郎。康帝为琅邪王时，将纳妃，妙选素望，诏娉裒女为妃，于是出为豫章太守。及康帝即位，征拜侍中，迁尚书。以后父，苦求外出，除建威将军、江州刺史，镇半洲。在官清约，虽居方伯，恒使私童樵采。顷之，征为卫将军，领中书令。裒以中书铨管诏命，不宜以姻戚居之，固让，诏以为左将军、兖州刺史、都督兖州徐州之琅邪诸军事、假节，镇金城，又领琅邪内史。

初，裒总角诣庾亮，亮使郭璞筮之。卦成，璞骇然，亮曰："有不祥乎？"璞曰："此非人臣卦，不知此年少何以乃表斯祥？二十年外，吾言方验。"及此二十九年而康献皇太后临朝，有司以裒皇太后父，议加不臣之礼，拜侍中、卫将军、录尚书事，持节、都督、刺史如故。裒以近戚，惧获讥嫌，上疏固请居藩，曰："臣以虚鄙，才不周用，过蒙国恩，累忝非据。无劳受宠，负愧实深，岂可复加殊特之命，显号重叠！臣有何勋可以克堪？何颜可以冒进？委身圣世，岂复遗力，实惧颠坠，所误者大。今王略未振，万机至殷，陛下宜委诚宰辅，一遵先帝任贤之道，虚已受成，坦平心于天下，无宜内示私亲之举，朝野失望，所损岂少！"于是改授都督徐兖青扬州之晋陵吴国诸军事、卫将军、徐兖二州刺史、假节，镇京口。

永和初，复征裒，将以为扬州、录尚书事。吏部尚书刘遐说裒曰："会稽王令德，国之周公也，足下宜以大政付之。"裒长史王胡之亦劝焉，于是固辞归藩，朝野咸叹服之。进号征北大将军、开府仪同三司，固辞开府。裒又以政道在于得才，宜委贤任能，升敬旧齿，乃荐前光禄大夫顾和、侍中殷浩。疏奏，即以和为尚书令，浩为扬州刺史。

及石季龙死，裒上表请伐之，即日戒严，直指泗口。朝议以裒事任贵重，不宜深入，可先遣偏师。裒重陈前所遣前锋督护王颐之等径造彭城，示以威信，后遣督护麋嶷进军下邳，贼即奔溃，嶷率所领据其城池，今宜速发，以成声势，于是除征讨大都督青、扬、徐、兖、豫五州诸军事。裒率众三万径进彭城，河朔士庶归降者日以千计，裒抚纳之，甚得其欢心。先遣督护徐众伐沛，获伪相支重，郡中二千余人归降。鲁郡山有五百余家，亦建义请援，裒遣龛领锐卒三千迎之。龛违节度，军次代陂，为石遵将李菟所败，死伤太半，龛执节不挠，为贼所害。裒以《春秋》责帅，授任失所，威略亏损，上疏自贬，以征北将军行事，求留镇广陵。诏以偏帅之责，不应引咎，遣寇未殄，方镇任重，不宜贬降，使还镇京口，解征讨都督。

时石季龙新死，其国大乱，遗户二十万口渡河，将归顺，乞师救援。会裒已旋，威势不接，莫能自拔，皆为慕容皝及苻健之众所掠，死亡咸尽。裒以远图不就，忧慨发病。及至京口，闻哭声甚众，裒问："何哭之多？"左右曰："代陂之役也。"裒益惭恨。永和五年卒，年四十七，远近嗟悼，吏士哀慕之。赠侍中、太傅，本官如故，谥曰元穆。子歆，字幼安，以学行知名，历散骑常侍、秘书监。

何准，字幼道，穆章皇后父也。高尚寡欲，弱冠知名，州府交辟，并不就。兄充为骠骑将军，劝其令仕，准曰："第五之名何灭骠骑？"准兄弟中第五，故有此言。充居宰辅之重，权倾一时，而准散带衡门，不及人事，唯诵佛经，修营塔庙而已。征拜散骑郎，不起。年四十七卒。升平元年，追赠金紫光禄大夫，封晋兴县侯。子惔以父素行高洁，表让不受。三子：放、惔、澄。

放继充。

惔官至南康太守，早卒。惔子元度，西阳太守；次叔度，太常卿、尚书。

澄字季玄，起家秘书郎，转丞，清正有器望，累迁秘书监、太常、中护军。孝武帝深爱之，以为冠军将军、吴国内史。太元末，琅邪王出居外第，妙选师傅，征拜尚书，领琅邪王师。安帝即位，迁尚书左仆射，典选、王师如故。时澄脚疾，固让，特听不朝，坐家视事。又领本州大中正。及桓玄执政，以疾奏免，卒于家。安帝反正，追赠金紫光禄大夫。长子籍，早卒。次子融，元熙中，为大司农。

王濛，字仲祖，哀靖皇后父也。曾祖黯，历位尚书。祖佑，北军中候。父讷，新淦令。濛少时放纵不羁，不为乡曲所齿，晚节始克己励行，有风流美誉，虚己应物，恕而后行，莫不敬爱焉。事诸母甚谨，奉禄资产常推厚居薄，喜愠不形于色，不修小洁，而以清约见称。善隶书。美姿容，尝览镜自照，称其父字曰："王文开生如此儿邪！"居贫，帽败，自入市买之，妪悦其貌，遗以新帽，时人以为达。与沛国刘惔齐名友善，惔常称濛性至通，而自然有节，濛每云："刘君知我，胜我自知。"时人以惔方荀奉倩，濛比袁曜卿，凡称风流者，举濛、惔为宗焉。

司徒王导辟为掾。导复引匡术弟孝，濛致笺于导曰："开国承家，小人勿用。杖德义以尹天下，方将澄清彝伦，崇重名器。夫军国殊用，文武异容，岂可令泾渭混流，亏清穆之风，以允答具瞻，仪形海内！"导不答。后出补长山令，复为司徒左西属。濛以此职有谴则应受杖，固辞。诏为停罚，犹不就。徙中书郎。

简文帝之为会稽王也，尝与孙绰商略诸风流人，绰言曰："刘惔清蔚简令，王濛温润恬和，桓温高爽迈出。谢尚清易令达，而濛性和畅，能言理，辞简而有会。"及简文帝辅政，益贵幸之，与刘惔号为入室之宾。转司徒左长史。晚求为东阳，不许。及濛病，乃恨不用之。濛闻之曰："人言会稽王痴，竟痴出！"疾渐笃，于灯下转麈尾视之，叹曰："如此人曾不得四十也！"年三十九卒。临殡，刘惔以犀杷麈尾置棺中，因恸绝久之。谢安亦常称濛云："王长史语甚不多，可谓有令音。"有二子：修、蕴。

修字敬仁，小字荀子。明秀有美称，善隶书，号曰流奕清举。年十二，作《贤全论》。濛以示刘惔曰："敬仁此论，便足以参微言。"起家著作郎、琅邪王文学，转中军司马，未拜而卒，年二十四。临终，叹曰："无愧古人，年与之齐矣。"

王遐，字桓子，简顺皇后父，骠骑将军述之从叔也。少以华族，仕至光禄勋。宁康初，追赠特进、光禄大夫，加散骑常侍，谥曰靖。

长子恪，领军将军。恪子欣之，豫章太守，秩中二千石。欣之弟欢之，广州刺史。遐少子臻，崇德卫尉。

王蕴，字叔仁，孝武定皇后父，司徒左长史濛之子也。起家佐著作郎，累迁尚书吏部郎。性平和，不抑寒素，每一官缺，求者十辈，蕴无所是非。时简文帝为会稽王，辅政，蕴辄连状白之，曰："某人有地，某人有才。"务存进达，各随其方，故不得者无怨焉。补吴兴太守，甚有德政。属郡荒人饥，辄开仓赡恤。主簿执谏，请先列表上待报，蕴曰："今百姓嗷然，路有饥馑，若表上须报，何以救将死之命乎！专辄之愆，罪在太守，且行仁义而败，无所恨也。"于是大振贷之，赖蕴全者十七八焉。朝廷以违科免蕴官，士庶诣阙讼之，诏特左降晋陵太守。复有惠化，百姓歌之。

定后立，以后父，迁光禄大夫，领五兵尚书、本州大中正，封建昌县侯。蕴以恩泽赐爵，非三代令典，固辞不受。朝廷敦劝，终不肯拜，乃拜都督京口诸军事、左将军、徐州刺史、假节，复固让。谢安谓蕴曰："卿居后父之重，不应妄自菲薄，以亏时遇，宜依褚公故事，但令在贵权于事不事耳。可暂临此任，以纾国姻之重。"于是乃受命，镇于京口。顷之，征拜尚书左仆射，将军如故，迁丹阳尹，

即本军号加散骑常侍。蕴以姻戚，不欲在内，苦求外出，复以为都督浙江东五郡、镇军将军、会稽内史，常侍如故。

蕴素嗜酒，末年尤甚。及在会稽，略少醒日，然犹以和简为百姓所悦。时王悦来拜墓，蕴子恭往省之，素相善，遂留十余日方还。蕴问其故，恭曰："与阿太语，蝉连不得归。"蕴曰："恐阿太非尔之友。"阿太，悦小字也。后竟乖初好，时以为知人。太元九年卒，年五十五，追赠左光禄大夫、开府仪同三司。

长子华，早卒。次恭，在列传。恭弟爽，字季明，强正有志力，历给事黄门侍郎、侍中。孝武帝崩，王国宝夜欲开门入为遗诏，爽距之，曰："大行晏驾，皇太子未至，敢入者斩！"乃止。爽尝与会稽王道子饮，道子醉呼爽为小子，爽曰："亡祖长史与简文皇帝为布衣之交。亡姑、亡姊伉俪二宫，何小子之有！"及国宝执权，免爽官。后兄恭再起事，并以爽为宁朔将军，参预军事。恭败，被诛。

褚爽，字弘茂，小字斯生，恭思皇后父也。祖衰，父歆。爽少有令称，谢安甚重之，尝曰："若期生不佳，我不复论士矣。"为义兴太守，早卒，以后父，追赠金紫光禄大夫。爽子秀之、炎之、喻之，义熙中，并历大官。

史臣曰：羊琇托肺腑之亲，处多闻之益，遭逢潜跃之际，预经始之谋，故得缱绻恩私，便蕃任遇。凭宠灵而逞欲，恃势位而骄陵，屡犯宪章，频干国纪，幸逢宽政，得免刑书。王恺地即渭阳，家承世禄，曾弗闻于恭俭，但崇纵于奢淫，竞爽于季伦，争先于武子，既尘清论，有敢王猷，虽复议行易名，未足惩恶劝善。弘理仪形外朗，季野神鉴内融，仲祖温润风流，幼道清虚寡欲，皆擅名江表，见重当时，岂惟后族之英华，抑亦搢绅之令望者也。

赞曰：托属丹掖，承辉紫宸。地既权宠，任惟执钧。约乃寡失，骄则陵人。覆车遗戒，谅足书绅。

卷九十四　　列传第六十四

隐逸　孙登　董京　夏统
朱冲　范粲　鲁胜　董养
霍原　郭琦　伍朝　鲁褒
氾腾　任旭　郭文　龚壮
孟陋　韩绩　谯秀　翟汤
郭翻　辛谧　刘驎之　索袭
杨轲　公孙凤　公孙永
张忠　石垣　宋纤　郭荷
郭瑀　祈嘉　瞿硎先生
谢敷　戴逵　龚玄之

陶淡　陶潜

若夫穹昊垂景，少微以躔其次；《文》《系》探幽，贞遁以成其象。故有避于言色，其道闻乎孔父；骄乎富贵，厥义详于孙子。是以处柔伊存，有生之恒性；在盈斯害，惟神之常道。古先智士体其若兹，介焉超俗，浩然养素，藏声江海之上，卷迹嚣氛之表，漱流而激其清，寝巢而韬其耀，良画以符其志，绝机以虚其心。玉辉冰洁，川淳岳峙，修至乐之道，固无疆之休，长往邈而不追，安排晷而无闷，修身自保，悔吝弗生，诗人《考槃》之歌，抑在兹矣。至于体天作制之后，讼息刑清之时，尚乃仄席幽贞以康神化，征聘之礼贲于岩穴，玉帛之赞委于窒衡，故《月令》曰："季春之月聘名士，礼贤者"，斯之谓欤！

自典午开运，旁求隐逸，谯元彦之杜绝人事，江思俊之啸咏林薮，峻其贞白之轨，成其出尘之迹，虽不应其嘉招，亦足激其贪竞。今美其高尚之德，缀集于篇。

孙登，字公和，汲郡共人也。无家属，于郡北山为土窟居之，夏则编草为裳，冬则被发自覆。好读《易》，抚一弦琴，见者皆亲乐之。性无恚怒，人或投诸水中，欲观其怒，登既出，便大笑。时寄游人间，所经家或设衣食者，一无所辞，去皆舍弃。尝住宜阳山，有作炭人见之，知非常人，与语，登亦不应。文帝闻之，使阮籍往观，既见，与语，亦不应。嵇康又从之游三年，问其所图，终不答，康每叹息。将别，谓曰："先生竟无言乎？"登曰："子识火乎？火生而有光，而不用其光，果在于用光。人生而有才，而不用其才，而果在于用才。故用光在乎得薪，所以保其耀；用才在乎识真，所以全其年。今子才多识寡，难乎免于今之世矣！子无求乎？"康不能用，果遭非命，乃作《幽愤诗》曰："昔惭柳下，今愧孙登。"或谓登以魏晋去就，易生嫌疑，故或嘿者也。竟不知所终。

董京，字威辇，不知何郡人也。初与陇西计吏俱至洛阳，被发而行，逍遥吟咏，常宿白社中。时乞于市，得残碎缯絮，结以自覆，全帛佳绵则不肯受。或见推排骂辱，曾无怒色。孙楚时为著作郎，数就社中与语，遂载与俱归，京不肯坐。楚乃贻之书，劝以今尧舜之世，胡为怀道迷邦。京答之以诗："周道敦兮颂声没，夏政衰兮五常沮。便便君子，顾望而逝，洋洋乎满目，而作者七。岂不乐天地之化也？哀哉时之不可与，对之以独处。无娱我以为欢，清流可饮，至道可餐，何为栖栖，自使疲单？鱼悬兽槛，鄙夫知之。夫古之至人，藏器于灵，缊袍不能令暖，轩冕不能令荣；动如川之流，静如川之淳。鹦鹉能言，泗滨浮磬，众人所玩，岂合物情！玄鸟纤幕，而不被害？鸱隼远巢，咸以欲死。眄彼梁鱼，逡巡倒尾，沈吟不决，忽焉失水。嗟呼！鱼鸟相与，万世而不悟；以我观之，乃明其故。焉知不有达人，深穆其度，亦将窥我，鞏顾而去。万物皆贱，惟人为贵，动以九州为狭，静以环堵为大。"后数年，遁去，莫知所之，于其所寝处惟有一石竹子及诗二篇。其一曰："乾道刚简，坤体敦密，茫茫太素，是则是述。末世流奔，以文代质，悠悠世目，孰知其实！逝将去此至虚，归我自然之室。"又曰："孔子不遇，时彼感麟。麟乎麟！胡不遁世以存真？"

夏统，字仲御，会稽永兴人也。幼孤贫，养亲以孝闻，睦于兄弟，每采梠求食，星行夜归，或至海边，拘蠄蟧以资养。雅善谈论。宗族劝之仕，谓之曰："卿清亮质直，可作郡纲纪，与府朝接，自当显至，如何甘辛苦于山林，毕性命于海滨也！"统悖然作色曰："诸君待我乃至此乎！使统属太平之时，当与元凯评议出处，遇浊代，念与屈生同污共泥；若污隆之间，自当耦耕沮溺，岂有辱身曲意于郡府之间乎！闻君之谈，不觉寒毛尽戴，白汗四匝，颜如渥丹，心热如炭，舌缩口张，两耳壁塞也。"言者大惭。统自此遂不与宗族相见。

会母疾，统侍医药，宗亲因得见之。其从父敬宁祠先人，迎女巫章丹、陈珠二人，并有国色，庄服甚丽，善歌儛，又能隐形匿影。甲夜之初，撞钟击鼓，间以丝竹，丹、珠乃拔刀破舌，吞刀吐火，云雾杳冥，流光电发。统诸从兄弟欲往观之，难统，于是共给之曰："从父间疾病得瘳，大小以为喜庆，欲因其祭祀，并往贺之，卿可俱行乎？"统从之。入门，忽见丹、珠在中庭，轻步佪舞，灵谈鬼笑，飞触挑柈，酬酢翩翩。统惊愕而走，不由门，破藩直出。归责诸人曰："昔淫乱之俗兴，卫文公为之悲惋，蛛蛛之气见，君子尚不敢指；季桓纳齐女，仲尼载驰而退；子路见夏南，愤恚而忼忾。吾常恨不得顿叔向之头，陷华父之眼。奈何诸君迎此妖物，夜与游戏，放傲逸之情，纵奢淫之行，乱男女之礼，破贞高之节，何也？"遂隐床上，被发而卧，不复言。众亲踧踖，即退遣丹、珠，各各分散。

后其母病笃，乃诣洛市药。会三月上巳，洛中王公已下并至浮桥，士女骈填，车服烛路。统时在船中曝所市药，诸贵人车乘来者如云，统并不之顾。太尉贾充怪而问之，统初不应，重问，乃徐答曰："会稽夏仲御也。"充使问土地风俗，统曰："其人循循，犹有大禹之遗风，大伯之义让，严遵之抗志，黄公之高节。"又问"卿居海滨，颇能随水戏乎？"答曰："可。"统乃操柂正橹，折旋中流，初作鲔鲩跃，后作鲔鲜引，飞鹢首，掇兽尾，夺长梢而船直逝者三焉。于是风波振骇，云雾杳冥，俄而白鱼跳入船者有八九。观者皆悚遽，充心尤异之，乃更就船与语，其应如响，欲使之仕，即俯而不答。充又谓曰："昔尧亦歌，舜亦歌，子与人歌而善，必反而后和之，明先圣前哲无不尽歌。卿颇能作卿土地间曲乎？"统曰："先公惟寓稽山，朝会万国，授化鄙邦，崩殂而葬。恩泽云布，圣化犹存，百姓感咏，遂作《慕歌》。又孝女曹娥，年甫十四，贞顺之德过越梁宋，其父堕江不得尸，娥仰天哀号，中流悲叹，便投水而死，父子丧尸，后乃俱出，国人哀其孝义，为歌《河女》之章。伍子胥谏吴王，言不纳用，见戮投海，国人痛其忠烈，为作《小海唱》。今欲歌之。"众人佥曰："善。"统于是以足叩船，引声喉啭，清激慷慨，大风应至，含水嗽天，云雨响集，叱咤欢呼，雷电昼冥，集气长啸，沙尘烟起。王公已下皆恐，止之乃已。诸人顾相谓曰："若不游洛水，安见是人！听《慕歌》之声，便仿佛见大禹之容。闻《河女》之音，不觉涕泪交流，即谓伯姬高行在目前也。聆《小海》之唱，谓子胥、屈平立吾左右矣。"充欲耀以文武卤簿，觊其来观，因而谢之，遂命建朱旗，举幡校，分羽骑为队，军伍肃然。须臾，鼓吹乱作，胡葭长鸣，车乘纷错，纵横驰道，又使妓女之徒服桂褐，炫金翠，绕其船三匝。统危坐如故，若无所闻。充等各散曰："此吴儿是木人石心也。"统归会稽，竟不知所终。

朱冲，字巨容，南安人也。少有至行，闲静寡欲，好学而贫，常以耕艺为事。邻人失犊，认冲犊以归，后得犊于林下，大惭，以犊还冲，冲竟不受。有牛犯其禾稼，冲屡持刍送牛而无恨色。主愧之，乃不复为暴。咸宁四年，诏补博士，冲称疾不应。寻又诏曰："东宫官属亦宜得履蹈至行、敦悦典籍者，其以冲为太子右庶子。"冲每闻征书至，辄逃入深山，时人以为梁管之流。冲居近夷俗，戎奉之若君，冲亦以礼让为训，邑里化之，路不拾遗，村无凶人，毒虫猛兽皆不为害。卒以寿终。

范粲，字承明，陈留外黄人，汉莱芜长丹之孙也。粲高亮贞正，有丹凤，而博涉强记，学皆可师，远近请益者甚众，性不矜庄，而见之皆肃如也。魏时州府交辟，皆无所就。久之，乃应命为治中，转别驾，辟太尉掾、尚书郎，出为征西司马，所历职皆有声名。及宣帝辅政，迁武威太守。到郡，选良吏，立学校，劝农桑。是时戎夷颇侵疆场，粲明设防备，敌不敢犯，西域流通，无烽燧之警。又郡壤富实，珍玩充积，粲检制之，息其华侈。以母老罢官。郡既接近寇戎，粲又重镇辄去职，朝廷尤之，左迁乐涫令。

顷之，转太宰从事中郎。遭母忧，以至孝称。服阕，复为太宰中郎。齐王芳被废，迁于金墉城，粲素服拜送，哀恸左右。时景帝辅政，召群官会议，粲又不到，朝廷以其时望，优容之。粲又称疾，阖门不出。于是特诏为侍中，持节使于雍州。粲因阳狂不言，寝所乘车，足不履地。子孙恒侍左右，至有婚宦大事，辄密谘焉。合者则色无变，不合则眠寝不安，妻子以此知其旨。

武帝践阼，泰始中，粲同郡孙和时为太子中庶子，表荐粲，称其操行高洁，久婴疾病，可使郡县舆致京师，加以圣恩，赐其医药，若遂瘳除，必有益于政。乃诏郡县给医药，又以二千石禄养病，岁以为常，加赐帛百匹。子乔以父疾笃，辞不敢受，诏不许。以太康六年卒，时年八十四，不言三十六载，终于所寝之车。长子乔。

乔字伯孙。年二岁时，祖馨临终，抚乔首曰："恨不见汝成人！"因以所用砚与之。至五岁，祖母以告乔，乔便执砚涕泣。九岁请学，在同辈之中，言无媟辞。弱冠，受业于乐安蒋国明。济阴刘公荣有知人之鉴，见乔，深相器重。友人刘彦秋凤有声誉，尝谓人曰："范伯孙体应纯和，理思周密，吾每欲错其一事而终不能。"光禄大夫李铨尝论杨雄才学优于刘向，乔以为向定一代之书，正群籍之篇，使雄当之，故非所长，遂著《刘杨优劣论》，文多不载。

乔好学不倦。父粲阳狂不言，乔与二弟并弃学业，绝人事，侍疾家庭，至粲没，足不出邑里。司隶校尉刘毅尝抗论于朝廷曰："使范武威疾若不笃，是为伯夷、叔齐复存于今。如其信笃，益是圣主所宜哀矜。其子久侍父疾，名德著茂，不加叙用，深为朝廷惜遗贤之讥也。"元康中，诏求廉让冲退覆过寒素者，不计资，以参选叙。尚书郎王琨乃荐乔曰："乔禀德真粹，立操高洁，儒学精深，含章内奥，安贫乐道，栖志穷巷，箪瓢咏业，长而弥坚，诚当今之寒素，著厉俗之清彦。"时张华领司徒，天下所举凡十七人，于乔特发优论。又吏部郎郗隆亦思求海内幽遁之士，乔供养衡门，至于白首，于是除乐安令。辞疾不拜。乔凡一举孝廉，八荐公府，再举清白异行，又举寒素，一无所就。

初，乔邑人腊夕盗斫其树，人有告者，乔阳不闻，邑人愧而归之。乔往喻曰："卿节日取柴，欲与父母相欢娱耳，何以愧为！"其通物善导，皆此类也。外黄令高颀叹曰："诸士大夫未有不及私者，而范伯孙恂恂率道，名讳未尝经于官曹，士之贵异，于今而见。大道废而有仁义，信矣！"其行身不秽，为物所叹服如此。以元康八年卒，年七十八。

鲁胜，字叔时，代郡人也。少有才操，为佐著作郎。元康初，迁建康令。到官，著《正天论》云："以冬至之后立晷测影，准度日月星。臣案日月裁径百里，无千里；星十里，不百里。"遂表上求下群公卿士考论。"若臣言合理，当得改先代之失，而正天地之纪。如无据验，甘即刑戮，以彰虚妄之罪。"事遂不报。尝岁日望气，知将来多故，便称疾去官。中书令张华遣子劝其更仕，再征博士，举中书郎，皆不就。

其著述为世所称，遭乱遗失，惟注《墨辩》，存其叙曰：

名者所以别同异，明是非，道义之门，政化之准绳也。孔子曰："必也正名，名不正则事不成。"墨子著书，作《辩经》以立名本，惠施、公孙龙祖述其学，以正别名显于世。孟子非墨子，其辩言正辞则与墨同。荀卿、庄周等皆非毁名家，而不能易其论也。

名必有形，察形莫如别色，故有坚白之辩。名必有分明，分明莫如有无，故有无序之辩。是有不是，可有不可，是名两可。同而有异，异而有同，是之谓辩同异。至同无不同，至异无不异，是谓辩同辩异。同异生是非，是非生吉凶，取辩于一物而原极天下之污隆，名之至也。

自邓析至秦时名家者，世有篇籍，率颇难知，后学莫复传习，于今五百余岁，遂亡绝。《墨辩》有上下《经》，《经》各有《说》，凡四篇，与其书众篇连第，故独存。今引说就经，各附其章，疑者阙之。又采诸众杂集为《刑》《名》二篇，略解指归，以俟君子。其或兴微继绝者，亦有乐乎此也！

董养，字仲道，陈留浚仪人也。泰始初，到洛下，不干禄求荣。及杨后废，养因游太学，升堂叹曰："建斯堂也，将何为乎？每览国家赦书，谋反大逆皆赦，至于杀祖父母、父母不赦者，以为王法所不容也。奈何公卿处议，文饰礼典，以至此乎！天人之理既灭，大乱作矣。"因著《无化论》以非之。永嘉中，洛城东北步广里中地陷，有二鹅出焉，其苍者飞去，白者不能飞。养闻叹曰："昔周时所盟会狄泉，即此地也。今有二鹅，苍者胡象，白者国家之象，其可尽言乎！"顾谓谢鲲、阮孚曰："《易》称知机其神乎，君等可深藏矣。"乃与妻荷担入蜀，莫知所终。

霍原，字休明，燕国广阳人也。少有志力，叔父坐法当死，原入狱讼之，楚毒备加，终免叔父。年十八，观太学行礼，因留习之。贵游子弟闻而重之，欲与相见，以其名微，不欲昼往，乃夜共造焉。父友同郡刘岱将举之，未果而病笃，临终，敕其子沈曰："霍原慕道清虚，方成奇器，汝后必荐之。"后归乡里。高阳许猛素服其名，会为幽州刺史，将诣之，主簿当车谏不可出界，猛叹恨而止。原山居积年，门徒百数，燕王月致羊酒。及刘沈为国大中正，元康中，进原为二品，司徒不过，沈乃上表理之。诏下司徒参论，中书监张华令陈准奏为上品，诏可。元康末，原与王褒等俱以贤良征，累下州郡，以礼发遣，皆不到。后王浚称制谋僭，使人问之，原不答，浚心衔之。又有辽东囚徒三百余人，依山为贼，意欲劫原为主事，亦未行。时有谣曰："天子在何许？近在豆田中。"浚以豆为霍，收原斩之，悬其首，诸生悲哭，夜窃尸共埋殡之。远近骇愕，莫不冤痛之。

郭琦，字公伟，太原晋阳人也。少方直，有雅量，博学，善五行，作《天文志》、《五行传》，注《谷梁》、《京氏易》百卷。乡人王游等皆就琦学。武帝欲以琦为佐著作郎，问琦床人尚书郭彰。彰素疾琦，答云："不识。"帝曰："若如卿言，乌丸家儿能事卿，即堪为郎矣。"遂决意用之。及赵王伦篡位，又欲用琦，琦曰："我已为武帝吏，不容复为今世吏。"终身处家。

伍朝，字世明，武陵汉寿人也。少有雅操，闲居乐道，不修世事。性好学，以博士征，不就。刺史刘弘荐朝为零陵太守，主者以非选例，不听。尚书郎朗济奏曰："臣以为当今资丧乱之余运，承百王之遗弊，进趣者乘国故以侥幸，守道者怀蕴椟以终身，故令敦废之化亏，退让之风薄。案朝游心物外，不屑时务，守静衡门，志道日新，年过耳顺而所尚无亏，诚江南之奇才，丘园之逸士也。不加饰进，何以劝善！且白衣为郡，前汉有旧，宜听光显，以奖风尚。"奏可，而朝不就，终于家。

鲁褒，字元道，南阳人也。好学多闻，以贫素自立。元康之后，纲纪大坏，褒伤时之贪鄙，乃隐姓名，而著《钱神论》以刺之。其略曰：

钱之为体，有乾坤之象，内则其方，外则其圆。其积如山，其流如川。动静有时，行藏有节，市井便易，不患耗折。难折象寿，不匮象道，故能长久，为世神宝。亲之如兄，字曰孔方，失之则贫弱，得之则富昌。无翼而飞，无足而走，解严毅之颜，开难发之口。钱多者处前，钱少者居后。处前者为君长，在后者为臣仆。君长者丰衍而有余，臣仆者穷竭而不足。《诗》云："哿矣富人，哀此茕独。"

钱之为言泉也，无远不往，无幽不至。京邑衣冠，疲劳讲肆，厌闻清谈，对之睡寐，见我家兄，莫不惊视。钱之所祐，吉无不利，何必读书，然后富贵！昔吕公欣悦于空版，汉祖克之于嬴二，文君解布裳而被锦绣，相如乘高盖而解辕鼻，官尊名显，皆钱所致。空版至虚，而况有实；嬴二虽少，以致亲密。由此论之，谓为神物。无德而尊，无势而热，排金门而入紫闼。危可使安，死可使活，贵可使贱，生可使杀。是故忿争非钱不胜，幽滞非钱不拔，怨仇非钱不解，令问非钱不发。

洛中朱衣，当途之士，爱我家兄，皆我已已。执我之手，抱我终始，不计优劣，不论年纪，宾客辐辏，门常如市。谚曰："钱无耳，可使鬼。"凡今之人，惟钱而已。故曰军无财，士不来；军无赏，士不往。仕无中人，不如归田。虽有中人，而无家兄，不异无翼而欲飞，无足而欲行。

盖疾时者共传其文。褒不仕，莫知其所终。

氾腾，字无忌，敦煌人也。举孝廉，除郎中。属天下兵乱，去官还家。太守张阕造之，闭门不见，礼遗一无所受。叹曰："生于乱世，贵而能贫，乃可以免。"散家财五十万，以施宗族，柴门灌园，琴书自适。张轨征之为府司马，腾曰："门一杜，其可开乎！"固辞。病两月余而卒。

任旭，字次龙，临海章安人也。父访，吴南海太守。旭幼孤弱，儿童时勤于学。及长，立操清修，不染流俗，乡曲推而爱之。郡将蒋秀嘉其名，请为功曹。秀居官贪秽，每不奉法，旭正色苦谏。秀既不纳，旭谢去，闭门讲习，养志而已。久之，秀坐事被收，旭狼狈营送，秀慨然叹曰："任功曹真人也。吾违其说言，以至于此，复何言哉！"寻察孝廉，除郎中，州郡仍举为郡中正，固辞归家。永康初，惠帝博求清节俊异之士，太守仇馥荐旭清贞洁素，学识通博，诏下州郡以礼发遣。旭以朝廷多故，志尚隐通，辞疾不行。寻天下大乱，陈敏作逆，江东名豪并见羁縶，惟旭与贺循守死不回。敏卒不能屈。

元帝初镇江东，闻其名，召为参军，手书与旭，欲使必到，旭固辞以疾。后帝进位镇东大将军，复召之；及为左丞相，辟为祭酒，并不就。中兴建，公车征，会遭母忧。于时司空王导启立学校，选天下明经之士，旭与会稽虞喜俱以隐学被召。事未行，会有王敦之难，寻而帝崩，事遂寝。明帝即位，又征拜给事中，旭称疾笃，经年不到，尚书以稽留除名，仆射荀崧议以为不可。太宁末，明帝复下诏备礼征旭，始下而帝崩。咸和二年卒，太守冯怀上疏谓宜赠九列值苏峻作乱，事竟不行。

子琚，位至大宗正，终于家。

郭文，字文举，河内轵人也。少爱山水，尚嘉遁。年三十，每游山林，弥旬忘反。父母终，服毕，不娶，辞家游名山，历华阴之崖，以观石室之石函。洛阳陷，乃步担入吴兴余杭大辟山中穷谷无人之地，倚木于树，苦覆其上而居焉，亦无壁障。时猛兽为暴，入屋害人，而文独宿十余年，卒无患害。恒著鹿裘葛巾，不饮酒食肉，区种菽麦，采竹叶木实，贸盐以自供。人或酬下价者，亦即与之。后人识文，不复贱酬。食有余谷，辄恤穷匮。人有馈遗，取其粗者，示不逆彼已。有猛兽杀大麈鹿于庵侧，文以语人，人取卖之，分钱与文。文曰："我若须此，自当卖之。所以相语，正以不须故也。"闻者皆嗟叹之。尝有猛兽忽张口向文，文视其口中有横骨，乃以手探去之，猛兽明旦致一鹿于其室前。猎者时往寄宿，文夜为担水而无倦色。余杭令顾飏与葛洪共造之，而携与俱归。飏以文山行或须皮衣，赠以韦袴褶一具，文不纳，辞归山中。飏追遣使者置衣室中而去，文亦无言，韦衣久至烂于户内，竟不服用。王导闻其名，遣人迎之，文不肯就船车，荷担徒行。既至，导置之西园，园中果木成林，又有鸟兽麋鹿，因以居文焉。于是朝士咸共观之，文颓然踑踞，傍若无人。温峤尝问文曰："人皆有六亲相娱，先生弃之何乐？"文曰："本行学道，不谓遭世乱，欲归无路，是以来也。"又问曰："饥而思食，壮而思室，自然之性，先生安独无情乎？"文曰："情由忆生，不忆故无情。"又问曰："先生独处穷山，若疾病遭命，则为鸟鸟所食，顾不酷乎？"文曰："藏埋者亦为蝼蚁所食，复何异乎！"又问曰："猛兽害人，人之所畏，而先生独不畏邪？"文曰："人无害兽之心，则兽亦不害人。"又问曰："苟世不宁，身不得安。今将用先生以济时，若何？"文曰："山草之人，安能佐世！"导尝众客共集，丝竹并奏，试使呼之。文瞠眄不转，跨蹑华堂如行林野。于时坐者咸有钩深味远之言，文常称不达来语。天机铿宏，莫有窥其门者。温峤尝称曰："文有贤人之性，而无贤人之才，柳下、梁踦之亚乎！"永昌中，大疫，文病亦殆。王导遗药，文曰："命在天，不在药也。夭寿长短，时也。"

居导园七年，未尝出入。一旦忽求还山，导不听。后逃归临安，结庐舍于山中。临安令万宠迎置县中。及苏峻反，破余杭，而临安独全，人皆异之，以为知机。自后不复语，但举手指麾，以宣其意。病甚，求还山，欲枕石安尸，不令人殡葬，宠不听。不食二十余日，亦不瘦。宠问曰："先生复可得几日？"文三举手，果以十五日终。宠葬之于所居之处而祭哭之，葛洪、庾阐并为作传，赞颂其美云。

龚壮，字子玮，巴西人也。洁己自守，与乡人谯秀齐名。父叔为李特所害，壮积年不除丧，力弱不能复仇。及李寿戎汉中，与李期有嫌，期，特孙也，壮欲假寿以报，乃说寿曰："节下若能并有西土，称藩于晋，人必乐从。且舍小就大，以危易安，莫大之策也。"寿然之，遂率众讨期，果克之。寿犹袭伪号，欲官之，壮誓不仕，赂遗一无所取。会天久雨，百姓饥垫，壮上书说寿以归顺，允天心，应人望，永为国藩，福流子孙。寿省书内愧，秘而不宣。乃遣使入胡，壮又谏之，寿又不纳。壮谓百行之本莫大忠孝，即假寿杀期，私仇以雪，又欲使归朝，以明臣节。寿既不从，壮遂称聋，又云手不制物，终身不复至成都，惟研考经典，谭思文章，至李势时卒。

初，壮每叹中夏多经学，而巴蜀鄙陋，兼遭李氏之难，无复学徒，乃著《迈德论》，文多不载。

孟陋，字少孤，武昌人也。吴司空宗之曾孙也。兄嘉，桓温征西长史。陋少而贞立，清操绝伦，布衣蔬食，以文籍自娱。口不及世事，未曾交游，时或弋钓，孤兴独往，虽家人亦不知其所之也。丧母，毁瘠殆于灭性，不饮酒食肉十有余年。亲族迭谓之曰："少孤！谁无父母？谁有父母！圣人制礼，令贤者俯就，不肖企及。若使毁性无嗣，更为不孝也。"陋感此言，然后从吉。由是名著海内。简文帝辅政，命为参军，称疾不起。桓温躬往造焉。或谓温曰："孟陋高行，学为儒宗，宜引在府，以和鼎味。"温叹曰："会稽王尚不能屈，非敢拟议也。"陋闻之曰："桓公正当以我不往故耳。亿兆之人，无官者十居其九，岂皆高士哉！我疾病不堪恭相王之命，非敢为高也。"由是名称益重。博学多通，长于《三礼》。注《论语》，行于世。卒以寿终。

韩绩，字兴齐，广陵人也。其先避乱，居于吴之嘉兴。父建，仕吴至大鸿胪。绩少好文学，以潜退为操，布衣蔬食，不交当世，由是东土并宗敬焉。司徒王导闻其名，辟以为掾，不就。咸康末，会稽内史孔愉上疏荐之，诏以安车束帛征之。尚书令诸葛恢奏绩名望犹轻，未宜备礼，于是召拜博士。称老病不起，卒于家。

于时高密刘鲔字长鱼、城阳邴郁字弘文，并有高名。鲔幼不慕俗，长而希古，笃学厉行，化流邦邑。郁，魏征士原之曾孙，少有原风，敕身谨洁，口不妄说，耳不妄听，端拱恂恂，举动有礼。咸康中，成帝博求异行之士，鲔、郁并被公卿荐举，于是依绩及翟汤等例，以博士征之。郁辞以疾，鲔随使者到京师，自陈年老，不拜。各以寿终。

谯秀，字元彦，巴西人也。祖周，以儒学著称，显明蜀朝。秀少而静默，不交于世，知天下将乱，预绝人事，虽内外宗亲，不与相见。郡察孝廉，州举秀才，皆不就。及李雄据蜀，略有巴西，雄叔父骧、骧子寿皆慕秀名，具束帛安车征之，皆不应。常冠皮弁，弊衣，躬耕山薮。龚壮常叹服焉。桓温灭蜀，上疏荐之，朝廷以秀年在笃老，兼道远，故不征，遣徒敕所在四时存问。寻而范贲、萧敬相继作乱，秀避难宕渠，乡里宗族依凭之者以百数。秀年出八十，众人欲代之负担，秀曰："各有老弱，当先营护。吾气力犹足自堪，岂于垂朽之年累诸君也！"年九十余卒。

翟汤，字道深，寻阳人也。笃行纯素，仁让廉洁，不屑世事，耕而后食，人有馈赠，虽釜庾一无所受。永嘉末，寇害相继，闻汤名德，皆不敢犯，乡人赖之。司徒王导辟，不就，隐于县界南山。始安太守干宝与汤通家，遣船饷之，敕吏云："翟公廉让，卿致书讫，便委船还。"汤无人反致，乃货易绢物，因寄还宝。宝本以为惠，而更烦之，益愧叹焉。咸康中，征西大将军庾亮上疏荐之，成帝征为国子博士，汤不起。建元初，安西将军庾翼北征石季龙，大发僮客以充戎役，敕有司持朣汤所调。汤悉推仆使委之乡吏，吏奉旨一无所受，汤依所调限，放免其仆，使令编户为百姓。康帝复以散骑常侍征汤，固辞老疾，不至。年七十三，卒于家。

子庄，字祖休。少以孝友著名，遵汤之操，不交人物，耕而后食，语不及俗，惟以弋钓为事。及长，不复猎。或问："渔猎同是害生之事，而先生止去其一，何哉？"庄曰："猎自我，钓自物，未能顿尽，故先节其甚者。且夫贪饵吞钩，岂我哉！"时人以为知言。晚节亦不复钓，端居筚门，歠菽饮水。州府礼命，及公车征，并不就。年五十六，卒。子矫，亦有高操，屡辞辟命。矫子法赐，孝武帝以散骑郎征，亦不至。世有隐行云。

郭翻，字长翔，武昌人也。伯父讷，广州刺史。父察，安城太守。翻少有志操，辞州郡辟及贤良之举。家于临川，不交世事，惟以渔钓射猎为娱。居贫无业，欲垦荒田，先立表题，经年无主，然后乃作。稻将熟，有认之者，悉推与之。县令闻而诘之，以稻还翻，翻遂不受。尝以车猎，去家百余里，道中逢病人，以车送之，徒步而归。其渔猎所得，或从买者，便与之而不取直，亦不告姓名。由是士庶咸敬贵焉。与翟汤俱为庾亮所荐，公车博士征，不就。咸康末，乘小船暂归武昌省坟墓，安西将军庾翼以帝舅之重，躬往造翻，欲强起之。翻曰："人性各有所短，焉可强逼！"翼又以其船小狭，欲引就大船。翻曰："使君不以鄙贱而辱临，此固野人之舟也。"翼俯屈入其船中，终日而去。尝坠刀于水，路人有为取者，因与之。路人不取，固辞，翻曰："尔向不取，我岂能得！"路人曰："我若取此，将为天地鬼神所责矣。"翻知其终不受，复沈刀于水。路人怅焉，乃复沈没取之。翻于是不逆其意，乃以十倍刀价与之。其廉不受惠，皆此类也。卒于家。

辛谧，字叔重，陇西狄道人也。父怡，幽州刺史，世称冠族。谧少有志尚，博学善属文，工草隶书，为时楷法。性恬静，不妄交游。召拜太子舍人、诸王文学，累征不起。永嘉末，以谧兼散骑常侍，慰抚关中。谧以洛阳将败，故应之。及长安陷没于刘聪，聪拜太中大夫，固辞不受。又历石勒、季龙之世，并不应辟命。虽处丧乱之中，颓然高迈，视荣利蔑如也。及冉闵僭号，复备礼征为太常，谧遗闵书曰："昔许由辞尧，以天下让之，全其清高之节。伯夷去国，子推逃赏，皆显史牒，传之无穷。此往而不反者也。然贤人君子虽居庙堂之上，无异于山林之中，期穷理尽性之妙，岂有识之者邪！是故不婴于祸难者，非为避之，但冥心至趣而与吉会耳。谧闻物极则变，冬夏是也；致高

则危，累棋是也。君王功以成矣，而久处之，非所以顾万全远危亡之祸也。宜因兹大捷，归身本朝，必有许由、伯夷之廉，享松乔之寿，永为世辅，岂不美哉！"因不食而卒。

刘驎之，字子骥，南阳人，光禄大夫耽之族也。驎之少尚质素，虚退寡欲，不修仪операций，人莫之知。好游山泽，志存遁逸。尝采药至衡山，深入忘反，见有一涧水，水南有二石囷，一囷闭，一囷开，水深广不得过。欲还，失道，遇伐弓人，问径，仅得还家。或说囷中皆仙灵方药诸杂物，驎之欲更寻索，终不复知处也。车骑将军桓冲闻其名，请为长史，驎之固辞不受。冲尝到其家，驎之于树条桑，使者致命，驎之曰："使君既枉驾光临，宜先诣家君。"冲闻大愧，于是乃造其父。父命驎之，然后方还，拂短褐与冲言话。父使驎之于内自持浊酒蔬菜供宾，冲敕人代驎之斟酌，父辞曰："若使从者，非野人之意也。"冲慨然，至昏乃退。驎之虽冠冕之族，信仪著于群小，凡厮伍之家婚娶葬送，无不躬自造焉。居于阳岐，在官道之侧，人物来往，莫不投之。驎之躬自供给，士君子颇以劳累，更惮过焉。凡人致赠，一无所受。去驎之家百余里，有一孤姥，病将死，叹息谓人曰："谁当埋我，惟有刘长史耳！何由令知。"驎之先闻其有患，故往侯之，值其终命，乃身为营棺殡送之。其仁爱隐恻若此。卒以寿终。

索袭，字伟祖，敦煌人也。虚靖好学，不应州郡之命，举孝廉、贤良方正，皆以疾辞。游思于阴阳之术，著天文地理十余篇，多所启发。不与当世交通，或独语独笑，或长叹涕泣，或请问不言。张茂时，敦煌太守阴澹奇而造焉，经日忘反，出而叹曰："索先生硕德名儒，真可以谐大义。"澹欲行乡射之礼，请袭为三老，曰："今四表辑宁，将行乡射之礼，先生年耆望重，道冠一时，养老之义，实系儒贤。既树非梧桐，而希鸾凤降翼；器谢曹公，而冀盖公枉驾，诚非所谓也。然夫子至圣，有召赴焉；孟轲大德，无聘不至，盖欲弘阐大猷，敷明道化故也。今之相屈，遵道崇教，非有爵位，意者或可然乎！"会病卒，时年七十九。澹素服会葬，赠钱二万。澹曰："世人之所有余者，富贵也；目之所好者，五色也；耳之所玩者，五音也。而先生弃众人之所收，收众人之所弃，味无味于慌惚之际，兼重玄于众妙之内。宅不弥亩而志忽九州，形居尘俗而栖心天外，虽黔娄之高远，庄生之不愿，蔑以过也。"乃谥曰玄居先生。

杨轲，天水人也。少好《易》，长而不娶，学业精微，养徒数百，常食粗饮水，衣褐缊袍，人不堪其忧，而轲悠然自得，疏宾异客，音旨未曾交也。虽受业门徒，非入室弟子，莫昨亲言。欲所论授，须旁无杂人，授入室弟子，令递相宣授。刘曜僭号，征拜太常，轲固辞不起，曜亦敬而不逼，遂隐于陇山。曜后为石勒所擒，秦人东徙，轲留长安。及石季龙嗣伪位。备玄𫄧束帛安车征之，轲以疾辞。迫之，乃发。既见季龙，不拜，与语，不言，命舍之

于永昌乙第。其有司以轲倨傲，请从大不敬论，季龙不从，下书任轲所尚。轲在永昌，季龙每有馈饩，辄口授弟子，使为表谢，其文甚美，览者叹有深致。季龙欲观其真趣，乃密令美女夜以动之，轲萧然不顾。又使人将其弟子尽行，遣魁壮羯士衣甲持刀，临之以兵，并窃其所赐衣服而去，轲视而不信，了无惧色。常卧土床，覆以布被，裸寝其中，下无茵褥。颍川荀铺，好奇之士也，造而谈经，轲瞑目不答。铺发轲被露其形，大笑。轲神体颓然，无惊怒之状。于时咸以为焦先之徒，未有能量其深浅也。后上疏陈乡思，求还，季龙送以安车蒲轮，阚十户供之。自归秦州，仍教授不绝。其后秦人西奔凉州，轲弟子以牛负之，为氐军追擒，并为所害。

公孙凤，字子鸾，上谷人也。隐于昌黎之九城山谷，冬衣单布，寝处土床，夏则并食于器，停令臭败，然后食之。弹琴吟咏，陶然自得，人咸异之，莫能测也。慕容皝以安车征至邺，及见皝，不言不拜，衣食举动如在九城。宾客造请，鲜得与言。数年病卒。

公孙永，字子阳，襄平人也。少而好学恬虚，隐于平郭南山，不娶妻妾，非身所垦植，则不衣食之，吟咏岩间，欣然自得，年余九十，操尚不亏。与公孙凤俱被容皝征至邺，及见皝，不拜，王公以下造之，皆不与言，虽经隆冬盛暑，端然自若。一岁余，诈狂，皝送之平郭。后苻坚又将备礼征之，难其年耆路远，乃遣使者致问。未至而永亡，坚深悼之，谥曰崇虚先生。

张忠，字巨和，中山人也。永嘉之乱，隐于泰山。恬静寡欲，清虚服气，餐芝饵石，修导养之法。冬则缊袍，夏则带索，端拱若尸。无琴书之适，不修经典，劝教但以至道虚无为宗。其居依崇岩幽谷，凿地为窟室。弟子亦以窟居，去忠六十余步，五日一朝。其教以形不以言，弟子受业，观形而退。立道坛于窟上，每旦朝拜之。食用瓦器，凿石为釜。左右居人馈之衣食，一无所受。好事少年颇或问以水旱之祥，忠曰："天不言而四时行焉，万物生焉，阴阳之事非穷山野叟所能知之。"其遣诸外物，皆此类也。年在期颐，而视听无爽。苻坚遣使征之。使者至，忠沐浴而起，谓弟子曰："吾余年无几，不可以逆时主之意。"浴讫就车。及至长安，坚赐以冠衣，辞曰："年朽发落，不堪衣冠，请以野服入觐。"从之。及见，坚谓之曰："先生考磐山林，研精道素，独善之美有余，兼济之功未也。故远屈先生，将任齐尚父。"忠曰："昔因丧乱，避地泰山，与鸟兽为侣，以全朝夕之命。属尧舜之世，思一奉圣颜。年衰志谢，不堪展效，尚父之况，非敢窃拟。山栖之性，情存岩岫，乞还余齿，归死岱宗。"坚以安车送之。行达华山。叹曰："我东岳道士，没于西岳，命也，奈何！行五十里，及关而死。使者驰驿白之，坚遣黄门郎韦华持节策吊，祀以太牢，褒赐命服，谥曰安道先生。

石垣，字洪孙，自云北海剧人。居无定所，不娶妻妾，不营产业，食不求美，衣必粗弊。或有遗其衣服，受而施人。人有丧葬，辄杖策吊之。路无远近，时有寒暑，必在其中；或同日共时，咸皆见焉。又能暗中取物，如昼无差。姚苌之乱，莫知所终。

宋纤，字令艾，敦煌效谷人也。少有远操，沈靖不与世交，隐居于酒泉南山。明究经纬，弟子受业三千余人。不应州郡辟命，惟与阴颙、齐好友善。张祚时，太守杨宣画其象于阁上；出入视之，作颂曰："为枕何石？为濑何流？身不可见，名不可求。"酒泉太守马岌，高尚之士也，具威仪，鸣铙鼓，造焉。纤高楼重阁，距而不见。岌叹曰："名可闻而身不可见，德可仰而形不可睹，吾而今而后知先生人中之龙也。"铭诗于石壁曰："丹崖百丈，青壁万寻。奇木蓊郁，蔚若邓林。其人如玉，维国之琛。室迩人遐，实劳我心。"

纤注《论语》，及为诗颂数万言。年八十，笃学不倦。张祚后遣使者张兴备礼征为太子友，兴逼喻甚切，纤喟然叹曰："德非庄生，才非干木，何取稽停明命！"遂随兴至姑臧。祚遣其太子太和以执友礼造之，纤称疾不见，赠遗一皆不受。寻迁太子太傅。顷之，上疏曰："臣受生方外，心慕太古。生不喜存，死不悲没。素有遗属，属诸知识，在山投山，临水投水，处泽露形，在人亲土。声闻书疏，勿告我家。今当命终，乞如素愿。"遂不食而卒，时年八十二，谥曰玄虚先生。

郭荷，字承休，略阳人也。六世祖整，汉安顺之世，公府八辟，公车五征，皆不就。自整及荷，世以经学致位。荷明究群籍，特善史书。不应州郡之命。张祚遣使者以安车束帛征为博士祭酒，使者迫而致之。及至，署太子友。荷上疏乞还，祚许之，遣以安车蒲轮送还张掖东山。年八十四卒，谥曰玄德先生。

郭瑀字元瑜，敦煌人也。少有超俗之操，东游张掖，师事郭荷，尽传其业。精通经义，雅辩谈论，多才艺，善属文。荷卒，瑀以为父生之，师成之，君爵之，而五服之制，师不服重，盖圣人谦也，遂服斩衰，庐墓三年。礼毕，隐于临松薤谷，凿石窟而居，服柏实以轻身，作《春秋墨说》、《孝经错纬》，弟子著录千余人。

张天赐遣使者孟公明持节，以蒲轮玄纁备礼征之，遗瑀书曰："先生潜光九皋，怀真独远，心与至境冥符，志与四时消息，岂知苍生倒悬，四海待拯者乎！孤忝承时运，负荷大业，思与贤明同赞帝道。昔传说龙翔殷朝，尚父鹰扬周室，孔子车不停轨，墨子驾不俟旦，皆以黔首之祸不可不救，君不独立，道由人弘故也。况今九服分为狄场，二都尽为戎穴，天子僻陋江东，名教沦于左衽，创痍之甚，开辟未闻。先生怀济世之才，坐观而不救，其于仁智，孤窃惑焉。故遣使者虚左授绥，鹤企先生，乃春下国。"公明至山，瑀指翔鸿以示之曰："此鸟也，安可笼哉！"遂深逃绝迹。公明拘其门人，瑀叹曰："吾逃禄，非避罪也，岂得隐居行义，害及门人！"乃出而就征。及至姑臧，值天赐母卒，瑀括发入吊，三踊而出，还于南山。

及天锡灭，苻坚又以安车征瑀定礼仪，会父丧而止，太守辛章遣书生三百人就受业焉。及苻氏之末，略阳王穆起兵酒泉，以应张大豫，遣使招瑀。瑀叹曰："临河救溺，不卜命之短长；脉病三年，不豫绝其餐馈；鲁连在赵，义不结舌，况人将左衽而不救乎！"乃与敦煌索嘏起兵五千，运粟三万石，东应王穆。穆以瑀为太府左长史、军师将军。虽居人佐，而口咏黄老，冀功成世定，追伯成之踪。

穆惑于谗间，西伐索嘏，瑀谏曰："昔汉定天下，然后诛功臣。今事业未建而诛之，立见麋鹿游于此庭矣。"穆不从。瑀出城大哭，举手谢曰："吾不复见汝矣！"还而引被覆面，不与人言，不食七日，与疾而归，旦夕祈死。夜梦乘青龙上天，至屋而止，寤而叹曰："龙飞在天，今止于屋。屋之为字，尸下至也。龙飞至尸，吾其死也。古之君子不卒内寝，况吾正士乎！"遂还酒泉南山赤崖阁，饮气而卒。

祈嘉，字孔宾，酒泉人也。少清贫，好学。年二十余，夜忽窗中有声呼曰："祈孔宾，祈孔宾！隐去来，隐去来。修饰人世，甚苦不可谐。所得未毛铢，所丧如山崖。"旦而逃去，西至敦煌，依学官诵书，贫无衣食，为书生都养以自给，遂博通经传，精究大义。西游海渚，教授门生百余人。张重华征为儒林祭酒。性和裕，教授不倦，依《孝经》作《二九神经》。在朝卿士、郡县守令彭和正等受业独拜床下者二千余人，天锡谓为先生而不名之。竟以寿终。

瞿硎先生者，不得姓名，亦不知何许人也。太和末，常居宣城郡界文脊山中，山有瞿硎，因以为名焉。大司马桓温尝往造之。既至，见先生被鹿裘，坐于石室，神无忤色，温及僚佐数十人皆莫测之，乃命伏滔为之铭赞。竟卒于山中。

谢敷，字庆绪，会稽人也。性澄靖寡欲，入太平山十余年。镇军郗愔召为主簿，台征博士，皆不就。初，月犯少微，少微一名处士星，占者以陷士当之。谯国戴逵有美才，人或忧之。俄而敷死，故会稽人士以嘲吴人云："吴中高士，便是求死不得死。"

戴逵，字安道，谯国人也。少博学，好谈论，善属文，能鼓琴，工书画，其余巧艺靡不毕综。总角时，以鸡卵汁溲白瓦屑作《郑玄碑》，又为文而自镌之，词丽器妙，时人莫不惊叹。性不乐当世，常以琴书自娱。师事术士范宣于豫章，宣异之，以兄女妻焉。太宰、武陵王晞闻其善鼓琴，使人召之，逵对使者破琴曰："戴安道不为王门伶人！"晞怒，乃更引其兄述。述闻命欣然，拥琴而往。

逵后徙居会稽之剡县。性高洁，常以礼度自处，深以放达为非道，乃著论曰：

夫亲没而采药不反者，不仁之子也；君危而屡出近关者，苟免之臣也。而古之人未始以彼害名教之体者何？达其旨故也。达其旨，故不惑其迹。若元康之人，可谓好遁迹而不求其本，故有捐本徇末之弊，舍实逐声之行，是犹美西施而学其颦眉，慕有道而折其巾角，所以为慕者，非其所以为美，徒贵貌似而已矣。夫紫之乱朱，以其似朱也。故乡原似中和，所以乱德；放者似达，所以乱道。然竹林之为放，有疾而为颦者也，元康之为放，无德而折巾者也，可无察乎！

且儒家尚誉者，本以兴贤也，既失其本，则有色取之行。怀情丧真，以容貌相欺，其弊必至于末伪。道家去名者，欲以笃实也，苟失其本，又有越检之行。情礼俱亏，则仰咏兼忘，其弊必至于本薄。夫伪薄者，非二本之失，而为弊者必托二本以自通。夫道有常经而弊无常情，是以六经有失，王政有弊，苟乖其本，固圣贤所无奈何也。

嗟夫！行道之人自非性足体备、暗蹈而当者，亦曷能不栖情古烈，拟规前修。苟迷拟之然后动，议之然后言，固当先辩其趣舍之极，求其用心之本，识其枉尺直寻之旨，采其被褐怀玉之由。若斯，途虽殊，而其归可观也；迹虽乱，而其契不乖也。不然，则流遁忘反，为风波之行，自驱以物，自诳以伪，外眩嚣华，内丧道实，以矜尚夺其真主，以尘垢翳其天正，贻笑千载，可不慎欤！

孝武帝时，以散骑常侍、国子博士累征，辞父疾不就。郡县敦逼不已，乃逃于吴。吴国内史王珣有别馆在武丘山，逵潜诣之，与珣游处积旬。会稽内史谢玄虑逵远遁不反，乃上疏曰："伏见谯国戴逵希心俗表，不婴世务，栖迟衡门，与琴书为友。虽策命屡加，幽操不回，超然绝迹，自求其志。且年垂耳顺，常抱羸疾，时或失适，转至委笃。今王命未回，将离风霜之患。陛下既已爱而器之，亦宜使其身名并存，请绝其召命。"疏奏，帝许之，逵复还剡。

后王珣为尚书仆射，上疏复请征为国子祭酒，加散骑常侍，征之，复不至。太元二十年，皇太子始出东宫，太子太傅会稽王道子、少傅王雅、詹事王珣又上疏曰："逵执操贞厉，含味独游，年在耆老，清风弥劭。东宫虚德，式延事外，宜加旌命，以参僚侍。逵既重幽居之操，必以难进为美，宜下所在备礼发遣。"会病卒。

长子勃，有父风。义熙初，以散骑侍郎征，不起，寻卒。

龚玄之，字道玄，武陵汉寿人也。父登，历长沙相、散骑常侍。玄之好学潜默，安于陋巷。州举秀才，公府辟，不就。孝武帝下诏曰："夫哲王御世，必搜扬幽隐，故空谷流絷维之咏，丘园旅束帛之观。谯国戴逵、武陵龚玄之并高尚其操，依仁游艺，洁己贞鲜，学弘儒业，朕虚怀久矣。二三君子，岂其戬贤于怀抱哉！思抱雅言，虚诚讽议，可并以为散骑常侍，领国子博士，指下所在备礼发遣，不得循常，以稽侧席之望。"郡县敦逼，苦辞疾笃，不行。寻卒，时年五十八。

弟子元寿，亦有德操，高尚不仕，举秀才及州辟召，并称疾不就。孝武帝以太学博士、散骑侍郎、给事中累征，遂不起。卒于家。

陶淡，字处静，太尉侃之孙也。父夏，以无行被废。淡幼孤，好导养之术，谓仙道可祈。年十五六，便服食绝谷，不婚娶。家累千金，僮客百数，淡终日端拱，曾不营问。颇好读《易》善卜筮。于长沙临湘山中结庐居之，养一白鹿以自偶。亲故有候之者，辄移渡涧水，莫得近之。州举秀才，淡闻，遂转逃罗县埤山中，终身不返，莫知所终。

陶潜，字元亮，大司马侃之曾孙也。祖茂，武昌太守。潜少怀高尚，博学善属文，颖脱不羁，任真自得，为乡邻之所贵。尝著《五柳先生传》以自况曰："先生不知何许人，不详姓字，宅边有五柳树，因以为号焉。闲静少言，不慕荣利。好读书，不求甚解，每有会意，欣然忘食。性嗜酒，而家贫不能恒得。亲旧知其如此，或置酒招之，造饮必尽，期在必醉。既醉而退，曾不吝情。环堵萧然，不蔽风日，短褐穿结，箪瓢屡空，晏如也。常著文章自娱，颇示己志，忘怀得失，以此自终。"其自序如此，时人谓之实录。

以亲老家贫，起为州祭酒，不堪吏职，少日自解归。州召主簿，不就，躬耕自资，遂抱羸疾。复为镇军、建威参军，谓亲朋曰："聊欲弦歌，以为三径之资可乎？"执事者闻，以为彭泽令。在县，公田悉令种秫谷，曰："令吾常醉于酒足矣。"妻子固请种粳。乃使一顷五十亩种秫，五十亩种粳。素简贵，不私事上官。郡遣督邮至县，吏白应束带见之，潜叹曰："吾不能为五斗米折腰，拳拳事乡里小人邪！"义熙二年，解印去县，乃赋《归去来》。其辞曰：

归去来兮，田园将芜胡不归？既自以心为形役，奚惆怅而独悲？悟已往之不谏，知来者之可追。实迷途其未远，觉今是而昨非。舟遥遥以轻飏，风飘飘而吹衣，问征夫以前路，恨晨光之希微。乃瞻衡宇，载欣载奔。僮仆来迎，稚子侯门。三径就荒，松菊犹存。携幼入室，有酒盈樽。引壶觞以自酌，眄庭柯以怡颜，倚南窗以寄傲，审容膝之易安。园日涉而成趣，门虽设而常关；策扶老而流憩，时翘首而遐观。云无心而出岫，鸟倦飞而知还。景翳翳其将入，抚孤松而盘桓。

归去来兮，请息交以绝游，世与我而相遗，复驾言兮焉求！悦亲戚之情话，乐琴书以消忧。农人告余以春暮，将有事乎西畴。或命巾车，或棹孤舟，既窈窕以寻壑，亦崎岖而经丘。木欣欣以向荣，泉涓涓而始流，善万物之得时，感吾生之行休。

已矣乎！寓形宇内复几时，曷不委心任去留，胡为乎遑遑欲何之？富贵非吾愿，帝乡不可期。怀良晨以孤往，或植杖而芸秆，登东皋以舒啸，临清流而赋诗；聊乘化而归尽，乐夫天命复奚疑！

顷之，征著作郎，不就。既绝州郡觐谒，其乡亲张野及周旋人羊松龄、宠遵等或有酒要之，或要之共至酒坐，虽不识主人，亦欣然无忤，酣醉便反。未尝有所造诣，所之唯至田舍及庐山游观而已。

刺史王弘以元熙中临州，甚钦迟之，后自造焉。潜称疾不见，既而语人云："我性不狎世，因疾守闲，幸非洁志慕声，岂敢以王公纡轸为荣邪！夫谬以不贤，此刘公干所以招谤君子，其罪不细也。"弘每令人候之，密知当往庐山，乃遣其故人庞通之等赍酒，先于半道要之。潜既遇酒，便引酌野亭，欣然忘进。弘乃出与相见，遂欢宴穷日。潜无履，弘顾左右为之造履。左右请履度，潜便于坐申脚令度焉。弘要之还州，问其所乘，答云："素有脚疾，向乘蓝舆，亦足自反。"乃令一门生二儿共舁之至州，而言笑赏适，不觉其有羡于华轩也。弘后欲见，辄于林泽间候之。至于酒米乏绝，亦时相赠。

其亲朋好事，或载酒肴而往，潜亦无所辞焉。每一醉，则大适融然。又不营生业，家务悉委之儿仆。未尝有喜愠之色，惟遇酒则饮，时或无酒，亦雅咏不辍。尝言夏月虚闲，高卧北窗之下，清风飒至，自谓羲皇上人。性不解音，而畜素琴一张，弦徽不具，每朋酒之会，则抚而和之，曰："但识琴中趣，何劳弦上声！"以宋元嘉中卒，时年六十三，所有文集并行于世。

史臣曰：君子之行殊途，显晦之谓也。出则允釐庶政，以道济时；处则振拔嚣埃，以卑自牧。求诸厥义，其来复矣。公和之居窟室，裳唯编草，诚叔夜而凝神鉴；威辇之处丛祠，衣无全帛，对子荆而陈贞则：并灭景而弗追，柳禽、尚平之流亚。夏统远迩称其孝友，宗党高其谅直，歌《小海》之曲。则伍胥犹存；固贞石之心，则公间尤愧，时幸洛滨之观，信乎兹言。宋纤幼怀远操，清规映拔，杨宣颂其画象，马岌叹其人龙，玄虚之号，实期为美。余之数子，或移病而去官，或著论而矫俗，或箕踞而对时人，或弋钓而栖衡泌，含和隐璞，乘道匿辉，不屈其志，激清风于来叶者矣。

赞曰：厚秩招累，修名顺欲。确乎群士，超然绝俗。养粹岩阿，销声林曲。激贪止竞，永垂高躅。

卷九十五　　列传第六十五

艺术　陈训　戴洋　韩友　淳
于智　步熊　杜不愆　严卿
隗炤　卜珝　鲍靓　吴猛　幸
灵　佛图澄　麻襦　单道开
黄泓　索纮　孟钦　王嘉　僧
涉　郭黁　鸠摩罗什　昙霍
台产

艺术之兴，由来尚矣。先王以是决犹豫，定吉凶，审存亡，省祸福。曰神与智，藏往知来；幽赞冥符，弼成人事；既兴利而除害，亦威众以立权，所谓神道设教，率由于此。然而诡托近于妖妄，迂诞难可根源，法术纷以多端，变态谅非一绪，真虽存矣，伪亦凭焉。圣人不语怪力乱神，良有以也。逮丘明首唱，叙妖梦以垂文，子长继作，援龟策以立传，自兹厥后，史不绝书。汉武雅好神仙，世祖尤耽谶术，遂使文成、五利，逞诡诈而取宠荣，尹敏、桓谭，由忤时而婴罪戾，斯固通人之所蔽，千虑之一失者乎！详观众术，抑惟小道，弃之如或可惜，存之又恐不经。载籍既务在博闻，笔削则理宜详备，晋谓之《乘》，义在于斯。今录其推步尤精、伎能可纪者，以为《艺术传》，式备前史云。

陈训，字道元，历阳人。少好秘学，天文、算历、阴阳、占候无不毕综，尤善风角。孙皓以为奉禁都尉，使其占侯。皓政严酷，训知其必败而不敢言。时钱唐湖开，或言天下当太平，青盖入洛阳。皓以问训，训曰："臣止能望气，不能达湖之开塞。"退而告其友曰："青盖入洛，将有舆榇衔璧之事，非吉祥也。"寻而吴亡。训随例内徙，拜谏议大夫。俄而去职还乡。

及陈敏作乱，遣弟宏为历阳太守，训谓邑人曰："陈家无王气，不久当灭。"宏闻，将斩之。训乡人秦琚为宏参军，乃说训曰："训善风角，可试之。如不中，斩未晚也。"乃赦之。时宏攻征东参军衡彦于历阳，乃问训曰："城中有几千人？攻之可拔不？"训登牛渚山望气，曰："不过五百人。然不可攻，攻之必败。"宏复大怒曰："何有五千人攻五百人而有不得理？"命将士攻之，果为彦所败，方信训有道术，乃优遇之。

都水参军淮南周亢尝问训以官位，训曰："君至卯年当剖符近郡，酉年当有曲盖。"亢曰："脱如来言，当相荐拔。"训曰："性不好官，惟欲得米耳。"后亢果为义兴太守、金紫将军。时刘聪、王弥寇洛阳，历阳太守武瑕问训曰："国家人事如何？"训曰："胡贼三逼，国家当败，天子野死。今尚未也。"其后怀愍二帝果有平阳之酷焉。或问其以明年吉凶者，训曰："扬州刺史当死，武昌大火，上方节将亦当死。"至时，刘陶、周访皆卒，武昌大火，烧数千家。时甘卓为历阳太守，训私谓所亲曰："甘侯头低而视仰，相法名为眄刀，又目有赤脉，自外而入，不出十年，必以兵死，不领兵则可以免。"卓果为王敦所害。丞相王导多病，每自忧惧，以问训。训曰："公耳竖垂肩，必寿，亦大贵，子孙当兴于江东。"咸如其言。训年八十余卒。

戴洋，字国流，吴兴长城人也。年十二，遇病死，五日而苏。说死时天使其为酒藏吏，授符录，给吏从幡麾，将上蓬莱、昆仑、积石、太室、恒、庐、衡等诸山。既而遣归，逢一老父，谓之曰："汝后当得道，为贵人所识。"及长，遂善风角。

为人短陋，无风望，然好道术，妙解占侯卜数。吴末为台吏，知吴将亡，托病不仕。及吴平，还乡里。后行至濑乡，经老子祠，皆是洋昔死时所见使处，但不复见昔物耳。因问守藏应凤曰："去二十余年，尝有人乘马东行，过老君庙而不下马，未达桥，坠马死者不？"凤言有之。所问之事，多与洋同。

扬州刺史尝问吉凶于洋，答曰："荧惑入南斗，八月有暴水，九月当有客军西南来。"如期果大水，而石冰作乱。冰既据扬州，洋谓人曰："视贼云气，四月当破。"果如其言。时陈敏为右将军，堂邑令孙混见而羡之。洋曰："敏当作贼族灭，何足愿也！"未几，敏果反而诛焉。初，混欲迎其家累，洋曰："此地当败，得腊不得正，岂可移家于贼中乎！"混便止。岁末，敏果昶攻堂邑，混遂以单身走免。其后都水马武举洋为都水令史，洋请急还乡。将赴洛，梦神人谓之曰："洛中当败，人尽南渡，后五年扬州必有天子。"洋信之，遂不去。既而皆如其梦。

庐江太守华谭问洋曰："天下谁当复作贼者？"洋曰："王机。"寻而机反。陈眕问洋曰："人言江南当有贵人，顾彦先、周宣珮当是不？"洋曰："顾不及腊，周不见来年八月。"荣果以十二月十七日卒，十九日腊，宣以明年七月晦亡。王导遇病，召洋问之。洋曰："君侯本命在申，金为土使之主，而于申上石头立冶，火光照天，此为金火相烁，水火相煎，以故受害耳。"导即移居府东，病遂差。

镇东从事中郎张闿举洋为丞相令史。时司马飏为乌程令，将赴职，洋曰："君宜深慎下吏。"飏后果坐吏免官。洋又谓曰："卿虽免官，十一月当作郡，加将军。"至期，为太山太守、镇武将军。飏卖宅将行，洋止之曰："君不得至，当还，不可无宅。"飏果为徐龛所逼，不得之郡。元帝增飏众二千，使助祖逖。洋劝飏不行，飏乃称疾。收付廷尉，俄而因赦得出。

元帝将登阼，使洋择日，洋以为宜用三月二十四日丙午。太史令陈卓奏用二十二日，言："昔越王用甲辰三月反国，范蠡称在阳之前，当主尽出，上下尽空，德将出游，刑入中宫，今与此同。"洋曰："越王为吴所囚，虽当时逊媚，实怀怨愤，蠡故用甲辰，乘德而归，留刑吴宫。今大王内无含咎，外无怨愤，当承天洪命，纳祚无穷，何为追越王去国留殃故事邪！"乃从之。

及祖约代兄镇谯，请洋为中典军，迁督护。永昌元年四月庚辰，禺中时有大风，起自东南，折木。洋谓约曰："十月必有贼到谯城东，至历阳，南方有反者。"主簿王振以洋为妖，白约收洋，付刺奸而绝其食五十日，言语如故。约知其有神术，乃赦之而让振。振后有罪被收，洋救之。约曰："振往日相系，今何以救之？"洋曰："振不识风角，非有宿嫌。振往时垂饿死，洋养活之，振犹尚遗岂。夫处富贵而不弃贫贱甚难。"约义之，即原振，赐洋米三十石。至十月三日，石勒骑果到谯城东。洋言于约曰："贼必向城父，可遣骑水南道之，步军于水北断要路，贼必败。"约竟不追，贼乃掠城父妇女辎重而去。约将鲁延欲追贼，洋曰："不可。"约不从，使兄子智与延追之。贼伪弃妇女辎重走，智与延争物，贼乃掩之，智、延仅以身免，士卒皆死。约表洋为下邑长。时梁国人反，逐太守袁晏。梁城峻险，约欲讨之而未决。洋曰："贼以八月辛酉日反，日辰俱王，辛德在南方，酉受自刑，梁在谯北，乘德伐刑，贼必破亡。又甲子日东风而雷西行，谯在东南，雷在军前，为军驱除。昔吴伐关羽，天雷在前，周瑜拜贺。今与往同，故知必克。"约从之，果平梁城。

太宁三年正月，有大流星东南行，洋曰："至秋，府当移寿阳。"及王敦作逆，约问其胜败，洋曰："太白在东方，辰星不出。兵法先起为主，应者为客。辰星若出，太白为主，辰星为客。辰星不出，太白为客，先起兵者败。今有客无主，有前无后，宜传檄所部，应诏伐之。"约乃率众向合肥。俄而敦死众败，遂住寿阳。洋又曰："江淮之间当有军事，谯城虚旷，宜还固守。不者，雍丘、沛皆非官有也。"约不从，豫土遂陷于贼。

咸和元年春，约南行佃，遇大雷雨西南来，洋曰："甲子西南天雷，其夏必失大将。"至夏，汝南人反，执约兄子济，送于石勒。约府内地忽赤如丹，洋曰："案《河图征》云：'地赤如丹血丸丸，当有下反上者。'恐十月二十七日胡马当来饮淮水。"至时，石勒骑大至，攻城大战。其日西风，兵火俱发，约大惧。会风回，贼退。时传言勒遣骑向寿阳，约欲送其家还江东，洋曰："必无此事。"寻而传言果妄。

咸和初，月晕左角，有赤白珥。约问洋，洋曰："角为天门，开布阳道，官门当有大战。"俄而苏峻遣使招约俱反，洋谓约曰："苏峻必败，然其初起，兵锋不可当，可外和内严，以待其变。"约不从，遂与峻反。至三年五月，大风雷雨西北来，城内晦暝，洋谓约曰："雷鸣人上，明使君当远佞近直，爱下振贫。昔秦有此变，卒致乱亡。"约大怒，收洋系之。遣部将李概将兵到卢江，其众尽散。约召洋出，问之曰："吾还东何如留寿阳？若留寿阳，何如入胡？"洋曰："东入失半，入胡灭门，留寿阳尚可。"约欲东向历阳，其众不乐东下，皆叛约，劫约姊及嫂奔于石勒。约到历阳，祖焕问洋曰："君昔言平西在寿阳可得五年，果如君言。今在历阳，可得几时？"洋曰："得六月耳。"约问洋："台下及此气候何如？"洋曰："此当复有反者。台下来年三月当太平，江州当大丧。后南方复有军事，去此千里。"寻而牵腾叛约，约率所亲将家属奔于石勒。二月而天子反正，四月而温峤卒，郭默据湓口以叛。后勒诛约及亲属并尽，皆如洋言。

约既败，洋往寻阳。时刘胤镇寻阳，胤问洋曰："我病当差不？"洋曰："不忧使君不差，忧使君今年有大厄。使君年四十七，行年入庚寅。《太公阴谋》曰：'六庚为白兽，在上为客星，在下为害气。'年与命并，必凶当忌。十二月二十二日庚寅勿见客。"胤曰："我当解职，将君还野中治病。"洋曰："使君当作江州，不得解职。"胤曰："温公不复还邪？"洋曰："温公虽还，使君故作江州。"俄其言。九月甲寅申时，回风从东来，入胤儿船中，西过，状如匹练，长五六丈。洋曰："风从咸池下来，摄提下去，咸池为刀兵，大杀为死丧。到甲子日申时，府内大聚骨理之。"胤问在何处，洋曰："不出州府门也。"胤架得东门。洋又曰："东为天牢，牢下开门，忧天狱至。"十二月十七日，洋又曰："腊近可闭门，以五十人备守，并以百人备

东北寅上，以却害气。"胤不从。二十四日壬辰，胤遂为郭默所害。

南中郎将桓宣以洋为参军，将随宣往襄阳，太尉陶侃留之住武昌。时侃谋北伐，洋曰："前年十一月荧惑守胃昴，至今年四月，积五百余日。昴，赵之分野，石勒遂死。荧惑以七月退，从毕右顺行入黄道，未及天关，以八月二十二日复逆行还钩，绕毕向昴。昴毕为边兵，主胡夷，故置天弓以射之。荧惑逆行，司无德之国，石勒死是也。勒之余烬，以自残害。今年官与太岁、太阴三合癸巳，癸为北方，北方当受灾。岁镇二星共合翼轸，从子及巳，徘徊六年。荆楚之分，岁镇所守，其下国昌，岂非功德之征也！今年六月，镇星前角亢。角亢，郑之分。岁星移入房，太白在心。心房，宋分。顺之者昌，逆之者亡。石季龙若兴兵东南，此其死会也。官若应天伐刑，径据宋郑，则无敌矣。若天与不取，反受其咎。"侃志在中原，闻而大喜。会病笃，不果行。

侃薨，征西将军庾亮代镇武昌，复引洋问气候。洋曰："天有白气，丧必东行，不过数年必应。"寻有大鹿向西城门，洋曰："野兽向城，主人将去。"城东家夜半望见城内有数炬火，从城上出，如大车状，白布幔覆，与火俱出城东北行，至江乃灭。洋闻而叹曰："此与前白气同。"时亮欲西镇石城，或问洋："此西足当欲东不？"洋曰："不当也。"咸康三年，洋言于亮曰："武昌土地有山无林，政可图始，不可居终。山作八字，数不及九。昔吴伐壬寅来上；创立宫城，至己酉，还下秣陵。陶公亦涉八年。土地盛衰有数，人心去就有期，不可移也。公宜更择吉地，武昌不可久住。"五年，亮令毛宝屯邾城。九月，洋言于亮曰："毛豫州今年受死问。昨朝大雾晏风，当有怨贼报仇，攻围诸侯，诚宜远侦逻。"宝问当在何时，答曰："五十日内。"其夕，又曰："九月建戌，朱雀飞惊，征军还归，乘戴火光，天示有信，灾发东房，叶落归本，虑有后患。"明日，又曰："昨夜火祆，非国福，今年架屋，致使君病，可因烧屋，移家南渡，无嫌也。"宝即遣儿归还武昌。寻传贼当来攻城，洋曰："十月丁亥夜半时得贼问，干为君，支为臣，丁为征西府，亥为邾城，功曹为贼神，加子时十月水王木相，王相气合，贼必来。寅数七，子数九，贼高可九千人，下可七千人。从魁为贵人加丁，子克上，有空亡之事，不敢进武昌也。"贼果陷邾城而去。亮问洋曰："故当不失石城否？"洋曰："贼从安陆向石城，逆太白，当伐身，无所虑。"亮曰："天何以利胡而病我？"洋曰："天符有吉凶，土地有盛衰，今年害气三合己亥，己为天下，亥为戎胡，季龙亦当受死。今乃不忧贼，但忧公病耳。"亮曰："何方救我疾？"洋曰："荆州受兵，江州受灾，公可去此二州。"亮曰："如此，当有解不？"洋曰："恨晚，犹差不也。"亮竟不能解二州，遂至大困。洋曰："昔苏峻时，公于白石祠中祈福，许赛其牛，至今未解，故为此鬼所考。"亮曰："有之，君是神人也。"或问洋曰："庾公可得几时？"洋曰："见明年。"时亮已不识人，咸以为妄，果至正月一日而薨。

庾翼代亮，洋复为占侯。少时卒，年八十余。所占验

者不可胜纪。

韩友，字景先，庐江舒人也。为书生，受《易》于会稽伍振，善占卜，能图宅相冢，亦行京费厌胜之术。龙舒长邓林妇病积年，垂死，医巫皆息意。友为筮之，使画作野猪著卧处屏风上，一宿觉佳，于是遂差。舒县廷掾王睦病死，已复魄。友为筮之，令以丹画版作日月置床头，又以豹皮马䩞泥卧上，立愈。刘世则女病魅积年，巫为攻祷，伐空冢故城间，得狸鼍数十，病犹不差。友筮之，命作布囊，依女发时，张囊著窗牖间，友闭户作气，若有所驱。斯须之间，见囊大胀如吹，因决败之，女仍大发。友乃更作皮囊二枚，沓张之，施张如前，囊复胀满。因急缚囊口，悬著树二十许日，渐消，开视有二斤狐毛，女遂差。

宣城边洪以四月中就友卜家中安否，友曰："卿家有兵殃，其祸甚重。可伐七十束柴，积于庚地，至七月丁酉放火烧之，咎可消也。不尔，其凶难言。"洪即聚柴。至日，大风，不敢发火。洪后为广阳领校，遭母丧归家，友来投之，时日已暮，出告从者，速装束，吾当夜去。从者曰："今日已暝，数十里草行，何急复去？"友曰："非汝所知也。此间血覆地，宁可复住！"苦留之，不待食而去。其夜洪欻发狂，绞杀两子，并杀妇，又斫父妾二人，皆被创，因出亡走。明日，其宗族往收殡亡者，寻索洪，数日，于宅前林中得之，已自经死。

宣城太守殷祐有病，友筮之，曰："七月晦日，将有大鹳鸟来集厅事上，宜勤伺取，若获者为善，不获将成祸。"祐乃谨为其备。至日，果有大鹳垂尾九尺，来集厅事上，掩捕得之，祐乃迁石头督护，后为吴郡太守。

友卜占神效甚多，而消殃转祸，无不皆验。于宝问其故，友曰："筮封用五行相生杀，如案方投药治病，以冷热相救。其差与不差，不可必也。"友以元康六年举贤良，元帝渡江，以为广武将军，永嘉末卒。

淳于智字叔平，济北卢人也。有思义，能《易》筮，善厌胜之术。高平刘柔夜卧，鼠啮其左手中指，以问智。智曰："是欲杀君而不能，当为君使其反死。"乃以朱书手腕横文后三寸作田字，辟方一寸二分，使露手以卧。明旦，有大鼠伏死手前。谯人夏侯藻母病困，诣智卜，忽有一狐当门向之嗥。藻怖愕，驰见智。智曰："其祸甚急，君速归，在狐嗥处拊心啼哭，令家人惊怪，大小必出，一人不出，哭勿止，然后其祸可救也。"藻还，如其言，母亦扶病而出。家人既集，堂屋五间拉然而崩。护军张劭母病笃，智筮之，使西出市沐猴，系母臂，令傍人捶拍，恒使作声，三日放去。劭从之。其猴出门即为犬所咋死，母病遂差。上党鲍瑗家多丧病贫苦，或谓之曰："淳于叔平神人也，君何不试就卜，知祸所在？"瑗性质直，不信卜筮，曰："人生有命，岂卜筮所移！"会智来，应詹谓曰："此君寒士，每多屯虞，君有通灵之思，可为一卦。"智乃为卦，卦成，谓瑗曰："君安宅失宜，故令君困。君舍东北有大桑树，君径至市，入门数十步，当有一人持荆马鞭者，便就买以悬此树，三年当暴得财。"瑗承言诣市，果得马鞭，悬之三

年，浚井，得钱数十万，铜铁器复二十余万，于是致赡，疾者亦愈。其消灾转祸，不可胜纪，而卜筮所占，千百皆中。应詹少亦多病，智乃为符使詹佩之，诵其文，既而皆验，莫能学也。

性深沈，常自言短命，曰："辛亥天下有事，当有巫医挟道术者死。吾守《易》义以行之，犹当不应乎！"太康末，为司马督，有宠于杨骏，故见杀。

步熊，字叔罴，阳平发干人也。少好卜筮数术，门徒甚盛。熊学舍侧有一人烧死，吏持熊诸生，谓为失火。熊曰："已为卿卜得其人矣。使从道南行，当有一人来问得火主未者，便缚之。"吏如熊言，果是耕人，自言草恶难耕，故烧之，忽风起延烧远近，实不知草中有人。又邻人儿远行，或告已死，其父母号哭制服，熊为之卜，克日当还，如期果至。赵王伦闻其名，召之。熊谓诸生曰："伦死不久，不足应也。"伦怒，遣兵围之数重。熊乃使诸生著其裘南走，伦兵悉赴捉之，熊密从北出，得脱。后为成都王颖所辟，颖使熊射覆，物无所失。后颖奔关中，平昌公模镇邺，以熊颖党，诛之。

杜不愆，庐江人也。少就外祖郭璞学《易》卜。屡有验。高平郗超年二十余，得重疾，试令筮之。不愆曰："案卦言之，卿所苦寻除。然宜于东北三十里上宫姓家索其所养雄雉，笼盛置东檐下，却后九日丙午日午时，必当有雌雉飞来与交，既而双去。若如此，不出二十日病都除，又是休应，年将八十，位极人臣。若但雌逝雄留者，病一周方差，年半八十，名位亦失。"超时正羸笃，虑命在旦夕，笑而答曰："若保八十之半，便有余矣。一周病差，何足为淹！"然未之信。或劝依其言，索雉果得。至丙午日，超卧南轩之下观之，至日晏，果有雌雉飞入笼，与雄雉交而去，雄雉不动。超叹曰："虽管郭之奇，何以尚此！"超病弥年乃起，至四十，卒于中书郎。不愆后占筮转疏，无复此类。后为桓嗣建威参军。

严卿，会稽人也。善卜筮。乡人魏序欲暂东行，荒年多抄盗，令卿筮之。卿筮曰："君慎不可东行，必遭暴害之气，而非劫也。"序不之信。卿曰："既必不停，宜以禳之，可索西郭外独母家白雄狗系著船前。"求索止得驳狗，无白者。卿曰："驳者亦足，然犹恨其色不纯，当余小毒，正及六畜辈耳，无所复忧。"序行半路，狗忽然作声甚急，有如人打之者。比视，已死，吐黑血斗余。其夕，序墅上白鹅数头无故自死，而序家无恙。

隗炤，汝阴人也。善于《易》。临终，书版授其妻曰："吾亡后当大荒穷，虽尔慎莫卖宅也。却后五年春，当有诏使来顿此亭，姓龚，此人负吾金，即以此版往责之，勿违言也。"炤亡后，其家大困乏，欲卖宅，忆夫言辄止。期日，有龚使者止亭中，妻遂赍版往责之。使者执版惘然，不知所以。妻曰："夫临亡，手书版见命如此，不敢妄也。"使者沈吟良久而悟，谓曰："贤夫何善？"妻曰："夫善于

《易》，而未会为人卜也。"使者曰："噫，可知矣！"乃命取蓍筮之，卦成，抚掌而叹曰："妙哉隗生！含明隐迹，可谓镜穷达而洞吉凶者也。"于是告焜妻曰："吾不相负金也，贤夫自有金耳，知亡后当暂穷，故藏金以待太平，所以不告儿妇者，恐金尽而困无已也。知吾善《易》，故书版以寄意耳。金有五百斤，盛以青瓮，覆以铜枒，埋在堂屋东头，去壁一丈，入地九尺。"妻还掘之，皆如卜焉。

卜珝，字子玉，匈奴后部人也。少好读《易》，郭璞见而叹曰："吾所弗如也，奈何不免兵厄！"珝曰："然。吾大厄在四十一，位为卿将，当受祸耳。不尔者，亦为猛兽所害。吾亦未见子之令终也。"璞曰："吾祸在江南，甚营之，未见免兆。虽然，在南犹可延期，住此不过时月。"珝曰："子勿为公吏，可以免诸。"璞曰："吾不能免公吏，犹子之不能免卿将也。"珝曰："吾此虽当有帝王子，终不复奉二京矣。琅邪可奉，卿谨奉之，主晋记者必雌也。"珝遂隐于龙门山。刘元海僭号，征为大司农、侍中，固以疾辞。元海曰："人各有心，卜珝不欲在吾朝，何异高祖四公哉！可遂其高志。"后复征为光禄大夫，珝谓使者曰："非吾死所也。"及刘聪嗣伪位，征为太常。时刘琨据并州，聪问何时可平，珝答曰："并州陛下之分，今兹克之必矣。"聪戏曰："朕欲劳先生一行可乎？"珝曰："臣所以来不及装者，正为是行也。"聪大悦，署珝使持节、平北将军。将行，谓其妹曰："此行也，死自吾分，后慎勿纷纭。"及攻晋阳，为琨所败，珝卒先奔，为其元帅所杀。

鲍靓，字太玄，东海人也。年五岁，语父母云："本是曲阳李家儿，九岁坠井死。"其父母寻访得李氏，推问皆符验。靓学兼内外，明天文河洛书，稍迁南阳中部都尉，为南海太守。尝行部入海，遇风，饥甚，取白石煮食之以自济。王机时为广州刺史，入厕，忽见二人著乌衣，与机相捍，良久擒之，得二物似乌鸭。靓曰："此物不祥。"机焚之，径飞上天，机寻诛死。靓尝见仙人阴君，授道诀，百余岁卒。

吴猛，豫章人也。少有孝行，夏日常手不驱蚊，惧其去己而噬亲也。年四十，邑人丁义始授其神方。因还豫章，江波甚急，猛不假舟楫，以白羽扇画水而渡，观者异之。庾亮为江州刺史，尝遇疾，闻猛神异，乃迎之，问已疾何如。猛辞以算尽，具呈棺服。旬日而死，形状如生。未及大敛，遂失其尸。识者以为亮不祥之征。亮疾果不起。

幸灵者，豫章建昌人也。性少言，与小人群居，见侵辱而无愠色，邑里号之痴，虽其父母兄弟亦以为痴也。尝使守稻，群牛食之，灵见而不驱，待牛去乃往理其残乱者。其父母见而怒之，灵曰："夫万物生天地之间，各欲得食。牛方食，奈何驱之！"其父愈怒曰："即如汝言，复用理坏者何为？"灵曰："此稻又欲得终其性，牛自犯之，灵可以不收乎！"

时顺阳樊长宾为建昌令，发百姓作官船于建城山中，吏令人各作箸一双。灵作而未输，或窃之焉。俄而窃者心痛欲死，灵谓之曰："尔得无窃我箸乎？"窃者不应。有顷，愈急，灵曰："若尔不以情告我者，今真死矣。"窃者急遽，乃首出之。灵于是饮之以水，病即立愈。行人由此敬畏之。船成，当下，吏以二百人引一艘，不能动，方请益人。灵曰："此以过足，但部分未至耳。灵请自牵之。"乃手执箸，惟用百人，而船去如流。众大惊怪，咸称其神，于是知名。

有龚仲儒女病积年，气息财属，灵使以水含之，已而强起，应时大愈。又吕猗母皇氏得痿痹病，十有余年，灵疗之，去皇氏数尺而坐，冥目寂然，有顷，顾谓猗曰："扶夫人令起。"猗曰："老人得病累年，奈何可仓卒起邪？"灵曰："但试扶起。"于是两人夹扶以立。少选，灵又令去扶，即能自行，由此遂愈。于是百姓奔趣，水陆辐辏，从之如云。皇氏自以病久，惧有发动，灵乃留水一器令食之，每取水，辄以新水补处，二十余年水清如新，尘垢不能加焉。

时高悝家有鬼怪，言语诃叱，投掷内外，不见人形，或器物自行，再三发火，巫祝厌劾而不能绝。适值灵，乃要之。灵于陌头望其屋，谓悝曰："此君之家邪？"悝曰："是也。"灵曰："知之足矣。"悝固请之，灵不得已，至门，见符索甚多，谓悝曰："当以正止邪，而以邪救邪，恶得已乎！"并使焚之，惟据轩小坐而去，其夕鬼怪即绝。

灵所救愈多此类，然不取报谢。行不骑乘，长不娶妻，性至恭，见人即先拜，言辄自名。凡草木之夭伤于山林者，必起理之，器物之倾覆于途路者，必举正之。周旋江州间，谓其士曰："天地之于人物，一也，咸欲不失其情性，奈何制服人以为奴婢乎！诸君若欲享多福以保性命，可悉免遣之。"十余年间，赖其术以济者极多。后乃娶妻，畜车以奴婢，受货赂致遗，于是其术稍衰，所疗得失相半焉。

佛图澄，天竺人也。本姓帛氏。少学道，妙通玄术。永嘉四年，来适洛阳，自云百有余岁，常服气自养，能积日不食。善诵神咒，能役使龙神。腹旁有一孔，常以絮塞之，每夜读书，则拔絮，孔中出光，照于一室。又尝斋时，平旦至流水侧，从腹旁孔中引出五藏六府洗之，讫，还内腹中。又能听铃音以言吉凶，莫不悬验。

及洛中寇乱，乃潜草野以观变。石勒屯兵葛陂，专行杀戮，沙门遇害者其众。澄投勒大将军郭黑略家，黑略每从勒征伐，辄豫克胜负，勒疑而问曰："孤不觉卿有出众智谋，而每知军行吉凶何也？"黑略曰："将军天挺神武，幽灵所助，有一沙门智术非常，云将军当略有区夏，已应为师。臣前后所白，皆其言也。"勒召澄，试以道术。澄即取钵盛水，烧香咒之，须臾钵中生青莲花，光色曜日，勒由此信之。

勒自葛陂还河北，过枋头，枋头人夜欲斫营，澄谓黑略曰："须臾贼至，可令公知。"果如其言，有备，故不败。勒欲试澄，夜冠胄甲，执刀而坐，遣人告澄云："夜来不知大将军何所在。"使人始至，未及有言，澄逆问曰："平居无寇，何故夜严？"勒益信之。勒后因忿，欲害诸道士，并欲苦澄。澄乃潜避至黑略舍，语弟子曰："若将军信至，问吾所在者，报云不知所之。"既而勒使至，觅澄不得。使还报勒，勒惊曰："吾有恶意向澄，澄舍我去矣。"通夜不寝，思欲见澄。澄知勒意悔，明旦造勒。勒曰："昨夜何行？"澄曰："公有怒心，昨故权避公。今改意，是以敢来。勒大笑曰："道人谬矣。"

襄国城堑水源在城西北五里，其水源暴竭，勒问澄何以致水。澄曰："今当敕龙取水。"乃与弟子法首等数人至故泉源上，坐绳床，烧安息香，咒愿数百言。如此三日，水泫然微流，有一小龙长五六寸许，随水而来，诸道士竞往观之。有顷，水大至，隍堑皆满。

鲜卑段末波攻勒，众甚盛。勒惧，问澄。澄曰："昨日寺铃鸣云，明旦食时，当擒段末波。"勒登城望末波军，不见前后，失色曰："末波如此，岂可获乎！"更遣夔安问澄。澄曰："已获末波矣。"时城北伏兵出，遇末波，执之。澄劝勒宥末波，遣还本国，勒从之，卒获其用。

刘曜遣从弟岳攻勒，勒遣石季龙距之。岳败，退保石梁坞，季龙坚栅守之。澄在襄国，忽叹曰："刘岳可悯！"弟子法祚问其故，澄"昨日亥时，岳已败被执。"果如所言。

及曜自攻洛阳，勒将救之，其群下咸谏以为不可。勒以访澄，澄曰："相轮铃音云：'秀支替戾冈，仆谷劬秃当。'此羯语也，秀支，军也。替戾冈，出也。仆谷，刘曜胡位也。劬秃当，捉也。此言军出捉得曜也。"又令一童子洁斋七日，取麻油合胭脂，躬自研于掌中，举手示童子，粲然有辉。童子惊曰："有军马甚众，见一人大白皙，以朱丝缚其肘。"澄曰："此即曜也。"勒其悦，遂赴洛距曜，生擒之。

勒僭称赵天王，行皇帝事，敬澄弥笃。时石葱将叛，澄诫勒曰："今年葱中有虫，食必害人，可令百姓无食葱也。"勒班告境内，慎无食葱。俄而石葱果走。勒益重之，事必谘而后行，号曰大和尚。

勒爱子斌暴病死，将殡，勒叹曰："朕闻虢太子死，扁鹊能生，今可得效乎？"乃令告澄。澄取杨枝沾水，洒而咒之。就执斌手曰："可起矣！"因此遂苏，有顷，平复。自是勒诸子多在澄寺中养之。勒死之年，天静无风，而塔上一铃独鸣，澄谓众曰："铃音云，国有大丧，不出今年矣。"既而勒果死。

及季龙僭位，迁都于邺，倾心事澄，有重于勒。下书衣澄以绫锦，乘以雕辇，朝会之日，引之升殿，常侍以下悉助举舆，太子诸公扶翼而上，主者唱大和尚，众坐皆起，以彰其尊。又使司空李农旦夕亲问，其太子诸公五日一朝，尊敬莫与为比。支道林在京师，闻澄与诸石游，乃曰："澄公其以季龙为海鸥鸟也。"百姓因澄故多奉佛，皆营造寺庙，相竞出家，真伪混淆，多生愆过。季龙下书料简，其著作郎王度奏曰："佛，外国之神，非诸华所应祠奉。汉代初传其道，惟听西域人得立寺都邑，以奉其神，汉人皆不出家。魏承汉制，亦循前轨。今可断赵人悉不听诣寺烧香礼拜，以遵典礼，其百辟卿士下逮众隶，例皆禁之，其有犯者，与淫祀同罪。其赵人为沙门者，还服百姓。"朝士多同度所奏。季龙以澄故，下书曰："朕出自边戎，忝君诸夏，至于飨祀，应从本俗。佛是戎神，所应兼奉，其夷赵百姓有乐事佛者，特听之。"

澄时止邺城寺中，弟子遍于郡国。尝遣弟子法常北至襄国，弟子法佐从襄国还，相遇于梁基城下，对车夜谈，言及和尚，比旦各去。佐始入，澄逆笑曰："昨夜尔与法常交车共说汝师邪？"佐愕然愧忏。于是国人每相语："莫起恶心，和尚知汝。"及澄之所在，无敢向其方面涕唾者。

季龙太子邃有二子，在襄国，澄语邃曰："小阿弥比当得疾，可往看之。"邃即驰信往视，果已得疾。太医殷腾及外国道士自言能疗。澄告弟子法牙曰："正使圣人复出，不愈此疾，况此等乎！"后三日果死。邃将图为逆，谓内竖曰："和尚神通，傥发吾谋。明日来者，当先除之。"澄月望将入觐季龙，谓弟子僧慧曰："昨夜天神呼我曰：'明日若入，还勿过人。'我傥有所过，汝当止我。"澄常入，必过邃。邃知澄入，要候甚苦。澄将上南台，僧慧引衣，澄曰："事不得止。"坐未安便起，邃固留不住，所谋遂差。还寺，叹曰："太子作乱，其形将成，欲言难言，欲忍难忍。"乃因事从容箴季龙，季龙终不能解。俄而事发，方悟澄言。

后郭黑略将兵征长安北山羌，堕羌伏中。时澄在堂上坐，惨然改容曰："郭公今有厄。"乃唱云："众僧祝愿。"澄又自祝愿。须臾，更曰：若东南出者活，余向者困。"复更祝愿。有顷，曰："脱矣。"后月余，黑略还，自说坠羌围中，东南走，马乏，正遇帐下人，推马与之曰："公乘此马，小人乘公马，济与不济，命也。"略得其马，故获免。推检时日，正是祝愿时也。

时天旱，季龙遣其太子诣临漳西滏口祈雨，久而不降，乃令澄自行，即有白龙二头降于祠所，其日大雨方数千里。澄尝遣弟子向西域市香，既行，澄告余弟子曰："掌中见买香弟子在某处被贼垂死。"因烧香祝愿，遥救护之。弟子后还，云某月某日某处为贼所劫，垂当见杀，忽闻香气，贼无故自惊曰："救兵已至。"弃之而走。黄河中旧不生鼋，时有得者，以献季龙。澄见而曰："桓温入河，其不久乎！"温字元子，后果如其言也。季龙尝昼寝，梦见群羊负鱼从东北来，寤以访澄。澄曰："不祥也，鲜卑其有中原乎！"后亦皆验。澄尝与季龙升中台，澄忽惊曰："变，变，幽州当火灾。"乃取酒噀之，久而笑曰："救已得矣。"季龙遣验幽州，云尔日火从四门起，西南有黑云来，骤雨灭之，雨亦颇有酒气。

石宣将杀石韬，宣先到寺与澄同坐，浮屠一铃独鸣，澄谓曰："解铃音乎？铃云胡子洛度。"宣变色曰："是何言欤？"澄谬曰："老胡为道，不能山居无言，重茵美服，岂非洛度乎！"石韬后至，澄孰视良久。韬惧而问澄，澄曰："怪公血臭，故相视耳。"季龙梦龙飞西南，自天而落，旦而问澄，澄曰："祸将作矣，宜父子慈和，深以慎之。"季龙引澄入东阁，与其后杜氏问讯之。澄曰："胁下有贼，不出十日，自浮图以西，此殿以东，当有血流，慎勿东也。"杜后曰："和尚耄邪！何处有贼？"澄即易语云："六情所受，皆悉是贼。老自应耄，但使少者不昏即好耳。"遂便寓言，不复彰的。后二日，宣果遣人害韬于佛寺中，欲因季龙临丧杀之。季龙以澄先诫，故获免。及宣被收，澄谏季龙曰："皆陛下之子也，何为重祸邪！陛下若含怒加慈者，尚有六十余岁。如必诛之，宜当为彗星下扫邺宫。"季龙不从。后月余，有一妖马，髦尾皆有烧状，入中阳门，出显阳门，东首东宫，皆不得入，走向东北，俄尔不见。澄闻而叹曰："灾其及矣！"季龙大享群臣于太武前殿，澄吟曰："殿乎，殿乎！棘子成林，将坏人衣。"季龙令发殿石下视之，有棘生焉。冉闵小字棘奴。

季龙造太武殿初成，图画自古贤圣、忠臣、孝子、烈士、贞女，皆变为胡状，旬余，头悉缩入肩中，惟冠弊仿佛微出，季龙大恶之，秘而不言也。澄对之流涕，乃自启坟墓于邺西紫陌，还寺，独语曰："得三年乎？"自答："不得。"又曰："得二年、一年、百日、一月乎？"自答："不得。"遂无复言。谓弟子法祚曰："戊申岁祸乱渐萌，己酉石氏当灭。吾及其未乱，先从化矣。"卒于邺宫寺。后有沙门从雍州来，称见澄西入关，季龙掘而视之，惟一石无尸。季龙恶之曰："石者，朕也，葬我而去，吾将死矣。"因而遇疾。明年，季龙死，遂大乱。

麻襦者，不知何许人也，莫得其姓名。石季龙时，在魏县市中乞丐，恒着麻襦布裳，故时人谓之麻襦。言语卓越，状如狂者，乞得米谷不食，辄散置大路，云饴天马。赵兴太守籍状收送诣季龙。

先是，佛图澄谓季龙曰："国东二百里某月日当送一非常人，勿杀之也。"如期果至。季龙与共语，了无异言，惟道："陛下当终一柱殿下。"季龙不解，送以诣澄。麻襦谓澄曰："昔在光和中会，奄至今日。西戎受玄命，绝历终有期。金离消于坏，边荒不能遵，驱除灵期迹，莫已已之懑。裔苗叶繁，其来方积。休期为何期，永以叹之。"澄曰："天回运极，否将不支，九木水为难，无可以术宁。玄哲虽存世，莫能基必莫能基必颊。久游阎浮利，扰扰多此患。行登陵云宇，会于虚游间。"其所言人莫能晓。季龙遣驿马送还本县，既出城，请步，云："我当有所过，君至合口桥见待。"使人如言而驰，至桥，麻襦已先至。

后慕容俊投季龙尸于漳水，倚桥柱不流，时人以为"一柱殿下"即谓此也。及元帝嗣位江左，亦以为"天马"之应云。

单道开，敦煌人也。常衣粗褐，或赠以缯服，皆不着，不畏寒暑，昼夜不卧。恒服细石子，一吞数枚，日一服，或多或少。好山居，而山树诸神见异形试之，初无惧色。石季龙时，从西平来，一日行七百里，其一沙弥年十四，行亦及之。至秦州，表送到邺，季龙令佛图澄与语，不能屈也。初止邺城西沙门法綝祠中，后徙临漳昭德寺。于房内造重阁，高八九尺，于上编管为禅室，常坐其中。季龙资给甚厚，道开皆以施人。人或来咨问者，道开都不答。日服镇守药数丸，大如梧子，药有松蜜姜桂伏苓之气，时复饮荼苏一二升而已。自云能疗目疾，就疗者颇验。视其行动，状若有神。佛图澄曰："此道士观国兴衰，若去者当有大乱。"及季龙末，道开南渡许昌，寻而邺中大乱。

升平三年至京师，后至南海，入罗浮山，独处茅茨，萧然物外。年百余岁，卒于山舍，敕弟子以尸置石穴中，弟子乃移入石室。陈郡袁宏为南海太守，与弟颖叔及沙门支法防共登罗浮山，至石室口，见道开形骸如生，香火瓦器犹存。宏曰："法师业行殊群，正当如蝉蜕耳。"乃为之赞云。

黄泓，字始长，魏郡斥丘人也。父沈，善天文秘术。泓从父受业，精妙逾深，兼博览经史，尤明《礼》《易》。性忠勤，非礼不动。永嘉之乱，与渤海高瞻避地幽州，说瞻曰："王浚昏暴，终必无成，宜思去就以图久安。慕容廆法政修明，虚怀引纳，且谶言真人出东北，傥或是乎？宜相与归之，同建事业。"瞻不从。泓乃率宗族归廆，廆待以客礼，引为参军，军国之务动辄访之。泓指说成败，事皆如言。廆常曰："黄参军，孤之仲翔也。"及皝嗣位，迁左常侍，领史官，甚重之。石季龙攻皝，皝将走辽东，泓曰："贼有败气，无可忧也，不过二日，必当奔溃。宜严勒士马，为追击之备。"皝曰："今寇盛如此，卿言必走，孤未敢信。"泓曰："殿下言盛者，人事耳，臣言必走者，天时也，胡足为疑！"及期，季龙果退，皝益奇之。

及慕容俊即王位，迁从事中郎，俊闻冉闵乱，将图中原，访之于泓，泓劝行，俊从之。及僭号，署为进谋将军、太史令、关内侯，寻加奉车都尉、西海太守、领太史令、开阳亭侯，又封平郭县五等伯，常从左右，谘决大事，灵台令许敦害其宠，谮事慕容评，设异议以毁之，及以泓为太史灵台诸署统，加给事中。泓待敦弥厚，不以毁己易心。慕容晔败，以老归家，叹曰："燕必中兴，其在吴王，恨吾年过不见耳。"年九十七卒。卒后三年，伪吴王慕容垂兴焉。

索紞，字叔彻，敦煌人也。少游京师，受业太学，博综经籍，遂为通儒。明阴阳天文，善术数占候。司徒辟，除郎中，知中国将乱，避世而归。乡人从紞占问吉凶，门中如市，紞曰："攻乎异端，戒在害己；无为多事，多事多患。"遂诡言虚说，无验乃止。惟以占梦为无悔吝，乃不逆问者。

孝廉令狐策梦立冰上，与冰下人语。紞曰："冰上为阳，冰下为阴，阴阳事也。士如归妻，迨冰未泮，婚姻事也。君在冰上与冰下人语，为阳语阴，媒介事也。君当为人作媒，冰泮而婚成。"策曰："老夫耄矣，不为媒也。"会太守田豹因策为子求乡人张公征女，仲春而成婚焉。郡主簿张宅梦走马上山，还绕舍三周，但见松柏，不知门处。紞曰："马属离，离为火。火，祸也。人上山，为凶字。但见松伯，墓门象也。不知门处，为无门也。三周，三期也。后三年必有大祸。"宅果以谋反伏诛。索充初梦天上有二棺落充前，紞曰："棺者，职也，当有京师贵人举君。二官者，频再迁。"俄而司徒王戎书属太守使举充，太守先署充功曹而举孝廉。充后梦见一虏，脱上衣来诣充。紞曰："虏去上中，下半男字，夷狄阴类，君妇当生男。"终如其言。宋桶梦内中有一人着赤衣，桶手把两杖，极打之。紞曰："内中有人，肉字也。肉色，赤也。两杖，箠象也。极打之，饱肉食也。"俄而亦验焉。黄平问纯曰："我昨夜梦舍中马舞，数十人向马拍手，此何祥也？"纯曰："马者，火也，舞为火起。向马拍手，救火人也。"平未归而火作。索绥梦东有二角书诣绥，大角朽败，小角有题韦囊角佩，一在前，一在后。纯曰："大角朽败，腐棺木。小角有题，题所诣。一在前，前纯凶也。一在后，后背也。当有凶背之问。"时绥父在东，居三日而凶问至。郡功曹张逸尝奉使诣州，夜梦狼唊一脚。纯曰："脚肉被唊，为却字。"会东房反，遂不行。凡所占莫不验。

太守阴澹从求占书，纯曰："昔入太学，因一父老为主人，其人无所不知，又匿姓名，有似隐者，纯因从父老问占梦之术，希申鄙艺，审测而说，实无书也。"澹命为西阁祭酒，纯辞："少无山林之操，游学京师，交结时贤，会中国不靖，欲养志终年。老亦至矣，不求闻达。又少不习勤，老无吏干，濛汜之年，弗敢闻命。"澹以束帛礼之，月致羊酒。年七十五，卒于家。

孟钦，洛阳人也。有左慈、刘根之术，百姓惑而赴之。苻坚召诣长安，恶其惑众，命苻融诛之。俄而钦至，融留之，遂大宴郡僚，酒酣，目左右收钦。钦化为旋风，飞出第外。顷之，有告在城东者，融遣骑追之，垂及，忽然已远，或有兵众距战，或前有溪涧，骑不得过，遂不知所在。坚末，复见于青州。苻朗寻之，入于海岛。

王嘉，字子年，陇西安阳人也。轻举止，丑形貌，外若不足，而聪睿内明。滑稽好语笑，不食五谷，不衣美丽，清虚服气，不与世人交游。隐于东阳谷，凿崖穴居，弟子受业者数百人，亦皆穴处。石季龙之末，弃其徒众，至长安，潜隐于终南山，结庵庐而止。门人闻而复随之，乃迁于倒兽山。苻坚累征不起，公侯已下咸躬往参诣，好尚之士无不师宗之。问其当世事者，皆随问而对。好为譬喻，状如戏调；言未然之事，辞如谶记，当时鲜能晓之，事过皆验。

坚将南征，遣使者问之。嘉曰："金刚火强。"乃乘使者马，正衣冠，徐徐东行数百步，而策马驰反，脱衣服，弃冠履而归，下马踞床，一无所言。使者还告，坚不语，复遣问之，曰："吾世祚云何？"嘉曰："未央。"咸以为吉。明年癸未，败于淮南，所谓未年而有殃也。人候之者，至心则见之，不至心则隐形不见。衣服在架，履杖犹存，或欲取其衣者，终不及，企而取之，衣架逾高，而屋亦不大，覆杖诸物亦如之。

姚苌之入长安，礼嘉如苻坚故事，逼以自随，每事谘之。苌既与苻登相持，问嘉曰："吾得杀苻登定天下不？"嘉曰："略得之。"苌怒曰："得当云得，何略之有！"遂斩之。先此，释道安谓嘉曰："世故方殷，可以行矣。"嘉答曰："卿其先行，吾负债未果去。"俄而道安亡，至是而嘉戮死，所谓"负债"者也。苻坚闻嘉死，设坛哭之，赠太师，谥曰文。及苌死，苌子兴字子略方杀登，"略得"之谓也。嘉之死日，人有陇上见之。其所造《牵三歌谶》，事过皆验，累世犹传之。又著《拾遗录》十卷，其记事多诡怪，今行于世。

僧涉者，西域人也，不知何姓。少为沙门，苻坚时入长安。虚静服气，不食五谷，日能行五百里，言未然之事，验若指掌。能以秘祝下神龙，每旱，坚常使之咒龙请雨。俄而龙下钵中，天辄大雨，坚及群臣亲就钵观之。卒于长安。后大旱移时，苻坚叹曰："涉公若在，岂忧此乎！"

郭黁，西平人也。少明《老》《易》，仕郡主簿。张天锡末年，苻氏每有西伐之问，太守赵凝使黁筮之，黁曰："若郡内二月十五日失囚者，东军当至，凉祚必终。"凝乃申约属县。至十五日，鲜卑折掘送马于凝，凝怒其非骏，幽之内厩，鲜卑惧而夜遁。凝以告黁，黁曰："是也。国家将亡，不可复振。"

苻坚末，当阳门震，刺史梁熙问黁曰："其祥安在？"黁曰："为四夷之事也。当有外国二王来朝主上，一当反国，一死此城。"岁余而鄯善及前部王朝于苻坚，西归，鄯善王死于姑臧。

吕光之王河西也，西海太守王桢叛，黁劝光袭之。光之左丞吕宝曰："千里袭人，自昔所难，况王者之师天下所闻，何可侥幸以邀成功！黁不可从，误人大事。"黁曰："若其不捷，黁自伏铁钺之诛。如其克也，左丞为无谋矣。"光从而克之。光比之京管，常参帷幄密谋。

光将伐乞伏乾归，黁谏曰："今太白未出，不宜行师，往必无功，终当覆败。"太史令贾曜以为必有秦陇之地。及克金城，光使曜诘黁，黁密谓光曰："昨有流星东堕，当有伏尸死将，虽得此城，忧在不守。正月上旬，河冰将解，若不早渡，恐有大变。"后二日而败问至，光引军渡河讫，冰泮。时人服其神验。光以黁为散骑常侍、太常。

黁后以光年老，知其将败，遂与光仆射王祥起兵作乱。百姓闻黁起兵，咸以圣人起事，事无不成，故相率从之如不及。黁以为代吕者王，乃推王乞基为主。后吕隆降姚兴，兴以王尚为凉州刺史，终如黁言。黁之与光相持也，逃人称吕统病死，黁曰："未也，光、统之命尽在一时。"黁后统死三日而光死。黁尝曰："凉州谦光殿后当有索头鲜卑居之。"终于秃发傉檀、沮渠蒙逊迭据姑臧。黁性褊酷，不为士庶所附。战败，奔乞伏乾归。乾归败，入姚兴。黁以灭姚者晋，遂将妻子南奔，为追兵所杀也。

鸠摩罗什，天竺人也。世为国相。父鸠摩罗炎，聪懿有大节，将嗣相位，乃辞避出家，东渡葱岭。龟兹王闻其名，郊迎之，请为国师。王有妹，年二十，才悟明敏，诸国交娉，并不许，及见炎，心欲当之，王乃逼以妻焉。既而罗什在胎，其母慧解倍常。及年七岁，母遂与俱出家。

罗什从师受经，日诵千偈，偈有三十二字，凡三万二千言，义亦自通。年十二，其母携到沙勒，国王甚重之，遂停沙勒一年。博览五明诸论及阴阳星算，莫不必尽，妙达吉凶，言若符契。为性率达，不拘小检，修行者颇共疑之。然罗什自得于心，未尝介意，专以大乘为化，诸学者皆共师焉。年二十，龟兹王迎之还国，广说诸经，四远学徒莫之能抗。

有顷，罗什母辞龟兹王往天竺，留罗什住，谓之曰："方等深教，不可思议，传之东土，惟尔之力。但于汝无利，其可如何？"什曰："必使大化流传，虽苦而无恨。"母至天竺，道成，进登第三果。西域诸国咸伏罗什神俊，每至讲说，诸王皆长跪坐侧，令罗什践而登焉。苻坚闻之，密有迎罗什之意。会太史奏云："有星见外国分野，当有大智入辅中国。"坚曰："朕闻西域有鸠摩罗什，将非此邪？"乃遣骁骑将军吕光等率兵七万，西伐龟兹，谓光曰："若获罗什，即驰驿送之。"光军未至，罗什谓龟兹王白纯曰："国运衰矣，当有勍敌从日下来，宜恭承之，勿抗其锋。"纯不从，出兵拒战，光遂破之，乃获罗什。光见其年齿尚少，以凡人戏之，强妻以龟兹王女，罗什拒而不受，辞甚苦至。光曰："道士之操不逾先父，何所固辞？"乃饮以醇酒，同闭密室。罗什被逼，遂妻之。光还，中路置军于山下，将士已休，罗什曰："在此必狼狈，宜徙军陇上。"光不纳。至夜，果大雨，洪潦暴起，水深数丈，死者数千人，光密异之。光欲留王西国，罗什谓光曰："此凶亡之地，不宜淹留，中路自有福地可居。"光还至凉州，闻苻坚已为姚苌所害，于是窃号河右。属姑臧大风，罗什曰："不祥之风当有奸叛，然不劳自定也。"俄而有叛者，寻皆殄灭。

沮渠蒙逊先推建康太守段业为主，光遣其子纂率众讨之。时论谓业等乌合，纂有威声，势必全克。光以访罗什，答曰："此行未见其利。"既而纂败于合黎，俄又郭黁起兵，纂弃大军轻还，复为黁所败，仅以身免。中书监张资病，光博营救疗。有外国道人罗叉，云能差资病。光喜，给赐甚重。罗什知叉诳诈，告资曰："叉不能为益，徒烦费耳。冥运虽隐，可以事试也。"乃以五色丝作绳结之，烧为灰末，投水中，灰若出水还成绳者，病不可愈。须臾，灰聚浮出，复为绳，又疗果无效，少日资亡。

顷之，光死，纂立。有猪生子，一身三头。龙出东箱井中，于殿前蟠卧，比旦失之。纂以为美瑞，号其殿为龙翔殿。俄而有黑龙升于当阳九宫门，纂改九宫门为龙兴门。罗什曰："比日潜龙出游，豕妖表异，龙者阴类，出入有时，而今屡见，则为灾眚，必有下人谋上之变。宜克己修德，以答天戒。"纂不纳，后果为吕超所杀。

罗什之在凉州积年，吕光父子既不弘道，故蕴其深解，无所宣化。姚兴遣姚硕德西伐，破吕隆，乃迎罗什，待以国师之礼，仍使入西明阁及逍遥园，译出众经。罗什多所暗诵，无不究其义旨，既览旧经多有纰缪，于是兴使沙门僧䂮、僧肇等八百余人传受其旨，更出经论，凡三百余卷。沙门慧睿才识高明，常随罗什传写，罗什每为慧睿论西方辞体，商略同异，云："天竺国俗甚重文制，其宫商体韵，经入管弦为善。凡觐国王，必有赞德，经中偈颂，皆其式也。"罗什雅好大乘，志在敷演，常叹曰："吾若著笔作大乘阿毗昙，非迦旃子比也。今深识者既寡，将何所论！"惟为姚兴著《实相论》二卷，兴奉之若神。

尝讲经于草堂寺，兴及朝臣、大德沙门千有余人肃容观听，罗什忽下高坐，谓兴曰："有二小儿登吾肩，欲郭须妇人。"兴乃召宫女进之，一交而生二子焉。兴尝谓罗什曰："大师聪明超悟，天下莫二，何可使法种少嗣。"遂以伎女十人，逼令受之。尔后不住僧坊，别立解舍。诸僧多效之。什乃聚针盈钵，引诸僧谓之曰："若能见效食此者，乃可畜室耳。"因举匕进针，与常食不别，诸僧愧服乃止。

杯渡比丘在彭城，闻罗什在长安，乃叹曰："吾与此子戏，别三百余年，相见杳然未期，迟有遇于来生耳。"罗什未终少日，觉四大不愈，乃口出三番神咒，令外国弟子诵之以自救，未及致力，转觉危殆，于是力疾与众僧告别曰："因法相遇，殊未尽心，方复后世，恻怆可言。"死于长安。姚兴于逍遥园依外国法以火焚尸，薪灭形碎，惟舌不烂。

沙门昙霍者，不知何许人也。秃发傉檀时从河南来，持一锡杖，令人跪曰："此是般若眼，奉之可以得道。"时人咸异之。或遗以衣服，受而投之于河，后日以还其本主，衣无所污。行步如风云，言人死生贵贱无毫厘之差。人或藏其锡杖，昙霍大哭数声，闭目须臾，起而取之，咸奇其神异，莫能测也。每谓傉檀曰："若能安坐无为，则天下可定，祚胤克昌，如其弃兵好杀，祸将及己。"傉檀不能从。傉檀女病甚，请救疗，昙霍曰："人之生死自有定期，圣人亦不能转祸为福，昙霍安能延命邪！正可知早晚耳。"傉檀固请之。时后宫门闭，昙霍曰：急开后门，及开门则生，不及则死。"傉檀命开之，不及而死。后兵乱，不知所在也。

台产，字国俊，上洛人，汉侍中崇之后也。少专京氏《易》，善图谶、秘纬、天文、洛书、风角、星算、六日七分之学，尤善望气、占候、推步之术。隐居商洛南山，兼善经学，泛情教授，不交当世。刘曜时，灾异特甚，命公卿各举博识直言之士一人。其大司空刘均举产。曜亲临东堂，遣中黄门策问之，产极言其故。曜览而嘉之，引见，访以政事。产流涕歔欷，具陈灾变之祸，政化之阙，辞甚恳至。曜改容礼之，署为博士祭酒、谏议大夫，领太史令。至明年而其言皆验，曜弥重之，转太中大夫，岁中三迁。历位尚书、光禄大夫、太子少师，位特进，金章紫绶，爵关中侯。

史臣曰：陈戴等诸子并该洽坟典，研精数术，究推步之幽微，穷阴阳之秘奥，虽前代京管，何以加之！郭黁知有晋之亡姚，去魏以归晋，追兵奄及，致毙中途，斯则远见秋毫，不能近知目睫。澄什爰自遐裔，来游诸夏。什既兆见星象，澄乃驱役鬼神，并通幽洞冥，垂文阐教，谅见珍于道艺，非取贵于他山，姚石奉之若神，良有以也。鲍、吴、王、幸等或假灵道诀，或受教神方，遂能厌胜禳灾，隐文彰义，虽获讥于妖妄，颇有益于世用者焉。然而硕学通人，未宜枉辔。

赞曰:《传》叙灾祥,《书》称龟筮。应如影响,叶若符契。怪力乱神,诡时惑世。崇尚弗已,必致流弊。

卷九十六　　列传第六十六

列女　羊耽妻辛氏　杜有道妻严氏　王浑妻钟氏　郑袤妻曹氏　愍怀太子妃王氏　郑休妻石氏　陶侃母湛氏　贾浑妻宗氏　梁纬妻辛氏　许延妻杜氏　虞潭母孙氏　周颛母李氏　张茂妻陆氏　尹虞二女　荀崧小女灌　王凝之妻谢氏　刘臻妻陈氏　皮京妻龙氏　孟昶妻周氏　何无忌母刘氏　刘聪妻刘氏　王广女　陕妇人　靳康女　韦逞母宋氏　张天锡妾阎氏薛氏　苻坚妾张氏　窦滔妻苏氏　苻登妻毛氏　慕容垂妻段氏　段丰妻慕容氏　吕纂妻杨氏　李玄盛后尹氏

夫三才分位,室家之道克隆;二族交叹,贞烈之风斯著。振高情而独秀,鲁册于是飞华;挺峻节而孤标,周篇于焉腾茂。徽烈兼劭,柔顺无愆,隔代相望,谅非一绪。然则虞兴妫汭,夏盛涂山,有娀、有蓺广隆殷之业,大任、大姒衍昌姬之化,马邓恭俭,汉朝推德,宣昭懿淑,魏代扬芬,斯皆礼极中闱,义殊月室者矣。至若恭姜誓节,孟母求仁,华宗傅而经齐,樊授规而霸楚,讥文伯于奉剑,让子发于分菽,少君之从约礼,孟光之符隐志,既昭妇则,且擅母仪。子政绰之于前,元凯编之于后,具宣闺范,有裨阴训。故上从泰始,下迄恭安,一操可称,一艺可纪,咸皆撰录,为之传云。或位极妃后,或事因夫子,各随本传,今所不录。在诸伪国,暂阻王猷,天下之善,足以惩劝,亦同搜次,附于篇末。

羊耽妻辛氏,字宪英,陇西人,魏侍中毗之女也。聪朗有才鉴。初,魏文帝得立为太子,抱毗项谓之曰:"辛君知我喜不?"毗以告宪英,宪英叹曰:"太子,代君主宗庙社稷者也。代君不可以不戚,主国不可以不惧,宜戚而喜,何以能久!魏其不昌乎?"

弟敞为大将军曹爽参军,宣帝将诛爽,因其从魏帝出而闭城门,爽司马鲁芝率府兵斩关赴爽,呼敞同去。敞惧,问宪英曰:"天子在外,太傅闭城门,人云将不利国家,于事可得尔乎?"宪英曰:"事有不可知,然以吾度之,太傅殆不得不尔。明皇帝临崩,把太傅臂,属以后事,此言犹在朝士之耳。且曹爽与太傅俱受寄托之任,而独专权势,于王室不忠,于人道不直,此举不过以诛爽耳。"敞曰:"然则敞无出乎?"宪英曰:"安可以不出!职守,人之大义也。凡人在难,犹或恤之;为人执鞭而弃其事,不祥也。且为人任,为人死,亲昵之职也,汝从众而已。"敞遂出。宣帝果诛爽。事定后,敞叹曰:"吾不谋于姊,几不获于义!"

其后钟会为镇西将军,宪英谓耽从子祜曰:"钟士季何故西出?"祜曰:"将为灭蜀也。"宪英曰:"会在事纵恣,非持久处下之道,吾畏其有他志也。"及会将行,请其子琇为参军,宪英忧曰:"他日吾为国忧,今日难至吾家矣。"琇固请于文帝,帝不听。宪英谓琇曰:"行矣,戒之!古之君子入则致孝于亲,出则致节于国;在职思其所司,在义思其所立,不遗父母忧患而已。军旅之间可以济者,其惟仁恕乎!"会至蜀果反,琇竟以全归。祜尝送锦被,宪英嫌其华,反而覆之,其明鉴俭约如此。泰始五年卒,年七十九。

杜有道妻严氏,字宪,京兆人也。贞淑有识量。年十三,适于杜氏,十八而蓥居。子植、女韡并孤藐,宪虽少,誓不改节,抚育二子,教以礼度,植遂显名于时,韡亦有淑德,传玄求为继室,宪便许之。时玄与何晏、邓扬不穆,晏等每欲害之,时人莫肯共婚。及宪许玄,内外以为忧惧。或曰:"何、邓执权,必为玄害,亦由排山压卵,以汤沃雪耳,奈何与之为亲?"宪曰:"尔知其一,不知其他。晏等骄移,必当自败,司马太傅兽睡耳,吾恐卵破雪销,行自有在。"遂与玄为婚。晏等寻亦为宣帝所诛。植后为南安太守。

植从兄预为秦州刺史,被诬,征还,宪与预书戒之曰:"谚云忍辱至三公。卿今可谓辱矣,能忍之,公是卿坐。"预后果为仪同三司。玄前妻子咸年六岁,尝随其继母省宪,谓咸曰:"汝千里驹也,必当远至。"以其妹之女妻之。咸后亦有名于海内。其知人之鉴如此。年六十六卒。

王浑妻钟氏,字琰,颍川人,魏太傅繇曾孙也。父徽,黄门郎。琰数岁能属文,及长,聪慧弘雅,博览记籍。美容止,善啸咏,礼仪法度为中表所则。既适浑,生济。浑尝共琰坐,济趋庭而过,浑欣然曰:"生子如此,足慰人心。"琰笑曰:"若使新妇得配参军,生子故不翅如此。"参军,谓浑中弟沦也。琰女亦有才淑,为求贤夫。时有兵家子甚俊,济欲妻之,白琰,琰曰:"要令我见之。"济令此兵与群小杂处,琰自帷中察之,既而谓济曰:"绯衣者非汝所拔乎?"济曰:"是。"琰曰:"此人才足拔萃,然地寒寿促,不足展其器用,不可与婚。"遂止。其人数年果亡。

浑弟湛妻郝氏亦有德行，琰虽贵门，与郝雅相亲重，郝不以贱下琰，琰不以贵陵郝，时人称钟夫人之礼，郝夫人之法云。

郑袤妻曹氏。鲁国薛人也。袤先娶孙氏，早亡，娉之为继室。事舅姑甚孝，躬纺织之勤，以充奉养，至于叔妹群娣之间，尽其礼节，咸得欢心。及袤为司空，其子默等又显朝列，时人称其荣贵。曹氏深惧盛满，每默等升进，辄忧之形于声色。然食无重味，服浣濯之衣，袤等所获禄秩，曹氏必班散亲姻，务令周给，家无余赀。

初，孙氏瘗于黎阳，及袤薨，议者以久丧难举，欲不合葬。曹氏曰："孙氏元妃，理当从葬，不可使孤魂无所依邪。"于是备吉凶导从之仪以迎之，具衣衾几筵，亲执雁行之礼，闻者莫不叹息，以为赵姬之下叔隗，不足称也。太康元年卒，年八十三。

愍怀太子妃王氏，太尉衍女也，字惠风。贞婉有志节。太子既废居于金墉，衍请绝婚，惠风号哭而归，行路为之流涕。及刘曜陷洛阳，以惠风赐其将乔属，属将妻之。惠风拔剑距属曰："吾太尉公女，皇太子妃，义不为逆胡所辱。"属遂害之。

郑休妻石氏，不知何许人也。少有德操，年十余岁，乡邑称之。既归郑氏，为九族所重。休前妻女既幼，又休父布临终，有庶子沈生，命弃之，石氏曰："奈何使舅之胤不存乎！"遂养沈及前妻女。力不兼举，九年之中，三不举子。

陶侃母湛氏，豫章新淦人也。初，侃父丹娉为妾，生侃，而陶氏贫贱，湛氏每纺绩资给之，使交结胜己。侃少为寻阳县吏，尝监鱼梁，以一坩鲊遗母。湛氏封鲊及书，责侃曰："尔为吏，以官物遗我，非惟不能益吾，乃以增吾忧矣。"鄱阳孝廉范逵寓宿于侃，时大雪，湛氏乃彻所卧亲荐，自锉给其马，又密截发卖与邻人，供肴馔。逵闻之，叹息曰："非此母不生此子！"侃竟以功名显。

贾浑妻宗氏，不知何许人也。浑为介休令，被刘元海将乔晞攻破，死之。宗氏有姿色，晞欲纳之。宗氏骂曰："屠各奴！岂有害人之夫而欲加无礼，于尔安乎？何不促杀我！"因仰天大哭。晞遂害之，时年二十余。

梁纬妻辛氏，陇西狄道人也。纬为散骑常侍，西都陷没，为刘曜所害。辛氏有殊色，曜将妻之。辛氏据地大哭，仰谓曜曰："妾闻男以义烈，女不再醮。妾夫已死，理无独全。且妇人再辱，明公安用哉！乞即就死。下事舅姑。"遂号哭不止。曜曰："贞妇也，任之。"自缢而死曜以礼葬之。

许延妻杜氏，不知何许人也。延为益州别驾，为李骧所害。骧欲纳杜氏为妻，杜氏号哭守夫尸，骂骧曰："汝辈逆贼无道，死有先后，宁当久活！我杜家女，岂为贼妻也！"骧怒，遂害之。

虞潭母孙氏，吴郡富春人，孙权族孙女也。初适潭父忠，恭顺贞和，甚有妇德。及忠亡，遗孤藐尔，孙氏虽少，誓不改节，躬自抚养，劬劳备至。性聪敏，识鉴过人。潭始自幼童，便训以忠义，故得声望允洽，为朝廷所称。永嘉末，潭为南康太守，值杜弢构逆，率众讨之。孙氏勉潭以必死之义，俱倾其资产以馈战士，潭遂克捷。及苏峻作乱，潭时守吴兴，又假节征峻。孙氏戒之曰："吾闻忠臣出孝子之门，汝当舍生取义，勿以吾老为累也。"仍尽发其家僮，令随潭助战，贸其所服环珮以为军资。于时会稽内史王舒遣子允之为督护，孙氏又谓潭曰："王府君遣儿征，汝何为独不？"潭即以子楚为督护，与舒允之合势。其忧国之诚如此。拜武昌侯太夫人，加金章紫绶。潭立养堂于家，王导以下皆就拜谒。咸和末卒，所九十五。成帝遣使吊祭，谥曰定夫人。

周𫖮母李氏，字络秀，汝南人也。少时在室，𫖮父浚为安东将军，时尝出猎，遇雨，过止络秀之家。会其家父兄不在，络秀闻浚至，与一婢于内宰猪羊，具数十人之馔，甚精办而不闻人声。浚怪使觇之，独见一女子甚美，浚因求为妾。其父兄不许，络秀曰："门户殄瘁，何惜一女！若连姻贵族，将来庶有大益矣。"父兄许之。遂生𫖮及嵩、谟。而𫖮等既长，络秀谓之曰："我屈节为汝家作妾，门户计耳。汝不与我家为亲亲者，吾亦何惜余年！"𫖮等从命，由此李氏遂得为方雅之族。

中兴时，𫖮等并列显位。尝冬至置酒，络秀举觞赐三子曰："吾本渡江，托足无所，不谓尔等并贵，列吾目前，吾复何忧！"高起曰："恐不如尊旨。伯仁志大而才短，名重而识暗，好乘人之弊，此非自全之道。嵩性抗直，亦不容于世。唯阿奴碌碌，当在阿母目下耳。"阿奴，谟小字也。后果如其言。

张茂妻陆氏，吴郡人也。茂为吴郡太守，被沈充所害，陆氏倾家产，率茂部曲为先登以讨充。充败，陆诣阙上书，为茂谢不克之责。诏曰："茂夫妻忠诚，举门义烈，宜追赠茂太仆。"

尹虞二女，长沙人也。虞前任始兴太守，起兵讨杜弢，战败，二女为弢所获，并有国色，弢将妻之。女曰："我父二千石，终不能为贼妇，有死而已！"弢并害之。

荀崧小女灌，幼有奇节。崧为襄城太守，为杜曾所围，力弱食尽，欲求救于故史平南将军石览，计无从出。灌时年十三，乃率勇士数千人，逾城突围夜出。贼追甚急，灌督厉将士，且战且前，得入鲁阳山获免。自诣览乞师，又为崧书与南中郎将周访请援，仍结为兄弟，访即遣子抚率三千人会石览俱救崧。贼闻兵至，散走，灌之力也。

王凝之妻谢氏，字道韫，安西将军奕之女也。聪识有才辩。叔父安尝问："《毛诗》何句最佳？"道韫称："吉甫作颂，穆如清风。仲山甫永怀，以慰其心。"安谓有雅人深致。又尝内集，俄而雪骤下，安曰："何所似也？"安兄子朗曰："散盐空中差可拟。"道韫曰："未若柳絮因风起。"安大悦。

初适凝之，还，甚不乐。安曰："王郎，逸少子，不恶，汝何恨也？"答曰："一门叔父则有阿大、中郎，群从兄弟复有封、胡、羯、末，不意天壤之中乃有王郎！"封谓谢韶，胡谓谢朗，羯谓谢玄，末谓谢川，皆其小字也。又尝讥玄学植不进，曰："为尘务经心，为天分有限邪？"凝之弟献之尝与宾客谈议，词理将屈，道韫遣婢白献之曰："欲为小郎解围。"乃施青绫步鄣自蔽，申献之前议，客不能屈。

及遭孙恩之难，举厝自若，既闻夫及诸子已为贼所害，方命婢肩舆抽刃出门。乱兵稍至，手杀数人，乃被房。其外孙刘涛时年数岁，贼又欲害之，道韫曰："事在王门，何关他族！必其如此，宁先见杀。"恩虽毒虐，为之改容，乃不害涛。自尔蓥居会稽，家中莫不严肃。太守刘柳闻其名，请与谈议。道韫素知柳名，亦不自阻，乃簪髻素褥坐于帐中，柳束脩整带造于别榻。道韫风韵高迈，叙致清雅，先及家事，慷慨流涟，徐酬问旨，词理无滞。柳退而叹曰："实顷所未见，瞻察言气，使人心形俱服。"道韫亦云："亲从凋亡，始遇此士，听其所问，殊开人胸府。"

初，同郡张玄妹亦有才质，适于顾氏，玄每称之，以敌道韫。有济尼者，游于二家，或问之，济尼答曰："王夫人神情散朗，故有林下风气。顾家妇清心玉映，自是闺房之秀。"道韫所著诗赋诔颂并传于世。

刘臻妻陈氏者，亦聪辩能属文。尝正旦献《椒花颂》，其词曰："旋穹周回，三朝肇建。青阳散辉，澄景载焕。标美灵葩，爰采爰献。圣容映之，永寿于万。"又撰元日及冬至进见之仪，行于世。

皮京妻龙氏，字怜，西道县人也。年十三适京，未逾年而京卒，京二弟亦相次而陨，既无胤嗣，又无期功之亲。怜货其嫁时资装，躬自纺织，数年间三丧俱举，葬敛既毕，每时享祭无阙。州里闻其贤，屡有娉者，怜誓不改醮，守节穷居五十余载而卒。

孟昶妻周氏，昶弟颉妻又其从妹也。二家并丰财产。初，桓玄雅重昶而刘迈毁之，昶知，深自惋失。及刘裕将建义，与昶定谋，昶欲尽散财物以供军粮，其妻非常妇人，可语以大事，乃谓之曰："刘迈毁我于桓公，便是一生沦陷，决当作贼。卿幸可早尔离绝，脱得富贵，相迎不晚也。"周氏曰："君父母在堂，欲建非常之谋，岂妇人所谏！事之不成，当于奚官中奉养大家，义无归志也。"昶怆然久之而起。周氏追昶坐，云："观君举厝，非谋及妇人者，不过欲得财物耳。"时其所生女在抱，推而示之曰："此而可卖，亦当不惜，况资财乎！"遂倾资产以给之，而托以他用。及事之将举，周氏谓颉妻云："一昨梦殊不好，门内宜浣濯沐浴以除之，且不宜赤色，我当悉取作七日藏厌。"颉妻信之，所有绛色者悉敛以付焉。乃置帐中，潜自剖绵，以绛与昶，遂得数十人被服赫然，悉周氏所出，而家人不之知也。

何无忌母刘氏，征虏将军建之女也。少有志节。弟牢之为桓玄所害，刘氏每衔之，常思报复。及无忌与刘裕定谋，而刘氏察其举厝有异，喜而不言。会无忌夜于屏风裹制檄文，刘氏潜以椅覆烛，徐登胡床于屏风上窥之，既知，泣而抚之曰："我不如东海吕母明矣！既孤其诚，常恐寿促，汝能如此，吾仇耻雪矣。"因问其同谋，知事在裕，弥喜，乃说桓玄必败、义师必成之理以劝勉之。后果如其言。

刘聪妻刘氏，名娥，字丽华，伪太保殷女也。幼而聪慧，昼营女工，夜诵书籍，傅母恒止之，娥敦习弥厉。每与诸兄论经义，理趣超远，诸兄深以叹伏。性孝友，善风仪进止。聪既僭位，召为右贵嫔，甚宠之。俄拜为后，将起鹓仪殿以居之，其廷尉陈元达切谏，聪大怒，将斩之。娥时在后堂，私敕左右停刑，手疏启曰："伏闻将为妾营殿，今昭德足居，鹓仪非急。四海未一，祸难犹繁，动须人力资财，尤宜慎之。廷尉之言，国家大政。夫忠臣之谏，岂为身哉？帝王距之，亦非顾身也。妾仰谓陛下上寻明君纳谏之昌，下念暗主距谏之祸，宜赏廷尉以美爵，酬廷尉以列土，如何不惟不纳，而反欲诛之？陛下此怒由妾而起，廷尉之祸由妾而招，人怨国疲，咎归于妾，距谏害忠，亦妾之由。自古败国丧家，未始不由妇人者也。妾每览古事，忿之忘食，何意今日妾自为之！后人之观妾，亦犹妾之视前人也，复何面目仰侍巾栉，请归死此堂，以塞陛下误惑之过。"聪览之色变，谓其群下曰："朕比得风疾，喜怒过常。元达，忠臣也，朕甚愧之。"以娥表示元达曰："外辅如公，内辅如此后，朕无忧矣。"及娥死，伪谥武宣皇后。

其姊英，字丽芳，亦聪敏涉学，而文词机辩，晓达政事，过于娥。初与娥同召拜左贵嫔，寻卒，伪追谥武德皇后。

王广女者，不知何许人也。容质甚美，慷慨有丈夫之节。广仕刘聪，为西扬州刺史。蛮帅梅芳攻陷扬州，而广被杀。王时年十五，芳纳之。俄于暗室击芳，不中，芳惊起曰："何故反邪？"王骂曰："蛮畜！我欲诛反贼，何谓反乎？吾闻父仇不同天，母仇不同地，汝反逆无状，害人父母，而复以无礼陵人，吾所以不死者，欲诛汝耳！今死自吾分，不待汝杀，但恨不得枭汝首于通逵，以塞大耻。"辞气猛厉，言终乃自杀，芳止之不可。

陕妇人，不知姓字，年十九。刘曜时蓥居陕县，事叔姑甚谨，其家欲嫁之，此妇毁面自誓。后叔姑病死，其叔姑有女在夫家，先从此妇乞假不得，因而诬杀其母，有司不能察而诛之。时有群鸟悲鸣尸上，其声甚哀，盛夏暴尸十日，不腐，亦不为虫兽所败，其境乃经岁不雨。曜遣呼延谟为太守，既知其冤，乃斩此女，设少牢以祭其墓，谥曰孝烈贞妇，其日大雨。

靳康女者，不知何许人也。美姿容，有志操。刘曜之诛靳氏，将纳靳女为妾，靳曰："陛下既灭其父母兄弟，复何用妾为！妾闻逆人之诛也，尚污宫伐树，而况其子女乎！"因号泣请死，曜哀之，免康一子。

韦逞母宋氏，不知何郡人也，家世以儒学称。宋氏幼丧母，其父躬自养之。及长，授以《周官》音义，谓之曰："吾家世学《周官》，传业相继，此又周以所制，经纪典诰，百官品物，备于此矣。吾今无男可传，汝可受之，勿令绝世。"属天下丧乱，宋氏讽诵不辍。其后为石季龙徙之于山东，宋氏与夫在徙中，推鹿车，背负父所授书，到冀州，依胶东富人程安寿，寿养护之。逞时年小，宋氏昼则樵采，夜则教逞，然纺绩无废。寿每叹曰："学家多士大夫，得无是乎！"逞遂学成名立，仕苻坚为太常。坚尝幸其太学，问博士经典，乃悯礼乐遗阙。时博士卢壹对曰："废学既久，书传零落，此年缀撰，正经粗集，唯周官礼注未有其师。窃见太常韦逞母宋氏世学家女，传其父业，得周官音义，今年八十，视听无阙，自非此母无以传授后生。"于是就宋氏家立讲堂，置生员百二十人，隔绛纱幔而受业，号宋氏为宣文君，赐侍婢十人。周官学复行于世，时称韦氏宋母焉。

张天锡妾阎氏、薛氏，并不知何许人也，咸有宠于天锡。天锡寝疾，谓之曰："汝二人将何以报我？吾死后，岂可为人妻乎！"皆曰："尊若不讳，妾请效死，供洒扫地下，誓无他志。"及其疾笃，二姬皆自刎。天锡疾瘳，追悼之，以夫人礼葬焉。

苻坚妾张氏，不知何许人，明辩有才识。坚将入寇江左，群臣切谏不从。张氏进曰："妾闻天地之生万物，圣王之驭天下，莫不顺其性而畅之，故黄帝服牛乘马，因其性也，禹凿龙门，洪洪河，因水之势也；后稷之播殖百谷，因地之气也；汤武之灭夏商，因人之欲也。是以有因成，无因败。今朝臣上下皆言不可，陛下复何所因也？书曰：'天聪明自我民聪明。'天犹若此，况于人主乎！妾闻人君有伐国之志者，必上观乾象，下采众祥。天道悠远，非妾所知。以人事言之，未见其可。谚言："鸡夜鸣者不利行师，犬群嗥者宫室必空，兵动马惊，军败不归。"秋冬已来，每夜群犬大嗥，众鸡夜鸣，伏闻厩马惊逸，武库兵器有声，吉凶之理，诚非微妾所论，愿陛下详而思之。"坚曰："军旅之事非妇人所豫也。"遂兴兵。张氏请从。坚是大败于寿春，张氏乃自杀。

窦滔妻苏氏，始平人也，名蕙，字若兰，善属文。滔苻坚时为秦州刺史，被徙流沙，苏氏思之，织锦为回文旋图诗以赠滔。宛转循环以读之，词甚凄惋，凡八百四十字，文多不录。

苻登妻毛氏，不知何许人，壮勇善骑射。登为姚苌所袭，营垒既陷，毛氏犹弯弓跨马，率壮士数百人，与苌交战，杀伤甚众。众寡不敌，为苌所执。苌欲纳之，毛氏骂曰："吾天子后，岂为贼羌所辱，何不速杀我！"因仰天大哭曰："姚苌无道，前害天子，今辱皇后，皇天后土，宁不鉴照！"苌怒，杀之。

慕容垂妻段氏，字元妃，伪右光禄大夫仪之女也。少而婉慧，有志操，常谓妹季妃曰："我终不作凡人妻。"季妃亦曰："妹亦不为庸夫妇。"邻人闻而笑之。垂之称燕王，纳元妃为继室，遂有殊宠。伪范阳王德亦娉季妃焉。姊妹俱为垂、德之妻，卒如其志。垂既僭位，拜为皇后。

垂立其子宝为太子也，元妃谓垂曰："太子姿质雍容，柔而不断，承平则为仁明之主，处难则非济世之雄，陛下托之以大业，妾未见克昌之美。辽西、高阳二王，陛下儿之贤者，宜择一以树之。赵王麟奸诈负气，常有轻太子之心，陛下一旦不讳，必有难作。此陛下之家事，宜深图之。"垂不纳。宝及麟闻之，深以为恨。其后元妃又言之，垂曰："汝欲使我为晋献公乎？"元妃泣而退，告季妃曰："太子不令，群下所知，而主上比吾为骊戎之女，何其苦哉！主上百年之后，太子必亡社稷。范阳王有非常器度，若燕祚未终，其在王乎！"

垂死，宝嗣伪位，遣麟逼元妃曰："后常谓主上不能嗣守大统，今竟何如？宜早自裁，以全段氏。"元妃怒曰："汝兄弟尚逼杀母，安能保守社稷！吾岂惜死，念国灭不久耳。"遂自杀。宝议以元妃谋废嫡统，无母后之道，不宜成丧，群下咸以为然。伪中书令眭邃大言于朝曰："子无废母之义，汉之安思阎后亲废顺帝，犹配飨安皇，先后言虚实尚未可知，宜依阎后故事。"宝从之。其后麟果作乱，宝亦被杀，德后僭称尊号，终如元妃之言。

段丰妻慕容氏，德之女也。有才慧，善书史，能鼓琴，德既僭位，署为平原公主。年十四，适于丰。丰为人所谮，被杀，慕容氏寡归，将改适伪寿光公余炽。慕容氏谓侍婢曰："我闻忠臣不事二君，贞女不更二夫。段氏既遭无辜，己不能同死，岂复有心于重行哉！今主上不顾礼义嫁我，若不从，则违严君之命矣。"于是克日交礼。慕容氏姿容婉丽，服饰光华，炽睹之甚喜。经再宿，慕容氏伪辞以疾，炽亦不之逼。三日还第，沐浴置酒，言笑自若，至夕，密书其裙带云："死后当埋我于段氏墓侧，若魂魄有知，当归彼矣。"遂于浴室自缢而死。及葬，男女观者数万人，莫不叹息曰："贞哉公主！"路经余炽宅前，炽闻挽歌之声，恸绝良久。

吕纂妻杨氏，弘农人也。美艳有义烈。纂被吕超所杀，杨氏与侍婢十数人殡纂于城西。将出宫，超虑赍珍物出外，使人搜之。杨氏厉声责超曰："尔兄弟不能和睦，手刃相屠，我旦夕死人，何用金宝！"超惭而退。又问杨氏玉玺所在，杨氏怒曰："尽毁之矣。"超将妻之，谓其父桓曰："后若自杀，祸及卿宗。"桓以告杨氏，杨氏曰："大人本卖女与氏以图富贵，一之已甚，其可再乎！"乃自杀。

时吕绍妻张氏亦有操行，年十四，绍死，便请为尼。吕隆见而悦之，欲秽其行，张氏曰："钦乐至道，誓不受辱。"遂升楼自投于地，二胫俱折，口诵佛经，俄然而死。

凉武昭王李玄盛后尹氏，天水冀人也。幼好学，清辩有志节。初适扶风马元正，元正卒，为玄盛继室。以再醮之故，三年不言。抚前妻子逾于己生。玄盛之创业也，谟谋经略多所毗赞，故西州谚曰："李、尹王敦煌。"

及玄盛薨，子士业嗣位，尊为太后。士业将攻沮渠蒙逊，尹氏谓士业曰："汝新造之国，地狭人稀，靖以守之犹惧其失，云何轻举，窥冀非望！蒙逊骁武，善用兵，汝非其敌。吾观其数年已来有并兼之志，且天时人事似欲归之。今国虽小，足以为政。知足不辱，道家明诫也。且先王临薨，遗令殷勤，志令汝曹深慎兵战，俟时而动。言犹在耳，奈何忘之！不如勉修德政，蓄力以观之。彼若淫暴，人将归汝；汝苟德之不建，事之无日矣。汝此行也，非唯师败，国亦将亡。"士业不从，果为蒙逊所灭。

尹氏至姑臧，蒙逊引见劳之，对曰："李氏为胡所灭，知复何言！"或谏之曰："母子命悬人手，奈何倨傲？且国败子孙屠灭，何独无悲？"尹氏曰："兴灭死生，理之大分，何为同凡人之事，起儿女之悲！吾一妇人，不能死亡，岂惮斧钺之祸，求为臣妾乎！若杀我者，吾之愿矣。"蒙逊嘉之，不诛，为子茂虔娉其女为妻。及魏氏以武威公主妻茂虔，尹氏及女迁居酒泉。既而女卒，抚之不哭，曰："汝死晚矣！"沮渠无讳时镇酒泉，每谓尹氏曰："后诸孙在伊吾，后能去不？"尹氏未测其言，答曰："子孙流漂，托身丑虏，老年余命，当死于此，不能作毡裘鬼也。"俄而潜奔伊吾，无讳遣骑追及之。尹氏谓使者曰："沮渠酒泉许我归北，何故来追？汝可斩吾首归，终不回矣。"使者不敢逼而还。年七十五，卒于伊吾。

史臣曰：夫繁霜降节，彰劲心于后凋；横流在辰，表贞期于上德，匪伊尹子，抑亦妇人焉。自晋政陵夷，罕树风检，亏闲爽操，相趋成俗，荐之以刘石，汨之以苻姚。三月歌胡，唯见争新之饰；一朝辞汉，曾微恋旧之情。驰骛风埃，脱落名教，颓纵忘反，于兹为极。至若惠风之数乔属，道韫之对孙恩，荀女释急于重围，张妻报怨于强寇，僭登之后，蹈死不回，伪篡之妃，捐生匪吝，宗辛抗情而致夭，王靳守节而就终，斯皆冥践义途，匪因教至。耸清汉之乔叶，有裕徽音；振幽谷之贞蕤，无惭雅引，比夫悬梁靡顾，齿剑如归，异日齐风，可以激扬千载矣。

赞曰：从容阴礼，婉娩柔则。载循六行，爰昭四德。操洁风霜，誉流邦国。彤管贻训，清芬靡式。

卷九十七　　列传第六十七

四夷　东夷 夫余国　马韩　辰韩　肃慎氏　倭人　裨离等十国　**西戎** 吐谷浑　焉耆国　龟兹国　大宛国　康居国　大秦国　**南蛮** 林邑　扶南　**北狄** 匈奴

夫恢恢乾德，万类之所资始；荡荡坤仪，九区之所均载。考羲轩于往统，肇承天而理物；讯炎昊于前辟，爰制地而疏疆。袭冠带以辨诸华，限要荒以殊遐裔，区分中外，其来尚矣。九夷八狄，被青野而亘玄方；七戎六蛮，绵西宇而横南极。繁种落，异君长，遇有道则时遵声教，钟无妄则争肆虔刘，趋扇风尘，盖其常性也。详求遐议，历选深谟，莫不待以羁縻，防其猾夏。

武帝受终衰魏，廓境全吴，威略既申，招携斯广，迷乱华之议，矜来远之名，抚旧怀新，岁时无怠，凡四夷入贡者，有二十三国。既而惠皇失德，中宗迁播，凶徒分据，天邑倾沦，朝化所覃，江外而已，琛贡之礼，于兹殆绝，殊风异俗，所未能详。故采其可知者，为之传云。北狄窃号中壤，备于载记；在其诸种种类，今略书之。

东夷，夫余国、马韩、辰韩、肃慎氏、倭人、裨离等十国。

夫余国，在玄菟北千余里，南接鲜卑，北有弱水，地方二千里，户八万，有城邑宫室，地宜五谷。其人强勇，会同揖让之仪有似中国。其出使，乃衣锦罽，以金银饰腰。其法，杀人者死，没入其家；盗者一责十二；男女淫，妇人妒，皆杀之。若有军事，杀牛祭天，以其蹄占吉凶，蹄解者为凶，合者为吉。死者以生人殉葬，有椁无棺。其居丧，男女皆衣纯白，妇人著布面衣，去玉佩。出善马及貂豽、美珠，珠大如酸枣。其国殷富，自先世以来，未尝被破。其王印文称"秽王之印"。国中有古秽城，本秽貊之城也。

武帝时，频来朝贡，至太康六年，为慕容廆所袭破，其王依虑自杀，子弟走保沃沮。帝为下诏曰："夫余王世守忠孝，为恶虏所灭，甚愍念之。若其遗类足以复国者，当为之方计，使得存立。"有司奏护东夷校尉鲜于婴不救夫余，失于机略。诏免婴，以何龛代之。明年，夫余后王依罗遣诣龛，求率见人还复旧国。仍请援。龛上列，遣督邮贾沈以兵送之。廆又要之于路，沈与战，大败之，廆众退，罗得复国。尔后每为廆掠其种人，卖于中国。帝愍之，又发诏以官物赎还，下司、冀二州，禁市夫余之口。

韩种有三：一曰马韩，二曰辰韩，三曰弁韩。辰韩在带方南，东西以海为限。

马韩居山海之间，无城郭，凡有小国五十六所，大者万户，小者数千家，各有渠帅。俗少纲纪，无跪拜之礼。居处作土室，形如冢，其户向上，举家共在其中，无长幼男女之别。不知乘牛马，畜者但以送葬。俗不重金银锦罽，而贵璎珠，用以缀衣或饰发垂耳。其男子科头露纷，衣布袍，履草蹻，性勇悍。国中有所调役，及起筑城隍，年少勇健者皆凿其背皮，贯以大绳，以杖摇绳，终日欢呼力作，不以为痛。善用弓楯矛橹，虽有斗争攻战，而贵相屈服。俗信鬼神，常以五月耕种毕，群聚歌舞以祭神；至十月农事毕，亦如之。国邑各立一人主祭天神，谓为天君。又置别邑，名曰苏涂，立大木，悬铃鼓。其苏涂之义，有似西域浮屠也，而所行善恶有异。

武帝太康元年、二年，其主频遣使入贡方物，七年、八年、十年，又频至。太熙元年，诣东夷校尉何龛上献。咸宁三年复来，明年又请内附。

辰韩在马韩之东，自言秦之亡人避役入韩，韩割东界以居之，立城栅，言语有类秦人，由是或谓之为秦韩。初有六国，后稍分为十二，又有弁辰，亦十二国，合四五万户，各有渠帅，皆属于辰韩。辰韩常用马韩人作主，虽世世相承，而不得自立，明其流移之人，故为马韩所制也。地宜五谷，俗饶蚕桑，善作缣布，服牛乘马。其风俗可类马韩，兵器亦与之同。初生子，便以石押其头使扁。喜舞，善弹瑟，瑟形似筑。

武帝太康元年，其王遣使献方物。二年复来朝贡，七年又来。

肃慎氏一名挹娄，在不咸山北，去夫余可六十日行。东滨大海，西接寇漫汗国，北极弱水。其土界广袤数千里，居深山穷谷，其路险阻，车马不通。夏则巢居，冬则穴处。父子世为君长。无文墨，以言语为约。有马不乘，但以为财产而已。无牛羊，多畜猪，食其肉，衣其皮，绩毛以为布。有树名雒常，若中国有圣帝代立，则其木生皮可衣。无井灶，作瓦鬲，受四五升以食。坐则箕踞，以足挟肉而啖之，得冻肉，坐其上令暖。土无盐铁，烧木作灰，灌取汁而食。俗皆编发，以布作襜，径尺余，以蔽前后。将嫁娶，男以毛羽插女头，女和则持归，然后致礼娉之。妇贞而女淫，贵壮而贱老，死者其日即葬之于野，交木作小椁，杀猪积其上，以为死者之粮。性凶悍，以无忧哀相尚。父母死，男子不哭泣，哭者谓之不壮。相盗窃，无多少皆杀之，故虽野处而不相犯。有石砮，皮骨之甲，檀弓三尺五寸，楛矢长尺有咫。其国东北有山出石，其利入铁，将取之，必先祈神。

周武王时，献其楛矢、石砮。逮于周公辅成王，复遣使入贺，尔后千余年，虽秦汉之盛，莫之致也。及文帝作相，魏景元末，来贡楛矢、石砮、弓甲、貂皮之属。魏帝诏归于相府，赐其王傅鸡锦罽、绵帛。至武帝元康初，复来贡献。元帝中兴，又诣江左贡其石砮。至成帝时，通贡于石季龙，四年方达。季龙问之，答曰"每候牛马向西南眠者三年矣，是知有大国所在，故来"云。

倭人在带方东南大海中，依山岛为国，地多山林，无良田，食海物。旧有百余小国相接，至魏时，有三十国通好。户有七万。男子无大小，悉黥面文身。自谓太伯之后，又言上古使诣中国，皆自称大夫。昔夏少康之子封于会稽，继发文身以避蛟龙之害，今倭人好沈没取鱼，亦文身以厌水禽。计其道里，当会稽东冶之东。其男子衣以横幅，但结束相连，略无缝缀。妇人衣如单被，穿其中央以贯头，而皆被发徒跣。其地温暖，俗种禾稻纻麻而蚕桑织绩。土无牛马，有刀楯弓箭，以铁为镞。有屋宇，父母兄弟卧息异处。食饮用俎豆。嫁娶不持钱帛，以衣迎之。死有棺无椁，封土为冢。初丧，哭泣，不食肉。已葬，举家入水澡浴自洁，以除不祥。其举大事，辄灼骨以占吉凶。不知正岁四节，但计秋收之时以为年纪。人多寿百年，或八九十。国多妇女，不淫不妒。无争讼，犯轻罪者没其妻孥，重者族灭其家。旧以男子为主。汉末，倭人乱，攻伐不定，乃立女子为王，名曰卑弥呼。

宣帝之平公孙氏也，其女王遣使至带方朝见，其后贡聘不绝。及文帝作相，又数至。泰始初，遣使重译入贡。

裨离国在肃慎西北，马行可二百日，领户二万。养云国去裨离马行又五十日，领户二万。寇莫汗国去养云国又百日行，领户五万余。一群国去莫汗又百五十日，计去肃慎五万余里。其风俗土壤并未详。

泰始三年，各遣小部献其方物。至太熙初，复有牟奴国帅逸芝惟离、模卢国帅沙支臣芝、于离末利国帅加牟臣芝、蒲都国帅因末、绳全国帅马路、沙楼国帅钐加，各遣正副使诣东夷校尉何龛归化。

西戎，吐谷浑、焉耆国、龟兹国、大宛国、康居国、大秦国、吐谷浑、吐延、叶延、辟奚、视连、视罴、树洛干。

吐谷浑，慕容廆之庶长兄也，其父涉归分部落一千七百家以隶之。及涉归卒，廆嗣位，而二部马斗，廆怒曰："先公分建有别，奈何不相远离，而令马斗！"吐谷浑曰："马为畜耳，斗其常性，何怒于人！乖别甚易，当去汝于万里之外矣。"于是遂行。廆悔之，遣其长史史那萎冯及父时耆旧追还之。吐谷浑曰："先公称卜筮之言，当有二子克昌，祚流后裔。我卑庶也，理无并大，今因马而别，殆天所启乎！诸君试驱马令东，马若还东，我当相随去矣。"楼冯遣从者二千骑，拥马东出数百步，辄悲鸣西走。如是者十余辈，楼冯跪而言曰："此非人事也。"遂止。鲜卑谓兄为阿干，廆追思之，作《阿干之歌》，岁暮穷思，常歌之。

吐谷浑谓其部落曰："我兄弟俱当享国，廆及曾玄才百余年耳。我玄孙已后，庶其昌乎！"于是乃西附阴山。属永嘉之乱，始度陇而西，其后子孙据有西零已西甘松之界，极乎白兰数千里。然有城郭而不居，随逐水草，庐帐为屋，以肉酪为粮。其官置长史、司马、将军，颇识文字。其男子通服长裙，帽或戴幂䍦。妇人以金花为首饰，辫发紫后，缀以珠贝。其婚姻，富家厚出娉财，窃女而去。父卒，妻其群母；兄亡，妻其诸嫂。丧服制，葬讫而除。国无常税，调用不给，辄敛富室商人，取足而止。杀人及盗马者罪至死，他犯则征物以赎。地宜大麦，而多蔓菁，颇有菽粟。出蜀马、牦牛。西北杂种谓之为阿柴虏，或号为野虏焉。吐谷浑年七十二卒，有子六十人，长曰吐延，嗣。

吐延身长七尺八寸，雄姿魁杰，羌虏惮之，号曰项羽。性俶傥不群，尝慷慨谓其下曰："大丈夫生不在中国，当高光之世，与韩、彭、吴、邓并驱中原，定天下雌雄，使名垂竹帛，而潜窜穷山，隔在殊俗，不闻礼教于上京，不得策名于天府，生与麋鹿同群，死作毡裘之鬼，虽偷观日月，独不愧于心乎！"性酷忍，而负其智，不能恤下，为羌酋姜聪所刺。剑犹在其身，谓其将纥拔泥曰："竖子刺吾，吾之过也，上负先公，下愧士女。所以控制诸羌者，以吾故也。吾死之后，善相叶延，速保白兰。"言终而卒。在位十三年，有子十二人，长子叶延嗣。

叶延年十岁，其父为羌酋姜聪所害，每旦缚草为姜聪之象，哭而射之，中之则号泣，不中则瞋目大呼。其母谓曰："姜聪，诸将已屠鲙之矣，汝何为如此？"叶延泣曰："诚知射草人不益于先仇，以申罔极之志耳。"性至孝，母病，五日不食，叶延亦不食。长而沈毅，好问天地造化、帝王年历。司马薄洛邻曰："臣等不学，实未审三皇何父之子，五帝谁母所生。"延曰："自羲皇以来，符命玄象昭言著见，而卿等面墙，何其鄙哉！语曰'夏虫不知冬冰'，良不虚也。"又曰："《礼》云公孙之子得以王父字为氏，吾祖始自昌黎光宅于此，今以吐谷浑为氏，尊祖之义也。"在位二十三年卒，年三十三。有子四人，长子辟奚嗣。

辟奚性仁厚慈惠。初闻苻坚之盛，遣使献马五十匹，金银五百斤。坚大悦，拜为安远将军。时辟奚三弟皆专恣，长史钟恶地恐为国害，谓司马乞宿云曰："昔郑庄公、秦昭王以一弟之宠，宗祀几倾，况今三孽并骄，必为社稷之患。吾与公忝当元辅，若获保首领以没于地，先君有问，其将何辞！吾今诛之矣。"宿云请白辟奚，恶地曰："吾王无断，不可以告。"于是因群下入觐，遂执三弟而诛之。辟奚自投于床，恶地等奔而扶之，曰："臣昨梦先王告臣云：'三弟将为逆乱，汝速除之。'臣谨奉先王之命矣。"辟奚素友爱，因恍惚成疾，谓世子视连曰："吾祸灭同生，何以见之于地下！国事大小，汝宜摄之，吾余年残命，寄食而已。"遂以忧卒。在位二十五年，时年四十二。有子六人，视连嗣。

视连既立，通娉于乞伏乾归，拜为白兰王。视连幼廉慎有志性，以父忧卒，不知政事，不饮酒游田七年矣。钟恶地进曰："夫人君者，以德御世，以威齐众，养以五味，娱以声色。此四者，圣帝明王之所先也，而公皆略之。昔昭公俭啬而丧，偃王仁义而亡，然则仁义所以存身，亦所以亡己。经国者，德礼也；济世者，刑法也。二者或差，则纲维失绪。明公奕叶重光，恩结西夏，虽仁孝发于天然，犹宜宪章周孔，不可独追徐偃之仁，使刑德委而不建。"视连泣曰："先王追友于之痛，悲愤升遐，孤虽纂业，尸存而已。声色游娱，岂所安也！纲维刑礼，付之将来。"临

终，谓其子视罴曰："我高祖吐谷浑公常言子孙必有兴者，永为中国之西藩，庆流百世。吾不及，汝亦不见，当在汝之子孙辈耳。"在位十五年而卒。有二子，长曰视罴，少曰乌纥堤。

视罴性英果，有雄略，尝从容谓博士金城骞苞曰："《易》云：'动静有常，刚柔断矣。'先王以仁宰世，不任威刑，所以刚柔靡断，取轻邻敌。当仁不让，岂宜拱默者乎！今将秣马厉兵，争衡中国，先生以为何如？"苞曰："大王之言，高世之略，秦陇英豪所愿闻也。"于是虚襟抚纳，众赴如归。乞伏乾归遣使拜为使持节、都督龙涸已西诸军事、沙州牧、白兰王。视罴不受，谓使者曰："自晋道不纲，奸雄竞逐，刘、石虐乱，秦、燕跋扈，河南王处形胜之地，宜当纠合义兵，以惩不顺，奈何私相假署，拟僭群凶？寡人承五祖之休烈，控弦之士二万，方欲扫氛秦陇，清彼沙浪，然后饮马泾渭，戮问鼎之竖，以一丸尼封东关，闭燕赵之路，迎天子于西京，以尽遐藩之节，终不能如季孟、子阳妄自尊大。为吾白河南王，何不立勋帝室，策名王府，建当年之功，流芳来叶邪！"乾归大怒，然惮其强，初犹结好，后竟遣众击之。视罴大败，退保白兰。在位十一年，年三十三卒。子树洛干年少，传位于乌纥堤。

乌纥堤一名大孩，性软弱，耽酒淫色，不恤国事。乞伏乾归之入长安也，乌纥堤屡抄其境。乾归怒，率骑讨之。乌纥堤大败，亡失万余口，保于南凉，遂卒于胡国。在位八年，时年三十五。视罴之子树洛干立。

树洛干九岁而孤，其母念氏聪惠有姿色，乌纥堤妻之，有宠，遂专国事。洛干十岁便自称世子，年十六嗣立，率所部数千家奔归莫何川，自称大都督、车骑大将军、大单于、吐谷浑王。化行所部，众庶乐业，号为戊寅可汗，沙漠杂种莫不归附。乃宣言曰："孤先祖避地于此，暨孤七世，思与群贤共康休绪。今士马桓桓，控弦数万，孤将振威梁益，称霸西戎，观兵三秦，远朝天子，诸君以为何如？"众咸曰："此盛德之事也，愿大王自勉！"乞伏乾归甚忌之，率骑二万，攻之于赤水。树洛干大败，遂降乾归，乾归拜为平狄将军、赤水都护，又以其弟吐护真为捕虏将军、层城都尉。其后屡为乞伏炽磐所破，又保白兰，惭愤发病而卒。在位九年，时年二十四。炽磐闻其死，喜曰："此虏矫矫，所谓有豕白蹄也。"有子四人，世子拾虔嗣。其后世嗣不绝。

焉耆国西去洛阳八千二百里，其地南至尉犁，北与乌孙接，方四百里。四面有大山，道险隘，百人守之，千人不过。其俗丈夫翦发，妇人衣襦，著大袴。婚姻同华夏。好货利，任奸诡。王有侍卫数十人，皆倨慢无尊卑之礼。

武帝太康中，其王龙安遣子入侍。安夫人狯胡之女，妊身十二月，剖胁生子，曰会，立之为世子。会少而勇杰，安病笃，谓会曰："我尝为龟兹王白山所辱，不忘于心。汝能雪之，乃吾子也。"及会立，袭灭白山，遂据其国，遣子熙归本国为王。会有胆气筹略，遂霸西胡，葱岭以东莫不服。然恃勇轻率，尝出宿于外，为龟兹国人罗云所杀。

其后张骏遣沙州刺史杨宣率众疆理西域，宣以部将

张植为前锋，所向风靡。军次其国，熙距战于贲仑城，为植所败。植时屯铁门，未至十余里，熙又率众先要之于遮留谷。植将至，或曰："汉祖畏于柏人，岑彭死于彭亡，今谷名遮留，殆将有伏？"植单骑尝之，果有伏发。植驰击败之，进据尉犁，熙率群下四万人肉袒降于宣。吕光讨西域，复降于光。及光僭位，熙又遣子入侍。

龟兹国西去洛阳八千二百八十里，俗有城郭，其城三重，中有佛塔庙千所。人以田种畜牧为业，男女皆翦发垂项。王宫壮丽，焕若神居。

武帝太康中，其王遣子入侍。惠怀末，以中国乱，遣使贡方物于张重华。苻坚时，坚遣其将吕光率众七万伐之，其王白纯距境不降，光进军讨平之。

大宛国去洛阳万三千三百五十里，南至大月氏，北接康居，大小七十余城。土宜稻麦，有蒲陶酒，多善马，马汗血。其人皆深目多须。其俗娶妇先以金同心指环为娉，又以三婢试之。不男者绝婚。奸淫有子，皆卑其母。与人马乘不调坠死者，马主出敛具。善市贾，争分铢之利，得中国金银，辄为器物，不用为币也。

太康六年，武帝遣使杨颢拜其王蓝庚为大宛王。蓝庚卒，其子摩之立，遣使贡汗血马。

康居国在大宛西北可二千里，与粟弋、伊列邻接。其王居苏薤城。风俗及人貌、衣服略同大宛。地和暖，饶桐柳蒲陶，多牛羊，出好马。泰始中，其王那鼻遣使上封事，并献善马。

大秦国一名犁鞬，在西海之西，其地东西南北各数千里。有城邑，其城周回百余里。屋宇皆以珊瑚为棁栭，琉璃为墙壁，水精为柱础。其王有五宫，其宫相去各十里，每旦于一宫听事，终而复始。若国有灾异，辄更立贤人，放其旧王，被放者亦不敢怨。有官曹簿领，而文字习胡，亦有白盖小车、旌旗之属，及邮驿制置，一如中州。其人长大，貌类中国人而胡服。其土多出金玉宝物、明珠、大贝，有夜光璧、骇鸡犀及火浣布，又能刺金缕绣及积锦缕罽。以金、银为钱，银钱十当金钱之一。安息、天竺人与之交市于海中，其利百倍。邻国使到者，辄廪以金钱。途经大海，海水咸苦不可食，商客往来皆赍三岁粮，是以至者稀少。

汉时都护班超遣掾甘英使其国，入海，船人曰："海中有思慕之物，往者莫不悲怀。若汉使不恋父母妻子者，可入。"英不能渡。武帝太康中，其王遣使贡献。

南蛮，林邑、扶南。

林邑国本汉时象林县，则马援铸柱之处也，去南海三千里。后汉末，县功曹姓区，有子曰连，杀令自立为王，子孙相承。其后王无嗣，外孙范熊代立。熊死，子逸立。其俗皆开北户以向日，至于居止，或东西无定。人性凶悍，果于战斗，便山习水，不闲平地。四时暄暖，无霜无雪，人皆倮露徒跣，以黑色为美。贵女贱男，同姓为婚，妇先娉婿。女嫁之时，著迦盘衣，横幅合缝如井栏，首戴宝花。居丧翦鬌髡谓之孝，燔尸中野谓之葬。其王服天冠，被缨络，每听政，子弟侍臣皆不得近之。

自孙权以来，不朝中国。至武帝太康中，始来贡献。咸康二年，范逸死，奴文纂位。文，日南西卷县夷帅范椎奴也。尝牧牛涧中，获二鲤鱼，化成铁，用以为刀。刀成，乃对大石嶂而咒之曰："鲤鱼变化，治成双刀，石嶂破者，是有神灵。"进斫之，石即瓦解。文知其神，乃怀之。随商贾往来，见上国制度，至林邑，遂教逸作宫室、城邑及器械。逸甚爱信之，使为将。文乃谮逸诸子，或徙或奔。及逸死，无嗣，文遂自立为王。以逸妻妾悉置之高楼，从己者纳之，不从者绝其食。于是乃攻大岐界、小岐界、式仆、徐狼、屈都、乾鲁、扶单等诸国，并之，有众四五万人。遣使通表入贡于帝，其书皆胡字。至永和三年，文率其众攻陷日南，害太守夏侯览，杀五六千人，余奔九真，以览尸祭天，铲平西卷县城，遂据日南。告交州刺史朱蕃，求以日南北鄙横山为界。

初，徼外诸国尝赍宝物自海路来贸货，而交州刺史、日南太守多贪利侵侮，十折二三。至刺史姜壮时，使韩戢领日南太守，戢估较太半，又伐船调枓，声云征伐，由是诸国恚愤。且林邑少田，贪日南之地，戢死绝，继以谢擢，侵刻如初。及览至郡，又耽荒于酒，政教愈乱，故被破灭。

既而文还林邑。是岁，朱蕃使督护刘雄戍于日南，文复攻陷之。四年，文又袭九真，害士庶十八九。明年，征西督护滕畯率交广之兵伐文于卢容，为文所败，退次九真。其年，文死，子佛嗣。

升平末，广州刺史滕含率众伐之，佛惧，请降，含与盟而还。至孝武帝宁康中，遣使贡献。至义熙中，每岁又来寇日南、九真、九德等诸郡，杀伤甚众，交州遂致虚弱，而林邑亦用疲弊。

佛死，子胡达立，上疏贡金盘碗及金钲等物。

扶南西去林邑三千余里，在海大湾中，其境广袤三千里，有城邑宫室。人皆丑黑拳发，倮身跣行。性质直，不为寇盗，以耕种为务，一岁种，三岁获。又好雕文刻镂，食器多以银为之，贡赋以金银珠香。亦有书记府库，文字有类于胡。丧葬婚姻略同林邑。

其王本是女子，字叶柳。时有外国人混溃者，先事神，梦神赐之弓，又教载船入海。混溃旦诣神祠，得弓，遂随贾人泛海至扶南外邑。叶柳率众御之，混溃举弓，叶柳惧，遂降之。于是混溃纳以为妻，而据其国。后胤衰微，子孙不绍，其将范寻复世王扶南矣。

武帝泰始初，遣使贡献。太康中，又频来。穆帝升平初，复有竺旃檀称王，遣使贡驯象。帝以殊方异兽，恐为人患，诏还之。

北狄，匈奴。

匈奴之类，总谓之北狄。匈奴地南接燕赵，北暨沙漠，东连九夷，西距六戎。世世自相君臣，不禀中国正朔。夏曰：薰鬻，殷曰鬼方，周曰猃狁，汉曰匈奴。其强弱盛衰、风俗好尚区域所在，皆列于前史。

前汉末，匈奴大乱，五单于争立，而呼韩邪单于失其国，携率部落，入臣于汉。汉嘉其意，割并州并界以安之。于是匈奴五千余落入居朔方诸郡，与汉人杂处。呼韩邪感汉恩，来朝，汉因留之，赐其邸舍，犹因本号，听称单于，岁给绵绢钱谷，有如列侯。子孙传袭，历代不绝。其部落随所居郡县，使宰牧之，与编户大同，而不输贡赋。多历年所，户口渐滋，弥漫北朔，转难禁制。后汉末，天下骚动，群臣竞言胡人猥多，惧必为寇，宜先为其防。建安中，魏武帝始分其众为五部，部立其中贵者为帅，选汉人为司马以监督之。魏末，复改帅为都尉。其左部都尉所统可万余落，居于太原故兹氏县；右部都尉可六千余落，居祁县；南部都尉可三千余落，居蒲子县；北部都尉可四千余落，居新兴县；中部都尉可六千余落，居大陵县。

武帝践阼后，塞外匈奴大水，塞泥、黑难等二万余落归化，帝复纳之，使居河西故宜阳城下。后复与晋人杂居，由是平阳、西河、太原、新兴、上党、乐平诸郡靡不有焉。泰始七年，单于猛叛，屯孔邪城。武帝遣娄侯何桢持节讨之。桢素有志略，以猛众凶悍，非少兵所制，乃潜诱猛左部督李恪杀猛，于是匈奴震服，积年不敢复反。其后稍因忿恨，杀害长史，渐为边患。侍御史西河郭钦上疏曰："戎狄强犷，历古为患。魏初人寡，西北诸郡皆为戎居。今虽服从，若百年之后有风尘之警，胡骑自平阳、上党不三日而至孟津，北地、西河、太原、冯翊、安定、上郡尽为狄庭矣。宜及平吴之威，谋臣猛将之略，出北地、西河、安定，复上郡，实冯翊，于平阳已北诸县募取死罪，徙三河、三魏见士四万家以充之。裔不乱华，渐徙平阳、弘农、魏郡、京兆、上党杂胡，峻四夷出入之防，明先王荒服之制，万世之长策也。"帝不纳。至太康五年，复有匈奴胡太阿厚率其部落二万九千三百人归化。七年，又有匈奴胡都大博及萎莎胡等各率种类大小凡十万余口，诣雍州刺史扶风王骏降附。明年，匈奴都督大豆得一育鞠等复率种落大小万一千五百口，牛二万二千头，羊十万五千口，车庐什物不可胜纪，来降，并贡其方物，帝并抚纳之。

北狄以部落为类，其入居塞者有屠各种、鲜支种、寇头种、乌谭种、赤勒种、捍蛭种、黑狼种、赤沙种、郁鞞种、萎莎种、秃童种、勃蔑种、羌渠种、贺赖种、钟跂种、大楼种、雍屈种、真树种、力羯种，凡十九种，皆有部落，不相杂错。屠各最豪贵，故得为单于，统领诸种。其国号有左贤王、右贤王、左奕蠡王、右奕蠡王、左于陆王、右于陆王、左渐尚王、右渐尚王、左朔方王、右朔方王、左独鹿王、右独鹿王、左显禄王、右显禄王、左安乐王、右安乐王、凡十六等，皆用单于亲子弟也。其左贤王最贵，唯太子得居之。其四姓，有呼延氏、卜氏、兰氏、乔氏。而呼延氏最贵，则有左日逐、右日逐，世为辅相，卜氏则有左沮渠、右沮渠；兰氏则有左当户、右当户；乔氏则有左都侯、右都侯。又有车阳、沮渠、余地诸杂号，犹中国百官也。其国人有綦毋氏、勒氏，皆勇健，好反叛。武

帝时，有骑督綦毋伣邪伐吴有功，迁赤沙都尉。

惠帝元康中，匈奴郝散攻上党，杀长吏，入守上郡。明年，散弟度元又率冯翊、北地羌胡攻破二郡。自此已后，北狄渐盛，中原乱矣。

史臣曰：夫宵形禀气，是称万物之灵，系土随方，乃有群分之异。蹈仁义者为中寓，肆凶犷者为外夷，譬诸草木，区以别矣。夷狄之徒，名教所绝，窥边侯隙，自古为患，稽诸前史，凭陵匪一。轩皇北逐，唐帝南征，殷后东戡，周王西狩，皆所以御其侵乱也。嬴刘之际，匈奴最强；元成之间，呼韩委质，汉嘉其节，处之中壤。历年斯永，种类逾繁，舛号殊名，不可胜载。爰及泰始，匪革前迷，广辟塞垣，更招种落，纳萎莎之后附，开育鞠之新降，接帐连甍，充郊掩甸。既而沸唇成俗，鸣镝为群，振鸮响而挺灾，恣狼心而逞暴。何桢纵策，弗沮于奸萌；郭钦驰疏，无救于妖渐。未环星纪，坐倾都邑，黎元涂地，凶族滔天。迹其所由，抑武皇之失也。吐谷浑分绪伪燕，远辞正嫡，率东胡之余众，掩西羌之旧宇，纲疏政暇，地广兵全，廓万里之基，贻一匡之训，弗忘忠义，良可嘉焉。吐延凤标宏伟，见方于项籍，始遵朝化，遽夭于姜聪，高节不群，亦殊藩之秀也。叶延至孝，寄新哀于射草；辟奚深友，迈古烈于分荆；视连蒸蒸，光奉先之义；视罴矫矫，蕴经时之略；洛干童幼，早擅英规，未骋雄心，先摧凶手，奉顺者必败，岂天亡晋乎！且浑厖连枝，生自边极，各谋孙而翼子，咸革裔而希华。虓胤奸凶，假凤图而窃号，浑嗣忠谨，距龙涸而归诚。怀奸者数世而亡，资忠者累叶弥劭，积善余庆，斯言信矣。

赞曰：邈矣前王，区别群方。叛由德弛，朝因化昌。武后升图，智昧迁胡。遽沦家国，多谢明谟。谷浑英奋，思矫秽运；克昌其绪，实资忠训。

卷九十八　　　　列传第六十八

王　敦　桓　温

王敦，字处仲，司徒导之从父兄也。父基，治书侍御史。敦少有奇人之目，尚武帝女襄城公主，拜驸马都尉，除太子舍人。时王恺、石崇以豪侈相尚，恺尝置酒，敦与导俱在坐，有女伎吹笛小失声韵，恺便驱杀之，一坐改容，敦神色自若。他日，又造恺，恺使美人行酒，以客饮不尽，辄杀之。酒至敦、导所，敦故不肯持，美人悲惧失色，而敦傲然不视。导素不能饮，恐行酒者得罪，遂勉强尽觞。导还，叹曰："处仲若当世，心怀刚忍，非令终也。"洗马潘滔见敦而目之曰："处仲蜂目已露，但豺声未振，若不噬人，亦当为人所噬。"及太子迁许昌，诏东宫官属不得送。敦及洗马江统、潘滔，舍人杜蕤、鲁瑶等，冒禁于路侧望拜流涕，时论称之。迁给事黄门侍郎。

赵王伦篡位，敦叔父彦为兖州刺史，伦遣敦慰劳之。会诸王起义兵；彦被齐王冏檄，惧伦兵强，不敢应命，敦劝彦起兵应诸王，故彦遂立勋绩。惠帝反正，敦迁散骑常侍、左卫将军、大鸿胪、侍中，出除广武将军、青州刺史。永嘉初，征为中书监。于时天下大乱，敦悉以公主时侍婢百余人配给将士，金银宝物散之于众，单车还洛。东海王越自荥阳来朝，敦谓所亲曰："今威权悉在太傅，而选用表情，尚书犹以旧制裁之，太傅今至，必有诛জ。"俄而越收中书令繆播等十余人杀之。越以敦为扬州刺史，潘滔说越曰："今树处仲于江外，使其肆豪强之心，是见贼也。"越不从。其后征拜尚书，不就。元帝召为安东军谘祭酒。会扬州刺史刘陶卒，帝复以敦为扬州刺史，加广武将军。寻进左将军、都督征讨诸军事、假节。帝初镇江东，威名未著，敦与从弟导等同心翼戴，以隆中兴，时人为之语曰："王与马，共天下。"寻与甘卓等讨江州刺史华轶，斩之。

蜀贼杜弢作乱，荆州刺史周顗退走，敦遣武昌太守陶侃、豫章太守周访等讨弢，而敦进住豫章，为诸军继援。及侃破弢，敦上侃为荆州刺史。既而侃为弢将杜曾所败，敦以处分失所，自贬为广武将军，帝不许。侃之灭弢也，敦以元帅进镇东大将军、开府仪同三司，加都督江扬荆湘交广六州诸军事、江州刺史，封汉安侯。敦始自选置，兼统州郡焉。顷之，杜弢将杜弘南走广州，求讨桂林贼自效，敦许之。陶侃距弘不得进，乃诣零陵太守尹奉降，奉送弘与敦，敦以为将，遂见宠待。南康人何钦所居险固，聚党数千人，敦就加四品将军，于是专擅之迹渐彰矣。

建武初，又迁征南大将军，开府如故。中兴建，拜侍中、大将军、江州牧。遣部将朱轨、赵诱伐杜曾，为曾所杀，敦自贬，免侍中，并辞牧不拜。寻加荆州牧，敦上疏曰：

昔汉祖以神武革命，开建帝业，继以文帝之贤，纂承洪绪，清虚玄默，拟迹成康。贾谊叹息，以为天下倒悬，虽言有抑扬，不失事体。今圣朝肇建，渐振宏纲，往段匹磾遣求效忠节，尚未有劳，便以方州与之。今靳明等为国雪耻，欲除大逆，此之志望，皆欲附翼天飞。虽功大宜报，亦宜有裁之，当杜渐防萌，慎之在始。中间不遏，互生事变，皆非忠义，率以一朝之荣。天下渐弊，实由于此。春秋之时，天子微弱，诸侯奢侈，晋文思崇周室，至有求隧之请，襄王让之以礼，闻义而服，自尔诸侯莫敢越度。臣谓前者贼寇未殄，苟以济事，朝廷诸所加授，颇多爵位兼重。今自臣以下，宜皆除之，且以塞群小矜功之望，夷狄无慨之求。若复迁延，顾望流俗，使奸狡生心，遂相怨谤，指摘朝廷，逸谀蜂起，臣有以知陛下无以正。此安危之机，天下之望。

臣门户特受荣任，备兼权重，渥恩偏隆，宠过公族。行路斯贱犹谓不可，臣独何心可以安之。臣一宗误陛下，倾覆亦将寻至；虽复灰身剖心，陛下追悔将何所及！伏愿谅臣至款，及今际会，小解散之，并授贤俊，少慰有识，各得尽其所怀，则人思竞劝矣。州牧之号，所不敢当，辄送所假侍中貂蝉。又宜并官省职，以塞群小觊觎之望。

帝优诏不许。又固辞州牧，听为刺史。时刘隗用事，颇疏间王氏，导等甚不平之。敦上疏曰：

导昔蒙殊宠，委以事机，虚己求贤，竭诚奉国，遂藉恩私，居辅政之重。帝王体远，事义不同，虽皇极初建，道教方阐，惟新之美，犹有所阙。臣每慷慨于退远，愧愤于门宗，是以前后表疏，何尝不寄言及此。陛下未能少垂顾盼，畅臣微怀，云导顷见疏外，所陈如昨，而其萌已著，其为咎责，岂惟导身而已。群从所蒙，并过才分。导诚不能自量，陛下亦爱忘其短。常人近情，恃恩昧进，独犯龙鳞，迷不自了。臣窃所自忧虑，未详所由，惶愧踧踖，情如灰土。天下事大，尽理实难，导虽凡近，未有秽浊之累；既往之勋，畴昔之顾，情好绸缪，足以历薄俗，明君臣，合德义，同古贤。昔臣亲受命，云："吾与卿及茂弘当管鲍之交。"臣忝外任，渐冉十载，训诱之诲，日有所忘；至于斯命，铭之于心，窃犹眷眷，谓前恩不得一朝而尽。

伏惟陛下圣哲日新，广延俊乂，临之以政，齐之以礼。顷者令导内综机密，出录尚书，杖节京都，并统六军，既为刺史，兼居重号，殊非人臣之体。流俗好评，必有讥谤，宜省录尚书、杖节及都督。且王佐之器，当得宏达远识、高正明断、道德优备者，以臣暗识，未见其才。然于见人，未逾于导；加辅翼积年，实尽心力。霸王之主，何尝不任贤使能，共相终始！管仲有三归反坫之识，子犯有临河要君之责，萧何、周勃得罪图圄，然终为良佐。以导之才，何能无失，！当令任不过分，役其所长，以功补过，要之将来。导性慎密，尤能忍事，善于斟酌，有文章才义，动静顾问，起予圣怀，外无过宠，公私得所。今皇祚肇建，八表承风；圣恩不终，则遐迩失望。天下荒弊，人心易动；物听一移，将致疑惑。臣非敢苟私亲亲，惟欲忠于社稷。

表至，导封以还敦，敦复遣奏之。

初，敦务自矫厉，雅尚清谈，口不言财色。既素有重名，又立大功于江左，专任阃外，手控强兵，群从贵显，威权莫贰，遂欲专制朝廷，有问鼎之心。帝畏而恶之，遂引刘隗、刁协等以为心膂。敦益不能平，于是嫌隙始构矣。每酒后辄咏魏武帝乐府歌曰："老骥伏枥，志在千里。烈士暮年，壮心不已。"以如意打唾壶为节，壶边尽缺。及湘州刺史甘卓迁梁州，敦欲以从事中郎陈颁代卓，帝不从，更以谯王承镇湘州。敦复上表陈古今忠臣见疑于君，而苍蝇之人交构其间，欲以感动天子。帝愈忌惮之。俄加敦羽葆鼓吹，增从事中郎、掾属、舍人各二人。帝以刘隗为镇北将军，戴若思为征西将军，悉发扬州奴为兵，外以讨胡，实御敦也。永昌元年，敦率众内向，以诛隗为名，上疏曰：

刘隗前在门下，邪佞谄媚，潜毁忠良，疑惑圣听，遂居权宠，挠乱天机，威福自由，有识杜口。大起事役,劳扰士庶,外托举义,内自封植;奢僭过制,乃以黄散为参军,晋魏已来,未有此比。倾尽帑藏,以自资奉;赋役不均,百姓嗟怨;免良人奴,自为惠泽。自可使其大田以充仓廪,今便割配,皆充隗军。臣前求迎诸将妻息,圣恩听许,而隗绝之,使三军之士莫不怨愤。又徐州流人辛苦经载,家计始立,隗悉驱逼,以实己府。当陛下践阼之始,投刺王官,本以非常之庆使豫蒙荣分。而更充征役,复依旧名,普取出客,从来久远,经涉年载,或死亡灭绝,或自赎得免,或见放遣,或父兄时事身所不及,有所不得,辄罪本主,百姓哀愤,怨声盈路。身欲北渡,以远朝廷为名,而密知机要,潜行险慝,进人退士,高下任心,奸狡饕餮,未有隗比,虽无忌、宰嚭、弘恭、石显未足为喻。是以遐迩愤慨,群后失望。

臣备位宰辅,与国存亡,诚乏平勃济时之略,然自忘驽骀,志存社稷,岂忍坐视成败,以亏圣美。事不获已,今辄进军,同讨奸孽,愿陛下深垂省察,速斩隗首,则众望厌服,皇祚复隆。隗首朝悬,诸军夕退。昔太甲不能遵明汤典,颠覆厥度,幸纳伊尹之勋,殷道复昌。汉武雄略,亦惑江充谗佞邪说,至乃父子相屠,流血丹地,终能克悟,不失大纲。今日之事,有逾于此,愿陛下深垂三思,谘询善道,则四海乂安,社稷永固矣。

又曰:

陛下昔镇扬州,虚心下士,优贤任能,宽以得众,故君子尽心,小人毕力。臣以暗蔽,豫奉徽猷,是以遐迩望风,有识自竭,王业遂隆,惟新克建,四海延颈,咸望太平。

自从信隗已来,刑罚不中,街谈巷议,皆云如吴之将亡。闻之惶惑,精魂飞散,不觉胸臆摧破,泣血横流。陛下当全祖宗之业,存神器之重,察臣前后所启,奈何弃忽忠言,遂信奸佞,谁不痛心!愿出臣表,谘之朝臣,介石之几,不俟终日,令诸军早还,不至虚扰。

敦党吴兴人沈充起兵应敦。敦至芜湖,又上表罪状刁协。帝大怒,下诏曰:"王敦凭恃宠灵,敢肆狂逆,方朕太甲,欲见幽囚。是可忍也,孰不可忍也!今亲率六军,以诛大逆,有杀敦者,封五千户侯。"召戴若思、刘隗并会京师。敦兄含时为光禄勋,叛奔于敦。

敦至石头,欲攻刘隗,其将杜弘曰:"刘隗死士众多,未易可克,不如攻石头。周札少恩,兵不为用,攻之必败。札败,则隗自走。"敦从之。札果开城门纳弘。诸将与敦战,王师败绩。既入石头,拥兵不朝,放肆兵士劫掠内外。官省奔散,惟有侍中二人侍帝。帝脱戎衣,著朝服,顾而言曰:"欲得我处,但当早道,我自还琅邪,何至困百姓如此!"敦收周𫖮、戴若思害之。以敦为丞相、江州牧,进爵武昌郡公,邑万户,使太常荀崧就拜,又加羽葆鼓吹,并伪让不受。还屯武昌,多害忠良,宠树亲戚,以兄含为卫将军、都督沔南军事、领南蛮校尉、荆州刺史,以义阳太守任愔督河北诸军事、南中郎将,敦又自督宁、益二州。

及帝崩,太宁元年,敦讽朝廷征己,明帝乃手诏征之,语在《明帝纪》。又使兼太常应詹拜授加黄钺,班剑武贲二十人,奏事不名,入朝不趋,剑履上殿。敦移镇姑孰,帝使侍中阮孚赍牛酒犒劳,敦称疾不见,使主簿受诏。以王导为司徒,敦自为扬州牧。

敦既得志,暴慢愈甚,四方贡献多入己府,将相岳牧悉出其门。徙含为征东将军、都督扬州江西诸军事,从弟舒为荆州,彬为江州,邃为徐州。含字处弘,凶顽刚暴,时所不齿,以敦贵重,故历显位。敦以沈充、钱凤为谋主,诸葛瑶、邓岳、周抚、李恒、谢雍为爪牙。充等并凶险骄恣,共相驱扇,杀戮自己;又大起营府,侵人田宅,发掘古墓,剽掠市道,士庶解体,咸知其祸败焉。敦从弟豫章太守棱日夜切谏,敦怒,阴杀之。敦无子,养含子应。及敦病甚,拜应为武卫将军以自副。钱凤谓敦曰:"脱其不讳,便当以后事付应。"敦曰:"非常之事,岂常人所能!且应年少,安可当大事。我死之后,莫若解众放兵,归身朝廷,保全门户,此计之上也。退还武昌,收兵自守,贡献不废,亦中计也。及吾尚存,悉众而下,万一侥幸,计之下也。"凤谓其党曰:"公之下计,乃上策也。"遂与沈充定谋,须敦死后作难。

敦又忌周札,杀之而尽灭其族。常从督冉曾、公乘雄等为元帝腹心,敦又害之。以宿卫尚多,奏令三番休二。及敦病笃,诏遣侍中陈晷、散骑常侍虞騑问疾。时帝将讨敦,微服至芜湖,察其营垒,又屡遣大臣讯问其起居。迁含骠骑大将军、开府仪同三司,含子瑜散骑常侍。

敦以温峤为丹阳尹,欲使觇伺朝廷。峤至,具言敦逆谋。帝欲讨之,知其为物情所畏服,乃伪言敦死,于是下诏曰:

先帝以圣德应运,创业江东,司徒导首居心膂,以道翼赞。故大将军敦参处股肱,或内或外,夹辅之勋,与有力焉。阶缘际会,遂据上宰,杖节专征,委以五州。刁协、刘隗立朝不允,敦抗义致讨,情希鹰犬,兵虽犯顺,犹嘉乃诚,礼秩优崇,人臣无贰。事解之后,劫掠城邑,放恣兵人,侵及宫省;背违赦信,诛戮大臣;纵凶极逆,不朝而退。六合阻心,人情同愤。先帝含垢忍耻,容而不责,委任如旧,礼秩有加。朕以不天,寻丁酷罚,茕茕在疚,哀悼靡寄。而敦曾无臣子追远之诚,又无辅孤同奖之操,缮甲聚兵,盛夏来至,辄以天官假授私属,将以威胁朝廷,倾危宗社。朕愍其狂戾,冀其觉悟,故且含隐以观其终。而敦矜其不义之强,有侮弱朝廷之志,弃亲任羁,背贤任恶。钱凤竖子,专为谋主,逞其凶虐,诬罔忠良。周嵩亮直,谠言致祸;周札、周莚累世忠义,听受谗构,残夷其宗。秦人之酷,刑不过五。敦之诛戮,傍滥无辜,灭人之族,莫知其罪。天下骇心,道路以目。神怒人怨,笃疾所婴,昏荒悖逆,日以滋甚,辄立兄息以自承代,多树私党,莫非同恶,未有宰相继体而不由王命者也。顽凶相奖,无所顾忌,擅录冶工,辄割运漕,志骋凶丑,以窥神器。社稷之危,匪夕则且。天下长奸，敦以陨毙。凤承凶宄，弥复煽逆。是可忍也，孰不可忍也！

今遣司徒导，镇南将军、丹阳尹峤，建威将军赵胤武旅三万，十道并进；平西将军遼率兖州刺史遐、奋武将军峻、奋威将军赡精锐三万，水陆齐势；朕亲御六军，左卫将军亮，右卫将军胤，护军将军詹，领军将军瞻，中军将军壹，骁骑将军艾，骠骑将军、南顿王宗，镇军将军、汝南王祐，太宰、西阳王羕被练三千，组甲三万，总统诸军，讨凤之罪。罪止一人，朕不滥刑。有能杀凤送首，封五千户侯，赏布五千匹。

冠军将军邓岳志气平厚，识经邪正；前将军周抚质性详简，义诚素笃；功臣之胄，情义兼常，往年从敦，情节不展，畏逼首领，不得相违，论其乃心，无贰王室，朕嘉其诚，方任之以事。其余文武，诸为敦所授用者，一无所问，刺史二千石不得辄离所职。书到奉承，自求多福，无或猜嫌，以取诛灭。敦之将士，从敦弥所，怨旷日久，或父母陨没，或 子丧亡，不得奔赴，衔哀从役，朕甚愍之，希不悽怆。其单丁在军无有兼重者，皆遣归家，终身不调，其余皆与假三年，休讫还台，当与宿卫同例三番。明承诏书，朕不负信。

又诏曰："敢有舍王敦姓名而称大将军者，军法从事。"

敦病转笃，不能御众，使钱凤、邓岳、周抚等率众三万向京师。含谓敦曰："此家事，吾便当行。"于是以含为元帅。凤等问敦曰："事克之日，天子云何？"敦曰："尚未南郊，何得称天子！便尽卿兵势，保护东海王及裴妃而已。"乃上疏罪状温峤，以诛奸臣为名。

含至江宁，司徒导遗含书曰：

近承大将军困笃绵绵，或云已有不讳，悲怛之情，不能自胜。寻知钱凤大严，欲肆奸逆，朝士忿愤，莫不扼腕。去月二十三日，得征北告，刘遐、陶瞻、苏峻等深怀忧虑，不谋同辞。都邑大小及二宫宿卫咸惧有往年之掠，不复保其妻孥，是以圣主发赫斯之命，具如檄旨。近有嘉诏，崇兄八命，望兄奖群贤忠义之心，抑奸细不逞之计，当还武昌，尽力藩任。卒奉来告，乃承与犬羊俱下，虽当逼近，犹以罔然。兄立身率素，见信明于门宗，年逾耳顺，位极人臣，仲玉、安期亦不足作佳少年，本来门户，良可惜也！

兄之此举，谓可得如大将军昔年之事乎？昔年佞臣乱朝，人怀不宁，如导之徒，心思外济。今则不然。大将军来屯于湖，渐失人心，君子危怖，百姓劳弊。将终之日，委重安期，安期断乳未几日，又乏时望，便可袭宰相之迹邪？自开辟以来，颇有宰相孺子者不？诸有耳者皆是将禅代意，非人臣之事也。先帝中兴，遗爱在人。圣主聪明，德洽朝野，思与贤哲弘济艰难。不北面而执臣节，乃私相树建，肆行威福，凡在人臣，谁不愤叹！此直钱凤不良之心闻于远近，自知无地，遂唱奸逆。至如邓伯山、周道和恒有好情，往来人士咸皆明之，方欲委任，与共戮力，非徒无虑而已也。

导门户小大受国厚恩，兄弟显宠，可谓隆矣。导虽不武，情在宁国。今日之事，明目张胆为六军之首，宁忠臣而死，不无赖而生矣。但恨大将军桓文之勋不遂，而兄一旦为逆节之臣，负先人平素之志，既没之日，何颜见诸父于黄泉，谒先帝于地下邪？执省来告，为兄羞之，且悲且惭。愿速建大计，惟取钱凤一人，使天下获安，家国有福，故是竹素之事，非惟免祸而已。

夫福如反手，用之即是。导所统六军，石头万五千人，宫内后苑二万人，护军屯金城六千人，刘遐已至，征北昨已济江万五千人。以天子之威，文武毕力，岂可当乎！事犹可追，兄早思之。大兵一夺，导以为灼炬也。

含不答。帝遣中军司马曹浑等击含于越城，含军败，敦闻，怒曰："我兄老婢耳，门户衰矣！兄弟才兼文武者，世将、处季皆早死，今世事去矣。"语参军吕宝曰："我当力行。"因作势而起，困乏复卧。

凤等至京师，屯于水南。帝亲率六军以御凤，频战破之。敦谓羊鉴及子应曰："我亡后，应便即位，先立朝廷百官，然后乃营葬事。"初，敦始病，梦白犬自天而下啮之，又见刁协乘轺车导从，瞋目令左右执之。俄而敦死，时年五十九。应秘不发丧，裹尸以席，蜡涂其外，埋于厅事中，与诸葛瑶等恒纵酒淫乐。

沈充自吴率众万余人至，与含等合。充司马顾飏说充曰："今举大事，而天子已扼其喉，情离众沮，锋摧势挫，持疑犹豫，必致祸败。今若决破栅塘，因湖水灌京邑，肆舟舰之势，极水军之用，此所谓不战而屈人之兵，上策也。籍初至之锐，并东南众军之力，十道俱进，众寡过倍，理必摧陷，中策也。转祸为福，因败为成，召钱凤计事，因斩之以降，下策也。"充不能用，飏逃归于吴。含复率众渡淮，苏峻等逆击，大败之，充亦烧营而退。

既而周光斩钱凤，吴儒斩沈充，并传首京师。有司议曰："王敦滔天作逆，有无君之心，宜依崔杼、王浚故事，剖棺戮尸，以彰元恶。"于是发瘗出尸，焚其衣冠，踞而刑之。敦、充首同日悬于南桁，观者莫不称庆。敦首既悬，莫敢收葬者。尚书令郗鉴言于帝曰："昔王莽漆头以韫车，董卓然腹以照市，王凌傮土，徐馥焚首。前朝诛杨骏等，皆先极官刑，后听私殡。然《春秋》许齐襄之葬纪侯，魏武王修之哭袁谭。由斯言之，王诛加于上，私义行于下。臣以为可听私葬，于义为弘。"昭许之，于是敦家收葬焉。含父子乘单船奔荆州刺史王舒，舒使沈之于江，余党悉平。

敦眉目疏朗，性简脱，有鉴裁，学通《左氏》，口不言财利，尤好清谈，时人莫知，惟族兄戎异之。经略指麾，千里之外肃然，而麾下扰而不能整。武帝尝召时贤共言伎艺之事，人人皆有所说，惟敦都无所关，意色殊恶。自言知击鼓，因振袖扬枹，音节谐韵，神气自得，傍若无人，举坐叹其雄爽。石崇以奢豪矜物，厕上常有十余婢侍列，皆有容色，置甲煎粉、沈香汁，有如厕者，皆易新衣而出。

客多羞脱衣，而敦脱故著新，意色无怍。群婢相谓曰："此客必能作贼。"又尝荒恣于色，体为之弊，左右谏之，敦曰："此甚易耳。"乃开后阁，驱诸婢妾数十人并放之，时人叹异焉。

沈充，字士居。少好兵书，颇以雄豪闻于乡里。敦引为参军，充因荐同郡钱凤。凤字世仪，敦以为铠曹参军，数得进见。知敦有不臣之心，因进邪说，遂相朋构，专弄威权，言成祸福。遭父丧，外托还葬，而密为敦使，与充交构。

初，敦参军熊甫见敦委任凤，将有异图，因酒酣谓敦曰："开国承家，小人勿用，佞幸在位，鲜不败业。"敦作色曰："小人阿谁？"甫无惧容，因此告归。临与敦别，因歌曰："祖风飘起盖山陵，氛雾蔽日玉石焚。往事既去可长叹，念别惆怅复会难。"敦知其讽己而不纳。

明帝将伐敦，遣其乡人沈祯谕充，许以为司空。充谓祯曰："三司具瞻之重，岂吾所任！币厚言甘，古人所畏。且丈夫共事，终始当同，宁可中道改易，人谁容我！"祯曰："不然。舍忠与顺，未有不亡者也。大将军阻兵不朝，爵赏自己，五尺之童知其罪志。今此之举，将行篡弑耳，岂同于往年乎？是以疆场诸将莫不归赴本朝，内外之士咸愿致死，正以移国易主，义不北面以事之也，奈何协同逆图，当不义之责乎！朝廷款诚，祯所知也。贼之党类，犹宥其罪，与之更始，况见机而作邪！"充不纳。率兵临发，谓其妻子曰："男儿不竖豹尾，终不还也。"及败归吴兴，亡失道，误入其故将吴儒家。儒诱充入重壁中，因笑谓充曰："三千户侯也。"充曰："封侯不足贪也。尔以大义存我，我宗族必厚报汝。若必杀我，汝族灭矣。"儒遂杀之。充子劲竟灭吴氏。劲见《忠义传》。

史臣曰：琅邪之初镇建邺，龙德犹潜，虽当璧膺图预定于冥兆，丰功厚利未被于黎氓。王敦历官中朝，威名夙著，作牧淮海，望实逾隆，遂能托鱼水之深期，定金兰之密契，弼成王度，光佐中兴，卜世延百二之期，论都创三分之业，此功固不细也。既而负勋高而图非望，恃势逼而肆骄陵。衅隙起自刁刘，祸难成于钱沈。兴晋阳之甲，缠象魏之兵。蜂目既露，豺声又发，擅窃国命，杀害忠良，遂欲篡盗乘舆，逼迁龟鼎。赖嗣君英略，晋祚灵长，诸侯释位，股肱戮力，用能兹庙算，殄彼凶徒，克固鸿图，载清天步者矣。

桓温，字元子，宣城太守彝之子也。生未期而太原温峤见之："此儿有奇骨，可试使啼。"及闻其声，曰："真英物也！"以峤所赏，故遂名之曰温。峤笑曰："果尔，后将易吾姓也。"彝为韩晃所害，泾令江播豫焉。温时年十五，枕戈泣血，志在复仇。至年十八，会播已终，子彪兄弟三人居丧，置刃杖中，以为温备。温诡称吊宾，得进，刃彪于庐中，并追二弟杀之，时人称焉。

温豪爽有风概，姿貌甚伟，面有七星。少与沛国刘惔善，惔尝称之曰："温眼如紫石棱，须作猥毛磔，孙仲谋、晋宣王之流亚也。"选尚南康长公主，拜驸马都尉，袭爵万宁男，除琅邪太守，累迁徐州刺史。

温与庾翼友善，恒相期以宁济之事。翼尝荐温于明帝曰："桓温少有雄略，愿陛下勿以常人遇之，常婿畜之，宜委以方召之任，托其弘济艰难之勋。"翼卒，以温为都督荆梁四州诸军事、安西将军、荆州刺史、领护南蛮校尉、假节。

时李势微弱，温志在立勋于蜀，永和二年，率众西伐。时康献太后临朝，温将发，上疏而行。朝廷以蜀险远，而温兵寡少，深入敌场，甚以为忧。初，诸葛亮造八阵图于鱼复平沙之上，垒石为八行，行相去二丈。温见之，谓"此常山蛇势也。"文武皆莫能识之。及军次彭模，乃命参军周楚、孙盛守辎重，自将步卒直指成都。势使其叔父福及从兄权攻彭模，楚等御之，福退走。温又击权等，三战三捷，贼众散，自间道归成都。势于是悉众与温战于笮桥，参军龚护战没，众惧欲退，而鼓吏误鸣进鼓，于是攻之，势众大溃。温乘胜直进，焚其小城，势遂夜逃九十里，至晋寿葭萌城，其将邓嵩、昝坚劝势降，乃面缚舆榇请命。温解缚焚榇，送于京师。温停蜀三旬，举贤旌善，伪尚书仆射王誓、中书监王瑜、镇东将军邓定、散骑常侍常璩等，皆蜀之良也，并以为参军，百姓咸悦。军未旋而王誓、邓定、隗文等反，温复讨平之。振旅还江陵，进位征西大将军、开府，封临贺郡公。

及石季龙死，温欲率众北征，先上疏求朝廷议水陆之宜，久不报。时知朝廷杖殷浩等以抗己，温甚忿之，然素知浩，弗之惮也。以国无他衅，遂得相持弥年，虽有君臣之迹，亦相羁縻而已，八州士众资调，殆不为国家用。声言北伐，拜表便行，顺流而下，行达武昌，众四五万。殷浩虑为温所废，将谋避之，又欲以驺虞幡住温军，内外噂𠴲，人情震骇。简文帝时为抚军，与温书明社稷大计，疑惑所由。温即回军还镇，上疏曰：

臣近亲率所统，欲北扫赵魏，军次武昌，获抚军大将军、会稽王昱书，说风尘纷纭，妄生疑惑，辞旨危急，忧及社稷。省之惋愕，不解所由，形影相顾，隤越无地。臣以暗蔽，忝荷重任，虽才非其人，职在静乱。寇仇不灭，国耻未雪，幸因开泰之期，遇可乘之会，匹夫有志，犹怀愤慨，臣亦何心，坐观其弊！故荷戈驱驰，不遑宁处，前后表陈，于今历年矣。丹诚坦然，公私所察，有何纤介，容此嫌忌？岂丑正之徒心怀怵惕，操弄虚说，以惑朝听？

昔乐毅谒诚，垂涕流奔，霍光尽忠，上官告变。逸说珍行，奸邪乱德，及历代之常患，存亡之所由也。今主上富于阳秋，陛下以圣淑临朝，恭己委任，责成群下，方寄会通于群才，布德信于遐荒。况臣世表殊恩，服事三朝，身非羁旅之宾，迹无韩彭之衅，而反间起于胸心，交乱过于四国，此古贤所以叹息于既往，而臣亦大惧于当年也。今横议妄生，成此贝锦，使垂灭之贼复获苏息，所以痛心绝气，悲慨弥深。臣虽所存者公，所务者国；然外难未殄，而内弊交兴，则臣本心陈力之志也。

进位太尉，固让不拜。时殷浩至洛阳修复园陵，经涉数年，屡战屡败，器械都尽。温复进督司州，因朝野之怨，乃奏废浩，自此内外大权一归温矣。温遂统步骑四万发江陵，水军自襄阳入均口。至南乡，步自淅川以征关中，命梁州刺史司马勋出子午道。别军攻上洛，获苻健荆州刺史郭敬，进击青泥，破之。健又遣子生、弟雄众数万屯峣柳、愁思埠以距温，遂大战，生亲自陷阵，杀温将应庭、刘泓，死伤千数。温军力战，生众乃散。雄又与将军桓冲战白鹿原，又为冲所破。雄遂袭袭司马勋，勋退次女娲堡。温进至霸上，健以五千人深沟自固，居人皆安堵复业，持牛酒迎温于路者十八九，耆老感泣曰："不图今日复见官军！"初，温恃麦熟，取以为军资。而健芟苗清野，军粮不属，收三千余口而还。帝使侍中黄门劳温于襄阳。

初，温自以雄姿风气是宣帝、刘琨之俦，有以其比王敦者，意甚不平。及是征还，于北方得一巧作老婢，访之，乃琨伎女也。一见温，便潸然而泣。温问其故，答曰："公甚似刘司空。"温大悦，出外整理衣冠，又呼婢问。婢云："面甚似，恨薄；眼甚似，恨小；须甚似，恨赤；形甚似，恨短；声甚似，恨雌。"温于是褫冠解带，昏然而睡，不怡者数日。

母孔氏卒，上疏解职，欲送葬宛陵，诏不许。赠临贺太夫人印绶，谥曰敬，遣侍中吊祭，谒者监护丧事，旬月之中，使者八至，韬轩相望于道。温葬毕视事，欲修复园陵，移都洛阳，表疏十余上，不许。进温征讨大都督、督司冀二州诸军事，委以专征之任。

温遣督护高武据鲁阳，辅国将军戴施屯河上，勒舟师以逼许洛，以谯梁水道既通，请徐豫兵乘淮泗入河。温自江陵北伐，行经金城，见少为琅邪时所种柳皆已十围，慨然曰："木犹如此，人何以堪！"攀枝执条，泫然流涕。于是过淮泗，践北境，与诸僚属登平乘楼，眺瞩中原，慨然曰："遂使神州陆沉，百年丘墟，王夷甫诸人不得不任其责！"袁宏曰："运有兴废，岂必诸人之过！"温作色谓四座曰："颇闻刘景升有千斤大牛，啖刍豆十倍于常牛，负重致远，曾不若一羸牸，魏武入荆州，以享军士。"意以况宏，坐中皆失色。师次伊水，姚襄屯水北，距水而战。温结阵而前，亲被甲督弟冲及诸将奋击，襄大败，自相杀死者数千人，越北芒而西走，追之不及，遂奔平阳。温屯故太极殿前，徒入金墉城，谒先帝诸陵，陵被侵毁者皆缮复之，兼置陵令。遂旋军，执降贼周成以归，迁降人三千余家于江汉之间。遣西阳太守滕畯出黄城，讨蛮贼文卢等，又遣江夏相刘岵、义阳太守胡骥讨妖贼李弘，皆破之，传首京都。温还军之后，司、豫、青、兖复陷于贼。升平中，改封南郡公，降临贺为县公，以封其次子济。

隆和初，寇逼河南，太守戴施出奔，冠军将军陈祐告急，温使竟陵太守邓遐率三千人助祐，并欲还都洛阳，上疏曰：

巴蜀既平，逆胡消灭，时来之会既至，休泰之庆显著。而人事乖违，屡丧王略，复使二贼双起，海内崩裂，河洛萧条，山陵危逼，所以迟迟悲惶，痛心于既往者也。伏惟陛下禀乾坤自然之姿，挺羲皇玄朗之德，凤棲外藩，龙飞皇极，时务陵替，备彻天听，人之情伪，尽知之矣。是以九域宅心，幽遐企踵，思伫云罗，混网四裔。诚宜远图庙算，大存经略，光复旧京，疆理华夏，使惠风阳泽浃被八表，霜威寒飙陵振无外，岂不允应灵休，天人齐契！今江河悠阔，风马殊邈，故向义之徒履亡相寻，而建节之士犹继踵无悔。况辰极既回，众星斯仰，本源既运，枝派自迁；则晋之余黎欣皇德之攸凭，群凶妖逆知灭亡之无日，骋思顺之心，鼓雷霆之势，则二竖之命不诛而自绝矣。故员通贵于无滞，明哲尚于应机，砎如石焉，所以成务。若乃海运既徒，而鹏翼不举，永结根于南垂，废神州于龙漠，令五尺之童掩口而叹息。

夫先王经始，玄圣宅心，画为九州，制为九服，贵中区而内诸夏，诚以暑度自中，霜露惟均，冠冕万国，朝宗四海故也。自强胡陵暴，中华荡覆，狼狈失据，权幸扬越，蠖屈以待龙伸之会，潜蟠之俟风云之期，盖屯屯所钟，非理胜而然也。而丧乱缅邈，五十余载，先旧徂没，后来童幼，班荆辍音，积习成俗，遂望绝于本邦，宴安于所托。眷言悼之，不觉悲叹！臣虽庸劣，才不周务，然摄官承乏，属当重任，愿竭筋骨，宣力先锋，翦除荆棘，驱诸豺狼。自永嘉之乱，播流江表者，请一切北徙，以实河南，资其旧业，反其土宇，劝农桑之务，尽三时之利，导之以义，齐之以礼，使文武兼宣，信顺交畅，井邑既修，纲维粗举。然后陛下建三辰之章，振旂旗之旐，冕旒锡銮，朝服济江，则宇宙之内谁不幸甚！

夫人情昧安，难与图始；非常之事，众人所疑。伏愿陛下决玄照之明，断常均之外，责臣以兴复之效，委臣以终济之功。此事既就，此功既成，则陛下盛勋比隆前代，周宣之咏复兴当年。如其不效，臣之罪也，褰裳赴镬，其甘如荠。

诏曰："在昔丧乱，忽涉五纪，戎狄肆暴，继袭凶迹，眷言西顾，慨叹盈怀！知欲躬率三军，荡涤氛秽，廓清中畿，光复旧京，非夫外身殉国，孰能若此者哉！诸所处分，委之高算。但河洛丘墟，所营者广，经始之勤，致劳怀也。"于是改授并、司、冀三州，以交广辽远，罢都督，温表辞不受。又加侍中、大司马、都督中外诸军事、假黄钺。温以既总督内外，不宜在远，又上疏陈便宜七事：其一，朋党雷同，私议沸腾，宜抑杜浮竞，莫使能植。其二，户口凋寡，不当汉之一郡，宜并官职，令久于其事。其三，机务不可停废，常行文案宜为限日。其四，宜明长幼之礼，奖忠公之吏。其五，褒贬赏罚，宜允其实。其六，宜述遵前典，敦明学业。其七，宜选建史官，以成晋书。有司皆奏行之。寻加羽葆鼓吹，置左右长史、司马、从事中郎四人。受鼓吹，余皆辞。复率舟军进合肥。加扬州牧、录尚书事，使侍中颜旄宣旨，召温入参朝政。温上疏曰：

方攘除群凶，扫平祸乱，当竭天下智力，与众共济，而朝议咸疑，圣诏弥固，事异本图，岂敢执遂！至于入参朝政，非所敢闻。臣违离宫省二十余载，辇辇戎务，役勤思苦，若得解带逍遥，鸣玉阙廷，参赞无为之契，豫闻曲成之化，虽实不敏，岂不是愿！

但顾以江汉艰难，不同曩日，而益梁新平，宁州始服，悬兵汉川，戍御弥广，加强蛮盘牙，势处上流，江湖悠远，当制命侯伯，自非望实重威，无以镇御遐外。臣知舍此之艰危，敢背之而无怨，愿奋臂投身造事中原者，实耻帝道皇居仄陋于东南，痛神华桑梓遂埋于戎狄。若凭宗庙之灵，则云彻席卷，呼吸荡清。如当假息游魂，则臣据河洛，亲临二寇，广宣皇灵，襟带秦赵，远不五载，大事必定。

今臣昱以亲贤赞国，光辅二世，即无烦以臣疏钝，并是机务。且不有行者，谁捍牧圉？表里相济，实深实重。伏愿陛下察臣所陈，兼访内外，乞时还屯，抚宁方隅。

诏不许，复征温。温至赭圻，诏又使尚书车灌止之，温遂城赭圻，固让内录，遥领扬州牧。属鲜卑攻洛阳，陈祐出奔，简文帝时辅政，会温于洌洲，议征讨事，温移镇姑孰。会哀帝崩，事遂寝。

温性俭，每燕惟下七奠柈茶果而已。然以雄武专朝，窥觎非望，或卧对亲僚曰："为尔寂寂，将为文景所笑。"众莫敢对。既而抚枕起曰："既不能流芳后世，不足复遗臭万载邪！"尝行经王敦墓，望之曰："可人，可人！"其心迹若是。时有远方比丘尼名有道术，于别室浴，温窃窥之。尼裸身先以刀自破腹，次断两足。浴竟出，温问吉凶，尼云："公若作天子，亦当如是。"

太和四年，又上疏悉众北伐。平北将军郗愔以疾解职，又以温领平北将军、徐兖二州刺史，率弟南中郎冲、西中郎袁真骑五万北伐。百官皆于南州祖道，都邑尽倾。军次湖陆，攻慕容暐将慕容忠，获之，进次金乡。时亢旱，水道不通，乃凿钜野三百余里以通舟运，自清水入河。暐将慕容垂、傅末波等率众八万距温，战于林渚。温击破之，遂至枋头。先使袁真伐谯梁，开石门以通运。真讨谯梁皆平之，而不能开石门，军粮竭尽。温焚舟步退，自东燕出仓垣，经陈留，凿井而饮，行七百余里。垂以八千骑追之，战于襄邑，温军败绩，死者三万人。温甚耻之，归罪于真，表废为庶人。真怨温诬己，据寿阳以自固，潜通苻坚、慕容暐。

帝遣侍中罗含以牛酒犒温于山阳，使会稽王昱会温于途中，诏以温世子给事熙为征虏将军、豫州刺史，假节。及南康公主薨，诏赙布千匹，钱百万，温辞不受。又陈息熙三年之孤，且年少未宜使居偏任，诏不许。发州人筑广陵城，移镇之。时温行役既久，又兼疾疠，死者十四五，百姓嗟怨。

袁真病死，其将朱辅立其子瑾以嗣事。慕容暐、苻坚并遣军授瑾，温使督护竺瑶、矫阳之等与水军击之。时暐军已至，瑶等与战于武丘，破之。温率二万人自广陵又至，瑾婴城固守，温筑长围守之。苻坚乃使其将王鉴、张蚝等率兵以救瑾，屯洛涧，先遣精骑五千次于肥水北。温遣桓伊及弟子石虔等逆击，大破之，瑾众遂溃，生擒之，并其宗族数十人及朱辅送于京都而斩之，所侍养乞活数百人悉坑之，以妻子为赏。温以功，诏加班剑十人，犒军于路次，文武论功赏赐各有差。

温既负其才力，久怀异志，欲先立功河朔，还受九锡。既逢覆败，名实顿减，于是参军郗超进废立之计，温乃废帝而立简文帝。诏温依诸葛亮故事，甲仗百人入殿，赐钱五千万，绢二万匹，布十万匹。温尽所废徒，诛庾倩、殷涓、曹秀等。是时温威势翕赫，侍中谢安见而遥拜，温惊曰："安石，卿何事乃尔！"安曰："未有君拜于前，臣揖于后。"时温有脚疾，诏乘舆入朝，既见，欲陈废立本意，帝便泣下数十行，温兢惧，不得一言而出。

初，元明世，郭璞为谶曰："君非吾嗣，兄弟代禅。"谓成帝有子，而以国祚传弟。又曰："有人姓李，儿专征战。譬如车轴，脱于一面。"儿者，子也；李去子木存，车去轴为亘，合成"桓"字也。又曰："尔来，尔来，河内大县。"尔来谓自尔已来为元始，温字元子也；故河内大县，温也。成康既崩，桓氏始大，故连言之。又曰："赖子之蠡，延我国祚。痛子之陨，皇运其暮。"二子者，元子、道子也。温志在篡夺，事未成而死，幸之也。会稽王道子虽首乱晋国，而其死亦冀晋之由也，故云痛也。

温复还白石，上疏求归姑孰。诏曰："夫乾坤体合，而化成万物；二人同心，则不言所利。古之哲王咸赖元辅，姬旦光于四表，而周道以隆；伊尹格于皇天，而殷化以洽。大司马明德应期，光大深远，上合天心，含章时发，用集大命，在予一人，功美博陆，道固万世。今进公丞相，其大司马本官皆如故，留公京都，以镇社稷。"温固辞，仍请还镇。遣侍中王坦之征温入相，增邑为万户，又辞。诏以西府经赍事故，军用不足，给世子熙布三万匹，米六万斛，又以熙弟济为给事中。

及帝不豫，诏温曰："吾遂委笃，足下便入，冀得相见。便来，便来！"于是一日一夜频有四诏。温上疏曰："圣体不和，以经积日，愚心惶恐，无所寄情。夫盛衰常理，过备无害，故汉高枕疾，吕后问相，孝武不豫，霍光启嗣。鸣嘻问身后，盖所存者大也。今皇子幼稚，而朝贤时誉惟谢安、王坦之才识智皆简在圣鉴。内辅幼君，外御强寇，实群情之大惧，然理尽于此。陛下便宜崇授，使群下知所寄，而安等奉命陈力，公私为宜。至如臣温位兼将相，加陛下垂布衣之顾，但朽迈疾病，惧不支久，无所复堪托以后事。"疏未及奏而帝崩，遗诏家国事一禀之于公，如诸葛武侯、王丞相故事。温初望简文临终禅位于己，不尔便为周公居摄。事既不副所望，故甚愤怨，与弟冲书曰："遗诏使吾依武侯、王公故事耳。"王、谢处大事之际，日愤愤少怀。

及孝武即位，诏曰："先帝遗敕云：'事大司马如事吾。'令答表便可尽敬。"又诏："大司马社稷所寄，先帝托以家国，内外众事便就关公施行。"复遣谢安征温入辅，加前部羽葆鼓吹，武贲六十人，温让不受。及温入朝，赴山陵，诏曰："公勋德尊重，师保朕躬，兼有风患，其无敬。"又敕尚书安等于新亭奉迎，百僚皆拜于道侧。当时豫有位望者咸战慄失色，或云因此杀王、谢，内外怀惧。温既至，以卢悚入宫，乃收尚书陆始付廷尉，责替慢罪也。于是拜高平陵，左右觉其有异，既登车，谓从者曰："先帝向遂灵见。"既不述帝所言，故众莫之知，但见将拜时频言"臣不敢"而已。又问左右殷涓形状，答者言肥短，温云："向亦见在帝侧。"初，殷浩既为温所废死，涓颇有气尚，遂不诣温，而与武陵王晞游，故温疑而害之，竟不识也。及是，亦见涓为祟，因而遇疾。凡停京师十有四日，归于姑孰，遂寝疾不起。讽朝廷加己九锡，累相催促。谢安、王坦之闻其病笃，密缓其事。锡文未及成而薨，时年六十二。皇太后与帝临于朝堂三日，诏赐九命衮冕之服，又朝服一具，衣一袭，东园秘器，钱二百万，布二千匹，腊五百斤，以供丧事。及葬，一依太宰安平献王、汉大将军霍光故事，赐九旒鸾辂，黄屋左纛，缊辌车，挽歌二部，羽葆鼓吹，武贲班剑百人，优册即前南郡公增七千五百户，进地方三百里，赐钱五千万，绢二万匹，布十万匹，追赠丞相。

初，冲问温以谢安、王坦之所任，温曰："伊等不为汝所处分。"温知已存彼不敢异，害之无益于冲，更失时望，所以息谋。

温六子：熙、济、歆、祎、伟、玄。熙字伯道，初为世子，后以才弱，使冲领其众。及温病，熙与叔秘谋杀冲，冲知之，徙于长沙。济字仲道，与熙同谋，俱徙长沙。歆字叔道，赐爵临贺公。祎最愚，不辨菽麦。伟字幼道，平厚笃实，居藩为士庶所怀。历使持节、督荆益宁秦梁五州诸军事、安西将军、领南蛮校尉、荆州刺史、西昌侯，赠骠骑将军、开府仪同三司。玄嗣爵，别有传。

孟嘉字万年，江夏鄳人，吴司空宗曾孙也。嘉少知名，太尉庾亮领江州，辟部庐陵从事。嘉还都，亮引问风俗得失，对曰："还传当问吏。"亮举麈尾掩口而笑，谓弟翼曰："孟嘉故是盛德人。"转劝学从事。褚裒时为豫章太守，正旦朝亮，裒有器识，亮大会州府人士，嘉坐次甚远。裒问亮："闻江州有孟嘉，其人何在？"亮曰："在坐，卿但自觅。"裒历观，指嘉谓亮曰："此君小异，将无是乎？"亮欣然而笑，喜裒得嘉，奇嘉为裒所得，乃益器焉。后为征西桓温参军，温甚重之。九月九日，温燕龙山，僚佐毕集。时佐吏并著戎服，有风至，吹嘉帽堕落，嘉不之觉。温使左右勿言，欲观其举止。嘉良久如厕，温令取还之，命孙盛作文嘲嘉，著嘉坐处。嘉还见，即答之，其文甚美，四坐嗟叹。

嘉好酣饮，愈多不乱。温问嘉："酒有何好？而卿嗜之？"嘉曰："公未得酒中趣耳。"又问："听妓，丝不如竹，竹不如肉，何谓也？"嘉答曰："渐近使之然。"一坐咨嗟。转从事中郎，迁长史。年五十三卒于家。

史臣曰：桓温挺雄豪之逸气，韫文武之奇才，见赏通人，凤标令誉。时既豺狼孔炽，疆场多虞，受寄捍城，用恢威略，乃逾越险阻，戡定岷峨，独克之功，有可称矣。及观兵洛汭，修复五陵，引旆秦郊，威怀三辅，虽未能枭除凶逆，亦足以宣畅王灵。既而总戎马之权，居形胜之地，自谓英猷不世，勋绩冠时，挟震主之威，蓄无君之志，企景文而慨息，想处仲而思齐，睥睨汉廷，窥觎周鼎。复欲立奇功于赵魏，允归望于天人；然后步骤前王，宪章虞夏。逮乎石门路阻，襄邑兵摧，怼谋略之乖违，耻师徒之挠败，

迁怒于朝廷，委罪于偏裨，废主以立威，杀人以逞欲，曾弗知宝命不可以求得，神器不可以力征。岂不悖哉！岂不悖哉！斯宝斧钺之所宜加，人神之所同弃。然犹存极光宠，没享哀荣，是知朝政之无章，主威之不立也。

赞曰：播越江渍，政弱权分。元子悖力，处仲矜勋。迹既陵上，志亦无君。罪浮淫慝，心窥舜禹。树威外略，称兵内侮。惟身与嗣，竟罹齐斧。

卷九十九　　　　列传第六十九

桓　玄　卞范之　殷仲文

桓玄，字敬道，一名灵宝，大司马温之孽子也。其母马氏尝与同辈夜坐，于月下见流星坠铜盆水中，忽如二寸火珠，囧然明净，竞以瓢接取，马氏得而吞之，若有感，遂有娠。及生玄，有光照室，占者奇之，故小名灵宝。妳媪每抱诣温，辄易人而后至，云其重兼常儿，温甚爱异之。临终，命以为嗣，袭爵南郡公。年七岁，温服终，府州文武辞其叔父冲，冲抚玄头曰："此汝家之故吏也。"玄因涕泪覆面，众并异之。及长，形貌瑰奇，风神疏朗，博综艺术，善属文。常负其才地，以雄豪自处，众咸惮之，朝廷亦疑而未用。年二十三，始拜太子洗马，时议谓温有不臣之迹，故折玄兄弟而为素官。

太元末，出补义兴太守，郁郁不得志。尝登高望震泽，叹曰："父为九州伯，儿为五湖长！"弃官归国。自以元勋之门而负谤于世，乃上疏曰：

臣闻周公大圣而四国流言，乐毅王佐而被谤骑劫，《巷伯》有豺兽之慨，苏公兴飘风之刺，恶直丑正，何代无之！先臣蒙国殊遇，姻娅皇极，常欲以身报德，投袂乘机，西平巴蜀，北清伊洛，使窃号之寇系颈北阙，园陵修复，大耻载雪，饮马灞浐悬旌赵魏，勤王之师，功非一捷。太和之末，皇基有潜移之惧，遂乃奉顺天人，翼登圣朝，明离既朗，四凶兼澄。向使此功不建，此事不成，宗庙之事岂可孰念！昔太甲虽迷，商祚无忧；昌邑虽昏，弊无三孽。因兹而言，晋室之机危于殷汉，先臣之功高于伊霍矣。而负重既往，蒙谤清时，圣世明王黜陟之道，不闻废忽显明之功，探射冥冥之心，启嫌谤之涂，开邪枉之路者也。先臣勤王艰难之劳，匡复克平之勋，朝廷若其遗之，臣亦不复计也。至于先帝龙飞九五，陛下之所以继明南面，请问谈者，谁之由邪？谁之德邪？岂惟晋室永安，祖宗血食，于陛下一门，实奇功也。

自顷权门日盛，丑政实繁，咸称述时旨，互相扇附，以臣之兄弟皆晋之罪人，臣等复何理可以苟存圣世？何颜可以尸飨封禄？若陛下忘先臣大造之功，信贝锦萋菲之说，臣等自当奉还三封，受戮市朝，然后下从先臣，归先帝于玄宫耳。若陛下述遵先旨，追录

旧勋，窃望少垂恺悌覆盖之恩。

疏寝不报。

玄在荆楚积年，优游无事，荆州刺史殷仲堪甚敬惮之。及中书令王国宝用事，谋削弱方镇，内外骚动，知王恭有忧国之言，玄潜有意于功业，乃说仲堪曰："国宝与君诸人素已为对，唯患相弊之不速耳。今既执权要，与王绪相为表里，其所回易，罔不如志。孝伯居元舅之地，正情为朝野所重，必未便动之，唯当以君为事首。君为先帝所拔，超居方任，人情未以为允，咸谓君虽有思致，非方伯人。若发诏征君为中书令，用殷顗为荆州，君何以处之？"仲堪曰："忧之久矣，君谓计将安出？"玄曰："国宝奸凶，天下所知，孝伯疾恶之情每至而当，今日之会，以理推之，必当过人。君若密遣一人，信说王恭，宜兴晋阳之师，以内匡朝廷，己当悉荆楚之众顺流而下，推王为盟主，仆等亦皆投袂，当此无不响应。此事既行，桓文之举也。"仲堪持疑未决。俄而王恭信至，招仲堪及玄匡正朝廷。国宝既死，于是兵罢。玄乃求为广州，会稽王道子亦惮之，不欲使在荆楚，故顺其意。

隆安初，诏以玄督交广二州、建威将军、平越中郎将、广州刺史、假节，玄受命不行。其年，王恭又与庾楷起兵讨江州刺史王愉及谯王尚之兄弟。玄、仲堪谓恭事必克捷，一时响应。仲堪给玄五千人，与杨佺期俱为前锋。军至湓口，王愉奔于临川，玄遣偏将军追获之。玄、佺期至石头，仲堪至芜湖。恭将刘牢之背恭归顺。恭既死，庾楷战败，奔于玄军。既而诏以玄为江州，仲堪等年皆被换易，乃各回舟西还，屯于寻阳，共相结约，推玄为盟主。玄始得志，乃连名上疏申理王恭，求诛尚之、牢之等。朝廷深惮之，乃免桓脩，复仲堪以相和解。

初，玄在荆州豪纵，士庶惮之，甚于州牧。仲堪亲党劝杀之，仲堪不听。及还寻阳，资其声地，故推为盟主，玄逾自矜重。佺期为人骄悍，常自谓承籍华胄，江表莫比，而玄每以寒士裁之，佺期甚憾，即欲于坛所袭玄，仲堪恶佺期兄弟虓勇，恐克玄之后复为己害，苦禁之。于是各奉诏还镇。玄亦知佺期有异谋，潜有吞并之计，于是屯于夏口。

隆安中，诏加玄都督荆州四郡，以兄伟为辅国将军、南蛮校尉。仲堪虑玄跋扈，遂与佺期结婚为援。初，玄既与仲堪、佺期有隙，桓臣掩袭，求广其所统。朝廷亦欲成其衅隙，故分佺斯所督四郡与玄，佺期益忿惧。会姚兴侵洛阳，佺期乃建牙，声云援洛，密欲与仲堪共袭玄。仲堪虽外结佺期而疑其心，距而不许，犹虑弗能禁，复遣从弟遹屯于北境以遏佺期。佺期既不能独举，且不测仲堪本意，遂息甲。南蛮校尉杨广，佺期之兄也，欲距桓伟，仲堪不听，乃出广为宜都、建平二郡太守，加征虏将军。佺期弟孜敬先为江夏相，玄以兵袭而召之。既至，以为谘议参军。玄于是兴军西征，亦声云救弼，与仲堪书，说佺期受国恩而弃山陵，宜共罪之。今亲率戎旅，迳造金墉，使仲堪收杨广，如其不尔，无以相信。仲堪本计欲两全之，既得玄书，知不能禁，乃曰："君自沔而行，不得一人入江也。"玄乃止。

后荆州大水，仲堪振恤饥者，仓廪空竭。玄乘其虚而伐之，先遣军袭巴陵。梁州刺史郭铨当之所镇，路经夏口，玄声云朝廷遣铨为己前锋，乃授以江夏之众，使督诸军并进，密报兄伟令为内应。伟遑遽不知所为，乃自赍疏示仲堪。仲堪执伟为质，令与玄书，辞甚苦至。玄曰："仲堪为人不得专决，常怀成败之计，为儿子作虑，我兄必无忧矣。"

玄既至巴陵，仲堪遣众距之，为玄所败。玄进至杨口，又败仲堪弟子道护，乘胜至零口，去江陵二十里，仲堪遣军数道距之。佺期自襄阳来赴，与兄广共击玄，玄惧其锐，乃退军马头。佺期等方复迫玄苦战，佺期败，走还襄阳，仲堪出奔酂城，玄遣将军冯该蹑佺期，获之。广为人所缚，送玄，并杀之。仲堪闻佺期死，乃将数百人奔姚兴，至冠军城，为该所得，玄令害之。

于是遂平荆雍，乃表求领江、荆二州。诏以玄都督荆司雍秦梁益宁七州、后将军、荆州刺史、假节，以桓脩为江州刺史。玄上疏固争江州，于是进督八州及杨豫八郡，复领江州刺史。玄又辄以伟为冠军将军、雍州刺史。时寇贼未平，朝廷难违其意，许之。玄于是树用腹心，兵马日盛，屡上疏求讨孙恩，诏辄不许。其后恩逼京都，玄建牙聚众，外托勤王，实欲观衅而进，复上疏请讨之。会恩已走，玄又奉诏解严。以伟为江州，镇夏口；司马刁畅为辅国将军，督八郡，镇襄阳，遣桓振、皇甫敷、冯该等戍湓口。移沮漳蛮二千户于江南，立武宁郡；更招集流人，立绥安郡。又置诸郡丞。诏征广州刺史刁逵、豫章太守郭昶之，玄皆留不遣。自谓三分有二，知势运所归，屡上祯祥以为己瑞。

初，庾楷既奔于玄，玄之求讨孙恩也，以为右将军。玄既解严，楷亦去职。楷以玄方与朝廷构怨，恐事不克，祸及于己，乃密结于后将军元显，许为内应。元兴初，元显称诏伐玄，玄从兄石生时为太傅长史，密报玄。玄本谓扬土饥馑，孙恩未灭，必未遑讨己，可得蓄力养众，观衅而动。既闻元显将伐之，甚惧，欲保江陵。长史卞范之说玄曰："公英略威名振于天下，元显口尚乳臭，刘牢之大失物情，若兵临近畿，示以威赏，则土崩之势可翘足而待，何有延敌入境自取蹙弱者乎！"玄大悦，乃留其兄伟守江陵，抗表率众，下至寻阳，移檄京邑，罪状元显。檄至。元显大惧，下船而不克发。玄既失人情，而兴师犯顺，虑众不为用，恒有回旆之计。既过寻阳，不见王师，意甚悦，其将吏亦振。庾楷谋泄，收繁之。至姑孰，使其将冯该、苻宏、皇甫敷、索元等先攻谯王尚之。尚之败。刘牢之遣子敬宣诣玄降。

玄至新亭，元显自溃。玄入京师，矫诏曰："义旗云集，罪在元显。太傅已别有教，其解严息甲，以副人心。"又矫诏加己总百揆，侍中、都督中外诸军事、丞相、录尚书事、扬州牧，领徐州刺史，又加假黄钺、羽葆鼓吹、班剑二十人，置左右长史、司马、从事中郎四人，甲杖二百人上殿。玄表列太傅道子及元显之恶，徙道子于安成郡，害元显于市。于是入居太傅府，害太傅中郎毛泰、泰弟游击将军遂、太傅参军荀逊、前豫州刺史庾楷父子、吏部郎袁遵、谯王尚之等,流尚之弟丹阳尹恢之、广晋伯允之、骠骑长史王诞、太傅主簿毛遁等于交广诸郡,寻追害恢之、允之于道。以兄伟为安西将军、荆州刺史,领南蛮校尉,从兄谦为左仆射、加中军将军、领选,脩为右将军、徐兖二州刺史,石生为前将军、江州刺史,长史为卞范之为建武将军、丹阳尹、王谧为中书令、领军将军。大赦,改元为大亨。玄让丞相,自署太尉、领平西将军、豫州刺史。又加衮冕之服,绿綟绶,增班剑为六十人,剑履上殿,入朝不趋,赞奏不名。

玄将出居姑孰,访之于众,王谧对曰:"《公羊》有言,周公何以不之鲁?欲天下一乎周也。愿静根本,以公旦为心。"玄善其对而不能从。遂大筑城府,台馆山池莫不壮丽,乃出镇焉。既至姑孰,固辞录尚书事,诏许之,而大政皆谘焉,小事则决于桓谦、卞范之。

自祸难屡构,干戈不戢,百姓厌之。思归一统。及玄初至也,黜凡佞,擢俊贤,君子之道粗备,京师欣然。后乃陵侮朝廷,幽摈宰辅,豪奢纵欲,众务繁兴,于是朝野失望,人不安业。时会稽饥荒,玄令赈贷之。百姓散在江湖采稆,内史王愉悉召之还。请米,米既不多,吏不时给,顿仆道路死者十八九焉。玄又害吴兴太守高素、辅国将军竺谦之、谦之从兄高平相朗之、辅国将军刘袭、袭弟彭城内史季武、冠军将军孙无终等,皆牢之党,北府旧将也。袭兄冀州刺史轨及宁朔将军高雅之、牢之子敬宣并奔慕容德。玄讽朝廷以已平元显功,封豫章公,食安成郡地方二百二十五里,邑七千五百户;平仲堪、佺期功,封桂阳郡公,地方七十五里,邑二千五百户;本封南郡如故。玄以豫章改封息升,桂阳郡公赐兄子浚,降为西道县公。又发诏为桓温讳,有姓名同者一皆改之,赠其母马氏豫章公太夫人。元兴二年,玄诈表请乎姚兴,又讽朝廷作诏,不许。玄本无资力,而好为大言,既不克行,乃云奉诏故止。初欲饰装,无他处分,先使作轻舸,载服玩及书画等物。或谏之,玄曰:"书画服玩既宜恒在左右,且兵凶战危,脱有不意,当使轻而易运。"众咸笑之。

是岁,玄兄伟卒,赠开府、骠骑将军,以桓脩代之。从事中郎曹靖之说玄以桓脩兄弟职居内外,恐权倾天下,玄纳之,乃以南郡相桓石康为西中郎将、荆州刺史。伟服始以公除,玄便作乐。初奏,玄抚节恸哭,既而收泪尽欢,玄所亲仗唯伟,伟既死,玄乃孤危。而不臣之迹已著,自知怨满天下,欲速定篡逆,殷仲文、卞范之等又共催促之,于是先改授群司,解琅邪王司徒,迁太宰,加殊礼,以桓谦为侍中、卫将军、开府、录尚书事,王谧散骑常侍、中书监,领司徒,桓胤中书令,加桓脩散骑常侍、抚军大将军。置学官,教授二品子弟数百人。又矫诏加其相国,总百揆,封南郡、南平、宜都、天门、零陵、营阳、桂阳、衡阳、义阳、建平十郡为楚王,扬州牧,领平西将军、豫州刺史如故,加九锡备物,楚国置丞相已下,一遵旧典。又讽天子御前殿而策授焉。玄屡伪让,诏遣百僚敦劝,又云:"当亲降銮舆乃受命。"矫诏赠父温为楚王,南康公主为楚王后。以平西长史刘瑾为尚书,刁逵为中领军,王誕为太常,殷叔文为左卫,皇甫敷为右卫,凡众官合六十余人,为楚官属。玄解平西、豫州,以平西文武配相国府。

新野人庾仄闻玄受九锡,乃起义兵,袭冯该于襄阳,走之。仄有众七千,于城南设坛,祭祖宗七庙。南蛮参军庾彬、安西参军杨道护、江安令邓襄子谋为内应。仄本仲堪党,桓伟既死,石康未至,故乘间而发,江陵震动。桓济之子亮起兵于罗县,自号平南将军、湘州刺史,以讨仄为名。南蛮校尉羊僧寿与石康共攻襄阳,仄众散,奔姚兴,彬等皆遇害。长沙相陶延寿以亮乘乱起兵,遣收之。玄徙亮于衡阳,诛其同谋桓奥等。

玄伪上表求归藩,又自作诏留之,遣使宣旨,玄又上表固请,又讽天子作手诏固留焉。玄好逞伪辞,尘秽简牍,皆此类也。谓代谢之际宜有祯祥,乃密令所在上临平湖开除清朗,使众官集贺。矫诏曰:"灵瑞之事非所敢闻也。斯诚相国至德,故事为之应。太平之化,于是乎始,六合同悦,情何可言!"又诈云江州甘露降王成基家竹上。玄以历代咸有肥遁之士,而己世独无,乃征皇甫谧六世孙希之为著作,并给其资用,皆令让而不受,号曰高士,时人名为"充隐"。议复肉刑,断钱货,回复改异,造革纷纭,志无一定,条制森然,动害政理。性贪鄙,好奇异,尤爱宝物,珠玉不离于手。人士有法书好画及佳园宅者,悉欲归己,犹难逼夺之,皆蒲博而取。遣臣佐四出,掘果移竹,不远数千里,百姓佳果美竹无复遗余。信悦谄誉,逆忤说言,或夺其所憎与其所爱。

十一月,玄矫制加其冕十有二旒,建天子旌旗,出警入跸,乘金根车,驾六马,备五时副车,置旄头云罕,乐儛八佾,设钟虡宫县,妃为王后,世子为太子,其女及孙爵命之号皆如旧制。玄乃多斥朝臣为太宰僚佐,又矫诏使王谧兼太保,领司徒,奉皇帝玺禅位于己。又讽帝以禅位告庙,出居永安宫,移晋神主于琅邪庙。

初,玄恐帝不肯为手诏,又虑玺不可得,逼临川王宝请帝自为手诏,因夺取玺。比临轩,玺已久出,玄甚喜。百官到姑孰劝玄僭伪位,玄伪让,朝臣固请,玄乃于城南七里立郊,登坛篡位,以玄牡告天,百僚陪列,而仪注不备,忘称万岁,又不易帝讳。榜为文告天皇后帝云:"晋帝钦若景运,敬顺明命,以命于玄。夫天工人代,帝王所以兴,匪君莫治,惟德司其元,故承天理物,必由一统。并圣不可以二君,非贤不可以无主,故世换五帝,鼎迁三代。爰暨汉、魏,咸归勋烈。晋自中叶,仍世多故,海西之乱,皇祚殆移,九代廓宁之功,升明黜陟之勋,微禹之德,左衽将及。太元之末,君子道消,积衅基乱。钟于隆安,祸延士庶,理绝人伦。玄虽身在草泽,见弃时班,义情理感,胡能无慨!投袂克清之劳,阿衡拨乱之绩,皆仰凭先德遗爱之利,玄何功焉!属当运之会,猥集乐推之数,以寡昧之身踵下武之重,膺革泰之始,托王公之上,诚仰藉洪基,德渐有由。夕惕祗怀,罔知攸厝。君位不可以久虚,人神不可以乏飨,是用敢不奉以钦恭大礼,敬简良辰,升坛受禅,告类上帝,以永绥众望,式孚万邦,惟明灵是飨。"乃下书曰:"夫三才相资,天人所以成功,理由一统,贞夫所以司契,帝王之兴,其源深矣。自三五已降,世代参差,虽所由或殊,其归一也。朕皇考宣武王圣德高邈,诞启洪基，景命攸归，理贯自昔。中间屯险，弗克负荷，仰瞻宏业，殆若缀旒。藉否终之运，遇时来之会，用获除奸救溺，拯拔人伦。晋氏以多难荐臻，历数唯既，典章唐、虞之准，述遵汉、魏之则，用集天禄于朕躬。惟德不敏，辞不获命，稽若令典，遂升坛燎于南郊，受终于文祖。思覃斯庆，愿与亿兆聿兹更始。"于是大赦，改元永始，赐天下爵二级，孝悌力田人三级，鳏寡孤独不能自存者谷人五斛。其赏赐之制，徒设空文，无其实也。初出伪诏，改年为建始，右丞王悠之曰："建始，赵王伦伪号也。"又改为永始，复是王莽始执权之岁，其兆号不祥，冥符僭逆如此。

又下书曰："夫三恪作宾，有自来矣。爰暨汉、魏，咸建疆宇。晋氏钦若历数，禅位朕躬，宜则是古训，授兹茅土。以南康之平固县奉晋帝为平固王，车旗正朔一如旧典。"迁帝居寻阳，即陈留王处邺宫故事。降永安皇后为零陵君，琅邪王为石阳县公，武陵王遵为彭泽县侯。追尊其父温宣武皇帝，庙称太庙，南康公主为宣皇后。封子升为豫章郡王，叔父云孙放之为宁都县王，豁孙稚玉为临沅县王，豁次子石康为右将军、武陵郡王，秘子蔚为醴陵县王，赠冲太傅、宣城郡王，加殊礼，依晋安平王故事，以孙胤袭爵，为吏部尚书，冲次子谦为扬州刺史、新安郡王，谦弟修为抚军大将军、安成郡王，兄氦临贺县王，祎富阳县王，赠伟侍中、大将军、义兴郡王，以子浚袭爵，为辅国将军，浚弟邈西昌县王。封王谧为武昌公，班剑二十人，卞范之为临汝公，殷仲文为东兴公，冯该为鱼复侯。又降始安郡公为县公，长沙为临湘县公，卢陵为巴丘县公，各千户。其康乐、武昌、南昌、望蔡、建兴、永修、观阳皆降封百户，公侯之号如故。又普进诸征镇军号各有差。以相国左长史王绥为中书令。崇桓谦母庾氏为宣城太妃，加殊礼，给以辇乘。号温墓曰永崇陵，置守卫四十人。

玄入建康宫，逆风迅激，旍旗仪饰皆倾偃。及小会于西堂，设妓乐，殿上施绛绫帐，缕黄金为颜，四角作金龙，头衔五色羽葆疏苏，群臣窃相谓曰："此颇似辒车，亦王莽仙盖之流也。龙角，所谓亢龙有悔者也。"又造金根车，驾六马。是月，玄临听讼观阅囚徒，罪无轻重，多被原放。有干舆乞者，时或恤之。其好行小惠如此。自以水德，壬辰，腊于祖。改尚书省官郎为贼曹，又增置五校、三将及强弩、积射武卫官。元兴三年，玄之永始二年也，尚书答"春蒐"字误为"春菟"，凡所署皆被降黜。玄大纲不理，而纠摘纤微，皆此类也。以其妻刘氏为皇后，将修殿宇，乃移入东宫。又开东掖、平昌、广莫及宫殿诸门，皆为三道。更造大辇，容三千人坐，以二百人升之。性好畋游，以体大不堪乘马，又作徘徊舆，施转关，令回动无滞。既不追尊祖曾，疑其礼义，问于群臣。散骑常侍徐广据晋典宜追立七庙，又敬其父则子悦，位弥高者情理得申，道愈广者纳敬必普也。玄曰："《礼》云三昭、三穆，与太祖为七，然则太祖必居庙之主也，昭穆皆自下之称，则非逆数可知也。礼，太祖东向，左昭右穆。如晋室之庙，则宣帝在昭穆之列，不得在太祖之位。昭穆既错，太祖无寄，失之远矣。"玄曾以上名位不显，故不欲序列，且以王莽九庙见讥于前史，遂以一庙矫之，郊庙斋二日而已。秘书监卞承之曰："祭不及祖，知楚德之不长也。"又毁晋小庙以广台榭。其庶母蒸尝，靡有定所，忌日见宾客游宴，唯至亡时一哭而已。期服之内，不废音乐。玄出游水门，飘风飞其仪盖。夜，涛水入石头，大桁流坏，杀人甚多。大风吹朱雀门楼，上层坠地。

玄自篡盗之后，骄奢荒侈，游猎无度，以夜继昼。兄伟葬日，旦哭晚游，或一日之中屡出驰骋。性又急暴，呼召严速，直官咸系马省前，禁内欢杂，无复朝廷之体。于是百姓疲苦，朝野劳瘁，怨怒思乱者十室八九焉。于是刘裕、刘毅、何无忌等共谋兴复。裕等斩桓脩于京口，斩桓弘于广陵，河内太守辛扈兴、弘农太守王元德、振威将军童厚之、竟陵太守刘迈谋为内应。至期，裕遣周安穆报之，而迈惶遽，遂以告玄。玄震骇，即杀扈兴等，安穆驰去得免。封迈重安侯，一宿又杀之。

裕率义军至竹里，玄移还上宫，百僚步从，召侍官皆入止省中。赦扬、豫、徐、兖、青、冀六州，加桓谦征讨都督、假节，以殷仲文代桓脩，遣顿丘太守吴甫之、右卫将军皇甫敷北距义军。裕等于江乘与战，临阵斩甫之，进至罗落桥，与敷战，复枭其首。玄闻之大惧，乃召诸道术人推算数为厌胜之法，乃问众曰："朕其败乎？"曹靖之对曰："神怒人怨，臣实惧焉。"玄曰："人或可怨，神何为怒？"对曰："移晋宗庙，飘泊失所，大楚之祭，不及于祖，此其所以怒也。"玄曰："卿何不谏？"对曰："辇上诸君子皆以为尧、舜之世，臣何敢言！"玄愈忿惧，使桓谦、何澹之屯东陵，卞范之屯覆舟山西，众合二万，以距义军。裕至蒋山，使羸弱贯油帔登山，分张旗帜，数道并前。玄侦候还云："裕军四塞，不知多少。"玄益忧惶，遣武卫将军庾颐之配以精卒，副援诸军。于时东北风急，义军放火，烟尘张天，鼓噪之音震骇京邑。刘裕执钺麾而进，谦等诸军一时奔溃。玄率亲信数千人声言赴战，遂将其子升、兄子浚出南掖门，西至石头，使殷仲文具船，相与南奔。

初，玄在姑孰，将相星屡有变；篡位之夕，月及太白，又入羽林，玄甚恶之。及败走，腹心劝其战，玄不暇答，直以策指天。而经日不得食，左右进以粗饭，咽不能下。升时年数岁，抱玄胸而抚之，玄悲不自胜。

刘裕以武陵王遵摄万机，立行台，总百官。遣刘毅、刘道规蹑玄，诛玄诸兄子及石康兄权、振兄洪等。

玄至寻阳，江州刺史郭昶之给其器用兵力。殷仲文自后至，望见玄舟，旌旗舆服备帝者之仪，叹息曰："败中复振，故可也。"玄于是逼乘舆西上。桓歆聚党向历阳，宣城内史诸葛长民击破之。玄于道作起居注，叙其距义军之事，自谓经略指授，算无遗策，诸将违节度，以致亏丧，非战之罪。于是不遑与群下谋议，唯耽思诵述，宣示远近。玄至江陵，石康纳之，张幔屋于城南，署置百官，以卞范之为尚书仆射，其余职多用轻资。于是大修舟师，曾未三旬，众且二万，楼船器械甚盛。谓其群党曰："卿等并清涂翼从朕躬，都下窃位者方应谢罪军门，其观卿等入石头，无异云霄中人也。"

玄以奔败之后，惧法令不肃，遂轻怒妄杀，人多离怨。殷仲文谏曰："陛下少播英誉，远近所服，遂扫平荆、雍，一匡京室，声被八荒矣。既据有极位，而遇此纪运，非为威不足也。百姓喁喁，想望皇泽，宜弘仁风，以收物情。"玄怒曰："汉高、魏武几遇败，但诸将失利耳！以天文恶，故还都旧楚，而群小愚惑，妄生是非，方当纠之以猛，未宜施之以恩也。"玄左右称玄为"桓诏"，桓胤谏曰："诏者，施于辞令，不以为称谓也。汉、魏之主皆无此言，唯闻北虏以苻坚为'苻诏'耳。愿陛下稽古帝则，令万世可法。"玄曰："此事已行，今宣敕罢之，更为不祥。必其宜革，可待事平也。"荆州郡守以玄播越，或遣使通表，有匪宁之辞，玄悉不受，仍乃更令所在表贺迁都。

玄遣游击将军何澹之、武卫将军庾稚祖、江夏太守桓道恭就郭铨以数千人守湓口。又遣辅国将军桓振往义阳聚众，至弋阳，为龙骧将军胡诨所破，振单骑走还。何无忌、刘道规等破郭铨、何澹之、郭昶之于桑落洲，进师寻阳。玄率舟舰二百发江陵，使苻宏、羊僧寿为前锋。以鄱阳太守徐放为散骑常侍，欲遣说解义军，谓放曰："诸人不识天命，致此妄作，遂惧祸屯结，不能自反。卿三州所信，可明示朕心，若退军散甲，当与之更始，各授位任，令不失分。江水在此，朕不食言。"放对曰："刘裕为唱端之主，刘毅兄为陛下所诛，并不可说也。辄当申圣旨于何无忌。"玄曰："卿使若有功，当以吴兴相叙。"放遂受使，入无忌军。

魏咏之破桓歆于历阳，诸葛长民又败歆于苟陂，歆单马渡淮。毅率道规及下邳太守孟怀玉与玄战于峥嵘洲。于时义军数千，玄兵甚盛，而玄惧有败衄，常漾轻舸于舫侧，故其众莫有斗心。义军乘风纵火，尽锐争先，玄众大溃，烧辎重夜遁，郭铨归降。玄故将卞绫、冯稚等聚党四百人，袭破寻阳城，毅遣建威将军刘怀肃讨平之。玄留永安皇后及皇后于巴陵。殷仲文时在玄舰，求出别船收集散军，因叛玄，奉二后奔于夏口。玄入江陵城，冯该劝使更下战，玄不从，欲出汉川，投梁州刺史桓希，而人情乖阻，制令不行。玄乘马出城，至门，左右于暗中斫之，不中，前后相杀交横，玄仅得至船。于是荆州别驾王康产奉帝入南郡府舍，太守王腾之率文武营卫。

时益州刺史毛璩使其从孙祐之、参军费恬送弟璠丧葬江陵，有众二百，璩弟子修之为玄屯骑校尉，诱玄以入蜀，玄从之。达枚回洲，恬与祐之迎击玄，矢下如雨。玄嬖人丁仙期、万盖等以身蔽玄，并中数十箭而死。玄被箭，其子升辄拔去之。益州督护冯迁抽刀而前，玄拔头上玉导与之，仍曰："是何人邪？敢杀天子！"迁曰："欲杀天子之贼耳！"遂斩之，时年三十六。又斩石康及浚等五级，庾赜之战死。升云："我是豫章王，诸君勿见杀。"送至江陵市斩之。

初，玄在宫中，恒觉不安，若为鬼神所扰，语其所亲云："恐已当死，故与时竞。"元兴中，衡阳有雌鸡化为雄，八十日而冠萎。及玄建国于楚，衡阳属焉，自篡盗至败，时凡八旬矣。其时有童谣云："长干巷，巷长干，今年杀郎君，后年斩诸桓。"其凶兆符会如此。郎君，谓元显也。

是月，王腾之奉帝入居太府。桓谦亦聚众沮中，为玄举哀，立丧庭，伪谥为武悼皇帝。毅等传送玄首，枭于大桁，百姓观者莫不欣幸。

何无忌等攻桓谦于马头，桓蔚于龙洲，皆破之。义军乘胜竞进，振、该等距战于灵溪，道规等败绩，死没者千余人。义军退次寻阳，更缮舟甲。毛璩自领梁州，遣将攻汉中，杀桓希。江夏相张畅之、高平太守刘怀肃攻何澹之于西塞矶，破之。振遣桓蔚代王旷守襄阳。道规进讨武昌，破伪太守王旻。魏咏之、刘藩破桓石绥于白茅。义军发寻阳。桓亮自号江州刺史，侵豫章，江州刺史刘敬宣讨走之。义军进次夏口。伪镇东将军冯该等守夏口，扬武将军孟山图据鲁城，辅国将军桓山客守偃月垒。刘毅攻鲁城，道规攻偃月垒，无忌与檀祇列舰中流，以防越逸。义军腾赴，叫声动山谷，自辰及午，二城俱溃，冯该散走，生擒山客。毅等平巴陵。毛璩遣涪陵太守文处茂东下，振遣桓放之为益州，屯夷陵，处茂距战，放之败走，还江陵。

义熙元年正月，南阳太守鲁宗之起义兵袭襄阳，破伪雍州刺史桓蔚。无忌诸军次江陵之马头，振拥帝出营江津。鲁宗之率众于柞溪，破伪武贲中郎温楷，进至纪南。振自击宗之，宗之失利。时蜀军据灵溪，毅率无忌、道规等破冯该军，推锋而前，即平江陵。振见火起，知城已陷，乃与谦等北走。是日，安帝反正。大赦天下，唯逆党就戮，诏特免桓胤一人。桓亮自章，自号镇南将军、湘州刺史。苻宏寇安成、庐陵，刘敬宣遣将讨之，宏走入湘中。二月，桓谦、何澹之、温楷等奔于姚兴。桓振与宏出自涢城，袭破江陵，刘怀肃自云杜伐振等，破之。广武将军唐兴斩振及伪辅国将军桓珍，毅于临鄣斩伪零陵太守刘叔祖。桓亮、苻宏复出冠湘中，害郡守长吏，檀祇讨宏于湘东，斩之，广武将军郭弥斩亮于益阳，其余拥众假号皆讨平之。诏徙桓胤及诸党于于新安诸郡。

三年，东阳太守殷仲文与永嘉太守骆球谋反，欲建桓胤为嗣，曹靖之、桓石松、卞承之、刘延祖等潜相交结，刘裕以次收斩之，并诛其家属。后桓谦走入蜀，蜀贼谯纵以谦为荆州刺史，使率兵而下，荆、楚之众多应。谦至枝江，荆州刺史刘道规斩之，梁州刺史傅歆又斩桓石绥，桓氏遂灭。

卞范之字敬祖，济阴宛句人也，识悟聪敏，见美于当世。太元中，自丹阳丞为始安太守。桓玄少与之游，及玄为江州，引为长史，委以心膂之任，潜谋密计，莫不决之。后玄将为篡乱，以范之为丹阳尹。范之与殷仲文阴撰策命，进范之为征虏将军、散骑常侍。玄僭位，以范之为侍中，班剑二十人，进号后将军，封临汝县公。其禅诏，即范之文也。

玄既奢侈无度，范之亦盛营馆第。自以佐命元勋，深怀矜伐，以富贵骄人，子弟傲慢，众咸畏嫉之。义军起，范之屯兵于覆舟山西，为刘毅所败，随玄西走，玄又以范之为尚书仆射。玄为刘毅所败，左右分散，唯范之在侧。玄平，斩于江陵。

殷仲文，南蛮校尉觊之弟也。少有才藻，美容貌。从兄仲堪荐之于会稽王道子，即引为骠骑参军，甚相赏待。

俄转谘议参军,后为元显征虏长史。会桓玄与朝廷有隙,玄之姊,仲文之妻,疑而间之,左迁新安太守。仲文于玄虽为姻亲,而素不交密,及闻玄平京师,便弃郡投焉。玄甚悦之,以为谘议参军。时王谧见礼而不亲,卞范之被亲而少礼,而宠遇隆重,兼于王、卞矣。玄将为乱,使总领诏命,以为侍中,领左卫将军。玄九锡,仲文之辞也。

初,玄篡位入宫,其床忽陷,群下失色,仲文曰:"将由圣德深厚,地不能载。"玄大悦。"以佐命亲贵,厚自封崇,舆马器服,穷极绮丽,后房伎妾数十,丝竹不绝音。性贪吝,多纳货贿,家累千金,常若不足。玄为刘裕所败,随玄西走,其珍宝玩好悉藏地中,皆变为土。至巴陵,因奉二后投义军,而为镇军长史,转尚书。

帝初反正,抗表自解曰:"臣闻洪波振壑,川无恬鳞;惊飚拂野,林无静柯。何者?势弱则受制于巨力,质微则无以自保。于理虽可得而言,于臣实非所敢譬。昔桓玄之代,诚复驱逼者众。至如微臣,罪实深矣,进不能见危授命,亡身殉国;退不能辞粟首阳,拂衣高谢。遂乃宴安昏宠,叨昧伪封,锡文篆事,曾无独固。名义以之俱沦,情节自兹兼挠,宜其极法,以判忠邪。会镇军将军刘裕匡复社稷,大弘善贷,仁一戮于微命,申三驱于大信,既惠之以首领,又申之以紫维。于时皇舆否隔,天人未泰,用忘进退,是以俯俯从事,自同令人。今宸极反正,唯新告始,寰章既明,品物思旧,臣亦胡颜之厚,可以显居荣次!乞解所职,待罪私门。违离阙庭,乃心慕恋。"诏不许。

仲文因月朔与众至大司马府,府中有老槐树,顾之良久而叹曰:"此树婆娑,无复生意!"仲文素有名望,自谓必当朝政,又谢混之徒畴昔所轻者,并皆比肩,常怏怏不得志。忽迁为东阳太守,意弥不平。刘毅爱才好士,深相礼接,临当之郡,游宴弥日。行至富阳,慨然叹曰:"看此山川形势,当复出一伯符。"何无忌甚慕之。东阳,无忌所统,仲文许当便道修谒,无忌故益钦迟之,令府中命文人殷阐、孔宁子之徒撰义构文,以俟其至。仲文失志恍惚,遂不过府。无忌疑其薄己,大怒,思中伤之。时属慕容超南侵,无忌言于刘裕曰:"桓胤、殷仲文并乃腹心之疾,北虏不足为忧。"义熙三年,又以仲文与骆球等谋反,及其弟南蛮校尉叔文伏诛。仲文时照镜不见其面,数日而遇祸。

仲文善属文,为世所重,谢灵运尝云:"若殷仲文读书半袁豹,则文才不减班固。"言其文多而见书少也。

史臣曰:桓玄篡凶,父之余基。挟奸回之本性,含怒于失职;苞藏其豕心,抗表以称冤。登高以发愤,观衅而动,窃图非望。始则假宠于仲堪,俄而戮首以逞欲,遂得据全楚之地,驱劲勇之兵,因晋政之陵迟,乘会稽之酣酱,纵其狙诈之计,扇其陵暴之心,敢率犬羊,称兵内侮。天长丧乱,凶力实繁,逾年之间,奄倾晋祚,自谓法尧禅舜,改物君临,鼎业方隆,卜年惟永。俄而义旗电发,凶徒雾奔,半辰而都邑廓清,逾月而凶渠即戮,更延坠历,复振颓纲。是知神器不可以暗干,天禄不可以妄处者也。夫帝王者,功高宇内,道济含灵,龙宫凤历表其祥,彤云玄石

呈其瑞,然后光临大宝,克享鸿名,允僁后之心,副乐推之望。若桓玄之么麽,岂足数哉!适所以干纪乱常,倾宗绝嗣,肇金行之祸难,成宋氏之驱除者乎!

赞曰:灵宝隐贼,世载凶德。信顺未孚,奸回是则。肆逆迁鼎,凭威纵慝。违天虐人,覆宗殄国。

卷一百　　列传第七十

王弥　张昌　陈敏　王如
杜曾　杜弢　王机　祖约
苏峻　孙恩　卢循　谯纵
载记序

王弥,东莱人也。家世二千石。祖颐,魏玄菟太守,武帝时,至汝南太守。弥有才干,博涉书记。少游侠京都,隐者董仲道见而谓之曰:"君豺声豹视,好乱乐祸,若天下骚扰,不作士大夫矣。"惠帝末,妖贼刘柏根起于东莱之惤县,弥率家僮从之,柏根以为长史。柏根死,聚徒海渚,为苟纯所败,亡入长广山为群贼。弥多权略,凡有所掠,必豫图成败,举无遗策,弓马迅捷,膂力过人,青土号为"飞豹"。后引兵入寇青、徐,兖州刺史苟晞逆击,大破之。弥退集亡散,众复大振,晞与之连战,不能克。弥进兵寇泰山、鲁国、谯、梁、陈、汝南、颍川、襄城诸郡,入许昌,开府库,取器杖,所在陷没,多杀守令,有众数万,朝廷不能制。

会天下大乱,进逼洛阳,京邑大震,宫城门昼闭。司徒王衍等率百官距守,弥屯七里涧,王师进击,大破之。弥谓其党刘灵曰:"晋兵尚强,归无所厝。刘元海昔为质子,我与之周旋京师,深有分契,今称汉王,将归之,可乎?"灵然之。乃渡河归元海。元海闻而大悦,遣其侍中兼御史大夫郊迎,致书于弥曰:"以将军有不世之功,超时之德,故有此迎耳。迟望将军之至,孤今亲行将军之馆,辄拂席洗爵,敬待将军。"及弥见元海,劝称尊号,元海谓弥曰:"孤本谓将军如窦周公耳,今真吾孔明、仲华也。烈祖有云:'吾之有将军,如鱼之有水。'"于是署弥司隶校尉,加侍中、特进,弥固辞。使随刘曜寇河内,又与石勒攻临漳。

永嘉初,寇上党,围壶关,东海王越遣淮南内史王旷、安丰太守卫乾等讨之,及弥战于高都、长平间,大败之,死者十六七。元海进弥征东大将军,封东莱公。与刘曜、石勒等攻魏郡、汲郡、顿丘,陷五十余壁,皆调为军士。又与勒攻邺,安北将军和郁弃城而走。怀帝遣北中郎将裴宪次白马讨弥,车骑将军王堪次东燕讨勒,平北将军曹武次大阳讨元海。武部将军彭默为刘聪所败,见害,众军皆退。聪渡黄河,帝遣司隶校尉刘暾、将军宋抽等距之,皆不能抗。弥、聪以万骑至京城,焚二学。东海王越距战于

西明门，弥等败走。弥复以二千骑寇襄城诸县，河东、平阳、弘农、上党诸流人之在颍川、襄城、汝南、南阳、河南者数万家，为旧居人所不礼，皆焚烧城邑，杀二千石长吏以应弥。弥又以二万人会石勒陷陈郡、颍川，屯阳曜，遣弟璋与石勒共寇徐、兖，因破越军。

弥后与曜寇襄城，遂逼京师。时京邑大饥，人相食，百姓流亡，公卿奔河阴。曜、弥等遂陷宫城，至太极前殿，纵兵大掠。幽帝于端门，逼辱羊皇后，杀皇太子诠，发掘陵墓，焚烧宫庙，城府荡尽，百官及男女遇害者三万余人，遂迁帝于平阳。

弥之掠也，曜禁之，弥不从。曜斩其牙门王延以徇，弥怒，与曜阻兵相攻，死者千余人。弥长史张嵩谏曰："明公与国家共兴大事，事业甫耳，便相攻讨，何面见主上乎！平洛之功诚在将军，然刘曜皇族，宜小下之。晋二王平吴之鉴，其则不远，愿明将军以为虑。纵将军阻兵不还，其若子弟宗族何！"弥曰："善，微子，吾不闻此过也。"于是诣曜谢，结分如初。弥曰："下官闻过，乃是张长史之功。"曜谓嵩曰："君为朱建矣，岂况范生乎！"各赐嵩金百斤。弥谓曜曰："洛阳天下之中，山河四险之固，城池宫室无假营造，可徙平阳都之。"曜不从，焚烧而去。弥怒曰："屠各子，岂有帝王之意乎！汝柰天下何！"遂引众东屯项关。

初，曜以弥先入洛，不待己，怨之，至是嫌隙遂构。刘暾说弥还据青州，弥然之，乃以左长史曹嶷为镇东将军，给兵五千，多赍宝物还乡里，招诱亡命，且迎其室。弥将徐邈、高梁辄率部曲数千人随嶷去，弥益衰弱。

初，石勒恶弥骁勇，常密为之备。弥之破洛阳也，多遗勒美女宝货以结之。时勒擒苟晞，以为左司马，弥谓勒曰："公获苟晞而用之，何其神妙！使晞为公左，弥为公右，天下不足定也！"勒愈忌弥，阴图之。刘暾又劝弥征曹嶷，藉其众以诛勒。于是弥使暾诣青州，令曹嶷引兵会己，而诈要勒共向青州。暾至东阿，为勒游骑所获。勒见弥与嶷书，大怒，乃杀暾。弥未之知，勒伏兵袭弥，杀之，并其众。

张昌，本义阳蛮也。少为平氏县吏，武力过人，每自占卜，言己当富贵。好论攻战，侪类咸共笑之。及李流寇蜀，昌潜遁半年，聚党数千人，盗得幢麾，诈言台遣其募人讨流。会《壬午诏书》发武勇以赴益土，号曰"壬午兵"。自天下多难，数术者云当有帝王兴于江左，及此调发，人咸不乐西征，昌党因之诳惑，百姓各不肯去。而诏书催遣严速，所经之界停留五日者，二千石免。由是郡县官长皆躬出驱逐，展转不远，屯聚而为劫掠。是岁江夏大稔，流人就食者数千口。

太安二年，昌于安陆县石岩山屯聚，去郡八十里，诸流人及避戍役者多往从之。昌易姓名为李辰。太守弓钦遣军就讨，辄为所破。昌徒众日多，遂来攻郡。钦出战，大败，乃将家南奔沔口。镇南大将军、新野王歆遣骑督靳满讨昌于随郡西，大战，满败走，昌得其器杖，据有江夏，即其府库。造妖言云："当有圣人出。"山都县吏丘沈遇于

江夏，昌名之为圣人，盛车服出迎之，立为天子，置百官。沈易姓名为刘尼，称汉后，以昌为相国，昌兄昧为车骑将军，弟放广武将军，各领兵。于石岩中作宫殿，又于岩上织竹为鸟形，衣以五彩，聚肉于其傍，众鸟群集，诈云凤皇降，又言珠袍、玉玺、铁券、金鼓自然而至。乃下赦书，建元神凤，郊祀、服色依汉故事。其有不应其募者，族诛。又流讹言云："江、淮已南当图反逆，官军大起，悉诛讨之。"群小互相扇动，人情惶惧，江、沔间一时翕起，竖牙旗，鸣鼓角，以应昌，旬月之间，众至三万，皆以绛科头，撩以毛。江夏、义阳士庶莫不从之，惟江夏旧姓江安令王伛、秀才吕蓁不从。昌以三公位征之，伛、蓁密将宗室并奔汝南，投豫州刺史刘乔。乡人期思令李权、常安令吴凤、孝廉吴畅纠合善士，得五百余家，追随伛等，不豫妖逆。

新野王歆上言："妖贼张昌、刘尼妄称神圣，犬羊万计，绛头毛面，挑刀走戟，其锋不可当。请台敕诸军，三道救助。"于是刘乔率诸军据汝南以御贼，前将军赵骧领精卒八千据宛，助平南将军羊伊距守。昌遣其将军黄林为大都督，率二万人向豫州，前驱李宫欲掠取汝水居人，乔遣将军李杨逆击，大破之。林等东攻弋阳，太守梁桓婴城固守。又遣其将马武破武昌，害太守，昌自领其众，西攻宛，破赵骧，害羊伊。进攻襄阳，害新野王歆。昌别率石冰东破江、扬二州，伪置守长。当时五州之境皆畏逼从逆。又遣其将陈贞、陈兰、张甫等攻长沙、湘东、零陵诸郡。昌虽跨带五州，树立牧守，皆桀盗小人而无禁制，但以劫掠为务，人情渐离。

是岁，诏以宁朔将军、领南蛮校尉刘弘镇宛，弘遣司马陶侃、参军蒯桓、皮初等率众讨昌于竟陵，刘乔又遣将军李杨、督护尹奉总兵向江夏。侃等与昌苦战累日，大破之，纳降万计，昌乃沈窜于下俊山。明年秋，乃擒之，传首京师，同党并夷三族。

陈敏，字令通，庐江人也。少有干能，以郡廉吏补尚书仓部令史。及赵王篡逆，三王起义兵，久屯不散，京师仓廪空虚，敏建议曰："南方米谷皆积数十年，时将欲腐败，而不漕运以济中州，非所以救患周急也。"朝廷从之，以敏为合肥度支，迁广陵度支。

张昌之乱，遣其将石冰等趣寿春，都督刘准忧惶计无所出。时敏统大军在寿春，谓准曰："此等本不乐远戍，故逼迫成贼。乌合之众，其势易离。敏请合率运兵，公分配众力，破之必矣。"准乃益敏兵击之，破吴弘、石冰等，敏遂乘胜逐北，战数十合。时冰众十倍，敏以少击众，每战皆克，遂至扬州。回讨徐州贼封云，云将张统斩云降。敏以功为广陵相。时惠帝幸长安，四方交争，敏遂有割据江东之志。其父闻之，怒曰："灭我门者，必此儿也！"父亡，去职。东海王越当西迎大驾，承制起敏为右将军、假节、前锋都督，致书于敏曰：

将军建谋富国，则有大漕之勋。及遭冰昌之乱，则首率义徒，以寡敌众。外无强兵之援，内无运筹之侣，只身挺立，雄略从横，擢奇谋于马首，夺灵计于

临危,金声振于江外,精光赫于扬、楚。攻坚陷险,三十余战,师徒无亏,勍敌自灭。五州复全,苞茅入贡,岂非将军之功力哉!

今羯贼屯结,游魂河、济,鼠伏雄窜,藏匿陈留,始欲奸盗,终图不轨。将军孙、吴之术既明,已试之功先著,孤与将军情分特隆,想割草土之哀,抑难居之思,舍绖执戈,来恤国难。天子巡狩,銮舆未反,引领东眷,有怀山陵。当凭将军戮力,王辂有旋。将军率将所领,承书风发,米布军资,惟将军所运。

时越讨豫州刺史刘乔,敏引兵会之,与越俱败于萧。敏因中国大乱,遂请东归,收兵据历阳。会吴王常侍甘卓自洛至,教卓假称皇太弟命,拜敏为扬州刺史,并假江东首望顾荣等四十余人为将军、郡守,荣并伪从之。敏为息娶卓女,遂相为表里。扬州刺史刘机、丹阳太守王广等皆弃官奔走。敏弟昶知顾荣等有贰心,劝敏杀之,敏不从。昶将精兵数万据乌江,弟恢率钱端等南寇江州,刺史应邈奔走,弟斌东略诸郡,遂据有吴、越之地。敏命寮佐以己为都督江东军事、大司马、楚公,封十郡,加九锡,列上尚书,称自江入河,奉迎銮驾。

东海王军谘祭酒华谭闻敏自相署置,而顾荣等并江东首望,悉受敏官爵,乃遗荣等书曰:

石冰之乱,朝廷录敏微功,故加越次之礼,授以上将之任,庶有韩卢一噬之效。而本性凶狡,素无识达,贪荣干909,逆天而动,阻兵作威,盗据吴会,内用凶弟,外委军吏,上负朝廷宠授之荣,下孤宰辅过礼之惠。天道伐恶,人神所不祐。虽阻长江,命危朝露。忠节令图,君子高行,屈节附逆,义士所耻。王蠋匹夫,志不可屈;于期慕义,陨首燕庭。况吴会仁人并受国宠,或剖符名郡,或列为近臣,而便辱身奸人之朝,降节逆叛之党,稽颡屈膝,不亦羞乎!昔龚胜绝粒,不食莽朝;鲁连赴海,耻为秦臣。君子义行,同符千载,遥度雅量,岂独是安!

昔吴之武烈,称美一代,虽奋奇宛、叶,亦受折襄阳。讨逆雄气,志存中夏,临江发怒,命讫丹徒。赖先主承运,雄谋天挺,尚内倚慈母仁明之教,外杖子布廷争之忠,又有诸葛、顾、步、张、朱、陆、全之族,故能鞭笞百越,称制南州。然兵家之兴,不出三世,运未盈百,归命入臣。今以陈敏仓部令史,七第顽冗,六品下才,欲袭桓王之高踪,蹈大皇之绝轨,远度诸贤,犹当未许也。诸君垂头,不能建翟义之谋,而顾生俯眉,已受羁绊之辱。皇舆东轩,行即紫馆,百僚垂缨,云翔凤阙,庙胜之谟,潜运帷幄。然后发荆州武旅,顺流东下,徐州锐锋,南据堂邑;征东劲卒,耀威历阳;飞桥越横江之津,泛舟涉瓜步之渚;威震丹阳,擒寇建邺,而诸贤何颜见中州之士邪!

小寇隔津,音符道阔,引领南望,情存旧怀。忠义之人,何世蔑有!夫危而不能安,亡而不能存,将何贵乎!永长宿德,情所素重;彦先发发,分著金石;公胄早交,恩纪特隆;令伯义声,亲好密结。上欲与诸贤效冀紫宸,建功帝籍,如其不尔,亦可泛舟河、渭,击楫清歌。何为辱身小寇之手,以蹈逆乱之祸乎!昔为同志,今已殊域;往为一体,今成异身。瞻江长叹,非子谁思!愿图良策,以存嘉谋也。

敏凡才无远略,一旦据有江东,刑政无章,不为英俊所服,且子弟凶暴,所在为患。周玘、顾荣之徒常惧祸败,又得谭书,皆有惭色。玘、荣遣使密报征东大将军刘准遣兵临江,己为内应。准遣扬州刺史刘机、宁远将军衡彦等出历阳,敏使弟昶及将军钱广次乌江以距之,又遣弟闳为历阳太守,戍牛渚。钱广家在长城,玘乡人也,玘潜使图昶。广遣其属何康、钱象投募送白事于昶,昶俯头视书,康挥刀斩之,称帅下已杀敏,敢有动者诛三族,吹角为内应。广先勒兵在朱雀桥,陈兵水南,玘、荣又说甘卓,卓遂背敏。敏率万余人将与卓战,未获济,荣以白羽扇麾之,敏众溃散。敏单骑东奔至江乘,为义兵所斩,母及妻子皆伏诛,于是会稽诸郡并杀敏诸弟无遗焉。

王如,京兆新丰人也。初为州武吏,遇乱流移至宛。时诸流人有诏并遣还乡里,如以关中荒残,不愿归。征南将军山简、南中郎将杜蕤各遣兵送之,而促期令发。如遂潜结诸无赖少年,夜袭二军,破之。杜蕤悉众击如,战于涅阳,蕤军大败。山简不能御,移屯夏口,如又破襄城。于是南安庞实、冯翊严嶷、长安侯脱等各帅其党攻诸城镇,多杀令长以应之。未几,众至四五万,自号大将军,领司、雍二州牧。

如惧石勒之攻己也,乃厚赂于勒,结为兄弟,勒亦假其强而纳之。时侯脱据宛,与如不协,如说勒曰:"侯脱虽名汉臣,其实汉贼。如常恐其来袭,兄宜备之。"勒素怒脱贰己,惮如唇齿,故不攻之。及闻如言,甚悦,遂夜令三军蓐食待命,鸡鸣而驾,后出者斩,晨压宛门攻之,旬有二日而克之,勒遂斩脱。如于是大掠沔、汉,进逼襄阳。征南山简使将赵诱帅师击之,经年不能克,智力并屈,遂婴城自守。王澄帅军赴京都,如邀击破之。

如连年种谷皆化为莠,军中大饥,其党互相攻劫,官军进讨,各相率来降。如计无所出,归于王敦。敦从弟棱爱如骁武,请敦配己麾下。敦曰:"此辈犷险难蓄,汝性忌急,不能容养,更成祸端。"棱固请,与之。棱置诸左右,甚加宠遇。如数与敦诸将角射,屡斗争为过失,棱果不容而杖之,如甚以为耻。初,敦有不臣之迹,棱每谏之,敦常怒其异己。及敦闻如为棱所辱,密使人激怒之,劝令杀棱。如诣棱,因闲宴,请剑舞为欢,棱从之。如于是舞刀为戏,渐渐来前。棱恶而呵之不止,叱左右使牵去,如直前害棱。敦闻而阳惊,亦捕如诛之。

杜曾,新野人,南中郎将蕤之从祖弟也。少骁勇绝人,能被甲游于水中。始为新野王歆镇南参军,历华容令,至南蛮司马。凡有战阵,勇冠三军。会永嘉之乱,荆州荒梗,故牙门将胡亢聚众于竟陵,自号楚公,假曾竟陵太守。亢后与其党自相猜贰,诛其骁将数十人,曾心不自安,潜谋图之,乃卑身屈节以事于亢,亢弗之觉,甚信任之。会荆州贼王冲自号荆州刺史,部众亦盛,屡遣兵抄亢所统,亢患之，问计于曾，曾劝令击之，亢以为然。曾白亢取帐下刀戟付工磨之，因潜引王冲之兵。亢遣精骑出距冲，城中空虚，曾因斩亢而并其众，自号南中郎将、领竟陵太守。曾求南郡太守刘务女不得，尽灭其家。会愍帝遣第五猗为安南将军、荆州刺史，曾迎猗于襄阳，为兄子娶猗女，遂分据沔、汉。

时陶侃新破杜弢，乘胜击曾，有轻曾之色。侃司马鲁恬言于侃曰："古人争战，先料其将，今使君诸军无及曾者，未易可逼也。"侃不从，进军围之于石城。时曾军多骑，而侃兵无马，曾密开门，突侃阵，出其后，反击其背，侃师遂败，投水死者数百人。曾将趋顺阳，下马拜侃，告辞而去。既而致笺于平南将军荀崧，求讨丹水贼以自效，崧纳之。侃遗崧书曰："杜曾凶狡，所将之卒皆豺狼也，可谓鸱枭食母之物。此人不死，州土未宁，足下当识吾言。"崧以宛中兵少，藉曾为外援，不从侃言。曾复率流亡二千余人围襄阳，数日不下而还。

及王廙为荆州刺史，曾距之，廙使将朱轨、赵诱击曾，皆为曾所杀。王敦遣周访讨之，屡战不能克，访潜遣人缘山开道，出曾不意以袭之，曾众溃，其将马俊、苏温等执曾诣访降。访欲生致武昌，而朱轨息昌、赵诱息胤皆乞曾以复冤，于是斩曾，而昌、胤脔其肉而啖之。

杜弢，字景文，蜀郡成都人也。祖植，有名蜀土，武帝时为符节令。父昣，略阳护军。弢初以才学著称，州举秀才。遭李庠之乱，避地南平，太守应詹爱其才而礼之。后为醴陵令。时巴、蜀流人汝班、蹇硕等数万家，布在荆、湘间，而为旧百姓之所侵苦，并怀怨恨。会属贼李骧杀县令，屯聚乐乡，众数百人，弢与应詹击骧，破之。蜀人杜畴、蹇抚等复扰湘州，参军冯素与汝班不协，言于刺史荀眺曰："流人皆欲反。"眺以为然，欲尽诛流人。班等惧死，聚众以应畴。时弢在湘中，贼众共推弢为主，弢自称梁益二州牧、平难将军、湘州刺史，攻破郡县，眺委城走广州。广州刺史郭讷遣始兴太守严佐率众攻弢，弢逆击破之。荆州刺史王澄复遣王机击弢，败于巴陵。弢遂纵兵肆暴，伪降于山简，简以为广汉太守。

眺之走也，州人推安成太守郭察领州事，因率众讨弢，反为所败，察死之。弢遂南破零陵，东侵武昌，害长沙太守崔敷、宜都太守杜鉴、邵陵太守郑融等。元帝命征南将军王敦、荆州刺史陶侃等讨之，前后数十战，弢将士多物故，于是请降。帝不许。弢乃遗应詹书曰：

天步艰难，始自吾州；州党流移，在于荆土。其所遇值，蔑之如遗，顿伏死亡者略复过平，备尝荼毒，足下之所鉴也。客主难久，嫌隙易构，不谓乐乡起变出于不意，时与足下思散疑结，求擒其党帅，惟患算不经远，力不陷坚耳。及在湘中，惧死求生，遂相结聚，欲守善自卫，天下小定，然后输诚盟府。寻山公镇夏口，即具陈之。此公鉴开塞之会，察穷通之运，纳吾于众疑之中，非高识玄睹，孰能若此！西州人士得沐浴于清流，岂惟涤荡瑕秽，乃骨肉之施。此公薨逝，斯事中废，贤愚痛毒，窃心自悼。欲遣滕永文、张休豫诣大府备列起事以来本末，但恐贪功徇名之徒将逸间于圣主之听，戮吾使于市朝以彰叛逆之罪，故未敢遣之。而甘、陶卒至，水陆十万，旌旗曜于山泽，舟舰有盈于三江，威则威矣，然吾众窃未以为惧。晋文伐原，以全信为本，故能使诸侯归之。陶侃宣赦书而继之以进讨，岂所以崇奉明诏，示轨宪于四海！逼向义之夫以为叛逆之虏，跂思善之众以极不赦之责，非不战而屈人之算也。驱乌合，欲与必死者求一战，未见争衡之机权也。吾之赤心，贯于神明，西州人士，卿粗悉之耳。宁当令抱枉于时，不证于大府邪！

昔虞卿不荣大国之相，与魏齐同其安危，司马迁明言于李陵，虽刑残而无慨。足下抗威千里，声播汶、衡，进宜为国思静难之略，退与旧交措枉直之正，不亦绰然有余裕乎！望卿腾吾笺令，时达盟府，遣大使光临，使吾得披露肝胆，没身何恨哉！伏想盟府必结纽于纪纲，为一匡于圣世，使吾厕列义徒，负戈前驱，迎皇舆于阊阖，扫长蛇于荒裔，虽死之日，犹生之年也。若然，先清方夏，却定中原，吾得一所之粮，使诉流西归，夷李雄之逋寇，修《禹贡》之旧献，展微劳以补往愆，复州邦以谢邻国，亦其志也，惟所裁处耳。

吾远州寒士，与足下出处殊伦，诚不足感神交而济其倾危。但显吾忠诚，则汶、岳荷忠顺之恕，衡、湘无伐叛之虞，隆足下宏纳之望，拯吾徒陷溺之艰，焉可金玉其音哉！然颙颙十余万口，亦劳瘁于警备，思放逸于南亩矣。衡狱、江、湘列吾左右，若往言有贰，血诚不亮，益、梁受殃，不惟鄙门而已。

詹甚哀之，乃启呈弢书，并上言曰："弢益州秀才，素有清望，文理既优，干事兼美。往因使流寓，居詹郡界，其贞心坚白，詹所委究。李骧为变乐乡，劫略良善，弢时出家财，招募忠勇，登坛歃血，义诚慷慨。会骧攻烧南平，弢遂东下巴、汉，与湘中乡人相遇，推其素望，遂相凭结。论弢本情，非首作乱阶者也。然破湘川，实弢之罪，亦由兵交其间，遂使滋蔓。按弢今书，血诚亦至矣。昔朱鲔自疑于洛阳，光武指河水以明心，鲔感义归诚，终展力报施，受封侯之宠，由恕过以录功也。詹窃谓今者当圮运之会，思弘远猷，故齐赦射钩之诛，晋贯斩袪之戮，用能济冀戴之高勋，隆一匡之美誉，况弢与素无斯怨而稽颡投命邪！以为可遣大使宣扬圣旨，云泽沾之于上，百姓沐浴于下，则上下交泰，江左无风尘之虞矣。"帝乃使前南海太守王运受弢降，宣诏书大赦，凡反逆一皆除之，加弢巴东监军。

弢受命后，诸将殉功者攻击之不已，弢不胜愤怒，遂杀运而使其将王真领精卒三千为奇兵，出江南，向武陵，断官军运路。陶侃使伏波将军郑攀邀击，大破之，真步走湘城。于是侃遣诸军齐进，真遂降侃，众党散溃。弢乃逃遁，不知所在。

王机，字令明，长沙人也。父毅，广州刺史，甚得南越之情。机美姿仪，俯仰有度量。陈恢之乱，机年十七，率众击破之。尝慕王澄为人，澄亦雅知之，以为己亚，遂与友善，内综心膂，外为牙爪。寻用为成都内史。机终日醉酒，不存政事，由是百姓怨之，人情骚动。

会澄遇害，机惧祸及，又属杜弢所在发墓，而独为机守冢，机益自疑。就王敦求广州，敦不许。会广州人背刺史郭讷，迎机为刺史，机遂将奴客门生千余人入广州，州部将温邵率众迎机。郭遣参军葛幽追之，及于庐陵，机叱幽曰："何以敢来？欲取死邪？"幽不敢逼而归。郭讷闻邵之纳机也，乃遣兵击邵，反为所破。讷又遣机父兄时吏距之，咸倒戈迎机，讷众皆散，乃握节而避机。机遂入城就讷求节，讷叹曰："昔苏武不失其节，前史以为美谈。此节天朝所假，义不相与，自可遣兵来取之。"机惭而止。

机自以篡州，惧为王敦所讨，乃更来交州。时杜弢余党杜弘奔临贺，送金数千两与机，求讨桂林贼以自效。机为列上，朝廷许之。王敦以机难制，又欲因机讨梁硕，故以降杜弘之勋转为交州刺史。硕闻而遣子侯侯机于郁林，机怒其迟迟，责云："须至州当相收捡。"硕子驰使报硕，硕曰："王郎已坏广州，何可复来破交州也！"乃禁州人不许迎机。府司马杜赞以硕不迎机，率兵讨硕，为硕所败。硕恐诸侨人为机，于是悉杀其良者，乃自领交址太守。机既为硕所距，遂住郁林。时杜弘大破桂林贼还，遇机于道，机劝弘取交州。弘素有意，乃执机杜节曰："当相与迭持，何可独捉！"机遂以节与之。于是机与弘及温邵、刘沈等并反。

寻而陶侃为广州，到始兴，州人皆谏不可轻进，侃不听。及至州，诸郡县皆已迎机矣。侃先讨温邵、刘沈，皆杀之。机遣牙门屈蓝还州，诈言增粮，密招诱所部，欲以距侃。侃即收蓝斩之，遣督护许高讨机走之，病死于道。高掘出其尸斩首，并杀其二子焉。

机兄矩，字令式。美姿容，每出游，观者盈路。初为南平太守，豫讨陈恢有功，迁广州刺史。将赴职，忽见一人持奏谒矩，自云京兆杜灵之。矩问之，答称："天上京兆，被使召君为主簿。"矩意甚恶之。至州月余卒。

祖约，字士少，豫州刺史逖之弟也。初以孝廉为成皋令，与逖甚相友爱。永嘉末，随逖过江。元帝称制，引为掾属，与陈留阮孚齐名。后转从事中郎，典选举。

约妻无男而性妒，约亦不敢违忤。尝夜寝于外，忽为人所伤，疑其妻所为，约求去职，帝不听，约便从右司马营东门私出。司直刘隗劾之曰："约幸荷殊宠，显位选曹，铨衡人物，众所具瞻。当敬以直内，义以方外，杜渐防萌，式遏寇害。而乃变起萧墙，患生婢妾，身被刑伤，亏其肤发。群小哗嗸，嚣声远被，尘秽清化，垢累明时。天恩含垢，犹复慰喻，而约违命轻出，既无明智以保其身，又孤恩废命，宜加贬黜，以塞众谤。"帝不之罪，隗重执据，终不许。

及逖有功于谯、沛，约渐见任遇。逖卒，自侍中代逖为平西将军、豫州刺史，领逖之众。约异母兄光禄大夫纳密言于帝曰："约内怀陵上之心，抑而使之可也。今显侍左右，假其权势，将为乱阶矣。"帝不纳。时人亦谓纳与约异生，忌其宠贵，故有此言。而约竟无绥驭之才，不为士卒所附。

及王敦举兵，约归卫京都，率众次寿阳，逐敦所署淮南太守任台，以功封五等侯，进号镇西将军，使屯寿阳，为北境藩捍。自以名辈不后郗、卞，而不豫明帝顾命，又望开府，及诸所表请多不见许，遂怀怨望。石聪尝以众逼之，约屡表请救，而官军不至。聪既退，朝议又欲作涂塘以遏胡寇，约谓为弃己，弥怀愤恚。先是，太后使蔡谟劳之，约见谟，瞋目攘袂，非毁朝政。及苏峻举兵，遂推崇约而罪执政，约闻而大喜。从子智及衍并倾险好乱，又赞成其事，于是命遂子沛内史涣，女婿淮南太守许柳以兵会峻。涣妻，柳之姊也，固谏不从。及峻克京都，矫诏以约为侍中、太尉、尚书令。颍川人陈光率其属攻之，约左右阎秃貌类约，光谓为约而擒之，约逾垣仅免。光奔于石勒，而约之诸将复阴结于勒，请以为内应。勒遣石聪来攻之，约众溃，奔历阳。遣兄子涣攻桓宣于皖城，会毛宝援宣，击涣，败之。赵胤复遣将军甘苗从三焦上历阳，约惧而夜遁，其将牵腾率众出降。

约以左右数百人奔于石勒，勒薄其为人，不见者久之。勒将程遐说勒曰："天下粗定，当显明逆顺，此汉高祖所以斩丁公也。今忠于事君者莫不显擢，背叛不臣者无不夷戮，此天下所以归伏大王也。祖约犹存，臣切惑之。且约大引宾客，又占夺乡里先人田地，地主多怨。"于是勒乃诈约曰："祖侯远来，未得喜欢，可集子弟一时俱会。"至日，勒辞之以疾，令遐请约及其宗室。约知祸及，大饮致醉。既至于市，抱其外孙而泣。遂杀之，并其亲属中外百余人悉灭，妇女伎妾班赐诸胡。

初，逖有胡奴曰王安，待之甚厚。及在雍丘，告之曰："石勒是汝种类，吾亦不在尔一人。"乃厚资遣之，遂为勒将。祖氏之诛也，安多将从人于市观省，潜取逖庶子道重，藏之为沙门，时年十岁。石氏灭后来归。

苏峻，字子高，长广掖人也。父模，安乐相。峻少为书生，有才学，仕郡主簿。年十八，举孝廉。永嘉之乱，百姓流亡，所在屯聚，峻纠合得数千家，结垒于本县。于时豪杰所在屯聚，而峻最强。遣长史徐玮宣檄诸屯，示以王化，又收枯骨而葬之，远近感其恩义，推峻为主。遂射猎于海边青山中。元帝闻之，假峻安集将军。时曹嶷领青州刺史，表峻为掖令，峻辞疾不受。嶷恶其得众，恐必为患，将讨之。峻惧，率其所部数百家泛海南渡。既到广陵，朝廷嘉其远至，转鹰扬将军。会周坚反于彭城，峻助讨之，有功，除淮陵内史，迁兰陵相。

王敦作逆，诏峻讨敦。卜之不吉，迟回不进。及王师败绩，峻退保盱眙。淮陵故吏徐深、艾毅重请峻为内史，诏听之，加奋威将军。太宁初，更除临淮内史。王敦复肆逆，尚书令郗鉴议召峻及刘遐援京都，敦遣峻兄说峻曰："富贵可坐取，何为自来送死？"峻不从，遂率众赴京师，顿于司徒故府。道远行速，军人疲困。沈充、钱凤谋曰："北军新到，未堪攻战，击之必克。若复犹豫，后难犯也"贼于其夜度竹格渚,拔栅将战,峻率其将韩晃于南塘横截,大破之。又随庾亮追破沈充。进使持节、冠军将军、历阳内史,加散骑常侍,封邵陵公,食邑一千八百户。

峻本以单家聚众于扰攘之际,归顺之后,志在立功,既有功于国,威望渐著。至是有锐卒万人,器械甚精,朝廷以江外寄之。而峻颇怀骄溢,自负其众,潜有异志,抚纳亡命,得罪之家有逃死者,峻辄蔽匿之。众力日多,皆仰食县官,运漕者相属,稍有不如意,便肆忿言。

时明帝初崩,委政宰辅,护军庾亮欲征之。峻闻将征,遣司马何仍诣亮曰:"讨贼外任,远近从命,至于内辅,实非所堪。"不从,遂下优诏征峻为大司农,加散骑常侍,位特进,以弟逸代领部曲。峻素疑庾欲害己,表曰:"昔明皇帝亲执臣手,使臣北讨胡寇。今中原未靖,无用家为,乞补青州界一荒郡,以展鹰犬之用。"复不许。峻严装将赴召,而犹豫未决,参军任让谓峻曰:"将军求处荒郡而不见许,事势如此,恐无生路,不如勒兵自守。"峻从之,遂不应命。朝廷遣使讽谕之,峻曰:"台下云我欲反,岂得活邪!我宁山头望廷尉,不能廷尉望山头。往者国危累卵,非我不济,狡兔既死,猎犬理自应烹,但当死报造谋者耳。"于是遣参军徐会结祖约,谋为乱,而以讨亮为名。约遣祖涣、许柳率众助峻,峻遣将韩晃、张健等袭姑孰,进逼慈湖,杀于湖令陶馥及振威将军司马流。峻自率涣、柳众万人,乘风济自横江,次于陵口,与王师战,频捷,遂据蒋陵覆舟山,率众因风放火,台省及诸营寺署一时荡尽。遂陷宫城,纵兵大掠,侵逼六宫,穷凶极暴,残酷无道。驱役百官,光禄勋王彬等皆被捶挞,逼令担负登蒋山。裸剥士女,皆以坏席苫草自鄣,无草者坐地以土自覆,哀号之声震动内外。时官有布二十万匹,金银五千斤,钱亿万,绢数万匹,他物称是,峻尽费之。矫诏大赦,惟庾亮兄弟不在原例。自为骠骑领军将军、录尚书事,许柳丹阳尹,加前将军马雄左卫将军,祖涣骁骑将军,复弋阳王羕为西阳王、太宰、录尚书事,兼息播亦复本官。于是改易官司,置其亲党,朝廷政事一皆由之。又遣韩晃入义兴,张健、管商、弘徽等入晋陵。

时温峤、陶侃已唱义于武昌,峻闻兵起,用参军贾宁计,还据石头,更分兵距诸义军,所过无不残灭。峤等将至,峻遂迁天子于石头,逼迫居人,尽聚之后苑,使怀德令匡术守苑城。峤等既到,乃筑垒于白石,峻率众攻之,几至陷没。东西抄掠,多所擒虏,兵威日盛,战无不克,由是义众沮衄,人怀异计。朝士之奔义军者,皆云:"峻狡黠有智力,其徒党骁勇,所向无敌。惟当以天讨有罪,诛灭不久;若以人事言之,未易除也。"温峤怒曰:"诸君怯懦,乃是誉贼。"及后累战不捷,峤亦深惮之。管商等进攻吴郡,焚吴县、海监、嘉兴,败诸义军。韩晃又攻宣城,害太守桓彝。商等又焚余杭,而大败于武康,退还义兴。峤与赵胤率步兵万人,从白石南上,欲以临之。峻与匡孝将八千人逆战,峻遣子硕与孝以数十骑先薄赵胤,败之。峻望见胤走,曰:"孝能破贼,我更不如乎!"因舍其众,与数骑北下突阵,不得入,将回趋白木陂,牙门彭世、李千等投之以矛,坠马,斩首脔割之,焚其骨,三军皆称万岁。峻司马任让等共立峻弟逸为主。求峻尸不获,硕乃发庾亮父母墓,剖棺焚尸。逸闭城自守。韩晃闻峻死,引兵赴石头。管商及弘徽进攻废亭全,督护李闳及轻车长史滕含击破之,斩首千级。商率众走延陵,李闳与废亭诸军追之,斩获数千级。商诣庾亮降,匡术举苑城降。韩晃与苏逸等并力攻术,不能陷。温峤等选精锐将攻贼营,硕率骁勇数百渡淮而战,于阵斩硕。晃等震惧,以其众奔张健于曲阿,门厄不得出,更相蹈藉,死者万数。逸为李汤所执,斩于车骑府。

管商之降也,余众并归张健。健又疑弘徽等不与己同,尽杀之,更以舟军自延陵向长塘,小大二万余口,金银宝物不可胜数。扬烈将军王允之与吴兴诸军击健,大破之,获男女万余口。健复与马雄、韩晃等轻军俱走,闳率锐兵追之,及于岩山,攻之甚急。健等不敢下山,惟晃独出,带两步靫箭,却据胡床,弯弓射之,伤杀甚众。箭尽,乃斩之。健等遂降,并枭其首。

孙恩,字灵秀,琅邪人,孙秀之族也。世奉五斗米道。恩叔父泰,字敬远,师事钱唐杜子恭。而子恭有秘术,尝就人借瓜刀,其主求之,子恭曰:"当即相还耳。"既而刀主行至嘉兴,有鱼跃入船中,破鱼得瓜刀。其有神效往往如此。子恭死,泰传其术。然浮狡有小才,诳诱百姓,愚者敬之如神,皆竭财产,进子女,以祈福庆。王珣言于会稽王道子,流之于广州。广州刺史王怀之以泰行郁林太守,南越亦归之。太子少傅王雅先与泰善,言于孝武帝,以泰知养性之方,因召还。道子以为徐州主簿,犹以道术眩惑士庶。稍迁辅国将军、新安太守。王恭之役,泰私合义兵,得数千人,为国讨恭。黄门郎孔道、鄱阳太守桓放之、骠骑谘议周勰等皆敬事之,会稽世子元显亦数诣泰求其秘术。泰见天下兵起,以为晋祚将终,乃扇动百姓,私集徒众,三吴士庶多从之。于时朝士皆惧泰为乱,以其与元显交厚,咸莫敢言。会稽内史谢輶发其谋,道子诛之。恩逃于海。众闻泰死,惑之,皆谓蝉蜕登仙,故就海中资给。恩聚合亡命得百余人,志欲复仇。

及元显纵暴吴会,百姓不安,恩因其骚动,自海攻上虞,杀县令,因袭会稽,害内史王凝之,有众数万。于是会稽谢针、吴郡陆瑰、吴兴丘尫、义兴许允之、临海周胄、永嘉张永及东阳、新安等凡八郡,一时俱起,杀长史以应之,旬日之中,众数十万。于是吴兴太守谢邈,永嘉太守谢逸,嘉兴公顾胤,南康公谢明慧,黄门郎谢冲、张琨,中书郎孔道,太子洗马孔福,乌程令夏侯愔等皆遇害。吴国内史桓谦,义兴太守魏傕,临海太守、新蔡王崇等并出奔。于是恩据会稽,自号征东将军,号其党"长生人",宣语令诛杀异己,有不同者戮及婴孩,由是死者十七八。畿内诸县处处蜂起,朝廷震惧,内外戒严。遣卫将军谢琰、镇北将军刘牢之讨之,并转斗而前。吴会承平日久,人不习战,又无器械,故所在多被破亡。诸贼皆烧仓廪,焚邑屋,刊木堙井,虏掠财货,相率聚于会稽。其妇女有婴累不能去者,囊簏盛婴儿投于水,而告之曰:"贺汝先登仙堂,我寻后就汝。"

初，恩闻八郡响应，告其属曰："天下无复事矣，当与诸君朝服而至建康。"既闻牢之临江，复曰："我割浙江，不失作句践也。"寻知牢之已济江，乃曰："孤不羞走矣。"乃虏男女二十余万口，一时逃入海。惧官军之蹑，乃缘道多弃宝物子女。时东土殷实，莫不粲丽盈目，牢之等遽于收敛，故恩复得逃海。朝廷以谢琰为会稽，率徐州文武戍海浦。

隆安四年，恩复入余姚，破上虞，进至邢浦。琰遣参军刘宣之距破之，恩退缩。少日，复寇邢浦，害谢琰。朝廷大震，遣冠军将军桓不才、辅国将军孙无终、宁朔将军高雅之击之，恩复还于海。于是复遣牢之东屯会稽，吴国内史袁山松筑扈渎垒，缘海备恩。明年，恩复入浃口，雅之败绩。牢之进击，恩复还于海。转寇扈渎，害袁山松，仍浮海向京口。牢之率众西击，未达，而恩已至，刘裕乃总兵缘海距之。及战，恩众大败，狼狈赴船。寻又集众，欲向京都，朝廷骇惧，陈兵以待之。恩至新洲，不敢进而退，北寇广陵，陷之，乃浮海而北。刘裕与刘敬宣并军蹑之于郁洲，累战，恩复大败，由是渐衰弱，复沿海还南。裕亦寻海要截，复大破恩于扈渎，恩遂远进海中。

及桓玄用事，恩复寇临海，临海太守辛景讨破之。恩穷蹙，乃赴海自沉，妖党及妓妾谓之水仙，投水从死者百数。余众复推恩妹夫卢循为主。自恩初入海，所虏男女之口，其后战死及自溺并流离被传卖者，至恩死时裁数千人存，而恩攻没谢琰、袁山松，陷广陵，前后数十战，亦杀百姓数万人。

卢循，字于先，小名元龙，司空从事中郎谌之曾孙也。双眸冏彻，瞳子四转，善草隶弈棋之艺。沙门慧远有鉴裁，见而谓之曰："君虽体涉风素，而志存不轨。"循娶孙恩妹。及恩作乱，与循通谋。恩性酷忍，循每谏止之，人士多赖以济免。恩亡，余众推循为主。元兴二年正月，寇东阳，八月，攻永嘉。刘裕讨循至晋安，循窘急，泛海到番禺，寇广州，逐刺史吴隐之，自摄州事，号平南将军，遣使献贡。时朝廷新诛桓氏，中外多虞，乃权假循征虏将军、广州刺史、平越中郎将。

义熙中，刘裕伐慕容超，循所署始兴太守徐道覆，循之姊夫也，使人劝循乘虚而出，循不从。道覆乃至番禺，说循曰："朝廷恒以君为腹心之疾，刘公未有旋日，不乘此机而保一日之安，若平齐之后，刘公自率众至豫章，遣锐师过岭，虽复君之神武，必不能当也。今日之机，万不可失。既克都邑，刘裕虽还，无能为也。君若不同，便当率始兴之众直指寻阳。"循甚不乐此举，无以夺其计，乃从之。

初，道覆密欲装舟舰，乃使人伐船材于南康山，伪云将下都货。后称力少不能得致，即于郡贱卖之，价减数倍，居人贪贱，卖衣物市之。赣石水急，出船甚难，皆储之。如是者数四，故船版大积，而百姓弗之疑。及道覆举兵，案卖券而取之，无得隐匿者，乃并力装之，旬日而办。遂举众寇南康、庐陵、豫章诸郡，守相皆委任奔走。镇南将军何无忌率众距之，兵败被害。

循遣道覆寇江陵，未至，为官军所败，驰走告循曰："请并力攻京都，若克之，江陵非所忧也。"循连旗而下，戎卒十万，舳舻千计，败卫将军刘毅于桑落洲，迳至江宁。道覆素有胆决，知刘裕已还，欲乾没一战，请于新亭至白石，焚舟而上，数道攻之。循多谋少决，欲以万全之计，固不听。道覆以循无断，乃叹曰："我终为卢公所误，事必无成。使我得为英雄驱驰，天下不足定也！"裕惧其侵轶，乃栅石头，断栅浦，以距之。循攻栅不利，船舰为暴风所倾，人有死者。列阵南岸，战又败绩。乃进攻京口，寇掠诸县，无所得。循谓道覆曰："师老矣！弗能复振。可据寻阳，并力取荆州，徐更与都下争衡，犹可以济。"因自蔡洲南走，复据寻阳。裕先遣群率追讨，自统大众继进，又败循于雷池。循欲遁还豫章，乃悉力栅断左里。裕命众攻栅，循众虽死战，犹不能抗。裕乘胜击之，循单舸而走，收散卒得千余人，还保广州。裕先遣孙处从海道据番禺城，循攻之不下。道覆保始兴，因险自固。循乃袭合浦，克之，进攻交州。至龙编，刺史杜慧度谲而败之。

循势屈，知不免，先鸩妻子十余人，又召妓妾问曰："我今将自杀，谁能同者？"多云："雀鼠贪生，就死实人情所难。"有云："官尚当死，某岂愿生！"于是悉鸩诸辞死者，因自投于水。慧度取其尸斩之，及其父嘏，同党尽获，传首京都。

谯纵，巴西南充人也。祖献之，有重名于西土。纵少而谨慎，蜀人爱之。为安西府参军。义熙元年，刺史遣纵及侯晖等领诸县氐进兵东下。晖有贰志，因梁州人不乐东也，将图益州刺史毛璩，与巴西阳昧结谋于五城水口，共逼纵为主。纵惧而不当，走投于水，晖引出而请之，至于再三，遂以兵逼纵于舆上。攻璩弟西夷校尉瑾于涪城，城陷，瑾死之，纵乃自号梁、秦二州刺史。璩闻纵反，自略城步还成都，遣参军王琼率三千人讨纵，又遣弟瑗领四千兵继琼后进。纵遣弟明子及晖距琼于广汉，琼击破晖等，追至绵竹。明子设二伏以待之，大败琼众，死者十八九。益州营户李腾开城以纳纵。

毛璩既死，纵以从弟洪为益州刺史，明子为镇东将军、巴州刺史，率其众五千人屯白帝，自称成都王。明年，遣使称藩于姚兴，将顺流东寇，以讨车骑将军刘裕为名，乞师于姚兴，且请桓谦为助，兴遣之。

九年，刘裕以西阳太守朱龄石为益州刺史，宁朔将军臧喜、下邳太守刘钟、兰陵太守蒯恩等率众二万，自江陵讨纵。初谋元率，金难其人，龄石资名素浅，裕违众拔之，授以麾下之半。臧喜，裕妻弟也，位出其右，又隶焉。龄石次于白帝，纵遣谯道福重兵守涪。龄石师次平模，去成都二百里，纵遣其大将军侯晖、尚书仆射谯洗屯平模，夹岸连城，层楼重栅，众未能攻。龄石谓刘钟曰："天方暑热，贼今固险，攻之难拔，只困我师。吾欲蓄锐息兵，伺隙而进，卿以为何如？"钟曰："不然。前扬声言大将由内水，故道福不敢舍涪，今重军逼之，出其不意，侯晖之徒已破胆矣。正可因其凶而攻之，势当必克。克平模之后，自可鼓行而前，成都必不能守。若缓兵相持，虚实相见，涪军复来,难为敌也。进不能战,退无所资,二万余人因为蜀子房耳。"从之。翌日,进攻皆克,斩侯晖等,于是遂进。纵之城守者相次瓦解,纵乃出奔。其尚书令马耽封仓库以待王师。及龄石入成都,诛纵同祖之亲,余皆安堵,使复其业。

纵之走也,先如其墓,纵女谓纵曰:"走必不免,只取辱焉。等死,死于先人之墓可也。"纵不从,投道福于涪。道福怒谓纵曰:"大丈夫居如斯功业,安可弃哉!今欲为降虏,岂可而得!人谁不死,何惧之甚!"因投纵以剑,中其马鞍。纵去之,乃自缢。道福谓其徒曰:"吾养尔等,正为今日。蜀之存亡,实系在我,不在谯王。我尚在,犹足一战。"士咸许诺。乃散金帛以赐其众,众受之而走。道福独奔广汉,广汉人杜瑾执之。朱龄石徙马耽于越巂,追杀之。耽之徙也,谓其徒曰:"朱侯不送我京师,灭众口也,吾必不免。"乃盥洗而卧,引绳而死。须臾,龄石师至,遂戮尸焉。

史臣曰:惠皇失御,政紊朝危,难起萧墙,毒痛函夏,九州波骇,五岳尘飞,干戈日寻,戎车竞逐。王弥好乱乐祸,挟诈怀奸,命俦啸侣,伺间侯隙,助悖逆于平阳,肆残忍于都邑,遂使生灵涂炭,神器流离,邦国轸《麦秀》之哀,宫庙兴《黍离》之痛,岂天意乎?岂人事乎?何丑虏之猖狂而乱离斯瘼者也!张昌等或鸱张淮浦,或蚁聚荆、衡,招乌合之凶徒,逞豺狼之贪暴,凭陵险隘,倔强江湖,未淹岁稔,咸至诛戮,实自取之,非为不幸。峻、约同恶相济,生此乱阶,孙、卢同类相求,嗣成狱逆。至乃干戈扫地,灾沴滔天,虽樊、谢之毒被含灵,李、郭之祸延宫阙,方凶比暴,弗是加也。谯纵乘兹衅隙,肆彼奸谋,旋踵而亡,无足论矣。

赞曰:中朝踬政,王弥肇乱。神器流离,生灵涂炭。群妖伺隙,构兹多难。荐食荆、衡,陵虐江、汉。孙、卢奸慝,约、峻残贼。穷凶极暴,为鬼为蜮。纵窃岷、峨,旋至颠踣。

载记序

古者帝王,乃生奇类、淳维,伯禹之苗裔,岂异类哉?反首衣皮,餐膻饮湩,而震惊中域,其来自远。天未悔祸,种落弥繁。其风俗险诐,性灵驰突,前史载之,亦以详备。轩帝患其干纪,所以徂征;武王窜于荒服,同乎禽兽。而于露寒之野,候月觇风,睹隙扬埃,乘间骋暴,边城不得缓带,百姓靡有室家。孔子曰:"微管仲,吾其被发左衽矣。"此言能教训卒伍,整齐车甲,边场既伏,境内以安。然则燕筑造阳之郊,秦堑临洮之险,登天山,绝地脉,苞玄菟,款黄河,所以防夷狄之乱中华,其备豫如此。

汉宣帝初纳呼韩,居之亭郭,委以候望,始宽戎狄。光武亦以南庭数万徙入西河,后亦转至五原,连延七郡。董卓之乱,则汾、晋之郊萧索矣。郭钦腾笺于武帝,江统献策于惠皇,皆以为魏处戎夷,绣居都鄙,请移沙塞之表,定一殷、周之服。统则忧诸并部,钦则虑在盟津。言犹自口,元海已至。语曰"失以豪厘",晋卿大夫之辱也。聪之誓兵,东兼齐地;曜之驰旆,西逾陇山,覆没两京,蒸徒百万。天子陵江御物,分据地险,回首中原,力不能救,划长淮以北,大抵弃之。胡人利我艰虞,分镳起乱;晋臣或阻兵遐远,接武效尤。

大凡刘元海以惠帝永兴元年据离石称汉。后九年,石勒据襄国称赵。张氏先据河西,是岁,自石勒后三十六年也,重华自称凉王。后一年,冉闵据邺称魏。后一年,苻健据长安称秦。慕容氏先据辽东称燕,是岁,自苻健后一年也,儁始僭号。后三十一年,后燕慕容垂据邺。后二年,西燕慕容冲据阿房。是岁也,乞伏国仁据枹罕称秦。后一年,慕容永据上党。是岁也,吕光据姑臧称凉。后十二年,慕容德据滑台称南燕。是岁也,秃发乌孤据廉川称南凉,段业据张掖称北凉。后三年,李玄盛据敦煌称西凉。后一年,沮渠蒙逊杀段业,自称凉。后四年,谯纵据蜀称成都王。后二年,赫连勃勃据朔方称大夏。后二年,冯跋杀离班,据和龙称北燕。提封天下,十丧其八,莫不龙旌帝服,建社开衿,华夷咸暨,人物斯在。或篡通都之乡,或拥数州之地,雄图内卷,师旅外并,穷兵凶于胜负,尽人命于锋镝,其为战国者一百三十六载,抑元海为之祸首云。

卷一百一　　载记第一

刘元海　子和　刘宣

刘元海,新兴匈奴人,冒顿之后也。名犯高祖庙讳,故称其字焉。初,汉高祖以宗女为公主,以妻冒顿,约为兄弟,故其子孙遂冒姓刘氏。建武初,乌珠留若鞮单于子右奥鞬日逐王比自立为南单于,入居西河美稷,今离石左国城即单于所徙庭也。中平中,单于羌渠使子於扶罗将兵助汉,讨平黄巾。会羌渠为国人所杀,於扶罗以其众留汉,自立为单于。属董卓之乱,寇掠太原、河东,屯于河内。於扶罗死,弟呼厨泉立,以於扶罗子豹为左贤王,即元海之父也。魏武分其众为五部,以豹为左部帅,其余部帅皆以刘氏为之。太康中,改置都尉,左部居太原兹氏,右部居祁,南部居蒲子,北部居新兴,中部居大陵。刘氏虽分居五部,然皆居于晋阳、汾、涧之滨。

豹妻呼延氏,魏嘉平中祈子于龙门,俄而有一大鱼,顶有二角,轩鬐跃鳞而至祭所,久之乃去。巫觋皆异之,曰:"此嘉祥也。"其夜梦旦所见鱼变为人,左手把一物,大如半鸡子,光景非常,授呼延氏,曰:"此是日精,服之生贵子。"寤而告豹,豹曰:"吉征也。吾昔从邯郸张冏母司徒氏相,云吾当有贵子孙,三世必大昌,仿佛相符矣。"自是十三月而生元海,左手文有其名,遂以名焉。龆龀英慧,七岁遭母忧,擗踊号叫,哀感旁邻,宗族部落咸共叹赏。时司空太原王昶闻而嘉之,并遣吊赗。幼好学,师事上党崔游，习《毛诗》、《京氏易》、《马氏尚书》，尤好《春秋左氏传》、《孙吴兵法》，略皆诵之，《史》、《汉》、诸子，无不综览。尝谓同门生朱纪、范隆曰："吾每观书传，常鄙随、陆无武，降、灌无文。道由人弘，一物之不知者，固君子之所耻也。二生遇高皇而不能建封侯之业，两公属太宗而不能开křr序之美，惜哉！"于是遂学武事，妙绝于众，猿臂善射，膂力过人。姿仪魁伟，身长八尺四寸，须长三尺余，当心有赤毫毛三根，长三尺六寸。有屯留崔懿之、襄陵公师彧等，皆善相人，及见元海，惊而相谓曰："此人形貌非常，吾所未见也。"于是深相崇敬，推分结恩。太原王浑虚襟友之，命子济拜焉。

咸熙中，为任子在洛阳，文帝深待之。泰始之后，浑又屡言之于武帝。帝召与语，大悦之，谓王济曰："刘元海容仪机鉴，虽由余、日磾无以加也。"济对曰："元海仪容机鉴，实如圣旨，然其文武才干贤于二子远矣。陛下若任之以东南之事，吴会不足平也。"帝称善。孔恂、杨珧进曰："臣观元海之才，当今惧无其比，陛下若轻其众，不足以成事；若假之威权，平吴之后，恐其不复北渡也。非我族类，其心必异。任之以本部，臣窃为陛下寒心。若举天阳之固以资之，无乃不可乎！"帝默然。

后秦、凉覆没，帝畴咨将帅，上党李憙曰："陛下诚能发匈奴五部之众，假元海一将军之号，鼓行而西，可指期而定。"孔恂曰："李公之言，未尽殄患之理也。"憙勃然曰："以匈奴之劲悍，元海之晓兵，奉宣圣威，何不尽之有！"恂曰："元海若能平凉州，斩树机能，恐凉州方有难耳。蛟龙得云雨，非复池中物也。"帝乃止。后王弥从洛阳东归，元海饯弥于九曲之滨。泣谓弥曰："王浑、李憙以乡曲见知，每相称达，谗间因之而进，深非吾愿，适足为害。吾本无官情，惟足下明之。恐死洛阳，永与子别。"因慷慨歔欷，纵酒长啸，声调亮然，坐为之流涕。齐王攸时在九曲，比闻而驰遣视之，见元海在焉，言于帝曰："陛下不除刘元海，臣恐并州不得久宁。"王浑进曰："元海长者，浑为君王保明之。且大晋方表信殊俗，怀远以德，如何以无萌之疑杀人侍子，以示晋德不弘。"帝曰："浑言是也。"

会豹卒，以元海代为左部帅。太康末，拜北部都尉。明刑法，禁奸邪，轻财好施，推诚接物，五部俊杰无不至者。幽、冀名儒，后门秀士，不远千里，亦皆游焉。杨骏辅政，以元海为建威将军、五部大都督，封汉光乡侯。元康末，坐部人叛出塞免官。成都王颖镇邺，表元海行宁朔将军、监五部军事。

惠帝失驭，寇盗蜂起，元海从祖故北部都尉、左贤王刘宣等窃议曰："昔我先人与汉约为兄弟，忧泰同之。自汉亡以来，魏、晋代兴，我单于虽有虚号，无复尺土之业，自诸王侯，降同编户。今司马氏骨肉相残，四海鼎沸，兴邦复业，此其时矣。左贤王元海姿器绝人，干宇超世。天若不恢崇单于，终不虚生此人也。"于是密共推元海为大单于。乃使其党呼延攸诣邺，以谋告之。元海请归会葬，颖弗许。乃令攸先归，告宣等招集五部，引会宜阳诸胡，声言应颖，实背之也。

颖为皇太弟，以元海为太弟屯骑校尉。惠帝伐颖，次于荡阴，颖假元海辅国将军、督北城守事。及六军败绩，颖以元海为冠军将军，封卢奴伯。并州刺史东嬴公腾、安北将军王浚，起兵伐颖，元海说颖曰："今二镇跋扈，众余十万，恐非宿卫及近都士庶所能御之，请为殿下还说五部，以赴国难。"颖曰："五部之众可保发已不？纵能发之，鲜卑、乌丸劲速如风云，何易可当邪？吾欲奉乘舆还洛阳，避其锋锐，徐传檄天下，以逆顺制之。君意何如？"元海曰："殿下武皇帝之子，有殊勋于王室，威恩光洽，四海钦风，孰不思为殿下没命投躯者哉，何难发之有乎！王浚竖子，东嬴疏属，岂能与殿下争衡邪！殿下一发邺宫，示弱于人，洛阳可复至乎？纵达洛阳，威权不复在殿下也。纸檄尺书，谁为人奉之！且东胡之悍不逾五部，愿殿下勉抚士众，靖以镇之，当为殿下以二部摧东嬴，三部枭王浚，二竖之首可指日而悬矣。"颖悦，拜元海为北单于、参丞相军事。元海至左国城，刘宣等上大单于之号，二旬之间，众已五万，都于离石。

王浚使将军祁弘率鲜卑攻邺，颖败，挟天子南奔洛阳。元海曰："颖不用吾言，逆自奔溃，真奴才也。然吾与其有言矣，不可不救。"于是命右于陆王刘景、左独鹿王刘延年等率步骑二万，将讨鲜卑。刘宣等固谏曰："晋为无道，奴隶御我，是以右贤王猛不胜其忿。属晋纲未驰，大事不遂，右贤涂地，单于之耻也。今司马氏父子兄弟自相鱼肉，此天厌晋德，授之于我。单于积德在躬，为晋人所服，方当兴我邦族，复呼韩邪之业，鲜卑、乌丸可以为援，奈何距之而拯仇敌！今天假手于我，不可违也。违天不祥，逆众不济；天与不取，反受其咎。愿单于勿疑。"元海曰："善。当为崇冈峻阜，何能为培塿乎！夫帝王岂有常哉，大禹出于西戎，文王生于东夷，顾惟德所授耳。今见众十余万，皆一当晋十，鼓行而摧乱晋，犹拉枯耳。上可成汉高之业，下不失为魏氏。虽然，晋人未必同我。汉有天下世长，恩德结于人心，是以昭烈崎岖于一州之地，而能抗衡于天下。吾又汉氏之甥，约为兄弟，兄亡弟绍，不亦可乎？且可称汉，追尊后主，以怀人望。"乃迁于左国城，远人归附者数万。

永兴元年，元海乃为坛于南郊，僭即汉王位，下令曰："昔我太祖高皇帝以神武应期，廓开大业。太宗孝文皇帝重以明德，升平汉道。世宗孝武皇帝拓土攘夷，地过唐日。中宗孝宣皇帝搜扬俊父，多士盈朝。是我祖宗道迈三王，功高五帝，故卜年倍于夏、商，卜世过于姬氏。而元、成多僻，哀、平短祚，贼臣王莽，滔天篡逆。我世祖光武皇帝诞资圣武，恢复鸿基，祀汉配天，不失旧物，俾三光晦而复明，神器幽而复显。显宗孝明皇帝、肃宗孝章皇帝累叶重晖，炎光再阐。自和、安已后，皇纲渐颓，天步艰难，国统频绝。黄巾海沸于九州，群阉毒流于四海，董卓因之肆其猖勃，曹操父子凶逆相寻。故孝愍委弃万国，昭烈播越岷、蜀，冀否终有泰，旋轸旧京。何图天未悔祸，后帝窘辱。自社稷沦丧，宗庙之不血食四十年于兹矣。今天诱其衷，悔祸皇汉，使司马氏父子兄弟迭相残灭。黎庶涂炭，靡所控告。孤今猥为群公所推，绍修三祖之业。顾兹尪暗，战惶靡厝。

但以大耻未雪,社稷无主,衔胆栖冰,勉从群议。"乃赦其境内,年号元熙,追尊刘禅为孝怀皇帝,立汉高祖以下三祖五宗神主而祭之。立其妻呼延氏为王后。置百官,以刘宣为丞相,崔游为御史大夫,刘宏为太尉,其余拜授各有差。

东嬴公腾使将军聂玄讨之,战于大陵,玄师败绩,腾惧,率并州二万余户下山东,遂所在为寇。元海遣其建武将军刘曜寇太原、泫氏、屯留、长子、中都,皆陷之。二年,腾又遣司马瑜、周良、石鲜等讨之,次于离石、汾城。元海遣其武牙将军刘钦等六军距瑜等,四战,瑜出败绩,钦振旅而归。是岁,离石大饥,迁于黎亭,以就邸阁谷,留其太尉刘宏、护军马景守离石,使大司农卜豫运粮以给之。以其前将军刘景为使持节、征讨大都督、大将军,要击并州刺史刘琨于版桥,为琨所败,琨遂据晋阳。其侍中刘殷、王育进谏元海曰:"殿下自起兵以来,渐已一周,而颛守偏方,王威未震。诚能命将四出,决机一掷,枭刘琨,定河东,建帝号,鼓行而南,克长安而都之,以关中之众席卷洛阳,如指掌耳。此高皇帝之所以创启鸿基,克殄强楚者也。"元海悦曰:"此孤心也。"遂进据河东,攻寇蒲坂、平阳,皆陷之。元海遂入都蒲子,河东、平阳属县垒壁尽降。时汲桑起兵赵、魏,上郡四部鲜卑陆逐延、氐酋大单于征、东莱王弥及石勒等并相次降之,元海悉署其官爵。

永嘉二年,元海僭即皇帝位,大赦境内,改元永凤。以其大将军刘和为大司马,封梁王,尚书令刘欢乐为大司徒,封陈留王,御史大夫呼延翼为大司空,封雁州郡公,宗室以亲疏为等,悉封郡县王,异姓以勋谋为差,皆封郡县公侯。太史令宣于修之言于元海曰:"陛下虽龙兴凤翔。奄受大命,然遗晋未殄,皇居仄陋,紫宫之变,犹钟晋氏,不出三年,必克洛阳。蒲子崎岖,非可久安。平阳势有紫气,兼陶唐旧都,愿陛下上迎乾象,下协坤祥。"于是迁都平阳。汾水中得玉玺,文曰"有新保之",盖王莽时玺也。得者因增"泉海光"三字,元海以为己瑞,大赦境内,改年河瑞。封子裕为齐王,隆为鲁王。

于是命其子聪与王弥进寇洛阳,刘曜与赵固等为之后继。东海王越遣平北将军曹武、将军宋抽、彭默等距之,王师败绩。聪等长驱至宜阳,平昌公模遣将军淳于定、吕毅等自长安讨之,战于宜阳,定等败绩。聪恃连胜,不设备,弘农太守垣延诈降。夜袭,聪军大败而还,元海素服迎师。

是冬,复大发军,遣聪、弥与刘曜、刘景等率精骑五万寇洛阳,使呼延翼率步卒继之,败王师于河南。聪进屯于西明门,护军贾胤夜薄之,战于大夏门,斩聪将呼延颢,其众遂溃。聪回军而南。壁于洛水,寻进屯宜阳门,曜屯上东门,弥屯广阳门,景攻大夏门,聪亲祈嵩岳,令其将刘厉、呼延朗等督留军。东海王越命参军孙询、将军丘光、楼褒等率帐下劲卒三千,自宜阳门击朗,斩之。聪闻而驰还。厉惧聪之罪己也,赴水而死。王弥谓聪曰:"今既失利,洛阳犹固,殿下不如还师,徐为后举。下官当于兖、豫之间收兵积谷,伏听严期。"宣于修之又言于元海曰:"岁

在辛未,当得洛阳。今晋气犹盛,大军不归,必败。"元海驰遣黄门郎傅询召聪等还师。王弥出自轘辕,越遣薄盛等追击弥,战于新汲,弥师败绩。于是摄薄阪之戍,还于平阳。

以刘欢乐为太傅,刘聪为大司徒,刘延年为大司空,刘洋为大司马,赦其境内。立其妻单氏为皇后,子和为皇太子,封子乂为北海王。

元海寝疾,将为顾托之计,以欢乐为太宰,洋为太傅,延年为太保,聪为大司马、大单于,并录尚书事,置单于台于平阳西,以其子裕为大司徒。元海疾笃,召欢乐及洋等人禁中受遗诏辅政。以永嘉四年死,在位六年,伪谥光文皇帝,庙号高祖,墓号永光陵。子和立。

和字玄泰。身长八尺,雄毅美姿仪,好学凤成,习《毛诗》、《左氏春秋》、《郑氏易》。及为储贰,内多猜忌,驭下无恩。元海死,和嗣伪位。其卫尉西昌王刘锐、宗正呼延攸恨不参顾命也,说和曰:"先帝不惟轻重之计,而使三王总强兵于内,大司马握十万劲卒居于近郊,陛下今便为寄坐耳。此之祸难,未可测也,顾陛下早为之所。"和即攸之甥也,深然之,召其领军刘盛及刘钦、马景等告之。盛曰:"先帝尚在殡宫,四王未有逆节,今忽一旦自相鱼肉,臣恐人不食陛下之余。四海未定,大业甫尔,愿陛下以上成先帝鸿基为志,且塞耳勿听此狂简之言也。《诗》云:'岂无他人,不如我同父。'陛下既不信诸弟,复谁可信哉!"锐、攸怒曰:"今日之议,理无有二。"于是命左右刃之。景惧曰:"惟陛下诏,臣等以死奉之,蔑不济矣。"乃相与盟于东堂,使锐、景攻聪,攸率刘安国攻裕,使侍中刘乘、武卫刘钦攻鲁王隆,尚书田密、武卫刘璿攻北海王乂。密、璿等使人斩关奔于聪,聪命贯甲以待之。锐知聪之有备也,驰还,与攸、乘等会攻隆、裕。攸、乘惧安国、钦之有异志也,斩之。是日,斩裕及隆。聪攻西明门,克之。锐等奔入南宫,前锋随之,斩和于光极西室。锐、攸枭首通衢。

刘宣,字士则。朴钝少言,好学修洁。师事乐安孙炎,沈精积思,不舍昼夜,好《毛诗》、《左氏传》。炎每叹之曰:"宣若遇汉武,当逾于金日䃅也。"学成而返,不出门闾盖数年。每读《汉书》,至《萧何》、《邓禹传》,未曾不反覆咏之,曰:"大丈夫若遭二祖,终不令二公独擅美于前矣。"并州刺史王广言之于武帝,帝召见,嘉其占对,因曰:"吾未见宣,谓广言虚耳。今见其进止风仪,真所谓如圭如璋,观其性质,足能抚集本部。"乃以宣为右部都尉,特给赤幢曲盖。莅官清恪,所部怀之。元海即王位,宣之谋也,故特荷尊重,勋戚莫二,军国内外靡不专之。

卷一百二　　　　　载记第二

刘　聪

刘聪，字玄明，一名载，元海第四子也。母曰张夫人。初，聪之在孕也，张氏梦日入怀，寤而以告，元海曰："此吉征也，慎勿言。"十五月而生聪焉，夜有白光之异。形体非常，左耳有一白毫，长二尺余，甚光泽。幼而聪悟好学，博士朱纪大奇之。年十四，究通经史，兼综百家之言，《孙吴兵法》靡不诵之。工草隶，善属文，著述怀诗百余篇、赋颂五十余篇。十五习击刺，猿臂善射，弯弓三百斤，膂力骁捷，冠绝一时。太原王浑见而悦之，谓元海曰："此儿吾所不能测也。"

弱冠游于京师，名士莫不交结，乐广、张华尤异之也。新兴太守郭颐辟为主簿，举良将，入为骁骑别部司马，累迁右部都尉，善于抚接，五部豪右无不归之。河间王颙表为赤沙中郎将。聪以元海在邺，惧为成都王颖所害，乃亡奔成都王，拜右积弩将军，参前锋战事。元海为北单于，立为右贤王，随还右部。及即大单于位，更拜鹿蠡王。既杀其兄和，群臣劝即尊位。聪初让其弟北海王乂，又与公卿泣涕固请，聪久而许之，曰："父及群公正以四海未定，祸难尚殷，贪孤年长故耳。此国家之事，孤敢不祗从。今便欲远遵鲁隐，待乂年长，复子明辟。"于是以永嘉四年僭即皇帝位，大赦境内，改元光兴。尊元海妻单氏曰皇太后，其母张氏为帝太后，乂为皇太弟，领大单于、大司徒，立其妻呼延氏为皇后，封其子粲为河内王，署使持节、抚军大将军、都督中外诸军事，易河间王，翼彭城王，悝高平王。遣粲及其征东王弥、龙骧刘曜等率众四万，长驱入洛川，遂出轘辕，周旋梁、陈、汝、颍之间，陷垒壁百余。以其司空刘景为大司马，左光禄刘殷为大司徒，右光禄王育为大司空。伪太后单氏姿色绝丽，聪烝焉。单即乂之母也，乂屡以为言，单氏惭恚而死，聪悲悼无已。后知其故，乂之宠因此渐衰，然犹追念单氏，未便黜废。又尊母为皇太后。

署其卫尉呼延晏为使持节、前锋大都督、前军大将军。配禁兵二万七千，自宜阳入洛川，命王弥、刘曜及镇军石勒进师会之。晏比及河南，王师前后十二败，死者三万余人。弥等未至，晏留辎重于张方故垒，遂寇洛阳，攻陷平昌门，焚东阳、宣阳诸门及诸府寺。怀帝遣河南尹刘默距之，王师败于社门。晏以外继不至，出自东阳门，掠王公已下子女二百余人而去。时帝以济河东遁，具船于洛水，晏尽焚之，还于张方故垒。王弥、刘曜至，复与晏会围洛阳。时城内饥甚，人皆相食，百官分散，莫有固志。宣阳门陷，弥、晏入于南宫，升太极前殿，纵兵大掠，悉收宫人、珍宝。曜于是害诸王公及百官已下三万余人，于洛水北筑为京观。迁帝及惠帝羊后、传国六玺于平阳。聪大赦，改年嘉平，以帝为特进、左光禄大夫、平阿公。

遣其平西赵染、安西刘雅率骑二万攻南阳王模于长安，粲、曜率大众继之。染败王师于潼关，将军吕毅死之。军至于下邽，模乃降染。染送模于粲，粲害模及其子范阳王黎，送卫将军梁芬、模长史鲁繇、兼散骑常侍杜骜、辛谧及北宫纯等于平阳。聪以粲之害模也，大怒。粲曰："臣杀模本不以其晚识天命之故，但以其晋氏肺腑，洛阳之难不能死节，天下之恶一也，故诛之。"聪曰："虽然，吾恐汝不免诛降之殃也。夫天道至神，理无不报。"

署刘曜为车骑大将军、开府仪同三司、雍州牧，改封中山王，镇长安，王弥为大将军，封齐公。寻而石勒等杀弥于己吾而并其众，表弥叛状。聪大怒，遣使让勒专害公辅，有无上之心，又恐勒之有二志也，以弥部众配之。刘曜既据长安，安定太守贾疋及诸氐、羌皆送质任，唯雍州刺史麹特、新平太守竺恢固守不降。护军麹允、频阳令梁肃自京兆南山将奔安定，遇疋任子于阴密，拥还临泾，推疋为平南将军，率众五万，攻曜于长安，扶风太守梁综及麹特、竺恢者亦率众十万会之。曜遣刘雅、赵染来距，败绩而还。曜又尽长安锐卒与诸军战于黄丘，曜众大败，中流矢，退保甘泉。杜人王秃、纪特等攻刘粲于新丰，粲还平阳。曜攻陷池阳，掠万余人归于长安。时阎鼎等奉秦王为皇太子，入于雍城，关中戎晋莫不响应。

聪后呼延氏死，将纳其太保刘殷女，其弟乂固谏。聪更访之于太宰刘延年、大傅刘景，景等皆曰："臣常闻太保自云周，刘康公之后，与圣氏本源既殊，纳之为允。"聪大悦，使其兼大鸿胪李弘拜殷二女为左右贵嫔，位在昭仪上。又纳殷女孙四人为贵人，位次贵嫔。谓弘曰："此女辈皆姿色超世，女德冠时，且太保于朕实自不同，卿意安乎？"弘曰："太保胤自有周，与圣源实别，陛下正以姓同为恨耳。且魏司空东莱王基当世大儒，岂不达礼乎！为子纳司空太原王沈女，以其姓同而源异故也。"聪大悦，赐弘黄金六十斤，曰："卿当以此意谕吾子弟辈。"于是六刘之宠倾于后宫，聪稀复出外，事皆中黄门纳奏，左贵嫔决之。

聪假怀帝仪同三司，封会稽郡公，庾珉等以次加秩。聪引帝入宴，谓帝曰："卿为豫章王时，朕尝与王武子相造，武子示朕于卿，卿言闻其名久矣。以卿所制乐府歌示朕，谓朕曰：'闻君善为辞赋，试为看之。'朕时与武子俱为《盛德颂》，卿称善者久之。又引朕射于皇堂，朕得十二筹，卿与武子俱得九筹，卿赠朕柘弓、银研，卿颇忆否？"帝曰："臣安敢忘之，但恨尔日不早识龙颜。"聪曰："卿家骨肉相残，何其甚也？"帝曰："此殆非人事，皇天之意也。大汉将应乾受历，故为陛下自相驱除。且臣家若能奉武皇之业，九族敦睦，陛下何由得之！"至日夕乃出，以小刘贵人赐帝，谓帝曰："此名公之孙，今特以相妻，卿宜善遇之。"拜刘为会稽国夫人。

遣其镇北靳冲寇太原，平北卜翊率众继之。冲攻太原不克，而归罪于翊，辄斩之。聪闻之，大怒曰："此人朕所不得加刑，冲何人哉！"遣其御史中丞浩衍持节斩冲。左都水使者襄陵王摅坐鱼蟹不供，将作大匠望都公靳陵坐温明、徽光二殿不成，皆斩于东市。聪游猎无度，常晨出暮归，观渔于汾水，以烛继昼。中军王彰谏曰："今大难未夷，余晋假息，陛下不惧白龙鱼服之祸，而昏夜忘归。陛下当思先帝创业之艰难，嗣承之不易，鸿业已尔，四海属情，何可坠之于垂成，隳之于将就！比窃观陛下所为，臣实痛心疾首有日矣。且愚人系汉之心未专，而思晋之怀犹盛，刘琨去此咫尺之间，狂狷刺客息顷而至。帝王轻出，一夫敌耳。愿陛下改往修来，则亿兆幸甚。"聪大怒，命斩之。上夫人王氏叩头乞哀，乃囚之诏狱。聪母以聪刑怒过差，三日不食，弟乂、子粲并以切谏。聪怒曰："吾岂桀、纣、幽、厉乎，而汝等生来哭人！"其太宰刘延年及诸公卿列侯百有余人，皆免冠涕泣固谏曰："光文皇帝以圣武膺期，创建鸿祚，而六合未一，夙世early退。陛下睿德自天，龙飞绍统，东平洛邑，南定长安，真可谓功高周成，德超夏启。往世唐、虞，今则陛下，历观书记，未有此比。而顷频以小务不供而斩王公，直言忤旨，便囚大将，游猎无度，机管不修，臣等窃所未解，臣所以破肝糜胃忘寝与食者也。"聪乃赦彰。

麴特等围长安，刘曜连战败绩，乃驱掠士女八万余口退还平阳，因攻司徒傅祗于三渚，使其右将军刘参攻郭默于怀城。祗病卒，城陷，迁祗孙纯、粹并二万余户于平阳县。聪赠祗太保，纯、粹皆给事中，谓祗子畅曰："尊公虽不达天命，然各忠其主，吾亦有以亮之。但晋主已降，天命非人所支，而虔刘南鄙，沮乱边萌，此其罪也。以元恶之种而赠同勋旧，逆臣之孙荷荣禁闼，卿知皇汉之德弘旷以不？"畅曰："陛下每嘉先臣，不以小臣之故而亏其忠节，及是恩也，自是明主伐国吊人之义，臣辄同万物，未敢谢生于自然。"

聪遣刘粲、刘曜等攻刘琨于晋阳，琨使张乔距之，战于武灌，乔败绩，死之，晋阳危惧。太原太守高乔、琨别驾郝聿以晋阳降粲。琨与左右数十骑，携其妻子奔于赵郡之亭头，遂如常山。粲、曜入于晋阳。先是，琨与代王猗卢结为兄弟，乃告败于猗卢，且乞师。猗卢遣子日利孙、宾六须及将军卫雄、姬澹等率众数万攻晋阳，琨收散卒千余为之乡导，猗卢率六万至于狼猛。曜及宾六须战于汾东，曜坠马，中流矢，身被七创。讨房傅武以马授曜，曜曰："当今危亡之极，人各思免。吾创已重，自分死此矣。"武泣曰："武小人，蒙大王识拔，以至于是，常思效命，今其时矣。且皇室始基，大难未弭，天下何可一日无大王也。"于是扶曜乘马，驱令渡汾，回而战死。曜入晋阳，夜与刘粲等掠百姓，逾蒙山遁归。猗卢率骑道之，战于蓝谷，粲败绩，斩其征虏邢延，获其镇北刘丰。琨收合离散，保于阳曲，猗卢戍之而还。

正旦，聪宴于光极前殿，逼帝行酒，光禄大夫庾珉、王㑺等起而大哭，聪恶之。会有告珉等谋以平阳应刘琨者，聪遂鸩帝而诛珉、㑺，复以赐帝刘夫人为贵人，大赦境内殊死已下。立左贵嫔刘氏为皇后。聪将为刘氏起鸾仪殿于后庭，廷尉陈元达谏曰："臣闻古之圣王爱国如家，故皇天亦祐之如子。夫天生蒸民而树之君者，使为之父母以刑赏之，不欲使殿屎黎元而荡逸一人。晋氏暗虐，视百姓如草芥，故上天剿绝其祚。乃眷皇汉，苍生引领息肩，怀更苏之望有日矣。我高祖光文皇帝靖言惟兹，痛心疾首，故身衣大布，居不重茵；先皇后嫔服无绮彩。重逆群臣之请，故建南北宫焉。今光极之前足以朝群后飨万国矣，昭德、温明已后足以容六宫，列十二等矣。陛下龙兴已来，外殄二京不世之寇，内兴殿观四十余所，重之以饥馑疾疫，死亡相属，兵疲于外，人怨于内，为之父母固若是乎！伏闻诏旨，将营鸾仪，中宫新立，诚臣等乐为子来者也。窃以大难未夷，宫宇粗给，今之所营，尤实非宜。臣闻太宗承高祖之业，惠、吕息役之后，以四海之富，天下之殷，尚以百金之费而辍露台，代代垂美，为不朽之迹。故能断狱四百，拟于成、康。陛下之所有，不过太宗二郡地耳，战守之备者，岂仅匈奴、南越而已哉！孝文之广，思费如彼；陛下之狭，欲损如此。愚臣所以敢昧死犯颜色，冒不测之祸者也。"聪大怒曰："吾为万机主，将营一殿，岂问汝鼠子乎！不杀此奴，沮乱朕心，朕殿何当得成邪！将出斩之，并其妻子同枭东市，使群鼠共穴。"时在逍遥园、李中堂，元达抱堂下树叫曰："臣所言者，社稷之计也，而陛下杀臣。若死者有知，臣要当上诉陛下于天，下诉陛下于先帝。朱云有云：'得与龙逢、比干游于地下足矣。'未审陛下何如主耳！"元达先锁腰而入，及至，即以锁绕树，左右曳之不能动。聪怒甚。刘氏时在后堂，闻之，密遣中常侍私敕左右停刑，于是手疏切谏，聪乃解，引元达而谢之，易逍遥园为纳贤园，李中堂为愧贤堂。

时愍帝即位于长安，聪遣刘曜及司隶乔智明、武牙李景年等寇长安，命赵染率众赴之。时大都督麴允据黄白城，累为曜、染所败。染谓曜曰："麴允率大众在外，长安可袭而取之。得长安，黄白城自服。愿大王以重众守此，染请轻骑袭之。"曜乃承制加染前锋大都督、安南大将军，以精骑五千配之而进。王师败于渭阳，将军王广死之。染夜入长安外城，帝奔射雁楼，染焚烧龙尾及诸军营，杀掠千余人，且退屯逍遥园。麴允率众袭曜，连战败之。曜入粟邑，遂归平阳。

时流星起于牵牛，入紫微，龙形委蛇，其光照地，落于平阳北十里。视之，则有肉长三十步，广二十七步，臭闻于平阳，肉旁常有哭声，昼夜不止。聪甚恶之，延公卿已下问曰："朕之不德，致有斯异，其各极言，勿有所讳。"陈元达及博士张师等进对曰："星变之异，其祸行及，臣恐后庭有三后之事，亡国丧家，靡不由此，愿陛下慎之。"聪曰："此阴阳之理，何关人事！"既而刘氏产一蛇一猛兽，各害人而走，寻之不得，顷之，见在陨肉之旁。俄而刘氏死，乃失此肉，哭声亦止。自是后宫乱宠，进御无序矣。

聪以刘易为太尉。初置相国，官上公，有殊勋德者死乃赠之。于是大定百官，置太师、丞相，自大司马以上七公，位皆上公，绿綟绶，远游冠。置辅汉、都护、中军、上军、辅军、镇、卫京、前、后、左、右、上、下军，辅国、冠军、龙骧、武牙大将军，营各配兵二千，皆以诸子为之。置左右司隶，各领户二十余万，万户置一内史，凡内史四十三。单于左右辅，各主六夷十万落，万落置一都尉。省吏部，置左右选曹尚书。自司隶以下六官，皆位次仆射。置御史大夫及州牧，位皆亚公。以其子粲为丞相、领大将军、录尚书事，进封晋王，食五都。刘延年录尚书六条事，刘景为太师，王育为太傅，任顗为太保，马景为大司徒，朱纪为大司空，刘曜为大司马。

曜复次渭汭，赵染次新丰。索綝自长安东讨染，染狃于累捷，有轻綝之色。长史鲁徽曰："今司马邺君臣自以逼僭王畿，雄劣不同，必致死距我，将军宜整阵案兵以击之，弗可轻也。困兽犹斗，况于国乎！"染曰："以司马模之强，吾取之如拉朽。索綝小竖，岂能污吾马蹄刀刃邪！要擒之而后食。"晨率精骑数百，驰出逆之，战于城西，败绩而归，悔曰："吾不用鲁徽之言，以至于此，何面见之！"于是斩徽。徽临刑谓染曰："将军愎谏违谋，戆而取败，而复忌前害胜，诛戮忠良，以逞愚忿，亦何颜面瞬息世间哉！袁绍为之于前，将军踵之于后，覆亡败丧，亦当相寻，所恨不得一见大司马而死。死者无知则已；若其有知，下见曲丰为徒，要当诉将军于黄泉，使将军不得服床枕而死。"叱刑者曰："令吾面东向。"大司马曜闻之曰："蹄涔不容尺鲤，染之谓也。"

曜还师攻郭默于怀城，收其米粟八十万斛，列三屯以守之。聪遣使谓曜曰："今长安假息，刘琨游魂，此国家所尤宜先除也。郭默小丑，何足以劳公神略，可留征虏将军贝丘王翼光守之，公其还也。"于是曜归薄坂。俄而征曜辅政。

赵染寇北地，梦鲁徽大怒，引弓射之，染惊悸而寤。且将攻城，中弩而死。

聪以粲为相国，总百揆，省丞相以并相国。平阳地震，烈风拔树发屋。光义人羊充妻产子二头，其兄窃而食之，三日而死。聪以其太庙新成，大赦境内，改年建元。雨血于其东宫延明殿，彻瓦在地者深五寸。刘乂恶之，以访其太师卢志、太傅崔玮、太保许遐。志等曰："主上往以殿下为太弟者，盖以安众望也，志在晋王久矣，王公已下莫不希旨归之。相国之位，自魏武已来，非复人臣之官，主上本发明诏，置之为赠官，今忽以晋王居之，羽仪威尊逾于东宫，万机之事无不由之，置太宰、大将军及诸王之营以为羽翼，此事势去矣，殿下不得立明也。然非止不得立而已，不测之危厄在于旦夕，宜早为之所。四卫精兵不减五千，余营诸王皆年齿尚幼，可夺而取之。相国轻佻，正可烦一刺客耳。大将军无日不出，其营可袭而得也。殿下但当有意，二万精兵立便可得，鼓行向云龙门，宿卫之士孰不倒戈奉迎，大司马不虑为异也。"乂弗从，乃止。

聪如中护军靳准第，纳其二女为左右贵嫔，大曰月光，小曰月华，皆国色也。数月，立月光为皇后。

东宫舍人荀裕告卢志等劝乂谋反，乂不从之状。聪于是收志、玮、遐于诏狱，假以他事杀之。使冠威卜抽监守东宫，禁乂朝贺。乂忧惧不知所为，乃上表自陈，乞为黔首，并免诸子之封，褒美晋王粲宜登储副，抽又抑而弗通。

其青州刺史曹嶷攻汶阳关、公丘，陷之，害齐郡太守徐浮，执建威刘宣，齐、鲁之间郡县垒壁降者四十余所。嶷遂略地，西下祝阿、平阴，众十余万，临河置戍，而归于临淄。嶷于是遂雄据全齐之志。石勒以嶷之怀二也，请讨

之。聪又惮勒之并齐，乃寝而弗许。

刘曜济自盟津，将攻河南，将军魏该奔于一泉坞。曜进攻李矩于荥阳，矩遣将军李平师于成皋，曜覆而灭之。矩恐，送质请降。

时聪以其皇后靳氏为上皇后，立贵妃刘氏为左皇后，右贵嫔靳氏为右皇后。左司隶陈元达以三后之立也，极谏，聪不纳，乃以元达为右光禄大夫，外示优贤，内实夺其权也。于是太尉范隆、大司马刘丹、大司空呼延晏、尚书令王鉴等皆抗表逊位，以让元达。聪乃以元达为御史大夫、仪同三司。

刘曜寇长安，频为王师所败。曜曰："彼犹强盛，弗可图矣。"引师而归。

聪宫中鬼夜哭，三日而声向右司隶寺，乃止。其上皇后靳氏有淫秽之行，陈元达奏之。聪废靳，靳惭恚自杀。靳有殊宠，聪迫于元达之势，故废之。既而追念其姿色，深仇元达。

刘曜进师上党，将攻阳曲，聪遣使谓曜曰："长安擅命，国家之深耻。公宜以长安为先，阳曲一委骠骑。天时人事，其应至矣，公其亟还。"曜回灭郭迈，朝于聪，遂如蒲阪。

平阳地震，雨血于东宫，广袤顷余。

刘曜又进军，屯于粟邑。麹允饥甚，去黄白而军于灵武。曜进攻上郡，太守张禹与冯翊太守梁肃奔于允吾。于是关右翕然，所在应曜。曜进据黄阜。

聪武库陷入地一丈五尺。时聪中常侍王沈、宣怀、俞容，中宫仆射郭猗，中黄门陵修等皆宠幸用事。聪游宴后宫，或百日不出，群臣皆因沈等言事，多不呈聪，率以其意爱憎而决之，故或有勋旧功臣而弗见叙录，奸佞小人数日而便至二千石者。军旅无岁不兴，而将士无钱帛之赏，后宫之家赐赉及于僮仆，动至数千万。沈等车服宅宇皆逾于诸王，子弟、中表布衣为内史令长者三十余人，皆奢僭贪残，贼害良善。靳准合宗内外诸以事之。

郭猗有憾于刘乂，谓刘粲曰："太弟于主上之世犹怀不逊之志，此则殿下父子之深仇，四海苍生之重怨也。而主上过垂宽仁，犹不替二尊之位，一旦有风尘之变，臣窃为殿下寒心。且殿下高祖之世孙，主上之嫡统，凡在含齿，孰不系仰。万机事大，何可与人！臣昨闻太弟与大将军相见，极有言矣，若事成，许以主上为太上皇，大将军为皇太子。又言许卫军为大单于，二王已许之矣。二王居不疑之地，并握重兵，以此举事，事何不成！臣谓二王兹举，禽兽之不若也。背父亲人，人岂亲之！今又苟贪其一切之力耳，事成之后，主上岂有全理！殿下兄弟故在忘言，东宫、相国、单于在武陵兄弟，何肯与人！许以三月上巳因宴作难，事淹变生，宜早为之所。《春秋传》曰：'蔓草犹不可除，况君之宠弟乎！'臣屡启主上，主上性敦友于，谓臣言不实。刑臣刀锯之余，而蒙主上、殿下成造之恩，故不虑逆鳞之诛，每所闻必言，冀垂采纳。臣当入言之。愿殿下不泄，密表其状也。若不信臣言，可呼大将军从事中郎王皮、卫军司马刘惇，假之恩顾，通其归善之路以问之，必可知也。"粲深然之。猗密谓皮、惇曰："二王逆状，主、

相已具知之矣，卿同之乎？"二人惊曰？："无之。"猗曰："此事必无疑，吾怜卿亲旧并见族耳。"于是歔欷流涕。皮、惇大惧，叩头求哀。猗曰："吾为卿作计，卿能用不？"二人皆曰："谨奉大人之教。"猗曰："相国必问卿，卿但云有之。若责卿何不先启，卿即答云：'臣诚负死罪，然仰惟主上圣性宽慈，殿下笃于骨肉，恐言成诖伪故也。'"皮、惇许诺。粲俄而召问二人，至不同时，而辞若画一，粲以为信然。

初，靳准从妹为乂孺子，淫于侍人，乂怒杀之，而屡以嘲准。准深惭恚，说粲曰："东宫万机之副，殿下宜自居之，以领相国，使天下知早有所系望也。"至是，准又说粲曰："昔孝成距子政之言，使王氏卒成篡逆，可乎？"粲曰："何可之有！"准曰："然，诚如圣旨。下官亟欲有所言矣，但以德非更生，亲非皇宗，恐忠言暂出，霜威已及，故不敢耳。"粲曰："君但言之。"准曰："闻风尘之言，谓大将军、卫将军及左右辅皆谋奉太弟，克季春构变，殿下宜为之备。不然，恐有商臣之祸。"粲曰："为之奈何？"准曰："主上爱信于太弟，恐卒闻未必信。如下官愚意，宜缓东宫之禁固，勿绝太弟宾客，使轻薄之徒得与交游。太弟既素好待士，必不思防此嫌，轻薄小人不能无逆意以劝太弟之心。小人有始无终，不能如贯高之流也。然后下官为殿下露表其罪，殿下与太宰拘太弟所与交通者考问之，穷其事原，主上必以无将之罪罪之。不然，今朝望多归太弟，主上一旦晏驾，恐殿下不得立矣。"于是粲命卜抽引兵去东宫。

聪自去冬至是，遂不复受朝贺，军国之事一决于粲，唯发中旨杀生除授，王沈、郭猗等意所欲皆从之。又立市于后庭，与宫人宴戏，或三日不醒。聪临上秋阁，诛其特进綦毋达、太中大夫公师彧、尚书王琰、田歆、少府陈休、左卫卜崇、大司农朱诞等，皆群阉所忌也。侍中卜干泣谏聪曰："陛下方隆武、宣之化，欲使幽谷无考槃，奈何一旦先诛忠良，将何以垂之于后！昔秦爱三良而杀之，君子知其不霸。以晋厉之无道，尸三卿之后，犹有不忍之心，陛下如何忽信左右爱憎之言，欲一日尸七卿！诏尚在臣间，犹未宣露，乞垂昊天之泽，回雷霆之威。且陛下直欲诛之耳，不露其罪名，何以示四海！此岂是帝王三讯之法邪！"因叩头流血。王沈叱干曰："卜侍中欲距诏乎？"聪拂衣而入，免干为庶人。

太宰刘易及大将军刘敷、御史大夫陈元达、金紫光禄大夫王延等诣阙谏曰："臣闻善人者，乾坤之纪，政教之本也。邪佞者，宇宙之蜮蜒，王化之蟊贼也。故文王以多士基周，桓灵以群阉亡汉，国之兴亡，未有不由此也。自古明王之世，未尝有宦者与政，武、元、安、顺岂足为故事乎！今王沈等乃处常伯之位，握生死与夺于中，势倾海内，爱憎任之，矫弄诏旨，欺诬日月，内谄陛下，外佞相国，威权之重，侔于人主矣。王公见之骇目，卿宰望尘下车，铨衡迫之，选举不复以实，士以属举，政以贿成，多树奸徒，残毒忠善。知王琰等忠臣，必尽节于陛下，惧其奸萌发露，陷之极刑。陛下不垂三察，猥加诛戮，怨感穹苍，痛入九泉，四海悲惋，贤愚伤惧。沈等皆刀锯之余，背恩忘义之类，岂能如士人君子感恩展效，以答乾泽也。陛下何故亲近之？何故贵任之？昔齐桓公任易牙而乱，孝怀委黄皓而灭，此皆覆车于前，殷鉴不远。比年地震日蚀，雨血火灾，皆沈等之由。愿陛下割剪凶丑与政之流，引尚书、御史朝省万机，相国与公卿五日一入，会议政事，使大臣得极其言，忠臣得逞其意，则众灾自弭，和气呈祥。今遗晋未殄，巴、蜀未宾，石勒潜有跨赵、魏之志，曹嶷密有王全齐之心，而复以沈等助乱大政，陛下心腹四支何处无患！复诛巫咸，戮扁鹊，臣恐遂成桓侯膏肓之疾，后虽欲疗之，其如病何！请免沈等官，付有司定罪。"聪以表示沈等，笑曰："是儿等为元达所引，遂成痴也。"寝之。沈等顿首泣曰："臣等小人，过蒙陛下识拔，幸得备洒扫宫阁，而王公朝士疾臣等如仇雠，又深恨陛下。愿收大造之恩，以臣等膏之鼎镬，皇朝上下自然雍穆矣。"聪曰："此等狂言恒然，卿复何足恨乎！"更以访粲，粲盛称沈等忠清，乃心王室。聪大悦，封沈为列侯。太宰刘易诣阙，又上疏固谏。聪大怒，手坏其表，易遂忿恚而死，元达哭之悲恸，曰："人之云亡，邦国殄瘁。吾既不复能言，安用此默默生乎！"归而自杀。

北地饥甚，人相食啖，羌酋大军须运粮以给麹昌，刘雅击败之。麹允与刘曜战于磻石谷，王师败绩，允奔灵武。平阳大饥，流叛死亡十有五六。石勒遣石越率骑二万，屯于并州，以怀抚叛者。聪使黄门侍郎乔诗让勒，勒不奉命，潜结曹嶷，规为鼎峙之势。

聪立上皇后樊氏，即张氏之侍婢也。时四后之外，佩皇后玺绶者七人，朝廷内外无复纲纪，阿谀日进，货赂公行，军旅在外，饥疫相仍，后宫赏赐动至千万。刘敷屡泣言之，聪不纳，怒曰："尔欲得使汝公死乎？朝朝夕夕生来哭人！"敷忧愤发病而死。

河东大蝗，唯不食黍豆。靳准率部人收而埋之，哭声闻于十余里，后乃钻土飞出，复食黍豆。平阳饥甚，司隶部人奔于冀州二十万户，石越招之故也。犬与豕交于相国府门，又交于宫门，又交司隶、御史门。有豕著进贤冠，升聪坐。犬冠武冠，带绶，与豕并升。俄而斗死殿上。宿卫莫有见其人者。而聪昏虐愈甚，无诚惧之心。宴群臣于光极前殿，引见其太弟乂，容貌毁悴，鬓发苍然，涕泣陈谢。聪亦对之悲恸，纵酒极欢，待之如初。

刘曜陷长安外城，愍帝使侍中宋敞送笺于曜，帝肉袒牵羊，舆榇衔璧出降。及至平阳，聪以帝为光禄大夫、怀安侯，使粲告于太庙，大赦境内，改年麟嘉。麹允自杀。

聪东宫四门无故自坏，后内史女人化为丈夫。时聪子约死，一指犹暖，遂不殡殓。及苏，言见元海于不周山，经五日，遂复从至昆仑山，三日而复返于不周，见诸王公卿将相死者悉在，宫室甚壮丽，号曰蒙珠离国。元海谓约曰："东北有遮须夷国，无主久，待汝父为之。汝父后三年当来，来后国中大乱相杀害，吾家死亡略尽，但可永明辈十数人在耳。汝且还，后年当来，见汝不久。"约拜辞而归，道遇一国曰猗尼渠余国，引约入宫，与约皮囊一枚，曰："为吾遗汉皇帝。"约辞而归，谓约曰："刘郎后年来必见过，当以小女相妻。"约归，置皮囊于机上。俄而苏，使左右机上取皮囊开之,有一方白玉,题文曰:"猗尼渠余国天王敬信遮须夷国天王,岁在摄提,当相见也。"驰使呈聪,聪曰:"若审如此,吾不惧死也。"及聪死,与此玉并葬焉。

时东宫鬼哭;赤虹经天,南一歧;三日并照,各有两珥,五色甚鲜;客星历紫宫入于天狱而灭。太史令康相言于聪曰:"蛇虹见弥天,一歧南彻;三日并照;客星入紫宫。此皆大异,其征不远也。今虹达东西者,许、洛以南不可图也。一歧南彻者,李氏当仍跨巴、蜀,司马睿终据全吴之象,天下其三分乎!月为胡王,皇汉虽苞括二京,龙腾九五,然世雄燕、代,肇基北朔,太阴之变其在汉域乎!汉既据中原,历命所属,紫宫之异,亦不在他,此之深重,胡可尽言。石勒鸱视赵、魏,曹嶷狼顾东齐,鲜卑之众星布燕、代、齐,代、燕、赵皆有将大之气。愿陛下以东夏为虑,勿顾西南。吴、蜀之不能北侵,犹大汉之不能南向也。今京师寡弱,勒众精盛,若尽赵、魏之锐,燕之突骑自上党而来,曹嶷率三齐之众以继之,陛下将何以抗之?紫宫之变何必不在此乎!愿陛下早为之所,无使兆人生心。陛下诚能发诏,外以远追秦皇、汉武循海之事,内为高帝图楚之计,无不克矣。"聪览之不悦。

刘粲使王平谓刘乂曰:"适奉中诏,云京师将有变,救裹甲以备之。"乂以为信然,令命宫臣裹甲以居。粲驰遣告靳准、王沈等曰:"向也王平告云东宫阴备非常,将若之何?"准白之,聪大惊曰:"岂有此乎!"王沈等同声曰:"臣等久闻,但恐言之陛下弗信。"于是使粲围东宫。粲遣沈、准收氏、羌酋长十余人,穷问之,皆悬首高格,烧铁灼目,乃自诬与乂同造逆谋。聪谓沈等言曰:"而今而后,吾知卿等忠于朕也。当念为知无不言,勿恨往日言不用也。"于是诛乂素所亲厚大臣及东宫官属数十人,皆靳准及阉竖所怨也。废乂为北部王,粲使准贼杀之。坑士众万五千余人,平阳街巷为之空。氐、羌叛者十余万落,以靳准行车骑大将军以讨之。时聪境内大蝗,平阳、冀、雍尤甚。靳准讨之,震其二子而死。河、汾大溢,漂没千余家。东宫灾异,门阁宫殿荡然。立粲为皇太子,大赦殊死已下。以粲领相国、大单于,总摄朝政如前。

聪校猎上林,以帝行车骑将军,戎服执戟前导,行三驱之礼。粲言于聪曰:"今司马氏跨据江东,赵固、李矩同逆相济,兴兵聚众者皆以子邺为名,不如除之,以绝其望。"聪然之。

赵固、郭默攻其河东,至于绛邑,右司隶部人盗牧马负妻子奔之者三万余骑。骑兵将军刘勋追讨之,杀万余人,固、默引归。刘颉遮邀击之,为固所败。使粲及刘雅等伐赵固,次于小平津,固扬言曰:"要当生缚刘粲以赎天子。"聪闻而恶之。

李矩使郭默、郭诵救赵固,屯于洛汭,遣耿稚、张皮潜济,袭粲。贝丘王翼光自厘城觇之,以告粲。粲曰:"征北南渡,赵固望声逃窜,彼方忧自固,何暇来邪!且闻上身在此,自当不敢北视,况敢济乎!不须惊动将士也。"是夜,稚等袭败粲军,粲奔据阳乡,稚馆谷粲垒。雅闻而驰还,栅于垒外,与稚相持。聪闻粲败,使太尉范隆率骑赴之,稚等惧,率众五千,突围趋北山而南。刘勋追之,战于河阳,稚师大败,死者三千五百人,投河死者千余人。

聪所居螽斯则百堂灾,焚其子会稽王衷已下二十有一人。聪闻之,自投于床,哀塞气绝,良久乃苏。平阳西明门牡自亡,霍山崩。

署其骠骑大将军、济南王刘骥为大将军、都督中外诸军事、录尚书,卫大将军、齐王刘劢为大司徒。

中常侍王沈养女年十四,有妙色,聪立为左皇后。尚书令王鉴、中书监崔懿之、中书令曹恂等谏曰:"臣闻王者之立后也,将以上配乾坤之性,象二仪敷育之义,生承宗庙,母临天下,亡配后土,执馈皇姑,必择世德名宗,幽闲淑令,副四海之望,称神祇之心。是故周文造舟,姒氏以兴,《关雎》之化熄,则百世之祚永。孝成任心纵欲,以婢为后,使皇统亡绝,社稷沦倾。有周之隆既如彼矣,大汉之祸又如此矣。从麟嘉以来,乱淫于色,纵沈之弟女,刑余小丑犹不可尘琼寝,污清庙,况其家婢邪!六宫妃嫔皆公子公孙,奈何一旦以婢主之,何异象楗玉簪而对腐木朽楹哉!臣恐无福于国家也。"聪览之大怒,使宣怀谓粲曰:"鉴等小子,慢侮国家,狂言自口,无复君臣上下之礼,其速考竟。"于是收鉴等送市。金紫光禄大夫王延驰将入谏,门者弗通。鉴等临刑,王沈以杖叩之曰:"庸奴,复能为恶乎?乃公何与汝事!"鉴瞋目叱之曰:"竖子!使皇汉灭者,坐汝鼠辈与靳准耳,要当诉汝于先帝,取汝等于地下。"懿之曰:"靳准枭声镜形,必为国患。汝既食人,人亦当食汝。"皆斩之。聪又立其中常侍宣怀养女为中皇后。

鬼哭于光极殿,又哭于建始殿。雨血平阳,广袤十里。时聪子约已死,至是昼见。聪甚恶之,谓粲曰:"吾寝疾惙顿,怪异特甚。往以约之言为妖,比累日见之,此儿必来迎吾也。何图人死定有神灵,如是,吾不悲死也。今世难未夷,非谅暗之日,朝终夕殓,旬日而葬。"征刘曜为丞相、录尚书,辅政,固辞乃止。仍以刘景为太宰,刘骥为大司马,刘顗为太师,朱纪为太傅,呼延晏为太保,并录尚书事;范隆守尚书令、仪同三司,靳准为大司空、领司隶校尉,皆选决尚书奏事。

太兴元年,聪死,在位九年,伪谥曰昭武皇帝,庙号烈宗。

粲字士光。少而俊杰,才兼文武。自为宰相,威福任情,疏远忠贤,昵近奸佞,任性严刻无恩惠,距谏饰非。好兴造宫室,相国之府仿像紫宫,在位无几,作兼昼夜,饥困穷叛,死亡相继,粲弗之恤也。既嗣伪位,尊聪后靳氏为皇太后,樊氏号弘道皇后,宣氏号弘德皇后,王氏号弘孝皇后。靳等年皆未满二十,并国色也,粲晨夜蒸淫于内,志不在哀。立其妻靳氏为皇后,子元公为太子,大赦境内,改元汉昌。雨血于平阳。

靳准将有异谋,私于粲曰:"如闻诸公将欲行伊尹、霍光之事,谋先诛太保及臣,以大司马统万机。陛下若不先之,臣恐祸之来也不晨则夕。"粲弗纳。准惧其言之不从,谓聪二靳氏曰："今诸公侯欲废帝，立济南王，恐吾家无复种矣，盍言之于帝。"二靳承间言之。粲诛其太宰、上洛王刘景，太师、昌国公刘顗，大司马、济南王刘骥，大司徒、齐王刘劢等。太博朱纪、太尉范隆出奔长安。又诛其车骑大将军、吴王刘逞，骥母弟也。粲大阅上林，谋讨石勒。以靳准为大将军、录尚书事。粲荒耽酒色，游宴后庭，军国之事一决于准。准矫粲命，以从弟明为车骑将军，康为卫将军。

准将作乱，以金紫光禄大夫王延耆德时望，谋之于延。延弗从，驰将告之，遇靳康，劫延以归。准勒兵入宫，升其光极前殿，下使甲士执粲，数而杀之。刘氏男女无少长皆斩于东市。发掘元海、聪墓，焚烧其宗庙。鬼大哭，声闻百里。

准自号大将军、汉天王，置百官，遣使称藩于晋。左光禄刘雅出奔西平。尚书北宫纯、胡崧等招集晋人，保于东宫，靳康攻灭之。准将以王延为左光禄，延骂曰："屠各逆奴，何不速杀我，以吾左目置西阳门，观相国之入也，右目置建春门，观大将军之入也。"准怒，杀之。

陈元达，字长宏，后部人也。本姓高，以生月妨父，故改云陈。少面孤贫，常躬耕兼诵书，乐道行咏，忻忻如也。至年四十，不与人交通。元海之为左贤王，闻而招之，元达不答。及元海僭号，人谓元达曰："往刘公相屈，君蔑而不顾，今称号龙飞，君其惧乎？"元达笑曰："是何言邪？彼人姿度卓荦，有笼罗宇宙之志，吾固知之久矣。然往日所以不往者，以期运未至，不能无事喧喧，彼自有以亮吾矣。卿但识之，吾恐不过二三日，驿书必至。"其暮，元海果征元达为黄门郎。人曰："君殆圣乎！"既至，引见，元海曰："卿若早来，岂为郎官而已。"元达曰："臣惟性之有分，盈分者颠。臣若早叩天门者，恐大王赐处于九卿、纳言之间，此则非臣之分，臣将何以堪之！是以抑情盘桓，待分而至，大王无过授之谤，小臣免招宠之祸，不亦可乎！"元海大悦。在位忠謇，屡进谠言，退而削草，虽子弟莫得而知也。聪每谓元达曰："卿当畏朕，反使朕畏卿乎？"元达叩头谢曰："臣闻师臣者王，友臣者霸。臣诚愚暗无可采也，幸邀陛下垂齐桓纳九九之义，故使微臣得尽愚忠。昔世宗遥可汲黯之奏，故能恢隆汉道；桀、纣诛谏，幽、厉弭谤，是以三代之亡也忽焉。陛下以大圣应期，挺不世之量，能远捐商、周覆国之弊，近模孝武光汉之美，则天下幸甚，群臣知免。"及其死也，人尽冤之。

卷一百三　　载记第三

刘　曜

刘曜，字永明，元海之族子也。少孤，见养于元海。幼而聪慧，有奇度。年八岁，从元海猎于西山，遇雨，止树下，迅雷震树，旁人莫不颠仆，曜神色自若。元海异之曰："此吾家千里驹也，从兄为不亡矣！"身长九尺三寸，垂手过膝，生而眉白，目有赤光，须髯不过百余根，而皆长五尺。性拓落高亮，与众不群。读书志于广览，不精思章句，善属文，工草隶。雄武过人，铁厚一寸，射而洞之，于时号为神射。尤好兵书，略皆暗诵。常轻侮吴、邓，而自比乐毅、萧、曹，时人莫之许也，惟聪每曰："永明，世祖、魏武之流，何数公足道哉！"

弱冠游于洛阳，坐事当诛，亡匿朝鲜，遇赦而归。自以形质异众，恐不容于世，隐迹管涔山，以琴书为事。尝夜闲居，有二童子入跪曰："管涔王使小臣奉谒赵皇帝，献剑一口。"置前再拜而去。以烛视之，剑长二尺，光泽非常，赤玉为室，背上有铭曰："神剑御，除众毒。"曜遂服之。剑随四时而变为五色。

元海世频历显职，后拜相国，都督中外诸军事，镇长安。靳准之难，自长安赴之。至于赤壁，太保呼延晏等自平阳奔之，与太博朱纪、太尉范隆等上尊号。曜以太兴元年僭即皇帝位，大赦境内，惟靳一门不在赦例，改元光初。以朱纪领司徒，呼延晏领司空，范隆以下悉复本位。使征北刘雅、镇北刘策次于汾阴，与石勒为掎角之势。

靳准遣侍中卜泰降于勒，勒囚泰，送之曜。谓泰曰："先帝末年，实乱大伦，群阉挠政，诛灭忠良，诚是义士匡讨之秋。司空执心忠烈，行伊、霍之权，拯济涂炭，使朕及此，勋高古人，德格天地。朕方宁济大艰，终不以非命及君子贤人。司空若尽忠诚，早迎大驾者，政由靳氏，祭则寡人，以朕此意布之司空，宣之朝士。"泰还平阳，具宣曜旨。准自以杀曜母兄，沈吟未从。寻而乔泰、王腾、靳康、马忠等杀准，推尚书令靳明为盟主，遣卜泰奉传国六玺降于曜。曜大悦，谓泰曰："使朕获此神玺而成帝王者，子也。"石勒闻之，怒甚，增兵攻之。明战累败，遣使求救于曜，曜使刘雅、刘策等迎之。明率平阳士女万五千归于曜，曜命诛明，靳氏男女无少长皆杀之。使刘雅迎母胡氏丧于平阳，还葬粟邑，墓号阳陵，伪谥宣明皇太后。僭尊高祖父亮为景皇帝，曾祖父广为献皇帝，祖防懿皇帝，考曰宣成皇帝。徙都长安，起光世殿于前，紫光殿于后。立其妻羊氏为皇后，子熙为皇太子，封子袭为长乐王，阐太原王，冲淮南王，敞齐王，高鲁王，徽楚王，征诸宗室皆进封郡王。缮宗庙、社稷、南北郊。以水承晋金行，国号曰赵。牲牡尚黑，旗帜尚玄，冒顿配天，元海配上帝，大赦境内殊死已下。

黄石屠各路松多起兵于新平、扶风，聚众数千，附于南阳王保。保以其将杨曼为雍州刺史，王连为扶风太守，据陈仓；张颙为新平太守，周庸为安定太守，据阴密。松多下草壁，秦、陇、氐、羌多归之。曜遣其军骑刘雅、平西刘厚攻杨曼于陈仓，二旬不克。曜率中外精锐以赴之，行次雍城，太史令弁广明言于曜曰："昨夜妖星犯月，师不宜行。"乃止。敕刘雅等摄围固垒，以待大军。

地震，长安尤甚。时曜妻羊氏有殊宠，颇与政事，阴有余之征也。

三年，曜发雍，攻陈仓，曼、连谋曰："谍者适还，云其五牛旗建,多言胡主自来,其锋恐不可当也。吾粮廪既少,无以支久,若顿军城下,围人百日,不待兵刃而吾自灭,不如率见众以一战。如其胜也,关中不待檄而至;如其败也,一等死,早晚无在。"遂尽众背城而阵,为曜所败,王连死之,杨曼奔于南氐。曜进攻草壁,又陷之,松多奔陇城,进陷安定。保惧,迁于桑城。氐、羌悉从之。曜振旅归于长安,署刘雅为大司徒。

晋将李矩袭金墉,克之。曜左中郎将宋始、振威宋恕降于石勒。署其大将军、广平王岳为征东大将军,镇洛阳。会三军疫甚,岳遂屯渑池。石勒遣石生驰应宋始等,军势甚盛。曜将尹安、赵慎等以洛阳降生,岳乃班师,镇于陕城。

西明门内大树风吹折,经一宿,树拨变为人形,发长一尺,须眉长三寸,皆黄白色,有敛手之状,亦有两脚著裙之形,惟无目鼻,每夜有声,十日而生柯条,遂成大树,枝叶甚茂。

长水校尉尹车谋反,潜结巴酋徐库彭,曜乃诛车,囚库彭等五十余人于阿房,将杀之。光禄大夫游子远固谏,曜不从。子远叩头流血,曜大怒,幽子远而尽杀库彭等,尸诸街巷之中十日,乃投之于水。于是巴、氐尽叛,推巴归善王句渠知为主,四山羌、氐、巴、羯应之者三十余万,关中大乱,城门昼闭。子远又从狱表谏,曜怒甚,毁其表曰:"大荔奴不忧命在须臾,犹敢如此,嫌死晚邪!"叱左右速杀之。刘雅、朱纪、呼延晏等谏曰:"子远幽而尚谏者,所谓忠于社稷,不知死之将至。陛下纵弗能用,奈何杀之!若子远朝诛,臣等亦暮死,以彰陛下过差之咎。天下之人皆当去陛下蹈四海而死耳,陛下复与谁居乎!"曜意解,乃赦之。于是敕内外戒严,将亲讨渠知。子远进曰:"陛下诚能纳愚臣之计者,不劳大驾亲动,一月之中可使清定。"曜曰:"卿试言之。"子远曰:"彼匪有大志,希窃非望也,但逼下下峻网耳。今死者不可追,莫若赦诸逆人之家老弱没奚官者,使迭相抚育,听其复业,大赦与之更始。彼生路既开,不降何待!若渠知自以罪重不即下者,愿假臣弱兵五千,以为陛下枭之,不敢劳陛下之将帅也。不尔者,今贼党既众,弥川被谷,虽以天威临之,恐非年岁可除。"曜大悦,以子远为车骑大将军、开府仪同三司、都督雍、秦征讨诸军事。大赦境内。子远次于雍城,降者十余万,进军安定,氐、羌悉下,惟句氏宗党五千余家保存于阴密,进攻平之,遂振旅循陇右,陈安郊迎。

先是,上郡氐、羌十余万落保险不降,酋大虚除权渠自号秦王。子远进师至其壁下,权渠率众来距,五战败之。权渠恐,将降,其子伊余大言于众曰:"往刘曜自来,犹无若我何,况此偏帅而欲降之!"率劲卒五万,晨压垒门。左右劝战,子远曰:"吾闻伊余之勇,当今无敌,士马之强,复非其匹;又其父新败,怒气甚盛;且西戒剽劲,锋锐不可拟也。不如缓之,使气竭而击之。"乃坚壁不战。伊余有骄色。子远候其无备,夜,誓众蓐食,晨,大风雾,子远曰:"天赞我也!"躬先士卒,扫壁而出,迟明覆之,生擒伊余,悉俘其众。权渠大惧,被发割面而降。子远启曜以权渠为征西将军、西戎公,分徙伊余兄弟及其部落二十余万口于长安。西戎之中,权渠部最强,皆禀其命而为寇暴,权渠既降,莫不归附。

曜大悦,宴群臣于东堂,语及平生,泫然流涕,遂下书曰:"盖褒德惟旧,圣后之所先;念惠录孤,明王之恒典。是以世祖草创河北,而致封于严尤之孙;魏武勒兵梁、宋,追恸于桥公之墓。前新赠大司徒、烈愍公崔岳,中书令曹恂,晋阳太守王忠,太子洗马刘绥等,或识朕于童龀之中,或济朕于艰难之极,言念君子,实伤我心。《诗》不云乎:'中心藏之,何日忘之!'岳,汉昌之初虽有褒赠,属否运之际,礼章莫备,今可赠岳使持节、侍中、大司徒、辽东公,恂大司空、南郡公,绥左光禄大夫、平昌公,忠镇军将军、安平侯,并加散骑常侍。但皆丘墓夷灭,申哀莫由,有司其速班访岳等子孙,授以茅土,称朕意焉。"初,曜之亡,与曹恂奔于刘绥,绥匿之于旧匿,载送于忠,忠送之朝鲜。岁余,饥窘,变姓名,客为县卒。岳为朝鲜令,见而异之,推问所由。曜叩头自首,流涕求哀。岳曰:"卿谓崔元嵩不如孙宾硕乎,何惧之甚也!今诏捕卿甚峻,百姓间不可保也。此县幽僻,势能相济,纵有大急,不过解印绶与卿俱去耳。吾既门衰,无兄弟之累,身又薄祜,未有儿子,卿犹吾子弟也,勿为过忧。大丈夫处身立世,鸟兽投人,要欲济之,而况君子乎!"给以衣服,资供书传。曜遂从岳,质通疑滞,恩顾甚厚。岳从容谓曜曰:"刘生姿宇神调,命世之才也!四海脱有微风摇之者,英雄之魁,卿其人矣。"曹恂虽于屯厄之中,事曜有君臣之礼,故皆德之。

曜立太学于长乐宫东,小学于未央宫西,简百姓年二十五已下十三已上,神志可教者千五百人,选朝贤宿儒明经笃学以教之。以中书监刘均领国子祭酒。置崇文祭酒,秩次国子。散骑侍郎董景道以明经擢为崇文祭酒。以游子远为大司徒。

曜命起酆明观,立西宫,建陵霄台于滈池,又将于霸陵西南营寿陵。侍中乔豫、和苞上疏谏曰:"臣闻人主之兴作也,必仰准乾象,俯顺人时,是以卫文承乱亡之后,宗庙社稷流漂无所,而犹上候营室以构楚宫。彼其急也犹尚若兹,故能兴康叔、武公之迹,以延九百之庆也。奉诏书将营酆明观,市道刍荛咸以非之,曰一观之功可以平凉州矣。又奉敕旨复欲拟阿房而建酆宫,模琼台而起陵霄,此则费万酆明,功亿前役也。以此功费,亦可以吞吴、蜀,翦齐、魏矣。陛下何为于中兴之日而踪亡国之事!自古圣王,人谁无过!陛下此役,实为过举。过贵在能改,终之实难。又伏闻敕旨将营建寿陵,周回四里,下深二十五丈,以铜为棺椁,黄金饰之,恐此功费非国内所能办也。且臣闻尧葬谷林,市不改肆;颛顼葬广阳,下不及泉。圣王之于终也如是。秦皇下锢三泉,周轮七里,身亡之后,毁不旋踵,暗主之于终也如此。向鬣石椁,孔子以为不如速朽;王孙倮葬,识者嘉其矫世。自古无有不亡之国,不掘之墓,故圣王知厚葬之招害也,故不为之。臣子之于君父,陵墓岂不欲高广如山岳哉!但以保全始终,安固万世为优耳。兴亡奢俭,炯然于前,惟陛下览之。"曜大悦,下书曰:"二侍中恳恳有古人之风烈矣,可谓社稷之臣也。非二君,朕安闻此言乎！以孝明于承平之世，四海无虞之日，尚纳钟离一言而罢北宫之役，况朕之暗眇，当今极弊，而可不敬从明诲乎！今敕悉停寿陵制度，一遵霸陵之法。《诗》不云乎：'无言不酬，无德不报。'其封像安昌子，苞平舆子，并领谏议大夫。可敷告天下，使知区区之朝思闻过也。自今政法有不便于时，不利社稷者，其诣阙极言，勿有所讳。"省鄜水囤以与贫户。

终南山崩，长安人刘终于崩所得白玉方一尺，有文字曰："皇亡，皇亡，败赵昌。井水竭，构五梁，咢酉小衰困器丧。呜呼！呜呼！赤牛奋轫其尽乎！"时群臣咸贺，以为勒灭之征。曜大悦，斋七日而后受之于太庙，大赦境内，以终为奉瑞大夫。中书监刘均进曰："臣闻国主山川，故山崩川竭，君为之不举。终南，京师之镇，国之所瞻，无故而崩，其凶焉可极言！昔三代之季，其灾也如是。今朝臣皆言祥瑞，臣独言非，诚上忤圣旨，下违众议，然臣不达大理，窃所未同。何则？玉之于山石也，犹君之于臣下。山崩石坏，象国倾人乱。'皇亡，皇亡，败赵昌者'，此言皇室将为赵所败，赵因之而昌。今大赵都于秦、雍，而勒跨有全赵之地，赵昌之应，当在石勒，不在我也。'井水竭，构五梁'者，井谓东井，秦之分也，五谓五车，梁谓大梁，五车、大梁，赵之分也，此言秦将竭灭，以构成赵也。'咢'者，岁之次名作咢也，言岁驭作咢酉之年，当有败军杀将之事。'困'谓困敦，岁在子之年名，玄嚣亦在子之次，言岁驭于子，国当丧亡。'赤牛奋轫'谓赤奋若，在丑之岁名也。'牛'谓牵牛，东北维之宿，丑之分也，言岁在丑当灭亡，尽无复遗也。此其诚悟蒸蒸，欲陛下勤修德化以禳之。纵为嘉祥，尚愿陛下夕惕以答之。《书》曰：'虽休勿休。'愿陛下追踪周旦盟津之美，捐鄜鄗虢公梦庙之凶，谨归沐浴以待妖言之诛。"曜怃然改容。御史劾均狂言詟说，诬罔祥瑞，请依大不敬论。曜曰："此之灾瑞，诚不可知，深戒朕之不德，朕收其忠惠多矣，何罪之有乎！"

曜亲征氐、羌、仇池杨难敌率众来距，前锋击败之，难敌退保仇池，仇池诸氐、羌多降于曜。曜后复西讨杨韬于南安，韬惧，与陇西太守梁勋等降于曜，皆封列侯。使侍中乔豫率甲士五千，迁韬等及陇右万余户于长安。曜又进攻仇池。时曜寝疾，兼疠疫甚，议欲班师，恐难敌蹑其后，乃以其尚书郎王犷为光国中郎将，使于仇池，以说难敌，难敌于是遣使称藩。曜大悦，署难敌为使持节、侍中、假黄钺、都督益、宁、南秦、凉、梁、巴六州陇上西域诸军事、上大将军、益、宁、南秦三州牧、领护南氐校尉、宁羌中郎将、武都王，子弟为公侯列将二千石者十五人。

陈安请朝，曜以疾笃不许。安怒，且以曜为死也，遂大掠而归。曜疾甚笃，马舆而还，使其将呼延实监辎重于后。陈安率精骑要之于道。实奔战无路，与长史鲁凭俱没于安。安因实而谓之曰："刘曜已死，子谁辅为？孤当与足下终定大业。"实叱安曰："狗辈！汝荷人荣宠，处不疑之地，前背司马保，今复如此。汝自视何如主上？忧汝不久枭首上邽通衢，何谓大业！可速杀我，悬我首于上邽东门，观大军之入城也。"安怒，遂杀之。以鲁凭为参军，

又遣其弟集及将军张明等率骑二万追曜，曜卫军呼延瑜逆战，击斩之，悉俘其众。安惧，驰还上邽。曜至自南安。陈安使其将刘烈、赵罕袭汧城，拔之，西州氐、羌悉从安。安士马雄盛，众十余万，自称使持节、大都督、假黄钺、大将军、雍、凉、秦、梁四州牧、凉王，以赵募为相国，领左长史。鲁凭对安大哭曰："吾不忍见陈安之死也。"安怒，命斩之。凭曰："死自吾分，悬吾头于秦州通衢，观赵之斩陈安也。"遂杀之。曜闻凭死，悲恸曰："贤人者，天下之望也。害贤人，是塞天下之情，夫承平之君犹不敢乖臣妾之心，况于四海乎！陈安今于招贤采哲之秋，而害君子，绝当时之望，吾知其无能为也。"

休屠王石武以桑城降，曜大悦，署武为使持节、都督秦州陇上杂夷诸军事、平西大将军、秦州刺史，封酒泉王。

曜后羊氏死，伪谥献文皇后。羊氏内有特宠，外参朝政，生曜三子熙、袭、阐。

曜始禁百官者不听乘马，禄八百石已上妇女乃得衣锦绣，自季秋农功毕，乃听饮酒，非宗庙社稷之祭不得杀牛，犯者皆死。曜临太学，引试学生之上第者拜郎中。

武功男子苏抚、陕男子伍长平并化为女子。石言于陕，若言勿东者。

曜将葬其父及妻，亲如粟邑以规度之。负土为坟，其下周回二里，作者继以脂烛，怨呼之声盈于道路。游子远谏曰："臣闻圣主明王、忠臣孝子之于终葬也，棺足周身，椁足周棺，藏足周椁而已，不封不树，为无穷之计。伏惟陛下圣慈幽被，神鉴洞远，每以清俭恤下为先。社稷资储为本。今二陵之费至以亿计，计六万夫百日作，所用六百万功。二陵皆下锢三泉，上崇百尺，积石为山，增土为阜，发掘古冢以千百数，役夫呼嗟，气塞天地，暴骸原野，哭声盈衢，臣窃谓无益于先皇先后，而徒丧国之储力。陛下脱仰寻尧、舜之轨者，则功不盈百万，费亦不过千计，下无怨骨，上无怨人，先帝先后有太山之安，陛下飨舜、禹、周公之美，惟陛下察焉。"曜不纳，乃使其将刘岳等帅骑一万，迎父及弟晖丧于太原。疫气大行，死者十三四。上洛男子张卢死二十七日，有盗发其冢者，卢得苏。曜葬其父，墓号永垣陵，葬妻羊氏，墓号显平陵。大赦境内殊死已下，赐人爵二级，孤老贫病不能自存者帛各有差。

太宁元年，陈安攻曜征西刘贡于南安，休屠王石武自桑城将攻上邽，以解南安之围。安闻之惧，驰归上邽，遇于瓜田。武以众寡不敌，奔保张春故垒。安引军追武曰："叛逆胡奴！要当生缚此奴，然后斩刘贡。"武闭垒距之。贡败安后军，俘斩万余。安驰还赴救，贡逆击败之。俄而武骑大至，安众大溃，收骑八千，奔于陇城。贡乃留武督后众，躬先士卒，战辄败之，遂围安于陇城。

大雨霖，震曜父墓门屋，大风飘发其父寝堂于垣外五十余步。曜避正殿，素服哭于东堂五日，使其镇军刘袭、太常梁胥等缮复之。松柏众木植已成林，至是悉枯。署其大司马刘雅为太宰，加剑履上殿，入朝不趋，赞拜不名，给千兵百骑，甲仗百人入殿，增班剑六十人，前后鼓吹各二部。

曜亲征陈安，围安于陇城。安频出挑战，累击败之，

斩获八千余级。右军刘干攻平襄，克之，陇上诸县悉降。曲赦陇右殊死已下，惟陈安、赵募不在其例。安留杨伯支、姜冲儿等守陇城，帅骑数百突围而出，欲引上邽、平襄之众还解陇城之围。安既出，知上邽被围，平襄已败，乃南走陕中。曜使其将军平先、丘中伯率劲骑追安，频战败之，俘斩四百余级。安与壮士十余骑于陕中格战，安左手奋七尺大刀，右手执丈八蛇矛，近交则刀矛俱发，辄害五六；远则双带鞬服，左右驰射而走。平先亦壮健绝人，勇捷如飞，与安搏战，三交，夺其蛇矛而退。会日暮，雨甚，安弃马，与左右五六人步逾山岭，匿于溪涧。翌日寻之，遂不知所在。会连雨始霁，辅威呼延清寻其径迹，斩安于涧曲。曜大悦。

安善于抚接，吉凶夷险与众同之，及其死，陇上歌之曰："陇上壮士有陈安，躯干虽小腹中宽，爱养将士同心肝。骢骢父马铁瑕鞍，七尺大刀奋如湍，丈八蛇矛左右盘，十荡十决无当前。战始三交失蛇矛，弃我骢骢窜岩幽，为我外援而悬头。西流之水东流河，一去不还奈子何！"曜闻而嘉伤，命乐府歌之。

杨伯支斩姜冲儿，以陇城降。宋亭斩赵募，以上邽降。徙秦州大姓杨、姜诸族二千余户于长安。氐、羌悉下，并送质任。

时刘岳与凉州刺史张茂相持于河上，曜自陇长驱至西河，戎卒二十八万五千，临河列营，百余里中，钟鼓之声沸河动地，自古军旅之盛未有斯比。茂临河诸戍皆望风奔退。扬声欲百道俱渡，直至姑臧，凉州大怖，人无固志。诸将咸欲速济，曜曰："吾军旅虽盛，不逾魏武之东也。畏威而来者，三有二焉。中军宿卫已皆疲老，不可用也。张氏以吾新平陈安，师徒殷盛，以形声言之，非彼五郡之众所能抗也，必怖而归命，受制称藩，吾复何求！卿等试之，不出中旬，张茂之表不至者，吾以负卿矣。"茂惧，果遣使称藩，献马一千五百匹，牛三万头，羊十万口，黄金三百八十斤，银七百斤，女妓二十人，及诸珍宝珠玉、方域美货不可胜纪。曜大悦，使其大鸿胪田崧署使持节、假黄钺、侍中、都督凉南、北秦、梁、益、巴、汉、陇右西域杂夷匈奴诸军事、太师、领大司马、凉州牧、领西域大都护、护、氐羌校尉、凉王。曜至自河西，遣胡元增其父及妻墓高九十尺。

杨难敌以陈安既平，内怀危惧，奔于汉中。镇西刘厚追击之，获其辎重千余两，士女六千余人，还之仇池。曜以大鸿胪田崧为镇南大将军、益州刺史，镇仇池，以刘岳为侍中、都督中外诸军事，进封中山王。

初，靳准之乱，曜世子胤没于黑匿郁鞠部，至是，胤自言，郁鞠大惊，资给衣马，遣子送之。曜对胤悲恸，嘉郁鞠忠款，署使持节、散骑常侍、忠义大将军、左贤王。胤字义孙，美姿貌，善机对，年十岁，身长七尺五寸，眉鬓如画。聪奇之，谓曜曰："此儿神气岂同义真乎！固当应为卿之冢嫡，卿可思文王废伯邑考立武王之意也。"曜曰："臣之藩国，仅能守祭祀便足矣，不可以乱长幼之伦也。"聪曰："卿勋格天地，国兼百城，当世祚太师，受专征之任，五侯九伯得专征之者，卿之子孙，奈何言同诸藩国也！义真既不能远追太伯高让之风，吾不过为卿封之以一国。"义真，曜子俭之字也。于是封俭为临海王，立胤为世子。胤虽少离屯难，流颠殊荒，而风骨俊茂，爽朗卓然；身长八尺三寸，发与身齐，多力善射，骁捷如风云，曜因以重之，其朝臣亦属意焉。曜于是顾谓群下曰："义孙可谓岁寒而不凋，涅而不淄者矣。义光虽先已树立，然冲幼儒谨，恐难乎为今世之储贰也，惧非所以上固社稷，下爱义光。义孙年长明德，又先世子也，朕欲远追周文，近踪光武，使宗庙有太山之安，义光飨无疆之福，于诸卿意如何？"其太傅呼延晏等咸曰："陛下远拟周、汉，为国家无穷之计，岂惟臣等赖之，实亦宗庙四海之庆。"左光禄卜泰、太子太保韩广等进曰："陛下若以废立为是也，则不应降日月之明，垂访群下。若以为疑也，固思闻臣等异同之言，窃以诚废太子非也。何则？昔周文以未建之前，择圣表而超树之可也。光武缘母色而废立，岂足为圣朝之模范！光武诚以东海篡统，何必不如明帝！皇子胤文武才略，神度弘远，信独绝一时，足以拟踪周发；然太子孝友仁慈，志尚冲雅，亦足以堂负圣基，为承平之贤主。何况储宫者，六合人神所系望也，不可轻以废易。陛下诚实尔者，臣等有死而已，未敢奉诏。"曜默然。胤前泣曰："慈父之于子也，当务存《尸鸠》之仁，何可替爾而立臣也！陛下谬恩及尔者，臣请死于此，以明赤心。且陛下若爱忘其丑，以臣微堪指授，亦当能辅导义光，仰遵圣轨。"因歔欷流涕，悲感朝臣。曜亦以太子羊氏所生，羊有宠，哀之不忍废，乃止。追谥前妻卜氏为元悼皇后，胤之母也。卜泰，胤之舅，曜嘉之，拜上光禄大夫、仪同三司、领太子太傅。封胤为永安王，署侍中、卫大将军、都督二宫禁卫诸军事、开府仪同三司、录尚书事，领太子太傅，号曰皇子。命熙于胤尽家人之礼。

时有凤皇将五子翔于故未央殿五日，悲鸣不食皆死。曜立后刘氏。

石勒将石他自雁门出上郡，袭安国将军、北羌王盆句除，俘三千余落，获牛马羊百余万而归。曜大怒，投袂而起。是日次于渭城，遣刘岳追之，曜次于富平，为岳声援。岳及石他战于河滨，败之，斩他及其甲士一千五百级，赴河死者五千余人，悉收所虏，振旅而归。

杨难敌自汉中还袭仇池，克之，执田崧，立之于前。难敌左右叱崧令拜，崧瞋目叱之曰："氐狗！安有天子牧伯而向贼拜乎！"难敌曰："子岱，吾当与子终定大事。子谓刘氏可为尽忠，吾独不可乎！"崧厉色大言曰："若贼氐奴才，安敢欲希觊非分！吾宁为国家鬼，岂可为汝臣，何不速杀我！"顾排一人，取其剑，前刺难敌，不中，为难敌所杀。

曜遣刘岳攻石生于洛阳，配以近郡甲士五千，宿卫精卒一万，济自盟津。镇东呼延谟率荆、司之众自崤、渑而东。岳攻石梁盟津、石梁二戍，克之，斩获五千余级，进围石生于金墉。石季龙率步骑四万入自成皋关，岳陈兵以待之。战于洛西，岳师败绩，岳中流矢，退保石梁。季龙遂堑栅列围，遏绝内外。岳众饥甚，杀马食之。季龙又败呼延谟，斩之。曜亲率军援岳，季龙率骑三万来距。曜前军刘黑大败季龙将石聪于八特坂。曜次于金谷，夜无故大惊，军中溃散，乃退如渑池。夜中又惊，士卒奔溃，遂归长安。季龙执刘岳及其将王腾等八十余人，并氐、羌三千余人，送于襄国，坑士卒一万六千。曜至自渑池，素服郊哭，七日乃入城。

武功豕生犬，上邽马生牛，及诸妖变不可胜记。曜命其公卿各举博识直言之士一人，司空刘均举参军台产，曜亲临东堂，遣中黄门策问之。产极言其故，曜览而嘉之，引见东堂，访以政事。产流涕歔欷，具陈灾变之祸，政化之阙，辞旨谅直，曜改容礼之，即拜博士祭酒、谏议大夫，领太史令。其后所言皆验，曜弥重之，岁中三迁，历位尚书、光禄大夫、太子少师，位特进。

曜署刘胤为大司马，进封南阳王，以汉阳诸郡十三为国；置单于台于渭城，拜大单于，置左右贤王已下，皆以胡、羯、鲜卑、氐、羌豪桀为之。

曜自还长安，愤恚发病，至是疾瘳，曲赦长安殊死已下。署其汝南王刘咸为太尉、录尚书事，光禄大夫刘绥为大司徒，卜泰为大司空。

曜妻刘氏疾甚，曜亲省临之，问其所欲言。刘泣曰："妾叔父昶无子，妾少养于叔，恩抚甚隆，无以报德，愿陛下贵之。妾叔皑女芳有德色，愿备后宫。"曜许之。言终而死，伪谥献烈皇后。以刘昶为使持节、侍中、大司徒、录尚书事，进封河南郡公，封昶妻张氏为慈乡君，立刘皑女芳为皇后，追念刘氏之言也。俄署骠骑刘述为大司徒，刘昶为太保。召公卿已下子弟有勇干者为亲御郎，被甲乘铠马，动止自随，以充折冲之任。尚书郝述、都水使者支当等固谏，曜大怒，鸩而杀之。

咸和三年，夜梦三人金面丹唇，东向逡巡，不言而退，曜拜而履其迹。旦召公卿已下议之，朝臣咸贺以为吉祥，惟太史令任义进曰："三者，历运统之极也。东为震位，王者之始次也。金为兑位，物衰落也。唇丹不言，事之毕也。逡巡揖让，退舍之道也。为之拜者，屈伏于人也。履迹而行，慎不出疆也。东井，秦分也。五车，赵分也。秦兵必暴起，亡主丧师，留败赵地。远至三年，近七百日，其应不远。愿陛下思而防之。"曜大惧，于是躬亲二郊，饰缮神祠，望秩山川，靡不周及。大赦殊死已下，复百姓租税之半。长安自春不雨，至于五月。

曜遣其武卫刘朗率骑三万袭杨难敌于仇池，弗克，掠三千余户而归。张骏闻曜军为石氏所败，乃去曜年号，复称晋大将军、凉州牧，遣金城太守张阆及枹罕护军辛晏、将军韩璞等率众数万人，自大夏攻掠秦州诸郡。曜遣刘胤率步骑四万击之，夹洮相持七十余日。冠军呼延那鸡率亲御郎二千骑，绝其运路。胤济师逼之，璞军大溃，奔还凉州。胤追之，及于令居，斩级二万。张阆、辛晏率众数万降于曜，皆拜将军，封列侯。

石勒遣石季龙率众四万，自轵关西入伐曜，河东应之者五十余县，进攻蒲坂。曜将东救蒲坂，惧张骏、杨难敌承虚袭长安，遣其河间王述发氐、羌之众屯于秦州。曜尽中外精锐水陆赴之，自卫关北济。季龙惧，引师而退。追之，及于高候，大战，败之，斩其将军石瞻，枕尸二百余里，收其资仗亿计。季龙奔于朝歌。曜遂济自大阳，攻石生于

金墉，决千金埤以灌之。曜不抚士众，专与嬖臣饮博，左右或谏，曜怒，以为妖言，斩之。大风拔树，昏雾四塞。闻季龙进据石门，绥知勒自率大众已济，始议增荥阳戍，杜黄马关。俄而洛水候者与勒前锋交战，擒羯，送之。曜问曰："大胡自来邪？其众大小复如何？"羯曰："大胡自来，军盛不可当也。"曜色变，使摄金墉之围，陈于洛西，南北十余里。曜少而淫酒，末年尤甚。勒至，曜将战，饮酒数斗，常乘赤马无故局顿，乃乘小马。比出，复饮酒斗余。至于西阳门，拽阵就平，勒将石堪因而乘之，师遂大溃。曜昏醉奔退，马陷石渠，坠于冰上，被疮十余，通中者三，为堪所执，送于勒所。曜曰："石王！忆重门之盟不？"勒使徐光谓曜曰："今日之事，天使其然，复云何邪！"幽曜于河南丞廨，使金疮医李永疗之，归于襄国。

曜疮甚，勒载以马舆，使李永与同载。北苑市三老孙机上礼求见曜，勒许之。机进酒于曜曰："仆谷王，关右称帝皇。当持重，保土疆。轻用兵，败洛阳。祚运穷，天所亡。开大分，持一觞。"曜曰："何以健邪！当为翁饮。"勒闻之，凄然改容曰："亡国之人，足令卿叟数之。"舍曜于襄国永丰小城，给其妓妾，严兵围守。遣刘岳、刘震等乘马，从男女，衣帕以见曜，曜曰："久谓卿等为灰土，石王仁厚，全宥至今，而我杀石他，负盟之甚。今日之祸，自其分耳。"留宴终日而去。勒谕曜与其太子熙书，令速降之，曜但敕熙："与诸大臣匡维社稷，勿以吾易意也。"勒览而恶之，后为勒所杀。

熙及刘胤、刘咸等会议西保秦州，尚书胡勋曰："今虽丧主，国尚全完，将士情一，未有离叛，可共并力距险，走未晚也。"胤不从，怒其沮众，斩之，遂率百官奔于上邽，刘厚、刘策皆捐镇奔之。关中扰乱，将军蒋英、辛恕拥众数十万，据长安，遣使招勒，勒遣石生率洛阳之众以赴之。胤及刘遵率众数万，自上邽将攻石生于长安，陇东、武都、安定、新平、北地、扶风、始平诸郡戎夏皆起兵应胤。胤次于仲桥，石生固守长安。勒使石季龙率骑二万距胤，战于义渠，为季龙所败，死者五千余人。胤奔上邽，季龙乘胜追战，枕尸千里，上邽溃。季龙执其伪太子熙、南阳王刘胤并将相诸王等及其诸卿校公侯已下三千余人，皆杀之。徙其台省文武、关东流人、秦、雍大族九千余人于襄国，又坑其王公等及五郡屠各五千余人于洛阳。曜在位十年而败。始，元海以怀帝永嘉四年僭位，至曜三世，凡二十有七载，以成帝咸和四年灭。

史臣曰：彼戎狄者，人面兽心，见利则弃君亲，临财则忘仁义者也。投之遐远，犹惧外侵，而处以封畿，窥我中衅。昔者幽后不纲，胡尘暗于戏水；襄王失御，戎马生于关、洛。至于算强弱，妙兵权，体兴衰，知利害，于我中华未可量也。况元海人杰，必致青云之上；许以殊才，不居庸劣之下。是以策马鸿骞，乘机豹变，五部高啸，一旦推雄，皇枝相害，未有与之争衡者矣。伊秩启兴王之略，骨都论克定之秋，单于无北顾之怀，獫狁有南郊之祭，大哉天地，兹为不仁矣！若乃习以华风，温乎雅度；兼其旧俗，则罕规模。虽复石勒称藩，王弥效款，终为夷狄之邦，

未辩君臣之位。至于不远儒风，虚襟正直，则昔贤所谓并仁义而盗之者焉。

伪主斯亡，玄明纂嗣，树恩戎旅，既总威权，关、河开曩日之疆，士马倍前人之气。然则信不由中，自乖弘远，貌之为美，处事难终。纵武穷兵，残忠害寡，佞人方嚣，并后载驰，阍竖类于回天，凝科逾于炮烙。遣豺狼之将，逐鹰犬之师，悬牛俯渭，分麾陷洛，铁马陵山，胡笳遵渚，粉忠贞于戎手，聚搢绅于京观。先王井赋，乃眷维桑；旧都宫室，咸成茂草。坠露沾衣，行人洒泪。若乃上古敦庞，不亲其子，功成高让，归诸有德。爰及三代，乃用干戈，将以拯厥版荡，恭膺天命。懿彼武王，殷之列辟，载旆乘时，兴兵誓野，投枹既陨，可以绝言。而轻吕旁挥，彤弧三发，岂若响清跸于常道之门，驰金车于山阳之馆！故知黔首未苏，居今爱古；白旗陈肆，古不如今。胡寇不仁，有同豺冢，役天子以行觞，驱乘舆以执盖，庾珉之泪既尽，辛宾加之以血。若乃有生之贵，处死为难，弘在三之义，忘七尺之重，主忧之恨，毕命同归，自古篡夺，于斯为甚。是以灾气呈形，贼臣苞乱，政荒民散，可以危亡。刘聪竟得寿终，非不幸也。

曜则天资虓勇，运偶时艰，用兵则王霸之伦，好杀亦董公之亚。而承基丑类，或有可称。子远纳忠，高旌暂偃；和苞献直，鄜明罢观。而师之所处，荆棘生焉，自绝强藩，祸成劲敌。天之所厌，人事以之，骇战士而宵奔，酌戎杯而不醒，有若假手，同乎拾芥。岂石氏之兴欤，何不支之甚也！

赞曰：惟皇不范，迄甸居穹。丹朱罕嗣，冒顿争雄。胡旌扬月，朔马腾风。埃尘淮浦，虓呼河宫。未央朝寂，谙门旦空。郭钦之虑，辛有知戎。

卷一百四　　载记第四

石勒上

石勒字世龙，初名㔨，上党武乡羯人也。其先匈奴别部羌渠之胄。祖耶奕于，父周曷朱，一名乞翼加，并为部落小率。勒生时赤光满室，白气自天属于中庭，见者咸异之。年十四，随邑人行贩洛阳，倚啸上东门，王衍见而异之，顾谓左右曰：“向者胡雏，吾观其声视有奇志，恐将为天下之患。”驰遣收之，会勒已去。长而壮健有胆力，雄武好骑射。曷朱性凶粗，不为群胡所附，每使勒代己督摄，部胡爱信之。所居武乡北原山下草木皆有铁骑之象，家园中生人参，花叶甚茂，悉成人状。父老及相者皆曰：“此胡状貌奇异，志度非常，其终不可量也。”劝邑人厚遇之。时多嗤笑，唯邬人郭敬、阳曲宁驱以为信然，并加资赡。勒亦感其恩，为之力耕。每闻鞞铎之音，归以告其母，母曰：“作劳耳鸣，非不祥也。”

太安中，并州饥乱，勒与诸小胡亡散，乃自雁门还依宁驱。北泽都尉刘监欲缚卖之，驱匿之，获免。勒于是潜诣纳降都尉李川，路逢郭敬，泣拜言饥寒。敬对之流涕，以带货鬻食之，并给以衣服。勒谓敬曰：“今者大饿，不可守穷。诸胡饥甚，宜诱将冀州就谷，因执卖之，可以两济。”敬深然之。会建威将军阎粹说并州刺史、东嬴公腾执诸胡于山东卖充军实，腾使将军郭阳、张隆虏胡将诣冀州，两胡一枷。勒时年二十余，亦在其中，数为隆所驱辱。敬先以勒属郭阳及兄子时，阳，敬族兄也，是以阳、时每为解请，道路饥病，赖阳、时而济。既而卖与茌平人师欢为奴。有一老父谓勒曰：“君鱼龙发际上四道已成，当贵为人主。甲戌之岁，王彭祖可图。”勒曰：“若如公言，弗敢忘德。”忽然不见。每耕作于野，常闻鼓角之声。勒以告诸奴，诸奴亦闻之，因曰：“吾幼来在家恒闻如是。”诸奴归以告欢，欢亦奇其状貌而免之。

欢家邻于马牧，与牧率魏郡汲桑往来，勒以能相马自托于桑。尝佣于武安临水，为游军所囚。会有群鹿旁过，军人竞逐之，勒乃获免。俄而又见一父老，谓勒曰：“向群鹿者我也，君应为中州主，故相救尔。”勒拜而受命。遂招集王阳、夔安、支雄、冀保、吴豫、刘膺、桃豹、逯明等八骑为群盗。后郭敖、刘征、刘宝、张曀仆、呼延莫、郭黑略、张越、孔豚、赵鹿、支屈六等又赴之，号为十八骑。复东如赤龙、骐骥诸苑中，乘苑马远掠缯宝，以赂汲桑。

及成都王颖败乘舆于荡阴，逼帝如邺宫，王浚以颖陵辱天子，使鲜卑击之，颖惧，挟惠帝南奔洛阳，帝复为张方所逼，迁于长安。关东所在兵起，皆以诛颖为名。河间王颙惧东师之盛，欲辑怀东复，乃奏议废颖。是岁，刘元海称汉王于黎亭，颖故将阳平人公师藩等自称将军，起兵赵、魏，众至数万。勒与汲桑帅牧人乘苑马数百骑以赴之。桑始命勒以石为姓，勒为名焉。藩拜勒为前队督，从攻平昌公模于邺。模使将军冯嵩逆战，败之。藩济自白马而南，濮阳太守苟晞讨藩斩之。勒与桑亡潜苑中，桑以勒为伏夜牙门，帅牧人劫掠郡县系囚，又招山泽亡命，多附勒，勒率以应之。桑乃自号大将军，称为成都王颖诛东海王越、东嬴公腾为名。桑以勒为前驱，屡有战功，署为扫虏将军、忠明亭侯。桑进军攻邺，以勒为前锋都督，大败腾将冯嵩，因长驱入邺，遂害腾，杀万余人，掠妇女珍宝而去。济自延津，南击兖州，越大惧，使苟晞、王赞等讨之。

桑、勒攻幽州刺史石鲜于乐陵，鲜死之。乞活田禋帅众五万救鲜，勒逆战，败禋，与晞等相持于平原、阳平间数月，大小三十余战，互有胜负。越惧，次于官渡，为晞声援。桑、勒为晞所败，死者万余人，乃收余众，将奔刘元海。冀州刺史丁绍要之于赤桥，又大败之。桑奔马牧，勒奔乐平。王师斩桑于平原。

时胡部大张㔨督、冯莫突等拥众数千，壁于上党，勒往从之，深为所昵，因说㔨督曰：“刘单于举兵诛晋，部大距而不从，岂能独立乎？”曰：“不能。”勒曰：“如其不能者，兵马当有所属。今部落皆已被单于赏募，往往聚议欲叛部大而归单于矣，宜早为之计。”㔨督等素无智略，惧部众之贰己也，乃潜随勒单骑归元海。元海署㔨督为亲汉王，莫突为都督部大，以勒为辅汉将军、平晋王以统之。

勒于是命匐督为兄，赐姓石氏，名之曰会，言其遇己也。

乌丸张伏利度亦有众二千，壁于乐平，元海屡招而不能致。勒伪获罪于元海，因奔伏利度。伏利度大悦，结为兄弟，使勒率诸胡寇掠，所向无前，诸胡畏服。勒知众心之附己也，乃因会执伏利度，告诸胡曰："今起大事，我与伏利度孰堪为主？"诸胡咸以推勒。勒于是释伏利度，率其部众归元海。元海加勒督山东征讨诸军事，以伏利度众配之。

元海使刘聪攻壶关，命勒率所统七千为前锋都督。刘琨遣护军黄秀等救壶关，勒败秀于白田，秀死之，勒遂陷壶关。元海命勒与刘零、阎黑等七将率众三万寇魏郡、顿丘诸垒壁，多陷之，假垒主将军、都尉，简强壮五万为军士，老弱安堵如故，军无私掠，百姓怀之。

及元海僭号，遣使授勒持节、平东大将军、校尉、都督、王如故。勒并军寇邺，邺溃，和郁奔于卫国。执魏郡太守王粹于三台。进攻赵郡，害冀州西部都尉冯冲。攻乞活赦亭、田禋于中丘，皆杀之。元海授勒安东大将军、开府，置左右长史、司马、从事中郎。进军攻钜鹿、常山，害二郡守将。陷冀州郡县堡壁百余，众至十余万，其衣冠人物集为君子营。乃引张宾为谋主，始署军功曹，以刁膺、张敬为股肱，夔安、孔苌为爪牙，支雄、呼延莫、王阳、桃豹、逯明、吴豫等为将率。使其将张斯率骑诣并州山北诸郡县，说诸胡羯，晓以安危。诸胡惧勒威名，多有附者。进军常山，分遣诸将攻中山、博陵、高阳诸县，降之者数万人。

王浚使其将祁弘帅鲜卑段务尘等十余万骑讨勒，大败勒于飞龙山，死者万余。勒退屯黎阳，分命诸将攻诸未下及叛者，降三十余壁，置守宰以抚之。进寇信都，害冀州刺史王斌。于是车骑将军王堪、北中郎将裴宪自洛阳率众讨勒，勒烧营办粮，回军距之，次于黄牛垒。魏郡太守刘矩以郡附于勒，勒使矩统其垒众为中军左翼。勒至黎阳，裴宪弃其军奔于淮南，王堪退堡仓垣。元海授勒镇东大将军，封汲郡公，持节、都督、王如故。勒固让公不受。与阎罴攻睹圈、苑市二垒，陷之，罴中流矢死，勒并统其众，潜自石桥济河，攻陷白马，坑男女三千余口。东袭鄄城，害兖州刺史袁孚。因攻仓垣，陷之，遂害堪。渡河攻广宗、清河、平原、阳平诸县，降勒者九万余口。复南济河，荥阳太守裴纯奔于建业。

时刘聪攻河内，勒率骑会之，攻冠军将军梁巨于武德，怀帝遣兵救之。勒留诸将守武德，与王桑逆巨于长陵。巨请降，勒弗许，巨逾城而遁，军人执之。勒驰如武德，坑降卒万余，数梁巨罪而害之。王师退还，河北诸堡壁大震，皆请降送任于勒。

及元海死，刘聪授勒征东大将军、并州刺史、汲郡公，持节、开府、都督、校尉、王如故。勒固辞将军，乃止。

刘粲率众四万寇洛阳，勒留辎重于重门，率骑二万会粲于大阳，大败王师于渑池，遂至洛川。粲出轘辕，勒出成皋关，围陈留太守王赞于仓垣，为赞所败，退屯文石津。将北攻王浚，会浚将王甲始率辽西鲜卑万余骑败赵固于津北，勒乃烧船弃营，引军向柏门，迎重门辎重，至于石门，济河，攻襄城太守崔旷于繁昌，害之。

先是，雍州流人王如、侯脱、严嶷等起兵江、淮间，闻勒之来也，惧，遣众一万屯襄城以距，勒击败之，尽俘其众。勒至南阳，屯于宛北山。如惧勒之攻襄也，使送珍宝车马犒师，结为兄弟，勒纳之。如与侯脱不平，说勒攻脱。勒夜令三军鸡鸣而驾，晨压宛门，攻之，旬有二日而克。严嶷率众救脱，至则无及，遂降于勒。勒斩脱，囚嶷送于平阳，尽并其众，军势弥盛。

勒南寇襄阳，攻陷江西垒壁三十余所，留刁膺守襄阳，躬帅精骑三万还攻王如。惮如之盛，遂趣襄城。如知之，遣弟璃率骑二万五千，诈言犒军，实欲袭勒。勒逆击灭之，复屯江西，盖欲有雄据江汉之志也。张宾以为不可，劝勒北还，弗从，以宾为参军都尉，领记室，位次司马，专居中总事。

元帝虑勒南寇，使王导率众讨勒。勒军粮不接，死疫太半，纳张宾之策，乃焚辎重，裹粮卷甲，渡沔，寇江夏，太守杨岠弃郡而走。北寇新蔡，害新蔡王确于南顿，朗陵公何袭、广陵公陈畛、上党太守羊综、广平太守邵肇等率众降于勒。勒进陷许昌，害平东将军王康。

先是，东海王越率洛阳之众二十余万讨勒，越薨于军，众推太尉王衍为主，率众东下，勒轻骑追及之。衍遣将军钱端与勒战，为勒所败，端死之，衍军大溃，勒分骑围而射之，相登如山，无一免者。于是执衍及襄阳王范、任城王济、西河王喜、梁王禧、齐王超、吏部尚书刘望、豫州刺名刘乔、太傅长史庾顗等，坐之于幕下，问以晋故。衍、济等惧祸，多自陈说，惟范神色俨然，意气自若，顾呵之曰："今日之事，何复纷纭！"勒甚奇之。勒于是引诸王公卿士于外害之，死者甚众。勒重范清辨，奇范神气，不能加之兵刃，夜使人排墙填杀之。左卫何伦、右卫李恽闻越薨，奉越妃裴氏及越世子毗出自洛阳。勒逆毗于洧仓，军复大溃，执毗及诸王公卿士，皆害之，死者甚众。因率精骑三万，入自成皋关。会刘曜、王弥寇洛阳，洛阳既陷，勒归始弥、曜，遂出轘辕，屯于许昌。刘聪署勒征东大将军，勒固辞不受。

先是，平阳人李洪有众数千，屯于舞阳，苟晞假洪雍州刺史。勒进寇谷阳，害冠军将军王兹。破王赞于阳夏，获赞，以为从事中郎。袭破大将军苟晞于蒙城，执晞，署为左司马。刘聪授勒征东大将军、幽州牧，固辞将军不受。

先是，王弥纳刘暾之说，将先诛勒，东王青州，使暾征其将曹嶷于齐。勒游骑获暾，得弥所与嶷书，勒杀之，密有图弥之计矣。会弥使徐邈辄引部兵去弥，弥渐削弱。及勒之获苟晞也，弥恶之，伪卑辞使谓勒曰："公获苟晞而赦之，何其神也！使晞为公左，弥为公右，天下不足定。"勒谓张宾曰："王弥位重言卑，恐其遂成前狗意也。"宾曰："观王公有青州之心，桑梓本邦，固人情之所欠，明公独无并州之思乎？王公迟回未发者，惧明公踵其后，已有规明公之志，但未获便尔。今不图之，恐曹嶷复至，共为羽翼，后虽欲悔，何所及邪！徐邈既去，军势稍弱，观其控御之怀犹盛，可诱而灭之。"勒以为然。勒时与陈午相攻于蓬关，王弥亦与刘瑞相持甚急。弥请救于勒，勒未之许。

张宾进曰:"明公常恐不得王公之便,今天以其便授我矣。陈午小竖,何能为寇?王弥人杰,将为我害。"勒因回军击瑞,斩之。弥大悦,谓勒深心推奉,无复疑也。勒引师攻陈午于肥泽,午司马上党李头说勒曰:"公天生神武,当平定四海,四海士庶皆仰属明公,望济于涂炭。有与公争天下者,公不早图之,而返攻我曹流人。我曹乡党,终当奉戴,何遽见逼乎!"勒心然之,诘朝引退。诡请王弥宴于己吾,弥长史张嵩谏弥勿就,恐有专诸、孙峻之祸,弥不从。既入,酒酣,勒手斩弥而并其众,启聪称弥叛逆之状。聪署勒镇东大将军、督并幽二州军事、领并州刺史、持节、征讨都督、校尉、开府、幽州牧、公如故。

苟晞、王赞谋叛勒,勒害之。以将军左伏肃为前锋都尉,攻掠豫州诸郡,临江而还,屯于葛陂,降诸夷楚,署将军二千石以下,税其义谷,以供军士。

初,勒被鬻平原,与母王相失。至是,刘琨遣张儒送王于勒,遗勒书曰:"将军发迹河朔,席卷兖、豫,饮马江、淮,折冲汉、沔,虽自古名将,未足以谕。所以攻城而不有其人,略地而不有其土,翕尔云合,忽复星散,将军岂知其然哉?存亡决在得主,成败要在所附;得主则为义兵,附逆则为贼众。义兵虽败,而功业必成;贼众虽克,而终归殄灭。昔赤眉、黄巾横逆宇宙,所以一旦败亡者,正以兵出无名,聚而为乱。将军以天挺之质,威振宇内,择德而推崇,随时望归之,勋义堂堂,长享遐贵。背聪则祸除,向主则福至。采纳往海,翻然改图,天下不足定,蚁寇不足扫。今相授侍中、持节、车骑大将军、领护匈奴中郎将、襄城郡公,总内外之任,兼华戎之号,显封大郡,以表殊能,将军其受之,副远近之望也。自古以来诚无戎人而为帝王者,至于名臣建功者,则有之矣。今之迟想,盖以天下大乱,当须雄才。遥闻将军攻城野战,合于机神,虽不视兵书,暗与孙、吴同契,所谓生而知之者上,学而知之者次。但得精骑五千,以将军之才,何向不摧!至心实事,皆张儒所具。"勒报琨曰:"事功殊途,非腐儒所闻。君当节本朝,吾自夷,难以效。"遗琨名马珍宝,厚宾其使,谢归以绝之。

勒于葛陂缮室宇,课农造舟,将寇建邺。会霖雨历三月不止,元帝使诸将率江南之众大集寿春,勒军中饥疫死者太半。檄书朝夕继至,勒会诸将计之。右长史刁膺谏勒先送款于帝,求扫平河朔,待军退之后徐更计之。勒愀然长啸。中坚夔安劝勒就高避水,勒曰:"将军何其怯乎!"孔苌、支雄等三十余将进曰:"及吴军未集,苌等请各将三百步卒,乘船三十余道,夜登其城,斩吴将头,得其城,食其仓米。今年要当破丹阳,定江南,尽生缚取司马家儿辈。"勒笑曰:"是勇将之计也。"各赐铠马一匹。顾问张宾曰:"于君计何如?"宾曰:"将军攻陷帝都,囚执天子,杀害王侯,妻略妃主,擢将军之发不足以数将军之罪,奈何复还相臣奉乎!去年诛王弥之后,不宜于此营建。天降霖雨方数百里中,示将军不应留也。邺有三台之固,西接平阳,四塞山河,有喉衿之势,宜北徙据之。伐叛怀服,河朔既定,莫有处将军之右者。晋之保寿春,惧将军之往击尔,今卒闻回军,必欣于敌去,未遑奇兵掎击也。辎重

迳从北道,大军向寿春,辎重既过,大军徐回,何惧进退无地乎!"勒攘袂鼓髯曰:"宾之计是也。"责刁膺曰:"君共相辅佐,当规成功业,如何便相劝降!此计应斩。然相明性怯,所以宥君。"于是退膺为将军,擢宾为右长史,加中垒将军,号曰"右侯"。

发自葛陂,遣石季龙率骑二千距寿春。会江南运船至,获米布数十艘,将士争之,不设备。晋伏兵大发,败季龙于巨灵口,赴水死者五百余人,奔退百里,及于勒军。军中震扰,谓王师大至,勒阵以待之。晋惧有伏兵,退还寿春。勒所过路次,皆坚壁清野,采掠无所获,军中大饥,士众相食。行达东燕,闻汲郡向冰有众数千,壁于枋头,勒将于棘津北渡,惧冰邀之,会诸将问计。张宾进曰:"如闻冰船尽在渎中,未上枋头,可简壮勇者千人,诡道潜渡,袭取其船,以济大军。大军既济,冰必可擒也。"勒从之,使支雄、孔苌等从文石津缚筏潜渡,勒引其众自酸枣向棘津。冰闻勒军至,始欲内其船。会雄等已渡,屯其垒门,下船三十余艘以济其军,令主簿鲜于丰挑战,设三伏以待之。冰怒,乃出军,将战,而三伏齐发,夹击攻之,又因其资,军遂丰振。长驱寇邺,攻北中郎将刘演于三台。演部将临深、牟穆等率众数万降于勒。

时诸将佐议欲攻取三台以据之,张宾进曰:"刘演众犹数千,三台险固,攻守未可卒下,舍之则能自溃。王彭祖、刘越石大敌也,宜及其未有备,密规进据邗城,广运粮储,西禀平阳,扫定并、蓟,桓、文之业可以济也。且今天下鼎沸,战争方始,游行羁旅,人无定志,难以保万全、制天下也。夫得地者昌,失地者亡。邯郸、襄国,赵之旧都,依山凭险,形胜之国,可择此二邑而都之,然后命将四出,授以奇略,推亡固存,兼弱攻昧,则群凶可除,王业可图矣。"勒曰:"右侯之计是也。"于是进据襄国。宾又言于勒曰:"今我都此,越石、彭祖深所忌也,恐及吾城池未固,资储未广,送死于我。闻广平诸县秋稼大成,可分遣诸将收掠野谷。遣使平阳,陈宜镇此之意。"勒又然之。于是上表于刘聪,分命诸将冀州郡县垒壁,率多降附,运粮以输勒。刘聪署勒使持节、散骑常侍、都督冀、幽、并、营四州杂夷、征讨诸军事、冀州牧,进封本国上党郡公,邑五万户,开府、幽州牧、东夷校尉如故。

广平游纶、张豺拥众数万,受王浚假署,保据苑乡。勒使夔安、支雄等七将攻之,破其外垒。浚遣督护王昌及鲜卑段就六眷、末柸、匹磾等部众五万余以讨勒。时城隍未修,乃于襄国筑隔城重栅,设郛以待之。就六眷屯于渚阳,勒分遣诸将连出挑战,频为就六眷所败,又闻其大造攻具,勒顾谓其将佐曰:"今寇来转逼,彼众我寡,恐攻围不解,外救不至,内粮罄绝,纵孙、吴重生,亦不能固也。吾将简练将士,大阵于野以决之,何如?"诸将皆曰:"宜固守以疲寇,彼师老自退,追而击之,蔑不克矣。"勒顾谓张宾、孔苌曰:"君以为何如"宾、苌俱曰:"闻就六眷克来月上旬送死北城,其大众远来,战守连日,以我军势寡弱,谓不敢出战,意必懈息。今段氏种众之悍,末柸尤最,其卒之精勇,悉在末柸所,可勿复出战,示之以弱。速凿北垒为突门二十余道,候贼列守未定,出其不意,直

冲末杯帐，敌必震惶，计不及设，所谓迅雷不及掩耳。末杯之众既奔，余自摧散。擒末杯之后，彭祖可指辰而定。"勒笑而纳之，即以苌为攻战都督，造突门于北城。鲜卑入屯北垒，勒候其阵未定，躬率将士鼓噪于城上。会孔苌督诸突门伏兵俱出击之，生擒末杯，就六眷等众遂奔散。苌乘胜追击，枕尸三十余里，获铠马五千匹。就六眷收其遗众，屯于渚阳，遣使求和，送铠马金银，并以末杯三弟为质而请末杯。诸将并劝勒杀末杯以挫之，勒曰："辽西鲜卑，健国也，与我素无怨仇，为王浚所使耳。今杀一人，结怨一国，非计也。放之必悦，不复为王浚用矣。"于是纳其质，遣石季龙盟就六眷于渚阳，结为兄弟，就六眷等引还。使参军阎综献捷于刘聪。于是游纶、张豺请降称藩，勒将袭幽州，务养将士，权宜许之，皆就署将军。于是遣众寇信都，害冀州刺史王象。王浚复以邵举行冀州刺史，保于信都。

建兴元年，石季龙攻邺三台，邺溃，刘演奔于廪丘，将军谢胥、田青、郎牧等率三台流人降于勒，勒以桃豹为魏郡太守以抚之。命段末杯为子，署为使持节、安北将军、北平公，遣还辽西。末杯感勒厚恩，在途日南面而拜者三，段氏遂专心归附，自是王浚威势渐衰。

勒袭苑乡，执游纶以为主簿。攻乞活李恽于上白，斩之，将坑其降卒，见郭敬而识之，曰："汝郭季子乎？"敬叩头曰："是也。"勒下马执其手，泣曰："今日相遇，岂非天邪！"赐衣服车马，署敬上将军，悉免降者以配之。其将孔苌寇定陵，害兖州刺史田征。乌丸薄盛执渤海太守刘既，率户五千降于勒。刘聪授勒侍中、征东大将军，余如故，拜其母王氏为上党国太夫人，妻刘氏上党国夫人，章绶首饰一同王妃。

段末杯任弟亡归辽西，勒大怒，所经令尉皆杀之。

乌丸审广、渐裳、郝袭背王浚，密遣使降于勒，勒厚加抚纳。司、冀渐宁，人始租赋。立太学，简明经善书吏署为文学掾，选将佐子弟三百人教之。勒母王氏死，潜瘗山谷，莫详其所。既而备九命之礼，虚葬于襄国城南。

勒谓张宾曰："邺，魏之旧都，吾将营建。既风俗殷杂，须贤望以绥之，谁可任也？"宾曰："晋故东莱太守南阳赵彭忠亮笃敏，有佐时良干，将军若任之，必能允副神规。"勒于是征彭，署为魏郡太守。彭至，入泣而辞曰："臣往策名晋室，食其禄矣。犬马恋主，切不敢忘。诚知晋之宗庙鞠为茂草，亦犹洪川东逝，往而不还。明公应符受命，可谓攀龙之会。但受人之荣，复事二姓，臣志所不为，恐亦明公之所不许。若赐臣余年、全臣一介之愿者，明公大造之惠也。"勒默然。张宾进曰："自将军神旗所经，衣冠之士靡不变节，未有能以大义进退者。至如此贤，以将军为高祖，自拟为四公，所谓君臣相知，此亦足成将军不世之高，何必吏之。"勒大悦，曰："右侯之言得孤心矣。"于是赐安车驷马，养以卿禄，辟其子明为参军。勒以石季龙为魏郡太守，镇邺三台，季龙篡夺之萌兆于此矣。

时王浚署置百官，奢纵淫虐，勒有吞并之意，欲先遣使以观察之。议者佥曰："宜如羊祜与陆抗书相闻。"时张宾有疾，勒就而谋之。宾曰："王浚假三部之力，称制南面，虽曰晋藩，实怀僭逆之志，必思协英雄，图济事业。将军威声震于海内，去就为存亡，所在为轻重，浚之欲将军，犹楚之招韩信也。今权谲遣使，无诚款之形，脱生猜疑，图之兆露，后虽奇略，无所设也。夫立大事者必先为之卑，当称藩推奉，尚恐未信，羊、陆之事，臣未见其可。"勒曰："右侯之计是也。"乃遣其舍人王子春、董肇等多赍珍宝，奉表推崇浚为天子曰："勒本小胡，出于戎裔，值晋纲弛御，海内饥乱，流离屯厄，窜命冀州，共相帅合，以救性命。今晋祚沦夷，远播吴会，中原无主，苍生无系。伏惟明公殿下，州乡贵望，四海所宗，为帝王者，非公复谁？勒所以捐躯命、兴义兵诛暴乱者，正为明公驱除尔。伏愿殿下应天顺时，践登皇阼。勒奉戴明公，如天地父母，明公当察勒微心，慈眄如子也。"亦遗枣嵩书而厚赂之。浚谓子春等曰："石公一时英武，据赵旧都，成鼎峙之势，何为称藩于孤，其可信乎？"子春对曰："石将军英才俊拔，士马雄盛，实如圣旨。仰惟明公州乡贵望，累叶重光，出镇藩岳，威声播于八表，固以胡越钦风，戎夷歌德，岂唯区区小府而敢不敛衽神阙者乎！昔陈婴岂其鄙王而不王，韩信薄帝而不帝者哉？但以知帝王不可以智力争故也。石将军之拟明公，犹阴精之比太阳，江、河之比洪海尔。项籍、子阳覆车不远，是石将军之明鉴，明公亦何怪乎！且自古诚胡人而为名臣者实有之，帝王则未之有也。石将军非所以恶帝王而让明公也，顾取之不为天人之所许耳。愿公勿疑。"浚大悦，封子春等为列侯，遣使报勒，答以方物。浚司马游统时镇范阳，阴叛浚，驰使降于勒。勒斩其使，送于浚，以表诚实。浚虽不罪统，弥信勒之忠诚，无复疑矣。

子春等与王浚使至，勒命匿劲卒精甲，虚府赢师以示之，北面拜使而受浚书。浚遗勒尘尾，勒伪不敢执，悬之于壁，朝夕拜之，云："我不得见王公，见王公所赐如见公也。"复遣董肇奉表于浚，期亲诣幽州奉上尊号，亦修笺于枣嵩，乞并州牧、广平公，以见必信之诚也。

勒将图浚，引子春问之。子春曰："幽州自去岁大水，人不粒食，浚积粟百万，不能赡恤，刑政苛酷，赋役殷烦，贼害贤良，诛斥谏士，下不堪命，流叛略尽。鲜卑、乌丸离贰于外，枣嵩、田矫贪暴于内，人情沮扰，甲士赢弊。而浚犹置立台阁，布列百官，自言汉高、魏武不足并也。又幽州谣怪特甚，闻者莫不为之寒心，浚意气自若，曾无惧容，此亡期之至也。"勒抚几笑曰："王彭祖真可擒也。"浚使达袭幽州，具陈勒形势寡弱，款诚无二。浚大悦，以勒为信然。

勒纂兵戒期，将袭浚，而惧刘琨及鲜卑、乌丸为其后患，沈吟未发。张宾进曰："夫袭敌国，当出其不意。军严经日不行，岂顾有三方之虑乎？"勒曰："然，为之奈何？"宾曰："彭祖之据幽州，唯仗三部，今皆离叛，还为寇仇，此则外无声援以抗我也。幽州饥俭，人皆蔬食，众叛亲离，甲旅寡弱，此则内无强兵以御我也。若大军在郊，必土崩瓦解。今三方未靖，将军便能悬军千里以征幽州也。轻军往返，不出二旬。就使三方有动，势足旋趾。宜应机电发，勿后时也。且刘琨、王浚虽同名晋藩，其实仇敌。若修笺于琨，送质请和，琨必欣于得我，喜于浚灭，终不救浚而袭我也。"勒曰："吾所不了，右侯已了，复何疑哉！"

于是轻骑袭幽州，以火宵行。至柏人，杀主簿游纶，以其兄统在范阳，惧声军计故也。遣张虑奉笺于刘琨，陈已过沉重，求讨浚以自效。琨既素疾浚，乃檄诸州郡，说勒知命思愆，收累年之咎，求拔幽都，效善将来，今听所请，受任通和。军达易水，浚督护孙纬驰遣白浚，将引军距勒，游统禁之。浚将佐咸请出击勒，浚怒曰："石公来，正欲奉戴我也，敢言击者斩！"乃命设飨以待之。勒晨至蓟，叩门者开门。疑有伏兵，先驱牛羊数千头，声言上礼，实欲填诸街巷，使兵不得发。浚大惧，或坐或起。勒升其厅事，命甲士执浚，立之于前，使徐光让浚曰："君位冠元台，爵列上公，据幽都骁悍之国，跨全燕突骑之乡，手握强兵，坐观京师倾覆，不救天子，而欲自尊。又专任奸暴，杀害忠良，肆情恣欲，毒遍燕壤。自贻于此，非为天也。"使其将王洛生驿送浚襄国市斩之。于是分遣流人各还桑梓，擢荀绰、裴宪，资给车服。数朱硕、枣嵩、田矫等以贿乱政，责游统以不忠于浚，皆斩之。迁乌丸审广、渐裳、郝袭、靳市等于襄国。焚烧浚宫殿。以晋尚书刘翰为宁朔将军、行幽州刺史，戍蓟，置守宰而还。遣其东曹掾傅遵兼左长史，封王浚首，献捷于刘聪。勒既还襄国，刘翰叛勒，奔段匹磾。襄国大饥，谷二升直银二斤，肉一斤直银一两。刘聪以平幽州之勋，乃遣其使人柳纯持节署勒大都督陕东诸军事、骠骑大将军、东单于，侍中、使持节、开府、校尉、二州牧、公如故，加金钲黄钺，前后鼓吹二部，增封十二郡。勒固辞，受二郡而已。勒封左长史张敬等十一人为伯、子、侯，文武进位有差。

勒将支雄攻刘演于廪丘，为演所败。演遣其韩弘、潘良袭顿丘，斩勒所署太守邵攀。支雄追击弘等，害潘良于廪丘。刘琨遣乐平太守焦球攻勒常山，斩其太守邢泰。琨司马温峤西讨山胡，勒将逯明要之，败峤于潞城。

勒以幽、冀渐平，始下州郡阅实人户，户赀二匹，租二斛。

勒将陈午以浚仪叛于勒。逯明攻宁黑于茌平，降之，因破东燕酸枣而还，徙降人二万余户于襄国。勒使其将葛薄寇濮阳，陷之，害太守韩弘。

刘聪遣其使人范甍持节策命勒，赐以弓矢，加崇为陕东伯，得专征伐，拜封刺史、将军、守宰、列侯，岁尽集上。署其长子兴为上党国世子，加翼军将军，为骠骑副贰。

刘琨遣王旦攻中山，逐勒所署太守秦固。勒将刘勋距旦，败之，执旦于望都关。勒袭邵绩于乐陵。绩尽众逆战，大败而还。

章武人王脊起于科斗垒，扰乱勒河间、渤海诸郡。勒以扬武张夷为河间太守，参军临深为渤海太守，各率步骑三千以镇静之，使长乐太守程遐屯于昌亭为之声势。

徙平原乌丸展广、刘哆等部落三万余户于襄国。

使石季龙袭乞活王平于梁城，败绩而归。又攻刘演于廪丘。支雄、逯明击宁黑于东武阳，陷之，黑赴河而死，徙其众万余于襄国。邵绩使文鸯救演，季龙退止卢关津避之，文鸯弗能进，屯于景亭。兖、豫豪右张平等起兵救演。季龙夜弃营设伏于外，扬声将归河北。平等以为信然，入

于空营。季龙回击败之，遂陷廪丘，演奔文鸯军，获演弟启，送于襄国。演即刘琨之兄子也。勒以琨抚存其母，德之，赐启田宅，令儒官授其经。

时大蝗，中山、常山尤甚。中山丁零翟鼠叛勒，攻中山、常山，勒率骑讨之，获其母妻而还。鼠保于胃关，遂奔代郡。

勒攻乐平太守韩据于坫城，刘琨遣将军姬澹率众十余万讨勒，琨次广牧，为澹声援。勒将距之，或谏之曰："澹兵马精盛，其锋不可当，宜深沟高垒以挫其锐，攻守势异，必获万全。"勒曰："澹大众远来，体疲力竭，犬羊乌合，号令不齐，可一战而擒，何强之有！寇已垂至，胡可舍去，大军一动，岂易中还！若澹乘我之退，顾乃无暇，焉得深沟高垒乎！此为不战而自灭亡之道。"立斩谏者。以孔苌为前锋都督，令三军后出者斩。设疑兵于山上，分为二伏。勒轻骑与澹战，伪收众而北。澹纵兵追之，勒前后伏发，夹击，澹军大败，获铠马万匹，澹奔代郡，据奔刘琨。琨长史李弘以并州降于勒，琨遂奔于段匹磾。勒迁阳曲、乐平户于襄国，置守宰而退。孔苌追姬澹于桑干。勒遣兼左长史张敷献捷于刘聪。

勒之征乐平也，其南和令赵领招合广川、平原、渤海数千户叛勒，奔于邵续。河间邢嘏累征不至，亦聚众数百以叛。勒巡下冀州诸县，以右司马程遐为宁朔将军、监冀州七郡诸军事。

勒姊夫广威张越与诸将蒲博，勒亲临观之。越戏言忤勒，勒大怒，叱力士折其胫而杀之。

孔苌攻代郡，澹死之。时司、冀、并、兖州流人数万户在于辽西，迭相招引，人不安业。孙苌等攻马严、冯𬘩，久而不克。勒问计于张宾，宾对曰："冯𬘩等本非明公之深仇，辽西流人悉有恋本之思。今宜班师息甲，差选良守，任之以龚遂之事，不拘常制，奉宣仁泽，奋扬威武，幽、冀之寇可翘足而静，辽西流人可指时而至。"勒曰："右侯之计是也。"召苌等归，署武遂令李回为易北都护、振武将军、高阳太守。马严士众多李潜本人，回先为潜府长史，素服回威德，多叛严归之。严以部众离贰，惧，奔于幽州，溺水而死。冯𬘩率众降于勒。回移居易京，流人归者岁常数千，勒甚嘉之，封回弋阳子，邑三百户。加宾封一千户，进宾位前将军，固辞不受。

河朔大蝗，初穿地而生，二旬则化状若蚕，七八日而卧，四日蜕而飞，弥亘百草，唯不食三豆及麻，并、冀尤甚。

石季龙济自长寿津，寇梁国，害内史183阎。刘琨与段匹磾、涉复辰、疾六眷，段末杯等会于固安，将谋讨勒，勒使参军王续赍金宝遗末杯以间之。末杯既思有以报勒恩，又忻于厚赂，乃说辰、眷等引还，琨、匹磾亦退如蓟城。

邵续使兄子济攻勒渤海，虏三千余人而还。刘聪将赵固以洛阳归顺，恐勒袭之，遣参军高少奉书推崇勒，请师讨聪。勒以大义让之，固深惧恨，与郭默攻掠河内、汲郡。

段末杯杀鲜卑单于截附真，立忽跛邻为单于。段匹磾自幽州攻末杯，末杯逆击败之，匹磾奔入幽州，因害太尉刘琨，琨将佐相继降勒。末杯遣弟骑督吏匹磾于幽州，匹磾率其部众数千，将奔邵绩，勒将石越要之于盐山，大败

之，匹磾退保幽州。越中流矢死，勒为之屏乐三月，赠平南将军。

初，曹嶷据有青州，既叛刘聪，南禀王命，以建邺悬远，势援不接，惧勒袭之，故遣通和。勒授嶷东州大将军、青州牧，封琅邪公。

刘聪疾甚，驿召勒为大将军、录尚书事，受遗诏辅政，勒固辞乃止。聪又遣其使人持节署勒大将军、持节钺，都督、侍中、校尉、二州牧、公如故，增封十郡，勒不受。聪死，其子粲袭伪位，其大将军靳准杀粲于平阳，勒命张敬率骑五千为前锋以讨准，勒统精锐五万继之，据襄陵北原，羌、羯降者四万余落。准数挑战，勒坚壁以挫之。刘曜自长安屯于蒲阪，曜复僭号，署勒大司马、大将军，加九锡，增封十郡，并前十三郡，进爵赵公。勒攻准于平阳小城，平阳大尹周置等率杂户六千降于勒。巴帅及诸羌、羯降者十余万落，徙之司州诸郡。准使卜泰送乘舆服御请和，勒与刘曜竟有招怀之计，乃送泰于曜，使知城内无归曜之意，以挫其军势。曜潜与泰结盟，使还平阳宣慰诸屠各。勒疑泰与曜有谋，欲斩泰以速降之，诸将皆曰："今斩卜泰，准必不复降，就令泰宣汉要盟于城中，使相率诛靳准，准必惧而速降矣。"勒久乃从诸将议遣之。泰入平阳，与准将乔泰、马忠等起兵攻准，杀之，推靳明为盟主，遣泰及卜玄奉传国六玺送于刘曜。勒大怒，遣令史羊升使平阳，责明杀准之状。明怒，斩升。勒怒甚，进军攻明，明出战，勒击败之，枕尸二里。明筑城门坚守，不复出战。勒遣其左长史王修献捷于刘曜。晋彭城内史周坚害沛内史周默，以彭、沛降于勒。石季龙率幽、冀州兵会勒攻平阳。刘曜遣征东刘畅救明。勒命舍师于蒲上。靳明率平阳之众奔于刘曜，曜西走粟邑。勒焚平阳宫室，使裴宪、石会修复元海、聪二墓，收刘粲已下百余尸葬之，徙浑仪、乐器于襄国。

刘曜又遣其使人郭汜等持节署勒太宰，领大将军，进爵赵王，增封七郡，并前二十郡，出入警跸，冕十有二旒，乘金根车，驾六马，如曹公辅汉故事，夫人为王后，世子为王太子。勒舍人曹平乐因使留仕于曜，言于曜曰："大司马遣王修等来，外表至虔，内觇大驾强弱，谋待修之返，将轻袭乘舆。"时曜势实残弊，惧修宣之。曜大怒，追汜等还，斩修于粟邑，停太宰之授。刘茂逃归，言王修死故，勒大怒，诛平乐三族，赠修太常。又知停殊礼之授，怒甚，下令曰："孤兄弟之奉刘家，人臣之道过矣，若微孤兄弟，岂能南面称朕哉！根基既立，便欲相图。天不助恶，使假手靳准。孤惟事君之体当资舜求瞽瞍之义，故复推崇令主，齐好如初，何图长恶不悛，杀奉诚之使。帝王之起，复何常邪！赵王、赵帝，孤自取之，名号大小，岂其所节邪！"于是置太医、尚方、御府诸令，命参军晁赞成正阳门。俄而门崩，勒大怒，斩赞。既怒刑仓卒，寻亦悔之，赐以棺服，赠大鸿胪。

平西将军祖逖攻陈川于蓬关，石季龙救川，逖退屯梁国，季龙使扬武左伏肃攻之。

勒增置宣文、宣教、崇儒、崇训十余小学于襄国四门，简将佐豪右子弟百余人以教之，且备击柝之卫。置挈壶署，铸丰货钱。

河西鲜卑日六延叛于勒，石季龙讨之，败延于朔方，斩首二万级，俘三万余人，获牛马十余万。孔苌讨平幽州诸郡。时段匹磾部众饥散，弃其妻子，匹磾奔段绩。曹嶷遣使来聘，献其方物，请以河为断。桃豹至蓬关，祖逖退如淮南。徙陈川部众五千余户于广宗。

石季龙与张敬、张宾及诸将佐百余人劝勒称尊号，勒下书曰："孤猥以寡德，忝荷崇宠，夙夜战惶，如临深薄，岂可假尊窃号，取讥四方！昔周文以三分之重，犹服事殷朝；小白居一匡之盛，而尊崇周室。况国家道隆殷、周，孤德卑二伯哉！其亟止斯议，勿复纷纭。自今敢言，刑兹无赦！"乃止。

勒又下书曰："今大乱之后，律令滋烦，其采集律令之要，为施行条制。"于是命法曹令史贯志造《辛亥制度》五千文，施行十余岁，乃用律令。晋太山太守徐龛叛降于勒。

石季龙及张敬、张宾、左右司马张屈六、程遐文武等一百二十九人上疏曰："臣等闻有非常之度，必有非常之功；有非常之功，必有非常之事。是以三代陵迟，五伯迭兴，静难济时，绩侔睿后。伏惟殿下天纵圣哲，诞应符运，鞭挞宇宙，弼成皇业，普天率土，莫不来苏，嘉瑞征祥，日月相继，物望去刘氏、威怀于明公者十分而九矣。今山川夷静，星辰不孛，夏海重译，天人系仰，诚应升御中坛，即皇帝位，使攀附之徒蒙寸尺之润。请依刘备在蜀、魏王在邺故事，以河内、魏、汲、顿丘、平原、清河、钜鹿、常山、中山、长乐、乐平十一郡，并前赵国、广平、阳平、章武、渤海、河间、上党、定襄、范阳、渔阳、武邑、燕国、乐陵十三郡，合二十四郡、户二十九万为赵国。封内依旧改为内史，准《禹贡》、魏武复冀州之境，南至盟津，西达龙门，东至于河，北至于塞垣。以大单于镇抚百蛮。罢并、朔、司三州，通置部司以监之。伏愿钦若昊天，垂副群望也。"勒西面而让者五，南面而让者四，百僚皆叩头固请，勒乃许之。

卷一百五　　　　　　　　　载记第五

石勒下

太兴二年，勒伪称赵王，赦殊死已下，均百姓田租之半，赐孝悌力田死义之孤帛各有差，孤老鳏寡谷人三石，大酺七日。依春秋列国、汉初侯王每世称元，改称赵王元年。始建社稷，立宗庙，营东西宫。署从事中郎裴宪、参军傅畅、杜嘏并领经学祭酒，参军续咸、庾景为律学祭酒，任播、崔濬为史学祭酒。中垒支雄、游击王阳并领门臣祭酒，专明胡人辞讼，以张离、张良、刘群、刘谟等为门生主书，司典胡人出内，重其禁法，不得侮易衣冠华族。号胡为国人。遣使循行州郡，劝课农桑。加张宾大执法，专总朝政,位冠僚首。署石季龙为单于元辅、都督禁卫诸军事,署前将军李寒领司兵勋,教国子击刺战射之法。命记室佐明楷、程机撰《上党国记》,中大夫傅彪、贾蒲、江轨撰《大将军起居注》,参军石泰、石同、石谦、孔隆撰《大单于志》。自是朝会常以天子礼乐飨其群下,威仪冠冕从容可观矣。群臣议请论功,勒曰:"自孤起军,十六年于兹矣。文武将士从孤征伐者,莫不蒙犯矢石,备尝艰阻,其在葛陂之役,厥功尤著,宜为赏之先也。若身见存,爵封轻重随功位为差,死事之孤,赏加一等,庶足以慰答存亡,申孤之心也。"又下书禁国人不听报嫂及在丧婚娶,其烧葬令如本俗。

孔苌攻邵续别营十一,皆下之。续寻为石季龙所获,送于襄国。刘曜将尹安、宋始据洛阳,降于勒。

晋徐州刺史蔡豹败徐龛于檀丘,龛遣使诣勒,陈讨豹之计。勒遣将王步都为龛前锋,使张敬率骑继之。敬达东平,龛疑敬之袭已也,斩步都等三百余人,复降于晋。勒大怒,命张敬据其襟要以守之。

大雨霖,中山、常山尤甚,滹沱泛溢,冲陷山谷,巨松僵拔,浮于滹沱,东至渤海,原隰间皆如山积。

孔苌攻陷文鸯十余营,苌不设备,鸯夜击之,大败而归。

勒始制轩悬之乐,八佾之舞,为金根大辂,黄屋左纛,天子车旗,礼乐备矣。

使石季龙率步骑四万讨徐龛,龛遣长史刘霄诣勒乞降,送妻子为质,纳之。时蔡豹屯于谯城,季龙攻豹,豹夜遁,季龙引军城封丘而旋。

徙朝臣掾属已上士族者三百户于襄国崇仁里,置公族大夫以领之。勒宫殿及诸门始就,制法令甚严,讳胡尤峻。有醉胡乘马突入止车门,勒大怒,谓宫门小执法冯翥曰:"夫人君为令,尚望威行天下,况宫阙之间乎!向驰马入门为是何人,而不弹白邪?"翥惶惧忘讳,对曰:"向有醉胡乘马驰入,甚呵御之,而不可与语。"勒笑曰:"胡人正自难与言。"恕而不罪。

使石季龙击托侯部掘咄哪于岘北,大破之,俘获牛马二十余万。

勒清定五品,以张宾领选。复续定九品。署张班为左执法郎,孟卓为右执法郎,典定士族,副选举之任。令群僚及州郡岁各举秀才、至孝、廉清、贤良、直言、武勇之士各一人。置署都府从事各一部一州,秩二千石,职准丞相司直。

勒下令曰:"去年水出巨材,所在山积,将皇天欲孤缮修宫宇也! 其拟洛阳之太极起建德殿。"遣从事中郎任汪帅使工匠五千采木以供之。黎阳人陈武妻一产三男一女,武携妻子诣襄国上书自陈。勒下书以为二仪谐畅,和气所致,赐其乳婢一口,谷一百石,杂彩四十匹。

石季龙攻段匹磾于厌次。孔苌讨匹磾部内诸城,陷之。匹磾势穷,乃率其臣下舆榇出降。季龙送之襄国,勒署匹磾为冠军将军,以其弟文鸯、亚杕卫麟为左右中郎将,皆金章紫绶。散诸流人三万余户,复其本业,置守宰以抚之,于是冀、并、幽州、辽西巴西诸屯结皆陷于勒。

时晋征北将军祖逖据谯,将平中原。逖善于抚纳,自河以南多背勒归顺。勒惮之,不敢为寇,乃下书曰:"祖逖屡为边患。逖,北州士望也,傥有首丘之思。其下幽州,修祖氏坟墓,为置守冢二家。冀逖以赵他感恩,辍其寇暴。"逖闻之甚悦,遣参军王愉使于勒,赠以方物,修结和好。勒厚宾其使,遣左常侍董树报聘,以马百匹、金五十斤答之。自是兖、豫乂安,人得休息矣。

从事中郎刘奥坐营建德殿井木斜缩,斩于殿中。勒悔之,赠太常。

建德校尉王和掘得员石,铭曰:"律权石,重四钧,同律度量衡,有新氏造。"议者未详,或以为瑞。参军续咸曰:"王莽时物也。"其时兵乱之后,典度埋灭,遂命下礼官为准程定式。又得一鼎,容四升,中有大钱三十文,曰:"百当千,千当万。"鼎铭十三字,篆书不可晓,藏之于永丰仓。因此令公私行钱,而人情不乐,乃出公绢市钱,限中绢匹一千二百,下绢八百。然百姓私买中绢四千,下绢二千,巧利者贱买私钱,贵卖于官,坐死者十数人,而钱终不行。勒徙洛阳铜马、翁仲二于襄国,列之永丰门。

祖逖牙门童建害新蔡内史周密,遣使降于勒。勒斩之,送首于祖逖,曰:"天下之恶一也。叛臣逃吏,吾之深仇,将军之恶,犹吾恶也。"逖遣使报谢。自是兖、豫间垒壁叛者,逖皆不纳,二州之人率多两属矣。

勒令武乡耆旧赴襄国。既至,勒亲与乡老齿坐欢饮,语及平生。初,勒与李阳邻居,岁常争麻池,迭相驱击。至是,谓父老曰:"李阳,壮士也,何以不来?沤麻是布衣之恨,孤方崇信于天下,宁仇匹夫乎!"乃使召阳。既至,勒与酣谑,引阳臂笑曰:"孤往日厌卿老拳,卿亦饱孤毒手。"因赐甲第一区,拜参军都尉。令曰:"武乡,吾之丰、沛,万岁之后,魂灵当归于,其复之三世。"勒以百姓始复业,资储未丰,于是重制禁酿,郊祀宗庙皆以醴酒,行之数年,无复酿者。

寻署石季龙为车骑将军,率骑三万讨鲜卑郁粥于离石,俘获及牛马十余万,郁粥奔乌丸,悉降其众城。

先是,勒世子兴死,至是,立子弘为世子,领中领军。遣季龙统中外精卒四万讨徐龛,龛坚守不战,于是筑室返耕,列长围以守之。晋镇北将军刘隗降于勒,拜镇南将军,封列侯。石季龙攻陷徐龛,送之襄国,勒囊盛于百尺楼自上撲杀之,令步都等妻子剐而食之,坑龛降卒三千。晋兖州刺史刘遐惧,自邹山退屯于下邳。琅邪内史孙默以琅邪叛降于勒。徐、兖间垒壁多送任请降,皆就拜守宰。

清河张披为程遐长史,遐甚昵之,张宾举为别驾,引参政事。遐疾披去己,又恶宾之权盛。勒世子弘,即遐之甥也,自以有援,欲收威重于朝,乃使弘之母潘曰:"张披与张宾为游侠,门客日百余乘,物望皆归之,非社稷之利也,宜除披以便国家。"勒然之。至是,披取急召之不时至,因此遂杀之。宾知遐之间己,遂弗敢请。无几,以遐为右长史,总执朝政,自是朝臣莫不震惧,赴于程氏矣。

时祖逖卒,勒始侵寇边戍。勒征虏石他败王师于酂西，执将军卫荣而归。征北将军祖约惧，退如寿春。勒境内大疫，死者十二三，乃罢徽文殿作。遣其将王阳屯于豫州，有窥窬之志，于是兵难日寻，梁、郑之间骚然矣。

又遣季龙统中外步骑四万讨曹嶷。先是，嶷议欲徙海中，保根余山，会疾疫甚，计未及就。季龙进兵围广固，东莱太守刘巴、长广太守吕披皆以郡降。以石他为征东将军，击羌胡于河西。左军石挺济师于广固，曹嶷降，送于襄国。勒害之，坑其众三万。季龙将尽杀嶷众，其青州刺史刘征曰："今留征，使牧人也；无人焉牧，征将归矣。"季龙乃留男女七百口配征，镇广固。青州诸郡县垒壁尽陷。

勒司州刺史石生攻晋扬武将军郭诵于阳翟，不克，进寇襄城，俘获千余而还。

勒以参军樊垣清贫，擢授章武内史。既而入辞，勒见坦衣冠弊坏，大惊曰："樊参军何贫之甚也！"坦性诚朴，率然而对曰："顷遭羯贼无道，资财荡尽。"勒笑曰："羯贼乃尔暴掠邪！今当相偿耳。"坦大惧，叩头泣谢。勒曰："孤律自防俗士，不关卿辈老书生也。"赐车马衣服装钱三百万，以励贪俗。

勒将兵都尉石瞻寇下邳，败晋将军刘长，遂寇兰陵，又败彭城内史刘续。东莞太守竺珍、东海太守萧诞以郡叛降于勒。

勒亲临大小学，考诸学生经义，尤高者赏帛有差。勒雅好文学，虽在军旅，常令儒生读史书而听之，每以其意论古帝王善恶，朝贤儒士听者莫不归美焉。尝使人读《汉书》，闻郦食其劝立六国后，大惊曰："此法当失，何得遂成天下！"至留侯谏，乃曰："赖有此耳。"其天资英达如此。

勒征徐、扬州兵，会石瞻于下邳，刘遐惧，又自下邳奔于泗汭。

石生攻刘曜河内太守尹平于新安，斩之，克垒壁十余，降掠五千余户而归。自是刘、石祸结，兵戈日交，河东、弘农间百姓无聊矣。

以右常侍霍皓为劝课大夫，与典农使者朱表、典劝都尉陆充等循行州郡，核定户籍，劝课农桑。农桑最修者赐五大夫。

使石生自延寿关出寇许、颍，俘获万余，降者二万，生遂攻陷康城。晋将军郭诵追生，生大败，死者千余。生收散卒，屯于康城。勒汲郡内史石聪闻生败，驰救之，进攻郭默，俘获男女二千余人。石聪攻败晋将李矩、郭默等。

勒将狩于近郊，主簿程琅谏曰："刘、马刺客，离布如林，变起仓卒，帝王亦一夫之敌耳。孙策之祸可不虑乎！且枯木朽株尽能为害，驰骋之弊，今古戒之。"勒勃然曰："吾干力自可，足能裁量。但知卿文书事，不须白此辈也。"是日逐兽，马触木而死，勒亦几殆，乃曰："不用忠臣言，吾之过也。"乃赐琅朝服锦绢，爵关内侯。于是朝臣谒见，忠言竞进矣。

晋都尉鲁潜叛，以许昌降于勒。石瞻攻陷晋兖州刺史檀斌于邹山，斌死之。勒西夷中郎将王胜袭杀并州刺史崔琨、上党内史王㫤，以并州叛于勒。先是，石季龙攻刘曜将刘岳于石梁，至是，石梁溃，执岳送襄国。季龙又攻王胜于并州，杀之。李矩以刘岳之败也，惧，自荥阳遁归。矩长史崔宣率矩众二千降于勒。于是尽有司、兖之地，徐、豫滨淮诸郡县皆降之。

勒命徙洛阳晷影于襄国，列之单于庭。铭佐命功臣三十九人于石函，置于建德前殿。立桑梓苑于襄国。

勒尝夜微行，检察营卫，赍缯帛金银以赂门者求出。永昌门门候王假欲收捕之，从者至，乃止。且召假以为振忠都尉，爵关内侯。勒如苑乡，召记室参军徐光，光醉不至。以光物情所凑，常不平之，因此发怒，退为牙门。勒自苑乡如邺，徐光侍直，愠然攘袂振纷，仰视不顾。勒因而恶之，让光曰："何负卿而敢怏怏邪！"于是幽光并其妻子于狱。

勒既将营邺宫，又欲以其世子弘为镇，密与程遐谋之。石季龙自以勋效之重，仗邺为基，雅无去意。及修构三台，迁其家室，季龙深恨遐，遣左右数十人夜入遐宅，奸其妻女，掠衣物而去。勒以弘镇邺，配禁兵万人，车骑所统五十四营悉配之，以骁骑领门臣祭酒王阳专统六夷以辅之。

石聪攻寿春，不克，遂寇逡遒、阜陵，杀掠五千余人，京师大震。

济岷太守刘闿、将军张阖等叛，害下邳内史夏侯嘉，以下邳降于石生。

石瞻攻河南太守王羡于邺，陷之。

龙骧将军王国叛，以南郡降于勒。晋彭城内史刘续复据兰陵、石城，石瞻攻陷之。

勒令州郡，有坟发掘不掩覆者推劾之，骸骨暴露者县为备棺衾之具。以牙门将王波为记室参军，典定九流，始立秀、孝试经之制。

茌平令师欢获黑兔，献之于勒，程遐等以为勒"龙飞革命之祥，于晋以水承金，兔阴精之兽，玄为水色，此示殿下宜速副天人之望也。"于是大赦，以咸和三年改年曰太和。

石堪攻晋豫州刺史祖约于寿春，屯师淮上。晋龙骧将军王国以南阳叛降于堪。南阳都尉董幼叛，率襄阳之众又降于堪。祖约诸将佐皆阴遣使附于勒。石聪与堪济淮，陷寿春，祖约奔历阳，寿春百姓陷于聪者二万余户。

刘曜败季龙于高候，遂围洛阳。勒荥阳太守尹矩、野王太守张进等皆降之，襄国大震。勒将亲救洛阳，左右长史、司马郭敖、程遐等固谏曰："刘曜乘胜雄盛，难与争锋，金墉粮丰，攻之未可卒拔。曜悬军千里，势不支久。不可亲动，动无万全，大业去矣。"勒大怒，按剑叱遐等出。于是赦徐光，召而谓之曰："刘曜乘高候之势，围守洛阳，庸人之情皆谓其锋不可当也。然曜带甲十万，攻一城而百日不克，师老卒殆，以我初锐击之，可一战而擒。若洛阳不守，曜必送死冀州，自河已北，席卷南向，吾事去矣。程遐等不欲吾亲行，卿以为何如？"光对曰："刘曜乘高候之势而不能进临襄国，更守金墉，此其无能为也。悬军三时，亡攻战之利，若鸾旗亲驾，必望旌奔败。定天下之计，在今一举。今此机会，所谓天授，授而弗应，祸之攸集。"勒笑曰："光之言是也。"佛图澄亦谓勒曰："大军若出，必擒刘曜。"勒尤悦，使内外戒严，有谏者斩。命石堪、石聪及豫州刺史桃豹等各统见众会荥阳，使石季龙进据石门，以左卫石邃都督中军事，勒统步骑四万赴金墉，济自大埧。先是，流澌风猛，军至，冰泮清和，济毕，流澌大至，勒以为神灵之助也，命曰灵昌津。勒顾谓徐光曰："曜盛兵成皋关，上计也；阻洛水，其次也；坐守洛阳者成擒也。"诸军集于成皋，步卒六万，骑二万七千。勒见曜无守军，大悦，举手指天，又自指额曰："天也！"乃卷甲衔枚而诡道兼路，出于巩、訾之间。知曜陈其军十余万于城西，弥悦，谓左右曰："可以贺我矣！"勒统步骑四万人自宣阳门，升故太极前殿。季龙步卒三万，自城北而西，攻其中军，石堪、石聪等各以精骑八千，城西而北，击其前锋，大战于西阳门。勒躬贯甲胄，出自阊阖，夹击之。曜军大溃，石堪执曜，送之以徇于军，斩首五万余级，枕尸于金谷。勒下令曰："所欲擒者一人耳，今已获之，其敕将士抑锋止锐，纵其归命之路。"乃旋师。使征东石邃等帅骑卫曜而北。

及是，祖约举兵败，降于勒，勒使王波让之曰："卿逆极势穷，方来归命，吾朝岂遽逃之薮邪？而卿敢有觍面目也。"示之以前后檄书，乃赦之。

刘曜子熙等去长安，奔于上邦，遣季龙讨之。

勒巡行州诸郡，引见高年、孝悌、力田、文学之士，班赐谷帛有差。令远近牧守宣告属城，诸所欲言，廓有隐讳，使知区区之朝虚渴谠言也。

季龙克上邦，遣主簿赵封送传国玉玺、金玺、太子玉玺各一于勒。季龙进攻集木且羌于河西，克之，俘获数万，秦、陇悉平。凉州牧张骏大惧，遣使称藩，贡方物于勒，徙氐、羌十五万落于司、冀州。

勒群臣议以勒功业既隆，祥符并萃，宜时革徽号以答乾坤之望，于是石季龙等奉皇帝玺绶，上尊号于勒，勒弗许。群臣固请，勒乃以咸和五年僭号赵天王，行皇帝事。尊其祖邪曰宣王，父周曰元王。立其妻刘氏为王后，世子弘为太子。署其子宏持节、散骑常侍、都督中外诸军事、骠骑大将军、大单于，封秦王；左卫将军斌太原王；小子恢为辅国将军、南阳王；中山公季龙为太尉、守尚书令、中山王；石生河东王；石堪彭城王；以季龙子邃为冀州刺史，封齐王，加散骑常侍、武卫将军；宣左将军，挺侍中、梁王。署左长史郭敖为尚书左仆射，右长史程遐为右仆射、领吏部尚书，左司马夔安、右司马郭殷、从事中郎李凤、前郎中令裴宪为尚书，署参军事徐光为中书令、领秘书监。论功封爵，开国郡公文武二十一人，侯二十四人，县公二十六人，侯二十二人，其余文武各有差。侍中任播等参议，以赵金为水德，旗帜尚玄，牲牡尚白，子社丑腊，勒从之。勒下书曰："自今有疑难大事，八坐及委丞郎赍诣东堂，诠详平决。其有军国要务须启，有令仆尚书随局入陈，勿避寒暑昏夜也。"

勒以祖约不忠于本朝，诛之，及其诸子至亲属百余人。

群臣固请勒宜即尊号，勒乃僭即皇帝位，大赦境内，改元曰建平，自襄国都临漳。追尊其高祖曰顺皇，曾祖曰威皇，祖曰宣皇，父曰世宗元皇帝，妣曰元昭皇太后，文武封进各有差。立其妻刘氏为皇后，又定昭仪、夫人位视上公，贵嫔、贵人视列侯，各员一人；三英、九华视伯，淑媛、淑仪视子，容华、美人视男，务简贤淑，不限员数。

勒荆州监军郭敬、南蛮校尉董幼寇襄阳。勒驿敕敬退屯樊城，戒之使偃藏旗帜，寂若无人，彼若使人观察，则告之曰："自爱坚守，后七八日大骑将至，相策不复得走矣。"敬使人浴马于津，周而复始，昼夜不绝。侦谍还告南中郎将周抚，抚以为勒军大至，惧而奔武昌。敬入襄阳，军无私掠，百姓安之。晋平北将军魏该弟遐等率该部众自石城降于敬。敬毁襄阳，迁其百姓于沔北，城樊城以戍之。

秦州休屠王羌叛于勒，刺史临深遣司马管光帅州军讨之，为羌所败，陇右大扰，氐、羌悉叛。勒遣石生进据陇城。王羌兄子擢与羌有仇，生乃赂擢，与掎击之。羌败，奔凉州。徙秦州夷豪五千余户于雍州。

勒下书曰："自今诸有处法，悉依科令。吾所忿戮、怒发中旨者，若德位已高，不宜训罚，或服勤死事之孤，邂逅罹遣，门下皆各列奏之，吾当思择而行也。"堂阳人陈猪妻一产三男，赐其衣帛廪食，乳婢一口，复三岁勿事。时高句丽、肃慎致其楛矢，宇文屋孤并献名马于勒。凉州牧张骏遣长史马诜奉图送高昌、于阗、鄯善、大宛使，献其方物。晋荆州牧陶侃遣兼长史王敷聘于勒，致江南之珍宝奇兽。秦州送白兽、白鹿，荆州送白雉、白兔，济阴木连理，甘露降苑乡。勒以休瑞并臻，遐方慕义，赦三岁刑已下，均百姓去年逋调，特赦凉州死刑，凉州计吏皆拜郎中，赐绢十匹，绵十斤。勒南郊，有白气自坛属天，勒大悦，还宫，赦四岁刑。遣使封张骏武威郡公，食凉州诸郡。勒亲耕藉田，还宫，赦五岁刑，赐其公卿已下金帛有差。勒以日蚀，避正殿三日，令群公卿士各上封事。禁州郡诸祠堂非正典者皆除之，其能兴云致雨，有益于百姓者，郡县更为立祠堂，殖嘉树，准岳渎已下为差等。

勒将营邺宫，廷尉续咸上书切谏。勒大怒，曰："不斩此老臣。朕宫不得成也！"敕御史收之。中书令徐光进曰："陛下天资聪睿，超迈唐虞，而更不欲闻忠臣之言，岂夏癸、商辛之君邪？其言可用用之，不可用故当容之，奈何一旦以直言而斩列卿乎！"勒叹曰："为人君不得自专如是！岂不识此言之忠乎？向戏之尔。人家有百匹资，尚欲市别宅，况有天下之富，万乘之尊乎！终当缮之耳。且敕停作，成吾直臣之气也。"因赐咸绢百匹，稻百斛。又下书令公卿百僚岁荐贤良、方正、直言、秀异、至孝、廉清各一人，答策上第者拜议郎，中第郎中，下第郎中。其举人得递相荐引，广招贤之路。起明堂、辟雍、灵台于襄国城西。时大雨霖，中山西北暴水，流漂巨木百余万根，集于堂阳。勒大悦，谓公卿曰："诸卿知不？此非为灾也，天意欲吾营邺都耳。"于是令少府任汪、都水使者张渐等监营邺宫，勒亲授规模。

蜀梓潼、建平、汉固三郡蛮巴降于勒。

勒以成周土中，汉晋旧京，复欲有移都之意，乃命洛阳为南都，置行台治书侍御史于洛阳。

勒因飨高句丽、宇文屋孤使，酒酣，谓徐光曰："朕方自古开基何等主也？"对曰："陛下神武筹略迈于高皇，雄艺卓荦超绝魏祖，自三王已来无可比也，其轩辕之亚乎！"勒笑曰："人岂不自知，卿言亦以太过。朕若逢高皇，当北面而事之，与韩彭竞鞭而争先耳。脱遇光武，当并驱于中原，未知鹿死谁手。大丈夫行事当礌礌落落，如日月皎然，终不能如曹孟德、司马仲达父子，欺他孤儿寡妇，狐媚以取天下也。朕当在二刘之间耳，轩辕岂所拟乎！"其群臣皆顿首称万岁。

晋将军赵胤攻克马头，石堪遣将军韩雍救之，至则无及，遂寇南沙、海虞，俘获五千余人。初，郭敬之退据樊城也，王师复戍襄阳。至是，敬又攻陷之，留戍而归。

暴风大雨，震电建德殿端门、襄国市西门，杀五人。雹起西河介山，大如鸡子，平地三尺，洿下丈余，行人禽兽死者万数，历太原、乐平、武乡、赵郡、广平、钜鹿千余里，树木摧折，禾稼荡然。勒正服于东堂，以问徐光曰："历代已来有斯灾几也？"光对曰："周、汉、魏、晋皆有之，虽天地之常事，然明主未始不为变，所以敬天之怒也。去年禁寒食，介推，帝乡之神也，历代所尊，或者以为未宜替也。一人吁嗟，王道尚为之亏，况群神怨憾而不怒动上帝乎！纵不能令天下同尔，介山左右，晋文之所封也，宜任百姓奉之。"勒下书曰："寒食既并州之旧风，朕生其俗，不能异也。前者外议以子推诸侯之臣，王者不应为忌，故从其议，倘或由之而致斯灾乎！子推虽朕乡之神，非法食者亦不得乱也，尚书其促检旧典定议以闻。"有司奏以子推历代攸尊，请普复寒食，更为植嘉树，立祠堂，给户奉祀。勒黄门郎韦谀驳曰："案《春秋》，藏冰失道，阴气发泄为雹。自子推已前，雹者复何所致？此自阴阳乖错所耳。且子推贤者，曷为暴害如此！求之冥趣，必不然矣。今虽为冰室，惧所藏之冰不在固阴冱寒之地，多皆山川之侧，气泄为雹。以子推忠贤，令绵、介之间奉之为允，于天下则不通矣。"勒从之。于是迁冰室于重阴凝寒之所，并州复寒食如初。

勒令其太子省可尚书奏事，使中常侍严震参综可否，征伐刑断大事乃呈之。自是震威权之盛过于主相矣。季龙之门可设雀罗，季龙愈怏怏不悦。

郭敬南掠江西，晋南中郎将桓宣承其虚攻樊城，取城中之众而去。敬旋师救樊，追战于涅水。敬前军大败，宣亦死伤太半，尽取所掠而止。宣遂南取襄阳，留军戍之。

勒如邺，临石季龙第，谓之曰："功力不可并兴，待宫殿成后，当为王起第，勿以卑小悒悒也。"季龙免冠拜谢，勒曰："与王共有天下，何所谢也！"有流星大如象，尾足蛇形，自北极西南流五十余丈，光明烛地，坠于河，声闻九百余里。黑龙见邺井中，勒观龙有喜色。朝其群臣于邺。

命郡国立学官，每郡置博士祭酒二人，弟子百五十人，三考修成，显升台府。于是擢拜太学生五人为佐著作郎，录述时事。时大旱，勒亲临廷尉录囚徒，五岁刑已下皆轻决遣之，重者赐酒食，听沐浴，一须秋论。还未及宫，澍雨大降。

勒如其沔水宫，因疾甚而还。召石季龙与其太子弘、中常侍严震等待疾禁中。季龙矫命绝弘、震及内外群臣亲戚，勒疾之增损莫有知者。诈召石宏、石堪还襄国。勒疾小瘳，见宏，惊曰："秦王何故来邪？使王藩镇，正备今日。有呼者邪？自来也？有呼者诛之！"季龙大惧曰："秦王思慕暂还耳，今谨遣之。"数日复问之，季龙曰："奉诏即遣，今已半路矣。"更谕宏在外，遂不遣之。

广阿蝗。季龙密遣其子邃率骑三千游于蝗所。荧惑入昂。星陨于邺东北六十里，初赤黑黄云如幕，长数十匹，交错，声如雷震，坠地气热如火，尘起连天。时有耕者往视之，土犹燃沸，见有一石方尺余，青色而轻，击之间声如磬。

勒疾甚，遗令："三日而葬，内外百僚既葬除服，无禁婚娶、祭祀、饮酒、食肉，征镇牧守不得辄离所司以奔丧，敛以时服，载以常车，无藏金宝，无内器玩。大雅冲幼，恐非能构荷朕志。中山已下其各司所典，无违朕命。大雅与斌宜善相维持，司马氏汝等之殷鉴也，其务于敦穆也。中山王深可三思周霍，勿为将来口实。"以咸和七年死，时年六十，在位十五年。夜瘗山谷，莫知其所，备文物虚葬，号高平陵。伪谥明皇帝，庙号高祖。

弘字大雅，勒之第二子也。幼有孝行，以恭谦自守，受经于杜嘏，诵律于续咸。勒曰："今世非承平，不可专以文业教也。"于是使刘征、任播授以兵书，王阳教之击刺。立为世子，领中领军，寻暑卫将军，使领开府辟召，后镇邺。

勒僭位，立为太子。虚襟爱士，好为文咏，其所亲昵，莫非儒素。勒谓徐光曰："大雅愔愔，殊不似将家子。"光曰："汉祖以马上取天下，孝文以玄默守之，圣人之后，必世胜残，天之道也。"勒大悦。光因曰："皇太子仁孝温恭，中山王雄暴多诈，陛下一旦不讳，臣恐社稷必危，宜渐夺中山威权，使太子早参朝政。"勒纳之。程遐又言于勒曰："中山王勇武权智，群臣莫有及者。观其志也，自陛下之外，视之蔑如。兼荷专征岁久，威振外内，性又不仁，残忍无赖。其诸子并长，皆预兵权。陛下在，自当无他，恐其怏怏不可辅少主也。宜早除之，以便大计。"勒曰："今天下未平，兵难未已，大雅冲幼，宜任强辅。中山佐命功臣，亲同鲁卫，方委以伊霍之任，何至如卿言也。卿当恐辅幼主之日，不得独擅帝舅之权故耳。吾亦当卿于顾命，勿以为过惧也。"遐泣曰："臣所言者至公，陛下以私赐距，岂明主开襟纳说，忠臣必尽之义乎！中山虽为皇太后所养，非陛下天属，不可以亲义期也。杖陛下神规，微建鹰犬之效，陛下酬其父子以恩荣，亦以足矣。魏任司马懿父子，终于鼎祚沦移，以此而观，中山岂将来有益者乎！臣因缘多幸，托瓜葛于东宫，臣而不竭言于陛下，而谁言之！陛下若不除中山，臣已见社稷不复血食矣。"勒不听。遐退告徐光曰："主上向言如此，太子必危，将若之何？"光曰："中山常切齿于吾二人，恐非但国危，亦为家祸，当为安国宁家之计，不可坐而受祸也。"光复承间言于勒曰："陛下廓平八州，帝有海内，而神色不悦者何也？"勒曰：

"吴、蜀未平，书轨不一，司马家犹不绝于丹阳，恐后之人将以吾为不应符录，每一思之，不觉见于神色。"光曰："臣以陛下为忧腹心之患，而何暇更忧四支手！何则？魏承汉运，为正朔帝王，刘备虽绍兴巴、蜀，亦不可谓汉不灭也。吴虽跨江东，岂有亏魏美？陛下既苞括二都，为中国帝王，彼司马家儿复何异玄德，李氏亦犹孙权。符箓不在陛下，竟欲安归？此四支之轻患耳。中山王藉陛下指授神略，天下皆言其英武亚于陛下，兼其残暴多奸，见利忘义，无伊、霍之忠。父子爵位之重，势倾王室。观其耿耿，常有不满之心。近于东宫曲宴，有轻皇太子之色。陛下隐忍容之，臣恐陛下万年之后，宗庙必生荆棘，此心腹之重疾也，惟陛下图之。"勒默然，而竟不从。

及勒死，季龙执弘使临轩，命收程遐、徐光下廷尉，召其子邃率兵入宿卫，文武莫不奔散。弘大惧，让位于季龙。季龙曰："君薨而世子立，臣安敢乱之！"弘泣而固让，季龙怒曰："若其不堪，天下自当有大议，何足预论！"遂以咸和七年逼立之，改年曰延熙，文武百僚进位一等。诛程遐、徐光。弘策拜季龙为丞相、魏王、大单于，加九锡，以魏郡等十三郡为邑，总摄百揆。季龙伪固让，久而受命，赦其境内殊死已下，立季龙妻郑氏为魏王后，子邃为魏太子，加使持节、侍中、大都督中外诸军事、大将军、录尚书事；宣为使持节、车骑大将军、冀州刺史，封河间王；韬为前锋将军、司隶校尉，封乐安王；遵齐王，鉴代王，苞乐平王；徙太原王斌为章武王。勒文武旧臣皆补左右丞相闲任，季龙府僚旧昵悉署台省禁要。命太子宫曰崇训宫，勒妻刘氏已下皆居之。简其美淑及勒车马、珍宝、服御之上者，皆入于己署。镇军夔安领左仆射，尚书郭殷为右仆射。

刘氏谓石堪曰："皇祚之灭不复久矣，王将何以图之？"堪曰："先帝旧臣皆已斥外，众旅不复由人，宫殿之内无所措筹，臣请出奔兖州，据廪丘，挟南阳王为盟主，宣太后诏于诸牧守征镇，令各率义兵同讨桀逆，蔑不济也。"刘氏曰："事急矣，便可速发，恐事淹变生。"堪许诺，微服轻骑袭兖州，失期，不克，遂南奔谯城。季龙遣其将郭太等追击之，获堪于城父，送襄国，炙而杀之。征石恢还于襄国。刘氏谋泄，季龙杀之。尊弘母程氏为皇太后。

时石生镇关中，石朗镇洛阳，皆起兵于二镇。季龙留子邃守襄国，统步骑七万攻郎于金墉。金墉溃，获朗，刖而斩之。进师攻长安，以石挺为前锋大都督。生遣将军郭权率鲜卑涉璝部众二万为前锋距之，生统大军继发，次于蒲坂。前锋及挺大战潼关，败绩，挺及丞相左长史刘隗皆战死，季龙退保渑池，枕尸三百余里。鲜卑密通于季龙，背生而击之。生时停蒲坂，不知挺之死也，惧，单马奔长安。郭权乃复收众三千，与越骑校尉石广相持于渭汭。生遂去长安，潜于鸡头山。将军蒋英固守长安。季龙闻生之奔也，进师入关，进攻长安，旬余拔之，斩蒋英等。分遣诸将屯于汧。徙雍、秦二州华戎十余万户于关东。生部下斩生于鸡头山。季龙还襄国，大赦，讽弘命己建魏台，一如魏辅汉故事。

郭权以生败，据上邽以归顺，诏以权为镇西将军、秦州刺史，于是京兆、新平、扶风、冯翊、北地皆应之。弘镇西石广与权战，败绩。季龙遣郭敖及其子斌率步骑四万讨之，次于华阴。上邽豪族害权以降。徙秦州三万余户于青、并二州诸郡。南氏、杨难敌等送任通和。长安陈良夫奔于黑羌，招诱北羌四角王薄句大等扰北地、冯翊，与石斌相持。石韬等率骑掎句大之后，与斌夹击，败之，句大奔于马兰山。郭敖等悬军追北，为羌所败，死者十七八。斌等收军还于三城。季龙闻而大怒，遣使杀郭敖。石宏有怨言，季龙幽之。

弘赍玺绶亲诣季龙，谕禅位意。季龙曰："天下人自当有议，何为自论此也！"弘还宫，对其母流涕曰："先帝真无复遗矣！"俄而季龙遣丞相郭殷持节入，废弘为海阳王。弘安步就车，容色自若，谓群臣曰："不堪纂承大统，顾惭群后，此亦天命去矣，又何言！"百官莫不流涕，宫人恸哭。咸康元年，幽弘及程氏并宏、恢于崇训宫，寻杀之，在位二年，时年二十二。

张宾，字孟孙，赵郡中丘人也。父瑶，中山太守。宾少好学，博涉经史，不为章句，阔达有大节，常谓昆弟曰："吾自言智算鉴识不后子房，但不遇高祖耳。"为中丘王帐下都督，非其好也，病免。及永嘉大乱，石勒为刘元海辅汉将军，与诸将下山东，宾谓所亲曰："吾历观诸将多矣，独胡将军可与共成大事。"乃提剑军门，大呼请见，勒亦未之奇也。后渐进规谟，乃异之，引为谋主。机不虚发，算无遗策，成勒之基业，皆此之勋也。及为右长史、大执法，封濮阳侯，任遇优显，宠冠当时，而谦虚敬慎，开襟下士，士无贤愚，造之者莫不得尽其情焉。肃清百僚，屏绝私昵，入则格言，出则归美。勒甚重之，每朝，常为之正容貌，简辞令，呼曰"右侯"而不名之，勒朝莫与为比也。

及卒，勒亲临哭之，哀恸左右，赠散骑常侍、右光禄大夫，仪同三司，谥曰景。将葬，送于正阳门，望之流涕，顾左右曰："天欲不成吾事邪，何夺吾右侯之早也！"程遐代为右长史，勒每与遐议，有所不合，辄叹曰："右侯舍我去，令我与此辈共事，岂非酷乎！"因流涕弥日。

卷一百六 载记第六

石季龙上

石季龙，勒之从子也，名犯太祖庙讳，故称字焉。祖曰𦝠邪，父曰寇觅。勒父朱幼而子季龙，故或称勒弟焉。年六七岁，有善相者曰："此儿貌奇有壮骨，贵不可言。"永兴中，与勒相失。后刘琨送勒母王及季龙于葛陂，时年十七矣。性残忍，好驰猎，游荡无度，尤善弹，数弹人，军中以为毒患。勒白王将杀之，王曰："快牛为犊子时，多能破车，汝当小忍之。"年十八，稍折节。身长七尺五寸，趫捷便弓马，勇冠当时，将佐亲戚莫不敬惮，勒深嘉之，拜征虏将军。为娉将军郭荣妹为妻。季龙宠惑优僮郑樱桃而杀郭氏，更纳清河崔氏女，樱桃又谮而杀之。所为酷虐。军中有勇干策略与己侔者，辄方便害之，前后所杀甚众。至于降城陷垒，不复别善恶，坑斩士女，鲜有遗类。勒虽屡加责诱，而行意自若。然御众严而不烦，莫敢犯者，指授攻讨，所向无前，故勒宠之，信任弥隆，仗以专征之任。

勒之居襄国，署为魏郡太守，镇邺三台，后封繁阳侯。勒即大单于、赵王位，署为单于元辅、都督禁卫诸军事，迁侍中、开府，进封中山公。及勒僭号，授太尉、守尚书令，进封为王，邑万户。季龙自以勋高一时，谓勒即位之后，大单于必在己，而更以授其子弘。季龙深恨之，私谓其子邃曰："主上自都襄国以来，端拱指授，而以吾躬当矢石。二十余年，南擒刘岳，北走索头，东平齐、鲁，西定秦、雍，克殄十有三州。成大赵之业者，我也。大单于之望实在于我，而授黄吻婢儿，每一忆此，令人不复能寝食。待主上晏驾之后，不足复留种也。"

咸康元年，季龙废勒子弘，群臣已下劝其称尊号。季龙下书曰："王室多难，海阳自弃，四海业重，故免从推逊。朕闻道合乾坤者称皇，德协人神者称帝，皇帝之号非所敢闻，且可称居摄赵天王，以副天人之望。"于是赦其境内，改年曰建武。以夔安为侍中、太尉、守尚书令，郭殷为司空，韩晞为尚书左仆射，魏楷、冯莫、张崇、曹显为尚书，申钟为侍中，郎闿为光禄大夫，王波为中书令，文武封拜各有差。立其子邃为太子。季龙以谶文天子当从东北来，于是备法驾行自信都而还以应之。分瘿陶之柳乡立停驾县。

季龙徐州从事朱纵杀刺史郭祥，以彭城归顺。季龙遣将王朗击之，纵奔淮南。

季龙荒游废政，多所营缮，使邃省可尚书奏事，选牧守，祀郊庙；惟征伐刑断乃亲览之。观雀台崩，杀典匠少府任汪。复使修之，倍于常度。

季龙自率众南寇历阳，临江而旋，京师大震。遣其征虏石遇寇中庐，遂围平北将军桓宣于襄阳。辅国将军毛宝、南中郎将王国、征西司马王愆期等率荆州之众救之，屯于章山。遇攻守二旬，军中饥疫而还。

季龙以租入殷广，转输劳烦，令中仓岁入百万斛，余皆储之水次。

晋将军淳于安攻其琅邪费县，俘获而归。

石邃保母刘芝初以巫术进，既养邃，遂有深宠，通贿赂，豫言论，权倾朝廷，亲贵多出其门，遂封芝为宜城君。

季龙下书令刑赎之家得以钱代财帛，无钱听以谷麦，皆随时价输水次仓。冀州八郡雨雹，大伤秋稼，下书深自咎责。遣御史所在发水次仓麦，以给秋种，尤甚之处差复一年。

季龙将迁于邺，尚书请太常告庙，季龙曰："古者将有大事，必告宗庙，而不列社稷。尚书可详议以闻。"公卿乃请使太尉告社稷，从之。及入邺宫，澍雨周洽，季龙大悦，赦殊死已下。尚方令解飞作司南车成，季龙以其构思精微，赐爵关内侯，赏赐甚厚。始制散骑常侍已上得乘轺轩，王公卿祀乘副车，驾四马，龙旗八旒，朔望朝会即乘轺轩。

时羌薄句大犹保险未宾，遣其子章武王斌帅精骑二万，并秦、雍二州兵以讨之。

季龙如长乐、卫国，有田畴不辟、桑业不修者，贬其守宰而还。

咸康二年，使牙门将张弥徙洛阳钟虡、九龙、翁仲、铜驼、飞廉于邺。钟一没于河，募浮没三百人入河，系以竹絙，牛百头，鹿栌引之乃出。造万斛舟以渡之，以四轮缠辋车，辙广四尺，深二尺，运至邺。季龙大悦，赦二岁刑，赉百官谷帛，百姓爵一级。

下书曰："三载考绩，黜陟幽明，斯则先王之令典，政道之通塞。魏始建九品之制，三年一清定之，虽未尽弘美，亦缙绅之清律，人伦之明镜。从尔以来，遵用无改。先帝创临天下，黄纸再定。至于选举，铨为首格。自不清定，三载于兹。主者其更铨论，务扬清激浊，使九流咸允也。吏部选举，可依晋氏九班选制，永为揆法。选毕，经中书、门下宣示三省，然后行之。其著此诏书于令。铨衡不奉行者，御史弹坐以闻。"

索头郁鞠率众三万降于季龙，署鞠等一十三人亲通赵王，皆封列侯，散其部众于冀、青等六州。

时众役烦兴，军旅不息，加以久旱谷贵，金一斤直米二斗，百姓嗷然无生赖矣。又纳解飞之说，于邺正南投石于河，以起飞桥，功费数千亿万，桥竟不成，役夫饥甚，乃止。使令长率丁壮随山津采橡捕鱼以济老弱，而复为权豪所夺，人无所得焉。又料殷富之家，配饥人以食之，公卿已下出谷以助振给，奸吏因之侵割无已，虽有贷赡之名而无其实。

改直荡为龙腾，冠以绛帻。

于襄国起太武殿，于邺造东西宫，至是皆就。太武殿基高二丈八尺，以文石碎之，下穿伏室，置卫士五百人于其中。东西七十五步，南北六十五步。皆漆瓦、金铛、银楹、金柱、珠帘、玉壁，穷极技巧。又起灵风台九殿于显阳殿后，选士庶之女以充之。后庭服绮縠、玩珍奇者万余人，内置女官十有八等，教宫人星占及马步射。置女太史于灵台，仰观灾祥，以考外太史之虚实。又置女鼓吹羽仪，杂伎工巧，皆与外俦。禁郡国不得私学星谶，敢有犯者诛。

左校令成公段造庭燎于崇杠之末，高十余丈，上盘置燎，下盘置人，缰绁上下。季龙试而悦之。其太保夔安等文武五百九人劝季龙称尊号，安等方入而庭燎油灌下盘，死者七人。季龙恶之，大怒，斩成公段于阊阖门。

于是依殷周之制，以咸康三年僭称大赵天王，即位于南郊，大赦殊死已下。追尊祖寇邪为武皇帝，父寇觅为太宗孝皇帝。立其郑氏为天王皇后，以子邃为天王皇太子。亲王皆贬封郡公，藩王为县侯，百官封署各有差。

太原徙人五百余户叛入黑羌。

武乡长城徙人韩强获玄玉玺，方四寸七分，龟纽金文，诣邺献之。拜强骑都尉，复其一门。夔安等又劝进曰：

"臣等谨案大赵水德,玄龟者,水之精也;玉者,石之宝也;分之数以象七政,寸之纪以准四极。昊天成命,不可久违。辄下史官择吉日,具礼仪,谨昧死上皇帝尊号。"季龙下书曰:"过相褒美,猥见推逼,览增恶然,非所望也,其亟止兹议。今东作告始,自非京城内外,皆不得表庆。"中书令王波上《玄玺颂》以美之。季龙以石弘时造此玺,强遇而献之。

遂自总百揆之后,荒酒淫色,骄恣无道,或盘游于田,悬管而入,或夜出于宫臣家,淫其妻妾。妆饰宫人美淑者,斩首洗血,置于盘上,传共视之。又内诸比丘尼有姿色者,与其交亵而杀之,合牛羊肉煮而食之,亦赐左右,欲以识其味也。河间公宣、乐安公韬有宠于季龙,邃疾之如仇。季龙荒耽内游,威刑失度,邃以事为可呈呈之,季龙恚曰:"此小事,何足呈也。"时有所不闻,复怒曰:"何以不呈?"诮责杖捶,月至再三。邃甚恨,私谓常从无穷、长生、中庶子李颜等曰:"官家难事,吾欲行冒顿之事,卿从我乎?"颜等伏不敢对。邃称疾不省事,率宫臣文武五百余骑宴于李颜别舍,谓颜等曰:"我欲至冀州杀石宣,有不从者斩!"行数里,骑皆逃散,李颜叩头固谏,邃亦昏醉而归。邃母郑氏闻之,私遣中人责邃。邃怒,杀其使。季龙闻邃有疾,遣所亲任女尚书察之。邃呼前与语,抽剑击之。季龙大怒,收李颜等诘问,颜具言始末,诛颜等三十余人。幽邃于东宫,既而赦之,引见太武东堂。邃朝而不谢,俄而便出。季龙遣使谓邃曰:"太子应入朝中宫,何以便去?"邃迳出不顾。季龙大怒,废邃为庶人。其夜,杀邃及妻张氏并男女二十六人,同埋于一棺之中。诛其宫臣支党二百余人。废郑氏为东海太妃。立其子宣为天王皇太子,宣母杜昭仪为天王皇后。

安定人侯子光,弱冠美姿仪,自称佛太子,从大秦国来,当王小秦国。易姓名为李子杨,游于鄠县爱赤眉家,颇见其妖状,事微有验。赤眉信敬之,妻以二女,转相扇惑。京兆樊经、竺龙、严谌、谢乐子等聚众数千人于杜南山,子杨称大黄帝,建元曰龙兴。赤眉与经为左右丞相,龙、谌为左右大司马,乐子为大将军。镇西石广击斩之。子杨颈无血,十余日而面色无异于生。

季龙将伐辽西鲜卑段辽,募有勇力者三万人,皆拜龙腾中郎。辽遣从弟屈云袭幽州,刺史李孟退奔易京。季龙以桃豹为横海将军,王华为渡辽将军,统舟师十万出漂渝津,支雄为龙骧大将军,姚弋仲为冠军将军,统步骑十万为前锋,以伐段辽。季龙众次金台,支雄长驱入蓟,渔阳太守马鲍、代相张牧、北平相阳裕、上谷相侯龛等四十余城并率众降于季龙。支雄攻安次,斩其部大夫那楼奇。辽惧,弃令支,奔于密云山。辽右左长史刘群、卢谌、司马崔悦等封其府库,遣使请降。季龙遣将军郭太、麻秋等轻骑二万追辽,及之,战于密云,获其母妻,斩级三千。辽单马窜险,遣子乞特真送表及名马,季龙纳之。乃迁其户二万余于雍、司、兖、豫四州之地,诸有才行者皆擢叙之。先是,北单于乙回为鲜卑敦那所逐,既平辽西,遣其将李穆击那破之,复立乙回而还。季龙入辽宫,论功封赏各有差。

初,慕容皝与段辽有隙,遣使称藩于季龙,陈辽宜伐,请尽众来会。及军至令支,皝师不出,季龙将伐之。天竺佛图澄进曰:"燕福德之国,未可加兵。"季龙作色曰:"以此攻城,何城不克?以此众战,谁能御之?区区小竖,何所逃也?"太史令赵揽固谏曰:"燕城岁星所守,行师无功,必受其祸。"季龙怒,鞭之,黜为肥如长。进师攻棘城,旬余不克。皝遣子恪帅胡骑二千,晨出挑战,诸门皆若有师出者,四面如云,季龙大惊,弃甲而遁。于是召赵揽复为太史令。季龙旋自令支,过易京,恶其固而毁之。还谒石勒墓,朝其群臣于襄国建德前殿,复从征文武有差。至邺,设饮至之礼,赐俘偏于丞郎。

季龙谋伐昌黎,遣渡辽曹伏将青州之众渡海,戍蹋顿城,无水而还,因戍于海岛,运谷三百万斛以给之。又以船三百艘运谷三十万斛诣高句丽,使典农中郎将王典率众万余屯田于海滨。又令青州造船千艘。使石宣率步骑二万击朔方鲜卑斛摩头破之,斩首四万余级。

冀州八郡大蝗,司隶请坐守宰,季龙曰:"此政之失和,朕之不德,而欲委咎守宰,岂禹、汤罪己之义邪!司隶不进谠言,佐朕不逮,而归咎无辜,所以重吾之责,可白衣领司隶。"

加其子司徒韬金钲黄钺,銮辂九旒。

先是,使襄城公涉归、上庸公日归率众戍长安,二归告镇西石广私树恩泽,潜谋不轨。季龙大怒,追广至邺,杀之。

段辽于密云山遣使诈降,季龙信之,使征东麻秋百里郊迎,敕秋曰:"受降如待敌,将军慎之。"辽又遣使降于慕容皝曰:"胡贪而无谋,吾今请降求迎,彼终不疑也。若伏重军以要之,可以得志。"皝遣子恪伏兵于密云。麻秋统众三万迎辽,为恪所袭,死者十六七,秋步遁而归。季龙闻之惊怒,方食吐飧,乃削秋官爵。

下书令诸郡国立五经博士。初,勒置大小学博士,至是复置国子博士、助教。季龙以吏部选举斥外耆德,而势门童幼多为美官,免郎中魏臲为庶人。以其太子宣为大单于,建天子旌旗。

以夔安为征讨大都督,统五将步骑七万寇荆扬北鄙。石闵败王师于沔阴,将军蔡怀死之。宣将朱保又败王师于白石,将军郑豹、谈玄、郝庄、随相、蔡熊皆遇害。季龙将张贺度攻陷邾城,败晋将毛宝于邾西,死者万余人。夔安进据胡亭,晋将军黄冲、历阳太守郑进皆降之。安于是掠七万户而还。

时豪戚侵恣,贿托公行,季龙患之,擢殿中御史李矩为御史中丞,特亲任之。自此百僚震慑,州郡肃然。季龙曰:"朕闻良臣如猛兽,高步通衢而豺狼避路,信矣哉!"

镇远王擢表雍、秦二州望族,自东徙已来,遂在戍役之例,既衣冠华胄,宜蒙优免,从之。自是皇甫、胡、梁、韦、杜、牛、辛等十有七姓蠲其兵贯,一同旧族,随才铨叙,思欲分还桑梓者听之;其非此等,不得为例。

以其抚军李农为使持节、监辽西北平诸军事、征东将军、营州牧,镇令支。

于时大旱,白虹经天,季龙下书曰:"朕在位六载,不能上和乾象，下济黎元，以致星虹之变。其令百僚各上封事，解西山之禁，蒲苇鱼盐除岁供之外，皆无所固。公侯卿牧不得规占山泽，夺百姓之利。"又下书曰："前以丰国、渑池二冶初建，徙刑徒配之，权救时务。而主者循为恒法，致起怨声。自今罪犯流徙，皆当申奏，不得辄配也。京狱见囚，非手杀人，一皆原遣。"其日澍雨。

季龙将讨慕容皝，令司、冀、青、徐、幽、并、雍兼复之家五丁取三，四丁取二，合邺城旧军满五十万，具船万艘，自河通海，运谷豆千一百万斛于安乐城，以备征军之调。徙辽西、北平、渔阳万户于兖、豫、雍、洛四州之地。

季龙僭位之后，有所调用，皆选司拟官，经令仆而后奏行。不得其人，案以为令仆之负，尚书及郎不坐。至是，吏部尚书刘真以为失铨考之体而言之，季龙责怒主者，加真光禄大夫，金章紫绶。

季龙如宛阳，大阅于曜武场。

慕容皝袭幽、冀，略三万余家而去。幽州刺史石光坐懦弱征还。

赐征士辛谧几杖衣服，谷五百斛，敕平原为起甲第。

先是，李寿将李宏自晋奔于季龙，寿致书请之，题曰赵王石君。季龙不悦，付外议之，多有异同。中书监王波议曰："今李宏以死自誓，若得反魂蜀汉，当鸠率宗族，混同王化。若遣而果也，则不烦一旅之师而坐定梁、益，就有进退，岂在逃命一夫。寿既号并日月，跨僭一方，今若制诏，或敢酬反，则取诮戎裔。宜书答之，并赠以楛矢，使寿知我遐荒必臻也。"于是遣宏，备物以酬之。

以石韬为太尉，与太子宣迭日省可尚书奏事。自幽州东至白狼，大兴屯田。

张骏惮季龙之盛，遣其别驾马诜朝之。季龙初大悦，及览其表，辞颇謇傲，季龙大怒，将斩诜。侍中石璞进曰："为陛下之患者，丹阳也。区区河右，焉能为有无！今斩马诜，必征张骏，则南讨之师势分为二，建邺君臣延其数年之命矣。胜之不为武，弗克为四夷所笑，不如因而厚之。彼若改图谢罪，率其臣职者，则我又何求！迷而不悟，讨之未后也。"季龙乃止。

李宏既至蜀汉，李寿欲夺其境内，下令云："羯使来庭，献其楛矢。"季龙闻之怒甚，黜王波以白衣守中书监。

季龙志在穷兵，以其国内少马，乃禁畜私马，匿者腰斩，收百姓马四万余匹以入于公。兼盛兴宫室于邺，起台观四十余所，营长安、洛阳二宫，作者四十余万人。又敕河南四州具南师之备，并、朔、秦、雍严四讨之资，青、冀、幽州三五发卒，诸州造甲者五十万人。兼公侯牧宰竞兴私利，百姓失业，十室而七。船夫十七万人为水所没、猛兽所害，三分而一。贝丘人李弘因众心之怨，自言姓名应谶，遂连结奸党，署置百僚。事发，诛之，连坐者数千家。

季龙畋猎无度，晨出夜归，又多微行，躬察作役之所。侍中韦謏谏曰："臣闻千金之子坐不垂堂，万乘之主行不履危。陛下虽天生神武，雄据四海，乾坤冥赞，万无所虑。然白龙鱼服，有豫且之祸；海若潜游，罹葛陂之酷，深愿

陛下清宫跸路，思二神为元鉴，不可忽天下之重，轻行斤斧之间。一旦有狂夫之变，龙腾之勇不暇施也，智士之计岂及设哉！又自古圣王之营建宫室，未始不于三农之隙，所以不夺农时也。今或盛功于耘艺之辰，或烦役于收获之月，顿毙属途，怨声塞路，诚非圣君仁后所忍为也。昔汉明贤君也，钟离一言而德阳役止。臣诚识惭昔士，言无可采，陛下道越前王，所宜哀览。"季龙省而善之，赐以谷帛，而兴缮滋繁，游察自若。

右仆射张离领五兵尚书，专总兵要，而欲求媚于石宣，因说之曰："今诸公侯吏兵过限，宜渐削弱，以盛储威。"宣素疾石韬之宠，甚说其言，乃使离奏夺诸公府吏，秦、燕、义阳、乐平四公听置吏一百九十七人，帐下兵二百人，自此以下，三分置一，余兵五万，悉配东宫。于是诸公咸怨，为大衅之渐矣。

遣征北张举自雁门讨索头郁鞠，克之。

制："征士五人车一乘，牛二头，米各十五斛，绢十匹，调不办者以斩论。"将以图江表。于是百姓穷窘，鬻子以充军制，犹不能赴，自经于道路死者相望，而求发无已。会青州言济南平陵城北石兽，一夜中忽移在城东南善石沟，上有狼狐千余迹随之，迹皆成路。季龙大悦曰："兽者，朕也。自平陵城北而东南者，天意将使朕平荡江南之征也。天命不可违，其敕诸州兵明年悉集。朕当亲董六军，以副成路之祥。"群臣皆贺，上《皇德颂》者一百七人。时妖怪尤多，石然于泰山，八日乃灭。东海有大石自立，旁有血流。邺西山石间血流出，长十余步，广二尺余。太武殿画古贤悉变为胡，旬余，头悉缩入肩中。季龙大恶之，佛图澄为之流涕。

宁远刘宁攻武都狄道，陷之。使石宣讨鲜卑斛谷提，大破之，斩首三万级。

中谒者令申扁有宠于季龙，而宣亦昵之。扁聪辩明断，专综机密之任。季龙既不省奏案，宣荒酒内游，石韬沈湎好猎，生杀除拜皆扁所决。于是权倾内外，刺史二千石多出其门，九卿已下望尘而拜，唯侍中郑系、王谟、常侍卢谌、崔约等十余人与之抗礼。

季龙又取州郡吏马一万四千余匹，以配曜武关将，马主皆复一年。

镇北宇文归执送段辽之子兰降于季龙，献骏马万匹。

季龙以平西张伏都为使持节、都督征讨诸军事，帅步骑三万击凉州。既济河，与张骏将谢艾大战于河西，伏都败绩。

季龙虽昏虐无道，而颇慕经学，遣国子博士诣洛阳写石经，校中经于秘书。国子祭酒聂熊注《谷梁春秋》，列于学官。

燕公石斌淫酒荒猎，常悬管而入。征北张贺度以边防宜警，每裁谏之。斌怒，辱贺度。季龙闻之大怒，杖斌一百，遣主书礼仪持节监之。斌行意自若，仪依法呵禁，斌怒杀之。欲杀贺度，贺度严卫驰白之，季龙遣尚书张离持节帅骑追斌，鞭之三百，免官归第，诛其亲任十余人。

建元初，季龙飨群臣于太武前殿，有白雁百余集于马道南。季龙命射之，无所获。既将讨三方，诸州兵至者百

余万。太史令赵揽私于季龙曰："白雁集殿庭，宫室将空，不宜行也。"季龙纳之，临宣武观大阅而解严。

以燕公斌为使持节、侍中、大司马、录尚书事。置左右戎昭、曜武将军，位在左右卫上。东宫置左右统将军，位在四率上。置上、中光禄大夫，在左右光禄上。置镇卫将军，在车骑将军上。

时石宣淫虐日甚，而莫敢以告。领军王朗言之于季龙曰："今隆冬雪寒，而皇太子使人斫伐宫材，引于漳水，功役数万，士众吁嗟。陛下宜因游观而罢之也。"季龙如其言。既而宣知朗所为，怒欲杀之而无因。会荧惑守房，赵揽承宣旨言于季龙曰："昂者，赵之分也，荧惑所在，其主恶。房为天子，此殃不小。宜贵臣姓王者当之。"季龙曰："谁可当者？"揽久而对曰："无复贵于王领军也。"季龙既惜朗，且猜之，曰："更言其次。"揽曰："其次唯中书监王波耳。"季龙乃下书追波前议遣李宏及答楛矢之愆，腰斩之，及其四子投于漳水，以厌荧惑之变。寻愍波之无罪，追赠司空，封其孙为侯。

平北尹农攻慕容皝凡城，不克而还。黜农为庶人。

时白虹出自太社，经凤阳门，东南连天，十余刻乃灭。季龙下书曰："盖古明王之理天下也，政以均平为首，化以仁惠为本，故能允协人和，绢熙神物。朕以眇薄，君临万邦，夕惕乾乾，思遵古烈，是以每下书蠲除徭赋，休息黎元，庶俯怀百姓，仰禀三光。而中年已来变眚弥显，天文错乱，时气不应，斯由人怨于下，谴感皇天。虽朕之不明，亦群后不能翼奖之所致也。昔楚相修政，洪灾旋弭；郑卿厉道，氛祲自消，皆服肱之良，用康群变，而群公卿士各怀道迷邦，拱默成败，岂所望于台辅百司哉！其各上封事，极言无隐。"于是闭凤阳门，唯元日乃开。立二时于灵昌津，祠天及五郊。

李寿以建宁、上庸、汉固、巴征、梓潼五郡降于季龙。

先是，季龙起河桥于灵昌津，采石为中济，石无大小，下辄随流，用功五百余万而不成。季龙遣使致祭，沈璧于河。俄而所沈譬流于渚上，地震，水波腾上，津所殿观莫不倾坏，压死者百余人。季龙恚甚，斩工匠而止作焉。

命石宣、石韬，生杀拜除皆迭日省决，不复启也。司徒申钟谏曰："度赏刑威，后皇攸执，名器至重，不可以假人，皆以防杜渐，以示轨仪。太子国之储贰，朝夕视膳而不及政也。庶人邃往以闻政致败，殷鉴不远，宜革而弗遵。且二政分权，鲜不及祸。周有子颓之衅，郑有叔段之难，此皆由宠之不道，所以乱国害亲，惟陛下览之。"季龙不从。太子詹事孙珍问侍中崔约曰："吾患目疾，何方疗之？"约素狎珍，戏之曰："溺中则愈。"珍曰："目何可溺？"约曰："卿目睕睕，正耐溺中。"珍恨之，以白宣。宣诸子中最胡状，目深，闻之大怒，诛约父子。珍有宠于宣，颇预朝政，自诛约之后，公卿已下惮之侧目。

季龙子义阳公鉴时镇关中，役烦赋重，失关右之和。其友李松劝鉴，文武有长发者，拔为冠缨，余以给宫人。长史取发白之，季龙大怒，以其右仆射张离为征西左史、龙骧将军、雍州刺史以察之，信然，征鉴还邺，收松下廷尉，以石苞代镇长安。发雍、洛、秦、并州十六万人城长安未央宫。

季龙性既好猎，其后体重，不能跨鞍，乃造猎车千乘，辕长三丈，高一丈八尺，置高一丈七尺，格兽车四十乘，立三级行楼二层于其上，克期将校猎。自灵昌津南至荥阳，东极阳都，使御史监察，其中禽兽有犯者罪至大辟。御史因之擅作威福，百姓有美女好牛马者，求之不得，便诬以犯兽论，死者百余家，海岱、河济间人无宁志矣。

又发诸州二十六万人修洛阳宫。发百姓牛二万余头配朔州牧官。

增置女官二十四等，东宫十有二等，诸公侯七十余国皆为置女官九等。先是，大发百姓女二十已下十三已上三万余人，为三等之第以分配之。郡县要媚其旨，务于美淑，夺人妇者九千余人。百姓妻有美色，豪势因而胁之，率多自杀。石宣及诸公又私令采发者，亦垂一万。总会邺宫。季龙临轩简第诸女，大悦，封使者十二人皆为列侯。自初发至邺，诸杀其夫及夺而遣之缢死者三千余人。荆、楚、扬、徐间流叛略尽，宰守坐不能绥怀，下狱诛者五十余人。金紫光禄大夫逯明因侍切谏，季龙大怒，遣龙腾拉而杀之。自是朝臣杜口，相招为禄仕而已。季龙常以女骑一千为卤簿，皆著紫纶巾、熟锦裤、金银镂带、五文织成靴，游于戏马观。观上安诏书五色纸，在木凤之口，鹿卢回转，状若飞翔焉。

遣凉州刺史麻秋等伐张重华。

尚书朱轨与中黄门严生不协，会大雨霖，道路陷滞不通，生因而潜轨不修道，又讪谤朝政，季龙遂杀之。于是立私论之条，偶语之律，听吏告其君，奴告其主，威刑日滥，公卿已下，朝会以目，吉凶之问，自此而绝。轨之囚也，冠军苻洪谏曰："臣闻圣主之驭天下也，土阶三尺，茅茨不剪，食不累味，刑措而不用。亡君之驭海内也，倾宫琼榭，象箸玉杯，截胫剖心，脯贤刳孕，故其亡也忽焉。今襄国、邺宫足康帝宇，长安、洛阳何为者哉？盘于游田，耽于女德，三代之亡恒必由此。而忽为猎车千乘，养兽万里，夺人妻女，十万盈宫。尚书朱轨，纳言大臣，以道路不修，将加酷法，此自陛下政之失和，阴阳灾渗，暴降霖雨七旬，雾方二日，纵有鬼兵百万，尚未及修之，而况人乎！刑政如此，其如史笔何！其如四海何！特愿止作徒，休宫女，赦朱轨，允众望。"季龙省之不悦，惮其强，但寝而不纳，弗之罪也。乃停二京作役焉。

卷一百七　　载记第七

石季龙下

永和三年，季龙亲耕藉田于其桑梓苑，其妻杜氏祠先蚕于近郊，遂如襄国谒勒墓。

以中书监石宁为征西将军，率并、司州兵二余人为麻秋等后继。张重华将宋秦等率户二万来降。河湟间氐羌十余万落与张璩相首尾,麻秋惮之,不进。重华金城太守张冲又以郡降石宁。麻秋寻次曲柳,刘宁、王擢进攻晋兴武街。重华将杨康等与宁战于沙阜,宁败绩,乃引还金城。王擢克武街,执重华护军曹权、胡宣,徙七千余户于雍州。季龙又以孙伏都为征西将军,与麻秋率步骑三万长驱济河,且城长最。重华大惧,遣将谢艾逆击,败之,秋退归金城。

勒及季龙并贪而无礼,既王有十州之地,金帛珠玉及外国珍奇异货不可胜纪,而犹以为不足,曩代帝王及先贤陵墓靡不发掘,而取其宝货焉。邯郸城西石子堈上有赵简子墓,至是季龙令发之,初得炭深丈余,次得木板厚一尺,积板厚八尺,乃及泉,其水清冷非常,作绞车以牛皮囊汲之,月余而水不尽,不可发而止。又使掘秦始皇冢,取铜柱铸以为器。

时沙门吴进言于季龙曰:"胡运将衰,晋当复兴,宜若役晋人以厌其气。"季龙于是使尚书张群发近郡男女十六万,车十万乘,运土筑华林苑及长墙于邺北,广长数十里。赵揽、申钟、石璞等上疏陈天文错乱,苍生凋弊,及因引见,又面谏,辞旨甚切。季龙大怒曰:"墙朝戍夕没,吾无恨矣。"乃促张群以烛夜作。起三观、四门,三门通漳水,皆为铁扉。暴风大雨,死者数万人。扬州送黄鹄雏五,颈长一丈,声闻十余里,泛之于玄武池。郡国前后送苍麟十六、白鹿七,季龙命司虞张曷柱调之,以驾芝盖,列于充庭之乘。凿北城,引水于华林园。城崩,压死者百余人。

命石宣祈于山川,因而游猎,乘大辂,羽葆、华盖,建天子旌旗,十有六军,戎卒十八万,出自金明门。季龙从其后宫升陵霄观望之,笑曰:"我家父子如是,自非天崩地陷,当复何愁,但抱子弄孙日为乐耳!"宣既驰逐无厌,所在陈列行宫,四面各以百里为度,驱围禽兽,皆幕集其所。文武跪立,围守重行,烽炬星罗,光烛如昼,命劲骑百余驰射其中。宣与嬖姬显德美人乘辇观之,嬉娱忘反,兽殚乃止。其有禽兽奔逸,当之者坐,有爵者夺马步驱一日,无爵者鞭之一百。峻制严刑,文武战栗,士卒饥冻而死者万有余人。宣弓马衣食皆号为御,有乱其间者,以冒禁罪罪之。所过三州十五郡,资储靡有孑遗。季龙复命石韬亦如之,出自并州,游于秦、晋。宣素恶韬宠,是行也,嫉之弥甚。宦者赵生得幸于宣而无宠于韬,微劝宣除之,于是相图之计起矣。

麻秋又袭张重华将张瑁于河、陕,败之,斩首三千余级。袍罕护军李逵率众七千降于季龙。自河已南,氐、羌皆降。

石韬起堂于太尉府,号曰宣光殿,梁长九丈。宣视而大怒,斩匠,截梁而去。韬怒,增之十丈。宣闻之,恚甚,谓所幸杨杯、牟成曰:"韬凶竖勃逆,敢违我如是!汝能杀之者,吾入西宫,当尽以韬之国邑分封汝等。"韬既死,主上必亲临丧,因行大事,蔑不济矣。"杯等许诺。时东南有黄黑云,大如数亩,稍分为三,状若匹布,东西经天,色黑而青,酉时贯日,日没后分为七道,每相去数十丈,间有白云如鱼鳞,子时乃灭。韬素解天文,见而恶之,顾谓左右曰:"此变不小,当有刺客起于京师,不知谁定当之?"是夜,韬宴其僚属于东明观,乐奏,酒酣,愀然长叹曰:"人居世无常,别易会难。各付一杯,开意为吾饮,令必醉。知后会复何期而不饮乎!"因泫然流涕,左右莫不歔欷,因宿于佛精舍。宣使杨杯、牟皮、牟成、赵生等缘猕猴梯而入,杀韬,置其刀箭而去。旦,宣奏之。季龙哀惊气绝,久之方苏。将出临之,其司空李农谏曰:"害秦公者恐在萧墙之内,虑生非常,不可以出。"季龙乃止。严兵发哀于太武殿。宣乘素车,从千人,临韬丧,不哭,直言呵呵,使举衾看尸,大笑而去。收大将军记室参军郑靖、尹武等,将委之以罪。

季龙疑宣之害韬也,谋召之,惧其不入,乃伪言其母哀过危惙。宣不虞己之见疑也,入朝中宫,因而止之。建兴人史科告称:"韬死夜,宿东宫长上杨杯家,杯夜与五人从外来,相与语曰:'大事已定,但愿大家老寿,吾等何患不富贵'。语讫便入。科寝暗中,杯不见也。科寻出逃匿。俄而杯与二人出求科不得,杯曰:'宿客闻人向语,当杀之断口舌。今而得去,作大事矣。'科逾墙获免。"季龙驰使收之,获杨杯、牟皮、赵生等。杯、皮寻皆亡去,执赵生而诘之,生具首服。季龙悲怒弥甚,幽宣于席库,以铁环穿其颔而锁之,作数斗木槽,和粪饭,以猪狗法食之。取害韬刀箭舐其血,哀号震动宫殿。积柴邺北,树标于其上,标末置鹿卢,穿之以绳,倚梯柴积,送宣于标所,使韬所亲宦者郝稚、刘霸拔其发,抽其舌,牵之登梯,上于柴积。郝稚双绳贯其颔,鹿卢绞上,刘霸断其手足,斫眼溃腹,如韬之伤。四面纵火,烟炎际天。季龙从昭仪已下数千登中台以观之。火灭,取灰分置诸门交道中。杀其妻子九人。宣小子年数岁,季龙甚爱之,抱之而泣。儿曰:"非儿罪。"季龙欲赦之,其大臣不听,遂于抱中取而戮之,儿犹挽季龙衣而大叫,时人莫不为之流涕,季龙因此发病。又诛其四率已下三百人,宦者五十人,皆车裂节解,弃之漳水。洿其东宫,养猪牛。东宫卫士十余万人皆谪戍凉州。先是,散骑常侍赵揽言于季龙曰:"中宫将有变,宜防之。"及宣之杀韬也,季龙疑其知而不告,亦诛之。废宣母杜氏为庶人。贵嫔柳氏,尚书耆之女也,以才色特幸,坐其二兄有宠于宣,亦杀之。季龙追其姿色,复纳耆少女于华林园。

季龙议立太子,其太尉张举进曰:"燕公斌、彭城公遵并有武艺文德。陛下神齿已衰,四海未一,请择二公而树之。"初,戎昭张豺之破上邽也,获刘曜幼女,年十二,有殊色,季龙得而嬖之,生子世,封齐公。至是,豺以季龙年长多疾,规立世为嗣,刘当为太后,已得辅政,说季龙曰:"陛下再立储宫,皆出自倡贱,是以祸乱相寻。今宜择母贵子孝者立之。"季龙:"卿且勿言,吾知太子处矣。"又议于东堂,季龙曰:"吾欲以纯灰三斛洗吾腹,腹秽恶,故生凶子,儿年二十余便欲杀公。今世方十岁,比其二十,吾已老矣。"于是与张举、李农定议,敕公卿上书请立世。大司农曹莫不署名,季龙使张豺问其故。莫顿首曰:"天下业重,不宜立少,是以不敢署也。"季龙曰:"莫,忠臣也,然未达朕意。张举、李农知吾心矣,其令谕之。"遂立世为皇太子，刘氏为皇后。季龙召太常条攸、光禄勋杜嘏谓之曰："烦卿傅太子，实希改辙，吾之相托，卿宜明之。"署攸太傅，嘏为少傅。

季龙时疾瘳，以永和五年僭即皇帝位于南郊，大赦境内，建元曰太宁。百官增位一等，诸子进爵郡王。以尚书张良为右仆射。

故东宫谪卒高力等万余人当戍凉州，行达雍城，既不在赦例，又敕雍州刺史张茂送之。茂皆夺其马，令步推鹿车，致粮戍所。高力督定阳梁犊等害众心之怨，谋起兵东还，阴令胡人颉独鹿微告戍者，戍者皆踊抃大呼。梁犊乃自称晋征东大将军，率众攻陷下辩，逼张茂为大都督、大司马，载以轺车。安西刘宁自安定击之，大败而还。秦、雍间城戍无不摧陷，斩二千石长史，长驱而东。高力等皆多力善射，一当十余人，虽无兵甲，所在掠百姓大斧，施一丈柯，攻战若神，所向崩溃，戍卒皆随之，比至长安，众已十万。其乐平王石苞时镇长安，尽锐距之，一战而败。犊遂东出潼关，进如洛川。季龙以李农为大都督，行大将军事，统卫军张贺度、征西张良、征虏石闵等，率步骑十万讨之。战于新安，农师不利。又战于洛阳，农师又败，乃退壁成皋。犊东掠荥阳、陈留诸郡，季龙大惧，以燕王石斌为大都督中外诸军事，率精骑一万，统姚弋仲、苻洪等击于荥阳东，大败之，斩犊首而还，讨其余党，尽灭之。

俄而晋将军王龛拔其沛郡。始平人马勖起兵于洛氏葛谷，自称将军。石苞攻灭之，诛三千余家。

时荧惑犯积尸，又犯昴、月，及荧惑北犯河鼓。未几，季龙疾甚，以石遵为大将军，镇关右，石斌为丞相、录尚书事，张豺为镇卫大将军、领军将军、吏部尚书，并受遗辅政。刘氏惧斌之辅政也害世，与张豺谋诛之。斌时在襄国，乃遣使诈曰："主上患已渐损，王须猎者，可小停也。"斌性好酒耽猎，遂游畋纵饮。刘氏矫命称斌无忠孝之心，免斌官，以王归第，使张豺弟雄率龙腾五百人守之。石遵自幽州至邺，敕朝堂受拜，配禁兵三万遣之，遵恸泣而去。是日季龙疾小瘳，问曰："遵至未？"左右答言久已去矣。季龙曰："恨不见也。"季龙临于西阁，龙腾将军、中郎二百余人列拜于前。季龙曰："何所求也？"皆言圣躬不和，宜令燕王入宿卫，典兵马，或言乞为皇太子。季龙不知斌之废也，责曰："燕王不在内邪？呼来！"左右言王酒病，不能人。季龙曰："促持辇迎之，当付其玺绶。"亦竟无行者。寻昏眩而入。张豺使弟雄等矫季龙命杀斌，刘氏又矫命以豺为太保、都督中外诸军、录尚书事，加千兵百骑，一依霍光辅汉故事。侍中徐统叹曰："祸将作矣，吾无为豫也。"乃仰药而死。俄而季龙亦死。季龙始以咸康元年僭立，至此太和六年，凡在位十五岁。

于是世即伪位，尊刘氏为皇太后，临朝，进张豺为丞相。豺请石遵、石鉴为左右丞相，以慰其心，刘氏从之。豺与张举谋诛李农，而举与农素善，以豺告之。农惧，率骑百余奔广宗，率乞活数万家保于上白。刘氏使张举等统宿卫精卒围之。豺以张离为镇军大将军、监中外诸军事、司隶校尉，为己之副。邺中群盗大起，迭相劫掠。

石遵闻季龙之死，屯于河内。姚弋仲、苻洪、石闵、刘宁及武卫王鸾、宁西王午、石荣、王铁、立义将军段勤等既平秦、洛，班师而归，遇遵于李城，说遵曰："殿下长而且贤，先帝亦有意于殿下矣。但以末年惛惑，为张豺所误。今上白相持未下，京师宿卫空虚，若声张豺之罪，鼓行而讨之，孰不倒戈开门而迎殿下者邪！"遵从之。洛州刺史刘国等亦率洛阳之众至于李城。遵檄至邺，张豺大惧，驰召上白之军。遵次于荡阴，戎卒九万，石闵为前锋。豺将出距之，耆旧羯士皆曰："天子儿来奔丧，吾当出迎之，不能为张豺城戍也。"逾城而出，豺斩之不能止。张离率龙腾二千斩关迎遵。刘氏惧，引张豺入，对之悲哭曰："先帝梓宫未殡，而祸难繁兴。今皇嗣冲幼，托之于将军，将军何以匡济邪？加遵重官，可以弭不？"豺惶怖失守，无复筹计，但言唯唯。刘氏令以遵为丞相、领大司马、大都督中外诸军、录尚书事，加黄钺、九锡，增封十郡，委以阿衡之任。遵至安阳亭，张豺惧而出迎，遵命执之。于是贯甲曜兵，入自凤阳门，升于太武前殿，擗踊尽哀，退如东阁。斩张豺于平乐市，夷其三族。假刘氏令曰："嗣子幼冲，先帝私恩所授，皇业至重，非其所克堪。其以遵嗣位。"遵伪让至于再三，群臣敦劝，乃受之，僭即尊位于太武前殿，大赦殊死已下，罢上白围。封世为谯王，邑万户待以不臣之礼，废刘氏为太妃，寻皆杀之。世凡立三十三日。

于是李农归请罪，遵复其位，待之如初。尊其母郑氏为皇太后，其妻张氏为皇后，以石斌子衍为皇太子，石鉴为侍中，石冲为太保，石苞为大司马，石琨为大将军，石闵为中外诸军事、辅国大将军、录尚书事，辅政。暴风拔树，震雷，雨雹大如盂升。太武、晖华殿灾，诸门观阁荡然，其乘舆服御烧者太半，光焰照天，金石皆尽，火月余乃灭。雨血周遍邺城。

石冲时镇于蓟，闻遵杀世而自立，乃谓其僚佐曰："世受先帝之命，遵辄废杀，罪逆莫大，其敕内外戎严，孤将亲讨之。"于是留宁北沐坚戍幽州，帅众五万，自蓟讨遵，传檄燕、赵，所在云集，比及常山，众十余万。次于苑乡，遇遵赦书，谓左右曰："吾弟一也，死者不可复追，何为复相残乎！吾将归矣。"其将陈暹进曰："彭城篡弑自尊，为罪大矣。王虽北辞，臣将南辕，平京师，擒彭城，然后奉迎大驾。"冲从之。遵驰遣王擢以书喻冲，冲弗听。遵假石闵黄钺、金钲，与李农等率精卒十万讨之。战于平棘，冲师大败，获冲于元氏，赐死，坑其士卒三万余人。

始葬季龙，号其墓为显原陵，伪谥武皇帝，庙号太祖。

遵扬州刺史王浃以淮南归顺。晋西中郎将陈逵进据寿春。征北将军褚裒率师伐遵，次于下邳，遵以李农为南讨大都督，率骑二万来距。裒不能进，退屯广陵。陈逵闻之，惧，遂焚寿春积聚，毁城而还。

石苞时镇长安，谋帅关中之众攻邺，左长史石光、司马曹曜等固谏。苞怒，诛光等百余人。苞性贪而无谋，雍州豪右知其无成，并遣使告晋梁州刺史司马勋。勋于是率众赴之，壁于悬钩，去长安二百余里，使治中刘焕攻京兆太守刘秀离，斩之。三辅豪右多杀其令长，拥三十余壁，有众五万以应勋。苞辍攻邺之谋，使麻秋、姚国等率骑距勋。遵遣车骑王朗率精骑二万，以外讨勋为名，因劫苞，送之于邺。勋又为朗所距，释悬钩，拔宛城，杀遵南阳太守袁景而还。

初，遵之发李城也，谓石闵曰："努力！事成，以尔为储贰。"既而立衍，闵甚失望，自以勋高一时，规专朝政，遵忌而不能任。闵既为都督，总内外兵权，乃怀抚殿中将士及故东宫高力万余人，皆奏为殿中员外将军，爵关外侯，赐以宫女，树己之恩。遵弗之猜也，而更题名善恶以挫抑之，众咸怨矣。而又纳中书令孟准、左卫将军王鸾之计，颇疑惮于闵，稍夺兵权。闵益有恨色，准等咸劝诛之。遵召石鉴等入，议于其太后郑氏之前，皆请诛之。郑氏曰："李城回师，无棘奴岂有今日！小骄纵之，不可便杀也。"鉴出，遣宦者杨环驰以告闵，闵遂劫李农及右卫王基，密谋废遵。使将军苏亥、周成率甲士三十执遵于如意观。遵时方与妇人弹棋，问成等曰："反者谁也？"成曰："义阳王鉴当立。"遵曰："我尚如是，汝等立鉴，复能几时！"乃杀之于琨华殿，诛郑氏及其太子衍、上光禄张斐、中书令孟准、左卫王鸾等。遵凡在位一百八十三日。

鉴乃僭位，大赦殊死已下。以石闵为大将军，封武德王，李农为大司马，并录尚书事；郎闿为司空，秦州刺史刘群为尚书左仆射，侍中卢谌为中书监。

鉴使石苞及中书令李松、殿中将军张才等夜诛闵、农于琨华殿，不克，禁中扰乱。鉴恐闵为变，伪若不知者，夜斩松、才于西中华门，并诛石苞。

时石祇在襄国，与姚弋仲、苻洪等通和，连兵檄诛闵、农。鉴遣石琨为大都督，与张举及侍中呼延盛率步骑七万分讨祇等。中领军石成、侍中石启、前河东太守石晖谋诛闵、农，闵、农杀之。

龙骧孙伏都、刘铢等结羯士三千伏于胡天，亦欲诛闵等。时鉴在中台，伏都率三十余人将升台挟鉴以攻之。临见伏都毁阁道，鉴问其故。伏都曰："李农等反，已在东掖门，臣严率卫士，谨先启知。"鉴曰："卿是功臣，好为官陈力。朕从台观卿，勿虑无报也。"于是伏都及铢率众攻闵、农，不克，屯于凤阳门。闵、农率众数千毁金明门而入。鉴惧闵之诛己也，驰招闵、农，开门内之，谓曰："孙伏都反，卿宜速讨之。"闵、农攻斩伏都等，自凤阳至琨华，横尸相枕，流血成渠。宣令内外六夷敢称兵杖者斩之。胡人或斩关，或逾城而出者，不可胜数。使尚书王简、少府王郁帅众数千，守鉴于御龙观，悬食给之。令城内曰："与官同心者住，不同心者各任所之。"敕城门不复相禁。于是赵人百里内悉入城，胡羯去者填门。闵知胡之不为己用也，班令内外赵人，斩一胡首送凤阳门者，文官进位三等，武职悉拜牙门。一日之中，斩首数万。闵躬率赵人诛诸胡羯，无贵贱男女少长皆斩之，死者二十余万，尸诸城外，悉为野犬豺狼所食。屯据四方者，所在承闵书诛之，于时高鼻多须至有滥死者半。

太宰赵鹿、太尉张举、中军张春、光禄石岳、抚军石宁、武卫张季及诸公侯、卿、校、龙腾等万余人出奔襄国。石琨奔冀州，抚军张沈屯滏口，张贺度据石渎，建义段勤据黎阳，宁南杨群屯桑壁，刘国据阳城，段龛据陈留，姚弋仲据混桥，苻洪据枋头，众各数万。王朗、麻秋自长安奔于洛阳。秋承闵书，诛朗部胡千余人。朗奔于襄国。麻秋率众奔于苻洪。

石琨及张举、王朗率众七万伐邺，石闵率骑千余，距之城北。闵执两刃矛，驰骑击之，皆应锋摧溃，斩级三千。琨等大败，遂归于冀州。

闵与李农率骑三万讨张贺度于石渎，鉴密遣宦者赍书召张沈等，使承虚袭邺。宦者以告闵、农，闵、农驰还，废鉴杀之，诛季龙孙三十八人，尽殪石氏。鉴在位一百三日。

季龙小男混，永和八年将妻姜数人奔京师，敕收付廷尉，俄而斩之于建康市。季龙十三子，五人为冉闵所杀，八人自相残害，混至此又死。初，谶言灭石者陵，寻而石闵徙兰陵公，季龙恶之，改兰陵为武兴郡，至是终为闵所灭。始勒以成帝咸和三年僭立，二主四子，凡二十三年，以穆帝永和五年灭。

闵字永曾，小字棘奴，季龙之养孙也。父瞻，字弘武，本姓冉，名良，魏郡内黄人也。其先汉黎阳骑都督，累世牙门。勒破陈午，获瞻，时年十二，命季龙子之。骁猛多力，攻战无前。历位左积射将军、西华侯。闵幼而果锐，季龙抚之如孙。及长，身长八尺，善谋策，勇力绝人。拜建节将军，徙封修成侯，历位北中郎将、游击将军。季龙之败于昌黎，闵军独全，由此功名大显。及败梁犊之后，威声弥振，胡夏宿将莫不惮之。

永和六年，杀石鉴，其司徒申钟、司空郎闿等四十八人上尊号于闵，闵固让李农，农以死固请，于是僭即皇帝位于南郊，大赦，改元曰永兴，国号大魏，复姓冉氏。追尊其祖隆元皇帝，考瞻烈祖高皇帝，尊母王氏为皇太后，立妻董氏为皇后，子智为皇太子。以李农为太宰、领太尉、录尚书事，封齐王，农诸子皆封为县公。封其子胤、明、裕皆为王。文武进位三等，封爵有差。遣使者持节赦诸屯结，皆不从。

石祇闻鉴死，僭称尊号于襄国，诸六夷据州郡拥兵者皆应之。闵遣使临江告晋曰："胡逆乱中原，今已诛之。若能共讨者，可遣军来也。"朝廷不答。闵诛李农及其三子，并尚书令王谟、侍中王衍、中常侍严震、赵升等。晋卢江太守袁真攻其合肥，执南蛮校尉桑坦，迁其百姓而还。

石祇遣其相国石琨率众十万伐邺，进据邯郸。祇镇南刘国自繁阳会琨。闵大败琨于邯郸，死者万余。刘国还屯繁阳。苻健自枋头入关。张贺度、段勤与刘国、靳豚会于昌城，将攻邺。闵遣尚书左仆射刘群为行台都督，使其将王泰、崔通、周成等帅步骑十二万次于黄城，闵躬统精卒八万继之，战于苍亭。贺度等大败，死者二万八千，追斩勒豚于阴安乡，尽俘其众，振旅而归。戎卒三十余万，旌旗钟鼓绵亘百余里，虽石氏之盛无以过之。闵至自苍亭，行饮至之礼，清定九流，准才授任，儒学后门多蒙显进，于时翕然，方之为魏晋之初。

闵率步骑十万攻石祇于襄国，署其子太原王胤为大单于、骠骑大将军，以降胡一千配为麾下。光禄大夫韦謏启谏甚切，闵览之大怒，诛謏及其子孙。闵攻襄国百余日，为土山地道，筑室反耕。祗大惧，去皇帝之号，称赵王，遣使诣慕容儁、姚弋仲以乞师。会石琨自冀州援祗，弋仲复遣其子襄率骑三万八千至自滠头，儁遣将军悦绾率甲卒三万自龙城，三方劲卒合十余万。闵遣车骑胡睦距襄于下枋长芦，将军孙威候琨于黄丘，皆为敌所败，士卒略尽，睦、威单骑而还。琨等军且至，闵将出击之，卫将军王泰谏曰："穷寇固迷，希望外援。今强救云集，欲吾出战，腹背击我。宜固垒勿出，观势而动，以挫其谋。今陛下亲戎，如失万全，大事去矣。请慎无出，臣请率诸将为陛下灭之。"闵将从之，道士法饶进曰："太白经昂，当杀胡王，一战百克，不可失也。"闵攘袂大言曰："吾战决矣，敢谏者斩！"于是尽众出战。姚襄、悦绾、石琨等三面攻之，祗冲其后，闵师大败。闵潜于襄国行宫，与十余骑奔邺。降胡栗特康等执冉胤及左仆射刘琦等送于祗，尽杀之。司空石璞、尚书令徐机、车骑胡睦、侍中李琳、中书监卢谌、少府王郁、尚书刘钦、刘休等诸将士死者十余万人，于是人物歼矣。贼盗蜂起，司、冀大饥，人相食。自季龙末年而闵尽散仓库以树私恩。与羌胡相攻，无月不战。青、雍、幽、荆州徙户及诸氐、羌、胡、蛮数百余万，各还本土，道路交错，互相杀掠，且饥疫死亡，其能达者十有二三。诸夏纷乱，无复农者。闵悔之，诛法饶父子，支解之，赠韦謏大司徒。

石祗使刘显帅众七万攻邺。时闵潜还，莫有知者，内外凶凶，皆谓闵已没矣。射声校尉张艾劝闵亲郊，以安众心，闵从之，讹言乃止。刘显次于明光宫，去邺二十三里，闵惧，召卫将军王泰议之。泰患其谋之不从，辞以疮甚。闵亲临问之，固称疾笃。闵怒，还宫，顾谓左右曰："巴奴，乃公岂假汝为命邪！要使先灭群胡，却斩王泰。"于是尽众而战，大败显军，追奔及于阳平，斩首三万余级。显惧，密使请降，求杀祗为效，闵振旅而归。会有告王泰招集秦人，将奔关中，闵怒，诛泰，夷其三族。刘显果杀祗及其太宰赵鹿等十余人，传首于邺，送质请命。骠骑石宁奔于柏人。闵命焚祗首于通衢。

闵徐州刺史刘启自鄄城归顺。刘显复率众伐邺，闵击败之。还，称尊号于襄国。闵徐州刺史周成、兖州刺史魏统、豫州牧冉遇、荆州刺史乐弘皆以城归顺。平南高崇、征虏吕护执洛州刺史郑系，以三河归顺。慕容彪攻陷中山，杀闵宁北白同、幽州刺史刘准，降于慕容儁。时有云黄赤色，起东北，长百余丈，一白鸟从云间西南去，占者恶之。

刘显率众伐常山，太守苏亥告难于闵。闵留其大将军蒋干等辅其太子智守邺，亲率骑八千救之。显所署大司马、清河王宁以枣强降于闵，收其余众，击显，败之，追奔于襄国。显大将曹伏驹开门为应，遂入襄国，诛显及其公卿以下百余人，焚襄国宫室，迁其百姓于邺。显领军范路率众千余，斩关奔于枋头。

时慕容儁已克幽、蓟，略地至于冀州。闵帅骑距之，与慕容恪相遇于魏昌城。闵大将军董闰、车骑张温言于闵曰："鲜卑乘胜气劲，不可当也，请避之以溢其气，然后济师以击之，可以捷也。"闵怒曰："吾戍师以出，将平幽、

州，斩慕容隽。今遇恪而避之，人将侮我矣。"乃与恪遇，十战皆败之。恪乃以铁锁连马，简善射鲜卑勇而无刚者五千，方阵而前。闵所乘赤马曰朱龙，日行千里，左杖双刃矛，右执钩戟，顺风击之，斩鲜卑三百余级。俄而燕骑大至，围之数周。闵众寡不敌，跃马溃围东走，行二十余里，马无故而死，为恪所擒，及董闰、张温等送之于蓟。儁立闵而问之曰："汝奴仆下才，何自妄称天子？"闵曰："天下大乱，尔曹夷狄，人面兽心，尚欲篡逆。我一时英雄，何为不可作帝王邪！"儁怒，鞭之三百，送于龙城，告廆、皝庙。

遣慕容评率众围邺。刘宁及弟崇帅胡骑三千奔于晋阳，苏亥弃常山奔于新兴。邺中饥，人相食，季龙时宫人被食略尽。冉智尚幼，蒋干遣侍中缪嵩、詹事刘猗奉表归顺，且乞师于晋。濮阳太守戴施自仓垣次于棘津，止猗，不听进，责其传国玺。猗使嵩还邺复命，干沈吟未决，施乃率壮士百余人入邺，助守三台，谲之曰："且出玺付我。今凶寇在外，道路不通，未敢送也。须得玺，当驰白天子耳。天子闻玺已在吾处，信卿至诚，必遣军粮厚相救饷。"干以为然，乃出玺付之。施宣言使督护何融迎粮，阴令怀玺送于京师。长水校尉马愿、龙骧田香开门降评。施、融、蒋干悲缒而下，奔于仓垣。评送闵妻董氏、太子智、太尉申钟、司空条攸、中书监聂熊、司隶校尉籍罴、中书令李垣及诸王公卿士于蓟。尚书令王简、左仆射张乾、右仆射郎肃自杀。

儁送闵既至龙城，斩于遏陉山。山左右七里草木悉枯，蝗虫大起，五月不雨，至于十二月。儁遣使者祀之，谥曰武悼天王，其日大雪。是岁永和八年也。

史臣曰：夫拯溺救焚，帝王之师也；穷凶骋暴，戎狄之举也。蠢兹杂种，自古为虞，限以塞垣，犹惧侵轶，况乃入居中壤，窥我王政，乘弛紊之机，睹危亡之隙，而莫不啸群鸣镝，汩乱天常者乎！

石勒出自羌渠，见奇丑类。闻鞭上党，季子鉴其非凡；倚啸洛城，夷甫识其为乱。及惠皇失统，宇内崩离，遂乃招聚蚁徒，乘间煽祸，虔刘我都邑，翦害我黎元。朝市沦胥，若沈航于鲸浪；王公颠仆，譬游魂于龙漠。岂天厌晋德而假兹妖孽者欤！观其对敌临危，运筹贾勇，奇谟间发，猛气横飞。远嗤魏武，则风情慷慨；近答刘琨，则音词倜傥。焚元超于苦县，陈其乱政之咎；戮彭祖于襄国，数以无君之罪。于是跨蹑燕、赵，并吞韩、魏，杖奇材而窃徽号，拥旧都而抗王室，襫毯裘，袭冠带，释介胄，开庠序，邻敌惧威而献款，绝域承风而纳贡，则古之为国，曷以加诸！虽曰凶残，亦一时杰也。而托授非所，贻厥无谋，身陨嗣灭，业归携养，斯乃知人之暗焉。

季龙心昧德义，幼而轻险，假豹姿于羊质，骋枭心于狼性，始怀怨怼，终行篡夺。于是穷骄极侈，劳役繁兴，畚锸相寻，干戈不息，刑政严酷，动见诛夷，慄慄遗黎，求哀无地，戎狄残犷，斯为甚乎！既而父子猜嫌，兄弟仇隙，自相屠脍，取笑天下。坟土未燥，祸乱荐臻，衅起于张豺，族倾于冉闵，积恶致灭，有天道哉！夫从逆则凶，

事符影响；为咎必应，理若循环。世龙之殪晋人，既穷其酷；永曾之诛羯士，亦歼其类。无德不报，斯之谓乎！

赞曰：中朝不竞，蛮狄争衡。尘飞五岳，雾晻三精。狡焉石氏，怙乱穷兵。流灾肆慝，剽邑屠城。始自群盗，终假鸿名。勿谓凶丑，亦曰时英。李龙篡夺，淫虐播声。身丧国泯，其由祸盈。

卷一百八　　　　载记第八

慕容廆

慕容廆，字弈洛瑰，昌黎棘城鲜卑人也。其先有熊氏之苗裔，世居北夷，邑于紫蒙之野，号曰东胡。其后与匈奴并盛，控弦之士二十余万，风俗官号与匈奴略同。秦汉之际为匈奴所败，分保鲜卑山，因以为号。曾祖莫护跋，魏初率其诸部入居辽西，从宣帝伐公孙氏有功，拜率义王，始建国于棘城之北。时燕代多冠步摇冠，莫护跋见而好之，乃敛发袭冠，诸部因呼之为步摇，其后音讹，遂为慕容焉。或云慕二仪之德，继三光之容，遂以慕容为氏。祖木延，左贤王。父涉归，以全柳城之功，进拜鲜卑单于，迁邑于辽东北，于是渐慕诸夏之风矣。

廆幼而魁岸，美姿貌，身长八尺，雄杰有大度。安北将军张华雅有知人之鉴，廆童冠时往谒之，华甚叹异，谓曰："君至长必为命世之器，匡难济时者也。"因以所服簪帻遗廆，结殷勤而别。涉归死，其弟耐篡位，将谋杀廆，廆亡潜以避祸。后国人杀耐，迎廆立之。

初，涉归有憾于宇文鲜卑，廆将修先君之怨，表请讨之。武帝弗许。廆怒，入寇辽西，杀略甚众。帝遣幽州诸军讨廆，战于肥如，廆众大败。自后复掠昌黎，每岁不绝。又率众东伐扶余，扶余王依虑自杀，廆夷其国城，驱万余人而归。东夷校尉何龛遣督护贾沈将迎立依虑之子为王，廆遣其将孙丁率骑邀之。沈力战斩丁，遂复扶余之国。廆谋于其众曰："吾先公以来世奉中国，且华裔理殊，强弱固别，岂能与晋竞乎？何为不和以害吾百姓邪！"乃遣使来降。帝嘉之，拜为鲜卑都督。廆致敬于东夷府，巾衣诣门，抗士大夫之礼。何龛严兵引见，廆乃改服戎衣而入。人问其故，廆曰："主人不以礼，宾复何为哉！"龛闻而惭之，弥加敬惮。时东胡宇文鲜卑段部以廆威德日广，惧有吞并之计，因为寇掠，往来不绝。廆卑辞厚币以抚之。

太康十年，廆又迁于徒河之青山。廆以大棘城即帝颛顼之墟也，元康四年乃移居之。教以农桑，法制同于上国。永宁中，燕垂大水，廆开仓振给，幽方获济。天子闻而嘉之，褒赐命服。

太安初，宇文莫圭遣弟屈云寇边城，云别帅大素延攻掠诸部，廆亲击败之。素延怒，率众十万围棘城，众咸惧，人无距志。廆曰："素延虽犬羊蚁聚，然军无法制，已在吾计中矣。诸君但为力战，无所忧也。"乃躬贯甲胄，驰出击之，素延大败，追奔百里，俘斩万余人。

永嘉初，廆自称鲜卑大单于。辽东太守庞本以私憾杀东夷校尉李臻，附塞鲜卑素连、木津等托为臻报仇，实欲因而为乱，遂攻陷诸县，杀掠士庶。太守袁谦频战失利，校尉封释惧而请和。连岁寇掠，百姓失业，流亡归附者日月相继。廆子翰言于廆曰："求诸侯莫如勤王，自古有为之君靡不杖此以成事业者也。今连、津跋扈，王师覆败，苍生屠脍，岂甚此乎！竖子外以庞本为名，内实幸而为寇。封使君以诛本请和，而毒害滋深。辽东倾没，垂已二周，中原兵乱，州郡屡败，勤王杖义，今其时也。单于宜明九伐之威，救倒悬之命，数连、津之罪，合义兵以诛之。上则兴复辽邦，下则并吞二部，忠义彰于本朝，私利归于我国，此则吾鸿渐之始也，终可以得志于诸侯。"廆从之。是日，率骑讨连、津，大败斩之，二部悉降，徙之棘城，立辽东郡而归。

怀帝蒙尘于平阳，王浚承制以廆为散骑常侍、冠军将军、前锋大都督、大单于，廆不受。建兴中，愍帝遣使拜廆镇军将军、昌黎、辽东二国公。建武初，元帝承制拜廆假节、散骑常侍、都督辽左杂夷流人诸军事、龙骧将军、大单于、昌黎公，廆让而不受。征虏将军鲁昌说廆曰："今两京倾没，天子蒙尘，琅邪承制江东，实人命所系。明公雄据海朔，跨总一方，而诸部犹怙众称兵，未遵道化者，盖以官非王命，又自以为强。今宜通使琅邪，劝承大统，然后敷宣帝命，以伐有罪，谁敢不从！"廆善之，乃遣其长史王济浮海劝进。及帝即尊位，遣谒者陶辽重申前命，授廆将军、单于，廆固辞公封。

时二京倾覆，幽、冀沦陷，廆刑政修明，虚怀引纳，流亡士庶多襁负归之。廆乃立郡以统流人，冀州人为冀阳郡，豫州人为成周郡，青州人为营丘郡，并州人为唐国郡。于是推举贤才，委以庶政，以河东裴嶷、代郡鲁昌、北平阳耽为谋主，北海逄羡、广平游邃、北平西方虔、渤海封抽、西河宋奭、河东裴开为股肱，渤海封弈、平原宋该、安定皇甫岌、兰陵缪恺以文章才俊任居枢要，会稽朱左车、太山胡毋翼、鲁国孔纂以旧德清重引为宾友，平原刘赞儒学该通，引为东庠祭酒，其世子皝率国胄束修受业焉。廆览政之暇，亲临听之，于是路有颂声，礼让兴矣。

时平州刺史、东夷校尉崔毖自以为南州士望，意存怀集，而流亡者莫有赴之。毖意廆拘留，乃阴结高句丽及宇文、段国等，谋灭廆以分其地。太兴初，三国伐廆，廆曰："彼信崔毖虚说，邀一时之利，乌合而来耳。既无统一，莫相归伏，吾今破之必矣。然彼军初合，其锋甚锐，幸我速战。若逆击之，落其计矣。靖以待之，必怀疑贰，迭相猜防。一则疑吾与毖谲而覆之，二则自疑三国之中与吾有韩魏之谋者，待其人情沮惑，然后取之必矣。"于是三国攻棘城，廆闭门不战，遣使送牛酒以犒宇文，大言于众曰："崔毖昨有使至。"于是二国果疑宇文同于廆也，引兵而归。宇文悉独官曰："二国虽归，吾当独兼其国，何用人为！"尽众逼城，连营三十里。廆简锐士配皝，推锋于前；翰领精骑为奇兵，从旁出，直冲其营；廆方阵而进。悉独官自恃其众，不设备，见廆军之至，方率兵距之。前锋始交,翰已入其营,纵火焚之,其众皆震扰,不知所为,遂大败,悉独官仅以身免,尽俘其众。于是营候获皇帝玉玺三纽,遣长史裴嶷送于建邺。崔毖惧廆之仇己也,使兄子焘伪贺廆。会三国使亦至请和,曰:"非我本意也,崔平州教我耳。"廆将焘示以攻围之处,临之以兵,曰:"汝叔父教三国灭我,何以诈来贺我乎?"焘惧,首服。廆乃遣焘归说毖曰:"降者上策,走者下策也。"以兵随之。毖与数十骑弃家室奔于高句丽,廆悉降其众,徙焘及高瞻等于棘城,待以宾礼。明年,高句丽寇辽东,廆遣众击败之。

裴嶷至自建邺,帝遣使者拜廆监平州诸军事、安北将军、平州刺史,增邑二千户。寻加使持节、都督幽州东夷诸军事、车骑将军、平州牧,进封辽东郡公,邑一万户,常侍、单于并如故;丹书铁券,承制海东,命备官司,置平州守宰。

段末波初统其国,而不修备,廆遣皝袭之,入令支,收其名马宝物而还。

石勒遣使通和,廆距之。送其使于建邺。勒怒,遣宇文乞得龟击廆,廆遣皝距之。以裴嶷为右部都督,率索头为右翼,命其少子仁自平郭趣柏林为左翼,攻乞得龟,克之,悉虏其众。乘胜拔其国城,收其资用亿计,徙其人数万户以归。

成帝即位,加廆侍中,位特进。咸和五年,又加开府仪同三司,固辞不受。

廆尝从容言曰:"狱者,人命之所悬也,不可以不慎。贤人君子,国家之基也,不可以不敬。稼穑者,国之本也,不可以不急。酒色便佞,乱德之甚也,不可以不戒。"乃著《家令》数千言以申其旨。

遣使与太尉陶侃笺曰:

明公使君毂下:振德曜威,抚宁方夏,劳心文武,士马无恙,钦高仰止,注情弥久。王途险远,隔以燕越,每瞻江湄,延首遐外。

天降艰难,祸害屡臻,旧都不守,奄为房庭,使皇舆迁幸,假势吴、楚。大晋启基,祚流万节,天命未改,玄象著明,是以义烈之士深怀愤踊。猥以功薄,受国殊宠,上不能扫除群羯,下不能身赴国难,仍纵贼臣,屡逼京辇。王敦唱祸于前,苏峻肆毒于后,凶暴过于董卓,恶逆甚于傕、汜,普天率土,谁不同忿!深怪文武之士,过荷朝荣,不能灭中原之寇,刷天下之耻。

君侯植根江阳,发曜荆、衡,杖叶公之权,有包胥之志,而令白公、伍员殆得极其暴,窃为丘明耻之。区区楚国子重之徒,犹耻君弱、群臣不及先大夫,厉己戒众,以服陈、郑;越之种蠡尚能弱佐句践,取威黄池;况今吴土英贤比肩,而不辅翼圣主,陵江北伐。以义声之直,讨逆暴之羯,檄命旧邦之士,招怀存本之人,岂不若因风振落,顿坂走轮哉!且孙氏之初,以长沙之众摧破董卓,志匡汉室。虽中遇寇害,雅志不遂,原其心诚,乃忽身命。及权扬扬、越,外杖周、张,内冯顾、陆,距魏亦壁,克取襄阳。自兹以降,世主相袭,咸能侵逼徐、豫,令魏朝旰食。不知之

江表为贤俊匿智,藏其勇略邪?将吕蒙、凌统高踪旷世哉?况今凶羯虐暴,中州人士逼迫势促,其颠沛之危,甚于累卵。假号之强,众心所去,敌有衅矣,易可震荡。王郎、袁术虽自诈伪,皆基浅根微,祸不旋踵,此皆君侯之所闻见者矣。

王司徒清虚寡欲,善于全己,昔曹参亦综此道,著画一之称也。庾公居元舅之尊,处申伯之任,超然高蹈,明智之权。廆于寇难之际,受大晋累世之恩,自恨绝域,无益圣朝,徒系心万里,望风怀愤。今海内之望,足为楚、汉轻重者,惟在君侯。若戮力尽心,悉五州之众,据兖、豫之郊,使向义之士倒戈释甲,则羯寇必灭,国耻必除。廆在一方,敢不竭命。孤军轻进,不足使勒畏首畏尾,则怀旧之士欲为内应,无由自发故也。故远陈写,言不宣尽。

廆使者遭风没海。其后廆更写前笺,并赍其东夷校尉封抽、行辽东相韩矫等三十余人疏上侃府曰:

自古有国有家,鲜不极盛而衰。自大晋龙兴,克平巴、会,神武之略,迈踪前史。惠皇之末,后党构难,祸结京畿,衅成八族,遂使羯寇乘虚,倾覆诸夏,旧都沦灭,山陵毁掘,人神悲悼,幽明发愤。昔猃狁之强,匈奴之盛,未有如今日羯寇之暴,跨蹑华裔,盗称尊号者也。

天祚有晋,挺授英杰。车骑将军慕容廆自弱冠莅国,忠于王室,明允恭肃,志在立勋。属海内分崩,皇舆迁幸,元皇中兴,初唱大业,肃祖继统,荡平江外。廆虽限以山海,隔以羯寇,翘首引领,系心京师,常假寤寐,欲忧忘身。贡篚相寻,连舟载路,戎不税驾,动成义举。今羯寇滔天,枯其丑类,树基赵、魏,跨略燕、齐。廆虽率义众,诛讨大逆,然管仲相齐,犹li宠不足以御下,况廆辅翼王室,有匡霸之功,而位卑爵轻,九命未加,非所以宠异藩翰,敦奖殊勋者也。

方今诏命隔绝,王路险远,贡使往来,动弥年载。今燕之旧壤,北周沙漠,东尽乐浪,西暨代山,南极冀方,而悉为房庭,非复国家之域。将佐等以为宜远遵周室,近准汉初,进封廆为燕王,行大将军事,上以总统诸部,下以割损贼境。使冀州之人望风向化。廆得祗承诏命,率合诸国,奉辞夷逆,以成桓文之功,苟利社稷,专之可也。而廆固执谦光,守节弥高,每诏所加,让动积年,非将佐等所能敦逼。今区区所陈,不欲苟相崇重,而愚情至心,实为国计。

侃报抽等书,其略曰:"车骑将军忧国忘身,贡篚载路,羯贼求和,执使送之,西讨段国,北伐塞外,远绥索头,荒服以献。惟北部未宾,屡遣征伐。又知东方官号,高下齐班,进无统摄之权,退无等差之降,欲进车骑为燕王,一二具之。夫功成进爵,古之成制也。车骑虽未能为官摧勒,然忠义竭诚。今腾笺上听,可不迟速,当任天台也。"朝议未定。八年,廆卒,乃止。时年六十五,在位四十九年。帝遣使者策赠大将军、开府仪同三司,谥曰襄。及僭僞号,伪谥武宣皇帝。

裴嶷，字文冀，河东闻喜人也。父昶，司隶校尉。嶷清方有干略，累迁至中书侍郎，转给事黄门郎、荥阳太守。属天下乱，嶷兄武先为玄菟太守，嶷遂求为昌黎太守。至郡，久之，武卒，嶷被征，乃将武子开送丧俱南。既达辽西，道路梗塞，乃与开投廆。时诸流寓之士见廆草创，并怀去就。嶷首定名分，为群士启行。廆甚悦，以嶷为长史，委以军国之谋。

及悉独官寇逼城下，外内骚动，廆问策于嶷，嶷曰："悉独官虽拥大众，军无号令，众无部阵，若简精兵，乘其无备，则成擒耳。"廆从之，遂陷寇营。廆威德于此甚振，将遣使献捷于建邺，妙简行人，令嶷将命。

初，朝廷以廆僻在荒远，犹以边裔之豪处之。嶷既使至，盛言廆威略，又知四海英贤并为其用，举朝改观焉。嶷将还，帝试留嶷以观之，嶷辞曰："臣世荷朝恩，濯缨华省，因事远寄，投迹荒遐。今遭开泰，得睹朝廷，复赐恩诏，即留京辇，于臣之私，诚为厚幸。顾以皇居播迁，山陵幽辱，慕容龙骧将军越在退表，乃心王室，慷慨之诚，义感天地，方扫平中壤，奉迎皇舆，故遣使臣，万里表诚。今若留臣，必谓国家遗其僻陋，孤其丹心，使怀义懈息。是以微臣区区忘身为国，贪还反命耳。"帝曰："卿言是也。"乃遣嶷还。廆后谓群僚曰："裴长史名重中朝，而降屈于此，岂非天以授孤也。"出为辽东相，转乐浪太守。

高瞻，字子前，渤海蓚人也。少而英爽有俊才，身长八尺二寸。光熙中，调补尚书郎。属永嘉之乱，还乡里，乃与父老议曰："今皇纲不振，兵革云扰，此郡沃壤，凭固河海，若兵荒岁俭，必为寇庭，非谓图安之所。王彭祖先在幽、蓟，据燕、代之资，兵强国富，可以托也。诸君以为何如？"众咸善之。乃与叔父隐率数千家北徙幽州。既而以王浚政令无恒，乃依崔毖，随毖如辽东。

毖之与三国谋伐廆也，瞻固谏以为不可，毖不从。及毖奔败，瞻随众降于廆。廆署为将军，瞻称疾不起。廆敬其姿器，数临候之，抚其心曰："君之疾在此，不在余也。今天子播越，四海分崩，苍生纷扰，莫知所系，孤思与诸君匡复帝室，翦鲸豕于二京，迎天子于吴、会，廓清八表，侔勋古烈，此孤之心也，孤之愿也。君中州大族，冠冕之余，宜痛心疾首，枕戈待旦，奈何以华夷之异，有怀介然。且大禹出于西羌，文王生于东夷，但问志略何如耳，岂以殊俗不可降心乎！"瞻仍辞疾笃，廆深不平之。瞻又与宋该有隙，该阴劝廆除之。瞻闻其言，弥不自安，遂以忧死。

卷一百九　　　载记第九

慕容皝

慕容皝，字元真，廆第三子也。龙颜版齿，身长七尺八寸。雄毅多权略，尚经学，善天文。廆为辽东公，立为世子。建武初，拜为冠军将军、左贤王，封望平侯，率众征讨，累有功。太宁末，拜平北将军，进封朝鲜公。廆卒，嗣位，以平北将军行平州刺史，督摄部内。寻而宇文乞得龟为其别部逸豆归所逐，奔死于外，皝率骑讨之，逸豆归惧而请和，遂筑榆阴、安晋二城而还。

初，皝庶兄建威翰骁武有雄才，素为皝所忌，母弟征虏仁、广武昭并有宠于廆，皝亦不平之。及廆卒，并惧不自容。至此，翰出奔段辽，仁劝昭举兵废皝。皝杀昭，遣使按检仁之虚实，遇仁于险渎。仁知事发，杀皝使，东归平郭。皝遣其弟建武幼、司马佟寿等讨之。仁尽众距战，幼等大败，皆没于仁。襄平令王冰、将军孙机以辽东叛于皝，东夷校尉封抽、护军乙逸、辽东相韩矫、玄菟太守高诩等弃城奔还。仁于是尽有辽左之地，自称车骑将军、平州刺史、辽东公。宇文归、段辽及鲜卑诸部并为之援。

咸和九年，皝遣其司马封弈攻鲜卑木堤于白狼，扬威淑虞攻乌丸悉罗侯于平冈，皆斩之。材官刘佩攻乙连，不克。段辽遂寇徒河，皝将张萌逆击，败之。辽弟兰与翰寇柳城，都尉石琮击败之。旬余，兰、翰复围柳城，皝遣宁远慕容汗及封弈等救之。皝戒汗曰："贼众气锐，难与争锋，宜顾万全，慎勿轻进，必须兵集阵整，然后击之。"汗性骁锐，遣千余骑为前锋而进，封弈止之，汗不从，为兰所败，死者大半。兰复攻柳城，为飞梯、地道，围守二旬，石琮躬勒将士出击，败之，斩首千五百级，兰乃遁归。

是岁，成帝遣谒者徐孟、闾丘幸等持节拜皝镇军大将军、平州刺史、大单于、辽东公，持节、都督、承制封拜，一如廆故事。

皝自征辽东，克襄平。仁所署居就令刘程以城降，新昌人张衡执县宰以降。于是斩仁所置守宰，分徙辽东大姓于棘城，置和阳、武次、西乐三县而归。

咸康初，遣封弈袭宇文别部涉奕于，大获而还。涉奕于率骑追战于浑水，又败之。皝将乘海讨仁，群下咸谏，以海道危阻，宜从陆路。皝曰："旧海水无凌，自仁反已来，冻合者三矣。昔汉光武因滹沱之冰以济大业，天其或者欲吾乘此而无之乎！吾计决矣，有沮谋者斩！"乃率三军从昌黎践凌而进。仁不虞皝之至也，军去平郭七里，候骑乃告，仁狼狈出战，为皝所擒，杀仁而还。

立藉田于朝阳门东，置官司以主之。

段辽遣将李咏夜袭武兴，遇雨，引还，都尉张萌追击，擒咏。段兰拥众数万屯于曲水亭，将攻柳城，宇文归入寇安晋，为兰声援。皝以步骑五万击之，师次柳城，兰、归皆遁。遣封弈率轻骑追击，败之，收其军实，馆谷二旬而还。谓诸将曰："二虏耻无功而归，必复重至，宜于柳城左右设伏以待之。"遣封弈率骑潜于马儿山诸道。俄而辽骑果至，弈夹击，大败之，斩其将荣保。遣兼长史刘斌、郎中令阳景送徐孟等归于京师。使其世子儁伐段辽诸城，封弈攻宇文别部，皆大捷而归。

立纳谏之木，以开谠言之路。

后徙昌黎郡，筑好城于乙连东，使将军兰勃成之，以逼乙连。又城曲水,以为勃援。乙连饥甚,段辽输之粟,兰勃要击获之。辽遣将屈云攻兴国,与皝将慕容遵大战于五官水上,云败,斩之,尽俘其众。

封弈等以皝任重位轻,宜称燕王,皝于是以咸康三年僭即王位,赦其境内。以封弈为国相,韩寿为司马,裴开、阳骛、王寓、李洪、杜群、宋该、刘瞻、石琮、皇甫真、阳协、宋晃、平熙、张泓等并为列卿将帅。起文昌殿,乘金根车,驾六马,出入称警跸。以其妻段氏为王后,世子儁为太子,皆如魏武、晋文辅政故事。

皝以段辽屡为边患,遣将军宋回称藩于石季龙,请师讨辽。季龙于是总众而至。皝率诸军攻辽令支以北诸城,辽遣其将段兰来距,大战,败之,斩级数千,掠五千余户而归。季龙至徐无,辽奔密云山。季龙进入令支,怒皝之不会师也,进军击之,至于棘城,戎卒数十万,四面进攻,郡县诸叛应季龙者三十六城。相持旬余,左右劝皝降。皝曰:"孤方取天下,何乃降人乎!"遣子恪等率骑二千,晨出击。季龙诸军惊扰,弃甲而遁。恪乘胜追之,斩获三万余级,筑戍凡城而还。段辽遣使诈降于季龙,请兵应接。季龙遣其将麻秋率众迎辽,恪伏精骑七千于密云山,大败之,获其司马阳裕、将军鲜于亮,拥段辽及其部众以归。

帝又遣使进皝为征北大将军、幽州牧,领平州刺史,加散骑常侍,增邑万户,持节、都督、单于、公如故。

皝前军帅慕容评败季龙将石成等于辽西,斩其将呼延晃、张支,掠千余户以归。段辽谋叛,皝诛之。

季龙又使石成入攻凡城,不克,进陷广城。皝虽称燕王,未有朝命,乃遣其长史刘祥献捷京师,兼言权假之意,并请大举讨平中原。又闻庾亮薨,弟冰、翼继为将相,乃表曰:

臣究观前代昏明之主,若能亲贤并建,则功致升平;若亲党后族,必有倾辱之祸。是以周之申伯号称贤舅,以其身藩于外,不握机权。降及秦昭,足为令主,委信二舅,几至乱国。逮于汉武,推重田蚡,万机之要,无不决之。及蚡死后,切齿追恨。成帝暗弱,不能自立,内惑艳妻,外恣五舅,卒令王莽坐取帝位。每览斯事,孰不痛惋!设使舅氏贤若穰侯、王凤,则但闻有二臣,不闻有二主。若其不才,则有窦宪、梁冀之祸。凡此成败,亦既然矣。苟能易轨,可无覆坠。

陛下命世天挺,当隆晋道,而遭国多难,殷忧备婴,追述往事,至今楚灼。迹其所由,实因故司空亮居元舅之尊,势业之重,执政裁下,轻侮边将,故令苏峻、祖约不胜其忿,遂致败国。至今太后发愤,一旦上陨。若社稷不灵,人神无助,豺狼之心当可极邪!前事不忘,后事之表,而中书监、左将军冰等内执枢机,外拥上将,昆弟并列,人臣莫畴。陛下深敦渭阳,冰等自宜引领。臣常谓世主若欲崇显舅氏,何不封以藩国,丰其禄赐,限其势利,使上无偏优,下无私论。如此,荣辱何从而生!噂嗒何辞而起!往者惟亮一人,宿有名望,尚致世变,况今居之者素无闻焉!且人情易惑,难以户告,纵今陛下无私于彼,天下之人谁谓不私乎!

臣与冰等名位殊班,出处悬邈,又国之戚昵,理应降悦,以适事会。臣独矫抗此言者,上为陛下,退为冰计,疾苟容之臣,坐鉴得失。颠而不扶,焉用彼相!昔徐福陈霍氏之戒,宣帝不从,至令忠臣更为逆族,良由察之不审,防之无渐。臣今所陈,可谓防渐矣。但恐陛下不明臣之忠,不用臣之计,事过之日,更处焦烂之后耳。昔王章、刘向每上封事,未尝不指斥王氏,故令二子或死或刑。谷永、张禹依违不对,故容身苟免,取讥于世。臣被发殊俗,位为上将,夙夜惟忧,罔知所报,惟当外殄寇仇,内尽忠规,陈力输诚,以答国恩。臣若不言,谁当言者!

又与冰书曰:

君以椒房之亲,舅氏之昵,总据枢机,出内王命,兼拥列将州司之位,昆弟网罗,显布畿甸。自秦、汉以来,隆赫之极,岂有若此者乎!以吾观之,若功就事举,必申伯之名;如或不立,将不免梁窦之迹矣。

每睹史传,未尝不宠恣母族,使执权乱朝,先有殊世之荣,寻有负乘之累,所谓爱之适足以为害。吾常忿历代之主,不尽防萌终宠之术,何不业以一土之封,令藩国相承,如周之齐、陈?如此则永保南面之尊,复何黜辱之忧乎!窦武、何进好善虚己。贤士归心,虽为阉竖所危,天下嗟痛,犹有能履以不骄,图国亡身故也。

方今四海有倒悬之急,中夏遘僭逆之寇,家有洒血之怨,人有复仇之憾,宁得安枕逍遥,雅谈卒岁邪!吾虽寡德,过蒙先帝列将之授,以数郡之人,尚欲并吞强虏,是以自顷迄今,交锋接刃,一时务农,三时用武,而犹师徒不顿,仓有余粟,敌人日畏,我境日广,况乃王者之威,堂堂之势,岂可同年而语哉!

冰见表及书甚惧,以其绝远,非所能制,遂与何充等奏听皝称燕王。

其年皝伐高句丽,王钊乞盟而还。明年,钊遣其世子朝于皝。

初,段辽之败也,建威翰奔于宇文归,自以威名风振,终不保全;乃阳狂恣酒,被发歌呼。归信而不禁,故得周游自任,至于山川形便,攻战要路,莫不练之。皝遣商人王车阴使察翰,翰见车无言,抚膺而已。车还以白,皝曰:"翰欲来也。"乃遣车遗翰弓矢,翰乃窃归骏马,携其二子而还。

皝将图石氏,从容谓诸将曰:"石季龙自以安乐诸城守防严重,城之南北必不设备,今若诡路出其不意,冀之北土尽可破也。"于是率骑二万出蠮螉塞,长驱至于蓟城,进渡武遂津,入于高阳,所过焚烧积聚,掠徙幽、冀三万余户。

使阳裕、唐柱等筑龙城,构宫庙,改柳城为龙城县。于是成帝使兼大鸿胪郭希持节拜皝侍中、大都督河北诸军事、大将军、燕王,其余官皆如故。封诸功臣百余人。

咸康七年,皝迁都龙城。率劲卒四万,入自南陕,以伐宇文、高句丽，又使翰及子垂为前锋，遣长史王寓等勒众万五千，从北置而进。高句丽王钊谓皝军之从北路也，乃遣其弟武统精锐五万距北置，躬率弱卒以防南陕。翰与钊战于木底，大败之，乘胜遂入丸都，钊单马而遁。皝掘钊父利墓，载其尸并其母妻珍宝，掠男女五万余口，焚其宫室，毁丸都而归。明年，钊遣使称臣于皝，贡其方物，乃归其父尸。

宇文归遣其国相莫浅浑伐皝，诸将请战，皝不许。浑以皝为惮之，荒酒纵猎，不复设备。皝曰："浑奢忌已甚，今则可一战矣。"遣翰率骑击之，浑大败，仅以身免，尽俘其众。

皝躬巡郡县，劝课农桑，起龙城宫阙。

寻又率骑二万亲伐宇文归，以翰及垂为前锋。归使其骑将涉奕于尽众距翰，皝驰遣谓翰曰："奕于雄悍，宜小避之，待其势骄，然后取也。"翰曰："归之精锐，尽在于此，今若克之，则归可不劳兵而灭。奕于徒有虚名，其实易与耳，不宜纵敌挫吾兵气。"于是前战，斩奕于，尽俘其众，归远遁漠北。皝开地千余里，徙其部人五万余落于昌黎，改涉奕于城为威德城。行饮至之礼，论功行赏各有差。

以牧牛给贫家，田于苑中，公收其八，二分入私。有牛而无地者，亦田苑中，公收其七，三分入私。皝记室参军封裕谏曰：

> 臣闻圣王之宰国也，薄赋而藏于百姓，分之以三等之田，十一而税之；寒者衣之，饥者食之，使家给人足。虽水旱而不为灾者，何也？广选农官，务尽劝课，人治周田百亩，不力假牛力；力田者受旌显之赏，惰农者有不齿之罚。又量事置官，量官置人，使官必称须，人不虚位，度岁入多少，裁而禄之。供百僚之外，藏之太仓，三年之耕，余一年之粟。以斯而积，公用于何不足？水旱其如百姓何！虽务农之令屡发，二千石令长莫有志勤在公、锐尽地利者。故汉祖知其如此，以垦田不实，征杀二千石以十数，是以明、章之际，号次升平。
>
> 自永嘉丧乱，百姓流亡，中原萧条，千里无烟，饥寒流陨，相继沟壑。先王以神武圣略，保全一方，威以殄奸，德以怀远，故九州之人，塞表殊类，襁负万里，若赤子之归慈父，流人之多旧土十倍有余，人殷地狭，故无田者十有四焉。殿下以英圣之资，克广先业，南摧强赵，东灭句丽，开境三千，户增十万，继武阐广之功，有高西伯。宜省罢诸苑，以业流人。人至而无资产者，赐之以牧牛。人既殿下之人，牛岂失乎！善藏者藏于百姓，若斯而已矣。迩者深副乐土之望，中国之人皆将壶餐奉迎，石季龙谁与居乎！且魏、晋虽道消之世，犹削百姓不至于七八，持官牛田者官得六分，百姓得四分，私牛而官田者与官中分，百姓安之，人皆悦乐。臣犹曰非明王之道，而况增乎！且水旱之厄，尧、汤所不免，王者宜浚治沟浍，循郑白、西门、史起溉灌之法，旱则决水为雨，水则入于沟渎，上无《云汉》之忧，下无昏垫之患。

句丽、百济及宇文、段部之人，皆兵势所徙，非如中国慕义而至，咸有思归之心。今户垂十万，狭凑都城，恐方将为国家深害，宜分其兄弟宗属，徙于西境诸城，抚之以恩，检之以法，使不得散在居人，知国之虚实。

今中原未平，资畜宜广，官司猥多，游食不少，一夫不耕，岁受其饥。必取于耕者而食之，一人食一人之力，游食数万，损亦如之，安可以家给人足，治致升平！殿下降览古今之事多矣，政之巨患莫甚于斯。其有经略出世，才称时求者，自可随须置之列位。非此已往，其耕而食，蚕而衣，亦天之道也。

殿下圣性宽明，思言若渴，故人尽忠荛，有犯无隐。前者参军王宪、大夫刘明并竭忠献款，以贡至言，虽颇有逆鳞，意在无责。主者奏以妖言犯上，至之于法，殿下慈弘苞纳，恕其大辟，犹削黜禁锢，不齿于朝。其言是也，殿下固宜纳之；如其非也，宜亮其狂狷。罪谏臣而求直言，亦犹北行诣越，岂有得邪！右长史宋该等阿媚苟容，轻劾谏士，已无骨鲠，嫉人有之，掩蔽耳目，不忠之甚。

四业者国之所资，教学者有国盛事。习战务农，尤其本也。百工商贾，犹其末耳。宜量军国所须，置其员数，已外归之于农，教之战法，学者三年无成，亦宜还之于农，不可徒充大员，以塞聪俊之路。

臣之所言当也，愿时速施行；非也，登加罪戮，使天下知朝廷从善如流，罚恶不淹。王宪、刘明，忠臣也，愿宥忤鳞之愆，收其药石之效。

皝乃令曰："览封记室之谏，孤实惧焉。君以黎元为国，黎元以谷为命。然则农者，国之本也，而二千石令长不遵孟春之令，惰农弗劝，宜以尤不修辟者措之刑法，肃厉属城。主者明详推检，具状以闻。苑囿悉可罢之，以给百姓无田业者。贫者全无资产，不能自存，各赐牧牛一头。若私有余力，乐取官牛垦官田者，其依魏、晋旧法。沟洫溉灌，有益官私，主者量造，务尽水陆之势。中州未平，兵难不息，勋诚既多，官僚不可以减也。待克平凶丑，徐更议之。百工商贾数，四佐与列将速定大员，余者还农。学生不任训教者，亦除员录。夫人臣关言于人主，至难也，妖妄不经之事皆比荡然不问，择其善者而从之。王宪、刘明虽其罪应禁黜，亦犹孤之无大量也。可悉复本官，仍居谏司。封生謇謇，深得王臣之体。《诗》不云乎：'无言不酬。'其赐钱五万，明宣内外，有欲陈孤过者，不拘贵贱，勿有所讳。"

时有黑龙、白龙各一，见于龙山，皝亲率群僚观之，去龙二百余步，祭以太宰。二龙交首嬉翔，解角而去。皝大悦，还宫，赦其境内，号新宫曰和龙，立龙翔佛寺于山上。

赐其大臣子弟为官学生者号高门生，立东庠于旧宫，以行乡射之礼，每月临观，考试优劣。皝雅好文籍，勤于讲授，学徒甚盛，至千余人。亲造《太上章》以代《急就》，又著《典诫》十五篇，以教胄子。

慕容恪攻高句丽南苏，克之，置戍而还。三年，遣其世子儁与恪率骑万七千东袭夫余,克之,虏其王及部众五万余口以还。

皝亲临东庠考试学生,其经通秀异者,擢充近侍。以久旱,丐百姓田租。罢成周、冀阳、营丘等郡。以勃海人为兴集县,河间人为宁集县,广平、魏郡人为兴平县,东莱、北海人为育黎县,吴人为吴县,悉隶燕国。

皝尝畋于西鄙,将济河,见一父老,服朱衣,乘白马,举手麾皝曰:"此非猎所,王其还也。"秘之不言,遂济河,连日大获。后见白兔,驰射之,马倒被伤,乃说所见。辇而还宫,引儁属以后事。以永和四年死,在位十五年,时年五十二。儁僭号,追谥文明皇帝。

慕容翰,字元邕,廆之庶长子也。性雄豪,多权略,猿臂工射,膂力过人。廆甚奇之,委以折冲之任。行师征伐,所在有功,威声大振,为远近所惮。作镇辽东,高句丽不敢为寇。善抚接,爱儒学,自士大夫至于卒伍,莫不乐而从之。

及奔段辽,深为辽所敬爱。柳城之败,段兰欲乘胜深入,翰虑成本国之害,诡说于兰,兰遂不进。后石季龙征辽,皝亲将三军略令支以北,辽议欲追之,翰知皝躬自总戎,战必克胜,乃谓辽曰:"今石氏向至,方对大敌,不宜复以小小为事。燕王自来,士马精锐。兵者凶器,战有危虑,若其失利,何以南御乎!"兰怒曰:"吾前听卿诳说,致成今患,不复入卿计中矣。"乃率众追皝,兰果大败。翰虽处仇国,因事立忠,皆此类也。

及辽奔走,翰又北投宇文归。既而逃,归乃遣劲骑百余追之。翰遥谓追者曰:"吾既思恋而归,理无反面。吾之弓矢,汝曹足知,无为相逼,自取死也。吾处汝国久,恨不杀汝。汝可百步竖刀,吾射中者,汝便宜反;不中者,可来前也。"归骑解刀竖之,翰一发便中刀镮,追骑乃散。

既至,皝甚加恩礼。建元二年,从皝讨宇文归,临阵为流矢所中,卧病积时。后疾渐愈,于其家中骑马自试,或有人告翰私习骑,疑为非常。皝素忌之,遂赐死焉。翰临死谓使者曰:"翰怀疑外奔,罪不容诛,不能以骸骨委贼庭,故归罪有司。天慈曲愍,不肆之市朝,今日之死,翰之生也。但逆胡跨据神州,中原未靖,翰常克心自誓,志吞丑虏,上成先王遗旨,下谢山海之责。不图此心不遂,没有余恨,命也奈何!"仰药而死。

阳裕,字士伦,右北平无终人也。少孤,兄弟皆早亡,单茕独立,虽宗族无能识者,惟叔父耽幼而奇之,曰:"此儿非惟吾门之标秀,乃佐时之良器也。"刺史和演辟为主簿。王浚领州,转治中从事,忌而不能任。

石勒既克蓟城,问枣嵩曰:"幽州人士,谁最可者?"嵩曰:"燕国刘翰,德素长者。北平阳裕,干事之才。"勒曰:"若如君言,王公何以不任?"嵩曰:"王公由不能任,所以为明公擒也。"勒方任之,裕乃微服潜遁。

时鲜卑单于段眷为晋骠骑大将军、辽西公,雅好人物,虚心延裕。裕谓友人成泮曰:"仲尼喜佛肸之召,以匏瓜自喻,伊尹亦称何事非君,何使非民,圣贤尚如此,况吾曹乎!眷今召我,岂徒然哉!"泮曰:"今华夏分崩,

九州幅裂,轨迹所及,易水而已。欲偃蹇考槃,以待大通者,俟河之清也。人寿几何?古人以为白驹之叹。少游有云,郡掾足以荫后,况国相乎!卿追踪伊、孔,抑亦知机其神也。"裕乃应之。拜郎中令、中军将军,处上卿位。历事段氏五主,甚见尊重。

段辽与皝相攻,裕谏曰:"臣闻亲仁善邻,国之宝也。慕容与国世为婚姻,且皝令德之主,不宜连兵构怨,凋残百姓。臣恐祸害之兴,将由于此。愿两追前失,通款如初,使国家有太山之安,苍生蒙息肩之惠。"辽不从。出为燕郡太守。石季龙克令支,裕以郡降,拜北平太守,征为尚书左丞。

段辽之请迎于季龙也,裕以左丞领征东麻秋司马。秋败,裕为军人所执,将诣皝。皝素闻裕名,即命释其囚,拜郎中令,迁大将军左司马。东破高句丽,北灭宇文归,皆豫其谋,皝甚器重之。及迁都和龙,裕雅有巧思,皝所制城池宫阁,皆裕之规模。裕虽仕皝日近,宠秩在旧人之右,性谦恭清俭,刚简慈笃,虽历居朝端,若布衣之士。士大夫流亡羁绝者,莫不经营收葬,存恤孤遗,士无贤不肖皆倾身待之,是以所在推仰。

初,范阳卢谌每称之曰:"吾及晋之清平,历观朝士多矣,忠清简毅,笃信义烈,如阳士伦者,实亦未几。"及死,皝甚悼之,时年六十二。

卷一百十　　　　载记第十

慕容儁

慕容儁,字宣英,皝之第二子也。初,廆常言:"吾积福累仁,子孙当有中原。"既而生儁,廆曰:"此儿骨相不恒,吾家得之矣。"及长,身长八尺二寸,姿貌魁伟,博观图书,有文武干略。皝为燕王,拜儁假节、安北将军、东夷校尉、左贤王、燕王世子。皝死,永和五年,僭即燕王位,依春秋列国故事称元年,赦于境内。是时石季龙死,赵、魏大乱,儁将图兼并之计,以慕容恪为辅国将军,慕容评为辅弼将军,阳骛为辅义将军,慕容垂为前锋都督、建锋将军,简精卒二十余万以待期。是岁,穆帝使谒者陈沈拜儁为使持节、侍中、大都督、都督河北诸军事、幽、冀、并、平四州牧、大将军、大单于、燕王,承制封拜一如廆、皝故事。

明年,儁率三军南伐,出自卢龙,次于无终。石季龙幽州刺史王午弃城走,留其将王他守蓟。儁攻陷其城,斩他,因而都之。徙广宁、上谷人于徐无,代郡人于凡城而还。

及冉闵杀石祗,僭称大号,遣其使人常炜聘于儁。儁引之观下,使其记室封裕诘之曰:"冉闵养息常才,负恩篡逆,有何祥应而僭称大号?"炜曰:"天之所兴,其致不同,狼乌纪于三王,麟龙表于汉、魏。寡君应天驭历,能

无祥乎！且用兵杀伐，哲王盛典，汤、武亲行诛放，而仲尼美之。魏武养于宦官，莫知所出，众不盈旅，遂能终成大功。暴胡酷乱，苍生屠脍，寡君奋剑而诛除之，黎元获济，可谓功格皇天，勋侔高祖。恭承乾命，有何不可？"裕曰："石祗去岁使张举请救，云玺在襄国，其言信不？又闻闵铸金为己象，坏而不成，奈何言有天命？"炜曰："诛胡之日，在邺者略无所遗，玺何从而向襄国，此求救之辞耳。天之神玺，实在寡君。且妖孽之徒，欲假奇眩众，或改作万端，以神其事。寡君今已握乾府，类上帝，四海悬诸掌，大业集于身，何所求虑而取信此乎！铸形之事，所未闻也。"儁既锐信举言，又欣于闵铸形之不成也，必欲审之，乃积薪置火于其侧，命裕等以意喻之。炜神色自若，抗言曰："结发已来，尚不欺庸人，况千乘乎！巧诈虚言以救死者，使臣所不为也。直道受戮，死自分耳。益薪速火，君之大惠。"左右劝儁杀之，儁曰："古者兵交，使在其间，此亦人臣常事。"遂赦之。

遣慕容恪略地中山，慕容评攻王午于鲁口。恪次唐城，冉闵将白同、中山太守侯龛固守不下。恪留其将慕容彪攻之，进讨常山。评次南安，王午遣其将郑生距评。评逆击，斩之，侯龛逾城出降。恪进克中山，斩白同。儁军令严明，诸军无所犯。闵章武太守贾坚率郡兵邀评战于高城，擒坚于阵，斩首三千余级。

是岁丁零翟鼠及冉闵将刘准等率其所部降于儁，封鼠归义王，拜准左司马。

时鲜卑段勤初附于儁，其后复叛。儁遣慕容恪及相国封弈讨冉闵于安喜，慕容垂讨段勤于绛幕，儁如中山，为二军声势。闵惧，奔于常山，恪追及于泒水。闵威名素振，众咸惮之。恪谓诸将曰："闵师老卒疲，实为难用；加其勇而无谋，一夫之敌耳。虽有甲兵，不足击也。吾今分军为三部，掎角以待之。闵性轻锐，又知吾军势非其敌，必出万死冲吾中军。吾今贯甲厚阵以俟其至，诸君但厉卒，从旁须其战合，夹而击之，蔑不克也。"及战，败之，斩首七千余级，擒闵，送之，斩于龙城。恪屯军呼沲。闵将苏亥遣其将金光率骑数千袭恪，恪逆击，斩之，亥大惧，奔于并州。恪进据常山，段勤惧而请降，遂进攻邺。闵将蒋干闭城距守。儁又遣慕容评等率骑一万会攻邺。是时鹣巢于儁正阳殿之西椒，生三雏，项上有竖毛；凡城献异鸟，五色成章。儁谓群僚曰："是何祥也？"咸称："鹣者，燕鸟也。首有毛冠者，言大燕龙兴，冠通天章甫之象也。巢正阳西椒者，言至尊临轩朝万国之征也。三子者，数应三统之验也。神鸟五色，言圣朝将继五行之箓以御四海者也。"儁览之大悦。既而蒋干率锐卒五千出城挑战，慕容评等击败之，斩首四千余级，干单骑还邺。于是群臣劝儁称尊号，儁答曰："吾本幽漠射猎之乡，被发左衽之俗，历数之箓宁有分邪！卿等苟相褒举，以觊非望，实匪寡德所宜闻也。"慕容恪、封弈讨王午于鲁口，降之。寻而慕容评攻克邺城，送冉闵妻子僚属及其文物于中山。

先是，蒋干以传国玺送于建邺，儁欲神其事业，言历运在己，乃诈云闵妻得之以献，赐号曰"奉玺君"，因以永和八年僭即皇帝位，大赦境内，建元曰元玺，署置百官。

以封弈为太尉，慕容恪为侍中，阳骛为尚书令，皇甫真为尚书左仆射，张希为尚书右仆射，宋活为中书监，韩恒为中书令，其余封授各有差。追尊廆为高祖武宣皇帝，皝为太祖文明皇帝。时朝廷遣使诣儁，儁谓使者曰："汝还白汝天子，我承人之乏，为中国所推，已为帝矣。"初，石季龙使人探策于华山，得玉版，文曰："岁在申酉，不绝如线。岁在壬子，真人乃见。"及此，燕人咸以为儁之应也。改司州为中州，置司隶校尉官。群下言："大燕受命，上承光纪黑精之君，运历传属，代金行之后，宜行夏之时，服周之冕，旗帜尚黑，牲牡尚玄。"儁从之。其从行文武、诸藩使人及登号之日者，悉增位三级。泒河之师，守邺之军，下及战士，赐各有差。临阵战亡者，将士加赠二等，士卒复其子孙。殿中旧人皆随才擢叙。立其妻可足浑氏为皇后，世子暐为皇太子。

晋宁朔将军荣胡以彭城、鲁郡叛降于儁。

常山人李犊聚众数千，反于普壁垒，儁遣慕容恪率众讨降之。

初，冉闵既败，王午自号安国王。午既死，吕护复袭其号，保于鲁口。恪进讨走之，遣前军悦绾追及于野王，悉降其众。

姚襄以梁国降于儁。以慕容评为都督秦、雍、益、梁、江、扬、荆、徐、兖、豫十州河南诸军事，权镇于洛水；慕容彊为前锋都督、都督荆、徐二州缘淮诸军事，进据河南。

儁自和龙至蓟城，幽冀之人为东迁，互相惊扰，所在屯结。其下请讨之，儁曰："群小以朕东巡，故相感耳。今朕既至，寻当自定。然不虞之备亦不可不为。"于是令内外戒严。

苻生河内太守王会、黎阳太守韩高以郡归儁。晋兰陵太守孙黑、济北太守高柱、建兴太守高瓮各以郡叛归于儁。初，儁车骑大将军、范阳公刘宁屯据茈城，降于苻氏，至此，率户二千诣蓟归罪，拜后将军。高句丽王钊遣使谢恩，贡其方物。儁以钊为营州诸军事、征东大将军、营州刺史，封乐浪公，王如故。

儁给事黄门侍郎申胤上言曰：

夫名尊礼重，先王之制。冠冕之式，代或不同。汉以萧、曹之功，有殊群辟，故剑履上殿，入朝不趋。世无其功，则礼宜阙也。至于东宫，体此为仪，魏、晋因循，制不纳焉。今皇储过谦，准同百僚，礼卑逼下，有违朝式。太子有统天之重，而与诸王齐冠远游，非所以辨章贵贱也。祭飨朝庆，宜正服衮衣九文，冠冕九旒。又仲冬长至，太阴数终，黄钟产气，绵微于下，此月闭关息旅，后不省方。《礼记》曰："是月也，事欲静，君子齐戒去声色。"唯《周官》有天子之南郊从八能之说。或以有事至灵，非朝飨之节，故有乐作之理。王者慎微，礼从其重。前来二至阙鼓，不宜有设，今之铿锵，盖以常仪。二至之礼、事殊余节，猥动金声，惊越神气，施之宣养，实为未尽。又朝服虽是古礼，绛褠始于秦、汉，迄于今代，遂相仍准。朔望正旦，乃具衮焉。礼，诸侯旅见天子，不得终事者三，雨沾服失容，其在一焉。今或朝日天雨，未有定仪。礼贵适时，不在过恭。近以地湿不得纳舄，而以衮裸改履。案言称朝服，所以服之而朝，一体之间，上下二制，或废或存，实乖礼意。大燕受命，倧踪虞、夏，诸所施行，宜损益定之，以为皇代永制。

俊曰："其剑舄不趋，事下太常参议。太子服衮冕，冠九旒，超级逼上，未可行也。冠服何容一施一废，皆可详定。"

初，段兰之子龛因冉闵之乱，拥众东屯广固，自号齐王，称藩于建邺，遣书抗中表之仪，非俊正位。俊遣慕容恪、慕容尘讨之。恪既济河。龛弟罴骁勇有智计，言于龛曰："慕容恪善用兵，加其众旅既盛，恐不可抗也。若顿兵城下，虽复请降，惧终不听。王但固守，罴请率精锐距之。若其战捷，王可驰来追击，使虏匹马无反。如其败也，遽出请降，不失千户侯也。"龛弗从。罴固请行，龛怒斩之，率众三万来距恪。恪遇龛于济水之南，与战，大败之，遂斩其弟钦，尽俘其众。恪进围广固，诸将劝恪宜急攻之，恪曰："军势有宜缓以克敌，有宜急而取之。若彼我势均，且有强援，虑腹背之患者，须急攻之，以速大利。如其我强彼弱，外无寇援，力足制之者，当羁縻守之，以待其毙。兵法十围五攻，此之谓也。龛恩结贼党，众未离心，济南之战，非不锐也，但其用之无术，以致败耳。今凭固天险，上下同心，攻守势倍，军之常法。若其促攻，不过数旬，克之必矣，但恐伤吾士众。自有事已来，卒不获宁，吾每思之，不觉忘寝，亦何宜轻残人命乎！当持久以取耳。"诸将皆曰："非所及也。"乃筑室反耕，严固围垒。龛所署徐州刺史王腾、索头单于薛云降于恪。段龛之被围也，遣使诣建邺请救。穆帝遣北中郎将荀羡赴之，惮虏强迁延不敢进。攻破阳都，斩王腾以归。恪遂克广固，以龛为伏顺将军，徙鲜卑胡羯三千余户于蓟，留慕容尘镇广固，恪振旅而归。

俊太子晔死，伪谥献怀。升平元年，复立次子𬀩为皇太子，赦其境内，改元曰光寿。

遣其抚军慕容垂、中军慕容虔与护军平熙等率步骑八万讨丁零敕勒于塞北，大破之，俘斩十余万级，获马十三万匹，牛羊亿余万。

初，俊有骏马曰赭白，有奇相逸力。石季龙之伐棘城也，𬀩将出避难，欲乘之，马悲鸣蹄啮，人莫能近。𬀩曰："此马见异先朝，孤常仗之济难，今不欲者，盖先君之意乎！"乃止。季龙寻退，𬀩益奇之。至是，四十九岁矣，而骏逸不亏，俊比之于鲍氏骢，命铸铜以图其象，亲为铭赞，镌勒其旁，置之蓟城东掖门。是岁，象成而马死。

匈奴单于贺赖头率部落三万五千降于俊，拜宁西将军、云中郡公，处之于代郡平舒城。

晋太山太守诸葛攸伐其东郡。俊遣慕容恪距战，王师败绩。北中郎将谢万先据梁、宋，惧而遁归。恪进兵入寇河南，汝、颍、谯、沛皆陷，置守宰而还。

俊自蓟城迁于邺，赦其境内，缮修宫殿，复铜雀台。

廷尉监常炜上言："大燕虽革命创制，至于朝廷铨谟，亦多因循魏、晋，唯祖父不殡葬者，独不听官身清朝，斯诚王教之首，不刊之式。然礼贵适时，世或损益，是以高祖制三章之法，而秦人安之。自顷中州丧乱，连兵积年，或遇倾城之败，覆军之祸，坑师沈卒，往往而然，孤孙茕子，十室而九。兼三方岳峙，父子异邦，存亡吉凶，杳成天外。或便假一时，或依嬴博之制，孝子縻身无补，顺孙心丧靡及，虽招魂虚葬以叙罔极之情，又礼无招葬之文，令不此载。若斯之流，抱琳琅而无申，怀英才而不齿，诚可痛也。恐非明扬侧陋，务尽材珍之道。吴起、二陈之畴，终将无所展其才干。汉祖何由免于平城之围？郅支之首何以悬于汉关？谨案《戊辰诏书》，荡清瑕秽，与天下更始，以明惟新之庆。五六年间，寻相违伐，于则天之体，臣窃未安。"俊曰："炜宿德硕儒，练明刑法，览其所陈，良足采也。今六合未宁，丧乱未已，又正当搜奇拔异之秋，未可才行兼举，且除此条，听大同更议。"

使昌黎、辽东二郡营起虓庙，范阳、燕郡构祧庙，以其护军平熙领将作大匠，监造二庙焉。

苻坚平州刺史刘特率户五千降于俊。

河间李黑聚众千余，攻略州郡，杀枣强令卫颜，俊长乐太守傅颜讨斩之。

常山大树自拔，根下得璧七十、圭七十三，光色精奇，有异常玉。俊以为岳神之命，遣其尚书郎段勤以太宰祀之。

初，冉闵之僭号也，石季龙将李历、张平、高昌等并率其所部称藩于俊，遣子入侍。既而投款建邺，结援苻坚，并受爵位，羁縻自固，虽贡使不绝，而诚节未尽。吕护之走野王也，遣弟奉表谢罪于俊，拜宁南将军、河内太守。又上党冯鸯自称太守，附于张平，平屡言之，俊以平故，赦其罪，并以为京兆太守。护、鸯亦阴通京师。张平跨有新兴、雁门、西河、太原、上党、上郡之地，垒壁三百余，胡晋十余万户，遂拜置征、镇，为鼎峙之势。俊其司徒慕容评讨平，领军慕舆根讨鸯，司空阳骛讨昌，抚军慕容臧攻历。并州垒壁降者百余所，以尚书右仆射悦绾为安西将军、领护匈奴中郎将、并州刺史以抚之。平所署征西诸葛骧、镇北苏象、宁东乔庶、镇南石贤等率垒壁百三十八降于俊，俊大悦，皆复其官爵。既而平率众三千奔于平阳，鸯奔于野王，历走荥阳，昌奔邵陵，悉降其众。

俊于是复图入寇，兼欲经略关西，乃令州郡校阅见丁，精覆隐漏，率户留一丁，余悉发之，欲使步卒满一百五十万，期明年大集，将进临洛阳，为三方节度。武邑刘贵上书极谏，陈百姓凋弊，召兵非法，恐人不堪命，有土崩之祸，并陈时政不便于时者十有三事。俊览而悦之，付公卿博议，事多纳用，乃改为三五占兵，宽戎备一周，悉令明年季冬赴集邺都。

是岁，晋将荀羡攻山茌，拔之。斩俊太山太守贾坚。俊青州刺史慕容尘遣司马悦明救之，羡师败绩，复陷山茌。

俊立小学于显贤里以教胄子。封其子泓为济北王，冲为中山王。宴群臣于蒲池，酒酣，赋诗，因谈经史，语及周太子晋，潸然流涕，顾谓群臣曰："昔魏武追痛仓舒，孙权悼登无已，孤常谓二主缘爱称奇，无大雅之体。自晔亡以来，孤须发中白，始知二主有以而然。卿等言晔定何如也？孤今悼之，得无贻怪将来乎？"其司徒左长史李绩对曰："献怀之在东宫，臣为中庶子，既忝近侍，圣质志业，臣实不敢不知。臣闻道备无怨，其唯圣人乎！先太子大德有八，未见阙也。"俊曰："卿言亦以过矣，然试言之。"绩言："至孝自天，性与道合，此其一也。聪敏慧悟，机思若流，此其二也。沈毅好断，理诣无幽，此其三也。疾谀亮物，雅悦直言，此其四也。好学委贤，不耻下问，此其五也。英姿迈古，艺业超时，此其六也。虚襟恭让，尊师重道，此其七也。轻财好施，勤恤民隐，此其八也。"俊泣曰："卿虽褒誉，然此儿若在，吾死无忧也。吾既不能追踪唐、虞，官天下以禅有德，近模三王，以世传授。景茂幼冲，器艺未举，卿以为何如？"绩曰："皇太子天资岐嶷，圣敬日跻，而八德阒然，二阙未补，雅好游田，娱心丝竹，所以为损耳。"俊顾谓晔曰："伯阳之言，药石之惠，汝宜戢之。"因问高年疾苦、孤寡不能自存者，赐谷帛有差。

俊夜梦石季龙啮其臂，寤而恶之，命发其墓，剖棺出尸，蹋而骂之曰："死胡安敢梦生天子！"遭其御史中尉阳约数其残酷之罪，鞭之，弃于漳水。

诸葛攸又率水陆三万讨俊，入自石门，屯于河渚。攸部将匡超进据崿岭，萧馆屯于新栅，又遣督护徐冏率水军三千泛舟上下，为东西声势。俊遣慕容评、傅颜等统步骑五万，战于东阿，王师败绩。

塞北七国贺兰、涉勒等皆降。

俄而俊寝疾，谓慕容恪曰："吾所疾慑然，当恐不济。修短命也，复何所恨！但二寇未除，景茂冲幼，虑其未堪多难。吾欲远进宋宣，以社稷属汝。"恪曰："太子虽幼，天纵聪圣，必能胜残刑措，不可以乱正统也。"俊怒曰："兄弟之间岂虚饰也！"恪曰："陛下若以臣堪荷天下之任者，宁不能辅少主乎！"俊曰："若汝行周公之事，吾复何忧！李绩清方忠亮，堪任大事，汝善遇之。"

是时兵集邺城，盗贼互起，每夜攻劫，晨昏断行。于是宽常赋，设奇禁，贼盗有相告者赐奉车都尉，捕诛贼首木谷和等百余人，乃止。

升平四年，俊死，时年四十二，在位十一年。伪谥景昭皇帝，庙号烈祖，墓号龙陵。

俊雅好文籍，自初即位至末年，讲论不倦，览政之暇，唯与侍臣错综义理，凡所著述四十余篇。性严重，慎威仪，未曾以慢服临朝，虽闲居宴处亦无懈怠之色云。

韩恒，字景山，灌津人也。父默，以学行显名。恒少能属文，师事同郡张载，载奇之，曰："王佐才也。"身长八尺一寸，博览经籍，无所不通。永嘉之乱，避地辽东。廆既逐崔毖，复徙昌黎，召见，嘉之，拜参军事。咸和中，宋该等建议以廆立功一隅，勤诚王室，位卑任重，不足以镇华夷，宜表请大将军、燕王之号。廆纳之，命群僚博议，咸以为宜如该议。恒驳曰："自群胡乘间，人婴荼毒，诸夏萧条，无复纲纪。明公忠武笃诚，忧勤社稷，抗节孤危之中，建功万里之外，终古勤王之义，未之有也。夫立功者患信义不著，不患名位不高，故桓文有宁复一匡之功，亦不先求礼命以令诸侯。宜缮甲兵，候机会，除群凶，靖四海，功成之后，九锡自至。且要君以求宠爵者，非人臣之义也。"廆不平之，出为新昌令。就为镇军，复参军事。迁营丘太守，政化大行。俊为大将军，征辟咨议参军，加扬烈将军。

俊僭位，将定五行次，众论纷纭。恒时疾在龙城，俊召恒以决之。恒未至而群臣议以燕宜承晋为水德。既而恒至，言于俊曰："赵有中原，非唯人事，天所命也。天实与之，而人夺之，臣窃谓不可。且大燕王迹始自于震，于《易》，震为青龙。受命之初，有龙见于都邑城，龙为木德，幽契之符也。"俊初虽难改，后终从恒议。俊秘书监清河聂熊闻恒言，乃叹曰："不有君子，国何以兴，其韩令君之谓乎！"后与李产俱傅东宫，从太子晔入朝，俊顾谓左右曰："此二傅一代伟人，未易继也。"其见重如此。

李产，字子乔，范阳人也。少刚厉，有志格。永嘉之乱，同郡祖逖拥众部于南土，力能自固，产遂往依之。逖素好从横，弟约有大志，产微知其旨，乃率子弟十数人间行还乡里，仕于石氏，为本郡太守。及慕容俊南征，前锋达郡界，乡人皆劝产降，产曰："夫受人之禄，当同其安危，今若舍此节以图存，义士将谓我何！"众溃，始诣军请降。俊嘲之曰："卿受石氏宠任，衣锦本乡，何故不能立功于时，而反委质乎！烈士处身于世，固当如是邪？"产泣曰："诚知天命有归，非微臣所抗。然犬马为主，岂忘自效，但以孤穷势蹙，致力无术，僶俛归死，实非诚款。"俊嘉其慷慨，顾谓左右曰："此真长者也。"乃擢用之，历位尚书。性刚正，好直言，每至进见，未曾不论朝政之得失，同辈咸惮焉，俊亦敬其儒雅。前后固辞年老，不堪理剧。转拜太子太保。谓子绩曰："以吾之才而致于此，始者之愿亦已过矣，不可复以西夕之年取笑于来今也。"固辞而归，死于家。子绩。

绩字伯阳，少以风节知名，清辩有辞理。弱冠为郡功曹。时石季龙亲征段辽，师次范阳，百姓饥俭，军供有阙。季龙大怒，太守惶怖避匿。绩进曰："郡带北裔，与寇接攘，疆场之间，人怀危虑。闻舆驾亲戎，将除残贼，虽婴儿白首，咸思效命，非唯为国，亦自求宁，虽身膏草野，犹甘为之，敢有私吝而阙军实！但此年灾俭，家有菜色，困弊力屈，无所取济，遘废之罪，情在可矜。"季龙见绩年少有壮节，嘉而恕之，于是太守获免。刺史王午辟为主簿。俊之南征也，随午奔鲁口。邓恒谓午曰："绩乡里在北，父已降燕，今虽在此，终不为用，方为人患。"午曰："绩于丧乱之中捐家立义，情节之重，有俦古烈，若怀嫌害之，必骇众望。"恒乃止。午恐绩终为恒所害，乃资遣之。及到，俊责其背亲后至，绩答曰："臣闻豫让报智伯仇，称于前史。既官身所在，何事非君！陛下方弘唐、虞之化，臣实未谓归顺之晚也。"俊曰："此亦事主之一节耳。"累迁太子中庶子。及晔立，慕容恪欲以绩为尚书右仆射，晔憾绩往言，不许。恪屡请，乃谓恪曰："万机之事委之叔父，伯阳一人，暐请独裁。"绩遂忧死。

卷一百十一　　载记第十一

慕容暐　慕容恪　阳骛　皇甫真

慕容暐，字景茂，儁第三子也。初封中山王，寻立为太子。及儁死，群臣欲立慕容恪，恪辞曰："国有储君，非吾节也。"于是立暐。升平四年，僣即皇帝位，大赦境内，改元曰建熙，立其母可足浑氏为皇太后。以慕容恪为太宰、录尚书，行周公事；慕容评为太傅，副赞朝政；慕舆根为太师；慕容垂为河南大都督、征南将军、兖州牧、荆州刺史，领护南蛮校尉，镇梁国；孙希为安西将军、并州刺史；傅颜为护军将军；其余封授各有差。

暐既庸弱，国事缘委之于恪。慕舆根自恃勋旧，骄傲有无上之心，忌恪之总朝权，将伺隙为乱，乃言于恪曰："今主上幼冲，母后干政，殿下宜虑杨骏、诸葛元逊之变，思有以自全。且定天下者，殿下之功也，兄亡弟及，先王之成制，过山陵之后，可废主上为一国王，殿下践尊位，以建大燕无穷之庆。"恪曰："公醉乎？何言之勃也！昔曹臧、吴札并于家难之际，犹曰为君非吾节，况今储君嗣统，四海无虞，宰辅受遗，奈何便有私议！公忘先帝之言乎？"根大惧，陈谢而退。恪以告慕容垂，垂劝恪诛之。恪曰："今新遭大凶，二房伺隙，山陵未建，而宰辅自相诛灭，恐乖远近之望，且可容忍之。"根与左卫慕舆干潜谋诛恪及评，因而篡位。入白可足浑氏及暐曰："太宰、太傅将谋为乱，臣请率禁兵诛之，以安社稷。"可足浑氏将从之，暐曰："二公国之亲穆，先帝所托，终应无此，未必非太师将为乱也。"于是使其侍中皇甫真、护军傅颜收根等，于禁中斩之，大赦境内。遣傅颜率骑二万观兵河南，临淮而还，军威甚盛。

初，儁所署宁南将军吕护据野王，阴通京师，穆帝以护为前将军、冀州刺史。儁死，谋引王师袭邺，事觉，暐使慕容恪等率众五万讨之。傅颜言于恪曰："护穷寇假合，王师既临，则上下丧气，曾不敢规兵中路，展其螳螂之心。此则士卒慑魂，败亡之验也。殿下前以广固天险，守易攻难，故为长久之策。今贼形便不与往同，宜急攻之，以省千金之费。"恪曰："护老贼，经变多矣。观其为备之道，未易卒平。今圈之穷城，樵采路绝，内无蓄积，外无强援，不过十旬，其毙必矣，何必遽残士卒之命而趣一时之利哉！吾严浚围垒，休养将卒，以重官美货饵而离之。事淹势穷，其衅易动；我则未劳，而寇已毙。此为兵不血刃，坐以制胜也。"遂列长围守之。护遣其将张兴率劲卒七千出战，傅颜击斩之。自三月至八月而野王溃，护南奔于晋，悉降其众。寻复叛归于暐，暐待之如初。因遣傅颜与护率众据河阴。颜北袭敕勒，大获而还。护攻洛阳，中流矢而死。将军段崇收军北渡，屯于野王。

暐遣其宁东慕容忠攻陷荥阳，又遣镇南慕容尘寇长平。时晋冠军将军陈祐戍洛阳，遣使请救，帝遣桓温援之。

兴宁初，暐复使慕容评寇许昌、悬瓠、陈城，并陷之，遂略汝南诸郡，徙万余户于幽、冀。暐豫州刺史孙兴上疏，请步卒五千先图洛阳。暐纳之，遣其太宰司马悦希军于盟津，孙兴分戍成皋，以为之声援。寻而陈祐率众奔陆浑，河南诸垒悉陷于希。慕容恪攻陷金墉，害扬威将军沈劲。以其左中郎将慕容筑为假节、征虏将军、洛州刺史，镇金墉，慕容垂为都督荆、扬、洛、徐、兖、豫、雍、益、梁、秦等十州诸军事、征南大将军、荆州牧，配兵一万，镇鲁阳。

时暐境内多水旱，慕容恪、慕容评并稽首归政，请逊位还第，曰："臣以朽暗，器非经国，过荷先帝拔擢之恩，又蒙陛下殊常之遇，猥以轻才，窃位宰录，不能上谐阴阳，下厘庶政，致使水旱愆和，彝伦失序，辕弱任重，夕惕唯忧。臣闻王者则天建国，辨方正位，司必量才，官惟德举。台傅之重，参理三光，苟非其人，则灵曜为亏。尸禄贻殃，负乘招悔，由来常道，未之或差。以姬旦之勋圣，犹近则二公不悦，远则管、蔡流言，况臣等宠缘戚来，荣非才授，而可久点天官，尘蔽贤路！是以中年拜表，披陈丹款。圣恩眷旧，未忍遽弃，奄冉偷荣，愆责弥厚。自待罪鼎司，岁余辰纪；忝冒宰衡，七载于兹。虽乃心经略，而思不周务，至令二方干纪，跋扈未庭，同文之咏，有惭盛汉，深乖先帝托付之规，甚违陛下垂拱之义。臣虽不敏，窃闻君子之言，敢忘虞丘避贤之美，辄循两疏知止之分，谨送太宰、大司马、太傅、司徒章绶，惟垂昭许。"暐曰："朕以不天，早倾乾覆，先帝所托，唯在二公。二公懿亲硕德，勋高鲁、卫，翼赞王室，辅导朕躬，宜慈惠和，坐而待旦，虔诚夕惕，美亦至矣。故能外扫群凶，内清九土，四海晏如，政和时洽。虽宗庙社稷之灵，抑亦公之力也。今关右有未宾之氐，江、吴有遗烬之房，方赖谋猷，混宁六合，岂宜虚己谦冲，以违委任之重！王其割二疏独善之小，以成公旦复衮之大。"恪、评等固请致政，暐曰："夫建德者必以终善为名，佐命者则以功成为效。公与先帝开构洪基，膺天明命，将廓夷群丑，绍复隆周之迹。灾眚横流，乾光坠曜。朕以眇躬，猥荷大业，不能上成先帝遗志，致使二房游魂，所以功未成也，岂宜冲退。且古之王者，不以天下为荣，忧四海若荷担，然后仁让之风行，则比屋而可封。今道化未纯，鲸鲵未殄，宗社之重，非唯朕身，公所忧也。当思所以宁济兆庶，靖难敦风，垂美将来，侔踪周、汉，不宜崇饰常节，以违至公。"遂断其让表，恪、评等乃止。

暐钟律郎郭钦奏议以暐承石季龙水为木德，暐从之。

太和元年，暐遣抚军慕容厉攻晋太山太守诸葛攸。攸奔于淮南，厉悉陷兖州诸郡，置守宰而还。

慕容恪有疾，深虑暐政不在己，慕容评性多猜忌，大司马之位不能允授人望，乃召暐兄乐安王臧谓之曰："今劲秦跋扈，强吴未宾，二寇并怀进取，但患事之无由耳。夫安危在得人，国兴在贤辅，若能推才任忠，和同宗盟，则四海不足图，二房岂能为难哉！吾以常才，受先帝顾托之重，每欲扫平关、陇，荡一瓯、吴，庶嗣成先帝遗志，谢忧责于当年。而疾固弥留，恐此志不遂，所以没有余恨也。吴王天资英杰，经略超时，司马职统兵权，不可以失人，吾终之后，必以授之。若以亲疏次第，不以授汝，当以授冲。汝等虽才识明敏，然未堪多难，国家安危，实在于此，不可昧利忘忧，以致大悔也。"又以告评。月余而死，其国中皆痛惜之。

先是，晋南阳督护赵弘以宛降于晖，晖遣其南中郎将赵盘自鲁阳戍宛。至此，晋右将军桓豁攻宛，拔之，赵盘退奔鲁阳。豁遣轻骑追盘，及于雉城，大战败之，执盘，戍宛而归。

苻坚将苻谀据陕，降于晖。时有图书云："燕马当饮渭水。"坚恐晖乘衅入关，大惧，乃尽精锐以备华阴。晖群下议欲遣兵救谀，因图关右。慕容评素无经略，又受苻坚间货，沮议曰："秦虽有难，未易可图。朝廷虽明，岂如先帝，吾等经略，又非太宰之匹，终不能平秦也。但可闭关息旅，保宁疆埸足矣。"晖魏尹慕容德上疏曰："先帝应天顺时，受命革代，方以文德怀远，以一六合。神功未就，奄忽升遐。昔周文既没，武王嗣兴，伏惟陛下则天比德，揆圣齐功，方阐崇乾基，纂成先志。逆氏僭据关、陇，号同王者，恶积祸盈，自相疑戮，衅起萧墙，势分四国，投城请援，旬日相寻，岂非凶运将终，数归有道。兼弱攻昧，取乱侮亡，机之上也。今秦土四分，可谓弱矣。时来运集，天赞我也。天与不取，反受其殃。吴、越之鉴，我之师也。宜应天人之会，建牧野之旗。命皇甫真引并、冀之众，径趣蒲坂；臣垂引许、洛之兵，驰解谀围；太傅总京都武旅，为二军后继。飞檄三辅，仁声先路，获城即侯，微功必赏，此则郁概待时之雄，抱志未申之杰，必岳峙灞上，云屯陇下。天罗既张，内外势合，区区僭竖，不走则降，大同之举，今其时也。愿陛下独断圣虑，无访仁人。"晖览表大悦，将从之。评固执不许，乃止。苻谀知评、晖之无远略，恐救师弗至，乃笺于慕容垂、皇甫真曰："苻坚、王猛皆人杰也，谋为燕患，为日久矣。今若乘机不赴，恐燕之君臣将有甬东之悔。"垂得书，私于真曰："方为人患者必在于秦，主上富于春秋，未能留心政事，观太傅度略，岂能抗苻坚、王猛乎？"真曰："然，绕朝有云，谋之不从可如何！"

晖仆射悦绾言于晖曰："太宰政尚宽和，百姓多有隐附。《传》曰，唯有德者可以宽临众，其次莫如猛。今诸军营户，三分共贯，风教陵弊，威纲不举，宜悉罢军封，以实天府之饶，肃明法令，以清四海。"晖纳之。绾既定制，朝野震惊，出户二十余万。慕容评大不平，寻贼绾，杀之。

晋大司马桓温、江州刺史桓冲、豫州刺史袁真率众五万伐晖，前兖州刺史孙元起兵应之。温部将檀玄攻胡陆，执晖宁东慕容忠。晖遣其将慕容厉与温战于黄墟，厉师大败，单马奔还。高平太守徐翻以郡归顺。温前锋朱序又破晖将傅颜于林渚，温军大振，次于枋头。晖惧，谋奔和龙。慕容垂曰："不然。臣请击之，若战不捷，走未晚

也。"乃以垂为使持节、南讨大都督，慕容德为征南将军，率众五万距温，使其散骑侍郎乐嵩乞师于苻坚。坚遣将军苟池率众二万，出自洛阳，师于颍川，外为赴援，内实观隙，有兼并之志矣。慕容德屯于石门，绝温粮漕。豫州刺史李邦率州兵五千断温馈运。温频战不利，粮运复绝，及闻坚师之至，乃焚舟弃甲而退。德率劲骑四千，先温至襄邑东，伏于涧中，与垂前后夹击，王师大败，死者三万余人。苟池闻温班师，邀击于谯，温众又败，死者万计。

垂既有大功，威德弥振，慕容评素不平之。垂又言其将孙盖等摧锋陷锐，宜论功超授，评寝而不录。垂数以为言，颇与评忤争。可足浑氏素恶垂，毁其战功，遂与评谋杀垂。垂惧，奔于苻坚。

先是，晖使其黄门侍郎梁琛聘于坚。琛还，言于评曰："秦扬兵讲武，运粟陕东，以琛观之，无久和之理。兼吴王西奔，必有观衅之计，深宜备之。"评曰："不然。秦岂可受吾叛臣而不怀和好哉！"琛曰："邻国相并，有自来矣。况今并称大号，理无俱存。苻坚机明好断，纳善如流。王猛有王佐之才，锐于进取。观其君臣相得，自谓千载一时。桓温不足为虑，终为人患者，其唯王猛乎？"晖、评不以为虞。皇甫真又陈其事曰："苻坚虽聘使相寻，托辅车为谕，然抗均邻敌，势同战国，明其甘于取利，无慕善之心，终不能守信存和，以崇久要也。顷来行人累绩，兼师出洛川，夷险要害，具之耳目。观虚实以措奸图，听风尘而伺国隙者，寇之常也。又吴王外奔，为之谋主，伍员之祸，不可不虑。洛阳、并州、壶关诸城，并宜增兵益守，以防未兆。"晖召评而谋之。评曰："秦国小力弱，杖我为援，且苻坚庶几善道，终不纳叛臣之言。不宜轻自扰惧，以动寇心也。"晖从之。

俄而坚遣其将王猛率众伐晖，攻慕容筑于金墉。晖遣慕容臧率众救之。臧次荥阳，猛部将梁成、洛州刺史邓羌与臧战于石门，臧师败绩，死者万余，遂相持于石门。筑以救兵不至，以金墉降于猛。梁成又败慕容臧，斩首三千余级，获其将军杨璩，臧遂城新乐而还。

桓温之败也，归罪于豫州刺史袁真。真怒，以寿阳降晖，晖遣其大鸿胪温统署真为使持节、散骑常侍、都督淮南诸军事、征南大将军、领护南蛮校尉、扬州刺史，封宣城公，未至而真、统俱卒。真党朱辅立真子瑾为建威将军、豫州刺史，以固寿阳。

时外则王师及苻坚交侵，兵革不息；内则晖母乱政，评等贪冒，政以贿成，官非才举，群下切齿焉。其尚书左丞申绍上疏曰：

臣闻汉宣有言："与朕共治天下者，其唯良二千石乎！"是以特重此选，必妙尽英才，莫不拔自贡士，历资内外，用能仁感猛兽，惠致群祥。今者守宰或擢自匹夫兵将之间，或因宠戚，藉缘时会，非但无闻于州间，亦不经于朝廷。又无考绩，黜陟幽明。贪惰为恶，无刑戮之惧；清勤奉法，无爵赏之勤。百姓穷弊，侵贼无已，兵士逋逃，乃相招为贼盗。风颓化替，莫相纠摄。且吏多则政烦，由来常患。今之见户，不过汉之一大郡，而备置百官，加之新立军号，兼重有过

往时。虚假名位，废弃农业，公私驱扰，人无聊生。宜并官省职，务劝农桑。秦、吴二虏僻僭一时，尚能任道捐情，肃谐伪部，况大燕累圣重光，君临四海，而可美政或亏，取陵奸寇哉！邻之有善，众之所望，我之不修，彼之愿也。

秦、吴狡猾，地居形胜，非唯守境而已，乃有吞噬之心。中州丰实，户兼二寇，弓马之劲，秦、晋所惮，云骑风驰，国之常事，而比战敌后机，兵不速济者何也？皆由赋法靡恒，役之非道。郡县守宰每于差调之际，无不舍越殷强，首先贫弱，行留俱窘，资赡无所，人怀嗟怨，遂致奔亡，进阙供国之饶，退离蚕农之要。兵岂在多，贵于用命。宜严制军科，务先饶复，习兵教战，使偏伍有常，从戎之外，足营私业，父兄有陟岵之观，子弟怀孔尔之顾，虽赴水火，何所不从！

节俭约费，先王格谟；去华敦仆，哲后恒宪。故周公戒成王以啬财为本，汉文以皂帛变俗，孝景宫人弗过千余，魏武宠赐不盈十万，薄葬不坟，俭以率下，所以割肌肤之惠，全百姓之力。谨案后宫四千有余，僮侍厮养通兼十倍，日费之重，价盈万金，绮縠罗纨，岁增常调，戎器弗营，奢玩是务。今帑藏虚竭，军士无檐揄之赏，宰相侯王迭以侈丽相尚，风靡之化，积习成俗，卧新之谕，未足甚焉。宜罢浮华非要之设，峻明婚姻丧葬之条，禁绝奢靡浮烦之事，出倾宫之女，均商农之赋。公卿以下以四海为家，信赏必罚，纲维肃举者，温、猛之首可悬之白旗，秦、吴二主可以礼之归命，岂唯不复侵寇而已哉！陛下若不远追汉宗弋绨之模，近崇先帝补衣之美，臣恐颓风弊俗亦革变靡途，中兴之歌无以轸之弦咏。

又拓宇兼并，不在一城之地；控制戎夷者，怀之以德。令鲁阳、上郡重山之外，云阴之北，四百有余，而未可以羁服塞表，为平寇之基，徒孤危托落，令善附内骇。宜摄就并、豫，以临二河，通接漕毂，拟之丘后；重晋阳之戍，增南藩之兵，战守之备，炫以千金之饵，蓄力待时，可一举而灭。如其虔刘送死，俟入境而断之，可令匹马不反。非唯绝二贼窥窬，乃是戡珍之要，惟陛下览焉。

晗不纳。

苻坚又使王猛、杨安率众伐晗，猛攻壶关，安攻晋阳。晗使慕容评等率中外精卒四十余万距之。猛、安进师潞川。州郡盗贼大起，邺中多怪异，晗忧惧不知所为，乃召其使而问曰："秦众何如？今大师既出，猛等能战不？"或对曰："秦国小兵弱，岂王师之敌，景略常才，又非太傅之匹，不足忧也。"黄门侍郎梁琛、中书侍郎乐嵩进曰："不然。兵书之义，计敌能斗，当以算取之。若冀敌不斗，非万全之道也。庆郑有云：'秦众虽少，战士倍我。'众之多少，非可问也。且秦行师千里，固战是求，何不战之有乎！"晗不悦。

猛与评等相持。评以猛悬军远入，利在速战，议以持久制之。猛乃遣其将郭庆率骑五千，夜从间道起火高山，烧评辎重，火见邺中。评性贪鄙，鄣固山泉，卖樵鬻水，积钱绢如丘陵，三军莫有斗志。晗遣其侍中兰伊让评曰："王，高祖之子也，宜以宗庙社稷为忧，奈何不务抚养勋劳，专以聚敛为心乎！府藏之珍货，朕岂与王爱之！若寇军冒进，王持钱帛安所置乎！皮之不存，毛将安傅！钱帛可散之三军，以平寇凯旋为先也。"评惧而与猛战于潞川，评师大败，死者五万余人，评单骑遁还。猛遂长驱至邺，坚复率众十万余攻晗。

先是，慕容桓以众万余屯于沙亭，为评等后继。闻评败，引屯内黄。坚遣将邓羌攻信都，桓率鲜卑五千退保和龙。散骑侍郎徐蔚等率扶余、高句丽及上党质子五百余人，夜开城门以纳坚军。晗与评等数十骑奔于昌黎。坚遣郭庆追及晗于高阳，坚将巨武执晗，将缚之，晗曰："汝何小人而缚天子！"武曰："我梁山巨武，受诏缚贼，何谓天子邪！"遂送晗于坚。坚诘其奔状，晗曰："狐死首丘，欲归死于先人坟墓耳！"坚哀而释之，令还宫率文武出降。郭庆遂追评、桓子和龙。桓杀其镇东慕容亮而并其众，攻其辽东太守韩稠于平川。郭庆遣将军朱嶷击桓，执而送之。

坚徙晗及其王公已下并鲜卑四万余户于长安，封晗新兴侯，署为尚书。坚征寿春，以晗为平南将军、别部都督。淮南之败，随坚还长安。既而慕容垂攻苻丕于邺，慕容冲起兵关中，晗谋杀坚以应之，事发，为坚所诛，时年三十五。及德僭称尊号，伪谥幽皇帝。

始廆以武帝太康六年称公，至晗四世。晗在位一十一年，以海西公太和五年灭，通廆、皝凡八十五年。

慕容恪，字玄恭，皝之第四子也。幼而谨厚，沈深有大度。母高氏无宠，皝未之奇也。年十五，身长八尺七寸，容貌魁杰，雄毅严重，每所言及，辄经纶世务，皝始异焉，乃授之以兵。数从皝征伐，临机多奇策。使镇辽东，甚有威惠。高句丽惮之，不敢为寇。皝使恪与儁俱伐夫余，儁居中指授而已，恪身当矢石，推锋而进，所向辄溃。

皝将终，谓儁曰："今中原未一，方建大事，恪智勇俱济，汝其委之。"及儁嗣位，弥加亲任。累战有大功，封太原王，拜侍中、假节、大都督、录尚书。儁寝疾，引恪与慕容评属以后事。及晗之世，总摄朝权。初，建邺闻儁死，曰："中原可图矣。"桓温曰："慕容恪尚存，所忧方为大耳。"

慕舆根之就诛也，内外危惧。恪容止如常，神色自若，出入往还，一人步从。或有谏之者，恪曰："人情怀惧，且当自安以靖之。吾复不安，则人何所瞻仰哉！"于是人心稍定。恪虚襟待物，咨询善道，量才处任，使人不逾位。朝廷谨肃，进止有常度，虽执权政，每事必咨之于评。罢朝归第，则尽心色养，手不释卷。其百僚有过，未尝显之，自是庶僚化德，稀有犯者。

恪之图洛阳也，秦中大震，苻坚亲将以备潼关，军回乃定。恪为将不尚威严，专以恩信御物，务于大略，不以小令劳众。军士有犯法，密纵舍之，捕斩贼首以令军。营临终,晞亲临问以后事,恪曰:"臣闻报恩莫大荐士,板筑犹可,而况国之懿藩!吴王文武兼才,管、萧之亚,陛下若任之以政,国其少安。不然,臣恐二寇必有窥窬之计。"言终而死。

阳骛,字士秋,右北平无终人也。父耽,仕虺,官至东夷校尉。骛少清素好学,器识沈远。起家为平州别驾,屡献安时强国之术,事多纳用,廆甚奇之。皝即王位,迁左长史。东西征伐,参谋帷幄。皝临终谓儁曰:"阳士秋忠干贞固,可托付大事,汝善待之。"儁之将图中原也,骛制胜之功亚于慕容恪。晞既嗣伪位,申以师傅之礼,亲遇日隆。及为太尉,慨然而叹曰:"昔常林、徐逸先代名臣,犹以鼎足任重而终辞三事。以吾虚薄,何德以堪之!固求罢职,言甚恳至,晞优答不许。骛清贞谦谨,老而弥笃,既以宿望引齿,自慕容恪已下莫不毕拜。性俭约,常乘弊车瘠马,及死,无敛财。

皇甫真,字楚季,安定朝那人也。弱冠,以高才,廆拜为辽东国侍郎。皝嗣位,迁平州别驾。时内难连年,百姓劳瘁,真议欲宽减岁赋,休息力役。不合旨,免官。后以破麻秋之功,拜奉车都督,守辽东、营丘二郡太守,皆有善政。及儁僭位,入为典书令。后从慕容评攻拔邺都,珍货充溢,真一无所取,唯存恤人物,收图籍而已。儁临终,与慕容恪等俱受顾托。

慕舆根将谋为乱,真阴察知之,乃言于恪,请除之。恪未忍显其事。俄而根谋发伏诛,恪谢真曰:"不从君言,几成祸败。"吕护之叛,恪谋于朝曰:"远人不服,修文德以来之。今护宜以恩诏降乎,不宜以兵戈取也?"真曰:"护九年之间三背王命,揆其奸心,凶勃未已。明公方饮马江、湘,勒铭剑阁,况护襄尔近几而不枭戮,宜以兵算取之,不可复以文檄喻也。"恪从之。以真为冠军将军、别部都督。师还,拜镇西将军、并州刺史,领护匈奴中郎将。征还,拜侍中、光禄大夫,累迁太尉、侍中。

苻坚密谋兼并,欲观审衅隙,乃遣其西戎主簿郭辩潜结匈奴左贤王曹毂,令毂遣使诣秦,辩固从之。真兄典仕苻坚为散骑常侍,从子奋、覆并显关西。辩既至邺,历造公卿,言于真曰:"辩家为秦所诛,故寄命曹王,贵兄侍及奋、覆兄弟并相知在素。"真怒曰:"臣无境外之交,斯言何以及我!君似奸人,得无因缘假托乎!"乃白晞请穷诘之,晞、评不许。辩乃谓坚曰:"燕朝无纲纪,实可图之。鉴机识变,唯皇甫真耳。"坚曰:"以六州之地,岂无智识士一人哉!真亦秦人,而燕用之,固知关西多君子矣。"

真性清俭寡欲,不营产业,饮酒至石余不乱,雅好属文,凡著诗赋四十余篇。

王猛入邺,真望马首拜之。明日更见,语乃卿猛。猛曰:"昨拜今卿,何恭慢之相违也?"真答曰:"卿昨为贼,朝是国士,吾拜贼而卿国士,何所怪也?"猛大嘉之,谓权翼曰:"皇甫真故大器也。"从坚入关,为奉车都尉,数岁而死。

史臣曰:观夫北阴衍气,丑房汇生,隔阂诸华,声教莫之渐,雄据殊壤,贪悍成其俗,先叛后服,盖常性也。自当涂紊纪,典午握符,推亡之功,掩岷、吴而可录,御远之策,怀戎狄而犹漏。慕容廆英姿伟量,是曰边豪,崒迹奸图,实惟乱首。何者?无名而举,表深讥于鲁册;象龚致罚,昭大训于姚典。况乎放命挺祸,距战发其狼心;剽邑屠城,略地骋其蛮贼。既而二帝遘平阳之酷,按兵窥运;五锋启金陵之祚,率礼称藩。勤王之诚,当君危而未立;匡主之节,俟国泰而将徇。适所谓相时而动,岂素蓄之款哉!然其制敌多权,临下以惠,劝农桑,敦地利,任贤士,该时杰,故能恢一方之业,创累叶之基焉。

元真体貌不恒,暗符天表,沈毅自处,颇怀奇略。于时群雄角立,争夺在辰,显宗主祭于冲年,庾亮窃政于元舅,朝纲不振,天步孔艰,遂得据已成之资,乘土崩之会。扬兵南矛骛,则乌丸卷甲;建旃东征,则宇文摧阵。乃负险自固,恃胜而骄,端拱称王,不待朝命,昔郑武职居三事,爵不改伯;齐桓绩宣九合,位止为侯。瞻曩烈而功微,征前经而礼缛,溪壑难满,此之谓乎?

宣英文武兼优,加之以机断,因石氏之衅,首图中原,燕士协其筹,冀马为其用,一战而平巨寇,再举而拔坚城,气詟傍邻,威加边服。便谓深功被物,天数在躬,遽窃鸿名,偷安宝录。犹将席卷京洛,肆其蚁聚之徒;宰割黎元,纵其鲸吞之势。使江左疲于奔命,职此之由。非夫天厌素灵而启异类,不然者,其锋何以若斯!

景茂庸材,不亲厥务,贤辅攸赖,逆臣挫谋,于是陷金墉而款河南,包铜城而临漠北,西秦劲卒顿函关而不进,东夏遗黎企邺宫而授首。当此之时也,凶威转炽。及玄恭即世,虐媪乱朝。垂以勋德不容,评以黩货干政,志士绝忠贞之路,谗人袭交乱之风。轻邻反速其咎,御敌罕修其备,以携离之众,抗敢死之师。锋镝未交,白沟沦境;冲輣暂拟,紫陌成墟。是知由余出而戎亡,子常升而郢覆,终于身死异域,智不自全,吉凶惟人,良所谓也。

赞曰:青山徙构,玄塞分疆。蠢兹杂种,奕世弥昌。角端掩月,步摇翻霜。乘危蜎起,怙险鸮张。假窃神器,凭陵帝乡。守不以德,终致余殃。

卷一百十二　　载记第十二

苻洪　苻健　苻生　苻雄　王堕

苻洪,字广世,略阳临渭氐人也。其先盖有扈之苗裔,世为西戎酋长。始其家池中蒲生,长五丈,五节如竹形,时咸谓之蒲家,因以为氏焉。父怀归,部落小帅。先是,陇右大雨,百姓苦之,谣曰:"雨若不止,洪水必起。"故因名曰洪。好施，多权略，骁武善骑射。属永嘉之乱，乃散千金，召英杰之士访安危变通之术。宗人蒲光、蒲突遂推洪为盟主。刘曜僭号长安，光等逼洪归曜，拜率义侯。曜败，洪西保陇山。石季龙将攻上邽，洪又请降。季龙大悦，拜冠军将军，委以西方之事。季龙灭石生，洪说季龙宜徙关中豪杰及羌戎内实京师。季龙从之，以洪为龙骧将军、流人都督，处于枋头。累有战功，封西平郡公，其部下赐爵关内侯者二千余人，以洪为关内领侯将。冉闵言于季龙曰："苻洪雄果，其诸子并非常才，宜密除之。"季龙待之愈厚。及石遵即位，闵又以为言，遵乃去洪都督，余如前。洪怨之，乃遣使降晋。后石鉴杀遵，所在兵起，洪有众十余万。

永和六年，帝以洪为征北大将军、都督河北诸军事、冀州刺史、广川郡公。时有说洪称尊号者，洪亦以谶文有"草付应王"，又其孙坚背有"草付"字，遂改姓苻氏，自称大将军、大单于、三秦王。谓博士胡文曰："孤率众十万，居形胜之地，冉闵、慕容儁可指辰而殄，姚襄父子克之在吾数中，孤取天下，有易于汉祖。"初，季龙以麻秋镇枹罕，冉闵之乱，秋归邺，洪使子雄击而获之，以秋为军师将军。秋说洪西都长安，洪深然之。既而秋因宴鸩洪，将并其众，世子健收而斩之。洪将死，谓健曰："所以未入关者，言中州可指时而定。今见困竖子，中原非汝兄弟所能办。关中形胜，吾亡后便可鼓行而西。"言终而死，年六十六。健僭位，伪谥惠武帝。

苻健，字建业，洪第三子也。初，母姜氏梦大黑而孕之，及长，勇果便弓马，好施，善事人，甚为石季龙父子所亲爱。季龙虽外礼苻氏，心实忌之，乃阴杀其诸兄，而不害健也。及洪死，健嗣位，去秦王之号，称晋爵，遣使告丧于京师，且听王命。

时京兆杜洪窃据长安，自称晋征北将军、雍州刺史，戎夏多归之。健密图关中，惧洪知之，乃伪受石祗官，缮宫室于枋头，课所部种麦，示无西意，有知而不种者，健杀之以徇。既而自称晋征西大将军、都督关中诸军事、雍州刺史，尽众西行，起浮桥于盟津以济。遣其弟雄率步骑五千入潼关，兄子菁自轵关入河东。健执菁手曰："事若不捷，汝死河北，我死河南，不及黄泉，无相见也。"既济，焚桥，自统大众继雄而进。杜洪遣其将张先要健于潼关，健逆击破之。健虽战胜，犹修笺于洪，并送名马珍宝，请至长安上尊号。洪曰："币重言甘，诱我也。"乃尽召关中之众来距。健筮之，遇《泰》之《临》，健曰："小往大来，吉亨。昔往东而小，今还西而大，吉孰大焉！"是时众星夹河西流，占者以为百姓西之象。健遂进军，次赤水，遣雄略地渭北，又败张先于阴槃，擒之，诸城尽陷，菁所至无不降者，三辅略定。健引兵至长安，洪奔司竹。健入而都之，遣使献捷京师，并修好于桓温。

健军师将军贾玄硕等表健为侍中、大都督关中诸军事、大单于、秦王，健怒曰："我官位轻重，非若等所知。"既而潜使讽玄硕等使上尊号。永和七年，僭称天王、大单于，赦境内死罪，建元皇始，缮宗庙社稷，置百官于长安，立妻强氏为天王皇后，子苌为天王皇太子，弟雄为丞相、都督中外诸军事、车骑大将军、领雍州刺史，自余封授各有差。

初，杜洪之奔也，招晋梁州刺史司马勋。至是，勋率步骑三万入秦川，健败之于五丈原。

八年，健僭即皇帝位于太极前殿，诸公进为王，以大单于授其子苌。

杜洪屯宜秋，为其将张琚所杀，琚自立为秦王，置百官。健率步骑二万攻琚，斩其首。健至自宜秋，遣雄、菁率众掠关东，并援石季龙豫州刺史张遇于许昌，与晋镇西将军谢尚战于颍水之上，王师败绩。雄乘胜逐北，至于垒门，杀伤太半，遂虏遇及其众归于长安，拜遇司空、豫州刺史，镇许昌。雄攻王擢于陇上，擢奔凉州，雄屯陇东。张重华拜擢征东大将军，使与其将张弘、宋修连兵伐雄。雄与率众击败之，获弘、修送长安。

初，张遇自许昌来降，健纳遇后母韩氏为昭仪，每于众中谓遇曰："卿，吾子也。"遇惭恨，引关中诸将欲以雍州归顺，乃与健中黄门刘晃谋夜袭健，事觉，遇害。于是孔特起池阳，刘珍、夏侯显起鄠，乔景起雍，胡阳赤起司竹，呼延毒起霸城，众数万人，并遣使诣征西桓温、中军殷浩请救。

雄遣菁掠上洛郡，于丰阳县立荆州，以引南金奇货、弓竿漆蜡，通关市，来远商，于是国用充足，而异贿盈积矣。

十年，温率众四万趋长安，遣别将入淅川，攻上洛，执健荆州刺史郭敬，而遣司马勋掠西鄙。健遣其子苌率雄、菁等众五万，距温于尧柳城、愁思堆。温转战而前，次于灞上，苌等退营城南。健以赢兵六千固守长安小城，遣精锐三万为游军以距温。三辅郡县多降于温。健别使雄领骑七千，与桓冲战于白鹿原，王师败绩，又破司马勋于子午谷。初，健闻温之来也，收麦清野以待之，故温众大饥。至是，徙关中三千余户而归。及至潼关，又为苌等所败，司马勋奔还汉中。

其年，西虏乞没军邪遣子入侍，健于是置来宾馆于平朔门以怀远人。起灵台于杜门。与百姓约法三章，薄赋卑宫，垂心政事，优礼者老，修尚儒学，而关右称来苏焉。

新平有长人见，语百姓张靖曰："苻氏应天受命，今当太平，外面者归中而安泰。"问姓名，弗答，俄而不见。新平令以闻，健以为妖，下靖狱。会大雨霖，河、渭溢，蒲津监冠登得一履于河，长七尺三寸，人迹称之，指长尺余，文深一寸。健叹曰："覆载之中何所不有，张靖所见定不虚也。"赦之。蝗虫大起，自华泽至陇山，食百草无遗。牛马相噉毛，猛兽及狼食人，行路断绝。健自蠲百姓租税，减膳撤悬，素服避正殿。

初，桓温之入关也，其太子苌与温战，为流矢所中死。至是，立其子生为太子。健寝疾，菁勒兵入东宫，将杀苻生自立。时生侍健疾，菁以健为死，回攻东掖门。健闻变，升端门陈兵，众皆舍杖逃散，执菁杀之。数日，健死，时年三十九，在位四年。伪谥明皇帝，庙号世宗，后改曰高祖。

生字长生，健第三子也。幼而无赖，祖洪甚恶之。生无一目，为儿童时，洪戏之，问侍者曰："吾闻瞎儿一泪，信乎？"侍者曰："然。"生怒，引佩刀自刺出血，曰："此亦一泪也。"洪大惊，鞭之。生曰："性耐刀槊，不堪鞭捶。"洪曰："汝为尔不已，吾将以汝为奴。"生曰："可不如石勒也。"洪惧，跣而掩其口，谓健曰："此儿狂勃，宜早除之，不然，长大必破人家。"健将杀之，雄止之曰："儿长成自当修改，何至便可如此！"健乃止。及长，力举千钧，雄勇好杀，手格猛兽，走及奔马，击刺骑射，冠绝一时。桓温之来伐也，生单马入阵，搴旗斩将者前后十数。

苌既死，健以谶言三羊五眼应符，故立为太子。健卒，僭即皇帝位，大赦境内，改年寿光，时永和十二年也。尊其母强氏为皇太后，立妻梁氏为皇后。以吕婆楼为侍中、左大将军，苻安领太尉，苻柳为征东大将军、并州牧，镇蒲坂，苻谀为镇东大将军、豫州牧，镇陕城，自余封授有差。

初，生将强怀与桓温战没，其子延未及封而健死。会生出游，怀妻樊氏于道上书，论怀忠烈，请封其子。生怒，射而杀之。伪中书监胡文、中书令王鱼言于生曰："比频有客星孛于大角，荧惑入于东井。大角为帝坐，东井秦之分野，于占，不出三年，国有大丧，大臣戮死。愿陛下远追周文，修德以禳之，惠和群臣，以成康哉之美。"生曰："皇后与朕对临天下，亦足塞大丧之变。毛太傅、梁车骑、梁仆射受遗辅政，可谓大臣也。"于是杀其妻梁氏及太傅毛贵，车骑、尚书令梁楞，左仆射梁安。未凡，又诛侍中、丞相雷弱儿及其九子、二十七孙。诸羌悉叛。弱儿，南安羌酋也，刚鲠好直言，见生嬖臣赵韶、董荣乱政，每大言于朝，故荣等潜而诛之。

生虽在谅闇，游饮自若，荒耽淫虐，杀戮无道，常弯弓露刃以见朝臣，锤钳锯凿备置左右。又纳董荣之言，诛其司空王堕以应日蚀之灾。飨群臣于太极前殿，饮酣乐奏，生亲歌以和之。命其尚书辛牢典劝，既而怒曰："何不强酒？犹有坐者！"引弓射牢而杀之。于是百僚大惧，无不引满昏醉，污服失冠，蓬头僵仆，生以为乐。

生闻张祚见杀，玄靓幼冲，命其征东苻柳参军阎负、梁殊使凉州，以书喻之。负、殊至姑臧，玄靓年幼，不见殊等。其凉州牧张瓘谓负、殊曰："孤之本朝，世执忠节，远宗大晋，臣无境外之交，君等何为而至？"负、殊曰："晋王以邻藩义好，有自来矣。虽拥阻山河，然风通道会，不欲使羊、陆二公独美于前。主上以钦明绍统，光被四海，格于天地。晋王思与张王齐曜大明，交玉帛之好，兼与君公同金兰之契，是以不远而来，有何怪乎！"瓘曰："羊、陆一时之事，亦非纯臣之义也。本朝六世重光，固忠不贰，若与苻征东交玉帛之好者，便是上违先公纯诚雅志，下乘河右遵奉之情。"负、殊曰："昔微去殷，项伯归汉，虽背君违亲，前史美其先觉。亡晋之余，远逃江会，天命去之，子故尊先王翻然改图，北面二赵，盖神算无方，鉴机而作。君公若欲称制河西，众旅非秦之敌，如欲宗归遗晋，深乖先君雅旨，孰若远踪窦融附汉之规，近述先王归赵之事，垂祚无穷，永享遐祉乎？"瓘曰："中州无信，好食誓言。往与石氏通好，旋见寇袭。中国之风，诚在昔日，不足复论通和之事也。"负、殊曰："三王异政，五帝殊风，赵多奸诈，秦以义信，岂可同年而语哉！张先、杨初皆擅兵一方，不供王贡，先帝命将擒之，宥其难恕之罪，加以爵封之荣。今上道合二仪，慈弘山海，信符阴阳，御物无际，不可以二赵相况也。"瓘曰："秦若兵强化盛，自可先取江南，天下自然尽为秦有，何辱征东之命！"负、殊曰："先帝以大圣神武，开构鸿基，强燕纳款，八州顺轨。主上钦明，道业隆世，慨徽号拥于河西，正朔未加吴会，以吴必须兵，凉可以义，故遣行人先申大好。如君公不能蹈机而发者，正可缓江南数年之命，回师西旆，恐凉州弗可保也。"瓘曰："我跨据三州，带甲十万，西包昆域，东阻大河，伐人有余，而况自固！秦何能为患！"负、殊曰："贵州险塞，孰若崤、函？五郡之众，何如秦、雍？张琚、杜洪因赵之成资，据天阻之固，策三秦之锐，藉陆海之饶，劲士风集，骁骑如云，自谓天下可平，关中可固，先帝神矛一指，望旗冰解，人咏来苏，不觉易主。燕虽武视关东，犹以地势之义，逆顺之理，北面称藩，贡不逾月。致肃慎楛矢，通九夷之珍；单于屈膝，名王内附。控弦之士百有余万，鼓行而济西河者，君公何以抗之？盍追遵先王臣赵故事，世享大美，为秦之西藩。"瓘曰："然秦之德义加于天下，江南何以不宾？"负、殊曰："文身之俗，负阻江山，道洿先叛，化盛后宾，自古而然，岂但今也！故《诗》曰：'蠢尔蛮荆，大邦为仇。'言其不可以德义怀也。"瓘曰："秦据汉旧都，地兼将相，文武辅臣，领袖一时者谁也？"负、殊曰："皇室懿藩，忠若公旦者，则大司马、武都王安，征东大将军、晋王柳；文武兼才，神器秀拔，入可允厘百工，出能折冲万里者，卫大将军、广平王黄眉，后将军、清河王法，龙骧将军、东海王坚之兄弟；其耆年硕德，德侔尚父者，则太师、录尚书事、广宁公鱼遵；其清素刚严，骨鲠贞亮，则左光禄大夫强平，金紫光禄程肱、牛夷；博闻强识，探赜索幽，则中书监胡文，中书令王鱼，黄门侍郎李柔；雄毅厚重，权智无方，则左卫将军李威，右卫将军苻雅；才识明达，令行禁止，则特进、领御史中丞梁平老，特进、光禄大夫强汪，侍中、尚书吕婆楼；文史富赡，郁为文宗，则尚书右仆射董荣，秘书监王飏，著作郎梁谠；骁勇多权略，攻必取，战必胜，关、张之流，万人之敌者，则前将军、新兴王飞，建切将军邓羌，立忠将军彭越，安远将军范俱难，建武将军徐盛；常伯纳言，卿校牧守，则人皆文武，莫非才贤；其余怀经世之才，蕴佐时之略，守南山之操，遂而不夺者，王猛、朱肜之伦，相望于岩谷。济济多士，焉可罄言！姚襄、张平一时之杰，各拥众数万，狼顾偏方，皆委忠献款，请为臣妾。小不事大，《春秋》所诛，惟君公图之。"瓘笑曰："此事决之主上，非身所了。"负、殊曰："凉王虽天纵英睿，然尚幼冲，君公居伊、霍之任，安危所系，见机之义，实在君公。"瓘新辅政，河西所在兵起，俱秦师之至，乃言于玄靓，遣使称藩，生因其所称而授之。

慕容儁遣将慕舆长卿等率众七千入自轵关，攻幽州刺史张哲于裴氏堡。晋将军刘度等率众四千，攻青州刺史袁朗于卢氏。生遣其前将军苻飞距晋，建节邓羌距燕。飞未至而度退。羌及长卿战于堡南，大败之，获长卿及甲首二千七百余级。

姚襄率众万余，攻其平阳太守苻产于匈奴堡，苻柳救之，为襄所败，引还蒲坂。襄遂攻堡，克之，杀苻产，尽坑其众，遣使从生假道，将还陇西。生许之，苻坚谏曰："姚襄，人杰也，今还陇西，必为深害，不如诱以厚利，伺隙而击之。"生乃止。遣使拜襄官爵，襄不受，斩其使者，焚所送章策，寇掠河东。生怒，命其大将军张平讨之。襄乃卑辞厚币与平结为兄弟，平更与襄通和。

生发三辅人营渭桥，金紫光禄大夫程肱以妨农害时，上疏极谏。生怒，杀之。

长安大风，发屋拔树，行人颠顿，宫中奔扰，或称贼至，宫门昼闭，五日乃止。生推告贼者，杀之，剖而出其心。左光禄大夫强平谏曰："元正盛旦，日有蚀之，正阳神朔，昏风大起，兼水旱不时，兽灾未息，此皆由陛下不勉强于政事，乖和气所致也。愿陛下务养元元，平章百姓，弃纤介之嫌，含山岳之过，致敬宗社，爱礼公卿，去秋霜之威，垂三春之泽，则奸回寝止，妖祲自消，乾灵祇祐皇家，永保无穷之美矣。"生怒，以为妖言，凿其顶而杀之。

平之冤也，伪卫将军苻黄眉、前将军苻飞、建节邓羌侍宴禁中，叩头固谏，以太后为言。平即生母强氏之弟也。生既弗许，强氏忧恨而死。

生下书曰："朕受皇天之命，承祖宗之业，君临万邦，子育百姓，嗣统已来，有何不善，而谤讟之音扇满天下。杀不过千，而谓刑虐。行者比肩，未足为稀。方当峻刑极罚，复如朕何！"时猛兽与狼大暴，昼则断道，夜则发屋，惟害人而不食六畜。自生立一年，兽杀七百余人，百姓苦之，皆聚而邑居。为害滋甚，遂废农桑，内外凶惧。群臣奏请禳灾，生曰："野兽饥则食人，饱当自止；终不能累年为患也。天岂不子爱群生，而年年降罚，正以百姓犯罪不已，将助朕专杀而施刑教故耳。但勿犯罪，何为怨天而尤人哉！"

生如阿房，遇见妇与妹俱行者，逼令为非礼，不从，生怒杀之。又宴群臣于咸阳故城，有后至者，皆斩之。尝使太医令程延合安胎药，问人参好恶并药分多少，延曰："虽小小不具，自可堪用。"生以为讥其目，凿延目出，然后斩之。

有司奏："太白犯东井。东井，秦之分也，太白罚星，必有暴兵起于京师。"生曰："星入井者，必将渴耳，何所怪乎！"

姚襄遣姚兰、王钦卢侍招动郿城、定阳、北地、芹川诸羌胡，皆应之，有众二万七千，进据黄落。生遣苻黄眉、苻坚、邓羌率步骑万五千讨之。襄深沟高垒，固守不战。邓羌说黄眉曰："伤弓之鸟，落于虚发。襄频为桓温、张平所败，锐气丧矣。今谋固垒不战，是穷寇也。襄性刚很，易以刚动，若长驱鼓行，直压其垒，襄必忿而出师，可一战擒也。"黄眉从之，遣羌率骑三千军于垒门。襄怒，尽锐出战。羌伪不胜，引骑而退，襄追之于三原，羌回骑距襄。俄而黄眉与坚至，大战，斩之，尽俘其众，黄眉等振旅而归。黄眉虽有大功，生不加旌赏，每于众中辱之。黄眉怒，谋杀生自立，事发，伏诛，其王公亲戚多有死者。

初，生梦大鱼食蒲，又长安谣曰："东海大鱼化为龙，男便为王女为公。问在何所洛门东。"东海，苻坚封也，时为龙骧将军，第在洛门之东。生不知是坚，以谣梦之故，诛其侍中、太师、录尚书事鱼遵及其七子、十孙。时又谣曰："百里望空城，郁郁何青青。瞎儿不知法，仰不见天星。"于是悉坏诸空城以禳之。金紫光禄大夫牛夷惧不免祸，请出镇上洛。生曰："卿忠肃笃敬，宜左右朕躬，岂有外镇之理。"改授中军。夷惧，归而自杀。

初，生少凶暴嗜酒，健临死，恐其不能保全家业，诫之曰："酋师、大臣若不从汝命，可渐除之。"及即伪位，残虐滋甚，耽湎于酒，无复昼夜。群臣朔望朝谒，罕有见者，或至暮方出，临朝辄怒，惟行杀戮。动连月昏醉，文奏因之遂寝。纳奸佞之言，赏罚失中。左右或言陛下圣宰世，天下惟歌太平。生曰："媚于我也。"引而斩之。或言陛下刑罚微过。曰："汝谤我也。"亦斩之。所幸妻妾小有忤旨，便杀之，流其尸于渭水。又遣宫人与男子裸交于殿前。生剥牛羊驴马，活烂鸡豚鹅，三五十为群，放之殿中。或剥死囚面皮，令其歌舞，引群臣观之，以为嬉乐。宗室、勋旧、亲戚、忠良杀害略尽，王公在位者悉以疾告归，人情危骇，道路以目。既自有目疾，其所讳者不足、不具、少、无、缺、伤、残、毁、偏、只之言皆不得道，左右忤旨而死者不可胜纪，至于截胫、剖胎、拉胁、锯颈者动有千数。

太史令康权言于生曰："昨夜三月并出，勃星入于太微，遂入于东井。兼自去月上旬沈阴不雨，迄至于今，将有下人谋上之祸，深愿陛下修德以消之。"生怒，以为妖言，扑而杀之。

生夜对侍婢曰："阿法兄弟亦不可信，明当除之。"是夜清河王苻法梦神告之曰："旦将祸集汝门，惟先觉者可以免之。"寤而心悸。会侍婢来告，乃与特进梁平老、强汪等率壮士数百人潜入云龙门，苻坚与吕婆楼率麾下三百余人鼓噪继进，宿卫将士皆舍杖归坚。生犹昏寐未寤。坚众既至，引生置于别室，废之为越王，俄而杀之。生临死犹饮酒数斗，昏醉无所知矣。时年二十三，在位二年，伪谥厉王。

苻雄，字元才，洪之季子也。少善兵书，而多谋略，好施下士，便弓马，有政术。健僣位，为佐命元勋，权侔人主，而谦恭奉法。健常曰："元才，吾姬旦也。"及卒，健哭之欧血，曰："天不欲吾定四海邪？何夺元才之速也！"子坚，别有载记。

王堕，字安生，京兆霸城人也。博学有雄才，明天文图纬。苻洪征梁犊，以堕为司马，谓洪曰："谶言苻氏应王，公其人也。"洪深然之。及为宰相，著匪躬之称。健常叹曰："天下群官皆如王令君者，阴阳曷不和乎！"甚敬重之。性刚峻疾恶，雅好直言。疾董荣、强国如仇雠，每于朝见之际，略不与言。人谓之曰："董尚书贵幸一时，公宜降意。"堕曰："董龙是何鸡狗，而令国士与之言乎！"荣闻而惭恨，遂劝生诛之。及刑，荣谓堕曰："君今复敢数董龙作鸡狗？"堕瞋目而叱之。龙，荣之小字也。

卷一百十三　　载记第十三

苻坚上

苻坚，字永固，一名文玉，雄之子也。祖洪，从石季龙徙邺，家于永贵里。其母苟氏尝游漳水，祈子于西门豹祠，其夜梦与神交，因而有孕，十二月而生坚焉。有神光自天烛其庭。背有赤文，隐起成字，曰"草付臣又土王咸阳。"臂垂过膝，目有紫光。洪奇而爱之，名曰坚头。年七岁，聪敏好施，举止不逾规矩。每侍洪侧，辄量洪举措，取与不失机候。洪每曰："此儿姿貌瑰伟，质性过人，非常相也。"高平徐统有知人之鉴，遇坚于路，异之，执其手曰："苻郎，此官之御街，小儿敢戏于此，不畏司隶缚邪？"坚曰："司隶缚罪人，不缚小儿戏也。"统谓左右曰："此儿有霸王之相。"左右怪之，统曰："非尔所及也。"后又遇之，统下车屏人，密谓之曰："苻郎骨相不恒，后当大贵，但仆不见，如何！"坚曰："诚如公言，不敢忘德。"八岁，请师就家学。洪曰："汝戎狄异类，世知饮酒，今乃求学邪！"欣而许之。

健之入关也，梦天神遣使者朱衣赤冠，命拜坚为龙骧将军，健翌日为坛于曲沃以授之。健泣谓坚曰："汝祖昔受此号，今汝复为神明所命，可不勉之！"坚挥剑捶马，志气感厉，士卒莫不悍服焉。性至孝，博学多艺，有经济大志，要结英豪，以图纬世之宜。王猛、吕婆楼、强汪、梁平老等并有王佐之才，为其羽翼。太原薛赞、略阳权翼见而惊曰："非常人也！"

及苻生嗣伪位，赞、翼说坚曰："今主上昏虐，天下离心。有德者昌，无德者殃，天之道也。神器业重，不可令他人取之，愿君王行汤、武之事，以顺天人之心。"坚深然之，纳为谋主。生既残虐无度，梁平老等亟以为言，坚遂弑生，以伪位让其兄法。法自以庶孽，不敢当。坚及母苟氏并虑众心未服，难居大位，群僚固请，乃从之。以升平元年僭称大秦天王，诛生幸臣董龙、赵韶等二十余人，赦其境内，改元曰永兴。追谥父雄为文桓皇帝，尊母苟氏为皇太后，妻苟氏为皇后，子宏为皇太子。兄法为使持节、侍中、都督中外诸军事、丞相、录尚书，从祖侯为太尉，从兄柳为车骑大将军、尚书令，封弟融为阳平公，双为河南公，子丕长乐公，晖平原公，熙广平公，睿钜鹿公。李威为卫将军、尚书左仆射；梁平老为右仆射；强汪为领军将军；仇腾为尚书，领选；席宝为丞相长史、行太子詹事；吕婆楼为司隶校尉；王猛、薛赞为中书侍郎；权翼为给事黄门侍郎，与猛、赞并掌机密。追复鱼遵、雷弱儿、毛贵、王堕、梁楞、梁安、段纯、辛牢等本官，以礼改葬之，其子孙皆随才擢授。初，坚母以法长而贤，又得众心，惧终为变，至此，遣杀之。坚性仁友，与法决于东堂，恸哭呕血，赠以本官，谥曰哀，封其子阳为东海公，敷为清河公。于是修废职，继绝世，礼神祇，课农桑，立学校，鳏寡孤独高年不自存者，赐谷帛有差，其殊才异行、孝友忠义、德业可称者，令在所以闻。

其将张平以并州叛，坚率众讨之，以其建节将军邓羌为前锋，率骑五千据汾上。坚至铜壁，平尽众拒战，为羌所败，获其养子蚝，送之，平惧，乃降于坚。坚赦其罪，署为右将军，蚝武贲中郎将，加广武将军，徙其所部三千余户于长安。

坚自临晋登龙门，顾谓其群臣曰："美哉山河之固！娄敬有言，'关中四塞之国'，真不虚也。"权翼、薛赞对曰："臣闻夏、殷之都非不险也，周、秦之众非不多也，终于身窜南巢，首悬白旗，躯残于犬戎，国分于项籍昔何也？德之不修故耳。吴起有言：'在德不在险。'深愿陛下追踪唐、虞，怀远以德，山河之固不足恃也。"坚大悦，乃还长安。赐为父后者爵一级，鳏寡高年谷帛有差，丐所过田租之半。是秋，大旱，坚减膳撤悬，金玉绮绣皆散之戎士，后宫悉去罗纨，衣不曳地。开山泽之利，公私共之，偃甲息兵，与境内休息。

王猛亲宠愈密，朝政莫不由之。特进樊世，氐豪也，有大勋于苻氏，负气倨傲，众辱猛曰："吾辈与先帝共兴事业，而不预时权；君无汗马之劳，何敢专管大任？是为我耕稼而君食之乎！"猛曰："方当使君为宰夫，安直耕稼而已。"世大怒曰："要当悬汝头于长安城门，不尔者，终不处于世也。"猛言之于坚，坚怒曰："必须杀此老氐，然后百僚可整。"俄而世入言事，坚谓猛曰："吾欲以杨璧尚主，璧何如人也？"世勃然曰："杨璧，臣之婿也，婚已久定，陛下安得令之尚主乎！"猛让世曰："陛下帝有海内，而君敢竞婚，是为二天子，安有上下！"世怒起，将击猛，左右止之。世遂丑言大骂，坚由此发怒，命斩之于西厩。诸氏纷纭，竞陈猛短，坚愈甚，慢骂，或有鞭挞于殿庭者。权翼进曰："陛下宏达大度，善驭英豪，神武卓荦，录功舍过，有汉祖之风。然慢易之言，所宜除之。"坚笑曰："朕之过也。"自是公卿以下无不惮猛焉。

坚起明堂，缮南北郊，郊祀其祖洪以配天，宗祀其伯健于明堂以配上帝。亲耕藉田，其妻苟氏亲蚕于近郊。

坚南游霸陵，顾谓群臣曰："汉祖起自布衣，廓平四海，佐命功臣孰为首乎？"权翼进曰："《汉书》以萧、曹为功臣之冠。"坚曰："汉祖与项羽争天下，困于京索之间，身被七十余创，通中六七，父母妻子为楚所囚。平城之下，七日不火食，赖陈平之谋，太上、妻子克全，免匈奴之祸。二相何得独高也！虽有人狗之喻，岂黄中之言乎！"于是酣饮极欢，命群臣赋诗。大赦，复改元曰甘露。以王猛为侍中、中书令、京兆尹。

其特进强德，健妻之弟也，昏酗豪横，为百姓之患。猛捕而杀之，陈尸于市。其中丞邓羌，性鲠直不挠，与猛协规齐志，数旬之间，贵戚强豪诛死者二十有余人。于是百僚震肃，豪右屏气，路不拾遗，风化大行。坚叹曰："吾今始知天下之有法也，天子之为尊也！"于是遣使巡察四方及戎夷种落，州郡有高年孤寡，不能自存，长史刑罚失中、为百姓所苦，清修疾恶、劝课农桑、有便于俗，笃学至孝、义烈力田者，皆令具条以闻。

时匈奴左贤王卫辰遣使降于坚，遂请田内地，坚许之。云中护军贾雍遣其司马徐斌率骑袭之，因纵兵掠夺。坚怒曰："朕方修魏绛和戎之术，不可以小利忘大信。昔荆吴之战，事兴蚕妇；浇瓜之惠，梁、宋息兵。夫怨不在大，事不在小，扰边动众，非国之利也。所获资产，其悉以归之。"免雍官，以白衣领护军，遣使修和，示之信义。辰于是入居塞内，贡献相寻。乌丸独孤、鲜卑没奕于率众数万又降于坚。坚初欲处之塞内，苻融以"匈奴为患，其兴自古。比房马不敢南首者，畏威故也。今处之于内地，见其弱矣，方当窥兵郡县，为北边之害。不如徙之塞外，以存荒服之义。"坚从之。

坚僭位五年，凤皇集于东阙，大赦其境内，百僚进位一级。初，坚之将为赦也，与王猛、苻融密议于露堂，悉屏左右。坚亲为赦文，猛、融供进纸墨。有一大苍蝇入自牖间，鸣声甚大，集于笔端，驱而复来。俄而长安街巷市里人相告曰："官今大赦。"有司以闻。坚惊谓融、猛曰："禁中无耳属之理，事何从泄也？"于是敕外穷推之，咸言有一小人衣黑衣，大呼于市曰："官今大赦。"须臾不见。坚叹曰："其向苍蝇乎？声状非常，吾固恶之。谚曰：'欲人勿知，莫若勿为。'声无细而弗闻，事未形而必彰者，其此之谓也。"坚广修学官，召郡国学生通一经以上充之，公卿已下子孙并遣受业。其有学为通儒、才堪干事、清修廉直、孝悌力田者，皆旌表之。于是人思劝励，号称多士，盗贼止息，请托路绝，田畴修辟，帑藏充盈，典章法物靡不悉备。坚亲临太学，考学生经义优劣，品而第之。问难五经，博士多不能对。坚谓博士王实曰："朕一月三临太学，黜陟幽明，躬亲奖励，罔敢倦违，庶几周、孔微言不由朕而坠，汉之二武其可追乎！"实曰："自刘石扰覆华畿，二都鞠为茂草，儒生罕有或存，坟籍灭而莫纪，经沦学废，奄若秦皇。陛下神武拨乱，道隆虞、夏，开庠序之美，弘儒教之风，化盛隆周，垂馨千祀，汉之二武焉足论哉！"坚自是每月一临太学，诸生竞劝焉。

屠各张罔聚众数千，自称大单于，寇掠郡县。坚以其尚书邓羌为建节将军，率众七千讨平之。

时商人赵掇、丁妃、邹氂等皆家累千金，车服之盛，拟则王侯，坚之诸公竞引之为国二卿。黄门侍郎程宪言于坚曰："赵掇等皆商贩丑竖，市郭小人，车马衣服僭同王者，官齐君子，为藩国列卿，伤风败俗，有尘圣化，宜肃明典法，使清浊最分。"坚于是推检引掇等为国卿者，降其爵。乃下制："非命士已上，不得乘车马于都城百里之内。金银锦绣，工商、皂隶、妇女不得服之，犯者弃市。"

兴宁三年，坚又改元为建元。慕容𬀩遣其太宰慕容恪攻拔洛阳，略地至于崤、渑。坚惧其入关，亲屯陕城以备之。

匈奴右贤王曹毂、左贤王卫辰举兵叛，率众二万攻其杏城已南郡县，屯于马兰山。索虏乌延等亦叛坚而通于辰、毂。坚率中外精锐以讨之，以其前将军杨安、镇军毛盛等为前锋都督。毂遣弟活距战于同官川，安大败之，斩活并四千余级，毂惧而降。坚徙其酋豪六千余户于长安。进击乌延，斩之。邓羌讨卫辰，擒之于木根山。坚自骢马城如朔方，巡抚夷狄，以卫辰为夏阳公以统其众。毂寻死，分其部落，貳城已西二万余落封其长子玺为骆川侯，貳城已东二万余落封其小子寅为力川侯，故号东、西曹。

秦、雍二州地震裂，水泉涌出，金象生毛，长安大风震电，坏屋杀人，坚惧而愈修德政焉。

使王猛、杨安等率众二万寇荆州北鄙诸郡，掠汉阳万余户而还。羌敛岐叛坚，自称益州刺史，率部落四千余家西依张天锡叛将李俨。坚遣王猛与陇西太守姜衡、南安太守邵羌讨敛岐于略阳。张天锡率步骑三万击李俨，攻其大夏、武始二郡，克之。天锡将掌据又败俨诸军于葵谷，俨惧，遣兄子纯谢罪于坚，仍请救。寻而猛攻破略阳，敛岐奔白马。坚遣杨安与建威王抚率众会猛以救俨。猛遣邵羌追敛岐，使王抚守侯和，姜衡守白石。猛与杨安救枹罕，及天锡将杨遹战于枹罕东，猛不利。邵羌擒敛岐于白马，送之长安。天锡遂引师而归。俨犹凭城未出，猛乃服白乘舆，从数十人，请与相见。俨开门延之，未及设备，而将士续入，遂虏俨而还。坚以其将军彭越为平西将军、凉州刺史，镇枹罕。以俨为光禄勋、归安侯。

是岁，苻双据上邽、苻柳据蒲坂叛于坚，苻庾据陕城、苻武据安定并应之，将共伐长安。坚遣使谕之，各啗梨以为信，皆不受坚命，阻兵自守。坚遣后禁将军杨成世、左将军毛嵩等讨双、武，王猛、邓羌攻蒲坂，杨安、张蚝攻陕城。成世、毛嵩为双、武所败，坚又遣其武卫王鉴、宁朔吕光等率中外精锐以讨之，左卫苻雅、左禁窦冲率羽林骑七千继发。双、武乘胜至于榆眉，鉴等击败之，斩获万五千人。武弃安定，随双奔上邽，鉴等攻之。苻柳出挑战，猛闭垒不应。柳以猛为惮己，留其世子良守蒲坂，率众二万，将攻长安。长安去蒲坂百余里，邓羌率劲骑七千夜袭败之，柳引军还，猛又尽众邀击，悉俘其卒，柳与数百骑入于蒲坂。鉴等攻上邽，克之，斩双、武。猛又寻破蒲坂，斩柳及其妻子，传首长安。猛屯蒲坂，遣邓羌与王鉴等攻陷陕城，克之，送庾于长安，杀之。

太和四年，晋大司马桓温伐慕容𬀩，次于枋头。𬀩众屡败，遣使乞师于坚，请割武牢以西之地。坚亦欲与𬀩连横，乃遣其将苟池等率步骑二万救𬀩。王师寻败，引归，池乃还。

是时慕容垂避害奔于坚，王猛言于坚曰："慕容垂，燕之戚属，世雄东夏，宽仁惠下，恩结士庶，燕、赵之间咸有奉戴之意。观其才略，权智无方，兼其诸子明毅有干艺，人之杰也。蛟龙猛兽，非可驯之物，不如除之。"坚曰："吾方以义致英豪，建不世之功。且其初至，吾告之至诚，今而害之，人将谓我何！"

王师既旋，慕容𬀩悔割武牢之地，遣使谓坚曰："顷者割地，行人失辞。有国有家，分灾救患，理之常也。"坚大怒，遣王猛舆建威梁成、邓羌率步骑三万，署慕容垂为冠军将军，以为乡导，攻晞洛州刺史慕容筑于洛阳。晞遣其将慕容臧率精卒十万，将解筑围。猛使梁成等以精锐万人卷甲赴之，大破臧于荥阳。筑惧而请降，猛陈师以受之，留邓羌镇金墉，猛振旅而归。

太和五年，又遣猛率杨安、张蚝、邓羌等十将率步骑六万伐晞。坚亲送猛于霸东，谓曰："今授卿精兵，委以重任，便可从壶关、上党出潞川，此捷济之机，所谓捷雷不及掩耳。吾当躬自率众以继卿后，于邺相见。已敕运漕相继，但忧贼，不烦后虑也。"猛曰："臣庸劣孤生，操无豪介，蒙陛下恩荣，内侍帷幄，出总戎旅，藉宗庙之灵，禀陛下神算，残胡不足平也。愿不烦銮轸，冒犯霜露。臣虽不武，望克不淹时。但愿速敕有司，部置鲜卑之所。"坚大悦。于是进师。杨安攻晋阳。猛攻壶关，执晞上党太守慕容越，所经郡县皆降于猛，猛留屯骑校尉苟苌戍壶关。会杨安攻晋阳，为地道，遣张蚝率壮士数百人入其城中，大呼斩关，猛、安遂入晋阳，执晞并州刺史慕容庄。晞遣其太傅慕容评率众四十余万以救二城，评惮猛不敢进，屯于潞川。猛留将军毛当戍晋阳，进师与评相持。遣游击郭庆以锐卒五千，夜从间道出评营后，傍山起火，烧其辎重，火见邺中。晞惧，遣使让评，催之速战。猛知评卖水鬻薪，有可乘之会，评又求战，乃阵于渭原而誓众曰："王景略受国厚恩，任兼内外，今与诸君深入贼地，宜各勉进，不可退也。愿戮力行间，以报恩顾，受爵明君之朝，庆觞父母之室，不亦美乎！"众皆勇奋，破釜弃粮，大呼竞进。猛望评师之众也，恶之，谓邓羌曰："今日之事，非将军莫可以捷。成败之机，在斯一举。将军其勉之！"羌曰："若以司隶见与者，公无以为忧。"猛曰："此非吾之所及也。必以安定太守、万户侯相处。"羌不悦而退。俄而兵交，猛召之，羌寝而弗应。猛驰就许之，羌于是大饮帐中，与张蚝、徐成等跨马运矛，驰入评军，出入数四，旁若无人，搴旗斩将，杀伤甚众。及日中，评众大败，俘斩五万有余，乘胜追击，又降斩十万，于是进师围邺。坚闻之，留李威辅其太子宏守长安，以苻融镇洛阳，躬率精锐十万向邺。七日而至于安阳，过旧间，引诸耆老语及祖父之事，泫然流涕，乃停信宿。猛潜至安阳迎坚，坚谓之曰："昔亚夫不出军迎汉文，将军何以临敌而弃众也？"猛曰："臣每览亚夫之事，尝谓前却人主，以此而为名将，窃未多之。臣奉陛下神算，击垂亡之虏，若摧枯拉朽，何足虑也！监国冲幼，銮驾远临，脱有不虞，其如宗庙何！"坚遂攻邺，陷之。慕容晞出奔高阳，坚令郭庆执而送之。坚入邺宫，阅其名籍，凡郡百五十七，县一千五百七十九，户二百四十五万八千九百六十九，口九百九十八万七千九百三十五。诸州郡牧守及夷渠帅尽降于坚。郭庆穷追余烬，慕容评奔于高句丽，庆追至辽海，句丽缚评送之。坚散晞宫人珍宝以赐将士，论功封赏各有差。以王猛为使持节、都督关东六州诸军事、车骑大将军、开府仪同三司、冀州牧、镇邺；以郭庆为持节、都督幽州诸军事、扬武将军、幽州刺史，镇蓟。

坚自邺如枋头，宴诸父老，改枋头为永昌县，复之终世。坚至自永昌，行饮至之礼，歌劳止之诗，以飨其群臣。

赦慕容晞及其王公已下，皆徙于长安，封授有差。坚于是行礼于辟雍，祀先师孔子，其太子及公侯卿大夫士之元子，皆束修释奠焉。徙关东豪杰及诸杂夷十万户于关中，处乌丸杂类于冯翊、北地，丁零翟斌于新安，徙陈留、东阿万户以实青州。诸因乱流移，避仇远徙，欲还旧业者，悉听之。

晋叛臣袁瑾固守寿春，为大司马桓温所围，遣使请救于坚。坚遣王鉴、张蚝率步骑二万救之，鉴据洛涧，蚝屯八公山。桓温遣诸将夜袭鉴、蚝，败之，鉴、蚝屯慎城。

初，仇池氐杨世以地降于坚，坚署为平南将军、秦州刺史、仇池公。既而归顺于晋。世死，子纂代立，遂受天子爵命而绝于坚。世弟统骁武得众，起兵武都，与纂分争。坚遣其将苻雅、杨安与益州刺史王统率步骑七万，先取仇池，进图宁、益。雅等次于鹫陕，纂率众五万距雅。晋梁州刺史杨亮遣督护郭宝率骑千余救之，战于陕中，为雅等所败，纂收众奔还。雅进攻仇池，杨统帅武都之众降于雅。纂将杨他遣子硕密降于雅，请为内应。纂惧，面缚出降。雅释其缚，送之长安。以杨统为平远将军、南秦州刺史，加杨安都督，镇仇池。

先是，王猛获张天锡将敦煌阴据及甲士五千，坚既东平六州，西擒杨纂，欲以德怀远，且跨威河右，至是悉送所获还凉州。天锡惧而遣使谢罪称藩，坚大悦，即署天锡为使持节、散骑常侍、都督河右诸军事、骠骑大将军、开府仪同三司、凉州刺史、西域都护、西平公。

吐谷浑碎奚以杨纂既降，惧而遣使送马五千匹、金银五百斤。坚拜奚安远将军、漒川侯。

坚尝如邺，狩于西山，旬余，乐而忘返。伶人王洛叩马谏曰："臣闻千金之子坐不垂堂，万乘之主行不履危。故文帝驰车，袁公止辔；孝武好田，相如献规。陛下为百姓父母，苍生所系，何可盘于游田，以玷圣德。若祸起须臾，变在不测者，其如宗庙何！其如太后何！"坚曰："善。昔文公悟悠于虞人，朕闻罪于王洛，吾过也。"自是遂不复猎。

坚闻桓温废海西公也，谓群臣曰："温前败灞上，后败枋头，十五年间，再倾国师。六十岁公举动如此，不能思愆免退，以谢百姓，方废君以自悦，将如四海何！谚云'怒其室而作色于父'者，其桓温之谓乎！"

坚以境内旱，课百姓区种。惧岁不登，省节谷帛之费，太官、后官减常度二等，百僚之秩以次降之。复魏、晋士籍，使役有常，闻诸非正道，典学一皆禁之。坚临太学，考学生经义，上第擢叙者八十三人。自永嘉之乱，庠序无闻，及坚之僭，颇留心儒学，王猛整齐风俗，政理称举，学校渐兴。关、陇清晏，百姓丰乐，自长安至于诸州，皆夹路树槐柳，二十里一亭，四十里一驿，旅行者取给于途，工商贸贩于道。百姓歌之曰："长安大街，夹树杨槐。下走朱轮，上有鸾栖。英彦云集，诲我萌黎。"

是岁，有大风从西南来，俄而晦冥，恒星皆见，又有赤星见于西南。太史令魏延言于坚曰："于占西南国亡，明年必当平蜀汉。"坚大悦，命秦梁密严戎备。乃以王猛为丞相，以苻融为镇东大将军。代猛为冀州牧。融将发，坚祖于霸东，奏乐赋诗。坚母苟氏以融少子，甚爱之，比发，三至灞上，其夕又窃如融所，内外莫知。是夜，坚寝于前殿，魏延上言：“天市南门屏内后妃星失明，左右阍寺不见，后妃移动之象。”坚推问知之，惊曰："天道与人何其不远！"遂重星官。王猛至长安，加都督中外诸军事，猛辞让再三，坚不许。

其后天鼓鸣，有彗星出于尾箕，长十余丈，名蚩尤旗，经太微，扫东井，自夏及秋冬不灭。太史令张孟言于坚曰："彗起尾箕，而扫东井，此燕灭秦之象。"因劝坚诛慕容暐及其子弟。坚不纳，更以暐为尚书，垂为京兆尹，冲为平阳太守。苻融闻之，上疏于坚曰："臣闻东胡在燕，历数弥久，逮于石乱，遂据华夏，跨有六州，南面称帝。陛下爰命六师，大举征讨，劳卒频年，勤而后获，非慕义怀德归化。而今父子兄弟列官满朝，执权履职，势倾劳旧，陛下亲而幸之。臣愚以为猛兽不可养，狼子野心。往年星异，灾起于燕，愿少留意，以思天戒。臣据可言之地，不容默已。《诗》曰：'兄弟急难'，'朋友好合'。昔刘向以肺腑之亲，尚能极言，况于臣乎！"坚报之曰："汝为德未充而怀是非，立善未称而名过其实，《诗》云：'德輶如毛，人鲜克举。'君子处高，戒惧倾败，可不务乎！今四海事旷，兆庶未宁，黎元应抚，夷狄应和，方将混六合以一家，同有形于赤子，汝其息之，勿怀耿介。夫天道助顺，修德则禳灾。苟求诸己，何惧外患焉。”

晋梁州刺史杨亮遣子广袭仇池，与坚将杨安战，广败绩，晋沮水诸戍皆委城奔溃，亮惧而退守磬险，安遂进寇汉川。坚遣王统、朱肜率卒二万为前锋寇蜀，前禁将军毛当、鹰扬将军徐成率步骑三万入自剑阁。杨亮率巴獠万余拒之，战于青谷，王师不利，亮奔固西城。肜乘胜陷汉中，徐成又攻二剑，克之，杨安进据梓潼。晋奋威将军、西蛮校尉周虓降于肜。扬武将军、益州刺史周仲孙勒兵距肜等于绵竹，闻坚将毛当将至成都，仲孙率骑五千奔于南中。安、当进兵，遂陷益州。于是西南夷邛、筰、夜郎等皆归之。以安为右大将军、益州牧，镇成都；毛当为镇西将军、梁州刺史，镇汉中；姚苌为宁州刺史，领西蛮校尉；王统为南秦州刺史，镇仇池。

蜀人张育、杨光等起兵，与巴獠相应，以叛于坚。晋益州刺史竺瑶、威远将军桓石虔率众三万据垫江。育乃自号蜀王，遣使归顺，与巴獠酋帅张重、尹万等五万余人进围成都。寻而育与万争权，举兵相持，坚遣邓羌与杨安等击败之，育、光退屯绵竹。安又败张重、尹万于成都南，重死之，及首级二万三千。邓羌复击张育、杨光于绵竹，皆害之。桓石虔败姚苌于垫江，苌退据五城，石虔与竺瑶移屯巴东。

时有人于坚明光殿大呼谓坚曰："甲申乙酉，鱼羊食人，悲哉无复遗。"坚命执之，俄而不见。秘书监朱肜等因请诛鲜卑，坚不从。遣使巡行四方，观风俗，问政道，明黜陟，恤孤独不能自存者。以安车蒲轮征隐士乐陵王欢为国子祭酒。及王猛卒，坚置听讼观于未央之南。禁《老》、《庄》、图谶之学。中外四禁、二卫、四军长上将士，皆令修学。课后宫，置典学，立内司，以授于掖庭，选阉人及女隶有聪识者署博士以授经。

遣其武卫苟苌、左将军毛盛、中书令梁熙、步兵校尉姚苌等率骑十三万伐张天锡于姑臧。遣尚书朗阎负、梁殊衔命军前，下书征天锡。坚严饰卤簿，亲饯苌等于城西，赏行将各有差。又遣其秦州刺史苟池、河州刺史李辩、凉州刺史王统，率三州之众以继之。阎负等到凉州，天锡自以晋之列藩，志在保境，命斩之，遣将军马建出距苌等。俄而梁熙、王统等自清石津攻其将梁粲于河会城，陷之。苟苌济自石城津，与梁熙等会攻缠缩城，又陷之。马建惧，自杨非退还清塞。天锡又遣将军掌据率众三万，与马建阵于洪池。苟苌遣姚苌以甲卒三千挑战，诸将劝击之，以挫其锋，据不从。天锡乃率中军三万次金昌。苌、熙闻天锡来逼，急攻据、建，建降于苌，遂攻据，害之，及其军司席仂。苌进军入清塞，乘高列阵。天锡又遣司兵赵充哲为前锋，率劲勇五万，与苌等战于赤岸，哲大败。天锡惧而奔还，至笺请降。苌至姑臧，天锡乘素车白马，面缚舆榇，降于军门。苌释缚焚榇，送之于长安，诸郡县悉降。坚以梁熙为持节、西中郎将、凉州刺史，领护西羌校尉，镇姑臧。徙豪右七千余户于关中，五品税百姓金银一万三千斤以赏军士，余皆安堵如故。坚封天锡重光县之东宁乡二百户，号归义侯。初，苌等将征天锡，坚为其立第于长安，至是而居之。

坚既平凉州，又遣其安北将军、幽州刺史苻洛为北讨大都督，率幽州兵十万讨代王涉翼犍。又遣后将军俱难与邓羌等率步骑二十万东出和龙，西出上郡，与洛会于涉翼犍庭。翼犍战败，遁于弱水。苻洛逐之，势穷迫，退还阴山。其子翼圭缚父请降，洛等振旅而还，封赏有差。坚以翼犍荒俗，未参仁义，令入太学习礼。以翼圭执父不孝，迁之于蜀。散其部落于汉鄣边故地，立尉、监行事，官僚领押，课之治业营生，三五取丁，优复三年无税租。其渠帅岁终令朝献，出入行来为之制限。坚尝之太学，召涉翼犍问曰："中国以学养性，而人寿考，漠北啖牛羊而不寿，何也？"翼犍不能答。又问："卿种人有堪者，可召为国家用。"对曰："漠北人能捕六畜，善驰走，逐水草而已，何堪为将！"又问："好学否？"对曰："若不好学，陛下用教臣何为？"坚善其答。

坚以关中水旱不时，议依郑白故事，发其王侯已下及豪望富室僮隶三万人，开泾水上源，凿山起堤，通渠引渎，以溉冈卤之田。及春而成，百姓赖其利。以凉州新附，复租赋一年。为父后者赐爵一级，孝悌力田爵二级，孤寡高年谷帛有差，女子百户牛酒，大酺三日。

遣其尚书令苻丕率司马慕容暐、苟苌等步骑七万寇襄阳。使杨安将樊邓之众为前锋，屯骑校尉石越率精骑一万出鲁阳关，慕容垂与姚苌出自南乡，苟池等与强弩王显将劲卒四万从武当继进，大会汉阳。师次沔北，晋南中郎将朱序以苻丕无舟楫，不以为虞，石越遂游马以渡。序大惧，固守中城。越攻陷外郛，获船百余艘以济军。丕率诸将进攻中城，遣苟池、石越、毛当以众五万屯于江陵。晋车骑将军桓冲拥众七万为序声援，惮池等不进，保据上明。兖州刺史彭超遣使上言于坚曰："晋沛郡太守戴逯以卒数千戍彭城，臣请率精锐五万攻之，愿更遣重将讨淮南诸城。"坚于是又遣其后将军俱难率右将军毛当、后禁毛盛、陵江邵保等步骑七万寇淮阴、盱眙。扬武彭超寇鼓城。梁州刺史韦钟寇魏兴，攻太守吉挹于西城。晋将军毛武生率众五万距之，与俱难等相持于淮南。

先是，梁熙遣使西域，称扬坚之威德，并以缯彩赐诸国王，于是朝献者十有余国。大宛献天马千里驹，皆汗血、朱鬣、五色、凤膺、麟身，及诸珍异五百余种。坚曰："吾思汉文之返千里马，咨嗟美咏。今所献马，其悉反之，庶克念前王，仿佛古人矣。"乃命群臣作《止马诗》而遣之，示无欲也。其下以为盛德之事，远同汉文，于是献诗者四百余人。

是时苻丕久围襄阳，御史中丞李柔劾丕以师老无功，请征下廷尉。坚曰："丕等费广无成，实宜贬戮。但师已淹时，不可虚然中返，其特原之，令以功成赎罪。"因遣其黄门郎韦华持节切让丕等，仍赐以剑，曰："来春不捷者，汝可自裁，不足复持面见吾也。"初，丕之寇襄阳也，将急攻之，苟苌谏曰："今以十倍之众，积粟如山，但掠徙荆、楚之人内于许、洛，绝其粮运，使外援不接，粮尽无人，不攻自溃，何为促攻以伤将士之命？"丕从之。及坚让至，众咸疑惧，莫知所为。征南主簿河东王施进曰："以大将军英秀，诸将勇锐，以攻小城，何异洪炉燎羽毛。所以缓攻，欲以计制之。若决一旦之机，可指日而定。今破襄阳，上明自通，复何所疑！愿请一旬之期，以展三军之势。如其不捷，施请为戮首。"丕于是促围攻之。坚将亲率众助丕等，使苻融将关东甲卒会于寿春，梁熙统河西之众以继中军。融、熙并上言，以为未可兴师，乃止。

太元四年，晋兖州刺史谢玄率众数万次于泗沎，将救彭城。苻丕陷襄阳，执南中郎将朱序，送于长安，坚署为度支尚书。以其中垒梁成为南中郎将、都督荆、扬州诸军事、荆州刺史，领护南蛮校尉，配兵一万镇襄阳，以征南府器杖给之。彭超围彭城也，置辎重于留城。至是，晋将谢玄遣将军何谦之、高衡率众万余，声趣留城，超引军赴之。戴逯率彭城之众奔于谢玄，超留其治中徐褒守彭城而复寇盱眙。俱难既陷淮阴，留邵保戍之，与超会师而南。晋将毛武生救魏兴，遣前锋督护赵福、将军袁虞等将水军一万，溯江而上。坚南巴校尉姜宇遣将张绍、仇生等水陆五千距之，战于南县，王师败绩。寻而韦钟攻陷魏兴，执太守吉挹。毛当与王显自襄阳而东，会攻淮南。彭超陷盱眙，获晋建威将军、高密内史毛璪之，遂攻晋幽州刺史田洛于三阿，去广陵百里，京都大震，临江列戍。孝武帝遣征虏将军谢石率水军次于涂中，右卫将军毛安之、游击将军河间王昙之次于堂邑，谢玄自广陵救三阿。毛当、毛盛驰袭安之，王师败绩。玄率众三万次于白马塘，俱难遣其将都颜率骑逆玄，战于塘西，玄大败之，斩颜。玄进兵于三阿，与难、超战，超等又败，退保盱眙。玄进次石梁，与田洛攻盱眙，难、超出战，复败，退屯淮阴。玄遣将军何谦之、督护诸葛侃率舟师乘潮而上，焚淮桥，又与难等合战，谦之斩其将邵保，难、超退师淮北。难归罪彭超，斩其司马柳浑。坚闻之，大怒，槛车征超下狱，超自杀，难免为庶人。

坚以毛当为平南将军、徐州刺史，镇彭城；毛盛为平东将军、兖州刺史，镇胡陆；王显为平吴校尉、扬州刺史，戍下邳；赏堂邑之功也。又以苻洛为散骑常侍、持节、都督益、宁、西南夷诸军事、征南大将军、益州牧，领护西夷校尉，镇成都，命从伊阙自襄阳溯汉而上。洛，健之兄子也。雄勇多力，而猛气绝人，坚深忌之，故常为边牧。洛有征伐之功而未赏，及是迁也，恚怒，谋于众曰："孤于帝室，至亲也，主上不能以将相任孤，常摈孤于外，既投之西裔，复不听过京师，此必有伏计，令梁成沈孤于汉水矣。为宜束手就命，为追晋阳之事以匡社稷邪？诸君意如何？"其治中平颜妄陈祥瑞，劝洛举兵。洛因攘袂大言曰："孤计决矣，沮谋者斩！"于是自称大将军、大都督、秦王，署置官司，以平颜辅国将军、幽州刺史，为其谋主。分遣使者征兵于鲜卑、乌丸、高句丽、百济及薛罗、休忍等诸国，并不从。洛惧而欲止，平颜曰："且宜声言受诏，尽幽、并之兵出自中山、常山，阳平公必郊迎于路，因而执之，进据冀州，总关东之众以图秦、雍，可使百姓不觉易主而大业定矣。"洛从之，乃率众七万发和龙，将图长安。于是关中骚动，盗贼并起。坚遣使数之曰："天下未一家，兄弟匪他，何为而反？可还和龙，当以幽州永为世封。"洛谓使者曰："汝还白东海王，幽州褊厄，不足容万乘，须还王咸阳，以承高祖之业。若能候驾潼关者，位为上公，爵归本国。"坚大怒，遣其左将军窦冲及吕光率步骑四万讨之，右将军郭贵驰传诣邺，率冀州兵三万为前锋，以苻融为大都督，授之节度。使石越率骑一万，自东莱出石径，袭和龙，海行四百余里。苻重亦尽蓟城之众会洛，次于中山，有众十万。冲等与洛战于中山，大败之，执洛及其将兰殊，送于长安。吕光追斩苻重于幽州，石越克和龙，斩平颜及其党与百余人。坚赦兰殊，署为将军，徙洛于凉州，征苻融为车骑大将军、领宗正、录尚书事。

洛既平，坚以关东地广人殷，思所以镇静之，引其群臣于东堂议曰："凡我族类，支胤弥繁，今欲分三原、九嵕、武都、汧、雍十五万户于诸方要镇，不忘旧德，为磐石之宗，于诸君之意如何？"皆曰："此有周所以祚隆八百，社稷之利也。"于是分四帅子弟三千户，以配苻丕镇邺，如世封诸侯，为新券主。坚送丕于灞上，流涕而别。诸戎子弟离其父兄者，皆悲号哀恸，酸感行人，识者以为丧乱流离之象。于是分幽州置平州，以石越为平州刺史，领护鲜卑中郎将，镇龙城；大鸿胪韩胤领护赤沙中郎将，移乌丸府于代郡之平城；中书令梁谠为安远将军、幽州刺史，镇蓟城；毛兴为镇西将军、河州刺史，镇枹罕；王腾为鹰扬将军、并州刺史，领护匈奴中郎将，镇晋阳；二州各配支户三千；苻晖为镇东大将军、豫州牧，镇洛阳；苻睿为安东将军、雍州刺史，镇蒲坂。

先是，高陆人穿井得龟，大三尺，背有八卦文，坚命太卜池养之，食以粟，及此而死，藏其骨于太庙。其夜庙丞高虙梦龟谓之曰："我本出将归江南，遭时不遇，陨命秦庭。"又有人梦中谓虙曰："龟三千六百岁而终，终必妖兴，亡国之征也。"

坚自平诸国之后，国内殷实，遂示人以侈，悬珠帘于正殿，以朝群臣，宫宇车乘，器物服御，悉以珠玑、琅玕、奇宝、珍怪饰之。尚书郎裴元略谏曰："臣闻尧、舜茅茨，周卑宫室，故致和平，庆隆八百。始皇穷极奢丽，嗣不及孙。愿陛下则采椽之不琢，鄙琼室而不居，敷纯风于天下，流休范于无穷，贱金玉，珍谷帛，勤恤人隐，劝课农桑，捐无用之器，弃难得之货，敦至道以厉薄俗，修文德以怀远人。然后一轨九州，同风天下，刑措既登，告成东岳，踪轩皇以齐美，哂二汉之徙封，臣之愿也。"坚大悦，命去珠帘，以元略为谏议大夫。

鄯善王、车师前部王来朝，大宛献汗血马，肃慎贡楛矢，天竺献火浣布，康居、于阗及海东诸国，凡六十有二王，皆遣使贡其方物。

初，坚母少寡，将军李威有辟阳之宠，史官载之。至是，坚收起居注及著作所录而观之，见其事，惭怒，乃焚其书，大检史官，将加其罪。著作郎赵泉、车敬等已死，乃止。

荆州刺史都贵遣其司马阎振、中兵参军吴仲等率众二万寇竟陵，留辎重于管城，水陆轻进。桓冲遣南平太守桓石虔、竟陵太守郭铨等水陆二万距之，相持月余，战于激水。振等大败，退保管城。石虔乘胜攻破之，斩振及仲，俘斩万七千。

卷一百十四　　载记第十四

苻坚下　王猛　苻融　苻朗

太元七年，坚飨群臣于前殿，乐奏赋诗。秦州别驾天水姜平子诗有"丁"字，直而不曲。坚问其故，平子曰："臣丁至刚，不可以屈，且曲下者之不正之物，未足献也。"坚笑曰："名不虚行。"因擢为上第。

坚兄法子东海公阳与王猛子散骑侍郎皮谋反，事泄，坚问反状，阳曰："《礼》云，父母之仇，不同天地。臣父哀公，死不以罪，齐襄复九世之仇，而况臣也！"皮曰："臣父丞相有佐命之勋，而臣不免贫馁，所以图富也。"坚流涕谓阳曰："哀公之薨，事不在朕，卿宁不知之！"让皮曰："丞相临终，托卿以十具牛为田，不闻为卿求位。知子莫若父，何斯言之征也！"皆赦不诛，徙阳于高昌，皮于朔方之北。苻融以位忝宗正，不能肃遏奸萌，上疏请待罪私藩。坚不许。将以融为司徒，融固辞。坚锐意荆、扬，将谋入寇，乃改授融征南大将军、开府仪同三司。

新平郡献玉器。初，坚即伪位，新平王彤陈说图谶，坚大悦，以彤为太史令。尝言于坚曰："谨案谶云：'古月之末乱中州，洪水大起健西流，惟有雄子定八州。'此即三祖、陛下之圣讳也。又曰：'当有艹付臣又土，灭东燕，破白虏，氐在中，华在表。'案图谶之文，陛下当灭燕，平六州。愿徙邺、陇诸氏于京师，三秦大户置于边地，以应图谶之言。"坚访之王猛，猛以彤为左道惑众，劝坚诛之。彤临刑上疏曰："臣以赵建武四年，从京兆刘湛学，明于图记，谓臣曰：'新平地古颛顼之墟，里名曰鸡闾。记云，此里应出帝王宝器，其名曰延寿宝鼎。颛顼有云，河上先生为吾隐之于咸阳西北，吾之孙有艹付臣又土应之。'湛又云：'吾尝斋于室中，夜有流星大如半月，落于此地，斯盖是乎！'愿陛下志之，平七州之后，出于壬午之年。"至是而新平人得之以献，器铭篆书文题之法，一为天王，二为王后，三为三公，四为诸侯，五为伯子男，六为卿大夫，七为元士。自此已下，考载文记，列帝王名臣，自天子王后，内外次序，上应天文，象紫宫布列，依玉牒版辞，不违帝王之数。从上元人皇起，至中元，穷于下元，天地一变，尽三元而止。坚以彤言有征，追赠光禄大夫。

幽州蝗，广袤千里，坚遣其散骑常侍刘兰持节为使者，发青、冀、幽、并百姓讨之。

以苻朗为使持节、都督青徐兖三州诸军事、镇东将军、青州刺史，以谏议大夫裴元略为陵江将军、西夷校尉、巴西梓潼二郡太守，密授规模，令与王抚备舟师于蜀，将以入寇。

车师前部王弥窴、鄯善王休密驮朝于坚，坚赐以朝服，引见西堂。寊等观其宫宇壮丽，仪卫严肃，甚惧，因请年年贡献。坚以西域路遥，不许，令三年一贡，九年一朝，以为永制。寊等请曰："大宛诸国虽通贡献，然诚节未纯，请乞依汉置都护故事。若王师出关，请为乡导。"坚于是以骁骑吕光为持节、都督西讨诸军事，与陵江将军姜飞、轻骑将军彭晃等配兵七万，以讨定西域。苻融以虚耗中国，投兵万里之外，得其人不可役，得其地不可耕，固谏以为不可。坚曰："二汉力不能制匈奴，犹出师西域。今匈奴既平，易若摧朽，虽劳师远役，可传檄而定，化被昆山，垂芳千载，不亦美哉！"朝臣又屡谏，皆不纳。

晋将军朱绰焚践沔北屯田，掠六百余户而还。坚引群臣会议，曰："吾统承大业垂二十载，芟夷逋秽，四方略定，惟东南一隅未宾王化。吾每思天下不一，未尝不临食辍铺，今欲起天下兵以讨之。略计兵杖精卒，可有九十七万，吾将躬先启行，薄伐南寇，于诸卿意何如？"秘书监朱肜曰："陛下应天顺时，恭行天罚，啸咤则五岳摧覆，呼吸则江海绝流，若一举百万，必有征无战。晋主自当衔璧舆榇，启颡军门，若迷而弗悟，必逃死江海，猛将追之，即可赐命南巢。中州之人，还之桑梓。然后回驾岱宗，告成封禅，起白云于中坛，受万岁于中岳，尔则终古一时，书契未有。"坚大悦曰："吾之志也。"左仆射权翼进曰："臣以为晋未可伐。夫以纣之无道，天下离心，八百诸侯不谋而至，武王犹曰彼有人焉，回师止斾。三仁诛放，然后奋戈牧野。今晋道虽微，未闻丧德，君臣和睦，上下同心。谢安、桓冲，江表伟才，可谓晋有人焉。臣闻师克在和，今晋和矣，未可图也。"坚默然久之，曰："诸君各言其志。"太子左卫率石越对曰："吴人恃险偏隅，不宾王命，陛下亲御六师，问罪衡、越，诚合人神四海之望。但今岁镇星守斗牛，福德有吴。悬象无差，弗可犯也。且晋中宗，藩王耳，夷夏之情，咸共推之，遗爱犹在于人。昌明，其孙也，国有长江之险，朝无昏贰之衅。臣愚以为利用修德，未宜动师。孔子曰：'远人不服，修文德以来之。'愿保境养兵，伺其虚隙。"坚曰："吾闻武王伐纣，逆岁犯星。天道幽远，未可知也。昔夫差威陵上国，而为句践所灭。仲谋泽洽全吴，孙皓因三代之业，龙骧一呼，君臣面缚，虽有长江，其能固乎！以吾之众旅，投鞭于江，足断其流。"越曰："臣闻纣为无道，天下患之。夫差淫虐，孙皓昏暴，众叛亲离，所以败也。今晋虽无德，未有斯罪，深愿厉兵积粟以待天时。"群臣各有异同，庭议者久之。坚曰："所谓筑室于道，沮计万端，吾当内断于心矣。"群臣出后，独留苻融议之。坚曰："自古大事，定策者一两人而已，群议纷纭，徒乱人意，吾当与汝决之。"融曰："岁镇在斗牛，吴、越之福，不可以伐一也。晋主休明，朝臣用命，不可以伐二也。我数战，兵疲将倦，有惮敌之意，不可以伐三也。诸言不可者，策之上也，愿陛下纳之。"坚作色曰："汝复如此，天下之事，吾谁与言之！今有众百万，资仗如山，吾虽未称令主，亦不为暗劣。以累捷之威，击垂亡之寇，何不克之有乎！吾终不以贼遗子孙，为宗庙社稷之忧也。"融泣曰："吴之不可伐昭然，虚劳大举，必无功而反。臣之所忧，非此而已。陛下宠育鲜卑、羌、羯，布诸畿甸，旧人族类，斥徙遐方。今倾国而去，如有风尘之变者，其如宗庙何！监国以弱卒数万留守京师，鲜卑、羌、羯攒聚如林，此皆国之贼也，我之仇也。臣恐非但徒返而已，亦未必万全。臣智识愚浅，诚不足采；王景略一时奇士，陛下每拟之孔明，其临终之言不可忘也。"坚不纳。游于东苑，命沙门道安同辇。权翼谏曰："臣闻天子之法驾，侍中陪乘，清道而行，进止有度。三代末主，或亏大伦，适一时之情，书恶来世。故班姬辞辇，垂美无穷。道安毁形贱士，不宜参秽神舆。"坚作色曰："安公道冥至境，德为时尊。朕举天下之重，未足以易之。非公与辇之荣，此乃朕之显也。"命翼扶安升辇，顾谓安曰："朕将与公南游吴、越，整六师而巡狩，谒虞陵于疑岭，瞻禹穴于会稽，泛长江，临沧海，不亦乐乎！"安曰："陛下应天御世，居中土而制四维，逍遥顺时，以适圣躬，动则鸣銮清道，止则神栖无为，端拱而化，与尧、舜比隆，何为劳身于驰骑，口倦于经略，栉风沐雨。蒙尘野次乎？且东南区区，地下气疠，虞舜游而不返，大禹适而弗归，何足以上劳神驾，下困苍生。《诗》云：'惠此中国，以绥四方。'苟文德足以怀远，可不烦寸兵而坐宾百越。"坚曰："非为地不广，人不足也，但思混一六合，以济苍生。天生蒸庶，树之君者，所以除烦去乱，安得惮劳！朕既大运所钟，将简天心以行天罚。高辛有熊泉之役，唐尧有丹水之师，此皆著之前典，昭之后王。诚如公言，帝王无省方之文乎？且朕此行也，以义举耳，使流度衣冠之胄，还其墟垅，复其桑梓，止为济难铨才，不欲穷兵极武。"安曰："若銮驾必欲亲动，犹不愿远涉江、淮，可暂幸洛阳，明授胜略，驰纸檄于丹阳，开其改迷之路。如其不庭，伐之可也。"坚不纳。先是，群臣以坚信重道安，谓安曰："主上欲有事于东南，公何不为苍生致一言也！"故安因此而谏。苻融及尚书原绍、石越等上书面谏，前后数十，坚终不从。坚少子中山公诜有宠于坚，又谏曰："臣闻季梁在随，楚人惮之；宫奇在虞，晋不窥兵。国有人焉故也。及谋之不用，而亡不淹岁。前车之覆轨，后车之明鉴。阳平公，国之谋主，而陛下违之；晋有谢安、桓冲，而陛下伐之。是行也，臣窃惑焉。"坚曰："国有元龟，可以决大谋；朝有公卿，可以定进否。孺子言焉，将为戮也。"

所司奏刘兰讨蝗幽州，经秋冬不灭，请征下廷尉诏狱。坚曰："灾降自天，殆非人力所能除也。此自朕之政违所致，兰何罪焉！"

明年，吕光发长安，坚送于建章宫，谓光曰："西戎荒俗，非礼义之邦。羁縻之道，服而赦之，示以中国之威，导以王化之法，勿极武穷兵，过深残掠。"加鄯善王休密驮使持节、散骑常侍、都督西域诸军事、宁西将军，车师前部王弥寘使持节、平西将军、西域都护，率其国兵为光乡导。

是年，益州西南夷、海南诸国皆遣使贡其方物。

坚南游灞上，从容谓群臣曰："轩辕，大圣也，其仁若天，其智若神，犹随不顺者从而征之，居无常所，以兵为卫，故能日月所照，风雨所至，莫不率从。今天下垂平，惟东南未殄。朕忝荷大业，巨责攸归，岂敢优游卒岁，不建大同之业！每思桓温之寇也，江东不可不灭。今有劲卒百万，文武如林，鼓行而摧遗晋，若商风之陨秋箨。朝廷内外，皆言不可，吾实未解所由。晋武若信朝士之言而不征吴者，天下何由一轨！吾计决矣，不复与诸卿议也。"太子宏进曰："吴今得岁，不可伐也。且晋主无罪，人为之用；谢安、桓冲兄弟皆一方之俊才，君臣戮力，阻险长江，未可图也。但可厉兵积粟，以待暴主，一举而灭之。今若动而无功，则威名损于外，资财竭于内。是故圣王之行师也，内断必诚，然后用之。彼若凭长江以固守，徙江北百姓于江南，增城清野，杜门不战，我已疲矣，彼未引弓。土下气疠，不可久留，陛下将若之何？"坚曰："往年车骑灭燕，亦犯岁而捷也。天道幽远，非汝所知也。昔始皇之灭六国，其王岂皆暴乎？且吾内断于心久矣，举必克之，何为无功！吾方命蛮夷以攻其内，精甲劲兵以攻其外，内外如此，安有不克！"道安曰："太子之言是也，愿陛下纳之。"坚弗从。冠军慕容垂言于坚曰："陛下德侔轩、唐，功高汤、武，威泽被于八表，远夷重译而归。司马昌明因余烬之资，敢距王命，是而不诛，法将安措！孙氏跨僭江东，终并于晋，其势然也。臣庸小不敌大，弱不御强，况大秦之应符，陛下之圣武，强兵百万，韩、白盈朝，而令其偷魂假号，以贼虏遗子孙哉！《诗》云：'筑室于道谋，是用不溃于成。'陛下内断神谋足矣，不烦广访朝臣以乱圣虑。昔晋武之平吴也，言可者张、杜数贤而已，若采群臣之言，岂能建不世之功！谚云凭天俟时，时已至矣，其可已乎！"坚大悦，曰："与吾定天下者，其惟卿耳。"赐帛五百匹。

彗星扫东井。自坚之建元十七年四月，长安有水影，远观若水，视地则见人，至是则止。坚恶之。上林竹死，洛阳地陷。

晋车骑将军桓冲率众十万伐坚,遂攻襄阳。遣前将军刘波、冠军桓石虔、振威桓石民攻沔北诸城;辅国杨亮伐蜀,攻拔伍城,进攻涪城,龙骧胡彬攻下蔡;鹰扬郭铨攻武当;冲别将攻万岁城,拔之。坚大怒,遣其子征南睿及冠军慕容垂、左卫毛当率步骑五万救襄阳,扬武张崇救武当,后将军张蚝、步兵校尉姚苌救涪城。睿次新野,垂次邓城。王师败张崇于武当,掠二千余户而归。睿遣垂及骁骑石越为前锋,次于沔水。垂、越夜命三军人持十炬火,系炬于树枝,光照十数里中。冲惧,退还上明。张蚝出斜谷,杨亮亦引兵退归。

坚下书悉发诸州公私马,人十丁遣一兵。门在灼然者,为崇文义从。良家子年二十已下,武艺骁勇,富室材雄者,皆拜羽林郎。下书期克捷之日,以帝为尚书左仆射,谢安为吏部尚书,桓冲为侍中,并立第以待之。良家子至者三万余骑。其秦州主簿金城赵盛之为建威将军、少年都统。遣征南苻融、骠骑张蚝、抚军苻方、卫军梁成、平南慕容暐、冠军慕容垂率步骑二十五万为前锋。坚发长安,戎卒六十余万,骑二十七万,前后千里,旗鼓相望。坚至项城,凉州之兵始达咸阳,蜀汉之军顺流而下,幽、冀之众至于彭城,东西万里,水陆齐进。运漕万艘,自河入石门,达于汝、颍。

融等攻陷寿春,执晋平虏将军徐元喜、安丰太守王先。垂攻陷郧城,害晋将军王太丘。梁成与其扬州刺史王显、弋阳太守王咏等率众五万,屯于洛涧,栅淮以遏东军。成频败王师。晋遣都督谢石、徐州刺史谢玄、豫州刺史桓伊、辅国谢琰等水陆七万,相继距融,去洛涧二十五里,惮成不进。龙骧将军胡彬先保硖石,为融所逼,粮尽,诈扬沙以示融军,潜遣使告石等曰:"今贼盛粮尽,恐不见大军。"融军人获而送之。融乃驰使白坚曰:"贼少易俘,但惧其越逸,宜速进众军,掎禽贼帅。"坚大悦,恐石等遁也,舍大军于项城,以轻骑八千兼道赴之,令军人曰:"敢言吾至寿春者拔舌。"故石等弗知。晋龙骧将军刘牢之率劲卒五千,夜袭梁成垒,克之,斩成及王显、王咏等十将,士卒死者万五千。谢石等以既败梁成,水陆继进。坚与苻融登城而望王师,见部阵齐整,将士精锐,又北望八公山上草木,皆类人形,顾谓融曰:"此亦勍敌也,何谓少乎!"怃然有惧色。初,朝廷闻坚入寇,会稽王道子以威仪鼓吹求助于钟山之神,奉以相国之号。及坚之见草木状人,若有力焉。

坚遣其尚书朱序说石等以众盛,欲胁而降之。序诡谓石曰:"若秦百万之众皆至,则莫可敌也。及其众未集,宜在速战。若挫其前锋,可以得志。"石闻坚在寿春也,惧,谋不战以疲之。谢琰劝从序言,遣使请战,许之。时张蚝败谢石于肥南,谢玄、谢琰勒卒数万,阵以待之。蚝乃退,列阵逼肥水。王师不得渡,遣使谓融曰:"君悬军深入,置阵逼水,此持久之计,岂欲战者乎?若小退师,令将士周旋,仆与君公缓辔而观之,不亦美乎!"融于是麾军却阵,欲因其济水,覆而取之。军遂奔退,制之不可止。融驰骑略阵,马倒被杀,军遂大败。王师乘胜追击,至于青冈,死者相枕。坚为流矢所中,单骑遁还于淮北,饥甚,人有

进壶飧豚髀者,坚食之,大悦,曰:"昔公孙豆粥何以加也!"使赐帛十匹,绵十斤。辞曰:"臣闻白龙厌天池之乐而见困豫且,陛下目所睹也,耳所闻也。今蒙尘之难,岂自天乎!且妄施不为惠,妄受不为忠。陛下,臣之父母也,安有子养而求报哉!"弗顾而退。坚大惭,顾谓其夫人张氏曰:"朕若用朝臣之言,岂见今日之事邪!当何面目复临天下乎?"潸然流涕而去。闻风声鹤唳,皆谓晋师之至。其仆射张天锡、尚书朱序及徐元喜等皆归顺。初,谚言"坚不出项",群臣劝坚停项,为六军声镇,坚不从,故败。

诸军悉溃,惟慕容垂一军独全,坚以千余骑赴之。垂子宝劝垂杀坚,垂不从,乃以兵属坚。初,慕容暐屯郧城,姜成等守漳口,晋随郡太守夏侯澄攻姜成,斩之,暐弃其众奔还。坚收离集散,比至洛阳,众十余万,百官威仪军容粗备。未及关而垂有贰志,说坚请巡抚燕、岱,并求拜墓,坚许之。权翼固谏以为不可,坚不从。寻惧垂为变,悔之,遣骁骑石越率卒三千戍邺,骠骑张蚝率羽林五千戍并州,留兵四千配镇军毛当戍洛阳。坚至自淮南,次于长安东之行宫,哭苻融而后入,告罪于其太庙,赦殊死已下,文武增位一级,厉兵课农,存恤孤老,诸士卒不返者皆复其家终世。赠融大司马,谥曰哀公。

卫军从事中郎丁零、翟斌反于河南,长乐公苻丕遣慕容垂及苻飞龙讨之。垂南结丁零,杀飞龙,尽坑其众。豫州牧、平原公苻晖遣毛当击翟斌,为斌所败,当死之。垂子农亡奔列人,招集群盗,众至万数千。丕遣石越击之,为农所败,越死之。垂引丁零、乌丸之众二十余万,为飞梯地道以攻邺城。

慕容暐弟燕故济北王泓先为北地长史,闻垂攻邺,亡命奔关东,收诸马牧鲜卑,众至数千,还屯华阴。慕容暐乃潜使诸弟及宗人起兵于外。坚遣将军强永率骑击之,为泓所败,泓众遂盛,自称使持节、大都督陕西诸军事、大将军、雍州牧、济北王,推叔父垂为丞相、都督陕东诸军事、领大司马、冀州牧、吴王。

坚谓权翼曰:"吾不从卿言,鲜卑至矣。关东之地,吾不复与之争,将若泓何?"翼曰:"寇不可长。慕容垂正可据山东为乱,不暇近逼。今暐及宗族种类尽在京师,鲜卑之众布于畿甸,实社稷之元忧,宜遣重将讨之。"坚乃以广平公苻熙为使持节、都督雍州杂戎诸军事、镇东大将军、雍州刺史,镇蒲坂。征苻睿为都督中外诸军事、卫大将军、司隶校尉、录尚书事,配兵五万以左将军窦冲为长史,龙骧姚苌为司马,讨泓于华泽。平阳太守慕容冲起兵河东,有众二万,进攻蒲坂,坚命窦冲讨之。苻睿勇果轻敌,不恤士众。泓闻其至也,惧,率众将奔关东,睿驰兵要之。姚苌谏曰:"鲜卑有思归之心,宜驱令出关,不可遏也。"睿弗从,战于华泽,睿败绩,被杀。坚大怒,苌惧诛,遂叛。窦冲击慕容冲于河东,大破之,冲率骑八千奔于泓军。泓众至十余万,遣使谓坚曰:"秦为无道,灭我社稷。今天诱其衷,使秦师倾败,将欲兴复大燕。吴王已定关东,可速资备大驾,奉送家兄皇帝并宗室功臣之家。泓当率关中燕人,翼卫皇帝,还返邺都,与秦以武牢为界,分王天下,永为邻好,不复为秦之患也。钜鹿公轻

憗锐进,为乱兵所害,非泓之意。"坚大怒,召慕容暐责之曰:"卿父子干纪僭乱,乖逆人神,朕应天行神,尽兵势而得卿。卿非改迷归善,而台宗蒙宥,兄弟布列上将、纳言,虽曰破灭,其实若归。奈何因王师小败,便猖悖若此!垂为长蛇于关东,泓、冲称兵内侮。泓书如此,卿欲去者,朕当相资。卿之宗族,可谓人面兽心,殆不可以国士期也。"暐叩头流血,泣涕陈谢。坚久之曰:"《书》云,父子兄弟无相及也。卿之忠诚,实简朕心,此自三竖之罪,非卿之过。"复其位而待之如初。命暐以书招喻垂及泓、冲,使息兵还长安,恕其反叛之咎。而暐密遣使者谓泓曰:"今秦数已终,长安怪异特甚,当不复能久立。吾既笼中之人,必无还理。昔不能保守宗庙,致令倾丧若斯,吾罪人也,不足复顾吾之存亡。社稷不轻,勉建大业,以兴复为务。可以吴王为相国,中山王为太宰、领大司马,汝可为大将军、领司徒,承制封拜。听吾更问,汝使即尊位。"泓于是进向长安,改年曰燕兴。是时鬼夜哭,三旬而止。

坚率步骑二万讨姚苌于北地,次于赵氏坞,使护军杨璧游骑三千,断其奔路,右军徐成、左军窦冲、镇军毛盛等屡战败之,仍断其运水之路。冯翊游钦因淮南之败,聚众数千,保据频阳,遣军运水及粟,以馈姚苌,杨璧尽获之。苌军渴甚,遣其弟镇北尹苌率劲卒二万决壁。窦冲率众败其军于鹯雀渠,斩异买及首级万三千。苌众危惧,人有渴死者。俄而降雨于苌营,营中水三尺,周营百步之外,寸余而已,于是苌军大振。坚方食,去案怒曰:"天其无心,何故降泽贼营!"苌又东引慕容泓为援。

泓谋臣高盖、宿勤崇等以泓德望后冲,且持法苛峻,乃杀泓,立冲为皇太弟,承制行事,自相署置。

姚苌留其弟征虏绪守杨渠川大营,率众七万来攻坚。坚遣杨璧等击之,为苌所败,获杨璧、毛盛、徐成及前军齐午等数十人,皆礼而遣之。

苻晖率洛阳、陕城之众七万归于长安。益州刺史王广遣将军王蚝率蜀汉之众来赴难。坚闻慕容冲去长安二百余里,引师而归,使抚军苻方戍骊山,拜苻晖使持节、散骑常侍、都督中外诸军事、车骑大将军、司隶校尉、录尚书,配兵五万距冲,河间公苻琳为中军大将军,为晖后继。冲乃令妇人乘牛马为众,揭竿为旗,扬土为尘,督厉其众,晨攻晖营于郑西。晖出距战,冲扬尘鼓噪,晖师败绩。坚又以尚书姜宇为前将军,与苻琳率众三万,击冲于灞上,为冲所败,宇死之,琳中流矢,冲遂据阿房城。初,坚之灭燕,冲姊为清河公主,年十四,有殊色,坚纳之,宠冠后庭。冲年十二,亦有龙阳之姿,坚又幸之。姊弟专宠,宫人莫进。长安歌之曰:"一雌复一雄,双飞入紫宫。"咸惧为乱。王猛切谏,坚乃出冲。长安又谣曰:"凤皇凤皇止阿房。"坚以凤皇非梧桐不栖,非竹实不食,乃植桐竹数十万株于阿房城以待之。冲小字凤皇,至是,终为坚贼,入止阿房城焉。

晋西中郎将桓石虔进据鲁阳,遣河南太守高茂北戍洛阳。晋冠军谢玄次于下邳,徐州刺史赵迁弃彭城奔还。玄前锋张愿追迁及于砀山,转战而免。玄进据彭城。

时吕光讨平西域三十六国,所获珍宝以万万计。坚下书以光为使持节、散骑常侍、都督玉门以西诸军事、安西将军、西域校尉,进封顺乡侯,增邑一千户。

刘牢之伐兖州,坚刺史张崇弃鄄城奔于慕容垂。牢之遣将军刘袭追崇,战于河南,斩其东平太守杨光而退。牢之遂据鄄城。

慕容冲进逼长安,坚登城观之,叹曰:"此虏何从出也?其强若斯!"大言责冲曰:"尔辈群奴正可牧牛羊,何为送死!"冲曰:"奴则奴矣,既厌奴苦,复欲取尔见代。"坚遣使送锦袍一领遗冲,称诏曰:"古人兵交,使在其间。卿远来草创,得无劳乎?今送一袍,以明本怀。朕于卿恩分如何,而于一朝忽为此变!"冲命詹事答之,亦称"皇太弟有令:孤今心在天下,岂顾一袍小惠。苟能知命,便可君臣束手,早送皇帝,自当宽贷苻氏,以酬曩好,终不使既往之施独美于前"。坚大怒曰:"吾不用王景略、阳平公之言,使白虏敢至于此。"

苻丕在邺粮竭,马无草,削松木而食之。会丁零叛慕容垂,垂引师去邺,始具西问,知苻睿等丧败,长安危逼,乃遣其阳平太守邵兴率骑一千,将北引重合侯苻谟、高邑侯苻亮、阜城侯苻定于常山,固安侯苻鉴、中山太守王兖于中山,以为己援。垂遣将军张崇要兴,获之于襄国南。又遣其参军封孚西引张蚝、并州刺史王腾于晋阳,蚝、腾以众寡不赴。丕进退路穷,乃谋于群僚。司马杨膺唱归顺之计,丕犹未从。会晋遣济北太守丁匡据碻磝,济阳太守郭满据滑台,将军颜肱、刘袭次于河北,丕遣将军桑据距之,为王师所败。袭等进攻黎阳,克之。丕惧,乃遣从弟就与参军焦逵请救于谢玄。丕书称假途求粮,还赴国难,须军援既接,以邺与之,若西路不通,长安陷没,请率所领保守邺城。乃羁縻一方,文降而已。逵与参军姜让密谓杨膺曰:"今祸难如此,京师阻隔,吉凶莫审,密迩寇仇,三军罄绝,倾危之甚,朝不及夕。观公豪气不除,非救世之主,既不能竭尽诚款,速致粮援,方设两端,必无成也。今日之殆,疾于转机,不容虚设,徒成反覆。宜正书为表,以结殷勤。若王师之至,必当致身。如其不从,可逼缚与之。苟不义服,一人力耳。古人行权,宁济为功,况君侯累叶载德,显祖初著名于晋朝,今复建崇勋,使功业相继,千载一时,不可失也。"膺素轻丕,自以力能逼之,乃改书而遣逵等,并遣济南毛蜀、毛鲜等分房为任于晋。

坚遣鸿胪郝稚征处士王嘉于到兽山。既至,坚每日召嘉与道安于外殿,动静咨问之。慕容暐入见东堂,稽首谢曰:"弟冲不识义方,孤背国恩,臣罪应万死。陛下垂天地之容,臣蒙更生之惠。臣二子昨婚,明当三日,愚欲暂屈銮驾,幸臣私第。"坚许之。暐出,嘉曰:"椎芦作蓬藜,不成文章,会天大雨,不得杀羊。"坚与群臣莫之能解。是夜大雨,晨不果出。初,暐之遣诸弟起兵于外也,坚防守甚严,谋应之而无因。时鲜卑在城者犹有千余人,暐乃密结鲜卑之众,谋伏兵请坚,因而杀之。令其豪帅悉罗腾、屈突铁侯等潜告之曰:"官今使侯外镇,听旧人悉随,可于某日会集某处。"鲜卑信之。北部人突贤与其妹别,妹为左将军窦冲小妻,闻以告冲,请留其兄。冲驰入白坚,坚大惊,召腾问之,腾具首服。坚乃诛晖父子及其宗族,城内鲜卑无少长及妇女皆杀之。

慕容垂复围邺城。焦逵既至,朝廷果欲征丕任子,然后出师。逵固陈丕款诚无贰,并宣杨膺之意,乃遣刘牢之等率众二万,水陆运漕救邺。

时长安大饥,人相食,诸将归而吐肉以饴妻子。

慕容冲僭称尊号于阿房,改年更始。坚与冲战,各有胜负。尝为冲军所围,殿中上将军邓迈、左中郎将邓绥、尚书郎邓琼相谓曰:"吾门世荷荣宠,先君建殊功于国家,不可不立忠效节,以成先君之志。且不死君难者,非丈夫也。"于是与毛长乐等蒙兽皮,奋矛而击冲军。冲军溃,坚获免,嘉其忠勇,并拜五校,加三品将军,赐爵关内侯。冲又遣其尚书令高盖率众夜袭长安,攻陷南门,入于南城。左将军窦冲、前禁将军李辩等击败之,斩首千八百级,分其尸而食之。坚寻败冲于城西,追奔至于阿城。诸将请乘胜入城,坚惧为冲所获,乃击金以止军。

是时刘牢之至枋头。征东参军徐义、宦人孟丰告苻丕,杨膺、姜让等谋反,丕收膺、让戮之。牢之以丕自相屠戮,盘桓不进。

苻晖屡为冲所败,坚让之曰:"汝,吾之子也,拥大众,屡为白虏小儿所摧,何用生为!"晖愤恚自杀。关中堡壁三千余所,推平远将军冯翊、赵敖为统主,相率结盟,遣兵粮助坚。左将军苟池、右将军俱石子率骑五千,与冲争麦,战于骊山,为冲所败,池死之,石子奔邺。坚大怒,复遣领军杨定率左右精骑二千五百击冲,大败之,俘掠鲜卑万余而还。坚怒,悉坑之。定果勇善战,冲深惮之,遂穿马坮以自固。

刘牢之至邺,慕容垂北如新城。邺中饥甚,丕率邺城之众就晋谷于枋头。牢之入屯邺城。慕容垂军人饥甚,多奔中山,幽、冀人相食。初,关东谣曰:"幽州馱,生当灭。若不灭,百姓绝。"馱,垂之本名。与丕相持经年,百姓死几绝。

先是,姚苌攻新平,新平太守苟辅将降之,郡人辽西太守冯杰、莲勺令冯翊等谏曰:"天下丧乱,忠臣万见。昔田单守一城而存齐,今秦之所有,犹连州累镇,郡国百城。臣子之于君父,尽心焉,尽力焉,死而后已,岂宜贰哉!"辅大悦,于是凭城固守。苌为土山地道,辅亦为之。或战山峰,苌众死者万有余人。辅乃诈降,苌将入,觉之,引众而退。辅驰出击之,斩获万计。至是,粮竭矢尽,外救不至,苌遣吏谓辅曰:"吾方以义取天下,岂仇忠臣乎?卿但率见众男女还长娄,吾须此城置镇。"辅以为然,率男女万五千口出城,苌围而坑之,男女无遗。初,石季龙末,清河崔悦为新平相,为郡人所杀。悦子液后仕坚,为尚书郎,自表父仇不同天地,请还冀州。坚愍之,禁锢新平人,缺其城角以耻之。新平酋望深以为惭,故相率距苌,以立忠义。

时有群乌数万,翔鸣于长安城上,其声甚悲,占者以为斗羽不终年,有甲兵入城之象。冲率众登城,坚身贯甲胄,督战距之,飞矢满身,血流被体。时虽兵寇危逼,冯翊诸堡壁犹有负粮冒难而至者,多为贼所杀。坚谓之曰:"闻来者率不善达,诚是忠臣赴难之义。当今寇难殷繁,非一人之力所能济也。庶明灵有照,祸极灾返,善保诚顺,为国自爱,蓄粮厉甲,端听师期,不可徒丧无成,相随兽口。"三辅人为冲所略者,咸遣使告坚,请放火以为内应。坚曰:"哀诸卿忠诚之意也,何复已已。但时运纪丧,恐无益于国,空使诸卿坐自夷灭,吾所不忍也。且吾精兵若兽,利器如霜,而衄于乌合疲钝之贼,岂非天也!宜善思之。"众固请曰:"臣等不爱性命,投身为国,若上天有灵,单诚或冀一济,没无遗恨矣。"坚遣骑七百应之。而冲营放火者为风焰所烧,其能免者十有一二。坚深痛之,身为设祭而招之曰:"有忠有灵,来就此庭。归汝先父,勿为妖形。"歔欷流涕,悲不自胜。众咸相谓曰:"至尊慈恩如此,吾等有死无移。"冲毒暴关中,人皆流散,道路断绝,千里无烟。坚以甘松护军仇腾为冯翊太守,加辅国将军,与破虏将军蜀人兰犊慰勉冯翊诸县之众。众咸曰:"与陛下同死共生,誓无有贰。"

每夜有周城大呼曰:"杨定健儿应属我,宫殿台观应坐我,父子同出不共汝。"且寻而不见人迹。城中有书曰《古符传贾录》,载"帝出五将久长得"。先是,又谣曰:"坚入五将山长得。"坚大信之,告其太子宏曰:"脱如此言,天或导引。今留妆兼总戎政,勿与贼争利,朕当出陇收兵运粮以给汝。天其或者正训予也。"于是遣卫将军杨定击冲于城西,为冲所擒。坚弥惧,付宏以后事,将中山公诜、张夫人率骑数百出如五将,宣告州郡,期以孟冬救长安。宏寻将母妻宗室男女数千骑出奔,百僚逃散。慕容冲入据长安,从兵大掠,死者不可胜计。

初,秦之未乱也,关中土然,无火而烟气大起,方数十里中,月余不灭。坚每临听讼观,令百姓有怨者举烟于城北,观而录之。长安为之语曰:"欲得必存当举烟。"又为谣曰:"长鞘马鞭击左股,太岁南行当复虏。"秦人呼鲜卑为白虏。慕容垂之起于关东,岁在癸末。坚之分氐户于诸镇也,赵整因侍,援琴而歌曰:"阿得脂,阿得脂,博劳旧父是仇绥,尾长翼短不能飞,远徙种人留鲜卑,一旦缓急语阿谁!"坚笑而不纳。至是,整言验矣。

坚至五将山,姚苌遣将军吴忠围之。坚众奔散,独侍御十数人而已。神色自若,坐而待之,召宰人进食。俄而忠至,执坚以归新平,幽之于别室。苌求传国玺于坚曰:"苌次膺符历,可以为惠。"坚瞋目叱之曰:"小羌乃敢干逼天子,岂以传国玺授汝羌也,图纬符命,何所依据?五胡次序,无汝羌名。违天不祥,其能久乎!玺已送晋,不可得也。"苌又遣尹纬说坚,求为尧、舜禅代之事。坚责纬曰:"禅代者,圣贤之事。姚苌叛贼,奈何拟之古人!"坚既不许苌以禅代,骂而求死,苌乃缢坚于新平佛寺中,时年四十八。中山公诜及张夫人并自杀。是岁太元十年也。

宏之奔也,归其南秦州刺史杨璧于下辩,璧距之,乃奔武氏豪强熙,假道归顺,朝廷处宏于江州。宏历位辅国将军。桓玄篡位,以宏为梁州刺史。义熙初,以谋叛被诛。

初，坚强盛之时，国有童谣云："河水清复清，苻诏死新城。"坚闻而恶之，每征伐，戒军候云："地有名新者避之。"时又童谣云："阿坚连牵三十年，若后欲败当在江、淮间。"坚在位二十七年，因寿春之败，其国大乱，后二年，竟死于新平佛寺，咸应谣言矣。丕僭号，伪追谥坚曰世祖宣昭皇帝。

王猛，字景略，北海剧人也，家于魏郡。少贫贱，以鬻畚为业。尝货畚于洛阳，乃有一人贵买其畚，而云无直，自言："家去此无远，可随我取直。"猛利其贵而从之，行不觉远，忽至深山，见一父老，须发皓然，踞胡床而坐，左右十许人，有一人引猛进拜之。父老曰："王公何缘拜也！"乃十倍偿畚直，遣人送之。猛既出，顾视，乃嵩高山也。

猛瑰姿俊伟。博学好兵书，谨重严毅，气度雄远，细事不干其虑，自不参其神契，略不与交通，是以浮华之士咸轻而笑之。猛悠然自得，不以屑怀。少游于邺都，时人罕能识也。惟徐统见而奇之，召为功曹。遁而不应，遂隐于华阴山。怀佐世之志，希龙颜之主，敛翼待时，候风云而后动。桓温入关，猛被褐而诣之，一面谈当世之事，扪虱而言，旁若无人。温察而异之，问曰："吾奉天子之命，率锐师十万，杖义讨逆，为百姓除残贼，而三秦豪杰未有至者何也？"猛曰："公不远数千里，深入寇境，长安咫尺而不渡灞水，百姓未见公心故也，所以不至。"温默然无以酬之。温之将还，赐猛车马，拜高官督护，请与俱南。猛还山咨师，师曰："卿与桓温岂并世哉！在此自可富贵，何为远乎！"猛乃止。

苻坚将有大志，闻猛名，遣吕婆楼招之，一见便若平生。语及废兴大事，异符同契，若玄德之遇孔明也。及坚僭位，以猛为中书侍郎。时始平多枋头西归之人，豪右纵横，劫盗充斥，乃转猛为始平令。猛下车，明法峻刑，澄察善恶，禁勒强豪。鞭杀一吏，百姓上书讼之，有司劾奏，槛车征下廷尉诏狱。坚亲问之，曰："为政之体，德化为先，苟任未几而杀戮无数，何其酷也！"猛曰："臣闻宰宁国以礼，治乱邦以法。陛下不以臣不才，任臣以剧邑，谨为明君翦除凶猾。始杀一奸，余尚万数，若以臣不能穷残尽暴，肃清轨法者，敢不甘心鼎镬，以谢孤负。酷政之刑，臣实未敢受之。"坚谓群臣曰："王景略固是夷吾、子产之俦也。"于是赦之。

迁尚书左丞、咸阳内史、京兆尹。未几，除吏部尚书、太子詹事，又迁尚书左仆射、辅国将军、司隶校尉，加骑都尉，居中宿卫。时猛年三十六，岁中五迁，权倾内外，宗戚旧臣皆害其宠。尚书仇腾、丞相长史席宝数谮毁之，坚大怒，黜腾为甘松护军，宝白衣领长史。尔后上下咸服，莫有敢言。顷之，迁尚书令、太子太傅，加散骑常侍。猛频表累让，坚竟不许。又转司徒、录尚书事，余如故。猛辞以无功，不拜。

后率诸军讨慕容晞，军禁严明，师无私犯。猛之未至邺也，劫盗公行，及猛之至，远近帖然，燕人安之。军还，以功进封清河郡侯，赐以美姬五人，上女妓十二人，中妓三十八人，马百匹，车十乘。猛上疏固辞不受。

时既留镇冀州，坚遣猛于六州之内听以便宜从事，简召英俊，以补关东守宰，授讫，言台除正。居数月，上疏曰："臣前所以朝闻夕拜，不顾艰虞者，正以方难未夷，军机权速，庶竭命戎行，甘驱驰之役，敷宣皇威，展筋骨之效，故偭俛从事，叩据负乘，可谓恭命于济时，俟太平于今日。今圣德格于皇天，威灵被于八表，弘化已熙，六合清泰，窃敢披贡丹诚，请避贤路。设官分职，各有司存，岂应孤任愚臣，以速倾败！东夏之事，非臣区区所能康理，愿徙授亲贤，济臣颠坠。若以臣有鹰犬微勤，未忍捐弃者，乞待罪一州，效尽力命。徐方始宽，淮、汝防重，六州处分，府选便宜，辄以悉停。督任弗可虚旷，深愿时降神规。"坚不许，遣其侍中梁谠诣邺喻旨，猛乃视事如前。

俄拜为丞相、中书监、尚书令、太子太傅、司隶校尉，持节、常侍、将军、侯如故。稍加都督中外诸军事。猛表让久之。坚曰："卿昔螭蟠布衣，朕龙潜弱冠，属世事纷纭，厉士之际，颠覆厥德。朕奇卿于暂见，拟卿为卧龙，卿亦异朕于一言，回《考槃》之雅志，岂不精契神交，千载之会！虽傅岩入梦，姜公悟兆，今古一时，亦不殊也。自卿辅政，几将二纪，内厘百揆，外荡群凶，天下向定，彝伦始叙。朕且欲从容于上，望卿劳心于下，弘济之务，非卿而谁！"遂不许。其后数年，复授司徒。猛复上疏曰："臣闻乾象盈虚，惟后则之；位称以才，官非则旷。郑武翼周，仍世载咏；王叔昧宠，政替身亡，斯则成败之殷监，为臣之炯戒。窃惟鼎宰崇重，路将太阶，宜妙尽时贤，对扬休命。魏祖以文和为公，贻笑孙后；千秋一言致相，匈奴呵之。臣何庸猥，而应斯举！不但取嗤邻远，实令为虏轻秦。昔东野穷驭，颜子知其将弊。陛下不复料度臣之才力，私惧败亡是及。且上亏宪典，臣何颜处之！虽陛下私臣，其如天下何！愿回日月之鉴，矜臣后悔，使上无过授之谤，臣蒙覆焘之恩。"坚竟不从。猛乃受命。军国内外万机之务，事无巨细，莫不归之。

猛宰政公平，流放尸素，拔幽滞，显贤才，外修兵革，内综儒学，劝课农桑，教以廉耻，无罪而不刑，无才而不任，庶绩咸熙，百揆时叙。于是兵强国富，垂及升平，猛之力也。坚尝从容谓猛曰："卿夙夜匪懈，忧勤万机，若文王得太公，吾将优游以卒岁。"猛曰："不图陛下知臣之过，臣何足以拟古人！"坚曰："以吾观之，太公岂能过也。"常敕其太子宏、长乐公丕等曰："汝事王公，如事我也。"其见重如此。

广平麻思流寄关右，因母亡归葬，请还冀州。猛谓思曰："便可速装，是暮已符ण发遣。"及始出关，郡县已被符管摄。其令行禁整，事无留滞，皆此类也。性刚明清肃，于善恶尤分。微时一餐之惠，睚眦之忿，靡不报焉，时论颇以此少之。

其年寝疾，坚亲祈南北郊、宗庙、社稷，分遣侍臣祷河岳诸祀，靡不周备。猛疾未瘳，乃大赦其境内殊死已下。猛疾甚，因上疏谢恩，并言时政，多所弘益。坚览之流涕，悲恸左右。及疾笃，坚亲临省病，问以后事。猛曰："晋虽僻陋吴、越，乃正朔相承。亲仁善邻，国之宝也。臣没之后，愿不以晋为图。鲜卑、羌虏，我之仇也，终为人患，宜渐除之，以便社稷。"言终而死，时年五十一。坚哭之恸。比敛，三临，谓太子宏曰："天不欲使吾平一六合邪？何夺吾景略之速也！"赠侍中，丞相余如故。给东园温明秘器，帛三千匹，谷万石。谒者仆射监护丧事，葬礼一依汉大将军故事。谥曰武侯。朝野巷哭三日。

苻融，字博休，坚之季弟也。少而岐嶷凤成，魁伟美姿度。健之世封安乐王，融上疏固辞，健深奇之，曰："且成吾儿箕山之操。"乃止。苻生爱其器貌，常侍左右，未弱冠便有台辅之望。长而令誉弥高，为朝野所属。坚僭号，拜侍中，寻除中军将军。融聪辩明慧，下笔成章，至于谈玄论道，虽道安无以出之。耳闻则诵，过目不忘，时人拟之王粲。尝著《浮图赋》，壮丽清赡，世咸珍之。未有升高不赋，临丧不诔，朱彤、赵整等推其妙速。旅力雄勇，骑射击刺，百夫之敌也。铨综内外，刑政修理，进才理滞，王景略之流也。尤善断狱，奸无所容，故为坚所委任。

后为司隶校尉。京兆人董丰游学三年而返，过宿妻家，是夜妻为贼所杀。妻兄疑丰杀之，送丰有司。丰不堪楚掠，诬引杀妻。融察而疑之，问曰："汝行往还，颇有怪异及卜筮以不？"丰曰："初将发，夜梦乘马南渡水，返而北渡，复自北而南，马停水中，鞭策不去。俯而视之，见两日在于水下，马左白而湿，右黑而燥。寤而心悸，窃以为不祥。还之夜，复梦如初，问之筮者，筮者云：'忧狱讼，远三枕，避三沐。'既至，妻为具沐，夜授吏枕。丰记筮者之言，皆不从之。妻乃自沐，枕枕而寝。"融曰："吾知之矣。《周易》《坎》为水，马为《离》，梦乘马南渡，旋北而南者，从《坎》之《离》。三爻同变，变而成《离》。《离》为中女，《坎》为中男。两日，二夫之象。《坎》为执法吏。吏诘其夫，妇人被流血而死。《坎》二阴一阳，《离》二阳一阴，相承易位。《离》下《坎》上，《既济》，文王遇之囚羑里，有礼而生，无礼而死。马左而湿，湿，水也，左水右马，冯字也。两日，昌字也。其冯昌杀之乎！"于是推检，获昌而诘之，昌具首服，曰："本与其妻谋杀董丰，期以新沐枕枕为验，是以误中妇人。"在冀州，有老母遇劫于路，母扬声唱盗，行人为母逐之。既擒劫者，劫者返诬行人为盗。时日垂暮，母及路人莫知孰是，乃俱送之。融见而笑曰："此易知耳，可二人并走，先出凤阳门者非盗。"既而还入，融正色谓后出者曰："汝真是盗，何以诬人！"其发奸摘伏，皆此类也。所在盗贼止息，路不拾遗。坚及朝臣雅皆叹服，州郡疑狱莫不折之于融。融观色察形，无不尽其情状。虽镇关东，朝之大事靡不驰驿与融议之。

性至孝，初届冀州，遣使参问其母动止，或日有再三。坚以为烦，月听一使。后上疏请还侍养，坚遣使慰喻不许。久之，征拜侍中、中书监、都督中外诸军事、车骑大将军、司隶校尉、太子太傅、领宗正、录尚书事。俄转司徒，融苦让不受。融为将善谋略，好施爱士，专攻征伐，必有殊功。

坚既有意荆、扬，时慕容垂、姚苌等常说坚以平吴封禅之事，坚谓江东可平，寝不暇旦。融每谏曰："知足不辱，知止不殆，穷兵极武，未有不亡。且国家，戎族也，正朔会不归人。江东虽不绝如缕，然天之所相，终不可灭。"坚曰："帝王历数岂有常哉，惟德之所授耳！汝所以不如吾者，正病此不达变通大运。刘禅可非汉之遗祚，然终为中国之所并。吾将任汝以天下之事，奈何事事折吾，沮坏大谋！汝尚如此，况于众乎！"坚之将入寇也，融又切切谏曰："陛下听信鲜卑、羌虏谄谀之言，采纳良家少年利口之说，臣恐非但无成，亦大事去矣。垂、苌皆我之仇敌，思闻风尘之变，冀因之以逞其凶德。少年等皆富足子弟，希关军旅，苟说佞谄之言，以会陛下之意，不足采也。"坚弗纳。及淮南之败，垂、苌之叛，坚悼恨弥深。

苻朗，字元达，坚之从兄子也。性宏达，神气爽迈，幼怀远操，不屑时荣。坚尝目之曰："吾家千里驹也。"征拜镇东将军、青州刺史，封乐安男，不得已起而就官。及为方伯，有若素士，耽玩经籍，手不释卷，每谈虚语玄，不觉日之将夕；登涉山水，不知老之将至。在任甚有称绩。

后晋遣淮阴太守高素伐青州，朗遣使诣谢玄于彭城求降，玄表朗许之，诏加员外散骑侍郎。既至扬州，风流迈于一时，超然自得，志陵万物，所与悟言，不过一二人而已。骠骑长史王忱，江东之俊秀，闻而诣之，朗称疾不见。沙门释法汰问朗曰："见王吏部兄弟未？"朗曰："吏部为谁？非人面而狗心、狗面而人心兄弟者乎？"王忱丑而才慧，国宝美貌而才劣于弟，故朗云然。汰怅然自失。其忤物侮人，皆此类也。

谢安常设宴请之，朝士盈坐，并机褥壶席。朗每事欲夸之，唾则令小儿跪而张口，既唾而含出，顷复如之，坐者为不及之远也。又善识味，咸酢及肉皆别所由。会稽王司马道子为朗设盛馔，极江左精肴。食讫，问曰："关中之食孰若此？"答曰："皆好，惟盐味小生耳。"既问宰夫，皆如其言。或人杀鸡以食之，既进，朗曰："此鸡栖恒半露。"检之，皆验。又食鹅肉，知黑白之处。人不信，记而试之，无豪厘之差。时人咸以为知味。

后数年，王国宝潜而杀之。王忱将为荆州刺史，待杀朗而后发。临刑，志色自若，为诗曰："四大起何因？聚散无穷已。既过一生中，又入一死理。冥心乘和畅，未觉有终始。如何箕山夫，奄焉处东市！旷此百年期，远同嵇叔子。命也归自天，委化任冥纪。"著《苻子》数十篇行于世，亦《老》《庄》之流也。

卷一百十五　　载记第十五

苻丕　苻登

苻丕，字永叔，坚之长庶子也。少而聪慧好学，博综经史。坚与言将略,嘉之,命邓羌教以兵法。文武才干亚于苻融,为将善收士卒情,出镇邺,东夏安之。坚败归长安,丕为慕容垂所逼,自邺奔枋头。坚之死也,丕复入邺城,将收兵赵、魏,西赴长安。会幽州刺史王永、平州刺史苻冲频为垂将平规等所败,乃遣昌黎太守宋敞焚烧和龙、蓟城宫室,率众三万进屯壶关,遣使招丕。丕乃去邺,率男女六万余口进如潞川。骠骑张蚝、并州刺史王腾迎之,入据晋阳,始知坚死问,举哀于晋阳,三军缟素。王永留苻冲守壶关,率骑一万会丕,劝称尊号,丕从之,乃以太元十年僭即皇帝位于晋阳南。立坚庙,太赦境内,改元曰太安。置百官,以张蚝为侍中、司空,封上党郡公;王永为使持节、侍中、都督中外诸军事、车骑大将军、尚书令,进封清河公;王腾为散骑常侍、中军大将军、司隶校尉,阳平郡公;苻冲为左光禄大夫、尚书左仆射、西平王;俱石子为卫将军、濮阳公;杨辅为尚书右仆射、济阳公;王亮为护军将军、彭城公;强益耳、梁畅为侍中,徐义为吏部尚书,并封县公。自余封授各有差。

是时安西吕光自西域还师,至于宜禾,坚凉州刺史梁熙谋闭境距之。高昌太守杨翰言于熙曰:"吕光新定西国,兵强气锐,其锋不可当也。度其事意,必有异图。且今关中扰乱,京师存亡未知,自河已西迄于流沙,地方万里,带甲十万,鼎峙之势实在今日。若光出流沙,其势难测。高梧谷口,水险之要,宜先守之而夺其水。彼既穷渴,自然投戈。如其以远不守,伊吾之关亦可距也。若度此二要,虽有子房之策,难为计矣。地有所必争,真此机也。"熙弗从。美水令犍为张统说熙曰:"主上倾国南讨,覆败而还。慕容垂擅兵河北,泓、冲寇逼京师,丁零杂虏,跋扈崤、洛,州郡奸豪,所在风扇,王纲弛绝,人怀利己。今吕光回师,将军何以抗之?"熙曰:"诚深忧之,未知计之所出。"统曰:"光雄果勇毅,明略绝人,今以荡西域之威,拥归师之锐,锋若猛火之盛于原,弗可敌也。将军世受殊恩,忠诚夙著,立勋王室,宜在于今。行唐公洛,上之从弟,勇冠一时。为将军计者,莫若奉为盟主,以摄众望,推忠义以总率群豪,则光无异心也。资其精锐,东兼毛兴,连王统、杨璧,集四州之众,扫凶逆于诸夏,宁帝室于关中,此桓文之举也。"熙又不从。杀洛于西海,以子胤为鹰扬将军,率众五万距光于酒泉。敦煌太守姚静、晋昌太守李纯以郡降光。胤及光战于安弥,为光所败。武威太守彭济执熙迎光,光杀之。建威、西郡太守索泮,奋威、督洪池已南诸军事、酒泉太守宋皓等,并为光所杀。

坚尚书令、魏昌公苻纂自关中来奔,拜太尉,进封东海王。以中山太守王兖为平东将军、平州刺史、阜城侯,苻定为征东将军、冀州牧、高城侯,苻绍为镇东将军、督冀州诸军事、重合侯,苻谟为征西将军、幽州牧、高邑侯,苻亮为镇北大将军、督幽、并二州诸军事,并进爵郡公。定、绍据信都,谟、亮先据常山,慕容垂之围邺城也,并降于垂,闻丕称尊号,遣使谢罪。王兖固守博陵,与垂相持。左将军窦冲、秦州刺史王统、河州刺史毛兴、益州刺史王广、南秦州刺史杨璧、卫将军杨定,并据陇右,遣使招丕,请讨姚苌。丕大悦,以定为骠骑大将军、雍州牧、冲为征西大将军、梁州牧,统镇西大将军,兴车骑大将军,璧征南大将军,并开府仪同三司,加散骑常侍,广安西将军,皆进位州牧。

于是王永宣檄州郡曰:"大行皇帝弃背万国,四海无主。征东大将军、长乐公,先帝元子,圣武自天,受命荆南,威振衡海,分陕东都,道被夷夏,仁泽光于宇宙,德听侔于《下武》。永与司空蚝等谨顺天人之望,以季秋吉辰奉公绍承大统,衔哀即事,栖谷总戎,枕戈待旦,志雪大耻。慕容垂为封豕于关东,泓、冲继凶于京邑,致乘舆播越,宗社沦倾。羌贼姚苌,我之牧士,乘衅滔天,亲行大逆,有生之巨贼也。永累叶受恩,世荷将相,不与骊山之戎,荥泽之狄共戴皇天,同履厚土。诸牧伯公侯或宛沛宗臣,或四七勋旧,岂忍坐观破国之丑竖,纵杀君之逆贼乎!主上飞龙九五,实协天心,灵祥休瑞,史不辍书,投戈效义之士三十余万,少康、光武之功可旬朔而成。今以卫将军俱石子为前军师,司空张蚝为中军都督。武将猛士,风烈雷震,志殄元凶,义无他顾。永谨奉乘舆,恭行天罚。君臣终始之义,在三忘躯之诚,戮力同之,以建晋、郑之美。"

先是,慕容麟攻王兖于博陵,至是粮竭矢尽,郡功曹张猗逾城聚众应麟。兖临城数之曰:"卿,秦之人也。吾、卿之君也。起众应贼,号称义兵,何名实相违之甚!卿兄往合乡宗,亲逐城主,天地不容,为世大戮。身灭未几,卿复续之。卿见为吾吏,亲寻干戈,竟为戎首,为尔君者,不亦难乎!今人何取卿一切之功,宁能忘卿不忠不孝之事!古人有云,求忠臣必出孝子之门,卿母在城,不能顾之,何忠义之可望!恶不绝世,卿之谓也。不图中州礼义之邦邦,而卿门风若斯。卿去老母如脱屣,吾复何论哉!"既而城陷,兖及固安侯苻鉴,并为麟所杀。

丕复以王永为司徒、录尚书事,徐义为尚书令,加右光禄大夫。

初,王广还自成都也,奔其兄秦州刺史统。及长安不守,广攻河州牧毛兴于枹罕。兴遣建节将军、临清柏卫平率其宗人千七百夜击广军,大败之。王统复遣兵助广,兴于是婴城固守。既而袭王广,败之,广亡奔秦州,为陇西鲜卑匹兰所执,送诣姚苌。兴既败王广,谋伐王统,平上邽。袍罕诸氐皆窘于兵革而疲不堪命,乃杀兴,推卫平为使持节、安西将军、河州刺史,遣使请命。

刁云杀慕容忠,乃推慕容永为使持节、大都督中外诸军事、大将军、大单于、雍、秦、梁、凉四州牧、录尚书事、河东王,称藩于垂。征东苻定、镇东苻绍、征北苻谟、镇北苻亮皆降于慕容垂。

丕又进王永为左丞相,苻纂为大司马,张蚝为太尉,王腾为骠骑大将军、仪同三司,徐义为司空,苻冲为车骑大将军、尚书令、仪同三司,俱石子为卫大将军、尚书左仆射,领官皆如故。永又檄州郡曰:"昔夏有穷夷之难,少康起焉;王莽毒杀平帝,世祖重光汉道,百六之运,何代无之!天降丧乱,羌胡猾夏,先帝晏驾贼庭,京师鞠为戎穴,神州萧条,生灵涂炭。天未亡秦,社稷有奉。主上圣德钦弘,道侔光武,所在宅心,天人归属,必当隆中兴之功，复配天之美。姚苌残虐，慕容垂凶暴，所过灭户夷烟，毁发丘墓，毒遍存亡，痛缠幽显，虽黄巾之害于九州，赤眉之暴于四海，方之未为甚也。今素秋将及，行师令辰，公侯牧守，垒主乡豪，或戮力国家，乃心王室，各率所统，以孟冬上旬会大驾于临晋。"于是天水姜延、冯翊寇明、河东王昭、新平张晏、京兆杜敏、扶风马郎、建忠高平牧官都尉王敏等咸承檄起兵，各有众数万，遣使应丕。皆就拜将军、郡守，封列侯。冠军邓景拥众五千据彭池，与窦冲为首尾，击苌平凉太守金熙。安定北部都尉鲜卑没奕于率鄯善王胡灵吒、护羌中郎将梁苟奴等，与苌左将军姚方成、镇远强京战于孙丘谷，大败之。

枹罕诸氐以卫平年老，不可以成事业，议废之，而惮其宗强，连日不决。氐有啖青者，谓诸将曰："大事宜定，东讨姚苌，不可沈吟犹豫。一旦事发，反为人害。诸军但请卫公会储众将，青为诸军决之。"众以为然。于是大飨诸将，青抽剑而前曰："今天下大乱，豺狼塞路，吾曹今日可谓休戚是同，非贤明之主莫可济艰难也。卫公朽耄，不足以成大事，宜反初服，以避贤路，狄道长苻登虽王室疏属，而志略雄明，请共立之，以赴大驾。诸君若有不同者，便下异议。"乃奋剑攘袂，将斩贰己者，众皆从之，莫敢仰视。于是推登为帅，遣使于丕请命。丕以登为征西大将军、开府仪同三司、南安王、持节及州郡督因其所称而授之。又以徐义为右丞相。

丕留王腾守晋阳，杨辅戍壶关，率众四万进据平阳。王统以秦州降姚苌。慕容永以丕至平阳，恐不自固，乃遣使求假道还东，丕弗许。遣王永及苻纂攻之，以俱石子为前锋都督，与慕容永战于襄陵。王永大败，永及石子皆死之。

初，苻纂之奔丕也，部下壮士三千余人，丕猜而忌之。及永之败，惧为纂所杀，率骑数千南奔东垣。晋扬威将军冯该自陕要击，败之，斩丕首，执其太子宁、长乐王寿，送于京师，朝廷赦而不诛，归之于苻宏。徐义为慕容永所获，械埋其足，将杀之。义诵《观世音经》，至夜中，土开械脱，于重禁之中若有人导之者，遂奔杨佺期，佺期以为洛阳令。苻纂及弟师奴率丕众数万，奔据杏城。苻登称尊号，伪谥丕为哀平皇帝。丕之臣佐皆没慕容永，乃进据上党之长子，僭称大号，改元曰中兴。丕在位二年而败。

登字文高，坚之族孙也。父敞，健之世为太尉司马、陇东太守、建节将军，后为苻生所杀。坚即伪位，追赠右将军、凉州刺史，以登同国嗣。毛兴之镇上邽，以为长史。登少而雄勇，有壮气，粗险不修细行，故坚弗之奇也。长而折节谨厚，颇览书传。拜殿上将军，稍迁羽林监、扬武将军、长安令，坐事黜为狄道长。及关中乱，去县归毛兴。同成言于兴，请以登为司马，常在营部。登度量不群，好为奇略，同成常谓之曰："汝闻不在其位，不谋其政，无数干时，将为博识者不许。吾非疾汝，恐或不喜人妄豫耳，自是可止。汝后得政，自可专意。"时人闻同成言，多以为疾登而抑蔽之。登乃屏迹不妄交游。兴有事则召之，戏谓之曰："小司马可坐评事。"登出言辄析理中，兴内服焉，然敬惮而不能委任。姚苌作乱，遣其弟硕德率众伐毛兴，相持久之。兴将死，告同成曰："与卿累年共击逆苌，事终不克，何恨之深！可以后事付卿小弟司马，殄硕德者，必此人也。卿可换摄司马事。"

登既代卫平，遂专统征伐。是时岁旱众饥，道殣相望，登每战杀贼，名为熟食，谓军人曰："汝等朝战，幕便饱肉，何忧于饥！"士众从之，啖死人肉，辄饱健能斗。姚苌闻之，急召硕德曰："汝不来，必为苻登所食尽。"硕德于是下陇奔苌。

及丕败，丕尚书寇遗奉丕子渤海王懿、济北王昶自杏城奔登。登乃具丕死问，于是为丕发丧行服，三军缟素。登请立懿为主，众咸曰："渤海王虽先帝之子，然年在幼冲，未堪多难。国乱而立长君，《春秋》之义也。三房跨僭，寇旅殷强，豺狼枭镜，举目而是，自厄运之极，莫甚于斯。大王挺剑西州，凤翔秦、陇，偏师暂接，姚苌奔溃，一战之功，可谓光格天地。宜龙骧武奋，拯拔旧京，以社稷宗庙为先，不可顾曹臧、吴札一介微节，以失图运之机，不建中兴之业也。"登于是以太元十一年僭即皇帝位，大赦境内，改元曰太初。

立坚神主于军中，载以辒辌，羽葆青盖，车建黄旗，武贲之士三百人以卫之，将战必告，凡欲所为，启主而后行。缮甲纂兵，将引师而东，乃告坚神主曰："曾孙皇帝臣登，以太皇帝之灵恭践宝位。昔五将之难，贼羌肆害于圣躬，实登之罪也。今合义旅，众余五万，精甲劲兵，足以立功，年谷丰穰，足以资赡。即日星言电迈，直造贼庭，奋不顾命，陨越为期，庶上报皇帝酷冤，下雪臣子大耻。惟帝之灵，降监厥诚。"因歔欷流涕。将士莫不悲恸，皆刻锋铠为"死休"字，示以战死为志。每战以长梢钩刃为方圆大阵，知有厚薄，从中分配，故人自为战，所向无前。

初，长安之将败也，坚中垒将军徐嵩、屯骑校尉胡空各聚众五千，据险筑堡以自固，而受姚苌官爵。及苌之害坚，嵩等以王礼葬坚于二堡之间。至是，各率众降登。拜嵩镇军将军、雍州刺史，空辅国将军、京兆尹。登复改葬坚以天子之礼。又僭立其妻毛氏为皇后，弟懿为皇太弟。遣使拜苻纂为使持节、侍中、都督中外诸军事、太师，领大司马，进封鲁王，纂弟师奴为抚军大将军、并州牧、朔方公。纂怒谓使者曰："渤海王世祖之孙，先帝之子，南安王何以不立而自尊乎？"纂长史王旅谏曰："南安已立，理无中改。贼虏未平，不可宗室之中自为仇敌，原大王远踪光武推圣公之义，枭二房之后，徐更图之。"纂乃受命。于是贰县屠帅彭沛谷、屠各董成、张龙世、新平羌雷恶地等尽应之，有众十余万。纂遣师奴攻上郡羌酋金大黑、金洛生，大黑等逆战，大败之，斩首五千八百。

登以窦冲为车骑大将军、南秦州牧，杨定为大将军、益州牧，杨璧为司空、梁州牧。

苻纂败姚硕德于泾阳，姚苌自阴密距纂，纂退屯敷陆。窦冲攻苌汧、雍二城，克之，斩其将军姚元平、张略等。又与苌战于汧东，为苌所败。登次于瓦亭。苌攻彭沛谷堡，陷之，沛谷奔杏城，苌迁阴密。登征虏、冯翊太守兰犊率众二万自频阳入于和宁，与苻纂首尾，将图长安。师奴劝其兄纂称尊号，纂不从，乃杀纂，自立为秦公。兰犊绝之，皆为姚苌所败。

登进所胡空堡，戎夏归之者十有余万。姚苌遣其将军姚方成攻陷徐嵩堡，嵩被杀，悉坑戎士。登率众下陇入朝那，姚苌据武都相持，累战互有胜负。登军中大饥，收葚以供兵士。立其子崇为皇太子，弁为南安王，尚为北海王。姚苌退还安定。登就食新平，留其大军于胡空堡，率骑万余围苌营，四面大哭，哀声动人。苌恶之，乃命三军哭以应登，登乃引退。

苌以登频战辄胜，谓坚有神验，亦于军中立坚神主，请曰："往年新平之祸，非苌之罪。臣兄襄从陕北渡，假路求西，狐死首丘，欲暂见乡里。陛下与苻眉要路距击，不遂而没。襄救臣行杀，非臣之罪。苻登陛下末族，尚欲复雠，臣为兄报耻，于情理何负！昔陛下假臣龙骧之号，谓臣曰：'朕以龙骧建业，卿其勉之！'明诏昭然，言犹在耳。陛下虽过世为神，岂假手于苻登而图臣，忘前征时言邪！今为陛下立神象，可归休于此，勿计臣过，听臣至诚。"登进师攻苌，既而升楼谓苌曰："自古及今，安有杀君而反立神象请福，望有益乎！"大呼曰："杀君贼姚苌出来，吾与汝决之，何为枉害无辜！"苌惮而不应。苌自立坚神象，战未有利，军中每夜惊恐，乃严鼓斩象首以送登。

登将军窦洛、窦于等谋反发觉，出奔于苌。登进讨彭池不克，攻弥姐营及繁川诸堡，皆克。苌连战屡败，乃遣其中军姚崇袭大界，登引师要之，大败崇于安丘，俘斩二万五千，进攻苌将吴忠、唐匡于平凉，克之，以尚书苻硕原为前禁将军、灭羌校尉，戍平凉。登进据苟头原以逼安定。苌率骑三万夜袭大界营，陷之，杀登妻毛氏及其弁、尚，擒名将数十人，驱掠男女五万余口而去。

登收合余兵，退据胡空堡，遣使赍书加窦冲大司马、骠骑将军、前锋大都督、都督陇东诸军事，杨定左丞相、上大将军、都督中外诸军事，杨壁大将军、都督陇右诸军事。遣冲率见众为先驱，自繁川趣长安。登率众从新平迳据新丰之千户固。使定率陇上诸军为其后继，壁留守仇池。又命其并州刺史杨政、冀州刺史杨楷率所统大会长安。苌遣其将军王破虏略地秦州，杨定及破虏战于清水之格奴坂，大败之。登攻张龙世于鸳泉堡，姚苌救之，登引退。苌密遣其将任鉴、宗彦诈为内应，遣使招登，许开门纳之。登以为然。雷恶地驰谓登曰："姚苌多计略，善御人，必为奸变，愿深宜详思。"登乃止。苌闻恶地之诣登也，谓诸将曰："此羌多奸智，今其诣登，事必无成。"登闻苌悬门以待之，大惊，谓左右曰："雷征东其殆圣乎！微此公，朕几为竖子所误。"苌攻陷新罗堡。苌抚风太守齐益男奔登。登将军路柴、强武等并以众降于苌。登攻苌将张业生于陇东，苌救之，不克而退。登将军魏褐飞攻姚当成于杏城，为苌所杀。

冯翊郭质起兵广乡以应登，宣檄三辅曰："义感君子，利动小人。吾等生逢先帝尧、舜之化，累世受恩，非常伯纳言之子，即卿校牧守之胤，而可坐视豺狼忍害君父！裸

尸荐棘，痛结幽泉，山陵无松隧之兆，灵主无清庙之颂，贼臣莫大之甚，自古所未闻。虽茹荼之苦，衔蓼之辛，何以谕之！姚苌穷凶肆害，毒被人神，于图谶历数万无一分，而敢妄窃重名，厚颜瞬息，日月固所不照，二仪实亦不育。皇天虽欲绝之，亦将假手于忠节。凡百君子，皆凤渐神化，有怀义方，含耻而存，孰若蹈道而没乎！"众咸然之。唯郑县人苟曜不从，聚众数千应姚苌。登以质为平东将军、冯翊太守。质遣部将伐曜，大败而归。质乃东引杨楷，以为声援，又与曜战于郑东，为曜所败，遂归于苌，苌以为将军。质众皆溃散。

登自雍攻苌将金温于范氏堡，克之，遂渡渭水，攻苌京兆太守韦范于段氏堡，不克，进据曲牢。苟曜有众一万，据逆方堡，密应登，登去曲牢繁川，次于马头廆。苌率骑来距，大战败之，斩其尚书吴忠，进攻新平。苌率众救之，登引退，复攻安定，为苌所败，据路承堡。

是时苌疾病，见苻坚为崇。登闻之，秣马万兵，告坚神主曰："曾孙登自受任执戈，几将一纪，未尝不上天锡佑，皇鉴垂矜，所在必克，贼旅冰摧。今太皇帝之灵降灾疹于逆苌，以形类推之，丑虏必将不振。登当因其陨毙，顺行天诛，拯复梓宫，谢罪清庙。"于是大赦境内，百僚进位二等。与苌将姚崇争麦于清水，累为崇所败。进逼安定，去城九十余里。苌疾小瘳，率众距登，登去营逆苌，苌遣其将姚熙隆别攻登营，登惧，退还。苌夜引军过登营三十余里以蹑登后。旦而候人告曰："贼诸营已空，不知所向。"登惊曰："此为何人，去令我不知，来令我不觉，谓其将死，忽然复来，朕与此羌同世，何其厄哉！"遂罢师还雍。

以窦冲为右丞相。寻而冲叛，自称秦王，建年号。登攻之于野人堡，冲请救于姚苌，苌遣其太子兴攻胡空堡以救之。登引兵还赴胡空堡，冲遂与苌连和。

至是苌死，登闻之喜曰："姚兴小儿，吾将折杖以笞之。"于是大赦，尽众而东，攻屠各姚奴、帛蒲二堡，克之，自甘泉向关中。兴追登不及数十里，登从六陌趣废桥，兴将尹纬据桥以待之。登争水不得，众渴死者十二三。与纬大战，为纬所败，其夜众溃，登单马奔雍。

初，登之东也，留其弟司徒广守雍，太子崇守胡空堡。广、崇闻登败，出奔，众散。登至，无所归，遂奔平凉，收集遗众入马毛山。兴率众攻之，登遣子汝阴王宗质于陇西鲜卑乞伏乾归，结婚请援，乾归遣骑二万救登。登引军出迎，与兴战于山南，为兴所败，登被杀。在位九年，时年五十二。崇奔于湟中，僭称尊号，改元延初。伪谥登曰高皇帝。庙号太宗。崇为乾归所逐，崇、定皆死。

始，健以穆帝永和七年僭立，至登五世，凡四十有四岁，以孝武帝太元十九年灭。

索泮，字德林，敦煌人也。世为冠族。泮少时游侠，及长，变节好学，有佐世才器。张天锡辅政，以泮为冠军、记室参军。天锡即位，拜司兵，历位禁中录事。执法御橼，州府肃然，郡县改迹。迁羽林左监，有勤干之称。出为中垒将军、西郡武威太守、典戎校尉。政务宽和，戎夏怀其

惠，天锡甚敬之。苻坚见而叹曰："凉州信多君子！"既而以泮河西德望，拜别驾。吕光既平姑臧，泮固郡不降，光攻而获之。光曰："孤既克西域，将赴难京师，梁熙无状，绝孤归路，此朝延之罪人，卿何意阻郡固迷，自同元恶！"泮厉色责光曰："将军受诏讨叛胡，可受诏乱凉州邪？寡君何罪，而将军害之？泮但苦力寡，不能固守以报君父之雠，岂如逆氏彭济望风反叛！主灭臣死，礼之常也。"乃就刑于市，神色不变。

弟菱，有儁才，仕张天锡为执法中郎、冗从右监。苻坚世至伏波将军、典农都尉，与泮俱被害。

徐嵩，字元高，盛之子也。少以清白著称。苻坚时举贤良，为郎中，稍迁长安令，贵戚子弟犯法者，嵩一皆考竟，请托路绝。坚甚奇之，谓其叔父成曰："人为长吏，故当应耳。此年少落落，有端贰之才。"迁守始平郡，甚有威惠。及垒陷，方成执而数之，嵩厉色谓方成曰："汝姚苌罪应万死，主上止黄眉之斩而宥之，叨据内外，位为列将，无犬马识养之诚，首为大逆。汝曹羌辈岂可以人理期也！何不速杀我，早见先帝，取姚苌于地下。"方成怒，三斩嵩，漆其首为便器。登哭之哀恸，赠车骑大将军、仪同三司，谥曰忠武。

史臣曰：自两京殄覆，九土分崩，赤县成蛇豕之墟，紫宸迁蛙黾之穴，干戈日用，战争方兴，犹逐鹿之并驱，若瞻乌之靡定。苻洪擅蛮陬之桀黠，乘羯虏之危亡，乃附款江东而志图关右，祸生蛊毒，未逞狼心。健既承家，克隆凶绪，率思归之众，投山西之隙，据亿丈之岩险，总三秦之果锐，敢窥大宝，遂窃鸿名，校数奸雄，有可言矣。长生惨虐，禀自率由。睹辰象之灾，谓法星之夜饮；忍生灵之命，疑猛兽之朝饥。但肆毒于刑残，曾无心于戒惧。招乱速祸，不亦宜乎！

永固雅量瑰姿，变夷众夏，叶鱼龙之谣咏，挺草付之休征，克襄奸回，纂承伪历，遵明王之德教，阐先圣之儒风，抚育黎元，忧勤庶政。王猛以宏材纬军国，苻融以懿戚赞经纶，权薛以谅直进规谟，邓、张以忠勇恢威略，儁贤效足，杞梓呈才，文武兼施，德刑具举。乃平燕定蜀，擒代吞凉，跨三分之二，居九州之七，遐荒慕义，幽险宅心，因止马而献歌，托栖鸾以成颂，因以功侔曩烈，岂直化洽当年！虽五胡之盛，莫之比也。

既而足己夸世，慢谏违谋，轻敌怒邻，穷兵黩武。怼三正之未叶，耻五运之犹乖，倾率土之师，起滔天之寇，负其犬羊之力，肆其吞噬之能。自谓战必胜，攻必取，便欲鸣銮禹穴，驻跸疑山，疏爵以侯楚材，筑馆以须归命。曾弗知人道助顺，神理害盈，虽矜涿野之强，终致昆阳之败。遂使凶渠候隙，狡寇伺间，步摇启其祸先，烧当乘其乱极，宗社迁于他族，身首罄于贼臣，贻戒将来，取笑天下，岂不哀哉！岂不谬哉！

苻丕承乱僭窃，寻及倾败，斯可谓天之所废，人不能支。苻登集离散之兵，厉死休之志，虽众寡不敌，难以立功，而义烈慷慨，有足称矣。

赞曰：洪惟壮勇，威棱氐种。健藉世资，遂雄关、陇。长生昏虐，败不旋踵。永固祯祥，肇自龙骧。垂旒负扆，窃帝图王。患生纵敌，难起矜强。丕、登僭假，沦胥以亡。

卷一百十六　　　　载记第十六

姚弋仲　姚襄　姚苌

姚弋仲，南安赤亭羌人也。其先有虞氏之苗裔。禹封舜少子于西戎，世为羌酋。其后烧当雄于洮、罕之间，七世孙填虞，汉中元末寇扰西州，为杨虚侯马武所败，徙出塞。虞九世孙迁那率种人内附，汉朝嘉之，假冠军将军、西羌校尉、归顺王，处之于南安之赤亭。那玄孙柯回为魏镇西将军、绥戎校尉、西羌都督。回生弋仲，少英毅，不营产业，唯以收恤为务，众皆归而亲之。永嘉之乱，东徙榆眉，戎夏襁负随之者数万，自称护西羌校尉、雍州刺史、扶风公。

刘曜之平陈安也，以弋仲为平西将军，封平襄公，邑之于陇上。及石季龙克上邽，弋仲说之曰："明公握兵十万，功高一时，正是行权立策之日。陇上多豪，秦风猛劲，道隆后服，道洿先叛，宜徙陇上豪强，虚其心腹，以实畿甸。"季龙纳之，启勒以弋仲行安西将军、六夷左都督。后晋豫州刺史祖约奔于勒，勒礼待之，弋仲上疏曰："祖约残贼晋朝，逼杀太后，不忠于主，而陛下宠之，臣恐奸乱之萌，此其始矣。"勒善之，后竟诛约。

勒既死，季龙执权，思弋仲之言，遂徙秦、雍豪杰于关东。弋仲率部众数万迁于清河，拜奋武将军、西羌大都督，封襄平县公。及季龙废石弘自立，弋仲称疾不贺。季龙累召之，乃赴，正色谓季龙曰："奈何把臂受托而反夺之乎！"季龙惮其强正而不之责。迁持节、十郡六夷大都督、冠军大将军。性清俭鲠直，不修威仪，屡献谠言，无所回避，季龙甚重之。朝之大议，靡不参决，公卿亦惮而推下之。武城左尉，季龙宠姬之弟也，曾扰其部，弋仲执尉，数以迫胁之状，命左右斩之。尉叩头流血，左右谏，乃止。其刚直不回，皆此类也。

季龙末，梁犊败李农于荥阳，季龙大惧，驰召弋仲。弋仲率其部众八千余人屯于南郊，轻骑至邺。时季龙病，不时见弋仲，引入领军省，赐其所食之食。弋仲怒不食，曰："召我击贼，岂来觅食邪！我不知上存亡，若一见，虽死无恨。"左右言之，乃引见。弋仲数季龙曰："儿死来愁邪？乃至于疾！儿小时不能使好人辅相，至令相杀。儿自有过，责其下人太甚，故反耳。汝病久，所言儿小，若不差，天下必乱。当宜忧此，不烦忧贼也。犊等因思归之心，共为奸盗，所行残贼，此成擒耳。老羌请效死前锋，使一举而了。"弋仲性猖直，俗无尊卑皆汝之，季龙恕而不责。于坐授使持节、侍中、征西大将军，赐以铠马。弋仲曰："汝看老羌堪破贼以不？"于是贯铠跨马于庭中，策马南驰，不辞而出，遂灭梁犊。以功加剑履上殿，入朝不趋，进封西平郡公。

冉闵之乱，弋仲率众讨闵，次于混桥。石祗僭号于襄国，以弋仲为右丞相，待以殊礼。祗与闵相攻，弋仲遣其子襄救祗，戒襄曰："汝才十倍于闵，若不枭擒，不须复见我也。"襄击闵于常卢泽，大破之而归。弋仲怒襄之不擒闵也，杖之一百。

弋仲部曲马何罗博学有文才，张豺之辅石世也，背弋仲归豺，豺以为尚书郎。豺败，复归，咸劝杀之。弋仲曰："今正是招才纳奇之日，当收其力用，不足害也。"以为参军。其宽恕如此。

弋仲有子四十二人，常戒诸子曰："吾本以晋室大乱，石氏待吾厚，故欲讨其贼臣以报其德。今石氏已灭，中原无主，自古以来未有戎狄作天子者。我死，汝便归晋，当竭尽臣节，无为不义之事。"乃遣使请降。永和七年，拜弋仲使持节、六夷大都督、都督江、淮诸军事、车骑大将军、仪同三司、大单于，封高陵郡公。八年，卒，时年七十三。

子襄之入关也，为苻生所败，弋仲之柩为生所得，生以王礼葬之于天水冀县。苌僭位，追谥曰景元皇帝，庙号始祖，墓曰高陵，置园邑五百家。

襄字景国，弋仲之第五子也。年十七，身长八尺五寸，臂垂过膝，雄武多才艺，明察善抚纳，士众爱敬之，咸请为嗣。弋仲弗许，百姓固请者日有千数，乃授之以兵。石祗僭号，以襄为使持节、骠骑将军、护乌丸校尉、豫州刺史、新昌公。晋遣使拜襄持节、平北将军、并州刺史、即丘县公。

弋仲死，襄秘不发丧，率户六万南攻阳平、元城、发干，皆破之，杀掠三千余人，屯于磏磝津。以太原王亮为长史，天水尹赤为司马，略阳伏子成为左部帅，南安敛岐为右部帅，略阳黑那为前部帅，强白为后部帅，太原薛赞、略阳王权翼为参军。南至荥阳，始发丧行服。与高昌、李历战于麻田，马中流矢死，赖其弟苌以免。晋处襄于谯城，遣五弟为任，单骑度淮，见豫州刺史谢尚于寿春。尚命去仗卫，幅巾以待之，一面交款，便若平生。

襄少有高名，雄武冠世，好学博通，雅善谈论，英济之称著于南夏。中军将军、扬州刺史殷浩惮其威名，乃因襄诸弟，频遣刺客杀襄，刺客皆推诚告实，襄待之若旧。浩潜遣将军魏憬率五千余人袭襄，襄乃斩憬而并其众。浩愈恶之，乃使将军刘启守谯，迁襄于梁国蠹台，表授梁国内史。襄遣权翼诣浩，浩曰："姚平北每举动自由，岂所望也。"翼曰："将军轻纳奸言，自生疑贰，愚谓猜嫌之由，不在于彼。"浩曰："姚君纵放小人，盗窃吾马，王臣之体固若是乎？"翼曰："将军谓襄平北以威武自强，终为难保，校兵练众，将惩不恪，取马者欲以自卫耳。"浩曰："何至是也。"浩遣谢万讨襄，襄逆击破之。浩甚怒，会闻关中有变，浩率众北伐，襄乃要击浩于山桑，大败之，斩获万计，收其资仗。使兄益守山桑垒，复如淮南。浩遣刘启、王彬之伐山桑，襄自淮南击灭之，鼓行济淮，屯于盱眙，招掠流人，众至七万，分置守宰，劝课农桑，遣使建邺，罪状殷浩，并自陈谢。

流人郭敞等千余人执晋堂邑内史刘仕降于襄，朝廷大震，以吏部尚书周闵为中军将军，缘江备守。襄将佐部众皆北人，咸劝襄北还。襄方轨北引，自称大将军、大单于，进攻外黄，为晋边将所败。襄收散卒而勤抚恤之，于是复振。乃据许昌，将如河东以图关右，自许遂攻洛阳，逾月不克。其长史王亮谏襄曰："公英略盖天下，士众思效力命，不可损威劳众，守此孤城。宜还河东，以弘远略。"襄曰："洛阳虽小，山河四塞之固，亦是用武之地。吾欲先据洛阳，然后开建大业。"俄而亮卒，襄哭之甚恸，曰："天将不欲成吾事乎？王亮舍我去也！"

晋征西大将军桓温自江陵伐襄，战于伊水北，为温所败，率麾下数千骑奔于北山。其夜，百姓弃妻子随襄者五千余人，屯据阳乡，赴者又四千余户。襄前后败丧数矣，众知襄所在，辄扶老携幼奔驰而赴之。时或传襄创重不济，温军所得士女莫不北望挥涕。其得物情如此。先是，弘农杨亮归襄，襄待以客礼。后奔桓温，温问襄于亮，亮曰："神明器宇，孙策之俦，而雄武过之。"其见重如是。

襄寻徙北屈，将图关中，进屯杏城，遣其从兄辅国姚兰略地鄜城，使其弟益及将军王钦卢招集北地戎夏，归附者五万余户。苻生遣其将苻飞拒战，兰败，为飞所执。襄率众西引，生又遣苻坚、邓羌等要之。襄将战，沙门智通固谏襄，宜厉兵收众，更思后举。襄曰："二雄不俱立，冀天不弃德以济黎元，吾计决矣。"会羌来逼，襄怒，遂长驱而进，战于三原。襄败，为坚所杀，时年二十七，是岁晋升平元年也。苻生以公礼葬之。苌僭号，追谥魏武王，封襄孙延定为东城侯。

苌字景茂，弋仲第二十四子也。少聪哲，多权略，廓落任率，不修行业，诸兄皆奇之。随襄征伐，每参大谋。襄之寇洛阳也，梦苌服衮衣，升御坐，诸酋长皆侍立，且谓将佐曰："吾梦如此，此儿志度不恒，或能大起吾族。"襄之败于麻田也，马中流矢死，苌下马以授襄，襄曰："汝何以自免？"苌曰："但令兄济，竖子安敢害苌！"会救至，俱免。

及襄死，苌率诸弟降于苻生。苻坚以苌为扬武将军。历左卫将军，陇东、汲郡、河东、武都、武威、巴西、扶风太守，宁、幽、兖三州刺史，复为扬武将军，步兵校尉，封益都侯。为坚将，累有大功。

初，苌随杨安伐蜀，尝昼寝水旁，上有神光焕然，左右咸异之。及苻坚寇晋，以苌为龙骧将军、督益、梁州诸军事，谓苌曰："朕本以龙骧建业，龙骧之号未曾假人，今特以相授，山南之事一以委卿。"坚左将军窦冲进曰："王者无戏言，此将不祥之征也，惟陛下察之。"坚默然。

坚既败于淮南，归长安，慕容泓起兵叛坚。坚遣子睿讨之，以苌为司马。为泓所败，睿死之。苌遣龙骧长史赵都诣坚谢罪，坚怒，杀之。苌惧，奔于渭北，遂如马牧。西州豪族尹详、赵曜、王钦卢、王钦卢、牛双、狄广、张乾等率五万余家，咸推苌为盟主。苌将距之，天水尹纬说苌曰："今百六之数既臻，秦亡之兆已见，以将军威灵命世，必能匡济时艰，故豪杰驱驰，咸同推仰。明公宜降心从议，以副群望，不可坐观沈溺而不拯救之。"苌乃从纬谋，以太元九年自称大将军、大单于、万年秦王，大赦境内，年号白雀，称制行事。以天水尹详、南安庞演为左右长史，南安姚晃、尹纬为左右司马，天水狄伯支、焦虔、梁希、庞魏、任谦为从事中郎，姜训、阎遵为掾属，王据、焦世、蒋秀、尹延年、牛双、张乾为参军，王钦卢、姚方成、王破房、杨难、尹嵩、裴骑、赵曜、狄广、党删等为帅。

时慕容冲与苻坚相攻，众甚盛。苌将西上，恐冲遏之，乃遣使通和，以子崇为质于冲，进屯北地，厉兵积粟，以观时变。苻坚先徙晋人李祥等数千户于敷陆，至是，降于苌，北地、新平、安定羌胡降者十余万户。坚率诸将攻之，不能克。

苌闻容慕冲攻长安，议进趋之计，群下咸曰："宜先据咸阳以制天下。"苌曰："燕因怀旧之士而起兵，若功成事捷，咸有东归之思，安能久固秦川！吾欲移兵岭北，广收资实，须秦弊燕回，然后垂拱取之。兵不血刃，坐定天下，此卞庄得二之义也。"坚宁朔将军宋方率骑三千从云中将赴长安，苌自贰县要破之，方单马奔免，其司马田晃率众降苌。苌遣诸将攻新平，克之，因略地至安定，岭北诸城尽降之。

时苻坚为慕容冲所逼，走入五将山。冲入长安。坚司隶校尉权翼、尚书赵迁、大鸿胪皇甫覆、光禄大夫薛赞、扶风太守段铿等文武数百人奔于苌。苌遣骁骑将军吴忠率骑围坚，苌如新平。俄而忠执坚，送之。

慕容冲遣其车骑大将军高盖率众五万来伐，战于新平南，大破之，盖率麾下数千人来降，拜散骑常侍。

冲既率众东下，长安空虚。卢水郝奴称帝于长安，渭北尽应之。扶风王驎有众数千，保据马鬼。奴遣弟多攻驎。苌伐驎，破之，驎走汉中。执乃而进攻奴，降之。

以太元十一年苌僭即皇帝位于长安，大赦，改元曰建初，国号大秦，改长安曰常安。立妻虵氏为皇后，子兴为皇太子，置百官。自谓以火德承苻氏木行，服色如汉氏承周故事。徙安定五千余户于长安。以弟征虏绪为司隶校尉，镇长安。

苌如安定，击平凉胡金熙、鲜卑没奕于，大破之。遂如秦州，与苻坚秦州刺史王统相持，天水屠各、略阳羌胡应苌者二万余户，统惧，乃降。因飨将士于上邽，南安人古成诜进曰："臣州人殷地险，俊杰如林，用武之国也。王秦州不能收拔贤才，三分鼎足，而坐玩珠玉，以至于此。陛下宜散秦州金帛以施六军，旌贤表善以副鄜州之望。"苌善之，擢为尚书郎。拜弟硕德都督陇右诸军事、征西将军、秦州刺史，领护东羌校尉，镇上邽。

苌还安定，修德政，布惠化，省非急之费，以救时弊，间阎之士有豪介之善者，皆显异之。

苌复如秦州，为苻登所败，语在《登传》。以其太子兴镇长安，而与登相距。登冯翊太守兰犊与苻师奴离贰，慕容永攻之，犊遣使请救。苌将赴救，尚书令姚旻、左仆

射尹纬等言于苌曰："苻登近在瓦亭，陛下未宜轻举。"苌曰："登迟重少决，每失时机，闻吾自行，正当广集兵资，必不能轻军深入。两月之间，足可克此三竖，吾事必矣。"遂师次于渥源。师奴率众来距，大战，败之，尽俘其众。又擒兰犊，收其士马。苌乃掘苻坚尸，鞭挞无数，裸剥衣裳，荐之以棘，坎土而埋之。慕容永征西将军王宣率众降苌。

初，关西雄杰以苻氏既终，苌雄略命世，天下之事可一旦而定。苌既与苻登相持积年，数为登所败，远近咸怀去就之计，唯征虏齐难、冠军徐洛生、辅国刘郭单、冠威弥姐婆触、龙骧赵恶地、镇北梁国儿等守忠不贰，并留子弟守营，供继军粮，身将精卒，随苌征伐。时诸营既多，故号苌军为大营，大营之号自此始也。时天大雪，苌下书深自责罚，散后宫文绮珍宝以供戎事，身食一味，妻不重彩。将帅死王事者，加秩二等，士卒战没，皆有褒赠。立太学，礼先贤之后。

敦煌索卢曜请刺苻登，苌曰："卿以身徇难，将为谁乎？"曜曰："臣死之后，深以友人陇西辛谠仰托。"苌遣之。事发，为登所杀，苌以谠为骑都尉。

登进逼安定，诸将劝苌决战，苌曰："与穷寇竞胜，兵家之下。吾将以计取之。"于是留其尚书令姚旻守安定，夜袭登辎重于大界，克之。诸将或欲因登骇乱击之，苌曰："登众虽乱，怒气犹盛，未可轻也。"遂止。苌以安定地狭，且逼苻登，使姚硕德镇安定，徙安定千余家安于阴密，遣弟征南靖镇之。

立社稷于长安。百姓年七十有德行者，拜为中大夫，岁赐牛酒。

尹纬、姚晃谓古成诜曰："苻登穷寇，历年未灭，奸雄鸱峙，所在纠扇，夷夏皆贰，将若之何？"诜曰："主上权略无方，信赏必罚，贤能之士，咸怀乐推，岂虑大业不成，氐贼不灭乎！"纬曰："登穷寇未灭，奸雄所在扇合，吾等宁无惧乎？"诜曰："三秦天府之国，主上十分已有其八。今所可虑者，苻登、杨定、雷恶地耳，自余琐琐，焉足论哉！然恶地地狭众寡，不足为忧。苻登藉乌合犬羊，偷存假息，料其智勇，非至尊之匹。霸王之起，必有驱除，然后克定大业。昔汉、魏之兴也，皆十有余年，乃能一同于海内，五六年间未为久也。主上神略内明，英武外发，可谓无敌于天下耳，取登有余力。愿布德行仁，招贤纳士，厉兵秣马，以候天机。如其鸿业不成者，请谁腰斩以谢明公。"纬言之于苌，苌大悦，赐诜爵关内侯。

雷恶地率众降苌，拜为镇东将军。魏褐飞自称大将军、冲天王，率氐胡数万人攻安北姚当成于杏城，雷恶地应之，攻镇东姚汉得于李润。苌议将讨之，群臣咸曰："陛下不忧六十里苻登，乃忧六百里褐飞？"苌曰："登非可卒殄，吾城亦非登所能卒图。恶地多智，非常人也。南引褐飞，东结董成，甘言美说以成奸谋，若得杏城、李润，恶地据之，控制远近，相为羽翼，长安东北非复吾有。"于是潜军赴之。苌时众不满二千，褐飞、恶地众至数万，氐胡赴之者首尾不绝。苌每见一军至，辄有喜色。群下怪而问之，苌曰："今同恶相济，皆来会集，吾得乘胜席卷，一

举而覆其巢穴，东北无复余也。"褐飞等以苌兵少，尽众来攻。苌固垒不战，示之以弱，潜遣子崇率骑数百，出其不意，以乘其后。褐飞兵扰乱，苌遣镇远王超、平远谭亮率步骑击之，褐飞众大溃，斩褐飞及首级万余。恶地请降，苌待之如初。恶地每谓人曰："吾自言智勇所施，足为一时之杰。校数诸雄，如吾之徒，皆应跨据一方，兽啸千里。遇姚公智力摧屈，是吾分也。"恶地猛毅清肃，不可干以非义，岭北诸豪皆敬惮之。

苌命其将当城于营处一栅孔中莳树一根，以旌战功。岁余，问之，城曰："营所至小，已广之矣。"苌曰："少来斗战无如此快，以千六百人破三万众，国之事业，由此克举。小乃为奇，大何足贵！"

貳城胡曹寅、王达献马三千匹。以寅为镇北将军、并州刺史，达镇远将军、金城太守。

苌性简率，群下有过，或面加骂辱。太常权翼言于苌曰："陛下弘达自任，不修小节，驾驭群雄，苞罗儁异，弃嫌录善，有高祖之量。然轻慢之风，所宜除也。"苌曰："吾之性也。吾于舜之美，未有片焉；汉祖之短，已收其一。若不闻谠言，安知过也！"

南羌窦苟率户五千来降，拜安西将军。

苌下书，有复私仇者，皆诛之。将吏亡灭者，各随所亲以立后，振给长育之。

镇东苟曜据逆万堡，密引苻登。苌与登战，败于马头原，收众复战。姚硕德谓诸将曰："上慎于轻战，每欲以计取之。今战既失利，而更逼贼者，必有由也。"苌闻而谓硕德曰："登用兵迟缓，不识虚实，今轻兵直进，迳据吾东，必苟曜竖子与之连结也。事久变成，其祸难测。所以速战者，欲使竖子谋之未就，好之未深，散败其事耳。"进战，大败之，登退屯于郿。登将金槌以新平降苌，苌轻将数百骑入槌营。群下谏之，苌曰："槌既去苻登，复欲图我，将安所归！且怀德初附，推款委质，吾复以不信待之，何以御物乎！"群氏果有异谋，槌不从而止。

苌如阴密攻登，敕其太子兴曰："苟曜好奸变，将为国害，闻吾还北，必来见汝，汝便执之。"苟曜果见兴于长安，兴遣尹纬让而诛之。

苌大败登于安定东，置酒高会，诸将咸曰："若值魏武王，不令此贼至今，陛下将牢太过耳。"苌笑曰："吾不如亡兄有四：身长八尺五寸，臂垂过膝，人望而畏之，一也；当十万之众，与天下争衡，望麾而进，前无横阵，二也；温古知今，讲论道艺，驾驭英雄，收罗儁异，三也；董率大众，履险若夷，上下咸允，人尽死力，四也。所以得建立功业，策任群贤者，正望算略中一片耳。"群臣咸称万岁。

苌下书令留台诸镇各置学官，勿有所废，考试优劣，随才擢叙。苻登骠骑将军没奕于率户六千降，拜使持节、车骑将军、高平公。

苌寝疾，遣姚硕德镇李润，尹纬守长安，召其太子兴诣行营。征南姚方成言于兴曰："今寇贼未灭，上复寝疾，王统、苻胤等皆有部曲，终为人害，宜尽除之。"兴于是诛苻胤、王统、王广、徐成、毛盛，乃赴召。兴至，苌怒

曰："王统兄弟是吾州里，无他远志，徐成等昔在秦朝，并为名将。天下小定，吾方任之，奈何辄便诛害，令人丧气！"

苌下书，兵吏从征伐，户在大营者，世世复其家，无所豫。

苻登与窦冲相持，苌议击之，尹纬言于苌曰："太子纯厚之称，著于遐迩，将领英略，未为远近所知。宜遣太子亲行，可以渐广威武，防窥窬之原。"苌从之，戎兴曰："贼徒知汝转近，必相驱入堡，聚而掩之，无不克矣。"比至胡空堡，冲围自解。登闻兴向胡空堡，引还，兴因袭平凉，大获而归，咸如苌策。使兴还镇长安。

苌下书除妖谤之言及赦前奸秽，有相劾举者，皆以其罪罪之。

晋平远将军、护氏校尉杨佛嵩率胡蜀三千余户降于苌，晋将杨佺期、赵睦追之。遣姚崇赴救，大败晋师，斩赵睦。以佛嵩为镇东将军。

苌如长安，至于新支堡，疾笃，舆疾而进。梦苻坚将天官使者、鬼兵数百突入营中，苌惧，走入宫，宫人迎苌刺鬼，误中苌阴，鬼相谓曰："正中死处。"拔矛，出血石余。寤而惊悸，遂患阴肿，医刺之，出血如梦。苌遂狂言，或称"臣苌，杀陛下者兄襄，非臣之罪，愿不枉臣"。至长安，召太尉姚旻、尚书左仆射尹纬、右仆射姚晃、尚书狄伯支等入，受遗辅政。苌谓兴曰："有毁此诸人者，慎勿受之。汝抚骨肉以仁，接大臣以礼，待物以信，遇黔首以恩，四者既备，吾无忧矣。"以太元十八年死，时年六十四，在位八年。伪谥武昭皇帝，庙号太祖，墓称原陵。

卷一百十七　　载记第十七

姚兴上

姚兴，字子略，苌之长子也。苻坚时为太子舍人。苌之在马牧，兴自长安冒难奔苌，苌立为皇太子。苌出征讨，常留统后事。及镇长安，甚有威惠。与其中舍人梁喜、洗马范勖等讲论经籍，不以兵难废业，时人咸化之。

苌死，兴秘不发丧，以其叔父绪镇安定，硕德镇阴密，弟崇守长安。硕德将佐言于硕德曰："公威名宿重，部曲最强，今丧代之际，朝廷必相猜忌，非永安之道也。宜奔秦州，观望事势。"硕德曰："太子志度宽明，必无疑阻。今苻登未灭而自寻干戈，所谓追二袁之踪，授首与人。吾死而已，终不若斯。"及至，兴优礼而遣之。

兴自称大将军，以尹纬为长史，狄伯支为司马，率众伐苻登。咸阳太守刘忌奴据避世堡以叛，兴袭忌奴，擒之。苻登自六陌向废桥，始平太守姚详据马嵬堡以距登。登众甚盛，兴虑详不能遏，乃自将精骑以迫登，遣尹纬领步卒赴详。纬用详计，据废桥以抗登。登因急攻纬，纬将出战，兴驰遣狄伯支谓纬曰："兵法不战而制人者，盖为此也。苻登穷寇，宜持重，不可轻战。"纬曰："先帝登遐，人情扰

惧，今不因思奋之力，枭殄逆竖，大事去矣。纬敢以死争。"遂与登战，大破之，登众渴死者十二三，其夜大溃，登奔雍。兴乃发丧行服。太元十九年，僭即帝位于槐里，大赦境内，改元曰皇初，遂如安定。

先是，苻登使弟广守雍，子崇屯胡空堡，闻登败，各弃守走。登无所投据，遂奔平凉，率其余众入马毛山。兴自安定如泾阳，与登战于山南，斩登。散其部众，归复农业。徙阴密三万户于长安，分大营户为四，置四军以领之。

安南强熙、镇远杨多叛，推窦冲为盟主，所在扰乱。兴率诸将讨之，军次武功，多兄子良国杀多而降。冲弟彰武与冲离贰，冲奔强熙。熙闻兴将至，率户二千奔秦州。窦冲走汧川，汧川氐仇高执送之。冲从弟统率其众降于兴。

封征虏绪为晋王，征西硕德为陇西王，征南靖等及功臣尹纬、齐难、杨佛嵩等并为公侯，其余封爵各有差。

鲜卑薛勃于贰城为魏军所伐，遣使请救，使姚崇赴救。魏师既还，薛勃复叛，崇伐而执之，大收其士马而还。

兴追尊其庶母孙氏为皇太后，配飨太庙。

杨盛保仇池，遣使请命，拜使持节、镇南将军、仇池公。鲜卑越质诘归率户二万叛乞伏乾归，降于兴，兴处之于成纪，拜使持节、镇西将军、平襄公。

姚硕德讨平凉胡金豹于洛城，克之。初，上邽姜乳据本县以叛，自称秦州刺史。硕德进讨之，乳率众降。以硕德为秦州牧，领护东羌校尉，镇上邽。征乳为尚书。强熙及略阳豪族权干城率众三万围上邽，硕德击破之。熙南奔仇池，遂假道归晋。硕德西讨干城，干城降。

兴令郡国各岁贡清行孝廉一人。

慕容永既为慕容垂所灭，河东太守柳恭等各阻兵自守，兴遣姚绪讨之。恭等依河距守，绪不得济。镇东薛强先据杨氏壁，引绪从龙门济河，遂入蒲坂。恭势屈，请降。徙新平、安定新户六千于蒲坂。

兴母虵氏死，兴哀毁过礼，不亲庶政。群臣议请依汉、魏故事，既葬即吉。兴尚书郎李嵩上疏曰"三王异制，五帝殊礼。孝治天下，先王之高事也，宜遵圣性，以光道训。既葬之后，应素服临朝，率先天下，仁孝之举也。"尹纬驳曰："帝王丧制，汉、魏为准。嵩矫常越礼，愆于轨度，请付有司，以专擅论。既葬即吉，乞依前议。"兴曰："嵩忠臣孝子，有何咎乎？我仆射弃先王之典，而欲遵汉、魏之权制，岂所望于朝贤哉！其一依嵩议。"

鲜卑薛勃叛奔岭北，上郡、贰川杂胡皆应之，遂围安远将军姚详于金城。遣姚崇、尹纬讨之。勃自三交趣金城，崇列营掎之，而粮运不继，三军大饥。纬言于崇曰："辅国弥姐高地、建节杜成等皆诸部之豪，位班三品，督运稽留，令三军乏绝，宜明置刑书，以惩不肃。"遂斩之。诸部大震，租入者五十余万。兴率步骑二万亲讨之，勃惧，弃其众奔于高平公没奕于，于执而送之。

泫氏男姚买得欲因兴葬母虵氏杀兴，会有告之者，兴未之信，遣李嵩诈往。买得具以告嵩，嵩还，以闻，兴乃赐买得死，诛其党与。

兴下书禁百姓造锦绣及淫祀。

兴率众寇湖城，晋弘农太守陶仲山、华山太守董迈皆降于兴。遂如陕城，进寇上洛，陷之。遣姚崇寇洛阳，晋河南太守夏侯宗之固守金墉，崇攻之不克，乃陷柏谷，徙流人西河严彦、河东裴岐、韩袭等二万余户而还。

兴下书，令士卒战亡者守宰所在埋藏之，求其近亲为之立后。

武都氏屠飞、啖铁等杀陇东太守姚回，略三千余家，据方山以叛。兴遣姚绍等讨之，斩飞、铁。遣狄伯支迎流人曹会、牛寿万余户于汉中。

兴留心政事，苞容广纳，一言之善，咸见礼异。京兆杜瑾、冯翊吉默、始平周宝等上陈时事，皆擢处美官。天水姜龛、东平淳于岐、冯翊郭高等皆耆儒硕德，经明行修，各门徒数百，教授长安，诸生自远而至者万数千人。兴每于听政之暇，引龛等于东堂，讲论道艺，错综名理。凉州胡辩，苻坚之末，东徙洛阳，讲授弟子千有余人，关中后进多赴之请业。兴敕关尉曰："诸生谘访道艺，修己厉身，往来出入，勿拘常限。"于是学者咸劝，儒风盛焉。给事黄门侍郎古成诜、中书侍郎王尚、尚书郎马岱等，以文章雅正，参管机密。诜风韵秀举，确然不群，每以天下是非为己任。时京兆韦高慕阮籍之为人，居母丧，弹琴饮酒。诜闻而泣曰："吾当私刃斩之，以崇风教。"遂持剑求高。高惧，逃匿，终身不敢见诜。

兴遣将镇东杨佛嵩攻陷洛阳。

班春郡国，百姓因荒自卖为奴婢者，悉免为良人。兴以日月薄蚀，灾眚屡见，降号称王，下书令群公卿士将牧守宰各降一等。于是其太尉赵公旻等五十三人上疏谏曰："伏惟陛下勋格皇天，功济四海，威灵振于殊域，声教暨于遐方，虽成汤之隆殷基，武王之崇周业，未足比喻。方当廓靖江、吴，告成中岳，岂宜过垂冲损，违皇天之眷命乎！"兴曰："殷汤、夏禹德冠百王，然犹顺守谦冲，未居崇极，况朕寡昧，安可以处之哉！"乃遣旻告于社稷宗庙，大赦，改元弘始。赐孤独鳏寡粟帛有差，年七十已上加衣杖。始平太守周班、槐里令李彭皆以黩货诛，于是郡国肃然矣。洛阳既陷，自淮、汉已北诸城，多请降送任。

兴下书听祖父母昆弟得相容隐。姚绪、姚硕德以兴降号，固让王爵，兴弗许。

京兆韦华、谯郡夏侯轨、始平庞眺等率襄阳流人一万叛晋，奔于兴。兴引见东堂，谓华曰："晋自南迁，承平已久，今政化风俗何如？"华曰："晋主虽有南面之尊，无总御之实，宰辅执政，政出多门，权去公家，遂成习俗，刑网峻急，风俗奢宕。自桓温、谢安已后，未见宽猛之中。"兴大悦，拜华中书令。

兴如河东。时姚绪镇河东，兴待以家人之礼。下书封其先朝旧臣姚驴碣、赵恶地、王平、马万载、黄世等子为五等子男。命百僚举殊才异行之士，刑政有不便于时者，皆除之。兵部郎金城边熙上陈军令烦苛，宜遵简约。兴览而善之，乃依孙吴誓众之法以损益之。兴立律学于长安，召郡县散吏以授之。其通明者还之郡县，论决刑狱。若州郡所不能决者，谳之廷尉。兴常临谘议堂听断疑狱，于时号无冤滞。

姚绪、姚硕德固让王爵，许之。绪、硕德威权日盛，兴恐奸佞小人沮惑之，乃简清正君子为之辅佐。

兴以司隶校尉郭抚、扶风太守强超、长安令鱼佩、槐里令彭明、仓部郎王年等清勤贞白，下书褒美，增抚邑一百户，赐超爵关内侯，佩等进位一级。

使硕德率陇右诸军伐乞伏乾归，兴潜军赴之，乾归败走，降其部众三万六千，收铠马六万匹。军无私掠，百姓怀之。兴进如枹罕，班赐王公以下，遍于卒伍。

兴之西也，没奕于密欲乘虚袭安定，长史皇甫序切谏乃止。于自恨失言，阴欲杀序。

乞伏乾归以穷蹙来降，拜镇远将军、河州刺史、归义侯，复以其部众配之。

兴下书，将帅遭大丧，非在疆场险要之所，皆听奔赴，及期，乃从王役。临戎遭丧，听假百日。若身为边将，家有大变，交代未至，敢辄去者，以擅去官罪罪之。遣晋将军刘嵩等二百三十七人归于建邺。

魏人袭没奕于，于弃其部众，率数千骑与赫连勃勃奔于秦州。魏军进次瓦亭，长安大震，诸城闭门固守。魏平阳太守贰尘入侵河东。兴于是练兵讲武，大阅于城西，于勇壮异者召入殿中。引见群臣于东堂，大议伐魏。群臣咸谏以为不可，兴不从。司隶姚显进曰："陛下天下之镇，不宜亲行，可使诸将分讨，授以庙胜之策。"兴曰："王者正以廓土靖乱为务，吾焉得而辞之！"

兴立其子泓为皇太子，大赦境内，赐男子为父后者爵一级。

遣姚平、狄伯支等率步骑四万伐魏，姚硕德、姚穆率步骑六万伐吕隆。平等军次河东，兴遣其光远党娥、立节雷星、建忠王多等率杏城及岭北突骑自和宁赴援，越骑校尉唐小方、积弩姚良国率关中劲卒为平后继，姚绪统河东见兵为前军节度，姚绍率洛东之兵，姚详率朔方见骑，并集平望，以会于兴。使没奕于权镇上邽，中军、广陵公敛权镇洛阳，姚显及尚书令姚晃辅其太子泓，入直西宫。

硕德至姑臧，大败吕隆之众，俘斩一万。隆将吕他等率众二万五千，以东苑来降。先是，秃发利鹿孤据西平，沮渠蒙逊据张掖，李玄盛据敦煌，与吕隆相持。至是，皆遣使降。

兴率戎卒四万七千，自长安赴姚平。平攻魏乾城，陷之，逐据柴壁。魏军大至，攻平，截汾水以守之。兴至蒲坂，惮而不进。

时硕德攻吕隆，抚纳夷夏，分置守宰，节粮积粟，为持久之计。隆惧，遂降。硕德军令齐整，秋毫无犯，祭先贤，礼儒哲，西土悦之。

姚平粮竭矢尽，将麾下三十骑赴汾水而死，狄伯支等十将四万余人，皆为魏所擒。兴下书，军士战没者，皆厚加褒赠。魏军乘胜进攻蒲坂，姚绪固守不战，魏乃引还。

兴徙河西豪右万余户于长安。

晋辅国将军袁虔之、宁朔将军刘寿、冠军将军高长庆、龙骧将军郭恭等贰于桓玄，惧而奔兴。兴临东堂引见，谓虔之等曰："桓玄虽名晋臣，其实晋贼，其才度定何如父也？能办成大事以不？"虔之曰："玄籍世资，雄据荆、楚，属晋朝失政，遂偷窃宰衡。安忍无亲，多忌好杀，位不才授，爵以爱加，无公平之度，不如其父远矣。今既握朝权，必行篡夺，既非命世之才，正可为他人驱除耳。此天以机便授之陛下，愿速加经略，廓清吴、楚。"兴大悦，以虔之为大司农，余皆有拜授。虔之固让，请疆场自效，改授假节、宁南将军、广州刺史。

兴立其昭仪张氏为皇后，封子懿、弼、洸、宣、谌、愔、璞、质、逵、裕、国儿皆为公。遣其兼大鸿胪梁斐，以新平张构为副，拜秃发傉檀车骑将军、广武公，沮渠蒙逊镇西将军、沙州刺史、西海侯，李玄盛安西将军、高昌侯。

兴遣镇远赵曜率众二万西屯金城，建节王松忿率骑助吕隆等守姑臧。松忿至魏安，为傉檀弟文真所围，众溃，执松忿，送于傉檀。傉檀大怒，送松忿还长安，归罪文真，深自陈谢。

兴下书，录马嵬战时将吏，尽擢叙之，其堡户给复二十年。

兴性俭约，车马无金玉之饰，自下化之，莫不敢尚清素。然好游田，颇损农要。京兆杜挺以仆射齐难无匡辅之益，著《丰草诗》以箴之，冯翊相云作《德猎赋》以讽焉。兴皆览而善之，赐以金帛，然终弗能改。

晋顺阳太守彭泉以郡降兴，兴遣杨佛嵩率骑五千，与其荆州刺史赵曜迎之，遂寇陷南乡，擒建威将军刘嵩，略地至于梁国而归。又遣其兼散骑常侍席确诣凉州，征吕隆弟超入侍，隆遣之。吕隆惧秃发傉檀之逼，表请内徙。兴遣齐难及镇西姚诘、镇远乞伏乾归、镇远赵曜等步骑四万，迎隆于河西。难至姑臧，以其司马王尚行凉州刺史，配兵三千镇姑臧，以将军阎松为仓松太守，郭煚为番禾太守，分戍二城，徙隆及其宗室僚属于长安。沮渠蒙逊遣弟如子贡其方物。王尚绥抚遗黎，导以信义，百姓怀其惠化，俞然归之。北部鲜卑并遣使贡款。

桓玄遣使来聘，请辛恭靖、何澹之。兴留恭靖而遣澹之，谓曰："桓玄不推计历运，将图篡逆，天未忘晋，必将有义举，以吾观之，终当倾覆。卿今驰往，必逢其败，相见之期，迟不云远。"初，恭靖至长安，引见兴而不拜，兴曰："朕将任卿以东南之事。"靖曰："我宁为国家鬼，不为羌贼臣。"兴怒，幽之别室。至是，恭靖亦逾墙遁归。

兴遣其将姚硕德、姚敛成、姚寿都等率众三万，伐杨盛于仇池。寿都等入自宕昌，敛成从下辩而进。盛遣其弟寿距成，从子斌距都。都逆击擒之，尽俘其众。杨寿等惧，率众请降。硕德还师。

晋汝南太守赵策委守奔于兴。

兴如赵逍园，引诸沙门于澄玄堂听鸠摩罗什演说佛经。罗什通utilepiée辞夏言，寻览旧经，多有乘谬，不与胡本相应。兴与罗什及沙门僧䂮、僧迁、道树、僧睿、道坦、僧肇、昙顺等八百余人，更出大品，罗什持胡本，兴执旧经，以相考校，其新文异旧者皆会于理义。续出诸经并诸论三百余卷。今之新经皆罗什所译。兴既托意于佛道，公卿已下莫不钦附，沙门自远而至者五千余人。起浮图于永贵里，立波若台于中宫，沙门坐禅者恒有千数。州郡化之，事佛者十室而九矣。

使姚硕德及冠军徐洛生等伐仇池，又遣建武赵琨自宕昌而进，遣其将敛俱寇汉中。

时刘裕诛桓玄，迎复安帝，玄卫将军、新安王桓谦，临原王桓怡，雍州刺史桓蔚，左卫将军桓谧，中书令桓胤，将军何澹之等奔于兴。刘裕遣大参军衡凯之诣姚显，请通和，显遣吉默报之，自是聘使不绝。晋求南乡诸郡，兴许之。群臣咸谏以为不可，兴曰："天下之善一也，刘裕拔萃起微，匡辅晋室，吾何惜数郡而不成其美乎！"遂割南乡、顺阳、新野、舞阴等十二郡归于晋。

姚硕德等频败杨盛，盛惧，请降，遣子难当及僚佐子弟数十人为质，硕德等引还。署盛为使持节、散骑常侍、都督益、宁州诸军事、征南大将军、开府、益州牧、武都侯。敛俱陷城固，徙汉中流人郭陶等三千余家于关中。

兴班告境内及在朝文武，立名不得犯叔父绪及硕德之名，以彰殊礼。兴谦恭孝友，每见绪及硕德，如家人之礼，整服倾悚，言则称字，车马服玩，必先二叔，然后服其次者，朝廷大政，必谘之而后行。

太史令郭黁言于兴曰："戌亥之岁，当有孤寇起于西北，宜慎其锋。起兵如流沙，死者如乱麻，戎马悠悠会陇头，鲜卑、乌丸居不安，国朝疲于奔命矣。"时所在有泉水涌出，传云饮则愈病，后多无验。屡有妖人自称神女，戮之乃止。

兴大阅，自杜邮至于羊牧。兴以姚硕德来朝，大赦其境内。及硕德归于秦州，兴送之，及雍乃还。

秃发傉檀献兴马三千匹，羊三万头。兴以为忠于己，乃署傉檀为凉州刺史，征凉州刺史王尚还长安。凉州人申屠英等二百余人，遣主簿胡威诣兴，请留尚，兴弗许。引威见之，威流涕谓兴曰："臣州奉国五年，王威不接，衔胆栖冰、孤城独守者，仰恃陛下威灵，俯杖良牧惠化。忽违天人之心，以华土资狄。若傉檀才望应代，臣岂敢言。窃闻乃以臣等贸马三千匹，羊三万口，如所传实者，是为弃人贵畜。苟以马供军国，直烦尚书一符，三千余家户输一匹，朝下夕办，何故以一方委此奸胡！昔汉武倾天下之资，开建河西，隔绝诸戎，断匈奴右臂，所以终能屠大宛王毋寡。今陛下方布政玉门，流化西域，奈何以五郡之地资之犷犹，忠诚华族弃之虐虏！非但臣州里涂炭，惧方为圣朝旰食之忧。"兴乃遣西平人车普驰止王尚，又遣使喻傉檀。会傉檀已至姑臧，普以状先告之。傉檀惧，胁遣王尚，遂入姑臧。

尚既至长安，坐匿吕氏宫人，擅杀逃人薄禾等，禁止南台。凉州别驾宗敞、治中张穆、主簿边宪、胡威等上疏理尚曰：

臣州荒裔，邻带寇仇，居泰无垂拱之安，运否离倾覆之难。自张氏颓基，德风绝而莫扇；吕数将终，枭鸮以之翻翔。群生婴罔极之痛，西夏有焚如之祸。幸皇鉴降眷，纯风远被。刺史王尚受任垂灭之州，策成难全之际，轻身率下，躬俭节用，劳逸丰约，与众同之，劝课农桑，时无废业。然后振王威以扫不庭，回天波以荡氛秽。则群逆冰摧，不俟朱阳之曜；若秋

霜陨箨，岂待劲风之威。何定远之足高，营平之独美！经始甫尔，会朝算改授，使希世之功不终于必成，易失之机践之而莫展。当其时而明其事者，谁不慨然！

既远役迩方，劬劳于外，虽效未酬恩，而在公无阙。自至京师，二旬于今，出车之命莫逮，萋斐之责惟深。以取吕氏宫人裴氏及杀逃人薄禾等为南台所禁，天鉴玄镜，暂免囹圄，讥绳之文，未离简墨。裴氏年垂知命，首发二毛，嫠居本家，不在尚室，年迈姿陋，何用送为！边藩要捍，众力是寄，禾等私逃，罪应宪墨，以杀止杀，安边之义也。假若以不送裴氏为罪者，正阙奚算之一女子耳。论勋则功重，言瑕则过微。而执宪吹毛求疵，忘劳记过，斯先哲所以泣血于当年，微臣所以仰天而洒泪。

且尚之奉国，历事二朝，能否效于既往，优劣简在圣心，就有微过，功足相补，宜弘罔极之施，以彰覆载之恩。

臣等生自西州，无翰飞之翼，久沈伪政，绝进趣之途。及皇化既沾，投竿之心冥发，遂策名委质，位忝吏端。主辱臣忧，故重茧披款，惟陛下亮之。

兴览之大悦，谓其黄门侍郎姚文祖曰："卿知宗敞乎？"文祖曰："与臣州里，西方之英隽。"兴曰："有表理王尚，文义甚佳，当王尚研思耳。"文祖曰："尚在南台，禁止不与宾客交通，敞寓于杨桓，非尚明矣。"兴曰："若尔，桓为措思乎？"文祖曰："西方评敞甚重，优于杨桓。敞昔与吕超周旋，陛下试可问之。"兴因谓超曰："宗敞文才何如？可是谁辈？"超曰："敞在西土，时论甚美，方敞魏之陈、徐，晋之潘、陆。"即以表示超曰："凉州小地，宁有此才乎？"超曰："臣以敞余文比之，未足称多。琳琅出于昆岭，明珠生于海滨，若必以地求人，则文命大夏之弃夫，姬昌东夷之摈士。但问其文彩何如，不可以区宇格物。"兴悦，赦尚之罪，以为尚书。

卷一百十八　　　　载记第十八

姚　兴　下

晋义熙二年，平北将军、梁州督护苻宣入汉中，兴梁州别驾吕营、汉中徐逸、席难起兵应宣，求救于杨盛。盛遣军临浕口，南梁州刺史王敏退守武兴。杨盛复通于晋。

兴以太子泓录尚书事。

慕容超司徒、北地王钟，右仆射、济阳王凝，高都公始，皆来奔。

华山郡地涌沸，广袤百余步，烧生物皆熟，历五月乃止。

赫连勃勃杀高平公没奕于，收其众以叛。

先是，魏主拓跋珪送马千匹，求婚于兴，兴许之。以魏别立后，遂绝婚，故有柴壁之战。至是，复与魏通和，

魏放狄伯支、姚伯禽、唐小方、姚良国、康宦还长安，皆复其爵位。

时秃发傉檀、沮渠蒙逊迭相攻击，傉檀遂东招河州刺史西羌彭奚念，奚念阻河以叛。

蜀谯纵遣使称藩，请桓谦，欲令顺流东伐刘裕。兴以问谦，谦请行，遂许之。

使中军姚弼、后军敛成、镇远乞伏乾归等率步骑三万伐傉檀，左仆射齐难等率骑二万讨勃勃。吏部尚书尹昭谏曰："傉檀恃远，轻敢违逆，宜诏蒙逊及李玄盛，使自相攻击。待其毙也，然后取之，此卞庄之举也。"兴不从。勃勃退保河曲。弼济自金城，弼部将姜纪言于弼曰："今王师声讨勃勃，傉檀狐疑，未为严防，请给轻骑五千，掩其城门，则山泽之人皆为吾有，孤城独立，坐可克也。"弼不从，进拔昌松，长驱至姑臧。傉檀婴城固守，出其兵击弼，弼败，退据西苑。兴又遣卫大将军姚显率骑二万，为诸军节度。至高平，闻弼败绩，兼道赴之，抚慰河外，率众而还。傉檀遣使人徐宿诣兴谢罪。

齐难为勃勃所擒。兴遣平北姚冲、征虏狄伯支、辅国敛曼嵬、镇东杨佛嵩率骑四万讨勃勃。冲次于岭北，欲回师袭长安，伯支不从，乃止，惧其谋泄，遂鸩杀伯支。

时王师伐谯纵，大败之，纵遣使乞师于兴。兴遣平西姚赏、南梁州刺史王敏率众二万救之，王师引还。纵遣使拜师，仍贡其方物。兴遣其兼司徒韦华持节策拜纵为大都督、相国、蜀王，加九锡，备物典策一如魏、晋故事，承制封拜悉如王者之仪。

兴自平凉如朝那，闻冲谋逆，以其弟中最少，雄武绝人，犹欲隐忍容之。敛成泣谓兴曰："冲凶险不仁，每侍左右，臣常寝不安席，愿早为之所。"兴曰："冲何能为也！但轻害名将，吾欲明其罪于四海。"乃下书赐冲死，葬以庶人之礼。

晋河间王子国璠、章武王子叔道来奔，兴谓之曰："刘裕匡复晋室，卿等何故来也"国璠等曰："裕与不逞之徒削弱王室，宗门能自修立者莫不害之。是避之来，实非诚款，所以避死耳。"兴嘉之，以国璠为建义将军、扬州刺史，叔道为平南将军、兖州刺史，赐以甲第。

兴如贰城，将讨赫连勃勃，遣安远姚详及敛曼嵬、镇军彭白狼分督租运。诸军未集而勃勃骑大至，兴欲留步军，轻如嵬营。众咸惶惧，群臣固以为不可，兴弗纳。尚书郎韦宗希旨劝兴行。兰台侍御史姜楞越次而进曰："韦宗倾险不忠，沮败国计，宜先腰斩以谢天下。脱车驾动轸，六军骇惧，人无守志，取危之道也，宜遣单使以征详等。"兴默然。右仆射韦华等谏曰："若车骑轻动，必不战自溃，嵬营亦未必可至，惟陛下图之。"兴乃遣左将军姚文宗率禁兵距战，中垒齐莫统氏兵以继之。文宗与莫皆勇果兼人，以死力战，勃勃乃退。留禁兵五千配姚详守贰城，兴还长安。

谯纵遣其侍中谯良、太常杨轨朝于兴，请大举以寇江东。遣其荆州刺史桓谦、梁州刺史谯道福率众二万东寇江陵。兴乃遣前将军苟林率骑会之。谦屯枝江，林屯江津。谦，江左贵族，部曲遍于荆、楚，晋之将士皆有叛心。荆州刺史刘道规大惧，婴城固守。雍州刺史鲁宗之率襄阳之众救之，道规乃留宗之守江陵，率军逆战。谦等舟师大盛，兼列步骑以待之。大战枝江，谦败绩，乘轻舸奔就苟林，晋人获而斩之。苟林惧而引归。

兴以国用不足，增关津之税，盐竹山木皆有赋焉。群臣咸谏，以为天殖品物以养群生，王者子育万邦，不宜节约以夺其利。兴曰："能逾关梁通利于山水者，皆豪富之家。吾损有余以裨不足，有何不可！"乃遂行之。

兴从朝门游于文武苑，及昏而还，将自平朔门入。前驱既至，城门校尉王满聪被甲持杖，闭门距之，曰："今已昏暗，奸良不辨，有死而已，门不可开。"兴乃回从朝门而入。旦而召满聪，进位二等。

乞伏乾归以众叛，攻陷金城，执太守任兰。兰厉色责乾归以背恩违义，乾归怒而囚之，兰遂不食而死。

赫连勃勃遣其将胡金纂将万余骑攻平凉。兴如贰城，因救平凉，纂众大溃，生擒纂。勃勃遣兄子提攻陷定阳，执北中郎将姚广都。兴将曹炽、曹云、王肆佛等将数千户避勃勃内徙，兴处佛于湟山泽，炽、云于陈仓。勃勃寇陇右，攻白崖堡，破之，遂趣清水。略阳太守姚寿都委守奔秦州，勃勃又收其众而归。兴自安定追之，至寿渠川，不及而还。

初，天水人姜纪，吕氏之叛臣，阿谀奸诈，好问人之亲戚。兴子弼有宠于兴，纪遂倾心附之。弼时为雍州刺史，镇安定，与密谋还朝，令倾心事常山公显，树党左右。至是，兴以弼为尚书令、侍中、大将军。既居将相，虚襟引纳，收结朝士，势倾东宫，遂有夺嫡之谋矣。

兴以勃勃、乾归作乱西北，傉檀、蒙逊擅兵河右，畴咨将帅之臣，欲镇抚二方。陇东太守郭播言于兴曰："岭北二州镇户皆数万，若得文武之才以绥抚之，足以靖塞奸略。"兴曰："吾每思得廉颇、李牧镇抚四方，使便宜行事。然任非其人，恒致负败。卿试举之。"播曰："清洁善抚边，则平陆子王元始；雄武多奇略，则建威王焕；赏罚必行，临敌不顾，则奋武彭蚝。"兴曰："蚝令行禁止则有之，非绥边之才也。始、焕年少，吾未知其为人。"播曰："广平公弼才兼文武，宜镇督一方，愿陛下远鉴前车，近悟后辙。"兴不从，以其太常索棱为太尉，领陇西内史，绥诱乾归。政绩既美，乾归感而归之。太史令任猗言于兴曰："白气出于北方，东西亘天五百里，当有破军流血。"乞伏乾归遣使送所掠守宰，谢罪请降。兴以勃勃之难，权宜许之，假干归及其子炽磐官爵。

姚详时镇杏城，为赫连勃勃所逼，粮尽委守，南奔大苏。勃勃要之，众散，为勃勃所执。时遣卫大将军显迎详，详败，遂屯杏城，因令显都督安定岭北二镇事。

颍川太守姚平都自许昌来朝，言于兴曰："刘裕敢怀奸计，屯聚苟陂，有扰边之志，宜遣烧之，以散其众谋。"兴曰："裕之轻弱，安敢窥吾疆埸！苟有奸心，其在子孙乎！"召其尚书杨佛嵩谓之曰："吴儿不自知，乃有非分之意。待至孟冬，当遣卿率精骑三万焚其积聚。"嵩曰："陛下若任臣以此役者，当从肥口济淮，直趣寿春，举大众以屯城，纵轻骑以掠野，使淮南萧条，兵粟俱了，足令吴儿俯仰回惶，神爽飞越。"兴大悦。

时西胡梁国儿于平凉作寿冢，每将妻妾入冢饮宴，酒酣，升灵床而歌。时人或讥之，国儿不以为意。前后征伐，屡有大功，兴以为镇北将军，封平舆男，年八十余乃死。

时客星入东井，所在地震，前后一百五十六。兴公卿抗表请罪，兴曰："灾谴之来，咎在元首；近代或归罪三公，甚无谓也。公等其悉冠履复位。"

仇池公杨盛叛，侵扰祁山。遣建威赵琨率骑五千为前锋，立节杨伯寿统步卒继之，前将军姚恢、左将军姚文宗入自鹫陕，镇西、秦州刺史姚嵩入羊头陕，右卫胡翼度从阴密出自汧城，讨盛。兴将轻骑五千，自雍赴之，与诸将军会于陇口。天水太守王松忿言于嵩曰："先皇神略无方，威武冠世，冠军徐洛生猛毅兼人，佐命英辅，再入仇池，无功而还。非杨盛智勇能全，直是地势然也。今以赵琨之众，使君之威，准之先朝，实未见成功。使君具悉形便，何不表闻？"嵩不从。盛率众与琨相持，伯寿畏懦弗进，琨众寡不敌，为盛所败，兴斩伯寿而还。嵩乃具陈松忿之言，兴善之。

乾归为其下人所杀，子炽磐新立，群下咸劝兴取之。兴曰："乾归先已返善，吾方当怀抚，因丧伐之，非朕本志也。"

以杨佛嵩都督岭北讨房诸军事、安远将军、雍州刺史，率领北见兵以讨赫连勃勃。嵩发数日，兴谓群臣曰："佛嵩骁勇果锐，每临敌忘寇，不可制抑，吾常节之，配兵不过五千。今众旅既多，遇贼必败。今去已远，追之无及，吾深忧之。"其下咸以为不然。佛嵩果为勃勃所执，绝亢而死。

兴立昭仪齐氏为皇后。又下书以其故丞相姚绪、太宰姚硕德、太傅姚旻、大司马姚崇、司徒尹纬等二十四人配飨于苌庙。兴以大臣屡丧，令所司更详临赴之制。所司白兴，依故事东堂发哀。兴不从，每大臣死，皆亲临之。

姚文宗有宠于姚泓，姚弼深疾之，诬文宗有怨言，以侍御史廉桃生为证。兴怒，赐文宗死。是后群臣累足，莫敢言弼之短。

时贰县羌叛兴，兴遣后将军敛成、镇军彭白狼、北中郎将姚洛都讨之。敛成为羌所败，甚惧，诣赵兴太守姚穆归罪。穆欲送杀之，成怒，奔赫连勃勃。

兴遣姚绍与姚弼率禁卫诸军镇抚岭北。辽东侯弥姐亭地率其部人南居阴密，劫掠百姓。弼收亭地送之，杀其众七百余人，徙二千余户于郑城。

弼宠爱方隆，所欲施行，无不信纳。乃以嬖人尹冲为给事黄门侍郎，唐盛为治书侍御史，左右机要，皆其党人，渐欲广树爪牙，弥缝其阙。右仆射梁喜、侍中任谦、京兆尹尹昭承间言于兴曰："父子之际，人罕得而言。然君臣亦犹父子，臣等理不容默。并后匹嫡，未始不倾国乱家。广平公弼奸凶无状，潜有陵夺之志，陛下宠之不道，假其威权，险险无赖之徒，莫不鳞凑其侧。市巷讽议，皆言陛下欲有废立之志。诚如此者，臣等有死而已，不敢奉诏。"兴曰："安有此乎！"昭等曰："若无废立之事，陛下爱弼，适所以祸之，愿去其左右，减其威权。非但弼有太山之安，宗庙社稷亦有磐石之固矣。"兴默然。

兴寝疾，妖贼李弘反于贰原，贰原氏仇常起兵应弘。兴舆疾讨之，斩常，执弘而还，徙常部人五百余户于许昌。

兴疾笃，其太子泓屯兵于东华门，侍疾于谘议堂。姚弼潜谋为乱，招集数千人，被甲伏于其第。抚军姚绍及侍中任谦、右仆射梁喜、冠军姚赞、京兆尹尹昭、辅国敛曼嵬并典禁兵，宿卫于内。姚裕遣使告姚懿于蒲坂，并密信诸藩，论弼逆状。懿流涕以告将士曰："上今寝疾，臣子所宜冠履不整。而广平公弼拥兵私第，不以忠于储宫，正是孤徇义亡身之日。诸君皆忠烈之士，亦当同孤徇斯举也。"将士无不奋怒攘袂曰："惟殿下所为，死生不敢贰。"于是尽赦囚徒，散布帛数万匹以赐其将士，建牙誓众，将赴长安。镇东、豫州牧姚洸起兵洛阳，平西姚谌起兵于雍，将以赴泓之难。兴疾瘳，朝其群臣，征虏刘羌泣谓兴曰："陛下寝疾数旬，奈何忽有斯事！"兴曰："朕过庭无训，使诸子不穆，愧于四海。卿等各陈所怀，以安社稷。"尹昭曰："广平公弼恃宠不虔，阻兵怀贰，自宜置之刑书，以明典宪。陛下若含忍不便加法者，且可削夺威权，使散居藩国，以纾窥觎之祸，全天性之恩。"兴谓梁喜曰："卿以为何如？"喜曰："臣之愚见，如昭所陈。"兴以弼才兼文武，未忍致法，免其尚书令，以将军、公就第。懿等闻兴疾瘳，各罢兵还镇。懿、恢及弟谌等皆抗表罪弼，请致之刑法，兴弗许。

时魏遣使聘于兴，且请婚。会平阳太守姚成都来朝，兴谓之曰："卿久处东藩，与魏邻接，应悉彼事形。今来求婚，吾已许之，终能分灾共患，远相接援以不？"成都曰："魏自柴壁克捷已来，戎甲未曾损失，士马桓桓，师旅充盛。今修和亲，兼婚姻之好，岂但分灾共患而已，实亦永安之福也。"兴大悦，遣其吏部郎严康报聘，并致方物。

时姚懿、姚洸、姚宣、姚谌来朝，使姚裕言于兴曰："懿等今悉在外，欲有所陈。"兴曰："汝等正欲道弼事耳，吾已知之。"裕曰："弼苟有可论，陛下所宜垂听。若懿等言违大义，便当肆之刑辟，奈何距之！"于是引见谘议堂。宣流涕曰："先帝以大圣起基，陛下以神武定业，方隆七百之祚，为万世之美，安可使弼谋倾社稷。宜委之有司，肃明刑宪。臣等敢以死请。"兴曰："吾自处之，非汝等所忧。"先是，大司农窦温、司徒左长史王弼皆有密表，劝兴废立。兴虽不从，亦不以为责。抚军东曹属姜虬上疏曰："广平公弼怀奸积年，谋祸有岁，倾谄群竖为之画足，峰成逆著，取嗤戎裔。文王之化，刑于寡妻；圣朝之乱，起自爱子。今虽欲含忍其瑕，掩蔽其罪，而逆党犹繁，扇惑不已，弼之乱心其可革耶！宜斥散凶徒，以绝祸始。"兴以虬表示梁喜曰："天下之人莫不以吾儿为口实，将何以处之？"喜曰："信如虬言，陛下宜早裁决。"兴默然。

太子詹事王周亦虚襟引士，树党东宫，弼恶之，每规陷害周。周抗志确然，不为之屈。兴嘉其守正，以周为中书监。

兴如三原，顾谓群臣曰："古人有言，关东出相，关西出将，三秦饶俊异，汝颍多奇士。吾应天明命，跨据中原，自流沙已东，淮、汉已北，未尝不倾己招求，冀匡不逮。然明不照下，弗感悬鱼。至于智效一官，行著一善，吾历级而进之，不使有后门之叹。卿等宜明扬仄陋，助吾举之。"梁喜对曰："奉旨求贤，弗曾休倦，未见儒亮大才王佐之器，可谓世之乏贤。"兴曰："自古霸王之起也，莫不将则韩、吴，相兼萧、邓，终不采将于往贤，求相于后哲。卿自识拔不明，求之不至，奈何厚诬四海乎！"群臣咸悦。

晋荆州刺史司马休之据江陵，雍州刺史鲁宗之据襄阳，与刘裕相攻，遣使求援。兴遣姚成王、司马国璠率骑八千赴之。

弼恨姚宣之毁己，遂潜宣于兴。会宣司马权丕至长安，兴责丕以无匡辅之益，将戮之。丕性倾巧，因诬宣罪状。兴大怒，遂收宣于杏城，下狱，而使弼将三万人镇秦州。尹昭言于兴曰："广平公与皇太子不平，握强兵于外，陛下一旦不讳，恐社稷必危。小不忍以致大乱者，陛下之谓也。"兴弗纳。赫连勃勃攻杏城，兴又遣弼救之，至冠泉而杏城陷。兴如北地，弼次于三树，遣弼及敛曼嵬向新平，兴还长安。

姚成王至于南阳，司马休之等为刘裕所败，引归。休之、宗之等遂与谯王文思，新蔡王道赐，宁朔将军、梁州刺史马敬，辅国将军、竟陵太守鲁轨，宁朔将军、南阳太守鲁范奔于兴。

勃勃遣其将赫连建率众寇贰县，数千骑入平凉。姚恢与建战于五井，平凉太守姚兴都为建所获，遂入新平。姚弼讨之，战于龙尾堡，大破之，擒建，送于长安。初，勃勃攻彭双方于石堡，方力战距守，积年不能克。至是，闻建败，引归。

休之等至长安，兴谓之曰："刘裕崇奉晋帝，岂便有阙乎？"休之曰："臣前下都，琅邪王德文泣谓臣曰：'刘裕供御主上，克薄奇深。'以事势推之，社稷之忧方未可测。"兴将以休之为荆州刺史，任以东南之事。休之固辞，请与鲁宗之等扰动襄阳、淮、汉。乃以休之为镇南将军、扬州刺史，宗之等并有拜授。休之将行，侍御史唐盛言于兴曰："符命所记，司马氏应复河、洛。休之既得濯鳞南翔，恐非复池中之物，可以崇礼，不宜放之。"兴曰："司马氏脱如所记，留之适足为患。"遂遣之。

扬武、安乡侯康宫驱略白鹿原氏胡数百家奔上洛，太守宋林距之。商洛人黄金等起义兵以掎宫，宫乃率众归罪。兴赦之，复其爵位。

时白虹贯日，有术人言于兴曰："将有不祥之事，终当自消。"时兴药动，姚弼称疾不朝，集兵于第。兴闻之怒甚，收其党殿中侍御史唐盛、孙玄等杀之。泓言于兴曰："臣诚不肖，不能训诲于弟，致弼构造非是，仰惭天日，陛下若以臣为社稷之忧，除弼而国宁，亦家之福也。若垂天性之恩，不忍加臣刑戮者，乞听臣守藩。"兴惨然改容，召姚赞、梁喜、尹昭、敛曼嵬于谘议堂，密谋收弼。时姚绍屯兵雍城，驰遣告之，数日不决。弼党兇惧。兴虑其为变，乃收弼，囚之中曹，穷责党与，将杀之。泓流涕固请之，乃止。兴谓梁喜曰："泓天心平和，性少猜忌，必能容养群贤，保全吾子。"于是皆赦弼党。

灵台令张泉又言于兴曰："荧惑入东井，旬纪而返，未余月，复来守心。王者恶之，宜修仁虚己，以答天谴。"兴纳之。

正旦，兴朝群臣于太极前殿，沙门贺僧恸泣不能自胜，众咸怪焉。贺僧者，莫知其所从来也，言事皆有效验，兴甚神礼之，常与隐士数人预于宴会。

兴如华阴，以泓监国，入居西宫。因疾笃，还长安。泓欲出迎，其宫臣曰："今主上疾笃，奸臣在侧，广平公每希觊非常，变故难测。今殿下若出，进则不得见主上，退则有弼等之祸，安所归乎！自宜深抑情礼，以宁宗社。"泓从之，乃拜迎于黄龙门樽下。弼党见兴升舆，咸怀危惧。尹冲等先谋欲因泓出迎害之，尚书姚沙弥曰："若太子有备，不来迎侍，当奉乘舆直趣公第。宿卫者闻上在此，自当来奔，谁与太子守乎！吾等以广平公之故，陷身逆节。今以乘舆南幸，自当是杖义之理，匪但救广平之祸，足可以申雪前憾。"冲等不从，欲随兴入殿中作乱，复未知兴之存亡，疑而不发。兴命泓录尚书事，使姚绍、胡翼度典兵禁中，防制内外，遣敛曼嵬收弼第中甲杖，内之武库。

兴疾转笃，兴妹伪南安长公主问疾，不应。兴少子耕儿出告其兄愔曰："上已崩矣，宜速决计。"于是愔与其属率甲士攻端门，殿中上将军敛曼嵬勒兵距战，右卫胡翼度率禁兵闭四门。愔等遣壮士登门，缘屋而入，及于马道。泓时侍疾于谘议堂，遣敛曼嵬率殿中兵登武库距战，太子右卫率姚和都率东宫兵入屯马道南。愔等既不得进，遂烧端门。兴力疾临前殿，赐弼死。禁兵见兴，喜跃，贯甲赴贼，贼众骇扰。和都勒东宫兵自后击之，愔等奔溃，逃于骊山，愔党吕隆奔雍，尹冲等奔于京师。兴引绍及赞、梁喜、尹昭、敛曼嵬入内寝，受遗辅政。义熙十二年，兴死，时年五十一，在位二十二年。伪谥文桓皇帝，庙号高祖，墓曰偶陵。

尹纬，字景亮，天水人也。少有大志，不营产业。身长八尺，腰带十围，魁梧有爽气。每览书传至宰相立勋之际，常辍书而叹。苻坚以尹赤之降姚襄，诸尹皆禁锢不仕。纬晚乃为吏部令史，风志豪迈，郎皆惮之。坚末年，祅星见于东井，纬知坚将灭，喜甚，向天再拜，既而流涕长叹。友人略阳桓识怪而问之，纬曰："天时如此，正是霸王龙飞之秋，吾徒杖策之日。然知己难遭，恐不得展吾才志，是以欣惧交怀。"

及姚苌奔马牧，纬与尹详、庞演等扇动群豪，推苌为盟主，遂为佐命元功。苌既败苻坚，遣纬说坚，求禅代之事。坚问纬曰："卿于朕何官？"纬曰："尚书令史。"坚叹曰："宰相之才也，王景略之俦。而朕不知卿，亡也不亦宜乎！"

纬性刚简清亮，慕张子布之为人。冯翊段铿性倾巧，苌爱其博识，引为侍中。纬固谏以为不可，苌不从。纬屡众中辱铿，铿心不平。苌闻而谓纬曰："卿性不好学，何为憎学者？"纬曰："臣不憎学，憎铿不正耳。"苌因曰："卿好不自知，每比萧何，真何如也？"纬曰："汉祖与萧何俱起布衣，是以相贵。陛下起贵中，是以贱臣。"茛曰："卿实不及，胡为不也？"纬曰："陛下何如汉祖？"茛曰："朕实不如汉祖，卿远萧何，故不如甚也。"纬曰："汉祖所以胜陛下者，以能远段铿之徒故耳。"茛默然，乃出铿为北地太守。

茛死，纬与姚兴灭苻登，成兴之业，皆纬之力也。历辅国将军、司隶校尉、尚书左右仆射、清河侯。

纬友人陇西牛寿率汉中流人归兴，谓纬曰："足下平生自谓：'时明也，才足以立功立事；道消也，则追二疏、朱云，发其狂直，不能如胡广之徒泞隆随俗。'今遇其时矣，正是垂名竹素之日，可不勉欤！"纬曰："吾之所庶几如是，但未能委宰衡于夷吾，识韩信于羁旅，以斯为愧耳。立功立事，窃谓未负昔言。"兴闻而谓纬曰："君之与寿言也，何其诞哉！立功立事，自谓何如古人？"纬曰："臣实未愧古人。何则？遇时来之运，则辅翼太祖，建八百之基。及陛下龙飞之始，翦灭苻登，荡清秦、雍，生极端右，死飨庙庭，古之君子，正是尔耳。"兴大悦。及死，兴甚悼之，赠司徒，谥曰忠成侯。

卷一百十九　　载记第十九

姚　泓

姚泓，字元子，兴之长子也。孝友宽和，而无经世之用，又多疾病，兴将以为嗣而疑焉。久之，乃立为太子。兴每征伐巡游，常留总后事。博学善谈论，尤好诗咏。尚书王尚、黄门郎段章、尚书郎富允之以儒术侍讲，胡义周、夏侯稚以文章游集。时尚书王敏、右丞郭播以刑政过宽，议欲峻制，泓曰："人情挫辱，则壮厉之心生；政教烦苛，则苟免之行立。上之化下，如风靡草。君等参赞朝化，弘昭政轨，不务仁恕之道，惟欲严法酷刑，岂是安上驭下之理乎！"敏等遂止。泓受经于博士淳于岐。岐病，泓亲诣省疾，拜于床下。自是公侯见师傅皆拜焉。

兴之如平凉也，冯翊人刘厥聚众数千，据万年以叛。泓遣镇军彭白狼率东宫禁兵讨之，斩厥，赦其余党。诸将咸劝泓曰："殿下神算电发，荡平丑逆，宜露布表言，广其首级，以慰远近之情。"泓曰："主上委吾后事，使式遏寇逆。吾绥御失和，以长奸寇，方当引咎责躬，归罪行间，安敢过自矜诞，以重罪责乎！"其右仆射韦华而谓河南太守慕容筑曰："皇太子实有恭惠之德，社稷之福也。"其弟弼有夺嫡之谋，泓恩抚如初，未尝见于色。姚绍每为弼羽翼，泓亦推心宗事，弗以为嫌。及僭立，任绍以兵权，绍亦感而归诚，卒守其忠烈。其明识宽裕，皆此类也。

兴既死，秘不发丧。南阳公姚愔及大将军尹元等谋为乱，泓皆诛之。命其齐公姚恢杀安定太守吕超，恢久乃诛之。泓疑恢有阴谋，恢自是负怀，阴聚兵甲焉。泓发丧，以义熙十二年僭即帝位，大赦殊死已下，改元永和，庐于

谘议堂。既葬，乃亲庶政，内外百僚增位一等，令文武各尽直言，政有不便于时，事有光益宗庙者，极言勿有所讳。

初，兴徙李闰羌三千家于安定，寻徙新支。至是，羌酋党容率所部叛还，遣抚军姚赞讨之。容降，徙其豪右数百户于长安，余遣还李闰。北地太守毛雍据赵氏坞以叛于泓，姚绍讨擒之。姚宣时镇李闰，未知雍败，遣部将姚佛生等来卫长安。众既发，宣参军韦宗奸诡安乱，说宣曰："主上初立，威化末著，勃勃强盛，侵害必深，本朝之难未可弭也。殿下居维城之任，宜深虑之。邢望地形险固，总三方之要，若能据之，虚心抚御，非但克固维城，亦霸王之业也。"宣乃率户三万八千，弃李闰，南保邢望。宣既南移，诸羌据李闰以叛，绍进讨破之。宣诣绍归罪，绍怒杀之。初，宣在邢望，泓遣姚佛生谕宣，佛生遂赞成宣计。绍数其罪，又戮之。

泓下书，士卒死王事，赠以爵位，永复其家。将封宫臣十六人五等子男，姚赞谏曰："东宫文武，自当有守忠之诚，未有赫然之效，何受封之多乎？"泓曰："悬爵于朝，所以惩劝来效，标明盛德。元子遭家不造，与宫臣同此百忧，独享其福，得不愧于心乎！"赞默然。姚绍进曰："陛下不忘报德，封之是也，古者敬其事，命之以始，可须来春，然后议之。"乃止。并州、定阳、贰城胡数万落叛泓，入于平阳，攻立义姚成都于匈奴堡，推匈奴曹弘为大单于，所在残掠。征东姚懿自蒲坂讨弘，战于平阳，大破之，执弘，送于长安，徙其豪右万五千落于雍州。

仇池公杨盛攻陷祁山，执建节王总，遂逼秦州。泓遣后将军姚平救之，盛引退。姚嵩与平追盛及于竹岭，姚赞率陇西太守姚秦都、略阳太守王焕以禁兵赴之。赞至清水，嵩为盛所败，嵩及秦都、王焕皆战死。赞至秦州，退还仇池。先是，天水冀县石鼓鸣，声闻数百里，野雉皆雊。秦州地震者三十二，殷殷有声者八，山崩舍坏，咸以为不祥。及嵩将出，群僚固谏止之。嵩曰："若有不祥，此乃命也，安所逃乎！"遂及于难。识者以为秦州泓之故乡，将灭之征也。

赫连勃勃攻陷阴密，执秦州刺史姚军都，坑将士五千余人。军都瞋目厉声数勃勃残忍之罪，不为之屈，勃勃怒而杀之。勃勃既克阴密，进兵侵雍，岭北杂户悉奔五将山。征北姚恢弃安定，率户五千奔新平，安定人胡俨、华韬等率众距恢，恢单骑归长安。立节弥姐成、建武裴岐为俨所杀，镇西姚谌委镇东走。勃勃遂据雍，抄掠郿城。姚绍及征虏尹昭、镇军姚洽等率步骑五万讨勃勃，姚恢以精骑一万继之。军次横水，勃勃退保安定，胡俨闭门距之，杀鲜卑数千人，据安定以降。绍进兵蹙勃勃，战于马鞍坂，败之，追至朝那，不及而还。

杨盛遣兄子倦入寇长蛇。平阳氏苟渴聚众千余，据五丈原以叛，遣镇远姚万、恢武姚难讨之，为渴所败。姚谌讨渴，擒之。泓使辅国敛曼嵬、前将军姚光儿讨杨倦于陈仓，倦奔于散关。勃勃遣兄子提南侵池阳，车骑姚裕、前将军彭白狼、建义蛇玄距却之。

寻而晋太尉刘裕总大军伐泓，次于彭城，遣冠军将军檀道济、龙骧将军王镇恶入自淮、肥，攻漆丘、项城，将

军沈林子自汴入河,攻仓垣。泓将王苟生以漆丘降镇恶,徐州刺史姚掌以项城降道济,王师遂入颍口,所至多降服。惟新蔡太守董遵固守不降,道济攻破之,缚遵而致诸军门。遵厉色曰:"古之王者伐国,待士以礼。君奈何以不义行师,待国士以非礼乎?"道济怒杀之。姚绍闻王师之至,还长安,言于泓曰:"晋师已过许昌,豫州、安定孤远,卒难救卫,宜迁诸镇户内实京畿,可得精兵十万,足以横行天下。假使二寇交侵,无深害也。如其不尔,晋侵豫州,勃勃寇安定者,将若之何!事机已至,宜在速决。"其左仆射梁喜曰:"齐公恢雄勇有威名,为岭北所惮,镇人已与勃勃深仇,理应守死无贰,勃勃终不能弃安定远寇京畿。若无安定,房马必及于郿、雍。今关中兵马足距晋师,岂可未有忧危先自削损也。"泓从之。吏部郎懿横密言于泓曰:"齐公恢于广平之难有忠勋于陛下,自陛下龙飞绍统,未有殊赏以答其意。今外则致之死地,内则不豫朝权,安定人自以孤危逼诚,欲思南迁者十室而九,若拥精兵四万,鼓行而向京师,得不为社稷之累乎!宜征还朝廷,以慰其心。"泓曰:"恢若怀不逞之心,征之适所以速祸耳。"又不从。

王师至成皋,征南姚洸时镇阳翟,驰使请救。泓遣越骑校尉阎生率骑三千以赴之,武卫姚益男将步卒一万助守洛阳,又遣征东、并州牧姚懿南屯陕津为之声援。洸部将赵玄说洸曰:"今寇逼已深,百姓骇惧,众寡势殊,难以应敌。宜摄诸戍兵士,固守金墉,以待京师之援,不可出战。如脱不捷,大事去矣。金墉既固,师无损败,吴寇终不敢越金墉而西。困之于坚城之下,可以坐制其弊。"时洸司马姚禹潜通于道济,主簿阎恢、杨虔等皆禹之党,嫉玄忠诚,咸共毁之,固劝洸出战。洸从之,乃遣玄率精兵千余南守柏谷坞,广武石无讳东戍巩城,以距王师。玄泣谓洸曰:"玄受三帝重恩,所守正死耳。但明公不用忠臣之言,为奸孽所误,后必悔之,但无及耳。"会阳城及成皋、荥阳、武牢诸城悉降,道济等长驱而至。无讳至石关,奔还。玄与晋将毛德祖战于柏谷,以众寡而败,被疮十余,据地大呼,玄司马骞鉴冒刃抱玄而泣,玄曰:"吾疮已重,君宜速去。"鉴曰:"若将军不济,当与俱死,去将安之!"皆死于阵。姚禹逾城奔于王师。道济进至洛阳、洸惧,遂降。时阎生至新安,益男至湖城,会洛阳已没,遂留屯不进。

姚懿岻薄,惑于信受,其司马孙畅奸巧倾佞,好乱乐祸,劝懿袭长安,诛姚绍,废泓自立。懿纳之,乃引兵至陕津,散谷以赐河北夷夏,欲虚损国储,招引和戎诸羌,树已私惠。懿左常侍张敞、侍郎左雅固谏懿曰:"殿下以母弟之亲,居分陕之重,安危休戚,与国共之。汉有七国之难,实赖梁王。今吴寇内侵,四川倾没,西房扰边,秦、凉覆败,朝廷之危有同累卵,正是诸侯勤王之日。谷者,国之本也,而今散之。若朝廷问殿下者,将何辞以报?"懿怒,笞而杀之。泓闻之,召姚绍等密谋于朝堂。绍曰:"懿性识鄙近,从物推移,造成此事,惟当孙畅耳。但驰使征畅,遣抚军赞据陕城,臣向潼关为诸军节度,若畅奉诏而至者,臣当遣懿率河东见兵共平吴寇。如其逆鳞不

成,违距诏敕者,当明其罪于天下,声鼓以击之。"泓曰:"叔父之言,社稷之计也。"于是遣姚赞及冠军司马国璠、建义蛇玄屯陕津,武卫姚驴屯潼关。

懿遂举兵僭号,传檄州郡,欲运匈奴堡谷以给镇人。宁东姚成都距之,懿乃卑辞招诱,深自结托,送佩刀为誓,成都送以呈泓。懿又遣骁骑王国率甲士数百攻成都,成都擒国,囚之,遣让懿曰:"明公以母弟之亲,受推毂之寄,今社稷之危若缀旒然,宜恭恪忧勤,匡辅王室。而更包藏奸宄,谋危宗庙,三祖之灵岂安公乎!此镇之粮,一方所寄,镇人何功,而欲给之!王国为蛇画足,国之罪人,已就囚执,听诏而戮之。成都方纠合义众,以惩明公之罪,复须大兵悉集,当与明公会于河上。"乃宣告诸城,勉以忠义,厉兵秣马,征发义租。河东之兵无诣懿者,懿深患之。临晋数千户叛应懿。姚绍济自薄津,击临晋叛户,大破之,懿等震惧。镇人安定郭纯、王奴等率众围懿。绍入于蒲坂,执懿囚之,诛孙畅等。

泓以内外离叛,王师渐逼,岁旦朝群臣于其前殿,凄然流涕,群臣皆泣。时征北姚恢率安定镇户三万八千,焚烧室宇,以车为方阵,自北雍州趣长安,自称大都督、建义大将军,移檄州郡,欲除君侧之恶。扬威姜纪率众奔之。建节彭完都闻恢将至,弃阴密,奔还长安。恢至新支,姜纪说恢曰:"国家重将在东,京师空虚,公可轻兵径袭,事必克矣。"恢不从,乃南攻郿城。镇西姚谌为恢所败,恢军势弥盛,长安大震。泓驰使征绍,遣姚裕及辅国胡翼度屯于沣西。扶风太守姚隽、安夷护军姚墨蠡、建威姚娥都、扬威彭蚝皆惧而降恢。恢舅苟和时为立节将军,守忠不贰,泓召而谓之曰:"众人咸怀去就,卿何能自安邪?"和曰:"若天纵妖贼,得肆其逆节者,舅甥之理,不待奔驰而加亲。如其罪极逆销,天盈其罚者,守忠执志,臣之体也。违亲叛君,臣之所耻。"泓善其忠恕,加金章紫绶。姚绍率轻骑先赴难,使姚洽、司马国璠将步卒三万赴长安。恢从曲牢进屯杜成,绍与恢相持于灵台。姚赞闻恢渐逼,留宁朔尹雅为弘农太守,守潼关,率诸军还长安。泓谢赞曰:"元子不能崇明德义,导率群下,致祸起萧墙,变自同气,既上负祖宗,亦无颜见诸父。懿始构逆灭亡,恢复拥众内叛,将若之何?"赞曰:"懿等所以敢称兵内侮者,谅由臣等轻弱,无防遏之方故也。"因攘袂大泣曰:"臣与大将军不灭此贼,终不忍面复见陛下!"泓于是班赐军士而遣之。恢众见诸军悉集,咸惧思善,其将齐黄等弃恢而降。恢进军逼绍,赞自后要击,大破之,杀恢及其三弟。泓哭之悲恸,葬以公礼。

至是,王镇恶至宜阳。毛德祖攻弘农太守尹雅于蠡城,众溃,德祖使骑追获之,既而杀晋守者奔固潼关。

檀道济、沈林子攻拔襄邑堡,建威薛帛奔河东。道济自陕北渡,攻蒲坂,使将军苟卓攻匈奴堡,为泓宁东姚成都所败。泓遣姚驴救蒲坂,胡翼度援潼关。泓进绍太宰、大将军、大都督、都督中外诸军事,假黄钺,改封鲁公,侍中、司隶、宗正、节录并如故,朝之大政皆往决焉。绍固辞,弗许。于是遣绍率武卫姚鸾等步骑五万,距王师于潼关。姚驴与并州刺史尹昭为表里之势,夹攻道济。道济

深壁不战，沈林子说道济曰："今蒲坂城坚池浚，非可卒克，攻之伤众，守之引日，不如弃之，先事潼关。潼关天限，形胜之地，镇恶孤军，势危力寡，若使姚绍据之，则难图矣。如克潼关，绍可不战而服。"道济从之，乃弃蒲坂，南向潼关。姚赞率禁兵七千，自渭北而东，进据蒲津。刘裕使沈田子及傅弘之率众万余人入上洛，所在多委城镇奔长安。田子等进及青泥，姚绍方阵而前，以距道济。道济固垒不战，绍乃攻其西营，不克，遂以大众逼之。道济率王敬、沈林子等逆冲绍军，将士惊散，引还定城。绍留姚鸾守险，绝道济粮道。

时裕别将姚珍入自子午，窦霸入自洛谷，众各数千人。泓遣姚万距霸，姚彊距珍。姚鸾遣将尹雅与道济司马徐琰于潼关南，为琰所获，送之刘裕。裕以雅前叛，欲杀之。雅曰："前活本在望外，今死宁不甘心。明公将以大义平天下，岂可使秦无守信之臣乎！"裕嘉而免之。

泓遣给事黄门侍郎姚和都屯于尧柳，以备田子。姚绍谓诸将曰："道济等远来送死，众旅不多，婴垒自固者，正欲旷日持久，以待继援耳。吾欲分军还据阌乡，以绝其粮运，不至一月，道济之首可悬之麾下矣。济等既没，裕计自沮。"诸将咸以为然。其将胡翼度曰："军势宜集不可以分，若偏师不利，人心骇惧，胡可以战！"绍乃止。薛帛据河曲以叛。绍分道置诸军为掎角之势，遣辅国胡翼度据东原，武卫姚鸾营于大路，与晋军相接。沈林子简精锐衔枚夜袭之，鸾众溃战死，士卒死者九千余人。

姚赞屯于河上，遣恢武姚难运蒲坂谷以给其军，至香城，为王师所败。时泓遣姚谌守尧柳，姚和都讨薛帛于河东，闻王师要难，乃兼道赴救，未至而难败，固破裕裨将于河曲，遂屯蒲坂。姚赞为林子所败，单马奔定城。绍遣左长史姚洽及姚墨蠡等率骑三千屯于河北之九原，欲绝道济诸县租输。洽辞曰："夫小敌之坚，大敌之擒。今兵众单弱，而远在河外，虽明公神武，然鞭短势殊，恐无所及。"绍不听。沈林子率众八千，要洽于河上，洽战死，众皆没。绍闻洽等败，忿恚发病，托姚赞以后事，使姚难屯关西，绍呕血而死。

泓以晋师之逼，遣使乞师于魏。魏遣司徒、南平公拔拔嵩，正直将军、安平公乙旗眷，进据河内，游击将军王洛生屯于河东，为泓声援。

刘裕次于陕城，遣沈林子率精兵万余，越山开道，会沈田子等于青泥，将攻尧柳。泓使姚裕率步骑八千距之，泓躬将大众继发。裕为田子所败，泓退次于灞上，关中郡县多潜通于王师。刘裕至潼关，遣将军朱超石、徐猗之会薛帛于河北，以攻蒲城。姚赞距裕于关西，姚难屯于香城。裕遣王镇恶、王敬自秋社西渡渭，以逼难军。镇东姚璞及姚和都击败猗之等于蒲坂，猗之遇害，超石弃其众奔于潼关。姚赞遇司马休之及司马国璠自轵关向河内，引魏军以蹑裕后。姚难既为镇恶所逼，引师而西。时大霖雨，渭水泛溢，赞等不得北渡。镇恶水陆兼进，追及姚难。泓自灞上还军，次于石桥以援之。赞退屯郑城。镇北姚彊率郡人数千，与姚难阵于泾上，以距镇恶。镇恶遣毛德祖击彊，大败，彊战死，难遁还长安。

刘裕进据郑城。泓使姚裕、尚书庞统屯兵宫中，姚洸屯于沣西，尚书姚白瓜徙四军杂户入长安，姚丕守渭桥，胡翼度屯石积，姚赞屯霸东，泓军于逍遥园。镇恶夹渭进兵，破姚丕于渭桥。泓自逍遥园赴之，逼水地狭，因丕之败，遂相践而退。姚谌及前军姚烈、左卫姚宝安、散骑王帛、建武姚进、扬威姚虮、尚书右丞孙玄等皆死于阵，泓单马还宫。镇恶入自平朔门，泓与姚裕等数百骑出奔于石桥。赞闻泓之败也，召将士告之，众皆以刀击地，攘袂大泣。胡翼度先与刘裕阴通，是日弃众奔裕。赞夜率诸军，将会泓于石桥，王师已固诸门，赞军不得入，众皆惊散。

泓计无所出，谋欲降于裕。其子佛念，年十一，谓泓曰："晋人将逞其欲，终必不全，愿自裁决。"泓怃然不答。佛念遂登宫墙自投而死。泓将妻子诣垒门而降。赞率宗室子弟百余人亦降于裕，裕尽杀之，余宗迁于江南。送泓于建康市斩之，时年三十，在位二年。建康百里之内，草木皆燋死焉。

姚苌以孝武太元九年僭立，至泓三世，以安帝义熙十三年而灭，凡三十二年。

史臣曰：自长江徙御，化龙创业，巨寇乘机而未宁，戎马交驰而不息，晦重氛于六漠，鼓洪流于八际，天未厌乱，凶旅实繁。弋仲越自金方，言归石氏，抗直词于暴主，阐忠训于危朝，贻厥之谋，在乎归顺，鸣哀之义，有足称焉。景国弱岁英奇，见方孙策，详其干识，无忝斯言，遂践迷途，良可悲矣！

景茂因仲襄之绪，蹑苻亡之会，啸命群豪，恢弘霸业，假容冲之锐，俯定函、秦；挫雷恶之锋，载宁东北。在兹奸略，实冠凶徒。列树而表新茔，虽云效绩；荐棘而陵旧主，何其不仁！安枕而终，斯为幸也。

子略克摧劲敌，荷成先构，虚襟访道，侧席求贤，敦友弟以睦其亲，明赏罚以临其下，英髦尽节，爪牙毕命。取汾、绛，陷许、洛，款僭燕而藩伪蜀，夷陇右而静河西，俗阜年丰，远安迩辑，虽楚庄、秦穆何以加焉！既而逞志矜功，弗虞后患。委凉都于秃发，授朔方于赫连，专己生灾，边墙继陷，距谏招祸，萧墙屡发，战无宁岁，人有危心。岂宜骋彼雄图，被深恩于介士；翻崇诡说，加殊礼于桑门！当有为之时，肆无为之业，丽衣腴食，殆将万数，析实谈空，靡然成俗。夫以汉朝殷广，犹鄙鸿都之费；况乎伪境日侵，宁堪永贵之役！储胤殚竭，山林有税，政荒威挫，职是之由，坐致沦胥，非天丧也。

元子以庸懦之质，属倾扰之余，内难方殷，外御斯辍。王师杖顺，弭节而下长安；凶嗣失图，系组而降轵道。物极则反，抑斯之谓欤！

赞曰：弋仲刚烈，终表奇节。襄实英果，苌惟奸杰。兴始崇构，泓遂摧灭。贻诫将来，无践危辙。

卷一百二十　　载记第二十

李　特　李　流

李特，字玄休，巴西宕渠人，其先廪君之苗裔也。昔武落钟离山崩，有石穴二所，其一赤如丹，一黑如漆。有人出于赤穴者，名曰务相，姓巴氏。有出于黑穴者，凡四姓：曰瞫氏、樊氏、柏氏、郑氏。五姓俱出，皆争为神，于是相与以剑刺穴屋，能著者以为廪君。四姓莫著，而务相之剑悬焉。又以土为船，雕画之而浮水中，曰："若其船浮存者，以为廪君。"务相船又独浮。于是遂称廪君，乘其土船，将其徒卒，当夷水而下，至于盐阳。盐阳水神女子止廪君曰："此鱼盐所有，地又广大，与君俱生，可止无行。"廪君曰："我当为君求廪地，不能止也。"盐神夜从廪君宿，旦辄去为飞虫，诸神皆从其飞，蔽日昼昏。廪君欲杀之不可，别又不知天地东西。如此者十日，廪君乃以青缕遗盐神曰："婴此，即宜之，与汝俱生。弗宜，将去汝。"盐神受而婴之。廪君立砀石之上，望膺有青缕者，跪而射之，中盐神。盐神死，群神与俱飞者皆去，天乃开朗。廪君复乘土船，下及夷城。夷城石岸曲，泉水亦曲。廪君望如穴状，叹曰："我新从穴中出，今又入此，奈何！"岸即为崩，广三丈余，而阶陛相乘，廪君登之。岸上有平石方一丈，长五尺，廪君休其上，投策计算，皆著石焉，因立城其旁而居之。其后种类遂繁。秦并天下，以为黔中郡，薄赋敛之，口岁出钱四十。巴人呼赋为賨，因谓之賨人焉。及汉高祖为汉王，募賨人平定三秦。既而求还乡里，高祖以其功，复同丰、沛，不供赋税，更名其地为巴郡。土有盐铁丹漆之饶，俗性剽勇，又善歌舞。高祖爱其舞，诏乐府习之，今《巴渝舞》是也。汉末，张鲁居汉中，以鬼道教百姓，賨人敬信巫觋，多往奉之。值天下大乱，自巴西之宕渠迁于汉中杨车坂，抄掠行旅，百姓患之，号为杨车巴。魏武帝克汉中，特祖将五百余家归之，魏武帝拜为将军，迁于略阳，北土复号之为巴氏。特父慕，为东羌猎将。

特少仕州郡，见异当时，身长八尺，雄武善骑射，沈毅有大度。元康中，氐齐万年反，关西扰乱，频岁大饥，百姓乃流移就谷，相与入汉川者数万家。特随流人将入于蜀，至剑阁，箕踞太息，顾眄险阻曰："刘禅有如此之地而面缚于人，岂非庸才邪！"同移者阎式、赵肃、李远、任回等咸叹异之。

初，流人既至汉中，上书求寄食巴、蜀，朝议不许，遣侍御史李苾持节慰劳，且监察之，不令入剑阁。苾至汉中，受流人货赂，反为表曰："流人十万余口，非汉中一郡所能振赡，东下荆州，水湍迅险，又无舟船。蜀有仓储，人复丰稔，宜令就食。"朝廷从之，由是散在益、梁，不可禁止。

永康元年，诏征益州刺史赵廞为大长秋，以成都内史耿滕代廞。廞遂谋叛，潜有刘氏割据之志，乃倾仓廪，振施流人，以收众心。特之党类皆巴西人，与廞同郡，率多勇壮，廞厚遇之，以为爪牙，故特等聚众，专为寇盗，蜀人患之。滕密上表，以为流人刚剽而蜀人懦弱，客主不能相制，必为乱阶，宜使移还其本。若致之险地，将恐秦雍之祸萃于梁益，必贻圣朝西顾之忧。廞闻而恶之。时益州文武千余人已往迎滕，廞率众入州，廞遣众逆滕，战于西门，滕败，死之。

廞自称大都督、大将军、益州牧。特弟庠与兄弟及妹夫李含、任回、上官惇、扶风李攀、始平费佗、氐苻成、隗伯等以四千骑归廞。廞以庠为威寇将军，使断北道。庠素东羌良将，晓军法，不用麾帜，举矛为行伍，斩部下不用命者三人，部阵肃然。廞恶其齐整，欲杀之而未言。长史杜淑、司马张粲言于廞曰："传云五大不在边，将军起兵始尔，便遣李庠握强兵于外，愚窃惑焉。且非我族类，其心必异，倒戈授人，窃以为不可，愿将军图之。"廞敛容曰："卿言正当吾意，可谓起予者商，此天使卿等成吾事也。"会庠在门，请见廞，廞大悦，引庠见之。庠欲观廞意旨，再拜进曰："今中国大乱，无复纲维，晋室不可复兴也。明公道格天地，德被区宇，汤、武之事，实在于今。宜应天时，顺人心，拯百姓于涂炭，使物情知所归，则天下可定，非但庸、蜀而已。"廞怒曰："此岂人臣所宜言！"令淑等议之。于是淑等上庠大逆不道，廞乃杀之，及其子侄宗族三十余人。廞虑特等为难，遣人喻之曰："庠非所宜言，罪应至死，不及兄弟。"以庠尸还特，复以特兄弟为督将，以安其众。牙门将许弇求为巴东监军，杜淑、张粲固执不许。弇怒，于廞阁下手刃杀淑、粲，淑、粲左右又杀弇，皆廞腹心也。

特兄弟既以怨廞，引兵归绵竹。廞恐朝廷讨己，遣长史费远、犍为太守李苾、督护常俊督万余人断北道，次绵竹之石亭。特密收合得七千余人，夜袭远军，远大溃，因放火烧之，死者十八九。进攻成都。廞闻兵至，惊惧不知所为。李苾、张征等夜斩关走出，文武尽散。廞独与妻子乘小船走至广都，为下人朱竺所杀。特至成都，纵兵大掠，害西夷护军姜发，杀廞长史袁治及廞所置守长，遣其牙门王角、李基诣洛阳陈廞之罪状。

先是，惠帝以梁州刺史罗尚为平西将军、领护西夷校尉、益州刺史，督牙门将王敦、上庸都尉义歆、蜀郡太守徐俭、广汉太守辛冉等凡七千余人入蜀。特等闻尚来，甚惧，使其弟骧于道奉迎，并贡宝物。尚甚悦，以骧为骑督。特及弟流复以牛酒劳尚于绵竹。王敦、辛冉并说尚曰："特等流人，专为盗贼，急宜枭除，可因会斩之。"尚不纳。冉先与特有旧，因谓特曰："故人相逢，不吉当凶矣。"特深自猜惧。

寻有符下秦、雍州，凡流人入汉川者，皆下所在召还。特兄辅素留乡里，托言迎家，既至蜀，谓特曰："中国方乱，不足复还，"特以为然，乃有雄据巴、蜀之意。朝廷以讨赵廞功，拜特宣威将军，封长乐乡侯，流为奋威将军、武阳侯。玺书下益州，条列六郡流人与特协同讨廞者，将加封赏。会辛冉以非次见征，不顾应召，又欲以灭廞为己功，乃寝朝命，不以实上。众咸怨之。罗尚遣从事催遣流人，限七月上道，辛冉性贪暴，欲杀流人首领，取其资货，乃移檄发遣。又令梓潼太守张演于诸要施关，搜索宝货。特等固请，求至秋收。流人布在梁、益，为人佣力，及闻州郡逼遣，人人愁怨，不知所为。又知特兄弟频请求停，皆感而恃之。且水雨将降，年谷未登，流人无以为行资，遂相与诣特。特乃结大营于绵竹，以处流人，移冉求自宽。冉大怒，遣人分牓通逵，购募特兄弟，许以重赏。特见，大惧，悉取以归，与骧改其购云："能送六郡之豪李、任、阎、赵、杨、上官及氐、叟侯王一首，赏百匹。"流人既不乐移，咸往归特，骋马属鞭，同声云集，旬月间众过二万。流亦聚众数千。物乃分为二营，特居北营，流居东营。

特遣阎式诣罗尚，求申期。式既至，见冉营栅冲要，谋掩流人，叹曰："无寇而城，仇必保焉。今而速之，乱将作矣！"又知冉及李苾意不可回，乃辞尚还绵竹。尚谓式曰："子且以吾意告诸流人，今听宽矣。"式曰："明公惑于奸说，恐无宽理。弱而不可轻者百姓也，今促之不以理，众怒难犯，恐为祸不浅。"尚曰："然。吾不欺子，子其行矣。"式至绵竹，言于特曰："尚虽云尔，然未可必信也。何者？尚威刑不立，冉等名拥强兵，一旦为变，亦非尚所能制，深宜为备。"特纳之。冉、苾相与谋曰："罗侯贪而无断，日复一日，流人得展奸计。李特兄弟并有雄才，吾属将为竖子虏矣。宜为决计，不足复问。乃遣广汉都尉曾元、牙门张显、刘并等潜率步骑三万袭特营。罗尚闻之，亦遣督护田佐助元。特素知之，乃缮甲厉兵，戒严以待。元等至，特安卧不动，待其众半入，发伏击之，杀伤者甚众，害田佐、曾元、张显，传首以示尚、冉。尚谓将佐曰："此虏成去矣，而广汉不用吾言，以张贼势，今将若之何！"

于是六郡流人推特为主。特命六郡人部曲督李含、上邽令任臧、始昌令阎式、谏议大夫李攀、陈仓令李武、阴平令李远、将兵都尉杨褒等上书，请依梁统奉窦融故事，推特行镇北大将军，承制封拜，其弟流行镇东将军，以相镇统。于是进兵攻冉于广汉。冉众出战，特每破之。尚遣李苾及费远率众救冉，惮特不敢进。冉智力既穷，出奔江阳。特入据广汉，以李超为太守，进兵攻尚于成都。阎式遗尚书，责其信用谗构，欲讨流人，又陈特兄弟立功王室，以宁益土。尚览书，知特等将有大志，婴城固守，求救于梁、宁二州。于是特自称使持节、大都督、镇北大将军，承制封拜一依窦融在河西故事。兄辅为骠骑将军，弟骧为骁骑将军，长子始为武威将军，次子荡为镇军将军，少子雄为前将军，李含为西夷校尉，含子国离、任回、李恭、上官晶、李攀、费佗等为将帅，任臧、上官惇、杨褒、杨珪、王达、麹歆等为爪牙，李远、李博、夕斌、严梼、上官琦、李涛、王怀等为僚属，阎式为谋主，何世、赵肃为腹心。时罗尚贪残，为百姓患，而特与蜀人约法三章，施舍振贷，礼贤拔滞，军政肃然。百姓为之谣曰："李特尚可，罗尚杀我。"尚频为特所败，乃阻长围，缘水作营，自都安至犍为七百里，与特相距。

河间王颙遣督护衙博、广汉太守张征讨特，南夷校尉李毅又遣兵五千助尚，尚遣督护张龟军繁城，三道攻特。特命荡、雄袭博。特躬击张龟，龟众大败。荡又与博接战连日，博亦败绩，死者太半。荡追博至汉德，博走葭萌。荡进寇巴西，巴西郡丞毛植、五官襄珍以郡降荡。荡抚恤初附，百姓安之。荡进攻葭萌，博又远遁，其众尽降于荡。

太安元年，特自称益州牧、都督梁、益二州诸军事、大将军、大都督，改年建初，赦其境内。于是进攻张征。征依高据险，与特相持连日。时特与荡分为二营，征候特营空虚，遣步兵循山攻之，特逆战不利，山险窘逼，众不知所为。罗准、任道皆劝引退，特量荡必来，故不许。征众至稍多，山道至狭，唯可一二人行，荡军不得前，谓其司马王辛曰："父在深寇之中，是我死日也。"乃衣重铠，持长矛，大呼直前，推锋必死，杀十余人。征众来相救，荡军皆殊死战，征军遂溃。特议欲释征还涪，荡与王辛进曰："征军连战，士卒伤残，智勇俱竭，宜因其弊遂擒之。若舍而宽之，征养病收亡，余众更合，图之未易也。"特从之，复进攻征，征溃围走。荡水陆追之，遂害征，生擒征子存，以征丧还之。

以骞硕为德阳太守，硕略地至巴郡之垫江。

特之攻张征也，使李骧与李攀、任回、李恭屯军毗桥，以备罗尚。尚遣军挑战，骧等破之。尚又遣数千人出战，骧又陷破之，大获器甲，攻烧其门。流进次成都之北。尚遣将张兴伪降于骧，以观虚实。时骧军不过二千人，兴夜归白尚，尚遣精勇万人衔枚随兴夜袭骧营。李攀逆战死，骧及将士奔于流栅，与流并力回攻尚军。尚军乱，败还者十一二。晋梁州刺史许雄遣军攻特，特陷破之，进击，破尚水上军，遂寇成都。蜀郡太守徐俭以小城降，特以李瑾为蜀郡太守以抚之。罗尚据大城自守。流进屯江西，尚惧，遣使求和。

是时蜀人危惧，并结村堡，请命于特，特遣人安抚之。益州从事任明说尚曰："特既凶逆，侵暴百姓，又分人散众，在诸村堡，骄怠无备，是天亡之也。可告诸村，密克期日，内外击之，破之必矣。"尚从之。明先伪降特，特问城中虚实，明曰："米谷已欲尽，但有货帛耳。"因求省家，特许之。明潜说诸村，诸村悉听命。还报尚，尚许如期出军，诸村亦许一时赴会。

二年，惠帝遣荆州刺史宋岱、建平太守孙阜救尚。阜已次德阳，特遣荡督李璜助任臧距阜。尚遣大众奄袭特营，连战二日，众少不敌，特军大败，收合余卒，引趣新繁。尚军引还，特复追之，转战三十余里，尚出大军逆战，特军败绩，斩特及李辅、李远，皆焚尸，传首洛阳。在位二年。其子雄僣称王，追谥特景王，及僣号，追尊曰景皇帝，庙号始祖。

李流，字玄通，特第四弟也。少好学，便弓马，东羌校尉何攀称流有贲育之勇，举为东羌督。及避地益州，刺史赵廞器异之。廞之使庠合部众也，流亦招乡里子弟得数千人。庠为廞所杀，流从特安慰流人，破常俊于绵竹，平赵廞于成都。朝廷论功，拜奋威将军，封武阳侯。

特之承制也，以流为镇东将军，居东营，号为东督护。特常使流督锐众，与罗尚相持。特之陷成都小城，使六郡流人分口入城，壮勇督领村堡。流言于特曰："殿下神武，已克小城，然山薮未集，粮仗不多，宜录州郡大姓子弟以为质任，送付广汉，絷之二营，收集猛锐，严为防卫。"又书与特司马上官惇，深陈纳降若待敌之义。特不纳。

特既死，蜀人多叛，流人大惧。流与兄子荡、雄收遗众，还赤祖，流保东营，荡、雄保北营。流自称大将军、大都督、益州牧。

时宋岱水军三万，次于垫江，前锋孙阜破德阳，获特所置守将骞硕，太守任臧等退屯涪陵县。罗尚遣督护常深军毗桥，牙门左氾、黄訇、何冲三道攻北营。流身率荡、雄攻深栅，克之，深士众星散。追至成都，尚闭门自守，荡驰马追击，触倚矛被伤死。流以特、荡并死，而岱、阜又至，甚惧。太守李含又劝流降，流将从之。雄与李骧迭谏，不纳，流遣之世及含子胡质于阜军。胡兄含子离闻父欲降，自梓潼驰还，欲谏不及，退与雄谋袭阜军，曰："若功成事济，约与君三年迭为主。"雄曰："今计可定，二翁不从，将若之何？"离曰："今当制之，若不可制，便行大事。翁虽是君叔，势不得已，老父在君，夫复何言！"雄大喜，乃攻尚军。尚保大城。雄渡江害汶山太守陈图，遂入郫城，流移营据之。三蜀百姓并保险结坞，城邑皆空，流野无所略，士众饥困。涪陵人范长生率千余家依青城山，尚参军涪陵徐轝求为汶山太守，欲要结长生等，与尚掎角讨流。尚不许，舋怨之，求使江西，遂降于流，说长生等使资给流军粮。长生从之，故流军复振。

流素重雄有长者之德，每云："兴吾家者，必此人也。"敕诸子尊奉之。流疾笃，谓诸将曰："骁骑高明仁爱，识断多奇，固足以济大事，然前军英武，殆天所相，可共受事于前军，以为成都王。"遂死，时年五十六。诸将共立雄为主。雄僭号，追谥流秦文王。

李庠，字玄序，特第三弟也。少以烈气闻。仕郡督邮、主簿，皆有当官之称。元康四年，察孝廉，不就。后以善骑射，举良将，亦不就。州以庠才兼文武，举秀异，固以疾辞。州郡不听，以其名上闻，中护军切征，不得已而应之，拜中军骑督。弓马便捷，膂力过人，时论方之文鸯。以洛阳方乱，称疾去官。性在任侠，好济人之难，州党争附之。与六郡流人避难梁、益，道路有饥病者，庠常营护隐恤，振施穷乏，大收众心。至蜀，赵廞深器之，与论兵法，无不称善，每谓所亲曰："李玄序盖亦一时之关、张也。"及将有异志，委以心膂之任，乃表庠为部曲督，使招合六郡壮勇，至万余人。以讨叛羌功，表庠为威寇将军，假赤幢曲盖，封阳泉亭侯，赐钱百万，马五十匹。被诛之日，六郡士庶莫不流涕，时年五十五。

卷一百二十一　　载记第二十一

李雄　李班　李期　李寿　李势

李雄，字仲儁，特第三子也。母罗氏，梦双虹自门升天，一虹中断，既而生荡。后罗氏因汲水，忽然如寐，又梦大蛇绕其身，遂有孕，十四月而生雄。常言吾二子若有先亡，在者必大贵。荡竟前死。雄身长八尺三寸，美容貌。少以烈气闻，每周旋乡里，识达之士皆器重之。有刘化者，道术士也，每谓人曰："关、陇之士皆当南移，李氏子中惟仲儁有奇表，终为人主。"

特起兵于蜀，承制，以雄为前将军。流死，雄自称大都督、大将军、益州牧，都于郫城。罗尚遣将攻雄，雄击走之。李骧攻犍为，断尚运道，尚军大馁，攻之又急，遂留牙门罗特固守，尚委城夜遁。特开门内雄，遂克成都。于时雄军饥甚，乃率众就谷于郪，掘野芋而食之。蜀人流散，东下江阳，南入七郡。雄以西山范长生岩居穴处，求道养志，欲迎立为君而臣之。长生固辞。雄乃深自挹损，不敢称制，事无巨细，皆决于李国、李离兄弟。国等事雄弥谨。

诸将固请雄即尊位，以永兴元年僭称成都王，赦其境内，建元为建兴，除晋法，约法七章。以其叔父骧为太傅，兄始为太保，折冲李离为太尉，建威李云为司徒，翊军李璜为司空，材官李国为太宰，其余拜授各有差。追尊其曾祖武曰巴郡桓公，祖慕陇西襄王，父特成都景王，母罗氏曰王太后。范长生自西山乘素舆诣成都，雄迎之于门，执版延坐，拜丞相，尊曰范贤。长生劝雄称尊号，雄于是僭即帝位，赦其境内，改年曰太武。追尊父特曰景帝，庙号始祖，母罗氏为太后。加范长生为天地太师，封西山侯，复其部曲不豫军征，租税一入其家。雄时建国草创，素无法式，诸将恃恩，各争班位。其尚书令阎式上疏曰："夫为国制法，勋尚仍旧。汉、晋故事，惟太尉、大司马执兵，太傅、太保父兄之官，论道之职，司徒、司空掌五教九土之差。秦置丞相，总领万机。汉武之末，越以大将军统政。今国业初建，凡百末备，诸公大将班位有差，降而兢请施置，不与典故相应，宜立制度以为楷式。"雄从之。

遣李国、李云等率众二万寇汉中，梁州刺史张殷奔于长安。国等陷南郑，尽徙汉中人于蜀。

先是，南土频岁饥疫，死者十万计。南夷校尉李毅固守不降，雄诱建宁夷使讨之。毅病卒，城陷，杀壮士三千余人，送妇女千口于成都。

时李离据梓潼，其部将罗羡、张金苟等杀离及阎式，以梓潼归于罗尚。尚遣其将向奋屯安汉之宜福以逼雄，雄率众攻奋，不克。时李国镇巴西，其帐下文硕又杀国，以巴西降尚。雄乃引还，遣其将张宝袭梓潼，陷之。会罗尚卒，巴郡乱，李骧攻涪，又陷之，执梓潼太守谯登，遂乘胜进军讨文硕，害之。雄大悦，赦其境内，改元曰玉衡。

雄母罗氏死，雄信巫觋者之言，多有忌讳，至欲不葬。其司空赵肃谏，雄乃从之。雄欲申三年之礼，群臣固谏，雄弗许。李骧谓司空上官惇曰："今方难未弭，吾欲固谏，不听主上终谅闇，君以为何如？"惇曰："三年之丧，自天子达于庶人，故孔子曰：'何必高宗，古之人皆然。'但汉、魏以来，天下多难，宗庙至重，不可久旷，故释衰绖，至哀而已。"骧曰："任回方至，此人决于行事，且上常难违达言，待其至，当与俱请。"及回至，骧与回俱见雄。雄免冠流涕，固请公除。雄号泣不许。回跪而进曰："今王业初建，凡百草创，一日无主，天下惶惶。昔武王素甲观兵，晋襄墨绖从戎，岂所愿哉？为天下屈己故也。愿陛下割情从权，永隆天保。"遂强扶雄起，释服亲政。

是时南得汉嘉、涪陵，远人继至，雄于是下宽大之令，降附者皆假复除。虚己爱人，授用皆得其才，益州遂定。伪立其妻任氏为皇后。氐王杨难敌兄弟为刘曜所破，奔葭萌，遣子入质。陇西贼帅陈安又附之。

遣李骧征越嶲，太守李钊降。骧进军由小会攻宁州刺史王逊，逊使其将姚岳悉众距战。骧军不利，又遇霖雨，骧引军还，争济泸水，士众多死。钊到成都，雄待遇甚厚，朝迁仪式、丧纪之礼，皆决于钊。

杨难敌之奔葭萌也，雄安北李稚厚抚之，纵其兄弟还武都，难敌遂恃险多为不法，稚请讨之。雄遣中领军琀及将军乐次、费他、李乾等由白水桥攻下辩，征东李寿督琀弟玝攻阴平。难敌遣军距之，寿不得进，而琀、稚长驱至武街。难敌遣兵断其归道，四面攻之，获琀、稚，死者数千人。琀、稚，雄兄荡之子也。雄深悼之，不食者数日，言则流涕，深自咎责焉。

其后将立荡子班为太子。雄有子十余人，群臣咸欲立雄所生。雄曰："起兵之初，举手捍头，本不希帝王之业也。值天下丧乱，晋氏播荡，群情义举，志济涂炭，而诸君遂见推逼，处王公之上。本之基业，功由先帝。吾兄嫡统，丕祚所归，恢懿明睿，殆天报命，大事垂克，甍于戎战。班姿性仁孝，好学夙成，必为名器。"李骧与司徒王达谏曰："先王树冢嫡者，所以防篡夺之萌，不可不慎。吴子舍其子而立其弟，所以有诸樊之祸；宋宣不立与夷而立穆公，卒有宋督之变。犹子之言，岂若子也？深愿陛下思之。"雄不从，竟立班，骧退而流涕曰："乱自此始矣！"

张骏遣使遗雄书，劝去尊号，称藩于晋。雄复书曰："吾过为士大夫所推，然本无心于帝王也，进思为晋室元功之臣，退思共为守藩之将，扫除氛埃，以康帝宇。而晋室陵迟，德声不振，引领东望，有年月矣。会获来贶，情在暗室，有何已也。知欲远遵楚、汉，尊崇义帝，《春秋》之义，于斯莫大。"骏重其言，使聘相继。巴郡尝告急，云有东军。雄曰："吾常虑石勒跋扈，侵逼琅邪，以为耿耿。不图乃能举兵，使人欣然。"雄之雅谭，多如此类。

雄以中原丧乱，乃频遣使朝贡，与晋穆帝分天下。张骏领秦、梁，先是，遣傅颖假道于蜀，通表京师，雄弗许。骏又遣治中从事张淳称藩于蜀，托以假道。雄大悦，谓淳曰："贵主英名盖世，土险兵强，何不自称帝一方？"淳曰："寡君以乃祖世济忠良，未能雪天下之耻，解众人之倒悬，日昃忘食，枕戈待旦。以琅邪中兴江东，故万里翼戴，将成桓文之事，何言自取邪！"雄有惭色，曰："我乃祖乃父亦是晋臣，往与六郡避难此地，为同盟所推，遂有今日。琅邪若能中兴大晋于中夏，亦当率众辅之。"淳还，通表京师，天子嘉之。

时李骧死，以其子寿为大将军、西夷校尉，督征南费黑、征东任䂿攻陷巴东，太守杨谦退保建平。寿别遣费黑寇建平，晋巴东监军毌丘奥退保宜都。雄遣李寿攻朱提，以费黑、叩攀为前锋，又遣镇南任回征木落，分宁州之援。宁州刺史尹奉降，遂有南中之地。雄于是赦其境内，使班讨平宁州夷，以班为抚军。

咸和八年，雄生疡于头，六日死，时年六十一，在位三十年。伪谥武帝，庙曰太宗，墓号安都陵。

雄性宽厚，简刑约法，甚有名称。氐苻成、隗文既降复叛，手伤雄母，及其来也，咸释其罪，厚加待纳。由是夷夏安之，威震四土。时海内大乱，而蜀独无事，故归之者相寻。雄乃兴学校，置史官，听览之暇，手不释卷。其赋男丁岁谷三斛，女丁半之，户调绢不过数丈，绵数两。事少役稀，百姓富贵，闾门不闭，无相侵盗。然雄意在招致远方，国用不足，故诸将每进金银珍宝，多有以得官者。丞相杨褒谏曰："陛下为天下主，当罔罗四海，何有以官买金邪！"雄逊辞谢之。后雄尝酒醉而推中书令，杖太官令，褒进曰："天子穆穆，诸侯皇皇，安有天子而为酗也！"雄即舍之。雄无事小出，褒于后持矛驰马过雄。雄怪问之，对曰："夫统天下之重，如臣乘恶马而持矛也，急之则虑自伤，缓之则惧其失，是以马驰而不制也。"雄寤，即还。雄为国无威仪，官无禄秩，班序不别，君子小人服章不殊；行军无号令，用兵无部队，战胜不相让，败不相救，攻城破邑动以虏获为先。此其所以失也。

班字世文。初署平南将军，后立为太子。班谦虚博纳，敬爱儒贤，自何点、李钊，班皆师之，又引名士王嘏及陇西董融、天水文夔等以为宾友。每谓融等曰："观周景王太子晋、魏太子丕、吴太子孙登，文章鉴识，超然卓绝，未尝不有惭色。何古贤之高朗，后人之莫逮也！"为性泛爱，动修轨度。时诸李子弟皆尚奢靡，而班常戒厉之。每朝有大议，雄辄令豫。班以古者垦田均平，贫富获所，今贵者广占荒田，贫者种殖无地，富者以己所余而卖之，此岂王者大均之义乎！雄纳之。及雄寝疾，班昼夜侍侧。雄少数攻战，多被伤夷，至是疾甚，痕皆脓溃，雄子越等恶而远之。班为吮脓，殊无难色，每尝药流涕，不脱衣冠，其孝诚如此。

雄死，嗣伪位，以李寿录尚书事辅政。班居中执丧礼，政事皆委寿及司徒何点、尚书令王瓌等。越时镇江阳，以班非雄所生，意甚不平。至此，奔丧，与其弟期密计图之。李玝劝班遣越还江阳，以期为梁州刺史，镇葭萌。班以未葬，不忍遣，推诚居厚，心无纤芥。时有白气二道带天，太史令韩豹奏："宫中有阴谋兵气，戒在亲戚。"班不悟。咸和九年，班因夜哭，越杀班于殡宫，时年四十七，在位一年，遂立雄之子期嗣位焉。

期字世运，雄第四子也。聪慧好学，弱冠能属文，轻财好施，虚心招纳。初为建威将军，雄令诸子及宗室子弟以恩信合众，多者不至数百，而期独致千余人。其所表荐，雄多纳之，故长史列署颇出其门。

既杀班，欲立越为主，越以期雄妻任氏所养，又多才艺，乃让位于期。于是僭即皇帝位，大赦境内，改元玉恒。诛班弟都。使李寿伐都弃许于涪，许弃城降晋。封寿汉王，拜梁州刺史、东羌校尉、中护军、录尚书事；封兄越建宁王，拜相国、大将军、录尚书事。立妻阎氏为皇后。以其卫将军尹奉为右丞相、骠骑将军、尚书令，王瑰为司徒。期自以谋大事既果，轻诸旧臣，外则信任尚书令景骞、尚书姚华、田褒。褒无他才艺，雄时劝立期，故宠待甚厚。内则信宦宦竖许涪等。国之刑政，希复关之卿相，庆赏威刑，皆决数人而已，于是纲维紊矣。乃诬其尚书仆射、武陵公李载谋反，下狱死。

先是，晋建威将军司马勋屯汉中，期遣李寿攻而陷之，遂置守宰，戍南郑。

雄子霸、保并不病而死，皆云期鸩杀之，于是大臣怀惧，人不自安。天雨大鱼于宫中，其色黄。又宫中豕犬交。期多所诛夷，籍没妇女资财以实后庭，内外凶凶，道路以目，谏者获罪，人怀罕免。期又鸩杀其安北李攸。攸，寿之养弟也。于是与越及景骞、田褒、姚华谋袭寿等，欲因烧市桥而发兵。期又累遣中常侍许涪至寿所，伺其动静。及杀攸，寿大惧，又疑许涪往来之数也，乃率步骑一万，自涪向成都，表称景骞、田褒乱政，兴晋阳之甲，以除君侧之恶。以李奕为先登。寿到成都，期、越不虞其至，素不备设，寿遂取其城，屯兵至门。期遣侍中劳寿，寿奏相国、建宁王越，尚书令、河南公景骞，尚书田褒、姚华，中常侍许涪，征西将军李遐及将军李西等，皆怀奸乱政，谋倾社稷，大逆不道，罪合夷灭。期从之，于是杀越、骞等。寿矫任氏令，废期为邛都县公，幽之别宫。期叹曰："天下主乃当为小县公，不如死也！"咸康三年，自缢而死，时年二十五，在位三年。谥曰幽公。及葬，赐鸾辂九旒，余如王礼。雄之子皆为寿所杀。

寿字武考，骧之子也。敏而好学，雅量豁达，少尚礼容，异于李氏诸子。雄奇其才，以为足荷重任，拜前将军、督巴西军事，迁征东将军。时年十九，聘处士谯秀以为宾客，尽其说言，在巴西威惠甚著。骧死，迁大将军、大都督、侍中，封扶风公，录尚书事。征宁州，攻围百余日，悉平诸郡，雄大悦，封建宁王。雄死，受遗辅政。期立，改封汉王，食梁州五郡，领梁州刺史。

寿威名远振，深为李越、景骞等所惮，寿深忧之。代李玝屯涪，每应期朝觐，常自陈边疆寇警，不可旷镇，故得不朝。寿又见期、越兄弟十余人年方壮大，而并有强兵，惧不自全，乃数聘礼巴西龚壮。壮虽不应聘，数往见寿。

时岷山崩，江水竭，寿恶之，每问壮以自安之术。壮以特杀其父及叔，欲假手报仇，未有其由，因说寿曰："节下若能舍小从大，以危易安，则开国裂土，长为诸侯，名高桓文，勋流百代矣。"寿从之，阴与长史略阳罗恒、巴西解思明共谋据成都，称藩归顺。乃誓文武，得数千人，袭成都，克之，纵兵房掠，至乃奸略雄女及李氏诸妇，多所残害，数日乃定。

恒与思明及李奕、王利等劝寿称镇西将军、益州牧、成都王，称藩于晋，而任调与司马蔡兴、侍中李艳及张烈等劝寿自立。寿命筮之，占者曰："可数年天子。"调喜曰："一日尚为足，而况数年乎！"思明曰："数年天子，孰与百世诸侯！"寿曰："朝闻道，夕死可矣。任侯之言，策之上也。"遂以咸康四年僭即伪位，赦其境内，改元为汉兴。以董皎为相国，罗恒、马当为股肱，李奕、任调、李闳为爪牙，解思明为谋主。以安车束帛聘龚壮为太师，壮固辞，特听缟巾素带，居师友之位。拔擢幽滞，处之显列。追尊父骧为献帝，母昝氏为太后，立妻阎氏为皇后，世子势为太子。

有告广汉太守李乾与大臣通谋，欲废寿者。寿令其子广与大臣盟于前殿，徙乾及嘉太守。大风暴雨，震其端门。寿深自悔责，命群臣极尽忠言，勿拘忌讳。

遣其散骑常侍王嘏、中常侍王广聘于石季龙。先是，季龙遗寿书，欲连横入寇，约分天下。寿大悦，乃大修船舰，严兵缮甲，吏卒皆备候粮。以其尚书令马当为六军都督，假节钺，营东场大阅，军士七万余人，舟师溯江而上。过成都，鼓噪盈江，寿登城观之。其群臣咸曰："我国小众寡，吴、会险远，图之未易。"解思明又切谏恳至，寿于是命群臣陈其利害。龚壮谏曰："陛下与胡通，孰如与晋通？胡，豺狼国也。晋既灭，不得不北面事之。若与之争天下，则强弱势异。此虞、虢之成范，已然之明戒，愿陛下熟虑之。"群臣以壮之言为然，叩头泣谏，寿乃止，士众咸称万岁。

遣其镇东大将军李奕征牂柯，太守谢恕保城距守者积日，不拔。会奕粮尽，引还。

寿以其太子势领大将军、录尚书事。

寿承雄宽俭，新行篡夺，因循雄政，未逞其志欲。会李闳、王嘏从邺还，盛称季龙威强，宫观美丽，邺中殷实。寿又闻季龙虐用刑法，王逊亦以杀罚御下，并能控制邦域，寿心欣慕，人有小过，辄杀以立威。又以郊甸未实，都邑空虚，工匠器械，事未充盈，乃徙旁郡户三丁已上以实成都，兴尚方御府，发州郡工巧以充之，广修宫室，引水入城，务于奢侈。又广太学，起宴殿。百姓疲于使役，呼嗟满道，思乱者十室而九矣。其左仆射蔡兴切谏，寿以为诽谤，诛之。右仆射李嶷数以直言忤旨，寿积忿非一，托以他罪，下狱杀之。

寿疾笃，常见李期、蔡兴为祟。八年，寿死，时年四十四，在位五年。伪谥昭文帝，庙曰中宗，墓曰安昌陵。

寿初为王，好学爱士，庶几善道，每览良将贤相建功立事者，未尝不反覆诵之，故能征伐四克，辟国千里。雄既垂心于上，寿亦尽诚于下，号为贤相。及即伪位之后，改立宗庙，以父骧为汉始祖庙，特、雄为大成庙，又下书言与期、越别族，凡诸制度，皆有改易。公卿以下，率用己之僚佐，雄时旧臣及六郡士人，皆见废黜。寿初病，思明等复议奉王室，寿不从。李演自越巂上书，劝寿归正返本，释帝称王，寿怒杀之，以威龚壮、思明等。壮作诗七篇，托言应璩以讽寿。寿报曰："省诗知意，若今人所作，贤哲之话言也。古人所作，死鬼之常辞耳！"劲慕汉武、魏明之所为，耻闻父兄时事，上书者不得言先世政化，自以己胜之也。

势字子仁，寿之长子也。初，寿妻阎氏无子，骧杀李凤，为寿纳凤女，生势。期爱势姿貌，拜翊军将军、汉王世子。势身长七尺九寸，腰带十四围，善于俯仰，时人异之。寿死，势嗣伪位，赦其境内，改元曰太和。尊母阎氏为太后，妻李氏为皇后。

太史令韩皓奏荧惑守心，以过庙礼废，势命群臣议之。其相国董皎、侍中王嘏等以为景武昌业，献文承基，至亲不远，无宜疏绝。势更令祭特、雄，同号曰汉王。

势男大将军、汉王广以势无子，求为太弟，势弗许。马当、解思明以势兄弟不多，若有所废，则益孤危，固劝许之。势疑当等与广有谋，遣其太保李奕袭广于涪城，命董皎收马当、思明斩之，夷其三族。贬广为临邛侯，广自杀。思明有计谋，强谏诤，马当甚得人心。自此之后，无复纪纲及谏诤者。

李奕自晋寿举兵反之，蜀人多有从奕者，众至数万。势登城距战。奕单骑突门，门者射而杀之，众乃溃散。势既诛奕，大赦境内，改年嘉宁。

初，蜀土无獠，至此，始从山而出，北至犍为、梓潼，布在山谷，十余万落，不可禁制，大为百姓之患。势既骄吝，而性爱财色，常杀人而取其妻，荒淫不恤国事。夷獠叛乱，军守离缺，境宇日蹙。加之荒俭，性多忌害，诛残大臣，刑狱滥加，人怀危惧。斥外父祖旧佐，亲任左右小人，群小因行威福。又常居内，少见公卿。史官屡陈灾谴，乃加董皎太师，以名位优之，实欲与分灾告。

大司马桓温率水军伐势。温次青衣，势大发军距守，又遣李福与昝坚等数千人从山阳趣合水距温。谓温从步道而上，诸将皆欲设伏于江南以待王师，昝坚不从，率诸军从江北鸳鸯碛渡向犍为，而温从山阳出江南，昝坚到犍为，方知与温异道，乃回从沙头津北渡。及坚至，温已造成都之十里陌，昝坚众自溃。温至城下，纵火烧其大城诸门。势众惶惧，无复固志，其中书监王嘏、散骑常侍常璩等劝势降。势以问侍中冯孚，孚言："昔吴汉征蜀，尽诛公孙氏。今晋下书，不赦诸李，虽降，恐无全理。"势乃夜出东门，与昝坚走至晋寿，然后送降文于温曰："伪嘉宁二年三月十七日，略阳李势叩头死罪。伏惟大将军节下，先人播流，恃险因衅，窃自汶、蜀。势以暗弱，复统未绪，偷安荏苒，未能改图。猥烦朱轩，践冒险阻。将士狂愚，干犯天威。仰惭俯愧，精魂飞散，甘受斧锧，以衅军鼓。伏惟大晋，天网恢弘，泽及四海，恩过阳日。逼迫仓卒，自投草野。即日到白水城，谨遣私署散骑常侍王

幼奉笺以闻，并敕州郡投戈释杖。穷池之鱼，待命漏刻。"势寻舆榇面缚军门，温解其缚，焚其榇，迁势及弟福、从兄权亲族十余人于健康，封势归义侯。升平五年，死于建康。在位五年而败。

始，李特以惠帝太安元年起兵，至此六世，凡四十六年，以穆帝永和三年灭。

史臣曰：昔周德方隆，古公切逾梁之患；汉祚斯永，宣后兴渡滹之师。是知戎狄乱华，衅深自古，况乎巴、濮杂种，厥类实繁，资剽窃以全生，习犷悍而成俗。李特世传凶狡，早擅枭雄，太息剑门，志吞井络。属晋纲之落纽，乘罗侯之无断，骋马属鞬，同声云集，歼珍蜀、汉，荐食巴、梁，沃野无析菆之资，华阳有析骸之衅。盖上失其道，覆败之至于斯！

仲俦天挺英姿，见称奇伟，摧锋累载，克隆霸业。蹈玄德之前基，掩floor阳之故地，薄赋而绥弊俗，约法而悦新邦，拟于其伦，实孙权之亚也。若夫立子以嫡，往哲通训，继体承基，前修范范。而雄暗经国之远图，蹈匹夫之小节，传大统于犹子。托强兵于厥胤。遗骸莫敛，寻戈之衅已深；星纪未周，倾巢之衅便及。虽云天道，抑亦人谋。

班以宽爱罹灾，期以暴戾速祸，殊涂并失，异术同亡。武考凭藉世资，穷兵窃位，罪百周带，毒甚楚围，获保归全，何其幸也！子仁承绪，继作昏虐，驱率余烬，敢距大邦。授甲晨征，则理均于困兽；斩关肴遁，则义殊于前禽。宜其悬首国门，以明大戮，遂得礼同刘禅，不亦优乎！

赞曰：晋图驰驭，百六斯钟。天垂伏鳖，野战群龙。李特窥衅，盗我巴、庸。世历五朝，年将四纪。篡杀移国，昏狂继轨。德之不修，险亦难恃。

卷一百二十二　　载记第二十二

吕光　吕纂　吕隆

吕光，字世明，略阳氐人也。其先吕文和，汉文帝初，自沛避难徙焉。世为酋豪。父婆楼，佐命苻坚，官至太尉。光生于枋头，夜有神光之异，故以光为名。年十岁，与诸童儿游戏邑里，为战阵之法，俦类咸推为主。部分详平，群童叹服。不乐读书，唯好鹰马。及长，身长八尺四寸，目重瞳子，左肘有肉印。沈毅凝重，宽简有大量，喜怒不形于色。时人莫之识也，惟王猛异之，曰："此非常人。"言之苻坚，举贤良，除美阳令，夷夏爱服。迁鹰扬将军。从坚征张平，战于铜壁，刺平养子蚝，中之，自是威名大著。

苻双反于秦州，坚将杨成世为双将苟兴所败，光与王鉴讨之。鉴欲速战，光曰："兴初破成世，奸气渐张，宜持重以待其弊。兴乘胜轻来，粮竭必退，退而击之，可以破也。"二旬而兴退，诸将不知所为，光曰："揆其奸计，

必攻榆眉。若得榆眉，据城断路，资储复赡，非国之利也，宜速进师。若兴攻城，尤须赴救。如其奔也，彼粮既尽，可以灭之。"鉴从焉。果败兴军。从王猛灭慕容暐，封都亭侯。

苻重之镇洛阳，以光为长史。及重谋反，苻坚闻之，曰："吕光忠孝方正，必不同也。"驰使命光槛重送之。寻入为太子右率，甚见敬重。

蜀人李焉聚众二万，攻逼益州。坚以光为破虏将军，率兵讨灭之，迁步兵校尉。苻洛反，光又击平之，拜骁骑将军。

坚既平山东，士马强盛，遂有图西域之志，乃授光使持节、都督西讨诸军事，将军将军姜飞、彭晃、杜进、康盛等总兵七万，铁骑五千，以讨西域，以陇西董方、冯翊郭抱、武威贾虔、弘农杨颖为四府佐将。坚太子宏执光手曰："君器相非常，必有大福，宜深保爱。"行至高昌，闻坚寇晋，光欲更须后命。部将杜进曰："节下受任金方，赴机宜速，有何不了，而更留乎！"光乃进及流沙，三百余里无水，将士失色。光曰："吾闻李广利精诚玄感，飞泉涌出，吾等岂独无感致乎！皇天必将有济，诸君不足忧也。"俄而大雨，平地三尺。进兵至焉者，其王泥流率其旁国请降。龟兹王帛纯距光，光军其城南，五里为一营，深沟高垒，广设疑兵，以木为人，被之以甲，罗之垒上。帛纯驱徙城外人入于城中，附庸侯王各婴城自守。

至是，光左臂内脉起成字，文曰"巨霸"。营外夜有一黑物，大如断堤，摇动有头角，目光若电，及明而云雾四周，遂不复见。且视其处，南北五里，东西三十余步，鳞甲隐地之所，昭然犹在。光笑曰："黑龙也。"俄而云起西北，暴雨灭其迹。杜进言于光曰："龙者神兽，人君利见之象。《易》曰：'见龙在田，德施普也。'斯诚明将军道合灵和，德符幽冥。愿将军勉之，以成大庆。"光有喜色。

又进攻龟兹城，夜梦金象飞越城外。光曰："此谓佛神去之，胡必亡矣。"光攻城既急，帛纯乃倾国财宝请救狯胡。狯胡弟呐龙、侯将馗率骑二十余万，并引温宿、尉头等国王，合七十余万以救之。胡便弓马，善矛稍，铠如连锁，射不可入，以革索为羂，策马掷人，多有中者。众甚惮之。诸将咸欲每营结阵，案兵以距之。光曰："彼众我寡，营又相远，势分力散，非良策也。"于是迁营相接阵，为勾锁之法，精骑为游军，弥缝其阙。战于城西，大败之，斩万余级。帛纯收其珍宝而走，王侯降者三十余国。光入其城，大飨将士，赋诗言志。见其宫室壮丽，命参军京兆段业著《龟兹宫赋》以讥之。胡人奢侈，厚于养生，家有蒲桃酒，或至千斛，经十年不败，士卒沦没酒藏者相继矣。诸国惮光威名，贡款属路，乃立帛纯弟震为王以安之。光抚宁西域，威恩甚著，桀黠胡昔所未宾者，不远万里皆来归附，上汉所赐节传，光皆表而易之。

坚闻光平西域，以为使持节、散骑常侍、都督玉门已西诸军事，安西将军、西域校尉，道绝不通。光既平龟兹，有留焉之志。时始获鸠摩罗什，罗什劝之东还，语在《西夷传》。光于是大飨文武，博议进止。众咸请还，光从之，

以驼二万余头致外国珍宝及奇伎异戏、殊禽怪兽千有余品，骏马万余匹。而苻坚高昌太守杨翰说其凉州刺史梁熙距守高梧、伊吾二关，熙不从。光至高昌，翰以郡迎降。初，光闻之说，恶之，又闻苻坚丧败，长安危逼，谋欲停师。杜进谏曰："梁熙文雅有余，机鉴不足，终不能纳善从说也，愿不足忧之。闻其上下未同，宜在速进，进而不捷，请受过言之诛。"光从之。及至玉门，梁熙传檄责光擅命还师，遣子胤与振威姚皓、别驾卫翰率众五万，距光于酒泉。光报檄凉州，责熙无赴难之诚，数其遏归师之罪。遣彭晃、杜进、姜飞等为前锋，击胤，大败之。胤轻将麾下数百骑东奔，杜进追擒之。于是四山胡夷皆来款附。武威太守彭济执熙请降。光入姑臧，自领凉州刺史、护羌校尉，表杜进为辅国将军、武威太守，封武始侯，自余封拜各有差。

光主簿尉祐，奸佞倾薄人也，见弃前朝，与彭齐同谋执梁熙，光深见宠任，乃谮诛南安姚皓、天水尹景等名士十余人，远近颇以此离贰。光寻捕祐为宁远将军、金城太守。祐次允吾，袭据外城以叛，祐从弟随据鹯阴以应之。光遣其将魏真讨随，随败，奔祐，光将姜飞又击败祐众。祐奔据兴城，扇动百姓，夷夏多从之。飞司马张象、参军郭雅谋杀飞应祐，发觉，逃奔。

初，苻坚之败，张天锡南奔，其世子大豫为长水校尉王穆所匿。及坚还长安，穆将大豫奔秃发思复犍，思复犍送之魏安。是月，魏安人焦松、齐肃、张济等起兵数千，迎大豫于揭次，陷昌松郡。光遣其将杜进讨之，为大豫听败。大豫遂进逼姑臧，求决胜负，王穆谏曰："吕光粮丰城固，甲兵精锐，逼之非利。不如席卷岭西，厉兵积粟，东向而争，不及期年，可以平也。"大豫不从，乃遣穆求救于岭西诸郡，建康太守李隰、祁连都尉严纯及阎袭起兵应之。大豫进屯城西，王穆率众三万及思复犍子奚于等阵于城南。光出击，破之，斩奚于等二万余级。光谓诸将曰："大豫若用王穆之言，恐未可平也。"诸将曰："大豫岂不及此邪！皇天欲赞成明公八百之业，故令大豫迷于良算耳。"光大悦，赐金帛有差。大豫自西郡诣临洮，驱略百姓五千余户，保据俱城。光将彭晃、徐炅攻破之，大豫奔广武，穆奔建康。广武人执大豫，送之，斩于姑臧市。

光至是始闻苻坚为姚苌所害，奋怒哀号，三军缟素，大临于城南，伪谥坚曰文昭皇帝，长吏百石已上服斩缞三月，庶人哭泣三日。光于是大赦境内，建元曰太安，自称使持节、侍中、中外大都督、督陇右河西诸军事、大将军、邻护匈奴中郎将、凉州牧、酒泉公。王穆袭据酒泉，自称大将军、凉州牧。时谷价踊贵，斗直五百，人相食，死者太半。光西平太守康宁自称匈奴王，阻兵以叛，光屡遣讨之，不捷。

初，光之定河西也，杜进有力焉，以为辅国将军、武威太守。既居都尹，权高一时，出入羽仪，与光相亚。光甥石聪至自关中，光曰："中州人言吾政化何如？"聪曰："止知有杜进耳，实不闻有舅。"光默然，因此诛进。光后宴群僚，酒酣，语及政事。时刑法峻重，参军段业进曰：

"严刑重宪,非明王之义也。"光曰:"商鞅之法至峻,而兼诸侯;吴起之术无亲,而荆蛮以霸,何也?"业曰:"明公受天眷命,方君临四海,景行尧、舜,犹惧有弊,奈何欲以商、申之末法临道义之神州,岂此州士女所望于明公哉!"光改容谢之,于是下令责躬,及崇宽简之政。

其将徐炅与张掖太守彭晃谋叛,光遣师讨炅,炅奔晃。晃东结康宁,四通王穆,光议将讨之,诸将咸曰:"今康宁在南,阻兵伺隙,若大驾西行,宁必乘虚出于岭左。晃、穆未平,康宁复至,进退狼狈,势必大危。"光曰:"事势实如卿言。今而不往,寻坐待其来。晃、穆共相唇齿,宁又同恶相救,东西交至,城外非吾之有,若是,大事去矣。今晃叛逆始尔,宁、穆与之情契未密,及其仓卒,取之为易。且隆替命也,卿勿复言。"光于是自率步骑三万,倍道兼行。既至,攻之二旬,晃将寇颚斩关纳光,于是诛彭晃。王穆以其党索嘏为敦煌太守,既而忌其威名,率众攻嘏。光闻之,谓诸将曰:"二房相攻,此成擒也。"光将攻之,众咸以为不可。光曰:"取乱侮亡,武之善经,不可以累征之劳而失永逸之举。"率步骑二万攻酒泉,克之,进次凉兴。穆引师东还,路中众散,穆单骑奔骍马,骍马令郭文斩首送之。

是时麟见金泽县,百兽从之,光以为已瑞,以孝武太元十四年僭即三河王位,置百官自丞郎已下,赦其境内,年号麟嘉。光妻石氏、子绍、弟德世至自仇池,光迎于城东,大飨群臣。遣其子左将军他、武贲中郎将纂讨北房匹勤于三岩山,大破之。立妻石氏为王妃,子绍为世子。宴其群臣于内苑新堂。太庙新成,追尊其高祖为敬公,曾祖为恭公,祖为宜公,父为景昭王,母曰昭烈妃。其中书侍郎杨颖上疏,请依三代故事,追尊吕望为始祖,永为不迁之庙,光从之。

是岁,张掖督邮傅曜考核诸县,而丘池令尹兴杀之,投诸空井,曜见梦于光曰:"臣张掖郡小吏,案校诸县,而丘池令尹兴赃状狼藉,惧臣言之,杀臣投于南亭空井中。臣衣服形状如是。"光寤而犹见,久之乃灭。遣使覆之如梦,光怒,杀兴。著作郎段业以光未能扬清激浊,使贤愚殊贯,因疗疾于天梯山,作表志诗《九叹》、《七讽》十六篇以讽焉。光览而悦之。

南羌彭奚念入攻白土,都尉孙峙退奔兴城。光遣其南中郎将吕方及其弟右将军吕宝、振威杨范、强弩窦苟讨乞伏乾归于金城。方屯河北,宝进师济河,为乾归所败,宝死之。武贲吕纂、强弩窦苟率步骑五千南讨彭奚念,战于盘夷,大败而归。光亲讨乾归、奚念,遣纂及扬武杨轨、建忠沮渠罗仇、建武梁恭军于左南。奚念大惧,于白土津累石为堤,以水自固,遣精兵一万距守河津。光遣将军王宝潜趣上津,夜渡湟河。光济自石堤,攻克枹罕,奚念单骑奔甘松,光振旅而旋。

初,光徙西海郡人于诸郡,至是,谣曰:"朔马心何悲?念旧中心劳。燕雀何徘徊?意欲还故巢。"顷之,遂相扇动,复徙之于西county乐都。

群议以高昌虽在西陲,地居形胜,外接胡虏,易生翻覆,宜遣子弟镇之。光以子覆为使持节、镇西将军、都督玉门已西诸军事、西域大都护,镇高昌,命大臣子弟随之。

光于是以太元二十一年僭即天王位,大赦境内,改年龙飞。立世子绍为太子,诸子弟为公侯者二十人。中书令王详为尚书左仆射,段业等五人为尚书。

乾归从弟轲弹来奔,光下书曰:"乾归狼子野心,前后反覆。朕方东清秦、赵,勒铭会稽,岂令竖子鸱峙洮南!且其兄弟内相离间,可乘之机,勿过今也。其敕中外戒严,朕当亲讨。"光于是次于长最,使吕纂率杨轨、窦苟等步骑三万攻金城。乾归率众二万救之。光遣其将王宝、徐炅率骑五千邀之,乾归惧而不进。光又遣其将梁恭、金石生以甲卒万余出阳武下峡,与秦州刺史没奕于攻其东,光弟天水公延以枹罕之众攻临洮、武始、河关,皆克之。吕纂克金城,擒乾归金城太守卫惮,惮瞋目谓光曰:"我宁守节断头,不为降虏也。"光义而免之。乾归因大震,泣叹曰:"死中求生,正在今日也。"乃纵反间,称乾归众溃,东奔成纪。吕延信之,引师轻进。延司马耿稚谏曰:"乾归雄勇过人,权略难测,破王广,克杨定,皆赢师以诱之,虽蕞尔小国,亦不可轻也。困兽犹斗,况乾归而可望风自散乎!且告者视高而色动,必为奸计。而今宜部阵而前,步骑相接,徐待诸军大集,可一举灭之。"延不从,与乾归相遇,战败,死之。耿稚及将军姜显收集散卒,屯于枹罕。光还于姑臧。

光荒耄信谗,杀尚书沮渠罗仇、三河太守沮渠麴粥。罗仇弟子蒙逊叛光,杀中田护军马邃,攻陷临松郡,屯兵金山,大为百姓之患。蒙逊从兄男成先为将军,守晋昌,闻蒙逊起兵,逃奔赍虏,扇动诸夷,众至数千,进攻福禄、建安。宁戎护军赵策击败之,男成退屯乐涫。吕纂败蒙逊于忽谷。酒泉太守垒澄率将军赵策、赵陵步骑万余讨男成于乐涫,战败,澄、策死之。男成进攻建康,说太守段业曰:"吕氏政衰,权臣擅命,刑罚失中,人不堪役,一州之地,叛者连城。瓦解之势,昭然在目,百姓嗷然,无所宗附。府君岂可以盖世之才,而立忠于垂亡之世!男成等既唱大义,欲屈府君抚临鄢州,使涂炭之余蒙来苏之惠。"业不从。相持二旬而外救不至,郡人高逵、史惠等言于业曰:"今孤城独立,台无救援,府君虽心过田单,而地非即墨,宜思高算,转祸为福。"业先与光侍中房晷、仆射王详不平,虑不自容,乃许之。男成等推业为大都督、龙骧大将军、凉州牧、建康公。光命吕纂讨业,沮渠蒙逊进屯临洮,为业声势。战于合离,纂师大败。

光散骑常侍、太常郭麛明天文,善占候,谓王详曰:"于天文,凉之分野将有大兵。主上老病,太子冲暗,纂等凶武,一旦不讳,必有难作。以吾二人久居内要,常有不善之言,恐祸不免,深宜虑之。田胡王气乞机部众最强,二苑之人多其故众。吾今与公唱义,推机为主,则二苑之众尽我有也。克城之后,徐更图之。"详以为然。夜烧光洪范门,二苑之众皆附之,详为内应。事发,光诛之。麛遂据东苑以叛。光驰使召纂,诸将劝纂曰:"业闻师回,必蹑军后。若潜师夜还,庶无后患矣。"纂曰:"业虽凭城阻众,无雄略之才,若夜潜还,张其奸志。"乃遣使告业曰:"郭麛作乱,吾今还都。卿能决者,可出战。"于是引还。

业不敢出。纂司马杨统谓其从兄恒曰："郭黁明善天文，起兵其当有以。京城之外非复朝廷之有，纂今还都，复何所补！统请除纂，勒兵推兄为盟主，西袭吕弘，据张掖以号令诸郡，亦千载一时也。"恒怒曰："吾闻臣子之事君亲，有陨无二，吾未有包胥存救之效，岂可安荣其禄，乱增其难乎！吕宗若败，吾为弘演矣。"统惧，至番禾，遂奔郭黁。黁遣军邀纂于白石，纂大败。光西安太守石元良率步骑五千赴难，与纂共击黁军，破之，遂入于姑臧。黁之叛也，得光孙八人于东苑。及军败，恚甚，悉投之于锋刃之上，枝分节解，饮血盟众，众皆掩目，不忍视之，黁悠然自若。

黁推后将军杨轨为盟主，轨自称大将军、凉州牧、西平公。吕纂击黁将王斐于城西，大破之，自是黁势渐衰。光遗杨轨书曰："自羌胡不靖，郭黁叛逆，南藩安否，音问两绝。行人风传，云卿拥逼百姓，为黁唇齿。卿雅志忠贞，有史鱼之操，鉴察成败，远侔古人，岂宜听纳奸邪，以亏大美！陵霜不凋者松柏也，临难不移者君子也，何图松柏凋于微霜，鸡鸣已于风雨！郭黁巫卜小数，时或误中，考之大理，率多虚谬。朕宰化寡方，泽不逮远，致世事纷纭，百城离叛。戮力一心，同济巨海者，望之于卿也。今中仓积粟数百千万，东人战士一当百余，入则言笑晏晏，出则武步凉州，吞黁咀业，绰有余暇。但与卿形虽君臣，心过父子，欲全卿名节，不使贻笑将来。"轨不答，率步骑二万北赴郭黁。至姑臧，垒于城北。轨以士马之盛，议欲大决成败，黁每以天文裁之。吕弘为段业所逼，光遣吕纂迎之。轨谋于众曰："吕弘精兵一万，若与光合，则敌强我弱。养兽不讨，将为后患。"遂率兵邀纂，纂击败之。郭黁闻轨败，东走魏安，遂奔于乞伏乾归。杨轨闻黁走，南奔廉川。

光疾甚，立其太子绍为天王，自号太上皇帝。以吕纂为太尉，吕弘为司徒。谓绍曰："吾疾病唯增，恐将不济。三寇窥窬，迭伺国隙。吾终以后，使纂统六军，弘管朝政，汝恭己无为，委重二兄，庶可以济。若内相猜贰，衅起萧墙，则晋、赵之变旦夕至矣。"又谓纂、弘曰："永业才非拨乱，直以正嫡有常，猥居元首。今外有强寇，人心未宁，汝兄弟缉穆，则贻厥万世。若内自相图，则祸不旋踵。"纂、弘泣曰："不敢有二心。"光以安帝隆安三年死，时年六十三，在位十年。伪谥懿武皇帝，庙号太祖，墓号高陵。

纂字永绪，光之庶长子也。少便弓马，好鹰犬。苻坚时入太学，不好读书，唯以交结公侯声乐为务。及坚乱，西奔上邽，转至姑臧，拜武贲中郎将，封太原公。

光死，吕绍秘不发丧，纂排阁入哭，尽哀而出。绍惧为纂所害，以位让之，曰："兄功高年长，宜承大统，愿兄勿疑。"纂曰："臣虽年长，陛下国家之冢嫡，不可以私爱而乱大伦。"绍固以让纂，纂不许。及绍嗣伪位，吕超言于绍曰："纂统戎积年，威震内外，临丧不哀，步高视远，观其举止乱常，恐成大变，宜早除之，以安社稷。"绍曰："先帝顾命，音犹在耳，兄弟至亲，岂有此乎！吾弱年而荷大任，方赖二兄以宁家国。纵其图我，我视死如归，终不忍有此意也，卿惧勿过言。"超曰："纂威名素盛，安忍无亲，今不图之，后必噬脐矣。"绍曰："吾每念袁尚兄弟，未曾不痛心忘寝食，宁坐而死，岂忍行之。"超曰："圣人称知机其神，陛下临机不断，臣见大事去矣。"既而纂见绍于湛露堂，超执刀侍绍，目纂请收之，绍弗许。

初，光欲立弘为世子，会闻绍在仇池，乃止，弘由是有憾于绍。遗尚书姜纪密告纂曰："先帝登遐，主上暗弱，兄总摄内外，威恩被于遐迩，辄欲远追废昌邑之义，以兄为中宗何如？"纂于是夜率壮士数百，逾北城，攻广夏门，弘率东苑之众斫洪范门。左卫齐从守融明观，逆问之曰："谁也？"众曰："太原公。"从曰："国有大故，主上新立，太原公行不由道，夜入禁城，将为乱邪？"因抽剑直前，斫纂中额。纂左右擒之，纂曰："义士也，勿杀。"绍遣武贲中郎将吕开率其禁兵距战于端门，骁骑吕超率卒二千赴之。众素惮纂，悉皆溃散。

纂入自青角门，升于谦光殿。绍登紫阁自杀，吕超出奔广武。纂惮弘兵强，劝弘即位。弘曰："自以绍弟也而承大统，众心不顺，是以违先帝遗敕，惭负黄泉。今复越兄而立，何面目以视息世间！大兄长且贤，威名振于二寇，宜速即大位，以安国家。"纂以隆安四年遂僭即天王位，大赦境内，改元为咸宁，谥绍为隐王。以弘为使持节、侍中、大都督、都督中外诸军事、大司马、车骑大将军、司隶校尉、录尚书事，改封番禾郡公，其余封拜各有差。

纂谓齐从曰："卿前斫我，一何甚也！"从泣曰："隐王先帝所立，陛下虽应天顺时，而微心未达，惟恐陛下不死，何谓甚也。"纂嘉其忠，善遇之。纂遣使谓征东吕方曰："超实忠臣，义勇可嘉，但不识经国大体，权变之宜。方赖其忠节，诞济世难，可以此意谕之。"超上疏陈谢，纂复其爵位。

吕弘自以功名崇重，恐不为纂所容，纂亦深忌之。弘遂起兵东苑，劫尹文、杨桓以为谋主，请宗夑俱行。夑曰："老臣受先帝大恩，位为列棘，不能陨身授命，死有余罪，而复从殿下，亲为戎首者，岂天地所容乎！且智不能谋，众不足恃，将焉用之！"弘曰："君为义士，我为乱臣！"乃率兵攻纂。纂遣其将焦辨击弘，弘众溃，出奔广武。纂纵兵大掠，以东苑妇女赏军，弘之妻子亦为士卒所辱。纂笑谓群臣曰："今日之战何如？"其侍中房晷对曰："天祸凉室，衅起戚藩。先帝始崩，隐王幽逼，山陵甫讫，大司马惊疑肆逆，京邑交兵，友于接刃。虽弘自取夷灭，亦由陛下无棠棣之义。宜考已责躬，以谢百姓，而反纵兵大掠，幽辱士女。衅自由弘，百姓何罪！且弘妻，陛下之弟妇也；弘女，陛下之侄女也。奈何使无赖小人辱为婢妾。天地神明，岂忍见此！"遂歔欷悲泣。纂改容谢之，召弘妻及男女于东宫，厚抚之。吕方执弘系狱，驰使告纂，纂遣力士康龙拉杀之。是月，立其妻杨氏为皇后，以杨氏父桓为散骑常侍、尚书左仆射、凉都尹，封金城侯。

纂将伐秃发利鹿孤，中书令杨颖谏曰："夫起师动众，必参之天人，苟非其时，圣贤所不为。秃发利鹿孤上下用命，国未有衅，不可以伐。宜缮甲养锐，劝课农殖，待可乘之机，然后一举荡灭。比年多事，公私罄竭，不深根固本，恐为患将来，愿抑赫斯之怒，思万全之算。"纂不从。度浩亹河，为鹿弧弟僇檀所败，遂西袭张掖。姜纪谏曰："方今盛夏，百姓废农，所利既少，所丧者多，若师至岭西，房必乘虚寇抄都下，宜回师以为后图。"纂曰："房无大志，闻朕西征，正可自固耳。今速袭之，可以得志。"遂围张掖，略地建康。闻僇檀寇姑臧，乃还。

即序胡安据盗发张骏墓，见骏貌如生，得真珠簾、琉璃榼、白玉樽、赤玉箫、紫玉笛、珊瑚鞭、马脑钟，水陆奇珍不可胜纪。纂诛安据党五十余家，遣使吊祭骏，并缮修其墓。

道士句摩罗耆婆言于纂曰："潜龙屡出，豕犬见妖，将有下人谋上之祸，宜增修德政，以答天戒。"纂纳之。耆婆，即罗什之别名也。

纂游田无度，荒耽酒色，其太常杨颖谏曰："臣闻皇天降鉴，惟德是与。德由人弘，天应以福，故勃焉之美奄在圣躬。大业已尔，宜以道守之。廓灵基于日新，邀洪福于万祀。自陛下龙飞，疆宇未辟，崎岖二岭之内，纲维未振于九州。当兢兢夕惕，经略四方，成先帝之遗志，拯苍生于荼蓼。而更饮酒过度，出入无恒，宴安游盘之乐，沈湎樽酒之间，不以寇仇为虑，窃为陛下危之。糟丘酒池，洛汭不返，皆陛下之殷鉴。臣蒙先帝夷险之恩，故不敢避干将之戮。"纂曰："朕之罪也。不有贞亮之士，谁匡邪僻之君！"然昏虐自任，终不能改，常与左右因醉共猎于坑涧之间，殿中侍御史王回、中书侍郎王儒扣马谏曰："千金之子坐不垂堂，万乘之主清道而行，奈何去舆辇之安，冒奔骑之危！衔橛之变，动有不测之祸。愚臣窃所不安，敢以死争，愿陛下远思衰盎揽辔之言，不令臣等受讥千载。"纂不纳。

纂番禾太守吕超擅伐鲜卑思盘，思盘遣弟乞珍诉超于纂，纂召超将盘入朝。超至姑臧，大惧，自结于殿中监杜尚，纂见超，怒曰："卿恃兄弟桓桓，欲欺吾也，要当斩卿，然后天下可定。"超顿首不敢。纂因引超及其诸臣宴于内殿。吕隆屡劝纂酒，已至昏醉，乘步辇车将超等游于内。至琨华堂东阁，车不得过，纂亲将窦川、骆腾倚剑于壁，推车过阁。超取剑击纂，纂下车擒超，超刺纂洞胸，奔于宣德堂。川、腾与超格战，超杀之。纂妻杨氏命禁兵讨超，杜尚约兵舍仗。将军魏益多入，斩纂首以徇曰："纂违先帝之命，杀害太子，荒耽酒猎，昵近小人，轻害忠良，以百姓为草芥。番禾太守超以骨肉之亲，惧社稷颠覆，已除之矣。上以安宗庙，下为太子报仇。凡我士庶，同兹休庆。"

伪巴西公吕他、陇西公吕纬时在北城，或说纬曰："超陵天逆上，士众不附。明公以懿弟之亲，投戈而起，姜纪、焦辨在南城，杨桓、田诚在东苑，皆我之党也，何虑不济！"纬乃严兵谓他曰："隆、超弒逆，所宜击之。昔田恒之乱，孔子邻国之臣，犹抗言于哀公，况今萧墙有难，而可坐观乎！"他将从之，他妻梁氏止之曰："纬、超俱兄弟之子，何为舍超助纬而为祸道乎！"他谓纬曰："超事已立，据武库，拥精兵，图之为难。且吾老矣，无能为也。"超闻，登城告他曰："纂信谗言，将灭超兄弟。超以身命

之切，且惧社稷覆亡，故出万死之计，为国家唱义，叔父当以义亮之。"超弟邈有宠于纬，说纬曰："纂残国破家，诛戮兄弟，隆、超此举应天人之心，正欲尊立明公耳。先帝之子，明公为长，四海颙颙，人无异议。隆、超虽不达臧否，终不以孽代宗，更图异望也，愿公勿疑。"纬信之，与隆、超结盟，单马入城，超执而杀之。

初，纂尝与鸠摩罗什棋，杀罗什子，曰："斫胡奴头。"罗什曰："不斫胡奴头，胡奴斫人头。"超小字胡奴，竟以杀纂。纂在位三年，以元兴元年死。隆既篡位，伪谥纂灵皇帝，墓号白石陵。

隆字永基，光弟宝之子也，美姿貌，善骑射。光末拜北部护军，稍历显位，有声称。超既杀纂，让位于隆，隆有难色。超曰："今犹乘龙上天，岂可中下！"隆以安帝元兴元年遂僭即天王位。超先于番禾得小鼎，以为神瑞，大赦，改元为神鼎。追尊父宝为文皇帝，母卫氏为皇太后，妻杨氏为皇后，以弟超有佐命之勋，拜使持节、侍中、都督中外诸军事、辅国大将军、司隶校尉、录尚书事，封安定公。

隆多杀豪望，以立威名，内外嚣然，人不自固。魏安人焦朗遣使说姚兴将姚硕德曰："吕氏因秦之乱，制命此州。自武皇弃世，诸子竞寻干戈，德刑不恤，残暴是先，饥馑流亡，死者太半，唯泣诉昊天，而精诚无感。伏惟明公道迈前贤，任尊分陕，宜兼弱攻昧，经略此方，救生灵之沈溺，布徽政于玉门。篡夺之际，为功不难。"遣妻子为质。硕德遂率众至姑臧。其部将姚国方言于硕德曰："今悬师三千，后无继援，师之难也。宜曜劲锋，示其威武。彼以我远来，必决死距战，可一举而平。"硕德从之。吕超出战，大败，遁还。隆收集离散，婴城固守。

时荧惑犯帝坐，有群雀斗于太庙，死者数万。东人多谋外叛，将军魏益多又唱动群心，乃谋杀隆、超，事发，诛之，死者三百余家。于是群臣求与姚兴通好，隆弗许。吕超谏曰："通塞有时，艰泰相袭，孙权屈身于魏，谯周劝主迎降，岂非大丈夫哉？势屈故也。天锡承七世之资，树恩百载，武旅十万，谋臣盈朝，秦师临境，识者导以见机，而愎谏自专，社稷为墟。前鉴不远，我之元龟也。何惜尺书单使，不以危易安！且令卑辞以退敌，然后内修德政，废兴由人，未损大略。"隆曰："吾虽常人，属当家国之重，不能嗣守成基，保安社稷，以太祖之业委之于人，何面目见先帝于地下！"超曰："应龙以屈伸为灵，大人以知机为美。今连兵积岁，资储内尽，强寇外逼，百姓嗷然无糊口之寄，假使张、陈、韩、白，亦无如之何！陛下宜思权变大纲，割区区常虑。苟卜世有期，不在和好，若天命去矣，宗族可全。"隆从之，乃请降。硕德表隆为使持节、镇西大将军、凉州刺史、建康公。于是遣母弟爱子文武旧臣慕容筑、杨颖、史难、阎松等五十余家质于长安，硕德乃还。姚兴谋臣皆曰："隆藉伯父余资，制命河外。今虽饥窘，尚能自支。若将来丰赡，终非国有。凉州险绝，世难先违，道清后顺，不如因其饥弊而取之。"兴乃遣使来观虚实。

沮渠蒙逊又伐隆，隆击败之，蒙逊请和结盟，留谷万余斛以振饥人。姑臧谷价踊贵，斗直钱五千文，人相食，饥死者十余万口。城门尽闭，樵采路绝，百姓请出城乞为夷虏奴婢者日有数百。隆惧沮动人情，尽坑之，于是积尸盈于衢路。

秃发傉檀及蒙逊频来伐之，隆以二寇之逼也，遣超率骑二百，多赍珍宝，请迎于姚兴。兴乃遣其将齐难等步骑四万迎之。难至姑臧，隆素车白马迎于道旁。使胤告光庙曰："陛下往运神略，开建西夏，德被苍生，威振遐裔。枝嗣不臧，迭相篡弑。二虏交逼，将归东京，谨与陛下奉诀于此。"歔欷恸泣，酸感兴军。隆率户一万，随难东迁，至长安，兴以隆为散骑常侍，公如故；超为安定太守；文武三十余人皆擢叙之。其后隆坐与子弼谋反，为兴所诛。

吕光以孝武太元十二年定凉州，十五年僭立，至隆凡十有三载，以安帝元兴三年灭。

史臣曰：自晋室不纲，中原荡析，苻氏乘衅，窃号神州。世明委质伪朝，位居上将，爰以心膂，受脤征讨。铁骑如云，出玉门而长骛；琱戈耀景，捐金丘而一息。聂尔夷陬，承风雾卷，宏图壮节，亦足称焉。属永固运销，群雄竞起，班师右地，便有觊觎。于是要结六戎，潜窥雁鼎；并吞五郡，遂假鸿名。控黄河以设险，负玄漠而为固，自谓克昌霸业，贻厥孙谋。寻而耄及政昏，亲离众叛，瞑目甫尔，衅发萧墙。绍、纂凡才，负乘致寇；弘、超凶狡，职为乱阶；永基庸庸，面缚姚氏。昔窦融归顺，荣焕累叶；隗嚣干纪，靡终身世。而光弃兹胜躅，遵彼覆车，十数年间，终致残灭。向使矫邪归正，革伪为忠，鸣橄而蕃晋朝，仗义而诛丑虏，则燕、秦之地可定，桓、文之功可立，郭黁、段业岂得肆其奸，蒙逊、乌孤无所窥其隙矣。而狼窃非据，何其谬哉！夫天地之大德曰生，圣人之大宝曰位。非其人而处其位者，其祸必速；在其位而忘其德者，其殃必至。天鉴非远，庸可滥乎！

赞曰：金行不兢，宝业斯屯。瓜分九寓，渗聚三秦。吕氏伺隙，欺我人神。天命难假，终亦倾沦。

卷一百二十三　　载记第二十三

慕容垂

慕容垂，字道明，皝之第五子也。少岐嶷有器度，身长七尺七寸，手垂过膝。皝甚宠之，常目而谓诸弟曰："此儿阔达好奇，终能破人家，或能成人家。"故名霸，字道业，恩遇逾于世子儁，故儁不能平之。以灭宇文之功，封都乡侯。石季龙来伐，既还，犹有兼并之志，遣将邓恒率众数万屯于乐安，营攻取之备。垂戍徒河，与恒相持，恒惮而不敢侵。垂少好畋游，因猎坠马折齿，慕容儁僭即王位，改名𬪩，外以慕郤𬪩为名，内实恶而改之。寻以谶记之文，乃去"夬"，以"垂"为名焉。

石季龙之死也，赵魏乱，垂谓儁曰："时来易失，赴机在速，兼弱攻昧，今其时矣。"儁以新遭大丧，不许。慕舆根言于儁曰："王子之言，千载一时，不可失也。"儁乃从之，以垂为前锋都督。儁既克幽州，将坑降卒，垂谏曰："吊伐之义，先代常典。今方平中原，宜绥怀以德，坑戮之刑不可为王师之先声。"儁从之。及儁僭称尊号，封垂吴王，徙镇信都，以侍中、右禁将军录留台事，大收东北之利。又为征南将军、荆、兖二州牧，有声于梁、楚之南。再为司隶，伪王公已下莫不累迹。时慕容𬀩嗣伪位，慕容恪为太宰。恪甚重垂，常谓𬀩曰："吴王将相之才十倍于臣，先帝以长幼之次，以臣先之，臣死之后，愿陛下委政吴王，可谓亲贤兼举。"及败桓温于枋头，威名大振。慕容评深忌恶之，乃谋诛垂。垂惧祸及己，与世子全奔于苻坚。

自恪卒后，坚密有图𬀩之谋，惮垂威名而未发。及闻其至，坚大悦，郊迎执手，礼之甚重。坚相王猛恶垂雄略，劝坚杀之。坚不从，以为冠军将军，封宾都侯，食华阴之五百户。王猛伐洛，引全为参军。猛乃令人诡传垂语于全曰："吾已东还，汝可为计也。"全信之，乃奔𬀩。猛表全叛状，垂惧而东奔，及蓝田，为追骑所获。坚引见东堂，慰勉之曰："卿家国失和，委身投朕。贤子志不忘本，犹怀首丘。《书》不云乎："父父子子，无相及也。"卿何为过惧而狼狈若斯也！"于是复垂爵位，恩待如初。

及坚擒𬀩，垂随坚入邺，收集诸子，对之悲恸，见其故吏，有不悦之色。前郎中令高弼私于垂曰："大王以命世之姿，遭无妄之运，迫遭栖伏，艰亦至矣。天启嘉会，灵命暂迁，此乃鸿渐之始，龙变之初，深愿仁慈有以慰之。且夫高世之略必怀遗俗之规，方当网漏吞舟，以弘苍养之义；收纳旧臣之胄，以成为山之功，奈何以一怒捐之？窃为大王不取。"垂深纳之。垂在坚朝，历位京兆尹，进封泉州侯，所在征伐，皆有大功。

坚之败于淮南也，垂军独全，坚以千余骑奔垂。垂世子宝言于垂曰："家国倾丧，皇纲废弛，至尊明命著之图箓，当隆中兴之业，建少康之功。但时来之运未至，故韬光侯奋耳。今天厌乱德，凶众土崩，可谓乾启神机，授之于我。千载一时，今其会也，宜恭承皇天之意，因而取之。且夫立大功者不顾小节，行大仁者不念小惠。秦既荡覆二京，空辱神器，仇耻之深，莫甚于此，愿不以意气微恩而忘社稷之重。五木之祥，今其至矣。"垂曰："汝言是也。然彼以赤心投命，若何害之！苟天所弃，图之多便。且纵令北还，更待其衅，既不负宿心，可以义取天下。"垂弟德进曰："夫邻国相吞，有自来矣。秦强而并燕，秦弱而图之，此为报仇雪辱，岂所谓负宿心也！昔邓祁侯不纳三甥之言，终为楚所灭；吴王夫差违子胥之谏，取祸句践。前事之不忘，后事之师表也。愿不弃汤、武之成踪，追韩信之败迹，乘彼土崩，恭行天罚，斩逆氏，复宗祀，建中兴，继洪烈，天下大机，弗宜失也。若释数万之众，授干将之柄，是邻天时而待后害，非至计也。语曰："当断不断，反受其乱。"愿兄无疑。"垂曰："吾昔为太傅所不容，投身于秦主，又为王猛所潜，复见昭亮，国士之礼每深，报德之分未一。如使秦运必穷，历数归我者，授首之便，何虑无之。关西之地，会非吾有，自当有扰之者，吾可端拱而定关东。君子不怙乱，不为祸先，且可观之。"乃以兵属坚。初，宝在长安，与韩黄、李根等因宴摴蒱，宝危坐整容，誓之曰："世云摴蒱有神，岂虚也哉！若富贵可期，频得三卢。"于是三掷尽卢，宝拜而受赐，故云五木之祥。

坚至渑池，垂请至邺展拜陵墓，因张国威刑，以安戎狄。坚许之，权翼谏曰："垂爪牙名将，所谓今之韩、白，世豪东夏，志不为人用。顷以避祸归诚，非慕德而至，列土干城未可以满其志，冠军之号岂足以称其心！且垂犹鹰也，饥则附人，饱便高飏，遇风尘之会，必有陵霄之志。惟宜急其鞲绁，不可任其所欲。"坚不从，遣其将李蛮、闵亮、尹国率众三千送垂，又遣石越戍邺，张蚝戍并州。

时坚子丕先在邺，及垂至，丕馆之于邺西，垂具说淮南败状。会坚将苻晖告丁零翟斌聚众谋逼洛阳，丕谓垂曰："惟斌兄弟因王师小失，敢肆凶勃，子母之军，殆难为敌，非冠军英略，莫可以灭也。欲相烦一行可乎？"垂曰："下官殿下之鹰犬，敢不惟命是听。"于是大赐金帛，一无所受，惟请旧田园。丕许之，配垂兵二千，遣其将苻飞龙率氐骑一千为垂之副。丕戒飞龙曰："卿王室肺腑，年秩虽卑，其实帅也。垂为三军之统，卿为谋垂之主，用兵制胜之权，防微杜贰之略，委之于卿，卿其勉之。"垂请入邺城拜庙，丕不许。乃潜服而入，亭吏禁之，垂怒，斩吏烧亭而去。石越言于丕曰："垂之在燕，破国乱家，及投命圣朝，蒙超常之遇，忽敢轻侮方镇，杀吏焚亭，反形已露，终为乱阶。将老兵疲，可袭而取之矣。"丕曰："淮南之败，众散亲离，而垂侍卫圣躬，诚不可忘。"越曰："垂既不忠于燕，其肯尽忠于我乎！且其亡虏也，主上宠同功旧，不能铭泽誓忠，而首谋为乱，今不击之，必为后害。"丕不从。越退而告人曰："公父子好存小仁，不顾天下大计，吾属终当为鲜卑虏矣。"

垂至河内，杀飞龙，悉诛氐兵，召募远近，众至三万，济河焚桥，令曰："吾本外假秦声，内规兴复。乱法者军有常刑，奉命者赏不逾日，天下既定，封爵有差，不相负也。"

翟斌闻垂之将济河也，遣使推垂为盟主。垂距之曰："吾父子寄命秦朝，危而获济，荷主不世之恩，蒙更生之惠，虽曰君臣，义深父子，岂可因其小隙，便怀二三。吾本救豫州，不赴君等，何为斯议而及于我！"垂进欲袭据洛阳，故见苻晖以臣节，退又未审斌之诚款，故以此言距之。垂至洛阳，晖闭门距守，不与垂通。斌又遣长史河南郭通说垂，乃许之。斌率众会垂，劝称尊号，垂曰："新兴侯，国之正统，孤之君也。若以诸君之力，得平关东，当以大义喻秦，奉迎反正。无上自尊，非孤心也。"谋于众曰："洛阳四面受敌，北阻大河，至于控驭燕、赵，非形胜之便，不如北取邺都，据之而制天下。"众咸以为然。乃引师而东，遣建威将军王腾起浮桥于石门。

初，垂之发邺中，子农及兄子楷、绍，弟子宙，为苻丕所留。及诛飞龙，遣田生密告农等，使起兵赵、魏以相应。于是农、宙奔列人，楷、绍奔辟阳，众咸应之。农西招库傉官伟于上党，东引乞特归于东阿，各率众数万赴之，众至十余万。丕遣石越讨农，为农所败，斩越于陈。

垂引兵至荥阳，以太元八年自称大将军、大都督、燕王，承制行事，建元曰燕元。令称统府，府置四佐，王公已下称臣，凡所封拜，一如王者，以翟斌为建义大将军，封河南王；翟檀为柱国大将军、弘农王；弟德为车骑大将军、范阳王；兄子楷征西大将军、太原王。众至二十余万，济自石门，长驱攻邺。农、楷、绍、宙等率众会垂。立子宝为燕王太子，封功臣为公侯伯子男者百余人。

苻丕乃遣侍郎姜让谓垂曰："往岁大驾失据，君保卫銮舆，勤王诚义，迈踪前烈。宜述修前规，终忠贞之节，奈何弃崇山之功，为此过举！过贵能改，先贤之嘉事也。深宜详思，悟犹未晚。"垂谓让曰："孤受主上不世之恩，故欲安全长乐公，使尽众赴京师，然后修复家国之业，与秦永为邻好。何故暗于机运，不以邺见归也？大义灭亲，况于意气之顾！公若迷而不返者，孤亦欲窃兵势耳。今事已然，恐单马乞命不可得也。"让厉色责垂曰："将军不容于家国，投命于圣朝，燕之尺土，将军岂有分乎！主上与将军风殊类别，臭味不同，奇将军于一见，托将军以断金，宠逾宗旧，任齐懿藩，自古君臣冥契之重，岂甚此邪！方付将军以六尺之孤，万里之命，奈何王师小败，便有二图！夫师起无名，终则弗成，天之所废，人不能支。将军起无名之师，而欲兴天所废，窃未见其可。长乐公主上之元子，声德迈于唐、卫，居陕东之任，为朝廷维城，其可束手输将军以百城之地！大夫死王事，国君死社稷，将军欲裂冠毁冕，拔本塞源者，自可任将军兵势，何复多云。但念将军以七十之年，悬首白旗，高世之忠，忽为逆鬼，窃为将军痛之。"垂默然。左右劝垂杀之，垂曰："古者兵交，使在其间，犬吠非其主，何所问也！"乃遣诏归。

垂上表于苻坚曰："臣才非古人，致祸起萧墙，身婴时难，归命圣朝。陛下恩深周、汉，猥叨微顾之遇，位为列将，爵忝通侯，誓在戮力输诚，常惧不及。去夏桓冲送死，一拟云消，回讨郧城，俘馘万计，斯诚陛下神算之奇，颇亦愚臣忘死之效。方将饮马桂州，悬旌闽会，不图天助乱德，大驾班师。陛下单马奔臣，臣奉卫匪贰，岂陛下圣明鉴臣单心，皇天后土实亦知之。臣奉诏北巡，受制长乐。然丕外失众心，内多猜忌，今臣野次外庭，不听谒庙。丁零逆竖寇逼豫州，丕迫臣单赴，限以师程，惟给弊卒二千，尽无兵杖，复令飞龙潜为刺客。及至洛阳，平原公晖复不信纳。臣窃惟进无淮阴功高之虑，退无李广失利之愆，惧有青蝇，交乱白黑，丁零夷夏以臣忠而见疑，乃推臣为盟主。臣受托善始，不遂令终，泣望西京，挥涕即迈。军次石门，所在云赴，虽复周武之会于孟津，汉祖之集于垓下，不期之众，实有甚焉。欲令长乐公尽众赴难，以礼发遣，而丕固守匹夫之志，不达变通之理。臣息农收集故营，以备不虞，而石越倾邺城之众，轻相掩袭，兵阵未交，越已陨首。臣既单车悬轸，归者如云，斯实天符，非臣之力。且邺者臣国旧都，应即惠及，然后西面受制，永守东藩，上成陛下遇臣之意，下全愚臣感报之诚。今进师围邺，并喻丕以天时人事。而丕不察机运，杜门自守，时出挑战，锋戈屡交，恒恐飞矢误中，以伤陛下天性之念。臣之此诚，未简神听，辄遏兵止锐，不敢窃攻。夫运有推移，去来常事，惟陛下察之。"

坚报曰："朕以不德，忝承灵命，君临万邦，三十年矣。遐方幽裔，莫不来庭，惟东南一隅，敢违王命。朕爰奋六师，恭行天罚，而玄机不吊，王师败绩。赖卿忠诚之至，辅翼朕躬，社稷之不陨，卿之力也。《诗》云：'中心藏之，何日忘之。'方任卿以元相，爵卿以郡侯，庶弘济艰难，敬酬勋烈，何图伯夷忽毁冰操，柳惠倏为淫夫！览表惋然，有惭朝士。卿既不容于本朝，匹马而投命，朕则宠卿以将位，礼卿以上宾，任同旧臣，爵齐辅翰，歃血断金，披心相付。谓卿食椹怀音，保之偕老。岂意畜水覆舟，养兽反害，悔之噬脐，将何所及！诞言骇众，夸拟非常，周武之事，岂卿庸人所可论哉！失笼之鸟，非罗所羁；脱网之鲸，岂罟所制！翘陆任怀，何须闻也。念卿垂老，老而为贼，生为叛臣，死为逆鬼，侏张幽显，布毫存亡，中原士女，何痛如之！朕之历运兴丧，岂复由卿！但长乐、平原以未立之年，遇卿于两都，虑其经略未称朕心，所恨者此焉而已。"

垂攻拔邺郭，丕固守中城，垂堙而围之，分遣老弱于魏郡、肥乡，筑新兴城以置辎重，拥漳水以灌之。

翟斌潜讽丁零及西人，请斌为尚书令。垂访之群僚，其安东将军封衡厉色曰："马能千里，不免羁绊，明畜生不可以人御也。斌戎狄小人，遭时际会，兄弟封王，自雕兜已来，未有此福。忽履盈忘止，复有斯求，魂爽错乱，必死不出年也。"垂犹隐忍容之，令曰："翟王之功宜居上辅，但台既未建，此官不可便置。待六合廓清，更当议之。"斌怒，密应苻丕，潜使丁零决防溃水。事泄，垂诛之。斌兄子真率其部众北走邯郸，引兵向邺，欲与丕为内外之势，垂令其太子宝、冠军慕容隆击破之。真自邯郸北走，又使慕容楷率骑追之，战于下邑，为真所败，真遂屯于承营。垂谓诸将曰："苻丕穷寇，必守死不降。丁零叛扰，乃我腹心之患。吾欲迁师新城，开其逸路，进以谢秦主畴昔之恩，退以严击真之备。"于是引师去邺，北屯新城。慕容农进攻翟嵩于黄泥，破之。垂谓其范阳王德曰："苻丕吾纵之不能去，方引晋师规固邺都，不可置也。"进师又攻邺，开其西奔之路。

垂将有北都中山之意，农率众数万迎之。群僚闻慕容晖为苻坚所杀，劝垂僭位。垂以慕容冲称号关中，不许。

晋龙骧将军刘牢之率众救苻丕，至邺，垂逆战，败绩，遂撤邺围，退屯新城。垂自新城北走，牢之追垂，连战皆败。又战于五桥泽，王师败绩，德及隆引兵要之于五丈桥，牢之驰马跳五丈涧，会苻丕救至而免。

翟真去承营，徙屯行唐，真司马鲜于乞杀真，尽诛翟氏，自立为赵王。营人攻杀乞，迎立真从弟成为主，真子辽奔黎阳。

高句骊寇辽东，垂平北慕容佐遣司马郝景率众救之，为高句骊所败，辽东、玄菟遂没。

建节将军徐岩叛于武邑，驱掠四千余人，北走幽州。垂驰敕其将平规曰："但固守勿战，比破丁零，吾当自讨之。"规违命距战，为岩所败。岩乘胜入蓟，掠千余户而去，所过寇暴，遂据令支。

翟成长史鲜于得斩成而降，垂入行唐，悉坑其众。苻丕弃邺城，奔于并州。

慕容农攻克令支，斩徐岩兄弟。时伐高句骊，复辽东、玄菟二郡，还屯龙城。

垂定都中山，群僚劝即尊号，具典仪，修郊燎之礼。垂从之，以太元十一年僭即位。赦其境内，改元曰建兴，置百官，缮宗庙社稷，立宝为太子。以其左长史库辱官伟、右长史段崇、龙骧张崇、中山尹封衡为吏部尚书，慕容德为侍中、都督中外诸军事、领司隶校尉，抚军慕容麟为卫大将军，其余拜授有差。追尊母兰氏为文昭皇后，迁跪后段氏，以兰氏配飨。博士刘详、董谧议以尧母妃位第三，不以贵陵姜嫄，明圣王之道以至公为先。垂不从。

遣其征西慕容楷、卫军慕容麟、镇南慕容绍、征虏慕容宙等攻苻坚冀州牧苻定、镇东苻绍、幽州牧苻谟、镇北苻亮。楷与定等书，喻以祸福，定等悉降。

垂留其太子宝守中山，率诸军南攻翟辽，以楷为前锋都督。辽之部众皆燕、赵人也，咸曰："太原王之子，吾之父母。"相率归附。辽惧，遣使请降。垂至黎阳，辽肉袒谢罪，垂厚抚之。

为其太子宝起承华观，以宝录尚书政事，巨细皆委之，重总大纲而已。立其夫人段氏为皇后。又以宝领侍中、大单于、骠骑大将军、幽州牧。建留台于龙城，以高阳王慕容隆录留台尚书事。时慕容晖及诸宗室为苻坚所害者，并招魂葬之。

清河太守贺耕聚众定陵以叛，南应翟辽，慕容农讨斩之，毁定陵城。进师入邺，以邺城广难固，筑凤阳门大道之东为隔城。

其尚书郎娄会上疏曰："三年之丧，天下之达制，兵荒杀礼，遂以一切取士。人心奔竞，苟求荣进，至乃身冒缞绖，以赴时役，岂必殉忠于国家，亦昧利于其间也。圣王设教，不以颠沛而亏其道，不以丧乱而变其化，故能杜豪兢之门，塞奔波之路。陛下钟百王之季，廓中兴之业，天下渐平，兵革方偃，诚宜蠲荡瑕秽，率由旧章。吏遭大丧，听终三年之礼，则四方知化，人斯服礼。"垂不从。

翟辽死，子钊代立，攻逼邺城，慕容农击之。垂引师伐钊于滑台，次于黎阳津，钊于南岸距守，诸将恶其兵精，咸谏不宜济河。垂笑曰："坚子何能为，吾今为卿等杀之。"遂徙营就西津，为牛皮船百余艘，载疑兵列杖，溯流而上。钊先以大众备黎阳，见垂向西津，乃弃营西距。垂潜遣其桂林王慕容镇、骠骑慕容国于黎阳津夜济，壁于河南。钊闻而奔还，士众疲渴，走归滑台，钊携妻子率数百骑北趣白鹿山。农追击，尽擒其众，钊单骑奔长子。钊所统七郡户三万八千皆安堵如故。徙徐州流人七千余户于黎阳。

于是议征长子。诸将咸谏，以慕容永未有衅，连岁征役，士卒疲怠，请俟他年。垂将从之，及闻慕容德之策，笑曰："吾计决矣。且吾投老，扣囊底智，足以克之，不复留逆贼以累子孙也。"乃发步骑七万，遣其丹阳王慕容赞、龙骧张崇攻永弟支于晋阳。永遣其将刁云、慕容钟率众五万屯潞川。垂遣慕容楷出自滏口，慕容农入自壶关，垂顿于邺之西南，月余不进。永谓垂诡道伐之，乃摄诸军还杜太行轵关。垂进师入自天井关，至于壶壁。永率精卒五万来距，阻河曲以自固，驰使请战。垂列阵于壶避之南，农、楷分为二翼，慕容国伏千兵于深涧，与永大战。垂引军伪退，永追奔数里，国发伏兵驰断其后，楷、农夹击之，永师大败，斩首八千余级，永奔还长子。慕容赞攻克晋阳。垂进围长子，永将贾韬潜为内应。垂进军入城，永奔北门，为前驱所获，于是数而戮之，并其所署公卿刁云等三十余人。永所统新旧八郡户七万六千八百及乘舆、服御、伎乐、珍宝悉获之，于是品物具矣。

使慕容农略地河南，攻廪丘、阳城，皆克之，太山、琅邪诸郡皆委城奔溃，农进师临海，置守宰而还。垂告捷于龙城之庙。

遣其太子宝及农与慕容麟等率众八万伐魏，慕容德、慕容绍以步骑一万八千为宝后继。魏闻宝将至，徙往河西。宝进师临河，惧不敢济。还次参合，忽有大风黑气，状若堤防，或高或下，临覆军上。沙门支昙猛言于宝曰："风气暴迅，魏军将至之候，宜进兵御之。"宝笑而不纳。昙猛固以为言，乃遣麟率骑三万为后殿，以御非常。麟以昙猛言为虚，纵骑游猎。俄而黄雾四塞，日月晦冥，是夜魏师大至，三军奔溃，宝与德等数千骑奔免，士众还者十一二，绍死之。初，宝至幽州，所乘车轴无故自折。术士靳安以为大凶，固劝宝还，宝怒不从，故及于败。

宝恨参合之败，屡言魏有可乘之机。慕容德亦曰："魏人狃于参合之役，有陵太子之心，宜及圣略，摧其锐志。"垂从之，留德守中山，自率大众出参合，凿山开道，次于猎岭。遣宝与农出天门，征北慕容隆、征西慕容盛逾青山，袭魏陈留公泥于平城，陷之，收其三万余人而还。

垂至参合，见往年战处积骸如山，设吊祭之礼，死者父兄一时号哭，军中皆恸。垂惭愤欧血，因而寝疾，乘马舆而进。过平城北三十里，疾笃，筑燕昌城而还。宝等至云中，闻垂疾，皆引归。及垂至于平城，或有叛者奔告魏曰："垂病已亡，舆尸在军。"魏又闻参合大哭，以为信然，乃进兵追之，知平城已陷而退，还馆阴山。垂至上谷之沮阳，以太元二十一年死，时年七十一，凡在位十三年。遗令曰："方今祸难尚殷，丧礼一从简易，朝终夕殓，事讫成服，三日之后，释服从政。强寇伺隙，秘勿发丧，至京然后举哀行服。"宝等遵行之。伪谥成武皇帝，庙号世祖，墓曰宣平陵。

卷一百二十四　　载记第二十四

慕容宝　慕容盛　慕容熙　慕容云

慕容宝，字道祐，垂之第四子也。少轻果无志操，好人佞己。苻坚时为太子洗马、万年令。坚淮肥之役，以宝为陵江将军。及为太子，砥砺自修，敦崇儒学，工谈论，善属文，曲事垂左右小臣，以求美誉。垂之朝士翕然称之，垂亦以为克保家业，甚贤之。

垂死，其年宝嗣伪位，大赦境内，改元为永康。以其太尉库辱官伟为太师、左光禄大夫，段崇为太保，其余拜授各有差。遵垂遗令，校阅户口，罢诸军营分属郡县，定士族旧籍，明其官仪，而法峻政严，上下离德，百姓思乱者十室而九焉。

初，垂以宝冢嗣未建，每忧之。宝庶子清河公会多材艺，有雄略，垂深奇之。及宝之北伐，使会代摄留事，总录、礼遇一同太子，所以见定旨也。垂之伐魏，以龙城旧都，宗庙所在，复使会镇幽州，委以东北之重，高选僚属以崇威望。临死顾命，以会为宝嗣，而宝宠爱少子濮阳公策，意不在会。宝庶长子长乐公盛自以同生年长，耻会先之，乃盛称策宜为储贰，而非毁会焉。宝大悦，乃访其赵王麟、高阳王隆，麟等咸希旨赞成之。宝遂与麟等定计，立策母段氏为皇后，策为皇太子，盛、会进爵为王。策字道符，年十一，美姿貌，而惷弱不慧。

魏伐并州，骠骑农逆战，败绩，还于晋阳，司马慕舆嵩闭门距之。农率骑数千奔归中山，行及潞川，为魏追军所及，余骑尽没，单马遁还。宝引群臣于东堂议之。中山尹苻谟曰："魏军强盛，千里转斗，乘胜而来，勇气兼倍，若逸骑平原，形势弥盛，殆难为敌，宜度险距之。"中书令眭邃曰："魏军多骑，师行剽锐，马上赍粮，不过旬日。宜令郡县聚千家为一堡，深沟高垒，清野待之。至无所掠，资食无出，不过六旬，自然穷退。"尚书封懿曰："今魏师十万，天下之勍敌也。百姓虽欲营聚，不足自固，是则聚粮集兵以资强寇，且动众心，示之以弱，阻关距战，计之上也。"慕容麟曰："魏今乘胜气锐，其锋不可当，宜自完守设备，待其弊而乘之。"于是修城积粟，为持久之备。

魏攻中山不克，进据博陵鲁口，诸将望风奔退，郡县悉降于魏，宝闻魏有内难，乃尽众出距，步卒十二万，骑三万七千，次于曲阳柏肆。魏军进至新梁。宝惮魏师之锐，乃遣征北隆夜袭魏军，败绩而还。魏军方轨而至，对营相持，上下凶惧，三军夺气。农、麟劝宝还中山，乃引归。魏军追击之，宝、农等弃大军，率骑二万奔还。时大风雪，冻死者相枕于道。宝恐为魏军所及，命去袍杖戎器，寸刃无返。

魏军进攻中山，屯于芳林园。其夜尚书慕容皓谋杀宝,立慕容麟。皓妻兄苏泥告之,宝使慕容隆收皓,皓与同谋数十人斩关奔魏。麟惧不自安,以兵劫左卫将军、北地王精,谋率禁旅弑宝。精以义距之,麟怒,杀精,出奔丁零。

初,宝闻魏之来伐也,使慕容会率幽、并之众赴中山,麟既叛,宝恐其逆夺会军,将遣兵迎之。麟侍郎段平子自丁零奔还,说麟招集丁零,军众甚盛,谋袭会军,东据龙城。宝与其太子策及农、隆等万余骑迎会于蓟,以开封公慕容详守中山。会倾身诱纳,缮甲厉兵,步骑二万,列阵而进,迎宝蓟南。宝分其兵给农,隆,遣西河公库辱官骥率众三千助守中山。会以策为太子,有恨色。宝以告农、隆,俱曰:"会一年少,专任万事,习骄所致,岂有他也。臣当以礼责之。"幽平之士皆怀会威德,不乐去之,咸请曰:"清河王天资神武,权略过人,臣等与之誓同生死,感王恩泽,皆勇气自倍。愿陛下与皇太子、诸王止驾蓟宫,使王统臣等进解京师之围,然后奉迎车驾。"宝左右皆害其勇略,潜而不许,众咸有怨言。左右劝宝杀会,侍御史仇尼归闻而告会曰:"左右密谋如是,主上将从之。大王所恃唯父母也,父已异图;所杖者兵也,兵已去手,进退路穷,恐不自全之理。盍诛二王,废太子,大王自处东宫,兼领将相,以匡社稷。"会不从。宝谓农、隆曰:"观会为变,事当必然,宜早杀之。不尔,恐成大祸。"农曰:"寇贼内侮,中州纷乱,会镇抚旧都,安众宁境,及京师有难,万里星赴,威名之重,可以振服戎狄。又逆迹未彰,宜且隐忍。今社稷之危若缀旒然,复内相诛戮,有损威望。"宝曰:"会逆心已成,而王等仁慈,不欲去之,恐一旦衅发,必先害诸父,然后及吾。事败之后,当思朕言。"农等固谏,乃止。会闻之弥惧,奔于广都黄榆谷。会遣仇尼归等率壮士二千余人分袭农、隆,隆是夜见杀,农中重创。既而会归于宝,宝意在诛会,诱而安之,潜使左卫慕舆腾斩会,不能伤。会复奔其众,于是勒兵攻宝。宝率数百骑驰如龙城,会率众追之,遣使请诛左右佞臣,并求太子,宝弗许。会围龙城,侍御郎高云夜率敢死士百余人袭会,败之,众悉逃散,单马奔还中山,乃逾围而入,为慕容详所杀。

详僭称尊号,置百官,改年号。荒酒奢淫,杀戮无度,诛其王公以下五百余人,内外震局,莫敢忤视。城中大饥,公卿饿死者数十人。麟率丁零之众入中山,斩详及其亲党三百余人,复僭称尊号。中山饥甚,麟出据新市,与魏师战于义台,麟军败绩。魏师遂人中山,麟乃奔邺。

慕容德遣侍郎李延劝宝南伐,宝大悦,慕容盛切谏,以为兵疲师老,魏新平中原,宜养兵观衅,更俟他年。宝将从之。抚军慕舆腾进曰:"今众旅已集,宜乘新定之机,以成进取之功。人可使由之,而难与图始,惟当独决圣虑,不足广采异同,以沮乱军议也。"宝曰:"吾计决矣,敢谏者斩!"宝发龙城,以慕舆腾为前军大司马,慕容农为中军,宝为后军,步骑三万,次于乙连。长上段速骨、宋赤眉因众军之惮役也,杀司空、乐浪王宙,逼立高阳王崇。宝单骑奔农,仍引军讨速骨。众咸惮征幸乱,投杖奔之。腾众亦溃,宝、农驰还龙城。兰汗潜与速骨通谋,速骨进

师攻城,农为兰汗所谲,潜出赴贼,为速骨所杀。众皆奔散,宝与慕容盛、慕舆腾等南奔。兰汗奉太子策承制,遣使迎宝,及于蓟城。宝欲还北,盛等咸以汗之忠贰虚实未明,今单马而还,汗有贰志者,悔之无及。宝从之,乃自蓟而南。至黎阳,闻慕容德称制,惧而退。遣慕舆腾招集散兵于钜鹿,慕容盛结豪桀于冀州,段仪、段温收部曲于内黄,众皆响会,克期将集。会兰汗遣左将军苏超迎宝,宝以汗垂之季男,盛又汗之姻也,必谓忠款无贰,乃还至龙城。汗引宝入于外邸,弑之,时年四十四,在位三年,即隆安三年也。汗又杀其太子策及王公卿士百余人。汗自称大都督、大将军、大单于、昌黎王。盛僭位,伪谥宝惠愍皇帝,庙号烈宗。

皝之迁于龙城也,植松为社主。及秦灭燕,大风吹拔之。后数年,社处忽有桑二根生焉。先是,辽川无桑,及廆通于晋,求种江南,平州桑悉由吴来。廆终而垂以吴王中兴,宝之将败,大风又拔其一。

盛字道运,宝之庶长子也。少沈敏,多谋略。苻坚诛慕容氏,盛潜奔于冲。及冲称尊号,有自得之志,赏罚不均,政令不明。盛年十二,谓叔父柔曰:"今中山王智不先众,才不出下,恩未施人,先自骄大,以盛观之,鲜不覆败。"俄而冲为段木延所杀,盛随慕容永东如长子,谓柔曰:"今崎岖于锋刃之间,在疑忌之际,愚则为人所猜,智则危甚巢幕,当如鸿鹄高飞,一举万里,不可坐待罦网也。"于是与柔及弟会间行东归于慕容垂。遇盗陕中,盛曰:"我六尺之躯,入水不溺,在火不焦,汝欲以吾锋乎!试竖尔手中箭百步,我若中之,宜慎尔命,如其不中,当束身相授。"盗用竖箭,盛一发中之。盗曰:"郎贵人之子,故相试耳。"资而遣之。岁余,永诛偶、垂之子孙,男女无遗。盛既至,垂问以西事,画地成图。垂笑曰:"昔魏武抚明帝之首,遂乃侯之,祖之爱孙,有自来矣。"于是封长乐公。骁勇刚毅,有伯父全之风烈。

宝即伪位,进爵为王。宝自龙城南伐,盛留统后事,及段速骨作乱,驰出迎卫。宝几为速骨所获,赖盛以免。盛屡进奇策于宝,宝不能从,是以屡败。宝既如龙城,盛留在后。宝为兰汗所杀,盛驰进赴哀,将军张真固谏以为不可,盛曰:"我今投命,告以哀穷。汗性愚近,必顾念婚姻,不忍害我。旬月之间,足展吾志。"遂人赴丧。汗妻乙氏泣涕请盛,汗亦哀之,遣其子穆迎盛,舍之宫内,亲敬如旧。汗兄提、弟难劝汗杀盛,汗不从。慕容奇,汗之外孙也,汗亦宥之。奇入见盛,遂相与谋。盛遣奇起兵于外,众至数千。汗遣兰提讨奇。提骄很淫荒,事汗无礼,盛因间之于汗曰:"奇,小儿也,未能办此,必内有应之者。提素骄,不可委以大众。"汗因发怒,收诛之,遣其抚军仇尼慕率众讨奇。汗兄弟见提之诛,莫不危惧,皆阻兵背汗,袭败慕军。汗大惧,遣其子穆率众讨之。穆谓汗曰:"慕容盛,我之仇也。奇今起逆,盛必应之。兼内有萧墙之难,不宜养心腹之疾。"汗将诛盛,引见察之。盛妻以告,于是伪称疾笃,不复出入,汗乃止。有李旱、卫双、刘志、张豪、张真者,皆盛之旧昵,兰穆引以腹心。

旱等屡入见盛，潜结大谋。会穆讨兰难等斩之，大飨将士，汗、穆皆醉。盛夜因如厕，袒而逾墙，入于东宫，与李旱等诛穆，众皆踊呼，进攻汗，斩之。汗二子鲁公和、陈公杨分屯令支、白狼，遣李旱、张真袭诛之。于是内外怗然，士女咸悦，盛谦抑自卑，不称尊号。其年，以长乐王称制，赦其境内，改元曰建平。诸王降爵为公，文武各复旧位。

初，慕容奇聚众于建安，将讨兰汗，百姓翕然从之。汗遣兄子全讨奇，奇击灭之，进屯乙连。盛既诛汗，命奇罢兵，奇遂与丁零严生、乌丸王龙之阻兵叛盛，引军至横沟，去龙城十里。盛出兵击败之，执奇而还，斩龙、生等百余人。盛于是僭即尊位，大赦殊死已下，追尊伯考献庄太子全为献庄皇帝，尊宝后段氏为皇太后，全妃丁氏为献庄皇后，谥太子策为献哀太子。盛幽州刺史慕容豪、尚书左仆射张通、昌黎尹张顺谋叛，盛皆诛之。改年为长乐。有犯罪者，十日一自决之，无挝捶之罚，而狱情多实。

高句骊王安遣使贡方物，有雀素身绿首，集于端门，栖翔东园，二旬而去，改东园为白雀园。

盛听诗歌及周公之事，顾谓群臣曰："周公之辅成王，不能以至诚感上下，诛兄弟以杜流言，犹擅美于经传，歌德于管弦。至如我之太宰桓王，承百王之季，主在可夺之年，二寇窥窬，难过往日，临朝辅政，群情缉穆，经略外敷，辟境千里，以礼让维宗亲，德刑制群后，敦睦雍熙，时无二论。勋道之茂，岂可与周公同日而言乎！而燕咏阙而不论，盛德掩而不述，非所谓也。"乃命中书更为《燕颂》以述恪之功焉。又引中书令常忠、尚书阳璆、秘书监郎敷于东堂，问曰："古来君子皆谓周公忠圣，岂不谬哉！"璆曰："周公居摄政之重，而能达群臣之名，及流言之谤，致烈风以悟主，道契神灵，义光万代，故累叶称其高，后王无以夺其美。"盛曰："常令以为何如？"忠曰："昔武王疾笃，周公有请令之诚，流言之际，义感天地，楚挞伯禽，以训戒王德。周公为臣之忠，圣达之美，《诗》《书》已来未之有也。"盛曰："异哉二君之言！朕见周公之诈，未见其忠圣也。昔武王得九龄之梦，白文王，文王曰：'我百，尔九十，吾与尔三焉。'及文王之终，已验武王之寿矣。武王之算未尽而求代其死，是非诈乎！若惑于天命，是不圣也。据摄天位而丹诚不见，致兄弟之间有干戈之事。夫文王之化，自近及远，故曰刑于寡妻，至于兄弟。周公亲违圣父之典而蹈嫌疑之踪，戮罚同气以逞私忿，何忠之有乎！但时无直笔之史，后儒承其谬谈故也。"忠曰："启金縢而返风，亦足以明其不诈。遭二叔流言之变，而能大义灭亲，终安宗国，复子明辟，辅成大业，以致太平，制礼作乐，流庆无穷，亦不可谓非大德也。"盛曰："卿徒因成文而未原大理，朕今相为论之。昔周自后稷积德累仁，至于文、武。文、武以大圣应期，遂有天下。生灵仰其德，四海归其仁。成王虽幼统洪业，而卜世修长，加吕、召、毛、毕为之师傅。若无周公摄政，王道足以成也。周公无故以安危为己任，专临朝之权，阙北面之礼。管、蔡忠存王室，以为周公代主非人臣之道，故言公将不利于孺子。周公当明大顺之节，陈诚义以晓群疑，而乃阻兵都邑，擅行诛戮。不臣之罪彰于海内，方贻王《鸱鸮》之诗，归非于主，是何谓乎！又周公举事，称告二公，二公足明周公之无罪而坐观成王之疑，此则二公之心亦有猜于周公也。但以疏不间亲，故寄言于管、蔡，可谓忠不见于当时，仁不及于兄弟。知群望之有归，天命之不在己，然后返政成王，以为忠耳。大风拔木之征，乃皇天祐存周道，不忘文、武之德，是以赦周公之始愆，欲成周室之大美。考周公之心，原周公之行，乃天下之罪人，何至德之谓也！周公复位，二公所以杜口不言其本心者，以明管、蔡之忠也。"

又谓常忠曰："伊尹、周公孰贤？"忠曰："伊尹非有周公之亲而功济一代，太甲乱德，放于桐宫，思愆改善，然后复之。使主无怨言，臣无流谤，道存社稷，美溢来今，臣谓伊尹之勋有高周旦。"盛曰："伊尹以旧臣之重，显阿衡之任，太甲嗣位，君道未洽，不能竭忠辅导。而放黜桐宫，事同夷羿，何周公之可拟乎！"郎敷曰："伊尹处人臣之位，不能匡制其君，恐成、汤之道坠而莫就，是以居之桐宫，与小人从事，使知稼穑之艰难，然后返之天位，此其忠也。"盛曰："伊尹能废而立之，何不能辅之以至于善乎？若太甲性同桀纣，则三载之间未应便改贤后，如其性本休明，义心易发，当务尽规之理以弼成君德，安有人臣幽主而据其位哉！且人之事君，惟力是视，奈何挟智藏仁以成君恶！夫太甲之事，朕已鉴之矣。太甲，至贤之主也，以伊尹历奉三朝，绩无异称，将失旦祖委授之功，故匿其日月之明，受伊尹之黜，所以济其忠贞之美。夫非常之人，然后能立非常之事，非常人之所见也，亦犹太伯之三让，人无德而称焉。"敷曰："太伯三以天下让，至仲尼而后显其至德。太甲受谤于天下，遭陞乃申其美。"因而谈宴赋诗，赐金帛各有差。

辽西太守李郎在郡十年，威制境内，盛疑之，累征不赴。以母在龙城，未敢显叛，乃阴引魏军，将为自安之计，因表请发兵以距寇。盛曰："此必诈也。"召其使而诘之，果验，尽灭其族，遣辅国将军李旱率骑讨之。师次建安，召旱旋师。朗闻其家被诛也，拥三千余人以自固。及闻旱中路而还，谓有内变，不复为备，留其子养守令支，躬迎魏师于北平。旱候知之，袭克令支，遣广威孟广平率骑追朗，及于无终，斩之。初，盛之追旱还也，群臣莫知其故。旱既斩朗，盛谓群臣曰："前以追旱还者，正为此耳。朗新为叛逆，必忌官威，一则鸠合同类，劫掠良善，二则亡窜山泽，未可卒平，故非意而还，以盈怠其志，卒然掩之，必克之理也。"群臣皆曰："非所及也。"

李旱自辽西还，闻盛杀其将卫双，惧，弃军奔走。既而归罪，复其爵位。盛谓侍中孙勍曰："旱总三军之任，荷专征之重，不能杖节死绥，无故逃亡，考之军正，不赦之罪也。然当先帝之避难，众情离贰，骨肉忘其亲，股肱失忠节，旱以刑余之体，效力尽命，忠款之至，精贯白日。朕故录其忘身之功，免其丘山之罪耳。"

盛去皇帝之号，称庶人大王。

魏袭幽州，执刺史卢溥而去。遣孟广平援之，无及。

盛率众三万伐高句骊，袭其新城、南苏，皆克之，散其积聚，徙其五千余户于辽西。

盛引见百辽于东堂，考详器艺，超拔者十有二人。命百司举文武之士才堪佐世者各一人。立其子辽西公定为太子，大赦殊死已下。宴其群臣于新昌殿，盛曰："诸卿各言其志，朕将览之。"七兵尚书丁信年十五，盛之舅子也，进曰："在上不骄，高而不危，臣之愿也。"盛笑曰："丁尚书年少，安得长者之言乎！"盛以威严驭下，骄暴少亲，多所猜忌，故信言及之。

盛讨库莫奚，大虏获而还。左将军慕容国与殿中将军秦舆、段赞等谋率禁兵袭盛，事觉，诛之，死者五百余人。前将军、思悔侯段玑、舆子兴、赞子泰等，因众心动摇，夜于禁中鼓躁大呼。盛闻变，率左右出战，众皆披溃。俄而有一贼从暗中击伤盛，遂辇升前殿，申约禁卫，召叔父河间公熙属以后事。熙未至而盛死，时年二十九，在位三年。伪谥昭武皇帝，墓号兴平陵，庙号中宗。

盛幼而罹贱流漂，长则遭家多难，夷险安危，备尝之矣。惩宝暗而不断，遂峻机威刑，织芥之嫌，莫不裁之于未萌，防之于未兆。于是上下振局，人不自安，虽忠诚亲戚亦皆离贰，旧臣靡不夷灭，安忍无亲，所以卒于不免。是岁隆安五年也。

熙字道文，垂之少子也。初封河间王。段速骨之难，诸王多被其害，熙素为高阳王崇所亲爱，故得免焉。兰汗之篡也，以熙为辽东公，备宗祀之义。盛初即位，降爵为公，拜都督中外诸军事、骠骑大将军、尚书左仆射，领中领军。从征高句骊、契丹，皆勇冠诸将。盛曰："叔父雄果英壮，有世祖之风，但弘略不如耳。"

及盛死，其太后丁氏以国多难，宜立长君。群望皆在平原公元，而丁氏意在于熙，遂废太子定，迎熙入宫。群臣劝进，熙以让元，元固以让熙，熙遂僭即尊位。诛其大臣段玑、秦兴等，并夷三族。元以嫌疑赐死。元字道光，宝之第四子也。赦殊死已下，改元曰光始，改北燕台为大单于台，置左右辅，位次尚书。

初，熙忝于丁氏，故为所立。及宠幸苻贵人，丁氏怨恚咒诅，与兄子七兵尚书信谋废熙。熙闻之，大怒，逼丁氏令自杀，葬以后礼，诛丁信。

熙狩于北原，石城令高和杀司隶校尉张显，闭门距熙。熙率骑驰返，和众皆投杖，熙入诛之。于是引见州郡及单于八部耆旧于东宫，问以疾苦。

大筑龙腾苑，广袤十余里，役徒二万人。起景云山于苑内，基广五百步，峰高十七丈。又起逍遥宫、甘露殿，连房数百，观阁相交。凿天河渠，引水入宫。又为其昭仪苻氏凿曲光海、清凉池。季夏盛暑，士卒不得休息，暍死者太半。熙游于城南，止大柳树下，若有人呼曰："大王且止。"熙恶之，伐其树，乃有蛇长丈余，从树中而出。

立其贵嫔苻氏为皇后，赦殊死已下。

熙北袭契丹，大破之。

昭仪苻氏死，伪谥愍皇后。赠苻谟太宰，谥文献公。二苻并美而艳，好微行游宴，熙弗之禁也。请谒必从，刑赏大政无不由之。初，昭仪有疾，龙城人王温称能疗之，未几而卒，熙忿其妄也，立于公车门支解温而焚之。其后

好游田，熙从之，北登白鹿山，东过青岭，南临沧海，百姓苦之，士卒为豺狼所害及冻死者五千余人矣。会高句骊寇燕郡，杀略百余人。熙伐高句骊，以苻氏从，为冲车地道以攻辽东。熙曰："待刬平寇城，朕当与后乘辇而入，不听将士先登。"于是城内严备，攻之不能下。会大雨雪，士卒多死，乃引归。

拟邺之凤阳门，作弘光门，累级三层。

熙与苻氏袭契丹，惮其众盛，将还，苻氏弗听，遂弃辎重，轻袭高句骊，周行三千余里，士马疲冻，死者属路。攻木底城，不克而还。

尽杀宝诸子。大城肥如及宿军，以仇尼倪为镇东大将军、营州刺史，镇宿军，上庸公懿为镇西将军、幽州刺史，镇令支；尚书刘木为镇南大将军、冀州刺史，镇肥如。

为苻氏起承华殿，高承光一倍，负土于北门，土与谷同价。典军杜静载棺诣阙，上书极谏。熙大怒，斩之。苻氏尝季夏思冻鱼脍，仲冬须生地黄，皆下有司切责，不得，加以大辟，其虐也如此。苻氏死，熙悲号蹴踊，若丧考妣，拥其尸而抚之曰："体已就冷，命遂断矣！"于是僵仆气绝，久而乃苏。大敛既讫，复启其棺而与交接。服斩缞，食粥。制百僚于宫内哭临，令沙门素服。使有司案检哭者，有泪以为忠孝，无则罪之，于是群臣震惧，莫不含辛以为泪焉。慕容隆妻张氏，熙之嫂也，美姿容，有巧思。熙将以为苻氏之殉，欲以罪杀之，乃毁其襪靴，中有弊毡，遂赐死。三女叩头ախ衰，熙不许。制公卿已下至于百姓，率户营墓，费殚府藏。下锢三泉，周输数里，内则图画尚书八坐之象。熙曰："善为之，朕将随后入此陵。"识者以为不祥。其右仆射韦璆等并惧为殉，沐浴以待死焉。号苻氏墓曰征平陵。熙被发徒跣，步从苻氏丧。辒车高大，毁北门而出。长老窃相谓曰："慕容氏自毁其门，将不久也。"

中卫将军冯跋、左卫将军张兴，先皆坐事亡奔，以熙政之虐也，与跋从兄万泥等二十二人结盟，推慕容云为主，发尚方徒五千余人闭门距守。中黄门赵洛生奔告之，熙曰："此鼠盗耳，朕还当诛之。"乃收发贯甲，驰还赴难。夜至龙城，攻北门不克，遂败，走入龙腾苑，微服隐于林中，为人所执，云得而弑之，及其诸子同瘗城北。时年二十三，在位六年。云葬之于苻氏墓，伪谥昭文皇帝。

垂以孝武帝太元八年僭立，至熙四世，凡二十四年，以安帝义熙三年灭。初，童谣曰："一束藁，两头然，秃头小儿来灭燕。"藁字上有草，下有禾，两头然则禾草俱尽而成高字。云父名拔，小字秃头，三子，而云季也。熙竟为云所灭，如谣言焉。

慕容云，字子雨，宝之养子也。祖父和，高句骊之支庶，自云高阳氏之苗裔，故以高为氏焉。云沈深有局量，厚重希言，时人咸以为愚，唯冯跋奇其志度而友之。宝之为太子，云以武艺给事侍东宫，拜侍御郎，袭败慕容会军。宝子之，赐姓慕容氏，封夕阳公。

熙之葬苻氏也，冯跋诣云，告之以谋。云惧曰："吾婴疾历年，卿等所知，愿更图之。"跋逼曰："慕容氏世衰，河间虐暴，惑妖淫之女而逆乱天常，百姓不堪其害，思乱

者十室九焉,此天亡之时也。公自高氏名家,何能为他养子!机运难邀,千岁一时,公焉得辞也!"扶之而出。云曰:"吾疾苦日久,废绝世务。卿今兴建大事,谬见推逼。所以徘徊,非为身也,实惟否德不足以济元元故耳。"跋等强之,云遂即天王位,复姓高氏,大赦境内殊死以下,改元曰正始,国号大燕。署冯跋侍中、都督中外诸军事、征北大将军、开府仪同三司、录尚书事、武邑公,封伯、子、男,乡、亭侯者五十余人,士卒赐谷帛有差。熙之群官,复其爵位。立妻李氏为天王后,子彭为太子。越骑校尉慕舆良谋叛,云诛之。

云临东堂,幸臣离班、桃仁怀剑执纸而入,称有所启,拔剑击云,云以几距班,桃仁进而弑之。冯跋迁云尸于东宫,伪谥惠懿皇帝。云自以无功德而为豪桀所推,常内怀惧,故宠养壮士以为腹心。离班、桃仁等并专典禁卫,委之以爪牙之任,赏赐月至数千万,衣食卧起皆与之同,终以此致败云。

史臣曰:四星东聚,金陵之气已分;五马南浮,玉塞之雄方扰。市朝屡改,艰虞靡息。慕容垂夭资英杰,威震本朝,以雄略见猜而庇身宽政,永固受之而以礼,道明事之而毕力。然而隼质难羁,狼心自野。淮南失律,三甥之谋已构;河朔分麾,五木之祥云启。斩飞龙而遐举,逾石门而长迈,遂使翟氏景从,邺师宵逸,收罗赵、魏,驱驾英雄。叩囊余奇,摧五万于河曲;浮船秘策,招七郡于黎阳。返辽阴之旧物,创中山之新社,类帝禋宗,僭拟斯备。夫以重耳归晋,赖五臣之功;句践给吴,资五千之卒。恶有业殊二霸,众微一旅,掎拔而倾山岳,腾啸而御风云!虽卫人忘亡复传于东国,任好余裕伊愧于西邻,信苻氏之奸回,非晋室之鲸鲵矣。

宝以浮誉获升,峻文御俗,萧墙内愤,勍敌外陵,虽毒不被物而恶足自勦。盛则孝友冥符,文武不坠,韬光而夷仇贼,罪己而逊高危,翩翩然浊世之佳胤矣。熙乃地非奥主,举因淫德。骊戎之态,取悦于匡床;玄妻之姿,见奇于鬓发。荡轻舟于曲光之海,望朝涉于景云之山,饰土木于骄心,穷怨嗟于蕞壤,宗社夷灭,为冯氏之驱除焉。

赞曰:戎狄凭陵,山川沸腾。天未悔祸,人非与能。疾走而捷,先鸣则兴。道明烈烈,鞭笞豪杰。扫燕夷魏,钊屠永灭。大盗潜移,鸿名遂窃。宝心生乱,盛清家难。熙极骄淫,人怀愤惋。孽贻身咎,灾无以遁。

卷一百二十五　　载记第二十五

乞伏国仁　乞伏乾归
乞伏炽磐　冯跋 冯素弗

乞伏国仁,陇西鲜卑人也。在昔有如弗斯、出连、叱卢三部,自漠北南出大阴山,遇一巨虫于路,状若神龟,大如陵阜,乃杀马而祭之,祝曰:"若善神也,便开路;恶神也,遂塞不通。"俄而不见,乃有一小儿在焉。时又有乞伏部有老父无子者,请养为子,众咸许之。老父欣然自以有所依凭,字之曰纥干。纥干者,夏言依倚也。年十岁,骁勇善骑射,弯弓五百斤。四部服其雄武,推为统主,号之曰乞伏可汗托铎莫何。托铎者,言非神非人之称也。其后有祐邻者,即国仁五世祖也。泰始初,率户五千迁于夏缘,部众稍盛。鲜卑鹿结七万余落,屯于高平川,与祐邻迭相攻击。鹿结败,南奔略阳,祐邻尽并其众,固居高平川。祐邻死,子结权立,徙于牵屯。结权死,子利那立,击鲜卑吐赖于乌树山,讨尉迟渴权于大非川,收众三万余落。利那死,弟祁埋立。祁埋死,利那子述延立。讨鲜卑莫侯于苑川,大破之,降其众二万余落,固居苑川。以叔父轲埴为师傅,委以国政,斯引乌埴为左辅将军,镇蔡园川,出连高胡为右辅将军,镇至便川,叱卢那胡为率义将军,镇牵屯山。述延死,子傉大寒立。会石勒灭刘曜,惧而迁于麦田无孤山。大寒死,子司繁立,始于度坚山。寻为苻坚将王统所袭,部众叛降于统。司繁叹谓左右曰:"智不距敌,德不抚众,剑骑未交而本根已败,见众分散,势亦难全。若奔诸部,必不我容,吾将为呼韩邪之计矣。"乃诣统降于坚。坚大悦,署为南单于,留之长安。以司繁叔父吐雷为勇士护军,抚其部众。俄而鲜卑勃寒侵斥陇右,坚以司繁为使持节、都督讨西胡诸军事、镇西将军以讨之。勃寒惧而请降,司繁遂镇勇士川,甚有威惠。

司繁卒,国仁代镇,及坚兴寿春之役,征为前将军,领先锋骑。会国仁叔父步颓叛于陇西,坚遣国仁还讨之。步颓闻而大悦,迎国仁于路。国仁置酒高会,攘袂大言曰:"苻氏往因赵石之乱,遂妄窃名号,穷兵极武,跨僭八州。疆宇既宁,宜绥以德,方虚广威声,勤心远略,骚动苍生,疲弊中国,违天怒人,将何以济!且物极则亏、祸盈而覆者,天之道也。以吾量之,是役也,难以免矣。当与诸君成一方之业。"及坚败归,乃招集诸部,有不附者,讨而并之,众至十余万。及坚为姚苌所杀,国仁谓其豪帅曰:"苻氏以高世之姿而困于乌合之众,可谓天也。夫守常迷运,先达耻之;见机而作,英豪之举。吾虽薄德,藉累世之资,岂可睹时来之运而不作乎!"以孝武太元十年自称大都督、大将军、大单于、领秦、河二州牧,建元曰建义。以其将乙旃音埿为左相,屋引出支为右相,独孤匹蹄为左辅,武群勇士为右辅,弟乾归为上将军,自余拜授各有差。置武城、武阳、安固、武始、汉阳、天水、略阳、漒川、甘松、匼朋、白马、苑川十二郡,筑勇士城以居之。

鲜卑匹兰率众五千降。明年,南安秘宜及诸羌虏来击国仁,四面而至。国仁谓诸将曰:"先人有夺人之心,不可坐待其至。宜抑威饵敌,赢师以张之,军法所谓怒我而怠寇也。"于是勒众五千,袭其不意,大败之。秘宜奔还南安,寻与其弟莫侯悌率众三万余户降于国仁,各拜将军、刺史。

苻登遣使者署国仁使持节、大都督、都督杂夷诸军事、大将军、大单于、苑川王。国仁率骑三万袭鲜卑大人密贵、裕苟、提伦等三部于六泉。高平鲜卑没奕于、东胡金熙连兵来袭,相遇于渴浑川,大战败之,斩级三千,获马五千匹。没奕于及熙奔还,三部震惧,率众迎降。署密贵建义将军、六泉侯,裕苟建忠将军、兰泉侯,提伦建节将军、鸣泉侯。

国仁建威将军叱卢乌孤跋拥众叛,保牵屯山。国仁率骑七千讨之,斩其部将叱罗侯,降者千余户。跋大惧,遂降,复其官位。因讨鲜卑越质叱黎于平襄,大破之,获其子诘归、弟子复半及部落五千余人而还。

太元十三年,国仁死,在位四年,伪谥宣烈王,庙号烈祖。

乾归,国仁弟也。雄武英杰,沈雅有度量。国仁之死也,其群臣咸以国仁子公府冲幼,宜立长君,乃推乾归为大都督、大将军、大单于、河南王,赦其境内,改元曰太初。立其妻边氏为王后,以出连乞都为丞相,镇南将军、南梁州刺史悌眷为御史大夫,自余封拜各有差。遂迁于金城。

太元十四年,苻登遣使署乾归大将军、大单于、金城王。南羌独如率众七千降之。休官阿敦、侯年二部各拥五千余落,据牵屯山,为其边害。乾归讨破之,悉降其众,于是声振边服。吐谷浑大人视连遣使贡方物。鲜卑豆留鞬、叱豆浑及南丘鹿结井休官曷呼奴、卢水胡地跋并率众降于乾归,皆署其官爵。陇西太守越质诘归以平襄叛,自称建国将军、右贤王。干归击败之,诘归东奔陇山。既而拥众来降,乾归妻以宗女,署立义将军。

苻登将没奕于遣使结好,以二子为质,请讨鲜卑大兜国。乾归乃与没奕于攻大兜于安阳城,大兜退固鸣蝉堡,乾归攻陷之,遂还金城。为吕光弟宝所攻,败于鸣雀峡,退屯青岸。宝进追乾归,乾归使其彭奚念断其归路,躬贯甲胄,连战败之,宝及将士投河死者万余人。

苻登遣使署乾归假黄钺、大都督陇右河西诸军事、左丞相、大将军、河南王,领秦、梁、益、凉、沙五州牧,加九锡之礼。时登为姚兴所逼,遣使请兵,进封乾归梁王,命置官司,纳其妹东平长公主为梁王后。乾归遣其前将军乞伏益州、冠军翟瑥率骑二万救之。会登为兴所杀,乃还师。

氐王杨定率步骑四万伐之。乾归谓诸将曰:"杨定以勇虐聚众,穷兵逞欲。兵犹火也,不戢,将自焚。定之此役,殆天以之资我也。"于是遣其凉州牧乞伏轲弹、秦州牧乞伏益州、立义将军诘归距之。定败益州于平川,轲弹、诘归引众而退。翟瑥奋剑谏曰:"吾王以神武之姿,开基陇右,东征西讨,靡不席卷,威震秦、梁,声光巴、汉。将军以维城之重,受阃外之寄,宜宣力致命,辅宁家国。秦州虽败,二军犹全,奈何不思直救,便逆奔败,何面目以见王乎!昔项羽斩庆子以宁楚,胡建戮监军以成功,将军之所闻也。瑥诚才非古人,敢忘项氏之义乎!"轲弹曰:"向所以未赴秦州者,未知众心何如耳。败不相救,军罚所先,敢自宁乎!"乃率骑赴之。益州、诘归亦勒众而进,大败定,斩定及首虏万七千级。于是尽有陇西、巴西之地。

太元十七年,赦其境内殊死以下,署其长子炽磐领尚书令,左长史边芮为尚书左仆射,右长史秘宜为右仆射,翟瑥为吏部尚书,翟勍为主客尚书,杜宣为兵部尚书,王松寿为民部尚书,樊谦为三公尚书,方弘、麹景为侍中,自余拜授一如魏武、晋文故事。犹称大单于、大将军。

杨定之死也,天水姜乳袭据上邽。至是,遣乞伏益州讨之。边芮、王松寿言于乾归曰:"益州以懿弟之亲,屡有战功,狃于累胜,常有骄色。若其遇寇,必将易之。且未宜专任,示有所先。"乾归曰:"益州骁勇,善御众,诸将莫有及之者,但恐其专擅耳。若以重佐辅之,当无虑也。"于是以平北韦虔为长史、散骑常侍务和为司马。至大寒岭,益州恃胜自矜,不为部阵,命将士解甲游败纵饮,令曰:"敢言军事者斩!"虔等谏曰:"王以将军亲重,故委以专征之任,庶能摧彼凶丑,以副具瞻。贼已垂逼,奈何解甲自宽,宴安耽毒,窃为将军危之。"益州曰:"乳乌合之众,闻吾至,理应远窜。今乃与吾决战者,斯成擒也。吾自揣之有方,卿等不足虑也。"乳率众距战,益州果败。乾归曰:"孤违蹇叔,以至于此。将士何为,孤之罪也。"皆赦之。

索虏秃发如苟,率户二万降之,乾归妻以宗女。

吕光率众十万将伐乾归,左辅密贵周、左卫莫者羖羝言于乾归曰:"光旦夕将至。陛下以命世雄姿,开业洮罕,克剪群光,威振遐迩,将鼓淳风于东夏,建八百之鸿庆。不忍小下屈,与奸竖竞于一时,若机事不捷,非国家利也。宜遣爱子以退之。"乾归乃称藩于光,遣子敕勃为质。既而悔之,遂诛周等。

乞伏轲弹与乞伏益州不平,奔于吕光。光又伐之,咸劝其东奔成纪,乾归不从,谓诸将曰:"昔曹孟德败袁本初于官渡,陆伯言摧刘玄德于白帝,皆以权略取之,岂在众乎!光虽举全州之军,而无经远之算,不足惮也。且其精卒尽在吕延,延虽勇而愚,易以奇策制之。延军若败,光亦遁还,乘胜追奔,可以得志。"众咸曰:"非所及也。"隆安元年,光遣其子纂伐乾归,使吕延为前锋。乾归泣谓众曰:"今事势穷蹙,逃命无所,死中求生,正在今日。凉军虽四面而至,然相去辽远,山河既阻,力不周接,败其一军而众军自退。"乃纵反间,称秦王乾归众溃,东奔成纪。延信之,引师轻进,果为乾归所败,遂斩之。

秃发乌孤遣使来结和亲。使乞伏益州攻克支阳、鹯武、允吾三城,俘获万余人而还。又遣益州与武卫慕容允、冠军翟瑥率骑二万伐吐谷浑视罴,至于度周川,大破之。视罴遁保白兰山,遣使谢罪,贡其方物,以子宕岂为质。鲜卑叠掘河内率户五千,自魏降乾归。

乾归所居南景门崩,恶之,遂迁于苑川。姚兴将姚硕德率众五万伐之,入自南安峡。乾归次于陇西以距硕德。兴潜师继发。乾归闻兴将到,谓诸将曰:"吾自开建以来,屡摧勍敌,乘机籍算,举无遗策。今姚兴尽中国之师,军势甚盛。山川阻狭,无从骑之地,宜引师平川,伺其怠而击之。存亡之机,在斯一举,卿等戮力勉之。若枭翦姚兴,关中之地尽吾有也。"于是遣其卫军慕容允率中军二万迁于柏阳,镇军罗敦将外军四万迁于侯辰谷,乾归自率轻骑数千候兴军势。俄而大风昏雾,遂与中军相失,为兴追骑所逼，入于外军。旦而交战，为兴所败。乾归遁还苑川，遂走金城，谓诸豪帅曰："吾才非命世，谬为诸君所推，心存拨乱，而德非时雄，叨窃名器，年逾一纪，负乘致寇，倾丧若斯！今人众已散，势不得安，吾欲西保允吾，以避其锋。若方轨西迈，理难俱济，卿等宜安土降秦，保全妻子。"群下咸曰："昔古公杖策，豳人归怀；玄德南奔，荆、楚襁负。分岐之感，古人所悲，况臣等义深父子，而有心离背！请死生与陛下俱。"乾归曰："自古无不亡之国，废兴命也。苟天未亡我，冀兴复有期。德之不建，何为俱死！公等自爱，吾将寄食以终余年。"于是大哭而别，乃率骑数百驰至允吾，秃发利鹿孤遣弟俱檀迎乾归，处之于晋兴。

南羌梁戈等遣使招之。乾归将叛，谋泄，利鹿孤遣弟吐雷屯于扞天岭。乾归惧为利鹿孤所害，谓其子炽磐曰："吾不能负荷大业，致兹颠覆。以利鹿孤义兼姻好，冀存唇齿之援，方乃忘义背亲，谋人父子，忌吾威名，势不全立。姚兴方盛，吾将归之。若其俱去，必为追骑所及。今送汝兄弟及汝母为质，彼必不疑。吾既在秦，终不害汝。"于是送炽磐兄弟于西平，乾归遂奔长安。姚兴见而大悦，署乾归持节、都督河南诸军事、镇远将军、河州刺史、归义侯，遣乾归还镇苑川，尽以部众配之。乾归既至苑川，以边芮为长史，王松寿为司马，公卿大将已下悉降号为偏裨。

元兴元年，炽磐自西平奔长安，姚兴以为振忠将军、兴晋太守。寻遣使者加乾归散骑常侍、左贤王。遣随兴将齐难迎吕隆于河西，讨叛羌党龙头于滋川，攻杨盛将符帛于皮氏堡，并克之。又破吐谷浑将大孩，俘获万余人而还。寻复率众攻杨盛将杨玉于西阳堡，克之。既而苑川地震裂生毛，狐雉入于寝内，乾归甚恶之。姚兴虑乾归终为西州之患，因其朝也，兴留为主客尚书，以炽磐为建武将军、行西夷校尉，监抚其众。

炽磐以长安兵乱将始，乃招结诸部二万七千，筑城于嵚岿山以据之。炽磐攻克枹罕，遣使告之，乾归奔还苑川。鲜卑悦大坚有众五千，自龙马苑降乾归。乾归遂如枹罕，留炽磐镇之。乾归收众三万，迁于度坚山。群下劝乾归称王，乾归以寡弱弗许。固请曰："夫道应符历，虽废必兴；图箓所弃，虽成必败。本初之众，非一不多也，魏武运筹，四州瓦解。寻、邑之兵，非一不盛也，世祖龙申，亡新鸟散。固天命不可虚邀，符箓不可妄冀。姚数将终，否极斯泰，乘机抚运，实系圣人。今见众三万，足可以疆理秦、陇，清荡洮河。陛下应运再兴，四海鹄望，岂宜固守谦冲，不以社稷为本！愿时即大位，允副群心。"乾归从之。义熙三年，僭称秦王，赦其境内，改元更始，置百官，公卿已下皆复本位。

遣炽磐讨谕薄地延，师次烦于，地延率众出降，署为尚书，徙其部落于苑川。又遣陇西羌昌何攻克姚兴金城郡，以其骁骑乞伏务和为东金城太守。乾归复都苑川，又攻克兴略阳、南安、陇西诸郡，徙二万五千户于苑川、枹罕。姚兴力未能西讨，恐更为边害，遣使署乾归使持节、散骑常侍、都督陇西岭北匈奴杂胡诸军事、征西大将军、

河州牧、大单于、河南王。乾归方图河右，权宜受之，遂称藩于兴。

遣炽磐与其次子中军审虔率步骑一万伐秃发傉檀，师济河，败傉檀太子武台于岭南，获牛马十余万而还。又攻克兴别将姚龙于伯阳堡，王憬于永洛城，徙四千余户于苑川，三千余户于谭郊。乾归率步骑三万征西羌彭利发于枹罕，师次于奴葵谷，利发弃其部众南奔。乾归遣其将公府追及于清水，斩之。乾归入枹罕，收羌户一万三千。因率骑二万讨吐谷浑支统阿若干于赤水，大破降之。

乾归畋于五溪，有枭集于其手，甚恶之。六年，为兄子公府所弑，并其诸子十余人。公府奔固大夏，炽磐与乾归弟广武智达、扬武木奕干讨公府。公府走，达等追擒于嵚岿南山，并其四子，轘之于谭郊。葬乾归于枹罕，伪谥武元王，在位二十四年。

炽磐，乾归长子也。性勇果英毅，临机能断，权略过人。初，乾归为姚兴所败，炽磐质于秃发利鹿孤。后自西平逃而降兴，兴以为振忠将军、兴晋太守，又拜建武将军、行西夷校尉，留其众镇苑川。及乾归返政，复立炽磐为太子，领冠军大将军、都督中外诸军、录尚书事。后乾归称藩于姚兴，兴遣使署炽磐假节、镇西将军、左贤王、平昌公，寻进号抚军大将军。

乾归死，义熙六年，炽磐袭伪位，大赦，改元曰永康。署翟勍为相国，麴景为御史大夫，段晖为中尉，弟延祚为禁中录事，樊谦为司直。罢尚书令、仆射、尚书、六卿、侍中、散骑常侍、黄门郎官，置中左右常侍、侍郎各三人。

义熙九年，遣其龙骧乞伏智达、平东王松寿讨吐谷浑树洛干于浇河，大破之，获其将呼那乌提，虏三千余户而还。又遣其镇东昙达与松寿率骑一万，东讨破休官权小郎、吕破胡于白石川，虏其男女万余口，进据白石城，休官降者万余人。后显亲休官权小成、吕奴迦等叛保白坑，昙达谓将士曰："昔伯珪凭险，卒有灭宗之祸；韩约肆暴，终受覆族之诛。今小成等逆命白坑，宜在除灭。王者之师，有征无战，粤尔舆人，戮力勉之！"众咸拔剑大呼，于是进攻白坑，斩小成、奴迦及首级四千七百，陇右休官悉降。遣安北乌地延、冠军翟绍讨吐谷浑别统句旁于泣勤川，大破之，俘获甚众。炽磐率诸将讨吐谷浑别统支旁于长柳川，掘达于渴浑川，皆破之，前后俘获男女二万八千。

僭立十年，有云五色，起于南山，炽磐以为己瑞，大悦，谓群臣曰："吾今年应有所定，王业成矣！"于是缮甲整兵，以待四方之隙。闻秃发傉檀西征乙弗，投剑而起曰："可以行矣！"率步骑二万袭乐都。秃发武台凭城距守，炽磐攻之，一旬而克。遂入乐都，论功行赏各有差。遣平远犍虔率骑五千追傉檀，徙武台与其文武及百姓万余户于枹罕。傉檀遂降，署为骠骑大将军、左南公。随傉檀文武，依才铨擢之。炽磐既兼傉檀，兵强地广，置百官，立其妻秃发氏为王后。

十一年，炽磐攻克沮渠蒙逊河湟太守沮渠汉平，以其左卫匹逵为河湟太守，因讨降乙弗窟乾而还。遣其将昙达、王松寿等讨南羌弥姐康薄于赤水，降之。

炽磐攻湟川，师次沓中，沮渠蒙逊率众攻石泉以救之。炽磐闻而引还，遣昙达与其将出连虔率骑五千赴之。蒙逊闻昙达至，引归，遣使聘于炽磐，遂结和亲。又遣昙达、王松寿等率骑一万伐姚艾于上邽。昙达进据蒲水，艾距战，大败之，艾奔上邽。昙达进屯大利，破黄石、大羌二戍，徙五千余户于枹罕。

令其安东木奕于率骑七千讨吐谷浑树洛干于塞上，破其弟阿柴于尧扞川，俘获五千余口而还，洛干奔保白兰山而死。炽磐闻而喜曰："此虏矫矫，所谓有豕白蹢。往岁昙达东征，姚艾败走；今木奕于西讨，黠虏远逃。境宇稍清，奸凶方殄，股肱惟良，吾无患矣。"于是以昙达为左丞相，其子元基为右丞相，麹景为尚书令，翟绍为左仆射。遣昙达、元基东讨姚艾，降之。

至是，乙弗鲜卑乌地延率户二万降于炽磐，署为建义将军。地延寻死，弟他子立，以子轲兰质于西平。他子从弟提孤等率户五千以西迁，叛于炽磐。凉州刺史出连虔遣使喻之，提孤等归降。炽磐以提孤奸猾，终为边患，税其部中戎马六万匹。后二岁而提孤等扇动部落，西奔出塞。他子率户五千入居西平。

先是，姚艾叛降蒙逊，蒙逊率众迎之。艾叔父俦言于众曰："秦王宽仁有雅度，自可安土事之，何为从凉主西迁？"众咸以为然，相率逐艾，推俦为主，遣使请降。炽磐大悦，征俦为侍中、中书监、征南将军，封陇西公，邑一千户。

使征西孔子讨吐谷浑觅地于弱水南，大破之。觅地率众六千降于炽磐，署为弱水护军。遣其左卫匹逵、建威梯君等讨彭利和于湟川，大破之，利和单骑奔仇池，获其妻子。徙羌豪三千户于枹罕，湟川羌三万余户皆安堵如故。

元熙元年，立其第二子慕末为太子，领抚军大将军、都督中外诸军事，大赦境内，改元曰建弘，其臣佐等多所封授。炽磐在位七年而宋氏受禅，以宋元嘉四年死。子慕末嗣伪位，在位四年，为赫连定所杀。

始国仁以孝武太元十年僭位，至慕末四世，凡四十有六载而灭。

史臣曰：夫天地闭，大祲生；云雷屯，群凶作。自晋室遘孽，胡兵肆祸，封域无纪，干戈是务。国仁阴山遗嚚，难以义服，伺我阽危，长其陵暴。向使偶钦明之运，遭雄略之主，已当襮魂沙漠，请命藁街，岂暇窃据近郊，经纶王业者也。

乾归智不及远而以力诈自矜。陷吕延之师，奸谋潜断；俘视黑之众，威策遐举。便欲誓湃、陇之余卒，窥崤、函之奥区，秣疲马而宵征，蓐勍敌而朝食。既而控弦鸣镝，厌志未遑，沮岸崩山，其功已丧。履重氛于外难，幸以计全；贻巨衅于萧墙，终成凶祸，宜哉！

炽磐叱咤风云，见机而动，牢笼俊杰，决胜多奇，故能命将掩洮河之酋，临戎袭乐都之地，不盈数载，遂隆伪业。览其遗迹，盗亦有道乎！

冯跋，字文起，长乐信都人也，小字乞直伐，其先毕万之后也。万之子孙有食采冯乡者，因以氏焉。永嘉之乱，跋祖父和避地上党。父安，雄武有器量，慕容永时为将军。永灭，跋东徙和龙，家于长谷。幼而懿重少言，宽仁有大度，饮酒一石不乱。三弟皆任侠，不修行业，惟跋恭慎，勤于家产，父母器之。所居上每有云气若楼阁，时咸异之。尝夜见天门开，神光赫然烛于庭内。及慕容宝僭号，署中卫将军。

初，跋弟素弗与从兄万泥及诸少年游于水滨，有一金龙浮水而下，素弗谓万泥曰："颇有见否？"万泥等皆曰："无所见也。"乃取龙而示之，咸以为非常之瑞。慕容熙闻而求焉，素弗秘之，熙怒。及即伪位，密欲诛跋兄弟。其后跋又犯熙禁，惧祸，乃与其诸弟逃于山泽。每夜独行，猛兽常为避路。时赋役繁数，人不堪命，跋兄弟谋曰："熙今昏虐，兼忌吾兄弟，既首路无，不可坐受诛灭。当及时而起，立公侯之业。事若不成，死其晚乎！"遂与万泥等二十二人结谋。跋与二弟乘车，使妇人御，潜入龙城，匿于北部司马孙护之室。遂杀熙，立高云为主。云署跋为使持节、侍中、都督中外诸军事、征北大将军、开府仪同三司、录尚书事、武邑公。

跋宴群僚，忽有血流其左臂，跋恶之。从事中郎王垂因说符命之应，跋戒其勿言。云为其幸臣离班、桃仁所杀，跋升洪光门以观变。帐下督张泰、李桑谓跋曰："此竖势何所至！请为公斩之。"于是奋剑而下，桑斩班于西门，泰杀仁于庭中。众推跋为主，跋曰："范阳公素弗才略不恒，志于靖乱，扫清凶桀，皆公勋也。"素弗辞曰："臣闻父兄之有天下，传之于子弟，未闻子弟籍父兄之业而先之。今鸿基未建，危甚缀旒，天工无旷，业系大兄。愿上顺皇天之命，下副元元之心。"群臣固请，乃许之，于是以太元二十年乃僭称天王于昌黎，而不徙旧号，即国曰燕，赦其境内，建元曰太平。分遣使者巡行郡国，观察风俗。追尊祖和为元皇帝，父安为宣皇帝，尊母张氏为太后，立妻孙氏为王后，子永为太子。署弟素弗为侍中、车骑大将军、录尚书事，弘为侍中、征东大将军、尚书右仆射、汲郡公，从兄万泥为骠骑大将军、幽平二州牧，务银提为上大将军、辽东太守，孙护为侍中、尚书令、阳平公，张兴为卫将军、尚书左仆射、永宁公，郭生为镇东大将军、领右卫将军、陈留公，从兄子乳陈为征西大将军、并青二州牧、上谷公，姚昭为镇南大将军、司隶校尉、上党公，马弗勤为吏部尚书、广宗公，王难为侍中、抚军将军、颍川公，自余拜授，文武进位各有差。寻而万泥抗表请代，跋曰："猥以不德，谬为群贤所推，思与兄弟同兹休戚。今方难未宁，维城任重，非明德懿亲，孰克居他！且折冲御侮，为国藩屏，虽有他人，不如我弟兄，岂得如所陈也。"于是加开府仪同三司。

义熙六年，跋下书曰："昔高祖为义帝举哀，天下归其仁。吾与高云义则君臣，恩逾兄弟。其以礼葬云及其妻子，立云庙于韭町，置园邑二十家，四时供荐。"

初，跋之立也，万泥、乳陈自以亲而有大功，谓当入为公辅，跋以二藩任重，因而弗征，并有憾焉。乳陈性粗犷，勇气过人，密遣告万泥曰："乳陈有至谋，顾与叔父围之。"万泥遂奔白狼，阻兵以叛。跋遣冯弘与将军张兴将步骑二万讨之。弘遣使喻之曰："昔者兄弟乘风云之运，抚翼而起。群公以天命所锺，人望攸系，推逼主上光践宝位。裂土疏爵，当与兄弟共之，奈何欲寻干戈于萧墙，弃友而为阋伯！过贵能改，善莫大焉。宜舍兹嫌，同奖王室。"万泥欲降，乳陈按剑怒曰："大丈夫死生有命，决之于今，何谓降也。"遂克期出战。兴谓弘曰："贼明日出战，今夜必来惊我营，宜命三军以备不虞。"弘乃密严人课草十束，畜火伏兵以待之。是夜，乳陈果遣壮士千余人来斫营。众火俱起，伏兵邀击，俘斩无遗。乳陈等惧而出降，弘皆斩之。

署素弗为大司马，改封辽西公，冯弘为骠骑大将军，改封中山公。

跋下书曰："自顷多故，事难相寻，赋役系苦，百姓困穷。宜加宽宥，务从简易，前朝苛政，皆悉除之。守宰当垂仁惠，无得侵害百姓，兰台都官明加澄察。"初，慕容熙之败也，工人李训窃宝而逃，赍至巨万，行货于马弗勤，弗勤以训为方略令。既而失志之士书之于阙下碑，冯素弗言之于跋，请免弗勤官，仍推罪之。跋曰："大臣无忠清之节，货财公行于朝，虽由吾不明所致，弗勤宜肆诸市朝，以正刑宪。但大业草创，彝伦未叙，弗勤拔自寒微，未有君子之志，其特原之。李训小人，污辱朝士，可东市考竟。"于是上下肃然，请赇路绝。

蠕蠕勇斛律遣使求跋女为伪乐浪公主，献马三千匹，跋命其群下议之。素弗等议曰："前代旧事，皆以宗女妻六夷，宜许以妃嫔之女，乐浪公主不宜下降非类。"跋曰："女生从夫，千里岂远！朕方崇信殊俗，奈何欺之！"乃许焉。遣其游击秦都率骑二千，送其女妇于蠕蠕。库莫奚虞出库真率三千余落诣交市，献马千匹，许之，处之于营丘。

分遣使者巡行郡国，孤老久疾不能自存者，振谷帛有差，孝悌力田闺门和顺者，皆褒显之。昌黎郝越、营丘张买成、周刁、温建德、何纂以贤良皆擢叙之。遣其太常丞刘轩徙北部人五百户于长谷，为祖父园邑。以其太子永领大单于，置四辅。跋励意农桑，勤心政事，乃下书省徭薄赋，堕农者戮之，力田者褒赏，命尚书纪达为之条制。每遣守宰，必亲见东堂，问为政之要，令极言无隐，以观其志，于是朝野竞劝焉。

先是，河间人褚匡言于跋曰："陛下至德应期，龙飞东夏，旧邦宗族，倾首朝阳，以日为岁。若听臣往迎，致之不远。"跋曰："隔绝殊域，阻回数千，将何可致也？"匡曰："章武郡临海，船路甚通，出于辽西临渝，不为难也。"跋许之，署匡游击将军、中书侍郎，厚加资遣。匡寻与跋从兄买、从弟睹自长乐率五千余户来奔，署买为卫尉，封城阳伯，睹为太常、高城伯。

契丹库莫奚降，署其大人为归善王。

跋又下书曰："今疆宇无虞，百姓宁业，而田亩荒秽，有司不随时督察，欲令家给人足，不亦难乎！桑柘之益，有生之本。此土少桑，人未见其利，可令百姓人殖桑一百根，柘二十根。"又下书曰："圣人制礼，送终有度。重其衣衾，厚其棺椁，将何用乎？人之亡也，精魂上归于天，骨肉下归于地，朝终夕坏，无寒暖之期，衣以锦绣，服以罗纨，宁有知哉！厚于送终，贵而改葬，皆无益亡者，有损于生。是以祖考因旧立庙，皆不改营陵寝。申下境内，自今皆令奉之。"

魏使耿贰至其国，跋遣其黄门郎常陋迎之于道。跋为不称臣，怒而不见。及至，跋又遣陋劳之。贰忿而不谢。跋散骑常侍申秀言于跋曰："陛下接贰以礼，而敢骄蹇若斯，不可容也。"中给事冯懿以倾佞有幸，又盛称贰之陵慢以激跋。跋曰："亦各其志也。匹夫尚不可屈，况一方之主乎！"请幽而降之，跋乃留贰不遣。

是时井竭三日而复。其尚书令孙护里有犬与豕交，护见而恶之，召太史令闵尚筮。尚曰："犬豕异类而交，违性失本，其于《洪范》为犬祸，将勃乱失众，以至败亡。明公位极冢宰，退迹具瞻，诸弟并封列侯，贵倾王室，妖见里庭，不为他也。愿公戒满盈之失，修尚恭俭，则妖怪可消，永享元吉。"护默然不悦。

昌黎尹孙伯仁、护弟叱支、叱支弟乙拔等俱有才力，以骁勇闻。跋之立也，并冀开府，而跋未之许，由是有怨言。每于朝飨之际，常拔剑击柱曰："兴建大业，有功力焉，而滞于散将，岂是汉祖河山之义乎！"跋怒，诛之。进护左光禄大夫、开府仪同三司、录尚书事以慰之。护自三弟诛后，常怏怏有不悦之色，跋怒，酖之。寻而辽东太守务银提自以功在孙护、张兴之右，而出为边郡，抗表有恨言，密谋外叛。跋怒，杀之。

跋下书曰："武以平乱，文以经务，宁国济俗，实所凭焉。自顷丧难，礼崩乐坏，闾阎绝讽诵之音，后行无庠序之教，子衿之叹复兴于今，岂所以穆章风化，崇阐斯文！可营建太学，以长乐刘轩、营丘张炽、成周翟崇为博士郎中，简二千石已下子弟年十五已上教之。"

跋弟丕，先是因乱投于高句丽，跋迎致之，至龙城，以为左仆射、常山公。

蠕蠕斛律为其弟大但所逐，尽室奔跋，乃馆之于辽东郡，待之以客礼。跋纳其女为昭仪。时三月不雨，至于夏五月。斛律上书请还塞北，跋曰："弃国万里，又无内应。若以强兵相送，粮运难继；少也，势不能固。且千里袭国，古人为难，况数千里乎！"斛律固请曰："不烦大众，愿给骑三百足矣。得达敕勒国，人必欣而来迎。"乃许之，遣单于前辅万陵率骑三百送之。陵惮远役，至黑山，杀斛律而还。

晋青州刺史申永遣使浮海来聘，跋乃使其中书郎李扶报之。蠕蠕大但遣使献马三千匹，羊万口。

有赤气四塞，太史令张穆言于跋曰："兵气也。今大魏威制六合，而聘使断绝。自古未有绝接境，不通和好。违义怒邻，取亡之道。宜还前使，修和结盟。"跋曰："吾当思之。"寻而魏军大至，遣单于右辅古泥率骑候之。去城十五里，遇军奔还。又遣其将姚昭、皇甫轨等距战，轨中流矢死。魏以有备，引还。

跋境地震山崩，洪光门鹳雀折。又地震，右寝坏。跋问闵尚曰："比年屡有地动之变,卿可明言其故。"尚曰："地,阴也,主百姓。震有左右,此震皆向右,臣惧百姓将西移。"跋曰："吾亦甚忌之。"分遣使者巡行郡国,问所疾苦,孤老不能自存者,赐以谷帛有差。

跋立十一年,至是,元熙元年也,此后事入于宋。至元嘉七年死。弟弘杀跋子翼自立,后为魏所伐,东奔高句丽。居二年,高句丽杀之。

始,跋以孝武太元二十年僭号,至弘二世,凡二十有八载。

冯素弗,跋之长弟也。慷慨有大志,姿貌魁伟,雄杰不群,任侠放荡,不修小节,故时人未之奇,惟王齐异焉,曰："拨乱才也。"惟交结时豪为务,不以产业经怀。弱冠,自诣慕容熙尚书左丞韩业请婚,业怒而距之。复求尚书郎高邵女,邵亦弗许。南宫令成藻,豪俊有高名,素弗造焉,藻命门者勿纳。素弗迳入,与藻对坐,旁若无人。谈饮连日。藻始奇之,曰:"吾远求骐骥,不知近在东邻,何识子之晚也!"当世侠士莫不归之。及熙僭号,为侍御郎、小帐下督。

跋之伪业,素弗所建也。及为宰辅,谦虚恭慎,非礼不动,虽厮养之贱,皆与之抗礼。车服屋宇,务于俭约,修己率下,百僚惮之。初为京尹。及镇营丘,百姓歌之。尝谓韩业曰:"君前既不顾,今将自取,何如?"业拜而陈谢。素弗曰:"既往之事,岂复与君计之!"然待业弥厚。好存亡继绝,申拔旧门,问侍中阳哲曰:"秦、赵勋臣子弟今何在乎?"哲曰:"皆在中州,惟桃豹孙鲜在焉。"素弗召为左常侍,论者归其有宰衡之度。

跋之七年死,跋哭之哀恸。比葬,七临之。

史臣曰:自五胡纵慝,九域沦胥,帝里神州,遂混之于荒裔,鸿名宝位,咸假之于杂种。尝谓戎狄凶器,未窥道德,欺天擅命,抑乃其常。而冯跋出自中州,有殊丑类,因鲜卑之昏虐,亦盗名于海隅。然其迁徙之余,少非雄杰,幸以宽厚为众所推。初虽砥砺,终罕成德,旧史称其信惑妖祀,斥黜谏臣,无开驭之才,异经决之士,信矣。速祸致寇,良谓在兹。犹能抚育黎萌,保守疆宇,发号施令,二十余年,岂天意乎,非人事也!

赞曰:国仁骁武,乾归勇悍。矫矫炽磐,临机能断。孰谓獯虏,亦怀沈算。文起常才,凭时叛换。咸窃大宝,为我多难。

卷一百二十六　　载记第二十六

秃发乌孤　秃发利鹿孤 秃发傉檀

秃发乌孤,河西鲜卑人也。其先与后魏同出。八世祖匹孤率其部自塞北迁于河西,其地东至麦田、牵屯,西至湿罗,南至浇河,北接大漠。匹孤卒,子寿阗立。初,寿阗之在孕,母胡掖氏因寝而产于被中,鲜卑谓被为"秃发",因而氏焉。寿阗卒,孙树机能立,壮果多谋略。泰始中,杀秦州刺史胡烈于万斛堆,败凉州刺史苏愉于金山,尽有凉州之地,武帝为之旰食。后为马隆所败,部下杀之以降。从弟务丸立。死,孙推斤立。死,子思复鞬立,部众稍盛。乌孤即思复鞬之子也。及嗣位,务农桑,修邻好。吕光遣使署为假节、冠军大将军、河西鲜卑大都统、广武县侯。乌孤谓诸将曰:"吕氏远来假授,当可受不?"众咸曰:"吾士众不少,何故属人!"乌孤将从之,其将石真若留曰:"今本根未固,理宜随时。光德刑修明,境内无虞,若致死于我者,大小不敌,后虽悔之,无所及也。不如受而遵养之,又待其衅耳。"乌孤乃受之。

乌孤讨乙弗、折掘二部,大破之,遣其将石亦干筑廉川堡以都之。乌孤登廉川大山,泣而不言。石亦干进曰:"臣闻主忧臣辱,主辱臣死,大王所为不乐者,将非吕光乎!光年已衰老,师徒屡败。今我以士马之盛,保据大川,乃可以一击百,光何足惧也。"乌孤曰:"光之衰老,亦吾所知。但我祖宗以德怀远,殊俗惮威,卢陵、契汗万里委顺。及吾承业,诸部背叛,迩既乖违,远何以附,所以泣耳。"其将苻浑曰:"大王何不振旅誓众,以讨其罪。"乌孤从之,大破诸部。吕光封乌孤广武郡公。又讨意云鲜卑,大破之。

光又遣使署乌孤征南大将军、益州牧、左贤王。乌孤谓使者曰:"吕王昔以专征之威,遂有此州,不能以德柔远,惠安黎庶。诸子贪淫,三甥肆暴,郡县土崩,下无生赖。吾安可违天下之心,受不义之爵!帝王之起,岂有常哉!无道则灭,有德则昌,吾将顺天人之望,为天下主。"留其鼓吹羽仪,谢其使而遣之。

隆安元年,自称大都督、大将军、大单于、西平王,赦其境内,年号太初。曜兵广武,攻克金城。光遣将军窦苟来伐,战于街亭,大败之。降光乐都、湟河、浇河三郡,岭南羌胡数万落皆附之。光将杨轨、王乞基率户数千来奔。乌孤更称武威王。后三岁,徙于乐都,署弟利鹿孤为骠骑大将军、西平公,镇安夷,傉檀为车骑大将军、广武公,镇西平。以杨轨为宾客。金石生、时连珍,四夷之豪隽,阴训、郭倖,西州之德望;杨统、杨贞、卫殷、麴丞明、郭黄、郭奋、史皓、鹿嵩,文武之秀杰;梁昶、韩疋、张昶、郭韶,中州之才令;金树、薛翘、赵振、王忠、赵晁、苏霸,秦雍之世门,皆内居显位,外宰郡县。官方授才,咸得其所。

乌孤从容谓其群下曰:"陇右区区数郡地耳!因其兵乱,分裂遂至十余。乾归擅命河南,段业阻兵张掖,虐氏假息,偷据姑臧。吾藉父兄遗烈。思郭清西夏。兼弱攻昧,三者何先?"杨统进曰:"乾归本我所部,终必归服。段业儒生,才非经世,权臣擅命,制不由己,千里伐人,粮运悬绝,且与我邻好,许以分灾共患,乘其危弊,非义举也。吕光衰老,嗣绍冲暗,二子篡、弘,虽颇有文武,而内相猜忌。若天威临之,必应锋瓦解。宜遣车骑镇浩亹,镇北据廉川,乘虚迭出,多方以误之,救右则击其左,救左则击其右，使纂疲于奔命，人不得安其农业。兼弱攻昧，于是乎在，不出二年，可以坐定姑臧。姑臧既拔，二寇不待兵戈，自然服矣。"乌孤然之，遂阴有吞并之志。

段业为吕纂所侵，遣利鹿孤救之。纂惧，烧氏池、张掖谷麦而还。以利鹿孤为凉州牧，镇西平，追傉檀入录府国事。

是岁，乌孤因酒坠马伤胁，笑曰："几使吕光父子大喜。"俄而患甚，顾谓群下曰："方难未静，宜立长君。"言终而死，在王位三年，伪谥武王，庙号烈祖。弟利鹿孤立。

利鹿孤以隆安三年即伪位，赦其境内殊死已下，又徙居于西平。使记室监麹梁明聘于段业。业曰："贵主先王创业启运，功高先世，宜为国之太祖，有子何以不立？"梁明曰："有子羌奴，先王之命也。"业曰："昔成王弱龄，周召作宰；汉昭八岁，金、霍夹辅。虽嗣子冲幼，而二叔休明，左提右挈，不亦可乎？"明曰："宋宣能以国让，《春秋》美之；孙伯符委事仲谋，终开有吴之业。且兄终弟及，殷汤之制也，亦圣人之格言，万代之通式，何必胤已为是，绍兄为非。"业曰："美哉！使乎之义也。"

利鹿孤闻吕光死，遣其将金树、苏翘率骑五千屯于昌松漠口。

既逾年，赦其境内，改元曰建和。二千石长吏清高有惠化者，皆封亭侯、关内侯。

吕纂来伐，使傉檀距之。纂士卒精锐，进度三堆，三军扰惧。傉檀下马据胡床而坐，士众心乃始安。与纂战，败之，斩二千余级。纂西击段业，傉檀率骑一万，乘虚袭姑臧。纂弟纬守南北城以自固。傉檀置酒于朱明门上，鸣钟鼓以飨将士，耀兵于青阳门，虏八千余户而归。

乞伏乾归为姚兴所败，率骑数百来奔，处之晋兴，待以上宾之礼。乾归遣子谦等质于西平。镇北将军俱延言于利鹿孤曰："乾归本我之属国，妄自尊立，理穷归命，非有款诚；若奔东秦，必引师西侵，非我利也。宜徙于乙弗之间，防其越逸之路。"利鹿孤曰："吾方弘信义以收天下之心，乾归投诚而徙之，四海将谓我不可以诚信托也。"俄而乾归果奔于姚兴。利鹿孤谓延曰："不用卿言，乾归果叛，卿为吾行也。"延追乾归至河，不及而还。

利鹿孤立二年，龙见于长宁，麒麟游于绥羌，于是群臣劝进，以隆安五年僭称河西王。其将鍮勿仑进曰："昔我先君肇自幽、朔，被发左衽，无冠冕之义，迁徙不常，无城邑之制，用能中分天下，威振殊境。今建大号，诚顺天心。然宁居乐土，非贻厥之规；仓府粟帛，生敌人之志。且首兵始号，事必无成，陈胜、项籍，前鉴不远。宜置晋人于诸城，劝课农桑，以供军国之用，我则习战法以诛未宾。若东西有变，长算以縻之；如其敌强于我，徙而以避其锋，不亦善乎！"利鹿孤然其言。

于是率师伐吕隆，大败之，获其右仆射杨桓。傉檀谓之曰："安寝危邦，不思择木，老为囚虏，岂曰智也！"桓曰："受吕氏厚恩，位忝端贰，虽洪水滔天，犹欲济彼俱溺，实耻为叛臣以见明主。"傉檀曰："卿忠臣也！"以为左司马。

利鹿孤谓其群下曰："吾无经济之才，忝承业统，自负乘在位，三载于兹。虽夙夜惟寅，思弘道化，而刑政未能允中，风俗尚多凋弊；戎车屡驾，无辟境之功；务进贤彦，而下犹蓄滞。岂所任非才，将吾不明所致也？二三君子其极言无讳，吾将览焉。"祠部郎中史暠对曰："古之王者，行师以全军为上，破国次之，拯溺救焚，东征西怨。今不以绥宁为先，惟以徙户为务，安土重迁，故有离叛，所以斩将克城，土不加广。今取士拔才，必先弓马，文章学艺为无用之条，非所以来远人，垂不朽也。孔子曰：'不学礼，无以立。'宜建学校，开庠序，选耆德硕儒以训胄子。"利鹿孤善之，于是以田玄冲、赵诞为博士祭酒，以教胄子。

时利鹿孤虽僭位，尚臣姚兴。杨桓兄经佐命姚苌，早死，兴闻桓有德望，征之。利鹿孤饯桓于城东，谓之曰："本期与卿共成大业，事乖本图，分歧之感，实情深古人。但鲲非溟海，无以运其躯；凤非修梧，无以晞其翼。卿有佐时之器，夜光之宝，当振缨云阁，耀价连城，区区河右，未足以逞卿才力。善勖日新，以成大美。"桓泣曰："臣往事吕氏，情节不建。陛下宥臣于俘虏之中，显同贤旧，每希攀龙附凤，立尺寸之功，龙门既开，而臣违离，公衡之恋，岂曰忘之！"利鹿孤为之流涕。

遣傉檀又攻吕隆昌松太守孟祎于显美，克之。傉檀执祎而数之曰："见机而作，赏之所先；守迷不变，刑之所及。吾欲耀威玉门，扫平秦、陇，卿固守穷城，稽淹王宪，国有常刑，于分甘乎？"祎曰："明公开疆河右，声播宇内，文德以绥远人，威武以惩不恪，况祎蔑尔，敢距天命！枹鼓之刑，祎之分也。但忠于彼者，亦忠于此。荷吕氏厚恩，受藩屏之任，明公至而归命，恐获罪于执事，惟公图之。"傉檀大悦，释其缚，待之客礼。徙显美、丽靬二千余户而归。嘉祎忠烈，拜左司马。祎请曰："吕氏将亡，圣朝之并河右，昭然已定。但为人守而不全，复忝显任，窃所未安。明公之恩，听祎就戮于姑臧，死且不朽。"傉檀义而许之。

吕隆为沮渠蒙逊所伐，遣使乞师，利鹿孤引群下议之。尚书左丞婆衍仑曰："今姑臧饥荒残弊，谷石万钱，野无青草，资食无取。蒙逊千里行师，粮运不属，使二寇相残，以乘其毙。若蒙逊拔姑臧，亦不能守，适可为吾取之，不宜救也。"傉檀曰："仑知其一，未知其二。姑臧今虽虚弊，地居形胜，可西一都之会，不可使蒙逊据之，宜在速救。"利鹿孤曰："车骑之言，吾之心也。"遂遣傉檀率骑一万救之。至昌松而蒙逊已退，傉檀徙凉泽、段冢五百余家而归。

利鹿孤寝疾，令曰："内外多虞，国机务广，其令车骑嗣业，以成先王之志。"在位三年而死，葬于西平之东南，伪谥曰康王。弟傉檀嗣。

傉檀少机警，有才略。其父奇之，谓诸子曰："傉檀明识干艺，非汝等辈也。"是以诸兄不以授子，欲传之于傉檀。及利鹿孤即位，垂拱而已，军国大事皆以委之。以元兴元年僭号凉王，迁于乐都，改元曰弘昌。

初，乞伏乾归之在晋兴也，以世子炽磐为质。后炽磐逃归，为追骑所执，利鹿孤命杀之。傉檀曰："臣子逃归君父，振古通义，故魏武善关羽之奔，秦昭恕顷襄之逝。炽磐虽逃叛，孝心可嘉，宜垂全宥，以弘海岳之量。"乃赦之。至是，炽磐又奔允街，傉檀归其妻子。

姚兴遣使拜傉檀车骑将军、广武公。傉檀大城乐都。姚兴遣将齐难率众迎吕隆于姑臧，傉檀摄昌松、魏安二戍以避之。

兴凉州刺史王尚遣主簿宗敞来聘。敞父燮，吕光时自湟河太守入为尚书郎，见傉檀于广武，执其手曰："君神爽宏拔，逸气陵云，命世之杰也，必当克清世难。恨吾年老不及见耳，以敞兄弟托君。"至是，傉檀谓敞曰："孤以常才，谬大尊先君所见称，每自恐人累大人水镜之明。及忝家业，窃有怀君子。《诗》云：'中心藏之，何日忘之。'不图今日得见卿也。"敞曰："大王仁侔魏祖，存念先人，虽朱晖眄张堪之孤，叔向抚汝齐之子，无以加也。"酒酣，语及平生。傉檀曰："卿鲁子敬之俦，恨不与卿共成大业耳。"

傉檀以姚兴之盛，又密图姑臧，乃去其年号，罢尚书丞郎官，遣参军关尚聘于兴。兴谓尚曰："车骑诚献款，为国藩屏，擅兴兵众，辄造大城，为臣之道固若是乎？"尚曰："王侯设险以自固，先王之制也，所以安人卫众，预备不虞。车骑僻在退藩，密迩勃寇，南则逆羌未宾，西则蒙逊跋扈，盖为国家重门之防，不图陛下忽以为嫌。"兴笑曰："卿言是也。"

傉檀遣其将文支讨南羌、西虏，大破之。上表姚兴，求凉州，不许，加傉檀散骑常侍，增邑二千户。傉檀于是率师伐沮渠蒙逊，次于氐池。蒙逊婴城固守，芟其禾苗，至于赤泉而还。献马三千匹，羊三万头。兴乃署傉檀为使持节、都督河右诸军事、车骑大将军、领护匈奴中郎将、凉州刺史，常侍、公如故，镇姑臧。傉檀率步骑三万次于五涧，兴凉州刺史王尚遣辛晁、孟祎、彭敏出迎。尚出自清阳门，镇南文支入自凉风门。宗敞以别驾送尚还长安，傉檀曰："吾得凉州三千余家，情之所寄，唯卿一人，奈何舍我去乎？"敞曰："今送旧君，所以忠于殿下。"傉檀曰："吾今新牧贵州，怀远安迩之略，为之若何？"敞曰："凉土虽弊，形胜之地，道由人弘，实在殿下。段懿、孟祎、武威之宿望；辛晁、彭敏，秦、陇之冠冕；斐敏、马辅，中州之令族；张昶，凉国之旧胤；张穆、边宪、文齐、杨班、梁崧、赵昌，武同飞、羽。以大王之神略，抚之以威信，农战并修，文教兼设，可以横于天下，河右岂足定乎！"傉檀大悦，赐敞马二十匹。于是大飨文武于谦光殿，班赐金马各有差。

遣西曹从事嚣聘于姚兴。兴谓嚣曰："车骑坐定凉州，衣锦本国，其德我乎？"嚣曰："车骑积德河西，少播英问，王威未接，投诚万里，陛下官方任才，量功授职，彝伦之常，何德之有！"兴曰："朕不以州授车骑者，车骑何从得之。"嚣曰："使河西云扰、吕氏颠狈者，实由车骑兄弟倾其根本。陛下虽鸿罗遐被，凉州犹在天网之外。故征西以周、召之重，力屈姑臧；齐难以王旅之盛，势挫张

掖。王尚孤城独守，外逼群狄，陛下不连兵十年，殚竭中国，凉州未易取也。今以虚名假人，内收大利，乃知妙算自天，圣与道合，虽云迁授，盖亦时宜。"兴悦其言，拜骑都尉。

傉檀宴群僚于宣德堂，仰视而叹曰："古人言作者不居，居者不作，信矣。"孟祎进曰："张文王筑城苑，缮宗庙，为贻厥之资，万世之业，秦师济河，澘然瓦解。梁熙据全州之地，拥十万之众，军败于酒泉，身死于彭济。吕氏以排山之势，王有西夏，率土崩离，衔璧秦、雍。宽饶有言：'富贵无常，忽辄易人。'此堂之建，年垂百载，十有二主，唯信顺可以久安，仁义可以永固，愿大王勉之。"傉檀曰："非君无以闻谠言也。"傉檀虽受制于姚兴，然车服礼章一如王者。以宗敞为太府主簿、录记室事。

傉檀伪游浇河，袭徙西平、湟河诸羌三万余户于武兴、番禾、武威、昌松四郡。征集戎夏之兵五万余人，大阅于方亭，遂伐沮渠蒙逊，入西陕。蒙逊率众来距，战于均石，为蒙逊所败。傉檀率骑二万，运谷四万石以给西郡。蒙逊攻西郡，陷之。其后傉檀又与赫连勃勃战于阳武，为勃勃所败，将佐死者十余人，傉檀与数骑奔南山，几为追骑所得。傉檀惧东西寇至，徙三百里内百姓入于姑臧，国内骇怨。屠各成七儿因百姓之扰也，率其属三百人，叛傉檀于北城。推梁贵为盟主，贵闭门不应。一夜众至数千。殿中都尉张猛大言于众曰："主上阳武之败，盖恃众故也。责躬悔过，明君之义，诸君何故从此小人作不义之事！殿内武旅正尔相寻，目前之危，悔将无及。"众闻之，咸散。七儿奔晏然，殿中骑将白路等追斩之。军谘祭酒梁裒、辅国司马边宪等七人谋反，傉檀悉诛之。

姚兴以傉檀外有阳武之败，内有边、梁之乱，遣其尚书郎韦宗来观衅。傉檀与论六国从横之规，三家战争之略，远言天命废兴，近陈人事成败，机变无穷，辞致清辩。宗出而叹曰："命世大才、经纶名教者，不必华宗夏士；拨烦理乱、澄气济世者，亦未必《八索》、《九丘》。五经之外，冠冕之表，复自有人。车骑神机秀发，信一代之伟人，由余、日䃅岂足为多也！"宗还长安，言于兴曰："凉州虽残弊之后，风化未颓，傉檀权诈多方，凭山河之固，未可图也。"兴曰："勃勃以乌合之众尚能破之，吾以天下之兵，何足克也！"宗曰："形移势变，终始殊途，陵人者易败，自守者难攻。阳武之役，傉檀以轻勃勃致败。今以大军临之，必自固求全，臣窃料醇臣无傉檀匹也。虽以天威临之，未见其利。"兴不从，乃遣其将姚弼及敛成等率步骑三万来伐，又使其将姚显为弼等后继，遗傉檀书云"遣尚书左仆射齐难讨勃勃，惧其西逸，故令弼等于河西邀之。"傉檀以为然，遂不设备。弼众至漠口，昌松太守苏霸婴城固守，弼喻霸令降，霸曰："汝违负盟誓，伐委顺之藩，天地有灵，将不祐汝！吾宁为凉鬼，何降之有！"城陷，斩霸。弼至姑臧，屯于西苑。州人王钟、宋钟、王娥等密为内应，候人执其使送之。傉檀欲诛其元首，前军伊力延侯曰："今强敌在外，内有奸竖，兵交势蹙，祸难不轻，宜悉坑之以安内外。"傉檀从之，杀五千余人，以妇女为军赏。命诸郡县悉驱牛羊于野，敛成纵兵虏掠。

傉檀遣其镇北俱延、镇军敬归等十将率骑分击，大败之，斩首七千余级。姚弼固垒不出，傉檀攻之未克，乃断水上流，欲以持久毙之。会雨甚，堰坏，弼军乃振。姚显闻弼败，兼道赴之，军势甚盛。遣射将孟钦等五人挑战于凉风门，弦未及发，材官将军宋益等驰击斩之。显乃委罪敛成。遣使谢傉檀，引师而归。

傉檀于是僭即凉王位，赦其境内，改年为嘉平，置百官。立夫人折掘氏为五后，世子武台为太子，录尚书事，左长史赵晁、右长史郭倖为尚书左右仆射，镇北俱延为太尉，镇军敬归为司隶校尉，自余封署各有差。

遣其左将军枯木、驸马都尉胡康伐沮渠蒙逊，掠临松人千余户而还。蒙逊大怒，率骑五千至于显美方亭，破车盖鲜卑而还。俱延又伐蒙逊，大败而归。傉檀将亲率众伐蒙逊，赵晁及太史令景保谏曰："今太白未出，岁星在西，宜自守，难以伐人。比年天文错乱，风雾不时，唯修德责躬可以宁吉。"傉檀曰："蒙逊往年无状，入我封畿，掠我边疆，残我禾稼。吾蓄力待时，将报东门之耻，今大军已集，卿欲沮众邪？"保曰："陛下不以臣不肖，使臣主察乾象，若见事不言，非为臣之体。天文显然，动必无利。"傉檀曰："吾以轻骑五万伐之，蒙逊若以骑兵距我，则众寡不敌；兼步而来，则舒疾不同；救右则击其左，赴前则攻其后，终不与之交兵接战，卿何惧乎？"保曰："天文不虚，必将有变。"傉檀怒，锁保而行，曰："有功当杀汝以徇，无功封汝百户侯。"既而蒙逊率众来距，战于穷泉，傉檀大败，单马奔还。景保为蒙逊所擒，让之曰："卿明于天文，为彼国所任，违天犯顺，智安在乎？"保曰："臣匪为无智，但言而不从。"蒙逊曰："昔汉祖困于平城，以娄敬为功；袁绍败于官渡，而田丰为戮。卿策同二子，贵主未可量也。卿必有娄敬之赏者，吾今放卿，但恐有田丰之祸耳。"保曰："寡君虽才非汉祖，犹不同本初，正可不得封侯，岂虑祸也。"蒙逊乃免之。至姑臧，傉檀谢之曰："卿，孤之蓍龟也，而不能从之，孤之深罪。"封保安亭侯。

蒙逊进图姑臧，百姓惩东苑之戮，悉皆惊散。垒掘、麦田、车盖诸部尽降于蒙逊。傉檀遣使请和，蒙逊许之，乃遣司隶校尉敬归及子他为质，归至胡坑，逃还，他为追兵所执。蒙逊徙其众八千余户而归。右卫折掘奇镇据石驴山以叛。傉檀惧为蒙逊所灭，又虑奇镇克岭南，乃迁于乐都，留大司农成公绪守姑臧。傉檀始出城，焦谌、王侯等闭门作难，收合三千余家，保据南城。谌推焦朗为大都督、龙骧大将军，谌为凉州刺史，降于蒙逊。镇军敬归讨奇镇于石驴山，战败，死之。

蒙逊因克姑臧之威来伐，傉檀遣其安北段苟、左将军云连乘虚出番禾以袭其后，徙三千余家于西平。蒙逊围乐都，三旬不克，遣使谓傉檀曰："若以宠子为质，我当还师。"傉檀曰："去否任卿兵势。卿违盟无信，何质以供！"蒙逊怒，筑宰返耕，为持久之计。群臣固请，乃以子安周为质。蒙逊引归。

吐谷浑树洛干率众来伐，傉檀遣其太子武台距之，为洛干所败。

傉檀又将伐蒙逊，邯川护军孟恺谏曰："蒙逊初并姑臧，凶势甚盛，宜固守伺隙，不可妄动。"不从。五道俱进，至番禾、苕藋，掠五千余户。其将屈右进曰："陛下转战千里，前元完阵，徙户资财，盈溢衢路，宜倍道旋师，早度峻险。蒙逊善于用兵，士众习战，若轻军卒至，出吾虑表，大敌外逼，徙户内攻，危之道也。"卫尉伊力延曰："我军势方盛，将士勇气自倍，彼徒我骑，势不相及，若倍道旋师，必捐弃资财，示人以弱，非计也。"屈右出而告其诸弟曰："吾言不用，天命也。此吾兄弟死地。"俄而昏雾风雨，蒙逊军大至，傉檀败绩而还。蒙逊进围乐都，傉檀婴城固守，以子染干为质，蒙逊乃归，久之，遣安西纥勃耀兵西境。蒙逊侵西平，徙户掠牛马而还。

邯川护军孟恺表镇南、湟河太守文支荒酒慢谏，不邮政事。傉檀谓伊力延曰："今州土倾覆，所杖者文支而已，将若之何？"延曰："宜召而训之，使改往悛来。"傉檀乃召文支，既到，让之曰："二兄英姿早逝，吾以不才嗣统，不能负荷大业，颠狈如是，胡颜视世，虽存若陨。庶凭子鲜卫，藉文种复吴，卿之谓也。闻卿唯酒是耽，荒废庶事。吾年已老，卿复若斯，祖宗之业将谁寄也。"文支顿首陈谢。

邯川人卫章等谋杀孟恺，南启乞伏炽磐。郭越止之曰："孟尹宽以惠下，何罪而杀之！吾宁违众而死，不负君以生。"乃密告之恺，诱章等饮酒，杀四十余人。恺惧炽磐军之至，驰告文支，文支遣将军匹珍赴之。炽磐军到城，闻珍将至，引归。

蒙逊又攻乐都，二旬不克而还。镇南文支以湟河降蒙逊，徙五千余户于姑臧。蒙逊又来伐，傉檀以太尉俱延为质，蒙逊乃引还。

傉檀议欲西征乙弗，孟恺谏曰："连年不收，上下饥弊，南逼炽磐，北迫蒙逊，百姓骚动，下不安业。今远征虽克，后患必深，不如结盟炽磐，通耀济难，慰喻杂部，以广军资，畜力缮兵，相时而动。《易》曰：'其亡其亡，系于苞桑。'惟陛下图之。"傉檀曰："孤将略地，卿无沮众。"谓其太子武台曰："今不种多年，内外俱窘，事宜西行，以拯此弊。蒙逊近去，不能卒来，旦夕所虑，唯在炽盘。彼名微众寡，易以讨御，吾不过一月，自足周旋。汝谨守乐都，无使失堕。"傉檀乃率骑七千袭乙弗，大破之，获牛马羊四十余万。

炽磐乘虚来袭，抚军从事中郎尉肃言于武台曰："今外城广大，难以固守，宜聚国人于内城，肃等率诸晋人距战于外，如或不捷，犹有万全。"武台曰："小贼蕞尔，旦夕当走，卿何虑之过也。"武台惧晋人有二心也，乃召豪望有勇谋者闭之于内。孟恺泣曰："炽磐不道，人神同愤，恺等进则荷恩重迁，退顾妻子之累，岂有二乎！今事已急矣，人思自效，有何猜邪？"武台曰："吾岂不知子忠，实惧余人脱生虑表，以君等安之耳。"一旬而城溃。

安西樊尼自西平奔告傉檀，傉檀谓众曰："今乐都为炽磐所陷，男夫尽杀，妇女赏军，虽欲归还，无所赴也。卿等能与吾藉乙弗之资，取契汗以赎妻子者，是所望也。不尔，归炽磐便为奴仆矣，岂忍见妻子在他人怀抱中！"遂引师而西,众多逃返,遣镇北段苟追之,苟亦不还。于是将士皆散,惟中军纥勃、后军洛肱、安西樊尼、散骑侍郎阴利鹿在焉。傉檀曰:"蒙逊、炽磐昔皆委质于吾,今而归之,不亦鄙哉!四海之广,匹夫无所容其身,何其痛也!蒙逊与吾名齐年比,炽磐姻好少年,俱其所忌,势皆不济。与其聚而同死,不如分而或全。樊尼长兄之子,宗部所寄,吾众在北者户垂二万,蒙逊方招怀遐迩,存亡继绝,汝其西也。纥勃、洛肱亦与尼俱。吾年老矣,所适不容,宁见妻子而死!"遂归炽磐,唯阴利鹿随之。傉檀谓利鹿曰:"去危就安,人之常也。吾亲属皆散,卿何独留?"利鹿曰:"臣老母在家,方寸实乱。但忠孝之义,势不俱全。虽不能西哭沮渠,申包胥之诚;东感秦援,展毛遂之操,负羁靮而侍陛下者,臣之分也。惟愿开弘远猷,审进止之算。"傉檀叹曰:"知人固未易,人亦未易知。大臣亲戚皆弃我去,终给不亏者,唯卿一人。岁寒不凋,见之于卿。"傉檀至西平,炽磐遣使郊迎,待以上宾之礼。

初,乐都之溃也,诸城皆降于炽磐,傉檀将尉贤政固守浩亹不下。炽磐呼之曰:"乐都已溃,卿妻子皆在吾间,孤城独守,何所为也!"贤政曰:"受凉王厚恩,为国家藩屏,虽知乐都已陷,妻子为擒,先归获赏,后顺受诛。然不知主上存亡,未敢归命。妻子小事,岂足动怀!昔罗宪待命,晋文亮之;文聘后来,魏武不责。邀一时之荣,忘委付之重,窃用耻焉,大王亦安用之哉!"炽磐乃遣武台手书喻政,政曰:"汝为国储,不能尽节,面缚于人,弃父负君,亏万世之业,贤政义士,岂如汝乎!"既而闻傉檀至左南,乃降。

炽磐以傉檀为骠骑大将军,封左南公。岁余,为炽磐所鸩。左右劝傉檀解药,傉檀曰:"吾病岂宜疗邪!"遂死,时年五十一,在位十三年,伪谥景王。武台后亦为炽磐所杀。傉檀少子保周、腊子破羌、俱延子覆龙、鹿孤孙副周、乌孤孙承钵皆奔沮渠蒙逊。久之,归魏,魏以保周为张掖王,覆龙酒泉公,破羌西平公,副周永平公,承钵昌松公。

乌孤以安帝隆安元年僭立,至傉檀三世,凡十九年,以安帝义熙十年灭。

史臣曰:秃发累叶酋豪,擅强边服,控弦玉塞,跃马金山,候满月而窥兵,乘折胶而纵镝,礼容弗被,声教斯阻。乌孤纳苻浑之策,治兵以讨不宾,鹿孤从史暠之言,建学而延胄子。遂能开疆河右,抗衡强国。道由人弘,抑此之谓!

傉檀承累捷之锐,藉二昆之资,摧吕氏算无遗策,取姑臧兵不血刃,武略雄图,比踪前烈。既而叨据重位,盈满易期,穷兵以逞其心,纵愚自贻其弊,地夺于蒙逊,势衄于赫连,覆国丧身,犹为幸也。昔宋殇好战,致灾于华督;楚灵黩武,取杀于乾溪。异代同亡,其于傉檀见之矣。

赞曰:秃发弟兄,擅雄群房。开疆河外,清氛西土。傉檀杰出,腾驾时英。穷兵黩武,丧国殒声。

卷一百二十七　　载记第二十七

慕容德

慕容德,字玄明,皝之少子也,母公孙氏梦日入脐中,昼寝而生德。年未弱冠,身长八尺二寸,姿貌雄伟,额有日角偃月重文。博观群书,性清慎,多才艺。慕容儁之僭立也,封为梁公,历幽州刺史、左卫将军。及暐嗣位,改范阳王,稍迁魏尹,加散骑常侍。俄而苻坚将苻双据陕以叛,坚将苻柳起兵枹罕,将应之。德劝暐乘衅讨坚,辞旨慷慨,识者言其有远略,暐竟不能用。德兄垂甚壮之,因共论军国大谋,言必切至。垂谓之曰:"汝器识长进,非复吴下阿蒙也。"枋头之役,德以征南将军与垂击败晋师。及垂奔苻坚,德坐免职。后遇暐败,徙于长安,苻坚以为张掖太守,数岁免归。

及坚以兵临江,拜德为奋威将军。坚之败也,坚与张夫人相失,慕容暐为护致之,德正色谓暐曰:"昔楚庄灭陈,纳巫臣之谏而弃夏姬。此不祥之人,惑乱人主,戎事不迩女器,秦之败师当由于此。宜掩目而过,奈何将卫之也!"暐不从,德驰马而去之。还次荥阳,言于暐曰:"昔句践栖于会稽,终获吴国。圣人相时而动,百举百全。天将悔祸,故使秦师丧败,宜乘其弊以复社稷。"暐不纳。乃从垂如邺。

及垂称燕王,以德为车骑大将军,复封范阳王,居中镇卫,参断政事。久之,迁司徒。于时慕容永据长子,有众十万,垂议讨之。群臣咸以为疑,德进曰:"昔三祖积德,遗咏在耳,故陛下龙飞,不谋而会,虽由圣武,亦缘旧爱,燕、赵之士乐为燕臣也。今永既建伪号,扇动华戎,致令群竖从横,逐鹿不息,宜先除之,以一众听。昔光武驰苏茂之难,不顾百官之疲,夫岂不仁?机急故也。兵法有不得已而用之,陛下容得已乎!"垂笑谓其党曰:"司徒议与吾同。二人同心,其利断金,吾计决矣。"遂从之。垂临终,敕其子宝以邺城委德。宝既嗣位,以德为使持节、都督冀、兖、青、徐、荆、豫六州诸军事、特进、车骑大将军、冀州牧,领南蛮校尉,镇邺,罢留台,以都督专总南夏。

魏将拓拔章攻邺,德遣南安王慕容青等夜击,败之。魏师退次新城,青等请击之。别驾韩𧨳进曰:"古人先决胜庙堂,然后攻战。今魏不可击者四,燕不宜动者三。魏悬军远入,利在野战,一不可击也。深入近畿,顿兵死地,二不可击也。前锋既败,后阵方固,三不可击也。彼众我寡,四不可击也。官军自战其地,一不宜动。动而不胜,众心难固,二不宜动。城郭未修,敌来无备,三不宜动。此皆兵家所忌,不如深沟高垒,以逸待劳。彼千里馈粮,野无所掠,久则三军靡资,攻则众旅多毙,师老衅生,详而图之,可以捷矣。"德曰:"韩别驾之言,良、平之策也。"

于是召青还师。魏又遣辽西公贺赖卢率骑与章围邺,德遣其参军刘藻请救于姚兴,且参母兄之问,而兴师不至,众大惧。德于是亲飨战士,厚加抚接,人感其恩,皆乐为致死。会章、卢内相乖争,各引军潜遁。章司马丁建率众来降,言章师老,可以败之。德遣将追破章军,人心始固。

时魏师入中山,慕容宝出奔于蓟,慕容详又僭号。会刘藻自姚兴而至,兴太史令高鲁遣其甥王景晖随藻送玉玺一纽,并图识秘文,曰:"有德者昌,无德者亡。德受天命,柔而复刚。"又有谣曰:"大风蓬勃扬尘埃,八井三刀卒起来,四海鼎沸中山颓,惟有德人据三台。"于是德之群臣议以慕容详僭号中山,魏师盛于冀州,未审宝之存亡,因劝德即尊号。德不从。会慕容达自龙城奔邺,称宝犹存,群议乃止。寻而宝以德为丞相,领冀州牧,承制南夏。

德兄子麟自义台奔邺,因说德曰:"中山既没,魏必乘胜攻邺,虽粮储素积,而城大难固,且人情汹动,不可以战。及魏军未至,拥众南渡,就鲁阳王和,据滑台而聚兵积谷,伺隙而动,计之上也。魏虽拔中山,势不久留,不过驱掠而返。人不乐徙,理自生变,然后振威以援之,魏则内外受敌,使恋旧之士有所依凭,广开恩信,招集遗黎,可一举而取之。"先是,慕容和亦劝德南徙,于是许之。隆安二年,乃率户四万、车二万七千乘,自邺将徙于滑台。遇风,船没,魏军垂至,众惧,议欲退保黎阳。其夕流澌冻合,是夜济师,旦,魏师至而冰泮,若有神焉。遂改黎阳津为天桥津。及至滑台,景星见于尾箕。漳水得白玉,状若玺。于是德依燕元故事,称元年,大赦境内殊死已下,置百官。以慕容麟为司空、领尚书令,慕容法为中军将军,慕舆拔为尚书左仆射,丁通为尚书右仆射,自余封授各有差。初,河间有麟见,慕容麟以为己瑞。及此,潜谋为乱,事觉,赐死。其夏,魏将贺赖卢率众附之。

至是,慕容宝自龙城南奔至黎阳,遣其中黄门令赵思召慕容锺来迎。锺本首议劝德称尊号,闻而恶之,执思付狱,驰使白状。德谓其下曰:"卿等前以社稷大计,劝吾摄政。吾亦以嗣帝奔亡,人神旷主,故权顺群议,以系众望。今天方悔祸,嗣帝得还,吾将具驾奉迎,谢罪行阙,然后角巾私第,卿等以为何如?"其黄门侍郎张华进曰:"夫争夺之世,非雄才不振;从横之时,岂懦夫能济!陛下若蹈匹妇之仁,舍天授之业,威权一去,则身首不保,何退让之有乎!"德曰:"吾以古人逆取顺守,其道未足,所以中路徘徊,怅然未决耳。"慕舆护请驰问宝虚实,德流涕而遣。乃率壮士数百,随思而北,因谋杀宝。初,宝遣思之后,知德摄位,惧而北奔。护至无所见,执思而还。德以思闲习典故,将任之。思曰:"昔关羽见重曹公,犹不忘先主之恩。思虽刑余贱隶,荷国宠灵,犬马有心,而况人乎!乞还就上,以明微节。"德固留之,思怒曰:"周室衰微,晋、郑夹辅;汉有七国之难,实赖梁王。殿下亲则叔父,位则上台,不能率先群后以匡王室,而幸根本之倾为赵伦之事。思虽无申胥哭秦之效,犹慕君宾不生莽世。"德怒,斩之。

晋南阳太守闾丘羡、宁朔将军邓启方率众二万来伐,师次管城。德遣其中军慕容法、抚军慕容和等距之,王师败绩。德怒法不穷追晋师,斩其抚军司马靳瑰。

初,苻登既为姚兴所灭,登弟广率部落降于德,拜冠军将军,处之乞活堡。会荧惑守东井,或言秦当复兴者,广乃自称秦王,败德将慕容钟。时德始都滑台,介于晋、魏之间,地无十城,众不过数万。及钟丧师,反侧之徒多归于广。德乃留慕容和守滑台,亲率众讨广,斩之。

初,宝之至黎阳也,和长史李辩劝和纳之,和不从。辩惧谋泄,乃引晋军至管城,冀德亲率师,于后作乱。会德不出,愈不自安。及德此行也,辩又劝和反,和不从。辩怒,杀和,以滑台降于魏。时将士家悉在城内,德将攻之,韩范言于德曰:"魏师已入城,据国固资,客主之势,翻然复异,人情既危,不可以战。宜先据一方,为关中之基,然后畜力而图之,计之上也。"德乃止。德右卫将军慕容云斩李辩,率将士家累二万余人而出,三军庆悦。德谋于众曰:"苻广虽平,而抚军失据,进有强敌,退无所托,计将安出?"张华进曰:"彭城阻带山川,楚之旧都,地险人殷,可攻而据之,以为基本。"慕容钟、慕舆护、封逞、韩谇等固劝攻滑台,潘聪曰:"滑台四通八达,非帝王之居。且北通大魏,西接强秦,此二国者,未可以高枕而待。彭城土旷人稀,地平无险,晋之归镇,必距王师。又密迩江、淮,水路通浚,秋夏霖潦,千里为湖。且水战国之所短,吴之所长,今虽克之,非久安之计也。青、齐沃壤,号曰东秦,土方二千,户余十万,四塞之固,负海之饶,可谓用武之国。三齐英杰,蓄志以待,孰不思得明主以立尺寸之功!广固者,曹嶷之所营,山川阻峻,足为帝王之都。宜遣辩士驰说于前,大兵继进于后,辟闾浑昔负国恩,必翻然向化。如其守迷不顺,大军临之,自然瓦解。既据之后,闭关养锐,伺隙而动,此亦二汉之有关中、河内也。"德犹豫未决。沙门郎公素知占候,德因访其所适。郎曰:"敬览三策,潘尚书之议可谓兴邦之术矣。今岁初,长星起于奎娄,遂扫虚危,而虚危,齐之分野,除旧布新之象。宜先定旧鲁,巡抚琅邪,待秋风戒节,然后北围临齐,天之道也。"德大悦,引师而南,兖州北鄙诸县悉降,置守宰以抚之。存问高年,军无私掠,百姓安之,牛酒属路。

德遣使喻齐郡太守辟闾浑,浑不从,遣慕容钟率步骑二万击之。德进据琅邪,徐、兖之土附者十余万,自琅邪而北,迎者四万余人。德进寇莒城,守将任安委城而遁,以潘聪镇莒城。钟传檄青州诸郡曰:"隆替有时,义列昔经;困难启圣,事彰中策。是以宣王龙飞于危周,光武凤起于绝汉,斯盖历数大期,帝王之兴废也。自我永康多难,长鲸逸网,华夏四分,黎元五裂。逆贼辟闾浑父蔚,昔同段龛阻乱淄川,太宰东征,剿绝凶命。浑于覆巢之下,蒙全卵之施,曾微犬马识养之心,复袭凶父乐祸之志,盗据东秦,远附吴、越,割剥黎元,委输南海。皇上应期,大命再集,矜彼营丘,暂阻王略,故以七州之众二十余万,巡省贷宗,问罪齐、鲁。昔韩信以神州伐齐,有征无战,耿弇以偏军讨步,克不移朔。况以万乘之师,扫一隅之寇,倾山碎卵,方之非易。孤以不才,忝荷先驱,都督元戎一十二万,皆乌丸突骑,三河猛士,奋剑与夕火争光,挥戈与秋月竞色。以此攻城,何城不克;以此众战,何敌不平!昔窦融以河西归汉,荣被于后裔;彭宠盗渔阳,身死于奴仆。近则曹嶷跋扈,见擒于后赵;段龛不纪,取灭于前朝。此非古今之吉凶,已然之成败乎?浑先迷后悟,荣宠有加。如其敢抗王师,败灭必无遗烬。稷下之雄,岱北之士,有能斩送浑者,赏同佐命。脱履机不反,必玉石俱摧。"浑闻德军将至,从八千余家入广固。诸郡皆承檄降于德。浑惧,将妻子奔于魏。德遣射声校尉刘纲追斩于莒城。浑参军张瑛常与浑作檄,辞多不逊。及此,德擒而让之。瑛神色自若,徐对曰:"浑之有臣,犹韩信之有蒯通。通遇汉祖而蒙怨,臣遭陛下而婴戮,比之古人,窃为不幸。防风之诛,臣实甘之,但恐尧、舜之化未弘于四海耳。"德初善其言,后竟杀之。德遂入广固。

四年,僭即皇帝位于南郊,大赦,改元为建平,设行庙于宫南,遣使奉策告成焉。进慕容钟为司徒,慕舆拔为司空,封孚为左仆射,慕舆护为右仆射。遣其度支尚书封恺、中书侍郎封逞观省风俗,所在大飨将士。以其妻段氏为皇后。建立学官,简公卿已下子弟及二品士门二百人为太学生。

后因宴其群臣,酒酣,笑而言曰:"朕虽寡薄,恭已南面而朝诸侯,在上不骄,夕惕于位,可方自古何等主也?"其青州刺史鞠仲曰:"陛下中兴之圣后,少康、光武之俦也。"德顾命左右赐仲帛千匹。仲以赐多为让,德曰:"卿知调朕,朕不知调卿乎!卿饰对非实,故亦以虚言相赏,赏不谬加,何足谢也!"韩范进曰:"臣闻天子无戏言,忠臣无妄对。今日之论,上下相欺,可谓君臣俱失。"德大悦,赐范绢五十匹。自是昌言竞进,朝多直士矣。

德兄先在长安,遣平原人杜弘至长安问存否,弘曰:"臣至长安,若不奉太后动止,便即西如张掖,以死为效。臣父雄年逾六十,未沾荣贵,乞本县之禄,以申乌鸟之情。"张华进曰:"杜弘未行而求禄,要利情深,不可使也。"德曰:"吾反散所轻之财,招所重之死,况为亲尊而可吝乎!且弘为君迎亲,为父求禄,外如要利,内实忠孝。"乃以雄为平原令。弘至张掖,为盗所杀,德闻而悲之,厚抚其妻子。

明年,德如齐城,登营丘,望晏婴冢,顾谓左右曰:"礼,大夫不逼城葬。平仲古之贤人,达礼者也,而生居近市,死葬近城,岂有意乎?"青州秀才晏谟对曰:"孔子称臣先人平仲贤,则贤矣。岂不知高其梁,丰其礼?盖政在家门,故俭以矫世。存居湫隘,卒岂择地而葬乎!所以不远门者,犹冀悟平生意也。"遂从谟至汉城阳景王庙,宴庶老于申池,北登社首山,东望鼎足,因目牛山而叹曰:"古无不死!"怆然有终焉之志。遂问谟以齐之山川丘陵,贤哲旧事。谟历对详辩,画地成图。德深嘉之,拜尚书郎。立冶于商山,置盐官于乌常泽,以广军国之用。

德故吏赵融自长安来,始具母兄凶问,德号恸吐血,因而寝疾。其司隶校尉慕容达因此谋反,遣牙门皇璆率众攻端门,殿中师侯赤眉开门应之。中黄门孙进扶德逾城,隐于进舍。段宏等闻宫中有变,勒兵屯四门。德入宫,诛

赤眉等,达惧而奔魏。慕容法及魏师战于济北之摽榆谷,魏师败绩。

其尚书韩谅上疏曰:"二寇遘诛,国耻未雪,关西为豺狼之薮,杨越为鸥鶄之林,三京社稷,鞠为丘墟,四祖园陵,芜而不守,岂非义夫愤叹之日,烈士忘身之秋。而皇室多难,威略未振,是使长蛇弗翦,封豕假息。人怀愤慨,常谓一日之安不可以永久,终朝之逸无卒岁之忧。陛下中兴大业,务在遵养,矜迁萌之失土,假长复而不役,愍黎庶之息肩,贵因循而不扰。斯可以保宁于营丘,难以经措于秦、越。今群凶僭逆,实繁有徒,据我三方,伺国瑕衅。深宜审量虚实,大校成败,养兵厉甲,广农积粮,进为雪耻讨寇之资,退为山河万全之固。而百姓因秦、晋之弊,迭相阴宪,或百室合户,或千丁共籍,依托城社,不惧燻烧,公避课役,擅为奸宄,损风毁宪,法所不容,但检今未宜,弗可加戮。今宜隐实黎萌,正其编贯,庶上增皇朝理物之明,下益军国兵资之用。若蒙采纳,冀神山海,虽遇商鞅之刑,悦绾之害,所不辞也。"德纳之,遣其车骑将军慕容镇率骑三千,缘边严防,备百姓逃窜。以谅为使持节、散骑常侍、行台尚书,巡郡县隐实,得荫户五万八千。谅公廉正直,所在野次,人不扰焉。

德大集诸生,亲临策试。既而飨宴,乘高远瞩,顾谓其尚书鲁邃曰:"齐、鲁固多君子,当昔全盛之时,接、慎、巴生、淳于、邹、田之徒,荫修檐,临清沼,驰朱轮,佩长剑,恣非马之雄辞,奋谈天之逸辩,指麾则红紫成章,俯仰则丘陵生韵,至于今日,荒草颓坟,气消烟灭,永言千载,能不依然!"邃答曰:"武王封比干之墓,汉祖祭信陵之坟,皆留心贤哲,每怀往事。陛下慈深二主,泽被九泉,若使彼而有知,宁不衔荷矣。"

先是,妖贼王始聚众于太山,自称太平皇帝,号其父为太上皇,兄为征东将军,弟征西将军。慕容镇讨擒之,斩于都市。临刑,或问其父及兄弟所在,始答曰:"太上皇帝蒙尘于外,征东、征西乱兵所害。惟朕一身,独无聊赖。"其妻怒之曰:"止坐此口,以至于此,奈何复尔!"始曰:"皇后!自古岂有不破之家,不亡之国邪!"行刑者以刀环筑之,仰视曰:"崩即崩矣,终不改帝号。"德闻而哂之。

时桓玄将行篡逆,诛不附己者。冀州刺史刘轨、襄城太守司马休之、征虏将军刘敬宣、广陵相高雅之、江都长张诞并内不自安,皆奔于德。于是德中书侍郎韩范上疏曰:"夫帝王之道,必崇经略。有其时无其人,则弘济之功阙;有其人无其时,则英武之志不申。至于能成王业者,惟人时合也。自晋国内难,七载于兹。桓玄逆篡,虐逾董卓,神怒人怨,其殃积矣。可乘之机,莫过此也。以陛下之神武,经而纬之,驱乐奋之卒,接厌乱之机,譬犹声发响应,形动影随,未足比其易也。且江、淮南北户口未几,公私戎马不过数百,守备之事盖亦微矣。若以步骑一万,建雷霆之举,卷甲长驱,指临江、会,必望旗草偃,壶浆属路。跨地数千,众逾十万,可以西并强秦,北抗大魏。夫欲拓境开疆,保守社稷,无过今也。如使后机失会,豪桀复起,枭除桓玄,布惟新之化,遐迩既宁,物无异望,

非但建邺难屠，江北亦不可冀。机过患生，忧必至矣。天与不取，悔将及焉。惟陛下览之。"德曰："自顷数缠百六，宏纲弛弊，遂令奸逆乱华，旧京墟秽，每寻否运，愤慨兼怀。昔少康以一旅之众，复夏配天，况朕据三齐之地，藉五州之众，教之以军旅，训之以礼让，上下知义，人思自奋，缮甲待衅，为日久矣。但欲先定中原，扫除遗孽，然后宣布淳风，经理九服，饮马长江，悬旌陇坂。此志未遂，且韬戈耳。今者之事，王公其详议之。"咸以桓玄新得志，未可图，乃止。于是讲武于城西，步兵三十七万，车一万七千乘，铁骑五万三千，周亘山泽，旌旗弥漫，钲鼓之声，振动天地。德登高望之，顾谓刘轨、高雅之曰："昔郤克仇齐，子胥怨楚，终能畅其刚烈，名流千载。卿等既知投身有道，当使无惭昔人也。"雅之等顿首答曰："幸蒙陛下天覆之恩，大造之泽，存亡继绝，实在圣时，虽则万陨，何以上报！"俄闻桓玄败，德以慕容镇为前锋，慕容钟为大都督，配以步卒二万，骑五千，克期将发，而德寝疾，于是罢兵。

初，德迎其兄子超于长安，及是而至。德夜梦其父曰："汝既无子，何不早立超为太子，不尔，恶人生心。"寐而告其妻曰："先帝神明所敕，观此梦意，吾将死矣。"乃下书以超为皇太子，大赦境内，子为父后者人爵二级。其月死，即义熙元年也，时年七十。乃夜为十余棺，分出四门，潜葬山谷，竟不知其尸之所在。在位五年。伪谥献武皇帝。

卷一百二十八　　载记第二十八

慕容超

慕容超字祖明，德兄北海王纳之子。苻坚破邺，以纳为广武太守，数岁去官，家于张掖。德之南征，留金刀而去。及垂起兵山东，苻昌收纳及德诸子，皆诛之。纳母公孙氏以耄获免，纳妻段氏方娠，未决，囚之于郡狱。狱掾呼延平，德之故吏也，尝有死罪，德免之。至是，将公孙及段氏逃于羌中，而生超焉。年十岁而公孙氏卒，临终授超以金刀，曰："若天下太平，汝得东归，可以此刀还汝叔父。"平又将超母子奔于吕光。及吕隆降于姚兴，超又随凉州人徙于长安。超母谓超曰："吾母子全济，呼延氏之力。平今虽死，吾欲为汝纳其女以答厚惠。"于是娶之。超自以诸父在东，恐为姚氏所录，乃阳狂行乞。秦人贱之，惟姚绍见而异焉，劝兴拘以爵位。召见与语，超深自晦匿，兴大鄙之，谓绍曰："谚云'妍皮不裹痴骨'，妄语耳。"由是得来去无禁。德遣使迎之，超不告母妻乃归。及至广固，呈以金刀，具宣祖母临终之言，德抚之号恸。

超身长八尺，腰带九围，精彩秀发，容止可观。德甚加礼遇，始名之曰超，封北海王，拜侍中、骠骑大将军、司隶校尉，开府，置佐吏。德无子，欲以超为嗣，故为超起第于万春门内，朝夕观之。超亦深达德旨，入则尽欢承

奉，出则倾身下士，于是内外称美焉。顷之，立为太子。

及德死，以义熙元年僭嗣伪位，大赦境内，改元曰太上。尊德妻段氏为皇太后。以慕容钟都督中外诸军、录尚书事，慕容法为征南、都督徐、兖、扬、南兖四州诸军事，慕容镇加开府仪同三司、尚书令，封孚为太尉，鞠仲为司空，潘聪为左光禄大夫，封嵩为尚书左仆射，自余封拜各有差。后又以钟为青州牧，段宏为徐州刺史，公孙五楼为武卫将军、领屯骑校尉，内参政事。封孚言于超曰："臣闻五大不在边，五细不在庭。钟，国之宗臣，社稷所赖；宏，外戚懿望，亲贤具瞻。正应参翼百揆，不宜远镇方外。今锺等出藩，五楼内辅，臣窃未安。"超新即位，害钟等权逼，以问五楼。五楼欲专断朝政，不欲钟等在内，屡有间言，孚说竟不行。钟、宏俱有不平之色，相谓曰："黄犬之皮恐当终补狐裘也。"五楼闻之，嫌隙渐遘。

初，超自长安行至梁父，慕容法时为兖州，镇南长史悦寿还谓法曰："向见北海王子，天资弘雅，神爽高迈，始知天族多奇，玉林皆宝。"法曰："昔成方遂诈称卫太子，人莫辩之，此复天族乎？"超闻而恚恨，形于言色。法亦怒，处之外馆，由是结憾。及德死，法又不奔丧，超遣使让焉。法常惧祸生，因此遂与慕容钟、段宏等谋反。超知而征之，钟称疾不赴，于是收其党侍中慕容统、右卫慕容根、散骑常侍段封诛之，车裂仆射封嵩于东门之外。西中郎将封融奔于魏。

超寻遣慕容镇等攻青州，慕容昱等攻徐州，慕容凝、韩范攻梁父。昱等攻莒城，拔之，徐州刺史段宏奔于魏。封融又集群盗袭石塞城，杀镇西大将军余郁，青土振恐，人怀异议。慕容凝谋杀韩范，将袭固。范知而攻之，凝奔梁父。范并其众，攻梁父克之，凝奔姚兴，慕容法出奔于魏。慕容镇克青州，钟杀其妻子，为地道而出，单马奔姚兴。

于时超不恤政事，畋游是好，百姓苦之。其仆射韩𧨒切谏，不纳。超议复肉刑、九等之选，乃下书于境内曰：

阳九数缠，永康多难。自北都倾陷，典章沦灭，律令法宪，靡有存者。纲理天下，此焉为本，既不能导之以德，必须齐之以刑。且虞舜大圣，犹命咎繇作士，刑之不可已也如是！先帝季兴，大业草创，兵革尚繁，未遑修制。朕猥以不德，嗣承大统，抚御寡方，至萧墙衅发，遂戎马生郊，典仪寝废。今四境无虞，所宜修定，尚书可召集公卿。至如不忠不孝若封嵩之辈，枭斩不足以痛之，宜致烹轘之法，亦可附之律条，纳以大辟之科。肉刑者，乃先圣之经，不刊之典，汉文易之，轻重乖度。今犯罪弥多，死者稍众。肉刑之于化也，济育既广，惩惨尤深，光寿、建兴中二祖已议复之，未及而晏驾。其令博士已上参考旧事，依《吕刑》及汉、魏、晋律令，消息增损，议成燕律。五刑之属三千，而罪莫大于不孝。孔子曰："非圣人者无法，非孝者无亲，此大乱之道也。"轘裂之刑，烹煮之戮，虽不在五品之例，然亦行之自古。渠弥之轘，著之《春秋》；哀公之烹，爰自中代。世宗都齐，亦愍刑罚失中，咨嗟寝食。王者之有刑纠，

犹人之左右手焉。故孔子曰："刑罚不中，则人无所措手足。"是以萧何定法令而受封，叔孙通以制仪为奉常。立功立事，古之所重。其明议损益，以成一代准式。周、汉有贡士之条，魏立九品之选，二者孰愈，亦可详闻。

群下议多不同，乃止。

超母妻既先在长安，为姚兴所拘，责超称藩，求太乐诸伎，若不可，使送吴口千人。超下书遣群臣详议。左仆射段晖议曰："太上囚楚，高祖不回。今陛下嗣守社稷，不宜以私亲之故而降统天之尊。又太乐诸伎，皆是前世伶人，不可与彼，使移风易俗，宜掠吴口与之。"尚书张华曰："若侵掠吴边，必成邻怨。此既能往，彼亦能来，兵连祸结，非国之福也。昔孙权重黎庶之命，屈己以臣魏；惠施惜爱子之头，舍志以尊齐。况陛下慈德在秦，方寸崩乱，宜暂降大号，以申至孝之情。权变之道，典谟所许。韩范智能回物，辩足倾人，昔与姚兴俱为秦太子中舍人，可遣将命，降号修和。所谓屈于一人之下，申于万人之上也。"超大悦曰："张尚书得吾心矣。"使范聘于兴。及至长安，兴谓范曰："封恺前来，燕王与朕抗礼。及卿至也，款然而附。为依春秋以小事大之义？为当专以孝敬为母屈也？"范曰："周爵五等，公侯异品，小大之礼，因而生焉。今陛下命世龙兴，光宅西秦，本朝主上承祖宗遗烈，定鼎东齐，中分天曜，南面并帝。通聘结好，义尚廉冲，便是矜诞，苟折行人，殊似吴、晋争盟、滕、薛竞长，恐伤大秦堂堂之盛，有损皇燕巍巍之美，彼我俱失，窃未安之。"兴怒曰："若如卿言，便是非为大小而来。"范曰："虽由大小之义，亦缘寡君纯孝过于重华，愿陛下体敬亲之道，䫏然垂愍。"兴曰："吾久不见贾生，自谓过之，今不及矣。"于是为范设旧交之礼，申叙平生，谓范曰："燕王在此，朕亦见之，风表乃可，于机辩未也。"范曰："大辩若讷，圣人美之，况尔日龙潜凤戢，和光同尘，若使负日月而行，则无继天之业矣。"兴笑曰："可谓使乎延誉者也。"范承间遝说，姚兴大悦，赐范千金，许以超母妻还之。慕容凝自梁父奔于姚兴，言于兴曰："燕王称藩，本非推德，权为母屈耳。古之帝王尚兴师征质，岂可虚还其母乎！母若一还，必不复臣也。宜先制其送伎，然后归之。"兴意乃变，遣使聘于超。超遣其仆射张华、给事中宗正元入长安，送太乐伎一百二十人于姚兴。兴大悦，延华入宴。酒酣，乐作，兴黄门侍郎尹雅谓华曰："昔殷之将亡，乐师归周；今皇秦道盛，燕乐来庭。废兴之兆，见于此矣。"华曰："自古帝王，为道不同，权谲之理，会于功成。故老子'将欲取之，必先与之。'今总章西入，必由余东归，祸福之验，此其兆乎！"兴怒曰："昔齐、楚竞辩，二国连师。卿小国之臣，何敢抗衡朝士！"华逊辞曰："奉使之始，实愿交欢上国，上国既遗小国之臣，辱及寡君社稷，臣亦何心，而不仰酬！"兴善之，于是还超母妻。

义熙三年，追尊其父为穆皇帝，立其母段氏为皇太后，妻呼延氏为皇后。祀南郊，将登坛，有兽大如马，状类鼠而色赤，集于圆丘之侧，俄而不知所在。须臾大风暴起，天地昼昏，其行宫习仪皆振裂。超惧，密问其太史令

成公绥，对曰："陛下信用奸臣，诛戮贤良，赋敛繁多，事役殷苦所致也。"超惧而大赦，谴责公孙五楼等。俄而复之。是岁广固地震，天齐水涌，井水溢，女水竭，河、济冻合，而渑水不冰。

超正旦朝群臣于东阳殿，闻乐作，叹音佾不备，悔送伎于姚兴，遂议入寇。其领军韩諄谏曰："先帝以旧京倾没，辑翼三齐，苟时运未可，上智辍谋。今陛下嗣守成规，宜闭关养士，以待衅隙，不可结怨南邻，广树仇隙。"超曰："我计已定，不与卿言。"于是遣其将斛谷提、公孙归等率骑寇宿豫，陷之，执阳平太守刘千载、济阴太守徐阮，大掠而去。简男女二千五百，付太乐教之。

时公孙五楼为侍中、尚书，领左卫将军，专总朝政，兄归为冠军、常山公，叔父颓为武卫、兴乐公。五楼宗亲皆夹辅左右，王公内外无不惮之。

超论宿豫之功，封斛谷提等并为郡、县公。慕容镇谏曰："臣闻县赏待勋，非功不侯，今公孙归结祸延兵，残贼百姓，陛下封之，得无不可乎！夫忠言逆耳，非亲不发。臣虽庸朽，忝国戚藩，辄尽愚款，惟陛下图之。"超怒，不答，自是百僚杜口，莫敢开言。

尚书都令史王俨谄事五楼，迁尚书郎，出为济南太守，入为尚书左丞，时人为之语曰："欲得侯，事五楼。"

又遣公孙归等率骑三千入寇济南，执太守赵元，略男女千余人而去。刘裕率师将讨之，超引见群臣于节阳殿，议距王师。公孙五楼曰："吴兵轻果，所利在战，初锋勇锐，不可争也。宜据大岘，使不得入，旷日延时，沮其锐气。可徐简精骑二千，循海而南，绝其粮运，别敕段晖率兖州之军，缘山东下。腹背击之，上策也。各命守宰，依险自固，校其资储之外，余悉焚荡，芟除粟苗，使敌无所资。坚壁清野，以待其衅，中策也。纵贼入岘，出城逆战，下策也。"超曰："京都殷盛，户口众多，非可一时入守。青苗布野，非可卒芟。设使芟苗城守，以全性命，朕所不能。今据五州之强，带山河之固，战车万乘，铁马万群，纵令过岘，至于平地，徐以精骑蹴之，此成擒也。"贺赖卢苦谏，不从，退谓五楼曰："上不用吾计，亡无日矣。"慕容镇曰："若如圣旨，必须平原用马为便，宜出岘逆战，战而不胜，犹可退守。不宜纵敌入岘，自贻窘逼。昔成安君不守井陉之关，终屈于韩信；诸葛瞻不据束马之险，卒擒于邓艾。臣以为天时不如地利，阻守大岘，策之上也。"超不从。镇出，谓韩諄曰："主上既不能芟苗守险，又不肯徙人逃寇，酷似刘璋矣。今年国灭，吾必死之，卿等中华之士，复为文身矣。"超闻而大怒，收镇下狱。乃摄莒、梁父二戍，修城隍，简士马，畜锐以待之。

其夏，王师次东莞，超遣其左军段晖、辅国贺赖卢等六将步骑五万，进据临朐。俄而王师度岘，超惧，率卒四万就晖等于临朐，谓公孙五楼曰："宜进据巨源，晋军至而失水，亦不能战矣。"五楼驰骑据之。刘裕前驱将军孟龙符已至川源，五楼战败而返。裕遣谘议参军檀韶率锐卒攻破临朐，超大惧，单骑奔段晖于城南。晖众又战败，裕军入斩晖。超又奔还广固，徙郭内人入保小城，使其尚书郎张纲乞师于姚兴。赦慕容镇，进录尚书、都督中外诸军

事。引见群臣,谢之曰:"朕嗣奉成业,不能委贤任善,而专固自由,覆水不收,悔将何及！智士退谋,必在事危,忠臣立节,亦在临难,诸君其勉思六奇,共济艰运。"镇进曰:"百姓之心,系于一人。陛下既躬率六军,身先奔败,群臣解心,士庶丧气,内外之情,不可复恃。如闻西秦自有内难,恐不暇分兵救人,正当更决一战,以争天命。今散卒还者,犹有数万,可悉出金帛、宫女,饵令一战。天若相我,足以破贼。如其不济,死尚为美,不可闭门坐受围击。"司徒慕容惠曰:"不然。今晋军乘胜,有陵人之气,败军之将,何以御之！秦虽与勃勃相持,不足为患。且二国连横,势成唇齿,今有寇难,秦必救我。但自古乞援,不遣大臣则不致重兵,是以赵隶三请,楚师不出；平原一使,援至从成。尚书令韩范德望具瞻,燕秦所重,宜遣乞援,以济时难。"于是遣范与王蒲乞师于姚兴。

未几,裕师围城,四面皆合。人有窃告裕军曰:"若得张纲为攻具者,城乃可得耳。"是月,纲自长安归,遂奔于裕。裕令纲周城大呼曰:"勃勃大破秦军,无兵相救。"超怒,伏弩射之,乃退。右仆射张华、中丞封恺并为裕军所获。裕令华、恺与超书,劝令早降。超乃遗裕书,请为藩臣,以大岘为界,并献马千区,以通和好,裕弗许。江南继兵相寻而至。尚书张俊自长安还,又降于裕,说容曰:"今燕人所以固守者,外杖韩范,冀得秦援。范既时望,又与姚兴旧昵,若勃勃败后,秦必救燕,宜密信诱范,啖以重利,范来则燕人绝望,自然降矣。"裕从之,表范为散骑常侍,遗范书以招之。时姚兴乃遣其将姚强率步骑一万,随范就其将姚绍于洛阳,并兵来援。会赫连勃勃大破秦军,兴追强还长安。范叹曰:"天其灭燕乎！"会得裕书,遂降于裕。裕谓范曰:"卿欲立申包胥之功,何以虚还也？"范曰:"自亡祖司空世荷燕宠,故泣血秦庭,冀匡祸难。属西朝多故,丹诚无效,可谓天丧弊邑而赞明公。智者见机而作,敢不至乎！"翌日,裕将范循城,由是人情离骇,无复固志,裕谓范曰:"卿宜至城下,告以祸福。"范曰:"虽蒙殊宠,犹未忍谋燕。"裕嘉而不强,左右劝超诛范家,以止后叛。超知败在旦夕,又弟谆尽忠无贰,故不罪焉。是岁东莱雨血,广固城门鬼夜哭。

明年朔旦,超登天门,朝群臣于城上,杀马以飨将士,文武皆有迁授。超幸姬魏夫人从超登城,见王师之盛,握超手而相对泣,韩谆谏曰:"陛下遭百六之会,正是勉强之秋,而反对女子悲泣,何其鄙也！"超拭目谢之。其尚书令董锐劝超出降,超大怒,系之于狱。于是贺赖卢、公孙五楼为地道出战王师,不利。河间人玄文说裕曰:"昔赵攻曹嶷,望气者以为滗水带城,非可攻拔,若塞五龙口,城必自陷。石季龙从之,而嶷请降。后慕容恪之围段龛,亦如之,而龛降。降后无几,又震开之。今旧基犹在,可塞之。"裕从其言。至是,城中男女患脚弱病者太半。超辇而升城,尚书悦寿言于超曰:"天地不仁,助寇为虐,战士尪病,日就凋陨,守困穷城,息望外援,天时人事,亦可知矣。苟历运有终,尧、舜啤位,转祸为福,圣达以先。宜追许、郑之踪,以全宗庙之重。"超叹曰:"废兴,命也。吾宁奋剑决死,不能衔璧求生。"于是张纲为裕造冲车,覆以版屋,蒙之以皮,并设诸奇巧,城上火石弓矢无所施用；又为飞楼、悬梯、木幔之属,遥临城上。超大怒,悬其母而支解之。城中出降者相继。裕四面进攻,杀伤其众,悦寿遂开门以纳王师。超与左右数十骑出亡,为裕军所执。裕数之以不降之状,超神色自若,一无所言,惟以母托刘敬宣而已。送建康市斩之,时年二十六。在位六年。

德以安帝隆安四年僭位,至超二世,凡十一年,以义熙六年灭。

慕容钟,字道明,德从弟也。少有识量,喜怒不形于色,机神秀发,言论清辩。至于临难对敌,智勇兼济,累进奇策,德用之颇中。由是政无大小,皆以委之,遂为佐命元勋。后公孙五楼规挟威权,虑钟抑己,因劝超诛之,钟遂谋反。事败,奔于姚兴,兴拜始平太守、归义侯。

封孚,字处道,渤海蓨人也。祖俊,振威将军。父放,慕容暐之世吏部尚书。孚幼而聪敏和裕,有士君子之称。宝僭位,累迁吏部尚书。及兰汗之篡,南奔辟闾浑,浑表为渤海太守。德至莒城,孚出降,德曰:"朕平青州,不以为庆,喜于得卿也。"常外总机事,内参密谋,虽位任崇重,谦虚博纳,甚有大臣之体。及超嗣位,政出权嬖,多违旧章,轨宪日颓,残虐滋甚,孚屡尽匡救,超不能纳也。后临轩谓孚曰:"朕于百王可方谁？"孚对曰:"桀纣之主。"超大惭怒。孚徐步而出,不为改容。司空鞠仲失色,谓孚曰:"与天子言,何其亢厉,宜应还谢。"孚曰:"行年七十,墓木已拱,惟求死所耳。"竟不谢。以超三年死于家,时年七十一。文笔多传于世。

史臣曰:慕容德以季父之亲,居邺中之重,朝危未闻其节,君存遽践其位,岂人理哉！然禀偘傥之雄姿,韫纵横之远略,属分崩之运,成角逐之资,跨有全齐,窃弄神器,抚剑而争衡秦、魏,练甲而志静荆、吴,崇儒术以弘风,延谠言以励己,观其为国,有足称焉。
超继已成之基,居霸者之业,政刑莫恤,败游是好,杜忠良而谗佞进,暗听受而勋戚离,先绪俄颓,家声莫振,陷宿豫而贻祸,启大岘而延敌,君臣就房,宗庙为墟。迹其人谋,非不幸也。
赞曰:德实奸雄,转败为功。奄有青土,淫名域中。超承伪祚,挠其国步。庙失良筹,庭悲沾露。

卷一百二十九　　载记第二十九

沮渠蒙逊

沮渠蒙逊,临松卢水胡人也。其先世为匈奴左沮渠,遂以官为氏焉。蒙逊博涉群史,颇晓天文,雄杰有英略,滑稽善权变,梁熙、吕光皆奇而惮之,故常游饮自晦。会伯父罗仇、麹粥从吕光征河南,光前军大败,麹粥言于兄罗仇曰:"主上荒耄骄纵,诸子朋党相倾,逸人侧目。今军败将死,正是智勇见猜之日,可不惧乎!吾兄弟素为所惮,与其经死沟渎,岂若勒众向西平,出苕藋,奋臂大呼,凉州不足定也。"罗仇曰:"理如汝言,但吾家累世忠孝,为一方所归,宁人负我,无我负人。"俄而皆为光所杀。宗姻诸部会葬者万余人,蒙逊哭谓众曰:"昔汉祚中微,吾之乃祖翼奖窦融,保宁河右。吕王昏耄,荒虐无道,岂可不上继先祖安时之志,使二父有恨黄泉!"众咸称万岁。遂斩光中田护军马邃、临松令井祥以盟,一旬之间,众至万余。屯据金山,与从兄男成推光建康太守段业为使持节、大都督、龙骧大将军、凉州牧、建康公,改吕光龙飞二年为神玺元年。业以蒙逊为张掖太守,男成为辅国将军,委以军国之任。

业将使蒙逊攻西郡,众咸疑之。蒙逊曰:"此郡据岭之要,不可不取。"业曰:"卿言是也。"遂遣之。蒙逊引水灌城,城溃,执太守吕纯以归。于是王德以晋昌,孟敏以敦煌降业。业封蒙逊临池侯。吕弘去张掖,将东走,业议欲击之。蒙逊谏曰:"归师勿遏,穷寇弗追,此兵家之戒。不如纵之,以为后图。"业曰:"一日纵敌,悔将无及。"遂率众追之,为弘所败。业赖蒙逊而免,叹曰:"孤不能用子房之言,以至于此!"业筑西安城,以其将臧莫孩为太守。蒙逊曰:"莫孩勇而无谋,知进忘退,所谓为之筑冢,非筑城也。"业不从。俄而为吕纂所败。蒙逊惧业不能容己,每匿智以避之。

业僭称凉王,以蒙逊为尚书左丞,梁中庸为右丞。

吕光遣其二子绍、纂伐业,业请救于秃发乌孤,乌孤遣其弟鹿孤及杨轨救业。绍以业等军盛,欲从三门关挟山而东。纂曰:"挟山示弱,取败之道,不如结阵卫之,彼必惮我而不战也。"绍乃引军而南。业将击之,蒙逊谏曰:"杨轨恃房骑之强,有窥觎之志。绍、纂兵在死地,必决战求生。不战则有太山之安,战则有累卵之危。"业曰:"卿言是也。"乃按兵不战。绍亦难之,各引兵归。

业惮蒙逊雄武,微欲远之,乃蒙逊从叔益生为酒泉太守,蒙逊为临池太守。业门下侍郎马权隽爽有逸气,武略过人。业以权代蒙逊为张掖太守,甚见亲重,每轻陵蒙逊。蒙逊亦惮而怨之,乃谮之于业曰:"天下不足虑,惟当忧马权耳。"业遂杀之。蒙逊谓男成曰:"段业愚暗,非济乱之才,信谗爱佞,无鉴断之明。所惮惟索嗣、马权,今皆死矣,蒙逊欲除业以奉兄何如?"男成曰:"业羁旅孤飘,我所建立,有吾兄弟,犹鱼之有水,人既亲我,背之不祥。"乃止。蒙逊既为业所惮,内不自安,请为西安太守。业亦以蒙逊有大志,惧为朝夕之变,乃许焉。

蒙逊期与男成同祭兰门山,密遣司马许咸告业曰:"男成欲谋叛,许以取假日作逆。若求祭兰门山,臣言验矣。"至期日,果然。业收男成,令自杀。男成曰:"欲谋叛,先已告臣,臣以兄弟之故,隐忍不言。以臣今在,恐部人不从,与臣克期祭山,返相诬告。臣若朝死,蒙逊必夕发。乞诈言臣死,说臣罪恶,蒙逊必öç逆,臣投袂讨之,事无不捷。"业不从。蒙逊闻男成死,泣告众曰:"男

成忠于段公,枉见屠害,诸君能为报仇乎?且州土兵乱,似非业所能济。吾所以初奉之者,以之为陈、吴耳,而信谗多忌,枉害忠良,岂可安枕卧观,使百姓离于涂炭。"男成素有恩信,众皆愤泣而从之。比至氐池,众逾一万。镇军臧莫孩率部众附之,羌胡多起兵响应。蒙逊壁于侯坞。

业先疑其右将军田昂,幽之于内,至是,谢而赦之,使与武卫梁中庸等攻蒙逊。业将王丰孙言于业曰:"西平诸田,世有反者,昂貌恭而心很,志大而情险,不可信也。"业曰:"吾疑之久矣,但非昂无可以讨蒙逊。"丰孙言既不从,昂至侯坞,率骑五百归于蒙逊。蒙逊至张掖,昂兄子承爱斩关内之,业左右皆散。蒙逊大呼曰:"镇西何在?"军人曰:"在此。"业曰:"孤单飘一己,为贵门所推,可见丐余命,投身岭南,庶得东还,与妻子相见。"蒙逊遂斩之。

业,京兆人也。博涉史传,有尺牍之才,为杜进记室,从征塞表。儒素长者,无他权略,威禁不行,群下擅命,尤信卜筮、谶记、巫觋、征祥,故为奸佞所误。

隆安五年,梁中庸、房晷、田昂等推蒙逊为使持节、大都督、大将军、凉州牧、张掖公,赦其境内,改元永安。署从兄伏奴为镇军将军、张掖太守、和平侯,弟挐为建忠将军、都谷侯,田昂为镇南将军、西郡太守,臧莫孩为辅国将军,房晷、梁中庸为左右长史,张鹭、谢正礼为左右司马。擢任贤才,文武咸悦。

时姚兴遣将姚硕德攻吕隆于姑臧,蒙逊遣从事中郎李典聘于兴,以通和好。蒙逊以吕隆既降于兴,酒泉、凉宁二郡叛降李玄盛,乃遣建忠挐、牧府长史张潜见硕德于姑臧,请军迎接,率郡人东迁。硕德大悦,拜潜张掖太守,挐建康太守。潜劝蒙逊东迁。挐私于蒙逊曰:"吕氏犹存,姑臧未拔,硕德粮竭将远,不能久也。何故违离桑梓,受制于人!"辅国莫孩曰:"建忠之言是也。"蒙逊乃斩张潜,因下书曰:"孤以虚薄,猥忝时运。未能弘阐大猷,戡荡群孽,使桃虫鼓翼东京,封豕糵涉西裔,戎车屡动,干戈未戢,农失三时之业,百姓户不粒食。可蠲省百徭,专功南亩,明设科条,务尽地利。"

时梁中庸为西郡太守,西奔李玄盛。蒙逊闻之,笑曰:"吾与中庸义深一体,而不信我,但自负耳,孤岂怪之!"乃尽归其妻孥。

蒙逊下令曰:"养老乞言,晋文纳舆人之诵,所以能招礼英奇,致时邕之美。况孤寡德,智不经远,而可不思闻谠言以自镜哉!内外群僚,其各搜扬贤隽,广进刍荛,以匡孤不逮。"

遣辅国臧莫孩袭山北虏,大破之。姚兴遣将齐难率众四万迎吕隆,隆劝难伐蒙逊,难从之。莫孩败其前军,难乃结盟而还。

蒙逊伯父中田护军亲信、临松太守孔笃并骄奢侵害,百姓苦之。蒙逊曰:"乱吾国者,二伯父也,何以纲纪百姓乎!"皆令自杀。

蒙逊袭狄洛磐于番禾,不克,迁其五百余户而还。

姚兴遣使人梁斐、张构等拜蒙逊镇西大将军、沙州刺史、西海侯。时兴亦拜秃发傉檀为车骑将军,封广武公。

蒙逊闻之，不悦，谓斐等曰："傉檀上公之位，而身为侯者何也！"构对曰："傉檀轻狡不仁，款诚未著，圣朝所以加其重爵者，褒其归善即叙之义耳。将军忠贯白日，勋高一时，当入谐鼎味，匡赞帝室，安可以不信待也。圣朝爵必称功，官不越德，如尹纬、姚晃佐命初基，齐难、徐洛元勋骁将，并位才二品，爵止侯伯。将军何以先之乎？窦融殷勤固让，不欲居旧臣之右，未解将军忽有此问！"蒙逊曰："朝廷何不即以张掖见封，乃更远封西海邪？"构曰："张掖，规画之内，将军已自有之。所以远授西海者，盖欲广大将军之国耳。"蒙逊大悦，乃受拜。

时地震，山崩折木。太史令刘梁言于蒙逊曰："辛酉，金也。地动于金，金动刻木，大军东行无前之征。"时张掖城每有光色，蒙逊曰："王气将成，百战百胜之象也。"遂攻秃发西郡太守杨统于日勒。统降，拜为右长史，宠逾功旧。

张掖太守句呼勒出奔西凉。以从弟成都为金山太守，罗仇子也；鄯为西郡太守，麹粥子也。句呼勒自西凉奔还，待之如初。

蒙逊率骑二万东征，次于丹岭，北虏大人思盘率部落三千降之。

时木连理，生于永安，永安令张披上书曰："异枝同干，遐方有齐化之应；殊本共心，上下有莫二之固。盖至道之嘉祥，大同之美征。"蒙逊曰："此皆二千石令长匪躬济时所致，岂吾薄德所能感之！"

蒙逊率步骑三万伐秃发傉檀，次于西郡。大风从西北来，气有五色，俄而昼昏。至显美，徙数千户而还。傉檀追及蒙逊于穷泉，蒙逊与击之。诸将皆曰："贼已安营，弗可犯也。"蒙逊曰："傉檀谓吾远来疲弊，必轻而无备，及其垒壁未成，可以一鼓而灭。"进击，败之，乘胜至于姑臧，夷夏降者万数千户。傉檀惧，请和，许之而归。及傉檀南奔乐都，魏安人焦朗据姑臧自立，蒙逊率步骑三万攻朗，克而宥之。飨文武将士于谦光殿，班赐金马有差。以敦煌张穆博通经史，才瞻清赡，擢拜中书侍郎，委以机密之任。以其弟挐为护羌校尉、秦州刺史，封安平侯，镇姑臧。旬余而挐死，又以从祖益子为镇京将军、护羌校尉、秦州刺史，镇姑臧。

俄而蒙逊迁于姑臧，以义熙八年僭即河西王位，大赦境内，改元玄始。置官僚，如吕光为三河王故事。缮宫殿，起城门诸观。立其子政德为世子，加镇卫大将军、录尚书事。

傉檀来伐，蒙逊败之于若厚坞。傉檀湟河太守文支据湟川，护军成宜侯率众降之。署文支镇东大将军、广武太守、振威侯，成宜侯为振威将军、湟川太守，以殿中将军王建为湟河太守。蒙逊下书曰："古先哲王应期拨乱者，莫不经略八表，然后光阐纯风。孤虽智非靖难，职在济时，而狡虏傉檀跨峙旧京，毒加夷夏。东苑之戮，酷甚长平，边城之祸，害深猃狁。每念苍生之无辜，是以不遑启处，身疲甲胄，体倦风尘。虽倾其巢穴，傉檀犹未授首。傉檀弟文支追项伯归汉之义，据彼重藩，请为臣妾。自西平已南，连城继顺。惟傉檀穷兽，守死乐都。四支既落，命

岂全！五纬之会已应，清一之期无赊，方散马金山，黎元永逸。可露布远近，咸使闻知。"

蒙逊西如苕藋，遣冠军伏恩率骑一万袭卑和、乌啼二虏，大破之，俘二千余落而还。

蒙逊寝于新台，阉人王怀祖击蒙逊，伤足，其妻孟氏擒斩之，夷其三族。

蒙逊母车氏疾笃，蒙逊升南景门，散钱以赐百姓。下书曰："孤庶凭宗庙之灵，乾坤之祐，济否剥之运会，拯遗黎之荼蓼，上望扫清气秽，下冀保宁家福。而太后不豫，涉岁弥增，将刑狱枉滥，众有怨乎？赋役繁重，时不堪乎？群望不絜，神所谴乎？内省诸身，未知罪之攸在。可大赦殊死已下。"俄而车氏死。

蒙逊遣其将运粮于湟河，自率众攻克乞伏炽磐广武郡。以运粮不继，自广武如湟河，度浩亹。炽磐遣将乞伏魋尼寅距蒙逊，蒙逊击斩之。炽磐又遣将王衡、折斐、麹景等率骑一万据勒姐岭，蒙逊且战且前，大破之，擒折斐等七百余人，麹景奔还。蒙逊以弟汉平为折冲将军、湟河太守，乃引还。

晋益州刺史朱龄石遣使来聘。蒙逊遣舍人黄迅报聘益州，因表曰："上天降祸，四海分崩，灵耀拥于南裔，苍生没于丑虏。陛下累圣重光，道迈周、汉，纯风所被，八表宅心。臣虽被发边徼，才非时隽，谬为河右遗黎推为盟主。臣之先人，世荷恩宠，虽历夷险，执义不回，倾首阳，乃心王室。去冬益州刺史朱龄石遣使诣臣，始具朝廷休问。承车骑将军刘裕秣马挥戈，以中原为事，可谓天赞大晋，笃生英辅。臣闻少康之兴大夏，光武之复汉业，皆奋剑而起，众无一旅，犹能成配天之功，著《车攻》之咏。陛下据全楚之地，拥荆、扬之锐，而可垂拱晏然，弃二京以资戎虏！若六军北轸，克复有期，臣请率河西戎为晋右翼前驱。"

炽磐率众三万袭湟河，汉平力战固守，遣司马隗仁夜出击炽磐，斩级数百。炽磐将引退，先遣老弱。汉平长史焦昶、将军段景密信招炽磐，炽磐复进攻汉平。汉平纳昶、景之说，而缚出降。仁勒壮士百余据南门楼上，三日不下，众寡不敌，为炽磐所擒。炽磐怒，命斩之。段晖谏曰："仁临难履危，奋不顾命，忠也。宜宥之，以厉事君。"炽磐乃执之而归。在炽磐所五年，晖又为之固请，乃得还姑臧。及至，蒙逊执其手曰："卿孤之苏武也！"以为高昌太守。为政有威惠之称，然颇以爱财为失。

蒙逊西祀金山，遣沮渠广宗率骑一万袭乌啼虏，大捷而还。蒙逊西至苕藋，遣前将军沮渠成都将骑五千袭卑和虏，蒙逊率中军三万继之，卑和虏率众迎乘。遂循海而西，至盐池，祀西王母寺。寺中有《玄石神图》，命其中书侍郎张穆赋焉，铭之于寺前，遂如金山而归。

蒙逊下书曰："顷自春炎旱，害及时苗，碧原青野，倏为枯壤。将刑政失中，下有冤狱乎？役繁赋重，上天所谴乎？内省多缺，孤之罪也。《书》不云乎：'百姓有过，罪予一人。'可大赦殊死已下。"翌日而澍雨大降。

蒙逊闻刘裕灭姚泓，怒甚。门下校郎刘祥言事于蒙逊，蒙逊曰："汝闻刘裕入关，敢研研然也！"遂杀之。其

峻暴如是。顾谓左右曰："古之行师，不犯岁镇所在。姚氏舜后，轩辕之苗裔也。今镇星在轩辕，而裕灭之，亦不能久守关中。"

蒙逊为李士业败于解支涧，复收散卒欲战。前将军成都谏曰："臣闻高祖有彭城之败，终成大汉，宜旋师以为后图。"蒙逊从之，城建康而归。

其群下上书曰："设官分职，所以经国济时；恪勤官次，所以缉熙庶政。当官者以匪躬为务，受任者以忘身为效。自皇纲初震，戎马生郊，公私草创，未遑旧式。而朝士多违宪制，不遵典章；或公文御案，在家卧署；或事无可否，望空而过。至今黜陟绝于皇朝，驳议寝于圣世，清浊共流，能否相杂，人无劝竞之心，苟为度日之事。岂忧公忘私，奉上之道也！今皇化曰隆，遐迩宁泰，宜肃振纲维，申修旧则。"蒙逊纳之，命征南姚艾、尚书左丞房晷撰朝堂制。行之旬日，百僚振肃。

太史令张衍言于蒙逊曰："今岁临泽城西当有破兵。"蒙逊乃遣其世子政德屯兵若厚坞。蒙逊西至白岸，谓张衍曰："吾今年当有所定，但太岁在申，月又建申，未可西行。且当南巡，要其归会，主人勿客，以顺天心。计在临机，慎勿露也。"遂攻浩亹，而蛇盘于帐前。蒙逊笑曰："前一为腾蛇，今盘在吾帐，天意欲吾回师先定酒泉。"烧攻具而还，次于川岩。闻李士业征兵欲攻张掖，蒙逊曰："入吾计矣。但恐闻吾回军，不敢前也。兵事尚权。"乃露布西境，称得浩亹，将进军黄谷。士业闻而大悦，进入都渎涧。蒙逊潜军逆之，败士业于坏城，遂进克酒泉。百姓安堵如故，军无私焉。以子茂虔为酒泉太守，士业旧臣皆随才擢叙。

蒙逊以安帝隆安五年自称州牧，义熙八年僭立，后八年而宋氏受禅，以元嘉十年死，时年六十六，在伪位三十三年。子茂虔立，六年，为魏所擒，合三十九载而灭。

史臣曰：蒙逊出自夷陬，擅雄边塞。属目光之悖德，深怀仇粥之冤；推段业以济时，假以陈、吴之事。称兵白涧，南凉请和；出师丹岭，北寇宾服。然而见利忘义，苞祸灭亲，虽能制命一隅，抑亦备诸凶德者矣。

赞曰：光猜人杰，业忌时贤。游饮自晦，匿智图全。凶心既逞，伪绩攸宣。挺兹奸数，驰竞当年。

卷一百三十　　载记第三十

赫连勃勃

赫连勃勃，字屈孑，匈奴右贤王去卑之后，刘元海之族也。曾祖武，刘聪世以宗室封楼烦公，拜安北将军、监鲜卑诸军事、丁零中郎将，雄据朔卢川。为代王猗卢所败，遂出塞表。祖豹子招集种落，复为诸部之雄，石季龙遣使就拜平北将军、左贤王、丁零单于。父卫辰入居塞内，苻坚以为西单于，督摄河西诸虏，屯于代来城。及坚国乱，遂有朔方之地，控弦之士三万八千。后魏师伐之，辰令其子力俟提距战，为魏所败。魏人乘胜济河，克代来，执辰杀之。勃勃乃奔于叱干部。叱干他斗伏送勃勃于魏。他斗伏兄子阿利先давав大洛川。闻将送勃勃，驰谏曰："鸟雀投人，尚宜济免，况勃勃国破家亡，归命于我？纵不能容，犹宜任其所奔。今执而送之，深非仁者之举。"他斗伏惧为魏所责，弗从。阿利潜遣劲勇篡勃勃于路，送于姚兴高平公没奕于，奕于以女妻之。

勃勃身长八尺五寸，腰带十围，性辩慧，美风仪。兴见而奇之，深加礼敬，拜骁骑将军，加奉车都尉，常参军国大议，宠遇逾于勋旧。兴弟邕言于兴曰："勃勃天性不仁，难以亲近。陛下宠遇太甚，臣窃惑之。"兴曰："勃勃有济世之才，吾方收其艺用，与之共平天下，有何不可！"乃以勃勃为安远将军，封阳川侯，使助没奕于镇高平，以三城、朔方杂夷及卫辰部众三万配之，使为伐魏侦候。姚邕固谏以为不可。兴曰："卿何以知其性气？"邕曰："勃勃奉上慢，御众残，贪暴无亲，轻与去就，宠之逾分，终为边害。"兴乃止。顷之，以勃勃为持节、安北将军、五原公，配以三交五部鲜卑及杂虏二万余落，镇朔方。时河西鲜卑杜岹献马八千匹于姚兴，济河，至大城，勃勃留之，召其众三万余人伪猎高平川，袭杀没奕于而并其众，众至数万。

义熙三年，僭称天王、大单于，赦其境内，建元曰龙昇，署置百官。自以匈奴夏后氏之苗裔也，国称大夏。以其长兄右地代为丞相、代公，次兄力俟提为大将军、魏公，叱干阿利为御史大夫，梁公，弟阿利罗引为征南将军、司隶校尉，若门为尚书令，叱以鞬为征西将军、尚书左仆射，乙斗为征北将军、尚书右仆射，自余以次授任。

其年，讨鲜卑薛干等三部，破之，降众万数千。进讨姚兴三城已北诸戍，斩其将杨丕、姚石生等。诸将谏固险，不从，又复言于勃勃曰："陛下将欲经营宇内，南取长安，宜先固根本，使人心有所凭系，然后大业可成。高平险固，山川沃饶，可以都也。"勃勃曰："卿徒知其一，未知其二。吾大业草创，众旅未多，姚兴亦一时之雄，关中未可图也。且其诸镇用命，我若专固一城，彼必并力于我，众非其敌，亡可立待。吾以云骑风驰，出其不意，救前则击其后，救后则击其前，使彼疲于奔命，我则游食自若，不及十年，岭北、河东尽我有也。待姚兴死后，徐取长安。姚泓凡弱小儿，擒之方略，已在吾计中矣。昔轩辕氏亦迁居无常二十余年，岂独我乎！"于是侵掠岭北，岭北诸城门不昼启。兴叹曰："吾不用黄儿之言，以至于此！"黄儿，姚邕小字也。

勃勃初僭号，求婚于秃发傉檀，傉檀弗许。勃勃怒，率骑二万伐之，自杨非至于支阳三百余里，杀伤万余人，驱掠二万七千口、牛马羊数十万而还。傉檀率众追之，其将焦朗谓傉檀曰："勃勃天姿雄骜，御军齐肃，未可轻也。今因抄掠之资，率思归之士，人自为战，难与争锋。不如从温围北渡，趣万斛堆，阻水结营，制其咽喉，百战百胜之术也。"傉檀将贺连怒曰："勃勃以死亡之余，率乌合之众，犯顺结祸，幸有大功。今牛羊塞路，财宝若山，窘弊之余，人怀贪竞，不能督厉士众以抗我也。我以大军临之，必土崩鱼溃。今引军避之，示敌以弱。我众气锐，宜在速追。"俱檀曰："吾追计决矣，敢谏者斩！"勃勃闻而大喜，乃于阳武下陕凿凌埋车以塞路。俱檀遣善射者射之，中勃勃左臂。勃勃乃勒众逆击，大败之，追奔八十余里，杀伤万计，斩其大将十余人，以为京观，号"髑髅台"，还于岭北。

勃勃与姚兴将张佛生战于青石原，又败之，俘斩五千七百人。兴遣将齐难率众二万来伐，勃勃退如河曲。难以去勃勃既远，纵兵掠野，勃勃潜军覆之，俘获七千余人，收其戎马兵杖。难引军而退，勃勃复追击于木城，拔之，擒难，俘其将士万有三千，戎马万匹。岭北夷夏降附者数万计，勃勃于是拜置守宰以抚之。勃勃又率骑二万入高冈，及于五井，掠平凉杂胡七千余户以配后军，进屯依力川。

姚兴来伐，至三城，勃勃候兴诸军未集，率骑击之。兴大惧，遣其将姚文宗距战，勃勃伪退，设伏以待之。兴遣其将姚榆生等追之，伏兵夹击，皆擒。兴将王奚聚羌胡三千户于敕奇堡，勃勃进攻之。奚骁悍有膂力，短兵接战，勃勃之众多为所伤。于是堰断其水，堡人窘迫，执奚出降。勃勃谓奚曰："卿忠臣也！朕方与卿共平天下。"奚曰："若蒙大恩，速死为惠。"乃与所亲数十人自刎而死。勃勃又攻兴将金洛生于黄石固，弥姐豪地于我罗城，皆拔之，徙七千余家于大城，以其丞相右地代领幽州牧以镇之。

遣其尚书金纂率骑一万攻平凉，姚兴来救，纂为兴所败，死。勃勃兄子左将军罗提率步骑一万攻兴将姚广都于定阳，克之，坑将士四千余人，以女弱为军赏。拜广都为太常。勃勃又攻兴将姚寿都于清水城，寿都奔上邽，徙其人万六千家于大城。是岁，齐难、姚广都谋叛，皆诛之。

姚兴将姚详弃三城，南奔大苏。勃勃遣其将平东鹿奕于要击之，执详，尽俘其众。详至，勃勃数而斩之。

其年，勃勃率骑三万攻安定，与姚兴将杨佛嵩战于青石北原，败之，降其众四万五千，获马二万匹。进攻姚兴将党智隆于东乡，降之，署智隆光禄勋，徙其三千余户于贰城。姚兴镇北参军王买德来奔。勃勃谓买德曰："朕大禹之后，世居幽、朔。祖宗重晖，常与汉、魏为敌国。中世不竞，受制于人。逮朕不肖，不能绍隆先构，国破家亡，流离漂寓。今将应运而兴，复大禹之业，卿以为何如？"买德曰："自皇晋失统，神器南移，群雄岳峙，人怀问鼎，况陛下奕叶载德，重光朔野，神武超于汉皇，圣略迈于魏祖，而不于天启之机建成大业乎！今秦政虽衰，藩镇犹固，深愿蓄力待时，详而后举。"勃勃善之，拜军师中郎将。

乃赦其境内，改元为凤翔，以叱干阿利领将作大匠，发岭北夷夏十万人，于朔方水北、黑水之南营起都城。勃勃自言："朕方统一天下，君临万邦，可以统万为名。"阿利性尤工巧，然残忍刻暴，乃蒸土筑城，锥入一寸，即杀作者而并筑。勃勃以为忠，故委以营缮之任。又造五兵之器，精锐尤甚。既成呈之，工匠必有死者：射甲不入，即斩弓人；如其入也，便斩铠匠。又造百练刚刀，为龙雀大环，号曰"大夏龙雀"，铭其背曰："古之利器，吴、楚湛卢。大夏龙雀，名冠神都。可以怀远，可以柔逋。如风靡草，威服九区。"世甚珍之。复铸铜为大鼓、飞廉、翁仲、铜驼、龙兽之属，皆以黄金饰之，列于宫殿之前。凡杀工匠数千，以是器物莫不精丽。

于是议讨乞伏炽磐。王买德谏曰："明王之行师也，轨物以德，不以暴。且炽磐我之与国，新遭大丧，今若伐之，岂所谓乘理而动，上感灵和之义乎！苟恃众力，因人丧难，匹夫犹耻为之，而况万乘哉！"勃勃曰："甚善。微卿，朕安闻此言！"

其年，下书曰："朕之皇祖，自北迁幽、朔，姓改姒氏，音殊中国，故从母氏为刘。子而从母之姓，非礼也。古人氏族无常，或以因生为氏，或以王父之名。朕将以义易之。帝王者，系天为子，是为徽赫实与天连，今改姓曰赫连氏，庶协皇天之意，永享无疆大庆。系天之尊，不可令支庶同之，其非正统，皆以铁伐为氏，庶朕宗族子孙刚锐如铁，皆堪伐人。"立其妻梁氏为王后，子璝为太子，封子延阳平公，昌太原公，伦酒泉公，定平原公，满河南公，安中山公。

又攻姚兴将姚逵于杏城，二旬，克之，执逵及其将姚大用、姚安和、姚利仆、尹敌等，坑战士二万人。

遣其御史中丞乌洛孤盟于沮渠蒙逊曰："自金晋数终，祸缠九服，赵、魏为长蛇之墟，秦、陇为豺狼之穴，二都神京，鞠为茂草，蠢尔群生，罔知凭赖。上天悔祸，运属二家，封疆密迩，道会义亲，宜敦和好，弘康世难。爰自终古，有国有家，非盟誓无以昭神祇之心，非断金无以定终始之好。然晋、楚之成，吴、蜀之约，咸口血未乾，而寻背之。今我二家，契ява曩日，言未发而有笃爱之心，音一交而怀倾盖之顾，息风尘之警，同克济之诚，戮力一心，共济六合。若天下有事，则双振义旗；区域既清，则并敦鲁、卫。夷险相赴，交易有无，爰及子孙，永崇斯好。"蒙逊遣其将沮渠汉平来盟。

勃勃闻姚泓将姚嵩与氐王杨盛相持，率骑四万袭上邽，未至而嵩为盛所杀。勃勃攻上邽，二旬克之，杀泓秦州刺史姚平都及将士五千人，毁城而去。进攻阴密，又杀兴将姚良子及将士万余人。以其子昌为使持节、前将军、雍州刺史，镇阴密。泓将姚恢弃安定，奔于长安，安定人胡俨、华韬率户五万据安定，降于勃勃。以俨为侍中，韬为尚书，留镇东羊苟儿镇之，配以鲜卑五千。进攻泓将姚谌于雍城，谌奔长安。勃勃进师次郿城，泓遣其将姚绍来距，勃勃退如安定。胡俨等袭杀苟儿，以城降泓。勃勃引归杏城，笑谓群臣曰："刘裕伐秦，水陆兼进，且裕有高世之略，姚泓岂能自固！吾验以天时人事，必当克之。又其兄弟内叛，安可以距人！裕既克长安，利在速返，正可留子弟及诸将守关中。待裕发轸，吾取之若拾芥耳，不足复劳吾士马。"于是秣马厉兵，休养士卒。寻进据安定，姚泓岭北镇戍郡县悉降，勃勃于是尽有岭北之地。

俄而刘裕灭泓，入于长安，遣使遗勃勃书，请通和好，约为兄弟。勃勃命其中书侍郎皇甫徽为文而阴诵之，召裕使前,口授舍人为书,封以答裕。裕览其文而奇之,使者又言勃勃容仪瑰伟,英武绝人。裕叹曰:"吾所不如也!"既而勃勃还统万,裕留子义真镇长安而还。勃勃闻之,大悦,谓王买德曰:"朕将进图长安,卿试言取之方略。"买德曰:"刘裕灭秦,所谓以乱平乱,未有德政以济苍生。关中形胜之地,而以弱才小儿守之,非经远之规也。狼狈而返者,欲速成篡事耳,无暇有意于中原。陛下以顺伐逆,义贯幽显,百姓以君命望陛下义旗之至,以日为岁矣。青泥、上洛,南师之冲要,宜置游兵断其去来之路。然后杜潼关,塞崤、陕,绝其水陆之道。陛下声檄长安,申布恩泽,三辅父老皆壶浆以迎王师矣。义真独坐空城,逃窜无所,一旬之间必面缚麾下,所谓兵不血刃,不战而自定也。"勃勃善之,以子璝都督前锋诸军事,领抚军大将军,率骑二万南伐长安,前将军赫连昌屯兵潼关,以买德为抚军右长史,南断青泥,勃勃率大军继发。璝至渭阳,降者属路。义真遣龙骧将军沈田子率众逆战,不利而退,屯刘回堡。田子与义真司马王镇恶不平,因镇恶出城,遂杀之。义真又杀田子。于是悉召外军入于城中,闭门距守。关中郡县悉降。璝夜袭长安,不克。勃勃进据咸阳,长安樵采路绝。刘裕闻之,大惧,乃召义真东镇洛阳,以朱龄石为雍州刺史,守长安。义真大掠而东,至于灞上,百姓遂逐龄石,而迎勃勃入于长安。璝率众三万追击义真,王师败绩,义真单马而遁。买德获晋宁朔将军傅弘之、辅国将军蒯恩、义真司马毛脩之于青泥,积人头以为京观。于是勃勃大飨将士于长安,举觞谓王买德曰:"卿往日之言,一周而果效,可谓算无遗策矣。虽宗庙社稷之灵,亦卿谋献之力也。此觞所集,非卿而谁!"于是拜买德都官尚书,加冠军将军,封河阳侯。

赫连昌攻龄石及龙骧将军王敬于潼关之曹公故垒,克之,执龄石及敬送于长安。群臣乃劝进,勃勃曰:"朕无拨乱之才,不能弘济兆庶,自枕戈寝甲,十有二年,而四海未同,遗寇尚炽,不知何以谢责当年,垂之来叶!将明扬仄陋,以王位让之,然后归老朔方,琴书卒岁。皇帝之号,岂薄德所膺!"群臣固请,乃许之。于是坛于灞上,僭即皇帝位,赦其境内,改元为昌武。遣其将叱奴侯提率步骑二万攻晋并州刺史毛德祖于蒲坂,德祖奔于洛阳。以侯提为并州刺史,镇蒲坂。

勃勃归于长安,征隐士京兆韦祖思。既至而恭惧过礼,勃勃怒曰:"吾以国士征汝,奈何以非类处吾!汝昔不拜姚兴,何独拜我?我今未死,汝犹不以我为帝王,吾死之后,汝辈弄笔,当置吾何地!"遂杀之。

群臣劝都长安,勃勃曰:"朕岂不知长安累帝旧都,有山河四塞之固!但荆、吴僻远,势不能为人之患。东魏与我同壤境,去北京裁数百余里,若都长安,北京恐不守之忧。朕在统万,彼终不敢济河,诸卿适未见此耳!"其下咸曰:"非所及也。"乃于长安置南台,以璝领大将军、雍州牧、录南台尚书事。

勃勃还统万,以宫殿大成,于是赦其境内,又改元曰真兴。刻石都南,颂其功德,曰:

夫庸大德盛者,必建不刊之业;道积庆隆者,必享无穷之祚。昔在陶唐,数钟厄运,我皇祖大禹以至圣之姿,当经纶之会,凿龙门而辟伊阙,疏三江而决九河,夷一元之穷灾,拯六合之沈溺,鸿绩侔于天地,神功迈于造化,故二仪降祉,三灵叶赞,揖让受终,光启有夏。传世二十,历载四百,贤辟相承,哲王继轨,徽猷冠于玄古,高范焕乎畴昔。而道无常夷,数或屯险,王桀不纲,网漏殷氏,用使金晖绝于中天,神謦辍于促路。然纯曜未渝,庆缘万祀,龙飞漠南,凤峙朔北。长辔远驭,则西罩昆山之外;密网遐张,则东亘沧海之表。爰始逮今,二千余载,虽三统迭制于崤、函,五德革运于伊、洛,秦、雍成篡杀之墟,周、豫为争夺之薮,而幽朔谧尔,主有常尊于上,海代晏然,物无异望于下。故能控弦之众百有余万,跃马长驱,鼓行秦、赵,使中原疲于奔命,诸夏不得高枕,为日久矣。是以偏师暂拟,泾阳摧隆周之锋;赫斯一奋,平阳挫汉祖之锐。虽霸王继踪,犹朝日之升扶桑;英豪接踵,若夕月之登濛汜。自开辟已来,未始闻也。非夫卜世与乾坤比长,鸿基与山岳齐固,孰能本枝于千叶,重光于万祀,履寒霜而逾荣,蒙重氛而弥耀者哉!

于是玄符告征,大猷有会,我皇诞命世之期,应天纵之运,仰协时来,俯顺望时。龙升北京,则义风盖于九区;凤翔天域,则威声格于八表。属奸雄鼎峙之秋,群凶岳立之际,昧旦临朝,日昃忘膳,运筹命将,举无遗策。亲御六戎,则有征无战。故伪秦以三世之资,丧魂于关、陇,河源望旗而委质,北房钦风而纳款。德音著于柔服,威刑彰于伐叛,文教与武功并宣,俎豆与干戈俱运。五稔之间,道风弘著,暨乎七载而王猷允洽。乃远惟周文,启经始之基;近详山川,究形胜之地,遂营起都城,开建京邑。背名山而面洪流,左河津而右重塞。高隅隐日,崇墉际云,石郭天池,周绵千里。其为独守之形,险绝之状,固以远迈于咸阳,超美于周洛,若广五郊之义,尊七庙之制,崇社之规,建右稷之礼,御太一以缮明堂,模帝坐而营路寝,闾阖披霄而山亭,象魏排虚而岳峙,华林灵沼,崇台秘室,通房连阁,驰道苑园,可以阴映万邦,光覆四海,莫不郁然并建,森然毕备,若紫微之带皇穹,闾风之跨后土。然宰司鼎臣,群黎士庶,金以为重威之式,有阙前王。于是延尔朱之奇工,命班输之妙匠,搜文梓于邓林,采绣石于恒岳,九域贡以金银,八方献以瑰宝,亲运神奇,参制规矩,营离宫于露寝之南,起别殿于永安之北。高构千寻,崇基万仞。玄栋镂榥,若腾虹之扬眉;飞檐舒咢,似翔鹏之矫翼。二序启矣,而五时之坐开;四隅陈设,而一御之位建。温宫胶葛,凉殿峥嵘,络以随珠,缀以金镜,虽曦望互升于表,而中无昼夜之殊;阴阳迭更于外,而内无寒暑之别。故善目者不能为其名,博辩者不能究其称,斯盖神明之所规模,非人工之所经制。若乃寻名以求类,踪状以效真,据质以究名,形疑妙出,虽如来、须弥之宝塔,帝释、忉利之神宫,尚未足以喻其丽，方其饰矣。

昔周宣考室而咏于诗人，閟宫有侐而颂声是作。况乃太微肇制，清都启建，轨一文昌，旧章唯始，咸秩百神，宾享万国，群生开其耳目，天下咏其来苏，亦何得不播之管弦，刊之金石哉！乃树铭都邑，敷赞硕美，俾皇风振于来叶，圣庸垂乎不朽。其辞曰：

于赫灵祚，配乾比隆。巍巍大禹，堂堂圣功。仁被苍生，德格玄穹。帝锡玄珪，揖让受终。哲王继轨，光阐徽风。道无常夷，数或不竞。金精南迈，天辉北映。灵祉逾昌，世叶弥盛。惟祖惟父，克广休命。如彼日月，连光接镜。玄符瑞德，乾运有归。诞钟我后，应图龙飞。落落神武，恢恢圣姿。名教内敷，群妖外夷。化光四表，威截九围。封畿之制，王者常经。乃延输、尔，肇建帝京。土苞上壤，地跨胜形。庶人子来，不日而成。崇台霄峙，秀阙云亭。千榭连隅，万阁接屏。晃若晨曦，昭若列星。离宫既作，别宇云施。爰构崇明，仰准乾仪。悬甍风阁，飞轩云垂。温室嵯峨，层城参差。楹雕虬兽，节镂龙螭。莹以宝璞，饰以珍奇。称因褒著，名由实扬。伟哉皇室，盛矣厥章！义高灵台，美隆未央。迈轨三五，贻则霸王。永世垂节，亿载弥光。

其秘书监胡义周之辞也。名其南门曰朝宋门，东门曰招魏门，西门曰服凉门，北门曰平朔门。追尊其高祖训兀曰元皇帝，曾祖武曰景皇帝，祖豹子曰宣皇帝，父卫辰曰桓皇帝，庙号太祖，母苻氏曰桓文皇后。

勃勃性凶暴好杀，无顺守之规。常居城上，置弓剑于侧，有所嫌忿，便手自杀之，群臣忤视者毁其目，笑者决其唇，谏者谓之诽谤，先截其舌而后斩之。夷夏嚣然，人无生赖。在位十三年而宋受禅，以宋元嘉二年死。子昌嗣伪位，寻为魏所擒。弟定僭号于平凉，遂为魏所灭。自勃勃至定，凡二十有六载而亡。

史臣曰：赫连勃勃獯丑种类，入居边宇，属中壤分崩，缘间肆慝，控弦鸣镝，据有朔方。遂乃法玄象以开宫，拟神京而建社，窃先王之徽号，备中国之礼容，驱驾英贤，窥觎天下。然其器识高爽，风骨魁奇，姚兴睹之而醉心，宋祖闻之而动色。岂阴山之韫异气，不然何以致斯乎！虽雄略过人，而凶残未革，饰非距谏，酷害朝臣，部内嚣然，忠良卷舌。灭亡之祸，宜在厥身，犹及其嗣，非不幸也。

赞曰：淳维远裔，名王之余。啸群龙漠，乘衅侵渔。爰创宫宇，易彼毡庐。虽弄神器，犹曰凶渠。